2009

北京教育年鉴

□ 北京市教育委员会

□ 华艺出版社

北京教育年鉴编纂委员会

《北京教育年鉴》2009卷工作人员名录

执行主编 李晓秋

执行副主编 华蕾

责任编辑（按姓氏笔画排序）

马志鹏 任彧 华蕾 张驰 林业 董洁

特约编辑（按姓氏笔画排序）

丁术刚 于丽 于铮 马乐 匀庆祥 王天红 王玉春
王伟平 王学松 王征男 王明涛 王洪兰 王虹 王家宾
王晓素 王婧 王媛 王晶 王德峰 王蕾 王薇
计华 付佳 冯赫 卢亭 宁嘉瑜 田婷 白亚玲
石明廷 伍亚娜 刘宁赤 刘建新 刘金艳 刘洋 刘继刚
刘琳 刘瑜 吕晓文 孙大谦 孙传超 孙杰 朱晗
朱德福 纪奇明 闫彦斌 何伶 何修良 吴彩燕 吴彬
宋亚甫 宋煜 张长华 张东安 张永宽 张兴明 张年武
张明 张英 张金朝 张舒拉 张翠华 张静 李文鸾
李世成 李守德 李异军 李志坚 李金艳 李胜华 李敏
李萍 李跃谦 李雪红 李强 李晶华 李德龙 杜书霞
杜娟 杜敏 杨苏 杨学伟 杨晓靖 杨蕻 肖兵
苏芃 邱爽 邹诗华 陆小红 陈卫 陈子芸 陈永生
陈军 陈晓文 陈珠珠 陈颖 周东姝 周君姝 尚颖
林继辉 苗磊 侯彤 姚转珍 姜继军 段洁 荆枝
赵万里 赵伟 赵光 赵英臣 赵晓婵 赵萌 郝洪春
钟占蓉 钟志红 党宁 唐鹏 徐建新 聂荣 袁媛
郭占云 郭铁晶 高冬琴 高杰 高媛 高雷 高毅军
崔晓玉 曹明 梁全英 梁贲 黄小丽 彭杉 焦园媛
程文龙 程敏 董容俐 董淑珍 董澍 蒋利华 蒋瑛
韩永涛 鲁仲生 简尔贤 雷泽伟 靳飞 谭凯 戴军
魏纲 魏强

图片编辑 任彧 汪玥

录　　排 吴盈 王子辰 汪玥

编 辑 说 明

一、《北京教育年鉴》是一部大型专业性资料工具书。在中共北京市委教育工委、北京市教委领导下，由北京教育年鉴编纂委员会（北京教育年鉴编辑部）主持编纂。

二、本年鉴以文章和条目为基本体裁，条目为主，使用规范的语体文、记述体，直陈其事，文字力求言简意赅。文前配有彩色图片，文内配有彩色随文图片，文后附有主题词和人名索引。

三、本年鉴从1997年开始，逐年编纂。当年出版的年鉴，记述上一年内北京教育事业各个方面发生的新情况，为领导决策提供依据，为教育规划发展提供资料，为国内外各方面人士了解、研究北京教育事业提供最新的信息。

四、本年鉴除记述北京市市属市管教育部门情况外，对北京行政区划内中央部委所属各级各类教育也全面记述，力求反映北京教育事业的全貌。

五、2009卷年鉴按教育管理、教育教学、教育服务支撑三大系统布局结构，采用分类编纂法。年鉴设法规、调研与报告、专文与纪实、北京教育总述、综合管理、教育督导、学前教育、基础教育、普通高等教育、职业与成人教育、民办教育、德育体育美育、科学研究、师资建设、招生与考试、国际交流与合作、奥林匹克教育、区县教育、团体、市教委直管直属单位、统计表、附录共22个类目，各类目下的条目以事件发生时间为序排列。

六、调研与报告栏目收录关于教育事业热点调查报告和北京市教育事业费执行情况公告。

七、专文与纪实记载北京教育管理部门负责人对某种教育现象的深层次思考和对北京教育系统重大事项的记录。本卷收录北京市教委领导关于学习和实践科学发展观的文章、市教委对奥运教育工作的总结和北京教育系统抗震救灾、支援灾区的纪实文章各一篇。

八、北京教育总述由北京教育事业简况和北京教育大事记组成。

九、本年鉴附录部分，通过图表记述北京行政区划内教育事业发展基本情况，便于读者查询相关信息。

十、本年鉴收有北京各级教育行政部门主要负责人名录，所列均以2008年内任职为限，其中任免情况分别予以注明。

十一、本年鉴收录的文章和条目均由各级教育行政部门和各级各类教育单位专人提供，并经部门和单位主要负责人审核。北京市教育事业统计资料由市教委发展规划处提供。

十二、本年鉴记述货币名称中，人民币直书“元”，其他货币采用通用名称。

十三、本年鉴涉及各项年度数据以2008年12月31日为统计口径，其他非年度数据以各统计部门或业务主管部门的统计口径为准。

十四、本年鉴反映2008年1月1日至12月31日期间情况（部分内容依据实际情况时限向前略有延伸）。凡2008年事情，除概况外，在条目中均直书月、日，不再书写年份。

EDITOR'S REMARKS

1. *Beijing Education Yearbook* is an overall specialized reference book. Led by Education Working Committee of Beijing Municipal Committee of CPC and Beijing Municipal Commission of Education, Beijing Education Yearbook of Editorial Committee (Beijing Education Yearbook Newsroom) takes charge of its editing.

2. This yearbook takes passages and items as the basic literature style, items primarily as the main form. It uses standard narratives to give a brief account of its matter, the writing tries to be concise and comprehensive. Colored pictures are inserted before and in the articles, and the keywords, people's names index attached after the articles.

3. This yearbook has been compiled from 1997 annually. Each yearbook records the new things occurred in the last year in all aspects of Beijing educational undertakings, providing reliable basis for leaders to make decisions, valuable materials to make educational plans and up-to-date information for all people at home and abroad to know Beijing educational undertakings.

4. With the focus on events of various educational institutions of Beijing, this yearbook also includes the overall information on all kinds of educational departments of central government in Beijing and tries to represent all aspects of Beijing educational undertakings.

5. The 2009 yearbook divided three systems of composition by education management, education teaching and education service, classified into 22 columns of laws and regulations, research and report, Special articles and on-the-spot reports, generality of Beijing education, comprehensive administration, education supervision, preschool education, fundamental education, higher education, vocational and adult education, private education, moral physical and art education, scientific research, teachers development, envolling and testing, international exchange and cooperation, Olympic education, district and county education, education organizations, units under municipal commission of education, statistics, appendix, civil unions items in each category are in chronological sequence.

6. In the column of research and report, it includes investigation and report of Beijing educational undertakings, and also working report on educational hot-points and announcement on education operating expenses in Beijing.

7. Special articles and on-the-spot reports disclosed deep thinking about certain educational phenomenon of the leaders of management departments and official records for the education affairs of Beijing. This part includes the articles of learning and practicing the scientific concept of development of leaders

of Beijing Municipality, Olympic education summary of Beijing Municipal Commission of Education, and one on – the – spot of Fighting against earthquake and providing relief to disaster – stricken areas(people) in Beijing Education System.

8. Generality of Beijing Education is composed of Beijing education status, Beijing education chronicle.

9. The added appendix use the chart to state the basic education development of Beijing administrative area, and easy for readers to identify .

10. There are lists of chief leaders of Beijing educational administrative sections at various levels All the positions listed are based on situation within 2008 new appointment and dismissals are noted separately.

11. All the articles and items in this yearbook are provided by persons specially assigned by various educational administrative sections and checked by their chief leaders. Planning department of Beijing Municipal Commission of education provides statistic materials of Beijing educational undertakings.

12. This yearbook takes in names of currency, RMB is written as Yuan and current names for others are adopted.

13. The each annual data of statistics in this yearbook takes December 31st, 2008 as the statistical caliber, other non – annual data uses statistical caliber adopted by the statistical or service departments as the standard.

14. This yearbook states the situation from January 1st to December 31st of 2008 (Due to the real situation, parts of contents may extend forward slightly), so except for the introduction, the year of 2008 is omitted and only the month and date are mentioned in the clauses.

领导关怀

5月3日，胡锦涛到北京大学考察工作。

12月27日，温家宝考察清华大学博奥生物芯片中心。

6月20日，贾庆林视察北京科技大学奥运场馆。

9月21日，习近平到白云路小学视察工作。

8月23日，刘延东到北京工业大学检查工作。

8月15日，陈至立与北京市第八中学学生合影留念。

6月7日，郭金龙等领导视察北京高考工作。

改革创新

4月21日，“税收教育基地”在北京东城区回民小学挂牌。 （周良）

12月31日，丰台区第五小学举办“学国学 迎新年”活动。

12月11日，北京市小学规范化建设工程系列展示活动走进东城区学校。 （周良）

12月3日，在中国邮政邮票博物馆里，上博览课的小学生展示自己设计和临摹的邮票。 （周良）

12月，总后勤部六一幼儿园的幼儿在总后春节团拜会上表演新创编舞蹈《与未来牵手》。

4月9日，朝阳区师范附属小学举办“书香聊吧”活动。

3月19日，北京市“京剧进中小学课堂”试点工作在北京市第一七一中学启动。（周良）

4月29日，崇文区中学生在网上查阅综合素质评价结果。

6月24日，北京市中考所有科目开始统一使用“课标卷”，“大纲卷”正式退出本市中考。（周良）

9月17日，北京市第五十五中高中学生在“校本课程超市”选课。

9月1日，北京市第二中学建立以学生姓名命名的个人实验室。

10月29日，高尔夫球、瑜伽功、跆拳道走进北京中学体育课堂。（周良）

5月14日，北大方正软件学院举办方正集团实习生招聘会。

6月27日，吉利大学商学院支教队在内蒙古土默特左旗铁冒中学开展教学活动。

（胡广武）

4月9日，首都经济贸易大学举办毕业生校园双选会。

5月8日，清华大学与国家电网公司加强战略合作推进科技创新会谈纪要签字。

11月5日，北京体育大学举办全国体育院校大学生科创论坛。

3月26日，耿丹学院开展校园道路命名评选活动。

1月8日，宣武区第六十六中学生在进行印刷实践——丝网印刷操作。

11月1日，主题为“学习·创新·发展”的东城区市民终身学习节在东直门中学拉开了帷幕，市民与学生在活动中学习插花工艺制作。

（周良）

人才培养

5月26日，“六一”前夕，史家胡同小学分校学生开展“我们不要礼物，将礼物捐给灾区小朋友“活动。（周良）

5月19日，东城区中小学降半旗哀悼地震灾区遇难同胞。（周良）

5月30日，法制校长尚秀云带领北京商务管理学校学生参加模拟法庭活动。

6月28日，北京市召开优秀中学生事迹报告会，并表彰获奖者。

3月23日，北京市第五中学钱君岩等5人获“第六届北京青少年科技创新市长奖”。（周良）

12月5日，首家中华环保青年志愿者基地在北京化工大学成立。

4月5日，第十二届绿桥活动在北京林业大学举行。

10月29日，总后五一幼儿园孩子们学习操作皮影。

10月7日，东城区第26届中小学生科技节在北京景山学校开幕。北京景山学校二年级女学生刘重华的“天圆地方”五色土科技实验方案2009年将搭载“希望号”小卫星遨游太空。 （周良）

11月7日，北京中学生开展多学科野外综合实践课程——传感器观察河鱼。 （周良）

1月25日，中小学生走进蓝天科技课堂。 （周良）

5月29日，顺义区特殊教育学校到顺义区小天使陶艺基地开展享受陶艺快乐创作校外活动。

11月25日，东城区小学生走进警营上安全教育课。 （周良）

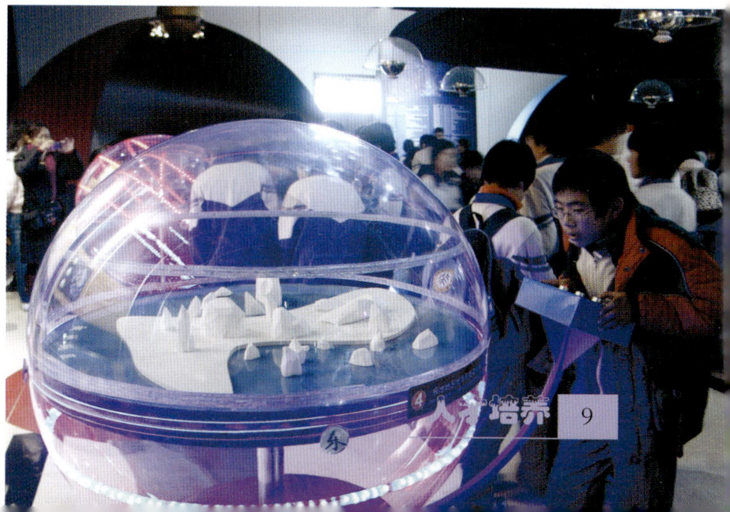

12月19日，北京市科协、顺义区少年宫联合组织学生参观天文馆。

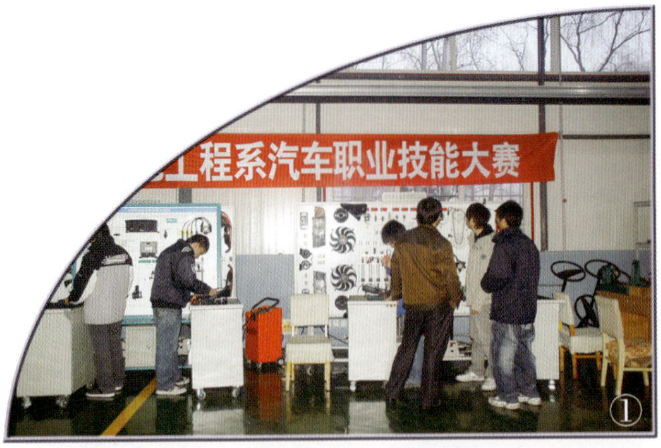

① 12月9日，京北职业技术学院举办职业技能竞赛。
② 5月29日，北京工业职业技术学院学生在北京飞机维修公司顶岗实习。
③ 1月19日，徐洪业当选十大中国大学生自强之星标兵。
④ 10月24日，北京现代职业技术学院数控技术专业学生参加实训。

5月25日，中央财经大学代表队荣获第12届“外研社杯”全国英语辩论赛冠军。

3月25日，北京服装学院毕业作品《SHOPPING SPORTS》获金奖。

5月29日，大兴区中等职业学校举办第二届专业技能展示活动——发动机维修技能展示。

6月22日，石景山区业余大学财会专业学生上ERP沙盘模拟课。

4月20日，北京市交通学校举行钳工实训课考试。

1月25日，北京市水利水电学校学生参加测量技能竞赛。

北京信息职业技术学院学生在北信软件园实习。

北京培黎职业学院学生开展校外数模电子实习。

11月18日，大兴区红星中学举办第三届国际象棋比赛。

11月6日，石景山区举办体育特色展示。（齐建国）

3月15日，北京邮电大学举办第五届“北邮——富士通杯”大学生围棋赛。

4月27日，汇佳学校热气球队荣获中国热气球挑战赛冠军。

1月11日，东城区3600学生参加“为了健康”体能大比武活动。（周良）

9月1日，北京市第二中学参加第29届奥林匹克运动会开幕式“笑脸”表演的女孩向全校师生展示微笑。（周良）

3月8日，北京舞蹈学院大型中国舞剧《唐琬》首演剧照。

5月14日，老君堂小学开展民族艺术进校园活动。

4月9日，北京东城区职业教育中心举办职高学生服装设计与表演专业2008届毕业学生作品展示会。（周良）

12月9日，中国音乐学院举办金铁霖学生音乐会。

人才强教

蓝天宇锋幼儿园培训舞蹈教师。

11月21日，崇文区光明幼儿园开展教师岗位技能练兵活动。

9月25日，平谷区举办幼儿教师动手操作基本功比赛。

7月12日，门头沟区少年宫举办教师基本功比赛。

3月26日，北京市学前教育教师培养工作室启动。

12月19日，西城区举办马静校长办学思想研讨会。

暑期，东城区25所中学815名高中教师走进东城区教师研修中心进行语文、数学、化学、历史等13个学科高中新课程培训。（周良）

10月25日，北京教育学院组织拜师活动并为导师献花。

8月21日，东城区11名汉语援疆教师起程，奔赴新疆和田地区开始为期一年的支教工作。（周良）

①

②

③

①5月13日，东城区召开人才建设大会，为校长工作室颁牌。（周良）
②12月26日，崇文区举办第六届“崇文杯”教学大赛。
③3月2日，北京教育学院组织教师资格认定考试。

顺义一中教职工开展“文体活动月”，提高教师身体素质。

① 暑期，北京现代职业技术学院数控技术专业教师在进行技能培训。
② 北京农业职业学院牧医系教师在奶牛场检验鲜奶品质。

北京现代职业技术学院汽车专业青年教师（左）在工厂师傅指导下进行技能训练。

10月24日，北京建筑工程学院与英国格拉摩根大学举行名誉教授互聘仪式。

（曹洪涛）

6月5日，北京邮电大学举行徐大雄院士80华诞暨教学57周年学术报告会。

11月11日，北京理工大学聘任诺贝尔奖获得者詹姆斯·莫里斯为名誉教授。

3月10日，诺贝尔经济学奖得主克莱夫·格兰杰教授被聘为中央财经大学中国金融发展研究院名誉院长。

学校建设

① 北京市第五幼儿园建设“创意美”教室
② 海淀武警总部机关幼儿园增加 8 平方米的盥洗室、洗手间
③ 丰台区实验学校新校舍
④ 燕山前进二小童乐餐厅
⑤ 大兴区长子营一小教学楼
⑥ 顺义区西辛小学建成国学教室

北京小学翡翠城分校

平谷区第五幼儿园

① 北京市第九中学校园一角　（徐勇摄）
② 北京市第十中学校貌
③ 平谷区黄松峪中学大型太阳能浴室
④ 平谷中学操场及初中分部全貌
⑤ 北京市东直门中学
⑥ 顺义区杨镇一中
⑦ 农村学校喜获市政府配置生活用车

通州区于家务中学新址投入使用

北京市建材工业学校

木工实训中心及学生作品

环境质量检测中心

材料性能检测实训中心

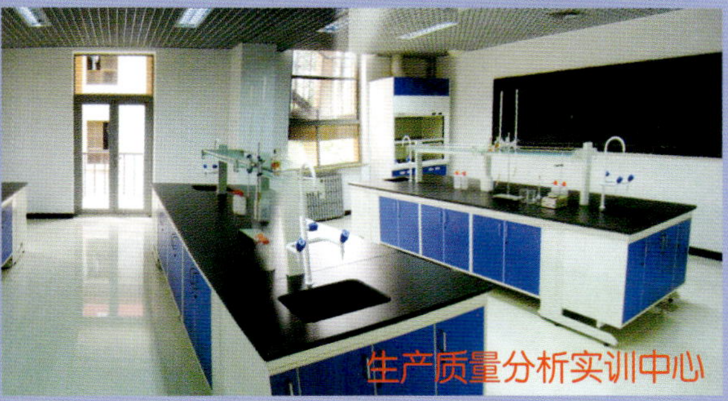
生产质量分析实训中心

北京教学植物园现代农业温室设施

北京黄庄职业高中假牙设计与制造专业实训基地

① 北京现代职业技术学院图书馆一角
② 中国信息大学多功能体育馆内景 （逄小威）
③ 中国劳动关系学院大学生公寓投入使用
④ 朝阳区忠德学校“仁爱楼”
⑤ 北京现代职业技术学院太阳能浴室投入使用

北京农业职业学院学生餐厅落成　　北京人文大学学校行政楼　　北京科技职业学院八达岭校区主楼

① 北京理工大学电动车辆国家工程实验室
② 4月27日，清华大学百年校庆重要建筑“新清华学堂”奠基
③ 北京建工学院启动国家级特色专业建筑学专业建设项目
（曹洪涛）
④ 对外经济贸易大学图书信息中心（新图书馆）大楼投入使用

中国政法大学昌平校区全景

交流合作

1月15日，加拿大青年志愿者到北京市第五幼儿园学习研修。

5月29日，发展中国家政府官员到芳草地小学交流访问。

6月26日，美国教育专家与石景山区实验小学学生交流。

10月16日，朝阳区实验小学中英学生共上一节课。

1月29日，东城区府学胡同小学绘画作品在北京西班牙塞万提斯学院展出。

5月29日，中外学生同上艺术兴趣课。

1月24日，北京大学附属实验学校与韩国学校签约。

7月28日，在中、日、朝三国首都红十字会青少年夏令营活动中，青少年交流手工艺作品制作。

2月22日，丹麦斯文堡中学代表团访问汇文中学。

7月16日，通州区英语教师赴美培训学习。

6月30日，北京市第五十五中学国际学生部来自20个国家和地区的高中学生毕业，庆祝圆满完成学业。（周良）

11月3日，中日中学生共同绘画“和平与友谊”。（周良）

5月21日，奥地利大使到北京市商业学校参观访问。
（冯瑞琴）

10月28日，法国职教团访问劲松职业高中。

5月12日，荷兰师生访问北京市外事学校。

11月12日，“诺贝尔奖获得者北京论坛”上，首都高校学生与“诺奖”大师对话。

北京电子科技职业学院学生与芬兰赫尔辛基城市技术学院学生友好交流。

11月16日至22日，中央财经大学师生赴秘鲁担当APEC“未来之声”文化使者——杜竞强和指导教师钟琦在开幕式上合影。

11月11日，北京印刷学院与莫斯科国立印刷艺术大学签署合作协议。

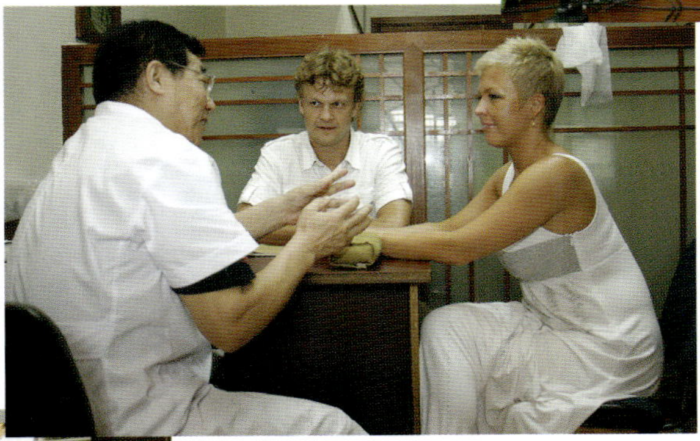

9月17日，爱沙尼亚总统夫人参观中医药大学国医堂。

6月10日，对外经济贸易大学举办中国——瑞士竞争法研讨会。

10月23日，中国科学院研究生院与丹麦科技创新部、丹麦高校联盟签署共建“中丹科技中心”合作备忘录。

10月21日，北京理工大学与澳大利亚西澳大学签订博士生培养协议。

奥 林 匹

2月25日，团结湖小学开展“奥运三礼”金牌赛。

4月26日，东城区开展中小学生我与奥运同行主题活动。　（周良）

4月26日，在东城区举办的纪念奥运倒计时100天活动中，市教委领导向双语标兵表示祝贺。

①1月29日，“奥运冠军墙”成为学生追星台。
②4月22日，北京市第五幼儿园开展“迎奥运我与圣火走世界”活动。
③2月25日，东城区小学生的开学礼物——奥运文明礼仪课程表。　（周良）

克 教 育

5月17日，市教委举办奥林匹克教育成就展示会。

5月31日，东城区8所小学100名少先队员参加由东城区少年宫组织的题为《我不是一个塑料袋》红领巾迎“绿色奥运”环保袋创意设计大赛颁奖、展示活动。（周良）

6月14日，市教委举办文明礼仪知识大赛。

6月10日，耿丹学院奥运写真宣传专栏。

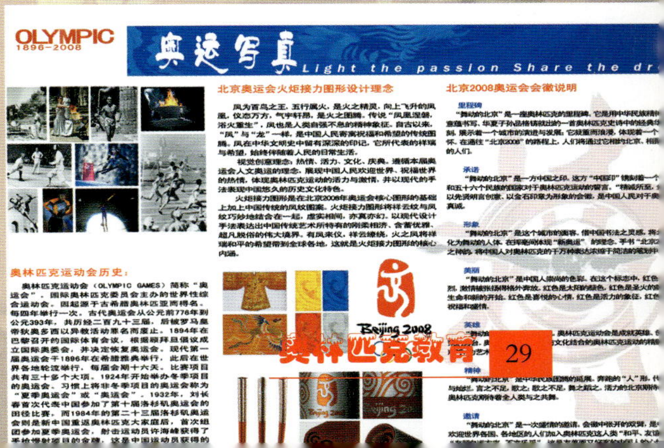

①

②

③

④

⑤

参与

① 国际关系学院郭惠民副院长成为第29届奥运会火炬手。

② 8月6日，什刹海体校校长李贵成参加奥运火炬传递。

③ 6月10日，北京市第四中学学生张忞心丽江参加奥运火炬传递。

④ 8月7日，崇文小学教师当选奥运火炬手。

⑤ 8月6日，少年宫学员在故宫午门参加火炬传递起跑仪式演出。

⑥ 7月27日，参加入村仪式。

⑥

①

交流

① 8月24日，中学生将艺术作品送给萨马兰奇。（周良）

② 3月28日，比利时VSKO教育考察团与北京市第五十五中开展“同心结”活动。（周良）

②

③

④

⑤

③ 8月19日，东方德才学校向运动员赠送礼品。

④ 1月25日，哈萨克斯坦议长访问“手拉手”前门外国语学校。

⑤ 8月13日，塞浦路斯总统访问中关村四小。

志愿者风采

①7月31日，北京现代职业技术学院场馆通讯业务赛会志愿者在工作中，专心记录集群通话。
②8月1日，公路自行车志愿者在比赛起点服务。（杨光）
③8月5日，朝阳区建外街道地区志愿者为外宾查找目的地。
④7月30日，电子科技职业学院志愿服务实习生在国际广播中心，主新闻中心、媒体村、运动员村服务。
⑤8月23日，北京市园林学校教师在奥运花卉配送中心服务。

媒体村住宿服务团队誓师。

8月14日，北京交通职业技术学院志愿者为铁人三项赛演练服务。

8月8日，北京电子科技职业学院教职工成为奥运驾驶员志愿者。

8月23日，在洲际酒店工作的志愿者为篮球明星科比送上自制的福娃作为生日礼物。

⑥8月15日，奥运鸟巢服务队学生为会场转播室准备自助餐。
⑦9月7日，北京市外事学校鸟巢服务队真诚微笑赢得了国际友人的赞誉。
⑧7月17日，北京城市学院志愿者在工作。

为奥运加油

① 8月9日，东城区中小学学生为第29届奥运会自行车公路赛运动员加油。（周良）

② 8月11日，东城区中学生为第29届奥运会拉脱维亚女篮加油。（周良）

③ 8月18日，崇文小学师生在观赛现场。

④ 8月15日，北京市第一五四中学学生在鸟巢观看比赛。

⑤ 9月16日，北京市第三十五中学学生在国家体育场观看奥运比赛。

⑥ 8月6日，北京市第三十一中学师生在现场观看火炬传递仪式。

⑦ 8月13日，长安小学师生观看沙滩排球比赛，为中国队呐喊助威。

⑧ 4月29日，首都大学生举办迎奥运倒计时100天主题活动。

⑨ 8月16日，奥运会赛事现场北工大学子打出“张宁，北工大为你骄傲”标语。

⑩ 9月12日，苇沟小学观看田径比赛。

9月2日，北京市龙潭中学师生为奥运比赛加油。

目　录

编辑说明

法　　规

北京市实施《中华人民共和国义务教育法》
办法 ……………………………………………………（3）

调研与报告

北京市2008年教育法律法规执行情况
督导检查报告 ……………………………………（9）
北京市“十一五”时期教育发展规划中期
监测评估报告 ……………………………………（12）
2008年北京高等教育质量分析报告 ………………（18）
高中课改下学校自主安排课程试验调研
报告 ………………………………………………（23）
关于北京市2008年教育经费执行情况
的公告 ……………………………………………（28）

专文与纪实

深入学习实践科学发展观　努力办好人民
满意的首都教育 ………………………… 刘利民（31）
发挥优势　扎实工作
为成功举办奥运做贡献 …… 北京市教育委员会（35）
一方有难　八方支援　众志成城
抗震救灾 ………… 北京市教育委员会办公室（37）

北京教育总述

2008年北京教育简况 ………………………………（43）
2008年北京教育大事记 ……………………………（45）

综合管理

综　述 ……………………………………………（53）
总　类
人大承办领导人与公众交流活动 …………………（54）
成立市教委政府信息公开办公室 …………………（54）
刘淇看望北航寒假留校学生 ………………………（54）
彭珮云到五中考察 …………………………………（54）
胡锦涛出席中日青少年友好交流年开幕式 ………（54）
胡锦涛等国家领导与少先队员义务植树 …………（54）
温家宝为培黎职院书写校训并复信 ………………（54）
胡锦涛视察北大 ……………………………………（54）
温家宝视察法大 ……………………………………（55）
王安顺调研两所高校 ………………………………（55）
刘利民督察平安奥运工作 …………………………（55）
刘淇郭金龙观看中关村中学急救队表演 …………（55）
郭金龙视察高考工作 ………………………………（55）
市人大领导到长哨营满族中学调研 ………………（55）
赵凤桐调研石景山小学生早晨到校时间 …………（55）
刘利民到教学植物园调研 …………………………（55）
交通学校教师做客中南海 …………………………（55）

刘延东与师生共度教师节 ……（56）
习近平与史家小学学生一起做实验 ……（56）
赵凤桐视察建工学院 ……（56）
刘延东观摩《长城汉语》示范课堂 ……（56）
温家宝考察博奥生物芯片中心 ……（56）
政府信息公开工作突出积极稳妥 ……（56）
信访工作突出长效机制 ……（56）

政策法规

概　况 ……（56）
编制青少年法制教育课堂系列动画片 ……（56）
举办教育系统法制培训班 ……（57）
《北京市实施〈中华人民共和国义务教育法〉办法》审议通过 ……（57）

组织干部工作

概　况 ……（57）
开展两委一室机关干部竞争上岗工作 ……（57）
召开年度高校组织工作会 ……（57）
3所高校副校级职位竞争上岗 ……（57）
检查19所高校党建和思想政治工作达标工作 ……（58）
表彰高校先进基层党组织和优秀个人 ……（58）
开展高等学校领导班子巡视工作 ……（58）
完成援疆和援川干部选派工作 ……（58）
城市学院党的关系转至市委教育工委 ……（58）
完成7所高校行政副职公开选拔工作 ……（58）
举办第五期教育行政管理研修班 ……（58）
举办首期高校青年干部培训班 ……（58）
举办高校领导干部教育管理高级研修班 ……（58）
举办高校领导干部赴美培训班 ……（58）
召开加强党的建设座谈会 ……（58）
完成教育系统干部挂职锻炼工作 ……（59）
完成干部出国政审工作 ……（59）
高校共产党员交纳抗震救灾“特殊党费” ……（59）
完成年度政工职评工作 ……（59）

宣传教育工作

概　况 ……（59）
召开高校宣传教育和安全稳定工作会议 ……（59）
开展高校博士生和博士后挂职锻炼工作 ……（59）
评审党建和思政工作优秀成果 ……（59）
开展高校师生思想政治状况滚动调查 ……（59）
分析大学生自杀心理案例 ……（59）
举办首都大学生创意文化节 ……（60）
举办首都大学生心理健康节 ……（60）
举办高校红色“1+1”活动 ……（60）
启动高校思想政治理论课教学信息员工作 ……（60）
发起“彩虹1+1”援助活动 ……（60）
举办让青春在祖国最需要的地方闪光主题活动 ……（60）
举办抗震救灾英模事迹高校专场报告会 ……（60）
举办中美大学生文化交流活动 ……（60）
举办首届研究生学术科技文化节 ……（60）
表彰高校优秀辅导员 ……（61）
创办《北京教育（德育）》杂志 ……（61）
召开首届中美加高校学生事务北京峰会 ……（61）
评估高校心理素质教育工作 ……（61）
召开高校辅导员工作会议 ……（61）
参展国际文化创意博览会 ……（61）

统一战线与群众工作

概　况 ……（61）
召开与民盟民进市委对口联系座谈会 ……（61）
启动心桥工程主题活动 ……（62）
召开高校统战部长会议 ……（62）
高校统战理论与实践研究会换届 ……（62）
高校党外人士向灾区捐款 ……（62）

纪检·监察

概　况 ……（62）
召开政风行风民主评议反馈会 ……（62）
组织春季教育收费检查 ……（63）
召开教育系统党风廉政建设工作会议 ……（63）
召开教育纪检监察工作会议 ……（63）
组织纪检监察干部参加全国培训 ……（63）
启动《北京市中小学廉洁教育读本》试点工作 ……（63）
59所高校首次签订党风廉政责任书 ……（63）
监察高校招生考试工作 ……（63）
高校校务公开工作基本规范试行 ……（63）
组织市属市管高校纪委书记培训 ……（63）
举办主题实践活动 ……（63）
制订年度治理教育乱收费工作意见 ……（64）
举办党风廉政建设宣传教育月活动 ……（64）
召开案件质量检查工作会 ……（64）
加强中小学反腐倡廉建设 ……（64）
实施廉政谈话等谈话制度 ……（64）
举办高校预防职务犯罪论坛活动 ……（64）
七部门联合专项督查教育收费情况 ……（64）
召开直辖市纪工委联席会 ……（64）
七部委督查规范教育收费工作 ……（64）

保卫·保密

概　况 ……（65）
签订“平安奥运”任务书 ……（65）
消除高校校园安全隐患 ……（65）
部署教育系统“平安奥运”工作 ……（65）
建立完善督查工作体系 ……（65）
加强应急预案建设 ……（65）
实施校园多维综合防控体系 ……（65）
启动高校维护稳定动态预警系统 ……（66）
集中整治学校及周边治安环境 ……（66）

发展规划

概　况 ……（66）
四中专校与电科职院合并 ……（66）
两中专校并入信息职院 ……（66）
批准设立1所普通本科高校 ……（66）

批准设立1所独立学院 ……………………………… (67)
批准设立1所高等职业学院 …………………………… (67)
高级中等学校招生123154人 ………………………… (67)
高考录取比例连续9年超过70% ……………………… (67)
财　务
概　况 …………………………………………………… (67)
接受市财政局项目绩效考评 ………………………… (67)
完成学校项目绩效考评工作 ………………………… (67)
调整学校综合定额标准 ……………………………… (67)
完成预算项目联合评审工作 ………………………… (68)
实施市级行政事业单位公务卡管理暂行办法 ……… (68)
规范预算管理工作 …………………………………… (68)
健全教育资助制度和助学体系 ……………………… (68)
审　计
概　况 …………………………………………………… (68)
召开教育系统审计工作会议 ………………………… (68)
完成12家市级教育单位审计 ……………………… (68)
入选全国内部审计先进 ……………………………… (69)
举办内部审计机构负责人培训班 …………………… (69)
审计调查6个区县教委市拨教育专项经费 ………… (69)
完成基建和修缮工程审计 …………………………… (69)
基本建设
概　况 …………………………………………………… (69)
开展校舍抗震安全排查工作 ………………………… (69)
召开华北高校基建协会学术研讨会 ………………… (69)
开展教育系统在建项目联检 ………………………… (69)
举办教育系统基建工作专题培训 …………………… (70)
完成农村教师集体宿舍基本情况调查 ……………… (70)
市本级完成基本建设投资6.66亿元 ……………… (70)
区县校舍修缮改造投资12.74亿元 ………………… (70)
完成市本级高校建设项目立项审批7项 …………… (70)
学校后勤
·高校后勤工作·
召开高校后勤推进标准化建设会议 ………………… (70)
召开水电暖运行维护及修缮工程专题现场会 ……… (70)
伙食原材料招投标采购超1亿元 …………………… (70)
制订学生公寓床上用品规范要求 …………………… (71)
检查高校食堂卫生安全工作 ………………………… (71)
召开番茄酱集中采购招标会 ………………………… (71)
华北地区高校后勤协作会年会召开 ………………… (71)
修订标准化学生公寓和食堂标准 …………………… (71)
获全国高校学生公寓文化建设成果奖 ……………… (71)
召开高校后勤年度总结表彰会 ……………………… (71)
验收标准化学生公寓和食堂 ………………………… (71)
对学生食堂和学生进行补贴 ………………………… (72)
·学生营养餐工作·
召开学生营养餐工作会议 …………………………… (72)
举办中国学生营养健康日宣传活动 ………………… (72)
规范学生营养餐原材料进货管理 …………………… (72)
举办学校食堂营养人员培训班 ……………………… (72)
实施卫生标准量化分级管理工作 …………………… (72)
·节能减排工作·
启动节能减排学校行动 ……………………………… (72)
举办节能宣传周活动 ………………………………… (72)
学校安全工作
举办全国中小学生安全教育日活动 ………………… (73)
加强安全隐患排查整改 ……………………………… (73)
举办平安校园创建活动 ……………………………… (73)
全市中小学生投保校方责任保险 …………………… (73)
开展防震减灾安全教育工作 ………………………… (73)
配发小学生交通安全帽 ……………………………… (73)
编印《小学生交通安全教育读本》 ………………… (73)
老干部与关心下一代工作
概　况 …………………………………………………… (73)
召开教育系统关工委工作会 ………………………… (73)
确定首批教育改革发展建设成果基地 ……………… (73)
举办离退休人员健身活动 …………………………… (73)
举办机关离退休干部党员读书班 …………………… (74)
举办关工委骨干培训班 ……………………………… (74)
调研高校退休干部服务管理工作情况 ……………… (74)
组织参观高校国家重点实验室 ……………………… (74)
举办高校老干部处处长培训班 ……………………… (74)
举办离退休人员摄影展 ……………………………… (74)
学生管理
概　况 …………………………………………………… (74)
完成成人高校新生学籍电子注册 …………………… (74)
完成毕业证书电子注册 ……………………………… (74)
高等教育单位培养毕业生202582人 ……………… (75)
评定首批高校示范性就业中心 ……………………… (75)
北京地区高校示范性就业中心名单 ………………… (75)
完成新生学籍电子注册 ……………………………… (75)
7833名毕业生西部地区就业 ………………………… (75)
17518名毕业生基层就业 …………………………… (75)
完成本专科在校生学年注册工作 …………………… (75)
完成本专科学籍变动备案 …………………………… (75)
港澳台侨工作
概　况 …………………………………………………… (76)
职业教育管理工作者赴台考察 ……………………… (76)
接待香港姊妹签约校来京交流 ……………………… (76)
接待香港中小学训育及辅导人员考察团 …………… (76)
接待香港电脑教育学会访问团 ……………………… (76)
组织京港中学生校园网上对话活动 ………………… (76)
组团赴台参加高中生阿里山夏令营 ………………… (76)
接待澳门资深教师访问团 …………………………… (76)
评审港澳台侨学生奖学金 …………………………… (76)
举办京澳中学生合作研讨活动 ……………………… (76)
组织教育管理干部赴港学习考察 …………………… (76)
分别接待港澳代表团 ………………………………… (76)
档案管理
概　况 …………………………………………………… (77)

完成文件材料立卷归档规范修订工作 …………………（77）
落实高等学校档案管理办法 …………………………（77）
完成奥运教育档案归档工作 …………………………（77）
语言文字工作
概　况 ……………………………………………………（77）
调整市语委机构 ………………………………………（77）
成立专家委员会 ………………………………………（77）
实施社会用字义务监督员工作管理办法 ……………（77）
两单位建立普通话水平测试工作站 …………………（77）
举办迎奥运中华经典诵读活动 ………………………（78）
31 所学校入选市语言文字规范化示范校 ……………（78）
25756 人参加普通话培训和测试 ……………………（78）
中共北京市委教育工作委员会
书记、副书记、委员 …………………………………（78）
北京市教育委员会
主任、副主任、委员
两委机关各处室负责人 ………………………………（78）
中共北京市纪律检查委员会教育工作委员会
书记、副书记 …………………………………………（78）

教育督导

综　述 ……………………………………………………（81）
总　类
制订兼职督学补贴发放办法 …………………………（82）
召开年度教育督导工作总结会 ………………………（82）
制订教育督导工作经费管理规定 ……………………（82）
修订实施素质教育评价方案 …………………………（82）
召开北京市第六次教育督导工作会议暨 2008 年
教育法律法规执行情况部署会 ………………………（82）
召开特约教育督导员工作会 …………………………（82）
召开暑期督学培训会 …………………………………（82）
举办高中课程改革督学培训 …………………………（82）
举办职业教育督学培训 ………………………………（82）
督导检查
完成每天一小时体育活动专项督导 …………………（83）
完成中职学校德育工作专项督导 ……………………（83）
完成职业教育执法情况督导检查 ……………………（83）
完成基础教育执法情况督导检查 ……………………（83）
完成部分初中建设工程督导检查 ……………………（83）
督导调研
完成学生学习困难成因调研 …………………………（83）
完成区县乡镇成人学校现状调研 ……………………（83）
完成中职学校政府投资情况调研 ……………………（84）
完成普通高中课改调研 ………………………………（84）
完成技能型人才需求调研 ……………………………（84）
承担全国中职教育督导评价研究 ……………………（84）
完成独立学院办学情况调研 …………………………（84）
完成教育督导工作状况调研 …………………………（84）
北京市人民政府教育督导室
主任、副主任 …………………………………………（84）

学前教育

综　述 ……………………………………………………（87）
总　类
学前教育专项经费达历史最高 ………………………（88）
召开特教行动计划总结会 ……………………………（88）
召开学前教育工作交流会 ……………………………（88）
办理提案 7 件 …………………………………………（88）
关注学前特殊儿童教育 ………………………………（88）
教师工作室启用 ………………………………………（88）
启动阳光体育活动 ……………………………………（88）
举办幼儿教师基本功展评活动 ………………………（88）
启动第二轮“手拉手”支教活动 ……………………（88）
举办转岗教师专业化培训 ……………………………（88）
完成非法办园治理工作 ………………………………（89）
完成街道幼儿园情况调研 ……………………………（89）
出版“福娃奥运”系列丛书 …………………………（89）
验收早期教育示范基地 ………………………………（89）
完成示范园评审和园所级类验收工作 ………………（89）
示范幼儿园
·北京市西城区北海幼儿园·
概　况 ……………………………………………………（89）
通过市级示范园年度考核 ……………………………（89）
举办学习型组织建设专题讲座 ………………………（89）
举办消防安全宣传周活动 ……………………………（89）
举办青年教师才艺展示 ………………………………（89）
接待教育部专家组调研 ………………………………（90）
·北京市西城区棉花胡同幼儿园·
概　况 ……………………………………………………（90）
举办“春苗杯”教学基本功大赛 ……………………（90）
通过幼儿园综合督导检查 ……………………………（90）
举办教师节演讲活动 …………………………………（90）
召开师徒结对经验交流会 ……………………………（90）
举办园本课程建设宣讲活动 …………………………（90）
举办迎新年庆祝活动 …………………………………（90）
召开传承棉幼文化新年座谈会 ………………………（90）
·北京市第五幼儿园·
概　况 ……………………………………………………（90）
举办“早期阅读”课题研讨会 ………………………（90）
举办奥运系列教育活动 ………………………………（90）
接待加拿大志愿者参观学习 …………………………（91）
出版《促进幼儿教师成长丛书》 ……………………（91）
举办保育课堂系列培训 ………………………………（91）
举办教师读书活动 ……………………………………（91）
举办主题环境创设教研活动 …………………………（91）
举办赈灾捐款活动 ……………………………………（91）
科研成果获奖 …………………………………………（91）

举办园本教研开放活动 …………………………………… (91)
举办摄影图片展 ……………………………………………… (91)
·北京市崇文区第二幼儿园·
概　况 ……………………………………………………… (92)
接待澳大利亚幼教参观团 ………………………………… (92)
举办民间体育游戏活动 …………………………………… (92)
举办“阅读沙龙”活动 …………………………………… (92)
·北京市朝阳区安华里第二幼儿园·
概　况 ……………………………………………………… (92)
举办“安全月”活动 ……………………………………… (92)
召开园级家长委员会 ……………………………………… (92)
召开幼儿伙食管理家园研讨会 …………………………… (92)
举办师德月主题活动 ……………………………………… (92)
举办社区早教咨询活动 …………………………………… (92)
开设园长讲堂 ……………………………………………… (92)
举办奥运环保活动 ………………………………………… (92)
举办庆六一幼儿运动会 …………………………………… (93)
举办教师教学基本功评比活动 …………………………… (93)
新建幼儿图书室正式开放 ………………………………… (93)
举办亲子混龄秋季运动会 ………………………………… (93)
·北京市六一幼儿院·
概　况 ……………………………………………………… (93)
完成幼儿体检工作 ………………………………………… (93)
举办国际阅读日活动 ……………………………………… (93)
举办“奥运记忆”展示活动 ……………………………… (93)
·北京师范大学实验幼儿园·
概　况 ……………………………………………………… (93)
修订幼儿园《管理手册》 ………………………………… (93)
举办向灾区献爱心活动 …………………………………… (93)
加强食品安全管理工作 …………………………………… (94)
完成管理干部岗位竞聘 …………………………………… (94)
“娃娃图书馆”改装工程竣工 …………………………… (94)
·北京市海淀区太阳幼儿园·
概　况 ……………………………………………………… (94)
举办传统节日庆祝活动 …………………………………… (94)
举办亲子爬长城活动 ……………………………………… (94)
接待市级骨干教师培训班观摩 …………………………… (94)
举办“美食品尝会”活动 ………………………………… (94)
·北京市丰台区丰台第一幼儿园·
概　况 ……………………………………………………… (94)
利用班级博客促进家园联系 ……………………………… (94)
采取措施预防手足口病 …………………………………… (95)
举办英语教学观摩活动 …………………………………… (95)
举办信息技术培训 ………………………………………… (95)
·解放军总后勤部六一幼儿园·
概　况 ……………………………………………………… (95)
举办民族体育活动 ………………………………………… (95)
举办“我会洗手”活动 …………………………………… (95)
举办教师教育技能展示活动 ……………………………… (95)
实验幼儿智能数学教育方法 ……………………………… (95)
举办角色区活动 …………………………………………… (95)
规范保教管理工作常规 …………………………………… (95)
·北京市延庆县第三幼儿园·
概　况 ……………………………………………………… (95)
举办视频教研活动 ………………………………………… (96)
实验“走动式”区域活动 ………………………………… (96)
通过语言文字校验收 ……………………………………… (96)
举办骨干教师献课活动 …………………………………… (96)
·北京市宣武区槐柏幼儿园·
概　况 ……………………………………………………… (96)
召开“走进童心世界”研讨会 …………………………… (96)
举办消防演习模拟训练活动 ……………………………… (96)
开展缓解幼儿分离焦虑情绪实验 ………………………… (96)
2项信息技术应用作品获奖 ……………………………… (96)
举办贯彻《纲要》现场观摩活动 ………………………… (97)
·北京市朝阳区劲松第一幼儿园·
概　况 ……………………………………………………… (97)
举办爱心捐助活动 ………………………………………… (97)
赴马来西亚考察访问 ……………………………………… (97)
接待上海家教访问团参观 ………………………………… (97)
举办奥尔夫音乐教学观摩 ………………………………… (97)
赴广西开展教育交流 ……………………………………… (97)
·北京市海淀区四季青常青幼儿园·
概　况 ……………………………………………………… (97)
采取措施预防手足口病 …………………………………… (97)
缓解新生入园焦虑情绪 …………………………………… (97)
举办升班主题教育活动 …………………………………… (97)
采取措施控制肥胖儿体重增长 …………………………… (97)
举办教师汇操展评活动 …………………………………… (97)
举办家园同乐迎新年活动 ………………………………… (98)
·北京市顺义区建南幼儿园·
概　况 ……………………………………………………… (98)
开展一课多研活动 ………………………………………… (98)
举办教师教育理论考核 …………………………………… (98)
举办特色课程家长开放日活动 …………………………… (98)
举办音乐教师培训 ………………………………………… (98)
举办送教进社区活动 ……………………………………… (98)
举办每天舞动一小时活动 ………………………………… (98)
举办音乐教学专项交流活动 ……………………………… (98)
·北京市朝阳区和平街幼儿园·
概　况 ……………………………………………………… (98)
举办情境教学专题讲座 …………………………………… (99)
举办爱的传递主题活动 …………………………………… (99)
举办案例写作专题讲座 …………………………………… (99)
举办幼儿心理学知识讲座 ………………………………… (99)
举办幼儿园开放日活动 …………………………………… (99)
通过校园文化检查 ………………………………………… (99)
举办攀登英语教研活动 …………………………………… (99)
·北京市朝阳区松榆里幼儿园·
概　况 ……………………………………………………… (99)

召开年度“手拉手”工作总结会 …………………… (99)
举办首届教师趣味运动会 …………………………… (99)
举办画奥运文化衫活动 ……………………………… (99)
举办主食花样展示活动 ……………………………… (99)
·北京市西城区洁民幼儿园·
概　况 ……………………………………………… (100)
接待全国幼教工作者参观 ………………………… (100)
举办亲子巧手制作大赛 …………………………… (100)
举办主题革命教育活动 …………………………… (100)
·北京市怀柔区第二幼儿园·
概　况 ……………………………………………… (100)
接待台湾功文文教基金会访问 …………………… (100)
开展小幼衔接活动 ………………………………… (100)
承担转岗教师培训任务 …………………………… (100)
接待学前教育工作组调研 ………………………… (100)
制订七项措施提高教师专业素质 ………………… (100)
举办青年教师基本功大赛 ………………………… (100)
举办“阳光体育”亲子运动会 …………………… (101)
评选“师德之星、优秀干部” …………………… (101)
举办青年教师创意大赛 …………………………… (101)
·解放军总后勤部五一幼儿园·
概　况 ……………………………………………… (101)
举办外来务工人员专场亲子活动 ………………… (101)
举办家教知识讲座 ………………………………… (101)
召开家长代表会 …………………………………… (101)
·北京市门头沟区幼儿园·
概　况 ……………………………………………… (101)
举办防震知识讲座 ………………………………… (101)
举办书香校园读书活动 …………………………… (101)
举办社会实践活动 ………………………………… (101)
制订消防安全新措施 ……………………………… (102)
·北京市石景山区第三幼儿园·
概　况 ……………………………………………… (102)
召开新生家长会 …………………………………… (102)
举办教师技能大赛 ………………………………… (102)
投资14万元改善户外环境 ………………………… (102)
举办青年教师评优活动 …………………………… (102)
编写《家园共育手册》 …………………………… (102)
·北京市第七幼儿园·
概　况 ……………………………………………… (102)
接待怀柔教师挂职锻炼 …………………………… (102)
举办送教下乡活动 ………………………………… (102)
举办青年教师流动课展示 ………………………… (102)
·北京市崇文区光明幼儿园·
概　况 ……………………………………………… (102)
举办冬季长跑活动 ………………………………… (102)
举办支教下乡活动 ………………………………… (103)
举办首届“春耕节”活动 ………………………… (103)
举办阳光体育锻炼活动 …………………………… (103)
与大兴七幼签订“手拉手”协议 ………………… (103)
举办幼儿户外操展示评比活动 …………………… (103)
举办岗位技能练兵活动 …………………………… (103)
·北京市昌平区教工幼儿园·
概　况 ……………………………………………… (103)
举办“手拉手”幼儿社会实践活动 ……………… (103)
接待学前教育培训班学员参观 …………………… (103)
举办厨艺作品展示活动 …………………………… (103)
举办社会认知主题活动 …………………………… (104)
举办肥胖幼儿健康成长讲座 ……………………… (104)
·北京市朝阳区三里屯幼儿园·
概　况 ……………………………………………… (104)
举办每月一日游活动 ……………………………… (104)
举办消防安全教育活动 …………………………… (104)
举办建园50周年庆祝活动 ………………………… (104)
启动冬锻活动 ……………………………………… (104)
举办幼儿园半日开放活动 ………………………… (104)
·北京市朝阳区惠新里幼儿园·
概　况 ……………………………………………… (104)
举办《纲要》宣传活动 …………………………… (104)
举办卫生保健示范园观摩活动 …………………… (104)
举办“手拉手”支教活动 ………………………… (105)
·北京市崇文区第三幼儿园·
概　况 ……………………………………………… (105)
举办传统节日教育活动 …………………………… (105)
举办礼让主题教育活动 …………………………… (105)
举办职业形象设计展评活动 ……………………… (105)
举办家教知识讲座 ………………………………… (105)
举办园级骨干教师评选活动 ……………………… (105)
举办走进小学社会实践活动 ……………………… (105)
举办民间游戏展示 ………………………………… (105)
举办“手拉手”互助活动 ………………………… (105)
举办迎奥运阳光体育活动 ………………………… (105)
举办“生活化”幼儿科教成果展 ………………… (105)
举办信息技术应用教育展示活动 ………………… (106)
举办幼儿音条琴教学实践 ………………………… (106)
召开教育案例分析会 ……………………………… (106)
接待新加坡教育代表团 …………………………… (106)
举办交通安全教育活动 …………………………… (106)
举办故事大王表演赛 ……………………………… (106)
·北京明天幼稚集团第一幼儿园·
概　况 ……………………………………………… (106)
举办阳光体育工程活动 …………………………… (106)
实现学籍管理信息化 ……………………………… (106)
接待大学生实习 …………………………………… (106)
·北京军区政治部幼儿园·
概　况 ……………………………………………… (106)
投资60万元改善园舍环境 ………………………… (107)
举办保教互助工作会 ……………………………… (107)
签订结对互助协议 ………………………………… (107)
举办教师培训 ……………………………………… (107)

·北京市大兴区第三幼儿园·
概　况 …………………………………………… (107)
举办安全教育活动 ………………………………… (107)
举办班级天气日志评比活动 ……………………… (107)
举办语言教学观摩活动 …………………………… (107)
接待幼师应届毕业生参观 ………………………… (107)
接管兴城嘉园小区配套幼儿园 …………………… (107)
举办“我最喜爱的好老师”评选活动 …………… (107)
·北京市顺义区仁和中心幼儿园·
概　况 …………………………………………… (107)
举办如何撰写论文与案例讲座 …………………… (108)
启动图书漂流活动 ………………………………… (108)
完成园本教材编写 ………………………………… (108)
召开家长委员会 …………………………………… (108)
通过“青年文明号”专家验收 …………………… (108)
举办教师艺术基本功比赛活动 …………………… (108)
举办体验式家长半日开放活动 …………………… (108)
举办科研月活动 …………………………………… (108)
·北京市延庆县第二幼儿园·
概　况 …………………………………………… (108)
成立市级骨干教师工作室 ………………………… (108)
举办语言活动课展示活动 ………………………… (108)
举办骨干教师献课活动 …………………………… (108)
举办废旧物制作才艺展示活动 …………………… (109)
·北京市昌平区机关幼儿园·
概　况 …………………………………………… (109)
举办春季植树活动 ………………………………… (109)
举办亲子制作大赛 ………………………………… (109)
举办送教进山区亲子活动 ………………………… (109)
举办家长评教活动 ………………………………… (109)
·北京市平谷区第三幼儿园·
概　况 …………………………………………… (109)
举办维斯德课程培训 ……………………………… (109)
制订幼儿发展评价指标 …………………………… (109)
举办“手拉手”帮教活动 ………………………… (109)
举办登山踏春活动 ………………………………… (110)
举办社区早教宣传活动 …………………………… (110)
举办幼儿园半日开放活动 ………………………… (110)
举办保健医生培训 ………………………………… (110)
·北京市大兴区第二幼儿园·
概　况 …………………………………………… (110)
举办转岗教师观摩活动 …………………………… (110)
举办外教英语开放周活动 ………………………… (110)
与庞各庄中心园建立“手拉手”关系 …………… (110)
举办卫生保健观摩活动 …………………………… (110)

基础教育

综　述 …………………………………………… (113)

总　类
成立青少年科技创新学院 ………………………… (114)
非农户籍生免收教科书费 ………………………… (114)
提高寄宿生伙食补助标准 ………………………… (114)
建立教科书循环使用制度 ………………………… (114)
完成义务教育阶段入学工作 ……………………… (114)
召开教材改革实验工作总结会 …………………… (114)
完善外来务工人员子女教育 ……………………… (114)
实施电子化学籍管理 ……………………………… (115)
扩大中小学信息化设备投入 ……………………… (115)
实施中小学校园网防雷工程 ……………………… (115)
完成农村寄宿制中小学改造 ……………………… (115)

小学教育
概　况 …………………………………………… (115)
组织教师基本功培训展示 ………………………… (115)
召开小学规范化建设工作会 ……………………… (115)
完成100所小学改造任务 ………………………… (115)

小　学
·北京市东城区史家胡同小学·
概　况 …………………………………………… (116)
召开教学研讨会 …………………………………… (116)
开设“班主任沙龙” ……………………………… (116)
接待广州教育考察团 ……………………………… (116)
组织抗震救灾系列活动 …………………………… (116)
参加全国英语比赛获奖 …………………………… (116)
获市教科研优秀成果奖 …………………………… (116)
参加全国少儿围棋锦标赛获奖 …………………… (116)
添置地动仪 ………………………………………… (116)
参加全国学科比赛获奖 …………………………… (116)
推出白板技术教学展示课 ………………………… (117)
获可持续发展教育示范校奖 ……………………… (117)
·北京市东城区府学胡同小学·
概　况 …………………………………………… (117)
“太极推手”引入校本课程 ……………………… (117)
接待全国校长考察团 ……………………………… (117)
学生任自然博物馆讲解员 ………………………… (117)
安怡霏获全国十佳少先队员称号 ………………… (117)
与鄂尔多斯学校签订手拉手协议 ………………… (118)
参加全国小学英语教研获奖 ……………………… (118)
召开可持续发展教育论坛 ………………………… (118)
组织联合教研活动 ………………………………… (118)
·北京市东城区灯市口小学·
概　况 …………………………………………… (118)
召开市级课题现场会 ……………………………… (118)
成立农村教师研修工作站 ………………………… (118)
参加全国教育软件比赛获奖 ……………………… (118)
·北京市东城区西中街小学·
概　况 …………………………………………… (118)
开展心理专家进校园活动 ………………………… (119)
林妙可参与奥运开幕式演出 ……………………… (119)

召开教科研培训会 …………………………… (119)
接待香港学校交流访问 ………………………… (119)
·北京第二实验小学·
概　况 ………………………………………… (119)
召开环境教育现场会 …………………………… (119)
举办体育节活动 ………………………………… (119)
举办系列科技活动 ……………………………… (119)
·北京市西城区育民小学·
概　况 ………………………………………… (119)
举办英语阅读展示 ……………………………… (119)
参观载人航天研究院 …………………………… (120)
举办课堂教学交流 ……………………………… (120)
举办第五届科技节 ……………………………… (120)
·北京市西城区自忠小学·
概　况 ………………………………………… (120)
参加市学科教学评优获奖 ……………………… (120)
张自忠铜像落成 ………………………………… (120)
开展教学基本功培训 …………………………… (120)
加强校本课程建设 ……………………………… (120)
·北京市崇文区光明小学·
概　况 ………………………………………… (120)
分层制订教师发展规划 ………………………… (120)
接待日本绿化合作代表团 ……………………… (121)
探索学困生发展策略 …………………………… (121)
建立科技教育基地 ……………………………… (121)
通过市级校本课程验收 ………………………… (121)
举办金帆舞蹈团专场演出 ……………………… (121)
接待英国教育联盟访问 ………………………… (121)
与平谷开展课堂教学互动研讨 ………………… (121)
评选良好习惯形象大使 ………………………… (121)
召开科研课题阶段研讨会 ……………………… (121)
探索学生心理体验 ……………………………… (122)
表彰首届年度教育人物 ………………………… (122)
·北京市崇文区培新小学·
概　况 ………………………………………… (122)
开展专题教学研究 ……………………………… (122)
承办西部地区教师培训 ………………………… (122)
举办语文学科教学培训 ………………………… (122)
与黑龙江学校进行教学交流 …………………… (122)
提出教学质量观 ………………………………… (122)
与手拉手校进行教学交流 ……………………… (122)
·北京市崇文区前门小学·
概　况 ………………………………………… (122)
加强干部教师管理工作 ………………………… (123)
坚持干部随堂听课制 …………………………… (123)
举办教学设计比赛 ……………………………… (123)
启动抗震救灾系列教育 ………………………… (123)
与英国小学进行网络交流 ……………………… (123)
走读部迁入新址 ………………………………… (123)
校园主题教育活动启动 ………………………… (123)
举办安全疏散演习 ……………………………… (123)
举办感恩月演讲比赛 …………………………… (123)
·北京市崇文区崇文小学·
概　况 ………………………………………… (123)
评选首届师德之星 ……………………………… (123)
启用奥运博客圈 ………………………………… (124)
召开首届科研会议 ……………………………… (124)
开设家长亲职辅导课 …………………………… (124)
举办课堂展示活动 ……………………………… (124)
开展朗读仿写活动 ……………………………… (124)
举办首届民俗藏品交易会 ……………………… (124)
·北京第一师范学校附属小学·
概　况 ………………………………………… (124)
举办第五届书画艺术节 ………………………… (124)
开展垃圾分类教育 ……………………………… (124)
开展学生习惯养成教育 ………………………… (125)
成为农村教师研修工作站 ……………………… (125)
召开学生社团双选会 …………………………… (125)
召开教育部课题中期推进会 …………………… (125)
·北京第一实验小学·
概　况 ………………………………………… (125)
召开市级学科课题教学研讨会 ………………… (125)
开展心系灾区主题活动 ………………………… (125)
举办校内特色节日活动 ………………………… (125)
参加社会大课堂活动 …………………………… (126)
·北京市朝阳区芳草地小学
（北京市朝阳区芳草地国际学校）·
概　况 ………………………………………… (126)
召开教科研年会 ………………………………… (126)
接待发展中国家政府官员访问 ………………… (126)
举办国际学校揭牌仪式 ………………………… (126)
召开市级随班就读研讨会 ……………………… (126)
举办第五届普通话技能表演 …………………… (126)
·北京市朝阳区花家地实验小学·
概　况 ………………………………………… (126)
开展迎奥运教育交流活动 ……………………… (126)
开展抗震救灾支援活动 ………………………… (127)
承办市级听障学生随班就读研讨会 …………… (127)
开展中日教育交流活动 ………………………… (127)
开办青少年文化大讲堂 ………………………… (127)
·北京市朝阳区师范附属小学·
概　况 ………………………………………… (127)
举办第一届阅读节 ……………………………… (127)
参加市学生艺术节获奖 ………………………… (127)
承办数学课堂教学现场会 ……………………… (128)
参加奥运村升旗仪式 …………………………… (128)
举办为灾区送温暖活动 ………………………… (128)
开展联片教研活动 ……………………………… (128)
·北京市丰台区丰台第一小学·
概　况 ………………………………………… (128)

开展名师促教研活动 …………………………………… (128)
接待泰国教育官员访问 ………………………………… (128)
评为首都少年军校示范校 ……………………………… (128)
开展教研组长培训活动 ………………………………… (128)
举办科普报告会 ………………………………………… (128)
通过市综合实践特色校验收 …………………………… (129)
·北京市丰台区翠林小学·
概　况 ………………………………………………… (129)
举办舞蹈班专业考试 …………………………………… (129)
参加市文明拉拉队比赛获奖 …………………………… (129)
举办毕业班铃声节 ……………………………………… (129)
开展舞蹈晨练评比 ……………………………………… (129)
·北京市石景山区六一小学·
概　况 ………………………………………………… (129)
开展奥运交流活动 ……………………………………… (129)
召开校本课程市级研讨会 ……………………………… (129)
开展抗震救灾系列活动 ………………………………… (130)
参加全国主题班会比赛获奖 …………………………… (130)
开展国学诵读活动 ……………………………………… (130)
举办综合性学习讲座 …………………………………… (130)
·北京市石景山区实验小学·
概　况 ………………………………………………… (130)
校园网站开通 …………………………………………… (130)
召开区级体育工作会 …………………………………… (130)
加强国际教育交流 ……………………………………… (130)
接待农村教师研修站学员 ……………………………… (131)
庆祝建校 20 周年 ……………………………………… (131)
·北京市石景山区古城中心小学·
概　况 ………………………………………………… (131)
开展学生法制教育 ……………………………………… (131)
召开市级英语学科整合现场会 ………………………… (131)
召开市级语文教学研讨会 ……………………………… (131)
举办家庭教育培训 ……………………………………… (131)
举办计算教学培训 ……………………………………… (131)
·北京市石景山区古城第二小学·
概　况 ………………………………………………… (131)
召开名校长工作研讨会 ………………………………… (131)
举办市级语文专题研讨 ………………………………… (132)
举办课外阅读展示 ……………………………………… (132)
农村教师研修工作站挂牌 ……………………………… (132)
举办特级教师讲座 ……………………………………… (132)
·北京大学附属小学·
概　况 ………………………………………………… (132)
承办全国古诗诵读交流活动 …………………………… (132)
成立金帆艺术团 ………………………………………… (132)
举行蒴伯赞故居揭牌仪式 ……………………………… (132)
启用校本教材 …………………………………………… (132)
举办经济教育讲座 ……………………………………… (132)
·北京师范大学实验小学·
概　况 ………………………………………………… (132)
举办首届读书节 ………………………………………… (132)
举办中日教育研讨会 …………………………………… (133)
学生赴科技馆志愿讲解 ………………………………… (133)
选派教师赴四川灾区支教 ……………………………… (133)
庆祝建校 50 周年 ……………………………………… (133)
·北京市海淀区实验小学·
概　况 ………………………………………………… (133)
学校豫剧团成立 ………………………………………… (133)
举办教育教学论坛 ……………………………………… (133)
举办课件制作展示 ……………………………………… (133)
举办教师专业化讲座 …………………………………… (133)
举办课题研究展评 ……………………………………… (133)
举办心理健康知识讲座 ………………………………… (134)
·北京市海淀区中关村第一小学·
概　况 ………………………………………………… (134)
使用古诗电铃 …………………………………………… (134)
获得“少儿田径示范校”称号 ………………………… (134)
承办中新数学交流会 …………………………………… (134)
承办市级英语教学观摩活动 …………………………… (134)
启动农村教师研修站 …………………………………… (134)
召开公民教育国际论坛 ………………………………… (134)
召开全国美术课题研讨会 ……………………………… (134)
组织校园志愿者 ………………………………………… (135)
·北京市海淀区中关村第二小学·
概　况 ………………………………………………… (135)
开展航天系列教育活动 ………………………………… (135)
开展抗震救灾系列活动 ………………………………… (135)
参加国际艺术比赛获奖 ………………………………… (135)
召开拜师结对会 ………………………………………… (135)
开展语文教学系列研讨 ………………………………… (135)
举办国旗护卫队慰问演出 ……………………………… (135)
诸齐获全国美术五项全能一等奖 ……………………… (136)
4 名学生获金帆奖 ……………………………………… (136)
举办中美数学科目网络研修 …………………………… (136)
规范教师提案工作 ……………………………………… (136)
·北京市门头沟区永定中心小学·
概　况 ………………………………………………… (136)
承办市校本课程交流会 ………………………………… (136)
举办阳光心语活动 ……………………………………… (136)
获得全国优秀外语实验校称号 ………………………… (136)
·北京市门头沟区清水中心小学·
概　况 ………………………………………………… (136)
开展迎奥运绘画活动 …………………………………… (137)
开设三个专项训练时段 ………………………………… (137)
组织科技教育活动 ……………………………………… (137)
开展改革开放主题教育 ………………………………… (137)
练习写字基本功 ………………………………………… (137)
·北京市门头沟区大峪第二小学·
概　况 ………………………………………………… (137)
参加全国课堂电教比赛获奖 …………………………… (137)

召开互动反馈技术研讨会 …………………………（137）
开展节能减排系列教育 ……………………………（137）
举办安全用药知识竞赛 ……………………………（138）
·北京市房山区河北中心小学·
概 况 ………………………………………………（138）
开展书法艺术进校园活动 …………………………（138）
开展教学联谊活动 …………………………………（138）
开展英语夏令营 ……………………………………（138）
举办干部管理能力培训 ……………………………（138）
举办走进名师系列活动 ……………………………（138）
·北京市房山区窦店中心小学·
概 况 ………………………………………………（138）
推出半月养成训练 …………………………………（138）
制订德育工作流程 …………………………………（138）
举办教学基本功竞赛 ………………………………（139）
开展课堂质量评价 …………………………………（139）
实施教学过程性监控 ………………………………（139）
改善完小办学条件 …………………………………（139）
参加全国优质课展评获奖 …………………………（139）
举办航空知识讲座 …………………………………（139）
·北京市房山区良乡第三小学·
概 况 ………………………………………………（139）
开展“手拉手”帮扶结对活动 ……………………（139）
加强校园文化建设 …………………………………（139）
开展城乡互助教研活动 ……………………………（139）
加强班主任队伍建设 ………………………………（139）
举办主题说课展示 …………………………………（140）
聘任家教理事 ………………………………………（140）
举办校长德育论坛 …………………………………（140）
召开片区协作组工作会 ……………………………（140）
评为国家可持续发展示范校 ………………………（140）
举办第一届读书交流活动 …………………………（140）
促进教师专业化发展 ………………………………（140）
·北京市通州区第一实验小学·
概 况 ………………………………………………（140）
制订微笑圈德育评价指标 …………………………（140）
开展语文课堂教学实验 ……………………………（141）
创设学生半日活动 …………………………………（141）
改进英语教学方法 …………………………………（141）
承办品德与社会市级教学研讨会 …………………（141）
召开家校合作课题开题会 …………………………（141）
组织心系灾区、期盼奥运汇演 ……………………（141）
·北京市通州区张家湾镇中心小学·
概 况 ………………………………………………（141）
开发综合实践活动课程 ……………………………（141）
认定第一届镇级骨干教师 …………………………（141）
编印德育读本 ………………………………………（142）
·北京市顺义区石园小学·
概 况 ………………………………………………（142）
举办迎奥运主题活动 ………………………………（142）
开展抗震救灾主题活动 ……………………………（142）
获“勇敢伙伴”全国总决赛亚军 …………………（142）
举办科普专题讲座 …………………………………（142）
改进教学工作 ………………………………………（142）
通过市级创建学习型学校评估 ……………………（142）
改善办学环境 ………………………………………（142）
创新校本教研 ………………………………………（142）
·北京市顺义区东风小学·
概 况 ………………………………………………（143）
20万元归还失主 ……………………………………（143）
举办迎奥运系列活动 ………………………………（143）
举办家教讲座 ………………………………………（143）
召开三级课程研讨会 ………………………………（143）
开展慰问灾区系列活动 ……………………………（143）
举办中青年教师评优课 ……………………………（143）
召开教育工作会 ……………………………………（144）
加强教科研工作 ……………………………………（144）
·北京市顺义区马坡中心小学·
概 况 ………………………………………………（144）
接待希腊教育学院参观 ……………………………（144）
召开校本教研会 ……………………………………（144）
推出语文阅读研究课 ………………………………（144）
召开校长科研领导力研讨会 ………………………（144）
编写校本课程教材 …………………………………（144）
召开中英科研合作现场会 …………………………（144）
召开参与式发展规划会 ……………………………（145）
·北京市昌平区昌盛园小学·
概 况 ………………………………………………（145）
召开书香家庭创建启动会 …………………………（145）
开展节能减排教育 …………………………………（145）
录制名师课程 ………………………………………（145）
举办快乐星期四活动 ………………………………（145）
可持续发展教育成果集出版 ………………………（145）
开展读书月活动 ……………………………………（146）
·北京市昌平区城北中心小学·
概 况 ………………………………………………（146）
召开市级学籍实验结题会 …………………………（146）
开展迎奥运系列活动 ………………………………（146）
开展抗震救灾教育活动 ……………………………（146）
举办艺术项目单项赛 ………………………………（146）
·北京市昌平区流村中心小学·
概 况 ………………………………………………（146）
增设彩绘葫芦制作课程 ……………………………（146）
开展读书活动 ………………………………………（147）
首次与外籍教师进行交流 …………………………（147）
改编使用校本教材 …………………………………（147）
开展阅读与写作教学 ………………………………（147）
调查家乡特产 ………………………………………（147）
开展绿色环保教育 …………………………………（147）
改进布贴画制作工艺 ………………………………（147）

举办英语情景对话表演赛 …………………… (147)
开设制作农家饭校本课程 …………………… (147)
·北京市大兴区第二小学·
概 况 …………………… (147)
举办教学实践专修活动 …………………… (148)
召开校本课程研讨会 …………………… (148)
参加全国班（团、队）会比赛获奖 …………………… (148)
举行青春健康园开班仪式 …………………… (148)
《小学数学思维拓展训练》出版 …………………… (148)
参加全国信息技术竞赛获奖 …………………… (148)
与内蒙古学校开展手拉手交流 …………………… (148)
参加市学生虚拟创造赛获奖 …………………… (148)
·北京小学大兴分校·
概 况 …………………… (148)
组织校本教研模式研讨 …………………… (149)
参加全国教科研评选获奖 …………………… (149)
成立班主任研究会 …………………… (149)
召开首届毕生典礼 …………………… (149)
举办第一届科技节 …………………… (149)
参加市健美操比赛获奖 …………………… (149)
·北京市大兴区礼贤镇第一中心小学·
概 况 …………………… (149)
组织专题教学设计研讨 …………………… (149)
召开校本课程培训会 …………………… (149)
举办班主任工作技能培训 …………………… (149)
举办教师基本技能比赛 …………………… (149)
举办科普知识培训 …………………… (149)
举办名师引路活动 …………………… (149)
·北京市大兴区瀛海镇第二中心小学·
概 况 …………………… (150)
成立专家顾问团 …………………… (150)
成为全国农村校长研修基地 …………………… (150)
引进简妙作文教学法 …………………… (150)
举办家长教师协会活动 …………………… (150)
赴辽宁小学送课 …………………… (150)
·北京市怀柔区第一小学·
概 况 …………………… (150)
推出教学研究展示 …………………… (150)
组织骨干教师教学交流 …………………… (150)
召开创造性教学研讨会 …………………… (151)
召开支教交流表彰会 …………………… (151)
参加市级环保演讲赛获奖 …………………… (151)
开展班主任工作 …………………… (151)
成立安全办公室 …………………… (151)
举办科技知识讲座 …………………… (151)
召开师德教育会 …………………… (151)
邀请特级教师来校指导 …………………… (151)
接待全国友谊校参观考察 …………………… (151)
·北京市平谷区第四小学·
概 况 …………………… (151)
召开教师评价研讨会 …………………… (152)
开设珠心算校本课程 …………………… (152)
举行文明迎奥运活动 …………………… (152)
开展社会实践体验活动 …………………… (152)
开展新课程教学研讨活动 …………………… (152)
组织民族艺术进校园活动 …………………… (152)
·北京市平谷区第六小学·
概 况 …………………… (152)
加强学困生管理 …………………… (152)
实施师生共成长工程 …………………… (152)
家校短信平台开通 …………………… (152)
加强学生阅读能力培养 …………………… (153)
加强师德建设 …………………… (153)
开展抗震救灾系列活动 …………………… (153)
加强班主任队伍建设 …………………… (153)
开展学习洋思活动 …………………… (153)
实施阳光教育 …………………… (153)
加强教学质量管理 …………………… (153)
关注教师心理健康 …………………… (153)
开展家长学校活动 …………………… (153)
·北京市平谷区峪口镇第一学区·
概 况 …………………… (154)
举办市级信息技术展示课 …………………… (154)
举办骨干教师课堂示范交流 …………………… (154)
开展校本教学培训 …………………… (154)
开展主题安全教育 …………………… (154)
实施开放课制度 …………………… (154)
提出教职工评价规定 …………………… (154)
加强网络信息保密工作 …………………… (154)
加强教学质量管理 …………………… (154)
开展校本培训 …………………… (154)
开展学洋思系列教学活动 …………………… (154)
·北京市密云县第二小学·
概 况 …………………… (154)
开展迎奥运系列活动 …………………… (154)
举办首届班主任工作论坛 …………………… (155)
开展抗震救灾思想教育 …………………… (155)
召开市级分层教学研讨会 …………………… (155)
加强写字教学工作 …………………… (155)
·北京市密云县太师屯镇中心小学·
概 况 …………………… (155)
举行校园吉尼斯挑战活动 …………………… (155)
举办风筝节放飞比赛 …………………… (155)
开办爱心银行和爱心超市 …………………… (155)
数字影院落成 …………………… (155)
组织法制教育活动 …………………… (155)
获市阳光体育运动会冠军 …………………… (155)
配备便携式计算机 …………………… (156)
·北京市延庆县第一小学·
概 况 …………………… (156)

举办信息技术专题讲座 …………………………（156）
开展“手拉手”教学活动 …………………………（156）
生态教育走进课堂 …………………………（156）
举办首届学生读书节 …………………………（156）
非物质文化遗产进校园 …………………………（156）
举办练习题编写培训 …………………………（156）
签订城乡学校互助协议 …………………………（156）
编写综合实践活动读本 …………………………（156）
·北京市延庆县第三小学·
概　况 …………………………（157）
组织教师京剧培训 …………………………（157）
开展教学设计比赛 …………………………（157）
召开五校联动共发展启动仪式 …………………………（157）
校园青铜“福鼎”落成 …………………………（157）
举办第一届集体舞比赛 …………………………（157）
·北京市延庆县第四小学·
概　况 …………………………（157）
举办课堂教学诊断 …………………………（157）
展示带题授课教研成果 …………………………（157）
投资改造校园环境 …………………………（158）
开展首届青年教师教学评优 …………………………（158）
实行捆绑式拜师 …………………………（158）
·北京市燕山向阳小学·
概　况 …………………………（158）
启动学习优势教学实验项目 …………………………（158）
推出系列教学研究课 …………………………（158）
开展抗震救灾爱国主义教育 …………………………（158）
家长教师协会成立 …………………………（159）
举办自身发展分析培训 …………………………（159）
进行攀登英语教学实验 …………………………（159）
·北京市燕山星城小学·
概　况 …………………………（159）
预防手足口病 …………………………（159）
举办迎奥运庆六一活动 …………………………（159）
开展爱书护书活动 …………………………（159）
展示攀登英语教学成果 …………………………（159）
开展尊重生命专题教育 …………………………（160）
举办第一届空竹比赛 …………………………（160）
中学教育
概　况 …………………………（160）
完善示范高中招生指标分配任务 …………………………（160）
召开普通高中通用技术研讨会 …………………………（160）
颁发第11届中学生宏志奖学金 …………………………（160）
举办初中建设工程系列展示 …………………………（160）
开展体制改革试点校转制工作 …………………………（160）
中　学
·北京市第二中学·
概　况 …………………………（161）
启动高三学生双导师制 …………………………（161）
下课铃声改为世界名曲 …………………………（161）
成立青少年体育俱乐部 …………………………（161）
以学生命名实验室 …………………………（161）
聘请全国教育专家来校指导 …………………………（161）
通过教育联席学校资格评审 …………………………（161）
吴京梅获市十佳班主任称号 …………………………（161）
承办市级新课程改革研讨会 …………………………（161）
构建高中新课改课程体系 …………………………（161）
实施长短课教学 …………………………（162）
建立系统化实验室 …………………………（162）
实施网络“虚拟课堂”教学 …………………………（162）
·北京市第五中学·
概　况 …………………………（162）
开展虚拟课堂教学实验 …………………………（162）
召开高中新课程研讨会 …………………………（162）
开展校庆80周年系列活动 …………………………（162）
参加全国数学课程评选获奖 …………………………（162）
发挥市民学习基地辐射作用 …………………………（163）
·北京市第五十五中学·
概　况 …………………………（163）
召开市优秀中学生事迹报告会 …………………………（163）
举行校本课程咨询会 …………………………（163）
举办首届“以笔交友”活动 …………………………（163）
召开可持续发展教育现场会 …………………………（163）
·北京市第一六六中学·
概　况 …………………………（163）
接待美国学校交流访问 …………………………（163）
举办奥运专场演出 …………………………（163）
参加市青少年科技创新赛获奖 …………………………（164）
开办高中文理教材介绍栏 …………………………（164）
开设校内阅览课 …………………………（164）
举办全国高中课堂教学研讨会 …………………………（164）
参加国际机器人奥赛获奖 …………………………（164）
·北京市第一七一中学·
概　况 …………………………（164）
建立家校互动新模式 …………………………（164）
召开京剧进课堂启动会 …………………………（164）
接待新疆校长考察团 …………………………（164）
组织和平里学区课例研讨 …………………………（165）
举办首届高招咨询会 …………………………（165）
参与奥运系列活动 …………………………（165）
开展青年教师评优课活动 …………………………（165）
庆祝建校50周年 …………………………（165）
展开创设精品课堂讨论 …………………………（165）
举办校本选修课开放日 …………………………（165）
·北京宏志中学·
概　况 …………………………（165）
开设特色校本课程 …………………………（165）
心理健康教育中心挂牌 …………………………（166）
开展迎奥运系列活动 …………………………（166）
召开第五届教代会 …………………………（166）

举办“园丁杯”研究课活动 …………………… (166)
召开全国道德教育课题研讨会 …………………… (166)
首次进行职业倾向测试 …………………… (166)
召开教学整合市级研讨会 …………………… (166)
召开四省市德育研讨会 …………………… (166)
·北京景山学校·
概　况 …………………… (167)
评为全国化学新课程先进校 …………………… (167)
参加市化学课程评比获奖 …………………… (167)
举办全国校长走进景山学校活动 …………………… (167)
教师获“紫禁杯”一等奖 …………………… (167)
召开特级教师教学研讨会 …………………… (167)
·北京市第四中学·
概　况 …………………… (168)
刘长铭当选全国政协常委 …………………… (168)
参与奥运系列活动 …………………… (168)
召开特级教师思想研讨会 …………………… (168)
举办市级校本课程建设研讨会 …………………… (168)
参加国际数学挑战赛获奖 …………………… (169)
参加全球DI总决赛获奖 …………………… (169)
召开校本课程现场会 …………………… (169)
参加香港校际网络辩论赛获奖 …………………… (169)
参加国际天文奥赛获奖 …………………… (169)
举办教育论坛 …………………… (169)
举办首届中学校园文学交流会 …………………… (169)
参加全国中小学校刊评选获奖 …………………… (169)
参加全国信息学奥赛获奖 …………………… (169)
·北京市第八中学·
概　况 …………………… (169)
举办物理专家知识讲座 …………………… (170)
参加全国高中生模联会获奖 …………………… (170)
参加市青少年科技创新赛获奖 …………………… (170)
加强国际友好交流 …………………… (170)
接待欧洲委员会官员访问 …………………… (170)
参加国际学生创新思维赛获奖 …………………… (170)
参加泛太平洋中学生运动会获奖 …………………… (170)
参加绿色校园行动赛获奖 …………………… (170)
郑佳萌出席诺贝尔颁奖 …………………… (170)
·北京市第三十五中学·
概　况 …………………… (170)
举办民族音乐会 …………………… (171)
朱建民任校长 …………………… (171)
承办第五届学联教育论坛 …………………… (171)
庆祝建校85周年 …………………… (171)
召开师德演讲会 …………………… (171)
·北京市第一六一中学·
概　况 …………………… (171)
成立名师工作室 …………………… (171)
成立墨轩文社 …………………… (171)
召开创新教育首次理事校会议 …………………… (171)
庆祝建校95周年 …………………… (171)
参加全国青少年健身操赛获奖 …………………… (172)
接受市创建学习型学校评估 …………………… (172)
完成校门改造工程 …………………… (172)
参加全国中学生创意设计赛获奖 …………………… (172)
被评为ESD项目示范校 …………………… (172)
·北京师范大学附属实验中学·
概　况 …………………… (172)
获准自主安排高中新课程实验 …………………… (172)
游泳运动学校挂牌 …………………… (172)
世界遗产青少年教育中心挂牌 …………………… (172)
参加国际研讨会 …………………… (172)
启动新课程校本教研活动 …………………… (173)
推出金融选修课 …………………… (173)
承办全国少儿游泳比赛 …………………… (173)
·北京师范大学第二附属中学·
概　况 …………………… (173)
接待西澳大学专家访问 …………………… (173)
与纳赛尔教育系统签署合作 …………………… (173)
参加全国青少年科技创新赛获奖 …………………… (173)
参加全国高中学生化学竞赛获奖 …………………… (173)
开办PGA高中国际课程班 …………………… (173)
参加全国数学教师优秀课评选 …………………… (173)
参加全国化学说课比赛获奖 …………………… (173)
承办市级德育现场会 …………………… (174)
开展欣赏型教育交流活动 …………………… (174)
参加全国青少年信息学奥赛获奖 …………………… (174)
成立科技教育基地 …………………… (174)
举办教学论坛 …………………… (174)
举办系列专家讲座 …………………… (174)
参加首届DV电影作品赛获奖 …………………… (174)
·北京市西城外国语学校·
概　况 …………………… (174)
举办市级研究课 …………………… (174)
评为节能减排示范校 …………………… (174)
开展校园戏曲文化周 …………………… (174)
青少年法制教育基地揭牌 …………………… (175)
·北京市第十一中学·
概　况 …………………… (175)
与教学植物园合作开发选修课 …………………… (175)
采用扁平式学校管理 …………………… (175)
举办第五届心理健康节 …………………… (175)
开设生涯校本课程 …………………… (175)
开设体育选修课 …………………… (175)
举办教师职业发展月活动 …………………… (175)
接受市创建学习型学校验收 …………………… (175)
承办市级高中课改校长培训 …………………… (175)
·北京市第五十中学·
概　况 …………………… (176)
举办世界文化遗址研究论坛 …………………… (176)

构建校本课程体系 …………………………………… (176)
参加全国青少年航模赛获奖 ……………………… (176)
召开高中美术课改研讨会 ………………………… (176)
·北京市第一零九中学·
概　况 …………………………………………………… (176)
成为联合国教科文组织会员校 …………………… (176)
开展学生发型仪表达标活动 ……………………… (177)
开展高效学习活动 ………………………………… (177)
进行新课程学分认定 ……………………………… (177)
开设高一综合实践课 ……………………………… (177)
网络教务管理平台投入使用 ……………………… (177)
开展美术学科实践研究 …………………………… (177)
与北师大签署合作项目 …………………………… (177)
举办中小学衔接讲座 ……………………………… (177)
组织教师业务素质考查 …………………………… (177)
开设青春期教育讲座 ……………………………… (177)
举办素质教育展示会 ……………………………… (177)
加强学生研究性学习 ……………………………… (177)
举办美术课堂教学研讨 …………………………… (178)
·北京汇文中学·
概　况 …………………………………………………… (178)
召开教学研讨会 …………………………………… (178)
接待丹麦中学代表团 ……………………………… (178)
中日学校共植友谊树 ……………………………… (178)
举办青少年成长教育讲座 ………………………… (178)
接待台北中学访问 ………………………………… (178)
建立综合实践基地 ………………………………… (178)
召开韩国学生家长会 ……………………………… (178)
接待联合国教科文组织学员访问 ………………… (179)
举行科学讲堂系列活动 …………………………… (179)
参加全国课堂教学赛获奖 ………………………… (179)
·北京市广渠门中学·
概　况 …………………………………………………… (179)
建立亲子会客厅 …………………………………… (179)
举办管乐团专场演出 ……………………………… (179)
科普电影院投入使用 ……………………………… (179)
召开新课程推进工作会 …………………………… (179)
参加国际机器人奥赛获奖 ………………………… (179)
成立发团武馆 ……………………………………… (180)
举办首届篮球明星评选 …………………………… (180)
·北京市文汇中学·
概　况 …………………………………………………… (180)
开展校园文化赏析活动 …………………………… (180)
参加全国中小学信息技术赛获奖 ………………… (180)
举办学生科技节 …………………………………… (180)
参加国际机器人奥赛获奖 ………………………… (180)
举办第十届演讲比赛 ……………………………… (180)
召开师德汇报会 …………………………………… (180)
组织师生支教活动 ………………………………… (180)
加强学生写作能力培养 …………………………… (181)
加强体育教学工作 ………………………………… (181)
·北京市第十四中学·
概　况 …………………………………………………… (181)
举办第十届艺术节 ………………………………… (181)
组织教师专业考核 ………………………………… (181)
成立教师专业发展委员会 ………………………… (181)
参加全国政治教学年会获奖 ……………………… (181)
十五课题结题 ……………………………………… (181)
举办第20届学生会竞选 …………………………… (181)
编排首部校园心理剧 ……………………………… (181)
举办首届心理文化周 ……………………………… (181)
完成跨校课题管理与教学任务 …………………… (181)
·北京市第十五中学·
概　况 …………………………………………………… (182)
参加市青少年科技创新赛获奖 …………………… (182)
引进国际文化交流项目 …………………………… (182)
校园文化博物馆开馆 ……………………………… (182)
参加全国青少年机器人竞赛获奖 ………………… (182)
成立人力资源部 …………………………………… (182)
·北京市第六十六中学·
概　况 …………………………………………………… (182)
名师工作室启动 …………………………………… (182)
召开骨干教师工作会 ……………………………… (182)
举办美术教学展示 ………………………………… (182)
举办校园演讲比赛 ………………………………… (183)
参加亚洲青少年运动会获奖 ……………………… (183)
举办青年教师说课比赛 …………………………… (183)
举办周末大讲堂 …………………………………… (183)
举办科技专家进校园活动 ………………………… (183)
启动名师进校园工程 ……………………………… (183)
召开第十届林学甫基金表彰会 …………………… (183)
·北京师范大学附属中学·
概　况 …………………………………………………… (183)
获准自主安排高中新课程与组织会考 …………… (183)
参加市学生艺术节获奖 …………………………… (184)
举办市级生物教学展示 …………………………… (184)
召开校本课程展示会 ……………………………… (184)
参加中学生商业挑战赛获奖 ……………………… (184)
设立尚兴久奖学金 ………………………………… (184)
·北京育才学校·
概　况 …………………………………………………… (184)
成为首批翱翔计划基地校 ………………………… (184)
学生校园广播电台开通 …………………………… (184)
校友会注册成立 …………………………………… (184)
完成网站改版工作 ………………………………… (185)
李嘉惠获中国青少年科技创新奖 ………………… (185)
·北京市第十七中学·
概　况 …………………………………………………… (185)
落实教学管理策略 ………………………………… (185)
进行学校发展诊断性评估 ………………………… (185)

举办第五届陶行知艺术节 ……………………………… (185)
举办新课改专家研讨会 ………………………………… (185)
实行教员岗位层级管理制 ……………………………… (185)
百子湾校区投入使用 …………………………………… (185)
开设模拟法庭 …………………………………………… (185)
·北京市第八十中学·
概　况 …………………………………………………… (185)
召开德育工作研讨会 …………………………………… (186)
成为信息技术学科基地校 ……………………………… (186)
参加全国青少年信息学奥赛获奖 ……………………… (186)
参加全国机器人竞赛获奖 ……………………………… (186)
成立残奥小记者站 ……………………………………… (186)
·北京市和平街第一中学·
概　况 …………………………………………………… (186)
开展教师系列培训 ……………………………………… (186)
举办奥运创编操展示 …………………………………… (186)
开展中美青少年气候问题交流 ………………………… (187)
举办专场音乐会 ………………………………………… (187)
启动教学研究工作室 …………………………………… (187)
举办英语教学研究论坛 ………………………………… (187)
举办内高班学生风采展示周 …………………………… (187)
举办美术教学成果展 …………………………………… (187)
·北京市第十中学·
概　况 …………………………………………………… (187)
完成初中办学体制改革转制 …………………………… (187)
开展奥运火炬模拟传递 ………………………………… (187)
召开科普报告会 ………………………………………… (187)
开设校本课程 …………………………………………… (187)
开展校本教研活动 ……………………………………… (188)
开展中美教育交流 ……………………………………… (188)
·北京市第十二中学·
概　况 …………………………………………………… (188)
参加初中教师基本功比赛 ……………………………… (188)
举办校本课程开放日 …………………………………… (188)
参加奥林匹克文化节演出 ……………………………… (188)
完成三校合并 …………………………………………… (188)
接待科特迪瓦教育部长访问 …………………………… (188)
参加全国多媒体教育软件赛获奖 ……………………… (188)
·北京市第十八中学·
概　况 …………………………………………………… (189)
召开市级课题研讨会 …………………………………… (189)
组织研究性学习课程 …………………………………… (189)
组织教育思想交流研讨 ………………………………… (189)
成立调解委员会 ………………………………………… (189)
四川地震灾区学生来校就读 …………………………… (189)
·北京市大成学校·
概　况 …………………………………………………… (189)
成立骨干教师研修班 …………………………………… (189)
与韩国骊洲大学签订合作协议 ………………………… (189)
召开美术教育研讨会 …………………………………… (190)
参观模拟航天发射 ……………………………………… (190)
演出挪威音乐剧 ………………………………………… (190)
参加全国校内报刊评选获奖 …………………………… (190)
·北京市丰台区丰台第二中学·
概　况 …………………………………………………… (190)
接待香港圣若瑟书院参观交流 ………………………… (190)
青少年体育俱乐部成立 ………………………………… (190)
开展联校互动教研 ……………………………………… (190)
开展课题交流活动 ……………………………………… (190)
承办市级高中课程研讨会 ……………………………… (191)
·北京市第九中学·
概　况 …………………………………………………… (191)
开展抗震救灾募捐活动 ………………………………… (191)
参加亚洲青少年运动会获奖 …………………………… (191)
参与奥运系列活动 ……………………………………… (191)
与新加坡开展系列交流活动 …………………………… (191)
开展传统文化进校园活动 ……………………………… (191)
成为北航生源基地校 …………………………………… (191)
举办骨干教师献课活动 ………………………………… (192)
召开新课程研讨会 ……………………………………… (192)
参加全国校刊评比获奖 ………………………………… (192)
·北京市京源学校·
概　况 …………………………………………………… (192)
开展国际教育交流 ……………………………………… (192)
成为翱翔计划基地校 …………………………………… (192)
参加世界航模锦标赛获奖 ……………………………… (192)
参加华北生物教学课展示获奖 ………………………… (193)
举办翱翔计划科普讲座 ………………………………… (193)
组织体验人才招聘会 …………………………………… (193)
举办校园文化建设讲座 ………………………………… (193)
庆祝小学部成立 10 周年 ……………………………… (193)
召开高中新课改工作会 ………………………………… (193)
·北京市第十九中学·
概　况 …………………………………………………… (193)
组织艺术团赴美交流演出 ……………………………… (193)
制订学校及个人中长期规划 …………………………… (194)
召开多元理论报告会 …………………………………… (194)
推进写作课题研究 ……………………………………… (194)
·北京市第一零一中学·
概　况 …………………………………………………… (194)
展示研究性学习成果 …………………………………… (194)
举办首届教学展示 ……………………………………… (194)
举办课堂阅读成果研讨会 ……………………………… (194)
承办市级劳技教学研讨会 ……………………………… (194)
组织抗震救灾活动 ……………………………………… (194)
参加全国青少年科技创新赛获奖 ……………………… (194)
出版《101 中考》丛书 ………………………………… (195)
召开诺贝尔奖获得者演讲会 …………………………… (195)
举办课堂教学模式探究 ………………………………… (195)
宋皓破泛太平洋学生跳高赛会纪录 …………………… (19

举办首届模拟联合国会议 ……………………（195）
举办校园文化市场活动 ……………………（195）
·中国人民大学附属中学·
概　况 ……………………（195）
参加国际象棋比赛获奖 ……………………（195）
召开第十届科研年会 ……………………（195）
参加市学生艺术节获奖 ……………………（196）
培训中西部乡村体育教师 ……………………（196）
召开教学研讨会 ……………………（196）
召开信息资源开发与服务研讨会 ……………………（196）
张瑞祥获国际数学奥林匹克金牌 ……………………（196）
人大附中西山学校成立 ……………………（196）
参加全国青少年科技创新赛获奖 ……………………（196）
出版超常儿童培养丛书 ……………………（196）
参加北方青少年机器人联赛获奖 ……………………（196）
举办数学教学研讨会 ……………………（197）
参加全国物理竞赛获奖 ……………………（197）
举办高中通用教学研讨会 ……………………（197）
参加全国青年教师课程评比 ……………………（197）
展示 CNGI 教育阶段成果……………………（197）
刘彭芝当选全国杰出校长 ……………………（197）
开设 150 门校本选修课 ……………………（197）
·清华大学附属中学·
概　况 ……………………（197）
参加模拟联合国大会 ……………………（198）
参加市青少年科技创新赛获奖 ……………………（198）
民乐团获金帆艺术团称号 ……………………（198）
举办优秀教师示范课 ……………………（198）
开展后备人才培养 ……………………（198）
召开校本课程评审会 ……………………（198）
成立科技俱乐部 ……………………（198）
举办科普教育展示会 ……………………（198）
与英国中学合作建立孔子课堂 ……………………（199）
射击协会后备人才基地挂牌 ……………………（199）
参加市中学生英语比赛获奖 ……………………（199）
承办全国高中课堂观察研讨会 ……………………（199）
参加全国物理教学赛获奖 ……………………（199）
参加泛太平洋中学生运动会获奖 ……………………（199）
·首都师范大学附属中学·
概　况 ……………………（199）
召开创新年级班主任研讨会 ……………………（200）
举办企鹅英语朗读比赛 ……………………（200）
举办学生讲坛 ……………………（200）
举办 IBM 工程师活动周 ……………………（200）
开办中美高中合作班 ……………………（200）
承办大学附中教学年会 ……………………（200）
承担国外汉语教师来华研修项目 ……………………（200）
参加市留学生汉语节获奖 ……………………（200）
参加中学生创业计划赛获奖 ……………………（200）
·北京市八一中学·
概　况 ……………………（201）
召开优秀班集体申报会 ……………………（201）
开展系列环保活动 ……………………（201）
参加市青少年科技创新赛获奖 ……………………（201）
参加世界机器人锦标赛获奖 ……………………（201）
开展职业见习日活动 ……………………（201）
举办人生规划讲座 ……………………（201）
开展京剧进课堂系列活动 ……………………（201）
开展科技进课堂研讨活动 ……………………（202）
举办学法指导讲座 ……………………（202）
举办市级信息技术研究课 ……………………（202）
武术队获市集体项目冠军 ……………………（202）
承办祥云行动现场培训 ……………………（202）
·北京市海淀区中关村中学·
概　况 ……………………（202）
实行干部评议亮分制 ……………………（202）
召开班主任专题研讨会 ……………………（203）
举办高中课改教学研讨会 ……………………（203）
举办纪念周恩来诗歌朗诵会 ……………………（203）
管乐团获智创杯 ……………………（203）
举办教学基本功比赛 ……………………（203）
召开可持续发展教育现场会 ……………………（203）
·北京市门头沟区大峪中学·
概　况 ……………………（203）
举办学雷锋敬老活动 ……………………（203）
王琪获国际艺术比赛金奖 ……………………（204）
开展招优工作 ……………………（204）
开办学生模拟法庭 ……………………（204）
举办市级通用技术培训展示会 ……………………（204）
举办规划人生指导培训 ……………………（204）
推进学案教学 ……………………（204）
·北京市门头沟区斋堂中学·
概　况 ……………………（204）
加强德育工作 ……………………（204）
开展情牵灾区系列活动 ……………………（205）
加强教学质量监控 ……………………（205）
支持社区教育 ……………………（205）
·北京师范大学良乡附属中学·
概　况 ……………………（205）
加强班主任队伍建设 ……………………（205）
庆祝建校 10 周年 ……………………（205）
举办市级高中校本课程研讨会 ……………………（205）
举办首届班主任基本功比赛 ……………………（205）
召开骨干教师培训会 ……………………（205）
启动特级教师工作室 ……………………（206）
举办新课改专题讲座 ……………………（206）
举办师德专题讲座 ……………………（206）
·北京市房山区房山中学·
概　况 ……………………（206）

参加高中课改样本校座谈会 ……………………… (206)
举办干部课堂观察法培训 ……………………… (206)
举办学生职业规划讲座 ……………………… (206)
举办教学专题讲座 ……………………… (206)
实施走班制教学 ……………………… (206)
骨干教师工作室启动 ……………………… (206)
召开新课程教学研讨会 ……………………… (206)
·北京市通州区潞河中学·
概　况 ……………………… (207)
举办高中新课程实验论坛 ……………………… (207)
纪念周文彬百年诞辰 ……………………… (207)
组织社会实践周活动 ……………………… (207)
参加全国中学生田径赛获奖 ……………………… (207)
举办高一年级学法讲座 ……………………… (207)
承办市级课改观摩会 ……………………… (207)
·北京市通州区运河中学·
概　况 ……………………… (208)
举办学生救护技能培训 ……………………… (208)
举办研究课题展示 ……………………… (208)
实行“学科首席”制度 ……………………… (208)
名校长工作室启动 ……………………… (208)
·北京中加学校·
概　况 ……………………… (208)
召开英语教学研讨会 ……………………… (208)
举办快乐英语活动 ……………………… (208)
组织向地震灾区捐款 ……………………… (208)
参加首届中小学新技术应用研讨会 ……………………… (209)
举办首届学生心理健康研讨会 ……………………… (209)
召开交互式电子白板教学研讨会 ……………………… (209)
参加中美教育交流活动 ……………………… (209)
举办传统文化教育基地授牌仪式 ……………………… (209)
接待加拿大纽宾市域省访问团 ……………………… (209)
举办艾滋病知识讲座 ……………………… (209)
·北京市顺义区第一中学·
概　况 ……………………… (209)
召开青年教师技能培训会 ……………………… (209)
接待新疆高中课改考察团 ……………………… (209)
召开市级高中新课改现场会 ……………………… (210)
参加全国中小学学术研讨会 ……………………… (210)
参加市中学生运动会获奖 ……………………… (210)
举办德育征文演讲比赛 ……………………… (210)
开展消防安全系列教育 ……………………… (210)
召开市高中生物新课程现场会 ……………………… (210)
·北京市顺义区第九中学·
概　况 ……………………… (210)
举办研究性学习培训 ……………………… (210)
完成奥运拉拉队任务 ……………………… (211)
推进高中新课程改革 ……………………… (211)
高三年级成立动力组 ……………………… (211)
加强教师新课程培训 ……………………… (211)
组织教师探究性学习 ……………………… (211)
开设6门校本课程 ……………………… (211)
·北京市顺义区牛栏山第一中学·
概　况 ……………………… (211)
刘克祥任校长 ……………………… (211)
参加机器人世锦赛北方公开赛获奖 ……………………… (212)
获市基教科研优秀论文 ……………………… (212)
召开市级数学课题汇报会 ……………………… (212)
入选首批中小学科技教材 ……………………… (212)
成为国防生源基地 ……………………… (212)
加入国际教育创新联盟 ……………………… (212)
举办市级高中物理教学研讨会 ……………………… (212)
参加全国地理科技赛获奖 ……………………… (212)
举办班主任培训系列讲座 ……………………… (213)
完成校园环境改造 ……………………… (213)
·北京市顺义区杨镇第一中学·
概　况 ……………………… (213)
启用新校训校标校旗 ……………………… (213)
参加市艺术节获奖 ……………………… (213)
召开市体育与健康教学现场会 ……………………… (213)
召开市中小学美育工作现场会 ……………………… (213)
开展民族教育工作 ……………………… (213)
综合楼投入使用 ……………………… (214)
参加国际美术展获奖 ……………………… (214)
参加全国田径赛获奖 ……………………… (214)
获得全国科研先进校称号 ……………………… (214)
举办首届班主任节 ……………………… (214)
举办高中课改现场会 ……………………… (214)
参加全国创新赛获奖 ……………………… (214)
校报在全国评选获奖 ……………………… (214)
开展教学科研月 ……………………… (214)
推出特色教学管理模式 ……………………… (215)
实施星光灿烂计划 ……………………… (215)
·北京市昌平区第一中学·
概　况 ……………………… (215)
召开市级生物课堂教学现场会 ……………………… (215)
奥林匹克主题班会获奖 ……………………… (215)
接待英国伦敦教育考察团 ……………………… (215)
参加全国英语竞赛获奖 ……………………… (215)
初中数学新课程丛书出版 ……………………… (215)
德育校本教材出版 ……………………… (216)
承办区级科技展览 ……………………… (216)
九点通讯社扩编 ……………………… (216)
举办教学专题讲座 ……………………… (216)
召开市级高中新课程模块选修座谈会 ……………………… (216)
评为全国班主任专业发展优秀校 ……………………… (216)
·北京市昌平区第二中学·
概　况 ……………………… (216)
管乐团出访日本 ……………………… (216)
开展新课标研讨与反思活动 ……………………… (216)

召开艺术教育研讨会 …………………………… (217)
参加市中小学电子制作赛获奖 ……………………… (217)
参加体育比赛获奖 …………………………… (217)
·北京市昌平区实验中学·
概　况 …………………………………… (217)
召开德育课题研讨会 ………………………… (217)
承办艺术教育现场会 ………………………… (217)
参加市科技英语情景剧表演 ………………………… (217)
参与名师风采课程录制 ……………………… (217)
召开音乐教学研讨会 ………………………… (218)
·北京市昌平区下庄学校·
概　况 …………………………………… (218)
落实住宿生补贴工作 ………………………… (218)
开展奥运主题活动 …………………………… (218)
改善办学条件 ……………………………… (218)
举办模拟逃生演习 …………………………… (218)
课题研究获奖 ……………………………… (218)
完成奥运观赛任务 …………………………… (218)
成立学生食堂管理委员会 ……………………… (219)
设立科学实践讲堂 …………………………… (219)
开展内务评比 ……………………………… (219)
修订管理制度汇编 …………………………… (219)
通过初中建设工程验收 ……………………… (219)
·北京市大兴区第一中学·
概　况 …………………………………… (219)
组织抗震救灾系列活动 ……………………… (219)
参加市未来工程师比赛获奖 ……………………… (219)
组织班主任基本功考核 ……………………… (220)
校史馆竣工 ……………………………… (220)
举办教师说课比赛 …………………………… (220)
“1.2”爱心基金会成立5周年 ………………… (220)
参加全国校内报刊评比获奖 ……………………… (220)
·北京市大兴区兴达中学
（首都师范大学大兴附属中学）·
概　况 …………………………………… (220)
召开新课程改革工作会 ……………………… (220)
更名为首都师范大学大兴附属中学 ……………… (220)
开展优秀学生评选活动 ……………………… (221)
举办教学开放周活动 ………………………… (221)
加强校本课程开发 …………………………… (221)
参加全国中小学班会比赛获奖 …………………… (221)
举办市级高中课改研讨会 ……………………… (221)
开展初高中新生衔接工作 ……………………… (221)
外派汉语教学志愿者 ………………………… (221)
开展教师校本培训 …………………………… (221)
·北京市大兴区兴华中学·
概　况 …………………………………… (221)
组织唐仲英爱心分队服务活动 …………………… (221)
开展心理健康教育 …………………………… (221)
加强教师培训 ……………………………… (222)
参加市中学生田径运动会获奖 …………………… (222)
进行德育美育教育 …………………………… (222)
开展高中新课程教学 ………………………… (222)
参加全国学生模拟联合国会议 …………………… (222)
·北京市怀柔区第一中学·
概　况 …………………………………… (222)
参加全国课堂教学展示获奖 ……………………… (222)
北京市青少年活动基地挂牌 ……………………… (222)
组织为灾区捐款献血 ………………………… (223)
举办科学名家讲座 …………………………… (223)
开展奥林匹克教育 …………………………… (223)
开设名师论坛 ……………………………… (223)
接待日本青少年代表团 ……………………… (223)
·北京市怀柔区雁栖学校·
概　况 …………………………………… (223)
开展教育科学研讨 …………………………… (223)
开展奥运教育 ……………………………… (223)
科研论文获奖 ……………………………… (223)
加强学生作业检查 …………………………… (223)
组织联合教研活动 …………………………… (224)
开展教学基本功赛 …………………………… (224)
·北京市平谷区第三中学·
概　况 …………………………………… (224)
参加市金鹏科技论坛 ………………………… (224)
举办班主任基本功比赛 ……………………… (224)
评为北京市艺术示范校 ……………………… (224)
参加市学生艺术节获奖 ……………………… (224)
参与英特尔求知计划 ………………………… (224)
举办心理健康主题班会 ……………………… (224)
召开学困生转化经验交流会 ……………………… (224)
举办科普知识讲座 …………………………… (225)
举办青春期心理健康讲座 ……………………… (225)
参加全国无线电测向赛获奖 ……………………… (225)
举办学法研究讲座 …………………………… (225)
首次采用分层考试 …………………………… (225)
举办15米往返运球比赛 ……………………… (225)
举办课堂教改研讨会 ………………………… (225)
·北京师范大学平谷附属中学·
概　况 …………………………………… (225)
召开教学诊断会 ……………………………… (225)
接待外国留学生实习 ………………………… (225)
举行教学基本功展示 ………………………… (225)
举办法制教育报告会 ………………………… (225)
组织化学研究课 ……………………………… (226)
·北京市平谷中学·
概　况 …………………………………… (226)
举办课堂教学展示 …………………………… (226)
举办市级政治学科课程研讨 ……………………… (226)
参与奥运系列活动 …………………………… (226)
举办青春期健康讲座 ………………………… (226)

举办市级生物学科现场会 …………………………… (226)
召开新课改专题会议 ………………………………… (226)
·北京市密云县第二中学·
概 况 ……………………………………………… (226)
开展迎奥运教育活动 ………………………………… (226)
承办市级学科现场会 ………………………………… (227)
举办青年教师才艺赛 ………………………………… (227)
举办航天科技专题报告 ……………………………… (227)
开展感恩教育活动 …………………………………… (227)
·北京市密云县第三中学·
概 况 ……………………………………………… (227)
开展科技教育活动 …………………………………… (227)
开展学生诚信教育 …………………………………… (227)
召开法制教育专题讲座 ……………………………… (227)
获得可持续发展教育示范校称号 …………………… (227)
·北京市延庆县第一中学·
概 况 ……………………………………………… (227)
第一届冬令营开营 …………………………………… (228)
成立管理中心组 ……………………………………… (228)
中学生时事讲堂开讲 ………………………………… (228)
档案实现两套系统管理 ……………………………… (228)
开展环保宣传月活动 ………………………………… (228)
获县田径运动会五连冠 ……………………………… (228)
交流课堂教学经验 …………………………………… (228)
举办科普讲座 ………………………………………… (228)
举办校长德育论坛 …………………………………… (228)
参加市机床制作竞赛获奖 …………………………… (228)
·北京市延庆县十一学校·
概 况 ……………………………………………… (229)
接受特级教师教学指导 ……………………………… (229)
确定“1+1捆绑式”发展 …………………………… (229)
展示奥运德育教育成果 ……………………………… (229)
接待马来西亚汉语督学班 …………………………… (229)
召开学困生课题研讨会 ……………………………… (229)
举办改革开放专题展览 ……………………………… (229)
·北京师范大学燕化附属中学·
概 况 ……………………………………………… (229)
参与阳光体育系列活动 ……………………………… (229)
参加全国学生作文赛获奖 …………………………… (230)
召开研究课题立项会 ………………………………… (230)
举办班主任心理健康培训 …………………………… (230)
举办新课程理念培训 ………………………………… (230)
举办首届模型展览 …………………………………… (230)
·北京市燕山向阳中学·
概 况 ……………………………………………… (230)
开展迎奥运系列活动 ………………………………… (230)
召开廉洁教育启动仪式 ……………………………… (230)
召开社会实践表彰会 ………………………………… (230)
举办第25届春季田径运动会 ……………………… (231)
开展感恩教育 ………………………………………… (231)
召开德育工作研讨会 ………………………………… (231)
举办学习辅导专题讲座 ……………………………… (231)

民族教育

概 况 ……………………………………………… (231)
举办民族教育案例培训班 …………………………… (231)
评选首届市民族教育示范校评选 …………………… (231)
培训内地新疆、西藏班（校）干部教师 …………… (231)

民族教育学校

·北京市东城区回民小学·
概 况 ……………………………………………… (232)
举办民族知识讲座 …………………………………… (232)
举办儿童节书画展 …………………………………… (232)
开展课堂教学竞赛 …………………………………… (232)
·北京市崇文区回民小学·
概 况 ……………………………………………… (232)
民族教育基地建立15周年 ………………………… (232)
接待新加坡学校交流访问 …………………………… (232)
加强校本课程建设 …………………………………… (232)
完成《藏头诗话民族节》创作 ……………………… (232)
被评为市民族团结示范校 …………………………… (233)
·北京市昌平区西贯市回民小学·
概 况 ……………………………………………… (233)
接受企业捐款 ………………………………………… (233)
劳动教室改建完成 …………………………………… (233)
举办校本课程培训 …………………………………… (233)
开展系列民族教育 …………………………………… (233)
·北京市怀柔区满族乡中心小学·
概 况 ……………………………………………… (233)
构建节约型校园 ……………………………………… (233)
开展雏鹰五彩行动 …………………………………… (233)
开展系列读书征文活动 ……………………………… (234)
启动青蓝工程 ………………………………………… (234)
举办教学培训 ………………………………………… (234)
举办班主任培训会 …………………………………… (234)
开展班级特色教学展示 ……………………………… (234)
召开学生习惯培养研讨会 …………………………… (234)
开展学生家访 ………………………………………… (234)
举办微格教学培训 …………………………………… (234)
·北京市回民学校·
概 况 ……………………………………………… (234)
开展抗震救灾活动 …………………………………… (234)
接受民族团结教育评估检查 ………………………… (235)
设立鑫恒爱心助学金 ………………………………… (235)
加强教师专业培训 …………………………………… (235)
承办市级历史教研活动 ……………………………… (235)
参加全国民族中学教师技能赛 ……………………… (235)
参加市化学实验技能创新赛 ………………………… (235)
加强校园环境建设 …………………………………… (235)
·北京西藏中学·
概 况 ……………………………………………… (235)

与拉萨北京中学结成“手拉手”校 …………………（236）
开展民族宗教知识培训 …………………………（236）
开展教学交流活动 ………………………………（236）
开发校本课程 ……………………………………（236）
·中央民族大学附属中学·
概　况 ……………………………………………（236）
开展高中新课改系列活动 ………………………（236）
开展国际青年志愿者文化交流 …………………（236）
举办庆祝建校95周年系列活动 …………………（236）
承办首届全国中学校长论坛 ……………………（237）
参加市青少年科普剧汇演 ………………………（237）
校园改造工程竣工 ………………………………（237）
·北京市门头沟区妙峰山民族学校·
概　况 ……………………………………………（237）
举办绿色环保教育 ………………………………（237）
开展校本教研工作 ………………………………（237）
开展寻找道德榜样活动 …………………………（237）
举办英语演讲比赛 ………………………………（237）
开展心理健康教育 ………………………………（237）
开展校内公开课讲评活动 ………………………（237）
开展新课改教师培训 ……………………………（238）
·北京市怀柔区长哨营满族中学·
概　况 ……………………………………………（238）
开设满族传统文体课程 …………………………（238）
举办德育论坛 ……………………………………（238）
编印《满族知识读本》 …………………………（238）
举办教学基本功竞赛 ……………………………（238）
完成校内网站改版 ………………………………（238）
通过初中建设工程验收 …………………………（238）
校园建设工程完工 ………………………………（238）
·北京市延庆县新华民族中学·
概　况 ……………………………………………（238）
举办民族团结学科评比 …………………………（238）
召开民族体育运动会 ……………………………（238）
民族艺术墙落成 …………………………………（239）
通过民族团结示范校验收 ………………………（239）
特殊教育
概　况 ……………………………………………（239）
召开随班就读经验交流会 ………………………（239）
召开首届盲聋学校评优课颁奖会 ………………（239）
评估随班就读学校资源教室 ……………………（239）
召开区县特教中心建设现场会 …………………（239）
成立市资源教室教研组 …………………………（239）
提高残疾学生伙食补助标准 ……………………（240）
召开特殊教育学校运动会 ………………………（240）
特殊教育学校
·北京市东城区特殊教育学校·
概　况 ……………………………………………（240）
举行新校歌发布会 ………………………………（240）
参加北京残奥会国际论坛 ………………………（240）
参与奥运系列活动 ………………………………（240）
参加全国特教信息技术应用赛 …………………（241）
接待国际交流访问团 ……………………………（241）
·北京市第二聋人学校·
概　况 ……………………………………………（241）
开展爱耳日宣传教育 ……………………………（241）
认定为全国推广手语基地校 ……………………（241）
参加联合国残疾人公约座谈会 …………………（241）
开展国际交流活动 ………………………………（241）
举办《创造奇迹》讲座 …………………………（241）
·北京市崇文区培智中心学校·
概　况 ……………………………………………（241）
成为志愿者服务基地 ……………………………（241）
开设社区实践课程 ………………………………（242）
组织劳动实践课 …………………………………（242）
参加市特奥足球赛获奖 …………………………（242）
成立校园清洁队 …………………………………（242）
开展环保评比活动 ………………………………（242）
参与国际交流活动 ………………………………（242）
组织市级培智教研活动 …………………………（242）
校刊《家校》改版 ………………………………（242）
·北京市宣武区培智中心学校·
概　况 ……………………………………………（242）
迁入新址 …………………………………………（242）
承办香港与内地语文课题培训 …………………（242）
参加全国教科研论坛 ……………………………（243）
参加全国信息技术应用教学赛 …………………（243）
接待全国特教学校校长考察 ……………………（243）
参加市特教学校运动会 …………………………（243）
·北京市石景山培智中心学校·
概　况 ……………………………………………（243）
与香港学校签订友好协议 ………………………（243）
举办教师发展专题讲座 …………………………（243）
举办抗震救灾义卖 ………………………………（243）
举办绿色环保讲座 ………………………………（243）
参与奥运服务活动 ………………………………（243）
举办趣味运动会 …………………………………（244）
·北京市第三聋人学校
北京市残疾人职业高中·
概　况 ……………………………………………（244）
承办市盲聋学校研究课 …………………………（244）
与西宁聋哑学校签订友好协议 …………………（244）
接待日本残疾人舞蹈团 …………………………（244）
庆祝建校50周年 …………………………………（244）
承办全国课改与特教科研研讨会 ………………（244）
接待中英青年交流团 ……………………………（244）
·北京市盲人学校·
概　况 ……………………………………………（245）
举办首届成人中专班毕业典礼 …………………（245）
参加市首届盲聋校评优课 ………………………（245）

召开校本教材研讨会 ……………………………… (245)
举办市级随班就读教研活动 ………………………… (245)
举办全国盲（特）校师资培训班 …………………… (245)
承办首届市盲人五子棋比赛 ………………………… (245)
承办市盲人定向行走技能培训 ……………………… (245)
首届钢琴调律培训班开班 …………………………… (245)
参加全国信息技术应用赛 …………………………… (245)
·北京市通州区培智学校·
概 况 ……………………………………………… (246)
承办市级体育教研课 ………………………………… (246)
举办特教课题观摩会 ………………………………… (246)
5 条措施加强科研管理 ……………………………… (246)
举办家长评优课 ……………………………………… (246)
召开首届随班就读论文表彰会 ……………………… (246)
·北京市顺义区特殊教育学校·
概 况 ……………………………………………… (246)
开设沟通与交往课程 ………………………………… (246)
特教艺术团走进敬老院 ……………………………… (246)
参加市聋儿诗歌赛获奖 ……………………………… (246)
与地震灾区学校结成帮扶对子 ……………………… (246)
举办首次家长手语培训 ……………………………… (247)
举办首届体育艺术节 ………………………………… (247)
聋儿毕业生进入普小就读 …………………………… (247)
开展社会融合活动 …………………………………… (247)
校本教材编写完成 …………………………………… (247)
开设社会实践课 ……………………………………… (247)
课题研究取得成果 …………………………………… (247)
探索专业技能教学法 ………………………………… (247)
·北京市延庆县特殊教育中心·
概 况 ……………………………………………… (247)
召开特教中心建设现场会 …………………………… (248)
举办随班就读培训会 ………………………………… (248)
进行学生家访 ………………………………………… (248)
举办教师基本功展示 ………………………………… (248)
成立职业康复站 ……………………………………… (248)
参加全国滚球比赛获奖 ……………………………… (248)

普通高等教育

综 述 ……………………………………………… (251)
总 类
成立北京信息科技大学 ……………………………… (252)
开展特色教育资源库项目建设 ……………………… (252)
“巴一中工程技术大学”中国大学联合体成立 …… (252)
中科院研究生院举行建校 30 周年庆祝大会 ……… (252)
评定实验教学示范中心 ……………………………… (252)
调整思想理论课名称 ………………………………… (252)
社科院举行建校 30 周年庆典 ……………………… (252)
化大举行建校 50 周年庆祝大会 …………………… (252)
联大举办成立 30 周年庆祝活动 …………………… (253)
中央美院举行 90 周年校庆庆典 …………………… (253)
石化学院举办 30 周年校庆 ………………………… (253)
公安大学举行建校 60 周年庆典 …………………… (253)
印刷学院举办 50 周年校庆 ………………………… (253)
电力大学庆祝学校 50 华诞 ………………………… (253)
增列 2 个市哲学社会科学研究基地 ………………… (253)
学位与研究生教育
概 况 ……………………………………………… (254)
完成第二期北京市重点学科评选 …………………… (254)
完成第一期北京市重点学科建设项目验收 ………… (254)
完成研究生课程进修班备案登记 …………………… (254)
41 篇论文被评为全国优秀博士学位论文 ………… (254)
举办首届北京市研究生学术科技文化节 ………… (254)
完成北京地区学位与研究生教育管理
先进集体和先进个人评选 ……………………… (254)
新增 1 个同等学力人员申请硕士学位
工作的单位 ……………………………………… (254)
评选 50 篇优秀博士学位论文 ……………………… (254)
本（专）科教育
概 况 ……………………………………………… (255)
新增本科专业 33 个 ………………………………… (255)
2007 年度经教育部备案或审批同意设置的
高等学校本科专业（北京地区 不含民办） … (255)
2 个专业入选国家理科基础科学研究和
教学人才培养基地 ……………………………… (255)
北京地区 22 所院校通过教育部本科教学评估 …… (255)
高等学校本科教学工作水平评估
优秀学校名单（北京地区） …………………… (255)
完成市高等学校精品课程评选 ……………………… (256)
319 个专业入选市级特色专业 ……………………… (256)
46 所高校 69 个专业被评为特色专业建设点 ……… (256)
第三批高等学校特色专业建设点名单
（北京地区） …………………………………… (256)
16 所高校 22 个专业获批双语教学
示范课程建设项目 ……………………………… (257)
2008 年度双语教学示范课程名单
（北京地区） …………………………………… (257)
95 门课程被评为国家精品课程 …………………… (257)
2008 年度国家级精品课程
（北京地区 本科） …………………………… (257)
完成市高等教育精品教材评选 ……………………… (258)
普通高等学校
·中国科学院研究生院·
概 况 ……………………………………………… (258)
举办“PIRE—中国地震”研讨会 …………………… (258)
举办《奥林匹克与中国》图片展 …………………… (258)
刘东生逝世 …………………………………………… (258)
与格里菲斯大学签署合作备忘录 …………………… (258)
举办专家报告会 ……………………………………… (259)

课程网站运行 …………………………………………（259）
成立马普学会伙伴小组 ……………………………………（259）
与泰国公务员委员会签订合作备忘录 ……………………（259）
举办模拟面试比赛 ……………………………………（259）
获优秀研究生银奖 ……………………………………（259）
举办总裁讲堂 …………………………………………（259）
举办博士后学术论坛 …………………………………（259）
开办生物化学与分子生物学暑期学校 …………………（259）
开办物理分析讲习班 …………………………………（259）
与阿拉斯加大学签订合作协议 …………………………（259）
成立水系统安全中心 …………………………………（260）
发布“郭永怀科学传播最佳影响榜” ……………………（260）
联想学院实训班开班 …………………………………（260）
12篇论文入选全国优秀博士学位论文 ……………………（260）
承担“十一五”信息化项目 ……………………………（260）
生命科学实验班招生 …………………………………（260）
启动师资博士后机制 …………………………………（260）
举办教学观摩会 ………………………………………（260）
与丹麦共建“中丹科教中心” ……………………………（260）
杨佳当选联合国残疾人权利委员会委员 …………………（261）
·中国社会科学院研究生院·
概　况 …………………………………………………（261）
与早稻田大学签订合作协议 ……………………………（261）
举行优秀博士学位论文颁奖仪式 ………………………（261）
召开重点教材编审委员会会议 …………………………（261）
2007年度国情调研课题结题 ……………………………（261）
校园信息平台正式运行 ………………………………（261）
召开师生座谈会 ………………………………………（262）
组织在校生参与图书采选活动 …………………………（262）
成立校友会 ……………………………………………（262）
与宁波大学签订合作协议 ……………………………（262）
举办毕业生就业指导系列讲座 …………………………（262）
开办明辨论坛 …………………………………………（262）
举行合作办学签约仪式 ………………………………（262）
举办经济讲座 …………………………………………（262）
召开能源安全研讨会 …………………………………（262）
·中国农业科学院研究生院·
概　况 …………………………………………………（262）
举办学术节 ……………………………………………（262）
召开“三仪”教育基金管理委员会
　第一次会议 …………………………………………（263）
召开首届博士后农业论坛 ………………………………（263）
举办校园艺术节 ………………………………………（263）
·北京大学·
概　况 …………………………………………………（263）
成立中国体育产业研究中心 ……………………………（263）
五项成果获国家科学技术奖 ……………………………（263）
与天津市签署市校合作框架协议 ………………………（263）
陈佳洱院士获德意志联邦功勋十字勋章 …………………（263）
授予福斯特名誉博士学位 ………………………………（264）
主办全国大学生东亚论坛 ………………………………（264）
举办陆克文专场演讲 …………………………………（264）
赖因费尔特访问北大 …………………………………（264）
恢复新闻学研究会 ……………………………………（264）
成立城市发展与土地政策研究中心 ……………………（264）
举办中外大学校长圆桌会议 ……………………………（264）
无锡产学研合作教育基地落成 …………………………（264）
梅德韦杰夫访问北大并发表演讲 ………………………（264）
李明博访问北大并发表演讲 ……………………………（264）
季羡林被授予印度“莲花奖” ……………………………（264）
成立临床研究所 ………………………………………（265）
成立巴基斯坦研究中心 ………………………………（265）
口腔医院新门诊病房大楼投入使用 ……………………（265）
制定温馨家园计划 ……………………………………（265）
医疗队参与抗震救灾工作 ………………………………（265）
参与承担“大型强子对撞机”国际科研
　合作任务 ……………………………………………（265）
成立医学人文研究院 …………………………………（265）
苏希洛访问北大并发表演讲 ……………………………（265）
成立国家发展研究院 …………………………………（265）
第五届国际文化节隆重举行 ……………………………（265）
巴克尔嫩德访问北大并发表演讲 ………………………（265）
共建2所孔子学院 ……………………………………（266）
图书馆入选国务院全国古籍重点保护单位 ………………（266）
举办北京论坛 …………………………………………（266）
设立首个校友配比基金 ………………………………（266）
成立质量与患者安全研究所 ……………………………（266）
4所学院荣获“先进孔子学院”称号 ……………………（266）
举办残疾人口与发展国际论坛 …………………………（266）
金开诚逝世 ……………………………………………（266）
成立国际知识产权研究中心 ……………………………（266）
成立汇丰金融研究院 …………………………………（266）
新增6名“长江学者” …………………………………（267）
发挥多学科综合优势积极参与抗震救灾
　及灾后重建工作 ……………………………………（267）
·中国人民大学·
概　况 …………………………………………………（267）
钟契夫逝世 ……………………………………………（268）
成立调查与评价中心 …………………………………（268）
招收首届汉语国际教育专业硕士 ………………………（268）
举办诺贝尔奖获得者学术报告会 ………………………（268）
成立中国合作社研究院 ………………………………（268）
举行“民生和谐发展”论坛 ……………………………（268）
成立北京社会建设研究院 ………………………………（268）
吴宝康逝世 ……………………………………………（268）
成立汉藏佛学研究中心 ………………………………（268）
彭明逝世 ………………………………………………（268）
奥运会取得佳绩 ………………………………………（269）
召开清史研究所成立三十周年庆祝会 …………………（269）
完成博士点学科专业主文献制度建设工程 ………………（269）

举办庆祝复校三十周年系列活动 …………………… (269)
成立人大校友会 ……………………………………… (269)
召开书报资料中心成立五十周年庆祝会 ………… (269)
接受沈鹏书法作品捐赠 ……………………………… (269)
举办国际儒学论坛 …………………………………… (269)
举行纪念吴玉章诞辰130周年系列活动 ………… (269)

·清华大学·

概 况 ………………………………………………… (270)
17项成果获国家科学技术奖 ……………………… (270)
入选CSSCI来源期刊 ………………………………… (270)
高温气冷堆核电站专项方案获批实施 …………… (270)
两项目获中国专利奖优秀奖 ……………………… (270)
经管学院通过欧洲质量发展认证体系认证 ……… (270)
成立国际关系学系 …………………………………… (270)
举办良师益友评选活动 ……………………………… (270)
哈佛校长来访 ………………………………………… (271)
成立中国车用能源研究中心 ……………………… (271)
成立中国古典文献研究中心 ……………………… (271)
与海军航空工程学院签订合作协议 ……………… (271)
与南京市签署合作协议 ……………………………… (271)
举办2次大学周活动 ………………………………… (271)
举办研究生技术创业计划大赛 …………………… (271)
一所实验室获批为国家大型科学仪器中心 ……… (271)
文科首次面向全国31个省区市招生 …………… (271)
成立马克思主义学院 ………………………………… (271)
接受文物捐赠 ………………………………………… (271)
改革导师选聘机制 …………………………………… (271)
9篇论文入选全国百篇优秀博士学位论文 ……… (271)
召开教书育人研讨会 ………………………………… (272)
承办摩擦学学术会议 ………………………………… (272)
平板显示技术应用于舱外航天服 ………………… (272)
完成工业用微生物菌种太空实验 ………………… (272)
清华科技园各分园、启迪股份投资企业
取消“清华”冠名 …………………………………… (272)
举办奇异夸克物质会议 ……………………………… (272)
与吉林省签订合作协议 ……………………………… (272)
新生导引项目启动 …………………………………… (272)
接待剑桥大学校长爱莉森·理查德访问 ………… (272)
举办叶企孙诞辰110周年纪念会 ………………… (272)
心理学系复系 ………………………………………… (272)
举办简并量子气体前沿会议 ……………………… (273)
发现碳纳米管薄膜“扬声器” …………………… (273)
举办《装饰》创刊50周年庆祝活动 ……………… (273)
召开学生素质拓展计划实施十周年纪念会 ……… (273)
举办第200场博士生学术论坛 …………………… (273)
入选中文核心期刊要目 ……………………………… (273)
授予24位海外人士名誉学衔 ……………………… (273)
举办5场诺贝尔奖学者讲座 ……………………… (273)
七位政要或前政要访问清 ………………………… (273)
举办11个英文硕士研究生学位项目 …………… (273)

·北京交通大学·

概 况 ………………………………………………… (273)
一项目获国家科学技术进步奖 …………………… (274)
成立司法裁判研究中心 ……………………………… (274)
14人获詹天佑铁道科学技术奖 …………………… (274)
聘任一名客座教授 …………………………………… (274)
交通运输专业通过认证 ……………………………… (274)
朱善璐视察北交大 …………………………………… (274)
高富浪被教育部追授“全国优秀大学生”
荣誉称号 ……………………………………………… (274)
发光与光信息技术教育部重点实验室
通过验收 ……………………………………………… (274)
聘任一名顾问教授 …………………………………… (275)
聘任一名讲座教授 …………………………………… (275)
进入教育部“太阳花在线”项目首批
试点高校 ……………………………………………… (275)
开通学生素质拓展计划网站 ……………………… (275)
成立城市交通智能系统与安全技术工程中心 …… (275)
海滨学院获批设立 …………………………………… (275)
召开“111引智项目”启动会 ……………………… (275)
两人入选“长江学者奖励计划” ………………… (275)
3项课题获准国家社科基金立项 ………………… (275)
荣朝和获高校教学名师奖 ………………………… (275)
学报获中国科技论文在线优秀期刊一等奖 ……… (275)
成立中国综合交通研究中心 ……………………… (276)
成立生命科学与生物工程研究院 ………………… (276)
物流管理与技术北京市重点实验室通过评审 …… (276)
两人获国家杰出青年科学基金 …………………… (276)
六个项目获全国高校自制教学仪器设备
成果奖 ………………………………………………… (276)
成立阿海珐研究中心和研究生培养基地 ………… (276)
举办中国交通高层论坛 ……………………………… (276)
成立北京交大老教授协会 ………………………… (276)
8栋学生公寓通过标准化验收 …………………… (276)
北京交通发展研究基地通过验收 ………………… (277)
举办中国交通运输价格论坛 ……………………… (277)
第一所孔子学院开学 ………………………………… (277)
再获全国高校节水示范校园称号 ………………… (277)
19项成果获中国铁道学会科学技术奖 ………… (277)
学生竞赛取得好成绩 ………………………………… (277)

·北京工业大学·

概 况 ………………………………………………… (277)
签署共建市信息化培训基地协议 ………………… (278)
一个国家自然科学基金项目通过验收 …………… (278)
光电子技术实验室通过验收 ……………………… (278)
激光加工应用于汽车制造技术通过验收 ………… (278)
获得国际项目管理专业资质认证合作资格 ……… (278)
入选国家大学生创新性实验计划 ………………… (278)
一项目获批“973”研究项目 …………………… (278)
当代中国国情与青年的历史责任课程开讲 ……… (278)

技术转移方向硕士研究生班开班 …………………（279）
承办结构抗爆炸与冲击荷载分析与设计
　国际会议 …………………………………（279）
主办中日建筑结构技术交流会 ………………（279）
高性能 LED 产业化注资签约 …………………（279）
电子政务方向硕士研究生班开学 ……………（279）
承办 2008 中国高校创造教育论坛 …………（279）
承办高等学校自制教学仪器设备研究成果展 ……（279）
完成“211 工程”三期立项审核工作 …………（279）
电磁防护与检测实验室获 CNAS 资格 ………（280）
弦支穹顶钢结构工程获特等奖 ………………（280）
北京市属高校仪器设备共享管理机制研究
　结题 ………………………………………（280）
召开先进制造技术学科群学术交流会议 ……（280）
获全国城市节水工作示范校园称号 …………（280）
两个“十一五”项目通过验收 ………………（280）
合唱团和舞蹈团被确定为北京大学生艺术团 ……（280）

·北京航空航天大学·

概　况 ………………………………………（280）
叶轮机械气动力学大型综合实验室基建
　工程竣工 …………………………………（281）
一教学团队入选国家级教学团队 ……………（281）
航空科学与技术国家实验室（筹）聘任
　首批首席科学家 …………………………（281）
中法工程师学院基础教学实验中心建成 ……（281）
出版《中国航空图志》 ………………………（281）
国防科技工业高效数控加工技术研究
　应用中心揭牌 ……………………………（281）
航空可靠性综合重点实验室通过双重认可 ……（281）
748 人次在 2007 年度各类大学生竞赛中获奖 ……（282）
男女排夺得大学生排球联赛冠军 ……………（282）
举办第五届研究生学术论坛 …………………（282）
举办“霍尼韦尔—诺贝尔全球校园行”
　北航站活动 ………………………………（282）
开展英语课堂教学观摩活动 …………………（282）
主办第十七届国际万维网大会 ………………（282）
无人机试飞成功 ……………………………（282）
三人入选“新世纪百千万人才工程”
　国家级人选 ………………………………（283）
与日本工学院共建孔子学院 …………………（283）
通过 GJB9001A—2001 质量管理体系认证审核……（283）
《中国航空学报》（英文版）被科学引文
　索引收录 …………………………………（283）
召开符号计算与密码学国际会议 ……………（283）
工业设计系毕业生设计展在北航艺术馆展出 ……（283）
成功进行“北航一号 B”探空火箭飞行试验………（283）
参展“尖兵之翼—2008 中国无人机大会” ……（283）
成立化学与环境学院 ………………………（284）
姚福生逝世 …………………………………（284）
凌峰社登山队登顶桑丹康桑峰 ………………（284）
与西安四个航空企业建立博士生培养
　实践基地 …………………………………（284）
承担“神七”部分系统电子部件综合
　环境应力试验 ……………………………（284）
两篇论文获全国优秀博士学位论文 …………（284）
获全国航空航天模型锦标赛冠军 ……………（284）
与北京汽车研究总院签订合作协议 …………（284）
成立生物与医学工程学院 …………………（284）
与中国民用航空局签订合作协议 ……………（285）
举办青年教师教学业务培训提高班 …………（285）
适航专业类课程培训资质通过评审 …………（285）
北航二号飞行试验成功 ……………………（285）
共建民政部重点实验室通过评审 ……………（285）
与中国商用飞机公司签订合作协议 …………（285）
3913 名学生获表彰 …………………………（286）
两项科研成果获中国高等学校十大科技进展 ……（286）
沙河校区五栋大楼工程结构封顶 ……………（286）

·北京理工大学·

概　况 ………………………………………（286）
聘任 8 名兼职教授 …………………………（286）
聘任两名顾问教授 …………………………（287）
与吕梁市签订产学研战略合作协议 …………（287）
与山东大学签订校际合作协议 ………………（287）
三人入选“新世纪百千万人才工程”
　国家级人选 ………………………………（287）
两人获得霍英东教育基金会资助 ……………（287）
通过科研生产质量管理体系综合评议 ………（287）
新增 3 名“长江学者” ……………………（287）
成立基础教育学院 …………………………（288）
与桑坦德银行签署合作协议 …………………（288）
焦永和当选全国教学名师 …………………（288）
成立研究生教育督导组 ……………………（288）
新增三部高等教育精品教材 …………………（288）
获批电动车辆国家工程实验室 ………………（288）
与拉各斯大学签订建立孔子学院协议 ………（288）
与里斯本技术大学签订合作协议 ……………（288）
召开风险与可靠性管理国际会议 ……………（288）
聘任两名名誉教授 …………………………（288）
与 8 所外国高校签订学生交换协议 …………（289）
举办四场海外文化交流活动 …………………（289）

·北京科技大学·

概　况 ………………………………………（289）
被评为全国大中专学生志愿者暑期
　“三下乡”活动先进单位 …………………（289）
6 项成果获国家科学技术奖 …………………（289）
刘淇视察科大 ………………………………（290）
徐洪业当选中国大学生自强之星标兵 ………（290）
建设国家文物局重点科研基地 ………………（290）
举办北京·北海道大学日 ……………………（290）
与贵阳市签订合作协议 ……………………（290）

符荣逝世 …………………………………………………… (290)
分析检验中心通过 CNAS 评审 …………………… (290)
授予劳呼特教授名誉博士学位 …………………… (290)
国际大学生数学建模竞赛获佳绩 ………………… (291)
与肯纳金属（天津）公司共建大学生
就业、实习基地 ……………………………………… (291)
成立首个入驻科技园的学生创业公司 …………… (291)
聘任罗森为名誉教授 ………………………………… (291)
首次聘任就业指导专任教师 ……………………… (291)
落成锻锤雕塑 ………………………………………… (291)
与华东理工大学签订合作协议 …………………… (291)
一篇论文入选全国优秀博士学位论文 …………… (291)
一研究中心通过论证 ……………………………… (291)
一个团队被评为国家级教学团队 ………………… (292)
三套仪器获高等学校自制教学仪器设备
成果奖 ………………………………………………… (292)
《本科教育教学督导简报》刊发百期 …………… (292)
5 项教育教学成果通过鉴定 ……………………… (292)
与蒙特利尔大学签订合作协议 …………………… (292)
7 教师入选“省部企业科技特派员行动计划” …… (292)
14 个项目获冶金科学技术奖 ……………………… (292)
成立新材料技术研究院 …………………………… (292)
与中国国际人才市场签订协议 …………………… (292)
召开第十次党代会 ………………………………… (292)
与西藏大学签订共建协议 ………………………… (292)
举办我与校长面对面活动 ………………………… (293)
75 个项目获国家自然科学基金资助 ……………… (293)
举办六讲中国材料名师讲坛 ……………………… (293)
举办五场杰出校友讲坛 …………………………… (293)
本科教学质量工程建设取得成绩 ………………… (293)
·北方工业大学·
概　况 ………………………………………………… (293)
聘任靳卫卫为客座教授 …………………………… (293)
与西门子签订合作协议 …………………………… (293)
与汉王科技签订合作协议 ………………………… (294)
召开工程硕士培养工作研讨会 …………………… (294)
成立 CNC 技术培训中心 ………………………… (294)
通过全国建筑学专业评估 ………………………… (294)
获 4 项国家级教学质量工程成果奖 ……………… (294)
召开自动化应用技术学术交流会 ………………… (294)
召开系主任教学业务培训暨研讨会 ……………… (294)
刘利民视察北方工大 ……………………………… (294)
·北京化工大学·
概　况 ………………………………………………… (294)
4 项科技成果通过技术鉴定 ……………………… (295)
聘任闵恩泽为教授 ………………………………… (295)
在《化学评述》上以第一单位发表评述 ………… (295)
获得企业经营模拟精英赛一等奖 ………………… (295)
国防科技质量管理体系通过审核 ………………… (295)
成立宝洁职业发展俱乐部 ………………………… (296)
举办研究生创新论坛 ……………………………… (296)
与青岛高校软控股份有限公司签署合作协议 …… (296)
成立第二届董事会 ………………………………… (296)
与天脊集团签订合作协议 ………………………… (296)
与威海市签订合作协议 …………………………… (296)
励杭泉获得高等学校教学名师奖 ………………… (296)
与中原煤业化工集团签署合作协议 ……………… (296)
举办机械创新交流营 ……………………………… (296)
聘任贾埃弗为名誉教授 …………………………… (296)
四项军品协作配套科研项目通过验收 …………… (297)
一中心建设项目通过验收 ………………………… (297)
谭天伟获杰出贡献奖 ……………………………… (297)
成立中华环保青年志愿者基地 …………………… (297)
与商丘市签订合作协议 …………………………… (297)
学生体育竞赛取得好成绩 ………………………… (297)
·北京工商大学·
概　况 ………………………………………………… (297)
举办会计财务教授论坛 …………………………… (298)
塑料制品质量监督检验中心通过评审 …………… (298)
李长春同志看望工商大学教师 …………………… (298)
三项目获国家自然科学基金资助 ………………… (298)
与爱尔兰考克大学签署交流合作协议 …………… (298)
完成院系调整工作 ………………………………… (298)
召开科研工作会议 ………………………………… (298)
·北京服装学院·
概　况 ………………………………………………… (298)
民族服饰博物馆入选市爱国主义教育基地 ……… (299)
一科研项目通过验收 ……………………………… (299)
主办北京品牌设计师培训班 ……………………… (299)
举办第 30 届学生运动会 ………………………… (299)
中国民族传统服饰工艺传习馆开放 ……………… (299)
与北海艺职院签订合作协议 ……………………… (299)
与勤益染织有限责任公司签订合作协议 ………… (299)
心晴公社获十佳心理社团称号 …………………… (299)
举办北京夏日数字娱乐节 ………………………… (300)
王锐获光华工程科技奖青年奖 …………………… (300)
聘任徐僖为荣誉教授 ……………………………… (300)
完成学科建设和专业结构调整 …………………… (300)
北校区投入使用 …………………………………… (300)
学报获中国高校特色科技期刊奖 ………………… (300)
二人获科技奥运先进个人称号 …………………… (300)
举办教师作品展 …………………………………… (300)
与斯塔方格大学签订合作协议 …………………… (300)
新增数字媒体艺术专业 …………………………… (301)
完成人事分配制度改革和全员聘任工作 ………… (301)
·北京邮电大学·
概　况 ………………………………………………… (301)
泛网无线通信教育部重点实验室建设
项目通过验收 ………………………………………… (301)
取得武器装备科研生产许可证 …………………… (301)

举办拉迪德学术报告会 ……………………………（302）
举办“我的大学”校园开放日 ……………………（302）
开放源码硬件创新大赛夺冠 ………………………（302）
大学生廉洁修身工程走进北邮课堂 ………………（302）
建立首批本科招生优质生源基地 …………………（302）
制定新的学籍管理规定 ……………………………（302）
设立唐骏孙春兰奖学励学基金 ……………………（302）
举行徐大雄80华诞暨教学57周年
　学术报告会 ………………………………………（302）
形成“十个归位”学校改革新思路 ………………（303）
完成研究生培养方案修订 …………………………（303）
获国家、市级教学团队建设项目 …………………（303）
完成教学科研单位机构改革方案 …………………（303）
获国家、市级特色专业建设点项目 ………………（303）
举办信息与通信技术国际大会 ……………………（303）
二学报获奖 …………………………………………（303）
与3所学校签订合作交流协议 ……………………（303）
成立辅导员工作基地 ………………………………（303）
举办欧盟框架计划项目介绍交流会 ………………（303）
进行研究生培养机制改革 …………………………（303）
多项学生竞赛获奖 …………………………………（304）
获多项科技成果奖 …………………………………（304）
·北京印刷学院·
概　况 ………………………………………………（304）
新增传播学本科专业 ………………………………（304）
完成首次岗位聘期考核 ……………………………（304）
举办罗明专题报告会 ………………………………（305）
与芬欧汇川集团签订合作协议 ……………………（305）
与库克大学签订合作协议 …………………………（305）
聘任两名讲座教授 …………………………………（305）
西校区投入使用 ……………………………………（305）
取得少数民族高层次人才研究生培养资格 ………（305）
共建两个教学实践基地 ……………………………（305）
全国机械创新设计大赛获奖 ………………………（305）
举办客座教授讲座 …………………………………（305）
共建中国数字出版人才培养基地 …………………（305）
与莫斯科出版学院签订合作协议 …………………（305）
国际摄影展中获奖 …………………………………（305）
学生荣获“包装之星”创意奖 ……………………（306）
·北京建筑工程学院·
概　况 ………………………………………………（306）
增设交通工程专业 …………………………………（306）
获得华夏科学技术奖励4项 ………………………（306）
举办中国测绘学会工程测量分会理事长
　学术报告会 ………………………………………（306）
举办兴达杯房地产策划大赛 ………………………（306）
通过建设部高等教育工程管理专业教育评估 ……（306）
成为2008年工程硕士研究生自定
　招生规模学校 ……………………………………（307）
成立技术研发中心 …………………………………（307）
新校区建设项目立项 ………………………………（307）
召开全国建筑类院校法学专业教学研讨会 ………（307）
与意大利马尔凯工业大学签订合作协议 …………（307）
与北京水晶石数字科技有限公司
　签订合作协议 ……………………………………（307）
召开灾后建筑垃圾前期分离技术
　与设备研讨会 ……………………………………（307）
一项目获得测绘科学进步一等奖 …………………（307）
举办给水排水工程专业课程教学研讨会 …………（307）
举办全国高校校园规划与建设高层论坛 …………（307）
与格拉摩根大学举行名誉教授互聘仪式 …………（307）
与亚美尼亚国立建筑工程大学签订合作协议 ……（308）
与建筑材料研究总院签订合作协议 ………………（308）
与北京林业大学签订实践教学基地合作协议 ……（308）
与门头沟区政府签订合作协议 ……………………（308）
多名学生获奖 ………………………………………（308）
获得多项专利发明 …………………………………（308）
启动国家级科研项目16项 ………………………（308）
完成国家级科研项目6项 …………………………（308）
·北京石油化工学院·
概　况 ………………………………………………（308）
一专业入选国家特色专业建设点 …………………（309）
新增2个专业 ………………………………………（309）
召开教学工作会议 …………………………………（309）
成立恩泽生物质精细化工实验室 …………………（309）
主题雕塑落成 ………………………………………（309）
·北京电子科技学院·
概　况 ………………………………………………（309）
开办中办机关聘用青年大专班 ……………………（310）
召开学科建设与激励措施研讨会 …………………（310）
学生公寓综合楼投入使用 …………………………（310）
开设保密管理专业 …………………………………（310）
举办青年教师教学基本功比赛 ……………………（310）
三专业获批特色专业建设点 ………………………（310）
举办心理健康主题活动 ……………………………（310）
举办数理文化知识竞赛 ……………………………（310）
召开学科建设委员会会议 …………………………（310）
召开本科教学可持续发展研讨会 …………………（310）
多项成果获高等学校社会实践活动奖 ……………（310）
多名学生参加竞赛获奖 ……………………………（310）
·中国农业大学·
概　况 ………………………………………………（311）
5项成果获国家科技奖 ……………………………（311）
启动研究生培养机制改革 …………………………（311）
加入雅思全球认可系统 ……………………………（311）
高鹏先逝世 …………………………………………（312）
举办全国高校媒体论坛 ……………………………（312）
19人当选农业部科学委员会委员 …………………（312）
黄春贵携奥运圣火登顶珠峰 ………………………（312）
首批中国农业大学大使项目结业 …………………（312）

获全国七人制橄榄球冠军 ……………………………（312）
优质高产草种生产与质量控制原理及
　技术研究通过鉴定 ……………………………………（312）
聘任2名长江学者 ………………………………………（313）
15个实验室被命名为农业部重点开放实验室 ……（313）
培育首例转人CD20抗体基因奶牛 …………………（313）
二项目获“973计划”立项 ……………………………（313）
二人获农业科学奖 ………………………………………（313）
举办李连捷百年诞辰纪念会 …………………………（313）
一团队入选国家级教学团队 …………………………（314）
水稻进化研究取得成果 ………………………………（314）
举办农业生物环境与能源工程论坛 ………………（314）
三篇论文入选全国优秀博士论文 …………………（314）
一中心通过双认证评审 ………………………………（314）
获校园文化建设特等奖 ………………………………（314）
举办大学生创新论坛 …………………………………（314）
召开面向新农村综合信息服务研讨会 ……………（314）
二人获市哲学社会科学成果奖 ……………………（315）
·北京农学院·
概　况 ……………………………………………………（315）
举办农村实用人才培训班 ……………………………（315）
首批学生赴美实习 ……………………………………（315）
举办大学生村官农业知识培训班 …………………（315）
1+1+X工程农村实用人才提升行动计划启动……（315）
职业技术学院更名 ……………………………………（315）
与罗格斯新泽西州州立大学签署谅解备忘录 ……（315）
召开农业技术经济研究会学术研讨会 ……………（315）
召开恢复招生30周年座谈会 ………………………（315）
·北京林业大学·
概　况 ……………………………………………………（315）
会诊受灾林业并提出灾后重建建议 ………………（316）
新增两个专业 ……………………………………………（316）
一教师入选新世纪百千万人才国家级人选 ………（316）
发布中国林业行业新分类大纲 ……………………（316）
多项学生比赛获奖 ……………………………………（316）
获国家生态文明教育基地称号 ……………………（317）
与浙江省长兴县签订共建协议 ……………………（317）
康洁教学科研实习基地揭牌 ………………………（317）
中美草坪专业五校联合办学首届学生毕业 ………（317）
汪振儒逝世 ………………………………………………（317）
与东京农工大学签订合作协议 ……………………（317）
新增1个国家级工程实验室建设项目 ……………（317）
一教师获青年翻译大赛一等奖 ……………………（317）
二教授获“三北防护林体系建设
　突出贡献者”称号 ……………………………………（317）
·北京协和医学院·
概　况 ……………………………………………………（318）
陈竺视察协和医学院 …………………………………（318）
生物安全灵长类动物实验中心奠基 ………………（318）
举办乡村医生培训班 …………………………………（318）
召开课程改革国际研讨会 ……………………………（318）
招收首批成人高等学历学生 …………………………（319）
获批3个继续教育项目 ………………………………（319）
举办4位教授从医60周年庆典 ……………………（319）
文献服务系统正式对外服务 …………………………（319）
·首都医科大学·
概　况 ……………………………………………………（319）
一实验室成为教育部重点实验室 …………………（319）
获5项中华医学科技奖 ………………………………（319）
举办全体教授大会 ……………………………………（319）
与奥斯陆大学签订合作协议 …………………………（320）
5支医疗队奔赴灾区抗震救灾 ………………………（320）
第一届校务委员会成立 ………………………………（320）
新增2所教学医院 ……………………………………（320）
召开首席信息官会议 …………………………………（320）
召开社区遗传学国际会议 ……………………………（320）
举办学生临床技能大赛 ………………………………（320）
召开口腔医学博士论坛 ………………………………（320）
召开博士后管理工作会议 ……………………………（320）
一基地通过验收 …………………………………………（320）
一中心建设项目通过验收 ……………………………（320）
一实验室通过验收 ……………………………………（320）
成立传染病学研究所 …………………………………（321）
·北京中医药大学·
概　况 ……………………………………………………（321）
一项成果获国家科学技术奖 …………………………（321）
首期中医教改实验班开班 ……………………………（321）
举办首届临床中药学学术研讨会 …………………（321）
附属东直门医院向地震灾区派出五批医疗队 ……（321）
长江学者及创新团队计划项目通过验收 …………（321）
刘渡舟名家研究室启动 ………………………………（322）
接待印度尼西亚总统苏西洛访问 …………………（322）
举办年度学术进展国际论坛 …………………………（322）
10个项目获批“211工程”三期建设………………（322）
主办腧穴临床应用与研究研讨会 …………………（322）
中药学院举行建院50周年庆典 ……………………（322）
学报获奖 …………………………………………………（322）
主办全国中医药高等院校志愿者
　工作高端论坛 …………………………………………（322）
五人被评为百名杰出青年中医 ……………………（323）
举行王绵之85周岁寿辰庆祝活动 …………………（323）
承办全国中医药高等教育学会
　第五届校长论坛 ………………………………………（323）
举行学位与研究生教育30周年庆典 ………………（323）
附属东直门医院建院50周年 ………………………（323）
举办中日中医学术讲座 ………………………………（323）
与解放军总医院签订合作协议 ……………………（323）
·北京师范大学·
概　况 ……………………………………………………（323）
举办建立体育学科九十周年庆典 …………………（324）

开展本科教学评建综合检查 ……………………（324）
举办多媒体教学软件比赛 ……………………（324）
举行汤璪真诞辰110周年纪念活动 ………………（324）
脑成像中心揭牌 ……………………………（325）
资产经营有限责任公司取得企业法人资格 ………（325）
刘利民看望北师大寒假留校生 ………………（325）
设立北京新世界百货助学金 …………………（325）
举办朱智贤诞辰100周年纪念暨心理
学科建设研讨会 …………………………（325）
获准招收首批MBA专业学位学员 ………………（325）
阳安江赴北师大调研 …………………………（325）
成立中德生命科学技术中心 …………………（325）
与金泽大学合作培养双学位研究生 ……………（326）
获得捐赠200万元 ……………………………（326）
采取培训就业联络员方式创新就业指导 …………（326）
与陕西延长石油集团签订合作协议 ……………（326）
举办首届师范生“三心、三小”社会实践
成果展暨经验交流会 ………………………（326）
成立核科学与技术学院 ………………………（326）
认知神经科学与学习国家重点实验室
通过验收 …………………………………（326）
召开“211工程”三期项目建设方案论证会 ………（326）
开展新课程研究项目 …………………………（327）
制作灾后心理创伤干预指导网络课程 …………（327）
研发中文智能化综合灾害信息检索平台 …………（327）
启动巨灾管理工程 ……………………………（327）
聘任郎平为名誉教授 …………………………（327）
举办免费师范生教育改革研讨会 ………………（327）
曹卫东获德国“文学之家—德嘉银行奖” ………（327）
举行邱季端体育馆开馆仪式 …………………（327）
召开张厚粲从教60周年学术研讨会 ……………（328）
物理系试行本科生导师值班制 ………………（328）
举办顾明远从教60周年庆典暨教育
思想学术研讨会 …………………………（328）
召开当代世界文学与中国国际学术研讨会 ………（328）
举办教育学博士生学术论坛 …………………（328）
举办民俗文化节 ……………………………（328）
召开教育国际研讨会 …………………………（328）
召开中日教师教育研讨会 ……………………（328）
获全国城市节水工作示范校园称号 ……………（328）
获国际艺术家音乐比赛大奖 …………………（329）
召开“211工程”三期创新人才培养和
队伍建设计划项目论证会 …………………（329）
成立全球变化与地球系统科学研究院 …………（329）
成立珠海研究院 ……………………………（329）
举办信息学科建立50周年庆祝大会 ……………（329）
举办章太炎诞辰140周年纪念会 ………………（329）
·首都师范大学·
概　况 ……………………………………（329）
提出发展新理念 ……………………………（330）
两项研究成果填补科研空白 …………………（330）
三人获博士后科研基金资助 …………………（330）
启动热线心理咨询项目 ………………………（330）
确定首批特色专业建设项目 …………………（330）
召开交叉学科发展座谈会 ……………………（330）
完成首批青年教师教学研究项目评审 …………（330）
与联合国教科文组织签订合作协议 ……………（331）
启动顺义区优秀骨干教师培养项目 ……………（331）
一中心获“全国工人先锋号”荣誉称号 …………（331）
召开改革发展研讨会 …………………………（331）
完成本科生科学研究与创业行项目评审 …………（331）
成立首都新农村社会与文化建设研究中心 ………（331）
欧阳中石荣获“北京市人民教师”称号 …………（331）
选聘研究生朋辈指导顾问 ……………………（331）
与明尼苏达大学合作建立孔子学院 ……………（331）
举办北京市“211工程”三期建设方案论证会 ……（331）
一篇论文入选全国百篇优秀博士论文 …………（332）
举办教师专业发展论坛 ………………………（332）
刘兆理获国家杰出青年科学基金资助 …………（332）
成立中国书画艺术鉴定研究中心 ………………（332）
举办校长邀你喝下午茶活动 …………………（332）
举办汉字书法文化高层论坛 …………………（332）
举办首都知名小学校长论坛 …………………（332）
成立继续教育学院 ……………………………（332）
援建北川中学 ………………………………（333）
多名学生参加比赛获奖 ………………………（333）
本科教学质量与教学改革工程取得成绩 …………（333）
采取多项措施改善学校发展软环境 ……………（333）
·首都体育学院·
概　况 ……………………………………（333）
裴东光获首都劳动奖章 ………………………（333）
入选体育行业特有职业国家级培训试点单位 ……（333）
完成《田径运动技术教学课件》 ………………（333）
承办全国体育传统校体育师资培训 ……………（334）
王帅获残奥会游泳铜牌 ………………………（334）
一团队入选国家级教学团队 …………………（334）
与成都体育学院签订合作协议 ………………（334）
·北京外国语大学·
概　况 ……………………………………（334）
非通用语种本科人才培养基地通过验收 …………（335）
接受赠款100万美元 …………………………（335）
《中国外语教育》创刊 …………………………（335）
纳忠逝世 ……………………………………（335）
《20世纪外国文学史》荣获出版政府奖 …………（335）
学生在国际马来语演讲比赛中获第二名 …………（335）
举办“青年波兰”绘画作品图片展 ……………（335）
举办爱尔兰文化周活动 ………………………（335）
与爱尔兰国立大学签署交流协议 ………………（335）
举办系列文化讲座 ……………………………（335）
举办顾彬专场讲座 ……………………………（336）

举办媒介理论与德语文学研究模型研讨会 ……… (336)
聘任朱祖寿为客座教授 ……………………………… (336)
完成本科教学工作水平评估检查 ………………… (336)
与非洲三国学校签订合作协议 …………………… (336)
与莫斯科大学签订合作协议 ……………………… (336)
入选国际大学翻译学院联合会 …………………… (336)
援建西藏民族学院 ………………………………… (336)
举办米德专场学术报告 …………………………… (336)
举办中俄文化比较学术研讨会 …………………… (336)
举办魏查理学术报告会 …………………………… (336)
与维拉克鲁斯大学签订合作协议 ………………… (337)
合办教学实习基地 ………………………………… (337)
举办批判性思维研讨会 …………………………… (337)
成立信息技术中心 ………………………………… (337)
成立专门用途英语学院 …………………………… (337)
与浙江教育学院签订协议 ………………………… (337)
英语学院启动跨国双博导计划 …………………… (337)
举办外交官论坛 …………………………………… (337)
获得全国高校俄语大赛一等奖 …………………… (337)
"语言哲学与语言教学学术研讨会"
　在北外举行 ……………………………………… (338)
举办阿拉伯语系成立50周年庆祝活动 …………… (338)
主办中国澳大利亚研究国际学术研讨会 ………… (338)
傅荣获得法国教育骑士勋章 ……………………… (338)
《当代俄罗斯》获全国多媒体课件大赛二等奖 …… (338)
举办印度及南亚文化周 …………………………… (338)
举办亚洲研究国际学术研讨会 …………………… (338)
与湖南省教育厅签订共建协议 …………………… (338)
阿拉伯语系举办系列学术讲座 …………………… (338)
·北京第二外国语学院·
概　况 ……………………………………………… (339)
黎明入选自强之星 ………………………………… (339)
建立多语种计算机辅助翻译实验室 ……………… (339)
实施科学管理年工程 ……………………………… (339)
举办全国首届法律英语大赛 ……………………… (339)
召开国际化战略研讨会 …………………………… (339)
王柯平获首都劳动奖章 …………………………… (339)
举办中加商务交流论坛 …………………………… (339)
召开灾后旅游重振战略研讨会 …………………… (340)
承办世界翻译大会3场分论坛 …………………… (340)
召开海峡两岸旅游观光研讨会 …………………… (340)
成立中华美学学会美学与美育研究基地 ………… (340)
·北京语言大学·
概　况 ……………………………………………… (340)
召开现代教育技术与教育教学管理研讨会 ……… (340)
完成汉语国际教育硕士专业学位研究生考试 …… (340)
宁一中入选美国现代语言学会会员 ……………… (340)
一专业被确立为第一类特色专业建设点 ………… (341)
大学生职业生涯规划开课 ………………………… (341)
访问日本五所大学 ………………………………… (341)
聘任2位客座教授 ………………………………… (341)
成立世界宗教研究中心 …………………………… (341)
聘任4位兼职讲授 ………………………………… (341)
泰王国总理顺通卫访问北语 ……………………… (341)
召开教材暨教学模式研讨会 ……………………… (341)
举办社会语言学讲座 ……………………………… (341)
举办知识分子信仰与现代性讲座 ………………… (341)
举办普通话声调自动识别讲座 …………………… (341)
在四川地震灾区捐建爱心学校 …………………… (341)
举办汉语词汇通史学术讲座 ……………………… (341)
新增5个本科教育教学类共建项目 ……………… (342)
举办美国总统大选与当代世界金融危机讲座 …… (342)
·中国传媒大学·
概　况 ……………………………………………… (342)
胡智锋入选"长江学者"特聘教授 ……………… (342)
与中国教育电视台签订合作协议 ………………… (342)
与承德市签订合作协议 …………………………… (342)
成立外国语学院 …………………………………… (342)
高晓虹获得高等学校"教学名师奖" …………… (343)
举办第六届亚洲传媒论坛 ………………………… (343)
·中央财经大学·
概　况 ……………………………………………… (343)
张礼卿入选百千万人才工程 ……………………… (343)
举办阿富汗财政金融官员研修班 ………………… (343)
举办双周专题讨论会 ……………………………… (343)
启动时光计划 ……………………………………… (344)
成立校友工作者协会 ……………………………… (344)
40个项目获批为大学生创新性实验计划项目 …… (344)
举办中国财税改革论坛 …………………………… (344)
举办德勤杯会计论文大赛 ………………………… (344)
聘任陈立齐为客座教授 …………………………… (344)
与濮阳市签订合作协议 …………………………… (344)
二队获美国大学生数学建模竞赛一等奖 ………… (345)
获第六届东亚排球锦标赛亚军 …………………… (345)
启用数学学习指导中心 …………………………… (345)
完成本科教学工作水平评估 ……………………… (345)
会计课程获澳洲会计师公会认证 ………………… (345)
获全国英语辩论赛冠军 …………………………… (345)
国防经济学专业博士研究生毕业 ………………… (345)
孙国辉获首都劳动奖章 …………………………… (345)
建立统计调查系统 ………………………………… (345)
《中财法学文库》首批著作出版 ………………… (346)
二人获普华永道会计学优异奖 …………………… (346)
首届中澳合作项目学员毕业 ……………………… (346)
加入中关村大学科技园联盟 ……………………… (346)
首届MPA研究生毕业 …………………………… (346)
通过会计硕士专业学位教育质量评估 …………… (346)
首招艺术设计本科学生 …………………………… (346)
举办中小银行电子银行产品营销论坛 …………… (347)
举办中国管理会计信息化论坛 …………………… (347)

举办金融创新与金融业综合经营研讨会 …………（347）
启动大学生素质拓展计划 ……………………（347）
实行本科导师组制 ……………………………（347）
聘任学生校外职业指导师 ……………………（347）
举办大学生企业经营管理沙盘模拟赛 …………（347）
召开广播台成立十周年暨校园媒体
　建设座谈会 ………………………………（347）
引进沃尔特在线求职图书馆 …………………（348）
完成心理素质教育工作评估 …………………（348）
首届双学士学生完成答辩 ……………………（348）
举办 APEA 第四届年会 ……………………（348）
召开庆祝姜维壮 85 寿辰暨学术研讨会 ………（348）
《财政史研究》出版 …………………………（348）
师文杰获得“ETS 杯职业英语奖教金”
　第一名 ……………………………………（348）
·对外经济贸易大学·
概　况 ………………………………………（349）
5 个专业获批特色专业建设点 ………………（349）
获助学捐款 50 万港币 ………………………（349）
与 4 所学校签订合作协议 ……………………（349）
举办中国国际商务发展论坛 …………………（349）
举办中欧经贸热点问题研讨会 ………………（350）
举办创新与竞争论坛 …………………………（350）
举办中欧经贸合作论坛 ………………………（350）
举办竞争法研讨会 ……………………………（350）
图书信息中心投入使用 ………………………（350）
六人获教育部 2008 年社科研究项目 …………（350）
成立国际经济学研究中心 ……………………（350）
新修订 14 个教学管理制度 …………………（350）
举行技术管理和创新研讨会 …………………（350）
获得捐款 100 万元 …………………………（350）
成立中国企业国际化经营研究中心 …………（350）
举办气候变化国际研讨会 ……………………（351）
获安子介国际贸易研究奖一等奖 ……………（351）
举办中国国际贸易学会年会 …………………（351）
举办中国与拉美国家经贸关系研讨会 ………（351）
出台人才强校战略相关措施 …………………（351）
六项目获市优秀哲学社会科学成果奖 ………（351）
举办高等教育国际化研究研讨会 ……………（351）
·北京物资学院·
概　况 ………………………………………（351）
建立课堂秩序监控制度 ………………………（352）
7 部教材被列为国家级规划教材 ……………（352）
一项目通过高等教育学会评审 ………………（352）
《中国流通经济》入选中文社会科学
　引文索引来源期刊 …………………………（352）
采取临时补贴措施 ……………………………（352）
召开心理健康危机预防报告会 ………………（352）
举办中国流通现代化论坛 ……………………（352）
成立物流博物馆 ………………………………（352）
通过物流实验实训基地授权 …………………（353）
成立商学院 …………………………………（353）
获批外国留学生奖学金项目 …………………（353）
周末小教室开讲 ………………………………（353）
实用新型专利获得批准 ………………………（353）
召开校园总体规划评审会 ……………………（353）
开展素质拓展培训 ……………………………（353）
与中央兰开夏大学签订合作协议 ……………（353）
举行院系任期目标责任书签字仪式 …………（353）
通过《北京物资学院绩效工资实施方案》 ………（353）
·首都经济贸易大学·
概　况 ………………………………………（353）
新增数学与应用数学本科专业 ………………（354）
举办教职工文化艺术节 ………………………（354）
召开教学工作会议 ……………………………（354）
成立人力资源和社会保障发展研究院 ………（354）
二专业入选国家级特色专业 …………………（354）
设立学生事务直通车 …………………………（354）
举办教师多媒体教育软件大赛决赛 …………（354）
举办建设精益课堂教学经验交流会 …………（354）
召开搞教学抓质量教学研讨会 ………………（354）
一人获得北京市十佳辅导员称号 ……………（355）
广播电视网投入使用 …………………………（355）
一中心被评为国家级实验教学示范中心 ……（355）
举办世界银行专家报告会 ……………………（355）
举办全国高校资产评估教学研讨会 …………（355）
举办财务理论与实践研讨会 …………………（355）
举办全国地方院校金融论坛 …………………（355）
举办海峡两岸应用统计学术研讨会 …………（355）
召开学科建设与科学研究大会 ………………（355）
完成处级领导干部换届聘任工作 ……………（356）
·外交学院·
概　况 ………………………………………（356）
举办中国经济外交研讨会 ……………………（356）
召开周恩来外交学学术研讨会 ………………（356）
举办两期香港官员培训班 ……………………（356）
举行两次中韩思想库政策对话会议 …………（357）
潘基文来访并发表演讲 ………………………（357）
接待科恩访问 …………………………………（357）
召开外交外事人才培养模式研讨会 …………（357）
召开“现代化进程中的中国与后现代
　的欧洲”国际研讨会 ………………………（357）
举办杨洁篪报告会 ……………………………（357）
举办多期外国人研修班 ………………………（357）
举办 4 场外国专家报告会 …………………（357）
·中国人民公安大学·
概　况 ………………………………………（358）
档案室获奖 …………………………………（358）
施行《专业技术职务任职资格评审办法》 ………（358）
获评国家级教学团队 …………………………（358）

培训警察心理行为训练课教师 ……………………（358）
妇工委获奖 ……………………………………（358）
教学成果及教材获奖 ……………………………（358）
划拨经费补贴学生伙食 …………………………（358）
学报入选 CSSCI 扩展版来源期刊 ………………（358）
成立 4 个实践教学基地 …………………………（358）
举办发展中国家执法指挥与领导决策研修班 ……（359）
举办内蒙古公安机关交警培训班 ………………（359）
评选首批校级优秀教学团队 ……………………（359）
孟建柱出席警监班授衔仪式并为高警楼揭牌 ……（359）
与越南人民警察学院签订合作协议 ……………（359）
开展大学习大讨论活动 …………………………（359）
启动职务犯罪预防与治理合作 …………………（359）
成立文献资源建设专家组 ………………………（359）
与印刷学院共建学生素质拓展基地 ……………（359）
开展节能宣传周活动 ……………………………（359）
印发创新工程实施方案 …………………………（359）
学生创新研究成果获奖 …………………………（359）
施行思想政治理论教学工作改进方案 …………（359）
刑事侦查学获评国家级精品课程 ………………（360）
旧址纪念碑揭幕 …………………………………（360）
成立公安信息安全数字化培训基地 ……………（360）
首批招录培养体制改革试点班开学 ……………（360）
举办县级公安机关督察民警培训班 ……………（360）
举办东盟高级执法官员研修班 …………………（360）
一部级课题通过验收 ……………………………（360）
学报获奖 …………………………………………（360）
·国际关系学院·
概　况 ……………………………………………（360）
二专业入选高等学校特色专业建设点 …………（360）
举办研究生学术文化月活动 ……………………（360）
共建信息技术联合试验室 ………………………（361）
召开学科和师资队伍建设工作会议 ……………（361）
·北京体育大学·
概　况 ……………………………………………（361）
成立运动康复系 …………………………………（361）
成立振动训练研究所 ……………………………（361）
成立肌肉损伤监测实验室 ………………………（361）
奥运会获 14 金 6 银 2 铜 ………………………（361）
一课程被评为国家级精品课程 …………………（361）
举办中外校长体育论坛 …………………………（362）
举办体育院校大学生科创论坛 …………………（362）
纪念建校 55 周年 ………………………………（362）
成立康复悬吊训练工作室 ………………………（362）
举办特奥发展国际论坛 …………………………（362）
教育质量工程取得成绩 …………………………（362）
奥运科技攻关获佳绩 ……………………………（362）
与 4 所高校建立合作关系 ………………………（362）
·中央音乐学院·
概　况 ……………………………………………（362）
喻宜萱去世 ………………………………………（363）
薛伟入选“百千万人才工程” …………………（363）
举办国际室内乐大师班 …………………………（363）
举办纪念普契尼诞辰 150 周年音乐会 …………（363）
举办北京现代音乐节 ……………………………（363）
与美国朱丽亚音乐学院举行交流活动 …………（363）
举办音乐文化交流活动 …………………………（363）
举办中意视唱练耳教学艺术周 …………………（363）
设立志·龙古典吉他基金 ………………………（363）
举办朱苔丽大师班 ………………………………（364）
举办音乐节大师班 ………………………………（364）
举办室内乐音乐节 ………………………………（364）
举办国际电子音乐节 ……………………………（364）
举办中芬音乐研讨会 ……………………………（364）
举办“廖氏两兄弟”学术纪念活动 ……………（364）
举办国际三弦音乐周 ……………………………（364）
接待巴黎国立高等音乐学院院长访问 …………（364）
举办杜鸣心室内乐作品音乐会 …………………（364）
·中国音乐学院·
概　况 ……………………………………………（364）
一项目获文化部创新奖 …………………………（364）
举办北京国际女音乐家大会 ……………………（365）
举办朝鲜族音乐周活动 …………………………（365）
中国乐器陈列馆开放 ……………………………（365）
举办日本皇家正仓院复原唐传乐器展演 ………（365）
举办心理健康周活动 ……………………………（365）
中奥联合音乐大学开学 …………………………（365）
举办民族管弦乐作品音乐会 ……………………（365）
召开全国高校音乐治疗教学交流会 ……………（365）
举办民族乐器改革音乐会 ………………………（365）
召开少数民族音乐文化传承研讨会 ……………（366）
举办金铁霖学生音乐会 …………………………（366）
举办磋琴演示与研讨会 …………………………（366）
举办纪念蒋风之诞辰一百周年音乐会 …………（366）
·中央美术学院·
概　况 ……………………………………………（366）
接受丹麦王室捐赠 ………………………………（366）
举办全国艺术设计展 ……………………………（367）
举办中国美术研究展 ……………………………（367）
包揽中国青年服装设计师赛金银铜奖 …………（367）
入选上海世博会中国国家馆最佳展示
　设计方案 ………………………………………（367）
举办吴作人诞辰 100 周年座谈会 ………………（367）
举办美术学院院长讲坛 …………………………（367）
举办绘画与文化讲座 ……………………………（367）
召开世界华人美术教育研讨会 …………………（367）
·中央戏剧学院·
概　况 ……………………………………………（367）
举办中日戏剧交流展 ……………………………（368）
建立数字电影实验室 ……………………………（368）

举办学生戏剧小品大赛 ……………………………（368）
举办亚洲戏剧教育研究国际论坛 ………………（368）
举办中国希腊文化年活动 …………………………（368）
举办研究生教学创作实践剧目演出季 …………（368）
郝戎获霍英东教育基金会青年教师二等奖 ………（368）
与中国国际电视总公司签订合作协议 …………（368）
获批国际大学生戏剧节活动基地 ………………（368）
获优秀剧目奖第一名 ………………………………（368）
表演系台词基础课被评为国家精品课程 …………（369）
确定《常青藤之歌》为校歌 ………………………（369）
学生剧本入选南特电影节 …………………………（369）
演出百老汇经典音乐剧《名扬四海》 ……………（369）
与韩国中央大学签订交流协议 ……………………（369）
学生短片作品获奖 …………………………………（369）

・中国戏曲学院・

概　况 ………………………………………………（369）
与台湾戏曲学院签订合作协议 ……………………（369）
举办舞台灯光教学论坛 ……………………………（369）
主办中青年教师教学交流展示活动 ………………（370）
举办新中国戏曲教育学术研讨会 …………………（370）
举办奥运舞美创作与科技高峰论坛 ………………（370）

・北京电影学院・

概　况 ………………………………………………（370）
完成院级精品教材评审 ……………………………（370）
举办多场放映及学术交流活动 ……………………（370）
举办国际影视院校联合大会 ………………………（370）
国际学生影视作品展 ………………………………（370）
颁发动画学院奖 ……………………………………（371）

・北京舞蹈学院・

概　况 ………………………………………………（371）
中国舞剧《唐琬》首演 ……………………………（371）
美国嘻哈舞蹈三人组访问舞院 ……………………（371）
本科教学工作水平评估取得“优秀”成绩 ………（371）
启动教育质量工程和舞蹈文化创新工程 …………（371）
韩春启被授予“首都劳动奖章” …………………（371）
为老教授颁发“舞蹈教育终身成就奖” …………（372）
在第六届荷花奖舞蹈比赛上获奖 …………………（372）
举办全国舞蹈科学学术研讨会 ……………………（372）
首次演出环境戏剧 …………………………………（372）
举办学术高端讲座 …………………………………（372）
实践交流演出《两只狗的生活意见 2008 版》 ……（372）
举办北京国际舞蹈院校芭蕾舞邀请赛 ……………（372）
青年舞团首次赴美演出 ……………………………（372）
举办主题舞蹈晚会 …………………………………（372）
全国艺术管理专业学生论文比赛获奖 ……………（372）
召开新中国舞蹈奠基人畅谈会 ……………………（372）

・中央民族大学・

概　况 ………………………………………………（372）
获 3 项博士后科学基金资助 ………………………（373）
开展乡土教材搜集与调研培训活动 ………………（373）
举办国际学术报告会 ………………………………（373）
二个理工类博士点获批准 …………………………（373）
图书馆进入全国古籍重点保护单位 ………………（373）
完成第二批本科生研究训练计划项目验收 ………（373）
新校区建设用地选址获批准 ………………………（373）
成立 1 所少数民族语言分中心 ……………………（373）
“211 工程”三期建设工作启动 …………………（373）
聘任孔文吉为客座教授 ……………………………（373）
学报（哲学社会科学版）获奖 ……………………（374）
国家社科基金项目取得佳绩 ………………………（374）

・中国政法大学・

概　况 ………………………………………………（374）
成立法学（律）方法论研究中心 …………………（374）
赵旭东获聘长江学者特聘教授 ……………………（374）
法学实验班开班 ……………………………………（374）
成立新闻与传播学院 ………………………………（374）
中欧法学院成立 ……………………………………（374）
签署联合培养博士后合作协议 ……………………（374）
许传玺获多项荣誉 …………………………………（375）

・华北电力大学・

概　况 ………………………………………………（375）
成为 BALIS 馆际互借和原文传递服务成员馆 ……（375）
与蒙古科技大学签订合作协议 ……………………（375）
李成榕当选电气化学技术委员会委员 ……………（375）
成立第二所孔子学院 ………………………………（375）
召开设备状态监测与故障诊断国际学术会议 ……（375）
与太平洋国立大学签署合作协议 …………………（375）
举办全国文化哲学论坛 ……………………………（375）
承担叙利亚研修项目班培训任务 …………………（375）
西区一期工程结构封顶 ……………………………（376）
二人通过新世纪优秀人才支持计划项目验收 ……（376）
启动博士工程化培养建设 …………………………（376）
与中国原子能科研院战略合作 ……………………（376）
与企业共研宽带无线通信核心技术 ………………（376）
首个少数民族预科班招生 …………………………（376）
与企业共研冷却技术核心技术 ……………………（376）
签订重大科技合作项目 ……………………………（376）
启用上网行为管理系统 ……………………………（376）
李存斌荣获“北京市师德标兵”称号 ……………（376）
与新疆签署战略合作框架协议 ……………………（376）
国家自然科学基金结题项目绩效评估
　被评为优 …………………………………………（376）
一专业获评国家级特色专业 ………………………（376）
留学生会成立 ………………………………………（376）
一课程获评国家级精品课程 ………………………（377）
与中国国际问题研究基金会签署战略
　合作协议 …………………………………………（377）
主办电力系统实时数字仿真技术国际研讨会 ……（377）
与内蒙古签署战略合作框架协议 …………………（377）
主办工程管理与风险管理国际会议 ………………（377）

民用核安全设备监督管理培训 …………………… (377)
电气工程及其自动化专业通过专业认证 ………… (377)
建成学生宿舍网 …………………………………… (377)
获建首个国家工程实验室 ………………………… (377)
启用办公自动化系统 ……………………………… (377)
·北京信息工程学院·
概　况 ……………………………………………… (377)
1项目获得国家科技进步二等奖 ………………… (378)
开展校级重点建设专业评选活动 ………………… (378)
开展首届校级教学名师奖评选活动 ……………… (378)
撤销建制 …………………………………………… (378)
北京信息工程学院历任领导 ……………………… (378)
·中华女子学院·
概　况 ……………………………………………… (378)
举办校园之星评选活动 …………………………… (378)
接待瓦努阿图总统夫人访问 ……………………… (378)
与密西西比女子大学签订合作协议 ……………… (379)
与马尼托巴大学签订合作协议 …………………… (379)
与青海湖景区签订合作协议 ……………………… (379)
段伯毅被授予文华奖 ……………………………… (379)
学生在多项体育比赛中取得好成绩 ……………… (379)
在全国各项比赛中获得优异成绩 ………………… (379)
·北京机械工业学院·
概　况 ……………………………………………… (379)
确定首批校级重点建设课程 ……………………… (379)
1项目获得国家科技进步二等奖 ………………… (379)
撤销建制 …………………………………………… (379)
北京机械工业学院历任领导 ……………………… (379)
·北京信息科技大学·
概　况 ……………………………………………… (380)
确定校级重点建设课程 …………………………… (380)
确定校级精品课程 ………………………………… (380)
确定首批校级优秀教材 …………………………… (380)
召开教学改革研讨会 ……………………………… (380)
与5个单位签订合作协议 ………………………… (380)
举办大学数学课程报告分论坛 …………………… (380)
召开北京信息科技大学成立大会 ………………… (380)
召开全国知网研讨会 ……………………………… (380)
完成本科教学工作水平评估 ……………………… (381)
举办实验经济学高级研讨班 ……………………… (381)
举行首批本科毕业生毕业典礼 …………………… (381)
成立6个院级科研机构 …………………………… (381)
完成首次在京一批招生 …………………………… (381)
五项目获国家自然科学基金资助 ………………… (381)
一实验室获批省部共建教育部重点实验室 ……… (381)
与格利菲斯都柏林大学续签合作办学协议 ……… (381)
一项目获中国物流科技进步一等奖 ……………… (381)
制订硕士学位论文盲审制度 ……………………… (381)
制订工程硕士双导师指导制度 …………………… (381)
一专业获批国家级特色专业建设项目 …………… (381)
多项学生竞赛获奖 ………………………………… (382)
与6所国外高校签署合作协议 …………………… (382)
·中国矿业大学（北京）·
概　况 ……………………………………………… (382)
开展节约型校园宣传教育活动 …………………… (382)
四个在京实习基地挂牌 …………………………… (382)
开展心理委员成长小组计划 ……………………… (382)
开展心理排查工作 ………………………………… (382)
新增2个本科专业 ………………………………… (382)
举办第十届田径运动会 …………………………… (382)
举办班级向心力建设素质拓展训练 ……………… (383)
设立纳雅大讲堂 …………………………………… (383)
32位教授被聘为煤炭工业技术委员会委员 ……… (383)
举办机器人挑战赛 ………………………………… (383)
举办中国观赏石博览会 …………………………… (383)
安全工程专业通过认证 …………………………… (383)
召开挂职锻炼博士生座谈会 ……………………… (383)
发放伙食补贴 ……………………………………… (383)
开展安全生产月宣传活动 ………………………… (383)
举办学风建设月签名活动 ………………………… (383)
学校团体心理辅导室启用 ………………………… (383)
举办庆祝韩德馨院士九十寿辰学术报告会 ……… (384)
举办研究生教育学术论坛 ………………………… (384)
举办二次离子质谱学会议 ………………………… (384)
乔建永当选俄罗斯工程院外籍院士 ……………… (384)
成立首届董事会 …………………………………… (384)
举办恢复研究生教育30周年系列庆祝活动 ……… (384)
举办本科教育十年成果展 ………………………… (385)
“深部岩体力学基础研究与应用”
　顺利通过验收 …………………………………… (385)
五人获得博士后科学基金资助金 ………………… (385)
学生竞赛取得好成绩 ……………………………… (385)
特色专业建设取得进展 …………………………… (385)
·中国石油大学（北京）·
概　况 ……………………………………………… (385)
二成果获国家科学技术奖 ………………………… (386)
接受捐款1000万元 ……………………………… (386)
邓金根入选百千万人才工程 ……………………… (386)
开展大学生文明修身工程 ………………………… (386)
设立励志奖学金 …………………………………… (386)
成立归国留学人员联合会 ………………………… (386)
《Petroleum Science》被SCI收录 ……………… (386)
签订研究生资助式培养项目协议 ………………… (386)
与阿拉斯加大学签订合作协议 …………………… (386)
举办世界石油峰值研究进展研讨会 ……………… (386)
“211工程”三期建设项目通过评审 ……………… (386)
成立新能源研究中心 ……………………………… (387)
油气资源与探测国家重点实验室揭牌 …………… (387)
五人获孙越崎奖 …………………………………… (387)
“211工程”三期建设项目获批 …………………… (387)

《古地理学报》获高校优秀科技期刊奖 ……………（387）
一专著入选原创图书出版工程 ……………………（387）
·中国地质大学（北京）·
概 况 ……………………………………………（387）
举办青藏高原地质学术年会 ……………………（387）
被评为全国定向运动先进单位 …………………（387）
与内蒙地矿局合作共建产学研基地 ……………（387）
地质人才培养研究项目通过评审 ………………（388）
《遗产保护与开发》教材出版 ……………………（388）
一专业获批国家级特色专业建设点 ……………（388）
多项成果获2007年度国家（部）级
　科学技术奖 ……………………………………（388）
二人当选俄罗斯工程院外籍院士 ………………（388）
《世界遗产学》出版发行 …………………………（388）
重点学科建设工作取得重要进展 ………………（388）
与油气战略研究中心签署合作协议 ……………（388）
组建地质专家抗震减灾咨询组和
　地震次生灾害应急队 …………………………（388）
举办两场地学学术报告会 ………………………（388）
参与汶川地震的余震监测工作 …………………（389）
亚太定向锦标赛中获佳绩 ………………………（389）
举办地质调查与历史文化考察研习营 …………（389）
赴韩国参加地质实习 ……………………………（389）
举办地质灾害防治研究生暑期学校 ……………（389）
召开中美地质微生物学双边研讨会 ……………（389）
举办就业指导月系列活动 ………………………（389）
为宁夏地矿局培训一线技术人员 ………………（389）
接受恒泰艾普石油勘探开发技术公司捐赠 ………（389）
与奥克兰大学签署合作谅解备忘录 ……………（390）
为河南省地勘局培训地质项目负责人 …………（390）
获得省部级科技奖励11项 ………………………（390）
举办研究生名师讲堂 ……………………………（390）
·北京联合大学·
概 况 ……………………………………………（390）
信息学院帮吧站揭牌 ……………………………（391）
召开校企合作实践教学研讨会 …………………（391）
召开实践教学基地建设合作委员会年会 ………（391）
启动学生自主实践计划项目 ……………………（391）
商务学院3个项目竣工 …………………………（391）
实行计算机基础课程改革 ………………………（391）
举办首届网络创意大赛 …………………………（391）
获得联合国教科文组织奖牌 ……………………（391）
学生赴法餐饮实习 ………………………………（392）
开展特色教研活动 ………………………………（392）
开展课堂教学改革和考试改革 …………………（392）
与北京空港配餐有限公司签署合作协议 ………（392）
招生采取四统一措施 ……………………………（392）
与甘肃联合大学签订合作协议 …………………（392）
与韩国瑞江大学签订合作协议 …………………（392）
留学生首次在国外完成国内学位论文答辩 ………（393）
获得3项专利授权 ………………………………（393）
开展导向同步协作式实践教学 …………………（393）
开展毕业生德育论文答辩 ………………………（393）
拓展6个校外实训基地 …………………………（393）
邀请知名教授来校讲学 …………………………（393）
获得聋人大中专学生美术展金奖 ………………（393）
首次聘任法律顾问 ………………………………（393）
荣获北京残奥会金牌 ……………………………（393）
老领导到校指导工作 ……………………………（393）
开设《大学生KAB创业基础》选修课 ……………（394）
举办新世纪讲坛 …………………………………（394）
开展"C语言程序设计"课程教学改革 …………（394）
举办国际学术研讨会 ……………………………（394）
与莱恩斯涂料公司签订合作协议 ………………（394）
举办博学讲堂 ……………………………………（394）
主办地方文化与地方学学术研讨会 ……………（394）
学报获中国高校特色科技期刊奖 ………………（394）
获得全国聋人篮球锦标赛冠军 …………………（394）
获得全国多媒体课件大赛一等奖 ………………（394）
召开科研及学科建设研讨会 ……………………（394）
成立教师培训学校 ………………………………（395）
·中国青年政治学院·
概 述 ……………………………………………（395）
爱家教育基金 ……………………………………（395）
同心圆工作坊入学教育模式获奖 ………………（395）
举办首届共青团工作论坛 ………………………（395）
接待蒙塔纳大学校长一行访问 …………………（395）
举办社会工作专业服务高级培训班 ……………（395）
通过网络完成教学评估 …………………………（395）
《大学计算机基础》采取网络答题 ………………（395）
启用数字迎新系统 ………………………………（395）
成立研究生教育工作委员会 ……………………（395）
主办国际学术研讨会 ……………………………（396）
举办首届系主任论坛 ……………………………（396）
接待丹佛大学访学团 ……………………………（396）
举办校长沙龙 ……………………………………（396）
·北京青年政治学院·
概 况 ……………………………………………（396）
召开传统节日文化推广研讨会 …………………（396）
举办青年与全球化国际交流会 …………………（396）
金蝶杯取得好成绩 ………………………………（396）
与景山街道共建实训基地 ………………………（396）
学生公寓落成 ……………………………………（396）
·首钢工学院·
概 况 ……………………………………………（396）
签订2个对外交流协议 …………………………（397）
荣获市德育先进集体和个人称号 ………………（397）
成教学院通过评估 ………………………………（397）
二教材入选市级精品教材 ………………………（397）
实现成人教育学士学位零突破 …………………（397）

多项学生竞赛获奖 …………………………………… (397)
·中国劳动关系学院·
概　况 ………………………………………………… (397)
杨冬梅获三八红旗手称号 …………………………… (397)
举办东北亚劳动关系论坛 …………………………… (397)
4 个专业获得学士学位授予权 ……………………… (398)
获国际法比赛校长特别奖 …………………………… (398)
举办奥运文化走廊活动 ……………………………… (398)
与白俄罗斯劳动与社会关系国际学院
签署合作协议 ……………………………………… (398)
演播室系统改造工程完成 …………………………… (398)
学生公寓投入使用 …………………………………… (398)
四实验室建成并投入使用 …………………………… (398)

职业与成人教育

综　述 ………………………………………………… (401)
总　类
六中专与两高职院校合并 …………………………… (402)
三中职校入选国家重点 ……………………………… (402)
检查中央财政支持职业学校实训基地建设 ……… (402)
组织参加全国职业院校技能竞赛 ………………… (402)
2008 年全国职业院校技能大赛
中职组一等奖 ……………………………………… (402)
两校入选国家示范性高职院校 …………………… (402)
一高职团队入选国家级教学团队 ………………… (402)
3 门高职高专课程入选国家精品课程 …………… (402)
两中职校并入联大 …………………………………… (402)
职业教育教师素质工程汽修专业教师
赴德培训 …………………………………………… (402)
高等职业教育
新增 1 所高职教育自主招生试点学校 …………… (403)
3 名高职院校教师入选市级教学名师 …………… (403)
8 个高职院校团队入选市级优秀教学团队 ……… (403)
19 门高职课程入选市级精品课程 ………………… (403)
2008 年度北京高等学校
市级精品课程（高职） …………………………… (403)
四校入选市级示范性高职院校 …………………… (403)
4 所高职院校入选市级示范性就业中心 ………… (403)
28 部教材入选市级精品教材 ……………………… (403)
2008 年北京高等教育精品教材（高职院校） …… (403)
高等职业学校
·北京信息职业技术学院·
概　况 ………………………………………………… (404)
与澳大利亚高校签署合作协议 …………………… (404)
在机器人竞赛中获奖 ………………………………… (404)
获得市电子设计竞赛高职高专组
全部一等奖 ………………………………………… (404)
成立校企合作工作委员会 …………………………… (404)
建立北信软件园生产性实训基地 ………………… (405)
举办大型校园双选会 ………………………………… (405)
入选北京地区高校示范性就业中心建设单位 …… (405)
获招收外国留学生资格 ……………………………… (405)
入选 798 校外人才培养基地主持单位 …………… (405)
教科研成果获北京市荣誉 …………………………… (405)
·北京京北职业技术学院·
概　况 ………………………………………………… (405)
成为汽车人才培养工程授权教学基地 …………… (405)
首次入选市级精品课程 ……………………………… (406)
成立旅游管理实训基地 ……………………………… (406)
联合举办酒店服务专题培训 ………………………… (406)
首次参加全国数学建模竞赛获奖 ………………… (406)
联合开展法制宣传进校园活动 …………………… (406)
举办职业技能竞赛 …………………………………… (406)
·北京交通职业技术学院·
概　况 ………………………………………………… (406)
召开教学观摩暨说课研讨会 ………………………… (406)
道桥实训中心投入使用 ……………………………… (406)
首届学生毕业 ………………………………………… (406)
3 人入选市级中青年骨干教师 …………………… (406)
发放国家奖助学金 …………………………………… (406)
完成职工年终考核 …………………………………… (407)
签署校企合作协议 …………………………………… (407)
·北京农业职业学院·
概　况 ………………………………………………… (407)
开展奶牛体检及安全越冬服务 …………………… (407)
连续 3 年获农民教育培训优秀项目一等奖 ……… (407)
启用教务网络管理系统 ……………………………… (407)
农村劳动力转移的教育培训研究结题 …………… (407)
探索“一体化”教学模式 …………………………… (407)
举办首期职业技能公益培训班 …………………… (408)
举行第五届学生田径运动会 ………………………… (408)
实施国际贸易实务课程教改新举措 ……………… (408)
设立全国首家新型“奶牛专家门诊” …………… (408)
完成第二轮人事制度改革聘任工作 ……………… (408)
3 本社会主义新农村建设丛书出版 ……………… (408)
推行“工作过程系统化”授课方式 ……………… (408)
实施农村科技协调员培训项目 …………………… (408)
完成南校区饮用水改造 ……………………………… (408)
建成南校区新学生餐厅 ……………………………… (408)
首批中加合作毕业生出国学习 …………………… (409)
庆祝建校 50 周年 …………………………………… (409)
推广生态养猪技术初见成效 ………………………… (409)
获 14 项专利授权 …………………………………… (409)
召开首次科研与三农服务工作会 ………………… (409)
金融保险等专业开展顶岗实习 …………………… (409)
·北京政法职业学院·
概　况 ………………………………………………… (409)
遴选特色专业和精品课程 …………………………… (410)

举办毕业生技能展示 …………………………… (410)
举办物业管理纠纷调解员培训班 ………………… (410)
参加市学生合唱比赛获奖 ……………………… (410)
举办高职毕业生校园双选会 …………………… (410)
举办第五届学校运动会 ………………………… (410)
举办教师教学基本功比赛 ……………………… (410)
举办知识产权布局与管理业务培训班 …………… (410)
入选市示范性高职院校建设计划 ……………… (410)
与中国伟之杰安保公司签约合作 ……………… (410)
学生参加学科竞赛获奖 ………………………… (410)
举办说课观摩会 ……………………………… (410)
·北京现代职业技术学院·
概 况 ………………………………………… (411)
建立领导干部听课制度 ………………………… (411)
实施教学文件和教案检查制度 ………………… (411)
获教育部高职院校评估良好等次 ……………… (411)
社区管理专业聘请校外专家授课 ……………… (411)
在汽车展上开展服务实训 ……………………… (411)
外聘兼职教学督导员 …………………………… (411)
改革课酬计算办法 ……………………………… (411)
开展学生体质健康测试工作 …………………… (411)
举办首届青年教师讲课比赛 …………………… (411)
图书馆建成投入使用 …………………………… (412)
建立 4 个实训中心 …………………………… (412)
532 名学生获职业资格证书 …………………… (412)
完成国家奖助学金评选工作 …………………… (412)
获首届全国大学生会展技能大赛三等奖 ………… (412)
太阳能浴室投入使用 …………………………… (412)
·北京工业职业技术学院·
概 况 ………………………………………… (412)
首次采用 ERC 评价体系 ……………………… (412)
签署校企合作协议 ……………………………… (412)
教学综合楼落成 ………………………………… (413)
1 门课程入选国家精品课程 …………………… (413)
在大学生数学建模竞赛中取得突破 …………… (413)
入选市级高校示范性就业中心 ………………… (413)
与海南航空公司签订合作协议 ………………… (413)
聘请特聘教授 …………………………………… (413)
两个项目在“双百”论坛上获奖 ………………… (413)
加强师资队伍建设 ……………………………… (413)
·北京电子科技职业学院·
概 况 ………………………………………… (413)
开展企业调研 …………………………………… (414)
召开示范校建设任务讨论会 …………………… (414)
与包头高职学院签订合作协议 ………………… (414)
与外国高校交流 ………………………………… (414)
召开首届教职工代表大会 ……………………… (414)
建成中法雪铁龙汽车培训中心 ………………… (414)
学生在全国比赛中获奖 ………………………… (414)
一教师入选市级教学名师 ……………………… (415)
2 个团队入选市级优秀教学团队 ……………… (415)
签订校企合作协议 ……………………………… (415)
增设机械行业特有工种鉴定点 ………………… (415)
一课程入选国家精品课程 ……………………… (415)
教授获创新人才资助 …………………………… (415)
实施教师聘任上岗制 …………………………… (415)
成立高职教育研究所 …………………………… (415)
与美国公司建立联合实验室 …………………… (416)
首获市自然科学基金资助 ……………………… (416)
投入 173.3 万元培训师资 ……………………… (416)
·北京财贸职业学院·
概 况 ………………………………………… (416)
举办一商高级管理人员培训班 ………………… (416)
首次全面调研毕业生素养 ……………………… (416)
举办首届财贸学生特长展示活动 ……………… (416)
37 名学生当选“村官” ………………………… (416)
试开京商文化课 ………………………………… (416)
聘任企业明星为兼职教师 ……………………… (416)
举行毕业生职业能力展示会 …………………… (417)
与新西兰高校签署合作协议 …………………… (417)
首部京商论著出版 ……………………………… (417)
首次获市创业竞赛一等奖 ……………………… (417)
一教授获市高校教学名师奖 …………………… (417)
入选国家级示范性高职 ………………………… (417)
参加全国比赛获奖 ……………………………… (417)
入选首批高校示范性就业中心 ………………… (417)
召开优质核心课程建设交流会 ………………… (417)
8 部教材入选市级精品教材 …………………… (417)
首获市高校社会实践工作奖 …………………… (418)
成立首个博士工作室 …………………………… (418)
入选教育部“双百”论坛服务项目 ……………… (418)
完成市级师资培训基地任务 …………………… (418)
组织教师赴国外学习 …………………………… (418)
落实贫困生资助工作 …………………………… (418)
·北京经济管理职业学院·
概 况 ………………………………………… (418)
新增 4 个高职专业参与自主招生 ……………… (418)
与两家银行签署人才培养协议 ………………… (418)
中德诺浩汽车人才培训中心建成 ……………… (418)
2 门课程入选市级精品课程 …………………… (419)
中等职业教育
概 况 ………………………………………… (419)
专业教师到企业受训 …………………………… (419)
举办职业院校技能竞赛 ………………………… (419)
中职学校开展招生宣传 ………………………… (419)
举办市中职校知识技能比赛 …………………… (419)
组织 8 所中职学校直接参与奥运会服务 ……… (419)
评选紫禁杯优秀班主任 ………………………… (419)
中等职业学校新增专业备案 …………………… (419)
认定顺义一职为市级重点学校 ………………… (419)

加强中职教育实训基地建设 …………………… (419)
调整结构和专业布局 …………………… (420)
启动职业教育第二轮课程改革 …………………… (420)

国家重点中等职业学校

·北京市什刹海体育运动学校·

概　况 …………………… (420)
首夺跆拳道亚锦赛金牌 …………………… (420)
获得全国武术锦标赛3枚金牌 …………………… (420)
获得武术散打世界杯金牌 …………………… (420)
庆祝建校50周年 …………………… (420)
入选全国奥运会突出贡献集体 …………………… (420)

·北京市商务科技学校·

概　况 …………………… (421)
学生参加技能比赛获奖 …………………… (421)
开设晚间活动课 …………………… (421)
物流实训基地投入使用 …………………… (421)

·北京水利水电学校·

概　况 …………………… (421)
举办职业技能竞赛 …………………… (421)
学生参加全国机器人竞赛 …………………… (421)
举办水务技能培训 …………………… (421)
庆祝建校55周年 …………………… (421)
开展专业调研 …………………… (422)

·北京城市建设学校·

概　况 …………………… (422)
工民建创新团队外出考察 …………………… (422)
与韩国骊州大学签订交流协议 …………………… (422)
承办市技能竞赛制图员决赛 …………………… (422)
与企业签署实训合作协议 …………………… (422)
实训基地装备标准通过评审 …………………… (422)
举办第20届学生田径运动会 …………………… (422)
学校划转市教委管理 …………………… (422)

·北京市自动化工程学校·

概　况 …………………… (422)
改革专业实践课教学方式 …………………… (423)
开设第二课堂 …………………… (423)
开设数控机床实用课程 …………………… (423)
接受市教育督导室督导评估 …………………… (423)

·北京市建筑材料工业学校
（北京金隅科技学校）·

概　况 …………………… (423)
签订财会定向班合作协议 …………………… (423)
调整部分组织和机构 …………………… (423)
一教师入选北京市人民教师 …………………… (423)
接受市教育督导室督导评估 …………………… (424)
新增5个专业 …………………… (424)
完成教师分级考核 …………………… (424)
更名为北京金隅科技学校 …………………… (424)

·北京市商业学校·

概　况 …………………… (424)
电子商务运营中心启用 …………………… (424)
专家观摩活动课教学 …………………… (424)
与10家企业合作签约 …………………… (424)
通过中奥合作国际酒店专业阶段教学评估 ……… (424)

·北京市交通学校·

概　况 …………………… (424)
生产性实习基地落成 …………………… (425)
培训京港地铁公司员工 …………………… (425)
城市轨道交通实训基地落成 …………………… (425)
参加全国职业技能大赛 …………………… (425)
超额完成招生计划 …………………… (425)
赴日本参加交流活动 …………………… (425)
参加全国文明风采竞赛 …………………… (425)
参加教育部纪念职业教育
　改革发展30年座谈会 …………………… (425)

·北京商贸学校·

概　况 …………………… (426)
举办中青年教师授课比赛 …………………… (426)
创建个人数字图书馆 …………………… (426)
实行中层干部巡查制 …………………… (426)

·北京市外事学校·

概　况 …………………… (426)
接待荷兰签约学校师生来访 …………………… (426)
举办京菜论坛 …………………… (426)
接待伦敦格林威治学院师生团 …………………… (426)
教师在全国说课比赛中获奖 …………………… (426)

·北京市劲松职业高中·

概　况 …………………… (427)
培训奥运签约饭店西餐厨师 …………………… (427)
接受西班牙国家电视台拍摄 …………………… (427)
举办实习生招聘会 …………………… (427)
参加全国说课比赛获奖 …………………… (427)
开展对外交流培训 …………………… (427)

·北京市实美职业学校·

概　况 …………………… (427)
参加全国职业院校技能大赛获奖 …………………… (427)
与电子信息学校合并 …………………… (427)
教师获全国说课比赛二等奖 …………………… (427)

·北京市求实职业学校·

概　况 …………………… (427)
召开网络专业校企互动课改研讨会 …………………… (428)
网络专业学生获全国职业技能大赛奖 …………………… (428)
师生赴新加坡交流 …………………… (428)
举办亚洲商业计划书大赛 …………………… (428)

·北京市东城区职业教育中心学校·

概　况 …………………… (428)
开展文化课和专业课课例研讨 …………………… (428)
改革选修课管理方式 …………………… (428)
开展系列教师培训 …………………… (428)
师生在专业技能比赛中获奖 …………………… (428)

金融事务专业学生参加财会技能通级鉴定 ……… (428)
评选首届教科研优秀论文 ……… (428)
开展骨干教师徒弟做课活动 ……… (429)
4名教师在全国说课比赛中获奖 ……… (429)
幼儿教育专业举行毕业汇报公演 ……… (429)
·北京市宣武区第一职业学校·
概　况 ……… (429)
开展社会大课堂活动 ……… (429)
签署校企合作协议 ……… (429)
共享教育资源 ……… (429)
确定新校训和校徽 ……… (429)
·北京市丰台区职业教育中心学校·
概　况 ……… (429)
组织教师赴境外学习 ……… (430)
为企业开展岗前培训 ……… (430)
举办毕业汇演和就业洽谈会 ……… (430)
举办教师评优课比赛 ……… (430)
开展师徒结对工作 ……… (430)
骨干教师赴外地学习 ……… (430)
·北京市黄庄职业高中·
概　况 ……… (430)
改革考试模式 ……… (430)
举办综合课程周活动 ……… (430)
开展学生取证工作 ……… (430)
师生参加全国比赛获奖 ……… (430)
选派教师赴境外考察学习 ……… (431)
举办初中校专业课程体验活动 ……… (431)
建成万兆网络平台 ……… (431)
颁发恒坤助学金 ……… (431)
举办校际、校企合作研讨会 ……… (431)
实训基地落成 ……… (431)
·北京市昌平职业学校·
概　况 ……… (431)
帮扶康陵村开发春饼宴 ……… (431)
首期农民教育大讲堂开班 ……… (431)
举办说课评比活动 ……… (431)
23名学生进入国际公司就业 ……… (431)
新校门和安防系统投入使用 ……… (432)
成立青年骨干教师预备班 ……… (432)
与企业合作办学 ……… (432)
学生付冬梅获见义勇为人员称号 ……… (432)
实施办学新措施 ……… (432)
开展校内外培训工作 ……… (432)
·北京市大兴区第一职业学校·
概　况 ……… (432)
采取措施加强专业建设 ……… (432)
推进教师继续教育 ……… (432)
举办动漫作品展 ……… (432)
开展毕业生就业培训 ……… (433)
向汽车4S店输送汽修专业毕业生 ……… (433)
举办“我能行”教育系列活动 ……… (433)
开展创建魅力课堂系列活动 ……… (433)
·北京市怀柔区职业学校·
概　况 ……… (433)
举办农民果树剪枝现场实操培训 ……… (433)
建立家校互动平台 ……… (433)
建成栗树蘑食用菌种植基地 ……… (433)
举办人才招聘洽谈会 ……… (434)
举办农产品经纪人培训班 ……… (434)
166人考入高等学校 ……… (434)
举行国家级重点校揭牌仪式 ……… (434)
获市级农民培训奖励 ……… (434)
·北京市平谷区第一职业学校·
概　况 ……… (434)
校企联合培养“双师型”教师 ……… (434)
组织全国计算机应用技术证书考试 ……… (434)
召开自编教材研讨会 ……… (434)
开展向榜样学习活动 ……… (434)
举办艾滋病月宣传教育活动 ……… (434)
开展社会培训 ……… (434)
·北京市密云县职业学校·
概　况 ……… (435)
注重专业课师资培训 ……… (435)
组织学生参加技能培训 ……… (435)
举办法制教育专题活动 ……… (435)
与外省职业学校联合办学 ……… (435)
实习基地接纳首批学生 ……… (435)
承办农民成人中专教育 ……… (435)
校企合作共建呼叫专业实习基地 ……… (435)
·北京市延庆县第一职业学校·
概　况 ……… (435)
召开工会换届大会 ……… (435)
开展大规模酒店培训 ……… (435)
集训国际交换生 ……… (436)
庆祝建校20周年 ……… (436)
召开彩薯农家菜研讨会 ……… (436)
教师参加全国中职学校说课比赛 ……… (436)
成人高等教育
概　况 ……… (436)
完成年度成人教育培训统计 ……… (436)
公布成人高等教育新增专业 ……… (436)
“学分银行”专业增至9个 ……… (436)
评估在京校外学习中心 ……… (436)
23门课程入选网络教育国家精品课程 ……… (436)
网络教育国家精品课程 ……… (436)
独立建制成人高等学校
·中央广播电视大学·
概　况 ……… (437)
获第三届方正大学校长奖 ……… (437)
中国网电大频道开通 ……… (437)

开播专题电视栏目《求学人生》 …………………… (437)
援助四川地震灾区电大 ………………………………… (437)
启动基层电大发展援助项目 …………………………… (437)
加强教学评估督导检查 ………………………………… (438)
开展基于Web2.0的教学模式改革 …………………… (438)
推进合作办学 …………………………………………… (438)

·北京教育学院·

概　况 ………………………………………………… (438)
承担澳大利亚西澳大学汉语留学项目 ……………… (438)
“春风化雨”培训开班 ………………………………… (438)
成立附属中学 …………………………………………… (438)
举办继续教育校本培训展示交流 …………………… (438)
举办中英北京城区初中英语骨干教师培训 ………… (438)
“绿色耕耘”培训开班 ………………………………… (439)
一教师获烹饪金奖 ……………………………………… (439)
举办中小学教师培训机构专兼任教师培训 ………… (439)
录制《百位名师百节风采课》 ……………………… (439)
命名首批干训实践基地 ………………………………… (439)
教师继续教育信息管理系统通过验收 ……………… (439)
启动“祥云行动”校长培训 ………………………… (439)
召开继续教育项目绩效考评总结表彰会 …………… (439)
开展教学督导工作 ……………………………………… (440)
承办西部12省体育教师国家级培训 ………………… (440)
建立农村中小学教师研修工作站 …………………… (440)
成立市级骨干教师工作室 …………………………… (440)
成立优秀班主任工作室 ……………………………… (440)
庆祝建院55周年 ……………………………………… (440)
召开国际教师教育论坛 ………………………………… (440)
培训中西部中小学干部教师 ………………………… (440)
召开“绿色数学”教育思想研讨会 ………………… (441)
召开温寒江教育科研30年研讨会 …………………… (441)

·北京广播电视大学·

概　况 ………………………………………………… (441)
举办老年电大面授班 …………………………………… (441)
召开社区教育研讨会 …………………………………… (441)
举办校长论坛 …………………………………………… (442)
两部专题片获奖 ………………………………………… (442)
编辑出版科研文丛 ……………………………………… (442)

·北京宣武红旗业余大学·

概　况 ………………………………………………… (442)
开办市民奥运讲师团培训班 ………………………… (442)
举办建校50周年庆典活动 …………………………… (442)
举办青教主任心理调适培训班 ……………………… (442)
老干部大学举行结业典礼 …………………………… (442)

·北京市总工会职工大学·

概　况 ………………………………………………… (443)
教职工餐厅改造工程投入使用 ……………………… (443)
举办大中型企业工会主席培训班 …………………… (443)
举办全国县级工会主席培训班 ……………………… (443)
举办北京工会讲坛 ……………………………………… (443)
素质教育工程举办首期师资培训 …………………… (443)
举行首批职工书屋示范点授牌仪式 ………………… (443)
首次面向企业内训 ……………………………………… (443)
素质教育工程向农民工赠书 ………………………… (443)
召开学分当量替换评审会 …………………………… (444)
确定校徽校训设计方案 ……………………………… (444)
素质教育工程举办终结性考试 ……………………… (444)
新增8个专业 …………………………………………… (444)
培训工会干部1.31万人次 …………………………… (444)

·北京市西城经济科学大学·

概　况 ………………………………………………… (444)
走出课堂实地教学 ……………………………………… (444)
举行学生消防安全演练 ……………………………… (444)
开通学习型西城网站 ………………………………… (445)
设立督导室 ……………………………………………… (445)
组考高校网络课程 ……………………………………… (445)
承办小学教师英语口语培训 ………………………… (445)

农村成人教育

配备农民教育培训流动课堂车 ……………………… (445)
评估乡镇成人学校示范校 …………………………… (445)
北京市乡镇成人学校示范校名单 …………………… (445)
评选市农民教育培训优秀项目 ……………………… (445)
北京市农民教育培训优秀项目一等奖 ……………… (445)
继续开展成人中等学历改革 ………………………… (445)
重点支持7个农民实用技术实训基地建设 ………… (446)
建设农民终身教育体系 ……………………………… (446)

学习型城市建设

研究修订评估指标体系 ……………………………… (446)
评估创建学习型学校和学习型城市先进 …………… (446)
《建设学习型城市》出版 ……………………………… (446)
开展市民学习活动 ……………………………………… (446)

民办教育

综　述 …………………………………………… (449)

民办高等教育

建立民办高等教育鼓励资助长效机制 ……………… (450)
公布民办高等教育机构办学状况
　评估合格学校 ………………………………………… (450)
召开民办高校安全稳定部署会 ……………………… (450)
举办民办高校就业招聘会 …………………………… (450)
任命民办高校督导专员兼党建工作联络员 ………… (450)
制订民办高校秋季招生政策 ………………………… (450)
民办高校招生诚信公约签字 ………………………… (450)
开展民办高校党建评估指导工作 …………………… (450)
开展民办学校换证工作 ……………………………… (450)
完成民办高校许可和审批工作 ……………………… (451)
完成民办高等教育机构招生简章和
　广告备案 ……………………………………………… (451)

民办高等学校

·北京城市学院·

概　况 …………………………………………………（451）
接受市教育督导室检查 ………………………………（451）
举办毕业生校园综合双选会 …………………………（451）
新教学设备投入使用 …………………………………（451）
与两所国外大学签署合作协议 ………………………（451）
聘请两位名誉教授 ……………………………………（452）
两校区图书馆投入使用 ………………………………（452）
6个专业获学士学位授予权 …………………………（452）
成为首批全国助学教改示范试点助学单位 …………（452）
获全国ITAT教育工程优秀培训机构金奖 ……………（452）
首次评选教学成果奖 …………………………………（452）
54名毕业生入选村官 …………………………………（452）
召开中日关系学术研讨会 ……………………………（452）
入选市高校示范性就业中心 …………………………（452）
大学英语教学配套丛书出版 …………………………（452）
学生参加全国比赛获奖 ………………………………（452）
三名学生通过资格认证 ………………………………（452）
开办本科英语尖子实验班 ……………………………（453）
模拟法庭实训室启用 …………………………………（453）

·北京北大方正软件技术学院·

概　况 …………………………………………………（453）
启动课程开发与专业建设教学改革 …………………（453）
召开招聘会 ……………………………………………（453）
学生参加比赛获奖 ……………………………………（453）
制作《猎人与鸟》定格动画 …………………………（453）
《黑客攻防综合实训》获著作权 ……………………（453）
教学成果获奖 …………………………………………（453）
中加班留学签证申请全部通过 ………………………（454）
国家软件测试助理工程师通过率99％ ………………（454）
首次参加市英语口语等级考试 ………………………（454）
举办第五届校园文化节 ………………………………（454）
五次蝉联市高校游泳比赛团体冠军 …………………（454）
97人获国家励志奖学金 ………………………………（454）
联合开办电信宽带运维工程师班 ……………………（454）
举行信息搜索与技能分析答辩会 ……………………（454）

·北京经贸职业学院·

概　况 …………………………………………………（454）
召开毕业生工作会议 …………………………………（454）
成立新一届理事会 ……………………………………（454）
开展期中教学工作检查 ………………………………（454）
接受市教育督导室复查 ………………………………（454）
制订青年教师授课技能竞赛办法 ……………………（455）

·北京经济技术职业学院·

概　况 …………………………………………………（455）
开办首期润之学生骨干班 ……………………………（455）
成立传媒艺术系 ………………………………………（455）
接受人才培养工作评估回访 …………………………（455）
接受市教育督导复查 …………………………………（455）

·北京科技经营管理学院·

概　况 …………………………………………………（455）
成立心理素质课教研室 ………………………………（455）
建立教学基本状态数据库 ……………………………（455）
中韩EXIA动漫学院成立 ……………………………（455）
建成经营管理实训中心 ………………………………（455）

·北京科技职业学院·

概　况 …………………………………………………（456）
配额百万元颁发国家奖学金 …………………………（456）
加强4个校级重点专业建设 …………………………（456）
评定校级精品课 ………………………………………（456）
社会实践学时列入毕业基本条件 ……………………（456）
承办全国民办高校论坛 ………………………………（456）
设立奥运博物馆 ………………………………………（456）
新增27个校内外实习实训基地 ………………………（456）

·北京吉利大学·

概　况 …………………………………………………（456）
与三家企业签署实习实训协议 ………………………（457）
举办教育营销管理师培训班 …………………………（457）
举办首届技能大赛 ……………………………………（457）
赴英留学生全部毕业 …………………………………（457）
入选市级精品课程和教材 ……………………………（457）
学生赴法国参与语言合作项目 ………………………（457）
与企业建立战略合作关系 ……………………………（457）
资助贫困生入学 ………………………………………（457）
举办首届校园文化艺术节 ……………………………（457）
自考生取得好成绩 ……………………………………（458）
18名日本留学生结业 …………………………………（458）
学生参加专业竞赛获奖 ………………………………（458）
探索培养实用型人才 …………………………………（458）
推行“双证书”教育 …………………………………（458）

·北京培黎职业学院·

概　况 …………………………………………………（458）
接受市教育督导室检查 ………………………………（458）
完成系院设置调整 ……………………………………（458）
实习实训（信息）中心成立 …………………………（459）
开展学生校外数模电子实习 …………………………（459）
8人入选北京市村官 …………………………………（459）
开展首届毕业生就业跟踪调查 ………………………（459）
举办25周年校庆 ……………………………………（459）
东升培黎法律服务室成立 ……………………………（459）
聘请顾秀莲担任名誉校长 ……………………………（459）
完成首批院级精品课程评审 …………………………（459）
自编实践教学指导书投入使用 ………………………（459）
与27家单位签订校外实训基地协议 …………………（459）
校企合作生产性实训室成立 …………………………（459）
完善教学评估督导体系 ………………………………（459）
新建两个职业技能培训考试站 ………………………（460）
投资392.7万元建设校内实训基地 …………………（460）
一教材入选市级精品教材 ……………………………（460）

完成校园网百兆升级工程 …………………………（460）
接受人才培养工作水平评估 ………………………（460）
672 名学生获得奖助学金 …………………………（460）
完成校园环境美化工程 ……………………………（460）
开展教学质量测评 …………………………………（460）
·首都师范大学科德学院·
概　况 ………………………………………………（460）
大兴校区图书馆投入使用 …………………………（460）
首届本科生毕业 ……………………………………（460）
与外国高校签署合作协议 …………………………（460）
建立学生实训基地 …………………………………（460）
·北京邮电大学世纪学院·
概　况 ………………………………………………（461）
加入雅思（IELTS）全球认可系统 ………………（461）
《概率论、随机过程与数理统计》出版发行 ………（461）
企业家论坛开讲 ……………………………………（461）
与六家企业签署校企合作协议 ……………………（461）
参加全国大学生英语竞赛获奖 ……………………（461）
资助两名四川灾区学生就学 ………………………（461）
多媒体自主学习实验室竣工 ………………………（461）
合作创办工程师本硕连读班 ………………………（461）
举办首届毕业生大型供需见面会 …………………（461）
首批教研立项项目结题 ……………………………（461）
开展师生国际互换交流 ……………………………（461）
·北京工业大学耿丹学院·
概　况 ………………………………………………（462）
新增 3 个专业 ………………………………………（462）
成立就业工作委员会 ………………………………（462）
三栋宿舍楼投入使用 ………………………………（462）
颁发学年奖学金 ……………………………………（462）
承办中国民办教育发展高峰论坛 …………………（462）
·北京第二外国语学院中瑞酒店管理学院·
概　况 ………………………………………………（462）
举办教师专业培训 …………………………………（462）
首批学生开学 ………………………………………（462）
划分机构职能 ………………………………………（462）
选举产生首届学生会 ………………………………（463）
举办现代旅游与酒店发展讲座 ……………………（463）
·北京新圆明职业学院·
概　况 ………………………………………………（463）
学生暑期顶岗实训 …………………………………（463）
举办新生入学教育系列活动 ………………………（463）
举行消防安全知识讲座 ……………………………（463）
举办人生系列讲座 …………………………………（463）

民办高等教育机构

·北京北大资源研修学院·
概　况 ………………………………………………（463）
开设公共选修课 ……………………………………（463）
修订教学大纲 ………………………………………（463）
实行教师考核制度 …………………………………（464）
·北京财经专修学院·
概　况 ………………………………………………（464）
建立模拟法庭 ………………………………………（464）
签订校企合作协议 …………………………………（464）
召开教学工作会议 …………………………………（464）
·北京工商管理专修学院·
概　况 ………………………………………………（464）
成立学术与专业指导委员会 ………………………（464）
设立助学教育基金 …………………………………（464）
增设 6 个新专业 ……………………………………（464）
新建教学楼竣工 ……………………………………（464）
与特洛伊大学签订合作协议 ………………………（464）
接受办学状况评估 …………………………………（464）
开办 12 期培训班 …………………………………（464）
改善基建设施 ………………………………………（464）
·北京文理研修学院·
概　况 ………………………………………………（465）
接受办学状况评估 …………………………………（465）
签订 IT 专业共建合作协议 ………………………（465）
出资 100 万元资助贫困学生 ………………………（465）
第一届工会委员会成立 ……………………………（465）
·北京现代音乐研修学院·
概　况 ………………………………………………（465）
举办新年音乐会 ……………………………………（465）
国际国内街舞比赛获奖 ……………………………（465）
举办首届 V－COOL 视频比赛 ……………………（465）
召开科研工作会议 …………………………………（465）
新建综合楼竣工 ……………………………………（465）
接受办学状况评估 …………………………………（466）
举行校园文化活动季 ………………………………（466）
·北京演艺专修学院·
概　况 ………………………………………………（466）
承办北京国标舞锦标赛 ……………………………（466）
改革艺术概论课程 …………………………………（466）
举办钢琴演奏专题讲座 ……………………………（466）
·中国管理软件学院·
概　况 ………………………………………………（466）
举办首届双语演讲比赛 ……………………………（466）
开展教学率评比 ……………………………………（466）
学生赴河南义务支教 ………………………………（466）
完成机构改革 ………………………………………（466）
·北京人文大学·
概　况 ………………………………………………（466）
通过办学状况评估 …………………………………（467）
开展向见义勇为学生学习活动 ……………………（467）
确定校训 ……………………………………………（467）
14 名学生赴美带薪实习 …………………………（467）
增加订单教育专业 …………………………………（467）
·北京应用技术大学·
概　况 ………………………………………………（467）

成立 3 个学院 …………………………………… (467)
召开第 14 次团代会 …………………………………… (467)
首届阳光班学员结业 …………………………………… (467)
首期呼叫短期培训班开学 …………………………………… (467)
召开基地校校长论坛 …………………………………… (468)
接受办学状况评估 …………………………………… (468)
·中国信息大学·
概　况 …………………………………… (468)
试行德育导师制 …………………………………… (468)
优化校园网络环境 …………………………………… (468)
图书馆改造工程竣工 …………………………………… (468)
改扩建计算机教室 …………………………………… (468)
开展校级示范课建设 …………………………………… (468)
改革课程体系 …………………………………… (468)
改革考试管理办法 …………………………………… (469)
接受办学状况评估 …………………………………… (469)
开展学生评教活动 …………………………………… (469)
民办中小学幼儿园教育
昌平召开协调办主任工作会 …………………………………… (469)
怀柔召开民办教育工作会 …………………………………… (469)
顺义完成 2007 年民办教育年检 …………………………………… (469)
通州审批 2 所幼儿园 …………………………………… (469)
西城签订《安全保卫责任书》 …………………………………… (469)
延庆开展民办教育机构年度检查 …………………………………… (469)
通州换发 71 件办学许可证 …………………………………… (469)
朝阳建立教师队伍联盟公约 …………………………………… (469)
宣武召开民办教育工作总结会 …………………………………… (470)
举办首次民办幼儿园培训 …………………………………… (470)
石景山依法取缔非法幼儿园 …………………………………… (470)
朝阳改善流动人口子女学校
　办学条件 …………………………………… (470)
房山开展民办学校综合评价 …………………………………… (470)
朝阳委托社会机构评估民办学校 …………………………………… (470)
顺义评估力迈学校新址 …………………………………… (470)
依法审批民办学校行政许可增项 …………………………………… (470)
北京电大崇文培训中心工作站成立 …………………………………… (470)
密云检查民办幼儿园 …………………………………… (470)
西城完成校长培训工作 …………………………………… (470)
大兴开展自办学校安全整治检查 …………………………………… (470)
通州召开民办教育工作会 …………………………………… (470)
房山民办学前教育机构增至 14 所 …………………………………… (471)
延庆改善自办学校硬件设施 …………………………………… (471)
燕山改善民办幼儿园硬件设施 …………………………………… (471)
民办中小学幼儿园
·北京市崇文区大地实验幼儿园·
概　况 …………………………………… (471)
接待十省市幼儿教师参观 …………………………………… (471)
通过 ISO9001：2000 认证 …………………………………… (471)
举办家长开放周活动 …………………………………… (471)
完成全脑阅读指导策略研究 …………………………………… (471)
·北京市通州区运乔蓝天幼儿园·
概　况 …………………………………… (471)
举办亲子运动会 …………………………………… (471)
开办教师钢琴培训班 …………………………………… (471)
新建生活化和谐活动室 …………………………………… (472)
·北京市顺义区大龙实验幼儿园·
概　况 …………………………………… (472)
举办亲子作品展示活动 …………………………………… (472)
举办远足活动 …………………………………… (472)
举办新年亲子联欢活动 …………………………………… (472)
·北京市怀柔区博雅幼儿园·
概　况 …………………………………… (472)
开展汉字教研活动 …………………………………… (472)
早教示范基地成立 …………………………………… (472)
庆祝大白菜丰收 …………………………………… (472)
·北京市平谷区第五幼儿园·
概　况 …………………………………… (472)
开展民间游戏 …………………………………… (472)
创设奥运教育角 …………………………………… (472)
举办帮厨活动 …………………………………… (473)
评选全勤宝宝 …………………………………… (473)
·北京市延庆县诚远幼儿园·
概　况 …………………………………… (473)
投资 4 万元改善办园条件 …………………………………… (473)
英语特长班开课 …………………………………… (473)
举办珠心算主题报告会 …………………………………… (473)
·北京第二实验小学怡海分校·
概　况 …………………………………… (473)
义买椪柑为灾区捐款 …………………………………… (473)
举办教学基本功比赛 …………………………………… (473)
与灾区学校结成姊妹校 …………………………………… (473)
·北京市私立汇佳学校·
概　况 …………………………………… (474)
开展小学一年级 PYP 探究实践 …………………………………… (474)
IB 部毕业生 53%升入世界百强名校 …………………………………… (474)
开展防灾教育 …………………………………… (474)
小学部开设马术课 …………………………………… (474)
增设两个电子钢琴室 …………………………………… (474)
庆祝建校 15 周年 …………………………………… (474)
热气球队获国际比赛亚军 …………………………………… (474)
举办自然科学讲座 …………………………………… (474)
·北京经济技术开发区实验学校·
概　况 …………………………………… (474)
改善教师工资待遇 …………………………………… (475)
召开青年教师拜师会 …………………………………… (475)
举办首届校园科技节 …………………………………… (475)
外埠教师校内职评 …………………………………… (475)
·北京市力迈学校（北京市新英才学校）·
概　况 …………………………………… (475)
设立导师制 …………………………………… (475)

迁新校址更新校名 ……………………………… (475)
举办首届民族运动会 …………………………… (475)
推进课堂教学改革 ……………………………… (475)
·北大附属实验学校·
概 况 …………………………………………… (475)
与美国爱思教育有限公司签订合作协议 ………… (476)
第五届香港学生联考班开学 …………………… (476)
举办第五届校园歌手比赛 ……………………… (476)
·北京市私立君谊中学·
概 况 …………………………………………… (476)
举办学生生日会 ………………………………… (476)
实行军事化管理 ………………………………… (476)
首次举办拓展开放日 …………………………… (476)

德育体育美育

综 述 …………………………………………… (479)
德 育
·德育教育·
开通网上家长学校 ……………………………… (480)
召开中等职业学校德育工作会 ………………… (480)
表彰北京市优秀学生 …………………………… (480)
2007～2008学年度北京市优秀学生名单 ………… (480)
举办校长德育论坛 ……………………………… (480)
总结中小学德育队伍培训成果 ………………… (480)
启动中学生时事讲坛 …………………………… (480)
举行首都大学生援助四川灾区启动仪式 ………… (480)
举办文明礼仪知识赛 …………………………… (481)
举办优秀学生事迹报告会 ……………………… (481)
启动市中小学生社会大课堂 …………………… (481)
表彰优秀班主任 ………………………………… (481)
·专门教育·
海淀寄读学校举办第25届运动会 ……………… (481)
海淀寄读学校举办校际联席工作会 …………… (481)
海淀寄读学校开展爱心捐助活动 ……………… (481)
东城工读学校举办迎奥运技能比赛 …………… (482)
东城工读学校举办预防毒品图片展 …………… (482)
调研专门学校教育 ……………………………… (482)
海淀寄读学校举办教学技能培训讲座 ………… (482)
育华中学举办校庆30周年系列活动 …………… (482)
举办专门学校运动会 …………………………… (482)
东城工读学校举办理论与实操专业考核 ……… (482)
海淀寄读学校开展创和谐专题教育 …………… (482)
海淀寄读学校举办内务比赛 …………………… (482)
东城工读学校组织课堂实践活动 ……………… (482)
体育卫生
·体 育·
召开市中小学体育卫生工作会 ………………… (483)
举办市金帆杯足篮排球比赛 …………………… (483)
举办市中小学生乒乓球比赛 …………………… (483)
参加全国初中篮球联赛 ………………………… (483)
召开市高校体育工作会 ………………………… (483)
举办市中小学生长跑比赛 ……………………… (483)
举办市中小学生踢毽比赛 ……………………… (483)
举办市中小学生跳绳比赛 ……………………… (483)
举办市中小学生轮滑比赛 ……………………… (483)
获中国高中男子篮球联赛冠军 ………………… (484)
举办首届中小学生“勇敢小伙伴”活动 ………… (484)
举办校园奥运健身操比赛 ……………………… (484)
举办第46届中学生田径运动会 ………………… (484)
举办首届高校女大学生体育论坛 ……………… (484)
举办第46届高校学生田径运动会 ……………… (484)
举办体育后备人才基地校运动会 ……………… (484)
举办首都大学生长跑活动 ……………………… (484)
举办中学生橄榄球邀请赛 ……………………… (485)
组织全国青少年健身操推广活动 ……………… (485)
举办中小学生文明拉拉队比赛 ………………… (485)
举办中小学体育科学论文报告会 ……………… (485)
组织全国第三套学生广播操培训 ……………… (485)
举办中小学跆拳道比赛 ………………………… (485)
举办振兴中华杯足篮排球比赛 ………………… (485)
举办国家学生体质健康测试 …………………… (486)
举办中小学生棒球比赛 ………………………… (486)
举办少年儿童跳皮筋比赛 ……………………… (486)
举办中小学武术比赛 …………………………… (486)
举办中国高中女子篮球联赛 …………………… (486)
举办中小学生健美操比赛 ……………………… (486)
启动中小学体育教师技能市级考核 …………… (486)
召开北京市高校运动队评估会 ………………… (486)
召开奥林匹克教育人才基地验收会 …………… (486)
举办中小学育英杯游泳比赛 …………………… (486)
·国防教育·
举办学生定向越野锦标赛 ……………………… (486)
举办学生国防教育网络知识竞赛 ……………… (487)
举办高校定向运动知识培训班 ………………… (487)
·学校卫生·
下发《关于开展2008年学校卫生
工作视导的通知》 ……………………………… (487)
出台《北京市中小学生健康体检管理办法》 …… (487)
加强中小学生视力保护工作 …………………… (487)
召开第一届中小学青春期教育研讨会 ………… (488)
艺术与校外教育
·艺术教育·
评选北京市中小学艺术教育特色校 …………… (488)
举办高雅艺术进校园活动 ……………………… (488)
开展民族艺术进校园活动 ……………………… (488)
举行迎奥运首都学生系列音乐会 ……………… (488)
举办市第11届学生艺术节 ……………………… (488)
验收北京大学生艺术团 ………………………… (488)

举办校园奥林匹克文化节 …………………… (489)
· 校外教育 ·
举办科技教育专题讲座 …………………… (489)
评选市中小学生金银帆奖 …………………… (489)
举办北京青少年科技创新赛 …………………… (489)
获英特尔国际科学与工程奖 …………………… (489)
参加全国 ITAT 工程就业技能赛获奖 …………………… (489)
"正保教育杯"第四届全国 ITAT 教育工程
　就业技能大赛获奖名单（北京） …………………… (490)
举办美国科技教育讲座 …………………… (490)
举办海峡两岸高中生夏令营 …………………… (490)
参加中国青少年机器人竞赛获奖 …………………… (490)
参加第五届全国青少年工程师赛获奖 …………………… (490)
参加全国青少年科技创新赛获奖 …………………… (490)
参加全国大学生数学建模竞赛获奖 …………………… (490)
举办第 26 届学生科技节 …………………… (491)
召开环保教育现场会 …………………… (491)
参加全国中学生物理竞赛获奖 …………………… (491)
第 25 届全国中学生物理竞赛决赛获奖
　名单（北京） …………………… (491)
参加第八届"明天小小科学家"评选获奖 …………………… (491)
第八届"明天小小科学家"获奖
　名单（北京） …………………… (491)
评审第二批校外教育基地 …………………… (492)
召开校外教育城市合作研讨会 …………………… (492)
加强北京金鹏科技团管理 …………………… (492)

科学研究

综　述 …………………… (495)
总　类
23 部著作获得国家出版基金资助 …………………… (496)
2007 年获得国家科学技术学术著作出版基金
　资助学术著作书目（北京地区高校） …………………… (496)
3 个单位入选国家级国际联合研究中心 …………………… (496)
3 个国家重点实验室评估获优秀 …………………… (496)
工程科学领域优秀和良好重点实验室名单
　（北京地区高校） …………………… (496)
材料科学领域优秀和良好类重点实验室名单
　（北京地区） …………………… (496)
完成首批认定 7 家北京市技术转移中心
　验收工作 …………………… (496)
27 部学术著作获得 2008 国家出版基金资助 …………………… (497)
2008 年获得国家科学技术学术著作出版基金
　资助学术著作书目（北京地区高校） …………………… (497)
增补 2 个"北京市重点实验室" …………………… (497)
科学技术
实施"质量工程"和"创新工程" …………………… (497)
开展特色教育资源库项目 …………………… (497)
科技人员及投入 …………………… (497)
市教委科研计划 2009 年度项目确定 …………………… (498)
继续实施共建项目建设计划 …………………… (498)
科技活动 …………………… (498)
科技推广 …………………… (498)
确定市人文社会科学研究计划项目 …………………… (498)
科研成果
北京高校 41 项成果获国家科学技术奖励 …………………… (498)
2007 年度国家自然科学奖二等奖（北京高校
　第一完成单位） …………………… (499)
2007 年度国家科学技术发明奖二等奖（北京高校
　第一完成单位） …………………… (499)
2007 年度国家科学技术进步奖二等奖（北京高校
　第一完成单位） …………………… (499)
17 项成果获得中华医学科技奖 …………………… (499)
2007 年中华医学科技奖一等奖
　（北京教育系统） …………………… (499)
3 个单位获国家科技计划先进奖 …………………… (499)
4 个项目入选中国高校十大科技进展 …………………… (499)
完成市哲学社会科学优秀成果评奖组织工作 …………………… (499)
科研管理
召开两委委托课题结题汇报会 …………………… (500)
组织全国教育科学规划课题申报 …………………… (500)
完成年度课题申报评审工作 …………………… (500)
教育科学研究
召开北京高等教育重点研究机构联席会 …………………… (500)
成立中国教育学会基础教育评价专业委员会 …………………… (500)
召开中小学廉洁教育读本试点工作
　汇报交流会 …………………… (500)
举办青少年学生公民教育国际论坛 …………………… (500)
召开区县科研人员首届学术年会 …………………… (500)
教育教学研究
召开学前教育发展问题研讨会 …………………… (501)
召开教师新课程教学基本功培训和展示活动
　总结表彰会 …………………… (501)
赴两区县进行教学视导 …………………… (501)
举办中小学教师我讲我的教育故事演讲比赛 …………………… (501)
召开幼儿园骨干教师培养工作室教师交流会 …………………… (501)
完成普通高中教师培训工作 …………………… (501)
召开幼儿园教研制度建设项目
　交流研讨会 …………………… (501)
举办教研员专业发展培训 …………………… (501)
组织实施 6 个学科教学质量测试工作 …………………… (501)
召开北京市中小学生安全应急专题
　教育研讨会 …………………… (501)
召开以园为本教研制度建设项目
　观摩研讨会 …………………… (502)
召开网络教学现场交流会 …………………… (502)
教材编写
概　况 …………………… (502)

召开北京市健康教育教学现场会 …………………… (502)
召开北京市高中校本课程建设研讨会 …………… (502)
开展教材改革实验培训 ………………………………… (502)
开展春季教材培训工作 ………………………………… (502)

师资建设

综　述 ……………………………………………………… (505)
总　类
举办中学英语教师口语大奖赛 ……………………… (506)
基础教育师资培训绩效考评优秀 …………………… (506)
26 人入选百千万人才工程 ………………………………… (506)
完成人才强教计划项目绩效考评 …………………… (506)
53 人入选长江学者奖励计划 ……………………………… (506)
"长江学者奖励计划"
　第九批特聘教授（北京高校） …………………… (506)
"长江学者奖励计划"
　第九批讲座教授（北京高校） …………………… (506)
100 人入选市级高等学校教学名师奖 ………………… (507)
121 个团队入选市级优秀教学团队 …………………… (507)
12 人获得第四届高校教学名师奖 …………………… (507)
第四届高等学校教学名师奖
　获奖教师（北京） ……………………………………… (507)
实施人才强教深化计划 ………………………………… (507)
评选北京市人民教师奖 ………………………………… (507)
北京市人民教师奖（10 人） …………………………… (507)
42 个团队入选国家级教学团队 ………………………… (507)
2008 年国家级教学团队（北京） ……………………… (507)
完成市属高校人才强教深化计划 …………………… (508)
2009 年度北京市属高等学校人才强教深化计划
　特聘教授资助名单 ……………………………………… (508)
2009 年度北京市属高等学校人才强教深化计划
　讲座教授资助名单 ……………………………………… (508)
2009 年度北京市属高等学校人才强教深化计划
　高层次人才资助名单 …………………………………… (509)
师资管理
继续选聘高校毕业生农村支教 ……………………… (509)
印发特级教师管理办法 ………………………………… (509)
农村中小学教师研修工作站启动 …………………… (509)
认定特级教师 30 人 ………………………………………… (509)
继续加强教师队伍建设 ………………………………… (509)
职称评定与资格认定
组织年度教师资格认定考试 ………………………… (510)
成立教师资格认定工作办公室 ……………………… (510)
完成全年教师资格认定能力测试 …………………… (510)
认定教师资格 11223 人 ………………………………… (510)
中专教师 161 人晋升技术职务 ……………………… (510)
中学教师（管理）68 人晋升技术职务 ……………… (510)
高校教师 272 人晋升技术职务 ……………………… (510)

招生与考试

综　述 ……………………………………………………… (513)
总　类
高考改革综合研究通过专家鉴定 …………………… (514)
召开教育考试电视电话会议 ………………………… (514)
完成中高考命题工作 …………………………………… (514)
召开高考试题资源库建设和高考内容与
　形式试测会 ……………………………………………… (514)
完成远程电子巡查系统 ………………………………… (514)
完成考试评价研究 ……………………………………… (514)
高级中等学校招生
概　况 ……………………………………………………… (514)
编印中考参考资料 ……………………………………… (514)
举办中招网络咨询活动 ………………………………… (515)
完成中招考试工作 ……………………………………… (515)
完成残疾学生试卷评阅工作 ………………………… (515)
完成提前招生录取审批 ………………………………… (515)
完成特殊学生录取资格审核 ………………………… (515)
完成中招录取工作 ……………………………………… (515)
完成中招补录工作 ……………………………………… (515)
完成中招调剂录取工作 ………………………………… (515)
完成高考落榜生录取 …………………………………… (515)
高中毕业会考
概　况 ……………………………………………………… (515)
完成春季高中会考 ……………………………………… (516)
完成春季会考阅卷和成绩登统 ……………………… (516)
颁发高中会考合格证 …………………………………… (516)
完成夏季高中毕业会考 ………………………………… (516)
完成夏季会考阅卷和成绩登统 ……………………… (516)
召开中招会考工作总结会 …………………………… (516)
普通高等学校招生
概　况 ……………………………………………………… (516)
举办高招电台咨询活动 ………………………………… (516)
举办高招网络咨询活动 ………………………………… (516)
完成高招考试评卷工作 ………………………………… (516)
确定高招录取控制分数线 …………………………… (516)
完成高招志愿填报调整工作 ………………………… (517)
完成高职升本科招生试点 …………………………… (517)
研究生招生
概　况 ……………………………………………………… (517)
完成全国硕士生统一入学考试 ……………………… (517)
完成硕士生统考科目评卷 …………………………… (517)
完成硕士生录取工作 …………………………………… (517)
新增推免高校 2 所 ……………………………………… (517)
完成博士生招生工作 …………………………………… (517)
完成硕士生报名工作 …………………………………… (517)
召开研究生招生表彰会议 …………………………… (518)

成人高等学校招生
概　况 …………………………………………………… (518)
完成成招网络报名工作 ………………………………… (518)
完成成招全国统一考试 ………………………………… (518)
完成成招统一阅卷 ……………………………………… (518)
确定成招最低控制分数线 ……………………………… (518)
完成成招录取工作 ……………………………………… (518)
高等教育自学考试
概　况 …………………………………………………… (518)
完成上半年自学考试报名 ……………………………… (519)
完成上半年学历文凭2类考试 ………………………… (519)
完成学历文凭考试毕业审定工作 ……………………… (519)
开通自考信息查询系统 ………………………………… (519)
完成上半年自学考试 …………………………………… (519)
完成下半年学历文凭2类考试报名 …………………… (519)
完成上半年计算机应用基础上机考试 ………………… (519)
完成上半年自考非学历证书考试 ……………………… (519)
举办自考网络咨询活动 ………………………………… (519)
完成下半年自考报名 …………………………………… (519)
完成上半年毕业复审工作 ……………………………… (519)
完成下半年学历文凭2类考试 ………………………… (519)
开通自考电话语音咨询系统 …………………………… (519)
完成自学考试报名 ……………………………………… (520)
完成下半年自学考试 …………………………………… (520)
自考课程全部实现网上评卷 …………………………… (520)
签订自学考生电子档案项目协议 ……………………… (520)
完成下半年计算机上机考试 …………………………… (520)
完成下半年自考非学历证书考试 ……………………… (520)
完成下半年毕业复审 …………………………………… (520)
社会考试
概　况 …………………………………………………… (520)
举办全国青少年计算机考试 …………………………… (520)
举办剑桥少儿英语考试 ………………………………… (520)
完成北京英语水平考试网络报名 ……………………… (521)
举办全国计算机等级考试 ……………………………… (521)
举办剑桥办公管理国际证书考试 ……………………… (521)
举办北京英语口语证书考试 …………………………… (521)
举办北京英语水平考试 ………………………………… (521)
举办中国书画等级考试 ………………………………… (521)
全国少儿计算机考试更名 ……………………………… (521)
举办全国计算机应用技术证书考试 …………………… (521)
中外合作考试
概　况 …………………………………………………… (521)
举办英语口语等级考试 ………………………………… (521)
举办各种英语培训班 …………………………………… (521)
举办英国剑桥通用英语证书考试 ……………………… (521)
社会委托考试
完成奥组委社会招聘考试 ……………………………… (522)
完成安全评价师职业资格鉴定 ………………………… (522)
完成中国银行招聘选聘考试 …………………………… (522)
完成全国英语等级考试 ………………………………… (522)
完成全国报检员资格考试 ……………………………… (522)

国际交流与合作

综　述 ……………………………………………… (525)
总　类
举办国际教育博览会 …………………………………… (526)
举办中小学外国学生文化节 …………………………… (526)
举办诺贝尔奖获得者北京论坛 ………………………… (526)
开展市民讲外语系列活动 ……………………………… (526)
完成教育外事统计工作 ………………………………… (526)
中外合作办学
批准合作办学机构1个项目6个 ……………………… (526)
核准中外合作办学机构变更项目8个 ………………… (527)
受理中外合作办学申请40项 ………………………… (527)
8个中外合作机构和47个中外合作办学项目
　通过复核 ……………………………………………… (527)
3个项目和1个机构延期获得批准 …………………… (527)
友好往来
接待美加教育代表团 …………………………………… (527)
接待法国教育代表团 …………………………………… (527)
接待莫斯科市政府代表团 ……………………………… (527)
接待南非教育代表团 …………………………………… (527)
接待日本教育代表团 …………………………………… (527)
接待澳大利亚教育代表团 ……………………………… (528)
接待德国巴符州教育代表团 …………………………… (528)
接待英国高等教育代表团 ……………………………… (528)
组织师生赴国外交流访问 ……………………………… (528)
外国学生教育与管理
审核外籍人员子女学校 ………………………………… (528)
2568人获外国留学生奖学金 ………………………… (528)
召开接收外国学生学校资质评审会 …………………… (528)
举办外国留学生汉语演讲比赛 ………………………… (528)
召开高校留学生工作会议 ……………………………… (528)
召开留学生信息系统座谈会 …………………………… (529)
高校外国留学生人数增长 ……………………………… (529)
认定2所高校接收来华留学生 ………………………… (529)
完善外籍人员子女学校管理 …………………………… (529)
认定13所学校招收境外学生资格 …………………… (529)
汉语国际推广
举办中小学外国学生汉语节 …………………………… (529)
新建孔子学院10所孔子课堂2个 …………………… (529)
引智培训及因公派出
举办专家教育系列讲座 ………………………………… (530)
实施因公出访计划管理 ………………………………… (530)
受理443人公派出国留学申请 ………………………… (530)
聘请外国文教专家3522人次 ………………………… (530)
加强因私出国留学中介管理 …………………………… (530)

孔子学院（课堂）建设工作 …………………… (530)
新建10所中小学汉语推广基地 …………………… (530)

奥林匹克教育

综 述 …………………… (533)
总 类
世界田径明星为中学业余运动员辅导 …………… (534)
召开高校奥运会、残奥会筹办工作
总结动员会 …………………… (534)
首都大学生志愿者文明行动启动 …………… (534)
团市委开展奥运会、残奥会志愿者工作 …………… (534)
举办大学生迎奥运巡回演出 …………… (534)
完成奥运会、残奥会开闭幕式演出任务 …………… (534)
奥运使者出访洛桑奥林匹克博物馆 …………… (534)
举办奥运会、残奥会志愿者誓师大会 …………… (535)
举办北京奥林匹克教育成就展 …………… (535)
举办北京残奥会国际论坛 …………… (535)
举办学生奥运法律知识竞赛 …………… (535)
温家宝为北大奥运志愿者回信并题词 …………… (535)
召开高校奥运驾驶员志愿者工作会议 …………… (535)
举办奥运音乐文化欧洲之旅活动 …………… (535)
刘淇拨通多语言服务中心总机首个电话 …………… (535)
举办奥运会和残奥会拉拉队风采大赛 …………… (535)
精诚学校奥林匹克教育博物馆开馆 …………… (536)
奥运志愿者赴地震灾区开展援助 …………… (536)
习近平慰问城市志愿者 …………… (536)
温家宝看望安检志愿者 …………… (536)
奥林匹克教育博物馆在首体院落成 …………… (536)
国际奥林匹克学术大会在首体院召开 …………… (536)
教育系统师生参与火炬传递 …………… (536)
设立高校奥运志愿者之家 …………… (536)
组织高校6万名师生观看奥运比赛 …………… (537)
组织48万名中小学生观看奥运比赛 …………… (537)
13个集体和34名个人受到中央表彰 …………… (537)
北京奥运会、残奥会先进集体
（北京教育系统） …………… (537)
北京奥运会、残奥会先进个人
（北京教育系统） …………… (537)
召开奥运会、残奥会志愿者工作总结表彰会 …… (538)
召开教育系统奥运总结表彰会 …………… (538)
奥林匹克教育示范校建设
二十七中举行京蒙师生牵手共迎奥运活动 ……… (538)
召开示范校与京外校牵手共享奥林匹克
教育成果展示会 …………… (538)
东城特教学校庆祝奥运会倒计时200天 …………… (538)
西辛房中学召开学校社区共建工作会 …………… (538)
灯市口小学与湖南育英学校共迎奥运会
倒计时200天 …………… (539)
八中编制奥林匹克教育手册 …………… (539)
平谷中学通过实践课开展奥林匹克教育 …………… (539)
呼家楼中小开设每日福娃播报 …………… (539)
通州举办“奥运文化百校行”活动 …………… (539)
大峪二小赴香港姐妹校交流 …………… (539)
丰台职教中心校开展奥运教育活动 …………… (539)
西城外国语学校开展奥运日记传递活动 …………… (539)
宣武举办奥林匹克与宣武教育发展论坛 …………… (539)
昌平4所学校牵手共享奥林匹克 …………… (539)
潞河中学举办北京奥运与中国崛起讲座 …………… (539)
劲松职高开展奥运教育成果展示活动 …………… (539)
密云职校开展市民学英语活动 …………… (539)
开展示范校奥林匹克教育效果调研 …………… (539)
京豫陈学校举办奥林匹克教育活动月 …………… (540)
现代职校开展奥运安全主题教育活动 …………… (540)
东城召开“走进奥林匹克教育示范学校”
活动展示会 …………… (540)
北师大平谷附中开展国际理解教育 …………… (540)
同心结交流
·交流活动·
劲松四小接待塔吉克斯坦大使 …………… (540)
前门外语学校接待哈萨克斯坦议会上院议长 …… (540)
丰台一小接待牙买加驻华大使 …………… (540)
丰台五小接待巴勒斯坦大使 …………… (540)
八中学生与英国外交大臣探讨气候变化问题 …… (540)
古城二小庆祝中斯友谊班成立1周年 …………… (541)
五路居一中接待安哥拉奥组委主席 …………… (541)
大峪中学分校接待马拉维奥委会主席 …………… (541)
大兴二小接待基里巴斯奥委会主席 …………… (541)
石景山实验小学接待瓦努阿图总统夫人 …………… (541)
陈经纶中学接待加拿大奥运冠军访问团 …………… (541)
九中接待新加坡体育理事会主席访问 …………… (541)
芳城园小学接待卢旺达驻华大使 …………… (541)
八角北路小学接待塞拉利昂总统夫人 …………… (541)
白家庄小学接待国际残奥会主席 …………… (541)
昌平二中接待柬埔寨大使 …………… (541)
花家地实验小学接待日本首相夫人 …………… (541)
海淀实验三小接待圣马力诺国家元首 …………… (542)
中关村四小接待塞浦路斯总统 …………… (542)
东铁匠营一小接待卡塔尔体育团 …………… (542)
十四中分校接待保加利亚总统 …………… (542)
西罗园五小接待智利奥委会代表团 …………… (542)
工美附中接待萨马兰奇 …………… (542)
八中接待欧盟委员会委员 …………… (542)
宣师附小参加“波兰残奥日”招待会 …………… (542)
·教育活动·
中关村二小编写同心结作品集 …………… (542)
灯市口小学举行法语汉语百句手册赠书仪式 …… (542)
育民小学给结对国家小朋友寄贺卡 …………… (542)
城关小学同心结活动取得成效 …………… (542)

朝阳两所小学接待新加坡弥陀小学代表团 ……… (542)
天竺中小与美国结对学校共做志愿者 ……… (543)
崇文举行同心结交流展示活动 ……… (543)
和平里四小庆祝奥运会倒计时100天 ……… (543)
团结湖小学师生访问马尔代夫 ……… (543)
万泉小学与结对学校签署协议 ……… (543)
白家庄小学同心结小使者出访英国 ……… (543)
朝阳同心结活动成效显著 ……… (543)
二十二中开展同心结交流活动 ……… (543)
·奥运村迎宾活动·
同心结学校完成奥运村迎宾任务 ……… (543)
昌平同心结学校参加奥运村升旗仪式 ……… (544)
丁香小学参加阿鲁巴欢迎仪式 ……… (544)
三中参加卢森堡体育代表团招待会 ……… (544)
丰台五小参加奥运村欢迎仪式 ……… (544)
工美附中参加运动员奥运入村仪式 ……… (544)
奥林匹克青年营
概　况 ……… (544)
一零一中学完成营员宿舍改造 ……… (544)
完成青年营形象景观系统工程 ……… (544)
奥林匹克青年营开营 ……… (544)
奥林匹克青年营主题雕塑揭幕 ……… (544)
组织体验奥运系列活动 ……… (545)
举办了解中国系列活动 ……… (545)
举办交流学习系列活动 ……… (545)
一零一中学承担营地餐饮服务工作 ……… (545)
青年营内火炬传递 ……… (545)
举办“迷你奥运会” ……… (545)
举办营员集体生日晚会 ……… (545)
举办主题论坛 ……… (545)
青年营闭营 ……… (545)
383名志愿者服务青年营 ……… (545)
奥林匹克教育活动
·体育活动·
育才学校举办迎奥运冬季体育活动 ……… (546)
高家园小学启动体育锻炼计划 ……… (546)
团结湖小学举办争当奥运健身家庭活动 ……… (546)
平谷六中举办跳绳踢毽子比赛 ……… (546)
门头沟举办拉拉操比赛 ……… (546)
燕化附中开展阳光广场活动 ……… (546)
南菜园小学举办系列体育活动 ……… (546)
通州六中举办体育节 ……… (546)
枣营小学与德国学生开展体育文化交流 ……… (546)
延庆二小举办小小奥运会 ……… (546)
东交民巷小学主办联合运动会 ……… (546)
七幼举办阳光宝宝运动会 ……… (546)
定福庄四小举办国际象棋友谊赛 ……… (546)
昌平实验小学举行春季运动会 ……… (547)
海淀庆祝奥运会倒计时100天 ……… (547)
一中举办迎奥运趣味运动会 ……… (547)
花家地实验小学举办趣味奥运会 ……… (547)
杨镇中小举办环湿地百人自行车赛 ……… (547)
顺义举办教职工大众健身操比赛 ……… (547)
金台小学举办亲子运动会 ……… (547)
门头沟举办奥运健身活动 ……… (547)
东城举行定向越野比赛 ……… (547)
举办大学生趣味奥运挑战赛 ……… (547)
北京幼师举办教职工趣味运动会 ……… (547)
助威奥运全民跑步活动启动 ……… (548)
保教协会组织幼儿武术操奥运展演活动 ……… (548)
·文化活动·
新源里四小设计奥运课表 ……… (548)
芳城园小学开展“奥运有我更精彩”活动 ……… (548)
中科院研究生院举办《奥林匹克与中国》图片展 ……… (548)
西城经科大举办奥运摄影比赛 ……… (548)
昌平举办奥林匹克教育成果展播月活动 ……… (548)
北外承办四地青少年交流活动 ……… (548)
北外举办欧洲七国中小学生奥运营 ……… (548)
联大举办世界聚焦中国高峰论坛 ……… (548)
奥林匹克教育班队会大赛颁奖 ……… (548)
化大奥运文化节启动 ……… (549)
天坛东里小学开展同心迎奥运活动 ……… (549)
财大举办奥林匹克运动的教育价值报告会 ……… (549)
密云五小创建奥运文化墙 ……… (549)
举办奥运海报拼图比赛发布会 ……… (549)
举办少儿英语大赛 ……… (549)
首经贸举办关注奥运与理性爱国报告会 ……… (549)
首师大举办留学生迎奥运系列活动 ……… (549)
财大举办“五环同心奥运同行”系列活动 ……… (549)
门头沟举办迎奥运知识竞赛 ……… (549)
举办北京奥运文化墙创意设计活动 ……… (550)
农大举办奥运倒计时百天亮灯活动 ……… (550)
首都大学生庆祝奥运会倒计时100天 ……… (550)
北科大举办系列火炬传递活动 ……… (550)
二十四中举行微笑迎奥运庆祝活动 ……… (550)
石景山举办“微笑感动世界同心共迎奥运”展示活动 ……… (550)
丰台实验学校与培智学校共庆奥运会倒计时100天 ……… (550)
北航举办教职工奥运知识竞赛 ……… (550)
启动中医药文化进校园活动 ……… (550)
举办首都大学生趣味奥运挑战赛 ……… (551)
宣武培智中心校开展迎奥运活动 ……… (551)
举行北京残奥会教育展示活动 ……… (551)
板厂小学举办阳光少年传递火炬接力赛 ……… (551)
石大苏丹学生组织迎奥运文化交流活动 ……… (551)
中央音乐学院与外国音乐学院共奏奥运序曲 ……… (551)
人大发布奥运观赛行动倡议 ……… (551)
北音学生参加奥运文化墙创意活动 ……… (551)

美院举办奥运全国艺术设计展 ……………………（551）
四高校举办奥运会倒计时联欢活动 ………………（551）
北大举办“2008奥运·冠军”论坛 ………………（552）
举办“我的奥运全记录”系列活动 ………………（552）
音像报刊总社出版奥运号外 ……………………（552）
举行学生DV作品大赛颁奖仪式……………………（552）
联大举办中美韩国际学术研讨会 ………………（552）
戏曲学院举办奥运舞美创作与科技高峰论坛 ……（552）

奥林匹克教育培训

举办高校奥运志愿者培训 ………………………（552）
举办奥运骨干志愿者外语冬训营 ………………（552）
北外启动市民讲外语系列公益讲座 ……………（553）
联大承办奥运签约酒店西餐培训 ………………（553）
公安大学培训奥运安检志愿者 …………………（553）
外经贸大开展志愿者英语培训 …………………（553）
举办奥林匹克公园北区场馆群志愿者培训 ………（553）
政法职院举办首都国际机场志愿者培训 …………（553）
举办高校系统奥运会和残奥会驾驶员
　志愿者培训班 ……………………………………（553）
政法职院举办安保志愿者培训班 ………………（553）
召开奥运广播电视英语培训总结会 ……………（553）
首钢工学院开展志愿者自护培训 ………………（553）
美院举办奥运志愿者自护培训 …………………（553）
交通学校承办交通系统窗口行业
　奥运培训项目 ……………………………………（553）
北邮世纪学院举办志愿者体能训练活动 …………（554）
女子学院创新奥运育人方式 ……………………（554）
昌平职校志愿者完成技能强化培训 ……………（554）
北理工开展城市志愿者培训 ……………………（554）
首医大水立方志愿者接受急救培训 ……………（554）
石化学院开展奥运英语培训 ……………………（554）
联大出版《汉英北京2008年奥运会、残奥会
　常用词语手册》 …………………………………（554）

奥林匹克知识普及

联大出版《百年中国奥运之路》 ………………（554）
公安大学出版奥运图书 …………………………（554）
交通学校开展奥运知识教学活动 ………………（554）
和平里一小开展法律宣传活动 …………………（554）
市总职大举办奥运大讲堂 ………………………（555）
农职院举办“个性美、奥运美”专题讲座 ………（555）
丰台八小举办“百年奥运”知识校园展 …………（555）
朝阳区三校开展奥运法规学习活动 ……………（555）
大兴一中召开情系奥运报告会 …………………（555）
财大举办留学生奥运知识宣讲活动 ……………（555）
首医大举办医疗志愿者知识挑战赛 ……………（555）
农职院设立奥运图书专架 ………………………（555）
中医药大学举办中医健康讲座 …………………（555）
财贸职院开办奥运大讲堂 ………………………（555）
北外承担《奥运诗典》翻译工作 ………………（555）
西城经科大开展社区奥运知识学习活动 …………（555）
市教委开展奥运法制“进学校”工作 ……………（556）
北师大平谷附中体育考试增加奥林匹克知识 ……（556）

文明礼仪教育

马驹桥镇中小开展微笑迎奥运活动 ……………（556）
新发地学校创新文明礼仪教育 …………………（556）
密云职校举行礼仪知识讲座 ……………………（556）
韩村河中学举办文明礼仪我先行活动 …………（556）
延庆一职开展“排队推动日”活动 ……………（556）
外事学校举办奥运服务礼仪系列培训 …………（556）
石园小学召开“文明礼仪故事”大队会 …………（556）
门头沟工人子弟小学培养文明素养 ……………（556）
木林中小开展好习惯伴我成长主题教育 …………（556）
延庆二小制作奥运承诺卡 ………………………（557）
东方小学开展“争戴微笑圈，争做文明宣传员”
　活动 ………………………………………………（557）
北工大举办奥运礼仪知识竞赛 …………………（557）
城北中心小学学习奥运加油手势 ………………（557）
崇文举办中学生奥运礼仪知识比赛 ……………（557）
北京幼师举办文明礼仪展示活动 ………………（557）
宣武举行为文明喝彩主题活动 …………………（557）
回龙观中心小学成立礼仪先锋班 ………………（557）
大兴四小举办文明礼仪演讲 ……………………（557）
北师大平谷附中撰写文明标语 …………………（557）
前进一小开展观赛礼仪教育 ……………………（557）
举办中学生奥运礼仪知识大赛 …………………（557）
前门小学制订文明观赛教育活动方案 …………（558）
园林学校开展奥运主题实践活动 ………………（558）

志愿服务

北科大举办奥运志愿者工时赠与活动 …………（558）
红十字会招募医疗小语种志愿者 ………………（558）
北外为奥运驾驶员提供外语测试 ………………（558）
吉利大学选拔奥运实习生 ………………………（558）
昌平职校师生服务奥运 …………………………（558）
农职院奥运村住宿服务运行团队成立 …………（559）
电科职院志愿实习生为奥运服务 ………………（559）
舞院学生参加开闭幕式演出和引导员工作 ………（559）
外经贸大举行奥运会、残奥会誓师大会 …………（559）
北师大服务民族小使者奥运之旅 ………………（559）
首医大奥运公共卫生保障志愿者上岗服务 ………（559）
政法职院志愿者完成志愿服务 …………………（559）
信息职院641名学生担任安保志愿者 ……………（559）
印刷学院城市志愿者服务大兴 …………………（559）
二外友好院校师生成为奥运会海外志愿者 ………（560）
北航承接奥运会安保人员后勤保障任务 …………（560）
中青院召开奥运会城市志愿者誓师大会 …………（560）
经济职院开展志愿服务 …………………………（560）
北航首都机场志愿者赛时迎宾工作启动 …………（560）
财大741名奥运志愿者服务奥运 ………………（560）
二外志愿者协助开通朝阳警务外语协警热线 ……（560）
国关学院提供奥运志愿服务 ……………………（560）

北师大参加“奥运之家”安保工作 …………………（561）
电科职院学生参加志愿服务 ………………………（561）
首钢工学院完成奥运志愿者工作 …………………（561）
印刷学院完成木樨园训练场馆志愿服务 …………（561）
首体院体操训练馆开放 ……………………………（561）
现代职院志愿者完成奥运服务 ……………………（561）
中医药大学第三附属医院为奥运志愿者
　提供医疗服务 ……………………………………（561）
劲松职高师生成为奥运会志愿者 …………………（561）
北师大志愿者完成服务工作 ………………………（561）
园林学校师生参加奥运颁奖花束制作 ……………（561）
联大 7000 名志愿者完成志愿服务 ………………（561）
北航承担山东志愿者机场通勤班车后勤保障及
　车辆调度工作 ……………………………………（561）
戏剧学院赛会通用志愿者服务奥运赛事 …………（562）
二十七中学生参加城市志愿服务 …………………（562）
城市学院志愿者完成志愿服务 ……………………（562）
城市学院接待马达加斯加运动员代表团 …………（562）
首师大接待 10 个国家的排球队训练 ……………（562）
信息职院学生参加奥运会开幕式演出 ……………（562）
吉利大学 7 名女生担任开幕式引导员 …………（562）
二中学生参加奥运会开幕式演出 …………………（562）
北邮世纪学院完成志愿服务 ………………………（562）
电科职院组织文明拉拉队 …………………………（562）
经贸职院完成志愿者服务 …………………………（562）
北语完成奥运会篮球训练服务 ……………………（562）
北语留学生丽菲玛奥运会闭幕式接受表扬 ………（563）
首经贸完成奥运服务工作 …………………………（563）
首体院服务盲人柔道训练 …………………………（563）
北工职院 2765 名师生服务奥运 …………………（563）
二外专业志愿者服务奥运 …………………………（563）
中医药大学 2006 名志愿者上岗 …………………（563）
北音师生完成残奥会开幕式演出任务 ……………（563）
化大完成残奥会国家体育场志愿服务 ……………（563）
公安大学完成奥运场馆安检志愿服务 ……………（563）
信息职院奥运赛时实习生服务奥运 ………………（563）
北外完成奥运志愿服务 ……………………………（564）
北大完成奥运医疗服务工作 ………………………（564）
北大完成奥运志愿服务工作 ………………………（564）
市教委派驻奥组委工作两名人员归队 ……………（564）

科技奥运

北工大预应力钢结构研究通过鉴定 ………………（564）
北工院爆破技术成就摩崖石刻中国印 ……………（564）
北林大教授设计颁奖花束亮相 ……………………（565）
北林大学生完成顺义水上公园场馆景观设计 ……（565）
北理工向奥组委交付纯电动公交车 ………………（565）
北服设计完成奥运会残奥会系列制服 ……………（565）
北大磷酸铁锂动力电池组投入使用 ………………（565）
北大完成奥运沙滩排球场周边景观设计项目 ……（565）
园林学校师生参加奥运场馆周边植保
　检测工作 …………………………………………（565）
北工大开发奥运交通仿真系统 ……………………（565）
北航移动式车底检查系统投入使用 ………………（565）
美院设计奥运会奖牌 ………………………………（565）
北理工为奥运会开闭幕式研制全景式智能
　仿真编排系统 ……………………………………（566）
北理工承担奥运会开闭幕式烟火研究 ……………（566）
北方工大完成国家体育场主火炬照明系统 ………（566）
北交大利用学科优势服务奥运 ……………………（566）
北理工噪音警示系统用于残奥会比赛 ……………（566）
北科大教师获得科技奥运总结会表彰 ……………（566）
北大承担奥运北京城市规划项目 …………………（566）

绿色奥运

北师大二附中举办绿色生活行动促进周活动 ……（566）
大兴四小开展还北京洁净蓝天主题队会 …………（566）
中山街小学开展做绿色使者活动 …………………（567）
后南仓小学开展绿色奥运教育活动 ………………（567）
中青院举办绿色奥运校园行动活动 ………………（567）
昌平职校校园绿丝带活动启动 ……………………（567）
房山区开展节约用水宣传教育活动 ………………（567）
舞院举办绿色奥运京郊行活动 ……………………（567）
顺义启动扮绿我家园活动 …………………………（567）
左家庄二小承办“留住一桶水”活动启动仪式 …（567）
潞河中学开展爱鸟周宣传活动 ……………………（567）
回民小学开展“我为奥运添绿色”活动 …………（567）
北小营中学倡导戒烟 ………………………………（567）
丰师附小开展共建绿色奥运活动 …………………（568）
南法信中小回收牛奶饮料纸包装 …………………（568）
通州三中进行节水教育 ……………………………（568）
百善学校开展绿色奥运科普教育活动 ……………（568）
举办节能宣传周活动 ………………………………（568）
北京幼师重现废旧物品的价值 ……………………（568）
东城举办绿色奥运环保袋创意设计赛 ……………（568）
怀柔区第三小学开展环境教育 ……………………（568）
密云四小举办拒绝白色污染活动 …………………（568）
延庆二小开展绿色奥运理念教育 …………………（568）
东城职教中心举行绿色奥运教育活动 ……………（568）

奥运赛事场馆

·北京大学体育馆·

概　况 ………………………………………………（569）
举办奥运誓师动员大会 ……………………………（569）
完成奥运志愿者培训考核 …………………………（569）
完成奥运会、残奥会乒乓球赛场任务 ……………（569）

·北京工业大学体育馆·

概　况 ………………………………………………（569）
市领导调研体育馆建设 ……………………………（569）
接待国家领导人 ……………………………………（569）
接待国外观赛嘉宾 2000 人次 ……………………（569）

·北京航空航天大学体育馆·

概　况 ………………………………………………（570）

举办"好运北京"2008 国际举重邀请赛 …………（570）
举重场馆团队全员持证上岗 ……………………（570）
完成场馆赛前系列演练工作 ……………………（570）
国家领导到场观赛 ………………………………（570）
国际奥委会主席罗格亲临北航观赛 ……………（570）
体育馆改建完成 …………………………………（570）
·北京理工大学体育馆·
概　况 ……………………………………………（570）
举行奥运体育展示与颁奖仪式最后彩排 ………（571）
场馆进入赛时状态 ………………………………（571）
获北京奥运会残奥会表彰 ………………………（571）
·北京科技大学体育馆·
概　况 ……………………………………………（571）
举办"好运北京"跆拳道国际邀请赛 …………（571）
举办残奥会实战演练 ……………………………（571）
国家领导人视察奥运场馆 ………………………（571）
场馆进入赛时状态 ………………………………（571）
·中国农业大学体育馆·
概　况 ……………………………………………（571）
举办奥运会摔跤比赛 ……………………………（572）
摔跤比赛首次引入背景音乐 ……………………（572）
颁奖仪式零失误 …………………………………（572）
1153 名志愿者服务农大体育馆 ………………（572）
举办残奥会坐式排球比赛 ………………………（572）

区县教育

东城区

·总　类·
总结艺术和科技教育工作 ………………………（575）
召开文字工作现场会 ……………………………（575）
举办心理健康教育周 ……………………………（575）
召开人才建设表彰会 ……………………………（575）
召开体育工作会 …………………………………（575）
启动新一轮骨干教师引领工程 …………………（575）
举办京津沪渝四市区德育研讨会 ………………（575）
推广"蓝天工程"博览课成果 …………………（576）
承办可持续发展讲习班 …………………………（576）
举办名校长名教师教育实践研讨会 ……………（576）
·学前教育·
概　况 ……………………………………………（576）
总结幼儿交往能力培养研究 ……………………（576）
交流名园长经验 …………………………………（576）
举办幼儿教师基本功展评 ………………………（576）
举办幼儿教育现场观摩研讨 ……………………（576）
组织干部学习沙龙 ………………………………（577）
举办幼儿早期阅读系列讲座 ……………………（577）
·基础教育·
概　况 ……………………………………………（577）
举办小学教学干部大讲堂 ………………………（577）
举办高中课程改革专项研讨 ……………………（577）
启动小学课改诊断性评价 ………………………（577）
成立小学校际联合教研组 ………………………（577）
总结小学校本课程建设成绩 ……………………（578）
举办第五届京港网络交流 ………………………（578）
举办小学班主任基本功大赛 ……………………（578）
召开中学教育工作会 ……………………………（578）
举办课改培训日 …………………………………（578）
举办京沪课堂教学研讨会 ………………………（578）
承办全市小学规范化建设现场会 ………………（578）
·职业与成人教育·
概　况 ……………………………………………（578）
促进学习型城区建设 ……………………………（578）
财经学校建成两个实训基地 ……………………（579）
举办终身学习节 …………………………………（579）
·教育督导·
概　况 ……………………………………………（579）
召开课题研讨交流会 ……………………………（579）
聘任新一届督学 …………………………………（579）
召开小学教学质量年报工作会 …………………（579）
验收二中分校初中建设工程 ……………………（579）
修订综合评价指标体系 …………………………（579）
教育法规督查组检查职业教育发展 ……………（580）
举办评价方案培训 ………………………………（580）
召开综合评价总结大会 …………………………（580）

西城区

·总　类·
撤销两所学校 ……………………………………（580）
启动"文明出行"主题教育 ……………………（580）
中小学配发法制教育教材 ………………………（580）
三校终止办学体制改革试点 ……………………（580）
首次举办法制教育宣传周 ………………………（580）
表彰第 15 届"十佳少先队员" ………………（580）
三十三中更名 ……………………………………（581）
丰盛中学和西城分院附中学合并 ………………（581）
举办"教育技术创新"评优 ……………………（581）
举办徐彬彬舞蹈教学专场演出 …………………（581）
成立教育专家顾问组 ……………………………（581）
完成校长经济责任审计 …………………………（581）
·学前教育·
概　况 ……………………………………………（581）
召开早期教育进社区协调会 ……………………（581）
召开园长办园思想研讨会 ………………………（581）
表彰社会力量优秀举办者 ………………………（581）
召开基本功和优秀论文表彰会 …………………（582）
举办特殊儿童随班就读培训会 …………………（582）
举办沈心燕教育研究思想研讨会 ………………（582）
·基础教育·
概　况 ……………………………………………（582）

举办书法绘画摄影工艺美术比赛 …………………… (582)
学校发展联合体开展交流活动 …………………… (582)
殷商文化进校园 ………………………………… (582)
制定小学初中入学办法 ………………………… (582)
召开教师队伍建设总结表彰会 ………………… (583)
举办课堂教学评优活动 ………………………… (583)
举办青春期教育师资培训 ……………………… (583)
召开初中重点建设校工作会 …………………… (583)
评选小学优秀班主任 …………………………… (583)
评选优秀教学论文 ……………………………… (583)
做好质量监控工作 ……………………………… (583)
评选新课程研究性学习优秀课题 ……………… (583)
举办“金秋杯”课堂教学展示 ………………… (583)
举办西城区教育科研周 ………………………… (583)
研讨马静校长办学思想 ………………………… (583)
加强德育博客建设 ……………………………… (583)

·职业与成人教育·

概　况 …………………………………………… (583)
召开社区教育工作会议 ………………………… (584)
召开成人教育工作会议 ………………………… (584)
举办成人教育管理干部培训班 ………………… (584)
召开企业教育工作会议 ………………………… (584)
总结创建学习型学校工作 ……………………… (584)
两校入选创建学习型学校市级先进 …………… (584)
实美职业学校与电子信息学校合并 …………… (584)
举办第六届市民学习周活动 …………………… (584)
交流学习型城市建设经验 ……………………… (584)
三单位接受创建学习型企业评估 ……………… (585)
举办第五届“文明风采”竞赛 ………………… (585)

·教育督导·

概　况 …………………………………………… (585)
召开教育督导工作研讨会 ……………………… (585)
接受区人大常委会教育执法检查 ……………… (585)
督导非学历民办教育培训机构 ………………… (585)
专项督导教学质量监控工作 …………………… (585)
接受课改领导小组视导 ………………………… (585)
完成初中建设工程督导评价验收 ……………… (585)
研制督导评价验收工具 ………………………… (585)

崇文区

·总　类·

成立区骨干教师导师团 ………………………… (586)
举办中小学生田径运动会 ……………………… (586)
“我讲我的教育故事”活动结束 ……………… (586)
教育经费收支实现稳步增长 …………………… (586)
发布“小升初”工作方案 ……………………… (586)
两名心理教师赴地震灾区 ……………………… (586)
完成民办校办学情况报告审核 ………………… (586)
完成学校装备工作 ……………………………… (586)
举办交通安全绘画赛 …………………………… (587)
接收流动人口子女322人入学 ………………… (587)
完成校舍安全鉴定工作 ………………………… (587)
完成校外教师基本功测试 ……………………… (587)
林德森入选全国百名优秀体育教师 …………… (587)
开通社会大课堂网站 …………………………… (587)
农村教师研修工作站成立 ……………………… (587)
受总理之邀做客中南海 ………………………… (587)
举办祥云行动现场学习活动 …………………… (587)
为西藏拉萨市当雄县培训教师 ………………… (588)
远程电子巡查系统通过验收 …………………… (588)
完成收费减免及助学资助工作 ………………… (588)
完成中小学校修缮工程 ………………………… (588)
完成123项审计 ………………………………… (588)

·学前教育·

概　况 …………………………………………… (588)
召开园本教研工作交流会 ……………………… (588)
崇文托儿所归属教委管理 ……………………… (588)
举办区级示范园特色展示活动 ………………… (588)
展评教育教学基本功 …………………………… (588)
国际双语实验班开班 …………………………… (588)
举办特色开放日 ………………………………… (589)
东花市大地早期教育中心启动 ………………… (589)
举办阳光体育展示活动 ………………………… (589)

·基础教育·

概　况 …………………………………………… (589)
举办全市高中地理学科新课程培训 …………… (589)
定安里小学印发教师成长手册 ………………… (589)
召开小学学科教学质量分析会 ………………… (589)
全国教育科学规划课题结题 …………………… (589)
举办“沙盘游戏疗法”培训 …………………… (590)
举办小学课改和校园展示 ……………………… (590)
获北京市金鹏科技论坛一等奖 ………………… (590)
校园剧获全市第一 ……………………………… (590)
举办教科版高中物理教学研讨会 ……………… (590)
召开崇文小学办学特色研讨会 ………………… (590)
获小学数学优质课观摩评议一等课 …………… (590)
景泰小学开展诵读古诗美文考级 ……………… (591)
制定完善小学发展规划 ………………………… (591)
获全国体育教学展示活动一等奖 ……………… (591)
召开中学教学工作会 …………………………… (591)
举办第八届中青年教师评优课 ………………… (591)
召开市级音乐课堂教学研讨会 ………………… (591)
举办“崇文杯”教学大赛 ……………………… (591)
举办五十中办学实践研讨会 …………………… (591)
承办北京市诵读研讨会 ………………………… (591)
举办第五届班主任基本功比赛 ………………… (591)
举办走进心理健康教育先进校研讨 …………… (592)
召开学校资源整合现场会 ……………………… (592)

·职业与成人教育·

概　况 …………………………………………… (592)
总结创建学习型街道工作 ……………………… (592)

召开职业学校总结表彰会 …………………… (592)
入选市级创建学习型组织先进单位 ……………… (592)
职业学校举办高级教师开放课 ………………… (592)
举办中青年教师评优课 ……………………… (592)
成立市民教育讲师团 ………………………… (592)
崇文区老干部大学成立 ……………………… (593)
崇文职大建校 50 周年 ……………………… (593)
李刚获"国宝级烹饪艺术家"称号 ……………… (593)
成立电大远程教育培训工作站 ………………… (593)
举办全民终身学习周 ………………………… (593)
举办市民小教员专题培训 …………………… (593)
举办学生基本技能竞赛 ……………………… (593)
研讨市民学校工作 …………………………… (593)
·教育督导·
概　况 ……………………………………… (593)
接受区人大教育执法检查 …………………… (594)
接受市政府教育执法检查 …………………… (594)
完成小学教学工作专项督导评价 ……………… (594)
完成教育评价软件研发工作 ………………… (594)
完成初中建设工程督导验收 ………………… (594)
宣武区
·总　类·
77 个单位签订平安奥运目标责任书 …………… (594)
举办科技节系列活动 ………………………… (594)
完成 2008 年高考组考工作 ………………… (595)
总结表彰第五届小学优秀班主任 ……………… (595)
亚洲青少会获两枚金牌 ……………………… (595)
召开教育系统依法治教工作会 ……………… (595)
采取措施减轻学生课业负担 ………………… (595)
纪念改革开放 30 年 ……………………… (595)
成立第三届名师讲学团 ……………………… (595)
推进教育资源调整 ………………………… (595)
·学前教育·
概　况 ……………………………………… (595)
发放 0～3 岁儿童免费教育卡 ……………… (595)
召开"走进童心世界"研讨会 ………………… (596)
举办"红烛杯"幼儿教师基本功赛 …………… (596)
承办走进宣武现场观摩研讨活动 ……………… (596)
举办科研成果展示会 ………………………… (596)
·基础教育·
概　况 ……………………………………… (596)
举办第 10 届小学课程改革研讨会 …………… (596)
分析高一新课程模块检测情况 ……………… (596)
举办"游戏治疗与儿童学习"专题培训 ………… (596)
开展中高考心理咨询 ………………………… (596)
总结研讨小学课程改革 ……………………… (597)
召开小学规范化建设工程推进会 ……………… (597)
启动社会大课堂第一课 ……………………… (597)
举办第三届中学德育校长论坛 ……………… (597)
举办新课程教学基本功培训 ………………… (597)
北纬路中学发布德育校本教材 ……………… (597)
评选优秀教研组和优秀青年教师 ……………… (597)
启动中学跨校选修项目 ……………………… (597)
·职业与成人教育·
概　况 ……………………………………… (597)
评估学习型社区 …………………………… (598)
出版《宣南文化市民读本》 ………………… (598)
职普联合开发校本课程 ……………………… (598)
民办学校爱心捐助 ………………………… (598)
成立首家促进教育发展协调委员会 …………… (598)
中青年骨干教师带薪脱产培训 ……………… (598)
举办全民终身学习活动月 …………………… (598)
宣师二附小通过学习型学校验收 ……………… (598)
召开民办教育工作会 ………………………… (598)
完成年度社区教育工作 ……………………… (598)
·教育督导·
概　况 ……………………………………… (598)
随访督导区文化委 ………………………… (598)
市督导检查组检查初中建设工程 ……………… (599)
完成教育执法自查 ………………………… (599)
完成综合督导工作 ………………………… (599)
朝阳区
·总　类·
评选教育年度人物 ………………………… (599)
撤销 13 所学校编制 ………………………… (599)
两校更名 …………………………………… (600)
新成立 3 所中学 …………………………… (600)
垂杨柳中心小学成立金都分校 ……………… (600)
成立劲松二幼 ……………………………… (600)
完成奥运服务工作 ………………………… (600)
举办人力资源管理高级研修班 ……………… (600)
两校设立新校区 …………………………… (600)
40 名校级干部境外培训 …………………… (600)
多渠道引进人才 …………………………… (600)
推进支教工作 ……………………………… (600)
完成教育系统年度审计工作 ………………… (601)
完成校舍修缮投资 34250 万元 ……………… (601)
·学前教育·
概　况 ……………………………………… (601)
举办教师基本功展评 ………………………… (601)
表彰支教先进 ……………………………… (601)
举办园所文化论坛 ………………………… (601)
举办贯彻"纲要"现场会 …………………… (601)
展示特教示范基地成果 ……………………… (601)
·基础教育·
概　况 ……………………………………… (601)
首次举办民办教育论坛 ……………………… (602)
启动小学特色项目建设 ……………………… (602)
启动小学儿童阅读促进工程 ………………… (602)
初中教师基本功赛获奖 ……………………… (602)

小学规范化建设启动 …………………………………（602）
检查教学管理工作 …………………………………（602）
举办语文教师讲述大赛 …………………………………（602）
召开小学质量工程启动大会 …………………………………（602）
成立小学优秀班主任工作室 …………………………………（602）
举办全国中小学校长论坛 …………………………………（603）
检查学校人文文化工作 …………………………………（603）
调整多媒体教室配备标准 …………………………………（603）
审批优秀学科校 …………………………………（603）
·职业与成人教育·
概　况 …………………………………（603）
表彰职业教育教学标兵 …………………………………（603）
举办职业院校技能大赛 …………………………………（603）
入选全国社区教育示范区 …………………………………（603）
举办京城流动人口女子读书社 …………………………………（603）
举办心理技术培训 …………………………………（604）
评选职业学校德育先进 …………………………………（604）
召开社区教育项目交流会 …………………………………（604）
实施“幸福成长计划”计划 …………………………………（604）
·教育督导·
概　况 …………………………………（604）
完成每天一小时体育活动专项督导 …………………………………（604）
完成初中建设工程问卷调查 …………………………………（604）
督导调研职业高中实训基地 …………………………………（604）
完成专用教室和图书使用专项督导 …………………………………（604）
完成7所幼儿园综合督导 …………………………………（604）
完成九年义务教育情况监测工作 …………………………………（605）
启动第三轮全面实施素质教育综合督导 …………………………………（605）
完成乡政府履行教育法定职责自查工作 …………………………………（605）
丰台区
·总　类·
举办校外机构教师基本功测试 …………………………………（605）
云岗青少年科技站新址投入使用 …………………………………（605）
获全国航模锦标赛团体冠军 …………………………………（605）
完善小学规范化建设保障机制 …………………………………（605）
入选北京市科技创新项目 …………………………………（606）
启动第二批校长任期制及校长工作室 …………………………………（606）
承办第八届“为了明天”运动会 …………………………………（606）
实施教育研究资助计划 …………………………………（606）
完成技术设备政府采购 …………………………………（606）
教育区域网建设取得阶段性成果 …………………………………（606）
·学前教育·
概　况 …………………………………（606）
丰台五幼开展绿色环保行动 …………………………………（606）
举办保育员培训 …………………………………（606）
开展健康课题研究 …………………………………（606）
·基础教育·
概　况 …………………………………（607）
研讨高中新课程学科教学 …………………………………（607）
召开初中联片教研总结表彰会 …………………………………（607）
召开综合实践活动课程现场会 …………………………………（607）
首次举办班主任基本功培训展示 …………………………………（607）
小学规范化建设专家指导团成立 …………………………………（607）
召开中高考分析暨表彰会 …………………………………（607）
奖励扶持校本课程建设 …………………………………（608）
举办青年教师成长论坛 …………………………………（608）
举办“创新杯”课堂教学展示 …………………………………（608）
召开初中建设工程现场会 …………………………………（608）
启动小学国学经典诵读活动 …………………………………（608）
举办校长德育论坛 …………………………………（608）
承办德育观摩周丰台分会场 …………………………………（608）
建成社会大课堂资源平台 …………………………………（608）
举办首届青少年创新思维竞赛 …………………………………（608）
举办名校工程专题报告会 …………………………………（608）
·职业与成人教育·
概　况 …………………………………（609）
实施青年教师素质提高工程 …………………………………（609）
劳技中心下社区活动 …………………………………（609）
召开职成教育融通工作会 …………………………………（609）
评选农民优秀培训项目 …………………………………（609）
完成助学金发放审核 …………………………………（609）
·教育督导·
概　况 …………………………………（609）
初中建设工程检查验收全部完成 …………………………………（609）
检查教育法律法规执行情况 …………………………………（609）
《丰台教育督导》标志确定 …………………………………（610）
石景山区
·总　类·
实施科学评价管理 …………………………………（610）
举办学生艺术节 …………………………………（610）
赠送“北京欢迎你”卡片 …………………………………（610）
举办“迎奥运”中小学田径运动会 …………………………………（610）
举办全面健康发展特色展示 …………………………………（610）
召开“五四”表彰会 …………………………………（611）
表彰优秀班主任 …………………………………（611）
交流廉洁教育试点经验 …………………………………（611）
编撰完成《纪念改革开放三十年》 …………………………………（611）
举办学生科技节 …………………………………（611）
启动中小学生社会大课堂 …………………………………（611）
承办全市校外教育教师基本功测试 …………………………………（611）
多渠道加强教师队伍建设 …………………………………（611）
·学前教育·
概　况 …………………………………（612）
召开特级教师行动计划总结会 …………………………………（612）
联合视导市立幼儿园 …………………………………（612）
举办目标管理园本教研培训 …………………………………（612）
启动第二轮结对互助工作 …………………………………（612）
设立学前教师培养工作室 …………………………………（612）
启动“阳光体育活动” …………………………………（612）
举办第五届“萌芽”杯教研活动 …………………………………（612）

·基础教育·
概　况 …………………………………………………（613）
召开教育教学竞赛表彰会 ……………………………（613）
举办中小学生阅读比赛 ………………………………（613）
举办中小学生武术比赛 ………………………………（613）
召开小学规范化建设论证会 …………………………（613）
举办第22届小幼“四联展” …………………………（613）
举办小学新课程教学基本功培训 ……………………（613）
总结分析基础教育教学质量 …………………………（613）
召开推进可持续发展教育现场会 ……………………（614）
举办教育教学设计与实践比赛 ………………………（614）
举办“爱华杯”英语风采大赛 ………………………（614）
总结初中建设工程 ……………………………………（614）
·职业与成人教育·
概　况 …………………………………………………（614）
成立“阳光母亲俱乐部” ……………………………（614）
成立社区心理疏导站 …………………………………（614）
举办职业教育综合课程周 ……………………………（614）
首位外籍志愿者获证书 ………………………………（615）
华奥学校学生获得春蕾奖学金 ………………………（615）
举办全民终身学习周 …………………………………（615）
评估学习型先进单位 …………………………………（615）
表彰社区教育志愿者 …………………………………（615）
区业大推荐就业205人 ………………………………（615）
成人学历教育录取1799人 …………………………（615）
·教育督导·
概　况 …………………………………………………（615）
完成人民满意学校问卷调查 …………………………（615）
完成初中建设工程督导验收 …………………………（615）
调整内部机构 …………………………………………（616）
完成全区民办学校普查 ………………………………（616）
综合督导随访民办学校 ………………………………（616）
向区人大报告工作 ……………………………………（616）
专项督导每天一小时体育活动 ………………………（616）
完成义务教育实施情况监测 …………………………（616）
海淀区
·总　类·
55人入选市级学科带头人 …………………………（616）
两学生获市长奖 ………………………………………（616）
首次参加世界中学生定向越野赛 ……………………（616）
建立优秀后备人才培养基地 …………………………（617）
英国教育代表团在海淀研修 …………………………（617）
启动情系灾区红领巾爱心传递行动 …………………（617）
总结教师阅读工程 ……………………………………（617）
完成修缮工程招标工作 ………………………………（617）
农大附小学生获得宋庆龄奖学金 ……………………（617）
外语实验学校援建爱心希望小学 ……………………（617）
·学前教育·
概　况 …………………………………………………（617）
考核民办幼儿园工作 …………………………………（618）
召开早期教育工作推进会 ……………………………（618）
举办园长管理工作培训 ………………………………（618）
接受市示范园验收视导专家组指导 …………………（618）
·基础教育·
概　况 …………………………………………………（618）
认定第二批小学素质教育优质校 ……………………（618）
学校厨师开设选修课 …………………………………（618）
展示课堂观察探究成果 ………………………………（618）
5所中小学入选京剧试点校 …………………………（619）
举办绿色奥运中英双语演讲比赛 ……………………（619）
举办中学音乐名师讲座 ………………………………（619）
完成小学春季传染病防控检查 ………………………（619）
完成小学五年级学业质量监测 ………………………（619）
特教中心检查评估资源教室 …………………………（619）
举办曲棍球进课堂现场会 ……………………………（619）
举办疫情报告员持证上岗培训 ………………………（619）
中小学生赴新疆观测日全食 …………………………（620）
完成中学领导干部听课记录分析 ……………………（620）
高考本科录取突破万人 ………………………………（620）
建立少儿京剧培训基地 ………………………………（620）
北坞小学更名陶行知小学 ……………………………（620）
承办六城区小学课堂教学交流活动 …………………（620）
举办小学国防教育展示活动 …………………………（620）
中坞小学亚太口琴节比赛获奖 ………………………（620）
召开小学教学工作会 …………………………………（620）
提出健康工作快乐学习10条建议 …………………（621）
·职业与成人教育·
概　况 …………………………………………………（621）
建立村级社区教育学校 ………………………………（621）
召开学习型组织创建工作会议 ………………………（621）
举办第四届“教育进社区”活动 ……………………（621）
完成职业学校实训基地建设检查 ……………………（621）
入选全国社区教育示范街道 …………………………（621）
·教育督导·
概　况 …………………………………………………（622）
召开教育执法督导检查汇报会 ………………………（622）
制定新一轮教育督导评价方案 ………………………（622）
接受初中建设工程督导检查 …………………………（622）
召开优秀评价员表彰会 ………………………………（622）
完成2008年督导工作计划 …………………………（622）
门头沟区
·总　类·
加强学校安全管理 ……………………………………（622）
评选百名好教师 ………………………………………（622）
完成民办学校年检 ……………………………………（623）
举办5项文明礼仪主题活动 …………………………（623）
承担政府蓝皮书工程 …………………………………（623）
加强名师工作室管理 …………………………………（623）
与西城区签订合作协议 ………………………………（623）
做好师资补充工作 ……………………………………（623）

六项措施推动义务教育工作 …………………… (623)
明确镇政府教育管理职责 …………………… (623)
刘笑彤获宋庆龄奖学金 …………………… (624)
改善学校办学条件 …………………… (624)
多条途径加强干部培训 …………………… (624)
落实“两免一补” …………………… (624)
·学前教育·
概　况 …………………… (624)
处理四处违法办学 …………………… (624)
两所民办园获取办学资质 …………………… (624)
举办幼教系统秋实杯比赛 …………………… (624)
两园通过早教基地验收 …………………… (624)
支持民办学前教育 …………………… (624)
·基础教育·
概　况 …………………… (624)
举办体育教师跆拳道培训 …………………… (625)
总结初中建设工作 …………………… (625)
研讨“习作带动阅读” …………………… (625)
举办中小学生篮球比赛 …………………… (625)
大峪中学分校终止办学体制改革试点 …………………… (625)
六项措施做好小升初工作 …………………… (625)
召开校本课程建设研讨会 …………………… (625)
免费为中小学生体检 …………………… (625)
完成“一老一小”医疗参保工作 …………………… (625)
举办英语教师展示比赛 …………………… (626)
举办小学教师课堂教学比赛 …………………… (626)
举办课本剧表演 …………………… (626)
举办跳绳比赛 …………………… (626)
举办教学资料征集活动 …………………… (626)
·职业与成人教育·
概　况 …………………… (626)
召开年终班主任会议 …………………… (626)
开通农民远程教育双向视频 …………………… (626)
加强学习型城市建设 …………………… (626)
推进学习型学校创建 …………………… (627)
开通学习型城市网站 …………………… (627)
举办班主任基本功比赛 …………………… (627)
评估农民教育体系 …………………… (627)
总结纵横汉字输入法培训情况 …………………… (627)
表彰市民讲外语活动先进 …………………… (627)
·教育督导·
概　况 …………………… (627)
完成社会评价教育工作 …………………… (627)
验收初中建设工程 …………………… (627)
房山区
·总　类·
召开教育工作会 …………………… (628)
市人大检查义务教育法落实情况 …………………… (628)
召开庆祝教师节大会 …………………… (628)
保证外来务工子女接受义务教育 …………………… (628)
大力提高教师待遇 …………………… (628)
推进教育均衡发展取得突破性实效 …………………… (628)
对口帮扶青海果洛藏族自治州 …………………… (629)
依法做好信息公开工作 …………………… (629)
优化教育发展环境 …………………… (629)
五项工程打造教育强区 …………………… (629)
·学前教育·
概　况 …………………… (629)
张坊中心园建成剪彩 …………………… (629)
学前教育快速健康发展 …………………… (629)
房山幼儿园成立50周年 …………………… (629)
学前教育实现5个突破 …………………… (629)
·基础教育·
概　况 …………………… (630)
引进消费维权教育 …………………… (630)
表彰“十佳”中学生 …………………… (630)
首个学校体育俱乐部挂牌成立 …………………… (630)
高考升学率创历史新高 …………………… (630)
首届宏志班高考上线率100% …………………… (630)
部分教科书实行循环使用 …………………… (630)
22名藏族学生免费就读初中 …………………… (630)
免除城镇户籍学生教科书费 …………………… (631)
四项措施做好残疾学生在校就读 …………………… (631)
山区学生高中阶段普及率快速提高 …………………… (631)
推进学校法制建设 …………………… (631)
提升“教非所学”教师工作水平 …………………… (631)
优化干部结构 …………………… (631)
初中建设工程进展顺利 …………………… (631)
教师研究培训工作成效显著 …………………… (631)
·职业与成人教育·
概　况 …………………… (631)
石楼镇举办新型农民中专班 …………………… (632)
农民培训远程教育平台初见成效 …………………… (632)
5938人参加成人高考 …………………… (632)
河北镇举办“新型农民”中专班 …………………… (632)
5项措施落实中职学生资助工作 …………………… (632)
成人培训150092人次 …………………… (632)
·教育督导·
概　况 …………………… (632)
完成年度综合督导评价任务 …………………… (633)
完善教育综合评价标准和操作方法 …………………… (633)
社会评价工作如期完成 …………………… (633)
通州区
·总　类·
组织图书捐赠活动 …………………… (633)
表彰德育管理干部 …………………… (633)
举办未来工程师设计与技能竞赛 …………………… (633)
举办教师自编操比赛 …………………… (633)
举办中小学学生艺术节 …………………… (633)
完成大学生支教选聘 …………………… (633)

撤销4所农村中小学 …………………………… (633)
安排外来务工子女入学 ………………………… (634)
召开教师节庆祝大会 …………………………… (634)
举办感动教坛师德演讲 ………………………… (634)
获规范教育收费示范区称号 …………………… (634)
·学前教育·
概　况 ………………………………………… (634)
制作校园安全歌手册 …………………………… (634)
承办城乡幼儿园“手拉手”活动 ……………… (634)
举办教师基本功比赛 …………………………… (634)
召开继续教育培训会 …………………………… (634)
利用市拨专款改善办园条件 …………………… (634)
举办幼儿操培训 ………………………………… (634)
·基础教育·
概　况 ………………………………………… (635)
召开民族杯活动表彰会 ………………………… (635)
普通高校招生报名7303人 …………………… (635)
表彰教科研成果 ………………………………… (635)
承办九区教研工作研讨会 ……………………… (635)
两校办健康报 …………………………………… (635)
召开初中建设汇报交流会 ……………………… (635)
表彰课堂教学优秀教师 ………………………… (635)
召开秋实杯总结表彰会 ………………………… (635)
承办综合实践活动展示 ………………………… (635)
召开学生心理健康研讨会 ……………………… (636)
完成春季教师资格认定 ………………………… (636)
暑期培训教师1700人 ………………………… (636)
龙旺庄学校落成开学 …………………………… (636)
表彰初中毕业工作先进 ………………………… (636)
于家务中学新址落成 …………………………… (636)
组织研修一体论坛 ……………………………… (636)
召开市区联合视导反馈会 ……………………… (636)
举办中小学田径运动会 ………………………… (636)
举办阅读教学实效性研讨活动 ………………… (637)
举办中小学校长论坛 …………………………… (637)
表彰师德特色活动 ……………………………… (637)
评比优秀校本课程 ……………………………… (637)
·职业与成人教育·
概　况 ………………………………………… (637)
村级成人学校配发计算机 ……………………… (637)
村校开设学历班 ………………………………… (637)
举办信息化管理培训班 ………………………… (637)
举办农民实用技术项目培训 …………………… (637)
举办语文教学评优 ……………………………… (637)
3所成校开设本科学历班 ……………………… (638)
通州区一职建成实训实习基地 ………………… (638)
六项目获市教委专项奖 ………………………… (638)
·教育督导·
概　况 ………………………………………… (638)
随访乡镇教育工作 ……………………………… (638)
召开教育督导工作会 …………………………… (638)
调研乡镇成人学校 ……………………………… (638)
督导31所小学 ………………………………… (638)
检查验收初中建设工程 ………………………… (638)
举办教育法律法规培训班 ……………………… (638)

顺义区

·总　类·
成立科技教育专业研究中心组 ………………… (639)
表彰优秀师德群体 ……………………………… (639)
举办第五届青少年机器人竞赛 ………………… (639)
组建中青年后备干部人才库 …………………… (639)
培训校车司机 …………………………………… (639)
全市教师基本功大赛获得佳绩 ………………… (639)
市中学生田运会团体总分第一 ………………… (639)
举办中青年校长综合素质测试 ………………… (640)
首部顺义教育年鉴出版 ………………………… (640)
首届“空港杯”英才教育颁奖 ………………… (640)
举办中小学生社会大课堂 ……………………… (640)
举办首届“单片机”比赛 ……………………… (640)
夜查寄宿制学校学生宿舍安全 ………………… (640)
举办科技教育成果展示 ………………………… (640)
·学前教育·
概　况 ………………………………………… (640)
举办看护者教育工程培训 ……………………… (641)
召开园本教研研讨会 …………………………… (641)
建北幼儿园评比原创剪纸作品 ………………… (641)
杨镇幼儿园开展系列园本培训 ………………… (641)
马坡第二幼儿园新园投入使用 ………………… (641)
完成民办幼儿园年度考核 ……………………… (641)
·基础教育·
概　况 ………………………………………… (641)
举办中小学生健康知识竞赛 …………………… (641)
举办电子期刊文献系统使用培训 ……………… (641)
实施名师带徒项目 ……………………………… (642)
举办普通高中通用技术课程研讨会 …………… (642)
加强三级课程管理 ……………………………… (642)
举办大教研活动 ………………………………… (642)
启动双优工程 …………………………………… (642)
完成中考和高中毕业会考工作 ………………… (642)
杨镇中小校本课程教材投入使用 ……………… (642)
赵全营中学培养教师学习习惯 ………………… (642)
举办现代学校管理月末大讲堂 ………………… (642)
举办化学教师实验技能与创新大赛 …………… (643)
召开小学教育资源应用管理现场会 …………… (643)
聘请市级专家培训青年教师 …………………… (643)
·职业与成人教育·
概　况 ………………………………………… (643)
顺义一职与韩国骊州大学合作办学 …………… (643)
召开职成教工作会 ……………………………… (643)
召开职业学校德育工作会 ……………………… (643)

试行任课教师课堂情况考核 …………………………（643）
召开构建学习型社会工作会 …………………………（643）
农广校开办农民花卉中专班 …………………………（643）
第五届社区专职工作者考试结束 ……………………（644）
顺义一职接受市教委检查评估 ………………………（644）
社区教育中心毕业生全部就业 ………………………（644）
·教育督导·
概　况 ………………………………………………（644）
完成6所幼儿园督导复查 ……………………………（644）
回复22校初中建设督导验收意见 ……………………（644）
调查未来在校生情况 ………………………………（644）
开通教育督导网 ……………………………………（644）
举办督学月末大讲堂 ………………………………（645）
完成首轮小学规范化建设工程随访督导 ……………（645）
召开教育督导大会 …………………………………（645）
完成第三批初中建设督导验收 ………………………（645）
昌平区
·总　类·
召开民办学校交通安全工作会 ………………………（645）
李秀梅获北京市“三八”红旗奖章 …………………（645）
成立校外教育协会 …………………………………（645）
发生雷击事件 ………………………………………（645）
成立教育审计办公室 ………………………………（645）
认定区级学科带头人、骨干教师 ……………………（646）
评审第17届教育科研成果 …………………………（646）
召开教育年鉴工作会 ………………………………（646）
培训民办学校举办者 ………………………………（646）
落实流动人口子女学校取暖补助 ……………………（646）
·学前教育·
概　况 ………………………………………………（646）
举办幼儿园一日生活指导讲座 ………………………（646）
评比自制体育活动玩教具 ……………………………（646）
开展早教进山区活动 ………………………………（646）
举办青年教师课堂评优赛 ……………………………（646）
完成农村中心园体制改革试点 ………………………（647）
·基础教育·
概　况 ………………………………………………（647）
完成学科资源网群一级培训 …………………………（647）
完成中小学生免费健康体检 …………………………（647）
召开高中地理课改现场会 ……………………………（647）
召开普通高中课程资源建设座谈会 …………………（647）
举办教学方式改革全国研讨会 ………………………（647）
举办小学英语故事教学研讨会 ………………………（648）
举办化学教师实验技能大赛 …………………………（648）
3881人参加高考 ……………………………………（648）
召开地方课程“昌平历史”现场会 …………………（648）
完成中考及录取工作 ………………………………（648）
为民办打工子弟学校装备教学设备 …………………（648）
召开小学教学工作研讨会 ……………………………（648）
召开高中新课程教学研讨会 …………………………（648）
特教学生刘奕考入北京联大 …………………………（648）
举办面塑校本课程展示 ………………………………（648）
召开中小学教学工作会 ………………………………（649）
召开区域可持续发展教育现场会 ……………………（649）
成立吴正宪小学数学教师工作站 ……………………（649）
完成高中发展现状诊断性评价 ………………………（649）
两节课全国评优获奖 ………………………………（649）
完成教师健康体检 …………………………………（649）
举办骨干教师高级研修班 ……………………………（649）
教师于海生发明新型课桌椅 …………………………（649）
举办校本教研与课程开发研讨会 ……………………（649）
·职业与成人教育·
概　况 ………………………………………………（650）
创办《昌平区社区教育》 ……………………………（650）
举办农民教育大讲堂 ………………………………（650）
举办教学基本功赛 …………………………………（650）
举办英语水平考试 …………………………………（650）
2030人自考毕业 ……………………………………（650）
举办全民终身学习活动周 ……………………………（650）
·教育督导·
概　况 ………………………………………………（650）
召开初中建设工程督导检查验收会 …………………（650）
启动小学规范化建设工程 ……………………………（650）
总结初中建设工程 …………………………………（651）
完成初中建设工程督导检查验收 ……………………（651）
大兴区
·总　类·
举办红领巾鼓乐管乐行进赛 …………………………（651）
完成民办学校年检 …………………………………（651）
多种举措促进健康促进校建设 ………………………（651）
成立首师大大兴附属中学 ……………………………（651）
成立教育救助基金 …………………………………（651）
吴正宪小学数学教师工作站大兴分站成立 …………（652）
成立全国农村小学校长研修基地 ……………………（652）
北京小学翡翠城分校成立 ……………………………（652）
检查流动人口自办学校校车 …………………………（652）
提高农村教师待遇 …………………………………（652）
召开法制校长工作会 ………………………………（652）
举办校医持证上岗培训班 ……………………………（652）
启用新少年宫 ………………………………………（652）
·学前教育·
概　况 ………………………………………………（653）
召开学前教育工作会 ………………………………（653）
举办教育活动录像评比 ………………………………（653）
举办幼儿武术操培训 ………………………………（653）
举办农村园教研活动 ………………………………（653）
大兴五幼举行示范基地揭牌仪式 ……………………（653）
业务园长研修班开班 ………………………………（653）
举办玩具图书馆现场研讨会 …………………………（653）
召开阳光体育活动现场会 ……………………………（654）

举办幼儿教师基本功比赛 …………………………（654）
·基础教育·
概　况 ……………………………………………（654）
召开小学教育工作会 ……………………………（654）
交流“绿色耕耘”培训成果 ……………………（654）
举办“探索教学新模式”综合实践现场观摩 ……（654）
召开中学教育工作会 ……………………………（654）
完成小学教学工作视导 …………………………（654）
大兴九小举办“教学能手大赛” ………………（655）
举办美术学科校本课程研讨会 …………………（655）
举办首届小学生硬笔书法赛 ……………………（655）
举办“争当理财小行家”活动 …………………（655）
召开教师专业化发展大会 ………………………（655）
举办小学校长讲堂活动 …………………………（655）
举办小学英语学科网络教研 ……………………（655）
举办教师基本功竞赛 ……………………………（655）
举办随班就读课堂教学研讨 ……………………（655）
举办中小学校本课程建设培训 …………………（656）
召开郝素梅校长管理策略研讨会 ………………（656）
召开务工子女学校管理者座谈会 ………………（656）
总结中考工作 ……………………………………（656）
召开高考工作总结会 ……………………………（656）
举办教学协作区英语研讨 ………………………（656）
举办教育科研周 …………………………………（656）
举办中学德育工作交流周 ………………………（656）
启动中小学生社会大课堂 ………………………（656）
举办攀登英语优秀校展示活动 …………………（656）
继续改善学校办学条件 …………………………（656）
·职业与成人教育·
概　况 ……………………………………………（657）
召开职成教工作会 ………………………………（657）
北臧村成人学校举办农民培训 …………………（657）
中职校计算机学科带头人献课 …………………（657）
大力发展成人教育 ………………………………（657）
举办大中专及职校毕业生招聘周 ………………（657）
举办第一届校园体育节 …………………………（657）
承办农民教育流动课堂开通仪式 ………………（657）
·教育督导·
概　况 ……………………………………………（657）
完成学校教育科研室督导 ………………………（658）
召开教育执法自查工作会 ………………………（658）
评审验收科技教育示范校 ………………………（658）
接受学生体检质量检查 …………………………（658）
接受初中建设工程专项督导 ……………………（658）
怀柔区
·总　类·
编辑出版《独轮奇葩》 …………………………（658）
举办中小学生乒乓球精英赛 ……………………（658）
召开教育信息化建设与应用工作会 ……………（658）
排查校舍抗震情况 ………………………………（659）
潘维松受到温总理接见 …………………………（659）
召开教师节庆祝会 ………………………………（659）
总结名师培养工程 ………………………………（659）
独轮车队全国比赛获奖 …………………………（659）
举办阳光体育奇奇运动会 ………………………（659）
与首师大合作培养教师 …………………………（659）
召开优秀教师事迹报告会 ………………………（659）
16所中小学实行“捆绑式”管理 ………………（659）
·学前教育·
概　况 ……………………………………………（660）
召开学前教育工作会 ……………………………（660）
举办幼儿早期阅读理论培训班 …………………（660）
培训幼儿园业务管理干部 ………………………（660）
开展阳光体育活动 ………………………………（660）
召开政协委员提案回复座谈会 …………………（660）
举办贯彻《幼儿园教育指导纲要》培训会 ………（660）
组织送教下乡活动 ………………………………（660）
·基础教育·
概　况 ……………………………………………（660）
展示“绿色耕耘”培训成果 ……………………（661）
举办电子化学籍管理培训班 ……………………（661）
举办中学教师脱产培训班 ………………………（661）
评比网络资源运用先进 …………………………（661）
召开学籍管理工作会 ……………………………（661）
举办小学干部培训会 ……………………………（661）
研讨“小学生观察与描述能力培养”专题 ………（661）
研究民族多元文化融合教育 ……………………（661）
培训保健教师 ……………………………………（661）
创新教学视导方式 ………………………………（661）
研讨初中学生综合素质评价工作 ………………（662）
举办与名师研讨交流活动 ………………………（662）
举办艺术体育学科教学评优 ……………………（662）
举办社会大课堂教学研讨活动 …………………（662）
举办艺术教育现场会 ……………………………（662）
举办主体发展式课堂教学研究 …………………（662）
·职业与成人教育·
概　况 ……………………………………………（662）
举办栗树蘑种植培训班 …………………………（662）
举办职业院校迎奥运技能竞赛 …………………（662）
启动全民终身学习活动月 ………………………（663）
举办农村妇女实用技术培训 ……………………（663）
举行果树修剪技术培训 …………………………（663）
开展职高课堂教学研究活动 ……………………（663）
·教育督导·
概　况 ……………………………………………（663）
举办教育督导培训会 ……………………………（663）
召开专兼职督学研讨会 …………………………（663）
举办区县教委评价方案培训会 …………………（663）
督导验收7校初中建设工程 ……………………（663）
市教育督导室检查初中建设工程 ………………（663）

平谷区

·总　类·

召开语言文字工作会 ……（664）
开展抗震救灾捐助活动 ……（664）
召开防汛及校舍管理工作会 ……（664）
实施阳光校园太阳能综合利用工程 ……（664）
启动区域教育合作项目 ……（664）

·学前教育·

概　况 ……（664）
召开旱厕改造现场会 ……（665）
举办幼儿教师培训 ……（665）
举办动手操作基本功比赛 ……（665）
普及幼儿英语教学 ……（665）
平谷二园接受市教委视导 ……（665）
举办幼儿教师基本功比赛 ……（665）
实施幼儿发展评价检测 ……（665）
举办幼儿武术操表演赛 ……（665）

·基础教育·

概　况 ……（665）
举办"学洋思"办学经验展示 ……（666）
举办高中课堂教学评优 ……（666）
召开小学评优课表彰会 ……（666）
加强学生思想教育工作 ……（666）
举办校本教研观摩研讨 ……（666）
完成中招体检工作 ……（666）
示范高中招收优秀初中毕业生 110 人 ……（666）
召开小学规范化建设工程培训会 ……（666）
开展暑期培训工作 ……（666）
推进中小学教材循环使用 ……（666）
王辛庄成立校园文学社 ……（666）
举办教师美术作品展 ……（666）
举办中小学生书画展 ……（666）
平谷九小举行"春风化雨"普访活动 ……（667）
召开特殊教育评优课展示会 ……（667）
刘家河中学召开课堂教学管理研讨会 ……（667）
举办体质健康标准测试赛 ……（667）
完成高中教师通读教材测试 ……（667）
大华山学区研讨阅读与写作相结合 ……（667）
举行小学班主任基本功比赛 ……（667）
交流资源建设和档案管理经验 ……（667）
召开小学教学质量研讨会 ……（667）
召开初中教学质量研讨会 ……（667）
开展城乡教师课堂教学互动 ……（667）
春季高中毕业会考报名 3943 人 ……（668）
召开民办学校管理工作会 ……（668）
门楼中学开展案例式校本培训 ……（668）

·职业与成人教育·

概　况 ……（668）
召开成人教育工作会 ……（668）
农广校送科技下乡 ……（668）
开通多媒体远程实时交互教学系统 ……（668）
举办成人网络技能培训班 ……（668）
平谷电大接受网络教育评估检查 ……（668）
举办推广普通话宣传周 ……（669）
两所成人学校通过市级验收 ……（669）
举办全民终身学习活动周 ……（669）
验收区级示范性村成人学校 ……（669）
举办农村干部学历教育培训班 ……（669）
评估学习型家庭 ……（669）
成人教育培训 354924 人次 ……（669）

·教育督导·

概　况 ……（669）
督导检查初中校建设 ……（669）
人大代表视察教育执法情况 ……（670）
自查自纠教育收费工作 ……（670）
召开教育职责督导检查会 ……（670）

密云县

·总　类·

总结民办教育工作 ……（670）
进一步改善办学条件 ……（670）
调研农村教师生活条件改善情况 ……（670）
"十一五"教育技术能力培训启动 ……（670）
教师资格认定 44 人 ……（670）
成立校外专家团 ……（670）
加强干部教师队伍建设 ……（671）
评选"十佳班主任" ……（671）
蝉联学生体质测试团体第一 ……（671）
总结农村基础教育现代化实验建设 ……（671）
举办知名专家系列讲座 ……（671）
总结中小学信息化工作 ……（671）

·学前教育·

概　况 ……（671）
举办教师基本功竞赛 ……（671）
第一期转岗教师培训班结业 ……（671）
交流乡镇学前教育工作 ……（672）
召开幼儿园环境创设研讨会 ……（672）

·基础教育·

概　况 ……（672）
中小学音乐教师培训项目结束 ……（672）
召开中学教学管理培训会 ……（672）
以师德体系为重点加强师德建设 ……（672）
举办小学数学分层测试卡培训 ……（672）
成立小学语文特级教师工作室 ……（672）
举办"教师专业发展"校长论坛 ……（672）
召开脱产培训骨干教师座谈会 ……（673）
加大中小学视导力度 ……（673）
召开初中数学教学与评价研讨会 ……（673）
举办市级学科带头人研修班 ……（673）
采取措施保证"一小时"锻炼 ……（673）
举办中学生时事知识竞赛 ……（673）

召开教师岗位交流工作座谈会 …………………… (673)
研讨小学阅读教学实效性 …………………… (673)
举办学生与教师共同发展研讨会 …………………… (673)
进一步改善办学条件 …………………… (674)
高招本科录取1259人 …………………… (674)
为撤并校学生解决上下学乘车问题 …………………… (674)
编纂教师交流工作文集 …………………… (674)
完成教学资源库阶段性建设 …………………… (674)
·职业与成人教育·
概　况 …………………… (674)
成人高考录取1449人 …………………… (674)
召开乡镇成人学校规范管理现场会 …………………… (674)
召开农民学历教育座谈会 …………………… (674)
表彰成人教育工作先进 …………………… (675)
学校社区共建活动启动 …………………… (675)
总结扫盲工作 …………………… (675)
药监密云分局通过学习型机关创建验收 …………………… (675)
承办农民学历教育经验交流会 …………………… (675)
镇成人学校接受市级示范校验收 …………………… (675)
首届畜牧养殖中专班毕业 …………………… (675)
农民学历教育超额完成招生任务 …………………… (675)
·教育督导·
国务院调研免除义务教育学杂费实施情况 …………………… (675)
检查每天一小时体育活动情况 …………………… (676)
县政协委员视察教育发展情况 …………………… (676)
县人大视察义务教育均衡发展情况 …………………… (676)
督导检查职业教育 …………………… (676)
督导检查初中建设工程 …………………… (676)
延庆县
·总　类·
表彰“手拉手”活动先进 …………………… (676)
表彰优秀班主任 …………………… (676)
完成普通话水平测试 …………………… (677)
区域教育合作项目启动 …………………… (677)
青少年成长热线开通 …………………… (677)
40名大学生到延庆支教 …………………… (677)
举办优秀中学生事迹报告会 …………………… (677)
认定教师资格155人 …………………… (677)
完成教师专业技术职称评定 …………………… (677)
成立香营学校 …………………… (677)
开办3个本科班 …………………… (677)
完成旱厕改造工程 …………………… (677)
表彰优秀教师 …………………… (677)
评选“延庆名师” …………………… (678)
延庆七中成立 …………………… (678)
为学科带头人和骨干教师颁证 …………………… (678)
举办全国友谊校校长互动论坛 …………………… (678)
16所学校配发校车 …………………… (678)
完成校长负责制中期大检查 …………………… (678)
实现教育经费三个增长 …………………… (678)
·学前教育·
概　况 …………………… (678)
举办幼儿教师基本功大赛 …………………… (678)
三园通过市级早教基地验收 …………………… (679)
举办“群星杯”幼儿艺术节 …………………… (679)
举办幼儿教师体育评优活动 …………………… (679)
·基础教育·
概　况 …………………… (679)
举办教师专业知识测试 …………………… (679)
举办特色研讨会 …………………… (679)
完成学籍管理员技术培训 …………………… (679)
研讨高中新课改教学工作 …………………… (679)
小学规范化建设工程启动 …………………… (679)
举办中学优秀班主任研修班 …………………… (680)
举办课堂教学层次性研究现场会 …………………… (680)
考核小学教师专业技能 …………………… (680)
一七一中与康庄中学合作办学 …………………… (680)
创办“1+1捆绑式发展”办学模式 …………………… (680)
总结小学第一轮课改工作 …………………… (680)
高考录取率提高8.58个百分点 …………………… (680)
中考录取率98.34% …………………… (680)
英语教师赴加拿大学习 …………………… (680)
举办新教师岗前培训 …………………… (680)
召开中学教学工作会 …………………… (681)
验收优质学校建设 …………………… (681)
完成初中校诊断性评价视导 …………………… (681)
·职业与成人教育·
概　况 …………………… (681)
举办首届“全民读书日” …………………… (681)
评选农民教育优秀项目 …………………… (681)
3所乡校通过市级示范性验收 …………………… (681)
举办全民终身学习周 …………………… (681)
评选学习型先进 …………………… (681)
完成年度农民培训工作 …………………… (682)
·教育督导·
概　况 …………………… (682)
完成学校体育工作专项督导 …………………… (682)
接受基础教育课程改革视导 …………………… (682)
评估验收中小学建设工程 …………………… (682)
燕山地区
·总　类·
概　况 …………………… (682)
表彰校外工作先进 …………………… (683)
推广学生学业成绩登录系统 …………………… (683)
召开郊区校外机构活动展评表彰会 …………………… (683)
吴正宪工作站回访燕山 …………………… (683)
召开思维导图训练营总结会 …………………… (683)
“知心姐姐”举办讲座 …………………… (683)
召开燕山地区教育大会 …………………… (683)
举办攀登英语跨区交流 …………………… (683)

加强班主任骨干教师建设 …………………………（683）
完成教师资格认定工作 ……………………………（683）
举办小学生足球比赛 ………………………………（684）
举办中小学体育节 …………………………………（684）
完成教学视导 ………………………………………（684）
召开首届体育工作会 ………………………………（684）
接受市政府初中建设工程督导 ……………………（684）
完成幼儿园年度考察 ………………………………（684）
举办中小学班主任基本功比赛 ……………………（684）
总结校本课程建设工作 ……………………………（684）
召开小学心理健康教育现场会 ……………………（684）

团　　体

学术团体

·北京市教育学会·
概　况 ………………………………………………（687）
启动特级教师导师团行动 …………………………（687）
助教讲师团赴四川灾区义务讲学 …………………（687）
流动人口子女教育问题研究结题 …………………（687）
召开创新实践研讨会 ………………………………（687）
召开关注农村关爱学生研讨会 ……………………（687）
举办科普示范课 ……………………………………（687）
举办全国中小学校长论坛 …………………………（687）
召开综合实践活动课程展示会 ……………………（687）
成立奥尔夫艺术教育研究分会 ……………………（688）
·北京市高等教育学会·
概　况 ………………………………………………（688）
召开高职教育教学会议 ……………………………（688）
承办全国大学生英语竞赛北京赛区决赛 …………（688）
大学生机械创新设计大赛颁奖 ……………………（688）
新增两个二级学会 …………………………………（688）
评选优秀高等教育科研成果 ………………………（688）

群众团体

·共青团与少先队·
概　况 ………………………………………………（688）
开展“阳光心语进校园”活动 ……………………（688）
举办“未来林”中韩大学生交流营活动 …………（688）
举办第五届“挑战杯”首都大学生
　创业计划竞赛 ……………………………………（689）
举行“5·25”大学生心理健康节 …………………（689）
举办阳光少年手拉手系列活动 ……………………（689）
举办志愿者慰问灾区儿童合唱音乐会 ……………（689）
举办高校民族师生迎奥运主题晚会 ………………（689）
举办大学生骨干决胜奥运研讨班 …………………（689）
组织参加国际儿童运动会 …………………………（689）
开展大学生社会实践活动 …………………………（689）
举办全国中学生创意设计大赛北京赛区比赛 ……（689）
表彰市级“十佳”少先队员和少先队标兵 ………（689）
北京市“十佳”少先队员名单（2008年） ………（690）
北京市“十佳”少先队员标兵名单
　（2008年） ………………………………………（690）
获得全国“十佳”少先队员和“十佳”少先队
　辅导员称号 ………………………………………（690）
组织参加全国大学生创业计划竞赛 ………………（690）
举办阳光体育——奇奇运动会 ……………………（690）
举办微笑北京系列活动 ……………………………（690）
·北京民办教育协会·
概　况 ………………………………………………（690）
组织民办高校学生赴美带薪实习 …………………（690）
召开民办教育行业融资研讨会 ……………………（690）
召开实训就业项目校企合作交流会 ………………（691）
提供查证服务 ………………………………………（691）
研发培训机构教育质量认证系统 …………………（691）
·北京市学前儿童保教工作者协会·
概　况 ………………………………………………（691）
开展保健人员救护培训 ……………………………（691）
组织幼儿武术操奥运展演活动 ……………………（691）
开展送教下基层活动 ………………………………（691）
开展青年骨干教师培训 ……………………………（691）
推广普及幼儿武术健身操 …………………………（691）
·北京老教育工作者协会
（北京老教育工作者协会总会）·
概　况 ………………………………………………（691）
举行改革开放30年文艺演出 ………………………（691）
召开成立10周年表彰会 ……………………………（691）
召开会员代表大会 …………………………………（692）
·北京校外教育协会·
概　况 ………………………………………………（692）
校外教育网站改版 …………………………………（692）
评选优秀校外教育理论与实践研究论文 …………（692）
校外教育成果参加国际教育博览会展出 …………（692）
开展“阳光少年行动”系列活动 …………………（692）
·北京高校国防教育协会·
概　况 ………………………………………………（692）
举办中专学校国防知识竞赛 ………………………（692）
举办高校定向越野锦标赛 …………………………（692）
·北京教学仪器设备协会·
概　况 ………………………………………………（693）
召开中小学信息化技术研讨会 ……………………（693）
举办北京地区教育装备展示会 ……………………（693）
召开年度会员大会 …………………………………（693）
·北京市红十字会·
概　况 ………………………………………………（693）
6所学校入选全国红十字模范校 …………………（693）
红十字安全教育基地成立 …………………………（693）
开展青年预防艾滋病工作 …………………………（693）
举办饮料软包装回收系列活动 ……………………（693）
捐助打工子弟学校 …………………………………（693）

发放红十字扶贫迪岸传媒助学金 ……………………（693）
举办什邡灾区学生夏令营 ……………………………（694）
庆祝市红十字会成立 80 周年 …………………………（694）
建立灾区博爱电波书屋 ………………………………（694）

市教委直管直属单位

直管单位（部分）

·北京教育科学研究院·
概　况 …………………………………………………（697）
发布《北京中小学可持续发展教育纲要》 ………（697）
11 人入选市级学科带头人和骨干教师 ……………（697）
设立职业教育教学研究基地 …………………………（697）
吴正宪获得市人民教师奖 ……………………………（697）
召开节约型学校建设标准研究专家研讨会 ………（697）
举办中国可持续发展教育第九次国家讲习班 ……（698）
《教育快报》印发 112 期 ……………………………（698）
·北京教育音像报刊总社·
概　况 …………………………………………………（698）
召开《北京教育》理事会首届年会 …………………（698）
报道身患重疾女孩引发津京媒体联动 ……………（698）
《北京教育督导月刊》创刊 …………………………（698）
完成人民教师表彰宣传报道工作 …………………（698）
学前教育杂志社培训从业人员 ……………………（698）
提出救助灾区孩子倡议 ……………………………（698）
建立学生记者站 ……………………………………（698）
总社门户网站改版开通 ……………………………（698）
完成奥运教育宣传专项任务 ………………………（699）
举办华北和东北地区教育报刊社座谈会 …………（699）

直属单位（部分）

·北京市教工休养院·
概　况 …………………………………………………（699）
编印《金海明珠》 ……………………………………（699）
改善员工住宿环境 ……………………………………（699）
完成装修改造工作 ……………………………………（699）
·北京市校办产业管理中心·
概　况 …………………………………………………（699）
召开全市校办产业工作会议 ………………………（699）
推荐学生装生产定点企业 …………………………（700）
参展北京教育国际教育博览会 ……………………（700）
开展安全生产督查活动 ……………………………（700）
开展校办企业法人治理结构检查 …………………（700）
完成学生装工作宣传光盘制作 ……………………（700）
完成校办产业统计工作 ……………………………（700）
教育国有资产管理体制初步形成 …………………（700）
·北京教育综合服务中心·
概　况 …………………………………………………（700）
组织财经类大中专应届毕业生参加专业考试 ……（701）
组织成人学士学位英语统一考试 …………………（701）
组织同等学力人员申请硕士学位考试 ……………（701）
组织大学英语四六级考试 …………………………（701）
承担教师职称评审工作 ……………………………（701）
完成学位授予信息审核和学位证书发放工作 ……（701）
组织在职攻读硕士学位全国联考 …………………（701）
教育咨询服务热线电话受理率升高 ………………（701）
·北京市国际教育交流中心·
概　况 …………………………………………………（701）
开展中等职业教育优质课程培训 …………………（701）
成立汉语推广中心 …………………………………（701）
举办文化创意系列活动 ……………………………（701）
开展汉语国际推广工作 ……………………………（701）
举办讲外语系列活动 ………………………………（702）
自主接待来访团组 …………………………………（702）
为公派团组提供服务 ………………………………（702）
完成公派出国留学选派工作 ………………………（702）
·北京市少年宫
（北京市青少年科技馆）·
概　况 …………………………………………………（702）
合唱团赴泰国交流演出 ……………………………（702）
参与组织首都春节联欢文艺晚会 …………………（702）
获得全国少年儿童国际象棋比赛第二名 …………（702）
《首都校外教育》创办在线电子版 …………………（702）
举办 FLL 机器人世锦赛中国北方区公开赛 ………（702）
举办市中小学生科技英语创意大赛
　团体表演赛 ………………………………………（703）
市青少年科技创新大赛成绩优异 …………………（703）
举办中日书法笔会 …………………………………（703）
开展青年教师教育教学观摩活动 …………………（703）
机器人小组参加国际竞赛 …………………………（703）
举办青少年科技天文日活动 ………………………（703）
举办原创朗诵表演作品创编活动 …………………（703）
举办儿童爵士童声合唱音乐会 ……………………（703）
举办市青少年未来工程师竞赛 ……………………（703）
摄影作品获全国一等奖 ……………………………（703）
举办现代童声合唱音乐会 …………………………（703）
获得国际青少年足球比赛亚军 ……………………（704）
举办管乐名曲音乐会 ………………………………（704）
举办手风琴专场音乐会 ……………………………（704）
承办中国文化之夜晚会 ……………………………（704）
市校外教师业研组正式更名 ………………………（704）
参加第九届“三北”地区文艺汇演 …………………（704）
获得国际发明展金奖 ………………………………（704）
接待日本首相夫人 …………………………………（704）
组织学员赴河北采风 ………………………………（704）
组队参加中国智能机器人大赛 ……………………（704）
金鹏科技团举办科技下校到山区活动 ……………（704）
·北京市教育技术设备中心·
概　况 …………………………………………………（705）
实施高中通用技术教学设备配置标准 ……………（705）
完成办学条件数据统计 ……………………………（705）

培训资产管理人员 …………………………………（705）
召开中小学图书馆达标评价体系
　制度建设研讨会 …………………………………（705）
标准教学仪器设备展示厅建成 ……………………（705）
组织中小学数字图书馆选书 ………………………（705）
完成市教委采购任务 ………………………………（705）
·北京教学植物园·
概　况 ………………………………………………（705）
举办科技探究项目交流会 …………………………（706）
举办中小学课改教学服务试点活动 ………………（706）
开展教师业务培训活动 ……………………………（706）
绿色科技俱乐部举办系列讲座 ……………………（706）
举办助残日活动 ……………………………………（706）
举办《市花市树与奥运》专题讲座 ………………（706）
参与科普报告进校园活动 …………………………（706）
参与翱翔计划学员野外考察培训 …………………（706）
科普网站开通 ………………………………………（706）
举办探索植物之美系列活动 ………………………（706）
与中科院植研所签订数字植物园合作协议 ………（707）
完成多项建设工程 …………………………………（707）
·北京教育志编纂委员会办公室·
概　况 ………………………………………………（707）
调研北京教育志鉴工作发展情况 …………………（707）
《北京教育档案文粹》出版 ………………………（707）
教育年鉴改版 ………………………………………（707）
·北京市学生资助事务管理中心·
概　况 ………………………………………………（707）
完成市属高校奖助学金评审发放 …………………（707）
特困新生通过“绿色通道”入学 …………………（708）
完成中职学校奖助学金评审发放 …………………（708）
完成各项补贴经费下拨 ……………………………（708）
完成市属高校助学贷款贴息工作 …………………（708）
·北京教育新闻中心·
概　况 ………………………………………………（708）
教育新闻中心正式运行 ……………………………（708）
联合评选首都十大年度教育新闻人物 ……………（708）
举办教育系统新闻发言人培训班 …………………（708）
策划编排奥运话剧《第五十二块金牌》 …………（708）

统　计　表

2008～2009学年度北京教育事业统计资料 ………（711）

附　　录

高等教育

2008年北京重点学科名单 …………………………（719）
2008年北京高等教育精品教材名录 ………………（724）
2008年度北京市高等学校精品课程名单 …………（734）
2008年北京高等学校实验教学示范中心名单 ……（736）
2008年北京市优秀博士学位论文名单 ……………（737）
2008年北京市进行高等职业教育自主招生
　试点院校名单 ……………………………………（738）
2008年具有举办五年制高等职业教育资格的
　高职学院名单 ……………………………………（738）
2007～2008学年北京民办高等教育机构办学
　状况评估合格学校名单 …………………………（738）

艺术与校外教育

2008年度北京市中小学生金、银帆奖
　获奖名单 …………………………………………（739）
2008年北京市学生金帆艺术团承办学校名单 ……（740）
2008年北京大学生艺术团承办高校名单 …………（740）
北京市大学生学科竞赛及承办单位名录
　（第一批） ………………………………………（741）

师资管理

第四届北京市高等学校教学名师名单 ……………（741）
2008年北京市优秀教学团队名单 …………………（742）
2009年度北京市属高等学校人才强教
　深化计划创新人才资助名单 ……………………（744）
2009年度北京市属高等学校人才强教
　深化计划创新团队资助名单 ……………………（745）
2008年北京市特级教师认定名单 …………………（747）

对外交流及港澳台侨事务

第一批通过复核中外合作办学机构名单 …………（748）
第一批通过复核中外合作办学项目名单 …………（748）
2008年具有接受境外留学生资质高校名单 ………（749）
2008年具有接受境外学生资质中小学名单 ………（750）
2008年北京市外籍人员子女学校名单 ……………（751）
2008年北京学校举办孔子学院名单 ………………（751）

奥林匹克教育

北京市奥林匹克教育示范学校名单 ………………（752）
北京市奥林匹克教育“同心结”学校名单 ………（754）

CONTENTS

EDITOR'S REMARKS

LAWS AND REGULATIONS

Beijing Compulsory Education Law of The People's Republic Of China …… (3)

RESEARCH AND REPORT

Survey report on educational laws and regulations execution in 2008 …… (9)

Mid—term supervision and assessment report on Beijing's educational development planning during the eleventh five—year plan …… (12)

Report on analysis of the quality of Beijing higher education in 2008 …… (18)

Report on research of autonomous arrangement of course experiment under the high school curriculum reform …… (23)

Announcement on execution of Beijing education operating expenses in 2008 …… (28)

SPECIAL ARTICLES AND ON—THE—SPOT REPORTS

Deeply studied and practiced the scientific outlook on development and develop the Capital's education to the people's satisfaction …… Liu Limin(31)

Exert the advantages, work hard, contribute to the successful completion of Olympics …… (35)

When disaster struck, help came from all sides and the united will of the masses was like a fortress against the consequences of earthquake …… (37)

GENERALITY OF BEIJING EDUCATION

Brief introduction of Beijing education in 2008 …… (43)

Chronicles of Beijing education in 2008 …… (45)

COMPREHENSIVE ADMINISTRATION

SUMMARY …… (53)

OVERALL WORKS

Peng Peiyun investigated Beijing No. 5 Middle School …… (54)

Hu Jintao inspected Peking University …… (54)

Wen Jiabao inspected CUPL …… (55)

Liu Limin supervised implementation of safe Olympics …… (55)

Liu Qi and Guo Jinlong watched the show by first—aid party of Zhongguancun Middle School …… (55)

Guo Jinlong inspected the university enrollment work …… (55)

Leaders of the municipal People's Congress investigated Changshaoying Man Nationality

Middle School ……………………………………… (55)
Zhao Fengtong investigated the students morning arrival time in Shijingshan Primary School ……… (55)
Liu Yandong spent Teacher's Festival with teachers and students ………………………… (56)
POLICYS, LAWS AND REGULATIONS
Introduction ……………………………………………… (56)
Serial animation of youth legal education developed ……………………………………………… (56)
Legal system training class for education sector organized ……………………………………… (57)
ORGANIZATION AND CADRE
Introduction ……………………………………………… (57)
3 universities exercised competition for deputy university level positions …………………………… (57)
Public recruitment of administrative deputy positions in seven universities completed ………… (58)
1st training class for young cadres from universities held ……………………………………… (58)
AFFAIRS OF PROPAGANDA
Introduction ……………………………………………… (59)
University doctors and postdoctoral put—on—field practice organized …………………………………… (59)
1st psychological health festival for university students held …………………………… (60)
UNITED AND MASS AFFAIRS
Introduction ……………………………………………… (61)
Counterpart liaison forum between CPC and and CAPD municipal party committees held ……… (61)
Non—Communists of universities contribute money to the disaster area ………………………… (62)
DISCIPLINE INSPECTION
Introduction ……………………………………………… (62)
Inspection on education fee collection in spring organized …………………………………… (63)
Construction of fighting corruption and fostering cleanliness in primary and middle schools enhanced …………………………………… (64)
PUBIIC SECURITY
Introduction ……………………………………………… (65)
Hidden safety hazards in university campus eliminated …………………………………… (65)
Multidimensional comprehensive prevention and control system for public security in campus conducted ………………………………… (65)
DEVELOPMENT AND PROGRAMME
Introduction ……………………………………………… (66)
4 Polytechnic Schools merged with Beijing Vocational College of Electronic Sciences ………… (66)
Setting up of one general university approved ……… (66)
123154 students enrolled in senior middle schools ……………………………………… (67)
Percentage of university enrollment exceeded 70% for 9 consecutive years …………………… (67)
FINANCIAL AFFAIRS
Introduction ……………………………………………… (67)
Comprehensive rated standard school adjusted …… (67)
Education assistance and aid systems perfected ……………………………………………… (68)
AUDIT
Introduction ……………………………………………… (68)
Audit of 12 municipal level education institutions completed ……………………………………………… (68)
Audit of renovation work for civil engineering completed ……………………………………………… (69)
FUNDAMENTAL CONSTRUCTION
Introduction ……………………………………………… (69)
Inspection on earthquake prevention of school buildings conducted ………………………………… (69)
Investigation of basic condition of collective dormitories of rural teachers completed …………… (70)
LOGISTIC ADMINISTRATION
· *LOGISTIC ADMINISTRATION IN HIGHER INSTITUTIONS* ·
Requirements on formulating specifications for bedding in school boardinghouses ……………… (71)
Hygiene and safety of university dining rooms inspected ……………………………………………… (71)
Standards for standard school boardinghouses and dining rooms revised ………………………… (71)
Allowances given to dining rooms and students …… (72)
· *STUDENTS' NUTRITIONAL MEALS* ·
Activity of propagandizing China Student Nutrition Day conducted ……………………………………… (72)
Standard quantitative graded administration of hygiene executed ……………………………………… (72)
· *ENERGY SAVING AND EMISSION REDUCTION* ·
Week of activity of propagandizing energy saving conducted ……………………………………………… (72)
SECURITY WORK
Activity of national middle and primary school students' safety education day conducted ………… (73)
School's liability insurance bought for middle and primary school students in Beijing …………… (73)
NEXT GENERATION CONCERNED WORK
Introduction ……………………………………………… (73)
Activity of body building of retirees conducted …… (73)
Situation of administration of service for university retirees investigated …………………… (74)
Visit to national key laboratories in universities organized ……………………………………………… (74)

STUDENT MANAGEMENT
Introduction …… (74)
202582 students graduated from higher institutions …… (75)
Electronic school registration of fresh students completed …… (75)
7833 graduates started work in western area …… (75)
HK, MACAO AND TAIWAN AFFAIRS
Introduction …… (76)
HK schools welcomed to Beijing for exchanging …… (76)
Online dialogue activity organized for middle schools students from Beijing and HK …… (76)
Visiting delegation of senior teachers from Macao received …… (76)
Scholarship for students from HK, Macao and Taiwan reviewed …… (76)
Education administration cadres organized to study and investigate in HK …… (76)
HK and Macao delegations received separately …… (76)
ARCHIVES ADMINISTRATION
Introduction …… (77)
LANGUAGE WORK
Introduction …… (77)
Activity of Chinese classical chanting to welcome Olympics organized …… (78)
THE PARTY COMMITTEE OF BEIJING MUNICIPAL COMMISSION OF EDUCATION
Secretary, deputy secretary, secretary-general …… (78)
BEIJING MUNICIPAL COMMISSION OF EDUCATION
Director, deputy directors, members, directly subordinate to the department chiefs …… (78)
THE PARTY COMMITTEE OF BEIJING MUNICIPAL EDUCATION DISCIPLINE
Secretary, deputy-secretary …… (78)

EDUCATION SUPERVISION

SUMMARY …… (81)
OVERALL WORKS
Summit meeting of annual education supervision work held …… (82)
Meeting of planning execution of educational laws and regulations held …… (82)
CHECK ON SUPERVISION WORK
Implementation of students' one—hour daily sports inspected …… (83)
Implementation of vocational educational law inspected …… (83)
Implementation of fundamental educational law inspected …… (83)
SUPERVISION RESEARCH
Status of adult schools in rural area inspected …… (83)
Common high school curriculum reform inspected …… (84)
Running situation of independent institutions inspected …… (84)
EDUCATION SUPERVISION DIVISION OF BEIJING MUNICIPAL GOVERMENT
Director, deputy directors …… (84)

PRESCHOOL EDUCATION

SUMMARY …… (87)
OVERALL WORKS
Exchange meeting of preschool education work held …… (88)
Attention paid to preschool education of special children …… (88)
Examination of model kindergarten and acceptance of kindergarten grades completed …… (89)
MODEL KINDERGARTEN
· BEIJING BEIHAI KINDERGARTEN OF XICHENG DISTRICT ·
Introduction …… (89)
· BEIJING MIANHUAHUTONG KINDERGARTEN OF XICHENG DISTRICT ·
Introduction …… (90)
· BEIJING NO. 5 KINDERGARTEN ·
Introduction …… (90)
· BEIJING NO. 2 KINDERGARTEN OF CHONGWEN DISTRICT ·
Introduction …… (92)
· BEIJING ANHUALI NO. 2 KINDERGARTEN OF CHAOYANG DISTRICT ·
Introduction …… (92)
· BEIJING LIUYI KINDERGARTEN ·
Introduction …… (93)
· EXPERIMENTAL KINDERGARTEN OF BNU ·
Introduction …… (93)
· BEIJING SUN KINDERGARTEN OF HAIDIAN DISTRICT ·
Introduction …… (94)
· BEIJING NO. 1 KINDERGARTEN OF FENGTAI DISTRICT ·
Introduction …… (94)

· LIUYI KINDERGARTEN OF THE GENERAL LOGISTICS DEPARTMENT OF PLA ·
Introduction ……………………………………… (95)
· BEIJING NO. 3 KINDERGARTEN OF YANQING COUNTY ·
Introduction ……………………………………… (95)
· BEIJING HUAIBAI KINDERGARTEN OF XUANWU DISTRICT ·
Introduction ……………………………………… (96)
· BEIJING JINSONG NO. 1 KINDERGARTEN OF CHAOYANG DISTRICT ·
Introduction ……………………………………… (97)
· BEIJING SIJIQING EVERGREEN KINDERGARTEN OF HAIDIAN DISTRICT ·
Introduction ……………………………………… (97)
· BEIJING JIANNAN KINDERGARTEN OF SHUNYI DISTRICT ·
Introduction ……………………………………… (98)
· BEIJING HEPINGJIE KINDERGARTEN OF CHAOYANG DISTRICT ·
Introduction ……………………………………… (98)
· BEIJING SONGYULI KINDERGARTEN OF CHAOYANG DISTRICT ·
Introduction ……………………………………… (99)
· BEIJING JIEMIN KINDERGARTEN OF XICHENG DISTRICT ·
Introduction ……………………………………… (100)
· BEIJING NO. 2 KINDERGARTEN OF HUAIROU DISTRICT ·
Introduction ……………………………………… (100)
· WUYI KINDERGARTEN OF THE GENERAL LOGISTICS DEPARTMENT OF PLA ·
Introduction ……………………………………… (101)
· BEIJING KINDERGARTEN OF MENTOUGOU DISTRICT ·
Introduction ……………………………………… (101)
· BEIJING NO. 3 KINDERGARTEN OF SHIJINGSHAN DISTRICT ·
Introduction ……………………………………… (102)
· BEIJING NO. 7 KINDERGARTEN ·
Introduction ……………………………………… (102)
· BEIJING BRIGHT KINDERGARTEN OF CHONGWEN DISTRICT ·
Introduction ……………………………………… (102)
· BEIJING JIAOGONG KINDERGARTEN OF CHANGPING DISTRICT ·
Introduction ……………………………………… (103)
· BEIJING SANLITUN KINDERGARTEN OF CHAOYANG DISTRICT ·
Introduction ……………………………………… (104)
· BEIJING HUIXINLI KINDERGARTEN OF CHAOYANG DISTRICT ·
Introduction ……………………………………… (104)
· BEIJING NO. 3 KINDERGARTEN OF CHONGWEN DISTRICT ·
Introduction ……………………………………… (105)
· BEIJING TOMORROW BABYHOOD NO. 1 KINDERGARTEN ·
Introduction ……………………………………… (106)
· BEIJING POLITICS DEPARTMENT KINDERGARTEN OF PLA ·
Introduction ……………………………………… (106)
· BEIJING NO. 3 KINDERGARTEN OF DAXING DISTRICT ·
Introduction ……………………………………… (107)
· BEIJING RENHE CENTRAL KINDERGARTEN OF SHUNYI DISTRICT ·
Introduction ……………………………………… (107)
· BEIJING NO. 2 KINDERGARTEN OF YANQING COUNTY ·
Introduction ……………………………………… (108)
· BEIJING DEPARTMENT KINDERGARTEN OF CHANGPING COUNTY ·
Introduction ……………………………………… (109)
· BEIJING NO. 3 KINDERGARTEN OF PINGGU DISTRICT ·
Introduction ……………………………………… (109)
· BEIJING NO. 2 KINDERGARTEN OF DAXING DISTRICT ·
Introduction ……………………………………… (110)

FUNDAMENTAL EDUCATION

SUMMARY ……………………………………… (113)
OVERALL WORKS
Beijing Youth Sci—Tech Innovation College established ……………………………………… (114)
No textbook fee to be collected from students with non—agriculture household ………………… (114)
Standard of food allowance for boarding students raised ……………………………………… (114)
System of recycle utilization of textbooks established ……………………………………… (114)
Electronic management of students' archives exercised ……………………………………… (115)
PRIMARY EDUCATION
Introduction ……………………………………… (115)

Meeting of standardized construction of primary schools held ………… (115)
Reform of 100 primary schools completed ………… (115)
PRIMARY SCHOOL
• BEIJING SHIJIAHUTONG PRIMARY SCHOOL OF DONGCHENG DISTRICT •
Introduction ………… (116)
• BEIJING FUXUEHUTONG PRIMARY SCHOOL OF DONGCHENG DISTRICT •
Introduction ………… (117)
• BEIJING DENGSHIKOU PRIMARY SCHOOL OF DONGCHENG DISTRICT •
Introduction ………… (118)
• BEIJING XIZHONGJIE PRIMARY SCHOOL OF DONGCHENG DISTRICT •
Introduction ………… (118)
• BEIJING NO. 2 EXPERIMENTAL PRIMARY SCHOOL •
Introduction ………… (119)
• BEIJNG YUMIN PRIMARY SCHOOL OF XICHENG DISTRICT •
Introduction ………… (119)
• BEIJNG ZIZHONG PRIMARY SCHOOL OF XICHENG DISTRICT •
Introduction ………… (120)
• BEIJNG BRIGHT PRIMARY SCHOOL OF CHONGWEN DISTRICT •
Introduction ………… (120)
• BEIJNG PEIXIN PRIMARY SCHOOL OF CHONGWEN DISTRICT •
Introduction ………… (122)
• BEIJNG QIANMEN PRIMARY SCHOOL OF CHONGWEN DISTRICT •
Introduction ………… (122)
• BEIJNG CHONGWEN PRIMARY SCHOOL OF CHONGWEN DISTRICT •
Introduction ………… (123)
• PRIMARY SCHOOL ATTACHED TO BEIJING NO. 1 NORMAL SCHOOL •
Introduction ………… (124)
• BEIJING NO. 1 EXPERIMENTAL PRIMARY SCHOOL •
Introduction ………… (125)
• BEIJING FANGCAODI PRIMARY SCHOOL OF CHAOYANG DISTRICT (BEIJING FANGCAODI INTERNATIONAL SCHOOL OF CHAOYANG DISTRICT) •
Introduction ………… (126)
• BEIJING HUAJIADI EXPERIMENTAL SCHOOL OF CHAOYANG DISTRICT •
Introduction ………… (126)
• BEIJING PRIMARY SCHOOL ATTACHED TO NORMAL SCHOOL OF CHAOYANG DISTRICT •
Introduction ………… (127)
• BEIJING NO. 1 PRIMARY SCHOOL OF FENGTAI DISTRICT •
Introduction ………… (128)
• BEIJING CUILIN PRIMARY SCHOOL OF FENGTAI DISTRICT •
Introduction ………… (129)
• BEIJING LIUYI PRIMARY SCHOOL OF SHIJINGSHAN DISTRICT •
Introduction ………… (129)
• BEIJING EXPERIMENTAL PRIMARY SCHOOL OF SHIJINGSHAN DISTRICT •
Introduction ………… (130)
• BEIJING GUCHENG CENTRAL PRIMARY SCHOOL OF SHIJINGSHAN DISTRICT •
Introduction ………… (131)
• BEIJING GUCHENG NO. 2 PRIMARY SCHOOL OF HAIDIAN DISTRICT •
Introduction ………… (131)
• BEIJING PRIMARY SCHOOL ATTACHED TO PKU •
Introduction ………… (132)
• BEIJING EXPERIMENTAL PRIMARY SCHOOL ATTACHED TO BNU •
Introduction ………… (132)
• BEIJING EXPERIMENTAL PRIMARY SCHOOL OF HAIDIAN DISTRICT •
Introduction ………… (133)
• BEIJING ZHONGGUANCUN NO. 1 PRIMARY SCHOOL OF HAIDIAN DISTRICT •
Introduction ………… (134)
• BEIJING ZHONGGUANCUN NO. 2 PRIMARY SCHOOL OF HAIDIAN DISTRICT •
Introduction ………… (135)
• BEIJING YONGDING CENTRAL PRIMARY SCHOOL OF MENTOUGOU DISTRICT •
Introduction ………… (136)
• BEIJING QINGSHUI CENTRAL PRIMARY SCHOOL OF MENTOUGOU DISTRICT •
Introduction ………… (136)
• BEIJING DAYU NO. 2 SCHOOL OF MENTOUGOU DISTRICT •
Introduction ………… (137)
• BEIJING HEBEI CENTRAL SCHOOL OF FANGSHAN DISTRICT •
Introduction ………… (138)

· *BEIJING DOUDIAN CENTRAL SCHOOL OF FANGSHAN DISTRICT* ·

Introduction ………………………………………… (138)

· *BEIJING LIANGXIANG NO. 3 PRIMARY SCHOOL OF FANGSHAN DISTRICT* ·

Introduction ………………………………………… (139)

· *BEIJING NO. 1 EXPERIMENTAL PRIMARY SCHOOL OF TONGZHOU DISTRICT* ·

Introduction ………………………………………… (140)

· *BEIJING ZHANGJIAWAN CENTRAL PRIMARY SCHOOL OF TONGZHOU DISTRICT* ·

Introduction ………………………………………… (141)

· *BEIJING SHIYUAN PRIMARY SCHOOL OF SHUNYI DISTRICT* ·

Introduction ………………………………………… (142)

· *BEIJING DONGFENG PRIMARY SCHOOL OF SHUNYI DISTRICT* ·

Introduction ………………………………………… (143)

· *BEIJING MAPO CENTRAL PRIMARY SCHOOL OF SHUNYI DISTRICT* ·

Introduction ………………………………………… (144)

· *BEIJING CHANGSHENGYUAN PRIMARY SCHOOL OF CHANGPING DISTRICT* ·

Introduction ………………………………………… (145)

· *BEIJING CHENGBEI CENTRAL PRIMARY SCHOOL OF CHANGPING DISTRICT* ·

Introduction ………………………………………… (146)

· *BEIJING LIUCUN CENTRAL PRIMARY SCHOOL OF CHANGPING DISTRICT* ·

Introduction ………………………………………… (146)

· *BEIJING NO. 2 PRIMARY SCHOOL OF DAXING DISTRICT* ·

Introduction ………………………………………… (147)

· *DAXING BRANCH OF BEIJING PRIMARY SCHOOL* ·

Introduction ………………………………………… (148)

· *BEIJING LIXIAN NO. 1 CENTRAL PRIMARY SCHOOL OF DAXING DISTRICT* ·

Introduction ………………………………………… (149)

· *BEIJING YINGHAI NO. 2 CENTRAL PRIMARY SCHOOL OF DAXING DISTRICT* ·

Introduction ………………………………………… (150)

· *BEIJING NO. 1 PRIMARY SCHOOL OF HUAIROU DISTRICT* ·

Introduction ………………………………………… (150)

· *BEIJING NO. 4 PRIMARY SCHOOL OF PINGGU DISTRICT* ·

Introduction ………………………………………… (151)

· *BEIJING NO. 6 PRIMARY SCHOOL OF PINGGU DISTRICT* ·

Introduction ………………………………………… (152)

· *BEIJING YUKOUZHEN NO. 1 SCHOOL OF PINGGU DISTRICT* ·

Introduction ………………………………………… (154)

· *BEIJING NO. 2 PRIMARY SCHOOL OF MIYUN COUNTY* ·

Introduction ………………………………………… (154)

· *BEIJING TAISHITUN CENTRAL PRIMARY SCHOOL OF MIYUN COUNTY* ·

Introduction ………………………………………… (155)

· *BEIJING NO. 1 PRIMARY SCHOOL OF YANQING COUNTY* ·

Introduction ………………………………………… (156)

· *BEIJING NO. 3 PRIMARY SCHOOL OF YANQING COUNTY* ·

Introduction ………………………………………… (157)

· *BEIJING NO. 4 PRIMARY SCHOOL OF YANQING COUNTY* ·

Introduction ………………………………………… (157)

· *BEIJING YANSHAN XIANGYANG PRIMARY SCHOOL* ·

Introduction ………………………………………… (158)

· *BEIJING YANSHAN XINGCHENG PRIMARY SCHOOL* ·

Introduction ………………………………………… (159)

MIDDLE SCHOOL EDUCATION

Introduction ………………………………………… (160)

Distribution of model high school admission quota improved ………………………………………… (160)

Discussion meeting of general technique in high schools held ………………………………………… (160)

11th Hong Zhi Scholarship for Middle School Students awarded ………………………………………… (160)

GENERAL MIDDLE SCHOOLS

· *BEIJING NO. 2 MIDDLE SCHOOL* ·

Introduction ………………………………………… (161)

· *BEIJING NO. 5 MIDDLE SCHOOL* ·

Introduction ………………………………………… (162)

· *BEIJING NO. 55 MIDDLE SCHOOL* ·

Introduction ………………………………………… (163)

· *BEIJING NO. 166 MIDDLE SCHOOL* ·

Introduction ………………………………………… (163)

· *BEIJING NO. 171 MIDDLE SCHOOL* ·

Introduction ………………………………………… (164)

· *BEIJING HONGZHI MIDDLE SCHOOL* ·

Introduction ………………………………………… (165)

· *BEIJING JINGSHAN MIDDLE SCHOOL* ·

Introduction ………………………………………… (167)

· *BEIJING NO. 4 MIDDLE SCHOOL* ·

Introduction …………………………………………… (168)
· *BEIJING NO. 8 MIDDLE SCHOOL* ·
Introduction …………………………………………… (169)
· *BEIJING NO. 35 MIDDLE SCHOOL* ·
Introduction …………………………………………… (170)
· *BEIJING NO. 161 MIDDLE SCHOOL* ·
Introduction …………………………………………… (171)
· *HIGH SCHOOL ATTACHED TO BNU* ·
Introduction …………………………………………… (172)
· *NO. 2 HIGH SCHOOL ATTACHED TO BNU* ·
Introduction …………………………………………… (173)
· *BEIJING FOREIGN LANGUAGE SCHOOL OF XICHENG DISTRICT* ·
Introduction …………………………………………… (174)
· *BEIJING NO. 11 MIDDLE SCHOOL* ·
Introduction …………………………………………… (175)
· *BEIJING NO. 50 MIDDLE SCHOOL* ·
Introduction …………………………………………… (176)
· *BEIJING NO. 109 MIDDLE SCHOOL* ·
Introduction …………………………………………… (176)
· *BEIJING HUIWEN MIDDLE SCHOOL* ·
Introduction …………………………………………… (178)
· *BEIJING GUANGQUMEN MIDDLE SCHOOL* ·
Introduction …………………………………………… (179)
· *BEIJING WENHUI MIDDLE SCHOOL* ·
Introduction …………………………………………… (180)
· *BEIJING NO. 14 MIDDLE SCHOOL* ·
Introduction …………………………………………… (181)
· *BEIJING NO. 15 MIDDLE SCHOOL* ·
Introduction …………………………………………… (182)
· *BEIJING NO. 66 MIDDLE SCHOOL* ·
Introduction …………………………………………… (182)
· *HIGH SCHOOL ATTACHED TO BNU* ·
Introduction …………………………………………… (183)
· *BEIJING YUCAI SCHOOL* ·
Introduction …………………………………………… (184)
· *BEIJING NO. 17 MIDDLE SCHOOL* ·
Introduction …………………………………………… (185)
· *BEIJING NO. 80 MIDDLE SCHOOL* ·
Introduction …………………………………………… (185)
· *BEIJING HEPINGJIE NO. 1 MIDDLE SCHOOL* ·
Introduction …………………………………………… (186)
· *BEIJING NO. 10 MIDDLE SCHOOL* ·
Introduction …………………………………………… (187)
· *BEIJING NO. 12 MIDDLE SCHOOL* ·
Introduction …………………………………………… (188)
· *BEIJING NO. 18 MIDDLE SCHOOL* ·
Introduction …………………………………………… (189)
· *BEIJING DACHENG MIDDLE SCHOOL* ·
Introduction …………………………………………… (189)
· *BEIJING NO. 2 MIDDLE SCHOOL OF FENGTAI DISTRICT* ·
Introduction …………………………………………… (190)
· *BEIJING NO. 9 MIDDLE SCHOOL* ·
Introduction …………………………………………… (191)
· *BEIJING JINGYUAN SCHOOL* ·
Introduction …………………………………………… (192)
· *BEIJING NO. 19 MIDDLE SCHOOL* ·
Introduction …………………………………………… (193)
· *BEIJING NO. 101 MIDDLE SCHOOL* ·
Introduction …………………………………………… (194)
· *THE HIGH SCHOOL AFFILIATED TO RENMIN UNIVERSITY OF CHINA* ·
Introduction …………………………………………… (195)
· *THE HIGH SCHOOL ATTACHED TO TSINGHUA UNIVERSITY* ·
Introduction …………………………………………… (197)
· *THE HIGH SCHOOL ATTACHED TO CNU* ·
Introduction …………………………………………… (199)
· *BEIJING BAYI MIDDLE SCHOOL* ·
Introduction …………………………………………… (201)
· *BEIJING ZHONGGUANCUN MIDDLE SCHOOL OF HAIDIAN DISTRICT* ·
Introduction …………………………………………… (202)
· *BEIJING DAYU MIDDLE SCHOOL OF MENTOUGOU DISTRICT* ·
Introduction …………………………………………… (203)
· *BEIJING ZHAITANG MIDDLE SCHOOL OF MENTOUGOU DISTRICT* ·
Introduction …………………………………………… (204)
· *BEIJING LIANGXIANG HIGH SCHOOL ATTACHED TO BNU* ·
Introduction …………………………………………… (205)
· *BEIJING FANGSHAN MIDDLE SCHOOL OF FANGSHAN DISTRICT* ·
Introduction …………………………………………… (206)
· *BEIJING LUHE MIDDLE SCHOOL OF TONGZHOU DISTRICT* ·
Introduction …………………………………………… (207)
· *BEIJING YUNHE MIDDLE SCHOOL OF TONGZHOU DISTRICT* ·
Introduction …………………………………………… (208)
· *BEIJING SINO—CANADA SCHOOL* ·
Introduction …………………………………………… (208)
· *BEIJING NO. 1 MIDDLE SCHOOL OF SHUNYI DISTRICT* ·
Introduction …………………………………………… (209)
· *BEIJING NO. 9 MIDDLE SCHOOL OF SHUNYI DISTRICT* ·

Introduction ············ (210)
· *BEIJING NIU LANSHAN NO. 1 MIDDLE SCHOOL OF SHUNYI DISTRICT* ·
Introduction ············ (211)
· *BEIJING YANGZHEN NO. 1 MIDDLE SCHOOL OF SHUNYI DISTRICT* ·
Introduction ············ (213)
· *BEIJING NO. 1 MIDDLE SCHOOL OF CHANGPING DISTRICT* ·
Introduction ············ (215)
· *BEIJING NO. 2 MIDDLE SCHOOL OF CHANGPING DISTRICT* ·
Introduction ············ (216)
· *BEIJING EXPERIMENTAL MIDDLE SCHOOL OF CHANGPING DISTRICT* ·
Introduction ············ (217)
· *BEIJING XIAZHUANG MIDDLE SCHOOL OF CHANGPING DISTRICT* ·
Introduction ············ (218)
· *BEIJING NO. 1 MIDDLE SCHOOL OF DAXING DISTRICT* ·
Introduction ············ (219)
· *BEIJING XINGDA MIDDLE SCHOOL OF DAXING DISTRICT (DAXING HIGH SCHOOL ATTACHED TO CNU)* ·
Introduction ············ (220)
· *BEIJING XINGHUA MIDDLE SCHOOL OF DAXING DISTRICT* ·
Introduction ············ (221)
· *BEIJING NO. 1 MIDDLE SCHOOL OF HUAIROU DISTRICT* ·
Introduction ············ (222)
· *BEIJING YANXI SCHOOL OF HUAIROU DISTRICT* ·
Introduction ············ (223)
· *BEIJING NO. 3 MIDDLE SCHOOL OF PINGGU DISTRICT* ·
Introduction ············ (224)
· *PINGGU HIGH SCHOOL ATTACHED TO BNU* ·
Introduction ············ (225)
· *BEIJING PINGGU MIDDLE SCHOOL* ·
Introduction ············ (226)
· *BEIJING NO. 2 MIDDLE SCHOOL OF MIYUN COUNTY* ·
Introduction ············ (226)
· *BEIJING NO. 3 MIDDLE SCHOOL OF MIYUN COUNTY* ·
Introduction ············ (227)
· *BEIJING NO. 1 MIDDLE SCHOOL OF YIANQING COUNTY* ·
Introduction ············ (227)
· *BEIJING NO. 11 MIDDLE SCHOOL OF YIANQING COUNTY* ·
Introduction ············ (229)
· *YANHUA MIDDLE SCHOOL ATTACHED TO BNU* ·
Introduction ············ (229)
· *BEIJING YANSHAN XIANGYANG MIDDLE SCHOOL* ·
Introduction ············ (230)
· *BEIJING YANSHAN QIANJIN MIDDLE SCHOOL* ·
Introduction ············ (230)
EDUCATION FOR NATIONALITIES
Introduction ············ (231)
Nationality education case training class held ······ (231)
1st election of municipal model nationality education school conducted ············ (231)
Training class for cadres and teachers of Xinjiang and Tibet classes in interior land ············ (231)
NATIONALITY EDUCATION SCHOOL
· *HUI NATIONALITY PRIMARY SCHOOL OF DONGCHENG DISTRICT* ·
Introduction ············ (232)
Nationality knowledge forum held ············ (232)
· *HUI NATIONALITY PRIMARY SCHOOL OF CHONGWEN DISTRICT* ·
Introduction ············ (232)
Interchanging visit of Singapore school welcomed ············ (232)
· *XIGUANSHI HUI NATIONALITY PRIMARY SCHOOL OF CHANGPING DISTRICT* ·
Introduction ············ (233)
· *MAN NATIONALITY CENTRAL PRIMARY SCHOOL OF HUAIROU DISTRICT* ·
Introduction ············ (233)
· *BEIJING HUI NATIONALITY SCHOOL* ·
Introduction ············ (234)
Prize won on skill contest of teachers from national Hui Nationality middle schools ············ (235)
· *BEIJING TIBET MIDDLE SCHOOL* ·
Introduction ············ (235)
· *HIGH SCHOOL ATTACHED TO CNN* ·
Introduction ············ (236)
Cultural exchange of international young volunteers conducted ············ (236)
· *MIAOFENGSHAN NATIONALITY SCHOOL OF MENTOUGOU DISTRICT* ·
Introduction ············ (237)
English speech contest held ············ (237)
· *CHANGSHAOYING MAN NATIONALITY*

MIDDLE SCHOOL OF HUAIROU DISTRICT ·
Introduction …… (238)
Sports courses for Man nationality started …… (238)
· XINHUA NATIONALITY SCHOOL OF YANQING COUNTY ·
Introduction …… (238)
Nationality art wall built …… (239)
SPECIAL EDUCATION
Introduction …… (239)
Meeting of exchanging experiences in learning in regular class held …… (239)
1st award giving for outstanding study in schools for the blind and deaf …… (239)
Standard of food allowances for handicapped students raised …… (240)
SPECIAL EDUCATION SCHOOL
· DONGCHENG SPECIAL EDUCATION SCHOOL ·
Introduction …… (240)
Beijing Paralympic International Forum attended …… (240)
· BEIJING NO. 2 SCHOOL FOR THE DEAF ·
Introduction …… (241)
Appointed as national base school for popularizing sign language …… (241)
· PEIZHI CENTRALIZED SCHOOL OF CHONGWEN DISTRICT ·
Introduction …… (241)
Prize won at the football match in municipal special Olympics …… (242)
International exchange activity attended …… (242)
· PEIZHI CENTRALIZED SCHOOL OF XUANWU DISTRICT ·
Introduction …… (242)
Chinese language subject training between HK and mainland undertaken …… (242)
· PEIZHI CENTRALIZED SCHOOL OF SHIJINGSHAN DISTRICT ·
Introduction …… (243)
Friendly agreement signed with HK school …… (243)
Bring—and—buy sale for disaster relief conducted …… (244)
· BEIJING NO. 3 SCHOOL FOR THE DEAF BEIJING VOCATIONAL SCHOOL FOR THE DISABLED ·
Introduction …… (244)
Visit and exchange of Japanese dancing group of the disabled received …… (244)
China—England youth exchange group received …… (244)
· BEIJING SCHOOL FOR THE BLIND ·
Introduction …… (245)
1st municipal gobang contest for the blind held …… (245)
Training on mobility orientation skill of the bind conducted …… (245)
1st training course on piano tuning started …… (245)
· PEIZHI SCHOOL OF TONGZHOU DISTRICT ·
Introduction …… (246)
Observation of special education project held …… (246)
1st commendation meeting on learning in regular class held …… (246)
· SHUNYI SPECIAL EDUCATION SCHOOL ·
Introduction …… (246)
Prize won on poetry contest for the deaf children …… (246)
Hands joined with schools in the earthquake—striken area …… (246)
· YANQING SPECIAL EDUCATION CENTER ·
Introduction …… (247)
Occupational rehabilitation station established …… (248)
Prize won on National Bocce Competition …… (248)

HIGHER EDUCATION

SUMMARY …… (251)
OVERALL WORKS
Construction of characteristic education resource bank conducted …… (252)
Experimental teaching demonstration center rated …… (252)
CAFA 90th anniversary celebrated …… (253)
BIGC 50th anniversary celebrated …… (253)
Addition of 2 Beijing research bases for philosophy and social sciences …… (253)
DEGREE AND POSTGRADUATE EDUCATION
Introduction …… (254)
Second selection of municipal key disciplines completed …… (254)
41 theses chosen as national best doctoral thesis …… (254)
1st selection of 50 best doctoral theses …… (254)
UNDER GRADUATE AND SPECIALTY EDUCATION
Introduction …… (255)
33 new undergraduate majors added …… (255)

2 majors included in national talent cultivation base for fundamental scientific research and teaching ………… (255)
22 universities passed undergraduate teaching assessment by the Ministry of Education ………… (255)
High—quality curricula of higher education selected ………… (256)
95 courses included in national high—quality curricula ………… (257)
High—quality textbooks for higher education selected ………… (258)
HIGHER EDUCATION INSTITUTIONS
· *GRADUATE SCHOOL OF CHINESE ACADEMY OF SCIENCE* ·
Introduction ………… (258)
Cooperation memorandum signed with Thailand Civil Service Commission ………… (259)
President class held ………… (259)
Post—doctorate academic forum held ………… (259)
"Sino—Denmark Scientific Education Center" established ………… (260)
· *GRADUATE SCHOOL OF CHINESE ACADEMY OF SOCIAL SCIENCE* ·
Introduction ………… (261)
Cooperation agreement signed with Waseda University ………… (261)
Research project on national situation in 2007 completed ………… (261)
Conference on energy safety held ………… (262)
· *GRADUATE SCHOOL OF CHINESE ACADEMY OF AGRICULTURAL SCIENCE* ·
Introduction ………… (262)
1st post—doctorate forum on agriculture held ………… (263)
· *PEKING UNIVERSITY* ·
Introduction ………… (263)
Chen Jia'er won German Red Cross ………… (263)
Kevin Rudd made speech in PKU ………… (264)
Medvedev visited and made speech in PKU ………… (264)
Lee Myung—bak visited and made speech in PKU ………… (264)
Ji Xianlin granted India "Padmaaward" ………… (264)
Pakistan research center established ………… (265)
Ronald Susilo visited and made speech in PKU ………… (265)
Jan Peter Balkenende visited PKU ………… (265)
International forum on population and development of the disabled held ………… (266)
· *RENMIN UNIVERSITY OF CHINA* ·
Introduction ………… (267)
Symposium of Nobel Prize winners held ………… (268)
Han—Tibetan Buddhism research center established ………… (268)
International Confucianism forum held ………… (269)
· *TSINGHUA UNIVERSITY* ·
Introduction ………… (270)
17 achievements won national science and technology prize ………… (270)
President of Harvard University visited ………… (271)
Chinese classical bibliography research center established ………… (271)
President of University of Cambridge Alison Richard welcomed to pay visit ………… (272)
5 lectures given by Nobel Prize winners ………… (273)
7 political or ex political leaders received ………… (273)
· *BEIJING JIAOTONG UNIVERSITY* ·
Introduction ………… (273)
1 project won national prize for progress in science and technology ………… (274)
Summit Forum on China Transportation Tariff held ………… (277)
1st Confucius Institute opened ………… (277)
· *BEIJING UNIVERSITY OF TECHNOLOGY* ·
Introduction ………… (277)
Innovation experimental plan for national graduates approved ………… (278)
Postgraduate class for electronic government affair started ………… (278)
Innovative education of China university forum 2008 held ………… (279)
· *BEIHANG UNIVERSITY* ·
Introduction ………… (280)
1st batch of chief scientists employed for national laboratory of aeronautic science and technology ………… (281)
Hands joined with Kogakuin University to establish Confucius Institute ………… (283)
2 scientific research results won prize for China top ten progresses in science and technology of higher institutions ………… (286)
· *BEIJING INSTITUTE OF TECHNOLOGY* ·
Introduction ………… (286)
Student exchange agreements signed with 8 foreign universities ………… (289)
4 overseas cultural exchange activities held ………… (289)
· *UNIVERSITY OF SCIENCE & TECHNOLOGY BEIJING* ·
Introduction ………… (289)
6 achievements won national prize for progress in science and technology ………… (289)
Excellent achievements made in International

Undergraduate Mathematical Contest in Modeling ······ (291)
Cooperation agreement signed with Montreal University ······ (292)
Joint development agreement signed with Tibet University ······ (292)
· *NORTH CHINA UNIVERSITY OF TECHNOLOGY* ·
Introduction ······ (293)
· *BEIJING UNIVERSITY OF CHEMICAL TECHNOLOGY* ·
Introduction ······ (294)
Postgraduate innovation forum held ······ (296)
Tan Tianwei won prize for outstanding contribution from young scientists in biological technology of Asia ······ (297)
· *BEIJING TECHNOLOGY AND BUSINESS UNIVERSITY* ·
Introduction ······ (297)
First scientific research conference convened ······ (298)
· *BEIJING INSTITUTE OF FASHION TECHNOLOGY* ·
Introduction ······ (298)
2 individuals named as advanced individual for Hi—Tech Olympics ······ (300)
· *BEIJING UNIVERSITY OF POSTS AND TELECOMMUNICATIONS* ·
Introduction ······ (301)
Introductory meeting on frame plan project of European Union held ······ (303)
· *BEIJING INSTITUTE OF GRAPHIC COMMUNICATION* ·
Introduction ······ (304)
Assessment of first employment term completed ······ (304)
Cooperation agreement signed with Moscow Institute of Publication ······ (305)
· *BEIJING UNIVERSITY OF CIVIL ENGINEERING AND ARCHITECTURE* ·
Introduction ······ (306)
Cooperation agreement signed with Polytechnic University of Marche ······ (307)
Ceremony of mutual employment of "honorary professor" with University of Glamorgan held ··· (307)
Cooperation agreement signed with State Engineering University of Armenia ······ (308)
· *BEIJING INSTITUTE OF PETROCHEMICAL TECHNOLOGY* ·
Introduction ······ (308)
· *BEIJING ELECTRONIC SCIENCE AND TECHNOLOGY INSTITUTE* ·
Introduction ······ (309)
· *CHINA AGRICULTURAL UNIVERSITY* ·
Introduction ······ (311)
5 achievements won national prize for science and technology ······ (311)
1st transgenic cow with CD20 antibodies cultivated ······ (313)
Achievements made in research of rice development ······ (314)
· *BEIJING UNIVERSITY OF AGRICULTURE* ·
Introduction ······ (315)
1st batch of students went to USA for practice ······ (315)
· *BEIJING FORESTRY UNIVERSITY* ·
Introduction ······ (315)
Named as national civilized education base for ecology ······ (317)
Cooperation agreement signed with Tokyo University of Agriculture and Technology ······ (317)
· *PEKING UNION MEDICAL COLLEGE* ·
Introduction ······ (318)
· *CAPITAL MEDICAL UNIVERSITY* ·
Introduction ······ (319)
Cooperation agreement signed with University of Oslo ······ (320)
Doctor of Stomatological Medicine forum held ······ (320)
Institute of epidemiology established ······ (321)
· *BEIJING UNIVERSITY OF CHINESE MEDICINE* ·
Introduction ······ (321)
Visit by Indonesia President Ronald Susilo received ······ (322)
Sino—Japan Chinese medicine seminar held ······ (323)
· *BEIJING NORMAL UNIVERSITY* ·
Introduction ······ (323)
Sino—German life science and technology center established ······ (325)
Cooperation with Kanazawa University to cultivate double—degree postgraduates ······ (326)
Cooperation with HK University to launch catastrophe management project ······ (327)
· *CAPITAL NORMAL UNIVERSITY* ·
Introduction ······ (329)
Science cooperation agreement signed with UNESCO ······ (331)
Hands joined with University of Minnesota to establish Confucius Institute ······ (331)

Assistance provided to the building of Beichuan Middle School …… (333)
· *CAPITAL INSTITUTE OF P. E. BEIJING CHINA* ·
Introduction …… (333)
· *BEIJING FOREIGN STUDIES UNIVERSITY* ·
Introduction …… (334)
Cooperation agreement signed with universities of 3 African countries …… (336)
Cooperation agreement signed with Moscow University …… (336)
Elected as a member of CIUTI …… (336)
Indian and South Asia cultural week organized …… (338)
· *BEIJING INTERNATIONAL STUDIES UNIVERSITY* ·
Introduction …… (339)
1st national legal English contest held …… (339)
3 branch forums of World Congress of the International Federation of Translators undertaken …… (340)
· *BEIJING LANGUAGE AND CULTURE UNIVERSITY* ·
Introduction …… (340)
Visit paid to 5 Japanese universities …… (341)
World religion research center established …… (341)
Prime Minister of Thailand visits BLCU …… (341)
Lecture given on USA presidential election and current world financial crisis …… (342)
· *COMMUNICATION UNIVERSITY OF CHINA* ·
Introduction …… (342)
6th Asia Communication and Media Forum held …… (343)
· *CENTRAL UNIVERSITY OF FINANCE AND ECONOMICS* ·
Introduction …… (343)
2 teams won first prize at American Undergraduate Mathematical Contest in Modeling …… (345)
Students of first Sino—Macao cooperation project graduated …… (346)
1st batch of MPA postgraduates graduated …… (346)
· *UNIVERSITY OF INTERNATIONAL BUSINESS AND ECONOMICS* ·
Introduction …… (349)
Forum on Sino—Europe economic and trade cooperation held …… (350)
International seminar on climate change held …… (351)
Annual Symposium of China International Trade Association held …… (351)
· *BEIJING WUZI UNIVERSITY* ·
Introduction …… (351)
Logistics museum established …… (352)
Overseas student scholarship project approved …… (353)
· *CAPITAL UNIVERSITY OF ECONOMICS AND BUSINESS* ·
Introduction …… (353)
Lectures made by experts from World Bank …… (355)
Seminar on applied statistics of both sides across the Taiwan Straits held …… (355)
· *CHINA FOREIGN AFFAIRS UNIVERSITY* ·
Introduction …… (356)
Ban Ki—moon visits and makes speech …… (357)
Coen visit welcomed …… (357)
Yang Jiechi gave lecture …… (357)
· *CHINESE PEOPLE'S PUBLIC SECURITY UNIVERSITY* ·
Introduction …… (358)
Results from students' innovative research won prizes …… (359)
Class for Chinese and East European senior enforcing authority held …… (360)
· *UNIVERSITY OF INTERNATIONAL RELATIONS* ·
Introduction …… (360)
· *BEIJING SPORT UNIVERSITY* ·
Introduction …… (361)
Vibration training research institute established …… (361)
14 gold, 6 silver and 2 copper prizes won on Olympics …… (361)
Forum on chinese and overseas school master sport held …… (362)
International forum on special Olympics development held …… (362)
· *CENTRAL CONSERVATORY OF MUSIC* ·
Introduction …… (362)
Offers interior music master curriculum …… (363)
Offers music festival master curriculum …… (364)
· *CHINA CONSERVATORY OF MUSIC* ·
Introduction …… (364)
Beijing International Women Musician Assembly held …… (365)
Concert on reform of national musical instruments held …… (365)
· *CHINA CENTRAL ACADEMY OF FINE ARTS* ·
Introduction …… (366)
Donation from royal family of Denmark

accepted ………… (366)
Forum for principals of international institutes of fine arts organized ………… (367)
· *THE CENTRAL ACADEMY OF DRAMA* ·
Introduction ………… (367)
International forum on Asian drama education research held ………… (368)
Broadway Classic Musical "Fame" performed ………… (369)
· *THE NATIONAL ACADEMY OF CHINESE THEATRE ARTS* ·
Introduction ………… (369)
Cooperation agreement signed with National Taiwan College of Performing Arts ………… (369)
· *BEIJING FILM ACADEMY* ·
Introduction ………… (370)
Meeting of international film schools held ………… (370)
· *BEIJING DANCE ACADEMY* ·
Introduction ………… (371)
Youth Dance Company performed for the first time in the United States ………… (372)
· *MINZU UNIVERSITY OF CHINA* ·
Introduction ………… (372)
University library included in the list of units for key protection of national ancient books ………… (373)
· *CHINA UNIVERSITY OF POLITICAL SCIENCE AND LAW* ·
Introduction ………… (374)
China—EU School of Law established ………… (374)
· *NORTH CHINA ELECTRIC POWER UNIVERSITY* ·
Introduction ………… (375)
Engineering cultivation of doctors started ………… (376)
· *BEIJING INFORMATION TECHNOLOGY INSTITUTE* ·
Introduction ………… (377)
· *CHINA WOMEN'S UNIVERSITY* ·
Introduction ………… (378)
Wife of President of Vanuatu visited ………… (378)
· *BEIJING INSTITUTE OF MACHINERY* ·
Introduction ………… (379)
· *BEIJING INFORMATION SCIENCE & TECHNOLOGY UNIVERSITY* ·
Introduction ………… (380)
Inaugural meeting of BISTU held ………… (380)
Cooperation agreements signed with 6 foreign universities ………… (382)
· *CHINA UNIVERSITY OF MINING AND TECHNOLOGY (BEIJING)* ·
Introduction ………… (382)
China Decoration Stones Exposition held ………… (383)
Qiao Jianyong elected as foreign academician of Russian Academy of Engineering ………… (384)
1st Board of Directors established ………… (384)
· *CHINA UNIVERSITY OF PETROLEUM (BEIJING)* ·
Introduction ………… (385)
2 achievements won national prize for science and technology ………… (386)
Returned overseas Chinese scholars federation founded ………… (386)
· *CHINA UNIVERSITY OF GEOSCIENCES (BEIJING)* ·
Introduction ………… (387)
Annual Academic Conference on Geology of Qinghai—Xizang Plateau held ………… (387)
Monitoring of aftershock of earthquake in Wenchuan conducted ………… (389)
National postgraduate summer school for prevention of geological disasters organized ………… (389)
· *BEIJING UNION UNIVERSITY* ·
Introduction ………… (390)
Cooperation agreement signed with Seokang College ………… (392)
Returned students complete defense of degree theses overseas for the first time ………… (393)
Gold prize won at exhibition of arts from deaf students of universities and colleges ………… (393)
· *CHINA YOUTH UNIVERSITY FOR POLITICAL SCIENCE* ·
Introduction ………… (395)
· *BEIJING YOUTH POLITICAL COLLEGE* ·
Introduction ………… (396)
· *SHOUGANG INSTITUTE OF TECHNOLOGY* ·
Introduction ………… (396)
· *CHINA INSTITUTE OF INDUSTRIAL RELATIONS* ·
Introduction ………… (397)
Forum on industrial relations in Northeast Asia held ………… (397)

VOCATIONAL AND ADULT EDUCATION

SUMMARY ………… (401)
OVERALL WORKS
6 vocational secondary Schools merge with 2 higher vocational colleges ………… (402)
3 Vocational Colleges included in national key colleges ………… (402)
2 colleges elected as national demonstration

higher vocational colleges …… (402)

HIGHER VOCATIONAL EDUCATION

1 experimental school for autonomy enrollment newly added …… (403)

19 higher vocational courses elected as municipal high-quality courses …… (403)

4 colleges elected as municipal demonstrational higher vocational college …… (403)

28 textbooks chosen as municipal high-quality textbooks …… (403)

HIGHER VOCATIONAL INSTITUTE

• BEIJING INFORMATION TECHNOLOGY COLLEGE •

Introduction …… (404)

Cooperation agreement signed with Australian colleges …… (404)

Qualification to recruit foreign students obtained …… (405)

• NORTHERN BEIJING VOCATIONAL EDUCATION INSTITUTE •

Introduction …… (405)

NBVEI becomes authorized teaching base for automobile talent cultivation project …… (405)

• BEIJING JIAOTONG VOCATION TECHNICAL COLLEGE •

Introduction …… (406)

Road and bridge training center put into use …… (406)

• BEIJING VOCATIONAL COLLEGE OF AGRICULTURE •

Introduction …… (407)

1st new type national "cow expert clinic" established …… (408)

1st batch of graduates from China-Canada cooperation study abroad …… (409)

• BEIJING VOCATIONAL COLLEGE OF POLITICAL SCIENCE AND LAW •

Introduction …… (409)

Training class for property management dispute mediator held …… (410)

• BEIJING MODERN VOCATIONAL TECHNIQUE COLLEGE •

Introduction …… (411)

Service training conducted at automobile exhibition …… (411)

• BEIJING POLYTECHNIC COLLEGE •

Introduction …… (412)

Cooperation agreement signed with Hainan Airlines …… (413)

• BEIJING VOCATIONAL COLLEGE OF ELECTRONIC SCIENCE •

Introduction …… (413)

School-enterprise cooperation agreement signed …… (415)

United laboratory established with American company …… (416)

• BEIJING VOCATIONAL COLLEGE OF FINANCE AND COMMERCE •

Introduction …… (416)

Culture courses for Beijing business people started trial stage …… (416)

First doctor's studio established …… (418)

• BEIJING INSTITUTE OF ECONOMIC MANAGEMENT •

Introduction …… (418)

SECONDARY VOCATIONAL EDUCATION

Introduction …… (419)

8 secondary vocational schools organized to attend service for Olympics directly …… (419)

Major and layout adjusted …… (420)

2nd round curriculum reform of vocational education started …… (420)

NATIONAL KEY MIDDLE VOCATIONAL SCHOOL

• BEIJING SHICHAHAI SPORTS SCHOOL •

Introduction …… (420)

• BEIJING COMMERCE AND TECHNOLOGY SCHOOL •

Introduction …… (421)

• BEIJING WATER CONSERVANCY SCHOOL •

Introduction …… (421)

• BEIJING CITY CONSTRUCTION SCHOOL •

Introduction …… (422)

• BEIJING AUTOMATIZATION TECHNOLOGH SCHOOL •

Introduction …… (422)

• BEIJING CONTRUCTION MATERIAL INDUSTRY SCHOOL (BEIJING JINYU TECHNOLOGY SCHOOL) •

Introduction …… (423)

• BEIJING COMMERCE SCHOOL •

Introduction …… (424)

• BEIJING TRANSPORT SCHOOL •

Introduction …… (424)

• BEIJING COMMERCE AND TRADE SCHOOL •

Introduction …… (426)

• BEIJING FOREIGN AFFAIRS SCHOOL •

Introduction …… (426)

• BEIJING JINSONG VOCATIONAL SCHOOL •

Introduction …… (427)

• BEIJING SHIMEN VOCATIOANL SCHOOL •

Introduction …… (427)

• BEIJING QIUSHI VOCATIONAL SCHOOL •

Introduction …… (427)
· BEIJING VOCATIONAL SCHOOL OF DONGCHENG DISTRICT ·
Introduction …… (428)
· BEIJING NO. 1 VOCATIONAL SCHOOL OF XUANWU DISTRICT ·
Introduction …… (429)
· BEIJING VOCATIONAL SCHOOL OF FENGTAI DISTRICT ·
Introduction …… (429)
· BEIJING HUANGZHUANG VOCATIONAL SCHOOL ·
Introduction …… (430)
· BEIJING VOCATIONAL SCHOOL OF CHANGPING DISTRICT ·
Introduction …… (431)
· BEIJING NO. 1 VOCATIONAL SCHOOL OF DAXING DISTRICT ·
Introduction …… (432)
· BEIJING VOCATIONAL SCHOOL OF HUAIROU DISTRICT ·
Introduction …… (433)
· BEIJING NO. 1 VOCATIONAL SCHOOL OF PINGGU DISTRICT ·
Introduction …… (434)
· BEIJING VOCATIONAL SCHOOL OF MIYUN COUNTY ·
Introduction …… (435)
· BEIJING NO. 1 VOCATIONAL SCHOOL OF YANQING COUNTY ·
Introduction …… (435)
ADULT HIGHER EDUCATION
Introduction …… (436)
Newly added adult higher education majors publicized …… (436)
"Credit Bank" majors added up to 9 …… (436)
Off—campus learning center in Beijing evaluated …… (436)
INDEPENDENT ADULT HIGHER EDUCATION INSTITUTION
· CHINA CENTRAL RADIO AND TV UNIVERSITY ·
Introduction …… (437)
CRTVU channel of China. com launched …… (437)
· BEIJING COLLEGE OF EDUCATION ·
Introduction …… (438)
Training on "green teaching" started …… (439)
Training on full—time and part—time teachers for middle and primary school teacher training organization held …… (439)
State level training for sport teachers in 12 western provinces undertaken …… (440)
· BEIJING RADIO AND TELEVISION UNIVERSITY ·
Introduction …… (441)
· BEIJING XUANWU HONGQI SPARE—TIME UNIVERSITY ·
Introduction …… (442)
· BEIJING FEDERATION OF TRADE UNIONS COLLEGE ·
Introduction …… (443)
Beijing Federation of Trade Unions forum held …… (443)
· BEIJING XICHENG ECONOMIC SCIENCE COLLEGE ·
Introduction …… (444)
RURAL ADULT EDUCATION
Farmer education and training class vehicle equipped …… (445)
Demonstration adult school of towns evaluated …… (445)
Farmer life long education system set up …… (446)
STUDY—MODEL CITY CONSTRUCTION
Advanced learning school and learning city evaluated …… (446)
"Construction of A Learning City" published …… (446)

PRIVATE EDUCATION

SUMMARY …… (449)
OVERALL WORKS
PRIVATE HIGHER EDUCATION
Private higher education institutions with qualified condition publicized …… (450)
Employment recruitment conference for private universities and colleges held …… (450)
Enrollment instructions and advertisement record completed …… (451)
PRIVATE INSTITUTE
· BEIJING CITY UNIVERSITY ·
Introduction …… (451)
Cooperation agreement signed with 2 foreign universities …… (451)
Academic seminar on Sino—Japan relations held …… (452)
· PEKING UNIVERSITY FOUNDER TECHNOLOGY COLLEGE ·
Introduction …… (453)
Study visa application for Sino—Canada class all passed …… (454)
Passing rate of assistant Engineer in national software test reached 99% …… (454)

· *BEIJING ECONOMICS AND TRADE INSTITUTE* ·

Introduction ………… (454)

· *BEIJING INSTITUTE OF ECONOMIC AND TECHNOLOGY* ·

Introduction ………… (455)

· *BEIJING INSTITUTE OF SCIENCE AND TECHNOLOGY MANAGEMENT* ·

Introduction ………… (455)

· *BEIJING SCIENCE AND TECHNOLOGY COLLEGE* ·

Introduction ………… (456)

· *BEIJING GEELY UNIVERSITY* ·

Introduction ………… (456)

All students studying in England graduate ………… (457)

Students went to France for language cooperation project ………… (457)

· *BEIJING PEILI VOCATIONAL COLLEGE* ·

Introduction ………… (458)

· *KEDE COLLEGE OF CAPITAL NORMAL UNIVERSITY* ·

Introduction ………… (460)

Cooperation agreement signed with foreign universities ………… (460)

· *CENTURY INSTITUTE OF BEIJING UNIVERSITY OF POSTS AND TELECOMMUNICATIONS* ·

Introduction ………… (461)

Cooperation agreement signed with 6 enterprises ………… (461)

Money donated to support study of 2 students in Sichuan disaster area ………… (461)

· *GENGDAN INSTITUTE OF BEIJING POLYTECHNIC UNIVERSITY* ·

Introduction ………… (462)

· *BEIJING HOSPITALITY INSTITUTE OF BISU* ·

Introduction ………… (462)

· *BEIJING NEW YUANMING VOCATIONAL COLLEGE* ·

Introduction ………… (463)

PRIVATE HIGHER EDUCATION ORGANS

· *BEIJNG BEIDA SOURCE INSTITUTE* ·

Introduction ………… (463)

· *BEIJING UNIVERSITY OF FINANCE & ECONOMICS* ·

Introduction ………… (464)

· *BEIJING UNIVERSITY FOR BUSINESS ADMINISTRATION* ·

Introduction ………… (464)

· *BEIJING UNIVERSITY OF ARTS AND SCIENCE* ·

Introduction ………… (465)

· *BEIJING INSTITUTE OF PERFORMING ARTS* ·

Introduction ………… (466)

· *CHINA MANAGEMENT SOFTWARE INSTITUTE* ·

Introduction ………… (466)

· *BEIJING RENWEN UNIVERSITY* ·

Introduction ………… (466)

· *BEIJING UNIVERSITY OF APPLIED TECHNOLOGY* ·

Introduction ………… (467)

· *CHINA UNIVERSITY OF INFORMATION ENGINEERING* ·

Introduction ………… (468)

PRIVATE KINDERGARTEN /PRIMARY/ MIDDLE SCHOOL EDUCATION

Huairou District holds conference on private education ………… (469)

Tongzhou District issues 71 permits for running education ………… (469)

1st training for private kindergartens held ………… (470)

Addition of administrative license for private schools legally approved ………… (470)

PRIVATE KINDERGARTEN /PRIMARY/ MIDDLE SCHOOLS

· *DADI EXPERIMENTAL KINDERGARTEN OF CHONGWEN DISTRICT* ·

Introduction ………… (471)

· *YUNQIAO SKY KINDERGARTEN OF TONGZHOU DISTRICT* ·

Introduction ………… (471)

· *DALONG EXPERIMENTAL KINDERGARTEN OF SHUNYI DISTRICT* ·

Introduction ………… (472)

· *BOYA KINDERGARTEN OF HUAIROU DISTRICT* ·

Introduction ………… (472)

· *NO. 5 KINDERGARTEN OF PINGGU DISTRICT* ·

Introduction ………… (472)

· *CHENGYUAN KINDERGARTEN OF YANQING COUNTY* ·

Introduction ………… (473)

· *YIHAI BRANCH OF BEIJING NO. 2 EXPERIMENTAL PRIMARY SCHOOL* ·

Introduction ………… (473)

· *BEIJING HUIJIA PRIVATE SCHOOL* ·

Introduction ………… (474)

· *EXPERIMENTAL SCHOOL OF BEIJING ECONOMY AND TECHNOLOGY DEVELOPMENT AREA* ·
Introduction ………………………………………… (474)
· *BEIJING LIMAI SCHOOL (BEIJING NEW TALENT SCHOOL)* ·
Introduction ………………………………………… (475)
· *EXPERIMENTAL SCHOOL ATTACHED TO PKU* ·
Introduction ………………………………………… (475)
· *BEIJING JUNYI PRIVATE MIDDLE SCHOOL* ·
Introduction ………………………………………… (476)

MORAL PHYSICAL AND ART EDUCATION

SUMMARY ………………………………………… (479)
MORAL EDUCATION
· *MORAL EDUCATION* ·
Online parents school launched …………………… (480)
Excellent students of Beijing honored ……………… (480)
Middle school forum on current affairs launched ………………………………………… (480)
· *SPECIALIZED EDUCATION* ·
Skills competition to greet Olympics of reformatory school held ………………………… (482)
Yuhua school 30th anniversary celebrated ………… (482)
PHYSICAL HYGIENE
· *SPORTS* ·
Table tennis match for municipal primary and middle school students organized ………………… (483)
Long distance running competition for municipal primary and middle school students organized …… (483)
Shuttlecock playing match for municipal primary and middle school students organized …………… (483)
Rope skipping match for municipal primary and middle school students organized ………………… (483)
Roller skating match for municipal primary and middle school students organized ………………… (483)
46th middle school student track meeting held ………………………………………… (484)
46th university student track meeting held ……… (484)
Capital university student long distance running activity organized …………………………… (484)
Middle school student rugby invitational tournament organized ………………………………………… (485)
Primary and middle school student taekwondo competition organized …………………………… (485)
· *MILITARY EDUCATION* ·
Student orienteering championship (invitational) organized ………………………………………… (486)
Knowledge of training organized by universities Orienteering ………………………………………… (487)
· *CAMPUS HYGIENE* ·
Protection of eyesight of primary and middle school students enhanced ………………………… (487)
First seminar on education of adolescence for primary and middle schools held ………………… (488)
ART AND EXTRACURRICULAR EDUCATION
· *ART EDUCATION* ·
The 11th student art festival held ………………… (488)
Olympic culture festival held ……………………… (489)
· *EXTRACURRICULAR EDUCATION* ·
China Adolescents Science & Technology Innovation Contest held …………………………… (489)
Feature seminar on US science and technology education conducted …………………………… (490)
26th Beijing student science and technology festival held ………………………………………… (491)

SCIENTIFIC RESEARCH

SUMMARY ………………………………………… (495)
OVERALL WORKS
23 works get support from National Publication Foundation ………………………………………… (496)
3 national key laboratories evaluated to be excellent ………………………………………… (496)
2 Beijing Key Laboratories added ………………… (497)
SCIENCE AND TECHNOLOGY
Planning of joint construction project implemented continuously ………………………………………… (498)
Municipal human and social scientific research project defined ………………………………………… (498)
ACHIEVEMENTS IN SCIENTIFIC RESEARCH
3 units obtain prize for progress in national science and technology ………………………………… (499)
SCIENTIFIC RESEARCH MANAGEMENT
Submission of national educational science projects organized ………………………………………… (500)
EDUCATIONAL SCIENCE RESEARCH
General meeting of Beijing key higher education institutions held ………………………………… (500)
1st academic annual meeting of scientific research personnel of counties and districts held ………… (500)
EDUCATION AND TEACHING RESEARCH
Seminar on development of preschool education held ………………………………………… (501)
Training on teachers of high schools completed … (501)

Site meeting of network teaching held …………… (502)
TEXTBOOK COMPILATION
Introduction …………………………………………… (502)
Experimental training of textbook reform conducted …………………………………………… (502)

TEACHERS DEVELOPMENT

SUMMARY …………………………………………… (505)
OVERALL WORKS
26 teachers included in the "BaiQianWan" Talent Program …………………………………… (506)
53 teachers included in Cheung Kong Scholars Program …………………………………………… (506)
Enhancement of talent education plan implemented …………………………………………… (507)
Prize for Beijing People's Teachers selected ……… (507)
42 teams selected as national teaching teams ……… (507)
TEACHERS MANAGEMENT
Selection of university graduates to support teaching in rural areas continued ………………… (509)
Administration method of special—grade teachers issued …………………………………… (509)
TECHNICAL TITLE AND QUALIFICATION ASSESSMENT
Annual examination of teacher's qualifications organized …………………………………………… (510)
11223 teachers pass the assessment of teacher's qualifications …………………………… (510)

ENROLLING AND TESTING

SUMMARY …………………………………………… (513)
OVERALL WORKS
Remote electronic patrol system completed ……… (514)
ENROLLMENT OF SENIOR MIDDLE SCHOOLS
Introduction …………………………………………… (514)
Senior middle school entrance examination completed …………………………………………… (515)
Reading and grading of examination papers from disabled students completed ……………………… (515)
Enrollment of senior middle schools completed …………………………………………… (515)
UNIFIED TESTS OF GRADUATION OF SENIOR HIGH SCHOOL
Introduction …………………………………………… (515)
Spring unified tests of graduation of senior high school completed …………………………………… (516)
Summer unified tests of graduation of senior high school completed …………………………………… (516)
ENROLLMENT OF HIGHER EDUCATION INSTITUTIONS
Introduction …………………………………………… (516)
Reading and grading of university entrance examination papers completed …………………… (516)
Admission standard of university entrance defined …………………………………………… (516)
ENROLLMENT OF POSTGRADUATES
Introduction …………………………………………… (517)
National Entrance Test for MA/MS Candidates completed …………………………………………… (517)
Graduate enrollment completed …………………… (517)
ENROLLMENT ADULT HIGHER EDUCATION SCHOOLS
Introduction …………………………………………… (518)
National entrance examination of adult higher education schools completed ……………………… (518)
Lowest admission standard for adult higher education schools defined ………………………… (518)
EUROLLMENT OF SELF—TAUGHT STUDENTS OF HIGHER EDUCATION
Introduction …………………………………………… (518)
Self—study examination of the first half year completed …………………………………………… (519)
Online consultation of self—study examination conducted …………………………………………… (519)
Self—study examination of the second half year completed …………………………………… (520)
Graduates' reexamination of the second half year completed …………………………………… (520)
SOCIAL ORGANIZED TEST
Introduction …………………………………………… (520)
National youth's computer test conducted ………… (520)
Beijing English proficiency test conducted ………… (521)
National computer rank test conducted …………… (521)
Beijing spoken English certificate test conducted …………………………………………… (521)
COOPERATIVELY ORGANIZED TEST BY CHINA AND FOREIGN COUNTRIES
Introduction …………………………………………… (521)
Spoken English Grading Test conducted ………… (521)
SOCIAL COMMISSION EXAM
Social recruitment examination for Olympic committee completed ……………………………… (522)
National English grading test completed ………… (522)

INTERNATIONAL EXCHANGE AND COOPERATION

SUMMARY …………………………………………… (525)

OVERALL WORKS
International education exposition held …… (526)
Beijing Forum of Nobel Prize Winners held …… (526)
Citizens speaking English activity conducted …… (526)
CHINA—FOREIGN COOPERATIVE SCHOOLING
1 China—foreign cooperative institution and 6 projects approved …… (526)
8 modified China—foreign cooperative projects approved …… (527)
8 China—foreign cooperative institutions and 47 projects passed reexamination …… (527)
FRIENDLY INTERCOURSE
American and British Education Delegation received …… (527)
French Education Delegation received …… (527)
Moscow Government Delegation received …… (527)
South African Education Delegation received …… (527)
Japanese Education Delegation received …… (527)
Australian Education Delegation received …… (528)
German Baden—Wuerttemberg Education Delegation received …… (528)
British higher Education Delegation received …… (528)
Overseas exchange and visit of teachers and students organized …… (528)
FOREIGN STUDENTS EDUCATION AND MANAGEMENT
Schools for children of foreign people examined …… (528)
2568 foreign students win scholarship …… (528)
Chinese speech contest for foreign students conducted …… (528)
Number of foreign university students increased …… (529)
2 universities approved to receive foreign students …… (529)
Management of schools for children of foreign people improved …… (529)
13 schools qualified to recruit overseas students …… (529)
INTERNATIONAL PROMOTION OF CHINESE
Chinese language festival for foreign students in primary and middle schools conducted …… (529)
10 Confucius colleges and 2 Confucius classes newly added …… (529)
Training on Talent Introduction and Government — Sponsored Study Abroad443 applications for government—sponsored study abroad processed …… (530)
3522 people foreign educational expert employed …… (530)
10 bases for promotion of Chinese language in primary and middle schools newly built …… (530)

OLYMPIC EDUCATION

SUMMARY …… (533)
OVERALL WORKS
World track stars offer assistance to track training classes for spare—time track sport in middle schools …… (534)
Summary and mobilization meeting on preparation for Beijing Olympics and Paralympics held …… (534)
Kick—off ceremony of Olympic and Paralympic volunteers conducted …… (535)
Exhibition of achievements from Beijing Olympic education held …… (535)
Teachers and students of the education sector participate in Torch Relay …… (536)
60000 university teachers and students organized to watch Olympic Games …… (537)
13 collectives and 34 individuals honored by the Central Committee …… (537)
CONSTRUCTION OF MODEL SCHOOLS FOR OLYMPICS EDUCATION
Beijing No. 27 Middle School conducted activity of Beijing—Mongolia teachers and students to greet Olympics …… (538)
Model schools organized to join hands with schools outside Beijing to watch exhibition of achievements from Olympics education …… (538)
Beijing No. 8 Middle School formulated Olympics education manual …… (539)
Beijing Vocational Centre School of Fengtai District conducts educational activity of "Greet Olympics, Promote Harmony" …… (539)
4 schools in Changping District joined hands for Olympics …… (539)
Luhe Middle School conducted seminar of "Beijing Olympics and Rising of China" …… (539)
"TRUE LOVE KNOT" EXCHANGE
• *"TRUE LOVE KNOT" EXCHANGING ACTIVITIES* •
Tajikistan ambassador visited Beijing Jinsong No. 4 Primary School …… (540)
Speaker of the House of Kazakhstan visited Beijing Qianmen Foreign Language School …… (540)
Jamaica ambassador to China visited Beijing No. 1 Primary School of Fengtai District …… (540)

Palestine ambassador visited Beijing No. 5 Primary School of Fengtai District ………… (540)
Students from Beijing No. 8 Middle School discussed climate change with British Minister for Foreign Affairs ………… (540)
Beijing Gucheng No. 2 Primary School of Shijingshan District celebrated the first anniversary of Sino—Sri Lanka friendly class ………… (541)
Beijing Wuluju No. 1 Middle School received Chairman of Angora Olympics Organizing Committee ………… (541)
Chairman of Malawi Olympic Committee visited branch of Beijing Dayu Middle School ………… (541)
Chairman of Kiribati Olympic Committee visited Beijing No. 2 Primary School of Daxing District ………… (541)
First—lady of Vanuatu and her group visited Experimental Primary School of Shijingshan District ………… (541)
Beijing Chenjinglun Middle School received Canadian Olympic champion visiting group ………… (541)
Chairman of Singapore Sports Council visited Beijing No. 9 Middle School ………… (541)
Rwanda ambassador to China visited Fangchengyuan Primary School ………… (541)
First—lady of Sierra Leone visited Bajiao—Beilu Primary School ………… (541)
Baijiazhuang Primary School received Chairman of International Paralympic Committee ………… (541)
Ambassador visited No. 2 Middle School of Changping District ………… (541)
First—lady of Japan visited Huajiadi Experimental Primary School ………… (541)
Head of San Marino visited No. 3 Experimental Primary School of Haidian District ………… (542)
President of Cyprus visited Zhongguancun No. 4 Primary School ………… (542)
Qatar sports delegation visited Dongtiejiangying No. 1 Primary School ………… (542)
President of Bulgaria visited branch of No. 14 Middle School ………… (542)
Chile Olympic committee delegation visited Xiluoyuan No. 5 Primary School ………… (542)
Samaranch visited middle school attached to Central Academy of Fine Arts ………… (542)
Members of EU Committee visited No. 8 Middle School ………… (542)
Primary School attached to XuanShi and Poland Paralympic delegation attended reception of "Poland Paralympics Day" ………… (542)

• *"TRUE LOVE KNOT" EDUCATION ACTIVITIES* •

Tuanjiehu Primary School visited Maldives ………… (543)

• *"TRUE LOVE KNOT" SCHOOLS WELCOME GUESTS IN OLYMPIC VILLAGE* •

Dingxiang Primary School participated in the ceremony of welcoming Aruba ………… (544)
Middle School attached to Central Academy of Fine Arts participated in ceremony of athletes entering Olympic village ………… (544)

• *BEIJING OLYMPIC YOUTH CAMP* •

Introduction ………… (544)
Opening ceremony of Beijing Olympic Youth Camp ………… (544)
Organization of a series of activities to experience the Olympic Games ………… (545)
Torch relay in the camp site of the Beijing Olympic Youth Camp ………… (545)

OLYMPICS EDUCATION ACTIVITY

• *SPORTS ACTIVITY* •

Mentougou District organized cheer leading match ………… (546)
Zaoying Primary School conducted sports cultural exchange activity with German students ………… (546)

• *CULTURE ACTIVITY* •

BUCT launched Olympic culture festival ………… (549)
Activity of Chinese medical culture entering campus launched ………… (550)
Beijing Paralympic International Forum held ………… (550)
Banchang Primary School conducted torch relay match for Olympics count down 50 days ………… (551)
Peizhi Centralized School of Xuanwu District conducted activity to greet Olympics ………… (551)

OLYMPICS EDUCATION AND TRAINING

Training for Olympic volunteers from universities conducted ………… (552)
UIBE conducted English training for volunteers ………… (553)
Olympic volunteers from Vocational School of Changping District completed skill training ………… (554)

POPULARIZATION OF OLYMPIC KNOWLEDGE

No. 1 Hepingli Primary School conducted promotion of laws ………… (554)
BVCA established "Olympic books shelf" ………… (555)
BIFCM conducted Olympics class ………… (555)

CIVILIZATION AND ETIQUETTE EDUCATION

Vocational School of Miyun County held seminar on etiquette knowledge ………… (556)
Gongren Zidi Primary School of Mentougou District conducted cultivation of students civilization and quality ………… (556)

No. 2 Primary School of Yanqing County made Olympic promise card ······ (557)
Chongwen District conducted "Middle School Olympic Etiquette Knowledge Contest" ······ (557)
VOLUNTEERS SERVINGS
46 BDA students assumed the role of Olympic guides ······ (559)
Teachers and students of friendly school of BISU became overseas Olympic volunteers ······ (560)
741 Olympic volunteers from CUFE ······ (560)
BISU volunteers assisted the launching of foreign language hotline at Chaoyang Police Station ······ (560)
volunteers from UIR served for Olympics ······ (560)
No. 3 Hospital attached to BUCM provide medical service for Olympic volunteers ······ (561)
7 girl students from Beijing Geely University worked as guides for the Opening Ceremony of Olympics ······ (562)
Students of No. 2 Middle School participated in artistic performanced at the Opening Ceremony of Olympics ······ (562)
BISU selected 1400 specialized volunteers for Olympics ······ (563)
BUCT completed voluntary service for Paralympics at the National Stadium ······ (563)
HIGH—TECH OLYMPICS
Blasting technique of BeiGongYuan helped carving out of a cliff with China character ······ (564)
Flower bunch used for rewarding ceremonies designed by BFU professor made public ······ (565)
BFU students completed landscaped design for water park of Shunyi District ······ (565)
BIT delivered purely power—driven bus to Olympics Organizing Committee ······ (565)
BICT completed design of uniforms Paralympics ······ (565)
Teachers and students from Beijing Landscape Architecture School participated in inspection of surrounding plants of Olympic stadiums ······ (565)
BPU developed Olympic transportation simulation system ······ (565)
"Mobile car—bottom inspection system" developed by BUAA put into use ······ (565)
BIT developed panoptic intelligent simulation arranging system for the opening and closing ceremony of Olympics ······ (566)
BIT undertaked firework research for the opening and closing ceremony of Olympics ······ (566)
GREEN OLYMPICS
Zhongshanjie Primary School conducted green ambassador activity ······ (567)
Vocational School of Changping District launched green ribbon activity ······ (567)
BDA conducted activity to promote green Olympics in the suburban area ······ (567)
Luhe Middle School conducted promotion of Love Bird Week ······ (567)
Dongcheng District organized creative environmentally friendly bag design competition for green Olympics ······ (568)
OLYMPIC STADIUMS AND GYMNASIUMS
· *PKU GYMNASIUM* ·
Introduction ······ (569)
· *BJUT GYMNASIUM* ·
Introduction ······ (569)
· *BUAA GYMNASIUM* ·
Introduction ······ (570)
· *BIT GYMNASIUM* ·
Introduction ······ (570)
· *USTB GYMNASIUM* ·
Introduction ······ (571)
· *CAU GYMNASIUM* ·
Introduction ······ (571)

DISTRICT AND COUNTY EDUCATION

DONGCHENG DISTRICT
· *OVERALL WORKS* ·
Seminar on moral education in Beijing, Tianjin, Shanghai and Chongqing held ······ (575)
Workshop on sustainable development conducted ······ (576)
· *PRESCHOOL EDUCATION* ·
Introduction ······ (576)
Evaluation of basic skills of nursery teachers conducted ······ (576)
· *FUNDAMENTAL EDUCATION* ·
Introduction ······ (577)
Special discussion about high school curriculum reform conducted ······ (577)
The 5th Beijing—HongKong online communication held ······ (578)
· *VOCATIONAL AND ADULT EDUCATION* ·
Introduction ······ (578)
· *EDUCATION SUPERVISION* ·
Introduction ······ (579)
XICHENG DISTRICT
· *OVERALL WORKS* ·
2 schools cancelled ······ (580)
Legal education textbooks distributed to primary

and middle schools ······ (580)
3 schools stopped experiment of education system reform ······ (580)
· PRESCHOOL EDUCATION ·
Introduction ······ (581)
Coordination of early education in community held ······ (581)
· FUNDAMENTAL EDUCATION ·
Introduction ······ (582)
Evaluation of excellent class teaching organized ··· (583)
Training on juvenile education teachers conducted ······ (583)
Meeting on construction key middle schools held ······ (583)
· VOCATIONAL AND ADULT EDUCATION ·
Introduction ······ (583)
Work of building learning schools summarized ······ (584)
· EDUCATION SUPERVISION ·
Introduction ······ (585)
CHONGWEN DISTRICT
· OVERALL WORKS ·
Primary and middle track meet held ······ (586)
Income of educational expenses steadily increased ······ (586)
322 children of floating population accepted into schools ······ (587)
Lin Desen selected as one of 100 national excellent physical teachers ······ (587)
· PRESCHOOL EDUCATION ·
Introduction ······ (588)
· FUNDAMENTAL EDUCATION ·
Introduction ······ (589)
Primary school curriculum reform and campus exhibition conducted ······ (590)
Seminar on outstanding feature of Chongwen Primary School held ······ (590)
Work meeting on middle school teaching held ······ (591)
· VOCATIONAL AND ADULT EDUCATION ·
Introduction ······ (592)
Remote education and training station of television university established ······ (593)
People's life—long study week organized ······ (593)
· EDUCATION SUPERVISION ·
Introduction ······ (593)
XUANWU DISTRICT
· OVERALL WORKS ·
Activities of science and technology festival conducted ······ (594)
Measures taken to lighten students' homework burden ······ (595)
· PRESCHOOL EDUCATION ·
Introduction ······ (595)
Free education cards for children at 0 — 3 years old issued ······ (595)
· FUNDAMENTAL EDUCATION ·
Introduction ······ (596)
Psychological consultation on middle school and university entrance examination provided ······ (596)
Interschool optional course project for middle schools launched ······ (597)
· VOCATIONAL AND ADULT EDUCATION ·
Introduction ······ (597)
· EDUCATION SUPERVISION ·
Introduction ······ (598)
CHAOYANG DISTRICT
· OVERALL WORKS ·
13 school establishments cancelled ······ (599)
2 schools changed names ······ (600)
Three middle schools newly established ······ (600)
· PRESCHOOL EDUCATION ·
Introduction ······ (601)
Evaluation of basic skills of teachers conducted ··· (601)
· FUNDAMENTAL EDUCATION ·
Introduction ······ (601)
Construction of characteristic primary school projects launched ······ (602)
National forum for headmasters of primary and middle schools held ······ (603)
· VOCATIONAL AND ADULT EDUCATION ·
Introduction ······ (603)
Skill contest of vocational schools held ······ (603)
· EDUCATION SUPERVISION ·
Introduction ······ (604)
FENGTAI DISTRICT
· OVERALL WORKS ·
Education and research sponsorship plan implemented ······ (606)
· PRESCHOOL EDUCATION ·
Introduction ······ (606)
Training for nursery governess held ······ (606)
· FUNDAMENTAL EDUCATION ·
Introduction ······ (607)
Forum on growth of young teachers held ······ (608)
Forum on moral education of principals held ······ (608)
· VOCATIONAL AND ADULT EDUCATION ·
Introduction ······ (609)
Communication meeting on vocational and adult education held ······ (609)
· EDUCATION SUPERVISION ·
Introduction ······ (609)
SHIJINGSHAN DISTRICT
· OVERALL WORKS ·

Scientific evaluation management implemented …… (610)
Excellent head teachers rewarded …………………… (611)
· *PRESCHOOL EDUCATION* ·
Introduction ………………………………………… (612)
Workshop for cultivation of preschool teachers established ………………………………………… (612)
· *FUNDAMENTAL EDUCATION* ·
Introduction ………………………………………… (613)
primary and middle school students reading contest held ………………………………………… (613)
· *VOCATIONAL AND ADULT EDUCATION* ·
Introduction ………………………………………… (614)
Comprehensive course week of vocational education held ………………………………………… (614)
1st foreign volunteer obtained certificate ………… (615)
· *EDUCATION SUPERVISION* ·
Introduction ………………………………………… (615)
HAIDIAN DISTRICT
· *OVERALL WORKS* ·
British education delegation received education and training in Haidian District …………………… (617)
Teachers' reading project summarized ……………… (617)
· *PRESCHOOL EDUCATION* ·
Introduction ………………………………………… (617)
Training on management of headmasters conducted ………………………………………… (618)
· *FUNDAMENTAL EDUCATION* ·
Introduction ………………………………………… (618)
Achievements from class observation and research exhibited ………………………………… (618)
Children Beijing opera training base established … (620)
Primary school teaching meeting held …………… (620)
· *VOCATIONAL AND ADULT EDUCATION* ·
Introduction ………………………………………… (621)
Village—level community education schools established ………………………………………… (621)
· *EDUCATION SUPERVISION* ·
Introduction ………………………………………… (622)
MENGTOUGOU DISTRICT
· *OVERALL WORKS* ·
Cooperation agreement signed with Xicheng District ………………………………………………… (623)
Responsibilities of the township government in education administration defined ………………… (623)
· *PRESCHOOL EDUCATION* ·
Introduction ………………………………………… (624)
2 kindergartens approved as early education bases ………………………………………………… (624)
· *FUNDAMENTAL EDUCATION* ·
Introduction ………………………………………… (624)
Seminar on construction of school curriculum held ………………………………………………… (625)
Primary school teachers' class teaching contest held ………………………………………… (626)
· *VOCATIONAL AND ADULT EDUCATION* ·
Introduction ………………………………………… (626)
Construction of learning city enhanced …………… (626)
Farmer education system evaluated ………………… (627)
· *EDUCATION SUPERVISION* ·
Introduction ………………………………………… (627)
FANGSHAN DISTRICT
· *OVERALL WORKS* ·
Compulsory education of children of external workers guaranteed ……………………………… (628)
· *PRESCHOOL EDUCATION* ·
Introduction ………………………………………… (629)
Rapid and sound development of preschool education ………………………………………… (629)
· *FUNDAMENTAL EDUCATION* ·
Introduction ………………………………………… (630)
1st school sports club established ………………… (630)
22 students of Tibetan nationality admitted in junior middle schools free of charge ……………… (630)
· *VOCATIONAL AND ADULT EDUCATION* ·
Introduction ………………………………………… (631)
Shilou Town opened new type class for farmers ………………………………………………… (632)
5938 people participated in national higher education exams for self—taught adults ………… (632)
· *EDUCATION SUPERVISION* ·
Introduction ………………………………………… (632)
TONGZHOU DISTRICT
· *OVERALL WORKS* ·
Art festival for primary and middle school students organized ………………………………… (633)
4 rural primary and middle schools cancelled ………………………………………………… (633)
· *PRESCHOOL EDUCATION* ·
Introduction ………………………………………… (634)
· *FUNDAMENTAL EDUCATION* ·
Introduction ………………………………………… (635)
Excellent class teachers rewarded ………………… (635)
Primary and middle school student track meeting held ………………………………………… (636)
Forum of headmasters of primary and middle schools held ………………………………………… (637)
· *VOCATIONAL AND ADULT EDUCATION* ·
Introduction ………………………………………… (637)
Training on practical technique for farmers conducted ………………………………………… (637)
· *EDUCATION SUPERVISION* ·
Introduction ………………………………………… (638)

SHUNYI DISTRICT

· *OVERALL WORKS* ·

Teachers with excellent morality rewarded ········ (639)

1st educational yearbook of Shunyi District published ······ (640)

· *PRESCHOOL EDUCATION* ·

Introduction ······ (640)

Training on child care education project held ······ (641)

· *FUNDAMENTAL EDUCATION* ·

Introduction ······ (641)

Students of famous teachers project implemented ······ (642)

Municipal experts employed to train young teachers ······ (643)

· *VOCATIONAL AND ADULT EDUCATION* ·

Introduction ······ (643)

Work meeting on adult and vocational education held ······ (643)

Work meeting on construction of learning society held ······ (643)

· *EDUCATION SUPERVISION* ·

Introduction ······ (644)

CHANGPING DISTRICT

· *OVERALL WORKS* ·

Off—campus educational association established ······ (645)

Achievements from 17th educational science and technology research reviewed ······ (646)

· *PRESCHOOL EDUCATION* ·

Introduction ······ (646)

Activity of early education in mountain areas conducted ······ (646)

· *FUNDAMENTAL EDUCATION* ·

Introduction ······ (647)

Free physical checking for primary and middle school students completed ······ (647)

Seminar on teaching of English stories in primary schools conducted ······ (648)

Senior study and training class for backbone teachers organized ······ (649)

· *VOCATIONAL AND ADULT EDUCATION* ·

Introduction ······ (650)

English proficiency test conducted ······ (650)

· *EDUCATION SUPERVISION* ·

Introduction ······ (650)

DAXING DISTRICT

· *OVERALL WORKS* ·

Educational aid foundation established ······ (651)

Study and training base for national rural primary school headmasters established ······ (652)

Treatment of rural teachers raised ······ (652)

· *PRESCHOOL EDUCATION* ·

Introduction ······ (653)

Educational research on rural kindergartens conducted ······ (653)

Contest of basic skills of kindergarten teachers organized ······ (654)

· *FUNDAMENTAL EDUCATION* ·

Introduction ······ (654)

Work meeting on primary school education held ··· (654)

Work meeting on middle school education held ······ (654)

Network research of primary school English teaching held ······ (655)

Contest of basic skills of teachers organized ······ (655)

Educational research week held ······ (656)

· *VOCATIONAL AND ADULT EDUCATION* ·

Introduction ······ (657)

Work meeting on vocational and adult education held ······ (657)

· *EDUCATION SUPERVISION* ·

Introduction ······ (657)

HUAIROU DISTRICT

· *OVERALL WORKS* ·

Single—wheel vehicle team won national prize ······ (659)

· *PRESCHOOL EDUCATION* ·

Introduction ······ (660)

Kindergarten business management cadres trained ······ (660)

· *FUNDAMENTAL EDUCATION* ·

Introduction ······ (660)

Training class on electronic management of students' archives conducted ······ (661)

Research on multinational culture merging education conducted ······ (661)

· *VOCATIONAL AND ADULT EDUCATION* ·

Introduction ······ (662)

Practical technical training for rural women conducted ······ (663)

Training on technique of fruit tree trimming conducted ······ (663)

· *EDUCATION SUPERVISION* ·

Introduction ······ (663)

PINGGU DISTRICT

· *OVERALL WORKS* ·

Work meeting on flood prevention and house protection held ······ (664)

Regional education cooperation project launched ······ (664)

· *PRESCHOOL EDUCATION* ·

Introduction ······ (664)

Child English teaching popularized ······ (665)

· *FUNDAMENTAL EDUCATION* ·

Introduction ………………………………………… (665)
Recycle use of primary and middle school textbooks promoted ……………………………… (666)
Test on high school teachers' reading of textbooks completed ……………………………… (667)
• *VOCATIONAL AND ADULT EDUCATION* •
Introduction ………………………………………… (668)
Work meeting on adult education held …………… (668)
Academic education and training class for rural cadres conducted …………………………… (669)
• *EDUCATION SUPERVISION* •
Introduction ………………………………………… (669)
MIYUN COUNTY
• *OVERALL WORKS* •
Team construction of cadre teachers enhanced …… (671)
Ten best head teachers selected …………………… (671)
• *PRESCHOOL EDUCATION* •
Introduction ………………………………………… (671)
Exchange of township preschool education conducted ………………………………………… (672)
• *FUNDAMENTAL EDUCATION* •
Introduction ………………………………………… (672)
Training meeting on middle school teaching administration held ………………………………… (672)
Measures taken to guarantee "one hour" exercise ………………………………………… (673)
Stage construction of teaching resource bank completed ………………………………………… (674)
• *VOCATIONAL AND ADULT EDUCATION* •
Introduction ………………………………………… (674)
Seminar on academic education for farmers held … (674)
Illiteracy elimination work summarized …………… (675)
• *EDUCATION SUPERVISION* •
Vocational education supervised and inspected …… (676)
YANQING COUNTY
• *OVERALL WORKS* •
40 university graduates came to Yanqing County to support teaching ……………………… (677)
16 schools provided school buses ………………… (678)
• *PRESCHOOL EDUCATION* •
Introduction ………………………………………… (678)
Contest of basic skills of nursery teachers organized ………………………………………… (678)
• *FUNDAMENTAL EDUCATION* •
Introduction ………………………………………… (679)
English teachers went for studying in Canada …… (680)
Pre—post training for new teachers conducted …… (680)
• *VOCATIONAL AND ADULT EDUCATION* •
Introduction ………………………………………… (681)
Excellent farmer education projects selected ……… (681)
• *EDUCATION SUPERVISION* •
Introduction ………………………………………… (682)
YANSHAN AREA
• *OVERALL WORKS* •
Introduction ………………………………………… (682)
Education conference of Yanshan Area held ……… (683)
1st work meeting on physical education held ……… (684)

EDUCATION ORGANIZATIONS

ACADEMIC ASSOCIATION
• *BEIJING EDUCATION ASSOCIATION* •
Introduction ………………………………………… (687)
• *BEIJING HIGHER EDUCATION ASSOCIATION* •
Introduction ………………………………………… (688)
MASS ORGANIZATIONS
• *COMMUNIST YOUTH LEAGUE AND YOUNG PIONEERS* •
Introduction ………………………………………… (688)
• *BEIJING ASSOCIATION OF PRIVATE EDUCATION* •
Introduction ………………………………………… (690)
• *BEIJING PRESCHOOL EDUCATORS ASSOCIATION* •
Introduction ………………………………………… (691)
• *BEIJING ASSOCIATION OF RETIRED TEACHERS(GENERAL ASSEMBLY BEIJING ASSOCIATION OF RETIRED TEACHERS)* •
Introduction ………………………………………… (691)
• *BEIJING EXTRACURRICULAR EDUCATION ASSOCIATION* •
Introduction ………………………………………… (692)
• *BEIJING UNIVERSITY MILITARY EDUCATION ASSOCIATION* •
Introduction ………………………………………… (692)
• *BEIJING EDUCATIONAL INSTRUMENT & EQUIPMENT ASSOCIATION* •
Introduction ………………………………………… (693)
• *BEIJING THE RED CROSS* •
Introduction ………………………………………… (693)

UNITS UNDER MUNICIPAL COMMISSION OF EDUCATION

INSTITUTIONS DIRECTLY ADMINISTRATED BY MUNICIPAL COMMISSON OF EDUCATION(PART)
• *BEIJING EDUCATIONAL SCIENCES RESEARCH ACADEMY* •
Introduction ………………………………………… (697)

• *BEIJING EDUCATION MUSIC AND PUBLICATION AGENCY* •
Introduction …… (698)
DEPARTMENTS DIRECTLY UNDER MUNICIPAL COMMISSION OF EDUCATION(PART)
• *BEIJING TEACHERS AND ADMINISTRATION STAFF SANATORIUM* •
Introduction …… (699)
• *BEIJING SCHOOL—MANAGED EUTERPRISES MANAGEMENT CENTRE* •
Introduction …… (699)
• *BEIJING EDUCATION COMPREHENSIVE SERVICE CENTRE* •
Introduction …… (700)
• *BEIJING INTERNATIONAL EDUCATION EXCHANGE CENTRE* •
Introduction …… (701)
• *BEIJING CHILDREN'S PALACE BEIJING YOUTH SCIENCE & TECHNOLOGY HALL* •
Introduction …… (702)
• *BEIJING EDUCATION TECHNOLOGY EQUIPMENT CENTER* •
Introduction …… (705)
• *BEIJING TEACHING BOTANICAL GARDEN* •
Introduction …… (705)
• *OFFICE OF BEIJING EDUCATIONAL ETHNOGRAPHY COMPILATION COMMITTEE* •
Introduction …… (707)
• *BEIJING STUDENT SUPPORT MANAGEMENT CENTER* •
Introduction …… (707)
• *BEIJING EDUCATIONAL NEWS CENTER* •
Introduction …… (708)

STATISTICS

The Statistics Material of Beijing Education from 2008 to 2009 …… (711)

APPENDIX

HIGHER EDUCATION
List of Beijing Key Disciplines 2008 …… (719)
List of Beijing Higher Education Choice Textbooks 2008 …… (724)
List of Beijing Higher Education Institutions Excellent Courses 2008 …… (734)
List of Beijing Excellent Doctoral Degree Thesis 2008 …… (737)
ART AND EXTRACURRICULAR EDUCATION
List of Gold and Silver Sail Prize Winners of Beijing Primary and Middle School 2008 …… (739)
TEACHERS MANAGEMENT
The 4th Batch of Famous Teachers of Beijing Higher Education Institutions …… (741)
List of Beijing Excellent Teaching Teams 2008 …… (742)
EXTERNAL EXCHANGE AND STUDENTS FROM HK, MACAO AND TAIWAN
List of Universities and Colleges with Qualification of Overseas Student Admission 2008 …… (749)
List of Primary and Middle Schools with Qualification of Overseas Student Admission 2008 …… (750)
List of Beijing Schools for Children of External Workers 2008 …… (751)
List of Beijing Schools with Confucius Colleges 2008 …… (751)
OLYMPICS EDUCATION
List of Beijing Olympic education "true love knot" Schools …… (754)

法　规

北京市实施《中华人民共和国义务教育法》办法

（1986年7月8日北京市第八届人民代表大会常务委员会第二十九次会议通过　根据1993年11月26日北京市第十届人民代表大会常务委员会第七次会议《关于修改〈北京市实施中华人民共和国义务教育法办法〉的决定》修正　2008年11月21日北京市第十三届人民代表大会常务委员会第七次会议修订）

第一章　总　则

第一条　为了实施《中华人民共和国义务教育法》，结合本市实际情况，制定本办法。

第二条　本市实行九年义务教育制度。

义务教育是国家必须予以保障的公益性事业。本市建立义务教育经费保障机制，保证义务教育制度的实施，对接受义务教育的学生不收学费、杂费，逐步实行免费提供教科书制度。

第三条　本市依法保障适龄儿童、少年享有平等接受义务教育的权利。

第四条　义务教育必须贯彻国家的教育方针，实施素质教育，提高教育质量，使适龄儿童、少年在品德、智力、体质等方面全面发展，为培养有理想、有道德、有文化、有纪律的社会主义建设者和接班人奠定基础。

第五条　市和区、县人民政府应当合理配置教育资源，重点加强农村学校、城镇地区薄弱学校建设，缩小学校之间的办学条件差距，促进义务教育均衡发展，全面提高义务教育的教育质量和办学水平。

第六条　本市义务教育实行市人民政府统筹规划实施，区、县人民政府为主管理的体制。

市人民政府统筹规划本市义务教育实施工作，应当将义务教育事业纳入国民经济和社会发展规划。

区、县人民政府负责义务教育实施管理工作，制定本行政区域义务教育事业发展规划，合理调整学校布局，加强教师队伍建设，保障教育经费。

教育行政部门具体负责义务教育实施工作。发展改革、财政、人事、国土资源、规划、建设、卫生、公安、工商、文化等行政部门在各自的职责范围内负责义务教育实施工作。

乡、镇人民政府和街道办事处应当按照职责配合教育行政部门做好义务教育实施工作。

第七条　社会组织和个人应当为适龄儿童、少年接受义务教育创造良好环境。

第二章　学　生

第八条　凡年满六周岁的儿童，其父母或者其他法定监护人应当送其入学接受并完成义务教育。

适龄儿童、少年因身体状况需要延缓入学或者休学的，其父母或者其他法定监护人应当依法办理相关手续。

区、县教育行政部门和乡、镇人民政府、街道办事处应当采取措施防止适龄儿童、少年辍学。

第九条　市和区、县人民政府应当制定和完善对困难群体适龄儿童、少年的就学补助政策，保障农村、家庭经济困难和残疾适龄儿童、少年等接受义务教育。

第十条　适龄儿童、少年免试入学。学校不得采取或者变相采取考试、测试、面试等形式选拔学生，不得将各种竞赛成绩、奖励、证书作为入学的依据。

区、县人民政府应当保障适龄儿童、少年在户籍所在地就近入学。区、县教育行政部门应当根据适龄儿童、少年的数量和分布状况，合理确定本行政区域内每所公办学校的就近接收学生范围和人数，并向社会公布。学校应当按照教育行政部门的规定接收学生，并将接收学生结果向社会公布。

区、县教育行政部门应当对本行政区域内的军人子女接受义务教育予以保障。

第十一条　具有本市户籍的适龄儿童、少年，由父母或者其他法定监护人持本人及儿童、少年的身份证明，到户籍所在区、县的教育行政部门确定的学校办理入学手续。

具有本市户籍的适龄儿童、少年，随父母或者其他法定监护人在非户籍所在区、县长期居住需要接受义务教育的，由父母或者其他法定监护人持本人及儿童、少年的身份证明、居住证明等材料，到居住地所在区、县的教育行政部门确定的学校联系就读；学校接收有困难的，可申请居住地所在区、县的教育行政部门协调解决。

第十二条　非本市户籍的适龄儿童、少年，因父母或者其他法定监护人在本市工作或者居住需要在本市接受义务教育的，由父母或者其他法定监护人持本人及儿童、少年的身份证明、居住证明、工作证明等材料，经居住地所在街道办事处或者乡、镇人民政府审核确认后，到居住地所在区、县的教育行政部门确定的学校联系就读；学校接收有困难的，可申请居住地所在区、县的教育行政部门协调解决。

第十三条　市和区、县人民政府应当依法保障外地来京务工农民子女中的适龄儿童、少年接受义务教育，具体办法由市人民政府制定。

第十四条　禁止用人单位招用应当接受义务教育的适龄儿童、少年。

根据有关规定经批准招收适龄儿童、少年进行文艺、体育等专业训练的社会组织，应当保证所招收的适龄儿童、少年接受义务教育；自行实施义务教育的，应当按照规定将招生情况、办学条件、师资和经费保障、课程设置和教学计划等，报所在地区、县教育行政部门批准后，方可实施。

第十五条 学校不得组织学生参加商业性活动。

第三章 学 校

第十六条 市教育行政部门应当会同市人民政府有关部门及区、县人民政府根据城市总体规划、土地利用总体规划，组织编制教育设施专项规划，保障义务教育设施建设用地，并报市人民政府批准。

区、县人民政府应当根据教育设施专项规划，制定本行政区域内义务教育学校的设置和调整方案，并组织实施。根据需要为山区、边远地区适龄儿童、少年设置寄宿制学校，并为住宿生提供生活补助。

第十七条 市教育行政部门应当会同有关行政部门根据国家有关规定和教育教学的需要，制定学校的办学条件标准。

市和区、县人民政府应当保障学校达到办学条件标准。

第十八条 新建、改建、扩建学校应当符合国家有关学校建设标准的要求，保障学生和教职工的人身安全。

区、县人民政府应当定期组织对学校校舍的安全检查；对需要维修、改造的，及时予以维修、改造。

第十九条 新建、改建居民区需要设置学校的，应当纳入教育设施专项规划，学校建设应当符合办学条件标准，并与居民区的建设同步进行。市和区、县人民政府应当对所需建设用地依法划拨，对所需资金予以保障，学校建设由区、县人民政府负责组织实施。具体办法由市人民政府制定。

第二十条 区、县人民政府及其教育行政部门应当按照土地使用权划拨批准文件的规定使用土地，不得转让或者变相转让学校的土地，不得改变土地使用性质。确需改变土地使用性质的，应当经依法批准。学校不得违反规定出租校舍和场地。

因建设需要拆迁学校的，拆迁部门应当与区、县教育行政部门协商，按照学校布局调整方案予以重建或者给予补偿。

第二十一条 市和区、县人民政府根据需要，按照国家有关建设标准设置特殊教育学校（班），改善特殊教育学校办学条件，提高办学水平，保障残疾的适龄儿童、少年接受义务教育。

学校应当接收具有接受普通教育能力的残疾适龄儿童、少年随班就读，并为其学习、康复提供帮助。

第二十二条 对未完成义务教育的未成年犯和被采取强制性教育措施的未成年人，执行机关应当保证其继续接受义务教育，义务教育的教学工作由教育行政部门负责组织实施，所需经费由市人民政府予以保障。

第二十三条 市和区、县人民政府及其教育行政部门不得将学校分为重点学校和非重点学校，不得利用财政性教育经费重点建设办学条件超标准学校。

学校不得以各种名义在校内分设重点班和非重点班。

第二十四条 市和区、县人民政府及其教育行政部门不得以任何名义改变或者变相改变公办学校的性质。公办学校不得违反法律、法规规定举办民办学校。

第二十五条 学校不得违反国家规定收取费用，不得以向学生推销或者变相推销商品、服务等方式谋取利益。

第二十六条 学校应当建立健全校舍、消防、卫生等安全制度和应急机制，加强管理，及时消除隐患，预防发生事故。

学校应当将应急知识教育纳入教学内容，根据学生的年龄和认知能力，采取多种形式对学生进行应急知识教育，培养学生的安全意识和自救能力。

第二十七条 区、县人民政府应当组织相关部门定期对学校的安全管理工作进行监督和指导。

第二十八条 本市各级人民政府及其有关部门依法维护学校周边秩序，为学校提供安全保障，保护学生、教师和学校的合法权益。

第二十九条 学校实行校长负责制。

教育行政部门按照国家规定完善校长任职资格标准体系和校长持证上岗制度，加强对校长的培训，建设培训信息资源库和培训质量监控与评估体系，提高校长依法办学、民主治校、科学管理和组织实施素质教育的能力。

第三十条 学校应当按照有关法律、法规、规章的规定，建立学生管理制度，制定学生行为规范。学生违反管理制度的，学校应当予以批评教育，但不得责令学生转学、退学或者开除学生。对有严重不良行为的学生，其父母或者其他法定监护人和学校应当相互配合，严加管教，也可以依法送专门学校进行矫治和接受教育。

第三十一条 教育行政部门应当推动城乡之间和区域内教育设施和设备、课程、人才等资源共享，提高资源使用效益。

第四章 教 师

第三十二条 教师应当取得国家规定的教师资格，并符合本市规定的教师岗位聘任条件。

本市执行国家统一的义务教育教师职务制度。

第三十三条 本市各级人民政府保障教师工资福利和社会保险待遇，为教师提供医疗保障，改善教师工作和生活条件。

本市完善教师工资制度，建立科学、规范的收入分配机制。

市和区、县人民政府应当缩小区县之间、学校之间教师收入差距，保障教师的平均工资水平不低于当地公务员平均工资水平。

特殊教育教师享有特殊岗位补助津贴。在山区和边远地区工作的教师享有山区和边远地区补助津贴。

第三十四条 教育、人事等行政部门应当统筹规划教师队伍建设，深化人事制度改革，优化教师队伍结构，按照面向全体、整体提升的原则，采取措施加强对教师的管理和培养、培训，提高教师职业道德水平和教育教学能力，关心教师身心健康，在教师队伍中大力弘扬为人师表、教书育人、敬业爱岗的良好风尚。

第三十五条　教师应当按照规定履行教育教学职责。

公办学校教师在工作日期间不得到校外社会办学机构兼职兼课；不得组织学生接受有偿家教。

第三十六条　区、县教育行政部门应当均衡配置学校的师资力量，在教师培训、岗位设置、骨干教师配备、学科带头人培养等方面向农村学校和城镇地区薄弱学校倾斜，并组织学校校长、教师流动。

第三十七条　市和区、县人民政府组织城市地区教师到农村地区支援义务教育工作，鼓励和支持高等学校毕业生到农村学校和城镇地区薄弱学校从事义务教育工作。

第五章　教育教学

第三十八条　教育教学工作应当符合教育规律和学生身心发展特点，面向全体学生，因材施教，将德育、智育、体育、美育等有机统一在教育教学活动中，注重增强学生体质和精神健康，培养学生独立思考能力、创新能力和实践能力，促进学生全面发展。

第三十九条　教育行政部门和学校应当加强教学研究和教育科研工作，推进教育创新。

第四十条　教育行政部门应当按照国家要求推进教学内容与方式、考试、招生和质量评价制度等改革，建立健全义务教育质量监控体系和教学指导体系。

第四十一条　学校和教师应当按照国家确定的教育教学内容和课程设置、课时安排开展教育教学活动，保证达到国家规定的基本质量要求；不得违反规定增加学生课业负担，增加考试科目的课时或者减少非考试科目的课时；不得按照考试成绩对学生进行排名；不得利用假期、公休日、课余时间组织学生进行强制补课；不得动员、组织本校学生参加社会力量举办的文化课补习班。

教育行政部门应当执行国家教学制度、教育教学内容和课程设置，推进实施素质教育，并对学校教育教学活动进行指导和检查。

第四十二条　学校应当把德育放在首位，寓德育于教育教学之中，加强对学生的法制教育，促进学生养成良好的思想品德和行为习惯。

第四十三条　学校应当按照素质教育的要求，组织学生开展体育、文艺、科技和社会实践活动，有计划地组织学生参观博物馆、科技馆、纪念馆和爱国主义教育基地等场馆。

学校应当保证学生每天体育锻炼的时间不少于 1 小时；小学生和初中学生每学年参加社会实践活动的时间分别不少于 10 天和 20 天。

社会公共文化体育设施应当为学校开展教育教学活动提供条件和便利。

第四十四条　教育、卫生行政部门应当对教师进行精神卫生知识培训，提高其促进学生精神健康的能力。学校应当将精神健康教育纳入教学计划，针对学生特点，开展精神健康教育、咨询、辅导，创造有利于学生精神健康的学习环境，促进学生身心健康。有条件的中小学校应当配备专业人员，为学生提供心理咨询服务。

第四十五条　教育行政部门应当按照国家规定，加强对教科书选用的监督和管理。

任何单位和个人不得以任何形式强迫学校、学生订购教学辅导材料和报刊杂志。

本市鼓励学校开展教科书循环使用工作。

第六章　经费保障

第四十六条　市和区、县人民政府应当将义务教育全面纳入财政保障范围，在财政预算中将义务教育经费单列，保证用于实施义务教育财政拨款的增长比例高于财政经常性收入的增长比例，保证按照在校生人数平均的义务教育费用逐步增长，保证教职工工资和学生人均公用经费逐步增长，并将新增教育经费主要用于农村学校和城镇地区薄弱学校。教育费附加主要用于实施义务教育。

市人民政府编制预算，应当对农村地区和财力薄弱区、县实施义务教育的经费予以倾斜，加大义务教育转移支付规模，支持和引导区、县人民政府增加对义务教育的投入。

第四十七条　市财政行政部门应当会同市教育行政部门制定高于国家标准的学生人均公用经费标准，并按照本市实现教育现代化的要求，根据经济和社会发展状况适时调整。制定、调整学生人均公用经费标准，应当满足教育教学的正常需要。

特殊教育学校（班）、随班就读学生人均公用经费标准应当高于普通学校学生人均公用经费标准。

第四十八条　本市义务教育经费投入实行市人民政府统筹落实、本市各级人民政府根据职责共同负担的体制。

区、县人民政府应当按照职责，依法保障义务教育经费投入，市人民政府应当按照规定分项目、按比例分担义务教育经费并对财力薄弱的区、县予以补助和支持。

义务教育经费保障的具体办法由市人民政府制定。

乡、镇人民政府根据实际情况，对本行政区域的义务教育事业给予支持。

第四十九条　义务教育经费应当按照预算规定用于义务教育，并及时足额拨付。

市和区、县人民政府应当建立健全义务教育经费的审计监督、统计和定期公告制度，加强管理，提高经费的使用效益。

第七章　督　导

第五十条　本市对义务教育实行督导制度。

市和区、县人民政府教育督导机构在本级人民政府领导下负责组织实施本行政区域内的义务教育督导工作，并接受上级教育督导机构的指导。

第五十一条　教育督导机构应当对本级人民政府的

有关部门和下级人民政府履行义务教育工作职责情况进行督导，并对实施义务教育的学校和其他教育机构进行督导。

第五十二条　教育督导机构对义务教育实施工作的下列情况进行督导：

（一）执行有关法律、法规和规章的情况；

（二）义务教育经费保障和使用情况；

（三）固定资产的管理和使用效益情况；

（四）义务教育均衡发展的状况；

（五）素质教育实施情况；

（六）教育教学质量和学校管理水平；

（七）其他依法需要督导的内容。

第五十三条　市和区、县人民政府应当加强对所属有关部门和下级人民政府实施义务教育工作的监督检查，建立以督导评价结果为主要依据的义务教育公报、通报、表彰制度，并将督导评价结果作为评价各级人民政府义务教育工作的重要指标和考核主要领导干部政绩的重要内容。

第五十四条　教育督导机构应当向被督导单位下达督导意见书，被督导单位应当按照要求报告整改情况。

第五十五条　市和区、县人民政府应当听取义务教育督导工作的报告。有关督导报告应当向社会公布。

第八章　法律责任

第五十六条　市人民政府有关部门、区县人民政府及其有关部门、乡镇人民政府、学校和教师在义务教育工作中违反《中华人民共和国义务教育法》及其他有关法律法规规定的，依照其规定进行处理。

第五十七条　市人民政府有关部门和区、县人民政府及其有关部门违反本办法第十六条、第十七条、第十九条规定的，由市人民政府或者所属区、县人民政府责令限期改正；情节严重的，对直接负责的主管人员和其他直接责任人员依法给予行政处分。

第五十八条　市人民政府有关部门和区、县人民政府违反本办法第六章规定，未履行义务教育经费保障职责的，由市人民政府责令限期改正；情节严重的，对直接负责的主管人员和其他直接责任人员依法给予行政处分。

第五十九条　学校有下列情形之一的，由区、县教育行政部门责令限期改正；情节严重的，对直接负责的主管人员和其他直接责任人员依法给予处分：

（一）违反本办法免试入学的规定招收学生的；

（二）未按照本办法规定公布接收学生结果的；

（三）公办学校违反法律、法规规定举办民办学校的；

（四）以各种名义分设重点班和非重点班的；

（五）违反课程设置规定、课时安排和教育教学计划的；

（六）动员、组织本校学生参加社会力量举办的文化课补习班的；

（七）组织学生参加商业性活动的；

（八）公办学校违反规定出租校舍和场地的；

（九）违反国家规定收取费用，以向学生推销或者变相推销商品、服务等方式谋取利益的。

第九章　附　则

第六十条　本办法自 2009 年 3 月 1 日起施行。

（本栏责任编校　董洁）

调研与报告

北京市2008年教育法律法规执行情况督导检查报告

依据《教育法》、《义务教育法》、《职业教育法》等法律法规的相关规定，市政府教育督导室于2008年10月至11月，组织开展了对全市各区县人民政府和北京电子控股有限责任公司贯彻执行有关教育法律法规情况的督导检查。

一、督导检查工作情况

市政府教育督导室成立了北京市2008年教育法律法规执行情况督导检查组，线联平主任担任组长，刘莉、陈宏、李壑副主任担任副组长，北京市专兼职督学，市政府特约督导员以及市教委等有关委办局特邀人员作为督导检查组成员参加了督导检查。

本次督导检查的重点为：区县政府贯彻执行《教育法》第五十四条、第五十五条规定，教育经费2007年实际执行和2008年预算情况；区县政府贯彻执行《义务教育法》第三十二条、四十二条、四十四条规定，落实义务教育经费全面纳入财政保障范围，建立农村义务教育经费分担机制，加强教师培养和均衡配置师资力量，加强农村地区师资队伍和薄弱学校师资队伍建设的情况；区县政府贯彻执行《职业教育法》第六条、第十一条规定，将发展职业教育纳入国民经济和社会发展规划，加强对本行政区域内职业教育工作的领导、统筹协调和督导评估的情况；贯彻执行《北京市实施〈职业教育法〉办法》第二十条、第二十一条的规定，保证用于职业教育的财政性经费应当逐步增长，并划拨专款用于发挥骨干、示范作用的职业学校和职业培训机构以及生产实习基地的建设，并安排一定比例教育费附加用于发展职业教育的情况；企业集团（总公司）贯彻执行《北京市实施〈职业教育法〉办法》第八条、第九条应履行职责的情况。

督导检查采取区县政府、企业集团（总公司）自查与市教育执法督导检查组实地抽查相结合的方式进行。2008年5至8月，各区县、企业集团（总公司）进行了自查并提交了自查报告。10至11月，督导检查组分别对东城区、崇文区、丰台区、顺义区、密云县、延庆县、北京电子控股有限责任公司执行教育法律法规情况进行了实地检查。

在实地检查中，督导检查组认真听取了区县主管区县长有关本区县教育法律法规执行情况的汇报和北京电子控股有限责任公司党委书记关于企业履行实施职业教育职责的情况汇报，召开了10个区县财政、人事、教育等部门负责人员参加的座谈会和1个企业集团（总公司）中层管理干部和部分所属公司负责人参加的座谈会，实地检查了4个区县教科研中心、28所农村学校和办学条件相对困难学校以及4所中职学校。

二、督导检查结果情况

（一）关于教育经费的执行情况

1. 落实教育经费“三个增长”情况

北京市2007年预算内教育经费拨款实现了“三个增长”。预算内教育经费投入293.51亿元（包括教育事业费投入、基建投入、科研投入及其他投入），比上年投入230.30亿元增加63.21亿元，增长27.45%。按财政部统计口径，2007年北京市财政经常性收入为1418.72亿元，2006年为1135.59亿元，2007年财政经常性收入比上年增长24.93%，预算内教育经费增长比例高于财政经常性收入增长比例2.52个百分点。

2007年北京市生均教育事业费，小学、初中、普通高中分别为7316.16元、10359.05元、9172.19元，比2006年5401.01元、7063.76元、7788.41元分别增长35.46%、46.65%、17.77%。

2007年北京市生均公用经费，小学、初中、普通高中分别为2951.59元、4964.84元、3707.97元，比2006年的1619.42元、2460.80元、2809.14元分别增长82.26%、101.76%、32%。

据市教委财务处统计，2007年全市15个区县预算内教育经费拨款完全实现“三个增长”，有三个区在普通高中生均教育事业费、生均公用经费和小学生生均公用经费等项目上未完全实现增长。

各区县按照北京市《关于事业单位工作人员收入分配制度改革的实施意见》，对本区县教育系统进行工资套改，建立定期增长机制，“教师工资水平逐步提高”得到保证。

2. 财政支出总额中教育经费所占比例提高情况

经检查，北京市2007年财政支出总额中教育经费所占比例为19.16%，比2006年的19.29%降低了0.13个百分点，未达到《教育法》第五十四条“财政支出总额中教育经费所占比例应当随着国民经济的发展逐步提高”的要求。从区县情况看，根据区县自查报告和市教委财务部门提供的数据，13个区县2007年财政支出总额中教育经费所占比例比2006年有所增加，5个区县2007年财政支出总额中教育经费所占比例比2006年有所下降。

3. 落实义务教育经费全面纳入财政保障范围及依法增长情况

2007年，市教委和市财政局印发《关于完善北京市义务教育经费保障机制的通知》（京教财［2007］41号），明确了市和区县人民政府义务教育经费保障职责。根据各区县自查和市督导检查组的抽查，北京市及各区县均将义务教育经费全面纳入了财政保障范围，据市教委财务处统计，除1个区的普通小学生均预算内公用经费支出比 2006 年下降了 9.91 个百分点外，全市其他区县均实现了义务教育预算内财政拨款的“三个增长”。

全市义务教育阶段教职工工资实施区县政府统一发放的政策，各区县也建立了教职工工资定期增长机制，保证了义务教育阶段教师工资的按时足额发放和工资水平逐步提高。

但在全市教职工工资水平逐步增长的同时，城区间，城区与郊区之间，工资收入依然存在较明显的差距。通过督导检查和教师座谈还发现，除区县间教师工资差异外，区县内学校间教师收入也存在明显差异。这些工资待遇的差异影响了部分区县特别是远郊区县教师的积极性和队伍的稳定，优秀教师从农村向城镇流动，从远郊区县向城区单向流动的问题仍然没有从根本上得到解决。

4. 农村义务教育经费单列和分担机制建立情况

2007 年，北京市出台了相关制度，健全了义务教育经费分项目单列和市、区县政府按比例分担机制，市和区县政府已落实了经费单列和经费分担职责。

在实地检查中发现，目前经费分担机制基本符合北京市实际，但部分远郊区县财力负担仍然偏大。以延庆县和房山区为例，据延庆县教育部门测算，为实现到 2009 年全县中小学校主要项目达到新颁标准，还需投入资金约 6 亿元，按照分担机制，由延庆县负担的大型基建工程，毛石房改造，扩建其他教学、办公用房，食宿达标等需要资金 4.91 亿元，而 2007 年延庆财政经常性收入仅为 11 亿元。房山区按照义务教育学校建设达标要求，校舍建设和改造任务还有 26.5 万平方米，需要资金 6.17 亿元，还有 92 块操场需要建设改造，需要资金 2.6 亿元，这些项目仅依靠区县财政解决确实难度极大。

（二）关于基础教育加强教师队伍培训和均衡配置师资力量情况

1. 关于教师队伍培训情况

2007 年，北京市出台《北京市“十一五”时期教师队伍建设的意见》，明确全市教师队伍建设的目标、任务和政策措施。2008 年，在落实教师队伍建设计划的同时，继续组织开展“绿色耕耘”、“春风化雨”、“金色种子”、英语教师专项培训等重点工程，效果显著。各区县重视教师队伍建设，均编制教师培训工作规划，加强区县教师培训基地建设，通过拓展培训内容、完善培训方式、开展联片教研等加大对学校领导、教师、教研员的培养培训力度，提高培训质量。各区县和学校重视校本培训，不断加大投入力度，开展形式多样、富有特色、灵活高效的校本培训活动，教师专业素养得到提高。

2. 关于均衡配置师资力量情况

市教委加大了对城镇师资薄弱学校、农村地区学校的师资培训和人才支持力度。在实现“绿色耕耘”培训 1000 名农村教师的基础上，继续开展城镇千名教师到农村全职支教活动，并启动“农村中小学教师研修工作站”计划，通过设立 40 个农村中小学教师研修工作站，由名校导师带教 1000 名农村骨干教师进站研修，丰富农村教师专业知识，提升实际教学能力。

各区县重视区域内学校师资力量的均衡配置工作，采取支教、优质教育资源共享、优质校与办学困难校结对帮扶、加大办学困难校和农村学校教师培训力度，制定补贴和职称评定倾斜等多种措施加强对薄弱学校的建设。如宣武区启动“优质教育资源共建共享工程”，在 8 所学校成立名师和特聘教师工作室，组织 35 名学科带头人成立名师讲学团，充分发挥了名师辐射引领作用。房山区创新“盘活存量，优化增量，均衡配置”模式，将中小学超编教师分流到学前教育、职成教育近千人，不仅优化义务教育阶段学校的教师队伍，而且加快了学前教育和职成教育的发展进程。密云县加大山区教师队伍建设力度，改善山区教师住宿条件，建立山区教师激励机制，安排 700 名教师进行城乡岗位交流，有效促进城乡教育均衡发展。顺义区注重“外引内调、城乡教师共同成长”，引进优秀师资 49 人，内部调整 327 人，安排 132 名城区中小学骨干教师到农村支教，100 名农村教师到城区学校和教委机关挂职学习，同时制订六大倾斜政策，从职称评定到为农村学校改造食堂、浴室，配置班车、补助培训交通费等方面提高农村教师待遇。

3. 师资培养培训和均衡配置中发现的问题

市、区县级骨干教师主要集中在高中和少数优质资源学校及城镇中学，初中特别是农村和山区学校缺少骨干教师的现象依然存在。如区县级以上优秀教师和骨干教师占专任教师的比例，延庆县只有 10.82%，而海淀区占到 30.45%，郊区特别是农村、山区教师向城区学校流动的意向明显，影响师资队伍的稳定。

普通中小学教师结构性缺编，补充渠道不畅。北京市公办中小学校教师和工作人员的配备，是按照北京市机构编制委员会办公室、北京市教委《关于印发北京市全日制中学、小学、职业高中学校校内机构设置及教职工编制标准试行意见的通知》（京编办发［2000］2 号）规定的标准执行，根据市教委教育事业统计年报分析，目前全市小学平均班师比已经达到了 1 ∶ 2.31，中学班师比达到了 1 ∶ 3.18，小学师生比为 1 ∶ 13.83，中学师生比为 1 ∶ 11.51，都超过了编制标准，但中小学校的音、体、美、信息技术等教师的比例，中学每校不足 2.3 人，小学每校不足 2 人，尤其在远郊区县的农村和城市地区办学相对困难学校，教师结构性缺编比较明显，音体美等学科教师缺口较大，补充渠道不顺畅。

（三）关于重视和鼓励职业教育，保障职业教育经费增长，推进职业教育实习实训基地建设以及企业履行职业教育法定职责情况

1. 加强对职业教育的领导、统筹协调和督导评估教育情况

区县政府、企业集团（总公司）将职业教育纳入区域（总公司）经济和社会发展总体规划中，制定出符合自身特点和需要的职业教育“十一五”发展规划，职业教育与经济发展紧密结合，积极促进区域经济和企业效益的提高和发展。区县政府均建立起由区县领导负责、教育行政部门牵头、各有关部门参加并分工负责的职业教育联席会议制度，定期召开会议，研究解决职业教育发展中出现的问题。同时，区县政府将职业教育纳入到

各级目标管理中，作为对主要领导干部政绩考核的重要内容。如密云县制订《密云县职业教育和成人教育事业“十一五”发展规划》，明确职业教育“优化结构、内涵发展、提高质量、满足要求”的发展方针和发展思路。东城区结合本地区职业教育发展特点，提出《东城区职业教育改革方案》，积极推进职业教育改革。北京电子控股有限责任公司围绕本行业产业发展战略，制订《“十一五”人才发展纲要》，明确集团公司推进行业职业教育发展的目标和职责。

2. 保障职业教育财政性经费增长情况

各区县职业教育财政性经费2007年比2006年增加95964.95万元，同比增长15.07%。教育费附加用于职业教育2007年比2006年增加7271.24万元，同比增长23.43%。各区县用于实习实训基地建设的拨款总额（扣除市拨款）2007年比2006年增加2011.56万元，同比增长28.92%。

3. 推进职业教育实习实训基地建设及校企合作情况

区县政府、企业集团（总公司）重视职业学校的实习实训基地建设，努力推进校企合作，实现工学结合。

区县政府和北京电子控股有限责任公司为提高学生的职业技能水平，高度重视职业学校的实习实训基地建设。例如，密云县政府出台《密云县2006～2010年职业教育设施建设实施方案》及《工程项目表》等文件，其“汽车维修与运用”、“数控技术应用”、“呼叫服务”等专业实习实训基地现已初步建成。东城区政府加强专业实习实训基地建设，辖区内北京市财经学校被教育部授予“技能型紧缺人才（计算机应用与软件技术专业）培训学校”，东城区职教中心学校的金融事务专业为北京市骨干特色专业，金融、服装设计与工艺、服装表演等多个专业实习实训基地被确定为北京市区县所属职业高中“十一五”期间专业及实训基地重点建设项目。北京电子控股有限责任公司所属职业技术学院的实习实训基地已建成并投入使用。实习实训基地的建设与改善能够有效地提高学生的实践技能和就业竞争力。调查显示，2007年，中等职业学校毕业生就业率比2006年有所提升。

区县政府、行业集团积极推进“校企合作、工学结合”的职业教育模式，为校企合作搭建平台。例如，北京电子控股有限责任公司成立校企合作理事会，为学校提供实训基地，选派实习指导教师，与学校共同开展研发工作，确定和调整有关专业的培养目标和课程设置，积极探索并建立符合在职职工半工半读、业余学习的弹性学习制度，建立起高技能人才培养、技术工艺开发创新为一体的实训基地。学校以企业需求为导向，紧密结合企业岗位需求，参照国家职业标准，大力推行学分制和模块化教学，使职业学校成为适应企业发展需要的高技能人才培养基地。北京市财经学校网络实训基地由锐捷网络公司参与设计和规划，同时也成为锐捷公司面向全市中职学生和教师的培训基地。学校与多家文化传播公司等业内知名企业广泛合作，积极探索校企合作办学模式。学校与民生银行签订“订单式”培养合同，定期选派专业教师到合作企业参观学习，了解企业最新信息及岗位的具体要求，及时调整专业教学内容，充实实训项目。

4. 教师队伍建设情况

北京市中等职业学校现有教师5710人，其中，专业课教师2535人，占44.4%；市、区级骨干教师587人，占10.28%。高级职称教师1159人，占20.3%；中级职称2420人，占42.38%；初级职称1822人，占31.9%。研究生及以上学历137人，占比24%；大学本科4735人，占比82.92%；大专学历482人，占比8.44%；其他198人，占比3.47%。参加培训的教师人数2007年比2006年也有所增加，2006年，参加市、区级培训的教师为3884人，占教师总数的68.02%；2007年，参加市、区级培训的教师为4054人，占教师总数的71%。

三、督导意见和建议

（一）明确各级政府职责，继续落实义务教育经费保障机制。根据《中华人民共和国教育法》第五十四条规定的“全国各级财政支出总额中教育经费所占比例应当随着国民经济的发展逐步提高”的规定，市政府及有关区县人民政府应按照法律规定在新的财政年度予以保证，并将工作执行情况纳入领导干部政绩考核范围。针对部分远郊区县教育经费支出压力较大的问题，建议市财政继续按照向郊区、向农村义务教育，向基础薄弱区县、学校和困难群体经费保障倾斜的原则，加大对财力薄弱区县的投入力度；区（县）政府结合新的财政管理体制，统筹安排资金，重点保障好教育发展所需资金，确保年度教育依法增长目标的实现。

（二）进一步缩小教师工资待遇区域间差距，稳定农村教师队伍。针对区县间特别是郊区县与城区间教师工资待遇的明显差距，建议市人事、财政、教委等部门制定义务教育教师绩效工资办法时，统筹全市各区县教师绩效工资标准，减少区县间工资收入差距，并适当向农村特别是山区教师倾斜，提高农村和山区教师待遇。市、区县两级政府相关部门还应在职称评定、岗位聘任、子女就学等方面进一步加大对农村教师的政策倾斜，增强农村教师岗位的吸引力，稳定农村骨干教师队伍。

（三）采取多元政策措施，切实加强师资队伍建设。针对我市师资结构性缺编问题，建议市相关部门根据全面推进素质教育、实施新课改和促进义务教育均衡发展的需要，研究调整我市中小学教师编制标准，完善教师交流制度。建议市教委等相关部门根据全市教育发展和师资队伍建设需要，研究制定本市师范生培养计划，保障学校急需专业教师的供给，推进我市中小学素质教育的全面实施。针对职业学校师资队伍建设中“双师型”教师比例较低的问题，建议区县政府加大对职业教育师资建设的经费和政策支持力度，落实教师素质提高计划，完善职评政策，拓宽教师聘任渠道，加强“双师型”教师培养力度，完善教师队伍结构。

（四）进一步加大对职业教育的统筹管理力度，确保职业教育工作有序发展。针对职业教育工作多头管理，部门各自开展职业培训，难以形成合力的问题，建议市、区县政府要进一步理顺管理体制，形成政府主管、部门联动、社会协同的管理格局，充分发挥主管部门的管理职责，明确各相关部门职责，进一步强化政府对职业教育的统筹管理力度。

（五）加大区县中等职业学校调整力度，加快推进职业教育实习实训基地建设。针对中等职业学校资源整合工作亟待加强的问题，建议区县政府按照市中等职业学校教育改革调整的要求，做好职业教育资源调整优化工作，努力改善中等职业学校办学条件，实现资源整合效应，更好地满足经济发展对人才培养的需要。同时，区县政府要加快推进职业教育实习实训基地建设，积极搭建校企合作平台，提升“校企合作、工学结合”职业教育模式水平，推进职业教育科学健康发展。

北京市人民政府教育督导室

北京市“十一五”时期教育发展规划中期监测评估报告

《北京市“十一五”时期教育发展规划》（以下简称《规划》）是在党中央提出科学发展观，《北京城市总体规划（2004～2020年）》明确首都功能定位，北京市教育大会（2004年）明确首都教育发展战略、目标和重点任务的背景下编制的第一个首都教育发展中长期五年规划。2006年以来，北京市教育系统全面贯彻落实科学发展观，以率先基本实现教育现代化为目标，全方位推进《规划》落实，首都教育改革、发展、稳定各项工作取得新进展，为实现《规划》目标奠定坚实基础。

一、事业发展主要指标

“十一五”以来，北京市教育事业发展水平进一步提升，一些主要量化指标继续位居全国前列。截至2007年，北京市学前三年毛入园率102.3%，0～3岁婴幼儿接受早期教育率80%；小学教育净入学率99.96%；初中教育毛入学率112.72%；高中教育毛入学率98%以上；高考录取率近几年一直稳定在75%左右，高等教育毛入学率57%。6岁及以上人口平均受教育年限约为10.8年；每十万人口在校大学生达6700人左右。北京地区“985工程”学校共有8所（全国38所），“211工程”建设学校共有23所（全国107所），两院院士共有194人（全国1431人）。

北京市教育总体规模进一步扩大，2007年，北京市教育总人口351.9万人，占全市常住人口（1633万人）21.6%，比2005年增长8.5%。从统计上看，与“十五”时期末相比，北京市中小学校呈现出机构减少、户籍在校生持续减少、非户籍在校生持续增加特征；中等职业学校呈现出机构和在校生规模双减少特征；普通高校在校生规模基本得到控制。

二、主要工作进展情况

（一）围绕“高标准高质量”目标，基础教育取得新进展

1. 学前教育普及程度进一步提高

2006年以来，通过重点加强远郊区县乡镇中心幼儿园建设、实施新生儿早期教育卡项目以及扩大学前优质教育资源，北京市学前教育普及程度有新提高，学前三年毛入园率已达102.3%，0～3岁婴幼儿早期教育普及率也达80%。目前全市已有95%乡镇建立中心幼儿园。全市共有示范幼儿园54所，比2005年增加15所。

2. 义务教育均衡化得到切实加强

（1）区域差距不断缩小。坚持“面向全体、重点突破、系统提升”原则，全面启动小学规范化建设工程，优先支持城区办学条件困难学校和农村完全小学办学条件达标工作。推进初中建设工程，坚持城乡分区域推进、优先发展纯初中校和农村校，在重点支持32所项目校建设同时，从办学硬件、师资、管理、生源等方面切实提高全市初中学校办学水平。

（2）城乡协调进一步增强。加大对农村义务教育投入，每年新增教育经费70%用于农村教育，重点支持农村中小学布局调整、改善办学条件、信息化建设、教师培训等项目。实施具有首都特色的“十百千万工程”，多种形式支持农村教育。已有58所高校与远郊区县达成对口支援意向，共支援中小学107所；开展103对城市优质学校与农村学校手拉手活动；每年选派1000名城镇优秀教师到农村全职支教，选派一批优秀骨干教师、特级教师到农村兼职支教，免费培训乡镇农村中小学教师；选派一批优秀大学毕业生到农村任教。推动名校到远郊区举办分校，发挥优质教育资源的辐射、带动作用。目前全市名校到远郊区县举办分校已达22所。

（3）薄弱学校办学条件明显改善。2007年市级财政投入3.8亿元，专项用于城八区和远郊农村地区各100所条件亟待改善学校，使其在主要项目上达到本市新颁办学条件标准。

（4）妥善解决来京务工人员子女接受教育。截至2008年5月，北京市义务教育阶段共有40.5万名流动儿童就读，其中66%（约26.6万人）在公办学校。市、区县两级财政每年为此投入超过10亿元，主要用于免收借读费、支持自办学校改善办学条件等。同时加强对流动人员自办校服务与管理，目前未经批准自办校已由205所减至178所。

3. 高度重视特殊教育和民族教育

2006年投入1600万元为14所早期干预试点幼儿园和23所特殊教育学校配备教学和康复设备。加快推进北京市盲人学校、北京联合大学特殊教育学院校舍改扩建工程。目前，特殊教育师资数量及质量、在校生数量、

用地及建筑面积均比“十五”末有所提高。

民族教育规模稳步扩大。北京西藏中学藏族在校生达810人；北京市潞河中学、杨镇一中等6所中学每年招收内地新疆高中班学达720人，目前在校生1721人。

（二）职业教育活力不断增强

1. 资源统筹进一步加强

一是推进中等职业学校布局调整。由2005年186所减至2007年174所，两年减少12所；门头沟、昌平、怀柔、密云、平谷、延庆等区县实现一区一所中等职业学校。在资源整合的同时，加强重点职业学校建设，有9所中职学校被教育部评为国家级重点职业学校。

二是发展高等职业教育。组建新北京电子科技职业学院，调整亦庄职教园区建设模式，加快亦庄职教园区建设。目前北京市高职院校已发展到22所，其中，3所高职院校被教育部评为示范性高职院校。

2. 专业建设取得阶段性成果

按照“服务企业、适应市场、面向社会”原则，调整职业教育专业结构。适应首都建设知识经济中心需要，发展电子信息、生物工程和新医药、光机电一体化、新材料和环保与资源综合利用等五大高新技术专业；适应首都建设世界大都市需要，重点发展商业、金融、保险、旅游、服务等现代服务及新兴第三产业专业；淘汰传统高污染、高能耗传统产业专业。

3. 教学改革持续推进

一是突出课程目标职业化方向，探索将“职业标准”融入课程标准课程模式，培养学生实践动手能力、合作适应能力以及创业能力。二是多渠道创新人才培养模式。鼓励学校探索“双证书”制度，推动学校开展校企合作和工读结合，加强“定单式”培养，推进弹性学分制改革等。

4. 实训基地建设初见成效

编制《北京市中等职业教育实训基地装备标准》，安排预算2亿元用于基地建设，重点提高10个职业教育实训基地装备水平，有15个中职教育实训基地获中央财政奖励。确定25个市级重点建设高职实训基地，有7个高等职业教育实训基地获中央财政奖励。

以实训基地为平台，为社会和企业提供综合服务，部分实训基地已发展成企业。北京市汽车工业学校“现代汽车实训室”，按照北京现代汽车有限公司用工需要开展“订单式”培训，培养实用型技术人才；北京农学院建设实训基地之一——种鸡场，已发展成为华北地区第二大种鸡生产企业。

5. 职业培训广泛开展

职业学校及时调整办学定位，主动服务社会需求，采取多种形式开展对在职人员、下岗失业人员、农村劳动力转移人员、外地来京务工人员培训。每年全市各行业职工和市民接受教育和培训的总数均达700万人次以上，基本实现每年有50%从业人员接受继续教育和培训。

（三）高等教育综合实力稳步提升

1. 在校生规模得到有效控制

按照国务院稳定规模、提高质量原则精神，采取多种措施，北京市招生规模增长率控制在年均1%，普通高等教育规模基本稳定，克服规模发展惯性。截至2007年，北京地区高等学校研究生和普通本专科学生总规模为72.8万人，其中，研究生16.1万人，普通本专科学生56.7万人。

2. 高等教育质量稳步提升

（1）大学生思想政治工作有效改进。构建大学生发展辅导体系，使思想政治教育工作内涵与层次得到拓展；初步建立起大学生社会实践长效机制；宣传毛二可院士及其创新团队先进事迹，发挥榜样作用，增强高校思想道德教育实效性；实施大学生心理素质教育工程，举办首都大学生心理健康节，不断增强大学生心理素质。

（2）学科和专业结构调整稳步推进。适应首都经济与社会发展需求，积极开展北京市示范专业建设，加强专业结构调整，突出办学特色，引导高校重点建设特色专业和紧缺专业，加强与文化创意产业相关的动画、数字媒体艺术等专业建设。对就业市场有限、与学校特色不匹配专业进行调整和改造，个别专业通过隔年招生、停办等措施加以限制。制订市属高校类型划分，引导学校特色发展。

（3）质量保障、监控与评估体系建设不断完善

一是推进高校精品课程建设。2006年以来，共评审建设285门市级精品课程，另有144门被评为国家级精品课程，共有1141项被评为精品教材立项项目。

二是推进实验教学示范中心建设。2006年以来，共评审认定市级实验教学示范中心84个，20个实验教学中心被评为国家级实验教学示范中心。

三是加强高等教育质量监控与评估体系建设。2006年以来，共安排26所中央部委高校和9所市属市管高校接受教育部本科教学评估；开展高职高专院校人才培养水平评估，对17所高职学院的人才培养工作进行综合评估；对83所民办高等教育机构办学状况进行评估。继续编辑出版《北京高等学校质量报告》，并首次编纂《北京高等职业教育发展年度报告》。

3. 高校科技创新能力持续增强

通过实施“首都高校科学技术与研究生教育创新工程”，推动重大科研基地建设、科研成果产业化、重点学科建设、研究生创新培养改革等，整体提高首都高校科技创新能力和研究生质量。

一是支持中央高校在京院校共建项目，引导中央在京高校为北京市经济建设和社会发展服务。2007年，市教委共支持29所中央在京高校，拨付科研经费1亿元，其中，支持科学研究与科研基地建设项目85个，经费3490万元；学科建设与研究生培养项目102个，经费4370万元；科技成果转化项目65个，经费2969万元。

二是重点建设首都城市建设与管理、现代制造等10个学科群、50个重点学科。第一期北京市重点学科建设项目中共评出优秀项目84个，2008年1月评出第二轮北京市重点学科209个、重点建设学科109个和交叉学科29个。

三是加强北京市技术转移中心和大学科技园自身孵

化孵育能力和技术转移能力，支持一批高校与企业合作的产学研项目。2007年，市教委共支持9个技术转移中心建设项目和9个大学科技园孵化孵育项目，投入经费1620万元。据不完全统计，9个技术转移中心重点签订合同金额为3559万元，企业新增年销售收入8000万元，企业年利润达2000万元。设立高等学校专利工作专项资金，重点资助发明专利的推广与转化。2007年，市教委共投入495万元，支持发明专利项目38个。

四是制订实施研究生教育创新计划，鼓励、支持跨学科联合、产学研联合、国内外联合的培养模式。目前已选定20所高校承担产学研联合培养、国内外联合的培养研究生基地。

4. 高校毕业生就业工作扎实推进

针对日益严峻的就业形势，北京市不断加强就业指导和推荐工作，积极推进毕业生就业信息平台建设，引导毕业生面向基层就业，并将大学生就业与新农村建设紧密结合。，两年来首都高校研究生和普通本专科毕业生全员就业率均在90%以上；有3万名毕业生到基层就业，1万名毕业生到西部地区就业；“大学生村官计划”进展顺利，截至2007年，北京市大学生“村官”达5000人。

（四）教育体制改革深入推进

1. 管理体制改革不断深化

（1）服务型政府建设初见成效。积极探索和运用政府指导、行政合同等间接、动态教育管理手段。整合人民群众来信处理、来访接待、政风行风热线、“96391首都教育咨询热线”等资源，探索建立信访和人民内部矛盾排查调处长效机制。继续推进教育系统电子政务建设，建立全市教育系统双向传输平台，行政办事程序网上公开力度进一步加大。

（2）教育督导内容不断充实。继续开展对区县政府和有关部门执行教育法律法规情况督导；进行“初中建设工程”和“加强学校体育工作确保学生每天一小时体育锻炼”等专项督导检查。推动九年义务教育发展水平和教育教学质量监测督导。启动市属中专学校教育教学质量网上监测系统并进行综合督导。探索职业院校和民办高等学校专项督导检查工作新模式。

2. 办学体制改革健康发展

一是重点对民办学校招生、联合办学、增设和变更办学地点等行为开展专项治理。加强对民办高等教育机构办学状况的评估。

二是规范中小学办学体制改革试点校转制工作。全市47所体制改革试点校中，2007年已正式批复并转为公办5所，已停止招生或改为公立校收费标准4所。

三是促进独立学院健康发展。目前北京市已有5所独立学院，正在以实施《独立学院设置与管理办法》为契机，落实相关工作。

3. 招生考试制度改革稳步推进

（1）“小升初”、“免试就近入学”政策不断完善。通过试行电子学籍管理，严格控制初中新生在规定渠道之外跨区流动、二次流动，对限制义务教育阶段择校起到积极效果。针对北京市具体市情，除“电脑派位”以外，仍保持其他多种途径入学方式。

（2）示范性高中招生“推优”力度持续加大。目前示范性高中招生计划分配到初中校比例已提高到6%，并扩大到全市18个区县66所示范高中校。

（3）中等职业学校招收未升学高中毕业生比例不断提升。由2007年9所学校880人扩大到2008年22所学校2545人，为未升学高中毕业生接受职业教育创造条件。

（4）高等职业教育自主招生试点不断完善。继续扩大高等职业教育自主招生试点院校和招生规模，探索与其自身特点相匹配、与应用型人才需求相协调多元化人才评价机制和多样化入学选拔录取方式，促进高等职业教育发展。

（5）高考自主命题初步形成特色。五年来，坚持以“能力为本”和“稳中求新”原则，推进高考自主命题，北京卷总体上难易得当，具有良好区分效应，既引导中学素质教育推进，也为高校提供较为科学、公正选拔依据，得到教育部和社会好评。2008年首次实行高考平行志愿，增加考生选择机会，社会对此反映平稳。

（五）教师队伍整体水平不断提高

1. 教师职业道德素养稳步提升

坚持师德师风建设和创建和谐校园相结合，加强教职工社会主义荣辱观、科学发展观的学习；坚持师德师风建设和工作业绩考核相结合，加强“三育人”建设；坚持师德师风建设和典型宣传相结合，切实发挥优秀教师群体的示范效应。首都教育系统通过师德师风建设的“三个结合”工作，在广大教师中进一步形成“敬业爱生、明礼诚信、勤学乐教、廉洁奉献”师德风尚。

2. 教师队伍活力日趋增强

以推行事业单位岗位设置、收入分配制度改革为契机，深化教育人事制度改革。稳步推进教职工全员聘用制改革和定岗分流工作，积极探索教师职务评聘结合改革，严把教师“入口”关和“出口”关。通过完善教师交流制度、城镇教师到乡村任教服务期制度、规定评聘高级教师职务时需要有农村学校任教经历、核编定岗时预留编制和岗位并提供津贴补贴等人事激励政策，大力推动城镇教师支援农村教育。进一步深化校长选拔任用制度改革，积极推行校长聘任制。高校系统按照“相对稳定、合理流动、专兼结合、资源共享”原则，积极探索逐步建立骨干人员相对稳定、非骨干人员有序流动相结合人事管理制度。

3. 基础教育师资水平迅速提升

启动北京市中小学“十一五”时期继续教育工作。持续开展远郊区县中小学教师培训（“绿色耕耘”）、城区中小学教师培训（“春风化雨”）、中小学学科带头人及骨干教师培训、中小学教师教育技术能力培训、首都名师培养、基础教育课程改革培训、培训者培训等，培训对象覆盖北京市城乡18个区县中小学各科教师、校长和各区县培训机构教师。

2005～2007年，北京市小学专任教师中专科及以上学历教师比例由84.3%提高到89.0%，本科和研究生学历教师所占比例由22.2%提高到49.7%。同期，初中专任教师本科及以上学历所占比例由75.0%提高到85.6%，研究生学历教师所占比例由1.1%提高到2.7%。普通高中专任教师中本科及以上学历所占比例由95.5%提高到97.5%，研究生学历教师所占比例由3.6%提高到7.5%。

4. 职业教育师资队伍逐渐优化

2007年，北京市设立1.5亿元专项经费，启动并实施职业院校教师素质提高工程。该工程由“职业院校教师培训基地建设计划”、“职业院校教师人才引进与选拔计划”、“职业院校教师企业实践计划”、“职业院校教师国内外研修计划”和“职业院校教师职业资格证书计划”组成。2007年共评选出职业院校教师培训基地2个、专业创新团队25个、优秀青年骨干教师278名；启动19个专业、2200名专业教师培训工作，占北京市职业院校专业教师总数25%。

2005～2007年，中等职业学校（包括普通中专、职业高中、成人中专和其他机构）专任教师中，本科以及上学历所占比例由84.6%提高到88.5%；研究生学历所占比例由3.8%提高到6.2%；“双师型”教师占专业课、实习指导课教师比例由24.3%提高到32.4%。

5. 高校教师科研与教学水平进一步提高

“十一五”以来，北京市继续实施高等学校人才强教计划，2006年度和2007年度，北京市共选拔46个学术创新团队、48名拔尖创新人才和687名中青年骨干教师；全国30%的长江学者特聘教授（63名）和22%的长江学者讲座教授（42名）积聚在首都高教领域。北京地区高等学校在人选拔、培养等方面取得明显成效，高等学校科研能力、教学水平进一步提高。

（六）教育对外交流与合作日趋活跃

1. 留学生规模逐年攀升

2007年有来自180个国家和地区的5.5万名外国留学生在北京市76所高校学习。在留学生培养层次上，2007年学历生达1.9万人，非学历生达3.7万人，其中，博士研究生、硕士研究生、本科生分别比2005年提高68%、97%和34%。此外，在北京市中小学和外籍人员子女学校就读外籍学生达1.5万名。

2006年北京市政府在国内地方政府中率先设立“外国留学生奖学金项目”，2007年项目经费3500万元，共有27所部委高校和16所市属高校获得奖学金支持。

2. 对外合作与交流领域日趋多样

以师生交流、举办国际研讨会、冬夏令营和北京国际教育博览会、促进中外合作办学、开展城市间合作等为主要形式一系列合作与探索，已从最初尝试逐渐走向成熟。通过“诺贝尔奖获得者北京论坛”，推动北京科学界、产业界同世界顶级学者及研究机构之间交流与合作；通过举办“北京国际教育博览会”，构建北京与国际教育界沟通、联系、对话与合作平台；通过组织“京港澳青少年与奥运同行北京夏令营”、“海峡两岸高中生北京长城夏令营”等活动，加强京港澳台教育交流与合作。市教委先后与美国、英国、奥地利、德国等10个国家首都及中心城市教育部门签署合作协议，建立友好交流关系和合作渠道。

（七）教育公平切实推进、保障力度不断加大

1. 义务教育阶段“两免一补”政策全面落实

2007年北京市预算安排2.77亿元用于落实“两免一补”政策，市、区县政府对各项教育资助政策各负担50%经费。目前已经实现：对公办中小学义务教育阶段全部学生免收杂费；对农村户籍学生、城乡低保家庭学生、残疾学生免收教科书费；对农村户籍山区学生、城乡低保家庭学生、残疾学生、工读学校学生每人每年提供300元助学补助；对远郊区县农村户籍学生、残疾学生和城乡低保家庭学生三类住宿生每人每月发放100元伙食补助。

2. 中职学校学生资助制度不断完善

2007年，本市对区县两级财政拨款中等职业学校学生实行减免学费优惠政策。北京市城镇户口学生减学费标准三分之一；本市农村户口、城镇低保家庭和农林类专业学生免收学费。免收城乡低保家庭住宿学生的住宿费；原城乡低保家庭学生生活补贴由每年1000元/生提高到每年2000元/生。

在助学金方面，资助金额高于国家每生每年1500元标准，北京市全部中职学生可享受到国家助学金。还特别设立中职学校政府奖学金制度，每年每生2000元，奖励面为学生人数5%。2007年全市共下拨国家助学金2亿元，受助学生16万人；下拨政府奖学金近1600万元，受助学生7000人。

3. 高校学生资助体系进一步健全

2007年，北京市拨款2000万元补贴高校公共服务，73所公办高校在校经济困难大学生享受饮用水、洗澡和电话费用专项补贴，8.1万名大学生受益。启动市属普通高校助学金项目，每年投入5000万元，用于补助家庭经济困难大学生。2007年9月，北京市设立国家励志奖学金，资助面占在校生3%，资助标准为每生每年5000元，国家励志奖学金除中央按照比例拨付的资金外，其余部分由市财政负担。进一步畅通北京地区高校“绿色通道”，2007年共有9224名公办普通高校家庭经济困难新生受益。

（八）办学条件明显改善

1. 基础教育办学条件明显改善

2007年，市级财政根据区县财力状况，对城八区和远郊区县分别给予30%～50%校舍修缮经费补助，全年共安排预算内校舍维修经费10亿元。北京市以远郊农村地区民族学校为重点，两年投入2439万元，改善17所民族中小学办学条件。2007年，北京市小学生均校舍建筑面积达8.1平方米/生，普通教室生均面积达2.7平方米/生，电子图书藏书量达0.9册/生，分别比2005年增长7.9%、2.1%、48.2%；全市普通中学生均校舍建筑面积为40.2平方米/生，普通教室生均面积达7.4平方米/生，电子图书藏书量达9.2册/生，分别比2005年增长25.4%、12.3%、197.4%

2. 改善普通高校办学条件

2007年，首都普通高校生均占地面积达到54.1平方米/生，生均校舍建筑面积达39.4平方米/生，生均实验

实习场所面积达6.1平方米/生，电子图书拥有量达31.8册/生，分别比2005年增长2.8%、2.8%、11.9%、35.8%。积极推进良乡和沙河高教园区建设，目前良乡高教园区已累计完成投资36.2亿元，批复土地273万平方米，开复工面积54万平方米，建设完成教学及宿舍楼67栋，北京工商大学、首都师范大学、北京理工大学已入驻师生2万人。沙河高教园区基础设施已全面开建，部分高校教学楼建设已完工。

三、形势分析与措施建议

（一）形势分析

1. 加快推进以改善民生为重点社会建设，为首都教育发展创造新机遇

北京市将全力创建服务型政府、加快推进以改善民生为重点社会建设作为新时期政府工作战略重点之一。作为最重要和最基础公共服务和公共福利之一，作为民生之基，教育发展必将获得更大的支持。同时，首都教育发展也将面临更为复杂新需求，必须坚持以公平、便利、开放、全纳、优质为基本要求，创造性地完善首都教育供给与服务方式，提高教育服务质量，办人民满意的教育。

2. 北京城市总体规划（2004～2020）实施，对首都教育发展产生重大影响

《北京城市总体发展规划（2004～2020）》提出，北京城市功能定位于“国家首都、世界城市、文化名城和宜居城市”四位一体；在城市区域范围内构建“两轴——两带——多中心”城市空间结构；北京将在2020年全面实现现代化。北京人口规模与分布、产业结构、基础设施建设等也都将随之发生变化。这里既蕴涵着机遇，也提出挑战。如何确定与城市发展目标相匹配的教育发展目标；如何更好地提供为民、便民、利民的教育公共服务；如何适应产业升级来调整人才培养模式和结构；如何使教育空间布局与城市空间布局相协调等等。

3. 首都人口变化对教育公共服务带来新的挑战

人口结构的变化对首都教育将带来深刻影响，基础教育人口比重偏低，将有利于进一步推动首都基础教育均衡、优质发展，但流动人口加剧、人口分布变化以及人口老龄化都将对首都教育的公共服务能力提出挑战，新形势下如何提供更为多样、便捷、优质的教育服务成为首都教育无法回避问题。

（二）措施建议

1. 切实创造推进《规划》实施有利条件

（1）进一步强化首都教育发展统筹协调机制建设。充分发挥“北京市率先实现教育现代化试验城市”工作领导小组作用，研究解决首都教育发展中重大事项；加强教育行政部门与劳动部门协调机制，完善职业教育工作局际联席会议制度，统筹、协调职业教育改革与发展；加强社会、学校、家庭相结合教育机制，完善校外教育联席会议制度，优化青少年成长社会环境。

（2）加强教育规划执行监测。完善规划实施机制，加强对规划执行情况年度监测工作，强化项目落实情况跟踪；加强对规划主要指标和政策实施效果监测，并及时做出相应调整；加强对区县落实规划情况监测指导。

（3）加强教育前瞻性研究。为推进“十一五”教育规划的顺利实施并为“十二五”教育规划制订打好基础，建议组织力量对首都教育发展宏观战略性问题和主要热点、难点问题开展前瞻性研究。主要有首都教育现代化指标体系研究；适应区域经济社会发展，增强首都教育辐射力研究；教育高度普及背景下学习制度研究；考试评价制度与评价方法改革研究；外来务工人员素质培养研究等。

2. 推进素质教育，提高基础教育整体水平

（1）提升学前教育整体发展水平，推进0～6岁托幼一体化体系建设。强化政府责任，增强学前教育特别是农村学前教育政策支持与经费投入力度，缩小城乡托幼机构在办园条件方面差距，力争使所有适龄幼儿都能享受到便利、优质学前教育。继续在全市推广早期教育示范基地建设和乡镇中心园建设，切实加强对农村托幼机构合格验收工作。扩大政府办园比例，探索将民办幼儿园全面纳入级类管理有效机制。

（2）持续推进义务教育均衡发展。认真贯彻《北京市实施〈民共和国义务教育法〉办法》，继续坚持“四个倾斜”工作思路，把促进义务教育均衡发展目标落实到办好每一所学校和关注每一个学生健康成长上来。完善全市义务教育阶段“两免一补”政策。全面落实北京市新颁《中小学办学条件标准》，继续实施小学规范化建设工程、初中建设工程、“城区名校到远郊区办分校”项目和城市支援农村义务教育发展的“十百千万”工程等，不断扩大优质教育资源，在缩小城乡差距，积极推动区域内教育资源均衡化。加强学校空间布局合理性，特别要加强新城和新建小区配套学校设施建设。加大对特殊教育和民族教育扶持力度。加强全市中小学基建防灾减灾工作。

（3）全面深入推进素质教育。以提高德育实效性为重点，探索德育新载体，发挥中小学数字德育平台作用，总结奥运为德育带来新资源和新经验，鼓励德育内容和方式创新。加强学生心理健康教育服务体系建设。完善首都义务教育质量监控和教学指导体系，形成具有首都特点义务教育课程与教材体系。加强分类指导和区域推进，推进普通高中新课程改革。继续大力开展“阳光体育运动”，整合校外教育资源。提高中小学信息化建设水平，引导师生利用教育信息资源，发挥其对提升基础教育教学整体水平促进作用。

（4）协调解决来京务工人员子女接受义务教育问题。鼓励民办学校接收；规范管理流动人口自办学校。市、区县财政探索将来京务工人员子女接受义务教育经费纳入年度财政经费预算机制；开展来京务工人员子女在京接收非义务教育需求与政策研究。

3. 突出特色，探索职业教育发展新思路

（1）完善职业教育体系。根据首都社会经济发展需求和市民对多样化学习要求，完善首都职业教育的层次结构，以发展高等职业教育为重点，稳步提高首都职业教育重心。建立学历和学力并重评价认证制度。探索建

立职业学校体系和职业培训体系融通、学历文凭和培训证书互认有效机制。

（2）整合职业教育资源，鼓励特色发展。加快推进中等职业学校布局调整；重点建设亦庄职业园区。适度扩大“五年制”高职试点范围与规模，促进中高职一体化。发展以区域性重点职业学校为核心，以乡镇成人文化学校、社区教育中心、企业培训中心为依托，构建服务农民、市民和企业职工多元化学习需求区域性职业教育与培训网络。以专业优势校为基础，整合职业学校资源，打造一批专业优势和特色突出职教名校。

（3）深化教学改革，创新人才培养模式。围绕北京职教重点建设骨干专业，整合力量推出一批精品课程和教材；探索引进国际通用性强、具有权威性高职资格证书及其培训体系。积极探索以企业培训中心为主体，职业学校参与校企合作人才培养模式，在部分职业学校开展工学结合、半工半读人才培养模式试点改革。

（4）着力促进高职发展，增强高职教育吸引力。通过改善办学条件，提高“双师型”教师比例，扩大高职毕业生就业、升学机会，合理分担教育成本等措施，提高高职院校吸引力。

4. 加强资源统筹，大力提高高等教育质量

（1）发挥政府主导作用，积极推进高等教育空间布局调整。根据首都城市规划发展思路，特别是配合城市新区建设，结合产业布局，加快良乡和沙河高教园区建设；改善市属高校办学条件。瞄准首都产业结构调整方向，创造条件设置新兴学科、边缘学科、交叉学科、应用学科及其专业，加快学科专业结构调整，优化专业结构，推动首都高校特色发展。

（2）以“质量工程”为基础，不断提高高等教育质量。以实施北京高等学校教学质量与教学改革工程为契机，坚持内涵发展，切实提高首都高等教育质量。重视对高等教育教学领军人物培养。加快人才培养模式改革，建立以素质为核心人才培养模式，多途径加强对学生创新与实践能力的培养；加强专业建设、课程建设和教材建设，积极推进教育教学管理制度创新；完善首都高等教育质量监控体系，建立健全高等教育质量监督评价制度和保障体系。

（3）“以创新工程”为平台，推动高校科技创新，提升对创新型城市建设服务能力。推进研究生教育质量工程，建立产学研、国内外联合培养研究生基地。推进科研专项工程、科研基地建设工程实施。加强科技成果转化与产业化建设，重点建设北京市大学科技园、北京市技术转移中心，支持校企合作项目。此外，还将发挥高校多学科综合优势和特色，建立具有高度灵活性和适应性交叉学科研究基地，促进学科间相互渗透和交叉，培养新学科生长点，增强原始创新和集成能力。

（4）进一步做好高校毕业生就业工作。广泛开展高校毕业生技能培训和就业见习；推进高校就业指导课程和队伍建设；引导高校毕业生面向基层就业，继续组织实施好“大学生志愿服务西部计划”、“大学生村官计划”等项目，实施“高校毕业生创业行动计划”，扶持毕业生自主创业和灵活就业；做好对家庭经济困难并就业困难毕业生的就业援助。

5. 完善终身教育体系，推进学习型城市建设

（1）完善终身学习服务体系。加强有关终身教育立法研究。通过社区教育、职业培训、继续教育、农村教育等方式，建立覆盖全社会终身学习服务体系，推动学习型组织和学习型城市建设，使学习和创新成为首都发展重要理念和市民普遍行为。着力解决对郊区新型农民培养、下岗职工再就业技能培训、来京务工人员文明素质教育培训等问题。

（2）推动公共教育资源开放，搭建全民学习资源平台。整合社区教育资源，充分利用现有中小学、职业技术教育设施作为社区教育基地，推动公共教育资源向社会开放。创新学习载体，通过举办文化讲堂、免费开放文化场馆等形式，方便群众学习。充分利用互联网等新型媒体，开设学习型城市建设“网上论坛”。通过举办评选“首都学习之星”等形式，提高市民学习参与率。

6. 加强队伍建设，提高整体水平

（1）全力打造管理人员、教师、教科研人员三支队伍。以完善干部培训制度和创新培训机制为主线，以加强教育行政部门和各级各类学校主要领导干部能力建设为重点，努力构建网络化、多元化干部终身学习体系，全面、持续提高教育管理队伍管理能力和领导水平。以校本培训为主，开展教师全员培训。实施“名师”和“骨干教师”建设工程，加快培养和引进一批教育名师和学科带头人，加强“双师型”教师队伍建设，打造一支师德高尚、业务精湛的教师队伍。完善各级教科研网络，加强教科研队伍建设，通过科研提高教育教学质量。

（2）加强师资配置、选拔、评价、激励机制建设。建立健全以优化结构和提高质量为导向的教师资源配置机制，健全教师编制管理制度、职务制度、教师岗位管理制度。完善以公开招聘和竞争择优为导向的教师遴选机制，竞争择优。完善以业绩共享和能力水平为导向的教师评价机制。完善以爱岗敬业和创新创造为导向的教师激励机制。充分调动广大教师积极性，为教师提供良好职业发展环境。

（3）切实推进教师专业化发展。

完善中小学教师职务评聘制度，提高农村骨干教师、中高级教师岗位比例。完善农村地区中小学教师津贴制度和优秀大学生到农村地区中小学任教奖励制度。加大对幼儿教师培训力度。加强对中小学教师培训力度。

实施“职业院校教师素质提高工程”。支持职业学校面向社会聘用高技能人才任专业课或实习指导课教师；探索建立职业院校教师到企业实践制度。

实施“高等学校人才强教计划”。推进岗位聘任制改革，完善青年教师助教制度，遴选优秀青年教师；拓宽师资来源，鼓励高校积极招聘企业、科研院所和政府机关等部门具有较高学术造诣和丰富实践经验的各类高层次专业人才任教；加大对高校高水平学科带头人及其带领团队的资助力度，吸引海外高层次人才。

（4）建立并完善教师职业道德规范和考核机制。引

导教师牢固树立以人为本思想，真正成为学生做人典范和求知的楷模。建立定期表彰奖励制度并大力加强对先进典型宣传力度。探索建立高校教师个人学术诚信档案体系。

7. 深化体制改革，增强首都教育发展活力

（1）完善教育经费投入体制。加大政府财政对教育的投入力度，力争到2010年如期实现财政性教育经费占GDP4%目标。以“促进教育公平、扩大优质资源、提高教育质量、增强使用效益”为原则，拓宽经费来源，优化投入结构，强化监管力度，提高经费使用效益，确保“十一五”规划各个重点项目实施。加大对薄弱区县、薄弱学校和弱势群体财政扶持力度。完善义务教育经费保障机制，加大对农村教育投入。完善职业教育和高等教育投入体制。

（2）推进教育行政管理体制、学校内部管理体制、办学管理体制和招生评价体制改革。全面履行政府职能，加快推进行政审批制度改革，推进政府职能转变，推动政府依法行政；发挥教育督导作用，坚持督政与督学相结合，推进教育督导体制和机制建设，健全以督导评价结果为主要依据公报、通报、表彰等制度，增强教育督导实效性和权威性；加强教育决策科学化、民主化、规范化建设，多种方式和渠道推动推进教育政务信息公开。深化学校内部管理体制改革，提高学校依法自主管理能力。完善公办学校办学体制改革，将体制改革从基础教育领域转移到职业教育和高等教育领域。促进民办教育内涵发展，加强对民办学校宏观管理，规范各类民办学校招生行为。完善义务教育“免试就近入学”办法；提高初中优秀毕业生推荐进入示范高中学习比例；稳步推进高职自主招生以及中职学校招收未升学高中毕业生等多项改革。完善各级各类教育质量监控与评价体系。

（执笔人：彭斌柏）

2008年北京高等教育质量分析报告

一、2008年北京高等教育质量基本状况及其分析

本报告依据所能收集到的资料，拟从北京不同类型高等学校师资队伍、办学基本条件、教学质量与教学改革工程的实施、学生科技活动和就业等四个方面情况及其相应的分析，来反映2008年北京高等教育质量的基本状况。

在本报告图表中，普通高等学校、成人高等学校、民办其他高等教育机构定义，依据《2008～2009年度北京市教育事业统计资料》中“高等教育统计指标解释”。根据不同类型学校（机构）定义，本报告将北京高等学校（机构）分为三大类。第一类，普通高等学校（简称为“普通高校”）。其中包括：中央部委主管的本科高校（简称为“部委高校”），市属市管本科高校（简称为“市属市管高校”），市属市管高职高专学校（简称为“高职高专”），普通本科高校举办的独立学院（简称为“独立学院”），民办普通高校（简称为“民办高校”）。第二类，成人高等学校（简称为“成人高校”）。第三类，民办的其他高等教育机构（简称为“民办其他”）。

（一）北京各类高等学校师资队伍状况

师资队伍状况是影响高等教育质量的重要因素之一。本报告采用与2007年对比方法，来表现2008年北京高等教育师资队伍在数量、结构和质量变化情况。

1. 生师比情况

与上年相比，2008年北京普通高校的在校生总人数有所增加，成人高校和民办其他高等教育机构在校生总人数有所下降。其中，普通高校的本专科在校生比上年增长1%，硕士、博士在校生分别增长3%和6%，留学生在校生人数增长15%，夜大业余在校生增长21%，而预科、成人脱产和函授在校生与上年相比分别有所下降。成人高校本专科、夜大业余在校生比上年分别下降2%和3%，成人脱产在校生增长3%。民办其他高等教育机构在校生总人数比上年减少4%。如图1所示。

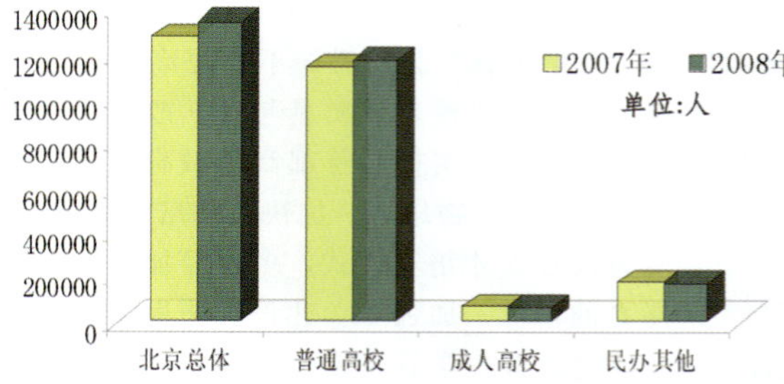

图1　2007～2008年北京高等学校在校生数量统计示意图

与上年相比，2008年北京普通高校和民办高校具有教师资格，专门从事教学专任教师数量有所增长，增长率分别为2%和4%，聘请外校教师数量则有所下降。相反，成人高校专任教师数量则有所下降，如图2所示。

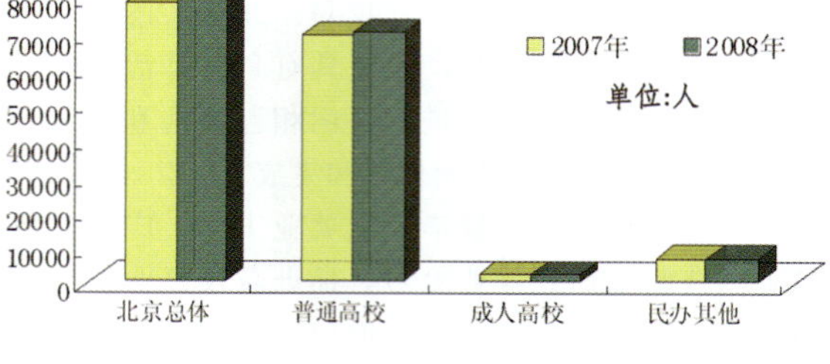

图2　2007～2008年北京高等学校教师数量统计示意图

2. 校内专任教师队伍职称、学历结构情况

与上年相比，2008 年北京市普通高校专任教师数量增加 1200 人，民办及其他高校增加 150 人。同时，成人高校专任教师的数量有所减少。从图 3 可以看出，在不考虑外聘教师情况下，全市各类高校专任教师职称结构状况，从总体情况来看，正高级和副高级职称教师人数与上年基本持平，而初级和无职称的教师人数则比例下降，中级职称教师比例明显提高，这说明近年来各类学校新引进教师中高学历教师数量明显增加，这些学历较高、年纪较轻教师已经成为各类高校教师队伍主力军。因此，如何提高这部分教师教学水平，是北京高等教育质量持续提高需要考虑重要问题。此外，民办及其他高校 2008 年教师队伍中初级和无职称人数不降反升，说明这类高校近年来新进教师比例较高。

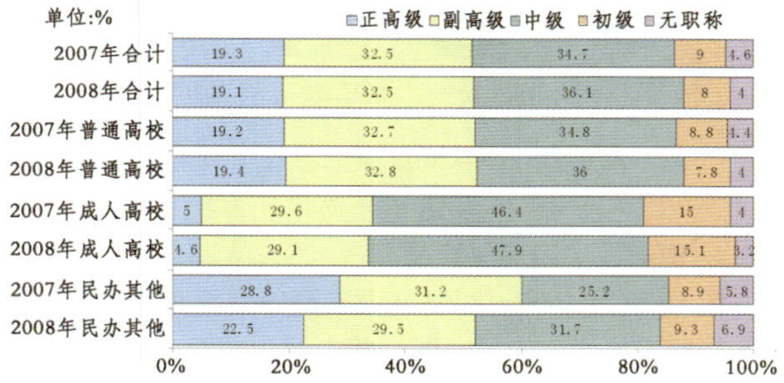

图 3　2007～2008 年北京高等学校
专任教师职称结构统计示意图

与上年相比，2007 年北京市高等学校专任教师总体学历结构变化明显趋势是博士学历所占比例呈上升趋势，硕士、本科学历比例均呈下降趋势，专科以下学历比例略有上升。这一变化趋势在普通高校中尤为突出和典型。成人高校、民办及其他高校硕士学历比例呈明显上升，博士、本科和专科及以下学历比例均呈下降的趋势。见图 4。

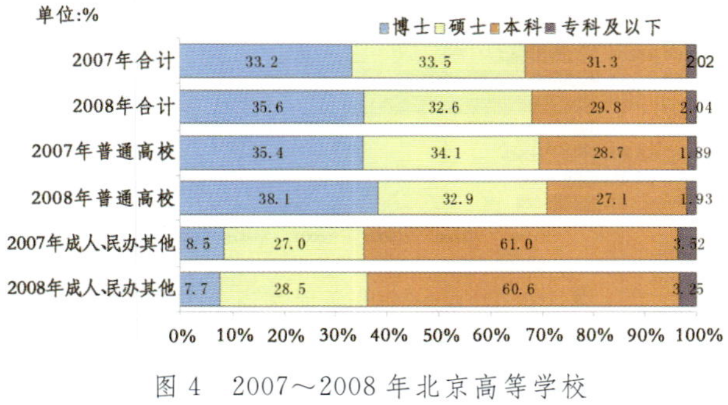

图 4　2007～2008 年北京高等学校
专任教师学历结构统计示意图

3. 教授、副教授为本科生授课情况

在这一标题下，为了使数据在统计口径上具有可比性，本文从各高校提交 2008 年教育质量报告中收集 31 所部委高校、16 所市属市管高校、7 所高职高专学校、2 所独立学院，2006～2008 年有关教授、副教授为本科生上课的数据，统计编制成表 1。

在“普通高等学校本科教学工作水平评估指标”中，主要观测点“教授、副教授上课情况”的 A 级标准是：“教授、副教授近三年内均曾为本科生授课”；C 级标准是：“55 岁（含）以下教授、副教授每学年 95％以上为本科生授课”。从表 1 中可以看出，部委高校近三年教授、副教授为本科生上课比例从未突破过 85％，且呈下降趋势，最低学校 2008 年仅达到 52.59％；市属市管高校近三年上述指标一直徘徊在 90％，最低学校 2008 年也仅达到 62.62％。因此，从统计数据中可以看出，教授、副教授为本科生授课问题仍是北京市高等学校，特别是部委高校、市属市管高校的一个较突出问题。

表 1　2006 至 2008 年高等学校教授、
副教授为本科生授课情况统计表

项目	教授、副教授为本科生上课的比例％		
	2006 年	2007 年	2008 年
部委高校	83.16％	84.54％	82.82％
市属市管高校	89.54％	88.90％	90.96％
高职高专	94.18％	92.69％	90.80％
独立学院	91.48％	82.13％	78.70％

（二）北京高等教育办学基本条件状况

1. 生均占地面积情况

图 5 给出 2007～2008 年北京高等学校生均占地面积统计示意图。由图 5 可知，从总体上说，2008 年北京市各类高校的生均占地面积（占地面积/全日制在校生数）比上年下降 2.08 平方米/生，原因是各类高校“占地总面积”和“全日制在校生数”虽然都在下降，但是“占地总面积”比“全日制在校生数”下降幅度更大。其中，普通高校的生均占地面积下降 0.74 平方米/生；成人高校下降 1.98 平方米/生；民办及其他高校下降 10.45 平方米/生。与“普通高等学校基本办学条件指标合格标准”中，综合院校 54 平方米/生，工科院校 59 平方米/生这两个标准相比，生均占地面积不足仍然是北京高等学校面临的比较大的问题之一。特别是民办高校因占地总面积下降，造成用地问题尤为严重。

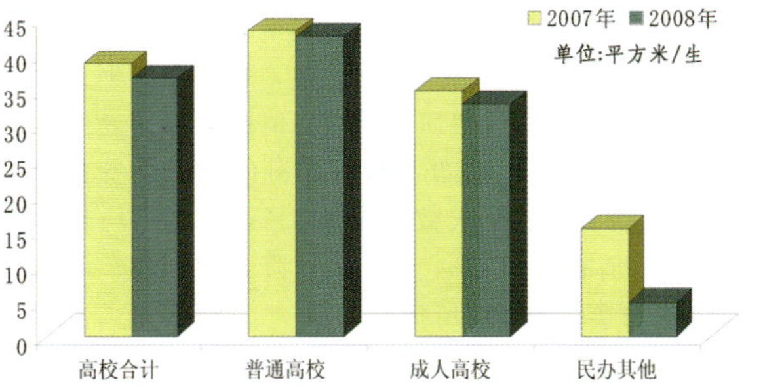

图 5　2007～2008 年北京高等学校
生均占地面积统计示意图

2. 生均图书量情况

图 6 和图 7 分别给出 2007～2008 年北京高等学校不包括和包括电子图书生均图书统计示意图。从图 6 和图 7 可以看出，与上年相比，北京市普通高等学校生均图书

量（图书总数/折合在校生数）增加幅度较大，加上电子图书，与“普通高等学校基本办学条件指标合格标准”中，综合院校100册/生，工科院校80册/生这两个标准相比，普通高校已经与综合院校标准十分接近。但是，成人高校和民办高校仍存在相当大差距，图书拥有量比上年还有所下降。特别是民办及其他高教机构分别下降15.93册/生（不包括电子图书）和11.1册/生（包括电子图书）。

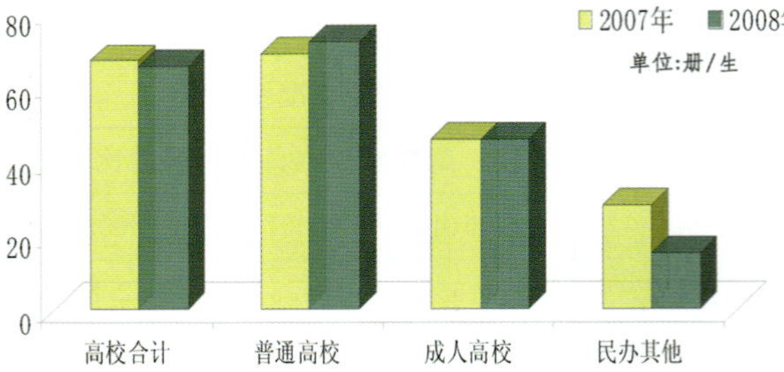

图6　2007～2008年北京高等学校
生均图书统计示意图（不包括电子图书）

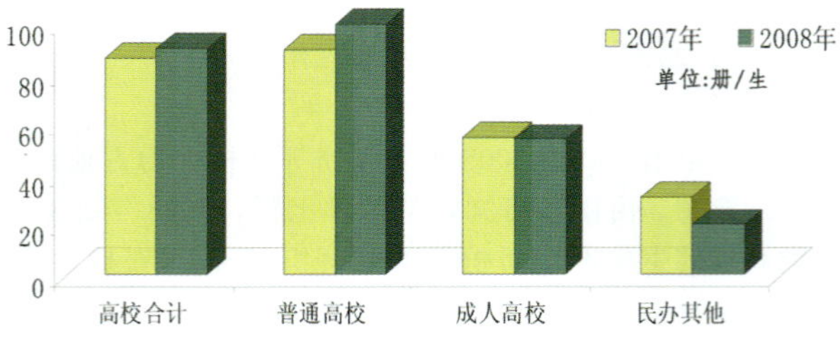

图7　2007～2008年北京高等学校
生均图书统计示意图（包括电子图书）

3. 生均教学科研仪器设备值情况

图8给出2007～2008年北京高等学校生均教学科研仪器设备值统计示意图。由图可见，与上年相比，北京市普通高校的教学科研仪器设备总值增加12.9%，而折合在校生人数仅增加2.3%，因此生均教学科研仪器设备值（教学科研仪器设备资产总值/折合在校生数）增加10.3%，绝对值达到15690.58元/生，是“普通高等学校基本办学条件指标合格标准”中相应标准3.1倍。成人高校教学科研仪器设备总值增加9.8%，折合在校生人数减少2%，因此生均教学科研仪器设备值增加12%，绝对值达到6212.30元/生。民办高校教学科研仪器设备总值减少6.7%，折合在校生人数减少4.3%，因此生均教学科研仪器设备值减少2.4%，绝对值下降到1111.45元/生。

4. 生均实验实习场所情况

图9给出2007～2008年北京高等学校生均实验实习场地统计示意图，由此图可见，与上年相比，2008年北京市普通高等学校的实验实习场所面积增加25万平方米，生均实验实习场地（实验实习场地/折合在校生数）增加0.13平方米/生。成人高校与民办高校实验实习场地数量仍处于持续下降状态，特别是民办高校生均实验实习场地已经下降到0.12平方米/生。

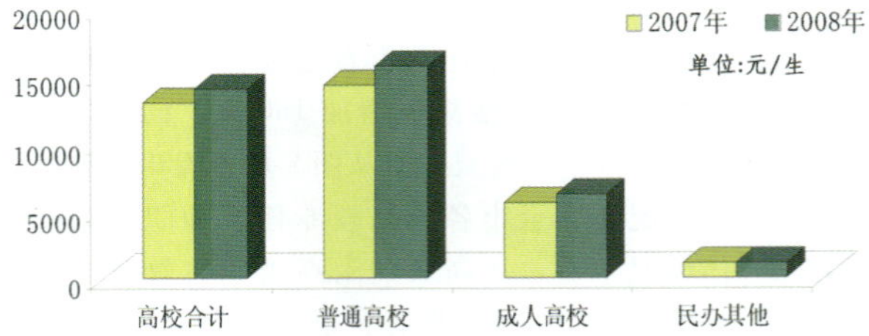

图8　2007～2008年北京高等学校
生均教学科研仪器设备值统计示意图

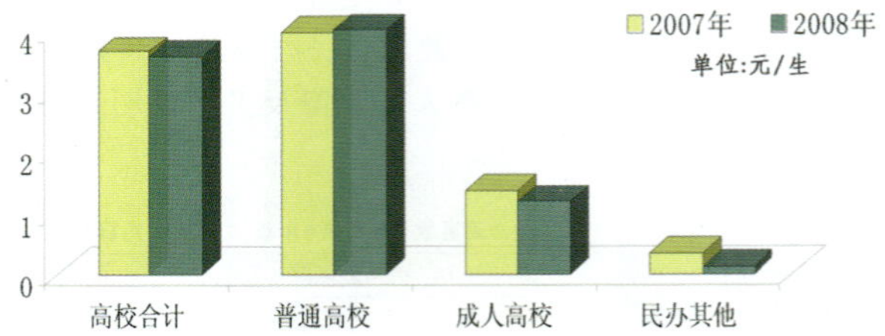

图9　2007～2008年北京高等学校
生均实验实习场地统计示意图

5. 四项教学经费的情况

图10给出2007～2008年北京高等学校四项教学经费占学费收入比例统计示意图，其中统计汇总32所部委高校、17所市属市管高校、14所高职高专学校、9所民办高校、12所成人高校和2所独立学院教学经费的数据。由图10可以看出，2008年部委高校、市属市管高校、成人高校，这三类学校的四项教学经费占学费收入的比例均超过“普通高等学校本科教学工作水平评估指标”中有关指标的A级标准，且近三年来经费投入的比例呈稳定状态。

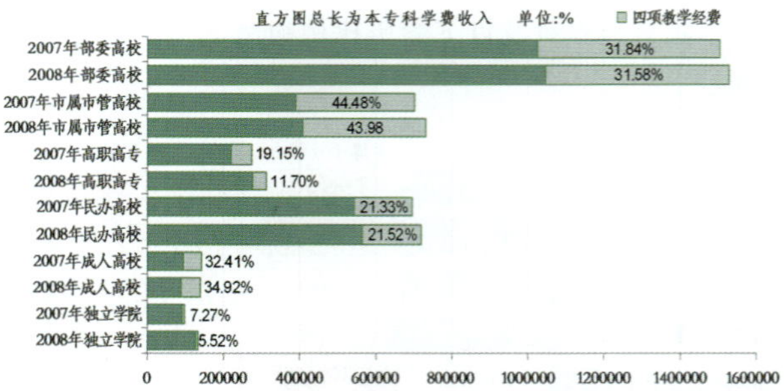

图10　2007～2008年北京高等学校
四项教学经费占学费收入比例统计示意图

（三）北京高等教育的教学质量与教学改革工程实施状况

北京市教委近两年来支持教改经费投放逐年增加。统计汇总32所部委高校、17所市属市管高校、14所高职高专学校、9所民办高校、13所成人高校和2所独立学院教学改革经费情况。图3～11给出2007～2008年北京高等学校教学改革经费各类学校合计投入数量示意图。图12给出2007～2008年北京高等学校教学改革经费各类学校平均投入数量示意图。从图11和图12中可以看出，与上年相比，2008年各类高校直接投入教学改革经费均呈稳定上升的态势。2008年，各部委高校教学改革经费投入平均达225万元，各市属市管高校平均达335万元，各高职高专院校平均达150万元，各民办高等学校平均达80万元，各成人高等学校平均达16万元，各独立学院平均达36万元。

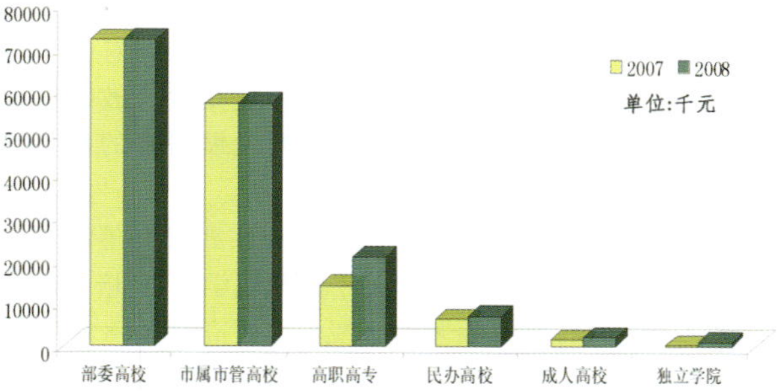

图11 2007～2008年北京高等学校教学改革经费各类学校合计投入数量示意图

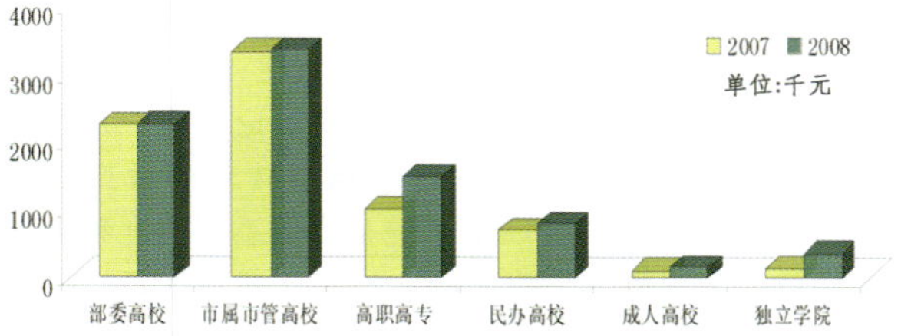

图12 2007～2008年北京高等学校教学改革经费各类学校平均投入数量示意图

二、2008年北京高等教育质量存在主要问题及对策建议

北京高等教育资源丰富、国际化程度高、综合实力在全国领先，对推动建设高等教育强国具有特殊地位，担负着引领责任，加快北京高等教育现代化是建设高等教育强国客观需要。从这一视点出发，来审视2008年北京高等教育，找出质量存在问题，由此提出的一些对策建议。

（一）存在问题

通过对北京高等教育质量的分析，从宏观和微观两个层面提出影响质量提高三个方面问题。

第一，办学思路调整不及时阻碍着高校的科学发展和社会服务能力提高。

北京高等教育进入普及阶段以来，高等学校办学已经开始出现多样化特点，大多数高校能根据社会需求、自身传统及学科专业优势，及时调整办学思路和办学定位，展现出良好发展态势，取得重要收获和可喜成果。但是，站在新起点，面对建设高等教育强国新任务和建设“人文北京、科技北京、绿色北京”新要求，必须清醒看到北京高等学校还存在着与社会发展需求不相适应地方。其主要表现为高校人才培养质量和服务能力还不完全适应首都经济社会发展需要，培养模式、课程体系、教学内容和教学方法亟待深化改革，办学特色亟待凝练，对首都经济社会服务水平亟待提高；部分学校定位存在“求全”、“攀高”现象，办学缺乏个性，发展模式趋同，单纯追求扩大办学规模；部分学校片面追求扩展学科门类和外延发展，存在传统专业老化、市场需求面窄，新增专业重复设置等问题，专业结构调整与经济社会发展结合不够紧密等。在此，还需要引起重视的是，政府对高等学校管理模式、评估标准、财政拨款方式也有待改进和完善。

第二，人才培养模式改革不深入影响到高等教育质量进一步提高。

大学生就业状况是衡量高等教育质量标尺之一。从近年来就业市场看，特别是国际金融危机以来，三个主要矛盾更加凸显。一是供求关系矛盾，大学生就业压力逐年加大。二是结构性矛盾，其一为层次结构矛盾，目前第三产业占到北京GDP的72%，亟须大量高职（专科）层次毕业生；其二为专业结构矛盾，就业市场需求旺盛主要是应用类专业人才，这类毕业生求人倍率较高，随着首都产业结构调整，专业需求还会发生变化，高等学校要主动适应这种变化，建立专业调整机制。三是毕业生素质与用人单位需求之间的矛盾，在双向选择的就业市场上，这个矛盾有时引发本来“供需两旺”专业竟然会出现“供需两难”局面。以上情况表明，不断提高毕业生的实践能力和创新精神，继而提升其就业能力和创业能力，是提高北京高等教育质量根本任务。

高校毕业生是否具备就业能力，最终取决于高校人才培养质量，而人才培养质量高低又取决于人才培养模式改革。人才培养模式改革就是在既定培养目标、培养规格基础上，侧重对人才培养途径和过程，培养方式方法等进行大胆革新，着力解决“怎样培养人”问题。人才培养模式改革已经进行多年，但是仍有一些高校在教育教学实践中，对人才培养模式研究不够重视和深入，人才培养模式改革没有取得实质性突破。“宽口径、厚基础”这种精英教育阶段对本科生培养目标提法，长期影响着不同类型高校，以至进入普及阶段，不同办学定位、不同类型高校仍然遵循这一标准，设计人才培养计划和程序。一些专业培养计划中提出的培养目标和人才规格，缺乏全面社会评价和市场检验，教学内容及课程体系、培养途径及方法、质量评价及保障体系等未能进行系统的改革，使“培养什么样的人”和“怎样培养人”难于有机地统一起来。所有这些导致提高人才培养质量、提升毕业生就业能力目标难以有效实现。

第三，高等教育普及阶段的质量保障体系方面还不够健全。

普及化北京高等教育质量保障体系存在主要问题表现在以下几个方面：一是高等教育质量保障机制有待健全，在高等教育外部质量保障体系中，政府与社会之间的合作不够紧密，政府、学校、社会和教育评估机构齐抓共管、内外结合的教育质量保障体系还没有真正形成，尚未建立起高等教育质量评估、认证和审核的市场运行机制。二是高等教育质量保障效能有待提高，学校内部质量保障体系科学性和系统运行有效性方面还存在不足，在质量监控过程中，学生和教师主动性、积极性发挥不够，未完全形成质量保障长效机制。三是高等教育质量保障的研究有待深化，应重视利用北京地区丰富的高等教育研究资源，开展区域高等教育质量保障综合研究，为完善的北京高等教育质量保障体系提供理论依据和技术支撑。

（二）对策建议

针对以上问题，为提高北京高等教育质量，提出以下建设性意见。

第一，深入贯彻科学发展观，引导高校科学定位，走内涵发展、特色发展道路。

北京高等教育已经站在一个新历史起点上，北京产业结构调整和经济增长方式转变，加快城市现代化和建设创新型城市，建设学习型城市和构建现代终身教育体系，建成繁荣、文明、和谐、宜居的首善之区任务和首都人民群众新期待，推进“人文北京、科技北京、绿色北京”建设目标，对北京高等教育改革提出更高要求。当前，北京高等教育战线要以科学发展观为指导，坚持“统筹规划，分类指导；优化结构，内涵发展；突出特色，注重创新；提高质量，服务社会”方针，稳步发展规模，完善高教布局，优化资源结构，加强国际合作，促进科学发展，提高北京高等教育社会贡献力、区域辐射力和国际竞争力。

温家宝总理在谈到高等教育问题时强调“高校办得好坏，不在规模大小，关键是要办出特色，形成自己的办学理念和风格。”每所高校都经历不同发展过程，都有其独特文化底蕴和资源优势。高校只有继承传统，科学定位，形成鲜明办学特色，才能在日益激烈的竞争中获得更加广阔发展空间，在为区域经济社会发展服务中发挥更大作用。为此，一要加强分类指导，改革管理机制。研究和选择科学的标准或方法来明确高校的类型，逐渐淡化学校的层次，强调不同类型学校的不同特色，既不冲击办学历史悠久、基础雄厚大学的定位，又使办学历史较短、基础较为薄弱的高校找到自己的发展空间。二要加强对划转地方管理的院校的引导和支持，使之在管理体制改革过程中，顺利实现师资队伍结构、学科专业结构、科研方向等方面的调整，既能继续保持为行业服务的优势和办学特色，又能充分地发挥为首都经济社会发展服务的作用。三要建立多元化的评估体系，尝试根据不同类型和不同层次高校的任务性质制定不同的标准，允许不同类型和不同层次的高校选择适合自己发展的多样化的办学模式。在综合性评价、教师评价、管理评价和学生评价等各个方面，摆脱单一的评价指标体系的束缚，制订适合于不同类型学校的评价指标体系，使各类学校都有各自明确的奋斗目标，各得其所。四要探索和试点市属高校按在校生规模和办学绩效相结合的财政拨款方式，充分利用教育评估和财政拨款这两种教育宏观管理的手段促进高校教育质量和办学效益的提高。

第二，扎实推进人才培养模式改革与创新，着力提高学生的创新能力与就业能力。

进一步深化人才培养模式的改革仍然是北京高校提高人才培养质量，提升毕业生就业能力最需要关注的方面。任何一个教育环节上的改革，都应该和整个人才培养模式的变革结合起来，才能取得好的效果。

温家宝总理在谈到如何制订《国家中长期教育改革和发展规划纲要》时指出“教育的根本任务应该是培养人才，人才培养观念更新和培养模式创新要成为规划的亮点。要注重培养学生的社会责任感、实践能力和创造精神，注重培养复合型人才。”北京高等学校要认真落实总理的要求，以人才培养模式创新为着力点，对教学改革进行全方位的深入探索，有效破解提高教育教学质量的难题，努力培养满足首都经济社会发展需要的创新型人才。

“人才培养模式”是上世纪末出现在我国高等教育改革进程中的一个重要概念。《关于深化教学改革 培养适应21世纪需要的高质量人才的意见》（教高［1998］2号）对这一概念的表述是：“人才培养模式是学校为学生构建的知识、能力、素质结构，以及实现这种结构的方式，它从根本上规定了人才特征并集中地体现了教育思想和教育观念。”这个表述揭示了人才培养模式的依据和作用，主体和客体，静态和动态等重要内涵。人才培养模式“集中地体现了人才培养的合目的性、计划实现性、过程控制性、质量保障性等一整套方法论体系，是教育理论与教育实践得以发生联系和相互转化的桥梁与媒介。”人才培养模式作为一个系统是由一系列相互独立又相互联系的要素构成，比如专业设置、课程体系、培养途径、教学制度、教学组织形式、评价方式等。人才培养模式的实质性建构可以归结为对学生知识结构、能力结构、素质结构的建构；人才培养模式的实践化形式就是培养方案，培养方案的实体部分就是教学计划（或称为培养计划），它反映着人才培养模式对教学工作的基本构想，是实施教学过程的依据。因此，人才培养模式的改革，是学校教育教学改革的一项系统工程，需要认真研究，不断深化。

当今社会是一个充满教育变革行动的时代，引发人才培养模式变革的主要因素包括教育思想、培养目标、教育技术创新等，但是所有这些因素都必须通过教师的改革行为才能真正起作用，调动广大教师的积极性和发挥他们的创造力，是推动人才培养模式改革创新的关键。

建设人才培养模式创新试验区是教育部和北京市教委“质量工程”的重要内容之一，各高校应积极投入人才培养模式创新试验区建设，推进学校在教学内容、课程体系、实践环节、素质教育等方面进行人才培养模式的综合改革，强化学生的实践能力、创造能力、就业能力和创业能力培养。

第三，构建完善的北京高等教育质量保障体系。

针对提高北京高等教育质量的任务和要求，整合北京优质高等教育研究资源，积极开展质量保障方面的研究。一是北京高等教育普及化阶段质量保障体系的建立原则、组织结构、运行机制、发展模式和制度建设的研究。二是针对北京高校数量多，办学类型、办学模式多样化的实际情况开展分类分层教育质量保障研究，为教育行政部门宏观管理提供服务。三是北京高等学校内部教育质量保障以及TQM、ISO概念在高校质量管理中应用的研究，为高校的质量建设和质量管理提供支持。四是坚持理论与实践结合，注重高等教育质量保障操作层面的研究，并将研究成果适时地应用于教育质量保障的实践。

在区域高等教育普及化阶段，既要强化政府对高等教育发展的职责，也要调动社会力量支持高等教育发展。一是政府要加强引导，依法管理。通过制定质量政策、建立质量标准、完善质量体系、开展质量教育、建设质量道德、规范质量行为等途径，在全社会形成重视高等教育质量的文化氛围。二是加强教育质量法制建设，研究制定区域高等教育质量监督和保障的地方法规。三是在区域高等教育质量保障方面，应建立政府与社会、高校、教育评估机构之间的合作机制；试点培育专业化、服务型的高等教育评估机构，探索建立高等教育质量评估、认证和审核的市场运行机制，引导高校面向社会，依法自主办学，持续提高高等教育质量。四是注重培养中青年高等教育质量保障专业人才，建设一支高素质、职业化的高等教育质量保障队伍。

国外高等教育质量保障体系在高等教育发展中发挥作用，并且积累经验。普及化的北京高等教育向世界进一步开放，高等教育的开放性是合作的社会基础，信息技术的发展为合作提供技术支持。未来应充分发挥北京高等教育的综合优势，主动拓展国内高等教育质量保障合作，积极参与世界高等教育质量保障的国际交流与合作，探索北京高等教育质量保障普遍合作的途径和方式，进一步加强北京高等教育质量保障的能力建设，这对于北京市高等教育质量保障体系确立后发挥其优势具有重要意义。

（执笔人：黄侃）

高中课改下学校自主安排课程试验调研报告

从2007年秋季开学始，市教委启动普通高中自主排课试验，基教处负责具体试验工作。目前自主排课试验已成为北京市普通高中课程改革亮点，受到教育部、兄弟省市区、北京市各区县和实验学校以及社会高度关注。教育部基础教育司及高中处、课程处等领导给予充分肯定，兄弟省市区相关部门也就此多次进行深入交流和研讨，《中国教育报》、《基础教育参考》、《北京教育》、《现代教育报》以及《北京日报》、《新京报》等多家媒体进行追踪报道。基教处将《高中课改下学校自主安排课程试验的现状与对策》列为2008年处级课题，并对首批十所自主安排课程试验学校一年来实施情况进行全面调研，现就基本情况报告如下。

一、自主排课试验工作基本情况

自2007年9月，自主安排课程试验的主要工作有：2007年9～10月，广泛宣传并启动北京市普通高中自主安排新课程试验工作。2007年11月～2008年2月，组织首批自主排课试验学校进行自主排课方案申报，邀请相关专家进行初评和复审。2008年3月，市教委批准北京二中等10所学校拥有自主排课资格，并按照审查修改后自主排课方案开始试验。2008年5月，《普通高中新课程方案实施与管理》项目组在师大二附中举办“北京市普通高中自主安排新课程试验交流研讨会”，四所学校就自主排课申报和实施情况进行汇报与交流。2008年5～6月，北京教科院课程中心对10所学校自主排课试验方案进行修订和编辑，9月出版《普通高中学校自主安排新课程实验方案汇编》。2008年6月，北京教育音像报刊总社围绕高中自主排课实验启动“特色·创新·共享——2008北京高中课改校长论坛”系列活动。2008年6月，北京教科院课程中心以自主排课试验为主要内容申报北京市教育科学规划“十一五”重点课题“北京市示范性普通高中学校特色课程建设研究”。2007年9月～2008年11月，基教处、教科院课程中心等围绕自主排课试验开展系列调研、研讨和展示活动。

二、一年自主排课试验主要成效

试验一年来，首批10所自主排课试验学校严格按市教委提出要求，依据多次修改并经专家初评和复审的试验方案开展实验，取得初步实验效果和良好社会效益。

（一）建立科学规范课程结构，形成有代表性课程体系，部分课程特色逐渐彰显

1. 课程结构科学规范

（1）必修和必选课程：落实基本要求＋适宜性调整

全面落实《普通高中课程方案（实验）》和北京市教委提出实验要求，同时根据学生和学校实际情况进行适宜性调整，使其更符合学生认知特点和学校实际，为学生发展奠定坚实基础和发挥学校优势。如二中排课时综合考虑内容、时间和条件三个要素，历史、地理在高一年级和高二年级第一学期统筹安排，并尝试将理、化、生自主实验作为选修系列等。四中为提高学生人文素养，把安排在高二第一学期历史、地理调整为高二整个学年。二附中在实际教学中调整部分学科模块顺序，补充相关内容，并对部分学科内容进行整合。人大附中根据学生认知规律，在充分调研和论证情况下，也对某些学科模块教学顺序及内容进行不同程度调整。

（2）选修Ⅰ课程：重基础、多样化、有层次、综合性的选择、重组和优化

选修Ⅰ课程是此次高中课程改革国家课程中内容最为丰富，给学生选择最大部分，实验学校突出基础性、发展性和适宜性，加大选择、重组、优化力度，尽可能

为学生提供重基础、多样化、有层次、综合性选修Ⅰ课程，以在学生共同基础上突出知识广度、深度以及多方面能力提升和迁移。二中将物、化、生、史、地、政等学科延续到高中三年，尤其是在高二年级下学期，设计每月一个专题报告。实验中学高二年级增开可供学生自主选择专修课程，强调某些特长在专深方向上培养。师大附中学生学业特色体现在校本必选课程和部分必选课程上，前者如《英文写作》、《鲁迅专题阅读》、《体质健康》、《音乐与戏剧》等，后者是侧文学生必选《科学》、侧理学生必选《社会》。二附中开发学科拓展类校本课程，其以必修和必选内容为基础，与学生发展志向相一致，学生每天必选一种。101 中学为学生提供分层次、有选择的“营养餐”，且分为理工经济类、人文社科类两大类 A、B、C 三种方案供学生选择，其差异主要在选修Ⅰ课程上。人大附中依据实事求是、量力而行原则，尽可能多地开设选修Ⅰ任选课程。潞河中学 100％开齐选修Ⅰ中所有模块，且重要选修模块多次在不同学段重复开设。

（3）选修Ⅱ课程：满足学生多样化需求并逐渐体现学校特色

选修Ⅱ课程是学校根据当地社会、经济、科技、文化发展需要和学生兴趣开设的供学生选择的课程结构中最灵活部分，是此次高中新课程改革亮点之一，自主排课试验学校继承学校传统并发挥学校优势，尽可能开发满足学生个性发展和多样化需求选修课程，并逐渐形成学校特色。

（4）体育活动：科学合理安排课程＋落实体育锻炼时间

试验学校高度重视《体育与健康》领域课程和学生体育活动，在新课程实验中，一方面科学合理安排《体育与健康》课程内容及课时，并落实“每天一小时体育锻炼时间”要求；在课程内容上，尽量多开设《体育与健康》课程标准中模块内容，并让学生自主选择试行走班教学；教学中还考虑男女生差异，部分学校根据课程内容分班上课或以小组活动形式展开，努力满足学生多种选择，达到真正锻炼身体目的。

（5）综合实践活动：开展研究性学习和社区服务与社会实践

研究性学习系统、深入，既作为一种学习方式贯穿学生学习全过程，又作为一门课程以专门时间、师资管理规范等保证实施；社区服务和社会实践内容丰富，与社会联系紧密，重过程，逐渐成为学校实验新课程亮点。对于研究性学习，学校引导学生关注社会，体验研究，享受学习作用，大多采用集中与分散相结合方式，在确定课题、制订计划、搜集资料、研究整理、交流评价等方面适度放开，以记录手册形式指导学生研究学习。社区服务和社会实践成为各校最活跃和亮点纷呈环节。如二中落实义工制度和职业见习制度。二附中社会实践活动三年统筹安排并分步实施，建立稳定综合实践教育基地；社区服务统一要求与自发参与相结合，开展丰富多彩活动。师大附中资源丰富、管理规范“志愿者活动”以及四中将社会实践活动规划分为军训、职业见习、农业实践、修学考察四大内容体系等，都是有益尝试。

2. 逐步形成课程体系

在科学规范课程结构上，各试验校逐步形成特有课程体系，各校课程体系注重从三年整体规划学校课程建设和为学生提供课程，保证学生扎实基础素养，突出学生个性、特长及不同发展方向，同时体现学校课程建设特色和深厚传统文化。总体上看，实验校课程体系形成大致有三种情况。

（1）参照《北京市实施教育部〈普通高中课程方案（实验）〉的课程安排指导意见》，细化和统筹三年课程并就模块内容、学时做出具体安排，必修课上以国家课程必修模块为主以体现宽厚基础，在选修课上（必选课程和校本选修）突出学校自主开发课程特色和给学生充分选择权，并进行统筹学时灵活安排尝试（长短课时和课内外结合）。高考复习一般安排在高三下学期，也有部分学科从高三上学期开始。

（2）重组国家课程和学校自主开发课程，或打通国家课程相关模块，或学校自主课程自成体系，即实质性构建学校自己课程体系。如北师大附属实验中学的“必修＋专修＋选修＋综合实践活动”课程体系、北师大二附中“6＋1＋1”课程体系、北师大附中“奠定人生基石德育课程”。其将教育部《普通高中课程方案（实验）》中所设课程与学校积累多年并体现学校特点和传统、经过多年实验课程整合于一体，统筹考虑课程内容、学时、学分以及复习、考试之间关系（高考复习一般也安排在高三下），是充分体现学校自主性的学校特色课程体系。

（3）参照教育部《普通高中课程方案（实验）》和北京市排课指导意见，为不同发展方向的学生提供自成体系的“定餐＋配餐＋自助餐”形式课程，如人大附中和 101 中学的自主排课方案。其特点是突出满足不同发展方向学生的基础素养和特长发展的需求。

3. 部分课程特色彰显

第一批自主排课实验学校都有积淀多年传统和具有代表性课程，在新课程实验中经过提升、再创造，加上部分新开发课程，逐渐形成一门或多门特色课程。

二中在艺术领域，尝试践行音乐、美术、艺术大艺术观，学校具有浓厚艺术氛围，音乐和美术课程具有扎实基础，场馆建设比较完备，舞蹈和管乐已形成特色。四中“以人文教育为基础，以科技教育为特色”为课程发展方向。在科技教育方面，2005 年 9 月制订科技教育新发展规划，完善科技教师的建制和有关科技教育的管理制度，2006 年起设立科技创新实验班；在人文教育方面，已形成人文教育网络体系，其中师生共读、人文社团（文学社、话剧社、辩论社、国学社、模拟联合国、读书俱乐部等）、四中大讲堂等都是校园文化建设中的重要组成部分。实验中学为促进学生“全面发展＋学有特长”，提供丰富“专修＋选修”课程，为凸显外语实验班特色，配合学校“国际升学直通车”项目实施，在外语实验班开设“基础日语”和“基础法语”两门特色课程。二附中开设学科拓展类校本选修课程，该类课程内容为必修课和必选课程拓展，是满足不同学生发展志向、不同兴趣爱好、不同学习基础差异需要，促进学生学有所长，以适应社会需求的多样化。该课程安排在每天的第7节课，每节课70分钟，由学生自主选择，每位学生每天选择一种，学校将选择同类课程的学生编成教学班授课。

（二）课程实施具有操作性、实效性、创新性

1. 课时的灵活安排

为落实自主安排课程内容，自主排课实验学校在课时上大多进行长短课时尝试和探索，以灵活课时保证课程任务完成和课程目标实现。

2. 内容的科学选择

自主排课校在国家课程实施和校本课程开发中对内容选择上，尽可能考虑学生需求、学科特点及其发展情况，并体现新课程基础性、时代性、综合性和选择性特点，注重在精选学生终身学习必备基础内容前提下，增强与社会进步、科技发展、学生经验联系，拓展视野，引导学生创新与实践。

例如，二附中依据学校特色和学生实际水平，适当增加与社会实践和生产实践相联系内容，关注人文精神渗透。学校拓展类课程在内容选择上注重处理好三个关系：一是处理好必修内容和拓展内容关系。拓展内容既要以必修内容为基础，与必修课程内容相衔接，又要在内容广度、深度、方法上有明显拓展。二是处理好各类拓展课程之间关系。拓展课程种类多样，并且在同一时间多门并行，以保证让更多学生有机会选择到需要课程。三是处理好不同层次学生之间关系。选择同一拓展课程学生在学科知识上有差异，学习能力也有强弱，要考虑因材施教和满足学生各自需要。从学校2007年9月和2008年9月调查结果比较看，学生认为教师对该类课程的准备充分，教学内容的选取适宜，教学效果好。

3. 教学方式的创新

新课程实施要创设有利于引导学生主动学习课程实施环境，提高学生自主学习、合作交流以及分析和解决问题能力。自主排课校秉承多年在教学方式创新上探索，在新课程实施中更加关注教学有效性，同时还承担大量市、区级教学展示和研讨活动，为发挥示范校和自主排课校示范、辐射作用奠定基础。

例如实验中学将课程（模块）纲要以及“学案”作为教师有效教、学生有效学的重要保障措施之一，也是学校推进新课程实施有特色、有创意之处，是基于新课程背景下教学方式深入探索。学校要求教师以模块为单位在学科备课组层面组织课程纲要编写（开学前完成），在模块教学的第一课时与学生分享该模块课程纲要。学案以章节（或课）为单位在学科备课组层面进行编写（课堂教学实施前两周完成），在课堂教学开始前印发给学生，便于学生自主学习和诊断。

4. 教研的跟进支持

自主排课实验校重视教研活动跟进特别是校本教研制度建设，鼓励教师针对教学实践中问题开展教学研究，重视不同学科教师交流与研讨，同时创设有利于引导教师创造性实施课程环境，使课程的实施过程成为教师专业成长过程。并且，学校还与教研部门、高等院校等建立联系，形成有利于推动课程发展专业咨询、指导和教师进修网络。

二中一年来召开语文、数学、英语、化学、物理、政治、历史、地理8科高考科目市级教学研讨会，为促进教师教学水平提高搭建宽阔平台。同时还建立教师持续学习、培训和研讨机制，使新课程实施过程中生成问题能通过同伴互助等多种形式得以解决。

实验中学从人力、物力、财力等方面大力支持教研组承担市、区学科教学研究活动，以促进教师专业成长，发挥示范校作用，扩大影响力。如学校举办走进北师大实验中学——西城区首届新课程现场会。一年来，学校教师市级做课13人次，区级做课29人次。

师大附中在新课程实施过程中，各学科教研组高度重视校本研究，力图将本学科教学的优秀传统与新课程的理念相结合，通过模块教学、教材的分析与整合、教与学的方式转变以及课堂评价等方面的研究与实践，促进教师专业发展，提高学科教学、教研水平。

5. 管理保障支撑

一是教学管理上机制创新。如101中学在教学管理中突出“五抓五突出”的基本要求，即抓计划，突出条例；抓备课，突出规范；抓课堂，突出效率；抓训练，突出落实；抓分析，突出改进。

二是学生管理中导师制的建立。二中在学生管理上形成以班主任为核心、导师参与管理新模式。全校每位老师都要承担十几名学生导师工作，关注学生身心发展、日常生活，指导学生学习、选课和参加社会实践活动，帮助学生合理规划高中生活等。

三是教学组织形式上走班制实施。二中除9科考试科目外，其他学科全部实现“走班制”选课教学。四中20年来实行“走班制”课程不少于30%，最高时达60%。潞河中学以学科专业教室为基础选修，以教学班形式走班上课，体育、艺术、信息技术等各学科分别采用分层、分项教学，增加学生自主选择和课程的针对性。

四是普遍利用信息技术来实现课程网络化管理。如二附中自主开发“研究性学习网络管理平台”，将研究性学习所涉及的课题申报、课题指导、课题交流、课题评价、课题开放式监控、系统消息管理集成为一体，在网络平台上对学生实现了网上申报课题与聘请导师、在线组员管理、在线填写研究记录、在线主题讨论、在线递交个人作业等功能；对于研究性学习指导教师，实现网络课题接聘、在线课题指导与评价、学生个人资料评价与监控等功能；对于课程管理者，实现课题信息按需统计、研究任务按需布置、研究过程实时监控等功能。

（三）以自主排课和课程实施为核心实验带动学校物质、制度和文化层面全方位变革

1. 人、财、物条件充分保障直接带来学校面貌的变化

高中课程改革是一项系统工程，以自主排课和课程实施为核心实验势必带来学校物质、制度和文化层面全方位变革。自主排课实验校作为高中课程改革排头兵，大都秉承“观念先行、科学筹划、理性操作、强化管理、

整合资源、立足校本、实现创新”指导思想，规范化、创造性、有特色地实施课程改革各项工作。为保证自主排课实验顺利实施和高中课程改革目标实现，实验校在人、财、物等方面做大量准备、调整和投入。在人力资源上，首先通过多种渠道保证人员数量，其次是组织干部教师参加多种形式的培训、考察、进修、实践，不断提高专业化水平。在财力和物力上投入上，各学校都是优先考虑、尽量满足。

2. 组织和制度调整与完善促进师生行为方式和学校氛围变化

课程改革必然伴随学校组织和制度的重建和完善，组织和制度变化，必将影响师生行为方式和学校的整体氛围。实验校在实验前期和实施过程中在该层面上都有比较明显变化。

实验学校根据课改之需调整学校相关组织机构并赋予新职能。二中在课改前就成立课程改革领导小组和学分认定委员会等组织。为建立课程管理长效机制，学校新设立课程处职能部门，负责制订学校课程规划，包括课程功能、课程内容、课程结构、课程实施、课程管理以及课程评价。

实验学校均研制大量制度和方案等学校文件。如二中先后制订《北京二中高中新课程实施指导意见》、《北京二中新课程学生学分认定方案》、《北京二中新课程学生学籍管理办法》、《北京二中高中新课程行政班主任工作职责》、《北京二中新课程教学班管理规定》等文件。

学校内外良好舆论氛围逐渐形成。在自主排课实验中，实验学校内部同心协力，打好整体战，逐步形成统一行为目标和共同的舆论导向，丰富学校文化内涵，形成符合新课程理念精神文化、制度文化、课程文化和行为文化。同时做好广泛而实在对外宣传，让社会和家长对新课程实施也有正确理解和全力支持，新课程实施外围环境良好。

3. 伴随实验探索和反思逐渐开始对学校办学哲学和课程核心理念进行思考

此次普通高中课程改革实验不仅关系到课程功能、结构、内容、实施和评价等方面变化，更涉及学校办学理念、教师教育观念和学生学习方式转变。新课程改革实质上是学校文化系统变革，是学校独特文化生成过程。伴随新课程实验深入，各实验校在更新观念、大胆实践同时，也开始以理性态度反思课程改革和自主排课这些新生事物，系统思考学校的办学哲学、整体发展等更上位、更深刻和统领学校可持续发展的方向问题。

例如，二中提出“让具有鲜明特色的课程成为二中办学的最大特色”、“努力获得学校发展、教师成长、学生受益、社会满意的课改成果”。在课程建构中，提出“理想中的学校课程结构应该是选择性的”“课程的生成性表明课程不再是静态知识呈现，他将包括师生交流和互动的动态过程中不断地创造和扩展着新意义和经验，强调培养个人在重塑自己人生价值和能力。”在课程实施中，要“超越、融合与共享”、“融合”是吸引学生的独特力量，新课程教学要把科学与人文融为一体，教学与互动融为一体，规则与熏陶融为一体；要树立起“创新的学校观、创新课程观、创新教材观、创新教学观、创新学习观、创新教师观、创新学生观、创新评价观和创新课堂文化观”，落实学校“坚持学生的全面发展，倡导学生的个性发展，实现学生的可持续发展”办学理念；要让师生在文化滋养中获得体验、提高、充实和幸福，提升生活和生命质量，同时也让学校得以长足发展，形成品牌和影响力。

（四）提高教育教学质量，课改目标落实，社会效益良好

自主校开拓创新和扎实、务实实践为实验效果取得奠定基础。在过去一年中，学校实验工作平稳过渡，教学秩序井然，教师、学生、家长给予充分肯定，课改目标逐步落实，社会效益良好。

二附中由于先期做大量准备和培训工作，调查显示（如下图），学生对教师课前准备、课堂教学难度控制、课堂教学内容把握和课后学生收获以及学生总体感觉等都给予较高评价。总体而言，学生对新课程教学是满意。

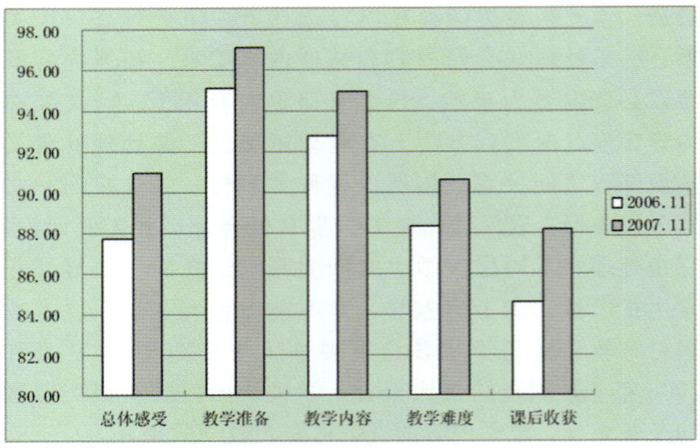

注：每一项的满意度等级由高到低分为A、B、C、D，上图数据为选择A和B两项之和。

三、问题探讨与建议思考

（一）自主排课的自主性与灵活性与课程本身规范性与严肃性关系处理问题

北京市自主排课实验是鼓励有条件学校进行完全自主排课和自主会考实验。这里关于课程权利描述是“合理而充分”以及“完全自主”，但如何把握这个度，有没有一个“底线”和“边界”问题？从自主排课校实践看，学校在课程模块选择、模块开设顺序、模块教学时间以及模块实施、模块考试等方面都完全具有决策权，但这势必带来与课程本身规范性和严肃性之间冲突与矛盾。在后续自主排课实验方案审定和实验追踪过程中，应提出基本评审要求和实验规范，也即对“自主”应该有更细化规范或者说自主是在课程严肃性和实验规范性下有限制自主，而不是学校完全自主，这既是新课程改革基本理念体现，也是尽量减小实验风险必然要求。

（二）部分领域及学科自身逻辑性与渐进性与模块设计选择性与灵活性关系处理问题

自主排课实验学校由于拥有自主权利，在对新课程领域及学科模块选择开设和时间上能“自己做主”，对部分学科的内容和学时大多进行调整和处理，这在一定程

度上也反映出目前新课程设计存在一些内容和制度上缺陷。自主校有权利，所以可以选择和调整，而对未进入自主实验学校而言，由于对实验本身适宜性调整权力有限，势必影响其实践探索力度和效果。从全市整体高中课程改革而言，应加强各领域和学科系统性研究，提出实验学校科学处理部分领域及学科自身逻辑性与渐进性与模块设计选择性与灵活性关系处理建议，以引导北京市高中课程改革更平稳深入发展。对自主排课实验校而言，在此方面更应发挥示范和引领作用，在前期做出更多有益尝试，这理应成为自主排课实验的预期目标之一。

（三）高考科目与非高考科目在实施中对课改理念体现和实际状态差异明显问题

自主排课实验学校虽拥有"自主"权利，但在新课程实施中仍然存在着高考科目与非高考科目在对新课程理念和基本精神体验实际差异。如在对模块内容把握、模块教学时间安排、模块考试功能以及对"走班"教学实施上，非高考科目基本都能按新课程理念和要求执行，特别是选修Ⅱ课程，模块和模块教学时间、学分等成为课程开发和实施基本组织形式。但在高考科目上，模块内容、模块教学时间、模块考试以及"走班教学"等很多新课程核心概念执行都大打折扣，有的甚至是被"解构"或"变异"，也有的几乎就是回到课改前状态。在非自主排课实验学校，这种现象更是对比明显，因而在部分学校形成高考科目扎实按课改前模式操作，而非高考科目则成为改革最活跃和最有代表性现象。如果在自主排课校仍然比较明显地存在这种情况，势必影响课改基本目标实现。自主排课校更应在自主权利范围内，探索高考科目对新课程理念体现和执行的更多有益做法，以发挥实验排头兵作用。

（四）新课程结构设计内部存在不足及其在实施中带来需要解决问题

自主排课实验学校与其他实验学校一样面临着新课程结构设计本身不完善以及在实施中产生系列问题。如课时紧张而带来课时随意调整问题，几乎都存在高考科目加课时问题（自主校则在自主的前提下成为合理的行为）；课程方案整体规划和系统完善问题（高三学年课程的安排和有效总复习的问题）；选修Ⅰ课程和学科拓展类校本课程关系问题；新课程课堂教学如何深化和有效问题，主要表现在"常态课"中三维目标落实、学生参与广度与深度不够等方面。诸如此类问题在自主校也不同程度的存在。

（五）课程构建与实施之需与学校配套条件之间矛盾和冲突仍然存在

尽管自主排课实验校在课程安排上拥有自主权，但同样面临着课程实施条件性资源缺乏和不足的问题。如通用技术课程的设施设备问题，学生综合素质评价平台完善和简化问题，校本课程时间与空间冲突问题、师资保障问题（如教师参与校本课程积极性）、管理保障问题（如相关制度完善，充实质量监控与研究）等，也需要在后续实验中加大追踪调研力度和支持力度。从国家课程要求看，在课程设置规划方面，部分学校还需要作课程规划，制订切实可行课程方案，以确保国家规定必修课程顺利开设，以保障必修领域、科目和模块课程有效实施。作为学校，应该严格按照国家规定课程门类设置课程，并从自身教学条件出发，在保证开设所有必修模块同时，积极创造条件，制订可行选修课程规划，逐步开设丰富多彩、高质量选修课程，以确保新课程有效实施。

（六）新观点提出和新尝试较多，系统化、内核性提升有待加强

根据自主排课校一年实验情况和当前存在不足及问题，对首批自主排课校后一年半实验和后续自主排课实验思考和建议有：

1. 根据前期实验，可扩大实验范围

首批自主排课实验学校几乎都是北京市示范高中校，学校课程建设各方面条件较好。从目前全市普通高中新课程实验情况看，部分普通校和薄弱校进行很多有益探索，部分学校积累比较典型经验。根据高中新课程改革区域推进、分类指导原则，后续实验除在科学机制保障下确定示范校进行自主排课实验外，还可以根据城区、近郊和远郊的区域分布以及示范校、普通校和薄弱校层次分布，确定数量适宜、在已近两年实验中积累基础高中校，赋予完全和部分自主排课权利，鼓励这些获得自主权利学校进行全方位和部分实验探索，以积累各个方面经验，为同类地区和学校提供一个或多个方面有益经验，共同提升北京市高中新课程改革的质量和水平。

2. 根据学校所在区域、层次和已有基础，确保实验学校获得课程权利、用好课程自主权

在后续实验和新批准学校进行自主排课实验时，应对自主排课的"自主"做一些界定和区分，特别是要明确基本要求作为底线不能突破，如《普通高中课程方案（实验）》对各年级课程领域、模块学时、学分等基本规定等，应成为实验不能超越的底线。同时，根据北京市各区县和高中校实际情况，扩大实验范围时，宜将"自主"分成与学校条件对等几个大类，例如，条件好的示范校完全自主、条件一般普通校部分自主、条件特殊的个别校某一方面自主等。

3. 建立和完善自主排课实验申报、评审、实施、监控、反馈等实验机制

鉴于目前自主排课实验已成为北京市高中课程改革新探索和亮点，其效果和效益正逐渐显现。结合高中新课程改革基本理念和实验目标，应进适当加大实验规模并规范开展。首先，明确实验基本目标、指导思想、主要原则、推进思路；其次，完善实验申报、评审、实施、监控及管理等制度和机制；第三，加强实验成果和效益收集和整理、成果推广等，以发挥实验探索价值。就目前首批实验校而言，可委托高中课改一项目组主要负责自主排课实验工作开展，按前述思路逐步规范实验；同时加强自主排课实验学校间联系和交流，可建立实验学校联席会议或论坛，形成实验共同体，及时交流和研究实验中问题、协助解决各种困难并分享彼此经验和成果。

（执笔人：张瑞海　黄晓玲）

关于北京市2008年教育经费执行情况的公告

《中华人民共和国教育法》第五十五条规定："各级人民政府教育财政拨款的增长应当高于财政经常性收入的增长，并使按在校学生人数平均的教育费用逐步增长，保证教师工资和学生人均公用经费逐步增长"。根据北京市教育经费执行情况监测制度（试行）的规定，现将2008年北京市教育事业费执行情况公告如下：

一、教育经费拨款总体情况

（一）教育经费拨款增长情况

2008年，本市地方国家财政性教育经费383.31亿元，占全市GDP（国内生产总值）10488亿元的3.65%，比上年国家财政性教育经费占国内生产总值的比例增加0.15个百分点。

预算内教育经费投入351.84（包括教育事业费投入、基建投入、科研投入及其他投入）亿元，比上年投入293.51亿元增加58.33亿元，增长19.87%。财政部于2004年1月印发了《关于统一界定地方经常性收入口径的意见》（财预[2004]20号），对财政经常性收入口径做出了界定，按此口径调整2007年的财政经常性收入为1418.72亿元，2008年的财政经常性收入1679.33亿元，2008年的财政经常性收入比上年增长18.37%，预算内教育经费增长比例高于财政经常性收入增长比例1.50个百分点。

预算内教育经费占财政支出的比例为19.46%，比上年的19.16%增长0.30个百分点。

二、生均教育事业费执行情况

（1）小学：2008年生均教育事业费10111.51元，比2007年的7316.16增加2795.35元，增长38.21%。

（2）初中：2008年生均教育事业费13224.85元，比2007年的10358.08元增加2866.77元，增长27.68%。

（3）高中：2008年生均教育事业费13870.45元，比2007年的9172.68元增加4697.77元，增长51.21%。

（4）职业高中：2008年生均教育事业费10369.58元，比2007年的7866.87元增加2502.71元，增长31.81%。

（5）高校：2008年生均教育事业费24380.40元，比2007年的21431.73元增加2948.67元，增长13.76%。

三、生均公用经费执行情况

（1）小学：2008年生均公用经费4271.47元，比2007年的2951.59元增加1319.88元，增长44.72%。

（2）初中：2008年生均公用经费5796.73元，比2007年的4963.63元增加833.1元，增长16.78%。

（3）高中：2008年生均公用经费6187.14元，比2007年的3708.31元增加2478.83元，增长66.85%。

（4）职业高中：2008年生均公用经费3187.10元，比2007年的2527.73元增加659.37元，增长26.09%。

（5）高校：2008年生均公用经费15418.47元，比2007年的12999.78元增加2418.69，增长18.61%。

北京市教育委员会
北京市财政局
北京市统计局
北京市发展和改革委员会
北京市科学技术委员会

（本栏责任编校　董洁）

专文与纪实

深入学习实践科学发展观 努力办好人民满意的首都教育

刘利民

贯彻落实科学发展观，建设“人文北京、科技北京、绿色北京”，为首都教育发展进一步指明了方向，增强了发展的动力，也提出了新的更高要求。首都教育系统要以开展深入学习实践科学发展观活动为契机，进一步增强学习实践科学发展观的自觉性、主动性，努力做到思想有解放、方式有创新、工作有突破，不断开创首都教育发展的新局面。

一、首都教育现代化进程是实践科学发展观的具体体现

全市教育大会以来，首都教育事业迈上了新台阶，在优化结构、提高质量、增强活力、促进公平等方面取得了明显成效，首都教育战线在奥运筹办中发挥了重要作用。实践证明，实施教育发展战略，推进教育现代化是全面贯彻落实科学发展观的成功实践。要认真总结这些经验，并在今后的工作中继续坚持和发展。

科学发展观，第一要义是发展，核心是以人为本，基本要求是全面协调可持续，根本方法是统筹兼顾。从首都教育工作来说，要从这样四个方面来加以落实：

一是要始终坚持教育优先发展。要充分认识教育在首都经济和社会发展中的基础性、先导性、全局性地位，将首都教育发展作为建设“人文北京、科技北京、绿色北京”的优先任务，加快首都教育现代化步伐，建设人力资源强市。要建立健全保障首都教育优先发展的机制和制度，推动落实“三个优先”，即首都经济社会发展规划要优先安排首都教育发展，财政资金要优先保障首都教育投入，公共资源要优先满足首都教育和人力资源开发需要。

二是要切实促进教育公平。要坚持教育以育人为本，以学生为主体，全面贯彻党的教育方针，认真实施素质教育，深化与素质教育相关的体制改革和制度创新。要坚持办学以人才为本、以教师为主体，不断加强教师队伍建设，进一步改善教师特别是农村待遇。要紧紧把握建设和谐社会首善之区的现实需求，进一步以“保障和改善民生”、“全体人民学有所教”、“教育公平是社会公平的重要基础”来科学判断和妥善处理首都教育改革、发展、稳定的关系，着力解决人民群众最关心、最直接、最现实的教育问题，着力解决城乡之间、区域之间、学校之间、群体之间教育发展不均衡问题，着力促进首都教育公平。

三是要始终坚持科学发展。要按照全面协调可持续的基本要求，坚持“内涵发展、统筹资源、人才强教、开放创新”的方针，坚定不移地实施首都教育发展战略。根据世界教育发展趋势和首都教育现代化的发展规律要求，以教育创新与改革开放为发展动力，大力推进教育思想创新、体制创新、制度创新、知识创新、技术创新，破除一切不适应科学发展的障碍，使首都教育始终保持全面协调可持续发展。

四是要进一步加强教育统筹。要重视处理好教育发展中的公平与效率，数量与质量，普及与提高，内涵发展与外延发展，改革、发展与稳定的关系，使之互相促进、形成合力。掌握统筹兼顾的根本方法，统筹教育的规模、结构、质量和效益协调发展，统筹各级各类教育协调发展，统筹城乡和区域教育协调发展，统筹教育的发展、改革和稳定。

在新的历史阶段，大家必须坚持把科学发展观作为推进首都教育改革、谋划首都教育发展的根本依据。科学分析首都教育面临的新形势新任务，深刻把握首都教育发展面临的新课题新矛盾，全面把握科学发展观的科学内涵、精神实质、根本要求，进一步增强贯彻落实科学发展观的责任感和使命感，着力改变不适应不符合科学发展观的思想观念，增强运用科学发展观的立场观点方法破解首都发展难题的意识和能力，着力解决制约科学发展的突出问题，把科学发展观贯彻落实到首都教育改革发展的各个方面。

二、推动首都教育科学发展面临的新形势

奥运会之后，根据科学发展观的要求及市第十次党代会的部署，首都将进入一个以“创新”为引擎来带动城市发展的新阶段，首都教育对首都经济社会发展的支撑和引领作用将日益凸显；首都教育既面临公众在数量增加、质量提高、层次提升、形式多样性、就学便利性等方面的要求，同时也将面临国际、国内其他发达地区教育的巨大挑战，首都教育发展环境将更加复杂。

当前，首都教育发展形势总体是好的，但是与科学发展观的要求相比，与加快建设“人文北京、科技北京、绿色北京”的要求相比，还面临不少突出矛盾和问题。从总体上看，首都教育长期面临的基本矛盾仍将是经济社会发展和人民群众对良好教育的需求与教育服务供给能力不足之间的矛盾。主要表现在以下几个方面：一是教育思想和观念相对滞后；二是公共教育服务体系还不够发达；三是教育质量还需大力提高；四是教育公平需要大力促进；五是教育发展活力相对不足；六是教育的服务贡献能力有待进一步提升；七是教师队伍建设任重道远。这些问题，都需要高度重视，按照科学发展观的要求，坚持改革创新，下大力气研究解决。

三、深入贯彻落实科学发展观，加快推进首都教育现代化

“坚持科学发展，努力办好人民满意的首都教育”是市委教育工委、市教委、市政府教育督导室实习实践活动主题，也是新时期实现首都教育新发展总体要求。当前和今后一个时期，要按照这一总体要求，解放思想，科学谋划，开拓创新，加快推进首都教育现代化。

（一）坚持教育现代化的发展方向，认真研究全面推进首都教育现代化的总体思路、目标和发展战略

要以科学发展观为指导，在首都经济社会发展的大背景下，结合首都教育发展实际，按照“人文北京、科技北京、绿色北京”的要求，准确把握建设社会主义和谐社会首善之区和人民群众对教育的新需求，全面分析首都教育发展新阶段的矛盾、问题和基本特征，研究制定首都教育中长期发展规划，确定全面推进首都教育现代化的战略目标、主要任务、发展思路和具体措施。

关于中长期发展规划目标，总体上要进一步提高首都教育现代化水平，推动北京成为国际一流知识创新中心和学习型城市。具体体现在：全市居民受教育程度显著提高；公共教育财政保障力度大幅度增强；首都教育体系更加完善；办学条件整体达到现代化水平；教师队伍素质能力全面提升；教育发展更加充满活力等方面。

（二）坚持城乡统筹，加快缩小城乡教育差距

加大对农村教育的投入，切实改善农村学校办学条件。坚持新增教育经费70%用于农村，加大对农村地区的转移支付力度，集中财力解决与城区差距显著的突出问题。制订并落实农村学校布局结构调整规划，优先保障农村学校建设的规划用地和建设资金。新建和改建学校全部达到北京市中小学办学条件标准，现有学校到2010年在主要项目上达到新颁标准，到2020年使大多数农村学校办学条件基本实现现代化。加强“三教”统筹，推进资源整合，整体改善农村中小学、幼儿园和成人学校办学条件。及时调整农村中小学生均公用经费标准，保障农村学校办学需要。

落实政府责任，促进城乡基础教育均衡发展。完善义务教育免费政策和经费保障机制，提高住宿学生生活补助标准。逐步在农村实行高中阶段教育免费和学前教育补助政策，保障经济困难家庭儿童接受良好教育。理顺农村幼儿园办园体制，到2010年使每个乡镇至少都有一所公办中心园。深入推进素质教育，加强对义务教育质量监控，大力提高教育质量。加强农村高中建设和改革，建设一批特色高中。加大对农村特殊教育、民族教育的投入，保障特殊学校、民族学校办学条件率先达标。

加强农村职业教育与培训，大力提高农民科学文化素质。加强对农村教育资源的统筹利用，重点建设好区县职教学校，健全区县社区教育中心、乡镇成人学校和村成人学校三级培训网络。针对农村建设、农业发展和农民需求，加强农民技能培训，广泛培养农村实用人才。继续实施新农民培养计划，大力推进农村地区学习型社会建设，全面提高农民科学文化素质。

加强农村教师队伍建设，切实保障和提高农村教师待遇。缩小义务教育阶段教师收入差距，保证教师平均工资不低于当地公务员平均工资水平。为在山区和边远地区工作的教师提供补助津贴，保障良好的生活和工作条件。均衡配置教师资源，新增教师优先满足农村学校的结构性短缺需求，鼓励和支持大学毕业生到农村任教。积极推进多种形式的区域间和区域内校际之间的干部教师交流制度，加强城镇优秀干部、教师到农村和一般学校交流。加大农村教师培训力度，保障农村教师能够接受更加优质、高效的培训。

完善城乡教育资源共享机制，促进城乡教育均衡发展。坚持和完善城乡百对学校手拉手活动、城镇教师支援农村教育、农村教师到城镇学校学习提高制度，建立高校对口支援农村学校和城镇相对薄弱学校制度，鼓励区县在本区域范围内开展多层次、多形式的对相对薄弱学校的支教活动。针对农村教育需要发展远程教育，提高农村学校管理和教学的信息化水平，推动优质教育资源通过网络实现共享。

发挥首都高校智力和科技优势，全力服务新农村建设。提高为首都农村输送人才和服务的水平。深入推进高校对口支援远郊区县制度，为新农村建设提供智力支持和科技服务，支持高校科技成果在郊区县转化。推动相关高校参与农业科技创新体系建设，加强农业科技创新团队建设，培育农业科技高层次人才特别是领军人才。加快高校农业科技成果转化，促进产学研、农科教结合，支持高等学校同农民专业合作社、龙头企业、农户开展多种形式技术合作。加强对农业院校的支持，办好涉农学科专业，鼓励人才到农村第一线工作，对到郊区农村履行服务期的毕业生代偿学费和助学贷款，在研究生招录和教师选聘时优先。

（三）坚持高标准高质量，大力促进基础教育优质均衡发展

落实促进基础教育均衡发展的政府责任。加大政府对学前教育的投入，改善农村幼儿园办学条件，重点加强农村和薄弱初中和小学建设；完善新建小区配套幼儿园的建设和使用，采取措施控制收费上涨。促进区域和城乡义务教育均衡发展。切实优化义务教育资源配置，加快中小学空间布局结构调整和资源重组。加强优质学校的带动和辐射作用，通过名校办分校、名校与薄弱学校联办、合作办学等形式，引导城市中小学优质教育资源向农村和郊区、城市发展新区流动。通过调整政府投入政策，加大向弱势地区和薄弱学校经费倾斜力度。进一步加强高中阶段教育布局结构调整和资源整合，缩小高中阶段教育在办学条件和教育质量的区域和校际差距。结合推进高中新课程改革实验，建设一批特色高中。

继续加强和改进未成年人思想道德建设。加强未成

年人综合实践课程资源开发及课程德育建设。继续推进数字德育平台建设，完成网络德育资源建设工程。深入推进“社会大课堂”建设。探索学校与社区协作的新模式，充分发挥市级网上家长学校的作用。全面提升工读学校办学条件和水平。

大力提高学生的体质健康水平。全面实施《国家学生体质健康标准》，建立和完善学生体质健康评估机制，把学生健康素质作为评价学生和学校的重要指标，完善和规范体育考试内容和评价方法。切实减轻学生过重的课业负担，确保学生每天一小时体育锻炼时间。加强和改进青少年体育卫生条件建设与管理，加快推进中小学体育办学条件达标工程，统筹各级各类体育设施和卫生设施建设与利用。

深入推进素质教育。不断深化教育教学改革，修订义务教育课程方案，形成具有首都特点的中小学课程结构和教材体系。全面推进高中新课程改革实验，注重培养学生独立思考能力、创新能力和实践能力，促进学生全面发展。要切实减轻学生过重的课业负担，逐步建立由政府主导、教研和督导系统分工合作的教育质量保障系统，加强教学和教师管理，树立先进的教育教学理念，强化学校和教学的规范管理，狠抓教师教学常规和基本功，上好每一节课，实现基础教育减负增效。

（四）坚持就业导向，大力促进职业教育特色发展

提升职业教育的发展重心，增强职业教育发展特色。积极推进中高职衔接，扩大“五年一贯制”高职的规模，整合高职和中职教育资源，探索中高职一体化办学新模式，支持部分中职院校有条件地组建为高职院校或并入大学。继续整合职业教育资源，探索职教集团等办学模式。实施示范性职业学校建设计划，重点建设一批办学水平较高的示范性职业教育学校。实施示范性职业院校建设计划，以现有国家级和省市级重点职业学校为基础，整合职教资源，重点建设一批办学水平较高的示范性职业教育学校。

拓宽职业教育服务面向，广泛开展职业培训。职业院校要坚持学历教育与职业培训并重，全日制与部分时间制相结合，职前教育和职后教育并举，努力办成面向社会、服务企业的多功能教育和培训基地。推动中等职业学校发挥多功能办学优势，面向社会各行业从业人员和社区居民和农民，大力开展非学历短期培训和成人继续教育。实施技能型人才培养培训工程，加快生产、服务一线的技能型人才的培养。

深化人才培养模式改革，提高技能型人才培养质量。以就业为导向，深化职业教育教学改革。加强职业院校学生实践能力和职业技能的培养，高度重视实践和实训教学环节，继续实施职业教育实训基地建设工程，全面提高现有职业院校实训基地装备水平。增强专业的适用性，开发和编写体现新知识、新技术、新工艺和新方法的具有职业教育特色的课程及教材。探索校企合作、产教结合，推进人才培养模式改革，实行“定单式”培养；强化职业教育课程与职业资格标准的沟通和衔接，实施学历证书和职业资格证书“双证书”制度；探索建立职教课程的评价体系。全面推进学分制等弹性学习制度，方便求学者采用多种形式接受职业教育。扩大“双师型”教师比例，加强职业教育师资队伍建设。

（五）坚持内涵发展，大力提高高等教育质量

着力推动高等教育内涵式发展。稳定高校招生规模，着力提高发展质量。继续提高首都高等教育经费保障水平，改善办学条件，优化空间布局。统筹规划在京中央院校和地方院校，统筹规划各类高等教育资源，建立符合首都实际的高等学校体系，支持世界一流大学、高水平大学、创新型大学、应用型大学、特色型大学的建设。

着力提高人才培养水平。全面实施新的大学生思想政治理论课课程设置方案，完善思想政治教育教学质量监测分析制度和质量年报制度。进一步完善学业发展辅导体系、心理咨询体系、就业指导体系、生活资助体系和素质拓展体系。大力推进研究生思想政治教育改革与实践。进一步加强大学生思想政治教育队伍建设。建立大学生社会实践示范基地。继续调整高等教育专业结构和设置，加强专业基础，扩大专业口径，鼓励跨学科选修课程。以高等教育“质量工程”为依托，加快高等教育课程改革，大力加强精品课程和实验教学示范中心建设。搭建教育教学资源共享平台，充分发挥高校教学共同体的辐射带动作用，实现优质教育资源共享。实施研究生教育质量工程，建立产学研、国内外联合培养研究生基地，开展北京市优秀博士学位论文评选工作，培养高层次创新人才。

着力推进高校科技创新。深入推进高校科技创新工程，为建设创新型城市做出更大贡献。重点推进世界一流大学、高水平大学、创新型大学建设，使一批高等学校在知识创新水平、科技创新能力、创新人才培养等方面明显增强。整合资源，围绕首都经济社会发展、产业结构调整、重大工程实施的需要，打造一批重点学科和交叉学科，实施一批重大科技专项计划，抓好一批国家级重大、重点科研项目的研究，争取产出一批具有国际、国内影响力的重大原始创新科技成果。实施科技创新团队计划，重点培育与支持一批科技创新团队，形成优秀人才的团体效应。加强重点实验室和哲学社会科学重点研究基地建设。实施“研究生创新创业计划”，支持高校开设研究生创业课程，支持研究生参加各种学术组织和学术活动，为拔尖创新人才的成长提供良好的制度和环境。搭建科技成果工程化研究平台，重点建设一批北京市高校工程研究中心和技术转移中心。建立产学研基地，加强高校和企业、科研机构的合作，形成多方联合创新的平台。积极支持和改进大学科技园区建设，通过体制机制和制度创新，使之与高科技开发区和高教园区形成优势互补、有机结合的技术创新和成果转换体系，把资源优势转化为创新优势和产业优势。

着力提升服务首都建设与发展的能力。紧密结合首都产业结构优化升级，围绕大力发展生产性服务业、创意文化产业、高新技术产业等需求，加快专业结构调整和课程改革，加快推进人才培养模式改革，培养各类紧缺人才。围绕首都经济社会发展和城市建设与管理中的

重大问题，积极开展科技攻关，提供智力服务。

（六）坚持改革创新，努力构建促进首都教育科学发展的体制机制

加快构建公共教育的财政保障体制。强化教育作为公共财政支出重点的地位，持续加大投入，依法落实教育经费的“三个增长”和“两个比例”，合理提高地方财政性教育经费支出占地区生产总值的比例。在完善义务教育阶段“两免一补”政策的基础上，研究提出更多为人民群众提供实惠的举措，适时实施高中教育阶段免费和学前教育补助等普惠性政策，进一步提高首都教育的公益性。进一步优化教育支出结构，加大对学校基本建设的投入。落实政府责任，完善对各级各类教育的财政投入机制。发挥财政投入的导向作用，坚持公共教育投入向农村地区、经济实力相对薄弱地区倾斜；义务教育投入向农村中小学、城区办学条件困难学校倾斜。健全政府投入决策程序，规范政府投资资金管理，完善落实教育经费监督机制，切实提高经费使用效率。

切实增强教育发展的活力。加快政府职能转变，建立现代公共教育行政管理体制，加强和改进政府对教育的宏观调控。结合事业单位分类改革，积极探索政事分开、管办分离，努力提高学校办学效益。继续深化学校人事和分配制度改革，稳妥推进教师职称、岗位聘任和绩效工资改革。大力推进依法行政，加强地方教育立法工作。全面推进依法治校，积极推动现代学校制度建设。探索实施初中毕业生学业考试与综合素质评价相结合的高中招生制度。积极稳妥地开展高等学校招生制度改革，探索多元化的人才选拔方式。稳步推进高职自主招生工作。以素质能力为基础，改革完善研究生招生选拔方式。深化教育质量评价制度改革，建立健全有利于推进素质教育的发展性评价系统。全面加强教育督导，积极探索发挥中介评估机构、国际教育质量评估项目的功能，进一步完善义务教育、高等教育质量年报制度，形成学校、政府、社会共同参与的监督机制。

大力加强教师队伍建设。深入推进师德建设，完善教师职业道德考核、奖惩机制。完善农村中小学教师津贴制度和大学毕业生到农村中小学任教奖励制度。加大对农村中小学教师的免费培训力度，继续深入开展专项培训和教师到农村支教活动。深入推进“中小学教师继续教育工程”，加强对中小学和幼儿园教师培训的统筹规划和管理，加强区县教师培训基地建设，整合教师培训资源，提高教师培训质量。增加政府专项投入，持续推进高等学校人才强教计划和北京市职业院校教师素质提高工程。进一步提高山区教师待遇，努力改善山区教师工作生活条件。

扩大对外交流与合作。鼓励各级各类学校特别是高等学校举办高水平国际研讨会和学术研讨活动。大力吸引优质的教育资源来京合作办学，加强中外合作办学的政策研究与发展规划，规范中外合作办学秩序。发展国际学生教育，鼓励有条件的中小学适度发展外国学生教育，发挥北京市外国学生与学者奖学金的作用，支持扩大高等学校的国际学生规模。引导外籍人员子女学校的均衡合理发展。积极的开拓教育国际市场，培养对外汉语教学师资，推广对外汉语教学精品教材，发展对外汉语远程教育；支持有条件的学校到国外、境外办学。建立国内外联合培养研究生基地，逐步推进研究生培养的国际化进程。

积极开展京津冀教育交流与合作。北京教育应发挥主导作用，总结奥运合作经验，推动京津冀都市圈建设。借鉴国际和长三角、珠三角的教育合作经验，做好京津冀的教育合作统筹规划制定工作。明确北京在京津冀都市圈中的地位，发挥科教、人力资源、政策信息优势在更大的范围内与结合京津冀的资源和产业优势，推动北京与区域内其他省市的错位发展。打破地域限制，促进教育要素、科技要素的自由流动，推动京津冀地区的教育实现共同发展。统筹教育资源，实现优势互补，发挥区域间优质高校、优势专业的辐射和带动作用，形成人才、智力、科技、信息、管理等方面的良性聚集效应。开展京津冀区域的高校合作，依托津冀地区优势产业和自然资源，推动北京高校科研成果向津冀地区流动，提高北京高校的创新能力、带动校企合作、提高高校的经济贡献力。推动与津冀地区职业学校的资源整合和重组，走规模化办学之路，激发北京职业教育的办学活力。

（七）坚持以人为本，大力推进教育公平

切实解决人民群众关心的教育热点问题。进一步完善小学初中就近免试入学制度，切实缓解择校矛盾，逐步降低高中“三限生”择校的比例。进一步完善和落实国家奖学金、国家助学金制度，完善高校校内助学体系，加大多方位、多渠道助学力度，帮助家庭经济困难学生顺利入学、安心学习、有效就业。积极协调金融机构，完善国家助学贷款政策。全面改善特殊教育学校办学条件，保证特殊教育学校学生人均公用经费标准高于普通学校学生人均公用经费标准。完善治理教育乱收费的机制。严格规范招生收费行为。

按照“政府负责、统筹规划；公办为主、扶持民办；完善管理、强化服务；加强引导、优化环境”的原则，积极稳妥地解决好来京务工农民工子女教育问题。要在认真研究和分析当前现状基础上，建立并完善立足当前、着眼长远的解决来北京市流动人口中适龄儿童子女义务教育的长效机制，切实保障适龄儿童接受义务教育的合法权利，为服务“人文北京、科技北京、绿色北京”做出新贡献。

以上谈的是笔者的初步学习和体会，有些问题还需要认真调查研究，深入分析。深入贯彻落实科学发展观，全面推进首都教育现代化，是时代赋予广大首都教育工作者光荣使命，也是广大人民群众共同心愿。在中央和市委、市政府的坚强领导下，只要认真开展好深入学习实践科学发展观活动，进一步解放思想，开拓创新，扎实工作，就一定能够保持首都教育又好又快发展的势头，不断开创首都教育发展的新局面，为建设“人文北京、科技北京、绿色北京”做出更大的贡献！

（本文作者：北京市教育委员会主任）

发挥优势　扎实工作
为成功举办奥运做贡献

北京市教育委员会

2001年北京申奥成功以来，首都教育系统紧密围绕实现“新北京、新奥运”的战略构想，以“抓机遇、做贡献、促发展、留遗产”为指导方针，充分发挥教育系统优势，采取多种形式，积极主动地为举办一届有特色、高水平的奥运会服务；通过奥林匹克教育与学校德育、体育、新课程改革和实践活动的有机结合，促进学校体育蓬勃开展，提高学生健康水平；深入开展“迎奥运、讲文明、树新风”活动，弘扬奥运精神，传播文明礼仪，使广大青少年学生在参与奥运、奉献奥运中身心和谐发展，为成功举办北京2008年奥运会营造了良好的人文氛围，形成了丰富的奥林匹克教育遗产。

一、高度重视，加强对首都教育系统奥运工作领导

奥运是中华民族的百年梦想，也是中国和首都展示经济社会发展的重要窗口。北京申奥成功以来，首都教育系统高度重视，加强领导，健全机制，形成两委统一领导、各级教育行政部门和各级各类学校积极参与、其他相关部门协调配合的工作机制。

一是加强组织领导，把奥运作为首要的政治任务来抓。由两委主要领导牵头，成立教育系统奥运工作领导机构，加强对教育系统奥运工作的统筹、协调和指导；建立专门的奥林匹克教育工作领导小组办公室和高校奥运办公室，指导和推动教育系统各单位建立奥运工作机构，加强人员配备和组织建设，保证全系统奥运工作的顺利开展。加强督促检查，把奥运工作列入年终考核内容，切实把各项工作落到实处。

二是加强宣传引导，把全市教育系统认识统一到为奥运做贡献上来。深入开展奥运精神教育，开展宣传讨论，明确奥运背景下北京教育发展与改革面临的机遇、挑战和对策，举办“奥林匹克教育论坛”、“北京奥林匹克教育国际论坛”等，进一步增强全市教育系统广大党政干部和教职员工服务奥运的意识，调动他们参与奉献奥运的积极性。

三是加强宏观指导，保证奥运各项工作任务持续推进。两委根据市委市政府和北京奥组委的有关精神，先后制订印发《北京市学校奥林匹克教育行动计划》、《关于加强北京高校奥运工作的实施意见》、《第29届奥运会期间北京高校安保工作总体运行方案》、《2008年北京奥运会、残奥会期间首都高校“多维综合防控体系”建设方案》等一系列文件，明确教育系统各方面承担的职责，做到任务到位、责任到位、工作到位。

四是加强科学研究，提高教育系统奥运工作科学决策水平。两委发挥教育系统优势，与中国人民大学共建北京人文奥运研究基地，在首都体育学院设置“北京市奥林匹克学院”，与北京师范大学共建“北京市奥林匹克教育研究中心”，在北京市少年宫设立“北京市少年奥林匹克研究院”，成立“北京市奥林匹克教育专家指导委员会”，编制《2005～2008北京市奥林匹克教育研究课题指南》，制订《北京市奥林匹克教育课题管理办法》，推进北京大学、清华大学等多所高校深入开展国际奥委会、残奥会、北京奥组委、国家及各部委多项奥运课题，深入开展奥运工作科学研究，为奥运工作科学决策和工作运行提供智力支持。

二、发挥优势，为奥运成功举办提供组织保障

首都教育系统集中优势，充分利用各种教育资源和科研力量，加紧培养奥运工作专门人才和志愿服务队伍，推进奥运软环境建设和校内奥运场馆建设，为实践“绿色奥运、科技奥运、人文奥运”的理念，成功举办奥运提供坚强保障。

一是统筹部署奥运志愿服务工作。成立高校奥运志愿者服务总队，以场馆为单位，以各主责高校为核心成立各级赛会志愿者团队，建立一套行之有效的赛时组织运行机制，顺利遴选、培训、组织5万名奥运会赛会志愿者、3万名残奥会赛会志愿者、20万名城市社会志愿者；组织78名奥运培训专家参与奥运培训专家团，在20所高校成立“北京奥运培训基地”，承担全市重点培训任务，在12所高校建立“志愿者培训示范基地”，在志愿者培训中发挥示范带动作用；为20万名高校各类志愿者集中住宿和餐饮提供安全卫生保障和服务；圆满完成5万名大学生场馆志愿者交通服务，组织安排大客车610辆，往返于集中住宿地和奥运场馆之间，切实保障整个奥运志愿服务工作顺利运行。

二是做好奥运开闭幕式演出工作。成立北京教育系统奥运会、残奥会开闭幕式文艺表演工作领导小组，精心选拔40所大中小学及特教学校学生演员6000人分别参加奥运会和残奥会开闭幕式四个场次演出工作，21所高校179名学生担任奥运会、残奥会开闭幕式引导员，专门划拨3000万元排练经费，用于学生演员排练场租、服装、食宿和交通等，及时调整排练学生相关教学工作，切实保障奥运开闭幕式学生演员精彩演出。

三是完成场馆团队建设和奥运村住宿服务工作。招募培训22所高校5500名师生组成奥运村住宿服务团队，为1个运动员村和2个媒体村（绿色家园媒体村、汇园公寓媒体村）的运动员、随队官员和媒体记者提供清洁、送水等住宿服务，以优质、文明、高效服务实现“零投诉”。完成北京大学、中国农业大学、北京航空航天大学、北京理工大学、北京科技大学、北京工业大学等6个比赛场馆和15个训练场馆建设修缮，组织成立校内场馆运行团队，发动广大师生员工为场馆顺利运行提供组织、物力、人力保障。

四是加强科技创安，顺利完成奥运期间学校“平安奥运”工作。组织高校师生2万人担任平安奥运志愿者，有效充实奥运期间校园安全防范力量，制订实施精细、严格的校园管理措施，设定三个防控级别，运行“维护首都高校稳定动态预警体系（DPUS）”，在奥运期间每日发布平安指数，对安全稳定形势进行研判和预警，实现奥运期间校内安全防控的“全方位、立体化、网格化、单元化”，为维护奥运期间教育系统内部的安全稳定提供坚实保障。

三、抓住机遇，深入开展奥林匹克教育工作

首都教育系统突出学校奥林匹克教育办学特色，加强学校德育和体育工作，促进学生全面发展，切实提高广大师生的奥运知识水平和健康素质。

一是利用主渠道，在各级各类学校中普遍开展奥林匹克教育。以200所“北京2008奥林匹克教育示范学校”单独开设“奥林匹克教育课”为示范，以编辑、出版、发放的《北京奥运会小学生读本》、《北京奥运会中学生读本》等5种7本奥林匹克知识读本为基本教材，开发各级各类学校奥林匹克课程资源，实施各具特色的奥林匹克教育教学工作，把中小学生奥林匹克知识学习效果的考察列入学期学生评价手册，从2006～2008年间在中考和高考中适度反映奥林匹克教育的内容，在大学把奥林匹克教育与思想品德课结合起来，切实实现奥林匹克知识“进课堂、进教材、进学生头脑”。

二是积极创造条件，不断加强学校体育工作。组织各级各类学校积极整治操场，在“青少年奥运人才培养基地”学校兴建一批较高标准的、能够用于较高水平训练的体育场馆和设施，为广大师生提供良好的锻炼环境。由教育学院和首都体育学院牵头，对全市6800名体育教师进行全员培训，挖掘大量传统体育和游戏项目，充实到学校体育课和体育活动中。从2005年开始深入开展“迎奥运奔向2008”首都大学生健身长跑活动，在广大师生中积极推行“每天锻炼一小时，健康工作五十年，幸福生活一辈子”校园健身计划，成功举办“迎奥运”2006年北京市中学生田径运动会和首都高校第四十四届学生田径运动会等群众体育竞赛活动，大力提高广大师生的身体素质和体育锻炼水平。

三是发挥高校优势，深入开展奥运专门人才培养。根据北京2008年奥运会对外语人才的需求和北京实际，从2005年开始，北京市每年都保证38个语种全面足额招生，并注重运用最新汉语教学研究成果，协助北京奥组委开展国际志愿者的汉语水平培训工作。充分发挥北京地区体育院校、综合性大学作用，选拔培养一批优秀运动员、教练员、裁判员和专项技术服务人员，为残疾人奥运会培养一批残疾人运动员。针对奥运工作中对餐饮、保健、文秘等具体需求，充分利用中等职业教育资源，培训培养一支数量充足、质量合格的专业化学生志愿服务队伍。

四是活跃第二课堂，积极组织奥林匹克教育校园文化活动。几年来，举办数百万人次参与的全市性的学生奥林匹克知识竞赛、奥运英语演讲比赛、“我心中的奥运”绘画比赛以及各种体育比赛、艺术比赛等，调动广大青少年学生了解奥运、参与奥运、体验奥运积极性，在以奥林匹克精神认识自我、学会尊重、珍视生命、保护环境等方面取得良好效果。

五是发挥辐射作用，向海内外广泛传播北京奥运理念。深入开展“奥林匹克教育同心结交流活动”，分别与199个国家和地区取得联系、与183个国家和地区开展实质性的交往和交流活动、与161个国家和地区的相应学校结为姊妹校关系，是目前奥林匹克教育史上最大规模的教育及学生的交流活动；“同心结”学校参加奥运会204个国家和代表团、残奥会148个国家和地区代表团欢迎仪式，演唱“同心结”歌曲受到各国和地区运动员欢迎，得到奥运村村长陈至立同志的高度评价。积极参与2007年国际奥委会奥林匹克博物馆牵头组织北京、洛桑两个城市中学生开展“体育在我的城市”的中学生DV比赛，增进与国际奥委会及洛桑中学的交流；开展“青春奥运 微笑北京”迎奥运巡回演出活动，在北京高校、郊区县、国内四省市和海外巡回汇演达20场，观众共达38000人次，展示中国人民参与奥运的历程和北京奥运的理念，让广大青少年学生在参与奥运交流活动过程中实现奥林匹克知识的教育和自我教育。

四、营造氛围，深入推进“迎奥运、讲文明、树新风”活动

首都教育系统以文明礼仪教育和奥运知识教育为着力点，深入开展“迎奥运、讲文明、树新风”主题教育活动，从中华民族传统文化和奥林匹克文化的结合中挖掘教育资源，以“情系奥运，文明礼仪伴我行”为主题，深入开展奥运宣传教育活动。

一是深入开展文明礼仪教育活动。制订《“情系奥运，文明礼仪伴我行”主题教育实践活动方案（2005～2008年）》，从2005年起，每年选择一个专题和重点内容作为突破口，以“礼仪、礼貌、礼节教育，培养学生良好的文明礼仪习惯”为重点内容，以“唱响国歌、遵守规则、志愿服务”为突破口；使“唱响国歌”等十个文明行为成为中小学生自觉行动；2007年以“和谐先锋 文明示范”为主题，在朝阳公园组织上万名大中小学师生举办“迎奥运、讲文明、树新风”活动推进大会，在首都教育系统唱响“迎接奥运从讲文明做起、参与奥运从身边做起、奉献奥运从现在做起”的主旋律；组织开展“寻找身边的榜样”主题教育活动，发动学生；以“迎接奥运盛典 共建绿色网络树立文明新风”为主题，于2007年组织召开“首都大学生网络文明行为论坛”，推进构建和谐、文明高校校园网络。

二是大力开展奥运社会实践活动。以“微笑北京、和谐先锋”为主题，组织600个高校学生党支部与京郊农村党支部共建开展红色“1＋1”活动，组织1000个“首都大学生志愿奥运宣讲实践团”40万名志愿者开展“彩虹辅导员在校园”、“微笑使者进社区”活动等12个项目活动，推进大学生进中小学、进社区、进农村、进企业、进工地等，通过多种途径宣讲奥运知识；以“北京邀请、世界祝福”为主题，发动北京高校4万名留学生将北京奥运的邀请带到世界各地，并将世界人民的祝福带回北京；深入开展“奥运知识带回家、家乡祝福送北京”、“携手

西部 共享奥运”宣讲活动，将奥运知识传播到四个京外比赛城市、西部15个地区和高校学生家乡，实现奥运宣传实践活动覆盖北京、辐射全国，走向世界的目标。

三是广泛开展奥运文化艺术活动。每年举办北京学校奥林匹克文化节活动，全市共有20所大中小学校参加管乐、管弦乐、民乐、京剧、合唱、舞蹈等专场演出，两万名中外各界人士观看演出；组织奥运文化和民族艺术进校园活动，在全市18个区县、70多所高校、2264所中小学校举办4500场演出，共有130万名各级各类学生观看。开展“同样的青春，同样的梦想”——奥运冠军校园行活动、“青春在五环旗上飞扬”大学生献礼奥运文艺演出、“最美的微笑”奥运志愿者风采摄影展等系列活动，展示了首都大学生服务奥运、奉献奥运的精神风貌和青春激情。举办首都大学生创意文化节，开展“青春奥运”首都博士生系列学术论坛、“创意大巴进校园”各类创意作品征集等活动，引导学生为创意和服务。

四是积极开展奥运文明观赛活动。建立市区（县）两级高效运转的学生观赛组织领导机构及管理机制，组织48万名师生文明观看奥运赛事，组织10所学校圆满完成教育部、北京奥组委下达30个省市（自治区）的6000名中小学生代表观赛接待任务，引导广大师生担当文明啦啦队，使广大师生充分体验和感受一届有特色、高水平奥运会，受到一次深刻、生动奥林匹克教育。

总结几年来的奥运工作，首都教育系统发挥教育优势，集中力量，扎实推进，取得较好的工作效果。主要的经验有以下几点：

充分发挥北京教育资源优势，积极主动地为成功举办一届有特色、高水平的奥运会提供人才、科研和智力支持是首都教育系统奥运工作的立足点；

抓住举办2008年奥运会的历史性机遇，推进学校学科建设、人才培养和国际交流等，进一步提高学校的核心竞争力是首都教育系统奥运工作的重要收获；

以奥林匹克教育为载体，进一步加强青少年学生思想道德素质和思想政治教育工作，培养青少年学生的首都意识、国际视野、民族精神和国家观念，提高广大学生的综合素质是首都教育系统奥运工作的重要目的；

以奥运工作为基础进一步建立健全学校德育、智育、体育工作机制，将奥林匹克文化融入学校校园文化建设中，形成具有北京高校特色的奥林匹克遗产是首都教育系统奥运工作的长效考虑。

一方有难　八方支援
众志成城　抗震救灾

——北京教育系统抗震救灾工作纪实

北京市教育委员会办公室

一、领导重视、科学部署，加强抗震救灾组织工作

地震发生后，市委教育工委、市教委高度重视支援四川地震灾区的抗震救灾工作，紧急行动，把支援救灾工作作为最紧迫的任务来抓。5月13日，市委教育工委、市教委就紧急印发了《关于做好教育系统师生员工参与抗震救灾相关工作的通知》（京教工办［2008］8号），号召全市教育系统紧急行动起来，通过多种形式开展支援灾区抗震救灾工作，用实际行动向灾区献上一份爱心。6月2日，市委教育工委、市教委又紧急下发了《关于做好地震灾区中小学生来京借读和高校招生录取有关工作的通知》（京教工［2008］39号），号召全市中小学校积极接收地震灾区来京借读的中小学生，为他们来京借读提供方便；要求各高校切实做好地震灾区考生的录取工作和新生入学的资助工作；要求各区县教育行政部门和各高校统筹协调好支援灾区抗震救灾的各项工作。从而，保证了全市教育系统支援灾区抗震救灾工作有计划、有组织的全面深入开展。

根据教育部要求和对口支援什邡市教育系统灾后恢复重建工作的实际需要，7月2日，市委教育工委、市教委成立以北京市教委主任刘利民和北京市委教育工委副书记张建明任组长的对口支援什邡市教育系统灾后恢复重建工作领导小组，负责统筹领导全市教育系统对口支援什邡市教育系统灾后恢复重建工作，领导小组下设办公室，由专人负责。同时印发《关于做好教育系统对口支援四川地震灾区灾后恢复重建工作的通知》，通知要求北京教育系统做好以下工作：

第一，发挥教育系统人才、智力、科技等方面的优势，协助什邡市政府部门做好学校重建规划、合理布局和选址工作。第二，发挥职业教育的资源优势，成立对口支援什邡市职业教育恢复重建专家顾问团，协助当地制定职业学校重建规划。加强中等职业学校间的对口支援工作，通过对口招生、联合办学、为灾区中职学生来京实习实训提供帮助等多种形式，支持灾区中等职业学校的恢复和重建。第三，发挥本市教育系统干部教师培训资源优势，根据什邡市教育系统需要，有针对性地开展干部和骨干教师培训工作，帮助提高受灾地区干部教师队伍的整体素质。开展对重灾区教师的精神抚慰活动。第四，根据什邡市教育系统的实际需要，安排优秀干部、教师到灾区学校支教，以缓解受灾学校恢复重建对干部教师需求的压力。第五，根据支援受援双方情况，酌情组织灾区教育教学管理干部来京挂职锻炼，为灾区培养高水平教育教学管理人才。第六，加强北京市和什邡市学校之间的联系，相互组织夏（冬）令营活动，鼓励两地学校建立“友好学校”关系，开展“手拉手”对口支援

工作。第七，根据什邡市学校恢复重建需要，积极帮助解决课桌椅、教学仪器设备、图书资料等方面的困难，不断改善灾区学校的教育教学条件。第八，继续做好四川地震灾区在京和来京就读受灾学生的接收和资助工作，采取多种形式帮助灾区学生，保证他们不因经济困难而失学。

为统筹抗震救灾和对口支援工作，市委教育工委、市教委建立了对口支援和救灾信息报送机制。2008 年 10 月 28 日，北京市教委要求北京市各区县教委、各高等院校、各普通中等专业学校和各直管直属单位建立信息报送机制，及时收集、整理相关信息，经本单位主管领导审核后报市委教育工委、市教委对口支援领导小组办公室。各单位指定专人为信息员，专门负责对口支援信息报送工作，并为其开展信息工作提供方便和保障。报送内容包括国家部委、主管部门、区县政府的重要工作部署、要求以及贯彻落实情况；市委教育工委、市教委安排对口支援工作的落实情况；各单位捐赠款物的数据统计情况；对口支援工作的动态信息；重要的工作经验、问题和建议；以及对口支援内蒙古、西藏拉萨、新疆和田、湖北巴东等地的有关信息。

二、广泛开展各种形式的赈灾募捐，通过多种途径赶赴灾区展开救灾工作

四川地震灾害发生之后，全市教育系统积极开展捐款、捐物、献血等实质性支援灾区抗震救灾的活动，切实解决灾区人民的实际困难。截至 2008 年 7 月 20 日，我市教育系统捐款累计 2.22 亿元，其中，特殊党费 3455 万元，捐物折合人民币 593 万元；市教委还会同北京电视台、团市委和中国青基会举办了“《托起明天的太阳》—— 献给灾难过后第一个儿童节”大型募捐活动，共为地震灾区学校募集款物达 8000 万元，全部用于支援灾区学校的复课和重建；购买了 7 种型号 50 顶教学和生活帐篷（折合人民币 20 万元），紧急支援四川灾区学校；为灾区学校募集 1 万册中小学教辅图书，作为灾区中小学生的“六一”儿童节礼物送至灾区。此外，首都各高校师生还积极踊跃为地震灾区献血，用以缓解灾区紧急救治伤员的需要。

根据抗震救灾的需要，北京市教育系统开展多种途径赶赴灾区开展救灾工作。高校充分发挥首都高校人才、智力和科技优势支援地震灾区的抗震救灾工作。部分高校充分发挥专业和学科的综合优势，全力完成国家交给的有关科研任务，组织专家、教授赶赴灾区，为抗震减灾提供人才和技术支持。清华大学配合四川省规划部门为临时灾民安置区制定技术方案，组织 20 名专家赴四川参与抗震救灾工作；北京工业大学组织多名地震工程专家，参与震后发展态势研究，为相关决策部门提供参考；首都师范大学利用科研成果绘制地震灾区遥感影像图，为国家减灾救灾工作提供决策支持，还组建灾后心理恢复治疗队赶赴四川地震灾区，为受灾师生的心理恢复和重建服务；北京大学、首都医科大学等高校的附属医院派遣多支抗震救灾医疗队紧急赶赴四川地震灾区，参加救治地震受伤的灾区人民；朝阳区教委为什邡市在京培训了 56 名心理辅导骨干教师，以返回四川地震灾区发挥作用。

市学会学前教育研究会组织了 6 位学前教师冒着余震的危险，赴地震灾区进行为期一个月的“幼儿园教师如何对灾后儿童进行心理安抚，减轻心理创伤”的培训。为灾区人民带去北京幼教工作者的问候和关爱，受到灾区人民的热烈欢迎。她们所在的支教团队——汶川地震应对政策行动组，荣获教育部颁发的“全国教育系统抗震救灾先进集体”光荣称号，也是北京地区教育系统唯一的获奖集体。

汶川大地震发生后，学前教育杂志社派遣编辑随行第一批北京幼儿教师支教团，对流动幼儿园在灾区的活动进行了跟踪采访和灾后幼教重建专题报道。2008 年 12 月 11 日，在中国期刊协会召开的“抗震救灾宣传报道先进期刊和先进个人表彰大会”上，《学前教育》等 106 种期刊获得“全国抗震救灾宣传报道先进期刊”荣誉称号。

2008 年 6 月 5 日，市委教育工委、市教委在首都师范大学举行了“彩虹 1＋1——我们共同成长”爱心援助活动。市委教育工委常务副书记张建明、市委教育工委副书记王民忠、北京高校奥运办公室主任闫成等领导出席活动，北京各高校主管领导、爱心手机捐赠企业代表和申报参与结对援助活动的学生代表参加了活动。“彩虹 1＋1——我们共同成长”爱心援助活动由市委教育工委、市教委联合四川省教育厅开展，通过向社会募集爱心手机和相应话费捐赠给灾区中小学生，号召首都高校大学生以班级为单位通过电话连线的方式定向联系，对持有爱心手机的灾区中小学生进行心理抚慰、学习辅导和生活援助。活动号召发出后，首都高校大学生积极响应，踊跃参加，有 4263 个班级报名参加结对援助活动，经过市委教育工委、市教委和四川省教育厅的协商，已确定首批 500 个班级与灾区学生的结对名单。

2008 年 5～10 月，北京市各区县和北京地区高校广泛开展援助灾区行动。海淀区启动“情系灾区，心系伙伴——红领巾爱心传递行动”；西城区、延庆县部分学校接收四川地震灾区学生免费借读；顺义区、密云县开展“心系灾区，奉献爱心”、“主题签名”、“爱心捐赠”等主题教育活动；北京大学举行“同舟共济、众志成城、健康所系、性命相托”主题宣誓仪式；北京科技大学采取“扶痛，扶困，扶发展”等措施援灾济困，组织学生干部与家庭受灾严重的同学牵手结对；北京语言大学组织“同一个世界、同一份爱心——五洲四海赈灾活动”；北京交通大学、中国矿业大学（北京）、北京化工大学、北京林业大学等加强正面宣传引导和防震知识教育；北京邮电大学设立特别绿色通道，保证灾区新生顺利入学，并纳入学校专项赈灾资助体系；中国传媒大学举办“我和你们在一起”献爱心募捐大型公益晚会；北京航空航天大学踊跃交纳“特殊党费”，积极支援抗震救灾。制定受灾学生心理疏导方案，及时对灾区学生进行心理辅导和情感关怀；北京工商大学举行“真情传递、烛光祈祷”、“积极为地震灾区捐款献血”等活动；首都医科大学附属医院派遣抗震救灾医疗队奔赴灾区；北京石油化工学院举办“爱在蓝光闪过之后”抗震救灾演出；北京城市学院选派志愿者赴中国红十字总会开展抗震救灾志愿服务，首批志愿者已到岗；北京市教育技术设备中心以北京教学仪器设备协会名义向会员单位倡议，9家会员单位捐赠现金和价值50万元的教学设备及文具等。

三、积极做好灾区生源地学生思想安抚、救助帮扶工作和来京就读受灾学生的资助、接收工作

灾情发生后，按照市委、市政府统一部署和要求，市委教育工委、市教委对在京高校家庭受灾学生情况进行了全面摸底和统计。北京高校共有家庭受灾学生近6000名，其中，四川籍学生4665名，其他省市学生1219名。许多学生与家人失去联系，家庭受灾较严重（指有人员伤亡、房屋倒塌等情况）的学生1335人。市教委投入300万元专项救助经费，对首都高校近6000名家庭受灾学生给予专项补助，为他们的学习和生活提供帮助，各高校也安排了相应的配套资金。首都各高校也在最短的时间内全面摸排灾区生源地学生家庭受灾情况，通过谈心、座谈会等方式做好学生思想安抚工作。并采取了发放临时生活补贴、亲情电话卡、生活用品，以及优先安排勤工助学工作岗位等方式，积极做好家庭受灾学生的帮困工作。

为提升家庭受灾学生应对灾难的心理承受力，在市委教育工委的统一部署下，各高校采取有效措施，对受灾学生开展心理疏导工作。通过科学有序的心理疏导，家庭受灾学生的情绪和心理得到初步缓解，同学们情绪稳定，遇到问题能主动与辅导员和学校联系，学习和生活状态基本正常。

2008年5月25日，北京市委教育工委、市教委成立高校川籍学生心理援助志愿服务队。组织北京高校心理咨询专业人员，对广大北京四川籍大学生开展心理知识培训，提高他们奔赴灾区后的心理适应能力和心理援助能力，发动这些学生利用暑期返乡，对周边群众开展心理援助工作。市教工委副书记张建明同志在讲话中强调，要把心理援助志愿服务灾区工作与高校心理素质教育工作紧密结合起来。一是要深入开展生命教育活动，充分利用灾害期间人们珍爱生命、顽强生存的各种事迹，引导广大师生树立珍视生命、关爱生命的重要理念；二是要大力加强北京高校家庭受灾学生心理疏导工作，采取解决心理问题与解决实际问题相结合的方式，切实缓解灾害引发的心理影响；三是要充分利用高校心理咨询专业力量，组织部分心理咨询专家对灾区高校心理咨询人员开展灾后心理援助培训，增强他们在当地开展心理援助的能力，同时加强对高校川籍学生心理援助志愿服务队的培训。

灾害发生后，北京市教委做好对来京就读受灾学生的资助和转移就学工作。对于四川等地灾区来京就读的中小学生，根据两委《关于做好地震灾区中小学生来京借读和高校招生录取有关工作的通知》要求，妥善予以安置，并免收借读费和学杂费，免费提供学习用品及教材，免费为学生安排体检；各区县教委出台了相关文件，形成了接收灾区学生就读和帮扶的相关工作机制。并努力解决灾区学生午餐、学习用品、课本等相关困难。截至2008年年底，全市已接收2000名四川等地受灾中小学生来京就读。同时，做好首都高校招收地震灾区高考学生的准备工作，各招生学校均按照1∶4的比例调整在川招生计划，其中20%的计划用于招收灾区招生，并进一步为四川等地灾区新生入学准备了“绿色通道”，确保灾区新生不会因家庭经济困难而失学。

首都高校及时调整灾区招生计划，市属高校优先录取符合条件的灾区高考学生。为灾区新生入学开辟“绿色通道”，将生源地为地震重灾区的普通高校全日制本专科在校100%纳入国家助学金资助范围（教育部财政部文件将资助面扩大至70%），确保灾区新生不因家庭经济困难而失学。同时，努力做好灾区生源毕业生就业工作，截至2008年底，北京地区1198名灾区生源毕业生，已有1156名落实去向，落实率达96.5%，高于整体就业率。

四、积极开展对口支援，支持什邡市灾后重建

在地震中，什邡市的灾情很重，860平方公里面积中有500平方公里受灾，共毁损40所学校。根据中央和北京市政府统一部署，北京教育系统对什邡市提供多种形式的支援。

（一）举办夏令营活动。2008年7月15～20日，由北京市教育委员会、四川省什邡市教育局共同在北京为重灾区孩子们举办了主题为“同心迎奥运，携手创明天”什邡市中小学生北京夏令营活动。此项活动由北京学生活动管理中心承办。四川什邡市的150名师生们参加了活动。夏令营期间正值奥运会前夕，为期6天的夏令营生活，通过组织营员参观奥运体育场馆，使他们了解北京筹备奥运会的情况，感受绿色奥运、科技奥运、人文奥运的魅力；带领孩子们游览长城、颐和园、故宫等代表中国、代表北京的历史名胜，使营员深刻理解中华文化的博大精深；观看升国旗仪式，增强爱国情感；通过参观国家大剧院、中国科技馆、使全体营员感受现代化科技，激发营员立志学习，奋发向上的精神；以“一日北京校园生活”为主题的学校交流活动，使全体营员体验北京学校生活，增进两地学生的感情。组织150名什邡市受灾严重学校的师生在北京度过了一个欢乐愉快的暑假。奥运期间，还组织了奥运观赛夏令营，来自四川地震灾区的60名学生到北京亲身观看体验了北京2008年第29届奥运会。

（二）选派干部支教，制订三年对口支援工作计划，再次组织开展向什邡市捐款和捐助棉衣被的活动。按照市委组织部要求，并根据什邡市教育工作需要，选派机关优秀干部到什邡市教育局挂职支教。按照市人力资源办的统一要求，根据什邡市教育恢复重建工作的需要，科学制订教育对口支援工作计划，拟定下一步工作方案。10月份，机关积极组织开展向什邡市捐款和捐衣被活动，帮助灾区群众度过一个温暖的冬天，共捐款22400元，捐棉衣被276件（其中，棉被褥47件，棉大衣59件，毛衣裤100件，绒衣裤70件）。

市教委德育处沈柳莺同志作为北京市第一批对口支援四川地震灾区重建工作挂职干部，自10月起赴四川任什邡市教育局副局长。

（三）启动北京——什邡市中小学校“手拉手”对口支援工作。2008年11月12日，北京市委教育工委、市教委召开北京——什邡市中小学校“手拉手”对口支援工作启动会。会议就清华附中、人大附中、北师大附中与什邡市雍城中学、什邡中学和什邡市外国语学校的“手拉手”共建工作进行了具体的部署和安排。

（四）开展什邡教育管理干部和骨干教师培训。北京市教育委员会做出计划，2009年开展首批什邡教育管理干部和骨干教师培训。什邡市教育干部教师赴京培训项目，是市教育局系统对口支援什邡市灾后恢复重建智力援助方案的项目之一，是北京市教育对口支援什邡市恢复重建工作的重要内容。培训期间，北京市将充分利用首都优势教育资源，借助北京市“名校长工作室”、“农村教师研修工作站”等干部教师研修项目，通过专家讲座、学校实践、专题研讨等形式，帮助什邡市中小学干部教师切实提高教育教学与管理水平。为保障学员在京期间的学习与生活，在培训班配备“双班主任”，分别负责教育教学事务和生活管理工作，为参训干部教师提供良好的服务保障。至2010年，北京市将先后为什邡市培训200名教育管理干部和300名中小学骨干教师。按照《北京市对口支援什邡市灾后恢复重建智力援助方案》精神，结合北京、什坊两地教育工作实际，北京市将积极发挥首都教育的科技、智力和人才优势，从两地中小学结对共建、专家教师支教、建设远程教育培训平台和管理干部、教师培训等方面，努力为什邡市教育的灾后恢复重建提供支持。

五、在抗震救灾中，加强集体主义、爱国主义思想教育和科学防震工作

北京教育系统结合抗震救灾和“新北京，新奥运”在青少年学生中大力开展以弘扬民族精神为主题的爱国主义教育活动。全市18个区县教育行政部门组织中小学校广泛开展以“心系灾区，奉献爱心”为主题的系列教育活动。房山、丰台、顺义、宣武、延庆等区县中小学开展了为灾区学生“捐献一天零花钱”、“关心帮助身边来自受灾地区同学”等活动。各高校紧紧围绕“一方有难、八方支援”和“万众一心、众志成城”的抗震救灾精神，利用抗震救灾中涌现出的英雄人物和感人事迹，及时组织募捐、宣誓、献血、签名和“同一个世界，同一份爱心”等主题教育活动。以上活动的开展，增强了广大青少年学生的民族自豪感和自信心，凝聚了力量，增进了团结，使广大学子对成功举办一届“有特色、高水平”的奥运会充满了信心。

6月13日，市委教育工委在北京工商大学举办“抗震救灾英模事迹首都高校专场报告会”，中央宣传部、中央组织部、解放军总政治部、中共四川省委联合组织的抗震救灾英模事迹报告团为首都高校1000名师生作专场报告。抗震救灾英模事迹报告团成员共6位，分别是四川省彭州市公安局政工监督室民警蒋敏、济南军区某步兵师师长杨剑、河北省唐山市迁安县太平庄村党支部书记李国华、四川省汶川县银杏乡沙坪关村党支部书记龙德强、二炮某工程团政委黄金坡、中央电视台主持人张泉灵等。

西城区首届法制教育宣传周活动举行。计划实施的法制教育宣传周活动，恰逢2008年5月12日四川汶川突发特大地震之后，全面实施《突发事件应对法》和《防震减灾法》以及《公共事业捐赠法》等都随抗震救灾进程不断进入广大中小学生关注事态发展的视野。这为学校提供不可错失的教育时机。

在抗震救灾中，北京市教育系统还加强了正面宣传引导和防震知识教育。各高校、中小学校普遍通过展板、网络、广播、短信平台、校园邮件系统等方式，向广大师生通报地震情况，介绍地震避险常识，及时做好宣传、教育和引导工作，防止谣传、误传引发学生恐慌情绪，切实维护学校思想稳定。目前，大中小学校的师生对地震及有关应急、自救知识和方法都有了系统的了解。

为及时消除学校校舍抗震安全隐患，切实提高本市各级各类学校校舍防震能力，确保广大师生生命安全。根据教育部、住房和城乡建设部《关于做好学校校舍抗震安全排查及有关事项的通知》（教发［2008］19号）精神和市防震抗震领导小组会议精神，北京市全面开展校舍抗震安全排查工作。迅速成立以主管市领导为组长，市教委、市建委、市规划委、市发展改革委和市财政局为主要成员单位的市级领导小组，及时制订并部署下达《北京地区学校校舍抗震安全排查工作实施方案》，对全市各级各类学校的教学楼、学生宿舍、食堂等建筑物及附属设施进行拉网式、全方位排查。根据排查情况，研究制订整改实施方案并将从2009年起逐步加以改造。

（本栏责任编校　董洁）

北京教育总述

2008年北京教育简况

2008年，北京市教育工作以党的十七大精神为指导，深入落实科学发展观，全面落实首都教育发展战略，按照市委市政府的总体部署，全面完成年初工作计划，推动首都教育事业取得新进展。

一、统筹各级各类教育协调发展

2008年，首都各级各类教育协调发展，教育普及水平进一步提高，适龄青少年受教育权利得到保障。全市共有幼儿园1266所，在园幼儿22.7万人；小学1202所，在校生66万人；初中349所，在校生32.5万人；普通高中325所，在校生21.9万人；中等职业技术学校（不含技校）119所，在校生17.5万人；特殊教育学校24所，在校生0.8万人；工读学校6所，在校生802人；普通高等学校82所，本专科在校生57.56万人；共有52所普通高校和117个科研机构培养研究生，在学研究生19.58万人，其中，博士5.66万人、硕士13.9万人；成人高校在校生31.23万人，成人本专科招生11.07万人。3～6岁儿童入园率达102.3%（含非北京户籍入园幼儿），义务教育普及率巩固在99%以上，高中阶段教育入学率达到98%以上。高考录取率稳定在75%，高等教育毛入学率达到57%。

二、发挥教育优势主动服务奥运，出色完成任务

（一）广泛开展奥林匹克教育实践活动。在200所“北京2008奥林匹克教育示范学校”单独开设“奥林匹克教育课”，开发各级各类学校奥林匹克课程资源，实施各具特色奥林匹克教育教学工作。通过形式多样教育实践活动，在广大师生员工中普及奥林匹克知识，得到国际奥委会高度评价。

（二）深入开展奥运志愿服务活动。奥运期间，北京高校组织5万名奥运会赛会志愿者、3万名残奥会赛会志愿者、20万城市和社会志愿者，分别承担开闭幕式演出、引导员以及为运动员、随队官员和媒体记者提供住宿服务等任务，创造“零投诉”纪录，成为奥运期间赛场和城市“最美丽的名片”，展示首都青年学生甘于奉献时代风采。

（三）全力推动首都教育系统实现“平安奥运”。组织17个督查组，开展“自查、互查、督查”三位一体督导检查，深入落实平安奥运行动各项工作任务。推进高校“多维综合防控体系”建设，积极筹建首都高校维护稳定工作动态预警体系，组织2万人高校师生担任平安奥运志愿者，成功保障奥运期间学校安全稳定。发挥高校学科专业和人才资源优势，为高校新建、改建6个比赛场馆和15个训练场馆提供坚实的组织、物力和人力保障。

（四）奥运文化活动效果明显。举办数百万人次参与全市性学生奥林匹克系列活动，开展“青春奥运，微笑北京”等迎奥运活动，广泛传播北京奥运理念，取得较好效果。在“奥林匹克教育同心结交流活动”中，全市中小学校分别与183个国家和地区开展交流活动、与161个国家和地区相应学校结为姊妹校关系，成为目前奥林匹克教育史上最大规模学生交流活动。

（五）广大师生文明素质普遍提高。深入开展“迎奥运、讲文明、树新风，我参与、我奉献、我快乐”活动，广大师生员工参与奥运、奉献奥运热情不断提高。组织开展“寻找身边的榜样”、“当好东道主，热情迎嘉宾”等主题教育活动，组织48万名师生文明观赛，展现首都教育系统广大师生的良好精神风貌。

三、开展抗震救灾教育对口支援，成效显著

（一）广泛开展赈灾募捐。汶川地震发生后，全市教育系统迅速反应，震后第二天开展捐款、捐物、献血等实质性支援灾区活动。全市教育系统已累计捐款2.22亿元，其中，特殊党费3455万元，捐物折合人民币593万元。组织“托起明天的太阳”大型募捐活动，募集8000万元款物全部用于支援灾区学校复课和重建。紧急购买教学、生活帐篷，募集中小学教辅和故事类图书及时送往灾区，切实解决灾区人民实际困难。

（二）积极做好灾区生源地学生思想安抚和救助帮扶。妥善安置灾区来京借读中小学生，对符合条件免收借读费和学杂费，并为其免费提供学习用品及教材，全市接收2000名灾区中小学生来京就读。为高校家庭受灾学生发放临时生活补贴和用品，并优先安排勤工助学岗位，6000名大学生受到帮扶。首都高校及时调整灾区招生计划，市属高校优先录取符合条件灾区高考学生。为灾区新生入学开辟“绿色通道”，将生源地为地震重灾区普通高校全日制本专科在校100%纳入国家助学金资助范围（教育部财政部文件将资助面扩大至70%），确保灾区新生不因家庭经济困难而失学。努力做好灾区生源毕业生就业工作，北京地区1198名灾区生源毕业生，已有1156名落实去向，落实率96.5%，高于整体就业率。

（三）发挥智力人才优势支援灾区重建。高校、区县和中小学干部教师多次深入抗震救灾一线，借助首都教育资源优势为抗震救灾工作提供技术支持，特别是在灾后重建教师支持、心理疏导以及对家庭受灾严重学生帮扶等方面发挥积极作用。选派教委机关优秀干部到什邡市教育局挂职锻炼，组织150名什邡市师生来京参加“同心迎奥运，携手创明天”什邡市北京夏令营，安排60名灾区学生来京体验奥运赛事。同时，在全市广大青少年中开展以“心系灾区，奉献爱心”为主题爱国主义教育系列活动，对大中小学生加强防震知识教育。

四、关注教育民生问题，不断促进教育公平

（一）健全教育资助制度和助学体系。各级各类学校已基本形成奖、免、勤、助、贷等形式共同构成多层次、全方位家庭经济困难学生资助体系，新学年下拨高校、中等职业学校的各类奖助学金3.7亿元，比上学年增加4000万元。高中教育资助重点向农村和弱势群体倾斜，增加宏志奖学金受奖比例，奖励高中贫困学生2.3万名。为应对物价上涨补贴高校食堂，给予全市高校学生食堂以及市属高校学生临时补贴1.02亿元。

（二）义务教育均衡发展取得新进展。投入1.5亿元重点支持100所小学在主要项目上达到新颁办学条件标准，集中改善农村寄宿制中小学生活条件，为180校次农村寄宿制中小学改造食堂、浴室和活动室，并为140所农村寄宿制中小学每校配备一部生活用车。完善义务教育阶段“两免一补”政策，2008年春季开学，市级投入补助经费2.3亿元，对10个远郊区县和朝阳、海淀、丰台三个区农村中小学中非农户籍学生免收教科书费。积极稳妥做好外来务工人员子女接受义务教育工作，对全市民办学校义务教育阶段学生和经审批合格的自办学校学生补助杂费。

（三）稳步推进招生考试制度改革。完善小学、初中免试就近入学办法，11万名小学生和10.7万名初中生入学工作总体平稳。加大高中招生“推优”力度，6%用于招收初中学校优秀毕业生。扩大中职学校招收未升学高中毕业生比例，完善高等职业教育自主招生试点。对高考招生志愿设计和录取方式进行部分调整，实现北京市高考招生改革平稳推进。

（四）教育公共服务渠道不断拓展。整合“96391”首都教育咨询服务热线、政风行风热线、网站留言板等教育服务资源，开展多种形式的网上便民服务。创立青少年德育网上论坛，开设北京市中小学网上家长学校，建立招生考试网上服务平台和高校毕业生就业信息网等，方便群众及时获取政府信息。积极推进政府信息公开，增强为民服务意识。

五、基础教育探索区域特色，整体水平不断提高

（一）推进区域教育特色发展。以学校特色文化构建提升办学水平，促进区域教育形成整体特色。深入推进初中建设工程，在促进学校内涵发展，缩小城乡、校际差异方面取得显著进展。全面启动小学规范化建设工程，完成各区县小学规范化建设规划，力争用五年时间，使全市1200所中小学办学条件明显改善，学校内部管理规范有序，干部教师队伍素质整体提升，小学生德智体美等综合素质全面发展。

（二）深化课程改革减轻课业负担。针对学生过重课业负担现状，提出提高中小学教学质量，切实减轻学生课业负担意见。稳步推进高中课程改革，启动部分学校自主排课实验。创建青少年科技创新学院，首批已确立15所基地学校，向首批132名学生开放14所高校36个国家重点实验室。全市49所中小学办学体制改革试点校中，已批准32所停办或转为公办学校，完成任务65%。中小学管理信息系统不断完善，电子学籍规范化建设步伐不断加快。

（三）学前教育进一步得到重视和加强。加快农村学前教育发展，改造建设50所农村园活动室和厨房。加强薄弱园建设，启动新一轮市级示范幼儿园与乡镇农村园“手拉手”支教活动。建设18个特殊教育基地，促进特殊学前教育发展。

（四）教师队伍建设继续加强。采取措施逐步提高山区教师待遇，改善教师工作生活条件。在城镇优质中小学设立40个农村教师研修工作站，接收1000名农村骨干教师进站研修。继续选派1000名城镇优秀教师到农村中小学全职支教一年，继续开展“绿色耕耘”、“春风化雨”、“金色种子”、英语教师专项培训等相关重点工程，全面提升中小学教师队伍整体素质。加强北京市教育系统高层次人才队伍建设，细化选拔标准，发挥领军人才引领作用。启动市属高等学校人才强教二期计划，通过教学、科研、管理等方面的人才建设，带动学科水平整体提高。

六、高等教育坚持内涵发展，服务能力不断增强

（一）高等教育质量不断提高。实施北京高等教育质量工程和创新工程，加快专业结构调整与专业建设，继续推进高职高专实训基地建设和示范性高职院校建设。进一步加强与中央在京高校共建合作。

（二）高校产学研结合继续推进。实施北京高等学校科学技术与研究生教育创新工程，优化学科布局，推进产学研结合，根据首都重点发展领域增设部分市级重点实验室和人文社科基地。

（三）做好高校毕业生就业工作。2008年共有毕业生20.3万人，截至8月31日按教育部统计口径，全员初次就业率94.56%。首次评定25个高校示范性就业中心，探索构建更加完善的高校毕业生就业工作体系。鼓励毕业生到基层就业，7833名毕业生到西部就业，比上年增加2374人；17518名毕业生到基层就业（包括北京村官和支教），比上年增加700人。

（四）民办教育统筹协调力度不断增强。选派民办高校督导专员兼党建工作联络员定期开展督导，促进民办高校健康稳定发展。加强民办学校规范管理，定期检查民办高校办学情况，指导协调区县做好民办教育工作。探索建立民办教育发展引导性资助项目长效机制，对依法诚信办学、特色突出的民办高校给予扶持资助。

七、职业教育加快特色发展，学习型城市建设继续推进

（一）突出特色加强基础能力建设。发挥行业企业和优质职业学校各自优势，试点组建职业教育集团。实施职业教育实训基地建设工程，集中建设具有较高水平的实训基地。启动第二轮职业教育课程体系改革，校企合作开发课程，促进专业教学标准与职业资格标准有效衔接。调整中等职业学校布局和专业结构。

（二）开展农村社区教育培养新型农民。重点支持10个农业实用技术实训基地建设，实施新型农民培养行动计划，开展实用技术和农村劳动力转移等各类教育培训达40万人次以上。为10个郊区县配备“大篷车”作为流动课堂，专门面向农民开展社会文化生活教育培训。

（三）学习型城市建设工作取得新进展。已初步形成相关单位各司其职、齐抓共管工作推进机制，分层次、分类别组织“学习型组织理论与实践”培训，指导推动区县、行业、部门和单位开展学习型组织创建活动。组织开展形式多样市民学习活动，各区县、各行业部门开展各类成人教育培训达780万人次。

八、其他各项工作不断取得新进展

（一）学生思想道德教育广泛开展。建设并启动北京市中小学生社会大课堂，首批整合481家资源单位，建立44个资源课程实验基地，建成便于学生查询门户网站，《社会大课堂指南》手册发至学生，为中小学参加社会实践创造条件，切实推动实践育人。加强中小学生文明礼仪教育，学生文明素养明显提升。深化十七大会议精神“进课堂、进教材、进学生头脑”工作，实施首都大学生思想政治教育的重点工程，推进大学生思想政治教育工作。

（二）全力维护学校安全稳定。在全市教育系统进行安全隐患大排查，启动节能减排校园行动。为远郊区县518所有饮水困难的中小学配备“可口饮水机”，为学生营养餐定点单位配备食品卫生快速检测箱，确保校园食品安全。妥善处置“4·16事件”及抵制抗议家乐福事件，以及北京体育大学附属竞技体校违规办学引起学生家长上访等重大突发事件，有效处理北大资源研修学院校园租赁纠纷、北京自修大学动漫专业学生退学退费等纠纷，努力维护教育系统安全稳定。

（三）学校体育美育卫生工作继续推进。积极推进学生“每天锻炼一小时”，在全市范围举办篮球等20项学生体育竞赛，启动第二届全国亿万学生阳光体育冬季长跑北京长跑活动。第二次组织全市中小学生体质健康标准测试赛，城八区学生体质健康综合水平明显上升，学生身体健康水平逐年向好方向发展。从新学年开始在全市中小学校推出新版《眼保健操》，对中小学生视力保护提出干预措施。从2008年开始由政府出资每年安排一次中小学生健康体检。积极推进艺术课程改革，选择10个区县22所中小学开展京剧进课堂改革试点。

（四）首都教育国际交流与合作不断扩大。成功举办第五届北京国际教育博览会，与国外友好城市之间教育交流合作取得突破性进展。组织46个院校赴国外参加教育展，主动宣传北京留学环境。汉语国际推广工作继续加强，北京市汉语国际推广基地已扩大至24个，在境外承办的孔子学院和孔子课堂达61个。与港澳台地区的教育合作与交流继续推进。

（五）推进依法行政，转变机关作风。配合市人大做好《北京市实施〈中华人民共和国义务教育法〉办法》修订工作，该办法已经市人大审议通过，于2009年3月1日正式施行。深入推进依法治校工作，规范各级各类学校教育收费行为，接受国家七部委检查组对北京市进行教育收费专项检查，检查组对所查学校规范收费总体情况给予肯定。加强基层单位审计工作检查指导，为规范财务行为、促进专款专用发挥积极作用。加强机关队伍建设，努力建设学习型机关。

（六）依法督政督学工作继续深入。市政府教育督导室组织召开北京市第六次教育督导工作会议，加大对全市教育督导的统筹领导力度。以提高教育质量和促进义务教育均衡发展为重点，加大对教育重点工作监督检查力度，积极探索高等教育督导评估工作。继续推进党政机关、公共服务行业、大中小学语言文字规范化建设，加强社会用字监督和管理，积极服务人文奥运建设。

（聂荣）

2008年北京教育大事记

1月

4日　北京科技教育促进会成立。

8日　市教委与内蒙古自治区教育厅召开举行京蒙高校对口支援协作座谈会，签订新一轮对口支援协作框架协议。

11日　市教委、市财政局、市科委印发《关于实施北京高等学校科学技术与研究生教育创新工程的意见》。

△　崇文区成立骨干教师导师团。

14日　市委教育工委、市教委和人民网在北京航空航天大学举行“推动党的十七大精神进课堂，首都百万大学生同上一堂课”专题报告第12讲暨活动总结仪式。

15日　2008年寒假北京高校领导干部会议暨北京高等教育质量工作会议召开。会议宣布启动“北京高校教学质量与教学改革工程”和“北京高校科学技术与研究生教育创新工程”。

22日　市教委公布2007年北京市幼儿园、中小学、中等职业学校市级学科教学带头人和骨干教师名单，批准市级学科教学带头人375人，市级骨干教师2095人。

31日　市委教育工委、北京教育新闻中心等联合举办的2007年“首都十大教育新闻”、“首都十大教育人物”评选揭晓。

△　中小学网上家长学校正式开通。

是月　北京师范大学教育学院和朝阳区教委联合举办呼家楼中心小学马骏校长办学思想及教育教学成果研讨会。

△　市教委、市食品安全办、市卫生监督所等部门

召开2007年北京市学生营养餐工作会议。

2月

1日 市委组织部、市委教育工委、市教委、市人事局等十部门联合印发《关于2008年北京市选聘普通高校毕业生到农村中小学支教工作的通知》，选聘700名应届普通高校毕业生到本市公办农村中小学开展支教活动。

13日 西城区、海淀区、朝阳区入选全国社区教育示范区。

22至23日 市委教育工委召开北京高校宣传教育和安全稳定工作会议。

是月 北京市10个远郊区县及朝阳区、海淀区、丰台区的农村地区本市城镇户口义务教育阶段公办中小学学生免收教科书费。

3月

4日 北京市商务管理学校、北京市自动化工程学校、北京市经济管理学校入选国家级重点中等职业学校。

6日 市教委印发《关于2008年北京市进行高等职业教育自主招生试点的通知》，继续进行高等职业教育自主招生试点工作。

7日 市教委公布金帆艺术团验收评审结果，原有承办学校51所为合格，8所为不合格，新申办的学校10所被评为合格。

10日 北京市基础教育课程改革实验工作领导小组同意10所学校进行“自主安排普通高中新课程”实验，同时有资格自主会考，可不再参加全市组织的统一会考。

12日 市教委印发《关于启动第二轮示范幼儿园与农村乡镇中心园“手拉手”活动的通知》，要求2007年通过审批的15所北京市示范园全部参加“手拉手”活动。

△ “青春奥运·微笑北京”首都大学生迎奥运专场文艺演出在广州中山大学举行。

20日 市教委召开高校学生食堂工作会议，部署临时补贴工作。

20日 市教委评选153所学校为北京市中小学艺术教育特色学校。

21日 市教委印发《关于在全市各级各类幼儿园开展“阳光体育活动”的通知》。

△ 市教委印发《关于成立学生资助管理中心的通知》，要求各区县教委尽快成立专门的学生资助管理中心。

24日 市委教育工委、市教委、市公安局、市卫生局、市财政局和市民政局联合公布2007至2008学年北京市民办高等教育机构办学状况评估合格学校名单。52所学校评估结论为合格。

26日 市教委成立首批11个北京市学前教育教师培养工作室。

27日 市教委召开北京市普通高中通用技术课程研讨会。

31日 北京青少年科技创新学院成立，同时启动“翱翔计划”。

是月 市教委会同市公安局、市卫生局完成全市73所民办非学历高等教育机构第二轮办学状况评估。

至6月 北京市举办第五届“挑战杯”首都大学生创业计划竞赛。

4月

1至16日 北京教育科学研究院、北京市教育学会、东城区教委举办市级新课程教学系列研讨会。

11日 市教委、市政府教育督导室印发《北京市区县政府、教委、中小学校、幼儿园全面实施素质教育评价方案（试行）》。

17日 市委、市政府印发《关于加强青少年体育增强青少年体质的实施意见》。

18日 市教委授予13名学生为2007～2008学年度北京市优秀学生。

△ 市教委公布第二轮北京市重点学科评审结果，在65个学位授予单位遴选设置347个北京市重点学科和北京市重点建设学科。

19日 第八届北京市中小学生金鹏科技论坛活动成果展示暨颁奖仪式举行，321个优秀项目获奖。

25日 市委教育工委、市教委召开民办高校督导专员兼党建工作联络员工作部署会议。会议宣布任命12名民办高校督导专员兼党建工作联络员。

25至27日 市教委和市体育局举办“迎奥运北京市第46届中学生田径运动会”。

26日 市委组织部、市委教育工委、市教委、市人事局和市国资委召开2008年首都高校博士生和博士后到北京市挂职锻炼会议。第二批425名挂职博士生和博士后将走上挂职锻炼工作岗位。

30日 第三届首都大学生创意文化节开幕。文化节由市委宣传部、市委教育工委、市教委联合人民网共同举办，包括8个专项比赛。

是月 北京5人入选全国百名中学体育工作优秀校长、百名优秀中学体育教师。

5月

3日 胡锦涛考察北京大学，祝贺北京大学建校110周年，并与师生代表座谈。

8至10日 市教委举办北京国际教育博览会（2008）。

9日 北京市第六次教育督导工作会议暨2008年教育法律法规执行情况督导检查工作部署会在北京会议中心召开。

10日 全国大学生“迎奥运讲文明树新风”礼仪知识竞赛总决赛在北京举行。

△ 2008奥林匹克教育学校体育后备人才培养基地田径运动会在大兴一中举行。

17至18日　北京奥林匹克教育成就展示会在首都体育学院大学生体育馆举行。

18日　北京信息科技大学召开成立大会。

19日　截至16时统计，全市教育系统通过各种方式，向四川省汶川县灾区捐款5700万元。同时，市教委投入300万元专项经费，根据受灾学生家庭困难程度给予生活补助。

21日　市教委、市人事局、市财政局印发《北京市特级教师管理办法》。

△　市教委和市质监局印发《关于做好北京高校学生床上用品质量监督管理工作的通知》。

25日　市委教育工委、市教委在北京交通大学举办2008年度首都大学生“5·25”心理健康节主题活动，成立北京高校川籍学生心理援助志愿服务队。

27日　北京市首届中小学美育工作现场会在顺义杨镇一中举行。

28日　北京首批中小学校和中等职业学校校长培训实践基地授牌仪式在北京教育学院举行。

31日　“2008首都学生奥运法律知识竞赛”总决赛举行。竞赛由市委教育工委、市教委主办，现代教育报社承办，全市各级各类学校百万名师生参加活动。

是月　北京45名学生参加全国职业院校技能大赛中职组比赛，获得5个一等奖、21个二等奖、10个三等奖和10个优秀奖，团体总分名列第七，为历史最好成绩。

6月

2日　市委教育工委、市教委印发《关于做好地震灾区中小学生来京借读和高校招生录取有关工作的通知》。要求各中小学积极接受地震灾区来京借读中小学生，各高校切实做好地震灾区考生的录取工作和新生入学的资助工作。

3日　市教委同意设立北京体育职业学院。

5日　市委教育工委、市教委在首都师范大学举行“彩虹1+1——我们共同成长”爱心援助活动启动仪式。

7至8日　全市11.8万名考生参加2008年高考。

14日　温家宝给北京奥运会志愿者、北大光华管理学院硕士研究生刘乡荫回信，并为奥运会志愿者题词：“用真诚热情良好的服务，为国家赢得尊严和友谊。”

14日　“追梦五环”——2008北京高校三人制篮球赛总决赛在华北电力大学举行。

△　第二届北京中青年社科理论人才“百人工程”学者论坛在首都师范大学举行。

△　市教委和北京青年报社共同举办北京市中学生奥运礼仪知识大赛决赛。

18日　市委教育工委召开第15期新疆高校干部挂职工作总结会。

△　北京高等教育学会美育研究会成立。

△　市教委、市民委评选首届北京市民族团结教育示范学校，16所学校入选。

19日　北京奥组委启动“体验北京分享奥运”大型系列活动，市教委确定10所学校承担接待外地来京观看奥运会的学生的住宿任务。

△　市教委启动大学生科学研究与创业行动计划，资助1340项大学生自主科研与创业项目。

21日　2008年高雅艺术进校园活动开幕式暨首场演出在北京交通大学天佑会堂举行。

22至23日　市委教育工委、市教委以“和平·奥运”为主题，举办“新世纪的丝绸之路——中美大学生文化交流活动”。

24日　市教委公布第四届北京市高等学校教学名师奖获奖名单，100名教师获奖。

25日　22所高校奥运村（残奥村）住宿服务团队正式进入驻地，开始志愿服务。

△　北京教育音像报刊总社举办2008北京高中课改校长论坛。

26日　北京市中考和夏季高中会考结束。

△　市委教育工委、市教委在北京电视台演播大厅举办北京高校辅导员基本功电视大赛，评出“北京高校十佳辅导员”。

27日　市委教育工委举办表彰会，表彰北京高校先进基层党组织30个，北京高校优秀共产党员100人，北京高校优秀党务工作者30人。

△　市教委印发《北京市大学生学科竞赛管理办法》，规定各项竞赛由北京市大学生学科竞赛管理委员会统筹管理。

27至30日　62名中职、高职院校学生参加2008年全国职业院校技能大赛，团体总分名列第七。

28日　市教委举办“唱响青春之歌”优秀中学生事迹报告会。

30日　首都师范大学资源环境与旅游学院地理信息系统系党支部被中组部授予“抗震救灾先进基层党组织”称号。

是月　4929人获得北京市第十届普通高中宏志奖学金。

△　市教委启动第二轮北京市属高等学校人才强教深化计划。

7月

2日　市委教育工委、市教委成立对口支援什邡市教育系统灾后恢复重建工作领导小组。

4日　市教委、市发改委、市人事局、市财政局联合印发《关于北京高等学校本科专业建设及结构调整的意见（试行）》。

6日　市教委在四中举行《北京市民迎奥运语言文字知识百题》赠书仪式。

8日　北京教育学院举办高中通用技术课程培训结业式与成果展示会。

9日　北京市交通学校获得2008年全国中等职业学校汽车运用与维修技能大赛北京地区选拔赛团体一等奖。

10至16日　市教委举办“2008年海峡两岸高中生夏

令营”。

11日　2008年暑期北京高校领导干部会议召开。

13至22日　北京教育科学研究院为高一、高二年级新教师举办全员培训。

15日　市教委印发《关于进一步提高中小学教学质量切实减轻学生课业负担的意见》。

15至20日　市教委举办“同心迎奥运携手创明天”什邡市中小学生北京夏令营。

16至20日　市委教育工委、市教委和四川省什邡市教育局共同举办“同心迎奥运携手创明天”四川省什邡市中小学生北京夏令营。

18日　北京农业职业学院、北京财贸职业学院入选“国家示范性高等职业院校建设计划”2008年度立项建设院校。

△　市教委公布2008年北京市优秀教学团队名单，121个团队入选。

△　市教委公布2008年度北京高等学校市级精品课程名单，154门课程入选北京市精品课程，其中，90门课程入选国家级精品课程。

△　市教委公布2008年度北京市高等学校实验教学示范中心名单，35所高校45个实验教学中心入选，其中11所高校14个示范中心被评为国家级示范中心。

8月

5日　市委教育工委、奥组委志愿者部、团市委召开北京高校奥运志愿者工作会议。

△　塞浦路斯奥运代表团访问中关村第四小学。这是首个奥运代表团访问“同心结”学校。

22日　教育部、财政部表彰第四届全国高等学校教学名师奖获奖教师，北京9所高校12名教师获得表彰。

29日　市教委、市财政局联合印发《北京市中小学生健康体检管理办法》。

是月　48万张奥林匹克教育门票定向发放到全市各级各类大中小学校。

△　北京28所高校167名师生参加2008年北京奥运会取得优异成绩，其中，14名师生获得16枚奥运金牌。

△　北京高校28篇博士学位论文被评为全国优秀博士学位论文。

9月

1日　北京市提高公办义务教育学校四类寄宿学校伙食补助标准。

△　北京市在义务教育阶段公办学校建立部分学科国家课程教科书循环使用制度。

△　北京市中小学生社会大课堂全面启动，481家文化教育单位向学生免费或优惠开放。

△　北京汇文中学青海省黄南藏族自治州普通高中班正式开班。

2日　北京市农村中小学教师研修工作站启动大会在人大附中举行。

5日　市教委、市财政局联合印发《北京市民办高等教育发展引导性项目管理办法（试行）》。

8日　市教委、市卫生局联合印发《关于推广2008年新版眼保健操加强中小学生视力保护工作的通知》，新版眼保健操新学期起在2000所中小学内推广使用。

△　市教委、市学位委员会联合公布2008年北京市优秀博士学位论文名单，50篇博士学位论文获奖。

9日　首届面向农民工子女学校教师的“新公民园丁奖”颁奖典礼在首都师范大学进行。

10日　市委教育工委、市教委、市人事局、市财政局、市教育工会授予10人“北京市人民教师”称号。

16日　市教委授予50所学校“2005～2008年度北京市百对城乡中小学手拉手活动先进学校”称号，授予99人“2005～2008年度北京市百对城乡中小学手拉手活动先进个人”称号。

17日　市教委公布2008年市级特色专业建设点名单，319个专业入选。

23日　全国首部奥运话剧《第52块金牌》在北京交通大学天佑会堂举行首场演出。

25日　市教委、市交管局、教科院在海淀区北医附小联合举行《小学生道路交通安全教育读本（1～3年级）》发放仪式。

26日　市委教育工委、市教委召开首都高校平安奥运工作总结大会。

28日　北京26所大学42个教学团队入选2008年国家级教学团队。

△　北京信息职业技术学院、北京政法职业学院、北京戏曲艺术职业学院和北京青年政治学院入选“北京市示范性高等职业院校建设计划”2008年度立项建设院校。

△　北京地区46所高校69个专业被教育部、财政部批准为第三批高等学校特色专业建设点。

△　北京地区16所高校22个专业被教育部、财政部批准为2008年度双语教学示范课程建设项目。

29日　北京奥运会残奥会总结表彰大会在人民大会堂举行，北京教育系统13个先进集体和34名先进个人获得表彰。

是月　市教委为全市54家学生营养餐定点生产单位免费配发食品安全快速检测箱。

△　北京市义务教育阶段公办学校建立国家课程教科书循环使用制度。纳入循环使用的教科书包括：小学《科学》、《音乐》、《美术》（或《艺术》）、《信息技术》；初中《音乐》、《美术》（或《艺术》）、《体育与健康》、《信息技术》。

10月

8日　2008中俄大学生艺术联欢节开幕式暨文艺演出在北京大学百年讲堂举行。

8日至11月30日　市委教育工委、市教委举办首届北京市研究生学术科技文化节。

9日 北京市海淀区北坞小学更名为陶行知小学，并正式挂牌。

△ 市教委授予冯勉等教师北京市中小学十佳教师称号。

13至15日 市委教育工委举办高校新上岗辅导员培训班。

14日 市教委印发《北京高校标准化学生公寓标准》(2008版)和《北京高校标准化食堂标准》(2008版)。

△ 市教委召开义务教育课程教材改革第一轮实验工作总结会。

16日 市教委召开第二届北京市中小学十佳班主任暨第二十一届北京市中小学紫禁杯优秀班主任表彰会。

17日 市教委、市环保局、市交通管理局在北京第二实验小学召开现场会，推广北京第二实验小学环境保护教育工作经验，表彰朱小轩等同学。

18日 “我和北京奥运”北京外国留学生汉语演讲比赛决赛在北京语言大学举行。

18至19日 北京市“八喜杯”中小学生跆拳道比赛在丰台体育馆举行。

18至20日 “中国科学院超常儿童研究和教育国际研讨会”暨“中国超常儿童研究和教育30周年学术会议”在北京召开。

19日 1775名中小学生参加第二届全市中小学生国家学生体质健康标准测试赛。

21至22日 首届北京青少年科技教育创新国际研讨会在四中举行。

21至23日 北京市第四届“京城杯”六城区小学课堂教学交流活动在海淀举行。

22至24日 市教委举办“第二届北京青少年学生公民教育国际论坛”。

23日 市教委投资140万元开设“农民教育流动课堂”。

24日 北京市化工学校、北京市医药器械学校并入北京联合大学。

25日 北京市教育系统中华经典诵读大赛决赛举行。

25至26日 第33届ACM国际大学生程序设计竞赛(ACM－ICPC)亚洲区赛(北京)在北京交通大学举行。

30日 市委教育工委、市教委召开首都教育系统奥运工作总结表彰会。会议全面总结几年来教育系统奥运工作的成绩，表彰85个先进单位、768个先进集体、1098名先进个人和1968名优秀学生。第29届奥运会和第13届残奥会期间，首都高校师生承担5万名奥运会赛会志愿者和3万名残奥会赛会志愿者任务，选拔学生演员6000人分别参加奥运会、残奥会开闭幕式演出，选拔21所高校179名学生担任奥运会、残奥会开闭幕式引导员，22所高校5500名师生组成奥运村(残奥村)住宿服务团队，为运动员、随队官员和媒体记者提供住宿服务。组织城市和社会志愿者20余万人，在奥运场馆外围及其他重点区域设立城市志愿服务岗，开展文明督导、指引向导、翻译接待等志愿服务。全市中小学“同心结”学校分别与204个国家和地区取得联系、与183个国家和地区开展实质性的交往和交流活动、与161个国家和地区的相应学校结为姊妹校关系。完成奥运村(残奥村)入村迎宾任务，204所学校3000余人参加欢迎仪式，共举办入村欢迎仪式108场。同时，市教委确定10学校承担全国27个省、自治区、直辖市和新疆生产建设兵团7500名中小学师生的奥运会观赛接待任务。

△ 市教委评选首批25个高校示范性就业中心。

△ 首师大教科院性健康教育研究中心、首师大初教院和北京性健康教育研究会联合举办北京市第一届中小学青春期健康教育交流研讨会。

31日 市教委举办第八届“为了明天”运动会。

11月

4日 市委教育工委、市教委举办改革开放30年与首都大学生思想政治教育座谈会暨《北京教育(德育)》首发仪式。

6至10日 市委教育工委、市教委组织举办首届中美加高校学生事务北京峰会。

9至11日 全国学习型城市建设经验交流会在北京举行。会议由中国教育发展战略学会终身教育工作委员会和市教委共同主办。

10日 市教委公布2008年北京高等教育精品教材评审结果，480项教材入选。

△ 第八届“明天小小科学家奖”颁奖，四中学生胡瑞、汇文中学学生李思然、北京师范大学附属中学学生秦一骁获得“明天小小科学家”称号。

11至18日 国家七部委教育收费检查组检查北京教育收费工作，对治理教育乱收费工作给予充分肯定。

12日 市委教育工委、市教委召开北京市——什邡市中小学校“手拉手”对口支援启动会。

△ 市教委公布2009年度北京市属高等学校人才强教深化计划资助名单。其中，特聘教授13人，讲座教授37人，高层次人才19人，创新人才66人，创新团队81个。

15日 第二届北京市中小学机器人大赛在首都师范大学信息工程学院举行。

18日 “2008北京市境内外知名教育专家讲座”在门头沟区举行。

19日 北京市农村寄宿制中小学生活用车配发仪式在昌平区长陵中学举行。

20日 2009届首都高校毕业生就业服务月正式启动。服务月期间举办34场双选会，为大学生提供3万个就业岗位信息。

24至26日 市委教育工委完成北京大学、中央财经大学、北京理工大学心理素质教育工作督导评估。

27日 市委教育工委、市教委召开首都教育系统参加北京奥运会、残奥会开闭幕式文艺表演工作总结会，表彰在开闭幕式工作中表现突出的单位。

12月

1日　北京市2009年普通高等学校招生考试报名首次实行网上缴费。

3日　市教委决定在全市普通中小学校全面实行电子化学籍管理。

△　市公安交通管理局与市教委联合举行“弘扬传承奥运精神，交通安全牢记心中”中学生自行车反光标识发放仪式。

10日　市委教育工委、市教委召开北京高校辅导员工作会议，表彰2007～2008年北京高校优秀辅导员和十佳辅导员。

12日　市教委公布北京大学生艺术团承办学校验收和评审结果，10所高校入选北京大学生艺术团承办学校。

12至13日　市教委召开2009年北京市学校艺术教育工作会。

18日　北京大兴区少年宫新宫启用。

19日　市教委公布2009年度北京市职业院校教师培训基地、专业创新团队和优秀骨干教师名单。

20日　温家宝总理在北京航空航天大学与学生座谈。

至25日　市教委下拨158万元专项经费对9个区县经审批的65所流动人口自办学校给予供暖补贴。

26日　市教委召开北京高校后勤2008年度表彰暨总结工作会。

△　市教委和市财政局联合印发《关于进一步完善本市高中阶段残疾学生资助政策及提高公办义务教育学校四类寄宿学生伙食补助标准的通知》。

27日　北京市举办第二届北京市中学物理教师实验教学大赛。

29日　市教委认定30人为北京市特级教师。

30日　市教委、市科委决定增补华北电力大学工业工程测控新技术与系统实验室、北京交通大学物流管理与技术实验室为北京地区普通高等学校北京市重点实验室。

31日　市教委公布2008年北京高等学校市级校外人才培养基地名单，19个基地入选。

是月　市教委建立第一批产学研联合培养研究社基地和国内外联合培养研究生基地19个。

本年

本年　市教委完成100所小学达标改造任务，100所小学在主要项目上达到新颁办学条件标准。

△　市教委完成农村寄宿制中小学改造任务。

（林业）

（本栏责任编校　董洁　林业）

综合管理

综 述

2008年，北京市教育工作以党的十七大精神为指导，深入落实科学发展观，全面落实首都教育发展战略，按照市委市政府的总体部署，全面完成工作计划，推动首都教育事业取得新进展。

发挥教育优势主动服务奥运会

北京广泛开展奥林匹克教育实践活动，深入开展奥运志愿服务活动，北京高校组织5万名奥运会赛会志愿者、3万名残奥会赛会志愿者、20万名城市和社会志愿者，分别承担开闭幕式演出、引导员以及为运动员、随队官员和媒体记者提供住宿服务等任务，创造“零投诉”纪录。全力推动首都教育系统实现“平安奥运”，组织17个督查组，开展“自查、互查、督查”三位一体的督导检查，深入落实平安奥运行动的各项工作任务。发挥高校学科专业和人才资源优势，为高校新建、改建的6个比赛场馆和15个训练场馆提供坚实的组织、物力和人力保障。

开展抗震救灾教育对口支援

汶川地震发生后，北京教育累计捐款2.22亿元，其中，特殊党费3455万元，捐物折合593万元。组织“托起明天的太阳”大型募捐活动，募集8000万元款物全部用于支援灾区学校复课和重建。紧急购买教学、生活帐篷，募集中小学教辅和故事类图书送往灾区。妥善安置灾区来京借读中小学生，对符合条件的一律免收借读费和学杂费，并为其免费提供学习用品及教材，全市先后接收2000名灾区中小学生来京就读。为高校家庭受灾学生发放临时生活补贴和用品，并优先安排勤工助学岗位，6000名大学生受到帮扶。首都高校及时调整灾区招生计划，市属高校优先录取符合条件的灾区高考学生。为灾区新生入学开辟“绿色通道”，将生源地为地震重灾区的普通高校全日制本专科在校生全部纳入国家助学金资助范围，确保灾区新生不因家庭经济困难而失学。努力做好灾区生源毕业生就业工作，北京地区1198名灾区生源毕业生，1156人落实去向，落实率96.5%，高于整体就业率。教育系统发挥智力人才优势支援灾区重建。

健全教育资助制度和助学体系

各级各类学校基本形成奖、免、勤、助、贷等形式共同构成的多层次、全方位的家庭经济困难学生资助体系，新学年下拨高校、中等职业学校的各类奖助学金3.7亿元，比上学年增加4000万元。高中教育资助重点向农村和弱势群体倾斜，增加宏志奖学金受奖比例，奖励高中贫困学生2.3万人。为应对物价上涨补贴高校食堂，给予全市高校学生食堂以及市属高校学生临时补贴1.02亿元。

稳步推进招生考试制度改革

完善小学、初中免试就近入学办法，11万名小学生和10.7万名初中生入学工作总体平稳。加大高中招生“推优”力度，6%用于招收初中学校优秀毕业生。扩大中职学校招收未升学高中毕业生比例，完善高等职业教育自主招生试点。对高考招生志愿设计和录取方式进行部分调整，实现高考招生改革的平稳推进。

教育公共服务渠道不断拓展

整合“96391”首都教育咨询服务热线、政风行风热线、网站留言板等教育服务资源，开展多种形式的网上便民服务。创立青少年德育网上论坛，开设北京市中小学网上家长学校，建立招生考试网上服务平台和高校毕业生就业信息网等，方便群众及时获取政府信息。积极推进政府信息公开，增强为民服务意识。

全力维护学校安全稳定

开展安全隐患大排查，启动节能减排校园行动。为远郊区县518所有饮水困难的中小学配备“可口饮水机”，为学生营养餐定点单位配备食品卫生快速检测箱，确保校园食品安全。妥善处置“4·16事件”及抵制抗议家乐福事件，以及北京体育大学附属竞技体校违规办学引起学生家长上访等重大突发事件，有效处理北大资源研修学院校园租赁纠纷、北京自修大学动漫专业学生退学退费等纠纷，努力维护教育系统的安全稳定。

教育国际交流与合作不断扩大

成功举办第五届北京国际教育博览会，与国外友好城市之间的教育交流与合作取得突破性的进展。组织46个院校赴国外参加教育展，主动宣传北京的留学环境。汉语国际推广工作继续加强。至年底，汉语国际推广基地扩大至24个，在境外承办的孔子学院和孔子课堂达到61个。与香港、澳门和台湾地区的教育合作与交流继续推进。

推进依法行政，转变机关作风

配合市人大做好《北京市实施〈中华人民共和国义务教育法〉办法》修订工作。该办法经市人大审议通过，于2009年3月1日正式施行。深入推进依法治校工作，进一步规范各级各类学校教育收费行为，接受国家七部委检查组进行教育收费专项检查，检查组肯定所查学校规范收费总体情况。加强基层单位审计工作的检查指导，为规范财务行为、促进专款专用发挥积极作用。加强机关队伍建设，努力建设学习型机关。

教育系统党的建设工作加强

组织开展“北京高校纪念改革开放30周年、加强党建工作”系列活动。继续加强领导班子建设，在高校进行领导干部任期制试点，实行领导干部谈心谈话制度，不断推进干部人事制度改革。继续加强基层组织建设，探索创新基层党建工作评价体系，广泛开展党建工作评估达标创优活动，高校基层党建工作得到切实加强。加强党风廉政建设，进一步细化全市教育系统党风廉政建设和反腐败工作主要任务分工，首次实行签订《党风廉政建设责任书》和廉政谈话制度，深入开展廉政文化进校园活动，积极探索对重点部位和关键岗位监督的新思路和新方式。

（聂荣）

总　　类

【人大承办领导人与公众交流活动】　1月18日，中国人民大学承办中国和英国领导人与公众交流活动。温家宝总理和英国首相布朗参加活动。该活动以“合作·发展·共赢——全球化背景下的中英伙伴关系”为主题，两国领导人就中英合作应对全球化挑战；加强中英发展理念契合点，共享社会发展成果；抓住时代机遇，实现共赢等问题和公众进行交流。来自中英两国100名学术、企业、文化、体育界人士参加活动。

（蒋利华）

【成立市教委政府信息公开办公室】　1月，市教委办公室与北京教育综合服务中心联合成立市教委政府信息公开办公室。该办公室的具体工作职责是搜集、整理市教委需要公开的所有文件并上传，负责咨询、答复公众的诉求，负责办理依法申请公开事宜等。至年底，在市政府网站公开市教委信息1686条，接受、整理、存档本年制发公文1136件，其中，主动公开564件、依申请公开111件、不予公开550件；向市政府信息公开大厅、市档案馆、首都图书馆移送行政规范行政文件28件。

（王晶）

【刘淇看望北航寒假留校学生】　2月6日，刘淇、王安顺、赵凤桐等领导到北京航空航天大学看望寒假留校过春节的学生。刘淇一行先后看望学生2宿舍楼107宿舍、学生7宿舍楼229宿舍，在学生区宿舍楼前，与寒假留校学生代表合影留念，还到“2008北航师生团圆宴”现场，为北航留校学生代表发放红包。

（陈颖）

【彭珮云到五中考察】　3月9日，彭珮云到北京市第五中学考察。时值五中80周年校庆，彭珮云对五中历年来教育教学的丰硕成果表示赞许，鼓励学校继续办让人民群众满意的优质

学校，培养更多的拔尖创新人才，并为五中题词：八十春秋育人为本，辛勤耕耘桃李芬芳。

（陈庆）

【胡锦涛出席中日青少年友好交流年开幕式】　3月15日，胡锦涛到中国人民大学出席“中日青少年友好交流年”开幕式。唐家璇、胡春华、杨洁篪、周济等领导随行。胡锦涛观看两国青少年的茶艺交流、书法交流，并亲笔题词：“举青春之力，谋世代友好!”，并与中日两国青少年代表在百家园共同植下象征中日青年世代友好的玉兰树和樱花树。胡锦涛还会见人大校领导，并对人大办学传统、办学特色、办学水平作出重要指示。中日双方2000名青少年代表参加开幕式活动。

（阮盛银）

【胡锦涛等国家领导与少先队员义务植树】　4月5日，朝阳区花家地实验小学11名少先队员陪同胡锦涛、吴邦国、温家宝、贾庆林、习近平等国家领导人在奥林匹克森林公园参加义务植树活动。国家领导人和少先队员一起填土、浇水，并亲切交谈，胡锦涛说：“今天我们在这里植一棵树，明天这里将是一片绿”，同时询问队员们的学习和生活情况，鼓励队员们要加强锻炼，积极参加植树造林活动，为迎接北京奥运会以及建设首都环境做出努力。

（杨庆华）

【温家宝为培黎职院书写校训并复信】

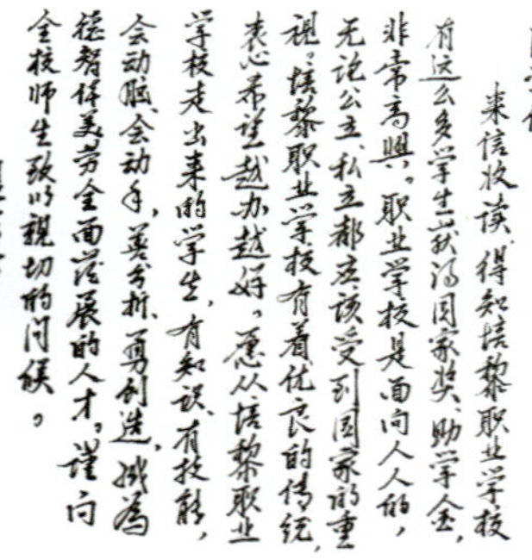
同学们：

来信收读，得知培黎职业学校有这么多学生获得国家奖、助学金，非常高兴。职业学校是面向人人的，无论公立、私立都应该受到国家的重视。培黎职业学校有着优良的传统，衷心希望越办越好。愿从培黎职业学校走出来的学生，有知识、有技能，会动脑、会动手，善分析、勇创造，成为德智体美劳全面发展的人才。谨向全校师生致以亲切的问候。

温家宝

二〇〇八年四月十二日

4月12日，温家宝为北京培黎职业学院题写校训并给学生复信。校训为“手脑并用，创造分析”；复信中说，“得知培黎职业学校有这么多的学生获得国家奖、助学金，非常高兴，职业学校是面向人人的，无论公立、私立都应该受到国家的重视。培黎职业学校有着优良的传统，衷心希望越办越好。愿从培黎职业学校走出来的学生，有知识、有技能，会动脑、会动手，善分析、勇创造，成为德智体美劳全面发展的人才。”上年底，培黎职院363名学生获得国家奖学金、国家励志奖学金、国家助学金，其中，获得国家奖学金的6名学生为表达对党和国家的感激，给温家宝总理寄去感谢信。

（刘祝城　郭飞飞）

【胡锦涛视察北大】　5月3日，胡锦涛视察北京大学。胡锦涛总书记先后参观校史馆、赛克勒考古与艺术博物馆，在图书馆和生命科学学院看望部分师生和科研工作者，了解教学科研进展情况；到学生宿舍，看望外国留学生；出席庆祝北大建校110周年师生代表座谈会，并发表讲话。胡锦涛在讲话中肯定北大110年来为推动国家发展、社会进步、民族振兴做出的重大贡献，他要求面临新形势新任务，北大一定要肩负起崇高使命和历史职责，始终高举中国特色社会主义伟大旗帜，坚持正确发展方向，继承优良传统，借鉴国外经验，发挥自身优势，紧密联系改革开放和社会主义现代化建设的伟大事业，以更加广阔的视野、更加开放的姿态、更加执著的努力，加快推进创建世界一流大学的步伐，谱写北京大学发展的崭新篇章。胡锦涛向北大师生提出四点希望：一是要大力弘扬爱国主义精神；

二是要努力造就高素质人才；三是要不断创造一流的学术成果；四是要积极培育优良校风。

（张兴明）

【温家宝视察法大】 5月4日，温家

宝视察中国政法大学学院路校区。温总理一行参观图书馆，并在阅览室与师生交流，随后走访学生宿舍，并在餐厅与教师和学生共进午餐。温家宝指出，爱国就是要为中华振兴自强不息、开放兼容、长期奋斗。中国政法大学要成为培养法律人才的摇篮、培训法律干部的基地，进行全民普法教育的学校。

（杨学伟）

【王安顺调研两所高校】 5月6日，

王安顺分别到北京服装学院和北京信息科技大学调研。王安顺考察服装学院服装材料开发与评价市级重点实验室、人体工学实验室、民族服饰博物馆，参观毕业生作品展，听取学院工作汇报。王安顺指出，该院发展符合北京市总体发展定位，特别符合文化创意产业的发展需要，市委教育工委、市教委要加大对学校支持力度，推进学校办学工作又好又快地发展。王安顺听取信息科技大学工作报告，视察部分实验室后，指出学校要以新大学正式成立为契机，抓住机遇，抓好落实，根据经济社会发展对人才培养工作提出的新要求，不断调整优化学科结构，提高教育教学质量，争取办出特色，办出水平，在首都高等教育战线取得应有的地位。

（付佳　王明涛）

【刘利民督察平安奥运工作】 5月16日，刘利民到北京工商大学督察平安奥运工作落实情况。刘利民在听取学校平安奥运落实工作情况汇报，认为该校平安奥运落实工作扎实有效，相关文件预案齐备，校领导责任分工明确，一定能够将奥运服务保障工作做好。同时，他希望学校要重视网络安全，切实做好学生的安抚和引导工作，确保各项奥运服务保障工作的顺利开展。

（宋煜）

【刘淇郭金龙观看中关村中学急救队表演】 5月24日，刘淇和郭金龙在华清园社区观看中关村中学急救队自救互救技能表演。该校高二年级急救队队员20人，以话剧形式演示突发事件中各种骨折创伤包扎及搬运方法。中关村中学急救队成立于2000年，由6支年级急救队组成，校医担任校急救队队长及辅导员，每队有队员40人。

（宋平华）

【郭金龙视察高考工作】 6月7日，郭金龙视察北京市普通高校招生考试工作。郭金龙听取北京教育考试院汇报高考工作情况，检查试卷保密室和考务指挥室，并通过教育考试远程电子巡查系统巡视考试情况。郭金龙对高考准备工作给予充分肯定，他强调要坚持高标准、严要求做好高考工作，为首都教育做出贡献。郭金龙、王安顺、赵凤桐等领导实地察看人大附中考点考试实施情况，并慰问一线考试工作人员。

（滕岩）

【市人大领导到长哨营满族中学调研】

6月13日，北京市人大常委会副主任到怀柔区长哨营满族中学调研。领导查看学校硬件建设情况，就学校的规范化发展与怀柔区人大及长哨营满族乡政府领导交换意见。人大领导要求把学校的事情办好，市民委、区人大再认真研究长哨营满族中学的发展，要召开专题会议，2008年要在硬件建设上有较大的改观。

（赵永兴）

【赵凤桐调研石景山小学生早晨到校时间】 6月23日，赵凤桐到石景山区实验小学调研石景山区推迟小学生早晨到校时间的相关问题。赵凤桐听取学校汇报，阅读实验小学校本教材，参观实验小学的校园环境，聆听学生的讲解，对学校创设的文化氛围与学生的综合素质给予高度评价。赵凤桐肯定学校推迟学生到校时间所做的工作，并对今后学生到校时间问题提出设想，征求学校意见。

（刘世斌）

【刘利民到教学植物园调研】 7月

25日和11月10日，刘利民两次到北京教学植物园调研。7月，刘利民详细了解教学植物园的教学资源和教学活动的开展情况，参观各教学园区，与正在水生植物区参加科技小组活动的教师和学生交谈，肯定该园工作，强调要保护好现有植物资源，保证现有土地不再丢失。11月10日，刘利民到教学植物园调研深入学习实践科学发展观活动情况，肯定该园工作的同时，指出要制订发展规划，扩大辐射范围，打造精品，结合课程改革努力探索作为全国唯一专门为中小学教育教学服务的植物园如何更好地发挥资源优势，为全市素质教育服务，体现教学植物园在首都教育现代化中的作用。

（段洁　高付元）

【交通学校教师做客中南海】 9月9日，北京市交通学校教师周建平受温家宝邀请赴中南海庆祝第24个教师节。周建平向总理汇报工作，并就职

业教育发展和改革中长期规划提出建议。来自不同领域的8名教师参加活动。周建平是全国职教系统汽车维修专业学科带头人，作为全国职业教育代表应邀参加此次活动。

（苑媛）

【刘延东与师生共度教师节】　9月10日，刘延东到北京师范大学看望和慰问师生。刘延东参观校史展；到历史学资深教授何兹全家中祝贺节日；考察认知神经科学与学习国家重点实验室，听取磁共振脑成像技术及应用、中小学生阅读障碍、汉语儿童英语学习、数学学习与大脑等方面的研究成果汇报；并与师生代表座谈。

（戴军）

【习近平与史家小学学生一起做实验】　9月21日，在全国科普日开幕仪式上，习近平与东城区史家胡同小学学生一起做实验。该校学生在本校展示区“认识粮食、节约粮食体验活动区”，开展识别不同种类的粮食、做豆浆、面筋，通过试验分辨新米和陈米等五个实践活动。活动中，习近平等国家领导人来到孩子们中间，同他们一起做实验。习近平对史家小学学生说，你们要通过大量的社会实践，真正感悟到“粒粒皆辛苦”的含义。希望同学们利用节假日多到农村体验生活，更好地认识我们的国情、民情，更加自觉地节约粮食。

（孙蒲远）

【赵凤桐视察建工学院】　12月4日，赵凤桐视察北京建筑工程学院。赵凤

桐听取学校工作汇报，肯定学校办学特色、办学思路、学科专业建设、师资队伍建设，并指导新校区建设、人才培养、学科专业建设、师资队伍建设、国际交流与合作等工作。赵凤桐指出，建工学院是一所特色鲜明的学校，为北京城市规划、建设和管理培养大量人才，他希望学校进一步发扬优良传统，突出办学特色。

（高冬琴）

【刘延东观摩《长城汉语》示范课堂】　12月11日，刘延东观摩北京外国语大学教师和培训中心留学生共同演示的《长城汉语》示范课堂。示范课堂形式新颖、气氛活跃，直观而形象地展示北外借助网络多媒体多元教学模式进行的《长城汉语》教学的最新教学成果。刘延东在课堂上与师生亲切交谈。

（王婧）

【温家宝考察博奥生物芯片中心】　12月27日，温家宝到北京中关村科技园区考察清华大学博奥生物有限公司暨生物芯片北京国家工程研究中心。温家宝听取汇报后指出，科技、知识、人才就是中国应对国际金融危机的信心所在，不仅要让企业成为创新的基地，还要成为培育人才的基地。他还要求有关部门抓紧时间研究解决企业在政府采购以及审批方面的问题。

（苏芃）

【政府信息公开工作突出积极稳妥】　至年底，市教委政府信息公开工作突出积极稳妥。市教委建立和完善政府信息公开组织机构、运行管理机制和工作流程，清理市教委机关2003年以来产生的政府信息1421条，本年主动公开政府信息465条，受理并妥善处置政府信息公开申请12件。本年，市教委咨询服务工作突出实用便民，编制《教育咨询服务热线工作手册》、开通网上咨询，建设教育热点问题库，以问答形式通过多种渠道向市民发布。全年共接听咨询和反映问题电话71354件，网上回复咨询44729件，受理并办复政风行风热线147件。

（钱进军）

【信访工作突出长效机制】　至年底，市教委信访工作突出长效机制。市教委制订教育系统实施重大决策信访风险评估意见，积极开展重信重访专项治理和矛盾纠纷排查化解工作，从源头加大治理力度。全年受理信访3361件；接待群众来访1311人次，协调委领导和处室及时化解一批重点矛盾，妥善处置多次群体上访事件。

（李莹）

政　策　法　规

【概　况】　2008年，市委教育工委、市教委加强政策法规调研管理工作，完成2007年21个委托课题结题验收工作，组织编印《市委教工委、市教委2007年优秀调研成果汇编》。完成本年27项两委委托课题的组织申报、开题、中期检查工作和2009年委托课题组织申报工作。完善教育决策信息服务工作，编辑教育决策参考21期。全年共处理行政复议案件10件、学生申诉案件20件、教师申诉案件1件、学生复核案件1件、代理市教委被复议案件4件、代理行政诉讼案件17件。共完成29个行政规范性文件报送市政府法制办备案工作。

（马乐）

【编制青少年法制教育课堂系列动画片】　3至11月，市教委组织编制北

京青少年法制教育课堂系列动画片《威威说法——校园法律故事》。该动画片共 5 集，分别是《恶作剧的恶果》、《壮壮复学记》、《物归原主》、《鞋的故事》、《狗咬人谁之过》，内容涉及《民事诉讼法》、《义务教育法》、《治安管理处罚法》、《预防未成年人犯罪法》等多部法律的相关条文。动画片以首都青少年法制教育卡通形象威威为主线，以讲故事的形式，通过发生在 4 个小主人公身边的生活小事，引导、教育学生从身边小事做起，树立守法意识，养成遵规守纪的行为习惯。以动画片形式开展法制宣传是创新法制教育形式的新尝试。

（朱迎）

【举办教育系统法制培训班】 10 月 15 至 16 日，市委教育工委、市教委

举办北京教育系统法制工作培训班。培训内容包括规范高校违纪学生处理、中小学人身伤害事故预防与处理及教育行政执法所面临的若干问题 3 个主题。各普通高校学生处、教务处及法律事务部门负责人、市教委机关从事行政处罚的工作人员、18 个区县教委相关科室负责人及中小学、中专校校长代表共 750 人参加学习。培训后，市教委对市、区县教委机关专职从事行政处罚工作人员进行教育系统专业法律知识考核。

（马乐）

【《北京市实施〈中华人民共和国义务教育法〉办法》审议通过】 11 月 21 日，市教委起草的《北京市实施〈中华人民共和国义务教育法〉办法》经北京市第 13 届人民代表大会常务委员会第七次会议审议通过。该办法于 2009 年 3 月 1 日起施行。在起草过程中，市教委就有关立法中的重要问题多次召开座谈会、研讨会，听取各区县教委、中小学校长、市政府相关部门意见，同时在市教委网站面向社会各界和广大市民公开征集修订意见和建议。

（李群伟　马乐）

组 织 干 部 工 作

【概　况】 2008 年，北京教育系统党的日常工作归口市委教育工委管理的院校和事业单位共有 60 个，其中，局级党委 59 个，试点管理单位 1 个，院系党委和其他党委 354 个，党总支 677 个，党支部 11953 个（包括直属机关党委管理的党支部 490 个）；全系统共有党员 226269 人，其中，大学生党员（含本专科以及研究生）122984 人，占大学生总人数 18.3%。全年共发展党员 35140 人，其中，发展大学生党员 33899 人。完成北京科技大学、北京化工大学、中国农业大学、北京服装学院、北京工业职业技术学院、北京教育考试院 6 个单位党委换届工作，选举产生新一届党的委员会和纪律检查委员会。市委教育工委会同中央有关部委和市委组织部，完成 37 所高校校级领导干部 152 人次的任免工作。完成两委机关处级干部 54 人次、直属单位和高职中专学校处级领导干部 26 人次的任免工作。完成 29 所市属高校 212 名局级干部，市委教育工委、市教委和市教育督导室机关 91 名处级干部，以及直属单位和高职中专学校 82 名处级干部年度考核工作。全年共收到高校领导干部理论学习文章 481 篇，上交率 93.5%。在市委宣传部开展的理论文章评选中，共有 179 篇文章获奖，其中，一等奖 26 篇、二等奖 153 篇。在市委教育工委组织的评选中，共评出一等奖 5 篇、二等奖 10 篇、三等奖 30 篇，优秀组织奖 6 个。组织教育系统 3052 人参加北京市干部“在线学习”，其中，双管高校干部 162 人；市属高校校级干部 257 人，处级干部 2361 人；两委机关、直属单位和中专学校干部 272 人。分别在北京工商大学、北京物资学院、北京第二外国语学院、北京服装学院、北京电影学院、北京财贸职业学院、北京教育音像报刊总社、北京教育考试院实行领导班子和领导干部任期目标责任制。

（姬云鹏　倪莹）

【开展两委一室机关干部竞争上岗工作】 1 月 17 日至 4 月 14 日，市委教育工委完成市委教育工委、市教委和市教育督导室机关及直属单位 21 个处级领导职位竞争上岗工作。此次竞争上岗面向全市教育系统，按照笔试、面试、考察、公示等程序，最终任用 16 人。

（倪莹）

【召开年度高校组织工作会】 3 月

11 至 12 日，市委教育工委召开北京高校组织工作会。会议总结过去五年北京高校组织工作，认为各级党组织能够不断加强和改进党建和组织工作，在加强和规范基层党组织建设，推进党建工作改革创新方面，在加强领导班子和党员干部思想政治建设、组织建设、作风建设、制度建设、党风廉政建设方面取得明显成效。会议提出今后一个时期的工作目标。市委教育工委相关领导，以及 60 所高校的主管书记和组织部长等共计 130 人参加会议。

（姬云鹏）

【3 所高校副校级职位竞争上岗】 3 月 24 日至 7 月 10 日，市委教育工委

完成3所高校副校级职位竞争上岗工作。在中国戏曲学院，市委教育工委在学校内部对2个副院长职位实行竞争上岗，经过宣传动员、公开报名、笔试面试、推荐测评、谈话考察等阶段，产生相应职位人选。在中国人民大学和北京航空航天大学，在校内对3个副校级职位实行竞争上岗，产生相应职位人选。

（倪莹）

【检查19所高校党建和思想政治工作达标工作】 3至6月，市委教育工委对19所高校开展《北京普通高等学校党建和思想政治工作基本标准》达标检查。其中，复查2004年评选的5所北京市党建和思想政治工作先进普通高等学校；检查验收2007年未接受达标检查验收的14所普通高等学校，经检查验收，评定华北电力大学、中央民族大学、北京电影学院、中国地质大学（北京）、中国传媒大学、北京工业职业技术学院、北京教育考试院共计7个单位为达标验收优秀等次。

（姬云鹏）

【表彰高校先进基层党组织和优秀个人】 5月6日，市委教育工委决定表彰北京高校先进基层党组织、优秀共产党员、优秀党务工作者。其中，北京高校先进基层党组织30个，北京高校优秀共产党员100人，北京高校优秀党务工作者30人。该评选开始于2月20日，经过高校初评推荐、评委会遴选以及公示等环节，最后由市委教育工委审定评选结果。6月27日，市委教育工委举办“永远的旗帜——北京高校纪念建党87周年暨先进基层党组织、优秀共产党员、优秀党务工作者表彰晚会”，以艺术形式宣传和表彰先进。

（姬云鹏）

【开展高等学校领导班子巡视工作】 5至6月，市委教育工委开展高等学校领导班子巡视工作。根据《高等学校领导班子建设巡视制度（试行）》，市委教育工委对北京第二外国语学院、北京舞蹈学院、北京教育学院和北京教育科学研究院领导班子进行巡视，协助教育部完成对北京科技大学（4月）、中国传媒大学（5月）、北京外国语大学（10月）、中国地质大学（北京）（11月）领导班子为期3周的巡视工作。

（倪莹）

【完成援疆和援川干部选派工作】 8月和10月，市委教育工委分别选定第六批援疆干部和北京市第一批对口支援四川地震灾区重建工作挂职干部。选定市教委基础教育处唐勇明为援疆干部，自8月起赴新疆任和田地区教育局副局长，任期3年；选定市教委德育处沈柳莺为援川挂职干部，自10月起赴四川任什邡市教育局副局长，任期1年。

（倪莹）

【城市学院党的关系转至市委教育工委】 9月25日，经市委组织部批准，北京城市学院党的关系由海淀区转至市委教育工委。该校作为试点校，党的工作由市委教育工委管理。至此，党的关系在市委教育工委的高校和事业单位共计60个。

（姬云鹏）

【完成7所高校行政副职公开选拔工作】 10月24日至12月底，市委教育工委完成7所高校行政副职公开选拔工作。先后完成北京第二外国语学院、北京建筑工程学院、北京农学院、中国音乐学院、北京舞蹈学院、北京联合大学、北京广播电视大学7所学校副校级领导职位的公开选拔工作，最终任用6人。

（薛健）

【举办第五期教育行政管理研修班】

10月27日至12月21日，市委教工委、市教委举办第五期教育行政管理研修班。该班学员在北京师范大学开展为期3周的教育理论和教育管理知识培训，之后赴香港进行为期2周的学习考察。两委机关、部分区县教育工委和教委以及直属中专学校干部共32人参加培训。

（薛健）

【举办首期高校青年干部培训班】

11月10至14日，市委组织部、市委教育工委举办第一期北京高校青年组工干部培训班。该培训班主要进行党性修养与锻炼、团队建设与个人成长、素质拓展等方面的综合培训。来自北京高校的55名青年干部参加学习。

（薛健）

【举办高校领导干部教育管理高级研修班】 11月10日至12月5日，市委组织部、市委教育工委、市委党校举办第五期北京高校领导干部教育管理高级研修班。该培训采取理论学习和外出考察相结合的形式进行，主要学习中国特色社会主义理论体系、现代高等教育管理理论知识，并赴深圳、厦门两地学习考察。来自北京高校的39名校级领导和正处级干部参加学习。

（薛健）

【举办高校领导干部赴美培训班】 12月1至31日，市委组织部、市委教育工委举办北京高校领导干部赴美国学习培训班。该培训在美国芝加哥大学进行，主要学习国际先进高等教育理论和管理知识。来自市属高校的21名校级领导参加学习。

（薛健）

【召开加强党的建设座谈会】 12月

16日，市委教育工委召开北京高校纪念改革开放30年加强党的建设座谈会。会议系统总结改革开放30年来北京高校党建工作的主要成绩和基本

经验，分析高校党建工作面临的形势和任务，部署以改革创新精神推进高校党的建设工作。教育部、市教育纪工委、市委教育工委领导出席座谈会并讲话。各高校党委书记、主管书记和组织部长等180人参加会议。

（姬云鹏）

【完成教育系统干部挂职锻炼工作】 至年底，市委教育工委完成教育系统干部挂职锻炼工作。其中，完成第一批“人才京郊行”选派任务，选派市属高校3名干部到延庆县、顺义区、房山区挂职；接收9名博士生到市委教育工委、市教委挂职；选调21名高校和区县教育系统干部到市委教育工委、市教委各职能处室挂职锻炼；完成第15期和第16期新疆高校18名处级干部到北京市属高校挂职锻炼工作。

（倪莹）

【完成干部出国政审工作】 至年底，市委教育工委完成干部出国政审工作。其中，办理出国政审手续334人次，包括因公出国290人次、因私出国44人次；两委局级领导14人次、高校局级174人次、两委处级47人次，直属单位中专校55人次。

（倪莹）

【高校共产党员交纳抗震救灾“特殊党费”】 至年底，北京高校系统共产党员积极交纳抗震救灾“特殊党费”。汶川地震发生后，共有152451名共产党员通过各种渠道交纳“特殊党费”36216677.23元。

（姬云鹏）

【完成年度政工职评工作】 至年底，市委教育工委完成年度政工系列职称评审工作。本年共有来自22个单位的55人申报政工系列职称，其中，申报高级政工师26人、政工师29人。通过资格审查、答辩、评审、推荐和备案等工作程序，17人获得高级政工师任职资格、29人获得政工师任职资格。

（倪莹）

宣传教育工作

【概　况】 2008年，北京高校宣传教育工作以邓小平理论和“三个代表”重要思想为指导，深入学习贯彻科学发展观，围绕北京教育事业改革发展中心任务，以学习中国特色社会主义理论体系为主线，不断深化理论学习和理论武装工作；以抗震救灾等重大社会事件为契机，深入开展主旋律教育；以奥运志愿服务为着力点，大力弘扬奥运精神，进一步健全学生思想政治教育长效机制；以贯彻全国高校思想政治理论课工作会议精神为切入点，进一步推进思想政治理论课建设；以学生健康成长成才为目标，进一步完善服务型的学生工作体系；以和谐校园文化建设为中心，营造首都高等教育发展的良好氛围；以辅导员等队伍建设为重点，进一步加强宣传教育工作基础，各项工作稳步推进，效果明显，为北京高等教育的改革发展稳定营造良好氛围，提供有力的思想保证。

（刘锦震）

【召开高校宣传教育和安全稳定工作会议】 2月22至23日，市委教育工委召开北京高校宣传教育和安全稳定工作会议。会议总结2007年工作，

分析宣传教育和安全稳定工作面临的形势和任务，研究部署本年工作。教育部、市政法委、市公安局、市国家安全局、市维稳办、市委教育工委、市教委领导出席会议。北京70所高校主管宣传、学生和安全稳定工作的校领导和有关部门负责人450人参加会议。

（王蕾）

【开展高校博士生和博士后挂职锻炼工作】 2至10月，第二批北京高校博士生和博士后到北京市挂职锻炼。第二批挂职锻炼428人，分赴部分党政机关和企事业单位挂职工作。

（王蕾）

【评审党建和思政工作优秀成果】 3月31日至6月20日，市委教育工委组织开展2006至2007年北京高等学校党的建设和思想政治工作优秀成果、创新成果奖评审。经过专家评审委员会评审和市委教育工委审定，以及向社会媒体公示等程序，从44所高校102项成果中确定优秀成果32项，其中，一等奖3项、二等奖10项、三等奖19项，创新成果奖6项。

（刘锦震）

【开展高校师生思想政治状况滚动调查】 3至4月，市委教育工委组织开展高校师生思想政治状况滚动调查。北京大学、清华大学和中国人民大学等12所高校，采取问卷调查和座谈访谈相结合的方式，调查师生思想政治状况，共发放调查问卷4700份。调查结果显示，当前高校教师思想政治状况保持健康、稳定的态势，爱岗敬业，工作和生活的状态积极向上。90%的教师对自己的工作表示满意。大学生思想状况总体上呈现积极健康、向上的状态，比较平稳、理性、务实。调查结果形成《2008年首都高校教师思想政治状况调查报告》和《2008年首都大学生思想政治状况调查报告》。

（刘锦震）

【分析大学生自杀心理案例】 3至12月，市委教育工委组织专家集中分析大学生自杀心理案例。专家针对每一起高校学生自杀已遂个案进行心理案例分析，在听取学校分析汇报、充分研讨的基础上，形成《2008年北京市大学生自杀个案分析综合报告》，对自杀个案进行数据统计，系统分析

可能原因及其规律性特点，总结高校在个案处理过程中的成功经验，并指出各高校在心理素质教育和危机预防干预工作中存在的不足。

（张春生）

【举办首都大学生创意文化节】 4月

30日至11月30日，市委宣传部、市委教育工委、市教委联合人民网共同举办第三届首都大学生创意文化节。该活动以“奉献奥运、体验奥运、记录奥运”为主题，引导大学生以创造的激情、创新的思维、创意的形式见证奥运会，并服务奥运会。该创意大赛包括8个专项比赛，分别由传媒大学承办3分钟DV设计大赛、北工大承办FLASH设计大赛、首师大承办彩铃设计大赛、化大承办短信设计大赛、北航承办摄影设计大赛、北交大承办丝画设计大赛、北科大承办平面设计大赛、北师大承办博客大赛。该项比赛征集优秀大学生创意作品共计1000件。

（张春生）

【举办首都大学生心理健康节】 4至5月，市委教育工委、市教委举办首都大学生心理健康节。该活动重点举办“呵护心理健康、播撒心灵阳光”高校心理健康系列讲座、《隐形的翅膀》励志电影巡演、“献给自己的成长”和“献给关爱的人的一句话”征文比赛，以及“五环奥运，七彩人生”首都高校百万大学生阳光心语传递等活动，共组织评选首都高校十佳心理社团，免费发放《心灵阳光，伴我成长》心理健康知识宣传册，组织北京高校四川籍大学生心理支援志愿服务队。

（刘锦震）

【举办高校红色“1+1”活动】 4至10月，市委教育工委举办北京高校红色“1+1”活动。组织选拔600个北京高校学生党支部，与大学生“村官”所在的京郊农村党支部建立共建关系，开展红色“1+1”对口支援活动，组织学生利用节假日深入调查研究，分析当地需求，集中开展科普知识宣传、农业技术传授、农村发展规划、卫生医药下乡等活动，服务当地经济社会发展，引导学生骨干在实践活动中长见识、增才干。

（刘锦震）

【启动高校思想政治理论课教学信息员工作】 5月6日，市委教育工委与教育系统关工委联合启动北京高校思想政治理论课信息员工作。该项工作聘请55名北京高校老领导、老专家、老教师担任思想政治理论课教学信息员，通过听课、座谈、调研等形式，及时了解和掌握教学信息动态，分析和解决教学中存在问题。信息员全年共听课1706节。

（王蕾）

【发起“彩虹1＋1”援助活动】 5

月，市委教育工委、市教委、人民网、中国抗震救灾网联合发起“彩虹1＋1”——援助灾区孩子公益活动。组织北京高校2000个班级与灾区学生结成对子，通过赠送手机及话费形式，传递北京高校学生对灾区学生的关心。大学生通过手机对灾区高三学生进行高考前心理抚慰，并有针对性地开展学习帮助。

（王攀）

【举办让青春在祖国最需要的地方闪光主题活动】 5至10月，市委教育工委、市教委、人民网共同主办“让青春在祖国需要的地方闪光”主题活动。该活动以“唱响到基层、到西部、到祖国最需要的地方建功立业的主旋律，树立行行建功、处处立业的观念”为主题，引导和鼓励高校学子踊跃到基层锻炼成才。该活动听取中国绕月探测工程总指挥栾恩杰，中国

工程院院士、地下隧道工程专家王梦恕，十一届全国人大代表、丽江市副市长杨一奔专题报告。人民网开设“让青春在祖国最需要的地方闪光”专题，网络现场直播每次讲座。该活动由北京航空航天大学协办。

（王攀）

【举办抗震救灾英模事迹高校专场报告会】 6月13日，市委教育工委举办抗震救灾英模事迹首都高校专场报告会。报告会听取中宣部、中组部、解放军总政治部、四川省省委联合组织的抗震救灾英模事迹报告团成员，四川省彭州市公安局政工监督室民警蒋敏、济南军区某步兵师师长杨剑、河北省唐山市迁安县太平庄村党支部书记李国华、四川省汶川县银杏乡沙坪关村党支部书记龙德强、二炮某工程团政委黄金坡、中央电视台主持人张泉灵6名英模，做抗震救灾英模事迹报告。首都高校共计1000名师生听取报告。

（王蕾）

【举办中美大学生文化交流活动】 6月22至23日，市委教育工委举办“新世纪的丝绸之路”中美大学生丝画大赛颁奖典礼暨“奥运与中国经济发展”学生论坛。活动以“和平·奥运”为主题，组织美国大学生与北京高校奥运志愿者围绕北京奥运、世界和平、经济发展等主题深入交流，并组织美国大学生参观首医大校史馆、中医博物馆以及北京林业大学实习林场。美国加州大学伯克利、尔湾等分校的100名大学生参加活动。

（刘锦震）

【举办首届研究生学术科技文化节】 10月8日至11月30日，市委教育工委举办首届北京市研究生学术科技文化节。该文化节举办15场两院院士专场报告，举办28场以研究生学习

生活为主题的辩论赛。来自50所北京高校的研究生3000人参加活动。

（刘锦震）

【**表彰高校优秀辅导员**】　10月24日，市委教育工委公布表彰2007至2008年北京高校优秀辅导员和十佳辅导员的决定。通报表彰北京高校十佳辅导员和北京高校优秀辅导员336人。该评选自5月29日开始，经过学校推荐和市委教育工委审核产生优秀辅导员入选名单。在优秀辅导员中，经过网络投票、邮寄投票和专家组投票等公开评选，再通过视听辨析、情景模拟、实力比拼、技能展示四个环节开展辅导员基本功电视大赛，结合评审专家现场综合测评，确定十佳辅导员名单。12月7至13日，十佳辅导员前往香港高校参加培训。

（冯伟　张春生）

【**创办《北京教育（德育）》杂志**】

10月28日，《北京教育（德育）》创刊。该期刊为市委教育工委、市教委依托首都大学生思想政治教育研究中心创办的学术刊物，开设理论经纬、实践探索和教学研究等共15个栏目，主要刊登大学生思想政治教育理论及实践探索等文章。该期刊为16开本，月刊，面向全国公开发行。11月4日举行首发仪式。

（寇红江）

【**召开首届中美加高校学生事务北京峰会**】　11月6至10日，市委教育

工委召开首届中美加高校学生事务北京峰会。会议以学生事务和心理教育为主题，通过主题发言、大会交流、分组研讨等形式，交流研讨高校学生事务管理工作的现状和趋势、大学生心理素质状况和危机应对、大学生心理咨询与服务等问题。耶鲁大学、斯坦福大学、加州大学伯克利分校等40所世界知名高校的学生事务副校长、学生事务主任、心理咨询中心主任75人，北京大学、清华大学、山东大学、哈尔滨工程大学等中国高校主管学生工作的校领导、学生处长、心理咨询中心主任200人参加峰会。

（刘锦震）

【**评估高校心理素质教育工作**】　11月24至28日，市委教育工委、市教委评估北京高校学生心理素质教育工作示范基地。北京大学、中央财经大学、北京理工大学申请参加评估，专家组依据《北京高校学生心理素质教育工作建设和评估标准》进行评审。3所学校均通过评审，获北京高校学生心理素质教育工作示范基地称号。

（刘锦震）

【**召开高校辅导员工作会议**】　12月10日，市委教育工委召开北京高校辅

导员工作会议。会议总结部署高校辅导员队伍建设工作，印发市委组织部、市委教育工委、市教委等六部门联合印发的《关于加强北京高校辅导员队伍建设的实施意见》。会议表彰2007至2008年北京高校优秀辅导员和十佳辅导员。教育部副部长陈希、市委教育工委书记王安顺出席会议并讲话。来自北京高校的党委书记、主管学生工作的校领导、学生工作部门负责人和辅导员代表共计1100人参加会议。

（刘锦震）

【**参展国际文化创意博览会**】　12月18至21日，市委教育工委、市教委组织高校参加第三届中国（北京）国际文化创意博览会。此次参展北京高校作品突出三个特点，分别是联系奥运主题、全部为大学生原创、科技类展品的技术含量高。清华大学学生研制的“手机文字识别系统”，北京航空航天大学学生研制的“北航1号”、“北航2号”火箭，北京理工大学学生研制的“F1节能赛车”等100件优秀作品参加展览。市委教育工委获最佳组织奖。

（张春生）

统一战线与群众工作

【**概　况**】　2008年，北京高校共有党外高级知识分子1.4万人，全国和北京市政协委员中有党外人士181人，32所高校配备33名党外校级领导干部。北京高校统战工作围绕抗震救灾、服务奥运等中心工作任务，以纪念改革开放30周年和“五一”口号发布50周年为契机，在高校无党派人士中开展政治交接主题教育活动，试点开展“心桥工程”主题教育活动，与市教育工会联合召开北京市教育系统党政领导工会工作沟通会、慰问优秀教师等。

（王朋信）

【**召开与民盟民进市委对口联系座谈会**】　2月19日，市委教育工委、市教委召开与民盟、民进市委对口联系新春座谈会。市教委主任刘利民通报市教委2007年工作情况及2008年工作要点；与会人员充分肯定近年来北

京教育事业改革发展的成绩，并围绕“深入总结、广泛宣传首都教育对首都建设的贡献，改善首都教育的生态环境”等问题建言献策；市委统战部领导肯定市委教育工委、市教委5年来坚持开展与民主党派市委对口联系工作。市委统战部、市委教育工委、市教委领导，18名民盟、民进市委领导出席座谈会。

（王朋信）

【启动心桥工程主题活动】 3月6

日，市委统战部、市委教育工委启动高校统战系统“立足高校、服务社会、共建和谐——心桥工程”主题活动。该仪式为北京大学、清华大学、中国农业大学、中国政法大学、北京工业大学和北京农学院6所学校颁发试点单位证书。中央统战部、市委统战部领导，各高校统战工作主管书记、党委统战部部长100人参加仪式。“心桥工程”主题活动是市委统战部、市委教育工委根据中央精神结合高校统战工作实际举办，主要任务是：围绕中心，立足高校，以人才培养、知识创新和社会服务为出发点和落脚点，与政治交接主题教育活动相结合，最大限度地把高校统一战线成员团结起来，巩固多党合作的思想政治基础，为落实科学发展观、实施科教兴国战略和人才强国战略服务，为和谐社会建设服务。

（王朋信）

【召开高校统战部长会议】 3月6至

7日，市委教育工委召开2008年北京高校统战部长会议。会议听取题为《深入学习贯彻党的十七大精神，做好2008年北京高校统战工作》工作报告，从八个方面全面回顾2007年北京高校统战工作的总体情况，对本年工作提出新要求；还听取人大和中央统战部分别题为《比较视野中的中国特色政党制度》、《“五一口号”与中国的多党合作制度》的辅导报告；清华大学、中国农业大学、北京理工大学分别作交流发言。各高校统战工作主管书记、党委统战部部长100人参加会议。

（王朋信）

【高校统战理论与实践研究会换届】

4月3日，北京高校统战理论与实践研究会年会暨换届大会召开。会议听取第三届理事会工作报告，以及关于研究会章程修订的说明；通过研究会新章程，产生第四届研究会理事会。市委教育工委、市委统战部出席会议并讲话。高校主管书记和党委统战部部长100人参加会议。

（王朋信）

【高校党外人士向灾区捐款】 5月12至20日，北京高校党外人士向四川地震灾区捐款。59所高校的民主党派成员、无党派人士等统一战线成员1.4万人，共向灾区捐款570万元，其中，民盟成员、北京大学季羡林教授捐款20万元，无党派人士、北京科技大学高征铠研究员捐款10万元，无党派人士、中央美术学院罗尔纯教授捐款10万元。

（王朋信）

纪检·监察

【概　况】 2008年，北京高校纪检监察机构共79个，其中，纪检监察合署机构74个、单设纪检机构5个；局级单位60个、处级单位19个。有纪检监察专职干部304人，其中，局级干部58人、处级干部151人；大专以上学历占99.7%；35岁及以下和56岁以上分别占18.1%和21.4%；妇女干部占47.1%；少数民族干部占3.9%。另配备兼职纪检监察干部1326人。北京高校纪检监察部门共立案15件，其中，新立案15件，结案11件；给予党政纪律处分12人；挽回经济损失1506万元。全年教育系统共受理信访举报1600件次，其中，市教育纪工委受理297件次，比上年同期347件下降14.4%，其中，控告类292件次，占98.3%；申诉类5件次，占1.7%；批评与建议0件次。全年收到署名举报信66件次，占22.2%。

（周燕　郑立波）

【召开政风行风民主评议反馈会】 1月17日，市纠风办、市教委联合召开2007年首都教育系统政风行风民主评议反馈会。会议听取市评议组围绕校务公开、教育收费、规范办学等内容总结各区县及部分中小学检查和评议情况。评议组认为，教育系统政风行风建设得到加强，规范教育收费工作成效显著，各区县政府和教委依法办学，加大教育投入，积极推进义务教育均衡发展，各学校制度建设不断完善，校务公开更加主动透明，廉政文化建设成效明显。评议组建议，要不断加强规范教育收费工作，进一步推进义务教育的均衡发展，加大政务公开以及校务公开的力度，不断完善相关政策，深入开展教育系统政风行风建设。评议组由市人大代表、市政协委员、市政府特约监察员、民主党派及无党派人士、中共党员等共计13人组成。市纠风办、市委教育工委、市教委、市政府教育督导室领导，市教委各处室处长、区县纠风办主任、区县教委主任等共计80人参加会议。

（白保平　张华）

【组织春季教育收费检查】　2月27日起，各区县教委和各高校组织春季教育收费检查工作。各区县组织1924所中小学、76所职业高中开展教育收费自查工作，自查率100%。自查基础上，各区县组织检查组92个，参检人员355人，检查学校678所，占学校总数45%。全市各高校共组织检查组41个，各校在部门普遍自查基础上，重点检查收费重点部门和单位。此次检查依据市治理教育乱收费办公室要求开展，采取收费自查、抽查和检查相结合方式进行，重点检查有无代收费违反自愿原则或不按时结算的；各级各类学校执行教育收费公示制度的情况；各级各类学校违反规定擅自设立收费项目、提高收费标准、扩大收费范围的行为；学校各项收费收入管理情况，重点检查是否有私存私放的行为，清理纠正“小金库”等。

（白保平　张华）

【召开教育系统党风廉政建设工作会议】　3月2日，北京教育系统党风

廉政建设工作会议召开。会议听取市委教育工委常务副书记张建明题为《改革创新，惩防并举，为首都教育事业科学发展提供坚强政治保证》的工作报告。市委副书记、市委教育工委书记王安顺出席会议并讲话，市委常委、市纪委书记马志鹏，市监察局副局长出席会议。来自59所高校、区县委教育工委纪检工作负责人、两委机关和直属单位负责人参加会议。

（廖炜祥　赵文侃）

【召开教育纪检监察工作会议】　3月18日，市教育纪工委召开北京教育纪检监察工作会议。会议总结2007年工作，表彰年度先进集体和先进个人；听取市监察局、市纪委领导专题报告和纪检监察工作报告，剖析北京教育系统党风廉政建设和反腐败斗争的形势和存在问题，部署工作任务；部分高校作典型发言和经验交流。各高校、各区县纪委领导和纪检监察干部，市教委直属单位负责人，市教育纪工委、两委机关纪委监察人员共计300人参加会议。

（任学礼）

【组织纪检监察干部参加全国培训】
3月19日到4月15日，市教育纪工委组织北京教育系统纪检监察干部参加2008年全国教育纪检监察培训。该培训由中国监察学会教育工会、中国教育纪检监察培训中心举办，培训内容包括纪检监察工作研讨、经验介绍、纪检监察业务知识讲座等，每期7天。北京教育系统纪检监察干部100人分3期参加学习。

（郑立波　廖炜祥）

【启动《北京市中小学廉洁教育读本》试点工作】　3月，市委教育工委、市教委启动《北京市中小学廉洁教育读本》试点工作。市教委拨专款300万元出版印刷发行该读本，免费提供给东城、石景山、海淀区中小学进行试点，并循环使用。该读本主要内容包括格言警句、廉政人物、廉政故事、廉政漫画、廉政小说等多种形式，既有古代的廉政事迹，又有专家学者的见解，具有一定的理论深度和直观、生动的特点，达到内容与形式的统一。

（廖炜祥　赵文侃）

【59所高校首次签订党风廉政责任书】
3月，市委教育工委、市教委主要领导与59所高校党政第一负责人签订《党风廉政建设责任书》。责任书明确要求高校党政第一负责人要按照“一岗双责”的要求切实履行岗位廉政责任，根据“谁主管，谁负责”的原则，把党风廉政建设纳入学校总体工作目标，做到党风廉政建设与各项工作紧密结合，同部署、同落实、同检查、同考核，全面推动本学校的党风廉政建设工作；要率先垂范，严格遵守廉洁自律的各项规定，自觉接受党内外监督。

（廖炜祥　胡洁）

【监察高校招生考试工作】　3至8月，市教委监察高校招生考试工作。其中，3月，巡视检查高校艺术类考试；高考、中考期间，会同教育考试院督查各考区考风考纪、考务管理和安全保密工作。8月，在市高招录取现场，通过招生录取系统网上监察窗口，抽查网上投档、审核、退档情况，重点检查招生部门贯彻执行国家招生政策、法规和招生计划的情况；巡视检查北京农学院、北京信息科技大学、北京工业大学、北京第二外国语学院、首都师范大学、北方工业大学的招生录取现场。

（白保平　张　华）

【高校校务公开工作基本规范试行】
4月1日，市委教育工委、市教委、市教育工会联合印发《北京高等学校校务公开工作基本规范（试行）》。该规范对涉及学校改革发展的重大举措，人、财、物、基本建设等权力运行的重点领域，涉及教职工及学生切身利益的重大事项进行明确规范。

（任学礼）

【组织市属市管高校纪委书记培训】

4月8至9日，市教育纪工委举办市属市管高校纪委书记培训班。该培训采取听取辅导报告的形式，学习财务、科研、审计等业务知识。

（郑立波　赵文侃）

【举办主题实践活动】　5月8日至9月12日，市教育纪工委、市教委举办“做党的忠诚卫士、当群众的贴心人”主题实践活动。该活动分成动员部署、集中学习，对照检查、分析评

议，联系实际、边整边改，深入基层、解决问题等五个阶段。59 所高校纪委和纪检监察部门参加活动。

（廖炜祥　任学礼）

【制订年度治理教育乱收费工作意见】 5 月 12 日，市教委、市纠正行业不正之风办公室、市监察局、市发改委、市财政局、市审计局、市新闻出版局联合制订《关于 2008 年北京市规范教育收费进一步治理教育乱收费工作的意见》。通知明确治理教育乱收费的工作目标；规定要严格规范义务教育阶段学校收费行为；进一步规范高等学校收费行为；严格执行公办高中招收择校生的“三限”政策等 6 项主要任务。

（白保平　张　华）

【举办党风廉政建设宣传教育月活动】 5 至 6 月，市教育纪工委举办教育系统党风廉政建设宣传教育月活动。该教育活动围绕“成功举办一届有特色、高水平的奥运会”中心工作，以“讲党性、重品行、作表率”为主题，举办领导干部讲党课和作专题讲座、廉洁从政对照自查、召开民主生活会等活动。

（廖炜祥　任学礼）

【召开案件质量检查工作会】 9 月 4 日，市教育纪工委召开案件质量检查工作会议。会议听取市纪委案件审理室负责人对 2007 年度办结的 16 件案件进行分析、研讨和讲评，并解答问题。59 所高校纪委书记参加会议。

（郑立波　廖炜祥）

【加强中小学反腐倡廉建设】 9 月 18 日，市委教育工委、市教委印发《关于进一步加强中小学反腐倡廉建设的意见》。该意见要求各区县委教育工委、区县教委要高度重视切实加强对中小学反腐倡廉建设的组织领导，严格执行廉洁自律各项规定；完善制度切实加强和改进监督工作；严肃纪律坚决查处违纪违法案件。

（白保平　张　华）

【实施廉政谈话等谈话制度】 9 月，市委教育工委实施廉政谈话等谈话制度。该制度包括《对北京市属市管高校校级领导干部实行任免职谈话等谈话制度的暂行办法》、《对北京市属市管高校校级领导干部实行廉政谈话制度的暂行办法》，对任职谈话、免职谈话、提醒谈话、谈心谈话、专题谈话，任职廉政谈话、诫勉谈话、警示谈话等内容，以及谈话的原则、对象、组织实施等都做出具体规定。

（廖炜祥　赵文侃）

【举办高校预防职务犯罪论坛活动】

10 月 10 日，市教育纪工委举办北京高校预防职务犯罪主题论坛活动。该活动听取教育部关于全国高校和北京市高校职务犯罪问题、特点及比较介绍，海淀区高校职务犯罪现状分析和防范建议，以及预防高校职务犯罪的理论研究和制度创新等内容；听取北京大学和首都医科大学关于预防职务犯罪、探索建立重点部位和关键环节监督体系方面的经验和做法。市纪委、市检察院等领导参加论坛并就如何做好北京高校预防职务犯罪工作发表讲话。60 所高校的党委书记、校长和纪委书记参加论坛。该活动与海淀区人民检察院联合举办。

（郑立波　任学礼）

【七部门联合专项督查教育收费情况】 10 月 13 至 17 日，市教委、市纠风办、市监察局、市发展改革委、市财政局、市审计局、市新闻出版局联合组成督查组督查部分区县和高校秋季治理教育乱收费专项检查工作。督查主要内容包括义务教育阶段学校贯彻执行“两免一补”政策情况；公办高中招收择校生执行“三限”政策的情况；高校贯彻执行教育部、市教委有关收费规定情况；民办学校依法办学收费情况；各级教育行政部门及直属单位执行教育收费政策情况等 12 个方面。10 个区县的 17 所中学、9 所小学和 5 所高校接受督查。督查组对发现的不规范收费和违规收费问题督促区县、学校进行核查和整改。

（白保平　张华）

【召开直辖市纪工委联席会】 11 月

5 至 8 日，市教育纪工委召开四个直辖市纪工委联席会议。会议交流、研讨高等教育系统纪律检查工作的思路、经验，研讨和交流中央美术学院、首都师范大学、北京电影学院等艺术体育类院校招生监督情况。来自 4 个直辖市的纪检监察干部 30 人参加会议。

（任学礼）

【七部委督查规范教育收费工作】

11 月 11 至 18 日，国家七部委专项督查北京市规范教育收费工作。督查组分别到 8 个区县的 11 所公办中小学和 1 所民办流动人口子女学校及 6 所高校检查和调研，通过走访学生、听取汇报、查看有关账目等方式，全面检查规范教育收费工作。督查组肯定北京市治理教育乱收费工作，认为北京教育乱收费势头得到有效遏制，乱收费案件得到坚决查处，教育收费行为得到明显规范，群众信访和举报明显下降，对教育的满意度有所上升。督查组指出，抽查的高校和中小学规范收费总体情况较好，但有的学校还存在违反国家教育收费政策的问题，有些教育收费项目、服务性收费和代收费行为还不够规范。督查组要求，要认真督促学校整改存在的问题。市委常委、市纪委书记马志鹏，副市长赵凤桐等领导听取反馈意见。

（白保平　张华）

保卫·保密

【概 况】 2008年，北京高校全面贯彻落实党中央、国务院和市委、市政府关于平安奥运的指示精神，以高度政治责任感和使命感，以最高标准、最严要求扎实推进“平安奥运”中心任务，总体谋划、全面动员、超常投入、全力以赴，圆满实现“大事不出、小事减少、管理严格、秩序良好”的总体目标，有力维护教育系统的安全稳定。至年底，北京高校共发生不稳定事端305起，其中，学生自杀死亡事件24起、学生自杀未遂事件7起、学生猝死和其他非正常死亡事件12起、学生离校出走事件13起、治安刑事案件24起、火灾事故24起、交通事故10起、政治性事件19起、“法轮功”和其他邪教案件21起、教职工事件6起、人民内部矛盾事件62起、留学生事件6起、其他安全稳定事件69起、其他人员事件8起。上述事件导致师生非正常死亡53人，其中，全日制学历教育学生死亡47人，教职工死亡6人。

（韩婷婷）

【签订“平安奥运”任务书】 1月，市委教育工委、市教委与各普通高校、民办高等教育机构、直管直属单位签订《维护高校安全稳定实现“平安奥运”目标任务书》。任务书内容翔实、任务具体、要求明确。截至4月底，各高校、各单位内部自上而下逐层签订“平安奥运”任务书，基本实现“平安奥运行动”责任落实到人、任务分解到人。

（韩婷婷）

【消除高校校园安全隐患】 1至3月，市委教育工委组织高校排查和消除校园安全隐患。北京高校针对安全隐患和矛盾纠纷问题组织开展8项专项排查、10个专项行动，专门建立8本工作台账。经整治，共治理消防、交通、治安等各类安全隐患1613处；管控安全重点部门部位1348处；解

决保密工作中存在的隐患问题41个。奥运期间，教育系统安全稳定工作全部实现台账式管理，校园及周边安全隐患整改和环境综合治理取得良好效果，校园不安定事端和刑事案件发生（案）率明显下降。

（韩婷婷）

【部署教育系统“平安奥运”工作】

2月22日，市委教育工委组织召开北京高校安全稳定暨“平安奥运”工作部署会议。会议部署市委教育工委制订的《“平安奥运行动”工作方案》，将“平安奥运”工作按照深度排查、集中整治、严密控制、总结巩固四个阶段协同推进，确保工作步调与全市协调一致。来自83所北京高校负责人参加会议。市委教育工委在“平安奥运”行动各阶段，共制订《教育系统“平安奥运行动”督查工作方案》、《奥运会残奥会期间“校园多维综合防控体系”建设方案》等29个工作方案。

（韩婷婷）

【建立完善督查工作体系】 4月3日，市委教育工委组织召开教育系统“平安奥运行动”深入推进暨督查工作会议。会议全面部署“平安奥运”督查工作。北京教育系统各单位负责人参加会议。北京教育系统建立市委教育工委和市教委督查、片区互查、高校自查“三位一体”的督查体系，市委教育工委、市教委和市教育督导室成立17个督查组，对普通高校、民办高等教育机构、独立设置中外合作办学机构、市教委直管直属单位督促检查100次。各高校、各单位组建督查组，进行内部基层单位工作落实情况自查，并完成片区内的互查任务，推动“两委一室领导包片负责高校，高校领导包片负责校园”责任格局的形成。奥运会期间，督查组强化走访和暗访，及时发现并协调解决问题。此外，北京教育系统还选派人员组成市委督查组，承担对通州区“平安奥运”工作的督查任务。

（韩婷婷）

【加强应急预案建设】 6月，市委教育工委编制市级专项预案《北京市影响校园安全稳定事件应急预案》。该方案在奥运前以市应急委名义正式印发各区县、委办局和高校贯彻落实。奥运会期间，市委教育工委还制订《奥运会残奥会期间教育系统指挥运行体系及突发事件应急方案》，提出“A＋B＋X”的应急处置工作机制，强化处理教育系统突发公共事件的职责分工；组织高校开展应急预案备案工作，各高校针对奥运会制订和修订预案共计924个，开展应急演练共计503次。

（韩婷婷）

【实施校园多维综合防控体系】 6

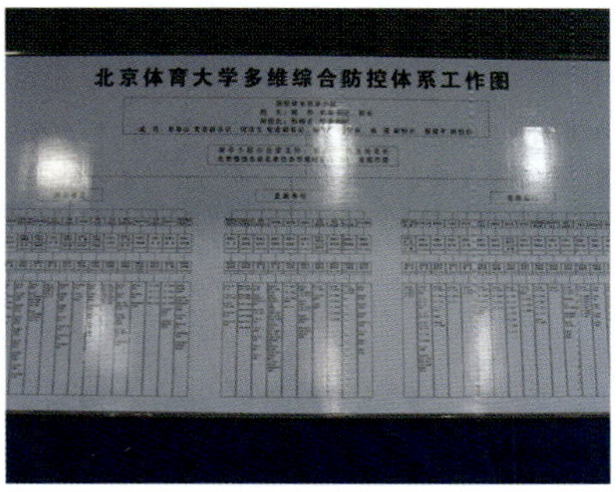

月，市委教育工委在教育系统实施多维综合防控体系。多维就是全面统筹时间、空间、网络虚拟空间等管理要素；综合就是全面考虑可能影响安全稳定的人、地、物、事等管理对象；

多维综合防控就是把专职安保力量、专业技术力量和平安奥运师生志愿者队伍整合起来，共同投入到奥运期间保障奥运安全的工作中去。在奥运会和残奥会赛时阶段，教育系统建成立体化、全方位、全覆盖、点线面相结合的，与社会面大防控格局相衔接的校园多维综合防控体系，组建由2.4万人构成的平安奥运志愿者队伍，配合校园专职安保力量和专业技术力量，构建起全面覆盖、精细防控的网格化、单元化校园安全防范网络。并设定常规、加强和超常三个防范等级，不同阶段启动不同防范等级预案，全面保障奥运会和残奥会赛时阶段的校园安全。

（韩婷婷）

【启动高校维护稳定动态预警系统】 7月1日至9月20日，市委教育工委启动北京高校维护稳定动态预警系统（DPUS）。系统可以完成高校安全稳定工作的信息采集、记录、处理，以及迹象监测和预警监测等工作。高校“平安奥运”信息员每天上报信息数据，科研分析团队每天汇总、分析安全稳定信息数据，及时在系统内发布风险级别和平安指数，每周组织专题调研把握安全稳定形势，为“平安奥运行动”提供决策参考依据。

（韩婷婷）

【集中整治学校及周边治安环境】 7月4日，市委教育工委组织开展的“迎奥运、促和谐——2008北京市学校及周边治安综合治理百日专项行动”启动。此次行动梳理出高校系统重点问题79处，逐一明确有关主责部门和区县，切实做到上账管理、挂牌督办；要求各区县全部建立本辖区中小学及其他教育机构周边问题台账，在区县内部实行上账管理。通过开展集中整治工作，市级台账挂账问题绝大多数根除或极大程度缓解，各区县在基层解决一大批问题，学校及周边治安秩序明显好转。

（韩婷婷）

发　展　规　划

【概　况】 2008年，北京市共有幼儿园1266所；入园幼儿85938人，在园幼儿226681人；教职工32535人，专任教师18176人。小学1202所；小学毕业生112268人，招生110440人，在校生659500人；教职工60944人，专任教师48696人；占地面积1468.33万平方米，校舍建筑面积544.02万平方米；固定资产总值74.43亿元，其中，仪器设备资产9.22亿元。普通中学674所，其中，完全中学262所，高级中学63所，初级中学284所，九年一贯制学校65所；初中毕业生104702人，招生107494人，在校生325117人；高中毕业生78468人，招生68397人，在校生219163人；中学共有教职工72693人，专任教师49880人；占地面积2236.18万平方米，校舍建筑面积1012.27万平方米；固定资产总值147.58亿元，其中，仪器设备资产14.76亿元。职业高中72所；职业高中毕业生25908人，招生20905人，在校生71468人；教职工9346人，专任教师5451人；占地面积364.18万平方米，校舍建筑面积148.08万平方米；固定资产总值18.06亿元，其中，教学、实习仪器设备资产3.94亿元。中等专业学校36所；中等专业学校毕业生27181人，招生18404人，在校生86539人；教职工5425人，专任教师2631人；占地面积184.29万平方米，校舍建筑面积108.19万平方米；固定资产总值19.53亿元，其中，教学、实习仪器设备资产4.24亿元。北京市普通高等学校82所；毕业生149459人，招生157238人，在校生575639人；教职工127593人，专任教师55005人；占地面积3891.04万平方米，校舍建筑面积2898万平方米；固定资产总值699亿元，其中，教学、科研仪器设备资产179亿元。在82所普通高校中，市属市管普通高校36所；毕业生55797人，招生60653人，在校生211093人；教职工32205人，专任教师16069人；占地面积1210.54万平方米，校舍建筑面积798万平方米；固定资产总值166亿元，其中，教学、科研仪器设备资产49亿元。在82所普通高校中，民办普通高校10所；毕业生22081人，招生22522人，在校生74344人；教职工9235人，专任教师4468人；占地面积71.64万平方米，校舍建筑面积40万平方米；固定资产总值39亿元，其中，教学、科研仪器设备资产6亿元。招收研究生的普通高等学校52所，研究生毕业生49087人，招生58620人，在校生168129人。其中，市属市管普通高校具有招收研究生资格的普通高等学校19所，研究生毕业生5630人，招生6879人，在校生20264人。

（朱薇　卜薇）

【四中专校与电科职院合并】 1月，市教委批准4所中等专业学校与北京电子科技职业学院合并。4所学校分别是北京市仪器仪表工业学校、北京二轻工业学校、北京机械工业学校、北京市汽车工业学校，四校建制同时撤销。

（丁建）

【两中专校并入信息职院】 2月，市教委批准2所中等专业学校并入北京信息职业技术学院。2所学校分别是北京市计算机工业学校、北京市电子工业学校，两校建制撤销。

（丁建）

【批准设立1所普通本科高校】 3

月，经教育部批准，在北京信息工程学院、北京机械工业学院基础上设立北京信息科技大学。信息科技大学为多科性本科普通高校，以实施普通本科教育为主，同时承担研究生培养任务。信息工程学院和机械工业学院建制撤销。

（丁建）

【批准设立1所独立学院】　5月，经

教育部批准，设立北京第二外国语学院中瑞酒店管理学院。该学院由二外与北京中瑞乐桑酒店管理有限公司合作举办，为独立学院，实施普通本科教育。

（丁建）

【批准设立1所高等职业学院】　6月，经市政府批准，教育部备案设立北京体育职业学院。该学院在北京市职工体育运动技术学院和北京市第五体育运动学校基础上建立，由市体育局举办，属专科层次普通高校，主要开展高等职业学历教育。原两校建制撤销。

（丁建）

【高级中等学校招生123154人】　8月，各类高级中等学校招生123154人。其中，普通高中招生68397人、普通中专招生18404人、职业高中招生20905人、技工学校招生15448人。普通高中招生时，继续实施示范高中部分招生计划分配到初中校招收优秀应届初中毕业生的试验，共有18个区县的67所示范高中计划招收优秀生1541人，实际招收优秀生1342人。在部分中等职业学校继续开展面向未升学高中毕业生开展职业教育试点工作，共安排22所中等职业学校计划招生2545人，实际招收学生1163人。

（姚转珍）

【高考录取比例连续9年超过70%】　8月，北京地区高考录取比例连续9年超过70%。本年全国共有785所高校在北京计划招生78688人，参加高考统一考试103789人，实际录取79836人，升学率76.92%。这是北京高考录取比例连续第九年保持在70%以上。

（姚林修）

财　务

【概　况】　2008年，北京市地方国家财政性教育经费383.31亿元，占全市国内生产总值（GDP）10488亿元的3.65%，比上年国家财政性教育经费占国内生产总值的比例增长0.15个百分点。预算内教育经费投入351.84亿元（包括教育事业费投入、基建投入、科研投入及其他投入），比上年投入293.51亿元增加58.33亿元，增长19.87%。按照财政部《关于统一界定地方经常性收入口径的意见》口径，调整2007年财政经常性收入1418.72亿元，2008年财政经常性收入1679.33亿元，2008年财政经常性收入比上年增长18.37%，预算内教育经费增长比例高于财政经常性收入增长比例1.50个百分点。预算内教育经费占财政支出的比例19.46%，比上年的19.16%增长0.30个百分点。

（陈兴涛）

【接受市财政局项目绩效考评】　3月15日至5月28日，市教委接受市财政局项目绩效考评。考评项目包括人才强教计划、实验室建设、实训基地建设、科研计划、科研基地、科技成果转化、大学生思想政治工作、图书馆建设、中小学教师师资培训、中小学课程改革、“两免一补”市级补助等9大类18个市财政考评教育项目，共涉及市教委7个业务处室、24所高校学校、276个子项目，考评资金49725万元。考评方式以非现场考评为主，扩大现场考评方式。在上年对3所学校采取现场考评的基础上，继续对科学研究计划项目、科技成果转化项目、科研基地和实训基地建设项目采用现场考评形式。并选择首都师范大学、首都医科大学、北京石油化工学院、北京联合大学、北京农学院、北京财贸职业学院、北京电子科技职业学院、北京工业职业技术学院和北京青年政治学院9所学校作为现场考评单位。参加考评的18个项目平均分95.22分，考评结果为优秀。

（陶春梅）

【完成学校项目绩效考评工作】　3至5月，市教委开展学校项目绩效考评工作。该项工作由市教委和市绩效考评中心共同组织，委托中介机构北京市兴中海会计师事务所有限公司和北京市华颂会计师事务所有限公司负责具体实施。市教委根据市财政局2008年绩效考评指标体系的范本，结合各类教育项目的特点，研究制订《2008年教育项目绩效考评指标体系》，细化各类项目考评指标和评分参考依据；制订《2008年教育部门预算支出项目绩效考评工作方案与实施计划》。24所学校276个子项目参加考评，其中，考评分数在90分以上的项目193个（其中95分以上的项目为17个），考评结果为优秀，考评优秀率69.9%；75分至90分项目77个，考评结果为良好，良好率27.89%；75分以下项目6个，考评结果为一般，占2.21%。

（陶春梅）

【调整学校综合定额标准】　3至7月，市教委调整2009年学校定额标准。涉及25所市属高等学校、46所中等专业学校、3所中小学和盲校。市属高等学校定额标准调整的主要内容包括定额类型、定额涵盖的范围、定额增长因素以及财政政策。将退休人员经费从定额标准中调出，并制订退休人员定额标准。取消市级引导项

目在正常经费中管理的制度，将市级引导经费定额纳入公用经费定额标准中，同时将市级引导项目纳入项目管理，建立公用经费随设备投入增加而调整的正常增长机制。调整后生均财政拨款定额标准平均增加1200元。中等职业学校调整的主要内容包括标准调整、加入学生规模因素、规范统一定额标准类型。学生规模因素是为应对学校因学生数可能出现的大幅度变化而采取的调整机制，通过在预算编制和财政拨款公式中加入学生规模调整系数，以保障学校正常经费的需求。调整后定额标准平均增加700元，退休人员增加6907元。中小学定额标准调整内容主要是将退休人员经费从定额标准中调出，并重新测算定额标准。调整后的定额类型分为生均综合定额（包括在职人员定额与公用定额）和退休人员定额。由于新旧定额口径不同，出现有个别定额类别标准减少，但总财政拨款标准增加。

（陶春梅）

【完成预算项目联合评审工作】　10至12月，市教委会同市财政局、市财政投资评审中心完成2009年预算项目联合评审。共审核24所市属高校和中央与地方共建项目的13大类3207个项目，评审36亿元。通过评审，审减预算2.86亿元，审减率7.76%，保证财政预算资金按期批复。评审项目数和金额是上年1倍。

（陶春梅）

【实施市级行政事业单位公务卡管理暂行办法】　12月17日，市教委印发公务卡管理暂行办法。公务卡是指市教委机关及财政隶属关系在市教委的独立核算的行政和事业单位，为各单位相关工作人员统一办理的，由个人持有并主要用于日常公务支出和财务报销业务的银联标准信用卡。财务部门依托国库集中支付系统和公务卡支持系统，审核公务卡报销事项。对于批准报销的公务卡消费支出，按规定时间，通过授权支付零余额账户办理向公务卡的资金还款手续。该办法于2009年2月1日起施行。

（李璞）

【规范预算管理工作】　至年底，市教委规范预算管理工作。制订《北京市汉语国际推广项目管理办法》、《北京市民办教育发展引导性项目管理办法》、《北京市属高等学校学科与研究生教育建设项目管理办法》三个项目管理办法，修改《北京高等学校市级教育教学改革项目管理办法》（试行）为《北京高等学校市级质量工程项目管理办法》（试行）、修改《北京市属高等学校科学研究项目管理办法》（暂行）、修改《人才强教项目管理办法》为《北京市属高等学校人才强教深化计划项目管理办法》。会同市财政局修改《北京市市级教育经费基本支出预算管理办法》，项目管理办法明确了项目建设内容、经费开支范围与标准以及规范管理要求。

（李璞）

【健全教育资助制度和助学体系】　至年底，市教委健全教育资助制度和助学体系。各级各类学校基本形成奖、免、勤、助、贷等形式共同构成的多层次、全方位的家庭经济困难学生资助体系，新学年下拨高校、中等职业学校的各类奖助学金3.7亿元，比上学年增加4000万元。高中教育资助重点向农村和弱势群体倾斜，增加宏志奖学金受奖比例，奖励高中贫困学生2.3万人。为应对物价上涨补贴高校食堂，给予高校学生食堂以及市属高校学生临时补贴1.02亿元。

（李璞）

审　　计

【概　况】　2008年，北京教育系统内部审计机构74个，包括独立设置机构29个；内部审计人员1442人，包括专职审计人员130人。全年完成审计项目4651项，其中，财务收支审计581项、预算执行与决算审计124项、基本建设审计242项、修缮项目审计1289项、经济责任审计292项、经济效益审计214项、专项资金审计604项、其他项目审计1305项。审计资金总额458亿元。查出有问题资金19359.31万元，其中，财务处理不当10021.46万元、损失浪费229万元、违纪违规金额9108.85万元。已纠正违纪金额750.12万元。促进增收节支29173.83万元。完成审计调查项目419项，提交审计调查报告266篇。完成科研项目12个，撰写论文87篇，公开发表14篇。

（白亚玲）

【召开教育系统审计工作会议】　3月

7日，市教委召开教育系统审计工作会议。会上听取题为《加强审计、促进管理，努力为发展首都教育事业服务》工作报告；听取市教委主任刘利民题为《认真贯彻党的十七大精神，进一步加强北京市教育系统内部审计工作》讲话，他对做好全年教育审计工作提出三点意见。延庆县教委和首都师范大学做专项经费审计经验交流发言。各区县教委、市属市管高校和市教委直属单位主要负责人以及各单位审计、财务、基建部门负责人200人参加会议。

（白亚玲）

【完成12家市级教育单位审计】　5至11月，市教委完成12家市级教育单位审计。市教委委托8家会计师事务所分别对首都体育学院、北京第二外国语学院、北京信息科技大学、北京财贸职业学院、北京市皮革工业学校、北京市自动化工程学校、北京铁路电气化学校和首都铁路卫生学校进行预算执行与财务收支审计，重点检查专项经费和非财政拨款资金管理情况；根据市委教育工委干部处提请，对北京工商大学、首都师范大学、北京教育志编纂委员会办公室、北京物资学院相关领导干部实施经济责任审计，同时延伸审计其所属 33 个独立核算经济实体。审计金额总计 143.9 亿元，帮助单位规范资金 8831 万元，提出审计意见和建议 88 条。

（白亚玲）

【入选全国内部审计先进】 5 月，北

京教育系统获得全国内部审计工作评选两项奖励。其中，市教委获得 2005 至 2007 年全国内部审计工作先进单位称号、朝阳区教委骆京云获得先进工作者称号。该评选由审计署举办，6 月，教育系统 17 个单位入选市审计局评选的“2005 年至 2007 年北京市内部审计先进单位”，15 名审计人员入选先进工作者。

（白亚玲）

【举办内部审计机构负责人培训班】

6 月 26 至 27 日，市教委举办教育系统审计机构负责人培训班。该培训主要学习内容包括专项经费（项目支出预算）审计的业务内容和基本方法；解读中国内部审计基本准则与 27 个具体准则及其对实际审计工作的重要指导意义。各区县教委、市属市管高校和直管直属单位内部审计机构负责人或主管领导 100 人参加学习。

（白亚玲）

【审计调查 6 个区县教委市拨教育专项经费】 10 至 11 月，市教委审计调查 6 个区县教委市拨教育专项经费。市教委委托 6 家会计师事务所完成对门头沟、通州、大兴、平谷、怀柔、密云 6 个远郊区县教委 2007 年度市级教育专项经费的管理与使用情况的专项审计调查。专项审计调查涉及市财政预算文件批号 38 个，77 个大项目，373 个具体项目，预算金额总计 99737.61 万元，包括教育费附加 41369.67 万元、教育事业费 58367.95 万元。出具审计报告 12 份，提出审计意见与建议 32 条，查出管理不规范等有问题的资金共计 3025.9 万元。

（白亚玲）

【完成基建和修缮工程审计】 至年底，市教委完成教育系统基建和修缮项目审计 1531 项。项目送审金额共计 146197.26 万元，审减金额 11852.04 万元，审减率 8.1%。其中，自审项目送审金额共计 45633.5 万元，审减金额 1919.9 万元，审减率 4%；委托社会审计送审金额共计 100563.76 万元，审减金额 9932.14 万元，审减率 10%。

（白亚玲）

基　本　建　设

【概　况】 2008 年，北京市各级各类学校基本建设完成投资 208277.5 万元。其中，国家投资 138454.4 万元（北京市地方安排 101678.1 万元、区县安排 36776.3 万元）、自筹资金 69823.1 万元。在施建筑面积 1052552 平方米，其中，本年新开工面积 239708 平方米。竣工建筑面积 725746 平方米，其中，教学及辅助用房 324563 平方米、行政办公用房 83778 平方米、生活服务用房 312439 平方米、其他用房 4966 平方米。新增土地面积 413882 平方米，新增固定资产 75761.5 万元。

（王虹）

【开展校舍抗震安全排查工作】 6 月，北京市开展校舍抗震安全排查工作。北京市成立以主管市领导为组长，市教委、市建委、市规划委、市发展改革委和市财政局为主要成员单位的市级领导小组，制订并实施《北京地区学校校舍抗震安全排查工作实施方案》，对全市各级各类学校的教学楼、学生宿舍、食堂等建筑物及附属设施进行拉网式、全方位排查。根据排查情况，领导小组研究制订整改实施方案，并从 2009 年起加以实施改造。

（张逊）

【召开华北高校基建协会学术研讨会】 10 月 29 日，华北地区高校基建协会第 18 次学术研讨会在北京工业大学召开。会议以提高高等教育系统基建管理水平，推动高等教育系统基建学术交流，加强地区性高教基建工作的合作与交流为目的，研讨高等学校基本建设管理专业问题。北京代表团分别在校园规划及投资、建筑设计、抗震、节能环保、施工五方面发表论文 20 篇。来自北京、天津、河北、山西、内蒙古地区 90 所高校 150 名高校基本建设管理人员参加会议。

（马骏）

【开展教育系统在建项目联检】 11 月 20 日，市教委联合检查系统内在建项目。检查组由市属高校和直属单位基建部门代表组成，检查北京教育学院综合教学楼、北京财贸职业学院实训大楼、北京物资学院第二教学楼和北京市少年宫在建项目。检查结果显示，在建工程手续齐全，施工生产符合规程，安全教育及时到位，各方沟通积极有效，监督管理严格有序，民工生活保障有力。同时检查组对项目存在的部分技术问题和个别隐患提出整改意见，并要求限期整改。

（马骏）

【举办教育系统基建工作专题培训】 12月9至11日，市教委举办教育系统基建工作专题培训班。该培训听取市委教育工委、教育部财务司、市教育督导室、市建委、市规划委、市发改委、市教育纪工委专题报告，培训主要任务是加强业务型领导干部的思想政治素质，提高教育管理能力、业务能力和服务水平，加强党风廉政建设，提高拒腐防变的能力。来自18个区县教委和24个市属高校主管基本建设的领导干部和基建部门负责人参加培训。

（马骏）

【完成农村教师集体宿舍基本情况调查】 12月，市教委完成全市农村教师集体宿舍基本情况调查。调查结果显示，全市共有610所农村校有教师集体宿舍14万平方米，在校住宿教师1.32万人。其中，590所学校教师集体宿舍需要改造，改造后可为1.4万名教师提供住宿。据此，市教委决定利用2009年、2010年完成全市农村教师集体宿舍改造。

（张逊）

【市本级完成基本建设投资6.66亿元】 至年底，市本级学校和单位共完成基本建设投资66640万元。其中，北京市非经营性投资62640万元，全民自筹4000万元。竣工验收项目7项，总建筑面积175821平方米，其中，北京工业大学生命环能交通学科楼26466平方米、建筑人文外语学科楼40700平方米、工程训练中心19734平方米、国际交流中心40000平方米，北京工商大学游泳馆5000平方米，北京青年政治学院学生公寓15430平方米，北京工业职业技术学院教学综合楼28491平方米。新开工项目4项，总建筑面积102219平方米，其中，北京舞蹈学院综合教学楼37090平方米、首都医科大学科研楼42129平方米、北京财贸职业学院实训大楼17000平方米、北京农学院研究生实验平台6000平方米。

（王虹）

【区县校舍修缮改造投资12.74亿元】 至年底，18个区县（含房山燕山）教育系统共完成校舍修缮、设备更新改造投资127447万元。其中，城八区48362万元、远郊区县79115万元。修缮改造总投资中，市级投资75136万元、区县投资46993万元、乡村投资5235万元、社会支持3万元、其他投资110万元。其中，房屋修缮投资77067万元，完成危房修缮10733平方米（D级危房1606平方米、C级危房7936平方米、B级危房1191平方米），房屋抗震加固20266平方米（城八区3960平方米、远郊区16306平方米），加气混凝土屋面板房屋维修10023平方米（城八区0平方米、远郊区10023平方米），房屋日常维修2694983平方米（城八区673112平方米、远郊区县2021871平方米）；设备更新改造投资16887万元，锅炉更新541台（城八区41台、远郊区500台），管线路改造维修408所学校（城八区168所学校、远郊区240所学校），电器线路改造维修321所学校（城八区198所学校、远郊区县123所学校）。

（张逊）

【完成市本级高校建设项目立项审批7项】 至年底，市教委完成市本级高校建设项目立项审批7项。7个项目总建筑面积40.60万平方米，包括北京联合大学特殊教育学院改扩建工程、北京农学院图书馆、北京服装学院艺术教学楼、北京石油化工学院实验楼、首都经济贸易大学二期征地、北京建筑工程学院新校区建设工程、中国戏曲学院学生公寓及食堂建设工程。计划总投资16.48亿元，其中，市政府固定资产投资6.12亿元，单位自筹10.36亿元。

（王虹）

学　校　后　勤

高校后勤工作

【召开高校后勤推进标准化建设会议】 1月23日，市教委召开高校后勤推进两个标准化建设及2007年度评优表彰大会。会议表彰高校后勤先进党组织22个、高校后勤物业管理先进学校11个、高校物业管理先进单体建筑项目18个、高校后勤思想政治工作先进个人70人、高校后勤物业管理工作先进个人189人。会议听取北

京科技大学和清华大学关于创建两个标准化建设工作发言；向通过标准化验收的12栋学生公寓、13个学生食堂颁发标准化铜牌。会议对两个标准化建设工作提出要求。各高校主管领导及相关人员共270人参加会议。

（李异军）

【召开水电暖运行维护及修缮工程专题现场会】 3月25日，北京高校后勤研究会物业专委会年会暨水电暖运行维护及修缮工程专题现场会在北方工业大学召开。会议总结上年工作，部署本年工作任务，听取北京师范大学豪城物业、北方工业大学后勤集团、北京航空航天大学后勤集团、北京化工大学等介绍水电暖运行维护、修缮工程及节能方面的经验；分组讨论并现场参观北方工大锅炉房管理及物业管理等。全市高校后勤负责修缮、水、电、气、暖、节能等中心（科）负责人、技术人员200人参加会议。

（李异军）

【伙食原材料招投标采购超1亿元】 4月19日，高校伙食联合采购中心召

开第九次全市高校伙食联合采购大会。共有156家供应商提供粮油、肉、熟食及半成品、清真食品、副食调料、蛋制品以及豆制品等七大类伙食原材料，60余所高校参加招标。截至6月底，成交额超过1亿元，创历史新高。会议还专门组织单项品种集中采购招标会，确保高校享受相同价格与服务。

（李异军）

【制订学生公寓床上用品规范要求】

5月21日，市教委和市质监局联合印发《关于做好北京高校学生床上用品质量监督管理工作的通知》。该文件对高校2008年学生公寓床上用品提出工作要求，内容主要包括建立工作机制，共同把好质量关；强化源头质量监管；实施集团购买质量监控制度；完善管理，做好新生床上用品服务工作。

（李异军）

【检查高校食堂卫生安全工作】 6月，市教委开展高校食堂卫生安全检查。该检查定为协作组互查，范围涉及在京所有高校，检查重点内容除以往常规的食品卫生、食品安全和食品加工过程管理外，还增加后厨安全、饭菜质量和价格、库房原材料QS标识项目。检查结果显示，多数学校安全措施普遍到位，食堂卫生状况良好，原料与标识符合要求，不断健全管理制度，管理水平比上年明显提高，特别是通过标准化验收的食堂普遍较好。在新增的三个项目中，“饭菜质量和价格”检查中，多数学校保证饭菜质量，饭菜价格稳定，将政府补贴落到实处，真正惠及学生；“库房原材料QS标识”检查中，多数学校带包装的原材料基本都具有QS标识，部分散装调料不具有QS标识；“后厨安全”检查中，除少数学校安装或正安装电子监控和红外防控设施外，大部分学校未安装技防设施。但多数学校加强人防，后厨门专人负责值班，严格控制外人进入操作间。

（李异军）

【召开番茄酱集中采购招标会】 10月18日，北京高校伙食联合采购中心在北方工业大学召开番茄酱集中采购招标会。会议邀请餐饮专家现场测试产品质量，并按照国家食品管理的相关法律法规对企业及产品资质审核。参与招标高校根据质量评定、专家组意见以及价格，现场投票，确定中标产品。共有38所高校报名，总需求量2.49万斤。本次番茄酱集中采购招标会是对年度联合采购招标会的补充，解决小批量产品采购分散，无规模效应，价格与服务标准不统一等问题。

（李异军）

【华北地区高校后勤协作会年会召开】

10月23至24日，华北地区高校后勤协作会年会在北京交通大学召开。会议以“实践科学发展，构建新型后勤”为主题，听取北京、河北、天津、山西及内蒙古的会议代表就高校后勤社会化改革、节能减排工作、高校后勤可持续发展等做大会发言。会议就高校后勤社会化改革模式及发展方向、高校伙食长效保障机制、外来务工人员规范管理、节能降耗等问题开展分组讨论。教育部、市教委领导，华北五省市教委后勤处领导，以及来自华北五省市122所高校的235名代表参加会议。

（李异军）

【修订标准化学生公寓和食堂标准】 10月，市教委修订《北京高校标准化学生公寓验收标准》和《北京高校标准化食堂验收入标准》。分别对两个标准中的条件设施和制度建设等条款进行增加、修改、补充和完善。新标准于发布之日开始实施，验收达标的学生公寓和食堂需要对照新标准进行整改完善。修订前的两个标准化标准实施7年，部分条款不再适应学生公寓和食堂新变化。

（李异军）

【获全国高校学生公寓文化建设成果奖】 12月5至11日，全国高校学生公寓文化建设成果展示及交流研讨会上，北京高校获得多项奖励。其中，优秀论文征集中，北京高校获得一等奖1人、二等奖1人、三等奖5人、优秀奖2人；在公寓文化建设优秀成果影像资料评比中，获得一等奖1人、二等奖1人、三等奖5人；在“寝室文化节”优秀策划方案、创意设计评比中，获得一等奖1人、二等奖1人。来自全国200所高校代表参加会议。

（李异军）

【召开高校后勤年度总结表彰会】

12月26日，市教委召开北京高校后勤2008年度表彰暨总结工作会。会议表彰17所后勤商贸管理先进学校、12个高校后勤先进幼儿园、28个高校后勤先进接待单位，以及32名北京高校后勤商贸工作先进个人、17名北京高校后勤幼儿园工作先进个人和47名北京高校后勤接待工作先进个人；对2008年北京高校后勤标准化学生公寓和食堂达标学校进行颁牌。会议总结北京高校后勤在服务奥运、平安奥运工作中的表现和成绩；对部分高校后勤管理模式和高校后勤队伍建设提出指导性意见。来自高校主管后勤副校长、后勤负责人、各中心主任等240人参加会议。

（李异军）

【验收标准化学生公寓和食堂】 至年底，市教委验收标准化学生公寓和食堂取得新进展。其中，学生公寓6校21栋，分别是北京农学院学生公寓7号楼、8号楼、9号楼，北方工业大学5公寓、6公寓、7公寓、9公寓，中国矿业大学（北京）学生公寓6号、7号、8号、10号学生公寓，北京交通大学学生公寓学苑1号、学苑2号、学苑3号、学苑4号、学苑5号、学苑6号、学苑7号、东校区5号楼，首钢工学院7号学生公寓，首都经济贸易大学学生公寓4号楼。标准化食堂4校6个，分别是：北方工业大学七食堂，首都经济贸易大学第三餐厅一层、二层，首钢工学院学生食堂，中国政法大学学生一食堂、学生二食堂。至年底，北京高校共有33校132栋公寓、37校87个食堂通过标准化验收，分别占北京高校学生公寓总数（800栋）和食堂总数（359个）的16.5%和24.2%。

（李异军）

【对学生食堂和学生进行补贴】 至年底，市教委对学校学生食堂和学生进行临时补贴。其中，中央部门所属在京高校和本市中等职业学校，补贴标准为2007年在校本专科生和研究生数的50%，每生每月20元，补贴时间为3至10月，共计7784万元；市属高校补贴范围为市属高校2007年在校本科生和研究生，补贴标准为每生每月20元，补贴时间为3至6月，共计2417万元；市属高校家庭经济困难学生补贴范围为市属高校2007年在校本科生和研究生数的14%，补贴标准为每生每月20元，补贴时间为3至6月，共计342万元。同时，市教委要求各学校要按照中央补贴标准，从学校事业收入中安排资金补贴学生食堂。

（李异军）

学生营养餐工作

【召开学生营养餐工作会议】 1月24日，市学生营养餐工作办公室召开2008年北京市学生营养餐工作会议。会议总结2007年度学生营养餐工作，部署本年工作；表彰2007年度学生营养餐工作先进单位、先进个人；听取海淀区教委和首师大附属实验学校经验交流发言。市教委、市食品安全办、市卫生监督所等部门负责人，中国学生营养与健康促进会、城八区政府主管教育的领导，以及学生营养餐生产单位代表、各原材料定点供应单位代表等300人参加会议。

（肖燕平）

【举办中国学生营养健康日宣传活动】

2至5月，市学生营养餐工作办公室举办“520”中国学生营养健康日宣传活动。该活动举办中小学生DV摄影、摄像、征文比赛，来自东城、西城、海淀、崇文区等2000名学生参与活动，征集作品3000件。通过专家评选，60件优秀作品获奖。

（肖燕平）

【规范学生营养餐原材料进货管理】 8月，市学生营养餐工作办公室规范学生营养餐原材料进货管理。该办公室为京育中心原材料采购基地配发可对22种常规项目进行检测的食品安全检测设备，严格按照北京市食品安全的要求运作，配合卫生、动物检疫、质量监督等部门对配送中心每批次采购的原材料实行严格的监督检查。通过京育服务中心，以集中采购的方式与原材料供货厂家签订期货订货合同，原材料平均价格均低于市场同期同质商品的批发价格，起到为学生营养餐生产降低成本和确保质量的作用。京育中心被列为国家粮食储备库。10月，市教委对北京市所有的57家学生营养餐定点生产单位免费配发食品安全快速检测箱，主要用于原材料采购的初端检测，可以进行食品常规15个项目快速检测。

（肖燕平）

【举办学校食堂营养人员培训班】 9月，市教委举办学校食堂营养人员培训班。培训采取讲座等形式，学习高级营养员知识。共有120人参加学习，全部取得劳动和社会保障部颁发的高级营养配餐员资格证书。至此，东城、西城、崇文、朝阳、海淀、丰台区基本达到每个有学生食堂的中小学校都配备一名持证的合格营养员。

（肖燕平）

【实施卫生标准量化分级管理工作】 至年底，市教委进一步实施学校食堂卫生标准量化分级管理工作。在各区教育行政部门的支持下，推进A级学生食堂建设工作，通过新建和改造，本年新增A级标准学校食堂15个，消灭C级以下的学生食堂10个。至此，全市全部消灭C级以下学生食堂。海淀区政府为推进全区中小学校食堂建设拨专款5800万元用于改造和新建高标准的学生食堂。

（肖燕平）

节能减排工作

【启动节能减排学校行动】 4月17日，市教委正式启动北京市节能减排学校行动。该行动目标是提高教育工作者和学生节能意识；促进观念改变和行为改变，积极实践，为节能做出贡献；学校要建立节能措施、制度和规划，将节能减排在学生思想道德教育和综合实践课作为重要内容，推进新课改；营造崇尚节约资源，爱护环境的校园文化氛围。同日，市教委节能减排学校行动领导小组和专家指导小组成立。

（李华勇）

【举办节能宣传周活动】 5月22日至6月1日，首都高校节能宣传周在北京邮电大学举办。该活动由中国节能协会与北邮共同发起，并联合北师大、北航、理工大、北科大、北交大主办，以“绿色奥运，节约校园、贡献灾区”为主题，通过网络、广播、海报等方式，发布创建节约型校园建设倡议书；举办“一滴水、一盏灯、一颗心”签名活动，节能公益口号创作征集大赛；发放节能减排宣传册、环保袋，张贴节能减排宣传画等。

（李华勇）

学校安全工作

【举办全国中小学生安全教育日活动】 3月31日，市教委举办第13个全国中小学生安全教育日主题活动。该活动以“迎人文奥运，建和谐校园”为主题，海淀区永泰小学学生代表北京市中小学生宣读《迎人文奥运，建和谐校园》倡议书；200名中小学生现场体验交通、火灾、自然灾害等现场模拟设施。

（高伟）

【加强安全隐患排查整改】 3至12月，市教委加强教育系统安全隐患排查整改工作。共报告安全隐患14项，主要表现为部分建筑建设年代较早无消火栓等消防设施、老旧建筑历史遗留问题、消防通道不畅通等，经专业部门鉴定，均未列入本年市级和区县级挂账隐患。针对排查出的安全隐患，各单位制订整改和监管措施，明确隐患类型、整改措施、整改责任人、整改完成时间及整改期间的监管措施和应急预案，通过建账销账的方式逐步消除安全隐患。

（高伟）

【举办平安校园创建活动】 4月16日，北京50所高校入选北京市第四批首都平安示范校园。该评选由首都综合治理委员会举办，自2005年开始，全市共有200所学校入选。本年另有2000所中小学被评为区县级平安校园。

（高伟）

【全市中小学生投保校方责任保险】 5月16日，市教委召开2007至2008学年度校方责任保险工作总结会议。会议通报2008至2009年度，全市共为中小学生154.2万人投保校方责任保险，其中，公办中小学124.6万人、中专学校7.8万人、民办学校21.8万人。

（高伟）

【开展防震减灾安全教育工作】 9月18日，市教委印发《关于进一步开展防震减灾安全教育工作的意见》。该意见对课堂安全教育和课余安全宣传教育提出明确要求。9月，各学校普遍利用学期初开展应急疏散演练。教育系统安全教育工作做到集中教育与日常教育相结合、常抓常新不断线，并不断创新活动组织形式。

（高伟）

【配发小学生交通安全帽】 9月，市教委配发小学生夜光型交通安全帽。此次共为全市新入学的一年级小学生配发夜光型交通安全帽（小黄帽）12万套。

（高伟）

【编印《小学生交通安全教育读本》】 9月，市教委组织编写印发《小学生交通安全教育读本》（1至3年级）。该读本主要指导学生学习道路交通安全法律知识，养成自觉遵守交通法律法规的良好习惯，做到文明走路、文明乘车、文明骑车。

（高伟）

老干部与关心下一代工作

【概　况】 2008年，北京市属高校、两委机关及直属单位共有离休干部1493人，平均年龄80.1岁。其中，中共党员1261人，二次国内革命战争时期参加革命工作12人，抗战时期参加革命工作301人，解放战争时期参加革命工作1179人。全年教育系统共举办离退休人员学习班、读书班190期，4700人次参加学习；举办形势报告会、情况通报会及各类辅导报告607场，4万人次参加；共组织离退休人员3万人次参观现代工业、新农村建设、主题教育展览等首都各类改革发展建设成果。走访慰问离退休人员2.5万人次，发放慰问品、慰问金740万元；对有特殊困难的离退休人员3400人次发放困难补助金420万元。制订《北京教育系统关心下一代工作委员会工作规程（试行）》（征求意见稿）。

（田丽　杨旭）

【召开教育系统关工委工作会】 3月28日，教育系统关工委工作会召开。会议总结2007年工作，部署本年工作；表彰关心下一代优秀调查研究成果，其中，优秀调研成果二等奖5篇、三等奖7篇、纪念奖14篇。教育部关工委、市委教育工委、市教委、北京教育系统关工委领导，高校、区县、高职中专院校关工委负责人110人参加会议。

（田丽）

【确定首批教育改革发展建设成果基地】 3月，市委教育工委、市教委确定首批教育改革发展建设成果基地。首批入选基地为北京航空航天大学举重比赛馆、北京理工大学排球比赛馆、中国农业大学摔跤比赛馆、北京科技大学跆拳道和柔道比赛馆、北京工业大学羽毛球和艺术体操比赛馆共5所高校奥运场馆，以及北京航空航天大学虚拟与现实技术国家重点实验室、北京交通大学轨道交通控制与安全国家重点实验室和北京工业大学耿丹学院。该基地供高校离退休人员参观、学习。

（杨旭）

【举办离退休人员健身活动】 4月18日，市委教育工委、市教委举办北京教育系统离退休人员健身活动。该活动以“传承发展，与奥运同行”为主题，举办柔力球表演赛、“奥运火炬”接力活动。来自部分区县教育系统、高校 1000 人参加活动。

（杨旭）

【举办机关离退休干部党员读书班】 4 月 22 至 24 日，市委教育工委、市教委举办机关离退休干部党员读书班。该培训听取中共中央政策研究室《学习与研究》总编辑讲座，从科学发展观、构建社会主义和谐社会、社会民生、党的建设等七个方面关于十七大精神的学习体会；收看中国社科院台湾研究所研究员题为《当前台湾形势》的专题报告录像，举办奥运知识答题活动和分组讨论。120 名离退休干部党员参加学习。

（杨旭）

【举办关工委骨干培训班】 4 月 28 日，教育系统关工委举办骨干培训班。该培训收看教育部副部长袁贵仁关于《学习党的十七大精神的体会》辅导报告录像，听取教育部关工委题为《把“十七大”的要求落实到关心下一代工作之中》的报告。区县教育系统、高校和高职中专院校关工委负责人 100 人参加学习。

（田丽）

【调研高校退休干部服务管理工作情况】 5 至 11 月，市委教育工委组织调研高校退休干部服务管理工作情况。该调研采取课题形式，成立“北京高校退休干部服务管理问题”课题组，通过召开座谈会、问卷调查、数据统计、外出考察等方式，对北京高校退休干部的总量、结构、分布等基本情况，以及高校退休干部管理体制与工作机制等现状进行全面了解，疏理高校退休干部服务管理工作的经验与问题。调研结果显示：高校退休干部群体呈现出队伍庞大，总量增加快；知识层次高，整体素质好；年龄跨度大，高龄人数多的特点。课题组在此基础上撰写《北京高校退休干部服务管理问题调研报告》。

（杨旭）

【组织参观高校国家重点实验室】 6 月和 11 月，市委教育工委组织高校局级离退休干部参观国家重点实验室。160 人分 4 批参观北京航空航天大学虚拟与现实技术和北京交通大学轨道交通控制与安全国家重点实验室，听取实验室负责人介绍实验室建设与发展历程，以及服务于国家重点建设、提高中国自主创新能力的努力和成效，并观看现场演示。

（杨旭）

【举办高校老干部处处长培训班】 7 月 9 至 11 日，市委教育工委、市教委举办北京高校老干部处处长培训班。该培训采取专题讲座、经验交流、分组讨论等形式，学习中组部《关于进一步加强新形势下离退休干部工作的意见》；北京师范大学、北京科技大学、首都经济贸易大学、首都体育学院老干部处长交流工作经验。高校及市教委直属直管单位老干部工作负责人 60 人参加培训。

（杨旭）

【举办离退休人员摄影展】 10 至 12 月，市委教育工委、市教委举办教育系统离退休人员摄影展。该摄影展以“我的社区生活”为主题，展出教育系统 36 个单位 600 名离退休人员反映社区生活的摄影作品 2000 幅。6000 人次参观展览。部分摄影作品在北航、育新花园社区巡展。

（杨旭）

学　生　管　理

【概　况】 2008 年，北京地区普通高等学校、研究生培养单位共有毕业生 202582 人。按教育部统计口径，截至 8 月 31 日全员初次就业率 94.56%。其中，7833 名毕业生响应国家号召到西部地区就业，比上年增加 2374 人，17518 名毕业生到基层就业，比上年增加 700 人。评选首批北京地区高校示范性就业中心 25 个，其中，部委属高校 16 所、市属高校 9 所。本年北京地区各高校 13688 名家庭经济困难毕业生中 12504 人落实去向，1198 名地震灾区生源毕业生中 1156 人落实去向，落实率高于整体就业率。在学籍学历管理工作上以信息化建设为龙头，带动学籍学历工作上水平，建立北京地区高等教育学籍学历管理工作平台，在满足新生电子注册、学年注册、毕业生学历证书电子注册工作的同时，实现毕业生就业派遣环节的学籍数据实时查询。完成北京地区 2008 届研究生教育（55472 本）、普通高等教育（150917 本）、成人高等教育（96308 本）、网络高等教育（66031 本）及普通中等专业教育（26434 本）毕业生学历证书电子注册工作，注册各层次学历证书共计 395162 本。

（杨文茹）

【完成成人高校新生学籍电子注册】 4 月，市教委完成成人高等教育新生学籍电子注册工作。审核注册 84 所成人高校新生 114774 人，比上年增加 11975 人，增长 11.65%，其中，本科 57911 人、专科 56863 人。

（张道明）

【完成毕业证书电子注册】 6 至 7 月，市教委完成毕业证书电子注册工作。6 月，完成普通中等专业教育毕业生学历证书电子注册，共审核注册 57 所普通中等专业学校毕业生学历证书 26434 本，比上年减少 1916 本，减少 6.76%，颁发毕业证书 26122 本、结业证书 312 本。完成普通高等教育毕业生学历证书电子注册，共审核注册 85 所普通高等教育学校（按教育部国标代码计算）毕业生学历证书 150917 本，比上年增加 11051 本，增长 7.90%，其中，本科 103789 本、专科 1502 本、高职 45415 本、双学位 211 本。完成研究生教育毕业生学历证书电子注册，共审核注册 133 个研究生培养单位毕业生学历证书 55472 本，比上年增加 3749 本，增长 7.25%，其中，博士 11481 本、硕士 43991 本。7 月，完成成人高等教育毕业生学历证书电子注册，共审核注册 86 所成人高等教育学校毕业生学历证书 96308 本，比上年减少 2948

本，减少 2.97%，其中，本科 47497 本、专科 48811 本。完成网络高等教育毕业生学历证书电子注册，共审核注册 18 所高校网络教育学院毕业生学历证书 66031 本，比上年减少 29544 本，减少 30.91%，其中，本科 43263 本、专科 22768 本。

（张道明）

【高等教育单位培养毕业生 202582 人】 截至 8 月 31 日，北京地区普通高等学校、研究生培养单位培养毕业生 202582 人。其中，博士生 10854 人，占毕业生总数 5.36%；硕士生 42218 人，占毕业生总数 20.84%；本科毕业生 102444 人，占毕业生总数 50.57%；高职（专科）毕业生 47066 人，占毕业生总数 23.23%。毕业生总数比上年增加 14025 人，增长 7.44%。毕业生中，北京生源毕业生 72762 人，占毕业生总数 35.91%。毕业生去向统计显示，升学 23014 人，占毕业生总数 11.36%；出国 8542 人，占毕业生总数 4.22%；拟继续升学 629 人，占毕业生总数 0.31%；拟出国 182 人，占毕业生总数 0.09%；申请暂不就业 20 人。扣除上述各种情况实际参加就业人数 170195 人，占毕业生总数 84.01%。按教育部统计口径，截至 8 月 31 日全员初次就业率 94.56%，其中，研究生 95.17%，本科生 93.67%，高职（专科）生 95.81%。

（王效斌）

【评定首批高校示范性就业中心】

10 月 30 日，市教委评定首批北京地区高校示范性就业中心。该评选本着"公平、公正、公开"的原则，采取审阅材料与集中听取汇报相结合的方式，共评选出北京地区高校示范性就业中心 25 个，其中，部委属高校 16 个、市属高校 9 个。评审工作采取分散查阅申报材料与集中听取汇报相结合，经历四个阶段完成。首批共有 40 所高校参加申报。

（王效斌）

北京地区高校示范性
就业中心名单
（按学校代码顺序排序）

10001　北京大学
10002　中国人民大学
10003　清华大学
10004　北京交通大学
10005　北京工业大学
10006　北京航空航天大学
10007　北京理工大学
10008　北京科技大学
10010　北京化工大学
10019　中国农业大学
10022　北京林业大学
10025　首都医科大学
10027　北京师范大学
10028　首都师范大学
10033　中国传媒大学
10034　中央财经大学
10036　对外经济贸易大学
10038　首都经济贸易大学
10054　华北电力大学
10853　北京工业职业技术学院
10857　北京信息职业技术学院
10858　北京电子科技职业学院
11414　中国石油大学（北京）
11418　北京城市学院
12561　北京财贸职业学院

（华蕾）

【完成新生学籍电子注册】 11 月，市教委完成新生学籍电子注册。完成普通中等专业教育新生学籍电子注册，共审核注册 44 所普通中等专业教育学校新生 17660 人，比上年减少 1504 人，减少 7.85%。完成普通高等教育新生学籍电子注册，共审核注册 92 所普通高等教育学校（按教育部国标代码计算）新生 157205 人，比上年增加 1088 人，增长 0.70%，其中，本科 111340 人、专科（高职）生 44257 人、双学位 498 人、预科生 1110 人。完成网络高等教育新生学籍电子注册，共审核注册 18 所高校网络教育学院新生 140592 人，比上年增加 9314 人，增长 7.09%，其中，本科 69023 人、专科 71569 人。完成研究生新生学籍电子注册，共审核注册 116 个研究生培养单位新生 72329 人，比上年增加 6653 人，增长 10.13%。其中，博士 16472 人、硕士 55857 人。

（张道明）

【7833 名毕业生西部地区就业】 至年底，北京地区高校 7833 名毕业生到西部地区就业。就业人数比上年 5459 人增加 2374 人。其中，非西部生源毕业生 1412 人。

（王效斌）

【17518 名毕业生基层就业】 至年底，北京地区高校 17518 名毕业生到基层就业。就业学生中，研究生 3623 人、本专科（含高职）生 13895 人，比上年 16818 人增加 700 人，增长 4.16%。

（王效斌）

【完成本专科在校生学年注册工作】 至年底，市教委完成普通高等教育本专科在校生学年注册工作。2007 至 2008 学年度，北京地区 92 所普通高等学校（按教育部国标代码计算）普通高等教育本专科在校学生 566401 人。其中，注册学籍 559167 人、暂缓注册 4013 人、保留学籍 447 人、各种原因休学 2774 人、各种原因退学 2147 人、各种原因死亡 40 人。本年起，教育部实行普通高等教育本专科在校生学年注册制度。学年注册主要包括学籍状态和学籍注销，学籍状态包括注册学籍、暂缓注册、保留学籍和休学，学籍注销包括各种原因的退学和死亡。学年注册工作改变以往高校填表、市教委汇总的方法，通过北京普通高等教育学籍学历管理工作平台，根据登记学生的学籍信息汇总生成。

（张道明）

【完成本专科学籍变动备案】 至年底，市教委完成普通高等教育本专科在校学生学籍变动备案工作。学生学籍变动 10399 人次，占在校生总数 1.86%，其中，跳级 7 人、留级 67 人、降级 305 人、转学 174 人、转专业 8860 人、专升本 28 人、本转专 66 人、复学 892 人。

（张道明）

港澳台侨工作

【概　况】 2008年，市教委共安排接待来访港澳台教育团体8个，来访人员746人。共派出赴港澳台团组11个，出访人员170人，其中，港澳团组7个75人、台湾团组4个95人，访问内容涉及培训学习、公民教育、职业教育、特殊教育、高等教育交流、参加会议、学术交流、执行合作项目、友好访问。

（王学松）

【职业教育管理工作者赴台考察】 2月24日至3月3日，北京职业教育管理工作者考察团赴台湾考察高等职业教育。该考察团由市教委主任刘利民率队一行6人，应台湾商业职业教育学会邀请分别考察台湾商业职业教育学会、台湾科技大学、铭传大学和台湾汇丰汽车有限公司等机构。考察团得到启示，认为北京职业教育应该采取有效措施，提高中职毕业生升入高等职业学校的比例，推动中高职衔接，探索职业人才培养新模式；推进课程体系和教学内容改革，推进人才培养模式与国际接轨；借鉴台湾多元文凭体系、多元入学方式，探索高职招生制度改革。

（宋立军）

【接待香港姊妹签约校来京交流】 3月15至24日，市教委组织接待第二批京港友好姊妹签约学校来京交流。香港8所中学596名师生，与北京8所中学师生共同举办参观、访问、交流等活动。

（宋立军）

【接待香港中小学训育及辅导人员考察团】 3月21至27日，市教委接待香港中小学训育及辅导人员赴京考察团。该考察团由香港教育局组织，由17所中小学及教育机构人员组成，共22人，主要考察内地训育及辅导工作的管理与组织、学校课程设置、教师及家长培训、学校德育等工作。

（王学松）

【接待香港电脑教育学会访问团】 3月24至29日，市教委接待香港电脑教育学会北京访问团。访问团由香港培正中学校长率领，由20所中小学和教育机构共32人组成，主要考察北京市中小学信息技术教育，推动资讯科技教育交流与合作。

（王学松）

【组织京港中学生校园网上对话活动】 5月24日，市教委举办2008京港两地中学生“网上校园对话”活动。该活动在北京市第二中学分校举办，北京、香港共40所优质高中师生500人使用网络视频交流。该活动与东城区教委和香港李嘉诚基金会长江创意产业研究中心共同举办。

（宋立军）

【组团赴台参加高中生阿里山夏令营】 7月10至18日，市教委组团赴台湾参加海峡两岸高中生2008年阿里山夏令营活动。该访问应台湾世纪海峡两岸文教交流协会邀请前往，考察团由北京市6所优秀中学师生及有关单位共66人组成。在台湾，参加研讨、访问和参观等活动。这是继2007年海峡两岸高中生北京长城夏令营台湾优秀学生来北京交流之后的回访。

（宋立军）

【接待澳门资深教师访问团】 10月20至25日，市教委接待澳门资深教师访问团。该访问团由澳门中华教育会组织，来自澳门12所学校和教育社团退休资深老教育工作者共22人组成，主要考察内地基础教育、教学管理经验，以及老教育工作者如何发挥自身优势回馈社会。

（王学松）

【评审港澳台侨学生奖学金】 11月5至20日，市教委组织评审高等院校港澳台侨学生奖学金工作。10所市属高校的88名学生提出申请，经过申请和评审等程序，全部获得奖学金。

（宋立军）

【举办京澳中学生合作研讨活动】 11月15日，市教委举办北京澳门中学生合作研讨活动。北京与澳门中学生通过网上交流平台，合作研讨环境保护课题，关注人类生存环境。北京市第一零一中学、首都师范大学附属中学、北京景山学校、海淀教师进修学校附属实验中学和广渠门中学学生参加交流。澳门教育局考察团一行三人来京为北京5所学校师生进行技术培训。该课题是北京、澳门中学互联网上第一次研讨活动。

（宋立军）

【组织教育管理干部赴港学习考察】

12月7至21日，市教委组织教育管理干部赴香港学习考察。考察团由市委教育工委、市教委机关及有关直属单位、区县教委管理干部32人组成，在香港大学听取香港教育专家学者、教育行政官员和校长讲座；参观考察香港各级各类学校；廉政公署以及各种社会机构。

（王学松）

【分别接待港澳代表团】 12月27至31日，市教委分别接待澳门新华夜中学教师访问团和香港教育局高中通识教育科教师团。澳门新华夜中学教师访问团由管理人员及各科教师26人组成，先后访问北京市商业学校、北京教育学院，并就如何在成人教育中推行爱国主义教育和公民教育、教学工作与爱国主义教育的关系等有关国情教育进行系列专题学习座谈及交流。香港教育局高中通识教育科教师团由39所学校的44名教师组成，主要了解基础教育发展、来京务工人员子女学校概况、文物保护、当代建筑特色、宗教政策、京剧艺术、法制建设等情况。

（王学松）

档 案 管 理

【概 况】 2008年，市教委接收归档各类档案736卷，含文件3940份，增编检索工具5册，新增档案管理数据库数据5476条，提供档案、资料利用250卷/册次，复印件541页。在为机关政务决策、政府信息公开、政府采购、处置违规办学、行政复议等方面提供档案信息支持的基础上，着力支持机关党代会及其换届改选工作，北京国际教育博览会2008市教委展台内容的设计，为市委有关部门公开选拔领导干部提供《北京市教育委员会概况》，编辑印发《市教委机关工作大事记》、《首都教育近十年发展趋势概览》等档案编研成果。

（王薇）

【完成文件材料立卷归档规范修订工作】 7月2日，市教委完成《北京市教育委员会各处（室）文件材料立卷归档范围与保管期限表》（2008）修订工作。修订工作依据国家档案局《机关文件材料归档范围和文书档案保管期限规定》、市档案局《北京市机关文件材料归档范围和文书档案保管期限规定实施细则（试行）》，结合市教委近年来机构调整、职能变化、兼职档案员变动情况进行。修订后，机关立卷归档和文件鉴定工作与国家政令保持一致。

（王薇）

【落实高等学校档案管理办法】 9月16日，市教委转发《高等学校档案管理办法》。管理办法由教育部和国家档案局联合签署，9月1日起施行。管理办法对高校档案机构设置与人员配备、档案管理、档案的利用与公布、条件保障、奖励与处罚作出规定，首次明确高校档案工作属地管理职责，意味着北京地区82所普通高校和26所成人高校，档案业务全部纳入市教委管理范畴。

（王薇）

【完成奥运教育档案归档工作】 10月16日，市教委印发《北京市教育委员会办公室关于做好教育系统奥运会、残奥会档案管理有关工作的通知》。文件要求相关部门明确奥运档案工作的领导和立卷归档承办人员的职责，确定奥运文件材料的归档范围及保管期限，将奥运筹办和赛时保障工作中做法、成绩、经验等方面的档案资料完整收集，确保文书、照片、电子文本、实物、录音录像、工程资料等各门类奥运档案的齐全完整。于11月20日前将整理好的奥运会、残奥会档案移交档案部门，并履行必要的交接手续。北京教育系统奥运档案记录首都教育系统为奥运成功举办提供人才、科研、智力、教育资源等多方面的坚强保障，包括志愿者服务档案、开闭幕式档案、团队建设档案等。至年底，市奥林匹克教育办公室完成六大类199卷档案资料的整理工作，其中，奥林匹克教育示范校材料类23卷，教育部、奥组委、市教委等上级部门文件类15卷，奥运办折子工程类6卷，奥运办课题、论文及教育读本类19卷，奥运办行政工作类36卷，“同心结”等主题教育活动类100卷。

（王薇）

语 言 文 字 工 作

【概 况】 2008年，北京市语言文字工作委员会贯彻、落实《中华人民共和国国家通用语言文字法》和《北京市实施〈中华人民共和国国家通用语言文字法〉若干规定》，面向国家机关、学校、新闻和公共服务行业开展语言文字工作，创设符合人文奥运精神的语言文字环境。市语委有成员单位47个。全年北京市28个测试站开展培训、测试，25745人获得普通话等级证书。年内，开展高等学校校园环境用语情况检查。

（贺宏志）

【调整市语委机构】 2月，市语委进行机构调整。增补中国传媒大学、北京语言大学、北京广播电视大学为成员单位，调整后市语委共有成员单位47个，其中党政机关19个、高校5所、区县语委18个、相关单位2个。

（吴晓燕）

【成立专家委员会】 3月24日，市语委专家委员会正式成立。该委员会主要对北京市语言文字工作提供专业咨询和指导；推动语言文字科学研究；对构建首都和谐语言生活发挥引领作用。第一届专家委员会由来自教育部、中国社科院、北大和传媒大学等单位的14名语言文字专家组成。

（贺宏志）

【实施社会用字义务监督员工作管理办法】 6月12日，市语委办实施《社会用字义务监督员工作管理办法》。该办法规定社会用字义务监督员的条件、职责以及聘任与解聘办法，明确监督员主要任务是：对本辖区内公共场所用字实施监督，定期巡查责任区的社会用字情况，发现问题向有关单位或个人依法进行宣传教育，建议其改正。该办法还规定市、区县两级语委对社会用字义务监督员的管理责任。

（吴晓燕）

【两单位建立普通话水平测试工作站】 9月25日，市语委办批复两单位建立普通话水平测试工作站。两单位是北京语言大学、北京教育科学研究院，主要任务是面向本单位师生及社会开展普通话培训和水平测试。至此，北京市共建立30个普通话水平测试工作站。

（吴晓燕）

【举办迎奥运中华经典诵读活动】 10月25日，市教委、市语委举办北京市教育系统中华经典诵读活动决赛。比赛通过诵读中华经典诗文，评出一等奖3人、二等奖6人、三等奖10人和特别奖2人。来自18个区县和9所高校的58个个人诵读节目和4个集体诵读节目参加决赛，年龄最小8岁，还有来华学习的马来西亚、沙特阿拉伯、哈萨克斯坦等国留学生代表。该活动开始于5月，以为北京奥运会营造良好语言文字环境、激发广大青少年爱国热情为目标，以校园为主要场所，通过主题班会、朗诵比赛、征文、文艺表演、校刊、校报、校园广播、网络等多种途径吸引师生及家长参与。

（杜琪方）

【31所学校入选市语言文字规范化示范校】 10至12月，市语委开展语言文字规范化示范校评估工作。经过学校自评申报，区县初评，市教委、市语委组织专家组评估认定，31所中小学（幼儿园）被认定为北京市语言文字规范化示范校。

（吴晓燕）

【25756人参加普通话培训和测试】 至年底，北京市28个普通话水平测试工作站开展培训和测试。共有25756人报名参加普通化水平测试，25745人取得普通话等级证书，合格率99.6%，其中，一级甲等254人；一级乙等12616人，占49%；二级甲等9298人，占36.11%；二级乙等3002人，占11.66%。

（吴晓燕）

中共北京市委教育工作委员会
书记、副书记、委员

书　　记 朱善璐（2月免）
王安顺（2月任，12月免）
赵凤桐（12月任）

常务副书记 张建明

副 书 记 刘利民　刘建　线联平　王民忠

委　　员 杜松彭（6月免）　罗洁　郭广生
郑萼（5月任）　唐立军　高祥阳
周燕

北京市教育委员会
主任、副主任、委员

主　任 刘利民

副主任 杜松彭（7月免）　罗洁
郭广生　郑萼（6月任）

委　员 杜松彭（正局级，7月任）
孙善学　吴松元　郑登文
周燕　曹秀云（11月任）

两委机关各处室负责人

市委教育工委（市教委）办公室主任 刘勇

市教委（市委教育工委）办公室主任 张永凯

政策研究与法制工作处处长 何劲松

机关党委办公室主任 许志矛

老干部处处长 徐小珍

组织处处长 高喜军

干部处处长 唐立军（兼）

宣教处处长 狄涛

统一战线与群众工作处处长 钱卫

基层联络处处长 吴武

保卫保密处处长 高祥阳（兼）

发展规划处处长 彭斌柏

人事处处长 吴松元（兼）

财务处处长 陈兴涛

基本建设处处长 袁博（3月免）　刘占军（3月任）

学前教育处处长 张小红

基础教育处处长 李奕

职业教育与成人教育处处长 邵和平

高等教育处处长 徐宝力（4月免）　黄侃（4月任）

德育处处长 关国珍

学生处处长 杨文茹

科学技术与研究生工作处处长 叶茂林

体育美育处处长 甘北林

港澳台事务及侨务办公室主任 宋立军

国际合作与交流处处长 邱晓平

学校后勤处处长 张龙

审计处处长 曹永模

民办教育处处长 李开发

语言文字工作处处长 贺宏志

北京市监察局驻北京市教育委员会监察处处长 郑立波

中共北京市纪律检查委员会
教育工作委员会
书记、副书记

书　记 周燕

副书记 郑立波

（本栏责任编校　华蕾）

教育督导

综 述

2008年，北京市政府教育督导室认真贯彻落实党的十七大精神，学习实践科学发展观，加强全市教育督导工作统筹规划，积极推进素质教育全面实施，大力推进义务教育均衡发展，积极探索对民办高校督导检查，大力加强教育督导制度建设，提高督学队伍专业化水平，取得显著成效。

明确工作思路和目标措施，加大对全市教育督导统筹领导力度

5月9日，市政府教育督导室组织召开北京市第六次教育督导工作会议暨2008年教育法律法规执行情况督导检查工作部署会。会议全面总结过去六年来北京市教育督导工作成绩和经验，分析教育督导工作面临新形势、新任务和新要求，部署教育督导工作。会议强调要围绕实施素质教育，提高教育质量为主题，完善实施素质教育督导评估指标体系，建立对区县义务教育均衡发展监测制度和评估体系，并将评估结果作为评价区县教育工作重要指标和考核主要领导干部政绩重要内容。加强教育督导体制、机制和制度建设，加快制订北京教育督导条例地方立法步伐；健全和完善教育督导结果公布制度。

完善教育督导评估体系，全面推进教育工作综合督导和专项督导

完善教育督导评估体系，改进教育督导工作。以提高教育质量和促进义务教育均衡发展为重点，完善教育督导评估体系。市政府办公厅先后转发市政府教育督导室等部门《关于进一步完善对区县人民政府实施素质教育工作进行督导评估制度意见的通知》、《北京市义务教育均衡发展状况督导评价方案》，修订区县政府、区县教委、中小学校、幼儿园全面实施素质教育督导评估指标体系，研究制订义务教育均衡发展督导评估指标体系。建立北京市义务教育均衡发展数据库和义务教育实施情况监测数据库，初步建立区县义务教育发展监测机制和义务教育均衡发展检测机制。

推进综合督导和专项督导工作，加大对全市教育重点工作监督检查力度。组织完成对东城、崇文、顺义、丰台、延庆、密云6个区县、北京电子控股有限公司贯彻落实《义务教育法》、《职业教育法》情况监督检查。组织开展对宣武、海淀、大兴、密云、平谷、房山6个区县和燕山地区实施初中建设工程专项督导。与市教委组成联合检查组，对朝阳、石景山、通州、密云、延庆、昌平6个区县和燕山地区加强中小学体育工作确保学生每天一小时体育活动情况进行专项督导检查。组织开展中等职业学校德育工作专项督导检查。

积极探索对高等教育督导评估工作，依法拓展北京市教育督导工作领域。依照教育部令第25号，市政府教育督导室组织专家组，对10所民办高校办学情况进行督导检查，逐校回复督导意见，并开展对落实专项督导整改方案复查工作，对督促民办高校落实教育部令第25号起到积极作用。依据教育部令第26号，市政府教育督导室联合市教委，对北京市5所独立学院办学情况开展督导调研，研究起草北京市独立学院督导办法。

立足建设，推进教育督导制度建设和信息化建设

2008年，市教育督导室承办国务院法制办《教育督导条例》专家研讨会，协同教育部督导办参与国家《教育督导条例》修订，为国家教育督导法规出台做出贡献。

开通北京市人民政府教育督导室网站，建立教育督导工作互动交流平台，引进社会舆情反馈网络途径，推进教育督导工作信息化进程。树立督导形象，以依法督导、发展性督导为理念，设计并推出督导室室标。

加大全市督学培训力度。先后就新时期教育督导评估理论与手段、普通高中新课改等专题组织600人次参加市、区县督学培训，努力提高全市督学工作水平。

围绕教育重点、难点问题开展调研工作，提升教育督导决策建议水平

组织开展北京市职业教育贫困生资助问题、北京市郊区县乡镇成人学校现状、中等职业学校近两年政府投资使用情况等方面调研，了解大量详细一线工作情况，对存在问题进行分析，提出政策建议。会同教科院职成所开展技能型人才需求规格调研。了解人才培养需求，引导职业院校科学合理地设置、调整职业教育专业、课程和人才培养模式。

组织开展普通高中课改实验、义务教育阶段学生学业水平调研。对高中教师培训，经费、教学设备等条件保障，课程设置，模块考核与学分认定，学生选课指导，课程资源开发，学生综合素质评价等情况进行抽样调研。通过数据分析、学生问卷调查等方式，分析中考低分数段学生分布情况，了解学生学习困难成因，为提高九年义务教育质量提出对策建议。

规范管理，切实提高工作效率

进一步完善督导室工作规则，建立和完善督导室主任会议制度。召开督导室主任办公会15次，主任专题会3次。修订市政府教育督导室《发文管理办法》、《会议管理办法》、《工作经费管理办法》等。

规范兼职督学管理工作。修订《关于聘请兼职督学的规定》，形成新《北京市兼职督学聘任管理办法（暂行）》。印发《兼职督学工作补贴发放办法（试行）》。

2008年，市政府教育督导室与全国各省市教育督导机构交流进一步加强，先后接待湖南省、深圳市等省市来京考察交流，参加京津沪渝直辖市教育督导工作交流会。

2008年，市教育督导室负责组织对通州区平安奥运安全督查工作。代表两委对口负责通州区平安奥运安全督查，撰写8份工作专报和简报。

2008年，参与两委一室深入学习实践科学发展观领导小组办公室宣传组工作。

（熊红　王家兵）

总 类

【制订兼职督学补贴发放办法】 2月29日，市政府教育督导室制订《兼职督学工作补贴发放办法（试行）》。发放办法规定兼职督学工作补贴发放范围、发放标准、工作量计算方法、经费来源等方面内容。办法自3月1日试行。

（高传霞）

【召开年度教育督导工作总结会】 3月5至6日，市政府教育督导室召开年度教育督导信息工作总结表彰会。会议总结上年度在加强教育督导信息工作制度建设，完善教育督导信息工作体制机制，增强教育信息传递功能与效率，加大教育信息宣传力度等方面工作，通报下年度教育督导工作要点。会议表彰教育督导信息先进集体6个、优秀信息员11人。来自市、区县教育督导室相关人员和信息员共25人参加会议。

（高传霞）

【制订教育督导工作经费管理规定】 3月，市政府教育督导室制订《教育督导工作经费管理规定（试行）》。该规定明确教育督导工作经费保障，加强教育督导工作经费过程管理，提高教育督导工作经费使用效益等项目科学预算、规范使用、加强监管等方面内容。

（高传霞）

【修订实施素质教育评价方案】 4月10日，市教委、市政府教育督导室联合印发《北京市区县政府、教委、中小学校、幼儿园全面实施素质教育评价方案》。方案明确区县政府全面实施素质教育、统筹本区域教育协调发展主要职责，完善对区县政府全面实施素质教育工作进行督导评估工作机制。增加教育公平、义务教育优质均衡发展、加快学前教育教学发展、推进高中课程改革等教育发展新内容和新要求。

（张士佐）

【召开北京市第六次教育督导工作会议暨2008年教育法律法规执行情况部署会】 5月9日，市政府教育督导室召开北京市第六次教育督导工作会议暨2008年教育法律法规执行情况督导检查工作部署会。会议总结六年来全市教育督导工作成绩和经验，分析北京教育督导工作面临新形势、任务和要求，部署下年度教育督导工作。会议表彰区县教育督导先进工作者，宣布启动2008年教育法律法规执行情况督导检查工作。来自市委市政府、市人大、市政协、市教委、教育部督导办有关负责人，市属有关委办局、有关行业企业集团（总公司）、各区县政府、教育部门，街道办事处和乡镇政府负责人代表、学校校长和幼儿园园长代表以及市和区县督学、特约教育督导员等共计500人参加布署会议。

（王家兵）

【召开特约教育督导员工作会】 6月11日，市政府教育督导室召开新一届北京市特约教育督导员工作会。会议通报北京教育基本情况、教育发展总体思路、教育近期主要工作及市教育督导室工作要点，提出特约教育督导工作是一项有组织、有序民主监督，要求特约督导员要认真思考研究北京教育规律，提出建设性意见建议；要做好本单位与市委统战部沟通与联系工作。会议产生新一届特约教育督导员12人，其中，研究生学历8人、本科学历4人。平均年龄48岁。党派分布在民革2人、民盟2人、民建1人、民进2人、农工2人、致公1人、九三2人。特约教育督导员分别由社科院、同仁医院、清华、北大、北师大、北邮、体育大学、北京工业大学以及中学、职业学校等单位业务骨干担任。来自市委教育工委、市政府教育督导室、市委统战部等单位负责人及市特约教育督导员等共20人参加会议。

（高传霞）

【召开暑期督学培训会】 7月14至15日，市政府教育督导室召开全市暑期督学培训会。会议听取市政府教育督导室做北京教育事业发展、开班动员、年度中小学实施素质教育社情民意调研情况等内容工作报告，听取教育部、清华大学、教科院等单位教育专家讲解中国基础教育质量监测背景与初步探索，国内外高等教育评估理论和实践探索，基础教育质量监测国际比较及其启示，职业教育是实现现代化、建设社会主义和谐社会奠基石，怎样评好一门数学课，小学语文“桥”一课谈如何听评课等内容。来自市教育工委、市政府教育督导室领导及市专兼职督学、区县专职督学、区县部分兼职督学，市特约教育督导员等共240人参加会议。

（高传霞）

【举办高中课程改革督学培训】 9月17至18日，市政府教育督导室举办高中课程改革培训。培训邀请市教委、广渠门中学、人大附中、陈经伦中学等单位专家，分别做北京市普通高中新课程改革巩固、推进、调整情况，以人生远足为特色综合实践活动开发与实践，以人为本推进新课程新课改中德育工作，新课改中教学设计及其策略等方面专题讲座，并听取专家现场点评。来自市、区（县）专、兼职督学共140人参加学习。

（高传霞）

【举办职业教育督学培训】 12月24至26日，市政府教育督导室举办北京市职业教育督学培训。培训邀请教育部、教科院等单位有关专家，分别做国家和北京市当前职业教育内涵发展现状、改革方向及实施途径等内容专题报告；参观北京交通学校、昌平职业学校、首钢技校等办学特色突出中等职业学校，了解产学合作育人模式、职业教育工作过程系统化课程改革实施以及实训基地建设及功能发挥等职业教育内涵发展核心问题。来自18个区县及燕山地区教育督导室主任和专、兼职督学，80所中职学校领导和学校教研督导部门负责人共计200人参加培训。

（李小燕）

督　导　检　查

【完成每天一小时体育活动专项督导】
5月8至20日，市政府教育督导室完成每天一小时体育活动专项督导。督查组分别检查朝阳、石景山、通州、密云、延庆、昌平6个区县加强中小学生每天一小时体育活动落实情况。督导检查结果显示，各区县在全面落实“中小学生体育活动一小时”工作中，政府重视程度增强，各区县加快学校体育场地建设，增加体育活动器材经费投入。

（张士佐）

【完成中职学校德育工作专项督导】
10月27日、11月7日和12月11日，市政府教育督导室分别完成中职学校德育工作专项督导。督查小组采用听取学校自评工作汇报，考察学校教学设施、校园环境，观摩学生德育活动；查阅自评材料、个别访谈等方式，按照评估标准，分别检查北京卫生学校、北京市振华旅游学校、北京市商业学校3所职业学校德育工作规划、计划，德育工作方法、途径及德育工作效果等方面工作。检查结果显示，学校领导重视德育工作，德育目标明确，规划与计划内容充实，贴近实际，贴近职业，贴近学生，具有较强针对性和实效性。

（龙梅）

【完成职业教育执法情况督导检查】
10月29至30日、11月6日和13日，市政府教育督导室分别完成职业教育执法情况督导检查。督查小组采取听取工作汇报，查阅相关资料，考察职业学校实习、实训基地建设情况；并与有关部门人员交流和讨论等方式，分别检查密云县政府、北京市电子控股有限责任公司、东城区政府职业教育依法执行情况，重点检查“十一五”职业教育发展规划和实施情况、职业教育财政性经费落实情况、行业组织和企业集团（总公司）落实《北京市实施〈职业教育法〉办法》应履行相关职责情况等方面工作。检查结果显示，相关单位对职业教育发展重要性认识得到提高，改善职业教育条件，为落实职业教育各项法律法规奠定基础。

（龙梅）

【完成基础教育执法情况督导检查】
10至11月，市政府教育督导室完成基础教育法律法规执行情况督导检查。督检小组实地检查延庆县、丰台区、崇文区、顺义区等区县基础教育执法工作情况，检查组重点检查建立和完善教育经费保障机制，教育经费实现“三个增长，一个提高”情况；加强干部教师队伍培养培训和均衡配置情况等。检查结果显示，全市2007年财政支出总额中教育经费所占比例比上年降低0.13个百分点，门头沟区、顺义区2007年财政支出总额中教育经费所占比例比上年分别下降0.64和1.86个百分点，其他区县均有所提高。全市2007年预算内教育经费拨款、生均教育事业费、生均公用经费均实现“三个增长”。其中，海淀区普通高中生均教育事业费、生均公用经费和小学生均公用经费下降，门头沟区、房山区普通高中生均教育事业费和生均公用经费下降。全市及各区县均将义务教育经费全面纳入财政保障范围，并健全义务教育经费分项目单列和市、区县政府按比例分担机制，市和区县政府已落实经费单列和经费分担职责。全市及各区县重视教师队伍培训和均衡配置师资力量，教师专业素养得到提高。但仍存在郊区农村、山区教师向城区学校流动现象普遍，影响当地师资队伍稳定。普通中小学教师特别是音、体、美、信息技术等教师结构性缺编，补充渠道不畅问题。

（马千里）

【完成部分初中建设工程督导检查】
10至12月，市政府教育督导室、市教委联合完成部分初中建设工程督导检查工作。督导检查小组分别检查宣武、海淀、大兴、密云、平谷、房山6个区（县）和燕山地区初中建设专项经费使用情况。检查统计显示，7个区县（地区）3年投入专项经费总计29.87亿元，主要用于初中学校硬件建设、办学条件达标和干部教师培训。检查结果显示，通过四年初中建设工程实施，城乡之间、学校之间差距明显缩小，初中学校办学条件和师资水平发生明显变化，学校面貌一新，办学水平整体提高，促进初中阶段教育优质均衡发展。

（汤静）

督　导　调　研

【完成学生学习困难成因调研】　1至6月，市政府教育督导室完成学生学习困难成因调研。调研涉及全市18个区县（含燕山）10500名学生，采用问卷调查，与学生、教师座谈两种方式，分析五年来各区县中考各科、各分数段学生人数和比率。结果显示，实施初中建设工程几年来，中考成绩不及格学生所占比重由6.1%降至2.9%；“低分学生”所占比重由10%降至5%。

（张士佐）

【完成区县乡镇成人学校现状调研】
3至11月，市政府教育督导室完成北京市区县乡镇成人学校现状调研。调研涉及朝阳、海淀、丰台、通州、顺义、平谷、密云、怀柔、延庆、昌平、门头沟、房山、大兴13个区县，采取向区县发放调研提纲和调查问卷，深入部分乡镇调研等方式，形成《关于北京市郊区乡镇成人学校现状的调研报告》。调研结果显示，市、区县、乡镇各级领导重视成人教育，各区县乡镇成人学校取得较大发展。在培养农村实用技术型人才、普及现代农业实用技术、提高农民职业技能水平和再就业能力、提高农民科学文化素质、促进农村和谐社会建设方面完成大量技术培训，体现乡镇农民培训中心作用。

（龙梅）

【完成中职学校政府投资情况调研】 4至11月，市政府教育督导室完成北京市中等职业学校近两年政府投资使用情况调研。调研涉及中专、职业高中及技工学校等不同类别中等职业学校，重点调研“专项拨款”分配和使用情况。结果显示，各级政府加大对职业教育投资力度，推动职业学校在办学环境、实习实训基地、课程改革、教师队伍、学校信息化等方面建设。资金在使用上，从政策导向、制度保障、操作等方面存在问题。调研提出应长远规划、认真立项、科学实施、严格监督和调控，从职业教育本职角度建设好每一个项目，有效发挥职业教育社会功能。

（龙梅）

【完成普通高中课改调研】 5至10月，市政府教育督导室完成部分普通高中课程改革调研。调研面向西城、海淀、昌平、丰台、顺义、怀柔6个区，分别检查高中课改实验工作方案中教师培训、条件保障、课程设置、模块考核、学分认定、选课指导、课程资源开发和学生综合素质评价等落实情况。结果显示，高中课改各项工作按照全市统一部署有序推进。

（张士佐）

【完成技能型人才需求调研】 5至12月，市政府教育督导室完成北京市技能型人才需求规格调查。调查涉及汽车、机电等重点行业100家典型企业，采用问卷调查和专家访谈两种方式，重点调查技能型人才内涵特征、职业教育人才培养目标等方面工作。调研结果显示，全面职业素养和综合职业能力对技能型人才至关重要，不同专业类型技能型人才需求规格存在显著差异，职业院校应重视毕业生核心能力培养和深化产学合作人才培养模式。

（龙梅）

【承担全国中职教育督导评价研究】 8月，市政府教育督导室受教育部督导办的委托，承担“全国中等职业教育督导评价研究”。研究主要采用文献研究、授权评价法、典型区域实验研究等方法，共组织五次职业院校、市区两级政府、职教专家等各个层面研讨会和座谈会，形成《全国中等职业教育督导评价指标体系及实施细则》（讨论稿Ⅱ）、《全国中等职业教育督导评价研究政策文件关键词梳理》、《全国中等职业教育督导评价研究政策文件解读》、《全国中等职业教育督导评价研究政策文件汇编》、《全国中等职业教育督导评价研究文献综述》、《各国教育督导制度综述》等阶段性研究成果。

（龙梅）

【完成独立学院办学情况调研】 9至10月，市政府教育督导室完成北京市独立学院办学情况调研。调研涉及首都师范大学科德学院、北京工商大学嘉华学院、北京邮电大学世纪学院、北京工业大学耿丹学院和北京第二外国语学院中瑞酒店管理学院5所独立学院，重点检查各学院合作举办者、学生、师资、学科专业、办学条件等方面基本情况。结果显示，独立学院在增加优质高等教育资源供给、探索高等教育办学体制和运行机制改革与创新、促进高等教育布局和城市功能调整、提高办学效益等方面取得初步成绩；同时存在资源权益不清晰、办学特色不突出、缺乏可持续发展后劲等问题，面临生源竞争压力加大、政策环境有待完善等挑战。调研建议教育行政部门完善有关配套政策，将独立学院全面纳入高等教育管理与服务体系；独立学院要探索新型学校内部管理机制，明确办学定位，凝练办学特色；加强对独立学院监督和评估。

（王家兵）

【完成教育督导工作状况调研】 10月20至11月19日，市政府教育督导室完成教育督导工作状况调查研究。调研小组由市政府教育督导室领导、北京市和部分区县教育督导室督学组成，发放调查问卷400份，分别召开区县督导室主任和中小学校长、幼儿园园长座谈会，并借鉴发达国家督导实践和理论，分析和总结北京市教育督导工作基本情况，形成调研报告。

（高传霞）

北京市人民政府
教育督导室
主任、副主任

主　　任　线联平
副 主 任　刘莉　陈宏　李壑

（本栏责任编校　董洁）

学前教育

综　　述

2008年，北京市有各类幼儿园（所）1266所，教学班8382个，其中，小学附设学前班303个，比上年减少69个；北京市户籍学龄前儿童总数37.45万人，在园（班）入托幼儿226681人，其中，收托外籍幼儿1712人、外省市幼儿55363人，分别占本市入托幼儿总数的0.7%和23.7%。本市户籍学前儿童入托171318人，占学前儿童总数45.8%，其中，三岁以上儿童入园141558人，占三岁以上儿童89.4%，其中，城区占86.6%，郊区占93%；三岁以下儿童入园29785人，占三岁以下儿童的13.8%，城、郊区分别占16.4%和9.2%；农村儿童学前一年入园率94.6%。

全市幼儿园共有保教职工32535人，其中，园长1620人，具有大专以上学历1431人，占88.3%；专任教师18176人，具有大专以上学历13358人，占73.5%，分别比上年提高1.2和2.6个百分点；具有中专、高中学历教师4818人，占26.5%，比上年下降2.6个百分点。

2008年，市教委投资5500万元，完成10个郊区县50所乡镇中心园幼儿活动室和厨房改造，扩大幼儿活动空间，增添必备教学、游戏设施和现代化厨房设备，改善农村乡镇中心园办园条件。

3月，委托北京幼儿师范学校完成小学转岗教师专业培训。来自10个郊区县218名小学转岗教师，参加学前教育理论、幼儿园专业技能和教学实践等方面系统培训，成为农村中心园教育教学中间力量。

4月，召开“城乡手拉手，和谐促发展”为主题北京市示范幼儿园与农村乡镇中心园“手拉手”活动总结表彰会，并为第二轮示范幼儿园与农村乡镇中心园“手拉手”活动，举行签字仪式。至年底，全市共有54所示级示范幼儿园与乡镇中心园结为“手拉手”姊妹园，通过开展形式多样、内容丰富教育教学交流活动，379名示范幼儿园的兼职教师和157名管理人员对2000名农村乡镇中心园的教师及干部进行手把手帮助和指导，取得明显成效。

2008年，委托北京大学幼教中心开展特殊教育方案研究，并委托北京幼师和北京联合大学特教学院完成35个特殊儿童学前教育基地70名教师的特殊教育理论及技能培训。为有特殊教育需求幼儿及早开展干预行动，提供更加科学、规范服务。

9至10月，完成16个区县65所幼儿园申报北京市早教基地评估验收工作。至此，全市市级早教基地达280个，为0～3岁幼儿接受早期教育提供优质资源。

11至12月，完成教育质量监督和检查工作，组织幼教研、卫生保健、行政管理等有关方面人员完成9个区县申报的16所市级示范园工作视导；并对11个区县申报一级一类28所幼儿园进行评审，其中，一级一类幼儿园15所、一级二类幼儿园9所、农村达标园4所。

5月，市教委投资20万元，委托《学前教育》杂志社举办首次民办幼儿园培训，培训为期七天，涉及民办幼儿园举办者、园长、业务园长、财务人员、保健医生和骨干教师累计1123人，培训覆盖18个区县241所民办幼儿园；组织54所市级示范园园长到办有特色3所民办幼儿园参观、座谈交流。完成《市教委关于加强民办幼儿园考核评价标准及细则》修订工作，鼓励民办幼儿园进入级类管理，使民办学前教育逐步得到健康、规范、可持续发展。

3月，市教委印发开展“阳光体育活动”通知，全市1000所幼儿园开展多种形式阳光体育活动。通过阳光体育活动，幼儿园每天都能保证让教师和幼儿能够坚持2小时户外活动，使科学体育运动、锻炼逐步成为教师与幼儿自觉行动和行为习惯，实现教职工增强体质，快乐工作，幼儿增强体魄，健康成长工作目标。

3月，启动北京幼儿教师基本功展评活动。制订《北京市教育委员会关于开展幼儿教师教育教学基本功展评活动的通知》和《北京市幼儿教师教育教学基本功展评活动考纲说明（试行）》，并印制2万册《考纲》发放到各级各类幼儿园。幼儿教师基本功展评活动，将教师研修、学习、交流培训于一体，加强全市幼儿教师师德建设，整体提升幼儿教师专业素质，提高幼儿园教育教学质量。

贯彻落实《纲要》，实施素质教育成果，东城区、宣武区、朝阳区、海淀区4个区县16所幼儿园向全市各级各类园所开放，1000名幼儿教师参与观摩交流活动。

启动北京学前教育教师培养工作室，加强师资队伍培养。3月，召开启动大会，并为11个工作室及工作室主持人颁牌。每个工作室设有1名优秀理论和教育实践领域专家主持，带领10至12名骨干教师在教学实践中进行学习和研究。来自18个区县123名教师参加活动。

1至6月，开展对非法幼儿园进行调研与治理工作。市教委召开非法园情况汇报交流会，各区县由区政府组织教育、公安、工商、卫生等相关部门共同参与联合检查，对辖区内非法园进行摸查。对查处非法园所认真分析，并对部分非法幼儿园进行取缔，对于出现在城乡结合部，外来人口众多无法立即取缔大型非法园，对其卫生、安全等问题进行严格检查，朝阳等区还成立工作小组，负责对辖区内非法园进行管理和业务指导。

5月，配合市卫生部门做好幼儿园手足口病防疫工作，组织召开全市幼儿园园长和保健医生会议，参会人员1000人，部署手足口病防治工作要求；并对本市各类型幼儿园手足口病情况进行监控，实行手足口病疫情每周一报制度，直至新学期开始幼儿园没有重大疫情发生。

（郭春彦　王洪兰）

总　类

【学前教育专项经费达历史最高】 1月1日至12月31日，市教委拨付学前教育专项经费11900万元，达历史最高水平。其中，投资5500万元，改造50所农村乡镇中心幼儿园的幼儿厨房和活动室；投资280万元，开展幼儿园课程建设和研究；投资600万元，培训农村幼儿园转岗教师；投资400万元，建设15所北京市示范园和50所早教基地；投资5120万元，完成各区县新建、改扩建幼儿园和增添教学设施、设备。

（王洪兰）

【召开特教行动计划总结会】 1月15日，市教委召开“特级教师行动计划”总结会。会议表彰老特级教师克服困难参与行动，并颁发奖杯和证书。会议听取顺义区仁和中心园骨干教师代表和朝阳区劲松一幼教师代表等7人，总结先进教育理念把握、教育实践能力和教育技能方面提高及“特级教师行动计划”活动中经历、收获和体会。来自市教委、教育部基础教司领导及各区县学前科负责人、市区级骨干教师代表等共计300人参加会议。

（郭春彦）

【召开学前教育工作交流会】 1月24至25日，市教委召开学前教育工作交流会。会议听取教育部基础教育司和中国预防医学会儿保分会分别做“全国学前教育发展现状与对策”、“儿童早期发展的若干学术进展”主题报告；听取市教委、市早教所等相关部门交流年度工作思路。会议举办“坚守教育核心价值、办人民满意的学前教育”访谈活动，市早教所和特级教师沈心燕进行现场指导。会议邀请健康教育专家现场培训健康锻炼方法。来自各区县学前科科长、幼儿教研室主任、示范幼儿园园长等共计105人参加会议。

（王洪兰）

【办理提案7件】 1月，市教委办理提案7件。该提案由市人大第十三届一次会议、市政协第十一届一次会议部署，内容涉及加大对学前教育财政投入、将学前教育纳入义务教育体系、加快农村学前教育建设步伐和提高幼儿教师、家长素质等方面问题。市教委采取急事特办原则，落实任务，并及时与市人大代表、政协委员联系，沟通提案、建议办理情况，办理结果得到代表肯定。

（王洪兰）

【关注学前特殊儿童教育】 3月20

日至10月30日，市教委关注学前特殊儿童教育。市教委针对区县35个特殊教育基地教师缺乏特殊教育理论、教育技能和教育方法情况，开展特殊教育专题化研究。委托北京大学幼教中心开展特殊教育方案研究，委托北京幼师和北京联合大学对35个基地70名承担特殊教育工作教师进行200课时培训。

（郭春彦）

【教师工作室启用】 3月26日，北京市学前教育系统教师培养工作室启用。该教师工作室共分11个分工作室，由18个区县的123名教师组成，每个分工作室由1名优秀理论和教育实践领域专家主持，带领10至12名骨干教师在教学实践中学习和研究。

（郭春彦）

【启动阳光体育活动】 3月，市教委启动阳光体育活动。该活动依据《关于在各级各类幼儿园中开展“阳光体育活动”的通知》、《2008年“阳光体育活动”方案》、《北京市幼儿园“阳光体育活动”检查标准》和《幼儿园教师组织户外体育活动评价标准》等文件精神，提出“我运动，我健康，我快乐，我成长”、“爱运动，爱阳光，爱健康”、“坚持锻炼，亲近自然，拥抱阳光，全面发展”、“增强体质，快乐工作”活动口号，要求在各级各类幼儿园中举办。

（王洪兰）

【举办幼儿教师基本功展评活动】 4月1日至12月31日，市教委举办幼儿教师教育教学基本功展评活动。该活动按照《北京市幼儿教师教育教学基本功展评活动考纲说明（试行）》文件规定，采用淘汰赛制，考核内容分笔试、口试和才艺展示3部分。来自全市18个区县幼儿教师报名参加初赛。其中，198人入选决赛。

（彭兴蕊）

【启动第二轮“手拉手”支教活动】

4月28日，市教委召开北京市示范幼儿园与农村乡镇中心园“手拉手”活动总结表彰会并启动第二轮示范幼儿园与农村乡镇中心园“手拉手”支教活动启动仪式。会议以“城乡手拉手，和谐促发展”为主题，表彰北京市学前教育系统优秀支教工作者39人，北京市示范幼儿园特别贡献奖39个；同时宣布启动第二轮支教活动。来自教育部、市人民政府教育督导室负责人，各区县教委相关负责人，54所示范幼儿园园长与54所农村乡镇中心园园长及优秀工作者等共计200人参加会议。第一轮支教活动中，39所示范幼儿园379名教师和157名管理干部对39所农村乡镇中心园2000名教师及园长进行帮助和指导；第二轮活动中，又增加15所示范幼儿园与农村乡镇中心园结对。

（彭兴蕊）

【举办转岗教师专业化培训】 4月，市教委举办第4期转岗教师专业化培训。培训内容涉及学前教育理论和幼儿园教育教学实践两方面，每期培训1000学时。培训由北京幼儿师范学校承担，投入专项经费200万元。来自10个郊区县218名由小学转岗到乡镇中心园任职教师参加学习。

（王洪兰）

【完成非法办园治理工作】 5月10日至6月28日，市教委完成非法办园整顿治理工作。该整治工作由各区县政府负责，组织教育、公安、工商、卫生等相关部门组成联合检查小组，采用能取缔的立即取缔方式，对于城乡结合部大型非法园，无法立即取缔，应对卫生、安全教学等方面问题进行严格检查，并进行日常管理和业务指导。

（郭春彦）

【完成街道幼儿园情况调研】 5月，市教委完成街道幼儿园情况调研。该调研面向8个城区隶属于街道办事处管理的49所幼儿园，采用实地走访方式，了解街道幼儿园管理、办园经费、师资状况、教育教学和园所环境设施等情况。

（王洪兰）

【出版“福娃奥运”系列丛书】 7月15日，市教委出版“福娃奥运”系列丛书。该丛书按大、中、小三个年龄班编写，内容涉及剪贴、拼折、涂画、猜猜我在干什么、启迪心灵的福娃故事、让孩子聪明智慧的福娃故事、1001昆虫世界大搜索等12个方面知识。每套图书25册，印数400套，总投资7.8万元，由北京少儿出版社出版。9月1日，市教委将400套图书赠送给10个郊区县乡镇中心幼儿园。

（王洪兰）

【验收早期教育示范基地】 10月，

市教委检查验收北京市早期教育示范基地。验收专家组以北京市早教示范基地验收标准为依据，从领导重视、早期教育形式、社区儿童受教育率等7个方面，分两组同时进行检查。通过听取园长工作汇报、考察幼儿园基地园教学活动、查看相关资料等方式，对幼儿园早期教育工作做出客观评价和认定。65个早教基地参加验收。至年底，北京市共有市级早教示范基地280个。

（王洪兰）

【完成示范园评审和园所级类验收工作】 11至12月，市教委完成市级示范园评审和园所级类验收工作。评审小组由幼教研、卫生保健、行政管理等有关方面人员组成，综合检查9个区县16所幼儿园各项工作。其中，14所幼儿园达到北京市示范园标准，通过率87.5%。完成11个区县申报级、类验收28所幼儿园评审，其中，一级一类幼儿园15所、一级二类幼儿园9所、农村达标园4所。

（王洪兰）

示　范　幼　儿　园

北京市西城区北海幼儿园

【概　况】 2008年，北京市西城区北海幼儿园总占地面积（包括托儿部）25346平方米，总建筑面积（包括托儿部）9482平方米。固定资产总值1701万元。全年教育经费投入1469万元，其中，国拨945万元，自筹524万元。园内建有9个蒙台梭利教室，一个可同时接纳40名幼儿计算机教室，2个教师用计算机备课室，3个儿童功能室及体育走廊、健身房、儿童游泳棚等设施。幼儿园设有教学班22个，其中，托幼班4个，小班8个，中班5个、大班5个。有教职工124人，其中，专任教师77人，助理教师40人，夜班助理教师7人。专任教师中具有研究生学历2人，本科33人，大专42人；小教高级职称45人；高级保育员22人。全年在园幼儿612人，入园幼儿174人，离园幼儿172人。

（李海霞）

【通过市级示范园年度考核】 4月25日，北海幼儿园通过市级示范园年度考核。考核小组由区教委、区妇幼保健所等科室相关人员及西城区各示范园园长、业务园长及保健医组成考核小组，听取该园园长做年度各项工作总结，观摩教育实践活动、查阅相关档案资料，召开教师分组座谈和研讨会。考核小组分别从教育教学、教师队伍建设、园所管理、卫生保健等方面对幼儿园工作进行反馈，并针对教育教学中如何进一步深入贯彻《纲要》精神，如何加强“研生、研师、研学”力度，加强课程文化建设，加强青年干部培养以及早教工作研究等方面提出建议。

（袁忠英）

【举办学习型组织建设专题讲座】 6月2日，北海幼儿园举办学习型组织建设专题讲座。讲座邀请北京市教委创建学习型组织专家，讲解什么是学习型组织、为什么要创建学习型组织以及怎样建设学习型组织三方面内容。该园教师共120人参加学习。

（袁忠英）

【举办消防安全宣传周活动】 11月6日，北海幼儿园举办消防安全宣传周活动。活动以“我与消防员叔叔”为主题，邀请西城公安消防支队消防战士表演正步走，穿消防服装比赛，演习灭火方法与逃生技巧。该园师生共42人参加活动。

（范敏敏　史昂　李海霞）

【举办青年教师才艺展示】 11月21日，北海幼儿园举办青年教师才艺展示活动。活动推出笛子独奏“爱情故事”、故事表演“两只笨熊”等文艺节目，展示折纸作品“三只连头鹤”和剪纸作品“窗花”。该园青年教师42人参加活动。

（范敏敏　李海霞）

【接待教育部专家组调研】　12月9日，北海幼儿园接待教育部专家组调研。专家组参观幼儿园新扩建小三班、游泳馆、中大班教室、计算机教室、儿童食堂等教学环境，了解幼儿园管理及师资情况，以及对国家政策方面意见和建议。专家组对幼儿园教育理念、规范办学给予充分肯定。

（范敏敏）

北京市西城区棉花胡同幼儿园

【概　况】　2008年，北京市西城区棉花胡同幼儿园占地面积5259平方米。固定资产总值588万元。全年教育经费投入1192万元，其中，国拨755万元，自筹437万元。园内建有蓝天剧场、计算机教室、小礼堂、图书室、蒙台梭利活动室、多功能厅等专用教室及电教设备。幼儿园开设教学班18个，其中，大班3个，中班5个，小班6个，婴儿班4个；亲子班1个。招收2.5～6岁幼儿。有教职工88人，其中，专任教师58人。专任教师中60%以上具有大专以上学历；中学高级教师1人，小学高级教师26人；工勤人员18人，其中，高级工9人，中级工4人，初级工3人，普工2人。全年在园幼儿520人，入园幼儿120人，离园幼儿105人。

（刘峰峰）

【举办“春苗杯”教学基本功大赛】　3月，棉幼举办“棉幼春苗杯”首届教学基本功大赛。比赛采用童话剧形式，设立故事表演、边弹边唱、半日评优、教育理论答辩、自制玩具展示等项目，来自该园教师32人报名参加比赛。其中，18人获奖。

（刘峰峰）

【通过幼儿园综合督导检查】　5月9日，棉幼通过幼儿园综合督导检查。检查小组由区督导室、考核验收组等30人组成，采用查阅档案材料、与教师座谈等方式，检查幼儿园园长职级制考核、领导班组考核与后备干部考核以及对幼儿园一年来整体工作、幼儿园发展状况、师资水平等方面工作，并提出幼儿园管理、教学、保健3个方面合理建议。

（刘峰峰）

【举办教师节演讲活动】　9月1至10日，棉幼举办教师节演讲活动。活动以年级组为单位，采用幻灯片和集体演讲方式，展示让师爱绵延不断——撑起我的翅膀，伴你一生展翅飞翔、用天使的翅膀守护花朵、给你一个拥抱、爱我所爱，无悔青春、在爱的名义下、选择了孩子，就选择了快乐、五彩的爱7个演讲题目。该园教师共36人参加活动。

（刘峰峰）

【召开师徒结对经验交流会】　9月18日，棉幼召开园长师徒结对经验交流会。会议听取幼儿园园长和主任介绍转变为管理者成长过程，讨论教师角色转化为管理者，如何调整自身的心态和行为、园长站位和思考是什么、园长如何选择和对待干部、管理者如何支持年轻教师成长等8个方面问题。会议要求幼儿园管理者要提高自身、加强学习，正确认识和对待管理岗位，树立为园所发展服务意识。来自区教委、第六幼儿园和民族团结幼儿园、西四北幼儿园、育红幼儿园等幼儿园园长和主任参加会议。

（刘峰峰）

【举办园本课程建设宣讲活动】　10月10日，棉幼举办园所文化和园本课程建设宣讲活动。活动讲解什么是文化、文化是如何形成的、我们想要形成何种文化、我们怎样建设这种文化、建设爱勤严诚的园本课程5方面内容。该园教职工共64人参加活动。

（刘峰峰）

【举办迎新年庆祝活动】　12月24至26日，棉幼举办迎新年庆祝活动。活动推出小班幼儿表演步步高、吉祥如意、七巧板、抛彩球等文艺节目；中班幼儿表演螃蟹走、两人三足跑、火车钻山洞等活动项目；大班幼儿表演赠送礼物、新年祝愿、秧歌等活动项目。来自该园教师、幼儿及家长共1200人参加活动。

（刘峰峰）

【召开传承棉幼文化新年座谈会】　12月29日，棉幼召开“传承棉幼文化，促社会性发展”新年座谈会。会议听取棉幼发展史和园所文化形成过程；提出要结合现实思考棉幼社会性园本课程建设途径和方法，并确定棉幼继续发展社会性教育特色方向。来自该园退休园长和教师以及课题指导专家共25人参加会议。

（刘峰峰）

北京市第五幼儿园

【概　况】　2008年，北京市第五幼儿园占地面积8360平方米，建筑面积7189平方米。固定资产总值670万元。全年教育经费投入792万元，其中，国拨451万元，自筹341万元。园内建有音体室、游戏室、科学室、计算机室、电子琴室等专用教室；配有钢琴、电子琴、计算机、投影仪等教学设备。幼儿园设有教学班14个，其中，大班4个，中班4个，小班5个，托班1个，招收2.5～6岁幼儿，寄宿、日托兼有。教职工82人，其中，专任教师46人。专任教师中中学高级教师2人，小学高级教师32人；保育员14人，其中，高级保育员9人，中级保育员5人。全年入园幼儿170人，在园幼儿536人，离园幼儿162人。

（朱小娟　高玉静）

【举办“早期阅读”课题研讨会】　1月8日，五幼举办“幼儿阅读策略学习与早期阅读指导的研究”课题研讨会。会议观摩中班语言活动课“第五个”，研讨阅读内容选择、幼儿图书分类教师指导策略等问题。会议认为教学活动中教师提问与计算机软件、投影仪辅助教学设备运用调动幼儿思维活跃性和学习主动性，转变以往被动学习、简单复述做法。来自“早期阅读”课题专家及教师共11人参加会议。“幼儿阅读策略学习与早期阅读指导的研究”是全国教育科学“十五”规划重点课题，于2006年1月立项，五幼是该课题实验园。

（高玉静）

【举办奥运系列教育活动】　1月8日至9月18日，五幼举办幼儿奥运系列教育活动。活动推出我和福娃盼奥

运、与刘翔叔叔来比赛等主题教育活动，组织大班幼儿参观奥运体操、乒乓球场馆，观看体育健儿训练、比赛，举办奥运倒计时 200 天“童心盼奥运”绘画展，奥运倒计时 100 天“世界公园奥运圣火模拟传递——我与圣火走世界”等。该园幼儿 536 人参加活动。

（高玉静）

【接待加拿大志愿者参观学习】 1 月 15 至 24 日，五幼接待加拿大青年志愿者参观学习。他们在五幼听取该园教育理念、课程模式、社区工作介绍，观摩美术、音乐、体育、语言等教育活动和活动区游戏，并与幼儿、教师互动。学习期间，中加双方就两国学前教育情况与儿童营养卫生保健等话题交流座谈。中加“国际青年结对社区实践项目”是由中国青年国际人才交流中心与加拿大世界青年组织联合组织实施的一项青年人才培养计划，项目为期六个月，分别在加拿大和北京市各开展三个月实践活动，中加学员互助结对，入住社区接待家庭，开展志愿服务等活动。

（郭嫒嫒　郝洪春　高玉静）

【出版《促进幼儿教师成长丛书》】 3 至 4 月，五幼编辑的《促进幼儿教师专业成长的实践探索丛书》出版。该丛书分上册和下册两部分，上册《幼儿教师适宜行为研究》210 千字，下册《幼儿教师反思能力培养研究》253 千字，第 1 版第 1 次印刷各 5000 册，由教育科学出版社出版发行。丛书为“九五”、“十五”科研成果汇集而成，主要论述如何通过教育研究促进教师专业发展，提升幼儿园内在品质问题，为幼教工作者提供大量具有实践启发意义研究案例和针对教师专业发展遇到具体问题解决策略。

（高玉静）

【举办保育课堂系列培训】 3 月 25 日至 10 月 22 日，五幼举办保育课堂系列培训活动。活动推出保育知识讲座、细心搭档观摩讲评、保育观察教育记录、智慧记录卡撰写培训、幼儿保育专题、个案研究等。该园保育员 14 人参加学习。

（高玉静）

【举办教师读书活动】 4 月 3 日至 12 月 31 日，五幼举办“与书为伴、做有思想的教师”读书活动。活动为每名教师提供《与幼儿教师对话》、《窗边的小豆豆》、《快乐工作 72 招》等 8 册教育理论书籍与生活智慧类书籍，要求教师每天读书 30 分钟，养成“背囊读书”、“枕边读书”习惯。并成立 3 个读书互助小组，定期组织读书交流与好书推荐分享活动，每学期撰写读书笔记 1 篇。该园教师共 33 人参加活动。

（高玉静）

【举办主题环境创设教研活动】 4 月

26 日至 10 月 31 日，五幼举办“主题环境创设优化整合”专题教研活动。活动采用现场观摩反思、分年龄班研讨、整合理论学习、环境对比分析、成功实例分享、园长关键问题引思点评等方法，研究优化环境整合的价值追求、优化环境整合的依据、主题环境创设与课程、目标的关系和如何将主题活动内容有机渗透于环境创设中，实现环境的优化整合等问题。该园教师 33 人参加专题教研活动。

（高玉静）

【举办赈灾捐款活动】 5 月 19 至 23

日，五举办赈灾捐款活动。活动共收到师生捐款 33785.63 元，捐赠棉衣、棉被 112 件，“特殊党费”11400 元。该园教职工 87 人及幼儿 529 人参加活动。

（高玉静　寇丽娟）

【科研成果获奖】 5 月，在北京市第五届教育科学研究优秀成果表彰会上，五幼主持的教育科研专项课题“幼儿教师反思能力培养研究”获得一等奖。该课题以教师为主体，以教师实际发生教育行为为对象，研究影响教师反思水平因素，及提高教师反思意识与能力策略途径。该课题于 2002 年立项，是北京“十五”教育科学规划课题。本届评选由市教委、市教育科学规划领导小组联合举办，特等奖空缺，共评出一等奖 19 项，二等奖 33 项，三等奖 46 项，基础教育专项奖 50 项。

（高玉静）

【举办园本教研开放活动】 11 月 20

日，五幼举办园本教研开放活动。活动观摩科学活动公开课“哪个影子长”，园本教研活动展示课“有趣的影子”，交流教研组织者如何介入教师研讨，发挥引领作用等问题。来自区教委、区教师研修学院、区儿保所等单位领导及幼儿园园长、业务园长共计 30 人参加活动。

（高玉静）

【举办摄影图片展】 12 月 1 至 31 日，五幼举办摄影图片展。展览以“走过改革 30 年——摄改革巨变，展五幼风姿”为主题，展出作品 83 个，内容涉及天安门广场旧貌新颜对比、北京西站与南站、婚纱照变迁、粮票消失和市政公交一卡通出现、五幼教育教学、硬件环境发展历程等。该园教职工 68 人参加活动。

（高玉静）

北京市崇文区第二幼儿园

【概　况】　2008年，北京市崇文区第二幼儿园占地面积2000平方米，建筑面积1000平方米。拥有图书1000册。固定资产总值113万元。全年教育经费投入269万元，其中，国拨130万元，自筹139万元。园内建有电教室、游戏室、图书室等专用教室。幼儿园设有教学班5个，其中，大班1个，中班1人，小班2个，宝宝班1个；招收2.5～6岁幼儿。有教职工44人，其中，专任教师24人。专任教师中小学高级教师14人。保育员9人，其中，高级保育员2人，中级保育员7人。全年入园幼儿60人，在园幼儿150人，离园幼儿60人。

（王坤）

【接待澳大利亚幼教参观团】　4月22日，崇文二幼接待澳大利亚幼教参观团。该参观团由澳大利亚心理学博士、教育专家共5人组成，在崇文二幼听取园长介绍“以幼儿为主体”办园理念及科学特色，参观各年龄班活动区、自然角等教学环境。中澳双方教师就教师如何运用有效的教育语言与幼儿产生良好的师幼互动等问题进行交流。

（王坤）

【举办民间体育游戏活动】　6月5日，崇文二幼举办民间体育游戏活动。该活动邀请民间艺人及幼儿家长，推出“抖空竹”、“滚铁环”等游戏表演。来自该园师生共200人参加活动。

（王坤）

【举办“阅读沙龙”活动】　12月，崇文二幼举办“阅读沙龙”活动。该活动向家长介绍“阅读沙龙”目的和意图，指导和建议幼儿家长筛选适宜开展幼儿教学活动的图画书，带领幼儿家长分析现有幼儿读本，指导幼儿理解图画书方法；接待幼儿家长来访，解答幼儿阅读方面问题；讨论“如何让幼儿在阅读中丰富词汇量”等问题。幼儿园师生及幼儿家长共70人参加活动。

（王坤）

北京市朝阳区安华里第二幼儿园

【概　况】　2008年，北京市朝阳区安华里第二幼儿园设立一园两址办学，总占地面积10404.23平方米，建筑面积7188.27平方米。图书1.2万册，玩教具3200套，固定资产总值569万元。全年教育经费投入445万元，其中，国拨343万元，自筹102万元。园内建有多媒体教室、幼儿音体教室、CPM游戏室、幼儿图书馆等专用教室。幼儿园设有教学班14个，其中，大、中、小班各3个，托幼班3个，社区早教班2个。有教职工74人，其中，专任教师44人，保育员12人。专任教师中幼儿园高级教师21人，中学高级教师3人；全国优秀教师1人，市级学科带头人1人，骨干教师2人，区级骨干教师16人。全年在园幼儿370人，入园幼儿120人，离园幼儿90人。

（赵亚利）

【举办“安全月”活动】　3月1日，

安华二幼举办“安全月”活动。该活动采用向家长发放宣传材料、组织幼儿防火演习、环境中出示安全教育图片及教学活动等形式，宣传幼儿安全知识。来自该园教职工61人、幼儿365人参加活动。

（赵亚利）

【召开园级家长委员会】　3月14日，安华二幼召开园级家长委员会。会议由园长、保教主任、保健医等分别向幼儿家长介绍本学期幼儿园工作、保教工作计划以及卫生保健知识等工作内容；提出幼儿园管理、校园文化建设等方面意见。来自该园各班家长代表20人参加会议。

（赵亚利）

【召开幼儿伙食管理家园研讨会】　3月19日，安华二幼召开幼儿伙食管理家园研讨会。会议研讨幼儿食谱制订、食品进货渠道、幼儿伙食管理以及合理营养膳食等方面问题，要求幼儿家长对幼儿伙食管理进行监督指导，确保幼儿健康和安全。来自该园幼儿伙食委员会成员15人参加会议。

（赵亚利）

【举办师德月主题活动】　3月27日，安华二幼举办“师德月——教师仪表形象建构”主题活动。活动推出自我风采展示、教师职业形象展示、家长心中理想教师形象访谈、自我反思什么是良好的教师形象等宣传活动，组织教师开展“我理想的幼儿教师仪表形象”主题讨论。该园教师共30人参加活动。

（赵亚利）

【举办社区早教咨询活动】　3月30日，安华二幼举办社区早期教育咨询活动。该活动面向社区0～3岁儿童，宣传儿童早期教育知识，解答幼儿早期教育方面问题，发放宣传材料50份，来自人定湖公园社区幼儿及家长共60人参加活动。

（赵亚利）

【开设园长讲堂】　4月21日，安华

二幼开设园长讲堂。该讲堂由园长郭文英主持诠释园所文化新内涵，涉及物质文化、精神文化、制度文化、行为文化四个方面。强调以园为基、以德为先、以爱为本、彼此欣赏、彼此称赞，工作中体验快乐管理理念。

（赵亚利）

【举办奥运环保活动】　4月25日和5月6日，安华二幼分别举办两次奥运环保活动。其中，4月25日，举办“我是奥运环保小卫士”活动。该活动以绿色奥运，保护环境为主题，推出清洁幼儿园内环境、扫院子、擦楼梯扶手、擦大型玩具等活动。来自该园大班幼儿及教师共70人参加活动。5月6日，举办自制奥运环保袋活动。该活动利用布、纸等材料做成环保袋，倡导绿色奥运精神。来自该园大班幼儿和家长60人参加活动。

（赵亚利）

【举办庆六一幼儿运动会】 5月28至30日，安华二幼举办庆六一幼儿运动会。该运动会以“迎奥运、庆六一”为主题，设立小班、中班、大班3个年级个人和集体合作2个组别。其中，个人组开设跳绳、夹豆、投球等项目；集体合作项目开设火炬传递、学刘翔跨栏跑、蚂蚁搬豆等项目。该园幼儿200人参加比赛。

（赵亚利）

【举办教师教学基本功评比活动】 8月19日至12月25日，安华二幼举办教师教育教学基本功评比活动。活动设立笔试、口试、技能展示、总结培训等部分，由考核小组对考核内容进行全面分析、评议。该园教师39人参加评选，其中，优秀10人。

（赵亚利）

【新建幼儿图书室正式开放】 10月

10日，安华二幼新建幼儿图书室正式开放。图书室内藏有经典阅读故事书、工具书、百科书等9000册，可同时容纳40名不同年龄儿童阅读，室内设有沙发、桌椅、地毯、书柜等辅助设施。图书室于8月开工建设，总投资15万元。

（赵亚利）

【举办亲子混龄秋季运动会】 10月30日，安华二幼举办亲子混龄秋季运动会。运动会以“我健康、我快乐”为主题，推出小手穿大鞋、螃蟹夹球、过河拆桥、毛毛虫等集体和分组游戏项目。来自该园幼儿及家长共150人参加活动。

（赵亚利）

北京市六一幼儿院

【概　况】 2008年，北京市六一幼儿院占地面积7万平方米，建筑面积1900平方米。固定资产3154万元。全年教育经费投入1871万元，其中，国拨1175万元，自筹696万元。园内建有幼儿体操房、音乐教室、计算机房、美术教室、资料室、图书室、多功能厅等专用教室，配有多媒体、投影、音像等电教设备。拥有户外大型玩具10种。幼儿园设有教学班30个，其中，大班9个，中班9个，小班10个，亲子班2个。有教职工107人，其中，专任教师61人。专任教师中具有研究生学历4人、大学本科31人、专科28人；小学高级教师29人，市级骨干教师2人、区级骨干教师6人、院级骨干教师20人；保育员53人。全年在园幼儿846人，入园幼儿310人，离园幼儿337人。

（王秋萍）

【完成幼儿体检工作】 3月18日和5月12日，六一幼儿院完成幼儿体检工作。检查设立口腔、视力测查、身高、体重、血色素测量、听力、内科7个项目。该院幼儿共计667人参加体检。

（王秋萍）

【举办国际阅读日活动】 4月23日，六一幼儿院举办国际阅读日活动。活动推出故事会、小书制作区、图书漂流区和图书捐赠区四个活动区。该院师生及幼儿家长1000人参加活动。

（王秋萍）

【举办“奥运记忆”展示活动】 10月8日至12月8日，六一幼儿院举办“奥运记忆”展示活动。活动采用展板展台方式，展示“奥运门票展览会”、“我运动、我健康、我快乐”、“展望神八”等主题活动内容。该院教师及小、中、大班幼儿共1000人参加活动。

（王秋萍）

北京师范大学实验幼儿园

【概　况】 2008年，北京师范大学实验幼儿园设立一园多址办学，校本部园舍占地面积8595平方米，总建筑面积6363平方米。图书1万册。固定资产总值110万元。全年教育经费投入628万元。园内建有大型活动教室、多功能厅、音乐教室、幼儿琴房、资料室、厨房、图书馆及东西大操场等专用设施。幼儿园设有教学班25个，其中，大班3个，中班3个，小班4个，婴班3个，婴小混龄班4个，小中大混龄班8个。有教职工472人，其中，专任教师309人。专任教师中具有研究生学历13人、本科65人、大专106人、中专125人。全年在园幼儿732人，入园幼儿222人，离园幼儿208人。

（段韶辉）

【修订幼儿园《管理手册》】 3月1日，北师大实验幼儿园完成幼儿园《管理手册》修订工作。该手册分总则、规章制度、岗位职责、奖惩细则、教育评价五个部分，其中，总则涉及教职工职业道德规范、办园宗旨等内容；规章制度涉及行政管理、教育教学、卫生保健、后勤安全四方面内容；岗位职责涉及行政管理人员、教学教辅人员、保健后勤人员三类人员；奖惩细则主要对工资、福利待遇以及违反劳动纪律所受处罚等方面说明。此手册作为幼儿园教职工上岗培训教材。

（段韶辉）

【举办向灾区献爱心活动】 5至7

月，北师大幼实验儿园举办向灾区献爱心活动。活动推出幼儿折千纸鹤，制作爱心小船、心愿卡，捐赠图书和玩具等系列爱心活动。共向灾区捐赠棉被120床，捐款155495.31元。来自幼儿园五个分园教职工及幼儿家长共2700人参加活动。

（杨海燕）

【加强食品安全管理工作】 6月5日至7月15日，北师大实验幼儿园加强食品安全管理工作。该园严格选择供货方，规范蔬菜、水果、海鲜、肉食类进货渠道，并对供货方各项证件及基地现场采点检查，供货商品实行保健室、厨房和库房3个部门负责人检查验收制度。

（段韶辉）

【完成管理干部岗位竞聘】 6至7月，北师大实验幼儿园完成首届幼儿园管理干部公开竞聘工作。该竞聘坚持公开、公平、公正和择优录用原则，设置副园长5个、总园长行政助理1个、总园长人事助理兼培训部主任1个、总部科研主任1个、总部财务主任1个、培训部主任助理1个、保教主任6个、总务主任5个、教研员3个共计24个管理岗位，共有27人参加竞聘。其中，签订岗位责任书24人，竞聘成功9个。

（段韶辉）

【“娃娃图书馆”改装工程竣工】 9

月，北师大实验幼儿园“娃娃图书馆”改装工程竣工。工程先后投资30万元，完成重新迁址、重新室内布局装修改造。投资1.8万元，购置图书6500册。改装后“娃娃图书馆”在图书陈列架、图书布局等方面更趋于儿童化、专业化，图书数量、种类增加，利于指导亲子阅读、班级阅读等方面工作。该图书馆于11月12日挂牌北京师范大学图书馆学前分馆。

（邢爱玲）

北京市海淀区太阳幼儿园

【概　况】 2008年，北京市海淀区太阳幼儿园设立一园两址办学，分别是太阳园和太月园。太阳园占地面积2871平方米，建筑面积3400平方米；太月园占地面积3213平方米，建筑面积2482平方米。图书共4500册。固定资产总值58万元。全年教育经费投入210万元，全部为自筹。两园分别建有成套儿童用房及多功能厅、音乐教室、阳光棚、玩具图书馆、室内游戏大厅等多种活动教室。太阳园设有教学班6个，婴儿班2个；太月园设有教学班5个，婴儿班1个，均为日托制。两园共有教职工64人，其中，专任教师30人。专任教师中具有中学高级职称1人，小学高级职称2人；保育员21人。全年在园幼儿346人，入园幼儿80人，离园幼儿82人。

（刘秀梅）

【举办传统节日庆祝活动】 2月21

日、6月6日和9月12日，太阳幼儿园分别共举办三次中国传统节日庆祝活动。其中，2月21日，幼儿园举办包元宵、做灯笼、猜灯谜、赏灯会等活动庆祝元宵节。来自该园教师、幼儿及家长共180人参加活动。6月6日，幼儿园举办“大带小”包粽子活动庆祝端午节，该园幼儿共210人参加活动。9月12日，幼儿园举办幼儿制作月饼、品尝月饼活动庆祝中秋节，该园中、大班幼儿共120人参加活动。

（周立莉）

【举办亲子爬长城活动】 10月10日，太阳幼儿园举办亲子爬长城活动。活动以“我爱中国”为主题，推出爬长城、野外写生、编写赞美长城诗歌等活动内容。该园大班幼儿及家长共134人参加活动。

（刘秀梅）

【接待市级骨干教师培训班观摩】 11月7日，太阳幼儿园接待北京市骨干教师培训班观摩。观摩团由北京市保教协会举办的市级骨干教师培训班学员共6人组成，他们参观幼儿园园舍环境，观摩幼儿园“好吃的糖果”、“规律排序”和“美丽的盘子”3节教育活动课。

（刘秀梅）

【举办“美食品尝会”活动】 12月24日，太阳幼儿园举办“美食品尝会”活动。活动展示幼儿作品香香的热狗、小桃酥、刺猬包、蝴蝶卷、三明治、比萨饼等主食花样共6种。该园幼儿及家长520人参加活动。

（刘秀梅）

北京市丰台区
丰台第一幼儿园

【概　况】 2008年，北京市丰台区丰台第一幼儿园设立一园两址办学，园舍占地面积10060平方米，建筑面积6480平方米。图书17940册，玩教具4000种。固定资产总值428.81万元。全年教育经费投入750万元，其中，国拨457万元，自筹293万元。园内建有音乐教室、儿童玩具图书馆、计算机教室等专用教室，配有大型户外玩具、爬、跳跃、攀登和电子白板等教学设施。幼儿园开设教学班20个，其中，大班6个，中班7个，小班7个；亲子半日班4个。有教职工85人，其中，专任教师49人。专任教师中具有小学高级教师职称17人；保育员20人。全年在园幼儿596人，入园幼儿188人，离园幼儿210人。

（黄凌　易明延）

【利用班级博客促进家园联系】 4月

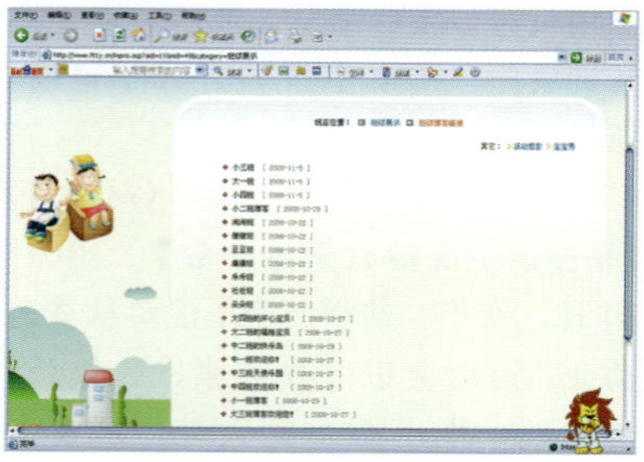

16日，丰台一幼利用班级博客促进家园联系。该园每个班级调整和丰富班级博客内容，刊载反映幼儿在生活、学习、户外游戏活动片段；家长可以随时观看、阅读，提问、发表评论。

（黄凌　易明延）

【采取措施预防手足口病】　5月5

日，丰台一幼采取措施预防手足口病。预防措施提出教师和保教人员要提高反应和应变处理突发事件能力，同时向家长宣传预防手足口病相关知识，发放宣传资料。加强对幼儿卫生习惯养成教育，每班张贴洗手六部法图片。食堂增加水果和蔬菜供应量，提供清淡易消化饭菜。取消对外接待观摩活动，暂时停办亲子半日班，防范措施保障幼儿健康，保证幼儿园正常教学活动开展。

（黄凌　易明延）

【举办英语教学观摩活动】　12月2日，丰台一幼举办英语教学推优观摩活动。活动观摩“快乐的一天”、“过生日”和“小熊请客”等5节英语教学活动课。其中，“快乐的一天”采取情景式教学法，符合幼儿年龄特点。该园教师8人参加活动。

（黄凌　易明延）

【举办信息技术培训】　12月13至14日，丰台一幼举办信息技术培训。培训班学习动画制作、声像链接与截取、电教白板运用等内容。该园教师36人参加学习。

（黄凌　易明延）

解放军总后勤部六一幼儿园

【概　况】　2008年，解放军总后勤部六一幼儿园以寄宿制为主，占地面积2.4万平方米，建筑面积1.1万平方米。绿化面积1万平方米。拥有幼儿图书1.2万册，教师用书4600册。固定资产总值998.6万元。全年教育经费投入604万元，其中，国拨230万元，自筹374万元。园内建有幼儿礼堂、幼儿活动室、音体室等配套用房。幼儿园设有教学班19个，其中，大班4个，中班5个，小班7个，托班3个。有教职工107人，其中，专任教师44人。专任教师中92%以上具有大专以上学历；中学高级教师1人，幼儿园高级教师20人；保育员46人，其中，高级保育员19人，中级保育员14人。全年在园幼儿557人，入园160人，离园164人。

（范茜）

【举办民族体育活动】　3月1日至12

月31日，总后六一幼儿园举办民族体育活动。活动以班级为单位，根据幼儿情况制订不同项目民族体育活动。小班推出花样拍球、走高跷、玩风车；中大班推出踢毽子、推铁环、跳竹竿、跳长绳、抽陀螺、抖空竹等活动。该园幼儿492人参加活动。

（范茜）

【举办“我会洗手”活动】　3月，总后六一幼儿园举办“我会洗手”活动。活动讲解正确洗手方法，学习讲卫生儿歌，宣传户外游戏卫生常识、外出游玩需注意卫生常识等内容，并张贴正确洗手方法图片。该园幼儿共520人参加活动。

（范茜）

【举办教师教育技能展示活动】　4月，总后六一幼儿园举办教师教育技能展示活动。活动推出讲故事、手工制作、绘画、唱歌、舞蹈、钢琴六项内容才艺展示及《幼儿园教育指导纲要》笔试、口试及计算机测试四项技能。该园教师38人参加活动。

（范茜）

【实验幼儿智能数学教育方法】　8月，总后六一幼儿园实验幼儿“智能数学”教育教学方法。该教学方法将幼儿生活中相关数学内容容入游戏活动，重点开展数学活动探索，研究数学组织活动新方法。幼儿园以班级自报形式确定5个试验班，共145名幼儿参加实验。12月，全国幼儿园园长培训班观摩小班数学活动“给小熊送礼物”，中班数学活动“按规律排序”，大班数学活动“仿编6的加法应用题”等6节教学活动展示课。

（范茜）

【举办角色区活动】　9月1日至12月31日，总后六一幼儿园举办角色区活动。活动展示小班“娃娃家”主题教育活动课，中大班设立“小餐厅”、“小剧场”、“美发屋”等活动空间，创设贴近幼儿生活场景。该园幼儿496人参加活动。

（范茜）

【规范保教管理工作常规】　9月，总后六一幼儿园制订《保教干事工作管理常规》和《业务副园长工作管理常规》两项管理文件。文件明确业务领导工作内容及任务，提出“加大听课密度，加强集体教研活动，做好日常听课记录，当面反馈教师在活动中问题”等管理措施；推出备课本批阅展示、教育笔记批阅展示、教研记录展示、周月小结展示、环境评比资料展示、阳光体育资料展示、论文成果展示7项管理资料展示。

（范茜）

北京市延庆县第三幼儿园

【概　况】　2008年，北京市延庆县第三幼儿园占地面积5136平方米，建筑面积2865平方米。图书2500册，大型玩具6件。固定资产总值250万元。全年教育经费投入427万元，其中，国拨331万元，自筹96万元。园内建有活动室12个。幼儿园开设教学班12个，其中，小班4个，中班5个，大班3个。有教职工59人，其中，专任教师43人。专任教师中小学高级教师25人；保育员12人。全年在园幼儿426人，入园幼儿 129 人，离园幼儿 136 人。

（韩淑香）

【举办视频教研活动】 1 月 21 日至

12 月 18 日，延庆三幼举办视频教研活动。活动利用网络视频，与留美博士研讨 0～3 岁幼儿早教问题。共开展视频教研 30 次，整理文字案例 150 篇，声像案例 50 篇，参加研究人员 16 人。

（韩淑香）

【实验“走动式”区域活动】 3 月

18 日，延庆三幼实验“走动式”区域活动教学。活动将大班教师和活动区材料整合、运用，形成班级专项区域活动，由教师专门指导，幼儿根据各自兴趣轮流到其他班级参加活动。“走动式”区域活动充分利用活动资源，促进教师单科领域探索与研究。

（韩淑香）

【通过语言文字校验收】 10 月 14 日，延庆三幼通过语言文字校验收。验收小组由延庆县语言文字办公室专家组成，采用听工作汇报、查阅相关档案、观摩教育活动、个别访谈等方式，检查幼儿园师生普通话水平和语言文字规范化等方面工作。验收小组认为该园语言文字规范化和普通话应用水平达到国家验收标准。

（韩淑香）

【举办骨干教师献课活动】 12 月 24 日，延庆三幼举办骨干教师献课活动。活动展示小班社会活动课“大家一起玩”、中班社会活动课“哭泣是什么”、大班科学活动课“落下来”3 节教学活动课。来自该县幼儿教师 40 人参加活动。

（韩淑香）

北京市宣武区槐柏幼儿园

【概　况】 2008 年，北京市宣武区槐柏幼儿园占地面积 3755 平方米，建筑面积 2755 平方米。全年教育经费投入 473 万元，其中，国拨 289.85 万元，自筹 183.15 万元。图书 2690 册，玩教具 230 种。固定资产总值 205.83 万元。园内设有多媒体计算机网络教室、现代化多功能室、亲子乐园早期教育室、音体室、美劳科技室、图书资料室、保健室、家长阅览室等专用教室；配有计算机、摄录像机、电子白板、液晶投影仪等专用教学设备。各教学班配有计算机（全部是液晶显示器）、数码照相机、液晶电视机、录音机、DVD 播放机、投影设备以及多媒体教学软件；室外建有攀岩墙、大、中、小型活动器械 135 种。幼儿园开设教学班 10 个，其中，大班 2 个，中班 2 个，小班 2 个，托班 1 个，亲子班 3 个。有教职工 35 人，其中，专任教师数 18 人。专任教师中中学高级教师 1 人，小学高级教师 12 人；保育员 5 人。全年在园幼儿 265 人，入园幼儿 110 人，离园幼儿 64 人。

（贾静嫣）

【召开“走进童心世界”研讨会】 5 月 14 日，槐柏幼儿园召开走进童心世界——教师陈琳成长之路研讨会。该活动采用观摩教学、案例分析、观看录像、课题研讨、专家评议等形式，听取陈琳题为《感悟童心世界，真正促进幼儿的快乐与发展》主题经验报告，从德育教育、指导思想和原则等方面，阐述感知、体验“有序”和“方法”与活动效果关系，通过游戏发现、理解规则，使幼儿知道谦让、轮流、排队等方法，形成遵守社会规则良好习惯。该园师生共 156 人参加活动。陈琳，1974 年 8 月出生，江苏省人，2000 年毕业于首都师范大学，教育系幼儿艺术教育专业。

（贾静嫣）

【举办消防演习模拟训练活动】 6 月

25 日，槐柏幼儿园举办消防演习模拟训练活动。该活动设立宣传教育、操作指导、实际演练 3 个阶段，设计火情发生撤离预案路线，模拟演示逃生过程。该园师生 246 人参加活动。

（贾静嫣）

【开展缓解幼儿分离焦虑情绪实验】 8 月 18 至 29 日，槐柏幼儿园开展缓解新小班幼儿分离焦虑情绪实验研究。该研究采取“幼儿入园适应周”方式，要求入园前两周由家长带领，利用每天上午来园适应集体生活，各班教师根据活动环节指导幼儿熟悉活动室、午睡室、盥洗室、户外活动场地等，并开展教师、家长与幼之间游戏互动，缓解幼儿来园焦虑情绪。该园教师及幼儿家长 162 人参加活动。

（贾静嫣）

【2 项信息技术应用作品获奖】 10

月，在第二届全国中小学信息技术应用作品评比活动中，槐柏幼儿园作品《幼儿园资料管理展示教育网站》和应用教育活动实录《独一无二的我》分别获一等奖和二等奖。全国中小学信息技术应用作品评比活动由中国教育学会中小学专业委员会主办，评比项目设立信息技术教育应用活动实录、多媒体课件、教育主题网站（含

个人教育博客）等4项内容。来自全国20个省市自治区1356件作品参加评选，其中，课件172件，教学论文700件，应用课件及网页博客484件。

（贯静嫣）

【举办贯彻《纲要》现场观摩活动】 11月26日，槐柏幼儿园举办贯彻《纲要》现场观摩活动。活动听取园长题为《立足园本培训，促进幼儿园发展》工作经验报告，观摩各班区域游戏活动，推出小班健康教育活动课“小手一家真快乐”，中班绘本阅读“我的幸运一天”、“鼠小弟打喷嚏”，大班美术活动“特殊的笔”等6节教学活动课。来自市学前教育研究会专家及该园师生共80人参加活动。

（贯静嫣）

北京市朝阳区劲松第一幼儿园

【概　况】 2008年，北京市朝阳区劲松第一幼儿园设立一园三址办学，园舍占地面积7791.56平方米，建筑面积5795.94平方米。全年教育经费投入764.86万元，其中，国拨632.96万元，自筹131.90万元。图书2.4万册，固定资产总值717.93万元。园内建有多功能教室3个，配有投影设备17套。幼儿园设立教学班15个，其中，大班5个，中班5个，小班5个。有职教职工76人，其中，专任教师67人。专任教师中幼教高级教师30人，幼教初级教师26人，中学高级教师2人；高级保育员2人，中级保育员4人。全年在园幼儿460人，入园幼儿158人，离园幼儿151人。

（芦德芹）

【举办爱心捐助活动】 5月14日，劲松一幼举办爱心捐助活动。该活动共收到捐款2.76万元；图书3383册，文具2301件，玩具162件，总价值5.76万元，并委托朝阳慈善机构转交四川省什邡市教委幼儿园。该园师生共543人参加活动。

（芦德芹）

【赴马来西亚考察访问】 10月4日至10月25日，劲松一幼3名教师赴马来西亚考察访问。在马来西亚3名

教师参观幼儿园教学环境和创价学会，展示幼儿园角色性主题游戏园本课程和奥尔夫音乐活动。双方教师探讨幼儿英语课程和奥尔夫音乐教学等方面问题。

（芦德芹）

【接待上海家教访问团参观】 11月4日，劲松一幼接待上海家庭教育访问团参观。该访问团由上海教科所家庭教育研究中心专家、教师共21人组成，他们听取该园做家长教育资源利用及如何开展家长工作经验介绍，并回答有关家庭教育策略研究等方面问题。

（芦德芹）

【举办奥尔夫音乐教学观摩】 11月21日，劲松一幼举办奥尔夫音乐教学观摩活动。该活动采用观摩、研讨方式，展示幼儿园大班“欢乐满山谷”、中班“精灵进行曲”等音乐教学内容，并由台湾奥尔夫音乐专业教师完成点评。来自全国36所幼儿园音乐教师151人参加活动。

（芦德芹）

【赴广西开展教育交流】 12月18至28日，劲松一幼分两批组织教师赴广西开展教育交流活动。该活动参观广西壮族自治区机关第三幼儿园校园环境，交流幼儿园主题课程、家长教育资源利用、幼儿园文化建设等问题。

（芦德芹）

北京市海淀区四季青常青幼儿园

【概　况】 2008年，北京市海淀区四季青常青幼儿园占地7500平方米，建筑面积6400平方米。图书16100册；各类玩教具7100件。固定资产总值2092.29万元。全年教育经费投入418万元，全部自筹。园内建有形体室、图书室、绘画室、钢琴室和小提琴室5个专业教室，配有演出厅、计算机房和投影仪等教学设施。幼儿园开设教学班14个，其中，大班4个，中班3个，小班3个，托班2个，蒙班2个。有教职工91人，其中，专任教师49人，专任教师中具有大专以上学历29人；小教高级专业技术职务1人。保育员15人。全年在园幼儿478人，入园幼儿139人，离园幼儿145人。

（韩玉兰）

【采取措施预防手足口病】 5月4日，常青幼儿园采取措施预防幼儿手足口病。措施规定每天由保健医对幼儿逐一进行晨检，由保育员对班级幼儿物品加强消毒；保持室内空气对流新鲜；指导幼儿掌握正确洗手方法。教师要加强晨午晚检工作；保证户外活动时间和活动量，对不出勤幼儿建立跟踪记录，了解原因。同时，要求食堂炊事人员做好伙食营养工作。

（韩玉兰）

【缓解新生入园焦虑情绪】 8月26至28日，常青幼儿园举办新生试园缓解幼儿入园焦虑情绪。活动推出教师、幼儿和家长游戏活动，指导幼儿适应集体生活和学习，消除幼儿对新环境陌生感。该园小班和托班新生共100人参加活动。

（韩玉兰）

【举办升班主题教育活动】 9月10日，常青幼儿园举办升班主题教育活动。活动以“关爱弟弟妹妹做合格的哥哥姐姐”为主题，采用班级之间建立拉手教育学习方式，推出“我长大了”、“我升班了”、“我要为弟弟妹妹做个好榜样”教育活动。该园教师、幼儿及新生家长共470人参加活动。

（韩玉兰）

【采取措施控制肥胖儿体重增长】 9月20日，常青幼儿园采取措施控制肥胖儿体重增长。措施规定幼儿每餐进餐时间不少于20分钟，超重和肥胖幼儿采取先喝汤后进主食进餐顺序，并由保健医负责监护超重及肥胖幼儿户外体育活动量。该园14名超重和肥胖儿体重明显得到控制。

（韩玉兰）

【举办教师会操展评活动】 9月26日，常青幼儿园举办教师会操展评活动。活动设立中大班组、小托班、保

育员组、配班组等共7个组别，采用分组展示、分层评价等考评标准，综合评价教师精神面貌、动作技能等方面工作。该园教师54人参加比赛，其中，评出一等奖10人，二等奖10人，三等奖7人。

（韩玉兰）

【举办家园同乐迎新年活动】　12月30至31日，常青幼儿园举办家园同乐迎新年活动。活动推出“让爱住我家”、“长大一岁了”、猜谜语、做游戏、利用废旧物自制时装展示等文艺节目，观看《狼和山羊》、《狐假虎威》和《帮倒忙》木偶剧，展出油画、水墨画、陶艺等70幅幼儿绘画作品。来自该园教师、幼儿及家长共500人参加活动。

（韩玉兰）

北京市顺义区建南幼儿园

【概　况】　2008年，北京市顺义区建南幼儿园幼儿园占地6370平方米，建筑面积2923平方米。图书7900册。固定资产268万元。全年教育经费投入269万元，其中，国拨225万元，自筹44万元。园内建有音乐、舞蹈、亲子活动室3个专用教室；配有大型玩具、多媒体、各种打击乐等教学设施。幼儿园设立教学班10个，其中，大班2个，中班3个，小班5个。有教职工42人，其中，专任教师20人。专任教师中幼儿园高级教师25人。全年在园幼儿311人，入园幼儿144人，离园幼儿126人。学前三年教育普及率100%。

（马长颖）

【开展一课多研活动】　3月1日至12月31日，建南幼儿园开展“一课多研”教研活动。活动推出周一各年龄班完成“教师体验式”课例分析和研讨，周二进行现场活动观摩研讨，课例完成后由教研组长带领平行班教师将反思后教学内容落实。该园共开展活动80次，涉及活动主题20个，参与活动教师共800人次。

（李娟）

【举办教师教育理论考核】　4月9日，建南幼儿园举办教师教育理论考核。考核采用闭卷形式，设立判断题、问答题和论述题3种题型，检查教师掌握《北京市贯彻〈幼儿园教育指导纲要（试行）〉实施细则》理论情况及在教育实践中应用《纲要》能力。共有42人报名参加考核，全部通过。其中，获得成绩优秀30人。

（马长颖）

【举办特色课程家长开放日活动】　4月29日，建南幼儿园举办特色课程家长开放日活动。活动听取幼儿园开展特色教育活动整体情况介绍；以班为单位向家长展示奥福音乐、分享阅读等特色课程；观看幼儿体操表演。该园幼儿家长共300人参加活动。

（马长颖）

【举办音乐教师培训】　8月22至24日，建南幼儿园举办音乐教师培训。培训聘请美育奥福儿童音乐舞蹈国际教育机构教师，讲解音乐与舞蹈和音乐情感表现方法等4个方面内容。该园教师40人参加学习。

（雷宝珍）

【举办送教进社区活动】　9月1日至12月31日，建南幼儿园举办送教进社区活动。活动面向建南和仓上两个社区，采取早教讲座、活动问答和上门服务3种形式，共举办送教进社区活动8次，参加活动幼儿及家长共计1000人次。

（雷宝珍）

【举办每天舞动一小时活动】　9月，建南幼儿园举办“每天舞动一小时”活动。活动聘请区少年宫退休教师担任指导，推出“舞蹈课秀舞技”、“优秀舞蹈课评选”等系列教学展示活动。该园教师40人参加活动。

（马长颖）

【举办音乐教学专项交流活动】　11月6日，建南幼儿园举办城乡音乐教学专项交流活动。活动观摩该园教师奥福音乐、日常音乐教学和音乐研究课等不同类型音乐活动3节；讨论授课教师制订教育目标适宜性、活动过程中组织形式方面问题，并提出建议。活动总结城乡教师不同类型音乐课教学共性和区别，并针对教学对象地域差异对音乐教学提出个性需求进行重点交流。来自朝阳区劲松一幼和顺义区港馨幼儿园教师共11人参加活动。

（马长颖　周君姝）

北京市朝阳区和平街幼儿园

【概　况】　2008年，北京市朝阳区和平街幼儿园总占地面积4773平方米，建筑面积3108平方米。全年教育经费投入385.13万元，其中，国拨294.02万元。固定资产总值477万元。幼儿图书3000册，玩教具1000套。园内设有活动室、美术教室、亲子教室等专用教室；拥有实物投影仪、扫描仪、自动升降屏幕等教学设备，每班配有电视机、计算机、数码相机、幼儿园局域网。幼儿园开设教学班11个，早教中心1个。其中，大班3个，中班3个，小班3个，托班2个；半日亲子班2个，周末小时班2个，招收1～6岁幼儿。有教职工64人，其中，专任教师29人。专任教师中98%以上具有大专以上学历；高级教师14人，市级骨干教师2人，区级骨干教师1人；保育员2

人，其中，中级工2人，高级工1人。全年在园幼儿406人，入园幼儿120人，离园幼儿96人。

（陈沫）

【举办情境教学专题讲座】 4月22日，和平街幼儿园举办情境教学专题讲座。该讲座聘请市早教所专家，讲解如何运用情境数学手册，指导幼儿园教育教学，与教师交流教材中问题，并做现场指导。该园教师26人参加学习。

（陈沫）

【举办爱的传递主题活动】 5月23日，和平街幼儿园举办“爱的传递——和平街幼儿园特殊的园庆”活动。该活动推出美术绘画展，展出10米长儿童合作画5幅；制作宣传展板4块，展示幼儿绘画作品60幅，全部寄往四川地震灾区。来自中华慈善基金会负责人，幼儿家长代表21人及师生共200人参加活动。

（陈沫）

【举办案例写作专题讲座】 6月2日，和平街幼儿园举办案例写作专题讲座。该讲座聘请朝阳区教科所教师，讲解如何编写案例，解答案例写作中选题、背景、案例描述、分析与反思等方面问题，并现场进行案例撰写分析指导。该园教师共32人参加学习。

（陈沫）

【举办幼儿心理学知识讲座】 9月2日，和平街幼儿园举办幼儿心理学知识讲座。该讲座邀请市早教所专家，讲解幼儿心理学、幼儿教育学及《北京市幼儿园教育指导纲要》、《北京市快乐与发展课程》等内容。该园教师28人参加学习。

（陈沫）

【举办幼儿园开放日活动】 10月28

日，和平街幼儿园举办幼儿园开放日活动。该活动参观幼儿园校园环境，观摩幼儿活动区游戏、主题教育活动和户外课间操活动。来自朝阳区10所幼儿园教师共109人参加活动。

（安平）

【通过校园文化检查】 10月29日，和平街幼儿园通过校园文化检查。检查组由朝阳区教委相关部门组成，采用听取工作汇报，查阅幼儿园相关资料，走访部分教师和班级方式。检查组对幼儿园文化建设给予充分肯定，并对园所发展提出建议。

（王秀丽）

【举办攀登英语教研活动】 12月11

至12日，和平街幼儿园举办攀登英语教研活动。该活动听取幼儿园教师做“如何引发幼儿学习英语的兴趣”、“小组表演的教学策略”和“如何引导幼儿创编故事”经验介绍，观摩大二班教学活动课。来自北师大攀登英语项目组、石景山、朝阳区等幼儿园教师共12人参加活动。

（安平）

北京市朝阳区松榆里幼儿园

【概　况】 2008年，北京市朝阳区松榆里幼儿园占地面积3893.44平方米，建筑面积3437平方米。图书7000册，玩教具1万件。固定资产总值458.3万元。全年教育经费投入318.83万元，其中，国拨225.55万元，自筹93.28万元。园内建有婴儿亲子活动室、幼儿计算机室、社区幼儿游戏室、资料室、保健室、图书室、多功能厅等专用教室；配有多媒体投影机、录像机、照相机、计算机、钢琴等教学设备。幼儿园开设教学班9个，其中，大班2个、中班2个、小班3个、婴儿班2个。有教职工39人，全部为专任教师，其中，幼儿园高级教师19人，市级骨干教师1人，区级骨干教师4人；全部具有大专以上学历，实施三教轮换保教模式。全年在园幼儿315人，入园幼儿126人，离园幼儿121人。

（周立光）

【召开年度“手拉手”工作总结会】 1月18日，松榆里幼儿园召开“2006～2007手拉手工作总结大会”。会议听取松榆里幼儿与朝阳区小红门乡培新幼儿园建立“手拉手”两年以来支教工作情况，总结支教师资队伍建设、教育教学管理、教学活动设计等方面取得经验成果，并听取双方教师代表分别介绍支教工作经验。来自“手拉手”姊妹园教师共45人参加会议。松榆里幼儿园支教活动自2006年开始，共有20名教师参加活动，分别来自大、中、小3个年龄班教师及幼儿园管理人员，其中，市级骨干教师1人、区骨干教师4人。

（周立光）

【举办首届教师趣味运动会】 4月16日，松榆里幼儿园举办首届教师趣味运动会。运动会以“迎奥运”为主题，设立跳绳、踢毽、呼啦圈、夹球跑、接力跑等10个趣味比赛项目，该园教师38人参加活动。其中，27人获奖。

（周立光）

【举办画奥运文化衫活动】 5月15

日，松榆里幼儿园举办“与奥运同行我画奥运文化衫”活动。该活动由中大班幼儿独立绘制，小班、婴儿班幼儿与家长共同完成，推出“福娃健美操”、“五环心连心”、“跳水梦想”等300幅幻想作品。来自该园中大小班、婴儿班及部分幼儿家长共300人参加活动。

（周立光）

【举办主食花样展示活动】 9月，松榆里幼儿园举办主食花样展示活动。该活动推出苹果派、菊花包、葫芦酥、南瓜饼等32种主食样式，供师生及家长品尝。来自幼儿园师生及幼儿家长共370人参加活动。

（周立光）

北京市西城区洁民幼儿园

【概　况】　2008年，北京市西城区洁民幼儿园占地面积4200平方米，建筑面积2568平方米。拥有图书6000册，玩教具100种。固定资产总值317万元。全年教育经费投入442万元，其中，国拨355万元，自筹87万元。园内建有多功能教室（小礼堂）、计算机教室、资料室、美劳教室、亲子教室、CPM教室、教职工之家、教师备课室、大小会议室等10个专用教室；各班配有计算机、电视机等教学设备。幼儿园设有教学班7个，其中，大班2个，中班2个，小班3个。有教职工33人，其中，专任教师24人。专任教师中，具有大学本科以上学历13人，占54%；具有大专学历8人，占33%；小学高级教师10人，占42%；市级骨干教师1人，区级学科带头人1人。保育员3人，其中，高级保育员2人，中级保育员1人。全年在园幼儿210人，入园幼儿64人，离园幼儿60人。幼儿园全年先后接待5批200名国内姊妹园参观考察。

（魏科）

【接待全国幼教工作者参观】　4至11月，洁民幼儿园接待全国幼教工作者参观。参观团来自江西、西藏、四川、沈阳等省市幼教专家共80人，他们参观幼儿园整体环境，观看教育活动展示课，听取该园开展自然教育理念经验介绍。

（魏科）

【举办亲子巧手制作大赛】　4月30

日至5月10日，洁民幼儿园举办亲子巧手制作大赛。比赛以迎奥运、重环保为主题，要求展示作品全部利用废旧材料制成，共展出奥运五福娃、我为奥运添色彩、我们从小爱劳动等作品。其中，获一等奖4人；二等奖6人；三等奖10人。

（魏科）

【举办主题革命教育活动】　9月，洁民幼儿园举办主题革命教育活动。活动参观白洋淀革命教育基础，观看嘎子家、胖墩家、柴锅、土炕、嘎子堵烟囱、胖翻译官吃西瓜不给钱及芦苇荡里伏击敌人等再献生活场情，听取老船工谈当年参加儿童团经历。来自该园全体教职工参加活动。

（魏科）

北京市怀柔区第二幼儿园

【概　况】　2008年，北京市怀柔区第二幼儿园占地面积4140平方米，建筑面积2625平方米。幼儿园藏书5000册，大小玩教具2万件。固定资产总值476万元。全年教育经费投入451万元，全部为国拨。园内建有普通教室13个，专用教室5个；配有大中型玩具、电视、钢琴、多媒体、计算机等教学设施。幼儿园设有教学班13个，其中，大班4个，中班5个，小班4个；亲子班2个。有教职工67人，其中，专任教师43人。专任教师中有中级职称教师19人；市级骨干教师2人，区级骨干教师4人，区级学科带头人2人。全年在园幼儿360人，入园幼儿100人，离园幼儿83人。

（陈雪晴）

【接待台湾功文文教基金会访问】　5

月6日，怀柔二幼接待台湾功文文教基金会访问。访问团由18人组成，他们参观幼儿园园舍环境，观摩音乐活动课“小篱笆”及幼儿水墨画、线描画及绘制脸谱，并与幼儿进行游戏互动等。

（陈雪晴）

【开展小幼衔接活动】　5月，怀柔二幼开展小幼衔接活动。活动制订“小幼衔接方案”，参加怀柔二小升旗仪式，观摩一年级攀登英语课和三年级音乐活动“北京的四合院”，研讨“针对入学前，幼儿培养内容和需要注意的问题”等内容。该园幼儿105人参加活动。

（陈雪晴）

【承担转岗教师培训任务】　5月和10月，怀柔二幼承担转岗教师培训任务。培训指导转岗教师学习幼儿入园、盥洗、进餐、户外活动等幼儿一日生活常规内容。来自怀柔区第三幼儿园、北房幼儿园及其他乡镇幼儿园转岗教师40人参加学习。

（陈雪晴）

【接待学前教育工作组调研】　6月20日，怀柔二幼接待学前教育工作组调研。调研组听取该园园长做《打造有思想的团队，办有文化的幼儿园》工作汇报，察看幼儿活动、游戏、学习、生活设施设备。调研组对幼儿园管理、环境布置、师资配备、保教质量等方面予以肯定；对幼儿园园所建设，队伍建设等方面提出要求。

（陈雪晴）

【制订七项措施提高教师专业素质】　9月，怀柔二幼制订七项措施提高教师专业素质。七项措施分别是建立教师业务档案；每天进行教育反思；以园本教研和专业研究发展小组为基点，使教师人人有特色；采取“走出去，请进来”方式，开展培训工作；充分发挥骨干教师作用，骨干教师带徒弟1人；加大青年教师培养力度，制订青年教师培养计划；征集教师教育格言，并制作教师格言展示版。

（陈雪晴）

【举办青年教师基本功大赛】　10月，怀柔二幼举办青年教师教学基本功比赛活动。该活动设立歌舞、理论考试、讲故事、玩具制作等比赛项目。该园青年教师43人参加比赛，其中，评出一等奖 1 人，二等奖 2 人，三等奖 4 人。

（陈雪晴）

【举办“阳光体育”亲子运动会】

12 月 24 至 26 日，怀柔二幼举办“阳光体育”亲子运动会。活动以“我运动、我健康、我快乐、我成长”为主题，推出“大球别碰我”、“小滚筒接力赛”、“打鸭子”等 21 项户外游戏。该园幼儿家长 350 人参加活动。

（陈雪晴）

【评选“师德之星、优秀干部”】　12 月，怀柔二幼举办“师德之星、优秀干部”评选活动。该活动结合幼儿园“师德之星”和“优秀干部”评选方案，依据教师遵守《幼儿园教职工职业道德规范》情况，通过教师民主推荐预备候选人、领导小组审议、召开教职工大会、投票选举等程序产生最终结果。该活动共有 14 名教师分别被评为“师德之星”和“优秀干部”，其中，“师德之星”9 名，“优秀干部”5 名。

（陈雪晴）

【举办青年教师创意大赛】　12 月，

怀柔二幼举办青年教师创意大赛活动。该活动依据幼儿园教师自创歌曲、自编故事、自制玩教具评价标准，比赛作品要符合完整、实用、艺术、教育、科学、趣味等方面要求。大赛展示创意作品 30 件，其中，15 件作品获创作奖。该园 43 名教师参加活动。

（陈雪晴）

解放军总后勤部五一幼儿园

【概　况】　2008 年，解放军总后勤部五一幼儿园占地面积 4 万平方米，建筑面积 2.2 万平方米。绿化面积 1.3 万平方米。固定资产 1013 万元，全年教育经费投入 913 万元，其中，国拨 440 万元，自筹 473 万元。园内建有儿童图书阅览室、借阅室、美术教室、娃娃计算机室、奥尔夫音乐教室等专用教室；拥有游戏场地、大型户外玩具 40 件、沙水池和小动物房。幼儿园开设教学班 28 个，其中，大班 4 个，中班 6 个，小班 9 个，托班 6 个，亲子班 3 个。有教职工 158 人，其中，专任教师 70 人。专任教师中具有大专以上学历占 95%。全年在园幼儿园 756 人，入园幼儿 203 人，离园幼儿 186 人。

（郭新）

【举办外来务工人员专场亲子活动】

4 月 20 日，总后五一幼儿园举办外来务工人员家庭专场亲子活动。活动发放育儿宣传资料 80 份，介绍幼儿早期教育重要性，并现场回答家长提问。来自 6 个社区外来务工人员家庭共 150 人参加活动。

（许丽君）

【举办家教知识讲座】　10 月 22 日和 31 日，总后五一幼儿园举办幼儿家庭教育和儿童心理知识讲座。讲座邀请幼吾幼儿童教育中心儿童心理及家庭教育专家，讲解“家长如何与幼儿园配合进行养成教育”、“家庭教育的误区”两个专题内容。来自该园小托班和大中班家长共 690 人参加学习。

（郭新）

【召开家长代表会】　11 月 5 日，总后五一幼儿园召开幼儿园家长代表会。会议总结两个月来幼儿园重点工作，介绍本学期教育教学方面主要目标及措施。会议收到幼儿家长代表提出各项工作意见和建议 23 条。来自该园幼儿家长共 25 人参加会议。

（郭新）

北京市门头沟区幼儿园

【概　况】　2009 年，北京市门头沟区幼儿园占地面积 6340 平方米，建筑面积 3780 平方米；体育场馆面积 1600 平方米。拥有图书 2 万册，玩具教具 5000 件。固定资产总值 420 万元。全年教育经费投入 431.88 万元，其中，国拨经费 273.06 万元，自筹经费 158.82 万元。园内建有幼儿活动室 13 间，睡眠室 13 间，专用教室 4 间，专用幼儿图书室 1 间。幼儿园开设教学班 12 个，其中，大班 1 个，中班 5 个，小班 5 个，托班 1 个；亲子、特教班 1 个。有教职工 61 人，其中，专任教师 54 人。专任教师中具有中级职称 27 人。全年在园幼儿 387 人，入园幼儿 140 人，离园幼儿 167 人。

（翟雯）

【举办防震知识讲座】　3 月 25 日，门头沟区幼儿园举办防震知识讲座。讲座聘请区防震减灾办公室专家，讲解遇地震灾害时如何进行紧急避险和自我保护等方面知识，并进行现场演练。该园幼儿 60 人参加学习。

（翟雯）

【举办书香校园读书活动】　3 月 27 日，门头沟区幼儿园举办书香校园读书活动。活动要求教职工每人阅读 1 至 3 本书，并做出读书笔记，在全园进行读书体会交流活动。该园教职工共 60 人参加活动。

（翟雯）

【举办社会实践活动】　10 月 13 日，门头沟区幼儿园举办幼儿社会实践活动。活动参观北京朝来农艺园连栋智能玻璃温室，观赏七彩甜椒、荷兰乳黄瓜、樱桃番茄、圣女番茄、观赏葫芦、观赏南瓜等来自荷兰、以色列等国家和地区 100 种新品种蔬菜，实践摇辘轳打水、推碾子磨面等活动，并听取导游员讲解农业知识。来自该园师生共220人参加活动。

（石明廷）

【制订消防安全新措施】 11月25日，门头沟区幼儿园制订消防安全新措施。措施修订和完善《门头沟区幼儿园防火疏散预案》、《禁止燃放烟花爆竹应急方案》、《消防安全应急预案》3方面预案，要求清理楼后夹道，加强防火安全；宣传消防安全知识，增强师生安全意识。

（翟雯）

北京市石景山区第三幼儿园

【概　况】 2008年，北京市石景山区第三幼儿园占地面积4230平方米，建筑面积2077平方米。图书4500册。固定资产总值325万元。全年教育投入256万元，其中，国拨158万元，自筹98万元。园内建有舞蹈教室、美术教室、幼儿图书走廊、亲子教室等专用教室。幼儿园设有教学班8个，其中，大班2个，中班3个，小班2个，托班1个。有教职工33人，其中，专任教师24人。专任教师中全部具有大专以上学历；中学高级教师1人，幼教高级教师11人；区级骨干教师2人。专职保育员4人。全年在园幼儿240人，入园幼儿72人，离园幼儿35人。

（伉艳）

【召开新生家长会】 9月2日，石景

山三幼召开新生家长会。会议交流家长如何帮助幼儿尽快适应集体生活，了解幼儿园及如何与幼儿园配合共同教育孩子等方面问题，并采用讲解真实案例方法指导新生家长。该园新生家长100人参加会议。

（伉艳）

【举办教师技能大赛】 9月20至24日，石景山三幼举办教师技能大赛。比赛由园长、骨干教师组成考评小组，设立边弹边唱、舞蹈、讲故事、美术、手工等比赛项目。该园教师18人参加比赛，其中，6人获奖。

（伉艳）

【投资14万元改善户外环境】 9至10月，石景山三幼投资14万元改善户外环境。该园先后改造与整修户外操场，划分沙池区、平衡区、钻爬区和休闲娱乐区，满足幼儿成长需要。

（伉艳）

【举办青年教师评优活动】 10月7至10日，石景山三幼举办青年教师评优活动。活动观摩小班音乐活动“我是小小兵”和大班体育活动“我的身体”。该园教师12人参加活动。

（伉艳）

【编写《家园共育手册》】 12月，石景山三幼完成《家园共育手册》编写工作。手册收录家访、家园专栏、家长会、半日开放、家长参与活动、家长学校等方面工作。全书分5部分，共计12万字。

（伉艳）

北京市第七幼儿园

【概　况】 2008年，北京市第七幼儿园占地面积2800平方米，建筑面积2643平方米。图书1万册，玩教具2000套，固定资产总值337万元。全年教育经费投入77.71万元。其中，国拨23.49万元，自筹54.22万元。园内建有图书室、音乐教室、科学活动室、CPM玩具图书馆、艺术活动室、早教活动室等专用教室，配有多媒体电教设施、计算机、电子白板等教学设施。幼儿园开设教学班8个，其中，大班2个，中班2个，小班3个，亲子班1个。有教职工33个，其中，专任教师26人。专任教师中具有大专以上学历22人；小学高级教师9人，区级骨干教师3人。保育员3人，后勤人员5人。全年在园幼儿180人，入园幼儿266人，离园幼儿86人。

（佟林）

【接待怀柔教师挂职锻炼】 3月11日至4月10日，七幼接待怀柔张宋镇中心幼儿园园长挂职锻炼。他们与七幼教师共同研究幼儿园管理、保育教育等方面工作，并参观七幼园舍环境建设及教学班管理情况。

（佟林）

【举办送教下乡活动】 3月，七幼举办送教下乡活动。该活动面向农村乡镇中心园，派出支教小组共25人，为通州区梨园镇中心幼儿园，提供保教工作指导，内容包括主体活动设计、教育环境创设、区域活动材料投放指导，并对农村乡镇幼儿园保教工作方面问题进行交流和指导。

（佟林）

【举办青年教师流动课展示】 11月27至28日，七幼举办青年教师流动课展示活动。该活动面向安定门交道口学区，展示两名教师数学教学活动“帮熊宝宝找球”和科学教育活动“滚来滚去真好玩”教学观摩课；并交流幼儿数学教育方面问题。活动与东棉花幼儿园联合举办，来自东城区教育研修中心领导及学区各幼儿园教师共30人参加活动。

（佟林）

北京市崇文区光明幼儿园

【概　况】 2008年，北京市崇文区光明幼儿园占地面积5500平方米，建筑面积4300平方米。图书1908册，固定资产总值277.9万元。全年教育经费投入409.68万元，其中，国拨225.4万元，自筹184.28万元。园内设有活动室、卧室、盥洗室配套用房13套，亲子教室、计算机房、多功能室等专用教室。幼儿园开设教学班13个，其中，大班3个，中班3个，小班4个，招收2.5～6岁幼儿，寄宿、日托兼有。有教职工75人，其中，专任教师28人。专任教师中有中学高级教师2人，小学高级教师18人；保育员13人，其中，高级保育员10人，初级保育员3人。全年在园幼儿414人，入园幼儿115人，离园幼儿125人。

（刘利　郝洪春）

【举办冬季长跑活动】 1月9日至3月1日，光明幼儿园举办冬季长跑活

动。活动围绕操场设施及教学楼，要求每天托、小班幼儿慢跑 200 米，中、大班幼儿慢跑 400 米。该园幼儿共 400 人参加活动。

（刘利　郝洪春）

【举办支教下乡活动】 3 月 20 日，光明幼儿园举办支教下乡活动。活动面向顺义区后沙峪幼儿园，捐赠教育图书 59 册，幼儿读物 76 册，师德讲座光盘 3 碟，彩色打印纸 4 包，总价值 1050 元。活动以交流形式帮助后沙峪幼儿园教师备课 3 节。该园园长及骨干教师共 12 人参加活动。

（刘利　郝洪春）

【举办首届“春耕节”活动】 4 月

10 日，光明幼儿园举办首届“春耕节”活动。活动以快乐娃娃农庄“我来当个小菜农”为主题，由教师指导幼儿完成选种、泡种、挖土坑、点菜种、盖土、浇水等种植过程，并制作扁豆、青椒、丝瓜、黄瓜、茄子、豇豆、西红柿等植物名称指示标牌。该园师生共 100 人参加活动。

（刘利　郝洪春）

【举办阳光体育锻炼活动】 4 月 20 日至 5 月 30 日，光明幼儿园举办幼儿阳光体育锻炼活动。活动推出站桩、健身球、组合架、脚踏车、交通标志牌等运动，并组织教师和家长利用废旧塑料袋、绳子、沙包制作降落伞；椰汁罐制作“梅花桩”；薯片盒、铁丝制作小推车等玩教具，满足幼儿体育游戏需求。该园教师 46 人和幼儿 414 人参加活动。

（刘利）

【与大兴七幼签订“手拉手”协议】 9 月 30 日，光明幼儿园与大兴七幼签订“手拉手”帮教协议。协议规定光明幼儿园负责大兴七幼教龄 3 年以下青年教师和中小学转岗教师业务培训和指导工作，期限 2 年。10 月 14 日，光明幼儿园开放 6 个教学班接待大兴七幼 7 名青年教师见习一日活动，10 月 23 日，光明幼儿园 8 名教师到大兴七幼指导 6 个班半日观摩活动。

（刘利　郝洪春）

【举办幼儿户外操展示评比活动】 11 月 7 日，光明幼儿园举办幼儿户外操展示评比活动。活动以“我运动、我快乐、我健康”为主题，以年龄班规定评价标准。活动要求大班幼儿重点把握动作标准和规范性，中班幼儿重在精神状态以及动作协调性方面，小班、托班幼儿重在参与率、积极性。来自该园 13 个教学班及 26 名教师参加活动。其中，12 名教师获“动作规范奖”；13 个班分获精神饱满奖、动作协调奖、积极参与奖。

（刘利　郝洪春）

【举办岗位技能练兵活动】 11 月 7

日和 21 日，光明幼儿园分别举办两次教师岗位技能练兵活动。活动分舞蹈和弹唱两部组成，其中，教师舞蹈基本技能展示以年级组为单位，以抽签方式完成 4 种规定舞步，自选 2 种舞步即兴表演，分别展示对儿童 16 种基本舞步掌握和运用技巧，幼儿园各班教师 30 人参加活动。教师边弹边唱技能展示以年龄班为组别，要求教师自选一首曲目弹唱，按琴法技能、歌唱水平完成评析。该园各班教师 30 人参加活动。

（刘利　郝洪春）

北京市昌平区教工幼儿园

【概　况】 2008 年，北京市昌平区教工幼儿园占地面积 5620 平方米，建筑面积 3610 平方米。图书馆藏书 9000 册，固定资产 231 万元。全年教育经费投入 444 万元，全部为国拨。园内建有教师多媒体备课教室 2 个，多功能活动厅 1 个，幼儿计算机专用教室 3 个共 32 台计算机，幼儿图书专用教室、科学实验专用教室、手工专用教室、舞蹈专用教室各 1 个；配有适合不同年龄幼儿活动大型玩具，每班配有计算机、电视、电子琴、DVD、照相机、校园广播，10 个班配备多媒体课堂教学设备。幼儿园设有教学班 12 个，其中，大班 3 个，中班 3 个，小班 3 个，托班 3 个。有职教职工 66 人，其中，专任教师 27 人。专任教师中具有中级专业技术职务 31 人；市级骨干教师 2 人，区级学科带头人 2 人，区级骨干教师 7 人。保育员 12 人，后勤人员 27 人。全年在园幼儿 162 人，入园幼儿 111 人，离园幼儿 116 人。

（褚小芹）

【举办“手拉手”幼儿社会实践活动】 3 月 21 日，教工幼儿园举办“手拉手”幼儿社会实践活动。活动参观北汽福田汽车股份有限公司办公场地、城市公交车制造车间、2008 年北京奥运会备用车辆，听取技术人员讲解车内方便乘客设备，并亲身体验汽车舒适度。来自崔村中心幼儿园、沙河教工幼儿园及该园幼儿 112 人和教师 13 人参加活动。

（褚小芹）

【接待学前教育培训班学员参观】 4 月 18 日，教工幼儿园接待昌平区学前教育干部培训班学员参观。参观团由昌平区教育系统学前教育干部班学员 64 人组成，在教工幼儿园，他们听取园长介绍本园情况、两支队伍建设、可持续发展的办园理念、管理经验。观摩教育教学活动，参观园内外环境创设和幼儿操表演，提出园所管理和教师发展 6 条建议。

（褚小芹）

【举办厨艺作品展示活动】 7 月 15

日，教工幼儿园举办炊管人员厨艺作品展示活动。活动要求食品制作要符合幼儿年龄及饮食特点，营养丰富，

搭配合理，具有色香味形。烹饪作品设立面点和菜肴2个类别，采用参观、品尝、打分方式。来自该园8名厨师制作烹饪作品48种参加展示。其中，获金厨奖1名、银厨奖2名、铜厨奖3名、优秀奖2名。

（褚小芹）

【举办社会认知主题活动】 10月10

至15日，教工幼儿园举办秋天社会认知主题活动。活动推出观察班级植物角、幼儿园内及周边树木、花草变化，要求幼儿用讲述、绘画等形式记录观察过程。参观果园、蔬菜园，了解秋天植物生长变化，采摘苹果、梨、葫芦，邀请果农和菜农讲解水果和蔬菜生长情况及营养价值。该园幼儿267人参加活动。

（褚小芹）

【举办肥胖幼儿健康成长讲座】 12月4日，教工幼儿园举办肥胖幼儿健康成长讲座。讲座邀请清华大学第一附属医院儿科专家，讲解儿童单纯性肥胖症的干预知识，倡导家长要树立正确营养观念、提供良好家庭食物环境、对幼儿避免过度喂养，并现场互动咨询和交流。该园肥胖幼儿家长49人参加活动。

（褚小芹）

北京市朝阳区三里屯幼儿园

【概　况】 2008年，北京市朝阳区三里屯幼儿园为国办日托、涉外幼儿园。园舍占地面积3041平方米，建筑面积2872平方米。固定资产总值499万元。全年教育经费投入426.49万元，其中，国拨350万元，自筹76.49万元。园内设有会议室、多媒体教室、多功能教室、亲子教室等专用教室，配有多媒体、数字安全管理系统、实物投影、数字教学系统等教学设施。幼儿园开设教学班11个，其中，大班3个，中班3个，小班3个，亲子班2个。有教职工49人，其中，专任教师27人。专任教师中92%拥有大专以上学历，小学高级教师16人。全年在园幼儿201人，入园幼儿115人，离园幼儿107人。

（黄桂芳）

【举办每月一日游活动】 1至12月，三里屯幼儿园举办每月一日游活动。活动推出参观世界公园、木偶剧院、大兴农业采摘基地采摘苹果、桑尼莫尔游乐场等活动。培养和锻炼幼儿意志和体质，提高幼儿交往能力。该园师生及幼儿家长共850人参加活动。

（黄桂芳）

【举办消防安全教育活动】 5月22

日和9月3日，三里屯幼儿园共举办两次消防安全教育活动。活动推出参观朝外消防中队、听消防知识讲座；组织幼儿进行消防安全疏散演习。该园全体师生共290人参加活动。

（黄桂芳）

【举办建园50周年庆祝活动】 10月，三里屯幼儿园举办建园50周年庆祝活动。活动推出“拜师会”、“技术练兵”等绘画比赛、“我们大家都健康”照片展示活动，观看舞蹈、歌曲联唱、武术操等文艺节目。该园教师、幼儿及家长670人参加活动。

（黄桂芳）

【启动冬锻活动】 自11月15日，三里屯幼儿园启动冬锻活动。该活动开设拍球、跳绳、跳圈、跑步等运动项目，并邀请幼儿家长参与亲子游戏及亲子体操“大家一起动动动”活动。幼儿园师生及家长共460人参加活动。该活动始于2000年，每年11月15日至次年3月15日举办。

（黄桂芳）

【举办幼儿园半日开放活动】 11月19日，三里屯幼儿园举办幼儿园半日开放活动。该活动推出参观幼儿园公共环境、幼儿体操、户外区域体育活动、环境创设、主题教育活动等。来自全市幼教工作者及该园教师共200人参加活动。

（黄桂芳）

北京市朝阳区惠新里幼儿园

【概　况】 2008年，北京市朝阳区惠新里幼儿园占地面积4062.83平方米，建筑面积3055平方米。图书3000册，价值5.9万元。固定资产总值503万元。其中，专用设备171万元，一般设备113万元。全年教育经费投入392万元，其中，国拨290万元，自筹102万元。园内建有音体室、CPM教室、计算机室、教师图书室等专用教室，各班配有计算机、影碟机、数码照相机、大屏幕投影机等教学设施。幼儿园开设教学班10个，其中，大班2个，中班3个，小班3个，托班2个；开设半日班、小时班、亲子班共5个早教班。有教职工50人，其中，专任教师38人。专任教师中，中学高级教师1人，小学高级教师19人。保育员1人。全年在园幼儿400人，入园幼儿121人，离园幼儿112人。

（李雪）

【举办《纲要》宣传活动】 11月19日，惠新里幼儿园举办《纲要》宣传活动。该活动采用开放班级活动和环境材料、家园双向研习活动、亲子活动、教师家长代表讲话及园长专题报告等宣传形式，展示“为幼儿一生的发展打下好基础”和“家园合作教育效果最佳”等系列教育理念，观摩“培养幼儿良好行为习惯”家园合作教育内容。来自全市幼教专家和30所幼儿园教师共160人参加活动。

（李雪）

【举办卫生保健示范园观摩活动】 11月20日，惠新里幼儿园举办卫生保健示范园观摩活动。该活动观摩“冬季护理与锻炼”为主题系列活动，研讨发挥家园合作教育特色，利用家

长资源合作增强幼儿体质；肥胖儿童特殊管理方式；合理膳食安排确保幼儿健康生长；坚持体能锻炼增强幼儿身体素质等方面问题。来自市儿保所、区保健中心领导及朝阳区 60 所一级一类幼儿园保健医共 90 人参加活动。

（李雪）

【举办“手拉手”支教活动】 12 月 29 日，惠新里幼儿园举办“手拉手”支教活动。支教小组由幼儿园保教主任等 6 名教师组成，在“手拉手”姐妹园密云县东邵渠乡幼儿园，观摩 2 名支教教师的奥福音乐课，交流如何进行幼儿发展评价等方面问题，并赠送教师用书 400 册。惠新里幼儿园与密云县东邵渠乡幼儿于 2007 年建“手拉手”姐妹园关系，共举办支教活动 15 次。

（李雪）

北京市崇文区第三幼儿园

【概　况】 2008 年，北京市崇文区第三幼儿园占地面积 4000 平方米，建筑面积 2000 平方米。图书 11028 册，固定资产总值 356 万元。全年教育经费投入 62 万元，其中，国拨 12 万元，自筹 50 万元。园内配有钢琴、电子琴、感觉统合、棋类、特殊教育资源等教学设备。幼儿园开设大班 4 个，中班 3 个，小班 5 个，小小班 1 个，招收 2～6 岁幼儿。有教职工 80 人，其中，专任教师 40 人。专任教师中有中学高级教师 1 人，小学高级教师 14 人。保育员 18 人，其中，高级保育员 7 人，中级保育员 4 人。全年在园幼儿 410 人，入园幼儿 80 人，离园幼儿 120 人。

（王辉）

【举办传统节日教育活动】 2 月 21 日，崇文三幼举办“正月十五闹花灯”中国传统节日教育活动。该活动推出作花灯、猜灯谜、贴对联、剪窗花、包汤圆等游戏活动，了解元宵节风俗、文化。幼儿园师生共 350 人参加活动。

（王辉）

【举办礼让主题教育活动】 3 月 3 日，崇文三幼举办礼让主题教育活动。该活动推出录像、故事、表演等形式宣传文明礼让规则，并在园内幼儿卫生间、洗手池等地方张贴一尺线标识。全园幼儿 378 人参加活动。

（王辉）

【举办职业形象设计展评活动】 3 月 7 日，崇文三幼举办教职工职业形象设计展评活动。该活动以“用爱心塑造微笑，用微笑塑造形象”为主题，要求根据各自岗位工作要求，从衣装、发型、饰物等方面进行形象设计。来自幼儿园教师、保育员、炊事员和后勤人员共 78 人参加评选，其中，评出“三幼形象大使”2 人，端庄奖、健康奖、大方奖单项奖 12 人。

（王辉）

【举办家教知识讲座】 3 月 11 至 12 日，崇文三幼举办“关注未来——和谐家庭亲子教育公益讲座”。该讲座聘请《现代教育报》特约编辑，以如何让家长和孩子共同成长为主题，结合具体家庭教育实例，讲解家长如何寻找孩子成长正向资源、做好孩子生活教练、做好一个学习型家长家庭教育方法。该园幼儿家长共 260 人参加学习。

（王辉）

【举办园级骨干教师评选活动】 3 月

17 至 25 日，崇文三幼举办园级骨干教师评选活动。该活动采用群众评议和评审小组综合审定方法，要求完成技能技巧特色展示、教育教学活动展示、教育活动反思演讲系列展示活动。来自幼儿园任课教师共 31 人报名参加首届园级骨干教师评选，其中，10 人入选。

（王辉）

【举办走进小学社会实践活动】 4 月 15 日，崇文三幼举办走进小学社会实践活动。活动采取参观校园环境、教学活动、互动、座谈形式，听取教师和家长讲解小学生习惯培养等方面知识。该园幼儿 121 人参加活动。

（王辉）

【举办民间游戏展示】 4 月 21 日，崇文三幼举办民间游戏展示活动。活动以班级为单位，由教师自创、师生共同展示跳长绳、跳房子、推铁环、打陀螺、抖空竹、舞龙、踩高跷等民间玩具游戏活动，每天游戏半小时。该园教师及幼儿共 456 人参加活动。

（王辉）

【举办“手拉手”互助活动】 5 月 8 日，崇文三幼与怀柔庙城镇中心幼儿园建立“手拉手”姊妹园。三幼向庙城镇中心园赠送图书 1000 册、教学具 25 件，价值 5000 元；接待教师观摩教育活动 72 人次，派出支教人员 13 人，指导庙城镇中心园教育管理、教育教学、环境创设、卫生保健、资料管理等方面工作。

（王辉）

【举办迎奥运阳光体育活动】 5 月

30 日，崇文三幼举办迎奥运、阳光体育活动。活动推出“中国功夫”、“精忠报国”、“小哪吒”幼儿武术操；表演推车运货、担架运送伤员等情景体育游戏；展示舞大龙、踩高跷、滚铁环、抖空竹等民间游戏等活动。该园师生及幼儿家长 900 人参加活动。

（王辉）

【举办“生活化”幼儿科教成果展】 6 月 12 日，崇文三幼举办“生活化”幼儿科技教育成果展示活动。该活动采用以活动来源、环境创设、集体教育活动、区域活动及幼儿探索活动案例方式，展示幼儿兴趣、生活实物、社会环境方面幼儿科学技术教育主题案例16个。观看生活化幼儿科学技术教育专题录像片，听取在生活化科学技术教育活动中促进大班幼儿探索能力发展、生活化科学技术教育的实践探索、在收集活动中提升幼儿科学素养、明亮灯世界专题汇报。生活化幼儿科学技术教育是“十一五”科研课题，于2006年10月立项。

（王辉）

【举办信息技术应用教育展示活动】 6月18至26日，崇文三幼举办信息技术教育展示活动。活动展示在健康、社会、语言、科学、音乐、美术、数学以及综合活动中，应用录像、录音、视频等多种信息技术方式开展活动情况，并交流媒体选择、应用时机、媒体与学科领域结合等方面问题。该园教师31人参加活动。

（王辉）

【举办幼儿音条琴教学实践】 9月1日至12月31日，崇文三幼举办“幼儿音条琴教学实践”活动。活动要求每周开展2节音条琴音乐教学课，设立专职奥尔夫音乐教师，推出趣味识谱、自创旋律、乐曲伴奏、音乐剧表演活动，学习音条琴演奏方法。该园幼儿共362人参加实践。

（王辉）

【召开教育案例分析会】 10月14日，崇文三幼召开“课堂教学有效提问”教育案例分析会。会议以观看教师课堂教学实录方式，结合“课堂教学有效提问”主题进行交流，观看教学实录4节，并结合具体案例进行分析、研讨，提出运用连续提问和追问促进幼儿思考、运用开放式提问激发幼儿联想、运用互动式提问促进幼儿分享提问方法。该园教师35人参加会议。

（王辉）

【接待新加坡教育代表团】 10月22日，崇文三幼接待新加坡教育代表团参观访问。该访问团由新加坡南洋幼稚园共5人组成，他们观摩三幼教育环境及幼儿户外区域体育游戏，并赠送《璀璨南阳——南洋九十年的故事》系列图书，双方教师代表就创办具有生活化、可持续发展特色幼儿园的办园理念进行交流。

（王辉）

【举办交通安全教育活动】 10月23

日，崇文三幼举办交通安全教育活动。活动听取地铁天坛东门站工作人员，讲解乘坐扶梯靠右站、小朋友坐地铁要由大人陪同、排队在警示线外候车等乘车常识与安全知识，并指导幼儿现场购票实践活动。该园教师及幼儿共135人参加活动。

（王辉）

【举办故事大王表演赛】 10月29至30日，崇文三幼举办幼儿故事大王表演赛活动。活动按年龄分组，分小、中、大班3个年龄组，设立讲故事、演故事两个环节，推出“软软的蛋糕”、“两只笨狗熊”等故事16个，表演“小马过河”、“三只小猪”、“勤劳的人起得早”等19个剧目。该园幼儿280人参加活动。

（王辉　郝洪春）

北京明天幼稚集团第一幼儿园

【概　况】 2008年，北京明天幼稚集团第一幼儿园占地面积7136.77平方米，建筑面积5286.89平方米。园内建有幼儿体操房、音乐教室、计算机教室、美术教室、资料室、图书室、多功能厅、特色教室等专用教室；配有多媒体、投影、音像等电教设备；拥有活动室、睡眠室、盥洗室、备课室等教学设施。幼儿园设有教学班16个，其中，大班5个，中班4个，小班6个，托儿班1个，招收2.5～6岁幼儿，寄宿日托兼有。有教职工72人，其中，专任教师32人。专任教师中具有大学本科学历31人、大学专科1人；海淀区骨干教师11人；幼教高级教师11人。保育员40人，其中，高级保育员2人。全年在园幼儿476人，入园幼儿168人，离园幼儿135人。

（白春芝）

【举办阳光体育工程活动】 自3月，

明天幼稚集团幼儿园举办阳光体育工程活动。活动推出创编课间操、民间体育活动、“我运动、我健康、我快乐、我成长”亲子运动会等。该园师生及幼儿家长共952人参加活动。

（白春芝）

【实现学籍管理信息化】 6月，明天幼稚集团幼儿园实现学籍管理信息化。该学籍管理系统利用因特网连接，实现园所管理、班级管理、幼儿出勤、综合分析等方面数据汇总统计，减轻人工传递学籍信息、手动统计数据工作。至此，幼儿园已完成全园幼儿学籍信息录入工作。

（白春芝）

【接待大学生实习】 10月8日至11月7日，明天幼稚集团幼儿园接待大学生实习。实习学生共86人，其中，外籍学生4人，分别来自中华女子学院和北京教育学院，他们听取幼儿园任课教师讲解岗位职责和要求，与外籍学生交流两国幼教情况，参观幼儿园校园环境，观摩各教学班教学活动课。

（白春芝）

北京军区政治部幼儿园

【概　况】 2008年，北京军区政治部幼儿园占地面积12769.6平方米，建筑面积4209平方米。固定资产总值2090万元。全年教育经费投入240万元，其中，国拨140万元，自筹经费100万元。园内建有幼儿创意工作室、教师培养工作室、多功能厅等专用教室；设有爬网、荡桥，荷花池等辅助教学设施。幼儿园开设教学班14个，其中，大班2个，中班3个，小班5个，托班4个；寄宿班3个。有教职工76人，其中，专任教师30人，专任教师中90%具有大学专科以上学历。保育员19人。全年在园幼儿400人，入园幼儿140人，离园幼儿140人。

（段春梅）

【投资60万元改善园舍环境】 3月1日至7月6日，军区政治部幼儿园投资60万元改善园舍环境。该园先后完成院落改造及多功能楼装饰工程；增建爬网、荡桥，荷花池等辅助教学设施；配备投影仪、音响等教学专用设备。

（段春梅）

【举办保教互助工作会】 3月24日，军区政治部幼儿园举办保教互助工作会。会议介绍该园园舍、规模、人员配备；幼儿园教育活动形式、方法，教育目标制订及一日工作流程；保育员卫生工作和时间安排、幼儿常规要求、一日工作流程；幼儿园卫生保健工作，晨、午、晚检制度，幼儿食堂操作规程及制度规范等情况。会议提出要通过互换师资、观摩研讨、信息传递、专题讲座等形式推进保教示范、互助工作开展，促进园所保教质量提升。来自警卫1、3师，188、235旅，天津警备区、北京卫戍区、38集团军机关、军区联勤部、装备部、山西省军区、27军等幼儿园保教人员共50人参加会议。

（段春梅）

【签订结对互助协议】 4月25日，军区政治部幼儿园与联勤部幼儿园签订结对互助协议。协议规定，双方采用参观见学、跟班实践、交流研讨等方式，提高结对园保教质量和办园水平。互助协议期限2年。

（段春梅）

【举办教师培训】 10月9日，军区政治部幼儿园举办“教师礼仪及职业道德修养”培训。培训班讲解教师形象、教师仪表、教师语言、教师装饰、校园礼仪、宴请礼仪、教师职业道德修养礼仪等方面知识。该园全体教职工共76人参加学习。

（段春梅）

北京市大兴区第三幼儿园

【概　况】 2008年，北京市大兴区第三幼儿园占地面积6488.1平方米，建筑面积4460.44平方米。图书9200册，玩教具2.1万件。固定资产总值288.39万元。全年教育经费投入351.87万元，其中，国拨275.15万元，自筹76.72万元。园内建有蒙台梭利教室2个，多功能厅3个，科学宫1个，建有科学墙；配备多媒体、投影仪、音像等电教设备，建有校园网，各班配有钢琴、计算机、电视、DVD、空调热水器等设备。拥有户外大型玩具22件，全年图书及玩教具投入8.14万元，其中，图书投入1.64万元，玩教具投入6.5万元。幼儿园设有教学班9个，其中，大班2个，中班2个，小班3个，托班1个，混龄实验班1个。有教职工52人，其中，专任教师36人。专任教师中具有大专以上学历26人，本科以上学历11人；中学高级教师1人，小学高级教师22人；市级骨干教师1人，区级骨干教师3人；保育员9人，其中，高级工2人，中级工4人。全年在园幼儿298人，入园幼儿110人，离园幼儿98人。

（周晓燕　李慧君）

【举办安全教育活动】 3月31日至4月3日，大兴三幼举办安全教育活动。活动根据幼儿年龄特点，采用故事讲述、情景表演、讨论、观看录像等形式，教育幼儿防护、防电等方面知识；展示中大班幼儿用电设施提示标记及个性疏散图。该园师生345人参加活动。

（周晓燕　李慧君）

【举办班级天气日志评比活动】 4月3日，大兴三幼举办班级自然角、天气日志评比活动。活动以“迎接春天的脚步”为主题，采取班级教师介绍、观摩教师提问互动、参与方式，展示小班自然角和天气日志设置，中大班幼儿通过记录、试验等形式感知动植物成长过程。该园师生共298人参加活动。

（周晓燕　李慧君）

【举办语言教学观摩活动】 4月10日，大兴三幼举办语言教学观摩活动。活动观摩小、中、大班教师学说短句、仿编儿歌、听话绘画续编故事等语言教学活动，观看各年龄班室内外环境、区域活动及户外活动。来自大兴区幼儿园转岗培训班学员共40人参加活动。

（周晓燕　李慧君）

【接待幼师应届毕业生参观】 6月5日，大兴三幼接待幼师应届毕业生参观。参观团由北京市幼儿师范学校领导及大兴区应届毕业生20人组成，他们观摩大兴三幼实习教师的语言教育活动课“故事——香喷喷的轮子”和区级骨干教师奥尔夫音乐教育活动“有趣的节奏”两节活动课，参观各教学班室内外环境、设施。

（周晓燕　李慧君）

【接管兴城嘉园小区配套幼儿园】 11月26日，大兴三幼接管兴城嘉园小区配套幼儿园。该幼儿园位于北京市大兴区滨河北里16号兴城嘉园小区内，原由方正房地产公司管理。移交后用于开办大兴三幼分园，解决小区学前儿童入园问题。幼儿园占地面积2182.1平方米，建筑面积1559.44平方米。可开设教学班6个，招收幼儿200人。

（周晓燕　李慧君）

【举办“我最喜爱的好老师”评选活动】 12月9日，大兴三幼举办“我最喜爱的好老师”评选活动。活动采用幼儿、家长、教师、领导多元化评价方式，综合评价教师职业道德素质、教育观念、业务能力等方面工作。该园教师32人参加评选，其中，6人入选。

（周晓燕　李慧君）

北京市顺义区仁和中心幼儿园

【概　况】 2008年，北京市顺义区仁和中心幼儿园占地面积 3989 平方米，建筑面积 3852 平方米。图书 6134 册。固定资产总值 342.18 万元。全年教育经费投入 201 万元，其中，国拨 155 万元，自筹 46 万元。园内建有音体教室、阅览室 2 个专用教室；配有多媒体、音响、大型玩具、电视、各种打击乐等教学设施。幼儿园设有教学班 9 个，其中，大班 2 个，中班 3 个，小班 3 个，亲子班 1 个。有教职工 31 人，其中，专任教师 31 人。专任教师中有高级教师 16 人。全年在园幼儿 286 人，入园幼儿 132 人，离园幼儿 99 人。学前三年教育普及率 95%。

（张洁）

【举办如何撰写论文与案例讲座】 1 月 24 日，仁和中心园举办“如何撰写论文与案例”讲座。讲座邀请区考研中心专家，讲解科研论文一般格式、写好论文基本要求、科研论文类型、思辨型论文撰写教育叙事——案例、让思考与实践同行等方面写作方法和创新要求，并对该园部分教师论文作指导和评价。来自张镇幼儿园骨干教师和部分业务园长及该园教师共 30 人参加学习。

（陈树环　张洁）

【启动图书漂流活动】 4 月 23 日，仁和中心园启动图书漂流活动。该活动制订《图书漂流活动实施方案》，主题为“我阅读，我快乐，我分享，我成长”，实施对象是幼儿园全体教师、幼儿及家长。通过组织教师、幼儿及家长将自己已阅读过的图书贴上特定标签后，放置幼儿园漂流固定地点，任由教师、幼儿和家长随意拿取，形成开放性的自取自读、读后写感受分享再漂的图书流动模式。该园同时决定定期开展读书有感交流活动和“家长优秀读后感”、“读书最多的小读者”、“教师最爱读的一本书”等评选活动。北师大儿童阅读研究中心等专家和该园幼儿及家长代表 200 人参加活动。

（张洁）

【完成园本教材编写】 9 月，仁和中心园完成园本教材《为了孩子的语言发展》编写工作。该教材收录学会倾听、爱上阅读、迷上故事、诗意童年、营造环境和快乐交流等方面案例分析。全书共分六章，共 20.5 万字，由幼儿园 20 名教师利用假期时间编写完成。

（张洁）

【召开家长委员会】 10 月 9 日，仁和中心园召开家长委员会。会议宣读新任家长委员会成员名单，并颁发证书；听取园长介绍上学期成绩及本学期重点工作。会议讨论开展“阳光体育运动”和“亲子制作”活动开展形式和活动内容；要求家委会成员成立家委会志愿组，维护幼儿离园秩序，确保幼儿接送安全问题等。家长委员会成员 15 人参加会议。

（张洁）

【通过“青年文明号”专家验收】 11 月 12 日，仁和中心园通过区“青年文明号”专家组验收。验收专家组由 8 人组成，他们听取该园申报岗位——早教岗位“蓝月亮亲子中心”汇报；实地考察“蓝月亮亲子中心”各项工作；并与教师、幼儿家长座谈。专家组对该园申报岗位——“蓝月亮亲子中心”各项工作给予称赞和充分肯定。

（张洁）

【举办教师艺术基本功比赛活动】 11 月 13 日，仁和中心园举办教师艺术基本功比赛。比赛项目设立舞蹈、唱歌、绘画、手工制作、钢琴及讲故事等项目，要求讲故事为必选项目，其他五项可任选。比赛采取自愿报名，统一展示与特长展示相结合、专家打分与群众打分相结合方式。来自该园 15 名教师参加评比活动，其中，评出一等奖 1 名，二等奖 2 名，三等奖 3 名，优秀奖 9 名。

（张洁）

【举办体验式家长半日开放活动】 11 月 25 日，仁和中心园举办体验式家长半日开放活动。活动推出“和宝宝坐同桌”集体教育活动、“和宝宝一起做的”区域活动、“和宝宝一起成长”户外活动以及幼儿进餐活动、听取“宝宝需要的家长”家教讲座。该园幼儿家长共 250 人参加活动。

（张洁）

【举办科研月活动】 12 月，仁和中心园举办科研月活动。活动以“我讲我的研究故事”为主题，推出教师读书交流活动、“研究故事”案例讲座、

户外体育活动研究观摩等内容。该园教师 30 人参加活动。

（耿兵　张洁）

北京市延庆县第二幼儿园

【概　况】 2008 年，北京市延庆县第二幼儿园占地面积 3564 平方米，建筑面积 5500 平方米。图书 12100 册，玩具 11200 件。固定资产 937 万元。全年教育经费投入 442 万元，其中，国拨 319 万元，自筹 123 万元。幼儿园建有活动室 16 个、专用教室 3 个；拥有幼儿园网站，网址：http://yq2y.yqedu.com.cn。幼儿园设有教学班 16 个，其中，小班 6 个，中班 6 个，大班 4 个；为非寄宿制幼儿园。有教职工 73 人，其中，专任教师 58 人。专任教师中，中学高级教师 1 人，小学高级教师 35 人；保育员 16 人。全年在园幼儿 611 人，入园幼儿 290 人，离园幼儿 192 人。

（王秀红）

【成立市级骨干教师工作室】 6 月 13 日，延庆二幼成立市级骨干教师工作室。工作室由 2 名市级骨干教师主持，成员由县级骨干教师以及优秀教师组成。工作室主要职责是研究“环境提升幼儿核心经验”和“提高幼儿反思能力的研究”两个方面内容。

（王秀红）

【举办语言活动课展示活动】 10 月 22 日，延庆二幼举办语言活动课展示活动。活动推出好吃的水果、和特教中心的哥哥姐姐做朋友、小小配音演员 3 节语言活动课。来自西城、昌平、怀柔等区县教研员共 40 人参加活动。

（王秀红）

【举办骨干教师献课活动】 12 月 18 日，延庆二幼举办骨干教师献课活

动。活动观摩该园小、中、大班 3 名教师美术活动课美丽的彩灯、哈哈镜、音乐活动课小小节奏乐，并完成点评。来自延庆县教研室及各园所教师共 54 人参加活动。

（王秀红）

【举办废旧物制作才艺展示活动】 12 月 29 日，延庆二幼举办利用废旧物亲子制作才艺展示活动。活动展示利用石头、纸盒、光盘、黄泥等各种废旧材料制作幼儿玩具、小动物、工艺品、生活小妙招等作品 542 件。其中，评出一等奖 20 件，二等奖 50 件，三等奖 100 件。

（王秀红）

北京市昌平区机关幼儿园

【概　况】 2008 年，北京市昌平区机关幼儿园占地面积 10005 平方米，建筑面积 6924 平方米。图书馆藏书 4200 册，玩教具 440 种。固定资产总值 775 万元。全年教育经费投入 974 万元，其中，国拨 777 万元，自筹经费 197 万元。园内建有普通教室 22 个，专用教室 6 个，计算机教室、玩具图书馆、美术教室各 1 个；配有计算机 93 台、照相机 27 台、摄像机 5 台、投影仪 5 台、电视机 23 台等专用教学设备。幼儿园设有教学班 22 个，其中，托班 6 个，小班 6 个，中班 5 个，大班 5 个。有教职工 106 人，其中，专任教师 51 人。专任教师中有小学高级教师 43 人；保育员 25 人，其中，高级职称 12 人；工人 24 人、会计 2 人、保健医 4 人。全年在园幼儿 600 人，入园幼儿 210 人，离园幼儿 180 人。

（董文秀）

【举办春季植树活动】 3 月 29 日，

机关幼儿园举办春季植树活动。活动以“童心系奥运，绿色伴我行”为主题，按班级划分出各班植树区域，以家庭为单位组成植树小组，种植桦树、杨树共 600 棵。该园幼儿 128 人及家长 310 人参加活动。

（刘家）

【举办亲子制作大赛】 5 月 4 日，机

关幼儿园举办利用废旧物亲子制作大赛活动。比赛采用全体家长不记名投票方式，设立班级初评和年级评选两个阶段。活动推出利用废纸盒、瓶子、瓜果壳、废纸片等制作交通工具、楼房、坦克、动物、人物等各类参赛作品，要求先由幼儿在班内介绍作品，家长评审团根据幼儿表达能力、作品形象程度、牢固程度、利用废旧物种类打分完成初评。该园共推荐出 60 件作品参加年级组评选。其中，获最佳创意奖 10 人、最佳人气奖 20 人、最佳细致奖 10 人、最佳难度奖 10 人。来自该园 90 个幼儿家庭参加活动。

（董双鸿）

【举办送教进山区亲子活动】 10 月 10 日，机关幼儿园举办送教进山区亲子活动。活动推出小飞机、找妈妈、神奇的大伞等亲子活动，通过家教咨询、基础测量、发放科学育儿宣传材料等方式宣传早教知识。活动接受咨询 21 人次，发放宣传材料 60 份。幼儿家长及幼儿共 28 人参加活动。

（董双鸿）

【举办家长评教活动】 12 月 9 至 12 日，机关幼儿园举办家长评教活动。活动采用发放问卷形式，评价内容设立服务家长，听取家长意见和建议，是否满足家长合理要求；教师与孩子情感融洽，幼儿是否喜欢班上教师；教师能尊重幼儿，幼儿是否经常能得到表扬和鼓励；热爱幼儿，对幼儿亲切耐心，不体罚变相体罚；细心照顾幼儿，做好对幼儿生活护理；幼儿成长与进步；对幼儿园园内环境满意度；对幼儿园每日伙食满意度；对幼儿园安全措施满意度；对园务工作满意内容和不足等内容。活动共发放问卷 695 份，回收 695 份，家长满意率为 90%。

（董文秀）

北京市平谷区第三幼儿园

【概　况】 2008 年，北京市平谷区第三幼儿园占地面积 6317 平方米，建筑面积 3675 平方米。图书 5000 册。固定资产总值 354 万元。全年教育经费投入 370 万元，其中，国拨 300 万元，自筹 70 万元。园内建玩具图书馆、维斯德、蒙台梭利、舞蹈、亲子阅读等 6 个专用教室，每班配有钢琴、计算机、电视、录音机等教学设备。幼儿园开设教学班 12 个，其中，大班 3 个，中班 5 个，小班 4 个。有教职工 52 人，其中，专任教师 32 人。专任教师中有小教高级教师 20 人。保育员 12 人，其中，小教高级职称 10 人。全年在园幼儿 360 人，入园 120 人，离园 135 人。

（于桂华）

【举办维斯德课程培训】 1 月 16 日，平谷三幼举办维斯德课程培训。培训聘请维斯德培训中心教师，讲解多维棋和六九速算内容。维斯德课程是以操作学具为主要形式，在“板、棒、珠、绳”变化中认识规律。通过这种外部操作，启动大脑内部操作，实现认识与实践统一，使儿童手、眼、耳、口得到训练。该园保教人员共 42 人参加学习。

（崔书义）

【制订幼儿发展评价指标】 3 月 4 日，平谷三幼制订幼儿发展评价指标。指标依据《幼儿快乐发展课程》目标要求，制订语言发展、体能发展、生活行为习惯、区域活动等方面评价内容。

（曹红梅）

【举办“手拉手”帮教活动】 4 月 15 日和 6 月 17 日，平谷三幼举办“手拉手”帮教活动。帮教小组由园长和骨干教师 6 人组成，指导山东庄

幼儿园完成教学活动、环境创设和教师备课方面工作，并对幼儿园管理提出建议。举办面向山东庄帮教幼儿园半日开放活动。活动介绍该园各班主题环境、区域活动情况，听取业务园长做“如何创设室内环境”专题讲座，并现场解答疑问。来自山东庄幼儿园及该园教师共39人参加活动。

（于桂华）

【举办登山踏春活动】　4月17日，平谷三幼举办幼儿登山踏春活动。该活动以“自然、健康、快乐”为主题，以塔山作为活动场地，全程3公里，要求幼儿在登山健身过程中领略自然风景。来自该园大班幼儿和教师共120人参加活动。

（崔书义）

【举办社区早教宣传活动】　9月14日，平谷三幼举办社区早教宣传活动。活动以“走进社区，让早教走进家庭”为主题，推出幼儿智力、运动、美工等活动，共发放宣传材料200份。来自滨河社区幼儿及家长共100人参加活动。

（曹红梅）

【举办幼儿园半日开放活动】　11月13日，平谷三幼举办幼儿园半日开放活动。活动参观幼儿园室内环境、公共环境、教育活动、户外活动。来自区学前科、教研室、市立园和中心园等单位共135人参加活动。

（崔书义）

【举办保健医生培训】　12月15日，平谷三幼举办保健医生培训。培训讲解保健本册、保健制度、体检分析、伙食管理几方面内容，并现场答疑。来自妇幼主管人员、乡中心园及市立园保健医生共23人参加学习。

（秦国荣）

北京市大兴区第二幼儿园

【概　况】　2008年，北京市大兴区第二幼儿园占地面积6228平方米（包括总园和实验园），建筑面积4984平方米。固定资产总值658万元。全年教育经费投入498万元，其中，国拨450万元，自筹48万元。园内建有配套CPM教室、幼儿图书室、亲子活动教室等教学用房和大型户外游戏器械等。幼儿园设有教学班19个，其中，大班5个，中班7个，小班7个。有教职工95人，其中，专任教师57人。专任教师中大专以上学历44人；中学高级教师2人，小学高级教师18人；，保育员18人。全年在园幼儿568人，入园幼儿110人，离园幼儿126人。

（沈蓉晖）

【举办转岗教师观摩活动】　4月11日，大兴二幼举办转岗教师观摩活动。活动观摩幼儿园不同年龄班室内活动区教学活动课，户外区域游戏活动；讨论区域设置、自制玩具、游戏指导、游戏氛围等方面问题。来自大兴区各幼儿园转岗教师共34人参加活动。

（沈蓉晖）

【举办外教英语开放周活动】　4月15至19日，大兴二幼举办外教英语开放周活动。活动采用小游戏、情境表演等方式，展示外籍教师英语教学活动课。来自该园幼儿及家长共631人参加活动。

（沈蓉晖）

【与庞各庄中心园建立“手拉手”关系】　9月25日，大兴二幼与庞各庄中心园建立“手拉手”关系。协议规定，大兴二幼分别选派五名教师做为师傅，承担庞各庄中心园英语教学、音乐教学、保健指导以及业务指导等工作。协议期限1年。

（郭媛）

【举办卫生保健观摩活动】　12月24日，大兴二幼举办卫生保健观摩活动。活动参观大兴二幼室内外环境、厨房及保健室设施，观摩幼儿园健康教育活动和户外集体活动；交流肥胖儿监护管理、营养膳食、健康教育、档案管理等方面问题。来自该区民办幼儿园主管园长和保健医共37人参加活动。

（沈蓉晖）

（本栏责任编校　董洁）

基础教育

综　述

2008年，北京市义务教育均衡发展稳步推进，教育投入持续增加，义务教育全面实行“两免一补”政策，学校办学条件不断改善。全面实施素质教育取得突破，教师队伍素质整体提升，教育教学质量保障体系不断健全，教育质量稳步提高。维护教育公平取得新成果，来京务工人员随迁子女就学环境得到明显改善。

深入学习贯彻落实科学发展观

在科学发展观指引下，2008年首都基础教育得到全面发展。这种全面发展贯穿在事业发展的各个层面，既包括学前、义教、高中的全面发展，也包括各层各类学校以及学校内部全体教师、学生，乃至学生综合素质的全面发展。

2008年，首都基础教育更加重视“尊重”。尊重教师与学生的发展，这是教育“以人为本”观念的体现。尊重学生，切实为学生享有教育幸福和一生健康成长服务；尊重教师，幸福的教师能为社会教育出更多幸福学生。尊重学校的发展，这是教育“以人为本”理念的延伸。强化学校的自主发展和发展责任，打造学校办学特色，激发学校的活力和创造性。

结构调整，各学段协调发展

义务教育均衡发展取得新进展。市级财政投入1.5亿元完成100所小学规范化建设主要项目达标，投入8000万元完成140所农村寄宿制中小学生活条件改善。对10个远郊区县和朝、海、丰农村中小学中非农户籍学生免收教科书费，对全市民办学校义务教育阶段学生和经审批合格自办学校学生补助杂费。小学规范化建设工程深入开展，完成各区县小学规范化建设区县规划，启动小学教师基本功培训和展示活动。召开全市初中教师教学基本功培训和展示活动总结会，完成部分城区初中建设工程专项督导。特殊教育和民族教育工作继续得到加强。继续积极稳妥地做好来京务工人员随迁子女在京接受义务教育工作，初步建立起规范的自办学校数据库，对经审批合格自办学校学生免除学杂费，全市公办学校接收来京务工人员随迁子女比例持续提高，实现以公办学校为主的接收目标。

高中教育得到进一步发展和提升。按照市教委“调整高中布局，实现规模办学；实施课程改革，提高教育质量”工作思路，根据学生人数减少的趋势，适应高中课程改革开展，提高规模办学效益，积极开展高中阶段教育研究，加大对高中教育发展的指导。稳步推进高中课程改革，以课改为动力促进高中教育发展。落实“奖、助、贷”制度，重点向农村倾斜、向弱势群体倾斜，不断增加宏志奖学金受奖比例，今年共奖励高中贫困学生2.3万名，资助款项达1150万元，获奖人数占当年高中在校生1.55%。

质量提升，素质教育进一步深化

基础教育课程改革持续深入。义务教育课改完成新一轮实验，高中课程改革得到稳步推进，在自主排课实验，高中阶段优秀拔尖人才培养，网络选修模块资源开发，通用技术课程开设综合实践活动课程，学生综合素质评价等方面取得突破性进展。在全国基础教育工作会和课改省际联席会上分别做经验介绍，受到教育部和各兄弟省市的好评。

培育特色，区域教育繁荣发展

在实施小学规范化建设工程过程中注重培育特色，把打造学校特色放在突出位置，促进每一所小学提升办学品质，注重对文化环境、文化资源、实践条件等项目的投入，促进校园文化建设。高中阶段以课程改革为载体，通过自主排课实验，翱翔计划实施，研究性学习和综合实践活动开展等工作把原有的学校特色进一步强化、提升。以学校特色文化构建来带动区域整体办学水平，促进区域教育形成整体特色。

规范管理，营造良好发展环境

规范学校教育教学管理，减轻学生过重课业负担。下发《关于进一步提高中小学教学质量，切实减轻学生课业负担的意见》，要求各区县和学校严格执行新课程计划，不得任意增减科目和各科目的周课时数。加大教学各关键环节管理，提高教师基本功素养。学校的课程安排计划和作息时间表应向学生和家长公布。学校不利用寒、暑假和其他法定节假日组织学生补课。半年来，各区县和学校共同努力，在加强干部教师队伍建设的基础上强化管理，规范行为，取得显著进展，有效地引导中小学实施素质教育在健康良好的方向发展。

规范中小学办学体制改革试点校工作。按照市有关文件精神，继续平稳、有序地操作体改校转制工作。至年底全市已有32所学校正式批准终止办学体制改革试点，并转为公办学校，如期完成既定任务的65%。

中小学管理信息系统不断完善。召开中小学信息化年度工作会议。从秋季开学起，全市中小学全面实施电子化学籍管理，标志着北京市电子化学籍管理工作进入新的阶段。全市发放学生卡已覆盖所有中小学学生。在继续开展电子学籍管理的同时，推行了“小升初”、“中招”持卡入学注册工作，通过电子学籍管理方式将以往招生和入学工作中的报名、招生、审批（审核）、入学注册等工作转变成为规范化、程序化、信息化、操作性强的具体工作流程，为规范招生行为起到保障作用。

义务教育阶段招生入学工作继续加强。逐步完善小学、初中免试就近入学办法，采用推优、派位等多种方式系统设计招生程序。从工作原则到入学管理办法较以往有较大突破，进一步加强对此项工作监管力度，强化区县政府责任，限制无序的跨区流动。稳妥推进中考中招改革，继续扩大试行示范高中招生指标分配到初中学校工作，招优计划1528名，占示范高中总计划的6%。

（魏旭斌）

总　类

【成立青少年科技创新学院】 3月31日，市教委成立北京青少年科技创新学院并启动翱翔计划。该学院由市教委、市教科院主管负责，邀请陈佳洱院士担任名誉院长，王绶琯院士担任首席顾问，下设办公室承担北京青少年科技创新学院日常工作。翱翔计划以高中课改为契机，以高中学生为培养对象，探索高级中学与各高校、科研院所实验室联合培养创新人才途径，建立学生“在科学家身边成长”机制。全市共有130名学员参加15所基地申报校所开设的过渡性课程，以及组织参观、对接、实验等活动，走进24所高校和中科院62个实验室，在高校、科研院所实验室与基地申报校双导师的指导下开展研究性学习。

（张瑞海　孙毅颖）

【非农户籍生免收教科书费】 4月15日，市教委、市财政局联合下发《关于做好农村地区公办义务教育学校教科书免费提供及部分学科教科书循环使用工作的通知》（京教材［2008］8号）。规定对全市10个远郊区县，以及朝阳区、海淀区、丰台区的农村地区具有市城镇户口义务教育阶段公办中小学学生全部免收教科书费。

（纪岩）

【提高寄宿生伙食补助标准】 9月1日，市教委提高公办义务教育学校四类寄宿学生伙食补助标准。四类学生包括具有本市户籍在本市公办中小学就读城乡低保家庭寄宿学生、具有本市户籍在本市公办特殊教育学校就读残疾寄宿学生、具有本市农村户籍在10个远郊区县公办农村寄宿制中小学就读寄宿学生、具有本市户籍在本市工读学校就读寄宿学生，伙食补助标准由原来每生每月100元提高到每生每月160元，按每年10个月计发。

（纪岩）

【建立教科书循环使用制度】 9月1日，市教委在全市义务教育阶段公办学校建立部分学科国家课程教科书循环使用制度。纳入循环使用教科书包括小学：《科学》、《音乐》、《美术》（或《艺术》）、《信息技术》；初中：《音乐》、《美术》（或《艺术》）、《体育与健康》、《信息技术》，全部由政府出资购买并配发给学校，非本市户籍借读学生也可使用。

（纪岩）

【完成义务教育阶段入学工作】 9月，市教委完成义务教育阶段入学工作。该工作按照《义务教育法》“免试、就近原则”精神，划定区域内每所学校对应服务片，要求学校首先接收本片区内学生，严格控制跨区县流动，保证本区域内每名应依法接受义务教育适龄儿童少年，在新学年开学时全部能够顺利入校就读，确保义务教育阶段学生不失学；加强学校招生计划统筹管理，严肃招生纪律，小学、初中入学工作由区县统一安排部署，学校不得自行组织超计划招生和超班额教学；严格按照40人班额标准制订计划，开展小班化教学实验；严格控制无序跨区流动，利用学生卡、电子学籍加强学生流动管理；严格规范学校招生行为，严禁在义务教育阶段入学组织任何形式考试、测试和面试，收取报名费；加强义务教育阶段入学工作监督检查，明确市、区（县）两级教育行政部门职责；制定本市义务教育阶段学生入学相关政策，统筹和指导小学、初中入学工作，加强对区县义务教育阶段学校入学招生工作的督察。规定区县教委依法规划本区县“免试、就近入学”招生范围，制订本区县小学、初中招生入学工作实施意见，报区县政府批准后组织实施，并向社会公示；加强对各类学校招生工作管理、指导、监督和检查，负责招生工作宣传和群众来信来访，依法处理违纪违规事件；严格执行市教委统一规定时间表和入学程序。

（魏旭斌）

【召开教材改革实验工作总结会】

10月14至15日，市教委召开北京市基础教育课程教材改革义务教育阶段第一轮实验工作总结会。会议采取专题发言、分组研讨、大会交流等形式，总结2001年以来本市义务教育阶段课程教材改革第一轮实验工作，明确义务教育阶段课程改革实验工作重点与方向，部署学年度工作任务，并向获得优秀课堂教学设计、优秀地方课程与校本课程设计、优秀课改论文获奖者和课程网建设先进单位颁奖。来自教育部、市教委、市政府教育督导室、市基础教育课程教材改革领导小组领导，以及北京师范大学、首都师范大学、北京教育科学研究院、北京教育学院、北京教育考试院，各区县教委、区县教科研部门相关负责人，各学校校长和教师代表270人参加。

（张瑞海）

【完善外来务工人员子女教育】 年内，市教委完善外来务工人员随迁子女在京接受义务教育工作。本市按照“政府负责、齐抓共管、公办为主、依法规范”的原则，依据北京市人民政府办公厅下发《关于贯彻国务院做好免除城市义务教育阶段学生学杂费工作文件精神的意见》（京政办发［2008］50号），对经审批合格自办学校学生给予免除杂费补助；下发《关于落实市政府办公厅文件精神做好免除城市义务教育阶段学生学杂费有关工作的通知》（京教基［2008］31号）、《关于落实进一步做好来京务工人员随迁子女在京接受义务教育工作意见有关事项的通知》（京教基［2008］32号）；外来务工人员随迁子女在本市公办学校就读比例达67%；各区县政府通过借读费减免、提供教育教学设施设备、加强教师培训等方式，加强区域内外来务工人员随迁子女资助工作；对经审批合格自办学校给予资金、教育教学设备支持；对未经审批自办学校加强监督管理。

（魏旭斌）

【实施电子化学籍管理】 年内，市

教委正式在全市中小学实施电子化学籍管理。自2000年，本市开始试行中小学管理信息系统，建立统一中小学生学籍信息数据库；2007年在全市试行，2008年正式实施，推行“小升初”、“中招”持卡入学注册，通过电子学籍管理方式，将报名、招生、审批（审核）、入学注册等工作规范化、程序化、信息化。9月1日，出台《北京市教育委员会关于北京市普通中小学管理信息系统与中考、会考衔接有关事项的通知》（京教基［2008］12号）。规定初中学生参加中考、普通高中学生参加会考均通过电子学籍报名，实现北京市中小学电子化学籍管理与中考、会考衔接。12月10日，召开“北京市中小学电子化学籍管理推广工作表彰大会”。会议旨在总结全市电子化学籍管理推广应用工作经验，激励学籍管理工作者工作。全市18个区县（含燕山地区）学校教师参选，共表彰111个先进单位、209名先进个人。开展电子化学籍管理优秀论文评选活动，旨在建设学习型学籍管理工作队伍，推动电子化学籍管理工作。全市18个区县（含燕山地区）学校上报论文353篇，评出一等奖5篇、二等奖15篇、三等奖28篇，组织奖3个。

（魏旭斌　马亚莉）

【扩大中小学信息化设备投入】 年内，市教委对中小学信息化设备投入扩大。工作依据《北京市中小学校办学条件标准细则》关于现代教育技术设备配置标准，投入1亿元，采购8000台学生计算机、3000台教师计算机、2500套多媒体设备，并向农村地区、办学条件困难学校倾斜，缩小信息化硬件环境差距。截至年底，全市学生用计算机达到13.2万台，平均每10人1台、教师用计算机达到10万台，基本实现每人1台，学校配置多媒体设备2.7万套。

（王雪青）

【实施中小学校园网防雷工程】 年内，市教委实施中小学校园网防雷工程。工程旨在加强本市中小学校园网、计算机教室安全防护，确保网络信息系统、计算机设备安全运行，共对9个远郊区县（含燕山地区）593所学校1335间校园网网络机房和计算机教室进行防雷保护改造，总投入经费2375万元。

（王雪青）

【完成农村寄宿制中小学改造】 年内，市教委完成农村寄宿制中小学改造任务。工作列为2008年市政府实事项目，旨在改善远郊农村寄宿制中小学生生活条件，由市级财政投入专项经费8000万元，共计为140所学校配备寄宿生活用车，完成40所学校食堂、浴室，100所学校活动室改造任务，添置炊具、餐桌椅、太阳能集热设备、更衣柜、文体活动设施以及音响和影像设备等。

（纪岩）

小　学　教　育

【概　况】 2008年，北京市共有小学1202所，比去年减少33所；小学教职工总数60944人，专任教师48696人；小学在校生659500人，本市户籍学生420210人、非本市户籍学生239290人；小学毕业生112268人，招生110440人；学校占地面积14683338平方米，校舍建筑面积5440217平方米；固定资产总值74.43亿元，其中，仪器设备资产9.22亿元；计算机121289台，图书2275万册。

（周凯）

【组织教师基本功培训展示】 10月13日，市教委组织教师基本功培训展示活动。下发《北京市教育委员会关于开展小学教师新课程教学基本功培训和展示活动的通知（京教基2008年22号）》文件，市教科院基教研中心组织专家面向各区县教研员、骨干教师开展新课程教师基本功培训和展示活动通识以及分学科培训，编研《北京市小学教师基本功培训与展示活动培训手册》，指导区县学校培训工作。

（周凯）

【召开小学规范化建设工作会】 12月3至4日，市教委、市教科院联合召开北京市小学规范化建设工作推进会暨2008“每一所学校都是独特的”小学校长论坛。会议就小学规范化建设工程与学校特色发展等问题展开交流。来自市教委、市教科院领导、专家，以及全市18个区县（含燕山地区）教委负责人、57所市级项目学校、部分区县推荐学校校长和项目组成员300人参加。

（周凯）

【完成100所小学改造任务】 年内，市教委完成100所小学达标改造任务。此项工作是2008年市政府实事项目，由市、区县共计投入1.76亿元，其中，市级财政投入1.5亿元、区县投入2645万元；完成校舍修缮401103平方米，其中，普通教室改造1085间、学科专用教室改造491间，补充计算机3001台、配备多媒体教室设备472套，为学校添置办公设备8982件（套）、生活设施2240件（套）、教学仪器设备169090件（套）、图书资料496308册。

（纪岩）

小　　学

北京市东城区史家胡同小学

【概　况】　2008年，北京市东城区史家胡同小学占地面积25803平方米，建筑面积39306平方米，体育场（馆）面积10412平方米。图书馆藏书6万册。固定资产总值16171万元。全年教育经费投入659万元，其中，国家拨款534万元、自筹经费125万元。毕业263人；招生625人；在校生2972人，其中，寄宿生336人。开设教学班66个。有教职工214人，包括专任教师211人，其中，具有副高级职称18人、中级职称123人；特级教师1人、市级学科带头人2人、市级骨干教师9人；大学本科以上学历223人。普通教室66个，专用教室48个，实验室5个。

（孙蒲远）

【召开教学研讨会】　3月4日，史家小学召开第30届教育教学研讨会。会议由主管科研副校长主持，以“紧紧围绕教学目标，提高课堂教学实效性”为主题，推出1节数学公开课《平均分》，播放2节语文课和1节社会课录像片段，各组教师将评课信息通过计算机在演播厅屏幕显示，与会专家对该校课改工作成果给予肯定，提出教育的均衡发展，必须有一批名校带头进行深入的教育改革，带头进行深入的探索等建议。来自北师大、中央教科所专家，市教委、东城区教委领导，以及延庆、顺义等区县学校和东四、朝阳门、建国门学区学校干部、教师240人参加。

（孙蒲远）

【开设“班主任沙龙”】　3月10日，史家小学开设“班主任沙龙”。该校旨在加强班主任工作研究、开展班主任培训，由学校主管德育主任主持，面向校内担任班主任工作10年以内教师和班主任工作研究小组教师，首次活动指定低年级部1名班主任进行发言，题目为《给班集体写评语》，介绍组织班内每名学生给集体撰写评语管理做法，以激发低年级学生集体荣誉感和责任心。全校教师40人，以及东四、朝阳门、建国门学区教师14人参加。年内，学校共开展班主任沙龙活动4次。

（孙蒲远）

【接待广州教育考察团】　3月20日，史家小学接待广州市越秀区教育考察团。该考察团由一行22人组成，听取学校校长有关办学经验报告，参观校园文化环境，观摩1节语文教学课，客人认为史家小学办学理念先进、办学条件先进。年内，学校共接待全国各省市地区教育团体、校长和教师112批3988人，来校挂职学习校长、主任、教师16批85人。

（孙蒲远）

【组织抗震救灾系列活动】　5月16日，史家小学举办为四川地震灾区捐赠活动。全校教职工、学生3200人总计捐款45万元。5月26日，学校组织赈灾义卖活动。该校教师、学生拿出学习用品、体育用品、生活用品、书籍、玩具等10000件，筹得善款78513.31元。5月27日和28日，学校接待四川省什邡市龙居镇龙居中心小学师生代表一行3人，将所筹536216.75元进行捐赠，作为龙居中心小学重建校舍专款。7月7日，学校接待四川地震灾区阿坝州方舟孤儿院孤儿50人。该校开展“点亮希望，走向未来”手拉手联谊活动，采取学生一对一互动形式，组织到校内科技馆进行科普等游艺项目，并为孤儿发放文具、书包和书籍100件。全校学生1500人参加。

（孙蒲远）

【参加全国英语比赛获奖】　6月7日，史家小学学生参加“外研社·朗文杯”迎奥运全国新概念英语赛获奖。该比赛由外研社主办，围绕“培养学生学习英语的兴趣”主题，面向全国中小学生，分为初赛、复赛、决赛阶段，包括4个组别，设置背诵、问答项目。来自全国30个省市地区学校学生15万人参加，其中，北京市东城区史家胡同小学五年级学生胡江伟获得B组亚军。

（孙蒲远）

【获市教科研优秀成果奖】　7月，史家小学图书获得北京市第五届教育科学研究优秀成果奖。该评选由市教委、市教育科学规划领导小组主办，围绕教科研主题，面向北京市教委各直属单位、高等学校中小学、职业技术学校，采取作者申请、单位推荐的形式，分为区县上报、专家评比两个阶段。来自全市各区县学校科研成果参展，148件获奖，其中，北京市东城区史家胡同小学教师孙蒲远著述《美丽的教育》获得一等奖、校长卓立编写《探索和谐教育》获得基础教育专项奖。

（孙蒲远）

【参加全国少儿围棋锦标赛获奖】　8月17至23日，史家小学参加全国少儿围棋锦标赛获奖。该比赛由国家体育总局棋牌运动管理中心主办，以“培养中国围棋最优秀的棋手”为主题，面向全国少年儿童，分为个人赛与团体赛，包括男、女、儿童三个组别。来自全国20个省市地区73所学校学生219人参加，其中，北京市东城区史家胡同小学围棋队由3名学生组成，获得团体第三名。

（孙蒲远）

【添置地动仪】　9月22日，史家小学科技馆添置“张衡地动仪”。该地动仪由张衡地动仪科学复原课题组研制，总投资6.5万元，是中国第一台微缩地动仪，学生可以利用悬挂物体的惯性理论亲手操作，能完成验震等工作，编号为001。至此，该校科技馆互动展品达38种。

（孙蒲远）

【参加全国学科比赛获奖】　10月18至22日，史家小学教师参加全国第六届信息技术与学科整合优质课比赛获奖。该比赛由全国信息技术与学科整合课题组、东北师大主办，围绕

“全国信息技术与学科整合”十一五期间国家级重点课题，面向全国中小学课题组成员校，分为初赛、现场决赛两个阶段，设置小学、中学组。来自全国20个省市地区100所学校教师4000人参加，200人获奖，其中，北京市东城区史家胡同小学3名教师在现场说课项目中获得1个一等奖、2个二等奖。10月19至21日，学校教师参加全国第七届青年教师阅读教学观摩活动获奖。该比赛由中国教育学会小学语文教学研究会主办，在江西省南昌市举行，面向全国小学语文教师，采取现场赛课形式，分为录像课、现场课等阶段，设置特等、一等、二等奖。来自全国各省市地区35所学校教师35人参加，其中，北京市东城区史家胡同小学教师孙莹执教人教版四年级教材《那片绿绿的爬山虎》获得特等奖。11月29日，学校教师参加“行知小学杯”第五届全国中小学教师演讲比赛获奖。该比赛由《中国教师报》主办，围绕“向地震灾区献爱心”主题，在南京市浦口区行知小学举行，面向全国中小学青年教师，采取演讲形式。全国21个省市地区学校教师42人参赛，全部获奖，其中，北京市东城区史家胡同小学教师汤柳以95.6成绩获得一等奖第一名。

（孙蒲远）

【推出白板技术教学展示课】 10月

24日，史家小学在中国教育技术协会中小学专业委员会小学协作研究会第19届年会上推出白板技术教学展示课。该活动由中国教育技术协会中小学专业委员会主办，围绕“现代教育技术与课程整合”主题，采取观摩、交流、研讨等形式，该校9名教师利用普罗米修斯电子白板技术，展示6个学科课堂教学内容。来自全国15个省市地区30所学校干部、教师260人参加。

（孙蒲远）

【获可持续发展教育示范校奖】 12月9日，史家小学参加中国可持续发展教育（ESD）第九次国家讲习班获奖。该活动由联合国教科文组织中国可持续发展教育（ESD）项目全国工作委员会主办，围绕“可持续发展教育”主题，面向全国项目组成员校，采取研讨、交流、参观的形式。来自全国各省市地区学校参选，55所学校教师获奖，其中，北京市东城区史家胡同小学被评为《节能减排与可持续发展》学校——社会行动项目首批示范学校，2名教师获得中国可持续发展教育（ESD）优秀教育案例一等奖、3名教师获得二等奖、4名教师获得三等奖；3名教师获得中国可持续发展教育（ESD）优秀活动案例二等奖。

（孙蒲远）

北京市东城区
府学胡同小学

【概　况】 2008年，北京市东城区府学胡同小学占地面积19696平方米，建筑面积13446平方米，体育场（馆）面积5350平方米。图书馆藏书10.06万册。固定资产总值287.84万元。全年教育经费投入2951.68万元，其中，国家拨款2149.2万元、自筹经费802.48万元。毕业564人，招生476人，在校生3110人。开设教学班67个。有教职工195人，包括专任教师157人，其中，具有副高级职称10人、中级职称128人；市级学科带头人1人、市级骨干教师4人、特级教师1人；大学本科以上学历162人。普通教室67个，专用教室25个。

（王翊卿）

【“太极推手”引入校本课程】 1月7日，府学胡同小学将“太极推手”引入体育校本课程。该校旨在将“太极推手”运动项目进行普及与推广，邀请广东省佛山市太极拳师，采取实地讲解、演示等形式，现场教授太极拳法的基本知识和动作要领。全校学生600人参加。

（赵凤华）

【接待全国校长考察团】 4月15日，府学胡同小学接待“让中华优秀传统文化走进校园”校长考察团。该考察团由全国34个省市地区60所学校校长一行80人组成，观摩学校2名教师《再见了，亲人》、《满白文的设计》公开课，展示校本课程建设成果，听取校长题为《府学文化，文化府学》发言以及学校历史沿革与发展等，并就学校文化建设方面经验进行交流研讨。考察团在参观交流后，认为该校历史悠久，办学特色鲜明，充满现代教学气息。

（许银萍）

【学生任自然博物馆讲解员】 7月26日，府学胡同小学三年级学生王伊壹担任北京自然博物馆暑期义务双语讲解员。王伊壹经层层选拔评选，由北京自然博物馆确定为双语讲解员，主要负责古爬行动物厅恐龙、昆虫标本部分解说任务，累计共讲解60场，接待国内外观众1000人次。

（王喆）

【安怡霏获全国十佳少先队员称号】 10月13日，府学胡同小学六年级学生安怡霏获得“第13届全国十佳少先队员”称号。该评选由共青团中央、教育部、全国少工委和中央电视台共同主办，表彰会在人民大会堂举行。活动面向全国少先队员，在各省、自治区、直辖市评选推荐的基础上产生，经过网上公示和评委会投票评审，由全国组委会审核、评定最终获奖者，标准包括德、智、体、美、劳等全面发展的综合素质。来自全国34个省市地区1000所学校学生1亿3千万人参选，10人获奖。

（许银萍）

【与鄂尔多斯学校签订手拉手协议】 10月18日，府学胡同小学与鄂尔多斯市东胜区第四小学签订手拉手共建协议。该协议是教育部“指导小学英语教学”项目，府学胡同小学、史家小学、内蒙古东胜区3名教师分别推出英语学科示范课，由专家对课程进行评析，对在教学过程中关注学生体验、关注学生知识形成教学方法给予肯定。来自北京市东城区府学胡同小学、史家小学和鄂尔多斯市东胜区第四小学教师100人参加。

（王翊卿）

【参加全国小学英语教研获奖】 11月24至27日，府学胡同小学教师参加“第四届全国小学英语语篇教学研讨会”获奖。该比赛由中国教育学会主办，在湖北省武汉市举行，面向全国小学英语教师，分三个阶段进行。来自全国32个省市地区1000所学校教师2000人参加会议，32人进行现场课展示，15人获奖，其中，北京市东城区府学胡同小学教师崔旸以《Children’s》观摩课获得一等奖第一名。

（王翊卿）

【召开可持续发展教育论坛】 12月8日，府学胡同小学召开中国可持续发展教育（ESD）项目第九次国家讲习班分论坛。论坛由东城区教科所主持，围绕可持续发展主题，采取座谈研讨形式，听取ESD项目专家从“校长尊重教师、教师尊重学生”的角度，点评该校可持续发展教育实践成果，提出促进项目发展等建议。来自北京市可持续发展协会专家、市教科院研究员，以及全国各省市地区ESD项目校代表50人参加。

（胡松林）

【组织联合教研活动】 12月23日，府学胡同小学与市教育学院组织联合教研活动。该活动由市教育学院主持，邀请市基教研中心特级教师吴正宪，执教五年级“整除复习”公开课，举办题为《让学生在好吃中享受有营养的数学》专题讲座，该校教师与特级教师同台授课，推出思维训练课《以退为进》。课后，与会教师就“如何通过数学课堂教学与数学知识为孩子奠定思维、思考、思想的基础”等问题展开交流，讨论认为教师应使学生在有价值数学中享受学习过程。全市各区县教师100人参加。

（王翊卿）

北京市东城区灯市口小学

【概　况】 2008年，北京市东城区灯市口小学一校两址，总占地面积7630平方米，总建筑面积14875平方米，体育场（馆）总面积4700平方米。图书馆（室）藏书57799册。固定资产总值2147万元。全年教育经费投入1552万元，其中，国家拨款1199万元、自筹经费353万元。毕业271人；招生269人；在校生1686人，其中，包括住宿生35人。开设教学班42个。有教职工165人，包括专任教师147人，其中，具有副高级职称8人、中级职称92人；特级教师1人、市级学科带头人1人、市级骨干教师3人；大学本科以上学历90人。普通教室42个，专用教室16个，实验室2个。学校网址：www.bjdskxx.com。

（曾晖）

【召开市级课题现场会】 4月2日，

灯市口小学召开《基于交互白板的混合式学习研究》市级课题现场会。会议由市教育网络与信息中心主持，该校共推出4个学科6节现场课，听取校长题为《让白板技术融合在新课程改革之中》典型发言，研讨认为学校课题研究注意规范，关注细节；关注问题，注重调整；具有实践研究与理性思考相结合特点。来自市教育网络与信息中心、东城区教委领导，以及全市各区县100所学校教师代表300人参加。

（高雅萍）

【成立农村教师研修工作站】 8月21日，灯市口小学“北京市农村中小学教师研修工作站”成立。该工作站是北京市委市政府为提高农村教师队伍素质、促进基础教育优质均衡发展重要举措，由北京市政府管理，面向全市农村教师，带领学员深入年级组听课，共同参加各级教研活动，走进课堂开展实践，并组织跨校联谊与交流反思，首批共接待顺义区5所学校5名学员。全校干部、教师7人参加。

（宋燕晖）

【参加全国教育软件比赛获奖】 10月23日，灯市口小学教师参加“AMD”杯全国第12届多媒体教育软件大奖赛获奖。该比赛由中央电化教育馆主办，围绕“信息技术与学科整合”主题，面向全国教育系统教师，分为3个阶段，包括3个组别，共设置5个项目。来自全国20个省市地区100所学校教师200人参加，20人获奖，其中，北京市东城区灯市口小学教师何澄以视频课例《Feelings》获得基础教育组信息技术与学科教学整合课例一等奖。11月15日，学校教师参加北京市师生电脑大赛获奖。该比赛由北京教育网络和信息中心主办，围绕“信息技术与学科整合”主题，面向全市教育系统，分为3个阶段，包括2个组别，设置6个项目。来自全市各区县100所学校教师300人参加，30人获奖，其中，北京市东城区灯市口小学教师张恬以《荷叶圆圆》、满媛媛以《识字四》展示课分获一等奖。

（高雅萍）

北京市东城区西中街小学

【概　况】 2008年，北京市东城区西中街小学占地面积4383平方米，建筑面积4028平方米，体育场（馆）面积2000平方米。图书馆藏书4.4万册。全年教育经费投入847.54万元，其中，国家拨款771.46万元、自筹经费76.08万元。毕业165人，招生151人，在校生956人。开设教学班24个。有教职工73人，包括专任教师59人，其中，具有副高级职称4人、中级职称47人；特级教师1人、市级骨干教师5人；大学本科以上学历68人。普通教室24个，专用教室10个。学校网址：www.

bjxzj. 163. com。

（马丁一）

【开展心理专家进校园活动】 6月3日，西中街小学开展心理专家进校园活动。该校邀请北京市青少年法律与心理咨询服务中心专家，举办《教师的压力管理》心理健康知识讲座，通过心理游戏和辅导形式，指导如何认识尊重心理需求与关怀精神世界重要性。全校教师70人参加。

（毛漫雪）

【林妙可参与奥运开幕式演出】 8月8日，西中街小学四年级学生林妙可参与第29届北京奥运会开幕式演出。6月，该校接到北京奥组委通知，确定林妙可为开幕式中演唱《歌唱祖国》候选演员，学校安排德育主任负责专程陪护，演练升旗仪式内容。

（毛漫雪）

【召开教科研培训会】 8月28日，西中街小学召开“做研究型教师”教育科研培训会。会议由该校教学干部主持，邀请东城区教科所教师做题为《教育实践与教育研究与成果形成的脉络》专题讲座，阐述教育科研实践方法以及教科研成果展现形式等内容。全校教师70人参加。

（田京旗）

【接待香港学校交流访问】 12月22日，西中街小学接待香港保良局黄永树小学交流访问。访问团由师生一行60人组成，参观校园环境，观摩课堂教学活动，两校学生就北京“后奥运”话题进行探讨，并共同参与语文、数学、科学、音乐课互动学习。客人认为此次交流活动为学生提供相互学习空间。全校学生60人参加。

（张蕾）

北京第二实验小学

【概　况】 2008年，北京第二实验小学一校三址，占地面积34657平方米，建筑面积41447平方米，体育场（馆）面积10000平方米。图书馆藏书10万册。固定资产总值7024.6万元。毕业444人，招生612人，在校生3249人。开设教学班78个。有教职工239人，包括专任教师183人，其中，副高级职称12人、中级职称125人；特级教师4人、市级骨干教师16人；大学本科以上学历163人。普通教室78个，专用教室18个。学校网址：www. bjsyex. org. cn。

（孙津涛）

【召开环境教育现场会】 10月17日，实验二小召开环境保护教育工作现场会。会议由北京市环保局主持，采取现场会形式，听取市教委领导宣读《北京市教委关于表彰朱小轩等同学的决定》，对朱小轩等33名学生在北京奥运会期间所提出推广节能环保建议给予表彰奖励，号召全市中小学生培养科学精神，树立远大理想，该校校长作典型发言，介绍科技环保教育工作，旨在通过课程与课题研究提升学生环保意识，将科学精神与实验、记录、比较、分析、结论等方法融于课堂教学。来自市教委、市环保局和市交通管理局领导，全市20所市级绿色学校负责人，以及学校师生200人参加。北京第二实验小学五年级学生朱小轩针对环境问题，提出“怠速熄火”建议，指“机动车辆在等待红灯时熄火，绿灯亮时开启”，用以节约能源。

（何建雯）

【举办体育节活动】 10月19日，实验二小举办第四届体育节活动。此次“体育节”在国家体育场“鸟巢”举行，围绕学校“双主体育人”办学思路，体现“以爱育爱、以学论教，以参与求体验、以创新求发展”育人途径，规定每三年举办一次，组织学生、家长参与会徽设计，共收集会徽2876件，参与率87%。活动设置三人“搬西瓜”、“搭桥过河”、二人持球接力赛、投活动篮等亲子比赛项目，并进行学生管乐、羽扇、篮球、游泳、京剧，以及教师、家长太极表演等方阵展示。来自国家体育局、北京市教委，中共西城区委、区政府、区人大、区政协、区体育局、区教委、北京师范大学、北京市教科院、西城区研修学院领导、专家和社会人士，全校师生、家长13500人参加。

（何建雯）

【举办系列科技活动】 11至12月，实验二小举办系列科技活动。活动以“我体验，我创新，我快乐”为主题，采取开展科学课题研究、记科技日记、创作科幻画等形式，共设置8个校级科技竞赛项目。全校学生3300人参加，参与度100%，最终评出科学课题研究奖186人、机器人竞赛优秀奖19人、四驱车竞赛优秀奖39人、生物知识竞赛优秀奖42人、科技英语优秀奖112人、电子技术竞赛优秀奖66人、灵巧手竞赛46人、科学幻想画竞赛480人，并有20人获得“科技走廊小助手”称号。

（何建雯）

北京市西城区育民小学

【概　况】 2008年，北京市西城区育民小学占地面积13905平方米，建筑面积18825平方米，体育场（馆）面积3310平方米。图书馆（室）藏书5.9万册。固定资产总值2989.05万元。全年教育经费投入1435.89万元，其中，国家拨款1311.58万元、自筹经费124.31万元。毕业241人，招生185人，在校生1496人。开设教学班46个。有教职工105人，包括专任教师92人，其中，副高级职称8人、中级职称64人；特级教师3人、市级骨干教师6人、市级学科带头人2人；大学本科以上学历70人。普通教室47个，专业教室14个。学校网址：www. bjymxx. com。

（潘伟）

【举办英语阅读展示】 9月22至26日，育民小学举办“英语小小家”阅读展示活动。该活动由英语组主持，结合学生年龄特点，开展“学奥运冠军精神，做德才兼备少年”主题闯关游戏，内容包括根据数字对应26个字母顺序拼出与奥运有关单词，得到闯关卡；从“Beijing，Olympic，China”中任意选择字母拼出8个新单词，得到闯关成功章；将学生分成不同小组，发放每名组员1个英语短句，要求将句子排序后创作1篇奥运文章；请学生按照不同图片表述5个英语短句句子；学唱第29届奥运会主题歌曲《You And Me》。全校学生1330人参加。

（潘伟）

【参观载人航天研究院】　10月17日，育民小学组织参观中国航天科技集团载人工程研究院。活动由学校少先队大队主持，围绕“向航天英雄致敬”主题，采取慰问形式，看望国防系统工作人员，赠送学生创作赞美“神州七号”书法与美术作品，研究院回赠学校载人飞船微缩模型。全校学生代表12人参加。

（潘伟）

【举办课堂教学交流】　10月24日，育民小学举办学科带头人课堂教学交流活动。活动以“探究式教学实效性研究课题交流”为主题，观摩4名教师作数学《公园中的数学问题》、语文《唯一的听众》、美术《色彩纯度练习》、英语《Where are you from?》公开课，展示学校区级课题《探究式教学实效性研究》教学成果，并组织教师完成互动评课。全校教师63人参加。

（潘伟）

【举办第五届科技节】　11月11日，育民小学举办第五届科技节。该活动由学校科技组教师主持，围绕航天主题，采取朗诵及模型展示形式，面向全体学生，回顾中国科技领域所取得成绩与小学生对于科学探索新发现，模拟空气动力“神州七号”火箭发射过程。该校科技节始办于2004年，每年举办一届。

（潘伟）

北京市西城区自忠小学

【概　况】　2008年，北京市西城区自忠小学占地面积11366平方米，建筑面积6368平方米，体育场（馆）面积2450平方米。图书馆（室）藏书5.3万册。固定资产总值666万元。全年教育经费投入520万元，全部由国家拨款。毕业106人，招生162人，在校生828人。开设教学班26个。有教职工68人，包括专任教师62人，其中，具有中级职称47人；大学本科以上学历54人。普通教室26个，专用教室12个。学校网址：www.xjzzhxx.org。

（李辉）

【参加市学科教学评优获奖】　4月24日，自忠小学教师参加北京市第八届品德与生活学科教学评优活动获奖。该评选由北京市教科院基础教育教学研究中心主办，围绕增强教学实效性主题，采取现场教学形式，分为3个阶段，包括现场教学、活动反思、前期研讨等内容，设置一、二、三等奖。来自全市18个区县18所学校教师18人参加，全部获奖，其中，北京市西城区自忠小学教师李爽以《风儿吹呀吹》获得一等奖第一名。

（耿永红）

【张自忠铜像落成】　9月26日，自

忠小学举行“弘扬民族精神，做文明自忠人”暨张自忠将军铜像落成仪式。该铜像由清华大学美术系教授捐赠，北京市领导进行揭幕，少先队与教师代表敬献花篮，张自忠班成员献词并庄严宣誓，原全国人大常委会副委员长何鲁丽为学校题字，中央文史馆馆员书写“诚实、文明、勤奋、进取”校训。来自市政协、市统战部、市民革委员会，西城区委、区台办、区教委有关领导，张自忠将军女儿张廉云及其家属，以及该校教师、学生954人参加。

（李辉）

【开展教学基本功培训】　9至12月，自忠小学开展教学基本功系列培训。此次工作由学校副校长主持，举办“开展教师教学基本功系列培训，促进教师专业化发展”启动仪式，邀请西城区教育研修学院专家举办“勾画教师个人专业发展愿景”专题讲座；由心理教研室教师组织“健康快乐的生活”心理健康校本培训；举行“自忠杯”教学评优暨教师教学基本功培训与展示活动，进行教育教学理论考试、说课及多媒体考核，并聘请专家评委就相关问题点评与答疑。全校教师62人参加。

（耿永红）

【加强校本课程建设】　年内，自忠小学加强校本课程建设。学校旨在发挥学校爱国主义基地作用，开展弘扬民族精神教育，组织开发《中华名将英魂永存》校本课程，并融入日常教学，其中，五年级语文教师将写信教学内容与课程实验相结合，组织学生到湖北省宜城镇罗屋村自忠小学，开展“传承自忠精神”手拉手通信活动，并召开主题班队会。全校学生124人参加。

（耿永红）

北京市崇文区光明小学

【概　况】　2008年，北京市崇文区光明小学占地面积16400平方米，建筑面积11761平方米，体育场（馆）面积5800平方米。图书馆（室）藏书8.56万册，各类报纸20种、杂志28种。固定资产总值1119.57万元。全年教育经费投入1405万元，其中，国家拨款1040万元、自筹经费365万元。毕业344人；招生317人；在校生1889人，其中，外省市借读生214人，寄宿生291人。开设教学班51个。有教职工166人，包括专任教师120人，其中，具有副高级职称6人、中级职称79人；特级教师4人、市级学科带头人2人、市级骨干教师3人、享受国务院专家津贴1人；大学本科以上学历68人。普通教室51个，专用教室18个，实验室3个。学校网址：www.gmxx.com.cn。

（卢凤霞　郝洪春）

【分层制订教师发展规划】　3月4日，光明小学分层制订教师“专业发展规划”。学校按照行政干部、骨干教师、青年教师、其他一线教师四个层次召开“恳谈会”；进行《规划好自己的人生》专题培训，引领教师结合自身起点确定目标，制定个人发展规划及保障措施，要求发展规划要体现自己意愿，抓住问题、找出路径，目标要切实可行，举措具备可操作性，并要有时限性。培训中，明确优秀教师所应具备专业素质，达成恒心、智慧和技术是成功基础的共识。

全校教师150人参加。

（卢凤霞 郝洪春）

【接待日本绿化合作代表团】 3月18日，光明小学接待日本东京青年会议所绿化合作代表团。该代表团包括一行12人，听取学校基本情况介绍，了解“开展环保教育保护地球家园”活动成果，进入课堂与师生进行互动交流，并就两国环保教育有关内容组织研讨，客人对该校校园环境及开展垃圾分类回收给予高度评价。光明小学是“全国绿色学校”，注重营造环保氛围和相关课程渗透，积极开展“手拉手地球村”、“保护母亲河”等环保教育活动。

（卢凤霞 郝洪春）

【探索学困生发展策略】 3月25日，光明小学探索促进学困生发展策略与方法。学校邀请北师大教授做《促进学困生发展的策略与方法》专题讲座，通过专家讲授与教师互动方式，从学困生界定、成因、分析、促其发展策略与方法等方面进行分析，明确促进学困生发展教师要无条件接纳与关注，使其具有安全感、成就感；将教材分解成相关部分，灵活改善教学方式；为每名学困生树立合理期望，建立档案，记录成长过程，找出学习以外兴趣点。要求教师在日常教学中，加强对学困生早期介入。全校教师160人参加。

（卢凤霞 郝洪春）

【建立科技教育基地】 4月7日，光

明小学建立科技教育基地。该校与北京教学植物园签订长期合作协议，规定教学植物园4名专家承担学校科技教育指导工作，双方共同开发适合小学生年龄特点综合实践课程，共同开展科技课题研究，充分发挥优质社会资源优势，支持学生探索植物领域奥秘，促进科技教育特色项目发展。

（卢凤霞 郝洪春）

【通过市级校本课程验收】 4月21日，光明小学通过北京市校本课程示范校验收。来自北京市校本课程领导小组、首师大有关专家听取校长关于开展校本课程汇报，查看工作资料，听课并与教师座谈。审核认为学校开设的校本课程能够满足学生多样化的兴趣和发展需求，验收通过，该校获得“北京市校本培训示范校”称号。光明小学自1995年先后开设围棋、口琴、古诗文诵读、英语天天读、攀登英语、课间操之自编操、体育游戏、选修课、国学、升旗仪式、“做中学”电脑机器人和“做中学”DI教育等校本课程，由教师自编大纲和部分教材，展示“我能行”办学理念，共有学生1889人参加。

（卢凤霞 郝洪春）

【举办金帆舞蹈团专场演出】 9月

26日，光明小学举办金帆舞蹈团专场演出。此次演出以“培育人生路上走得远的光明人”为主题，在龙潭湖公园中心岛剧场举办，先后表演《圆梦奥运》、《福娃》、《放学路上》、《金喇叭》、《竹筒声声》等17个舞蹈节目。来自北京师范大学、崇文区领导，斯洛伐克共和国驻华大使多莫·米洛斯拉夫，奥运蹦床冠军何雯娜，以及新闻媒体记者，全校师生1930人参加。7月30日，参加北京奥运村进驻仪式，并在“祥云剧场”进行演出。光明小学舞蹈团1998年成立，现拥有学生团员200人，建团以来共培养学生200人。

（卢凤霞 郝洪春）

【接待英国教育联盟访问】 10月28日，光明小学接待英国国际特色教育联盟访问。该访问团包括英国校长一行22人，参观校园环境文化建设，走进班级观摩英语课，观看校内整体工作专题片，听取学校校长相关情况介绍，并就学生成长评价、教师发展性评价、学生评价、教师工作等进行互动交流，客人对学校教育工作给予肯定，提出加强互访交流的希望。北京市崇文区光明小学是联合国教科文组织俱乐部成员，于2006年加入国际特色教育联盟，贯彻“我能行”教育理念，并制订师生发展评价方案。

（卢凤霞 郝洪春）

【与平谷开展课堂教学互动研讨】 11月8日，光明小学与平谷区教委开展“提高教学质量，强化发展内涵城乡教师课堂教学互动活动”。活动旨在推进新课程改革，加强与平谷区教师交流，检验学校教师钻研教材、备课、驾驭课堂能力，组织校内100名教师到平谷区7个教学点，开设语、数、英、音、体、美、品德与社会、科学、心理辅导等共70节课程，并就新课程改革方面问题开展协商式教学互动研讨。来自崇文区、平谷区教委领导，以及中国教育报、现代教育报等新闻媒体记者16人参与。

（卢凤霞 郝洪春）

【评选良好习惯形象大使】 11月10日，光明小学评选十项良好习惯“形象大使”。该活动旨在养成学生良好行为习惯，强化行为训练，采取班级评选、年级推荐形式，“十项良好习惯”包括“听奏国歌立正站好”，“说了就要做”，“按规则行动”，“行鞠躬礼问好”，“说声：谢谢、对不起”，“慢步轻声靠右行”，“出入和家人打招呼”，“吃饭不挑食”，“饭前便后要洗手”，“废弃物放入垃圾袋”。全校学生1889人参加，58人获奖。北京市崇文区光明小学于1996年开始实施“我能行”教育，先后推出学生“十项权利”、“十项责任”、“十项实践活动”、“十项奖励形式”、“十项良好习惯”——即“五个十”道德体验活动。

（卢凤霞 郝洪春）

【召开科研课题阶段研讨会】 12月5日，光明小学召开科研课题阶段性研讨会。会议就学校承担北京市“十一五”规划重点科研课题《关于提高课堂教学效益策略与方法的研究》所取得成果进行交流，18个子课题组140名任课教师围绕7个子课题研究进行汇报，包括《关于课堂学习活动中教师教学语言的研究》、《课堂学习

活动中有效开展讨论的研究》、《课堂学习活动中有效运用现代信息技术的探索》、《关于留有效作业，做有效习题，进行有效反馈的尝试》、《在学习过程中关注学生差异性研究》、《关于不同年级，进行有效合作学习研究》、《课堂学习中关注学生心理体验的研究》。该会议认为提高课堂教学效率须向 40 分钟要质量，教师要求规范教学语言，设计、组织学生讨论，设置有效作业，关注学生差异，对“学困生”早期介入；研究如何撰写阶段性论文、教育故事，要求课题组成员确定写作意向，上交科研课题阶段报告等。

（卢凤霞　郝洪春）

【探索学生心理体验】　12 月 9 日，光明小学探索如何关注学生学校生活心理体验。活动邀请科研副校长、北师大教授做《如何关注学生学校生活的心理体验》专题讲座，通过面授形式，从“心理体验界定”、“为什么要关注”、“如何关注”等方面讲解，提出关注学生心理体验四个原则，即：需要决定论、尊重基础论、察觉训练论、团体动力论，指导教师认识关注学生校园生活心理体验必要性，帮助学生建立自信。全校干部、教师 160 人参加。

（卢凤霞）

【表彰首届年度教育人物】　12 月 30 日，光明小学召开“教育也是成就教师的事业——光明小学首届年度人物”表彰会。会议由学校校长主持，包括领导致辞、事迹汇报、颁奖等内容，经全校教师投票，选出 11 名 2008 年度为学校发展做出突出贡献的教师、家属、学生代表。该校教师、学生共 200 人参加。

（卢凤霞）

北京市崇文区培新小学

【概　况】　2008 年，北京市崇文区培新小学占地面积 7669 平方米，建筑面积 4369 平方米，体育场（馆）面积 2300 平方米。图书馆（室）藏书 4 万册，各类报纸 8 种、杂志 22 种。固定资产总值 925 万元。全年教育经费投入 838 万元，其中，国家拨款 596 万元、自筹经费 242 万元。毕业 191 人；招生 247 人；在校生 1350 人，其中，外省市借读生 109 人。开设教学班 35 个。有教职工 100 人，包括专任教师 88 人，其中，具有副高级职务 2 人、中级职务 75 人；市级骨干教师 2 人；大学本科以上学历 65 人。普通教室 35 个，专用教室 8 个，实验室 2 个。学校网址：www. aipx. cn。

（张润霞　郝洪春）

【开展专题教学研究】　3 月 10 日至 4 月 15 日，培新小学开展专题教学研究活动。课堂教学突出教学活动实效性，其中，语文学科研究主题为“基于问题下的深层次阅读理解能力培养的教学实效性研究”、数学学科研究主题是“问题解决”、科任学科研究主题是“教师创造性设计课堂教学”，研究步骤包括由教研组集体研究，确定教学内容；讲课教师写出设计思路，教研组共同讨论、修改、定稿、试讲，面向学科全体教师做公开课，课后组内进行研讨；学科主任做全面总结与提升。全校教师 75 人参加。

（张润霞）

【承办西部地区教师培训】　4 月 7 日，培新小学承办西部地区教师培训。该培训由中华慈善总会组织，包括课堂教学、校园文化、校本教研三个部分，学校 3 名骨干教师推出二年级数学《两步实际问题》、英语《Unit 9 Day and night》、语文《母亲的纯净水》3 节公开课，参观校园文化环境、升旗仪式以及课间操展示，教学干部举办《让校本教研从粗放走向精细》专题培训。来自西部地区教师 120 人参加。

（张润霞　郝洪春）

【举办语文学科教学培训】　9 月 9 日，培新小学举办语文学科教学设计培训。该培训围绕教师教学基本功练习，由学校市级骨干教师做《例谈小学阅读教学设计》专题讲座，结合“设计理念和指导思想”、“教学背景分析”、“教学目标设定”和“教学流程设计”四个环节，讲解语文课《狼牙山五壮士》，指导教师如何写好教学设计以及具体操作方法等。全校教师 35 人参加学习。

（张润霞）

【与黑龙江学校进行教学交流】　9 月 22 至 28 日，培新小学与东北省黑龙江富锦双语学校开展教学交流活动。活动由学校教导处主持，内容包括课堂教学研究、校本教学研讨、管理策略交流等，组织富锦学校教师 10 人，共观摩 17 节研究教学课，涉及语文、数学、英语、美术、音乐、体育、品德与生活等 7 个学科，开展交流研讨 3 次。全校教师 32 人参加。

（张润霞　郝洪春）

【提出教学质量观】　9 月 23 日，培新小学提出教学质量观。该校确定 3 种质量观，包括“见分又见人”、“全面发展”和“可持续发展”，引导教师“透过统计数字看整体成绩”，从平行班均衡发展、优势班数量增加、优秀生和学困生分布状况等方面进行全面分析，“透过日常工作看教学功夫”、“透过分析反思看努力方向”，强调对“减负”精神领悟与理解，要求教师提高自身业务水平。全校教师 90 人参加。

（张润霞　郝洪春）

【与手拉手校进行教学交流】　9 月 26 日，培新小学与昌平区长陵中心小学进行手拉手教学交流活动。活动依据资源共享、互相学习、互相促进的原则，采取英语学科“同课异构”、专题研讨课研究等形式，两校 4 名教师分别推出二年级《Unit 2 This is Danny Deer（第一课时）》和五年级《Unit 3 School Sports Day（第一课时）》英语观摩课，开展“英语故事”课堂教学实效性研究。学生开展异校体验，走进长陵中小五年级部分班级，感受质朴、自然、和谐氛围，提升人文素养。北京市崇文区培新小学与昌平区长陵中心小学 2006 年 9 月签订手拉手互助协议。

（张润霞　郝洪春）

北京市崇文区前门小学

【概　况】　2008 年，北京市崇文区前门小学占地面积 13642 平方米，建筑面积 10485 平方米，体育场（馆）面积 6396 平方米。图书馆（室）藏书 4 万册，各类报纸 12 种、杂志 34

种。固定资产总值726万元。全年教育经费投入1881万元，其中，国家拨款875万元、自筹经费306万元。毕业223人；招生160人；在校生910人，其中，外省市借读生329人，寄宿生387人。开设教学班30个。有教职工140人，包括专任教师88人，其中，具有副高级职称2人、中级职称54人；市级骨干教师2人；大学本科以上学历49人。普通教室33个，专用教室13个，实验室3个。学校网址：www.qmschool.com.cn。

（方媛　郝洪春）

【加强干部教师管理工作】 3月1日，前门小学加强干部教师管理工作。该校要求干部"四树、四不、四忌"，教师"三爱、三喜欢、一认同"，具体内容包括"以德树威、以才树威、以情树威、以绩树威"，"说话不失言、调查不失实、办事不失信、履职不失责"，"忌有来无回、忌滥作评价、忌乱加批评、忌毫无原则"，"爱学校、爱本职岗位、爱学生"，"让学生喜欢你、喜欢你所教的学科、喜欢我们的学校"，"让家长与社会认同学校的教育质量和管理"等。全校教师、学生、家长参加，问卷调查结果显示，教师对干部满意率为92.6%，学生对教师满意率为97.9%，家长对学校满意率为94.8%。

（李影　赵岩　郝洪春）

【坚持干部随堂听课制】 3月10日至12月30日，前门小学坚持干部随堂听课制度。工作由学校教导处主持，将学校干部分成"师德师风"、"教学"、"教学常规"、"学生参与度和多媒体使用"5个考评组，要求每周至少集体听课1次，每学年观摩全体教师平均1课时，并在课后完成点评，对任课教师进行指导、评价。全校干部、教师62人参加，集体听课总计29节、个人听课1086节。

（李影　郝洪春　方媛）

【举办教学设计比赛】 5月23日，前门小学举办教学设计比赛。学校教学办公室针对教师所教授学科、年级不同，现场指定选用教材内容，要求参赛教师须在两个小时以内，完成1份包括设计理念、教材分析、学情分析、教学重难点、教学准备、教学过程、作业设计及板书设计等内容教学设计，评审标准有思想道德品质与人文素养的落实；基础知识与能力的提高；学生主动参与学习与教师主导的体现等。该校教师68人参赛，评出一等奖10人、二等奖12人。

（方媛）

【启动抗震救灾系列教育】 6月17日，前门小学学习"抗震救灾少年英雄"系列教育活动启动。该活动由教育部、中央文明办、共青团中央联合发起，分为宣传英雄事迹、学习英雄精神、评选学习先进三个阶段，具体内容包括通过橱窗、学生电视台、广播站、墙报等媒体，宣传少年英雄事迹，并要求学生写出学习感想，利用主题班会进行交流，参与社会投票；每名学生结合自身实际情况，制定学习英雄计划，解决学习与生活困难；各班组织将学生先进事迹上报学校，通过民主投票形式，评选校级"十大学习英雄小榜样"。全校教师、学生910人参加。

（方媛）

【与英国小学进行网络交流】 7月17日，前门小学与英国伯格小学师生通过网络视频进行交流。此次交流围绕中国小学生学习时间、汶川地震和北京奥运会三个话题展开，前门小学校长、教师解答英国学生提问，伯格小学师生表演中国传统舞狮节目，并表达建立长期友好交流意愿。全校干部、教师15人参加。

（方媛）

【走读部迁入新址】 9月1日，前门小学走读部由西河沿甲211号迁入崇文区新怡小区9号新址。该校址占地面积6930平方米，建筑面积4745平方米，体育场（馆）面积4396平方米，普通教室20个，专用教室8个，实验室2个，有教职工45人，招收学生86人。

（方媛）

【校园主题教育活动启动】 9月1日，前门小学"我是前门小主人"主题教育活动启动。该活动分为"爱国主义"、"习惯养成"、"参与学习"三个主题，通过评选"班级小主人、年级小主人和学校小主人"形式，培养学生自主、自信、自立能力。全校学生910人参加。

（方媛）

【举办安全疏散演习】 9月26日，前门小学寄宿部举行安全疏散演习。此次演习模拟火灾突发情景，校园内中断电路，师生按照预先设定疏散路线，用毛巾或手绢捂住口鼻弯腰快速撤离，学校职工经各楼层取出灭火器到达起火地点用时36秒，全校387名寄宿生撤离至安全地点用时2分16秒。学校自1996年9月招收寄宿生，每学期组织进行一至两次安全疏散演习，指导学生熟悉"晚间从宿舍撤离"、"白天从教学楼撤离"两条安全逃生路线。

（方媛）

【举办感恩月演讲比赛】 12月15日，前门小学举办感恩月演讲比赛。比赛以"在赏识中感恩、在感恩中成长"为主题，面向全体学生，分为班级初赛、年级复赛、校级决赛三个阶段，演讲内容包括亲情、友情、爱国之情、民族之情、人与自然等。全校学生898人参加，121人获奖。该校于每年12月开展感恩月传统教育活动，包括演讲比赛、班队会、撰写感恩信等形式。

（方媛　郝洪春）

北京市崇文区崇文小学

【概　况】 2008年，北京市崇文区崇文小学占地面积14500平方米，建筑面14540.19平方米，体育场（馆）面积7300平方米。图书馆（室）藏书1.7万册，各类报纸10种、杂志25种。固定资产总值830万元。全年教育经费投入1065万元，其中，国家拨款604万元、自筹经费461万元。毕业120人；招生160人；在校生926人，其中，外省市借读生321人，寄宿生892人。开设教学班24个。有教职工84人，包括专任教师75人，其中，具有副高级职称2人、中级职称50人；市级骨干教师1人、特级教师1人、享受国务院专家津贴1人；大学本科以上学历55人。普通教室24个，专用教室6个，实验室1个。学校网址：www.cwxx.com.cn。

（刘姗姗　郝洪春）

【评选首届师德之星】 3月5日，崇文小学评选首届师德之星。该评选旨在鼓励教师全心投入教育工作，用爱、用情、用心对待每名学生，评委全部由学生担任，依据任课教师工作表现，从“受欢迎”、“课上精彩”、“友善公平”、“批改作业认真”、“有活力”5个评价内容进行打分，最高评价为5颗星，并安排学生干部进行过程监管。全校教师共75人参加，20人获得“首届师德之星称号”。学校规定在每年3月5日举办师德之星表彰活动。

（刘珊珊　郝洪春）

【启用奥运博客圈】 3月21日，崇文小学“阳光少年”奥运博客圈系统正式启用。该博客圈利用互联网平台，作为对外交流、展示窗口，324名学生上传1000篇奥运微笑成长日记，并邀请同心结国家多米尼克留学生8人加入，旨在“用行动实践微笑承诺，用博文记录成长历程，展示首都青少年良好精神风貌”。来自外交部、崇文区有关领导，搜狐博客频道代表，以及学校教师、学生500人参加。7月16日，学校组织开展“承诺伴我行——记录奥运期间我们的环保承诺”、“奥运初体验——记录我们的家庭志愿服务体验”、“偶像集中营——记录我们眼中的奥运健将”、“祝福伴奥运——记录下我们对奥运会的祝福”阳光少年暑期奥运博客之旅活动。学生500人通过网络参与，在博客中发表文章400篇，记录有关奥运体验、感受和行动，向世界各国家地区学生介绍北京奥运、展示中国学生风采。

（刘珊珊　郝洪春）

【召开首届科研会议】 3月21日，崇文小学召开首届科研会议。会议以“注重科研引领、创建学校特色、促进教师发展”为主题，宣读关于建立年度科研会议决议，听取学校校长《科研引领促学校发展》专题报告，阐述学校促进学生健康发展、促进教师素质提高、促进学校可持续发展历程，学习市教育科学专项课题《以情移情》办学特色研究开题报告，教师代表展示“十一五”期间学校教育科研情况，子课题组教师介绍相关研究内容和成果，专家点评指出该校注重科研引领，“以情移情”是素质教育体现。来自中国教育学会、北师大、市教科院专家，以及学校干部、教师120人参加。北京市崇文区崇文小学于2004年开展“以情移情”办学特色实践研究，2006年被批准为中国可持续发展教育项目“十一五”期间实验研究课题。

（刘珊珊　郝洪春）

【开设家长亲职辅导课】 7月4日，崇文小学开设家长亲职辅导“父母效能培训”课。课程从心理辅导角度，指导家长如何转变观点、控制情绪、有效沟通，改变自身行为，课堂悬挂“妈妈，请您听我讲完话再来批评我”、“爸爸，请您不要只爱100分，请您来爱我”等条幅430张，表达学生心声和期待，邀请北师大心理学专家做《与孩子有效沟通的方法》主题报告，针对学生期待和家长困惑等问题，阐述家长反思教育方法，促进学生身心健康发展。该校430个学生家庭450人参加。

（刘珊珊　郝洪春）

【举办课堂展示活动】 9月10日，崇文小学举办“用激情走进课堂”专题展示活动。活动旨在促使教师通过自评提升反思能力，在互评和点评中提高业务水平，要求每名教师自选题目展示1节录像课，并以教研组为单位，对相应课程进行自评、互评，邀请专家点评推选学科优秀课例。全校教师参加，完成录像课60节、教学反思60篇。

（刘珊珊）

【开展朗读仿写活动】 9月16日，崇文小学语文组开展“读写结合”课题研究活动。活动面向三至六年级年级学生，每堂语文课利用10分钟时间，进行优秀段落朗读和仿写教学，指导学生有关读书方法，提高学生阅读和写作能力，并结合课本查找资料，仿写景物导游词。全校学生480人参加。

（刘珊珊　郝洪春）

【举办首届民俗藏品交易会】 12月24日，崇文小学举办首届“民俗用品收藏交易会”。会议坚持自愿、诚实、信用的原则，制订相关交易规则，包括泥人、兔爷儿、中国结、剪纸、毛猴、脸谱、书法作品、民族服饰绢人等中国传统民俗物品，交易学生介绍所收藏品名称以及相关民俗知识，采取“以物换物”形式进行藏品交换。全校教师、学生1000人参加，共计成交600件。该校规定每年12月份为民俗月，民俗藏品交易会每年举办一届。

（刘珊珊　郝洪春）

北京第一师范学校附属小学

【概　况】 2008年，北京第一师范学校附属小学占地面积14196平方米，建筑面积11751平方米，体育场（馆）面积5000平方米。图书馆（室）藏书10万册，各类报纸20种、杂志52种。固定资产总值1454万元。全年教育经费投入1593万元，其中，国家拨款1280万元、自筹经费313万元。毕业266人；招生218人；在校生1510人，其中，外省市借读生230人，寄宿生74人。开设教学班43个。有教职工133人，包括专任教师125人，其中，具有副高级职称4人、中级职称97人；市级学科带头人1人、市级骨干教师5人；大学本科以上学历80人。普通教室46个，专用教室16个，实验室2个。学校网址：www.ysfx.com。

（张燕　郝洪春）

【举办第五届书画艺术节】 5月12至6月12日，一师附小举办第五届书画艺术节。该艺术节以“奥运——振兴民族文化的契机”为主题，面向三至五年级学生，开展《文化遗产纵横谈》、《奥运中的中国元素》2场专题讲座，介绍奥运与民族文化结合点与崇文区非物质文化遗产；语文、社科和美育教师整合学科资源，对学生进行保护国家文化遗产教育；组织学生了解、搜集相关知识图片，参观百工坊等；要求学生以绘画、书法、民族工艺及撰写感言形式进行艺术创作。全校学生1500人参加，展示作品450件、发表感言500篇。

（狄永杰　郝洪春）

【开展垃圾分类教育】 6月5日，一师附小开展垃圾分类教育活动。该活动以《善待地球从身边的小事做起——学会垃圾分类》为主题，面向三至六年级学生，以班级为单位，设立废纸回收箱，介绍“什么是垃圾分类”、“为什么要实行垃圾分类”、“中国垃圾分类现状”三个方面内容，并引发“在校园中是否发现与环境保护相违背的事情？我们应该怎样做？”思考，教育学生践行绿色奥运理念，认识做好垃圾分类必要性。全校学生1100人参加。

（狄永杰 郝洪春）

【开展学生习惯养成教育】 9月1日至12月31日，一师附小开展学生习惯养成教育。活动以“魔法学校魔力积分卡”为主题，学校在文明礼仪、课堂常规等方面制订规则，凡符合要求奖励“魔力积分卡”1张，以年级为单位，每周进行评选，得卡最多班级奖励1枚“魔币”，学期末根据“魔币”数量，可兑换“绿色植物秀家园”、“可爱动物成伙伴”、“体育竞技展风采”、“电脑游戏乐翻天”、“社会实践练本领”、“和谐集体大专访”等实践项目，激励学生养成良好文明礼仪、主动学习习惯。全校43个班级学生1500人参加。

（狄永杰 郝洪春）

【成为农村教师研修工作站】 9月2日，一师附小成为市教委农村中小学教师研修工作站。工作站由该校5名语、数市级学科带头人、骨干教师主持，设计培训方案、培训课程、组织教学及安排生活，组织学员学习专家讲座，进行工作反思，参加学科专项培训，每天随堂听课，培养学员学科专业能力、课堂观察能力、分析能力和课堂教学能力。第一批接收怀柔区学员8人，其中，语文教师5人、数学教师3人，培训为期4个月15天。

（张燕 郝洪春）

【召开学生社团双选会】 11月6日，

一师附小召开学生社团“人才双向选择洽谈会”。会议由“小能人风采社”、“小机灵总管社”、“小鬼当家服务社”和“金头脑研究社”学生社团主持，设置志愿服务、校园管理等4类职务，面向三至五年级学生，公开招募“文明引导员”、“卫生监督员”、“校园小导游”等8个岗位，采取学生自愿报名形式，由社团原任学生担任考官，对报名学生进行面试，目的包括“我选择岗位。充分发挥自己聪明才智，为大家服务。”、“岗位选择我。多人选择一个岗位就意味着有成功有失败，在体验中成长。”、“确定岗位就意味着责任”三层含义。此次8个岗位共招纳学生106人。

（狄永杰 郝洪春）

【召开教育部课题中期推进会】 12月25日，一师附小召开“十一五”教育部规划课题中期推进会。会议由崇文区教科所主持，听取该校科研负责人《基于儿童学习心理需求，促进快乐有效学习的策略研究》课题进展汇报，阐述研究目的及创新点。来自崇文区教委、教科所领导、专家，以及区教科研培训班教师60人参加。课题于2007年立项，研究采用“问卷调查”、“行为观察”、“访谈法”、“带题授课”、“行动研究”等方法，完善学校“快乐教育”内涵，出版《快乐教育故事》案例集，撰写研究报告和论文20篇获得国家一、二等奖，36篇获得市级一、二等奖，承办学科市级研究活动、公开课30节，区级研究课70节。

（阎红 郝洪春）

北京第一实验小学

【概　况】 2008年，北京第一实验小学占地面积16250平方米，建筑面积21153平方米，体育场（馆）面积3685平方米。图书馆（室）藏书70963（万册）。毕业245人；招生153人；在校生1282人，包括寄宿生197人。开设教学班31个。有教职工127人，包括专任教师81人，其中，具有副高级职务8人、中级职务55人；市级骨干教师8人；大学本科以上学历60人。普通教室34个，专用教室7个。学校网址：www.bjdysyxx.com。

（周新）

【召开市级学科课题教学研讨会】 3月25日，实验一小召开北京市小学数学课堂教学实效性研讨会。会议由北京市教研员主持，围绕“数学文化”主题，展示该校教师观摩课《成正比例的量》，听取副校长题为《用文化润泽课堂，提高教学实效性》专题汇报，宣传学校“用数学文化培养学生的数学素养”教学理念，专家对此活动给予高度评价。来自市小学教研室专家、各校数学教师400人参加。5月23日，学校举办“课程文化背景下的语文课堂教学实效性”研讨会。会议由北京市教研员主持，围绕语文教学研究“课程文化”以及“课堂教学实效性”内容展开研讨，该校教学主任结合对课程文化理解与实践介绍经验，推出3节学科观摩课，专家评课认为研讨会研究有深度，课型全面，体现学校文化育人的特点以及课程建设的先进理念。来自全市各区县专家、领导、教师600人参加。

（王秀丰 韩玉平）

【开展心系灾区主题活动】 5月26日，实验一小开展心系灾区主题活动。活动包括举办“生死不离”主题升旗仪式，介绍地震灾区救援情况，慰问在救灾第一线工作人员11名家属；组织“心系灾区红领巾”主题爱心捐物活动，全校教师、学生1284人参加，捐物25090件，全部上交北京市接受救灾捐赠事务管理中心。

（贾薇薇）

【举办校内特色节日活动】 5月29日，实验一小举办特色节日“博乐节”。活动由各年级学生主持，围绕“徜徉艺海、畅想未来”主题，通过朗诵和歌唱形式展示学生文艺特长，提升学生文化素养等。全校学生1284人参加。11月24日，学校举办“感恩节”活动。活动包括开展“温暖感恩季”系列教育，要求学生通过查资料、讲故事、看电影等方式，对“感恩节”内涵进行理解；开展“温暖你手，温暖我心”主题征文，共有学生1100人参加，收到文章1100篇。北京第一实验小学德育教育以特色节日为切入点，结合校训“求真、感恩、知耻、砺行”开展活动。

（贾薇薇）

【参加社会大课堂活动】 9月1日，

实验一小参加首都博物馆“社会大课堂”活动。该活动由市教委主办，采取学生亲身实践形式，面向全体学生开展。北京第一实验小学学生40人参加，身着汉服，伴随楚汉乐曲，通过角色扮演，展示古代六艺“射礼”仪式。

（杨燕萍）

北京市朝阳区芳草地小学（北京市朝阳区芳草地国际学校）

【概　况】 2008年，北京市朝阳区芳草地小学（北京市朝阳区芳草地国际学校）占地面积38076平方米，建筑面积30345平方米，体育场（馆）面积18147平方米。图书室藏书97979册。固定资产总值7500万元。全年教育经费投入2001.05万元，其中，国家拨款1293.02万元、自筹经费708.03万元。毕业238人，招生686人，在校生3374人。开设教学班102个。有教职工271人，包括专任教师261人，其中，具有高级专业技术职务9人、副高级职务和中级职务130人；市级学科带头人4人、市级骨干教师17人。普通教室102个，专用教室16个。学校网址：www.fcdxx.bjchyedu.cn。

（刘文娥）

【召开教科研年会】 1月6日，芳草地小学召开教科研年会。会议由学校教学干部主持，以“国际理解教育背景下的德育创新”为主题，分为学科德育展示版块、名师风采版块、学生活动展示版块和收获板块，采取交流、研讨、观摩等形式，交流学校在国际理解背景下如何实施有效德育的相关内容。全校教师、学生、家长共400人参加。

（王蕙）

【接待发展中国家政府官员访问】 5月29日，芳草地小学接待发展中国家政府官员访问。该访问团一行46人，参观校园环境，考察汉语教学，双方就如何学好汉语展开交流，客人认为汉语教学方法突出，学生在观察、体验、实践中学习，形式活泼，易于接受。

（崔明华）

【举办国际学校揭牌仪式】 10月10

日，芳草地小学举办国际学校揭牌仪式。活动由中央电视台主持人、学校英语教师共同主持，采取新闻发布形式，经朝阳区人民政府评审，该校正式更名为北京市朝阳区芳草地国际学校。来自教育部、市教委、朝阳区教委领导，以及全校教师、学生代表200人参加。北京市朝阳区芳草地小学于1956年9月建校，原名北京市朝阳区芳草地小学。

（刘文娥）

【召开市级随班就读研讨会】 11月6日，芳草地小学（芳草地国际学校）召开北京市智障随班就读教研组研讨会。会议由北京市特殊教育培训中心主持，围绕“北京市随班就读课堂教学基本经验交流”主题，采取研究课形式，讨论如何正确理解和运用语言文字内容，交流认为研究提高随班就读教师专业化水平，促进北京市随班就读工作整体化、科学化发展。来自北京市特教中心专家、随班就读课题组以及北京特教中心教研组成员100人参加。

（刘文娥）

【举办第五届普通话技能表演】 12月19日，芳草地小学（芳草地国际学校）举办第五届普通话技能表演。该活动由国际部教师主持，在朝阳剧场举行，以“说好普通话”为主题，采取汇报演出形式，包括朗诵、小品、课本剧等内容。全校教师、学生、家长1300人参加。学校普通话技能表演始办于2003年，每年举办一届。

（刘文娥）

北京市朝阳区花家地实验小学

【概　况】 2008年，北京市朝阳区花家地实验小学占地面积22677.01平方米，其中，本校8677.01平方米、分校14000平方米；建筑面积15172.9平方米，其中，本校6822.9平方米、分校8350平方米，体育场（馆）面积7676平方米，其中，本校3000平方米、分校4676平方米。图书室藏书68635册，其中，本校43709册、分校24926册。固定资产总值1684.05万元，其中，本校1377.9万元、分校306.15万元。全年教育经费投入11225842.01元，其中，国家拨款9267003.47元、自筹经费1958838.54元。毕业264人；招生290人；在校生1578人，其中，寄宿生38人。开设教学班43个。有教职工110人，包括专任教师99人，其中，具有中级职务50人，市级骨干教师2人。普通教室43个，其中，本校29个、分校14个；专用教室19个。

（杨庆华）

【开展迎奥运教育交流活动】 5月

13日，花家地实验小学开展“学习法语，共迎奥运”活动。活动由法国大使馆文化中心主持，组织学校“一班一国”法国代表班、五年级学生与法

国驻华使馆人员共同开展，使馆代表赠送《迎奥运，法语汉语百句手册》，讲解法国礼仪、法国饮食文化，教授学生日常法语知识。该校学生173人参加。8月19日，学校接待奥林匹克博物馆馆长加贝特先生访问。馆长参观学校奥林匹克展室，学生利用英语介绍“一班一国”奥运教育成果，观看“一班一国”代表班法国班、日本班、美国班、荷兰班和中国班特色文化展示，学生将制作“一班一国”画卷赠送给奥林匹克博物馆，全长20.08米。客人对学校奥运教育成果以及学生英语水平给予肯定。9月1日，学校“花儿朵朵”社团成立。该社团根据学生兴趣爱好，结合多元智能发展需求，成立包括文学社、英语社、环保社、美术社、心理互助社等12个分社团，社团组委会经过学生自愿报名、公开招聘等环节，由学生主持社团组织管理工作，聘请专任教师担任指导，每周定期活动2次，制订活动计划、阶段性总结与展示，发挥学生自主性与创造性，共拥有团员300人。

（杨庆华）

【开展抗震救灾支援活动】 5月27日，花家地实验小学向四川地震灾区学生捐赠奥运福娃。该校教师、学生共计捐款9万元，捐赠奥运福娃500个，并与“信报”记者联系，将财物及时送到灾区学生手中。5月30日，学校举办抗震救灾义卖活动。活动邀请灾区学生共度国际六一儿童节，讲述抗震救灾情况，朗诵《我们在一起》等诗歌，宣读《致灾区小朋友一封信》，并将自制爱心卡片在橱窗展示，表达对灾区人民关爱与鼓励，举办“为汶川灾区献爱心”义捐义卖，共筹得善款6万8千元。全校教师、学生、家长1800人参加。5月31日，花家地实验小学成立男教师志愿服务队。该服务队一行16人，到丰台区大红门货运中心、捐赠中心，进行装运大米、方便面、矿泉水、棉被等救灾物资志愿服务。

（杨庆华）

【承办市级听障学生随班就读研讨会】 5月28日，花家地实验小学承办“北京市听障学生随班就读课堂教学研讨会”。会议以“平等、关爱、发展”为主题，采取展示课和研讨交流形式，介绍学校随班就读工作取得经验与成果，从学习活动、文体竞赛、能力培养等方面提供均等发展机会，开发教育潜能，促使特殊教育和普通教育有机融合。

（杨庆华）

【开展中日教育交流活动】 5至12月，花家地实验小学开展奥运“同心结”交流活动。5月9日，该校校长、书记一行30人来到奥运“同心结”学校日本人学校，举办“牵手结友谊、同心迎奥运”体育比赛，两校女教师进行乒乓球比赛、男教师开展足球赛，双方并就音乐学科教育教学展开交流。6月11日，学校接待日本人学校访问。访问团包括该校二年级师生一行100人，参观奥林匹克展室，观看多媒体奥林匹克知识介绍，交流两国儿童游戏，分组学习两国简单用语，并以两人三足形式开展模拟奥运火炬接力传递。12月2至5日，学校接待日本裾花小学访问。访问团包括该校师生一行9人，主要采用家庭住宿（Home Stay）和班级交流形式，分别住进8个中国家庭、走进课堂开展学习，并通过攀登长城、游览奥运场馆、品尝北京特色美食等，感受北京名胜与传统文化。9月12日，学校接待日本教育委员会访问团。该访问团包括东京都教育长、委员长、校长、教师一行8人，来校参观奥运展室，并与学校干部、教师进行座谈，听取学校课程设置与奥林匹克教育介绍。客人表示要将成功展开奥林匹克教育经验带回日本。12月10日，学校与日本鹤卷小学进行视频交流。该校六年级学生15人与日本鹤卷小学师生，利用网络视频，互相学习风筝制作方法。年内，两校共进行视频交流3次，内容涉及2008北京奥运会信息及感想等。

（杨庆华）

【开办青少年文化大讲堂】 6月24日，花家地实验小学开办朝阳区青少年文化大讲堂。活动由学校干部主持，旨在培养青少年读书兴趣、普及历史文化知识，邀请北京师范大学第二附属中学教师纪连海，围绕《历史上的和珅》主题，讲解有关和珅其人、中国姓氏起源、满族习俗、清朝

吏制等有关内容。全校学生80人参加学习。

（杨庆华）

北京市朝阳区师范附属小学

【概　况】 2008年，北京市朝阳区师范附属小学占地面积32024.57平方米，建筑面积21562.2平方米，体育场（馆）面积500平方米。图书室藏书5.4万册。固定资产总值3911.2万元。全年教育经费投入1805.38万元，其中，国家拨款1587.73万元、自筹经费217.65万元。毕业205人；招生236人；在校生1421人，包括寄宿生395人。开设教学班56个。有教职工149人，包括专任教师135人，其中，具有中级职务78人。普通教室76个，专用教室17个，实验室4个。

（蒋国霞）

【举办第一届阅读节】 4月9日，朝师附小举办第一届阅读节活动。活动以“浸书香、润心灵、同成长”为主题，包括室内举办师生阅读社团展示，室外开展“书香足迹”、“书香画卷”、“书香聊吧”、“书香庙会”等项目，并设计吉祥物“鼠（书）精灵”。全校教师、学生参加。学校规定阅读节每年举办一届。

（蒋国霞）

【参加市学生艺术节获奖】 4月28日，朝师附小参加北京市第11届学生艺术节获奖。该艺术节由市教委主办，在首钢篮球体育馆举行，面向全市中小学生，采取展演形式，包括初、决赛阶段，分为2个组别，设置行进管乐等项目。来自全市8个区县30支学校代表队参加，8支获奖，其中，北京市朝阳区师范附属小学管乐

团由 60 人组成，获得比赛一等奖。

（王新霞）

【承办数学课堂教学现场会】　5 月 22 日，朝师附小承办朝阳区数学课堂教学现场会。会议由朝阳区教研中心与人教社联合主办，以“把握学科本质，提高课堂实效性”为主题，学校推出 2 节 30 分钟数学公开课；听取校长《把握学科本质，提高课堂实效性》专题发言；人教社专家作《把握本质，注重实效，使学生获得良好的数学教育》指导报告，讨论认为应提高数学素养基础，把握学科本质。来自人教社、朝阳教研中心专家、教研员，以及全区各学校干部、教师 200 人参加。

（蒋国霞）

【参加奥运村升旗仪式】　8 月 5 日，

朝师附小学生参加奥运村升旗仪式。活动由北京市奥组委主办，围绕“同心结”主题，采取互动参与形式，包括“入村仪式、文艺表演”等内容，该校 4 名学生作为北京市朝阳区奥林匹克教育同心结学校学生代表出席埃及运动员入村升旗仪式。

（张洁）

【举办为灾区送温暖活动】　12 月 3 日，朝师附小举办为灾区送温暖活动。活动以“捐出爱心，奉献温暖——为四川灾区儿童捐一元钱、献一本书”为主题，采取爱心捐助的形式，帮助四川省什邡市蓥华学校、龙居小学、民主小学、红白中心小学、八角小学等灾区学校学生添置越冬红马甲，建立图书室，共计收到善款 3800 万元，图书 700 册。全校学生 472 人参加。

（周蕾）

【开展联片教研活动】　12 月 5 至 9 日，朝师附小开展联片教研活动。活动与白家庄小学、花家地实验小学联合开展，以“深钻教材，聚焦课堂，提高实效”为主题，旨在贯彻落实《北京市教育委员会关于进一步提高中小学教学质量切实减轻学生课业负担的意见》以及区教委有关实施意见，以区教研中心《联片教研活动意见》为指导，引导教师树立正确质量观，推动课堂教学改革，减轻学生课业负担，采取研究课展示形式，研讨课堂实效等内容，交流认为提高课堂实效性的关键在于教师对教材的准确把握。来自 3 所学校干部、教师 157 人参加。

（蒋国霞）

北京市丰台区
丰台第一小学

【概　况】　2008 年，北京市丰台区丰台第一小学占地面积 31858 平方米，建筑面积 17275 平方米，体育场（馆）面积 8798 平方米。图书馆（室）藏书 10 万册。固定资产总值 1049.7 万元。全年教育经费投入 314 万元，其中，国家拨款 301 万元、自筹经费 13 万元。毕业 409 人，招生 520 人，在校生 2849 人。开设教学班 72 个。有教职工 178 人，包括专任教师 171 人，其中，具有高级专业技术职务 3 人、中级职务 108 人；市级骨干教师 5 人。普通教室 72 个，专用教室 12 个。学校网址：www.ft1x.ftedu.gov.cn。

（王艳红）

【开展名师促教研活动】　3 月 6 日，

丰台一小开展“名师进校园，互动共发展”主题教学研讨活动。该活动旨在以名师、专家为引领，促使教师增强研究意识、提高教学能力，包括数学研究课展示、名师点评、研讨交流三部分内容，观摩学校三年级数学课《平移与旋转》，邀请北京实验二小校长李烈和北京市名校长工作室成员、专家，结合课改理念、习惯培养、思维发展、师生关系等角度现场点评，提出教师要“以生为本”、要做到“勇敢地退，适时地进”等建议。名师进校园活动借名师、专家引领之力促使教师增强研究意识、提高教学能力。来自北京市名校长工作室成员、专家，周边兄弟学校、延庆手拉手学校，以及该校教师 180 人参加。

（王艳红　何彩琴）

【接待泰国教育官员访问】　4 月 24 日至 5 月 15 日，丰台一小接待泰国教育行政官员访问。该访问团一行 122 人，参观校园文化环境和专用教室，听取学校办学情况介绍，并就两国教育教学问题展开交流，客人认为此次交流有助于两国教育管理人员了解不同国情下的基础教育情况，进一步促进本国教育的发展。

（王艳红）

【评为首都少年军校示范校】　6 月 18 日，丰台一小在第六届首都先进少年军校表彰大会上获得示范校称号。会议由北京市精神文明办公室主办，面向北京市所有少年军校展开评比，采取表彰会与经验报告形式，听取该校题为《建设少年艺术军校，培育“六小”公民》经验介绍。全市 16 个区县 95 所学校参加，其中，24 所示范军校、42 所先进少年军校受到表彰。

（王艳红）

【开展教研组长培训活动】　9 月 16 日，丰台一小开展教研组建设计划交流研讨会。会议由学校校长主持，交流教研组建设计划实施情况，旨在提升教研组长队伍素质、增强教研组长工作管理能力与教学引领能力，研讨认为此次交流利于组际之间经验的分享与借鉴，对教研组的建设起到促进作用。该校管理干部、教研组长共 42 人参加。

（王艳红）

【举办科普报告会】　10 月 8 日，丰台一小举办科普报告会。会议以“小手拉大手——科技专家进校园”为主题，邀请国家地震局研究员作“神奇的南极和北极”科普报告。专家运用科学文学语言对南极和北极进行综合介绍，激发学生主动学习科学知识兴趣，培养学生创新意识和科学精神。全校学生 2234 人参加。

（王艳红）

【通过市综合实践特色校验收】 12月12日，丰台一小通过北京市综合实践特色校验收。此次验收以“结合学生身边现象，培养社会责任意识”为主题，分为展示课、学校汇报和研讨点评三个部分，展示该校6节综合实践活动课，听取校长题为《引导学生关注生活世界，拓宽综合实践活动途径》报告，邀请8名专家现场评价，认为该校综合实践活动具有自身特色，认定为丰台区第一所“北京市综合实践活动示范校”。来自全市12个区县专家、教师100人参加。学校结合自身发展基础，以“培养学生社会责任意识”为主题，构建“丰台一小丰益分校综合实践活动课程”框架，组织三至六年级学生“结合学生身边现象，培养社会责任意识”开展研究性学习。由教师指导完成确定研究主题——分解研究主题、确立研究课题——制订研究方案、开展调查研究——汇报研究成果。学生以小组为单位收集资料，通过访谈、调查、走进社会课堂等方式进行研究。

（王艳红）

北京市丰台区翠林小学

【概　况】 2008年，北京市丰台区翠林小学是寄宿制学校，占地面积9510平方米，建筑面积4700平方米，体育场面积2240平方米。图书馆藏书14000册。固定资产总值7421897.42元。全年教育经费投入234.18万元，其中，国家拨款214.18万元、自筹经费20万元。毕业39人；招生52人；在校生296人，包括住宿生195人。开设教学班14个。有教职工35人，包括专任教师31人，其中，具有小学高级教师以上职务16人；大学本科以上学历33人。普通教室13个，专用教室8个。

（胡春凝）

【举办舞蹈班专业考试】 1月8至9日和6月12至14日，翠林小学举办两次舞蹈专业考试。该考试依据翠林小学舞蹈教学大纲，按照翠林小学专业考试要求标准，组织一至六年级学生205人分别进行芭蕾舞、外国性格舞、民间舞、古典舞、排练等课程展示，由专业舞蹈教师完成测评，最终205人合格。该校干部、教师及学生家长70人参加观摩。

（胡春凝）

【参加市文明拉拉队比赛获奖】 1月9日，翠林小学参加“金龙鱼杯”北京市第二届文明拉拉队大赛获奖。该比赛由北京市体育局、市教委、首都精神文明办、团市委、市总工会共同主办，围绕“人文奥运”主题，面向向学生、机关干部、社区居民、部队官兵、外企职工、农民、少数民族、来京务工人员等全体社会人员，采取团体比赛形式，设置场地项目。全市18个区县106所学校参赛，40所获奖，其中，北京市丰台区翠林小学拉拉队由16名学生组成，表演“Sunny Girl”，共用时2分30秒，获得场地自选动作组一等奖和最佳创作奖。

（胡春凝）

【举办毕业班铃声节】 6月27日，翠林小学举办“2008届毕业班最后铃声节”活动。该活动分为毕业典礼、汇报演出两个部分，由学校干部颁发毕业证书与纪念品、毕业生捐献所用图书，共同种下象征“绿色生机、硕果累累”石榴树。表演《永远的画面》、《最后一个夏天》、《每当走过老师窗前》等节目，拉响毕业班最后铃声、同唱校歌《翠林之歌》。全校教师、学生296人参加。

（胡春凝）

【开展舞蹈晨练评比】 11月14日至12月10日，翠林小学开展舞蹈晨练评比活动。活动由该校艺术教育办公室主持，以“珍惜每一个美好的早晨，提高舞蹈基本功”为主题，旨在检验学生专业基本功训练常态和班级整体教学水平，指导学生通过展示发现自身不足、他人优点，促进整体舞蹈水平提高。学校二至六年级6个班级学生175人参加，最终评出“晨练明星班”2个。

（胡春凝）

北京市石景山区六一小学

【概　况】 2008年，北京市石景山区六一小学占地面积23557平方米，建筑面积11520平方米，体育场（馆）面积6926平方米。图书馆藏书30861册。固定资产总值2237万元。全年教育经费投入760万元，其中，国家拨款596万元、自筹经费164万元。招生193人，毕业135人，在校生1100人。开设教学班31个。有教职工97人，包括专任教师70人，其中，具有副高级职称1人、中级职称53人；市级骨干教师3人；大学本科以上学历36人。普通教室32个，专用教室10个。

（王京兰）

【开展奥运交流活动】 2月25日，六一小学接待斯里兰卡体育访问团。该访问团一行15人，由斯里兰卡驻华大使，国家体育总局、北京奥组委新闻宣传部领导陪同，参观学校基础设施及教育教学成果，开展“中斯友好班”交流活动。全校教师、学生1100人参加。8月7至22日，学校校长、教师、学生共7人参加斯里兰卡驻华使馆举办“奥运前夕狂欢夜”；师生代表4人参加斯里兰卡代表团入驻奥运村仪式；学校校长、书记、教师，以及四至六年级学生500人观看2008北京奥运会棒球、垒球、田径项目比赛。

（宁佩荣）

【召开校本课程市级研讨会】 4月29日，六一小学召开校本课程市级研讨会。会议以“知识课堂＋实践课堂＝生命课堂”为主题，分为“必修课程展示、选修课程展示、学校汇报和专家点评”三个部分内容，通过现场课、汇报交流、才艺展示等形式，展示学校“利用社会资源，开发校本课程”成果，其中，必修课程27节，内容涉及周边社会资源，包括走进西山八大处，走进军营、老北京文化、文明迎奥运等；选修课程展示“低年级形体操、中年级军体拳、高年级轮滑”，以及茶艺、空竹、剪纸、篮球、书画等，专家肯定该校在校本课程建设与管理方面所取得成绩，认为活动为与会者提供看点多、给学生提供机会多，体现科研意识、课程意识、资源意识、评价意识。来自各区县教育专家、领导、教师200人参加。

（刘畅）

【开展抗震救灾系列活动】 5月16

日，六一小学举办“情系灾区，贡献爱心”募捐活动。该活动由学校工会组织，共计筹得善款49135元，其中，教职工捐款17760元、学生捐款31375元，全部上缴红十字会。5月30日，学校召开“祈福2008”诗歌朗诵会。该会议由学校4名学生主持，通过朗诵诗歌、讲故事等形式，表达对地震灾区人民关心与祝福、对抗震救灾官兵和医护人员的崇敬。学校大队部再次向全体少先队员发出号召，倡议向灾区孤儿捐助，其中，教师、学生共筹款17056元、书包18个、笔记本1200个、铅笔盒83个、水彩笔14盒、课外书200册以及各类笔1万支。

（宁佩荣　刘小娴）

【参加全国主题班会比赛获奖】 5月22至25日，六一小学教师参加第二届全国中小学主题班（团、队）会课大赛获奖。该比赛由教育部基础教育司、全国教育学会中学德育专委会、全国班主任工作学术委员会等联合主办，以“弘扬奥运精神、弘扬中华民族优良传统”为主题，面向全国教师，采取录像课、现场课比赛形式。来自全国17个省市地区36所学校教师36人参加，其中，北京市石景山区六一小学教师宁佩荣以《08奥运我自豪》获得录像课一等奖、班会设计一等奖、现场课二等奖。

（刘小娴）

【开展国学诵读活动】 11月19日，六一小学开展国学诵读课堂教学研讨活动。活动由学校教学处主持，以“经典诵读伴我行”为主题，分设2个会场，4名教师推出《读古训，促养成》、《诵读〈弟子规〉》公开课，专家点评认为活动中执教教师能发挥个人创造力，开发校本课程，在阅读过程中积累语言，激发学生学习兴趣，在讲解基础上理解内容，结合生活实际创设情境，唤起学生内心情感的需要，在表演过程中指导学生的言行，培养学生综合素质。最后，在熟记、吟诵过程中，积淀文化，内化知识，发挥国学的多元智能因素，诵读活动可以在全区范围进行推广。全校教师60人参加交流。

（刘畅）

【举办综合性学习讲座】 11月26日，六一小学举办《遨游汉字王国》系列语文综合性实践活动。活动由该校教研组主持，采取书法讲座形式，邀请北京军区司令部专家进行指导，通过现场讲解及展示，介绍汉字起源、种类与正确书写汉字方法。全校学生200人参加。

（王洪儒）

北京市石景山区实验小学

【概　况】 2008年，北京市石景山区实验小学一校两址，占地面积15058平方米，建筑面积9545平方米，体育场（馆）面积6894平方米。图书馆藏书4万册。全年教育经费投入1015.1万元，其中，国家拨款828.3万元、自筹经费186.8万元。毕业269人，招生223人，在校生1386人。开设教学班37个。有教职工110人，包括专任教师92人，其中，具有副高级职称1人、中级职称75人；市级骨干教师2人；大学本科以上学历85人。普通教室52个，专用教室15个。

（殷佳）

【校园网站开通】 3月1日，石景山实验小学校园网站开通。该网站运用ASP技术，包括校园快讯、校长信箱、在线调查、最新公告等板块，设置学校文化、德育天地、教学科研、论坛、校友录等栏目。网站开通加强学校与家庭、社会沟通了解，促进对外宣传工作开展。网址：www.sjsqsyxx.com。

（吴萍）

【召开区级体育工作会】 3月14日，石景山实验小学召开区级体育工作会。会议以“全面健康和谐发展”为主题，听取该校校长围绕“一个中心”、“两条主线”、“三个结合”、“四个落实”、“五个环节”工作总结，专家对该校体育教师综合素质给予肯定评价，并在体育工作实施专业理论与实践性、目标管理、评价实施等方面提出建议。来自区教委领导、专家，以及各学校主管干部、教师30人参加研讨。

（吴继红）

【加强国际教育交流】 3月25日，

石景山实验小学接待德国古腾堡舒勒学校3名教师代表。客人参观校园文化环境，观摩课堂教育教学活动，与学校师生探讨学生发展教学模式、交流教育心得，并对该校教学管理、校园设施、学生精神状态给予肯定，表示两校要持续保持友好交流关系，共享教育信息。全校教师、学生200人参与。6月26日，学校接待美国密歇根大学教授寇佩茨博士。客人参观校园环境设施，走进班级与学生展开英文交流。双方就特殊学生教育、学生心理健康教育问题进行探讨，客人了解该校学生来源结构，学生作息安排，以及有特殊需求学生就读情况后，对该校随班就读教育工作做法给予肯定，介绍美国学校具体做法与所取得经验，希望今后建立长期合作关系，加强两国文化教育往来。7月25日，学校接待日本东京访问团。该访问团包括东京都板桥区区长坂本健一行7人，来校参观教学文化环境，听取相关设施介绍，观看管乐队、茶艺、书法等节目表演。客人认为中国民族传统文化为学校发展奠定基础。全校教师、学生200人参加。10月7日，学校接待德国教育考察团。该考察团包括德国黑森州地博格市达木沙特地区教育议员一行2人，带来德国学生图画作品10件，双方通过互联网形成两校学生一对一交流伙伴。自2005年10月27日，共访问石景山实验小学 4 次。

（吴萍　吴继红）

【接待农村教师研修站学员】　9 月 1 日，石景山实验小学接待农村教师研修站学员。学员由来自平谷、延庆等区县 9 名农村骨干教师组成，了解该校学习环境与教学工作，并完成五课研讨、课标学习等项目培训，学习为期 6 个月。北京市农村教师培训研修站 2008 年 7 月成立，是市教委“加强教师队伍建设，重点提高农村教师素质”举措。

（班世伟）

【庆祝建校 20 周年】　10 月 31 日，

石景山实验小学举办“成长的足迹”建校 20 周年成果展。此次展示分为两个部分进行，其中，第一部分以“走进学校”为主题，邀请学校退休教职工，校友、家长、社区居民以及手拉手共建学校代表 200 人，观看学生武术操表演，观摩课堂教学工作，参观学校校园环境，出席“忆往昔，扬今朝，展未来”发展论坛；第二部分以“风采展示”为主题，邀请全校教师、学生、家长，以及石景山区委、区政府、区教委领导，社会各界代表 3000 人，参加“成长的足迹”建校 20 周年办学成果展示。活动在石景山体育馆举行，以舞蹈、歌曲、快板等艺术形式，讲述学校 20 年来发展历程。北京市石景山区实验小学始建于 1988 年，原名石景山区八角第三小学，1990 年更名为石景山区实验小学，2003 年与原科艺实验小学整合，现一校两址。

（殷佳）

北京市石景山区古城中心小学

【概　况】　2008 年，北京市石景山区古城中心小学占地面积 21455 平方米，建筑面积 4090 平方米，体育场（馆）面积 4524 平方米。图书馆藏书 51102 册。固定资产总值 868 万元。全年教育经费投入 639 万元，其中，国拨 569 万元、自筹 70 万元。毕业 199 人，招生 108 人，在校生 878 人。开设教学班 27 个。有教职工 76 人，包括专任教师 74 人，其中，具有副高级职称 1 人、中级职称 51 人；市级学科带头人 1 人、市级骨干教师 3 人；大学本科以上学历 40 人。普通教室 30 个，专用教室 16 个。

（刘晓群）

【开展学生法制教育】　4 月 6 日，古城中心小学开展“奥运法律知识系列教育活动”。该活动以迎奥运为契机，宣传奥运法律相关知识，培养学生学法律、用法律、增强法律意识，包括宣传、学习、竞赛 3 个阶段，根据学生年龄特点进行分组，经过班级初赛、年级复赛、学校决赛。全校学生 785 人参加，共评出一、二、三等奖 27 个。7 月 9 日，学校开展“快乐暑假——做守法少年，争当文明奥运小主人”法制教育活动。活动由该校干部主持，采取讲座形式，推出 1 节法制教育课，制作暑期安全卡。全校学生 750 人参加。

（田惠）

【召开市级英语学科整合现场会】　4 月 29 日，古城中心小学召开北京市“攀登英语与常规英语整合”现场会。会议由石景山区教育分院主持，采取现场授课形式，包括评课和研讨内容，观摩该校 2 名教师英语学科展示课，并就两种教材如何在内容与授课形式整合问题进行研讨，交流认为有效地整合可以节约授课时间，提高单位时间内授课质量，授课形式更加活泼，学生主动参与学习积极性更高。来自市教科院、北师大专家，以及各区县教师 200 人参加。

（刘晓群）

【召开市级语文教学研讨会】　5 月 8 日，古城中心小学召开北京市语文学科教师“课堂教学实践”现场会。会议由石景山区教研室主持，围绕“落实课程标准提高语文课堂教学的时效性”主题，采取现场授课形式，包括现场评课、研讨内容，观摩该校 2 名教师现场研究课，并就语文教学问题进行研讨，交流认为教师在教学目标的确定、教学方式的选择、学生学习积极性的调动等方面都要扎实。特级教师李春旺，以及市教科院专家，各区县教师 100 人参加。

（刘晓群）

【举办家庭教育培训】　8 月 26 日，古城中心小学举办家庭教育培训。该校邀请家庭教育专家，面向一年级学生家长，以“如何养成良好行为习惯”为主题，通过讲座形式，就如何配合学校做好学生入学教育与培养学生良好行为习惯等进行讲解。全校学生家长 100 人参加。

（王萍）

【举办计算教学培训】　10 月 24 日，古城中心小学举办“如何进行计算教学”培训。该校邀请特级教师刘德武，推出示范课《小数乘法练习课》，展示小数乘法的多样化算法，并做《教师的语言艺术》专题讲座，通过讲授和讨论的方法，讲解教师如何在课堂上更好地与学生进行沟通等内容。全校教师 60 人参加。

（赵燕）

北京市石景山区古城第二小学

【概　况】　2008 年，北京市石景山区古城第二小学占地面积 10565.6 平方米，建筑面积 6471 平方米，体育场（馆）面积 4000 平方米。图书馆藏书 2.5 万册。固定资产总值 970 万元。全年教育经费投入 1122.9 万元，其中，国家拨款 903 万元、自筹经费 219.9 万元。毕业 205 人，招生 225 人，在校生 1475 人。开设教学班 36 个。有教职工 103 人，包括专任教师 89 人，其中，具有副高级职称 1 人、中级职称 64 人；市级骨干教师 4 人；大学本科以上学历 87 人。普通教室 36 个，专用教室 10 个。

（胡文生）

【召开名校长工作研讨会】　4 月 17 日，古城二小召开北京市名校长工作室研讨会。会议由学校教研室组织，以“体验、感悟、发展”为主题，工作室专家一行 6 人来校调研学校办学思想，观摩学校 2 名教师关于数学学习方式公开课，并由北京实验二小校长李烈完成点评，专家认为做课教师基本功扎实，教学语言精彩。全校教师100人参加。

（胡文生）

【举办市级语文专题研讨】 4月21日，古城二小举办“感悟、积累、运用”市级语文专题研讨活动。活动邀请市教科院语文特级教师张光缨，针对“如何引导学生从阅读学习过程中感受语言文字魅力，进行有效积累，学习并运用习作方法，提高习作水平”问题进行讲解，观摩该校2名语文教师观摩课，点评认为教师教学基本功扎实。来自全市4个区县10所学校教师40人参加。

（胡文生）

【举办课外阅读展示】 4月25日至7月4日，古城二小举办课外阅读展示。该活动面向一年级、三至五年级学生，包括“我阅读，我快乐，我成长”，“爱的真谛”，“爱读，会读，收获”，“感受韵律美，诗文伴我行”等主题，采取朗诵、演讲比赛、家长互动等形式，表彰“小书迷”与“书香家庭”。全校教师、学生、家长共300人参加。

（陈凤云）

【农村教师研修工作站挂牌】 9月1日，古城二小北京市农村教师研修工作站挂牌。工作站由学校教学副校长主持，采取师徒帮教形式，具体职能包括基本功与教学理论培训。该校5名教师被聘认为指导教师，8月1日至12月31日，来自房山区10名学员完成数学、体育学科的研修学习。

（胡文生）

【举办特级教师讲座】 12月8日，古城二小举办特级教师讲座。该讲座邀请北京市数学特级教师吴正宪，以“用心为师、真心做人”为题，通过观摩教学专家亲自授课形式，推出“数的整除”教学观摩课具体讲解。全校教师、学生60人参加。

（胡文生）

北京大学附属小学

【概　况】 2008年，北京大学附属小学占地面积26850平方米，建筑面积20557.23平方米，体育场（馆）面积6000平方米。图书馆（室）藏书6.9万册。固定资产总值1200万元。全年教育经费投入2076万元，其中，国家拨款1174万元、自筹经费902万元。毕业438人；招生450人；在校生2978人，包括寄宿生315人。开设教学班73个。有教职工165人，包括专任教师137人，其中，具有副高级职称6人、中级职称110人；市级骨干教师2人、市级学科带头人2人；大学本科以上学历125人。普通教室73个，专用教室28个，实验室6个。学校网址：www.bdfx.net.cn。

（孙江红）

【承办全国古诗诵读交流活动】 3月26日，北大附小承办全国“中华古诗文诵读工程总结交流活动”。该活动由中国青少年发展基金会组织，听取学校开展古诗文诵读活动10年工作汇报，以学生诵读古诗文形式展示其成果，内容包括《少年中国说》、《早发白帝城》、《静夜思》等。来自全国各省市地区校长、教师、学生300人参加。

（孙江红）

【成立金帆艺术团】 4月8日，北大附小金帆艺术团成立。该艺术团经过市教委批准，拥有学生团员100人，表演老生、武生、老旦、青衣等角色，下设2个京剧队，其中，京剧一队40人、京剧二队60人，每周一、五各活动一次，聘请刘润林、王竹芬等专家进行京剧基本功和唱功指导。学校自1994年开展“娃娃京剧”艺术活动，排演京剧曲目《霸王别姬》、《孔融让梨》、《百灵》等，出访美国、日本、新加坡、新西兰、奥地利，获得全国小梅花金奖。

（孙江红）

【举行翦伯赞故居揭牌仪式】 4月14日，北大附小举行翦伯赞故居揭牌暨翦伯赞铜像落成揭幕仪式。活动介绍翦伯赞生平，8名学生代表朗诵由该校教师所创作诗歌《永远的怀念》，并为翦伯赞铜像敬献红领巾。全校师生400人参加。翦伯赞故居位于校园北侧，为欧式二层板楼，占地面积148平方米，建筑面积350平方米，1926年建成；翦伯赞铜像为半身像，高1.85米，坐落在故居前方，由上海大学美术学院教授设计。翦伯赞（1898～1968年），历史学教育家，湖南桃源人，维吾尔族，曾任北京大学教授、历史系主任、副校长，主编《中国史纲要》，著有《中国史纲》，《翦伯赞历史论文选集》。1949年至1968年居住在燕东园28号小楼（现北大附小校园内）。

（孙江红）

【启用校本教材】 9月1日，北大附小正式使用校本教材《小学生必背古诗》。该教材由学校教学办公室组织编写，共分为三册，内容包括小学生必读古诗等，以口袋书形式面向一至六年级学生发放，每周学习1课时。

（孙江红）

【举办经济教育讲座】 12月19日，北大附小举办经济教育讲座。该讲座邀请美国经济教育委员会教师艾琳·约翰逊（Erin Johnston），通过研究、讨论等形式，以《橡皮泥和经济学》、《儿童文学中的经济学》为主题，讲解有关GDP、生产、经济等方面知识。全校青年教师20人参加。

（孙江红）

北京师范大学实验小学

【概　况】 2008年，北京师范大学实验小学占地面积13800平方米，建筑面积12188.4平方米，体育场（馆）面积8050平方米。图书馆藏书总数4.9万册。固定资产总值3868万元，全年教育经费投入1927万元，其中，国家拨款953万元，自筹经费974万元。毕业315人，招生283人，在校生1760人。开设教学班41个。有教职工107人，包括专任教师95人，其中，具有副高级职称4人，中级职称68人；市级学科带头人1人，市级骨干教师6人。普通教室47个，专用教室和实验室共20个。学校网址：www.eps.bnu.edu.cn。

（高春芳）

【举办首届读书节】 4月23日，北师大实验小学举办首届读书节。活动邀请书法教育家欧阳中石参加启动仪式，要求学生认真读书，要背诵经典文章，北京师范大学出版集团向学校师生赠送文史类、科技类图书1000册，该校发出“每日阅读”读书的倡议，并通过阅读答题、撰写读后感、填写阅读记录册等措施，提高学生课外阅读实效性和阅读能力。有关领导、专家，以及全校教师、学生1800人参加。学校规定每年4月为校园“读书月”。

（贾红斌）

【举办中日教育研讨会】 4月26至27日，北师大实验小学举办“中日儿童教育与教师发展”研讨会。会议与北京师范大学教育学院联合主办，围绕“学校制度与教师发展”、“儿童礼仪与行为规范教育”专题，采用主题发言、嘉宾点评、互动交流等形式，听取学校校长《学校管理与教师专业发展》主题报告，3名教师“礼仪与行为规范教育的思考与实践”、“儿童行为规范研究——快乐的课间十分钟”、“协助学生学会和谐相处”专题发言，并就学校“欺负”现象、适度“表扬与批评”、“家校沟通”、“礼仪规范与个性发展”等话题展开讨论。来自日本新泻大学及其附属学校教师、北师大教育学院专家，以及该校教师200人参加。

（赵宗国）

【学生赴科技馆志愿讲解】 4至11月，北师大实验小学学生担任中国科技馆志愿讲解员。该校组织参加中国科技馆“小小志愿者”科普实验培训活动，五、六年级学生共20人，经过专题讲座与科学实验技能培训，利用每周六、日时间，为科技馆参观人员进行科学小实验演示和讲解。12月20日，五年级学生2人被中国科技馆评为明星小小志愿者、2人被评为优秀小志愿者。

（杨志伟）

【选派教师赴四川灾区支教】 7月16至28日，北师大实验小学选派教师赴四川地震灾区支教。该校分两批共选派语文、数学、体育、音乐学科教师12人，到四川绵竹市齐福学校推出学科研究课15节，并与绵竹市教师展开交流研讨，围绕教师专业成长、班主任工作、校本研究、学校教育科研工作等专题举办讲座，两校签订友好协议书，规定在师资培养、师生交流方面进行合作。

（吴建民）

【庆祝建校50周年】 10月18日，

北师大实验小学举办建校50周年庆祝活动。该活动以“和风满园”为主题，采取研讨交流、庆典仪式、文艺演出等形式，召开历届校领导、校友座谈会，组织参观校史展、师生共同创作“放飞理想”艺术雕塑，并为校训墙揭幕，教育部撰写贺信，全国人大领导陈至立、彭珮云、何鲁丽为校题词；文艺汇演在北师大邱季端体育馆举行，由中央电视台协办，学校铜管乐团合奏《七色光》、教师合唱团表演歌曲《让我们的生活充满阳光》、舞蹈团展示《开门红》、学生联唱《让我们当起双桨》等节目。有关领导、校友代表、社会各界人士、日本香港姊妹校代表，以及学校教师、学生2000人参加。北京师范大学实验小学于1958年9月建校，由北京师范大学创办，用作师范大学教育科学研究和教育系师生见习实习的基地，办学经费大部由北师大事业费支出，少量自筹及单位捐助。初为六年制完全小学，有6个年级，15个教学班，709名学生，18名教职工。1960年开始实行五年制学制实验，1988年又将学制调整为6年。

（王莹）

北京市海淀区实验小学

【概　况】 2008年，北京市海淀区实验小学占地面积41861平方米，建筑面积35034平方米，体育场（馆）面积2315平方米。图书馆藏书120000册，其中，电子图书15001册。固定资产总值78423万元。全年教育经费投入6125万元，其中，国家拨款3509万元、自筹经费2616万元。毕业691人；招生762人；在校学生4387人，包括寄宿学生267人。开设教学班103个。有教职工250人，包括专任教师238人，其中，具有副高级职称5人、中级职称140人；市级学科带头人1人、市级骨干教师8人。普通教室103个，专用教室43个。学校网址：www.hdsyxx.net。

（田利）

【学校豫剧团成立】 3月，海淀实验小学豫剧团成立。该豫剧团由学校音乐教师主持，聘请专业教师定期授课，现有学生40人，利用课后业余时间，在每周二开设唱腔课、周四定为基本功训练。剧团前身是学校戏曲兴趣小组，共招收学生10人。10月，剧团参加中国戏曲家协会艺术发展中心主办“全国少儿戏曲小梅花比赛”，9名学生表演《武士请缨》获得小梅花金奖。

（田利）

【举办教育教学论坛】 5月6日，海淀实验小学举办教育教学论坛。该论坛由学校教科室组织，以“教育科研引路，促进师生共同发展”为主题，听取学校6名教师发言，并结合研究课题，围绕培养学生习惯、课内外一体化、情境教学等问题进行交流探讨。全校教师238人参加。

（宋亚甫）

【举办课件制作展示】 8月29日，海淀实验小学举办课件制作展示活动。该活动要求教师在演示中，结合教学设计，从课件制作难易程度、制作技巧、课件亮点、课件优缺点等方面加以说明，并穿插介绍课件制作相关知识。全校教师17人参加。

（田利）

【举办教师专业化讲座】 11月11日，海淀实验小学举办教师专业化讲座。讲座邀请学校教育顾问、特级教师吴昌顺作《教师专业化——做学习型教师》专题报告，围绕教育首先是“人学”，讲授教师应做“明白之师”、“明辨之师”、“明天之师”等内容，阐述做学习型教师意义与方法。全校教师260人参加。

（田利）

【举办课题研究展评】 11月26日至12月3日，海淀实验小学举办课题研究课展评活动。活动围绕“课题引路、聚焦课堂、提高实效”主题，学校15名教师分别推出语文研究课8节、数学研究课7节，邀请市基础教育研究中心、中央教科所课程教学研究部、北京师范大学专家教授进行评课指导，专家认为学生学习习惯培养到位、善于质疑、敢于发表个人见解，教师基本功扎实、综合素质高，课堂教学真实、朴实。全校教师230人参加交流。北京市海淀区实验小学于2006年开展“课题研究”系列活动，研究采取“全组参与——推选代表、集体备课——学校展示”方式，自下而上、层层推进，由各学科、各年级推选代表参加学校展评，初选要求学科组内采取“同课异构”形式，不同教师展示相同课程，体现教师对教材独特理解、对学科教学认识和教育理念。

（田利）

【举办心理健康知识讲座】　12月8日，海淀实验小学举办心理健康知识讲座。讲座围绕“我为什么老‘走神’”主题，通过古今中外名人轶事，向学生介绍注意力集中在学习生活中重要性，向师生介绍提高注意力科学方法，心理教师为学生进行系统分析、讲解和心理指导，帮助学生缓解压力、放松心态、调适情绪。全校教师、学生2210人参加。

（田利）

北京市海淀区
中关村第一小学

【概　况】　2008年，北京市海淀区中关村第一小学占地面积32795平方米，建筑面积36936平方米，体育场（馆）面积19608平方米。图书馆藏书15万册。毕业773人；招生714人；在校学生4986人，包括寄宿生1245人。开设教学班122个。有教职工286人，包括专任教师276人，其中，具有副高级职称5人、中级职称163人；特级教师1人、市级学科带头人1人、市级骨干教师9人。普通教室122个，专用教室56个。学校网址：www.zgcyx.com.cn。

（商红领）

【使用古诗电铃】　2月25日，中关村一小将下课铃声改为古诗朗诵录音。该校自制古诗电铃，铃音根据不同课程轮换播放，包括《春晓》、《望庐山瀑布》、《早发白帝城》、《咏柳》等国文经典录音，面向一至六年级学生使用。

（宋亚甫）

【获得“少儿田径示范校”称号】　3月25日，中关村一小举办国际田联少儿田径项目展示会暨少儿田径示范学校授牌仪式。该校组织学生进行撑杆跳、软式实心球、标杆和越野桶等新软式田径器材展示；新式田径项目分成不同小组，参加训练或比赛，成绩以团体计分；所用器材包括利用软材料制作的火箭式标枪、把手式软实心球、接力跑软圈，撑杆跳高改成撑杆跳远，跨栏跑改成低矮的、软式的侧跨栏跑等，同时增加传统体育课十字跳、背投、方程式赛跑。来自国际田联、市教委领导，以及海淀区20所小学体育教师30人现场观摩。北京市海淀区中关村第一小学是全国首个“少儿田径示范学校”。

（冯嘉）

【承办中新数学交流会】　5月2至3日，中关村一小召开“中国——新加坡2008年数学交流会”。会议由新加坡国立教育学院、北京师范大学基础教育课程研究中心主办，围绕“新加坡和中国现行课改试验教材和课堂教学”主题，组织观摩学校2节现场课，听取新加坡国立教育学院专家《新加坡小学数学教学现状》、教育部课程发展中心主任《数字中国——基础教育》专题报告，并就两国课程改革情况交流和讨论。来自新加坡教育部和国立教育学院、中国教育部课程发展中心、北京师范大学、首都师范大学、北京教育学院、北京市教科院专家学者、海淀区各小学教师150人参加。

（商红领）

【承办市级英语教学观摩活动】　6月18日，中关村一小承办“北京市小学英语语篇教学观摩”活动。活动展示石景山、宣武区、崇文区、东城区和西城区5名小学教师英语语篇教学观摩课，与会专家进行点评，围绕英语阅读课教学模式、课堂教学方法等20个问题进行研讨。来自北京市教科院、北京师范大学、基础外语教研培训中心、课程教材研究所专家学者、各区县小学英语教师和教研员100人参加。

（张鲁静）

【启动农村教师研修站】　9月3日，中关村一小“北京市农村教师研修站”启动。该项目旨在落实城乡手拉手合作协议，促进学校均衡发展，提高课堂教学水平、执教能力等，来自平谷7所小学青年教师7人成为首批学员，进行为期4个月脱产研修，该校指定14名教师与之结成一对一导师对子，每周制订研修计划。12月23日，农村教师研修站2名教师分别执教《迟到》、《“诺曼底号”遇难记》，与会语文教师就语文主题单元教学进行讨论。12月24日，一小教师与平谷学员师徒进行数学“同课异构”研讨活动，双方就“学生独立思考时间”、“提问等待时间”等热点问题进行交流。

（商红领）

【召开公民教育国际论坛】　10月23日，中关村一小召开“第二届北京青少年学生公民教育国际论坛”。论坛听取《公民素质从小培养》专题报告，从学校自主德育理念形成、内涵及实施过程等方面，阐述公民素养培养方法，指出学校是学生发展供给站，应该为每个生命成长提供所需的养料和爱的教育。客人深入课堂，与学生互动探讨学习问题，观摩《挺起胸，做自信的小学生》、《文明用厕》2节德育校本课，并对该校自主德育实践模式给予肯定。全校管理干部、教师、学生参加。

（梁小红）

【召开全国美术课题研讨会】　11月13日，中关村一小召开《城乡两地美术欣赏教学普及与提高的研究》课题研讨会。会议围绕美术欣赏课教学主题，观摩学校2名教师分别推出《凡·高》、《敦煌飞天》研究课，并由与会专家完成点评，认为授课教师善于运用课堂资源，对学生课堂生成关注与处理得当，组织研讨如何增强美术欣赏课课堂实效性等问题。来自人民美术出版社、四川省成都市，以及海淀区教委、区教研室专家、教师200

人参加。

（张鲁静）

【组织校园志愿者】 12月5日，中关村一小学生组成校园志愿者。该校学生在自愿报名基础上，自发组成100个志愿者社团，包括校园礼仪、图书管理、微笑天使、爱心助人等志愿队伍，每天早上入校时，校园礼仪志愿者与微笑天使志愿者迎接师生；爱心助人志愿者小队帮助低年级学生系鞋带；图书管理志愿者进行书架整理。全校一至六年级56个班，80%学生参与志愿活动。

（梁小红）

北京市海淀区中关村第二小学

【概　况】 2008年，北京市海淀区中关村第二小学占地面积22247平方米，建筑面积23378平方米，体育场（馆）面积7438平方米。图书馆藏书56000册。固定资产总值3617万元。全年教育经费投入4478.7万元，其中，国家拨款3816.7万元、自筹经费662万元。毕业390人、招生469人、在校生2743人。开设教学班71个。有教职工172人，包括专任教师162人，其中，具有副高级职称5人、中级职称78人；市级学科带头人2人、市级骨干教师4人。普通教室78个，专用教室18个。

（路红芳）

【开展航天系列教育活动】 1月10日至12月14日，中关村二小开展“与航天英雄在一起”系列教育活动。活动以“我们与‘神七’航天英雄在一起”为主题，开展“参观航天城宇航员训练基地”、“举办探月科普知识讲座”、“欢送航天员出征”、“赴酒泉卫星发射基地见证神七升空”、“观看航天员出仓现场直播”、“迎接航天英雄凯旋”、“参观航天员科研训练中心”等内容。全校教师、学生2915人参加。

（路红芳）

【开展抗震救灾系列活动】 5月15日至12月9日，中关村二小开展“心系灾区，奉献爱心”系列抗震救灾活动。5月15日，学校启动“让世界充满爱——抗震救灾募捐仪式”，4天募集捐款407847.69元，全部捐献中国红十字会；5月29日，在“情系灾区，心系小伙伴——红领巾爱心传递行动”中，捐献文具12218件，送往四川德阳地区；5月30日，华清校区以“心系灾区小伙伴——中关村二小庆六一大型义卖募捐活动”为主题，开展庆祝暨义卖活动，1520名学生捐款1.2万元。中关村校区以“我们的爱和灾区小朋友在一起——京川两地同心共度六一”为主题，在1820名学生中开展“爱心卡送祝福”活动，将1200张爱心卡委托北京少年报社转交灾区；6月1日，学校“金帆”少年交响乐团46名同学，自发组成“义演募捐”队伍，在中关村广场购物中心举行以“我们一起过‘六一’——献给灾区小朋友的音乐会”为主题赈灾义演音乐会，演唱歌曲《让世界充满爱》，将138张爱心卡赠与新浪“绿丝带”工作人员，转交灾区学生，并将现场筹得奶粉、纸尿裤、学习用具等1500件救灾物资送往海淀民政局；6月3日，全校学生1868人以书信形式，通过中国少年报社送往四川灾区，表达对灾区学生慰问，其中，36篇信件入选《和你在一起——写给灾区小伙伴的信》；10月，学校被北京市红十字会授予“抗震救灾先进集体”；12月9日，学校开展《我们的爱在延续——为四川阿坝地区小学生奉献爱心活动》，共回收废旧报纸5000公斤、光盘8000张，评选“爱心小标兵”186人。

（路红芳）

【参加国际艺术比赛获奖】 7月4至17日，中关村二小金帆少年交响乐团参加第二届“至高荣耀”维也纳国际青少年艺术节大赛暨第37届国际青年艺术节大赛。活动由维也纳国际音乐文化交流协会、奥中经济文化交流协会主办，在奥地利维也纳举行，采取互动及竞赛交流形式，面向世界各国家和地区26岁以下青少年音乐家，包括“至高荣耀”比赛以及非竞赛性质“至高荣耀”庆典内容，共有32支代表队参加。中国9支代表队参赛，其中，北京市海淀区中关村第二小学代表队由教师、学生132人组成，包括乐手105人，演奏《贝多芬第一交响曲》、《皇帝圆舞曲》、《坎地德》，中国芭蕾舞曲《红色娘子军》和京剧《苏三》，获得交响乐组一等奖和最佳表演奖，以及“第37届国际青年艺术节”大赛交响乐第一名。

（路红芳）

【召开拜师结对会】 9月23日，中关村二小召开“伙伴合作共研，师徒比翼双飞”拜师结对会。会议宣布《中关村二小干部、教师研修管理手册》，学校27名市区学科带头人、骨干教师与31名青年教师结为师徒关系，并接受导师聘书；其他教师从任教学科、年级、研究志趣等方面，2至3人为一组，建立教研合作伙伴关系，向全体教师赠送《做最好的老师》、《教师一定要思考的四个问题》图书。全校教师160人参加。

（路红芳）

【开展语文教学系列研讨】 9月26

日至12月12日，中关村二小开展语文教学研讨活动。活动以外请专家、名师讲座、授课与本校教师作课、研修相结合方式，分成低、中、高三个年级段，每月开展一次专题研讨，分别听取《加强教学研究，把握说课要点，提高课堂实效》讲座、观摩外请教师《那片绿绿的爬山虎》、《给予树》、《成吉思汗和鹰》、《珍珠鸟》、《小鱼的梦》、《上天的蚂蚁》6节优质课和本校教师《我家住在大海边》、《丁丁冬冬学识字》2节展示课，围绕“如何说好课”、“如何上好识字课”、“如何提高学生的写作能力和提升学生的语文素养”等内容进行交流。全校语文教师68人参加。

（路红芳）

【举办国旗护卫队慰问演出】 10月18日，中关村二小金帆少年交响乐团举办慰问国旗护卫队专场演出。演出在天安门午门广场举行，以“让五星红旗在心中高高飘扬——慰问国旗护卫队”为主题，10名学生代表为国旗班战士献花，演奏《红色娘子军》、《金与银圆舞曲》、《茉莉花》、《泰坦尼克号》、《铁匠波尔卡》、《苏三》、《拉德斯基进行曲》7首曲目。演出结束后，组织参观国旗班荣誉室、军营，了解国旗班历史、战士生活和训练情况。该校师生126人，以及国旗护卫队战士86人参加。

（路红芳）

【诸齐获全国美术五项全能一等奖】 10月30日至11月2日，中关村二小美术教师诸齐参加“第五届全国中小学美术教师基本功大赛”获得五项全能一等奖。该项比赛由教育部体育卫生与艺术教育司主办，《中国美术教育》编辑部、中国教育学会美术教育专业委员会、河南大学艺术学院承办，在河南开封举办，来自全国30个省市中小学美术教师89人参加。比赛内容包括“理论常识”、“手工设计制作”、“色彩画命题创作”、“国画人物写生”和“网页设计”等五项，共评出小学组一等奖15人、二等奖30人、三等奖15人，各单项奖共计51人次；中学组一等奖8人、二等奖13人、三等奖8人，各单项奖共计26人次。诸齐为北京市派出2名教师代表之一，获得基本功比赛五项全能一等奖和两个单项一等奖。

（路红芳）

【4名学生获金帆奖】 12月3日，中关村二小六年级学生杨雪丹、侯雪培、阎雅鑫和张瑞豪获得金帆奖。该奖项由北京市教委组织评选，面向全市中小学生，采取自下而上申报、专家评审形式，包括品学兼优以及在国内外科技、体育、艺术和学科竞赛活动中取得突出成绩学生内容。来自全市18个区县学生参加，8人获奖。

（路红芳）

【举办中美数学科目网络研修】 12月4日，中关村二小举办中美数学科目视频实时在线研修活动。该校组织数学教师观看玛若沙（Ms Rocha）女士1节四年级代数课，与美国加州州立大学博士及其研究生、杭州师范大学教授及其研究生，首次三方团队实时在线视频交流，围绕数学教学以及中美教育教学差异问题，研讨美方小组合作学习基本理念、训练程度以及达到何种目的和效果；中方数学教学中所使用教材问题，中国课堂人数以及作业与测验等内容。三方学校专家、教师共262人参加。

（路红芳）

【规范教师提案工作】 12月18至31日，中关村二小规范教师提案工作。该校以“抓好教师提案工作，充分发挥教师民主参与学校管理的作用”为主题，用教师提案改进学校管理工作，并将教师提案工作与学校管理文化建设结合，从“确保提案质量、创新提案形式、注重提案落实”等方面入手，编写并下发《中关村二小教代会提案工作问答手册》，作为提案参考指南；改变传统“手写提案表，一学期提案1次、一学期1回复”提案形式，在校园网上开设网上随时提案专区，以计算机记录代替手工填写，变为“半月1回复”；制订《中关村二小教代会提案制度》，成立教代会提案工作小组，配合学校工会做好提案征集、审查、归类、登记、送批、督办和情况反馈工作，确保制度有效落实；每月在评选出1至2条优秀提案，学期末把优秀提案进行分类汇总，汇编成《中关村二小优秀提案集》。

（路红芳）

北京市门头沟区永定中心小学

【概　况】 2008年，北京市门头沟区永定中心小学占地面积33213平方米，建筑面积13073平方米。图书馆（室）藏书51625万册。固定资产总值1357.86万元。全年教育经费投入1597万元，其中，国家拨款1559万元、自筹经费38万元。毕业300人，招生301人，在校生1874人。开设教学班67个。有教职工235人，包括专任教师209人，其中，具有副高级职称1人、中级职称115人。普通教室70个，专用教室13个。

（施长生）

【承办市校本课程交流会】 6月19日，永定中心小学承办北京市校本课程建设交流研讨现场会。会议由市教科院基础教育课程中心主持，听取学校低、中、高年级8节校本课程，学生通过节目形式展示英语才艺，专家点评认为该校英语教学实践证明在农村小学开设英语课能够达到国家规定标准与目标，并且要通过多种形式，开发特色校本课程，为国家课程提供支撑。来自北京市教科院、北京师范大学教育学院专家，以及门头沟区教委领导，全市各中小学干部、教师200人参加。

（赵清福）

【举办阳光心语活动】 10月16日，永定中心小学举办“阳光心语——快乐加油站”活动启动仪式。该活动旨在贯彻北京市教委关于“进一步提高中小学教学质量，切实减轻学生课业负担”的工作精神，提高学生综合素质和能力，组织全校659名学生合唱主题歌《欢乐颂》，发出“我是快乐娃，快乐中长大”倡议，分队进行“带球赛跑”、“两人三足”等项目比赛，并整合相关教育、教学方法，拓展学生一日生活的形式。全校学生659人参加。

（施长生　赵清福）

【获得全国优秀外语实验校称号】 10月28日，永定中心小学在第六届全国外语实验学校校长论坛上获得2008年度优秀外语实验学校称号，校长马留芬获得2008年全国外语实验学校优秀校长称号，学校32篇论文分获一、二、三等奖。该评选由国家基础教育实验中心外语教育研究中心主持，面向全国外语实验学校，采取专家组评审形式，标准包括专业性、学术性等，来自全国20个省市地区300所实验学校参加，35所学校获奖。2008年1月4日，门头沟区永定中心小学、大峪一小和大峪二小3所全国英语实验学校正式挂牌。

（施长生　赵清福）

北京市门头沟区清水中心小学

【概　况】 2008年，北京市门头沟区清水中心小学占地面积22897平方米，建筑面积5280.1平方米，体育场（馆）面积4122.7平方米。图书馆（室）藏书2.7万册。固定资产总值566.6万元。全年教育经费投入521.9万元，全部为国家拨款。毕业61人；招生39人；在校生327人，其中，寄宿生138人。开设教学班28个。有教职工74人，包括专任教师48人，其中，具有中级职称37人。普通教室28个，专用教室8个。

（梁国红）

【开展迎奥运绘画活动】 3月17至27日，清水中心小学开展迎奥运绘画活动。该活动以“小小画笔迎奥运”为主题，采取画前指导、自愿参与形式，征集优秀作品进行校内展示，旨在引导学生根据各自不同理解，描绘对奥运开幕的美好愿景。全校学生212人参加，交送作品100幅。

（梁国红）

【开设三个专项训练时段】 3月，清水中心小学开设三个专项训练时段。该校结合新课程实际要求，开设学生专项训练时段，在每天课间操后增加10分钟体质健康专项训练时间；每天第一节课前增加10分钟练字时间；每天下午第三节课中增加15分钟英语朗读时间。全校学生250人参加。

（连春坤）

【组织科技教育活动】 10月9日，清水中心小学组织“我与科技零距离”主题教育活动。活动包括集体参观探梦实验室、班级开展科技实验课、学生科技交流研讨三个部分，在科学实验室观看“火箭炮”表演，自制“会跳舞的小蛇”、排箫、“音乐铝棒”等科技制作，学习了解声音可以通过气体、固体、液体进行传播等科学原理。全校学生225人参加。

（梁国红）

【开展改革开放主题教育】 11月，清水中心小学开展“大眼睛搜索30年”主题教育活动。活动围绕改革开放30周年，组织学生全方位、多角度了解祖国发展变化，举行一次国旗下讲话、出一期板报、召开一次主题班会、进行一次图片展览，并结合学生年龄段特点，在一年级开展“我和长辈比童年”、二年级“描绘美丽家乡”、三年级“聆听过去的故事”、四年级“祖国发展我成长”手抄报评比、五年级“我爱家乡”征文。全校学生344人参加。

（梁国红）

【练习写字基本功】 11月，清水中心小学举办“写好汉字同练基本功”活动。该活动利用每天早晨到校10分钟时间，要求教师练习粉笔字书写，并指导学生学习写字基础知识，以家长教师协会为依托，倡议家长同时参与练习方块字；开展汉字书写比赛，共收到书写作品300篇，最终全校教师、家长、学生各15人获奖。

（梁国红）

北京市门头沟区大峪第二小学

【概　况】 2008年，北京市门头沟区大峪第二小学占地面积6914平方米，建筑面积4808平方米。图书馆（室）藏书8万册。固定资产总值816万元。全年教育经费投入890万元，其中，国家拨款825万元、自筹经费65万元。毕业223人，招生225人，在校生1233人。开设教学班28个。有教职工98人，包括专任教师83人，其中，具有副高级职称3人、中级职称76人；市级学科带头人1人、市级骨干教师8人、市级特级教师1人。普通教室数36个、专任教室3个，实验室1个。

（李西刚）

【参加全国课堂电教比赛获奖】 1月27日，大峪二小参加2008年全国互动反馈技术应用课堂教学大赛获奖。该比赛由中央电化教育馆、中国教育技术协会中小学专业委员会和上海普陀教育学院联合举办，以“信息技术学科教学整合，提高课堂教学效率”为主题，采取现场赛课形式，设置数学、语文、英语等科目，评选标准包括教学设计、按点设与策略。来自全国10个省市地区100所学校教师70人参赛，20人获奖，其中，北京市门头沟区大峪第二小学教师白立荣以《爷爷的芦笛》获得现场赛课和说课一等奖、赵欢以《我是什么》获得录像课评比一等奖。

（石明廷）

【召开互动反馈技术研讨会】 5月23日，大峪二小召开北京市互动反馈技术研讨会。会议围绕北京市“十一五”教育技术重点课题《信息技术环境中运用互动反馈技术提高课堂教学失效的实践研究》，听取该校6节应用互动反馈技术与电子交互白板结合混合型实验课，专家认为课程有效运用互动反馈技术展示学生信息、调整教学策略灵活，能够体现以学生为中心现代教学理念，及“有教案而不依赖教案”教学方式，交互式白板在教学中的应用得到认同。来自北京大学、北京市电化教育馆、门头沟区教委、中国《电化教育》杂志领导、专家，全市60所课题实验校、门头沟区各中小学负责人、教师共160人参加研讨，

（李西刚）

【开展节能减排系列教育】 9月1日，大峪二小召开“我学习、我创建、我监督、我建言”主题教育启动仪式。活动要求学生积极配合创建“全国节能减排示范学校”，号召师生共同实践“学习行动”、“创建行动”、“监督行动”、“建言行动”，建设资源节约、环境友好型社会，促进生态文明发展。全校教师、学生共1233人参加。11月5日，学校举办“节能减排责任岗”上岗仪式。仪式围绕“全国节能减排与可持续发展示范学校”创建活动，宣读有关岗位分工和职责，全校学生1233人认领班级责任岗、616人认领校园责任岗，教师96人认领办公室责任岗，承担监督、检查、引导等工作，分别对校园设施、教室、办公室节能减排进行监督，并定期通报结果。12月7日，获得“全国节能减排与可持续发展首批示范学校”称号。该活动面向全国，采取自主申报、专家评审形式，包括教学管理、课程、活动、设施建设、评价等内容，评选标准包括组织管理、教学工作、教育活动、环境设施。全国10个省市地区1000所学校参选，在中国联合国教科文组织全国委员会《中国可持续发展教育（ESD）项目》第九次国家讲习班上，共表彰“全国节能减排与可持续发展首批示范学校”54所。北京市门头沟区大峪第二小学2000年9月开始实践可持续发展教育，注重将节能减排与校园文化建设、学生思想培养、综合实践课程开发相结合，8年共回收废旧纸张1727.5千克，其中，旧报纸425千

克、1216.5千克、纸板86千克，另有饮料包装瓶7004个。

（吕雅丽）

【举办安全用药知识竞赛】 10月16日，大峪二小举办“让健康伴我成长”家庭安全用药知识竞赛。竞赛由门头沟区教委、市药品监督管理局门头沟分局共同组织，通过安全用药知识答卷、手抄报宣传，形成校园关注和主动参与良好氛围，设置必答题、抢答题、家庭形象展示3项内容，以家庭为单位，评选标准包括家庭安全用药知识和家庭才艺展示。全校共有5个“安全用药小卫士”家庭参加，评出一等奖1个、二等奖1个、三等奖3个。

（吕雅丽）

北京市房山区 河北中心小学

【概　况】 2008年，北京市房山区河北中心小学占地面积34479平方米，建筑面积11916平方米，体育场（馆）面积15710平方米。图书馆藏（室）书5.8万册。固定资产总值922万元。全年教育经费投入92万元，全部由国家拨款。毕业194人，招生126人，在校生847人。开设教学班35个。有教职工113人，包括专任教师79人，其中，具有副高级职称3人、中级职称66人；大学本科以上学历88人。普通教室40个，专用教室12个，实验室4个。学校网址：www.hbzhxx.com。

（张金红）

【开展书法艺术进校园活动】 4月1日，河北中心小学开展书法艺术进校园活动。活动旨在弘扬学校“读书为介，和谐发展”办学特色、传承中华传统文化，邀请房山区书法家协会8名专家，通过经典进校园形式，现场书写中国古代名篇、警句等共计36幅。全校学生260人参加。

（张金红）

【开展教学联谊活动】 4月28日，河北中心小学与崇文区天坛南里小学开展教学联谊活动。该活动以“城山手牵手，共建语文精彩课堂”为主题，由两校8名青年教师推出语文、数学学科8节研究课，并就同一教学内容不同形式两节课程进行评价，研讨认为城乡教师手拉手，能促进山区教师教学水平的提升。来自两校主管干部、教师54人参加。

（张金红）

【开展英语夏令营】 8月18至28日，河北中心小学开展英语夏令营活动。该活动由房山区河北镇政府、河北中心小学以及各自然村联合主办，旨在激发学生英语学习兴趣，由4名大学生村官担任夏令营主讲教师，分别到檀木港、磁家务、黄土坡、东庄子四个村开展培训，遵循自愿原则，以奥运100句及日常英语对话为主要内容。全校学生60人参加。

（张金红）

【举办干部管理能力培训】 10月6日，河北中心小学举办干部管理能力培训。该培训由学校校长主持，以“新时期学校管理者的素质与能力”为主题，采取讲座形式，听取房山区教委领导从干部素质、新时期对干部的新要求和如何达到新要求三个方面进行讲解。来自区教师进修学校专家、该校干部24人参加。

（张金红）

【举办走进名师系列活动】 年内，河北中心小学举办走进名师系列活动。4月23日，河北中心小学举办作文专题培训。该培训以“扎实推进校本培训，提升课改教学理念”为主题，邀请全国特级教师袁志勇进行教学指导，分为两个阶段进行，其中，第一阶段由袁志勇执教高年级作文教学观摩课，第二阶段举办“作文思维台阶训练”主题讲座。来自房山区、门头沟区和燕山地区教研员，以及河北中心小学、长育、炒米店等9所学校干部、教师180人参加。5月31日，学校举办语文专题培训。该培训邀请全国特级教师窦桂梅做观摩课并做专题培训，分为三个阶段进行，其中，第一阶段由窦桂梅执教课外阅读拓展训练课《我爸爸》，第二阶段举办《亲近母语，做有根的人》专题培训，第三阶段听取房山区教师进修学校领导讲话。来自房山区教师进修学校专家，以及河北中心小学、炒米店、坨里等13所学校干部、教师210人参加。12月27日，学校举办数学专题培训。该培训邀请全国特级教师华应龙做观摩课并做专题培训，分为两个阶段进行，其中，第一阶段由华应龙执教六年级数学复习课《审题》，第二阶段举办《培养学生考试能力》专题培训。来自河北中心小学、炒米店、坨里等13所学校干部、教师210人参加。

（张金红）

北京市房山区 窦店中心小学

【概　况】 2008年，北京市房山区窦店中心小学占地面积68594平方米，建筑面积16274平方米，体育场（馆）面积27667平方米。图书馆藏书5.6万册。固定资产总值1269万元。全年教育经费投入727.51万元，其中，国家拨款720.85万元、自筹经费6.66万元。毕业255人；招生224人；在校生1473人，包括少数民族学生102人。开设教学班50个。有教职工134人，包括专任教师108人，其中，具有中级职称81人，市级骨干教师8人。普通教室50个，专用教室19个，实验室6个。

（沙志娟）

【推出半月养成训练】 3月3日，窦店中心小学推出“半月习惯养成系列训练”。该校依据“小、细、实”原则，每2周推出1个习惯训练点，内容、形式、方法由班主任选定，并以班级为单位，召开“我的习惯养成”主题班会，组织学生介绍、展示习惯培养过程。全校学生共1473人参加，其中，“我能按时作息、我会做值日、我会整理书包、我不乱扔垃圾、我不说脏话”5个主题习惯受到学生家长肯定。

（沙志娟）

【制订德育工作流程】 3月17日，窦店中心小学制订德育工作流程。该流程设有《学校德育工作流程》、《班主任德育工作流程》、《科任教师德育工作流程》、《学生在校一日生活常规》四个方面，涉及学校、班主任、学科教师对学生德育管理具体内容与要求，制订学生一天行为规范，包括交通安全、文明礼貌、课堂学习、课间游戏、课后卫生等内容，由校内德育办公室进行随机抽查。全校教师、学生 1607 人参加。

（沙志娟）

【举办教学基本功竞赛】 4 月 11 日，窦店中心小学举办教学基本功竞赛。该比赛分为三个阶段，其中，笔试内容包括教育政策法规、教育学、心理学、课程标准；现场说课设置 1 课时教学设计；现代信息技术应用涉及视频投影仪、实物投影仪等硬件设备操作以及 Windows 文件管理、信息技术与学科教学整合等。活动涵盖语文、数学、英语、科学、品生、品社、体育、音乐、美术、劳动、综合实践、信息技术等 12 个学科，全校教师 101 人参加，34 人获奖。

（沙志娟）

【开展课堂质量评价】 9 至 12 月，窦店中心小学开展课堂质量全程评价工作。作为房山区课堂质量全程评价试点校之一，学校制订《窦店中心校课堂质量全程评价方案》和《实施细则》，在诊断性评价阶段，共计听课 92 节，并借助听评课和教学资料检查，帮助教师从工作态度、教学理念、对课标教材理解把握、对学生学习规律把握、教学流程落实、教学质量等方面现状与问题进行分析与评价。全校教师 103 人参加，占专任教师的 90%。

（沙志娟）

【实施教学过程性监控】 10 月 13 日，窦店中心小学实施教学过程性监控。学校依据课标、教材、《房山区学科教学过程性评价方案》和《窦店中心校学科教学过程性评价方案》，由教研室自主命题，组织完小副主任以上干部担任测试员，重点对三年级体育、四年级科学、五年级品社进行随机测试，结果显示测试成绩良好、教学扎实有效。全校教师 21 人参加。

（沙志娟）

【改善完小办学条件】 10 月 15 日，窦店中心小学改善所辖完小办学条件。该校对芦村完全小学教学楼进行重新装修，在楼道、教室内共铺设地板砖 2037 平方米，改造楼内厕所 2 个，在校园和教室安置橱窗 14 个、布置展板 6 块，总投资 30 万元。

（沙志娟）

【参加全国优质课展评获奖】 10 月 31 日，窦店中心小学教师参加“联想杯”2008 全国义务教育信息技术学科优质课展评获奖。该评比由中国教育技术协会主办，采取评优课形式，面向全国教师，分为 2 个阶段进行，评选标准包括媒体的设计与运用，教学方法与教学模式的创新。来自全国 23 个省市地区 92 所学校教师 92 人参加，全部获奖，其中，北京市房山区窦店中心小学教师邓长良以《寻找质数》课程获得二等奖。

（沙志娟）

【举办航空知识讲座】 11 月 18 日，

窦店中心小学举办航空知识讲座。该讲座邀请北京市老科学家科普演讲团教授担任主讲，以“飞上蓝天”为主题，通过图片等形式，介绍世界航空事业与国内航空事业发展，战斗机发展演变过程，世界先进战斗机种类等，并与学生进行互动交流，解答学生提问，以此为基础成立科普小队。全校学生 120 人参加。

（沙志娟）

北京市房山区
良乡第三小学

【概　况】 2008 年，北京市房山区良乡第三小学占地面积 10530 平方米，建筑面积 3875 平方米，体育场（馆）面积 4115 平方米。图书室藏书 2.14 万册。固定资产总值 1071.48 万元。全年教育经费投入 596.93 万元，其中，国家拨款 570.61 万元、自筹经费 26.32 万元。毕业 255 人，招生 224 人，在校生 1425 人。开设教学班 30 个。有教职工 105 人，包括专任教师 74 人，其中，具有中级职务 65 人；市级学科带头人 2 人、市级骨干教师 2 人。普通教室 30 个，专用教室 3 个。

（杨金怡）

【开展“手拉手”帮扶结对活动】 3 月 13 日，良乡三小与霞云岭中心校开展“手拉手”帮扶结对活动。该校 10 名教师与霞云岭 10 名教师结成师徒对子，分别推出语、数、英、音、美、体等学科 6 节公开课，评课认为师傅引领示范作用突出。来自房山区教委、区教师进修学校领导，以及各学校教师 37 人参加。

（杨金怡　周春英）

【加强校园文化建设】 3 月 25 日至 8 月 20 日，良乡三小加强校园文化建设。该校环境设计体现以人为本、以学生发展为本设计理念，依据学校五年发展规划三项培养目标和三育教育原则，通过展板形式进行展示，其中，楼内一层主题设为“习惯好”，用各种“小故事”展现学生需要养成 108 条良好习惯；二层主题设为“会学习”，摘录《论语》、《三字经》中如何培养学生学习兴趣、学习方法名句；三层主题设为“负责任”，以名人故事、寓言及诗歌等形式，教育学生学会负责任；四层体现学校“养成教育、环境教育、传统美德教育”三育教育思想。每层根据学生身高设计自主展示墙，以绘画、作文方式，宣传学生精神风貌。全校学生 1421 人参加。

（杨金怡　周春英）

【开展城乡互助教研活动】 5 月 28 日，良乡三小与光明小学开展城乡互助教研活动。活动体现“教师备课务实、课堂训练扎实、研讨交流朴实”特点，观摩良乡三小教师学科展示课，光明小学教师来校听课指导，并推出语、数、英、音、美等学科 5 节公开课，结合教学实例，围绕课堂教学中所遇问题与困惑展开交流。两校教师共 31 人参加。

（杨金怡　周春英）

【加强班主任队伍建设】 9 月 8 日，良乡三小加强班主任队伍建设。工作依据北京市中小学班主任工作管理规程，由专家引领班主任教师教学工作，丰富班主任管理经验，减轻心理压力；借助优秀班主任外出学习机会进行校本培训，形成长效机制；健全副班主任管理机制，明确副班主任职责，发挥所有教师积极性；形成评选表彰星级班主任制度；举办班主任论坛，邀请优秀班主任，围绕“班级文化建设、班级管理特色、良好班风的营造”等主题进行讲解。全校教师92人参加。

（杨金怡　周春英）

【举办主题说课展示】　9月22至25日，良乡三小举办主题说课展示。活动旨在“加大校本教研力度，拓宽教学研究的新视野，提高教师教学设计能力”，依据全员参与、全员提高原则，要求促进教师对说课内涵理解、促进教师说课实际能力提高、促进教师说课艺术提升，针对所任学科选择1课时进行预测性说课。全校共有教师54人参加。

（杨金怡　周春英）

【聘任家教理事】　9月28日，良乡三小聘任家教顾问与家教理事。活动以“同一梦想——托起明天的太阳”为主题，旨在增进家校之间团结合作，拓宽学校教育渠道，加强学校与家长之间了解与沟通，形成“学校——家庭——社会”三位一体整体教育网络，共聘任校级家教理事顾问2人、校级家教理事33人，宣读家教理事章程，明确家教理事组织机构、职责，相关义务与权利，共同对学校工作献计献策。来自房山区教委、社区等单位领导，以及教师、学生家长56人参加。

（杨金怡　周春英）

【举办校长德育论坛】　10月20日，良乡三小举办校长德育论坛。本次论坛以“育人为本，德育为先”为主题，分为四个单元进行，包括听取房山区青龙湖、大安山、葫芦垡、石楼、南尚乐5所中心校以及该校校长针对学科渗透德育问题，分别从认识与实施、办学理念及特色融入等角度，在时间与空间维度，采取数据展示形式，探讨如何唱响“和谐德育、和谐课堂”的“和谐之音”主题；由北京教育学院专家针对6名校长发言进行点评，认为研讨过程“聚焦论点、关注碰撞、分享思想、提升智慧”；中国教育学会副会长郭永福对“校长介绍经验、德育专家点评”德育研究模式给予肯定；区教委领导明确此次论坛促进区域教育均衡发展，加快教师队伍建设与教育质量提高，促进8个领域研究进程，搭建相互学习平台，希望各校整合工作资源，形成长效机制。来自区教委领导、光明小学校长，以及各校德育干部60人参加。

（杨金怡　周春英）

【召开片区协作组工作会】　12月2日，良乡三小召开片区协作组工作会。会议围绕骨干教师考核工作与课堂评价经验交流主题进行，由房山区教师进修学校专家对骨干教师考核内容及方法进行说明，明确协作组应该完成对区级骨干教师课堂评价任务，组织11所成员校领导共同研究操作方案，形成将11所学校按照直属与乡属结合、优势资源充分利用原则，分四个小组进行决议，并交流各校两年课堂评价工作情况。来自房山一小、房山三小、十渡中心校，以及该校共11所学校主管干部11人参加。

（杨金怡　周春英）

【评为国家可持续发展示范校】　12月7日，良乡三小被评为国家级可持续发展示范校、节能减排示范校。此次评选由中华人民共和国教科文组织全国委员会秘书处、北京市教育委员会、北京市教育科学研究院共同组织，经过学校申报、区县初评、组委会终评三个阶段，采取申报、自评、集中评议形式，评选标准包括学校管理、课程建设、校园设施及文化等方面成就。来自全国150所学校参加，74所学校获奖，其中，北京市房山区良乡第三小学参与《中国农村中小学可持续发展教育》子课题《学科ESD资源整合的实践研究》获得创新奖、案例《学科可持续发展教育资源整合实践》获得二等奖。

（杨金怡　周春英）

【举办第一届读书交流活动】　12月15日，良乡三小举办第一届读书交流活动。该活动以“学名著，书名句，谈体会”为主题，在学习苏霍姆林斯基《给教师的一百条建议》，利用其中教育理论指导教学基础上进行，结合工作实践情况，撰写教育文章、记录教育故事、感人事迹及成长足迹，并在宣传栏中介绍自己所读感受最深、最有启发名句。全校教职工100人参加。学校规定该活动每两年举办一届。

（杨金怡　周春英）

【促进教师专业化发展】　12月23日，良乡三小召开导师带教促进教师专业化发展活动阶段总结会。该活动由房山区教师进修学校专家主持，以展示导师带教工作发展成果为主题，分为四个单元进行，包括由该校语文、数学、英语、音乐四个学科8名青年教师同步展示课堂教学观摩课，分学科由导师完成点评；听取学校干部做题为《搭建平台，分层推进，促进教师专业化发展》工作汇报，总结为教师发展搭建舞台、推进教师专业化发展历程；青年教师代表介绍经过导师带教所取得进步；房山区教委领导对活动给予肯定，要求各学校调动集体智慧，参与教师专业化发展工作。来自区教委、区教师进修学校、各学校主管干部、区级骨干教师100人参加。7月11日，学校设立导师工作室。共聘请北京市特级教师及学科专家帅学芬、刘加霞、吴文漪、刘莹，在语文、数学、音乐、英语4个学科指导15名市、区骨干教师教学工作。

（杨金怡　周春英）

北京市通州区第一实验小学

【概　况】　2008年，北京市通州区第一实验小学占地面积15800平方米，建筑面积6547.27平方米，体育场面积3000平方米。图书馆藏书60009册。固定资产总值767.36万元。全年教育经费565.79万元，其中，国家拨款502.11万元、自筹经费63.68万元。毕业86人，招生236人，在校生968人。开设教学班26个。有教职工85人，包括专任教师76人，其中，中级职称37人，市级骨干教师1人。普通教室28个，专业教室8个。

（王玉霞）

【制订微笑圈德育评价指标】　2月25日，通州实验一小制订《一小争戴微笑圈队员承诺行为指标》。该指标以五种微笑圈教育内涵为依托，包括助人为乐、文明礼仪、诚实守信、保护环境、学习进取等内容，并结合学校每月教育重点，将三月份主题定为“争戴红色微笑圈、乐于助人学榜样”、四月“争戴黄色微笑圈、文明礼仪我先行”、五月“争戴黑色微笑圈、诚实守信履行好”、六月“争戴绿色微笑圈、保护环境监护到”、七月“争戴蓝色微笑圈、学习进取比谁棒”。全校学生960人参加。

（王玉霞）

【开展语文课堂教学实验】 2月，通州实验一小开展语文“为第一课时增肥，为第二课时减弱”课堂教学实验。该实验针对学校语文教学中存在教师只注重分析和讲读课文、忽视课堂教学现象，采取在第一课时充实教学内容，在第二课时“教师少讲、学生多练”方法，组织教师学习教学理论、观摩教学课例、共享优秀教案，安排校内骨干教师做示范课、引路课，并利用每周五下午时间，分年级推出“语文第一课时”校本研讨课，以及面向全校语文教师开展“第一课时”教学评优等活动。全校语文教师26人参加。

（王玉霞）

【创设学生半日活动】 3至12月，通州实验一小创设学生“半日活动”。活动遵循“让每一名学生都获得成功”工作理念，利用每周五下午时间，安排德育活动课、生活教育课、特长训练课。学校创新活动教育模式，主持编写《学会生存》校本课程，组织学生到社区调查实践，开展研究性学习，并打破班级界限，设立特长训练小组，促进学生多元发展。全校学生1100人参与。12月20日，该校参加北京市“独特的学生发展论坛”，介绍“半日活动”相关工作经验。

（王玉霞）

【改进英语教学方法】 3月，通州实验一小进行英语教学方法改革。改革根据学生学习程度，编制英语校本教材，印发英语三百句，组织每天五分钟英语早读活动；开展课前五分钟英语交流，要求学生自编对话内容；坚持“每周一卷”测试，学生自由选择试题作答，教师通过加分的形式对学生进行评价。全校三至六年级学生620人参加。

（王玉霞）

【承办品德与社会市级教学研讨会】 4月29日，通州实验一小承办“北京市小学品德与社会教学研讨会”。本次会议组织观摩通州区、门头沟区等学校3名教师《故乡是北京》等3节品德与社会教学公开课，专家点评认为课程在重视“知识与技能传授，过程与方法掌握”同时，注重学生“情感、态度与价值观”培养，并观看学校关于“学科骨干教师培养”专题片，展示通州区品德与社会特色活动。来自市教科院专家领导，各区县品德与社会学科教研员、骨干教师90人参加。

（王玉霞）

【召开家校合作课题开题会】 5月14日，通州实验一小召开家校合作课题《郊区小学志愿者的研究》开题会。会议听取该校从课题目的、意义、理论依据、研究方法、研究内容、进度安排、预期效果、创新之处等方面论证汇报，专家点评认为“目标明确思路清，方法措施有抓手。家校结合有新意，注意阶段小结创特色”，现场以“教师如何撰写家校合作方面的论文、案例”进行主题培训，并就家长志愿者有关问题展开交流讨论。来自市教科院、通州区教委、区教研中心相关领导，全市10个区县德育室教研员、14所试点校、通州区12所课题校负责人，实验班班主任80人参加。该课题是北京教育科学院、通州区教师研修中心共同组织《北京市中小学生家长与学校教育的途径研究》子课题，采取预设目标方法，主要研究家校一体，推动学生发展。

（勾庆祥）

【组织心系灾区、期盼奥运汇演】 5月21日，通州实验一小组织学生“心系灾区，期盼奥运”主题教育汇演。活动组织学校全体师生、家长面向国旗默哀，悼念汶川地震中遇难同胞，编排表演“强大的祖国”、“让世界充满爱”、“震之烛”、“人在青山在”等节目，为灾区人民献出祝福，随后学生进行健身操、拳击操、拉拉操、手语操等会操展示表达对北京奥运期盼。全校教师、学生1000人，家长500人参加。

（王玉霞）

北京市通州区张家湾镇中心小学

【概　况】 2008年，北京市通州区张家湾镇中心小学下辖7所完全小学，94个教学班，2879名学生。中心校占地面积20000平方米，建筑面积5683平方米，体育场面积9338平方米。图书馆藏书21893册。固定资产总值356.1万元。全年教育经费投入2168.08万元，其中，国家拨款2032.62万元、自筹经费135.46万元。毕业129人，招生112人，在校生698人。开设教学班20个。有教职工85人，包括专任教师63人，其中，具有中级职称56人，市级学科带头人1人。普通教室76个，专用教室31个。

（金万芝）

【开发综合实践活动课程】 3至11月，张家湾镇中心小学开发、完善综合实践活动课程内容。该课程依据《通州区三级课程建设指导意见》，由学校教学副校长主持，挖掘校本课程资源，面向所辖7所完小，形成“中国鼓”、“秧歌”、“安塞腰鼓”、“空竹”、“小车会”、“竹竿舞”、“高跷”校本课程；利用“清真寺”、“古槐”、“漕运码头”、“皇木场”、“佑民观”等地域文化特色；培养校园文化，投资50万元，建设植物园、多功能活动馆和宣传教育路等设施。11月14日，该校承办北京市小学综合实践活动课程研讨会。会议由北京市教育学会主持，组织观摩学校“节水”、“春联”、“家乡水系”、“窗花”4节综合实践课，参观校园文化建设，听取校长《立体整合校内外资源，积极落实综合实践活动课程》专题汇报，观看学生开展社会实践活动录像片，并与学生共同完成“走进家乡的古迹文化”实践活动，市教育学会专家对工作给予肯定，提出继续完善，形成育人特色等意见。来自市区相关领导、各区县教研员、校长、骨干教师160人参加。

（金万芝）

【认定第一届镇级骨干教师】 4月11日，张家湾镇中心小学召开第一届镇级骨干教师认定及教师专业化发展会。会议公布学校第一届镇级骨干教师名单，并邀请北京市特级教师李明新做“专业发展，提升教师职业的品质”专题辅导报告。全校教师 300 人参加。该校骨干教师认定工作依据《张家湾镇中心小学骨干教师认定及考核办法》，经过教师申报、完小初评、课堂教学考查、个人发展材料审查、中心校认定 5 个阶段，历时 8 个月，最终 16 人获得镇级骨干教师称号，在任职两年内每月享受 50 元奖励工资。

（金万芝）

【编印德育读本】　5 月 25 日，张家湾镇中心小学编印“感动中国”德育读本。该书将四川省汶川地震真实发生“生死营救”、“举国援助”、“爱心涌动”等 25 个故事，共计 5.3 万字，按 11 个章节归类编排、印制成册。读本向所辖 7 个完小、94 个教学班学生 2879 人发放，在国旗下讲话、班校会、队会中使用。

（金万芝）

北京市顺义区石园小学

【概　况】　2008 年，北京市顺义区石园小学占地面积 18200 平方米，建筑面积 8073.6 平方米，体育场（馆）面积 9674 平方米。图书室藏书 4.5 万册。固定资产总值 1146 万元。全年教育经费投入 879 万元，其中，国家拨款 841 万元、自筹经费 38 万元。毕业 390 人，招生 382 人，在校生 2213 人。开设教学班 49 个。有教职工 154 人，包括专任教师 138 人，其中，具有副高级职称 1 人、中级职称 96 人；市级骨干教师 2 人。普通教室 49 个，专用教室 7 个，实验室 2 个。

（朱凤齐）

【举办迎奥运主题活动】　3 月 5 日，石园小学开展“迎接绿色奥运，弘扬雷锋精神”主题教育活动。活动组织学生到社区光荣院、老年公寓、老干部活动局、顺义公园等场所捡拾白色垃圾、擦拭道路周边公共设施，旨在宣传绿色奥运理念，提高国民环境保护意识。全校学生 2200 人参加。8 月 12 日，该校接待冈比亚代表团开展奥

运同心结活动。该代表团一行共 24 人，参观校园文化环境，观摩现场书法绘画表演、骑独轮车表演等特色节目，与师生共同编织中国结，演奏古筝、二胡、葫芦丝等，双方就如何进一步加强两校学生之间联系、未来活动设想等问题展开交流并互赠礼物。全校学生 760 人参加。北京市顺义区石园小学于 2007 年成为“北京奥林匹克同心结教育交流学校”。

（朱凤齐）

【开展抗震救灾主题活动】　5 月 20 日和 31 日，石园小学开展抗震救灾主题活动。该校举办“抗震救灾，众志成城”手抄报展览，活动采取作品展评形式，内容包括抗震知识、爱心卡片、成长日记、“致灾区小朋友的一封信”等，全校学生 836 人参加，收集手抄报 200 张，其中，选出 170 张进行全校展示；在全体少先队员中开展“心系灾区小伙伴，捐出一天零用钱”活动，全校 2300 名学生共捐款 7 万元，并通过中国红十字会转交给灾区同胞。

（朱凤齐）

【获“勇敢伙伴”全国总决赛亚军】　6 月 15 日，石园小学参加全国中小学生“勇敢小伙伴”总决赛获得亚军。该比赛由中国教育电视台和北京少年活动中心主办，围绕阳光体育的主题，面向全国中小学生，采取集体绑腿跑形式分，为区级初赛、市级复赛、全国决赛三个阶段。来自全国 15 个省市地区 93 所学校 93 支代表队参加，8 支获奖，其中，北京市顺义区石园小学代表队由 32 人组成，以 8 秒 89 成绩获得北京赛区冠军、全国总决赛亚军。

（朱凤齐）

【举办科普专题讲座】　9 月 25 日，石园小学举办科普专题讲座。讲座聘请中国科普作家协会、北京科普讲师团专家，面向学校五年级学生，通过现场试验和讲解方法，阐述“人为什么长两只眼睛”和“人与动物和谐共存”等科学问题，激发学生热爱科学、研究科学兴趣。全校学生共 453 人参加。

（张丽英）

【改进教学工作】　10 月 15 日，石园小学改进教学工作。该校围绕全市六年级语文、数学、英语学科检测情况，针对教学中存在问题制订 4 项改进措施，包括发挥教研组学习研究职能，交流解决教学过程存在问题；开展外地借读学生提升补习工作；要求教师每周至少听 1 节本组或跨组公开课；发挥骨干教师传、帮、带作用，在实践教学中进行反思。全校教师 96 人参加。

（王美丽）

【通过市级创建学习型学校评估】　10 月 16 日，石园小学通过市级创建学习型学校评估。此次评估由北京市创建学习型城区专家团主持，主要考察学校创建学习型组织成效等方面工作，听取顺义区教委领导做《把握机遇，真抓实干，深入推进全区学习型组织创建工作》报告和该校校长创建学习型学校自评报告后，专家对学校创建制度建设、校园文化建设、关注教师成长、加强团队学习给予肯定，认为创建工作的方法新、做法实、成果明显。顺义区石园小学于 2005 年 9 月启动“学习型学校”创建工作，面向学校干部、教师宣传学习型组织管理理论知识。

（朱凤齐　张丽英）

【改善办学环境】　年内，石园小学改善办学环境。该校为教师办公室增置文件柜 30 个，科任教师配置便携式计算机 55 台，改造伙房操作间修建 110 平方米食堂，改造楼区电线干路，更换教学楼内外宣传栏，改建国旗台、表演台和“希望之星”校园雕塑。修缮工作由市、区教委投资，总计 150 万元。

（朱凤齐）

【创新校本教研】　年内，石园小学开展创新校本教研工作。该校提出“加大教研强度，增加竞赛密度，加强监控力度，促进发展速度”教研思路包括确定“集中——分散”式校本

教研方式，每学期开设“名师大课堂”宣讲、做课，每月开展“千字文反思活动”交流，每周进行小组集体备课，两周一次小组学科校本教研；确定“面对面——人机交流”相融合研讨方式，鼓励教师利用网络学习交流，开设校园共享网、加入市级发展性评价论坛、创建教师个人博客等，跨越学科局限加快信息传递和教育资源共享；确定“教学干部——教研组——教师”交互式反馈机制，在研究课后，首先由授课教师自评（从设计意图、达标方法、课堂效果、课后反思等方面评述），随后教师间互评（从优点、问题及改进措施三个方面进行五优三建议评价），教学干部再进行教研活动主题介绍（活动主旨、效果剖析、问题设计等），建立引领式教研培训模式。该校共开展各类教研活动 10 次，教师 2000 人次参加。

（朱凤齐）

北京市顺义区东风小学

【概　况】　2008 年，北京市顺义区东风小学占地面积 59414 平方米，建筑面积 24036 平方米，体育场（馆）面积 27175 平万米。图书馆（室）藏书 20 万册。固定资产总值 24454 万元。全年教育经费投入 2384.39 万元，其中，国家拨款 2344.82 万元、自筹经费 39.57 万元。毕业 663 人，招生 733 人，在校生 4733 人。开设教学班 99 个。有教职工 313 人，包括专任教师 310 人，其中，具有副高级职称 1 人、中级职称 113 人；市级学科带头人 3 人、市级骨干教师 5 人。普通教室 99 个，专用教室 18 个，实验室 8 个。

（刘长荣）

【20 万元归还失主】　1 月 8 日，东风小学学生拾到价值 20 万元财物并归还失主。该校一年级学生李翎赫在途中，拾到装有国际信用卡、工资卡、房贷还款卡、身份证以及现金公文包，总价值 20 万元，学校通过派出所联系失主予以归还，同时授予李翎赫“福娃少年”光荣称号，表扬其拾金不昧优秀品质。

（刘长荣）

【举办迎奥运系列活动】　2 月，东风小学学生参加“福娃奥运漫游记”感言征集活动获奖。该活动由北京奥组委、北京电视台动画频道联合举办，面向全市中小学生，采取自主参与形式，奥组委宣传部组织相关新闻报道。全市 18 个区县 120 所学校学生 2000 人参加，70 人获奖，其中，北京市顺义区东风小学一年级学生石俣衔以“关注北京奥运，让‘福娃’伴我们健康快乐成长”倡议获得最佳感言奖。3 月 28 日，学校召开落实平安奥运工作会。会议组织学习《顺义区教育系统平安奥运行动实施意见》，成立创建平安奥运领导小组，要求学校、教师、学生、家长分层次签署安全责任书。4 月 25 日，学校召开“红领巾——与奥运同行”入队仪式。该校一年级新队员 180 人接受奥运知识和文明礼仪教育。4 月 29 日，学校举办田径运动会暨庆祝奥运倒计时 100 天活动。活动组织福娃队、教师健身操队、太极扇队、抖空竹队、轮滑队等团队展示，设置田赛、竞赛、集体项目 20 个。全校学生 4000 人参加，200 人获奖。

（刘长荣）

【举办家教讲座】　4 月 1 日，东风小学举办家庭教育讲座。该讲座邀请中央教育科学研究所研究员，做“关于家庭学习方法指导”——“家教 100 分”专题报告，就科学辅导子女学习、家教艺术、学习习惯等方面内容进行辅导，并就独生子女教育、教育学会报恩、学习抵触等问题互动交流。该校学生家长 1000 人、社区居民 100 人参加学习。

（刘长荣）

【召开三级课程研讨会】　4 月 10 日，东风小学召开顺义区加强三级课程管理协同推进课程改革专题研讨会。会

议组织参观校园文化环境，观看民乐演奏、空竹、太极扇等项目表演以及学生课间团队活动展示，观摩语文、英语、美术等课题研究课 11 节，听取该校《发挥三级课程功能，促进师生主动和谐发展》主题发言，区教委负责人作《依托四项举措，加强课程建设》经验介绍，总结区三级课程推进情况，市教科院专家总结认为东风小学校本课程和地方课程内容丰富、形式多样、特色鲜明。区教委领导，区教研中心以及各小学负责人 120 人参加。

（王桂英　范月聪）

【开展慰问灾区系列活动】　5 月 13 日和 21 日，东风小学组织向四川地震灾区捐款救助活动。活动共收到善款 81596.3 元，其中，该校干部、教师，以及退休职工捐款总计 33560 元，学生捐款总计 48036.3 元。5 月 30 日，学校举办“感恩，爱家，报国——与汶川小伙伴心连心”六一演唱会。会上少先队员代表宣读《给汶川灾区小伙伴的一封信》，演唱歌曲《感恩的心》、《顺义我可爱的家乡》，合唱《让世界充满爱》。全校学生共 4700 人参加。

（刘长荣）

【举办中青年教师评优课】　5 月 15

日，东风小学举办中青年教师评优课活动。该活动旨在为中青年教师提供展示平台，以“增强课堂实效性，提高课堂效率”为主题，由学校校长主

持，按语文、数学低中高年级，音体美、品社科 7 个组进行评课，采取自评、互评、学生评、领导评等评价方式，包括初赛、决赛，分中年教师、青年教师两个年龄段进行。全校教师 200 人参加，评出一等奖 20 人、二等奖 30 人、三等奖 40 人，中年教师创新奖 5 人、青年教师进步奖 10 人。

（刘长荣）

【召开教育工作会】 7 月 29 至 30 日，东风小学召开教育工作会。会议提出“重质量，建名校，树品牌”建设目标，围绕“科学管理，创建学习型学校”工作思路，邀请区教研中心专家分别做《新课程背景下如何提高课堂教学实效》、《新课程背景下校本课程的开发与实施》、《用科研引领教师专业发展》、《做最好的中层》专题讲座；安排 6 名教研组长介绍学习型教研组建设经验，颁布《干部作风建设》、《班组长队伍建设》、《师德规范要求》、《后勤服务意识》；宣读《关于评选表彰优秀班组长、优秀师德群体和师德标兵的决定》；听取校长题为《转变观念，深化改革，办人民满意学校》专题报告，区教委领导希望学校树立危机意识，增加教学服务质量、特色与人文内涵。来自马坡二小、李各庄小学，以及该校干部、教师 100 人参加。

（刘长荣）

【加强教科研工作】 年内，东风小学加强教育科研工作。学校成立以校长为组长，主管科研副校长为副组长，各校区负责人、主任、课题负责人为组员的科研工作领导小组；围绕校本研究，利用科研月平台，开展课题研究；建立学科科研中心组、德育科研中心组，统领学校教科研工作；提高教师培养力度，要求撰写教育教学工作反思。全校干部、教师 310 人参加。

（刘长荣）

北京市顺义区
马坡中心小学

【概　况】 2008 年，北京市顺义区马坡小学占地面积 18892 平方米，建筑面积 5854 平方米，体育场（馆）面积 8000 平方米。图书馆（室）藏书 2 万册。固定资产总值 732 万元。全年教育经费投入 856 万元，其中，国家拨款 848 万元、自筹经费 8 万元。毕业 98 人，招生 109 人，在校生 665 人。开设教学班 22 个。有教职工 69 人，包括专任教师 48 人，其中，具有副高级职称 2 人、中级职称 46 人；市级学科带头人 1 人、市级骨干教师 5 人。普通教室 24 个，专用教室 9 个，实验室 2 个。

（张春菊）

【接待希腊教育学院参观团】 10月8日，马坡中小接待希腊亚里士多德大学初等教育学院来校参观。希腊教育学院弗莱森（Litsa Fresson）教授一行共 3 人，由首都师范大学专家带领，参观校园文化环境、多媒体美术、音乐等专用教室，观摩该校教师二年级数学、五年级英语观摩课，组织教师、学生就教师的课堂教学、教学方法、学生如何有效学习和学生的兴趣爱好等方面交流座谈，并对学校发展、教师专业成长、职业成就感、学生实践能力、学习态度等内容进行评价。全校教师 40 人参加。

（张春菊）

【召开校本教研会】 10 月 15 日，马坡中小召开校本教学研讨交流活动。该校 9 个教研组分别就《学案的设计》、《如何提高计算能力》、《学生学习方法的研究》、《提高学生阅读能力的研究》、《提高学生口算能力的研究》、《培养学生良好学习习惯的研究》、《针对教学目标精心设计问题的研究》、《英语单词记忆的研究》和《体育课学生学习主动性的研究》课题交流汇报，学校主管教学干部提出“如何提高集体备课的实效性”、“教学设计的撰写和教研活动的展示活动”等工作目标，并组织教师围绕集体备课的组织形式、教学设计中如何落实三维目标和校本教研的组织形式等问题进行交流研讨。全校教师 30 人参加。

（张春菊）

【推出语文阅读研究课】 10 月 16 日，马坡中小推出顺义区小学语文高年级阅读教学实效性研究课。该研究课由顺义区教育研究考试中心主持，观摩该校、高丽营学校 2 名教师《鼎湖山听泉》、《只有一个地球》公开课，课后进行说课与评课，讨论认为加强语文课的阅读训练能有效地促进教师对教材的把握与处理，提高学生对文本的理解，并对教师进行语文阅读问卷调研，听取区教育研究考试中心专家作《如何解读教材》专题讲座。顺义区教研员，各学校干部、教师 90 人参加。

（张春菊）

【召开校长科研领导力研讨会】 11 月 7 日，马坡中小召开“如何提升校长科研领导力”专题研讨会。会议听取区教科室专家对“校长如何领导学校、教师开展教育科学研究、校本研究”和“校长应具备科研认知能力、科研策划能力、科研协调能力、科研提升能力”等研究作出说明，各校校长围绕校本课题价值和意义、课题构建与规划，如何组织、协调推进课题研究；如何提升课题研究质量，形成有价值研究成果；课题研究成功经验、困惑，以及阶段工作设想和推进校本研究的需求与建议等方面进行讨论。来自全区 11 所学校校长、干训科负责人 16 人参加。

（张春菊）

【编写校本课程教材】 11 月，马坡中小校本课程教材《数学思维乐园》投入使用。《数学思维乐园》面向一至六年级，每个年级教材分上、下两册，每册安排 15 个专题，每个专题由走进乐园、热身训练、思维乐园、趣味驿站和思维广场 5 个部分组成。校本教材知识点源于课本，难度稍高于课本，是课本内容的拓展和延伸。

（张春菊）

【召开中英科研合作现场会】 12 月 12 日，马坡中小召开中英科研合作现场会。会议由顺义区教科室主办，以“学校改进之力，促教师专业发展”为主题，听取该校校长《协同推进校本研究，提升教师自主改进能力》专题发言。在分会场展示美术学科《弘扬民族文化精神》、数学学科《计算能力的培养》校本研究课，并就教师的研究能力、学生的成长、学校的发展等问题进行交流研讨，与会人员对该校《自主改进》项目给予肯定。来自英国曼彻斯特大学（Wal mast）、清华大学有关专家，以及区教科室、各学校科研负责人 60 人参加。

（张春菊）

【召开参与式发展规划会】 12 月 21 日，马坡中小召开参与式学校发展规划会议。会议组织讨论“什么是学校教育的培养目标?”，结合校外资源绘制社区结构图，依据现存问题进行学校优势、劣势现状分析，展望学校未来发展模式、针对家长、学生、教师和社区人员调研办学经验与问题进行排序，并利用“问题树”做出分析。来自北师大教授，区干训科、密云不老屯小学负责人，以及该校教师 60 人参加。

（张春菊）

北京市昌平区
昌盛园小学

【概　况】 2008 年，北京市昌平区昌盛园小学占地面积 13655 平方米，建筑面积 13897.19 平方米，体育场面积 6300 平方米。图书馆藏书 46380 册、电子图书 5000 册，订阅报刊 49 种。固定资产总值 34941556.59 元。全年教育经费投入 1063.48 万元，其中，国家拨款 996.68 万元、自筹经费 66.8 万元。毕业 241 人，招生 262 人，在校生 1874 人。开设教学班 41 个。有教职工 131 人，包括专任教师 100 人，其中，具有高级专业技术职务 2 人、中级专业技术职务 68 人；市级骨干教师 6 人。普通教室 41 个，实验室 2 个，专用教室 10 个。

（王铁英）

【召开书香家庭创建启动会】 3 月 21 日，昌盛园小学召开“奥运年·书香家庭”创建活动启动会。会议由教学干部主持，听取《营造书香家庭，开展“亲子共读”》主题讲话，组织家长、学生共同阅读奥运书籍，撰写《携手希望，放飞理想》奥运征文，征集亲子读书典型案例与照片，开展书香家庭评比，要求家庭藏书不低于 30 本、每日共同读书 30 分钟。全校学生、家长 1800 人参加。

（周晓芳）

【开展节能减排教育】 3 至 4 月，昌盛园小学开展节能减排教育。该活动以“节能减排，行动起来”为主题，采取全员参与、学生带动家庭、家庭带动社区、带动相关部门的推进策略，进行“小小布包，节约真好”手工制作、家庭节水小窍门及“你说我说，环保合作”宣传与倡议。全校学生 1586 人参加。

（王铁英）

【录制名师课程】 7 月 23 日，昌盛园小学教师参与中国教育电视台《名师大课堂》课程录制。经市基教研中心推荐，该校数学学科教师赵震推出《生活中的负数》、《长方体正方体的体积》、《用字母表示数》三节公开课，开设小学生学习方法专题，与 10 名学生在演播室进行现场录课，每堂课时 35 分钟。课程录像以光盘形式向全国 32 个省市地区教师、学生、家长公开发行。赵震，男，中共党员，1976 年 8 月出生，昌平人，大学本科学历。现任昌盛园小学数学教师，昌平区小学数学学科中心组成员，吴正宪小学数学教师工作站首批进站成员；北京市骨干教师、北京市优秀教师，首都劳动奖章获得者。中国教育学会小学数学专业委员会理事。工作致力于注重数学教学中思想方法的有效渗透，引导学生感悟数学学习的魅力，在课堂教学中初步形成朴实、自然，富有探究味道的教学特点，得到学生和教师认可。2005 年 10 月《生活中的负数》一课获得全国第七届深化小学数学课堂教学改革观摩交流活动一等奖第一名，应各省、市教研室邀请，以《数字与编码》、《作业展览中的问题》、《分数的意义》等课为题到山东、浙江等二十余个省、自治区、直辖市为广大小学数学教师作示范课、观摩课百余节，并以教师专业成长和课堂教学策略等为题进行专题交流，听课人数达五万人次。撰写《把握课堂生成资源促进学生数学思考》、《将生成作为促进学生数学思考的资源》、《长、正方体的体积》、《等量代换教学设计与反思》等十余篇论文和课例分析在《中国教育报》、《人民教育》、《小学数学教育》、《小学教学》等国家级刊物上刊登。

（王红燕）

【举办快乐星期四活动】 9 月 18 日，昌盛园小学举办快乐星期四活动。该活动由学校教导处组织，以“快乐星期四”为主题，根据学生兴趣和年龄特点，创建校级朗诵小组、英语小组、体育训练队等共 14 个兴趣组，利用每周四课外活动时间开展。全校教师、学生 1874 人参加。

（郭会兰）

【可持续发展教育成果集出版】 11 月 5 日，昌盛园小学出版可持续发展教育成果集。该成果集由校长吴宝文主编，包括《学科可持续发展教育实施大纲》、《可持续发展教育优秀教学设计专辑》两册，其中，《学科可持续发展教育实施大纲》是语文、数学学科教学落实可持续发展教育核心理念“尊重”工具书，分为单元、课节、教育目标、综合渗透内容、指导预习探究与合作探究、备注 6 个板块，总计 40.5 万字、彩图 32 幅；《可持续发展教育优秀教学设计专辑》收录学校跨学科可持续发展教育教学设计 2 篇、数学学科 16 篇、语文学科 22 篇、英语学科 4 篇、其他学科 8 篇，总计 48 万字、彩图 31 幅。学校总投入 7.5 万元，印刷 2000 册，由首都师范大学出版社出版。

（王铁英）

【开展读书月活动】 11 月，昌盛园小学开展“我读书，我成长，我快乐”读书月活动。该活动由教学干部主持，在二年级开展“我画我的童话故事”主题绘画比赛，三、四年级进行“古诗文美文朗读”主题朗读比赛，五、六年级开展“语文阅读手抄报”主题创编大赛，以班级为单位，选拔15件优秀作品进行校内巡展，学生投票选出“集体组织奖”、“最佳装饰设计奖”和“最佳创编奖”。全校学生1586人参加。

（周晓芳）

北京市昌平区城北中心小学

【概　况】　2008年，北京市昌平区城北中心小学下辖中心校六街小学，与三街小学、东关小学和西关小学3所完小，总占地面积30722平方米，总建筑面积17414平方米，体育场总面积8658平方米。图书馆藏书46926册、电子图书308册，订阅杂志、报刊61种。固定资产总值2705.4万元。全年教育经费投入2452.77万元，其中，国家拨款2223.9万元、自筹经费228.87万元。招生645人，毕业728人，在校生3996人。开设教学班107个。有教职工294人，包括专任教师266人，其中，具有中级职称143人；市级骨干教师5人。普通教室107个，专用教室29个，实验室5个。

（王英）

【召开市级学籍实验结题会】　1月25日，城北中心小学召开市级电子化学籍实验课题结题会。会议由学校副校长主持，围绕“夯实基础，科学实施，以应用促推广”主题，听取学校课题组负责人结题工作汇报，班主任代表做《电子学籍管理系统提高了班主任工作效率》、《利用电子化学籍管理系统进行班级管理》典型发言。与会专家认为该校电子化学籍工作成果显著，为市区电子化学籍推广工作起到示范引领作用。来自市区教委、市教育网络信息中心领导，以及学校课题组成员53人参加。该课题是市级课题，2006年立项，主要研究使用CMIS进行学籍管理操作基本内容和流程，总结用CMIS进行学籍管理操作有效的经验，特别是代表中心校的电子化学籍管理模式的探索，协助北京市教委于2008年秋季开学时在全市全面推行电子化学籍管理工作，总投入20万元。

（王英）

【开展迎奥运系列活动】　3月17日，

城北中心小学举办“与奥运共成长”特色家庭展示赛决赛。该比赛面向各所完小，分为年级初赛、完小选拔赛、学校决赛三个阶段，下辖4所小学6个家庭进入决赛，分为贝贝队、晶晶队、欢欢队、迎迎队、妮妮队、乐乐队，设置“奥运知识考不倒”、“传统文化大展示”两个部分内容，包括个人必答题、家庭必答题、抢答题，展示剪纸艺术、古筝曲《春到拉萨》、京剧及河南豫剧等，最终评出一等奖1个、二等奖2个、三等奖3个。全校学生4000人参加。3月20日，学校举办“我是奥运讲解员”英语主持人大赛。该比赛采取各完小选拔形式，包括北京交通、旅游景点、特色小吃、中国传统文化等内容，由英语教师担任评委，从学生演讲内容、表情动作、语音语调、语言流畅性等方面进行评比。下辖4所完小五、六年级共推荐学生34人，评出一等奖8人、二等奖12人。4月28日，学校开展“放飞理想，拥抱奥运”迎接奥运倒计时100天活动。此次活动由主题升旗仪式、奥运知识问答、特色展示等环节组成，由学校领导与少先队大队为各班“五彩微笑”少年代表发放奥运微笑圈，全校学生同唱歌曲《微笑北京》，美术兴趣小组展示版画制作过程，轮滑小组、跆拳道队进行集体项目表演。全校学生1900人参加。

（唐红颖　胡长红　王英）

【开展抗震救灾教育活动】　5月，城北中心小学开展抗震救灾教育活动。该活动以“我们和你们在一起！”为主题，题写《致城北中心小学教职工的一封信》，发出“情系灾区，共渡难关”倡议，组织抗震救灾捐款。全校干部、教职工、学生共计捐款147250元。

（王英）

【举办艺术项目单项赛】　12月18日，城北中心小学举办艺术项目个人单项比赛。该比赛围绕“争创市级艺术项目重点校”主题，采取各完小层层选拔形式，要求能充分展示小学生积极向上的精神风貌和健康高雅的审美情趣，具有校园特色、学生特点和民族特色，能表达小学生热爱党、热爱祖国的思想感情，反映全面实施素质教育的良好精神面貌等内容，分为声乐、舞蹈、西乐、民乐、朗诵5个单项，聘请昌平区少年宫音乐教师担任评委，评选标准包括音准节奏准确，表达准确，表现力强，表演形式生动活泼，有较强的乐感，化装、服装美观大方，舞台效果好等。全校学生127人参加，最终评出一等奖30名、二等奖40名。

（王英）

北京市昌平区流村中心小学

【概　况】　2008年，北京市昌平区流村中心小学下辖中心校、南流小学、峰山小学、古将小学4所完小与村小新村小学，总占地面积45305平方米，总建筑面积8608平方米，体育场（馆）总面积19099平方米。图书馆藏书8494册，电子图书19册，订阅报纸、杂志56种。固定资产总值462万元。全年教育经费投入112万元，全部为国家拨款。毕业97人，招生62人，在校生440人。开设教学班28个。有教职工82人，包括专任教师69人，其中，具有中级职称43人。普通教室28个，专用教室12个。

（杨淑明）

【增设彩绘葫芦制作课程】　2月，流村中心小学增设彩绘葫芦制作课程。该课程利用五、六年级学生综合实践活动时间，由教师进行具体指导，通过筛选、打磨、设计、绘制、上色等程序，制作富有地区特色、反映民俗传统艺术品“农家院”、“奥运福娃”、

"果园"等彩绘葫芦。全校学生 54 人参加。

（徐凤琴）

【开展读书活动】 3 月 1 日至 6 月 30 日，流村中心小学开展读书成材活动。活动要求三至六年级学生做到"三个一"，即："每日读一小时书"，由教师向学生提供图书来源，包括校图书馆、家庭藏书、电子图书等，共推荐一百本优秀读物，要求学生"晨诵"、"午读"和"暮阅"；"每天一分钟演讲"，每班 5 名学生利用 10 分钟时间，介绍读书体会，分享书中人物、情节、语言等感想；"每周写一篇读书笔记"。学校三至六年级学生 385 人参加，共读书 3548 本，有学生 385 人进行演讲，撰写读书笔记 6023 篇。

（杨淑明）

【首次与外籍教师进行交流】 3 月 19 日，流村中心小学首次与外籍教师进行交流。此次活动由昌平区教委继续教育办公室主持，学校 10 名英语教师、35 名学生分别与来自澳大利亚、英国和新西兰 3 名外籍教师，通过"小组互动"、"有问有答"、"自由辩论"等形式，就"人类生存环境"、"中西文化差异"、"中国近年来的变化"等主题进行英语口语交流。这是该校自 1949 年建校以来首次组织与外籍教师进行交流。

（杨淑明）

【改编使用校本教材】 4 至 9 月，流村中心小学完成校本教材《古韵流村》改编工作。教材扩充、改编原《魅力流村》，在"流村地区历史传说"、"流村地区抗战史、解放史"、"流村地区发展史"、"农家饭"、"流村地区资源"、"农村儿童游戏"、"天然绿色蔬菜"、"谚语与学生创作"、"流村地区学校发展史"、"流村地区民间故事"10 个系列基础上，增加"流村地区旅游资源——大漠奇石馆"、"流村地区药材系列（外观、药性、生长地点）"、"民俗文化（对联、闹花灯等）"、"名贵树种"、"饮食文化（应节食品）"5 个系列内容。学校一至六年级分 6 册使用，共计 150 个单元，总计 4 万字、图片 200 幅，教师 27 人参与编写。9 月，学校使用校本教材《古韵流村》。课程每周安排 1 课时固定教学，采取专任教师授课、其它学科教师辅助教学形式，组织学生进行参观、访问、调查，教师从知识与能力、过程与方法、情感态度与价值观 3 个维度完成评价。

（刘勇　杨淑明）

【开展阅读与写作教学】 5 月 30 日，流村中心小学开展阅读与写作课堂教学活动。活动组织观摩该校教师四年级语文课《六个馒头》，利用课文指导学生说、写训练；六年级作文讲评课，通过分析范例，明确专题作文写作要求。课后，专家、教师就阅读与写作教学工作展开交流，提出在阅读教学中抓住写作结合点，适时指导学生练笔；结合学生生活，丰富写作素材，点评认为"课程求真、务实，训练不留痕迹"。来自昌平区教委、区教研室专家，西片教学协作组干部、教师 52 人参加。

（徐凤琴）

【调查家乡特产】 5 至 10 月，流村中心小学开展"调查家乡特产，做优秀推销员"活动。活动面向四年级学生，根据当地特殊地理位置与气候特点，组织对家乡特产"西峰山小枣"、"新村盖柿"、"小水峪葡萄"、"和子涧八角海棠"等名称、上市时间、外形特点、口感及营养价值等方面展开调查，并通过班会形式汇报调查结果。全校学生 32 人参加。

（徐凤琴）

【开展绿色环保教育】 9 至 11 月，流村中心小学开展制作植物叶子标本活动。活动分为三个阶段："收集叶子并保存"，组织学生到野外采集植物叶子，记录其名称、生长地点、花形颜色、果实形状、是否可食用等内容；"分类整理"，按植物种属关系进行分类，并将相关材料整理成册；"制作标本"，挑选保存完好标本进行封存，粘贴标签与介绍说明。全校学生 33 人共制作标本 58 件。11 月 1 至 21 日，学校开展"生命起源——让种子发芽"种植活动。活动要求学生从家中、田地搜集 18 类植物种子，分成蔬菜、水果、野生植物 3 个小组，由教师指导完成选种、播种、洒水、观测温度、湿度、记观察日记等步骤。全校学生 30 人参加。

（杨淑明）

【改进布贴画制作工艺】 9 月，流村中心小学改进布贴画制作工艺。新工艺摒弃以往制作粗糙、鉴赏性不足问题，首先经过对布质材料筛选、定型、粘制环节，并对整体作品布局与加工进行设计，最后完成装裱、上框。学校 2 名指导教师和五、六年级学生 62 人参与。布贴画是地区传统民间工艺，该校于 2008 年 9 月在五年级开设实践课《布贴巧巧手》。

（徐凤琴）

【举办英语情景对话表演赛】 10 月 8 至 13 日，流村中心小学开展英语情景对话表演比赛。该比赛在"每天练习十分钟英语口语"活动基础上进行，要求学生利用每天课间休息时间练习课本或自编英语口语对话，固定两人一个小组，由教师进行评价、指导；比赛采用录像形式，9 名英语教师组成评委，对学生参赛情景进行录制，评选标准包括声音洪亮、发音准确；表演内容有创意、符合逻辑；表演过程语气自然、感情丰富。此次共有学生 258 人、78 个节目参加评比，最终评出一等奖 20 个、二等奖 20 个，并将获奖作品制成光盘向学生发放。

（杨淑明）

【开设制作农家饭校本课程】 年内，流村中心小学开设制作农家饭校本课程。课程旨在培养学生实践能力，联系学校教育与学生生活实际，创设制作"压饸饹"、"窝窝头"、"贴饼子"等教学单元，学生根据教材内容自备操作用具与食品材料，由教师指导完成制作学习。学校 4 名教师、78 名学生参加。

（刘勇）

北京市大兴区第二小学

【概　况】 2008 年，北京市大兴区

第二小学占地面积 21400 平方米，建筑面积 9876 平方米，体育场（馆）面积 3560 平方米。图书馆（室）藏书 4 万册。固定资产总值 2208 万元。全年教育经费投入 1396 万元，其中，国家拨款 1364 万元、自筹经费 32 万元。招生 389 人，毕业 472 人，在校生 2582 人。开设教学班 52 个。有教职工 192 人，包括专任教师 166 人，其中，具有副高级职称 4 人、中级职称 105 人；特级教师 1 人、市级骨干教师 2 人；大学本科以上学历 89 人。普通教室 52 个，专用教室 2 个，实验室 1 个。学校网址：www.erxiao.dxschools.cn。

（刘引玉）

【举办教学实践专修活动】 1 月 20 日，大兴二小举办教学实践专题研修“聚焦李淑环教师”现场活动。该活动与市教科院、大兴区教师进修学校联合组织，采取现场交流与网上同步视频形式，包括观摩教师李淑环《语文综合实践活动》展示课片断；由教师、学生、家长、教研员组成研修讨论组，结合课例，围绕李淑环“教学相长，学生为本”的教学思想和教学特点展开研讨；李淑环阐述自身教学感悟；市教科院专家做总结提升，认为体验同伴研修、感受成人学习、归纳教育方法、梳理成功经验、形成教育策略、广为借鉴共享、聚焦学科专业化发展，是教研工作创新模式。来自市教科院，大兴区委教育工委、区教委、区教师进修学校专家、领导，以及该校干部、教师参加。李淑环，北京大兴人，1956 年 2 月出生。从教 30 年，曾获得北京市紫荆杯优秀班主任，编辑、出版《师爱无痕》。

（刘引玉　李永奎）

【召开校本课程研讨会】 3 月 7 日，大兴二小召开校本课程研讨会。会议由学校校长主持，围绕“弘扬传统文化”主题，组织“国学”校本课程学科教师，采取研讨交流形式，确立加强《国学启蒙》课程监控与评价研究；深入研究《国学启蒙》课程教学策略、方法和途径；在教学实践活动中进行反思和拓展，补充与完善校本教材等学期重点工作。全校教师 52 人参加。

（刘引玉）

【参加全国班（团、队）会比赛获奖】 5 月 20 日，大兴二小参加全国第二届中小学主题班（团、队）会课大赛获奖。该比赛由全国班主任协会主办，围绕北京奥运主题，在山东省济南市举行，面向全国教师，采取现场课形式，分为两个阶段，包括三个组别，设置 2 个项目。来自全国 17 个省市地区 36 所学校教师 600 人参加，10 人获奖，其中，北京市大兴区第二小学教师陈建连主持五年级主题班会《奥运精神与我》分获现场课一等奖和录像课一等奖。

（刘引玉）

【举行青春健康园开班仪式】 6 月 23 日，大兴二小举行青春健康园地开班仪式。该活动与大兴区计生委联合举办，旨在引导学生在生理与心理方向正确发展，了解青春期生理及心理变化特点，掌握自我保健方法，增进自我调节能力，采取讲座、参观、测试等形式，组织学生走进心理调节室、网络漫游室、图书阅览室，了解心理转变等青春期健康教育知识。来自大兴区计生委专家以及全校干部、教师、学生 440 人参加。

（刘引玉）

【《小学数学思维拓展训练》出版】 9 月 1 日，大兴二小编辑《小学数学思维拓展训练》出版。该书由学校数学团队总结提炼，特级教师姜丽民主持编辑，以体现学习内容基础性与趣味性，学习方式自主性与探究性，学习风格生活性和朴实性，知识建构系统性与网络性为目的，分为 6 个章节，收录一至六年级数学训练内容。全书总计 11.31 万字，由人民日报出版社出版。

（刘引玉）

【参加全国信息技术竞赛获奖】 10 月 17 日，大兴二小参加第六届全国中小学信息技术创新与实践竞赛获奖。该比赛由中央教科所主办，围绕“信息技术创新”主题，在湖北省武汉大学举行，面向全国教师，采取现场说课形式，分为两个阶段，包括 2 个组别，设置 6 个项目。来自全国 20 个省市地区 300 所学校教师 500 人参加，30 人获奖，其中，北京市大兴区第二小学代表队由 5 人组成，教师杨霞获得说课比赛一等奖。

（刘引玉）

【与内蒙古学校开展手拉手交流】 11 月 14 日，大兴二小接待内蒙古自治区坞丹第二小学交流访问。访问团包括校长一行 10 人，参观校园文化环境，观摩学生课堂教学，双方就如何手拉手互动问题展开交流。客人认为需要优质的教育资源共享。该校与坞丹二小于 2004 年签订手拉手协议，规定大兴二小提供教学设备与教辅资料等，坞丹二小承担来校教师生活费用，有效期 3 年。

（刘引玉）

【参加市学生虚拟创造赛获奖】 12 月 13 日，大兴二小参加北京市中小学生虚拟创造邀请赛获奖。该比赛由市科协主办，围绕“智能抗震房屋”主题，采取层层推荐形式，分为三个阶段，设置 3 个项目。来自全市 9 个区县 9 所学校学生 80 人参加，20 人获奖，其中，北京市大兴区第二小学科技小组由学生 5 人组成，设计《让智能建筑自动“抗震救灾”》作品获得一等奖。

（刘引玉）

北京小学大兴分校

【概　况】 2008 年，北京小学大兴分校占地面积 23575 平方米，建筑面积 13090.43 平方米，体育场（馆）面积 10611 平方米。图书馆（室）藏书 2 万册。固定资产总值 523.95 万元。全年教育经费投入 176.92 万元，全部由国家拨款。毕业 36 人，招生 203 人，在校生 789 人。开设教学班 23 个。有教职工 66 人，包括专任教师 55 人，其中，具有副高级职称 35 人、中级职称 16 人；市级骨干教师 9 人；大学本科以上学历 59 人。普通教室 23 个，专用教室 4 个，实验室 3 个。

学校网址：www.bjxx.dxschools.cn。

（刘清洁　王燕）

【组织校本教研模式研讨】 3月12日，北京小学大兴分校组织校本教研模式研讨活动。活动由北师大首都基础教育研究院专家主持，围绕《基于学生发展的校本教研模式研究》课题，举办“应用分层测试卡——关注学生差异，促进师生发展”和“基于学生发展的校本研究——理念与实践”讲座，观摩学校4名教师研究课，特级教师王春明、赵景瑞深入课堂听课并做点评，认为学校教师基本功扎实，注重培养学生学习能力。来自大兴一小、大兴十小、榆垡二中心校协作区，以及该校教师78人参加。

（王爱平）

【参加全国教科研评选获奖】 3月16日，北京小学大兴分校在全国教育科研优秀教师评选中获奖。该评选由教育部中国教师奖励基金会国家教师科研基金规管办审核，针对“十五”期间开展教育科研工作中取得突出成就单位和个人，面向全国中小学，采取申报、审核、表彰和媒体公示等形式，标准包括主持或承担“十五”计划期间的市级以上课题能顺利结题；取得的教育教学科研成果在地市级以上媒体公开发表或在学校、地区推广应用；或在有关学术会议上进行交流；有能力组织科研成果向教学实践转化。来自全国各省市地区80所学校代表300人参选，78所学校、280人获奖，其中，北京小学大兴分校获得“全国教育科研先进单位”称号，校长张景浩被评为“全国教育科研杰出校长”，白纯舵、王敏被评为“全国教育科研优秀教师”。

（王爱平）

【成立班主任研究会】 4月14日，北京小学大兴分校“班主任研究会”成立。该校旨在加强德育教育工作，为班主任教师搭建交流展示平台，听取会长宣读研究会规程、活动计划，提出合理化建议等。研究会由该校教师负责管理，下设副会长和核心组成员，具有组织交流、提高班主任专业化职能，拥有班主任会员26人。

（王爱平）

【召开首届毕生典礼】 6月26日，北京小学大兴分校召开首届毕业典礼。该活动由学校干部主持，围绕“感恩的心”主题，采取集中互动形式，包括颁发毕业证书、领导与教师、学生家长代表讲话、学生为教师、家长献花等内容。全校毕业生、家长80人参加。

（王爱平）

【举办第一届科技节】 11月17日，北京小学大兴分校举办第一届科技节。该科技节以“我和科学手拉手”为主题，采取主题活动形式，包括专家讲座、科学仪器体验、科技游戏比赛等内容。来自大兴区教委、区少年宫领导，西城区科技馆专家，以及全校教师、学生700人参加。

（王爱平）

【参加市健美操比赛获奖】 11月29日，北京小学大兴分校参加阳光体育北京市中小学生健美操比赛暨全国万人健美操大众锻炼标准选拔赛获奖。该比赛由北京市教委主办，围绕增强中小学生身体健康和体态美主题，面向全市中小学生及培训机构，分为预赛、决赛两个阶段，包括4个组别，设置18个项目。来自全市各区县24所学校24支队伍参赛，12支队伍获奖，其中，北京小学大兴分校代表队由学生12人组成，在自编操组比赛中获得一等奖第一名。

（王爱平）

北京市大兴区礼贤镇第一中心小学

【概　况】 2008年，北京市大兴区礼贤镇第一中心小学占地面积21992.5平方米，建筑面积4336.59平方米，体育场（馆）面积10640平方米。图书室藏书1万册。固定资产总值1197万元。全年教育经费投入1217万元，全部由国家拨款。毕业87人；招生74人；在校生442人，包括少数民族学生98人。开设教学班15个。有教职工67人（少数民族教师13人），包括专任教师46人，其中，具有中级职称21人；大学本科以上学历19人。普通教室15个，专用教室8个，实验室1个。学校网址：www.lxyx.daxing.net。

（陈志兵）

【组织专题教学设计研讨】 2月27日，礼贤一小组织专题教学设计研讨。研讨要求全体教师围绕“提高课堂实效性，加强基础知识及知识系统的强化”主题，数学组围绕“联系、拓展”主题，语文组围绕“基础知识课堂教学实施的实效性”主题，课任组围绕“快乐教育，活动为先”主题进行备课，研讨交流提高课堂实效性方法。全校教师42人参加。

（马秀芳）

【召开校本课程培训会】 2月28日，礼贤一小召开校本课程培训会。会议围绕民族文化主题，邀请大兴区教师进修学校专家，通过以会代培方式，培训校本课程开发及实施与管理相关知识。该校以及下辖5所完小干部、教师40人参加。

（辛士梅）

【举办班主任工作技能培训】 3月20日，礼贤一小举办班主任工作技能培训。该校邀请大兴区德育教研室专家，开展“班会设计与创新”专题讲座，通过面授、分析个案等方法，从班会作用、主题、形式、设计与创新等方面，要求教师利用多种班会主题完成教育学生、锻炼能力目的。全校教师45人参加。

（谭亚娜）

【举办教师基本技能比赛】 3月25日至4月1日，礼贤一小举办教师基本技能比赛。该比赛本着全员参与、以赛代培的原则，围绕“做合格的小学教师”主题，通过层层选拔的形式，设置备课、上课、说课等项目，共涉及语文、数学、英语、科学、体育等8个学科，评选标准分为优秀、良好、合格。全校教师27人参加，22人获奖。

（马秀芳）

【举办科普知识培训】 10月7至28日，礼贤一小举办4次科研知识普及培训活动。该活动由学校教导主任主持，围绕科研与教研主题，邀请大兴区教科所4名专家做专题讲座，通过授课形式，培训教科研知识内容，具有实用性、针对性、普及性和可操作性。全校教师98人参加。

（马秀芳）

【举办名师引路活动】 11月20日，礼贤一小与宣武区回民小学共同举办

“名师引路”活动。该活动由学校教导主任主持，分为两个阶段进行，组织观摩宣武回小2名教师做五年级数学《小数乘法与学习策略》、六年级美术《艳丽的大公鸡》引路课，礼贤一小2名教师推出五年级数学《用字母表示数》、二年级美术《北京的桥》研究课，教师研讨认为学校教师课堂实效性具有明显提高，并就如何指导学生小组讨论问题展开交流。来自宣武回小，以及该校干部、教师62人参加。

（马秀芳）

北京市大兴区瀛海镇第二中心小学

【概　况】 2008年，北京市大兴区瀛海镇第二中心小学占地面积17720平方米，建筑面积2397平方米，体育场（馆）面积6937.4平方米。图书馆（室）藏书11205万册。固定资产总值4323119元。全年教育经费投入420.69万元，其中，国家拨款410.69万元、自筹经费10万元。毕业103人，招生142人，在校生712人。有教职工52人，包括专任教师47人，其中，具有中级职称25人；大学本科以上学历51人。普通教室12个，专用教室3个，实验室1个。学校网址：www.yh2x.com。

（范素辉）

【成立专家顾问团】 5月8日，瀛海二小特色发展专家顾问团成立。该顾问团邀请北京教育学院、市教科院、市可持续发展中心、北京麋鹿苑4名专家、特级教师徐安德，分不同时段，举办“绿色教育”、“课程文化建设”、“可持续发展”、“师德建设”、“环境教育”5次专题讲座，通过讲座、座谈等方式，培训特色教育知识。全校教师225人次参加。

（王洪靖）

【成为全国农村校长研修基地】 6月29日，瀛海二小成为“全国农村小学校长研修基地”附属基地。该基地由中国教育学会小学教育专业委员会主持，下设两个研修基地，职能包括培训农村校长和提高农村校长的管理水平，围绕学校绿色教育办学理念，共接待全国各省市地区专家、小学校长130人交流考察。

（范素辉）

【引进简妙作文教学法】 10月31日，瀛海二小引进简妙作文教学法。该校邀请教学法创始人、《现代校长与管理艺术》主编李卓凌，围绕“简妙作文的结构和相关写法”主题，通过讲座形式，培训如何辅导学生撰写简妙作文相关内容。学校语文教师15人参加。

（范素辉）

【举办家长教师协会活动】 11月6日，瀛海二小举办家长教师协会活动。该活动由完小校长主持，围绕“如何与孩子沟通和如何开展家庭教育”主题，采取互动讲座形式，组织家长会员参观校园文化建设、红领巾小社团与校本课程展示、班级文化布置等，学校干部与家长进行互动交流，研讨家庭教育等问题。全校学生家长500人参加。

（邱金环）

【赴辽宁小学送课】 11月30日，瀛

海二小2名教师赴辽宁省庄河市海洋小学送课。此次活动由该校作文教学外聘专家、《简妙作文》编辑郭训民主持，采取异地授课形式，为海洋小学五、六年级学生做语文《狼牙山五壮士和买小狗的小孩》展示课，观摩二、三年级2节语文研究课，评课认为读写结合的教学方式是语文课上有价值的授课方式，并就如何激发学生作文兴趣、如何写好作文等问题进行交流。

（范素辉）

北京市怀柔区第一小学

【概　况】 2008年，北京市怀柔区第一小学占地面积15000平方米，建筑面积10000平方米，体育场（馆）面积2000平方米。图书室藏书52000册。固定资产总值1749万元。全年教育经费投入1223万元，其中，国家拨款1221万元、自筹经费2万元。开设教学班47个。毕业464人；招生256人；在校生2179人，其中，外省市借读生246人。有教职工180人，包括专任教师156人，其中，具有副高级职称3人、中级职称101人；市级骨干教师4人；大学本科以上学历121人。普通教室47个，专用教室13个，实验室3个。学校网址：www.bjhryx.com。

（张丽娟）

【推出教学研究展示】 3月11日，怀柔一小举办教学研究展示课活动。该活动以“培养学生独立思考能力、创新能力和实践能力”为主题，推出《观察物体》、《解决实际问题》、《探索规律》3节数学研究展示课，由学校主管教学干部、数学教研员完成点评，指出课程共同特点是教学设计与安排符合小学生年龄段特征教学环节，体现学生自主学习和教师辅导为主的教育理念。全校数学教师26人参加。

（张丽娟）

【组织骨干教师教学交流】 3月25日，怀柔一小举办骨干教师培训会。会议针对教师“形成职业道德、树立职业理想、端正职业态度、加大职业投入、深化职业探索、追求职业成果”6个方面进行培训，听取校长“促自身专业化发展，做一个优秀职业教师”专题讲座，组织学习市区骨干教师评选条件和程序。全校教师124人参加。4月17日，学校组织骨干教师经验交流。4名市级骨干教师通过讲课、说课、评课形式，分别进行语文、数学、美术、品德学科课堂

教展示。全校教师 156 人参加。9 月 22 至 24 日，学校推出骨干教师示范课。全校任课教师 152 人进行听课、说课、评课，31 名骨干教师与青年教师结成师徒对子。

（张丽娟）

【召开创造性教学研讨会】 4 月 28 日，怀柔一小召开创造性教学研讨会。会议由学校教研干部主持，以“培养学生创造性思维”为主题，围绕北京市“十一五”教育科学规划课题《创新课题研究》，讨论课堂教学如何培养学生创造性思维，学校教师推出语文、数学、英语 3 节公开课，由课题组总负责人、课题组长进行针对性评价与指导，提出关于学生创造性提问的意见。该校课题研究教师 36 人参加。

（张丽娟）

【召开支教交流表彰会】 5 月 15 日，怀柔一小召开支教交流表彰会。会议听取学校 7 名支教教师工作感言，学习《怀柔区城镇、平原教师支援山区教育暂行办法》，提出入围教师要积极踊跃报名；服从学校和教委统一安排；克服困难，投身支教工作；认真履行支教教师职责；抓住支教机会，锻炼自己、提高自己、完善自己；全体教职员工要共同支持支教工作；党员、团员、骨干教师要起模范带头作用。全校教职工 178 人参加。

（张丽娟）

【参加市级环保演讲赛获奖】 5 月 31 日，怀柔一小学生参加北京市小学生第 12 届“我爱地球妈妈”、“绿色奥运我参与”环保演讲赛获奖。比赛由北京市少工委主办，面向全市中小学生，采取演讲形式，分为撰稿、初赛、复赛、决赛四个阶段，评选标准包括撰稿的内容、意义、仪表、感情的传达。来自全市 11 个区县 27 所学校学生 48 人参加，20 人进入决赛，全部获奖，其中，北京市怀柔区第一小学学生苏婉演讲《节约用水从我做起》获得第一名。

（张丽娟）

【开展班主任工作】 6 月 17 日，怀柔一小召开班主任精细化管理研讨会。会议安排 5 名班主任从不同角度谈论从事班主任工作感想与做法，听取学校主管德育干部总结养成教育工

作，表扬管理效果明显、亮点突出重点班级，并提出班级间养成教育效果、发展不平衡，部分班级养成教育严格化不足，班级管理切入点准确度不够等问题，部署班主任基本功竞赛相关工作。该校主管干部、班主任教师 62 人参加交流。11 月 6 日，学校召开北京市中小学十佳班主任事迹报告会。会议听取北京市中小学十佳班主任孙凤香叙述亲身教学经历，通过讲座形式，展示班级建立成长树、班级小报、学生作品等具体内容，提出明确班级教育目标任务、创设健康和谐教育情境、形成共生共长共同体、努力提高教育教学质量、开展丰富教育活动等要求。全校教职工 140 人参加学习。

（张丽娟）

【成立安全办公室】 6 月 20 日，怀柔一小安全办公室成立。该校设立安全工作领导小组，成员由学校书记、校长等 7 人组成；下设安全办公室由学校主管干部 3 人组成，制订安全班主任、安全员、教师课堂安全等工作职责，承担维护校园周边环境、校园环境、学生安全等任务，促进学校安全工作完善、具体，保持整体性和可操作性。

（张丽娟）

【举办科技知识讲座】 10 月 10 日，怀柔一小举办科技知识讲座。该讲座邀请中国社会科学院教授进行“科学人生系列报告”讲座，讲解雅鲁藏布江长度、深度、地貌、地形、气候、水源特征和开发利用情况，教育师生热爱科学，奋发努力工作学习。全校教师、学生 2200 人参加。

（张丽娟）

【召开师德教育会】 10 月 23 日，怀柔一小召开师德教育会。会议以“贯彻师德规范，弘扬伟大师魂”为主题，由学校校长对师德规范内容、遵守原则以及如何贯彻师德规范等问题进行解读，重新理解“爱国守法、爱岗敬业、关爱学生、教书育人、为人师表、终身学习”意义。全校教职工 183 人参加。

（张丽娟）

【邀请特级教师来校指导】 11 月 8 日，怀柔一小邀请特级教师张光缨指导教研工作。活动以“追求真实、灵动、实效的语文课堂”为主题，由张光缨 2 名学生教师以“同课异构”形式，推出四年级语文公开课《搭石》，专家组织对课程教学剖析与反思，提出课堂教学如何与学生交流、如何设计问题、如何入情讲课等 15 个问题交流借鉴，要求教师从“学做人、学为师、学精神、学经验”方面加强学习。来自怀柔区教科研中心教研员，各校主管教学干部、教师 138 人参加。12 月 4 日，学校开展北京市小学数学名师示范引领交流研讨活动。活动邀请市教育学院宣武分院二部特级教师刘德武，推出《小数乘法与学习策略》公开课，并围绕《举例漫谈教学目标中知识性与思维性的统一》进行专题讲座，提出“学习知识要有问题意识；解决问题要有知识意识”、“提出问题的价值和解决问题的价值都很重要”等观点。全校教师 150 人参加。

（张丽娟）

【接待全国友谊校参观考察】 11 月 20 日，怀柔一小接待全国友谊校论坛校长参观考察。考察团一行 60 人，参观校园环境、教学设施设备、学生大课间活动，听取学校校长就校园文化建设、实行“精细化管理模式”工作介绍，并与该校主管干部就校园文化建设、精细化管理等问题进行交流，对校内“崇学尚礼，求精向和”价值观念、办学精神以及校园文化特色给予肯定。

（张丽娟）

北京市平谷区第四小学

【概　况】 2008 年，北京市平谷区第四小学占地面积 13340 平方米，建筑面积 4900 平方米，体育场（馆）

面积7409平方米。图书室藏书42000册。固定资产总值564万元。全年教育经费投入80万元，其中，国家拨款70万元、自筹经费10万元。毕业213人，招生134人，在校生1100人，开设教学班27个。有教职工93人，包括专任教师71人，其中，中级职称55人；市级骨干教师3人；大学本科以上学历65人。普通教室27个。

（黄凤珍）

【召开教师评价研讨会】　2月21日，平谷四小召开教师评价研讨会。会议根据管理实际问题，细化各项评价指标、要素、等级分值、评价方式、周期等，各部门实行包干负责制，通过看、听、访、查等形式，依据各自指标对教师工作进行评价，期末表彰常规评价与单项成绩突出教师，并提出小组捆绑与个人评价相结合的创新评价方式。全校干部、教师11人参加。

（黄凤珍）

【开设珠心算校本课程】　2月，平谷四小开设珠心算校本课程。该课程经市、区珠算协会与区财政局支持，面向一至三年级学生，通过训练双手拨珠，形成大脑图像，开发学生感知能力、注意力、记忆力、想象力、思维能力等潜在智能因素，培养学生数学计算能力。全校开设2个提高班、8个普及班，每周学习3课时，学生298人参加。

（黄凤珍）

【举行文明迎奥运活动】　3至7月，平谷四小开展“奥运文明监督员，微笑承诺践行卡”主题活动。该校为每名学生订制一张胸卡，正面贴有学生照片，标明学校、班级、姓名、班内岗位以及微笑承诺内容，背面印有奥运五环、星星火炬图样，在低、中、高年级分别配以黄、红、蓝不同颜色挂绳，要求学生每日佩戴，用以指导自己、监督他人。全校学生1100人参加。

（黄凤珍）

【开展社会实践体验活动】　4月26日，平谷四小开展“桃乡春韵”实践体验活动。该活动旨在开发与实施桃文化校本课程，到平谷大华山“桃花海”，学习剪枝、疏花等相关知识；以“春游桃花海，悠悠故乡情”为主

题，开展绘画、摄影、征文竞赛，要求作品内容反映平谷区桃乡特色与人民生活状态。全校教师、学生1190人参加比赛，60人分获一、二等奖。

（黄凤珍）

【开展新课程教学研讨活动】　5月17日，平谷四小开展“新课程、新理念、新课堂”教学观摩研讨活动。该活动在“三维目标”基础上，并以创造性使用教材、运用教法、指导学法为改革重点，将学生课堂中动口、动手、动脑能力作为课堂评价新标准，学校语、数、外等学科7名骨干教师展示研究课。全校教师60人参加。

（黄凤珍）

【组织民族艺术进校园活动】　11月4日，平谷四小开展民族艺术进校园活动。学校邀请中国评剧院演员，举办“丰富校园文化，传播民族戏曲艺术”专场演出，表演《花为媒》、《刘巧儿》等评剧选段，介绍生、旦、净、末、丑以及唱、念、坐、打等戏曲知识与演唱技巧。全校学生1100人参加。

（黄凤珍）

北京市平谷区第六小学

【概　况】　2008年，北京市平谷区第六小学占地面积13000平方米，建筑面积6000平方米，体育场（馆）面积5000平方米。图书馆藏书5万册。固定资产总值1200万元。全年教育经费投入614万元，全部由国家拨款。毕业295人，招生163人，在校生1381人，开设教学班35个。有教职工102人，包括专任教师88人，其中，具有副高级职称1人、中级职称75人；市级骨干教师4人。普通教室35个，专用教室12个。

（王海霞）

【加强学困生管理】　1月10日，平谷六小加强学困生管理。工作包括课堂上以“学困生”为教学坐标点，根据学生实际情况，制订教学目标，采取设计专项练习题、检测题等形式分散教学难点；以小组互助为手段，将学困生与学优生结成对子，从课堂督促、辅导作业、课后补习、测验后及时查漏补缺等方面促进知识吸收；由任课教师根据学生实际制订计划，利用每天课后管理时间进行专门辅导，填写《学困生辅导记录》，建立《学困生成长档案》；教师每天将学生学习情况与需要家长辅导内容在“日清卡”上填写，由家长监督完成；在月考中关注学困生进步状况，建立动态成长档案；每月组织一次“差生也是宝”专题研讨，推广典型经验。全校教师60人参加。

（王海霞）

【实施师生共成长工程】　3月25日，平谷六小实施“双六一”师生共成长工程。该工程要求学生做到“六个一”，即：每两天完成一篇硬笔书法字，每天坚持一分钟口算练习，每周坚持一小时英语听力训练，每周背诵一首古诗，每周撰写一篇日记，每月读一本适合儿童阅读书籍；要求教师做好“六个一”，即：每周写一篇规范硬笔书法，每月形成一篇最佳教案，每周撰写一篇教学日记，每月读一本教育书籍或一篇教育文章、并写出心得体会，每两周推出一节研究课，每学期撰写一篇教学论文，通过举办师生硬笔书法比赛、读书体会交流等形式进行落实。全校教师、学生1496人参加。

（王海霞）

【家校短信平台开通】　4月25日，平谷六小举办“平安短信”启动仪式暨“走进孩子的心灵”家教讲座。该活动与中国移动公司联合举办，开通平安短信、校讯通网络联系平台，通过手机短信形式加强互动，邀请家庭教育专家做题为“走进孩子的心灵”家教知识讲座，采取面授、答疑等方式，讲解家长与孩子的沟通方法、家长如何关注孩子的学习等内容。来自平谷区委教育工委、区教委、中国移

动公司领导，以及全校师生1700人参加。5月12日，学校开通“平安短信”平台。在校门口共安装10台感应式考勤机，学生出入校门时，利用考勤卡完成登记，家长手机同时收到“您的孩子××已在平谷六小刷卡了”内容短信，学校及时掌握学生考勤等电子学籍信息。系统于2月15日开工建设，由中国移动公司总投资1.5万元。

（王海霞）

【加强学生阅读能力培养】 4至5月，平谷六小加强学生口语交际、阅读与写作能力培养。该校通过发放问卷调查、进行学生访谈等形式，了解学生学习中所存在问题，召开教研组长、任课教师座谈会，制订措施加以改进，包括分年段制订学生口语交际、阅读与写作培养目标；组织教师观看作文讲座视频《无拘无束写，有章有法练》，召开语文教师研讨会；举办教师专项评优课，年级组成员参与听课、评课；开设“读书与写作”活动角，要求班主任每月向学生推荐3至5册图书，定期举办优秀作文展评，积累提高学生作文能力；开放学校图书室，组织学生借阅课外书，定期在学生间轮换；建立班级图书角，固定一节阅读课，组织学生开展故事会、读书笔记展览等活动；每周推荐一篇美文赏析。全校教师、学生1420人参加。

（王海霞）

【加强师德建设】 4至9月，平谷六小加强师德建设。该校组织宣传全国优秀教师甘兰佑事迹，要求教师撰写学习体会；邀请亲子教育专家，举办“走进孩子的心灵”家教讲座，组织教师讨论如何解答“孩子的发展，我负责”、“不做批评家，做建设者”等问题；开展“我的教育故事”演讲活动，要求教师结合自身经历讲述教育故事，编辑形成《杏坛春晓》文集；开展“我眼中的好老师”问卷调查，将学生反映问题作为教师评价条件；学习“师德十不准”及“禁止有偿家教五不准”制度，并与新教师签订《师德承诺书》；主管干部落实年级负责制，加强教学巡查工作；围绕“敬业、无私、诚实、豁达、乐观”主题，评选阳光教师。全校干部、教师102人参加。

（王海霞）

【开展抗震救灾系列活动】 5月12日至10月21日，平谷六小开展抗震救灾系列活动。该校利用升旗讲话时间，播放地震灾区实况录像及相关报道，通过生活指导课向学生宣传地震、洪水、泥石流等灾害紧急避险方法；发起“热血真情献爱心，众志成城抗震灾”捐款活动，师生共计捐款35092.94元；组织开展“把温暖和祝福送到灾区人民手中”——向灾区人民捐赠衣活动，共捐赠被褥40床、羽绒服200件。全校教师、学生1496人参加。

（王海霞）

【加强班主任队伍建设】 6月20日，平谷六小加强班主任队伍建设。该校开展班主任岗前培训，实行班主任双岗双责制，工作效果与考核挂钩；定期组织学习教育理论与班级管理经验介绍，提高班级管理工作能力；建立班主任帮扶对子，促进青年教师成长。全校教师72人参加。

（王海霞）

【开展学习洋思活动】 6月，平谷六小开展学习洋思活动。该校召开“学习借鉴洋思中学教学经验”研讨会，解决教师学习中所遇困惑、问题；举办市区级骨干教师学习洋思经验展示，介绍四步教学模式经验与体会；举行“我最满意的一份教学设计”评优活动、现场备课比赛；邀请支教教师推出汇报课，体现“学生自主学习能力培养”与“学洋思教学模式”结合点；组织校内年级组长、骨干教师“当堂检测”、“日清联系卡”研讨交流。全校教师92人参加。

（王海霞）

【实施阳光教育】 8月28日，平谷六小实施阳光教育。该校进行领导班子调整，由陈峰接任校长，以“办阳光学校、做阳光教师、育阳光学子”为工作目标，在校园网开辟“办学理念”、“阳光故事”等专栏；召开家长座谈会，播放办学理念专题片，向家长承诺“把爱洒满每个孩子的心田，公平公正地对待每个孩子，让他们抬起头来走路，永不放弃”，并公布校长办公室电话，由家长监督指导；要求每名教师“每天都给孩子一张笑脸，每天给孩子一句表扬”；制订“教学标兵”、“师德标兵”及“阳光教师”评选标准，每年评选一次。全校干部、教师102人参加。

（王海霞）

【加强教学质量管理】 9月16日，平谷六小加强教学质量管理。该校组织新老班主任、任课教师进行工作交接，分析学困生产生原因，制订相应辅导计划；召开年级组长及骨干教师座谈会，研究提高学生学习质量方法与对策，包括针对学生培优补差、培训家长；调整教师工作重心向教学倾斜；推行领导班子包年级深入课堂听课、说课制度，加强对薄弱学科指导工作；每月组织一次全校性教学研讨交流，开展备课比赛、案例评优等活动，评比结果计入教师成长档案，作为评选教学标兵与阳光教师条件；注重月考评价分析，引导教师分析问题，改进课堂教学方法。全校教师102人参加。

（王海霞）

【关注教师心理健康】 10月28日，平谷六小采取措施加强教师心里健康培养。该校组织教师观看清华大学教授《保持阳光心态》讲座视频；校工会主席做《如何减轻教师压力》专题讲座，提供减轻压力对策与方法；组织教师学习10名“北京市人民教师”事迹，并撰写学习体会；举行第二届“我的教育故事”述说活动；组织学校干部深入班级了解教师工作及心理状况，及时解决问题；公布校长邮箱、开辟教师论坛，利用互联网反映相关意见或建议。全校干部、教师102人参加。

（王海霞）

【开展家长学校活动】 11月21日，平谷六小开展家长学校活动。该校对活动形式与内容进行改革，要求教师做到三个转变，即：变抽象为直观，将学生活动照片、优秀作业图片、听讲状态等通过PPT演示文稿形式进行展示；变批评为赞赏，要求教师选择学生优秀方面向家长介绍表扬；变指责为指导，根据学生所存在问题，提出指导性意见，由家长与教师共同帮助学生成长。全校教师、家长1380人参加。

（王海霞）

北京市平谷区峪口镇第一学区

【概　况】 2008年，北京市平谷区峪口镇第一学区下辖3所完小，总占地面积40015平方米，总建筑面积8784平方米，体育场（馆）总面积15220平方米。图书室藏书19969册。固定资产总值390万元。全年教育经费投入615.72万元，其中，国家拨款605.72万元、自筹经费10万元。毕业141人，招生79人，在校生705人。有教职工92人，包括专任教师82人，其中，副高级职称1人、中级职称44人；市级骨干教师1人；大学本科以上学历55人。普通教室28个，专用教室10个。

（贾建国）

【举办市级信息技术展示课】 4月22日，峪口镇第一学区举办市级信息技术展示课。该活动由学校教师主持，采取现场观摩研讨形式，包括听课、说课、备课交流等内容，听取平谷一小等学校教师阐述信息技术研究课内涵，研讨交流如何上好信息技术课等。来自市教科院、各区教研中心专家、教研员，以及全校干部、教师63人参加。

（贾建国）

【举办骨干教师课堂示范交流】 5月15日，峪口镇第一学区举办骨干教师课堂示范交流活动。该校组织市区级骨干教师与支教教师专题讲座、课堂教学示范交流，采取深入5所学校送课形式，7名教师推出语文、数学、社会、美术、体育等学科教学展示课，研讨交流如何备课、听课等内容。全校教师70人参加。

（贾建国）

【开展校本教学培训】 5月21日，峪口镇第一学区开展校本教学培训。该校邀请平谷区教研中心2名教研员，以《让学生享受优质的数学教育》为专题，通过案例分析方式，介绍如何让学生享受优质数学教育内容，并结合《数学思想和数学问题》，基于教学案例载体，阐述在数学课如何体现数学思想、培养学生数学能力等。全校教师78人参加。

（贾建国）

【开展主题安全教育】 6月11日，峪口镇第一学区开展“安全伴我在校园，我把安全带回家”主题教育活动。该校结合全国安全生产宣传咨询日，组织开展全镇中小学、幼儿园安全隐患排查治理行动，开设安全教育课，中高年级举行“安全题材作文”活动，每名学生制作安全祝福卡，各校推出安全宣传教育板报、墙报或队报。全校教师70人参加。

（贾建国）

【实施开放课制度】 9月11日，峪口镇第一学区实施开放课制度。该制度规定每天由学校推荐3节开放课（不限学科、不限教师），每名干部、教师可自由选择听课，课后与讲课教师进行研讨交流；听课干部每月对开放课情况进行总结分析，提出具体指导性意见和建议。全校干部、教师68人参加。

（贾建国）

【提出教职工评价规定】 9月26日，峪口镇第一学区提出教职工评价规定。规定面向全体教职工，包括《峪口镇第一学区校内教职工奖励办法及相应的管理制度的规定》、《峪口镇第一学区教师教学工作质量综合评价方案》、《峪口镇第一学区班主任班级管理评价方案》，内容涵盖管理、教学、服务岗位，作为教师工作评价、优秀班集体和优秀班主任评价依据。全校干部、教师78人参加。

（贾建国）

【加强网络信息保密工作】 年内，峪口镇第一学区加强网络信息保密工作。该校成立网络信息及保密工作领导小组，制订《峪口镇第一学区网络信息及保密工作制度》，开展信息安全保密意识与知识培训，加强奥运信息安全应急工作和信息系统安全监控，落实国家保密局使用计算机和手机相关要求。全校教师86人参加。

（贾建国）

【加强教学质量管理】 年内，峪口镇第一学区加强教学质量管理。该校组织教学干部每周到完小听推门课，深入教研组参与检测试卷命题工作，走访学生家庭、建立家校联系，六年级课程教师深入学生学习小组，由心理教师进行考前辅导。全校干部、教师76人参加。

（贾建国）

【开展校本培训】 年内，峪口镇第一学区开展校本培训。培训由该校校长主持，围绕《新课程背景下如何听课、评课》主题，下发学习资料，组织教师交流《圆的认识，课前慎思》，从教学细节控制备课质量；开展“一堂好课的标准”讨论；利用网络博客撰写课堂教学反思。全校教师80人参加。

（贾建国）

【开展学洋思系列教学活动】 年内，峪口镇第一学区开展学洋思系列教学活动。该校分别走入峪口中心小学、东凡各庄小学等5所完小；要求各完小校长、干部、教师共同参与；观摩学习洋思活动10节展示课，涉及语文、数学、科任等学科；组织教师研讨交流，提出促进课堂教学效率意见；听取完小校长与3名教师学洋思专题汇报；针对学习洋思所遇问题，制订解决方法等改进措施。全校教师75人参加。

（贾建国）

北京市密云县第二小学

【概　况】 2008年，北京市密云县第二小学占地面积25342平方米，建筑面积7589平方米，体育场（馆）面积12000平方米。图书馆（室）24000册。固定资产总值4000万元。全年教育经费投入8679030元，全部由国家拨款。毕业294人，招生219人，在校生1580人。开设教学班36个。有教职工115人，包括专任教师76人，其中，具有副高级职称6人、中级职称59人；市级学科带头人1人、市级骨干教师3人；大学本科以上学历50人。普通教室38个，专用教室10个，实验室9个。

（吴宝宁）

【开展迎奥运系列活动】 4月30日，密云二小举办“小小奥运会”活动。运动会组织全校38个班级学生，身着38个国家特色服装入场，并在开幕式上表演团体操“密云二小与五环同行”，进行60米、100米、800米、1000米跑，跳远、跳高等6个田径项目比赛，表达对2008奥运会热情期盼。全校教师、学生1700人参加。6月1日，学校开展“微笑北京，争戴五彩微笑圈”活动。活动通过学习和撰写微笑成长日记形式，理解“微笑圈”所代表“红色象征乐于助人，蓝色象征学习进步，黄色象征文明礼仪，黑色象征诚实守信，绿色象征保护环境”等5种内涵，并在学校、家庭和社会传递奥林匹克精神。全校学生1580人参加，190人佩戴微笑圈。

（吴宝宁）

【举办首届班主任工作论坛】 5月11日，密云二小举办首届班主任工作论坛。该论坛围绕“如何作为新时期班主任”主题，学校4名班主任教师，通过宣读论文、经验介绍、观摩课等形式，介绍在新形势、新课程背景下如何培养学生行为习惯、如何营造班级氛围、如何培养学生学习习惯、如何培养学生自我管理能力、如何正确处理教师、学生、家长之间关系等相关工作经验。全校班主任教师52人参加。学校规定班主任论坛每两年举办一届。

（吴宝宁）

【开展抗震救灾思想教育】 5月13日，密云二小开展抗震救灾思想教育活动。活动以班级为单位，要求组织学生收看关于四川地震电视新闻，利用网络收集汶川地震与缅甸强热带风暴灾难消息，向家长了解1976年中国唐山地震受灾情况，并布置宣传教育捐款事宜。全校教师、学生1700人参加，共捐款69086.4元。

（吴宝宁）

【召开市级分层教学研讨会】 9月

17日，密云二小召开北京市小学数学“运用分层理念，实施有效教学”教学研讨会。会议组织观摩密云六小与该校教师两节数学公开课，专家对课程点评认为两节课充分体现教学分层思想，并作《小学数学“运用分层理念，实施有效教学”教学》专题报告。来自市基教研中心、县教研中心教研员，以及全县小学教学干部、骨干教师100人参加。

（吴宝宁）

【加强写字教学工作】 年内，密云二小加强写字教学工作。工作由学校教导处组织，面向全校学生，采取练习、分级比赛等形式，包括软、硬笔书法等教学内容。全校教师、学生1700人参加。

（吴宝宁）

北京市密云县太师屯镇中心小学

【概　况】 2008年，北京市密云县太师屯镇中心小学占地面积17100平方米，建筑面积9560平方米，体育场（馆）面积5500平方米。图书馆（室）藏书3万册，各类报纸8种、杂志4种。固定资产总值2698.7万元。全年教育经费投入182.28万元，全部由国家拨款。毕业256人，招生112人，在校生1477人。开设教学班45个。有教职工220人，包括专任教师117人，其中，具有副高级职称112人、中级职称101人；市级骨干教师2人；大学本科以上学历72人。普通教室45个，专用教室7个，实验室1个。

（王士才）

【举行校园吉尼斯挑战活动】 3月11日和13日，太师屯中心小学举办“校园慢慢车”吉尼斯趣味挑战活动。该活动旨在落实中共中央、国务院发布《关于加强青少年体育增强青少年体质的意见》即“每天锻炼一小时”规定，丰富学生体育课外锻炼内容，采取循环赛、淘汰赛形式，利用“校园慢慢车”趣味挑战赛与校园安全教育相结合，内容包括交通安全知识竞赛和“骑小车”比赛。全校学生208人参加。

（王士才）

【举办风筝节放飞比赛】 5月8日，太师屯中心小学举办“百年梦圆，飞扬激情”风筝节放飞比赛。该活动采取自由参赛形式，展示学生亲手绘制风筝，附有福娃、中国印，祈福猪等卡通图案，材料包括废旧报纸、旧布等。全校学生627人参加，制作风筝116支。

（王士才）

【开办爱心银行和爱心超市】 10月12日，太师屯中心小学开办爱心银行和爱心超市。爱心超市由学校少先队创设，利用学生拾到无人认领物品，以及教师、学生捐赠爱心物品，包括图书、玩具、衣物等，经过筛选、标缔价目，利用双周班队会时间售卖，每次进行40分钟，所得资金全部存入学校“爱心银行”。“爱心银行”收入来自于“爱心超市”、“废品回收”、“爱心拍卖”三项活动，所得款项用于帮助校内生活困难学生。至年底，“爱心超市”共开办2场，进行“爱心拍卖会”20次，共筹集资金1860.01元。

（王士才）

【数字影院落成】 11月5日，太师屯中心小学“数字影院”落成。该影院位于校园内西北侧，占地面积800平方米，建筑面积600平方米，具备集会、观影、师生用餐等功能，可容纳师生500人同时观看，由太师屯镇政府投资15万元建设。

（王士才）

【组织法制教育活动】 11月7日，太师屯中心小学组织法制教育活动。该活动由少先队辅导员主持，以“参观法制教育基地”、“走进法庭——与司法公正零距离”为主题，带领学生旁听一起民事经济纠纷庭审，了解有关法庭管辖范围、职能等知识，交流校园安全知识等问题，现场感受法律庄严，提高法律意识。全校教师、学生30人参加。

（王士才）

【获市阳光体育运动会冠军】 11月19日，太师屯中心小学获得“2008阳光体育奇奇运动会”冠军。运动会由少先队北京市工作委员会主办，团市委、肯德基有限公司协办，在首都经济贸易大学举行，面向学校少先队员，采取现场竞赛形式，分为低、高年级两个组别，设置“神奇坦克兵”、“欢乐不倒翁”等4个项目。来自全市18个区县36支队伍参加，12支队伍获奖，其中，北京市密云县太师屯镇中心小学代表队由学生28人组成，在“神奇坦克兵”项目以2分40秒成绩获得冠军。

（王士才）

【配备便携式计算机】 12月9日，太师屯中心小学为学生配备便携式计算机。该校与北京师范大学合作研究《农村基础教育现代化实验区——跨越式语文教学》课题，采取信息技术与语言教学整合的形式，研究在网络环境下如何提高学生学习语文的能力，面向一年级实验班学生装备便携式计算机32台，由密云县教委总投资128000元。

（王士才）

北京市延庆县第一小学

【概　况】 2008年，北京市延庆县第一小学占地面积7700平方米，建筑面积6152平方米。图书馆（室）藏书33.1万册。固定资产总值1082.88万元。全年教育经费投入775.41万元，其中，国家拨款745.36万元、自筹经费30.05万元。毕业257人，招生217人，在校生1385人。开设教学班36个。有教职工109人，包括专任教师93人，其中，具有副高级职称3人、中级职称69人；市级学科带头人1人、市级骨干教师6人。普通教室36个，专用教室2个。学校网址：www.yqyx.yqedu.com.cn。

（王建茹）

【举办信息技术专题讲座】 2月24

日，延庆一小举办信息技术与学科整合专题讲座。该讲座邀请北京市电教馆馆长做《融——整合的艺术》专题讲座，从信息技术与教学整合的意义、方法、评价、互动反馈技术在教学中应用等方面内容进行相关阐释。来自延庆县沙梁子小学、第四小学、第一幼儿园等10所学校教师203人参加。

（王建茹）

【开展“手拉手”教学活动】 4月2日，延庆一小与海淀区中关村四小开展“手拉手”校间教学交流活动。活动中两校青年教师代表推出《两位数乘两位数》和《旋转和平移》2节数学公开课，中关村四小2名教师分别以《木桶原理》和《学校文化管理》为主题举办专题讲座，介绍“班级管理方法与理念”、“如何以管理降低内耗”、“以文化管理滋养教师身心”等内容。该校以及课改片区内9所学校教师150人参加。

（王建茹）

【生态教育走进课堂】 4月17日，延庆一小生态教育走进学生课堂。该活动利用延庆县野鸭湖湿地自然保护区，建成学校综合实践基地，聘请县环保局工程师、野鸭湖湿地专业技术员和首都师范大学湿地研究专家为生态文明教育校外指导师，本校教师做“走进野鸭湖——生态家园”展示课，引导37名学生分为“探秘动物”、“走进植物”、“湿地保护”等6个小组，进行了解野鸭湖、捡拾环境垃圾等社会实践。5月9日，学校召开“走进野鸭湖”综合实践活动展示观摩现场会。会议听取该校校长《关于综合实践活动课程实施情况》专题汇报，观摩教师1节综合实践活动课。来自全市各区县教师51人、学生36人参加。

（王建茹）

【举办首届学生读书节】 5月，延庆一小举办首届学生读书节活动。该读书节以“走进读书生活”为主题，包括故事比赛、主题演讲、古诗文诵读三个部分，采取全员参与形式，并由各班选出3名代表分年级开展主题活动。全校学生1470人参加。读书节是学校“书香古韵”校园特色文化创建内容之一，其他活动还涉及国学经典诵读、书香环境布置、民族器乐教育等。

（王建茹）

【非物质文化遗产进校园】 6月14日，延庆一小举办非物质文化遗产进校园展览宣传展示活动。该活动联合县文化馆，以“保护文化遗产，守护精神家园”为主题，介绍有关文化遗产概念，组织收看15项入选县级非物质文化遗产专题片，讲解非物质文化遗产的名称、种类、特点等知识，观看盛世营村民间舞蹈“二鞑子摔跤”、下营村“怕老婆顶灯”，曲艺表演“延庆话”，以及剪纸制作、陶艺制作等民间手工艺展示，同时进行师生签名承诺。学校五年级学生53人参加。

（王建茹）

【举办练习题编写培训】 8月29日，延庆一小举办练习题编写专题培训。该培训由延庆县教科研中心主持，围绕练习题命制的原则、形式、内容、处理等方面内容，以数学和语文学科为例进行具体分析、讲解。全校教职工91人参加学习，通过在课时教学设计中作业训练环节的专项检查，结果显示教师对练习题命制针对性与目的性有所增强。

（王建茹）

【签订城乡学校互助协议】 9月27日，延庆一小与延庆县大庄科小学签订《1+1捆绑式发展师徒共发展协议》。协议规定延庆一小承担定制教师成长提高计划、作示范课、每学期指导撰写论文任务；大庄科小学教师每月上交一篇教案、每学期至少做一节校内公开课、写一篇论文。活动中该校骨干教师与大庄科小学任课教师结成师徒对子22对，两校6名教师分别推出语文、数学、品德与社会公开课并进行交流研讨。大庄科小学是延庆县深山区学校，无县级以上骨干教师。

（王建茹）

【编写综合实践活动读本】 12月，延庆一小自主编写综合实践活动读本《走进延庆》完成。该读本分为6册，由学校教学管理人员、市级骨干教师、课程专任教师以及教研员共同编撰，设置27个主题，内容包括延庆的非物质文化遗产（民间歌谣、方言、传说故事、民间游戏等）、延庆的旅游景点（八达岭长城、龙庆峡、松山国家级自然保护区等）、延庆的政治生活（社区、新农村建设）、农业种植（农作物、采摘）等，依据各学段学习方法特点，侧重低年级学生以观察、记录、记忆为主，中年级以探究为主，高年级以研究性学习为主。读本共计 11.3 万字，在学校内部发行。

（王建茹）

北京市延庆县第三小学

【概　况】 2008 年，北京市延庆县第三小学占地面积 15665 平方米，建筑面积 6868 平方米，体育场面积 4480 平方米。图书馆藏书 3.23 万册。固定资产总值 706.09 万元。全年教育经费投入 648.89 万元，其中，国家拨款 619.89 万元、自筹经费 29 万元。毕业 221 人，招生 166 人，在校生 1139 人。开设教学班 31 个。有教职工 108 人，包括专任教师 91 人，其中，具有中级职称 50 人；市级骨干教师 6 人。普通教室 31 个，专用教室 3 个，实验室 1 个。学校网址：www.yqsx.com.cn。

（段淑萍　刘占清）

【组织教师京剧培训】 3 月 30 日，延庆三小组织教师学唱京剧培训。培训聘请北京戏曲艺术职业学院 5 名教师，以集体授课形式，分别讲授“青衣”、“花旦”、“老旦”、“老生”4 种角色演唱技巧，包括如何吐字行腔、运用气息等。该校教师 20 人参加学习。4 月 13 日，市政府督导室副主任线联平到学校视察工作。他参观校内教学环境，观摩教师学唱京剧戏曲培训，观看《教师学唱京剧培训》、《京剧进课堂》专题片展示，认为该校办学理念处于前列，提出要进一步加强校本课程研究希望。延庆三小于 2007 年 2 月，面向二至六年级学生开设“唱京剧”、“赏京剧”、“画脸谱”、“做京韵操”系列京剧校本课程。

（段淑萍）

【开展教学设计比赛】 4 月 21 日，延庆三小开展教学设计比赛。该比赛采取现场抽题方法，要求参赛教师在 60 分钟内完成教学设计，并突出新课改理念，由主管教学副校长组织评选，标准包括“教材分析深入”、“三维目标清晰”、“重点难点准确”、“环节安排巧妙”、“师生活动有策略”、“练习安排有层次”。全校 11 个学科教师 72 人参与，共评出一等奖 15 名、优秀奖 20 名。

（段淑萍）

【召开五校联动发展启动仪式】 9 月 5 日，延庆三小、四海、清泉铺、黑汉岭、珍珠泉 5 所小学召开“1＋1”捆绑发展启动仪式。此次活动以“五校联动共谋发展，多方携手共同成长”为主题，观摩延庆三小 2 名市级骨干教师语文教学片断展示，听取四海小学校长“共谋发展，实现双赢”帮扶计划，以及清泉铺、黑汉岭两校教师代表教学经历介绍，并进行校间拜师仪式。活动确定 5 所学校将在管理机制建设、教师队伍发展、教育教学研究、学校特色打造、教学资源共享等方面交流共建。来自县教委领导、5 所学校教师 197 人参加。

（段淑萍）

【校园青铜“福鼎”落成】 11 月 9

日，延庆三小校园文化青铜“福鼎”落成。铜鼎外形为四足方鼎，高 2 米、重 1 吨，正面采用小篆熔铸“福鼎”铭文，背面铸有“源、愿、诚、情、乐”五个汉字与释文，底座雕刻“青龙、白虎、朱雀、玄武”4 个神兽图案，地面以鹅卵石拼成“五福临门”图案。该鼎总投资 6.5 万元，成为学校特色管理文化标志性建筑。

（段淑萍）

【举办第一届集体舞比赛】 12 月 1 日，延庆三小举办第一届集体舞比赛。该比赛以“我健康，我快乐”为主题，采取现场评分方法，要求学校师生共同参与，评选标准包括“队形富有变化”、“动作协调一致”、“上下场文明有序”，“表演精神饱满”等 4 项。全校二至六年级 27 个教学班师生 1026 人参赛，评出最佳创意奖、最佳表演奖、最佳组织奖各 6 名。

（段淑萍）

北京市延庆县第四小学

【概　况】 2008 年，北京市延庆县第四小学占地面积 34446.8 平方米，建筑面积 9204.3 平方米，体育场（馆）面积 9400 平方米。图书馆（室）藏书 2.6 万册。固定资产总值 1800.02 万元。全年教育经费投入 110.15 万元，其中，国家拨款 109.09 万元、自筹经费 1.06 万元。毕业 245 人，招生 208 人，在校生 1455 人。开设教学班 36 个。有教职工 125 人，包括专任教师 90 人，其中，具有中级职称 79 人；市级骨干教师 2 人。普通教室 36 个，专用教室 11 个，实验室 1 个。

（于明红）

【举办课堂教学诊断】 3 月 18 至 21 日，延庆四小举办课堂教学诊断活动。该活动以“听名课找不足”为主题，由学校教学干部主持，在“全国第八届数学评优活动”、“市课改经验交流活动”、“市品德课堂教学评优课”、“西城区评优课”中，选取品德与社会、科学、语文、数学、英语等学科课程共计 24 节，组织教师听评课，改进自身课堂教学工作不足。全校专任教师 84 人参加。

（于明红）

【展示带题授课教研成果】 5 月 16 日，延庆四小进行“带题授课”教研成果下乡展示。此次展示由县教科研中心组织，该校 2 名教师展示校本学科课题《口批笔画，提高学生解决问题能力》数学研究课，采取课堂教学展示形式，讲解数学课“解决问题部分”教学方法等内容。来自黑汉岭、刘斌堡、四海 3 所学校教师 39 人参加。12 月 29 日，该校组织延庆县第四课改协作区带题授课研讨活动。活动以带题授课形式，由学校教学干部主持，介绍“什么是带题授课”、“延庆四小带题授课历程”等；讲解《数学课上利用口批笔画法提高学生解题能力的研究》相关经验；宣读课改片课题《语文课上利用口批笔画法提高学生语文学习能力的研究》研究方案。来自延庆四小、旧县小学、南张庄小学、左所屯小学、二道河小学、八里庄小学6所学校教师42人参加。

（于明红）

【投资改造校园环境】 7月，延庆四小校园环境建设工程竣工。该工程由市政府专项拨款59万元，其中，修缮学校围墙750米，加高砖墙并安装安全网，总投资20万元；完成校内电路改造，将原2.5毫米铜线加粗至4毫米，改造线路总长23000米，总投资39万元。年内，延庆四小利用专款改善办公条件。共购置多媒体设备、计算机、照相器材、体育器械，补充图书室、音乐教室、美术教室、劳技教室、自然科学实验室等设备11513件，由市政府专项拨款145万元，自筹经费69万元。

（于明红）

【开展首届青年教师教学评优】 9月18至28日，延庆四小开展首届“新星杯”青年教师教学评优课活动。该活动围绕“课堂教学中培养学生能力”主题，采取学校领导听评课形式，由教学干部主持评选，依据《学科课堂教学评价标准》进行打分。全校教师共34人参加评优课，其中，语文19节、数学15节，评出一等奖5名、二等奖6名、三等奖6名。

（于明红）

【实行捆绑式拜师】 9月28日，延庆县第四小学、二道河小学和花盆小学举办“1+1捆绑式”拜师仪式。活动中，二道河、花盆小学分别与延庆四小教师结成11个师徒对子，来自县教委领导，3所学校教师132人参与。11月28至30日，延庆四小到二道河小学开展听课诊断工作。四小6名负责人带领11名教师听课11节，其中，语文4节、数学2节、音乐1节、品德与生活1节、信息技术1节、综合实践1节、体育1节，发现教师在课堂上教具准备充分、师生关系融洽，指出不能准确把握教材、教学设计不够符合学生特点等问题，并共同制订相应整改措施与时间。“1+1捆绑式”帮教形式是延庆县教委为深化学校管理体制改革，全面提高小学教育教学质量和办学水平，推进县域内小学教育均衡、协调发展，试行县城优质学校与山区薄弱学校“捆绑式发展”办学模式，即通过行政手段将2所具有独立法人资格的城区学校和山区学校组合，形成“两校一体”发展，独立核算、核编，明确帮扶责任，制订帮扶计划，实行自主协商式管理与捆绑式评价。

（于明红）

北京市燕山向阳小学

【概　况】 2008年，北京市燕山向阳小学占地面积4333平方米，建筑面积4576平方米，体育场馆面积10500平方米。图书馆（室）藏书3万册。固定资产总值717万元。全年教育经费投入62万元，全部由国家拨款。毕业134人，招生70人，在校生528人。开设教学班17个。有教职工57人，包括专任教师46人，其中，具有副高级职称2人、中级职称35人；市级骨干教师3人。普通教室17个，专用教室6个，实验室1个。学校网址：www.xyxx.ysedu.gov.cn。

（杜龙籍）

【启动学习优势教学实验项目】 4月3日，向阳小学“学习优势”教学实验项目启动。该校作为燕山地区首批“学习优势教育实验校”，组建课题实验小组，确定校内4个实验班，认定《基于学习优势教育理论下的课堂教学的研究》子课题，制订相应课题计划；进行教师通识培训，对学生进行分组并建立档案。实验特点包括：针对学生视觉、听觉优势差异，提倡不同风格互助学习，在教学目标、教学内容、教学活动、教学组织以及教学管理等方面考虑学生学习优势，因材施教制订特色学习方法；与传统教学方法相比，主要实现课堂教学、教学策略、师生角色等转变，并借助教研中心力量，针对教材解读和处理进行指导。5月22日，该校承办燕山地区“学习优势教育”带题授课观摩会。会议由燕山教委组织，听取该校2名教师语文《太阳》、数学《相交与平行》现场观摩课，课题组专家评课认为充分体现学习优势教育课堂教学模式，可作为学习优势现场课课例，并将课程录像带到北京、山东课题实验校进行观摩展示。来自燕山教委领导、北师大课题组专家、《21世纪校长》杂志主编，以及全市各学校、山东省部分实验校教师70人参加。11月11日，学校举办“学习优势教育”课题授课、备课活动。活动听取学校教师语文、数学、英语4节观摩课，围绕“任务生成”、“教师的支架作用”、“学生的合作学习”等主题进行评课和讲座，专家认为向阳小学实验工作贯彻于日常课堂教学，课后与3校教师进行集体备课。来自燕山教委领导、北师大课题负责人，燕山向阳小学、东风小学、东风中学和前进中学以及山东省济南历城教师代表200人参加。12月6至7日，学校4名《学习优势》教育课题组成员赴山东省济南参加观摩研讨。活动由北师大专家组主持，在济南历城第六中学观摩现场课，组织到山东杜郎口中学参观，并就支架式教学等教育理念展开交流。

（杜龙籍）

【推出系列教学研究课】 10月14至24日，向阳小学推出系列教学研究课。学校面向燕山地区教研中心教研员、各校学科教师，以及北师大攀登英语实验课题组成员，推出一二年级数学研究课、二年级攀登英语课、三年级语文《陶罐与铁罐》研究课，四、五年级开展“同课异构”语文教研，任课教师分年级讲授《猫》、《去年的树》等课文，高年级数学区级研究课和品德与社会学科区级研究课等；活动组织教师围绕课程教学各环节和方法进行研讨，研究低年级数学小班化教学模式以及“提出一个亮点、一点不足、一条改进建议”教研模式，举办教学设计相关讲座，落实学生朗读、思维、情感提升三维目标，体现“使学生获得积极的学习体验和全面发展”课堂教学评价标准；安排教师在东风小学做一年级语文研究课《在家里》和英语、科学区级研究课等，课后针对学困生辅导问题进行经验介绍。全校教师44人参加。

（杜龙籍）

【开展抗震救灾爱国主义教育】 10月27日，向阳小学组织师生到中国人民革命军事博物馆参观“万众一

心，众志成城”——抗震救灾主题展览。展览包括坚强领导心系人民、争分夺秒全力营救、临危不惧奋起自救、八方支援共克艰难、恢复生产重建家园、伟大精神不竭动力等六部分内容，展现中国人民面对灾难百折不挠、团结奋斗的英雄精神。全校教师、学生580人参加。

（杜龙籍）

【家长教师协会成立】 11月3日，向阳小学三年级和四年级402班成立家长教师协会。协会成员由家长和教师组成，具备家校合作职能，要求共同研讨学校工作。会上，该校德育主任组织学习《家长教师协会的章程》，选举年级和班级家长教师协会执行委员，并以“心手相牵、真情互动”为主题填写家长教师协会联系表，开通三年级和402班公共邮箱，可为学校教学工作提供合理化建议。全校教师、家长84人参加。

（杜龙籍）

【举办自身发展分析培训】 11月11日，向阳小学举办“SWOT”教师自身发展分析培训会。该培训会由学校校长主持，以“教师发展”为主题，采取面授、交流形式，面向学科专任教师介绍“SWOT”分析法，并要求教师进行自我分析，制订近期发展目标。全校教师40人参加。“SWOT”是企业用来确定自身竞争优势(Strength)，竞争劣势（Weakness），机会（Opportunity）和威胁(Threat)，将企业的战略与内部资源、外部环境有机结合，从而制订公司未来发展战略。

（杜龙籍）

【进行攀登英语教学实验】 年内，向阳小学进行攀登英语教学项目实验。该校作为北京师范大学“认知科学与学习”教育部重点实验室、“攀登英语”项目教育实验校，建立相关课题组，确定校内5个实验班及《教师在“攀登英语”项目实验中的作用》子课题，制订配套课题计划，对参与教师进行课题培训，建立实验档案对学生进行评价，师生使用北京师范大学出版《我们的读本》、《攀登英语教师指南》教材。实验特点包括：以发展儿童口语为核心，培养学习英语态度和良好习惯，发展儿童听力能力以及在真实生活情景中运用英语能力；进行教师在“攀登英语”项目实验中作用的研究；利用现代多媒体手段为儿童创设语言材料丰富学习环境；坚持“无错原则”，创设激励性评价氛围，减少学生学习焦虑情绪。4月1日和10月23日，北师大攀登英语项目组到校指导。专家在观摩英语展示课后，评课认为该校课题实验进展顺利，发现在实验中存在小组合作实效性差异问题。6月27日，该校一年级举办攀登英语期末展示活动。活动中师生表演歌舞、小品等英语节目，共评选出9名“攀登小勇士”。全校教师、学生103人参加。

（杜龙籍）

北京市燕山星城小学

【概　况】 2008年，北京市燕山星城小学占地面积8800平方米，建筑面积4822平方米。图书馆藏书2.3万册。固定资产总值522.44万元。全年教育经费投入565.11万元，其中，国家拨款545.7万元、自筹经费19.41万元。毕业73人；招生88人；在校生366人，包括寄宿生109人。开设教学班13个，包括寄宿班5个。有教职工57人，包括专任教师54人，其中，中级职称37人；大学本科以上学历37人。普通教室13个，专用教室8个。学校网站：www.xcxx.ysedu.gov.cn。

（王玉凤）

【预防手足口病】 4月21日，星城小学开展学生手足口病预防工作。此项工作面向寄宿部学生，由教师检查饭前便后洗手、睡前洗脸洗脚情况，每天督促学生更换衣服做好个人卫生，定时打扫清理宿舍，每天进行消毒处理2次。学校寄宿部有房间12个，学生101人，没有发现手足口病病例。

（曹凤娟）

【举办迎奥运庆六一活动】 5月30日，星城小学举办迎奥运庆六一活动。活动分为新队员入队仪式、文艺演出、欢乐游园三个板块，此次共有80名学生加入中国少年先锋队；文艺演出包括“小福娃迎奥运”、“患难·真情”、“舞动奥运，欢乐盛典”、“毕业之歌”四个乐章，欢迎来校就读四川、陕西灾区学生，寄托对灾区受难同胞哀思，展示迎奥运期盼感情，表达对毕业生殷切希望；将教室装饰成游艺室，设置“巧吹乒乓球”、“智慧吹蜡烛”、“快乐贴鼻子”等项目，师生共同进行游戏。全校教师、学生536人参加。

（刘锐）

【开展爱书护书活动】 9月23日，星城小学开展“护书、爱书，我们一起来行动”活动。活动采取朗诵童谣方式，表现学生如何爱护书籍，并发出“要增强‘爱书、护书’自觉性和积极性，争做‘循环使用教科书’标兵，积极参与‘护书、爱书，我们一起来’行动”的倡议，承诺“爱护课本，循环使用，节约资源，从我做起”。全校学生359人参加。

（刘锐）

【展示攀登英语教学成果】 10月23日，星城小学举办燕山攀登英语中期教学交流展示。该活动由北京师范大学攀登英语项目组与燕山教委、教研中心联合组织，听取该校二年级攀登英语现场观摩课，课程选择1名学生担任教师角色组织课堂活动，展示日常用语、攀登阅读和歌曲童谣创编，专家点评认为课程体现攀登英语的教学理念，学生表现出学习兴趣，对前一阶段工作表示肯定，阐述下一个阶段工作说明。课后，燕山教委对2007至2008年度攀登英语学习实验项目组成员进行表彰，该校2名教师被评为“优秀实验负责人”、“优秀实验教师”，并进行攀登英语课题组工作经验及体会交流。来自燕山教委、教研中心，北师大攀登英语项目实施组、燕山实验区负责人、实施指导教师，燕山各攀登英语实验校校长、主管干部、教师 30 人参加。

（张赤心）

【开展尊重生命专题教育】 10 月 30 日，星城小学开展“尊重生命的独特性”专题教育活动。该活动由学校党支部组织，结合山西教师郝旭被杀恶性事件，就学校教育、教育的目的，应如何对待家庭特殊、性格行为偏执、学习困难学生等问题进行反思，讨论认为每名学生都是独特的，生命是值得敬畏的，要尊重生命的独特性。全校教师 50 人参加。

（周军兰）

【举办第一届空竹比赛】 11 月 22 日，星城小学举办“民族体育进校园”暨第一届空竹比赛活动。活动采取规定动作和自选动作的班级比赛形式，学生展示抖空竹技巧，并邀请星城社区表演艺人担当评委。全校学生 359 人参加，5 个班级获得优秀奖。9 月，该校将抖空竹定为校本特色体育运动项目。

（刘锐）

中　学　教　育

【概　况】 2008 年，北京市有普通中学 674 所，比上年减少 15 所。其中，高级中学 63 所，比上年减少 3 所；完全中学 262 所，等同于上年；初级中学 284 所，比上年减少 16 所；九年一贯制学校 65 所，比上年增加 4 所。初中入学新生 10.7 万人，毕业生 10.5 万人，在校学生 32.5 万人，其中，本市户籍在校学生 26.2 万人，比上年减少 1.1 万人。高中招生 6.8 万人，毕业生 7.8 万人，在校学生 21.9 万人，其中，本市户籍在校学生 20.5 万人，比上年减少 2.7 万人。中学教职工 7.27 万人，比上年减少 1200 人，其中，专任教师 4.99 万人，比上年减少 200 人，专任教师占教职工总数 68.6%。初中专任教师 30031 人，比上年增加 257 人，学历合格率 99.5%，比上年提高 0.2 个百分点，初中生师比为 10.8∶1；高中专任教师 19849 人，比上年减少 484 人，学历合格率 99.2%，比上年提高 0.7 个百分点，高中生师比为 11.1∶1。普通中学占地总面积 2235 万平方米，生均 41.1 平方米；校舍建筑总面积 1021 万平方米，生均 18.8 平方米；固定资产总值 147.6 万元，其中仪器设备总值 14.8 万元。

（任虹）

【完善示范高中招生指标分配任务】 1 月 21 日，市教委下发《关于做好 2008 年示范高中部分招生计划分配到初中学校工作的通知》。通知要求稳妥开展将示范高中部分招生指标分配到相对困难初中校工作，提出在获得“北京市教育工作先进区县”称号 6 个区，即：东城、西城、海淀、朝阳、昌平、顺义，进行将示范高中招生指标面向全市分配试点；要求在上述区内示范高中除面向本区初中校“招优”外，还要面向其他远郊区县初中校分配一定“招优”指标；各区县“招优”计划为示范校招生总计划 5%至 10%。至年底，全市示范高中校共招收 1342 名推荐优秀初中毕业生，其中跨区招优 32 名。

（任虹）

【召开普通高中通用技术研讨会】 3

月 27 日，市教委召开北京市普通高中通用技术现场会。会议在顺义区第十中学举行，要求各区县做好师资培训与专用教室建设改造工作，在全市高二年级开齐开足普通高中通用技术必修模块课程。来自市教委、各区县教委领导，以及各高中学校校长 700 人参加。

（王雪青）

【颁发第 11 届中学生宏志奖学金】 6 月，市教委颁发第 11 届中学生宏志奖学金。该奖学金由市财政支付 200 万元、市福利彩票中心资助 50 万元，共计 250 万元，用以资助家庭贫困、品学兼优高中学生，每名学生奖励 500 元，依据《北京市宏志奖学金章程》等评选条件，最终评出获奖学生 4929 名。评选始办于 1997 年，每年评选一届，至此本市共有学生 26429 人享受宏志奖学金。

（任虹）

【举办初中建设工程系列展示】 12

月 23 日，市教委举办“北京市初中建设工程系列展示活动——走进昌平”活动。活动由昌平区教委主持，围绕“内涵发展”主题，在昌平区长陵中学举行，旨在推介昌平区实施初中建设工程先进做法，引导各区县和学校在加大投入同时，注重管理水平提升，形成初中建设工作可持续发展态势，分为课堂教学展示、大会交流展示和学校设施设备管理与使用展示三个板块进行。来自市教委、各区县教委领导，部分初中校校长 300 人参加。

（韩景毅）

【开展体制改革试点校转制工作】 年内，市教委开展中小学办学体制改革试点校转制工作。按照《关于进一步深化中小学办学体制改革试点工作意见的通知》、《关于做好规范中小学办学体制改革试点工作有关事项的通知》精神，年内共有 25 所学校终止办学体制改革试点，转为公办学校或停止办学。自 2007 至 2008 年底，本市共有 32 所学校进行转制，完成比例达 65%。

（任虹）

中　　学

北京市第二中学

【概　况】 2008年，北京市第二中学占地面积30596平方米，建筑面积38224平方米，体育场（馆）面积8296平方米。图书馆藏书10万册。固定资产总值56696793元。全年教育经费投入2168.07万元，其中，国家拨款2127.09万元、自筹经费40.98万元。毕业441人，招生416人，在校生1260人。高中录取分数线529分（东城区），应届高考本科上线率97%。开设高中教学班36个。有教职工221人，包括专任教师142人，其中，具有副高级职称57人、中级职称56人；特级教师7人、市学科带头人2人、市级骨干教师7人；大学本科以上学历140人，普通教室42个，专用教室12个，实验室10个。学校网址：www.bjn2ms.net。

（钮小桦）

【启动高三学生双导师制】 3月8

日，二中高三学生"双导师制"启动。该活动由学校德育副校长主持，以"就业、人生"为主题，面向高三年级学生，听取校长阐述"双导师"意义，导师代表表示希望学生在学习中主动培养观察能力、表达能力、提出和解决问题能力、创新能力、自我反思能力、领导能力和抗挫折能力。首批聘任中国现代文学馆馆长舒乙等22名各学科领域学者、专家担任校外导师，学生就学业、人生、理想、心理调适等方面问题与导师进行交流，并建立长期联系。该校学生、家长530人参加。

（李震　朱世云）

【下课铃声改为世界名曲】 3月11日，二中将下课铃声改为世界名曲录音片段。该校以新课改为背景，利用铃声教育资源，共挑选编辑500首世界名曲，利用每个课间进行播放，提高学生艺术欣赏能力，丰富校园文化建设。

（李震）

【成立青少年体育俱乐部】 7月11日，二中"青少年体育俱乐部"成立。该俱乐部由学校管理，安排专人负责，拥有羽毛球、篮球等体育运动设施，为青少年与社区群众服务，利用课后、周末以及寒暑假时间向社会开放。

（李震）

【以学生命名实验室】 9月1日，二中"李汉歌蜘蛛生活习性研究工作室"挂牌。该校建立个人实验室，旨在教育、引导学生有设想并达到相应条件，可得到学校提供基础研究实验平台进行实践。此次为学生李汉歌实验室配备计算机、切片机、显微镜、温控饲养箱等设施，以及有关研究蜘蛛资料和地方动物志等中英文图书，在学校生物学科优秀教师指导下进行有关蜘蛛研究。工作室是北京市第一个以学生命名个人实验室。

（李震）

【聘请全国教育专家来校指导】 9月，二中聘请中国教育学会教育策划学术委员会专家来校指导工作。该工作组中教授7人组成，通过听课、参会、访谈、问卷、参观等形式，了解分析学校整体办学情况，疏理校长办学思想与办学特色，并对"空气养人"理论构建与实践体系进行解读。

（李震）

【通过教育联席学校资格评审】 10月23日，二中通过联合国教科文组织华东师范大学教师教育教席联席学校资格评审。该专家组由华东师范大学教授组成，听取学校题为《以教师专业发展提升学校软实力》工作汇报，从探索具有学校特色教师专业发展校本工作模式、三个有机结合助推教师自主发展、以新课程改革为契机实现教师专业成长、营造教师专业发展校园文化氛围、以评价促进教师专业发展等5个层面总结经验，经过工作汇报、教师座谈、现场答辩等环节，评审结果为合格。

（李震）

【吴京梅获市十佳班主任称号】 10月，二中地理教师吴京梅获得"第二届北京市中小学十佳班主任"荣誉称号。该评选由北京市委教育工委、北京市教委主办，面向全市中小学、职业学校和特殊教育学校的班主任教师，依据公平、公开、公正的原则。来自全市18个区县教师4万人参选，10人获奖。

（李震）

【承办市级新课程改革研讨会】 年内，二中承办北京市高中新课程改革教学研讨会共5次。会议由北京市教委主办，该校25名教师做地理、物理、体育、语文、音美等学科教学研讨课，交流新课程改革过程中所出现的问题。来自全市各区县专家、教师1600人参加。

（李震）

【构建高中新课改课程体系】 年内，二中构建"阶梯式模块"结构与"生成性"课程体系。该校作为北京市高中课改自主排课自主会考实验校，在国家课程方案总体框架下，将校本选修课程按学生基础和课程难度"阶梯式"设置，包括全员性参与普及型校本选修课程，供学生自主选择；需要进行选拔、具有一定专业特色社团活动课程，形成学生人生发展规划意识；生成性课程体系，加强师生交流与互动动态过程，强调培养个人价值和能力。12月26日，学校参加2008高中课改校长论坛，围绕课程体系建设情况做题为《"空气养人"办学理念解析》专题发言。

（李震）

【实施长短课教学】　年内，二中实施“长短课”教学。该校在新课程必修与选修课教学时间上尝试“长短课”安排，其中，长课1小时、短课45分钟，每学科平均一周安排1节长课时。“1小时课”是学校首次尝试，体现教学过程设计、教学内容整合、多种教学方式融入理念，将难度较大课程、实验课以及学科特色课程，学生自主合作与探究选修课、研究性学习等列入“1小时”长课时安排，包括在语文学科开设《阅读》课程、数学学科开设《发现数学美》探究课程、英语学科开设《英美文学欣赏》课程，物理、化学学科开设《科学探究与实验》课程。全校教师、学生参加。

（李震）

【建立系统化实验室】　年内，二中建成理、化、生“自制餐”实验室。该实验室面向全体学生开放，旨在促进学生自主发展与创新能力提升，拥有物理实验区、生化实验区和电子控制实验区，包括验证性实验、互动性实验、探究性实验、小组合作实验、现代化专业实验、数字化实验等形式，由学生自主完成项目设计、实施、验收结果、撰写实验报告等环节，教师提出意见建议，协助学生准备实验仪器设备，指导学生安全注意事项。实验室可同时容纳学生100人进行操作。

（李震）

【实施网络“虚拟课堂”教学】　年内，二中实施网络“虚拟课堂”教学。该校语文组在新课程选修课教学中，采用现实课堂与虚拟课堂结合方式，利用多媒体资源进行师生互动，提升学生感悟能力，体会文学艺术的魅力和内涵，丰富情感体验，出版《超越时空的课堂实录》专刊。在高一、高二两个年级分四个学期进行伟人诗魂——毛泽东诗文赏读、新诗创作与鉴赏等8个专题的学习指导。全校教师、学生4000人次参加。

（李震）

北京市第五中学

【概　况】2008年，北京市第五中学占地面积14807平方米，建筑面积18130平方米，体育场（馆）面积5800平方米。图书馆藏书14万册。全年教育经费投入3608万元，其中，国拨3107万元、自筹501万元。毕业426人，招生358人，在校生1157人。高中录取分数线520分（东城区），应届高考本科上线率100%。开设高中教学班28个。有教职工184人，包括专任教师106人，其中，具有副高级职称71人、中级职称55人；特级教师2人、市级骨干教师5人；大学本科以上学历141人。普通教室38个，专用教室38个，实验室20个。学校网址：www.bj5hs.cn。

（尚全华）

【开展虚拟课堂教学实验】　1月，五中开展虚拟课堂和现实课堂整合教学实验。学校参加北京市高中课改重点项目《选修模块网络资源开发》，促进“信息化与学科教学整合”，是语文、历史学科实验基地。4月，学校召开语文学科市级研讨会。会议以“整合教材资源、推动自主学习”为主题，全市18个区县52所学校教师200人参加。5月，学校参加“信息化促进教学方式转变”全国研讨会。会议由北京市教委主办，五中作语文实验专题汇报，专家、领导、教师500人参加。11月5日，学校接待教育部专家组考察。考察组一行5人，听取学校“课程改革情况”汇报，在计算机教室浏览网络学习内容，与学生进行一对一交流，并对学校高中课改工作给予高度评价。11月25日，学校参加北京市高中课改经验交流。会议由北京市教委主办，该校代表总项目组做题为《从理想课程到现实课程的重要探索》汇报。全市18个区县教师300人参加。

（张斌平）

【召开高中新课程研讨会】　4至11月，五中召开北京市高中新课程系列教学研讨会。会议由市教科院基教研中心主办，以“整体把握新课程　提高教学有效性”为主题，在对课改理念学习研究基础上，展示数学、语文、物理、化学、生物5个学科研究课，与会专家完成对教材、教学点评，交流认为该校课改研究“静水流深”，取得实在进展。来自教育部、市区教委、人民教育出版社领导，以及全市各区县教研员、65所样本校教师1000人参加。

（李欣）

【开展校庆80周年系列活动】　5月

12日，五中接待朝鲜东平壤第一中学“毛泽东班”代表团。该访问团由一行5人组成，来校庆祝北京市第五中学建校80周年，并与五中“金日成班”师生进行交流座谈。客人祝愿北京奥运会取得成功，表示共同增进中朝两国友好交往、促进教育事业发展。7月，学校开展采访名校友活动。活动旨在纪念建校80周年，采取座谈形式，探访中央美院、空军司令部、国防科工委、北师大、国家体育总局、空政话剧团、朝阳区发改委等单位五中毕业生10人。9月19日，学校在国家大剧院举办“庆祝建校80周年”民族音乐会。全校教师、学生2000人参加。10月4日，学校铜制“蒲公英”雕塑落成。该铜塑高5米，由学校300名校友捐资、设计、制作，祝福学校毕业生像“蒲公英的种子，飞遍世界各个角落”。10月6日，学校采取回顾历史、展望未来的茶话会形式，举办建校80周年庆祝活动。全校历届校友、离退休教职工、学生，市区教委领导、以及社会各界人士700人参加。北京市第五中学始建于1928年，原名“平民中学”，之后不久改为“第五中学”，2003年学校被评为“北京市示范性普通高中”。

（李威　李红梅　朱晓笛）

【参加全国数学课程评选获奖】　11月1日，五中参加“卡西欧”杯全国第四届高中青年数学教师优秀课观摩与评选获奖。该评选由中国教育学会中学数学教学专业委员会主办，在大连市举行，面向全国高中数学教师，采取现场说课形式，分为初赛、复赛、决赛三个阶段，设置说课和录像课评选两个组别。来自全国20个省市地区学校教师100人参加，其中，北京市第五中学教师熊丹以《直线与平面垂直的判定》展示课获得一等奖。

（李红梅）

【发挥市民学习基地辐射作用】 年内，五中发挥市民学习基地教育辐射作用。该校是安定门——交道口市民学习基地主任委员校，利用市民学习基地片区内17所幼儿园、小学、中学为市民提供学习资源，根据市民学习需求，先后组织专家主题报告会，举办系列家庭教育报告与指导，共开设计算机初级班和高级班、英语、美术绘画、手工编织等20门课程，进行2073课时教学活动，15286人次参加学习。

（王瑞敏）

北京市第五十五中学

【概　况】 2008年，北京市第五十五中学占地面积31005平方米，建筑面积22551平方米，体育场（馆）面积3419平方米。图书室藏书127044册。固定资产总值36536917.8元。全年教育经费投入3591万元，其中，国拨2703万元、自筹888万元。毕业719人，招生675人，在校生1388人。高中录取分数线495分（东城区），高考本科上线率86%。开设教学班34个。有教职工270人，包括专任教师160人，其中，具有副高级职称76人、中级职称99人；市级骨干教师2人、市级学科带头人1人；大学本科以上学历201人。普通教室60个，专用教室13个，实验室12个。学校网址：www.bj55.cn。

（赵满红）

【召开市优秀中学生事迹报告会】 6月28日，五十五中召开“唱响青春之歌——北京市优秀中学生事迹报告会”。会议由中央文明办、教育部、团中央共同组织，采取报告会形式，邀请“抗震救灾英雄少年”和“抗震救灾优秀少年”50名四川地震灾区获奖学生，做抗震救灾及首都优秀中学生事迹等专题汇报。来自全市18个区县50所学校学生600人参加。

（孙长立）

【举行校本课程咨询会】 9月17日，“北京五十五中学校本课程咨询报名会”召开。会议采取“公开招报”与“校本课程超市”形式，打破年级与班级界限，学校21门校本选修课教师接受学生现场报名，每门课程招满开课人数即停止招生。全校教师、学生460人参加。

（王宏亮）

【举办首届“以笔交友”活动】 11

月11日，五十五中举办首届“以笔交友”活动。该活动由学校课外办组织，采取“以笔会友”的形式，要求学生利用硬笔书法、软笔书法歌颂“新时代、新生活、新校园”相关主题。全校学生1378人参加，上交作品67件。

（马瑞祥）

【召开可持续发展教育现场会】 12月8日，五十五中召开ESD（中国可持续发展教育）项目第九次国家讲习班现场会。会议以“可持续发展教育十年回顾”为主题，听取该校校长题为《北京市第五十五中学可持续发展教育十年回顾》专题汇报，回顾学校可持续发展教育项目研究历程，并从学生、教师、学校发展成效方面进行总结，推出8节ESD项目研究课，涉及政治、物理、化学、生物、地理、语文、班会等，展示在课堂教学中渗透ESD教育成果。来自可持续发展教育项目专家、教师100人参加。会后，该校被评为“中国可持续发展教育项目首批示范学校”。

（果丽华）

北京市第一六六中学

【概　况】 2008年，北京市第一六六中学占地面积19838平方米，建筑面积23793平方米，体育场（馆）面积5434平方米。图书馆藏书11万册。固定资产总值3530.90万元。全年教育经费投入3411.72万元，其中，国家拨款3215.31万元、自筹经费196.41万元。毕业675人，其中，初中345人、高中330人；招生699人，其中，初中354人、高中345人；在校生2145人，其中，初中1113人、高中1032人，包括外省市借读生43人（初中32人、高中11人）。高中录取分数线498分（东城区），应届高考本科上线率98%。开设教学班49个，其中，初中班25个、高中班24个。有教职工263人，包括专任教师181人，其中，具有副高级职称80人、中级职称112人；特级教师1人、市级学科带头人3人、市级骨干教师1人；大学本科以上学历179人。普通教室54个，专用教室19个，实验室12个。学校网址：www.bj166z.cn。

（毛学慧）

【接待美国学校交流访问】 2月26日，一六六中接待美国俄克莱荷马州塔尔萨地区爱迪生学校交流访问。访问团包括师生一行7人组成，来校学习10门中国文化课程，参观游览北京特色景点，寄宿生活体验14天。回国前，师生进行汇报表演，展示书法、绘画、手工艺作品等，表演抛手绢、扭秧歌等中国民族舞蹈，现场烹制一道“家常菜”。该校于2002年与爱迪生学校建立友好联系，共接待来访师生40人。

（毛学慧）

【举办奥运专场演出】 3月10日和

11日，一六六中话剧团举办2场《心跟奥运一起走》话剧专场演出。演出由学校金帆话剧团组织，在人艺实验剧场举行，通过《志愿者》、《奥运来了》、《我与奥运》、《体育颂》、《寄语

08奥运》、《改良版小红帽》、《爱，因为在心中》等14个节目，表达学生期盼奥运与对北京奥运会成功召开美好祝福。来自市教委、市学生活动管理中心、东城区教委领导，以及北京儿艺艺术家，兄弟学校教师、学生100人参加。该校话剧团组建于2005年，拥有学生团员56人。

（李彤　曹志广）

【参加市青少年科技创新赛获奖】　3月20至23日，一六六中学生参加第28届安捷伦北京青少年科技创新大赛获奖。该比赛由北京市教育委员会、北京市科学技术委员会、北京市知识产权局、朝阳区人民政府、北京青少年基金会主办，围绕“体验、创新、成长”主题，面向全市中小学生，采取竞赛形式，分为申报、展示、评审三个阶段，包括小学、初中、高中三个组别，设置13个学科项目。来自全市18个区县1000所学校学生30万人参加，160人获奖，其中，北京市第一六六中学高三年级学生张燕灵课题《原发性红斑肢痛SCN9A基因突变的研究》获得优秀项目一等奖。

（杨阳）

【开办高中文理教材介绍栏】　6月1日，一六六中图书馆开办高中文理教材介绍专栏。该专栏针对高中文理分班问题，旨在帮助学生从感性上认识学科内容，由文理科教材及相关资料组成，指导学生通过翻阅教材，了解学科知识结构，并结合自身特点和兴趣爱好选择文理分科。该校高二年级学生350人参与。

（荣志宇）

【开设校内阅览课】　9月1日，一六六中开设校内阅览课。课程面向高一年级学生，利用语文阅读课及业余时间，在图书馆进行，由教师向学生介绍馆藏图书数量、种类、新书码放位置、检索方法、借阅规则等内容，引导学生关注新书推荐、新书导读等宣传栏，帮助学生有效使用图书馆资源。该校高一年级学生350人参加。

（荣志宇）

【举办全国高中课堂教学研讨会】　12月5日，一六六中举办全国部分省市高中新课程教学研讨会。会议由中国科协和东城区教委主办，北京市第一六六中学和东城区教师研修中心承办，由北京二中、五中、一七一中、东直门中学、景山学校协办，围绕以《聚焦课堂——新课程背景下如何进一步提高课堂教学实效性》课题，观摩北京市东城区高中示范校、上海市部分学校，以及该校38名教师13个高中学科展示课，通过针对同一课程内容采用不同教学方法和策略“同课异构”教学形式，交流讨论如何提高课堂教学实效性、如何发挥学生课堂主动性等内容。来自北京、上海、贵州等全国部分省市地区专家、教师300人参加。

（王蕾）

【参加国际机器人奥赛获奖】　12月19日，一六六中学生参加第10届国际机器人奥林匹克竞赛获奖。该比赛由国际机器人奥林匹克委员会主办，围绕“创造、沟通、自信、成功”主题，在马来西亚吉隆坡IIUM（马来西亚国际伊斯兰大学）举行，面向世界各国中小学生，采取竞赛、展示等形式，分为国内选拔赛和国际比赛两个阶段，包括小学组、中学组，设置机器人搬运、托球、轨迹、创意等17个比赛项目。来自世界18个国家地区650名学生，以及260名指导教师，300名参展商和观摩人员，共计1200人参加，中国代表团由80名队员组成，中学组共获得1枚金牌、2枚银牌和6个特别奖，其中，北京市第一六六中学高一年级学生李博睿在运球赛项目中获得特别奖。

（杨琳）

北京市第一七一中学

【概　况】　2008年，北京市第一七一中学占地面积29372平方米，建筑面积58606平方米，体育场（馆）面积15856.96平方米。图书馆藏书12.8万册。固定资产总值16836.18万元。全年教育经费投入4632万元，其中，国家拨款3111万元、自筹经费1521万元。毕业1098人，其中，初中594人、高中504人；招生949人，其中，初中581人、高中368人；在校生2899人，其中，初中1735人、高中1164人，包括住宿生7人。高中录取分数线504分（东城区），应届高考本科上线率99%。开设教学班65个，其中，初中班39个、高中班26个。有教职工284人，包括专任教师211人，其中，具有副高级职称83人、中级职称104人；市级骨干教师4人、特级教师2人；大学本科以上学历263人。普通教室71个，专用教室27个，实验室23个。学校网址：www.171sch.com。

（陈爱玉）

【建立家校互动新模式】　2月18日，“北京市第一七一中学家校互动信息平台”投入使用。该平台与北京移动中心区分公司联合开发，包括学校与学生家长间、教师间手机短信沟通两个部分，共有教师257人、家长2000人在线，双方通过“校讯通”平台发送教育信息2万条，其中，教师与家长及时沟通学生在校状况，发送学校教育教学安排与活动信息，指导学生家庭教育；家长将真实要求和想法通过平台发送，反映学生在家状况，形成教育合力。平台于2007年9月1日开始建设，由中国移动北京分公司总投资13.2万元。

（王朋）

【召开京剧进课堂启动会】　3月19日，一七一中召开北京市京剧进中小学课堂试点工作启动会。会议由市教委体美处主持，围绕“传皮黄雅韵，唱国粹新声”主题，采取部门领导动员，专家现场示范形式，邀请孙毓敏、李维康等戏剧艺术家现场演唱《苏三起解》和《红灯记》选段，并在学校“梨园新苑”戏楼观看学生京剧表演。来自全市10个实验区县教委领导、22所首批试点学校校长、音乐教师300人参加。

（卓雅祎）

【接待新疆校长考察团】　4月9至10日，一七一中接待新疆校长考察团。该考察团由一行40人组成，了解关于高中新课程改革相关工作，听取学校介绍课程改革经验，观摩高一年级语文、数学、外语、物理、历史、美术、通用技术等学科18节研讨课，并围绕“践行新理念，推进新课改”专题进行研讨。客人对该校课程改革实践工作给予肯定，对“做有层次无淘汰的教育”办学理念表示认同，希望在课改过程中双方保持联系与交流。

（雷宏）

【组织和平里学区课例研讨】　4月10至18日，一七一中组织和平里学区课例研讨。此次研讨由学校教学处组织，以“做有层次无淘汰教育，打造精品课堂”为主题，推出骨干教师示范课19节，研讨认为精品课程起到示范作用，对教学质量提升发挥推动作用。来自东城区和平里学区5所学校教师600人次参加。

（周林）

【举办首届高招咨询会】　4月27日，“北京市第一七一中学首届高招咨询会”举行。会议由一七一中学承办，围绕2008至2009年度高校招生政策及计划主题，采取高校与家长、学生面对面交流形式，邀请北京大学、清华大学、人民大学、香港大学等30所高校出席，提供考生与高校面对面沟通交流平台。来自东城区和平里学区各中学，以及五中、二中、东直门中学等学生、家长3000人参加。

（陈宇）

【参与奥运系列活动】　9月7日，一七一中金帆合唱团学生45人参加残奥会运动员入村升旗仪式。该仪式由奥运村村长陈至立主持，以“同一个世界，同一个梦想”为主题，采取演唱形式，演唱奥运同心结歌曲《地球的孩子结同心》。全校干部、教师3人参加。9月17日，学校接待荷兰学校参观交流。该访问团包括4名残奥会运动员（2名田径运动员、2名游泳运动员），参观校园文化环境，两国学生共同做环场地慢跑、压腿、高抬腿跑、起跑、模拟赛跑等项目训练，并在游泳馆模拟残奥会比赛等。全校学生200人参加。

（杜爱民　程艳丽）

【开展青年教师评优课活动】　10月14至22日，一七一中开展青年教师评优课活动。该活动由教学处组织，以“目标精准、主体参与，打造高效课堂”为主题，采取观摩课形式。全校青年教师21人参加。10月28日，学校召开青年教师汇报课交流会。会议由学校副校长主持，6名青年教师代表围绕“我的成长体验和收获”主题，就“课堂如何有梯度、有高度、有层次地引导学生”、“如何提高课堂控制力”、“如何创设问题情景，提升学生探究能力，提高课堂教学的目标达成度”、“如何通过知识讲解、学生实验探究、理论应用顺利完成课堂教学目标”等问题进行发言。全校教师参加。

（冉峰）

【庆祝建校50周年】　10月25日，

一七一中举办建校50周年庆祝活动。此次活动围绕“红旗颂”主题，以感恩为基调，采取歌舞表演、诗词朗诵、书法、乐器演奏等形式，学校校长会议致辞表示追怀前辈业绩，勉励师生办人民满意教育，并为受邀原领导、干部颁发纪念章。期间，北京市第一七一中学龙凤奖学工程启动，学生13人获得首批龙凤杯。社会各界人士以及全校教师、学生5000人参加。该校始建于1958年，原名东城区红旗学校。1964年改名为北京市红旗学校，1969年更名为北京市第一七一中学。

（张述林　宋锡江）

【展开创设精品课堂讨论】　12月2日，一七一中组织开展创设精品课堂讨论。该活动以教研组为单位，围绕“如何打造高效课堂”主题，根据学科和各年级学生年龄段特点，推荐课堂教学效果较好教师总结发言，介绍有效教学手段与经验，讨论认为针对学生最近发展区进行教学可实现课堂高效；在新课程背景下，调动学生主动性，在课堂上培养学生怀疑意识、批判意识和探究意识可取得较好教学效果；教师要提升自身素质与课堂控制力等。学校教师全部参加。12月15至24日，学校组织主题为“打造‘精准定位、主体参与、高效落实’的课堂”公开课。此次共有17名教师展示17节公开课，涉及13个学科，提供系列有价值的经验和方法。

（冉峰）

【举办校本选修课开放日】　12月19日，一七一中举办校本选修课程开放日活动。该活动由教学处组织，围绕“满足学生多样需求，创立校本多彩课程”主题，采取全面展示课形式，推出“国学”等24个学科拓展类课程、“网站制作”等5个学科竞赛类课程、“机器人制作”等3个现代科技类课程、“击剑”等7个身心素质类课程，以及“京剧艺术欣赏与实践”等6个艺术修养类课程。全校教师、学生1300人参加。

（周林）

北京宏志中学

【概　况】　2008年，北京宏志中学占地面积10000平方米，建筑面积12000平方米，体育场（馆）面积6000平方米。图书馆藏书5万册。固定资产总值1857万元。全年教育经费投入1939.4万元，其中，国家拨款1886.6万元、自筹经费52.8万元。毕业392人，其中，初中普通生97人、高中91人，宏志生204人；招生319人，其中，初中普通生80人、高中79人，宏志生160人；在校生1007人，其中，初中235人、高中772人，包括宏志生506人（寄宿生495人）。高中录取分数线472分（东城区），应届高考本科上线率89.2%。开设教学班26个，其中，初中班7个、高中班7个、宏志班12个。有教职工166人，包括专任教师119人，其中，具有副高级职称28人、中级职称48人；市级骨干教师1人；大学本科以上学历113人。普通教室28个，专用教室9个，实验室6个。

（赵燕平　贺福明）

【开设特色校本课程】　3月10日至11月21日，宏志中学开设特色校本课程。该校呈报《北京宏志中学校本课程审批表》，由东城区研修中心审批，面向全体学生，学生上机自主选择，共推出32门校本课程，包括利用地坛游泳馆资源，开设游泳课，以及外教口语、校园影像报道、计算机维修、素描等。9月21日，学校开展校本课程展示活动。活动由教学副校长主持，以培养学生全面素质发展为主题，采取观摩课与学生实践相结合形式，展示女子合唱队、新视觉素描、TI图形器在数学中运用等内容。全校学生1000人次参加。

（沈景丽　冯军）

【心理健康教育中心挂牌】　5月14日，"北京宏志中学心理健康教育中心"正式挂牌。该中心由学校负责管理，集教学、科研、培训、实用为一体，下设综合培训室、教师研究室、个体咨询室、家庭咨询室（兼投射实验室）、心理档案室、和行为指导室，拥有心理测量仪器和软件，为该校以及东城区各校提供教学、科研、应用等支持。中心于2007年3月开始筹建，得到中科院心理研究所、北师大心理发展研究中心、中国心理网、北京第六医院心理科等专家与权威机构支持与帮助，由东城区教委总投资50万元。来自东城区教工委、中科院心理研究所、中国心理网、和平里医院等领导、专家，以及学校干部、教师170人出席启动仪式。

（冯军）

【开展迎奥运系列活动】　7月20日至8月20日，宏志中学34名高中毕业生入围"奥运训练场馆保洁志愿者"。该校学生作为北京奥运会第一批中学生志愿者，每天早6：30分至晚10：30分两个班次，轮流值守地坛奥运拳击训练馆，负责馆内10个区域拳击台、更衣室、卫生间、桑拿室保洁任务。7月20日至9月17日，宏志中学参加市、区奥运会、残奥会活动。该校组建"奥林匹克教育工作领导小组"，由学校书记主管，组织初、高中师生1000人次进行相关培训，学习奥林匹克知识，观看《奥运教育录像片》；组织团员青年、宏志生志愿者、教师志愿者1300人次，走入社区宣传奥林匹克知识，参加社区环保、交通岗、街区巡逻、城市志愿者站点服务等社会实践工作；组织师生2000人次参加"喜迎奥运圣火"、"拉脱维亚代表团奥运村升旗仪式"等活动7次，该校获得北京市"奥运工作先进集体"称号。8月10日，学校师生5人与拉脱维亚总统瓦尔季斯·扎特莱尔斯及夫人会面。此次活动在朝阳区大山子798艺术区大河典藏画廊举行，双方共同出席《拉脱维亚一日》图片展，扎特莱尔斯向学校赠送奥林匹克纪念徽章，邀请师生访问拉国，并对与该国梅西姆斯学校（Mezciems Elementary School）开展奥运同心结交流联谊表示肯定。

（赵燕平　冯军　王萌萌）

【召开第五届教代会】　7月22至25日，宏志中学召开第五届第十次教代会。会议由学校书记主持，在怀柔宽沟会议中心举行，审议通过校长报告《学校2008——2011三年发展规划》，确立第三步发展战略，即：标准化建设阶段，通过民主化、科学化、制度化建设，基本形成具有宏志教育特色现代学校制度；教代会通过学校"三重一大校务公开"修改方案、《北京宏志中学奖励方案》、《北京宏志中学教学行为规范》和《班主任绩效评价》等共9项制度；明确未来三年工作任务，坚持"一切为了学生，一切依靠教职工，一切依法办学"管理思想，创办优质宏志教育。全校教职工代表51人参加。该校教代会始办于1993年，自2005年新章程规定为每5年举办一届。

（李伟）

【举办"园丁杯"研究课活动】　10月6日至12月8日，宏志中学举办第五届"园丁杯"研究课活动。该活动由教学副校长主持，以"落实新课标，研究用教材"为主题，旨在发挥中、老年骨干教师带动作用，为青年教师提供学习平台，加强教研组与教师队伍建设，采取阶段递进式研究课方式，分为三个阶段，包括"组内研究，合作共享"，在教师间开展听评课，将教学中实际问题确定为教研组课题，开展校本研究，形成教研组科研成果；"校内展示，深入研究"，由各教研组推出研究课，开展教学工作评价；"智慧教师、生命课堂"，举行教研组讨论展示，通过典型课例，交流校本教研经验，编辑形成《教师教学设计集》和《教研组研讨活动案例集》。全校教师100人参加。该校"园丁杯"研究课活动始办于2000年，每6个月举办一届，先后名为"世纪杯"、"创新杯"，2006年更名为"园丁杯"。

（王玉　沈景丽）

【召开全国道德教育课题研讨会】　11月1日，宏志中学召开全国尊重基础道德教育课题《以尊重为价值导向，推进班主任工作》研讨会。会议由德育副校长主持，听取原东城教委领导作关于尊重课题介绍，该校主管干部阐述学校德育教育开展情况与宏志生教学工作，优秀班主任王桂凤结合自身经验，从课题角度介绍"特殊"宏志生教育转化案例，平谷区教研中心教师讲述班主任工作经验与体会，讨论认为以人为本的"尊重教育"是培育青少年德育素质的基础。来自全国各省市地区20所学校教师40人参加。

（刘海燕　冯军）

【首次进行职业倾向测试】　11月11至18日，宏志中学首次进行职业倾向测试。此次工作由学校心理健康教育中心组织，面向高三年级学生，针对贫困学生家长受教育程度不高，辅导学生填报志愿时存在主观臆断情况，采取科学测试引导学生主观情趣形式，测试结果为学生高考填报志愿提供参考，使学生认识自身求职意识，帮助了解未来职业定向。全校学生256人参加。

（孙治英）

【召开教学整合市级研讨会】　11月13日，宏志中学召开"手持技术与数学教学的整合"市级研讨会。会议由教学副校长主持，听取该校6名数学教师做公开课，通过师生互动形式，展示TI图形计算器运用与数学课堂教学相结合的研究成果。与会专家点评认为：运用先进手段尝试创新教学，有助于师生告别陈旧的教与学的模式，以新观念新技术引领学生积极、快乐学习。用现代教学理念、手段推进教学改革，势在必行。来自全市多位数学教学和信息技术专家、数学教师106人参加。该校8年来运用"TI手持技术"进行教科研工作，开发函数作图、数据统计拟合、编程解方程等功能，促进学生自主学习与实践创新能力培养，加强手持技术与学科教学整合。

（冯军　王玉）

【召开四省市德育研讨会】　11月18日，宏志中学召开第17届"京津沪渝四省市德育研讨会"。会议由原东

城区教委书记主持，围绕“以心育德，以德育心，以心育人”主题，听取优秀班主任王桂凤等6名教师“心理健康指导课”、“心理教育班会”、“学科渗透课”等公开课，观摩在学校心理健康教育中心举行“学生心理社团”活动，观看学生心理测试、“生物相干与平衡系统测试”、“宏志生抗逆力课题研究”团队拓展训练和心理健康教育成果宣传片，该校德育主管干部、天津第六十三中学校长等4所学校代表介绍心理健康教育工作经验，并组织与会人员在“关爱心灵，有我、有你”横幅签名。来自东城区教委、中科院心理研究所领导、专家，以及京津沪渝四省市德育工作干部、教师50人参加。

（冯军）

北京景山学校

【概　况】 2008年，北京景山学校占地面积32900平方米，建筑面积32300平方米，体育场（馆）面积6780.38平方米。图书馆（室）藏书12万册。固定资产总值74842141.51元。全年教育投入33410715.76元，其中，国家拨款27523200.32元、自筹经费5887515.44元。毕业370人，其中，初中187人、高中183人；招生356人，其中，小学178人、高中178人；在校生2283人，其中，小学899人、初中839人、高中545人，包括外省市借读生64人（小学39人、初中23人、高中2人）。高中录取分数线509分（东城区），应届高考本科上线率100%。开设教学班52个，其中，小学班20个、初中班20个、高中班12个。有教职工237人，包括专任教师166人，其中，具有副高级职称57人、中级职称86人；特级教师1人，市级骨干教师8人；大学本科以上学历180人。普通教室20个，专用教室22个，实验室9个。学校网址：www.bjjsschool.net。

（毛敏）

【评为全国化学新课程先进校】 3月21至22日，景山学校被评为2007年度全国高中化学新课程实施先进校。该评选由中国化学会化学教育专业委员会、北京师范大学化学教育研究所、《中学化学教育》杂志社主持，以“推进高中化学新课程的实施与研究，促进教师更深层次的认识与理解高中化学新课程，并为大家提供更多的经验展示与学习交流机会”为主题，面向全国各地高中新课程实验区学校，采取学校申报和专家评审形式，分两个阶段进行。来自全国20个省市地区学校参评。

（毛敏）

【参加市化学课程评比获奖】 4月18至20日，景山学校教师宁滨参加“2008年北京市高中化学新课程教学优质课评比活动”获奖。该评比由市教科院基教研中心、北京教育学会化学教学研究会主持，围绕“高中化学新课程背景下的课堂教学开放性与实效性研究”主题，面向全市各学校，采取“现场课”形式，分为学校推荐、区县选拔、全市评选三个阶段，包括两个组别。来自全市11个区县15所学校教师16人参加，其中，北京景山学校教师宁滨讲解人教版教材《化学反应速率》展示课获得特等奖。11月20至24日，宁滨参加“2008年全国高中化学优质课（华北区）观摩评比暨教学改革研讨会”获奖。该评比由中国教育学会化学教学专业委员会、北京教育学会化学教学研究会主持，围绕“高中化学新课程背景下的课堂教学研究”主题，面向华北地区的高中化学教师，采取说课和现场课形式，分为省市内选拔和华北地区决赛两个阶段。来自华北地区26所学校教师26人参加，其中，北京景山学校教师宁滨讲解人教版教材《铝及其重要化合物》展示课获得一等奖。

（毛敏）

【举办全国校长走进景山学校活动】 4月23至25日，“全国百校校长走进景山学校”活动举行。该活动与中国教育学会教育机制研究分会联合举办，纪念邓小平为北京景山学校题词“教育要面向世界、面向未来、面向现代化”25周年，采取报告与座谈形式，听取该校校长题为《在邓小平“三个面向”指引下，景山学校的改革与发展》专题报告，共同交流基础教育改革与发展经验、分享教育改革成果，探索如何在信息时代建立资源共享教育改革科研平台，继续发扬“三个面向”题词精神。中国教育学会副会长陶西平，以及北京、上海、天津、四川、江苏等全国15个省市地区150所学校校长175人参加。

（毛敏）

【教师获“紫禁杯”一等奖】 10月12日，景山学校教师孙洁晶、赵丽丽获得第21届北京市中小学“紫禁杯”优秀班主任一等奖。该评选由北京市教委“紫荆杯”优秀班主任评选管理委员会主持，围绕“引导广大中小学班主任认真总结和提炼班主任工作成功经验，探索班主任工作规律”主题，面向北京市幼儿园、中小学、中等职业学校的班主任教师，采取个人申报、学校推荐、专家评审形式，分为三个阶段，标准包括热爱教育事业，热爱班主任工作，热爱学生，从事班主任工作三年以上的现任班主任；所带班级在学校开展的各项活动中表现突出以及指导家长用正确的方法教育子女等。

（刘敏玉）

【召开特级教师教学研讨会】 12月

26日，“北京景山学校特级教师徐伟念同志教学实践研讨会”举行。会议由北京市教委基教处、东城区教委主持，采取现场课、报告以及访谈形式，包括教师现场授课、个人讲述以及采访其同事和学生等内容，研讨交

流徐伟念“让每一节课都精彩、让每一个学生都得到健康发展”教学理念。来自全市11个区县28所学校教师230人参加。徐伟念，北京人，1955年11月5日出生，1973年1月至1975年1月，在北京市东城区师范学校学习；1975年1月至1979年7月，任北京景山学校化学教师；1979年1月至1983年7月，在首都师范大学化学系学习；1983年7月至今，任北京景山学校化学教师，北京景山学校化学教研组组长，北京市化学教学研究会理事。被评为“北京市化学特级教师”、“北京市骨干教师”、“北京市学科带头人”、荣获“首都劳动奖章”以及“北京市先进工作者”称号。所教学生在全国化学竞赛和北京市化学竞赛中获得一、二等奖，指导3名青年教师在全国化学教学大赛中获得一等奖，撰写教学论文获得全国、市级科研论文一、二等奖，带领北京景山学校化学组获得“全国新课程改革先进单位”称号。其在教学改革实践中，追求“让每一节课都精彩、让每一个学生都得到健康发展”教学理念，形成“以疑激思、以思激学”教学风格以及“让组内的每位教师都优秀”参与教研组工作目标。

（毛敏　于峰）

北京市第四中学

【概　况】　2008年，北京市第四中学占地面积68942平方米，建筑面积63810平方米，体育场（馆）面积27775平方米。图书馆藏书161706册。固定资产总值5000.30万元。全年教育经费投入4760万元，其中，国家拨款3634万元、自筹经费1126万元。毕业637人，其中，初中147人、高中490人；招生792人，其中，初中301人、高中491人；在校生2519人，其中，初中1083人、高中1436人。高中录取分数线549分（西城区），高考本科上线率97.3%。开设教学班64个。有教职工314人，包括专任教师215人，其中，具有副高级职称83人、中级职称82人；特级教师3人、市级学科带头人6人、市级骨干教师7人；大学本科以上学历180人。普通教室64个，专用教室26个，实验室22个。学校网址：www.bhsf.cn。

（黄汉文）

【刘长铭当选全国政协常委】　3月13日，四中校长刘长铭当选为第11届中国人民政治协商会议全国委员会常务委员。刘长铭，男，汉族，1956年3月出生，湖南湘潭人。现任全国及北京市政协委员；西城区政协副主席（责任分工：分管教文卫体委员会）；国家督学；北京市第四中学党委副书记、校长；民盟中央委员、全国政协委员、西城区人大常委会委员。首都师范大学物理专业毕业，大学学历，理学学士，1975年3月参加工作，1987年起在北京市第四中学任教。1994年10月加入中国民主同盟委员会。2001年12月加入中国共产党。2004年1月任北京四中校长。从事教育工作30年，长期担任物理教学和班主任工作，参与辅导的学生中多人获得国际中学生奥林匹克物理竞赛金牌，数十人在全国中学生物理竞赛中获奖。曾编写和出版大量的教学资料和音像资料。

（黄汉文）

【参与奥运系列活动】　3月19日和

24日，四中参加“同心结”友好学校青年论坛。该校师生一行10人，应希腊奥委会主席基里亚库先生邀请，就中西文化展开交流，并赴现场参加北京奥运会圣火采集仪式。5月9日，四中举办“顾拜旦学校”命名仪式。瑞士公共管理研究院教授让·卢普·沙普莱博士代表国际顾拜旦委员会颁发标识铜牌，该校正式成为国际组织成员，是亚洲第一所“顾拜旦学校”。来自国际顾拜旦委员会代表，法国大使馆官员，北京奥组委新闻宣传部领导，以及该校教师、学生150人参加。7月2至17日，学校金帆合唱团赴欧洲演出。合唱团包括师生一行55人，以“奥运之行，音乐之旅，传播文化，传递友谊”为主题，赴希腊、奥地利、意大利等国进行演出交流。8月7日和10日，学校接待国际奥委会主席罗格夫人安妮·罗格、国际顾拜旦委员会主席诺尔伯特·穆勒博士访问。客人参观校园文化环境，了解学校奥林匹克教育工作，参与中国书法、手工艺品互动制作等。6月10日，8月6日和8日，该校初二年级学生张忞心、高二年级学生李昕旸、校长刘长铭分别担任2008北京奥运会火炬手。

（郭琪　石国鹏　黄汉文）

【召开特级教师思想研讨会】　4月1日，四中召开历史特级教师李明赞教学思想研讨会。会议由学校党委主持，以“学校发展与教师成长”为主题，听取李明赞题为《我的历史教学思考》专题发言，通过专题报告形式，讲解“历史教育和教师的专业发展”内容。全校教师300人参加。5月13日，学校召开数学特级教师谷丹教育思想研讨会。会议围绕“守望，成长”主题，分为三个部分，内容包括“工程师”与“守望者”——对教师角色理解；“面对面”与“肩并肩”——教学指导策略；我不是一个人在“战斗”——个体与团队共同发展。全校教师300人参加。6月24日，学校召开语文特级教师李家声教育思想研讨会。会议以“教师的专业素养”为主题，分为李家声成长历程简介、李家声主题发言、课堂实录片段集锦、学生课堂感言、教师代表发言5个部分。全校教师300人参加。

（于鸿雁）

【举办市级校本课程建设研讨会】　5月16日，“走进四中——2008北京市校本课程建设研讨会”举行。此次会议由北京市教科院基教研中心与该校初中部共同主办，分成听课、论坛和主会场发言3个单元进行，听取学校主管干部就初中校本课程建设工作做专题发言，市教科院专家对其初中部在校本课程建设方面工作给予肯定，提出结合全市初中建设工程，促进特色学校形成的希望。来自全市各区县教委领导，各中小学干部、教师200人参加。

（刘秀梅）

【参加国际数学挑战赛获奖】 5月18至24日，四中参加国际数学挑战赛获奖。该比赛由新加坡教育部主办，新加坡国立大学附属数理高中承办，围绕“数学建模”主题，面向全球高中学生，采取现场答辩形式，分为2个阶段，包括预备挑战赛、现场挑战赛项目。来自世界20个国家和地区30所学校60支代表队参加，20支队伍获奖，其中，北京市第四中学共有3支队伍学生9人参加，获得预备挑战赛一等奖3个、现场挑战赛一等奖2个。

（李建华）

【参加全球DI总决赛获奖】 5月21至25日，四中参加2008全球DI（Destination Imagination）总决赛获奖。比赛以创意为主题，在美国田纳西大学举行，面向世界青少年学生，采取团队挑战形式，分为3个阶段，包括4个组别，设置5个项目。来自世界12个国家和地区1700支代表队参加，60支队伍获奖，其中，北京市第四中学代表队由初中部7名学生组成，取得“障碍旅程”挑战项目第5名成绩。

（李雪梅）

【召开校本课程现场会】 5月23日，四中初中部召开新课程理念下的校本课程建设现场会。活动推出8节校本课程研究课，包括国学课及中国的世界遗产、话剧欣赏与实践、英语视听说、科幻画、中国古典诗歌欣赏、口琴、夏威夷四弦琴，由教科院课程研究中心教研员进行现场点评，并就校本课程建设给予高度评价。该活动是西城区“教育科研月”系列活动之一，来自西城区教委领导、各小学领导、教师和教研员参加。

（张琳）

【参加香港校际网络辩论赛获奖】 5月26日，四中参加第七届香港校际网上实时辩论赛获奖。该比赛由视像中国计划联校资讯科技学会主办，围绕推广辩论活动主题，面向全国、亚太地区中小学生，采取网络视频形式，分为初赛、复赛、决赛三个阶段，包括12个组别。来自全国5个省市地区174支代表队参加，24支队伍获奖，其中，北京市第四中学辩论社由4名学生组成，决赛对阵香港九龙真光中学，辩题为“非洲艾滋病问题的恶化是因为缺乏教育”，作为正方最终以总比分960：958获得中学普通话组冠军。

（彭鹏）

【参加国际天文奥赛获奖】 10月13至22日，四中学生参加第13届国际天文奥林匹克竞赛（IAO）获奖。该比赛由斯坦伯格国家天文协会、俄罗斯特殊天体物理台主办，围绕储备天文知识主题，在意大利里亚斯特举行，面向世界各国高中学生，采取竞赛形式，分为2个阶段，包括低年级、高年级组别，设置理论、观测、实测项目。来自中国、俄罗斯、印度、意大利、韩国等19个国家和地区学生参加，中国7人获奖，其中，北京市第四中学高二年级学生郑宜婷获得高年级组铜牌。

（谭小青）

【举办教育论坛】 11月10日，四中举办“我的教育教学观”论坛。该论坛围绕“以人育人，共同发展”主题，以“做智慧型教师”为主线，由四个板块组成，包括“教师的智慧彰显为教师的个性魅力”、“教师的智慧来自对教育理念的理解”、“教师的智慧根植于学校的文化”和校长专题发言，展示学校教师特色教育思想，阐释教育理念与校园文化。来自北京市以及各区县领导、专家、中小学校校长600人参加。

（刘刚）

【举办首届中学校园文学交流会】 11月29日，四中举办“北京市首届中学校园文学交流会”。会议以交流、发展为主题，旨在为校园文学刊物建设创造交流平台，采取展览、竞赛、探讨等形式，组织学生进行3个小时现场文学创作、举行校刊工作研讨会，参观校园刊物展览。来自潞河中学、北师大二附中、实验中学、八中、人大附中、清华附中、一六一中，以及该校学生150人参加。

（黄春）

【参加全国中小学校刊评选获奖】 12月20日，四中在“第三届全国中小学优秀校内报刊评选活动”中获奖。该评选围绕“促进校园文化建设”主题，采取评选表彰形式，标准包括内容和形式。来自全国20个省市地区1665种中小学校园报刊参选，20种获奖，其中，北京市第四中学校刊《流石》获得“全国最佳校刊特等奖”，同时获得“最佳版面奖”、“最佳栏目奖”，教师黄春获得“最佳编辑奖”。

（黄春）

【参加全国信息学奥赛获奖】 12月27日，四中学生参加第14届全国青少年信息学奥林匹克联赛（NOIP2008）暨2008北京青少年信息学奥林匹克竞赛活动获奖。该比赛由中国计算机学会主办，面向全国中学生，采取全国统一考试形式，分为初赛、复赛、决赛三个阶段，包括普及组、提高组，设置一、二、三等奖。来自全国31个省市地区学校学生10万人参加，北京赛区共有学生1889人，评出提高组一等奖45人、普及组一等奖33人，其中，北京市第四中学代表队由学生35人组成，获得提高组一等奖8人、二等奖5人、三等奖4人，普及组一等奖5人、二等奖5人、三等奖2人，学生戴悦、罗天然、贾净琪获得“北京最佳优秀女选手”奖，该校获得“北京市信息学奥林匹克活动优秀参赛学校”奖。

（谭小青）

北京市第八中学

【概　况】 2008年，北京市第八中学分初中部、高中部两址办学，总占地面积42626平方米，总建筑面积43576平方米，体育场（馆）面积23751平方米。图书馆藏书12.35万册，电子图书3万册。固定资产总值5066万元。全年教育经费投入4473万元，其中，国家拨款3288万元、自筹经费1185万元。毕业800人，其中，初中378人、高中441人；招生680人，其中，初中313人、高中367人，少儿班招生30人；在校生2187人，其中，初中1015人、高中1172，（超常儿童实验班120人、住宿生271人）。高中录取分数线538分

（西城区），高考本科上线率100%。开设教学班61个，其中，初中班28个、高中班33个，少儿班4个。有教职工309人，包括专任教师222人，其中，具有副高级职称82人；特级教师4人，市级骨干教师7人；大学本科以上学历215人。普通教室67个，专用教室24个，实验室17个。学校网址：www.no8ms.bj.cn。

（向新阳）

【举办物理专家知识讲座】　1月22日，八中举办物理专家知识讲座。该讲座邀请中国大气物理专家高登义院士，以“知天知地知己，亲近三极”为主题，通过图片、讲座形式，讲述野外考察经历，包括南极、北极和青藏高原山脊地区考察情况与全球气候环境变化相互关系等内容。全校学生400人参加。

（向新阳）

【参加全国高中生模联会获奖】　3月6至9日，八中学生参加全国高中生模拟联合国大会获奖。该活动由北大模联协会主办，围绕国际政治、经济、环境等热点主题，在北京大学英杰交流中心举行，面向全国高中生，采取会议形式，开设联合国大会、安理会、经社理事会、发展计划署、高级难民署、世界遗产中心、世界银行、国际奥委会共8个委员会模拟会议。来自全国20个省市地区65所学校学生550人参加，50人获奖，其中，北京市第八中学代表队由学生5人组成，高一年级学生韩岳昕获得最佳代表奖、丁英瀚获得世界遗产中心最佳思辨奖，高二年级学生肖颖圣获得特别认可奖。

（向新阳）

【参加市青少年科技创新赛获奖】　3月21日，八中参加第28届安捷伦北京市青少年科技创新大赛获奖。该比赛由市科协、市教委、市科委、市知识产权局、市青少年科学基金会、朝阳区政府主办，围绕体验创新成长主题，面向全市中学生，采取预赛、决赛形式，经过学校推荐各区县评审近141项优秀作品参加实际初评，分为初评、答辩阶段，设置160个终评答辩项目。来自全市18个区县中小学校学生30万人参加，160人获奖，其中，北京市第八中学代表队由学生9人组成，最终5人获得一等奖、3人获得二等奖。

（向新阳）

【加强国际友好交流】　6月25日，八中接待日本作新学院交流访问。该访问团包括师生一行86人，参观校园文化环境，中日学生共同开展交流、互赠礼物、进行文体活动，客人认为八中设备先进、学生外语素质高。全校学生330人参加。10月26日至30日，学校接待新加坡南洋女子中学交流访问。该访问团包括师生一行16人，随堂参加“认识北京——北京的城市特点以及在中国的地位”、“北京文化及其特点”、“北京的传统艺术”等中国文化课程，共同学习京剧、抖空竹等。全校学生40人参加。

（向新阳）

【接待欧洲委员会官员访问】　9月8日，八中接待欧洲委员会教育、培训、文化和青年事务委员扬·菲格尔（Jan Figer）先生访问。该访问团由一行16人组成，在教育部学生体育协会联合秘书处有关领导陪同下，参观学校文化环境与地下多功能厅，观摩田径队训练，客人认为八中体育设施先进、学生训练有素，处于世界先进行列。

（向新阳）

【参加国际学生创新思维赛获奖】　10月10至13日，八中学生参加第四届国际中小学生创新思维大赛获奖。该比赛由大田市政府、大田市教育部主办，韩国高等科学技术学院、韩国超常教育协会承办，面向中小学生采取问辩、演讲、动手做等形式，包括2个组别，设置100个项目。来自世界各国家和地区学生参加，其中，北京市第八中学代表队由教师2人、少儿班学生4人组成，最终，2名学生获得银奖。

（向新阳）

【参加泛太平洋中学生运动会获奖】　11月28日至12月9日，八中参加2008泛太平洋中学生运动会获奖。该比赛由泛太平洋中学生运动会组委会主办，在澳大利亚举行，面向泛太平洋地区学生，分为预赛、决赛两个阶段，包括初中组、高中组，设置田径、篮球、游泳等项目。来自太平洋地区36个国家和地区学生参加，其中，北京市第八中学代表队由8名学生组成，初二年级学生杨墨、方天宇、张浩男获得4×50米自由泳接力第一名，高一年级学生曹爽获得4×100米自由泳接力第二名。

（向新阳）

【参加绿色校园行动赛获奖】　12月7日，八中参加“气候酷派”绿色校园行动赛获奖。该比赛由中国科学技术交流中心、英国大使馆文化教育处主办，围绕“气候变化的建筑”环保主题，决赛在上海举行，面向青少年群体，采取活动、探究、网络等形式，分3个阶段进行。来自全国5个省市地区177所学校267支队伍参加，5个城市20支高中生队伍进入决赛，9支代表队获奖，其中，北京市第八中学共有2支队伍16名学生参赛，展示太阳能发电、绿色建筑等方面独特见解与创新方案，经过现场专家评审，SEED小队获得一等奖及5000元基金、Cool Island小队获得“最佳科研奖”及1000元基金。

（向新阳）

【郑佳萌出席诺贝尔颁奖】　12月10日，八中高三年级学生郑佳萌应邀出席诺贝尔颁奖典礼。该活动由瑞典青年科学联合会主办，以科技创新为主题，在斯德哥尔摩音乐厅举行，采取现场观摩形式，组织参观交流，来自世界15个国家和地区22人出席。此次为中国青少年代表首次参加。

（向新阳）

北京市第三十五中学

【概　况】　2008年，北京市第三十五中学分初中部、高中部两址办学，总占地面积33661平方米，总建筑面积25681平方米，体育场（馆）总面积10680平方米。图书馆藏书95629册。固定资产总值3260万。全年教育经费投入3080万元，其中，国家拨款2779万元、自筹经费301万元。毕业635人，其中，初中273人、高中362人；招生704人，其中，初中365人、高中339人；在校生1983人，其中，初中996人、高中987

人。开设教学班 57 个，其中，初中班 28 个、高中班 29 个。高中录取分数线 515 分（西城区），应届高考本科上线率 100%。有教职工 274 人，包括专任教师 197 人，其中，具有副高级职称 72 人；特级教师 1 人、市级骨干教师 2 人；大学本科以上学历 201 人。普通教室 57 个，专用教室 12 个，实验室 8 个。学校网址：www.bj35.com。

（李亚明）

【举办民族音乐会】 1月2日，三十五中举办民族音乐会。活动以“民族魂、奥运情”为主题，在人民大会堂举行，采取音乐会形式，表演民乐合奏、合唱、舞蹈等内容。全校教师、学生、家长等 6000 人参加。

（郭志平）

【朱建民任校长】 1月22日，任命朱建民为三十五中校长。西城区教工委、区教委经审议，决定免去郝日达校长职务，办理退休手续，由朱建民接任。朱建民，1958 年 12 月出生，浙江人，中共党员，大学本科学历，中学高级教师，1978 年 9 月至 2000 年 10 月，担任北京西四中学团委书记、教师、教导主任，其中，1981 年 7 月至 1985 年 7 月在首师大读书，2000 年 10 月至 2003 年 6 月，任北京市第三十三中学校长，2003 年 7 月至 2005 年 6 月，任北京市第一一零中学校长，2005 年 7 月至 2008 年 1 月，任北京市第一五六中学校长；2007 年，被评为北京市百名优秀校长。

（李亚明）

【承办第五届学联教育论坛】 10月19日，三十五中承办第五届 9 省市自治区 17 所学校联合体教育论坛。该论坛围绕“新课程改革与校园文化建设”主题，采取集中研讨、分组讨论形式，听取教育部基础教育司领导作《高中新课改与校园文化建设》专题报告，阐述新课改意义、价值、难点、热点和推进工作等；市教委基础教育处负责人对全市高中课改实施情况及存在问题作相关汇报；山东省淄博七中、江西省永新县禾川中学以及该校校长分别就高中课改与校园文化建设作经验介绍。来自教育部、市教委、西城区教委领导，区教育研修学院专家，全国 9 省市地区 17 所中学，以及西城区各中学校长、教师 200 人参加。该论坛始办于 2004 年，每年举办一届。

（王红军）

【庆祝建校 85 周年】 10月26日，三十五中举办建校 85 周年庆祝活动。该活动由学校书记主持，听取教师、毕业生代表发言，校长对学校所取得成绩表示祝贺，向所有为学校发展做出贡献人员表示感谢。期间，该校金帆民乐团、学生合唱团、舞蹈团表演京剧、舞蹈等节目。全校干部、教职工、学生、家长、校友，以及社会各界人士 2000 人参加。北京市第三十五中学始建于 1923 年，其前身为志成中学，革命先驱李大钊曾任建校董事。1949 年改名为新生中学，1952 年定名为北京市第三十五中学，是西城区重点中学和北京市示范高中校。

（王红军）

【召开师德演讲会】 12月2日，三十五中召开“教师感动中国”师德演讲会。活动由该校书记主持，共有 8 名教职工进行演讲，内容涉及教师、职工工作生活的实际事例、《教师感动中国》学习心得体会等。全校教职工 300 人参加。

（王红军）

北京市第一六一中学

【概　况】 2008 年，北京市第一六一中学分为北、中、南三个校区，总占地面积 45442 平方米，总建筑面积 30828 平方米，体育场（馆）总面积 9276 平方米。图书馆藏书 139599 册，电子图书 225 册。固定资产总值 4231 万元。全年教育经费投入 5495 万元，其中，国家拨款 4702 万元、自筹经费 793 万元。毕业 673 人，其中，初中 301 人、高中 372 人；招生 596 人，其中，初中 282 人、高中 314 人；在校生 1930 人，其中，初中 901 人、高中 1029 人。高中录取分数线 530 分（西城区），高考本科上线率文科 100%、理科 99.45%。开设教学班 54 个，其中，初中班 24 个、高中班 30 个。有教职工 311 人，包括专任教师 211 人，其中，具有副高级职称 82 人；特级教师 1 人、市级学科带头人 2 人、市级骨干教师 6 人；大学本科以上学历 203 人。普通教室 56 个，专用教室 15 个，实验室 23 个。学校网址：www.bj161hs.cn。

（孟繁丽）

【成立名师工作室】 1月8日，一六一中召开“名师工作室”成立会。会议以“建设名师队伍，促进学校可持续发展”为主题，听取主管干部宣读关于成立“北京一六一中学名师工作室”意见及“名师工作室”成员名单，其下设 4 个工作室，包括青年教师工作室、教研组长工作室、理论研究工作室、班主任工作室，由校内市区级骨干教师、学科带头人共同组成，职责分为示范、指导和研究等，现拥有成员 24 人。

（孟繁丽）

【成立墨轩文社】 4月7日，一六一中“墨轩文社”成立。该社团由学校 2 名语文教师主持，面向全体师生，职能包括扩大学生视野，陶冶学生情操，增强学生语言表达能力，提高学生文学素养，为学生搭建文学交流平台。现拥有团员 15 人。

（刘艳玲）

【召开创新教育首次理事校会议】 4月18日，一六一中召开北京创新学会中学创新教育专业委员会第一次理事校会议。会议由学校党委主持，围绕“创新综合素质评价”主题，采取“校际间交流与探讨”形式，讨论“如何推进新课程改革中‘综合素质评价的进程，形成更适合于学生发展的评价体系”内容。来自北京五中、九中、十二中、回民中学、铁二中、理工大附中、首师大实验中学、牛栏山一中、密云二中等学校校长和教科研室主任参加。

（杨木易）

【庆祝建校 95 周年】 10月4日，一六一中举办建校 95 周年庆祝活动。活动由学校副校长、语文教师及 4 名学生联合主持，以“承水火之精神，续母校之华章”为主题，在人民大会堂举行，采取文艺庆典形式，演唱校歌《火种之歌》、表演舞蹈、校园歌舞剧、朗诵等。来自市区领导、嘉宾，以及学校师生、家长、历届校友 6000 人参加。北京市第一六一中学于

1913年2月建校，原名为京师公立第一女子中学校。1928年2月更名为北平特别市立第一女子中学校，1931年2月更名为北平市市立第一女子中学校，1937年7月更名为北京市市立第一女子中学校。1950年8月更名为北京市第一女子中学，1956年北京市教育局首次确定12所市属重点中学其中之一。1972年更名为北京市第一六一中学。2000年北京市第三十中学并入北京一六一中学，成为一六一中学初中部。2004年学校办学规模进一步扩大，北京市长安中学并入。2005年被评为“北京市示范性普通高中”。

（张颖　王柯）

【参加全国青少年健身操赛获奖】 10月24至26日，一六一中参加2008全国青少年校园青春健身操大赛获奖。该比赛由教育部体育与卫生与艺术教育司、中国关心下一代工作委员会健康体育发展中心、北京市教育委员会主办，围绕以“让广大学生走向操场，走进大自然，走进阳光下”秉承全面发展、和谐发展，提高青少年素质的精神为主题，面向全国中学生，采取推广、比赛形式，分为四个阶段，设置4个项目。来自全国18个省市地区40所学校80支队伍学生600人参加，其中，北京市第一六一中学拉拉队由学生12人组成，获得《神采飞扬》、《活力无限》两个套路二等奖。

（高昶）

【接受市创建学习型学校评估】 11月14日，一六一中接受北京市创建“学习型学校”专家组评估验收。验收组由市教委、西城区委教育工委、区教委领导组成，听取学校校长关于创建工作情况汇报，查阅学校创建工作档案，并召开校级干部、教师座谈会，发放调查问卷，全面总结“学习型学校”工作成效。12月，该校被评为北京市创建学习型学校先进单位。

（王靖）

【完成校门改造工程】 11月26日，一六一中“靓校门”改造工程完成。该工程包括前庭院改造、修建乒乓球馆，其中，新建乒乓球馆面积610平方米，车棚面积380平方米，传达室面积20平方米。设置13块宣传栏。工程于2008年6月启动，由市财政拨款170万元、区财政拨款162.87万元。

（王晨　朱庆元　王玉英）

【参加全国中学生创意设计赛获奖】 12月4至8日，一六一中参加第二届“未来杯”全国中学生创意设计比赛获奖。该比赛围绕环保与节能主题，决赛在北京航空航天大学举行，面向中小学生，分为初赛、复赛两个阶段，包括小学、初中、高中三个组别，设置论文、电脑制作、实物制作等项目。北京市第一六一中学教师申悦辅导，初一年级学生娄争之、孙瑞辰创作动画作品《我给地球打一针》获得二等奖。

（王玲）

【被评为ESD项目示范校】 12月，一六一中被评为联合国教科文组织中国可持续发展教育（ESD）项目示范学校、节能减排与可持续发展学校——社会行动项目示范学校。该评选由北京市教科院可持续发展教育中心主办，围绕可持续发展教育主题，面向全体师生，采取课堂教学评估检查形式。

（张海朝）

北京师范大学附属实验中学

【概　况】 2008年，北京师范大学附属实验中学占地面积39700平方米，建筑面积80930平方米，体育场（馆）面积12535平方米。图书馆藏书116909册，电子图书1618种，期刊574种、报纸52种。固定资产总值15108万元。全年教育经费投入5556万元，其中，国家拨款3831万元、自筹经费1725万元。毕业876人，其中，初中378人、高中498人；招生933人，其中，初中478人、高中455人；在校生2713人，其中，初中1377人、高中1336人，包括寄宿生295人。高中录取分数线542分（西城区），应届高考本科上线率100%。开设教学班69个，其中，初中班34个、高中班35个。有教职工298人，包括专任教师223人，其中，具有副高级职称104人；特级教师7人、市级学科带头人4人、市级骨干教师11人。普通教室72个，专用教室46个，实验室36个。学校网址：www.sdsz.com.cn。

（王东梅）

【获准自主安排高中新课程实验】 3月10日，北师大附属实验中学获准“自主安排普通高中新课程”实验。该审核由北京市基础教育课程改革实验工作领导小组主持，经过考察课程领导、课程设置、课程实施计划等方面内容，同意学校即日起可自主安排高中新课程，同时赋予自行组织会考的权力。

（范淑婧）

【游泳运动学校挂牌】 6月17日，“中国游泳协会北师大附属实验中学游泳运动学校成立大会”召开。会议围绕“体教结合”主题，包括授牌、颁奖等内容。来自教育部基础教育司、市教委、国家游泳运动管理中心、市体育局、第29届奥运会游泳项目场地团队、中国游泳运动管理中心、中国游泳队、辽宁省游泳中心、体育休闲产业协会、体育博览杂志社、体育大学出版社、北京市木樨园体育运动技术学校相关领导20人参加。该运动学校由北师大实验中学管理，面向全国招生，负责为国家及北京市培养优秀游泳后备人才。

（谢微微）

【世界遗产青少年教育中心挂牌】 9月18日，北师大附属实验中学举办“世界遗产青少年教育中心”、“联合国教科文组织联系网络学校”授牌仪式。联合国教科文组织副总干事巴博萨（Marcio Barbosa）先生、教育部副部长章新胜为学校授牌，并参观体育馆与实验室。来自北师大、联合国教科文组织北京办事处、中国联合国教科文组织全国委员会代表，以及全校干部、教师、学生参加。至此该校成为国内首个世界遗产教育中心，正式加入联合国教科文组织联系网络学校同盟。

（谢微微）

【参加国际研讨会】 9月26日，北师大附属实验中学参加全球对话学校竞赛第三届国际研讨会。该活动由联合国教科文组织与戴姆勒公司合办，北师大实验中学承办，采取竞赛形式，并就“和平、体育和公平竞赛以及消除歧视对文化差异的认同和尊重、移居和移民、我们可持续的未来”等问题进行交流、研讨。来自世界140个国家和地区3.6万名学生参加，最终题名37个国家25支队伍120名学生出席会议。

（邢艳茹）

【启动新课程校本教研活动】 10月7日，北师大附属实验中学新课程校本教研活动启动。会议由学校校长主持，要求以教学设计工作为切入点，推进新课程实施，提升整体教育教学质量，指导教师生成高质量教学设计，保障对课堂有效性判断，并为教师专业化发展提供平台。全校教师222人参加。

（范淑婧）

【推出金融选修课】 12月2日，北师大附属实验中学推出金融选修课。课程与昌平一中共同组织，利用西城区金融街资源，了解金融街发展历程，参观北京产权交易所，并由中国证监会研究中心专家阐述世界金融风暴起因、根源与影响。两校学生60人参加。

（冯琳）

【承办全国少儿游泳比赛】 12月27日，北师大附属实验中学承办2008年中国游泳协会“实验中学杯”全国少儿游泳分区赛。该比赛由中国游泳协会主办，该校与市体育局、市体育休闲产业协会共同承办，面向全国青少年，采取自愿报名形式，包括5个组别，设置8个项目。来自全国7个省市地区18支队伍学生300人参加，其中，北京师范大学附属实验中学代表队由学生30人组成，以329分成绩获得团体总分第二名。

（谢微微）

北京师范大学第二附属中学

【概　况】 2008年，北京师范大学第二附属中学占地面积32290平方米，建筑面积64186平方米，体育场（馆）面积6190平方米。图书馆藏书10万册，报刊、杂志350种。固定资产总值12061万元。全年教育经费投入1803万元，其中，国家拨款1484万元、自筹经费319万元。高中毕业508人；招生606人，其中，初中220人、高中386人；在校生1776人，其中，初中631人、高中1145人。开设教学班49个，其中，初中班14个、高中班35个。高中录取分数线539分（西城区），应届高考本科上线率100%。有教职工182人，包括专任教师140人，其中，副高级职称46人；特级教师6人、市级学科带头人1人、市级骨干教师8人；大学本科以上学历140人。普通教室55个，专用教室11个，实验室14个。学校网址：www.shsbnu.net。

（姚雪莹）

【接待西澳大学专家访问】 3月26日，北京师大二附中接待西澳大利亚大学生命科学与物理学学院修权治院长交流访问。访问团包括一行2人，修权治做题为《未来的科学是你的未来》演讲，介绍西澳大学现状，学院科研情况及取得成果等，并对该校高三年级学生孙悦鸣发放首例国外本科阶段全额奖学金邀请函。

（姚雪莹）

【与纳赛尔教育系统签署合作】 4月17日，北京师大二附中与美国纳赛尔国际教育系统签署合作协议。规定该校负责国际学生的教育教学和生活管理，纳赛尔教育系统提供招生和有关国际课程安排，共同培育国际人才。协议有效期为12年。

（姚雪莹）

【参加全国青少年科技创新赛获奖】 7月28日至8月2日，北京师大二附中参加第23届全国青少年科技创新大赛获奖。该比赛围绕“体验创新成长”主题，面向全国青少年，采取竞赛形式，分为答辩、公展、颁奖三个阶段，包括小学组、初中组、高中组、教师组，设置竞赛与展示项目。来自全国各省市地区35支代表队540名学生、200名教师参加，511篇论文参选，300篇获奖，其中，北京师范大学第二附属中学高二年级学生孙懿文、保佳论文《白领阶层逃税心理成本分析及模型构建》获得竞赛项一等奖，高三年级学生王玺论文《东亚飞蝗对信息化合物行为反应特征的研究》获得竞赛项一等奖、青少年科技创新专项奖；教师胡红信论文《绘制校园绿色探寻生态和谐》获得科教方案设计一等奖。

（姚雪莹）

【参加全国高中学生化学竞赛获奖】 9月14日，北京师大二附中学生参加第22届全国高中学生化学竞赛（省级赛区）获奖。该比赛由全国化学会教育委员会主办，旨在选拔全国优秀学生，分为初赛、复赛两个阶段。来自全国各省市地区学生5000人参加，其中，北京师范大学第二附属中学高三年级学生马祥雄获得一等奖，高三年级学生罗珞珈、方为获得二等奖。

（姚雪莹）

【开办PGA高中国际课程班】 9月，北京师大二附中开办PGA高中国际课程班。该课程班是市教委批准中外合作办学项目，培养目标为通过三年教育教学，使学生完成普通高中必修课程学习，达到普通高中毕业生水平；并获得运用英语进行学术交流和研究能力，熟悉国外教学方法、考评方式以及国外文化差异，具备衔接美国以及其它主要英语国家高等教育（本科学位课程）标准水平。清河校区首届PGA高中课程班共招收来自全国各省市地区学生38人。

（姚雪莹）

【参加全国数学教师优秀课评选】 11月3日，北京师大二附中参加第四届“全国高中青年数学教师优秀课观摩与评选活动”获奖。该评选由中国教育学会数学专业委员会主办，每两年举办一届，围绕数学教学主题，面向全国中学数学教师，采取现场说课形式，设置说客、讲课等项目。来自全国29个省市地区学校教师500人参加，70人获奖，其中，北京师范大学第二附属中学教师王张平以《简单线性规划》获得一等奖。

（姚雪莹）

【参加全国化学说课比赛获奖】 11月10日，北京师大二附中教师在2008全国中学化学优质课观摩评优暨教学改革研讨会上获奖。该活动由全国化学会基教中心主办，围绕新课程主题，面向全国化学教师，采取层层选拔的形式，设置一、二、三等奖。来自全国各省市地区教师6000人参加，20人获奖，其中，北京师范大学第二附属中学教师刘鹏辉说课《难溶电解质的溶解平衡》获得一等奖。

（姚雪莹）

【承办市级德育现场会】　11月13日，北京师大二附中承办市级高中德育现场会。会议由“北京市新课程校长培训”——“祥云行动”项目组主持，以“新课程下导师制的建立与实践探索”和“新课程下德育活动创新探讨”为主题，邀请中央教科所德育研究中心专家，就“怎样做德育工作者”和“怎样做好德育”问题给予点评与指导。来自全市各高中德育主管干部50人参加。

（姚雪莹）

【开展欣赏型教育交流活动】　11月17日，北京师大二附中开展“新课程背景下欣赏型教育实践探索”交流研讨。活动分为个案交流、总结报告、班会展示和社团活动4个部分。来自北师大公民与道德教育研究中心专家，市教委、西城区委教育工委领导，区各中学德育校长、德育骨干教师，北京市欣赏型德育课题组学校、北京市示范校及新课程协作校主管干部300人参加。

（姚雪莹）

【参加全国青少年信息学奥赛获奖】　11月22日，北京师大二附中学生参加第14届全国青少年信息学（计算机）奥林匹克分区联赛（NOIP2008）北京赛区提高组（高中）比赛获奖。该比赛由中国计算机学会主办，围绕促进青少年计算机知识的普及主题，面向全国青少年学生，采取笔试和上机编程的形式，分为初赛、复赛两个阶段，包括普及组、提高组。来自北京赛区各区县学生3000人参加，共有290人获奖，其中，北京师范大学第二附属中学高二年级学生冯子力获得一等奖。

（姚雪莹）

【成立科技教育基地】　12月24日，北京师大二附中科技创新教育基地成立。该基地旨在启迪青少年学生科学心智，培养其创新意识与创造能力，由北京师范大学、北京青少年科技俱乐部联合设立，以拓宽并畅通科技专家、学者和青少年联系渠道，推进科学教育事业普及，对在科学研究方面具备特殊兴趣和能力高一、高二年级学生早期发现培养，坚持“学科交叉、自主学习、发展个性”理念，引导青少年利用第二课堂，开展创新实践活动。基地由北师大科技处管理，下设20个部门，具体开展青少年科普教育及学生科研工作。

（姚雪莹）

【举办教学论坛】　年内，北京师大二附中举办教学论坛。论坛以“新课程背景下的课堂教学”为主题，学校4名青年教师，结合参加评优课活动体验，通过教师主讲与交流研讨形式，就新课程背景下课堂教学“三维目标、预设与生成、学生活动和教师的角色”阐述观点和论断。全校教师参加。

（姚雪莹）

【举办系列专家讲座】　年内，北京师大二附中举办系列专家讲座。活动邀请中国社科院美国研究所专家，阐述“美国大选、国际形势与中美关系”问题；清华大学经济管理学院教授讲解“漫谈经济学”；中国工程院病毒免疫学专家举办“谈谈疫苗与免疫”讲座；北师大数学系教授介绍“如何参加明天小小科学家奖励活动”；卡内基讲师教授“有效沟通的策略”等。全校学生3000人次参加。

（姚雪莹）

【参加首届DV电影作品赛获奖】　年内，北京师大二附中参加首届北京地区青少年“DV电影”作品赛获奖。该比赛由中国电影博物馆、中央电视台少儿频道《神奇之窗》栏目共同举办，旨在倡导学生以自拍原创“DV电影”方式，按不同风格与角度，表现身边迎接奥运故事，围绕中学生球类活动主题，采取故事片形式，分3个阶段进行，由专家组织评审。来自全市各区县学校作品参选，10件获奖，其中，北京师范大学第二附属中学高一年级研学小组作品《在路上》获得最佳作品奖、最佳导演奖、最佳摄像奖、最佳表演奖。

（姚雪莹）

北京市西城外国语学校

【概　况】　2008年，北京市西城外国语学校占地面积43899平方米，建筑面积51983平方米，体育场（馆）面积15651平方米。图书馆（室）藏书12万册。固定资产总值3839万元。全年教育经费投入5285.1万元，其中，国家拨款3736.7万元、自筹经费1548.4万元。毕业912人，其中，初中640人、高中272人；招生616人，其中，初中414人、高中259人；在校生2349人，其中，初中1539人、高中810人。开设教学班68个，其中，初中班44个、高中班24个。有教职工326人，包括专任教师218人，其中，具有副高级职称87人；市级学科带头人1人；大学本科以上学历287人。普通教室73个，专用教室23个，实验室18个。学校网址：www.xjfls.org。

（林华）

【举办市级研究课】　3月20日，西城外国语学校举办市级研究课。该研究课由市、区教研员主持，以“现代化技术在国土整治中的应用”为主题，由学校2名教师利用电子白板和“数字星球”技术，展示一节地理课，专家点评认为研究课突出的特色是创新、关注热点、资料贴近生活、具有较强指导性。来自全市各区县高二、高三年级地理学科教师、教研员100人参加。

（林华）

【评为节能减排示范校】　4月，西城外国语学校实施《创建节能减排与可持续发展学校行动研究》课题。5月，学校制订《创建节能减排与可持续发展学校行动研究》研究方案，成立节能减排办公室。7月，课题经联合国教科文组织中国可持续发展教育项目全国工作委员会秘书处，以及节能减排与可持续发展学校——社会行动项目全国组委会秘书处批准正式立项。12月7日，经学校审校、联合国教科文组织、全国工作委员会评审等程序，被中国ESD教育项目全国指导委员会确定为“节能减排示范校”、“可持续发展教育（ESD）示范校”。

（林华）

【开展校园戏曲文化周】　5月4至14日，西城外国语学校开展校园戏曲文化周活动。该活动围绕“戏曲艺术的魅力”主题，面向初一年级学生，旨在要求学生了解祖国戏曲文化，加深对传统文化继承与思考，课下组织调查戏曲艺术生存现状，探究语言、角色、动作、造型、时空表现方式；课上开展戏曲赏析，感受舞台形象、唱腔、曲词等艺术内容。该校学生423人参加。

（林华）

【青少年法制教育基地揭牌】 11月13日，西城外国语学校青少年法制教育基地揭牌。该活动由学校德育副校长主持，听取西城区法院负责人介绍未成年人审判概况与青少年法制教育基地成立相关内容，主要职能以及如何为学生提供更加生动的教育平台，使法制教育更加贴近学生，学校校长讲述校内办学与法制教育情况，双方共同签署青少年法制教育基地备忘录，并由市高级人民法院、市高级人民法院少年法庭指导小组、西城区政法委领导进行揭牌。来自西城区委教育工委、区未委会、该校主管干部25人参加。

（林华）

北京市第十一中学

【概　况】 2008年，北京市第十一中学占地面积27083平方米，建筑面积39743平方米，体育场（馆）面积12065平方米。图书馆（室）藏书6万册，各类报纸32种、杂志123种。固定资产总值1626万元。全年教育经费投入3080万元，其中，国家拨款2577万元、自筹经费503万元。毕业693人，其中，初中314人、高中379人；招生547人，其中，初中225人、高中322人；在校生1852人，其中，初中837人、高中1015人，包括寄宿生140人；另有外省市借读生124人，其中，初中98人、高中26人。高中录取分数线474分（崇文区），应届高考本科上线率62%。开设教学班47个，其中，初中班22个、高中班25个。有教职工220人，包括专任教师146人，其中，具有副高级职称46人、中级职称62人；市级学科带头人1人、市级骨干教师2人；大学本科以上学历146人。普通教室57个，专用教室24个，实验室15个。学校网址：www.beijing11.com。

（魏东华　郝洪春）

【与教学植物园合作开发选修课】 2月25日，十一中与北京教学植物园合作开发“校园绿色景观设计与管理”研究性学习选修课。该课程结合本校自身特点、学生学习需求以及教师发展方向，涉及植物、美学、地质、文化、历史、工程等学科，为学生校园绿化设计实施提供平台，面向高一年级学生开设，开课4周，每周2节，共计8课时，其中实践环节组织到北京市教学植物园实地考察。全校学生35人参加。

（石庆平　张黎闻）

【采用扁平式教学管理方式】 2月25日，十一中采用扁平式教学管理方式。该工作由学校校长组织，具体内容包括引进项目负责制，为校园文化建设、学校安全、人事管理、学生住宿管理四个项目选派负责人；实施年级主任制，要求处室主任直接深入年级，主持德育、教学、管理工作。全校干部、教师220人参加。

（王满祥　石庆平　郝洪春）

【举办第五届心理健康节】 5月12日至6月2日，十一中举办“敞开心扉，和谐5·25”第五届心理健康节。活动由该校导学中心、德育处和馨语志愿者协会组织，旨在对学生进行感恩教育，疏导学生内心困扰，做好家教辅导，促进学生和谐人际关系发展，开展“阳光杯”心理健康征文评选，举办专题咨询19场，青春期家教辅导1次，为灾区学生写信372封，其中，学生优秀征文编辑《心灵芳草地》第三集，作为校内心理自助读本。全校教师、学生、家长1463人参加。该校心理健康节于2004年始办，每年举办一届。

（陈茉　郭姗姗　郝洪春）

【开设生涯校本课程】 9月1日，十一中开设“生涯”校本课程。该课程依据学生“生涯”发展理论基础，以塑造学生健康人格、促进学生持续发展、增强自我效能为目标，学习内容涉及自我探索、外部世界探索以及生涯规划3个主题，课堂教学以活动为主要形式，促进学生体验与反思，面向学校高一年级开设，使用“生涯”校本教材，每周1课时。全校学生382人参加。

（郭姗姗）

【开设体育选修课】 9月1日，十一中开设体育选修课程。该课程依据新课程改革要求，在模块教学基础上，利用学校现有场地条件，面向高二年级开设乒乓球、羽毛球、手球、健与美、健身操、篮球等共计8个子课程，每周学习2课时。全校学生320人参加。

（范怀宇　郝洪春）

【举办教师职业发展月活动】 9至10月，十一中举办第五届教师职业发展月活动。该活动以“累计专业智慧，建构学习社群”为主题，内容包括向教师捐赠图书、举办第二届“崇学杯”头脑风暴、进行备课组集体成果评审、组织专家讲座和“智慧、艺术、真情”专题叙事演讲等。全校教师、学生2072人参加。教师发展月活动始办于2004年9月，旨在推动教师职业精神与技能培养，至此共有教师1100人次参加教案、基本功比赛、职业风采、亮相课、研究课、生活秀、知识竞赛等方面展示。

（魏东华）

【接受市创建学习型学校验收】 10月14日，十一中接受市创建学习型学校验收评估。评估组由市、区领导和13名专家组成，在听取学校《创建学习型学校，促进学校持续发展》自评报告，与干部、教师进行座谈，查阅相关工作档案，观摩第五届教师职业发展月活动后，认为该校创建学习型单位工作目标明确、持续发展，科研领路、思路清晰，效果明显、形成特色。11月，北京市第十一中学被确定为创建学习型学校先进单位。

（牛跃华　郝洪春）

【承办市级高中课改校长培训】 11月13日，北京市高中课改校长培训“祥云行动——走进11中现场学习”活动举行。活动由北京教育学院校长研修学院主办，十一中承办，听取该校副校长做《校本教研促教师专业发展》主题发言，英语教师做专题汇报，介绍学科校本教研经验与体会，观摩校本教研展示课10节，专家点评认为学校领导重视校本教研工作，且细节突出、基础扎实。来自北京师范大学、北京教育学院专家、领导，以及各区县学校校长、教学主任 56 人参加。

（王满祥　魏东华　郝洪春）

北京市第五十中学

【概　况】　2008 年，北京市第五十中学占地面积 27910.91 平方米，建筑面积 218440.70 平方米，体育场（馆）面积 10000 平方米。图书馆（室）藏书 8 万册，各类报纸 33 种、杂志 239 种。固定资产总值 48319 万元。全年教育经费投入 29279 万元，其中，国家拨款 23079 万元、自筹经费 6200 万元。毕业 889 人，其中，初中 404 人、高中 485 人；招生 697 人，其中，初中 343 人、高中 354 人；在校生 2210 人，其中，初中 1097 人、高中 1113 人，包括寄宿生 108 人；另有外省市高中借读生 2 人。高中录取分数线 482 分（崇文区），应届高考本科上线率 77%。开设教学班 53 个，其中，初中班 25 个、高中班 28 个。有教职工 222 人，包括专任教师 153 人，其中，具有副高级职称 64 人、中级职称 78 人；市级学科带头人 1 人、市级骨干教师 1 人；大学本科以上学历 147 人。普通教室 56 个，专用教室 13 个，实验室 11 个。学校网址：www.bj50.com。

（郝玉林　郝洪春）

【举办世界文化遗址研究论坛】　4 月 17 日，五十中举办世界文化遗址研究论坛。该论坛由学校团委、学生会组织，以“走出洪荒岁月，带来现代文明”为主题，采取小组讨论，现场交流和专家点评方式进行，高一、高二与初一年级 4 组学生，分别从地理、生物、文化以及科学技术等视角，汇报在周口店北京人遗址学习、考察和探究成果，学生结合参观体验以及科学考察数据，分析周口店地区出现古人类——北京猿人生息繁衍地理学成因，讨论周口店猿人遗址对现代人类可持续发展意义，认识遗址研究所具有的文化意义，市教科院领导对学校善于创造条件、拓展课程资源、开展世界文化遗产探索工作给予充分肯定，并对进一步结合生活实践开展研究提出具体建议。全校教师、学生 1500 人参加。

（郝玉林　郝洪春）

【构建校本课程体系】　5 月 20 日，五十中构建“三足鼎立”特色校本课程体系。“三足鼎立”包括培养学生学科特长“基础型课程”、拓展学生知识能力体系“发展型课程”和培养人文与科学精神“专题型课程”，其中，基础型校本课程围绕新课程中 8 个学习领域，选择某一个或某一系列相关知识进行基础性拓展，形成学科基础知识拓展型校本课程，学校开设主要学科竞赛辅导班；发展型课程分为体育、艺术，科技与信息技术，心理健康，语言、文化四类课程；专题型课程主要利用校内有效资源，并充分挖掘校外资源，以社区为依托，以家庭为重点，以实践基地为核心，学校开发“我与生命”、“我与环境”、“我与祖国”三个系列下设“九板块”内容，结合学生军训、校园文明论坛、国旗下演讲、法制教育、社会实践等形式开展教育。全校学生 2200 人参加。

（郝玉林　郝洪春）

【参加全国青少年航模赛获奖】　7 月 24 至 28 日，五十中学生参加全国青少年航海模型锦标赛获奖。该比赛由教育部、国家体育总局、共青团中央联合主办，每年举办一次，面向全国中小学生，采取集中比赛的形式，包括选拔赛、省区赛和全国赛三个阶段，分为 6 个组别，共设置 10 个项目。此次比赛在浙江省宁波市举行，来自全国各省市地区 300 名学生参赛，56 人获奖，其中，北京市第五十中学高三年级学生张俊驰在航海模型（FSR－035）项目中以 98 分成绩获得第一名。

（郝玉林　郝洪春）

【召开高中美术课改研讨会】　11 月 25 日，五十中召开区级高中美术课改研讨会。会议由崇文区学科教研员主持，围绕“新课程下的美育教学”主题，听取该校校长做《美术教育在学生全面发展中的作用》典型发言，学校教师做题为《潜心研究美术教学规律，积极探索提高学生美学素养新途径》主题汇报，崇文门中学美术教师就高中美术欣赏课教学中的尝试和教学体会进行讲解，区美术教研室教师介绍美术学科在新课程改革中研修内容与形式变化以及各校美术教学在以美育人，培养学生情操方面所取得成绩。与会人员观看学校 KT 浮雕、KT 版画、纸蜡染、纸浆浮雕、植物粘贴、黑白装饰画、油画、素描等 300 幅学生课堂作品，市教研中心艺术教研室专家对崇文区在发挥教师主观能动性，积极探索美术教育新途径方面工作给予肯定。来自崇文区各中学主管干部、美术教师 47 人参加。

（郭劭卉　郝洪春）

北京市第一零九中学

【概　况】　2008 年，北京市第一零九中学占地面积 36215 平方米，建筑面积 16639 平方米，体育场（馆）面积 13543 平方米。图书馆（室）藏书 15.74 万册，各类报纸 27 种、杂志 146 种。固定资产总值 3683.43 万元。全年教育经费投入 2802 万元，其中，国家拨款 2052 万元、自筹经费 750 万元。毕业 1039 人，其中，初中 492 人、高中 547 人；招生 716 人，其中，初中 328 人、高中 388 人；在校生 2176 人，其中，初中 982 人、高中 1194 人，包括寄宿生 268 人；另有外省市借读学生 288 人，其中，初中 166 人、高中 122 人。高中录取分数线 475 分（崇文区），应届高考本科上线率 90%。开设教学班 56 个，其中，初中班 24 个、高中班 32 个。有教职工 330 人，包括专任教师 308 人，其中，具有副高级职称 75 人、中级职称 147 人；市级骨干教师 3 人；大学本科以上学历 177 人。普通教室 48 个，专用教室 4 个，实验室 9 个。

（王占锋　郝洪春）

【成为联合国教科文组织会员校】　1 月 28 日，一零九中成为联合国教科文组织协会会员校。在年会上，该校科研负责人宣读加入北京市联合国教科文组织协会申请书，并经专家评审通过，由中国教育学会副会长、亚太地区联合国教科文组织协会联合会主席陶西平授予会员旗。联合国教科文组织协会会员校具有选举权、表决权、建议权和批评权、参与会内部事务的管理权、优先参加该会办的各项活动权利等，履行该会章程、执行决议、承办委托事务、积极参与活动等义务，旨在推进学校教育与社会联系和国际交流，共同分享教育教学资源。至年底，全市共有会员校69个。

（王占锋　郝洪春）

【开展学生发型仪表达标活动】　3月3日，一零九中开展学生发型仪表达标活动。活动由学校德育处组织，包括召开学生干部会、班主任座谈会，征求意见，拟定《一零九中学发型标准条例》；下发各班进行研讨提出修改意见，达成共识；经过学生、班级自查和学校德育处检查，评出发型示范班、达标班。全校教师、学生2532人参加。

（王占锋　郝洪春）

【开展高效学习活动】　3月4日，一零九中开展“运用学习优势进行高效学习”活动。该活动组织初一、初二，高一、高二年级48个教学班班主任与159名学科一线教师对学生进行“学习优势”调查，形成测评结果并反馈；由专家与教师对2117份学生测评结果形成“高效学习”分析报告，明确学生学习优势与差异；运用科学理论方法，从学生个性化入手改进教学环节；实施因材施教模式，提高学生学习兴趣，运用学习优势进行高效学习，增强学生自主学习能力。全校班主任65人、教师162人参加。

（王占锋　郝洪春）

【进行新课程学分认定】　3月5日，一零九中进行新课程学分认定。此次工作将高一年级期末考试学科成绩按照新课程学分进行分析，由相应模块考核成绩决定，获60分以上可得学分，模块考核成绩由本模块卷面成绩和平时表现两部分构成，并在全校范围公示。公示期，学生可对成绩进行质疑，有权要求学校对成绩进行复议。全校学生388人参加。认定结果显示：本学期语、数、外、物理、化学、政治、地理、历史8个模块考试成绩合格率为95%。

（王占锋　郝洪春）

【开设高一综合实践课】　3月13日，一零九中开设高一年级综合实践课。该校提供食堂、操场、教学楼前后等30个岗位，要求学生早晨、中午佩带袖标上岗，锻炼自身能力，为学校管理服务，负责督促学生打饭时排队有序、楼道内慢步轻声、活动时礼让文明等。全校学生1500人参加。

（王占锋　郝洪春）

【网络教务管理平台投入使用】　4月29日和5月6日，一零九中网络教务管理平台投入使用。该平台在学校《学生成长记录手册》基础上进行，于每学段初期、中期、末期，面向高一年级师生，上机操作高中新课程综合素质评价，包括“学期伊始的我”、“学期结束的我”、“思想道德”、“学业成就”、“合作与交流”、“审美与表现”、“综合实践活动”、“个性发展”8个栏目33个项目，学生可利用网络查阅综合素质评价状况。全校教师、学生803人参加。

（王占锋　郝洪春）

【开展美术学科实践研究】　6月19日，一零九中开展美术特色与学科融合实践研究。该教研活动旨在调动学生学习兴趣，提高对文章分析理解与绘画水平，培养学生对语言与艺术审美能力，组织学生进行语文、政治与美术融合“文配画”创作，在分析理解语文课文基础上，以图文并茂形式，展出绘画作品64件。全校学生200人参加。

（王占锋　郝洪春）

【与北师大签署合作项目】　6月26日，一零九中与北京师范大学化学学院签署《基于专家支持的高中化学新课程高端备课及教学实践研究》合作项目。该校通过专家、教研、科研和教师有效合作机制与现代科学教育理念，解决高中化学课程改革实际问题，发展学生科学素养，实现教师自身发展和专业成长，活动内容包括组织教学专家定期深入学校走入课堂教学实践、结合研究课题提供与项目内容相符合的理论技术支持。学校共有5名教师参加。11月25日，2名教师推出《从化学角度看材料》、《硅及其化合物的性质》公开研究课，邀请高端备课组专家分析点评，并对90名学生进行测评、与20名学生访谈，面向崇文区各校化学教师开展新课程培训。

（王占锋　郝洪春）

【举办中小学衔接讲座】　9月6日，一零九中举办“中小衔接”学生家长共成长讲座。讲座面向学校初一新生和家长，通过“迈好青春第一步”、“新集体的我”、“我的中学伙伴和老师”、“孩子长大了”等专题，对学生进行成长目标引导，帮助做好学习生涯规划，指导家长全面了解中学教育。该校学生、家长616人参加。

（王占锋　郝洪春）

【组织教师业务素质考查】　9月9日，一零九中组织教师业务素质考查。此次工作旨在提高教师专业基本功，加快专业化发展，适应新课改要求，内容涉及学科试题、课程标准、教学设计等，采用笔试形式，闭卷进行，全校一线教师共有217人参加，平均成绩87分、合格率98%。学校对考查结果进行专题总结与反馈，要求教研组长就考查目标、命题范围、命题形式、命题内容进行研讨，并制订《一零九中学教师业务素质考查实施方案》。

（王占锋　郝洪春）

【开设青春期教育讲座】　10月15日，一零九中开设“少男少女”青春期教育系列讲座。讲座分性别进行，其中，男生学习“自尊，自觉，男子汉”主题，女生学习“自尊，自爱，少女”主题，各举办2次，重点讲解初中生生理、心理、异性交往知识，并组织互动讨论，具体指导青春期学生生理健康知识与行为。该校学生328人参加。

（王占锋　郝洪春）

【举办素质教育展示会】　12月14日，一零九中举办素质教育展示会。会议由该校学生干部主持，在中山公园音乐堂举行，围绕“多彩校园、青春作证”主题，表演抗震救灾原创话剧《英雄》、舞蹈、大合唱、行进管乐、配乐诗朗诵、英语剧、京剧选段等节目，全校教师23人、学生218人参加。来自市教委、市学生活动中心，崇文区政府、区委教工委、区教委、团区委领导，以及各校主管干部、学生家长1322人参加。

（王占锋　郝洪春）

【加强学生研究性学习】　12月16日，一零九中加强学生研究性学习推进工作。工作包括对师生进行系统培训，加深研究性学习认识；设计、征集、选择研究课题，要求全体师生共同参与，开设《北京四合院》、《老北京的招牌》、《英文歌曲中的语言美》、《高一年级学生网络应用调查研究》、《三国文化的衍生》等95个选题，分为69个课题组，高一年级教师23人参与指导；统一安排时间，并为每名指导教师与学生提供活动场地；召开高一年级研究性学习开题报告展示会，由8个优秀研究性学习小组展示开题报告及论证。全校教师、学生380人参加。

（王占锋　郝洪春）

【举办美术课堂教学研讨】　12月23日，一零九中举办美术课堂教学研讨。该活动旨在对新课改背景下如何发挥学生美术特长，把学科与美术融合，提高美术高中课堂教学效率进行探讨，学校3名美术教师、5名学生分别做《学科与美术融合》、《语文与美术融合》、《政治与美术融合》、《学科与美术融合作品创作体会》实践研究报告，展示图片研究课37节。研究认为，将美育渗透到学科教学中，是培育学生全面发展途径之一。全校教师20人、学生159人参与研究，其中，共有67名教研综合评价优秀者获得表彰。

（王占锋　郝洪春）

北京汇文中学

【概　况】　2008年，北京汇文中学占地面积52453.13平方米，建筑面积57532.43平方米，体育场（馆）面积28468.95平方米。图书馆（室）藏书12万册，各类报纸32种、杂志223种。固定资产总值4526万元。全年教育经费投入3810万元，其中，国家拨款1872万元、自筹经费1938万元。毕业622人，其中，初中138人、高中484人；招生443人，其中，初中120人、高中323人；在校生1535人，其中，初中470人、高中1040人，包括寄宿生194人；另有外省市借读生75人，其中，初中13人、高中62人。高中录取分数线513分（崇文区），应届高考本科上线率100%。开设教学班36个，其中，初中班12个、高中班24个。有教职工192人，包括专任教师127人，其中，具有副高级职称68人、中级职称69人；市级学科带头人1人、市级骨干教师5人、特级教师3人、享受国务院专家津贴1人；大学本科以上学历164人。普通教室63个，专用教室19个，实验室12个。学校网址：www.huiwen.edu.cn。

（崔亚兰　郝洪春）

【召开教学研讨会】　1月29日，汇文中学召开教学研讨会。会议以“提高教育教学质量，办好人民满意教育”为主题，听取初三、高三年级负责人汇报学期工作，指出所存在问题、目标与相关措施，高三年级学科备课组通过研讨，对期末考试情况逐题进行分析和横向比对，确定教学工作需要加强环节，并就优秀学生培养与双基关系进行探讨，校长指出要注重抓好教育教学工作，继承学校历史传统，力求创新与发展。全校干部、教师47人参加。

（崔亚兰　郝洪春）

【接待丹麦中学代表团】　2月22日，汇文中学接待丹麦斯文堡市斯文堡中学代表团访问。该访问团参观校园文化环境，听取有关北京奥运会准备情况以及学校奥运志愿者服务情况介绍，两校学生组队参加男女混编足球友谊赛，展示中华传统才艺表演，校长指出要加强理解多元文化、促进世界和平，客人表示为两国友好发展做出努力。北京汇文中学与斯文堡中学在1996年建立友好联系，此次是第五次交流访问。

（崔亚兰　郝洪春）

【中日学校共植友谊树】　3月11日，汇文中学与日本东京都立樱町高等学校共植友谊树。樱町高等学校共赠送樱花树10棵，双方共同为树苗培土、浇水，并合影留念，外交部领导、日本驻华使馆官员，两校校长为植树纪念碑揭幕，讲话强调中日友好事业需要从青少年友好交流做起。来自中日友协、日本观光振兴会负责人，《中国日报》、《北京日报》、《中国教育报》等媒体记者，以及学校师生120人参加。北京汇文中学与东京都立樱町高等学校在1980年建立姊妹校关系，双方相继开展师生互访、举办汉语讲座等活动。

（崔亚兰　郝洪春）

【举办青少年成长教育讲座】　3月13日，汇文中学举办青少年成长教育讲座。讲座邀请全球青少年教育专家肖恩·柯维，运用英文讲解，不设翻译，以猜谜语形式定义“习惯”，辅以视频短片、与学生角力、问答等互动方式，介绍习惯改变生活基本理念“理想，计划与目标，个人与团体，竞争与合作，胜负与双赢”等，强调养成良好习惯重要性与不良习惯可改变的观点，提倡建立与人和谐合作关系，通过说“请”、“谢谢”、“我爱你”、“123”原则进行表达，并与学生就成长困惑问题交流探讨，提供说出内心感激等解决方案。学校高二年级、国际部留学生420人参加。肖恩·柯维毕业于哈佛大学，其作品《杰出青少年的七个习惯》是美国升学考试必考内容，并在全球120个国家学校、教会和青年人社团中使用。

（崔亚兰　郝洪春）

【接待台北中学访问】　4月3至4日，汇文中学接待台北市立建国高级中学访问。该访问团包括师生一行95人，参加“情深意长”主题欢迎仪式，两校校长共同回顾友好交流历程，学生同上一节课，组织入住接待家庭感受日常生活情景，并举办汇文中学、北京四中和建国高级中学联谊会。北京汇文中学与台北市立建国高级中学于1998年建立友好交流关系。

（崔亚兰　郝洪春）

【建立综合实践基地】　4月4日，汇文中学在北京猿人遗址纪念馆建立学生综合实践基地。活动组织学生在贾兰坡墓碑前向国旗宣誓，做有理想、有道德、有文化、有纪律社会主义公民，并种植银杏树，竖立“汇文中学成材林”碑，举办高三年级学生18岁成人仪式。全校教师、学生510人参加。该基地面向汇文中学全体学生，承担培养青少年爱国主义情怀和科学精神教育职能。

（崔亚兰　郝洪春）

【召开韩国学生家长会】　4月17日，汇文中学召开韩国学生家长座谈会。会议由国际部常务校长主持，围绕“汇文中学国际部发展和教育教学质量以及招生制度”主题，听取国际部负责人介绍学校历史与现状，国际部发展历程、校内管理制度和教育教学情况，并就留学生学校生活状况、来校就读必要条件，以及北京大学、清华大学录取比例，学校奖学金设置与发放条件等问题作出解答。共有初、高中年级韩国学生家长 26 人参加。北京汇文中学国际部于 1994 年设立，接待来自 20 个国家地区外国教师、学生 4000 人工作学习。

（崔亚兰 郝洪春）

【接待联合国教科文组织官员访问】 5 月 20 日，汇文中学接待联合国教科文组织官员访问。该访问包括来自泰国、日本、韩国负责官员一行 3 人，听取学校开展对外交流活动汇报，参观校史馆以及校内设施，进入教室观摩英语课，并与学生进行现场互动，介绍联合国教科文组织宗旨，会见三个国家留学生，了解在校学习和生活情况。客人对学校对外交流工作所取得成绩表示肯定，双方表示要进一步加强世界各国俱乐部成员校联系，促进世界和平与共同发展。

（崔亚兰 郝洪春）

【举行科学讲堂系列活动】 5 月 30 日，汇文中学举行“科学大讲堂”系列活动。活动旨在对学生进行科学精神、责任意识教育和爱国励志教育，为可持续发展提供广阔平台和思想准备，邀请中国科学院学部委员（院士）、中国加速器物理及技术专家谢家麟，讲解其早年在该校、燕京大学和美国求学经历，以及参与中国国防科研、北京正负电子对撞机等科技项目奋斗历程，并提出“要自信，敢于做前人没有做过的事”、“要培养兴趣，保持好奇心，学会学习，多提问题”、“要坚持，有坚定信念，有顽强毅力”三点希望。全校教师、学生 145 人参加。

（崔亚兰 郝洪春）

【参加全国课堂教学赛获奖】 10 月 23 至 26 日，汇文中学教师参加“新课程与教师专业成长暨第二届‘圣陶杯’课堂教学大赛”获奖。该赛事由中国教育学会中学语文专业委员会和《中学语文教学》杂志社共同举办，包括学术报告、课堂教学比赛以及教师专业成长论坛 3 个部分，分为初、高中两个组别进行，每个组各推出 10 节，共 20 节观摩课，参赛教师由各省、市中语会推荐与专题组实验校选拔相结合产生，设置一、二等奖，并颁发全国中语会获奖证书。全国各省市地区教师 1200 人参加，初高中组各有 10 人获奖，其中，高中组一等奖 4 人、二等奖 6 人，初中组一等奖 3 人、二等奖 7 人，北京汇文中学教师王如以《记梁任公先生的一次演讲》课程获得高中组一等奖第一名。

（崔亚兰 郝洪春）

北京市广渠门中学

【概　况】 2008 年，北京市广渠门中学占地面积 20034 平方米，建筑面积 27304 平方米，体育场（馆）面积 10300 平方米。图书馆藏书 8.8 万册，各类报纸 21 种、杂志 37 种。固定资产总值 7957.3 万元。全年教育经费投入 2232 万元。其中，国家拨款 1670 万元、自筹经费 562 万元。毕业 760 人，其中，初中 281 人、高中 479 人；招生 707 人，其中，初中 334 人、高中 375 人；在校生 2121 人，其中，初中 1018 人、高中 1103 人，包括寄宿生 402 人；另有外省市借读生 146 人，其中，初中 116 人、高中 30 人。高中录取分数线 495 分（崇文区），应届高考本科上线率 84.3%。开设教学班 50 个，其中，初中班 24 个、高中班 26 个。有教职工 264 人，包括专任教师 174 人，其中，具有副高级职称 61 人、中级职称 81 人；市级学科带头人 1 人、市级骨干教师 4 人、特级教师 1 人；大学本科以上学历 159 人。普通教室 50 个，专用教室 11 个，实验室 12 个。

（彭雪兰 郝洪春）

【建立亲子会客厅】 1 月 2 日，广渠门中学“亲子会客厅”正式挂牌。客厅为学校单亲家庭学生与探视家长（无抚养权）提供交流空间，由班主任安排课间或放学时间与家长见面。会客厅建筑面积 60 平方米，厅内布置暖色调装饰图案，总投资 11 万元，空置时作为学生心理教室组织专门辅导。至年底，“亲子会客厅”共接待学生、家长 300 人次。

（刘曦 彭雪兰）

【举办管乐团专场演出】 1 月 5 日，广渠门中学星光管乐团举办北京学生乐团音乐节专场演出。该演出在中国人民解放军军乐厅举办，分上下半场进行，共演奏《梁祝》、《非洲交响乐》等 14 首中外名曲，邀请国家一级指挥负责节目高潮部分内容。全校学生、家长 600 人出席。北京市广渠门中学管乐团成立于 2006 年 10 月，面向在校初中学生招生，现拥有团员 100 人。

（彭雪兰 马宝艳）

【科普电影院投入使用】 1 月 10 日，广渠门中学科普立体电影院投入使用。该影院建筑面积 200 平方米，配备立体眼镜 85 个，总投资 30 万元。学校每周定期组织播放科普影片，内容涉及天文科普、地理科普、动物科普、植物科普、物理科普、环保科普等。至年底，共放映电影 46 场，学生 1800 人次观看。

（彭雪兰 刘萍）

【召开新课程推进工作会】 3 月 28 日，广渠门中学召开高一年级新课程推进工作会。此次会议由学校教学干部主持，围绕“如何实施高中新课程改革”主题，解读高一年级新课程改革有关政策，就学校如何实施新课程工作问题进行研讨，组织班主任教师、备课组长从学生管理、课堂教学、分层教学等方面进行总结，并对模块考试、学生习惯养成教育提出具体措施。全校管理干部、教师 20 人参加。

（彭雪兰 李冬兰）

【参加国际机器人奥赛获奖】 10 月 24 至 26 日，广渠门中学参加第十届国际机器人奥林匹克中国区竞赛获奖。该赛事由国际机器人奥林匹克委员会主办，每年举办一届，旨在把每名参与者培养成为面向世界、面向未来的国际化领导人才，比赛分为两个阶段，包括 2 个组别，设置机器人搬运赛、机器人轨迹赛、机器人运球赛、机器人托球赛等共计 17 个项目。本届比赛由北京师大天津附中承办，来自全国 22 个省市地区 55 所学校 232 支队伍 310 名学生参加，7 名学生获奖，其中，北京市广渠门中学代表队由 7 人组成，获得中学组团体总分二等奖。

（彭雪兰　司莉华）

【成立发团武馆】　12 月 29 日，“尚武之家——广中发团武馆”成立。该武馆以学校体育教师魏发团名字命名，属于公益性质，旨在传播中华传统武术项目，培养学生武德，建立武术教育激励机制，立足学校，在体育课进行教学实践，面向全社会推广，形成“三个五”招生计划，即 50 个小学生、50 个中学生、50 个成年人。魏发团，1973 年 11 月出生，陕西人，北京市广渠门中学体育教师，国家一级武术社会体育指导员，从事武术教学与训练工作。

（魏发团　彭雪兰　郝洪春）

【举办首届篮球明星评选】　12 月 31 日，广渠门中学举办首届“我心目中的篮球明星”评选活动。活动由该校学生部、体育组主持，参评对象为在校学生具有篮球特长并曾为班级或学校作出贡献者，采取参评人或所在班级制作 PPT、视频等影像资料，要求上传至体育组专设电子邮箱，由体育组负责归类整理，在校内电子屏幕进行公示展播，并在学校 50 个班级 2300 名学生中发放选票，采取现场投票、现场监票、现场确认形式。最终共有学生 23 人入选，12 人获得“我心目中的篮球明星”称号。

（张立平　彭雪兰　郝洪春）

北京市文汇中学

【概　况】　2008 年，北京市文汇中学占地面积 12000 平方米，建筑面积 13700 平方米，体育场（馆）面积 6700 平方米。图书馆（室）藏书 30392 万册，各类报纸 6 种、杂志 57 种。固定资产总值 3084 万元。全年教育经费投入 411.5 万元，其中，国家拨款 106 万元、自筹经费 305.5 万元。毕业 504 人；招生 327 人；在校 1174 人；另有外省市借读生 199 人。开设教学班 28 个。有教职工 126 人，包括专任教师 81 人，其中，具有副高级职称 26 人、中级职称 33 人；大学本科以上学历 84 人。普通教室 52 个，专用教室 11 个，实验室 6 个。

（赵明静　郝洪春）

【开展校园文化赏析活动】　1 月 1 日，文汇中学开展校园文化赏析活动。该活动围绕北京奥运会主题，在校内创建“艺术长廊”，7 名教师举办“奥运主题音乐”、“奥运的人文思想”、“奥运与环保”、“奥运与科技”、“科学还是迷信——奥运开幕式日期的选定与天气学”、“奥运与艺术”、“志愿者离我们有多远”讲座。9 月，该校“艺术长廊”推出“走进中国民俗”系列讲座，通过讲座形式，讲解“击缶而歌”、“和”字内涵两个主题。全校教师、学生 1300 人参加。

（赵明静　郝洪春）

【参加全国中小学信息技术赛获奖】　10 月 17 至 21 日，文汇中学学生参加第六届“全国中小学信息技术创新与实践活动”获奖。该活动由教育部关心下一代工作委员会和中国发明协会主办，国家知识产权局、教育部、中央电化教育馆、中央教科所和教育部教学仪器研究所共同支持，面向全国在校中小学师生，旨在普及“知识产权”相关内容，展示“自主创新”能力。来自全国各省市地区 34 支代表队教师、学生参加，其中，北京市文汇中学初三年级学生邸建宇、姜林成、刘华鹏作品《高速公路自动收费系统》获得《机器人创新设计》项目一等奖。

（赵明静　郝洪春）

【举办学生科技节】　10 月 20 日，文汇中学举办学生科技节。该活动以“梦想·探索·成功”为主题，学校 DI、机器人、科技英语等 25 个课外兴趣小组参与，其中，自然科学小组邀请美国环保组织志愿者布莱恩与生物教师共同授课，采取边译边讲的教学形式，讲授国外先进环保理念；连续 3 天举办校园科技书市；邀请中国科学院教授作《科学，文化，人生》专题报告；利用《文汇之声》广播宣传科学知识与学校科技竞赛成绩；自拍、自导、自演科技教育宣传片，展示各项科技比赛基本形式与参与方法；组织第一届科普知识与技能竞赛，各班选派 3 名学生参加，内容涉及生物、物理、地理、化学、计算机等学科知识，题型包括必答题、叙述抢答题、论述题、动手题四个类别，测试现场表达与应变能力。全校学生 774 人参加。

（赵明静　续森　郝洪春）

【参加国际机器人奥赛获奖】　10 月 24 至 27 日，文汇中学参加“第十届国际机器人奥林匹克中国区竞赛”获奖。该比赛由国际机器人奥林匹克委员会中国委员会主办，包括大学、中学、小学三个组别，设置搬运、托球、轨迹、创意等 17 个项目。来自全国 20 个省市地区 50 所学校 230 支队伍 300 名选手参赛，其中，北京市文汇中学代表队由学生 6 人组成，获得中学组团体总分一等奖，同时取得马来西亚“第十届国际机器人奥林匹克”参赛资格。

（赵明静　郝洪春）

【举办第十届演讲比赛】　10 月 27 日，文汇中学举办第十届“爱我中华”演讲比赛。该比赛以“我看奥运精彩瞬间，感受奥运不朽精神”为主题，邀请艺术家殷之光、郑健康现场朗诵《我是中国人》、《谁是最可爱的人》片断，并讲解朗诵技巧等知识，分为初赛、复赛、决赛三个阶段，演讲主题包括“理想不打折”、“奇迹的名字叫坚持”、“已醒的巨龙不想再睡”、“奥运之光永驻华夏”、“生命不败”等。全校学生 372 人参加，12 人获奖。该校演讲比赛始办于 1997 年，每年举办一届。

（赵明静　郝洪春）

【召开师德汇报会】　11 月 11 日，文汇中学召开师德汇报会。会议由学校教学干部、教师共同主持，以“感悟师德”为主题，组织教师演讲《有了爱便有了一切》、《我想飞》、《做学生心中的好老师》、《服务与奉献是我执著的追求》、《用欣赏的眼光看待学生》等内容。全校教师 123 人参加。

（赵明静　郝洪春）

【组织师生支教活动】　11 月 14 至 15 日，文汇中学组织师生支教活动。该校教师 16 人、学生 18 人到“手拉手”对口学校——房山区石楼中学，进行 12 个学科公开课展示，教师深入教研组就学科教学环节与方法展开研讨，学生进入班级听课学习，并在当地农村家庭食宿，感受京郊乡村生活条件。北京市文汇中学与房山区石楼中学于2007年签订手拉手协议。

（赵明静 郝洪春）

【加强学生写作能力培养】 年内，文汇中学采取7项措施加强学生写作能力培养。该措施包括确定1名校级干部主要负责学生作文教学工作，并定期组织研究；成立作文教学课题小组，每学期召开至少2次研讨会，改进作文教学方法；成立校刊编辑部，利用《文汇百花》校刊，刊登学生作文和习作；利用寒暑假时间，带领学生参观北京文学类博物馆；出版师生文学作品集《日出江花》、《春来江水》，共收集师生习作1000篇；每学年定期组织学生参加全国“春蕾杯”作文邀请赛。全校教师、学生1150人参加。

（赵明静 郝洪春）

【加强体育教学工作】 年内，文汇中学加强体育教学工作。该校体育工作包括重视管理、重视培训、重视研究、重视开展课外活动、重视群众性体育锻炼，即坚持每周召开例会，由主管校长、主任指导商议具体措施；聘请特级教师举办教学技术和育人思想讲座；要求体育组成员参与学校教研活动，做到“每人有课题、每人写论文、每人有成果”；由体育组管理4个课外小组活动；组织师生定期举办接力、跳绳、拔河、踢毽、投篮等体育项目，促进综合素质提高。全校教师参加。12月15日，该校被市教委评为“北京市落实学校体育工作条例优秀学校”。

（赵明静 郝洪春）

北京市第十四中学

【概 况】2008年，北京市第十四中学占地面积23491平方米，建筑面积17796平方米，体育场（馆）面积9046平方米。图书室藏书54906册。固定资产总值16611500元。全年教育经费投入4379万元，其中，国拨3752万元、自筹627万元。毕业657人，招生511人，在校生1616人。高中录取分数线502分（宣武区），高考本科上线率97%。开设教学班40个。有教职工253人，包括专任教师156人，其中，具有副高级职称41人、中级职称61人；市级骨干教师、市级学科带头人8人；大学本科以上学历144人。普通教室40个，专用教室14个，实验室10个。学校网址：www.bj14.com.cn。

（尹峥）

【举办第十届艺术节】 5月16日，十四中举办第十届艺术节。活动由该校4名学生主持，围绕“共创和谐，喜迎奥运”的主题，融合歌曲、舞蹈、器乐、曲艺、绘画、等形式，展示十四中学生风采。全校学生1700人参加。

（符玉顺）

【组织教师专业考核】 7月10日，

十四中组织教师专业知识考核。该工作由学校校长主持，采取闭卷考试形式，从教学专业知识和教育学、心理学等方面进行考核。全体教师150人参加。

（胡元）

【成立教师专业发展委员会】 8月12日，十四中教师专业发展委员会成立。该委员会由学校特级教师与从教经验丰富专任教师5人组成，旨在引领教师专业化发展，提高课堂教学质量，并承担学校教学质量监控，负责联系专家听课，与校外专家进入课堂共同开展诊断性评价。

（杜彦明）

【参加全国政治教学年会获奖】 9月12至16日，十四中教师参加全国中学思想政治课教学专业委员会东北、华北、西北政治课教学研究会第四届年会获奖。此次活动由全国中学思想政治课教学专业委员会三北地区研究会主办，围绕“思想政治课优质课比赛”主题，在宁夏银川举行，包括初高中现场做课、说课等内容。来自全国10个省市地区60所学校教师60人参加，全部获奖，其中，北京市第十四中学政治组教师李江凌在优质课评选中获得一等奖。

（胡元）

【十五课题结题】 9月20日，十四中“十五”课题《积极构建学习性组织，努力提高教师专业化素质》结题。该课题是中国教育协会中小学整体改革专业委员会实验基地课题，由学校校长、干部共同主持，主要研究教师专业化发展问题，采取行动探究等方法。课题于2004年9月立项，投入科研经费1万元。

（董成勋）

【举办第20届学生会竞选】 10月21日，十四中举办第20届学生会竞选工作。此次工作由上届学生会主席主持，本着公平、公正、公开原则，围绕“做学校小主人”主题，旨在为学生会注入新鲜血液，培养优秀学生干部，采取公开竞聘的形式。全校学生32人做竞选发言。学生会竞选始办于1988年，每年举办一次。

（符玉顺）

【编排首部校园心理剧】 10月27日，十四中编排首部校园心理咨询剧。此次活动由学校心理咨询室组织，面向高一年级学生，采取自排、自导、自演形式，在多功能厅拍摄，作品包括《校外法庭》、《天天天蓝》、《离家不远》、《蜕变》等。该校学生50人参加。

（朱爱学）

【举办首届心理文化周】 11月24至28日，十四中举办首届心理文化周活动。该活动围绕“宣传心理文化、促进身心健康发展”主题，包括播放青春励志电影、自编校园心理剧、举办《如何进行心理调适》讲座等内容。全校教师、学生1100人参加。

（朱爱学）

【完成跨校课题管理与教学任务】 12月，十四中完成跨校课题管理与教学任务。“跨校选修项目”由学校校长主持，该校承担教学及组织管理工作，组织历史、地理、政治、语文4个学科8名教师，面向宣武区华夏女中、分院附中、六十三中学生提供《宣南文化》校本课程辅导，通过班级授课方法，介绍老北京城南地区文化特色。来自3所学校学生50人参加。

（安彩凰）

北京市第十五中学

【概　况】 2008年，北京市第十五中学占地面积35367.8平方米，建筑面积25331平方米，体育场（馆）25000平方米。图书馆藏书13万册。固定资产总值1843.1万。全年教育经费投入2306万元，其中，国家拨款1642万元、自筹经费664万元。高中毕业502人，招生290人，在校生1167人。高中录取分数线512分（宣武区），应届高考本科上线率100%。开设教学班31个。有教职工195人，包括专任教师110人，其中，具有副高级职称59人、中级职称58人；特级教师7人、市级学科带头人1人、市级骨干教师6人；大学本科以上学历146人。普通教室37个，专用教室29个，实验室11个。

（张富英）

【参加市青少年科技创新赛获奖】 3月23日，十五中学生参加第28届安捷伦北京市青少年科技创新大赛获奖。该比赛由北京市科协主办，围绕科技创新主题，面向北京市青少年学生，采取初赛、复赛、答辩形式，分为小学组、中学组，包括论文、工程实践类别，设置医药与健康等专业项目。来自全市18个区县与燕山地区学生参加，其中，北京市第十五中学高三年级学生杜立达、张璇论文《生松素晶型与生物利用度的关系研究》获得一等奖。

（李阳）

【引进国际文化交流项目】 5月，十五中引进AIESEC国际青年志愿者组织《你好中国》项目。该项目由学校团委主持，邀请6名来自英国、芬兰、荷兰等5个国家实习生，走进课堂为学生讲解有关资源与环境方面知识，并参加英语角、各国文化讲座、午间音乐会等活动，就全球化趋势问题进行讨论交流，传递中国传统文化信息，启发要尊重不同文化背景与生活方式。全校学生1100人参加。

（张雪）

【校园文化博物馆开馆】 9月26日，十五中举办校园文化博物馆开馆仪式。该仪式以“温情与敬意”为主题，包括嘉宾剪彩、颁发聘书、馆长致辞、校长讲话等内容。来自宣武区领导，区各中小学校长、主管干部，以及社会文化人士90人参加。博物馆位于学校教学楼一层，建筑面积338平方米，总投资50万元。学校聘请中国艺术研究院研究员柯文辉担任馆长、陶西平担任名誉馆长，作为北京市联合国教科文组织协会会员单位，旨在推动相关课程建立，在学生中挑选讲解员与志愿者，并举办专门培训，将学生服务纳入学分管理程序，首场展览定名为“温情与敬意”，共展出20位中国艺术大师原创作品40幅。

（邱红）

【参加全国青少年机器人竞赛获奖】 10月24至26日，十五中参加第十届国际机器人奥林匹克竞赛全国选拔赛暨第四届全国青少年教育机器人竞赛获奖。该比赛由共青团中央主办，以面向未来为主题，在天津市举行，面向全国中小学生，采取现场动手操作形式，分为中学组、小学组，包括创意、竞走、搬运等项目。来自全国各省市地区学校学生参加，其中，北京市第十五中学代表队由学生8人组成，获得机器人竞走项目金、银、铜三枚奖牌和机器人创意比赛中学组一、二等奖，并取得中学组团体总分第一名。

（李阳）

【成立人力资源部】 年内，十五中人力资源部成立。该部门安排专职人员负责教职工档案，依据其发展轨迹做出分析、提出建议，为职业发展建立及时有效平台，并合理利用学校资源，积极推动教师文化视野扩展与专业化成长，具体工作包括建立业务成长档案、岗位分析和工作设计，完善绩效考核体系，帮助教职工进行职业生涯发展规划等。

（邱红）

北京市第六十六中学

【概　况】 2008年，北京市第六十六中学占地面积31620平方米，建筑面积24492平方米，体育场（馆）面积1078.1平方米。图书馆（室）藏书12万册。固定资产总值2312万元。全年教育经费投入2732.2万元，其中，国家拨款2408.6万元、自筹经费323.6万元。毕业706人，其中，初中331人、高中347人；招生480人，其中，初中192人、高中288人；在校生1614人，其中，初中690人、高中924人，包括寄宿生49人。高中录取分数线485分（崇文区），应届高考本科上线率67.7%。开设教学班46个，其中，初中班22个、高中班24个。有教职工231人，包括专任教师155人，其中，具有副高级职称50人、中级职称82人；市级骨干教师3人；大学本科以上学历167人。普通教室53个、专用教室23个，实验室9个。学校网址：www.bj66zx.com。

（董英姿）

【名师工作室启动】 1月25日，六十六中名师工作室启动。该工作室由宣武区教委主持，邀请原十五中校长、原宣武分院二部专家担任指导顾问，采取进校指导形式，具体负责教育教学相关培训工作，承担发挥名师的辐射带动作用，传播先进理念，搭建成才舞台，促进教师队伍整体水平提高等职能。

（董英姿）

【召开骨干教师工作会】 4月22日，六十六中召开“充分发挥骨干教师引领、辐射作用”工作会。会议旨在发挥校内市区级骨干教师在教学中指导、引领作用，由学校主管教学副校长主持，做《引领、辐射、发展》专题讲话，提出做引领教育教学先锋、发挥辐射作用，带领更多教师发展，自身向更高层次迈进，青年教师和骨干教师代表分别发言。会上，宣读《北京市第六十六中学培养青年骨干研修协议》，互助双方确认签字，并由校长对骨干教师引领工作提出期望。全校管理干部，市、区级学科带头人，骨干教师、希望之星、部分青年教师54人参加。

（董英姿）

【举办美术教学展示】 5月13日，六十六中举办区级美术教学展示。该活动由学校美术教研组主持，围绕“中国画教学方式研讨”主题，观摩1

节写意花鸟画公开课，4名美术教师结合中国画教学经验以及学校软硬件条件，就教学方式与教学策略进行研讨，宣武区美术教研员现场解答有关问题。来自全区各学校美术教师38人参加。

（董英姿）

【举办校园演讲比赛】 5月16日，六十六中举办“枣林杯——我爱我校”演讲比赛。该比赛由学校党总支、工会主持，旨在弘扬校园文化，展示学校师生风采，以党员职工专场开幕，根据不同年龄段进行青年、中年、老年教师专场演讲，最后举办学生专场，内容包括五彩之音、风采之音等。全校教职工、学生80人参加。

（董英姿）

【参加亚洲青少年运动会获奖】 7月

4至12日，六十六中参加第四届亚洲青少年运动会获奖。该运动会在俄罗斯萨哈共和国雅库茨克、米尔内、涅留恩格里三个城市举行，面向14至16岁青少年。来自俄罗斯联邦主体，以及中国、印度、哈萨克斯坦、日本、蒙古等18个国家和地区3000名运动员参加，其中，中国代表团由学生90人组成，分别参加田径、跆拳道、篮球、足球、乒乓球5个项目角逐，以11块金牌成绩获得金牌总数第三名，北京市第六十六中学乒乓球代表队包括教练2人、学生6人，获得女子单打、女子双打金牌，男子双打银牌，男子单打、混双铜牌，高二年级学生刘紫嫣获得最佳运动员称号，教师王吉生获得冠军教练金牌。

（周晓凌）

【举办青年教师说课比赛】 10月15日至11月4日，六十六中举办青年教师说课比赛。比赛旨在积极推进新课程教学改革，促进广大教师尤其是青年教师教学实践研究，提高自身综合素质，共有教师69人参加初赛，占任课教师总数43%，经过选拔推举39人进入决赛；决赛涉及教材分析、教学理念、教学设计意图、目标制定、教学重难点、教法学法、教学程序及板书设计等方面内容，利用多媒体技术进行演示、阐述与说明，采取学科评委现场打分形式，按总成绩排名，最终评出一等奖12人、二等奖14人、三等奖13人。

（董英姿）

【举办周末大讲堂】 10月18日，六十六中举办周末大讲堂活动。课程由该校美术教师担任主讲，围绕“海报设计”主题，利用宣武区第二职业高中实践基地，面向六十三中、华夏女中、外国语学校学生，共开设6节选修课，每次授课3小时，讲解印刷实践操作、印刷计价学习，以及广告宣传设计等初步知识，创立职教、普教融通新模式。来自3所学校学生24人参加。

（姜丽莉）

【举办科技专家进校园活动】 10月

21日，六十六中举办“大手拉小手——科技专家进校园”活动。该活动由学校教科研室主持，邀请卫星遥感专家潘习哲作题为《卫星遥感在你身边》科普报告，通过讲座形式，介绍卫星遥感有关知识。全校学生330人参加。

（董英姿）

【启动名师进校园工程】 10月29日，“宣武区名师走进六十六中”教师综合素质考核工程启动。该工作由学校教学处组织，专家顾问团成员共13人，对学校50岁以下专任教师进行听课、评课指导，并在此基础上举办教研组内专题讲座，以及专业知识与教育理论考核，旨在全面提升教师素质、提高学校教学水平。全校教师146人参加。

（董英姿）

【召开第十届林学甫基金表彰会】 12月5日，六十六中召开第十届林学甫奖教奖学基金颁奖会暨“第二届学生心目中的好老师”表彰会。会议由党总支副校长、行政副校长主持，表彰获得林学甫奖教基金教师13名，其中，一等奖空缺、二等奖2名、三等奖11名；获得奖学基金学生10名，其中，一等奖1名、二等奖2名、三等奖7名；12名教师在“第二届学生心目中的好老师”评选中获奖。来自宣武区教委，以及全校教职工、学生、家长代表200人参加。该校林学甫奖教奖学基金于1998年设立，面向全校任课教师，奖励金额两万元，每年颁发一次。

（董英姿）

北京师范大学附属中学

【概 况】 2008年，北京师范大学附属中学占地面积43877平方米，建筑面积48078平方米，体育场（馆）面积9400平方米。图书馆藏书175983册。固定资产总值10484万元。全年教育经费投入1623万元，其中，国家拨款1292万元、自筹经费331万元。毕业811人，其中，初中309人、高中502人；招生663人，其中，初中288人、高中375人；在校生2107人，其中，初中849人、高中1258人。高中录取分数线523分（宣武区），应届高考本科上线率99.56%。开设教学班57个，其中，初中班23个、高中班34个。有教职工286人，包括专任教师206人，其中，具有副高级职称88人、中级职称93人；特级教师8人、市级学科带头人5人、市级骨干教师11人；大学本科以上学历202人。普通教室72个，专用教室33个，实验室22个。学校网址：www.bjsdfz.com。

（温雅）

【获准自主安排高中新课程与组织会考】 3月20日，师大附中获准自主安排高中新课程与组织会考。该校经过北京市基础教育课程教材改革实验工作领导小组审核，由北京市教育委员会正式批复，同意进行自主安排普通高中新课程实验和赋予自行组织会考权力。至此成为全市 10 所项目实验学校之一。

（李磊）

【参加市学生艺术节获奖】 4 月 20 日，师大附中合唱团参加北京市第十一届学生艺术节获奖。该活动由北京市教委主办，以爱国积极向上的内容为主题，面向全市中小学生，采取集体表演形式，分为初赛、决赛两个阶段，设置城区组与郊区组。来自全市城区高中混声甲组 9 所学校 9 支代表队参加，6 支队伍分获一、二、三等奖，其中，北京师范大学附属中学“附中人”合唱团由学生 60 人组成，以 94.17 分总成绩在合唱项目高中混声甲组比赛中获得一等奖，教师齐宏获得最佳指挥奖。

（齐宏）

【举办市级生物教学展示】 10 月 24 日，师大附中举办市级生物教学研究课展示活动。该活动由北京市生物教研员主持，围绕“高中新课程背景下的生物教学”主题，观摩学校 3 名青年教师生物学科公开课，针对理科实验班、理科普通班和文科班学生，通过实验、探究、讲授形式，讲解《细胞呼吸》知识。与会人员就同一教学内容下，如何针对不同层次学生进行有效教学等问题展开讨论，交流认为师大附中生物组注重教学研究、教师理念新、素质高。来自全市各区县生物教师 100 人参加。

（冯健）

【召开校本课程展示会】 12 月 10 日，师大附中召开校本课程建设交流展示会。会议由北京教育学院主办，围绕“课改背景下的校本课程”主题，是“祥云行动”北京市高中教学副校长培训内容，听取该校教师做《在继承中发展——北京师大附中校本课程的开发与实施》专题发言，阐述师大附中如何在继承的道路上摸索与发展自己的校本课程。组织观摩校本选修课 14 节，并就课改过程中所遇系列问题进行研讨。交流认为该校的校本课程内容起点高，将德育渗透到各个校本课程中，实现无缝对接，很好地落实素质教育的目标。组织管理到位、有序而成规模，管理制度健全，能够做到同工同酬。与会专家还对其校本课程建设与教师课堂教学质量给予肯定。来自全市各高中校主管干部、教师 240 人参加。

（李磊）

【参加中学生商业挑战赛获奖】 12 月 13 日，师大附中学生参加“2008JA《经济学》中学生商业挑战赛”获奖。该比赛由 JA 中国青年成就组织举办，采取介绍商业计划书和答辩形式，面向 16 至 18 岁学生，进行 9 个轮次比赛。来自全国京沪穗三个省市地区 36 所学校 69 支队伍参加，8 支队伍获奖，其中，北京师范大学附属中学代表队由高一、高二年级学生 11 人组成获得第一名。

（赵敏）

【设立尚兴久奖学金】 12 月 22 日，

师大附中设立“尚兴久奖学金”并举办首次颁奖仪式。该奖学金由学校校友捐赠人民币 50 万元设立，以纪念特级教师尚兴久，由尚兴久奖学金管理和评定委员会负责，面向德、智、体、美全面发展且在数、理、化学科竞赛中取得优秀成绩的高一、高二年级学生发放，奖励金额每人 3000 元，在每年 11 月颁发一次。此次学校共有高二、高三年级 4 名学生获奖，“尚兴久奖学金”管理委员会成员以及教师、学生 2000 人出席仪式。尚兴久，1923 年出生，北京人，1950 年担任北京师范大学附属中学化学教师、化学教研组长以及班主任工作，1956 年被评为北京市劳动模范，1960 年被评为北京市先进工作者和全国文教系统先进工作者，1978 年被评为北京市化学特级教师。

（李磊）

北京育才学校

【概　况】 2008 年，北京育才学校占地面积 72201 平方米，建筑面积 44775 平方米，体育场（馆）面积 1658 平方米。图书馆（室）藏书 11.5 万册。固定资产总值 2938.87 万元。全年教育经费投入 6842.83 万元，其中，国家拨款 5685.15 万元、自筹经费 1157.68 万元。毕业 914 人，其中，初中 307 人、高中 344 人；招生 890 人，其中，初中 325 人、高中 294 人；在校生 3279 人，其中，初中 939 人、高中 955 人，包括寄宿生 216 人。高中录取分数线 478 分（宣武区），应届高考本科上线率 76%。开设教学班 89 个，其中，初中班 24 个、高中班 26 个。有教职工 424 人，包括专任教师 289 人，其中，具有副高级职称 71 人、中级职称 147 人；市级学科带头人 1 人、市级骨干教师 10 人、特级教师 1 人；大学本科以上学历 284 人。普通教室 91 个，专用教室 57 个，实验室 13 个。学校网址：www.bjyucai.com。

（马卫庆）

【成为首批翱翔计划基地校】 3 月 17 日，北京育才学校成为北京市首批青少年科技创新学院“翱翔计划”基地校。评审工作由北京市教委和市教科院主持，面向北京市高中示范校，评选标准包括学校软硬件与学科优势。首批共招收少年科学院学员 130 人，其中，北京育才学校推荐 2 名学生进院学习。全市首批确定少年科学院基地校 15 所。

（苏燕）

【学生校园广播电台开通】 4 月 23 日，育才学校学生广播电台正式开通。该广播台由学校团委、学生会共同管理，利用午休、放学后课余时间播放，现有核心成员 7 名，各班宣传委员作为信息采集员，第一期节目由校园新闻播报、文章赏析、英文歌曲学语法和校园点歌台 4 个部分组成，面向全体高中学生播出。

（苏燕）

【校友会注册成立】 7 月 27 日，北京育才学校校友会正式注册成立。该校友会经宣武区民政局审核批准，是具备独立法人资格社会团体组织，由学校干部主持，下设理事会、常务理事会、秘书长、监事会，负责继承与发展学校文化，加强国内外校友间、母校与校友间的联谊，挖掘、整合校友社会资源，开展教育、科研、学术交流等活动，现拥有会员 297 人。

（苏燕）

【完成网站改版工作】 11 月 1 日，育才学校对外网站改版工作完成。该网站共设置学校介绍、校园风貌、教师风采、德育天地、教学研究、党建育才、育才团委、国际教育、招生信息、校友网、通州分校 11 个栏目，采取 ASP 动态网站技术，利用 SQL 数据库后台管理，实现后台程序控制，减少生成静态页面。学校网址：www.bjyucai.com。

（马卫庆）

【李嘉惠获中国青少年科技创新奖】 12 月 5 日，育才学校高一年级学生李嘉惠获得第五届"中国青少年科技创新奖"。该奖项是中国青少年科技创新最高奖，由共青团中央办公厅、全国青联秘书处、全国学联秘书处、全国少工委办公室主办，面向全国全日制在校学生，采取组织推荐和社会推荐相结合、以组织推荐为主的形式，分为推荐、通报、公示、申报、评选等阶段，评选标准包括认真学习邓小平理论和"三个代表"重要思想，树立和落实科学发展观；热爱祖国，遵纪守法，德智体美全面发展；热爱科学、乐于探究、积极实践、勇于创新；在科技创新方面取得突出成绩或显示较大潜力。被推荐人的年龄不超过 28 周岁。来自全国 34 个省、直辖市自治区、港澳地区 34 个省级团委推荐 197 名候选人参选，100 人获奖，表彰大会在人民大会堂举行，由中共中央政治局委员、全国人大常委会副委员长王兆国，中共中央政治局委员、国务委员刘延东颁发。

（马卫庆）

北京市第十七中学

【概　况】 2008 年，北京市第十七中学占地面积 86111 平方米，建筑面积 16644 平方米，体育场（馆）面积 33812 平方米。图书馆（室）藏书 12.6 万册。固定资产总值 7217.51 万元。全年教育经费投入 2579.53 万元，其中，国家拨款 2114.85 万元、自筹经费 464.68 万元。毕业 616 人，其中，初中 219 人、高中 397 人；招生 627 人，其中，初中 235 人、高中 392 人；在校生 1738 人，其中，初中 709 人、高中 1029 人，包括寄宿生 427 人。高中录取分数线 460 分（朝阳区），高考本科上线率 94.1%。开设教学班 51 个，其中，初中班 19 个、高中班 32 个。有教职工 202 人，包括专任教师 143 人，其中，具有副高级职称 43 人、中级职称 63 人；市级学科带头人 2 人、市级骨干教师 6 人、特级教师 2 人。普通教室 51 个，专用教室 49 个，实验室 17 个。

（范景文）

【落实教学管理策略】 2 月 10 日，十七中落实"二十七字"教学管理策略。该策略由校务会制订，包括"三情"，即知学情、交感情、调心情；"三盯"，即盯基础、盯分层、盯落实；"三小"，即小练习、小范围、小先生，组织骨干教师研讨落实策略实施具体方法与措施，并以书面形式发放。全校教职工 133 人参加。

（陈洪）

【进行学校发展诊断性评估】 3 至 6 月，十七中进行学校发展现状诊断性评估。该工作由学校教学部门组织，对教师队伍、干部队伍、学生状况、校园文化建设等 9 个方面进行全方位诊断性评估，使用 SPSS 统计分析软件进行数据处理，面向学校高中部干部、教师、学生与家长收集评价信息，利用抽样方法抽取高中部 2 个班级进行问卷调查，其中，学校干部样本量 11 人，其中校级干部 4 人、中层管理干部 7 人；教师样本量 60 人，其中女教师 45 人、男教师 15 人；学生样本量 216 人，其中男生 88 人、女生 128 人；家长样本量 216 人，其中男性 162 人、女性 54 人。调查选取样本量适中，覆盖面广，形成《北京市第十七中学学校发展现状诊断性评估报告》。

（陈洪）

【举办第五届陶行知艺术节】 4 至 5 月，十七中举办第五届陶行知艺术节。艺术节由学校学生会主持，采取竞赛形式，开展歌咏比赛、校园剧展示、乐器比赛、诗歌比赛、篮球比赛等。全校教师、学生 2100 人参加。艺术节始办于 2003 年，每年举办一届。

（闫明健）

【举办新课改专家研讨会】 7 月 18 日，十七中举办新课程改革专家指导组工作研讨会。会议旨在适应新课程改革工作需要，挖掘和发扬校内人才与校外专家对教学改革、建设研究指导作用，促进教学管理工作规范化和科学化，整体提升新课程改革质量，并就制订《北京市第十七中学新课程改革专家指导小组工作方案》组织专题研讨，认为新课程改革势在必行、势在必胜。全校教师 70 人参加。

（陈洪）

【实行教员岗位层级管理制】 8 月 13 日，十七中实行教学人员岗位层级管理制。该制度面向全体教学人员实行，学校在每学年结束时，依据方案规定标准对教师实行岗位层级定位；教师结合自身条件申报岗位层级，学校在第二学年结束时，根据《方案》规定标准，结合教师年内教育教学工作业绩量化考核结果进行调整，并直接影响绩效工资水平。全校教师 133 人参与。

（陈洪）

【百子湾校区投入使用】 9 月 1 日，十七中百子湾校区投入使用。该校区位于百子湾一号住宅小区，占地面积 25700 平方米，建筑面积 11561.5 平方米，体育场（馆）面积 16390 平方米。开设教学班 24 个。有教职工 95 人。普通教室 24 个，专用教室 12 个，实验室 8 个。工程于 5 月开工建设，由朝阳区教委总投资 1300 万元。

（范景文）

【开设模拟法庭】 12 月 8 日，十七中开设模拟法庭。该校举办"法伴我成长，我与法同行"主题活动，采取模拟审判形式，包括庭审、陈述、宣判等内容，展现校园内真实案例，增强学生法制意识。来自朝阳区委教育工委、朝阳法院、朝阳区各校团委干部、教师、学生 60 人参加。

（闫明健）

北京市第八十中学

【概　况】 2008 年，北京市第八十中学为初高中两址办学，占地面积127797.2平方米，其中，初中33350平方米、高中94447.2平方米。建筑面积106769平方米，其中，初中31312平方米、高中75457平方米。体育场（馆）面积8427平方米，其中，初中1400平方米、高中7027平方米。毕业932人，其中，初中386人、高中546人；招生802人，其中，初中359人、高中443人；在校生2518人，其中，初中1168人、高中1350人。开设教学班68个，其中，初中班34个、高中班34个。有教职工319人，包括专任教师236人，其中，具有副高级职称92人、中级职称117人；特级教师11人、市级学科带头人2人、市级骨干教师11人；大学本科以上学历288人。

（徐红）

【召开德育工作研讨会】 1月12日，八十中召开德育工作研讨会。会议由学校党总支书记主持，以"幸福工作，和谐育人"为主题，通过德育论坛和座谈会形式讨论交流。来自中国关心下一代工作委员会研究员、《工作道》作者，以及该校干部、教师150人参加。

（徐红）

【成为信息技术学科基地校】 3月12日，八十中成为信息技术学科基地校。该工作由市教委主持，创办北京青少年科技创新学院，启动"翱翔计划"，培养和锻炼青少年科技素养和创新能力，旨在使部分高校与中学开展合作，让部分品学兼优学生提前进入重点大学国家实验室。评审组由高校专家、创新学院专家组成，考察学校在信息领域的突出成绩和学校组织活动能力，最终，确定北京市第八十中学、中国人民大学附属中学、清华大学附属中学等为首批"翱翔计划"信息技术学科基地校。

（徐红）

【参加全国青少年信息学奥赛获奖】 4月13日，八十中学生参加全国青少年信息学奥林匹克联赛获奖。该比赛由中国计算机协会主办，围绕信息学程序设计主题，采取上机编程形式，面向全国青少年，分为初赛、复赛两个阶段，包括普及组、提高组，设置笔试和上机项目。来自全国31个省市学生81041人参加，4000人获奖，其中，北京市第八十中学代表队学生30人组成，9人获得一等奖、12人获得二等奖、8人获得三等奖。

（徐红）

【参加全国机器人竞赛获奖】 7月13日，八十中参加第八届中国青少年机器人竞赛获奖。比赛由中国科协主办，依据"开展奥林匹克教育，弘扬奥林匹克精神，培养创新实践能力，全面提高综合素质"宗旨，以"2008快乐奥运"为主题，采取逐级选拔形式，面向全国中小学生，分为区赛、市赛、全国赛三个阶段，包括小学、初中、高中组别，设置VEX、FLL、足球、常规、创意等项目。来自全国31个省市468支队伍1337名选手及1000名教练员参加，94支队伍获奖，其中，北京市第八十中学代表队由教练员2人、学生4人组成，获得VEX项目高中组金牌。

（徐红）

【成立残奥小记者站】 8月17日，八十中2008北京残奥会小记者站成立。该记者站由学校晨光文学社18名学生与德国柏林10所中学18名学生共同组成，承担联合采访报道北京残奥会新闻事件任务，运用汉语与德文编辑出版合刊《残奥会报》等残奥会简报4期。

（徐红）

北京市和平街第一中学

【概　况】 2008年，北京市和平街第一中学一校三址，总占地面积61965.9平方米，建筑面积42419.85平方米，体育场（馆）面积30646平方米。图书馆（室）藏书12.33万册。固定资产总值6496.4万元。全年教育经费投入3161.43万元，其中，国家拨款2441.88万元、自筹经费719.55万元。毕业724人，其中，初中274人、高中450人；招生772人，其中，初中246人、高中526人；在校生2254人，其中，初中817人、高中1437人，包括寄宿生415人。高中录取分数线482分（朝阳区）。开设教学班60个，其中，初中班24个、高中班30个，包括新疆内地高中班6个。有教职工253人，包括专任教师204人，其中，具有副高级职称61人、中级职称88人；市级学科带头人1人、市级骨干教师1人；大学本科以上学历18人。普通教室60个，专用教室36个，实验室22个。

（张晓红）

【开展教师系列培训】 3月25日，和平街一中举办环境小硕士项目试点学校教师培训班。培训由国家环保总局主办，瑞士隆德大学环境学院组织培训，瑞士希捷科技公司提供赞助经费，采取讲座交流表彰形式，对来自全国不同省市教师进行培训。全校教师43人参加。6月10日，学校召开"高一新课程综合素质评价电子平台使用培训暨交流会"。会议由学校副校长主持，采取报告形式，包括交流、展示等内容，明确教师不同层次工作要求以及完成时限，组织掌握熟练教师进行演示操作，并展示部分录入成果。全校教师83人参加。10月21日，学校组织"TI手持图形信息技术"培训。培训面向北苑校区高中部数学组教师，邀请东城区TI骨干教师进行讲解，阐述"IT手持图形信息技术"相关内容。该校教师10人参加。

（张晓红）

【举办奥运创编操展示】 6月11日

至7月26日，和平街一中举办"迎奥运创编操比赛"展示活动。活动由该校北苑初中部德育主任主持，指导学生根据兴趣自由编排伴奏音乐，展示包括健美操、篮球表演、跆拳道、空竹表演、街舞等24个组合。来自朝阳区教研中心，北苑校区干部、教师，以及初一、初二年级学生251人参加。

（张晓红）

【开展中美青少年气候问题交流】 6 月 13 日，和平街一中开展中美青少年气候问题交流活动。该活动与国家环境保护部宣传教育中心合作开展，以“传播信息、激励行动、解决气候危机”为主题，邀请美国“气候变化小使者”泰勒，通过讲座方式，从气候变化危害、成因，以及应采取哪些措施等方面进行演讲，并互动交流相关环保问题。全校学生 380 人参加。

（张晓红）

【举办专场音乐会】 9 月 28 日，和平街一中金帆合唱团举办 2008 年“和平之声”合唱专场音乐会。音乐会采取合唱形式，展示《勇攀高峰》、《茉莉花》、《铃儿响叮当》等曲目。来自市学生活动管理中心、朝阳区教科文卫办公室、朝阳区教委领导，首师大音乐学院教授、作曲家，该校教师、学生 700 人参加。北京市和平街第一中学金帆合唱团于 1999 年创建，现拥有团员 570 人。

（张晓红）

【启动教学研究工作室】 10 月 25 和 26 日，和平街一中教学研究工作室启动。该工作室成员包括 12 名来自教学一线骨干教师，采取交流研讨形式，主要任务涵盖试题难度研究、课堂教学研究、课题研究、“试题难度系数”预估操作等。

（张晓红）

【举办英语教学研究论坛】 10 月 30 日，和平街一中举办中学英语教学整体改革与实验课题研究课论坛。该活动由朝阳区特级教师工作室主持，围绕“课堂实效性研究”主题，采取听课、评课、讨论等形式，研讨教学设计有关内容，交流认为学生能力、教师能力均得到提升。来自朝阳区日坛中学、十七中、高家园中学、北苑中学，以及延庆手拉手学校下屯中学教师 30 人参加。

（张晓红）

【举办内高班学生风采展示周】 12 月 8 至 12 日，和平街一中举办内高班学生风采展示周活动。该活动以“发展特长、展示风采、身心健康、培养自信”为主题，旨在反映学生真情实感，体现表演才能与创造力，展示书法绘画、英语演讲、歌舞表演、课本剧演出、学生报告、篮球友谊赛等内容，期间推出庆祝新疆“古尔邦节”系列节目。全校新疆内高班学生 251 人参加。

（张晓红）

【举办美术教学成果展】 年内，和平街一中举办 3 次美术教学成果展。4 月，学校举办高中学生美术教学成果展。展览分为三个部分，其中，高一年级以“观赏祖国壮丽山河，体会中国画笔情墨趣”为主题，展示新课改教学成果；初中年级与高二年级展示分别以“感受外国绘画艺术经典，学画外国名画”、“北京街景速写，名胜建筑，迎奥运宣传画”为主题。7 至 9 月，学校举办“祝北京奥运会圆满成功”主题美术展。活动面向初中、高中年级学生，展示该校在教育部第 13 届全国中小学生书画比赛中获得一、二等奖系列作品《北京奥运之美》。9 月 15 至 27 日，学校举办“京腔京韵画北京”初一年级美术教学成果和写字作品展（硬笔书法、毛笔字）。全校学生 1800 人参加，展出作品 255 件。

（张晓红）

北京市第十中学

【概　况】 2008 年，北京市第十中学占地面积 50461 平方米，建筑面积 23147 平方米，体育场（馆）面积 22764 平方米，图书馆藏书 12.77 万册。固定资产总值 4573 万元。全年教育经费投入 115.8 万元，其中，国家拨款 78.9 万元、自筹经费 36.9 万元。毕业 696 人，其中，初中 296 人、高中 400 人；招生 562 人，其中，初中 240 人、高中 322 人；在校生 1772 人，其中，初中 795 人、高中 977 人。高中录取分数线 455 分（丰台区），高考本科上线率 63.83%。开设教学班 54 个，其中，初中班 22 个、高中班 32 个。有教职工 240 人，包括专任教师 169 人，其中，具有高级专业技术职务 76 人、中级职务 84 人；市级骨干教师 7 人。普通教室 54 个，专用教室 19 个，实验室 14 个。学校网址：www.bj10z.com.cn。

（李振华）

【完成初中办学体制改革转制】 2 月 25 日，十中完成初中办学体制改革试点转制工作。工作依照市区政府、教委有关精神，根据区教工委、教委关于初中转制具体要求，由学校校长主持，采取丰台区教委统筹规划指导、以学校为转制主体，制订转制工作实施方案，包括人事、资产审计等内容。1998 年，北京市第十中学初中部进行义务教育阶段办学体制改革试点，2007 年 5 月，按照市教委《关于进一步深化中小学办学体制改革试点工作的意见》，成为首批体改革试点转制学校。

（李振华）

【开展奥运火炬模拟传递】 4 月 30 日，十中举办“喜迎奥运 100 天，模拟火炬传递校园行”活动。活动分为火炬接力、体育表演两个部分，由学生组成 36 支队伍，分别代表火炬传递所途径各国城市，通过服装展示地方民族特色；表演秧歌、韵律操、长跳绳、花环组字等体育项目，表现对奥运企盼与中华民族传统文化内含。长辛店街道社区居民 400 人，以及全校教师、学生 1500 人参加。

（李振华）

【召开科普报告会】 9 月 9 日，十中召开“科技专家进校园”科普报告会。该校邀请中国科学院张少泉教授做《谈公共安全与自我保护》主题报告，结合四川省汶川地震，采取多媒体演示形式，讲解有关地震知识、公共安全常识等内容。全校学生 600 人参加。

（徐从中）

【开设校本课程】 9 月，十中开设 12 门校本课程。学校依据学生特长及不同层次的发展需要，在高二年级开设数学思想与方法、汉语字词简明教程、英语报刊阅读、高中生身心健康教育、地理与文化、世界文化遗产荟萃、服装设计、基础绘画、化学与生活、生活中的物理学、趣味哲学和健美体操等校本课程，学生可按兴趣特长自主选课。该校高二年级学生365人参加，选课率达100%。

（唐汝育）

【开展校本教研活动】 12月8日，十中开展校本教研培训活动。该活动由丰台区教委主持，以“聚焦课堂，深化课改”为主题，采取典型发言与座谈讨论相结合形式，组织各校教师交流课改体会、课改资料等，数学组教师通过多媒体视频，展示“如何导入新课”教学研究，专家点评认为理念新、针对性强。来自丰台区教育分院、特教办公室、继教办专家，以及云岗一中、长辛店一中8所学校主管干部40人参加。

（李媛）

【开展中美教育交流】 12月16日，十中组织开展中美教育交流活动。该校接待美国中学教育研究会发起人、美国中学教育研究会总裁琳达（Linda Hargan）女士，美国中学教育研究会会长蒂博拉（Deborah Walker）女士、华盛顿公立高中校长里昂（Leon Smith）先生一行4人，来校参观文化环境，观看学生课间操活动、询问学校管理情况，进入高一、高二年级教室考察新课改教学模式，并与教师、学生进行交流，介绍两国中学教育基本情况，解答双方互为关注的教育共性及差异问题。客人对该校实行德育量化管理方式、保证学生每天一小时体育运动时间、师生互动教学方式表示肯定，认为“这是成功的教学，真正的课堂，北京学校注重学生健康与发展”。

（李振华）

北京市第十二中学

【概　况】 2008年，北京市第十二中学占地面积52716平方米，建筑面积42142平方米，体育场（馆）面积22715平方米。图书馆藏书72558册。固定资产总值11173.02万元。全年教育经费投入2687万元，其中，国家拨款2225万元、自筹经费462万元。高中毕业456人；招生468人，其中，初中77人、高中391人；在校生1402人，其中，初中157人、高中1245人，包括寄宿生548人。高中录取分数线510分（丰台区），高考本科上线率97%。开设教学班33个，其中，初中班4个、高中班29个。有教职工252人，包括专任教师129人，其中，具有副高级职称73人、中级职称52人；特级教师4人、市级骨干教师12人、市级学科带头人2人。普通教室36个，专用教室21个，实验室15个。学校网址：www.bj12hs.com.cn。

（史卫东）

【参加初中教师基本功比赛】 4月13日，十二中参加北京市2007至2008学年度初中教师新课程教学基本功培训和展示获奖。该活动由北京市教委主办，面向全市初中教师，采取校级培训、区级选拔、市级展示形式。来自全市18个区县1000所学校教师参加，606人获奖，其中，北京市第十二中学教师20人参加展示，9人获得一等奖、8人获得二等奖、3人获得三等奖，该校获得全市总成绩第一名。

（张旭刚）

【举办校本课程开放日】 5月21日，十二中举办校本课程研讨开放日活动。该活动由学校教学干部主持，分为校本课程研讨会与公开课展示两个部分，听取学校教学干部《以校为本，注重实效，稳步推进，科学发展》专题介绍，阐述校本课程整体开展、校本教材编写以及社团活动实践情况等，组织观摩校本课程16节。与会专家对中学校本课程开发问题做出评价，就如何形成特色、如何深入评价、如何围绕学校培养目标打造校本课程等提出有关建议。来自市教育学院、丰台教育分院、区教科所专家，以及全市35所学校干部、教师100人参加。

（张旭刚）

【参加奥林匹克文化节演出】 8月15日，十二中参加奥林匹克文化节演出。该校金帆民乐团由学生80人组成，在中国儿童艺术剧院举办民乐专场，表演打击乐《龙腾虎跃》，古筝齐奏《战台风》，小合奏《步步高》、《彩云追月》、《喜洋洋》，吹打乐合奏《淘金令》，二胡齐奏《赛马》，弹拨乐合奏《三六》，民乐大合奏《晴雯歌》、《庆典序曲》，《北京欢迎你》等，来自市区领导、媒体记者观看节目。此次演出是北京奥林匹克文化节内容，旨在弘扬、展示中华民族历史文化，烘托北京奥运喜庆气氛。

（崔茂华）

【完成三校合并】 9月3日，十二中三校合并工作完成。工作根据市区教委指示精神，终止原北京市第十二中学分校、北京市第十二中学草桥分校两所初中分校体制改革试点工作，与北京市第十二中学合并为公办学校。合并后学校占地面积85670平方米，建筑面积82358平方米。开设教学班92个，其中，初中班62个、高中班30个。有教职工400人，包括专任教师280人。普通教室101个，专用教室32个，实验室27个。

（田敏）

【接待科特迪瓦教育部长访问】 10

月9日，十二中接待科特迪瓦教育部长访问。该考察团包括一行15人，来校参观图书馆、报告厅、教学楼、生态展示馆、数字化实验室、体育馆、健身房、学生宿舍、田径训练馆等教辅设施，并询问校内教育设施管理情况，深入高二年级课堂与学生交流。客人对该校教师、学生课堂精神状态和综合素质表示肯定，对现代化、人性化教学条件给予高度评价。

（张志仁）

【参加全国多媒体教育软件赛获奖】 11月8日，十二中教师参加第12届全国多媒体教育软件大赛获奖。该比赛由中央电教馆主办，面向全国大中专院校及中小幼师生，分为技术测试、网上公示、专家评审、现场决赛四个阶段，采取现场陈述和专家提问形式，设置整合课例、多媒体课件、优秀教案三个项目，包括基础教育组、高等教育组、中等职业教育组三个组别。来自全国31个省、自治区、直辖市3836件作品参赛，评出一等奖48件，其中，北京市第十二中学教师陈世荣以《用图像探究追击问题》获得基础教育多媒体课件全国大奖赛一等奖。

（张旭刚）

北京市第十八中学

【概　况】　2008年，北京市第十八中学占地面积23502平方米，建筑面积7471平方米，体育场（馆）面积16792平方米。图书馆藏书4.15万册。固定资产总值1577万元。全年教育经费投入1283万元，其中，国家拨款956万元、自筹经费327万元。高中毕业356人；招生400人，其中，初中79人、高中321人；在校生1025人，其中，初中79人、高中946人。高中录取分数线448分（丰台区），高考本科上线率80%。开设教学班26个，其中，初中班2个、高中班24个。有教职工128人，包括专任教师89人，其中，具有副高级职称28人、中级职称32人；市级骨干教师3人。普通教室26个，专用教室6个，实验室5个。学校网址：www.bj18.net。

（翟力平）

【召开市级课题研讨会】　3月27日，十八中召开《高考复习过程优化》市级课题研讨会。会上由该校物理、化学、生物、数学4个学科教师推出5节研讨课，分别为电学实验复习、化学实验评价、生物实验专题复习、数形结合思想的应用，专家就教师选题与授课情况做出点评，认为学校教师对高考复习过程具有充分的研究，课堂教学的针对性和实效性强。特级教师王伟光、丁益祥，以及市教科院专家、区教研员、各校教师代表170人参加。

（顾晓彬）

【组织研究性学习课程】　3至12月，十八中组织实施“探索丰台”主题研究性学习活动。活动分为宣传动员、组织实施、成果评选、成果汇报等步骤，要求学生以家庭为核心，结合自身兴趣展开调查研究，内容涉及环境、消费、交通、教育等方面。该校高二年级学生327人参加。8月10日，在第四届全国青少年创新大赛中，北京市第十八中学所整理学生研究成果获得优秀组织活动二等奖。

（顾晓彬）

【组织教育思想交流研讨】　4月1日，十八中组织教育思想交流研讨活动。该校邀请北师大教授，围绕“引发教师心灵智慧的叙事探究”主题，分为“特殊家庭孩子的教育故事”、“对有‘个性’孩子的教育故事”、“教育艺术”三个板块展开研讨，学校5名教师分享教育故事，专家点评认为只有对学生充分关注，尊重学生个性，才能真正实现以学生为本，并引导对教育本质的思考。全校干部、教师28人参加。

（顾晓彬）

【成立调解委员会】　4月14日，十八中“人民调解委员会”成立。该委员会由学校代表2人、家长代表2人、学生代表2人、方庄司法所代表2人、方庄派出所代表1人组成，章程由司法所和学校共同制订，职能包括排查解决校园内部各类学生矛盾纠纷，切实维护学校正常教学秩序。来自丰台区司法局、区教委、方庄办事处、方庄派出所、方庄司法所有关领导，以及全校师生350人参加启动仪式，并观摩“北京十八中法制教育周模拟法庭庭审”即时表演。

（安冬芳）

【四川地震灾区学生来校就读】　6月2日，十八中举办“四川绵阳市学生来校就读欢迎仪式”。活动由学校教学干部主持，围绕“爱的奉献”主题，弘扬“地震无情人有情，一方有难八方援”中华民族传统美德，接待四川省江油市一中、江油中学、绵阳中学4名学生来校就读。全校教师、学生1200人参加。

（张琳）

北京市大成学校

【概　况】　2008年，北京市大成学校占地面积43740平方米，建筑面积19876.5平方米，体育场（馆）面积20794.12平方米。图书馆藏书3万册。固定资产总值2834.12万元。全年教育经费投入2377.11万元，其中，国家拨款2283.38万元、自筹经费93.73万元。毕业462人，其中，小学183人、初中124人、高中155人；在校生1936人，其中，小学832人、初中621人、高中483人，包括寄宿生99人。高中录取分数线373分（丰台区），高考本科上线率65.59%。开设教学班64个，其中，小学班27个、初中班19个、高中班18个。有教职工285人，包括专任教师253人，其中，具有副高级职称32人、中级职称119人；市级骨干教师3人。普通教室78个，专用教室7个，实验室9个。学校网址：www.bjdacheng.cn。

（陈英汎）

【成立骨干教师研修班】　1月15日，大成学校举办骨干教师研修班启动仪式。研修班由学校校长主持，旨在发挥校内骨干教师引领作用，指导教师研究教育教学理论与实践，促进精神、理论、行为全面发展，更新教师知识能力结构，提升实施新课程教学能力。其主要职能包括了解掌握教育教学热点问题和最新进展，拓展学科教育新知识新技能，加强学科业务教学研究，掌握教育科研的一般方法，培养学科带头人，现拥有成员48人。

（陈英汎）

【与韩国骊洲大学签订合作协议】　2月29日，大成学校与韩国骊洲大学签订合作协议。双方本着交流合作、共同发展意愿，经过协商达成共识：加强两校师生间交流与合作、促进两校间课程与学术信息交流、两校共同研究合作办学项目，协议有效期3年。

来自韩国骊洲大学相关负责人 3 人，以及大成学校领导干部 5 人出席签字仪式。

（陈英汎）

【召开美术教育研讨会】 5 月 7 至 9 日，大成学校召开美术特色教育研讨会。会议总结学校美术教育工作所取得成绩，研究专业课程设置、师资力量培训、教学规范化管理、美术高考培训、小学和初中课外兴趣培训、校园文化建设等方面工作，并分析工作中存在的问题，讨论明确学校美术特色规模化、规范化办学思路，制订成立学校艺术教育指导委员会、扩展美术课外辅导空间、开办高三复读班和小学美术兴趣班、进行美术教室向画室转变、针对高考新形势调整美术专业教学等具体措施。全校教师 55 人参加。

（陈英汎）

【参观模拟航天发射】 10 月 9 日，大成学校组织参观丰台区东高地科技馆。此次活动以“学习神州 7 号载人航天精神”为主题，由辅导教师指导学生，完成火箭组装、运输、加注燃料、发射、远程监测、空中调姿、返回落地等环节模拟操作，体验航天飞船发射全过程。该校艺术部学生 140 人参加。

（陈英汎）

【演出挪威音乐剧】 12 月 5 日和 19

日，大成学校小学部排练演出挪威音乐剧《活森林》。该音乐剧由挪威教师莫尼卡（Monika）女士指导，以保护环境为主题，采取舞台音乐剧形式，分为四个部分，展示歌颂自然、提倡环保的意义，在 2008 北京青少年科普短剧汇演中，获得“最佳剧本奖”。全校学生 40 人参加。2007 年 7 月 20 日，大成学校以北京奥运为契机，与挪威王国开展文化交流合作，项目内容包括双方学生共同参加夏令营、交流绘画作品、由挪威教师辅导排演宣传环保音乐剧等。

（陈英汎）

【参加全国校内报刊评选获奖】 12 月 20 至 22 日，大成学校参加第三届全国中小学优秀校内报刊评选获奖。该评选由中国教育学会、教育杂志社联合举办，以“促进发展中小学校园文化”为主题，面向全国中小学校，采取分层选拔形式，分为初审、复审两个阶段，评选标准包括主体内容、版面设计、印数质量等。来自全国 27 个省市自治区 2600 所中小学参选，800 件获奖，其中，北京市大成学校校刊《大成时报》、文学杂志《田园》获得“最佳校报一等奖”和“最佳校刊一等奖”，6 名教师分获“最佳编辑奖”和“优秀指导奖”。

（陈英汎）

北京市丰台区丰台第二中学

【概　况】 2008 年，北京市丰台区丰台第二中学占地面积 23713 平方米，建筑面积 17155 平方米，体育场面积 6000 平方米。图书馆藏书 68000 册。全年教育经费投入 2414 万元，其中，国家拨款 1879 万元、自筹经费 535 万元。毕业 720 人，其中，初中 315 人、高中 405 人；招生 631 人，其中，初中 312 人、高中 319 人；在校生 1942 人，其中，初中 907 人、高中 1035 人，包括住宿生 170 人。高中录取分数线 483 分（丰台区），高考本科上线率 92%。开设教学班 46 个，其中，初中班 21 个、高中班 25 个。有教职工 230 人，包括专任教师 169 人，其中，具有副高级职称 58 人、中级职称 90 人；特级教师 1 人、市级学科带头人 2 人、市级骨干教师 9 人。普通教室 46 个，专用教室 24 个，实验室 13 个。学校网址：www.bjf2.cn。

（崔文建）

【接待香港圣若瑟书院参观交流】 3 月 21 日，丰台二中接待香港圣若瑟书院参观交流。考察团包括师生一行 50 人，观看课间操和消防演习活动，走进教室与该校学生共同学习英语、语文、数学等课程，两地学生互相交流各自学习与生活情况，学习蹴球、空竹等中华民族传统体育项目，并进行篮球友谊比赛。全校教师、学生 110 人参加。

（赖力敏）

【青少年体育俱乐部成立】 3 月 31

日，丰台二中举办新绿青少年体育俱乐部颁牌仪式。该俱乐部是学生管理群众性体育组织，为开发学生爱好与专长提供发展空间，并利用学校体育资源满足周边社区居民健身需要，有效管理、协调小型群体活动有组织开展，现拥有会员 2000 人。

（刘继承）

【开展联校互动教研】 10 月 25 日，丰台二中与延庆八中开展互动教学研讨活动。该活动以“落实新课标，优化课堂教学”为主题，分为观摩课程、研讨教材两个部分，丰台二中组织初中教研组长、备课组长以及骨干教师 20 人，到延庆八中做公开课 12 节，涵盖语文、数学、英语、物理、化学等 5 个学科，两校以备课组为单位，围绕“如何进行单元教材备课及教学”内容展开研讨。丰台二中与延庆八中于 2006 年 10 月 20 日建立手拉手互助联系。

（刘汉毅）

【开展课题交流活动】 11 月 14 日，丰台二中开展《语文教育资源的开发和运用》课题学术交流活动。活动第一阶段由该校教师分别推出初、高中研究课，西城、崇文两区教研员完成点评，启发教师对在课改背景下如何开展课堂教学和考试研究进行思考；第二阶段由首师大教授作题为《课改形势下语文教学中面临的问题及相应对策》学术报告，交流研讨语文教师的专业发展意识问题。来自西城、海淀、崇文、宣武等区教研员，以及各校教师500人参加。

（赖力敏）

【承办市级高中课程研讨会】 12月8日，丰台二中承办北京市高中校本课程研讨会。会议听取学校校长《关于校本课程若干思考》主题发言，阐述校本课程实践部分内容，展示校本课程成果。会议围绕在高中课程改革背景下校本课程建设现状，提出并分析存在的问题，研讨解决校本课程建设问题的政策与策略。来自全市18个区县教师120人参加。丰台二中在初一、初二和高一、高二4个年级共开设60门校本课程，全校学生1300人参加。

（张春英）

北京市第九中学

【概　况】 2008年，北京市第九中学占地面积5.67万平方米，建筑面积2.6万平方米。图书馆藏书98926册。固定资产总值5552万元。全年教育经费投入2040万元，其中，国家拨款1485万元、自筹经费555万元。毕业584人，招生405人，在校生1345人。高中录取分数线505分（石景山区），高考本科上线率93%。开设高中教学班34个。有教职工185人，包括专任教师113人，其中，具有副高级职称41人、中级职称32人；特级教师1人、市级骨干教师7人；大学本科以上学历113人。普通教室34个，专用教室42个，实验室15个。

（杨凤娇　乔慧莲）

【开展抗震救灾募捐活动】 5月，九中开展抗震救灾募捐活动。活动面向四川汶川地震灾区，组织教师、学生共筹集善款10万元，包括党员职工所缴纳特殊党费、高一年级学生街头募捐，以及35名外国留学生所捐款项。5月25日，学校高一年级师生携带绿丝带和爱心卡，在西单图书大厦，开展“献出90一代的爱，绿丝带在行动”主题爱心传递活动。活动面向北京市民征集，要求利用爱心卡记下对灾区人民祝福与鼓励话语，为其系上“绿丝带”，象征共同帮助灾区渡过危难。共发放爱心卡827张。

（杨凤娇　乔慧莲）

【参加亚洲青少年运动会获奖】 7

月，九中学生参加第四届亚洲青少年运动会获奖。此次运动会由亚洲儿童国际运动会组委会主办，在俄罗斯萨哈共和国举行，围绕发展青少年体育运动主题，面向亚洲各国青少年，分为三个阶段，采取体育竞赛、交流形式，设置18个项目。来自亚洲18个国家地区运动员3000人参赛，其中，北京市第九中学高一年级学生孙嘉文以50”83成绩获得男子组400米冠军，是学校自1986年建立培养体育后备人才试点校以来第一个洲际比赛单项冠军，并获得男子4×100米接力第二名、4×400米第三名；初二年级学生王珅获得4×100米接力第二名、4×400米接力第三名、男子100米第四名、200米第四名。

（武凤鸣）

【参与奥运系列活动】 8月6日和9月3日，九中参加在奥运村、残奥村各国运动员入驻仪式。该校金帆舞蹈团学生演唱歌曲《心连心》，承担接待新加坡、日本、冰岛、斐济、埃塞俄比亚等10个国家代表团任务，并与外国运动员就“同心结”展开交流。全校教师、学生45人参加。8月7日，学校参加“北京2008”石景山区城市奥运文化广场专场演出。该活动由石景山区政府主办，在北京国际雕塑公园举行，金帆舞蹈团学生60人表演《鼓舞狂欢》、《笑嫣飞花》、《北京胡同》等节目，展示参与奥运热情，丰富区域奥运文化。10月，学校获得“奥林匹克教育突出贡献奖”。该评选由第29届奥林匹克运动会组织委员会主持，肯定北京市第九中学自2005年以来，按照奥林匹克教育行动计划，开展奥林匹克教育、奥运“同心结”交流等工作，表彰为北京2008年奥运会、残奥会所作贡献。

（乔慧莲　马卫东　杨凤娇）

【与新加坡开展系列交流活动】 8月14日，九中师生31人应邀参加新加坡驻华使馆奥运联谊会。新加坡总统纳丹（S. R. Nathan）先生进行接见，该校艺术体操队、金帆舞蹈团表演节目，并向总统赠送奥运吉祥物，与新加坡有关人士交流座谈。10月21日，学校接待新加坡教育考察团。考察团包括新加坡教育部司长一行3人，来校了解奥林匹克教育与奥运“同心结”交流相关情况，查看校内教育设施，参观体育活动和奥林匹克教育文化景观，客人认为北京市开展奥林匹克教育做法值得借鉴。11月24日，学校接待新加坡莱佛士初级学院。访问团包括莱佛士初级学院、纽约道尔顿学校师生一行31人，来校参与教育研讨交流，举办专题讲座，深入课堂观摩公开课，组织文体演出等，双方开展篮球、乒乓球比赛，共同参观八大处、法海寺等景点。

（乔慧莲　杨凤娇）

【开展传统文化进校园活动】 9月12日，九中开展传统文化进校园活动。该活动由教学副校长主持，将传统中秋文化融入各学科课程，其中，语文课推出“中秋诗会”、生物课检查“中秋食品质量”、化学课检测“酒品成份”含量，开展“自己动手做月饼”教学内容，并在课堂讲解中秋节来历、中秋节典故等传统知识。全校学生1300人参加。

（杨凤娇）

【成为北航生源基地校】 11月14日，九中与北京航空航天大学举行“生源输送基地校”暨“优秀艺术后备人才培养实验基地”授牌仪式。合作办学旨在以普通高中课程改革为契机，整合首都教育、文化和科技资

源，为学有余力、表现突出学生，文体特长学生搭建发展平台，根据协议，九中每年向北航输送优秀文体特长生，北航则在自主招生方面向九中优秀学生倾斜。

（马卫东　王世宏）

【举办骨干教师献课活动】　12月1日，九中举办骨干教师献课活动。该活动由学校教学干部主持，以“推进新课程改革”为主题，旨在营造学习氛围、建设教师团队，采取集体备课、校本教研、网上论坛、教学反思、双师带教等形式，展示语文、数学、英语、物理、化学等学科课程27节。该校骨干教师27人承担公开课任务，教师415人次参加听课。

（乔慧莲）

【召开新课程研讨会】　12月12日，九中召开高中新课程改革交流研讨会。会议由学校教学干部主持，围绕“分享新课改经验”主题，以教研组为单位，分学科进行研讨并开展职工交流，听取教师关于新课程改革实践与反思典型发言，介绍新课程改革体会、分享改革经验。全校教师113人参加。

（于秀云）

【参加全国校刊评比获奖】　12月，九中参加第三届全国中小学优秀校内报刊评选获奖。该评选由中国教育学会教育机制研究分会主办，以“创建优秀的学校文化”为主题，面向全国中小学，分为自评、报名、表彰交流三个阶段，采取专家评估形式，最终北京市第九中学校刊《九中通讯》获得最佳校刊一等奖、团刊《九中人》获得最佳社团刊一等奖。《九中通讯》为季刊，于1987年创刊，已出版92期；《九中人》为季刊，于2004年创刊，已出版16期。

（乔慧莲）

北京市京源学校

【概　况】　2008年，北京市京源学校总占地面积49161平方米，其中，幼儿部2352平方米、小学部4663平方米、中学部42146平方米；总建筑面积30537平方米，其中，幼儿部4655平方米、小学部4895平方米、中学部20987平方米；幼儿部活动面积300平方米、小学部体育场（馆）面积3440平方米、中学部体育场（馆）面积18478平方米。图书馆藏书9万册，报纸、刊物322种，电子图书20400册。全年教育经费投入2124万元，其中，国家拨款1436万元、自筹经费688万元。毕业531人，其中，幼儿53人、小学58人、初中357人、高中63人；招生622人，其中，幼儿119人、小学93人、初中328人、高中82人；在校生1977人，其中，幼儿330人、小学425人、初中980人、高中242人。高中录取分数线505分（石景山区）。开设教学班64个，其中，幼儿班13个、小学班16个、初中班24个、高中班11个。有教职工239人，其中，幼儿部44人、小学部35人、中学部160人，包括专任教师174人，其中，幼儿部33人、小学部34人、中学部107人，具有高级专业技术职务73人，其中，幼儿部12人、小学部24人、中学部37人；市级骨干教师7人。普通教室64个，其中，幼儿部13个、小学部16个、中学部35个；专用教室14个，其中，小学部8个、中学部6个；实验室7个，其中，小学部1个、中学部6个。

（董冉）

【开展国际教育交流】　3月10日，京源学校接待新加坡教育考察团。该考察团包括新加坡教育部一行23人，来校听取基本教学情况、办学理念、小学部特色课程以及课外活动有关情况介绍，观摩小学部学生“弘扬千年文化，感悟国学精粹”主题国学诵读表演。客人认为学校将传统古诗、古文与现代教学相结合，有利于培养学生高尚品格与身心健康。4月11日，学校接待波兰教育访问团。访问团包括波兰奥泊莱省教育局一行16人，来校听取相关办学理念、学校特色以及所取得成绩介绍，参观教学活动、校园环境，双方就教学管理、教师队伍建设、课程设置等问题展开交流。10月22日，学校接待韩国少年足球队访问。韩国首尔市麻浦区少年足球队代表团一行来校参观体育教学，交流办学理念。期间，两校足球队进行友好比赛，并开展中文学习活动。12月19日，学校接待日本青少年代表团。访问团包括日本少年友好使者一行202人，由日本大阪府、兵库县、青森县、岩手县事务局主管干部、教师及高中学生组成，是“中日青少年友好交流年”活动内容，来校参观教学活动、校园环境，走进课堂学习中国书法、绘画、民乐，双方共同表演舞蹈等节目，并表示两国青少年要增进交流、加深理解，为亚洲地区和平、繁荣作出贡献。

（何旭涛　董冉　权银花）

【成为翱翔计划基地校】　3月16日，

京源学校成为北京市“翱翔计划”实验基地学校。该工作由北京市青少年科技创新学院审核，在普通高中课程改革背景下，利用北京教育、文化与科学资源，建立学生“在科学家身边成长”机制，培养学生科学态度、科学素养，完善创新人才后备力量培养机制。学校根据“翱翔计划”要求，成立8人领导小组，包括计划顾问、组长、副组长等，制订基地相关建设规划。

（白宏宽　权银花）

【参加世界航模锦标赛获奖】　8月20至27日，京源学校参加第14届世界航海模型锦标赛获奖。该比赛由世界航海模型联合会（NAVIGA）主办，面向全世界航模爱好者，分为国内选拔赛、决赛两个阶段，包括7个组别，设置共7个大项、22个小项。来自法国、德国、中国等18个国家和地区选手356人参赛，52人获奖，其中，北京市京源学校代表队由24人组成，教师陆勤明获得C4A级银牌，高三年级学生杜婧获得C1级银牌，初一年级学生王翼飞、尹婷获得C4A级铜牌，初一年级学生刘芳汝获得C1级铜牌。

（权银花）

【参加华北生物教学课展示获奖】 11月2日，京源学校参加华北地区生物课堂教学优质课展示评比获奖。该评比由中国教育学会生物教学专业委员会举办，以“提高华北地区各中学生物教学水平”为主题，采取优质课评比形式，面向华北地区学校全体生物教师，分为预赛、决赛两个阶段，评选标准包括教学理念、教学设计、课堂展示等。来自华北地区16所学校教师25人参赛，6人获奖，其中，北京市京源学校生物教师吴春萍展示初中课《影响种子萌发的因素》获得一等奖。

（董冉）

【举办翱翔计划科普讲座】 11月24日，京源学校举办翱翔计划科普讲座。该讲座邀请北京市翱翔计划指导专家、中国地质大学教授，以“换个角度看地球”为主题，通过讲解将地理知识融入到日常生活情景，探讨卫星导航定位系统等热门话题，讲解“数字地球”理论知识。全校学生200人参加。

（董冉）

【组织体验人才招聘会】 11月29

日，京源学校组织学生体验人才招聘会。该活动面向高一年级学生，在国际展览馆，组织参加第九届国家部委联合人才招聘会，现场了解社会求职情况，感受就业形势，结合职业生涯规划指导课，制订明确学习目标。该校学生90人参加。

（董冉　仇光霞）

【举办校园文化建设讲座】 12月15日，京源学校举办校园文化建设讲座。该讲座邀请北京市学习型城市建设专家组教师，以“学校文化建设”为主题，从什么是学校文化、如何提炼学校文化、学校文化的作用三个方面进行讲解，指出学校文化是在一定历史条件下，由师生在长期实践和发展中共同创造，核心是学校的价值观与思想信仰，体现在校风、教风、学风等方面；正确的文化与关注教师、学生及家长作用，有助于提高学校凝聚力，提升成员自我调节能力和自我完善能力，专家对学习型学校建设所取得成绩给予肯定，表扬校刊《京源四季》记录学校成长作用。全校教师、学生200人参加。

（董冉）

【庆祝小学部成立10周年】 12月

31日，京源学校小学部举办成立10周年庆典活动。活动由小学部校长主持，以“回顾，创新”为主题，听取校长小学部发展历程介绍，组织师生共同表演管乐合奏、舞蹈、国学诵读等节目。来自区教委领导，各中小学校代表50人出席。北京市京源学校小学部成立于1998年，坚持“为了孩子的终身发展一生幸福而工作”教育理念。拥有教职工35人，学生500人。建校以来共培养毕业生623人。

（董冉　权银花）

【召开高中新课改工作会】 12月，京源学校召开高中新课改工作会。会议由学校教学干部主持，围绕“高中新课改”主题，强调推进新课改工作重要性，指出教育应促进学生全面、自主、个性化发展，高中教育应向培养学生“人生规划”能力、职业意识和创业精神目标转变，各科教师对新课改工作思路与实践，从课程目标、结构、内容、实施、评价、管理等方面进行阐述，并就教材教法变化，必修课、选修课安排进行讨论。会议认为要重视课堂教学，将新课改精神落到实处，全面提升学生能力。该校主管干部，高一、高二年级教师21人参加。

（董冉）

北京市第十九中学

【概　况】 2008年，北京市第十九中学占地面积102178平方米，建筑面积68529平方米。体育场（馆）面积3335平方米。图书馆藏书17万册。固定资产总值1.8亿元。全年教育经费投入4600万元，其中，国家拨款4100万元，自筹经费500万元。毕业1067人，其中，初中740人人、高中327人；招生899人，其中，初中607人、高中292人；在校生2884人，其中，初中2123人、高中761人。高中录取分数线482分（海淀区），高考录取率89.2%。开设教学班75个，其中，初中班53个、高中班22个。有教职工257人，包括专任教师203人，其中，具有副高级职称55人、中级职称147人；市级学科带头人1人、市级骨干教师4人、特级教师2人。普通教室348个，专用教室13个，实验室9个。学校网址：http://192.168.100.222。

（时昂）

【组织艺术团赴美交流演出】 2月1

至12日，十九中组织艺术团赴美交流演出。艺术团由该校民乐团、合唱团、舞蹈团师生一行69人组成，受美国南丁格尔国际基金会邀请，赴美参加洛杉矶华人华侨举办“红红火火中国年”庆典活动、凤凰城市政府举

办“中国文化周”开幕式演出并参加金龙大游行；师生到亚利桑那州图森市绿树中学进行交流演出，表演《花好月圆》、《茉莉花》小合唱、舞蹈和民乐独奏、合奏等节目。访问期间共参加演出3场与盛装游行1次。

（杨丽华）

【制订学校及个人中长期规划】 8月，十九中学制订学校及个人中长期规划。工作由学校规划领导小组主持，组织教职工代表对学校办学思路与学校中长期发展进行讨论，提出学校发展规划框架；召开改革发展研讨会，形成学校发展中长期规划，在第九届四次教代会获得通过，并以年级组和各处室为单位研讨完善；要求教师制订个人中长期专业发展规划，从成长历史分析、个人发展目标、具体发展措施和措施保障等方面提出具体方案并附规划样本。全校教职工257人参与。

（时昂）

【召开多元理论报告会】 9月21日，十九中召开多元智能理论报告会。会议邀请北京教育学院2名专家，以《借鉴多元智能理论提高课堂教学质量的实践研究》为题，讲述多元智能理论原理、发展情况以及对课堂教学应用指导意义，并介绍多元智能理论课题在全国推广情况，会后分成11个小组进行研讨交流。全校教职工256人参加。

（时昂）

【推进写作课题研究】 年内，十九中推进新课改写做课题研究。该校高中语文组依据《中学语文科课改校本（十九中）写作资源的开发和运用》课题研究要求，编写校本写作教材《情感的光泽》，分为“父爱”、“手足情”、“母爱”、“人与动物情”、“友爱”、“人与植物情”和“海淀风土人情”7个章节；针对学生中存在“写作兴趣不足”和“写作能力不够”问题，在课堂教学中围绕让学生“动起来，写起来”活动目标，推出6节区校级研讨课，4篇学生习作分别在《中国教育广播电视报》和《作文导报》上发表。课题自2007年6月立项，为十一五国家级科研课题《语文教育资源的开发和运用》子课题。

（时昂）

北京市第一零一中学

【概　况】 2008年，北京市第一零一中学占地面积20.8万平方米，建筑面积5.5万平方米，体育场（馆）面积4万平方米。图书馆藏书11万册。固定资产总值17000万元。全年教育经费投入9000万元。毕业1082人，其中，初中529人、高中553人；招生1096人，其中，初中630人、高中466人；在校生3008人，其中，初中1628人、高中1380人。高中录取分数线523分（海淀区）应届高考本科上线率100%。开设教学班80个，其中，初中班45个、高中班35个。有教职工355人，包括专任教师248人，其中，具有副高级职称101人、中级职称123人；特级教师5人、市级学科带头人4人、市级骨干教师13人；大学本科以上学历294人。普通教室100个，专用教室28个，实验室15个。学校网址：www.beijing101.com。

（贺凤美）

【展示研究性学习成果】 3月，一零一中高一年级展示首轮研究性学习成果。共有12个课题参加展示，通过演讲、模型展览、电子文档演示等形式汇报，包括《校园外交通状况》、《动物园与生态教育》、《太阳黑子与降雨量关系》、《粉笔和板擦改进》等内容，由学校领导、各学科教研组长打分评判，最终评出一等奖3个、二等奖4个、三等奖5个。2007年9月，学校组织开展学生参与研究性学习，高一年级11个班学生500人选择研究课题99个，每班推出1个特色课题参与进行学习成果展示。

（贺凤美）

【举办首届教学展示】 4至6月，一零一中举办首届“教坛新秀”、“教学能手”教师评比展示活动。该活动分为“一块板书、一堂好课、一次演讲、一个教案、教学反思”等5个环节，25名工作未满三年青年教师参加，最终评出9名“教坛新秀”综合奖、6名“教学能手”综合奖。学校规定该评比每年举办一届。

（贺凤美）

【举办课堂阅读成果研讨会】 5月13日，一零一中举办“新课改理念下课堂阅读教学生成效果”研讨会。会议观摩特级教师、语文教育专家程翔《雷雨》和青年教师《人是一根会思想的苇草》、《范进中举》共3节示范课，并由专家完成点评，肯定青年教师扎实基本功和优秀语文素质，认为学生课堂表现机智、学有礼貌，听取市教科院、语文特级教师李卫东《倾听，等待》专题发言。来自海淀区教师进修学校教研员100人参加。

（贺凤美）

【承办市级劳技教学研讨会】 5月21日，一零一中承办市级劳动技术课堂教学研讨会。会议由市教科院基教研中心主办，该校与海淀区教研中心承办，围绕“立足课堂教学，发展学生技术素养”主题，听取学校劳动技术教育开展和学科规划情况，以及海淀区学科教研工作进展与经验介绍，观摩学校教师《印刷线路板的设计与制作》电子技术项目与育英学校教师《环保标牌的设计》木工技术项目教学，与会人员结合课例和学科课改热点问题互动交流。来自全市各区县劳技教研员、骨干教师200人参加。

（贺凤美）

【组织抗震救灾活动】 5月30日，一零一中举办“我们在一起”主题联谊班会。此次班会邀请四川省地震灾区北川中学初二年级2名学生参加，采取Rap表演、相声、诗歌朗诵等形式，表达对灾区同龄人祝福与鼓励，并赠送爱心祝福千纸鹤、福娃、校服、画册等。学校初三年级学生参加。6月12至13日，学校组织高三毕业生义卖活动。活动组织捐赠书籍、杂志、练习本、笔等物品，并在学校喷泉广场举办赈灾义卖，募集善款8286元全部捐给北川中学。该校学生600人参加。

（贺凤美）

【参加全国青少年科技创新赛获奖】 7月30日至8月2日，一零一中参加第23届全国青少年科技创新大赛获奖。该比赛由中国科协、教育部、科技部、国家环保总局、国家体育总局、共青团中央、全国妇联、国家自然科学基金委员会和新疆维吾尔自治区人民政府共同主办，新疆维吾尔自治区科协承办，包括项目审阅、素质测评、技能测试、封闭问辩等环节，来自全国各省、地区、直辖市及香港、澳门35支代表队540名青少年、200名科技教师，以及美国、德国、丹麦、匈牙利、印度、韩国等国代表队参赛，评出优秀学生项目一等奖68项、二等奖154项、三等奖191项，其中，北京市第一零一中学代表队由学生6人组成，以《东亚飞蝗对信息化合物行为反应特征的研究》、《免耕法种植西兰花对土壤微生物及虫态功能的影响》2个项目分获优秀学生项目一、二等奖。

（贺凤美）

【出版《101中考》丛书】 9月，一零一中校本教材《101中考》丛书出版。该丛书以体现新课标理念为目的，组织学校各学科骨干教师共同编写，汇集中考复习要点，包括语文、数学、英语、物理、化学共5个分册。全书共计236万字，由中国华文出版社出版。

（贺凤美）

【召开诺贝尔奖获得者演讲会】 11月12日，一零一中召开诺贝尔获奖者演讲会。演讲会由中科院和北京市政府联合举办，邀请1996年诺贝尔经济学奖获得者詹姆斯·莫里斯（James Alexander Mirrlees），讲述自身成长故事，说明要选择适合发展道路，应该挑战自我等，并与学生进行现场互动、回答提问。全校教师、学生300人参加。

（贺凤美）

【举办课堂教学模式探究】 11月14日，一零一中举办“新课程理念下的课堂教学模式探究活动”。该活动围绕“如何提高教学有效性”主题，采取包括新授课、习题课、合作学习等9种教学模式，观摩学校13名教师12个学科展示课15节。提供交流课改经验、探讨实践问题平台，是2008年北京市高中校长新课程改革第二轮培训“祥云行动”培训内容。来自市、区教委领导、专家，以及各中学教师300人参加。

（贺凤美）

【宋皓破泛太平洋学生跳高赛会纪录】 12月3至6日，一零一中学生宋皓在泛太平洋中学生运动会上打破男子跳高赛会纪录。该运动会每3年举办一届，本次共有澳大利亚、新西兰、泰国、日本、韩国、加拿大、新加坡等35个国家和地区中学生参赛，中国中学生田径代表队由32名运动员组成，其中，北京市第一零一中学高二年级学生宋皓以2.07米成绩获得男子跳高金牌并打破赛会纪录，高三年级学生刘飞以7.17米成绩获得男子跳远金牌。

（贺凤美）

【举办首届模拟联合国会议】 12月16日，一零一中举办首届模拟联合国会议。模联会议下设一个委员会，即联合国大会（SC），会议工作语言为英语，由3名学生分别担任主席、副主席和会议指导，另48名学生身着正装，模拟联合国24个国家外交官员，按照联合国议事程序，讨论有关朝核问题等议题，通过辩论、磋商和举国家牌表明所代表国家立场，争取国家利益。全校教师、学生参加。

（贺凤美）

【举办校园文化市场活动】 12月22至26日，一零一中举办“让文化温暖冬日——北京一零一中学校园文化市场”活动。该活动分为“文化专题片展映”、“图书交换”、“创意市集”、“文化展览”和“猜灯谜”5个板块。全校学生2000人参加。

（贺凤美）

中国人民大学附属中学

【概　况】 2008年，中国人民大学附属中学占地面积94666平方米，建筑面积77591.31平方米，体育场（馆）面积2700平方米。图书馆藏书15万册。在校生4417人，其中，初中2059人、高中2398人。高中录取分数线537分（海淀区）。开设教学班103个，其中，初中班47个、高中班56个。有教职工402人，包括专任教师315人，其中，具有正高级职称2人、副高级职称209人、中级职称124人；特级教师21人、市级学科带头人7人、市级骨干教师16人；大学本科以上学历376人。普通教室111个，专用教室30个，实验室5个。学校网址：www.rdfz.cn。

（吴兆华）

【参加国际象棋比赛获奖】 2月18日，人大附中国际象棋队参加第16届“李成智杯”全国青少年国际象棋冠军赛获奖。该项赛事由国家体育总局中国国际象棋协会主办，上海棋院承办，是全国最高级别青少年国际象棋比赛，来自全国27个省、市、自治区127支代表队1200名运动员参加，其中，中国人民大学附属中学国际象棋国家少年队高二年级学生蔡佳莹获得女子16岁组冠军，初一年级学生褚伟超获得男子12岁组冠军、王一业获得男子10岁组冠军，高三年级学生余瑞源获得男子18岁组亚军、高二年级学生于墨奇获得女子16岁组亚军，初三年级学生夏日风获得女子14岁组亚军、范云获得女子青年组季军。12月5日，高三年级学生杨凯淇获得第一届韩国国际象棋公开赛冠军。比赛共有来自世界17个国家地区50名参赛者，包括4名国际特级大师和10名国际大师，中国队派出4名棋手参加，经过九轮瑞士制争夺，中国人民大学附属中学学生杨凯淇在第三和第五轮弈与乌兹别克斯坦特级大师菲利波夫、韩国特级大师艾利克斯，并在第四轮战胜美国特级大师埃尔维斯特，最终以9轮4胜5和积6.5分获得冠军及3100美元奖金。

（吴兆华）

【召开第十届科研年会】 2月21至23日，人大附中召开第十届科研年会。会议以“打造优秀教职员工团队，净化心灵，无私奉献，促均衡，促和谐，促发展，为办好人民满意的教育而奋斗”为主题，听取刘彭芝校长主题报告与3名教职工事迹介绍，表彰于树泉等优秀教师。该校电教中心主任王锋、厨师魏二明、清洁工齐艳是人大附中聘用农民工。其中，王锋，曾做勤杂工作，通过自学掌握摄影摄像等技术，多次获得全国比赛大奖，被评为人大附中先进工作者。魏二明，2001年到人大附中食堂工作，自费学习雕花、面塑，后由学校资助就读北京教育学院中国烹饪教育专业，获烹饪教育专业证书。2005年10月，在第15届厨师节暨首届全国中餐技能创新大赛中，以作品《飞天》夺取“创新成就大奖”金奖并获得“最佳厨师”称号，同年在校内开设选修面塑课。齐艳，在人大附中从事保洁工作，通过努力考取人力资源管理专科证书。来自中国教育学会会长顾明远、原中央教科所所长朱小蔓、教育部基础教育司、人民大学、北京市教育学院、区教委领导及学校教职工400人参加。

（吴兆华）

【参加市学生艺术节获奖】 4月20日和28日，人大附中参加北京市第11届学生艺术节合唱比赛获奖。全市各区县学校代表队参加，其中，中国人民大学附属中学合唱团获得金帆组最佳技巧奖、最佳作品奖、最佳训练奖，行进管乐团获得北京市第11届学生艺术节管乐比赛一等奖。人大附中艺术团由交响乐团、合唱团、舞蹈团、行进管乐团、电子轻音乐团以及武术队、健美操队7个艺术团体组成，现拥有学员400人。

（吴兆华）

【培训中西部乡村体育教师】 5月

13日，人大附中培训中西部乡村学校体育教师。“中西部中小学体育教师培训营”项目由人大附中、中国中学生足球协会发起，教育部学生体育联合会主办，中国足球协会、北京市教委、北京体育大学、中央电视台、北京市电视台等协办，来自陕西、青海、山西、甘肃、宁夏、新疆、西藏、云南、安徽、贵州、广西、江西等12个省100名乡村中小学体育教师参加，分成四批在该校“三高”足球基地接受为期12天培训，内容包括学习青少年足球基础教学理论和方法，进行带队实践演练，积累训练与管理经验。

（吴兆华）

【召开教学研讨会】 5月20日，人大附中召开“为学习设计教学”研讨会。会议介绍学校教学实验体、三校课改问卷调查结果，研讨新课程理念下课堂教学设计与教学策略问题，听取英语教师分析1节录像课片段，并组织进行教学反思，编发《人大附中教育实验体教学设计案例选》。来自教学实验体3所学校（人大附中、北航附中、人大附中分校）领导、高一年级教师300人参加。

（吴兆华）

【召开信息资源开发与服务研讨会】

6月18至20日，人大附中召开基础教育信息资源开发与服务试点工程校长研讨会。会议围绕如何提供信息资源、提供哪些资源以及如何更好地服务全国学校教育展开研讨，认为教育资源除学生学习课本知识外，还包括体育、心理方面，以及教育管理者、班主任、任课教师如何开展工作，如何引导学生潜能发挥。中科院院士王绶琯，北京大学、清华大学、部分企业界代表，以及全国10个省市地区校长50人参加。

（吴兆华）

【张瑞祥获国际数学奥林匹克金牌】

7月10至22日，人大附中高三年级学生张瑞祥在第49届国际中学生数学奥林匹克竞赛上获得金牌。本届比赛由西班牙主办，在马德里（Madrid）举行，来自世界103个国家地区549名学生参加，其中，中国队由中国人民大学附属中学、上海中学、山东师大附中、华东师大二附中、华中师大一附中等6所学校6名学生组成，最终以217分成绩获得团体总分第一名。

（吴兆华）

【人大附中西山学校成立】 8月3日，人大附中西山学校成立。该校经海淀区教委（海教批字［2008］12号）和区机构编制委员会（海编委发［2009］6号）同意，人大附中冠名并实施具体管理西山华府住宅小区配套学校，是区教委所属全额拨款事业单位，其性质为独立法人。学校由教学楼、实验楼、综合楼和宿舍楼组成，配有教学教室、图书馆、电子阅览室、实验室、劳技实验教室、科技活动室、艺术活动中心和体育活动中心等，开设教学班36个。

（吴兆华）

【参加全国青少年科技创新赛获奖】

8月4日，人大附中学生参加第23届全国青少年科技创新大赛获奖。该竞赛由中国科学技术协会、教育部、科技部、国家发改委、环境保护部、国家体育总局、国家自然科学基金委、共青团中央、全国妇联和新疆维吾尔自治区人民政府共同主办，在乌鲁木齐市举行，来自全国31个省、自治区、直辖市，香港、澳门特别行政区和各生产建设兵团、军队35支代表队、558名学生、200名科技辅导员，以及瑞典、法国、丹麦、印度等8个国家46名代表参赛。此次共有395个学生创新项目、150个科技辅导员创新项目参评，155项科技实践活动项目、472幅少年儿童科学幻想绘画参展。其中，中国人民大学附属中学高二年级学生姚昱星以《蚊子体表面结构与生物适应的浸润性、仿生研究》项目获得一等奖，初二年级赵咄雄《可记忆棋谱的电子围棋盘》，高一年级学生郝博雯、王心阳《用分子点亮硅片——硅基小分子有机电致发光》，高二年级刘泽政《氨氮污水复合凹凸流吹脱净化技术》三个项目获得二等奖。

（吴兆华）

【出版超常儿童培养丛书】 9月16日，《人大附中超常儿童培养系列丛书》出版。丛书由学校校长刘彭芝和党委书记王珉珠担任主编，中国教育学会、中国青少年研究会、中国作家协会专家完成指导点评，分为8册，包括《中国车手程丛夫》、《学苑“怪才”潘思塑》、《发明之星吴天际》、《艺术少年杨迪》、《剑桥学子肖盾》、《世纪少女杨夏男》、《校园“黑客”侯晓迪》、《绘画才子王羽熙》，主要以学生为主人公，通过纪实方式，再现8名学生成长教育经历。丛书由高等教育出版社出版。

（吴兆华）

【参加北方青少年机器人联赛获奖】

10月12日，人大附中参加2008北方青少年VEX机器人联赛暨VEX机器人世界锦标赛北方赛区选拔赛获奖。该项赛事由亚洲机器人联盟主办，面向在校就读中小学生（包括中专、职校、技校等），分为预赛、决赛两个赛段，设置VEX机器人工程挑战赛

——桥式战斗项目。来自北京市、天津市、河北省、山西省、陕西省以及吉林省、辽宁省、黑龙江省和周边省市20支代表队参加，全部获奖，其中，中国人民大学附属中学代表队由高一年级4名学生组成，获得一等奖第一名，同时取得2008VEX机器人世界锦标赛参赛资格。

（吴兆华）

【举办数学教学研讨会】 10月15日，人大附中举办北京市高中数学课程改革教学研讨会。会议由该校与市教科院基教研中心数学教研室共同组织，观摩高一、高二年级数学教师《指数函数（一）》、《对数（一）》、《随机事件的概率》、《循环结构》展示课，与会专家针对4节研究课进行点评与指导，认为教师前两节课程较好解决旧的教学内容、体现新的课标要求，抓住数学本质，提高学生参与力度；后两节课程分别在新课程背景下体现数学思维、进行概念教学提供示范作用。来自全市各区县有关专家、教师100人参加。

（吴兆华）

【参加全国物理竞赛获奖】 10月18至19日，人大附中学生参加第25届全国中学生物理竞赛获奖。该竞赛由中国物理学会主办，北京物理学会、北京大学和北大附中承办，采取笔试形式，分为初赛、复赛、决赛三个阶段，包括理论考试、实验操作两个部分。来自全国各省市自治区学生参赛，210人获奖，其中，中国人民大学附属中学高二年级学生管紫轩获得一等奖第六名、实验操作第一名，张思卓获得一等奖第七名。

（吴兆华）

【举办高中通用教学研讨会】 10月

29日，人大附中举办北京市高中通用技术课程观摩研讨会。会议与市教科院基教研中心联合举办，听取学校《通用技术的校本实施与思考》专题报告，观摩4名技术教师、1名外教展示5节通用技术课，结合课程研讨高中新课改教学实践情况，专家表示对学校通用技术课改相关工作给予肯定。来自教育部、中央教科所、市教科院、北京教育学院、北京工业设计促进中心领导、专家，以及北京市校长研修班高中校校长、全市18个区县教研员、技术教师400人参加。

（吴兆华）

【参加全国青年教师课程评比】 11月5日，人大附中参加第四届全国高中青年数学教师优秀课观摩与评选活动获奖。活动由中国教育学会中学数学教学专业委员会主办，辽宁省教育学会中学数学教学专业委员会、辽宁省基教研中心承办，旨在促进高中学校青年数学教师思想业务素质提高、数学课堂教学质量提高，推动高中数学教学改革。来自全国各省、自治区、直辖市66名青年教师参加，采取录像课展示和授课教师自述、专家点评、现场提问等互动形式，其中，中国人民大学附属中学教师李秋生以《随机事件的概率》课程获得一等奖第一名。

（吴兆华）

【展示CNGI教育阶段成果】 12月3日，人大附中展示CNGI（中国下一代互联网示范工程）教育阶段成果。中国下一代互联网示范工程于2003年9月由国家发改委、科技部、教育部、中科院、国家自然基金委联合启动，五年来共设立产业相关项目103个，包括核心项目37个，其中，中国人民大学附属中学承担《基于CNGI的国家基础教育网格应用示范》项目，校长刘彭芝任负责人，合作单位包括清华大学、北京理工大学、国家图书馆、长沙一中。

（吴兆华）

【刘彭芝当选全国杰出校长】 12月，人大附中校长刘彭芝当选“2008全国十大教育杰出贡献校长”。该评选由中国关心下一代工作委员会教育发展中心、全国教育专家委员会、全国中学教育科研联合体共同组织，面向全国中小学校长。刘彭芝，1997年担任中国人民大学附属中学校长，北京市数学特级教师，所教学生曾获第30届、第35届国际奥林匹克数学竞赛金、银牌，400人在全国、北京市中学生数竞赛中获奖；主持完成20项国家、市、区级科研课题；2003年，出版《刘彭芝文集》，海淀区委、区政府召开“刘彭芝教育思想研讨会”；2004年，出版专著《人生为一大事来》；2008年9月，作为中学教育界代表，参加温家宝总理所召集座谈会，被称为“真正懂教育并有实践经验的教育专家”，并作为全国100位优秀教师代表，受到胡锦涛主席接见。12月，被上海市教委聘为“上海市普教系统名校长、名师培养工程”名校长培养基地主持人，被国家中长期教育改革和发展规划纲要工作小组聘为咨询专家。

（吴兆华）

【开设150门校本选修课】 年内，人大附中开设150门校本选修课。课程根据学生、学校、社会需要和教师专业特长设置，授课教师包括本校教师、外请教师、本校毕业生、在校学生及本校食堂食品雕塑师；利用教室、实验室、操场、艺术宫、游泳馆、食堂、社区等场地，以教师讲授为主，组织学生动手活动，注重多元评价方式。学校研发“选修课管理平台”，实现网络选课、网络管理，在每学期初设立选修课宣传周，由任课教师推介所授课程内容，每名学生规定限选3门。

（吴兆华）

清华大学附属中学

【概　况】 2008年，清华大学附属中学占地面积8万平方米，建筑面积5万平方米，体育场（馆）面积22650平方米。图书馆藏书10万册。固定资产总值9858万元。全年教育经费投入5243万元，其中，国家拨款2366万元、自筹经费2877万元。毕业753人，其中，初中154人、高中599人；招生540人，其中，初中123人、高中397人；在校生1509人，其中，初中403人、高中1106人。高中录取分数线527分（海淀区）。开设教学班41个，其中，初中班 10 个、高中班 31 个。有教职工 273 人，包括专任教师 197 人，其中，具有正高级职称 1 人、副高级职称 90 人、中级职称 64 人；特级教师 17 人、市级学科带头人 5 人、市级骨干教师 10 人。普通教室 94 个，专用教室 47 个。

（施平）

【参加模拟联合国大会】　3 月 6 至 9 日，清华附中参加第四届北京大学全国高中生模拟联合国大会（PKUNMUN）。清华附中代表队由高二学生 7 人、高一学生 3 人共 10 人组成，分别代表埃及与以色列，参加“联合国大会”、“联合国高级难民署”、“世界遗产中心”、“奥委会”四个委员会，其中，高二学生徐菁玮获得联合国大会（GA）最佳代表、李楠获得联合国高级难民署（UNHCR）最佳代表；汪澎川、吕铁成和朱直人分别获得所在委员会最佳风采、最有潜质奖，该校模联协会承办此次埃及文化“地球村”展示。来自全国各省市地区以及台湾、澳门 66 所中学 555 名学生参加。北京大学全国高中生模拟联合国大会（PKUNMUN）项目由美国联合国协会（UNA－USA）协助支持，北京大学主办，组织青年学生扮演各国外交官，以联合国会议形式，通过阐述观点、政策辩论、投票表决、做出决议等亲身参与，熟悉联合国运作方式。

（高岷）

【参加市青少年科技创新赛获奖】　3 月 23 日，清华附中参加第 28 届安捷伦北京青少年科技创新大赛获奖。该比赛由北京市科学技术协会、北京市教育委员会、北京市科学技术委员会、北京市知识产权局、朝阳区人民政府、北京青少年科学基金会主办，以“体验、创新、成长”为主题，经过学校推荐、各区县评审，1141 项优秀作品参加市级初评，160 项入选参加终评答辩。大赛期间，按 13 个学科进行展示和公开答辩。来自全市各区县学校学生 30 万人参加，其中，清华大学附属中学学生 12 人参加 5 个项目比赛，高二年级学生王顺智化学学科项目《采用渗透泵和包合技术控制难溶性药物恒速释放的研究》获得一等奖，同时获得澳大利亚西澳大学专项奖，取得赴西澳大学参加科学研究项目机会，3 名学生获得二等奖、1 名学生获得第六届北京青少年科技创新市长奖“提名奖”。

（高岷）

【民乐团获金帆艺术团称号】　4 月 8 日，清华附中民乐团获得北京市学生金帆艺术团称号。该校民乐团成立于 2003 年，现有在编演奏员 76 人，曾获得北京市第八、第十届学生艺术节比赛一等奖，2003 年获得全国“龙音杯”比赛“月光奖”，2005 年获得全国“龙音杯”比赛“阳光奖”。北京市学生金帆艺术团代表首都教育系统艺术教育最高水平，涉及交响乐、民乐、合唱、舞蹈、曲艺、京剧等 10 个门类，分别由符合条件中小学校和校外教育机构所承办。

（高岷）

【举办优秀教师示范课】　4 月 17 日，清华附中举办优秀教师示范课活动。活动围绕“课堂教学中关注学生，提高教学的有效性”主题，旨在促进教师专业化成长以及教研组、备课组教学研究水平提高，分为准备、启动、开课、总结四个阶段，展示语文、数学、英语、物理、化学、生物、政治、历史、地理和计算机 10 个科目 13 节示范课，课后学科教研组进行讲评，观摩特级教师秦洪明示范课《立体几何中的一类折叠问题》，教师分别就听课时观察维度进行评说。6 月 5 日，学校召开示范课总结会。会议总结示范课经验并提出工作设想，3 名教师陈述所做优秀课准备、构思、呈现过程以及课后反思总结；2 名青年教师介绍参加听课学习收获与感悟。全校教师 190 人参加。

（高岷）

【开展后备人才培养】　7 月 15 至 19 日，清华附中开展与周边中小学校生物科技手拉手“海淀区首批小学生生物科技创新后备人才培养公益活动”。活动利用学校实验设施与教师资源，旨在使不具备实验条件学校学生走入实验室、感受科学技术内涵，从附近 11 所小学推荐选拔 30 名学生，由该校生物教师对学员进行组培实验、基因工程、电泳、克隆等生物技术培训，最后指导答辩演讲，全国青少年科技创新大赛评委完成点评。活动由北京扬帆起航国际文化科技教育中心（YKC）科技项目组设计安排，邀请北师大生物环境系研究生作为班主任协助教学和组织管理，北京凯普生物技术公司给予支持，提供相关生物实验药剂、实验用品，并选派技术人员协助服务。

（宋亚甫）

【召开校本课程评审会】　9 月 3 日和 5 日，清华附中分别召开高一和高二年级校本课程、教材评审会议。该校高一年级申报校本课程 24 门、高二年级申报校本课程 17 门，课程内容涉及语文、数学、英语、物理、生物、化学等基础学科，以及电视新闻传媒、多媒体技术应用、围棋、哲学、心理学等拓展学科。由教师介绍申报课程内容，并回答评委提问，结果显示，高一年级共有 19 门课程、高二年级共有 14 门课程通过评审。全校干部、教师 10 人参与审核。

（高岷）

【成立科技俱乐部】　9 月 25 日，清华附中科技俱乐部成立。该俱乐部由学校科技中心管理，面向全体在校学生，通过小讲师活动、体验科研活动、名家讲座及讨论交流活动、青少年科技活动等形式，使学生感受科学精神，实践科学方法，形成科学思想。全校共有俱乐部会员 40 人。

（高岷）

【举办科普教育展示会】　10 月 18 日，清华附中举办 2008 中小学科技普及教育展示会暨“中国雏鹰航空与工程 DIY 创新竞赛”。活动以“走出课堂、感受科技”为主题，听取中国航天员科研训练中心、中国皮划艇协会教练技术委员会 5 名专家做《神七飞行与太空行走的奥秘》、《奥运会冠军训练的科学理论与科技攻关》主题讲座，并与学生对话交流，展示奥运科技、神州七号等中国最新科技成果；学校与其他中小学科技活动情况、社团活动成果；开展校际学生百科知识竞赛、OM 头脑风暴竞赛等；现场举办天文望远镜组装比赛、天文知识问答、望远镜搜寻目标竞赛，各学校学生制作生物科技、机器人、航天器、太阳能、无线电等模型和展板。由中国雏鹰教育机构、海淀区教委和清华附中联合举办首届“中国雏鹰航空与工程 DIY 创新竞赛”作品展示，创新竞赛包括“定向投掷”、“小牛飞行”、“百问考不倒”三个项目，现场进行模拟飞行表演与航天知识竞赛。来自海淀区教委领导，中科院天地生科学文化传播中心专家，清华附中及 10 所学校学生 2000 人参加。

（高岷）

【与英国中学合作建立孔子课堂】 10 月 24 至 30 日，清华附中与英国布莱顿中学合作建立孔子课堂。项目受中国国家汉语国际推广领导小组办公室委托，该校作为中方承办学校，与来访英国布莱顿学院（Brighton College）访问团签署建立孔子课堂《孔子课堂执行协议》，“孔子课堂”为国外中学生提供认知中国国情、感受中国文化、学习中国语言平台，属于非营利教育机构，其主要业务包括开设符合当地需要各种类型汉语教学课程、培训汉语教师、编制和推广汉语学习资料与教材、开办汉语考试、举办旨在增进对中国及中国语言文化了解教学、学术和文化交流等。布莱顿学院建于 1845 年，曾创设小班教学、外语和科学教学、校刊、校体育馆等，2006 年 3 月成为英国第一所将汉语列为必修课私立学校。

（高岷）

【射击协会后备人才基地挂牌】 11

月 7 日，清华附中举行“中国射击协会后备人才培训基地”暨“中国射击协会重点射击学校”挂牌仪式。此次活动由国家体育总局射击射箭运动管理中心主持，来自国家体育总局射击射箭运动管理中心、射击队总教练王义夫，教育部、清华大学领导、专家，清华大学射击队总教练张秋萍、北京奥运会射击冠军庞伟（男子 10 米气手枪金牌）、郭文珺（女子 10 米气手枪金牌）、杜丽（女子 50 米步枪 3 种姿势金牌）、邱健（男子 50 米步枪 3 种姿势金牌）、清华大学射击队代表以及清华附中教师、学生 500 人参加。仪式后，王义夫、杜丽、郭文珺与学生进行互动交流。清华大学附属中学自 1999 年开展中学生射击项目，共培养 5 名国际运动健将、10 名国家级运动健将和 14 名国家一级运动员，先后 6 人入选中国国家射击队，其中，该校毕业生刘天佑在 2006 年多哈亚运会上获得 3 枚射击金牌；廖莎、罗玉麟在世界大学生射击锦标赛上获得冠军。

（高岷）

【参加市中学生英语比赛获奖】 11 月 8 日，清华附中学生参加“北京市中学生英语剧星大赛”获奖。该比赛由北京市国际教育交流中心、各区县英语教研部门联合举办，来自全市 18 个区县 30 所学校英语短剧进入复赛，其中，清华大学附属中学代表队由高二年级学生 13 人组成，参赛剧目《摆渡（Ferry)》获得一等奖。此剧为学生自编自导自演，并独立完成服装、道具、剧本、舞台效果、背景音乐设计。

（高岷）

【承办全国高中课堂观察研讨会】 11 月 18 至 19 日，清华附中召开第二届全国普通高中课堂观察研讨交流会。会议由教育部基础教育课程研究中心、海淀区教委共同主办，清华附中承办，该校展示高三年级数学和高一年级政治 2 节课堂观察课，并就课堂观察与学校教学管理改革、课堂观察与教学质量提升、课堂观察与教师素养提升等问题进行研讨和交流，听取华东师大专家《课堂观察——走向专业的听评课》专题报告。来自教育部、市教委、市教科院、海淀区教委、区教师进修学校及天津市南开区教育局、重庆市沙坪坝区教委、上海市徐汇区教育局领导，以及来自浙江余杭、宁夏银川、广东深圳、山西、陕西、宁夏、江苏、福建等省区代表，海淀区各中学干部、教师 350 人参加。

（高岷）

【参加全国物理教学赛获奖】 11 月 17 至 20 日，清华附中教师参加全国中学物理青年教师教学大赛获奖。该比赛由中国物理学会主办，旨在提高中学物理教师专业化发展水平，促进研究型教师队伍建设，推动中学物理教育课程改革。全国各省、自治区、直辖市各选派 2 名（初、高中各 1 名）共 62 名教师参赛，最终评出高中组一等奖 13 名、二等奖 19 名；初中组一等奖 12 名、二等奖 18 名，其中，清华大学附属中学教师潘天俊以《牛顿第一定律》观摩课获得高中组一等奖。

（高岷）

【参加泛太平洋中学生运动会获奖】 11 月 29 日至 12 月 9 日，清华附中学生参加 2008“泛太平洋”中学生运动会获奖。“泛太平洋”中学生运动会每 3 年举行一届，本次比赛由澳大利亚堪培拉主办，来自澳大利亚、新西兰、泰国、日本、韩国、加拿大、新加坡等 35 个国家和地区中学生参赛，设置田径、游泳、篮球等项目，中国学生代表队由 68 名运动员组成，其中，清华附中高三年级学生孙妍以 13.14 米和 5.72 米成绩分别获得女子三级跳远项目金牌和女子跳远项目银牌；高二年级学生王宇以 2.10 米成绩获得男子跳高金牌；初三年级学生黄鸣悦以 39.98 米成绩获得女子标枪项目银牌；高三年级学生王绍鹏获得男子 1500 米和 3000 米项目 2 枚铜牌。

（高岷）

首都师范大学附属中学

【概　况】 2008 年，首都师范大学附属中学占地面积 33100 平方米，建筑面积 24026 平方米，体育场（馆）面积 12930 平方米。图书馆（室）藏书 10 万册。固定资产总值 127760 万元。全年教育经费投入 63339 万元，其中，国家拨款 45616 万元、自筹经费 17723 万元。毕业 615 人；招生 655 人，其中，初中 175 人、高中 480 人；在校生 1842 人，其中，初中 490 人、高中 1302 人、外籍学生 50 人。高中录取分数线 524 分（海淀区），应届高考本科上线率 100%。开设教学班 43 个，其中，初中班 12 个、高中班 31 个。有教职工 232 人，包括专任教师 165 人，其中，具有副高级职称72人；特级教师9人、市级骨干教师5人；大学本科以上学历165人。普通教室50个，专用教室7个，实验室12个。学校网址：www.cnuschool.org。

（朱振平）

【召开创新年级班主任研讨会】 2月29日至3月1日，首师大附中召开创新年级班主任工作研讨会。会议围绕“形成创新年级德育序列化教育草案、如何处理班主任工作具体问题”主题，探讨班主任工作过程中常见40个问题，并就“创一年级见好学生第一面，形成健康、团结班集体问题”、“创二年级规范学生行为规范和纪律规范、帮助不同阶层学生走出学习困难期与学习疲劳期、做好向初三过渡等问题”、“创三年级让学生面对初三状态，以及做好毕业年级班主任工作”等进行专题发言，专家完成点评。学校主管干部、创新年级教师20人参加。

（朱振平）

【举办企鹅英语朗读比赛】 4月3日，首师大附中举办“企鹅英语”朗读比赛。该比赛分为预赛、决赛两个阶段，高二年级10个班级经过班内朗读展示，每班推荐2名学生参加决赛，决赛以抽签形式决定顺序，学校英语教师、外教，以及北京外国语大学教师担任评委，根据选手语音语调、情感等综合表现进行评分。全校高二年级、国际部插班学生460人参加，评出一等奖5人、二等奖8人、三等奖10人。自2007年起，学校与北京外国语大学合作进行企鹅英语阅读项目实验，由外国语大学提供阅读材料和指导，旨在强化语感阅读，提升学生语言综合能力。

（宋亚甫）

【举办学生讲坛】 4月8日，首师大附中举办第六期学生讲坛。此次活动由高二年级学生担任主讲，题目为《庄子启蒙》，采用多媒体形式，介绍庄子生平、思想、作品等，该校学生80人参加。首师大附中学生讲坛于2007年4月开始举办，由学生会负责组织实施，各班自行申报，学生会学习部结合近期热点，选出优秀学生演讲，就学生感兴趣问题举办论坛。前五期学生讲坛分别为《解读美国高考》、《我们眼中的中日关系》、《文化对战争方式的影响》、《模拟联合国》、《从日本动漫之发展到中国动漫之我见》，分别由学校高一、高二年级学生6人主讲。

（宋亚甫）

【举办IBM工程师活动周】 5月8日，首师大附中举办IBM“工程师周”活动。活动邀请IBM工程师一行12人，来校为高一年级学生讲授并开展“工程师创意小制作”动手环节，介绍当代工程技术领域发展情况，包括工程师工作职责、成长过程、在社会发展中作用等。全校高一年级学生373人参加。工程师周（Engineers Week）在1951年始办于美国，每年选择在第一个工程师乔治·华盛顿（George Washington）生日启动，由美国专业工程师协会资助，获得超过75个工程、学术和技术联盟，以及超过50个公司与政府机构支持，主要面对中小学生，增加学生对工程技术领域认知和兴趣，以及对科学知识探索等。

（朱振平）

【开办中美高中合作班】 9月1日，首师大附中与美国中学合作开办高中双文凭班。该班为首家中美高中课程实验项目，与美国纽约德怀特学校合作，学制为3年。前两年同时开设美国和中国高中课程，完成国内高中相关科目会考；第三年提供美国高中课程供学生选修，完成中国高中全部会考科目并进入美国大学和奖学金申请程序，学生可获得首师大附中和美国德怀特高中双重毕业文凭。课程通过美国教师协会和中国外国专家局渠道聘请美国教师，全英文环境授课，首师大附中配备相应具备中英双语教学能力教师担任助教，每学期安排外出游学研修活动。首批招生50人，报考条件为中考成绩优秀、英语成绩超过120分，并需参加英语加试考查学生词汇量与口语表达水平。

（朱振平）

【承办部分大学附中教学年会】 10月12至18日，首师大附中承办全国部分大学附中协作体第17届年会。年会围绕“探讨新课改背景下的课堂教学创新”主题，组织观摩学校数学、英语、化学、地理32节特色课程展示，举办“新课改理念下的学校工作创新”论坛，并就新课改背景下课堂教学创新和学校管理创新等问题进行讨论和交流。来自湖南师大附中、福建师大附中、山东师大附中、云南师大附中、陕西师大附中、辽宁师大附中、南开大学附中及首师大附中共8所大学附中校长、教师50人参加。

（朱振平）

【承担国外汉语教师来华研修项目】 11月18日至12月16日，首师大附中承担国家汉办“国外汉语教师来华研修项目”并完成任务。研修项目涉及汉语教学案例分析、文章篇目实例分析、汉语教学专题讲座、中国文化和中国传统艺术。期间接待马来西亚27名汉语教师，组织参观北京大学、游览首都文化古迹等。该校干部、教师15人参加。

（朱振平）

【参加市留学生汉语节获奖】 12月4日，首师大附中参加“2008年北京市中小学外国学生汉语节”汇报演出获奖。汉语节由市教委主办、市国际教育交流中心和市中小学对外汉语教学研究会共同承办，来自世界18个国家在京外国学生120人表演相声、小品、戏剧、话剧、歌舞、朗诵等，全市参赛学校共有39所，15所学校获奖，其中，首都师范大学附属中学美国籍学生刘思良及新加坡籍学生陈泰伦合作表演歌舞《拉丁青花》获得一等奖，此次外语节还征集对外汉语教师论文及优质课、学生书法、绘画等作品，学校韩国籍学生柳炫夏获得书法作品一等奖、美国籍学生张安琪获得绘画作品一等奖。

（朱振平）

【参加中学生创业计划赛获奖】 12月27日，首师大附中学生首次参加第四届“JA中学生创业计划”大赛北京

（地区）比赛获得第一名。该校高一年级学生4人组成创意平方（Idea Square）公司，同时获得2000元项目种子基金，1人获得最佳CEO称号。全市共有7所高中参加。国际青年成就组织（Junior Achievement）成立于1919年，总部设在美国，是全球最大、发展最快的非营利教育组织，JA中国中学生创业计划大赛为学习《学生公司》课程高中生举办年度比赛；《学生公司》项目是学生在商业志愿者指导下创办一个公司过程，学习制作商业计划、发售股票、召开股东会、竞选管理人、生产和销售产品、财务登记、开展评估、清算公司，课程分为上、下两个学期，旨在通过实践体会经济原理和商业规则。每家学生公司招收20至30名学生“员工”。

（朱振平）

北京市八一中学

【概　况】　2008年，北京市八一中学占地面积12.5万平方米，建筑面积75557平方米，体育场（馆）面积2.77万平方米。图书馆（室）藏书23.47万册。固定资产总值21335.1万元。全年教育经费投入6676万元，其中，国家拨款5214万元、自筹经费1462万元。毕业1050人，其中，初中643人、高中407人；招生1004人，其中，初中594人、高中410人；在校生3115人，其中，初中1872人、高中1243人，包括寄宿生190人。高中录取分数线515分（海淀区），应届高考本科上线率100%。开设教学班73个，其中，初中班42个、高中班31个。有教职工304人，包括专任教师224人，其中，具有副高级职称61人、中级职称128人；特级教师3人、市级学科带头人2人、市级骨干教师6人；大学本科以上学历211人。普通教室80个，专用教室33个，实验室17个。学校网址：www.bayims.cn。

（左秋洁）

【召开优秀班集体申报会】　2月26至27日，八一中学召开优秀班集体申报会。该校高一年级10个班参加申报，每组安排5个班分两个半场进行，每班1至2名学生代表用演示文稿展示所在班级具体工作与成绩，学生代表和授课教师共同组成评审团，根据综合表现进行现场评议，选出优秀班集体。该校高一年级授课教师25人、学生干部30人参加。

（陆帮）

【开展系列环保活动】　3月15日至6月1日，八一中学根与芽社团开展系列环保活动。3月15日，在北京后花园景区参加义务植树活动，共植树11棵。5月15至16日，举办“参与回收、捐助灾区”宣传活动，该社团长期开展“3R好生活——献一份爱心环保回收活动”，统一整理回收“利乐”包装、电子垃圾、废旧纸张和饮料瓶罐等，所得费用全部捐给灾区。6月1日，师生代表2人参加《博爱电波书屋》节目录制，向全市学生介绍“参与回收、爱心捐助”活动。北京市八一中学根与芽社团现拥有团员115人，依据珍妮·古道尔环保理念，关爱动物、关注环境、关心社区。

（王小丽）

【参加市青少年科技创新赛获奖】　3月23日，八一中学参加北京市第28届青少年科技创新大赛获奖。该比赛由北京市科学技术协会、北京市教育委员会、北京市科学技术委员会、北京市知识产权局、朝阳区人民政府、北京青少年科学基金会主办，以体验创新、成长为主题，采取展示和公开答辩形式，面向全市中小学生，分为学校推荐、各区县评审、市级初审、终评答辩等阶段。全市18个区县学生30万人参加，其中，北京市八一中学高二年级学生赵欧伦参赛作品《小行星搜寻的自动化观测系统》获得安捷伦科技英才奖和紫光科技创新一等奖，并奖励5000元奖学金，北京天文馆授予天文新星奖，并奖励1000元奖学金；高二年级学生周雨凡参赛作品《滇重楼内生真菌的分离及抗菌活性研究》被北京自然博物馆授予自然与生命探索奖，并获得500元奖学金。

（朱凯）

【参加世界机器人锦标赛获奖】　5月1至3日，八一中学参加2008机器人世界锦标赛获奖。该比赛由加州大学、卡耐基梅隆大学、加州未来基金会，内布拉斯加州未来基金会、南加州机器人技术论坛、亚洲机器人联盟等主办，其中，亚洲机器人联盟负责组织包括中国赛区在内的亚太地区选拔赛以及参与美国2008年国际总决赛。决赛在洛杉矶加利福尼亚大学举行，旨在以科技为本，给所有学生提供科技与交流以及展现才能平台，采取对抗赛形式。来自世界13个国家和地区91支代表队400名中学生参赛，中国代表团由8个省市共19支队伍组成，北京市八一中学机器人小组包括学生3人、教师2人，9场比赛取得7胜2负成绩，获得Top10优秀奖。

（潘跃金）

【开展职业见习日活动】　6月3日，八一中学开展职业见习日活动。该校初一年级学生会干部11人来到通用电气公司（GE），参加职业见习日（JA Shadow Day），了解跨国公司商业概况和企业精神，与公司员工面对面进行交流。GE公司于1876年由美国发明家托马斯·爱迪生创建，现拥有6个产业部门，包括基础设施、工业、医疗、商务金融、消费者金融、NBC环球等领域。

（贾茜）

【举办人生规划讲座】　9月17日，八一中学举办人生规划讲座。该讲座围绕“把握现在，面对现实”主题，观看高一年级班主任提供视频资料，收集学生在进入高中阶段学习所遇困惑，并由学校心理教师进行解答；邀请就读于清华大学校友，介绍其生活学习经历；听取该校高二年级学生介绍参加“翱翔计划”经历与感受，并提出关注细节、态度认真、探索科学、热爱提问、享受竞争、走进自然等6点建议。全校高一年级师生437人参加。

（王小丽）

【开展京剧进课堂系列活动】　9至10月，八一中学开展“京剧进课堂”系列活动。9月22日，学校邀请中国戏曲学院杨派老生做“京剧欣赏入门”知识讲座，观摩该校初一年级4名特长生京剧表演。10月16日，学校邀请北京戏曲学院附属中学师生

110人演出京剧专场，主题为“娃娃唱戏娃娃看，民族文化代代传”，以对话形式介绍京剧生旦净丑等行当和虚拟性特点。全校初一年级师生625人参加。

（左秋洁）

【开展科技进课堂研讨活动】　10月

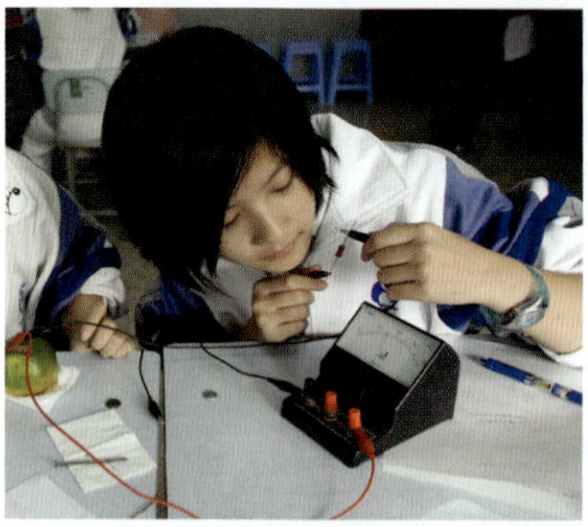

17日，八一中学开展科技进课堂研讨活动。该活动主题为“在学科教学中渗透科技教育”，观摩学校《中国建筑的特征》、《研究水果电池》、《物质的分离和提纯》、《探究环境因素对光和作用的影响》等6节研讨课，专家组针对课程进行点评与指导，对教学设计给予肯定，并围绕学科教学中如何进行科技教育渗透展开讨论，认为在学科教育教学中渗透科技元素、理念和方法十分必要、意义深远。来自中央教科所专家、区学科教研员、教师249人参加。

（左秋洁）

【举办学法指导讲座】　10月20日，八一中学举办高一年级学法指导讲座。该讲座分别介绍语文、数学学科学习方法，其中，语文教研组长以“亲近语文，享受语文”为主题，解释语文学习要牢、厚、好，注意知识层面和思想认识层面点滴积累，养成良好学习习惯，并推荐阅读书籍；数学教研组长围绕“宇宙之大，粒子之微，数学之实”，讲解数学学习态度、学习动力、学习策略和学习方法四要素，针对学生进入高中阶段数学学习不适应现象，建议抓好预习、听课、记笔记、整理笔记、课后习题、单元小结学习等环节，养成良好学习习惯。全校高一年级师生437人参加。

（宋玉）

【举办市级信息技术研究课】　11月11日，八一中学举办市级信息技术研究课。研究课以“新课改课堂教学变化”为主题，听取1节信息技术课《探究网页背后的秘密——HTML初探》，由首师大专家完成点评，并对教学设计7个部分内容进行解读。课后，市级教研员组织教学研讨，对新课改理念、教材改革、如何提高教学有效性、选修课开设、教师基本功等进行交流。全校教师40人参加。

（巴军）

【武术队获市集体项目冠军】　11月13日，八一中学武术队参加北京市第15届“振兴中华杯”中小学武术比赛获奖。该比赛由北京市教委主办，北京市中小学体育运动协会和北京少林武术学校承办，来自全市各中、小学校，武术学校，少年宫及学生活动中心118个代表队，1200名中小学生参赛。比赛分为团体组和个人组，其中，团体比赛分设高中、初中、小学、俱乐部（含武校、少年宫）4个组别，比赛套路由参赛队自编，拳术、器械均可，规定基本动作中腿法、手法和步法可以自由编排；个人比赛设置高中男女组、初中男女组、小学男女甲组、小学男女乙组、俱乐部中学男女组6个组别，竞赛项目包括拳术、器械、初级套路和对练4个大类，共176个小项。北京市八一中学武术队由学生26人组成，共参加30项比赛，获得16枚金牌及集体项目冠军。

（乔金元）

【承办祥云行动现场培训】　11月20日，八一中学承办“祥云行动”北京市高中教学副校长培训现场学习活动。活动由北京教育学院主办，围绕“以突出教学设计为重点，提高课堂教学有效性”主题，活动推出高一、高二年级13个科目，共14节必修、5门选修及校本课程展示课，包括《采薇》、《空间向量基本定理》、《启蒙运动》、《海水运动》、《为就业做好准备》、《平面立体的三视图》、《电鼓演奏》、《中国山水画的意境》、《陶趣》、《太极拳》等，特级教师及教育专家对2节语文、2节数学和2节化学课进行点评；举办专家关于如何评课指导讲座，以及学校《提高课堂教学有效性》专题报告，从备课组活动质量提升、生物组课堂观察研究、学生有效学习方法指导研究、教学设计对达成课堂有效性目促进、对各类课堂教学模式探究、有效课堂管理研究6个方面阐述，强调提倡教师学会听自己课，建立自己教历，要从无效教学盲区中跳出来；要求教师对课堂教学中随时出现互动和变化应对自如，在课堂教学中向学生提出有效问题、有的放矢，变课堂教学中难以预料性为教育性、展现教育机智，对教学效果进行评价时以学生为着眼点。全市各高中学校教学副校长60人，以及该校教师224人参加。

（左秋洁）

北京市海淀区中关村中学

【概　况】　2008年，北京市海淀区中关村中学占地面积48428.81平方米，建筑面积43710.3平方米，体育场（馆）面积13560平方米。图书馆（室）藏书16.26万册。固定资产总值5324.46万元。全年教育经费投入6758.2万元，其中，国家拨款4590.9万元、自筹经费2167.3万元。毕业1284人，其中，初中782人、高中502人；招生945人，其中，初中552人、高中393人；在校生3381人，其中，初中2081人、高中1300人。高中录取分数线506分（海淀区）。开设教学班89个，其中，初中班54个、高中班35个。有教职工318人，包括专任教师279人，其中，具有副高级职称68人、中级职称152人；特级教师2人、市级学科带头人1人、市级骨干教师8人。普通教室91个，专业教室15个，实验室14个。学校网址：www.hdzgczx.bjedu.cn。

（黄文萍）

【实行干部评议亮分制】　2月20日，中关村中学实行干部评议及时亮分制度。在学校第九届第三次教代会上，现场利用评议干部读卡器，全体代表进行监督，将所收到干部21人评议光标读卡进行数据统计，评议结果即时传输到电子屏幕上进行公布，显示每名干部评议分数。机读卡评议干部方法该校在全市范围率先使用。

（黄文萍）

【召开班主任专题研讨会】 2月21日，中关村中学召开班主任专题研讨会。会议围绕“以发展的眼光看学生，用艺术的方法做教育”主题，通过听讲座、个案讲解、小组研讨交流等形式，听取《班主任基本功培训》讲座、《源深而流长，根固则本长》报告，对班主任现状进行分析，提出相应对策；班主任教师代表汇报《教育的艺术在于唤醒》、《健康成长，从“心”开始》等8个工作案例，按年级分组讨论交流；表彰班主任优秀论文，共评出一、二、三等奖31人。全校教师113人参加。

（黄文萍）

【举办高中课改教学研讨会】 2月23日，中关村中学举办高中课改阶段总结暨学生学业评价课题交流研讨会。会议围绕“课改工作经验和如何对学生进行发展性评价”主题，采取主题发言形式，从学科、班级管理和年级工作角度，提出制订带有语文学科特色评价标准，评价主体多元化、形式多样化；并从评价方案出台、过程评价方案构成、评价方案实施过程、对评价方案的评价方面，介绍过程性评价方案设计、实施以及电子化管理；音乐美术学科介绍实施模块教学经验；班主任代表谈论如何挖掘学生心中潜在学习能源问题；高一年级组以“同心协力迎课改，奋发进取初有为”为题，从过程性评价、学长与导师制推行、选修课展示总结、高一研究性学习、教师情况分析、学生情况分析、模块考试分析等角度总结反思课改经验。全校高一年级教师40人参加。

（刘艳）

【举办纪念周恩来诗歌朗诵会】 3月

20日，中关村中学举办纪念周恩来总理诞辰110周年诗歌朗诵演唱会。朗诵会以“诗言少年志，情系周恩来”为主题，分为伟人足迹、深情怀念、薪火相传三个篇章，采取演唱、表演和朗诵相结合形式，展示诗歌作品17首，包括著名诗作《周总理你在哪里》、《一月的哀思》，6首周恩来青少年时期作品《雨中岚山》、《赤光的宣言》等，8首师生自创诗歌《念恩来》、《天骄》、《仰仰头，望望天》、《在总理精神的感召下》等；诗人与学生共同诵读其创作散文诗《中关村的琴声》。中关村中学自1998年开展向周恩来学习活动，先后于1999年创建“周恩来班”、2007年开展两年一届“周恩来奖章”评选活动、创办“恩来诗话社”、出版《周恩来诗集详释》。来自市教委、部分友好学校领导，以及学校师生1100人参加。

（王巍）

【管乐团获智创杯】 5月1日，中关村中学参加2008“智创杯”中国第二届非职业优秀管乐团队展演获奖。该比赛由上海之春国际音乐节组委会、上海世博会事务协调局、中国音协管乐学会、中共上海市杨浦区委和上海市杨浦区人民政府共同主办，在上海市举行，面向全国非职业管乐团队，参加展演各组别乐队均演奏二首作品、其中一首必须是中国作品内容，设置学生组和社会组。来自北京、上海、广州、深圳等31支乐队参赛，其中，北京市海淀区中关村中学金帆管乐团演奏曲目《彼格鲁序曲》、《康定情歌》，以93.93分成绩获得中学生组金奖第一名。

（黄文萍）

【举办教学基本功比赛】 6月12日，中关村中学举办学科特色教学基本功比赛。比赛旨在促进教师提高学科基本功，展示教学风采，提升专业能力，以教研组为单位，共有279名教师参加15个组别，包括初中语文组根据对新课程标准理解，为散文拟制试题；高中语文组为宋词写分析鉴赏文字；初中数学组教学设计比赛；高中数学组读题做图；初中英语组结合《考试说明》，分析中考试卷；高中英语组进行教学设计，并现场说课；物理组演示实验边讲边做；化学组板书画实验装置；生物组板图设计；政治组进行教学设计，并现场说课；历史组板书设计；地理组解说板书设计；音美组说课比赛；体育组技巧比赛；计算机组根据计算机教室环境特点，课堂氛围，预设10种课堂突发事件，让教师随机选择一种事件，经思考后向考官陈述处置事件过程。全校教师270人参加，评出一等奖59人。

（柳琦）

【召开可持续发展教育现场会】 11月28日，中关村中学召开贯彻落实《北京市中小学可持续发展教育指导纲要》北京市高中学科实施可持续发展教育现场会。会议听取该校高中教师化学《垃圾资源化》、历史《充满魅力的书画和戏曲艺术》、地理《中国东北地区农业的可持续发展》、生物政治整合活动《倡导绿色消费》4节研究课，由市教科院专家完成点评，认为学校为高中学科实施可持续发展教育方面提出新思路，在学科整合活动课方面作出新尝试，在实施可持续发展教育和实现高中新课程目标方面做出有效探索。来自市教科院可持续发展教育研究中心专家，以及城八区教师180人参加。

（高俊英）

北京市门头沟区大峪中学

【概　况】 2008年，北京市门头沟区大峪中学占地面积63210平方米，建筑面积44265平方米，体育场（馆）面积16000平方米。图书馆（室）藏书3.18万册。固定资产总值11588.1万元。全年教育经费投入1690.57万元，其中，国家拨款1445.64万元、自筹经费244.93万元。毕业474人；招生342人；在校生1087人，包括寄宿生600人。高中录取分数线468分（门头沟区）。开设教学班32个。有教职工179人，包括专任教师115人，其中，具有副高级职称49人、中级职称41人；市级学科带头人1人、市级骨干教师3人。普通教室32个，专用教室14个，实验室11个。

（石明廷）

【举办学雷锋敬老活动】 3月1日，大峪中学举办学雷锋敬老活动。活动

由学校团委组织，到承泽苑社区为“空巢家庭”和孤寡老人打扫院子、进行家务劳动，学生与社区老年居民结成帮扶对子，签订自愿服务协议书，利用周末课余时间，开展敬老助困工作、擦拭公共配套设施等。全校高一年级学生50人参加。此次“学雷锋送温暖”活动是该校德育教育主要内容，是践行新课程改革工作重要部分。

（石明廷）

【王琪获国际艺术比赛金奖】 3月

12日，大峪中学学生王琪在首届亚太地区美育杯文化艺术交流演出邀请赛获得金奖。该比赛由北京市美术家协会主办，在泰国举行，面向亚太地区中小学生，采取竞赛形式，设置3个项目。来自亚洲2个国家和地区学生300人参赛，30人获奖，其中，北京市门头沟区大峪中学学生王琪以《草原》舞蹈表演获得邀请赛金奖。

（石明廷）

【开展招优工作】 4月9日，大峪中学开展招优工作。此次工作内容包括确定指标分配方案，将招生计划360人中5.5%（20人）分配到区属13所初中学校，按照1∶1.2差额比例推荐优秀生；推荐23名优等生参加本学年中等学校统一升学考试，按中考成绩择优录取20人，被录取考生所填其它志愿自行作废，未录取考生可按其它志愿参考录取；各学校成立招优工作领导小组，建立校内推荐制度，明确优秀生推荐标准、推荐程序，并将有关信息进行公示，确保推荐工作规范化。

（石明廷）

【开办学生模拟法庭】 6月18日，大峪中学开办“平安奥运，普法教育”学生模拟法庭。该活动地点设在门头沟区法院审判庭，采用正式审判程序，针对一起未成年人实施抢劫案件进行现场庭审，审判长、审判员、书记员、法警、辩护人及犯罪嫌疑人全部由该校学生担当，历时90分钟。通过真实环境模拟，提高预防犯罪与自我保护能力。来自区教委、区法院、区团委领导，及全校师生180人参加。

（石明廷）

【举办市级通用技术培训展示会】 6月30日，大峪中学、北京教育学院联合举办北京市高中通用技术教师培训展示研讨会。会议旨在检验通用技术培训成果，开发课程资源，积累优秀课例，由区县教师推出《设计方案的制定》、《设计中的人机关系》、《制定设计方案》、《方案构思方法——设计分析》4节研究课。全市8个区县教研员、教师60人参与。9月1日，大峪中学开设通用技术高中课程，专任教师2人进行集中授课、分组试验、分组备课三个阶段岗前培训。

（石明廷）

【举办规划人生指导培训】 9月6日，大峪中学举办规划人生指导培训。培训聘请北京大学光华管理学院2名教授，面向高一全体新生，作《如何规划人生》辅导报告，介绍北京大学的历史、文化及北大光华管理学院的概况、办学思路，并结合自身经历从要明确人生目标、不断思考专业方向，正确判断自身特长和天赋、不断培养自身兴趣，持之以恒坚持不懈，树立正确人生态度；要勤奋，严谨、认真，重视细节；要坚持实事求是、脚踏实地，要学好基础知识和基本技能及方法等向学生指明规划人生的具体策略。此次活动旨在促进新生适应高中生活，制订自身发展规划。全校高一学生300人参加。

（魏元广）

【推进学案教学】 9月22日，大峪中学召开推进学案教学工作研讨会。会议旨在“转变学生的学习方式”、促进高中新课程教学改革，内容包括研讨学生自主学习、合作学习与探究学习的方式，探究如何培养学生的创新精神和实践能力、如何有效转变学生的学习方式。在会议上，6名教师分别从如何“创高考品牌名校、建京西文化学府”，如何“实施有效管理，打造学校文化、提升办学水平”，如何“借鉴国内外先进经验、实践自身办学理念”等方面发言，围绕如何实施“学案教学”，实现“学习目标、重点难点、双基自学、双基自测、范例剖析、跟踪练习、学习感悟”等方面进行交流讨论并达成共识。该校统一学案要求，对全体教师进行培训，聘请具有相关学案教学实践与研究经验专家到校进行理念和操作方法的指导，邀请其他学校教师到校现场做观摩课，运用集体智慧，确定固定时间和地点以及工作流程。学校全体任课教师参加。

（刁致力）

北京市门头沟区斋堂中学

【概　况】 2008年，北京市门头沟区斋堂中学占地面积34783平方米，建筑面积9360平方米，操场面积9387平方米。图书馆藏书5万册。固定资产总值861.29万元。全年教育经费投入481.8万元，全部由国家拨款。毕业70人；招生71人；在校生206人，包括寄宿生103人。开设教学班7个。有教职工55人，包括专任教师36人，其中，具有副高级职称2人、中级职称21人。普通教室11个，专用教室6个，实验室3个。

（王雪松）

【加强德育工作】 4月，斋堂中学加强德育工作。该校以养成教育为主线，通过组织文艺汇演、体育比赛、主题班会、演讲比赛等形式，加强学生日常行为管理与良好行为习惯培养；利用传统教育基地，参观学习先烈英雄事迹；组织参与社会劳动实践，注重生活素质培养。全校学生200人参加。

（王雪松）

【开展情牵灾区系列活动】 5月，斋堂中学开展情牵灾区系列活动。在四川汶川地震后，学校师生共向灾区捐献善款25044.7元，其中，组织55名教职工、4名临时工捐款3960元，181名学生捐款567元，全部递交区红十字会；校内25名党员交纳“特殊党费”18400元。学校团委主持“心系祖国、克难兴邦”主题征文活动和朗诵会。全校师生200人参加。

（王雪松）

【加强教学质量监控】 5月，斋堂中学加强教学质量监控工作。此次工作由该校教学干部主持，建立教学质量监控体系，日常教学采取“每日过关”和“面批面改”措施，强化过程监督管理；通过组织月考、期中、期末考试分析，促进教师对学生学习情况掌握，并及时改进教学方法；加大教学成绩考核与奖励力度，鼓励青年教师提高教学水平。全校教师共40人参与。

（王雪松）

【支持社区教育】 7月，斋堂中学支持社区教育培训。该校为斋堂镇社区居民教育培训提供人力、物力与智力支持，利用寒暑假期间，义务为社区居民30人开展计算机培训，推选其中5名学员参加门头沟区第五届社区居民计算机输入法比赛，学校获得优秀组织奖；并为居民接受远程教育创造条件，利用新科技栽培、育种，果树管理和如何做农村经纪人方面进行培训。全校教师6人参加。

（王雪松）

北京师范大学良乡附属中学

【概　况】 2008年，北京师范大学良乡附属中学占地面积6.31万平方米，建筑面积4.24万平方米，体育场（馆）面积2.54万平方米。图书馆藏书12.08万册。固定资产总值7310.15万元。全年教育经费投入1956.38万元，其中，国家拨款1259.76万元、自筹经费696.62万元。高中毕业664人，招生440人，在校生1602人。高中录取分数线491分（房山区），高考本科上线率86.85%。开设教学班36个。有教职工211人，包括专任教师127人，其中，具有高级专业技术职务52人、中级职务33人；特级教师2人、市级学科带头人3人、市级骨干教师12人。普通教室49个，专用教室7个，实验室11个。

（粘明涛）

【加强班主任队伍建设】 3至8月，良乡附中加强班主任队伍建设。工作包括通过以会代训、网络学习、下发资料、观看录像、聘请专家讲座等形式对班主任进行培训，其中，对“新课程背景下的德育工作”、“问题生的教育”、“人际沟通”、“班级管理的技巧”、“班主任应具备的基本素质”等举办专题培训10次；举办“班主任管理细节”征文活动，评出14篇文章收录《且行且思》校刊；完善班主任考核、评估、激励机制，表彰优秀班主任、班级管理之星；加强班主任理论学习，制订每两周一次班主任例会制；加强班会课建设，要求主题班会课程化，撰写班会课教案，各年级每学期组织一次主题班会观摩课；成立班主任工作研究室，以课题为引领加强工作交流与情感沟通。全校教师59人参加。

（粘明涛）

【庆祝建校10周年】 5月9日，良乡附中举办建校10周年庆祝活动暨感动附中人物颁奖晚会。活动由学校4名师生共同主持，共评出“奠基附中突出人物”、“奉献附中十佳教师”、“服务附中十佳管理人员”、“感动附中十佳学子”45人。组织师生同台演出，其中，教师展示时装表演、健美操等节目；学生展示合唱、校园剧、诗朗诵、街舞等；邀请房山区文化馆演员表演男女生二重唱、男声独唱、舞蹈等；学校干部进行诗朗诵《附中——我们同行》。来自房山区教委领导，全校教师、学生1800人参加。北京师范大学良乡附属中学于1998年建校。

（粘明涛）

【举办市级高中校本课程研讨会】 5月28日，良乡附中举办“走进北师大良乡附中——2008年北京市高中校本课程建设研讨会”。会议由市教科院基础教育课程研究中心主办，展示校本课程优秀课，9名教师分别以《世界遗产》、《人际关系交往》、《有氧健身操》、《电脑平面设计》、《走进机器人》、《化学趣味试验》、《心理辅导》、《旅游地理》、《品味与欣赏》为主题进行展示；分成两个小组进行研讨，题目内容有《学科为本，重在拓展》、《结合实际，重在育人》，由专家完成点评；分论坛主持人向大会汇报研讨情况，校长汇报学校校本课程建设情况，专家对该校开展校本课程建设成果给予肯定，并提出学校在校本教研及校本课程开发进程相关建议和意见。来自北京市教科院、北京市教育科学规划领导小组、房山区教委领导、专家，以及各学校教师256人参加。

（粘明涛）

【举办首届班主任基本功比赛】 9月11日至12月15日，良乡附中举办首届班主任基本功比赛。该比赛分为初赛、复赛、决赛三个阶段，其中，初赛采取笔试答题形式，试题包括单选题、多选题、简答题、教育案例分析、主题教育活动设计等，涉及德育教育内容；复赛形式为即兴问答，随机抽取学生教育情境问题，规定3分钟准备、3分钟答题、2分钟接受评委提问；决赛包括师德故事演讲和才艺展示两个部分，评选内容包括师德水平、德育效果、教育法律法规的掌握、班主任应急情况处理等。全校教师41人参加初赛，21人进入复赛，并依据成绩选出10人进行决赛，最终4人获得一等奖、6人获得二等奖。

（粘明涛）

【召开骨干教师培训会】 11月21日，良乡附中召开骨干教师培训会。会议由学校教学副校长主持，邀请物理学科顾问做关于“骨干教师的提升”专题讲座，围绕当前社会形势对“培养什么样人才，如何培养人才，如何提高教学效率”问题进行指导，要求教师坚持学习、加强对教材理解、体现学科核心思想，教学方法要灵活，引导学生获取知识，以及怎样预习、板书、电教手段使用方法等。全校市区级骨干教师、学科带头人33人参加。

（粘明涛）

【启动特级教师工作室】　12月10日，良乡附中特级教师工作室启动。该工作室通过整合校内外特级教师和学科带头人、骨干教师等教育资源，旨在为教育教学研究和实践活动创设平台，引领教师进行课改实验与师资培训，工作由学校校长主持，教科研领导小组具体负责，科研处安排日常工作、组织与实施各项活动，成员包括学校在职在岗特级教师、市级学科带头人、市级骨干教师17人。

（粘明涛）

【举办新课改专题讲座】　12月16日，良乡附中举办新课改专题讲座。讲座由学校教学副校长主持，邀请北京市基教研中心专家，围绕“高中课程中的学生学业评价”主题，就关于如何做好成长记录、如何进行学业评价、学分认定等内容做出具体指导，并以历史学科为例进行说明，阐述高中新课程核心是通过人才培养方式变革，实现学生全面个性发展理念。全校高一、高二年级各学科协作组长、教研组长32人参加。

（粘明涛）

【举办师德专题讲座】　12月18日，良乡附中举办师德专题讲座。讲座邀请北京教育学院专家，以“哲学思考，诗意情怀，实践智慧”为主题，从教育与生活、教育与科学、教育与文化、教育与诗歌等方面，利用一线教师教育案例，讲解教育者需具备“深度思考、阳光心态、操作策略”3项基本条件，要有专业态度、专业思维方式、专业能力。全校教职工211人参加。

（粘明涛）

北京市房山区房山中学

【概　况】　2008年，北京市房山区房山中学占地面积42156平方米，建筑面积26972平方米，体育场（馆）面积17000平方米。图书馆藏书64885册，各类报纸260种、杂志343种。固定资产总值3462.69万元。全年教育经费投入2097.98万元，其中，国家拨款1431.31万元、自筹经费666.67万元。毕业622人；招生386人；在校生1374人，包括寄宿生958人。高中录取分数线440分（房山区），高考本科上线率84.12%。开设教学班33个。有教职工194人，包括专任教师117人，其中，具有副高级职称49人、中级职称55人；市级骨干教师2人。普通教室33个，专用教室29个，实验室9个。

（张立秋　刘荟）

【参加高中课改样本校座谈会】　4月17日，房山中学参加市级高中课改样本校座谈会。会议由市教科院基教所、北京市高中课改样本校建设项目组主持，围绕“校本研究与教师专业发展”主题，听取学校题为《落实教师研究主体地位，切实提高校本教研实效》典型发言，阐述在新课程背景下对校本研究实效性思考，介绍落实教师校本教研主体地位，提高校本教研实效性策略，并就相关问题进行探讨交流。来自全市各区县11所中学主管干部20人参加。

（张立秋　刘荟）

【举办干部课堂观察法培训】　4月21日，房山中学举办干部课堂观察法培训。该培训会以“借助专业的听课、评课工具，增强校本教研实效”为主题，由学校教研室、课改办主任进行理论和技能指导，介绍课堂观察法评课方法、教学主任、副主任做2节研究课。与会干部和教师利用课堂观察量表进行听课和评价，并围绕课堂观察量表制作，听课中应当注意的问题，以及评课的角度和思路等展开讨论。该校干部、教师28人参加。

（张立秋　刘荟）

【举办学生职业规划讲座】　9月18日，房山中学举办中学生职业规划讲座。讲座邀请北京前方导航中学生职业规划研究中心规划师担任主讲，通过演示文稿展示问答互动等形式，介绍中学生职业规划理念和相关方法，强调教育与职业之间相互关系、新课程改革对中学生职业规划推动作用等。全校教师、学生460人参加。

（张立秋　刘荟）

【举办教学专题讲座】　10月10日，房山中学举办教学专题讲座。会议由学校教学副校长主持，围绕提高语文教学有效性主题，采取专家讲座形式，聘请北京师大二附中教师举办题为《研读文本，设计教学》专题讲座，专家指出提高语文教学有效性关键在于“教师要吃透教材、吃透学生，从提高语文能力成长、利用课程资源、有效提高阅读能力”等方面，并运用案例分析与研讨方式，对语文学科教师进行具体阐释和指导。全校教师32人参加。

（张立秋　刘荟）

【实施走班制教学】　11月10日，房山中学在高二年级实施走班制教学。走班制教学是在新课程背景下新型教学模式，学校主管干部就走班制实施目的、意义、计划、依据等进行讲解，说明和指导学生在选课中所需注意问题、选课分班流程、对教师需求等6个方面内容；制订学生管理办法，建立教学班学生课堂表现跟踪记录制度和不良矫治班制度，加强对学生的管理与教育。全校教师、学生490人参加。

（张立秋　刘荟）

【骨干教师工作室启动】　12月9日，

房山中学召开市区级骨干教师工作室启动仪式。会议听取学校主管干部介绍工作室成立背景与成立目的、意义，旨在为骨干教师、青年教师搭建交流平台，促进专业水平提高，发挥学术核心作用，加快自身发展，课改办、教研室负责人宣讲《房山中学骨干教师职责》，并对骨干教师在学校发展和队伍建设中所起作用提出明确要求。全校教师40人参加。

（张立秋　刘荟）

【召开新课程教学研讨会】　12月13至14日，房山中学召开新课程教学研讨会。会议由学校副校长主持，围绕“我们改变了什么，我们遇到了哪些困难和困惑、是如何解决的，下一步的设想是什么”等问题进行研讨，组织高一、高二年级部分协作组长交流新课程模块教学实施工作情况，以及参加全国普通高中新课程语文、英语、数学教学经验交流峰会相关感受——学习东北师大附中高中英语教学主任、特级教师孙大伟英语教学经验报告，听取校长《共同努力，实践好国家的新课改》专题讲座，内容包括以积极心态实践新课程改革、准确把握实践方向、追求实践高效益、在实践中促进专业成长等，并以学科组为单位围绕如何提高新课程背景下模块教学效益进行探讨；教研课改副校长举办《借助课堂观察技术，深化“双主互动”教学，提高模块教学效益》专题讲座，总结学校五年来实施“双主互动”教学模式经验与不足，引入课堂观察技术研究主要教学思路，并对课堂观察技术进行简要介绍，以年级为单位部署新课程实施研究工作，其中，高一年级主要研究学期阶段任务、高二年级主要研究走班制带来新问题以及会考备考措施。全校教师68人参加。

（张立秋　刘荟）

北京市通州区潞河中学

【概　况】 2008年，北京市通州区潞河中学占地面积227000万平方米，建筑面积91690平方米，体育场面积23400平方米。图书馆藏书80682册。固定资产总值15975万元。全年教育经费投入4297.09万元，其中，国家拨款3748.15万元、自筹经费548.94万元。毕业1281人，其中，初中372人、高中909人；招生1043人，其中，初中298人、高中745人，包括新疆预科班134人、高一新疆班123人；在校生3209人，其中，初中946人（包括预科班134人）、高中2146人（包括内地新疆高中班学生360人、外籍学生117人）。高中录取分数线513分（通州区）。开设教学班70个，其中，初中班22个，包括预科班4个；高中班44个，包括内地新疆高中班12个。有教职工382人，包括专任教师291人，其中，特级教师13人、国家级骨干教师2人、市级学科带头人6人、市级骨干教师20人；外籍教师9人。普通教室92个，理化生实验室、信息中心、多功能报告厅8个，多媒体教室167个，计算机教室6个，多媒体实验室2个。

（梁娟）

【举办高中新课程实验论坛】 2月17至18日，潞河中学举办高中新课程实验2008春季论坛。该论坛以“课程建设与学校发展”为主题，就《潞河中学高中新课程自主排课实验方案》、《新课程组织、管理与评价》、《学生综合素质评价》及后勤保障、图书馆及信息技术支撑，中外课程内容与评价对比，学科整体建设和学科教学经验等相关工作展开交流，全面讨论新课程改革进展情况，为课改操作层面提供教学理念、课程安排、管理模式等建设性意见。来自市教委、通州区教委相关领导，及全校教师80人参加。

（梁娟）

【纪念周文彬百年诞辰】 4月19日，潞河中学举行周文彬烈士诞辰100周年纪念活动。学校在高一年级命名“周文彬班”，并举办班级授牌仪式，邀请周文彬生前战友、原北京市市长焦若愚、教育部原副部长李涛介绍烈士生前革命事迹。该校共产党员与入党积极分子、共青团员、学生代表600人参加。周文彬，1908年出生，朝鲜平安道新义州人，原名金城镐，朝鲜族，1916年迁通州定居入中国籍，1926年加入共青团，不久加入中国共产党，1927年于通县创建中国共产党潞河中学党支部任支部书记，带领全校师生学习、宣传马列主义，同反动势力进行斗争，1928年2月任潞河中学中心支部书记，1936年先后任唐山工委书记、冀东地委书记、冀热边特委组织部长，1944年10月17日牺牲。

（梁娟）

【组织社会实践周活动】 5月5至9日，潞河中学组织高二年级社会综合实践周活动。该活动安排劳动技术课、社区服务、研究性学习、社会实践四部分内容，期间组织听取市科协评委、清华大学教授“研究性学习科技创新”、“北京奥运与中国崛起”讲座；参加“木制赛车”、“太阳能摇摆车”、“彩陶制作”、“工艺制作”等劳动技术教育培训；参观通州区兵器博物馆，20公里徒步到劳动基地劳动；深入敬老院、居民小区开展义务服务；选择《校内粮食浪费情况调查》、《奥运与通州发展》、《走进一个真实的西藏》等课题展开研究性学习调查。学校高二年级学生参加。

（梁娟）

【参加全国中学生田径赛获奖】 10月1至4日，潞河中学在2008年全国中学生“多威杯”田径锦标赛上获奖。该比赛在武汉市华中师范大学第一附属中学举行，来自全国24个省市地区101所中学1397名学生参赛，其中，北京市通州区潞河中学共有22人参加比赛，收获8块金牌、6块银牌、2块铜牌，取得男子甲组团体第三名、女子甲组团体第一名、学校团体总分第二名成绩，2名教师被评为优秀教练员、2名学生被评为优秀运动员，高三年级学生禹涛在1500米和5000米项目比赛中分别以3分52秒、14分35秒打破赛会纪录。

（梁娟）

【举办高一年级学法讲座】 10月14日，潞河中学举办高中一年级学法讲座。该讲座由学校语文教研室教师主持，讲授“怎样学语文”主题内容，围绕为什么学语文、语文学什么、怎样学语文三个层次进行分析，介绍高中语文学习的特点、要求，重点疏理语文学科有关学习方法。学校高一年级学生610人参加。学法讲座是潞河中学校本课程之一，聘请校内学科教研室教师结合自身教学实践经验，针对高中课程学习方法，面向学生进行集体授课。

（梁娟）

【承办市级课改观摩会】 10月22日，潞河中学承办北京市、通州区联合视导课堂教学观摩研讨会。会议组织观摩该校13个学科14名教师课堂教学公开课，课后市级教研员分别就新课程相关理念、教法，以及如何正确把握和处理新课程模块教学内容等做学科评课和专题讲座，会议认为授课教师在课堂上较好地体现新课程倡导的理念和教学方法，体现教师对新课程模块教学内容的把握和处理。来自市区两级教研员41人，通州区各高中学校教师234人参加。

（梁娟）

北京市通州区运河中学

【概　况】 2008年，北京市通州区运河中学占地面积48300平方米，建筑面积35500平方米，体育场面积22750平方米，拥有400米标准跑道。图书馆藏书40000册。固定资产总值3720万元。全年教育经费投入2273.15万元，其中，国家拨款1488.48万元、自筹经费784.67万元。毕业707人；招生679人，其中，初中161人、高中518人；在校生2127人，其中，初中331人、高中1796人。高中录取分数线495分（通州区）。开设教学班42个，其中，初中班8个、高中班34个。有教职工220人，包括专任教师162人，其中，具有副高级职称72人；市级骨干教师6人；大学本科以上学历238人。普通教室49个，专用教室11个，理化生实验室13个，多媒体教室47个。

（马力行）

【举办学生救护技能培训】 3月20日，运河中学举办第三期“迎奥运、救护技能培训”活动。该活动由通州区红十字会协调组织，邀请潞河医院外科医生讲解意外受伤、突发疾病等方面救护知识，并现场教授学生心肺复苏、创伤包扎方法。全校学生88人参加培训，考试合格率100%。“迎奥运、救护技能培训”活动由学校德育处主办，面向全校师生，包括自护、护理、抢救等内容，每半年举办一次。

（马力行）

【举办研究课题展示】 3月20日，运河中学举办高一年级研究性学习成果区级展示会。会议由通州区教委主持，围绕“新课改、实践、引路”主题，学生利用计算机，完成对《红楼梦中人物性格研究》、《奥运英语》、《通州区饮食文化研究》、《中国编制与刺绣》等课题研究成果播放展示、解说评论、节目表演。来自区教委、各高中学校负责人及教师代表50人参加。运河中学高中一年级课程改革依据《通州区普通高中课程改革实验工作实施方案》，于2007年9月启动，改革将研究性学习纳入到课程体系中，校内39名教师提供学生研究性课题103项，经过学生自主选择上报60项，最终确立实施52项，共涉及11个学科，学校高一年级学生526人参加。

（马力行）

【实行“学科首席”制度】 9月25日，运河中学实行“学科首席”制度。该制度是依据学校发展规划，面向在校一线优秀教师进行级别冠名，由校长主持，主管教学副校长负责，每两年评审一次，入选标准包括师德、改革、创新、绩效等。该校教师78人参与，最终4人获得“学科首席”称号，任期3年，每人享受600元岗位津贴，优先享受外出学习、考察机会和上级主管部门组织学术交流活动等。

（马力行）

【名校长工作室启动】 12月26日，运河中学名校长工作室启动。该工作室依据《通州区名校长工作室建设与管理工作规程》设立，由区级名校长张佳春主持，主要职能包括学校改造示范引领，学校管理交流研讨，学校资源使用共享等，甘棠中学等6所学校6名青年校长加入参与研修，组织观摩运河中学校园环境建设，听取“抓教师专业发展，促进教育质量提高”专题辅导讲座，解答青年校长自身学习、指导教学等11个相关问题。

（马力行）

北京中加学校

【概　况】 2008年，北京中加学校占地面积7.34万平方米、建筑面积3.62万平方米，体育场面积17000平方米。图书馆藏书3.5万册，包括电子图书2万册。固定资产总值4836万元。全年教育经费投入4700万元，毕业321人，83%学生获得国外大学奖学金；招生357人；在校生1041人。开设教学班36个。有教职工265人，包括专任教师86人（外籍教师20人），其中，具有副高级职称28人、中级职称29人；特级教师1人；大学本科以上学历86人。普通教室40个，专用教室13个，全部安装交互式电子智能板。学校网址：www.ccsc.com.cn。

（荆枝）

【召开英语教学研讨会】 3月25日，中加学校召开英语教学研讨会。会议由学校英语部主持，以“CAEL（凯奥）对英语教学的影响及教学方向的定位与发展”为主题，听取该校教师“从CAEL考试看英语教学”专题发言，从CAEL考试性质出发，讲述语言教学特点，分析不能形成学生语言能力原因，对学校英语教学提出如何提高学生语言应用能力等改进建议，包括改进教学方法，强化阅读能力培养，调整课程对不同层次学生进行分层次、分技能课程设置，将单元考试改为“诊断性”测试、模块考试改为能力测试，高三年级组3名教师就CAEL教学做法和经验进行介绍，指出CEAL教学有利于学生各项技能提高，并对学生CAEL认知度展开问卷调查，加拿大英语教学专家保罗（Paul）先生对发言给予肯定，认为教学方式的改进，有利于学生语言能力的提高。该校主管干部、加拿大英语专家、教师22人参加。

（荆枝）

【举办快乐英语活动】 4月22日，中加学校举办快乐英语脱口秀（Show）活动。该活动由校学生会学习部主持，旨在激发学生学习英语的兴趣，每班选派5名参赛人员，通过英语单词竞猜、看图说话、电影配音等形式，进行班级间竞赛。全校高一、高二年级学生700人参加，100人获奖。

（荆枝）

【组织向地震灾区捐款】 5月19至21日，中加学校组织开展向四川地震灾区捐款活动。该活动由校工会、团委、学生会共同主持，以“支援灾区献爱心”为主题，校工会、团委、学生会向全校师生发出倡议，听取该校四川籍学生代表中英文演讲，校团委、学生会制作灾情宣传片与板报，全校教职工、学生、留学生共计1300人为四川灾区捐款人民币145157.23元，并举行仪式为地震遇难同胞默哀3分钟。

（荆枝）

【参加首届中小学新技术应用研讨会】 5月27日，中加学校参加“首届中小学新媒体新技术教学应用研讨会暨基于交互式电子白板学科教学观摩研讨活动”获奖。该活动由中国教育学会中小学信息技术教育专业委员会、中央电化教育馆联合主办，以交互式电子白板的学科教学研讨为主题，面向全国中小学教师，包括小学、初中、高中三个组别，设置视频课例奖及现场讲课奖。来自全国23个省市500名教师参加，其中，北京中加学校地理教师姜天获得视频课例一等奖、现场讲课一等奖，语文教师艾丽娜获得视频课例一等奖、说课一等奖。

（荆枝）

【举办首届学生心理健康研讨会】 7月9日，中加学校举办首届学生心理健康研讨会。会议由学校个人发展咨询中心主持，围绕拟定中心发展方向主题，采取专家讲座与研讨相结合形式，邀请北京师范大学心理学院专家进行培训，听取该校个人发展咨询中心负责人和六十五中心理教师发言，组织典型案例讨论、专家点评、互动交流，并开展团队拓展训练，提出对于培养全面发展育人意义加深理解，加强与北京市实验学校间合作交流，完善中学心理健康教育大纲等建议。来自北师大心理学院教授、六十五中以及该校教师20人参加。

（荆枝）

【召开交互式电子白板教学研讨会】 7月10日，中加学校召开交互式电子白板教学应用研讨会。会议由学校执行校长主持，旨在加强学习新教育理念，探讨新教学模式，围绕如何充分利用交互式电子白板进行课堂教学，采取专家讲座与研讨相结合形式，包括现场说课、论文发言、专家点评、分组研讨等内容。全校教职工280人参加。2008年2月，学校在教室、机房、实验室等场所全部配备教学设备交互式电子白板（SMARTBOARD），共计56块，取代传统黑板教学，总投资2000万元。

（荆枝）

【参加中美教育交流活动】 9月23日至10月6日，中加学校参加“小使者走天下2008美国行”活动。活动由美国美亚国际文化交流协会主办、北京市联合国教科文组织俱乐部北京华明伟业国际文化交流中心承办，邀请中央电视台记者对该校师生6人进行专业采访技巧培训。在美国期间，采访联合国副秘书长沙祖康、世界银行副行长林毅夫、“中美民间大使”陈香梅女士等美籍华人，参观国会图书馆、航空博物馆、艺术博物馆、自然博物馆、林肯纪念堂、杰弗逊纪念堂、五月花酒店、中国驻美大使馆旧馆及新馆，以及斯坦福大学、普林斯顿大学、美国河丘高中，交流了解美国风俗文化。

（荆枝）

【举办传统文化教育基地授牌仪式】 10月24日，“北京中加学校传统文化教育基地”授牌仪式在北京大观园举行。该仪式由学校执行校长主持，以学好中国文化、掌握传统文学精髓为主题，确定大观园为学校高三年级学生中华文化学习基地，将定期组织考察大观园、开展研究型课程学习活动。授牌仪式上，听取大观园专家“红楼”讲座，学校6名师生表演红楼梦“宝黛钗”的故事，学校董事长为高三年级全体学生做《红楼梦》学习动员课，参观大观园等。该校教师、学生400人参加。

（荆枝）

【接待加拿大纽宾市域省访问团】 11月4日，中加学校接待加拿大纽宾市域省访问团。该代表团包括省长一行10人，参观校园文化环境，观摩学校利用智能板教学演示，听取学校董事有关办学情况介绍，特别指出该校融合中国、加拿大两国教育资源课程体系，以及学校毕业生在加拿大纽宾市域省就读大学情况，纽宾市域省省长（Honourable Shawn Graham）先生为全校1300名师生做演讲报告，客人表示对学生绘画、摄影与参加社会实践、课外活动制作展板、作品等，以及学校办学方针、对中加两国教育事业所作贡献给予肯定。

（荆枝）

【举办艾滋病知识讲座】 12月10日，中加学校举办艾滋病知识讲座。该讲座由学校学生处主持，以“我们面对艾滋”为主题，邀请中央党校社会发展研究所教授、艾滋病防治政策专家靳薇女士，从“什么是艾滋病”、“艾滋病与世界”、“中国面对艾滋”、“我们能做的事”四个方面介绍艾滋病历史、发展、形势以及传播途径、如何预防等知识，讲述艾滋病基本事实、传播途径、病毒特征、发展过程等。全校高三年级教师、学生400人参加。

（荆枝）

北京市顺义区第一中学

【概　况】 2008年，北京市顺义区第一中学是寄宿制学校，占地面积44666平方米，建筑面积50600平方米，体育场（馆）面积24000平方米。图书馆（室）藏书8.2万册。固定资产总值10310万元。全年教育经费投入2782万元，其中，国家拨款2007万元、自筹经费775万元。毕业886人，其中，初中174人、高中712人；招生869人，其中，初中228人、高中641人；在校生2534人，其中，初中640人、高中1894人。高中录取分数线496分（顺义区），高考本科上线率98.4%。开设教学班60个，其中，初中班15个、高中班45个。有教职工238人，包括专任教师179人，其中，具有副高级职称76人、中级职称74人；特级教师2人、市级学科带头人3人、市级骨干教师17人。普通教室60个，专用教室13个，实验室25个。

（何雪莲）

【召开青年教师技能培训会】 3月17日，顺义一中召开青年教师教学技能培训会。该培训邀请北京教育学院专家，结合具体实例讲解微格教学内容与意义，运用互动方式，让教师在游戏中体会微格教学基本技能。提出青年教师要抓好“教师要素”和“方法要素”，遵循“理论到示范，示范付诸实践，通过实践得到反馈，经讨论修改再服务于实践”过程，整体提高教学能力。全校35岁以下青年教师80人参加。

（要春娟）

【接待新疆高中课改考察团】 4月14日，顺义一中接待新疆高中课改考察团。该考察团由新疆教育系统一行

300人组成，来校调研通用技术教育准备工作，在听取顺义区相关工作介绍，了解该校通用技术教室筹备及建设情况后，认为学校十分重视通用技术教育工作，前期准备充分、内容有特色。全校教师100人参加交流。

（张洪茹）

【召开市级高中新课改现场会】　4月

15日，顺义一中召开北京市高中新课改现场会。会议由学校副校长主持，以"新课程展示"为主题，听取该校关于校本课程、模块教学、综合实践活动、课程评价、课程资源、管理机制等6个方面实施新课程工作汇报，由市、区领导做新课程实施意见报告，观摩学校语文、数学、英语、研究性学习等13个学科14节新课程课堂展示课，邀请深圳中学教师做语文、数学、外语现场课，并组织顺义区高中校与深圳中学教学领导进行座谈，研讨认为该校推出课堂实施促进学生主动学习的"20＋25"教学模式经验值得借鉴。来自市基教研中心专家、区教委领导，市区教研员，顺义、延庆、大兴、平谷等区县以及深圳中学干部、教师共300人参加。

（王晓芳　许实云　李成文）

【参加全国中小学学术研讨会】　4月17日，顺义一中在全国"中小学学生自我教育和自我管理"学术研讨暨第一次课题会议上获奖。该会议由中国教育学会分会主办，面向课题组的实验学校，在上海嘉定召开，采取大会发言、参观及成果展示形式，听取该校《实施自我教育，为学生的终身发展奠基》主题报告，交流认为学校开展课题研究按照实施方案有计划、有步骤进行，自我教育研究完备具体、有创新。此次全国36个省市地区100所学校提交论文192篇，评出一等奖6篇、二等奖17篇、三等奖125篇，其中，北京市顺义区第一中学共提交论文8篇，获得一等奖1篇、二等奖2篇、三等奖5篇，部分论文入选《激励学生自我教育》，由龙门书局出版社出版。

（要春娟）

【参加市中学生运动会获奖】　4月25至27日，顺义一中参加"迎奥运"2008第46届北京市中学生运动会获奖。此次运动会由北京市教委主办，在北京市十一学校举行，采取分组比赛的形式，分为预赛、决赛两个阶段，设置初、高中组共36个项目。来自全市18个区县100所学校学生1000人参加，100人获奖，其中，北京市顺义区第一中学共有学生11人参加，获得6块金牌、7块银牌、4块铜牌，高三年级学生孙海龙以4928分成绩打破北京市中学生男子七项全能纪录。

（李朝辉）

【举办德育征文演讲比赛】　10月15日至12月1日，顺义一中举办"做文明顺义一中人"征文演讲比赛。该比赛由学生会干部主持，面向高一、高二年级学生，共收到征文67篇，按照内容、年级选出8篇参加校级双语演讲，最终评出一等奖2名、二等奖2名、三等奖4名。全校学生共1300人参加。

（刘艳香）

【开展消防安全系列教育】　11月8日，顺义一中开展消防安全实战演练活动。此次活动围绕全国第18个"119"消防日，利用晚自习时间，举办消防安全知识讲座，由学校主管干部解读《中华人民共和国消防法》相关条款，明确学生在消防安全方面承担职责与义务，以及违反消防安全法的法律责任，并就如何做好学生宿舍消防安全工作、防止火灾发生进行论述；开展消防安全实战演练，组织住宿生按照规定疏散路线，手拿湿毛巾捂盖口鼻，撤离宿舍楼到运动场集中，北宿舍楼624人用时2分33秒完成、南宿舍楼232人用时2分钟完成。演习结束后，领导小组人员召开会议，完善实战演练预案。11月25日，学校组织参观"消防宣传进学校"展览。活动中邀请区消防支队干警讲解《消防安全管理法律法规》条文，以及火灾的危害、如何逃生、怎样自救等消防知识，指导灭火器正确使用方法。全校教师、学生2200人参加。

（王铁成　许实云）

【召开市高中生物新课程现场会】　12月5日，顺义一中召开北京市高中生物新课程现场教学研讨会。会议由学校副校长主持，围绕"高中生物新课程改革"主题，听取该校2名教师分别做《基因是由遗传效应的DNA片断》、《DNA的复制》现场研究课，研讨认为新课程改革基本理念理解充分，课程设计准确到位，引导学生参与学习方法巧妙，符合学生学习心理需要，并提出新课改应重视调动学生的积极性，使学生的思维真正运动起来等建议。来自东城、朝阳、大兴、密云、通州、顺义等区县生物教师130人参加。

（李颖石）

北京市顺义区第九中学

【概　况】　2008年，北京市顺义区第九中学占地面积66667平方米，建筑面积31006平方米，体育场（馆）面积22200平方米。图书馆（室）藏书3.1万册。固定资产总值6349.77万元。全年教育经费投入1854万元，其中，国家拨款1540万元、自筹经费314万元。高中毕业730人；招生540人；在校生2050人，包括寄宿生1612人。高中录取分数线434分（顺义区），高考本科上线率57.67%。开设高中教学班41个。有教职工225人，包括专任教师158人，其中，具有副高级职称54人、中级职称80人；市级骨干教师3人。普通教室45个，专用教室20个，实验室11个。

（王海燕）

【举办研究性学习培训】　4月10日，顺义九中举办教师研究性学习培训。该培训以"研究性学习的实施"为主题，聘请市教科院专家，从校园文化氛围构建、课堂教学环境设置、研究性学习开展等方面，通过具体案例，针对教师在操作环节所遇问题进行具体指导。全校教师200人参加。

（王海燕）

【完成奥运拉拉队任务】　8月14日

至20日，顺义九中先后5次完成奥林匹克水上公园赛场拉拉队任务。该校由政教处和体育组牵头成立领导小组，总务处成立后勤保障小组，高中三个年级学生2000人参与，自5月共进行训练80小时，包括观赛礼仪、加油口号、助威手势等6项内容，以实际行动参与奥运、服务奥运。

（苏静　赵继超）

【推进高中新课程改革】　9月5日，顺义九中推进高中新课程改革工作。工作包括组织教学管理人员、专任教师学习各级课改实施方案；反思和剖析现行高中课程存在问题，在实际工作中改进提高；采取任务驱动方式多角度切入，实现教师角色行为转变、教师教学方式转变、教师教学情境转变、教师教学手段转变、学生学习方式转变，发挥备课组优势、加深对新课改认识与理解，结合学科教学特点开展“交流——互动”式研究，教改与教科研相结合申报区级科研课题。全校教师210人参与。

（王海燕）

【高三年级成立动力组】　10月9日，

顺义九中在高三年级成立动力组。该校为加强高三年级学生管理，安排高三年级副主任及任课教师4人成立动力组，每次月考结束后，将各班成绩优秀学生、竞赛获奖学生、进步幅度较大学生、艺术体育成绩突出学生及作品等制作成12块展板在校内公示，将学生中优秀学习方法、格言进行宣传推广。

（李海军　赵继超）

【加强教师新课程培训】　年内，顺义九中加强教师新课程培训。该校利用校本培训、校本教研等途径，每两周召开一次教师座谈会，帮助了解新课程实施情况，解决教师新课改具体问题，每两个月邀请区级以上专家参与培训；举办《关于课程的理解、反思与实践》、《新课程、新理念》专题讲座；利用校内科研刊物《教育信息》宣传课改专题知识；组织学校干部、骨干教师汇报培训，谈学习的感悟与体验；以课题为载体进行校本课程研究，引导教师结合自身工作撰写论文，以课例形式引导教师开展校本教研，举办教师基本功大赛强化课改意识，以备课组、教研组为单位定期进行集体备课与教研组学习，以教科研评价奖励制度为引导组织校本教研活动。全校共推出区级研究课20节，教师148人参与。

（尹嘉）

【组织教师探究性学习】　年内，顺义九中组织教师探究性学习。研究性学习是师生结合高中新课改教学背景，课程具有开放性、实践性和探究性特点，确定一般程序为选择课题——组织课题组——实施研究——中期交流——整理成果——成果交流。全校教师、学生1510人进行研究性学习培训，高一年级92个课题可由学生挑选、高二年级48个课题经过开题论证。

（王海燕）

【开设6门校本课程】　年内，顺义九中开设6门校本课程。该校依据教师资源特点和学生实际需求，在高一年级开设奥运教育、国防教育、天象奇观讲座，高二年级开设世界文学名著朗读、少女课堂系列讲座，高三年级开设考前心理健康教育，其中，天象奇观讲座，运用大量图片、简单语言介绍天文知识；“少女课堂”知识讲座，围绕“多彩青春”主题，通过生动实例，分析、讲解产生早恋原因，指导学生正常交往态度与方式。全校学生2007人参加学习。

（王海燕）

北京市顺义区
牛栏山第一中学

【概　况】　2008年，北京市牛栏山第一中学占地面积181605.31平方米，建筑面积65631.03平方米，体育场（馆）面积49874平方米。图书馆（室）藏书6.4万册。固定资产总值844.78万元。全年教育经费投入4146万元，其中，国家拨款3454万元、自筹经费692万元。高中毕业930人；招生538人；在校生2613人，包括寄宿生2383人。高中录取分数线508分（顺义区），高考本科录取率92.3%。开设教学班52个。有教职工305人，包括专任教师257人，其中，具有高级专业技术职务105人、副中级专业技术职务79人；市级学科带头人2人、市级骨干教师12人、特级教师3人。普通教室52个，专用教室12个，实验室10个。

（姚宇鹤）

【刘克祥任校长】　1月3日，任命刘克祥为牛栏山一中校长。会议由顺义区教委主持，宣布区委组织部任免决定，由刘克祥担任北京市顺义区牛栏山第一中学校长，原校长王森就14年工作情况进行总结。全校教职工305人参加会议。刘克祥，中共党员，1963年2月出生，北京市顺义区人，1987年7月毕业于首都体育学院，获得教育学学士学位。2001年9月被北京市教委派往美国希望国际大学攻读硕士学位，2002年12月获得希望国际大学颁发的教育管理硕士学位。曾任北京市顺义区杨镇一中体育教师、教研组长、团委书记、教导处副主任、牛栏山第一中学总务主任、主管德育副校长、常务副校长。曾经荣获全国十佳体育教师荣誉称号、首都劳动奖章、北京市经济技术创新标兵、国家教师科研基金“十一五”科研规划论文评选一等奖、第29届奥林匹克运动会组织委员会颁发的突出贡献奖。被评为北京市体育传统项目学校优秀校长、北京市体育传统项目学校优秀教师、北京市优秀青年知识分子、北京市优秀教师、北京市德育先进工作者等荣誉称号。撰写《教育资源的整合与开发》等11篇论文，在人民教师等杂志上刊登或发表。

（杨小青）

【参加机器人世锦赛北方公开赛获奖】

3月1日，牛栏山一中参加“第二届FLL机器人世锦赛中国北方区公开赛”获奖。该比赛由北京学生活动管理中心主办，FLL（First Lego League）旨在拓展青少年在科学、技术、工程等学科领域眼界与思维，培养团队合作精神和创造力，设置“破解能源”项目，要求学生思考分析不同能源可行性，提升能源利用效率，并完成场地比赛、技术答辩、日志答辩、才艺表演等7个环节，裁判组分别考察参赛队伍研究能力、交流能力、表达能力、社交能力、团队合作及道德风范等。来自中国北方地区68支代表队500名学生参赛，其中，北京市顺义区牛栏山第一中学代表队由6人组成，高二年级学生张坤榕、段鑫亮获得冠军奖，高二年级学生宋枚峰、王殷实获得一等奖，2名学生获得“机器人最佳表演奖”。

（杨小青）

【获市基教科研优秀论文】　3月，牛栏山一中在北京市2007年度基础教育科学研究优秀论文评选中获奖。该评选由市教委基础教育研究中心主持，面向全市学校教师，采取论文征集形式。来自全市18个区县300所学校23000篇论文参评，其中，北京市顺义区牛栏山第一中学共有25篇论文获奖，教师黄革华《浅谈牛栏山第一中学鸟类科技活动》、梁红梅、王红玉《基于学生认知和兴趣的地理教学探讨——人教版高中地理教改选修课“自然灾害与防治”的教学建议》、李跃华《开发校本课程，推进新课程实施——关于“国际热点问题与近代国际关系研究”》，马旭、邢飞月《浅谈数学课程资源的开发与利用》获得一等奖，另获二等奖11篇、三等奖10篇。

（杨小青）

【召开市级数学课题汇报会】　4月29日，牛栏山一中召开市级数学虚拟课堂课题研究汇报会。会议由北京市教育学会主持，指导该校《高中新课程选修模块网络资源开发与实施》课题数学学科预试验工作，听取学校课题组教师阶段性研究成果汇报，阐述高一年级选修模块网络资源开发与实施方面研究内容。全校教师40人参加。该校共参与数学和语文两个学科课题研究工作，其中，数学学科研究成员校包括北师大实验中学、北京师大二附中、八一中学、人大附中。

（杨小青）

【入选首批中小学科技教材】　5月3

日，牛栏山一中创编《飞翔的鸟》入选北京市首批中小学科技活动教材。该书由学校生物教师李万成主编，介绍有关鸟类生态学知识，如何开展观鸟活动、鸟类环志、人工鸟巢、人工食槽制作和爱鸟周宣传，以及观鸟需具备的环境条件、爱鸟周注意内容等。教材收录在市中小学科技教材《新科学探索丛书——奇妙的生物》中，由北京师范大学出版社出版。

（杨小青）

【成为国防生源基地】　5月5日，牛栏山一中举办国防生生源基地协议签字暨揭牌仪式。活动由学校副校长主持，包括军区领导、校长讲话、签字揭牌等内容，来自市教委、北京军区、北京卫戍区、顺义区教委等8名领导参加。国防生生源基地是对党中央、国务院、中央军委关于加强国防

教育、培养优秀军队干部战略决策的落实，也是该校加强国防教育、强化学生国防意识，积极培养、引导学生报考国防和军事院校。

（杨小青）

【加入国际教育创新联盟】　5月13日，牛栏山一中参加国际教育创新联盟（iNET）北京会议。会上，国际教育创新联盟总裁伊丽莎白（Elizabeth Reid）女士为2008年度中国16所加盟学校颁发证书。国际教育创新联盟iNET（International Networking for Educational Transformation）由英国特色学校促进会发起，2004年成立，由世界各国致力于教育改革学校所组成，北京市联合国教科文组织协会于2006年9月与英国国际教育创新联盟正式签署合作协议，在基础教育领域中共同应用与推广创新教育。

（杨小青）

【举办市级高中物理教学研讨会】　5月21日，牛栏山一中举办北京市教科版普通高中物理教学研讨会。会议由顺义区考研考试中心物理教研室主持，以“物理新教材和该区物理新课程改革”为主题，观摩该校高一年级教师《探究验证机械能守恒定律的方法》研究课，听取区教研员关于物理新教材与新课程改革发言，以及该校教学干部关于学校课程改革汇报，并围绕研究课展开研讨，专家点评认为课程注重细节，体现新课程理念，一切从学生出发。市教科院专家、物理特级教师洪安生，以及各区县教研员、学校教师代表70人参加。

（杨小青）

【参加全国地理科技赛获奖】　6月10日，牛栏山一中在第二届“地球小博士”全国地理科技大赛获奖。该比赛由中国地理学会主办，围绕“防灾减灾科学发展”主题，面向全国中小学生，分为两个阶段，采取试题、论

文、摄影、漫画、研究报告等形式。来自全国32个省市地区520所学校学生4万人参加，2100人获奖，其中，北京市顺义区牛栏山第一中学由8人组成，5名教师获得全国优秀指导教师一等奖和“全国优秀科技辅导员”称号，学校获得“科普教育基地”奖牌。

（杨小青）

【举办班主任培训系列讲座】 8月25、26和30日，牛栏山一中举办班主任培训系列讲座。该讲座由学校副校长主持，以“感悟育人艺术，增长教育智慧”为主题，邀请北京教育学院、海淀区教师进修学校、西城区教育研修学院、北京市和平街第一中学5名专家、教师，做《主题班会的设计与开展》、《班主任基本功培训讲座》、《民主科学管好学生》、《沟通无极限》、《信息技术使班主任工作更精彩》专题汇报，阐述班主任工作概念，讲解具体思路与方法。来自牛栏山一中实验校、津桥培训中心，以及该校教师400人参加。

（杨小青）

【完成校园环境改造】 年内，牛栏山一中校园环境改造完成。6月20日，学生公寓楼建成，占地面积2399.88平方米，建筑面积12000平方米，分为五层，可容纳学生1500人。工程于2007年3月开工，由市、区两级政府总投资2875万元。9月10日，学校院墙改造完成，位于校园东、北两侧，长483米、高5.5米、最小宽度0.7米，用石总量8300立方米。工程于3月开工，由区财政总投资470万元。10月，学校污水处理站建成，位于校园北侧，日处理污水量500立方米，由市发改委总投资140万元。

（姚宇鹤）

北京市顺义区杨镇第一中学

【概　况】 2008年，北京市顺义区杨镇第一中学占地面积491714平方米，建筑面积102355.46平方米，体育场（馆）面积83000平方米。图书馆（室）藏书9.2万册。固定资产总值15067.08万元。全年教育经费投入9264万元，其中，国家拨款8697万元、自筹经费567万元。高中毕业732人；招生651人；在校生3100人，包括寄宿生3056人。高中录取分数线479分（顺义区），高考本科上线率67.8%。开设教学班72个，其中，新疆预科班4个、高中班68个。有教职工317人，包括专任教师232人，其中，具有副高级职称56人、中级职称76人；特级教师3人、市级学科带头人3人、市级骨干教师17人。普通教室75个，专用教室14个，实验室24个。

（马洪良）

【启用新校训校标校旗】 3月3日，杨镇一中新校训、新校标、新校旗启用。该校在新学期首次升旗仪式上诵读“在自我超越中，成就美好人生”新校训，新校风“至诚明理励志笃行”，包括学风（乐学、勤学、善学、博学）、教风（敬业、精业、乐业、立业）、干部作风（勤政廉洁、公正民主、务实高效、科学创新）。新校标、新校旗由英文字母YZ象形、杨镇一中教育集团中英文名称、建校年份、圆环五类元素构成，采用火炬、中英文缩写、圆环、枝叶、麦穗五类图案，象征杨镇一中向前发展。

（马洪良　刘秀梅　武建龙）

【参加市艺术节获奖】 4月16日，杨镇一中参加“北京市第11届学生艺术节合唱专场”比赛获奖。该比赛由北京市教委举办，每两年一届，以“歌唱祖国”为主题，面向北京市中小学生，包括区级初赛、复赛及市级决赛三个阶段，分为小学、初中、高中3个组别，采取合唱形式，设置童声、混声、男声、女声合唱等项目。来自全市18个区县60所学校60支代表队学生3000人参加，13支队伍获奖，其中，北京市顺义区杨镇第一中学合唱队表演曲目《半个月亮爬上来》、《阿拉木汉》以91.58分成绩获得高中组第一名。

（马洪良　刘秀梅）

【召开市体育与健康教学现场会】 4月22日，杨镇一中召开北京市普通高中新课程体育与健康学科教学现场会。会议由北京市教科院基教研中心主持，做《积极稳妥扎实推进体育学科新课程改革》工作报告，学校体育组做《高中体育与健康新课程教学改革实验中的经验与思考》典型发言，9名教师分别进行足球、排球、健美操、游泳等自主选修课程教学展示，与会专家点评认为顺义区实施高中新课程改革进展迅速，该校运动场地、设施设备条件完备，体育师资较高，教学工作体现科学教育观、人才观和健康观。来自中国学校体育研究会、市教科院专家，市、区教委领导，人民教育出版社负责人和全市18个区县体育教研员、教师代表400人参加。

（马洪良　刘秀梅　高承东）

【召开市中小学美育工作现场会】 5月27日，杨镇一中召开北京市首届中小学美育工作现场会。会议由北京市美育协会主持，听取该校《创美育人，用美的教育造就美的新人》经验介绍，观摩语文、化学和地理等7个学科8节展示课，参观教学区、文化长廊等校园美育环境，与会专家对学校美育工作给予肯定，点评认为校园环境富有文化底蕴，对学生起到潜移默化的美育教育，学校美育课程有特色、学科渗透美育到位。来自教育部、中央教科所、市教委领导，全市18个区县教研员、各校主管美育工作干部、教师300人参加。

（马洪良　刘秀梅）

【开展民族教育工作】 6月1日，杨镇一中接待新疆维吾尔自治区教育厅科研干部宣讲教育团。此次宣讲“以爱国主义、民族团结教育”为主题，阐述新疆发展史，要求学生热爱祖国、踏实学习、维护民族团结、热爱科学，增强自身动脑、动手能力。该校新疆班学生578人参加学习。9月23日，学校接待新疆班家长寻访团。寻访团由新疆维吾尔自治区内地高中班办公室一行10人组成，参观校园文化环境，进入课堂、宿舍了解新疆学生学习生活，客人认为新疆班管理有序、学习生活条件优越，学校文化氛围浓厚。9月30日，学校开展爱国主义教育活动。活动组织学校新疆班4个年级学生800人分成4个小组到天安门广场参加升国旗仪式，参观故宫博物院、世界公园、奥运赛场“鸟巢”和水立方。10月2日，学校举办“肉孜节联欢会”。会议围绕“民族团结”主题，采取联欢形式，学生表演民族舞蹈、诗朗诵、歌曲等。全校干部、教师、新疆学生400人参加。10月20日，学校接受民族团结示范校验收。此次验收工作由市民委、市教委主持，小组一行8人听取该校在民族教育特色、采取措施及取得成绩等方面情况介绍，查阅相关资料，观摩学生集体活动，检查学生宿舍、食堂，与部分学生就生活学习困难问题座谈，结果显示学校在以上方面达到优秀或良好。11月，学校被评为首都民族团结进步先进集体。此次评选由北京市委、北京市人民政府组织，面向在京党政机关、社会团体，采取学校申报、专家评审、组织决定形式，评选标准以民族团结教育工作突出为重点。全市共有140个单位获奖，其中教育系统10个。

（马洪良　刘秀梅）

【综合楼投入使用】　8月25日，杨镇一中综合楼投入使用。该楼位于校园西侧，主体框架结构，占地面积5560平方米，建筑面积16286平方米。楼内包括办公区，实验区，报告厅，图书馆，功能涉及职能部门集中办公，学科演示试验和学生实验，师生图书借阅以及召开学校各类型会议。实验区配有化学、生物、物理实验室23个，可同时容纳学生1150人实验操作；报告厅可提供师生800人开会场地；图书馆建筑面积700平方米，其中，教师阅览室100平方米、学生阅览室400平方米。拥有图书9.2万册，可接待师生300人查阅资料。工程于2007年11月5日开工，由北京市发改委投资9745万。

（马洪良　刘秀梅）

【参加国际美术展获奖】　9月15日，杨镇一中学生参加世界湿地保护大会韩国美术展获奖。该展览由国家林业局湿地保护中心主办，以“湿地保护与可持续性利用”为主题，面向世界各国学生，采取绘画作品展形式，评选标准包括主题鲜明、绘画水平等。来自世界156个国家地区学生300人参赛，中国共选送2件作品，其中，北京市顺义区杨镇第一中学新疆预科班学生吾留别克水粉画作品《和谐》获得金奖。

（马洪良　刘秀梅）

【参加全国田径赛获奖】　10月1至4日，杨镇一中参加全国中学生“多威杯”田径锦标赛获奖。该比赛由中国中学生体育协会、国家体育总局田径运动管理中心主办，武汉市人民政府和华中师大附属第一中学承办，以“培养体育人才”为主题，分为3个阶段，包括甲、乙两个组别，设置19个项目。来自全国24个省市地区101所中学学生1397人参赛，70人获奖，其中，北京市顺义区杨镇第一中学代表队由6名教练员、18名运动员组成，获得团体第六名和体育道德风尚奖，高一年级学生石长青以2.07米成绩打破跳高“中田赛”纪录获得金牌，达到国家一级运动员标准。

（马洪良　刘秀梅）

【获得全国科研先进校称号】　10月12日，杨镇一中获得“全国教育科研先进校”称号。此次评选由国家教师奖励基金会组织，以“科研课题成果评选”为主题，面向各基层学校，采取自行申报，专家评审形式，评选标准包括市、区级课题数量、获奖成果数量。全国26个省市地区81所学校参选，31所获奖。

（马洪良　刘秀梅）

【举办首届班主任节】　11月12日，

杨镇一中举办首届班主任节。此次活动由该校学生主持，以“感恩教育”为主题，校长、教师、学生代表分别发言，组织学生表演舞蹈、歌曲、诗朗诵等节目。全校教师、学生3500人参加。规定班主任节每年定期举办一次。

（马洪良　刘秀梅　杨文功）

【举办高中课改现场会】　11月28日，杨镇一中举办顺义区高中新课程改革走进市级样本校系列活动。活动由顺义区教委主持，以“专家走进课堂，引领实践反思”为主题，聘请市基教研中心13个学科教研员和南京市金陵中学专家现场指导，听取该校做《求真务实，积极稳步推进高中课程改革》工作汇报。会后，13名教师分别推出语文、英语和通用技术等学科展示课，金陵中学骨干教师做4节现场课。与会专家认为课程体现新教改理念，落实素质教育，突出学生能力的培养，并围绕课堂教学模式探索、教学方法使用等问题进行研讨，金陵中学介绍高中课改措施经验。顺义区各高中校负责人、学科教师400人参加。

（马洪良　刘秀梅　李成文）

【参加全国创新赛获奖】　12月5至7日，杨镇一中在第二届“未来杯”全国中学生创新大赛中获奖。该比赛由共青团中央全国学生联合会主办，以“创意设计”为主题，面向全国中学生，分为初赛、复赛、决赛三个阶段，采取实物作品展示形式。来自全国28个省市地区392所学校学生5000人参加，20人获奖，其中，北京市顺义区杨镇第一中学高二年级学生张新凯、王鑫、段钧尹通过展示、交流、答辩环节获得集体项目一等奖，由中国工程院院士颁发。

（马洪良　刘秀梅）

【校报在全国评选获奖】　12月20日，杨镇一中参加“第三届全国中小学优秀校内校刊评选颁奖典礼”。该活动由中国教育学会、《教育》杂志社联合举办，以贯彻落实教育部颁发的《关于大力加强中小学校园文化建设的通知》文件精神，进一步促进全国中小学校报、校刊的发展为主题，面向全国基础教育校园各类报刊所举办的群体活动，分为初赛、复赛、决赛三个阶段，采取学校申报、专家评定、颁奖表彰形式，评选标准包括校报校刊的质量和内容等。来自全国23个省市地区1万所学校参赛，315种校刊获奖，其中，北京市顺义区杨镇第一中学校报《杨中人报》获得“最佳校报一等奖”，教师刘解军获得“最佳编辑奖”。

（马洪良　刘秀梅）

【开展教学科研月】　12月，杨镇一中举办“打造活力课堂，提高教学效率”主题科研月活动。该活动围绕“活力教育”理念，关注学生生命潜能的开发与发挥，培养学生创造性、想象力、自信心、合作、善群等优秀品质，组织教师剖析课堂教学如何调动学生积极性、如何引导学生进行有效学习、教师教学设计如何指向明确等 10 个问题，召开备课组长会，听取主管干部作《备课组长怎样成为“专家型领导”》讲话；由备课组教师制订整改方案，开展研究课、汇报课交流；组织成果汇报，共推出展示课 20 节，课堂案例、反思、论文 100 篇。全校教师 330 人参加。

（马洪良　刘秀梅）

【推出特色教学管理模式】 年内，杨镇一中推出特色教学管理模式。该模式包括“一个质量月、三个侧重、四个走进、六个机制、八个要”，即：把每学年 12 月定为教学质量月；高一年级侧重学习习惯养成与学习方法指导、高二年级侧重能力培养与素养提高、高三年级侧重高考研究与个别辅导；聘请专家走进报告厅、教学名师走进教室、备课组教师走进备课室、同年级教师走进会议室；构建师徒结对机制、优秀教师示范课机制、教学质量四级分析机制、实体负责机制、教师专业学习机制；备课要“深入”、上课要“务实”、手段要“恰当”、活动要“实效”、作业要“精选”、辅导要“有效”、考核要“严格”、负担要“适量”、质量要“一流”。全校教师 242 人参与。

（马洪良　刘秀梅）

【实施星光灿烂计划】 年内，杨镇一中实施“星光灿烂计划”。该计划分为“一个操作模式、两个类别、三个层面”，即：每月评选星级班级、星级学生，通过会议表彰、经验介绍、板报宣传等途径，宣传市区级三好学生、优秀班干部、先进班集体，以及校级、班级的星级榜样，组织到奥运场馆进行参观、参加拓展训练等。该校共有 40 个班级学生 500 人参加，其中，30 个班级、学生 300 人获得奖励。

（马洪良　刘秀梅）

北京市昌平区第一中学

【概　况】 2008 年，北京市昌平区第一中学占地面积 5.65 万平方米，建筑面积 3.5 万平方米，体育场面积 1.5 万平方米。图书馆藏书 10 万册，电子音像资料 20100 小时，订阅杂志 269 种、报纸 98 种。固定资产总值 7434 万元。全年教育经费投入 2811 万元，其中，国家拨款 2217 万元、自筹经费 594 万元。毕业 543 人；招生 534 人；在校生 1615 人，包括住宿生 703 人。高中录取分数线（昌平区）474 分，高考本科上线率 90%。开设教学班 37 个。有教职工 202 人，包括专任教师 120 人，其中，具有高级专业技术职务 50 人、中级专业技术职务 44 人；市级学科带头人 3 人、市级骨干教师 12 人、特级教师 4 人。普通教室 36 个，实验室 16 个，专用教室 36 个。开发校本课程 80 门，拥有青鸟文学社、天艺书画院 10 个学生社团，8 个社会实践基地以及超越无限青少年体育俱乐部。

（郭丽娟）

【召开市级生物课堂教学现场会】 3 月 28 日，昌平一中召开北京市中学第 12 届生物课堂教学现场研讨会。会议由学校教学副校长主持，以“实施探究性学习”为主题，采取听课、评课形式展开，学校 4 名教师做《基因的自由组合定律》、《遗传的物质基础》、《基因突变》和《伴性遗传》关于课堂教学实效性研究课，研讨认为课程设计严谨，以实验研究着手，培养学生分析能力，并就北京市生物教师与教学发展提出符合“新课标”要求的教育教学新模式。来自市基教研中心专家、昌平区教委领导，以及各区县中学教师 180 人参加。

（刘平　林金平）

【奥林匹克主题班会获奖】 4 月 7 日，昌平一中参加北京市奥林匹克教育班队会大赛获奖。该比赛由北京市奥林匹克教育工作领导小组办公室主持，以“我为奥运做贡献”为主题，采取主题班会录像课形式，面向全市所有中小学校，包括对奥运理解、感悟、思考等内容，评选标准有主题突出、立意新颖，内容翔实。来自全市 18 个区县和燕山地区 300 所学校参加，200 所学校获奖，其中，北京市昌平区第一中学以《我与奥运有个约会》获得市级一等奖。《我与奥运有个约会》包括参与无“界线”、喝彩无“国界”、自强无“边界”三个板块，利用多媒体课件与影音资料，带领学生讨论奥运现象、理解奥运精神、感受奥运内涵，高三年级学生 40 人参与。

（刘平）

【接待英国伦敦教育考察团】 5 月 12 至 22 日，昌平一中接待英国伦敦莎拉·邦尼尔学校教育考察团。该考察团由师生一行 13 人组成，观摩学校高一、高二年级英语、体育、音乐、美术、劳技等部分课程，参观体育馆、综合图书馆、心理咨询室、计算机室等校内设施，并就双方教育教学差异展开交流。学校安排英国师生包饺子、编中国结、剪中国奥运吉祥物“福娃”等。客人认为昌平一中教育教学经验丰富，值得借鉴，双方建立友好联系。

（郭丽娟）

【参加全国英语竞赛获奖】 5 月，昌平一中参加全国中学生英语能力竞赛获奖。此次竞赛由国际英语外语教师协会中国分会、国家基础教育实验中心主办，是面向全国中学生举办的综合性英语能力竞赛，以中学生英语能力测试为主题，采取笔试、口试形式，包括初赛、决赛两个阶段。来自全国 32 个省市自治区学生 10 万人参加，其中，北京市昌平区第一中学学生郑宇家、咸康希分别获得高二年级组全国二等奖。

（郭丽娟）

【初中数学新课程丛书出版】 5 月，昌平一中《初中数学新课程有效教学疑难问题操作性解读丛书》出版。丛书由该校特级教师何乃忠主编，结合现代教育理念与教学实践，以提高学生素质为出发点，解读新课程实施过程中教学疑难问题，具有操作性、实践性、典型性等特点，内容分为有效备课疑难问题、有效驾驭教材疑难问题、有效设问疑难问题、有效导入疑难问题、有效讲解疑难问题、有效应试辅导疑难问题六个部分。全书共计19万字，由教育科学出版社出版。

（郭丽娟）

【德育校本教材出版】　8月20日，昌平一中德育校本课程教材《学生综合素质教育》出版。该教材分为法制篇、学生规章制度篇、安全篇、礼仪篇、心理篇五个部分，收录学校简介、校长致辞、校园风貌、优秀学生代表、校徽、校训、校风、校规、校歌等74项内容，从未成年人保护、预防未成年人犯罪、中学生行为规范、人身伤害事故预防与处理、传染病及常见病预防、礼仪常规、心理不平衡、遇到挫折如何对待等方面对学生进行教育。全书共计22万字，面向学校三个年级学生1605人发放。

（郭丽娟）

【承办区级科技展览】　9月29日至10月12日，昌平一中承办区级科技展览。该展览由中国科学技术协会主办，北京市科协、昌平区科协、昌平区教委、昌平一中承办，以“保护生态环境，你我共同行动”为主题，从生态环境恶化、资源耗竭，导致森林锐减、物种灭绝、气候变暖，和噪音、粉尘、废渣等环境问题，介绍如何在生产服务过程中减少资源消耗、二次利用、保护生存环境等知识。全区25所学校学生6000人进行参观。

（郭丽娟）

【九点通讯社扩编】　10月16日，昌平一中九点通讯社进行扩编。该社扩大招生数量，由原46人增加到87人。九点通讯社于2005年10月创立，由学校语文教研组主办，以《九点》杂志为依托，同时创办月刊报纸，发表和刊载师生学习生活和思想感受，为爱好新闻写作学生提供学习新闻理论、参与新闻实践、提高新闻采访能力平台。

（刘平）

【举办教学专题讲座】　11月5日，昌平一中举办教学专题讲座。该讲座由学校党支部主持，聘请人大附中全国优秀教师王金战做《教育思想转变为教学行为创新》专题讲座，运用具体实例阐述科学教育理念，面向教师讲解人生关于就业、职业、事业三个阶段，结合互联网时代学生心理特点提出协助学生探索自我，并从发现自我、开启自我到实现自我，进而能不断地超越自我等教育意识。全校教师123人参加。

（刘平）

【召开市级高中新课程模块选修座谈会】　12月25日，昌平一中召开北京市“高中新课程选修模块网络资源开发与实施”座谈会。会议由昌平区教师进修学校主持，听取市教育学会负责人介绍《高中新课程选修模块网络资源开发与实施》项目内容，分析项目与课题区别。强调项目实施目的在于利用虚拟课堂、构建选修模块、实现教学创新，观摩学校数学、语文、地理、历史等学科虚拟课程展示，并指导构建选修模块具体做法。来自市教育学会专家，昌平区教委领导、各学校干部、教师50人参加。

（沈素平）

【评为全国班主任专业发展优秀校】　12月，昌平一中被评为全国班主任专业化发展优秀学校。该评选由中国教育学会主办，以“班主任素质教育”为主题，采取资料评审形式，入选条件包括建校30年以上，班主任工作取得突出成绩，管理特色突出，具有相当影响学校。全国20个省市地区300所学校参评，100所最终入选。北京市昌平区第一中学坚持德育工作，以“团队、心理、活动”作为核心理念，开展预防为主“文化管理”，加强班主任队伍建设，提出争做“科研创新型班主任”口号，采取定期召开班主任培训、每月开展班主任评估，内容包括每周班级日常量化成绩、主题班会情况汇报，教师、学生、家长沟通与交流等，学校2名班主任教师分获全国和谐班级管理经典案例论文一、二等奖。

（刘平）

北京市昌平区第二中学

【概　况】　2008年，北京市昌平区第二中学总占地面积84342平方米，其中北校区4202平方米、南校区42322平方米；总建筑面积56911平方米，其中，北校区34552平方米、南校区22359平方米；体育场面积41865.7平方米。图书室藏书89987册，订阅杂志249种、报纸38种。固定资产总值61062万元。全年教育经费投入3336万元，其中，国家拨款3092万元、自筹经费244万元。毕业699人，其中，初中174人、高中525人；招生1066人，其中，初中496人、高中570人；在校生2542人，其中，初中1028人、高中1514人，包括住宿生1520人。开设教学班70个，其中，初中班24个、高中班42个、内地新疆预科4个。高中录取分数线469分（昌平区），高考本科上线率50%。有教职工296人，包括专任教师201人，其中，具有高级专业技术职务66人、中级专业技术职务77人；市级学科带头人2人、市级骨干教师10人。普通教室91个，实验室20个，专用教室18个。

（李立民）

【管乐团出访日本】　2月2日，昌平

二中管乐团参加日本第五届“中日友好管乐节”。活动由日中管乐友好协会主办，日本外务省、群马县教育委员会和日本NHK公共广播电视台协办，采取比赛形式，表演历时4个小时，展示《绿色山谷》、《拉特斯基》、《荣光的传世之曲》等曲目。该校教师、学生43人参加，演奏二胡、笙、柳琴等中国传统民间乐器。“中日友好管乐节”始办于2004年1月，每年举办一届。

（闫静　李继阳）

【开展新课标研讨与反思活动】　4月1至15日，昌平二中开展学习新课标课例研讨与反思活动。该活动围绕落实“新课标”提高课堂教学效率相关主题，以学科组为单位，选取1节教师常规课，对照新课标逐条进行检

验，及时发现问题与不足，加深对新课标理解；利用集体备课时间，展开讨论分析，将反思成果形成文字材料。全校教师190人参加，撰写反思论文190篇。

（张云）

【召开艺术教育研讨会】 4月16日，昌平二中召开“规范政策、完善体系”艺术教育研讨会。会议由学校德育副校长主持，采取研讨与决议形式，认为学校艺术教育要做到资金到位、人员编制到位、办公活动场所到位，实现统一制订规划、统一安排人员、统一使用经费，达到教学改革与艺术教育建设一体化、硬件建设与软件建设一体化、第一课堂与第二课堂一体化。全校教师26人参加。

（李继阳）

【参加市中小学电子制作赛获奖】 8月25日，昌平二中参加北京市中小学电子制作创新大赛获奖。该比赛由北京市无线电运动协会、北京市少年电子技师认定活动组委会共同主办，以“工艺制作、外观设计和发明创新”为主题，面向全市初中学生，采取全员参与与个别辅导相结合的形式，分为学校初赛、区县选拔赛、全市决赛共三个阶段，设置3个项目。全市18个区县20所学校学生参加，其中，北京市昌平区第二中学初中学生550人参加，45人获奖，包括一等奖21个。

（潘春生）

【参加体育比赛获奖】 10月1至4日，昌平二中参加全国中学生“多威杯”田径锦标赛获奖。该比赛由中国中学生体育协会、国家体育总局主办，武汉市人民政府和华中师大一附中承办，面向中国中学生体育协会会员学校，采取比赛、选拔形式，分为及格赛、预赛、决赛三个阶段，竞赛按参赛运动员年龄分为男子甲组、女子甲组、男子乙组、女子乙组4个组别，设置21个项目，各单项录取前8名。来自全国24个省市地区102所中学学生1397人参赛，其中，北京市昌平区第二中学体育代表队由18名学生组成，高一年级学生刘明钊获得男子乙组跳高金牌、赵鸿飞获得男子乙组1500米和3000米跑金牌。11月1至6日，该校学生参加“泛太平洋”地区中学生运动会获得金牌。运动会在澳大利亚堪培拉举行。来自泛太平洋地区美国、加拿大、澳大利亚等36个国家学生1000人参加，其中，北京市昌平区第二中学高一年级学生刘明钊以2米成绩获得跳高金牌，达到国家一级运动员标准。

（王洁睿　李毓良　李立民）

北京市昌平区实验中学

【概　况】 2008年，北京市昌平区实验中学占地面积34637平方米，建筑面积26575平方米，体育场（馆）面积13161平方米。图书馆藏书4万册，电子图书3234册，订阅杂志200种、报刊22种。固定资产总值3359万元。全年教育经费投入2141万元，其中，国家拨款1786万元，自筹经费355万元。毕业499人，其中，初中175人、高中324人；招生519人，其中，初中215人、高中304人；在校生1503人，其中，初中597人、高中906人。高中录取分数线457分（昌平区），高考本科上线率19%。开设教学班38个，其中，初中班14个、高中班24个。有教职工201人，包括专任教师147人，其中，具有高级专业技术职务39人、中级专业技术职务64人；市级学科带头人3人、市级骨干教师5人。普通教室38个，实验室6个，专用教室24个。

（马红国）

【召开德育课题研讨会】 2月21日，昌平实验中学召开德育研讨会暨中国教育学会“十一五”规划课题《普通完全中学提高德育针对性的研究与探索》研讨会。会议通报学校课题研究进展情况与存在问题，由子课题负责人汇报具体研究工作，讨论认为子课题《探索艺术教育与德育相互渗透的途径与方法》学术性、可操作性强；针对教学和科研冲突现象，推行“自主诊断式教研模式”和“自主诊断式学生管理模式”，即在教研组、年级组、班主任等教师群体，开展问题的探因、提出解决方案、落实教育管理措施、反馈教育效果等系列自我改进活动，并将改进成果作为教研组、年级组考核评价指标。全校教师48人参加。

（马红国）

【承办艺术教育现场会】 4月22日，昌平实验中学承办区级艺术教育现场会。会议由昌平区教委主办，以“学校艺术教育的开展”为主题，听取该校校长《努力用课程化的校本管理，打造我校的艺术教育特色》主题发言，内容包括：用校本课程突出艺术教育特色，国家课程强化艺术教育特色，课题研究促进德育、美育和艺术教育融合，科学管理带动师生和学校整体发展；观摩学校教师电子琴、手风琴、萨克斯等13门艺术类校本课程。专家对该校校本课程展示、“全体学生基本艺术素质培养模式”给予肯定，提出要以高中课程改革为契机，利用现有传统艺术资源开齐艺术课程，并从制度角度保证艺术教育课程运行，建议将美育教育在所有学科中渗透推广。来自中国音乐教育学会、北京教育学会专家，昌平区各中小学校长、主管干部、教师代表250人参加。

（廖顺华　马红国）

【参加市科技英语情景剧表演】 6月14日，昌平实验中学参加北京市科技英语情景剧表演获奖。该活动由北京学生活动管理中心主持，以“培养科技英语能力和表演能力”为主题，面向全市各区县初中学生，分为城区组和远郊区县组，设置6个项目。来自全市18个区县40所学校学生300人参加，100人获奖，其中，北京市昌平区实验中学初二年级5名学生代表昌平区参赛，获得远郊区县组一等奖和最佳创意奖。

（于红辉）

【参与名师风采课程录制】 11月7日，昌平实验中学教师李志刚参与北京市学科带头人“名师风采”课程录制。该活动由中央电视大学、北京教育学院组织，对初三年级物理课程《探究影响点此磁性强弱的因素》进行录制，教师独立制作教具、改进实验器材、设计教学环节，使学生体验科学研究工作经验，培养创新意识和实验探究能力。课程录像被制成光盘，在中央教育电视台“名师风采”节目播出。李志刚，1968年8月出生，北京市昌平区人，1989年7月毕业于北京邮电学院物理师资专业，在中学物理教学岗位工作20年，现任昌平实验中学物理教师，北京市物理学科带头人。1998年获全国优秀教师称号，2007年8月获第四届全国中学物理教学改革创新大赛一等奖，其辅导教师张新获得北京市物理教师实验技能竞赛一等奖。

（廖顺华）

【召开音乐教学研讨会】　12月16日，昌平实验中学召开陈文明音乐教学研讨会。会议由昌平区教委主办，以“陈文明音乐教学思想研讨”为主题，组织观看陈文明音乐教学录像片《一名音乐教师的足迹》，听取该校校长和昌平区音乐教研员主题发言，对陈文明刻苦学习、潜心钻研精神给予肯定。来自中国音乐教育学会、市教育学会专家，市教委领导、区县音乐教研员，以及各中小学教学干部、音乐教师300人参加。陈文明，1951年4月出生，北京市昌平区人，1977年7月，毕业于北京师范学院。现任昌平实验中学音乐教研组组长、昌平区音乐学科兼职教研员、北京市美育研究会理事。2001年被评为全国优秀教师，2008年被评为北京市中学音乐学科带头人。从教32年，先后担任小学、初中、中师、高中等学段音乐教学工作，在高中新课程背景下，探索出“全体学生基本艺术素质培养模式”，编著《中学校园音乐欣赏108首》，由人民教育出版社出版；撰写论文《将美学原理引入高中音乐欣赏教学初探》获得全国艺术教育科研论文一等奖，《聆听，并且记住音乐》在《中国音乐教育》上发表。

（廖顺华）

北京市昌平区下庄学校

【概　况】　2008年，北京市昌平区下庄学校是九年一贯制山区寄宿制学校，占地面积21067平方米，建筑面积6689平方米，体育场（馆）面积8891平方米。图书馆藏书15162册，电子图书421册，订阅报纸、杂志102种。固定资产总值955万元。全年教育经费投入835万元，全部由国家拨款。毕业97人，其中，初中33人、小学40人、学前24人；招生87人，其中，初中38人、小学29人、学前20人；在校生323人，其中，初中113人、小学190人、学前20人，包括住宿生198人。开设教学班15个，其中，初中班5个、小学班9个、学前班1个。有教职工53人，包括专任教师46人，其中，具有高级专业技术职务3人、中级专业技术职务23人。普通教室15个，专用教室10个，实验室3个。

（王青乐）

【落实住宿生补贴工作】　1月18日，下庄学校落实住宿生食宿补贴工作。此次工作由学校副校长主持，采取家长会形式，总结学校住宿生相关情况，表彰学习、生活表现突出学生24人，并对假期学生安全工作提出要求，签订学生、家长安全责任书。会议发放山区住宿学生食宿补贴，每学期按5个月计算，补贴标准每人每月100元。全校教师、学生204人参加。

（王青乐）

【开展奥运主题活动】　1至2月，下庄学校开展“微笑北京、奥运先锋”主题教育活动。该活动要求学生学习奥运“微笑圈”含义、推广“微笑圈”理念，向家长及周边群众宣传“微笑圈”与“微笑承诺”，要求每名学生撰写2篇“微笑日记”、自制1幅奥运专题手抄报。全校学生309人参与，共收到成长日记598篇、手抄报298份，其中，选出优秀成长日记40篇、优秀手抄报20份在橱窗展示。

（王青乐）

【改善办学条件】　3至12月，下庄学校改善办学条件。该校利用专项资金152.47万元，完成7项具体工程，其中，投入15万元进行旱厕改造，改造后占地面积103.5平方米、使用面积88平方米，全部为冲水厕所，配有水、电、暖设备，安装电子感应器；投入47.8万元更新教学设备，建成生物试验室1个，新增劳技配套仪器640件、文科教学设备86件、音乐配套设备103件、体育配套设备293件，新建数字化教室1个并配备计算机10台、数字化设备10套；投入资金22.21万元，改善山区教师办公条件，添置办公桌椅、图书设备、仪器柜470件，各专业教室、办公室安置空调25台；投入15.3万元完成多功能厅改造，占地面积166.7平方米，使用面积141.7平方米，更换会议桌椅64套，以及照明灯、窗帘等，新建多媒体操作间1个，新增多媒体设备、音响设备各1套；投入36.96万元，新增教学多媒体设备16套；利用市拨专款10.2万元，新建科学实验室并配备标准配套设施；投入5万元，改建德育展室。

（王青乐）

【举办模拟逃生演习】　5月16日，下庄学校举办模拟紧急逃生演习。演习经过前期教育、动员阶段，指导住宿生熟悉遇到山洪、泥石流、地震等危险情况紧急逃生路线，树立生命安全和自我救援意识。由宿管教师吹响紧急集合号，学校干部、值班教师进行引导，学生以宿舍为单位，从三条通道撤离到操场开阔地，演习用时1分28秒。该校小学一年级至初中三年级住宿生198人、教师16人参加。

（王青乐）

【课题研究获奖】　5月21日，下庄学校参与市级课题《初中校诊断》研究获奖。该评选由北京教育学会与北京师范大学课题组联合组织，面向全市所有课题初中校，采取全程参与评估、撰写结题报告形式，标准包括参与度、研究效果、课题成果等。全市18个区县学校参评，昌平区13所学校获奖，其中，北京市昌平区下庄学校以《山区学校教育反思运行机制的研究》结题报告获得优秀课题实验校称号。课题由北京教育学会、北京师范大学共同主持，于2007年5月立项，该校研究方向主要围绕学生错题、错例的归纳、收集、整理，采取问卷调查、行动研究等方式进行实践，促进教学环节合理安排，形成教学反思机制。

（王青乐）

【完成奥运观赛任务】　8月11日，下庄学校组织完成奥运观赛任务。该校成立观赛工作领导小组，研究制订《观赛工作组织方案》、《观赛工作安全预案》，召开随行教师工作会、观赛学生家长会、观赛学生全体会，并签订相关安全责任书。观赛活动由昌平区教委领导、该校校长带队，赴顺义奥林匹克水上公园，观看2008北京奥运会赛艇项目预赛，学生80人参加，共分为10个小组，由教师、家长18人负责管理。

（王青乐）

【成立学生食堂管理委员会】 9月18日，下庄学校学生食堂管理委员会成立。委员会吸收学生参与校内食堂管理，由教师进行相关宣传，鼓励学生自愿报名，要求小学每班推荐1至2人、初中每班推荐3人，最终拥有成员26人。管委员会推选出学生负责人2名，在每周五定时召开会议，收集整理学生就餐意见与建议，包括饭菜质量、饭菜种类、饭菜价格等。学校主管干部与学生代表围绕所提问题进行研讨，制订相应解决办法，提高校内就餐质量。

（王青乐）

【设立科学实践讲堂】 9至12月，下庄学校设立科学实践讲堂。该课堂面向初一年级学生，旨在满足山区学生科学实验兴趣、培养学生科技创新思维，由物理教师担任主讲，每周开设1课时，以学生身边趣事、奇异现象为主要内容，涉及“身边的风雨雷电”、“眼睛的错觉”、“光影世界”等主题，通过实验方式揭示生活中科学奥秘。此次共开课17节，初一年级学生44人参加。

（王青乐）

【开展内务评比】 10月30日，下庄学校开展“小家整洁、大家快乐”住宿生内务评比活动。该评比由学校德育干部主持，设置“卫生优秀宿舍奖”、“温馨小家设计奖”、“优秀宿舍奖”等集体项目，评选标准包括整体卫生、被褥叠放、用品摆放、规划合理等内容；开展“行家里手”个人单项赛，包括快速叠被子、杂乱物品快速摆放等项目。全校25个宿舍学生198人参赛，评出集体奖6个、单项奖18个。

（王青乐）

【修订管理制度汇编】 11月24日，下庄学校修订《管理制度汇编》。汇编由该校校长、干部9人负责起草、审核、校对，包括学校概要、学校管理、学校德育、学校教学、党团工作、体艺环卫、后勤服务、安全保障8个部分，经过校教职工代表大会讨论定稿，收录各项制度职责111项，总计8.5万字。较2002年旧版制度汇编，共废除制度36条，新增制度89条，修订制度22条，完善德育、教学相关内容，补充后勤、安全保障部分要求，明确学校岗位职责规范。

（王青乐）

【通过初中建设工程验收】 12月11日，下庄学校通过北京市初中建设工程专项督导检查验收。该验收组由昌平区政府教育督导室领导、专家一行21人组成，听取该校校长《求真创新，务实发展，谱写山区教育新篇章》工作汇报，查看学校发展规划、干部队伍建设、教师队伍建设、德育工作、心理健康教育工作、教学工作、体美卫生工作、教育资源管理、校园文化等方面档案资料，并与学校干部、教师代表进行座谈，采取听课方式检查教学工作，观摩语文、数学、英语、物理、化学5节公开课，考察学校硬件发展、实验设备账目。检查后，专家对该校软硬件发展进步、档案材料规范全面、两支队伍建设完备等情况给予肯定，并指出要进一步加强教师专业提升、充分利用现代信息技术，最终评价获得98.1分，通过验收。

（王青乐）

北京市大兴区第一中学

【概　况】 2008年，北京市大兴区第一中学占地面积60000平方米，建筑面积448257平方米，体育场（馆）面积7630平方米。图书馆藏书11万册。固定资产总值1070.64万元。全年教育经费投入2831.88万元，其中，国家拨款2300.34万元、自筹经费531.54万元。毕业1111人，其中，初中323人、高中788人；招生873人，其中，初中294人、高中579人；在校生2895人，其中，初中1000人、高中1895人，包括寄宿生859人。高中录取分数线504（大兴区），应届高考本科上线率85%。开设教学班60个，其中，初中班18个、高中班42个。有教职工309人，包括专任教师224人，其中，具有副高级职称122人、中级职称101人；市级学科带头人3人、市级骨干教师7人、特级教师7人；大学本科以上学历257人。普通教室60个，专用教室16个，实验室8个。学校网址：www.dxhcyz.com.cn。

（姜士厂）

【组织抗震救灾系列活动】 5月16日，大兴一中举行为四川灾区捐款仪式。仪式在《爱的奉献》乐曲中进行，全体师生3215人捐款共计413834.5元。5月29日，学校教师参加央视一套《我们》特别节目录制。该节目为地震灾区特别录制，讲述地震过程中真实故事《折断的翅膀》，包括教师张米亚在地震中舍己救人先进事迹等内容，时长10分钟。6月5日，学校举办“情系奥运心系灾区”文艺演出。该活动由校团委学生干部主持，采取舞蹈、小品、诗歌、独唱等形式，共展示文艺节目15个，学生36人参加。6月21日，学校举办“情系四川——为灾区少年儿童捐一本书”活动。活动由校团委、学生会组织，面向全体团员与少先队员，共征集图书3986册、文具1175件，通过中国青少年发展基金会送往四川省广元市青川县灾区学校。该校学生2985人参加。7月3日，学校举办“这个夏天我们学会爱”《三十九度二》赈灾义卖活动。活动与北京青年报社、北京青少年发展基金会联合举办，共为灾区学生筹得善款2443元，共有1786人参加。

（耿炳文）

【参加市未来工程师比赛获奖】 6月7日，大兴一中学生在北京市第四届未来工程师比赛中获奖。该比赛由北京学生活动管理中心举办，围绕科技创造未来主题，面向全市中小学生，采取现场比赛形式，分为预赛和决赛两个阶段，包括小学组、中学组，设置5个项目。来自全市13个区县125所学校125支队伍学生536人参加，113人获奖，其中，北京市大兴区第一中学初二年级学生刘天明、何雨泽在排雷机器人项目比赛中获得第一名，教师薛金华、魏宪辉、蔡静获得北京市优秀辅导员称号。

（耿炳文）

【组织班主任基本功考核】 6月18日，大兴一中组织班主任基本功考核。该校旨在加强班主任队伍建设，提高班主任思想修养、业务素质、工作艺术和理论水平，在班主任校本培训基础上，采取闭卷考试形式，面向从事年级主任、班主任和参加工作未满一年教师，考核教育法规、主题班会设计、学生评语、学生课堂违纪处理案例分析等内容。全校教师78人参加，达标率100%，优秀率35%。

（耿炳文）

【校史馆竣工】 8月25日，大兴一中校史馆竣工。该校史馆是由原食堂改建，占地面积750平方米，建筑面积676平方米，分为“发展历程”、“学校荣誉”、“领导关怀”、“文化交流”、“全面发展”、“园丁风采”、“桃李芬芳”共7个部分，展出实物、奖杯、奖牌等238件，由学生负责解说引领工作。校史馆于2008年6月20日开工建设，由大兴区财政总投资75万元。

（姜士厂　李金艳）

【举办教师说课比赛】 8月28至30日，大兴一中举办教师说课比赛。该比赛由教学处组织，围绕提高教师教学基本功主题，采取轮流上场形式，参赛教师既作为选手又担任评委，考察对教材理解、教法设计转化为“教学活动”能力等内容，并依据评价标准进行量化打分。全校教师203人参加，20人获得一等奖、40人获得二等奖、60人获得三等奖。

（姜士厂）

【“1.2”爱心基金会成立5周年】

11月17日，大兴一中举办纪念“1.2”爱心基金会成立5周年活动。该活动由学校团委主持，围绕“环保献爱心，真情满校园”主题，采取集中捐款的形式，共组织捐款2609.31元。全校60个班级教师、学生3000人参加。该校“1.2”爱心基金会于2003年11月17日成立，由校团委管理，共收到各班级捐资31534.63元，学生15000人次参与，已发放基金25500元，学校85名家庭困难且品学兼优学生得到资助。

（姜士厂）

【参加全国校内报刊评比获奖】 12月20至23日，大兴一中参加“第三届全国中小学优秀校内报刊评选活动”获奖。该评选由中国教育学会举办，围绕“提升校内报刊质量，繁荣校园文化建设”主题，面向全国各中小学，采取自愿申报形式，分为评委会专家初审、终审与颁奖三个阶段，标准包括报刊的真实性、导向性、科学性、可读性等。来自全国20个省市自治区1665所学校1665种刊物参选，335种获奖，其中，北京市大兴区第一中学《教科研通讯》获得“最佳教科研刊一等奖”，教师黄仕泽获得“最佳编辑一等奖”。

（姜士厂）

北京市大兴区兴达中学（首都师范大学大兴附属中学）

【概　况】 2008年，北京市大兴区兴达中学（首都师范大学大兴附属中学）占地面积68000平方米，建筑面积47600平方米，体育场（馆）面积24709平方米。图书馆（室）藏书5.1万册。固定资产总值6919.21万元。全年教育经费投入1866.32万元，其中，国家拨款1583.67万元、自筹经费282.65万元。毕业536人，招生461人，在校生1787人。高中录取分数线429分（大兴区），高考本科上线率46.8%%。开设教学班38个。有教职工215人，包括专任教师150人，其中，具有副高级职称50人、中级职称51人；市级骨干教师2人；大学本科以上学历186人。普通教室42个，专用教室16个，实验室11个。学校网址：www.cnudxfz.dxschools.cn。

（石娟）

【召开新课程改革工作会】 3月11日，兴达中学召开新课程改革工作展示会。会议由大兴区教师进修学校主持，围绕“新课程改革的有效教学方式”主题，采取听课与分组座谈形式，展示语文、数学、英语、物理、化学、生物、政治、历史、地理、信息技术、体育、音乐、美术等共13个学科课程，并就新课改中存在问题进行交流，提出如何把握新课程理念，运用探究、合作、自主学习方法增强课堂教育效果等相关建议，组织学习新课改目标、方法、形式等。来自市教科院、大兴区教委专家、领导，以及区各学校干部、教师200人参加。

（石娟）

【更名为首都师范大学大兴附属中学】

3月27日，兴达中学更名为首都师范大学大兴附属中学。大兴区人民政府与首都师范大学签署共建协议，旨在利用区内高中教育资源，规定由首师大选派领导担任大兴附中名誉校长；由教授组成“专家团”，为大兴附中教育教学提供智力支持，帮助学校制订发展规划；定期对大兴附中教师进行培训；在课题立项、课题研究方面进行指导；对特长学生培养提出有效建议；大兴附中定期派教师到首师大接受培训，有效期5年，到期续签。经北京市大兴区机构编制委员会办公室批准，原北京市大兴区兴达中学正式更名为首都师范大学大兴附属中学，更名后办校性质、规格与人员编制不变。5月8日，首都师范大学大兴附属中学举办成立仪式。活动由大兴区教委主持，包括授旗、揭牌等内容。来自市人民政府教育督导室，首都师范大学，首都基础教育发展研究院，大兴区政府、区人大常委会教科文卫委员会专家、领导，以及该校干部、教师500人参加。首师大大兴附中原名黄村三中，始建于1976年，1991年转制为大兴县第二职业高中，2001年转制为兴达中学，2008年正式更名为首师大大兴附中。

（石娟）

【开展优秀学生评选活动】 3至6月，兴达中学（首师大大兴附中）开展“十星”优秀学生评选活动。该活动由学校德育处主持，围绕“践行荣辱观，争做好榜样”主题，采用自下而上评选方式，标准包括热心公益、服务班级、志愿实践、关心他人等，全校三个年级推选“十星”候选人共180名，最终评出“管理之星”、“学习之星”、“劳动之星”、“文明之星”、“友爱之星”、“爱班之星”、“诚实之星”、“住宿之星”、“守纪之星”60名。全校学生1572人参加。

（石娟）

【举办教学开放周活动】 4月15至18日，兴达中学（首师大大兴附中）举办教学开放周活动。该活动以“展示青年教师业务素质，创建主体性课堂教学模式”为主题，采取“学案导学”形式，学校44名青年教师推出公开课，涉及语文、数学、英语、化学、物理、生物、历史、地理、政治、体育、音乐、美术、信息技术共13个学科，评课认为课程激发学生主动参与教学活动的热情，体现学生的主体地位，贯彻新课改的精神。来自北师大大兴附中、大兴三中、大兴五中、榆垡中学、采育中学教师120人参加。

（石娟）

【加强校本课程开发】 4月28日，兴达中学（首师大大兴附中）加强校本课程开发。该工作由学校教务处主持，面向高一年级学生，旨在推进新课程改革，拓宽教学渠道，采取“走班上课”形式，开设《走进红楼，走进古典文学》、《几何证明选讲》、《电影欣赏》、《物理学史简介》、《化学课本知识的延伸》、《大国崛起相关史实》、《感受中国特色文化》、《网上冲浪》、《篮球》等20门校本课程。

（石娟）

【参加全国中小学班会比赛获奖】 6月5日，兴达中学（首师大大兴附中）参加第二届全国中小学主题班会比赛获奖。该比赛由中国教育学会中学德育专业委员会、全国班主任工作学术委员会主办，围绕“弘扬奥运精神、弘扬中华民族优良传统”主题，包括小学、初中、高中、中职等组别。来自全国各省市地区学校班主任教师参加比赛，其中，首都师范大学大兴附属中学教师李颖、黄丽霞分获一等奖。

（石娟）

【举办市级高中课改研讨会】 6月27日，兴达中学（首师大大兴附中）举办北京市高中课改样本校建设项目研讨会。会议由北京市教育科学研究院基础教育科学研究所主持，围绕“新课程教与学方式变革”主题，听取该校多环节实施学案导学情况汇报，包括教师以教案为基础开发学生智力，设计问题探索、要点强化等情景，要求学生直接参与并完成“学案”；教师对教材内容展开研究，通过对学情调查把握，进行学案编写工作；利用学案导学教学策略体系，形成“教师为主导，学生为主体，训练为主线”课堂教学结构；通过学案导学调查表，对教学形式进行跟踪，解决相关问题。来自市教科院、大兴区教委专家、领导，全市65所高中新课程样本校干部、教师200人参加。该校自2003年开始在课堂教学中运用学案导学教学模式。

（石娟）

【开展初高中新生衔接工作】 8月22至26日，兴达中学（首师大大兴附中）开展初高中新生衔接工作。该工作由学校德育处主持，包括组织召开主题班会、观看奥运会闭幕式和电影《一个人的奥运会》、学习毕业生成长经历报告等，开展新生思想教育与养成教育；由学科教师为新生做学法指导、进行新课程培训；邀请心理专家举办专题讲座；召开新生家长会等。全校学生500人参加。

（石娟）

【外派汉语教学志愿者】 9月1日，兴达中学（首师大大兴附中）外派赴美汉语教学志愿者。该校教师吴维应国家汉语国际推广领导小组办公室邀请，面向美国中学生，进行为期一年汉语教学工作，支持美国中小学开设汉语与中国文化课程。

（石娟）

【开展教师校本培训】 9月24至27日，兴达中学（首师大大兴附中）开展教师校本培训。该培训由学校教务处主持，围绕教师专业化发展主题，采取“理论学习与实际操作相结合”形式，包括校本资源网使用、新课程学习方式与学案导学调查、教师成长经验介绍、研究性学习方法讲座等。全校教师157人参加。

（石娟）

北京市大兴区兴华中学

【概　况】 2008年，北京市大兴区兴华中学占地面积40626平方米，建筑面积30814平方米，体育场（馆）面积18028平方米。图书馆藏书79271册。固定资产总值5970万元。全年教育经费投入1767万元，其中，国家拨款1554万元、自筹经费213万元。毕业498人；招生430人；在校生1502人，包括寄宿生1300人。高中录取分数线486分（大兴区），应届高考本科上线率80%。开设教学班36个。有教职工195人，包括专任教师148人，其中，具有副高级职称56人、中级职称40人；特级教师2人、市级骨干教师4人；大学本科以上学历148人。普通教室36个，专用教室8个，实验室10个。学校网址：www.xinghua.dxschools.cn。

（李峥）

【组织唐仲英爱心分队服务活动】 3月6日至12月1日，兴华中学组织唐仲英爱心分队开展服务活动。该校带领唐仲英爱心分队17名学生清扫校内操场周围杂草；举行唐仲英爱心奉献倡议活动，宣读“爱心倡议书”号召全校学生参与“爱心小分队”，用实际行动服务社会，“兴华中学唐仲英爱心小分队”现有成员36人；举行集会表达对灾区人民关怀与哀悼，帮助图书馆教师粘贴新书条形码；举行唐仲英爱心奖学金特殊发放仪式，学生将部分奖学金捐赠给四川灾区人民，爱心小分队师生共计23人捐款1420元；清洁校园橱窗与计算机房；再次进行唐仲英爱心奖学金发放仪式，学校学生34人获奖。

（李莉　李娟　杨馥铭）

【开展心理健康教育】 3月18日至11月27日，兴华中学开展心理健康教育。该校组织召开心理健康协会成立仪式，宣布成员名单，宣讲委员素质要求、职责以及工作安排，开展“团队风火轮”体验活动，全校专、兼职心理教师、协会会员55人参加；接待北师大爱心社一行15人，为学校36名学生举行专场心理素质拓展训练，历时2个小时，包括“刮大风”、“春天里来百花开”、“无家可归”、“听图画图”等内容；政教处、心理健康服务中心举行“相识是朋友”专题辅导，安排“连环报名”、“爱的传递”等项目，全校学生50人参加。

（刘秀华　李娟　任彩清）

【加强教师培训】　4月15日至10月21日，兴华中学加强教师培训工作。该工作由学校校长主持，举办青年教师优秀课评比，全校教师120人参加，27人获奖；召开考试命题工作会；邀请大兴区教师进修学校专家做《如何做一名优秀的高中数学教师》专题讲座，并针对教师基本功考核注意事项进行相关辅导。全校教师19人参加。

（李慧民）

【参加市中学生田径运动会获奖】　4月25至27日，兴华中学参加北京市中学生田径运动会获奖。该运动会由北京市教委主办，围绕“迎奥运”主题，面向全市各区县中学，分三天进行比赛，包括AB两个组别，共设置68个项目。来自全市16个区县的中学生817人参加比赛，342人获奖，其中，北京市大兴区兴华中学代表队由学生10人组成，获得7个竞赛一等奖。

（谷玉新　赵习雷）

【进行德育美育教育】　5月26日至12月22日，兴华中学进行思想品德教育。该校召开“珍爱健康，拒绝吸烟”主题校会，组织教师宣读“无烟校园我承诺——致全校学生的公开信”倡议书，利用课间操、展板、网络、宣传画和主题班会等形式，对学生进行吸烟和被动吸烟有害健康教育，全校教师、学生1500人参加；举办《帮助孩子快乐学习，卓越成长》家庭教育讲座，邀请哈佛中国教育研究中心专家，面向高一年级学生家长，从认知、行为、结果等角度，提出“用微笑面对孩子、用真挚言语感动孩子、用向上思想要求孩子”希望，全校家长500人参加；举行阳光体育冬季长跑启动仪式，围绕“阳光体育与祖国同行”主题，全校师生1800人参加；举办第二届校园艺术节，进行表演类和作品类比赛、书法绘画比赛、“律动的青春”歌手大赛、“校园智慧大比拼”现场知识竞赛、校园橱窗设计展示、“阳光下成长”班级风采展示活动、“兴华杯”诗歌朗诵比赛等，全校教师、学生1000人参加。

（褚隽　李峥　杨馥铭）

【开展高中新课程教学】　8月27日至12月6日，兴华中学开展高中新课程教学工作。该校启动暑期校本培训，围绕新课程改革相关内容，以学科组为单位，对学科教学做出具体规划；组织全校60名青年教师专业知识考试，采取闭卷形式，内容涉及高考所有学科；召开高一年级新课程通识培训会，干部、教师分别就新课程改革概况、新课程设置与分类、学业管理、学分认定，以及综合实践活动课程性质、目标、结构与安排做专题报告，全校师生543人参加；召开新课程实施工作第二次研讨会，听取校长题为《兴华中学新课程改革实施的基本方针》报告，指出新课程改革工作基本目标是使学生与教师受益，阐述在新课改实施过程中出现问题，组织对高考学科和会考学科教学方法进行“面对新课改，如何理解质量就是生命”专题研讨，全校学科教研组长、市区级学科带头人、骨干教师63人参加。

（李峥　张宇）

【参加全国学生模拟联合国会议】
11月29日和30日，兴华中学参加全国中学生模拟联合国大会2008北京分会。会议由北京大学模拟联合国协会主办，在北京大学英杰交流中心举行，围绕国际热门话题，分为讨论议题、地球村展示活动等部分。来自全市18个区县34所学校学生300人参加，其中，北京市大兴区兴华中学代表队由学生7人组成，分别代表以色列、阿尔巴尼亚2个国家3个委员会出席，获得最佳立场文件奖。

（杨馥铭）

北京市怀柔区第一中学

【概　况】　2008年，北京市怀柔区第一中学占地面积56375平方米，建筑面积36416平方米，体育场（馆）面积27715平方米。图书馆（室）藏书7.6万册，各类报纸35种、杂志121种。固定资产总值8103.38万元。全年教育经费投入28773939.83元，其中，国家拨款23456413.24元，自筹经费5317526.59元。毕业694人；招生622人；在校生2080人，包括寄宿生686人（含韩国留学生68人）。高中录取分数线469分（怀柔区），高考本科上线率97%。开设教学班50个。有教职工244人，包括专任教师161人，其中，具有副高级职称85人、中级职称66人；市级学科带头人4人、市级骨干教师10人。普通教室60个，专用教室16个，实验室10个。学校网址：www.bjhryz.com。

（孙建明　李晓伶）

【参加全国课堂教学展示获奖】　1月10日，怀柔一中参加“全国科研联合体第三届课堂精品教学”展示获奖。该活动由全国教育科学“十一五”规划教育部课题《提高课堂教学实效性的教学策略研究》总课题组和全国中学教育科研联合体主办，面向全国100所中学征集课堂实录，采取现场观摩、点评、研讨形式评选。共有36节精品课获奖，其中，北京市怀柔区第一中学教师马红民、马俊霞获得语文学科一等奖。

（孙建明）

【北京市青少年活动基地挂牌】　4月

15日，怀柔一中“北京市青少年科技俱乐部活动基地学校”挂牌。基地由

该校青少年科技俱乐部管理，拥有球类、跆拳道、舞蹈和文化、科技活动室等场馆，承担对校内外青少年进行科技文化辅导与普及任务。该称号由北京市青少年科协俱乐部授予，中科院王绶琯院士授牌，并与师生就“学科学、爱科学、如何做创新型科技人才”问题进行交流。全校教师、学生300人参加。

（孙建明　郭雪冬）

【组织为灾区捐款献血】　5月14至

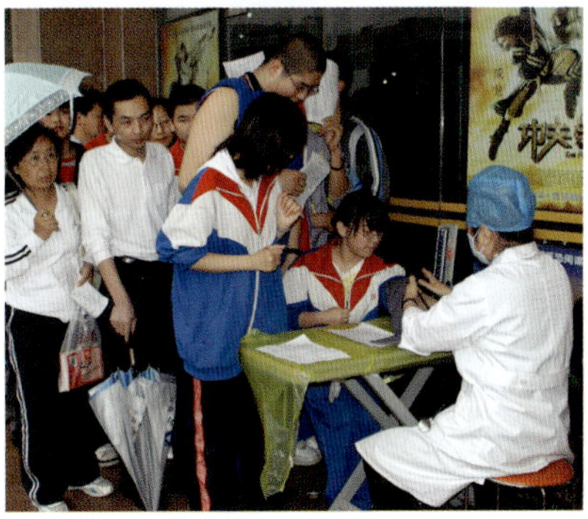

25日，怀柔一中组织师生为四川地震灾区同胞捐款献血。活动由学校党政工青联合组织，围绕“抗震救灾、众志成城，我向灾区伸援手、我与灾区共渡难关等”主题展开，该校教师、学生2700人共计捐款12.65万元，其中，30人参加义务献血，每人捐献200毫升。

（孙建明　郭雪冬）

【举办科学名家讲座】　6月1日，怀柔一中举办“科学与中国2008年中科院院士专家巡讲团即北京青少年科技俱乐部科学名家讲座”活动。活动邀请中科院院士李惕碚、吴岳良分别作题为《人类探索黑洞的历程》和《探寻自然界的对称性和基本规律》专题讲座，主要内容包括“地球与天文、空间实验室、探测黑洞、对称原理与物理规律、粒子——反粒子和空间反演（CP）对称性和破坏、粒子物理和宇宙学、对称原理和统一理论、老一代科学家如何奋斗”等，解答学生提出“光速与黑洞、根据对称性原理实施导弹拦截以捍卫祖国领空”等问题。全校学生300人参加。

（孙建明）

【开展奥林匹克教育】　8月6至24日，怀柔一中开展奥林匹克教育活动。活动由怀柔区教委、区体委主持，依据北京奥组委开展全民进行奥林匹克教育要求，组织教师、学生900人在杨宋影视城参加奥运圣火传递；带领师生1100人在顺义奥林匹克水上中心、北京奥林匹克公园和国家体育场观看皮划艇、曲棍球和田径等项目比赛。

（孙建明）

【开设名师论坛】　11月11日，怀柔一中开设名师论坛。论坛由学校“北京市人民教师”马红民担任主讲，采取多媒体演示、台上台下互动方式，讲解“高三语文复习”，内容包括知识体系、能力考查、学生特点、科学对策等。至此共举办“名师论坛”3次，主题涉及“物理教学探讨”、“高三英语总复习”以及教师外出观摩学习感受等。全校教师120人次参加。

（孙建明）

【接待日本青少年代表团】　12月19日，怀柔一中接待日本青少年友好使者访问团。访问团一行200人，来校参观校园文化环境，交流中日青少年友好情感，同台表演文艺节目，双方就中日两国和平发展问题进行讨论，并赠送书画作品等。全校学生300人参加。

（孙建明）

北京市怀柔区雁栖学校

【概　况】　2008年，北京市怀柔区雁栖学校占地面积28681平方米，建筑面积9600平方米，体育场（馆）面积6500平方米。图书室藏书35000万册。固定资产总值1878万元。全年教育经费投入1813万元，全部由国家拨款。毕业259人，其中，小学124人、初中135人；招生323人，其中，小学180人、初中143人；在校生1429人，其中，小学873人（含外省市借读生512人）、初中556人（含外省市借读生163人）；包括寄宿生258人（含外省市借读生2人），其中，小学69人、初中189人。开设教学班42个，其中，小学班26个、初中班16个。有教职工216人，其中，小学142人，包括专任教师100人，具有副高级职称1人、中级职称109人；中学74人，包括专任教师52人，具有副高级职称5人、中级职称34人；市级骨干教师1人。普通教室42个，专用教室9个，实验室3个。学校网址：www.bjhryq.com。

（崔连荣）

【开展教育科学研讨】　3月20日，怀柔雁栖学校开展教育科学研讨。活动结合学校科研课题《小学数学讲授式与探究式有效应用的实验研究》，组织观摩3节数学公开课，评议指出课程具有“讲授式”与“探究式”共同特点，并举办题为《中小学教师教育科研漫谈》讲座，阐述如何针对学科特点开展研究、如何在课堂教学中解决实际问题等内容。来自区教科所专家、学校教师100人参加。

（崔连荣）

【开展奥运教育】　4至6月，怀柔雁栖学校开展奥运教育活动。活动由学校干部主持，以“迎奥运、讲文明、树新风、我参与、我奉献”为主题，包括主题班会、奥运知识竞赛、迎奥运征文等内容。期间，学校共有教师、学生1280人参加，收到奥运征文300篇、上报区教委60篇。

（崔连荣）

【科研论文获奖】　7月，怀柔雁栖学校参加北京市第五届教育科学研究论文评比获奖。该活动由北京市教委、北京市教育科学规划领导小组主办，围绕北京市教育科学规划课题、北京教育科学研究院委托调研课题，采取申报形式，面向专项课题组、普通中小学、幼儿园干部教师征集，分为申报、推荐、评审三个阶段，评选分设特等奖5项、一等奖15项、二等奖30项、三等奖50项，特为中小学（含职业学校）、幼儿园的干部教师设立基础教育专项奖50项。最终北京市怀柔区雁栖学校科研论文《利用合作学习方式，提高课堂教学质量》获得教育科学研究优秀成果奖基础教育专项奖。

（崔连荣）

【加强学生作业检查】　9月，怀柔雁栖学校加强学生作业检查工作。此次工作面向校内七至九年级，实施“学生作业天天查、周周作总结”管理制度，检查语文、数学、英语、物理、化学等学科，内容包括教师预留作业层次性及数量、学生的书写及教师的批改、学生的复练及教师的复批、教师的批改和帮扶记录、学生的“作业错题分析录”、教师的“学生作业反思录”，由教研组长每周写出一份本组作业情况报告，针对问题提出改进意见。至年底，学校分年级举办作业和批改记录展览，表彰学生128人、教师26人。

（崔连荣）

【组织联合教研活动】 9至12月，怀柔雁栖学校初中部与怀柔杨宋中学联合组织教研活动。该活动由怀柔雁栖学校发起，两校共同主办，以“加强合作学习和思维训练，培养学科学习能力”为主题，采取相互听课、评课、座谈会等形式，面向两校任课教师组织活动。期间，共有48名教师做观摩课，举办教学经验交流座谈会2次。

（崔连荣）

【开展教学基本功赛】 10月9日至11月21日，怀柔雁栖学校开展教学基本功擂台赛。该活动结合怀柔区教科研中心举办“百名新星”和“教学基本功”大赛初选阶段，组织校内一至六年级教师参加教学理论答卷、课件制作、讲课三项评优赛，由学校校长、主管教学校长、主任、教师代表12人担任评委。全校教师68人参评，21人获得单项奖、7人获得综合奖。

（崔连荣）

北京市平谷区第三中学

【概　况】 2008年，北京市平谷区第三中学占地面积34078平方米，建筑面积18733平方米，体育场（馆）面积18308平方米。图书馆（室）藏书52000册、报刊110种。固定资产总值2144.3万元。全年教育经费投入1638.35万元，其中，国家拨款1631.62万元、自筹经费6.73万元。毕业878人；招生718人；在校生2384人，包括寄宿生309人。应届高考本科上线率55.8%。开设教学班50个。有教职工252人，包括专任教师162人，其中，具有副高级职称51人、中级职称79人；市级骨干教师5人；大学本科以上学历291人。普通教室52个，专用教室21个，实验室7个。

（张海清）

【参加市金鹏科技论坛】 2月，平谷三中参加北京市金鹏科技论坛活动获奖。该活动由北京教学植物园、北京学生活动管理中心和朝阳区教委联合主办，围绕“参加科技实践，求真知，促成长”主题，面向全市中小学生，采取访谈、调查、观察、实验、实验形式，分为三个阶段，包括学生实践活动、征集参评项目、论坛与表彰等内容，评选标准有科学性、先进性、自主性、实用性等。来自全市18个区县学校论文参选，321篇获奖，其中，北京市平谷区第三中学报送论文18篇，2篇科技论文获得市级一等奖。

（张海清）

【举办班主任基本功比赛】 3月17日，平谷三中举办班主任基本功比赛。该比赛由学校德育处主持，宣读《平谷三中班主任基本功大赛实施方案》，以笔试、现场测试相结合形式，展现教育教学能力，包括政策水平、理论学习、班主任社会生活指导课设计，班主任社会生活指导课片段组织、现场案例分析，班级常规管理纪实材料，班主任工作论文，班级工作学期计划、撰写教育案例或工作随笔等。全校教师50人参加，18人获奖。

（张海清）

【评为北京市艺术示范校】 3月，平谷三中被评为北京市艺术教育示范校。评审组由市教委领导、专家一行13人组成，听取该校校长专题汇报，察看学校组织建设、资源利用、师资力量、财力投入、活动成果、活动特色等22项、46条档案材料。观看学生开展科技、艺术活动，检查项目设施使用情况，评价认为“有特色、思路新、效果好”，通过艺术教育示范校验收。

（张海清）

【参加市学生艺术节获奖】 5月9日，平谷三中参加北京市第11届学生艺术节获奖。该比赛由市教委主办，围绕“牵手奥运，共创和谐”主题，面向本市中、小学校，职业高中，中等专业学校学生，分为区级展演、市级比赛两个阶段，包括小、中、高三个组别，设置集体、个人共70个项目。来自全市18个区县100所学校学生1000人参加，全部获奖，其中，北京市平谷区第三中学学生268人参加集体管乐表演，书法、篆刻、摄影、绘画、工艺项目分获8个市级一等奖。

（张海清）

【参与英特尔求知计划】 6月29日，

平谷三中450名学生获得英特尔求知计划结业证书。该校于2004年与中国科协、英特尔（中国）有限公司合作，执行英特尔求知计划，为8至16岁青少年提供计算机入门知识，共计30课时，组织初一学生分期分批进行培训，专任教师持证上岗，配合专门教材、资源手册，以学生为主体，要求协作完成课堂活动、作业、资源手册填写等。至此，共培训学生5000人。

（张海清）

【举办心理健康主题班会】 9月19日，平谷三中举办心理健康主题班会。该活动由学校德育处主持，围绕“说说心里话”主题，每周召开1次，针对各班级师生缺乏沟通、学习缺乏主动性、交友等问题，下发集体讨论条目，以匿名调查问卷形式开展学生心理调查，并要求班主任、任课教师做客班会，了解学生真实想法，结合学生所反映问题，改进教育教学工作。全校教师、学生1800人参加。

（张海清）

【召开学困生转化经验交流会】 9月19日，平谷三中召开学困生转化经验交流会。会议以“做学习上的良师，生活中的慈母”为主题，采取交流讨论形式，学校2名班主任作《我是怎样转化学困生的》、《细节铸就辉煌》专题发言，介绍关心转化学困生具体做法与经验，提出强化学困生的耐挫能力、关心学困生的心灵健康等建议。全校教师 230 人参加。

（张海清）

【举办科普知识讲座】 10 月 14 日，平谷三中举办“大手拉小手——科技专家进校园”科普报告会。该校邀请中国科学院地球物理研究所研究员，通过面授方式，面向初三年级学生，讲解“传播地磁前沿科学”等内容，并与学生展开互动交流，解答声音的产生和传播、地磁翻转等问题。全校学生 730 人参加。

（张海清）

【举办青春期心理健康讲座】 10 月 21 日，平谷三中举办青春期心理健康讲座。该校邀请北京中小学心理咨询中心专家，面向初二年级学生，结合具体案例和学生中存在厌学、早恋、交友等问题，利用图片、视频形式，从心理学角度阐述中学生心理健康与学习辩证关系，依据青春期心理特点引导学生进行思考。全校学生 730 人参加。

（张海清）

【参加全国无线电测向赛获奖】 10 月 23 日，平谷三中参加全国无线电测向锦标赛获奖。该比赛由国家体育总局、教育部、中国科协、共青团中央、全国妇联联合主办，围绕“科学、时间、发展”主题，在河北保定举行，面向全国中小学生，分阶段进行，包括儿童组、少年组、青年组、成年组四个组别，设置 7 个项目。来自全国 7 个省市地区学校 47 支代表队学生 500 人参加，84 人获奖，其中，北京市平谷区第三中学代表队由学生 10 人组成，获得团体第一名。

（张海清）

【举办学法研究讲座】 11 月 7 日，平谷三中举办“学习方法研究”讲座。该讲座邀请北京“四中网校”教师，面向初一年级师生、家长，通过面授方式，讲解细查“失分”原因与有效弥补“差距”等问题，解答家长怎样沟通、怎样帮扶、怎样提高学习效率等有关内容。全校教师、学生、家长 300 人参加。

（张海清）

【首次采用分层考试】 11 月 18 日，平谷三中首次采用分层考试。该校要求班主任与任课教师，结合学生考试成绩建立“学困生”跟踪档案，教务处根据“学困生”情况编排 AB 试卷，B 卷以测试基础知识点为主，适当调整难度，并对分层考试成绩较好学困生给予表扬，激发其学习兴趣。全校学生 22 人参加。

（张海清）

【举办 15 米往返运球比赛】 12 月 6

日，平谷三中举办 15 米往返运球比赛。该比赛围绕“应对中考，强我体魄”主题，面向初三年级学生，结合“篮球绕标志物 15 米往返运球”市中考体育项目，包括男子、女子两个组别，体育教师针对比赛中出现“出发时抢跑”、“运球过程中双手同时触球”、“膝盖以下身体部位触球”、“漏绕标志物”等问题给予指导。全校学生 820 人参加，168 人获奖。

（张海清）

【举办课堂教改研讨会】 12 月 10 日，平谷三中举办课堂教改研讨会。会议由教学副校长主持，坚持“以人为本，张扬个性，和谐发展”理念，学习杜郎口、洋思中学办学经验，通过研讨、总结、示范课等形式，结合本校实际，修订“目标展示、创设情境、自主学习与合作学习、展示、点拨提高、当堂检测”6 步教学模式。全校教师 162 人参加。

（张海清）

北京师范大学平谷附属中学

【概　况】 2008 年，北京师范大学平谷附属中学占地面积 85337 平方米，建筑面积 31882 平方米，体育场（馆）面积 4512 平方米。图书馆（室）藏书 100921 册。固定资产总值 72034737.46 元。全年教育经费投入 24265679.5 元，其中，国家拨款 20706127.7 元、自筹经费 3559551.8 元。毕业 880 人，招生 780 人，在校生 2396 人。高中录取分数线 462 分（平谷区），应届高考本科上线率 54.47%。开设教学班 65 个，其中，初中班 23 个、高中班 42 个。有教职工 323 人，包括专任教师 310 人，其中，具有副高级职称 101 人、中级职称 106 人；市级骨干教师 4 人；大学本科以上学历 286 人。普通教室 79 个，专用教室 16 个，实验室 12 个。

（李伟）

【召开教学诊断会】 3 月 18 日，北师大平谷附中召开教学诊断会。会议由高二年级班主任主持，围绕班级建设主题，针对个别学生厌学、缺乏良好学习习惯，部分学生偏科，听讲注意力不集中等问题，提出开展班风、学风整顿，加强教师与家长沟通，上交学生材料与家长签订协议等具体措施。全校教师 23 人参加。

（李伟）

【接待外国留学生实习】 4 月 29 日，北师大平谷附中接待北京大学对外汉语教育学院留学生 180 人来校实习。此次工作由学校校长主持，采取分组随班听课形式，留学生分别观摩美术、体育、音乐、语文、英语等学科展示课，并与学生进行互动交流。全校学生 1000 人参加。

（李伟）

【举行教学基本功展示】 5 月 30 日，北师大平谷附中举行教学基本功展示活动。该活动由学校副校长主持，以“学洋思，推课改”为主题，观摩学校 2 名教师展示课，围绕“课堂教学”展开研讨，交流认为提高课堂质量与效益的根本点在于课堂教学内容的落实。全校教师 50 人参加。

（李伟）

【举办法制教育报告会】 9 月 17 日，北师大平谷附中举办法制教育报告会。会议旨在加强青少年法制教育工作，提高青少年学生法律素质与思想道德修养，邀请平谷区人民法院审判员，结合网络、赌博等生活中真实案例，通过集中报告方式，讲解违法犯罪严重危害，教育学生要学法、守法。全校教师、学生2600人参加。

（李伟）

【组织化学研究课】 11月25日，北师大平谷附中组织化学研究课活动。该活动由学校副校长主持，观摩高二年级化学教师研究课《合理的选择饮食》，通过举例方式交流研讨，认为课程体现新课改理念，采用正方与反方辩论赛形式，激发学生学习兴趣，对辩论材料准备即掌握知识过程。来自平谷区教研中心教研员，以及全校干部、教师60人参加。

（李伟）

北京市平谷中学

【概　况】 2008年，北京市平谷中学占地面积73060平方米，建筑面积26411平方米。体育场（馆）面积5608平方米。图书馆藏书13万册。固定资产总值4663万元。全年教育经费投入680万元，其中，国家拨款238万元、自筹经费442万元。毕业918人，其中，初中40人、高中878人；招生613人，其中，初中43人、高中570人；在校生2213人，其中，初中123人、高中2090人。开设教学班52个，其中，初中班6个、高中班46个。有教职工317人，包括专任教师196人，其中，具有副高级职称108人、中级职称47人；市级学科带头人4人、市级骨干教师13人、特级教师3人；大学本科以上学历263人。普通教室56个，专用教室8个，实验室11个。

（孔祥革）

【举办课堂教学展示】 3至4月，平谷中学举办课堂教学展示活动。该校修改完善《平谷中学课堂教学评价标准》，组建语文、数学、外语、物理、化学、地理生物、政治历史、音体美、信息技术等9个评审小组，对课堂教学进行听课评价。全校教师156人参加，91人分获一、二、三等奖。

（孔祥革）

【举办市级政治学科课程研讨】 4月23日，平谷中学举办北京市高中政治学科课堂教学展示研讨活动。活动以“校本教研活动”为主题，采取小组讨论形式，听取学校教师讲解《政府的职能：管理与服务》，围绕《坚持校本教研，提高教师专业水平》，介绍学校教科研状况，交流认为课程体现新课程理念，完成预期教学目标。来自市教科院、各区县专家、教研员，以及该校教师80人参加。

（孔祥革）

【参与奥运系列活动】 4月28日，平谷中学举办奥林匹克知识培训。该校邀请市教育学会专家、北京大学附属中学体育特级教师柳琪，围绕奥林匹克教育主题，通过讲座形式，讲授“奥林匹克知识”，“奥林匹克运动与2008年奥运会”等相关内容。全校教师、学生2600人参加。5月12日，学校编辑《奥林匹克知识　漫画教育读本》校本教材出版。该书包括13个部分，介绍2008北京奥运发展的理念、奥林匹克运动发展史、中国奥运史，收集历届奥运会标志、奥林匹克标志、奥运会吉祥物、奥林匹克资料等相关资料、图片，介绍平谷中学奥林匹克教育思路、行动计划、奥林匹克教育成果及奥林匹克诗文、漫画等。全书总计25万字，由平谷中学出版社出版。

（孔祥革）

【举办青春期健康讲座】 9月22日，平谷中学举办青春期健康讲座。该校邀请妇幼保健院主治医师，围绕青春健康主题，通过讲座方式，讲解性的生理知识、青春期的心理、男女学生间友谊与爱情、性道德观念、法制观念、科学人生观等内容。全校学生1560人参加。

（孔祥革）

【举办市级生物学科现场会】 9月26日，平谷中学举办北京市高中生物学科新课改现场教学研讨会。会议由学校教研组主持，围绕教学方式改革，采取集体讨论形式，观摩该校2名教师课堂展示，并对“让学生积极参与教学活动”、“由教师指导向学生发现转变”等教学实验给予肯定。来自市教科院专家、各区县教师130人参加。

（孔祥革）

【召开新课改专题会议】 12月5日，平谷中学召开新课改专题会议。会议围绕教学模式改革主题，采取讲座形式，听取该校校长《先学后教，以学导教，构建学生自主学习教学指导模式》专题报告，认为要解放思想、更新观念和学习借鉴杜朗口教学模式，并从“学”的角度研究和变革教学方式，介绍自学指导流程，五种与自学相关教学方法，讨论预习课、展示课、反馈课形式，提出强化集体备课、加强听课互评等建议。全校教师256人参加。

（孔祥革）

北京市密云县第二中学

【概　况】 2008年，北京市密云县第二中学占地面积76000平方米，建筑面积37077平方米，体育场（馆）面积23994平方米。图书馆藏书10万册。固定资产总值4667.96万元。全年教育经费投入2118.3万元，其中，国家拨款1916.4万元、自筹经费201.9万元。毕业891人，招生613人，在校生2008人。高中录取分数线503分（密云县），高考本科上线率96%。开设高中教学班45个。有教职工256人，包括专任教师182人，其中，副高级职称71人；特级教师2人、市级学科带头人5人、市级骨干教师7人；大学本科以上学历182人。普通教室46个，专用教室25个，实验室12个。

（陈希哲）

【开展迎奥运教育活动】 3月15日至5月15日，密云二中举办迎奥运体育节。体育节包括篮球赛、运球上篮、迎面接力、拔河比赛、长跳绳等内容；组织“我与奥运”征文，共收到征文93篇，评出一等奖10篇；举办“精彩瞬间”摄影比赛，全校150人参加，14人获奖；以班级单位，制作奥运比赛项目与文明观赛常识展板。全校31个班级181个运动队、3200人次参加。4月12日，学校参加首都校园奥运会健身操比赛。该比赛由北京市教委主办，围绕奥运健身主题，采取竞赛形式，面向全市学生，分为大、中、小学三个组别。来自全市各区县22支队伍参加，8支队伍获奖，其中，北京市密云县第二中学代表队由学生 20 人组成，以 9.12 分成绩获得郊区组第一名。4 月 30 日，学校庆祝奥运会开幕倒计时 100 天。该活动由学校德育处主持，包括绘画、拔河、篮球、足球等内容。全校高一、高二年级学生 1743 人参加，上交绘画作品 150 件。

（陈希哲）

【承办市级学科现场会】 4 月 9 日，密云二中承办北京市示范高中数学教学研讨会。会议由北京市基础教育研究中心主办，以“优化教学方式，提高教学质量”为主题。推出 4 节高中数学公开课交流研讨，听取该校副校长做《优化教学方式，提高教学质量》专题发言，专家结合新教学理念、课程标准进行点评，认为所作课程体现新课程标准、理念创新且具有示范作用，提出要在新课改教学中注意知识形成过程和学生能力培养等具体要求。来自全市 30 所示范高中学科教师 200 人参加。11 月 21 日，学校承办北京市高中生物新课程现场教学研讨会。会议由北京市基础教育研究中心主办，以“新课程背景下生物学科如何进行课堂教学”为主题，观摩该校《基因在染色体上》、《DNA 是主要的遗传物质》、《减数分裂》3 节公开课，并围绕在新课程理念下生物课堂教学如何实施进行研讨，认为探究课、概念课等不同课型应采取相异授课形式。全市各区县生物教研员、学科教师 130 人参加。

（陈希哲）

【举办青年教师才艺赛】 6 月 21 日，密云二中举办青年教师才艺比赛。该比赛由学校工会、教务处、团委共同主持，旨在加强青年教师培养力度，围绕提高青年教师基本技能主题，搭建教师成长发展平台，采取自愿报名、特长展示形式，包括演讲、课堂教学问题、粉笔字书写等 6 个方面内容。全校 9 个学科教师 34 人参加，评出一等奖 10 人。

（陈希哲）

【举办航天科技专题报告】 10 月 15 日，密云二中举办航天科技专题报告会。会议邀请“神舟七号”飞船专家组成员，以“中国首次出舱活动”为主题，通过讲座与演示相结合的形式，介绍“神舟七号”载人飞船从研制到发射全过程，以及宇航员在太空中工作、生活相关情况等，解答学生对航天知识有关提问。全校教师、学生 700 人参加。

（陈希哲）

【开展感恩教育活动】 11 月 17 日，密云二中开展“学会感恩，与爱同行”主题教育活动。该活动邀请国内感恩教育专家，围绕“感恩祖国，感恩父母，感恩老师，珍爱生命”主题，通过演讲、互动等形式，讲解要立志报国、刻苦求学；要看到父母含辛茹苦、奔波忙碌；要尊敬师长，勤奋学习。全校教师、学生、家长 2400 人参加。

（陈希哲）

北京市密云县第三中学

【概　况】 2008 年，北京市密云县第三中学占地面积 18737 平方米，建筑面积 10095.2 平方米，体育场（馆）面积 7896 平方米。图书馆藏书 3.6 万册。固定资产总值 1496 万元。全年教育经费投入 1098 万元，全部由国家拨款。毕业 453 人，招生 484 人，在校生 1548 人。开设教学班 36 个。有教职工 151 人，包括专任教师 112 人，其中，具有副高级职称 16 人、中级职称 70 人；市级骨干教师 1 人；大学本科以上学历 150 人。普通教室 36 个，专用教室 12 个，实验室 6 个。

（尹素莲）

【开展科技教育活动】 10 月 23 日，密云三中举办科技节启动仪式。会议由该校副校长主持，利用校园电视台，阐述科技节意义及目的，对学生提出“学科学、爱科学，积极参加学校科技节各项活动”要求和建议，并邀请中科院遥感应用研究所专家，举办“空天慧眼——遥感技术”专题讲座，通过将科学知识与生活实例相结合形式，讲解遥感技术应用内容。10 月 31 日，学校举办“科技进校园”活动。活动由北京市科技大篷车项目组、密云县博物馆联合主办，共推出模拟宇宙、动画制作、透镜成像、科技知识等主题展板 20 个。全校教师、学生 120 人。

（尹素莲）

【开展学生诚信教育】 10 月 26 日，密云三中召开学生诚信教育会。会议由学校教务处主持，围绕“‘诚信’——人之本”主题，通过全校学生广播，讲解高效复习、沉着、诚信考试等内容，最终该校初二年级 2 个班被确定为无人监考班。12 月 19 日，学校组织“诚信——人之本”主题班会。会议在初一年级举行，通过讲座、直播形式，展示复习方法、考场安排等内容。密云县中小学校级干部任职资格培训班学员 30 人来校观摩。

（尹素莲）

【召开法制教育专题讲座】 12 月 1 日，密云三中召开法制教育专题讲座。该讲座邀请密云县检察院青少年犯罪主审检察官，以“遵守法律，构建和谐校园，构建和谐社会”为题，结合青少年犯罪特点与县内发生真实案例，讲解刑事责任年龄、部分刑事责任、完全刑事责任等刑法知识。全校教师、学生 1700 人参加。

（尹素莲）

【获得可持续发展教育示范校称号】 12 月 9 日，密云三中获得联合国教科文组织可持续发展教育示范校称号。评选围绕“可持续发展教育十年：推广成功经验，推进创新实践”主题，考察学校申报首届 ESD 教育示范校汇报资料，评审标准包括研究 10 年来学校发展取得成绩，教师参与程度，获奖情况有无推广经验等。该校教师教学案例《我们身边的废弃物》获得市级一等奖。

（尹素莲）

北京市延庆县第一中学

【概　况】 2008 年，北京市延庆县第一中学占地面积 75917 平方米，建筑面积 37544 平方米，体育场（馆）面积 21000 平方米。图书馆（室）藏书 5.5 万册。固定资产总值 6549 万元。全年教育经费投入 2589 万元，其中，国家拨款 2065 万元、自筹经费 524 万元。高中毕业 784 人；招生 502 人；在校生 1901 人，包括寄宿生

1002人。高中录取分数线477分（延庆县），高考录取率74%。开设教学班42个。有教职工281人，包括专任教师165人，其中，具有副高级职称92人、中级职称76人；市级骨干教师9人。普通教室64个，专用教室9个，实验室12个。学校网址：www.bjyqyz.com.cn。

（张华）

【第一届冬令营开营】　1月18日，延庆一中第一届冬令营开营。此次冬令营包括天文观测、地震测报、动漫制作、网页制作、单片机程控、水资源保护等项目，学生分小组开展科技活动，期间开放图书、电子阅览室、各科实验室等。全校学生550人参加，共收集作品138件，评出科技论文、电脑网页制作、动画作品、手工制作等获奖作品69件。

（张华）

【成立管理中心组】　1月20日，延庆一中管理中心组成立。该中心组由学校校长主持，成员包括校内行政干部、党总支委员、各分支部书记、年级组长和学科指导委员会教师28人，主要职能有统筹学校全面发展，提高干部、管理人员理论素养，提高管理决策民主性、科学性，提高领导队伍凝聚力，研讨设计学校发展等问题，会议讨论通过《延庆一中管理中心组章程》，并就《教师评价考核方案》、《职员评价考核方案》、《班主任评价考核方案》进行说明，校长做题为“跟上教育发展步伐，向科学施教迈进”讲话，分析学校目前所面临形势，提出具体的工作措施。

（张华）

【中学生时事讲堂开讲】　3月10日，延庆一中“中学生时事讲堂”开讲。该活动由延庆县教委组织，学校教师在首节课以“世界关注中国”为主题，讲解改革开放以来中国所取得成就、分析中国共产党的方针政策科学性等形势知识。全县各中学德育干部、学校高二年级学生95人参加学习。“中学生时事讲堂”主要围绕“改革开放30周年祖国的发展变化”主题，以爱国、责任、诚心、奉献、尊重、合作为重点，面向延庆县各中学、职高学生，共举办4次。

（张华）

【档案实现两套系统管理】　3月18日，延庆一中实现两套档案管理系统。该校档案室安装单机版档案管理电子系统，应用于组卷、处理文件、全宗管理、快速搜索查阅，总投资2.5万元，自此实现电子档案、文书纸质档案两套系统并行管理。延庆一中2007年被评为市级档案管理先进单位。

（张华）

【开展环保宣传月活动】　4月22日，延庆一中开展保护野生动物宣传月活动。该活动以“悬挂鸟巢2008，莺歌燕舞喜迎奥运”为主题，围绕全国第27个“爱鸟周”展开，制订相关工作方案并发出倡议，在校内挂置人工鸟巢。来自县爱鸟协会、野生动物保护协会、生态站及县教委领导，全校学生2210人参加。

（张华）

【获县田径运动会五连冠】　4月

23日，延庆一中参加延庆县中小学田径运动会获得高中组总分第一名。该运动会由延庆县教委、县体育局共同主办，围绕“走进北京奥运会”主题，分为预赛、预决赛、决赛三个阶段，设置田赛、径赛共计16个项目。全县68所中小学校学生1200人参加，800人获奖，其中，北京市延庆县第一中学学生24人参赛全部获奖，以1′02″7打破女子400米县纪录、以35.8米打破男子铁饼县纪录、以28.41米打破女子铁饼县纪录、以44″12打破男子4×100米接力县纪录。学校自2004年起连续五年获得县运会团体总成绩第一名。

（张华）

【交流课堂教学经验】　5月31日，延庆一中与北京师范大学第二附属中学开展课堂教学交流。该活动围绕“新课改”和“提高课堂教学有效性”主题，北京师大二附中团员教师45人带来数学、政治、美术3节公开课，两校教师分组讨论课程优缺点，提出优化课堂结构、提高课堂实效性、多媒体手段有效运动等方案，同时交流新课改中疑惑与经验。全校教师共65人参加。11月8日，延庆一中举办友好学校结对仪式，向北京师大二附中9名教师颁发聘书。自2007年3月两校共开展3次拜师活动，结成师徒对子28个。

（张华）

【举办科普讲座】　6月14日，延庆一中举办科普知识讲座。讲座邀请中国科学院大气物理所研究员，以“亲近地球三极，奥运圣火登峰”为题，讲解其3次攀登珠穆朗玛峰、2次南极科考经历，以及筹建中山站、穿越雅鲁藏布江大峡谷真实故事，播放其所拍摄珠穆朗玛峰、南极、北极风光片，校园电视台、《校园风》小记者进行采访。全校教师、学生1200人参加。

（张华）

【举办校长德育论坛】　10月31日，延庆一中举办延庆县中小学2008校长德育论坛。该论坛以“高屋建瓴想德育，踏踏实实做德育”为主题，采取讲座、拓展训练、交流研讨等形式，听取学校校长“如何开展学校德育工作”专题汇报，并围绕德育干部工作任务与学生心理特点等展开研讨，交流认为提高学生综合素质是教育首要问题。全县各中学德育干部45人参加，论坛后进行拓展训练。

（张华）

【参加市机床制作竞赛获奖】　11月29日，延庆一中参加北京市第四届青少年机床现场制作竞赛获奖。该竞赛在丰台区丽泽中学举行，以“动手做”为主题，分为自定制作项目、完成赛前设计、现场制作三个阶段，采取校级组队形式，设置运动类、交通工具类等8个项目，要求在赛前完成动态模型的设计，并在规定时间内由两人配合，利用固定材料设备现场制作，根据作品完整性、创意性、功能性以及制作工艺进行评选。来自全市13个区县81支代表队100名学生参加，18人获奖，其中，北京市延庆县第一中学共选派2支队伍4名学生参赛，获得高中组第一名2人、第二名

2人。

（张华）

北京市延庆县十一学校

【概　况】 2008年，北京市延庆县十一学校占地面积20532平方米，体育场面积6488平方米。图书室藏书2.14万册。固定资产总值1991.55万元。全年教育经费投入1095.54万元，其中，国家拨款1012.84万元、自筹经费82.7万元。毕业611人，其中，小学194人、初中417人；招生609人，其中，小学184人、初中425人；在校生2345人，其中，小学1081人、初中1264人，包括寄宿生79人。高中录取分数线412分（延庆县）。开设教学班49个，其中，小学班24个、初中班25个。有教职工184人，包括专任教师165人，其中，具有副高级职称16人、中级职称97人；市级骨干教师3人。普通教室51个，专用教室10个，实验室7个。学校网址：http：//117.106.67.2。

（张二玲）

【接受特级教师教学指导】 4月16日，延庆十一学校接受光明小学“特级教师工作室”教学指导。该工作室4名市级小学语文特级教师来校指导学科课堂教学，观摩学校语文公开课《凡卡》，由特级教师王文丽做《百合花开》示范课，4名特级教师分别针对课程进行分析、评价，认为课堂教学应在发展语言能力同时，发展思维能力，激发学生想象能力和创造潜能，并提出要在实践中学习运用语文等意见。来自县教委领导，全校师生102人参加。

（张二玲　郝进萍）

【确定“1+1捆绑式”发展】 9月26日，延庆十一学校与珍珠泉小学“1+1捆绑式”发展模式启动。活动围绕“合作、交流、双赢”主题展开讨论，制订合作方案包括干部队伍建设、教师队伍建设、教育科研活动等内容，要求两校在教学工作中互相协助、共同发展，由县教委完成具体评价，并邀请北京教育学院教授做题为《新形势下的好教师》专题讲座。两校教师52人参加。

（张二玲）

【展示奥运德育教育成果】 9月28日，延庆十一学校举办市级文明礼仪示范校奥运德育教育成果展示。此次活动与秋季运动会相结合，在延庆县体育场举办，开幕式上展示“一班一金牌”、“亲子入场式”、“新生风采展”、“国旗在传递”等奥运德育内容，每个班级选择一个奥运会金牌项目制作手举牌（金牌榜），引导本班方阵入场；小学每班选择10名家长代表与学生共同组成运动员代表方阵，中学各班选择学生20人组成班级代表方阵；七年级新生进行军训表演；新老国旗班学生进行交接仪式。比赛共分三四年级、五六年级、七年级、八年级、九年级5个组别，设置800米跑、400米跑、跳高、跳远等20个项目，全校共有41个班级教师、学生2523人参加，最终15个班级获得优秀运动队称号、16个班级获得文明班级称号，105名学生获奖。

（陈瑞雪　郝进萍）

【接待马来西亚汉语督学班】 11月27日，延庆十一学校接代马来西亚汉语督学班访问。访问团一行共27人，参观校园文化环境，观摩低年级学生2节识字课，并与学校干部、教师围绕“英语特色创建”、“低年级英语识字教学”、“课堂教学设计”等内容进行座谈，双方就如何提高英语课堂教学质量问题展开研讨。客人认为课堂教学中要注重培养学生听、说、读、写综合能力。该校教师54人参加。

（赵爱华）

【召开学困生课题研讨会】 12月26日，延庆十一学校召开《“学困生”转化策略与方法研究》课题启动暨研讨会。此次会议确定学校四年级作为实验年级，并由语文、数学、英语学科教师介绍“学困生”情况，提出家庭生活条件困难、学校习惯差是造成“学困生”主要原因，讨论认为要建立“学困生”成长档案、加强与“学困生”交流、与家长制订定期互访制度。全校教师35人参加。

（张二玲　陈瑞雪）

【举办改革开放专题展览】 12月，延庆十一学校举办“改革开放30年巨大成就”展览。活动利用学校宣传橱窗，展示改革开放以来社会经济与人民日常生活变化发展成就，设计2块展板共10平方米，分为生活、教育、军事、农村变化4个专题，各班学生通过歌曲、舞蹈、小品、相声等文艺形式，组织“纪念改革开放30周年暨2009年元旦联欢会”庆祝活动。全校教师、学生2523人参加。

（张二玲　陈瑞雪）

北京师范大学燕化附属中学

【概　况】 2008年，北京师范大学燕化附属中学一校两址，总占地面积57362平方米，总建筑面积35000平方米，体育场总面积20000平方米。图书馆藏书50000册。固定资产总值6500万元。全年教育经费投入3300万元，其中，国家拨款2700万元、自筹经费600万元。开设高中教学班35个。毕业540人，招生315人，在校生1300人。高中录取分数线465分（燕山地区），应届高考录取率90%。有教职工178人，包括专任教师128人，其中，具有高级专业技术职务45人；特级教师2人、市区级骨干教师15人；大学本科以上学历128人。普通教室50个，专用教室4个，实验室9个。

（钟清明）

【参与阳光体育系列活动】 3月18

日，北师大燕化附中接受全国亿万学生“阳光体育与奥运同行”冬季长跑活动表彰。该活动由教育部、共青团中央、国家体育总局、北京奥组委主办，采取长跑健身形式，是全国亿万学生阳光体育运动重要内容。活动于2007年11月启动，全国31个省市地区学生参加，1000所学校800人获奖，其中，北京师范大学燕化附属中学获得“2007至2008年度全国亿万学生阳光体育运动冬季长跑活动优胜学校”称号、张保雄获得“2007至2008年度全国亿万学生阳光体育运动冬季长跑活动优秀体育教师”称号、10名教师获得“2007至2008年度全国亿万学生阳光体育运动冬季长跑活动优秀班主任”称号。8月19日，北师大燕化附中举办“阳光体育奥运夏令营”快乐开营仪式。来自教育部、国家体育总局、共青团中央领导，奥运冠军以及四川地震灾区、山西平鲁孤儿院、全国各省市地区学生代表200人参加。活动中，奥运冠军向学生赠送亲笔签名“阳光体育心灵书签”，鼓励积极参与体育锻炼，并举行模拟奥运火炬传递，进行体质健康测试，讲解奥运筹办中间过程，组织到天安门观看升国旗，赴国家体育场“鸟巢”观看奥运会田径项目比赛等。

（钟清明）

【参加全国学生作文赛获奖】　7月23日，北师大燕化附中参加“恒源祥文学之星”中国中学生作文大赛获奖。该比赛由中华全国学生联合会、中国作家协会儿童文学委员会、中国少儿报中学报刊专业委员会主办，包括初赛、决赛两个阶段，设置初中、高中两个组别，采取专家评审形式，评选标准包括内容的新颖性、生动性、创新性。全国26个省市地区154所学校报送学生作品345篇，120篇获奖，其中，北京师范大学燕化附属中学报送作文6篇，高二年级学生邵倩荣、高三年级学生王筱祎分获一等奖，2名教师获得优秀辅导奖。

（钟清明）

【召开研究课题立项会】　9月2日，北师大燕化附中召开2008至2009学年度研究性学习课题立项评审工作会。会议由学校教科研干部主持，对高一、高二年级年度研究性学习课题进行评审，其中，高一22个、高二23个，校长发言指出研究性学习应结合学校实际以科学的原则开设，与会各学科教学代表对所申报11个学科、45个研究性学习课题展开讨论。

（钟清明）

【举办班主任心理健康培训】　9月11日，北师大燕化附中举办班主任心理健康教育培训。培训由学生处干部主持，面向校内班主任、副班主任，邀请清华大学教育研究所博士作题为《关爱学生，陪伴成长》讲座，运用实例与讲解配合形式，介绍青少年心理特点、常见危机、心理危机干预体系，共同分享“要做学生足够好的父母”教育理念。全校班主任教师81人参加。

（钟清明）

【举办新课程理念培训】　9月16日和23日，北师大燕化附中举办2次新课程理念培训。培训听取校长题为《积极践行新课程——做研究型导师》专题报告，阐述用积极心态面对新课程、用研究态度实践新课程以及用创新实践丰富新课程思想，要求从“经验型”教师向“研究型”教师转变，重视集体备课，注重基础教材开发，要领会如何学习与课后反思，全校教师180人参加；教学处干部主持新课程研究课，听取教师《化学键》、《世界经济全球化趋势》观摩课，由化学、历史教研组教师完成点评，认为符合新课改要求，体现自主学习、学生为主体、探究等理念，全校教师180人参加。

（钟清明）

【举办首届模型展览】　10月16日，北师大燕化附中举办首届模型展览。该展览由学校“雷火”模型社组织，采取现场讲解形式，前期准备、展示过程完全由学生独立策划，展示“高达”、“军模”、“车模”等模型作品12个种类30件。“雷火”模型社于2007年5月成立，现拥有成员25人，负责组织模型展览活动。

（钟清明）

北京市燕山向阳中学

【概　况】　2008年，北京市燕山向阳中学占地面积19107平方米，建筑面积4870平方米，体育场面积7245平方米。图书馆藏书11800册。固定资产总值651．9万元。全年教育经费投入60万元，全部由国家拨款。开设教学班15个。毕业97人，招生172人，在校生543人。有教职工70人，包括专任教师56人，其中，具有高级专业技术职务7人；市区级骨干教师4人；大学本科以上学历51人。普通教室18个，专用教室3个，实验室3个。

（柴军）

【开展迎奥运系列活动】　2月24日，向阳中学举办“迎奥运、讲文明、树新风、争做时代小先锋”表彰活动。活动采取电视转播形式，表彰12名优秀学生，德育校长提出新学年工作思路及目标，鼓励学生成为“四有楷模”，即“学习的楷模”、“文明的楷模”、“遵纪守法的楷模”、“争先创优的楷模”。全校学生543人参加。4月10日，学校开展“我为奥运做贡献”主题班会活动。活动由学校干部主持，采取评委组投票选举形式，学校政教处组织班主任、学生代表进行观摩，对教育目的进行评价。全校共有12个班级学生451人参加，展示学生活动等内容，最终评出“优秀主题班会”2个、“最佳主持人”3人、“才艺之秀”12人。6月2日，学校举办奥运知识竞答活动。该活动以“奥运知多少”为主题，采取笔答形式，利用班会时间进行奥运知识竞答。全校学生450人参加，共评出一等奖3人、二等奖12人、三等奖28人。6月12至16日，学校举办文明奥运常规训练。培训由该校安保干部针对36名学生奥运志愿者开展训练，讲解语言、坐、立、行等礼仪规范，内容包括队伍行进、原地转法等。8月25日，学校组织迎奥运社会礼仪实践活动。该活动以“践行奥运”为主题，面向社会群众，采取实践服务形式，组织学校45名奥运志愿者到首都体育场进行工作。

（柴军）

【召开廉洁教育启动仪式】　2月29日，向阳中学召开“廉洁教育在校园”启动仪式。会议听取该校德育校长介绍廉洁教育对青少年思想道德教育重要性，以及教育工作者针对青少年教育所应持有的态度，要求教师通过开展纪律教育、做人教育和文明习惯养成教育，引导学生逐步认识自我、认识社会。

（柴军）

【召开社会实践表彰会】　3月3日，向阳中学召开社会实践活动表彰会。

会议利用周一升旗仪式时间，以“从我做起，践行社会”为主题，包括总结表彰等内容，共表彰参加社会实践活动学生160人、优秀集体2个、社会实践文明小使者26人。全校15个班级学生543人参加。

（柴军）

【举办第25届春季田径运动会】 4月28日，向阳中学举办第25届春季田径运动会。运动会展示学校体育工作是全民素质教育和健身计划主要组成部分，围绕奥运主题，设置田赛和竞赛项目，全校教师、学生600人参加，252人获奖。北京市燕山向阳中学春季田径运动会每年举办一届。

（柴军）

【开展感恩教育】 5月9日，向阳中学开展感恩教育。此次活动旨在让学生懂得感恩父母、教师在其成长历程中所付出的关爱，围绕“给《父母、教师一封信》”为主题，引导学生与父母和教师进行正面交流与沟通，促进学生加强自我教育。该校学生450人参加。

（柴军）

【召开德育工作研讨会】 9月22日，向阳中学召开德育工作研讨会。会议听取德育校长题为《花开满校园，四育蒲新章》讲话，强调在青少年中树立和实践社会主义价值观是承载传统文化、顺应时代发展的需要，教育工作者要坚持以人为本，用科学理论、高尚精神引导学生，组织围绕社会主义核心价值体系进行研讨，认为丰富的知识、崇高的人格、正确的价值观和优秀的作品是培育四有公民的基石。全校教师36人参加学习。

（柴军）

【举办学习辅导专题讲座】 12月8日，向阳中学举办学习辅导专题讲座。讲座邀请清华大学特聘教师姜哲夫，讲解“先内后外，全人发展”育人模式，内容包括点亮人生的学习方法，抓住知识本质，构建知识网络，强化训练考试技能，降低错误的发生等。全校教师、学生及家长800人参加学习。

（柴军）

民　族　教　育

【概　况】 2008年，北京市有民族学校50所，其中民族中学8所，九年一贯制民族学校2所，民族职业学校1所，民族小学39所；教职工总数2788人，其中少数民族教职工502人，专任教师2068人；在校生21735人，其中少数民族学生6817人。民族中学分布在宣武、朝阳、海淀、门头沟、通州、大兴、怀柔、延庆等8个区县；民族小学分布在东城、西城、崇文、宣武、朝阳、海淀、昌平、通州、顺义、大兴、房山、怀柔、密云、延庆、平谷等15个区县。民族幼儿园9所，分布在东城、西城、崇文、宣武、石景山、通州、大兴、密云等8个区县；教职工总数227人，其中专任教师140人；在园幼儿1919人。

（陆小红）

【举办民族教育案例培训班】 3月31日，市民族教育研究会举办学写民族团结教育案例培训班。培训班邀请市教科院专家做《教育案例研究法及教育案例的撰写》讲座，通过集中培训方式，从案例概念及研究意义、案例特点、案例与论文区别、案例结构、写好教育案例应注意问题以及典型案例分析等方面对进行辅导。全市各区县民族中小学干部、教师90人参加。

（陆小红）

【评选首届市民族教育示范校评选】 6月18日，市教委、市民委联合下发《关于开展北京市民族团结教育示范学校评选工作的通知》（京教函［2008］340号）。本市决定在普通中小学和职业高中校开展首届北京市民族团结教育示范学校评选活动，要求各区县上报参评学校名单以及相关申报材料，市教委、市民委由相关领导组成评选工作领导小组和由市政府督学、原民族学校校长和大学民族教育专家组成评选工作组，对上报36所学校进行初评。9月11日，市教委、市民委联合下发《北京市教委办公室、北京市民族事务委员会办公室关于开展北京市民族团结教育示范学校检查评估工作的通知》（京教办函［2008］17号）；9至10月，组织评选工作组专家深入通过初评有关学校，通过听取区县教委和学校工作汇报、访谈、查阅档案资料、听课、观摩活动、问卷和视察校园等方式，对学校民族团结教育工作进行评估检查；12月，在听取评选工作组评估检查汇报的基础上，评选工作领导小组决定，北京市回民学校等16所学校当选为首届北京市民族团结教育示范学校。

（陆小红）

【培训内地新疆、西藏班（校）干部教师】 10月11至12日，市教委、

市民委举办北京市内地新疆班高中班、西藏班（校）干部教师培训班。培训班邀请市民委、市教委有关领导和中国人民大学民族教育研究所专家作专题报告，对与会人员进行马克思主义民族观、宗教观和党的民族宗教政策教育，提高其民族宗教理论政策水平和掌握运用政策能力，培养和加强内地新疆班高中班、西藏班（校）师生对祖国认同感，推动民族团结教育工作在内高班开展。来自全市6个办班区教委、民委主管民族教育科长、8所办班学校主管干部、班主任100人参加。

（陆小红）

民族教育学校

北京市东城区回民小学

【概　况】　2008年，北京市东城区回民小学占地面积4426平方米，建筑面积7558平方米，体育场（馆）面积1200平方米。图书室藏书2万册。固定资产总值833万元。全年教育经费投入522.51万元，其中，国家拨款455.76万元、自筹经费66.75万元。毕业84人；招生85人；在校生502人，包括外省市借读生41人。开设教学班17个。有教职工55人，包括专任教师44人，其中，具有中级职称28人；大学本科以上学历40人。普通教室17个，专用教室9个，实验室1个。学校网址：www.dchx.org.cn。

（袁侨）

【举办民族知识讲座】　3月4日，东

城回民小学举办民族知识讲座。讲座邀请市民委领导，围绕“民族团结”主题，阐述多民族是中国基本国策，民族问题具有普遍性、长期性、复杂性、国际性、重要性，介绍关于民族知识基本理论、基本政策等，并结合新时期民族教育工作目标，讲授“汉族离不开少数民族，少数民族离不开汉族，各少数民族之间也相互离不开”的“三个离不开”含义。全校教职工50人参加。

（谢丽娟　王然）

【举办儿童节书画展】　5月30日，东城回民小学举办“我和福娃共成长”庆祝六一儿童节书画展。该活动与朝阳门街道共同举办，采取现场参观、评选形式，包括书法、国画、儿童画等内容，表达对北京奥运的祝福与期盼。全校学生200人参加，展出作品70件，最终40人获奖。

（谢丽娟）

【开展课堂教学竞赛】　11月，东城回民小学开展“勤勉杯”课堂教学竞赛。该活动面向学校青年教师，包括教案设计、现场教学、课后说课等内容，评选标准涵盖教学目标明确、教具使用恰当、环节设计合理、教学效果显著等。全校教师20人参加，8人获奖。

（鲍宇红）

北京市崇文区回民小学

【概　况】　2008年，北京市崇文区回民小学占地面积2882平方米，建筑面积4396平方米，体育场（馆）面积800平方米。图书馆（室）藏书1.46万册，各类报纸5种、杂志8种。固定资产总值572万元。全年教育经费投入503万元，其中，国家拨款360万元、自筹经费143万元。毕业65人；招生55人；在校生371人，包括寄宿生155人；另有外省市借读生151人。开设教学班14个。有教职工65人，包括专任教师40人，其中具有副高级职称2人、中级职称52人；市级骨干教师1人；大学本科以上学历45人。普通教室14个，专用教室5个。

（刘秋荣　郝洪春）

【民族教育基地建立15周年】　4月3日，崇文回民小学民族教育基地建立15周年。活动由学校德育干部主持，以“远学英雄，近学标兵”为主题，组织二年级学生到日坛公园马骏烈士墓前祭扫，举办少先队员发展仪式，并参观烈士纪念馆。学校学生126人参加。该民族教育基地于1993年9月1日建立，每年清明节定期开展“学习民族英雄、继承先烈遗志、做新时代的好少年”主题教育。

（刘秋荣　郝洪春）

【接待新加坡学校交流访问】　5月29日和30日，崇文回民小学接待新加坡蔡厝岗小学交流访问。访问团由师生一行30人组成，与该校学生共同学习音、体、美、英语、书法等课程，到崇文区活动中心制作手工艺品，并就两国教育教学问题进行研讨。客人认为中国的文化课程内容丰富，激发学生兴趣，今后会不断加强交流学习。

（刘秋荣　郝洪春）

【加强校本课程建设】　9月1日，崇文回民小学加强校本课程建设工作。工作旨在培养学生民族意识，加强民族团结教育，包括授课规范化，将《民族团结教育》列入课表，每两周1课时，有专任教师授课；教材标准化，由自编教材转为使用教育部、国家民委编写《中华大家庭》民族教育读本和《民族常识》教材；形式多样化，针对教材内容与学生年龄特点采用读课文、看图片、实物展、播放录像资料、组织民族知识竞赛、民族歌舞表演、少数民族学生现场评论等方式介绍民族知识。该校1998年开设《民族团结教育》校本课程，现有回、汉、满、侗、藏、畲、蒙古、朝鲜、土家、撒拉、维吾尔等11个民族的学生，占全校学生人数30%。

（刘秋荣　郝洪春）

【完成《藏头诗话民族节》创作】　9月1日，崇文回民小学完成诗集《藏头诗话民族节》创作。诗集收录该校50名学生以中国民族节日为背景创作藏头诗150篇，并在每个节日专题中，创设“古俗今赏”版块，介绍节日起源、传说、风俗、食俗等，加入“古今链接”内容，将古代名家所创作经典诗作展示欣赏。全书共计2万字。自2006年，该校共创作完成5册藏头诗集，包括《藏头诗蕴崇文情》、《藏头诗的故事》、《青少年学写藏头诗》和《藏头诗伴我成长》等。

（刘秋荣　郝洪春）

【被评为市民族团结示范校】 12月1日，崇文回民小学被评为北京市民族团结教育示范学校。自10月起，市教委、市民委派遣专家评审组，听取该校校长《团结求实开拓进取，不断开创民族团结教育工作新局面》专题汇报，观摩学校教师民族团结教育课《羌族》，观看学生民族特色教育“藏头诗”展示，邀请专家评委现场命题，学生即兴作诗，并对学校运行机制、队伍建设、教育活动、校园管理和示范作用等方面工作进行评审，结果显示北京市崇文区回民小学在民族团结教育方面取得丰硕成果，通过验收。

（刘秋荣　郝洪春）

北京市昌平区 西贯市回民小学

【概　况】 2008年，北京市昌平区西贯市回民小学占地面积13340平方米，建筑面积2726平方米，体育场面积5396平方米。图书室藏书11455册。固定资产总值635.23万元。全年教育经费投入43.17万元，其中，国家拨款16.33万元、自筹经费26.84万元。毕业30人；招生51人；在校生247人，回族学生占60%。开设教学班8个，其中，幼儿班1个、学前班1个、小学班6个。有教职工23人，回族职工占70%，包括专任教师20人，其中，具有中级职称7人；大学本科以上学历10人。普通教室9个，专用教室9个。

（包雪莲）

【接受企业捐款】 3月6日，昌平西贯市回民小学接受企业捐款。中新集团、富力集团负责人一行2人，来校参观校园环境，考察民族团结教育、校本课程等教学内容，观摩二年级语文教师《守株待兔》和一年级数学教师《一百以内数的认识》2节公开课，听取校长做题为《立足民族教育共创和谐发展》工作汇报。活动后，两集团共为学校捐款200万元，用于校园环境文化建设，包括教育基地主题雕塑、体育运动区操场文化墙、教学楼文化展示等。

（包雪莲）

【劳动教室改建完成】 4月8日，昌平西贯市回民小学完成劳动教室改建。该校利用原劳动教室场地，改造具有可操作性、创新性的高水平劳动教室，添置微型万能机床17台、陶艺拉坯机4台、陶艺电窑1台、手动转盘7台、泥板成型机1台、练泥机1台，可容纳学生30人同时操作。聘请专业人员，面向劳动、自然、美术等学科教师举办设备使用培训。工程由学校总投资20.4万元。

（包雪莲）

【举办校本课程培训】 4月25日，昌平西贯市回民小学举办校本课程培训讲座。该校邀请市教科院专家，围绕“在民族学校如何开发和使用校本教材”主题，阐述“走进校本课程，体味课程内涵；校本课程的管理；课程开发方案的撰写；课程纲要的撰写”四个方面内容，指导教师如何根据本地特点开发校本课程方案和撰写校本课程方法，讲解如何突出校本教材的民族教育特色、在教育教学中怎样更好地使用校本教材等问题。学校教师23人参加培训，安排编研美术、制作、舞蹈、体育、影视教育等学科校本教材。

（包雪莲）

【开展系列民族教育】 5月26日，昌平西贯市回民小学二年级召开《中华民族大家庭》主题班会。班会通过介绍民族知识、情景剧表演、相声、小组讨论等形式展开交流，组织观看四川汶川地震受灾专题片。学生表示要学习面对灾难勇于救人、坚强乐观精神，维护中华56个民族团结。6月5日，学校开展“中华民族大家庭”绘画比赛。此次比赛按照低、中、高三个学段进行评选，分为初赛、复赛两个环节，初赛要求上交体现中华民族大家庭主题绘画作品、形式不限，各年级共推选优秀学生67人参加学校复赛；复赛采取现场命题作画，美术教师在低、中、高三个年级段共评出12人参加决赛；决赛中教师依据主题突出、画面形象生动、具有想象力和表现力、切合题意等方面进行评审，最终评出一等奖3人、二等奖3人、三等奖6人。7月8日，学校开展“民族团结记心中”德育渗透民族团结主题教育活动。该校组织一、二年级开展童谣编写比赛，共有学生60人参加，编写童谣65首，评出优秀作品3首；在三至六年级开展粘贴画比赛，学生110人上交绘画作品110幅，评出优秀作品3幅。11月28日，学校开展“传承民族精神，做新世纪主人”民族英雄故事会活动。该活动以班级为单位，每班推荐1名选手进行校级决赛，要求运用语言讲述不同年代民族英雄事迹，展示民族气节与民族精神，评选标准包括仪表形象、语言艺术、普通话水平、表现形式、脱稿程度。全校教师23人、学生195人参加，评出一等奖1名、二等奖2名、三等奖3名

（包雪莲）

北京市怀柔区 满族乡中心小学

【概　况】 2008年，北京市怀柔区长哨营满族乡中心小学占地面积20619平方米，建筑面积5717平方米，体育场（馆）面积6196平方米。图书室藏书1万册。固定资产总值160万元。全年教育经费投入594.8万元，全部为国家拨款。毕业75人；招生50人；在校生274人，包括寄宿生225人（满族学生145人）。开设教学班14个。有教职工72人（满族教师6人），包括专任教师39人，其中，具有中级职称18人；大学本科以上学历37人。普通教室14个，专用教室4个，实验室1个。

（张兴华）

【构建节约型校园】 2至7月，长哨营满族乡中心小学加强构建节约型校园工作。工作根据2008北京奥运会“绿色奥运、科技奥运、人文奥运”三大主题，围绕“微笑北京”教育，结合学校少先队“环保小卫士”活动，采取主题中队会形式，在各中队开展垃圾分类、废品回收，号召“节约每一张纸、每一度电、每一滴水”，利用纸杯、彩笔、报纸等废旧物品进行工艺美术制作。全校教师、学生346人参加。

（张兴华）

【开展雏鹰五彩行动】 2至7月，长哨营满族乡中心小学开展“微笑北

京、雏鹰五彩行动”。活动由学校副校长主持，举办“文明娃娃讲爱心，感恩之星”，“文明娃娃讲卫生，环保之星”，“文明娃娃讲礼仪，文明之星”，“文明娃娃爱学习，进步之星、博学之星”等主题评比；规定每周三为“微笑日”，要求学生每周写一篇微笑日记，记录自己成长故事。全校师生346人参加，335人次佩戴五色微笑圈。

（张兴华）

【开展系列读书征文活动】 3月24日，长哨营满族乡中心小学开展奥运征文活动。活动以“迎奥运、讲文明、树新风”为主题，面向三至六年级学生，要求从生活中寻找素材，反映迎奥运精神。全校学生196人参加，收到征文196篇，6人在区级评比中获奖。3至7月，学校开展撰写身边德育故事活动。活动由学校副校长主持，组织教师将工作中德育经验以论文形式进行交流，共有72人参加，撰写论文80篇，选出10篇进行集体交流。4至5月，学校开展读书月活动。活动以班级为单位，创设书香特色环境，指导学生撰写读书笔记，组织学生交流读书感悟，编写读书小报；举办“书籍伴我成长”阅读展示，其中，一年级学生背诵《三字经》、三年级学生创编课本剧表演《小狐狸》、四年级学生朗诵《祖国，母亲》、六年级学生表演成语相声。全校学生274人参加。12月29日，学校开展师生美文诵读活动。活动以“共建书香校园，牵手共同成长”为主题，组织教师、学生同台诵读，包括童话剧、历史剧中台词片段。全校教师、学生79人参加。

（张兴华）

【启动青蓝工程】 4月9日，长哨营满族乡中心小学教师“青蓝工程”启动。该校举办师徒结对仪式，签订师徒帮带协议书，规定师傅、徒弟活动目标，明确结对师徒责任与义务，包括师徒共同听课、备课等，并听取师徒代表发言。此次共有教师22人结成师徒对子11个。

（张兴华）

【举办教学培训】 4月22日，长哨营满族乡中心小学举办教学培训。培训邀请区名师工作室特级教师朱凌霞与2名市级骨干教师进行语文教学指导，推出《真正的施主》、《动物时装表演》2节语文观摩课，专家对课程点评认为两节课符合低年级语文教学特点，为指导低年级语文阅读教学开辟新途径。同时专家解答教师提出的“如何指导低年级学生朗读”、“生字教学”、“学习习惯的培养”、“备课的基础”等问题。全校教师42人参加。

（张兴华）

【举办班主任培训会】 5月16日，长哨营满族乡中心小学举办班主任培训会。会议邀请北京市“紫金杯”优秀班主任获得者宋书英，从提升自身素质、组织班级活动、培养学生综合能力与家长沟通技巧等方面谈论工作中做法与认识，指导教师用爱心呵护每名学生，关注学生点滴进步。全校教师39人参加。

（张兴华）

【开展班级特色教学展示】 6月23至24日，长哨营满族乡中心小学开展班级特色教学展示活动。活动由学校少先队大队主持，围绕“展班级特色，扬自我风采”主题，采取学生表演形式，其中，一、二年级以古诗为主题，三年级以积累为主题，四年级以积累朗诵为主题，五年级以课外阅读为主题。全校学生273人参加。

（张兴华）

【召开学生习惯培养研讨会】 7月7日，长哨营满族乡中心小学召开培养学生良好习惯研讨会。会议由学校教科研干部主持，以“培养学生良好习惯，促进学生全面进步”为主题，听取4名教师以《小学生良好倾听习惯的培养》、《小学生良好阅读习惯的培养》、《培养小学生学习语文的良好习惯》、《应用题教学中培养学生认真审题的好习惯》为题，介绍在教育教学中工作经验，讨论认为培养小学生良好学习习惯是促进学生全面发展，培养终身学习型人才重要条件。全校教师71人参加。

（张兴华）

【开展学生家访】 10月26至30日，长哨营满族乡中心小学开展学生家访活动。活动由学校副校长安排，组织教师利用课下业余时间，与家长交流学生在校的学习情况，了解学生在家里的生活情况和行为习惯等内容。全校教师29人共走访18个自然村253户家庭，家访率92.7%。

（张兴华）

【举办微格教学培训】 11月3日，长哨营满族乡中心小学举办微格教学培训。培训由怀柔区数学教研员主持，围绕“我与同伴共成长”主题，邀请怀柔实验小学、怀柔一小教师推出2节数学微格教学课，由区教科研中心教研员举办微格教学讲座，通过教研员理论与实际相结合进行讲解，与会人员了解微格教学课对教师发展具有重要意义，以及如何才能上好微格教学课。全校35岁以下教师23人参加。

（张兴华）

北京市回民学校

【概　况】 2008年，北京市回民学校占地面积54548平方米，建筑面积33590平方米，体育场（馆）面积13700平方米。图书馆藏书10万册。固定资产总值1852万元。全年教育经费投入3976万元，其中，国家拨款3259万元、自筹经费717万元。毕业688人，其中，初中339人、高中349人；招生601人，其中，初中297人、高中304人；在校生1891人，其中，初中955人、高中936人，包括寄宿生787人；少数民族学生616人。高中录取分数线480分（宣武区），应届高考本科上线率88%。开设教学班49个，其中，初中班25个、高中班24个。有教职工259人，包括专任教师170人（少数民族教师51人），其中，具有副高级职称62人、中级职称68人；市级学科带头人1人、市级骨干教师2人；大学本科以上学历230人。普通教室54个，专用教室17个，实验室9个。学校网址：www.xw.bjhmxx.com。

（王秀珍）

【开展抗震救灾活动】 3月18日，回民学校捐助贵阳遭受雪灾少数民族学生。该校委托贵州省贵阳市民族中学领导，到修文县雪灾地区，举办“北京市回民学校捐赠仪式”，宣读《致贵州受灾地区学校的同学和老师

们的一封公开信》、《致北京市回民学校全体师生的一封感谢信》，并将“绿色奥运、环保节能、灾区重建、情暖人间”主题义卖教职工、学生2100人所筹善款22429元，全部捐献给小箐乡中学、紫江村小学95名少数民族学生。5月13日和19日，学校举办“万众一心，众志成城，抗震救灾，奉献真情”捐款活动。活动由学校团委主持，全校教职工、学生2000人总计捐款13万元，并为灾区学生绘制爱心援助卡。

（郇乐　王秀珍）

【接受民族团结教育评估检查】　10月8日，回民学校接受民族团结教育评估检查。检查组包括市教委、市民委一行14人，听取思想认识、制度落实、学科渗透、德育突出、环境创设等方面工作汇报，通过听、看、查、访、问卷等形式对该校开展民族团结教育情况进行评审。审核认为学校在校园环境氛围、开设民族团结教育课、民族团结校本课程、少数民族文体活动项目等方面成绩明显，授予北京市民族团结教育示范校称号。

（郇乐）

【设立鑫恒爱心助学金】　11月6日，回民学校设立“鑫恒——爱心永恒助学金”。助学金由该校校友捐资20万元设立，用以帮助校内品学兼优贫困学生完成学业，评选标准包括学习优异、家庭贫困等，资助金额为每年每名学生两千元人民币，每年评选10名学生，奖金每学年颁发一次。

（张海琳）

【加强教师专业培训】　11月19日，回民学校举办基础英语素质教育试验基地教师培训。学校邀请北京外国语大学教授，围绕“中国基础英语素质教育的途径与方法”主题，采取讲座形式，探索英语素质教育模式和方法，旨在探索新课标实施后，如何改变英语教师教育理念与教学观念，如何改进教学方法，如何结合学生心智特点，培养学习英语兴趣。教师结合自身教育教学所遇困惑展开沟通交流。全校英语教师20人参加。12月1日，学校举办教师校本培训。该校邀请市教育学院专家、市政治学科名师工作室负责人作《关于教材知识整合的思考》专题讲座，从“三维目标整合基点——知识整合”视角出发，讲解知识分层重要性以及如何通过教材知识分层，探寻概念间关联进行有效教学设计。内容涉及对知识4种划分：事实性知识、概念性知识、方法性知识、价值性知识；概念3种划分：上位概念与下位概念、科学概念与日常概念、基本概念与一般概念以及概念是如何获得和发展的、哪些因素影响概念学习和教学、学生已有概念对概念教学有什么影响等问题。全校教师170人参加。12月10日，学校举办教科研培训。该校邀请宣武区教育分院、名师工作室2名专家作关于“如何确立学科科研课题，如何在语文教学中进行专题研究”讲座，阐述确立科研课题针对性与实施课题研究实效性等问题，并对高中新课程实施后语文教学改革内容、形式、评价方式等进行解读，指导课改年级应如何把握语文教学、完成课程目标。全校语文教师15人参加。

（杨艳青　张海琳　赵丽）

【承办市级历史教研活动】　12月4日，回民学校承办市级历史学科教研活动。活动听取该校2名教师分别做《建国以来的重大科技成就》（人教版历史必修3）、《西方民主思想对中国的冲击》（人教版历史选修2）研究课，课程采取平衡式教学形式，突出爱国主义教育与唯物史观教育，阐述近代中国民主建设历程，培养学生全面认识历史问题方法，与会人员认为课程突出新课改思想、注重对学生能力和学习方法的培养。来自市、区各学校高一、高二年级历史教师50人参加。

（杨艳青）

【参加全国民族中学教师技能赛】　12月6日，回民学校参加第四届全国民族中学教师整合技能（说课）大赛获奖。该比赛由全国民族中学教育协会、上海市中小学教师奖励基金会和上海市电化教育馆主办，上海市闸北区教育局和闸北区教师奖励基金会协办，上海市回民中学承办，围绕数学、物理、化学、生物四个理科专题，聘请全国教育专家30人担当评审。来自全国20个省市地区39所民族中学一线教师96人参加，25人获一等奖，其中，北京市回民学校教师王珍、郇乐分别获得生物和化学学科说课一等奖。

（张海琳）

【参加市化学实验技能创新赛】　12月27日，回民学校教师参加2008北京市中学化学教师（含实验教师）实验技能与创新大赛获奖。该比赛由市教委主办，以“创新实验”为主题，在北京十一学校举行，面向全市中学化学教师，采取现场演示、答辩形式，分为两个阶段，包括基础实验、创新实验内容，设置基础操作、创新实验演示项目。来自全市18个区县80所学校教师117人参加，80人获奖，其中，北京市回民学校教师金山、金未获得一等奖。

（杨艳青）

【加强校园环境建设】　年内，回民学校加强校园环境建设。该校更换公寓门前大理石，粉刷墙壁、墙顶100平方米，地下走廊300平方米；改造专用技术教室3个，建筑面积共计140平方米；补充理化生、史地、音体美学科用具2万件。由宣武区财政专项拨款83万元。

（王秀珍）

北京西藏中学

【概　况】　2008年，北京西藏中学占地面积35860平方米，建筑面积28053平方米，体育场（馆）面积10600平方米。图书室藏书35176册。固定资产总值4767.82万元。全年教育经费投入2749.8万元，其中，国家拨款2432万元、自筹经费317.8万元。毕业259人；招生273人；在校生807人，全部为藏族等少数民族学生。高中录取分数线448分，应届高考本科上线率91.51%。开设教学班18个。

有教职工 134 人，包括专任教师 84 人，其中，具有副高级职称 30 人、中级职称 21 人；市级骨干教师 2 人；大学本科以上学历 74 人。普通教室 20 个，专用教室 17 个，实验室 6 个。学校网址：www.bjxzzx.bjedu.cn。

（曹娟　唐宝军　赵学军）

【与拉萨北京中学结成“手拉手”校】 6 月 27 日至 7 月 4 日，西藏中学与拉萨北京中学开展对口教学交流。7 月 9 日，双方签订《“手拉手”友好学校合作交流协议》，规定每学年召开经验交流座谈会，针对学校办学特色、办学经验、教学管理、教学改革等进行交流和探讨；两校干部相互挂职、教师跟班（定岗工作），人员、学习时间由双方协调商定，每学年互派教师到对方学校开展交流活动；每学年通过教研互访活动，推动校本研修工作，加强对名师、骨干教师的培养、培训工作，在科研工作方面资源共享；在学生重大社会实践活动、主题教育活动、仪式教育活动等方面进行交流与合作。

（曹娟）

【开展民族宗教知识培训】 10 月 13 至 28 日，西藏中学开展民族宗教知识培训。该培训由学校教学干部主持，以民族团结教育为主题，采取自学、集中学习、主题班会等形式，通过口述、阅读、自学、撰写读书笔记、出考题等方法，讲解西藏民族知识，学习《民族宗教百题问答读本》，开展民族团结百题问答测试等。全校教师、学生 941 人参加。

（邱爽）

【开展教学交流活动】 年内，西藏中学组织开展教学交流活动。该校组织教师 100 人次到山西大学附属中学、南通西藏民族中学、拉萨北京中学、天津红光中学、陕西临潼华清中学交流学习，听取相关经验介绍，研讨新课程背景下对于学生管理、班级管理（包括行政班和教学班）、校本课程开发、研究课和社会实践课开展等问题。

（张梅）

【开发校本课程】 年内，西藏中学开发校本课程。工作由学校教学干部主持，面向全体学生，开发《北京西藏中学心理教育读本》、《珍珠球》等课程，内容涉及藏族高中生心理教育、民族体育等。全校教师 10 人参加。

（唐宝军）

中央民族大学附属中学

【概　况】 2008 年，中央民族大学附属中学占地面积 22678 平方米，建筑面积 22807.56 平方米，体育场（馆）面积 4293.96 平方米。图书馆藏书 20153 册。固定资产总值 6459 万元。全年教育经费投入 2531 万元，其中，国家拨款 2117 万元、自筹经费 414 万元。毕业 386 人；招生 386 人；在校生 1500 人，来自全国 24 个省市地区 50 个民族学生寄宿制学习。应届高考本科上线率 72%。开设教学班 26 个。有教职工 94 人（少数民族 20 人），包括专任教师 64 人，其中，具有副高级职称 21 人、中级职称 33 人；特级教师 1 人、市级学科带头人 1 人、市级骨干教师 1 人；大学本科以上学历 62 人。普通教室 30 个，专用教室 30 个，实验室 6 个。学校网址：www.Mdfz.com.cn。

（孙立清）

【开展高中新课改系列活动】 3 至 12 月，民大附中组织开展高中新课改系列活动。活动包括组织研究性通识培训，承担北京市《民族服装》读本相关编写任务；开设 48 门校本选修课；建立教师导师制、教研制、进修制；参加教学比武、优质课观摩评比暨教学改革研讨、新高三课堂教学特别课题组专题会议；邀请专家到校举办新课改 6 场专题讲座。全校教师 92 人参加。

（孙立清）

【开展国际青年志愿者文化交流】 4 月 1 至 25 日，民大附中与国际青年志愿者开展文化交流活动。来自芬兰、英国、荷兰、俄罗斯、印度尼西亚、印度等国家青年志愿者 6 人，与该校高一年级民族学生开展为期 3 周文化交流教学活动，内容包括能源问题、全球变暖、战争与和平等热点话题，通过多媒体教学，与世界各国青年近距离文化互动，利用英语开展教学活动。4 月 25 日，学校召开国际青年志愿者文化交流教学成果展示会，16 名学生围绕国家、生态、责任等主题用英文进行汇报。该校高一年级学生 470 人参加。

（孙立清）

【举办庆祝建校 95 周年系列活动】

10 月 1 日，民大附中建成象征民族团结“和”雕塑；举办校园文化周、学术活动月和征文征物活动；出版《校史（杨晶作序）》，《95 周年校庆纪念画册》，《民族基础教育实践与研究》，《岁月情缘——回忆录》书籍；制作校庆专题片、校庆文化衫、校庆邮品（纪念封、明信片）、校庆纪念品、校庆徽章。10 月 3 日，学校举办建校 95 周年庆祝活动。该活动以“弘扬传统、凝聚人心、彰显风范、再创辉煌”为主题，由庆祝大会、文艺演出等部分组成。司马义·铁力瓦尔地、布赫、李岚清、阿不来提·阿不都热西提、热地、杨晶、李德洙、赵沁平等领导、科学家、艺术家、各界知名人士 34 人分别为校庆题词。布赫，铁木尔·达瓦买提等领导，以及来自国内外校友、全校师生 3000 人参加活动，内蒙古歌舞团、民族大学音乐学院、民族大学舞蹈学院参加文艺演出。10 月 10 日，温家宝为民大附中题词“祝全国各民族青年团结、进步、健康成长”。中央民族大学附属中学 1913 年建校，前身为喀喇沁王贡桑诺尔布（1871 至 1930 年）创办蒙藏学校，位于西单小石虎胡同，现为国立蒙藏学校旧址，1918 年改名为蒙藏专门学校，为高等教育学校，李大钊、赵世炎、邓中夏来校开展革命工作，培养第一批少数民族共产党员，建立第一个少数民族党支部，编辑第一本少数民族革命刊物《蒙古农民》，1951 年更名中央民族学院附属中学，1993 年改为现名。

（孙立清）

【承办首届全国中学校长论坛】　10

月2日，民大附中承办首届全国中学校长论坛。论坛围绕“和谐校园，特色发展”主题，由教育部中学校长培训中心、全国民族中学教育协会、中国教育学会高中教育专业委员会联合主办，听取专家《推动学校教育的和谐发展与特色发展》、《以心灵的和谐建设我们的家园，以特色建设促进学校发展》、《和谐校园，特色发展》3个报告和6所中学校长发言。来自全国各省市地区民委文教处、教委民教处领导，各民族地区中学校长200人参加。

（孙立清）

【参加市青少年科普剧汇演】　12月

20日，民大附中参加2008北京青少年科普短剧汇演获奖。活动由共青团北京市委、北京市教委、北京市科委、北京市委宣传部主办，采取学校选拔、区县推荐形式，面向全市中小学，包括2个组别，分为3个阶段，设置4个项目。来自全市18个区县30所学校学生1000人、100个作品参加，《水》、《小动物诊所》、《我成功了》、《绿色沙漠》、《一个特殊的日子》等9部作品入围本届科普短剧汇演决赛，其中，中央民族大学附属中学高一年级学生王佳靓、史册创编科普短剧《绿色沙漠》获得中学组“最佳剧本奖”。

（孙立清）

【校园改造工程竣工】　至年底，民大附中校园整体改造工程竣工。2004至2008年，国家民委、中央民族大学总计投资7000万元，建设现代化教学楼、运动场、地下教工之家、学术报告厅、音乐厅，学校东大门监控系统、通用技术实验室、学生宿舍烟雾感应系统、体育场库房等；改造校园网、学生寝室、学生浴室、图书馆、体育馆；新增教室寝室空调、图书、教学设备和仪器，共计23个建设项目。

（孙立清）

北京市门头沟区妙峰山民族学校

【概　况】　2008年，北京市门头沟区妙峰山民族学校占地面积36817平方米，建筑面积9909平方米，体育场面积13048平方米。图书室藏书3.7万册。固定资产总值1409万元。全年教育经费投入851万元，其中，国家拨款850万元、自筹经费1万元。毕业150人，其中，小学83人、中学67人；招生106人，其中，小学44人、中学62人；在校生537人，其中，小学336人，包括寄宿生38人，中学201人，包括寄宿生22人。开设教学班35个，其中，小学班27个、中学班8个。有教职工130人，包括专任教师89人，其中，具有中级专业技术职务38人。普通教室39个，专用教室7个，实验室3个。

（杜春勇）

【举办绿色环保教育】　3月5日，妙峰山民族学校举办绿色环境教育。该活动与妙峰山镇政府合作开展，每月定期组织学生到街道集中捡拾白色垃圾，并由镇政府投入固定经费8000元作为学生奖励和班级活动专款，学校将此项工作纳入班主任考核指标。全校师生共250人参加，至7月1日共收集白色垃圾250千克。

（李维东）

【开展校本教研工作】　4月5日，妙峰山民族学校开展校本教研工作。此次工作由区教师进修学校主持，组织学校教师进行“同备一节课、同讲一节课，同写一个教学故事”主题教研，活动包括要求各年级组确定相同研究内容，组织组内教师备课并交流修改教案，讲解同一节公开课，课后通过反思所遇问题写出教学故事。活动旨在促进教师间交流与自主反思，形成“专家引领、同伴互助、自主反思”校本教研体制，提高教师教学设计能力及课堂教学实效性。全校教师58人参加。

（赵俊军）

【开展寻找道德榜样活动】　4月，妙峰山民族学校开展“寻找身边的道德榜样”主题教育活动。该活动旨在进行社会主义荣辱观教育，围绕北京市“迎奥运、讲文明、树新风”总体安排，引导学生寻找身边热心公益、服务社会、志愿服务、学习进取、关心他人等方面榜样与典型事例，以同伴精神激励同伴，学校以第11届北京十佳少先队员命名校内10个班级，每班确定1名十佳队员为学习榜样，利用广播、升旗、板报等形式宣传优秀事迹。全校学生230人参加。

（李维东）

【举办英语演讲比赛】　5月22日，妙峰山民族学校举办“我与奥运”英语演讲比赛。该比赛旨在表达学生对北京奥运会祝福与企盼，提高学生对奥运知识认知和了解，增强学生英语口语表达能力。全校学生230人观看、10人参加，最终评出一等奖2个、二等奖3个、三等奖5个。

（李维东）

【开展心理健康教育】　6月12日，妙峰山民族学校开展心理健康教育活动。此次活动由该校心理教师主持，面向全校任课教师举办专题培训和讲座，在初一年级开设心理健康课，针对不同年级学生特点开展拓展训练、心理咨询、考前减压等心理辅导。全校教师、学生260人参加。

（杜海宇）

【开展校内公开课讲评活动】　7月，妙峰山民族学校开展校内公开课讲评活动。活动组织该校语文、数学、英语等8个学科20名教师观摩区“秋实杯”公开课46节，邀请区教研室专家来校进行教学视导，提出注重语言、立足文本、突出思想等意见；开展校内公开课评比，全校共有6个教研组教师32人参加，最终评出优秀课6节，其中，推选2节课程经研讨修改后进行展示。

（王建亮）

【开展新课改教师培训】 11月12日，妙峰山民族学校开展新课改教师培训。培训邀请门头沟区教研室教师做“新课改形式下的教学设计”专题讲座，指出在新课改形势下，教师身份由“知识的传授者变为活动的设计者、组织者”，学生身份由“知识的接受者变为活动的参与者、设计者”，教学模式应由“教师的教学方式变为学生的学习方式”，“教学设计”应体现“学生主体、及时反馈、作业分层”等思想。全校14个学科教师32人参加。

（王建亮）

北京市怀柔区长哨营满族中学

【概　况】 2008年，北京市怀柔区长哨营满族中学占地面积9396平方米，建筑面积4740平方米，体育场（馆）面积2560平方米。图书室藏书31348册。固定资产总值587万元。全年教育经费投入736万元，全部为国家拨款。毕业74人；招生78人；在校生217人（含少数民族学生119人），包括寄宿生187人。开设教学班9个。有教职工57人（含少数民族职工9人），包括专任教师39人，其中，具有副高级职称5人、中级职称10人。普通教室9个，专用教室4个，实验室3个。学校网址：www.csyzx.com.cn。

（赵永兴）

【开设满族传统文体课程】 3月17日，长哨营满族中学开设传统体育项目与文化艺术课程。课程包括满族传统体育霸王鞭，在校内初一至初三年级9个班开设，每周1课时；满族歌曲及剪纸工艺课在初一、初二年级开设，每两周1课时。教材使用乡民族传统体育项目介绍与满族文化读本，由学校、乡政府联合编写。全校学生217人参加。

（赵永兴）

【举办德育论坛】 4月14日至5月14日，长哨营满族中学举办德育论坛演讲活动。演讲围绕“师德与德育”主题，包括3个年级组教师演讲、行政后勤教师演讲四个阶段，每个阶段限时3小时，评委由学校校长、书记、中层干部、语文教师共8人组成，根据演讲内容、演讲水平等进行现场打分。全校教职工51人参赛，8人获奖。

（赵永兴）

【编印《满族知识读本》】 6月20日，长哨营满族中学校本读物《满族知识读本》编印完成。读本由学校领导组织编写，共设有5章27节，总计81252字，北京市白帆印务有限公司出版社出版。内容包括第一章满族历史、第二章满族文化、第三章满族传说、第四章满族名人、第五章当地满族的发展，在学校初一年级历史课使用，每周学习1课时。

（赵永兴）

【举办教学基本功竞赛】 9月20日至10月29日，长哨营满族中学举办专任教师教学基本功竞赛。该竞赛由学校领导组织，面向全体教师，采取现场作课形式，分为初赛、复赛、决赛3个阶段，设置信息技术整合、学习主体地位体现、课改试验项目等。评委由学校校长、书记、教务主任、教研主任、区级骨干教师7人组成，依据北京市基教研中心课堂教学评价标准进行评课。全校教师39人参加，评出优胜者3人。

（赵永兴）

【完成校内网站改版】 9月22日，长哨营满族中学完成学校网站改版工作。此次工作由学校科研主任和网络管理员主持，依据“突出学校特色，便于登陆点击查看”原则，确定“版面清新、点击快捷、符合师生需求”为主要特色，设置德育、教务、党建、科研等共5个栏目，展示学校特色、通知公告、重要活动、领导视察、规定制度等内容。

（赵永兴）

【通过初中建设工程验收】 10月28日，长哨营满族中学通过初中校建设工程督导验收。此次验收工作由怀柔区政府教育督导室主持，以听课、座谈、问卷、查看材料、实地考察的形式，从学校队伍建设、教育教学质量、硬件建设、校园环境、校园文化、社会反响等初中建设达标有关主题进行评价。反馈结果为“优秀”，学校验收通过。

（赵永兴）

【校园建设工程完工】 10月，长哨营满族中学校园建设工程完工。此次工程包括校内旱厕改造，建筑面积40平方米，总投资19.8万元；泄洪道翻建90米，总投资9万元；专用教室改造640平方米，总投资32万元；学生宿舍及其他用房改造500平方米，总投资52万元；购进图书1.3万册，总投资26万元；校园网络升级、建筑防雷，总投资43.6万元。修缮工程于7月18日开工，全部由市政府投资。

（赵永兴）

北京市延庆县新华民族中学

【概　况】 2008年，北京市延庆县新华民族中学占地面积12000平方米，建筑面积1925平方米，体育场（馆）面积5350平方米。图书馆（室）藏书1.72万册。固定资产总值478万元。全年教育经费投入64万元，全部为国家拨款。初中毕业36人；招生29人；在校生98人，包括少数民族学生41人。高中录取分数线398分（延庆县）。开设教学班6个。有教职工32人，包括专任教师15人、少数民族教师1人，其中，具有副高级职称1人、中级职称15人。普通教室6个，专用教室13个，实验室2个。学校网址：www.mzzx.yqedu.com.cn。

（于德文）

【举办民族团结学科评比】 9月16至20日，新华民族中学开展“民族团结教育学科渗透”教学评优活动。活动组织该校语文、政治、历史、地理、美术、音乐、体育以及民族政策常识等学科教师8人参评，4名评课小组成员分别观摩教师课堂教学，从民族团结教育学科教学渗透的内容合理性、渗透自然性、教育有效性等方面进行评分，并按平均分确定最终成绩，4人获得优秀奖。

（于德文）

【召开民族体育运动会】 9月28日，新华民族中学召开校园民族体育运动会。运动会以“传承民族体育运动”为主题，采取班级组队的形式，设置推铁环、陀螺、踢球等6个民族体育项目与跑步、跳高、铅球等5个基本田径项目，全校共有6个班级学生96人参加12个项目比赛，235人次获奖、2个班级获得集体奖。活动后，学校规定在每年9月、10月举办民族体育节。

（于德文）

【民族艺术墙落成】 10月21日，新华民族中学民族艺术墙落成。学校改造“民族知识园”东侧围墙，制作4块宣传橱窗共计11平方米，展示民族土木、民族舞蹈、民族刺绣等主题

内容，配有彩色图片64张以及相关文字说明，工程总投资1.2万元。艺术墙是该校民族校园文化建设组成部分，此外还拥有古典诗词文化园、满族文化长廊、民族体育墙和民族知识园等。

（于德文）

【通过民族团结示范校验收】 10月23日，新华民族中学通过民族团结示范校验收。验收由市民族团结教育示范学校评估组主持，按照示范校评估指标体系，通过听取校长汇报，查阅档案资料、教师访谈、学生问卷、校园文化参观等形式进行检查，观看民族体育大课间活动展示，包括珍珠球、踢球、推铁环等7个运动项目。检查结果显示该校民族团结教育工作开展全面、特色突出、效果显著，学校通过验收。

（于德文）

特　殊　教　育

【概　况】 2008年，北京市有特殊教育学校23所，其中，盲校1所，聋校3所，培智学校14所，综合类学校5所；在校生2986人，其中，视力残疾学生235人，听力残疾学生687人，智力残疾学生2064人；教职工总数1094人，其中，专任教师942人。随班就读学校1109所，其中，中学345所，小学764所；随班就读学生5644人，其中，中学1969人，小学3675人；随班就读学生中视力残疾学生118人，听力残疾学生人370人，智力残疾学生4564人，其他类残疾学生592人；从事随班就读教师17359人。

（陆小红）

【召开随班就读经验交流会】 1月17至18日，市教委召开北京市随班就读工作支持保障体系工作经验交流会。会议由市特教中心主持，围绕“随班就读工作支持保障体系的建立和健全”主题，听取宣武、顺义、平谷、房山和东城等5个区教委代表交流发言，研讨完善随班就读支持保障体系、促进随班就读工作发展等方面内容，分组介绍本区县在随班就读工作支持保障体系工作经验，并对如何加强随班就读支持保障体系建设提出相关建议。来自市教委、市特教中心领导、专家，以及各区县教委、特教学校主管干部40人参加。

（陆小红）

【召开首届盲聋学校评优课颁奖会】

4月26日，市特教中心召开特教学校师资培训专题讲座暨首届盲聋学校评优课颁奖会。培训邀请特级教师张钧篪专题授课，通过集中培训方式，从如何钻研教材方面讲解语文教师教学基本功，从教学方法策略方面介绍教学经验；颁奖会由市特教中心主持，评出一等奖5节，二、三等奖各9节。来自市特教中心专家，各区县盲聋学校、培智学校干部、教师120人参加。

（陆小红）

【评估随班就读学校资源教室】 5月14日至6月19日，市教委评估检查随班就读学校资源教室。该工作委托市特教中心组织专家进行，对2004年以来市教委投资建设37个随班就读资源教室评估检查，涉及全市17个区县，按照《北京市随班就读资源教室建设与管理的基本要求（试行）》，最终评出一等资源教室16个、二等资源教室12个、三等资源教室9个，结果显示：随班就读资源教室作为构建随班就读支持保障体系发挥重要作用。

（陆小红）

【召开区县特教中心建设现场会】 7月3日，北京市区县特教中心建设现场会召开。该会议由市特教中心主办、延庆县特教中心承办，围绕“加强区县特教中心建设”主题，采取大会经验交流和现场实地参观形式，听取延庆县特教中心《发挥特教中心的作用，促进特殊儿童健康成长》专题汇报，观看反映延庆特教中心教学专题片《为特殊孩子撑起一片蔚蓝的天空》，延庆县教委向与会人员介绍县特教工作基本情况、县特教中心成立与发展建设等，并组织参观县特教中心。来自市教委、市特教中心专家、领导，各区县特教中心、36所特教学校主管干部、教师86人参加。

（陆小红）

【成立市资源教室教研组】 12月25日，北京市资源教室教研组成立。教研组由市特教中心管理，下设区县资源教室教研组19个，具有指导残疾

学生教育和康复职能。成立会议在东城区西总布小学召开，邀请北京联大特教学院专家举办《资源教室的功能、运作与评估》培训。来自北京联大特教学院、市特教中心、市随班就读工作组领导、专家，以及市资源教室教研组教研员22人参加。

（陆小红）

【提高残疾学生伙食补助标准】 12月26日，市教委和市财政局联合下发《关于进一步完善本市高中阶段残疾学生资助政策及提高公办义务教育学校四类寄宿学生伙食补助标准的通知》（京教财［2008］38号）。规定自9月1日起，在本市特教学校就读具有本市户籍普通高中、职业高中残疾学生免收学杂费和教科书费，每生每年发放300元助学补助；对其中寄宿学生免收寄宿费，每生每月提供160元伙食补助，每年按10个月计发；具有本市户籍在本市公办特教学校就读义务教育阶段残疾寄宿学生伙食补助标准由原来每生每月100元提高到160元，按每年10个月计发。

（陆小红）

【召开特殊教育学校运动会】 12月

28日，市教委召开北京市特殊教育学校体验残奥快乐运动会。运动会主题为“我参与、我奉献、我快乐”，坚持“超越、融合、共享”残奥会理念，采取现场竞赛形式，由海淀区培智中心学校、西城区培智中心学校、东城区特殊教育学校、朝阳区安华学校、平谷区特教中心和北京市盲人学校6名学生进行火炬传递；中国残疾人奥林匹克运动管理中心、北京市盲人学校代表点燃火炬；进行各特教学校团体操表演与体育特色展示；设置盲、聋和智障3个小组8个项目比赛。来自中国残疾人联合会教育就业部、教育部基础教育二司、北京市教育委员会、北京市残疾人联合会、中国残疾人奥林匹克运动管理中心特奥部、北京体育大学领导，各区县教委主管干部、全市24所特教学校教师、学生2000人参加，评出一、二、三等奖450个。

（陆小红）

特殊教育学校

北京市东城区特殊教育学校

【概　况】 2008年，北京市东城区特殊教育学校占地面积5230平方米，建筑面积3751平方米，体育场（馆）面积2858平方米。图书馆（室）藏书2.46万册。固定资产总值1212万元。全年教育经费投入668万元，其中，国家拨款634万元、自筹经费34万元。毕业16人，其中，听障部7人、智障部9人；招生19人，其中，听障部8人、智障部11人；在校生185人，其中，听障部93人、智障部92人，包括寄宿生42人。开设教学班20个，其中，听障班10个、智障班10个。有教职工75人，包括专任教师49人，其中，具有副高级职称2人；特级教师1人、市级学科带头人1人、市级骨干教师3人；大学本科以上学历52人。普通教室20个，专用教室19个。学校网址：www.dctj.com.cn。

（郭莉）

【举行新校歌发布会】 2月25日，

东城特教学校举行“让爱在天空飞翔”新校歌发布会。会议由学校副校长主持，采取发布会形式，包括介绍新校歌的创作过程、特教学校与北京市第一七一中学金帆合唱团的学生共同演唱新校歌等内容。来自市教委、东城区委教育工委、区教委领导，以及全校教师、学生170人参加。新校歌定名为《让我在爱的天空飞翔》，由东城特教学校作词、谷建芬谱曲。

（郭莉　张敬良）

【参加北京残奥会国际论坛】 5月29至30日，东城特教学校参加“期待·共享”2008北京残奥会国际论坛暨2008北京残奥会开幕式倒计时100天主题活动。此次活动由北京奥组委、中国残联和北京市残联主办，采取分论坛形式，听取该校校长作题为《共享奥林匹克之光，提升残障学生生命质量》专题发言，并围绕“北京残奥会的展望和北京残奥会的成果与遗产”议题展开讨论，探讨如何更加有效地推进北京残奥会相关工作，交流认为通过残奥会成功举办，将促进社会各界关心残疾人，营造互助、公平、公正社会环境，激励残疾人自立自强，增强全社会对残疾人事业关心和支持。来自国际盲体联、人民大学、北京奥组委、市残联专家、领导以及世界13个国家和地区关注残疾人事业发展代表20人参加。

（郭莉）

【参与奥运系列活动】 8月28日，东城特教学校校长周晔参加北京2008年残奥会圣火采集暨火炬接力启动仪式。仪式在天坛祈年殿举行，周晔应邀承担手语翻译工作。9月5日，周晔参加北京2008残奥会火炬接力北京地区火炬传递活动，作为最后一棒火炬手，将“祥云”火炬送抵颐和园主会场终点——八方亭广场，并亲手点燃圣火盆。9月6日，学校师生参

加北京2008残奥会开幕式。该校3名聋生参加舞蹈《星星你好》表演，学校教师担任节目辅导，在指挥台进行手语现场指挥。全校干部、教师、学生4人参加。

（郭莉）

【参加全国特教信息技术应用赛】 10月10至14日，东城特教学校教师参加全国第二届特殊教育学校青年教师信息技术综合应用能力大赛获奖。该比赛由中国教育学会特教分会主办，围绕“提高信息技术应用能力，促进特殊教育资源共享”主题，在上海市举行，面向全国特殊教育学校，采取层层选拔形式，分为预赛和决赛两个阶段，包括视障教育、听障教育、智障教育3个组别，设置课堂教学、课件、网页制作比赛项目。来自全国30个省市地区100所学校教师300人参加，30人获奖，其中，北京市东城区特殊教育学校教师王相又做语文学科《海底世界》展示课，获得听障教育组一等奖。

（郭莉）

【接待国际交流访问团】 年内，东城特教学校接待罗马尼亚佛伦蒂娜基金会代表团、美国马塞诸塞州舒思博瑞学校代表团、挪威卑尔根大学学院代表团共计9批次75人次参观交流。该校成立由校长直接领导，书记、德育副校长、办公室主任等共5人组成外事工作小组，实行外事工作层级管理制度，树立“大国之爱、尊重生命”国际形象，积极展示中国政府对残疾儿童、少年关怀，以及特教师生良好精神风貌与学校办学特色。客人就东城特教学校师资状况、残障儿童就读安置、政府部门对特殊教育扶持等问题展开交流研讨。

（郭莉）

北京市第二聋人学校

【概　况】 2008年，北京市第二聋人学校占地面积4995平方米，建筑面积4979平方米，体育场（馆）面积1650平方米。图书馆藏书2.5万册。固定资产总值1033万元。全年教育经费投入723万元，其中，国家拨款695万元、自筹经费28万元。毕业45人，其中，小学30人、初中15人；招生53人，其中，小学23人、初中30人；在校生156人，其中，小学95人、初中61人，包括寄宿生136人。开始教学班13个。有教职工55人，包括专任教师42人，其中，具有副高级职称4人、中级职称26人；市级骨干教师2人；大学本科以上学历40人。普通教室14个，专用教室16个，实验室2个。

（殷秋菊）

【开展爱耳日宣传教育】 3月3日，二聋校开展爱耳日宣传教育活动。该活动围绕第九次全国爱耳日，利用升旗仪式时间，进行“奥运精彩——我听到”主题讲话，由负责学生听力工作教师号召加强语言训练，锻炼语言交流能力，将奥运精神运用到语言学习中。全校教师、学生参加。

（殷秋菊）

【认定为全国推广手语基地校】 3月20日，二聋校被认定为全国推广中国手语基地校。此次评审工作由中残联教就部、教育部基础教育司和语言文字应用管理司主持，推广《中国手语》试点工作会在北师大英东楼召开，组织讨论有关试点目标、试点范围、试点任务、基本要求、试点时间等内容，要求各学校按学校组、家庭组、社会组进行手语教学与教材编写。来自中残联领导，秦皇岛市特教学校、长春市特教学校、上海市一聋、南京市聋校、合肥市特教中心、泉州市盲聋哑学校、广州市聋人学校、信阳市特殊教育学校、成都市盲聋哑学校、兰州市盲聋哑学校等11所学校代表30人参加。

（殷秋菊）

【参加联合国残疾人公约座谈会】 3月20日，二聋校参加联合国《残疾人权利公约》座谈会。会议由中残联国际交流部主持，在中残联体育训练中心举行，围绕加强残疾人教育、提高残疾人社会适应能力等问题发表意见展开交流。来自全国各省市地区肢残人、盲人、聋人代表，以及该校3名教师参加。

（殷秋菊）

【开展国际交流活动】 4月2日，二聋校开展国际交流活动。该访问团由马来西亚教育部一行12人组成，旨在了解中国特殊教育学校综合管理工作，收集特殊教育运作与管理信息，建立中马两国特殊教育合作联系，具体交流中国特殊教育学校的运作和管理等内容。

（殷秋菊）

【举办《创造奇迹》讲座】 11月28日，二聋校举办《创造奇迹》讲座。该校邀请原中央电视台主持人和西城培智学校教师代表，颁发荣誉校长证书，接受教学设备捐赠，并分了解自我、要有远见、善于向他人学习、态度决定成功、发挥创造力、有利于他人、付诸行动等主题交流讲解。全校教师参加。

（殷秋菊）

北京市崇文区培智中心学校

【概　况】 2008年，北京市崇文区培智中心学校占地面积2225平方米，建筑面积2480平方米，体育场（馆）面积420平方米。图书馆（室）藏书767册。固定资产总值263万元。全年教育经费投入218.62万元，全部由国家拨款。毕业10人，招生6人，在校生91人。开设教学班9个，其中，义务教育阶段学生班6个、职业技能康复训练班3个。有教职员工32人，包括专业教师20人，其中，具有副高级职务1人、中级职务16人；大学本科以上学历22人。学校网址：www.cwtjzx.cn。

（王昕　郝洪春）

【成为志愿者服务基地】 3月26日，崇文培智中心学校成为北京工业大学志愿者服务基地并挂牌。活动由学校德育干部主持，双方签署协议规定：

长期在该校组织有目的的志愿活动，包括来校进行活动课教学、与学生一起进行各种活动、参加学校组织的实践等内容，帮助智障学生进行融合学习体验。

（王昕　郝洪春）

【开设社区实践课程】 4月16日，崇文培智中心学校开设社区实践课程。该课程以“寻找身边的奥运特色”为主题，利用天坛公园场地，要求教师根据班级学生特点、程度以及社会适应能力，制订开展活动项目，包括“寻找身边的绿色行为”，“寻找春天的小草”，“树木，花朵的变化”，“寻找美丽的人（文明礼仪方面）”，“寻找鲜艳的花朵”，“寻找奥运的痕迹”，“寻找对奥运的承诺”，“寻找奥运元素”等，由学生根据自身理解与教师讲解完成相应任务。全校教师、学生120人参加。

（王昕　郝洪春）

【组织劳动实践课】 6月10日，崇文培智中心学校组织“变废为宝”劳动实践课。该课程由学校职业培训班组织，要求利用所收集矿泉水瓶瓶盖粘贴制作一幅北京奥运会会标，共有教师、学生20人参加，上交作品20件。学校2000年开设劳动实践课，面向大龄智力障碍学生，旨在对学生进行环保和节约教育，授课内容包括利用矿泉水瓶制作刷锅球、利用废纸制作笔筒、宣传画等。

（王昕　郝洪春）

【参加市特奥足球赛获奖】 6月27至29日，崇文培智中心学校参加北京市特奥足球周比赛获奖。该比赛由北京市残疾人联合会主办，以“勇敢尝试、争取胜利”的特奥宗旨为主题，面向全市智力障碍学生，采取对抗竞赛形式，分为初赛、半决赛、决赛三个阶段，包括男子组、女子组、五人制和融合四个组别。来自全市10个区县10所学校40支队伍参加，全部获奖，其中，北京市崇文区培智中心学校代表队由13人组成，获得男子组五人制冠军、融合组五人制冠军以及足球个人技术赛项目2个第一名、1个第二名、4个第三名。

（王昕　郝洪春）

【成立校园清洁队】 9月1日，崇文培智中心学校清洁队成立。该校职业培训班结合学生智商较低、年龄偏大特点，组成校园清洁队，由班主任教师担任队长，确定工作制度规范与上岗文明公约，完成替其他班级清洗被褥、打扫校园卫生死角等任务，旨在帮助智障学生自食其力，融入社区生活。全校学生13人参加。

（王昕　郝洪春）

【开展环保评比活动】 9月1日，崇文培智中心学校开展“我是环保小卫士”主题教育评比活动。活动针对智障学生实际情况，普及宣传“垃圾分类”知识，教授垃圾分类技巧，培养学生自理能力，将每月获奖者姓名制成绿色地球形状版图，在校园荣誉窗中展示，同时指导学生学习地理知识。全校学生81人参加，评出“环保小卫士”36人，学校利用红领巾广播时间宣传相关优秀事迹。

（王昕　郝洪春）

【参与国际交流活动】 9月5日和8日，崇文培智中心学校学生参与国际交流活动。该校学生张欣受国际特奥会东亚区邀请，在北京首都机场迎接特奥会主席蒂姆·施莱佛（Timothy Shiver），学生陈国成参加欢迎早餐会，并担任现场主持。张欣、陈国成同属于学校职业培训班学生，张欣是学校的文艺、体育骨干，多次在学校担任葫芦丝演奏的任务和代表学校参加各种比赛。陈国成曾多次代表学校进行发言，并作为舞蹈、打击乐成员参加各种比赛获得优异成绩。

（王昕　郝洪春）

【组织市级培智教研活动】 11月27日，崇文培智中心学校组织市级培智开放性教研活动。活动由北京市培智学校综合教研组主持，围绕综合课研究主题，依据“源于生活，回归生活”教学理念，展示“音乐”、“美术”公开课各1节，听取该校校长有关学校办学理念和教学思路介绍，主管教学干部阐述特色教研内容，并就学校教学理念在教学中的运用等问题组织研讨。来自全市14个区县培智学校教研员27人参加。

（王昕　郝洪春）

【校刊《家校》改版】 12月30日，崇文培智中心学校校刊《家校》改版。学校为提高《家校》宣传性与实用性，增添“书香茶韵”板块，收录《家庭心理健康教育从哪儿开始》文章，利用家长会时间进行家庭心理健康教育培训学习；加设“亲子园地”栏目，为学生与家长提供益智游戏。《家校》校刊于2005年12月创刊，采用16开本，包括家教有方、亲子园地、赛场风采等栏目，面向学生家长发放，每学期印制一期，共计出版7期。

（王昕　郝洪春）

北京市宣武区培智中心学校

【概　况】 2008年，北京市宣武区培智中心学校占地面积4672.4平方米，建筑面积6621.2平方米，体育场（馆）面积2100平方米。图书馆（室）藏书19412册。固定资产总值412万元。全年教育经费投入889万元，其中，国家拨款845万元、自筹经费44万元。毕业30人，其中，义务教育11人、职业教育19人；招生28人，其中，学前教育2人、义务教育7人、职业教育19人；在校生247人，其中，学前教育15人、义务教育91人、职业教育141人。开设教学班21个。有教职工60人，包括专任教师58人，其中，具有副高级职称1人、中级职称33人；大学本科以上学历52人。普通教室21个，专用教室13个。学校网址：www.ischool.org.cn。

（王文洪）

【迁入新址】 1月25日，宣武培智中心学校迁入新址。该校由原米市胡同67号旧址迁至新桥胡同1号，新址占地面积1411平方米，建筑面积2496.4平方米，铺设软化地面和墙壁，添置无障碍设施，建有普通教室10个，音乐治疗室、个训室、资源室、多功能训练室等专用教室11个，添置用于语言训练、肢体训练、感官训练、生活能力训练等康复训练器材91件，可容纳学生120人在此学习生活。修缮工程于2007年9月1日开工，由宣武区政府、区教委总投资300万元。

（王文洪）

【承办香港与内地语文课题培训】 4月26日和27日，宣武培智中心学校承办“香港——内地语文套件课题的二期培训”。培训由北京联合大学特教学院研究所主办，在该校职教部开课，通过经验总结、案例分享等方法，阐述语言阶梯知识与应用等，听取学校3名教师分别就《使用语言阶梯，发展学生语言》、《再造活动情境支持智力落后学生学习动词》、《运用语文套件对智力落后儿童进行语言训练的个案研究》进行讲解与示范。来自全国各省市地区30所培智学校50名教师参加。

（梁华培）

【参加全国教科研论坛】 4月26至28日，宣武培智中心学校参加“创建和谐校园——2008全国教育科研论坛及优秀成果颁奖会”。会议由全国教育学会管理分会举办，邀请教育部基教司领导做《优先发展教育，建立人力资源强国》主题报告，由北京教育学院专家做《以人为本和中小学教育若干问题的思考》、《对中小学教师做校本研究的指导》专题汇报，听取该校干部以《立足校本研究，积淀专业文化》为题成果展示，并对“十五”期间国家级科研课题优秀研究学校进行颁奖，其中，北京市宣武区培智中心学校个别化教育计划实践研究、个别化教育计划实施指导手册、弱智学生职业教育模式实施指导获得“2008全国优秀教育科学成果一等奖”，校长孙颖获得“2008全国教育科研管理先进校长”称号。

（梁华培）

【参加全国信息技术应用教学赛】 9月19至22日，宣武培智中心学校教师参加全国信息技术综合应用教学大赛获奖。该比赛由中国教育学会特殊教育分会主办，在哈尔滨燎原学校举行，围绕“信息技术在课堂教学中的应用”主题，面向全国特教一线工作者，采取课例评选与现场教学评比形式，分为初赛、决赛两个阶段，设置现场作课、现场制作信息技术课件、现场制作网页三个项目。来自北京、上海、天津、杭州、深圳、成都、哈尔滨等城市100所学校教师180人参加初赛，10人进入决赛，3人获得一等奖，其中，北京市宣武区培智中心学校教师马薇展示中年级生活语文课《影子》，并以总成绩90.4分获得第一名。

（梁华培）

【接待全国特教学校校长考察】 12月11日，宣武培智中心学校接待北师大全国特殊教育学校校长高级研修班考察学习。考察团包括各特教学校校长一行58人，听取学校书记做《科学实践领航，特教文化育人》专题发言，并就有关办学理念、校本研究、职业康复教育、特教中心工作进行介绍，组织参观校内主题资源教室和职业教育部，了解特教学生学习训练情况，客人对教师课堂训练设计与学生才能展示给予肯定。该校于2005年9月确定为北京师范大学全国特殊教育学校校长高级研修班重点考察学习单位。

（王文洪）

【参加市特教学校运动会】 12月28日，宣武培智中心学校参加北京市特殊教育学校“体验残奥”快乐运动会。运动会由市教委、市特殊教育师资培训中心共同主办，以“快乐健康”为主题，在北京体育大学举行，面向北京市特教学校，采取体育比赛形式，分为入场式、健身表演、比赛、颁奖三个阶段，包括特奥、残奥两个组别，设置高尔夫、滚球、跳绳、盲人门球等8个项目。来自全市18个区县24所特教学校学生500人参加，312人获奖，其中，北京市宣武区培智中心学校代表队由师生82人组成，获得1枚高尔夫球比赛项目金牌。

（王文洪）

北京市石景山培智中心学校

【概　况】 2008年，北京市石景山培智中心学校占地面积5396平方米，建筑面积3441平方米，体育场（馆）面积2000平方米。图书馆藏书4156册。固定资产总值893.2万元。全年教育经费投入344万元，全部由国家拨款。开设教学班8个。毕业2人；招生6人；在校生90人，其中，轻度残疾21人、中重度残疾65人。有教职工35人，包括专任教师23人，其中，中级职称17人。普通教室10个，专用教室6个。

（马宁）

【与香港学校签订友好协议】 3月6日，石景山培智学校与香港匡智元朗晨乐学校签订友好合作协议。协议规定石景山培智学校提供课程改革实例资源，香港元朗晨乐学校承担校际师资培训任务，有效期5年。香港匡智元朗晨乐学校隶属于香港匡智会，是全港第一所学校宿舍相连中度智障特殊学校，为6至18岁智障学生提供教育服务。

（马宁）

【举办教师发展专题讲座】 3月14日，石景山培智学校举办“教师专业化发展”专题讲座。讲座邀请北京师范大学2名教授，围绕在新课程背景下，如何重视、提高教师专业化理论素养进行阐述，指导教师运用SWOT分析方法，了解自身竞争优势（Strength）、竞争劣势（Weakness）、机会（Opportunity）、威胁（Threat），对学校、教师进行系统量化分析，制订相关发展战略。来自西部教学区各校教师代表42人，以及该校教师35人参加。

（马宁）

【举办抗震救灾义卖】 5月24日，石景山培智学校举办抗震救灾义卖活动。该活动与石景山山姆会员店共同组织，学生捐出平时制作手工艺品500件，为四川受灾同胞进行义卖，筹得善款3533.2元，并与自制爱心慰问卡、《给灾区小朋友的一封信》共同寄往四川泸州特殊教育学校。全校学生90人参加。

（马宁）

【举办绿色环保讲座】 6月9日，石景山培智学校举办绿色环保讲座。该讲座由学校ESD可持续发展教育课题组主持，以“节约用水，珍惜生命”为主题，采取讲座、互动等形式，展示由于水土流失造成灾害图片，结合生活中常见现象，讲解如何保护水资源的方法。全校三个年级学生34人参加。北京市石景山培智中心学校在2005年9月成为北京市ESD实验学校。

（马宁）

【参与奥运服务活动】 8月10日至9月20日，石景山培智学校参与

2008 北京奥运会、残奥会工作。该校 2 次组织中、高年级学生 30 人现场观看北京奥运会女足项目与北京残奥会自行车项目比赛；组织教师 10 人完成奥运赛场拉拉队任务。10 月 20 日，学校志愿服务项目获得北京市优秀志愿服务项目奖。北京市石景山培智中心学校“培智学校义务英语培训”自 2007 年 9 月实施，面向社会招募志愿者 15 人，举办培训 38 次，全校共有 16 名学生参加。

（马宁）

【举办趣味运动会】　9 月 26 日，石景山培智学校举办趣味运动会。运动会以“绿色奥运”为主题，采取竞赛形式，分为植树先锋、清洁小卫士、纸篓准星等 6 个游戏主题，设置 6 个大项（12 个小项）比赛。全校教师、学生 122 人参加，78 人获奖。

（马宁）

北京市第三聋人学校
北京市残疾人职业高中

【概　况】　2008 年，北京市第三聋人学校占地面积 11400 平方米，建筑面积 11600 平方米，体育场（馆）面积 2000 平方米。图书馆（室）藏书 3 万册。毕业 67 人，其中，小学 18 人、初中 6 人、高中 43 人；招生 63 人，其中，小学 19 人、初中 21 人、高中 23 人；在校生 332 人，其中，小学 132 人、初中 73 人、高中 117 人。应届高考本科上线率 88%。开设教学班 22 个，其中，小学班 8 个、初中班 6 个、高中班 8 个。有教职工 87 人，包括专任教师 64 人，其中，具有中级职称 42 人；市级学科带头人 1 人。普通教室 22 个，实验室 15 个。学校网址：www.edeaf.cn。

（陈建功）

【承办市盲聋学校研究课】　1 月 8 日，第三聋人学校承办北京市盲聋学校第 10 次研究课活动。活动听取学校课改工作进展情况介绍，观摩学校八年级英语展示课，与会专家进行点评，肯定课程创造性，结合聋校英语教学难点问题探讨与剖析，并就聋校英语教学相关问题组织分析讨论。来自市特教中心领导、专家，以及各盲聋学校特教课改研究小组教研员 20 人参加。

（陈建功）

【与西宁聋哑学校签订友好协议】　4 月 16 日，第三聋人学校与青海省西宁市聋哑学校签订友好合作协议。该校校长参加西宁市聋哑学校建校 50 周年庆典，双方介绍各自学校办学情况、管理经验，并就聋校教育发展和面临问题交换看法，签订建立友好关系协议书，规定两校在教育教学、行政管理、特殊教育教师培训等方面工作开展长期学习交流和研究，协议永久有效。

（陈建功）

【接待日本残疾人舞蹈团】　10 月 10 日，第三聋人学校接待日本广岛残疾人轮椅舞蹈团访问。该访问团由一行 28 人组成，与学校体育艺术队进行交流演出，共表演 4 个舞蹈节目。全校教师、学生 70 人参加。日本广岛残疾人轮椅舞蹈团成立于 1997 年 4 月，针对团员残疾状况设计不同的舞蹈形式，利用节日期间为市民举行公演，平时经常为养老机构、学校和医院进行演出。

（陈建功）

【庆祝建校 50 周年】　10 月 19 日，

第三聋人学校举办建校 50 周年庆典活动。活动仪式包括集会、文艺演出、观摩听课、参观交流等内容。来自全国 23 个省、市、自治区 78 所特教学校代表 89 人，社会各界人士、三聋校离退休教师、历届校友，以及全校教师、学生、家长 1000 人参加活动。北京市第三聋人学校于 1958 年 3 月建校，原名北京市第三聋哑学校，学制为 10 年。1987 年，增设聋人高中和职业高中，同时在职高部开设肢体残疾学生班，更名为北京市第三聋人学校、北京市残疾人职业高中，坚持“给每个学生一个好去处，为每个学生铺垫一个美好的未来”办学思想。

（陈建功）

【承办全国课改与特教科研研讨会】

10 月 20 至 21 日，第三聋人学校承办全国特殊教育学校课程改革与特教学校科研工作研讨会。会议由海淀区教委与中国教育学会特殊教育分会联合主办，来自全国 23 个省、市、自治区 78 所特殊教育学校校长和教师 120 人参加。期间，听取北师大特殊教育专家《新课程改革介绍》、南京特殊教育师范学院教授《特教学校教育科研》专题报告，第三聋人学校、秦皇岛市特殊教育学校、西宁市聋哑学校、深圳市元平特殊教育学校、武汉市第一聋人学校、郑州市特殊教育学校等 6 所学校，结合校本课程改革、教师培训、教育科研进行交流，与会人员分组围绕盲、聋、培智教育课程设置、课程标准制订、教材编写与选用、教育科研、教师培训以及办学条件等进行讨论与交流。

（陈建功）

【接待中英青年交流团】　11 月 5 日，第三聋人学校接待“中英青年交流计划”代表团访问。该代表团包括分团长马丁·利沃莫（Martin Livermore）、安瓦丽·丁（Anwari Din）一行 50 人，听取学校建校历史、学校规模、课程设置和办学经费来源介绍，参观校园和学生集体宿舍，观看文化课、美术课、计算机课堂教学，与部分中学生进行座谈，双方开展篮球比赛。全校教师、学生 100 人参加。此项计划为中英首次开展政府间青年交流项目，由英国地方青年工作者和社区青年领袖组成，访问主题为“青年与社区发展”。

（陈建功）

北京市盲人学校

【概　况】　2008年，北京市盲人学校占地面积29656平方米，建筑面积12660平方米，体育场（馆）面积1500平方米。图书馆（室）藏书1.5万册，其中，盲文版图书1.2万册。固定资产总值4822万元。全年教育经费投入5518万元，其中，国拨5338万元、自筹180万元。毕业27人，其中，初中15人、高中3人；招生53人，其中，初中18人、中专35人；在校生234人，其中，初中57人、高中18人，全部寄宿。开设教学班21个，其中，初中班3个、高中班2个。有教职工121人，包括专任教师79人，其中，具有副高级职称26人、中级职称33人；市级学科带头人2人；大学本科以上学历73人。普通教室21个，专用教室16个，实验室3个。学校网址：www.mrxx.bjedu.gov.cn。

（黄小丽）

【举办首届成人中专班毕业典礼】　1月9日，北京盲人学校举办首届成人中专班毕业典礼。该仪式由学校教学干部主持，以“鼓励大家毕业后利用自己学到的知识和技能创造美好未来”为主题，采取会议形式，包括颁发证书、教师代表发言、学生代表发言等内容。学校成人针灸推拿班在2006年3月入学17名学生，经过两年系统培训，修完北京市中等职业学校以及针灸推拿专业要求全部课程，均取得北京市教育委员会颁发北京市中等职业学校毕业证书。

（黄小丽　齐翼）

【参加市首届盲聋校评优课】　1月14日，北京盲人学校参加首届北京市盲聋校评优课活动获奖。该评选由北京市教委基础教育处与北京市特殊教育中心主办，围绕“促进特殊教育学校课堂教学与研究，提高课堂教学水平”主题，面向全市特殊教育学校一线教师，采取学校推荐，评委听课以及集体评课形式，分为三个阶段，标准包括注重对学生的分层分类教学，注重教学辅助技术的使用，注重对学生的情感和价值观的教育，注重对学生综合素质的培养等四个方面的程度。来自北京市东城区特殊教育学校、北京市第二聋人学校、北京市第三聋人学校、北京市第四聋人学校、顺义区特殊教育中心学校、平谷区特殊教育中心学校、密云县特殊教育中心学校等8所盲聋学校24节课程参选，20节课获奖，其中，北京市盲人学校教师陈瑜初二年级语文课《父母的心》获得一等奖。

（黄小丽　谌静）

【召开校本教材研讨会】　1月17日，北京盲人学校召开信息技术课程校本教材编写研讨会。会议由该校图书电教与网络信息中心主持，围绕参考普校信息技术课程标准，编写出适合盲生使用的教材，以信息技术辅助视障学生学习与生活为主题，采取分组分章节讨论形式，讨论《北京市盲人学校信息技术课程校本教材纲要》，确定信息技术课程校本教材编写规划。全校干部、教师20人参加。

（黄小丽　沈俊丽）

【举办市级随班就读教研活动】　3月29日，北京盲人学校举办北京市视障随班就读教研活动。活动由两个部分组成，组织教研员观摩该校教师数学示范课，并围绕如何运用“面对全体、兼顾个别”差异教学观念展开讨论，交流随班就读低视力学生教学策略与教学辅助方法，布置学期视障随班就读教研组工作计划、活动安排和具体要求。来自全市15个区县教研员35人参加。

（黄小丽）

【举办全国盲（特）校师资培训班】　4月3至12日，北京盲人学校举办“中美合作多重残疾和学前视障儿童项目”全国盲（特）校师资培训班。培训由中央教科所研究员主持，分为三个部分，回顾项目开展七年来发展状况与取得成绩，肯定项目对促进国内盲（特）校开展多重残疾和学前视障儿童领域研究和实践推动作用，展望未来发展前景；由各地盲（特）校参与项目教师分别作专题报告，该校2名教师做《学前视障低视力儿童教学策略》和《沟通与交流》汇报；邀请美国柏金斯盲校视障教育专家丽莎（Lisa Zacob）举办专题培训，讲解多重残疾和学前视障儿童课堂教学。来自上海、广州等省市地区16所盲（特）教学校教师70人参加。

（黄小丽）

【承办首届市盲人五子棋比赛】　4月4日，北京盲人学校承办首届北京市盲人五子棋比赛。该比赛由中国盲人协会主办，与北京连珠体育文化中心共同承办，以“为视障人增添了一项体育竞技项目、为盲人五子棋早日进入残奥会比赛项目做出努力”为主题，分为12个小组，每组2人，按照国际五子棋比赛规则进行7轮。来自全市各区县24名选手参赛，14人获奖，其中，北京市盲人学校初一年级学生张文华获得一等奖。

（黄小丽　王红蕾）

【承办市盲人定向行走技能培训】　4月14至21日，北京盲人学校承办北京市盲人定向行走技能训练培训班。此次培训由北京市残联康复服务指导中心主办，围绕“提高志愿者指导盲人定向行走能力”主题，采取讲授、结对子实际操作形式，包括盲人定向行走理论、实际操作能力培训等内容。来自全市15个区县社区工作者34人参加。

（黄小丽）

【首届钢琴调律培训班开班】　9月9日，北京盲人学校首届钢琴调律培训班开班。该校举班首届成人钢琴调律班开学典礼，以“珍惜学习机会、拓宽盲人就业渠道”为主题，采取会议形式，包括领导讲话、学生代表发言等内容。钢琴调律班是根据盲人就业需求而开拓新培训项目，学制1年，共招收来自全国各省市地区盲人学员14人。

（黄小丽　薛梅）

【参加全国信息技术应用赛】　10月20至22日，北京盲人学校参加全国第二届特殊教育学校教师信息技术综合应用能力大赛获奖。该比赛由教育部基教司特教处、中央教科所主办，围绕“提高特教学校教师的综合能力、教学基本功以及熟练掌握信息技术知识、具备清晰的教学理念以及稳定的心理素质和灵活的教学机智的能力”主题，决赛在重庆举行，面向全国特殊教育学校教师，采取说课、课堂教学以及课后答辩等形式，分为各赛区初赛、最终决赛两个阶段，包括现场课堂教学、课件制作和网页制作三个环节。来自全国特教系统50名教师参加，28人获奖，其中，北京市盲人学校教师陈瑜获得一等奖。

（黄小丽　谌静）

北京市通州区培智学校

【概　况】　2008年，北京市通州区培智学校（特教中心）占地面积11320平方米，建筑面积3409平方米，体育场面积5592平方米。图书馆藏书8256册。固定资产总值550万元。全年教育经费投入355.35万元，其中，国家拨款342.79万元、自筹经费12.56万元。毕业7人，招生16人，在校生110人。开设教学班11个。有教职工43人，包括专任教师37人，其中，具有副高级职称1人、中级职称21人；大学本科以上学历22人。普通教室11个，音乐治疗室、肢体康复室、计算机房等专用教室13个。

（张海燕）

【承办市级体育教研课】　3月19日，通州培智学校承办北京市特殊教育学校体育教研组研究课活动。活动以“特殊教育学校课堂教学如何教书育人”为主题，组织观看学生“武术操”、“筷子操”表演，观摩1节体育研究课，并就特殊教育课堂教学工作展开研讨，提出整体与个体、帮扶与快乐管理等意见。来自全市各学校体育教研员20人参加。

（张海燕）

【举办特教课题观摩会】　6月5日，通州培智学校举办特殊教育区级课题观摩会。会议围绕“特教儿童快乐成长”主题，由通州区特教中心主持，该校2名教师就《低龄重度智障儿童教育课程设置的初步研究》、《城乡小学随班就读学校工作模式的比较研究》课题做阶段性工作介绍，4名教师依照“生活数学”、“生活自理”、“粗大运动”、“康复训练”等内容作现场授课，会议认为要以课题为依托，强化过程管理。全区各中小学科研骨干教师90人参加。

（张海燕）

【5条措施加强科研管理】　9月10日至12月20日，通州培智学校采取5条措施深化课题研究。该校强化过程管理能力，征集课题，指出研究方向，引发理性思考；对课题进行归类，组织培训，明确研究重点；举办中期汇报，解惑指导，关注研究过程；要求资源共享，提供辅助资料，规范书写格式；以课题为依托展开交流，在点评中提高，并提供实效指导，撰写论文培养教师科研能力与自身水平。

（张海燕）

【举办家长评优课】　11月15至25日，通州培智学校举办家长评优课活动。活动围绕课堂教学改进目标进行评优主题，学校共有5名任课教师参与评优，邀请班内48名学生家长，走进课堂进行观摩，了解学生课堂活动。课后家长对教师按三维目标制订教学设计方式给予肯定，认为可以兼顾学生个性，并提出充实学生活动内容希望。

（李银环）

【召开首届随班就读论文表彰会】　12月26日，通州培智学校召开首届区级随班就读论文表彰暨视导工作总结会。会议以“在科研引导下的随班就读”为主题，采取特教中心总结、表彰，市区领导指导性发言形式，市特教中心专家做《抓住机遇，再创辉煌》专题发言，并表彰论文获奖教师50人，其中，一等奖28人、二等奖22人。此次活动自9月10日开始征集，共收到参评论文100篇。

（张海燕）

北京市顺义区特殊教育学校

【概　况】　2008年，北京市顺义区特殊教育学校占地面积14592平方米，建筑面积5856平方米。图书馆（室）藏书1万册。固定资产总值536.4万元。全年教育经费投入397万元，全部由国家拨款。结业12人；招生10人；在校生140人，包括寄宿生128人。残疾儿童入学率100%、巩固率100%。开设教学班14个。有教职工63人，包括专任教师46人，其中，具有中级职称38人。普通教室14个，专用教室3个。

（胡金侠）

【开设沟通与交往课程】　3月1日，顺义特教学校开设《沟通与交往》课程。该课程是市级“十一五”课题《聋生亲社会行为缺失问题及培养策略的研究》内容，由语训教师承担课程相关工作，内容包括“课堂学习、我的家、购物、乘公共汽车、做家务、帮妈妈做饭、帮妈妈洗衣服”等，每周2课时，采取模拟场景演示方式进行考核。学校一至四年级学生30人参与。

（胡玉风　李继红）

【特教艺术团走进敬老院】　3月24日，顺义特教学校艺术团走进北小营敬老院。该活动以“敬老与微笑”为主题，采取文艺慰问演出形式，由学校领导向老人介绍校园情况、活动目的，观看艺术团听障生、智障生表演舞蹈、太极扇、韵律操、武术等节目，并赠送亲自制作手工艺品。该校学生50人参加。

（王颖）

【参加市聋儿诗歌赛获奖】　5月30日，顺义特教学校参加北京市第四届聋儿诗歌大赛获奖。该比赛由北京市残疾儿童康复指导中心主办，围绕“感恩及抗震救灾”主题，面向在北京进行康复训练的16岁以下聋儿，分为三个阶段，采取初赛、复赛、决赛形式，包括3至6岁、7至12岁、13至16三个组别。来自全市12个区县24名选手参加决赛，18人获奖，其中，北京市顺义区特殊教育学校学生5人参赛，获得一等奖1名、二等奖2名、三等奖2名。

（周艳红）

【与地震灾区学校结成帮扶对子】　6月8日，顺义特教学校与四川省阿坝州汶川县特殊教育学校、什邡市特殊教育学校结成手拉手帮扶合作对子。该校通过电话、传真方式与两校建立友好联系，询问灾区师生生活学习安全情况，由校党支部和少先队发出倡议，共筹集校服140件、练习本2108个、笔1225支等共计21箱物资，以邮寄方式赠送。全校教师、学生220人参加。

（王颖　胡金侠）

【举办首次家长手语培训】 6月28日，顺义特教学校举办首次家长手语培训。该培训由学校听障部组织，内容包括手语教师讲座、互动手语、母（父）子手语交流，涉及语文学科用语、数学学科用语、计算机用语、家庭用语、购物用语、打电话用语6个项目。培训时间2年，共160课时，学生家长34人参加。

（胡玉凤　李继红）

【举办首届体育艺术节】 7月7至9日，顺义特教学校举办首届体育艺术节。该艺术节以“享受快乐奥运　放飞心灵梦想”为主题，内容包括体育艺术展示、体育比赛、亲子运动会等，以部门为单位设置布展区域，展示学生作品400件、教师作品100件。来自区教委、区残联领导，全校教师、学生220人参加。学校规定体育艺术节每年举办一次。

（王颖）

【聋儿毕业生进入普小就读】 9月1日，顺义特教学校聋儿毕业生进入普小随班就读。该毕业生于2006年入学，通过聋儿康复部3年训练，在听觉能力、语言清晰度、理解能力等方面得到明显提高，达到普小随班就读升学要求。至此，学校共有聋儿10人经过学前听力语言康复进入普通小学就读。

（周艳红）

【开展社会融合活动】 10月29日，顺义特教学校开展社会融合教育活动。该活动与清华大学联合举办，组织篮球对抗赛，开展滚球游戏，进行折纸活动，交流学习经验和语文、数学、英语方面知识、传授有效学习方法。全校教师、学生60人参加。学校于2002年开展多角度融合科研课题《聋生亲社会行为确实问题的研究与策略》的研究，与市区大、中、小学校，企事业单位、国际京西学校共同开展实践活动，年内共进行社会融合20次。

（王颖）

【校本教材编写完成】 11月30日，顺义特教学校家庭烹饪专业技能校内教学手册编制完成。该手册由学校职业培训部组织编写，通过确定教学手册智障学生程度，确立家庭常食用主、副食品，确定教学手册内容形

式，进行手册内容取材收集，将所录内容整理成册。该校于2007年9月开始编写，共有学生10人参与200节课程实践，2名教师进行组稿成册，手册试用期1年，根据师生使用效果再次修订。12月20日，学校完成培智学校9年义务教育《生活语文》、《生活数学》36册编写工作。该工作由学校智障康复部主持，面向中重度智障学生实际情况，教材注重学科整合，并建立独立知识体系，遵循基础性与选择性相结合、分科课程与综合课程相结合、生活适应与潜能开发相结合、教育教学与康复相结合、传承借鉴与发展创新相结合、规定性与自主性相结合原则，挖掘中重度智障学生潜能、培养学习能力，其中，《生活语文》教材共18册，分为校园生活、家庭生活、社会生活、爱自己、学本领5个主题（高年级增加“学古诗”），对学生进行听、说、读、写及生活技能等训练；《生活数学》教材共18册，收录数前概念、数的认识、数的计算、日常生活中的数学知识等内容。丛书自2007年3月开始编写，共计20万字。

（吴靖　任艳杰　杨翠伶）

【开设社会实践课】 12月1日，顺义特教学校开设社会实践课。课程在学校职业培训部（七至九年级）设立，每周2课时，采取“六步教学”方法，即：学生对需要掌握的内容形成感性认识；确立商场、公园、社区等学习场所；走进社会进行现场教学，包括如何购买所需生活用品、怎样选择价格满意商品、怎样确定商品质量等；教师反思完善教学方法；通过多媒体设备重复所学内容，巩固练习；指导学生进行实际应用。该校18名智障学生在4名教师指导下共完成36节课程实践，学习内容掌握率100%，其中，80%为良好。

（杨翠伶）

【课题研究取得成果】 12月15日，顺义特教学校《自创童谣在中度智障学生教学中的应用》课题研究取得成果。该课题是北京教育学会课题，于2006年立项，主要研究中度智障学生的教学方法，采取行动研究、试验量表等方法。该校通过研究实践，提出童谣辅助教学“五法”和《童谣集》，即：童谣激趣法、童谣认知法、童谣语言训练法、童谣巩固法、童谣调节法；《童谣集》共收录童谣500首，由教师配合中度智障儿童教学内容编制，按童谣辅助教学“五法”进行分类，在课程感知认知、言语沟通、社会生活适应、运动休闲等领域横向分层，以童谣长短、难易程度分为低、中、高三个等级，从不同角度辅助中度智障学生展开学习。全校学生75人参加。

（吴靖　任艳杰）

【探索专业技能教学法】 12月，顺义特教学校探索专业技能课分组教学法。此项工作按照观摩常规课，寻找需要研究内容，教研组讨论存在问题，授课教师对教研组所提问题进行思考有效备课，查看完善备课教案，制作课程录像，教研组集中观看录像、制订问题解决方案，授课教师对所提出方案进行思考、二次备课，组织部门教师听课、反思撰写评课记录与改进意见。全校教师4人、学生10人参与，共组织讨论4次。

（杨翠伶）

北京市延庆县特殊教育中心

【概　况】 2008年，北京市延庆县特殊教育中心占地面积5130平方米，建筑面积1810平方米，体育场面积810平方米。图书室藏书2600册。固定资产总值293.51万元。全年教育经费投入130.63万元，其中，国家拨款126.85万元、自筹经费3.78万元。初中毕业6人；招生8人；在校生48人，其中，小学35人、初中13人，包括寄宿生46人。开设教学班6个，其中，小学班4个、初中班2

个。有教职工 27 人，包括专任教师 14 人，其中，具有中级职称 16 人。普通教室 6 个，专用教室 6 个，实验室 2 个。

（臧旭）

【召开特教中心建设现场会】 7 月 3 日，延庆特教中心召开北京市区县特教中心建设现场会。会议由市特教中心主办，听取延庆特教中心“如何发挥办学实体作用，提高残障儿童的学习质量；加强随读工作管理，提高随班就读教育质量”等方面工作汇报，观看该中心制作《为特殊孩子撑起一片蔚蓝的天空》专题片，参观特教中心校园环境建设，观摩学生兴趣小组活动，延庆县教委负责人介绍县特殊教育工作基本情况以及今后主要发展方向，市教委及市特教中心领导认为延庆县特教工作在短时间内取得良好效果，提出办学条件需继续改善、特教学校体系要进一步完善、职业教育仍需加强相关建议。来自全市 36 所培智学校、聋校、盲校代表 86 人参加会议。

（臧旭）

【举办随班就读培训会】 10 月 17 日，延庆特教中心、延庆县教委联合举办 2008 延庆县随班就读管理人员及教师培训会。会议以“以随读生为本，体现教育公平”为主题，对随班就读学生支持保障体系工作展开专项培训，公布市、县随读工作计划以及随班就读论文大赛组织及评选方案；总结两年来随班就读工作经验，宣读随班就读优秀学校、优秀教研组、优秀教师 3 项考核评比方案，并提出随读学校规范管理工作要提高随读质量、特教中心要发挥指导职能创新管理工作等具体建议。来自全县 35 所小学随读工作相关负责人、教师 120 人参加。

（臧旭）

【进行学生家访】 11 月 5 至 11 日，延庆特教中心进行学生家访。此次家访面向该中心 48 名学生，调查了解特殊教育需求程度与学生家庭生活情况，向家长介绍在特教中心的就读方式、管理和教育方法等，针对学生的残疾类型、残疾程度，指导家庭教育和康复训练相关方法。全校教师 22 人参加。

（臧旭）

【举办教师基本功展示】 11 月 19 日，延庆特教中心举办教师基本功展示活动。该活动以提高特教教师基本功为主题，采取操作与命题的形式，展示编制、穿珠、丝网花等手工制作，以及教学设计《五彩的豌豆花》。全校教师 14 人参加。

（臧旭）

【成立职业康复站】 11 月 26 日，延庆特殊教育中心成立智障人士职业康复站。该康复站为 16 至 49 周岁成年女性、16 至 59 周岁成年男性智障人士提供服务，针对其特殊需要，进行职业康复劳动训练，并根据不同程度智障人士生活与就业要求，利用特教中心设施、设备、课程等资源，由教师授课开展基础知识学习，以及自理能力、场地清洁、手工劳动制作、种植养殖、修理 5 方面职业劳动项目训练。第一批学员 24 人参加学习。

（臧旭）

【参加全国滚球比赛获奖】 12 月 17 日和 18 日，延庆特教中心参加 2008 “波音杯”全国特奥滚球比赛获奖。该比赛由国际特奥东亚区主办，按照能力进行分组，包括初赛、决赛两个阶段，设置男子、女子 A、B、C、D、E 各 5 个组别。来自全国 5 个省市地区 5 支代表队学生 40 人参赛，30 人获奖，其中，北京市延庆县特殊教育中心 4 名学生与朝阳区安华培智学校 4 名学生共同组队代表北京市参加，获得男子 C 组金、银牌，女子 C 组金、银牌。

（臧旭）

（本栏责任编校　马志鹏）

普通高等教育

综 述

2008年，北京高等教育工作以党的十七大精神为指导，深入落实科学发展观，全面落实首都教育发展战略，推动首都教育事业取得新进展。

2008年，北京地区有普通高等学校82所，其中，北京信息工程学院与北京机械工业学院合并成立北京信息科技大学，合并后，北京信息工程学院和北京机械工业学院建制撤销。全年北京地区举办本科及研究生层次教育高校共计58所，高职院校22所。其中，中央部委院校举办高校均为本科层次或本科层次以上，共计36所；市属市管高校46所，其中，24所为本科层次或本科层次以上。有普通本专科在校生57.56万人；其中市属普通高等学校普通本专科在校生28.54万人。招生15.72万人。有52所普通高等学校和117个科研机构培养研究生，共有在学研究生19.58万人，其中博士生5.66万人、硕士生13.92万人。

加大投入支持学科建设与研究生培养工作

北京市共建项目安排科学研究与研究生教育项目经费20862万元，其中用于支持科学研究与科研基地建设项目8912万元，支持科技成果转化与产业化项目2360万元，支持学科建设与研究生培养项目9590万元。该资金支持的方向主要是与北京经济建设和社会发展密切相关的重点科研项目，北京市重点科研基地、重点学科建设等。

北京市根据北京市科技中长期发展规划，围绕首都发展重点领域，在部分高校试点工作基础上重点支持北京高校与相关领域单位建立产学研联合培养研究生基地，支持北京高校以联合培养方式选派博士生到国外进行课程学习和科学研究，培养高层次创新人才。第一批遴选出20个产学研联合培养基地和国内外联合培养基地进行建设，其中中央高校15个，市属高校5个。

北京市在对原北京市重点学科考核验收的基础上，通过申报评选工作，重新在65个学位授予单位遴选设置347个北京市重点学科和北京市重点建设学科。新评选学科突出各校的办学特色，进一步调整和优化学科布局结构。新增重点学科中，中央高校有159个，占45.8%；市属高校有157个，占45.2%；科研机构24个，占6.9%；军队机构7个，占2.0%。

北京市为加强高层次创新人才的培养，提高研究生教育特别是博士生教育的质量，印发《北京市优秀博士学位论文评选实施意见》，并开展“北京市首届优秀博士学位论文”评选工作。在评出的50篇优秀博士学位论文中，科研单位及军队院校共9篇，占优博论文总数的18%。在高等学校中评出41篇优秀博士学位论文，其中中央在京高校为34篇，占优博论文总数的68%，市属高校为7篇，占优博论文总数的14%。

加强专业结构调整，课程建设与人才培养模式创新

北京市加强质量工程的整体规划和协调。出台2008年1号文件《关于实施北京高等学校教学质量与教学改革工程的意见》。从专业结构调整，加强实践能力和创新人才三个方面着手。制定《北京高等学校本科专业建设及结构调整指导意见（试行）》和《关于进一步加强高等学校实践教学工作加快创新人才培养的意见》。加强整体规划；创新质量工程管理体制，把质量工程各个项目委托给有关高校实施。

北京市制定《北京高等学校本科专业建设及结构调整指导意见（试行）》。完成特色专业的评审工作，共有319个专业被评为北京市特色专业建设点；开展本科新增专业评议工作，同意18所高校增设24个本科专业，撤销2个本科专业。开展2008至2010年教育教学改革立项工作。共有88个单位申报456项项目，最终评审出面上项目202项，重点项目12项。开展2008年北京市级精品课程评审。共有77所高校申报的386门课程参评，最终评审出154门北京市级精品课程。其中，经市教委推荐北京地区共有29所高校的90门课程被评为国家精品课程。继续推进高校图书资源建设。BALIS馆际互借和原文传递系统开户学校达44家，与BALIS馆际互借中心正式签订协议书的成员馆62家，开户学校73家。组织2008年北京高校教育精品教材评审申报，北京有75所高校共申报1051项目，目前已完成评审资格出版质量。

加强实践能力和创新精神培养

北京市开展北京市高等学校实验教学示范中心建设和评审的相关工作。有35所高校的45个示范中心被评为市级实验教学示范中心；11所高校的14个示范中心被评为国家级示范中心。

北京市开展大学生学科竞赛活动。截至目前，已完成的工作有：2008年大学生数学建模与计算机应用竞赛报名工作；2008年大学生电子设计竞赛组织、评审、颁奖等相关工作（共有642个队1284名学生参赛）；2008年机械创新设计竞赛组织、评审、颁奖相关工作（共有来自26校的136项环保类作品参赛）；组织北京市大学生学科竞赛申报工作（共有21校申报56个竞赛项目，经评选确定8个新竞赛项目及其承办校）；草拟《北京市大学生学科竞赛管理办法》。

加强优秀教学团队和高水平教师队伍建设

北京市开展2008年北京市优秀教学团队的建设和评审。共评出市级优秀教学团队120个，其中25所高校的42个团队被评为国家级教学团队。组织第四届北京高等学校教学名师奖评审。共有100名教师获奖。其中9所高校的12名教师获第四届国家级教学名师奖。

（黄侃）

总 类

【成立北京信息科技大学】 3月26日，北京信息科技大学成立。教育部批准在北京机械工业学院和北京信息工程学院的基础上设立北京信息科技大学（学校代码为11232），同时撤销北京机械工业学院和北京信息工程学院两校的建制。

（王明涛）

【开展特色教育资源库项目建设】 4月15日，北京市属7所高校承担的2007年度北京市属高等学校特色教育资源库建设项目通过验收，完成37个主题资源包。2008年度市属高等学校特色教育资源库建设项目将由北京工业大学、北京建筑工程学院、北京印刷学院、首都体育学院、北京服装学院、中国音乐学院、北京电影学院、北京服装学院、北京舞蹈学院、中国戏曲学院等10所高校承担，预计将完成主题资源包73个，与往年相比，资源包数量有很大的增加。为促进特色教育资源库项目的发展，市教委科研处从元数据规范、知识产权保护、绩效考核等方面作为突破点，先后召开5次研讨会，制订并下发管理办法与数据规范等管理文件，有力的保障和推动项目顺利开展。

（张豫）

【“巴—中工程技术大学”中国大学联合体成立】 5月9日，“巴基斯坦—中国工程科技大学项目”（PCU）——中国大学联合体（CCU）成立。该联合体由清华大学、北京科技大学、北京交通大学、华北电力大学、北京航空航天大学、北京理工大学和北京邮电大学组成，是教育部“巴基斯坦—中国工程科技大学项目”（PCU）的重要项目之一。

（李萍）

【中科院研究生院举行建校30周年庆祝大会】 5月10日，中国科学院研究生院举行建校30周年庆祝大会。会上，院长路甬祥发表《以人为本、创新教育、服务国家》致辞，常务副院长白春礼作《回顾光辉历程、再创崭新业绩》报告。大会还表彰572名“中国科学院研究生院杰出贡献教师”、60名“中国科学院研究生院资深教育工作者”，评选出“中国科学院研究生院集中教学突出贡献奖”120人、“中国科学院研究生院78年建校荣誉奖”54人。该院成立于1978年，是经国务院批准成立，由中国科学院创办的中华人民共和国成立后的第一所研究生院，严济慈先生任首任院长。该院以中国科学院分布在全国20个省（市）120个研究生培养单位（中国科学院各研究所）为基础，建立起以北京集中教学园区为主体，以分布在上海、成都、武汉、广州、兰州5个研究生教育基地为延伸，联系和覆盖全国的网络式研究生教育体系，坚持“院所结合的领导体制，院所结合的师资队伍，院所结合的管理制度，院所结合的培养体系”，负责中国科学院各研究所研究生的统一招生、统一教育管理和统一学位授予。该院形成“两段式”培养模式，即研究生入学后，先在北京集中教学园区或各教育基地进行为期一年的基础课程和学位课程的集中学习；随后进入各培养单位跟随导师，在科研实践中开展课题研究并完成学位论文。

（尚颖）

【评定实验教学示范中心】 7月，市教委评定2008年度北京市高等学校实验教学示范中心。在各学校自主申报基础上，市教委开展物理类、化学化工类、生物类、电子电气信息类、机械类、土建类、材料类、地学类、植物类、动物类、临床技能类、医学基础类、经济管理类、法学类、传媒类、艺术类、综合性工程训练中心、文科综合类共18个类别的实验教学示范中心的评审工作。专家组评审经研究决定，35所高校的45个实验教学中心为北京高等学校实验教学示范中心。经过教育部评审，其中11所高校的14个示范中心被评为国家级示范中心。

（黄侃）

【调整思想理论课名称】 8月6日，教育部调整思想理论课名称。教育部为贯彻落实党的十七大精神，自2008年秋季学期开始，将高校思想政治理论课“毛泽东思想、邓小平理论和‘三个代表’重要思想概论”课程名称调整为“毛泽东思想和中国特色社会主义理论体系概论”。同时，中宣部、教育部组织教材编写组对教材进行修订。课程名称调整后，各高校按最新修订的教材组织教学。

（张驰）

【社科院举行建校30周年庆典】 9月27日，中国社会科学院研究生院举行建校30周年庆祝大会。各界领导、专家以及该院师生800人参加活动。该院1978年成立，是中国社会科学院直属唯一一所高等学府，主要任务是培养人文社会科学各学科博士、硕士等高级专门人才。

（彭杉）

【化大举行建校50周年庆祝大会】 9月28日，北京化工大学建校50周年庆典大会在北京会议中心隆重举行。化大始建于1958年，原名北京化工学院，隶属于原化学工业部。1960年被中共中央列为全国重点大学。1971年与北京化纤工学院合并（1977年北京化纤工学院从该校分出）。1994年学校更名为北京化工大学。1996年被国家确定为“211工程”重点建设学校。同年，与北京化工管理干部学院合并。1998年，北京化工大学划转为教育部直属高校。学校有3个校区组成。东校区位于朝阳区北三环东路。西校区位于海淀区紫竹院公园西侧。北校区位于昌平城区东侧。总占地面积77.46万平方米，建筑面积约60万平方米。经过50年的建设，学校已发展成为理科基础坚实，工科实力雄厚，法、经、管学科富有特色的多科性大学，形成从本科生教育到研究生教育、留学生教育、高职生教育、继续教育以及博士后流动站等多层次人才培养格局。

（罗 兵）

【联大举办成立30周年庆祝活动】 9至10月，北京联合大学举办联大（大学分校）成立30周年庆祝活动。庆祝活动分为北京联合大学“风雨三十年 同心聚发展 腾飞共梦圆”第十二届运动会、校友会第一届常务理事会第四次会议、系列学术活动。10月18日，以“同一个联大 同一个梦想”为主题，在国家体育馆举行北京联合大学（大学分校）建校30周年庆祝大会。市教委主任刘利民在庆祝大会上指出，北京联合大学历届师生发扬自强不息、艰苦创业的精神，伴随着首都改革开放的步伐，使联合大学从无到有，从小到大，从弱到强，现已成为北京市重点建设的应用性人才培养基地，输送的15万名毕业生活跃在北京各条战线上，为首都经济、社会、文化等各项事业的发展做出杰出的贡献。社会各界人士和该校师生15000人参加活动。

（杜 娟）

【中央美院举行90周年校庆庆典】 10

月18日，中央美术学院举办建校90周年庆典。中共中央政治局委员、国务委员刘延东发来贺信。全国人大常委会副委员长华建敏，原全国人大委员会副委员长李铁映，国家发改委、教育部、文化部等单位领导和兄弟院校代表、艺术家代表、美院老校友代表及师生2000人参加庆典大会。校庆期间，该院举办“我们·美院”校庆展，展出雕塑、绘画、摄影、装置等教师作品200件。中央美院前身是国立北平艺术专科学校，成立于1918年。1950年北平国立艺专和华北大学三部美术系合并，正式成立中央美术学院。

（计 华）

【石化学院举办30周年校庆】 10月18日，北京石油化工学院召开建校30周年庆祝大会。庆祝活动由中外大学校长论坛、原石油石化行业院校校长论坛、合作办学签约仪式、文艺晚会、校友捐赠仪式、产学研项目签约仪式组成。同时，该院编纂出版《北京石油化工学院志（1978～2007）》、《教授风采录》、《岁月如歌——我与石化》、《帅道》、《媒体看石化》，举办校史展，成立校友分会。国内外嘉宾1600人参加大会。

（张翠华）

【公安大学举行建校60周年庆典】 10月18日，中国人民公安大学举行建校60周年庆典。学校通过举办庆祝大会、校友座谈会、实践教学基地建设座谈会、学术研讨会、校庆文艺晚会等活动回顾60年工作，总结办学经验，展示办学成就，探讨未来建设发展。中共中央政治局常委、中央政法委书记周永康出席大会并与师生代表座谈，他要求学校以建校60周年为契机，加快推进建设世界一流警察院校的步伐，把公安大学建设成为培养党和人民忠诚卫士的摇篮，推动公安事业发展进步的教学科研基地，公安理论与实践创新的前沿。中央政法委、国家发改委、教育部、公安部以及该校师生8000人参加庆典。该校是公安部直属普通高等院校，创办于1948年7月，办学前期的主要任务是培训在职公安和政法系统业务骨干。1984年1月，改建为全日制普通高等本科院校。1998年2月，与中国人民警官大学合并，组成新的中国人民公安大学。中国人民警官大学的前身是1978年6月成立的国际政治学院。建校以来，共培养、培训毕业生14万人。

（苗 磊）

【印刷学院举办50周年校庆】 10月25至26日，北京印刷学院举办建校50周年庆祝活动。活动以“传承、合作、发展”为主题，包括庆典大会、校庆纪念石揭幕仪式、办学成果展、教职工书画摄影作品展、主题论坛、张林桂新书首发仪式、校庆晚会7个部分，来自北京及全国政府机关、高校、行业400家单位300位嘉宾和学校师生员工9000人参加活动。印刷学院获得社会各界校庆捐款人民币263万元，用于学院建设与发展。该院前身是1958年成立的文化部所属文化学院印刷系，1961年该系并入中央工艺美院，1978年12月28日在中央工艺美术学院印刷系的基础上成立北京印刷学院。

（杨 蕻）

【电力大学庆祝学校50华诞】 10月，

华北电力大学举办庆祝建校50周年系列庆祝活动。其中，10月25日，该校举办建校50周年庆祝大会，中共中央政治局常委、全国政协主席贾庆林，中共中央政治局委员、北京市市委书记刘淇，中共中央政治局委员、国务委员刘延东致信祝贺。庆祝期间还举办海外大学校长论坛、科技合作项目签字仪式、校友总会换届大会、教职工合唱比赛、科技成果展、书画作品邀请展、校史展和焰火晚会等活动。华北电力大学的前身为1958年建校于北京清河小营的北京电力学院，50年来培养毕业生10万。

（陈 军）

【增列2个市哲学社会科学研究基地】 12月，北京市增列2个北京市哲学社会科学研究基地。市哲学社会科学规划办公室和市教委分别在中国人民大学和北京语言大学批准建立“北京社会建设研究基地”和“首都国际文化研究基地”等2个北京市哲学社会科学研究基地。截止到12月底，在高等学校中已经建立30个北京市哲学社会科学研究基地。

（车庆珍）

学位与研究生教育

【概　况】　2008年，北京市有52所普通高校和117个科研机构培养研究生，共有在学研究生19.58万人，比上年增加0.84万人。其中，博士生5.66万人，比上年增加0.32万人；硕士生13.92万人，比上年增加0.52万人。招收研究生6.79万人，比上年增加0.28万人。52所普通高校中市属高校19所，研究生在校2.03万人，招生0.69万人；中央部属高校33所，研究生在校14.79万人，招生5.17万人。

（张年武）

【完成第二期北京市重点学科评选】4月，在学位授予单位推荐学科建设规划的基础上，北京市教育委员会组织专家进行评审，评选出第二期北京市重点学科。第二期北京市重点学科共347个，其中有一级学科北京市重点学科41个，二级学科北京市重点学科168个，一级学科北京市重点建设学科15个，二级学科北京市重点建设学科94个，北京市交叉学科29个，共涉及信息技术、生物医药与医疗卫生、新材料、能源环境、先进制造、新农村建设、文化创意、现代服务、城市建设与管理等与北京社会经济发展紧密相关的学科，参评单位包括北京地区普通高校、中央党校及部分军队高校（军事学科除外）、科研机构。

（姜世军）

【完成第一期北京市重点学科建设项目验收】　4月，市教委根据《北京市重点学科管理办法》有关规定组织专家组对第一期182个北京市重点学科建设项目进行验收。通过验收共有84学科被认定为优秀，89学科被认定为合格，9学科被认定为基本合格。第一期北京市重点学科经过五年的建设，在学术队伍、科学研究、人才培养、条件平台、学术交流等方面都取得很大进展，取得一批标志性成果，为国家和北京市经济和社会的发展做出贡献，取得较多成绩，有41个学科通过建设成为国家级重点学科，其中市属高校有10个。

（姜世军）

【完成研究生课程进修班备案登记】5月27日，市学位办完成2008年研究生课程进修班备案登记工作。北京地区共有32个学位授予单位举办研究生课程进修班，其中，普通高等学校25所、科研机构7所，共申报举办335个班。按照国务院学位委员会办公室《关于委托省级学位与研究生教育主管部门对举办研究生课程进修班进行登记备案工作的通知》要求审核后，批准同意备案271个班，其中，在外省合作办班共计63个，分布在贵州、宁夏等16个省、自治区和直辖市。

（周仁伯）

【41篇论文被评为全国优秀博士学位论文】　8月7日，北京地区有14个学位授予单位的41篇学位论文被评为2008年全国优秀博士学位论文。其中，北京大学6篇；中国人民大学2篇；清华大学，北京协和医学院—清华大学医学部8篇；北京协和医学院—清华大学医学部，清华大学1篇；北京航空航天大学2篇；北京科技大学1篇；北京邮电大学1篇；中国农业大学3篇；北京师范大学1篇；首都师范大学1篇；中国矿业大学1篇；中国科学院12篇（其中在京院所3篇）；中国社会科学院研究生院1篇；后勤指挥学院1篇。另外，北京地区有22个学位授予单位的61篇学位论文为全国优秀博士学位论文提名论文，占全国提名论文总数的34.5%。

（周仁伯）

【举办首届北京市研究生学术科技文化节】　11月26日，北京市委教育工委市教委举办的首届北京市研究生学术科技文化节闭幕式暨高校辩论赛决赛在北航新主楼举行。该文化节自10月30日开幕，共在13所高校举办15场院士讲座，完成5轮共26场辩论赛以及由32所院校参与的首届北京市研究生羽毛球联赛。本次活动得到北京市委教育工委的支持。学术科技文化节的举办，活跃研究生学术科技文化生活，提供一个各高校研究生交流和沟通的平台。

（陈颖）

【完成北京地区学位与研究生教育管理先进集体和先进个人评选】　11月，北京市教育委员会、北京市学位委员会完成“北京地区学位与研究生教育管理先进集体评选”和“北京地区学位与研究生教育管理先进个人评选”。在各学位授予单位推荐的基础上，市教委、市学位委员会组织专家进行评审，共评选出北京大学等28个学位与研究生教育管理先进集体，中国人民大学李霞等47名学位与研究生教育管理先进个人。

（姜世军）

【新增1个同等学力人员申请硕士学位工作的单位】　12月，北京新增1个开展同等学力人员申请硕士学位工作的单位。经国务院学位委员会办公室批准，新增北京印刷学院为开展同等学力人员申请硕士学位工作的单位。到目前为止，北京地区具有开展同等学力人员申请硕士学位授权的研究生教育机构（普通高等学校、科研机构、军队院校）共有77个。

（周仁伯）

【评选50篇优秀博士学位论文】　9月8日，市教委完成“北京市首届优秀博士学位论文”评选工作。经过学科评选组评审、评选专家委员会会议评审两个阶段，最后从63个博士学位授予单位申报的148篇博士学位论文中评选出50篇北京市优秀博士学位论文。在入选的50篇优秀博士学位论文中，人文社会科学类17篇，自然科学类33篇。在高等学校入选的41篇优秀博士学位论文中，中央在京高校34篇，市属高校7篇。本次评选工作参评单位除高等学校外，还包括北京地区科研单位、中共中央党校及军队院校。

（侯东云）

本（专）科教育

【概　况】　2008 年，北京地区共有普通高等学校 82 所，普通本专科在校生 57.56 万人；其中，市属普通高校 46 所（含民办高校），普通本专科在校生 28.54 万人。全市普通高校本专科招生 15.72 万人。

（黄侃）

【新增本科专业 33 个】　1 月 28 日，北京地区 24 所高校（不含民办）33 个本科专业通过 2007 年度高等学校专业备案或审批设置。其中，市属市管高校 11 所，新增专业 12 个；部属院校 13 所，新增专业 21 个。新增专业于 2008 年开始招生。同时，撤销北京联合大学社会工作（030302）、文秘教育（040335W）两个专业。

（张驰）

2007 年度经教育部备案
或审批同意设置的
高等学校本科专业
（北京地区　不含民办）

北京电子科技学院
110102　信息管理与信息系统
北京航空航天大学
080631S　电磁场与无线技术
080902W　遥感科学与技术
北京理工大学
080214S　电子封装技术
中国人民公安大学
030514S　涉外警务
北京大学
080615W　集成电路设计与集成系统
中国人民大学
110308W　城市管理
北京交通大学
070202　应用物理学
071205W　信息安全
北京化工大学
080303　工业设计
北京林业大学
050418　动画
080306W　车辆工程
北京语言大学
050255S　翻译
050301＊　新闻学
对外经济贸易大学
050103＊　对外汉语
050231＊　葡萄牙语
050255S　翻译
中国矿业大学
080108S　煤及煤层气工程
080613W　网络工程
中华女子学院
030301＊　社会学
110208W　审计学
北京联合大学
110218S　酒店管理
北京城市学院
081202　交通工程
北方工业大学
080302　材料成型及控制工程
北京服装学院
050412　表演
北京印刷学院
050305W　传播学
北京建筑工程学院
081202　交通工程
北京石油化工学院
081102　制药工程
北京农学院
090301　林学
北京第二外国语学院
050255S　翻译
首都经济贸易大学
070101　数学与应用数学
首都体育学院
040204＊　运动人体科学
040207S　休闲体育

注：专业代码加有“W”者为目录外专业；加有“S”为在少数高校试点的目录外专业。

（张驰）

【2 个专业入选国家理科基础科学研究和教学人才培养基地】　3 月 12 日，北京地区 2 所高校 2 个专业入选第五批“国家理科基础科学研究和教学人才培养基地”。该评选由教育部主办，本次全国共有 25 个专业点入选。其中，北京地区高校入选的是北京大学药学专业和清华大学数学与应用数学专业。

（张驰）

【北京地区 22 所院校通过教育部本科教学评估】　4 月 8 日，北京地区 22 所院校通过 2007 年教育部本科教学评估。2007 年，教育部组织专家组对北京大学、清华大学等 198 所普通高等学校本科教学工作水平进行评估。2008 年 3 月，根据评估工作整体安排，教育部召开“教育部普通高等学校本科教学工作评估专家委员会”全体委员会议，对进校考察专家组的评估结论建议进行认真审议。经全体委员投票确定，北京大学、清华大学等 160 所学校本科教学工作的评估结论为优秀，唐山师范学院、河北科技师范学院等 38 所学校本科教学工作的评估结论为良好。北京地区共有 22 所高校参加评估，全部获得优秀。

（张驰）

高等学校本科
教学工作水平评估
优秀学校名单（北京地区）

北京大学
清华大学
北京理工大学
北京科技大学
北京工商大学
北京邮电大学
北京电子科技学院
中国农业大学
北京中医药大学
北京语言大学
中国传媒大学
北京物资学院
外交学院
北京体育大学
中央美术学院
中央戏剧学院
中国戏曲学院

北京电影学院
北京舞蹈学院
中央民族大学
中国政法大学
华北电力大学

（张驰）

【完成市高等学校精品课程评选】 7月18日，市教委公布2008年度北京高等学校市级精品课程名单。共有77所高校申报的386门课程参加评审，经过评审组评议、评审委员会投票及市教委审核、公示等程序，共有154门课程入选北京市精品课程。经过教育部评审，29所高校的90门课程入选国家级精品课程。

（黄侃）

【319个专业入选市级特色专业】 9月17日，市教委公布2008年北京市级特色专业建设点名单。经过学校推荐、专家评审及市教委审核并公示等程序，北京大学哲学、中国人民大学法学和北京第二外国语学院俄语等319个专业被评为北京市级特色专业建设点。该项评审工作开始于6月。

（黄侃）

【46所高校69个专业被评为特色专业建设点】 9月28日，北京地区46所高校69个专业被教育部、财政部批准为第三批高等学校特色专业建设点。本年，全国高校共评出691个高等学校特色专业建设点，获批项目资助经费按照每个建设点20万元标准拨付，超出资助经费的部分由学校配套解决。

（张驰）

第三批高等学校特色专业建设点名单（北京地区）

北京大学
　汉语言文学
　世界历史
　考古学
　预防医学
中国人民大学
　财政学
　统计学
　档案学
北京联合大学
　机械工程及自动化
　资源环境与城乡规划管理
中华女子学院
　学前教育
清华大学
　英语
　物理学
　车辆工程
　建筑环境与设备工程
北京交通大学
　计算机科学与技术
　土木工程
北京工业大学
　材料科学与工程
北京航空航天大学
　机械工程及自动化
北京理工大学
　车辆工程
　信息对抗技术
北京科技大学
　矿物资源工程
北方工业大学
　自动化
北京化工大学
　过程装备与控制工程
　生物工程
北京邮电大学
　电子科学与技术
北京信息科技大学
　车辆工程
中国矿业大学（北京）
　机械工程及自动化
　安全工程
中国石油大学（北京）
　机械设计制造及其自动化
中国地质大学（北京）
　地球物理学
　地下水科学与工程
北京电子科技学院
　电子信息工程
中国农业大学
　食品质量与安全
　农林经济管理
北京农学院
　园艺
北京林业大学
　生物科学
首都医科大学
　生物医学工程
北京中医药大学
　针灸推拿学
北京师范大学
　国际经济与贸易
　影视学
　地理科学
　体育教育
首都师范大学
　地理信息系统
北京外国语大学
　俄语
　日语
北京语言大学
　汉语言
　英语
　汉语言文学
中国传媒大学
　广播电视编导
　广播电视工程
中国青年政治学院
　思想政治教育
对外经济贸易大学
　市场营销
中央财经大学
　市场营销
北京工商大学
　金融学
北京物资学院
　经济学
中国人民公安大学
　安全防范工程
中国政法大学
　政治学与行政学
外交学院
　英语
国际关系学院
　传播学
中国劳动关系学院
　劳动关系
北京体育大学
　体育教育
首都体育学院
　体育教育
中央音乐学院
　音乐学
　音乐表演
中央美术学院
　中国画
中央戏剧学院
　戏剧影视文学
中国戏曲学院
　表演
北京电影学院

摄影
中央民族大学
宗教学

（张驰）

【16所高校22个专业获批双语教学示范课程建设项目】 9月28日，北京地区16所高校22个专业被教育部、财政部批准为2008年度双语教学示范课程建设项目。双语教学示范课程的建设内容包括双语师资培训与培养、聘请国外教师和专家来华讲学、先进双语教材的引进与建设、双语教学方法改革与实践、优秀双语教学课件制作、双语教学经验总结等。有关高等学校应积极利用现代教育技术手段，共享相关教学资源，发挥示范辐射作用。全国共评选100门，每门课程由国家提供10万元建设资金。同时，相关高校应为入选课程提供配套经费，重点做好双语师资的培养。

（张驰）

2008年度双语教学示范课程名单（北京地区）

北京大学
定量分析化学 李娜
医学免疫学 高晓明、王月丹
中国人民大学
西方经济学 卢荻
国际商事仲裁法 赵秀文
清华大学
生物化学（1） 刘栋
生物化学（2） 李珍
北京交通大学
机械设计 李德才
北京科技大学
凝聚态物理专题 马星桥
中国石油大学（北京）
信息科学概论 陶果
北京化工大学
生物工艺学 谭天伟
对外经济贸易大学
国际贸易 林桂军
战略管理 马春光
中央财经大学
外国财政 李俊生、李贞
国际金融 张礼卿
中国政法大学
公司法 高祥
北京工商大学
中级财务会计 马建威
北京工业大学
交通工程总论 杨孝宽
材料科学基础 郭福
首都经济贸易大学
财务会计（一） 刘仲文
中国传媒大学
世界电影史 游飞
华北电力大学
国际贸易理论与实务 张素芳
中国戏曲学院
跨文化交流学 林一

（张驰）

【95门课程被评为国家精品课程】 9月29日，北京地区30所高校95门课程被评为国家精品课程（不含军事院校）。入选课程由市教委推荐，教育部组织专家审核，包括69门本科课程，3门高职高专课程以及23门网络课程。

（张驰）

2008年度国家级精品课程（北京地区 本科）

北京师范大学
刑法学 赵秉志
外国教育史 张斌贤
材料化学 李奇
中级无机化学 朱文祥
细胞生物学 桑建利
毛泽东思想、邓小平理论和“三个代表”重要思想概论 王炳林
电视学概论 于丹
中国古代文学史 郭英德
西方哲学 韩震
清华大学
刑法学 张明楷
电工技术与电子技术 唐庆玉
计算机系统结构 郑纬民
环境工程原理 胡洪营
建筑设计 朱文一
控制工程基础 董景新
经济学原理 钱颖一
代数与几何 张贺春
中国古代礼仪文明 彭林
室内设计 郑曙旸
中国政法大学
民法学原理 王卫国
中国人民公安大学
刑事侦查学 郝宏奎
北京大学
中国近现代史纲要 康沛竹
国际政治经济学 王正毅
计算概论 代亚非
行政管理学 张国庆
大学体育 郝光安
数据结构与算法 张铭
概率论 陈大岳
力学 舒幼生
量子力学 程檀生
中国历史地理 韩茂莉
人体解剖学 周长满
口腔颌面医学影像诊断学 马绪臣
眼科学 黎晓新
北京化工大学
材料导论 励杭泉
管理学 张英奎
有机化学 杜洪光
中国石油大学（北京）
采油工程 张士诚
北方工业大学
电力电子技术基础 张卫平
大学美育 史仲文
北京航空航天大学
计算机导论与计算机伦理学 熊璋
编译技术 张莉
飞机总体设计 武哲
现代空中交通管理 张军
高等数学 郑志明
北京交通大学
电气工程导论 范瑜
交通安全工程 肖贵平
大学物理 吴柳
北京理工大学
光电成像原理与技术 白廷柱
坦克学 闫清东
首都师范大学
电路分析 关永
美学 王德胜
对外经济贸易大学
企业财务报表分析 张新民
北京体育大学
奥林匹克运动 任海
北京工商大学
证券投资学 杨德勇
首都经济贸易大学
政治经济学 文魁
中国地质大学（北京）

结晶学与矿物学　李胜荣
沉积学及古地理学　陈建强
北京林业大学
森林资源经营管理　亢新刚
北京科技大学
大学生社会实践　陈曦
大学英语　张敬源
中国传媒大学
广播电视节目制作　高晓虹
电视艺术学　高鑫
中央戏剧学院
台词基础课　徐平
中央音乐学院
20世纪西方音乐　钟子林
首都医科大学
神经生物学　徐群渊
耳鼻咽喉科学　韩德民
北京中医药大学
伤寒论　王庆国
中央民族大学
宗教学导论　牟钟鉴

（张驰）

【完成市高等教育精品教材评选】 11月10日，市教委公布2008年北京高等教育精品教材评审结果。北京77所高等学校在自评基础上申报1051个项目，经过专家评审、市教委批准，480项教材入选北京高等教育精品教材。市教委给予每项教材奖励5000元，并建议高校和出版单位分别对教材主编、责任编辑给予不低于市教委额度标准奖励。

（黄侃）

普通高等学校

中国科学院研究生院

院　　长　白春礼
党委书记　邓勇

【概　况】 2008年，中国科学院研究生院由设在北京的研究生院本部（4个园区）、5个研究生教育基地及114个研究生培养单位构成，下设13院系。拥有博士学位一级学科授权点26个，分布在理学、工学、农学、医学、教育学、管理学6个学科门类；博士学位二级学科授权点113个，分布在哲学、理学、工学、农学、医学、教育学、管理学等7个学科门类。有硕士学位二级学科授权点131个，分布在哲学、经济学、法学、文学、理学、工学、农学、医学、教育学、管理学等10个学科门类。并在20个博士学位授权一级学科下自主设置40个二级学科专业，有工程硕士和工商管理硕士等2个专业学位授权点。在培养单位中拥有7个国家实验室、75个国家重点实验室、66个中国科学院重点实验室、33个国家级工程研究中心、139个博士后科研流动站。研究生院教师由专任教师、任课教师、论文指导教师组成，其中，专任教师292人（教授和研究员107人、副教授和副研究员128人），论文指导教师8244人，任课教师1216人；中科院院士250人，工程院院士69人。毕业生7907人，其中，博士研究生4605人、硕士研究生3302人。授予4489人博士学位，3756人硕士学位。招生11669人，其中，博士研究生5061人，硕士研究生6608人。在学学生34666人，其中，博士研究生17461，硕士研究生17205人。留学生招生30人，其中博士研究生13人，硕士研究生9人，高级、普通进修生8人。在校生235人，其中博士研究生137人，硕士研究生65人，高级、普通进修生33人。图书馆建筑面积4万平方米，拥有馆藏图书520万册（件）、其中中外文现刊6000余种。主办有《中国科学院研究生院学报》、《自然辩证法》、《管理评论》、《工程研究》4个公开发行的学术期刊以及内部刊物《研究生院》。学院网址：www.gucas.ac.cn。

（尚颖）

【举办“PIRE—中国地震”研讨会】 2月15日，中科院研究生院举办“国际科研和教育合作项目—中国地震（PIRE—ChinaQuake Workshop）”国际学术会议。会议由专题报告和分组讨论两部分组成。其中，会议邀请中科院对地观测和数字地球研究中心主任郭华东研究员、北京大学陈永顺教授和美国俄可拉何马大学兰迪教授（Prof. Randy Kelle）作《对地观测》、“Zntegrated Semic stndies fovpire”等11场专题报告；分2组分别就“PIRE—中国地震”等3个议题展开讨论。PIRE是美国国家自然科学基金会重点资助的国际合作项目（PIRE，Partnership for International Research and Education Project），PIRE—ChinaQuake是地学方面美国与中国的合作项目。来自5个国家的49名专家学者参加会议。

（尚颖）

【举办《奥林匹克与中国》图片展】 3月3至17日，中科院研究生院举办《奥林匹克与中国》图片巡回展。图片展以“奥林匹克文化”为主题，阐明奥林匹克运动的由来，介绍现代奥林匹克运动的组织、思想和活动体系，阐释奥林匹克文化与精神，叙述奥林匹克与中国的不解之缘，也展现中国为奥运文化发展做出的贡献。

（尚颖）

【刘东生逝世】 3月6日11时52分，中国科学院资深院士、中科院研究生院教授刘东生因病医治无效，在北京逝世，享年91岁。刘东生，1917年11月24出生，天津市人，1942年西南联合大学地质系毕业，长期从事地质科学领域教学研究。1991年当选第三世界科学院院士，1996年当选欧亚科学院院士，2003年获得国家最高科学技术奖。是第六、七届全国人大常委会委员，第三届中国科学技术协会书记处书记。

（尚颖）

【与格里菲斯大学签署合作备忘录】 3月19日，中科院研究生院与澳大利亚格里菲斯大学签署合作备忘录。根据备忘录，双方将在科技、人文等双方共同感兴趣的广泛领域互换师资、学生、管理人员及进行教育科研合作；合作初期将以环境科学与生物技术学为重点，将在这两个领域发展博士联合培养项目。

（尚颖）

【举办专家报告会】 3月26日，中科院研究生院举办国际科技合作奖专家报告会。报告会邀请2007年度中国科学院首届国际科技合作奖获得者罗斯高（Scott D. Rozelle）和洛塔雷（Lothar Reh）。其中，罗斯高教授作题为《变蓝？变绿？变褐？改革30年后的中国在处理发展与环境问题上取得成功吗?》的报告，报告分析中国水、森林和土地等资源利用现状，提出改善中国资源利用不良局面，实现经济可持续发展解决方案。洛塔雷教授作题为《提高能源及材料效率——过程工业的挑战》的报告，报告简要介绍人口、资源和环境的全球形势以及能源、材料与散发物之间复杂系统并提出过程工业在处理环境问题上的所担负使命及处理环境与经济问题理想循环模型。

（尚颖）

【课程网站运行】 3月，中科院研究生院课程网站正式运行。该网站是为方便教师开展日常教学、与学生交流而建立的网络互动教学平台。此平台基于Moodle（Modular Object— Oriented Dynamic Learning Environment）开放源代码建立，具有内容管理、学习管理、课程管理三大功能，包含“论坛、测验、资源、投票、问卷、作业、聊天和博客”等模块，是多功能的在线教学平台，现已开放“资源上传”、“作业部署”、“讨论区”、“投票”、“wiki”等五大功能模块。截至2008年12月31日，该院13个院系建立网上课程633门，建立账号10400个，投入使用率70%，访问量69538人次。网站网址是：dearning. gucas. ac. cn。

（尚颖）

【成立马普学会伙伴小组】 4月2日，中科院研究生院与德国马普学会成立“中国科学院德国马普学会伙伴小组”。该小组利用稳定同位素方法，开展从旧石器晚期至新石器早期中国先民食物结构的转变研究。该小组有研究人员12人其中，高级职务7人。

（尚颖）

【与泰国公务员委员会签订合作备忘录】 4月3日，中科院研究生院与泰国公务员委员会签订合作备忘录。根据协议，双方将设立“中科院研究生院—泰国皇家政府奖学金”，以资助泰国学生在中科院研究生院攻读硕士和博士学位。双方还将鼓励各自人员加强现存及潜在的合作关系，并进一步扩大沟通渠道、深化科研合作。泰国公主诗琳通出席签字仪式。

（尚颖）

【举办模拟面试比赛】 4月14日至5月14日，中科院举办2008年模拟面试大赛（中科院赛区）。比赛筹委会通过问卷调查、市场调研之后，根据当前的热点求职动向设定管理类、营销类、咨询类三类职位。比赛分为简历筛选、笔试、初赛、复赛、决赛五个阶段，其中决赛将包含自我介绍、自我表现总结、压力面试、案例分析四个环节。同时，比赛举办面试技巧、商务礼仪、职业规划等方面的讲座。该校学生100人参加比赛。

（尚颖）

【获优秀研究生银奖】 4月22日，中科院研究生院博士生杨身园在美国材料学会（MRS）春季会议上获得优秀研究生银奖。MRS优秀研究生奖的设立旨在奖励材料研究中获得高水平学术成绩的研究生，此次MRS春季会议上，在来自世界各高校和研究单位的数百位候选人中，最后有21名研究生被授予“MRS优秀研究生奖”。其中，金奖获得者3人，银奖获得者18人。杨身园是此次唯一获得该奖的在读中国研究生。

（尚颖）

【举办总裁讲堂】 4月28日，中科院研究生院MBA联合会举办首期总裁讲堂。首期活动邀请IBM大中华区首席技术总裁叶天正博士作题为《服务科学推动下一波经济浪潮》的学术报告。“总裁讲堂”将邀请IT业著名的企业家和职业经理人对最新的行业趋势、热点话题、管理变革等进行探讨和分享，不定期举办，至年底，共举办5期。

（尚颖）

【举办博士后学术论坛】 6月14日，中科院研究生院举办首届博士后学术论坛。论坛旨在采取报告形式，21名博士后在论坛作学术报告，在站博士后对各自在站期间的工作进展及成果作阐释，新进站博士后介绍博士期间的工作和进站后的工作设想。最后经评委会评选，评出一等奖3名。二等奖5名。

（尚颖）

【开办生物化学与分子生物学暑期学校】 6月16日，中科院研究生院开

办“生物化学与分子生物学”研究生暑期学校。该暑期学校由教育部学位管理与研究生教育司和国家自然科学基金委员会共同资助，中国科学院研究生院承办，为期3周，共开设10门强化课程和30个专题讲座供学员选修。来自全国50所高校106名学员参加学习。

（尚颖）

【开办物理分析讲习班】 6月23日，中科院研究生院举办全国“BESIII物理分析讲习班”。讲习班为期2周，开设的课程分为数据分析、粲物理、τ物理，QCD物理的理论课程和包含上机练习的BESIII软件系统强化课程，采取离线专家实时指导学员上机操作方式，重点培养学员运用BESIII物理软件环境的能力。该讲习班由中科院研究生院、中国科学院高能物理所和北京大学共同承办，北京谱仪国际合作组国内成员大学以及全国其他高校学生110人参加学习。

（尚颖）

【与阿拉斯加大学签订合作协议】 7月9日，中科院研究生院与美国阿拉斯加大学签订学术交流合作协议。根据协议，双方将为教师、职员和学生开展切实可行的教育交流合作项目，包括联合培养研究生、互换教师和职员以及互派学生到对方大学攻读博士学位。

（尚颖）

【成立水系统安全中心】　7月11日，中科院研究生院“水系统安全中心”成立。该中心致力于研究以地下水环境为核心的水环境系统及其相关资源质量安全，开展解决国家层面水环境污染及其相关的资源安全的重大需求以及国际上水系统安全等方面的研究工作。研究中心的科研队伍依托中科院研究生院资源与环境学院、地球科学学院、化学与化学工程学院、计算与通信工程学院、信息科学与工程学院以及数学科学学院等相关优势师资和科研力量，在突出多学科整合相关领域展开深入系统研究。中心聘请中国科学院与工程院院士及外籍院士、国内外各相关领域学术带头人及管理专家等组成特别顾问组与专家指导委员会指导中心工作。

（尚颖）

【发布“郭永怀科学传播最佳影响榜”】　7月13日，中科院研究生院人文学院科学传播中心公布“郭永怀科学传播最佳影响榜”。该榜榜单分为“科普图书”、“科普期刊”、“科学报道”以及“科学讲座”四类，《世界科学技术通史》、《二十世纪中国科学》等5本图书，《中国国家地理》、《环球科学》、《中国科学探险》等科普期刊，《野生华南虎照片遭遇质疑》、《百亿化工项目引发剧毒传闻厦门果断叫停应对公共危机》等科学报道和“中关村老年互助服务中心学术系列讲座”均榜上有名。郭永怀是著名力学家、应用数学家，中国近代力学事业的奠基人之一，“两弹一星”元勋。用“郭永怀”先生的名字命名这个奖项，除纪念这位著名科学家贡献，也旨在鼓励今天的科学传播工作者学习老一代科学家对科学的执著和热爱，做好科学传播工作。

（尚颖）

【联想学院实训班开班】　7月14日，中科院研究生院承办中国科学院联想学院科技成果转移转化与规模产业化实训班。该班培养对象为中科院各研究所的科研项目负责人以及科技成果转移转化相关管理人员，技术转移中心、工程中心等组织的负责人，创业期和萌芽期科技型企业的管理与技术骨干；开设10个模块的培训，从技术转移商业化的全过程出发，讲授技术转移政策、研究成果与成果披露、知识产权与标准战略、商业模式创新、融资管理、财务与产权管理等多方面内容。实训班以中科院研究生院管理学院的专家教授为主成立课程建设指导组，授课老师既包括科研院所负责人、政府官员，企业界、学界专家。该班9月22日开学，2009年7月结业，首期招收学员36人。

（尚颖）

【12篇论文入选全国优秀博士学位论文】　8月7日，中科院研究生院12篇论文入选全国百篇优秀博士论文。分别是：《分子折叠体的组装及其在分子识别研究中的应用》、《有机小分子催化的直接Aldol反应》、《纳米材料的湿化学合成及新颖结构的自组装构建》、《时变重力信号的小波分析的研究》、《冻土路基传热过程及调控新技术研究》、《海马区神经元的胶质细胞相互作用及其可塑性的研究》、《稻耐盐相关QTL，SKC1的定位、克隆及功能分析》、《β—Arrestin调控Toll样受体一白介素1受体的信号转导》、《AtCaMRLK和AtGRP在拟南芥早期胚胎发育中的功能分析》、《多边形微腔激光器和微腔滤波器的研究》、《SGOI、SODI新结构材料及其相关技术研究》、《Mg—Cu—RE合金系的玻璃形成能力及其内生复合材料》。

（尚颖）

【承担“十一五”信息化项目】　9月，中科院研究生院承担中国科学院“十一五”教育信息化项目。该项目以构建有效知识共建体系为目标，建设集成全院各类教育资源知识共享和共建平台，为中国科学院教育创新提供重要信息化基础支撑和服务。项目确定建设教育业务管理平台、协同学习服务平台、资源融合平台和支撑保障体系等四大任务共25个子任务。该项目实施将为中科院下属100多个研究院所和中国科学院研究生院、中国科学技术大学提供教育培训业务管理、网络教育资源共享和学习服务平台，以提升中国科学院各类教育管理和教学培训水平，成为中国科学院教育创新重要的基础支撑平台。该项目总承担单位为中科院研究生院，项目经费1900万元人民币。

（尚颖）

【生命科学实验班招生】　9月，中科院研究生院首届“生命科学实验班”招生。该实验班是为发挥中国科学院在人才培养上的整体优势，创造“院所融合”模式而开办的，将研究生院学院教学优势与研究所科研优势相结合。该实验班采取按学科招生，硕士生入学先不指定具体导师，确立导师指导组，按学科进行课程学习，在一年级即将完成时，进行学生与导师双向选择，第二学年开始研究生到导师所在研究所开展论文工作。首届实验班有8个对口培养单位合作实施，招生20人。

（尚颖）

【启动师资博士后机制】　9月，中科院研究生院制订《中国科学院研究生院博士后管理办法》。根据文件规定，从当年启动师资博士后机制，应届博士毕业生或当年博士后出站人员申请该校在编教师岗位，原则上需先在该校做一站师资博士后。师资博士后出站后，符合竞聘在编教师条件者可竞聘在编教师岗位，这样就将高层次创新人才培养与学校师资队伍建设有效结合。至年底，该院进站博士后35人，其中，师资博士后23人。

（尚颖）

【举办教学观摩会】　10月17日，中科院研究生院管理学院举办教学观摩会。该教学观摩会是研究生院管理学院为打造精品课程，提高教学质量同时推举研究生院优秀、优良课程而举办的。8名入围教师参加演讲，并回答其他教师的提问。与会教师在专业知识、教学感受和教学方法等方面进行交流。

（尚颖）

【与丹麦共建“中丹科教中心”】　10月23日，中科院研究生院与丹麦科技创新部、丹麦高校联盟签订合作备忘录。根据协议，双方将共建“中国—丹麦教育科研中心（SDC）”，由该院与丹麦高校联盟共同运营管理。丹麦方面将在该院雁栖湖园区投资建造面积约为1万平方米的中丹中心大楼。科研方面，双方将在清洁能源、气候与环境；健康、生物技术与生命科学；纳米科学与纳米技术；信息传播技术；农业和食品技术；商业、社会科学与创新教学5个领域以联合科研项目的方式进行合作研究，相关科研项目将在2009年启动。在博士、硕士研究生的教育培养方面，该院将与丹麦高校联盟所属的8所高校实现互动互补。丹麦首相拉斯穆森先生参加协议的签字仪式，并在“中国科学与人文论坛”发表题为《全球化——机遇与挑战》的演讲，该院师生800名参加学习。

（尚颖）

【杨佳当选联合国残疾人权利委员会委员】 11月3日，中科院研究生院杨佳教授当选联合国残疾人权利委员会专家委员，任期四年。杨佳，1963年4月出生，1982年毕业于郑州大学，1987年成为中科院研究生讲师，因眼疾失明，30岁被评为中科院副教授，37岁考入哈佛大学肯尼迪学院攻读公共管理硕士学位，成为哈佛大学有史以来唯一一位来自国外的盲人学生，一年后毕业获MPA学位。2002年在中科院研究生院首开《经济全球化》和《沟通艺术》课程。她还是前世界盲联文化委员和理事，一直任世盲联妇女委员，亚洲唯一一位女性委员，2000年起，参与推动世界第一部保护残疾人权益的国际公约——《残疾人权利国际公约》，2006年12月13日联合国通过此公约。参与起草新世纪残疾人权利《北京宣言》，推动中国残疾人维护权益与国际的接轨。担任中国盲协副主席、北京市盲协副主席兼理事。

（尚颖）

中国社会科学院研究生院

党委书记 黄晓勇
院　　长 刘迎秋

【概　况】 2008年，中国社会科学院研究生院占地面积25212.6平方米，建筑面积27089.5平方米。固定资产值3829万元，其中，教学科研仪器设备资产值1730万元。全年教育经费投入6804万元，其中，国家拨款2609万元，自筹经费4195万元。图书馆建筑面积2600平方米，藏书27.5万册，其中，中文图书19.5万册，外文图书4.2万册，中文期刊2.9万册，外文期刊0.9万册。下设38个系、6个教学部，具有一级学科博士、硕士学位授权点11个，二级学科博士学位授权点80个、硕士学位授权点87个，自主设立博士学位授权点2个、硕士学位授权点5个，还有公共管理硕士和法律硕士两个专业学位授权点。有北京市重点学科数4个。教职工135人，其中，专任教师18人（包括教授4人、副教授9人），国家有突出贡献专家1人，院级有突出贡献专家1人，享受政府特殊津贴专家2人，外籍教师3人。有指导教师942人，其中，博士生导师428人，硕士生导师514人。毕业生523人，其中，学历教育学生中计划内研究387人（获博士学位研究生218人、硕士学位研究生169人）、法律硕士学位研究生80人，公共管理硕士学位研究生56人；非学历教育研究生课程进修班结业241人。毕业生就业率97.44%。招生762人，其中，学历教育学生中计划内研究生434人，（博士生253人，硕士生181人），法律硕士208人，公共管理硕士120人；非学历教育研究生课程进修班253人。在校研究生1736人，其中，学历教育学生中计划内研究生1371人（博士生835人，硕士生536人），法律硕士216人，公共管理硕士149人；非学历教育研究生课程进修班580人。香港、澳门和台湾研究生毕业10人，招生9人，在校生43人。外国留学研究生毕业19人，招生15人，在校生76人。学院网址：www.gscass.cn。

（彭杉）

【与早稻田大学签订合作协议】 1月8日，社科院研究生院与日本早稻田大学大学签订合作协议。根据协议，双方将在政府政策与公共管理领域进行长期的学术交流与合作。

（彭杉）

【举行优秀博士学位论文颁奖仪式】 1月16日，社科院研究生院举行2007年优秀博士学位论文颁奖仪式。该院院长刘迎秋教授向获奖作者及导师颁奖。2007年研究生院优秀博士学位论文共两篇。二等奖获奖者（获得2007年全国优秀博士学位论文评选提名）为2005届历史系毕业博士生杨振红，其博士学位论文题目为《出土简牍与秦汉社会》，指导教师林甘泉研究员；三等奖获奖者为2005届哲学系毕业博士生彭展，其博士学位论文题目《皮尔士的存在图系统》，指导教师为张清宇研究员。本年度一等奖空缺。

（彭杉）

【召开重点教材编审委员会会议】 4月11日，社科院研究生院召开中国社会科学院研究生重点教材编审委员会工作会议。会议提出，研究生院各教学系应加强对已立项重点教材编写工作的监督和管理，既要高度重视和保证教材编写质量，又要大力推进编写进度，争取尽快形成规模。与会委员对申请立项的教材进行评议，并以无记名投票方式通过8部教材立项申请。此审议结果经重点教材编审领导小组审核批准后，将通知教材主持人及其所在系付诸实施。研究生重点教材已正式出版重点教材10部。

（彭杉）

【2007年度国情调研课题结题】 4月15日，社科院研究生院召开社科院2007年度国情调研课题结题报告会。该院2007年开展《西部民族地区农村义务教育状况分析》和《西部革命老区经济发展及其影响因素》2个调查。来自法学、社会学、政治学、哲学、经济学等专业的30名硕士、博士研究生参与这两项国情调研活动。调研期间，课题组走访湖北省红安县、内蒙古自治区凉城县和东乌旗、宁夏回族自治区盐池县、青海省海晏县和广西壮族自治区西林县等地，参加与当地政府部门有关领导举行的座谈会，深入农村和中小学发放调查问卷，并对当地群众进行访谈，了解到当地经济发展和义务教育的实际状况以及存在的问题，形成调研报告。《2008国情调研——西部民族地区农村义务教育状况分析》和《2008国情调研——西部革命老区经济发展及其影响因素》于8月出版。

（彭杉）

【校园信息平台正式运行】 4月15日，社科院研究生院校园信息平台运行。该信息平台采用Java Web MVC技术，集成教学管理系统、办公自动化系统；实现教学、科研、管理等信息收集和发布功能，具备统一数据库、统一身份认证等特色。该平台2006年开始建设，总投入150万元。

（彭杉）

【召开师生座谈会】　4月29日，社科院研究生院召开师生座谈会。会议以“强国之路、青春使命”为主题；就拉萨“3·14”打砸抢烧事件、奥运火炬海外传递受阻事件、国内部分城市出现“抵制家乐福”事件；研讨青年研究生应该如何把爱国热情转化为勤奋学习、发奋成才的实际行动，肩负起全面建设小康社会、实现中华民族伟大复兴历史使命。该院师生45人参加活动。

（彭杉）

【组织在校生参与图书采选活动】　5月28日，社科院研究生院图书馆组织在校博士、硕士生参与图书现场采选。这是该院首次由在校生参与的图书采选活动。经过认真细致的挑选，7名来自经济、法学、文学等系所参选成员选出各种专业图书330册。此次采选活动是图书馆继开通专家和学生网络选书平台之后，进一步深化“开门办馆，服务至上”办馆理念的又一新的举措。

（彭杉）

【成立校友会】　9月26日，社科院研究生院举办校友会（筹备）成立大会。通过校友会（筹备）章程，选举产生校友会理事会、会长、副会长及秘书长等校友会组织机构的组成人员。社科院党组成员、副院长陈佳贵当选为中国社会科学院研究生院校友会（筹备）首任会长。

（彭杉）

【与宁波大学签订合作协议】　10月17日，社科院研究生院与宁波大学签订合作指导研究生协议。合作指导工作从2008年10月启动，期限初定为二届。中国社会科学院与宁波市的战略合作共确定在共建基地、共建研究中心、委托研究课题和联合培养研究生4个领域进行。

（彭杉）

【举办毕业生就业指导系列讲座】10月17日至11月7日，社科院研究生院举办毕业生就业指导系列讲座。讲座以“求职择业，步步为营”为主题，旨在帮助毕业生选择正确择业方向，制定科学的职业规划，提高实际的求职能力。系列讲座共计六场，分别为“公务员考试‘申论’辅导”、“公务员考试‘行政能力测验’辅导”、“求职过程中的常见问题及对策”、“女生求职需把握的五个要素”、“求职面试中的基本礼仪”、“漫谈求职面试”。

（彭杉）

【开办明辨论坛】　11月3日，社科院研究生院开办“明辨”论坛。该论坛为该院研究生工作处和院团委共同创办的一个长期性系列学术活动。论坛以该院研究生为主体，通过对当前的社会焦点、学术热点进行学术研讨，推动该院研究生的学术交流，营造浓厚的学术研讨氛围。论坛旨在提高研究生对学术理论的理解与领悟、训练研究生运用理论工具剖析问题的能力、增进研究生学术对话能力等。首次论坛举办题为《2008年美国总统选举》的学术交流活动。该院师生70人参加活动。

（彭杉）

【举行合作办学签约仪式】　12月7日，社科院研究生院与中共浙江省委党校、浙江行政管理学院签订合作办学协议。此次合作是浙江省与中国社科院合作框架的延续，该院将与浙江省委党校就学科建设和人才培养、学术研究等方面展开合作。

（彭杉）

【举办经济讲座】　12月19日，社科院研究生院与中国机械工业集团联合主办“当前国际宏观金融经济形势国企应如何应对”讲座。该讲座邀请中国社科院财贸所所长裴长洪主讲，他就当前美国金融危机的缘由，对世界各国造成的影响、特别是对中国宏观经济的影响等进行详细介绍，并对我国金融机构的改革以及国有企业、特别是以进出口贸易为主的企业在当前形势下应进行何种策略调整、如何预防国际交易过程中的诚信风险问题等提出见解。

（彭杉）

【召开能源安全研讨会】　12月25日，社科院研究生院国际能源安全研究中心召开《外国利用可再生能源、清洁能源的借鉴及其经验》研讨会。会议围绕如何应对美国新总统上任后的各项能源政策、我国可再生能源尤其是氢能、生物质能的最新开发技术等展开主题发言及讨论。来自国家发改委、社科院、中科院等单位专家16人参加研讨。

（彭杉）

中国农业科学院研究生院

党委书记　韩惠鹏
院　　长　翟虎渠（兼）

【概　况】　2008年，中国农业科学院研究生院占地面积13.34万平方米，建筑面积2.7万平方米。固定资产总值5100万元，其中，教科研仪器设备值880万，2008年全年教育经费总投入2500万元。拥有博士学位一级学科授权点7个，分布在4个学科门类；博士学位二级学科授权点44个。有硕士学位二级学科授权点56个。有专业学位授权点2个。依托41个研究所（中心），5个国家级、23个部级重点实验室；14个国家农作物改良中心（分中心）；3个国家级、30个部级质量监督检验检测中心；1个国家农作物种质资源长期库、10座中期库、11个资源圃；1个国家农业图书馆。有博士生导师400人、硕士生导师1000人。中国科学院院士2人、中国工程院院士9人。毕业生546人，其中博士165人，硕士381人。招生736人，其中，博士生196人，硕士生540人。在校研究生3658人，其中，普通全日制在校生2093人，专业学位1331人，在职申请学位234人。学院网址：www.gscaas.net.cn。

（李志平　高雷）

【举办学术节】　4月16日，农科院研究生院举办学术节。学术节以“攀学术高峰，兴现代农业”为主题，由“院士风采——沐浴农科精神”、“高手论剑——思维与智慧擦出理想的火花”、“大家之言——当前形势与改革发展”、“军事人生——用辩证之法创辉煌人生”、“科技前沿——转基因生物前景”五部分组成。学术节中，张子仪院士作主题为“以史为鉴，从国情国是出发，探索创新思维”的报告，介绍自身学术经历与经验；军事专家介绍他们的军旅之路；基因专家做生命科学前沿技术报告。该院研究生300人参加活动。

（高雷）

【召开“三仪”教育基金管理委员会第一次会议】　6月2日，农科院研究生院召开“三仪”教育基金委员会第一次会议。会议审定《研究生院教育基金管理章程》，并选举出基金管理委员会主任、副主任以及其他委员会委员。

（高雷）

【召开首届博士后农业论坛】　11月15日，农科院研究生院召开“首届中国博士后农业论坛”。论坛围绕现代农业技术发展、病虫害防治等8大主题向全国各博士后设站单位征集论文，共收到来自国内各设站单位论文130篇。来自全国各博士后流动站的博士后研究人员200人参加活动。

（高雷）

【举办校园艺术节】　11月16日至11月20日，农科院研究生院举办校园艺术节。艺术节由卡拉OK、书画和摄影比赛组成。该校师生300人参加活动。

（高雷）

北京大学

党委书记　闵维方
校　　长　许智宏（11月免）
周其凤（11月任）

【概　况】　2008年，北京大学校园占地面积2743532平方米，校舍建筑面积为2261392平方米，固定资产总额522679.9万元，其中，教学科研仪器设备资产为210496.43万元。全年教育经费投入629748万元，其中，国家拨款381324万元，自筹经费248424万元。设45个直属院系。有38个博士学位一级学科授权点、229个博士学位授权点、278个硕士学位授权点、110个本科专业、87个国家重点学科（18个国家一级重点学科，25个国家二级重点学科，3个国家重点培育学科），以及36个博士后流动站。博士后研究人员出站206人，进站266人，在站688人。有10个国家重点实验室、2个国家工程研究中心、50个省部级研究院（所、中心、重点实验室）、5所附属医院、13所教学医院。在职教职工19029人，其中，专任教师5709人。有教授1884人、副教授2872人，博士生导师1417人，中国科学院、中国工程院院士62人，“长江学者奖励计划”特聘教授和讲座教授110人，“973”项目首席科学家21人，国家杰出青年科学基金获得者136人。毕业生19158人，其中，全日制研究生4451人（博士生1105人、硕士生3346人），普通本专科生3622人（本科生3403人、专科生219人），成人教育本专科生4046人（本科生2659人、专科生1387人），网络教育本专科生7039人（本科生4574人、专科生2465人）。本科毕业生就业率98.61%。招生23272人，其中，全日制研究生5702人（博士生1481人、硕士生4221人），普通教育本专科生3724人（本科生3508人、专科生216人），成人教育本专科生4212人（本科生3552人、专科生660人），网络教育本专科生9634人（本科生6949人、专科生2685人）。高考北京地区提档线理科631分，文科606分。在校生86900人，其中，全日制研究生18303人（博士生6582人、硕士生11721人），普通教育本专科生14805人（本科生14193人、专科生612人），成人教育本专科生11764人（本科生9476人、专科生2288人），网络教育本专科生39303人（本科生31203人、专科生8100人）。2008年录取各省（自治区、直辖市、港澳台地区）高考第一名49人（文科第一名31人、理科第一名18人）。留学生毕业1064人，招生1231人，在校2725人。图书馆建筑面积67462平方米，图书馆藏书793.25万册。学校网址：www.pku.edu.cn。

（张兴明　熊校良）

【成立中国体育产业研究中心】　1月6日，北大文化产业研究院和中央电视台联合成立中国体育产业研究中心。该中心挂靠北大文化产业研究院，是非营利性质的研究机构。合作双方将以中国体育产业研究中心为平台和纽带，充分发挥北大的产业研究优势和中央电视台的产业运营优势，实现优势互补、强强联合，共同为中国体育产业发展提供智力支持和人才支持。

（张兴明）

【五项成果获国家科学技术奖】　1月8日，北大5个项目作为第一完成人单位或者第一完成单位获2007年度国家科学技术奖。其中国家自然科学奖二等奖3项、国家科学技术进步奖二等奖2项，分别是：纳米硅—纳米氧化硅体系发光及其物理机制、功能准一维半导体纳米结构与物理研究、蓝藻异型胞分化及环式光合电子传递研究、数字化音视频控制技术研究及应用、人工膝关节置换术的临床应用及相关基础研究。

（张兴明）

【与天津市签署市校合作框架协议】

1月13日，北大与天津市人民政府签署合作框架协议。按照协议，北大与天津市首批开展四个合作项目，分别是北大地球与空间科学学院与天津市塘沽区规划与国土资源局共同开展的无人机遥感与城市规划信息系统建设项目、北大继续教育部与天津人事局合作开展的人才培训培养合作项目、北大口腔医院与天津口腔医院开展的口腔医疗卫生事业合作项目、北大文化产业研究院与天津市塘沽区合作开展的天津塘沽区文化产业建设课题合作项目。

（张兴明）

【陈佳洱院士获德意志联邦功勋十字勋章】　3月19日，北大陈佳洱院士获德意志联邦功勋十字勋章。德国驻华使馆举行仪式，德国驻华公使费安德先生为北大陈佳洱院士颁发德意志联邦功勋十字勋章，以表彰其在中德教育、科技交流方面所做的贡献。德国联邦十字勋章由德联邦总统颁发，以表彰那些在政治、经济、社会、科学方面为德国做出杰出贡献的国内外人士。

（张兴明）

【授予福斯特名誉博士学位】 3月26日，北大授予哈佛大学校长德鲁·吉尔平·福斯特教授名誉博士学位。许智宏校长为福斯特校长颁发博士学位证书。此次中国之行是福斯特校长上任后的首次访华，体现她对哈佛大学与中国名校加强交流合作的重视。福斯特校长在仪式上表示，自己为能在中国最优秀的高校接受如此珍贵的荣誉感到荣幸。

（张兴明）

【主办全国大学生东亚论坛】 3月29日，北大举办第三届“全国大学生东亚论坛”。在为期两天的会期中，与会代表就“亚洲的主体意识”、“东亚的国际关系”、“亚洲安全的困境和出路”等多个论题展开深入的讨论和交流。“全国大学生东亚论坛”是我国第一个从组织到参与全为本科生的东亚论坛。来自北京大学、中国人民大学、浙江大学、南开大学、天津大学、中国政法大学、武汉大学、北京外国语大学、外交学院、南京大学、东北师范大学等全国11所高校师生代表参加。

（张兴明）

【举办陆克文专场演讲】 4月9日，

澳大利亚总理陆克文访问北大并用中文发表演讲。此次访问是陆克文总理上任后的首次访华，北大是此行第一站。陆克文总理围绕着构建中澳友好合作关系以及青年人的责任等问题进行精彩演讲，阐述中澳两国共建“诤友”般的友谊关系，以推动解决全人类所共同面临的攀问题观点。

（张兴明）

【赖因费尔特访问北大】 4月14日，瑞典首相弗雷德里克·赖因费尔特访问北大并发表演讲。雷德里克·赖因费尔特首相在演讲中论述中瑞合作的美好前景，受到与会师生热烈欢迎。演讲结束后，弗雷德里克·赖因费尔特首相参观北京大学体育馆，并在农园食堂与学生代表共进午餐。

（张兴明）

【恢复新闻学研究会】 4月15日，北大新闻学研究会恢复成立。历史上的北大新闻学研究会创建于1918年10月14日，由时任北大校长蔡元培发起并担任会长，在中国近代史和新闻事业发展史上具有重要地位。恢复成立后的北大新闻学研究会由北大校长许智宏任会长，中国人民大学新闻学院名誉教授方汉奇，人民日报社原社长、现任北大新闻与传播学院院长邵华泽，原人民日报社总编辑、现任清华大学新闻与传播学院院长范敬宜任学术总顾问。研究会将开展新闻史论研究，以学术研究服务于新闻人才的培养。

（张兴明）

【成立城市发展与土地政策研究中心】 4月21日，北大与美国林肯土地政策研究院联合组建的北京大学—林肯研究院城市发展与土地政策研究中心正式成立。中心的宗旨是，在当今中国快速城市化的大背景下，紧密围绕中国城市发展、土地和住房政策、财税体制、城市交通、环境保护等领域所面临的问题和挑战，开展学术研究、教育培训和政策咨询。同时，中心还将成为一个促进国内外城市发展与土地政策专家学者、政策制定者和执行者开展交流合作的平台。中心有研究人员40名，其中，高级职称15人。

（张兴明）

【举办中外大学校长圆桌会议】 5月4日，北大举办中外大学校长圆桌会议。会议以“大学与可持续发展”为主题，大学教育理念更新、大学自身的可持续发展、大学推进社会可持续发展等问题。澳大利亚国立大学、英国爱丁堡大学、加拿大多伦多大学、莫斯科国立大学、韩国首尔国立大学、日本东京大学、日本早稻田大学以及中国的清华大学、中国人民大学、北京师范大学、复旦大学、上海交通大学、浙江大学、西安交通大学、中国科技大学、哈尔滨工业大学、北京大学等18所国内外高校校长出席会议。

（张兴明）

【无锡产学研合作教育基地落成】 5月10日，北大软件与微电子学院无锡产学研合作教育基地在江苏省无锡市太湖新城科教产业园落成。北大软件与微电子学院无锡产学研合作教育基地是经教育部批准，由北大与无锡市政府合作建设的产学研合作教育基地。该基地规划用地33.4万平方米，总投资7亿元，总建筑面积20万平方米。一期工程包括公共教学楼、集成电子中心、学生活动中心及学生宿舍楼等在内的5.2万平方米建筑已投入使用。已有160名研究生在此就读。该教育基地将依托北大的综合优势及无锡市的区域、产业优势，重点为无锡市及长三角地区培养急需的软件、微电子、数字动漫、创业与创新管理等领域的高端人才。

（张兴明）

【梅德韦杰夫访问北大并发表演讲】 5月24日，俄罗斯联邦总统德米特里·梅德韦杰夫访问北大并发表演讲。梅德韦杰夫总统围绕中俄战略合作关系进行精彩演讲，号召两国教育界和科技界人士携手努力，为应对能源、环境等全球性挑战做出实质性的贡献，使俄中两国以平等的方式进入全球经济发展领先国的行列。

（张兴明）

【李明博访问北大并发表演讲】 5月29日，韩国总统李明博率访华代表团访问北大并发表演讲。李明博总统在演讲中就中韩两国如何在已有合作的基础上，求同存异，互相尊重，互相理解，在经济、政治、文化、能源、国家安全等更加广泛的领域加强合作，共同应对人类面临的日益严重的环境、气候、能源、粮食等全球性问题，为亚洲地区乃至世界的繁荣稳定做出贡献进行精彩的阐述。

（张兴明）

【季羡林被授予印度“莲花奖”】 6月10日，北大季羡林获得2008年度印度国家最高荣誉奖——“莲花奖”。这是印度首次将印度国家最高荣誉奖授予中国学者。印度驻华大使尼鲁帕玛·拉奥到解放军总医院，为季羡林颁发奖章，转达印度总理辛格的问候，并与季羡林先生亲切交谈。印度授予季羡林“莲花奖”是因为季羡林把印度史诗《罗摩衍那》及印度传统其他方面引入中国。

（张兴明）

【成立临床研究所】 6月18日，北大成立临床研究所。该研究所通过整合北京大学医学部5所附属医院和15所教学医院资源和力量，形成一个专门从事临床研究的教学、科研、服务、培训和组织协调中心。在北大医学部的直接领导下，有效协调、服务和支撑各附属医院及跨医院和跨学院的临床研究工作；积极开展国际合作和能力建设，培养我国临床研究高级专业人才，提升我国的临床研究创新能力，促进我国临床研究的发展。

（周婧）

【成立巴基斯坦研究中心】 6月19日，北京大学成立巴基斯坦研究中心。北大巴基斯坦研究中心是在巴基斯坦总统穆沙拉夫的关心下，由北大相关部门和院系成立的一个教学与科研相结合的学术机构。该中心致力于加强有关巴基斯坦问题和南亚次大陆问题的研究，促进中巴两国之间教育、文化和学术交流，增进中巴两国长期友好关系。

（张兴明）

【口腔医院新门诊病房大楼投入使用】 6月23日，北大口腔医院新门诊病房大楼投入使用。大楼总建筑面积为35364.50平方米，地上15层，地下2层。拥有牙科诊疗椅327台，床位共计113个，可接待日门诊量约3000人次。

（周婧）

【制定温馨家园计划】 6月，北大针对汶川特大地震灾区新生制定“温馨家园计划”。该计划为：一是学校在寄给新生的录取通知书中放置关于学校资助政策和体系的所有材料，学生在入学前就能全面了解学校各项资助政策；二是新生录取名单确定后，学生资助中心将立即安排工作人员深入灾区，到新生家中为其讲解资助政策，解除他们的后顾之忧，并开展送温暖活动；三是针对灾区学生开展“三对一”的“结对子”活动，即每位灾区学生入校后，除获得班主任一对一的关心外，学校还专门安排一名高年级学生和一名成功校友，分别与其形成一对一的帮扶关系。班主任侧重于学生管理，高年级学生侧重于帮助学生融入校园生活，校友侧重于为学生成长成才引路。

（张兴明）

【医疗队参与抗震救灾工作】 8月，北大医疗队参加抗震救灾工作。该校8家附属医院选派七批98名骨干医护人员赴灾区开展医疗援助，出动救护车7辆，携带医疗物资逾280万元。据不完全统计，北大医疗队参与完成各类手术9000台，完成各类疑难手术200台，参与救治病人上万人。第三医院医疗队还就灾区防疫、伤员转运、医院重建等提出30条建议，以简报的形式报卫生部和四川省医疗卫生部门。

（张兴明）

【参与承担“大型强子对撞机”国际科研合作任务】 9月10日，北大参与承担“大型强子对撞机”国际科研合作任务。该校与中国科学院合作，经过长期科研攻关，为“大型强子对撞机”研制出两个核心装置之一的CMS探测器（阻性板探测器）。由于我国为大型强子对撞机研制做出贡献，所以中国科研人员在“大型强子对撞机”合作研究中取得平等地位，可以平等享用对撞试验产生一切数据，并开展自主的物理分析工作。

（张兴明）

【成立医学人文研究院】 10月17日，北大成立医学人文研究院。医学人文研究院旨在充分利用北大丰富人文资源，为提升医学教育的人文内涵，提升医学生的人文素养，提高医学院的人文氛围做出贡献。

（周婧）

【苏希洛访问北大并发表演讲】 10月23日，印度尼西亚总统苏希洛·班邦·尤多约诺访问北大并发表演讲。苏希洛演讲题目为“印尼、中国与东亚：在金融危机中加强合作”，详细介绍印度尼西亚的现状，回顾中印两国交往的友好历史，从地理位置、经济关系、政治取向等方面详细分析两国关系，强调印尼与中国加强建设战略性合作伙伴关系的重要意义，并希望与中国进一步加强合作，在更广泛的层面达成深度共识，联合其他国家，共同致力于营造一个健康、稳定的东亚经济体系，为维护世界经济秩序的正常运行和继续发展做出更大贡献。

（张兴明）

【成立国家发展研究院】 10月25日，北大成立国家发展研究院。该研究院是在原北大中国经济研究中心基础上组建的一个跨学科科研教学机构，将采用“小机构、大网络”原则，紧密围绕国家发展建设中重大课题，组织校内外不同学科专家、学者，开展联合科研攻关，为社会主义现代化建设提供一流智力支持和人才支持。原北京大学中国经济研究中心将作为国家发展研究院一个机构继续存在。

（张兴明）

【第五届国际文化节隆重举行】 10月

26日，北大举办第五届国际文化节。本届国际文化节以“培养青年全球视野，建设和谐国际校园”为宗旨，以“我的奥林匹克”为口号，通过不同形式活动，引导中外学生交流北京奥运会带给自己的感受和影响，共同深入领会奥林匹克精神，在继承和发扬奥运精神的同时，实现不同民族文化间的真诚互动与交流，并以此开拓中外青年学生的视野。文化节上举办中国书画名家邀请展、中外学生文艺大联欢、驻华大使与北大学生对话、“我的奥林匹克”展台展示暨主题游园会、各国饮食文化展、北大留学生十佳歌手大赛等精彩活动。来自德国、法国等三十多个国家驻华使馆官员出席活动。北大国际文化节自2004年开始举办，已连续举办五届，成为北大的品牌校园活动，在校内外产生很大影响。

（张兴明）

【巴克尔嫩德访问北大并发表演讲】 10月27日，荷兰首相扬·彼得·巴克尔嫩德访问北京大学并发表演讲。

巴克尔嫩德首相在演讲中高度评价中国改革开放三十年来取得的巨大成就，深刻论述进一步提升中荷战略合作伙伴关系的层次和水平等问题，并希望中荷两国相互借鉴提高民族自信心与自豪感方面的经验。

（张兴明）

【共建 2 所孔子学院】 10 月 27 和 30 日，北大分别与俄罗斯莫斯科大学、西班牙格拉纳达大学合办的孔子学院相继揭牌。10 月 27 日，该校与俄罗斯莫斯科大学合作建立孔子学院在莫斯科大学揭牌。10 月 30 日，该校与西班牙纳达大学合办的孔子学院在纳达大学揭牌。

（张兴明）

【图书馆入选国务院全国古籍重点保护单位】 10 月 27 日，北大举办图

书馆“全国古籍重点保护单位”挂牌仪式。2008 年 4 月 28 日，国务院公布第一批《国家珍贵古籍名录》（2392 部）和第一批“全国古籍重点保护单位”名单（51 个），入选“全国古籍重点保护单位”的高校图书馆有 12 家。北京大学有 103 种古籍入选《国家珍贵古籍名录》。

（张兴明）

【举办北京论坛】 11月7日，北大和北

京市教委、韩国高等教育财团联合主办的“北京论坛（2008）”在钓鱼台国宾馆隆重开幕。论坛以“文明的和谐与共同繁荣——文明的普遍价值和发展趋向”为主题。下设有五个分论坛和一个研究型大学圆桌会议。五个分论坛的主题分别是，“生态文明：环境、能源与社会进步”、“传统与现代的国家建构与政治文明”、“艺术的超越与文明的发展”、“奥林匹克精神与世界和谐”、“世界政治变迁与文明的互动”；研究型大学圆桌会议的主题是“国际合作与大学发展”。来自 10 多个国家和地区 300 位一流学者与会，其中包括 40 位国外著名大学校长或副校长。

（张兴明）

【设立首个校友配比基金】 11 月 18 日，北京大学设立第一个校友配比基金——“北京大学叶氏校友等额配比基金”。该基金由香港著名实业家叶谋遵先生捐资 500 万元设立。“北京大学叶氏校友等额配比基金”的配比对象是北京大学校友向母校捐助的各类资金，基金配比总额为 500 万元人民币，配比额度为 1：1。按照规定，北大校友给予母校的任何一笔捐赠，北大都将从“北京大学叶氏校友等额配比基金”中获得一份相同数额的捐赠款。

（张兴明）

【成立质量与患者安全研究所】 11 月 21 日，北大医学部与美国医疗机构评审联合委员会签约成立“北京大学医学部—美国医疗机构评审联合委员会医疗质量与患者安全研究所”。该研究所是我国首家与国际接轨的医疗质量与患者安全专门研究机构。研究所致力于推动并完善国内的医疗政策、制度以及促进医疗质量的持续改进，科学地了解国际医疗质量评估和保障情况，借鉴发达国家的先进质量管理经验，根本性地提高我国的医疗服务质量和患者的医疗安全性。

（周婧）

【4 所学院荣获“先进孔子学院”称号】 12 月 9 日，北大承办的 4 所孔子学院在第三届孔子学院大会上荣获“先进孔子学院”称号。分别是，日本立命馆孔子学院、德国柏林自由大学孔子学院、英国专长学校联合会孔子学院和泰国朱拉隆功大学孔子学院。自 2006 年 4 月以来，该校先后在 8 个国家建立 9 所孔子学院。

（张兴明）

【举办残疾人口与发展国际论坛】 12 月 10 至 12 日，北大与第二次全国残疾人抽样调查办公室联合举办残疾人口与发展国际论坛。论坛围绕中国残疾事业发展的主题展开讨论，并在参会代表所形成的共识基础上发表“未名湖倡议”，号召社会各界继续推进有关残疾人的信息收集、状况调查、监测与研究，促请学术研究机构和残疾行政与社会工作单位推广这些研究与研究成果，并转化为改善服务的政策，以提高整个社会，包括家庭对残疾人的认识和了解，改善对残疾人的服务。

（张兴明）

【金开诚逝世】 12 月 14 日，著名学者、中国共产党的亲密朋友、原全国政协常委、九三学社中央原副主席、北京大学教授金开诚在北京逝世，享年 76 岁。金开诚，1932 年 11 月出生于江苏无锡，1951 至 1955 年就读于北京大学中文系，长期从事中国古代文学、文艺心理学、书法及京剧等方面的研究，出版《文艺心理学论稿》、《楚辞选注》等著作，在中华传统文化、文艺心理学、古文献学和书法艺术等领域取得突出成就。1981 年加入九三学社，先后担任九三学社第七届中央委员、第八届中央常委，第九、十、十一届中央副主席，为坚持和完善中国共产党领导的多党合作和政治协商制度做大量卓有成效的工作。

（张兴明）

【成立国际知识产权研究中心】 12 月 17 日，北大成立国际知识产权研究中心。该中心是该校与美国亚太法学研究院共同组建，将以建成国家高层次知识产权人才培养基地及世界一流水平的知识产权学术机构为目标，采取跨学科、跨区域的人才培养模式，积极寻求与知识产权国际组织、区域机构、政府部门、学术团体以及产业组织合作，努力推动中国知识产权制度的完善。研究中心的日常业务包括开展国际学术交流与合作、知识产权专业人才的教育与培训以及提供专业咨询等。

（张兴明）

【成立汇丰金融研究院】 12 月 19 日，北大成立汇丰金融研究院。该研究院接受汇丰银行慈善基金会资助，致力于打造一个加强国内外高校、金融研究机构和知名金融学者之间交流合作的开放性学术平台，以提高中国

金融理论与政策的研究水平，促进学术繁荣与发展，加强研究机构与政府决策部门的联系与合作，为政府决策提供参考意见，为国际金融体制改革和中国金融业的发展做出贡献。该研究院每年将围绕中国和世界迫切需要研究的金融问题，组织8到10项课题研究，并召开国际学术研讨会，组织学术讲座，出版学术刊物。

（张兴明）

【新增6名“长江学者”】 至年底，北大新增6名“长江学者”。其中，新增4名“长江学者特聘教授”，分别是数学科学学院姜明教授、力学系的王建祥教授、生命科学学院的瞿礼嘉教授、历史系的荣新江教授；新增2名“长江学者讲座教授”，分别是美国布朗大学的郭岩教授和香港科技大学徐昆教授。

（张兴明）

【发挥多学科综合优势积极参与抗震救灾及灾后重建工作】 至年底，北

大发挥多学科优势参与抗震救灾及灾后重建工作。地球与空间科学学院成立“汶川地震工作组”。其中，遥感所师生完成7幅遥感分析图，送交国家地震局、科技部，为相关部门开展抗震救灾分析决策提供参考。理论与地球物理研究所在灾区建立GPS台阵，与原有流动台阵一起，建立更大范围的震后观测网。心理学系成立“汶川地震灾后心理救援筹备组”，选派精兵强将赴灾区帮助受灾群众抚平心理创伤，为部队官兵提供心理辅导，针对灾区心理救援人员开展创伤心理治疗专业技术培训，帮助灾区建立“灾后心理援助站”。筹备组还与中国心理学会、北京市心理卫生协会等共同组成“中国心理学界危机与灾难心理援助项目组”，义务为中国心理学会注册心理师、督导师及国家有关部门的委培人员开设“北京大学首期灾后心理救援专业培训”课程。城市与环境学院组建“城环学院赴四川救灾安置重建工作小分队”。其中，城市规划系主任吕斌教授与国家开发银行研究院合作起草200页《四川汶川大地震重建工作战略研究报告》，受到中央有关领导的高度重视。受建设部邀请，学院派遣专家前往灾区开展重建规划相关工作。学院科研小组通过竞标，成为成都、都江堰重建规划团队之一，小组提出的“构建安全的城乡一体化宜居生态城”方案获得“都江堰市灾后重建规划概念方案设计荣誉奖”。微处理器研发中心受科技部委托，采用自主研发的CPU网络计算机，在四川绵阳市援助建设包括北川中学在内的第一批3个中小学多媒体网络教室，帮助受灾的广大师生尽快恢复教学。生命科学学院与四川省林业部门进行合作，对卧龙国家自然保护区内熊猫等珍稀保护动物的受影响程度进行评估，对当地灾后生态变化进行深入研究。景观设计研究院参与环境保护部、科技部、国家发改委、农业部等组织的有关灾区恢复重建的科研课题，涉及生态安全、新农村建设、旅游规划等方面的内容。此外，景观设计研究院紧急撰写的《地震重建规划设计手册》也由北大出版社出版。环境科学与工程学院成立以长江特聘教授朱彤为首的科研组，携带学院的环境健康流动车，赴灾区开展环境监测工作，现场采集和分析数据，防止疾病通过空气传播，为灾区防疫工作做出贡献。

（张兴明）

中国人民大学

党委书记 程天权
校　　长 纪宝成

【概　况】 2008年，中国人民大学占地面积68.95万平方米，建筑面积92.7万平方米。学校固定资产262151.47万元，其中教科仪器设备资产值29435.27万元。全年教育经费投入177203.53万元，其中，国家拨款59688.58万元、自筹经费117514.95万元。图书馆占地面积43035平方米，藏有图书383.5万册。下设23个学院（含体育部）、12个跨院系研究机构，另设有继续教育学院、培训学院、国际学院及深圳研究院；开设本科专业63个；有一级学科36个，博士学位授权点一级学科14个，博士点100个，硕士点149个；博士后流动站15个，其中，出站74人、进站75人、在站128人。一级学科国家重点学科8个，二级学科国家重点学科33个，有2个北京市一级重点学科、1个北京市交叉重点学科、5个北京市二级重点学科。教育部工程研究中心重点实验室2个，教育部普通高等学校人文社会科学重点研究基地13个。教职工2892人，其中，专任教师1675人。专任教师中教授515人、副教授653人；博士生导师636人，硕士生导师1102人。有国务院学位委员会委员和学科评议组成员15人，荣获国家“有突出贡献的中青年专家”称号17人。毕业生17533人，其中，学历教育学生中全日制研究生3499人（博士生749人、硕士生2750人），普通本科生2459人，成人教育本专科2992人（本科生2161人、专科生761人），网络教育本专科生7409人（本科生5309人、专科生2100人）；非计划招生高等教育学生在职人员攻读硕士学位1244人。本科毕业生就业率95.16%。招生27965人，其中，学历教育学生中全日制研究生3706人（博士生853人、硕士生2853人），普通本科生2699人，成人教育本专科生4010人（本科生3435人、专科生575人），网络教育本专科生16607人（本科生10442人、专科生6165人）；非计划招生高等教育学生攻读硕士学位943人。高考北京地区提档线理科632分、文科591分。在校生77816人，其中，学历教育学生中全日制研究生9520人（博士生3325人、硕士生6195人），普通本科生10547人，成人教育本专科生12582人（本科生10618人、专科生1964人）；网络教育本专科学生42481人（本科生30849人、专科生11632人）；非计划高等教育学生在职人员攻读硕士学位2686人。留学生毕业587人，招生624人，在校1573人。

学校网址：www. ruc. edu. cn。

（蒋利华）

【钟契夫逝世】 1月28日，人大荣誉教授，经济学家钟契夫因病在北京逝世，享年83岁。钟契夫，1925年10月生，江西萍乡人，1946年考入北京大学工学院机械系，1948年入解放区华北大学一期政治十六班，毕业后留校，先后任区队长助理、区队长干事、队长。1950年中国人民大学成立后，任国民经济计划系教员、国民经济计划教研室副主任。历任国务院学位委员会学科评议组成员，全国宏观经济管理教育学会会长、名誉会长，中国投入产出学会顾问，中国数量经济学会顾问。著有《资源配置方式研究》和《中长期发展规划的基础理论和方法》等。

（蒋利华）

【成立调查与评价中心】 2月27日，人大成立调查与评价中心。该中心为跨学院研究机构，依托统计学院建设，负责整合统计、经济、管理、社会等相关学科资源，开展相关学术领域的研究活动。中心有研究人员10人，全部为高级职称。

（蒋利华）

【招收首届汉语国际教育专业硕士】 3月5日，人大招收首届汉语国际教育专业硕士。该专业开设汉语教学论、中国传统文化、双语教学实践等20门课程，学制2到4年，在规定期限内完成培养方案规定内容，符合学位授予条件的，授予汉语国际教育专业硕士学位。该校首批招生27人。

（蒋利华）

【举办诺贝尔奖获得者学术报告会】 3月21日，人大举办诺贝尔奖获得者学术报告会。报告会由诺贝尔经济学获奖者、哥伦比亚大学教授、人大汉青经济与金融高级研究院名誉院长斯蒂格利茨教授作题为《国际间的权衡交易：贸易如何促进发展》 “Fair Trade for All: How Trade Can Promote Development”的学术报告，报告研讨当前世界贸易体系的诸多不公平之处、发达国家对农业的补贴导致发展中国家在国际市场竞争力大为削弱、全球化对世界特别是对发展中国家的重大影响、捍卫发展中国家贸易利益、关注落后国家经济发展等问题。该校师生100人听取报告。

（蒋利华）

【成立中国合作社研究院】 3月24日，人大成立中国合作社研究院。该研究院隶属学校，为跨学院研究机构，依托农村与农业发展学院建设，开展合作社理念传播、理论研究和人才培养工作。有科研人员10人，全部为高级职称。

（蒋利华）

【举行“民生和谐发展”论坛】 4月18日，人大举办“民生、和谐、发展”论坛。该论坛是该校与民盟北京市委合办，以“民生、和谐、发展”为主题，研讨社会保障、法律、住房、就业、三农、国企改革、资本市场、消费者权益方面理论和现实问题，提出民生是社会和谐之本，发展的根本目的是要不断提高广大人民群众的物质、文化生活水平，让发展和改革成果最大限度地惠及人民。来自60个单位专家120人参加论坛。

（蒋利华）

【成立北京社会建设研究院】 4月27日，人大成立北京社会建设研究院。该研究院由该校、北京市委社会工作委员会、北京市社会科学界联合会、北京市科学技术协会、北京市哲学社会科学规划办公室共同创办，依托社会与人口学院进行建设，开展北京市社会建设的实践调查和理论研究工作。该院有研究人员9人，全部为高级职称。

（蒋利华）

【吴宝康逝世】 5月2日，人大教授，著名学者、新中国档案学和档案教育奠基人吴宝康在北京逝世，享年91岁。吴宝康，1917年9月生，浙江湖州南浔人，1939年1月加入中国共产党，同年参加党领导的江南抗日义勇军，先后任中共东路特委《江南》半月刊编辑、新四军抗日联合会战地服务团团长、中共董浜区委办事处主任、中共东路特委《大众报》主编、“江南社”社长、《前进报》社长、中共中央华东局机关报《大众日报》研究部主任、中共中央华东局秘书处副处长兼档案室主任。1952年9月，任中共中央办公厅秘书处副处长，同年11月，经中共中央办公厅、组织部、宣传部研究决定，调入中国人民大学组建档案学专业，历任中国人民大学档案专修班主任、历史档案系主任、档案系主任、名誉系主任、教授，并任中国人民大学党委委员、常委，两次受聘为印度历史档案委员会通讯委员，第一、二届中国档案学会副理事长兼学术部主任，中国档案学会名誉理事长，南京大学、苏州大学、上海大学、空军政治学院等校兼职教授。著有《档案学理论与历史初探》、《论档案学与档案事业》、《论新时期档案学与档案事业》、《当代中国档案学论》等，主编《档案学概论》、《中国大百科全书档案学分卷》、《档案学词典》等。

（蒋利华）

【成立汉藏佛学研究中心】 6月22日，人大成立汉藏佛学研究中心。该中心隶属国学院，依托西域语言与历史研究所资源开展研究，和培养汉藏佛学领域的高层次人才。有教科研人员5人，其中，高级职称4人。

（蒋利华）

【彭明逝世】 6月27日，人大教授，历史学家、教育家彭明在北京逝世，享年83岁。彭明，1924年12月出生，河南夏邑人，1945年12月入华北联合大学教育学院史地系学习；1947和1948年在华北联合大学和华北大学先后师从胡华与范文澜先生攻读研究生；1949年担任华北大学中国革命史助教，1950年中国人民大学成立后，先后担任中国人民大学学术委员会副主任，全国哲学社会科学规划学科组成员，中国现代史学会常务副会长、名誉会长，黄埔军校史研究会会长，中华炎黄文化研究会理事、北京市政协委员等职；曾被国内多所高等院校、科研院所聘为兼职教授、客座教授、荣誉研究员。著有《五四运动史》等十余部专著，发表学术论文200余篇，共同主编的《中国新民主主义时期通史》，1988年获国家教育委员会优秀教材一等奖；共同主编的《中华民国史》（第二编第二卷），1992年获孙中山基金会优秀学术著作一等奖；主编的《从空想到科学——中国社会主义思想发展的历史考察》，1995年获全国普通高等院校人文社会科学研究优秀成果（著作）二等奖；合著的《中国共产党的创立》，1996

年获北京市哲学社会科学优秀科研成果一等奖。

（蒋利华）

【奥运会取得佳绩】 8月10至23日，人大学生在第29届北京奥林匹克运动会上取得4金1银2铜成绩。郭晶晶、吴敏霞获得女子双人3米跳板金牌，秦凯、王峰获得男子双人3米跳板金牌，林跃、火亮获得男子双人10米跳台金牌，郭晶晶获得女子3米跳板金牌；周吕鑫获得男子10米跳台银牌；吴敏霞获得女子3米跳板铜牌，秦凯获得男子3米跳板铜牌。其中，郭晶晶、吴敏霞、王峰为商学院学生；火亮、林跃、秦凯、周吕鑫为新闻学院学生。

（蒋利华）

【召开清史研究所成立三十周年庆祝会】 9月20日，人大召开清史研究所成立三十周年庆祝大会。会议回顾清史研究所三十年来的发展历程，并希望清史研究所进一步做好清史编纂工作，加强学术研究，多出学术成果。来自20个兄弟高校、科研机构的专家学者、校友代表、师生代表200多人参加会议。该研究所成立于1978年，现为教育部人文社会科学百所重点研究基地之一，其前身是1972年在中国人民大学成立的清史研究小组。30年来，清史所先后共承担国家级、省部级等各类科研项目129项，出版《简明清史》、《清通鉴》、《清史编年》等学术著作426种，发表论文2474篇。

（蒋利华）

【完成博士点学科专业主文献制度建设工程】 9月，人大完成博士点学科专业主文献制度建设工程。该校100个“博士点学科专业主文献制度”建设已全部完成资料甄选汇编印制工作，共97卷146册，选入论文3715篇，列入精品书目2625种。该工程于2006年正式启动，它以各博士点学科专业为基础平台，由责任教授牵头，整合学科全体教师学术力量，本着“主流、经典、前沿”的甄选原则建立学科专业精品文库，同时也对各学科学术思想发展史进行一次系统归纳和总结，并以此为基础，改革博士生课程教学体系、学科综合考试和学位论文开题报告，全面建立以科研为导向、以学科专业为平台、以学术团队为主体的人文社会科学博士研究生的培养模式。

（蒋利华）

【举办庆祝复校三十周年系列活动】 10月5至25日，人大举办庆祝复校三十周年系列活动。活动由座谈会、庆祝大会、交流活动和歌舞晚会组成。其中，10月5日，举办复校三十周年座谈会。中共中央政治局委员、国务委员刘延东出席并讲话，她高度评价该校七十多年来发展历程以及在中国人文社会科学领域重要地位，充分肯定学校进入新世纪以来发展建设所取得成就，并提出四点希望：坚持科学理论武装，用马克思主义中国化最新成果来指导实践；坚持“立学为民、治学报国”的办学宗旨，为国家建设、改革和发展贡献力量；坚持实事求是的学风，培育坚持真理、开放包容、民主和谐的大学文化；坚持改革创新，开拓进取，努力推进以人文社会科学为主的世界一流大学的建设。该校77、78级校友代表以及该校师生800多人参加系列活动。1978年，中国人民大学在“文革”中被停办8年后，7月7日，国务院批准恢复中国人民大学。7月26日，中国人民大学隆重举行复校会师大会。

（蒋利华）

【成立人大校友会】 10月14日，人大校友会成立。该校友会前身为中国延安陕北公学、华北联合大学校友会，经民政部批准更名为中国人民大学校友会，主要开展联络校友、书刊编辑、咨询服务等活动。中国延安陕北公学、华北联合大学校友会由陕北公学、华北联合大学学习过的老校友于1995年发起成立，并于同年在民政部注册，挂靠中国人民大学。

（蒋利华）

【召开书报资料中心成立五十周年庆祝会】 11月1日，人大召开书报资料中心成立50周年庆祝大会。来自中共中央宣传部、教育部、国家新闻出版总署以及该校有关单位、书报资料中心员工400多人参加庆祝活动。该中心1958年成立，是中华人民共和国成立后最早从事人文社会科学文献搜集、整理、编辑、集成、发布的信息资料提供机构，最初由中国人民大学图书提要卡联合编辑组、剪报公司和新闻系印刷厂合并成立，成立至今已经成为兼营期刊出版、网络电子出版、信息咨询、广告等业务的综合性、跨媒体的现代出版机构和信息资源服务机构。

（蒋利华）

【接受沈鹏书法作品捐赠】 11月6日，人大接受沈鹏书法作品捐赠。该校共接受沈鹏书法作品捐赠35幅，其中，草书23件、行楷7件、隶书4件、篆体1件。沈鹏，著名书法家、中国书法家协会名誉主席，江苏江阴人，著名书法家，历任人民美术出版社副总编辑、编审，《中国书画》丛刊主编，中国书法家协会副主席、主席、名誉主席，全国政协委员、中国文联副主席。主持编辑并自编美术出刊五百种以上，出版有论文集《书画评论》，著作《故宫博物院藏画》获国家图书奖，《中国美术全集·宋金元卷》获中国图书奖。

（蒋利华）

【举办国际儒学论坛】 11月29日，人大举办第五届国际儒学论坛。该论坛以“儒家仁爱思想的现代价值”为主题，就“儒家仁爱思想的义理阐释”、“儒家仁爱思想的历史实践”、“儒家仁爱思想的宗教向度”、“儒家仁爱思想的当代价值”等问题进行研讨。来自海内外儒学专家学者150人参加论坛。该论坛2004年开始，每年一届，把研究和弘扬以儒家为主体的中国优秀传统文化作为主题，致力于推动国内外学者对中国传统文化的探讨和交流。

（蒋利华）

【举行纪念吴玉章诞辰130周年系列活动】 12月22和29日，人大举行纪念吴玉章诞辰130周年系列活动。其中，12月22日，该校举办纪念座谈会，会议就吴玉章事迹和教育思想进行座谈。来自教育部和该校领导、师生300人参加座谈会。12月29日，该校与四川大学、中共四川省委党史研究室、四川省社会科学院、四川师范大学、中共自贡市委、四川吴玉章研究会在成都联合举办纪念活动。该活动由纪念吴玉章诞辰130周年学术研讨会、纪念吴玉章诞辰130周年祭奠仪式组成，共有40人参加活动。

吴玉章，四川荣县人，早年参加孙中山领导的同盟会和辛亥革命，1915年组织留法勤工俭学会。1922年任四川成都高等师范学校校长（四川大学前身）。1925年加入中国共产党。1927年参加八一南昌起义，任革命委员会委员兼秘书长。1928至1937年，被派往苏联、法国工作，参加过共产国际第七次代表大会。1938年回国后，历任延安鲁迅艺术学院院长、延安大学校长、陕甘宁边区政府文化委员会主任、中共四川省委书记、华北大学校长等职。建国后，任中国人民大学校长、中国教育工会主任、中国文字改革委员会主任等职。曾被选为第一至第四届全国人民代表大会代表和人大常委会委员。中国共产党第六届六中全会、第七和第八次全国代表大会均当选为中央委员。1966年12月12日在北京病逝。

（蒋利华）

清华大学

党委书记　陈希　（12月免）
　　　　　胡和平（12月任）
校　　长　顾秉林

【概　况】　2008年，清华大学有14个学院56个系。国家重点学科（一级）21个，国家重点学科（二级）6个，国家重点（培育）学科1个，本科专业62个，第二学位专业4个，有博士、硕士学位授予权的一级学科　个。共有博士学位授权点182个，硕士学位授权点199个，有博士后科研流动站34个。有实验室189个，其中，12个国家重点实验室，6个国家工程研究中心，35个省、部级设置的研究（院、所、中心）、实验室。教职工8821人，其中，专任教师2622人（正高级1153人，副高级1087人）。博士生导师980人，硕士生导师1353人。一线科研人员1832人，中科院院士36人，工程院院士32人。全年聘请40多个国家和地区的海外专家927人来校，其中长期159人，短期768人。另有长江学者特聘教授73人。在校生25804人，其中，全日制博士研究生5353人、硕士研究生7052人，普通本科生13399人。毕业生6433人，其中，全日制博士研究生917人、硕士研究生2444人，普通本科生3072人。招生7050人，其中，全日制博士研究生1163人、硕士研究生2530人，普通本科生3357人，高考北京地区提档线理科656分、文科622分。来自103个国家和地区的在校留学生2404人，其中，本科生886人、硕士生574人、博士生125人，进修生819人，毕业1674人，招生1812人。全校教职工因公出国（境）3771人次，学生2099人次；全年接待来访海外来宾2.6万人次；由清华主请，来自40多个国家和地区的海外专家927人；举办国际或地区学术会议38次。图书馆藏书345.55万册（件）。校园建筑面积187万平方米。学校网址：www.tsinghua.edu.cn。

（苏芃）

【17项成果获国家科学技术奖】　1月8日，清华17项成果（通用项目）获得2007年度国家科学技术奖。其中，国家自然科学奖二等奖1项、国家技术发明奖二等奖8项、国家科学技术进步奖二等奖8项。其中，作为第一单位（人）主持完成项目9项。

（苏芃）

【入选CSSCI来源期刊】　1月，清华《装饰》杂志入选“中文社会科学引文索引”（CSSCI）来源期刊。《装饰》入选CSSCI由教育部批准，是全国艺术设计类学术期刊中唯一进入CSSCI来源期刊的刊物。《装饰》是全国艺术设计类学术期刊中唯一进入CSSCI来源期刊的刊物。

（苏芃）

【高温气冷堆核电站专项方案获批实施】　2月15日，清华高温气冷堆核

电站重大专项实施方案通过国务院批准。高温气冷堆核电站重大专项是国家中长期科技发展规划纲要16个重大专项之一“大型先进压水堆和高温气冷堆核电站”的一个组成部分，目标是建设世界上第一座具有第四代核能系统安全特征的20万千瓦级高温气冷堆核电站，被国务院领导称作建设创新型国家的标志性工程之一。中国华能集团、中国核工业建设集团、清华大学、清华控股合作承担该项目的科研、设计和工程建设。

（苏芃　郭海军）

【两项目获中国专利奖优秀奖】　2月20日，清华两项目获第十届中国专利奖优秀奖。评选由国家知识产权局主办，没两年一次，评出金奖15项，优秀奖145项。该校博奥生物申报的发明专利“一种微量液体喷射系统”和紫光集团所投资企业北京中棉紫光生物科技有限公司申报的发明专利“一种棉籽的处理方法”荣获由国家知识产权局颁发的“第十届中国专利奖优秀奖”。

（苏芃）

【经管学院通过欧洲质量发展认证体系认证】　2月26日，清华经管学院通过欧洲质量发展认证体系EQUIS认证，成为中国内地首家获此认证的商学院。该认证由欧洲管理发展基金会主办。清华经管学院已于2007年4月通过国际商学院联合会AACSB认证。至此，经管学院成为目前中国内地唯一获得AACSB和EQUIS两大全球管理教育顶级认证的商学院，也是亚太地区同时拥有三项国际认证（AACSB Business，AACSB Accounting和EQUIS）的三家商学院之一。

（苏芃）

【成立国际关系学系】　3月1日，清华成立国际关系学系。该系隶属人文社科学院，开展本科和研究生层次教学，开设专业1个。有教职工16人，其中，正高级职称7人。

（苏芃）

【举办良师益友评选活动】　3月21日，清华举办第十届“良师益友”评选颁奖典礼。典礼向该校37名教师颁发证书，并通过感动印象、DV短片、现场访谈等形式展示获奖老师风采。获奖教师评选采取由全校研究生投票办法。“良师益友”活动始于1998年，旨在传承清华学术传统，扩

大师德典范宣传，加强师生交流，多途径深入开展师恩师德教育，每年评选一届，共评选教师931人次。

（苏芃）

【哈佛校长来访】 3月26日，清华接待哈佛大学校长德鲁·吉尔平·福斯特（Drew Gilpin Faust）一行访问。期间，清华校长顾秉林介绍该校建设“绿色大学”情况，双方就经济、管理、人文、数学、环境等领域的发展进行交流，并就未来进一步加强合作交换意见。福斯特做客“清华海外名师讲堂”，发表题为《教育之道，在明明德：变革世界中的高等教育》的演讲。

（苏芃）

【成立中国车用能源研究中心】 4月19日，清华成立中国车用能源研究中心。该中心是多个院系参与的研究中心，通用汽车和上汽集团提供全方位支持，隶属学校，开展车用能源战略、技术路线选择等领域研究。

（苏芃）

【成立中国古典文献研究中心】 4月24日，清华成立中国古典文献研究中心。该中心隶属学校，开展古典文献领域教学研究。

（苏芃）

【与海军航空工程学院签订合作协议】 4月24日，清华与海军航空工程学院签订合作协议。根据协议，双方合作开展国防研究，探索国防人才培养新方向。

（苏芃）

【与南京市签署合作协议】 5月13

日，清华与南京市人民政府签署《南京市人民政府—清华大学全面战略合作协议书》。根据协议，双方将开展区域发展研究合作、共同推进高新技术产业领域的重大项目合作。

（苏芃 郭海军）

【举办2次大学周活动】 5月19至26日和5月26日至6月2日，清华举办2次友好学校周活动。5月19至26日，该校举办“清华大学—东京大学周”活动，活动期间，两校签订学生交换协议，联合举行5场学术讲座及14场研讨会。东京大学教授、学者100人和研究生100人与清华师生在法学、材料、信息、环境等领域展开学术交流。5月26日至6月2日，该校举办“清华大学—伯克利大学周”活动。该活动是该校与美国伯克利大学合办，活动期间，两校签署《清华—伯克利全球技术创新项目、创业实验室及清华—伯克利心理学和中国的发展项目备忘录》和《清华大学与伯克利加州大学在心理学领域的战略合作协议》，并举办9场学术研讨会和讲座，涉及心理学、国际关系、生命科学、社会学、创新与创新教育等学科领域。来自两校专家学者100人参加活动。

（苏芃）

【举办研究生技术创业计划大赛】 5月25日，清华举办首届清华大学研究生技术创业计划大赛。比赛以“促进高层次、复合型、拔尖创新人才培养，推动技术创新走向技术创业；促进高校科技成果转化为现实生产力”为主旨，考察项目技术产品、市场竞争分析、经营管理与营销策略等内容，最终，厦门大学A1创业团队凭借其“索路高科技有限公司项目”获得冠军。来自全国26所高校110支参赛队伍参加比赛。

（苏芃）

【一所实验室获批为国家大型科学仪器中心】 6月16日，清华电子能谱实验室、电子显微镜实验室被科技部正式批准为国家大型科学仪器中心。通过被准后，以纳米扫描俄歇系统为核心仪器，依托该校建设的能谱中心，正式命名为北京电子能谱中心；以300kV配有物镜球差矫正器的场发射枪分析型透射电子显微镜为核心、依托该校建设的电子显微镜中心正式命名为北京电子显微镜中心。

（苏芃）

【文科首次面向全国31个省区市招生】 6月，清华文科首次面向全国31个省区市招生。该校文科招生由上年的16个省区市扩大到全国31个省区市，在招生录取工作中，该校文科录取分数线与往年相比普遍走高，重庆、安徽、四川等多个省区市的文科第一名被清华录取。

（苏芃）

【成立马克思主义学院】 7月6日，清华成立马克思主义学院。该院开展研究生层次教学，开设专业1个。共有教职工57人，其中，正高级职务17人。

（苏芃）

【接受文物捐赠】 7月，清华接受海

外校友捐赠简册。该简册共计2100枚（包括残片）。10月，经全国11位学者专家鉴定认为：“从竹简形制和文字看，这批竹简应是楚地出土的战国时代简册，是十分珍贵的历史文物，涉及中国传统文化的核心内容，是一项罕见的重大发现，必将受到国内外学者重视，对历史学、考古学、古文字学、文献学等许多学科将会产生广泛深远的影响。”

（苏芃 郭海军）

【改革导师选聘机制】 8月20日，清华改革导师选聘机制。改革旨在优化导师队伍结构、进一步改进研究生指导和提高培养质量，吸收一批学术活跃、承担重大科研课题、培养研究生条件充分青年教师担任研究生指导工作，进一步优化导师队伍。至年底，该校共选聘51位副高职称教师担任博士生指导工作，88位中级职称教师担任硕士生指导工作。

（苏芃）

【9篇论文入选全国百篇优秀博士学位论文】 8月，清华共有9篇博士学位论文入选全国优秀博士学位论文（含北京协和医学院—清华大学医学部1篇）。其中，物理学专业姜开利的《碳纳米管生长机理的研究》、化学专业李晓林的《金属氧化物和硫化物一维纳米材料的合成表征和性能研究》、材料科学与工程专业罗俊的《一维金属/半导体轴向异质结的制

备、表征与伏安特性》等8篇来自校本部；临床医学专业张雪梅的《环氧化酶—2功能性遗传变异与食管癌及胃癌易感性相关》1篇来自清华大学医学部（北京协和医学院）。另有5篇学位论文入选全国优秀博士学位论文提名论文（含北京协和医学院—清华大学医学部1篇）。从1999年到2008年，我校获得全国优秀博士学位论文共82篇（含北京协和医学院—清华大学医学部4篇），平均每50名毕业生获奖1篇，入选论文篇数居全国高校首位。

（苏芃）

【召开教书育人研讨会】　9月19至20日，清华召开第25次教书育人研讨会。会议以“明确定位，提高质量，培养拔尖创新人才”为主题，由大会和分组讨论组成，其中，大会上，该校研究生院院长作题为《解放思想，开拓创新，进一步提高我校研究生培养质量》的主题报告。分组讨论围绕“提高博士生培养质量的新举措”和“探讨硕士研究生定位与人才培养模式的多样化”的主题开展研讨。会议肯定该校研究生教育改革举措和取得成绩，在“加强研究生交叉学科的研究能力和组织协调能力、招生理念要从分数面前人人平等转变成综合考察研究能力、研究在博士培养中双导师联合指导或指导小组合作指导、营造浓郁的学术氛围，进一步激发学生的学习动力、支持课题研究中的跨学科合作团队、建立前沿性复合式研究型的课程体系、强化培养中的淘汰机制、建立与培养目标培养模式多样化相配套的多样化评价体系、加大对研究生国际学术交流的支持”等方面提出许多好的建议。来自全校各部处、院系120人参加会议。

（苏芃）

【承办摩擦学学术会议】　9月24至27日，清华摩擦学国家重点实验室承办第五届摩擦学国际会议（IF-ToMM）。会议58个主题涵盖当今摩擦学研究全部领域。会议收到论文466篇。中国、日本、美国等26个国家专家学者400人参加会议。

（苏芃）

【平板显示技术应用于舱外航天服】
9月27日，清华平板显示（OLED）技术应用于“神舟七号”载人航天飞船宇航员太空舱外服。该技术使显示器更大、更薄、更省电、更耐高低温、显示器颜色更艳丽，方便航天员查看。该技术在国际上首次应用于航天飞行宇航服。

（苏芃）

【完成工业用微生物菌种太空实验】
10月1日，清华完成工业用微生物菌种太空实验。该校筛选8株用于生物可降解材料、生物燃料、医药和食品生产等方面工业用生产菌，搭载“神舟七号”飞船，利用太空辐射等环境进行空间诱变实验。实验品返回后，该校将继续利用该工业菌作筛选和发酵实验。

（苏芃）

【清华科技园各分园、启迪股份投资企业取消“清华”冠名】　10月1日，清华科技园各分园、启迪股份投资企业取消“清华”冠名。启迪股份发表声明，根据清华大学关于企业取消“清华”冠名的要求，同时为打造“启迪”作为科技园区开发、建设、服务和管理的专业品牌，清华科技园所属各分园、启迪股份各控、参股公司于2008年10月1日起，取消“清华”冠名，统一使用“启迪”作为冠名和品牌。

（苏芃）

【举办奇异夸克物质会议】　10月6日，清华举办2008奇异夸克物质国际会议（International Conference on Strangeness in Quark Matter 2008）。会议围绕“核碰撞中奇异夸克和重夸克的产生”，“奇异夸克和重夸克产生的基本过程”，“强作用新物质的性质”，“较低能区重离子碰撞的最新进展”，“CERN/LHC未来重离子碰撞实验计划”展开讨论，讨论重点关注高能核碰撞中奇异夸克和重夸克产生过程的理论和实验的最新进展。来自20个国家专家学者200人参加会议。

（苏芃）

【与吉林省签订合作协议】　10月7日，清华与吉林省人民政府签订合作协议。根据协议，双方将以科技合作、人才培养和毕业生挂职等形式开展省校长期合作，推动吉林省经济快速发展。双方签署四个省校合作相关项目协议，包括推动吉林省技术创新支撑体系建设、培养企业管理及专业技术人才和高层次专业技术人才以及帮助白城市进行碱地治理工作。

（苏芃）

【新生导引项目启动】　10月8日，清华新生导引项目启动。该项目从2008年入学新生开始启动，在学校倡导、院系自愿的基础上，试点工作将选择在1/3新生班级中开展。项目通过选聘一批有思想教育工作经验和热情的教师，包括离退休教师和中青年学术骨干等组成项目指导教师团队，每人指导约10名新生，并选拔优秀高年级学生担任项目助理协助开展工作。通过一定持续时间、一定环节和内容的工作，指导新生尽快适应大学学习生活，奠定思想、行为和心理积极变化的良好开局，从而养成良好的学风和学习习惯，继承和发扬清华大学的优良传统和精神。

（苏芃）

【接待剑桥大学校长爱莉森·理查德访问】　10月10日，清华接待英国剑桥大学校长爱莉森·理查德教授一行访问。期间，双方就进一步促进两校在低碳能源、建筑、师生交流与学生联合培养等方面的合作交换意见。

（苏芃）

【举办叶企孙诞辰110周年纪念会】
10月11日，清华举办叶企孙辰110周年纪念会。会议由该校与中国科学院、中国工程院、中国物理学会和北京大学联合举办。会上，校长顾秉林在会上作题为《学习叶企孙先生办学思想，培养新时代拔尖创新人才》的讲话，回忆叶企孙先生为我国科学事业发展所做的巨大贡献，特别是在办学和人才培养上的卓著成就。诺贝尔物理学奖获得者李政道先生出席大会并作题为《大音希声、大象无形》的演讲，回忆自己在西南联大学习时的经历及叶企孙先生因材施教的教育理念。来自国内两院院士30人、叶企孙先生当年的学生及该校物理系师生共1000人参加大会。叶企孙，物理学家、教育家，是我国近代物理学奠基人之一，创办清华大学物理系、北京大学磁学专门组。

（苏芃）

【心理学系复系】　10月17日，清华心理学系复系。复系后，该系隶属人文社会科学学院，开展本科、研究生学历层次教学，开设 1 个本科专业。该系 1926 年建立，是中国大学中最早建立的心理学系之一，由唐钺、孙国华、周先庚等人创建，时为清华大学六大系之一。

（苏芃）

【举办简并量子气体前沿会议】 10 月 20 日，清华举办简并量子气体前沿国际会议。会议以简并量子气体前沿为主题，研讨强相互作用超冷原子系统的不平常性问题。会上，40 位简并量子气体研究领域物理学家报告最新研究成果。来自国内外专家学者 200 人参加会议。

（苏芃）

【发现碳纳米管薄膜“扬声器”】 10 月 23 日，清华发现碳纳米管薄膜“扬声器”。该校物理系范守善院士、姜开利副研究员领导的科研小组发现碳纳米管薄膜在有音频电流通过时，会具有类似“扬声器”的功能。这些“扬声器”的厚度只有几十纳米，而且是透明、柔软和可伸长的，它们可以被裁剪为任意形状和大小。相关论文发表在《纳米快报》（Nano Letters）上。该项科研工作得到 973 和国家自然科学基金委以及富士康科技集团的资助，科研成果已于 2008 年 4 月申请国际和国内专利。

（苏芃）

【举办《装饰》创刊 50 周年庆祝活动】 11 月 1 至 15 日，清华举办《装饰》杂志创刊 50 周年庆祝活动。其中，11 月 1 日，举行纪念活动开幕式；11 月 1 日至 15 日举办“装饰·中国路——新中国设计文献展”，从工艺美术到艺术设计研讨会，出版《纪念创刊 50 周年·增刊》。

（苏芃）

【召开学生素质拓展计划实施十周年纪念会】 12 月 14 日，清华举办学生素质拓展计划实施十周年纪念座谈会。会议以素质拓展工作为主题，研讨该工作定位、举措和经验。该校师生 60 人参加会议。该计划 1998 年 3 月开始实施，截至 2008 年 10 月，学生素质拓展计划共进行 21 次项目申报，审批项目总计约 3500 个，受益面达 30 万人次。项目类型涵盖素质教育的方方面面，对提高同学的思想道德素质、文化修养、身心素质和创新能力都起到非常重要的作用。

（苏芃）

【举办第 200 场博士生学术论坛】 12 月 20 至 21 日，清华举办第 200 场博士生学术论坛。该校博士生论坛始于 2002 年 3 月，旨在营造学术氛围、促进学术创新、完善学术交流机制的积极作用，是培养研究生重要环节。共有教师 2200 人次，博士生 14671 人次参加论坛。

（苏芃）

【入选中文核心期刊要目】 12 月，清华《装饰》杂志入选《中文核心期刊要目总览》2008 年版。《中文核心期刊要目总览》由北京大学图书馆鉴定编辑。这是《装饰》杂志连续第五次入选《中文核心期刊要目总览》。

（苏芃）

【授予 24 位海外人士名誉学衔】 至年底，清华共授予、聘请海外人士名誉学衔 24 人。其中，授予名誉教授称号 4 人，聘任客座教授 19 人、顾问教授 1 人。

（苏芃）

【举办 5 场诺贝尔奖学者讲座】 至年底，清华举办 5 场诺贝尔奖获得者讲座。其中，3 月 21 日，经济学家、2001 年诺贝尔经济学奖得主约瑟夫·斯蒂格里茨（Joseph Stiglitz）做题为《美国金融危机：中国可以得到的借鉴》讲座；10 月 27 日，DNA 双螺旋结构提出者之一、1962 年诺贝尔生理学或医学奖得主、美国冷泉港实验室名誉主席詹姆斯·戴维·沃森（James D. Watson）做题为《学涯六十载，求知重重路》讲座；10 月 20 日，2001 年诺贝尔物理学奖获得者沃尔夫冈·科特勒（Wolfgang Ketterle）做题为《费米子强相互作用研究》讲座；10 月 20 日，2001 年诺贝尔物理学奖获得者埃里克·康奈尔（Eric Cornell）、1997 年诺贝尔物理学奖获得者威廉·菲利普斯（William Phillips）、2003 年诺贝尔物理学奖获得作者安·莱格特（Anthony Legget）做学术交流并作主题讲座；11 月 12 日，2004 年诺贝尔物理学奖获得者、美国加利福尼亚大学圣巴巴拉分校卡夫利（Kavli）理论物理研究所所长大卫·格罗斯（David Gross）做题为《基础物理学即将到来的革命》讲座。

（苏芃）

【接待七位政要或前政要访问清】

至年底，清华接待 7 位国外政要或前政要访问。1 月 17 日，接待芬兰副总理兼财政部部长 Jyrki Katainen 先生；10 月 27 日，接待荷兰王国首相巴尔克嫩德先生；6 月 13 日，接待美国共和党前主席 Frank Fahrenkopf、民主党前主席 Don Fowler；8 月 11 日，接待瓦努阿图总理沃尔特·利尼；4 月 1 日，接待阿联酋副总统兼总理谢赫·穆罕默德·本·拉希德·阿勒·迈克吐姆；4 月 14 日，接待巴基斯坦总统穆沙拉夫。

（苏芃　郭海军）

【举办 11 个英文硕士研究生学位项目】 至年底，清华举办 11 个英文硕士研究生学位项目。其中，该校在办英文硕士学位项目有“国际工商管理硕士（IMBA）项目”、“中国法项目（LL. M）”等 6 项，研究生联合培养项目“清华—亚琛联合培养项目”、“清华—东工大联合培养项目”等 5 项。校录取攻读研究生学位的留学生 461 人，其中硕士生 429 人，博士生 32 人，录取留学生人数首次超过当年研究生新生总人数 10%。

（苏芃）

北京交通大学

党委书记　王建国
校　　长　谈振辉（3 月免）
　　　　　　宁滨　（3 月任）

【概　况】 2008 年，北京交通大学占地面积 66.81 万平方米，建筑面积 76.71 万平方米。学校固定资产总值 179370.98 万元，其中教学科研仪器设备资产 48737.15 万元。全年教育经费投入 128576 万元，其中，国家拨款 53647 万元，自筹经费 74929 万元。图书馆建筑面积 13888 平方米，藏书纸介质 135.54 万册，电子图书 22.73 万册。下设 12 个学院，36 个系，开设本科专业 39 个，覆盖工学和管理学等 8 个学科门类和 33 个一级学科，国家重点学科 8 个，3 个一级学科北京市重点学科，5 个二级学科北京市重点学科，1 个交叉学科北京市重点学科，4 个铁道部重点学科。有一级学科博士点 11 个，二级学科博士点 60 个（其中有 17 个为自设专业），120 个硕士学位授权点（其中有 18 个为自设专业），4 个专业学位授权点；博士后流动站 11 个，其中出站 27 人，进站 33 人，在站 69 人。1 个国家重点实验室，2 个国家工程实验室、1 个国家工程研究中心。教职工 2810 人，其中，专任教师 1611 人，专任教师中，教授 287 人，副教授 612 人；博士生导师 226 人，硕士生导师 690 人；中科院院士 3 人，工程院院士 7 人；“长江学者奖励计划”特聘教授 2 人、讲座教授 1 人，国家级有突出贡献专家 5 人，享受政府特殊津贴专家 159 人；有外籍教师 16 人。在专任教师中，博士 844 人，占 52.4%。毕业生 18103 人，其中，全日制研究生 3416 人（博士生 191 人、硕士生 3225 人），普通本专科生 3578 人（本科生 3110 人，专科生 468 人），成人教育本专科生 2355 人（本科生 1341 人、专科生 1014 人），网络教育本专科生 8754 人（本科生 3985 人、专科生 4773 人）。本科生就业率 98.01%，硕士生 98.48%，博士生 93.40%，高职生 91.03%。招生 32278 人，其中，学历教育学生中全日制研究生 2837 人（博士生 381 人、硕士生 2456 人），普通本专科生 3995 人（本科生 3491 人，专科生 504 人），成人教育本专科生 2804 人（本科生 1947 人、专科生 854 人），网络教育本专科生 22039 人（本科生 7351 人、专科生 14688 人）。高考北京地区提档线理科 580 分，文科 561 分。在校生 84354 人，其中，学历教育学生中全日制研究生 6884 人（博士生 1946 人、硕士生 4938 人），普通本专科生 15200 人（本科生 13941 人，专科生 1259 人），成人教育本专科生 8152 人（本科生 5636 人、专科生 2516 人），网络教育本专科生 54118 人（本科生 23700 人、专科生 30418 人）。留学生毕业 124 人，招生 167 人，在校学生 448 人。学校网址：www.bjtu.edu.cn。

（高杰）

【一项目获国家科学技术进步奖】　1 月 8 日，北京交大一项目在国家科学技术奖励大会上获得国家科技进步二等奖。该项目是由北京交大计算机学院须德教授参加完成的科普著作《E 时代 N 个为什么》（共 12 册）。

（高杰）

【成立司法裁判研究中心】　1 月 8 日，北京交大成立司法裁判研究中心。该中心挂靠人文社会科学学院，将与有关政府机构、科研院所和企业开展广泛而长期的合作，发挥“产学研”合作优势，建设司法裁判研究的科研及管理咨询平台，并为学生提供丰富的教学和实践基地，提高学校相关学科教学与科研水平。

（高杰）

【14 人获詹天佑铁道科学技术奖】　1 月 12 日，北京交大 14 人获第八届詹天佑铁道科学技术奖及詹天佑专项基金奖。该校 4 位教师获得第八届詹天佑铁道科学技术奖，其中，宁滨、夏禾获得成就奖，钟章队获得贡献奖，韩梅获得青年奖；10 位教师获得北京交通大学詹天佑专项基金奖，其中，刘志明、肖扬、高亮、修乃华、秦雅娟、路日亮、贾元华获得科技奖，张力、南玉霞获得教学奖，郭树东获得管理奖。

（高杰）

【聘任一名客座教授】　1 月 14 日，北京交大聘任中国人民大学张雷声教授为客座教授。张雷声现任中国人民大学马克思主义学院副院长、马克思主义理论与思想政治教育研究所所长，入选教育部“跨世纪人才培养计划”，主要研究方向为马克思主义经济学和发展中国经济发展理论。

（高杰）

【交通运输专业通过认证】　1 月 16 日，北京交大交通运输专业通过教育部 2007 年度工程教育专业认证。本年度全国共有机械、化工、电气、计算机、地矿、轻工与食品、交通运输、环境、水利等 9 个专业的 18 个专业点通过认证，认证结论有效期为 3 年。

（高杰）

【朱善璐来校视察工作】　1 月 21 日，朱善璐赴北京交大视察工作。朱善璐一行听取校长谈振辉和常务副校长宁滨就北京轨道交通信号系统核心技术研究和工程化实施、北京市轨道交通隧道工程建设综合试验平台等 6 方面工作以及学校发展中需要北京市帮助解决的几个问题的汇报，并就如何支持学校相关工作作出重要指示。朱善璐对北京交大发挥自身学科特色和优势，开展科学研究，为北京市经济社会发展特别是轨道交通等服务，推进产学研合作等给予充分肯定，并指示相关部门加强与该校的沟通，帮助和促进学校有关工作的开展。他希望北京交大在带动北京市基础教育水平提升、解决基础教育存在的问题方面发挥表率作用。

（高杰）

【高富浪被教育部追授“全国优秀大学生”荣誉称号】　1 月 23 日，教育部追授为救助他人而英勇献身的北京交大高富浪同学“全国优秀大学生”荣誉称号。1 月 31 日，高富浪当选北京教工委、北京教育新闻中心、《北京日报》等单位组织评选的 2007 年“首都十大教育人物”。3 月 7 日，北京交大举行学习宣传高富浪事迹座谈会暨高富浪奖励基金启动仪式由高富浪亲属提议，学校、学院及其亲属共同设立“高富浪奖励基金”，启动资金 20 万元。基金用于奖励见义勇为、自强不息、乐于助人和甘于奉献的优秀学生。高富浪同学是北京交大土木建筑工程环境 0402 班学生，2006 年 7 月 28 日，在参加“2006 甘肃大学生绿色营”活动中，为解救被困在黄河河心岛上队友，自己遇难牺牲。

（高杰）

【发光与光信息技术教育部重点实验室通过验收】　2 月 25 日，北京交大发光与光信息技术教育部重点实验室建设项目通过教育部科技司专家组验收。至此，该实验室进入正式运行阶段。专家组对实验室具有明显优势和特色的研究方向、高层次科研队伍、良好的人才培养能力、承担国家重大科研任务的能力、在各研究方向取得的成果做出客观评价，认为实验室完成各项建设计划任务，达到教育部重点实验室的验收要求。

（高杰）

【聘任一名顾问教授】 3月12日，北京交大聘任法国科研中心光子与纳米结构实验室（LPN/CNRS）主任研究员王肇中（Zhao Zhong WANG）为顾问教授。王肇中博士多年来主要在纳米科学、纳米物理、固体实验物理、低温高真空扫描隧道显微镜等专业领域从事研究工作，取得具有世界领先水平的成果。

（高杰）

【聘任一名讲座教授】 4月9日，北京交大聘请美国密苏里大学堪萨斯分校（University of Missouri－Kansas City）终身首席教授邓红文为“北京交通大学百人计划”海外讲座教授。邓红文现任密苏里大学堪萨斯分校整形外科研究主任及遗传中心实验室主任，教育部“长江学者奖励计划”特聘教授。

（高杰）

【进入教育部“太阳花在线”项目首批试点高校】 4月22日，北京交大进入教育部“太阳花在线”项目首批试点高校。“太阳花在线”项目试点工作全称为教育部、中国教育电视台“太阳花在线”全国高校校园影视联播网试点工作，即通过卫星传输手段，将经典主旋律电影、中宣部“五个一工程”优秀电视剧、世界名著经典、外国优秀影视剧片、国内外科教片、优秀文献纪录片以及非物质文化遗产影视片等作品，低成本地进行高校校园IP数据广播。首批全国共有20所高校入选。

（高杰）

【开通学生素质拓展计划网站】 4月22日，北京交大学生素质拓展计划网站正式开通。“大学生素质拓展计划”是由共青团中央、教育部、全国学联为贯彻落实《中共中央国务院关于深化教育改革全面推进素质教育的决定》而联合推出的一项系统工程，旨在全面培养大学生的综合素质，为大学生打造一个全员参与、多级联动的素质教育平台。北京交大于2007年开始负责筹建素质拓展计划网络平台，并在电子信息工程学院和机械与电子控制工程学院06级本科生中开展试点工作。

（高杰）

【成立城市交通智能系统与安全技术工程中心】 4月23日，北京交大城市交通智能系统与安全技术工程中心成立。该中心挂靠交通运输学院，由科技园参与协调，将积极与有关政府机构、科研院所和企业开展广泛而长期的合作，发挥“产学研”合作优势，积极推进北京交大城市交通智能系统与安全技术领域科技成果转化，并为学生提供丰富的教学和实践基地，提高学校相关学科的教学与科研水平。

（高杰）

【海滨学院获批设立】 5月7日，北京交大与华城（黄骅）科教有限公司经教育部批准合作举办北京交通大学海滨学院。该学院为独立学院，首批招生专业有自动化（轨道交通控制）、计算机科学与技术（计算机网络与应用、计算机软件）、土木工程、工商管理（会计、财务管理）、物流管理、英语等6个专业，学制4年，年度招生计划由河北省教育厅安排下达。其招收的学生，学习期满且成绩合格，由海滨学院颁发毕业证书；符合学士学位授予条件的，由海滨学院颁发学士学位证书。海滨学院经过近两年的筹建，用地15万平方米，投资3.2亿元的一期土建工程已全部竣工。教学、实验和生活配套设备都已到位。北京交通大学海滨学院本年度正式面向河北、河南、山东招生，共招收新生713名。

（高杰）

【召开“111引智项目”启动会】 5月24日，北京交大召开“111引智项目”启动会。“111计划”全称为“高等学校学科创新引智计划”，是我国为建设世界一流大学而实施的项目、人才、基地三位一体的计划。2007年10月，北京交大申报的“信息科学与技术创新引智基地”获国家外国专家局和教育部正式立项。

（高杰）

【两人入选“长江学者奖励计划”】 6月10日，北京交大两位教授入选“长江学者奖励计划”。分别是土木建筑工程学院汪越胜教授入选“长江学者奖励计划”特聘教授，美国Old Dominion University许立达教授入选“长江学者奖励计划”讲座教授。这是该校继2000年于雷教授、吴建平教授获批为第三批“长江学者奖励计划”特聘教授之后，在该项目上取得的又一大突破。

（高杰）

【3项课题获准国家社科基金立项】 6月12日，评审结果揭晓，北京交大3项课题获准2008年度国家社科基金立项。分别是“中国产业安全问题研究”，主持人李孟刚，资助经费13万元；“并购中的经济网络协同研究”，主持人张秋生，资助经费9万元；“社会主义和谐社会中的政治信仰研究”，主持人荆学民，资助经费9万元。其中，“中国产业安全问题研究”属于国家社科基金重点项目。

（高杰）

【荣朝和获高校教学名师奖】 8月22日，北京交大荣朝和教授被评为第四届高等学校教学名师。荣朝和教授是运输经济领域的著名学者、产业经济学国家级重点学科学术带头人、运输经济学国家级精品课程教学团队负责人、教育部经济学本科特色专业建设点项目团队以及北京交大经济学系列课程教学团队的带头人，他长期坚持本科一线教学，坚持人才培养与高水平科研相结合，在相关领域做出突出贡献。他潜心钻研运输经济学，经过多年艰苦努力，他带领课程教学团队在我国率先建立与国际主流运输经济学接轨的运输经济学课程体系。该课程体系运用经济学理论与方法、面对综合运输体系和运输市场，并面向相关专业的本科生、硕士生和博士生全面开设。目前，以运输经济学国家级精品课程为核心的这种课程范式，已经辐射到全国很多高校。

（高杰）

【学报获中国科技论文在线优秀期刊一等奖】 9月24日，北京交大《北京交通大学学报》自然科学版和社会科学版分获教育部2008年“中国科技论文在线优秀期刊”一等奖。教育部科技发展中心根据“中国科技论文在线优秀期刊”评选指标体系，对收录在“中国科技论文在线”科技期刊栏目的各类期刊，就期刊影响因子和他引率、网站收录论文数和下载量、期刊入网的完整性及期刊编委的国际化程度等进行统计分析，经过评审，北京交大与清华大学、南开大学、西安交通大学等校15家学报获一等奖，39所高校的期刊获二等奖。

（高杰）

【成立中国综合交通研究中心】　9月28日，北京交大成立中国综合交通研究中心。该中心挂靠交通运输学院，聘请中国系统工程学会交通运输系统工程专业委员会理事长、国务院参事石定寰教授担任中心主任，是国内高等院校设立的基于社会资源的第一个正式的综合交通研究机构，旨在为国内综合交通领域同行搭建更好的研究平台，进一步提升我国综合交通领域的学术实力，提高相关学科人才培养和科学研究的水平。

（高杰）

【成立生命科学与生物工程研究院】　9月29日，北京交大成立生命科学与生物工程研究院。学院聘任洪涛院士任名誉院长，引进中国工程院陈志南院士任院长，旨在加快该校生物医学工程学科建设，推进学校生物医学工程专业和信息学科的交叉融合，早日实现学校新兴交叉学科异峰突起。

（高杰）

【物流管理与技术北京市重点实验室通过评审】　10月16日，北京交大物流管理与技术实验室顺利通过北京市教委和北京市科委组织的北京市重点实验室评审。与会专家对学校的高度重视、实验室的建设、研究能力、研究成果给予高度评价，认为实验室的基础条件好，建设计划有目标、有思路，各研究方向的确定符合实际，一致同意该校“物流管理与技术”北京市重点实验室评审通过。

（高杰）

【两人获国家杰出青年科学基金】　10月24日，北京交大王永生和王均宏教授荣获2008年度国家杰出青年科学基金。他们主持的基金项目分别是“有机无机复合发光显示材料与器件的研究”和“基于漏波结构的高速无线链路基础理论与关键技术研究”。

（高杰）

【六个项目获全国高校自制教学仪器设备成果奖】　11月1至3日，北京交大六个项目在首届全国高等学校自制教学仪器设备展示评选中获奖。该校电气学院李继红、孙德水、钮文杰、倪平浩老师研制的“电机学综合实验台”，电信学院杜普选、马庆龙、养雪琴、闻跃老师研制的“浮点DSP实验系统”，计算机学院周洪利、陈连坤老师研制的“计算机高级接口实验台”、陈连坤老师研制的“BJTU－Fxx－x实验系统”，理学院张宏进、刘依真、陈志杰老师研制的“不良导体导热系数实验仪”，电信学院郝晓莉、王昌利、李居朋老师研制的“动物行为实验的视频分析系统”6个参展项目全部获得“自制教学仪器设备成果奖”，学校获得“最佳组织奖”。本次活动由教育部高等学校实验教学指导委员会、教育部高等学校实验室建设指导委员会、中国高等教育学会实验室管理工作分会联合举办，旨在加强高等学校实验室建设，提高实验教学水平，展示高等学校自制实验教学仪器设备研究成果，对优秀自制教学仪器设备在全国范围内进行推广。

（高杰）

【成立阿海珐研究中心和研究生培养基地】　11月6日，北京交大“北京

交通大学－阿海珐研究中心、北京交通大学－阿海珐研究生培养基地”成立。李学伟副校长和AREVA T&D自动化全球研发总监Andrew Klimek签署合作协议，并共同为“研究中心”和“研究生培养基地”揭牌。法国AREVA集团是世界500强企业之一，AREVA输配电是世界三大主要输配电集团之一。该研究中心把研究方向集中在“电力系统继电保护与控制”，并面向电力系统和铁路系统以及城市轨道交通领域。旨在开发输配电领域的先进技术并将中心研究的理论和技术用于新产品的开发。双方在这一领域的合作还包括每年派研究生进入阿海珐（英国）公司科研实践，互派研究人员交流；阿海珐公司提供部分硬件平台及相关支持供研究中心开展新技术研究，并定期派专家到研究中心指导研究工作。

（高杰）

【举办中国交通高层论坛】　11月7日，

北京交大举办“2008·中国交通高层论坛”。该论坛由北京交通大学和中国系统工程学会联合主办，以“奥运交通的启示与奥运后交通”为主题，总结奥运交通经验，探索奥运后交通发展。与会专家围绕奥运交通的经验总结和奥运后交通如何继续发展主题，从不同角度对奥运交通的成功经验进行比较、总结，认为奥运交通充分应用高新技术，实现标准化管理，确保筹备和赛时的工作高效有序运转。专家们希望，通过总结奥运交通的经验和启示，发挥智能交通、信息技术、通讯技术在整个交通保障体系中的重要作用，大力发展城市轨道交通，提高首都交通运输现代化水平，为城市交通的可持续发展提供支持。来自我国交通及相关领域的70多名专家出席本届论坛。

（高杰）

【成立北京交大老教授协会】　11月11日，北京交大老教授协会成立。老教授协会设会长一人，由原通控系系主任胡振声教授担任，副会长两人，秘书长一人。老教授协会的成立，为老教授们更好地发挥作用又提供一个平台。老教授协会将继续促进离退休人员之间的交流，进一步发挥老教授爱校荣校的积极性，为学校的教学、科研、育人等方面做出更多的成绩。

（高杰）

【8栋学生公寓通过标准化验收】　11月12日，北京交大学苑1至7号学生公寓、东校区5号学生公寓达到标准化公寓标准，通过北京高校后勤研

究会学生公寓专业委员会组织的验收。截至目前，全市高校公寓中约有15%通过标准化验收，该校22栋学生公寓中40%通过标准化验收，被评为标准化学生公寓。

（高杰）

【北京交通发展研究基地通过验收】 11月13日，北京交大“北京交通发展研究基地”通过北京市哲学社会科学规划办公室和北京市教委验收。在听取基地负责人汇报、质询问题和考察基地情况后，评审组专家对学校、学院给予基地的重视以及基地的建设与发展、基地实力、研究成果给予高度评价。专家们一致认为，基地有清晰的建设目标和思路，具备良好的研究基础和综合实力，研究成果非常显著。同时，专家们还对基地今后的发展提出很好的建议，并一致同意北京交大“北京交通发展研究基地”评审通过。

（高杰）

【举办中国交通运输价格论坛】 11月15日，北京交大举办“2008中国交通运输价格高层论坛”。经济学家、价格学家张卓元等与会专家在论坛上分别发言。该校中国交通运输价格研究中心在论坛上首次公布中国交通运输价格指数研究成果。交通运输价格指数研究成果的公布，成功为交通运输价格理论与实践搭建一个广阔的平台。研究中心经过长时间的艰苦计算，系统地编制1955至2007年以来的客货运价总指数，157种主要货物的运价指数，比价指数以及运费占货物价格的比重，揭示50多年来我国运输价格变化的趋势及规律；提出交通运输价格指数体系的内涵、指标和一套计算公式，对于在中国特色社会主义市场经济的条件下，如何确定和形成各种运输方式的合理比价，建立综合交通运输价格体系，加强国家综合职能部门宏观调控，改善交通运输价格管理具有重要的作用。此次论坛还以模块化的形式对公路水运价格、民航价格、铁路价格、邮政资费、管道运输价格、城市交通价格分别进行学术探讨和互动交流。本届论坛共收到论文110篇，选入论坛论文集的78篇。中国交通运输价格研究中心是目前国内唯一专门进行交通运输价格理论研究的学术机构。来自各高校学者与国家发改委、交通运输部、国家民航总局、中国邮政集团总公司等50多家单位的专家220余人参加论坛。

（高杰）

【第一所孔子学院开学】 11月20日，

北京交大第一所孔子学院开学。该院是该校与比利时鲁汶工学院（GROUP T International University College Leuven）合办，将致力于向比利时乃至世界展示真实的中国及中国文化，促进文化之间、国家之间的相互理解。

（高杰）

【再获全国高校节水示范校园称号】 12月3日，北京交大在全国高校节水工作经验展评会上第三次被评为“全国高校节水示范校园”。该校1985年以来累计节水500万立方米，两次荣获“全国城市节约用水先进单位”称号，连续16年被评为“北京市节约用水先进单位”。北京交大“雨水拦截工程”被北京市节水办作为示范工程在市属高校和园林系统中推广。

（高杰）

【19项成果获中国铁道学会科学技术奖】 12月11日，北京交大19项成果获2008年度“中国铁道学会科学技术奖”。此次共评出获奖项目88项，由该校教师主持完成的获奖成果5项获奖，其中获一等奖2项，二等奖1项，三等奖2项；北京交大教师参与完成的获奖成果14项，其中特等奖4项，一等奖2项，二等奖5项，三等奖3项，共计获奖项目19项。

（高杰）

【学生竞赛取得好成绩】 至年底，北京交大学生竞赛取得好成绩。分别为：4月12至13日，该校羽毛球队包揽首都大学生2008年羽毛球锦标赛甲组6项冠军，夺得2块乙组女单、女双两项冠军；4月27日，在2008年度MOS世界大赛北京赛区比赛中，该校计算机学院0702班祝真宇夺得北京赛区word项目总冠军，计算机学院荣获最佳团体奖；5月8至11日，该校人文学院学生公健在“迎奥运”首都高校第46届大学生田径运动会上，打破男子链球和男子铅球记录并夺得冠军；6月23至29日，在第十二届全国大学生羽毛球锦标赛上，该校夺得甲组女子团体、甲组男双、女双、混双、乙组男单五项冠军，取得五金三银一铜的优异战绩；7月3日，该校代表队获诺基亚大学移动创新大赛一等奖；10月13日，在第33届ACM国际大学生程序设计竞赛亚洲区预赛哈尔滨站的比赛中，该校代表队获得金奖和银奖；10月22至25日，在2008全国第二届大学生结构设计竞赛中，该校代表队获得三等奖；10月28日，在全国大学生电子设计竞赛2008嵌入式系统专题竞赛中，该校参赛作品“搜寻机器人”获得国家二等奖；11月18日，在第六届“挑战杯”中国大学生创业计划竞赛中，该校作品“思源环保物流有限责任公司创业计划”荣获金奖；11月16日，该校国际商务谈判代表队在第四届“经贸杯”高校商务谈判邀请赛比赛中夺得冠军；11月18日，该校选手获2008成都国际软件设计大赛第一名和第四名。

（高杰）

北京工业大学

党委书记　王守法
校　　长　范伯元

【概　况】 2008年，北京工业大学占地面积为80.12万平方米，建筑面积80.57万平方米。固定资产总值220383.68万元，其中教科仪器设备资产值116989.54万元。图书馆建筑面积26079.16平方米，藏书总计144.45万册，电子图书55.01万册。下设16个二级学院和体育教学部、激光工程研究院、固体微结构与性能研究所、循环经济研究院、高等教育研究所。开设44个本科专业；有81个硕士学位授权点和18个工程硕士授权培养领域；8个一级学科博士学位授权点，37个二级学科博士学位授权点；13个博士后科研流动站。有3个国家级重点学科及14个北京市重点学科、18个北京市重点建设学科，2个教育部重点实验室、3个省部共建重点实验室，13个北京市级重点实验室或研究基地，以及精密超精密加工国家工程研究中心、国家级产学研激光加工中心和中德激光技术中心、教育部数字社区工程中心、汽车结构部件先进制造技术教育部工程中心等。教职工3370人，其中，专任教师1458人，专任教师中有两院院士8人，博士生导师198人，正高级职称人员319人。毕业生7554人，其中，科学学位研究生1215人（博士生122人、硕士生1093人），专业学位研究生752人（工程硕士721人，工商管理硕士31人），普通本专科生2851人（本科生2377人、专科生474人），成人教育本专科生3253人（本科生1443人、专科生1810人），中等专业毕业生41人。毕业生就业率94.47%。招生8684人，其中，全日制研究生1525人（博士生206人、硕士生1319人），在职研究生721人（硕士生721人），普通本专科生3128人（本科生3128人），成人教育本专科生3027人（本科生1960人、专科生1067人）。高考北京地区录取线，本部：理科525分、文科513分；实验学院：理科502分、文科515分；艺术设计学院：本科（文化＋专业）理科637分、文科702.4分。在校生29418人，其中，全日制研究生4557人（博士生787人、硕士生3770人），在职研究生2628人（硕士生2628人），普通本专科生12588人（本科生12279人、专科生309人），成人教育本专科生9171人（本科生4606人、专科生4565人）。留学生毕业194人，招生283人，在校474人。学校网址：www.bjut.edu.cn。

（杨文锋　赵凤琴）

【签署共建市信息化培训基地协议】 4月23日，北工大和北京市信息化工作办公室签订共建市信息化培训基地协议。根据协议，双方将在北京市信息化建设和人才培养等方面密切合作，即共同开办软件工程领域电子政务方向工程硕士班，共同建设北京市信息化培训基地，共同建设完善北京市电子政务技术服务体系，研究共建电子政务研究院，为北京电子政务提供示范试点。5月16日，该基地正式成立。

（朱静）

【一个国家自然科学基金项目通过验收】 4月，北工大环能学院彭永臻教授主持，中国科技大学、哈尔滨工业大学工大共同参与的国家自然科学基金重大国际（地区）合作研究项目“污水脱氮除磷新理论、新工艺及过程控制”通过国家基金委组织结题验收。该项目针对短程硝化反硝化、反硝化除磷、分段进水深度脱氮等污水脱氮除磷新理论、新技术进行微生物学机理、工艺特性方面研究，已建立SBR和A/O工艺处理生活污水的中试试验基地，实现根据原水水质水量变化实时控制脱氮除磷生化反应过程的目的，为进一步工程实践提供可靠技术支持。该项目与日本东京大学合作，双方共同发表论文11篇。中方共发表论文66篇，获专利14项，其中发明专利3项，实用新型专利11项，出版专、译著5部。

（朱静）

【光电子技术实验室通过验收】 5月16日，北工大光电子技术省部共建教育部重点实验室通过教育部科技司专家组验收。专家组在听取实验室建设工作汇报及现场考察后，一致认为光电子技术实验室严格按照省部共建实验室建设计划任务书的要求进行全面建设，在科学研究、队伍建设和人才培养、仪器设备购置和平台建设等方面取得一系列新进展和新成果，特别是其以高端光电子器件的核心技术研究与产业化为方向，选向正确，重点突出，符合国家战略和市场需求。

（朱静）

【激光加工应用于汽车制造技术通过验收】 5月，北工大激光工程研究院承担的北京市科委项目“激光加工应用于汽车制造的技术攻关”通过验收。该项目是激光工程研究院与北汽福田汽车股份有限公司合作，于2005年共同申报，课题组针对汽车制造业技术改造要求，研究先进适用的激光加工装备及关键技术，研制具有自主知识产权2千瓦大功率固体激光加工系统装备，缩短新车开发周期，减少模具数量。该项目总投资380万元。

（朱静）

【获得国际项目管理专业资质认证合作资格】 5月，北工大获得国际项目管理专业资质认证合作资格。该认证合作资格全国工程硕士专业学位教育指导委员会、国际项目管理专业资质认证（IPMP）中国认证委员会项目管理领域资质认证评估专家委员会的评审。该校此次获得国际项目管理专业资质认证，标志着项目管理领域工程硕士培养开始与国际接轨。

（朱静）

【入选国家大学生创新性实验计划】 7月16日，北工大入选“国家大学生创新性实验计划”实施高校。2008年5月，教育部组织第二批大学生创新性实验计划的申报工作，最终确定北工大等60所高校作为第二批实施大学生创新性实验计划项目的高校。“国家大学生创新性实验计划”是中国高等学校本科教学质量与教学改革工程领域的重大项目之一，以课题的形式资助在校大学生开展研究性学习和创新性实验，四年共资助15000个课题，每个课题资助1万元，实行学校遴选推荐、国家立项资助、学校监督管理、检查验收的模式。

（朱静）

【一项目获批“973”研究项目】 8月，北工大先进材料性能与结构演化间关系的现代表征方法及科学问题的研究获2008年度973重大基础研究项目批准。该项目由固体微结构与性能研究所教授张泽主持、该校作为第一承担单位，申请经费申请经费总额为3500万，研究团队由北工大和清华大学、北京大学、中国科学院理化研究所等6家单位组成。

（朱静）

【当代中国国情与青年的历史责任课程开讲】 9月24日，北工大学校教务处和人文社科学院联合开设的“当代中国国情与青年的历史责任”课程开讲。该课程旨在提高学生对当代国情和历史责任的认知，针对当前社会热点问题，聘请相关领域的专家学者于每周三下午以专题讲座的形式与学生交流。中国科学院院士、国际宇航科学院院士，火箭控制系统专家梁思礼教授应邀作题为“中国航天技术的回顾与展望”的报告。该校学生6000人参加学习。

（朱静）

【技术转移方向硕士研究生班开班】 10月11日，北工大软件工程硕士(技术转移方向)研究生班开学。这是全国首个技术转移方向硕士研究生班，该班面向北京市企事业单位从事科技成果转化和技术转移的工作人员招生，采取知识讲授为主，辅以专家论坛、案例分析、主题研讨、实地考察等教学手段，开设技术转移、技术经营论、知识产权与法规等课程，学制2.5至3年，毕业授予软件工程硕士专业学位。首批招生31人。

（朱静）

【承办结构抗爆炸与冲击荷载分析与设计国际会议】 10月17至19日，北工大承办第二届结构抗爆炸与冲击荷载分析与设计国际会议。该会议由中国国家自然科学基金委员会主办。会议包括9个特邀报告及若干专题研讨，与会学者就爆炸波与应力波的传播以及与结构的相互作用、爆炸与冲击荷载作用下结构构件的动力性能、结构抗爆炸与冲击的新材料与新技术等进行交流与研讨。大会共收到论文46篇。来自中国、英国、日本、澳大利亚、新加坡等国的结构抗爆炸与冲击领域学者70人参加会议。

（朱静）

【主办中日建筑结构技术交流会】 10月18至20日，北工大主办第八届中日建筑结构技术交流会。该交流会由该校与中日建筑结构技术交流会、日中建筑构造技术交流会合办，以提高建筑抗震能力的结构技术为主题，采取学术报告和专题讨论的形式，围绕中国汶川地震引发对结构实现“大震不倒”抗震性能目标要求的讨论，长周期超高层复杂结构的结构分析，结构减震、隔震技术的发展，各种组合结构、新型构件、新材料以及预制钢筋混凝土结构等4个方面开展学术交流，达成先进的结构技术是提高建筑抗震能力、减少地震灾害的主要措施共识。来自中日专家学者250人参加会议。

（朱静）

【高性能LED产业化注资签约】 10

月23日，北工大高性能LED产业化注资合作暨入驻北京经济技术开发区签约仪式在首都大酒店举行。该校以沈光地教授为代表的光电子技术研究团队，长期以来从事高效高亮度发光二极管相关技术及产业化的研究，开发出一系列拥有自主知识产权的研究成果。依托学校北京光电子技术教育部重点实验室的技术基础，由北京金沙江创业投资公司出资，通过产学研合作联合成立的北京太时芯光科技有限公司一家科技型创新企业。该公司将3年左右的时间，在北京经济技术开发区先期建设包括研发中心、LED外延片生产线、LED芯片制造生产等LED上游产品生产基地，并以此为核心，扩展到产业链中、下游的LED封装以及LED应用产业，构造一个投资规模达3亿美元，涵盖上中下游完整产业链的LED产业园。

（朱静　牟钟诚）

【电子政务方向硕士研究生班开学】 10月25日，北工大软件工程硕士(电子政务方向)研究生班开班。该班为全国首个电子政务方向硕士研究生班，由该校软件学院与北京市信息化工作办公室联合举办，面向北京市级机关及直属事业单位从事信息化工作人员招生，采取只是讲授与政府项目案例分析与应用结合教学手段，开设电子政务管理、网络与信息安全、政府业务建模服务等课程，学制2.5至3年，毕业授予软件工程硕士专业学位。首批招生50人。

（朱静）

【承办2008中国高校创造教育论坛】 10月25至27日，北工大承办2008中国高校创造教育论坛。该论坛由中国发明协会高校创造教育分会主办，主题是“实施创新教育，培养创新人才”，固体微结构与性能研究所张泽院士等8位专家应邀围绕创造智慧、科学创新、创新人才培养等做主题报告。主题报告会外，论坛还举行41个分会报告，围绕高校创造教育的相关论题展开讨论。来自全国20个省市63所高校的近200名专家和教师参加论坛。

（朱静）

【承办高等学校自制教学仪器设备研究成果展】 10月31日至11月3日，北工大承办并参加首届全国高等学校自制教学仪器设备研究成果展。学校共有9件设备参展，其中，由建工学院孙育英等研制的“楼宇自控实验台”、环能学院马国远等研制的“制冷系统通用试验装置”、材料学院李红等研制的“轻金属精密超声钎焊设备”等3项设备获自制教学仪器设备优秀成果奖，学校获最佳组织奖。全国共有近70所高校200件自制教学仪器设备报名参展，经组委会初审后共有44所高校的140件作品参展，最终18所高校获得组织奖，50件作品获得首届高等学校自制教学仪器设备优秀成果奖。

（朱静）

【完成“211工程”三期立项审核工作】

10月，北工大完成“211工程”三期建设项目国家立项、论证工作。该校“211工程”三期建设方案及环境友好先进材料及制备加工、城市与工程安全减灾、激光先进制造及其前沿技术等12个重点学科建设项目通过审核，并由北京市教育委员会、北京市发展和改革委员会、北京市财政局联合发文批复。该校“211工程”三期建设主要任务是重点学科建设项目、创新人才培养和队伍建设项目、校内公共服务体系建设项目、校内公共服务体系建设项目以及配套重点基础设施教学实验楼建设项目。其中，重点学科建设项目有环境友好先进材料及制备加工、城市与工程安全减灾、激光先进制造及其前沿技术等12个项。

（朱静　牟钟诚）

【**电磁防护与检测实验室获CNAS资格**】　10月，北工大材料学院王群教授负责承担的电磁防护与检测实验室获得国家认可委员会（CNAS）颁发的中国合格评定国家认可委员会实验室认可证书（CNAS L3711）。获评后，该实验室成为北工大首个获得CNAS资格的专业化实验室。该实验室自1998年开始进行电磁防护与检测领域的学科建设和基地建设工作，10年间围绕电磁防护与检测内容，先后承担包括国家重要科研项目、国家重点工程相关项目、奥运工程相关项目、社会发展和城市建设相关项目等一批科研和社会服务性项目或课题。

（朱静）

【**弦支穹顶钢结构工程获特等奖**】
10月，北工大学院张爱林教授等在国家自然科学基金、科技奥运专项等项目资助下完成的自主创新成果“2008奥运羽毛球馆新型弦支穹顶钢结构工程”获得第二届中国钢结构协会科学技术奖特等奖。该奖项是科技部国家科学技术奖励办公室批准设立的行业科学技术奖，2008年设有特等奖1项、一等奖2项、二等奖9项。在奥运场馆钢结构中，北工大体育馆钢结构是世界上第一个大跨度新型弦支穹顶结构，成为中国科技奥运的标志性成果之一。

（朱静）

【**北京市属高校仪器设备共享管理机制研究结题**】　11月4日，北工大承担的市教委项目“北京市属高校仪器设备共享管理机制研究”结题。该项目由北工大联合清华大学、北京化工大学、首都师范大学和首都医科大学共同完成，历时1年，对11所市属高校、2所部属高校03类单价40万元以上的405台件大型仪器设备的管理和开放共享情况进行调研。形成《北京市属高校精密贵重仪器设备开放共享情况调研报告》和《实施市属高校仪器设备共享管理制度工作意见》两个文件。评审专家认为该项目对推动北京市属高校大型仪器设备管理及开放共享、促进管理制度及运行机制的改革，进而提高大型仪器设备的使用效益，具有非常重要的理论意义和推广价值。

（朱静）

【**召开先进制造技术学科群学术交流会议**】　11月28日，北工大召开先进制造技术学科群学术交流会议。会议旨在通过提供学术交流平台促进各相关学院间的更深入了解，进一步整合各院的优势科研资源，组成大团队，承接大项目，产生大成果。会议邀请国家基金委机械学科项目主任彭芳瑜等3名校外专家做专家报告，该校4名教授做主题报告。会议还设立两个学术交流分会场。“北京市先进制造技术学科群”是该校在北京市教委立项的专项项目，经过3年建设，该项目在建设目标、建设成果、建设管理机制等方面取得重要进展。该校领导、相关院系负责人和教师150人参加会议。

（朱静）

【**获全国城市节水工作示范校园称号**】
12月3日，北工大获得“2008年全国城市节水工作示范校园”称号。该校秉承创建节约型校园的理念，加强组织领导和宣传教育，将绿色奥运理念贯彻到学校节水工作中，在水资源的开源、节流和合理利用等方面采取积极措施，通过对排水系统等设施的节能改造，运用节约资源新技术新器具，充分挖掘节水潜力、提高水资源利用。

（朱静）

【**两个“十一五”项目通过验收**】
12月23日，北工大材料学院承担的“十一五”国家科技支撑计划中的“镁合金多次循环塑性变形技术”和“产品寿命周期负担评价方法体系研究”2个专题项目通过验收。中国有色金属工业协会专家组在听取课题汇报、参观镁合金实验平台和材料环境协调性评价中心后，一致认为两个项目在国内率先开发出具有自主知识产权的镁生命周期评价软件和分析系统，在镁生产数据采集、分析、评价等方面填补国际空白，具有很高的应用价值。

（朱静）

【**合唱团和舞蹈团被确定为北京大学生艺术团**】　12月，北工大学生合唱团和学生舞蹈团被指定为北京大学生合唱团、北京大学生舞蹈团。学生合唱团在1992年被市委、市教育工委、团市委、市教委指定为“首都大学生合唱团”，代表首都高校合唱艺术的最高水平，先后获国际级奖项3项、国家级一等奖6项、北京市级一等奖9项，指导教师荣获国家级奖励6项，北京市级奖励5项。学生舞蹈团成立于1998年，在北京市和全国大学生艺术展演活动中多次获奖。

（朱静）

北京航空航天大学

党委书记　杜玉波
校　　长　李未

【**概　况**】　2008年，北京航空航天大学占地面积220.06万平方米，建筑面积124.08万平方米。固定资产46.88亿元。科研经费12亿元。全年教育经费投入26.19398亿元，其中，国家拨款9.6754亿元，自筹经费16.51857亿元。设有26个直属院系。设有52个本科专业，144个硕士学位授权点，49个博士学位授权点，14个博士后科研流动站。14个一级学科博士学位授权点，这14个一级学科覆盖49个博士学科授权点中44个。设有3个专业学位学科（工程硕士、MBA、MPA）。有8个一级学科国家重点学科，二级学科国家重点学科总数28个。交叉学科北京重点学科1个、一级学科北京重点学科2个、二级学科北京重点学科5个，国防科工委重点学科16个。设有国家实验室1个；国家重点实验室2个；国家级重点实验室4个；20个部委级重点实验室。博士后研究人员在站142人，出站62人，进站58人。在职教职工3591人，其中，正高职称463人，副高职称1066人；专任教师1953人，其中，教授446人、副教授756人，专任教师中具有博士学位1241人；有两院院士13人，其中，中科院院士2人，工程院院士11人；有21个“长江学者奖励计划”特聘教授；8个有国家突出贡献专家；291人享受政府特殊津贴专家。毕业生12636人，其中，学历教育学生中全日制研究生2641人（博士生390人、硕士生2251人），普通本科生3099人，成人教育本专科生1205人（本科生619人、专科生586人），网络教育本专科生4700人（本科生3332人、专科生1368人）；非计划招生高等教育学生中在职人员攻读博士硕士学位991（博士生7人、硕士生984人）。招生18948人，其中，学历教育学生中全日制研究生3042人（博士生665人、硕士生2377人），普通本科生3165人、成人教育本专科生1056人（本科生754人、专科生302人），网络教育本专科生9573人（本科生5249人、专科生4324人）；非计划招生高等教育学生中在职人员攻读硕士学位2112人。高考北京地区本科提档线理科607分、文科556分。在校生55470人，其中，学历教育学生中全日制研究生9819人（博士生3633人、硕士生6186人），普通本科生12570人，成人教育本专科生3926人（本科生2750人、专科生1176人），网络教育本专科生24472人（本科生16084人、专科生8388人）；非计划招生高等教育学生中在职人员攻读博士硕士学位4683（博士生24人、硕士生4659人）。留学生毕业169人，招生565人，在校生801人。学校网址：www.buaa.edu.cn。

（陈颖）

【叶轮机械气动力学大型综合实验室基建工程竣工】 1月，北航位于密云北航产业园区的能源与动力工程学院“叶轮机械气动力学大型综合实验室”基建工程竣工。该实验室是用于叶轮机气动力学研究的关键性实验室，按国际标准设计，仪器设备水平在世界高校中处于领先地位。实验室有冲压转子暨高速压气机试验台、中速大尺寸多级压气机试验台、中速大尺寸涡轮试验台，能够完成从机理研究到预研的工作，进行叶轮机内部复杂真实流动结构的研究，同时，试验台也可承接压气机及涡轮的部件试验。叶轮机械气动力学大型综合实验室是北航冯如国家实验室的重要组成部分，也为航空科学国家实验室提供支撑。

（陈颖）

【一教学团队入选国家级教学团队】 1月，北航理学院李尚志教授牵头的“数学基础课程教学团队”入选国家级教学团队。根据《教育部、财政部关于实施高等学校本科教学质量与教学改革工程的意见》精神，为提高我国高等学校教师素质和教学能力，确保高等教育教学质量的不断提高，教育部在高等学校本科教学质量与教学改革工程中设立教学团队建设项目。经各地推荐，专家评审和网上公示，共有100个教学团队入选2007年首届国家级教学团队。

（陈颖）

【航空科学与技术国家实验室（筹）聘任首批首席科学家】 2月1日，北航航空科学与技术国家实验室（筹）聘任首批首席科学家。首批聘任徐惠彬、张涛、王华明、张军、武哲、向锦武、房建成、王湘穗教授，唐长红、杨伟研究员，姚骏恩院士等11人，其中专职6名、兼职5名。2006年，北航获批筹建的航空科学与技术国家实验室，是航空科技基础研究的组织和实践机构，以完成国家大型客机项目为主要任务，是学校航空航天特色和研究型大学的重要标志。

（陈颖）

【中法工程师学院基础教学实验中心建成】 2月，北航中法工程师学院基础教学实验中心建成并投入使用。该实验室由北京航空航天大学、法国中央理工大学集团、巴黎路易十四预科学校共同建设，开设应用物理与电子学以及光学等实验课程，从实验项目的设置、教学内容的安排以及教学要求，均按法国路易十四预科学校的模式进行，物理实验所使用的仪器大部分从法国进口，教学任务由中、法两国教师共同承担。该试验中心的建立旨在建立一套法国模式的实验课程教学体系，使北航中法学院学生能在本实验室接受完全法国模式的实验教育，与法国工程师教育的培养模式接轨，同时也为基础实验教学方面的国际合作办学积累经验。

（陈颖）

【出版《中国航空图志》】 2月，北航出版社正式出版由周日新、孟赤兵、李周书、归永嘉编著的《中国航空图志》。该书是一本用图志的形式涵盖中国航空近百年发展历程的书籍，12开本（核对），图文折合字数117.2万字。全书从186个专题入手，收入1317幅对中国航空产生重大影响的历史事件图片，其中很多是过去尚未发表的。该书以航空工业为主线，兼容空军、海航、陆航、民航、航空体育等各个航空领域，同时还包括我国台湾、香港、澳门地区的航空业，并在书中首次设计制作中国百年航空的飞机型谱与直升机型谱。

（陈颖）

【国防科技工业高效数控加工技术研究应用中心揭牌】 3月8日，北航

国防科技工业高效数控加工技术研究应用中心揭牌。该中心是国防科工委首批批准立项建设的12个国防科技工业先进技术研究应用中心之一，其技术依托单位是北京航空航天大学，应用依托单位是昌河飞机工业（集团）有限责任公司和成都飞机工业（集团）有限责任公司。该中心将面向国防科技工业全行业，以先进高效数控加工技术为重点，开展研究开发、应用示范、咨询服务和人才培养等方面的研究应用工作。

（陈颖　谭典元）

【航空可靠性综合重点实验室通过双重认可】 3月9至12日，北航航空可靠性综合重点实验室通过中国合格评定国家认可委员会（CNAS）和国防科技工业实验室认可委员会（DILAC）联合评审。联合评审组查阅实验室全部管理体系文件和试验技术和质量记录，查看试验现场；在评审专家的监督下，安排现场试验；对管理者和授权签字人进行考核并与各类人员座谈。经过4天评审，评审组对实验室的管理体系和技术能力给予较高的评价，最终认定实验室通过现场评审。4月，该实验室获得CNAS和DILAC双重认可。航空可靠性综合重点实验室主要承担各类电工电子产品的环境和可靠性试验，是军用电子产品设计定型环境和可靠性鉴定试验基地。近年来完成大量军工及民用电子

产品的可靠性和环境试验。

（陈颖）

【748 人次在 2007 年度各类大学生竞赛中获奖】 3 月 11 日，北航“2007 年度大学生竞赛颁奖会”在如心会议中心大报告厅举行。2007 年度北航本科生参加面向全国或北京市高校的各种竞赛，包括数学、物理、力学、电子、计算机、外语、机械、汽车等各学科和工程领域的竞赛共 13 项，共有 4140 名同学参加竞赛，获奖 748 人次，获市级以上 412 人次。其中获国际赛事一等奖 1 项，二等奖 8 项，三等奖 5 项。获国家级一等奖 4 项，二等奖 9 项，三等奖 9 项。获市级特等奖 3 项，市级一等奖 24 项，二等奖 79 项，三等奖 141 项。获国家级团体奖三等奖 1 项，全国部分地区团体奖 1 项。

（陈颖）

【男女排夺得大学生排球联赛冠军】 3 月 22 和 30 日，北航男女排分别获得 2007—2008 中国大学生排球联赛（CUVA）男女组冠军。其中，3 月 22 日，北航女排夺得中国大学生排球联赛女子组冠军；3 月 30 日，北航男排以 3：1 战胜中国人民大学，夺得中国大学生排球联赛男子组冠军。北航男排主教练周放和女排主教练陆科都被评为赛季最佳教练。

（陈颖）

【举办第五届研究生学术论坛】 3 月至 11 月 30 日，北航第五届研究生学术论坛闭幕。本届论坛分论坛 17 个，共征集研究生学术论文 1138 篇，涵盖理、工、文、法、经济、管理、哲学、教育等学科门类。学术论坛开展期间，共举办专题报告会 121 场，优秀论文宣讲会 31 场。论坛采用匿名评审的方式，共评出二等以上论文 500 篇，一等优秀论文 56 篇，被《北京航空航天大学学报》收录 40 篇，占推荐优秀论文的 71.43%。共评出优秀组织奖 5 名，优秀论坛奖 3 名，“弘毅进取”杯 1 名。论坛组委会参照《北京航空航天大学学报》、《航空学报》等国内著名期刊的论文格式，制定论文集编辑的详细标准。本届论坛共编辑论文集 17 册，限量发行 1000 册。论坛以专题报告会和论文宣讲会、分组讨论相结合的方式，在专家学者和研究生之间构建起一座学术思想交流的桥梁。至此，北航研究生学术论坛已举办 5 届，累计 5124 名研究生向论坛投稿，每年有 5000 多人次研究生参加论坛。

（陈颖）

【举办“霍尼韦尔—诺贝尔全球校园行”北航站活动】 4 月 9 日，北航

举办 2008 年“霍尼韦尔—诺贝尔全球校园行”北航站活动。诺贝尔物理学奖获得者谢尔登·格拉肖（Sheldon L. Glashow）博士来访北航，以多种方式与北航学生展开面对面交流。启动仪式上，格拉肖博士被授予北航名誉教授，并为北航师生做题为《科学发现源自偶然机会或精心规划——论基础科学研究的必要性》的主题讲演，还与北航理学院师生就“中微子：从一种非常手段到一个深奥谜题的发展历程”等领域进行学术研讨。诺贝尔基金会、霍尼韦尔公司代表和北航领导以及 600 多名学生参加启动仪式。“霍尼韦尔—诺贝尔全球校园行”活动由霍尼韦尔公司发起，是一项旨在提升高校科学教育水平、培养高素质科技创新人才的全球企业社会公益活动。这也是诺贝尔基金会在全球范围内唯一和企业合作开展的一项公益活动。

（陈颖　谭典元）

【开展英语课堂教学观摩活动】 4 月 16 日，北航大学英语部大英（一）教研室举办公开观摩课。2007—2008 学年，大英（一）教研室开展一系列课堂教学观摩活动。如：课堂小组活动设计和实施、视频教学融入课文教学、课文讲解声情并茂的幽默展现等，为教师提供交流教学方法的平台。公开观摩课后召开教学研讨会，该教研室教师围绕如何提高大学英语教学质量展开教学方法研讨，并就大班课的课堂组织模式、在大班课上的提问策略、吸引学生注意力等具体问题讨论。

（陈颖）

【主办第十七届国际万维网大会】 4

月 23 至 25 日，北航主办的“第十七届国际万维网大会”（The 17th International World Wide Web Conference）在北京国际会议中心举行。这是国际万维网大会（简称 WWW 会议）首次在中国内地举办。大会主题是“同一个世界，同一个网络”。三天的会议围绕万维网所构成的“人的网络”、“富媒体的网络”、“设备的网络”等议题展开。HTML 语言发明人提姆·博纳斯·李（Tim Berners—lee）、Google 中国区总裁李开复博士（Dr. Kaifu Lee）、微软全球副总裁沈向阳（Dr. Harry Shum）、美国电报电话公司 AT&T 首席科学家大卫·白兰洁（David G. Belanger）等知名学者做主题报告。大会设置 12 个技术研讨会、15 项技术培训、20 多个技术分论坛。会议还设置万维网专题论坛，集中展示万维网联盟的最新技术动向。本次大会还专门设立“万维网在中国”分会，探讨中国互联网技术的发展。来自国际著名大学、研究机构、跨国企业和标准联盟的学者和专家 1000 余人参会，其中 80% 以上是境外代表。大会组委会共收到 880 篇来自世界各地的论文，其中 6 篇最佳提名论文，其中有 3 篇出自中国学者。

（陈颖　谭典元）

【无人机试飞成功】 4 月 30 日，北航高等工程学院无人机研制项目组研制无人飞机首飞成功。本次试飞科目主要是完成飞机空载试飞，测试飞机基本飞行性能，以及搭载自动驾驶仪进行地面站参数设置，手动/自动飞行切换等两项任务。经过一整天共 6 次起落飞行，完成预期试飞科目。高等工程学院无人机研制项目于 2007 年 6 月启动，完全由本科生自行完成

无人机气动布局/动力系统/任务系统/地面站系统的选配和开发。该项目得到学校和“国家大学生创新性试验计划”支持。项目成员主要来自高等工程学院本科学生。

（陈颖）

【三人入选“新世纪百千万人才工程”国家级人选】 4月，北航三人入选“新世纪百千万人才工程”国家级人选。分别是北航材料科学与工程学院张涛教授、自动化科学与电气工程学院焦宗夏教授、仪器科学与光电工程学院房建成教授3人入选。至此，北航累计有16人入选“新世纪百千万人才工程”。

（陈颖）

【与日本工学院共建孔子学院】 5月12日，北航“日本工学院大学孔子学院”揭牌仪式在日本工学院大学举行。该孔子学院是北航受国家汉办授权和委托，作为中方具体执行机构与日本工学院大学合作建设的，具有工科特色。主要开展汉语推广工作，促进与日本各界在文化、教育等领域的交流与合作。两校合作建设孔子学院的协议于3月25日签署。日本工学院大学是一所拥有120年历史的工科教育和研究大学，与北航有长期校际交流关系。来自日本各地的孔子学院代表、大学代表、企业界代表以及社会各界日中友好人士160人出席揭牌仪式。

（陈颖）

【通过GJB9001A—2001质量管理体系认证审核】 5月12至14日，北航通

过中国新时代认证中心专家审核组GJB9001A—2001质量管理体系认证审核。审核组分三组分别对北航领导层、质管办、无人机所、仿真所、光电所、人事处、实验室及设备管理处、科技发展部及财务处等单位进行现场审核、查阅资料。审核组认为，北航质量管理体系运行正常有效，基本符合标准并达到相关认证要求，现场审核获通过，同意推荐认证注册，并颁发认证证书。该认证通过标志着北航通过GJB9001A—2001军品质量管理体系认证和GB/T19001—2000 idt ISO9000：2000民品质量管理体系认证现场审核，北航完成总装备部装备承制单位资格审查的全部内容，总装备部将给予北航注册，编入《装备承制单位名录》。

（陈颖 谭典元）

【《中国航空学报》（英文版）被科学引文索引收录】 5月，《中国航空学报》（英文版）（《Chinese Journal of Aeronautics》）从2008年第21卷第2期开始被SCI—Expanded（科学引文索引）100%全部收录。《中国航空学报》（英文版）创刊于1988年，为英文双月刊，综合性学术刊物，大16开铜版纸印刷，由中国航空学会主办、航空期刊杂志社航空学报编辑部编辑出版，面向国内外公开发行。作为国内航空航天类唯一的英文期刊，该刊在国内航空航天领域具有较高知名度，是国内航空航天领域研究人员发表学术论文首选的专业学术期刊。该刊同时还被EI、AIAA、ASME、AJ、CSA、Elsevier Science Direct等著名数据库收录。

（陈颖）

【召开符号计算与密码学国际会议】 5月，北航理学院召开第一届符号计算与密码学国际会议（First International Conference on Symbolic Computation and Cryptography）。理学院长江学者特聘教授王东明和法国信息与自动化研究院主任研究员Jean—Charles Faugère任程序委员会主席，理学院院长李尚志任组委会主席。欧洲科学院院士、奥地利开普勒大学教授Bruno Buchberger，ACM图灵奖得主、以色列魏茨曼科学研究所教授Adi Shamir和清华大学长江学者特聘教授王小云在会上做特邀报告。会议主题是推动符号计算和密码学领域的交叉研究，讨论和交流符号计算与密码学领域的最新研究成果和发展情况，包括使用符号计算方法对密码体系和协议进行的设计、建模和分析，以及可以应用于密码学领域的符号计算方法的设计、实施、算法分析和软件工具。来自美国、法国、德国、日本、英国、奥地利等多个国家和地区相关研究领域的专家、学者约150人参加会议。

（陈颖）

【工业设计系毕业生设计展在北航艺术馆展出】 6月10至15日，北航机械工程及自动化学院工业设计系2008届本科生毕业设计作品在北航艺术馆展出。本次展览共展出27名学生的近30件设计作品，包括产品设计、交通设计、环境设计、交互设计等多个门类，全面展示工业设计系毕业生在大学四年学习期间的艺术积累和创作成果。

（陈颖）

【成功进行“北航一号B”探空火箭飞行试验】 6月11日，北航宇航学院14名学生经过近两年自行研制而成的“北航一号B”探空火箭在酒泉卫星发射中心发射成功。发射6分钟后，酒泉卫星发射中心的工作人员分别在距离发射点6.5公里和2.3公里处找到火箭分离后的发动机残骸以及有效载荷部分，成功采集相关数据，飞行试验获得成功。此次飞行试验的目的是验证火箭的分离回收系统，将测量仪器发射到10000米左右高空测量大气平流层参数，并进行有效的回收。该火箭全长2.50米，箭体直径0.18米，发射质量90千克，发射高度10000米（发射仰角80°），有效载荷质量10kg。2006年11月1日“北航一号”——中国第一枚完全由本科学生独立设计完成的探空火箭发射成功。本科生全过程参与火箭研发是北航航天人才培养新模式的一个探索。

（陈颖）

【参展“尖兵之翼—2008中国无人机大会”】 6月18日，北航组团参加“尖兵之翼—2008中国无人机大会”。会议由中国航空学会、中国航空工业第一集团公司、中国航空工业第二集团公司、西北工业大学、北京航空航天大学、南京航空航天大学联合主办。本次大会是以无人机为主题，包括高层论坛、学术研讨、信息交流、产品展示、商业洽谈等会议形式。北航携真机参展，展品包括无人机研究所、航空科学与工程学院、能源与动力工程学院的科研成果共11个项目，

22件实物，其中展品“灰蜂—1”型无人机系统、“毒蜂—1”型单兵无人机系统、迷你型战术无人机、“蜂眼—1”侦察光电平台、FH—1小型共轴无人直升机等均有实战经历。

（陈颖）

【成立化学与环境学院】 6月27日，

北航成立化学与环境学院。该学院下设化学与化学工程系、环境科学与工程系和基础化学教学与实验中心、环境与化学工程研究中心、仿生智能科学与技术研究中心。

（陈颖　谭典元）

【姚福生逝世】 7月11日1时13分，中国工程院院士、著名动力机械学家和汽轮机专家、教育家、北航教授姚福生因病医治无效在北京逝世，享年76岁。姚福生，男，1932年4月出生于上海。1955年毕业于上海交通大学，同年赴波兰留学，1962年毕业于波兰格但斯克工业大学并获技术科学博士学位。1994年首批当选为中国工程院院士。曾任机械部科技司总工程师、科技司司长，机械电子工业部总工程师、部科技委副主任、中国工程院主席团成员、机械与运载工程学部主任，国家奖励委员会委员、机械学科组组长，受聘担任国家最高科技奖评委、何梁何利科技进步奖评委、长江学者奖励计划大评委委员，第一届S—863计划专家顾问组成员、科技型中小企业技术创新基金专家咨询委员会委员、国家工程中心评委等。现任中国机械工程学会副董事长，中国机械工业教育协会理事长，中国电工技术学会副理事长，中日工程热物理学会、中国动力工程学会常务理事，世界工程联合会（WFEO）理事等学术职务。多年来姚福生从事设计与制造方法的研究，在汽轮机的理论计算、设计、制造等很多方面有独创性成果，培养一大批科技人才，为我国发电设备行业的发展做出重大贡献，近几年主要从事动力工程和先进制造技术方面的研究，主持国家自然科学基金重大项目、973、863及山东省重点项目多项，荣获国家级成果奖和个人荣誉多次。

（陈颖）

【凌峰社登山队登顶桑丹康桑峰】 7

月24日14时5分，北航凌峰社08登山队A组全体队员第二次冲顶成功，登顶桑丹康桑峰。他们是：攀登队长贡嘎仁青以及队员曾云飞、李海、张超。桑丹康桑峰位于西藏自治区那曲境内，地处念青唐古拉山脉中段，海拔6590米，是西藏25座最高的山峰之一。凌峰社08登山队7月6日从北京出发，沿途走访在宁夏泾源县兴盛乡支教的大学生志愿者，考察他们对当地教育的影响，并将募集到学习用品带给当地的孩子们。在凌峰社登山队组建的4年中，已登顶鲁孜峰、姜桑拉姆峰、念青唐古拉中央峰等。

（陈颖　谭典元）

【与西安四个航空企业建立博士生培养实践基地】 9月16至17日，北航与西安四个航空企业建立博士生培养实践基地。该校分别与第一飞机设计研究院、西安飞机工业（集团）有限责任公司、中国飞行试验研究院、西安航空发动机（集团）有限公司4家航空企业，签订建立博士生培养实践基地协议。根据协议，该校与企业进一步深化产、学、研、用相结合的合作模式，是校企之间进行全面、深入、多层次合作的尝试。

（陈颖）

【承担“神七”部分系统电子部件综合环境应力试验】 9月28日，北航航空可靠性综合重点实验室实验室承担“神七”9个分系统关键电子部件的综合环境应力试验。近两年，该实验室在航天五院总体部的安排下，陆续对“神舟七号”飞船12项最关键的新研电子设备进行一系列综合环境应力鉴定和验收试验，检查产品抗恶劣太空环境的可靠性，发现电子设备的薄弱环节，为改进和提高这些关键电子设备的质量和可靠性做出重要贡献。综合环境应力试验是我国为载人航天电子设备独创的验收试验，是关键电子部件最后质量把关手段。航空可靠性综合重点实验室是国内可靠性试验领域内技术最先进实验室之一。

（陈颖）

【两篇论文获全国优秀博士学位论文】 9月，北航两篇学位论文入选2008年全国优秀博士论文。入选论文分别是郑新前的《轴流压气机非定常旋涡流场流态转化条件研究》和李志纯的《交通行为建模与评价研究——网络均衡分析法》，博士论文指导教师分别是周盛教授和黄海军教授。

（陈颖）

【获全国航空航天模型锦标赛冠军】 10月7日，北航学生航模队在杭州举行的第五届2008“彪马汽车杯”全国航空航天模型锦标赛中取得好成绩。其中，获直升机空对地摄影项目个人冠军，3kg油动载重空投项目和电动空对地摄影项目的团体亚军。在本届比赛的科技创新项目评比中，北航还获得一等奖3名、二等奖3名。

（陈颖）

【与北京汽车研究总院签订合作协议】 10月17日，北航与北京汽车研究总院签订合作协议。根据协议，双方将组成战略联盟，开展整车研发、前瞻性技术研究、基础理论和共性开发技术研究。

（陈颖）

【成立生物与医学工程学院】 10月

23日，北航成立生物与医学工程学院。大会宣布撤销生物工程系建制，

成立生物与医学工程学院，下设生物医学工程系、生物科学与技术系、健康与康复技术系、空间生命科学与生命保障技术研究中心。生物与医学工程学院面向航空航天和生物医学工程学科和产业，在生物力学、空间生命科学、人体行为与康复工程、医疗器械与人工器官等学科方向的基础上，选择与人类健康和疾病密切相关的生物学领域、临床医学与康复医学领域，通过学科交叉与融合，逐步建立有北航特色的生命科学学科体系。成立大会上，聘任积水潭医院院长田伟教授为北航兼职博士生导师，国家康复辅具中心主任王喜太研究员为北航兼职教授。

（陈颖）

【与中国民用航空局签订合作协议】

10月28日，北航与中国民用航空局签订“适航技术与管理”合作协议。根据协议，北航与中国民航局合作成立“适航技术研究中心”。该中心下设动力特性适航技术部、飞行特性适航技术部、材料与结构特性适航技术部、机械/电气系统适航技术部、航电系统适航技术部、适航信息与系统部、适航教育和合作交流部、持续适航技术部等8个技术部/基础部，主要进行设计技术体系、验证技术体系和审定技术体系等的研究。“适航技术研究中心”是应国家需要而成立，依托于科技部结合大型飞机重大专项的论证而批准北航筹建的“航空科学与技术国家实验室”，也是适航基础研究、验证服务、人才培训的重要基地。北航作为首个将“适航技术与管理”纳入学科教育的高校，已设相应硕士、博士点，并加强本科适航教育，其培养的人才将面向适航技术研究中心、民用航空局、工业设计部门、军防等多个领域，是“产、学、研”相结合的探索。

（陈颖　谭典元）

【举办青年教师教学业务培训提高班】

11月17日至12月8日，北航举办第一届青年教师教学业务培训提高班。参加培训的学员为进校2至5年、已经完成青年教师教学业务基础培训并已承担一定教学任务的青年教师。培训包括教学名师、优秀主讲教师讲座，青年教师座谈会等形式，学员交流环节为学员们提供登讲台展示教学风格、提高授课水平的机会。12月8日，历时三个星期的首届青年教师教学业务培训提高班举行结业典礼暨学员代表交流会。共8名教师获表彰，其中4位青年教师获“优秀学员”称号，4位青年教师在学员代表交流环节分别获最佳风采奖、最佳口才奖、最佳展示效果奖和最佳PPT制作奖。青年教师教学业务提高培训是继青年教师教学业务基础培训之后由教务处主办的又一项培训，两期培训针对青年教师在不同阶段的具体情况进行有针对性的辅导，促使广大青年教师逐步通过“教学关”。青年教师教学业务培训提高班每年举办一次。

（陈颖）

【适航专业类课程培训资质通过评审】

12月4日，北航中国民用航空局适航培训课程通过中国民用航空局评审。评审专家听取学校报告，并针对组织管理、教学条件、培训教材、师资力量、课堂教学等方面进行考察，认为北航所申报的19门课程符合培训要求，适航中心已具备适航培训能力，一致同意通过评审。此次通过中国民航局培训资质审查的19门课程属于专业类课程，内容涉及飞机及发动机的相关设计与验证基础。

（陈颖）

【北航二号飞行试验成功】 12月5日，北航“北航二号”固液混合火箭发动机探空火箭在酒泉卫星发射中心飞行试验成功。该项目组成员以宇航学院本科生和研究生为主。固液混合火箭发动机将传统固体和液体发动机的优点结合在一起，不会爆炸、能调节、成本低、对环境无害。“北航二号”探空火箭由发动机、点火舱、分离回收舱、仪器舱和头锥5个部分组成。全长3.417米，箭体直径0.22米，发射质量91千克，发射高度3000米（发射仰角80°），有效载荷质量15.5千克。主要任务是验证固液混合火箭发动机飞行性能，同时将测量仪器发射到高空测量大气参数，并进行有效载荷的回收。该项目2006年启动。

（陈颖）

【共建民政部重点实验室通过评审】

12月7日，北航生物与医学工程学院和国家康复辅具研究中心共建的民政部重点实验室“康复辅具技术与系统”通过评审。评审组通过听取汇报和实验室现场考察，肯定该实验室建设，评审通过。该实验室主要研究方向包括：康复辅具研发中的基础理论和基础数据研究，康复辅具产品研发和生产技术研究，康复辅具与人—机—环境之间关系研究，智能康复辅具，以及康复辅具新材料应用研究。该实验室将为辅具技术和人—机—环境系统研究提供技术支撑条件，成为我国康复辅具产品开发、试制生产及其相关技术领域重要研究基地之一。

（陈颖）

【与中国商用飞机公司签订合作协议】

12月20日，北航建设的航空科学与技术国家实验室（筹建）与中国商用飞机公司签署《中国商用飞机有限责任公司与航空科学与技术国家实验室（筹建）关于大型客机项目组织实施的框架合作协议》。该协议明确双方合作领域、研究需求和实施办法，在深化产学研合作的基础上，稳步推进大型客机项目。根据协议，双方将在飞机总体设计、空气动力学、数字化设计与制造、机载航电系统和航空发动机选型与优化等领域建设产学研基地和平台，共同推进大型客机研制中的基础研究、前沿高技术研究、高层次人才培养。双方还明确在大型客机的支撑技术服务体系建设、知识产权保护、适航技术研究和验证体系建设、研究人员互聘等方面开展合作，结合大型客机的研制进展，建立联席会议制度。中国商用飞机有限责任公司于5月11日在上海正式挂牌成立。

（陈颖　谭典元）

【3913名学生获表彰】　12月29日，北航2008年度学生表彰大会在学术交流厅举行。大会表彰在校风学风建设、班级团队建设、校园文化建设、社会实践活动和德智体美全面发展等方面取得突出成绩的先进集体和个人。学校各级领导以及本科生和研究生获奖代表共400余人出席大会。2008年，北航共发放各类奖学金655.76万元，获奖学生3913人次，其中优秀奖学金135.33万元，获奖学生2366人；新生奖学金59.4万元，获奖学生219人；北航之友奖学金共19项，总额95.61万元，获奖学生381人；国家奖学金和国家励志奖学金共计343.4万元，获奖学生共580人；优秀研究生奖学金22.02万元，获奖学生共367人。2008年获“三好学生”、“优秀学生干部”、“优秀团员”、“优秀团干部”等各类荣誉称号的学生共有2170人，其中10人获北航学生的最高荣誉“金质奖章”。

（陈颖）

【两项科研成果获中国高等学校十大科技进展】　12月，北航两项科研成果获2008年中国高等学校十大科技进展。分别是“航天器姿态控制新型惯性执行机构技术”和“小型高精度CMOS天体敏感器技术”。

（陈颖）

【沙河校区五栋大楼工程结构封顶】　12月，北航沙河校区五栋大楼工程结构封顶。一期工程建设于3月至5月陆续开工，分别为1栋公共教学楼、1栋公共实验楼、两栋学生公寓和1栋学生食堂（综合服务楼）。公共教学楼建筑面积45600平方米，建筑主体高度为23.1米，主要用于本科教学。公共实验楼建筑面积22600平方米，建筑主体高度为31.9米，主要为大一新生开设公共实验课。学生公寓每栋建筑面积约为24000平方米，建筑主体高度均为23.7米，每栋公寓楼可居住约2500名学生。学生食堂（综合服务楼）建筑面积17200平方米，建筑主体高度为16.85米。一次性就餐座位为3500座。

（陈颖）

北京理工大学

党委书记　焦文俊（2月免）
　　　　　郭大成（2月任）
校　　长　胡海岩

【概　况】　2008年，北京理工大学占地面积193.96万平方米，建筑面积113.34万平方米。固定资产总值251716万元，其中教学仪器设备资产值90026万元。全年教育经费投入204699万元，其中，国家拨款93837万元，自筹经费110862万元。学校建有中关村校区和良乡校区，设有17个专业学院和基础教育学院，另建有研究生院、继续教育学院、高等职业技术学院和秦皇岛分校；开设本科专业61个，覆盖工、理、管等10个学科门类；一级学科博士授权点11个，二级学科博士学位授权点61个，一级学科硕士学位授权点23个，二级学科硕士学位授权点144个，专业学位授权点3个；博士后流动站17个，其中博士后研究人员出站29人，进站57人，在站139人。有一级学科国家重点学科4个、二级学科国家重点学科5个、国防特色学科24个、一级学科北京市重点学科2个、二级学科北京市重点学科4个、交叉学科北京市重点学科1个；拥有1个国家重点实验室、2个国防科技重点实验室、4个国家重点学科点专业实验室、3个国防重点学科实验室、1个国家工程实验室、1个教育部重点实验室、1个教育部部门开放实验室、4个北京市重点实验室，3个国家级教学基地，2个国家级实验教学示范中心、8个北京市实验教学示范中心。教职工3532人，其中，正高级专业技术职务452人，副高级987人，专任教师1927人；博士生导师324人、硕士生导师836人；中国科学院院士6人，中国工程院院士10人。“长江学者奖励计划”特聘教授10人、讲座教授3人，国家级有突出贡献专家17人，享受政府津贴专家55人，国家级教学名师4人。外籍教师17人。毕业生10048人，其中，学历教育学生中全日制研究生2535人（博士生371人、硕士生2164人），普通本专科生4008人（本科生3522人、专科生486人），成人教育本专科生1919人（本科生1077人、专科生842人），网络教育本专科生1586人（本科生1408人、专科生178人）；非计划招生高等教育学生中在职人员攻读博士硕士学位559人（博士生2人、硕士生557人）。本科毕业生一次就业率97%。招生14797人，其中，学历教育学生中全日制研究生3046人（博士生584人、硕士生2462人），普通本专科生3636人（本科生3154人、专科生482人），成人教育本专科生2622人（本科生1826人、专科生796人），网络教育本专科生5493人（本科生4989人、专科生504人）；非计划招生高等教育学生中攻读硕士学位751人。高考北京地区提档线理科578分，文科551分。在校生41835人，其中，学历教育学生中全日制研究生7666人（博士生2444人、硕士生5222人），普通本专科生14006人（本科12774人、专科1232人），成人教育本专科生7029人（本科生4647人、专科生2382人）；网络教育本专科学生15048人（本科生14227人、专科生821人）；非计划招生高等教育学生中在职人员攻读硕士学位2111人，留学生毕业254人，招生192人，在校生242人。图书馆建筑面积53552平方米，藏书312.4万册，其中电子图书112.7万册。接待国外来访团组180个，接待外宾1100多人。其中，大学校长团组45个；企业团组10个；政府团组8个；驻华使馆代表团7个；接待短期校际交流学生团组8个。学校网址：www.bit.edu.cn。

（桑硼飞）

【聘任8名兼职教授】　1月11日至12月16日，北理工先后聘任8名兼职教授。葛杨，国内著名的信息安全保密专家，高级工程师，技术6级。主持并参与国家、国防工业与军队保密技术规范的制定，制定与撰写国防武器装备科研生产单位保密资格审查认证中通信、计算机系统及办公自动化设备规范。萨力群，博士，美国IEEE、英国工程科技协会、英国无损探伤协会会员，英国皇家特许工程师，

英国 BLACKPOOL 等三家国家医院荣誉研究员，英国国家工程、物理科学研究项目评审专家和欧洲共同体科研评审专家等。曾在 IEEE 等学术刊物及国际学术交流会议上发表学术论文 100 多篇。斯蒂芬·霍波，德国科隆大学空间法研究所所长，教授，国际空间法专家，发表论著 150 篇。陈彤，中国人民大学新闻学硕士学位，并于 2005 年获得中欧国际工商学院 MBA 学位。现任新浪网资深副总裁、新浪网总编辑。王嗣俊，现为美国加州州立理工大学终身教授，主要从事国际商务、电子商务、服务科学、客户关系管理等方面的研究，在各种权威学术杂志和国际会议上发表论文 50 余篇。朱松纯，1996 年获哈佛大学计算机博士学位，现任美国洛杉矶加州大学终身教授，在计算机视觉与图形图像处理领域取得很多国际领先的成果。2007 年，入选“长江学者奖励计划”讲座教授。唐南军，新宇投资（集团）有限公司董事长。1988 年毕业于北京理工大学。1993 年 1 月独立创办新宇投资（集团）有限公司，致力于计算机及通讯领域技术及设备引进。周子学，现任工业和信息化部财务司司长，曾获得电子科技大学管理学硕士学位和华中师范大学近现代经济史博士学位。主要研究方向为会计审计、工业经济、产业经济等。先后编写《信息产业与社会经济发展》、《电子信息产业区域结构演进》、《信息社会概念、经验与选择》等专著。

（桑硼飞　徐思军）

【聘任两名顾问教授】　1 月 24 日和 11 月 11 日，北理工聘任两名顾问教授。卢秉恒，男，1945 年 2 月生，中国工程院士，全国“五一”劳动奖章获得者，现任西安交通大学机械工程学院院长。主持完成 9 项国家重点科技攻关、863 计划及国家自然科学基金项目，发表科研论文 300 余篇，其中被 SCI、EI 收录 100 余篇。2000 年获国家科技进步二等奖，2005 年获国家技术发明二等奖。JOHN L. ANDERSON，美国伊利诺伊理工大学校长，美国国家工程院院士、美国文理科学院院士。主要从事电动现象、复杂微粒电泳、多孔介质和凝胶中的传递、膜分离、低雷诺数流体力学、生物工程等的研究。曾发表或出版 100 多篇（部）学术论文或专著。

（桑硼飞）

【与吕梁市签订产学研战略合作协议】
1 月 29 日，北理工与山西省吕梁市签订产学研战略合作协议。根据协议，北理工优先优惠向吕梁市提供科技成果、新产品开发和新技术应用项目，开展科技咨询服务，培养各类专业人才。吕梁市政府积极为科技成果和有关项目落实、重点专业实验室和实习基地建设提供支持、营造良好环境。

（桑硼飞）

【与山东大学签订校际合作协议】　4 月 7 日，北理工与山东大学签订校际合作协议。根据协议，双方将重点在资源共享、本科生培养、青年教师培训、学校改革发展重大举措交流等方面开展有关合作。两校互派研究生、本科生到对方优势学科专业修课，互相承认学分；互相开放两校的国家重点实验室、教育部重点实验室或部属重点研究基地；开展非返还式文献传递和返还式馆际文献互借，实现自建特色数据库的交流与共享；两校互派专职学生政工干部到对方挂职锻炼，促进学生工作的交流。

（桑硼飞）

【三人入选“新世纪百千万人才工程”国家级人选】　4 月，北理工教师陈杰、陶然、宁建国入选 2007 年度“新世纪百千万人才工程”国家级人选。陈杰，信息科学技术学院教授、博士生导师，主要研究方向为复杂系统的多指标优化与多目标决策、智能控制与非线性控制等。陶然，信息科学技术学院教授、博士生导师，主要研究基于分数阶傅里叶变换的现代信号处理理论及其在雷达、信息安全对抗等领域的应用。宁建国，宇航科学技术学院教授、博士生导师，主要研究领域为爆炸力学、冲击动力学、计算力学与弹药工程。至此，该校共有 14 人入选“新世纪百千万人才工程”。

（桑硼飞）

【两人获得霍英东教育基金会资助】
5 月，北理工教师程灏波、王菲入选霍英东教育基金会第十一届高等院校青年教师基金资助和青年教师奖名单。程灏波，男，1975 年 2 月出生，理学博士，信息科学技术学院副教授，博士生导师。从事光学技术与仪器领域的教学和科研工作，主要研究方向为先进光学制造及检测技术、光电系统与精密仪器。承担国防预研、国家自然科学基金等研究项目，在国内外学术刊物上发表学术论文 70 多篇，获省部级科技进步二等奖一项、香港工商业奖科技成就优异奖一项。王菲，男，1977 年 6 月出生，博士，理学院副教授，硕士生导师。主要研究方向为原子与分子物理。在国内外著名学术刊物上发表学术论文 20 篇，SCI 收录 14 篇。出版专著一部、教材两部、译著一部。自霍英东教育基金会成立以来，我校共有 14 人次获得资助和奖励。

（桑硼飞）

【通过科研生产质量管理体系综合评议】　6 月 3 至 5 日，北理工通过科研生产质量管理体系综合评议。中国新时代认证中心对学校科研生产质量管理体系进行综合评议及扩大范围的现场审核。审核组通过现场审核，经综合评议后认为，几年来学校领导重视质量管理体系的建设和持续保持，学校质量管理体系具有自我改进和自我完善能力，整体业绩不断提升，质量体系运行有效。审核组同意北理工通过综合评议，并推荐该校保持原注册范围的认证资格及扩大范围的认证注册。

（桑硼飞）

【新增 3 名“长江学者”】　6 月 4 日，北理工新增 3 名“长江学者奖励计划”特聘教授、讲座教授。项昌乐，工学博士，教授，博士生导师。主要从事车辆传动领域的教学、科研和学科建设工作。曾获得国家科技进步二等奖 1 项，部级科技进步一等奖 2 项、二等奖 2 项、三等奖 3 项。出版教材和专著 2 部，发表学术论文 60

余篇，被聘为“长江学者奖励计划”特聘教授；蔡海龙，博士，博士生导师。长期从事激光微纳加工的理论和应用研究，主要研究方向为基于激光的微纳尺度科学与工程、基于激光的宏观尺度制造和材料处理，以及多尺度建模等。曾在国际著名学术杂志和学术会议论文集上发表论文140多篇，授权发明专利8项，学术专著两本，被聘为“长江学者奖励计划”讲座教授；陈振庆，博士，主要从事概率论及随机过程的研究，主要研究方向是随机分析，随机微分方程，马氏过程及其位势理论，狄氏型，发表论文60余篇，被聘为“长江学者奖励计划”讲座教授。至此，我校共有10位“长江学者奖励计划”特聘教授，3位“长江学者奖励计划”讲座教授。

（桑硼飞）

【成立基础教育学院】 7月17日，北理工基础教育学院成立。基础教育学院办公地点在良乡校区，统管学校本科一、二年级的教育教学和学生管理工作，其下设四个学部、学院办公室和学院团委。四个学部分别是信息学部、机械学部、理科学部、文科学部。学生根据专业分属各学部。目前，学院学生人数6200人。

（桑硼飞）

【与桑坦德银行签署合作协议】 9月9日，北理工与西班牙桑坦德银行签署合作协议。根据协议，北理工正式进入西班牙桑坦德银行“马克波罗计划”，成为桑坦德银行在中国的第一批合作高校。桑坦德银行也将分三年为该校提供63万美元奖学金，用于支持该校师生与马德里理工大学及美国布朗大学交流和西班牙语学习。

（桑硼飞）

【焦永和当选全国教学名师】 9月10日，北理工焦永和教授荣获第四届高等学校教学名师奖。焦永和，机械与车辆工程学院教授，长期从事本科生的基础教学工作，具有较高学术造诣，注重教学改革与实践，教学水平高，教学效果好，在引领基础课教学内容、方法和手段改革、创新课程教材体系和教学模式等方面作出突出贡献。至此，该校共有4位国家级教学名师。

（桑硼飞）

【成立研究生教育督导组】 9月12日，北理工成立研究生教育督导组。督导组制度是为实现学校建设高水平研究型大学的目标，完善研究生教育质量保障体系，提高研究生培养质量而设立的。督导组的工作是对研究生教育工作进行全过程监督和指导，完成与研究生教育相关的咨询、监督、检查、评估、指导等。成员由来自校内外部分知名教授组成，共20人。

（桑硼飞）

【新增三部高等教育精品教材】 9月，北理工3部教材获批教育部2008年度普通高等教育精品教材。分别是：《Internet技术与应用教程（第3版）》（曲大成，高等教育出版社）；《成形工艺与模具设计》（鄂大辛，北京理工大学出版社）；《起爆理论与技术（英文版）》（严楠、何远航、焦清介，北京理工大学出版社）。

（桑硼飞）

【获批电动车辆国家工程实验室】 9

月，北理工电动车辆工程技术中心被正式批准建立为电动车辆国家工程实验室。电动车辆国家工程实验室将以该校为主体，立足于汽车行业，围绕国家重大工程项目和重点领域科研课题，围绕国家中长期科技发展规划，研究并发展国内外的先进电动车辆技术，注重电动车辆技术的原始创新，联合行业单位展开科技公关和技术推广，并进一步加强与汽车企业的横向联合和合作，直接面向汽车产业的优化升级，贯彻从产业中来，到产业中去的工作思路，结合企业的技术需求，加强产学研联合，及时将电动车辆的先进技术扩散到国民经济的发展部门中去，促进先进电动车辆产业的更快、更健康发展。

（桑硼飞　徐思军）

【与拉各斯大学签订建立孔子学院协议】 10月9日，北理工与尼日利亚拉各斯大学签订《北京理工大学与拉各斯大学关于建立孔子学院的协议》。根据协议，两校将在国家对外汉语教学领导小组办公室的支持下共同在尼日利亚拉各斯建立孔子学院。

（桑硼飞）

【与里斯本技术大学签订合作协议】 10月16日，北理工与葡萄牙里斯本技术大学高等理工学院正式签订校际合作协议。里斯本技术大学高等理工学院成立于十九世纪中期，具有悠久的历史，是葡萄牙最顶尖的理工大学。目前由两个校区，10个院系（土木工程与建筑、机械工程、电子与计算机工程、化学与生物工程、矿业工程与土地资源、材料工程、物理、数学、信息系统与计算机工程和工程管理）和一个独立学院（船舶与海洋工程）组成，其科研实力在葡萄牙和欧洲都处于领先地位。

（桑硼飞）

【召开风险与可靠性管理国际会议】 11月10日，北理工召开2008风险与可靠性管理国际会议。本次会议涉及的学术领域主要包括金融风险管理、企业风险管理、可靠性、维修性、危机与应急管理、灾害管理和安全管理等，会议论文集共收录论文209篇。来自政府部门、企业以及国内高校专家学者100余人参加会议。

（桑硼飞）

【聘任两名名誉教授】 11月11日，

北理工聘任两名名誉教授。詹姆斯·莫里斯，1936年生于苏格兰，1963年取得英国剑桥大学哲学博士学位，1969年至1995年在牛津大学担任教授，离开牛津后转往剑桥大学，现为剑桥大学三一学院教授。1996年因对激励理论的贡献而获得诺贝尔经济学奖，该理论已成为现代经济学的重要基石。约翰·E·霍普克洛夫特，美国康奈尔大学计算机科学系工程与应用数学的 IBM 教授。1964 年，获得斯坦福大学博士学位。研究方向主要是计算机科学的理论方面，是美国国家科学院院士。1986 年，他因为在研究中解决图论算法中的一些难题而被授予图灵奖（A. M. TuringAward）。

（桑硼飞 徐思军）

【与 8 所外国高校签订学生交换协议】 至年底，北理工与 8 所外国高校签订学生交换协议。分别是：澳大利亚国立大学、西澳大学、纽卡索大学，德国慕尼黑工业大学、亚琛工业大学，美国佐治亚理工学院、加州大学圣地亚哥分校、加州大学伯克利分校。至此，北理工已与 26 所海外著名院校签订学生交换协议。

（桑硼飞）

【举办四场海外文化交流活动】 至年底，北理工先后举办“澳大利亚大学月”、“美国文化月”、“日本文化节”、“西班牙语日”文化教育交流活动。活动邀请澳大利亚国立大学、纽卡索大学、西澳大学等高校校长和教师、澳大利亚驻华大使馆公使衔参赞、美国驻华大使馆公使衔参赞、美国英语协会、西班牙塞万提斯学院等教育机构负责人等到该校为学生举办讲座，并以展览、咖啡屋活动、电影音乐、插花表演、圣诞夜活动等多种形式展示各国文化和教育情况。该活动为活跃校园文化气氛、为广大同学开拓国际视野，了解和认识各国文化提供机会。

（桑硼飞）

北京科技大学

党委书记 罗维东
校　　长 徐金梧

【概　况】 2008 年，北京科技大学占地面积 631642 平方米，建筑面积 828718 平方米。固定资产总值 161447.54 万元，其中教科仪器设备资产值 43713.69 万元。全年教育经费投入 108624 万元（不含基建），其中，国家拨款 62658 万元，自筹经费 45966 万元。设有 9 个学院，以及研究生院、体育部、管庄校区、天津学院、延庆分校。开设 43 个本科专业，覆盖工、理、管、文、经、法 6 个学科门类，具有一级学科 9 个，一级学科博士点 9 个，博士学位授权点 48 个（含 9 个自设），硕士学位授权点 109 个（含 10 个自设），专业学位授权点 19 个；博士后流动站 8 个，其中，博士后研究人员出站 21 人，进站 58 人，在站 141 人。国家重点学科 12 个，北京市重点学科 10 个；国家重点实验室 2 个、国家工程研究中心 1 个。教职工 2893 人，其中，专任教师 1639 人，专任教师中教授 403 人，副教授 548 人；有博士生导师 314 人，硕士生导师 784 人（含博导）；中科院院士 7 人，工程院院士 4 人（含双聘院士），国家“973”项目首席科学家 1 人，国家级有突出贡献中青年专家 16 人（其中 1 人去世，7 人退休），享受政府特殊津贴专家 338 人（23 人去世，11 人离休，215 人退休，2 人调离），长江学者特聘教授 11 人、讲座教授 2 人，国家杰出青年科学基金获得者 13 人次（其中 1 人调离），国务院学位委员会委员 1 人，国家学科评议组成员 4 人，入选新世纪百千万人才工程 11 人，入选教育部新世纪优秀人才支持计划 42 人。外籍教师 22 人，其中，教授 2 人，副教授 1 人。毕业生 8418 人，其中，学历教育学生中全日制研究生 2050 人（博士生 306 人、硕士生 1744 人），普通本专科生 2771 人（本科生 2673 人、专科生 98 人），成人教育本专科生 1893 人（本科生 1150 人、专科生 743 人），网络教育本专科生 1704 人（本科生 407 人、专科生 1297 人）；非计划招生高等教育学生中在职人员攻读硕士学位 365 人，研究生课程进修班 190 人。招生 14937 人，其中，学历教育学生中全日制研究生 2882 人（博士生 489 人、硕士生 2393 人），普通本专科生 3625 人（本科生 3431 人、专科生 95 人），成人教育本专科生 3154 人（本科生 1761 人、专科生 1393 人），网络教育本专科生 5375 人（本科生 2257 人、专科生 3118 人）；非计划招生高等教育学生中在职人员攻读博士硕士学位 433 人（博士生 433 人、硕士生 433 人）。在校生 38392 人，其中，学历教育学生中全日制研究生 8184 人（博士生 2237 人、硕士生 5947 人），普通本专科生 13884 人（本科生 13597 人、专科生 287 人），成人教育本专科生 8422 人（本科生 5077 人、专科生 3345 人），网络教育本专科生 7902 人（本科生 3091 人、专科生 4811 人）；非计划招生高等教育学生中在职人员攻读硕士学位 1371 人，研究生课程进修班 134 人。留学生毕业 71 人，招生 316 人，在校生 484 人。学校网址：www.ustb.edu.cn。

（赵萌）

【被评为全国大中专学生志愿者暑期“三下乡”活动先进单位】 1 月 2

日，北科大被评为 2007 年全国大中专学生志愿者暑期“三下乡”社会实践活动先进单位。学校在积极为学生搭建实践平台的同时，鼓励学生发挥能动性，以宿舍、班级、社团、党团支部、课题组等为单位，围绕项目开展专业交叉、年级交叉的组团等多种形式的实践团队，有博、硕、本不同学历学生交叉联合组团开展实践活动。全校共有 480 支团队、7000 余人参加实践活动。实践内容切合时代主题，实践类型多种多样，实践地遍布全国。

（赵萌 田实）

【6 项成果获国家科学技术奖】 1 月 8 日，北科大 6 项科技成果获 2007 年度国家科学技术奖。该校土木与环境工程学院王金安教授作为主要完成人的项目“破断岩体表面形貌与力学行为研究”荣获国家自然科学二等奖，填补该校近十年来国家自然科学奖空白。学校土木与环境工程学院蔡美峰教授领衔完成的以北科大为第一完成单位的“大型深凹露天矿安全高效开采关键技术研究”、机械工程学院徐金梧教授参与完成的“转炉—CSP 流程批量生产冷轧板技术集成与创新”、

材料科学与工程学院谢建新教授等参与完成的“高性能钎具特钢生产技术与产品开发”、材料科学与工程学院康永林教授参与完成的“薄板坯连铸连轧微合金化技术研究及低成本高性能微合金钢的开发”、机械工程学院刘应书教授和土木与环境工程学院金龙哲教授参与完成的“贫煤、贫瘦煤高炉喷吹技术开发与应用”5个项目分别获得国家科技进步奖二等奖。

（赵萌）

【刘淇视察科大】 1月8日，刘淇视察北科大。刘淇先后参观学校奥运场馆、学生公寓、冶金生态楼、学生食堂、图书馆等地，并与学校师生进行交流。刘淇对学校在学科建设、教学科研、条件建设、人才培养等方面取得的进步标志欣慰，希望全校师生团结一致，无私奉献，为举办好一节有特色、高水平的奥运会、残奥会贡献力量。

（赵萌）

【徐洪业当选中国大学生自强之星标兵】 1月19日，北科大学生徐洪业当选2007年“中国大学生自强之星”标兵。该活动由共青团中央、全国学联主办，中国青年报社承办，共评选出10名“中国大学生自强之星”标兵、100名“中国大学生自强之星”和800名“中国大学生自强之星”提名奖获得者。徐洪业，男，文法学院行政管理专业2005级学生，学院学生会主席，北京市“三好学生”。依靠国家助学贷款和勤工俭学完成学业。他学习刻苦，专业成绩排名第一。他执笔的调研报告《永远聆听来自最底层的呼唤——一位大学生的乞丐调查手记》和《京城乞丐大起底》在《法律与生活》上发表，引起广泛的社会反响。他主持的国家大学生创新性试验项目《和谐社会中的流浪乞讨现象解决方案探究》正在进行中。

（赵萌）

【建设国家文物局重点科研基地】 2月29日，北科大金属与矿冶文化遗产研究基地入选国家文物局第三批重点科研基地。该基地是学校首个集自然科学与人文社会科学研究于一身的科研基地，将在学校学科交叉、人文发展方面起到重要的推动和示范作用。教学、科研人员30人，其中，高级职称28人。

（赵萌）

【举办北京·北海道大学日】 3月8

日，北科大举办2008北京·北海道大学日。该活动是日本北海道大学首次在北京举办，旨在向我国高校及教育研究机构推介北海道大学，促进北海道大学与我国高校及教育研究机构的交流。北海道大学举办该校学科建设、教育教学、科学研究、人才培养、校园面貌等方面的展示活动。

（赵萌　田实）

【与贵阳市签订合作协议】 3月20

日，北科大与贵阳市政协签订联合培养公共管理硕士专业学位研究生协议。根据协议，贵阳市政协将根据工作需要，推荐大学本科毕业且有三年以上实际工作经历的45岁以下在职公共管理骨干报考该校。报考人员在通过相应考试和面试后，按北京科技大学公共管理硕士（MPA）相应培养方案组织培养。

（赵萌　田实）

【符荣逝世】 3月22日，北科大原党委书记符荣同志因病医治无效在北京北医三院逝世，享年81岁。符荣同志1926年12月20日出生于四川省宣汉县。1944年毕业于四川达县师范学校，1945年3月在陕甘宁边区庆阳三八五旅司令部参加工作，先后在延安大学教育系、华北联合大学政治系学习，1946年5月加入中国共产党，建国前曾担任满洲里西满军区办事处招待所所长，东北财经干部学校政治班助理员，吉林工业专科学校政治班副主任。建国后，历任东北工学院指导科科长、宣传科科长、党委宣传部副部长、马列主义教研室教员，中央重工业部教育司干部科科长；1958年3月调入北京钢铁学院工作，曾任人事处副处长，工艺系、理化系总支书记，科研部主任、总支书记，政治部副主任、总支书记，1979年2月担任北京钢铁学院党委副书记，1983年10月至1992年4月任北京钢铁学院（1988年更名为北京科技大学）党委书记，1994年4月离休。

（赵萌）

【分析检验中心通过CNAS评审】 3月22至24日，北科大分析检验中心通过CNAS（中国合格评定国家认可委员会）现场评审。评审专家通过调阅材料、现场测试等方式，对分析检验中心质量管理体系的建立和运行情况进行全面考察。最后，专家组达成一致，同意向CNAS推荐该校分析检验中心成为CNAS认可实验室。此次现场评审的主要内容是金属及金属制品、岩石两类产品的力学性能检测，共22个项目。北科大分析检验中心2005年成立以来，实行公司化经营和企业化运作模式，依托学校科技园成立“北京科大分析检验中心有限公司”，托管实验室资源，全面推进实验室的规范化建设，在CNAS—CL01《检测和校准实验室能力认可准则》的指导下，建立实验室质量管理体系，贯彻执行“科学、公正、准确、及时”的质量方针，对实验室的检测活动进行全面的质量管理。

（赵萌）

【授予劳呼特教授名誉博士学位】 4月8日，北科大授予德国亚琛工业大学校长布尔哈德·劳呼特教授名誉博士学位。仪式上，北科大徐金梧校长为劳呼特教授颁发北京科技大学名誉博士学位证书。劳呼特教授成为该校第一位被国务院学位办公室批准授予的名誉博士。仪式结束后，劳呼特教授为学校师生做题为“Cooperations—a Tool for Strengthening Universities”（合作——高等学校的强校利器）和“RWTH Aachen University In Years to Come”（德国亚琛工业大学的发展规划）的报告。劳呼特校长是世界上久负盛名的应用数学家、教育家和社会活动家。他对运筹学、对策论和经济数学等学科作出很大贡献，其中在数理统计和随机过程及保险数学领域尤为突出。同时，他的“保险理赔过程中资产评估理论”、“仓储模型理论”、“保险市场的理论和经验”、“限额再保险的对策理解”和“经济学中的数学系统”等都得到广泛的采纳和应用。劳呼特校长还长期致力于德国高等教育改革和欧洲高校合作事业。他的“创精英大学实施理论和计划”在全世界影响深远。

（赵萌）

【国际大学生数学建模竞赛获佳绩】 4月11日，北科大在2008年国际大学生数学建模竞赛中喜获佳绩。该校在应用科学学院胡志兴老师的指导下，派出7个参赛队，最终共有5个队获奖，其中2个队获得一等奖，3个队获得二等奖。本届国际大学生数学建模竞赛于2月14至18日在美国举行，来自中国、美国、英国等14个国家的1162支队伍参加比赛。比赛共评出9个特等奖、161个一等奖和478个二等奖。

（赵萌）

【与肯纳金属（天津）公司共建大学生就业、实习基地】 5月16日，北科大与美国肯纳金属（天津）有限公司签订《大学生就业、实习基地共建协议书》。根据协议，肯纳金属（天津）有限公司每年将为北京科技大学学生提供毕业生实习及社会实践岗位，为毕业生开展就业实习、社会实践提供便利，优先选聘北科大毕业生。美国肯纳金属公司是世界著名的硬质合金刀具生产制造公司。

（赵萌）

【成立首个入驻科技园的学生创业公司】 6月2日，北科大首个入驻北京科技大学国家大学科技园的学生创业公司——北京贝壳晨苑校园文化传播有限责任公司通过工商局审核，正式注册成立。该公司的员工全部由学校在校学生组成，创业内容主要是面向其它高校推广学校校园文化图书，传播校园文化，并为学校学生提供学生活动服务、学生职业发展培训等。

（赵萌）

【聘任罗森为名誉教授】 6月5日，北科大聘请英国学术院院士、牛津大学墨顿学院院长罗森教授（Prof. Dame Jessica Rawson）为名誉教授。座谈会上，罗森教授介绍自己的研究领域以及此前与该校合作开展的相关研究，并以牛津大学中国事务负责人的身份与徐金梧校长就两校学术交流合作交换意见。随后，徐校长代表学校向罗森教授颁发“北京科技大学名誉教授”聘书。罗森，毕业于英国剑桥大学历史系，曾任大英博物馆东方部副主任、主任，2003年被英国女王封为贵族。此外，罗森教授还是当今西方世界最杰出的汉学家之一，研究范围涉及中国古代的玉器、青铜器、金银器、瓷器和漆器，近年来主要致力于研究早期中西文化的交流和相互影响，尤其是秦汉时期中国宗教和信仰体系的改变及其与西来文化影响的关系。

（赵萌）

【首次聘任就业指导专任教师】 6月18日，北科大聘任首批就业指导专任教师。该校就业指导专任教师将在学院和招生就业处的双重领导下，全面负责本学院的就业指导和就业服务工作，包括就业指导课教学、就业市场开拓、招聘会组织、毕业生发展状况调查等学生就业相关工作，以及根据本学院学生的求职需要开展系列有特色、针对性强的工作。首批聘任教师共10人，来自招生就业处和各学院。

（赵萌）

【落成锻锤雕塑】 6月19日，北科

大锻锤雕塑落成。锻锤雕塑由布德鲁斯特种钢公司和德国亚琛工业大学赠送，全长4.85米，总重量达34吨（包括两个底座支撑钢梁），锤把是一棵贯穿锤体的银杏树。雕塑周围成圆形分布着七个石凳，并分别刻有世界七大洲的名字。锻锤雕塑是为纪念人类具有悠久历史传统的锻造技术和艺术历史，由德国艺术家安德里斯·林穆库斯设计建造的，全球共7座，分别安放在世界七大洲，其中亚洲锻锤安放在北科大，旨在纪念具有中国历史传统、闻名于世的特种钢材料加工制造历史和技术。

（赵萌　田实）

【与华东理工大学签订合作协议】 6月27日，北科大与华东理工大学签订跨地域研究型特色大学合作协议。根据协议，双方从大学三年级学生中通过双向选择方式推荐优秀学生，选择对方优势学科本科专业，通过一学期的跟班学习，过大学生知识视野，感受不同校园文化氛围，学术研究环境，拓展思维和研究领域，体现校际间的强强联合，实现学生跨区域的培养合作。

（赵萌）

【一篇论文入选全国优秀博士学位论文】 8月，北科大张跃教授指导的材料物理与化学专业2002级博士研究生黄运华撰写的博士学位论文《一维氧化锌纳米材料的控制合成、结构与性能研究》入选2008年全国优秀博士学位论文。黄运华的博士学位论文主要成果包括：创新ZnO和掺杂ZnO一维纳米材料制备方法，实现部分一维ZnO纳米材料较低温度条件下形态和尺度控制生长。研究不同形貌ZnO纳米材料的几何结构、排列分布与场发射性能的关系，为半导体场发射理论在一维纳米材料领域的适用性提供实验证据，提出一维氧化锌纳米材料新的生长机理。学校葛昌纯院士指导的材料学专业2003级博士研究生燕青芝撰写的博士学位论文《低温燃烧合成制备纳米陶瓷粉体和高分子吸水材料的研究》获得2008年全国优秀博士学位论文提名论文。

（赵萌）

【一研究中心通过论证】 9月25日，北

科大申报的“国家板带生产先进装备

工程技术研究中心”通过科技部发展计划司、高新技术发展及产业化司专家组可行性论证。专家组由国家自然科学基金委员会副主任孙家广院士任组长，中南大学钟掘院士任副组长的12名专家组成。专家组听取学校汇报，现场考察学校力学性能实验室、热模拟实验室、物理模拟系统实验室、板带轧制中试车间等进行现场考察，对中心建设的具体问题进行质询。最后，专家组通过评议，一致同意依托北科大组建“国家板带生产先进装备工程技术研究中心”。

（赵萌　田实）

【一团队被评为国家级教学团队】 10月10日，北科大机械工程学院尹常治教授负责的“机械设计制图课程教学团队”获得2008年国家级教学团队荣誉称号。该团队对非机械类机械基础系列课程进行一系列的改革试验，把《画法几何及机械制图》、《机械原理》、《机械零件》、《AutoCAD应用》等课程有机地整合为一门课《机械设计制图》，实现机械基础系列课程的纵向贯通，把课堂教学、实践教学、工程设计有机地结合起来，建立以培养学生工程能力和创新能力为主线的课程体系，达到提高教学效率和对学生进行综合能力训练、全面素质培养等一系列目的。

（赵萌）

【三套仪器获高等学校自制教学仪器设备成果奖】 11月1至4日，北科大三套自主研发的仪器设备在“第二届全国高校实验室工作论坛暨首届高校自制教学仪器展”上获奖。其中应用学院田跃教授等研发的“磁敏感元件、磁场特性、磁敏传感器系列综合实验仪”获自制教学仪器设备优秀成果奖，应用学院候志坚老师等研制的“高温磁场真空退火炉”和材料学院王立锦老师等研制的“薄膜材料磁电阻效应测试仪”获自制教学仪器设备成果奖。

（赵萌）

【《本科教育教学督导简报》刊发百期】 11月7日，北科大《本科教育教学督导简报》刊发百期。《简报》由学校本科教育教学督导组主办、教务处协办部门编辑，旨在以导为主的工作原则，着重于对青年教师、教学管理部门的引导和帮助，是学校了解当前学校本科教学状态的重要依据和参考。《简报》于2003年2月18日创刊，不定期出版。

（赵萌）

【5项教育教学成果通过鉴定】 11月8至9日，北科大5项教育教学成果通过全国高等学校教学研究中心鉴定。分别是，《以工程训练为主线培养研究型人才的〈工程训练课程〉的探索与实践》、《大实践模式的创新人才培养体系》、《研究型大学创新人才培养模式》和《全新立体交互大学英语教学模式的有效构建和实施》、《本科教育教学督导制度改革与实践》。

（赵萌）

【与蒙特利尔大学签订合作协议】 11月10日，北科大与加拿大蒙特利尔大学（Universitéde Montréal）签订合作协议。根据协议，自2009年开始，蒙特利尔大学提供减免学费的名额，接收北科大国家奖学金博士生。蒙特利尔大学在加拿大排名第二，在材料、能源、信息、生命科学以及社会科学等方面实力雄厚。

（赵萌）

【7位教师入选“省部企业科技特派员行动计划”】 11月10日，北科大材料、机械、冶金、土环、广东研究院5个单位7名教师入选“省部企业科技特派员行动计划”。入选后，在为期一年的时间里，他们将依据派驻企业的需要，结合自身的专业特长，发挥高校的科研优势，协助企业制定技术发展战略，加快提高企业的技术水平和产品市场竞争力，提升企业自主创新能力。该项目由广东省、科技部、教育部共同举办，来自全国50所高校和科研单位的143名专家学者当选，他们将分别入驻广东20个地级市140家科技型企业。

（赵萌）

【14个项目获冶金科学技术奖】 12月2日，北科大牵头或参与完成的14个项目获冶金科学技术奖。该校热轧板带表面在线监测技术的开发与应用、宽带钢热连轧自动化控制系统的研究与应用、操作平台型高炉专家系统的开发和应用获得一等奖，同时，获得二等奖3项，三等奖8项。

（赵萌）

【成立新材料技术研究院】 12月5日，北科大成立新材料技术研究院。新材料技术研究院依托相关优势学科建设交叉学科创新研究平台，拥有多个重点实验室和工程研究中心，是国家材料自然环境腐蚀实验台网的牵头建设单位，面向国民经济发展和国防现代化的重大需求，开展新材料应用基础研究和技术开发。该研究院有专职研究人员66人，实验技术人员50人，其中，专职研究人员中具有高级职称51人。

（赵萌　田实）

【与中国国际人才市场签订协议】 12月6日，北科大外国语学院与中国国际人才市场签订实践教育基地协议。根据协议，中国国际人才市场将优先向北科大学生推荐和落实合法的境内（外）实践岗位，统筹安排学生实践活动，为实践学生提供必要的培训和安全条件保障。

（赵萌）

【召开第十次党代会】 12月12至18日，北科大召开第十次党代会。会议总结学校党委4年来工作，分析学校各项工作与建设高水平研究型大学要求学校培育新的增长点，寻找新的机遇的现实困难。会议并提出未来五到十年学校发展的总目标：基本形成以工为主，工理管文经法等学科协调发展的许可体系。该校党代表221参加会议。

（赵萌）

【与西藏大学签订共建协议】 12月21日，北科大与西藏大学签署《西藏大

学——北京科技大学共建协议书》。根据协议，两校将在学科与专业建设、师资队伍建设与人才培养、实验室与教材建设、管理岗位干部交流、科研等方面开展合作。

（赵萌 田实）

【举办我与校长面对面活动】 12月24日，北科大举办首届“我与校长面对面”活动。该活动由学校学生会主办，旨在搭建校长与广大同学之间的无障碍沟通平台，在全校形成人人关心学校发展，人人为学校未来负责的良好氛围，采取现场访谈和互动形式。该校校长徐金梧参加活动，活动中，他观看学生会校园随机采访学生短片，介绍自己当年在北科大和德国求学的经历，并就教育体制改革、校园设施完善、学生就业出国、校园生活状况等问题和学生展开交流。

（赵萌）

【75个项目获国家自然科学基金资助】 12月31日，北科大75个项目获得2008年度申报的国家自然科学基金项目的批准，资助经费为2715.5万元。获资助项目中，重点项目4项（2项为钢铁联合基金），经费720万元。校内分布情况为：材料学院21项，冶金学院14项，机械学院、应用学院各8项，信息学院、国家重点实验室各6项，土环学院5项，经管学院3项，文法学院2项，冶金工程研究院和重大项目指挥部各1项。学校本年度获资助项目共涉及7个学部，其中工程与材料学部50项，占获资助总数的68.5%，其次是信息学部，占9.5%。

（赵萌）

【举办六讲中国材料名师讲坛】 至年底，北科大举办6讲“中国材料名师讲坛”。讲坛邀请日本东北大学西泽泰二教授、上海交通大学徐祖耀教授、南京大学都有为教授等人来校作题为《微观组织的热力学》、《自主创新发展超高强度钢》、《磁性材料研究最新进展》等6场专题报告。该校师生2000多人次参加学习。

（赵萌）

【举办五场杰出校友讲坛】 至年底，北科大举办五场杰出校友论坛。该校邀请中国工程院院士涂铭旌、国务院国资委研究室主任彭华岗、东南大学长江学者特聘教授陆键等人分别作《材料创造发明方法论》、《和国有企业一起成长》、《大学生自我能力的培养》等五场报告，编辑出版《校友讲坛（第二辑）》、《校友讲坛（第三辑）》。该校师生2000人次参加学习。

（赵萌）

【本科教学质量工程建设取得成绩】 至年底，北科大本科教学质量工程取得成绩。分别是，土木与环境工程学院蔡美峰教授获得第四届“高等学校教学名师奖”、机械工程学院尹常治教授领衔的“机械设计制图”课程教学团队入选2008年度国家级教学团队、陈曦教授负责的《大学生社会实践》、外国语学院张敬源教授负责的《大学英语》两门课程获2008年度“国家级精品课程”称号、应用科学学院马星桥教授负责的《凝聚态物理专题》课程入选2008年度国家“双语教学示范课程”建设项目、土木与环境工程学院杨鹏教授负责的“矿物资源工程”专业被批准为第三批高等学校特色专业建设点，张欣欣教授负责的《大学生创新性试验计划》被评为创新性试验计划。

（赵萌）

北方工业大学

党委书记　吴晚云

校　　长　王晓纯

【概　况】 2008年，北方工业大学占地面积32.05万平方米，建筑面积36.4万平方米。固定资产总值45037.33万元，其中教学、科研仪器设备总值20670.36万元。全年教育经费投入35060.4万元，其中，国家拨款28659.9万元、自筹经费6400.5万元。图书馆建筑面积15030平方米，馆藏图书108.55万册，其中，电子图书11.88万册。设有8个学院，21个系，13个教学实验中心，8个研究设计院（所）；开设27个本科专业，22个二级学科硕士授权点、4个专业硕士学位领域、同等学力人员申请硕士学位资格，2个第二学士学位点。有1个国家级特色专业，3个北京市特色专业，4个北京市品牌专业，1个北京市重点实验室，3个北京市实验教学示范中心，2门国家级精品课程、6门市级精品课程、13部国家“十一五”规划教材，1部国家级精品教材、13部市级精品教材。拥有数量经济学、经济法学、思想政治教育、机械电子工程、检测技术与自动化装置、计算机应用技术6个北京市重点学科。有教职工900人，其中，专任教师615人。专任教师中，教授88人，副教授195人；硕士生导师201人；享受政府特殊津贴专家4人。外籍教师7人。有毕业生3634人，其中，学历教育学生全日制硕士研究生267人，普通本专科生2291人（本科2210人、第二学士学位79人、专科2人），成人教育本专科生1076人（本科424人、专科652人）。本科毕业生就业率96.96%。招生4071人，其中，学历教育学生全日制硕士研究生365人，普通本科生2422人（本科2398人、第二学士学位24人），成人教育本专科生1284人（本科生558人、专科726人）。高考北京地区提档线一本理科502分，二本理科255分、文科472分。在校生14217人，其中，学历教育学生全日制硕士研究生1119人，普通本专科生9360人（本科9288人、第二学士学位70人、专科生2人），成人教育本专科生3738人（本科生1626人、专科2112人）。留学生毕业54人，招生79人，在校87人。学校网址：www.ncut.edu.cn。

（陈卫）

【聘任靳卫卫为客座教授】 2月21日，北方工大聘任日本关西外国语大学靳卫卫教授为客座教授。受聘后，靳卫卫在该校开展日语语言及文化等方面教学科研活动。靳卫卫，日本关西外国语大学中国交流所所长，长期从事日本语言文化及汉语教学领域教学研究。

（陈卫 贾樱英）

【与西门子签订合作协议】 4月25日，北方工大与西门子智能交通公司（北京）签署合作协议。根据协议，双方将开展智能交通领域合作，其中，西门子负责提供专有技术、专有设备和资金，校方负责提供研发人员及场地，并负责实验和测试。合作有效期5年。

（陈卫　贾樱英）

【与汉王科技签订合作协议】　4月29

日，北方工大与汉王科技股份有限公司签订合作协议。根据协议，双方合作建立“联合实验室”和“科研教学基地”，同时，开展模式识别和数字媒体艺术领域教学研究，企业负责联合实验室建设及时对在校生实习指导，该校负责提供实验室并发挥软件研发优势。合作有效期3年。

（陈卫　贾樱英）

【召开工程硕士培养工作研讨会】　5月30至31日，北方工大召开工程硕士培养工作研讨会。会议听取学校工程硕士培养的报告；同时，学习全国工程硕士委员会关于工程硕士是培养的文件和其他兄弟院校培养工程硕士中的经验。该会议就该校工程硕士培养工作提出具体措施和要求。

（陈卫）

【成立CNC技术培训中心】　6月3日，

北方工大成立北方工业大学—三菱电机CNC技术培训中心。该中心由该校与三菱公司合作成立，以三菱CNC技术应用为核心内容，集教学、培训与应用研究为一体，主要用于本科生、研究生应用型特色人才培养，并对从事三菱CNC技术应用大专院校教师、企业人员等进行培训。该培训中心成立体现该校“培养应用型专门人才”育人定位，将会对应用型特色人才培养提供良好物质基础，也进一步加强校企之间横向合作。

（陈卫　贾樱英）

【通过全国建筑学专业评估】　6月，北方工大通过全国建筑学专业评估。国务院学位委员会下发《关于批准北方工业大学等五所高等学校授予建筑学专业学位的通知》指出，根据国务院学位委员会第十一次会议批准的《建筑学专业学位设置方案》和全国高等学校建筑学专业学位教育评估委员会的评估结果，批准北方工业大学开展授予建筑学学士学位工作，授予学士学位有效期为2008年5月至2012年5月。该专业将开设建筑设计、城市规划原理、建筑物理等84门课程，学制5年。

（陈卫）

【获4项国家级教学质量工程成果奖】　9月，北方工大获多项教学质量工程成果奖。其中，张卫平教授主讲《电力电子技术基础》、史仲文研究员主讲《大学美育》被评为2008年度国家级精品课，机电工程学院自动化专业成功入选教育部第三批高等学校特色专业建设点，刘永翔教授主编《产品设计》被评为国家级精品教材。

（陈卫）

【召开自动化应用技术学术交流会】　10月17至18日，北方工大召开全国第十三届自动化应用技术学术交流会。会议由中国金属学会、北方工业大学、中国自动化学会应用专业委员会共同主办，以面向节能环保的企业信息化和过程控制技术及应用为主题。会上，中国金属学会常务副理事长洪及鄙作关于“中国钢铁工业现状分析”的报告，中国工程院院士、东北大学教授柴天佑做“复杂工业过程的优化运行与反馈控制”的报告。另外来自济钢集团公司、太钢集团、上海宝钢集团、武汉钢铁集团、首钢集团公司、中南大学、北京科技大学的专家和领导也对自动化发展动态、新技术和新装备在行业的应用，就节能减排、循环经济、流程优化和动态调度、人工智能控制新技术及应用等方面做报告。来自国内专家学者200人参加会议。

（陈卫　贾樱英）

【召开系主任教学业务培训暨研讨会】　10月31日至11月2日，北方工大召开2008年度系主任教学业务培训暨研讨会。会议以“专业建设与学风建

设”为主题，主要分为工作业务培训、工作交流、工作研讨三大部分。该校各学院院长、教学副院长、系正副主任、公共基础教研室主任、实验中心主任以及人事处、学工办、图书馆、高教研究室、素质教育与现代文化研究所、教务处等部门领导共80人参加会议。

（陈卫　贾樱英）

【刘利民视察北方工大】　11月13日，刘利民和首钢总公司董事长朱继民视察北方工大。刘利民在参观学校、听取报告后指出当前形势下，首都高校与企业之间应加强合作。在座谈会上，北方工大聘任朱继民为特聘教授。

（陈卫　贾樱英）

北京化工大学

党委书记　王芳
校　　长　王子镐

【概　况】　2008年，北京化工大学占地面积77.46万平方米，建筑面积59.46平方米。固定资产总值83262万元，其中教科仪器设备资产37358万元。全年教育经费投入67946.52万元，其中，国家拨款28762.52万元、自筹经费39184万元。学校设有3个校区，下设10个学院，22个处（部、办），2个直属单位，2个群众组织；开设42个本科专业，50个硕士点（7个自主），3个一级学科博士点，24个二级学科博士点（7个自主），5个博士后流动站，其中，博士后研究人员出站9人、进站21人、在站32人。有1个国家一级重点学科，2个国家二级重点学科，1个北京市一级重点学科、1个北京市交叉重点学科、6个北京市二级重点学科，

1个国家重点（培育）学科；4个国家级特色专业建设点，8个北京市级特色专业建设点；1个国家级重点实验室，2个国家级实验室，5个省、部级重点实验室；1个国家级工程技术研究中心，6个部级工程技术研究中心；3个国家级教学基地，1个国家级教学示范中心，5个北京市级实验教学示范中心，1个北京市级定点实习基地；11门国家级精品课程，32门北京市级精品课程。有教职工1819人，其中，专任教师936人，专任教师中教授173人、副教授381人，博士生导师132人、硕士生导师550人。有中科院院士3人，工程院院士6人，“长江学者奖励计划”特聘教授5人，国家有突出贡献专家10人，享受政府特殊津贴专家102人。有外籍教师7人，其中教授1人。图书馆建筑面积21093平方米，藏书总额217.3万册，其中，电子图书69.9万册。毕业生6365人，其中，学历教育学生中全日制研究生1242人（博士生96人、硕士生1062人、工程硕士84人），普通本专科生2953人（本科生2661人、专科生292人），成人教育本专科生2170人（本科生1054人、专科生1116人）；非计划招生高等教育学生中在职人员攻读硕士学位10人。招生9085人，其中，学历教育学生中全日制研究生1641人（博士生145人、硕士生1381人、工程硕士115人），普通本专科生3627人（本科生3227人、专科生400人）、成人教育本专科生3817人（本科生1651人、专科生2166人）；非计划招生高等教育学生中在职人员攻读硕士学位4人。高考北京地区提档线理科510分、文科524分。在校生28446人，其中，学历教育学生中全日制研究生4878人（博士生560人、硕士生3792人、工程硕士526人），普通本专科生13546人（本科生12365人、专科生1181人），成人教育本专科生10022人（本科生4890人、专科生5132人）；非计划招生高等教育学生中在职人员攻读硕士学位30人。留学生毕业129人，招生125人，在校生212人。学校网址：www.buct.edu.cn。

（葛佑勇）

【4项科技成果通过技术鉴定】 1月16日至10月8日，化大共有4项科学技术成果通过鉴定。1月16日，“绿色轮胎用纳米改性丁苯橡胶”通过教育部组织的技术鉴定，该项目实现一步法合成全偶联SSBR新工艺，开发共凝聚技术和动态原位反应—分散—混合一体化技术，获得5项国内外发明专利，使用该技术制成的轿车轮胎具有滚动阻力系数低、湿摩擦系数高等特点，达到国际先进水平。5月16日，“基于自愈机制的石化动设备智能维修保障体统”通过中国石油化工股份有限公司科技开发部组织的技术鉴定，该项目在国内首次自主开发RCM（以可靠性为中心的维修）软件，研制基于自愈机制的石化动设备智能维修保障系统（RCIMS），该设备具有设备动态监测、数字化、指令化、智能化的特点，处于国内领先水平。5月28日，“聚酯反应釜搅拌装置的研究开发及工业应用”通过中国石油化工股份有限公司科技开发部组织的技术鉴定，该项目通过冷模和热模实验研究、CFD模拟计算分析，研制大型聚酯反应釜专用的五叶宽叶翼形搅拌浆，具有循环流量大，反应釜穿热效率高、温度分布均匀的特点，达到国际同类产品的先进水平。10月8日，“含糖废水发酵生产油脂的资源化技术”通过中国石油和化学工业协会组织的技术鉴定，该项目应用多种诱变手段获得利用多种含糖工业废水生成微生物油脂的高效粘红酵母菌（Rhodotorula glutinis）菌株，具有耐盐性高、油脂含量高、降解废水COD能力较强的特性，总体技术水平达到国际先进水平。

（吕营）

【聘任闵恩泽为教授】 4月24日，化大

聘任2007年国家最高科技奖获得者闵恩泽院士为教授。聘任仪式上播放介绍闵院士经历和突出科技成就的录像片——《闵恩泽院士科技成就与贡献》。聘任仪式后，闵恩泽院士从自己学习和科研实际经验和案例谈起，就自己在自主创新和科研团队建设等方面的思考和体会与大家进行交流。中国科学院院士、中国工程院院士闵恩泽教授是国内外著名的石油化工催化剂专家，是我国炼油催化应用科学的奠基者、石油化工技术自主创新先行者、绿色化学的开拓者。闵教授继2005年获得国家技术发明一等奖后，2007年获得国家最高科学技术奖。

（李鸿飞）

【在《化学评述》上以第一单位发表评述】 4月28日，化大在国家自然科学基金的支持下，在《化学评述》*Chemical Reviews* 发表关于“分离过程中预测型分子热力学”的评述论文。该评述系统、深入地阐述分离剂分子结构与分离性能之间的对应关系，使之对给定的分离体系能快速地筛选出合适的分离剂，以减少实验工作量。所涉及分离剂包括小分子溶剂、固体无机盐、聚合物和离子液体，为分离过程强化的工业应用奠定科学基础。

（曾宪玉）

【获得企业经营模拟精英赛一等奖】 5月20至24日，化大代表队在由教育部高教司，教育部教育管理信息中心中国教育信息化理事会和金蝶软件（中国）有限公司共同主办的首届“金蝶杯”全国高校企业经营模拟精英赛全国总决赛中夺得全国一等奖。本次比赛将国际流行的企业经营决策模型引入国内。该模型的特点是决策环节多，难度系数高，变化范围大，对抗性强。该校代表队由经济管理学院学生尹建栋、宋明、王方罡、找薏和向欣组成，指导教师陈明。

（陈欣）

【国防科技质量管理体系通过审核】 5月22至23日，化大接受由中国新时代认证中心组织的专家组对该校国防科技质量管理体系军证第一次和民证第二次监督审核。专家们通过现场审查、查询记录、询问和质疑、与领导沟通等方法，对学校质量管理体系进行为期两天细致认真的审核。专家

组实地考察学校国防科技质量管理体系的有关部门，并与负责人进行交流与咨询。通过审核，专家组对该校质量管理体系进行详细分析，认为该校领导重视产品质量和质量管理体系的保持和改进，资源投入能保证质量管理体系的运行需要，生产过程基本受控，2007年质量目标得到完成，顾客对产品质量和服务较满意，并按策划的时间间隔开展内审和管理评审，质量管理体系满足标准要求，运行基本有效。同意向中国新时代认证中心推荐保持注册。

（刘淑金）

【成立宝洁职业发展俱乐部】 5月23

日，化大在校会议中心学术报告厅举行“北京化工大学—宝洁职业发展俱乐部”和“宝洁公司—北京化工大学就业基地”揭牌仪式。俱乐部和就业基地的成立将为同学们提供职业发展的机会和平台、深入了解跨国公司的企业文化；此举也是学校大开放战略在学生培养工作中的落实和体现。俱乐部将在北京化工大学毕业生就业中心与北京宝洁技术有限公司的共同指导和组织下，使广大同学既可以提前认知社会，又可以在系统培训中增强创新能力，在实践中提高工程实践能力，更好地进行职业生涯的规划与发展。同时，也能够为企业提供优秀的毕业生，提高企业市场竞争力，推动校企双方各自的发展。

（常万里）

【举办研究生创新论坛】 5月23日，化大举办首届研究生创新论坛。该论坛由该校与中粮集团有限公司合办，旨在为化大研究生打造一个高水平学术交流平台论坛以新能源的研究现状及展望为主题，邀请国内外相关领域的知名专家展开报告会，研讨利用酵母实现小麦秸秆生产乙醇、氢能源利用中燃料电池氢的储存、燃料乙醇和生物柴油等问题。该校师生500人参加论坛。

（程媛媛）

【与青岛高校软控股份有限公司签署合作协议】 6月7日，化大与青岛高校软控股份有限公司签署人才培养暨科技合作协议。根据协议，双方合作开展科技合作和人才培养，校方负责为企业提供技术成果和人才培训，企业负责提供实习场地并与学校合作开展科研项目。

（孟文庆）

【成立第二届董事会】 6月7日，化大召开第二届董事会成立大会。大会通过新的北京化工大学董事会章程和董事会基金管理条例，通过新一届董事会组成人选。全国人大常委会原副委员长、全国妇联主席顾秀莲同志担任北京化工大学第二届董事会名誉董事长、校长王子镐同志当选北京化工大学第二届董事会董事长。

（林凤）

【与天脊集团签订合作协议】 6月16日，化大与山西天脊集团签订合作协议。根据协议，双方本着平等自愿、互利互惠、共同发展的原则，决定建立长期、稳定、全面的科技合作与人才培养协作关系，校方负责技术支持和人才培养，企业负责技术成果转化和学生实习场地。

（王玉）

【与威海市签订合作协议】 7月17日，化大与威海市人民政府签订合作协议。根据协议，双方在科研、科技成果转化、人才培养等方面开展合作，地方政府负责为校方技术成果转化提供有利条件，校方负责在节能减排、环境治理、新材料、生物化工等方面为地方提供技术支持和人才。

（张新生）

【励杭泉获得高等学校教学名师奖】 8月22日，化大励杭泉教授获得第四届高等学校教学名师。励杭泉教授酷爱教学工作，并为此投入巨大精力。他认真钻研教育理论与教学方法，并将理论运用于教学实践之中，提出许多独到的教学论点，如简单性原则、“浅入深出”原则、“无一字无出处原则”等。获得专利3项，出版教材2本，发表论文80余篇，其中SCI50余篇。《高分子物理》、《材料导论》2门国家级精品课程负责人。

（费红艳）

【与中原煤业化工集团签署合作协议】

9月27日，化大与河南中原煤业化工集团签订人才培养与科技合作协议签署仪式。校长王子镐教授与河南中原煤业化工集团董事局主席李永新共同在合作协议上签字，标志着校企合作又迈出新的一步。河南中原煤业化工集团由河南鹤壁煤业集团与中原大化集团组建而成，属河南省五个煤化基地之一，资产总额达到124.48亿元，煤化工产业是其产业发展的重要方向。协议生效后，中原煤业化工集团将作为学校人才培养的定点实习基地，并接受学校委托，为学校新技术的开发提供实践实验基地；双方将在中原煤业化工集团下属的煤电煤化公司、鹤煤技师学院和科研所年内分别成立河南煤化产学研一体化现场基地、实用人才培训基地和研发中心，争取重大科研项目，促进科研与生产的结合，科技向生产力的迅速转化。

（孟文庆）

【举办机械创新交流营】 10月20至26日，化大举办“北化—南台机械创新交流营”。该活动由该校主办，南台科技大学协办。两校学生就“机械创新”展开一系列交流。本次活动，一方面旨在加强与台湾教育界，特别是台湾地区大学生的科技创新和文化交流。另一方面也是向来自南台科技大学的青年学生积极地展示大陆改革开放三十年来在政治、经济、社会、文化和科技等各个领域取得的伟大成就。来自两校师生200人参加活动。

（耿海萍）

【聘任贾埃弗为名誉教授】 11月12日，化大聘任1973年诺贝尔物理学奖得主伊瓦尔·贾埃弗为名誉教授。随后，伊瓦尔·贾埃弗教授作题为 *A Biosensor called ECIS* 的学术报告。伊瓦尔·贾埃弗1929年出生在挪威，后接受机械工程学的教育，曾在挪威

政府担任过一年的专利审查员。1954年，他移民到加拿大，进入加拿大通用电气公司，1956年移民到美国，成为通用电气公司一名应用数学家，1958年进入研究与发展中心，1964年获得理论物理学博士学位。从1958年到1970年，伊瓦尔·贾埃弗从事薄膜、隧道和超导领域研究，于1973年获得诺贝尔物理学奖。1988年，他成为伦斯勒理工学院的学院教授，于2004年以名誉教授身份退休。目前是奥斯陆大学的博文讲座教授。

（赵健雅）

【四项军品协作配套科研项目通过验收】 11月12日，化大四项军品协助配套科研项目通过验收。验收工作由国家国防科技工业局会同教育部科技司、中国兵器工业集团公司共同组织，验收小组听取项目负责人的工作报告和技术报告，审阅相关的测试报告、用户使用报告、企业标准等相关技术文件，并就项目研究内容向项目负责人提问。根据国防科工委《武器装备科研生产协作配套管理办法》的指导意见和上级部门精神，验收委员会专家一致认为项目组完成合同规定的研究内容，达到预期研究目的；产品经用户试用，符合使用要求，并且部分研制产品已经得到应用，使用情况良好；所提交的技术资料齐全，项目经费使用合理，符合军品配套项目验收要求，一致同意该校四个项目通过验收。

（刘淑金）

【一中心建设项目通过验收】 11月28日，化大承担的化工与环保北京市技术转移中心建设项目通过“北京市技术转移中心建设项目”验收专家组验收。通过听取现场汇报和实地考察后，验收专家组认为，化工与环保北京市技术转移中心成立三年来，按照“北京市技术转移中心建设管理办法（试行）”的要求，全面完成项目任务书中所承诺的各项任务，达到项目预期目标。中心组织机构健全、“一站四库”建设完善，团队工作出色，基础工作扎实。中心发挥在化工与环保技术转移方面的优势，充分整合资源，积极开拓对外合作渠道，大力开展针对北京地区的技术转移工作，成效明显。通过建设新技术和新产品中试基地，有力地促进项目孵化和技术商品化，为中心的可持续发展奠定基础，具有示范意义，化工与环保技术转移中心的建设工作达到优秀标准。最后，专家组一致同意化工与环保技术转移中心建设项目验收通过。

（姜吉道）

【谭天伟获杰出贡献奖】 11月30日，化大谭天伟教授在日本东京召开的第十四届亚洲青年生物技术大会上获得杰出贡献奖（YABEC award）。来自日本、韩国、中国、新加坡等国家和台湾地区的300多名代表参加会议，中国内地有12所高等学校与科研院所的32名代表参会。该奖项是YABEC会议创办以来首次颁发，此次共有4名教授获奖，中国只有谭天伟教授一人获得奖励。

（冯赫）

【成立中华环保青年志愿者基地】 12

月5日，化大成立首家中华环保青年志愿者基地。该基地是该校与中华环保联合会共同建立。成立仪式上，该校与中华环保联合会签订《共建青年环保志愿者基地合作协议》，根据协议，该基地开展环境保护、节能减排方面志愿服务活动。

（朱力）

【与商丘市签订合作协议】 12月16日，化大与河南省商丘市人民政府签订合作协议。根据协议，双方确定今后重点在煤化工、石油化工等领域和高新技术成果产业化、新技术新产品开发以及人才培养等方面的战略合作关系。地方政府负责为校方技术转化提供支持，校方负责技术支持和人才培养。

（张新生）

【学生体育竞赛取得好成绩】 至年底，化大学生在多项体育赛事中获得好成绩。4月5至27日，化大篮球队在“2008年北京市大学生篮球联赛”中获得首个冠军；6月7至8日，化大网球队在2008索尼爱立信中国大学生网球联赛（总决赛）中获得女子甲组冠军；男子甲组亚军；10月8至15日，化大健美操队在由国家体育总局体操运动管理中心和中国健美操协会主办的“中国通信杯”2008年全国健美操锦标赛中获得团体冠军、六人操及三人操冠军以及男子单人和混合双人亚军，并获得最佳难度奖。11月8至16日，化大网球队在2008年“三瑞杯”第十三届全国大学生网球锦标赛中获得女甲团体冠军和女甲单打冠军；12月24至28日，化大健美操队在“华东师大”杯全国健美操冠军赛中获得三人操和混合双人操的第一名，女子单人操第二名。

（郝克勇）

北京工商大学

党委书记　孙尧东

校　　长　沈愉　（2月免）

　　　　　谭向勇（2月任）

【概　况】 2008年，北京工商大学占地面积102.8万平方米，建筑面积47.5万平方米。学校固定资产总值67450万元，其中教学科研仪器设备资产值26252万元。全年教育经费投入53000万元，其中，国家拨款40652万元，自筹经费12348万元。图书馆建筑面积2.5万平方米，藏书139万册，电子图书64万册。下设阜成路和良乡两个校区，有15个学院（系）、2个教学部、3个实践教学中心；开设有本科专业36个，硕士学位授予点36个，MBA和工程硕士学位授权点4个，北京市重点学科2个，北京市重点建设学科8个，北京市品牌建设专业6个；国家级检测中心2个；北京市重点实验室1个，北京市人文社会科学研究基地2个，北京市实验教学示范中心2个，国家级实验教学示范中心建设单位1个。教职工1372人，其中，专任教师807人，专任教师中教授97人，副教授293人；博士生导师2人，硕士生导师225人；享受政府特殊津贴专家8人；全国优秀教师2名，北京市高等学校教学名师3名，北京市市级优秀教师5名，北京市优秀中青年骨干教师53名；有11个科研团队跻身北京市学术创新团队行列。毕业生5212人，其中，学历教育学生中全日制硕士研究生398人，普通本科生3001人，成人教育本专科生1813人；在职人员攻读研究生课程进修班结业186人。本科毕业生就业率95.31％。招生5576人，其中，学历教育学生中全日制硕士研究生431人，普通本科生3018人，成人教育本专科生2127人；在职人员攻读硕士学位71人。高考北京地区第一批提档线理科512分、文科516分，第二批提档线理科475分、文科504分。在校生18909人，其中，学历教育学生全日制硕士研究生1255人，普通本科生11975人，成人教育本专科生5679人。该校外国留学生毕业19人，招生17人，在校生20人。学校网址：www.btbu.edu.cn。

（宋煜）

【举办会计财务教授论坛】　3月23日，工商大学举办京津地区会计财务教授论坛。论坛以“注册会计师审计风险与责任”为主题，研讨中国经济改革、资本市场、财务管理问题，达成财会工作要进一步为中国经济发展和社会进步贡献才智的共识。来自京津地区高校、加拿大注册会计师协会130名专家学者及研究生参加论坛。CGA京津地区会计、财务教授季度论坛由北京大学、清华大学、南开大学、人民大学、对外经贸大学、北京工商大学和加拿大注会协于2005年共同发起设立，每年举办4次。

（宋煜）

【塑料制品质量监督检验中心通过评审】　5月26至27日，工商大学国家塑料制品质量监督检验中心通过中国合格评定国家认可委员会（CNAS）评审。评审依据《实验室资质认定评审准则》、《检测和校准实验室能力认可准则》（CNAS/CL01：2006）及《检测和校准实验室能力认可准则在化学检测领域的应用说明》（CNAS/CL10：2006），评审组专家经过对国家塑料制品质量监督检验中心的体系、程序、人员、环境、设备等严格的审查，确认438项的检验能力，通过新申请扩项的109项能力。该中心1988年成立，开展国家塑料制品质量检验工作，有专职人员51人，其中，高级职称16人。

（宋煜）

【李长春看望工商大学教师】　6月19日，李长春看望工商大学教师。李长春看望自己的老师夏德钤教授、胡家耀教授并慰问昔日同事虞廼符老师。李长春同志分别到3位老教师家中与他们共同回忆当年的难忘时光，畅叙师生情谊。

（宋煜）

【三项目获国家自然科学基金资助】　9月8日，工商大学3个项目获得2008年度国家自然科学基金资助。3个项目分别是孙家跃教授申请的《基于4f与5d电子的正、反斯托克斯定律跃迁发射的防伪标识技术研究》，获得资助50万元；高丽华教授申请的《无机—有机杂化倍频薄膜材料的研究》，获得资助30万元；曹学丽教授申请的《复杂环境样品的高速逆流色谱前处理方法研究》，获得资助28万元。

（宋煜）

【与爱尔兰考克大学签署交流合作协议】　10月13日，工商大学与爱尔兰考克大学签订交流合作协议。根据协议，看双方合作开展双方将开展学士学位、硕士学位联合培养项目和两校优势，科学研究项目合作。

（宋煜）

【完成院系调整工作】　11月，工商大学完成院系调整。按照学科发展的需要，学校进行院系调整，先后重组成立商学院、外国语学院、机械工程学院、计算机与信息工程学院、艺术与传媒学院、法学院（马克思主义学院）。新成立的商学院由原商学院、会计学院、MBA合并组建而成；外国语学院由原外语系、国际汉语学院合并组建而成；机械工程学院由原机械自动化学院、工科实践中心、数理系物理教研室和物理实验室合并组建而成；计算机与信息工程学院由原信息工程学院、计算机学院和数理系数学教研室合并组建而成；艺术与传媒学院由原传播与艺术学院、数字内容学院、数字艺术制作中心合并组建而成；法学院（马克思主义学院）由原法学院、社科部合并组建而成。

（宋煜）

【召开科研工作会议】　12月19日，工商大学召开首次科研工作会议。会议由校领导作题为《转换机制，突出特色，提高科研水平，为建设教学研究型大学努力》主题报告，明确近期科研工作指导思想、基本原则和发展目标，提出科研工作的保障措施。该校领导和各部门教师代表150人参加会议。

（宋煜）

北京服装学院

党委书记　惠桂芝
院　　长　刘元凤

【概　况】　2008年，北京服装学院占地面积32.05万平方米，建筑面积21.10万平方米。固定资产总值35460.36万元，其中教科仪器设备资产值13554万元。全年教育经费投入28671.9万元，其中，国家拨款19756.5万元，自筹经费8915.4万元。图书馆建筑面积7267平方米，藏书总量67.3万册，其中电子图书23.9万册。设朝阳区和平街北口樱花东街和昌平区小汤山镇北七家两个校区，设有5个二级学院、2个系、2个教学部和1个教学中心。开设18个本科专业，覆盖文（艺）、工、经、管、理等5个学科。有11个硕士点，1个第二学士学位点，3个北京市重点建设学科，3个市级品牌建设专业，1个教育部特色专业建设点，3个市级科研平台。有教职工796人，其中专任教师484人，专任教师中，教授48人，副教授144人；有硕士生导师114人。聘请校外教师48人，其中，外籍教师6人。享受政府特殊津贴专家1人。毕业生2049人，其中，学历教育学生中全日制硕士生144人，普通本专科生1456人（本科生1439人、专科生17人），成人教育本专科生445人（本科生256人、专科生189人）；非计划招生高等教育学生在职人员攻读硕士学位4人。本科毕业生就业率95.36%。招生2252人，其中，学历教育学生中全日制硕士生174人，普通本科生1526人，成人教育本专科生540人（本科生294人，专科生246人）；非计划招生高等教育学生中在职人员攻读硕士学位12人。高考北京地区本科提档线理科455分，文科472分。在校生7994人，其中，学历教育学生中全日制硕士生507人，普通本专科生6061人（本科生6015人，专科生46人），成人教育本专科生1351人（本科生723人，专科生628人）；非计划招生高等教育学生中在职人员攻读硕士学位75人。该院留学生毕业16人，招生99人，在校生162人。学院网址：www.bift.edu.cn。

（付佳）

【民族服饰博物馆入选市爱国主义教育基地】 2月25日，服装学院民族服饰博物馆入选北京市爱国主义教育基地。该馆成立于2000年10月31日，集收藏、研究和教学于一体的文化研究机构，开设综合服饰厅、苗族服饰厅、金工收拾厅、织锦刺绣蜡染厅、图片厅以及供教学及学术交流活动的多功能厅等6个厅，此外，还有1个中国民族传统服饰工艺传习馆，面向全国受众展示中国各民族的服装、饰品、织物、蜡染、刺绣等传统民族服饰精品一万多件。本次评选全市共有23家单位入选北京市爱国主义教育基地。

（付佳）

【一科研项目通过验收】 3月11日，服装学院2005年市教委科技计划重点项目暨北京市自然科学基金B类项目《面向应用过程的有机/无机纳米纤维制备与功能研究》通过市教委、市科委验收。市教委、市科委联合专家组审阅项目研究报告及相关资料，听取项目负责人的工作报告。经讨论认为该项目提供的资料齐全，数据可靠，符合验收要求。该项目以静电纺丝技术制备聚合物纳米纤维为基础，结合溶胶——凝胶法及聚合物前驱体法，成功地制备出TiO_2、ZnO、微孔Mn_2O_3、BaO、MgO等无机纳米纤维，该工艺技术将静电纺丝法制备纳米纤维材料推广到无机体系，为一维无机纳米纤维材料的生产及其在各个领域中的应用拓宽道路；采用聚合物电纺纳米纤维膜作为模板，把无机溶胶涂附在模板上，经高温煅烧去除高聚物模板部分，得到TiO_2、ZrO_2、TiO_2-ZrO_2等无机纳米管。该方法为制备无机纳米管材料提供一种新思路；研发出不引入高聚物作为纺丝载体，原位电纺无机前驱物溶胶，一步直接制备TiO_2等无机纳米纤维材料技术。该项目2005年启动，共投资25万元。

（付佳）

【主办北京品牌设计师培训班】 3月17至20日，服装学院主办“2008北京品牌设计师培训班”。该培训班是该院与北京市工业促进局、北京市乡镇企业局合办，面向北京市服装企业的领导、经理、设计师及市相关部门领导，邀请中国艺术研究院、中国音乐学院、北京电影学院、清华大学建筑学院和该院教授讲授当代艺术与设计、当代设计的美术观察、流行音乐与时尚、“城市·色彩·环境”、中西方建筑、“艺术·设计·生活”等内容。培训班历时4天，共8讲，共有近百人参加培训。

（付佳）

【举办第30届学生运动会】 5月10日，服装学院举办第30届学生运动会。运动会设立12个男子项目，11个女子项目，有八个院系463人次参赛。该院学生运动会始于1962年，每年举办一届。

（付佳）

【中国民族传统服饰工艺传习馆开放】

5月20日，服装学院民族服饰博物馆中国民族传统服饰工艺传习馆对外开放。该馆旨在为中外观众，特别是为青少年提供一个高层次的、学习研究我们民族传统技艺的实践场所；以该院民族服饰博物馆为依托，以介绍、传授我们民族优秀的传统服饰制作工艺、装饰技艺为主要功能。

（付佳）

【与北海艺职院签订合作协议】 5月21日，服装学院继续教育学院与北海艺术设计职业学院签订合作协议。根据协议，该院继续教育学将面向北海艺术职业学院动漫、服装设计两个专业三年级学生开展为期一年专业课程培训。协议有效期3年。

（付佳）

【与勤益染织有限责任公司签订合作协议】 5月22日，服装学院与常州勤益染织有限责任公司签订合作协议。根据协议，双方将合作开展专利申报、基金申报、家纺项目和数码印花项目的调研以及染整人才提供及学员实习等方面合作。同时双方合作成立先进纺织品研发工程中心。

（付佳）

【心晴公社获十佳心理社团称号】 5月25日，服装学院心晴公社获首都高校十佳心理社团荣誉称号。该评选由市委教育工委和北京高教学会心理咨询研究会主办，是以各高校学生心理协会近五年举行的活动及在所在学校对心理学知识的普及起到的作用作为参考，根据各校心理社团提供的文字资料和电子资料进行评选。该院心晴公社成立于2003年，隶属校团委，面向全校师生开展心理健康知识的宣传和普及，并在学校心理咨询中心的协助下组织活动。

（付佳）

【举办北京夏日数字娱乐节】 6月20至29日，服装学院举办2008北京夏日数字娱乐节。该娱乐节由该院与数字娱乐学盟、751正东集团等公司合办，采取实体展览和在线虚拟展览相结合方式，以“娱乐互换”为主题，由DE—DAY和DE—NIGHT两个版块组成，其中，“DE—DAY数字娱乐展”展出来自21个不同国家和地区的150件新媒体作品，包括概念设计、幻想建筑、游戏设计、交互设计、音乐、动画和短片六大类型；DE—NIGHT数字娱乐夜是依附于本次展览的大型开幕活动，地点在大山子艺术区751动力广场。活动内容包括对DE—DAY数字娱乐展的16个获奖项目的颁奖典礼及新媒体表演。来自不同国家的专家、老师、学生在不同的学习领域，通过碰撞了解陌生的环境与文化，找到更多的娱乐创意与想法。

（付佳）

【王锐获光华工程科技奖青年奖】 6月25日，服装学院王锐获得第七届光华工程科技奖青年奖。光华工程科技奖是由中国工程院作为管理、承办机构，由朱光亚院士和台湾实业家尹衍樑、杜俊元、陈由豪共同捐资，于1996年设立，面向全国工程科学技术界，旨在奖励在工程科学技术及管理领域取得突出成绩和重要贡献的工程师和科学家，激励他们从事工程科技研究、发展、应用的积极性和创造性，促进工作顺利开展，并取得成果。王锐，该院材料科学与工程学院教授，硕士生导师，材料学学科带头人，北京市优秀教师，北京市把剑创新人才，北京市教育创新标兵。

（付佳）

【聘任徐僖为荣誉教授】 6月26日，

服装学院聘任徐僖为荣誉教授。聘任仪式后，徐僖院士作题为“通用化学纤维高性能化研究”学术讲座。徐僖，中国科学院院士，高分子材料科学家，我国高分子材料学科的奠基人之一，现任四川大学教授、高分子研究所所长，上海交通大学教授、高分子材料研究所所长，《高分子材料科学与工程》、《油田化学》期刊主编；长期从事高分子化学、高分子材料成型基础理论、高分子力化学、辐射化学等领域的研究，在国内外学术刊物上发表论文300篇，撰写出版著作、译著4本，获国家发明专利28项；曾获国家自然科学奖、国家发明奖等20余项。曾被授予全国高等学校先进科技工作者、全国教育系统劳动模范、国防军工协作先进个人等称号。

（付佳）

【完成学科建设和专业结构调整】 8月4日，服装学院完成学科建设和专业结构调整。该院工业设计与信息工程学院工业设计专业整建制并入艺术设计学院；工业设计与信息工程学院更名为“信息工程学院”；整合全校相关资源，成立“艺术理论教研室”，设在艺术设计学院；艺术设计学院的艺术设计专业（雕塑艺术设计、公共艺术设计方向）整建制并入美术系；美术系在专业整合后更名为“造型艺术系”；社会科学部更名为“思想政治理论课教学部”；基础课部更名为“基础教学部”。

（付佳）

【北校区投入使用】 8月30日，服

装学院北校区投入使用。该院2008级新生和原河北廊坊大学城校区学生将在该校区学习生活。该校区位于昌平区小汤山，3月27日奠基，4月开工建设，改造校园环境和教学用房，总投资1064.54万元。

（付佳）

【学报获中国高校特色科技期刊奖】 10月11日，服装学院《北京服装学院学报（自然科学版）》获教育部主办第二届中国高校特色科技期刊奖。该期刊1981年创刊，现为季刊，1987年开始面向国内外公开发行，主要刊登设计服装行业的各个相关学科如古装新材料、纺织品染整、纺织品化学、生态纺织品、纺织技术、服装CAD技术等领域文章。

（付佳）

【二人获科技奥运先进个人称号】 11月10日，服装学院刘元凤和贺阳获得科技部评选的科技奥运先进个人称号。刘元凤，该院院长，2008北京奥运会、残奥会特聘的服装设计工作组专家，组织该院2008奥运会开闭幕式服装设计创意方案，参加评审奥运会、残奥会开闭幕式中国代表团入场式服装设计。贺阳，该院服装艺术与工程学院副教授，2008北京奥运会、残奥会制服和火炬接力服装以及残奥会中国运动员入场式服装主创设计师。

（付佳）

【举办教师作品展】 11月11至16日，服装学院在中国美术馆举办教师作品展。作品展由作品展览和学术论坛组成。其中，作品展览以“科学·艺术·时尚”为主题，展示该院开办艺术类专业二十多年来教学成果和专业水平，展出服装设计、服装表演、纺织品艺术设计等13个专业100名教师作品300件；学术论坛围绕“科学艺术时尚”主题，探讨科学艺术时尚研究新视角、新取向，并从深层次上研讨科学、艺术与时尚之间关系。

（付佳）

【与斯塔方格大学签订合作协议】 11月20日，服装学院商学院与挪威斯塔方格大学社会科学学院签订合作协议。根据协议，双方合作开展博士研究生教育项目合作，双方共同组成教师团队，生源主要来自服装学院在

职青年教师和应届毕业硕士研究生。协议有效期5年。

（付佳）

【新增数字媒体艺术专业】 12月18日，服装学院数字媒体艺术本科专业获教育部批准开设。该专业培养能胜任信息化时代数字媒体产业（包括网络媒体、游戏与数字化出版物、影视动画以及动漫周边产品等）设计开发、教学研究、市场推广和管理工作的应用型高素质专门人才，开设数字媒体艺术概论、造型设计基础、设计程序与方法等20门课程，学制4年，毕业授予工学或文学学位。该专业2009年面向全国招生。至此，该院共有本科专业20个。

（付佳）

【完成人事分配制度改革和全员聘任工作】 12月，服装学院完成人事分配制度改革和全员聘任工作。改革后该院人事分配制度采取教师岗位分级分类原则，重点岗位轮岗交流原则，在聘用工作中进一步强化教书育人原则，以及将育人工作纳入到教师岗位职责范围。根据新制度，该院完成聘任员工704人，其中专业技术人员535人，管理人员111人，工勤技能人员58人。该院原人事分配制度于2004年制订，实行教师职务和岗位聘任二者的合一，按照“按需设岗、公开招聘、平等竞争、择优聘用、严格考核、合同管理”的原则，实施以岗定薪、岗变薪变得原则，强化岗位意识，明确岗位职责。推进和完善两级管理体制，理顺学校与二级学院、系、部的关系。

（付佳）

北京邮电大学

党委书记　王亚杰
校　　长　方滨兴

【概　况】 2008年，北京邮电大学占地面积46.12万平方米，建筑总面积51.11万平方米。固定资产总值154094.43万元；教学、科研仪器设备总值40410.38万元。全年教育经费总投入89282万元，其中，国家拨款38113万元，自筹经费51169万元。图书馆建筑面积13406平方米，藏书149万册，电子图书385万册。设有研究生院及13个学院。有博士学位授予点14个，硕士学位授予点41个，专业学位硕士点两类：工商管理硕士（MBA）和工程硕士（包括电子与通信工程、计算机技术、机械工程、软件工程、项目管理、物流工程、集成电路工程）。本科学位专业34个。博士后流动站5个。其中，博士后研究员出战10人，进站25人，在站53人。一级学科国家级重点学科2个，北京市重点学科5个，部级重点学科8个，国家重点实验室1个，教育部工程研究中心2个，教育部“111创新引智基地”2个，各类部级重点实验室8个。教职工总数2196人，其中，专任教师1263人、行政人员327人、教辅人员257人、工勤人员217人、科研机构人员62人、校办企业职工70人。专任教师1263人，其中，获博士学位594人、获硕士学位427人、获本科学位242人。中国科学院院士2人，中国工程院院士3人（其中1人为双院士）。“长江学者奖励计划”特聘教授3人（其中1人为外籍教授），国家有突出贡献专家21人，享受政府特殊津贴专家125人（其中：在职34人、退休91人）。外籍教师33人，其中，获博士学位14人、获硕士学位13人。聘请校外教师426人，其中，获博士学位195人、获硕士学位152人、获本科学位77人。本年，毕业生11750人，其中，学历教育学生中全日制研究生2262人（博士生241人、硕士生2021人），普通本科生2702人，成人教育本专科生1852人（本科生1114人、专科生738人），网络教育本专科生3312人（本科生2627人、专科生685人）；非计划招生中在职人员攻读硕士学位1622人。本科生就业率为99.32%。招生16066人，其中，学历教育学生中全日制研究生2415人（博士生309人、硕士生2106人），普通本科生3229人，成人教育本专科生1612人（本科生1176人、专科生436人），网络教育本专科生6659人（本科生3202人、专科生3457人）；非计划招生中在职人员攻读硕士学卫2151人。高考北京地区录取分数线理科为600分，文科为549分。在校生49609人，其中，学历教育学生中全日制研究生6936人（博士生968人、研究生5968人），普通本科生12711人，成人教育本专科生5916人（本科生4182人、专科生1734人），网络教育本专科生18998人（本科生12596人、专科生6402人），非计划招生学生中在职人员攻读硕士学位5048人。留学生毕业22人，招生173人，在校生178人。全校发表学术论文2434篇，其中国际论文1025篇（包括会议论文），国内论文1409篇（包括会议论文）；出版专著（译著）117部。因公派出参加国际会议、学术交流、考察访问、进修培训248人次。本年在京高考本科录取451人，其中理科438人（包括中外合作办学项目202人），文科13人，比原计划增加29人。学校网址：www.bupt.edu.cn。

（李萍）

【泛网无线通信教育部重点实验室建设项目通过验收】 1月18日，北邮

泛网无线通信教育部重点实验室建设项目进行验收。教育部验收专家组在听取实验室建设项目验收报告后，对实验室进行实地考察，并与实验室主要骨干进行交流。专家组对泛网无线通信开放实验室建设和代表性成果展示给予充分肯定。最后，专家组经讨论一致认为：“该实验室目标定位准确、研究特色鲜明、学术梯队合理、科研成果突出，完成实验室建设计划任务书规定的各项建设任务，达到预定建设目标”，通过验收。

（李萍）

【取得武器装备科研生产许可证】 3月25日，北邮获得国防科工委颁发的“武器装备科研生产许可证”。该校继2007年获得国家武器装备科研

生产单位“一级保密资格认证”和“GJB9001A—2001质量体系认证”之后又获得“武器装备科研生产许可证”。“三证”的获得标志着我校正式跨入我国军工科研生产的准入体系，也使该校成为教育部直属高校中率先具有武器装备科研生产“三证”许可的学校之一。按照国家要求，今后进行军品科研生产的单位必须持有《武器装备科研生产保密资格认证》、《质量体系认证》和《武器装备科研生产许可证》等“三证”，否则将列为形式审核不合格，不得从事军品相关的科研生产活动。

（李萍）

【举办拉迪德学术报告会】 4月18日，北邮举办卢森堡大学资深研究员拉蒂夫·拉迪德（Latif Ladid）学术报告会。会上，拉迪德作题为《IPv6 Around the world（IPv6部署及应用引发新互联网热潮）》的学术报告。报告就新一代IPv6互联网发展状况与技术问题展开讨论。

（李萍）

【举办“我的大学”校园开放日】 4

月19日，北邮举办“我的大学”第五届校园开放日。本次校园开放日，各学院领导亲临现场向考生和家长宣传学院的办学特点、学科优势、专业设置及进一步深造、就业等情况，同时还向考生和家长开放部分有特色的实验室、研究中心，使考生和家长对我校的办学情况有进一步了解。本次活动共吸引家长、考生及社会人士近5000人，他们就所关心的招生计划、录取政策、专业介绍、志愿填报等问题进行详细咨询。开放日的当天还有来自电子科技大学（成都）、西安电子科技大学、南京邮电大学、重庆邮电大学、西安邮电学院、桂林电子工业大学、杭州电子工业大学、北邮世纪学院等院校参加咨询活动，形成通信电子类高校招生咨询的品牌“开放日”。

（李萍）

【开放源码硬件创新大赛夺冠】 4月20日，北邮在首届“中国电子学会Xilinx杯开放源码硬件创新大赛”中夺冠。该比赛由中国电子学会主办、赛灵思公司承办。该校林家儒教授指导，信息工程学院信号与信息处理实验室一年级博士生徐文波、二年级硕士生田耘、胡彬和谷涛组成的参赛团队所提交的“WCDMA系统数字频域干扰抵消器”项目获得冠军。来自中国科技大学、华中科技大学、大连理工、西安电子科技大学等20支队伍参加比赛。

（李萍）

【大学生廉洁修身工程走进北邮课堂】 4月，北邮举办以“大学生廉洁修身工程”为内容的形势与政策课。“大学生廉洁修身工程”课程要求大学生们要努力改造自己的三观。强化自我约束能力，耐得住寂寞，抵得住诱惑，经得住考验，管得住小节；从一点一滴入手，自己要求自己、自己锻炼自己、自己教育自己、自己改造自己、矫正不良行为，把握住做人做事的正确方向与准则。该内容课程面向该校本科一至三年级学生。

（李萍）

【建立首批本科招生优质生源基地】 5月29至31日，北邮招生办与首批确定为该校优质生源基地的重点中学签署合作协议。根据协议，该校于合作学校共同建设北邮优质生源基地，并向这些中学授予“北京邮电大学优质生源基地”匾牌。确定为该校首批优质生源基地的中学有邯郸一中、辛集中学、保定三中、石家庄二中、衡水中学、唐山一中、哈尔滨三中、东北师大附中共八所重点中学，这些中学每年都有大批优秀高中毕业生报考该校。

（李萍）

【制定新的学籍管理规定】 5至11月，北邮制订新的学籍管理规定。其中，5月，北邮制定《北京邮电大学特殊生源学生成绩考核管理暂行规定》。旨在解决不同类型的生源学习基础差异较大的问题。6月，制定《北京邮电大学关于借读学生管理暂行规定》。10月，为解决近两年来本科生毕业资格审查与学历信息注册时间冲突问题，制定《北京邮电大学本科生第八学期重修课程统考实施细则》；11月，颁布实施《北京邮电大学双学位授予暂行规定》、《北京邮电大学本科生双学位管理暂行规定》，推动学校人才培养模式多样化的改革；同时根据国家上位法调整修订《北京邮电大学关于对世纪学院学生授予学士学位的管理办法》。

（李萍）

【设立唐骏孙春兰奖学励学基金】 6月5日，北邮设立唐骏孙春兰奖学励学基金，该基金由该校校友唐骏和孙春兰出资10万元设立，用于奖励品学兼优的在校大学生，每年奖励学生20人，每人5000元，并将对获奖学生进行一对一的职业和人生规划的指导。唐骏，1962年生于江苏常州。1984年获北邮应用物理专业学士学位，在美国加州理工大学获计算机专业博士学位；曾任微软（中国）公司总裁并在离任后获“名誉总裁”称号，先后三次获比尔·盖茨总裁杰出奖和杰出管理奖。

（李萍）

【举行徐大雄80华诞暨教学57周年学术报告会】 6月5日，北邮举办“庆祝徐大雄院士80华诞暨教学57周年学术报告会”。会议赞扬徐老几十年来在学术、科研和教学中取得的杰出成就，认为“中国光学能有徐老这样一位学术大师，实为北邮乃至中国信息光学之福祉”，赞誉徐老所具有的可贵禀赋、宽广胸襟和儒雅谦逊的人格魅力。会上徐院士作“现代真彩色数字化像素合成反射全息图”的学术报告，从传统反射全息图分析到数字化像素合成反射全息图和真彩色数字化像素合成反射全息图技术，介绍激光全息技术及其应用，激励同学们勤奋学习，报效祖国。徐大雄，1928年6月5日，出生于山东青岛，1996年入选吉尔吉斯斯坦共和国科学院院士，一直致力于推动中国全息防伪技术的广泛应用，在青岛创建我国激光全息防伪高技术产业，推动我国全息技术的应用及发展，被国际全息界同行称为“中国发展激光模压全息应用的开拓者”，“中国激光全息防伪技术之父”。

（李萍）

【形成“十个归位”学校改革新思路】 6月13日，北邮通过以“十个归位”为主要内容的学校改革基本思路。即科研归位、学科归位、教学归位、人才归位、教育归位、管理归位、岗位归位、条件归位、环境归位、产学研归位。这十个归位分为五个改革的基本面，即在科研工作方面实现科研归位；在学科工作方面实现学科归位和人才归位；在教学工作方面实现教学归位和实验室条件归位；在保障工作方面实现环境归位和设备条件归位；在管理工作方面实现管理归位、产学研归位、岗位归位和教育归位。

（李萍）

【完成研究生培养方案修订】 6月，北邮完成36个硕士、11个博士培养方案修订。该方案旨在为更好适应研究生教育教学规律，减少学生需修的选修课学分，使学生将时间更多地投入在科学研究方面。同时，新版方案也修改研究生英语课的学习方式，根据学生的入学成绩分高级班和基础班进行英语学习，方便学生更合理地分配学习时间。

（李萍）

【获国家、市级教学团队建设项目】 7月18日，北京邮电大学获评3个北京市优秀教学团队建设项目。分别是计算机通信教学团队、大学英语教研室教学团队、电子商务教研中心教学团队。至此，北邮获北京市优秀教学团队已达到5个。10月10日，北邮计算机通信教学团队又被评为2008年国家级教学团队建设项目。

（李萍）

【完成教学科研单位机构改革方案】 7至8月，北邮通过《北京邮电大学教学科研单位机构改革基本方案》。即在行政体系设置上要支撑学科建设，原行政建制需要合并的则设立系，以保持原体系的完整。具体做法是：撤销电信工程学院和信息工程学院，在原电信工程学院和原信息工程学院的基础上成立信息与通信工程学院。撤销语言学院和文法经济学院，在原语言学院、文法经济学院的基础上成立人文学院。撤销计算机科学与技术学院，在原计算机科学与技术学院和信息工程学院部分学科与专业的基础上成立计算机学院。成立两个研究院，即网络技术研究院与光通信与光电子学研究院。另成立一个马克思主义教学与研究中心。

（李萍）

【获国家、市级特色专业建设点项目】 9月17日，北邮8个专业成为北京市级特色专业建设点。分别是“通信工程”、“电子信息工程”、“工业设计”、“计算机科学与技术”、“信息工程”、“信息安全”、“电子科学与技术”、“电子商务”。9月28日，该校“电子科学与技术”被评为国家第三批特色专业建设点。

（李萍）

【举办信息与通信技术国际大会】 9月26至28日，北邮举办中国—爱尔兰信息与通信技术国际会议。会议以当今信息与通信技术领域中的诸多人们话题为主题，采取大会报告和专题讨论形式。其中，大会邀请多名信息、通信技术领域国际著名学者，分别就学术科技与产业挂钩合作、人工智能的研究方法、光子系统降低成本与简化以及爱尔兰的女王大电子、通信和信息技术学院开展的跨学科交流等议题在大会上作专题报告；分组讨论以软件工程、自然语言处理、信号处理等13个议题展开。会议共收到来稿450篇，录用学术论文170篇。来自中国、爱尔兰、美国、印度、加拿大专家学者200人参加大会。

（李萍）

【二学报获奖】 10月20日，北邮二学报获2008年第2届中国高校优秀科技期刊奖。分别是《中国邮电高校学报》（英文版）和《北京邮电大学学报》（自然版）。

（李萍）

【与3所学校签订合作交流协议】 10月23日和12月10日，北邮与3所学校签订合作协议。其中，10月23日，北邮与爱尔兰都柏林大学签订合作备忘录，两校将开展学生、教职员工、学者之间交流，开发课程和项目，学术资料和信息资源交流与分享，工程、计算机、科学及其他领域研究合作；同日，该校与日本东北大学签订《合作交流协议》，双方将开展科研、师生互换、课程交流等方面合作；12月10日，该校与台湾东华大学签订合作备忘录，两校将在学生、教职员工、学者的交流互访，科学研究，项目开发，学术资料与信息资源交流分享等相关领域展开合作。

（李萍）

【成立辅导员工作基地】 10月28日，

北邮成立辅导员工作基地。该基地隶属该校党委学生工作部，开展学生日常教育管理工作。该基地有专职辅导员51人。

（李萍）

【举办欧盟框架计划项目介绍交流会】 11月13日，北邮举办欧盟框架计划项目介绍交流会。会议首先介绍北邮进行欧盟项目的情况，强调该校开展国际合作科研项目的重要意义，即不仅要继续巩固在教育教学方面的合作，更要加强在科研领域的合作。双方合作的第一步就是开展针对欧盟第七框架项目的合作。鼓励老师们踊跃申请和参与欧盟框架计划项目。欧盟委员会代表、欧盟项目专家Martin先生就如何申请欧盟第七框架计划项目做精彩演讲。通过交流，使老师们了解欧盟第七框架计划的总体情况、FP7的新特点、信息通信技术领域情况、2009～2010年度重点领域及招标情况、FP7参与规则、如何成功撰写项目申请书以及北邮老师最应该争取的“未来的网络技术”和“大规模科研共享试验平台”两个研究方向内容等全面信息。

（李萍）

【进行研究生培养机制改革】 11月20日，北邮进行研究生培养机制改革。该校按照教育部要求制订《北京邮电大学研究生培养机制改革实施方案（试行）》，并从2008级研究生起开始实施改革。改革学校建设研究型大学的办学目标和定位，我校研究生培养机制改革以完善注重科学研究的导师负责制和资助制为核心，以建立研究生教育质量长效保障机制和内在激励机制为主要内容。通过研究生培养机制改革，统筹并合理配置相关教育资源，逐步加大科研对研究生培养的资助力度，建立以导师资助制和导师负责制为核心的动态奖助体系，多渠道提高研究生特别是博士生的待遇，明确导师在研究生培养中的责权利，促进研究生教育更好地发展。

（李萍）

【多项学生竞赛获奖】　至年底，北邮学生在多项竞赛中获奖。5月，在北京市大学生电子设计竞赛中，该校学生获得一等奖22项，二等奖9项，三等奖9项，并获得优秀组织校称号。该校学生在全国大学生电子设计竞赛嵌入式系统专题邀请赛和信息安全技术邀请赛中获得三等奖2项；在全国大学生英语竞赛中，该校获全国特等奖5项，全国一等奖14项，全国二等奖42项，全国三等奖88项；在Imagine Cup微软“创新杯”全球学生大赛中，该校学生获得全球第二名。8月，在全国大学生信息安全竞赛中，该校学生获得一等奖1项，三等奖7项，并获得优秀组织奖和优秀指导教师称号。9月，在中国大学生公共关系策划大赛中入选十佳团队并获得铜奖1项和优秀组织奖，同时，2支团队进入50强；在全国大学生数学建模竞赛中，该校学生获得全国一等奖3项，全国二等奖6项。10月，在第33届ACM国际大学生程序设计竞赛亚洲区预选赛中，该校学生获得金奖1项，银奖3项，铜奖4项；北京市大学生数学竞赛中，该校获得一等奖2项，二等奖15项，三等奖20项，该校还获得优秀组织奖称号。11月，该校学生在SCILAB CONTEST 2008开源科学计算软件程序设计竞赛中国区二等奖。11月15日至19日，在第六届“挑战杯”中国大学生创业计划竞赛中该校学生获得银奖。12月，在全国部分地区大学生物理竞赛中，该校学生获得一等奖5项，二等奖47项，三等奖122项；在中国机器人大赛暨RoboCup中国公开赛中，该校学生获得二等奖。

（李萍）

【获多项科技成果奖】　至年底，北邮获多项科技成果奖。12月，由张平教授主持完成的“宽带无线移动TDD—OFDM—MIMO技术”获国家技术发明二等奖。12月，杨义先教授参与研究并合作申报的“国家信息安全公共服务共性支撑技术研究及应用示范”获高等学校科学研究优秀成果奖科技进步一等奖。12月，孟洛明教授主持完成的“面向多业务的大规模复杂传送网综合管理系统”获高等学校科学研究优秀成果奖科技进步二等奖。12月，李书芳教授参与研究并合作申报的“2008年北京奥运会无线电设备自动检测平台”获中国通信学会科学技术一等奖。12月，邱雪松教授主持完成的“传送网运行状态评价系列国际标准及行业标准”获中国通信标准化协会科学技术二等奖。

（李萍）

北京印刷学院

党委书记　崔文志
院　　长　曲德森

【概　况】　2008年，北京印刷学院占地面积21.75万平方米，建筑面积21.83万平方米。中国印刷博物馆建筑面积8000平方米，展陈面积4600平方米，馆藏品23000件。固定资产总值42275.17万元，其中教科仪器设备资产值17399.01万元。全年教育经费投入26700万元，其中，国家拨款21000万元，自筹经费5700万元。北京印刷学院设有本校、北校、西校三个校区，印刷与包装工程学院、信息与机电工程学院、出版传播与管理学院、设计艺术学院、继续教育学院、职业技术学院6个二级学院，社科部、基础部、体育部3个教学部；拥有6个硕士学位授予点，19个本科专业和8个高职专科专业，覆盖3个学科门类。教职工780人，其中，专任教师439人，拥有高级技术职务215人，其中正高技术职务48人，副高技术职务167人；硕士生导师87名。外籍教师5名。毕业生2737人，其中，学历教育学生中全日制硕士研究生54人，普通本专科生1748人（本科生1449人，专科生299人），成人教育本专科生935人（本科生89人、专科生410人）。本科毕业生就业率96.9%。招生2555人，其中，学历教育学生中全日制硕士研究生101人，普通本专科生1681人（本科1343人、专科38人），成人教育本专科生773人（本科生177人、专科生476人）。高考北京地区录取线理科455分，文科472分。在校生7106人，其中，学历教育学生中全日制硕士研究生250人，普通本专科生6480人（本科5633人、专科847人），成人教育本专科生376人（本科生135人、专科生241人）。图书馆建筑面积15462平方米，藏书89.83万册，中文期刊1638种，外文期刊209种，设有多媒体电子阅览室，中国学术期刊二级检索站。全院在国内外学术刊物发表论文822篇，其中核心期刊论文363篇，权威期刊论文36篇，SCI，EI42篇，专利5项，著作、教材54部。学院网址：www.bigc.edu.cn。

（杨蕻）

【新增传播学本科专业】　1月28日，印刷学院传播学（数字出版）本科专业获得教育部批准设置。该专业自2008年起招生，旨在培养数字出版、媒体传播、影视制作等文化创意相关行业从事创意策划、多媒体信息表达、信息资源平台集成定制服务、跨媒体运营管理、出版流程控制与质量分析、数字出版规划与推广、数字版权保护与交易等岗位工作的复合型高级应用专门人才。

（杨蕻）

【完成首次岗位聘期考核】　3月6日，

印刷学院完成首次岗位聘期考核。该院对受聘教学科研一至四级岗的人员进行聘期考核。考核工作坚持“以人为本，实事求是”的原则。受聘人员汇报2007年及2005至2008聘期岗位任务完成情况，回答学院岗位聘任

（考核）工作领导小组的提问。学院岗位聘任（考核）工作领导小组对受聘学院一至四级岗人员岗位任务完成情况进行评议、表决。全校应考核 49 人，实际 47 人参加考核，全部合格。

（杨蕻　郑阳）

【举办罗明专题报告会】 3 月 28 日，印刷学院举办英国利兹大学罗明（Ronnier Luo）教授专题报告会。报告以《显示的色彩和影像质量》（Colour and Image Quality for Displays）为题，介绍国际上显示技术的最新发展和评价显示质量的最新研究成果，并对各种显示技术对提高图像再现质量和色域进行详细说明。北京理工大学颜色工程国家重点实验室廖宁放教授等七人和印刷学院师生代表 70 人参加学习。罗明教授是国际照明委员会（CIE）第一分委员会主席，著名颜色科学专家，博士生导师，长期从事颜色科学的研究。

（杨蕻）

【与芬欧汇川集团签订合作协议】 4 月 9 日，印刷学院与芬欧汇川集团（UPM）签订合作协议。根据协议，芬欧汇川集团将于 2008 年和 2009 年在学校设立奖学金，并安排优秀教师和获奖学生到常熟工厂和芬欧汇川亚洲研发中心进行培训和学习；每年为学校专业教师提供专项培训，安排 5 名教师参加纸张培训；设定 UPM 日，每年 UPM 日双方代表将出席颁奖仪式并举办学术活动。

（杨蕻）

【与库克大学签订合作协议】 6月23

日，印刷学院与美国纽约州库克大学签订联合培养协议。根据协议，双方将开展本科生“3＋1”和本硕连读“3＋2”、“4＋1”联合培养项目，该院学生达到语言和成绩要求可以申请参加该项目，毕业获双方学士学位或硕士学位。同时，双方对参加项目同学的雅思和托福成绩、专业成绩作要求：申请本科项目雅思 5.0 分以上或托福 500 分，申请本硕连读项目雅思 6.0 分或托福 550 分，专业成绩优良。学生自费上学，同等条件下优先录取该校学生。

（杨蕻　郑阳）

【聘任两名讲座教授】 8 月 6 日和 10 月 30 日，印刷学院聘任危岩和海威·菲舍尔两名讲座讲授。危岩，毕业于纽约市立大学高分子化学专业，获博士学位，现任美国爵硕大学教授。海威·菲舍尔，加拿大籍社会学博士、教授，现任国际多媒体协会联合会主席。

（杨蕻）

【西校区投入使用】 9 月 9 日，印刷学院西校区投入使用。该校区位于大兴区黄村兴业大街西侧，清源西路北侧，占地面积 14866 平方米，建筑面积 25077 平方米，新建教学楼、综合楼和宿舍楼，主要用于高等职业学院和研究生教育。该校区 2006 年 10 月开始建设，投入资金 8571 万元。

（杨蕻）

【取得少数民族高层次人才研究生培养资格】 10 月 6 日，印刷学院获得少数民族高层次骨干人才研究生培养资格。获得资格后，该院自 2009 年起开始招收少数民族高层次骨干人才研究生。少数民族高层次骨干人才培养计划不纳入国家下达的硕士研究生招生计划指标，实行单独下达管理。此次同获此资格的院校全国有 7 所，其中北京 4 所。

（杨蕻）

【共建两个教学实践基地】 10 月 9 日和 10 月 27 日，印刷学院共建两个教学实践基地。两个基地分别与求是印务中心、北京双燕商标彩印有限公司共建，根据协议，将为学生实践教学、教师实践教学能力培训给予支持和帮助，双方进一步拓展合作领域、加强合作深度，达到校企合作共赢的目的。

（杨蕻）

【全国机械创新设计大赛获奖】 10 月 18 日，印刷学院学生创新设计团队在第三届全国机械创新设计大赛获一等奖。大赛由海军工程大学（武汉）承办，来自全国 88 所高校 2000 多件作品经初赛，产生 131 件创新设计作品进入决赛。该院学生作品“电线除冰装置”采用简单、灵巧而富有创意的机械结构和灵活的控制系统相结合，实现高空输电线遥控除冰任务。通过现场演示、问辩和自主答辩等环节在第一轮即获得一等奖。

（杨蕻）

【举办客座教授讲座】 10 月 21 至 22 日，印刷学院举办 2 场客座教授讲座。该院美国客座教授代尔·蒙太尔（Regis Delmontagne）博士和意大利客座教授考贝拉（Guido Corbella）博士分别做题为《丝网印刷与装饰，数字时代不断成长的市场》（Textile Printing & Decoration, a growing market in the Digital Era）和《美国印刷产业回顾与展望》（Review and Outlook for U.S. Printing Industry）的学术报告。该校师生 200 人参加报告会。

（杨蕻）

【共建中国数字出版人才培养基地】 10 月 25 日，印刷学院与中国出版科学研究所共建中国数字出版人才培养基地。双方签订《中国出版科学研究所与北京印刷学院合作协议书》及《北京印刷学院与中国出版科学研究所共建“中国数字出版人才培养基地”协议书》。双方将依托北京印刷学院出版传播与管理学院与中国出版科研所数字出版研究室，共建“中国数字出版人才培养基地”。通过该基地建设，为北京印刷学院数字出版专业师生提供科研实践和实习机会，为中国出版科学研究所的科研人员提供教学场所，为双方联合开展科研项目提供合作平台。

（杨蕻）

【与莫斯科出版学院签订合作协议】 11 月 11 日，印刷学院与莫斯科出版学院签订《北京印刷学院和莫斯科出版学院科技与教学合作框架协议》。根据协议，双方确定开展师生团体合作，开展印刷专业学生理论和实践的交流与交换，鼓励共同组织科研、实践活动以及相关的会议和论坛。

（杨蕻）

【国际摄影展中获奖】 12 月，印刷学院教师袁佳联的作品《朋友阿龙》在第十六届澳门国际摄影展览中荣获 PSA 黑白数码影像组最佳创意类金牌

[P. S. A. Gold Medal (Creative)]。该比赛由澳门沙龙影艺会举办的澳门国际摄影展览每两年举行一次。国际影展的权威机构美国摄影学会（PSA）指定评选委员评定黑白照片组、彩色照片组、黑白数码影像组、彩色数码影像组的最佳作品，黑白数码影像组、彩色数码影像组的最佳创意类作品。四个组共收到四十个国家和地区的各类作品2630张。

（杨蕻）

【学生荣获“包装之星”创意奖】 12月，印刷学院学生夏敏设计的“铁观音茶叶包装”荣获2008“包装之星”创意奖，同时获得“世界学生之星”入围奖。“包装之星”全国包装设计大奖赛由中国包装联合会、中国包装总公司、中国出口商品包装研究所（世界包装组织WPO理事成员）共同主办，在全国范围内每年举办一次。大赛作品主要包括销售包装和运输包装设计，其中公认的具有浓郁中国特色的优秀作品直接获得“世界之星”包装设计的参赛资格。

（杨蕻）

北京建筑工程学院

党委书记　柯文进（7月免）
　　　　　钱军　（7月任）
院　　长　郑文堂

【概　况】 2008年，北京建筑工程学院占地面积118070平方米，建筑面积142835平方米。学校固定资产总值37810万元，其中教学科研仪器值为14742万元。全年教育经费投入30471万元，其中，国家拨款19947万元，自筹经费10524万元。拥有3个校区，下设9个学院和3个教学部。开设19个高职专业，22个本科专业，其中国家级特色专业1个，北京市特色专业4个。覆盖理、工、管、法、文5个学科门类，具有一级学科硕士点3个，二级学科硕士点17个，工程硕士学位授权领域2个。有北京市重点学科1个，北京市重点建设学科8个，北京市重点实验室1个，北京市实验教学示范中心2个。学校现有教职工903人，其中，专任教师443人，包括教授66人、副教授191人；有博士生导师18人，硕士生导师233人；享受政府特殊津贴专家6人，北京市教学名师3人，北京市学术创新人才4人，北京市优秀教学团队3个、学术创新团队8个、管理创新团队1个，在全国各类教学指导委员会和专业指导委员会中承担委员的专家12人。外籍教师2人。毕业生2888人，其中，学历教育学生中全日制硕士研究生137人，普通本专科生1612人（本科生1401人、专科生211人），成人教育本专科生1110人；工程硕士29人。各类学生总体毕业率99.08%，其中本科毕业生就业率98.86%，高职生就业率100%，硕士研究生毕业生就业率100%。招生2835人，其中，学历教育学生中全日制硕士研究生260人，普通本科生1534人，成人教育本专科生1004人，工程硕士37人。北京地区高考提档线一批理科502分，二批理科474分，文科477分。在校生10009人，其中，学历教育学生中全日制硕士研究生677人，普通本专科生6402人（本科生5951人、专科生451人），成人教育本专科生2794人，工程硕士136人。留学生招生30人，在校生14人。图书馆建筑面积6975平方米，纸质藏书70.4万册，电子图书11.3万册，大型电子文献数据库24个，中外文期刊1237种。学院网址：www.bucea.edu.cn。

（高冬琴）

【增设交通工程专业】 1月28日，建工学院经教育部批准增设交通工程本科专业。交通工程专业隶属土木与交通工程学院，由城市总体规划原理、系统工程概论、道路勘测设计等60门课程组成，学制4年，毕业授予工学学位。该专业9月开始招生，共招生39人。

（高冬琴）

【获得华夏科学技术奖励4项】 1月29日，建工学院获得2007年度华夏科学技术奖励三等奖4项。分别是，吴海燕教授主持完成的项目《北京城市化发展进程中交通出行方式合理结构模式研究》，曹秀芹副教授主持完成的项目《污水处理厂污泥减量综合技术研究》，汤羽扬教授和张新天副教授共同参与研究的项目《2005年度北京步行和自行车交通系统规划设计导则基础研究》，李维平教授和田成钢副教授共同参与研究的项目《工程建设监理的国际惯例与我国建设监理业的发展前景》。

（高冬琴）

【举办中国测绘学会工程测量分会理事长学术报告会】 4月12日，建工

学院举办2008年中国测绘学会工程测量分会理事长学术报告会。会议回顾近年来测绘学科的发展，并对信息化测绘体系建设、精密三角高程测量方法研究、全球定位系统应用技术发展、工业数字摄影测量技术及应用、GAT高精度磁悬浮陀螺全站仪系统研制及应用、神经网络技术及其在测绘工程中的应用等成果进行分享与研讨。中国测绘学会工程测量领域专家学者及该校师生60人参加会议。

（高冬琴　曹洪涛）

【举办兴达杯房地产策划大赛】 5月20日，建工学院举办第一届“兴达杯”房地产策划大赛。该项赛事旨在通过学生跨学院、跨专业、跨年级的合作，搭建各专业学生交流平台，拓展学生专业思维，增强团队合作意识。共有来自校内6个学院的11个团队参加比赛。

（高冬琴）

【通过建设部高等教育工程管理专业教育评估】 5月23日，建工学院工

程管理专业通过建设部高等教育工程管理专业教育评估委员会评估。5月

19至21日，评估组在该校听取报告、实地检查；5月23日，经评估委员会投票，该校工程管理专业通过评估，合格有效期为五年，自2008年5月起至2013年5月止。至此，该校已有5个本科专业通过建设部高等教育专业评估。

（高冬琴　曹洪涛）

【成为2008年工程硕士研究生自定招生规模学校】 6月2日，建工学院根据国务院学位办关于2008年招收在职人员攻读硕士学位工作的通知被确定为2008年工程硕士自定招生规模学校。该校工程硕士招生包括建筑与土木工程和项目管理两个领域，其中，建筑与土木工程领域于2002年开始招生，项目管理领域于2004年开始招生。

（高冬琴）

【成立技术研发中心】 6月4日，建工学院与浙江勤业建工集团有限公司组建“北京建筑工程学院—浙江勤业建工集团有限公司技术研发中心”。该中心致力于在建筑科技创新、科学研究、社会服务等方面开展合作。9月23日，该中心启动“高层钢—混凝土混合结构施工关键技术研究”、“钢骨混凝土施工工艺及关键技术研究”、“大型筒壳网架分片吊装的研究”、“组合楼板钢筋网片焊接新工艺的研究”、“大型复杂工程施工用临时钢结构研究与应用”等首批5个科研项目，资助经费80万元。

（高冬琴）

【新校区建设项目立项】 6月5日，建工学院新校区项目获得市发改委核准。该项目位于大兴区黄村镇芦城，东至西永路，南至清源西路，西至芦求路，北至清源北路；总用地面积约67.56公顷，其中建设用地约54.16公顷；总建筑面积26万平方米。

（高冬琴）

【召开全国建筑类院校法学专业教学研讨会】 7月4至6日，建工学院召开首届全国建筑类院校法学专业教学研讨会。会议以“21世纪建设法律人才培养目标与模式”为主题，探讨建筑类院校法学专业依托建筑类专业背景优势，编写特色系列教材，深化专业特色建设等问题。同时，会议成立建筑类院校法学专业教学协作委员会和建设经济法学系列教材编写委员会。来自全国7所建筑类院校代表50人参加会议。

（高冬琴）

【与意大利马尔凯工业大学签订合作协议】 7月8日，建工学院和意大利马尔凯工业大学签订校级合作框架协议书。根据协议，两校将在学生交流、教师培训、科学研究、博士生培养等方面开展合作，开展关于中国长城北京段的勘察、测绘、修复方面的联合研究。

（高冬琴）

【与北京水晶石数字科技有限公司签订合作协议】 7月10日，建工学院与北京水晶石数字科技有限公司签订校企合作协议。根据协议，双方在“本科和研究生教育”、“继续教育”、“共同承担工程和研究项目”、“共建北京建筑工程学院数字化设计实验室”四个方面开展合作，并设立“数字化设计教育与研究创新基地”。

（高冬琴）

【召开灾后建筑垃圾前期分离技术与设备研讨会】 7月30日，建工学院召开灾后建筑垃圾前期分离技术与设备研讨会。会议旨在为汶川灾区建筑垃圾再生及有关部门决策提供技术依据，并就成分复杂的C类建筑垃圾建筑垃圾前期分离技术达成共识，并提交有关部门参考。中国建设部、韩国驻华大使馆相关官员、韩国资源公社有关人员，韩国碧山ENG及德国HAZEMAG & EPR等7家国外企业，北京市政工程研究院、上海路桥等6家国内科研和企业的专家代表以及有关人员40人参加会议。

（高冬琴）

【一项目获得测绘科学进步一等奖】 10月10日，建工学院王晏民教授作为主要参加人完成的项目《国家体育场（鸟巢）精密施工测量技术研究与实施》，荣获由国家测绘局、中国测绘学会颁发的测绘科学进步一等奖。本项目的主要创新技术在“鸟巢”施工测量中克服“鸟巢”结构在空间变化不规则性、多样性、复杂性以及超大规模、施工测量精度要求高等特点带来的测量上的困难。该项目2003年立项，总投入580万元。

（高冬琴）

【举办给水排水工程专业课程教学研讨会】 10月11至13日，建工学院

举办高等学校给水排水工程专业指导委员会《水工程施工》课程教学研讨会。会议对《水工程施工》课程教学改革、教材修订编写、实践环节组织安排、相关教学计划修订等问题进行交流和研讨。来自全国20所高校代表40人参加会议。

（高冬琴　曹洪涛）

【举办全国高校校园规划与建设高层论坛】 10月17至18日，建工学院

举办全国高校校园规划与建设高层论坛。论坛围绕“绿色校园、科技校园、人文校园”建设展开讨论，并出版论文集《高校校园规划与建设》，评出清华大学《大学校园城市界面的“中心化”与“边缘化”》和北京外国语大学《传承校园建筑文化、规划改造和谐校区》两篇优秀论文。来自清华大学、浙江大学、香港大学、澳门大学等22所高校90人参加论坛。

（高冬琴　曹洪涛）

【与格拉摩根大学举行名誉教授互聘仪式】 10月24日，建工学院与英国格拉摩根大学举行“名誉教授”互聘仪式。建工学院授予英国格拉摩根大学校长大卫·霍尔顿为“名誉教授”头衔，英国格拉摩根大学授予建工学院校长郑文堂“终身名誉教授”和“名誉博士”头衔。两校结为姊妹院校，双方将在双语教师培训、本科及硕士生的联合培养、教师交流等多个领域开展合作。

（高冬琴）

【与亚美尼亚国立建筑工程大学签订合作协议】 11月17日，建工学院与

亚美尼亚埃里温国立建筑工程大学签订合作框架协议。根据协议，两校将在校际间师生互访、短期的学生交流与实习、师生间的科技项目交流与合作、共同出版学术刊物、共同举办国际会议等方面开展合作。

（高冬琴　曹洪涛）

【与建筑材料研究总院签订合作协议】 11月18日，建工学院与北京建筑材料研究总院签订实践教学基地合作框架协议书。根据协议，双方将在学生实践教学、毕业生就业、企业人才储备等方面开展合作，并建立“北京建筑工程学院实践教学基地”和“北京建筑材料检验中心环境与能源实验室”两个实践教学基地。

（高冬琴）

【与北京林业大学签订实践教学基地合作协议】 11月22日，建工学院与北京林业大学签订实践教学基地合作协议。根据协议，该基地主要用于该校土木工程、建筑学、测绘工程等专业测量实习实践教学活动。该基地位于林业大学试验林鹫峰森林公园内，具有良好测量实习条件，为提高该校测量实习教学水平和学生测量实践能力提供平台。

（高冬琴）

【与门头沟区政府签订合作协议】 12月6日，建工学院与门头沟区政府签订合作协议书。根据协议，双方将在新城规划、旅游资源规划与开发、古村落保护与规划、废旧矿区生态恢复、既有建筑物保温与节能改造、新农村建设、矿渣再利用、雨水利用等方面开展科学研究、人才培训、实习实践合作。

（高冬琴）

【多名学生获奖】 至年底，建工学院学生在多项学生比赛中获奖。7月3日，在第五届“挑战杯”首都大学生创业计划竞赛中，该校获得特等奖1项、二等奖1项、三等奖2项。7月18至22日，在第五届全国大学生桥牌锦标赛中，获得女子双人赛南北方向第一名和公开双人赛南北方向第五名。9月19至21日，在首届“中图杯”全国大学生先进制图技术技能大赛中，获得团体一等奖1个，全能一等奖1项，单项一等奖3项，单项二等奖4项。9月27至30日，在全国城市规划专指委竞赛中获得二等奖1项，佳作奖2项。12月14日，在第二十五届全国大学生物理竞赛中，获得一等奖1项、二等奖3奖、三等奖6项。12月，在第三届国际大学生产品设计毕业作品竞赛中获得三等奖1项。

（高冬琴）

【获得多项专利发明】 至年底，建工学院获得授权专利7项。其中，授权发明专利1项，《催化燃烧控制系统》（专利号：ZL 2006 1 0201241）；授权实用新型专利6项，他们分别是《生产异型截面管的液压胀形设备》（专利号：ZL 007 2 0103480.X）、《带激光瞄准器的杨氏模量实验仪器》（专利号：ZL 2007 2 0104171.4）、《一种泥水分离装置》（专利号：ZL 2007 2 0127680.9）、《相变材料蓄能地板采暖装置》（专利号：ZL 2006 2 0165844.2）、《相变材料蓄能热床》（专利号：ZL 2006 2 0165843.8）、《便携式低压直流电加热器》（专利号：ZL 2007 2 0191115.9）。

（高冬琴）

【启动国家级科研项目16项】 至年底，建工学院启动16项国家级科研项目。其中，“十一五”科技支撑计划课题9项，分别是“心理因素对城市地下空间环境质量评价作用的相关性研究”、“既有采暖居住性建筑节能改造可行性评估子课题”、“城市综合节水技术标准体系研究”、“既有建筑节能改造激励政策研究”、“建筑节能的投融资机制研究”、“防火分隔改造技术研究”、“冰雪和雨水集蓄、净化技术研究与设备开发”、“北方地区既有建筑供能系统评估与优化关键技术”、“城中村改造关键技术”；国家自然科学基金项目4项，分别是“基于深度图像的地面激光雷达数据组织与管理研究”、“基于点云数据的建筑物特征挖掘技术研究”、“典型城市排水管道沉积物中主要污染物的累积与释放机制及控制原理”、“复杂多卷波混沌吸引子的生成、控制与同步”；国家高技术发展计划“863计划”课题3项，分别“交通枢纽安全调查、分析与研究”、“城市轨道综合交通枢纽行人与车辆系统特性研究”、“面向问题的空间业务建模及其在分布式协同环境中的实现”课题。

（高冬琴）

【完成国家级科研项目6项】 至年底，建工学院完成国家级科研项目6项。分别是郭晋生教授完成的国家自然科学基金专项基金项目“低标准住宅改造与再居住的技术与政策研究”、徐世法教授完成的国家自然科学基金面上项目“再生沥青再度老化机理的微观研究”、戚承志教授完成的国家自然科学基金重大项目子项目“深部岩体力学基础研究与应用（深部非线性岩体力学理论基础研究）”、汪慧贞教授完成的国家高技术研究发展计划（863计划）子课题“中试研究（一）、张雅君教授完成国家高技术研究发展计划（863计划）子课题”中试研究（一）、李英副教授完成的国家自然科学基金子课题“道路交通环境负荷分析模型及削减对策的基础研究”。

（高冬琴）

北京石油化工学院

党委书记　牛继升（5月免）
　　　　　　高锦宏（5月任）
院　　长　郭文莉

【概　况】 2008年，北京石油化工学院占地面积32.2万平方米，建筑面积18.3万平方米。固定资产总值56379万元，教学科研仪器设备资产19721万元。教育事业费支出23647万元，其中基本支出14840万元，占教育事业费支出的62.8%；项目支出8807万元，占教育事业费支出的37.2%。有3个校区，7个教学院，3个系，1个教学部，1个工程教育中心。开设24个本科专业，专业覆盖理、工、经、管、文五个学科门类。

有北京市重点建设学科3个，教育部高等学校特色专业建设点1个，北京市特色专业3个，北京市重点实验室1个。在编教职工823人，其中，专任教师468人。专任教师中教授60人，副教授175人；博士生导师7人，硕士生导师70人。享受政府特殊津贴专家1人。外籍教师5人。毕业生2027人，其中，联合培养全日制硕士研究生37人，全日制博士研究生3人；普通本科生1553人；成人教育本专科生434人（本科生187人、专科生247人）。本科毕业生就业率94%。招生2213人，其中，联合培养全日制硕士研究生43人，博士研究生2人，普通本科生1650人，成人教育本专科生518人（本科生160人、专科生358人）。高考北京地区本科提档线理科455分，文科472分。在校生7640人，其中，联合培养全日制硕士研究生139人，博士生6人，在职研究生7人（博士生4人，硕士生3人），普通本科生6397人，成人教育本专科生1091人（本科生436人、专科生655人）。留学生毕业41人，招生41人，在校生41人。学校图书馆建筑面积8788平方米，图书馆各类藏书126万册，其中纸质藏书65万册，各类电子图书61万种。学院网址：www.bipt.edu.cn。

（张翠华）

【一专业入选国家特色专业建设点】 1月23日，石化学院化学工程与工艺专业入选国家第一类特色专业建设点。该专业以化学工程与化学工艺为知识结构的两大支撑点，研究领域涉及有机化工、无机化工、精细化工等诸多领域。服务对象遍及化工、石油、医药等各部门。其建设目标为：依托北京市品牌建设专业和北京市环保与资源综合利用人才培养与产学研基地，借助北京市石油化工、精细化工以及生物医药产业优势，以社会需求为基础，以服务石化、化工企业和地方经济为宗旨，以就业为导向，紧密结合工程实践教育教学改革成果，突出工程实践教学的办学特色，积极探索产学研合作教育的有效途径，培养知识面宽、综合素质高、实践能力强、懂技术、会管理，具有团结协作精神和创新意识一线化学工程师，为一般工科院校的化学工程与工艺专业的建设和改革起到带头与示范作用。

（张翠华）

【新增2个专业】 1月28日和12月18日，石化学院新增制药工程和材料科学与工程两个本科专业。其中，制药工程专业开设《药王显学》、《制药工艺学》、《蒙制要剂学》等51门课程，学制4年，毕业授予工学位学。材料科学与工程开设《材料科学基础》、《现代材料分析方法》、《现代材料表面工程学》等42门课程，学制4年，毕业授予工学位学。

（张翠华）

【召开教学工作会议】 6月17日，石化学院召开教学工作会。会议以“落实质量工程，深化人才培养模式改革”为主题，分为启动、学习研讨、总结三个阶段，通过思想发动、学术报告、专题研讨和总结交流来开展教育思想观念讨论，同时，结合2008年人才培养方案制订工作，进一步深化人才培养模式改革，提高教育教学质量。该校全体校领导、中层干部、各教学单位教师，教学管理人员、学生管理人员400人参加会议。

（张翠华）

【成立恩泽生物质精细化工实验室】 10月12日，石化学院成立恩泽生物质精细化工实验室。该实验室由2007年国家最高科学技术奖获得者、中国科学院院士闵恩泽与北京石油化工学院合作创办，是开发以生物质为原料生产可生物降解的专用燃料、精细化学品和医药化学品等环境友好的生产技术平台。

（张翠华）

【主题雕塑落成】 10月12日，石化学院学校精神主题雕塑“中流砥柱”落成。该雕塑主体为四方锻铜方柱，整体设计高3.5米，锻铜材质。雕塑以“擎天柱”为基本造型，采取传统与现代相结合的雕塑创作手法，将该校精神文化传统中的汉字“团结、勤奋、求实、创新”和校训“宁静致远、务本维新”锻造于柱体上。雕塑主体方正耸立，上部锻铜浮雕沉雄厚实、刻镂精细，打开的书本以及万卷书的多种造型纵横交错，融合设计中华传统文化中鼎的青铜纹样、玉器纹样、画像砖、瓦当、祥云、水纹等纹饰图形。该雕塑落成也是石化学院校园文化建设重要内容之一。

（张翠华）

北京电子科技学院

党委书记　沈永社
院　　长　陈子真

【概　况】 2008年，北京电子科技学院占地面积79310平方米，建筑面积73928平方米，其中，教学行政用房建筑面积35848平方米、学生公寓建筑面积15355平方米。固定资产总值34368万元，教学科研仪器设备总值4373万元。全年教育经费投入7201万元，其中，国家拨款5764万元，自筹经费1437万元。主办西苑出版社，全年出版图书130种，实现总生产码洋1500万元，实现销售收入500万元。《北京电子科技学院学报》设有自然科学、社会科学两个版本、季刊、年发行4000册、影响因子0.19。图书馆建筑面积4700平方米，藏书23.17万册，中文报刊595种，外文期刊41种，网上全文数据库10个，教师阅览室1个，电子阅览室1个。下设5个系，2个教学部，开设7个本科专业和1个联合培养研究生专业。在岗教职工350人，其中，专任教师136人，专任教师中教授16人、副教授58人；博士学位29人、硕士学位63人；硕士生导师19人。15人教师享受国务院政府特殊津贴，2人教师获得“北京市教学名师”，2人教师获得“北京市优秀教师”。该校教师承担2项国家863高科技项目，1项获得国家自然科学基金资助，2项获得北京市自然科学基金资助。1项获得中办科学技术一等奖，2项获得专项科技进步（省部级）二等奖，1项获得专项科技进步（省部级）三等奖。毕业生784人，其中，学历教育学生中全日制普通本专科生414人（本科生375人、专科生39人），成人教育本专科生370人（本科生286人、专科生84人）。招生1342人，其中，学历教育学生中全日制普通本科生420人、成人教育本专科生922人（本科生277人、专科生645人）。高考北京地区提档线理科504分、文科520分。在校生4076人，其中，学历教育学生中普通本科生1563人，成人教育本专科生2513人（本科生1257人、专科生1256人）。与西安电子科技大学联合培养硕士研究生毕业28人，招生28人，在校78人。举办北京广播电视大学开放教育工作站，毕业41人（本科4人，专科37人），招收61人（本科18人，专科43人）。学院网址：www.besti.edu.cn。

（鲁仲生）

【开办中办机关聘用青年大专班】　3月2日，电子科技学院开办首届中央办公厅机关聘用青年大专班。该班面向高中、高职学历层次，文科开设行政管理、秘书学概论、文书与档案管理等16门课程，学制2.5年；理科开设C语言、数据库基础与应用、计算机组成原理等17门课程，学制2.5年，毕业获得专科学历。首期共计招生47人。

（鲁仲生）

【召开学科建设与激励措施研讨会】　3月28日，电子科技学院召开学科建设与激励措施研讨会。专题研究讨论学科布局与强化学科特色建设、学科梯队和学术研究团队建设等问题，讨论学科建设的现状与激励措施。来自该校8个部门15人参加会议。

（鲁仲生）

【学生公寓综合楼投入使用】　8月25日，电子科技学院学生公寓综合楼投入使用。该楼取名“育材楼”，主要为本科生、研究生公寓，共9层，占地面积722平方米，建筑面积8062平方米。工程2006年12月11日开工，总投入3000万元。

（鲁仲生）

【开设保密管理专业】　9月1日，电子科技学院保密管理专业首次招生。该专业是由教育部批准，主要培养掌握保密技术和管理专门人才。该专业为本科专业，开设保密法案学、保密理论与实务、保密督察等50门课程，毕业授予管理学学士学位，学制4年。首批招生30人。

（鲁仲生）

【举办青年教师教学基本功比赛】　9月1日至12月31日，电子科技学院举办青年教师教学基本功比赛。比赛经过开展“20分钟教学演示”、“教案和幻灯片评比”、“青年教师课堂教学检查”、“集体备课”、“互相听课”、教师教学座谈会、课程教学改革研讨会、《如何上好一堂课》讲座、青年教师课堂教学基本功讲课大赛等系列活动和评选，评选表彰人文社科部、基础部等7个获奖集体和11名获奖个人。该校青年教师81人参加比赛。

（鲁仲生）

【三专业获批特色专业建设点】　9月18日，电子科技学院电子信息工程专业、信息安全专业被批准为教育部高等学校特色专业建设点、通信工程专业被批准为北京市高等学校特色专业建设点。电子信息工程专业有教师21人，其中高级职称7人，博士4人，硕士9人。信息安全专业有教师17人，其中高级职称7人，博士5人，硕士11人。通信工程专业有教师22人，其中高级职称10人，博士5人，硕士11人。

（鲁仲生）

【举办心理健康主题活动】　11月1日至7日，电子科技学院举办促进大学生心理健康活动。活动旨在提高大学生心理健康水平，培育积极向上的良好心态，以“培养良好心理状态，发展健全心理品质”为主题，由张贴大学生心理健康海报、召开主题班会、开展大学生心理健康工作座谈会组成。该院师生1600人参加活动。

（鲁仲生）

【举办数理文化知识竞赛】　11月21日，电子科技学院举办首届数理文化知识竞赛。参赛选手以系为单位，分为5组，每组3人，在之前通过笔试和综合评定后，在决赛中进行“各显身手”、“有问必答”、“音画时尚”、“智能双全”四个环节的才艺展示，评出前三名代表队、最佳选手奖和最受欢迎奖。该校共有480名学生参加比赛。

（鲁仲生）

【召开学科建设委员会会议】　11月24日，电子科技学院召开学科建设委员会会议。会议听取“学科建设与人才队伍建设”调研情况汇报，就学院学科建设与人才队伍建设、青年教师培养、申硕与学科建设规划、建立拴心留人的环境、学科建设对人才队伍建设的作用和影响等问题进行讨论，达成以学科建设为龙头、加强人才队伍建设的共识。该院11个部门领导、教师17人参加会议。

（鲁仲生）

【召开本科教学可持续发展研讨会】　12月12至13日，电子科技学院召开本科教学可持续发展研讨会。会议研究该校未来两年本科教学质量与教学改革工程建设的实施方案和管理措施，讨论2005版本科各专业人才培养方案修订意见。该校领导和相关系部负责人20人参加会议。

（鲁仲生）

【多项成果获高等学校社会实践活动奖】　至年底，电子科技学院多项成果获高等学校社会实践活动奖。11月28日，该校“‘心手相牵，建设家园’灾区重建志愿服务队”被评为2008年全国大中专学生志愿者暑期“三下乡”社会实践活动赴地震灾区优秀团队；11月28日，“赴四川绵竹志愿服务队”等3支团队获首都高等学校社会实践优秀团队，《关于抗震救灾志愿服务机制和问题调查》等4篇调研报告获首都高等学校社会实践优秀成果，9名师生获首都高等学校社会实践先进工作者。

（鲁仲生）

【多名学生参加竞赛获奖】　至年底，电子科技学院学生在多项竞赛中获奖。11月20日在第五届“挑战杯”首都大学生创业计划竞赛中，1件作品获得全国铜奖、1件作品获得北京市二等奖、2件作品获得北京市三等奖、5件作品获得北京市三等奖，该校获得“优秀组织奖”，取得历史性突破。4月，在美国大学生交叉学科建模竞赛（ICM）中，该校获得国际ICM二等奖。6月，在2008年北京市大学生电子设计竞赛中，3个队获二等奖，4个队获三等奖；在全国大学生英语竞赛中，4人获一等奖，12人获二等奖，23人获三等奖。在2008年首届全国大学生信息安全竞赛中，1个队学获得三等奖。11月，在2008年北京市大学生数学竞赛中，1人获一等奖，1人获三等奖。11月，在全国大学生数学建模比赛中，1个队获全国二等奖，2个队获北京市一等奖，1个队获北京市二等奖。11月23日，时政学社辩论队获北京市学联组织的首届首都大学生“三农”文化节辩论赛第三名。12月，在全国部分地区大学生物理竞赛中，1人获一等奖，9人获二等奖，21人获二等奖。

（鲁仲生）

中国农业大学

党委书记 瞿振元
校　　长 柯柄生

【概　况】 2008年，中国农业大学总占地面积130万平方米，建筑面积141万平方米，图书馆建筑面积2.2万平方米，藏书188万册，电子图书5.8万册。固定资产总值147313.51万元，其中，教学科研仪器设备总值48484.72万元。全年教育经费投入169915万元，其中，国家拨款119898万元、自筹经费50017万元。学校分东西两个校区，设有13个学院和1个研究生院。具有一级学科数40个，一级学科博士点12个，博士学位授权点71个，硕士学位授权点136个，专业学位授权点7个，覆盖9个学科门类。开设67个本科专业。设有博士后流动站11个，在站博士后研究人员153人，出站29人，进站67人。具有6个国家重点一级学科、6个国家重点二级学科，共覆盖24个二级学科；北京市重点学科8个，省部级重点学科11个。学校有农业生物技术、植物生理学与生物化学、动物营养学3个国家重点实验室和畜禽育种国家工程实验室，26个部级重点实验室，5个国家级研究中心，15个部级研究中心，国家级野外台站1个，部级野外台站4个。有教职工2811人（在职），其中，专任教师1509人，包括教授（含研究员）451人，副教授（含副研究员）710人；博士生及硕士生导师540人，硕士生导师510人。中科院院士6人，工程院院士6人；“长江学者奖励计划”特聘教授11人，享受政府特殊津贴专家67人（不含退休）。外籍教师数53人，其中，教授5人。毕业生共16828人，其中，学历教育中全日制研究生1660人（博士生551人、硕士生1109人），普通本专科生3953人（本科生3433人、专科生520人），成人教育本专科生4054人（本科生1669人、专科生2385人），网络教育本专科生6765人（本科生3972人、专科生2793人）；非计划招生高等教育学生中在职人员攻读博士硕士学位396人（博士31人、硕士365人）。本专科生就业率96.34%。招生28116人，其中学历教育中全日制研究生2170人（博士生614人、硕士生1556人），普通本专科生3688人（本科生3388人、专科生300人）、成人教育本专科生6126人（本科生2522人、专科生3604人），网络教育本专科生15559人（本科生6916人、专科生8643人），非计划招生高等教育学生中在职人员攻读博士硕士学位573人（博士26人、硕士547人）。北京地区高考普通本科专业录取线理科564分，文科540分。在校生73592人，其中，学历教育学生中全日制研究生5737人（博士生2128人、硕士生3609人），普通教育本专科生14675人（本科生13944人、专科生731人），成人教育本专科生15750人（本科生7065人、专科生8685人），网络教育本专科生34924人（本科生19324人、专科生15600人），非计划招生高等教育学生中在职人员攻读博士硕士学位2506人（博士生170人、硕士生2336人）。该校留学生毕（结）业87人，招生98人，在校生107人。学校网址：www.cau.edu.cn。

（钟占蓉）

【5项成果获国家科技奖】 1月8日，农大5项成果获国家科技进步二等奖。其中，主报1项：李召虎教授主持的“棉花化学控制栽培技术体系的建立与应用”；参报4项，分别是信息与电气工程学院汪懋华院士参与完成的“精准农业关键技术研究与示范”。动物科技学院计成教授参与完成的“益生制剂及其增效技术研究与应用”，水利与土木工程学院马承伟教授参与完成“工厂化农业（园艺）关键技术研究与示范”，农学与生物技术学院赵梁军教授参与完成的“花卉新品种选育及商品化栽培关键技术研究与示范”。

（钟占蓉）

【启动研究生培养机制改革】 2月，农大启动研究生培养机制改革。改革强化导师负责制，进一步明确导师职责和权力；改革研究生资助体系，全面推行研究生“三助”（助研、助教、助管）制度，拓宽研究生培养经费来源；改善研究生培养条件，激发研究生创新实践的热情；将研究生培养与科学研究紧密结合，改革研究生招生计划分配机制。改革取消公费生与自费生区别，对所有非在职新生免收学费，实行同样公费医疗待遇，实行同等奖助学金待遇；全面提高助学金待遇标准，其中最低标准扣除免除学费的部分后，也明显高于国家原定的公费研究生生活津贴标准。这种做法相当于对所有新生都免除学费并且提供生活津贴，成为国内高校特例。

（钟占蓉）

【加入雅思全球认可系统】 3月，农大国际学院被正式认可和批准加入雅思（IELTS）全球认可系统（GRS）。雅思全球认可系统是建立在雅思全球网站www.ielts.org上的搜索引擎。通过GRS搜索，考生可以查询到被认可高校对雅思成绩要求，每年有超过300万人访问雅思网站。在雅思全球认可系统中，农大明确列出国际学院国际合作项目中在境外学习本科课程阶段对雅思分数要求为6.0分；在境外学习研究生课程阶段对雅思分数要求为6.5分。目前，世界上有超过120个国家6000多所机构认可雅思成绩并且加入GRS系统，农大是全国首批加入此系统的两所高校之一。

（钟占蓉）

【高鹏先逝世】 4月3日，原北京农业大学（现中国农业大学）优秀领导干部高鹏先在北京逝世，享年100岁。高鹏先，1909年5月1日出生，河北省完县（今顺平县）人。1925年考入保定第二师范，1937年加入中国共产党。历任中共完县县委书记，平西地委书记兼军分区政委。中华人民共和国成立后，他先后在中共中央华北局、华北行政委员会、中央组织部和交通工作部任职。1961年2月，高鹏先任北京农业大学副校长。后任校党委第一副书记，代理党委书记。1973年4月，高鹏先担任农大党的核心小组组长，以学校党政一把手的身份主持工作，在同“四人帮”的斗争中为恢复和保全北京农大做出重要贡献。高鹏先同志是第五、第六届全国政协委员，北京农大顾问。1989年被中共北京市委授予“从事党务工作三十年以上，为党的建设做出积极贡献”荣誉证书。1992年离休，2000年9月经中央批准享受部长级待遇。

（钟占蓉）

【举办全国高校媒体论坛】 4月19日，

农大举行2008全国高校学生媒体论坛暨农大挚友社25周年社庆。论坛首先发布《2008全国高校学生媒体发展报告》，报告综述校园媒体的发展现状和存在的问题及探求解决的途径；发布后，与会人员分组讨论高校学生媒体的现状、存在的问题并探求更好的发展途径；最后论坛发出希望全国高校学生媒体长期赠送刊物、双向互访、建立网络通信平台以及加强同一城市或地区的交流的倡议。挚友社25周年社庆庆典同时举行。来自全国85所高校99家学生媒体代表参加活动。挚友社创立于1983年4月11日，是农大集文学、新闻于一身的综合类学生社团。挚友社以“活跃校园气氛，丰富同学课余生活”为办社宗旨，主办《挚友报》、《每日新闻》、《挚友文苑》等出版物，每年定期举办“九月风”大型征文比赛、“实话实说”谈话节目。2007年获得全国高校“十佳社团”首席。

（钟占蓉　曲越）

【19人当选农业部科学委员会委员】 4月22至23日，农大19位教授当选农业部第八届科学技术委员会委员。他们是戴景瑞、汪懋华、武维华、李宁、柯炳生、程序、孙其信、白人朴、李德发、张福锁、汪明、罗云波、沈建忠、李保明、李胜利、杨宁、韩建国、胡小松、陈阜。

（钟占蓉）

【黄春贵携奥运圣火登顶珠峰】 5月

8日9时17分，农大学生黄春贵作为奥运火炬手完成珠峰火炬传递。黄春贵作为火炬传递第四棒队员在珠峰完成火炬传递。该校经济管理学院学生苏子霞、信息与电气工程学院学生周鹏入选北京奥运会珠峰火炬传递队队员，成功完成奥运火炬在珠峰传递的保障工作。黄春贵，出生于1986年9月，汉族，云南省腾冲县人。为农大水利与土木工程学院水电043班学生，于2004年9月参加农大峰云社开始登山运动。

（钟占蓉　曲越）

【首批中国农业大学大使项目结业】

6月19日，农大首批中国农业大学大使（CAU Ambassador）项目结业。首批55名学员顺利结业，并获得结业证书和大使胸章。2007年12月，农大启动CAU Ambassador项目，由国际合作处、校团委和外语系经过报名、初选、面试等环节在全校学生范围内选拔首批60学员。2008年2月，CAU Ambassador项目正式开班培训，组织9次培训，介绍学校概况、外交礼仪、联合教育项目介绍、英语表达、涉外会话等方面知识，并提供各种实践和交流机会。CAU Ambassador项目的组织适应当前学校国际化要求的需要，是学校机关为同学们提供外交知识、礼仪、写作等方面的培训，使项目同学在内在知识和外在形象上都有所提升。CAU Ambassador项目首批成员中有10名将留学欧美，在俄亥俄州立大学、爱丁堡大学、马里兰大学等世界知名大学继续深造，8名进入清华、北师大及留在本校攻读研究生。

（钟占蓉　曲越）

【获全国七人制橄榄球冠军】 7月19至20日和10月26至27日，农大男女橄榄球队分别取得2008年全国七人制橄榄球赛冠军。7月19至20日，该校男子橄榄球队5战全胜蝉联冠军。10月26至27日，该校女子橄榄球队四战全胜赢得冠军。

（钟占蓉）

【优质高产草种生产与质量控制原理及技术研究通过鉴定】 7月28日，农大动物科技学院韩建国教授主持完成的“优质高产草种生产与质量控制原理及技术研究”项目通过农业部组织的成果鉴定。该项目总结自1992年以来完成的15个重大项目结果。在辽宁大连、河北坝上、北京海淀等10个地点，对苜蓿等22种重要栽培牧草、104个品种的种子生产原理与技术，种子认证、检验与质量控制等方面进行系统研究结果。提出我国牧草种子生产区域性理论，确定我国西部甘肃河西走廊、河套引黄灌区和新疆的绿洲灌溉农业区，是温带牧草种子生产的适宜区域。并提出适用于我国牧草种子优势产区技术体系，其中牧草分季施肥、控制灌溉、苜蓿宽行稀植等6项技术研究取得重大突破，技术体系示范应用后，紫花苜蓿种子产量由320～360kg/hm_2提高到900

～1010kg/hm_2、高羊茅种子产量由680～700kg/hm_2提高到1150～1350kg/hm_2、无芒雀麦种子产量由500～520kg/hm_2提高到955～1000kg/hm_2、新麦草种子产量由150kg/hm_2提高到690～780kg/hm_2、白三叶种子平均产量由180kg/hm_2提高到375kg/hm_2。在高粱属草种贮藏蛋白提取与电泳快速鉴定技术，结缕草与马蔺种子休眠机制与破除技术等方面，取得原创性成果。项目实施过程中，通过产学研结合的方式，在甘肃河西走廊、河套引黄灌区、新疆南疆灌区、河北坝上、青海环湖地区、云贵高原和山东半岛形成7个技术示范推广区，并对22个国家草种基地进行技术支撑。先后培养12名博士生，20名硕士生，组建部级牧草种子质量监督检验测试中心1个，农业部牧草遗传改良重点实验室1个，国际种子检验协会的会员实验室1个。

（钟占蓉）

【聘任2名长江学者】 7月，农大聘任2名长江学者。其中，聘任该校工学院教授韩鲁佳为长江学者特聘教授。韩鲁佳，女，农业工程和农产品加工工程专业博士生导师。1990年毕业于原北京农业工程大学水利与土木工程学院农业生物环境工程专业方向，同年获工学博士学位后留校任教。韩鲁佳曾获国家科技进步二等奖2项，教育部和农业部科技进步一等奖各1项，其他省部级科技成果奖4项；获国家发明专利授权5项、实用新型专利授权6项；在国内外学术刊物发表论文百余篇，其中SCI收录论文20篇，EI收录论文27篇；是“新世纪百千万人才工程”国家级人选，中国青年科技奖、全国“三八”红旗手和全国优秀科技工作者获得者。聘任美国德克萨斯农工（A&M）大学动物营养学教授、营养学专家伍国耀为长江学者讲座教授。伍国耀，美国德克萨斯农工大学动物营养学教授。1984年5月在原北京农业大学获得动物营养专业硕士学位，1989年7月获得加拿大阿尔伯特大学动物生物化学专业博士学位。伍国耀有多年从事生物化学和动物营养学研究的经验，在国际上首次阐明各种氨基酸在肠道黏膜中代谢规律。在SCI收录期刊上发表论文170多篇，主编或参编专著32部。曾担任《生物化学杂志》、《营养学杂志》、《亚太动物科学杂志》等杂志编委及美国农业部、卫生部科研基金评选专家，目前担任《营养化学》编委及中国国家自然科学基金委二审海外评审专家。

（钟占蓉）

【15个实验室被命名为农业部重点开放实验室】 7月，农大15个实验室入选第五轮农业部重点开放实验室建设名单。农业部于2007年组织开展第五轮农业部重点开放实验室的评估命名工作，经形式审查、通讯评估和会议审核，该校农业部作物基因组学与遗传改良重点开放实验室、农业部牧草遗传改良重点开放实验室和农业部农作制度重点开放实验室等15个实验室入选。此次全国共有132个实验室被命名为第五轮农业部重点开放实验室，第四轮农业部重点开放实验室称号取消。

（钟占蓉）

【培育首例转人CD20抗体基因奶牛】

8月2日，农大培育首例转人CD20抗体基因奶牛。该项目是农大李宁院士领导的研发团队与北京济普霖生物技术有限公司、北京科润维德生物技术有限责任公司合作，使转人CD20抗体基因的转基因奶牛顺利诞生。奶牛命名为“贝贝”，出生体重38公斤，健康状况良好。它是我国首例获得的转抗体基因的转基因奶牛，也是世界首次获得的转CD20基因的转基因奶牛。人CD20单克隆抗体是目前治疗B淋巴细胞瘤等恶性肿瘤的特效药物。目前通过哺乳动物细胞培养方式生产的人CD20抗体，是美国FDA批准的第一个抗肿瘤单克隆抗体药物。本项目通过转基因技术，获得转基因奶牛乳腺生物反应器，即转基因奶牛的牛奶含有人CD20单克隆抗体，通过纯化该单克隆抗体制备成癌症特效药，可将生产成本减低到原来1/10，有望开辟一条单克隆抗体生产新途径，从而为全球B淋巴细胞瘤等癌症患者带来福音。

（钟占蓉　曲越）

【二项目获“973计划”立项】 8月21日，农大2个项目获得2008年“973计划”立项支持。项目分别为资源与环境学院张福锁教授主持的“主要粮食作物高产栽培与资源高效利用的基础研究”和农学与生物技术学院赖锦盛教授主持的“玉米大豆高产优质品种分子设计和选育基础研究”。至此农大主持的“973计划”项目已达到12项。

（钟占蓉）

【二人获农业科学奖】 9月16日，农大二人获得周光召基金会2008年度“农业科学奖”。分别是该校资源与环境学院教授郝晋珉和农学院教授王璞。周光召基金会是由香港爱国人士钟健国及其家属捐资在香港设立，以中国科协名誉主席、我国著名物理学家周光召命名的基金会。2008年首次设立年度“农业科学奖”，每年颁一次奖，奖励在我国农业可持续性研究方面作出重要贡献的农业科技人员。此次，共有7位科学家获得此项奖励。

（钟占蓉）

【举办李连捷百年诞辰纪念会】 9月

25日，农大举行李连捷院士百年诞辰纪念会。会上，李连捷铜像揭幕。李连捷（1908～1992），中国土壤地理学家，中国科学院院士。1932年燕京大学理学院地理系毕业后，受聘于中央地质调查所任调研员。1940年获中华文化基金奖，被派往美国考察水土保持工作，继而留美学习，先后获田纳西大学硕士学位和伊利诺伊大学博士学位。1945年回国，任地质调查所研究员，当年参与创建中国土壤学会，当选为第一届理事长。先后任北京农业大学教授、土壤化学系主任、研究院副院长。首次提出土壤分类的自型土纲、水型土纲和复成土纲。一直从事野外考察工作，对中国土地资源的区划评价和合理开发利用，盐碱地的治理等提供大量的基础性资料和建设性意见。主要著作有《中国之土壤》、《土壤地理微形态特征》、《渭河断谷之地文》、《西藏高原的自然区域》等。

（钟占蓉　曲越）

【一团队入选国家级教学团队】　9月28日，农大吴常信院士为带头人的“动物科学专业遗传学系列课程教学团队”被批准为2008年国家级教学团队。动物科学专业遗传学系列课程教学团队在吴常信院士带领下，深入开展教学改革，及时更新教学内容，不断改进教学方法，注重教学与科研相结合，教学成绩突出。2006年，该团队承担的动物遗传学当选国家级精品课程，2007年，吴常信获北京市教学名师奖。

（钟占蓉）

【水稻进化研究取得成果】　9月28日，农大农学院孙传清教授研究小组水稻进化研究成果“Control of a key transition from prostrate to erect growth in rice domestication”研究论文在《自然—遗传学》（Nature Genetics）发表。孙传清教授研究小组和清华大学谢道昕教授合作，找到控制野生稻匍匐生长进化成栽培稻直立生长的基因PROG1。该基因位于水稻第7染色体短臂上，编码一个Cys2—His2锌指蛋白。在水稻的进化过程中，由野生稻的PROG1基因进化为栽培稻的prog1后，基因的功能丧失，不仅由匍匐生长变成直立生长，株型得到改良，而且穗粒数增加，产量大幅度提高，表现为多效性。通过序列分析发现，来自17个国家的182个水稻品种的prog1基因表现相同的变异，说明该基因可能是单起源。这一研究对揭示水稻进化的分子机理及研究水稻株型调控的分子基础具有重要意义，标志着我国在水稻进化研究上取得重要进展。

（钟占蓉）

【举办农业生物环境与能源工程论坛】　10月16至17日，农大举办“2008

农业生物环境与能源工程国际论坛”。该论坛由该校、中国农业工程学会和北京农业工程学会联合主办。会议旨在加强世界各国尤其是亚澳自然条件相当地区有关人员对生物环境和生物能源领域的学术交流。会上农大校长柯炳生教授、日本千叶大学前校长Toyoki Kozai教授、农业部规划设计研究院院长朱明、科技部发展计划司正司级巡视员申茂向研究员分别做“中国粮食安全问题：形势与政策”、“能源涨价与全球气候变暖背景下的密闭式植物育苗系统”、“中国设施农业发展的现状、趋势与政策”、“现代农业生产方式转变与新型工业化”主题报告。日本、韩国和非洲16个国家专家学者37人，国内20所科研院校、和企业专家120人参加会议。

（钟占蓉　曲越）

【三篇论文入选全国优秀博士论文】　10月，农大有三篇论文入选2008年全国优秀博士学位论文。分别是：生物学院张大鹏教授指导的博士生于祥春完成的“葡萄果实中ACPK1蛋白激酶的基因克隆和功能的初步鉴定”；理学院江树人教授指导的博士生王鹏完成的“手性农药对映体分析及土壤中选择性降解行为研究”；经济管理学院王秀清教授指导的博士生司伟完成的“全球化背景下的中国糖业：价格、成本与技术效率”。

（钟占蓉）

【一中心通过双认证评审】　11月1至3日，农大农业部转基因生物食用安全监督检验测试中心（北京）通过农业部专家组的“机构审查认可”和“国家计量认可”的双认证评审。专家组听取该中心筹建工作汇报，分组审查机构与人员、质量手册、程序文件与管理制度及规程、仪器设备、检测工作、记录与报告、设施和环境条件等方面工作，并对该中心部分人员进行标准化、计量、质量监督等法律法规及中心管理知识的闭卷考试以及现场检测跟踪考核，按《农业部产品质量监督检验测试机构审查认可评审细则》要求逐项对该中心进行评审。评审组专家一致同意通过现场评审，并肯定该转基因中心在近几年来协助国家有关部门处理转基因突发事件和转基因相关标准体系规划和建立过程中做出的成绩，并希望中心在各个方面再接再厉，为我国的转基因生物食用安全方面的工作做出更大的贡献。

（钟占蓉）

【获校园文化建设特等奖】　11月8日，农大《地到天边天做界，山登绝顶我为峰》获得教育部2008年高校校园文化建设优秀成果特等奖。该作品介绍学生社团峰云社在校园文化中做出的贡献，特别是在北京奥运会珠峰火炬传递过程中峰云社黄春贵、苏子霞、周鹏三位同学直接参与，在学校中引发学习登山精神的热潮，为活跃校园文化氛围作出突出贡献，展现农大人勤劳朴实、勇攀高峰的精神风貌。此次优秀成果评选共有400多所院校500多项成果参加评选，共评出特等奖5项，一等奖15项，二等奖30项，三等奖60项，优秀奖80项。

（钟占蓉）

【举办大学生创新论坛】　12月6日，农大举办首届大学生创新论坛。论坛旨在提高该校学生学术水平和实践能力，促进不同学科之间的相互交流，加深学校科技创新氛围，巩固科技创新地位。论坛开展校领导专家谈创新教育、学生进行大学生课外科技创新学术交流、大学生课外科技创新活动指导教师交流以及大学生创新成果展等活动。该校师生300人参加活动。

（钟占蓉）

【召开面向新农村综合信息服务研讨会】　12月28日，农大召开面向新农

村的综合信息服务研讨会。该会议是该校与延庆县人民政府合办，旨在研究高校农业科技与教育网络联盟在农

村基层开展综合信息服务成功模式，总结面向新农村开展综合信息服务的成功经验，探讨、交流和分析农村信息化有关问题。该校领导、市相关部门领导、农村信息化方面专家以及各县市干部200人参加研讨会。

（钟占蓉　曲越）

【二人获市哲学社会科学成果奖】 12月29日，农大两人获得北京市第十届哲学社会科学优秀成果奖。其中，人文与发展学院叶敬忠教授的研究成果《农民视角的新农村建设》荣获一等奖，经济管理学院乔娟教授的研究成果《中国农产品国际竞争力研究》荣获二等奖。

（钟占蓉）

北京农学院

党委书记　王慧敏

院　　长　王有年

【概　况】 2008年，北京农学院占地面积76万平方米，建筑面积2.72万平方米。图书馆建筑面积6308平方米，藏书总额44.84万册，其中，电子图书10万册。设有13个学院，开设23个本科专业，有硕士学位授权点8个。有1个国家级特色专业，5个北京市特色专业，4个北京市重点建设学科，2个北京市重点实验室。教职工700人，其中，专任教师400人，专任教师中教授45人，副教授136人；入选新世纪百千万人才工程1人。该院毕业生1742人，招生1930人，在校生7468人。学院网址：www.bac.edu.cn。

（梁全英）

【举办农村实用人才培训班】 1月9日至2月24日，农学院党委组织部、科教兴农办与延庆县委组织部联合举办农村实用人才（农村科技协调员）培训班。培训班采取“一镇一讲”形式，共为延庆县15个乡镇培训千余名农民实用人才。寒假培训班得到培训农民的一致好评。此次培训班，学校选拔培训多年在教学生产第一线，具有丰富理论实践经验的专家教授充实到教师团中。与此同时，北京农学院专家教授与延庆县15个乡镇代表签署《延庆县农村实用人才（农村科技协调员）开发培养帮带协议书》和《延庆县农村实用人才（农村科技协调员）开发培养工作协议书》。

（梁全英）

【首批学生赴美实习】 2月22日，农学院15名学生赴美国研修。他们是该院首批前往美国进行毕业实习的学生。赴美学生将被分派到不同地区的农场、现代化温室和高尔夫球场进行为期一年的毕业实习，系统学习美国园艺、花卉技术和先进的管理经验及高尔夫行业规范。与此同时，他们也将享受到美国同等的工资待遇。实习结束后，实习学生将获得由美国颁发的研修证书。

（梁全英）

【举办大学生村官农业知识培训班】

3月25至31日，农学院举办“1＋1＋X”之首期非农专业大学生村官助理农业知识专题培训班。该班由延庆县委主办，面向延庆县的首批50名非农专业村官助理，邀请专家讲授种植技术和农业管理相关知识、现代农业与科学技术、新时期农村工作的方式方农村经济发展知识。成绩合格发放结业证书。

（梁全英　程春生）

【1＋1＋X工程农村实用人才提升行动计划启动】 7月3日上午，农学院与延庆县联合启动“1＋1＋X工程——农村实用人才培养提升行动计划”。1＋1＋X工程实施以来，北京农学院共组织专家157人与延庆县15个乡镇技术人才结对子，成立以该校专家组为队长做15个农技服务队；向农民赠送科技资料31000份、图书3000册；举办农民科技培训班102次，培训农民达6000名；2007年北京农学院在延庆沈家营镇推广的彩色甘薯技术转化工作，取得明显的经济和社会效益。

（梁全英）

【职业技术学院更名】 9月28日，农学院职业技术学院更名为城乡发展学院。城乡发展学院是隶属于北京农学院的二级学院，其前身为职业技术学院。学院有园林工程技术、观光农业、会展策划与管理、物流管理、商务英语、旅游管理、农业经济管理、兽医、文秘9个专业。

（梁全英）

【与罗格斯新泽西州州立大学签署谅解备忘录】 10月12日，农学院与美国罗格斯新泽西州州立大学签订“学者和学生交换计划”谅解备忘录。根据协议，双方在种植、养殖、生物等学科方面，进一步促进学者交换、研究合作、学术出版和学生交换等交流活动。

（梁全英）

【召开农业技术经济研究会学术研讨会】 10月25至26日，农学院召开2008年中国农业技术经济研究会学术研讨会。会议由该院与中国技术经济研究会合办，以“农村公共品投入的技术经济问题”，采取主题报告和专题报告形式，探讨农村公共品投入与政府职能、农村社会保障、农村土地流转等问题。

（梁全英）

【召开恢复招生30周年座谈会】 12月28日，北京农学院召开纪念改革开放30周年暨北京农学院恢复招生30周年座谈会。北京农学院于1979年12月28日根据教育部《关于同意恢复和增设一批普通高等学校的通知》恢复招生。

（梁全英）

北京林业大学

党委书记　吴斌

校　　长　尹伟伦

【概　况】 2008年，北京林业大学占地面积51.16万平方米，建筑面积35.51万平方米，教学综合实习林场866.67公顷。学校固定资产总值151332万元，其中教科仪器设备资产值28122.9462万元。全年教育经费投入52250万元，其中，国家拨款

35117 万元，自筹经费 17133 万元。下设 13 个学院及研究生院，开设专业 53 个本科专业及方向，覆盖 9 个学科门类；具有 26 个一级学科，4 个一级学科博士点，35 个博士学位授权点，73 个硕士学位授权点和 3 个专业学位授权点；5 个博士后流动站，其中，博士后流动站进站 14 人，出站 9 人，在站 53 人。拥有 9 个国家重点学科，1 个国家重点（培育）学科，10 个部级重点学科数，1 个北京市重点一级学科（含 3 个二级学科），3 个北京市重点二级学科，1 个北京市重点交叉学科；25 个研究所，建有 1 个国家工程实验室，1 个国家工程技术研究中心，1 个国家级野外台站，4 个教育部重点实验室，2 个教育部工程技术研究中心，1 个教育部科技创新团队，5 个国家林业局重点开放性实验室，1 个北京市重点实验室，4 个国家林业局定位观测站，1 个国家级理科人才培养基地。学校现有教职工 1584 人，其中，专任教师 1002 人，包括教授 160 人、副教授 366 人；有博士生导师 141 人，硕士生导师 278 人；中国工程院院士 4 人。有长江学者 2 人，国家“百千万人才工程”人选 5 人，国家“新世纪百千万人才工程”人选 2 人，国家有突出贡献专家 8 人，省部级有突出贡献专家 18 人，省部级跨世纪学术与技术重点培养对象人选 13 人，享受政府特殊津贴专家 105 人。毕业生 6527 人，其中，学历教育学生中全日制研究生 1021 人（博士生 247 人、硕士生 774 人），普通本科生 3347 人，成人教育本专科生 1906 人（本科生 1085 人、专科生 821 人）；非计划招生高等教育学生中在职人员攻读硕士学位 253 人。本科毕业生就业率 93.57%。招生 6802 人，其中，学历教育学生中全日制研究生 1131 人（博士生 231 人、研究生 900 人），普通本科生 3288 人，成人教育本专科生 2106 人（本科生 1170 人、专科生 936 人）；非计划招生高等教育学生中在职人员攻读硕士学位 277 人。在校生 21510 人，其中，学历教育学生中全日制研究生 3275 人（博士生 825 人、硕士生 2450 人），普通本科生 12993 人，成人教育本专科生 4294 人（本科生 2291 人、专科生 2003 人）；非计划招生高等教育学生中在职人员攻读硕士学位 948 人。留学生毕业 5 人，招生 15 人，在校攻读学位共 16 人。图书馆建筑面积 23400 平方米，馆藏纸质文献 137.35 万册，电子文献 74.32 万册。学校网址：www.bjfu.edu.cn。

（刘继刚）

【会诊受灾林业并提出灾后重建建议】 2 月 14 至 18 日，北林大组织 26 名专家开展森林资源受灾情况及灾后重建调研工作。调研专家分 3 个调研组，分别调研湖南省郴州市、长沙市、衡阳市、浏阳市，江西省吉安地区，贵州省黔东南州等地的林区受灾情况。调研范围包括林区群众的生产生活、林区基础设施、林业经济发展、森林资源、野生动植物资源损失等五个方面，采取实地调查、统计分析等调研方法。调研结果以专家建议的形式，向国务院应急指挥办公室及国家林业局做汇报。建议内容共 10 条，分别是：紧急筹措林业救灾资金、尽快启动国家生态恢复重大工程、立即开展冰雪灾害影响综合评估、切实解决灾区民生问题、密切关注次生灾害发生、最大限度地保护地被物、加快人工补植造林力度、着力构建混交林生态系统、慎重使用外来树种、坚决防止乱砍盗伐等。2 月 27 日，在国家林业局编发的第 13 期值班快讯（雨雪冰冻林业抗灾救灾专题）中，发表题为“26 位院士专家赴灾区考察后建议紧急采取 10 项措施进行生态恢复重建”的文章，专题登载北林大专家组赴南方考察后提出的 10 项建议紧急采取的重建措施。4 月 9 日，国家林业局副局长祝列克一行来校，就南方林业灾后恢复重建工作，与北林大专家进行座谈，通报目前林业抗灾救灾工作的进展和下一步工作的部署。

（刘继刚）

【新增两个专业】 2 月 24 日，北林大 2008 年本科招生增加动画和车辆工程两个专业。动画专业设在信息学院，培养能利用计算机新媒体设计工具进行动画创作的人才，学制四年，授予学位为工学学士学位，首次招生 27 人。车辆工程专业设在工学院，旨在培养从事与车辆工程相关的设计、制造、实验、运用、研究与汽车营销，以及汽车企业设计及管理方面德智体全面发展的工程技术人才及管理人才，学制四年，毕业生授予工学学士学位，首次招生 91 人。

（刘继刚）

【一教师入选新世纪百千万人才国家级人选】 3 月 10 日，北林大教师冯仲科经人事部、科学技术部、教育部、财政部、国家发展和改革委员会、国家自然科学基金委员会、中国科学技术协会批准入选 2007 年度新世纪百千万人才工程国家级人选。至此，该校共有两名教师入选该工程。冯仲科，男，汉族，1962 年 5 月生，甘肃省灵台县人，北林大林学院测量学与 3S 技术教授，博士，博士生导师，地理信息系统学科负责人，学术带头人，森林资源信息管理学术带头人；北林大测绘与 3S 工程技术研究中心主任；中国 GPS 应用研究会常务理事，资源与环境监测专业委员会常务副主任委员，秘书长。北京市有突出贡献的专家，第七届中国林业青年科技奖获得者。近年来主持国家自然科学基金重大项目、863、北京市农业科技攻关、北京市自然科学基金重点项目等科研项目 12 项，获国家科技进步二等奖 1 项，北京市科技进步二等奖 2 项，发表论文 80 篇，12 篇论文为 EI 等世界三大检索系统检索。出版教材和专著 10 部。

（刘继刚）

【发布中国林业行业新分类大纲】 3 月 26 日，北林大和国家林业局发展计划与资金管理司合作项目《林业及相关产业分类（试行）》发布。该项目作为中国《国民经济行业分类》补充分类，实现林业及相关产业分类与国民经济行业分类的有效衔接。新分类依据《国民经济行业分类》（GB/T 2754—2002），将林业及相关行业分为林业生产、林业旅游与生态服务、林业管理和林业相关活动 4 个部分、13 个大类、37 个中类和 112 个小类。

（刘继刚）

【多项学生比赛获奖】 5 月 6 日、6 月 16 日、6 月 18 日和 12 月 2 日，北林大多项学生获奖。5 月 6 日，在中国林学会主办的首届大学生生态科普创意大赛中，北林大的文字作品《命韵之舞》获得一等奖。6 月 16 日，北林大在第五届“挑战杯”首都大学生创业计划竞赛的终审答辩中获得佳绩，来自工学院的作品《北京“爱木”有限责任公司》和经管学院的作品《北京绿格螺旋藻生物技术食品有限公司》被选送参加全国“挑战杯”比赛。6月18日，在“亿维讯—CAI”首都高校第四届机械创新设计大赛中，北林大工学院学生参赛队伍荣获多种奖项。曾在第十一届中国北京国际科技产业博览会上参展的学生作品“熊猫精灵”多功能清洁车，在此次比赛中荣获二等奖；Kitard燃气灶定时开关、多功能擦洗一体机荣获三等奖；折叠桌荣获“成功参赛奖”。12月2日，在首届北京高校生命科学创意大赛中，北林大由理学院教师高伟指导，生物技术06级张尹、电子06级刘昂、数学06级郭青海三名学生组成的代表队以“趋磁细菌地震预测仪”创意项目获一等奖。

（刘继刚）

【获国家生态文明教育基地称号】 5月30日，北林大获国家生态文明教育基地称号。该评选由国家林业局、教育部、共青团中央主办，旨在加快推进精神文明建设，在全国推选10个单位。

（刘继刚）

【与浙江省长兴县签订共建协议】 6月3日，北林大与浙江省长兴县签署“北林大与浙江省长兴县人才共建合作协议书”。该协议包括三项内容，一是在浙江省长兴县建立北林大教学实习与就业实践基地，二是在浙江省长兴县建立北林大学科学研究和科技成果转化基地，三是在北林大建立浙江省长兴县人才交流和引进基地。

（刘继刚）

【康洁教学科研实习基地揭牌】 6月8日，北林大康洁教学科研实习基地揭牌。该基地的建立将为北林大人才培养和科研基地建设提供新平台。基地坐落在河间市（刘古斯镇北洋庄）工业区。一期占地20万平方米，主要生产整体橱柜、套装木门、整体衣柜、衣帽间家具等家具产品。

（刘继刚）

【中美草坪专业五校联合办学首届学生毕业】 6月13日，中美草坪专业五校联合办学首届毕业生毕业。中美草坪专业五校联合办学项目开始于2003年，由北林大、四川农业大学、东北农业大学、苏州农技学院等与美国密西根州立大学五校联合办学。该专业培养目标是高尔夫球场、运动场等部门草坪生产与贸易、教学与科研、草坪建植与管理等工作的高级科技人才。经过五年的学习，包括一个学期在美国的实习，学生将获得密西根州立大学理学学士学位、中方大学的毕业证书和理学学士学位证书。首届共有毕业生24人。

（刘继刚）

【汪振儒逝世】 6月24日11时50分，中国林业教育家、植物学家、树木生理学家、树木生理学的开拓者和奠基人、中国农工民主党第九届中央委员和中央科教文工作委员、北京市政协第五、六届常委、北林大教授汪振儒在北京逝世，享年101岁。汪振儒1908年5月8日出生于北京市，祖籍广西桂林，曾用名汪燕杰，笔名丁乙。1929年毕业于清华大学生物系，获理学学士学位；自1929年9月至1935年8月，先后在中国科学社生物研究所、清华大学生物系、广西大学理学院生物系任职或任教。1935年考取公费赴美留学生，1936年6月毕业于美国康奈尔大学林学系，获理学硕士学位；1939年6月毕业于美国杜克大学林学院森林生态学方向，获哲学博士学位。同年9月回国后被聘为广西大学农学院教授，历任森林系主任、植物研究所主任、农学院院长；1946年9月至1952年8月先后任北京大学农学院、北京农业大学（现中国农业大学）森林系教授、系主任；1952年9月至1989年9月任北京林学院（现北林大）教授，历任林业系主任、森林生态学研究室主任、科研部主任、图书馆馆长、学术委员会主任等职。1981年至1985年任国务院学位委员会农科评议组成员。1989年10月离休。他于1983年创建中国林学第一个博士点，建立山西太岳森林生态定位站，为全国林业院校编写第一部《植物生理学讲义》；他通晓英、德、日、法、俄等多国文字，先后编译多种辞书，包括《德汉林业名词》、《FAO英汉林业科技词典》、《日汉林业科技词典》，翻译包括《树木生理学》在内的多部植物生理学论著；重视知识传播，长期担任《生物学通报》、《林业科学》等多种科技刊物的主编和副主编，作为主要负责人，创立《北京林学院学报》并担任主编。先后发表《美国林业教育的一些特点》、《美国林业教育管窥》、《林业振兴靠人才》多篇论文。他是全国林学专业第一个可授予博士学位的博士生导师，为我国自己培养出第一个林学博士。

（刘继刚）

【与东京农工大学签订合作协议】 10月15日，北林大与日本东京农工大学签订校际合作协议。根据协议，双方将在今后开展相关领域的科研、培养等方面的交流与合作，该校负责双方在教师和管理人员交流、学生交流、共同研发和学术活动、学术资料交流等方面进行合作。该协议有效期5年。

（刘继刚）

【新增1个国家级工程实验室建设项目】 11月5日，北林大新增林木育种国家工程实验室建设项目。该实验室建设主要内容是在现有基础上，建设林木分子标记辅助育种、基因工程育种、细胞遗传与细胞工程育种、良种繁育等技术研发平台，以及人工气候室、温室、组培室等配套设施。实验室建设期为3年，国家安排投资600万元。按照国家有关规定，实行项目法人责任制、施工监理制和招投标制。

（刘继刚）

【一教师获青年翻译大赛一等奖】 11月10日，北林大外语学院教师柴晚锁在“第二十届韩素音青年翻译大赛”中同时获得英译汉一等奖和汉译英三等奖。本次大赛分为英译汉和汉译英两个组别，每组分别设有一、二、三等奖及优胜奖，共有65名参赛者获奖。“韩素音青年翻译奖”由中国译协主办，本次大赛的初审和复审工作采用匿名评审的方式，并邀请多位国内资深翻译家担任评审。竞赛包含文化翻译研究内容。

（刘继刚）

【二教授获“三北防护林体系建设突出贡献者”称号】 11月19日，北林大2教授获“三北防护林体系建设突出贡献者”称号。该评选由全国绿化委员会、人力资源和社会保障部、国家林业局主办，该校原中国工程院副院长、中国工程院院士沈国舫教授和高志义教授获得该称号。沈国舫，男，1933年11月15日出生于上海市，原籍浙江省嘉善县。林学及生态学专家。1956年毕业于前苏联列宁格勒林学院。北林大教授，曾任北林大校长、中国林学会理事长，现任中国工程院副院长，八、九、十届全国政协委员。长期从事森林培育学和森林生态学的教学和研究工作，是国家重点学科森林培育学的学科带头人。在立地分类和评价、适地适树、混交林营造及干旱地区造林方面做许多研究工作。第一个提出分地区的林木速生丰产指标，主持起草《发展速生丰产用材林技术政策》。曾对大兴安岭特大火灾后的森林资源和生态环境恢复工作起关键的指导作用。后期着力从事林业可持续发展战略及水资源和生态建设的咨询研究，取得显著成绩。高志义，男，1929年10月1日出生，汉族，曾任北林大水土保持系系主任等职。一直从事专业的教学科研工作，为国家级专家（88年）享受政府特殊津贴（89年起），获国家科技进步二等奖两项（87，2000年），国家教委国家级优秀教学成果奖（89年），林业部科技进步一、二等奖（99，87年），担任国家科技攻关（七五、八五）“三北”防护林课题技术总负责人，研究并实践水保专业教学改革，协助有关部委在营建、开发“沙棘”等方面均取得突出成就。

（刘继刚）

北京协和医学院

党委书记　李立明
院　　长　刘德培

【概　况】　2008年，北京协和医学院学校占地面积933325平方米，建筑面积（含学校产权建筑面积、非产权建筑面积）533733平方米。固定资产总值533932万元，其中，教科仪器设备资产值61315万元。全年教育经费投入6547.62万元，其中，国家拨款5480.99万元，自筹经费1066.63万元。院（系、部）总数6个；具有一级学科11个，其中，一级学科博士点5个，专业学位授权点1个；博士后流动站6个，博士后研究人员出站21人、进站31人、在站55人。一级学科国家重点学科2个、二级学科国家重点学科8个、三级学科国家重点学科2个、国家重点培育学科1个；一级学科省部级重点学科1个、二级学科省部级重点学科4个；国家级研究所18个，国家重点实验室3个，部委级重点实验室10个，国家级研究及试验基地或中心18个。教职工总数12234人，其中，专任教师825人，包括教授476人、副教授236人；有博士生导师396人、硕士生导师617人；中科院院士10人、工程院院士16人。有“长江学者奖励计划”特聘教授14人、国家级和省部级有突出贡献专家90人、享受政府特殊津贴专家等国家级专家637人。外籍教师10人，其中，教授7人、副教授1人。毕业生1289人，其中，学历教育学生中全日制研究生763人（博士生453人、硕士生310人），普通本专科生137人（本科生66人、专科生71人），成人教育本专科生389人（本科生181人、专科生208人）。本科毕业生就业率，其中，八年制临床医学专业为98.9%、护理专业为96.04%。招生1751人，其中，学历教育学生中全日制研究生1014人（博士生481人、硕士生533人），普通本专科生221人（本科生143人、专科生78人），成人教育本专科生516人（本科生316人、专科生200人）。高考北京地区提档线八年制临床医学专业本科656分、护理专业本科533分、护理专业专科（理科）423分、护理专业专科（文科）466分。在校生5170人，其中，学历教育学生中全日制研究生2821人（博士生1392人、硕士生1429人），普通本专科生852人（本科生621人、专科生231人），成人教育本专科生1497人（本科生737人、专科生760人）。图书馆建筑面积15905平方米，藏书110.92万册，其中，图书50万册，电子图书60.92万册。学院网址：www.pumc.edu.cn。

（董澍）

【陈竺视察协和医学院】　2月4日，卫生部部长陈竺视察协和医学院。陈竺一行就医学教育科技改革问题以及围绕艾滋病、病毒性肝炎等传染病和新药创制重大专项到院校调研指导。他听取院校总体工作，以及基础所、药物所和病原所的工作汇报，与院校及所院领导班子成员、有关专家座谈。陈竺总结时强调，院校除基础医学研究、转化医学研究、新药研发任务外，还要做国家卫生科技思想库。要求在下一轮医学教育的发展中，协和继续发扬传统，带头进行高级全科医师培养，争取用10至15年造就中国第一代高水平全科医师；加强研究生教育，培养复合型人才。

（董澍）

【生物安全灵长类动物实验中心奠基】　3月26日，协和医学院国家昆明高等级生物安全灵长类动物实验中心在生物所举行奠基仪式。该项目由生物所和中国科学院昆明动物研究所联合承担，实验中心选定昆明市西郊花红洞为建设园。该中心由南区（生物所）和北区（动物所）组成，建设投资1.9995亿元，用地面积438.67亩，包括核心建筑综合实验大楼，以及检疫动物实验楼、综合实验繁殖猴房等共8栋。

（董澍）

【举办乡村医生培训班】　3月31日至4月14日，协和医学院继续教育学院承办中国红十字基金会主办的第三期“乡村医生培训班”。学院根据《乡村医生在岗培训实施大纲》的要求和当地实际设计课程、组织师资。来自山西省20多个乡村的100名医生接受业务培训并通过考核取得结业证书。

（董澍）

【召开课程改革国际研讨会】　5月5至7日，协和医学院召开“北京协和医学院课程改革国际研讨会”。会议前期围绕“课程改革”和“医学院与综合大学的合作”主题，以专题报告形式展开研讨。会议后期围绕“课程设计与制定”、“临床技能教育”、“考核和评估”和“课程框架结构”主题，我校与密西根大学医学院代表深入研讨。通过研讨，我校教师和教学管理人员对国际医学教育发展趋势、教育学原理和理论、国内长学制医学院校课程设置更加了解，为我校课程体系改革做好理论和技术准备。来自国内外院校和该校教师代表44人参加会议。

（董澍）

【招收首批成人高等学历学生】 6月9日，协和医学院招收首批成人高等学历学生。该院经教育部批准开设成人高等学历教育医学影像学（影像技术方向）专业专科起点本科教育，首批招生67人。

（董澍）

【获批3个继续教育项目】 9月12日，协和医学院获批3个继续教育项目。分别是“农村/社区医师培训”、“临床药物试验规范化培训”、“ 医疗器械临床试验规范化培训”。

（董澍）

【举办4位教授从医60周年庆典】 9月26日，协和医学院附属阜外医院举办四位教授80华诞及从医60周年庆典。4位教授分别是孙瑞龙、刘力生、陈在嘉、陈新。

（董澍）

【文献服务系统正式对外服务】 12月份，协和医学院《中国生物医学文献服务系统》正式推出并对外服务。该系统首次整合中国生物医学文献数据库、西文生物医学文献数据库、协和医大博硕学位论文数据库等多种资源，是集检索、开放获取、个性化定题服务、全文传递服务于一体的生物医学中外文整合文献服务系统，是医学信息服务系统重要创新。

（董澍）

首都医科大学

党委书记 李明
校　　长 吕兆丰

【概　况】 2008年，首都医科大学学校和附属医院总占地面积982551平方米，总建筑面积1634882平方米。其中，学校占地面积246602平方米，建筑面积235056平方米。学校和附属医院固定资产总值933896.5万元，其中，学校固定资产总值82000.3万元。学校和附属医院教科仪器设备资产值78210.44万元，其中，学校教科仪器设备资产值29654.86万元。全年教育经费投入60355.38万元，其中，国家拨款49311.51万元、自筹经费11043.87万元。设有10个学院，14所临床医学院（其中13所为附属医院）以及1个预防教学基地，设有3个专科学院和28个专科学系；开设本科专业15个，七年制专业2个，一级学科博士点3个，博士学位授权点41个，硕士学位授权点78个；有博士后流动站2个，其中，出站42人、进站31人、在站71人。有国家重点学科8个，国家重点（培育）学科2个，北京市一级重点学科2个，北京市二级重点学科8个，北京市一级重点建设学科2个，北京市二级重点建设学科12个，教育部省部重点实验室1个，教育部省部共建重点实验室1个，北京市重点实验室4个。学校和附属医院共有教职员工和医务人员22265人，其中，有院士6人，特聘院士7人；正高职称1202人，副高职称2329人。校本部教职工1566人，其中，专任教师553人，专任教师中教授79人、副教授139人。有博士、硕士导师215人，硕士导师827人；国家有突出贡献专家1人，享受政府特殊津贴专家63人。外籍教师2人。毕业生4433人，其中，学历教育学生中全日制研究生758人（博士生162人、硕士生596人），普通本专科生1383人（本科生635人、专科生748人），成人教育2098人（本科508人、专科生1590人）；以同等学力申请博士硕士学位194人（博士生21人、硕士生173人）。招生4233人，其中，学历教育学生中全日制研究生687人（博士生200人、硕士生487人），普通本专科生1658人（本科生842人、专科生816人），成人教育本专科生1610人（本科生650人、专科生960人）；以同等学力申请博士硕士学位278人（博士生86人、硕士生192人）。在校生15612人，其中，学历教育学生中全日制研究生2466人（博士生572人、硕士生1894人），普通本专科生6016人（本科生3947人、专科生2069人），成人教育本专科生7130人（本科生2112人、专科生5018人）。留学生招生89人，在校生221人。本科毕业生就业率92.16%，高考提档线理科530分。图书馆建筑面积17901平方米，藏书总额64.76万册。学校网址：www.ccmu.edu.cn。

（梁贲　王于英）

【一实验室成为教育部重点实验室】 1月23日，首医大省部共建教育部神经变性病学重点实验室通过教育重点实验室验收。该实验室经过两年的建设，建设期满，教育部会同市教委组织专家对实验室进行验收。实验室顺利通过验收，名称调整为神经变性病实验室，正式以教育部重点实验室名义开放运行。实验室经过两年的建设在神经变性病的流行病学、分子遗传学、发病机制、临床早期诊断、治疗学的基础与临床应用研究方面，取得创新性成果。承担国家级科研项目41项，获得省部级科研成果奖6项，发表SCI收录论文64篇，申请发明专利20项，获得发明专利授权3项。

（梁贲　王于英）

【获5项中华医学科技奖】 2月23日，首医大5项目获中华医学科技奖、1人获得吴阶平医学奖。该校附属北京天坛医院赵继宗教授领衔完成的成果“微创神经外科技术平台建立及术中神经功能保护研究”获得一等奖；宣武医院李坤成教授领衔完成的成果“多发性硬化和视神经脊髓炎的扩散张量成像研究”获得二等奖；附属北京朝阳医院杨新春教授领衔完成的成果“过氧亚硝酸阴离子与缺血/再灌注心肌损伤—硝酸酯类药物副作用的研究”、附属北京友谊医院贾继东教授领衔完成的成果“肝星状细胞在肝纤维化发生中的作用及在抗纤维化治疗中的意义”、附属北京同仁医院王宁利教授领衔完成的成果“房水流出通道细胞骨架及细胞外基质在眼压调控中的作用机制研究”获得三等奖。该校宣武医院汪忠镐院士获得2007年吴阶平医学奖。

（梁贲　王于英）

【举办全体教授大会】 3月26日，首医大举办第一次全体教授大会。校领导分别就关于实施高层次人才队伍建设、科学研究与研究生教育创新工程、教学质量与教学改革工程等三个文件进行宣讲。会议强调，教授是教师队伍的骨干，教授治学是学校建设发展的根基，是大学进步的重要标志。每位教师都要把教育教学作为义不容辞的责任，以教书育人为己任。该校全体教授、副教授，中层以上干部 600 人参加大会。

（梁贲　王于英）

【与奥斯陆大学签订合作协议】 4 月 2 日，首医大与挪威奥斯陆大学签订合作协议。协议规定双方将本着平等互利原则不定期交换学生以及访问学者，共同举办学术研讨会以及共同开展心理学方面的研究等。奥斯陆大学是挪威规模最大、历史最悠久的大学。该大学建于 1811 年，校址在挪威首都奥斯陆。全校共有 8 个学院，在校生人数约 36000 人，其中留学生 2500 人。设有神学、法学、医学、历史与哲学、数学与自然科学、牙科、社会科学等学院。

（梁贲　王于英）

【5 支医疗队奔赴灾区抗震救灾】 5 月 12 至 20 日，首医大宣武医院 5 支医疗队赴灾区救灾。四川汶川大地震发生后，该校宣武医院 5 支医疗队共计 17 人赴灾区救助，物资 400 箱，价值 73 万元。

（梁贲　王于英）

【第一届校务委员会成立】 5月18

日，首都医科大学第一届校务委员会成立。该委员会旨在更好整合校内外和社会各方资源，努力实现学校国内一流、国际知名医科大学的建设目标。首届委员 76 人组成。第一次委员会议围绕《首都医科大学校务委员会章程》内容和学校事业发展进行讨论，就如何更好地发挥校务委员会的职能作用提出意见。

（梁贲　王于英　孟骥）

【新增 2 所教学医院】 6 月 6 日和 11 月 23 日，首医大新增两所教学医院。6 月 6 日，该院与石景山区人民政府签订合作协议，石景山医院成为首医大临床教学医院。11 月 23 日，该院与通州区人民政府签订合作协议，潞河医院成为首医大临床教学医院。

（梁贲　王于英）

【召开首席信息官会议】 7 月 3 日，首医大召开学院部处部门级首席信息官第一次会议。会议就网络信息内容管理规定（试行）从总体架构以及网络信息内容管理的概念体系、管理体系、职责体系、运行体系、支持体系、安全体系等六个方面对进行导读。学院部处部门级首席信息官 40 人参加会议。

（梁贲　王于英）

【召开社区遗传学国际会议】 10 月 13 日，首医大召开亚洲第二届社区遗传学国际会议。会议由该校与法国巴斯德研究所、国家自然科学基金委员会联合主办，采取大会演讲形式，内容涉及社区遗传学、公共卫生学、全科医学等领域。国内外专家学者 200 人参加会议。

（梁贲　王于英）

【举办学生临床技能大赛】 10 月 24 日，首医大举办首届学生临床技能大赛。学生临床技能大赛旨在不断培养和提高医学生的实践能力、动手能力和临床思维能力，通过比赛展示与检验日常教学的成果和学校临床技能培训与考核中心的建设成果。开赛前随机抽取参赛选手；技能考查全面，涉及查体（包括头颈部、呼吸系统、循环系统或消化系统查体）、腰穿、胸穿、腹穿、穿无菌衣和戴手套法、换药、心肺复苏、妇科双合诊、产科检查、X 线和 ECG 判读等多项技能。评选出团体一等奖 2 名，团体二等奖 3 名；个人一等奖 9 名，二等奖 19 名，三等奖 40 名。

（梁贲　王于英）

【召开口腔医学博士论坛】 10 月 31 日，首医大召开首届中国口腔医学博士论坛。该论坛由教育部主办、该校与四川大学承办，旨在促进中国口腔医学研究水平的提高为目的，倡导严谨、开放、创新的学术氛围，有 27 位专家进行演讲，内容涉及发育生物学、干细胞与组织工程、涎腺疾病与唾液、口腔颌面肿瘤和口腔颌面骨及炎症等 5 大前沿医学领域。

（梁贲　王于英）

【召开博士后管理工作会议】 11 月 4 日，首医大召开博士后管理工作会议。会议对《首都医科大学博士后管理工作规定（试行）》作了解读，并对开展博士后科研流动分站申报及相关工作进行布置。会议强调要把博士后科研流动站用好，因为它是人才选择的一项良好的机制，也是提升学校科研水平的良好平台，要让博士后流动站真正发挥好其应有的作用。

（梁贲　王于英）

【一基地通过验收】 11 月 12 日，首医大首都卫生管理与政策研究基地通过验收。专家组听取该基地建设总结汇报，并对照《首都卫生管理与政策研究基地建设项目任务书》，审阅“基地”在环境建设、科学研究、服务社会、人才培养、学术交流、工作制度等方面建设的总结资料。“基地”通过验收。

（梁贲　王于英）

【一中心建设项目通过验收】 11 月 25 日，首医大新医药北京市技术转移中心建设项目通过验收。专家组对中心和相关平台建设情况进行实地考察和现场咨询，考察讨论后，该建设项目通过验收。

（梁贲　王于英）

【一实验室通过验收】 11 月 27 日，首医大临床检验中心分子生物学实验室通过卫生部验收。专家组听取中心概况、建立分子生物学实验室（PCR）的原因、队伍建设和人才培养、完善实验室软硬件建设情况、医学实验室（ISO15189）认可的准备以及进一步加强与临床合作，开拓市场等方面的汇报；进行现场考察，查看人员资质、实验室布局、设备设施到位等情况；查看对指定盲样标本检测运行情况，检查对比差异；查看实验室的规章制度和 SOP 建设情况；就实验室和样品管理以及相关情况下的技术问题对有关工作人员进行考查。经过考察和讨论，专家组宣布该校临床检验中心分子生物学实验室（PCR）通过验收。

（梁贲　王于英）

【成立传染病学研究所】　12月11日，首医大成立传染病学研究所。该所由该校与北京地坛医院合办，旨在促进北京地坛医院传染病学科的建设和发展，搭建学校传染病学的科学研究平台。该校将以学校科研和人才资源支持北京地坛医院学科建设和发展，北京地坛医院在学科建设发展方面加入学校序列。

（梁贲　王于英）

北京中医药大学

党委书记　吴建伟
校　　长　高思华

【概　况】　2008年，北京中医药大学占地面积253000平方米，总建筑面积290125平方米。固定资产6.5亿元，其中教科仪器设备资产值13621万元。全年教育经费总投入34703.40万元，其中，国家拨款18427.10万元、自筹经费16276.50万元。图书馆建筑面积15811平方米，藏书刊72万册，其中，中医古籍线装书1640种，3553函，16229册。设有2个校区，15个院（系、部），开设9个本科专业，覆盖中医、中药、管理等8个学科门类，拥有一级学科博士点3个；有博士学位授权点21个，硕士学位授权点26个，专业学位授权点8个。博士后科研工作流动站3个，出站4人，进站6人，在站22人。有一级学科国家重点学科2个，二级学科国家重点学科15个，部局级重点学科10个，北京市重点学科5个；教育部重点实验室2个，北京市重点实验室2个。有教职工1368人，其中，专任教师568人。专任教师中教授110人，副教授159人；博士生导师182人，硕士生导师416人；有“长江学者奖励计划”特聘教授2人，国家级有突出贡献的中青年专家8人，国家杰出青年科学基金获得者1人，享受政府特殊津贴专家93人。外籍教师3人。毕业生5231人，其中，学历教育学生中全日制研究生772人（博士生149人、硕士生623人），普通本专科生1619人（本科生1120人、专科生499人），成人教育本专科生672人，远程教育本专科生1967人（本科生1314人、专科生653人），在职申请博士硕士学位生61人（博士生3人、硕士生58人）。本科毕业生就业率92.1%。招生7478人，其中，学历教育学生中全日制研究生1049人（博士生174人、硕士生875人），普通本专科生1690人（本科生1166人、专科生524人），成人教育本专科生1000人（本科生436人、专科生564人），远程教育本专科生3677人（本科生2812人、专科生865人），非计划招生高等教育学生中在职人员攻读博士硕士学位62人（博士生7人、硕士生55人）。高考北京地区本科录取线理科565分、文科542分。在校生24346人，其中，学历教育学生中全日制研究生2956人（博士生643人、硕士生2313人），普通本专科生6721人（本科生5269人、专科生1452人），成人教育本专科生4540人（本科生1445人、专科生3095人），远程教育本专科生8284人（本科生6213人、专科生2071人），非计划招生高等教育学生中在职人员攻读博士硕士学位586人（博士生14人、硕士生572人）。香港、澳门和台湾学生毕业69人，招生110人，在校生535人。外国留学生毕业140人，招生247人，在校1259人。学校网址：www.bucm.edu.cn。

（杨苏）

【一项成果获国家科学技术奖】　1月8日，中医药大王琦完成的“中医体质分类判定标准的研究及其应用”在国家科学技术奖励大会上获2007年度国家科技进步奖二等奖。王琦教授及其率领的团队经过长达30年的临床和实验研究，首次发现体质类型在遗传基因抗原分布方面具有特征及独特的基因表达谱；通过“体病相关”研究，发现体质与疾病、亚健康相关；通过体质干预研究，证明“体质可调”。该成果对于推动中医标准化研究，发现中国人群体质分布规律，把握中华民族的体质特点，发挥中医“治未病”优势，提高国民素质具有重要作用。

（杨苏）

【首期中医教改实验班开班】　4月10日，中医药大首期中医教改实验班开班。该实验班是教育部批准的首批国家级“质量工程”人才培养模式创新实验区建设项目之一，是融“院校教育、师承教育、家传教育”为一体的新型中医药人才培养模式。该班采取与学校中医专业五年制同样的教学计划和课程，但更注重临床实践。学制5年，毕业授予学士学位。首期学生33人。

（杨苏）

【举办首届临床中药学学术研讨会】　5月11日，中医药大举办首届临床中药学学术研讨会。会议以“学术争鸣，科学求实”为主题，研讨临床中药学学科建设问题。会议收到论文93篇。来自29个省市自治区及军队系统的临床中药学学科代表79人参加会议。

（杨苏）

【附属东直门医院向地震灾区派出五批医疗队】　5月14日至6月7日，

中医药大附属东直门医院向地震灾区四川德阳先后派出五批医疗队。他们共救治伤病员2200多人次，做大型手术60台。急诊手术抢救的伤员，无一例感染，无一例截肢，无一例死亡。5月31日，东直门医院和德阳中西医结合医院结为“对口支援医院”，并举行挂牌仪式。

（杨苏）

【长江学者及创新团队计划项目通过验收】　6月6日，中医药大教育部“长江学者及创新团队计划”创新团队项目通过验收。创新团队按照高端引进的原则，围绕“中医药防治多器官纤维化同病异治、异病同治的科学内涵”开展研究。团队的学术带头人是牛建昭教授。在2005年1月至2007年12月项目3年运行期间，中医药大学创新团队取得一系列创新成果，共发表有影响的标注论文79篇，其中 SCI 收录论文 6 篇，编写出版国内首部中医药防治器官纤维化专著《器官纤维化基础及中医药防治》和《中药知识产权保护》，主编规划教材 13 部，获国家科技进步二等奖 1 项，省部级奖项 21 项，出站博士后 3 人，毕业博士 45 人，硕士 60 人，申请获得 973、863 等国家、省部级科研项目 23 项，科研经费 2755 万元，其中获政府间国际合作项目 5 项，并与 6 个国家的 11 个一流大学实验室建立科研和人才培养协作关系，接待来访外宾 27 人次。

（杨苏）

【刘渡舟名家研究室启动】　6 月 19 日，中医药大召开“刘渡舟名家研究室”建设启动会。刘渡舟教授是《伤寒论》研究大家，以毕生精力治伤寒之学，其成就为各界所公认。像他这样的著名中医学者和名老中医历经多年积累的治学经验，已经成为祖国医药学宝库中十分重要的组成部分。他行医任教 40 多年，培养 12 名博士、24 名硕士，7 名入室弟子，为中医事业传承后继有人做出突出贡献。“刘渡舟名家研究室”建设隶属于北京市中医药管理局“名老中医药专家学术思想抢救挖掘与优秀传承人才培养联动工程”（简称“薪火传承 3＋3 工程”），目的在于做好首都名老中医学术思想抢救、整理和挖掘工作。“刘渡舟名家研究室”的负责人为中医药大学副校长、中华中医药学会仲景学说专业委员会主任委员、刘渡舟教授的弟子王庆国教授。刘渡舟教授门人、弟子、学生、再传三传弟子 60 人出席启动会。

（杨苏）

【接待印度尼西亚总统苏西洛访问】

10 月 26 日，中医药大接待印度尼西亚总统苏西洛·班邦·尤多约诺及夫人一行访问。访问期间，苏西诺参观校园并发表关于传统医学演讲，他希望中国政府把开发中草药丰富经验传授给印尼。

（杨苏）

【举办年度学术进展国际论坛】　10 月 29 日，中医药大举办 2008 年度中西医结合学术进展国际论坛。论坛由学校“中西医结合学科创新引智基地”和国家重点学科——中西医结合基础承办，以科研和人才培养为主题，围绕器官纤维化发生机制、中西医结合实验医学的创新与发展、中医药国际化等个问题展开研讨，“创新引智基地”中外成员交流和汇报 2007 至 2008 年度科学研究和管理方面所取得的成果，明确下个年度的研究重点及实施办法，就联合培养中医药大学博士研究生及青年骨干教师达成一致意向。

（杨苏）

【10 个项目获批“211 工程”三期建设】　10 月，中医药大 10 个项目获批“211 工程”三期建设。分别是藏象与体质学说研究、中医证候规范化和客观化、中药应用关键科学问题研究、经方现代应用关键科学问题基础研究、中西医结合病机研究、中药复方药物创新工程、针灸特色疗法研究、内科难治病中医药干预方案及其效应机制、重大、难治性疾病“病络”学说、循证中医药临床研究与评价创新体系建设。共获得建设集资 4125 万元。

（杨苏）

【主办腧穴临床应用与研究研讨会】　11 月 1 日，中医药大举办“2008 国际针灸技法演示及临床应用学术研讨会暨全国腧穴临床应用与研究学术研讨会”。该会议由中医药大学与中国针灸学会腧穴分会共同主办，会议采取主题发言和技法演示组成，其中，9 名国内外学者就目前针灸技法与腧穴的临床应用与研究及针灸国际发展状况等问题做主题发言，15 名国内外临床专家现场做毫针、芒针、火针、腹针、平衡针、新九针、眼针、砭石、拔罐疗法、复式补泻法针法演示。会议编印的论文集收录 120 篇针灸学术论文。来自 20 个国家 143 名代表出席大会。

（杨苏）

【中药学院举行建院 50 周年庆典】

11 月 8 日，中医药大中药学院举行建院 50 周年庆典活动。卫生部副部长、国家中医药管理局局长王国强，卫生部副部长陈啸宏出席庆典仪式并发表讲话。中药学院成立于 1958 年，率先开创我国中药高等教育事业之先河。目前设有中药生药系、中药化学系、中药药理系、中药制药系、临床中药系、生物制药系、基础教学部、实践教学部 8 个系（部）和中药基础与新药研究中心、中药炮制研究中心、分析测试中心、中药科技发展部、综合办公室等教学、科研及管理机构。现已形成本科、硕士、博士多层次的教学体系，已为国家培养各类中药人才 2500 人。

（杨苏）

【学报获奖】　11 月 23 日，中医药大《北京中医药大学学报》获得二届中国高校精品科技期刊奖。该评选由教育部委托中国高等学校自然科学学报研究会主办，该校《北京中医药大学学报》被评为中国高校精品科技期刊，同时该校获得中国高等学校自然科学学报研究会评选的“2008 年高校科技期刊先进集体”。

（杨苏）

【主办全国中医药高等院校志愿者工作高端论坛】　11 月 27 日，中医药大主办全国中医药高等院校志愿者工作高端论坛。论坛以“展岐黄风采，努力开创全国中医药高等院校德育工作新局面”为主题。在论坛上，中医药大学代表全国中医药高等院校发出“岐黄传人 113 志愿服务行动计划”倡议，第一个“1”是指在张仲景诞辰日全国中医药高等院校在各地同时开展一次以义务医疗为主体的志愿服务活动。第二个“1”是指全国中医药高校集中开展一次志愿服务的课题研究。“3”是指三个层面志愿服务工作交流，包括志愿者骨干校际互换挂职锻炼、暑期联合组队外出开展志愿服务活动和召开志愿者工作交流研讨会。来自15所中医药高等院校的志愿者代表出席本次论坛。

（杨苏）

【五人被评为百名杰出青年中医】 11月，中医药大5人被评为“全国第二届百名杰出青年中医”。该评选由中华中医药学会主办，该校东方医院张云岭、李军祥，东直门医院赵进喜、邹忆怀，三附院鲍身涛入选。

（杨苏）

【举行王绵之85周岁寿辰庆祝活动】 12月6日，中医药大举办王绵之教授85周岁寿辰及行医70年庆祝活动。庆祝会举办祝寿、献礼和生日晚宴活动。王绵之，1923年生于江苏南通，是我国中医方剂学科的创建人，手订现代中医院校第一部方剂学教材，总结出一套中医方剂教学法，对时疫热病、内妇儿科及老年病的诊治均有很高造诣，专著《汤头歌诀白话解》已发行100万册。是第六、七、八届全国政协委员，全国政协科教文卫体专门委员会副主任委员。

（杨苏）

【承办全国中医药高等教育学会第五届校长论坛】 12月6至7日，中医

药大承办全国中医药高等教育学会第五届校长论坛。论坛以“十一五期间高等中医药教育发展战略研究”为主题，各校校长就中医药高等教育发展的思考、中医药学教育思想观念的变革、加强中医药创新人才培养体系建设、中医药教育教学的特殊规律的探索、中医药人才培养模式的改革与实践、中医药院校的社会服务职能的强化、地区与地方中医药高等教育事业的发展、课程体系改革的思路与方法等做专题报告。来自全国29所中医药院校、综合大学医学院、医学院校中医药学院院校长，以及全国中医药高等教育学会顾问、理事60人参加论坛。

（杨苏）

【举行学位与研究生教育30周年庆典】 12月10日，中医药大举行学位与研究生教育30周年纪念庆典。庆祝活动由校长报告，历届研究生成果展示等活动组成。来自国内中医院校、中医企业及该校师生400人参加活动。该校学位与研究生教育始于1978年，至今有博士学位授权点21个，硕士学位授权点26个，累计培养毕业生3871人。

（杨苏）

【附属东直门医院建院50周年】 12

月20日，中医药大附属东直门医院建院50周年。东直门医院成立于1958年，是我国较早成立的中医院校附属医院，现已发展成为集医疗、教学、科研于一体的现代化三级甲等中医院。医院现有19个临床学科教研室，2个一级博士学位授予点，涵盖6个博士学位授权点、7个硕士学位授权点。中医内科学为教育部重点学科，中医外科学为北京市重点学科，还拥有4个国家中医药管理局重点学科。庆典后举行“中医院医院管理学术研究高层论坛”。

（杨苏）

【举办中日中医学术讲座】 12月22日，中医药大举办中日中医学术报告会。报告会邀请日本森立之研究会会长岡田研吉博士就陈延之《小品方》中所记载的中药七情配伍原则、宋版《伤寒论》六经与外感风寒辨证、日本江户时代中国医籍研究概况等内容作专题报告。来自校内外老师、同学、留学生等及其他热心于中日医学交流人士60人听取报告。

（杨苏）

【与解放军总医院签订合作协议】 12月25日，中医药大与解放军总医院签订合作协议。根据协议，双方将在人才培养、学科建设、科学研究以及国际交流等领域开展全方位、深层次的合作，联手创建全国一流的中医药人才培养基地。

（杨苏）

北京师范大学

党委书记 刘川生
校　　长 钟秉林

【概　况】 2008年，北京师范大学占地面积706779平方米，建筑面积649543万平方米。固定资产总值210560.70万元，其中教学仪器设备总额52963.09万元。全年教育经费投入147839万元，其中，国家拨款86120万元，占58.3%，自筹经费61719万元，占41.7%。设有建制性机构41个，包括25个学院、2个系、14个研究院（所、中心）；研究性机构（包括各类研究所、基地、中心）138个，其中文科82个、理科56个、代管机构10个、共建研究机构6个、研究基地14个（国家基地7个，教育部基地7个）；重点实验室16个，其中，国家级4个、部级7个、市级5个；重点学科29个，其中国家级18个，北京市级11个；定期出版专业刊物17种，其中文科11种，理科6种。北师大是教育部首批6所拥有本科专业自主设置权限的重点高校之一，有本科专业55个，16个学科拥有硕士、博士学位授予权，有157个硕士学位授权点、95个博士学位授权点、18个博士后流动站，位居全国高校前列。校本部教职工2886人。专任教师1610人，其中教授554人，副教授576人；博士生导师761人；硕士生导师741人；享受政府特殊津贴专家7人；兼职教师461人，其中教授359人，副教授102人。外籍教师78人。教师中有博士学位占79.3%，45岁以下占73.7%。两院院士19人（双聘院士11人），其中中科院院士14人，工程院院士5人。荣誉教授2人，资深教授4人。国务院学位委员会委员1人，国务院学科

评议组成员14人。“长江学者奖励计划”特聘教授17人，讲座教授3人，国家杰出青年基金获得者22人，全国中青年突出贡献专家16人。毕业生14504人，其中，全日制研究生2533人（博士生517人、硕士生2016人），普通本科生2095人，成人教育本专科生3652人（本科生2816人、专科生836人），网络教育本专科生6224人（本科生5193人、专科生1031人），应届毕业生全员初次就业率为94.11%。其中，本科生就业率为94.48%；研究生就业率为93.39%。招生17260人，其中，全日制研究生3206人（博士生754人、硕士生2452人），普通本科生2135人，成人教育本专科生4195人（本科生2598人、专科生1597人），网络教育本专科生7724人（本科生5346人、专科生2378人）。在校生47951人，其中，全日制研究生9513人（博士生2778人、硕士生6735人），普通本科生8541人；成人教育本专科生11394人（本科生7593人、专科生3801人），网络教育本专科生18503人（本科生14943人、专科生3560人）。留学生毕业1337人，招生1356人，在校留学生1926人。图书馆为全国教育中心馆，建筑面积15523平方米，藏书361.62万册，另有电子图书35万册。学校网址：www.bnu.edu.cn。

（戴军）

【举办建立体育学科九十周年庆典】

1月6日，北师大举办体育学科建立90周年暨体育与运动学院建院5周年庆典。庆典以“回顾光辉传统，总结发展历程，展望学科前景”为主题。来自教育部、北京市政府领导以及该校教职工和学生560参加活动。1917年北京高等师范学校创设全国第一个体育专修科，开创我国最早的体育教育事业，我国最早的体育教育家、国内外知名学者袁敦礼、吴蕴瑞、马约翰、董守义、方万邦、徐超英、王耀东等人曾在北师大体育学科任教，为我国体育学科的成长壮大做出卓越贡献，培养大批优秀体育教师、教练员、管理人员和体育科研人才。2002年在原体育系和公共体育部的基础上成立体育与运动学院，由国际奥林匹克委员会执委、中国奥林匹克委员会名誉主席何振梁教授任名誉院长。学院下设体育学、运动学、体育与健康3个系；有体育人文社会学、运动人体科学、体育教育训练学和民族传统体育学4个硕士学位点和体育人文社会学博士点；2007年被批准设立体育人文社会学博士后流动站。建院五年来，体育与运动学院共承担国家级省部级课题近30项，编撰各类高等体育教材近40部，出版学术专著20余部，发表论文200多篇。庆典上，我国最早的体育教育家——1917年毕业后即从事体育教育的知名学者、北师大前任校长（1948至1949）、第一位体育系主任袁敦礼先生的子女，捐款人民币80万，设立“北京师范大学袁敦礼体育与教育奖励基金”。

（戴军）

【开展本科教学评建综合检查】 1月7至10日，北师大开展本科教学评建综合检查。为迎接教育部评估，检查各院系本科教学评建工作的进展，及时查找问题并加以整改，学校成立由校领导带队，校内评估专家、各院系负责人组成的专家组，对院系评建工作进展情况进行综合检查和工作指导。校领导分别担任专家组组长，并参加院系综合检查工作。综合检查提高全校师生对评建工作认识，促进各院系间的相互学习、交流，明确下一阶段评建工作的努力方向，为迎接教育部专家组的正式评估奠定坚实的基础。北师大一贯重视本科教学，把迎评促建工作作为2008年学校工作的重中之重，全校上下统一思想，积极准备，以最好的教学工作状态迎接教育部的评估。校领导检查时指出：评估绝不是走形式，以评促建是根本目的。搞好评建工作，关键是要全校重视。院系综合检查既是对本院系本科教学评建工作的促进，又是各院系间相互学习的过程。通过评建切实提高全校教育教学水平与教学质量，为学校的建设发展而努力。

（戴军）

【举办多媒体教学软件比赛】 1月9日，北师大首届多媒体教学软件比赛颁奖大会在该校英东学术会堂举行。本次比赛共提交参赛作品106件。比赛分多媒体演示课件和多媒体网络课程两个类别进行。5件作品获得多媒体课件组一等奖，11件作品获得二等奖。在多媒体网络课程组比赛中，3件作品获一等奖，4件作品获二等奖。信息科学与技术学院等6个单位获得优秀组织奖。一、二、三等奖获奖项目已列入学校2007年“教学改革与建设项目”，并获得2000至10000元不等的专项资助。校领导及校工会、人事处、各院系有关工作负责人、参赛选手和比赛评委近100人参加。

（戴军）

【举行汤璪真诞辰110周年纪念活动】

1月12日，北师大举办纪念汤璪真诞辰110周年暨汤璪真文集首发式。纪念会回顾汤璪真教授生平、在北师大任教时经历以及他在数学领域的卓越建树；介绍汤璪真教授文集的成书经过。汤璪真教授家属代表汤湘森、教师代表王世强以及学生代表先后发言。北师大几位前任校长王梓坤、方福康、陆善镇和校出版集团、数学科学学院领导及汤璪真教授家属在内的300名师生参加。汤璪真，号孟林，1898年2月3日生于湖南省湘潭县，15岁考进长沙红光师范学校，1915年考入北京高等师范学校数理部。1919年高师毕业后在北京女子高等师范学校任教，1920年至1923年在北京大学兼课。大学3年级时著《级积论》，1919年由高师出版。是早期成名之作。1923年底经选拔被派往德国，先后在柏林大学和哥廷根大学从事数学研究。1926年回国任国立武昌大学教授。1948年9月，任北平师范学院教授兼教务长。1948 年底任代理校长。1951 年 10 月 9 日在北京病逝。

（戴 军）

【脑成像中心揭牌】 1 月 16 日，北

师大脑成像中心举行揭牌仪式。脑成像中心（BNU Imaging Center for Brain Research，BICBR）是以大型科研设备 Siemens MAGNETOM Trio，a Tim System（全景成像矩阵技术系统）为核心组建的脑与认知科学研究中心、磁共振技术的研发中心和人才培训中心。该中心以北师大认知神经科学与学习国家重点实验室为依托，在北师大、科技部和教育部的支持下组建，并向国内外研究者开放，以推动我国的认知神经科学与磁共振物理学的发展。中心自 2007 年 5 月 1 日开始试运行，已经为近 40 个受科技部“973”计划、“863”计划和国家基金委等项目资助的科学研究提供扫描服务，累计扫描时间已超过 950 小时。揭牌仪式标志中心试运行阶段的结束，正式对外开放。同时，脑成像中心与西门子合作的“北京师范大学西门子磁共振数据采集与分析技术联合实验室”挂牌成立。该实验室借助西门子在磁共振领域硬件和软件开发实力，结合“认知神经科学与学习国家重点实验室”的丰富的认知神经心理学研究经验，与西门子进行联合，实现优势互补，推动我国认知神经科学领域的发展。

（戴 军）

【资产经营有限责任公司取得企业法人资格】 1 月，北师大资产经营有限责任公司正式取得工商部门核发的企业法人营业执照。该公司工商注册工作已于 2007 年 12 月 28 日完成。根据《教育部关于积极发展、规范管理高校科技产业的指导意见》和《教育部关于高校产业规范化建设中组建高校资产经营公司的若干意见》规定，北师大进行资产经营有限责任公司的组建工作。学校是公司的唯一出资人，享有出资人权利，履行出资人义务。公司以学校投入的全部国有经营性资产作为法人资产，从事资产经营与管理，承担国有资产保值增值责任。资产经营公司实行独立核算，自主经营，自负盈亏，独立承担经济和民事责任。以其投入的资产控股、参股下属企业，并对这些企业行使投资股东的权利。建资产经营公司，建立以产权为纽带的新型校办产业管理体制和运营机制是校办产业规范化建设的主要内容和关键环节。该校校办企业在资产公司的领导下进一步开展校办企业清产核资、全资企业改制、清理冠名权等项工作，完成校办产业规范化建设的各项工作任务。

（戴 军）

【刘利民看望北师大寒假留校生】 2 月 3 日，刘利民到北师大看望寒假留校学生。座谈会上，留校学生代表分别介绍寒假在校期间学习生活情况。在听取校领导和学生介绍后，刘利民指出希望留校学生度过一个愉快的假期，以饱满的热情投入学习中去。

（戴 军）

【设立北京新世界百货助学金】 3 月 1 日，北师大设立北京新世界百货助学金。该奖学金由新世界彩旋百货有限公司出资 200 万元设立，捐助款分期二十年支付，每年支付十万元人民币，资助五名本科新生，原则上将连续捐助每位学生四年。受资助对象应为北师大在读的、因家庭经济特别困难，难以完成学业且品学兼优的全日制本科新生。

（戴 军）

【举办朱智贤诞辰 100 周年纪念暨心理学科建设研讨会】 3 月 1 至 2 日，

北师大举办朱智贤教授诞辰 100 周年纪念大会暨心理学科建设研讨会。会议回忆朱老在北师大的工作、带给师生们的影响以及朱老对北师大心理学乃至全国的儿童心理学事业所做的贡献，纪念大会还向十位在心理学研究方面取得优秀成果的心理学工作者颁发第三届朱智贤心理学奖。朱智贤，字伯愚，心理学家。1908 年 12 月 31 日出生于江苏赣榆县城，1928 年毕业于江苏省第八师范学校；留附属小学任教；在师范学习期间出版处女作《小学历史教学法》以及《小学课程研究》、《儿童自治概论》等书，并发表论文 20 多篇。1930 年被保送南京中央大学教育系深造，发表和出版多种论文和专著，1936 年春赴日留学，1937 年抗战爆发，放弃学位回国。1938 年后在江苏教育学院、四川教育学院和广东中山大学任教，1947 年经党组织安排到香港达德学院任教授兼教务长。新中国成立后，任人民教育出版社副总编辑、北师大教育系、心理系教授，系副主任，发展心理研究所所长，中国教育学会副会长。朱智贤系统地探索儿童心理发展的基本理论问题，奠定中国儿童心理学的理论基石，其专著《儿童心理学》也确立中国儿童心理学的学科体系。在儿童心理学学科建立与发展、心理学人才培养方面做出卓越贡献。1991 年 3 月 5 日在北京逝世，终年 82 岁。

（戴 军）

【获准招收首批 MBA 专业学位学员】 3 月 14 日，北师大招收首届 MBA 专业学位学生。该校 MBA 采取周末集中授课教学方式，开设经济学、管理信息系统、组织行为学等 17 门课程，学制 3 年，毕业合格授予工商管理硕士学位。9 月，该校首批招生 43 人。

（戴 军）

【阳安江赴北师大调研】 3 月 18 日，北京市政协主席阳安江一行到北师大调研。在听取学校汇报后，阳安江在听取委员们的发言后，高度肯定该校政协委员在参政议政、科研教学、学校发展、构建和谐校园等方面发挥的积极作用，鼓励委员们在做好本职工作的同时，积极参与政协工作，为北京市的建设做出新的贡献。座谈会后，阳安江一行在北师大相关领导陪同下参观该校生命科学学院。

（戴 军）

【成立中德生命科学技术中心】 3 月 19 日，北师大成立“京师—蔡司中德

生命科学技术中心”。该中心由该校与德国蔡司公司合作成立，开展细胞生物学领域研究，有科研人员 12 人，其中，高级职称 6 人。

（戴军）

【与金泽大学合作培养双学位研究生】

3 月 27 至 31 日，北师大与日本金泽大学大学院签订合作培养双学位研究生协议。该校参与该项目的教学单位有汉语文化学院和外国语言文学学院日语系。按照协议，参与此项目的学生在学期间可到对方留学一年。学生修读完规定的学分和分别完成两校的学位论文，可同时拿到该校和日本金泽大学硕士学位。这是该校首次与海外大学合作培养双学位研究生。

（戴军）

【获得捐赠 200 万元】 3 月 31 日，北师大获得江苏通鼎集团捐赠 200 万元。该捐款将用于北师大建设发展及基础教育。通鼎集团始建于 1999 年，是一家专业从事通信电缆、光缆、数据电缆以及信息工程材料、光电辅助材料的生产制造及工程设计、施工、技术咨询服务的综合性民营企业。

（戴军）

【采取培训就业联络员方式创新就业指导】 3 月，北师大采取培训就业联络员方式穿心就业指导。该校学生就业指导中心从各院系所招聘 22 名大局意识强、团队意识强的党员作为毕业生就业工作学生联络员，此次招聘的学生工作联络员多数为本科四年级学生，毕业后继续在本校读研，一年以内不允许调换，经过培训后可工作较长时间，保证工作的稳定性。他们在学生就业指导中心负责老师的指导下，加强与院系所负责老师的联系，协助做好招聘接待、校内联络、毕业生信息核对等工作。招聘学生做就业工作联络员，一方面是学生就业指导工作模式的延伸，打破学生就业指导工作都一直延续'校领导＋学生就业指导中心＋院系所领导'的模式，建立一支学生工作队伍，负责事务性工作，把老师解脱出来更好地做职业生涯规划和就业指导等工作。另一方面，通过学生了解情况，覆盖面比较广，信息快捷并更加准确，做到全、快、准。学生就业指导中心将毕业生名单发给联络员，核对信息之后，跟踪了解每个毕业生的就业状态和之后的每一步进展。就业指导中心的这一举措，也改变其自身的作风和职能，逐渐向服务型部门转变。

（戴军）

【与陕西延长石油集团签订合作协议】 4 月 20 日，北师大与陕西延长石油集团在西安正式签订“陕西风沙科学与技术试验站建设的合作协议”。该试验站是“地表过程与资源生态国家重点实验室”的一个重要野外基地，试验站的建设对促进陕北毛乌素沙地的治理、改善当地生态环境质量、减轻沙尘对京津大气环境的影响具有重要意义。

（戴军）

【举办首届师范生“三心、三小”社会实践成果展暨经验交流会】 4 月 23 日，北师大举办首届师范生寒假“三心、三小”社会实践成果展示暨经验交流会。来自各院系的师范生代表展示自己的实践成果，介绍实践过程中的经验及体会，并对调查中发现的问题提出自己的思考。来自文学院、教育学院、哲学与社会学学院的专业教师对展示成果进行点评，鼓励师范生肩负起振兴家乡基础教育的重任。活动收到 400 篇“三心、三小”社会实践报告。这些实践报告建立在师范生对家乡基础教育认真细致的调研基础之上，不仅提供反映我国基础教育现状的一手资料，而且展示当代大学生勤于思考、关注社会的精神风貌，以及师范生情系家乡、心怀教育的责任意识。该校首批免费师范生“三心、三小”社会实践活动于 1 月 16 日开始，2 月结束。所谓“三心、三小”是指免费师范生寒假回到家乡开展小调查、小助学、小议政活动（简称“三小”），进而向社会表达和传递免费师范生的爱心、责任心和感恩心（简称“三心”）。

（戴军）

【成立核科学与技术学院】 5 月 6 日，北师大成立核科学与技术学院。该院隶属学校，有部级重点实验室 1 个，开展多层次教学研究活动，有博士学位授权点 4 个，硕士学位授权点 6 个，开设本科专业 1 个。有教职工 56 人，其中，专任教师 42 人。在学学生 142 人。

（戴军）

【认知神经科学与学习国家重点实验室通过验收】 5 月 20 日，北师大认知神经科学与学习国家重点实验室通过科技部验收。专家组听取汇报、现场考察实验室，并与实验室人员及学校相关部门管理人员进行座谈，一致同意通过验收。认知神经科学与学习国家重点实验室是科技部 2005 年正式批准立项建设的 22 个国家重点实验室之一。建设期间，实验室本着“边建设、边研究、边开放”的原则，通过公开招聘、积极培养与引进人才等措施，建成一支高效精干、结构合理、多学科交叉的高水平研究团队；实验室新建脑功能成像数据收集平台与神经细胞电生理数据收集平台，购置和改造一批大型仪器设备，满足实验室科学研究开展的需求，并在管理机制创新、开放交流、科学研究等方面均取得明显进展。

（戴军）

【召开“211 工程”三期项目建设方案论证会】 6 月 10 日，北师大召开

“211 工程”三期项目建设方案论证会。会议分文、理两组，对拟申报“211 工程”三期的重点学科建设项目、队伍建设项目、人才培养项目、校内公共服务体系项目的建设方案进行论证。会议听取各建设项目负责人对建设方案汇报，并逐一进行评议，就项目建设目标、建设任务、预期成效、经费预算等方面提出明确修改意见。会议要求，进一步修改完善项目建设方案，在建设目标上要瞄准学科

国际前沿和国家重大需求，体现学科优势和标志性成果，提升学科整体实力；在建设内容上要全面考虑学科建设各个方面的工作，加强对队伍建设和创新人才培养的规划；在建设措施上要建立完善管理机制，确保建设计划的顺利完成。

（戴军）

【开展新课程研究项目】 6月16日，北师大与惠普公司“手持技术与中学数学新课程整合合作研究”签字仪式在该校英东学术会堂举行。该项目计划于2008至2011年，在全国不同地区80所学校开展实验研究，把图形计算器应用于数学教学全过程。其主要目是研究惠普手持技术与中国基础教育高中阶段数学科目新课程整合，为新课程推广提供理论依据和实践指导材料，落实新课程关于“信息技术与课程整合”的理念。

（戴军）

【制作灾后心理创伤干预指导网络课程】 6月，北师大继续教育与教师培训学院编辑完成“灾后心理创伤干预指导”资料汇编（网络版）并免费向社会开放。该资料汇编分“危机与干预——地震后如何实施心理救援”和“心理咨询相关知识”两部分，课程既具有理论知识，也具有较强的针对性和实用性，旨在帮助心理咨询人员熟悉和掌握心理干预的基本知识和一定的实际操作能力，由该校心理学院曾赴四川灾区从事心理咨询指导和救助工作的两位心理咨询专家主讲。课程在该校网络教育平台上免费向公众开放，并在中国远程与继续教育网、教育部网站和其他大型网站进行推广宣传，供从事心理救助的相关人员尤其是灾区民众、中小学师生及网络教育师生员工免费使用。同时，该校向灾区公益性的心理咨询机构免费赠送课程资源光盘版。

（戴军）

【研发中文智能化综合灾害信息检索平台】 6月，北师大信息科学与技术学院研发中文智能化综合灾害信息检索平台。搜索引擎支持新浪网、搜狐网、新华网等上千家国内外主要网络站点，是目前数据量最大的中文综合灾害信息搜索引擎。该平台已先后试用于2008年初的中国南方雪灾、5月的四川汶川地震的灾后信息分析，研发结合实践不断得到完善。

（戴军）

【启动巨灾管理工程】 7月27日，北师大和香港大学在成都联合启动“巨灾管理工程”计划项目。该项计划是内地及香港首个巨灾管理计划。计划汇聚两所大学的专长，立足中国，面向国际，整合国内外顶尖专家，就巨灾管理的各环节，包括教育、康复、重建、就业等范畴，尤其是在政策制定和实施层面，做出应对行动，并进行相关政策研究和试点建设。两所大学期望通过不同范畴的协作项目，汇聚与建构巨灾管理的全面知识平台，积极为巨灾防范和应对提供决策支持，并系统总结中国巨灾管理经验，为中国内地乃至全球未来的减灾与巨灾应对计划作出重要的知识贡献。项目初期工作包括灾区重建规划的行动援助、科学研究与政策建议、国际对话与经验交流、人才培养与能力建设四个方面。项目还将在灾区开展一系列科学研究，为灾后恢复重建提供相关政策建议。该计划建立“地理信息系统”，以便收集、分析、存储及管理资源，帮助灾区各地更科学合理地分配和使用资源。该计划还针对教育、卫生等公共服务领域制定恢复重建规划研究，通过试点与规划研究把可持续发展的理念融入灾后的生产和生活恢复中，同时积极推动社会关注灾区，并动员公众支援重建。

（戴军）

【聘任郎平为名誉教授】 8月18日，北师大聘任郎平为名誉教授。郎平曾是我国著名的女子排球运动员和教练员，也是北师大校友。郎平表示，她将在奥运会后专程回母校和师生一起交流，并会为母校的发展作出自己应有的贡献。

（戴军）

【举办免费师范生教育改革研讨会】 9月10日，北师大教育学院举办免费师范生培养改革研讨会。教育部师范司对师范生免费教育政策做详细全面解读并耐心解答师范生继续教育和职业发展等相关问题。北师大教务处介绍学校免费师范生培养方案及创新举措，教育学院介绍学院师范生导师制的相关情况。师生代表对师范生培养方案和措施提出意见和建议。该校教育学院于2005年实行本科生导师制实验。学生进入大学三年级，具备一定学科基础后，经双向选择配备导师。此举旨在提高本科生教育质量，大力培养本科生科研创新能力，实行3年来效果明显。为支持国家政策，全面提升免费师范生素质，教育学院准备为2008级入学的每位免费师范生配备导师。

（戴军）

【曹卫东获德国“文学之家—德嘉银行奖”】 9月18日，北师大曹卫东教授获得2008年度德国“文学之家—德嘉银行奖”。“文学之家—德嘉银行奖”自2004年设立，每年2.5万欧元奖金由德嘉银行赞助。获奖者为对传播德国文学和科学做出重要贡献的国外翻译家，该奖项已是连续第五届评选。曹卫东毕业于北京大学，曾在法兰克福大学深造两年，现为北师大文学院教授。在过去十几年中，他翻译大量的德国“法兰克福学派”的学术著作，特别以翻译哈贝马斯的著作知名。他由于“将哈贝马斯的哲学理念带到中国，将整个法兰克福学派介绍到中国”而荣获该奖项。

（戴军）

【举行邱季端体育馆开馆仪式】 9月

20日，北师大举办邱季端体育馆开馆暨首个师生健身日活动启动仪式。该馆由该校中文系67届校友、香港著名实业家邱季端先生捐资2000万元资助建设。启动仪式上，师生代表共同宣读健身活动倡议书，号召全校师生积极参加体育锻炼，共创文明和谐校园。仪式结束后，校领导、到场嘉宾、师生代表参加篮球、排球、乒乓球、游泳、瑜伽、跆拳道等体育活动。此前，该体育馆圆满完成“奥运之家”的接待任务，得到美国奥运代表团的高度赞扬。

（戴军）

【召开张厚粲从教 60 周年学术研讨会】　9 月 28 日，北师大召开张厚粲从教六十周年庆典暨“心理学的传承与发展”学术研讨会。会议以学术报告形式，与会代表作“张厚粲的精神和思想对自己的影响”、“接续断裂历史与挑战”、“推断常模方法（Inferential; Norming; Method）”、“专业心理测试在企业测评中的应用现状与挑战”、“当中文语义遇到失败的句法（When Chinese semantics meets failedsyntax）”的报告。张厚粲是我国心理学的奠基者和播种者之一，也是享有世界声望的心理学前辈。1948 年，她作为当时最年轻的教师走上大学讲台。至 2008 年教师节，张先生已经在北师大及辅仁大学辛勤耕耘整整 60 年。学术研究屡获殊荣，为中国现代心理学学科建设作出卓越贡献。

（戴军）

【物理系试行本科生导师值班制】　9 月，北师大物理系试行本科生导师值班制。即每周固定时间、固定地点，由一名教师担任全体学生的“导师”，凡有问题、需要帮助的学生均可前往交流沟通。而担任“导师”的教师每周轮换，由系里责任心强、愿与学生交流的教师自愿报名参加。本科生导师值班制的实施，将极大地促进师生之间的交流，并为本科生导师制的开展探索道路，总结经验。

（戴军）

【举办顾明远从教 60 周年庆典暨教育思想学术研讨会】　10 月 11 日，北师大召开顾明远教授从教六十周年庆典暨教育思想学术研讨会。会议高度评价顾明远先生的学术成就，认为顾明远教育思想在教育改革的今天具有深远的现实意义。研讨会上收到 26 篇专家论文。顾明远先生是中国教育学会会长、享有很高国际知名度的教育学家、新中国比较教育学科的奠基人，为我国比较教育学科的发展培养大批人才，并且在教育科学诸多领域均有建树。为表彰顾明远先生在推动比较教育学科发展及促进中美教育学术交流的杰出贡献，美国哥伦比亚大学师范学院日前授予顾明远先生荣誉教授。这是该所大学首次把这一职衔授予中国教育学者。

（戴军）

【召开当代世界文学与中国国际学术研讨会】　10月16日，北师大文学院

与美国《当代世界文学》杂志联合主办“当代世界文学与中国”国际学术研讨会。会议以“当代世界文学的发展现状及中国文学如何走向世界”为主题，研讨全球化语境下当代世界文学与中国当代文学发展。来自中、美、德等国专家学者、作家诗人 160 人参加会议。

（戴军）

【举办教育学博士生学术论坛】　10月

23 日，北师大承办 2008 年全国博士生学术论坛（教育学）。论坛持续 3 天，共设 9 个分论坛，覆盖学前教育、基础教育、高等教育、职业教育和终身教育等多个领域，探讨教育研究的前沿动态和热点问题，20 位知名教育学专家对参与交流的论文现场点评。学术论坛的顺利召开为博士生提供一个探讨学术、交流思想的平台。论坛共收到来自全国 44 所高校 280 余篇论文。共有全国各高校和研究生培养机构 127 位博士生代表参会。

（戴军）

【举办民俗文化节】　11 月 5 日，北师大举办民俗文化节。活动以“多彩的民俗文化”为主题，展示兔儿爷、空竹、风筝、九连环、七巧板等物品，民俗学社举办民俗表演、品尝民间小吃等活动。该校师生 800 人参加活动。

（戴军）

【召开教育国际研讨会】　11 月 11 日，北师大和伦敦大学教育学院（IOE）联合主办的“第二届教育国际学术研讨会——学习型社会的领导力”在北师大英东会堂召开。研讨会以“学习型社会的领导力”为主题，研讨“道德领导力和公民化社会、构建可持续的学习社群、领导城市学校和教育领导者的培养”四个论题。世界 9 个国家和地区，120 位专家学者参加会议。

（戴军）

【召开中日教师教育研讨会】　11 月 19 至 20 日，北师大与日本鸣门教育大学在北师大联合举办“第三届中日教师教育研讨会”。研讨会以“实践中的教师专业发展”为主题。会上，教育部师范司领导从政策的角度，介绍中国近三十年来在加强和改革教师教育领域所提出的一系列举措，如实施日益开放的教师教育体系、多样化的教师教育模式、教师培养与培训一体化等，特别是为提高农村教师质量，中国政府实施免费师范生教育、农村教师特岗计划、教育硕士等积极措施，为提高农村义务教育质量，促进教育公平具有重要意义。日本鸣门教育大学高桥启校长介绍日本教师培养与培训的现状与面临的课题，特别是在社会急剧变化中，涉及学校与孩子们的教育界出现各种各样应解决的课题与问题。高桥启校长指出，这需要重新严格思考学校教育、在校教师的应有状态及其指导力，特别是培养能适当地应对围绕教育的诸多课题、具备更高的专业水平与宽大人格、社会性的有力教师。北师大庞丽娟教授从大学、中小学与政府的不同层面出发，探讨三方力量的有力合作是提高教师教育质量的突破口。日本 7 所高校的 40 位日本学者和国内各地学者共计 90 人参会。

（戴军）

【获全国城市节水工作示范校园称号】　12 月 4 日，北师大在全国高校节水工作经验展评会议上获得“2008 年全国城市节水工作示范校园”称号。本次会议由中国城镇供水排水协会节水工作委员会在青岛召开，共有 92 所高校作为各省市选派的优秀代表参加展评，该校获“2008 年全国城市节水工作示范校园”称号。北师大被北京市人民政府授予“2007 年度北京市节约

用水先进单位”荣誉称号，这也是该校连续第十六次被授予此称号。2007年，北京市给该校下达用水定额150万立方米，实际用水量105万立方米，使用中水14万立方米，全年共节约用水45万立方米，节约水费支出200万元。

（戴军）

【获国际艺术家音乐比赛大奖】 12月6日，北师大艺术与传媒学院汪莉副教授的三名学生于振东、林天骥、刘媛分别获得在香港演艺学院音乐厅举行的“国际艺术家音乐比赛”金、银、铜三项大奖。大赛评委会邀请来自美国大都会歌剧院前音乐总监 Arturo Callegari，加拿大的多伦多音乐学院院长著名指挥家 William Shookhoff，多伦多音乐学院院长 Colin Yip 等；及中国著名声乐教育家、歌唱家郭淑珍、孟玲、宋一等人参加。三名学生在汪莉老师指导下，刻苦训练，为比赛做充分准备，终于夺得该比赛三项大奖。

（戴军）

【召开“211工程”三期创新人才培养和队伍建设计划项目论证会】 12月8日，北师大召开“211工程”三期创新人才培养和队伍建设计划项目细化论证会。主管副校长葛剑平及“211工程”三期重点学科建设项目的负责人和相关职能部门共20余人参会。会上，研究生院和人事处先后从指导思想、建设目标、建设任务、具体措施、预期成效、建设资金预算及主要用途等方面对“211工程”三期创新人才培养项目和师资队伍建设项目进行汇报。各“211工程”三期重点学科建设项目的负责人分别就研究生教学实验室的建设、研究生的课程改革、博士生创新能力的培养、高层次人才团队建设和青年骨干教师的培养等普遍关心的问题进行广泛深入的交流和研讨。

（戴军）

【成立全球变化与地球系统科学研究院】 12月15日，北师大成立全球变化与地球系统科学研究院。研究院是学校独立建制的实体性研究机构，也是全国第一家进行全球变化与地球系统科学研究生培养单位。研究院将在人类活动和全球变化的相互影响机

制、地球系统模式、全球变化研究中的地球观测数据同化与应用、全球变化经济学等四大领域开展研究。研究院采取全新的组织模式和运行机制。研究院组织管理体系由理事会、科学指导委员会、院务委员会组成。理事会是研究院的最高决策机构；科学指导委员会是研究院的队伍建设、科学研究、研究成果的评估与咨询机构；院务委员会是研究院日常工作的执行管理机构。研究院实行理事会领导下的院长负责制和首席科学家领导下的项目团队科学研究组织构架。首任理事长为刘川生，首任科学指导委员会主任为徐冠华院士。研究院设立10个科研创新团队和若干客座研究员，面向全球招聘。

（戴军）

【成立珠海研究院】 12月16日，北师大成立珠海研究院。该院隶属北师大，有教学科研人员470名。成立大会上，珠海研究院与珠海国家高新技术产业开发区等七个单位签订学产研合作协议。

（戴军）

【举办信息学科建立50周年庆祝大会】 12月28日，北师大举办信息学科建立50周年暨信息科学与技术学院成立10周年庆祝大会。北师大信息学科始建于1958年。半个世纪以来，培养一大批信息学科的优秀人才，为我国信息学科发展和信息化建设做出突出贡献。中国工程院汪成为院士、凌永顺院士、刘尚合院士，是该校培养的信息学科人才的杰出代表。信息科学与技术学院自1998年建立以来，承担多项国家级和省部级科研项目，2007年获准建设虚拟现实应用教育部工程研究中心。

（戴军）

【举办章太炎诞辰140周年纪念会】 12月28日，北师大民俗典籍文字研究中心、北师大文学院和中华书局联合举办章太炎先生诞辰140周年纪念会暨《章太炎〈说文解字〉授课笔记》发布会。中华书局推出由著名语言文字学家王宁整理《章太炎〈说文解字〉授课笔记》。20世纪80年代，章太炎后代委托章太炎再传弟子北师大著名学者陆宗达教授整理这批笔记，陆教授逝世以后，他的弟子王宁教授继续承担这一工作。该笔记内容艰深、字迹潦草，整理与出版工作持续10年，2008年得以在中华书局出版，距章太炎讲授《说文解字》整整100年。章太炎是清末民初民主革命家、思想家、著名学者。研究领域涉及语言文字学、历史学、哲学、政治学等，是近现代中国首屈一指国学大师，而其学术根底在于中国传统学术中“小学”。完成革命和推广国学一直是他所毕生追求的双重理想。1908年，章太炎在日本东京为留学生开设讲座，讲授《说文解字》、《尔雅》、《庄子》等，同年7月又为鲁迅、周作人、钱玄同、朱希祖、许寿裳等单独开设一班，讲授《说文解字》。这批学生日后或成为新文化运动的先锋主将，或成为弘扬国学的知名学者，其中鲁迅、钱玄同、朱希祖等人的课堂笔记保留至今。

（戴军）

首都师范大学

党委书记 张雪
校　　长 刘新成

【概　况】 2008年，首都师范大学占地面积1249624.5平方米，建筑面积777168平方米。固定资产197800万元，其中教科仪器设备资产值44542.94万元。全年教育经费投入85692万元，其中，国家拨款68130万元，自筹经费17562万元。设有8个校区，20个院（系、部）；开设本科专业48个，覆盖9个学科门类；具有博士学位授权一级学科3个，博士学位授权点41个，硕士学位授权点数110个，专业学位授权点3个；博士后流动站8个，其中，博士后研究人员出站20人、进站25人，在站

58人。有国家重点学科4个，北京市重点学科28个，省部共建教育部重点实验室2个，北京市重点实验室4个；教职工2450人，其中专任教师1237人，包括教授239人，副教授428人；博士生导师156人，硕士生导师444人，双聘院士5人。有“长江学者奖励计划”特聘教授2人、国家有突出贡献专家1人、享受政府特殊津贴专家25人。外籍教师20人，其中教授1人，副教授5人。毕业生7739人，其中，学历教育学生中全日制研究生1187人（博士生88人、硕士生1099人），普通本科生2733人，成人教育本专科生3469人（本科生1897人、专科生1572人）；非计划招生高等教育学生中在职人员攻读硕士学位350人。本科毕业生就业率99.12%。招生8458人，其中，学历教育学生中全日制研究生1343人（博士生120人、硕士生1223人），普通本科生2582人，成人教育本专科生4151人（本科生2240人、专科生1911人）；非计划招生高等教育学生中在职人员攻读硕士学位382人。高考北京地区提档线第一批文科520分，理科503分；第二批文科497分，理科466分。在校生26994人，其中，学历教育学生中全日制研究生4067人（博士生394人、硕士生3673人），普通本科生10454人，成人教育本专科生11060人（本科生6164人、专科生4896人）；非计划招生高等教育学生中在职人员攻读硕士学位1413人。留学生毕业65人，招生1056人，在校生2050人。图书馆建筑面积26743平方米，图书馆藏书总额484.0611万册。学校网址：www.cnu.edu.cn。

（王晓素）

【提出发展新理念】　2月22日，首师大在2007至2008学年第二学期中层干部会提出学校发展十六字理念。该理念是“解放思想、改革创新、奋发有为、追求特色”。其中，“解放思想”是要解决发展的思想问题，树立高远目标，开阔规划思路；“改革创新”是要解决发展的制度建设问题；“奋发有为”是要解决发展的行为方式问题；“追求特色”是解决发展的策略问题，明确定位，强调特色。同时，会上还提出13项当前学校发展需要解决的关键性问题和破解难题，包括教师教育创新与师范生人才培养模式改革研究；如何利用综合大学优势，加强交叉学科建设的研究；提升为基础教育服务水平，促进教育均衡、教育公平问题的研究；高层次人才队伍建设研究；青年教师培养和激励机制研究；中层干部队伍使用与培养、考核与监督、激励与约束机制问题的研究；考核与职称标准如何真正体现师德的要求与教学贡献力问题的研究；科研管理体制问题的研究；进一步提高博士生培养质量问题的研究；校内教学及实验室公有房屋资源整合问题研究；院系办学空间需求调研和调整方案；青年教师住房问题研究；按照学科专业特点拨款投入问题研究。

（王晓素）

【两项研究成果填补科研空白】　2月26和29日，首师大两项高水平研究成果填补该校两项科研空白。其中，2月26日，该校生命科学学院李乐攻教授以首师大为第一完成单位和第一作者身份在国际著名学术刊物《美国国家科学院院刊》（PNAS，2008，105：2871—2876）在线发表题为《单个氨基酸残基偶联突变改变植物钾离子通道的整流方向》研究论文，填补该校在国际著名学术刊物第一完成单位和第一作者身份的空白。2月29日，该校数学科学学院刘兆理教授凭借研究成果“临界点理论中的流不变集与椭圆形方程的解”，荣获教育部高等学校科学技术奖自然科学二等奖，填补该校以第一完成单位获得教育部高等学校科学技术奖空白。

（王晓素）

【三人获博士后科研基金资助】　2月29日，首师大3名博士后人员获中国博士后科学基金会资助。其中，资源环境与旅游学院王艳慧获一等资助金，资助金额5万元人民币，历史学院后晓荣、书法文化研究院陈谷香获二等资助金，资助金额每人3万元人民币。

（王晓素）

【启动热线心理咨询项目】　3月15日，首师大启动热线心理咨询项目。启动该项目旨在普及心理咨询，让更多的学生了解心理咨询；为学生提供方便、快捷的心理咨询服务；及时发掘学生潜在的心理危机，扩大接受心理咨询的学生范围。该项目从4月开始免费为全校学生提供热线咨询。心理咨询员均为接受过专业培训和督导的心理系、社工系高年级本科生、研究生。

（王晓素）

【确定首批特色专业建设项目】　3月27日，首师大确定首批特色专业建设项目。分别是汉语言文学、地理学、心理学、俄语语言文学、社会工作、计算机科学与技术、日语语言文学、化学8个专业。该校于1月3日，实施《首都师范大学特色专业建设办法（试行）》，正式启动特色专业建设。特色专业建设旨在加强专业建设的分类指导与组织，明确专业定位与目标，凸显专业特色与优势；强调专业建设观念的更新、符合经济社会发展需要的课程体系构建、人才培养模式的完善以及优秀团队的建设。特色专业建设周期为3年，期间按规定接受阶段性检查和终期评估验收。

（王晓素）

【召开交叉学科发展座谈会】　4月2日，首师大召开交叉学科发展座谈会。会议以“促进交叉学科发展，优化科研体制”为主题。与会人员就推进观念的交叉，积极寻求不同学科领域的交叉与融合；以学科发展需求为出发点，建立学科交叉的长效机制；推进项目的交叉，将学科交叉落到实处；推进科研管理体制和评价体系的改革等问题达成共识。该校相关部门负责人等30人参加座谈会。

（王晓素）

【完成首批青年教师教学研究项目评审】　4月3日，首师大完成首批教师教学研究项目评审。该校共有《案例式教学在教育经济学课程中的应用》、《公共事业管理专业探究式学习的理论与实践》等42个项目获得批准。1月3日，该校启动青年教师教学研究项目。该项目旨在充分调动广大青年教师投身教学改革，为青年教师从事教学研究创造有利条件。立项范围包括教育思想、人才培养模式研究，课程体系改革、教学内容、教学方法、教学手段的研究，探究式教学理论与实践的研究，教学管理手段、教书育人的实践研究与探索等。项目申请人须具有讲师及以上职称或具有博士学位、年龄在35岁（含）以下。

（王晓素）

【与联合国教科文组织签订合作协议】 4月12日，首师大三维信息获取与应用教育部重点实验室和联合国教科文组织（UNESCO）水与粮食安全国际中心签署科学合作协议。协议确定双方长期的科研合作伙伴关系，并将在建立长期监测网络、联合申请国际合作项目、开展科研人员培训和国际学生交流等方面开展合作。

（王晓素）

【启动顺义区优秀骨干教师培养项目】 5月10日，首师大与顺义区教委合作推进“优秀骨干教师培养”项目正式启动。“优秀骨干教师培养”采取“双导师制”，即首师大教师与中学特级教师共同指导顺义区骨干教师。此次“优秀骨干教师培养”计划中共有23位骨干教师接受指导，所涉及的学科包括语文、数学、英语、物理、化学、生物、历史、政治等。“优质骨干教师培养”和“优质学校建设”合称“双优工程”。

（王晓素）

【一中心获“全国工人先锋号”荣誉称号】 5月22日，首师大资源环境与旅游学院地理科学与技术试验中心被全国总工会授予“全国工人先锋号”荣誉称号。该中心成立于2001年，隶属首师大资源环境与旅游学院，开展地理科学与技术领域教育研究，2007年入选国家级实验教学示范中心。现有科研人员62人，其中高级职务34人。

（王晓素）

【召开改革发展研讨会】 5月28至

30日，首师大召开2008年改革发展研讨会。会议研讨学校改革发展需要破解的13个难题；听取《学习贯彻党的十七大精神、促进高等教育健康持续发展》的报告；13个课题组汇报赴湘鄂闽川十校和苏沪粤六校的调研情况；8个院系代表交流院系发展经验；分组研讨学校提出十六字办学理念、九个方面办学观念。全体校领导和中层干部200人出席会议。

（王晓素　郝和平）

【完成本科生科学研究与创业行项目评审】 6月4日，首师大完成首批本科生科学研究与创业行项目评审工作。该校共有82个项目申报，其中《民国学术人才成长条件研究》、《食品快速无损检测及质量监测》等58个项目通过立项审核。4月22日，该项目启动，启动该项目旨在帮助学生从本科阶段起获得科学研究与发明创造的初步训练，增加实践教学的比重，推广研究型学习和个性化培养，全面形成创新教育的氛围，积极推进人才培养模式改革。项目分为指南项目和自选项目两类，鼓励学生跨院系、跨专业组建项目组开展合作研究。项目结题验收合格后，项目组成员将获得学分奖励和在校外访学活动中被优先选派的资格。

（王晓素）

【成立首都新农村社会与文化建设研究中心】 6月15日，首师大成立首

都新农村社会与文化建设研究中心。中心将依托该校社会学、经济学、政治学、伦理学、教育学、北京史、文化产业、资源环境以及旅游管理等学科优势，以首都新农村社会和谐与文化建设研究为中心，以新农村建设的战略、道路和政策研究为重点，推广首都新农村建设研究成果，为政府决策服务，为京郊农村服务。中心将主要承担课题研究、技术转移、教育培训、举办创新发展论坛等任务。

（王晓素　郝和平）

【欧阳中石荣获“北京市人民教师”称号】 9月10日，首师大欧阳中石被市委教育工委、市教委、市人事局、市财政局、市教育工会授予“北京市人民教师”称号。这一奖项是目前北京市教师最高荣誉奖。欧阳中石，1928年9月出生，教授、博士生导师；首师大中国书法文化研究院名誉院长、中央文史馆馆员、四届全国政协委员和两届北京市政协委员，曾获“全国模范教师”等荣誉称号；当代著名人文学者，对逻辑学和书法学有深入的研究，由他编著的数本专著和教材已成为书法学和逻辑学领域具有代表性的学术成果；主持创办首师大书法专业，在书法艺术界享有很高的社会声誉。

（王晓素）

【选聘研究生朋辈指导顾问】 9月18日，首师大启动研究生朋辈指导顾问工作。该校共聘任104位优秀博士、硕士研究生成为“研究生朋辈指导顾问”。受聘后，他们将为新入学研究生提供生活指导、学业指导、心理辅导、职业发展指导和情感支持。

（王晓素）

【与明尼苏达大学合作建立孔子学院】 9月19日，首师大与美国明尼苏达大学合作建立孔子学院。该学院将致力于开展汉语教学和中国文化推广活动，课程设置对全美中文教师开放，并重点为明尼苏达大学中文教师提供培训资助。这是美国明尼苏达州第一所孔子学院，也是首师大继2007年9月与俄罗斯圣彼得堡国立大学合作建立孔子学院之后，在境外合作成立的第二所孔子学院。

（王晓素）

【举办北京市“211工程”三期建设方案论证会】 9月26日，首师大举办

北京市“211工程”三期建设方案论证会。论证会听取《首都师范大学“211工程”三期建设方案》汇报，总结学校“211工程”建设已取得的成效和存在的问题，阐述“211工程”

三期建设指导思想，明确三期建设的总体目标、主要任务和具体措施，展望三期建设的预期成效。出席会议的北京市发改委、市财政局和市教委领导与专家认为该校经过前两期“211工程”的建设，取得突出成绩，得到突飞猛进的发展；三期建设方案目标明确，定位准确；市发改委、市财政局和市教委将支持该校进行“211工程”三期建设。

（王晓素　郝和平）

【一篇论文入选全国百篇优秀博士论文】　9月，首师大一篇论文入选全国百篇优秀博士论文。历史学院郝春文教授指导的博士生游自勇的博士论文《天道人妖：中古〈五行志〉的怪异世界》入选2008年全国百篇优秀博士论文，名列历史学科第一，实现该校百篇优秀博士论文零的突破。另有2篇博士论文入选北京市优秀博士论文。

（王晓素）

【举办教师专业发展论坛】　10月17

至18日，首师大举办“教师专业发展：大学的责任”高层论坛。会议旨在通过师范大学责任的讨论，使师范大学有一种自觉的责任意识，把教育的责任伦理立场与大学的责任伦理立场统一起来，促进教师专业发展。论坛就中国教师教育现状与未来趋势、教师专业发展合作共同体等议题进行讨论，全面展示师范院校自20世纪90年代以后在教师教育领域的理论贡献与实践探索，论坛共收到论文42篇。全国28家高等师范院校的领导和专家参加论坛。

（王晓素　郝和平）

【刘兆理获国家杰出青年科学基金资助】　10月，首师大刘兆理教授获国家杰出青年科学基金资助。刘兆理获得期限4年、金额为140万元的资助，用以从事临界点理论及其应用的研究。这是该校获此殊荣的第一位优秀青年学者，是该校在国家最高级别人才项目中取得的重大突破。刘兆理，该校数学科学学院教授，多年来从事临界点理论及其应用的研究，发展下降流不变集方法，并将这一方法率先成功应用于非线性微分方程理论的研究，研究成果被国际上许多著名数学家引用。凭借其在临界点理论方面的出色工作，他曾经4次获得省部级自然科学和科技进步一、二等奖。

（王晓素）

【成立中国书画艺术鉴定研究中心】　11月20日，首师大与中国艺术科学研究所联合成立中国书画艺术鉴定研究中心。该中心的主要工作任务是搜集、探索艺术品的鉴定方法，积累数据、完善数据分析工作；建立文物档案数据库，科学地记录、保存当代艺术作品的数据，建立鉴定技术体系。该中心的前身是2005年4月由该校整合美术学院、中国书法文化研究院、北京市纳米光电子学重点实验室等优质资源而建成的中国字画真伪鉴定技术研究中心。该中心有科研人员12人，其中，高级职务3人。

（王晓素）

【举办校长邀你喝下午茶活动】　11月

27日，首师大举办“校长邀你喝下午茶”活动。校长邀你喝下午茶是该校首创的、一项旨在构建学校和谐软环境的活动。活动打破传统圆桌座谈的形式，搭建校长与学生交流互动的平台，旨在增进教育者与受教育者的沟通，促进学生成长和学校发展。该活动每两个月举办一次。首次活动采取面对面交流形式，探讨办学理念、学校特色、校园文化、大学生活和自身成长问题。来自该校各院（系）、专业的50名学生与校长刘新成共饮下午茶。

（王晓素　郝和平）

【举办汉字书法文化高层论坛】　11月

30日，首师大与教育部语言文字信息管理司、中国教育学会联合主办“汉字·书法·文化”高层论坛。与会专家就信息化背景下汉字的功能与价值、汉字文化与书法文化的关系、书法教育与国民素质、书法文化与国家的文化建设、书法学科建设、汉字与书法走向世界等问题进行探讨与分析。全国人大原副委员长许嘉璐，文字学家周有光，语言文字学家高明，书法教育家欧阳中石以及校内外专家学者16人参加论坛。

（王晓素　郝和平）

【举办首都知名小学校长论坛】　12月10日，首师大举办首届首都知名小学校长论坛。论坛以“学校、教师、改革、发展”为主题，邀请北大附小、崇文区前门小学、西城区奋斗小学、朝阳区芳草地小学、东城区史家胡同小学等五所北京市知名小学校长结合各自学校及教师的实际情况，探讨北京市小学教育改革与发展、我国小学教师专业化等相关问题。同时，论坛意在为小学教育专业学生搭建了解北京市小学教育改革、小学教育现状与前景、小学教师职业发展、小学生全面发展等问题的平台。

（王晓素）

【成立继续教育学院】　12月25日，首师大成立继续教育学院。该学院将坚持“立足北京，辐射全国”的指导方针，积极探索继续教育的新形式，力争建设“以成人高等学历教育为基础，以教师继续教育为特色、各类继续教育共同发展”的继续教育事业新格局。该校成人教育始于1977年，已经有31年的历史，是北京地区较早举办成人高等教育的学校之一。学校继续教育坚持“规模、质量、结构、效益”协调发展的道路，现已形成一个具有脱产、函授、夜大学、业余学习等形式的，具有本专科、专升本、高职、高教自考、继续教育（岗位教育）、职业资格证书班、研究生主要课程班以及各类长短期培训的多专业、多层次、多形式的成人与继续教育办学体系。

（王晓素）

【援建北川中学】 至年底，首师大开展援建北川中学工作。9月1日、9月30日，该校党委书记张雪先后两次赴北川中学考核，实地解北川中学具体情况；10月1日，首师大正式将北川中学确定为“首都师范大学国家级音乐教育人才培养创新模式实验区基地”，建设支援灾区教育和促进音乐人才培养的长效机制；11月18至21日，首师大赴北川中学教学调研工作组深入北川中学开展全方位的教育调研暨专业支持活动，工作组先后听课53节，组织不同层面的师生座谈会14次，访谈数十位教师，考察和分析北川中学教学和资源情况，为进一步实施支援方案做好调研支持同时开展课堂教学改革和教学资源建设等专业援助。

（王晓素）

【多名学生参加比赛获奖】 至年底，首师大学生在多项比赛中获奖。在5至9月举办的2008年第四届全国大学生嵌入式系统设计大赛中，该校信息工程学院学生王琼洁、杨丹、王佳源组成的参赛队凭参赛作品“基于ZigBee网络的无线监控系统”获三等奖；9月26日，在第五届全国研究生数学建模竞赛上，该校教育技术系参赛队荣获三等奖；11月13日至16日，在德国“My Music”音乐节上，北京大学生管乐团获最高组别第三名和组委会颁发的最高荣誉奖，双簧管声部中该院政法学院学生王林梦获最佳乐手奖。

（王晓素）

【本科教学质量与教学改革工程取得成绩】 至年底，首师大本科教学质量与教学改革工程取得成绩。该校地理学教学团队、世界近现代史教学团队被批准为国家级教学团队，实现该校国家级教学团队零的突破；地理信息系统专业被批准为国家级特色专业建设点，这是该校继数学与应用数学、小学教育、西班牙语三个专业之后，获批的第四个国家级特色专业建设点；《编排设计基础》和《新编书法教程》被评为2008年国家级精品教材；《美学》和《电路分析》两门课程被评为2008年度国家级精品课程，《中国共产党思想政治教育史》等7门课程被评为2008年度北京市精品课程，至年底，该校已有9门国家级精品课程，24门课程被评为北京市精品课程。

（王晓素）

【采取多项措施改善学校发展软环境】 至年底，首师大采取多项措施改善学校发展软环境。其中，9月3日，首师大召开中层干部会，将“改善学校发展软环境”确立为本学期工作主题，确定改善学校发展软环境的工作重点是“坚持以中国特色社会主义理论体系进行思想引领；树立以人为本的理念；积极营造崇尚学术、鼓励创新、公平公正、包容和谐的氛围；加强学术规范道德建设”；10月8日，开通网络书记、校长信箱，增强学校管理的民主性和透明度，汇集民意、民智，推进校务公开；10月27日、10月29日、10月30日、10月31日，分别召开总支书记、院长主任、学科带头人、民主党派负责人座谈会，充分听取学校各层面对于改善学校发展软环境的建议和意见；11月27日，分别召开改善学校发展软环境、改进机关和后勤工作作风动员会，着力改善机关、后勤工作作风。

（王晓素）

首都体育学院

党委书记 李鸿江
院　　长 李颖川

【概　况】 2008年，首都体育学院占地面积17.83万平方米，建筑面积15.22万平方米。固定资产总值43699万元，其中教科仪器设备资产值4322万元。全年教育经费投入15100万元，其中，国家拨款12800万元，自筹经费2300万元。图书馆建筑面积5438平方米，藏书总计27.33万册，电子图书1万册。有9个本科专业，5个硕士学位授予点，设有1个北京市重点学科，2个北京市重点建设学科，1个省部共建重点实验室，1个北京市级重点实验室或研究基地。教职工499人，其中，专任教师229人，教师中正高级职称人员29人。毕业生1585人，其中，学历教育全日制硕士研究生108人、普通本科生596人，成人教育本专科生597人（本科生472人、专科生125人）。本科毕业生就业率96.13%。招生1129人，其中，学历教育学生中全日制硕士研究生126人，普通本科生602人，成人教育本专科生362人（本科生199人，专科生163人），非计划招生在职人员攻读硕士学位39人。在校生4388人，其中，学历教育学生中全日制硕士研究生355人，普通本科生2461人，成人教育本专科生1522人（本科生1134人，专科生388人），非计划招生在职人员攻读硕士学位50人。留学生在校1人。学院网址：www.cipe.net.cn。

（靳飞）

【裴东光获首都劳动奖章】 5月1日，首体院理论学科部教师裴东光副教授获得“首都劳动奖章”。此次评选活动面向一线教工，坚持公开、公平、公正的原则，要求充分体现时代特色。该院裴东光副教授在经过各分工会推荐，教代会第四届常设主席团评议，并上报北京市教育工会进行全市范围内的公示后，最终获得表彰。

（靳飞）

【入选体育行业特有职业国家级培训试点单位】 5月3日，首体院入选首批“体育行业特有职业国家级培训试点单位（综合类）”。该机构是得到国家劳动人事部认可职业培训机构，其主要职能是按照授权培训项目和培训范围开展培训工作，培养满足职业岗位需求的高水平体育行业从业人员。该试点单位的获得使该院具备体育行业特有职业培训的资质。此次评选出“体育行业特有职业国家级培训试点单位”试行期一年，期满后根据考核结果，向社会正式公布为“体育行业特有职业国家级培训基地”。

（靳飞）

【完成《田径运动技术教学课件》】 5月，首体院完成《田径运动技术教学课件》制作。该系列教学课件共由《跳高技术教学课件》、《跳远技术教学课件》、《短跑技术教学课件》、《跨栏跑技术教学课件》、《推铅球技术教学课件》、《掷铁饼技术教学课件》和《田径运动技术原理教学课件》等七个课件组成。其中，《跳高技术教学课件》获得2007年度北京市高校首届多媒体教育软件大奖赛（网络课程）一等奖，《跳远技术教学课件》和《田径运动技术原理教学课件》获优秀奖。

（新飞）

【承办全国体育传统校体育师资培训】 7月1日，首体院承办第一期全国体育传统项目学校体育师资国家级培训班。该班由国家体育总局、教育部主办，计划用5年时间对全国体育传统项目学校体育教师进行集中专业培训。这是新中国成立以来国家体育总局、教育部第一次联合举办如此大规模地体育师资培训活动，5年计划培训体育教师3000名。

（新飞）

【王帅获残奥会游泳铜牌】 9月8日，首体院学生王帅获北京残奥会铜牌。王帅，首体院2005级运动训练系学生，在北京残奥会S10级女子100米蝶泳决赛中，以1分11秒27的成绩获得铜牌。

（新飞）

【一团队入选国家级教学团队】 9月28日，首体院李鸿江教授为带头人的“田径教学团队”被批准立项建设国家级教学团队。田径教学团队将通过国家级教学团队的建设，进一步改革教学内容和方法，开发教学资源，促进教学研讨和经验交流，推进教学工作的传、帮、带和老中青相结合，提高中青年教师的教学水平。努力探索田径教学团队在组织架构、运行机制、监督约束机制等方面的运行模式，为兄弟院校培训教师提供可推广、借鉴的示范性经验。田径教学团队先期已被批准立项建设北京市优秀教学团队，北京市每年投入30万，连续投入3年进行建设。

（新飞）

【与成都体育学院签订合作协议】 11月19至22日，首体院与成都体育学院签订合作协议。根据协议，两校将在高层次人才培养、师资共享、科学研究、学科、专业、课程、教材及试题库建设、运动训练、行政管理、国际学术交流等方面加强合作。

（新飞）

北京外国语大学

党委书记 杨学义
校　　长 郝平

【概　况】 2008年，北京外国语大学占地面积492107.19平方米，其中本部占地323895.47平方米；学校本部房屋建筑面积374584.35平方米，其中学校产权建筑面积295182.6平方米，非学校产权（即已售家属住宅）建筑面积79401.4平方米。学校本部固定资产总值95862万元，其中教科仪器设备资产值8444万元。全年教育经费投入46173.6万元，其中，国家拨款16035.2万元、自筹经费30118.2万元、上级补助收入20.2万元。北京外国语大学设有14个学院；7个直属系部；40个研究中心（所）；1个教育部人文社会科学重点研究基地；2个教育部非通用语种本科人才培养基地；另有信息技术中心、图书馆等教学辅助单位。学校编辑出版《外语教学与研究》、《外国文学》和《国际论坛》三种全国核心刊物，此外还出版《英语学习》、《俄语学习》、《德语学习》、《法语学习》等刊物。学校有全国最大的外语类书籍、音像和电子产品出版基地外语教学与研究出版社。开设43种外国语课程，其中11种语言是国家唯一学科点。学校开设专业56个，覆盖文学、法学、经济学、管理学、工学五个学科。学校有1个一级学科博士学位授予权（涵盖43国语言，11个二级学科）；9个二级学科博士学位授权点；15个二级学科硕士学位授权点；2个专业学位授权点，即翻译（口译和笔译）和汉语国际教育；1个外国语言文学博士后流动站（2008年出站5人，进站6人，在站19人）。4个国家重点学科（含培育学科）。北京市重点学科4个。学校有教职工总数1448人，其中专任教师636人。专任教师中，教授105人、副教授220人，“长江学者奖励计划”讲座教授1人，国家有突出贡献专家4人，享受政府特殊津贴专家113人，中央直接掌握联系的高级专家3人，有博士生导师79人、硕士生导师325人。外籍专家、教师148人，其中教授62人，副教授65人；长期专家96人，短期专家52人。毕业生2703人，其中，学历教育学生中全日制研究生349人（博士生34人、硕士生315人），普通本科生1018人，成人教育本专科生525人（本科生254人、专科生271人），网络教育本专科生810人（本科生709人、专科生101人）；非计划招生高等教育学生中在职人员攻读硕士学位1人。北京地区高考本科文科提档线571分，理科提档线601分。招生3756人，其中，学历教育学生中全日制研究生569人（博士生75人、硕士生494人），普通本科生1166人，成人教育本专科生200人（本科生130人、专科生70人），网络教育本专科生1800人（本科生1570人、专科生230人）；非计划招生高等教育学生中在职人员攻读博士学位21人。学校普通本科一次性就业率为96.25%，研究生一次性就业率为97.69%。在校生13195人，其中，学历教育学生中全日制研究生1470人（博士生242人、硕士生1228人），普通本科生4549人，成人教育本专科生862人（本科生421人、专科生441人），网络教育本专科生6293人（本科生5643人、专科生650人）；非计划招生高等教育学生中在职人员攻读硕士学位21人。留学生毕业120人（本科生117人、硕士生3人），结业1225人。招生1481人（其中长期生953人、短期生528人）；在校生2374人（其中长期生1846人、短期生528人）。学校与世界上50多个国家和地区的172所大学和教育机构建立合作与交流关系。学校共承办11所海外孔子学院，位于欧、美9个国家。学校图书馆建筑面积8000平方米；图书累积总量1275473册（其中纸质图书累积量1014627册、电子图书累积量260846册），期刊合订本累积总量24199册

（其中纸质期刊合订本累计量 4201 册、电子期刊累积量 19998 册），生均拥有文献（不含电子文献）216 册，生均拥有文献（含电子文献）249 册。学校网址：www.bfsu.edu.cn。

（王婧　闵杰）

【非通用语种本科人才培养基地通过验收】 1 月 7 至 9 日，北外非通用语种本科人才培养基地通过教育部验收。专家组成员听取学校亚非语种基地和东欧语种基地的自评报告，实地考察两个基地的教学基本设施，巡视部分考场，分别召开教师和学生座谈会，调阅毕业论文和试卷等相关材料。在此基础上，专家组形成对学校非通用语种基地验收的专家意见。专家组一致认为，北外亚非语种基地和东欧语种基地在校领导重视和各部门大力支持下，基地建设取得显著成绩，软硬件条件得到明显改善，为我国培养出许多优秀的非通用语人才，基地总体定位科学合理、特色鲜明，复语型复合型人才培养模式具有一定示范意义，科研方面努力进取，社会服务功能得到大大加强。

（王婧）

【接受赠款 100 万美元】 1 月 10 日，

北外阿语系阿联酋中心接受捐款 100 万美元。该捐款由阿拉伯联合酋长国总统哈利法·本·扎耶德·阿勒纳哈扬捐赠用于支持该中心从事阿拉伯、伊斯兰文化的研究与教学工作。

（王婧　闵杰）

【《中国外语教育》创刊】 1 月 14 日，北外《中国外语教育》（季刊）创刊。该刊物是针对国际学术刊物专业化、国内应用语言学专业刊物缺乏的现状，由教育部人文社会科学重点研究基地“中国外语教育研究中心”利用其广泛的学术资源，创办的应用语言学专业刊物。该刊物由教育部主管，北京外国语大学主办，中国外语教育研究中心承办，外语教学与研究出版社协办，中国外语教育研究中心《中国外语教育》编辑部具体负责编辑工作。

（王婧）

【纳忠逝世】 1 月 24 日，阿拉伯语界一代宗师、阿拉伯文化与历史研究的泰斗、中国民主同盟盟员、北外教授纳忠，因病医治无效去世，享年 99 岁。纳忠，回族，1909 年出生于云南省通海县，早年曾在埃及开罗留学九年，荣获著名的爱资哈尔大学颁发的最高学位“学者证书”；回国后在当时的中央大学（今南京大学）担任教授，成为在我国高等院校讲授阿拉伯语和阿拉伯文化的第一人。此后，他在云南大学任教，后经周恩来总理亲自批示，调入外交学院工作。1962 年，他调至北京外国语学院（今北京外国语大学）工作，历任教授、系主任、博士生导师。在漫长的教育生涯中，纳忠教授为我国外交、文化、教育事业培养大批阿拉伯语人才。与此同时，他还笔耕不辍，共出版各类学术专著、译著二十多部，为向中国人民介绍阿拉伯文化作出突出贡献。2001 年，经中国伊斯兰教协会推荐，纳忠教授荣获联合国教科文组织颁发的首届“沙迦阿拉伯文化奖”，这是我国阿拉伯语界学者迄今获得的最高荣誉。

（王婧）

【《20 世纪外国文学史》荣获出版政府奖】 2 月 21 日，北外《20 世纪外国文学史》获得首届“中国出版政府奖”。该奖由国家新闻出版总署主办，《20 世纪外国文学史》（译林出版社，2004 年版）是国家社科基金“九五”规划重大项目，是“九五”期间外国文学学科级别最高、资助额度最高的唯一重大社科项目，是一部集体撰写的大型文学史著述，由来自北京、南京、上海和香港等地的科研机构、高等院校的专家学者共同编撰，涵盖 20 世纪东西方全景的文学史，涉及世界五大洲六十多个国家的文学，目前国内外尚无如此规模的同等著述。

（王婧）

【学生在国际马来语演讲比赛中获第二名】 2 月 22 日，北外亚非学院马来语系学生韩笑在马来西亚首都吉隆坡举办的“2008 年副首相杯国际马来语演讲比赛”中获得第二名。本次比赛是由马来西亚高等教育部，马来西亚教育部以及马来西亚文化、艺术和遗产部联合主办的第二届国际马来演讲比赛，比赛分马来群岛组和国际组两个组别，分为初赛、复赛、半决赛、决赛四个阶段。中、美、韩、日等 30 多个国家的 37 位选手参加。

（王婧）

【举办“青年波兰”绘画作品图片展】 3 月 13 至 21 日，北外举办波兰华沙国家博物馆“青年波兰”绘画作品图片展。展览展出波兰国家博物馆收藏的“青年波兰”时期经典画作的复制品 37 幅，其原作为“青年波兰”时期绘画艺术中的精品，代表着波兰绘画的最高艺术水平。所有画作均由波兰驻华大使馆提供。

（王婧）

【举办爱尔兰文化周活动】 3 月 15 至 22 日，北外与爱尔兰驻华大使馆联合开展爱尔兰文化周系列活动。活动由爱尔兰杰出诗人德斯蒙德·伊根诗集《九月的蒲公英》首发式、“诗歌、多元文化与爱尔兰研究”报告会、“爱尔兰文学、历史、政治”系列讲座、“2008 北京爱尔兰文化节”组成。该校师生 300 人参加活动

（王婧）

【与爱尔兰国立大学签署交流协议】 3 月 17 日，北外与爱尔兰国立大学签订《进一步加强校际交流合作的意向备忘录》。根据备忘录内容，双方将在科技项目合作研究、师资学生交流、爱尔兰中心建设、梅努斯中国研究项目等方面进一步加强互利合作，实现优势互补。

（王婧）

【举办系列文化讲座】 3 月 18 日至 12 月 16 日，北外举办系列文化讲座。讲座邀请北京大学袁明教授、前驻斯里兰卡大使江勤政先生、鲁迅博物馆馆长孙郁、北京大学李零和戴锦华教授、复旦大学图书馆馆长葛剑雄、美国夏威夷大学安乐哲教授、中国人民大学温海明教授、美国教授贝淡宁（Daniel A Bell）、浙江大学余潇枫教授等分别就中东行、外事调研、鲁迅与国学、老子、中国电影新格局、人与自然的关系、亚里士多德与孔子、

中西比较哲学、非传统安全等内容专题进行报告。

（王婧）

【举办顾彬专场讲座】　3月25日，北外举办顾彬（Wolfgang Kubin）教授专场讲座。讲座以《卫礼贤及其批评者》为题，介绍德国汉学界自80年代以来对卫礼贤的思想及翻译作品的评价与批评，并且阐述自己对卫礼贤研究的看法，认为卫礼贤所代表的人道主义精神及东方智慧的传统价值观念对现代社会发展依然具有重要意义。顾彬是当今德国最负盛名的汉学家、翻译家及诗人，波恩大学汉学系主任。他曾翻译过鲁迅等大量中国知名作家作品，把中国当代文学系统地介绍到德国。

（王婧）

【举办媒介理论与德语文学研究模型研讨会】　3月29至30日，北外举办媒介理论与德语文学研究模型研讨会。会议针对媒介理论模型与文学研究，媒介转换与感知、交往，文字与图像、影视、网络，媒介与虚构、虚拟、“真实”等议题进行探讨，提交论文18篇。来自全国高校的专家学者和博士生、硕士50人参加会议。

（王婧）

【聘任朱祖寿为客座教授】　4月8日，北外聘任前驻匈牙利大使朱祖寿为学校客座教授。朱祖寿1968年毕业于北外英语系，长期从事外交工作，先后担任过外交部港澳台司司长、驻荷兰大使、驻联合国禁化武组织首席代表、驻匈牙利大使等职。

（王婧）

【完成本科教学工作水平评估检查】

4月21至25日，北外完成教育部本科教学工作水平评估检查。评估专家通过审阅学校自评报告和相关材料，听取校长关于北外本科教育状况的汇报，参观本科教学成果展、教学基本设施，走访全校17个学院、教学单位和14个职能部门，召开用人单位、现任领导班子、中老年教师、青年教师及学生座谈会，对学生进行基本理论和技能测验，到各教学单位听课，抽查432份试卷和412份毕业论文与毕业设计，顺利完成各项评估任务。专家组经过认真研究讨论，形成对北京外国语大学本科教学工作水平评估的考察意见。意见指出，该校是教育部直属、国家首批“211工程”建设的全国重点大学之一，是目前我国外语类院校中历史悠久、教授语种最多、办学层次齐全的外国语大学。意见对学校的办学指导思想、办学特色、办学思路、师资队伍、教学条件与利用、专业建设与教学改革、教学管理、学风、教学效果以及校园文化等方面给予充分肯定。

（王婧　闽杰）

【与非洲三国学校签订合作协议】　4月28日至5月10日，北外出访非洲摩洛哥、突尼斯、南非三国并分别与三国学校签订合作协议。其中，与摩洛哥阿尔阿卡哈维恩大学签署合作备忘录，就实施非通用语种学生交流7+1项目、互换学者等相关问题达成协议；与总部设在突尼斯的阿拉伯联盟教科文组织续签2004年签署的校际合作协议；与南非的西开普大学签署校际交流备忘录，正式建立两校友好关系。

（王婧）

【与莫斯科大学签订合作协议】　5月

3日，北外与俄罗斯莫斯科大学签订合作协议。根据协议，双方今后将在加强本科生和研究生交流，进一步开展高级翻译人才培养，开展联合夏令营并进行教师互派等方面开展合作和交流。

（王婧　闽杰）

【入选国际大学翻译学院联合会】　5月8日，北外高级翻译学院成为国际大学翻译学院联合会会员单位。国际大学翻译学院联合会成立于1961年，致力于保障高质量的职业口笔译工作，帮助优秀口笔译员适应不断变化的职业环境，在全球范围内开展口笔译理论研究，并对口笔译人员进行培训。作为全球顶尖翻译学院的联合组织，国际大学翻译学院联合会在国际翻译界乃至各国际组织语言服务方面均享有崇高的声誉。联合会目前有来自16个国家的32个成员。

（王婧）

【援建西藏民族学院】　5月16日，北外援建西藏民族学院。该校将在学科建设、师资培养、学术交流、图书资料和教学平台建设等方面对西藏民族学院开展援建工作。学校首批捐赠1000多册图书，用于援建西藏民族学院外文文献资料室。该校是教育部确定的全国对口支援西藏民族学院九所院校之一。

（王婧）

【举办米德专场学术报告】　5月19日，北外举办沃尔特·米德专场报告会。报告题为“美国对华政策的新趋势”，回顾和介绍美国外交政策的五大原则，对中美关系的发展提出自己的看法，认为中美双方应加强沟通和对话合作，以便为双边关系和全球发展做出贡献。该校师生120人参加活动。沃尔特·米德，美国对外关系委员会资深研究员。

（王婧）

【举办中俄文化比较学术研讨会】　5月23至25日，北外举办中俄文化比较研讨会。会议由该校与中国俄语教学研究会合办，围绕中俄文化比较与对话的意义及目的、两国文化思维方式比较研究以及此议题下振兴民族文化的时代背景等诸多课题展开探讨，旨在以中俄文化对比研究为依托、搭建校际合作的广泛平台，进一步完善学术研究与人才培养的协作机制，以期形成跨校际研究的良性模式及杰出团队。来自全国俄语系统各大中型科研机构与教学单位的30人参加会议，

（王婧）

【举办魏查理学术报告会】　5月28日，北外举办魏查理学术报告。报告以“佛教与语言学”为题，研讨佛教传播语言、犍陀罗艺术和梵语巴利语

研究问题。魏查理，比利时皇家科学院院士、国际著名的汉学家。

（王婧）

【与维拉克鲁斯大学签订合作协议】 6月4日，北外与墨西哥维拉克鲁斯大学签订学术、文化、科研合作协议。根据协议内容，维拉克鲁斯大学将设立中国问题研究中心，并开设中文及中国文化课程，北外在中国语言文化教学上提供师资、教材等形式的帮助；维拉克鲁斯大学则通过派遣西班牙语教师，接收北外西班牙语学生留学、教师进修，开展研究生高层次人才联合培养等方式，为北外西班牙语人才的培养贡献力量。

（王婧）

【合办教学实习基地】 6月4日，北

外与中国外文出版发行事业局合作建立教学实习基地。该基地的建立旨在进一步强化本科人才培养中的实践教学环节，提高学生的实践能力和创新能力。教学实习基地的建立，是教学研究与服务社会相结合的最好体现，是用人单位和培养单位的强强联手探讨人才培养模式的新举措。

（王婧　闽杰）

【举办批判性思维研讨会】 6月17至19日，北外举办“如何培养学生的批判性思维能力”研讨会。研讨会采取讲座与研讨相结合形式，由美国资深辩论指导、英语学院外国专家加里·李伯德（Gary Rybold）主持，来自全校5个院系的近30名教师参加这次教师发展活动。研讨会旨在帮助该校教师了解批判性思维内容和训练方式，研讨如何将批判性思维训练与外语教学和专业教学相结合。培训内容基于美国 Foundation for Critical Thinking 所设计的模型，并以北外部分教学内容为例进行研讨。

（王婧）

【成立信息技术中心】 6月24日，北外成立信息技术中心。该中心是在原教育技术中心和原网络信息中心合并并组建的处级教学辅助单位，其主要工作是制定全校数字化校园建设整体规划，实现数字化校园建设工作，为学校数字化校园提供技术支持，保证校园网络系统的安全运行；完善教育信息资源数据库，为学校外语教学提供丰富网络媒体资源；引进最新教育技术基础设施，为全校的教学、科研提供技术支持和设备保障；负责学校语言实验室、电化教育礼堂的管理；承担学校各语种——教学课件、各类教学活动以及政务娱乐活动视频的制作；负责有线电视卫星网络传输的日常维护和管理工作等。中心有工作人员33人，其中，高级职称2人。

（王婧）

【成立专门用途英语学院】 6月25

日，北外成立专门用途英语学院。学院由原大学英语部和国际商学院部分部门组成，为教学科研型单位，承担全校非英语专业本科和研究生层次的英语必修课教学，开设英语双学位、双专业和高级英语、专门用途英语选修课程，重点开展专门用途英语的教学研究。学院下设三个教学部、一个研究中心（ESP研究中心）和四个教研室（听说教研室、读写教研室、翻译教研室和专业教研室）。学院拥有专任教师45人，其中职称为副教授及以上者20人，占44%，学位为硕士和博士者40人，占89%，拥有外校学历者29人，占64%，拥有国外学历及经历者42人，占93%。

（王婧　闽杰）

【与浙江教育学院签订协议】 7月13日，北外与浙江教育学院在杭州签署合作办学协议。根据协议，北外将参与制订浙江教育学院学科发展规划，重点支持浙江教育学院英语语言文学、日语语言文学、国际贸易学等学科领域的建设和英语、日语、韩语、法语、翻译、对外汉语、国际经济与贸易等专业建设；北外选派相关教授到浙江教育学院兼职授课，担任学科带头人，并定期选派相关学科团队成员赴浙江教育学院开展短期指导和科研合作，带动外语、外经贸类学科总体水平提高；浙江教育学院支持北外开展浙江省中小学英语教师培训活动。

（王婧）

【英语学院启动跨国双博导计划】 9月18日，北外英语学院澳大利亚研究专业正式启动跨国双博导计划。该计划通过邀请澳大利亚相关领域知名学者担任英语学院博士生副导师，与本校导师形成博士生指导团队，共同指导澳大利亚研究专业博士生，以提高博士生培养质量，实现博士生培养与国际接轨。至年底，有3名澳大利亚知名学者前来承担副导师工作。

（王婧）

【举办外交官论坛】 9月20日，北外举办首届外交官论坛。该论坛由该校与中国青年报社合办。18名外交官就“中法建立全面战略伙伴关系的历程与发展前景”、“改革开放30年与中美关系发展轨迹”、“发展中国家的兴起和时代的变迁”、“外国人眼中的中国经济变化”、“对外开放以来外交部发言人制度的演变”、“中阿关系欣欣向荣”、“中苏关系实现正常化——邓小平的历史性功绩”等主题进行演讲。论坛上还成立北京外国语大学外交官俱乐部。在北外历届校友中，在外交部工作、先后出任驻外大使有367人，出任参赞的有700人。北外67名外交官校友，外交部、中国青年报、北外师生代表和媒体记者100余人参加论坛。

（王婧）

【获得全国高校俄语大赛一等奖】 10月24日，北外在上海外国语大学举办的全国高校俄语大赛中获得一等奖。本届全国高校俄语大赛是自2008年起被列入中俄政府间教育合作机制化项目后举办的首届比赛，今后将持续举办。本届共评出一等奖3个、二等奖9个、三等奖43个，该校俄语学院学生获得一等奖，同时获得5个三等奖。

（王婧）

【“语言哲学与语言教学学术研讨会”在北外举行】 10月25至26日，由

北京外国语大学和中国社科院共同举办的“语言哲学与语言教学学术研讨会”在北外举行。与会代表就如何理解语言哲学的流派和走向、如何理解语言的本质、如何看待语言哲学对语言学研究的影响等问题展开讨论。全国10多所高校和研究机构60位代表出席会议。

（王婧　闽杰）

【举办阿拉伯语系成立50周年庆祝活动】 10月25日，北外举办阿拉伯

语系建立50周年庆祝活动。活动中举办由阿语系师生共同设计的旨在通过政治、经济、文化、学术研究等领域公正全面介绍阿拉伯世界的网站“中阿文化桥”（www.caculture.com）开通仪式。该校阿拉伯语专业1958年设立，1981年独立成系，1980年和1986年分别成为中国第一个阿拉伯语语言文学硕士点和博士点，20世纪90年代进入北京外国语大学博士后流动站。2002年阿语系被评为北京市重点学科，2007年又被评为北京市优秀重点学科、教育部特色专业建设点，2008年被评为北京市优秀教学团队。为中国的外交、外贸、文化、新闻、科研、军事、教育等各领域培养1000名语言功底扎实、政治素质过硬、综合素质全面、发展潜力深厚的高水平人才。外交部阿拉伯语干部中有64%为北外阿语系毕业生，中国现驻阿拉伯国家的懂阿拉伯语的大使共12位，其中有11位是北外阿语系毕业生，2008年外交部共录取13名懂阿拉伯语的新干部，其中11人为北外阿语系毕业生。

（王婧　闽杰）

【主办中国澳大利亚研究国际学术研讨会】 10月31日至11月2日，北

外主办第十一届中国澳大利亚研究国际学术研讨会。会议以“多元化与和谐社会”为主题，研讨澳大利亚文学、中澳关系、澳大利亚与亚太区域政治、澳大利亚原著民研究、澳大利亚英语及澳大利亚的职业教育等方面内容。会上共宣读论文94篇。来自澳大利亚10所大学和机构、国内37所大学和机构的学者以及该校师生代表共133人参会。

（王婧　闽杰）

【傅荣获得法国教育骑士勋章】 11月7日，北外法语系教授傅荣获得法国教育骑士勋章。该勋章于1808年由拿破仑设立，由法国国民教育部颁发，是法国政府用以表彰在大学的教育、研究和技术方面作出重大贡献的教育界人士。该勋章自1866年起授予中国人，目前已经有20多名中国人获此殊荣。傅荣，男，教授，四川外国语学院法语学士，法国图卢兹第一大学硕士，巴黎一大、三大博士。2000年到北京外国语大学任教，任北京外国语大学法语系主任、中国法语教学研究会副会长，全国翻译专业资格（水平）考试委员会委员，发过《应用语言学》（ELA）杂志外语编委。主攻欧盟法、外语教学研究。

（王婧）

【《当代俄罗斯》获全国多媒体课件大赛二等奖】 11月17日，北外《当代俄罗斯》多媒体教程获得由教育部教育管理信息中心举办的第八届全国多媒体课件二等奖。该课件由该校俄语学院和教育技术中心共同推出，设计精美、知识系统、人机对话功能齐全、操作方便。

（王婧）

【举办印度及南亚文化周】 11月19至26日，北外举办首届“印度及南亚文化周”。文化周由举办印度及南亚图片展、印度文化系列讲座及“印度电影周”的电影展播活动组成。该校师生2000人参加活动。

（王婧）

【举办亚洲研究国际学术研讨会】 12月6至9日，北外举办亚洲研究国际学术研讨会。研讨会以“亚洲文明与世界文化交融”为主题，设三个分会场。其中，“世界格局中的亚洲”分会场从政治、经济、文化等方面探讨亚洲在世界格局中的地位及未来发展的方向；“世界文明进程中的中国文化”分会场以世界文明进程的全球视角，审视中国文化的影响和价值，探讨和揭示中国文化在当代的普世性意义；“东亚文明与发展”分会场追述东亚文明的悠久历史，探讨东亚各国在全球化时代的机遇与挑战。20个国家专家学者150人参会。

（王婧）

【与湖南省教育厅签订共建协议】 12月15日，北外与湖南省教育厅签订共建协议。根据协议，北京外国语大学“敢语工程”项目对湖南省少数民族地区英语师资培训将于2009年暑期启动，协议计划每年培训100名左右农村义务教育英语教师（主要是少数民族地区中小学英语教师）。

（王婧）

【阿拉伯语系举办系列学术讲座】 12月23至25日，北外阿拉伯语系举办系列学术讲座。讲座邀请来京参加“中阿文明对话研讨会”的4名阿拉伯学者讲课。12月23日和25日，叙利亚学者费拉斯·萨瓦赫先生为阿语系师生分别作题为“《古兰经》文本历史”及“宗教诠释：必要性与问题”讲座。12月24日，阿拉伯作家协会前秘书长、叙利亚作家协会前主席阿里·欧格莱·阿尔桑博士为师生作题为“当代阿拉伯文化的若干问题”讲座。该校师生，社科院、对外经济贸易大学等单位的学者以及部分在京阿拉伯留学生参加学习。

（王婧）

北京第二外国语学院

党委书记 段建国
院　　长 周烈（4月任）

【概　况】 2008年，北京第二外国语学院占地面积223334平方米，建筑面积315368平方米。固定资产总值54341.35万元，其中教科仪器设备资产值8392.65万元。全年教育经费投入30107万元，其中，国家拨款19260万元、自筹经费10847万元。设有17个院系3个教学部1个研究所，此外还设有教育技术中心、图书馆、旅游教育出版社；图书馆建筑面积14376平方米，馆藏图书75.84万册，馆藏电子图书10.12万册。开设23个本科专业、2个专科专业，覆盖经济学、法学、文学、管理学4个学科；具有一级学科硕士授权点1个，硕士学位授权点13个，覆盖哲学、经济学、文学、管理学4个学科。教职工885人，其中，专任教师465人，专任教师中教授47人、副教授140人；硕士生导师117人。外籍教师34人。毕业生2827人，其中，学历教育学生中全日制硕士研究生196人，普通本专科生1680人（本科生1470人、专科生210人），成人教育本专科生951人（本科生759人、专科生192人）。毕业研究生一次就业率90.82%，本专科（含高职）一次就业率96.86%，本科一次就业率96.68%，高职（含专科）一次就业率98.10%。招生3041人，其中，学历教育学生中全日制硕士研究生319人，普通本科生1572人、成人教育本专科生1150人（本科生929人、专科生221人）。高考北京地区提档线理科505分，文科517分。在校生9665人，其中，学历教育学生中全日制硕士研究生847人，普通本专科生5998人（本科生5812人、专科生186人），成人教育本专科生2820人（本科生2301人、专科生519人）。该院来华留学生毕业284人，招生1118人，在校生481人。学院网址www.bisu.edu.cn。

（王薇）

【黎明入选自强之星】 1月29日，二外学生黎明入选2007年度“中国大学生自强之星”。该评选由由共青团中央、全国学联和新东方教育科技集团主办，中国青年报社承办。黎明，该院2005级英语专业学生，出生在单亲家庭，母亲患多年的双侧股骨头坏死，没有劳动能力。黎明同学也于2007年8月查出患有严重的双侧股骨头坏死。高中时因得腰椎结核卧床治疗并自学一年，在大学期间学习成绩优秀，2007至2008学年上学期获国家励志奖学金。大学期间一直自立自强，热衷公益事业，2005年9至12月，成为北京朝阳区“银色年华”英语沙龙志愿者；2006年3至6月，成为北京市高碑店宏翔小学英语志愿者老师；2006年6月，参加党校社会实践之“色彩的声音”帮助聋儿活动志愿者活动；2006年十一期间，成为艺术北京2006青年艺术博览会志愿者。

（王薇）

【建立多语种计算机辅助翻译实验室】 3月27日，二外翻译学院建成多语种计算机辅助翻译实验室。该实验室的建立是将计算机辅助翻译引入课堂，学生可以在实验室学习到这一先进的翻译技术。计算机辅助翻译，简称CAT（Computer Aided Translation），不依赖于计算机自动翻译，而是在人的参与下完成整个翻译过程，与人工翻译相比，质量相同或更好，翻译效率可提高一倍以上。CAT使得繁重的手工翻译流程自动化，并大幅度提高翻译效率和翻译质量。

（王薇）

【实施科学管理年工程】 4月1日，二外实施“科学管理年”工程。该院下发《加强依法治校实施科学管理年工作方案》，确定2008年是全面实施“十一五”发展规划、加强依法治校、提高管理水平的“科学管理年”。该政策旨在优化内部治理结构和管理模式，构建符合学校实际现代大学管理体系，通过依法治校和科学管理全面提高我校的教育教学质量和整体办学水平。主要内容包括制定学校章程，完善学校议事决策机制、建立重大决策的法律分析论证制度、强化学校各单位执行力，编制《规章制度汇编》，修订、完善学校《管理规范》，进一步加强机关工作作风建设，坚持和完善教职工代表大会制度、民主党派协商制度和民主决策制度。

（王薇）

【举办全国首届法律英语大赛】 4月

12日，二外举办全国首届法律英语大赛。比赛分为论文和演讲两种形式。来自全国近70所高校的300多名选手参加比赛。其中，论文竞赛共收到参赛稿件200篇，评出一等奖5名、二等奖10名、三等奖20名；演讲比赛共有92名选手参赛，经过预赛，16名选手进入决赛，共决出一等奖5名，二等奖10名，三等奖20名，以及3个最佳组织奖单位。

（王薇）

【召开国际化战略研讨会】 4月25至26日，二外在召开国际化战略研讨会。研讨会以讲话、报告、交流、汇报等多种形式展开，与会专家多层次、多角度的分析、探讨二外在推动国际化战略进程中的优势、不足和良好的发展前景，并做前瞻性思考。来自市教委领导和该校全体校领导及全校中层干部参加会议。

（王薇）

【王柯平获首都劳动奖章】 4月27日，二外比较文学与跨文化研究所所长王柯平教授获北京市总工会颁发的首都劳动奖章。王柯平，男，博士，北京第二外国语学院教授，硕士生导师，享受国务院政府特殊津贴专家；中国社会科学院哲学所研究员、博士生导师，长期从事中西诗学、美学，文化哲学研究领域，著有《美之旅》、《理想国的诗学研究》、《走向跨文化美学》等作品，译著有《美学理论》、《艺术的真谛》与《艺术哲学新论》等8部。发表中英文论文30篇。

（王薇）

【举办中加商务交流论坛】 5月5日，二外与加拿大天骄国际教育集团共同举办中加商务交流论坛。论坛采取主题报告形式，加拿大代表团素里市商会主席盖瑞·何里柯先生和西温哥华商会的行政副总裁乔伊·黑尔曼先生分别作题为“加拿大的经济政策和经济形势”和“如何在加拿大投资做生意”的报告，该院国际经贸学院副院长白远教授和王育红教授分别作题为“中国投资环境”和“中国吸引外资政策”的报告。

（王薇）

【召开灾后旅游重振战略研讨会】 6

月 27 日，二外主办灾后旅游重振战略研讨会。会议以汶川地震灾害为基本研究背景，分为“灾害对中国旅游业影响的全面评估”、“国外旅游业灾后重建的经验和教训”、“灾后旅游重振战略研究”三个板块。与会专家整体评估四川汶川地震对旅游业造成的影响，在评估的基础上，借鉴国内外旅游业灾后重建工作的经验和启示，为四川旅游灾后重振战略做深入的探讨，在四川汶川地震灾后旅游业的定位、启动方式及推进方法等方面提出观点和建议。来自国内外专家 50 人参加会议。

（王薇）

【承办世界翻译大会 3 场分论坛】 8 月 4 至 7 日，二外承办第 18 届世界翻译大会三场分论坛。该院以应用文体翻译和公示语翻译为主题，承办“应用文体翻译”3 场分论坛，提交论文 20 篇。该院师生 30 人参加论坛。翻译大会由国际翻译家联盟和中国翻译协会主办，在上海召开，共举办 4 场主论坛和 88 场分论坛，全球 70 多个国家和地区 1500 名翻译界专家和学者参加论坛。

（王薇）

【召开海峡两岸旅游观光研讨会】 10 月 25 日，二外召开首届“海峡两岸旅游观光研讨会”。该研讨会是该与暨南国际大学、中华观光管理学会联合主办，以旅游促进交流与发展为主题，研讨两岸旅游市场、旅游合作、产业发展与规制等问题，大会宣读论文 170 篇。来自海峡两岸专家学者 200 人参加会议。

（王薇）

【成立中华美学学会美学与美育研究基地】 12 月 5 日，二外建立中华美学学会美学与美育研究基地。该基地是该校与中华美学学会共建，旨在加强中华美学学会、二外在美学、文艺学、审美教育等方面的交流与合作，切实提升二外美学、文艺学与美育的研究和教学层次和水平。

（王薇）

北京语言大学

党委书记　王路江
校　　长　崔希亮

【概　况】 2008 年，北京语言大学占地面积 33 万平方米，总建筑面积 37.06 万平方米（均为产权建筑面积）。固定资产总值 48538.17 万元，其中教科仪器设备资产值 6124.8 万元。全年教育经费投入 39743 万元，其中国家拨款 12513 万元，自筹经费 27230 万元。设有 8 个学院，3 个教学单位，13 个研究单位及其他教学辅助机构。开设本科专业 22 个，硕士专业 24 个，博士专业 9 个，学科专业覆盖 7 个门类。一级学科两个，一级学科博士点 1 个，国家重点学科 1 个，北京市重点学科 9 个。教育部普通高等人文社会科学重点研究基地 1 个。共有教职工 1253 人，其中专任教师 644 人，教授 73 人，副教授 215 人；博士生导师 10 人，硕士生导师 170 人；“长江学者奖励计划”讲座教授 1 人，享受政府特殊津贴专家 25 人。外籍教师 79 人次，其中教授 5 人，副教授 40 人。毕业生 1615 人，其中，全日制研究生 264 人（博士生 27 人、硕士生 237 人），在职硕士研究生人 25 人，普通本科生 709 人，成人教育本专科生 451 人（本科生 324 人，专科生 127 人），网络教育本专科生 166 人（本科生 130 人，专科生 36 人）。本科毕业生就业率 92.38%。招生 11044 人，其中，全日制研究生 421 人（博士生 40 人、硕士生 381 人），在职硕士研究生 43 人，普通本科生人 944，成人教育本专科生 2158 人（本科生 560 人，专科生 1598 人），网络教育本专科生 7478 人（本科生 1816 人，专科生 5662 人）。高考北京地区提档线文科 575 分，理科 539 分。在校生 22598 人，其中，全日制研究生 1099 人（博士生 140 人、硕士生 959 人），在职硕士研究生 146 人，普通本科生 3385 人，成人教育本专科生 4887 人（本科生 1833 人、专科生 3054 人），网络教育本专科生 13081 人（本科生 4985 人、专科生 8096 人），非学历生 1688 人。留学生毕业 8386 人次，招生 9732 人次，在校生 10187 人。图书馆建筑面积 10470 平方米，藏书 59.3 万册，中外文期刊 1.7 万册，电子文献数据库 18 个。学校网址：www.blcu.edu.cn。

（李志坚）

【召开现代教育技术与教育教学管理研讨会】 1 月 5 日，北语召开现代教育技术与教育教学管理研讨会。会议研讨现代教育技术的硬件、软件建设及使用情况，数字网络学习平台的推广情况以及教师现代教育技术培训的现状、对策等。各教学单位主管教学工作负责人，会议论文提交者和特邀代表，以及教务处工作人员 32 人参加研讨会。

（李志坚）

【完成汉语国际教育硕士专业学位研究生考试】 1 月 12 至 13 日，北语举行首届汉语国际教育硕士专业学位研究生考试工作。共有 34 位初试合格者参加首届汉语国际教育硕士专业研究生复试。复试包括政治理论笔试、汉语知识与技能笔试和面试。该专业学位主要培养国内外从事汉语国际教育高层次、应用型、复合型专门人才。全国有 24 所高校设立此学位。

（李志坚）

【宁一中入选美国现代语言学会会员】 1 月 26 日，北语宁一中教授被美国现代语言学会接纳为会员。美国现代语言学会［The Modern Language Association of America（MLA）］成立于

1883 年，是语言和文学领域的专业学术团体，旨在加强对世界上所有文学和现代语言（古希腊、拉丁语除外）教学和研究。机构设在美国，有成员 3 万人，遍布全世界 100 个国家。

（李志坚）

【一专业被确立为第一类特色专业建设点】 2 月 12 日，北语对外汉语专业被教育部确立为第一类特色专业建设点。第一类特色专业建设点是教育部本科教学质量与教学改革工程的重要组成部分。第一类特色专业建设点在改革人才培养方案，构建经济社会发展需要课程体系；改革课程教学内容，加强新教材建设；改革教师培养和使用机制，加强教师队伍建设；改革实践教学，推进人才培养与生产劳动和社会实践相结合；通过改革和建设，培养一批适应经济社会发展需求的专门人才，并集成取得有效经验和实践效果，形成该专业建设内容相关参考规范，发挥推广和示范作用等 5 个方面提出建设要求。

（李志坚）

【大学生职业生涯规划开课】 3 月 5 日，北语公共选修课大学生职业生涯规划开课。该课程旨在帮助大学生树立正确的就业观，理性规划自身未来的发展，并努力在学习过程中自觉地提高就业能力和生涯管理能力。该课程每周一次，连续讲授 10 周，总课时为 30 学时，共有 200 名学生选修。

（李志坚）

【访问日本五所大学】 3 月 20 至 29 日，北语代表团访问日本五所大学。3 月 20 日下午，代表团访问关西外国语大学，双方就两校共同培养“2+2”项目的具体实施细则进行磋商。21 日至 22 日，访问北陆大学，出席孔子学院第三届理事会。会上就孔子学院的 2007 年结算、2008 年工作计划和预算以及孔子学院人事事宜进行讨论。23 日至 24 日，代表团访问爱知大学，双方共同签署两校《关于学生交换协议书》。25 日访问杏林大学，双方签订两校《学术交流协议书》。27 日，访问早稻田大学。

（李志坚）

【聘任 2 位客座教授】 5 月 6 日和 10 月 28 日，北语聘任 2 位客座教授。5 月 6 日，聘任美国教育考试中心高级研究员张金明博士为客座教授；10 月 28 日，聘任北美知名文化与思想研究学者周质平博士为客座教授。

（李志坚）

【成立世界宗教研究中心】 5 月 18 日，北语成立世界宗教研究中心。该中心主要开展世界宗教和文化领域教学研究。该中心共有研究人员 28 名，全部具有高级职称。

（李志坚）

【聘任 4 位兼职讲授】 5 至 11 月，

北语聘任 4 位兼职教授。其中，5 月 5 日，聘任聘请国家语言工作委员会副主任，教育部语言文字应用管理司司长王登峰教授为兼职教授；5 月 16 日，聘任中华书局副总编审顾青为兼职教授；10 月 27 日，聘任秦亚青为兼职教授；11 月 20 日，聘请前外交部长李肇星为兼职教授。

（李志坚）

【泰王国总理顺通卫访问北语】 7 月 1 日，泰王国总理沙玛・顺通卫访问北语并受聘该校名誉教授。沙玛・顺通卫，1935 年生，曾担任过泰国农业与合作部副部长、泰国内政部部长、泰国交通部部长、曼谷市总督，并从 2007 年 7 月 29 日起担任人民力量党主席，2008 年 1 月当选为泰国第二十五任总理。

（李志坚）

【召开教材暨教学模式研讨会】 10 月 24 至 25 日，北语汉语进修学院召开教材暨教学模式研讨会。会议部署下一阶段的教学任务。在大会主题发言中，初级、中级、高级三个层级的教材编者就各自教材的编教理念、教材内容和教学模式进行展示和说明。在专题分组讨论中，全体参会老师就新教材的教学模式及教学方法展开讨论。该校汉语进修学院教师 35 人参加会议。

（李志坚）

【举办社会语言学讲座】 10 月 29 日，北语邀请荷兰蒂尔堡大学斯杰克（Sjaak Kroon）教授和简（Jan Blommaert）教授作社会语言学讲座。Sjaak Kroon 教授就自己对荷兰一个印度寺庙中人们使用的语言调查情况向大家做详细的介绍。Jan Blommaert 教授就美国英语口音的推广和它对其他语言的影响做探讨。

（李志坚）

【举办知识分子信仰与现代性讲座】 10 月 31 日，北语举办知识分子信仰与现代性讲座。讲座邀请瑞典皇家人文、历史与考古学院杨富春研究员介绍中国知识分子的“文化基督教徒”现象，将知识分子的这种信仰与现代性结合起来的同时，侧重探讨基督教与当代中国知识分子的关系，并比较中西方在此问题的差异性。北语师生 127 人参加讲座。

（李志坚）

【举办普通话声调自动识别讲座】 11 月 3 日，北语举办普通话声调的自动识别讲座。讲座由对外汉语研究中心张劲松教授主讲，张劲松介绍声调识别的应用价值，研究现状和遇到的困难，并展示如何通过借鉴音系学、认知心理学及声学等多种相关学科的理论提出服务于工程应用的理论假设，以及由此带来的声调识别系统性能的巨大提升。该校师生 73 人参加学习。

（李志坚）

【在四川地震灾区捐建爱心学校】 11 月 14 日，北语与四川省大邑县人民政府签订捐赠协议书。该校将募集到的第二笔抗震救灾善款共计 2257573.52 元，定向用于大邑县金星学校的灾后恢复重建。捐赠协议书规定，大邑县金星学校恢复重建工程将于 2009 年暑期前完工。

（李志坚）

【举办汉语词汇通史学术讲座】 11 月 17 日，北语人文学院举办汉词语通史学术讲座。讲座由山东大学杨端志教授主讲，杨端志就词汇的共时研究、历史词汇学的研究和词汇通史研究的方法问题介绍当前词汇史研究的一些疑难问题。该校师生 85 人参加讲座。

（李志坚）

【新增5个本科教育教学类共建项目】 11月20日，北语新增5个北京市本科教育教学类的相关共建项目。郑贵友主持的“汉语国际推广形势下的对外汉语专业建设”和陆薇主持的“从英语专业本科生的毕业论文选题指导看英语专业本科教育的改革方向”等两个项目被确立为北京市高等教育教学改革立项面上项目。王秀丽编写的《法语语言学教程》、刘珣编写的《大学汉语·精读（第一册）（维文版）》、卢湘鸿编写的《计算机应用基础（第5版）Windows XP与Office 2003环境》等3种教材被确认为北京市高等教育精品教材。

（李志坚）

【举办美国总统大选与当代世界金融危机讲座】 11月25日，北语举办“美国总统大选，当代世界金融危机”讲座，由美国中西部美中协会主席约翰·罗杰斯先生担任主讲，介绍美国总统大选的一般程序，并分析2009年美国国内国际政策可能出现的改变和这些改变对于中美关系的影响。

（李志坚）

中国传媒大学

党委书记　陈维嘉（12月免）
　　　　　李培元（12月任）
校　　长　苏志武

【概　况】 2008年，中国传媒大学占地面积46.36万平方米，建筑面积37.71万平方米。固定资产总值103196.48万元，其中教科仪器设备资产值34965.86万元。全年教育经费投入49164.02万元，其中，国家拨款25965.18万元，自筹经费23198.84万元。学校图书馆建筑面积12641平方米，藏书204.01万册，其中，图书139.41万册，和教育部语言文字应用研究所共享图书15万册，电子图书49.6万册。学校下设14个学院，45个系；开设本科专业78个，覆盖7大学科门类；一级学科博士点2个，博士学位授权点24个，硕士学位授权点48个，专业学位授权点3个；博士后流动站4个，其中，博士后研究人员出站20人、进站62人，在站42人。拥有2个国家重点学科，1个国家重点培育学科，4个北京市重点学科。设有普通高等学校人文社会科学重点研究基地1个、广播电视数字化教育部工程研究中心1个、国家语言资源监测与研究中心有声语言分中心1个、文化部国家文化贸易理论研究基地1个、北京市哲学社会科学研究基地1个、广电总局高校人文社科研究基地3个。教职工1925人，其中，专任教师1044人。专任教师中，教授186人，副教授286人；博士生导师144人，硕士生导师325人；“长江学者奖励计划”特聘教授1人，国家有突出贡献专家1人，享受政府特殊津贴专家72人；国家级教学名师奖2人，北京高校教学名师奖5人，全国优秀教师1人，北京市优秀教师27人。外籍教师32人。毕业生8626人，其中，学历教育中全日制研究生1268人（博士生98人、硕士生1170人），普通本专科生2584人（本科生2359人、专科生225人），成人教育本专科生2721人（本科生1696人、专科生1025人），网络教育本专科生1826人（本科生1598人、专科生228人）；非计划招生高等教育学生中在职人员攻读硕士学位36人，研究生课程进修班191人。本科毕业生就业率98.48%。招生6788人，其中，学历教育学生全日制研究生1383人（博士生163人、硕士生1220人），普通本专科生2490人（本科生2294人、专科生196人），成人教育本专科生2756人（本科生2183人、专科生573人）；非计划招生高等教育学生中在职人员攻读硕士学位63人，研究生课程进修班96人。高考北京地区提档线理科514分，文科556分。在校生28230人，其中，学历教育学生全日制研究生3606人（博士生638人、硕士生2968人），普通本专科生9172人（本科生8792人、专科生380人），成人教育本专科生8466人（本科生6500人、专科生1966人），网络教育本专科生6685人（本科生5931人、专科生754人）；非计划招生高等教育学生中在职人员攻读硕士学位166人，研究生课程进修班135人。留学生毕业202人，招生240人，在校309人。学校网址：www.cuc.edu.cn。

（王德平）

【胡智锋入选“长江学者”特聘教授】 3月，传媒大学胡智锋教授入选2007年度教育部“长江学者”特聘教授。胡智锋，男，1965年出生，教授、博士生导师，中国传媒大学学报总编，《现代传播》主编。

（陈珠珠）

【与中国教育电视台签订合作协议】

5月15日，传媒大学与中国教育电视台签订合作协议。根据协议，双方在人才培养、科学研究、节目制作等方面展开合作，教育电台负责建立“中国传媒大学教学科研实习基地”，接收该校学生实习；校方负责为电视台举办有关专业研究生学位课程进修班和各类培养。

（陈珠珠）

【与承德市签订合作协议】 6月4日，

传媒大学与承德市人民政府签订合作协议。根据协议，双方在文件产业开发和产学研结合方面展开合作。承德地方政府负责为学校提供教师实践岗位，校方负责为承德相关单位负责人开展文化产业培养。

（陈珠珠）

【成立外国语学院】 7月2日，传媒大学成立外国语学院。该院隶属学校，下设英语系、欧洲语系、亚非语系和大学外语部，开展本科层次教学，开设英语、日语、法语等26个本科专业。有教职工139人，其中，

高级职务 41 人。

（陈珠珠）

【高晓虹获得高等学校“教学名师奖”】　9 月，传媒大学高晓虹教授获得教育部第四届高等学校教学名师奖获。高晓虹，女，1956 年出生，该校电视与新闻学院院长，硕士生导师。

（陈珠珠）

【举办第六届亚洲传媒论坛】　11月15

至 24 日，传媒大学举办第六届亚洲传媒论坛。该论坛由该校与韩国高等教育财团共同举办，下设国家形象传播和城市形象传播两个分论坛外，同时，举办青年学术训练营、先锋学术讲座、亚洲电影周和中国文化元素展等活动。18 个国家和地区专家学者及业界精英 200 人参加论坛。

（陈珠珠）

中央财经大学

党委书记　邱东

校　　长　王广谦

【概　况】　2008 年，中央财经大学占地面积 102.72 万平方米，建筑面积 27.1 万平方米。固定资产总值 70700 万元，其中教学仪器设备资产值 10204 万元。全年教育经费投入 49546.57 万元，其中，国家拨款 28062.49 万元，自筹经费 19531.39 万元，科研经费支出 1952.69 万元。下设本部、清河、西山、沙河、上庄 5 个校区，设有 24 个学院，7 个研究院，另设研究生部、MBA 教育中心，个合作办学机构。开设 38 个本科专业和 5 个本科专业方向，涵盖经、管、法、文、理、工 6 个学科门类；1 个一级学科博士学位授权点，17 个博士学位授权点，42 个硕士学位授权点，4 个专业学位授权点和 10 个高校教师在职攻读硕士学位授权点；3 个博士后科研流动站，博士后研究人员出站 12 人，进站 54 人，在站 42 人。成人高等学历教育开设 6 个本科专业和 3 个专科专业。拥有应用经济学一级学科国家重点学科（涵盖 10 个二级学科国家重点学科）、会计学二级学科国家重点学科和 3 个北京市重点学科。有 56 个科研机构，其中，教育部普通高等学校人文社会科学重点研究基地 1 个、北京市哲学社会科学研究基地 1 个、校级重点研究基地 6 个。教职工 1338 人，其中，专任教师 799 人（教师中教授 145 人、副教授 263 人）；博士生导师 97 人、硕士生导师 490 人；“长江学者奖励计划”特聘教授 1 人，“长江学者奖励计划”讲座教授 2 人，享受政府特殊津贴专家 24 人，入选教育部新世纪优秀人才人选 13 人；外籍教师 18 人，其中教授 1 人，副教授 4 人。其他外聘教师 64 人。毕业生 4545 人，其中，学历教育学生中全日制研究生 883 人（博士生 64 人、硕士生 819 人），普通本科生 1265 人，成人教育本专科生 2164 人（本科生 1152 人、专科生 1012 人）；非计划招生高等教育学生中在职人员攻读硕士学位 233 人。本科毕业生就业率 92.96%。招生 6619 人，其中，学历教育学生中全日制研究生 1143 人（博士生 144 人、硕士生 999 人），普通本科生 1838 人，成人教育本专科生 3182 人（本科生 1693 人、专科生 1489 人）；非计划招生高等教育学生中在职人员攻读硕士学位 456 人，研究生课程进修班 827 人。高考北京地区本科提档线文科 557 分、理科 612 分。在校生 18903 人，其中，学历教育学生中全日制研究生 2634 人（博士生 402 人、硕士生 2232 人），普通本科生 6459 人，成人教育本专科生 7377 人（本科生 4619 人、专科生 2758 人）；非计划招生高等教育学生中在职人员攻读硕士学位 963 人，研究生课程进修班 1470 人。留学生毕业 191 人，招生 276 人，在校生 496 人。学校图书馆建筑面积 1.18 万平方米，藏书总额为 248 万册，其中，中文藏书 126 万册，外文图书 3.2 万册，期刊合订本 5 万册，参考书 2.3 万册。学校网址：www.cufe.edu.cn。

（刘瑜）

【张礼卿入选百千万人才工程】　1 月，中央财大张礼卿教授入选 2007 年“新世纪百千万人才工程国家级人选”名单。张礼卿，教授，现任该校金融学院博士生导师，院长、校学术委员会委员、国际金融研究中心主任。主要研究方向是国际资本流动、经济全球化、人民币汇率改革、国际金融体系和国内宏观经济运行及政策等。在《经济研究》、《世界经济》、《求是》等全国性学术刊物上发表论文 60 篇；出版个人学术著作 1 本，主编 3 本，副主编 1 本，合著或参与撰稿 12 本；主持完成 4 项省部级以上项目，核心参与省部级以上课题 10 项；多次获得省部级以上奖励，为首批财政部跨世纪学科带头人，教育部“新世纪优秀人才支持计划”入选者。

（刘瑜）

【举办阿富汗财政金融官员研修班】　2 月 29 日至 4 月 26 日，中央财大举办阿富汗财政金融官员研修班。该班由商务部主办，开设“中国基本国情与中国改革发展”、“中国援外商务政策与工作情况介绍”、“中国的外交政策与对外关系”、“中国政府的预算管理制度与方法介绍”、“中国政府预算管理体制的建立与完善”、“十一五与中国金融改革”、“发展中国家银行的发展”等内容丰富的学术讲座，并围绕我国财政金融问题在北京、深圳、广州、重庆等地开展一系列考察研讨活动，便于学员进一步了解发展中国家财政金融现状及我国的实践经验。来自阿富汗财政部、经济部、Millie 银行 20 名官员参加学习。

（刘瑜）

【举办双周专题讨论会】　3 月 5 日，中央财大经济学院举办首次 seminar

（专题讨论会）。该讨论会由经济学院院长发起，旨在提高学生学术研究兴趣、搭建学术交流平台、拓展学术思维空间。讨论会上，史宇鹏博士就他的工作论文《进入管制后果及其解释：来自中国的证据》做主题发言。论文选取制造业数据作为样本，借助计量经济模型检验与进入管制影响有关的四个假设。中国社会科学院经济研究所微观经济理论研究室主任、博士生导师剧锦文研究员和经济学院冯薇、王立勇老师进行精彩的点评。与会老师和同学就论文有关内容进行积极讨论。经济学院30多名博士生、硕士生参加此次讨论会。

（刘瑜）

【启动时光计划】　3月8日，中央财

大启动时光计划。该计划旨在号召社会各界，特别是高校教师和学生，捐出自己的时间，为进城务工青年创造学习机会，教育他们利用宝贵的青春时光，学有所成，为他们辅导学业，指引他们未来的职业发展，以便提高他们的文化素质和就业技能，使他们尽快融入城市的文明生活中。在计划实施过程中，该校文化与传媒学院为沙河高教园区的保安员们捐建图书资料室，来自学校金融学院、会计学院等17名本科生和研究生与沙河高教园区28名保安员结对，帮助他们在工作的同时顺利完成中专学习。

（刘瑜　武超群）

【成立校友工作者协会】　3月13日，中央财大成立校友工作者协会。该学生社团由学校校友会指导，以“服务校友，服务学校，服务社会”为宗旨，通过开展活动建立学校与校友的桥梁，更好地为校友服务，加强校友与学校的联系，发挥校友对在校生榜样作用，广泛传播“今天我以中财为荣，明天中财以我为傲”信念，使在校生在校友影响和帮助下成为行业精英国家栋梁。有工作人员40人。

（刘瑜）

【40个项目获批为大学生创新性实验计划项目】　3月14日，中央财大40个本科生科研创新项目被教育部确立为首批大学生创新性实验计划项目。该校每个获批项目获得教育部、财政部资助基金1万元。该校于2007年10月成为首批国家大学生创新性实验计划项目实施高校。为将该计划打造成创新人才培养的平台、优秀成果培育的沃土和学生成才的催化剂，学校不仅制定相关的管理办法，还在课程开设、经费资助、指导教师工作量减免、创新学分申报、实验室使用和图书资料借阅等方面采取配套措施，全方位保障该计划的顺利实施。

（刘瑜）

【举办中国财税改革论坛】　3月20日，中央财大举办2008中国财税改革论坛。论坛指出当前经济发展呈现稳定性、协调性、效益性和可持续性的态势，认为深化财税体制改革是促进经济又快又好发展的重要举措。从政府管理角度出发，提出应以环境的可持续性为财税政策导向；对于目前我国面临中央和地方事权模糊等问题，应首先完善税收体制；同时，国家应该运用财税手段促进“三农发展”，并制定《中小企业法》促进中小企业的发展。国家税务总局税收研究所介绍我国税制改革的总体情况，着重讲解企业所得税和资源税改革的要点。来自国内外专家学者40人参加论坛。

（刘瑜）

【举办德勤杯会计论文大赛】　3月31

日至5月20日，中央财大举办首届“德勤杯”会计论文大赛。该项比赛以中央财大会计学院为依托，面向北京地区高等院校学生。大赛由德勤会计师事务所独家赞助。比赛分2个阶段，其中，3月31日至4月30日，为论文评审阶段，5月20日，进入答辩阶段的六支小组分别进行成果展示。并在陈述结束后接受评委老师的点评和提问。评委老师针对各小组在论文研究中具有的优势和存在的问题进行分析和评议。本次比赛还专门设置观众提问环节。场下观众提问、参赛同学作答，现场形成积极的互动。比赛根据评委打分，决出一、二、三等奖。来自清华、北大、人大、对外经贸、首经贸、北师大、北理工、北语等八所高校的学生代表参加本次论文大赛。“德勤杯”原为“天勤杯”和“天健杯”始于2002年，每年举办一届，共举办六届。

（刘瑜　武超群）

【聘任陈立齐为客座教授】　4月21日，中央财大聘任陈立齐为客座教授。聘任仪式上，陈立齐教授为财政学院师生做题为“Following The Public Money－American Government Accounting Developments”的报告。报告中，陈教授介绍美国政府会计研究自20世纪初到目前的发展轨迹和美国现行政府预算与政府会计规则，强调政府会计从收付实现制向权责发生制的转变，并对中国的政府会计改革提供建议。受聘后，陈立齐将在该校开展政府会计与预算教学研究活动。陈立齐，教授，政府会计研究著名专家。曾经担任UIC会计系主任、政府会计研究与教学中心主任，创办国际上第一个政府会计学术期刊《政府与非营利组织会计研究》*Research in Governmental and Nonprofit Accounting*，创建目前国际上最具影响的政府会计研究组织——“国际政府会计比较研究组织”（CIGAR）。陈教授从1988年起担任美国会计学会（AAA）公共部门委员会主席，中国会计教授协会北美分会主席，获美国会计学会政府和非营利组织部颁发的“终生持久贡献奖”。兼职于世界多个政府部门、国际企业与著名高校，担任美国会计总署（GAO）的研究员、安永（EY）国际会计公司兼职教授。

（刘瑜）

【与濮阳市签订合作协议】　4月23日，中央财大与河南省濮阳市人民政府签订合作框架协议。根据协议，双方将在智力学术研究、人才培养、信息交流等方面展开合作，地方政府负责提供产学研基地、企业出资、财政

资助等方面，学校负责提供智力咨询服务、组织有针对性的科研课题、调研等活动。

（刘瑜）

【二队获美国大学生数学建模竞赛一等奖】 4月，中央财大2支代表队获得2008年美国大学生数学建模竞赛（MCM/ICM）成绩一等奖。其中，1支由会计学院黄一飞、金融学院纪若楠、中国经济与管理研究院杨振刚组成，1支由保险学院杨颖、中国经济与管理研究院欣、会计学院王晓组成。同时，该校还获得3个二等奖，3个三等奖。

（刘瑜）

【获第六届东亚排球锦标赛亚军】 5月1至15日，中央财大女排代表中国在蒙古国乌兰巴托市举办的第六届东亚排球锦标赛上获得亚军。该项比赛共有来自中国、俄罗斯、韩国、日本、蒙古、香港、澳门、中华台北等8个国家和地区男女共计16支代表队参加。

（刘瑜）

【启用数学学习指导中心】 5月14日，中央财大数学学习指导中心启用。该中心由中央财经大雪应用数学学院筹备成立，旨在服务于学生数学学习，促进学校数学教学与德育教育共同发展。中心以数学学习指导中心，开展各项辅导活动，为全校学生提供更好的课后学习服务，帮助全校学生提高数学学习质量。

（刘瑜）

【完成本科教学工作水平评估】 5月

18至23日，中央财大完成教育部本科教学工作水平评估。专家组审阅学校本科教学工作水平评估自评报告；听取王广谦校长代表学校所作题为《求真务实　育经济社会精英人才；追求卓越　建国际知名特色大学》的主题报告；查阅相关支撑材料和原始档案；考察各类办学基础设施和公共教学设施、生活设施；走访二十个教学单位和十五个职能部门；观摩考察二十门课程；调阅千余份学生论文、试卷；进行金融学、实体法和程序法综合等学生基本技能测试；召开校领导、学术带头人、教师代表、新办专业负责人、教学管理人员、实验室工作人员、学生代表等多个座谈会；考察体育场所、学生食堂和学生宿舍。在上述工作基础上，专家组经过讨论和研究，形成对中央财经大学本科教学工作水平评估考察意见。

（刘瑜　武超群）

【会计课程获澳洲会计师公会认证】

5月20日，中央财经大学与世界著名会计师专业团体澳洲会计师公会举行会计学课程认证仪式。经过澳洲会计师公会认证，中央财经大学会计学院的毕业生可直接申请成为澳洲会计师公会会员（ASA）。成为会员后的中央财经大学学生在通过澳洲会计师公会CPA Program专业考试，并完成Mentor Program工作经验计划后，便可申请成为澳洲注册会计师。

（刘瑜　武超群）

【获全国英语辩论赛冠军】 5月25日，中央财大获得第十二届“外研社杯”全国英语辩论赛冠军。本次比赛共有来自全国120支高校代表队参赛，采取国际通行的议会制辩论形式，即模拟实行议会制国家政府讨论议案的方式，由正反方进行辩论。该校代表队由金融学院06金融工程何京锴和05金融工程纪若楠同学组成，经过8常循环赛和4场淘汰赛，以全胜战绩进入决赛，并在决赛中战胜西安外国语大学获得冠军。

（刘瑜）

【国防经济学专业博士研究生毕业】 5月27日，中央财大首届4名国防经济学专业博士研究生毕业。该校首届国防经济专业博士研究生培养任务由国防经济与管理研究院承担。课堂教学期间，共计组织进行150篇外文原始文献讨论工作，聘请多位资深理论研究和在实际工作部门的专家授课。严格组织博士研究生学科综合考试和学位论文开题工作。坚持组织两周一次“研究生双周学术论坛”，讨论学术、检查论文写作进展。首届4名国防经济专业博士研究生在读期间先后参加研究院承担的国家级、部级、校级重点课题8项，获得中央财经大学研究生科研创新基金重点项目2项，出版专著2部，发表学术论文47篇，其中被学校认定的AAA类论文2篇，被人大报刊复印资料全文转载5篇，还先后荣获中央财经大学第12届研究生学术论文大赛二等奖、中央财经大学“启航杯”第11届研究生学术论文大赛二等奖、“启航杯”研究生学术论文大赛优秀奖等多项奖励。

（刘瑜）

【孙国辉获首都劳动奖章】 5月，中央财大孙国辉教授荣获首都劳动奖章。孙国辉，教授，中央财经大学商学院院长兼党总支书记，努力探讨教学改革，较早尝试案例教学方法和双语授课，主编多本国家级教材。其中，有10余项科研成果获得省部级奖。孙国辉教授先后获得“北京市优秀青年骨干教师”、“北京市优秀教师”、“北京市教学名师”等多项荣誉称号。2007年，商学院市场营销专业教师获“北京市优秀教学团队”，孙国辉教授为团队负责人。

（刘瑜）

【建立统计调查系统】 5月，中央财

大统计学院建立统计调查系统。调查系统包括一个数据挖掘与电话调查实验室，一个网络调查系统，一支进行电话调查和面访调查的专业调查员队伍（包括统计学专业的本科生、研究生和调查与数据分析协会的成员），

以及由专业教师和统计专家构成指导教师队伍，可以提供从问卷设计、数据收集到数据整理和分析全面服务，并且可以采用电话调查、网络调查、面访调查等不同方式开展统计调查活动。并成立专门调查中心统一负责统计调查相关工作。其中，网络调查系统依托专业调查软件 LimeSurvey，运行在高性能的服务器上，可以承担较大规模的调查活动，调查结果可直接导入统计软件中进行统计分析。具有成本低、范围广、速度快等特点，是一种应用广泛调查方式。该系统将向学校各部门和师生免费开放，用户可以自助设计和发布调查问卷、获得调查数据，为学生社会实践和学校教学、管理工作提供支持。

（刘瑜　武超群）

【《中财法学文库》首批著作出版】 5至10月，中央财大法学院《中财法学文库》首批著作出版10部。分别为《中国资本市场若干重大法律问题研究》（郭锋主编）、《证券投资基金法导论》（郭锋等著）、《全球环境治理的法律框架》（张小平著）、《个人征信法律制度研究》（艾茜著）、《财政参与处理问题金融机构之法律规制》（邢会强著）、《地方政府地位及财力配置问题研究》（郑琳著）、《鉴定意见证明论——司法鉴定人出庭作证规则研究》（郭华著）、《国际商品贸易协会制裁制度研究》（张旗坤著）、《移动通信服务合同研究》（陈飞著）、《国际民商事案件域外取证法律适用问题研究》（王克玉著）。同时，“文库”还出版论文集两部，分别为《全球化背景下的法律实践教学》（郭锋主编）、《中财法律评论》（第一卷，尹飞主编）。

（刘瑜）

【二人获普华永道会计学优异奖】 6

月6日，中央财大2名学生获得“普华永道会计学优异奖”。分别是06注会班邓尧刚和06会计1班黄灏，分别获得奖学金20000元和5000元。同时，获奖学生获得普华永道事务所实习机会。

（刘瑜　武超群）

【首届中澳合作项目学员毕业】 6月22日，中央财大中澳合作项目“国际贸易/金融风险管理”班首届学员毕业。中澳合作“国际贸易/金融风险管理”项目是该校与澳大利亚维多利亚大学合作的本科教育项目，于2004年获教育部批准设立并招生。中澳项目旨在培养优秀的国际贸易/金融风险管理复合型人才，是构建于“金融学”、“国际经济与贸易”等专业基础上的复合型本科培养项目，采取“全程引进”（4＋0）的国际教育合作模式。该项目通过整体性地引进国外大学的专业教育、原版教材、教学方法和教学手段，学生既可以在中央财经大学完成全部学业，也可自主申请转入维多利亚大学完成学业，两校互认学分。从2004年起，该项目计划内招生列入全国高考招生计划，同时，招收计划外学生。第一、二学年基础课程由中央财大教师承担，公共英语课程由两校教师合作授课。学生完成第一、二学年学习，取得规定学分，通过维多利亚大学主持的英语测试（相当于雅思考试成绩6.0，测试时间在大二学年结束后）者，可获准注册维多利亚大学开设的商学学士学位课程，即进入第三、四学年的学习。维多利亚大学开设的商学学士学位课程由维多利亚大学教师和中央财大教师联合讲授，采用全英文教材。计划内学生完成项目全部培养计划者，由中央财经大学和澳大利亚维多利亚大学分别授予学士文凭。计划外学生完成项目全部培养计划者，由澳大利亚维多利亚大学单独授予学士文凭。首届毕业生共56人，计划内招生毕业生35人，计划外招生毕业生21人。

（刘瑜）

【加入中关村大学科技园联盟】 6月26日，中央财大创业园加入中关村大学科技园联盟，成为联盟理事单位。中关村大学科技园联盟成立于2007年5月31日，是由清华、北大、北理工、首师大等14家大学科技园共同发起创建的。作为中关村地区大学科技园非营利性的自主联盟，大学科技园联盟旨在依托中关村的各种资源优势，广泛开展区域合作和国际合作，提升科技园区的品牌效应和创新服务水平，建立起中关村大学科技园资源共享机制，促进各大学科技园之间的合作和交流。联盟还将研究和解决大学科技园区发展中面临的共性问题，展开联盟内外的资源整合和优势互补、促进上中下游产业链的衔接、进行联盟内信息和技术交流与科技成果共享等活动。

（刘瑜）

【首届MPA研究生毕业】 6月28日，中央财大首届MPA研究生毕业。首届公共管理硕士（MPA）毕业生共27名。首届MPA于2006年3月入学，主要采取半脱产和在职攻读的非全日制培养方式。实行学分制，专业涵盖公共管理与城市管理领域所有学科方向。开设公共管理学、公共政策分析、公共经济学、行政法、电子政务、公共部门人力资源管理、危机管理、财税管理等课程。

（刘瑜）

【通过会计硕士专业学位教育质量评估】 6月28日，中央财大通过会计硕士专业学位（MPAcc）教育质量评估。此次评估组专家由全国会计硕士专业学位教育指导委员会委员组成，在听取汇报、检查相关材料和与学生座谈后，专家组对中央财大MPAcc项目给予充分的肯定，认为中央财经大学MPAcc项目培养特色突出，注重案例教学，教学和学生管理规范高效等方面都取得很好的成绩。

（刘瑜）

【首招艺术设计本科学生】 7月，中央财大完成首次艺术类本科专业学生招生。该校招生艺术类本科专业为艺术设计，开设中外美术史、设计素描、造型艺术等40门课程，学制4年，毕业授予文学学士学位。首批招生面向北京、河南、山东、内蒙古、辽宁、吉林6个省市，供给招收学生22人。2月16至18日，该专业在北京和青岛设专业考试考点。共有来自6省市443名考生参加素描和创意色彩测试。

（刘瑜）

【举办中小银行电子银行产品营销论坛】 8月30至31日，中央财大举办首届中小银行电子银行产品营销论坛。该论坛由中央财经大学商学院主办，由江苏省姜堰市农村合作银行和上海方付通商务服务公司协办，并由《金融营销》杂志提供媒体支持。论坛目的是搭建中小银行与大银行、专家学者的交流平台，促进银行、企业和高校的合作，促进中小银行电子银行产品的营销与推广，推动中小银行的发展，推进中国金融营销研究的深化。论坛介绍举办中小银行电子银行产品营销论坛的背景、意义以及未来计划。来自中小银行的代表介绍自己在银行产品营销活动中的经验和体会，并就相关问题与专家学者进行交流。有关方面的专家学者以及来自全国各地30家银行代表参加论坛。

（刘瑜）

【举办中国管理会计信息化论坛】 9

月5日，中央财大举办首届中国管理会计信息化论坛。该论坛由该校联合北京元年软件有限公司、北京诺亚舟财务咨询有限公司共同主办。会议探讨我国管理会计信息化的基本现状和未来发展趋势。会议开始前，“中财—元年管理会计实验室”揭牌。国内管理会计领域学者、企业CFO、企业信息化专家、IT产业专家以及相关媒体代表50人参加论坛。

（刘瑜　武超群）

【举办金融创新与金融业综合经营研讨会】 9月25至26日，中央财大举

办“金融创新与金融业综合经营”研讨会。该研讨会由中欧世贸项目（EU Trade Project）和该校共同举办。会上，来自欧美的专家从不同角度分析当前全球范围内发生的金融危机和出现的各种新问题，并以案例研究的方式阐述欧盟、美国、英国、德国以及荷兰的相关经验。此次研讨会是本系列第三期也是最后一期研讨会。商务部、中国人民银行、中国银监会、证监会和保监会相关部门人员及该校师生100人参加研讨会。

（刘瑜　武超群）

【启动大学生素质拓展计划】 10月16日，中央财大启动大学生素质拓展计划。大学生素质拓展计划以第二课堂各项活动为主要载体，通过开展生动丰富的教育实践活动，与第一课堂活动相互补充、相互促进，帮助学生实现知识、能力与素质的协调发展，具有普遍性、自主性、开放性和引导性等特征。相关素质拓展活动囊括思想政治与道德素养、社会实践与志愿服务、科学技术与创新创业、文化艺术与身心发展、社团活动与社会工作，以及技能培训等方面。为方便计划实施，校团委专门开发大学生素质拓展计划网络管理系统，学生可以通过网上平台随时添加本人参加各项素质拓展活动的情况，由班级、学院和学校对素质拓展内容进行认证。毕业时，学生将可以获得由校团委颁发的正式版《大学生素质拓展证书》，学生也可根据实习、实践等需要随时打印就业版《大学生素质拓展证书》。

（刘瑜）

【实行本科导师组制】 10月29日，中央财大外国语学院实行本科导师组制。“导师组制”是外国语学院的创新举措，是新型的指导学生成长成才的方式，是对学院06级试行的学生导师制的创新与完善。与以往导师制不同的是，学院的导师都是经过严格选拔的有能力的青年教师，而且“导师组”这一形式更能发挥集体的力量与智慧，集思广益，因而更具优越性，为2007级英语专业39名学生的成长奠定基础。

（刘瑜）

【聘任学生校外职业指导师】 10月30日，中央财大金融学院聘任学生校外职业指导师。聘任仪式上，金融学院为北京东方华尔金融咨询有限责任公司以及金融学院学生校外银行、金融、保险、证券四大专业职业指导老师代表颁发聘书。学生校外职业指导合作单位和校外职业指导老师将对学生在行业认知、职业选择、生涯规划、就业技巧、职场经验、专业实践等中的问题进行共性化指导。同时，针对学生在这些方面存在的个性化问题进行“一对一”的指导。指导形式包括大型报告会、小型主题讨论会、座谈会、到企业参观、实习、管理培训生计划、电子邮件沟通、赠送或推荐阅读书籍等等。通过这些丰富的内容和灵活的指导形式，将培养学生正确的行业认知、引导学生进行合理的人生涯规划，寻求最佳职业发展方向；推荐学生就业和实习，培养学生职业意识，引导他们提前进入职场环境，接受职场锻炼，成为学生踏足社会的引路人。金融学院院共聘任指导师5人。

（刘瑜　武超群）

【举办大学生企业经营管理沙盘模拟赛】 10月31日至11月2日，中央财大举办首届大学生企业经营管理沙盘模拟赛。此次大赛共有8个参赛队共64名同学参赛，分别来自金融、会计等十二个专业，包括2005、2006、2007级等三个年级的本科生，参赛范围广泛。沙盘模拟源于战争中的沙盘模拟推演，它运用独特直观的教具，融入市场变数，结合角色扮演、情景模拟、讲师点评，使受训人员在虚拟的市场竞争环境中，全真体会企业数年的经营管理过程。

（刘瑜）

【召开广播台成立十周年暨校园媒体建设座谈会】 11月10日，中央财大召开校广播台成立十周年暨校园媒体建设座谈会。会议以“继往开来”为主题，会上对青春传媒以往的工作做总结和汇报，介绍正在着手建立档案机制，在记录工作情况的同时，建

立起为未来提供借鉴、促进发展的体系；提出“沟通日常化”的建议，校园媒体各部门应保持紧密的联系和频繁的沟通；指出广播台目前存在学生积极性不高、关注度低、时效性不强、宣传力度不够等实际问题。文化与传媒学院副院长李志军老师给予建议，指出校园媒体首先要“塑魂”，塑造中财自己的特色，要以学生的视角看新闻，把新闻变成同学们的语言，其次应该更大地发挥推广中心的宣传作用，从市场运作角度使之更加专业化。该校领导及师生代表 40 人参加座谈。

（刘瑜）

【引进沃尔特在线求职图书馆】 11 月 18 日，中央财大 MBA 教育中心引进沃尔特在线求职图书馆。沃尔特传媒是全球著名的职业信息公司，被 Fortune 誉为“求职准备的网上最佳去处”，在线图书馆内容涉及 130 本行业指南、4000 份雇主档案、1100 篇求职指导文章以及其他与职业发展有关资料。在线求职图书馆这一国际求职平台的引进，有利于 MBA 学生掌握更多的行业知识、雇主知识，帮助学生做好自我规划和提升求职技能，提高职场上综合竞争力。

（刘瑜）

【完成心理素质教育工作评估】 11月

25 日，中央财大完成市委教育工委学生心理素质教育工作评估。评估专家组在听取汇报、审阅资料、实地考察和学生座谈后，认为中央财大学生心理素质教育工作具有五个特征：一是学校领导对心理素质教育工作高度重视、认识到位；二是全员育人，队伍培训力度大，为学生创造良好的成长条件；三是心理危机干预工作细致、深入，效果显著；四是工作富有创新，尤其是针对家长开展心理健康教育具有重要意义，该项工作值得进一步深入开展；五是工作人员工作作风扎实，获得学生的高度认可。专家组指出，北京市教育工委组织的心理素质教育督导评估目的在于推动高校心理素质教育工作标准化建设，对学校心理咨询中心的建设和发展有利，对学生有利。大学生心理素质教育要依托学生工作和学校各方面资源，面向全体学生开展普及教育，提高学生的综合素质；要注意在实践过程中通过加强教育宣传力度、课程建设等项工作，加大教育宣传覆盖面，切实改变学生讳疾忌医的观念，增强学生的主动求助意识。

（刘瑜　武超群）

【首届双学士学生完成答辩】 12 月 10 至 17 日，中央财大完成首届双学士学位论文答辩工作。本次双学士学位论文答辩工作由网络教育学院组织。该校双学士学位专业现设金融学与会计学两个专业。此次参加双学士学位论文答辩的学生共有 150 人，均为学校 2005 级在校本科生。答辩共分为 14 个小组，其中金融学专业 11 个小组、会计学专业 3 个小组，答辩组的老师均来自金融学院和会计学院。答辩结果为 146 人通过答辩，获得双学士学位。

（刘瑜）

【举办 APEA 第四届年会】 12 月 13 至 14 日，中央财大举办亚太经济学协会（Asia—Pacific Economic Association，简称 APEA）第四届国际会议举行。会议共涉及东亚宏观经济问题、贸易与经济发展、货币与汇率、股票市场与信息、亚洲金融问题和开放经济等 35 个部分，在五个分会场进行 100 多份研究论文演讲。来自 10 个国家专家学者 100 人参加会议。亚太经济学协会成员由来自中国、美国、欧洲、日本、韩国、香港地区、台湾地区的经济学家组成。APEA 年会是美国的主流经济学年会之一，前三届年会分别在日本、美国、香港成功举行。

（刘瑜）

【召开庆祝姜维壮 85 寿辰暨学术研讨会】 12 月 20 日，中央财大召开庆祝财政学院姜维壮先生 85 寿辰暨财政监督管理学术研讨会。研讨会称赞姜维壮先生是“中央财经大学的旗帜”，指出姜维壮先生“五十年代把苏联、东欧的财政理论传入我国，建立五十年代我国最初财政制度，之后三十年每一步经济改革姜维壮先生都做出卓越贡献”，强调“姜维壮先生治学严谨勤奋，做人真诚坦荡，道德文章，文章道德，为几代学生所敬重”。陈共教授以“说实话，办实事，教书育人，身体力行”表达对姜维壮先生的高度赞扬，并指出姜维壮先生忧国忧民爱国主义情操值得大家学习。与会专家学者就姜维壮教授做出创造性发展的财政监督管理领域，分别介绍各自的研究成果及对财政监管这一问题认识。国内高校、科研院所和政府部门的财政专家、学者 100 人参加会议。

（刘瑜）

【《财政史研究》出版】 12 月，中央财大财政学院中国财政史研究所编辑的《财政史研究》由中国财经出版社出版。它是目前国内唯一以财政史理论和教学为研究内容的出版物，也是我国首次以连续形式出版的财政史研究专业书籍。本书特聘请该校副校长李俊生教授和财政史专家孙翊刚教授为顾问，财政学院院长马海涛教授为编委会主任，组成由财政学院李燕、王文素、马金华、张劲涛、李佳等老师参加的编委会，由中国财政史研究所所长王文素任刊物主编。该书计划每年出版一至两辑。

（刘瑜）

【师文杰获得“ETS 杯职业英语奖教金”第一名】 12 月，中央财大外国语学院师文杰老师获得由美国教育考试服务中心（Educational Testing Service）中国办公室举办的首届“ETS 杯职业英语奖教金”一等奖。ETS 杯奖教金计划是 ETS 中国办公室在中国内地高校推行的英语教学奖励项目，旨在促进和支持高校教师的英语教学工作，将托业（TOEIC）英语考培体系引入课堂英语教学，以此推动英语教学课程体系的发展，为社会输送精通英语的优秀人才。本次奖教金计划首度在中国内地高校实行，共有来自十多所高校优秀教师参与评选，评出一等奖 1 名、二等奖 2 名、三等奖 4 名。师文杰老师有着丰富的教学经验，他除完成本科教学工作任务外，还担任学校 MBA 商务英语、MPA 管理英语任课教师。

（刘瑜）

对外经济贸易大学

党委书记 王玲
校 长 陈准民

【概 况】 2008 年，对外经济贸易大学占地面积 342215 平方米，建筑面积 499629 平方米，固定资产总值 67740 万元，其中教科仪器设备资产值 11124 万元。全年教育经费投入 52832 万元，其中，国家拨款 18669 万元，自筹经费 34163 万元。图书馆建筑面积 32969 平方米，藏书总额 169.5 万册，其中一般图书 108 万册(中文图书 88.1 万册，外文图书 5.7 万册)，电子图书 61.5 万册。学校设有国际经济贸易学院、金融学院、国际商学院等 17 个院系部，开设 34 个本科专业，覆盖经济、管理、法学、文学 4 个学科门类；具有 4 个一级学科，1 个一级学科博士点，14 个博士学位授权点，39 个硕士学位授权点，2 个专业学位授权点；2 个博士后流动站，其中，博士后研究人员出站 3 人、进站 6 人、在站 12 人。有 2 个国家重点学科、5 个北京市重点学科、部级重点学科数，1 个国家重点实验室。教职工总数 1516 人，其中，专任教师数 774 人，包括教授 140 人、副教授 302 人；有博士生导师 82 人和硕士生导师 392 人。有享受政府特殊津贴专家 21 人。外籍教师 24 人，其中教授 4 人，副教授 10 人。毕业生 13557 人，其中，学历教育中全日制研究生 1002 人（博士生 8 人、硕士生 994 人），普通本专科生 1677 人（本科生 1595 人、专科生 82 人），成人教育本专科生 431 人（本科生 376 人、专科生 55 人），网络教育本专科生 10137 人（本科生 5288 人、专科生 4855 人）；非计划招生高等教育学生中在职人员攻读硕士学位 310 人。本科毕业生就业率 98.14%，招生 9288 人，其中，学历教育学生全日制研究生 1267 人（博士生 94 人、硕士生 1173 人），普通本科生 2010 人，成人教育本专科生 900 人（本科生 649 人、专科生 251 人），网络教育本专科生 4844 人（本科生 2591 人、专科生 2253 人）；非计划招生高等教育学生中在职人员攻读硕士学位 267 人。高考北京地区本科提档线文科 575 分，理科 614 分。在校生 25678 人，其中，学历教育学生全日制研究生 2873 人（博士生 309 人、硕士生 2564 人），普通本专科生 7726 人（本科生 7650 人、专科生 76 人），成人教育本专科生 2814 人（本科生 1842 人、专科生 972 人），网络教育本专科生 12265 人（本科生 7460 人、专科生 4805 人）；非计划招生高等教育学生中在职人员攻读硕士学位 370 人。留学生毕业 296 人、招生 333 人，在校留学生总数 890 人。学校网址：www.uibe.edu.cn。

（高媛）

【5 个专业获批特色专业建设点】 1 月 7 日，外经贸大 5 个专业获教育部批准入选第二类特色专业建设点。其中，国际经济与贸易专业，所属领域方向为国际经济与贸易国际化人才培养；法学专业，所属领域方向为法学国际化人才培养；西班牙语专业，所属领域方向为外语非通用语种；阿拉伯语专业，所属领域方向为外语非通用语种；非通用语种群（越南语、朝鲜语、意大利语、葡萄牙语 4 个语种）专业，所属领域方向为外语非通用语种。

（高媛）

【获助学捐款50万港币】 1月18日，

外经贸大"匡济助学金"获得捐款 50 万港币。该捐款由台湾商人王俊雄捐赠，用于资助家庭经济困难学生，自 2008 年起连续 5 年，每年为该校"匡济助学金"提供 50 万元港币。王俊雄先生，1960 年出生于台湾省高雄市，1986 年毕业于台湾文化大学，1988 年在台湾成立台湾桦信股份有限公司、台湾欧蒂康股份有限公司，从事通讯设备生产及销售。

（高媛 张玉君）

【与 4 所学校签订合作协议】 3 月 19 日、4 月 10 日、10 月 7 日和 12 月 26 日，外经贸大与 4 所外国高校签订合作协议。其中，3 月 19 日，与美国西东大学签署师生交换协议，根据协议，由中方组织实施两校间"1＋2"工商管理硕士项目，涉及的专业包括会计、金融、管理及营销，参加本项目的学生在西东大学每学期所修全部课程均可获得 10%的学习费用优惠。4 月 10 日，与英国卡迪夫大学签订合作协议，根据协议，该校计划内招收的本科生在该校学习两年赴卡迪夫大学学习修完规定的课程后，将获该校及卡迪夫大学学士学位；计划内招收的研究生在该校和卡迪夫大学各学习一年后将获得两校的硕士学位。10 月 7 日，与澳大利亚阿德莱德大学签订合作协议，根据协议，该校将与外方在学术人员的交换、合作研究（包括合作申请国际研究资金和合作出版研究成果等）、博士生联合培养、博士后研究等方面进行合作。12 月 26 日，与日本名古屋大学签订交流协议。根据协议，两校各以对方作为自己在海外重要研究基地和长期研究合作伙伴，双方本着自主与平等互惠原则，在经济与管理学科以及政策方面共同学术研究；共同召开国际会议，发表研究成果；教学科研人员交流，共同开发课程及授课；学生交流；交换学术资料方面开展合作。该合作协议有效期 5 年。

（高媛）

【举办中国国际商务发展论坛】 3 月 29 日，外经贸大举办首届中国国际商务发展论坛。该论坛由该校与中国世界经济学会共同主办，以"开放型经济体系：中国对外开放三十周年回顾与展望"为主题，研讨对外贸易对转型中的中国起到的巨大作用、新形势下的我国对外开放战略、我国的企业应当如何积极参与全球并购重组等问题。来自国内外 200 多名政府官员、知名专家学者、企业管理经营者参加论坛。

（高媛）

【举办中欧经贸热点问题研讨会】 4月12至13日，外经贸大举办中欧经贸热点问题研讨会。研讨会由该校和德国海因里希·伯尔基金会联合举办，以“竞争与伙伴关系”为主题，研讨分析中国与欧盟在世界经济中的地位，探讨双方贸易政策及市场准入规定的利弊得失，展望中欧在自然资源、气候变化、能源安全等方面合作潜力，讨论中国和欧盟政治经济中新问题和新发展。中国、德国研究机构和大学专家学者60人参加研讨。

（高媛）

【举办创新与竞争论坛】 4月19日，外经贸大举办“创新与竞争——与知识产权相关的反垄断规则论坛”。论坛以“创新与竞争”为主题，采取圆桌高峰会议、专题演讲、分专题深入讨论等方式，以知识产权制度与反垄断法在深层次上的政策取向为中心，研讨反垄断法与各项宏观政策的联系与协调、反垄断法实施后规制知识产权滥用行为的情况、并购交易中的知识产权保护等问题。海内外反垄断专家学者、中外政府部门官员、知名跨国公司和中外著名律师事务所代表100人参加论坛。

（高媛）

【举办中欧经贸合作论坛】 5月30日，外经贸大举办2008中欧经贸合作国际论坛。论坛以“深化合作，共创和谐；中国开放30周年——中欧经贸合作回顾与展望”为主题，研讨中欧经贸合作的历史、现状及其发展前景。来自国内外政府官员、专家学者、知名企业高层管理人等150人参加论坛。

（高媛）

【举办竞争法研讨会】 6月10日，外经贸大召开中国—瑞士竞争法研讨会。研讨会就我国、瑞士及欧盟在竞争法领域理论与实践的发展情况等问题进行探讨。来自瑞士联邦竞争委员会、苏黎世大学欧洲研究所、瑞士中国商会及国内外70多名竞争法领域的专家学者出席研讨会。

（高媛）

【图书信息中心投入使用】 8月29日，外经贸大图书信息中心工投入使用。图书信息中心大楼建筑面积为24935.54平方米。地下一层，地上八层，建筑物总高度为31.86米，藏书200万册，可供12000人使用。该中心集借、阅、藏、学术交流、办公于一体，管理方式从传统、单一、手工为主的封闭式转变为图书资料与读者直接见面，全开架借阅为主的方式。该楼于2006年5月10日开工建设，总投资11972万元。

（高媛）

【六人获教育部2008年社科研究项目】 9月3日，外经贸大6位老师获得教育部2008年社科研究项目审批。分别为马俊老师的《采购供应链的协调及腐败问题研究》（规划项目）、邢小强老师的《面向低收入群体市场的创新研究》（青年项目）、林晶老师的《我国巨灾风险管理的财政支持体系研究》（规划项目）、刘经纬老师的《部属高校补充性养老金制度建设研究》（青年项目）、吴伟老师的《考虑合谋因素的政府安全管制效果研究》（青年项目）和蓝庆新老师的《我国对外直接投资绩效分析与策略研究》（青年项目）。

（高媛）

【成立国际经济学研究中心】 9月18日，外经贸大与美国华盛顿大学合作成立国际经济学研究中心（University of Washington—University of International Business and Economics Research Center for International Economics—RCIE）。根据计划，该中心将每年举办一次国际学术会议、四次有国际知名学者参加的小型研讨会、举办系列学术讲座、发布工作论文、发表经济政策评论与建议、出版中心要闻，建设中心网站以提供丰富的学术信息。中心还将建立访问学者制度，每年资助4名国内外访问学者来中心访问，与中心研究人员合作研究并共同发表学术论文。该中心有研究人员12名，其中，高级职务6人。

（高媛）

【新修订14个教学管理制度】 9月23日，外经贸大修订《本科生课堂学习规范》等14个教学管理制度文件。此次出台的14个教学管理制度规范都是在2005、2006年修订基础上重新修订的，旨在利于学生自主选择专业，调动学生积极性，提高学生学习热情。修订主要集中在学生管理的相关制度，具体表现为“一严一松”。“严”表现在涉及学风、考试纪律、学分、毕业等方面的管理更加严格，“松”表现在新修订的制度对提供学生学习机会如涉及学生辅修时间、跨院转专业等方面规定放宽，制度设计更有弹性。

（高媛）

【举行技术管理和创新研讨会】 10月21日，外经贸大举办中国技术管理和创新国际研讨会。会议由该校技术管理研究中心、中国科技管理学会、人民网等单位共同主办，以“中国技术管理和创新：21世纪的机遇和挑战（Technology Management and innovation in China: Challenges and Opportunities in the 21st Century）”为主题，研讨技术管理与创新、战略管理与领导、知识管理与组织学习等14个问题。大会收到学术论文150篇，遴选出90篇论文进行大会宣读。英国剑桥大学、美国弗吉尼亚理工学院、浙江大学等国内外著名大学、研究机构和国际组织的120名专家学者参加研讨。

（高媛）

【获得捐款100万元】 10月27日，外经贸大获得捐助100万元。该捐款由该校校友谢岷捐赠，用于每年奖励该校优秀本科生、研究生和优秀教师，每年奖励10人，每人1万元。校友谢岷，1984年考入该校国际贸易专业，现任美国艾威资本集团—亚洲基金董事总经理，2008年被聘为外经贸大兼职教授。

（高媛 张玉君）

【成立中国企业国际化经营研究中心】 10月30日，外经贸大成立中国企业国际化经营研究中心。该中心由该校校友筹资构建，定位为集学术研究、企业培训和咨询于一体的学术咨询机构，旨在探讨适合中国企业的国际化经营理论体系和管理实践，为更多的国内企业“走出去”成功参与国际竞争提供颇具参考价值的管理咨询服务，为企业国际化发展提供平台、开拓途径；为中国政府帮助企业走向国际化的政策制定提供学术支持，为“拓展对外开放广度和深度，加快发展国内跨国企业”提供学术保障。中心现有专兼职工作人员 9 名，全部为高级职称。

（高媛）

【举办气候变化国际研讨会】 11 月 3 日，外经贸大与澳大利亚阿德雷德大学共同在北京举办“气候变化国际研讨会”(Climate Change China/Australia Co—operation)。会议就气候变化、能源环境领域的科研成果和规划、中国能源与环境政策的 CGE 分析方法、全球合作应对气候变化、清洁发展机制等热点问题交流最新学术成果。来自澳大利亚使馆以及阿德雷德大学、厦门大学等学校国内外专家、学者 30 人参加会议。

（高媛）

【获安子介国际贸易研究奖一等奖】 11 月 7 日，外经贸大教师孙华好、许亦平合作的成果《贸易差额的衡量：基于所有权还是所在地》荣获第十五届“安子介国际贸易研究奖”优秀论文一等奖。该成果（借鉴西方主要国家和有关国际机构在建立基于所有权的国际贸易统计框架所做方法研究和探索实践的基础上尝试确立完整的机遇所有权的双边贸易差额统计框架）。本届安子介国际贸易研究奖共评出优秀论文一等奖 1 篇、二等奖 5 篇、三等奖 11 篇，优秀著作二等奖 2 部、三等奖 7 部，学术鼓励奖 10 人。

（高媛）

【举办中国国际贸易学会年会】 11月

8 日，外经贸大举办 2008 年中国国际贸易学会年会暨国际贸易发展论坛。会议以“改革开放 30 周年回顾与展望——中国对外经贸发展新思路”为主题，对我国对外开放 30 年的经验进行回顾和总结，就国际贸易、FDI、国际收支、中国对外贸易政策与战略，对外开放与区域发展以及我国对外经贸发展新思路问题进行探讨。来自海内外国际经济贸易领域领导、专家、学者 200 人参加会议。

（高媛　张玉君）

【举办中国与拉美国家经贸关系研讨会】 11月28日，外经贸大召开第二

届中国与拉美国家经贸关系研讨会。会议就来中拉经贸关系新趋势、从战略高度看中拉经贸关系、自由贸易协定对中拉贸易关系影响以及中拉贸易关系的可持续发展等主题进行研讨。自中国社会科学院、现代国际关系研究院、中国国际贸易学会和该校专家学者 30 人参加研讨。

（高媛　张玉君）

【出台人才强校战略相关措施】 12 月 11 日，外经贸大出台《对外经济贸易大学专业技术岗位破格聘用实施细则（试行）》和《对外经济贸易大学人才安居基金管理暂行办法》。《对外经济贸易大学专业技术岗位破格聘用实施细则（试行）》，对专业技术岗位破格申请的原则、条件、破格聘用组织、破格聘用程序和考核都作出明确和详细的规定，为进一步加快该校高层次人才队伍建设，促进优秀人才脱颖而出和学科建设提供有力的支撑。《对外经济贸易大学人才安居基金管理暂行办法》，设立的主要目的是协助该校各类人才能够较快的购买安居所需的住房，实现安居乐业等，吸引和留住各类人才。

（高媛）

【六项目获市优秀哲学社会科学成果奖】 12 月 17 日，外经贸大 6 项科成果获得市第十届哲学社会科学优秀成果奖。其中，王国军《社会保障：从二元到三维——中国城乡社会保障制度的比较与统筹》获一等奖，桑百川《外商直接投资：中国的实践与论争》、郭飞《贸易自由化与投资自由化互动关系研究》、郑俊田《中国海关通关实务》、雷光勇《大股东控制、融资规模与盈余操纵程度》、吴军《现代语言学视角下的俄语成语学》获得二等奖。

（高媛）

【举办高等教育国际化研究研讨会】

12 月 19 日，外经贸大举办高等教育国际化研究暨国际化指标体系研讨会。会议就高等教育（高校）国际化指标进行讨论，对评估高等教育（高校）国际化 77 项指标进行调研。来自教育部、国教育国际交流协会、北京市教委、广东省教育厅以及中南财经政法大学等全国 38 所高校的 50 名代表参加会议。

（高媛　张玉君）

北京物资学院

党委书记　刘木春
院　　长　谭向勇（3 月免）
　　　　　　王稼琼（3 月任）

【概　况】 2008 年，北京物资学院占地面积 397016 平方米，建筑面积 178411 平方米（含学校产权建筑面积 144763 平方米、非产权建筑面积 33648 平方米）。固定资产总值 23818 万元，其中教科仪器设备资产值 6860 万元。全年教育经费投入 23459.15 万元，其中，国家拨款 21612.83 万元，自筹经费 1846.32 万元。下设 4 个二级学院，三个系，另设有体育教学部、研究生部、继续教育学院。开设本科专业（方向）20 个，高职专业

3个，硕士学位授予点数5个，二学位点1个，2个部级重点学科；教职工总数693人，其中，专任教师394人，包括教授34人、副教授105人；硕士生导师85人；享受政府特殊紧贴专家2个。外籍教师数2个。毕业生2510人，其中，学历教育学生中全日制硕士研究生84人，普通本专科生1493人（本科生1377人、专科生116人），成人教育本专科生1017人（本科生184人、专科生833人）。本科毕业生就业率92.85%。招生2581人，其中，学历教育学生全日制硕士研究生157人，普通本科生1522人，成人教育本专科生902人（本科生261人、专科生641人）。北京地区高考提档线理科472分，文科495分。在校生10031人，其中，学历教育学生全日制硕士研究生413人，普通本专科生6122人（本科生5988人、专科生134人），成人教育本专科生3496人（本科生688人，专科生2808人）。留学生毕业19人，招生19人，在校生19人。学院网址：www.bwu.edu.cn。

（孙杰　王萍）

【建立课堂秩序监控制度】 2月，物资学院学生工作部建立课堂秩序监控制度。该项制度主要措施为学生处设"课堂秩序监督岗"，由专人负责课堂秩序监督和日常管理；学生工作系统轮流值班，每天2名专职干部通过多媒体设施对课堂情况进行监控；每天对上课秩序较差的班级向所在院系提出反馈意见，每两周对课堂秩序情况进行汇总并通报；学期课堂秩序汇总情况将作为班级评优重要依据。

（孙杰　王萍）

【7部教材被列为国家级规划教材】 3月5日，物资学院7部教材被列为"十一五"国家级规划教材。分别是刘俐编写的《现代仓储管理与配送中心运营》、邬跃编写的《物流实验教程》、孙秋菊编写的《现代物流概论》、赵娴编写的《物流经济学》以及翁心刚编写的《物流管理基础》、崔介何编写的《物流学》和《物流学概论》。

（孙杰　王萍）

【一项目通过高等教育学会评审】 3月20日，物资学院与用友软件股份有限公司合作开发的校企合作项目"ERP沙盘模拟实训课程体系"通过中国高等教育学会评审。《ERP沙盘模拟实训课程体系》以"产学研"相结合，以培养企事业单位所需要的信息化人才为目的，采用先进的教育理念，独特的教学方式，开创"体验式"教学创新创业人才培养的新型课程与教学形式。该院自2002年最先尝试校企合作，并从2005年开始，在会计系所有专业开设ERP沙盘模拟实训课程，进行完整培养，取得良好实践教学效果。2006、2007年两届学生参加全国沙盘大赛北京地区半决赛，并在2007年代表北京地区参加全国总决赛，荣获得一等奖。

（孙杰　王萍）

【《中国流通经济》入选中文社会科学引文索引来源期刊】 3月，物资学院《中国流通经济》杂志入选中文社会科学引文索引（2008—2009）（Chinese Social Science Citetion Index，CSSCI）来源期刊。该杂志曾于1996年、2004年两度入选上榜。《中国流通经济》杂志（原名《中国物资》）创刊于1982年2月，是物资学院主办的财经类理论刊物。

（孙杰　王萍）

【采取临时补贴措施】 3至6月，物资学院采取对学生和食堂临时补贴措施。学生可每月获得临时补贴20元，并享受食堂低价菜、免费汤、免费调料的供应，学校还采取各种措施帮助学生食堂进一步降低成本，节约开支，保证饭菜质量，提供优质服务。

（孙杰　王萍）

【召开心理健康危机预防报告会】 4

月2日，物资学院邀请蔺桂瑞教授作题为"大学生心理健康危机预防与干预"的专场培训报告。报告就大学生心理健康危机定义、特点、预防和应对方案作分析和讲解，并讲解各种人员在危机事件出现时应采取的干预措施。该院师生300人参加学习。

（孙杰　王萍）

【举办中国流通现代化论坛】 5月10日，物资学院与中国物流与采购联合会、中国市场学会共同举办第二届中国（北京）流通现代化论坛——国际物流与采购高峰论坛。该论坛以"国际物流与采购"为主题，以流通现代化、物流、现代商业、供应链管理、绿色流通、流通产业发展战略、电子商务、市场营销及其有关问题研究为议题。与会者认为，伴随着经济全球化的迅猛发展，流通业已成为连接生产和消费的关键环节；推进流通现代化，降低经营成本，提高企业竞争力，对提高我国经济整体运行效率和质量、应对经济全球化的挑战、推进科学发展、构建和谐社会具有重要意义；现代物流业作为生产性服务业的重要组成部分，已进入全面、快速、稳定发展的重要时期；面对新的发展机遇，我国应着力创造有利于物流发展的政策环境，培养专业物流人才，进一步加强流通经济理论的研究与创新，总结经验，注重实验，组织交流，探索富有中国特色的物流发展道路；采用供应链模式改造、提升我国制造业，通过采购战略管理提高企业绩效。奥运经济为北京流通业发展带来无限商机，首都流通业应乘势而上，加快现代化进程，早日与国际接轨。来自中、法、德、日经济界、学术界、企业界代表及高等院校师生200人参加论坛。

（孙杰　王萍）

【成立物流博物馆】 5月10日，物资学院成立中国首家专业物流博物馆。该物流博物馆是一个在物流方面集收藏保护、陈列展示、人才培养、科学研究和学术交流于一体的现代化的多功能博物馆，面向社会各界开放。馆内利用藏品，通过实物、图片、影视音像等形式陈列展览，展示中国古代和近代物流发展和变迁的历史；通过实物展览、沙盘模拟、模型演示、多媒体演示等现代化的手段表现中国现代物流的发展以及未来物流发展的蓝图。该馆2007年开始建设，投资1000万元。

（孙杰　王萍）

【通过物流实验实训基地授权】 5月16日，物资学院继续教育学院通过英国皇家物流与运输学会、中交协北京人力资源培训中心中国ILT认证总部授权为中国区ILT物流实验实训基地。该学院已培养ILT各级学员300人，为基德机械、北京现代、统一食品、得利德物流、中外运、婷美等企业输送和培养大批中高级管理人员。继续教育学院荣获英国皇家物流与运输学会“最佳培训机构进步奖”。

（孙杰 王萍）

【成立商学院】 6月25日，物资学院成立商学院。商学院是在原物流学院工商管理专业、市场营销专业和会计系的基础上组建起来的。设有工商管理、市场营销、财务管理、会计学4个教学系，开设工商管理、市场营销、财务管理、会计学4个本科专业，建有会计多媒体实验室、财务管理实训室、集团财务协同实验室、体验理财中心、大学生实训基地5个实验室，有教职工53人，其中，北京市青年骨干教师5人、教授2人、副教授26人、博士17人。

（孙杰 王萍）

【获批外国留学生奖学金项目】 6月26日，物资学院首次获批外国留学生奖学金项目。3月，物资学院国际交流中心向北京市教委申报《北京市外国留学生奖学金项目》。4月，市教委经研究通过该院申请。6月，该院共有13名学生获得奖学金，每人平均5000元。

（孙杰 王萍）

【周末小教室开讲】 10月10日，物资学院物流学院“周末小教室”开讲。“周末小教室”活动是在原物流学院崔介何教授创新团队定期学术研讨会和孙前进博士主办物流基地学术沙龙的基础上构想出来的一种学术研讨模式，通过不同学术背景教师的知识观点表达、学术思想碰撞，拓宽学术思路与领域，激发创新激情，提高创新能力。“周末小教室”属于学术研讨会性质，每讲都将围绕一个小的主题，由主讲人进行30分钟主题发言，每位参会者可以领取到一份讲义，并参加一个半小时左右主题研讨。每两周举办一次。

（孙杰 王萍）

【实用新型专利获得批准】 10月15日，物资学院物流学院教师王成林等申请的“一种基于现代物流管理原理的物理实验器材管理系统”实用新型专利经过国家知识产权局审核后获得批准。该实用新型的目的在于提供适合高等院校物理实验室器材使用的物理实验器材管理系统，该系统基于现代物流管理思想，提供物理实验器材管理方案。

（孙杰 王萍）

【召开校园总体规划评审会】 10月

21日，物资学院召开校园总体规划评审会。评审专家们对学校总体规划的设计理念、交通设计、功能分区、规划指标等方面提出建议，对学校的校园总体规划表示肯定，通过评审后一致认为：校园总体规划结合学院远期发展目标和学校用地的现实情况，对校园内部进行梳理整合，合理布局功能分区，明确交通流线与景观特色，符合学校今后发展要求。

（孙杰 王萍）

【开展素质拓展培训】 10月25至26日，物资学院大学生心理健康教育与咨询中心在昌平华宇素质拓展基地开展素质拓展培训。该活动从破冰环节开始，由信任背摔、空中断桥、不倒森林等活动组成。该培训由心理中心2名教师带队，48名学生心理健康活动骨干进行素质拓展培训。

（孙杰 王萍）

【与中央兰开夏大学签订合作协议】 10月30日，物资学院与英国中央兰开夏大学于签订合作协议。根据协议，该院经济学、电子商务、信息技术及商科专业的学生在学校学习三年，同时英语达到规定的成绩后，可直接转入兰开夏大学就读相关专业最后一年的课程，全部课程结束经考核合格后，将获得物资学院和中央兰开夏大学两校的本科学位。

（孙杰 王萍）

【举行院系任期目标责任书签字仪式】 11月12日，物资学院举行院系任期目标责任书签字仪式。院系领导任期目标责任包括实施人才强校战略，建设高水平、高素质师资队伍；创新育人模式，全面提高教育教学水平；加强学科建设，不断增强学科竞争力；狠抓科技创新，提升自主创新能力；以改革创新精神加强党建和思想政治工作；任期内学院其他特色工作。该院院系领导7人全部签订责任书。

（孙杰 王萍）

【通过《北京物资学院绩效工资实施方案》】 12月30日，物资学院召开北京物资学院绩效工资改革方案表决大会。该会介绍《北京物资学院绩效工资实施方案》的起草背景、征求意见过程、主要内容和尚需进一步完善的地方。会议应到代表81名，实到59名；经举手表决，一致同意《北京物资学院绩效工资实施方案》，另有7名代表提交表示同意的书面意见。

（孙杰 王萍）

首都经济贸易大学

党委书记 申建军（6月免）
　　　　 柯文进（6月任）
校　　长 文魁

【概　况】 2008年，首都经济贸易大学占地面积32.97万平方米，建筑面积41.45万平方米。固定资产总值74974万元，其中教学科研仪器设备资产值10078万元。全年教育经费投入55631万元，其中，国家拨款41082万元、自筹经费14559万元。设14个院（系、部），34个本科专业、5个专科专业，28个硕士学位授予点（含MBA），9个博士学位授予点，1个博士后流动站。1个国家重点学科，2个北京市重点学科，6个北京市重点建设学科。教职工1651人，其中，专任教师679人。专任教师中，教授103人、副教授258人、讲师267人、助教29人；博士生导师27人，硕士生导师264人。另聘请外籍教师9人、外聘高级专家37人。毕业生4945人，其中，学历教育学生中全日制研究生585人（博士生19人、硕士生566人），普通本专科生2306人（本科2267人、专科39人），成人教育本专科生2054人（本科1042人、专科1012人）；非计划招生高等教育学生中在职人员攻读硕士学位202人。本科毕业生就业率95.67%。招生6300人，其中，学历教育学生中全日制研究生650人（博士生49人、硕士生601人），普通本专科生2720人（本科2591人、专科129人），成人教育本专科生2930人（本科1238人、专科1692人）。高考北京地区提档线本科第一批文科522分、理科530分。在校生21003人，其中，学历教育学生中全日制研究生1848人（博士生150人、硕士生1698人），普通本专科生10426人（本科10110人、专科生316人），成人教育本专科生8729人（本科3492人、专科5237人）。留学生毕业262人、招生437人、在校生529人。校办产业年营销总收入4090万元。图书馆建筑面积3.57万平方米，藏书总额为122.10万册。学校网址：www.cueb.edu.cn。

（钟志红）

【新增数学与应用数学本科专业】 2月，首经贸新增数学与应用数学（金融数学）本科专业。该专业旨在培养学生成为既具备数学思维又懂得投资金融分析的新型复合型人才，开设证券投资学、金融经济学、金融计量等39门课程，学制4年，毕业获得理学学士学位，该专业于7月招生，首批招收学生25人。

（钟志红）

【举办教职工文化艺术节】 2月，首经贸首届教职工文化艺术节闭幕。活动以“弘扬时代精神，展示首经贸风采，建设和谐校园”为主题，由教工书画摄影展，女教工风采大赛，教职工巧手大赛，集邮展，棋牌大赛，足球五人小场地比赛，羽毛球争霸赛，太极扇培训班，艺术节系列专业讲座等组成。该校教职工1万人次参加活动。该艺术节2007年9月5日开始。

（钟志红）

【召开教学工作会议】 3月19日，首经贸召开教学工作会议。会议提出“精益课堂”这个概念，“精”体现为

精当、精心、精彩，具体可阐释为课堂要有品位，不庸俗；要有效率，不拖沓；要有兴趣，不枯燥。并提出3个创新，一是要不断深化学分制管理改革，教学管理逐渐向学生的“三自”（自主选择修读课程，自主选择任课教师，自主选择学习进程）管理模式过渡；二是要在数学课程中，试行“研究生助教”制度；三是要加强对课堂教学、实践教学、院系教务管理等主要环节的监控与指导，推进和完善该校学生评教、专家评教和教师互评的教学质量监控体系等。该校校领导及各院系院长和教学秘书共60人参加会议。

（钟志红）

【成立人力资源和社会保障发展研究院】 3月26日，首经贸成立中国人

力资源和社会保障发展研究院。该研究院依托首都经济贸易大学、国家发展和改革委员会社会发展研究所，日常办事机构设在该校劳动经济学院。该院开展人力资源和社会保障领域研究，由顾问、专家和科研人员36人组成，全部为高级职务。

（钟志红）

【二专业入选国家级特色专业】 3月，首经贸二专业入选国家级特色专业。其中，经济学专业获得第一批国家级特色专业，劳动与社会保障专业获得第二批国家级特色专业。每个第一批特色专业建设点将分四年获得国家的支持经费80万元。第二批特色专业建设点按中央部委所属高等学校和地方高等学校分配名额，其中，中央部委所属高校占850个，地方高校占1650个。

（钟志红）

【设立学生事务直通车】 4月8日，首经贸推出首列校长办公会学生事务“直通车”。直通车是指学代会收集学生提案，通过整理在校长办公会上和校领导面对面提交并共同讨论相关学代会提案。办公会上对能够做出解决决定的现场给予答复；需要经过调研再决策的，限期给学生会答复；现在解决不的，列入学校的发展规划。

（钟志红）

【举办教师多媒体教育软件大赛决赛】

4月9日，首经贸举办首届教师多媒体软件大赛决赛。比赛采取网上评审和课件现场演示形式，5个学院7名教师入围决赛。最终评出1等奖3名，2等奖4名。

（钟志红）

【举办建设精益课堂教学经验交流会】 6月25日，首经贸金融学院举办建设“精益课堂”教学经验交流会。由金融学院国际金融系党支部和金融投资系党支部联合举办“精益课堂——金融学院教学经验交流会”，将其作为落实教师职业生涯规划的具体举措。教学经验交流会主要第一部分是教学观摩。8位中青年教师进行教学演示。8位教学经验丰富的教授分别对他们教学内容逐一加以点评。第二部分为教学经验体会交流。会议邀请四位广受学生好评的老中青教师代表为大家介绍自身多年来的教学体会。学校教学督导专家、教授及宣传部领导和金融学院教师共45人参加会议。

（钟志红）

【召开搞教学抓质量教学研讨会】 6月25日，首经贸财政税务学院召开“聚精会神搞教学，全力以赴抓质量”为主题的学院教学研讨会。会议以“完善课堂教学的几点思考”、以“如

何设计一堂课”为题展开演讲。老师一致认为，在教学过程中，教师要多做相关的功课，注重学生需求，能够讲授多元化的知识，注重对学生的引导，让学生在学习之外有所得。主管学生工作的副院长，从学生工作角度对教学方式和教学方法提出见解。学生期望教师可以有灵活的教学方式，注重学生的反馈意见，及时调整教学方式，不要照本宣科、没有授课重点，解决部分课程教学方式死板，案例没有针对性，知识陈旧等问题。学校领导和财政税务学院教师 30 人参加会议。

（钟志红）

【一人获得北京市十佳辅导员称号】 6 月 26 日，首经贸经济学院分团委书记宋晓颖荣获“北京市十佳辅导员”荣誉称号。评选由市委教育工委、市教委主办。评审委员会前期对各高校推荐的参评对象初审后，对入选的 35 名候选人进行公开选评，经过教育部门的专家评审、人民网的展示投票和《大学生周刊》的报刊投票三个环节，评出十佳。宋晓颖，1979 年 6 月出生，2007 年 7 月毕业于北京服装学院艺术设计专业，同年分配到该校工作，担任学生干部。

（钟志红）

【广播电视网投入使用】 9 月 1 日，首经贸广播电视网正式投入使用。该校广播电视网经过 8 月份的试运行，9 月 1 日正式开始投入使用。广播电视网包含网络广播电视、网络有线电视直播、网上会议平台三部分。网络电视直播用于以视频组播的形式实现全校师生收看电视直播，师生可以通过计算机在网络上实时收看同步的有线电视节目，可同时在线实时收看有线电视节目，不受用户数量、场地大小的限制，目前我校网络电视直播可以提供八个频道的电视节目，为全校师生观看奥运比赛及电视节目提供便利的条件；网上会议平台子系统，可以同时组织召开不同的会议，不需要占用学校的会议室资源，最多可同时容纳 20 个终端在线参加会议，为传达学校精神及培训服务提供有力保障。该校广播电视网的登陆地址是：tv. cueb. edu. cn。

（钟志红）

【一中心被评为国家级实验教学示范中心】 9 月，首经贸经济与管理实验教学中心被评为 2008 年国家级实验教学示范中心。该中心是该校荣获的首个国家级实验教学示范中心。中心包括经济运行与国际贸易实验室、劳动科学实验室、数字化金融实验室、数字化调查研究实验室、电子商务实验室、会计信息化实验室、会计财务综合实验室、税务与资产评估仿真实验室、数字城市实验室和沙盘推演实验室等十个实验室；采用矩阵式管理体制，按照“统一规划、统一管理、资源共享、全面开放”的原则，实行科学化、制度化、规范化、专业化管理。

（钟志红）

【举办世界银行专家报告会】 10 月 8 日，首经贸金融学院举办世界银行专家报告会。会议由世界银行曾小东、陈晓雷两位专家做题为“次贷风暴”报告。报告以美国日益严重的次贷危机为主题，就美国次贷危机的产生和演变过程、引发危机的原因和特征、次贷风暴对中国的影响等进行深入分析，并就美国金融风暴对中国的启示进行深刻阐述。该校师生 200 人参加报告会。

（钟志红）

【举办全国高校资产评估教学研讨会】 10 月 11 日，首经贸举办全国高校资产评估教学研讨会。会议围绕如何搭建这样一个学术性机构的议题进行讨论。专家们表示，此资产评估机构的建立要根据当前资产评估业的发展需求，符合教育教学规律，以高校为主发起，建立一个中国高校资产评估教学学会或是研究会。国内 6 所院校 200 人参加会议。

（钟志红）

【举办财务理论与实践研讨会】 10月

25 至 26 日，首经贸举办财务理论与实践研讨会。会议分三个会场讨论，分别涉及财务理论与政策、会计理论与准则、审计与成本管理三个方面，与会专家对股利政策、营运资本政策等在内的财务决策问题、会计改革以及新会计准则实施中涉及的问题、效益审计等实际问题进行探讨，共收录论文 84 篇。国内外政府官员、企业管理者和学术界专家 160 人参会。

（钟志红）

【举办全国地方院校金融论坛】 11 月 8 日，首经贸举办全国地方院校金融论坛。该论坛是该校作为牵头单位，联合天津财经大学、河北经贸大学、浙江财经学院共同发起举办，以“区域金融发展与金融中心建设”为主题，探讨我国经济金融如何规避风险，保持区域金融健康、稳定、可持续发展问题，提出一系列关于构建区域金融中心的对策，指出目前整个中国市场处于不景气状态，尤其是电力、铁、铝等行业业绩下滑，给中部地区的经济发展导入不利因素。这种状况产生的原因是由于国家施行过紧的货币政策和严酷的世界环境，同时，中国经济增长也存在缺陷，应逐步将出口导向转移到扩大内需、开拓国内市场。国内 30 所地方院校 90 人参加论坛。

（钟志红）

【举办海峡两岸应用统计学术研讨会】 11 月 10 至 15 日，首经贸举办第四届海峡两岸应用统计学术研讨会。会议由该校与中央财经大学、西南财经大学和台湾淡江大学合办。研讨会由主题报告和分组讨论组成，其中，由首都经济贸易大学、美国宾夕法尼亚州立大学、台湾政治大学、中国人民大学 4 名教授作主题报告；开设统计理论与方法、经济统计、金融统计等 8 个讨论组。会议收到论文 100 篇。海峡两岸和香港澳门 60 所高校专家学者 100 人参加会议。

（钟志红）

【召开学科建设与科学研究大会】 12 月 30 日，首经贸召开学科建设与科学研究大会。大会以“科学发展，勇于创新”为主题，总结近年来该校学科建设与科学研究取得的突出成就，进一步明确该校未来学科形成具有现代化、国际化、信息化发展框架学科专业体系，是学科建设综合实力达到国际先进水平，部分优势学科进入国内领先行列的发展方向。该校校领导、各院（系）领导和学科带头人30人参加会议。

（钟志红）

【完成处级领导干部换届聘任工作】 12月31日，首经贸完成处级领导干部换届聘任工作。该工作于11月14日至31日进行，涉及全校所有部门和院系。对部分行政单位、基层党组织进行新建、撤销、合并和更名，本次干部聘任任期缩短为3年。在任命127名干部中，新任干部49人，占总数的38.58%，其中正处19人，副处30人；女性干部58人，占总数的45.7%，比上届提高1.1个百分点；少数民族干部9人，占总数的7.1%，比上届下降1.8个百分点；党外干部12人，占总数的9.4%，比上届上升1.1个百分点；具有中级及以上职称的干部117人，占总数的92.1%，比上届提高5.5个百分点；具有研究生学历的干部73人，占总数的57.5%，比上届提高23.7个百分点；45周岁及以下的干部81人，占总数的63.8%；比上届提高24.3个百分点；51周岁以上的干部31人，占总数的24.4%，比上届下降23.4个百分点。本次干部聘任共任命双肩挑干部61人，占总数的48.0%，其中校部机关双肩挑干部8人，占总数的6.3%；现任处级干部轮岗27人，提职干部轮岗10人，共轮岗37人，占干部总数的29.1%。干部平均年龄43岁。

（钟志红）

外交学院

党委书记　秦亚青

院　　长　吴建民（3月免）

赵进军（3月任）

【概　况】 2008年，外交学院占地面积65039平方米，建筑面积89470平方米。固定资产总值17201万元，其中教学仪器设备资产值为1703万元。全年教育经费投入8456万元，其中，国家拨款4794万元，自筹经费3662万元。图书馆建筑面积5000平方米，藏书总额40万册，电子图书18万册；订有中文报刊977份，外文报刊75份，各类型文献数据库17个。设有外交与外事管理系、英语系、外语系、国际法系、国际经济学院、研究生部、成人教育学院5个直属院（系），以及国际关系研究所、国际法研究所、基础教学部和国际教育学院，中国国际法学会、中国国际关系学会挂靠外交学院。开设本科专业6个，涵盖法学（含政治学）、文学、经济学3大学科门类；具有博士学位授权点2个，硕士学位授权点8个。省、部重点学科2个。教职工400人，其中，专任教师181人。专任教师中教授29人，副教授79人；硕士生导师62人，博士生、硕士生导师10人。外籍教师21人，其中，教授2人，副教授6人。毕业生917人，其中，学历教育学生中全日制研究生214人（博士生15人、硕士生199人），普通本科生208人，成人教育本专科生495人（本科生207人、专科生288人）。本科毕业生就业率98.08%。招生882人，其中，学历教育学生中全日制研究生220人（博士生16人、硕士生204人），普通本科生262人，成人教育本专科生400人（本科257人、专科143人）。高考北京地区提档线理科635分，文科596分。在校2418人，其中，学历教育学生中全日制研究生484人（博士生50人、硕士生434人），普通本科生924人，成人教育本专科生1010人（本科676人、专科334人）。留学生毕业92人，招生90人，在校147人。学院网址：www.cfau.edu.cn。

（袁媛）

【举办中国经济外交研讨会】 3月23日，外交学院举办首届中国经济外交研讨会。会议以当前中国经济外交新进展、中国经济多边与双边外交中的重大主题以及经济外交理论为主题，研讨"中国开展经济外交面临的外部环境"、"对中国经济外交的几点重要思考"、"软硬权力与'四个世界'问题"、"中国经济外交的特点与变化"问题。与会专家认为，随着中国参与经济全球化程度的不断加深，经济问题已经成为我国当前外交工作的重要内容，中国涉外经济活动越来越需要有外交意识，符合总体外交战略的要求。经济外交实践亟需经济外交理论的支持。中国应当担负起与我们的实力相适应的责任。在开展经济外交时，中国应当清醒地认识自身，清醒地看待外界评价，既要认识自身的经济政治实力，也要客观评估中国在多边经济合作机制中的地位。中国开展经济外交要在建设和谐世界的原则指导下，追求互利共赢。

（袁媛）

【召开周恩来外交学学术研讨会】 3月24日，外交学院召开纪念周恩来诞辰110周年暨全国第二届周恩来外交学学术研讨会。会议研讨"周恩来对新中国优良外交传统的贡献"和"周恩来'求同存异'思想对当今建设'和谐世界'的启示"，认为周恩来总理是中国外交的奠基人，他在建国后不久就提出要使外交学中国化、系统化和科学化，最终建立起中国特色外交学的想法，周恩来提出"和平共处五项原则"和"求同存异"对中国影响深远，也是实现和谐世界的必要途径。国内外专家学者20人参加会议。

（袁媛）

【举办两期香港官员培训班】 4月20至27日和11月21日，外交学院举办两期香港特区政府官员培训班。其中，4月20至27日，举办第五期香港特区政府公务员"外交事务研习课程"，学员18名，来自香港16个政府部门；11月13至21日，举办第一期香港特区政府入境处官员"外交知识综合培训班"，共有20名入境处官员参加。培训班邀请著名专家学者和外交部资深官员进行20场专题讲座，内容涉及中国外交、当前国际形势、外交业务知识等。并安排学员访问国务院港澳办、观摩旁听外交部例行记者招待会，参观外交部橄榄厅、鸟巢和水立方等。

（袁媛）

【举行两次中韩思想库政策对话会议】 5月15日和9月29日，外交学院举办两次中韩思想库政策对话会议。5月15日，该院举办主题为“两国新政府期间中韩关系的提升”的中韩思想库政策对话圆桌会议。与会专家围绕提升中韩关系的途径与方法、新形势下中韩美日关系的协调、朝核危机管理的新进展及如何更好推动朝核问题的谈判解决等议题展开讨论。双方学者认为，中韩双方应当加强互信，建立信任机制，进一步提升中韩关系。9月29日，该院举办主题为“东北亚国家间的战略关系”对话会议，对话会对东北亚战略关系、东北亚信心建设与危机管理、东北亚战略稳定与问题、中韩相互认知的改善四个议题进行讨论。来自中国、韩国专家学者50人参加会议。

（袁媛）

【潘基文来访并发表演讲】 7月1日，

外交学院接待联合国秘书长潘基文一行。潘基文就有关联合国问题发表演讲。潘基文在讲话中表示，粮食危机、气候变化、千年发展目标的实现是全球当前面临并亟须推动解决的三大问题，这三大问题非常复杂又相互关联，全世界应该共同努力，共同应对这些挑战。作为联合国常任理事国之一和世界上人口最多、发展最迅速的国家，中国的全球影响力正不断扩大和发展。联合国需要中国进一步参与，并给予更多、更大的支持。同时，他表示作为联合国秘书长，他全力支持汶川灾区重建工作。该院师生500人参加学习。

（袁媛）

【接待科恩访问】 10月23日，外交学院接待爱尔兰总理布赖恩·科恩一行访问。访问期间，科恩发表题为《面向未来的爱中关系》*Ireland and China Relations: Looking Forward* 演讲。科恩在讲话中高度评价中国改革开放30年来的建设成就。他指出，30年来，约5亿中国人实现脱贫，同时中国不断融入全球经济，取得前所未有的成绩。爱尔兰政府愿积极推进与中国在各领域的合作交流，促进双边关系深入发展。该院师生500人参加学习。

（袁媛）

【召开外交外事人才培养模式研讨会】 11月21日，外交学院召开“创新型外交外事人才培养模式”研讨会。会议围绕着创新型外交外事人才应具备的素质和如何培养创新型外交外事人才两个议题进行讨论。与会代表一致认为，伴随着中国综合国力日益提高，与世界关系日益密切，外交外事人才培养事业面临着巨大的挑战和机遇，国家发展需要更多既通国情又懂世界的政治素质过硬的复合型外交外事人才。作为中国重要的外交外事人才培养基地，外交学院应该进一步发挥优势，利用大好机遇，开拓创新，为中国外交外事人才培养工作做出更大贡献。外交部、中联部、新华社、对外友协、北京市外办等部门和该院专家学者20参加会议。

（袁媛）

【召开“现代化进程中的中国与后现代的欧洲”国际研讨会】 12月2日，外交学院召开“现代化进程中的中国与后现代的欧洲”（L'Europe post—moderne vue par la Chine en modernisation）国际研讨会。会议由该院和法国战略学会联合举办，法国驻华大使馆文化科技合作处及法国阿海珐（AREVA）集团资助。会议对政治、经济与社会、文化与环境等议题展开研讨。与会学者认为，随着全球化进程的日益推进，相互交流和沟通显得越发重要。中欧关系受到中国政府和欧盟各成员国的高度重视。中欧在当前世界形势下更需要加强合作，共同应对金融危机、全球气候变化、国际恐怖活动等挑战。在新的时代背景下，增进中欧之间的互相了解尤为重要。这种了解不仅局限于外交上互相接触，更应该扩大到民间了解和认知层面。中法两国学者15参会。

（袁媛）

【举办杨洁篪报告会】 12月25日，外交学院举办外交部长杨洁篪专题报

告会。报告题为《国际形势与中国外交》，阐述当前中美关系、中俄关系、中欧关系、新兴大国群体性崛起、我周边地区情况等问题，发表应对当前金融危机的看法，总结北京奥运会、残奥会期间外交方面的成功经验，谈投身祖国外交事业的切身体会。该院师生600人参加会议。

（袁媛）

【举办多期外国人研修班】 至12月，外交学院举办12期外国人研修班。研修班分为两类：第一类是外交官和政府官员研修班，共有阿富汗外交官研修班、肯尼亚中级外交官研修班、孟加拉青年外交官研修班、拉美青年外交官讲习班、非洲国家外交官研修班、南亚外交官了解现代中国研修班、波黑政府官员参访团、阿拉伯青年外交官了解中国讲习班、太平洋岛国论坛高级外交官研修班等11期，学员主要是各国外交官和政府官员；第二类是拉美新闻记者研修班，学员是各国媒体机构的新闻从业人员。研修班邀请国内著名专家学者和外交部资深官员授课，内容涉及中国政治、经济、文化、历史、外交、语言等诸多国情以及当前国际形势外交业务知识、国际关系。培训学员200人。

（袁媛）

【举办4场外国专家报告会】 至年底，外交学院举办4场外国专家报告会。3月12日，举办前联合国副秘书长莫里斯·斯特朗（Maurice Sstrong）专题报告会。该报告题为《外交事务中的环境问题》（Environment on Foreign Affairs Issues）。6月11日。举办法国驻华大使苏和（H. E. Ambassador Hervé LADSOUS）专题报告会，报告题为《中欧关系、中法关系和当前的问题》（Les relations Chine—Europe, Chine—France et questions d actualité）。6月13日，举办德国副总理兼外长施泰因迈尔专题报告会，报告题为《中德关系》。9月22，举办世界经济论坛主席施瓦布（Klaus Schwab）专题报告会，报告题为《21世纪的全球治理》（Global Governance in the 21st century）。

（袁媛）

中国人民公安大学

党委书记　王彦吉
校　　长　王彦吉

【概　况】　2008年，中国人民公安大学有木樨地、团河2个校区，占地面积915379平方米，建筑面积577776平方米，体育场面积63926平方米。固定资产总值79014.89万元，其中，教科仪器设备资产值8044.55万元。全年教育经费投入56045万元，其中，国家拨款41842.7万元、自筹经费14202.3万元。图书馆建筑面积42304平方米，藏书116.2万册，数据库27个。下设15个系部和1个公安部高级警官学院；开设10个本科专业，覆盖2个学科门类；具有博士后科研流动站1个，博士学位授权点1个，硕士学位授权点18个。有国家级第一类特色专业点1个，北京市特色专业3个，北京市重点学科2个，省部级重点实验室2个。有教职工1259人，其中，专任教师561人。专任教师中教授85人，副教授206人；博士生导师8人，硕士生导师150人；享受国家和部级津贴专家50人；聘请来自公安实战部门、高校的客座教授和兼职教官187人。有外籍教师4人。毕业生13889人，其中，学历教育学生中全日制研究生281人（博士生7人、硕士生274人），普通本专科生1515人（本科生1485人、专科生30人），函授本专科生3527人（本科生2304人、专科生1223人），成人业余本科生83人，成人脱产本专科生2228人（本科生498人、专科生1730人）。本科毕业生一次性就业率90.1%。招生9588人，其中，学历教育学生中全日制研究生384人（博士生19人、硕士生365人），普通本科生1661人，成人函授本专科生2617人（本科生2213、专科生404人），成人业余本科生113人；非计划招生高等教育学生在职人员攻读硕士学位38人。高考北京地区本科提档线文科516分，理科508分。在校生7733人，其中，学历教育中全日制研究生1077人（博士生52人、硕士生1025人），普通本科生6279人，成人函授本专科生8967人（本科生7119人、专科生1848人），成人业余本科生291人；非计划招生高等教育学生在职人员攻读硕士学位86人。该校外国留学生毕业4人，招生6人，在校生6人。学校网址：www.cppsu.edu.cn。

（苗磊）

【档案室获奖】　1月16日，公安大学档案室被国家档案局、中央档案馆授予“全国档案工作优秀集体”称号。学校建立覆盖各项工作的档案管理机制和专兼职结合的工作队伍，引入现代档案管理技术，档案工作规范化水平显著提高。

（苗磊）

【施行《专业技术职务任职资格评审办法》】　1月29日，公安大学施行《专业技术职务任职资格评审办法》。该《办法》分6章24条，对专业技术职务任职资格评审机构、条件、程序等作出规定，为评定专业技术职务任职资格提供依据。

（苗磊）

【获评国家级教学团队】　1月，公安大学刑事侦查与刑事技术教学团队被评2007年国家级教学团队。同时，该团队获得教育部、财政部联合下发立项资金资金30万元。该团队由侦查系和刑事科学技术系教师组成，其中博士生导师3人，硕士生导师16人。团队以实施素质教育为主线，坚持传授知识、培养能力与提高素质相结合，承担学校本科、硕士、博士生及国内外高级警官培训等教学工作。

（苗磊）

【培训警察心理行为训练课教师】　2月25日至3月2日，公安大学开展公安民警心理行为训练课教师培训暨集体备课活动以备战，全新形式开设的公安民警心理行为训练课。6名参训教师亲历以“体验激发情绪、行为改变认知、习惯积淀品质”为核心理念的尖峰时刻、勇渡天桥等警察心理行为训练课训练。新形式警察心理行为训练课共设6大项48小项地面项目，17种高空项目，可在训练中根据所要培养心理素质设置情境和训练内容，使受训警员感知情绪、行为等心理变化，并对其进行相应调适，使其养成良好行为应对模式和认知模式，最终积淀成警察必需基础心理品质。

（苗磊）

【妇工委获奖】　2月29日，公安大学妇工委被全国妇女联合会评为“全国三八红旗集体”。公安大学现有在职在岗女教职工443人，占全校在职在岗教职工39.9%。本届妇工委成立于2003年，有委员12人，曾于2006年被评为“中央国家机关先进基层妇女组织”。

（苗磊）

【教学成果及教材获奖】　2月，公安大学12项教学成果和15部教材获公安部奖励。其中，《公安应用型人才培养模式改革与创新》等3项目获优秀教学成果一等奖，4项目获二等奖，5项目获三等奖；《犯罪现场勘察》等4部教材获优秀教材一等奖，6部教材获二等奖，5部教材获三等奖。

（苗磊）

【划拨经费补贴学生伙食】　3月1日，公安大学划拨专项经费197万元补贴学生伙食。补贴分两部分，一是按每生每月20元标准，3至6月每位学生发放80元，对于贫困学生家庭月收入低于350元的再加80元；二是对学生食堂一次性划拨100万元，以改善饭菜质量，稳定饭菜价格。

（苗磊）

【学报入选CSSCI扩展版来源期刊】　3月5日，公安大学《学报（社会科学版）》入选CSSCI扩展版来源期刊（2008～2009）。《学报》1985年创刊，在犯罪学、侦查学、治安学、法学等领域有独特优势。CSSCI为“中文社会科学引文索引”英文缩写，是南京大学主持的社会科学引文数据库。

（苗磊）

【成立4个实践教学基地】　3月21日至28日和9月17日，公安大学成立4个教学基地。分别是，3月21

日，与秦皇岛市公安局合作成立秦皇岛实践教学基地，3月27日，与广东省佛山市公安局合作成立佛山实践教学基地，3月28日，与福建省泉州市公安局合作成立泉州实践教学基地，9月17日，与内蒙古自治区鄂尔多斯市公安局合作成立鄂尔多斯实践教学基地。

（苗磊）

【举办发展中国家执法指挥与领导决策研修班】　4月9至23日，公安大学举办第四期"发展中国家执法指挥与领导决策高级研修班"。研修班由商务部主办，公安部国际合作局协办，公安大学承办。研修人员系统了解中国经济、社会发展情况及警察制度、刑事科学技术、禁毒、反恐怖主义和刑侦工作等，交流执法指挥与领导决策等问题。来自埃塞俄比亚等10国警察及相关执法部门20名处局级官员参加学习。

（苗磊）

【举办内蒙古公安机关交警培训班】　4月15日至5月15日，公安大学举办内蒙古公安机关交通事故处理岗位民警培训班。培训班由进修部和交通管理工程系主办，讲授交通事故处理程序、交通事故鉴定和交通事故分析再现等12项内容。内蒙古公安机关交警148人参加学习。

（苗磊）

【评选首批校级优秀教学团队】　4月16日，公安大学评选首批校级优秀教学团队。该评选依据学校《教学质量与教学改革工程建设实施方案》开展，旨在鼓励各教学团队加强自身建设，提高教育教学质量。刑事侦查与刑事技术、刑诉法、安全防范技术、公安管理学、治安管理学、犯罪学、马克思主义原理7个教学团队获评。

（苗磊）

【孟建柱出席警监班授衔仪式并为高警楼揭牌】　5月9日，国务委员、公安部党委书记、部长孟建柱出席公安大学第74期警督晋升警监警衔培训班授衔仪式并为高级警官培训楼揭牌。孟建柱要求学校广大教职工以维护国家和社会稳定一系列重大问题为主题，开展调查研究，推进教育、科研、服务、实战一体化，以高警楼揭牌为新起点加强民警职业培训，突出办学特色，提升教育质量，真正把学校办成科教强警的生力军、开展教育训练的主阵地、提高民警素质的大熔炉、扩大对外交流的新窗口。高级警官培训楼是集学习、住宿、餐饮、会议等多功能于一体的综合性建筑，可同时容纳近千人学习培训。

（苗磊）

【与越南人民警察学院签订合作协议】　5月11至16日，公安大学访问越南人民警察学院并签订《越南人民警察学院和中国人民公安大学合作协议书》。根据协议，双方合作开展学术领域的交流与合作，双方分享教材、研究论文、书籍和科研价值的文献资料，互相交流在教学和科研方面有益经验和方法，组织和参与对方教学科研活动，每年定期互派专业人员交流专业知识。

（苗磊）

【开展大学习大讨论活动】　5月15日至12月31日，公安大学开展"大学习大讨论"活动。该活动由校党委统一领导，校"三基"工程建设工作领导小组组织实施，分学习发动、广泛研讨、考核验收3个阶段进行，旨在通过学习讨论党的十七大、胡锦涛在全国政法工作会议代表和全国大法官、大检察官座谈会上的讲话精神和孟建柱部长在第74期警督晋升警监警衔培训班授衔仪式上讲话精神，把握党和国家对公安教育工作提出的新要求，探讨工作新思路和举措。该校教职工1000人次参加活动。

（苗磊）

【启动职务犯罪预防与治理合作】　5月27日，公安大学与北京市大兴区人民检察院举行"职务犯罪预防与治理合作"启动仪式。双方签署《职务犯罪预防研究与治理合作协议书》，在整合资源，形成集教育培训、预防调研、联控监督为一体的研究与管理模式等方面达成共识。

（苗磊）

【成立文献资源建设专家组】　6月11日，公安大学成立文献资源建设专家组。专家组由校属各教学系部和科研单位16名专家组成，职责是发挥咨询、参谋和监督等作用，为选购图书等文献资源建设提出意见和建议。

（苗磊）

【与印刷学院共建学生素质拓展基地】　6月13日，公安大学与北京印刷学院联合建设学生素质拓展基地。根据协商，公安大学驾校以定期举办驾驶综合技能培训班形式为北京印刷学院学生提供驾驶技能、交通心理学、汽车驾驶安全防范知识、交通事故自救与互救等内容培训。

（苗磊）

【开展节能宣传周活动】　6月15至21日，公安大学开展节能宣传周活动。活动以"厉行节约、全员行动，扎实推进节约型校园建设"为主题，坚持全员参与和重点突出相结合、强化宣传和注重实效相结合、节能宣传和抗震救灾、创建"绿色奥运"相结合原则，内容包括节能学习教育、"我为节能献计策"社会实践调查、节约型校园创建活动等。全校教职工1000人和学生10000人参加活动。

（苗磊）

【印发创新工程实施方案】　6月16日，公安大学印发《中国人民公安大学关于开展科学技术与研究生教育创新工程实施方案》。该方案明确创新工程指导思想、基本原则、建设目标任务、组织领导、实施步骤和保障措施等。

（苗磊）

【学生创新研究成果获奖】　9月17日，公安大学40项学生创新研究成果获第三届公安院校科技应用创新成果奖。评选由公安部科技局主办，该校获得科技制作一等奖1项，二等奖4项，三等奖4项；学术论文一等奖4项、二等奖6项；三等奖21项。

（苗磊）

【施行思想政治理论教学工作改进方案】　9月23日，公安大学《关于加强和改进思想政治理论教学工作方案》施行。《方案》明确加强和改进思想政治理论课教学工作指导思想、工作目标、工作原则、组织领导、工作任务、步骤安排、保障措施和工作要求。根据《方案》，学校用4年时间培养一支由教学名师和学科带头人领衔的思想政治理论课教学团队，形成以课堂教学为主、覆盖学生生活、学习各环节的思想政治理论课教学新模式。

（苗磊）

【刑事侦查学获评国家级精品课程】 9月29日，公安大学《刑事侦查学》被教育部评为国家级精品课程。该课程由郝宏奎教授主持，主要研究刑事犯罪分子犯罪活动规律、特点，探索揭露、预防、证实犯罪策略与方法。

（苗磊）

【旧址纪念碑揭幕】 10月8日，公安大学在河北省平山县东、西冶村举行旧址纪念碑揭幕仪式。1948年7月，中共中央华北局社会部在平山县东冶村创办公安大学前身——华北保卫干部训练班，为新中国培养第一批公安人才。在旧址举办纪念牌揭幕仪式，是学校建校60周年系列庆祝活动之一。

（苗磊）

【成立公安信息安全数字化培训基地】 10月10日，公安大学"公安信息安全数字化培训基地"在团河校区揭牌成立。该基地由公安大学和国家反计算机入侵和防病毒研究中心共建，采用实战、教学和科研一体化数字培训模式，创建与之适应的培训体系，承担公安系统网监部门民警和技侦部门民警信息安全培训工作。

（苗磊）

【首批招录培养体制改革试点班开学】 11月8日，公安大学首批政法院校招录培养体制改革试点班2008级学生报到入学。中央在部分政法院校开办招录培养体制改革试点班，旨在培养政治业务素质高、实战能力强的应用型、复合型政法人才。公安大学是首批试点班承办高校之一，承担489人（210名二学位生、279名专科生）培养任务，专业涵盖侦查学、刑事科学技术、公安情报学、交通管理工程等公安主要工作领域。11月12日，公安大学举行试点班新生开学典礼。招生对象有参加普通高考的高中毕业生调整为普通高校毕业生和军队退伍士兵。入学考试为教育考试和公务员招录考试一并进行，培养费用由国家全额负担。

（苗磊）

【举办县级公安机关督察民警培训班】 11月10日至12月8日，公安大学承办首届公安部全国县级公安机关新任督察民警示范培训班。该培训班是督察制度建立以来第一次由公安部举办的县级公安机关新任督察民警培训。学员共学习136个学时，内容包括课堂教学、专题研讨、现场教学、参观活动。全国各省（市）200名学员参加培训。

（苗磊）

【举办东盟高级执法官员研修班】 12月9至19日，公安大学举办中国与东盟高级执法官员研修班。研修班由公安部人事训练局与公安大学联合举办，邀请公安部有关业务局专家讲授中国刑事司法体制、经济犯罪、反控等方面内容。来自东盟秘书处和亚洲10个成员国23名执法机构中的高级官员参加研修。

（苗磊）

【一部级课题通过验收】 12月28日，公安大学承担的公安部部级课题《中国公安科技发展史》通过验收。该课题着重阐明公安科技在公安工作中的重要支撑作用，反映具有中国特色的公安现代科技发展历程。课题2006年立项，由校党委书记、校长王彦吉任负责人。

（苗磊）

【学报获奖】 12月，公安大学学报获奖。该校《中国人民公安大学学报（自然科学版）》荣获教育部"第二届中国高校特色科技期刊奖"。同时，该校《中国人民公安大学学报（社会科学版）》入选2008版《中文核心期刊要目总览》。

（苗磊）

国际关系学院

党委书记 林小珂
院　　长 刘慧

【概　况】 2008年，国际关系学院占地面积15.8万平方米，建筑面积121010平方米（含学校产权建筑面积、非产权建筑面积）。固定资产总值37196万元，其中教科仪器设备资产值3911.5万元。全年教育经费投入10309.5万元，其中，国家拨款5697万元，自筹经费4612.5万元。下设10个教学系部，其中8个教学系、1个继续教育部和1个研究生部。开设10个本科专业，覆盖文学、经济学、法学、管理学4个学科门类。拥有一级学科5个，博士学位授权点1个，硕士学位授权点8个。北京市重点学科1个，部级重点学科2个。有教职工324人，其中，专任教师131人；专任教师中，教授22人，副教授58人。博士生导师4人，硕士生导师152人。享受政府特殊津贴专家5人。外籍教师7人，其中，外籍名誉教授2人。毕业生894人，其中，学历教育学生中全日制研究生167人（博士生18人、硕士生149人），普通本科生363人，成人教育本专科生232人（本科生227人、专科生5人）；研究生课程进修班132人。研究生就业率99.22%，本科毕业生就业率99.17%。招生1455人，其中，学历教育学生中全日制研究生180人（博士生18人、硕士生162人），普通本科生648人，成人教育本专科生469人（本科生368人、专科生101人）；研究生课程进修班158人。高考北京地区最低录取分数线理科592分，文科557分。在校生3520人，其中，学历教育学生中全日制研究生386人（博士生54人、硕士生332人），普通本科生1907人，成人教育本专科生972人（本科生844人、专科生128人）；研究生课程进修班255人。留学生毕业35人，招生91人，在校56人。图书馆建筑面积5925平方米，藏书总额为29.50万册，其中，电子图书4.23万册，订有各种期刊665种。学院网址：www.uir.edu.cn。

（王伟平）

【二专业入选高等学校特色专业建设点】 1月和9月，国关学院2专业经教育部、财政部审核批准入选全国第二、三批高等学校特色专业建设点。分别是法律系法学专业入选第二批特色专业建设点和文化传播系传播学专业入选第三批特色专业建设点。

（王伟平）

【举办研究生学术文化月活动】 10至11月，国关学院举办研究生学术文化月活动。文化月以"新形势下国际关系的讨论"为主题，采取"请进来、走出去"形式，举办学术讲座、学生论坛、参观交流等活动。该校师生 1200 人次参加活动。

（王伟平）

【共建信息技术联合试验室】 12 月

10 日，国关学院与北京大学共建信息技术联合实验室。共建合作旨在联合实验室的平台上实现科研创新，共同研究和开发信息管理技术，加强高素质人才的交流与合作，达到“相互协作、优势互补、共同发展”的目的。该实验室依托北京大学、国际关系学院及相关部委，开展信息技术、信息安全、网络安全、智能分析等相关领域研究和教学活动。

（王伟平）

【召开学科和师资队伍建设工作会议】 12 月 17 日，国关召开 2008 年学科和师资队伍建设工作会议。会议总结近几年工作，制订《中共国际关系学院委员会关于进一步加强学科建设和师资队伍建设的若干意见（征求意见稿）》和《国际关系学院学科、师资队伍建设行动计划（征求意见稿）》。该院各部门领导以及教师代表 300 人参加会议。

（王伟平）

北京体育大学

党委书记 杨桦
校　　长 杨桦

【概　况】 2008 年，北京体育大学占地面积 850400 平方米，建筑面积 548081 平方米。拥有室内训练馆 21 个，室外运动场 17 块。固定资产总值 67888.15 万元，其中教学科研训练仪器设备资产值 10016.31 万元。全年教育经费投入 38252.57 万元，其中，国家拨款 17552.49 万元，自筹经费 20700.08 万元。设有 7 个学院 4 个系 2 个中等专业学校。开设本科专业 12 个，覆盖教育学、文学、理学、医学、管理学 5 个学科门类；一级学科博士点 1 个；二级学科博士学位授权点 6 个，硕士学位授权点 10 个；专业学位授权点 2 个；体育学博士后科研流动站 1 个，出站 1 人，进站 6 人，在站 19 人。有一级学科国家级重点学科 1 个（含 4 个二级学科国家级重点学科），省部级重点学科 14 个，省部级重点实验室 4 个和国家体育总局体育人文社会学重点研究基地 1 个。在职教职工 990 人，其中，具有高级专业技术职务人员 355 人（正高级 107 人，副高级 248 人），专任教师 585 人。专任教师中，教授 100 人，副教授 201 人；博士生导师 72 人，硕士生导师 159 人。国际级裁判 30 人，国家级裁判 146 人。享受政府特殊津贴专家 50 人。毕业生 3499 人，其中，学历教育学生中全日制研究生 355 人（博士生 87 人，硕士生 268），本科生 1353 人；研究生课程进修班 52 人，高访学者 25 人。本科毕业生就业率 96.65%。招生 4106 人，其中学历教育学生全日制研究生 453 人（博士生 87 人、硕士生 366 人），本科生 1996 人；非计划招生高等教育学生中在职人员攻读硕士学位 157 人，研究生课程进修班 29 人，高访学者 45 人。在校生 13880 人，其中，学历教育学生中全日制研究生 1324 人（博士生 263 人，硕士生 1061 人），本科生 7700 人；非计划招生在职攻读硕士学位 595 人，研究生课程进修班 29 人，高访学者 45 人。留学生毕业 23 人，招生 76 人，在校生 175 人。图书馆建筑面积 5766 平方米，藏书 88.81 万册。学校网址：www.bsu.edu.cn。

（张晓静）

【成立运动康复系】 4 月 18 日，北体大成立运动康复系。该系为学校二级教学单位，下设办公室、运动医学教研室、运动康复教研室、体能训练教研室等机构，开展本科、硕士、博士三个层次教学，开设运动康复与健康专业。有专任教师 17 人，其中，高级职称 11 人。有学生 356 人。

（王树宁）

【成立振动训练研究所】 6 月 24 日，北体大成立振动训练（中国）研究所（PPVTIC）。该研究所由北体大、Power · Plate 国际集团和北京旌卓思体育科技有限公司三方合作建立，并特别设立专家委员会和培训中心。该所致力于在中国开展振动训练的科学研究和技术推广。

（王树宁）

【成立肌肉损伤监测实验室】 7 月 29 日，北体大成立“Myoton 肌肉损伤监测实验室”。该实验室由北体大科学研究中心与 IVR 共同建立，旨在搭建肌肉损伤预防研究与应用实验平台。Myoton 肌肉检测技术是由爱沙利亚托图大学发明的专利技术，通过检测能较为全面的描述肌肉的品质状况，为运动员预防肌肉损伤提供新途径。由于检测过程中无创、快速等特点，这种技术已经被欧美洲多家研究机构和运动队采用。该实验室是国内首家引进该技术的实验室，并已在国家跆拳道队，国家跳水队以及国家体操队进行试用。

（王树宁）

【奥运会获 14 金 6 银 2 铜】 8 月 8 至 24 日，北体大学生在北京奥运会上获得 14 金 6 银 2 铜的成绩。其中，金牌获得者是男子举重 62 公斤级项目张湘祥，男子竞技体操团体项目黄旭，男子竞技体操团体项目李小鹏，男子竞技体操团体项目邹凯，女子射击 25 米手枪项目陈颖，女子举重 69 公斤级项目刘春红，女子乒乓球团体项目张怡宁，男子竞技体操双杠项目李小鹏，女子乒乓球单打项目张怡宁，男子皮划艇静水双人划艇 500 米项目孟关良，男子竞技体操自由体操项目邹凯，男子竞技体操单杠项目邹凯，女子举重 75 公斤级项目曹磊，女子举重 48 公斤级项目陈燮霞。该校共有近百名师生入选第 29 届奥运中国体育代表团，参加举重、艺术体操、田径、跆拳道等 10 个项目竞赛。

（王树宁）

【一课程被评为国家级精品课程】 9 月 29 日，北体大《奥林匹克运动》课程被评为国家级精品课程。该课程旨在全面系统地介绍奥林匹克运动的概貌，从而使学生初步撞我奥林匹克运动发展的历史轨迹，基本结构、与社会的相互关系以及这一运动在中国的发展；使学生初步了解当代国际体育的基本格局及中国与国际体育格局互动的基本状态，并培养学生独立分析国际体育中有关问题的能力。

（王树宁）

【举办中外校长体育论坛】　11月1日，北体大举办第四届中外校长体育论坛。论坛以“奥林匹克运动与文化”为主题，研讨奥林匹克运动与高等教育融合等问题，相互交流工作经验和成果。来自德国科隆体育大学、美国伊萨卡大学、俄罗斯国立体育大学等7所外国高校以及澳门理工学院、首都体育学院及上海体育学院专家学者180人参加论坛。

（王树宁）

【举办体育院校大学生科创论坛】　11月5日，北体大举办全国体育院校大学生科创论坛。论坛以“创新·创意·创业”为主题，旨在激发广大体育大学生的创新精神，在体育院校中营造良好的科创文化，搭建科创文化交流平台，交流科技创业经验，推广大学生科创成果，从而引导大学生增强创意实践能力，为将来开辟创业道路打下基础。上海体育学院、沈阳体育学院等10所体育院校师生50人参加论坛。

（王树宁）

【纪念建校55周年】　11月6日，北

体大举办建校55周年纪念活动。国家体育总局局长刘鹏出席大会并讲话，他高度评价北体大55年办学成就，指出学校整体面貌发生前所未有的变化，整体水平实现前所未有的提高，社会影响和声望得到前所未有提升，实现北京体育大学在世界一流体育大学建设进程中又一次历史性跨越。学校筹建于1952年，1953年举行开学典礼，原名中央体育学院，1956年更名为北京体育学院，1993年更名为北京体育大学。唯一进入“211工程”院校的体育院校。

（王树宁　刘丽）

【成立康复悬吊训练工作室】　11月13日，北京体育大学科学研究中心“Redcord体能—康复悬吊训练工作室”成立。该工作室由北体大与北京康比特体育科技股份有限公司合作建立，致力于在中国开展核心力量悬吊训练技术的科学研究和技术推广。

（王树宁）

【举办特奥发展国际论坛】　12月13至15日，北体大举办东亚区特奥发展国际论坛。论坛由国际特奥东亚区和中国特奥会主办；以“融合·分享·发展”为主题；就特奥运动的历史、现状和未来，2007年上海特奥世界运动会遗产的继承与发展，特奥运动与学科发展，特奥大学计划等问题进行研讨。来自国内外30所高校专家学者150人参加会议。

（王树宁）

【教育质量工程取得成绩】　至年底，北体大教育质量工程取得成绩。该校新增2个教育部“质量工程”特色专业，3个北京市教委特色专业，2个省部级重点实验室；1门课程获得国家级精品课程，1门课程获得北京市精品课程，5本教材获得北京市精品教材，1个教学团队获得“北京市优秀教学团队”称号。

（王树宁）

【奥运科技攻关获佳绩】　至年底，北体大奥运科技攻关获佳绩。该院承担国家社会科学基金重大项目等在内150项高水平科研课题；89篇学术论文入选奥科会；百名师生担任“备战2008年奥运会科技攻关与服务团队”负责人、国家队科研教练；为26个项目3000名国家队运动员提供机能测评与伤病防治康复等科技服务；承担国家体育总局《备战2008年奥运会国家队励志教育与实战案例读本》编写和励志教育宣讲等重大任务。

（王树宁）

【与4所高校建立合作关系】　至年底，北体大与4所高校建立合作关系。7月9日，与台湾地区大叶大学签署合作交流意向协议；8月19日，与克罗地亚萨格勒布大学签署合作交流意向协议；10月20日，与日本顺天堂大学签署合作交流意向协议；10月25日，与印度尼西亚泗水大学签署合作交流意向协议。

（王树宁）

中央音乐学院

党委书记　郭淑兰
院　　长　王次炤

【概　况】　2008年，中央音乐学院占地面积6.1万平方米，建筑面积10.7万平方米。固定资产总值22975.95万元，其中教科仪器设备资产值389.36万元。全年教育经费投入21501.73万元，其中，国家拨款11457.5万元，自筹经费10044.23万元。学院设有13个教学部门，1个音乐学研究所和1所附属中等音乐学校。开设本科专业13个，覆盖45个专业方向。有一级学科1个，二级学科博士点1个；博士学位授权学科1个，硕士学位授权学科1个；博士后流动站1个，其中，博士后研究人员出站1人，进站1人，在站2人。有国家重点学科1个，普通高校人文社会科学重点研究基地1个。教职工547人，其中，专任教师274人，包括教授78人、副教授73人；博士生导师42人、硕士生导师125人。有“长江学者奖励计划”讲座教授1人、国家有突出贡献专家6人、享受政府特殊津贴专家68人。外籍教师数26人，其中，教授21人、副教授数2人。毕业生1478人，其中，学历教育学生中全日制研究生130人（博士生19人、硕士生105人），普通本科生319人，成人教育本专科生193人（本科生166人、专科生27人），网络教育本专科生836人（本科生411人、专科生425人）；非计划招生高等教育学生中在职人员攻读博士硕士学位16人（硕士生16人）。本科毕业生就业率86.23%。招生1622人，其中，学历教育学生中全日制研究生150人（博士生21人、硕士生129人），普通本科生346人，网络教育本专科生1126人（本科生1087人、专科生39人）；非计划招生高等教育学生中在职人员攻读硕士学位39人。

高考本科提档线音乐学专业 439 分，音乐教育专业 439 分，音乐表演专业 283 分。在校生 5500 人，其中，学历教育学生中全日制研究生 419 人（博士生 70 人、硕士生 349 人），普通本科生 1460 人，成人教育本专科生 198 人（本科 110 人、专科生 48 人），网络教育本专科生 3423 人（本科生 2883 人、专科生 540 人）；非计划招生高等教育学生中在职人员攻读博士硕士学位 75 人（博士生 1 人、硕士生 74 人）。留学生毕业 6 人，招生 9 人，在校 40 人。图书馆建筑面积 4071 平方米，藏书总额 46.33 万册，其中乐谱 14.83 万册，期刊 369 种，音像制品 20.32 万张。学院网址：www.ccom.edu.cn。

（王天红）

【喻宜萱去世】 1 月 8 日 16 时 35 分，中央音乐学院女高音歌唱家、音乐教育家喻宜萱因病在北京逝世，享年 99 岁。喻宜萱，1909 年 9 月 6 日出生，江西萍乡县清溪人。1925 年考入江西南昌第一女子师范学校。1929 年夏，考入上海国立音乐院（后改称上海国立音乐专科学校，即今上海音乐学院），师从俄罗斯戏剧性女高音斯拉维安诺芙夫人学习声乐三年。毕业后，喻宜萱在南京中央大学音乐系任教。1935 年赴美国留学，考入康奈尔大学自主选读研究生课程，主修音乐，副修教育学，研修四年。1939 年秋回国，在成都南京金陵女子大学音乐系任教。1941 年，到恩施任湖北省立教育学院（后改称国立湖北师范学院）音乐系主任。1945 年抗战胜利后，喻宜萱辞去教职，专事演唱。1948 年秋，喻宜萱受联合国教科文组织委派赴法国、英国、意大利等欧洲国家考察音乐教育一年。1949 年 12 月出任中央音乐学院教授兼声乐系主任。1958 年 12 月加入中国共产党。1961 至 1984 年兼任中央音乐学院副院长。在执教职期间，从教师队伍建设、教材编选印刷出版、教学大纲和计划的制订、课程设置、考试制度、教学规范等方面，引领中央音乐学院声乐系不断成长，培育出大批卓有建树的优秀人声乐人才，成为现代中国声乐教育事业的奠基者之一。喻宜萱担任中国人民政治协商会议第二、三、四、五、六届全国委员会委员。1960 年被推选为中国文学艺术界联合会全国委员会委员。1983 年被聘为《中国大百科全书》音乐卷声乐分支主编。1985 年被推举为中国音乐家协会顾问。2001 年 5 月获中国文联、中国音乐家协会主办的首届中国音乐金钟奖终身成就奖。2007 年 9 月获中国文联第六届造型表演艺术成就奖。

（王天红）

【薛伟入选“百千万人才工程”】 1 月 23 日，中央音乐学院管弦系薛伟教授入选 2007 年“新世纪百千万人才工程国家级人选”。这是继张立萍、朱亦兵两位老师获得此项殊荣后该院第三位成为“新世纪百千万人才工程国家级人选”的老师。

（王天红）

【举办国际室内乐大师班】 3 月 19 至 25 日，中央音乐学院与 EVS 音乐基金会、歌德学院（中国）共同主办“2008 西门子国际室内乐大师班”。大师班旨在促进与推动中国室内乐的教学、创作及演奏，加强中国与国际音乐界的相互交流，邀请德国柏林爱乐乐团前首席小提琴莱讷—库斯茂（Reina Kussmaul）、前首席大提琴沃尔夫冈—波切（Wolfgang Bottcher）、德国萨尔布吕肯音乐学院单簧管演奏家爱德华—布鲁讷（Eduard Brunner）三位世界级的著名音乐家为该院学生授课。24 日和 25 日，参加大师班的学生重奏组在学院音乐厅举行两场闭幕音乐会，公开演奏他们与大师们一起研习过的室内乐作品。该校师生约 400 人参加活动。

（王天红）

【举办纪念普契尼诞辰 150 周年音乐会】 5 月 8 至 10 日，中央音乐学院与国家大剧院联合举办意大利作曲家普契尼诞辰 150 周年纪念音乐会。该校师生在国家大剧院歌剧院上演著名歌剧《蝴蝶夫人》。演出由该院声歌系郭淑珍教授担任该剧艺术指导，特邀美国知名歌剧导演凯瑞—伯杰斯任导演，中国国家交响乐团常任首席指挥李心草出任指挥，该院中国青年交响乐团担纲乐队演奏。

（王天红）

【举办北京现代音乐节】 5 月 25 至 30 日，中央音乐学院和江苏省演艺集体共同举办 2008 北京现代音乐节。音乐节演出和研究重点是现代作曲家梅西安，举办演出 15 场，同时，举办专题讲座和研讨会。来自国内外专业音乐工作者和学生 1000 余人参加音乐节。

（王天红）

【与美国朱丽亚音乐学院举行交流活动】 5 月 25 日至 6 月 1 日，中央音乐学院与美国朱丽亚音乐学院举行交流活动。活动由友好音乐会，大师班讲座组成。朱丽亚音乐学院和该校师生 400 人参加活动。

（王天红）

【举办音乐文化交流活动】 7 月 8 至 24 日，中央音乐学院举办“相约北京 2008：世界顶级音乐学院音乐文化交流活动”。此次活动由该院与耶鲁大学音乐学院共同发起主办，邀请上海音乐学院、萨尔茨堡莫扎特音乐和表演艺术大学、赫尔辛基西贝柳斯音乐学院、伦敦皇家音乐学院、匈牙利布达佩斯李斯特音乐学院、韩国国立艺术大学、悉尼音乐学院、纽约朱丽亚音乐学院以及维也纳音乐与表演艺术大学的贝多芬学院等 11 所世界一流音乐学院，在该院音乐厅，演奏厅、国家大剧院、中山公园音乐厅等演出场所举办 20 场音乐会、10 场大师班，同时，开展专题讲座，音乐工作坊等活动。来自世界各国音乐学子 1000 人参加活动。

（王天红）

【举办中意视唱练耳教学艺术周】 10 月 8 至 12 日，中央音乐学院举办中意视唱练耳教学艺术周。活动由中央音乐学院主办、全国艺术高校视唱练耳 & 乐理教学联盟协办、中央音乐学院艺术实践办公室、迪索音乐科技承办。艺术周以“视唱中的声乐 声乐中的视唱”为主题，由全国音乐艺术高校视唱作品改编 & 创作大赛、视唱作品演唱大赛以及各类专业学术交流活动和全国音乐艺术院校视唱练耳专业综合音乐会等内容组成。国内外专家学者及国家艺术院校师生 300 人参加活动。

（王天红）

【设立志·龙古典吉他基金】 10 月 10 日，中央音乐学院设立志·龙古典吉他基金。该基金由无锡华亿投资有限公司总裁朴龙华向该院古典吉他教学研究中心捐款1000万元设立，用于支持该院古典吉他专业的发展。

（王天红）

【举办朱苔丽大师班】 10月11至21日，中央音乐学院举办朱苔丽大师班。该院邀请旅居意大利台湾著名女高音歌唱家朱苔丽女士讲授歌唱技巧、音乐表现和语言的准确性知识。

（王天红）

【举办音乐节大师班】 10月13至19日，中央音乐学院与北京国际音乐节基金会联合举办北京国际音乐节大师班。大师班依托北京国际音乐节，邀请小提琴家丹妮拉—永、中提琴家安德烈—格里德褚克、长笛家罗伯特—莱尔希等音乐家为该院学生开设木管五重奏、弦乐四重奏、小提琴等12个专业大师课。该院学生100人参加学习。

（王天红）

【举办室内乐音乐节】 10月21至23日，中央音乐学院举办首届室内音乐会。音乐会举办大师班、音乐会、讲座等活动。音乐会期间，该院聘任国际单簧管协会前主席、演奏家罗伯特·斯普林（Robert·Spring）为客座教授。美国、加拿大、澳大利亚等5个国家音乐家和该校师生参加活动。

（王天红）

【举办国际电子音乐节】 10月25至31日，中央音乐学院举办2008北京国际电子音乐节（MUSICACOUSTICA 2008—Asia）。音乐节由该校与中国电子音乐学会与中国现代电子音乐中心合办，以“亚洲”为主题，举办首届亚洲电子音乐论坛、首届亚洲电子音乐发展圆桌会议和首届亚洲电子音乐作曲比赛，开设12个单元主题电子音乐大师课，演出13场电子音乐会。日本、韩国、新加坡和中国电子音乐家200人参加活动。

（王天红）

【举办中芬音乐研讨会】 11月1至4日，中央音乐学院与芬兰图尔库大学、芬兰驻华大使馆联合主办“世界音乐周——中国—芬兰音乐国际研讨会”。举办4场讲座，4场工作坊、5场研讨会、4场音乐会。国内音乐院校师生200人参加活动。

（王天红）

【举办“廖氏两兄弟”学术纪念活动】 11月6至7日，中央音乐学院、上海音乐学院、中国音乐家协会理论委员会、惠州市人民政府联合主办廖尚果（青主）诞辰115周年、廖辅叔诞辰100周年学术纪念活动。会议由廖氏两兄弟纪念大会，《忆青主》（廖乃雄编著）、《廖辅叔的乐艺人生》（廖崇向、黄旭东编）、《留住历史瞬间——廖辅叔生平撷影》首发式，青主艺术歌曲、廖辅叔词作乐曲音乐会，“青主音乐美学思想与当代音乐生活”与“廖辅叔学术成就、治学精神”学术研讨会，廖辅叔书法展和《廖辅叔题词手迹选编》首发式组成。全国各地音乐学者、廖氏兄弟学生、亲属、生前友好与同事共200人参加活动。

（王天红）

【举办国际三弦音乐周】 11月10至13日，中央音乐学院民乐系举办首届国际三弦音乐周。音乐周邀请国内外三弦演奏和研究领域专家，就三弦艺术的演奏、创作和教育等问题，进行探讨和研究，达成共识。该院师生120人参加音乐周活动。

（王天红）

【接待巴黎国立高等音乐学院院长访问】 11月18日，中央音乐学院接待法国巴黎国立高等音乐学院院长Alain Poirier一行访问。会见中，两院院长回顾两所学院的友好关系和近年来合作交流情况，并对未来的合作意向进行讨论，双方都对过去几年的合作表示满意，希望将两院的学术交流工作更好地开展下去，进一步拓宽合作专业领域，丰富合作形式和内容。会后，院长Alain Poirier作题为《梅西安的音乐资源》的讲座。

（王天红）

【举办杜鸣心室内乐作品音乐会】 12月14日，中央音乐学院举办《抚琴回韵——杜鸣心教授80寿辰室内乐作品专场音乐会》。该音乐会是杜鸣心教授在国内举办的首次室内乐作品专场音乐会，同时也是杜鸣心教授室内乐音乐创作成就的一次集中展示。音乐会上将演出合唱《圣母颂》、民乐四重奏《飘红玉》以及他为《周恩来在重庆》、《冼星海》等电影电视作品创作的配乐。

（王天红）

中国音乐学院

党委书记　闫拓时
院　　长　金铁霖

【概　况】 2008年，中国音乐学院占地面积44181平方米，建筑面积81703平方米。固定资产26871.42万元，其中教学、科研仪器设备10216.37万元。全年教育投入7628.21万元，其中，国家拨款3371.49万元，自筹经费4256.72万元。设有音乐学、作曲、民族器乐、声乐歌剧、音乐教育、钢琴、合唱指挥、艺术管理、管弦、社会科学部等10各教学单位，另设有继续教育学院和一所附属中等音乐专科学校。拥有音乐学博士、硕士学位授予权，艺术硕士（MFA）授予权。北京市重点学科1个。有教职工343人，其中专任教师194人。专任教师中正、副教授106人；研究生导师74人；学校有突出贡献专家3人、享受政府特殊津贴专家49人，获国家级教学名师奖2人。图书馆建筑面积3351平方米，图书馆藏书23.70万册，电子图书170万册。毕业生678人，其中，全日制硕士研究生63人，普通本科生173人，成人教育本专科生442人（本科生245人，专科生197人）。本科毕业生就业率82%。招生983人，其中，全日制博士研究生5人，硕士研究生75人，普通本科生304人，成人教育本专科生599人（本科生331人，专科生268人）。高考北京地区录取线文科283分，理科273分。在校生2688人，其中，全日制研究生224人，普通本科生1071人，成人教育本专科生1393人（本科生768人，专科生625人）。留学生毕业41人，招生45人，在校66人。学院网址：www.ccmusic.edu.cn。

（田婷）

【一项目获文化部创新奖】 1月，中国音乐学院科研项目“中国民族声乐教学体系建设”获文化部第二届文化创新奖。该项目由该院声歌系金铁霖等教师联合完成，是该院民族声乐教研室在多年教学实践和理论研究中，创造出的一种歌唱训练方法，在人才培养、课程体系建设、教材建设系列化、科研艺术实践、教学发展和创新等方面形成系统化教学体系。文化部创新奖是文化部2004年设立的部级奖项，该奖项授予在文化行业各领域的实践中以科学理论、科学方法、科学技术实施创新，并取得良好的社会效益、经济效益，为推动文化事业、文化产业发展作出突出贡献的单位及项目完成人。每两年评选一次，每届奖励项目不超过15项。

（田婷）

【举办北京国际女音乐家大会】 4月18至22日，中国音乐学院举办2008北京国际女音乐家大会。大会由国际女音乐家联合会、中国音乐学院、北京市妇女联合会共同主办。大会以“积极、支持、合作、坚定的态度发扬和学习女性音乐”为主旋律，共征集29个国家和地区的170位女作曲家提交的200部作品，期间共举办12场风格迥异的音乐会，演出来自世界20多个国家和地区的118部音乐作品，其中95%以上为女作曲家作品，包括管弦乐、弦乐、室内乐、民乐、声乐、电子音乐与世界民族音乐等多种体裁与形式。同时，大会还举办两场论文研讨会及音乐工场讲座，20位各国音乐学家宣读音乐论文，进行学术交流。来自20多个国家的130多名女作曲家、女演奏家、女指挥家参加本次大会。国际女音乐家大会自1981年创办以来，先后在美国、德国、英国、奥地利、西班牙、墨西哥等多个国家举办过十二届，此次女音乐家大会是第一次在中国举办。

（田婷）

【举办朝鲜族音乐周活动】 5月5至15日，中国音乐学院举办朝鲜族音乐教学周活动。该活动邀请来自延边朝鲜族自治州歌曲团老师，教授该院学生朝鲜族民歌、舞蹈、打击乐、象帽舞。5月15日参加学习的学生在该院排演厅进行汇报演出。该院学生40人参加学习。

（田婷）

【中国乐器陈列馆开放】 5月10日，中国音乐学院中国乐器陈列馆开放。该馆展陈共分音乐文明的曙光、青铜世界的奇观、奇幻的庄园盛会、红地毯上的歌舞、弦索声腔相辉映以及中国音乐学院的华夏编钟6个部分，展出从远古时期、夏商周、秦汉、魏晋南北朝、隋唐直至明清不同时期的中国乐器。

（田婷）

【举办日本皇家正仓院复原唐传乐器展演】 5月19至20日，中国音乐学院举办日本皇家正仓院复原唐传乐器展演。此次展演活动包括乐器演奏和日本皇家正仓院复原唐传乐器研讨会。5月19日，邀请日本“天平乐府”艺术总监刘宏军担任主讲，用四弦琵琶、阮、箜篌、笙、笛子和方响、五弦琵琶等乐器分别演奏《如意娘》、《苏勒蜜》、《又慢曲子伊州》、《又慢曲子西江月》、《百济船》、《石榴山岗》、《佛国残照》七首乐曲。5月20日，召开对日本皇家正仓院唐传乐器研讨会，邀请前日本皇家正仓院宝库事务所所长米田雄介、刘宏军介绍日本皇家正仓院所收藏的宝物以及正仓院唐传乐器情况，与会专家、学者对日本皇家正仓院复原唐传乐器的保护进行研讨。该研讨会为我国开展复原唐代乐器和唐代音乐的具体工作提供有利条件。中国音乐学院、中央音乐学院、中国艺术研究院音乐研究所、中国乐器协会、北京乐器研究所专家学者150人参加研讨会。

（田婷）

【举办心理健康周活动】 5月22至26日，中国音乐学院举办首届心理健康周活动。该活动旨在通过形式多样的趣味游戏，引导同学们释放压力，调节心理平衡，增强自信心，更好地与他人沟通，从容应对压力与挑战，优化人际环境。活动内容包括“心灵大富翁”心理基础知识闯关、宣传牌展示、邀请北京师范大学心理学院专家为师生进行人格和恋爱方面的现场测试和讲解、影片观赏、为灾区同胞烛光祈福、素质拓展训练等六部分。该校师生100人参加活动。

（田婷）

【中奥联合音乐大学开学】 10月6日，中国音乐学院与奥地利格拉茨音乐与戏剧艺术大学、萨尔斯堡莫扎特音乐与表演艺术大学和维也纳音乐与表演艺术大学、欧亚太平洋大学联盟联合创办中国——奥地利联合音乐大学开学。该大学作为政府支持的非赢利性中外合作办学项目，全面引进国外一流大学优质教育资源，结合中国高等教育的发展趋势，为中国学生提供与国际先进教育标准接轨的多层次教学课程。同时，中国音乐学院将充分发挥自己在民族音乐教育方面的优势资源和条件，向奥地利传播中国民族音乐文化艺术，使民族音乐更好地与国际接轨，走向世界。奥地利方面派遣教师来中国音乐学院长期授课，学生们还会通过高科技激光设备及远程视频系统实现远程学习，定期接受奥方资深教授的专业指导。

（田婷）

【举办民族管弦乐作品音乐会】 10月27日，中国音乐学院在北京音乐厅举办民族管弦乐作品音乐会。音乐会由中国音乐学院、中国民族管弦乐学会、中国音协创作委员会联合主办，是纪念改革开放30周年民族音乐成果系列展之一。音乐会先后上演该院教师创作的《入漫》、《京剧印象》、《谐谑曲》等六部作品。音乐界专家、学者与首都观众1100人观看音乐会。

（田婷）

【召开全国高校音乐治疗教学交流会】 11月8至11日，中国音乐学院召开全国高校音乐治疗教学交流会。交流会由中国音乐学院和中国音乐治疗学会高校专业委员会联合主办。大会邀请中国科学院心理所所长张侃教授作关于自1875年以来由王国维、蔡元培开创的中国心理学100多年的发展历程的学术报告。会议还就音乐治疗专业的教学方案、大纲、教材建设，学生临床实习及就业等问题进行讨论。会议认为，音乐治疗是一个利国利民的对创建和谐社会起着特殊作用的学科，并确定将交流研讨会这一形式固定下来，每年召开一次。来自全国建立音乐治疗专业或开设音乐治疗课程6所医学院，7所音乐学院，2所特殊教育学院，11所师范大学和综合大学30人参加此次交流会。截止2008年底，我国现有音乐治疗专业在校学生500人。

（田婷）

【举办民族乐器改革音乐会】 12月5日，中国音乐学院举办民族乐器改革音乐会。本场音乐会展示该院对三弦、胡琴、扬琴、琵琶、唢呐、云锣等民族乐器的改革，这些改革成果已获得4项国家专利。

（田婷）

【召开少数民族音乐文化传承研讨会】 12月6至7日，中国音乐学院召开首届全国高等音乐艺术院校少数民族音乐文化传承学术研讨会。会议围绕“我国少数民族音乐资源的保护与开发研究”、“各院校少数民族音乐教育情况交流（指导思想、课程、队伍、教材）”、“构建各院校科研协作、人才培养与成果共享平台”三个议题进行讨论。各院校代表分别作题为《中国音乐教育体系建设与少数民族音乐文化传承》、《少数民族音乐与学校教育传承》、《我们在哪里？——全球视野中的高等音乐艺术院校与音乐多样化的保护与开发》、《艺术教育中的文化自觉》、《少数民族地区艺术院校学科发展的综合与凝练》、《地方性知识、国际性学术、世界性眼光》专题发言。会议决定成立全国高等音乐艺术院校少数民族音乐教育协作联席会。来自全国22个省、市、自治区的39所高等艺术院校的领导、专家和学科带头人94人参加会议，其中少数民族地区代表占63%。

（田婷）

【举办金铁霖学生音乐会】 12月9日，中国音乐学院举办金铁霖学生音乐会。音乐会演出作品全部由金铁霖学生演唱，共演出《美丽的家园》、《怀念战友》、《鸟儿在风中歌唱》、《希望的田野》、《船工号子》、《为祖国干杯》等中外歌曲24首。首都各届观众1000人观看演出。金铁霖，我国著名声乐教育家、教授，博士生导师，现任中国音乐学院院长。

（田婷）

【举办磋琴演示与研讨会】 12月10至11日，中国音乐学院举办磋琴演示与研讨会。12月10日，山东省青州市磋琴传承人在该院音乐厅进行磋琴演示，200人观看展示演出。11日上午，相关专家从多个角度对磋琴进行论证，经专家考证认为，磋琴是一种古老而独特的乐器，盛行于唐，至宋时消失，它是中国“筑”、“轧筝”一直到民间遗存脉络的延续，目前在青州发现的活态传承的磋琴为国内外首次发现，标志着中国的拉弦乐器比西方早1500年。中宣部、文化部、教育部及中国音乐学院、中国音乐研究所、东北亚音乐研究所、中国音乐家协会等单位的60多名领导、专家出席会议。

（田婷）

【举办纪念蒋风之诞辰一百周年音乐会】 12月11日，中国音乐学院举办纪念蒋风之诞辰一百周年音乐会。音乐会演奏《二泉映月》、《第二二胡狂想曲》、《第三二胡狂想曲》、《月夜》、《大浪淘沙》、《长夜》、《病中吟》、《汉宫秋月》等作品。蒋风之（1908年—1986年），二胡演奏家、音乐教育家。1908年4月27日出生，江苏宜兴后留墅村人，12岁开始学习二胡，19岁考入上海艺术大学，主修琵琶演奏，之后入北平大学艺术学院音乐系随民族音乐家刘天华学习二胡和小提琴，并自学钢琴。毕业后在北平大学女子文理学院任教，先后在河北师范学院、北京艺术学院、中央音乐学院和中国音乐学院任系主任等职。蒋风之从事音乐教育50年，培养项祖英、唐毓斌、张韶、王国潼等二胡演奏家。蒋风之整理并演奏的二胡曲《汉宫秋月》开创“蒋氏二胡学派”，他还对传统的二胡进行改革，使原来的龙头形改为月牙形，将原来的圆琴筒改为哑铃式。代表作有《汉宫秋月》、《南归》、《长夜》。

（田婷）

中央美术学院

党委书记　杨力
院　　长　潘公凯

【概　况】 2008年，中央美术学院占地面积341083平方米，总建筑面积283142平方米。学校固定资产总值60696万元，其中教学科研仪器设备资产值6517万元。全年教育经费投入26421万元，其中，国家拨款10779万元，自筹经费15642万元。设有7个院（系），4个科研机构；开设9个本科专业，覆盖2个学科门类；具有一级学科1个，1个一级学科硕士学位点，9个硕士学位点，1个艺术硕士（MFA）专业学位硕士点，2个博士学位授予点，1个艺术学博士后流动站；2个北京市重点学科。有教职工575人，其中，专任教师342人。教师中，正高级职称76人、副高级职称101人；博士生导师28人；硕士生导师119人。“长江学者奖励计划”特聘教授1人，国家有突出贡献专家6人，享受国务院政府特殊津贴专家73人，文化部优秀专家2人，中宣部“四个一批”人才2人，教育部“新世纪人才支持计划”7人，教育部、人事部、科技部“百千万人才工程”2人，教育部“优秀青年教师资助计划”2人，人事部全国非物质文化遗产先进工作者2人，北京市教学名师3人。聘请校外教师130人，其中正高级职称22人，副高级职称25人，外籍教师8人。毕业生1164人，其中，学历教育学生中全日制研究生165人（博士生25人、硕士生140人），普通本专科学生714人（本科生657人、专科生57人），成人本专科学生285人（本科199人、专科86人）。本科毕业生就业率81%。招生1349人，其中，学历教育学生中全日制研究生222人（博士生35人、硕士生187人），普通本科学生801人，成人本专科学生326人（本科209人、专科117人）。在校生5005人，其中，学历教育学生中全日制研究生675人（博士生144人、硕士生531人），普通本科学生3474人，成人本专科学生856人（本科549人、专科307人）。留学生毕业65人，招生117人，在校262人。图书馆建筑面积8824平方米，藏书50万册，其中电子图书10万册。学院网址：www.cafa.edu.cn。

（计华）

【接受丹麦王室捐赠】 4月2日，中

央美院接受丹麦王室捐赠。该院共接受丹麦王室米开朗琪罗的《圣母玛丽亚与基督》、《海神》、《罗马帝国皇帝奥古斯都像》等大型经典石膏像捐赠16件。学院将在石膏馆和新建成的美术馆中开辟专门空间，妥善收藏并充分利用这些优秀的石膏雕像。

（宋曼青）

【举办全国艺术设计展】 8月2日，中央美院举办“2008北京奥运·全国艺术设计大展”。该展览由该校与文化部艺术司、中国美术馆合办，以“设计与奥林匹克”为主题，参展作品用设计传达中国及世界设计师们心中的奥林匹克精神，以艺术语言传递着人文奥运的气息。展出的作品，包括来自国际设计界的奥运海报、来自全国的奥林匹克景观雕塑、来自中央美术学院的奥运形象景观设计、北京奥支线、机场线地铁站室内设计、北京奥林匹克公园信息柱设计、奥运时装与首饰设计等作品。

（宋曼青）

【举办中国美术研究展】 9月5日，中央美院举办“人民·历史—20世纪中国美术研究展”。展览以历史为线索，以20世纪中国美术中的人本主义为主线，由民国美术、新中国成立后的“毛泽东时代美术”和新时期美术三个专题组成。展览共展出作品150件。

（戚家海）

【包揽中国青年服装设计师赛金银铜奖】 9月20日，中央美院在首届“凯德商贸中国青年服装设计师邀请赛决赛”中获得金银铜奖。比赛以“天—地—自然人”为主题，在全国年轻的服装设计师中间展开，要求设计师采用棉、麻、真丝等环保面料设计女装，充分发挥想象力，创造出有独特审美品位的时装设计作品。共有14名选手进入决赛，评出金奖1个、银奖1个、铜奖1个。金奖和银奖的设计师获得到德国ESMOD BERLIN国际时装艺术学院免学费进修以及进入国际时装项目（GLOBEL FASHION PROJECT）工作实习的机会。

（计华）

【入选上海世博会中国国家馆最佳展示设计方案】 9月，中央美院城市发展中的中华智慧之东方寻觅方案入选2010年上海世博会中国国家馆最佳方案。该方案由该院城市设计学院黄建成教授任设计总监的，中央美术学院、同济大学、台湾躍狮等组成的联合团队设计。上海世博会中国国家馆的展示设计方案从2007年12月开始向全球征集，国内外有近百家设计机构和院校报名，组委从40家入围机构作品中评出2个最佳方案。

（计华）

【举办吴作人诞辰100周年座谈会】 10月16日，中央美院举办纪念吴作人诞辰一百周年座谈会。会议由中国文联、文化部、民盟中央、苏州市人民政府主办，以缅怀与继承为主题，探讨吴作人先生艺术思想及治学思想。达成不仅要缅怀吴作人先生，回顾和传承他的艺术思想和高尚精神，更重要的是要进一步学习、研究和继承优秀传统文化，不断推进艺术创新，促进美术事业的进一步繁荣与发展的共识。来自国内专家学者120人参加座谈会。吴作人，1908年11月3日，生于苏州，毕业于比利时布鲁塞尔皇家美术学院 ，1946年到该院工作，讲授 油画，1958年至1979年任中央美术学院院长，油画和国画 领域大师，代表作《齐白石像》、《黄河三门峡》、《藏原放牧》、《横空出世》、《齐奋进》、《任重道远》、《熊猫》等 。

（计华）

【举办美术学院院长讲坛】 10月19日，中央美院举办国际美术学院院长讲坛。来自6所世界著名艺术学院的7位院长就创意经济、艺术设计与媒体发展、各国艺术教育现状等方面作演讲。该院师生300人参加活动。

（计华）

【举办绘画与文化讲座】 10月21日，中央美院举办李岚清专场讲座。该讲座由原中共中央政治局常委、国务院副总理李岚清主讲，以《绘画与文化》为题，讲授艺术与文化关系、艺术与人生的感受与理解等方面内容。该院师生400参加活动。

（计华）

【召开世界华人美术教育研讨会】 11月29日至12月1日，中央美院召开首届世界华人美术教育研讨会。研讨会由该院与世界华人艺术教育协会共同主办，以“艺术·科学·社会”为主题，有“美术教育中思维艺术与科学思维的交汇”、“中华文明传统与现代美术教育”、“生活·创意——美术教育实践与现代艺术的对话”、“学校美术教育研究的社会视角”4个议题，采取嘉宾发言、专题演讲、小组论文发表、学生美术作品展览、现场教学观摩与研讨等形式，从不同角度阐述在当代世界经济、科技、信息发展的新语境中思考、研讨美术教育所面临的新课题。会议提交论文100篇。来自法国、菲律宾、马来西亚以及海峡两岸和香港、澳门专家学者200人参加会议。

（计华）

中央戏剧学院

党委书记　刘国富
院　　长　徐翔

【概　况】 2008年，中央戏剧学院占地面积5.38万平方米，建筑面积8.01万平方米。全年教育经费投入16521.23万元，其中，国家拨款13150.23万元、自筹经费3371万元。下设7个院（系），1个教学部。开设7个本科专业；有博士学位授权点1个，硕士学位授权点3个。国家级重点学科1个。教职工355人，其中，专任教师197人。专任教师中，教授34人，副教授63人；博士生导师25人，硕士生导师46人；享受政府特殊津贴专家10人。毕业生643人，其中，学历教育学生中全日制研究生26人（博士生10人、硕士生16人），普通本专科生617人（本科生321人、专科生296人）。招生603人，其中，学历教育学生中全日制研究生56人（博士生4人，硕士生52人），普通本科专科生547人（本科生305人、专科生242人）。在校生1847人，其中，学历教育学生中全日制研究生124人（博士生17人、硕士生107人），普通本专科生1643人（本科生1163人、专科生480人），成人本专科生80人。高考北京地区本科提档线，表演专业：文科283分，理科273分；导演专业、戏剧影视文学专业：文科 404 分、理科 390 分；戏剧影视美术设计专业：文科 364 分，理科 351 分。公共事业管理：文科 384 分，理科 371 分。留学生毕业 50 人、招生 72 人、在校生 72 人。图书馆建筑面积为 1416 平方米，藏书总额为 45.55 万册（件）。学院网址：www.chntheatre.edu.cn。

（蒋瑛）

【举办中日戏剧交流展】 1月6至10

日，戏剧学院举办中日戏剧交流 50 年展览。展览展出 50 年来中日戏剧交流海报、宣传册、照片、影像记录资料。1 月 7 至 8 日，组委会举办主题为“回顾与展望”的研讨会，来自中日两国的戏剧家们聚集一堂，共同回顾中日戏剧交流 50 年的历史，展望未来中日戏剧交流与发展。

（蒋瑛）

【建立数字电影实验室】 4 月 8 日，戏剧学院成立数字电影实验室。该实验室由松下电器（中国）有限公司、北京汉荣至和科技文化发展有限公司与戏剧学院合作成立。松下公司以捐助的形式为实验室提供高清摄像机 3 套，小型高清摄像机 10 套和后期剪辑用高清录像机及相关音频工作系统各 1 套。该实验室将成为该院电影电视系学生完成电影长片和短片的摄制工作、进行教学实践和创作的基地。

（蒋瑛）

【举办学生戏剧小品大赛】 5 月 13 至 14 日，戏剧学院举办 2008 学生戏剧小品大赛。共有 26 部小品参加比赛，16 部入围决赛，最终由专家评审委员会评出 13 个奖项。其中《再见，309》和《整理》获得“优秀剧目奖”。该院师生和来自北京兄弟院校的学生代表共 1000 人观看决赛。

（蒋瑛）

【举办亚洲戏剧教育研究国际论坛】 5 月 18 至 21 日，戏剧学院举办第三届亚洲戏剧教育研究国际论坛。论坛以“舞台美术教学与实践”为主题，分“世界当代舞台美术发展趋势与教学”、“舞台美术教学成就及存在的问题”、“舞台美术教学法研究” 3 个专题进行专场讨论。来自国内外 22 所艺术院校的专家学者 100 人参加论坛。论坛期间，举办 4 场戏剧交流演出，分别是中央戏剧学院教学实习剧目《德龄与慈禧》、印度国立戏剧学院剧目《罗摩神画像》、孟加拉国戏剧中心剧目《美丽的贝赫拉》、新加坡南洋艺术学院剧目《郑和的后代》。

（蒋瑛）

【举办中国希腊文化年活动】 5月27

至 30 日，戏剧学院举办中国希腊文化年“阿提斯剧院在北京——文化交流”活动。活动内容包括演出由阿提斯剧院导演赛奥多罗斯·特尔左普罗斯指导、中央戏剧学院学生演出的埃斯库罗斯作品《被缚的普罗米修斯》和希腊演员演出的索福克勒斯作品《埃阿斯》。同时，举办阿提斯剧院与古希腊悲剧图片展、希腊戏剧研讨会。中国和希腊戏剧表演艺术家 20 人以及该院学生 80 人参加活动。

（蒋瑛）

【举办研究生教学创作实践剧目演出季】 5 月 30 日至 6 月 15 日，戏剧

学院举办研究生教学创作实践剧目演出季（夏）。该演出季旨在提高研究生创作实践能力，演出研究生创作剧目《2008 罗密欧与朱丽叶》和《神木》，共计演出 12 场。

（蒋瑛）

【郝戎获霍英东教育基金会青年教师二等奖】 5 月，戏剧学院表演系郝戎教授学术成果《表演教学与研究》荣获霍英东教育基金会第十一届高等院校青年教师奖二等奖。郝戎，1971 年出生，中央戏剧学院表演系副主任、教授、硕士生导师。

（蒋瑛）

【与中国国际电视总公司签订合作协议】 6月6日，戏剧学院与中国国际

电视总公司中国广播电影电视节目交易中心签署战略合作框架协议。根据协议，双方将本着强强联合、优势互补、相互协作、共同发展的原则，发挥各自优势和特色，共同构筑产学研合作平台，开展影视创作、人才培养、文化交流等多领域、多形式的战略合作，实现互惠互利、资源共享、双赢发展。中国国际电视总公司向该院赠送 820 个品种的 DVD，共 1635 套，798 个品种的 VCD，共 1512 套。

（蒋瑛）

【获批国际大学生戏剧节活动基地】 9 月，戏剧学院经第 5 届世界戏剧院校校长大会和第 32 届国际剧协世界大会投票获批成为世界戏剧院校联盟国际大学生戏剧节活动基地。获批后，该院自 2009 年起，将每两年举办一次国际大学生戏剧节，届时将邀请联盟的另外 13 所成员院校参加。

（蒋瑛）

【获优秀剧目奖第一名】 10 月 11 至 15 日，戏剧学院获得在上海举办的首届中国校园戏剧节优秀剧目奖第一名。该比赛由中国戏剧家协会、上海文联、上海市剧协、上海市教委共同承办，以“和谐校园·青春风采”为主题，共演出 24 台剧目。该院表演系 2005 级 1 班教学实习剧目《被缚的普罗米修斯》获得优秀剧目奖第一名，该院获“优秀组织奖”，2 名同学获得“校园之星”称号。

（蒋瑛）

【表演系台词基础课被评为国家精品课程】 10月，戏剧学院表演系台词课被教育部、财政部批准为国家精品课程。这是我国戏剧影视表演台词类课程唯一的国家级精品课程。该课程是该院表、导演本科专业必修课程，是表演系的核心课程，对基本功的要求贯穿教学过程中。该课程1953年开设。

（蒋瑛）

【确定《常青藤之歌》为校歌】 10月，戏剧学院确定《常青藤之歌》为校歌。《常青藤之歌》由党委书记刘国富作词，青年作曲家戴劲松作曲。

（蒋瑛）

【学生剧本入选南特电影节】 11月，戏剧学院电影电视系2006级学生舒林编剧的长故事片剧本《RX》入选第三十届法国南特三大洲电影节。南特电影节从世界各地送选的数百个电影剧本中挑选出七个剧本，并对这个剧本项目进行制作与发行的专业培训。剧本入选后，由1名教师带队，舒林以编剧和导演身份，另一名学生马临风以制作人身份，前往法国南特参加电影节组织的为期10天的系列活动。

（蒋瑛）

【演出百老汇经典音乐剧《名扬四海》】 12月5至19日，戏剧学院表

演系2005级音乐剧班演出百老汇经典音乐剧《名扬四海》。该剧由戏剧学院与美国倪德伦环球娱乐公司、北京东方百老汇国际剧院管理公司、美国百老汇凤凰音乐剧制作公司合作排演，是百老汇音乐剧创作理念、创作手法和中央戏剧学院音乐剧教学相结合的一次尝试。共计演出15场。

（蒋瑛）

【与韩国中央大学签订交流协议】 12月17日，戏剧学院与韩国中央大学签署校际交流协议。根据协议，双方合作开展交换教师和研究人员，交换学生，联合组织研讨会和学术会议等活动。

（蒋瑛）

【学生短片作品获奖】 12月27日，戏剧学院学生短片在第3届全国高校影像大展中获奖。全国高校影像大展由北京电影学院和中国电影家协会主办，是国内高等影像教育领域内征集作品范围最广、评奖最具权威性的比赛之一。本届比赛有全国78所大学参赛，共征集作品476部。该院电影电视系编导专业2004班毕业作品《拉拉秧》获最佳导演奖、影视编导2004班倪妮凭借影视导演课三年级作业《上上下下》获最佳女演员奖。

（蒋瑛）

中国戏曲学院

党委书记　张凡
院　　长　杜长胜

【概　况】 2008年，中国戏曲学院占地面积86246平方米，总建筑面积112816平方米。在布局上分为教学区、办公区、体育活动区、生活区及后勤服务区，具有大、小剧场、影视制作中心、录音棚、体育馆等在内的教学实践实习场所。固定资产总值57747.73万元。全年教育经费投入13729.59万元，其中，国家拨款10427.33万元、自筹经费3302.26万元。设有表演系、音乐系、导演系、戏曲文学系、舞台美术系、新媒体艺术系、基础教育部、体育部、继续教育部等9个教学系部，有戏剧戏曲学、音乐学和艺术学3个二级学科硕士学位点，设有10个本科专业及23个专业方向。全院在编教职工403人，其中专任教师230人。专任教师中教授23人，副教授57人；硕士生导师40人。毕业生696人。其中，学历教育学生中全日制硕士研究生24人，普通本科生517人，成人教育本专科生155人（本科生95人、专科生60人）。本科毕业生就业率86.7%。招生743人，其中，学历教育学生中全日制硕士研究生45人，普通本科生516人、成人教育本专科生182人（本科生129人、专科生53人）；非计划招生高等教育学生中在职人员攻读硕士学位30人。在校生2519人，其中，学历教育学生中全日制硕士研究生118人，普通本科生2024人，成人教育本专科生377人（本科生209人、专科生168人）；非计划招生高等教育学生中在职人员攻读硕士学位59人。留学生毕业3人，招生3人，在校4人。学校图书馆总建筑面积5723平方米，藏有纸质图书19.48万册，电子图书4.40万册，中文期刊359种，外文期刊85种。学院网址：www.nacta.edu.cn。

（王媛）

【与台湾戏曲学院签订合作协议】 4

月10日，戏曲学院与台湾戏曲学院签订合作协议。根据协议，双方合作旨在促进海峡两岸戏曲艺术教育的交流与合作，共同传承中华民族优秀传统文化，双方将开展教学合作、研究合作、教师交流、学生交换和交流演出等活动。

（王媛）

【举办舞台灯光教学论坛】 5月23至

24日，戏曲学院举办2008全国戏曲编剧高峰论坛。论坛旨在展示中国当代戏曲作家的文学成就，阐扬中国戏曲作家在当代文艺建设和社会转型过程中所做出的贡献；研讨当代戏文之于传统戏文的传承与发展、当代戏曲文学在中国现当代文学中的分量与地位、戏曲作家在当代文艺建设和社会转型过程中所面临的挑战、当代戏曲

创作的问题与前景以及青年戏曲编剧的培养与发展等问题。文化部、中国文联、中国戏剧家协会领导以及国内著名剧作家、戏曲理论家、评论家 30 人参加研讨。

（王媛）

【主办中青年教师教学交流展示活动】 10 月 8 至 12 日，戏曲学院与中国京剧艺术基金会共同主办“2008 艺术院校京剧表演专业中青年教师教学交流展示活动”。活动旨在为各艺术院校京剧表演专业教师提供交流展示平台，推动京剧教学传统模式，提高京剧教育科学水平，加强师资队伍建设；由京剧剧目教学展示、京剧剧目舞台表演展示、教案和教学论文展示等内容组成。中国戏曲学院、中国戏曲学院附中、北京戏曲艺术职业学院、上海戏剧学院戏曲学院及附属戏曲学校、天津艺术职业学院五所艺术院校的 30 骨干教师参加活动。

（王媛）

【举办新中国戏曲教育学术研讨会】 12 月 5 至 6 日，戏曲学院举办新中国戏曲教育学术研讨会暨王瑶卿、田汉、萧长华、史若虚老校长纪念活动。活动由纪念四位老校长的主题大会、“田汉、王瑶卿、萧长华、史若虚戏曲教育思想学术研讨会”和“新中国戏曲教育学术研讨会”组成，回顾该院建校 60 年及本科教学 30 年来的办学历程，研讨四位老校长为代表的几代戏曲教育家的戏曲教育思想和办学理念。

（王媛）

【举办奥运舞美创作与科技高峰论坛】 12 月 12 至 13 日，戏曲学院举办奥运舞美创作与科技高峰论坛。该论坛由该院与中国舞台美术学会合办，研讨奥运舞台艺术，奥运会开闭幕式中的舞美创作对中国文化的贡献、舞美艺术成就、国际化运作方式以及奥运舞美各个门类创作与技术体现和对民族文化元素的应用以及奥运舞美创作对舞台美术教育的启示等问题。中国舞台美术学会会长蔡体良、中央戏剧学院院长徐翔、奥运会副总导演陈维亚、解放军总装备部工程设计研究总院高级工程师于建平等 20 位专家参加研讨。

（王媛）

北京电影学院

党委书记　籍之伟
院　　长　张会军

【概　况】 2008 年，北京电影学院占地面积 9.1 万平方米，建筑面积 9.1 万平方米。固定资产总值 43624.07 万元，其中教科仪器设备资产值 20960.22 万元。设有 16 个院（系、部），开设 9 个本科专业，有一级学科 1 个，博士学位授权点 1 个，硕士学位授权点 5 个，专业学位授权点 1 个。有北京市重点学科 1 个。教职工 534 人，其中，专任教师 273 人，专任教师中教授 43 人，副教授 80 人。毕业生 1050 人，其中，学历教育学生中全日制研究生 129 人（博士生 13 人、硕士生 116 人），普通本专科生 587 人（本科生 386 人、专科生 201 人），成人教育本专科生 334 人（本科生 151 人、专科生 213 人）；非计划招生高等教育学生中在职人员攻读硕士学位 11 人，研究生课程进修班 53 人。本科毕业生就业率 92.83%。招生 1320 人，其中，学历教育学生中全日制研究生 117 人（博士生 12 人、硕士生 105 人），普通本专科生 717 人（本科生 477 人、专科生 240 人），成人教育本专科生 486 人（本科生 230 人、专科生 256 人）；非计划招生高等教育学生中在职人员攻读硕士学位 16 人，研究生课程进修班 57 人。高考在校生 3714 人，其中，学历教育学生中全日制研究生 367 人（博士生 44 人、硕士生 323 人），普通本专科生 2318 人（本科生 1829 人、专科生 489 人），成人教育本专科生 1029 人（本科生 470、专科生 559 人）；非计划招生高等教育学生中在职人员攻读硕士学位 120 人，研究生课程进修班 57 人。留学生毕业 63 人，招生 44 人，在校 80 人。图书馆建筑面积 2057 平方米，藏书 64.91 万册，其中，电子图书 34.00 万册。学院网址：www. bfa. edu. cn。

（崔晓玉）

【完成院级精品教材评审】 4 月 22 日，电影学院完成第 7 届院级精品教材评审。该院通过院系申报、专家评审，评出《动态造型基础》（动画学院陈静晗）、《电影特技》（摄影系屠明非）、《感光材料的性能与使用》（摄影系张铭）等精品教材 13 部。

（崔晓玉）

【举办多场放映及学术交流活动】 9 至 12 月，电影学院举办多场放映及学术交流活动。9 月 24 日，香港武术导演程小东来到学院大讲堂，系统介绍程小东的武侠人生。10 月 15 日，放映侯亮导演的新作《大厨小兵》。这部《大厨小兵》是 2007 年中国电影集团公司 8 部国产重点影片之一，获得 2008“金鸡百花”国产新片展映推荐。10 月 22 日，放映电影《画皮》。受邀嘉宾是摄影指导黄岳泰先生等。嘉宾就影片的整合营销方面、市场运作方面，与现场同学进行讨论。10 月 17 日，德国纪录片导演乌里克·弗兰克携带自己作品《输家赢家》做客学院放映厅。并给同学们介绍自己的纪录片制作公司和他们对于纪录片的理解。10 月 27 日，波兰电影大师罗曼·波兰斯基和波兰电影家协会主席亚采克·布罗姆斯基先生来到该院放映厅。并就如何做电影，从影经验，对他影响最大的导演等人生感悟进行交流，11 月 4 日，美国制片人唐·墨菲前往管理系讲学。曾制作《变形金刚》、《天生杀人狂》等电影的唐·墨菲，结合自己的创作与美国好莱坞的制片体系讲解好莱坞影片的前期策划过程以及营销、发行方式。

（崔晓玉）

【举办国际影视院校联合大会】 11 月 3 至 8 日，电影学院协办第 52 届国际电影电视院校联合会大会（CILECT）。会议以“观众”为主题，由全体会议、地区会议、项目汇报和嘉宾讲座、CILECT 学生作品展映等部分组成，与会专家就“如何教授电影新形式”、“纪录片制作新方法”、“发行视听产品的新方式”、“中国电影和文化”等主题进行演讲和论述，并展开讨论。来自全球 46 个国家的 100 所成员院校 200 名院校长及专家学者参加会议。

（崔晓玉）

【国际学生影视作品展】 11 月 9 至 15 日，电影学院举办第七届国际学生影视作品展。作品展设立国际学生作品竞赛和中国学生作品竞赛两个单元，国际竞赛单元展映来自世界各地的学生作品，并评选国际学生短片奖；中国竞赛单元专为中国学生作品，并评选出中国学生短片奖。经过专业教师和研究生组成的评审小组的初评，有 90 部学生作品入围。该作品展收到来自中国、美国、南非等 40 个国家和地区学生作品 700 部。

（崔晓玉）

【颁发动画学院奖】　12 月 19 日，电影学院动画学院第八届学院奖颁奖。短片《诺言》获最佳导演奖和最佳短片将两大奖项；最佳创意奖《呐喊》；最佳新人奖《月亮回家》；试验影像奖《SO SO》；评委会特别奖《孩子来》、《狂野大雪地》、《月夜曲》。持永只仁奖《我和爷爷》；阿达奖《童谣》；评委会特别奖《孩子来》《狂野大雪地》《月夜曲》；ASIFAchina 中国奖：最佳短片奖为《诺言》、优秀短片奖为《双下山》、《风雪山神庙》、《追忆爱人》、《熵》、《上帝的福佑》、《鱼风筝》。

（崔晓玉）

北京舞蹈学院

党委书记　王传亮
院　　长　王国宾

【概　况】　2008 年，北京舞蹈学院占地面积 5.73 万平方米，建筑面积 9.7 万平方米。固定资产总值 21644.26 万元，其中教科仪器设备资产值 6087.12 万元。全年教育经费投入 20694 万元，其中，国家拨款 13321 万元，自筹经费 7373 万元。设 10 个系、2 个教学部；开设本科专业 5 个，覆盖 2 个学科门类；具有一级学科 2 个，硕士学位授权点 1 个。北京市重点学科 1 个、部级重点学科 1 个。教职工总数 435 人，其中，专任教师 209 人，包括教授 26 人、副教授 52 人；有硕士生导师 47 人。国家有突出贡献专家、享受政府特殊津贴专家等国家级专家 11 人。外籍教师 7 人。毕业生 575 人，其中，学历教育学生中全日制硕士研究生 43 人，普通本科生 259 人，成人教育本专科生 273 人（本科生 188 人、专科生 85 人）。本科毕业生就业率 95.34%。招生 671 人，其中，学历教育学生中全日制硕士生研究生 45 人，普通本科生 307 人、成人教育本专科生 319 人（本科生 209 人、专科生 110 人）。高考北京地区提档线表演（芭蕾舞表演方向；中国古典舞表演方向；中国民族民间舞表演方向）210 分；表演（芭蕾舞表教合一方向；中国古典舞表教合一方向；中国民族民间舞表教合一方向；国际标准舞方向）230 分；表演（音乐剧方向）260 分；表演（服饰表演方向）240 分；舞蹈编导（中国舞编导方向；现代舞编导方向）260 分；戏剧影视美术设计（舞台美术设计方向）350 分；戏剧影视美术设计（舞台服装设计方向）320 分；舞蹈学（舞蹈历史与理论方向）400 分；舞蹈编导（电视舞蹈方向）380 分；公共事业管理（中外文化交流管理方向）430 分。在校生 2133 人，其中，学历教育学生中全日制硕士研究生 131 人，普通本科生 1235 人，成人教育本专科生 767 人（本科生 455 人、专科生 312 人）。留学生毕业 4 人，招生 6 人，在校 8 人。图书馆建筑面积 4383 平方米，藏书总额 27.10 万册。学院网址：www.bda.edu.cn。

（高毅军）

【中国舞剧《唐琬》首演】　3 月 8 至 10 日，舞蹈学院大型中国舞剧《唐琬》在中国剧院公演。该剧是由北京舞蹈学院青年舞团立项创作，融合中国传统文化与现代创意，将南宋风情、古典文化、爱情传奇融于一体，以南宋才女唐琬的视角，讲述其与爱国诗人陆游之间百转千回、感天动地的爱情绝唱。剧中的主要演员邵俊婷、汪子涵、刘岩均为青年舞团优秀演员，曾在国内几项权威舞蹈赛事中屡获金奖。在舞剧的创作上，除有传统概念的独、双、三人舞外，还有“组舞”、“符号性格”、“人物心境情景”等舞段分布其中。

（高毅军）

【美国嘻哈舞蹈三人组访问舞院】　3 月 26 日，美国嘻哈舞蹈三人组到舞蹈学运进行文化交流。该组合是由美国政府出资，作为美国文化及外交使者，以舞蹈交流的形式展示美国现代社会、文化和音乐舞蹈艺术，表演内容包括百老汇歌舞，嘻哈（Hip－hop）、爵士和现代舞。中国民族民间舞系表演专业三年级学生和该组合进行课堂交流，表演《顶碗》、《孔雀飞来》等 7 个节目及课堂组合，包括维族、藏族、傣族及汉族等风格。陪同前来的还有美国驻华大使馆美国教育交流中心的二等秘书 John M. Barrett（雷强）先生。

（高毅军）

【本科教学工作水平评估取得“优秀”成绩】　3 月，舞蹈学院本科教学工作水平评估取得“优秀”成绩。该院于 2007 年 10 月 28 日至 11 月 2 日完成本科教学水平评估工作。通过走访参观教学硬件设施，召开座谈会，观摩专业课及文化课和专场晚会等形式，向评估专家组展示学院的办学特色和教学状态，得到专家组的一致好评。学院以评估为契机，评建工作取得显著成效，办学条件得到明显改善，人才培养质量和综合办学实力得到显著提高。本科教学水平评估对北京舞蹈学院具有历史性的意义，进一步明确办学指导思想、巩固和强化本科教学的中心地位、加强师资队伍建设、提升学术研究水平等方面产生积极的推进作用。

（高毅军）

【启动教育质量工程和舞蹈文化创新工程】　3 月，舞蹈学院启动教育质量工程和舞蹈文化创新工程建设工作。该院成立“两个工程”专项领导小组，并拟定《北京舞蹈学院实施教学质量与教学改革工程的方案》。创新工程将重点围绕推出几台有学术价值、较成熟的舞剧；力争完成中国舞蹈博物馆的注册和正式展出；按大舞蹈文化的要求，建设好舞蹈信息资源库；力争成功申报国家级课题；总结和撰写学院大学改革发展 30 年取得的经验和成果等五项工作进行。至年底，该院申报北京市和教育部质量工程项目，获批复 12 项。

（高毅军）

【韩春启被授予“首都劳动奖章”】　4 月，舞蹈学院艺术设计系主任韩春启教授被北京市总工会授予“首都劳动奖章”。韩春启同志在几十年的艺术创作实践中，在舞台美术专业的多个领域都有较多的探索和研究实践。2006年韩春启同志参与北京奥运会方案投标团队，2007年正式接受奥组委聘任，担任奥运会闭幕式服装造型总设计师。

（高毅军）

【为老教授颁发“舞蹈教育终身成就奖”】 5月14日，舞蹈学院为老教授颁发“舞蹈教育终身成就奖”。获奖教授为吕艺生、熊家泰、许定中、肖苏华、王佩英、贾美娜、沈元敏。

（高毅军）

【在第六届荷花奖舞蹈比赛上获奖】 9月29日至10月5日，舞蹈学院在山西省太原市举办的第六届荷花奖舞蹈比赛暨首届大学生舞蹈比赛中获得金奖。该院编导系06级现编全体师生和07中编的部分学生的作品《妈妈别哭》荣获编导金奖、作品《朋友》荣获作品铜奖。

（高毅军）

【举办全国舞蹈科学学术研讨会】 10月10至12日，舞蹈学院舞蹈教育科研所举办“2008年全国舞蹈科学学术研讨会”。会议旨在为舞蹈演员、学生、教师、研究人员以及医务人员等相关舞蹈工作者提供交流与沟通的学术平台，分享教学与研究成果，共同探讨舞蹈科学建设与发展的思路与对策，以此打开舞蹈科学发展的新局面。全国院校专家100人参加会议。

（高毅军）

【首次演出环境戏剧】 10月12至13日，舞蹈学院音乐剧系05级音乐剧表演班在校园内演出环境戏剧《环境戏剧演出，你看吗?》。该演出离开镜框式舞台，利用校园内琴房、教室等教学、生活场所等真实的环境来代替剧场进行表演，是该系在环境戏剧上进行的首次教学实践尝试。

（高毅军）

【举办学术高端讲座】 9月25日至12月31日，舞蹈学院舞蹈学系举办学术高端讲座。讲座包括沈林“演出是看的还是听的”；张锐“当代艺术收藏家”；于丹“阅读经典，感悟人生”；孟京辉“先锋戏剧与舞台空间”；张颐武“全球化时代的中国文化问题”；曹诚渊“中国现代舞之源”；叶培贵“书法的造型和节奏”；刘悦笛“艺术的终结”；马克列文“英语口语”等。讲座主要围绕关于舞蹈与文化相关内容。全院师生近千人次前来听取讲座。

（高毅军）

【实践交流演出《两只狗的生活意见2008版》】 10月21至22日，舞蹈学院音乐剧系与中国国家话剧院联合制作演出实验话剧《两只狗的生活意见2008版》。这是该院建立教学实践科以来第一次把话剧演出引入校园。该剧主演分别是音乐剧系教师刘晓晔和06级音乐剧表演班学生韩鹏翼，作品在表演空间、观演形态、表演观念与技法，尤其在肢形语言对人物性格的塑造和音乐与演唱在推动戏剧节奏以及增强表演张力等方面，进行卓有成效的实验。

（高毅军）

【举办北京国际舞蹈院校芭蕾舞邀请赛】 10月26日至10月31日，舞蹈学院举办第二届北京国际舞蹈院校芭蕾舞邀请赛。参加本次芭蕾舞邀请赛的有世界五大洲共22个国家，38个舞蹈院校，110余名选手，其中外国选手54人。十一位国际知名的芭蕾舞专家担任此次邀请赛的评委。选手依照年龄分为甲、乙两组，分别通过三轮比赛的选拔，比赛共决出一等奖五名，二等奖四名，三等奖 四名，“华夏奖”一名，“评委会特别奖”两名，“现代舞作品表演奖”三名，“现代舞作品创作奖”空缺，共七个奖项，十九人获奖。

（吕园）

【青年舞团首次赴美演出】 10月27日至11月9日，舞蹈学院青年舞团一行7人应美国华盛顿金宇歆舞蹈工作室邀请赴美演出。演出设在华盛顿莎士比亚剧院，共进行3场。主要包括《花儿为什么这样红》、《飞天》、《大漠孤行》、《无极》、《背鼓》、《秦王点兵》等经典剧目。这是北京舞蹈学院二十年来首次进入美国主流剧场演出。

（高毅军）

【举办主题舞蹈晚会】 11月5日，舞蹈学院在国家大剧院歌剧院上演“舞之魂”主题舞蹈晚会。参演人员除在校生，还有已经毕业成名的舞蹈家、国家一级演员，几乎所有演员都曾获得国内外舞蹈比赛的大奖。呈现的作品有《爱莲说》、《凄凄长亭》、《天鹅湖》、《秦王点兵》、《黄河》等建校多年来的精品剧目，涵盖民间舞、古典舞、芭蕾舞、现代舞、当代舞等多种舞种。晚会以“爱”为主线，把各个舞蹈有机结合起来，其中的舞美和灯光技术手段给观众带来新的视觉体验，投影视频、灯光、移动幕布三位一体，营造出“人在画中舞、画随人而动”的效果。

（高毅军）

【全国艺术管理专业学生论文比赛获奖】 11月22日，舞蹈学院学生在首届全国艺术管理专业学生论文比赛中获奖。该院艺术传播系04级毕业生吕圆参赛的论文《舞蹈经纪对象主体及运营模式初探》和07级硕士研究生姜郑嘉梓的论文《浅析文化创意产业投融资》顺利通过论文演讲和现场专家打分等终审环节，分别获得二等奖和三等奖。

（高毅军）

【召开新中国舞蹈奠基人畅谈会】 12月10日，舞蹈学院中国舞蹈博物馆与《新中国舞蹈的奠基石》编委会共同主办“新中国舞蹈奠基人畅谈会暨《新中国舞蹈的奠基石》发布会”。当年舞蹈团健在团员近百人中，彭松、叶宁、董锡玖、资华筠等老前辈共计到会44人，与会老专家们平均年龄80岁以上。会上，中戏舞蹈团的老团员们及舞蹈界晚辈与前辈在一起，共同庆祝与见证“《新中国舞蹈奠基石》发布”这一历史时刻。

（吕园）

中央民族大学

党委书记 郭义太
校　　长 陈理

【概　况】 2008年，中央民族大学占地面积为37.8万平方米，规划新校区占地面积81万平方米，建筑面积58.3万平方米，教学行政用房20万平方米。固定资产总值81803.84万元，其中教科仪器设备资产

14587.34 万元。全年教育经费投入 65642 万元（含附中 3836 万元），其中，国家拨款 40168 万元（含附中 2117 万元），自筹资金 25474 万元。下设 23 个学院，开设 55 个专业，具有一级学科 2 个，一级学科博士点 2 个，博士学位授权点 25 个，64 个硕士学位授权点。4 个博士后流动站，其中，博士后研究人员进站 3 人和在站 17 人。3 个国家级重点学科、24 个省部级重点学科，1 个教育部人文社会科学重点研究基地，3 个国家“985 工程”哲学社会科学创新基地。专任教师有 1042 人，专任教师中有教授 249 人，副教授 320 人；有博士生导师 106 人，硕士生导师 378 人；双聘院士 2 人，国家级教学名师 2 人、北京市教学名师 8 人，“新世纪百千万人才工程”国家级人选 4 人，教育部“新世纪优秀人才支持计划”人选 13 人，学校特聘教授 1 人。外籍教师 25 人，其中教授 8 人。毕业生 6538 人，其中学历教育学生中全日制研究生 616 人（博士生 104 人、硕士生 512 人），普通本科生 2700 人，成人教育本专科生 3222 人（本科生 1706 人、专科生 1516 人），毕业生一次就业率 85.6%。招生 9576 人，其中，学历教育学生全日制研究生 1330 人（博士生 218 人、硕士生 1112 人），普通本科生 3271 人，成人教育本专科生 4975 人（本科生 2651 人、专科生 2324 人）。北京地区高考提档线理科 534 分，文科 538 分。在校生 15928 人，其中，学历教学学生中全日制研究生 2691 人（博士生 572 人、硕士生 2119 人），普通本科生 11305 人，成人教育本专科生 1333 人（本科生 950 人、专科生 383 人）。留学生（学历教育）毕业 12 人，招生 42 人，在校 83 人。图书馆建筑面积 24500 平方米，藏有图书 2652482 册，电子图书 1005026 册。民族博物藏有各类文物共计 3 万余件。学校定期出版专业刊物有《中央民族大学学报》（哲学社会科学版）、《中央民族大学学报》（自然科学版）、《民族教育研究》。学校网址：www.muc.edu.cn。

（何修良）

【获 3 项博士后科学基金资助】 1 月 10 日，民族大学 3 项目获得第四十二批中国博士后科学基金资助。分别是李春姬博士后的《19 世纪朝鲜中人李尚迪文学研究》课题荣获中国博士后科学基金一等资助。获得资助金 5 万元；汪锋博士后的《白语、彝语中的特殊发声类型研究》课题和阿地里·居玛土尔地博士后的《突厥语民族英雄史诗母体比较研究》课题获得中国博士后科学基金二等资助，分别获得资助金 3 万元。

（何修良）

【开展乡土教材搜集与调研培训活动】 1 月 14 日，民族大学“985 工程”中国少数民族地区基础教育研究中心开展乡土教材搜集与调研培训活动。活动面向“寒假中国乡土教材搜集活动”招募到的近 90 名本校志愿者开展田野调查培训。“寒假中国乡土教材搜集活动”是该校“985 工程”教育中心重点课题“中国西部少数民族地区乡土教材开发的教育人类学田野调查与基础理论研究”项目的重要内容之一，由学校中国少数民族地区基础教育研究中心发起，香港乐施基金会提供经费支持。

（何修良）

【举办国际学术报告会】 1 月 21 至 22 日，民族大学举办国际学术报告会。报告会以“中部欧亚地区的民族问题”为主题，研讨中部欧亚地区民族的热点问题。中国、俄罗斯、乌兹别克斯坦、美国、日本等国家和地区的专家、学者 30 人参加研讨会。

（何修良）

【二个理工类博士点获批准】 2 月 25 日，民族大学 2 个理工类博士点获得批准。分别是中国少数民族传统医学和民族生态学。这是该校首次拥有理工类博士点。

（何修良）

【图书馆进入全国古籍重点保护单位】 3 月 25 日，民族大学图书馆入选国务院首批“全国古籍重点保护单位”名单。该校图书馆建于 1951 年，截至 2008 年，共收藏中文图书 1698061 册，外文图书 66852 册，民族类 151576 册，电子图书 1005026 册。同时，馆藏新刊京本《孙武子十三篇本义》三卷被列入首批《国家珍贵古籍名录》。

（何修良）

【完成第二批本科生研究训练计划项目验收】 4 月 12 日，民族大学完成 2007 年第二批本科生研究训练计划（URTP）项目验收。此次验收共分理学组、工学组、民族组、文综组、生环组等 10 个小组，应参加验收项目 52 个，实际参加 48 个，均达到验收要求。

（何修良）

【新校区建设用地选址获批准】 6 月

6 日，民族大学新校区建设用地选址获得批准。根据《国家民委关于中央民族大学新校区立项的批复》及《北京市规划委员会关于落实中央民族大学新校区用地选址有关问题的复函》等文件，中央民族大学新校区在丰台区王佐镇青龙湖地区进行建设用地选址，建筑规模 38.09 万平方米。

（何修良）

【成立 1 所少数民族语言分中心】 6 月 23 日，民族大学成立国家语言资源监测与研究中心少数民族语言分中心。该分中心由教育部、国家民委、国家新闻出版总署和该校共建，开展普及和提高少数民族语言信息技术、共享少数民族语言信息资源、抢救与保护少数民族濒危语言文化教学研究活动。有科研人员 17 人，其中，高级职务 10 人。

（何修良）

【“211 工程”三期建设工作启动】 8 月 29 日，民族大学“211 工程”三期建设工作启动。该校“211 工程”三期建设项目是重点学科建设项目，预计投资 7300 万元。

（何修良）

【聘任孔文吉为客座教授】 10 月 13 日，民族大学聘任孔文吉为客座教授。受聘后，孔文吉将在该校开展原住民族教育问题和少数民族人才培养等教学科研活动。孔文吉，台湾南投县人，系台湾原住民泰雅族人，台湾“原住民立法委员会”成员。

（何修良）

【学报（哲学社会科学版）获奖】 11月17日，民族大学在“中国人文社科学报学会成立20周年暨第6次会员代表大会”上获奖。该校《中央民族大学学报》（哲学社会科学版）荣获“全国社科学报学会优秀会员单位奖”，并被推选为中国社科学报学会常务理事单位。

（何修良）

【国家社科基金项目取得佳绩】 至年底，民族大学国家社科基金项目申报取得成绩。该校共获得国家社科基金17项（包括国家社科基金重大项目、面上项目、青年项目、教育规划项目、艺术规划项目以及后期资助项目），位列全国“985”重点工程建设院校第12位、在京的全国“985”重点工程建设院校第5名。

（何修良）

中国政法大学

党委书记　石亚军
校　　长　徐显明

【概　况】 2008年，中国政法大学占地面积487358平方米。固定资产总值55987万元，其中教科仪器设备资产值9065万元。全年教育经费投入43844.85万元，其中，国家拨款20442.78万元，自筹经费23402.07万元。设有海淀区学院路和昌平区府学路两个校区。设有21个教学院部；开设17个本科专业；有13个一级学科，1个一级学科博士点，19个博士学位授权点，44个硕士学位授权点，2个专业学位授权点；2个博士后流动站，其中，博士后研究人员出站10人、进站18人，在站45人。1个法学一级国家重点学科，4个北京市重点学科。2个教育部人文社会科学重点研究基地，1个北京市哲学社会科学研究基地；1个教育部重点实验室以及国家大学生文化素质教育基地。有教职工1758人，其中，专任教师903人，专任教师中教授208人、副教授322人；博士生导师139人，硕士生导师356人；“长江学者奖励计划”特聘教授1人，享受政府特殊津贴专家39人。有外籍教师26人。毕业生6481人，其中，学历教育学生中全日制研究生1334人（博士生175人、硕士生1159人），普通本科生2189人，成人教育本专科生2958人（本科生2440人、专科生518人）；非计划招生高等教育学生中在职人员攻读博士硕士学位487（博士生5人、硕士生482人），研究生课程进修班1338人。本科生就业率94.67%。招生5449人，其中，学历教育学生中全日制研究生1539人（博士生196人、硕士生1343人），普通本科生2128人、成人教育本科生1782人；非计划招生高等教育学生中在职人员攻读硕士学位234。高考北京地区本科提档线理科584分，文科567分。在校生19365人，其中，学历教育学生中全日制研究生4324人（博士生689人、硕士生3635人），普通本科生8414人，成人教育本专科生6627人（本科生6421人、专科生206人）；非计划招生高等教育学生中在职人员攻读硕士学位471人。留学生毕业28人，招生77人，在校生248人。图书馆建筑面积20393平方米，藏书总额161.80万册。学校网址：www.cupl.edu.cn。

（杨学伟）

【成立法学（律）方法论研究中心】 1月12日，法大成立法学（律）方法论研究中心。该中心隶属法学院，开展组织出版法学方法论丛书、组织年度高层次的学术会议、组织策划定期的专题研讨、组织起草《人民法官法律解释规则》（专家建议稿）和《人民法官法律推理规则》（专家建议稿）、举办客座研究员或专题执行主任演讲会、举办疑难案件研讨会或专家论证会工作。有研究员4名、学术顾问若干，并已出版《法官决策论》、《法学方法论问题研究》等先期学术成果。

（杨学伟）

【赵旭东获聘长江学者特聘教授】 7月12日，法大赵旭东教授获聘教育部2007年度长江学者特聘教授。赵旭东教授是法大第一位“长江学者奖励计划”特聘教授，同时是法大第一位受聘为“长江学者”的本校教授。赵旭东，男，1959年生，山东省栖霞县人。现为中国政法大学教授、博士生导师、民商经济法学院副院长。自1985年以来，一直致力于民商法、尤其是法人制度、公司法、证券法、合同法方面的教学和研究。出版《企业法律形态论》、《法人制度论》、《公司法概论》、《民商法实务研究》、《合同法原理》等学术著作。在《中国社会科学》、《法学研究》、《中国法学》《政法论坛》、《法制日报》、《人民法院报》、《中国证券报》等刊物上发表有多篇学术论文。1999年被评为“北京市优秀青年法学家”，2002年被评为“全国十大杰出中青年法学家”。

（杨学伟）

【法学实验班开班】 8月30日，法大法学实验班开班。法学实验班的特点是六年本硕连读、强化法律职业性特征培养、一对一全程导师制、固定的基地实习。采取普招招生方式，招收广东、四川等十个省市学生50人。

（杨学伟）

【成立新闻与传播学院】 9月8日，法大成立新闻与传播学院。学校将对新闻与传播学院采取新的管理模式，由学校提供建院启动资金，其他所需经费由学院通过自筹资金的方式解决。学校将允许学院采取成立董事会、理事会等形式，为学院的建设和发展广泛争取社会资源。该院开展本科和研究生层次教学，设硕士点1个，开设新闻学1个本科专业。有专任教师18人，其中，高级职务3人。

（杨学伟）

【中欧法学院成立】 10月23日，法

大中欧法学院成立。该院开展研究生层次教学，设博士点1个，硕士点3个。有专任教师11人，全部拥有高级职称。

（杨学伟）

【签署联合培养博士后合作协议】 11月25日，法大与中国再保险（集团）股份有限公司签署联合培养博士

后合作协议。根据协议，双方合作开展以“法律与保险”领域为核心，保险公司并购、风险防范、阻碍应对及相关法律关系；校方负责指派博士后合作导师，提供学术资源和条件；企业负责博士后研究人员的研究项目、科研经费和日常管理。

（杨学伟）

【许传玺获多项荣誉】 至年底，法大中美法学院院长许传玺获多项荣誉。1月31当选2007“首都十大教育人物”；2月23日，当选“2007中国十大教育英才”；4月，荣获2008年“全国五一劳动奖章”。许传玺，男，1968年11月生，中共党员，法学博士，人类学博士，现任中国政法大学中美法学院院长、教授、博士生导师。1996年获美国耶鲁大学社会文化人类学博士学位；1999年获美国哈佛大学法学博士学位。2000至2001年，担任美国纽约大学法学院亚洲法律研究中心客座研究员；2001至2002年，担任美国耶鲁大学法学院中国法中心专职研究员；2001年至今，担任中国民商事法律科学研究中心（教育部人文社会科学重点研究基地）兼职研究员。2000年至今，担任《美国比较法学刊》编委，美国比较法学会理事，美国纽约市律师协会外国及比较法委员会委员，全美律师协会会员；1998年至今，担任旅美中国法学会主席。

（杨学伟）

华北电力大学

党委书记 吴志功
校　　长 刘吉臻

【概　况】 2008年，华北电力大学占地面积999842平方米，建筑面积762902平方米，藏书162.93万册。固定资产总值166037.28万元，其中，含教学仪器设备总值29035万元。全年教育经费投入94252万元，其中，国家拨款32827万元，自筹经费61425万元。设有11个直属学院，1个教学部。设有20个博士点、52个硕士点、54个本科专业、6个专科专业，拥有2个国家级重点学科、1个国家级工程实验室、2个教育部重点实验室、8个北京市重点实验室，另有1个省部级哲学社会科学研究基地、3个博士后科研流动站。教职工2896人，其中，专任教师1649人，专任教师中，教授285人、副教授452人，中国工程院院士3人（含双聘院士2人）。外籍教师5人。毕业生9313人，其中，研究生1249人（博士生77人、硕士生1172人），普通本专科生4881人（本科生4829人、专科生52人），成人教育本专科生3183人（函授生2832人、脱产生351人）。本科毕业生一次就业率97.34%。招生10846人，其中，研究生1619人（博士生151人、硕士生1468人），普通本科生5153人，成人教育本专科4074人。高考北京地区提档线理科553分，文科524分。在校生38350人，其中，研究生4890人（博士生685人，硕士生4205人），普通本专科生20198人（本科生20149人，专科生49人），成人教育本专科生13262人（函授生12010人，脱产生1252人）。留学生毕业169人，招生207人，在校132人。学校网址：www.ncepu.edu.cn。

（陈军）

【成为BALIS馆际互借和原文传递服务成员馆】 3月10日，电力大学与BALIS中心签订协议，成为BALIS馆际互借和原文传递服务成员馆。北京地区高校图书馆文献资源保障体系（简称为BALIS），是北京高校图工委领导下的北京地区高等教育公共服务体系之一，它为北京地区高等学校之间实现文献信息资源的共建、共知、共享搭建快捷方便的服务平台，弥补各高校图书馆馆藏文献的不足。

（陈军）

【与蒙古科技大学签订合作协议】 3月13日，电力大学与蒙古国立科技大学签署联合培养学生协议。两校将就互派留学生、互派青年教师学术交流、开展科学研究方面进行合作。协议有效期5年。

（陈军）

【李成榕当选电气化学技术委员会委员】 3月17日，电力大学副校长李成榕教授当选为第一届全国电气化学标准化技术委员会委员。国家标准化管理委员会于当日批准成立全国电气化学标准化技术委员会，第一届全国电气化学标准化技术委员会由2名顾问和45名委员组成。李成榕，男，1957年3月生，福建福州人，博士生导师，现任华北电力大学副校长。

（陈军）

【成立第二所孔子学院】 4月1日，电力大学承办的埃及苏伊士运河大学孔子学院成立揭牌。该孔子学院是中国在埃及境内继开罗大学孔子学院之后的第二所孔子学院，位于苏伊士运河大学伊斯梅利亚主校区大学生活动中心五楼，建筑面积约1000平方米。苏伊士运河大学是埃及一所综合性的重点院校，成立于1976年。现有5个校区，26个学院，约有5万名学生，3000余名教师。

（陈军）

【召开设备状态监测与故障诊断国际学术会议】 4月21至23日，电力大学召开2008年设备状态监测与故障诊断国际学术会议。会议共设置基于uhf（特高频）技术的局部放电测量技术的讨论和关于电力变压器fra（频率响应分析）测量与诊断技术2个特别专题讨论和4个重点讨论主题。国内外专家50人参加会议。

（陈军）

【与太平洋国立大学签署合作协议】 4月22日，电力大学与俄罗斯西太平洋国立大学签署合作协议。根据协议，双方将在互派师生交流、科技项目等方面开展合作。该协议有效期为5年。

（陈军）

【举办全国文化哲学论坛】 4月26至27日，电力大学举办全国文化哲学论坛。该论坛由该校与清华大学、中国社会科学院哲学研究所合办，以“文化哲学研究的中国资源”为主题，研讨科学技术的终极价值观问题。来自100个学校200人参加论坛。

（陈军）

【承担叙利亚研修项目班培训任务】 5月15日至6月11日，电力大学承办叙利亚“输变电站及电网维护管理”研修项目班的培训任务。研修班有15名叙利亚学员参加培训，该校8名教授、博士及4名校外专家分别对

“电力系统运行及控制”、“变电站综合自动化”等8门课程进行讲授以及专题讲座。培训期间学员们还对省、市级电网调度中心及相关变电站进行现场参观和实地考察。

（陈军）

【西区一期工程结构封顶】 6月2日，电力大学西区一期工程结构封顶，并通过北京市建委“长城杯”验收。西区一期工程包括综合教学楼B、C、D、E、F座等五栋大楼，占地面积13297平方米，建筑面积为176748平方米，分地下1层，地上8层，主要为教室、实验室、图书馆等教科研用房。2007年开始建设，总投资64000万元。

（陈军）

【二人通过新世纪优秀人才支持计划项目验收】 6月11日，电力大学两项新世纪优秀人才支持计划项目通过教育部验收。分别是能源与动力工程学院刘宗德教授和电气与电子工程学院朱永利教授。

（陈军）

【启动博士工程化培养建设】 6月13日，电力大学与北京国电华北电力工程有限公司合作启动博士生工程化培养建设项目。根据协议内容，华北电力大学27名新招入拥有博士学历教师进入北京国电华北电力工程有限公司学习锻炼。

（陈军）

【与中国原子能科研院战略合作】 6月19日，电力大学与中国原子能科学研究院签署战略合作协议。根据协议，双方将在科学研究、科技开发、技术咨询、信息交流、人才培养等方面展开合作。双方将共同努力，共同参与国家的重大项目研究。协议有效期为5年。

（陈军）

【与企业共研宽带无线通信核心技术】 7月2日，电力大学与大唐电信科技产业集团签署战略合作协议。根据协议，双方共同研究宽带无线通信核心技术和促进宽带无线通信技术标准形成，增强我国移动通信产业的科技进步与创新能力。学校与大唐电信科技产业集团将在无线移动通信领域开展广泛合作，将在无线通信领域进行深度合作，共同致力于我国自主3g技术td—scdma推进工作。同时，双方共建“华北电力大学scdma移动宽带实验室”。

（陈军）

【首个少数民族预科班招生】 7月，电力大学首个少数民族预科班开始招生。该预科班面向云南、贵州、陕西、内蒙古和广西招生，开展电气工程类专业人才培养，教授大学英语、高等数学和电气工程等课程。首届招收74人。

（陈军）

【与企业共研冷却技术核心技术】 8月5日，电力大学与首航艾启威冷却技术（北京）有限公司签署战略合作协议。首航艾启威冷却技术（北京）有限公司出资1500万元与华北电力大学开展1000MW超（超）临界机组空冷系统、空冷机组的小汽机空冷化优化设计研究、联合建立“风洞及传热实验室”和成立“航空冷技术研究中心”。同时，设立五年期总额为100万元“首航奖学金”，用于奖励品学兼优学生。协议时间为2008年8月到2013年8月，有效期为5年。

（陈军）

【签订重大科技合作项目】 8月5日，电力大学与山西东盛风电装备制造有限公司签署“1.5MW低风速无刷双馈风力发电机组研究开发”重大科技项目合作协议。该项目将研究解决低风速低转速轻软风轮的设计和制造方法，采用无刷双馈发电机变速恒频发电方案和独立变桨距优化控制算法，提高低速风力发电机组的可靠性和发电量。华北电力大学田德教授担任负责人，项目经费1240万元。

（陈军）

【启用上网行为管理系统】 9月1日，电力大学启用上网行为管理系统。该系统由2台国都网络慧眼1000+数据采集终端和2台管理服务器组成，采用双机备份和旁路的模式，具有高可用性和高稳定性，可以对学校上网用户行为进行记录和监测，并保持日志3个月以上，投资金额53万。

（陈军）

【李存斌荣获“北京市师德标兵”称号】 9月5日，电力大学工商管理学院李存斌荣获2008年“北京市师德标兵”称号。李存斌，男，1959年3月生，中共党员，教授，博士生导师。近十年，发表信息管理、风险分析、项目管理、综合评价、电力市场等学术论文46篇；编写全国通用教材20本，其中主编14本；出版著作12部；科研项目23项，其中包括国家自然科学基金在内项目19项。

（陈军）

【与新疆签署战略合作框架协议】 9月5日，电力大学与新疆维吾尔自治区人民政府在乌鲁木齐签署战略合作框架协议。双方协议将围绕能源电力合作领域，开展多形式、多层次的交流与合作，努力提高新疆电力工业自主创新能力，为自治区电力产业及相关制造业发展提供技术支撑，加速推进自治区新型工业化进程。协议时间为2008年8月到2013年8月，有效期5年。

（陈军）

【国家自然科学基金结题项目绩效评估被评为优】 9月15日，电力大学谭忠富教授承担的国家自然科学基金项目“以降低电价为纽带的电力产业价值链优化模型及理论研究”被国家自然科学基金委员会管理科学部评选为优秀。该项目以数学优化模型为前提展开相关理论研究，以降低电价为纽带，优化电力产业价值链可行性和理论研究。

（陈军）

【一专业获评国家级特色专业】 9月17日，电力大学电气工程及其自动化专业经过评审，被评为国家级第二批特色专业暨北京市特色专业。2008年11月，电力大学电气工程及其自动化北京市特色专业作为2009年“北京市本科教育教学实验教学示范中心建设项目”批准建设，建设经费30万元，建设时间1年，负责人华北电力大学艾欣。

（陈军）

【留学生会成立】 9月18日，电力大学第一届留学生会成立。该留学生会为校内学生组织，主要开展留学生自我管理、自我服务、自我教育活动。成立大会上，经过投票选举，来自科特迪瓦的留学生妮娜（Fofana Nina Kadidatou）出任第一届留学生会主席。

（陈军）

【一课程获评国家级精品课程】 9月29日，电力大学《电力系统继电保护原理》被评为2008年度国家级精品课程。《电力系统继电保护原理》教学团队是一支学历结构、职称结构、年龄结构、学缘结构与师资配置合理的团队。团队中有工程院院士1人，博导3人，教授5人，副教授4人，讲师5人，助教3人，高级工程师2人，工程师2人。本教学团队所有教师一直坚持从事第一线教学工作，并将科研成果及时融入课堂教学、实验教学、教材建设与青年师资教师培养中，有效地提升教学质量与水平。

（陈军）

【与中国国际问题研究基金会签署战略合作协议】 10月8日，电力大学与中国国际问题研究基金会签署战略合作的框架协议。协议拟在华北电力大学成立能源政治与外交研究中心，该中心将为公共管理学科的能源政策与能源发展战略研究提供重要平台，促进该学科的特色研究和发展。

（陈军）

【主办电力系统实时数字仿真技术国际研讨会】 10月18至19日，电力大学主办电力系统实时数字仿真技术国际研讨会（RTST）。会议就电力系统实时仿真技术的发展与应用，进行深入的研讨与交流。来自浙江大学、华南理工、南方电网技术中心等20所院校及企业的40名代表。

（陈军）

【与内蒙古签署战略合作框架协议】 10月24日，电力大学与内蒙古自治区在呼和浩特签署战略合作框架协议。战略框架协议是贯彻落实科教兴国战略、促进区校合作的重大决策，双方将本着“真诚合作、优势互补、互惠互利、同等优先、择优扶持、共同发展”的原则，开展多形式、多层次的交流与合作；大力培养电力技术创新人才，提高自主创新能力；围绕自治区优势资源转换战略，利用高新技术改造提升电力产业，加快科技成果转化，推进自治区新型工业化进程；不断完善合作机制与保障措施，为自治区电力产业及相关制造业发展提供技术支撑。按照协议，双方将在专业人才培养、战略咨询、产学研合作、科技攻关与合作等方面开展多方面合作。协议时间为2008年11月至2013年11月共5年。

（陈军）

【主办工程管理与风险管理国际会议】 11月4日，电力大学举办2008工程管理与风险管理国际会议。会议以管理创新、促进可持续发展为主题，研讨工程管理、项目投资管理、能源经济和发展战略等问题，发表论文200篇。美国、瑞士洛桑工学院、香港城市大学、多伦多大学等单位的11人在大会作主题报告。来自国内外学者180人参加会议。

（陈军）

【民用核安全设备监督管理培训】 11月10至14日，电力大学与国家核与辐射安全中心共同举办北京核电培训中心的第一期培训即民用核安全设备监督管理培训。培训班面向北京地区核电管理部门和企业，开设核电安全等10门课程。共有相关部门30人参加培训。

（陈军）

【电气工程及其自动化专业通过专业认证】 11月21日，电力大学电气工程及其自动化专业通过全国工程教育专业认证专家委员会评审并顺利通过专业认证。该专业培养能从事与电气工程有关的系统运行、自动控制、电力电子技术等领域工作的复合型高级工程技术人才。认证有效期三年（2008年12月至2011年12月）。

（陈军）

【建成学生宿舍网】 11月28日，电力大学学生宿舍入网工程通过验收。该项目包括学生宿舍9个公寓楼，共集成信息点2300点，使用H3C S9500路由交换机1台，S5500—EI汇聚交换机15台、E152接入交换机87台，IBM服务器5台。用户通过802.1x认证系统上网，接入用户15000人。该项目建成使学校校园网实现教学办公区与宿舍区全部100%覆盖。该项目2008年启动，合同总金额为180万，由太极计算机股份有限公司承建。

（陈军）

【获建首个国家工程实验室】 11月，电力大学成功通过答辩并获准建设“生物质发电成套设备国家工程实验室”。建设生物质发电成套设备国家工程实验室，目的是针对我国可再生能源产业发展的需求，建立生物质发电技术研发和工程化验证条件，开展燃烧、热解等共性技术研究和燃烧气化设备、燃气发电设备等核心设备的研发，开发完整的生物质发电成套技术和装备，降低投资和运行成本，形成具有我国自主知识产权、适应我国国情的技术与装备，促进生物质发电产业的发展。该项目在该校现有实验室资源和在建实验室基础设施的基础上，通过内部资源的优化和整合，建设生物质燃烧实验室、生物质热解气化实验室，生物质发电设备材料实验室，生物质发电动力设备实验室，生物质发电测控技术实验室，生物质收储运实验室，生物质发电仿真实验室；同时利用该校位于北京市平谷区华北电力大学研发基地现有设施，建设大型生物质发电成套设备验证性实验平台。

（陈军）

【启用办公自动化系统】 12月6日，电力大学首个无障碍无限办公自动化系统启用。该项目由云南香农科技公司承建，建设投资18万元，系统采用主流B/S架构，应用运行于Linux操作系统之上，采用IBM X3650服务器，应用服务器使用IBM Websphere Application Server6.1，短信服务基于Tomcat5.5＋ IIS的Windows2003系统之上，应用程序基于J2EE的struts2＋spring＋hibernate轻量级框架。该项目是首都高校首个跨省多层次一体化网络办公系统。

（陈军）

北京信息工程学院

党委书记 郑君礼
院　　长 杜林

【概　况】 2008年，北京信息工程学院占地面积为15.79万平方米。固定资产总值43599万元。全年教育经费投入21359万元，其中，国家拨款16349万元、自筹经费5010万元。下设9个二级学院。开设17个本科专业。设有2个北京市重点建设学科，

1个部级重点实验室、3个省部共建重点实验室，1个北京市级重点实验室，2个部级重点实验室。学院网址：www.biti.edu.cn。

（王明涛）

【一项目获得国家科技进步二等奖】

1月8日，北信为第三完成单位的《现代仪器制造柔性研发平台的创建及系列产品开发与应用》项目荣获2007年度国家科技进步二等奖。该项目在现代仪器制造的柔性研发和应用领域，实现集成创新，其成果在机械电子、医药卫生、石化、资源、环保、航天、材料等有关国计民生的许多行业获得广泛应用，一些产品已用于国防领域，取得显著经济效益和社会效益，对促进我国现代仪器和装备制造业的振兴和发展具有重要作用。

（王明涛　王肖楠）

【开展校级重点建设专业评选活动】 3月12日，北信公布校级重点建设专业评选结果。此次评选活动于2007年11月14日启动，经专家评审、校教学工作委员会审议、公示，确定光信息科学与技术、机械设计制造及其自动化、车辆工程、测控技术与仪器、自动化、电子信息工程、通信工程、计算机科学与技术、软件工程、信息管理与信息系统、工商管理、会计学12个专业为校级重点建设专业。

（王明涛）

【开展首届校级教学名师奖评选活动】 3月21日，北信公布首届校级教学名师奖获奖结果。此次评选活动于2007年11月8日启动，经个人申请、所在单位推荐、评审专家组评选、校教学工作委员会审核并经校长办公会审批，公示期满后，机电工程学院王建华、自动化学院刘小河、理学院于肇贤3位教师获首届校级教学名师奖。

（王明涛）

【撤销建制】 3月26日，北信与北京机械工业学院合并为北京信息科技大学。合并后，该院建制撤销。该院前身是1978年第四机械工业部1915所举办的北京大学第二分校，1985年更名为北京信息工程学院，隶属电子工业部，1997年与电子工业管理干部学院、北京成人电子工业学院合并，2000年划转为北京市管理。2003年8月21日，北京市决定在该院与北京机械工业学院的基础上组建北京信息科技大学，教育部于2004年5月18日决定筹建。

（王明涛）

北京信息工程学院历任领导

党委书记

肖树义（1979.8～1981.12）
唐树艺（1982.5～1985.12）
马志英（1985.12～1986.8）
赵威　（1986.8～1991.9）
王适安（1992.2～1997.7）
赵国森（1997.8～2003.8）
郑君礼（2003.8～2008.3）

院长

赵琪　（1978.12～1979.7）
程文志（1979.7～1983.1）
杨天行（1983.1～1986.8）
周锡令（1986.8～1991.9）
甘圣予（1991.9～2003.8）
杜林　（2003.8～2008.3）

（王明涛）

中华女子学院

党委书记　范继英（兼）
院　　长　张李玺

【概　况】 2008年，中华女子学院占地面积7.87万平方米，建筑面积10.59万平方米。固定资产总值6493.87万元，其中教科仪器设备资产值3950.42万元。全年教育经费投入10458.46万元，其中，国家拨款7109.72万元，自筹经费3348.74万元。设有7个二级学院、3系、2部和山东济南分院。开设普通高等教育本科专业15个、高职专业8个，覆盖法、经、管、教、文、工6个学科门类，具有一级学科6个，专业学位授权点10个。教职工362人，其中，专任教师235人，教师中包括教授22人、副教授73人。有享受政府特殊津贴专家3人。外籍教师10人，其中教授1人，副教授5人。毕业生1408人，其中，学历教育学生中全日制普通本专科生1191人（本科生829人、专科生362人）、成人本专科生217人（本科生99人、专科生118人），应届毕业生就业率94.62%。招生2061人，其中，学历教育学生中全日制普通本专科生1612人（本科生1115人、专科生497人）、成人本专科生449人（本科生164人、专科生285人）。在校生5438人，其中，学历教育学生中全日制普通本专科生4808人（本科生4040人、专科生768人）、成人本专科生630人（本科生290人、专科生340人）。图书馆建筑面积2242.9平方米，图书馆现有藏书共计31.9万册，电子图书25万册，有正式数据库20个，普通图书中有西文图书0.61万册，港台图书0.40万册，合订期刊0.54万册，中文图书28.98万册。学院网址：www.cwu.edu.cn。

（程敏）

【举办校园之星评选活动】 3月7日，女子学院举办第一届校园之星评选活动颁奖典礼。表彰一批从女院学生中来、代表广大学生形象、得到学生认可的青春榜样。这次的“校园之星”评选活动从2007年开始，坚持“平凡中见伟大、细微处见精神”的原则，发动广大学生自主参与，用“真人真事、凡人凡事”感动、教育、激励学生，在女院校园内掀起寻找榜样、学习榜样，寻找感动、传播感动的热潮，营造健康向上的“比、学、赶、帮、超”校园氛围。

（程敏）

【接待瓦努阿图总统夫人访问】 4月

15日，女子学院接待瓦努阿图总统夫人访问。以瓦努阿图总统夫人汉森·马塔斯凯莱凯莱女士一行参观校园，并就有关女性高等教育的问题与我校展开交流。

（程敏）

【与密西西比女子大学签订合作协议】

10月18日，女子学院与美国密西西比女子大学签订合作协议。根据协议，双方开展合作专业、专业发展及研究、教职员工及学生互换。

（程敏）

【与马尼托巴大学签订合作协议】

11月3日，女子学院与加拿大马尼托巴大学签订合作协议。合作内容包括：开发互利互惠的专业及课程；教职员工交流；学生交流；联合科研、出版及研讨等学术活动。双方还就社会工作硕士项目、补充协议、知识产权及技术转移等问题达成共识。

（程敏）

【与青海湖景区签订合作协议】 12月25日，女子学院与青海湖景区保护利用管理局签订合作协议。此次合作框架协议的签订，是该校积极探索联合培养应用型、创新型人才模式的体现，对推动该校学生校外实习、社会实践和教学成果转化具有极其重要的意义。

（程敏）

【段伯毅被授予文华奖】 12月，女子学院教育学院段伯毅老师被授予中华人民共和国文化部颁发的艺术领域政府最高奖项文华奖。多年来，该院合唱团在段伯毅老师的指导下，坚持教学、科研、创作相结合，创作出不少深受大学生喜爱的音乐作品，并曾代表中国北京参赛并夺得国际奥林匹克合唱大赛金奖。

（程敏）

【学生在多项体育比赛中取得好成绩】

至年底，女子学院学生在多项体育比赛中取得好成绩。4月12日，中华女子学院健美操代表队在首都校园奥运健身操大赛中获一等奖；5月11日，田径代表队在"迎奥运"首都高校第四十六届学生田径运动会中荣获女子丙组团体冠军，同时获得体育道德风尚奖。6月1日，学生杨微获"2008全国大学生跆拳道锦标赛暨第二十五届世界大学生运动会选拔赛"女子72公斤级冠军。

（程敏）

【在全国各项比赛中获得优异成绩】

至年底，女子学院在各项比赛中取得好成绩。5月，学生张金文获得"全国大学生英语竞赛"一等奖；学生余蓓妍获2008年"全国金融英语证书考试（FECT）"第一名；11月16日，学生龚洁获"青檬之星"第三届北京高校主持人大赛冠军；11月19至21日，我院与北大、清华等全国著名大学一起参加2008年"高教社杯"全国大学生数学建模竞赛甲组竞赛，荣获北京赛区一等奖、二等奖。

（程敏）

北京机械工业学院

党委书记　郑君礼
院　　长　杜林

【概　况】 2008年，北京机械工业学院占地面积为17.53万平方米。固定资产总值50507万元。全年教育经费投入23628万元，其中，国家拨款17590万元、自筹经费6038万元。下设9个二级学院。开设21个本科专业；19个硕士学位授予点。设有1个北京市重点学科、3个北京市重点建设学科。1个北京市实验教学示范中心，1个省部共建教育部重点实验室，1个北京市级重点实验室，1个哲学社会科学研究基地。学院网址：www.bim.edu.cn。

（王明涛）

【确定首批校级重点建设课程】 1月4日，北机确定首批校级重点建设课程。该校首批确定市场营销学、"机械电子工程"专业方向系列核心课程建设与教学改革、机械制造基础、通信原理面向对象程序设计、运营管理、货币银行学、传感技术、信号与系统、数据结构、计算机组成原理、综合英语、大学英语13个课程为2007年学校重点建设课程。

（王明涛）

【一项目获得国家科技进步二等奖】

1月8日，北机为第一完成单位的《现代仪器制造柔性研发平台的创建及系列产品开发与应用》项目荣获2007年度国家科技进步二等奖。徐小力教授带领研究团队在现代仪器制造的柔性研发和应用领域，实现集成创新，其成果在机械电子、医药卫生、石化、资源、环保、航天、材料等有关国计民生的许多行业获得广泛应用，一些产品已用于国防领域，取得显著经济效益和社会效益，对促进我国现代仪器和装备制造业的振兴和发展具有重要作用。

（王明涛　王肖楠）

【撤销建制】 3月26日，北机与北京信息工程学院合并成立北京信息科技大学。合并后，该院建制撤销。该院前身是1986年陕西机械学院北京研究生部和北京机械工业管理专科学校合并成立的北京机械工业管理学院，隶属机械工业部，1990年更名为北京机械工业学院，1998年划转北京市管理。2003年8月21日，北京市决定在该院与北京信息工程学院的基础上组建北京信息科技大学，教育部于2004年5月18日决定筹建。

（王明涛）

北京机械工业学院历任领导

党委书记
张鸣岐（1985.6～1987.6）
刘余善（1987.6～1991.8）
何小林（1991.8～1993.5）
沙彦世（1993.5～1995.9）

王守法（1995.9～2001.8）
林少岩（2001.8～2003.8）
郑君礼（2003.8～2008.3）

院长
陈虎 （1987.6～1995.9）
楼秉哲（1995.9～1998.4）
刘志东（1998.4～2003.8）
杜林 （2003.8～2008.3）

（王明涛）

北京信息科技大学

党委书记 郑君礼
校　　长 杜林

【概　况】 2008年，北京信息科技大学占地面积为33.32万平方米，建筑面积32.61万平方米。固定资产总值65347.52万元，其中教科仪器设备资产值18782.12万元。全年教育经费投入44987万元，其中，国家拨款33939万元、自筹经费11048万元。图书馆建筑面积9934平方米，纸质图书78.05万册，电子图书44.35万册。现有6个校区，下设9个二级学院和1个教学部。开设31个本科专业，覆盖工、管、理、经、文等5个学科门类；具有3个一级学科硕士点，19个二级学科硕士点，3个工程硕士专业授权领域。设有1个北京市重点学科、9个北京市重点建设学科、2个部级重点学科；1个国家级实验教学示范中心，2个北京市实验教学示范中心；1个省部共建教育部重点实验室，2个北京市级重点实验室，1个北京市哲学社会科学研究基地，2个部级重点实验室、3个市部共建重点实验室。教职工1486人，其中专任教师783人，专任教师中正高级职务97人，副高级职务238人；双聘中国工程院院士2人。外籍教师9人，其中教授1人。毕业生4145人，其中，学历教育全日制硕士研究生184人，普通本科生2593人，成人教育本专科生1368人（本科生433人、专科生935人）；研究生课程进修班结业4人。本科毕业生就业率91.08%。招生4680人，其中，学历教育全日制硕士研究生232人，普通本科生2599人，成人教育本专科生1849人（本科生593人、专科生1256人）；研究生课程进修班3人。高考北京地区提档线一批理科502分，二批理科463分、文科490分。在校生16295人，其中，学历教育全日制硕士研究生603人，普通本科生11035人，成人教育本专科生4657人（本科生1792人、专科生2865人）；研究生课程进修班25人。留学生毕业93人，招生107人，在校6人。学校网址：www.bistu.edu.cn。

（王明涛）

【确定校级重点建设课程】 4月24日，信息科大确定2008年度校级重点建设课程。该工作于3月5日启动，经专家组对各教学单位申报的29门课程评审后，提交校教学工作委员会投票表决，并报主管校领导批准，确定汽车构造、设计程序与方法、单片机原理及应用等16门课程为2008年校级重点建设课程。入选课程建设周期为两年。

（王明涛）

【确定校级精品课程】 4月24日，信息科大确定度校级精品课程。此项工作于3月12日启动，经专家组评审、教学工作委员会审定，软件工程、计算机网络、离散数学、等8门课程为2008年度校级精品课程建设项目。

（王明涛）

【确定首批校级优秀教材】 4月27日，信息科大确定首批校级优秀教材。此项工作于2007年11月15日启动，经个人申报，学院推荐与初审，专家审阅，校教学工作委员会评选，网上公示，共评出校级优秀教材一等奖5部、二等奖8部、三等奖8部。

（王明涛）

【召开教学改革研讨会】 5月7日，信息科大召开首次教学改革研讨会。该会议研讨教学改革中“为什么改”，“改什么”和“如何改”三个问题。研讨会就教学改革的方法手段、内容、课程体系、人才培养模式和教育思想理念更新等方面达成共识。该校各教学单位领导、主管教学的领导，各系（部、教研室）主任，实验室主任，撰写教学改革论文的人员，参与教学改革立项研究人员以及部分教师代表参加研讨会。

（王明涛）

【与5个单位签订合作协议】 5月15日至18日，信息科大与5个单位签订合作协议。分别是中国一汽集团公司、北京京仪集团有限责任公司、北京市社会科学院、中国电子科技集团公司第十五研究所、中国农业机械化科学研究院。签订协议的目的在于密切学校与企业和科研院所的合作，实现资源充分共享，探索联合培养高水平的创新型、应用型人才新模式，构建适应企业和科研院所发展需求的人才输送渠道；实现企业和科研院所与学校在就业招聘、产品研发、成果转让、技术培训等方面更广泛的合作；同时为学校建立长期稳定的校外实习基地。

（王明涛）

【举办大学数学课程报告分论坛】 5月17日，信息科大举办“第四届大学数学课程报告论坛北京市分论坛”。论坛以“高等教育强国建设中的大学数学教学”为主题，围绕大学数学课程建设、教学资源库建设、教学方法改革等方面进行交流与研讨，就如何提高教学质量达成共识。全国各地高校和高教出版社专家50人参加论坛。

（王明涛）

【召开北京信息科技大学成立大会】 5月18日，北京市委市政府隆重召开北京信息科技大学成立大会。会上，赵凤桐宣读刘淇贺信，王安顺与工业和信息化部副部长娄勤俭共同揭牌，中共中央候补委员、中共北京市委副书记王安顺作重要讲话，他指出北京信息科技大学的正式成立是首都高等教育发展中的一件大事。他希望北京信息科技大学抓住发展机遇，按照科学发展观要求，更加注重以人为本，统筹协调和可持续发展，更加注重改革创新，为国家实施科教兴国战略、人才强国战略服务。北京市相关委办局领导、相关企事业单位、校友代表和该校师生共1600人参加大会。

（王明涛）

【召开全国知网研讨会】 5月18至21日，信息科大召开首届全国知网研讨会。会议是中国中文信息学会批准设置的系列性全国会议，由中国中文信息学会主办，信息科大承办，以

"共同交流知网的研究与应用，租金中文信息处理发展"为主题，研讨知网理论、建设、应用、语义资源及世界知识资源建设研究与实践问题。全国40多家单位的专家学者100人参加会议。

（王明涛）

【完成本科教学工作水平评估】 5月25至30日，信息科大完成本科教学水平评估。教育部专家组一行11人对信息科大本科教学工作进行实地考察和评估。考查期间，专家组审阅《北京信息科技大学本科教学工作水平评估自评报告》及支撑材料和原始档案；听取校长关于学校本科教学工作情况报告；考查学校教学和生活基本设施；走访职能部门和教学单位；考查及走访校外实习基地；调阅试卷、毕业论文（设计）；进行随机听课；举行学生基本技能测试；召开各类座谈会；查看学生晚自习情况等。经过考查，专家组高度评价学校本科教学工作取得成绩和形成办学特色。

（王明涛）

【举办实验经济学高级研讨班】 5月31日至6月3日，信息科大举办实验经济学高级研讨班暨学术研讨会。会议由信息科大和中国数量经济学会联合主办，主讲实验经济学方法的适应性，如何提炼出可用实验方法研究的经济管理问题；经济实验的设计、扩展和完善；实验经济学数据处理与相关软件应用；经济实验程序的编写、调试、运行和操控；实验经济学新进展与案例分析；如何推动实验经济学在我国的应用等问题。美国乔治·梅森大学、北京大学、清华大学、中国人民大学等国高校教授、学者和博士研究生50人参加会议。

（王明涛）

【举行首批本科毕业生毕业典礼】 6月24日，信息科大成立后第一批本科毕业生毕业典礼仪式举行。共有毕业生2593人，其中，授予学位学生2307人，毕业发北京信息科技大学毕业证书和学位证书。

（王明涛）

【成立6个院级科研机构】 6月30日，信息科大成立6个院级科研机构。分别是通信新技术研究所、精密测试技术与仪器研究所、检测技术研究所、智能信息处理研究所、公共政策研究所和跨文化研究所。

（王明涛）

【完成首次在京一批招生】 7月，信息科大完成首次在京高考第一批本科招生工作。录取学生800人，占本年度在京招生总数的40%。6月，该校机械设计制造及其自动化、测控技术与仪器（光机电一体化）、通信工程、自动化、计算机科学与技术、会计学、信息管理与信息系统等7个专业，被列入北京地区高考第一批本科录取名录。

（王明涛）

【五项目获国家自然科学基金资助】 9月5日，信息科大五项目获得国家自然科学基金资助。分别是张仰森"汉语词义标注语料库的自动构建及一致性检验技术研究"（批准号：60873013）；葛新权"废弃电子产品资源化共生网络治理研究—以计算机、手机等消费类电子产品为例"（批准号：70873005）；王丽坤"叠堆压电球壳水声发射换能器"（批准号：60871038）；吕学强"基于语义分析和统计的自动主题标引研究"（批准号：60872133）；蒋文保"一种自适应信任协商模型研究"（批准号：60873202）。共计资助金额139万元。

（王明涛）

【一实验室获批省部共建教育部重点实验室】 10月20日，信息科大申报的"现代测控技术教育部重点实验室（北京信息科技大学）"被教育部批准为2008年度立项建设的省部共建教育部重点实验室。此实验室为学校独立设置的直属科研机构，与学院平行，计划单列，是目前该校设置的最高级别的重点实验室，主要开展面向光机电一体化得现代测控技术等方面教学科研工作。有科研人员52人，其中，高级职务34人。

（王明涛）

【与格利菲斯都柏林大学续签合作办学协议】 10月23日，信息科大与爱尔兰格利菲斯都柏林大学在中爱贸易和教育合作签字仪式上续签合作协议书。根据协议，双方将继续开展工商管理领域的合作，并在2005年协议的基础上，新增酒店管理和计算机科学与技术专业领域交流项目。协议有效期4年。

（王明涛）

【一项目获中国物流科技进步一等奖】 10月24日，信息科大张健副教授主持的"肉类食品质量安全追溯系统"项目获得中国物流科技进步一等奖。中国物流科技进步奖是我国物流行业最高科技奖项，获得一、二等奖的部分项目将推荐国家科学技术奖的评审。该项目重构我国肉类食品供应链质量安全体系，开发肉类食品安全科追溯系统，使肉类食品生产和流通过程变得可监督和稽查。2006年9月立项，总投入68.5万元。

（王明涛）

【制订硕士学位论文盲审制度】 11月6日，信息科大制订《北京信息科技大学硕士学位论文盲审办法》。制度规定各学科抽取的论文比例不低于参加随机盲审抽查人数的10%，其中，新增硕士点抽查比例不低于20%。要求被抽查的硕士生在规定期限内上交硕士学位论文，隐去论文作者及导师姓名，删除致谢页及本人发表论文、获奖等内容。根据该规定，该校自2006级硕士生开始实行学位论文抽签盲审。

（王明涛）

【制订工程硕士双导师指导制度】 11月6日，信息科大制订《北京信息科技大学实行工程硕士双导师指导制的暂行规定》。该规定根据构筑工程硕士的知识结构和其能力培养必须依托于工程实际，为确保工程硕士培养质量，采用学校导师和企业导师共同指导制。该规定包括双导师确定，企业联合指导教师遴选、聘任与确定，双导师的责任及变更等几个方面。

（王明涛）

【一专业获批国家级特色专业建设项目】 12月5日，信息科大车辆工程专业（项目编号S10612）获批国家级特色专业建设项目。这是该校继电子信息工程之后获得的第二个国家级特色专业建设项目。车辆工程专业创办于2003年，2004年开始招生，目前在校本科生283人，已毕业本科生120人。该专业是北京市品牌建设专业，对应的车辆工程学科为硕士学位授予学科，是北京市重点建设学科。

（王明涛）

【多项学生竞赛获奖】 至年底，信息科大学生在市级和市级以上各层次各类别竞赛中取得好成绩。共有288人次获奖，包括特等奖1人次，一等奖（含金奖）27人次，二等奖57人次，三等奖（含铜奖）140人次。其中，荣获第十届中国机器人大赛暨RoboCup公开赛一等奖1项、二等奖2项，英特尔杯全国大学生电子设计竞赛嵌入式系统专题邀请赛三等奖2项，全国大学生数学建模竞赛二等奖1项、北京赛区一等奖2项、二等奖1项，全国大学生大学英语竞赛（北京赛区）一等奖2人、二等奖7人，第25届全国部分地区大学生物理竞赛二等奖5人，北京市第19届大学生数学竞赛特等奖1人、一等奖4人、二等奖4人。

（王明涛）

【与6所国外高校签署合作协议】 至年底，信息科大与6所国外高校签署合作协议。分别是美国蒙哥马利奥本大学、维斯康辛大学、巴尔的摩大学，澳大利亚的拉筹伯大学、维多利亚大学、卧龙岗大学。合作内容包括青年教师培训，学生交流，联合培养本科生、研究生，学术交流，免费为该校培养教师和学生交流等。

（王明涛）

中国矿业大学（北京）

党委书记　张保军（3月免）
　　　　　杨仁树（3月任）
校　　长　乔建永

【概　况】 2008年，中国矿业大学（北京）占地面积24万平方米，建筑面积34万平方米。固定资产83584万元，其中教学仪器设备总值24434万元。全年教育经费投入41472万元，其中，国家拨款20212万元、自筹经费21260万元。设有研究生院和10个学院。开设本科专业60个，覆盖理、工、文、管、法、经等8个学科门类；具有一级学科36个，一级学科博士点9个，博士学位授权点50个，硕士学位授权点96个，专业学位授权点3个；博士后流动站11个，其中，博士后研究人员出站19人、进站44人、在站81人。国家重点学科8个，省部级重点学科12个。国家级重点实验室2个，教育部重点实验室1个，国家工程研究中心1个，教育部工程研究中心2个。教职工747人，其中专任教师479人。专任教师中中国工程院院士5人；教授111人，副教授107人；博士生导师118人，硕士生导师112人；1人获国家技术发明二等奖，1人获国家科技进步二等奖，2人获得孙越崎青年科学技术奖，1人获第五届青年女科学家提名奖。毕业生2375人，其中，学历教育学生中全日制研究生1013人（博士生193人、硕士生820人），普通本科生1146人，成教生128人；非计划招生高等教育学生中在职人员攻读硕士学位88人。本科生就业率96.69%，研究生就业率96.60%。招生3342人，其中，学历教育学生中全日制研究生1279人（博士生243人、硕士生1036人），普通本科生1220人，成教生742人［业余（本科64人，专科78人），函授（本科159人，专科441人）］；非计划招生高等教育学生中在职人员攻读硕士学位101人。高考北京地区本科录取线理工科512分，文科516分。在校生10647人，其中，学历教育学生中全日制研究生3928人（博士生1018人，硕士生2910人），普通本科生4829人，成人教育本专科生1466人［业余（本科205人，专科260人），函授（本科652人，专科274人），脱产（本科50人，专科25人）］；非计划招生高等教育学生中在职人员攻读硕士学位424人。留学生结业75人，招生84人，在校30人。图书馆建筑面积10062平方米，藏书60万册，电子图书33万册。学校网址：www.cumtb.edu.cn。

（朱彤）

【开展节约型校园宣传教育活动】 1月，矿大开展校园节能宣传活动。活动中，学校将校内的水龙头、水箱更换为节水龙头和节水阀门，在配电增容改造工程中采用节能新技术和节能产品，以降低能耗；向师生发放节能宣传单，并在教室内张贴宣传标牌，增强学生的节能意识；积极引导广大师生树立节能意识，学习节能方法，掌握节能技术，养成节能习惯，为环保校园和环保社会的建设做出贡献。

（朱彤）

【四个在京实习基地挂牌】 2月22日，矿大举行四个在京实习基地挂牌仪式。分别是北京城建勘测设计研究院、北京勘察设计研究院、北京昊华集团、中国煤炭地质总局实习基地。

（朱彤）

【开展心理委员成长小组计划】 3月25日，矿大开展心理委员成长小组计划。成长小组计划以“自知、自助、互助”为理念，以个人成长为主题，让心理委员们在活动中实现自我探索、自我界定和自我接纳。活动分两组进行，由心理咨询中心的老师担任组长，17名来自各学院和各年级的心理委员骨干参加活动。成长小组是团体心理辅导的一种非正式形式，从专业的层面推进心理委员培训和心理沙龙工作的开展，是该校心理委员队伍建设的又一新举措。

（朱彤）

【开展心理排查工作】 3月，矿大开展学生心理问题排查工作。该校面向全校学生，通过访谈形式，重点排查学业困难、行为违规、患有疾病、情绪困扰、家庭困难5类学生。共排查出106人，其中男生85人、女生21人；研究生5人，本科生101人。存在不同程度心理问题，采取个体咨询、团体辅导和转介等干预措施。

（朱彤）

【新增2个本科专业】 3月，矿大新增“煤及煤层气工程”和“网络工程”两个本科专业。煤及煤层气工程专业是该校积极响应国务院能源结构调整战略和国家煤层气开发利用和防治减灾工作的具体要求而设立的，该专业是四年制本科工科专业，目的是为煤层气行业培育高级应用型技术人才。网络工程专业是四年制本科工科专业，该专业主要培养计算机网络系统的设计、应用、维护和管理的高级科学与工程技术人才。

（朱彤）

【举办第十届田径运动会】 4月26日，矿大举办第十届田径运动会。本次运动会，共有7个学院、11个分工会的800多名运动员参加田径和趣味体育两大类共计28项目的比赛，资源与安全工程学院获得本科生组和研究生组团体第一名；后勤部门工会获得教工团体第一名。该校田径运动会始于1999年，每年举办一届。

（朱彤）

【举办班级向心力建设素质拓展训练】 4月28和29日，矿大举行“相亲相爱一家人”班级向心力建设首次拓展训练。活动抽取“生物07”和“土木06—3”2个班级20名同学，由专职教练担当主持，以“信任、沟通、合作”为主题，分室内和户外两种形式。活动结束，教练分析整个过程，鼓励大家树立具体明确、可达到、可衡量、有挑战性且有时间限定的生活和学习目标，从个人层面和团队层面予人启发、教人思考。

（朱彤）

【设立纳雅大讲堂】 4月，矿大设立“纳雅大讲堂”。该活动以“提升校园文化，服务青年成才”为宗旨，以“察纳雅言，领略名家风采；格物致知，共享学术盛宴”为口号，“纳雅大讲堂”将遵循学术性、创新性、开放性的原则，邀请知名专家学者、社会名流、杰出校友，就科学与哲学、传统与现代、素质与成才、科技与创新、学术与实践、文学与艺术、文化与思潮、经济与社会、中国与世界等命题进行主题演讲和报告。本学年“纳雅大讲堂”设立四个板块：科技创新教育板块、奥林匹克教育板块、人文艺术教育板块、庆祝矿大北京研究生部成立30周年板块。“纳雅大讲堂”作为该校大学文化建设的一项创新尝试，将逐步形成制度，在每月第一个周五晚或第三个周五晚举行。至年底，该校共举办大讲堂10场，该校师生3000人次参加活动。

（朱彤）

【32位教授被聘为煤炭工业技术委员会委员】 4月，矿大32位教授被聘为中国煤炭工业协会技术委员会委员。其中，1位院士被聘为技术委员会副主任，6位院士被聘为技术委员会特聘委员；1位教授为专家委员会主任，4位教授为4个专家委员会副主任；20位教授分别为11个专家委员会委员。

（朱彤）

【举办机器人挑战赛】 5月6日，矿大举办大学生机器人挑战赛。本次挑战赛分为循线和灭火两个部分进行，共有8支队伍参赛。经过角逐，来自资源学院的杨照等同学制作“创意无限”机器人和机电学院程辉等同学制作的“长江七号”机器人分获巡线组和灭火组冠军。

（朱彤）

【举办中国观赏石博览会】 5月8至15日，矿大举办中国观赏石博览会。该展览会由该校与中国观赏石协会、中国地质调查局、中国收藏家协会等单位合办，以“携手北京奥运，弘扬赏石文化”为主题，展出精品观赏石有1000方，涵盖造型石、图纹石、矿物晶体、古生物化石、特种石等观赏石门类。来自中国大陆、台湾地区以及韩国、泰国、马来西亚、加拿大观赏石协会或团体等30个展团参展。

（谭凯）

【安全工程专业通过认证】 5月11至13日，矿大安全工程专业通过教育部专家组认证。专家组考察实验室，进行分组听课，审阅教学材料，召开学生、管理干部、教师、毕业生以及用人单位四场座谈会等。通过现场考察，最终通过教育部安全工程专业认证。这是全国第一个通过该项专业认证的优秀专业，安全工程专业作为该校的特色专业之一，1986年获得全国第一个安全技术及工程学科博士点，是国家级重点学科，“211工程”、“985工程”优势学科，2000年起开始招收安全工程专业本科生。该专业在不断发展中形成明显的优势和特色。现有院士2人，教授10人，其中多人担任国家安全生产专家组成员，30%的教师有国外学习工作经历，76%教师具有博士学位，师资力量雄厚。约2/3的本科专业课及专业基础课程由教授或副教授承担。承担“973”、国家科技支撑项目和课题10项，获得国家、省部级奖30多项。

（朱彤）

【召开挂职锻炼博士生座谈会】 5月24日，矿大召开2008年到北京市挂职锻炼博士生座谈会。座谈会以博士、博士后面向北京市基层挂职为主题，研讨在高校等学历人才如何更好地走出校门，加强社会实践锻炼，学有所用，服务基层等问题，达成为北京基层服务、为母校争光的共识。该校毕业生就业指导中心相关人员和今年挂职锻炼的11名博士生进行座谈。自2007年9月北京市启动博士博士后挂职锻炼工作后，该校共有26名博士生到北京市相关部门和企事业单位挂职锻炼。

（朱彤）

【发放伙食补贴】 5月，矿大发放伙食补贴。该校为该校在校生每人伙食补助188元，对200名家庭经济困难的学生每人补助100元，对南方雪灾灾区学生150人每人发放补助200元，对13名南方雪灾重灾区学生每人发放300至600元不等补助。同时，该校对食堂肉类进货价格补贴20%，保障食堂肉类菜的比重；对餐饮服务中心使用的各项设施和建筑物均实行零租赁，对水、电、供暖等项费用实行全额补助。

（朱彤）

【开展安全生产月宣传活动】 6月1至30日，矿大开展“安全生产月”活动。活动以“治理隐患，防范事故—携手共筑奥运平安”为主题，由师生安全培训、应急演练、发放消防安全知识材料组成，共制作展出展板7块、发放材料5000份。该校师生1000人次参加活动。

（朱彤）

【举办学风建设月签名活动】 6月2日，矿大举办“学风建设月”签名活动。活动旨在进一步加强和改进该校大学生思想政治教育，进一步端正学习态度、严肃考试作风。活动中，广大同学积极踊跃在“加强学风建设，对考试作弊说‘不’”的横幅上郑重签名，以表达学校对加强学风建设、严肃考风考纪的赞同和支持。该校学生1000人在横幅上签字。

（朱彤）

【学校团体心理辅导室启用】 10月14日，矿大“团体心理辅导室”正式启用。该辅导室隶属心理健康教育咨询中心，有专任辅导教师3人，主要开展团体心理辅导和拓展训练活动。首次举办以“我和我的团队”为主题的心理成长培训活动。辅导老师和心理协会会员20人参加活动。

（朱彤）

【举办庆祝韩德馨院士九十寿辰学术报告会】 10月16日，矿大举行庆

祝韩德馨院士九十寿辰暨学术报告会。会议庆祝韩德馨九十寿辰，并由代世峰、曹代勇和金奎励三位教授分别作学术报告。来自全国相关煤炭企事业单位的领导、嘉宾，韩德馨院士的好友、同事、弟子以及该校有关部门负责人，资源与安全工程学院部分师生代表200人参加活动。韩德馨院士是中国著名的煤炭资源与勘查专家，是新中国煤田地质事业奠基人之一。1950年，韩德馨从美国密歇根大学研究院毕业后毅然回国工作，是新中国成立后首批归国学者。韩德馨归国后，他参与全国许多大型煤矿（区）的开发设计论证及重要煤田地质报告的评议审查，指导并积极参与全国及江南九省煤田预测。在担任煤炭部技术委员会委员期间，韩德馨参与许多工程科技开拓，为煤炭工业发展提出许多远见卓识的建议。韩德馨院士长期从事煤炭资源开发和煤田地质学基础理论的教学和研究工作，对中国的聚煤规律、聚煤模式演变、煤岩特征及煤的地球化学等领域进行系统的研究，取得重大成果，为我国煤炭工业发展做出重要贡献。1978年被聘为煤田地质专业首批博士生导师，先后为国家培养70多位博士和硕士研究生。在长期的教学科研工作中，韩德馨院士先后荣获国家级和部级科技奖励5项，获得“煤炭工业部先进工作者”、“有贡献的早期回国专家”、“李四光地质科学奖”等荣誉，1995年成为中国工程院院士。

（朱彤）

【举办研究生教育学术论坛】 10月17日至12月15日，矿大举办“研究生教育学术论坛”。论坛旨在“启迪创新思维、引领学术发展”，开展著名学者学术报告会、全国煤炭行业研究生教育高层论坛、研究生论文报告会等活动。该校师生4000人次参加活动。

（朱彤）

【举办二次离子质谱学会议】 10月27至28日，矿大举办第四届中国二次离子质谱学会议暨2008北京二次离子质谱学国际研讨会（SIMS IV08/ISSIMS 08 BEIJING）。会议以二次离子质谱技术的应用发展为主题，就二次离子质谱技术在化学、生物、环境科学、医学、安全工程、核工业等专业的应用进行交流和研讨。同时，部分专家还介绍二次离子质谱技术的最新应用成果。来自美国、英国、德国、日本等国和地区67名二次离子质谱学专家和学者参加会议。

（朱彤）

【乔建永当选俄罗斯工程院外籍院士】 10月，矿大乔建永教授在2008年俄罗斯工程院院士增选中当选为俄罗斯工程院外籍院士。乔建永，1962年2月生于安徽，祖籍江苏，教授，博士生导师。曾在复旦大学获博士学位，在中国科学院完成博士后研究，在法国CIEP研修。2003年7月起任中国矿业大学（北京）校长。长期从事复分析、动力系统及其应用方面的学术研究，研究成果涉及复解析动力系统，亚纯函数理论，物理和工程问题中的解析方法等多个方面。研究成果发表在CMP，Science in China等国内外专业学术刊物上。近年来承担国家自然科学基金及科技部重点科研项目多项：国家杰出青年科学基金项目：复动力系统；国家自然科学基金项目：关于茹利亚集的分布与拓扑复杂性研究；科技部“973”项目核心数学的前沿问题。乔建永教授是“新世纪百千万人才工程”国家级人选；曾获省青年科技奖、“五·一”劳动奖章及有突出贡献的中青年专家称号；被评为部优秀青年知识分子及专业技术拔尖人才；获得中国科学技术发展基金会颁发的“孙越崎博士后奖”。被浙江大学、北京师范大学聘任为兼职教授、博士生导师。德国《Zentralblatt Math》评论员，美国《Math Reviews》评论员，AAAS国际会员。多次应邀赴美国、英国、法国、德国、俄罗斯、日本和韩国等国二十余所大学和科研院所交流访问。在国内外一系列学术组织和学术会议上担任相关学术职务。

（朱彤）

【成立首届董事会】 11月17日，矿大举行首届董事会成立大会。会议审议通过学校董事会章程（草案）、董事会组成建议名单，共产生61名董事会成员。董事会每届任期五年，每年召开一次全体会议。董事单位将遵照《董事会章程》支持学校的发展，优先、优惠为学校提供生产实习基地和场所，为人才培养提供服务；优先为学校提供人才培养、科技开发、技术改造、工程建设等方面的合作项目，积极支持学校进行科技成果转化、发展校办产业。积极在学校设立专项奖学金。通过多种方式为学校的建设和发展提供经费支持。该校董事会由神化集团、中国中煤集团、大同煤矿集团有限责任公司等61家单位组成。

（谭凯）

【举办恢复研究生教育30周年系列庆祝活动】 11月17至30日，矿大举办中国矿业大学恢复研究生教育30周年系列庆祝活动。系列庆祝活动由庆祝大会、文艺晚会和教学成就展组成。来自教育部、商务部、中国煤炭工业协会等单位领导、嘉宾，部分海内外校友代表、首届董事会代表以及该校师生1000人参加活动。该校的前身是创办于1909年的焦作路矿学堂；1950年学校由焦作迁至天津，改名中国矿业学院；1952年全国高校院系调整时，清华大学、原北洋大学和唐山铁道学院的相关科系调整到中国矿业学院，为学校的发展奠定良好的基础；1953年学校迁至北京，更名为北京矿业学院；“文革”期间学校搬迁、更名，形成异地办学格局；1978年12月28日，经国务院批准，中国矿业学院北京研究生部成立，并开始招收研究生，标志着中国矿业大学研究生教育的全面恢复。在此之后三十年，该校锐意进取，奋勇开拓，促使学校办学实力全面增强，取得令人瞩目的突出成绩。学校积极构建开放式的研究生教育和研究型的本科教育体系，科学研究和学科创新平台建设取得突破进展，师资队伍建设稳步推进，基础设施建设翻天覆地。这里培养出全国煤炭系统第一个博士，诞生

全国煤炭系统第一个国家重点实验室，建设第一个国家级能源与安全科技园。该校不仅在北京恢复研究生教育，恢复本科生教育，用有限的校舍支撑上万人的教学任务，还奋发图强完成国家“211工程”、“985工程”国家优势学科创新平台的建设任务。

（朱彤）

【举办本科教育十年成果展】 11月17日至12月31日，矿大举办本科教育十年成果展。展览在学校图书馆前橱窗展出，以“锐意进取、开拓创新、十年发展、成果丰硕”为主题，分特色专业、精品课程、教学成果、教学条件、教材建设、师资队伍、大学生创新能力、科技创新成果、第二课堂、人才培养等10个部分。设计内容从教育部特色专业，到北京市精品课程；从国家级教学成果，到北京市精品教材；从图书馆藏书不断增多，到实验室条件根本改善。该展览充分展示十年来该校本科教育的经验和成果。

（朱彤）

【“深部岩体力学基础研究与应用”通过验收】 12月15日，矿大“深部岩体力学基础研究与应用”通过国家自然科学基金委员会重大项目验收。该项目由该校作为第一承担单位，由30位岩石力学领域的知名专家教授合作研究，历时四年完成。该项目执行期间，获得国家科技奖励13项，发表SCI收录论文40篇以及EI、ISTP收录论文共计303篇，出版专著9部，获国家发明专利授权7项，同时，培养博士生85名、硕士生118名，取得一批原创性研究成果，培养出1支具有国际先进水平的深部岩体力学研究队伍。

（朱彤）

【五人获得博士后科学基金资助金】 12月23日，矿大五人获得中国博士后科学基金二等资助金。分别是郭相坤、杨小彬、武彦彬、郝雪弟、段林娣，每人获得资助金3万元。中国博士后科学基金为面上资助，资助力度为一等5万元，二等3万元。每位博士后在站期间只能获得一次资助。

（朱彤）

【学生竞赛取得好成绩】 至年底，矿大学生竞赛取得好成绩。该校组织百余名学生参加国家级竞赛6个，省部级竞赛项目5个，共获得省部级以上竞赛奖24项，包括国家级奖15项、北京市级奖9项。2月，该校在第24届美国数学建模竞赛中2个团队获一等奖；6月，该校在首都高校第四届“亿维讯—CAI杯机械创新设计大赛”，1个团队获一等奖，1个团队获三等奖；同月，在第五届“挑战杯”首都大学生创业计划竞赛中1个团队获特等奖，1个团队获二等奖，3个团队获三等奖；9月，该校在全国大学生数学建模竞赛中1个团队获全国二等奖，2个团队获北京市一等奖，2个团队获北京市二等奖；12月，在北京市大学生物理竞赛中2个团队获二等奖，7个团队获三等奖；同月，在第四届全国ITAT教育工程就业技能大赛中有1人获二等奖，1人获三等奖。

（朱彤）

【特色专业建设取得进展】 至年底，矿大采矿工程、矿物加工工程、机械工程及自动化、安全工程4个专业点被批准为高校特色专业建设点。每个建设点获得20万元的资助经费。同时还获得采矿工程、矿物加工工程、地质工程、土木工程、电子工程与自动化等5个专业获得北京市高等学校特色专业项目，争取建设资金150万元。至此该校已获得4个国家级特色专业和5个北京市级特色专业，累计获得建设资金230万元。

（朱彤）

中国石油大学（北京）

党委书记 蒋庆哲
校　　长 张来斌

【概　况】 2008年，中国石油大学（北京）占地面积33.6万平方米，建筑面积31.6万平方米。固定资产总值77447万元，其中教科仪器设备资产值29201万元。全年教育经费投入38882万元，其中，国家拨款23382万元，自筹经费15500万元。学校下设11个院（系、部、中心），开设本科专业25个；拥有4个博士授权的一级学科，32个博士点，4个博士后流动站；19个硕士授权的一级学科，99个硕士点；在13个工程领域具有工程硕士学位授予权；拥有5个国家重点学科、2个国家重点（培育）学科、5个北京市重点学科、2个国家重点实验室、1个国家工科基础课程教学基地和3个北京市高等学校实验教学示范中心以及20个省部级重点实验室和重点研究机构。现有教职工1178人，专任教师696人；在专任教师中，具有博士学位的教师占56%。教授196人，副教授211人，其中，博士生导师129人。2008年，博士后研究人员出站16人，进站39人，在站67人。有中国科学院院士1人，中国工程院院士2人，双聘院士6人。国务院学位委员会学科评议组成员3人，教育部“长江学者和创新团队发展计划”创新团队2个，1个国家级教学团队，4个北京市优秀教学团队，“长江学者”特聘教授4人，国家有突出贡献的中青年专家4人，国家杰出青年基金获得者6人，国家“973”项目首席科学家3人，全国优秀教师3人，中国青年科技奖获得者5人，全国百篇优秀博士论文获得者2人，霍英东教育基金获得者9人，孙越崎能源大奖获得者6人，李四光奖获得者5人，侯祥麟基金奖获得者4人，何梁何利基金奖2人，入选“新（跨）世纪百千万人才工程”国家级人选7人，入选教育部“新世纪优秀人才支持计划”15人。聘用外籍教师2人，均为教授。毕业生7911人，其中，学历教育学生中全日制研究生1230人（博士生180人、硕士生1050人），普通本科生1593人，成人教育本专科生1373人（本科生1184人、专科生189人），网络教育本专科生3631人（本科生860人、专科生2771人）；非计划招生高等教育学生中在职人员攻读博士硕士学位84人（博士生40人、硕士生44人）。本科一次就业率为96.55%，研究生一次就业率为98.44%。招生29119人，其中，学历教育学生中全日制研究生1495人（博士生202人、硕士生1293人），普通本科生1700人，成人教育本专科生5420人（本科生3126人、专科生2294人），网络教育本专科生 20430 人（本科生 7150 人、专科生 13280 人）；非计划招生高等教育学生中在职人员攻读博士硕士学位 74 人（博士生 32 人、硕士生 42 人）。高考北京地区提档线理科 528 分，文科 521。在校生 30328 人，其中，学历教育学生中全日制研究生 4385 人（博士生 585 人、硕士生 3810 人），普通本科生 6657 人，成人教育本专科生 3735 人（本科生 1732 人、专科生 2003 人），网络教育本专科生 15309 人（本科生 5301 人、专科生 10008 人）；非计划招生高等教育学生中在职人员攻读博士硕士学位 242 人（博士生 117 人、硕士生 125 人）。留学生毕业 35 人，招生 120 人，在校生 402 人。学校共签订合同（或任务书、计划书等）165 项，合同总额 1.4532 亿。共签订技术合同 442 项，合同总额 2.5793 亿。截止到 12 月 20 日，总计到位各类科研经费 3.26 亿。学校共归档科研项目 292 项。共荣获省部级以上各类奖励 13 项；其中，获得国家级二等奖项 2 项，获得省部级各类奖励 11 项，包括获得一等奖 6 项。2007 年论文统计结果数据显示学校数据为：SSCI 论文一篇，统计源期刊论文 937 篇；三大检索收录论文 409 篇：其中 SCIE 论文 131 篇，EI 论文 221 篇，ISTP 论文 57 篇。科学引文索引（SCI）两校被引用论文 179 篇，362 次，被引用篇次 183 次。全校学生在国际、国内各种学科竞赛中共获奖 120 项。其中国际奖 3 项（美国数学建模一等奖 1 项，二等奖 2 项），国家奖 92 项（国际企业管理挑战赛三等奖 1 项）；全国数学建模一等奖 1 项，二等奖 3 项；全国研究生数学建模竞赛一等奖 1 项等。图书馆建筑面积 14000 平方米，藏书总额 75 万册。学校网址：www.cup.edu.cn。

（党宁）

【二成果获国家科学技术奖】 1 月 8 日，石油大学二项目在 2007 年度国家科学技术奖励大会上获得国家科学技术奖二等奖。该校获奖项目均出自石油与天然气工程学院，其中，李根生教授与中国石油大学（华东）共同完成的“自振空化射流技术与应用”获得国家科技进步二等奖，该院与中海油共同完成项目“中国近海高水垂比大位移钻井关键技术研究及应用”获得获得国家科技进步二等奖。

（党宁）

【接受捐款 1000 万元】 3 月 10 日，石油大学接受捐款 1000 万元。该捐款由中联石油化工国际有限公司董事局主席，香港太平绅士、著名企业家，全国政协委员许智明博士出资，用于教学科研活动。

（党宁）

【邓金根入选百千万人才工程】 3 月，石油大学邓金根教授入选 2007 年度新世纪百千万人才工程国家级人选。邓金根，1963 年出生，石油天然气工程学院油气井工程专业博士生导师，现任中国石油天然气集团公司井壁稳定重点研究室主任。共承担国家自然科学基金项目 2 项，“863” 项目 2 项，省部级重点攻关项目 20 项。2002 年获国家教委科技进步奖二等奖，2005 年获国家科技进步二等奖二等奖。

（党宁）

【开展大学生文明修身工程】 5 月 8

日至 6 月，石油大学开展大学生文明修身工程。该活动以“文明校园、和谐社会、平安奥运”为主题，分宣传启动、教育引导、总结表彰三个阶段，将从住宿文明、课堂文明、网络文明、就餐文明、着装文明、公共道德等六个方面入手，一方面利用主题班会、文明礼仪宣讲、报告、讲座等形式加强正面教育，另一方面通过校园十大不文明现象评选、陋习纠察等方式加强自我教育。该校全体学生参加活动。

（党宁）

【设立励志奖学金】 5 月 23 日，石油大学与道达尔公司签署奖学金设立与管理协议。根据协议，双方设立励志奖学金，从 2008 年开始，今后五年内，道达尔公司每年将为石油大学 25 名品学兼优的家庭经济相对困难的学生提供每人 5000 元励志奖学金。

（党宁）

【成立归国留学人员联合会】 6 月 25 日，石油大学成立归国留学人员联合会。联合会隶属该校和北京市侨联归国留学生人员联合会，开展吸引海外人才、推动国际交流工作。

（党宁）

【《Petroleum Science》被 SCI 收录】 6 月，石油大学主办的英文版学术期刊《Petroleum Science》入选 Web of Science（WoS），成为 SCI—E 数据库的来源期刊。《Petroleum Science》登载的 2008 年第 2 期 16 篇文章已全部被 SCI 收录。

（党宁）

【签订研究生资助式培养项目协议】 7 月 2 日，石油大学与中国石油天然气勘探开发公司（CNODC）签订资助式研究生联合培养协议。根据协议，从 2008 念叨 2010 年，选拔 42 名优秀研究生进行资助培养，在不影响学校正常培养计划同时增加第二外语等课程，目的是为公司培养国际化高等人才。

（党宁）

【与阿拉斯加大学签订合作协议】 7 月 8 日，石油大学与阿拉斯加大学总校签订合作协议。根据协议，双方在学生联合培养、教师交换、科学研究等方面开展合作。

（党宁）

【举办世界石油峰值研究进展研讨会】 8 月 25 日，石油大学举办世界石油峰值研究进展研讨会。会议以“石油峰值及其对社会经济的影响”为主题，研讨石油峰值研究进展及其对社会经济的影响。世界石油峰值研究会（ASPO）主席、瑞典乌普萨拉（Uppsala）大学谢尔·阿列克列特（Kjell Anders Aleklett）教授一行 6 人和来自国内专家学者 30 人参加会议。

（党宁）

【“211 工程”三期建设项目通过评审】 9 月，石油大学“211 工程”三期建设项目全部通过专家评审，进入项目审批和实施阶段。项目建设期为 2007 至 2011 年。石油大学“211 工程”三期建设分为三个部分，即 8 个重点学科建设项目、创新人才培养和队伍建设项目、校内公共服务体系建设项目。其中，石油大学“矿产普查和勘探”、“油气井工程”、“油气田开发工程”、“油气储运工程”、“化学工艺”等5个国家重点学科，“地球探测与信息技术”、“工业催化”等2个国家重点（培育）学科，“石油天然气安全工程”交叉学科北京市重点学科，进入“211工程”三期重点建设。

（党宁）

【成立新能源研究中心】 10月4日，石油大学成立中国石油大学新能源研究中心。中心隶属学校，开展与新能源开发利用相关领域教学研究。

（党宁）

【油气资源与探测国家重点实验室揭牌】 10月4日，石油大学油气资源与探测国家重点实验室揭牌。该实验室隶属学校，依托中石油物探重点实验室开展油气资源分布及相关领域教学研究。

（党宁）

【五人获孙越崎奖】 10月16日，石油大学五人获得孙越崎科技奖。分别是化工学院张锴教授荣获第十七届“孙越崎青年科技奖”，石油天然气工程学院的刘东、化工学院的彭冲、机电工程学院的吴琼、石油天然气工程学院的孙健等四名同学获得“孙越崎优秀学生奖”。

（党宁）

【“211工程”三期建设项目获批】 10月，石油大学“211工程”三期建设项目获准建设。建设时间为2008—2011年，分为三个部分，即重点学科建设项目、创新人才培养和队伍建设项目、校内公共服务体系建设项目。其中，重点学科建设项目涵盖石油大学5个国家重点学科、2个国家重点（培育）学科、1个交叉学科北京市重点学科。

（党宁）

【《古地理学报》获高校优秀科技期刊奖】 11月，石油大学《古地理学报》获得“中国高校优秀科技期刊奖”。《古地理学报》创刊于2001年5月，为双月刊，设有6个栏目，面向国内发行，年总发行量4000册。

（党宁）

【一专著入选原创图书出版工程】 12月，石油大学一专著入选由国家新闻出版总署举办的第二届“三个一百”原创图书出版工程。入选项目为李根生教授与沈忠厚院士的专著《自振空化射流理论与应用》。该专著于2006年被列入由国家新闻出版总署组织制定的国家“十一五”期间重点图书出版规划。

（党宁）

中国地质大学（北京）

党委书记　王鸿冰
校　　长　吴淦国

【概　况】 2008年，中国地质大学（北京）占地面积560076平方米，总建筑面积431642万平方米。学校固定资产86788.17万元，其中教学科研仪器设备价值21066.50万元。全年教育经费投入71188.15万元，其中，国家拨款48043.18万元，自筹经费23144.97万元。设有17个教学单位，开设本科专业38个，覆盖8个学科门类，具有一级学科硕士点13个，一级学科博士点5个，硕士学位授予点118个，博士学位授予点37个，博士后流动站6个，工程硕士专业学位授予点16个。学校有国家重点学科10个（包含8个二级学科），省部级重点学科12个，国家重点实验室1个，北京市重点实验室2个，国土资源部开放实验室4个，国家基础科学研究与教学人才培养基地1个。校内教职工1195人，专任教师793人，其中教授178人，副教授240人；中国科学院院士9人，博士生导师71人，硕士生导师249人。外籍教师18人。毕业生3630人，其中，普通本科生2030人，全日制研究生1130人（博士生279人，硕士生851人），成人教育本专科生470人（本科生386人、专科生84人）。本科毕业生就业率93.3%，研究生毕业就业率93.45%。招生3720人，其中，本科生2006人，研究生1447人（博士生350人、硕士生1097人）；工程硕士253人。高考北京地区提档线理科528分、文科519分。在校生17482人，其中，普通本科生8041人，全日制研究生4365人（博士生1414人，硕士生2942人），成人教育本专科生5076人（本科生2392人，专科生2684人）。留学生毕业14人，招生14人，在学48人。图书馆建筑面积15215平方米，藏书104.76万册，其中电子图书24.65万册。学校网址：www.cugb.edu.cn。

（李飞）

【举办青藏高原地质学术年会】 1月6日，地大举办2008年青藏高原地质学术年会。会议对基金委“十一五”期间地学重点支持方向及青藏高原矿产资源调查国家专项做介绍。20位与会专家学者分别就自己的研究成果作专题汇报。报告内容涉及青藏高原深部地球物理、中一新生代岩浆活动与构造运动、青藏高原隆升与沉积响应、资源和环境关系等热点。李廷栋院士还就青藏高原地质的研究潜力、目前的研究机遇及人才培养等做总结发言。来自国内外20个高校和科研单位的专家学者和研究生100人参加年会。

（李飞）

【被评为全国定向运动先进单位】 1月6至9日，地大在中国定向运动协第一届理事会第四次扩大会议上被评为“2004—2007年度”中国定向运动先进单位。本届评选由中国定向运动协会主办，共表彰先进单位49个，先进个人38名。

（李飞）

【与内蒙地矿局合作共建产学研基地】 1月7日，地大与内蒙古自治区地质矿产勘察开发局产学研基地建设合作签约暨产学研基地揭牌仪式在内蒙古地矿局举行。根据协议，内蒙古地矿局选聘双方专业技术人员为专职科研人员，从事地质矿产研究和矿产勘查工作，并划拨专项经费用于研究院的日常开支和聘用人员的劳务、地勘奖学金、产学研基地建设等支出，中国地质大学（北京）实施地质调查、矿产勘查、矿业开发等科技项目，双方共享科技项目成果，联合申报国家级、省部级科技成果奖，协商处置找矿成果的最终收益。协议有效期5年。同时，内蒙古地矿局还举行第一期工程硕士班开学典礼。内蒙古地矿局、内蒙古国土资源厅、内蒙古地质矿产（集团）有限责任公司和学校领导共200余人参加产学研基地协议签订与揭牌仪式。

（李飞）

【地质人才培养研究项目通过评审】　1月31日，地大地质人才培养研究项目通过国土资源部、教育部评审。该重点课题2006年10月立项，项目经费10万元，包括《高等地质教育现状调查及人才供需分析》（中国高等教育学会“十一五”规划项目）、《创新型工程科技人才培养研究》（中国工程院立项）、《中国地质调查局与地质高等教育院校联合培养地质调查人才机制研究》（中国地质调查局立项）3个项目。课题对全国31个地勘局、13个中央地勘行业公司、26个地调局局属单位、数十位地质人才方面专家、9所高校等进行统计调查。对地质勘察人才队伍现状、地质人才培养现状、地质人才供求情况进行分析，并对地质人才培养进行国际比较，同时提出创新型地质人才成长规律及培养环境和地质人才培养对策建议。

（李飞）

【《遗产保护与开发》教材出版】　1月，地大地球科学与资源学院孙克勤教授主编的《遗产保护与开发》由旅游教育出版社出版发行。该教材是我国第一本反映遗产保护与开发的高等学校教材。本书以世界遗产为主线，融入遗产资源保护与开发可持续发展理念，回顾遗产保护与开发历史，论述和总结国内外著名遗产保护、开发与管理的经验，分析遗产保护、开发与旅游业关系，讨论遗产资源数字化建设，为读者和相关研究人员在遗产保护与开发方面提供一个全新范本，已经作为全国高等院校旅游专业规划教材正式发行。

（李飞）

【一专业获批国家级特色专业建设点】　1月，地大能源学院石油工程专业被教育部批准为2007年度第一批第二类高等学校特色专业建设点。教育部于2007年8月启动此项工作，中国地质大学（北京）于9月完成项目的组织申报。这一国家级教育质量工程项目的申报成功，对石油工程专业建设成为特色专业，具有积极的推动作用，建设周期为四年。石油工程专业的目标为培养油气田开发领域专门人才。主干课程有油层物理学、油气田开发工程、沉积岩石学、石油地质学等14门课程，主要实践性教学有实验物理、化学实验、计算机程序设计等8门课程。培养学生主要在中石油、中石化所属的全国各大油田、国土资源部、煤炭部等部门，从事油气田开发中与钻井、完井、采油、井位设计和油藏管理有关的工程设计、工程施工和管理、应用研究和科技开发等方面的工作。

（李飞）

【多项成果获2007年度国家（部）级科学技术奖】　至2月，地大1项科研成果荣获2007年度国家科学技术进步奖，5项科研成果荣获2007年度国土资源部科学技术奖。翟裕生院士参加完成的《中国成矿体系与区域成矿评价》项目成果获国家科学技术进步二等奖。孟祥化教授主持完成的《天文周期观的中朝板块层序、事件和演化综合研究》项目、刘文灿教授主持完成的《1：25万江孜县幅、亚东县幅（中国部分）区域地质调查与研究》项目和廖立兵教授主持完成的《非金属矿物及固体废弃物功能化应用基础研究》项目三项成果分获国土资源部科学技术二等奖，吴淦国教授与刘家军教授参加完成的《大规模成矿作用与大型矿集区预测》项目和杨甘生教授参加完成的《中国大陆科学钻探工程新型钻井技术体系的研究与应用》项目两项成果分获国土资源部科学技术一等奖。

（李飞）

【二人当选俄罗斯工程院外籍院士】　3月24日，地大2名教授当选俄罗斯工程院外籍院士。分别是地学院翟裕生教授和水环学院沈照理教授。俄罗斯工程院地质工程学部主任库金院士代表俄罗斯工程院在中国地质大学（北京）向两位教授颁发俄罗斯工程院外籍院士证书。

（李飞）

【《世界遗产学》出版发行】　4月，地大孙克勤教授编著的《世界遗产学》由旅游教育出版社出版发行。该书是我国第一本世界文化遗产方面专著，介绍有关世界遗产的相关知识和最新进展，论述世界遗产的产生、发展和现状，还介绍世界遗产的组织设立的状况，讨论世界遗产的管理、保护和可持续发展。

（李飞）

【重点学科建设工作取得重要进展】　至4月，地大重点学科建设工作取得进展。该校“构造地质学”、“地球探测与信息技术”2个北京市重点学科顺利通过验收，被评为优秀；2个二级学科“水文学及水资源”、“油气田开发工程”和一个交叉学科“近海资源环境”获得通过，成为新的北京市重点学科。至此，该校已拥有一级国家重点学科2个并涵盖8个二级学科，省部级二级重点学科10个、交叉学科1个。

（李飞）

【与油气战略研究中心签署合作协议】　5月6日，地大与国土资源部油气战略研究中心在举行合作签字仪式。根据协议，双方合作开展人才培养、项目合作和学术交流等方面工作。签字仪式后，油气中心的三位博士和一位研究人员为该校60名研究生做相关领域主题报告。

（李飞）

【组建地质专家抗震减灾咨询组和地震次生灾害应急队】　5月15日，地大成立“抗震减灾地质专家咨询组”和“地震次生灾害地质专家应急队”。咨询组和应急队成员由该校地质学、地质构造、第四纪地质、遥感地质、土地科学、地质灾害、地质工程等和抗震减灾相关地学专业领域的专家组成，召集人由王成善、万天丰担任，第一批成员包括张长厚、颜丹平、程捷、陈建平、白中科、文宝萍、罗云、孙进忠等教授。中国地质大学（北京）新成立的“抗震减灾地质专家咨询组”，主要任务是积极参与到当前地震知识普及和宣传教育工作中去，为公众提供专业化的科普服务。刚成立的“地震次生灾害地质专家应急队”，则是针对强震过后引发的次生地质灾害，如山体滑坡、泥石流、水库堤坝垮塌、水质污染等危害群众生命财产安全的地质灾害开展力所能及的抗震减灾相关专业工作。

（李飞）

【举办两场地学学术报告会】　5月27日和6月25日，地大举办两场地学热点学术报告会。5月27日，该校邀请美国圣路易斯华盛顿大学地球与行星科学系王阿莲高级研究员做题为《行星探测中的光谱学》的学术报告。王阿莲博士围绕光谱科学在行星遥感探测中的应用，重点介绍美国NASA有关行星和月球探测项目中所用的各种光谱波段，以及探测中远程操控、实地探测和对行星表面矿物和化学成分研究的方法和手段。师生围绕行星探测中的数据传输、解译及光谱学方面有关问题与王阿莲博士进行探讨。6月25日，该校邀请美国普林斯顿大学土木与环境工程系主任麦克尔·赛琳娜（Michael Celia）教授作题为*Geological Storage as a Carbon Mitigation Option*的学术报告，Celia教授简要介绍二氧化碳排放量逐年增加引起的温室效应问题以及各种可行解决方案后，对二氧化碳的地质处置这一全球地学领域的研究热点问题进行深入介绍。

（李飞）

【参与汶川地震的余震监测工作】 5月，地大师生参与汶川地震余震监测工作。该校地球物理与信息技术学院长江学者讲座教授沈旸，地信学院教授李信富、中国地质科学院研究员史大年和部分硕士生在第一时间赶往青海西宁，在青海湖附近布设4台宽频流动数字地震仪，随后立即赶赴川北甘南地区进行勘探选点，于5月21、22、23日在距离汶川震中200多公里的甘肃玛曲、四川的若尔盖、阿坝等地区完成7台宽频流动数字地震仪的布设，接下来他们还将奔赴在距离汶川震中100多公里的四川红原、松潘地区，继续布设5台宽频数字地震仪，在甘肃境内布设12台宽频数字地震仪。

（李飞）

【亚太定向锦标赛中获佳绩】 7月25至30日，地大在韩国首尔举办的第十五届亚太定向锦标赛（APOC）暨第一届亚洲定向锦标赛（AsOC）上获佳绩。该校学生在比赛中共获得5金、4银、2铜的成绩。亚太定向锦标赛（APOC）是由亚太定向运动联合会主办的传统赛事，两年一届，分18岁、20岁、21岁、成年精英等年龄组别；亚洲定向锦标赛（AsOC）仅设成年精英组。赛事分别设男女四个项目：短距离赛、长距离赛、中距离赛、接力赛。

（李飞）

【举办地质调查与历史文化考察研习营】 9月1至8日，地大组织举行“两岸燕山板内造山带区域地质调查与历史文化考察专题研习营”。两岸师生通过燕山造山带学术研讨会、天津蓟县和河北承德野外地质调查、北京及周边历史文化考察、与院（系）师生座谈等形式进行充分交流。参加本次研习营的有台湾成功大学、台湾大学和中国地质大学（北京）师生共25人。

（李飞）

【赴韩国参加地质实习】 9月24至30日，地大与韩国忠南大学共同主办地质实习。实习采取地质野外实地考察，小组交流活动等多种形式，结合韩国地质概况和人文历史，以生动活泼的形式开展交流，增进中韩两国教师和学生之间的友谊。中韩师生一行20人参观韩国景福宫，民俗博物馆，地质博物馆，忠南大学校园，观察许多韩国地质构造现象。

（李飞）

【举办地质灾害防治研究生暑期学校】 10月1至15日，地大举办2008年地质灾害防治全国研究生暑期学校。改暑期学校由国家自然科学基金委员会及教育部学位管理与研究生教育司联合主办，该校承办，来自全国22所高校和科研院所的110名研究生参加学习，其中，正式学员90人，旁听学员20人。其间，中国地质大学（北京）邀请海内外著名专家学者23人，举行23场专题学术讲座，并且组织1次野外地质考察和1次素质拓展活动。

（李飞）

【召开中美地质微生物学双边研讨会】 10月10至16日，地大召开中美地质微生物学双边研讨会。研讨会由中美国家自然基金委主办，该校地质微生物学实验室承办，研讨天然气水混合物、海底沉积物、大陆深部、高原盐湖及酸性矿山废水等环境中地球化学和微生物生态的相互关系。10月12日下午至10月16日，部分与会国内外代表共21人赴云南龙陵、腾冲、大理地区的20余处的热泉进行系统的现场考察测量并采集热泉水体和沉积物样品。国内外专家学者70人参加会议。

（李飞）

【举办就业指导月系列活动】 10月30日至11月30日，地大举办首届“就业指导月”系列活动。本次“就业指导月”先后举行“成功与就业”优秀校友报告会、就业专题讲座、“走进职场”模拟演练、四场大中型招聘会等多项活动，为2009届毕业生增强就业意识，提高就业竞争力，达成就业意向提供平台。

（李飞）

【为宁夏地矿局培训一线技术人员】 11月22至26日，地大与宁夏地质矿产勘查开发局在银川联合举办“宁夏地矿局2008年冬季专业技术人员培训班”。本次培训班主要授课课程为中国矿产资源开发现状与形势、多目标矿产勘查评价理论与实践、隐伏矿体定位预测方法、成矿规律与成矿预测、项目立项与项目管理等10项课程。来自宁夏地矿局部分领导及下属15个单位的160名专业技术人员参加培训。

（李飞）

【接受恒泰艾普石油勘探开发技术公司捐赠】 11月27日，地大接受恒泰艾普石油勘探开发技术有限公司（Land Ocean）捐赠7套价值一千万元人民币软件。根据捐赠协议，捐赠软件在的地信学院、能源学院、海洋学院、软件学院等教学安装并使用，并派技术人员免费进行软件安装、数据加载、模块应用等软件使用的基本培训，在协议有效期内进行软件升级。协议有效期为3年。签字仪式后，该校为捐赠公司的副总裁秦刚平、首席科学家谢桂生、总工程师张志让颁发授课聘书。恒泰艾普石油勘探开发技术有限公司是一家集地震数据处理、解释、地质综合研究、软件研发、产品销售、地球物理新技术开发和提供石油勘探开发服务的专业化的高新技术公司，致力于石油勘探开发技术研究、软件产品开发和技术服务。本次捐赠给该校的7套软件分别为：储层预测与解释软件、综合裂缝储层描述软件、储层频谱成像与解释软件、叠前地震储层描述软件、复杂地质条件地震资料处理软件、波动方程正演模拟软件、三维叠前时间深度偏移软件。

（李飞）

【与奥克兰大学签署合作谅解备忘录】 12月11日，地大与新西兰奥克兰大学签署教育与科研合作谅解备忘录。根据协议，该校与奥克兰大学将在教授、研究人员的交流、学生交流、学术研究、交流学术信息等方面开展合作，同时该校每年将推荐5名相关专业的中国留学基金委公派项目博士候选人注册成为奥克兰大学研究生。同时吉林大学、浙江大学、哈尔滨工业大学和中国海洋大学等4所高校也参加仪式，也分别与奥克兰大学签署合作协议。

（李飞）

【为河南省地勘局培训地质项目负责人】 12月29日，地大与河南省地勘局联合举办河南省地质项目负责人任职资格培训班。培训历时40天，分4期进行。培训内容分别为学科前沿、基础理论、技术方法、法律规范及现代化管理理念等五个方面，包括矿产勘查理论与方法、矿产资源经济与发展战略等多项课程。共有来自河南省各地勘单位选拔出100名项目负责人参加培训。

（李飞）

【获得省部级科技奖励11项】 至年底，地大获得省部级科技奖励11项。其中，国土资源部科学技术奖7项，教育部自然科学奖1项，中国黄金协会科学技术奖1项，大禹水利科学技术奖1项。《闽中裂谷铅锌矿成矿规律研究》、《塔里木盆地常规油气资源评价》、《大型矿集区深部结构、成矿流体与成矿预测研究》、《山东大磨曲家金矿成矿动力学及找矿预测》、《黄河流域地下水可再生能力变化规律》、《天然气水合物探测技术》、《东南沿海及重要经济区环境地质综合研究》、《地球深部力—电—磁联合效应对成矿系统制约—夹皮沟和威海为例》7项获得国土资源部科学技术奖二等奖；《煤中有害微量元素迁移分配行为及其环境效应》1项获得教育部自然科学奖二等奖；《胶西北望儿山成矿带典型矿床矿化网络解析与隐伏矿体预测》1项获得中国黄金协会科学技术奖一等奖；《重大水利工程下矿产开采对其安全影响的评价方法及防治措施研究》1项获得大禹水利科学技术奖三等奖。

（李飞）

【举办研究生名师讲堂】 至年底，地大邀请19名教授开设研究生名师讲堂。2月22日，美国密苏里—哥伦比亚大学的埃里克·撒威尔教授（Eric Sandvol）来校举办《东土耳其地层学研究》讲座；3月11至4月22日，邀请《科学通报》编辑任胜利博士来校举办《科技论文写作要点与技巧》讲座；3月14至21日，新西兰奥克兰大学的加里·布拉德利教授（Gary Brierley）来校举办《河流地貌与环境》讲座；3月17至25日，邀请美国赖斯大学斯蒂芬·丹布教授（Stephen Herring Danbom）来校做《地震勘探与地球物理学》讲座；4月20日，邀请香港理工大学丁晓利教授来校做《InSAR地面变形监测技术的研究与应用》讲座；5月5日，邀请英国纽卡斯尔大学民用工程与地球科学学院克莱尔·法利普斯博士（Claire Isabelle Marie Fialips）来校做《矿物材料学》讲座；5月14至30日，邀请美国宾夕法尼亚州库茨敦大学科特·弗瑞哈弗教授（Kurt C. Friehauf）来校开展岩浆矿床、岩浆热液矿床、斑岩矿床系列讲座；5月19日至6月2日，邀请美国南加州大学戴维斯教授（Gregory A Davis）来校做关于大地构造学系列讲座；5月15至23日，邀请澳大利亚科廷科技大学杰弗瑞·托马斯·斯皮科特教授（Jeffery Thomas Spickett）来校做《风险评估与安全管理》系列讲座；5月21至28日，邀请美国经济地质协会会员李楚思教授来校做《岩浆硫化矿床》系列讲座；6月12日，邀请北京理工大学韩伯棠教授来校做《经济管理类研究生科研与论文撰写》专题讲座；9月4日—8日，邀请中国科学院杨文采院士来校做《构造物理学》系列讲座；9月16至20日，邀请美国得克萨斯州立大学罗伯特·弗里克曼教授（Robert B Finkelman）来校做《能源地质与医学地质》系列讲座；10月13至16日，邀请美国俄克拉何马环境研究实验室约翰·威尔森教授（Johns T Wilson）来校做《地下水污染》系列讲座；10月17至22日，邀请德国爱尔兰根—纽伦堡大学的罗曼·柯亨教授（Roman Koch）来校做《碳酸盐岩储层分析》系列讲座；10月15日，邀请香港城市大学物理与材料科学系材料科学与工程讲座教授保罗·朱（Paul K Chu）来校做《离子体技术与纳米材料科学进展》专题讲座；10月21至30日，邀请台湾成功大学黄奇瑜教授来校做《台湾地区地质学与地质构造》系列讲座；12月15至19日，邀请日本京都大学灾害研究中心研究员徐培亮教授来校做《现代空间大地测量理论及其地球动力学监测前缘》系列讲座；12月26日，邀请英国剑桥ARKEX航空地球物理公司高级研究员黄大年博士来校做《国际高精度航空地球物理勘探技术发展现状》专题讲座。

（李飞）

北京联合大学

党委书记　席文启（6月免）
　　　　　徐永利（6月任）
校　　长　柳贡慧

【概　况】 2008年，北京联合大学占地面积41.05万平方米。校舍建筑总面积万平方米，其中校舍面积46.36万平方米，租借用校舍17.87万平方米。图书馆现有藏书222.69万册，固定资产总值8.92亿元，其中教学科研仪器设备资产2.71亿元。全年教育经费投入83369.01万元（含旅游学院），比上年增长25.35%，其中，国家拨款59664.01万元、自筹经费23705.00万元。设有16所学院、23个校级研究所，有国家级的保健食品功能检测中心、3个市级科研机构、1个北京市重点实验室，200多个实验室，有6个北京市重点建设学科和7个校级实践教学中心。学校的学科专业设置十分注重贴近北京市经济建设和社会发展需要，共有3个硕士学位授予学科点、55个本科专业、71个高职高专专业，覆盖工学、理学、文学、法学、经济学、历史学、教育学、管理学等8个学科门类。教职工3435人，其中，专任教师1650人。专任教师中，高级职称102人、副高级职称467人、中级职称844人。享受政府津贴专家3人，北京市突出贡献专家1人。毕业生10527人，其中，本科生5899人、高职高专生2875人、成人教育学生1753人。招生9937人，其中，全日制研究生34人，本科生5564人、高职高专生2631人、成人教育学生1708人。高考北京地区录取线本科理科450分、文科472分；高职高专理科340分、文科370分。在校生274687人，其中，全日制研究生64人，本科生19956人、高职高专生8043人、成人教育学生5772人。该校有在校留学生364人。学校网址：www.buu.edu.cn。

（杜娟）

【信息学院帮吧站揭牌】 1月8日，

联大信息学院举行帮吧站揭牌仪式。信息学院的大学生村官已在顺义郭庄村、龙港屯等六个村建立农村帮吧服务站，未来将有更多的联大信息学院毕业生的村官加入这一行列。"帮吧村校通"在线公益服务活动，已在我国69万个村和几千所大专院校正式展开。"帮吧村校通"是电子公务在农村信息化促进方面的一种应用案例。在北京帮助在线信息技术有限公司的服务平台所提供公益服务范围内的软件技术支持、建站技术支持和其他必要支持下，北京地区有北京大学信息学院帮吧站和北京联合大学信息学院帮吧站（www.bangba.org或www.cunxiaotong.com）已开通服务。它主要以网络方式联合全国大专院校、农村、社区建立帮吧站，实现全国大专院校与全国农村的链接，以大专院校帮吧站为依托，在校大学生为志愿者，"手把手、面对面"远程在线服务农村，解决全国农村农民（学生）、城市居民使用电脑、手机等信息产品遇到的问题，将有助于推进农村信息化工作。

（杜娟）

【召开校企合作实践教学研讨会】 1月11日，联大应用文理学院召开第三届实践教学研讨会。会议主题是"倾听企业人士声音，交流实践教学经验"。与会专家介绍本企业与联大应用文理学院城市科学系、管理系、信息系、广告系、法律系在学生实践教学方面的合作内容与成果，畅谈企业人才需求的规格，为联大应用文理学院开展实践教学和学科专业建设提出建议。联大应用文理学院各专业实践教学负责人及一线教师进行交流，交流教育教学经验，展示实践教学成果。研讨会还开展了征文活动，共收到论文26篇。其中优秀论文将被推荐至"北京高教学会实验室工作研究会2008年学术研讨会论文集"结集出版。来自北京超图软件股份有限公司中石油集团中国寰球工程公司北京安恒网络技术有限公司北京航星网讯科技有限公司等企业管理人员和校院教学管理、实训基地67人参加会议。

（杜娟）

【召开实践教学基地建设合作委员会年会】 1月11至12日，联大师范学院召开实践教学基地建设合作委员会年会。会议通过《关于北京联合大学师范学院教育实习基地建设合作委员会更名为实践教学基地建设合作委员会决定》、《北京联合大学师范学院实践教学基地建设合作委员会章程》，确定63个实践教学基地合作成员单位，选举产生北京联合大学师范学院实践教学基地建设合作委员会主任委员、副主任委员及秘书长名单；并对合作委员会一年来的工作给予总结，对今后的进一步合作进行研讨。28个职业学校、30多家企业代表共80多人参加会议。

（杜娟）

【启动学生自主实践计划项目】 1月17日，联大师范学院2007～2008学年学生"自主实践计划"项目仪式启动。23项学生自主实践计划项目立项，内容涉及调研报告、电子设计、创意等。学生自主实践计划的目的是给学生搭建主动学习、自主实践的平台，使学生将所学的知识运用到开展项目实践中，努力发挥个人才干，通过项目的实施，使创新能力得到不断提高。

（杜娟）

【商务学院3个项目竣工】 1月31日，联大商务学院体育活动中心综合改造、商务实践教学中心环境改造3个项目竣工。改造后的体育活动中心面积374.84平方米，其中健美操房155.52平方米，乒乓球室220.32平方米，可以提供健美操课、乒乓球课、大学生体能测试等课程的使用；实践教学中心使用面积3065平方米，可供国际经济与贸易、金融学、工商管理等9个本科专业13个专业方向的相关课程的实验、实训、实习、课程设计与毕业设计等多个环节的实验教学；留学生公寓面积768平方米，可容纳38人住宿。

（杜娟）

【实行计算机基础课程改革】 1至12月，联大电子信息技术实验实训基地实行计算机基础课程、程序设计课程改革和考试改革。在计算机基础课程改革中，将"实践导学，因材施教"的理念和做法贯穿于教学始终。程序设计课程改革在大范围内，采取"大例贯穿，串联各点、同类训练、听看仿编"的案例式教学模式；在小范围内采取"逻思编技、迭代增量，先纵后横、软工训练"的迭代式教学模式。另外计算机基础和程序设计课程的考试全面实施上机考试。全面考查学生的上机操作能力和对程序设计的应用能力。

（杜娟）

【举办首届网络创意大赛】 1至4月，联大举办首届网络创意大赛。本次大赛宗旨是"培养创新精神"、"挖掘创意"。比赛内容涉及PPT制作、网页制作、视频、logo创意、博客等。北京金象在线科技有限公司提供平台、实训基地教师提供技术指导、分校团委提供组织保障。本次大赛评选出一等奖一项，二等奖六项，三等奖十项，共21人次获奖。

（杜娟）

【获得联合国教科文组织奖牌】 3月4日，联大获得联合国教科文组织国际职业技术教育与培训中心授予的UNEVOC Centre Award奖牌和证书。自2006年9月中国联合国教科文全委会推荐并经联合国教科文组织国际职业技术教育与培训中心（UNESCO－UNEVOC，简称联合国职教中心）批准，联大成为“联合国教科文组织国际职业技术教育与培训联系中心”（UNESCO－UNEVOC Centre，简称联系中心）以来，学校积极地开展联系中心的工作。2007年6月，联大“联合国教科文组织国际职业技术教育与培训联系中心”的揭牌。作为联系中心的执行机构，联大高等技术与职业教育研究所积极与联合国职教中心沟通与联络，承担该组织资助的项目《中国高等职业教育联合革新计划－高职教师教育与培训》（JIP－TVET in China）的任务和主任与秘书处单位的工作，参加该组织主办的多次国际会议，完成该组织布置工作，并在教育部高教司和全委会的指导下建设联合国教科文组织国际职业技术教育与培训联系中心网中国中心网站（www.unevoc.cn），以此作为国内外职教信息的交流平台和联合国项目的工作平台，较好地发挥中心的作用。

（杜娟）

【学生赴法餐饮实习】　3月6日，联大旅游学院酒店与餐饮管理系18名学生赴法国巴黎克里西酒店餐饮学院实习。在为期4周的实践与实习课程中，学生学习法餐制作、法式面点课程、奶酪知识、酒水知识及鸡尾酒调配等。实习课程共计16次、96学时。通过一个月的实习，同学们了解法国餐饮文化，亲身体会法餐的制作工艺，实习的顺利进行也促进双方进一步合作。

（杜娟）

【开展特色教研活动】　3至7月，联大管理学院开展特色教研活动。该院工商管理教研部围绕着科研申报与写作、课程建设和改革、应用性教学研究与实施、经管类综合实践课程研究、学术前沿热点问题、学术交流、英语专题交流研讨等几个方面陆续开展共14个专题的研讨活动。结合经管类课程的特点，同时吸收国外的先进教学经验，保留每月一次的英语专题交流，由曾在国外学习的本教研部青年教师主讲，使英语学习和学术交流融为一体，逐步形成特色。

（杜娟）

【开展课堂教学改革和考试改革】　3至12月，联大商务学院开展课堂教学改革和考试改革。从2006至2007学年开始，商务学院由教研室自发进行（主要集中在社科、外语等）公共基础课程的考试改革，逐步推广到全院，已进行4个学期，共有35门课程的考试进行改革试点。在思想政治课方面：试行案例教学，教师脱稿讲课，实行课堂讨论、提问、播放视频等多样化的教学方式。在外语课教学改革方面，成立大学英语改革领导小组，对英语教学改革做宏观安排与指导，实施各项工作负责人目标管理制度、大学一、二年级英语基础课由基础部英语教研室负责，三、四年级英语应用提高阶段的教学，由各系和基础部英语教研室共同负责，各系保证开出全英语、双语专业课程；由学生工作部、教务处、团委、基础部英语教研室协作，开展第二课堂教学活动。改革英语教学模式，小班上课、分级教学、分类教学，在不同阶段设置不同的英语学习内容，确保学生在校4年，英语学习不间断，采用“课堂＋教学软件＋计算机网络”的立体教学模式。建立全方位的教学管理和评估体系。将学生的课外学习纳入到学习评估中；考试采用“一分离五统一”：考教分离，统一考试模式、统一考试要求、统一考试内容、统一考试试卷、统一评分标准。加强教学研究，实施分级课程小组公开聘任制度，对分级小组长的资格、教学工作提出基本要求，坚持集体备课等。

（杜娟）

【与北京空港配餐有限公司签署合作协议】　4月1日，联大商务学院与北京空港配餐有限公司就总体合作、奥运餐饮服务分别签署2个合作协议。签约内容是以奥运餐饮志愿服务为契机，本着各施所长，互补所需，积极为教育事业和北京经济发展服务的原则，建立合作的长效机制，为学生提供社会实践、专业实习的场地和岗位。仪式上，北京空港配餐有限公司向商务学院捐赠8台笔记本电脑、1台DV摄像机和5台数码相机。

（杜娟）

【招生采取四统一措施】　4至9月，联大高招录取工作采取“四统一”措施。一是统一招生宣传，联大首次统一各学院在北京市的招生代码，整体部署，点面结合，统一制作招生宣传资料，统一策划招生宣传方案，重点宣传统一招生代码后考生志愿如何填报以及如何调剂专业志愿的问题，生源情况及第一志愿录取率均为联大历年最佳。二是统一录取政策，采取专业优先的原则，满足考生志愿；在全校范围内进行专业调剂，确保招生录取工作的公平。三是统一新生报到时间，联大将全校本科新生报到时间定在本科录取结束2～3天以后，即7月23日、24日进行，减少生源不报到情况。并第一次采用迎新系统，所有新生报到数据可即时反映在系统内，便于及时统计数据，掌握生源流失情况，针对数据及时办理补录手续。四是统一补录，针对各学院新生不报到造成的缺额情况，联大招生办公室根据新生报到系统的统计及时进行补录登记，补录学生不低于录取现场各专业的最低分，确保生源质量。通过以上措施，联大2008年招生取得良好效果，本科文科全部在二本控制线上完成招生计划；高职文科录取线高出北京市控制线85分，理科录取线高出北京市控制线29分，录取的全部为第一志愿考生。

（杜娟）

【与甘肃联合大学签订合作协议】　4月29日，联大与甘肃大学签订合作协议。根据协议，两校将不定期在学术、科研等方面进行交流合作；甘肃联合大学每学年将派出2至3名行政管理干部到我校挂职培训和教学骨干教师到我校进修学习。第一批2人已于9月到岗，分别在联大党校办和人文社科部挂职。

（杜娟）

【与韩国瑞江大学签订合作协议】　4月，联大应用文理学院与韩国瑞江大学签署交流合作协议。协议约定四项内容，一、每年双方开会研究下一学术研讨会的相关内容；二、双方有关学者可以参加各自学校已确定的学术交流活动；三、根据双方的课程设置可互派教师，可以进行学术资料和教学文件的交流；四、双方互派学生进行交流。

（杜娟）

【留学生首次在国外完成国内学位论文答辩】 5月20日，联大商务学院电子商务系04级赴英留学生5人在英国苏格兰西部大学顺利完成毕业设计论文答辩。答辩由电子商务系答辩委员会组织，采取公开答辩形式。根据商务学院与英国苏格兰西部大学签订的合作协议，学生通过答辩，可以获得学士学位。这是商务学院留英学生首次在国外举行国内学位的毕业论文答辩。

（杜娟）

【获得3项专利授权】 5月，联大获得3项专利权。分别是应用文理学院生物系文镜保健食品清除羟自由基作用的动物体内检测方法（专利号：200410062725.X）；应用文理学院保健食品功能检测中心一种红曲发酵产品中桔霉素含量的检测方法（专利号：200610000038.4）和一种功能红曲中Monacolin类化合物含量的检测方法（专利号：200610086801.X）。

（杜娟）

【开展导向同步协作式实践教学】 5月，联大旅游学院酒店与餐饮管理系开展“以工作过程导向同步协作式实践教学”。2007级烹饪工艺与营养、酒店管理和餐饮管理与服务3个专业的4个班参加实践教学，课程包括西式烹饪、西式面点、餐饮服务、市场营销。“以工作过程导向同步协作式实践教学”是指打破传统的、分裂的单一实践课程教学，在教学实践中面向酒店、餐饮企业的岗位需求，以工作过程为导向，按照现实企业工作流程进行实践教学，具体做法是将三个高职专业酒店管理、餐饮管理与服务、烹饪工艺与营养专业的专业实践课程，通过科学系统化“捆绑”组合，实现各学生在同一教学时段内相互协作、共同完成工作任务，提高学生的综合职业素质和能力。

（杜娟）

【开展毕业生德育论文答辩】 6月1日，联大商务学院开展2008届毕业生“德育论文答辩”。毕业生结合个人在大学期间的学习、生活、成长经历撰写德育论文。“德育论文答辩”采取自述和提问相结合的方式，以班级为单位，由毕业生本人向同学、答辩委员会宣读，随后接受提问并回答问题，再由同学和答辩委员会就其在校表现和德育论文答辩中的基本情况做出评价。共有14个毕业班进行德育答辩。“德育论文答辩”是商务学院毕业生就业教育的一项重要内容，要求每一名毕业生通过答辩后才能顺利毕业。这次答辩会为毕业生对自己的大学生活提供一次梳理的机会，也给他们全面展示自己的勇气、才能、智慧和口才的机会，将为毕业生顺利走上工作岗位和职业生涯的健康发展做好全面的准备。

（杜娟）

【拓展6个校外实训基地】 6月3日，

联大旅游学院举行休闲与旅游管理系实训基地研讨暨签字仪式。北京国际俱乐部饭店、北京东方君悦大酒店、北大博雅会议中心、北京诺富特和平宾馆、北京外企人力资源服务有限公司、北京西藏大厦6家企业成为旅游学院校外实训基地。根据协议，合作企业为旅游学院休闲与旅游管理系学生提供人力资源部、财务部、前厅部、销售部等实习岗位，旅游学院为合作企业输送高质量人才，在经过实习期锻炼后，得到用人单位认可优秀学生将留在企业成为行业中坚力量。

（杜娟）

【邀请知名教授来校讲学】 9月11日至10月20日，联大各分校邀请知名学者到校讲学。9月11日，联大应用文理学院邀请著名人文地理学家、北京大学教授王恩涌来学院讲学。分别为“中国文明与农业起源”、“大禹治水的人文地理学研究”、“夏商周三代与地理环境关系”。9月，信息学院邀请国家教学名师、清华大学华成英教授为师生进行“模拟电子技术”精品课程的示范性教学，并组织多位青年教师观摩北京大学教授、博士生导师龚中麟教授的《电磁场理论》课程。10月10日，商务学院邀请中国人民大学信息学院教授、博士生导师，著名信息科学与技术专家陈禹教授为该院师生作题为《中国电子商务——由来与发展趋势》学术讲座。10月17日，北京市大学生体育协会教学群体科研部主任、清华大学教授张威来联大作题为“大学体育教师的职业要求”报告。

（杜娟）

【获得聋人大中专学生美术展金奖】 9月24日，联大获得首届全国聋人大中专学生美术展金奖。联大特殊教育学院学生有14件作品参展，并获金奖一件、银奖一件、铜奖一件。此次美术展共有来自全国十六所聋人大中专院校美术专业学生的293件作品参加展览，共评出金奖作品13件；银奖作品20件；铜奖作品23件。

（杜娟）

【首次聘任法律顾问】 9月，联大与北京康达律师事务所签订法律顾问聘任合同，这是联大首次聘任法律顾问。根据法律顾问聘任合同，北京市康达律师事务所将派出四名在民法、商法、经济法、行政法、刑法、知识产权法等领域各有专长主办律师为联大提供全面的法律服务，法律服务范围主要包括以下内容：为学校重大决策、行政行为、合同行为及其他法律事务提供法律意见；协助起草、审查、修改合同、规章制度以及其他法律文书；开展法律咨询、法律讲座、法律培训及诉讼、非诉法律服务等。法律顾问将采取定时与不定时的工作制度，依据合同约定工作原则，为联大提供法律服务。合同有效期1年。

（杜娟）

【荣获北京残奥会金牌】 9月，联大学生在2008北京残奥会上取得好成绩。特殊教育学院学生谢青以1分08秒96的成绩摘得女子100米自由泳S11级冠军，并且打破世界纪录。9月14日，姚永全、杜进冉获得男子盲人门球冠军，林珊获得女子盲人门球亚军。

（杜娟）

【老领导到校指导工作】 9月，陈大白、徐锡安、姚幼钧、尹栋年等市委教育工委老领导，高云华、沈云锁等

9位市委教育工委高校联络员分别莅临联大指导工作。联大校领导和老领导分别与市委教育工委老领导和联络员进行座谈。座谈会回顾联大建校30年办学历程和取得的成绩。展望联大下一步发展，邀请各位领导为学校的发展提出建议。高云华同志指出，北京联合大学的发展有目共睹、来之不易，联大领导班子的服务意识强，工作扎实努力，有成效，市委教育工委对联大领导班子寄予厚望。联大的办学宗旨和办学特色获得广泛认可。

（杜娟）

【开设《大学生KAB创业基础》选修课】 9至12月，联大应用文理学院首次开设《大学生KAB创业基础》选修课。共有34名学生选修该课程，课程以互动、游戏方式讲授，考核合格的学生将获得2学分。通过选修该课程，学生将受到创业教育，提高谋职能力。KAB是国际劳工组织为培养青少年的创业意识和创业能力而专门开发的新项目，目前已在全球20多个国家、全国50所高校同时开展。

（杜娟）

【举办新世纪讲坛】 9至12月，联大分校举办新世纪讲坛。分别以“超越自我，加速成才”、“台海问题热点”、“大学生如何看待大学爱情”、“电子信息及相关专业学生学业规划”、英语学习、职业生涯规划等为主题举办7次讲座。共有2000学生参加讲座。

（杜娟）

【开展“C语言程序设计”课程教学改革】 9至12月，联大分校与实训基地共同开展“C语言程序设计”课程教学改革。将“C语言程序设计”课程教学改革的授课分成两组，按两种教学模式分别推进，第一组共25个班，采取“面向急用、大例贯穿，串联各点、听看仿编”的急用仿生模式（案例式），大范围推进、稳步走；第二组共2个班，聘请企业高级工程师授课，采取“逻思编技、迭代增量，先纵后横、软工训练”的迭代培训模式（企业化），小范围实验，放步走。

（杜娟）

【举办国际学术研讨会】 10月17日，联大举办“奥林匹克与世界”中美韩国际学术研讨会。会议由该校与美国加利福尼亚州立大学、韩国建国大学共同主办。与会的专家学者围绕奥运会后的经济、教育、文化等问题进行深入交流，就中国奥林匹克运动的溯源、奥运会对北京经济的影响、奥运会对主办城市经济影响的分析与预测等课题进行探讨。中韩国、美国11位代表和国内专家学者40人参加会议。

（杜娟）

【与莱恩斯涂料公司签订合作协议】 10月24日，联大生物化学工程学院与北京莱恩斯涂料有限公司签订合作协议。根据协议，北京莱恩斯涂料有限公司为学院相关教师提供企业实践培训的机会，北京莱恩斯涂料有限公司作为学院相关专业在校学生的校外实习基地，协议有效期三年。

（杜娟）

【举办博学讲堂】 10月31日，联大举办“联大博学讲堂”。该讲堂围绕国际国内热点焦点问题，邀请专家、学者开设讲座，引导学生认清形势，把握大局。10至12月，先后开设《解读金融危机》、《台海形势报告》2场讲座，联大各院学生400人次参加学习。

（杜娟）

【主办地方文化与地方学学术研讨会】 11月1日，联大北京学研究所、北京学研究基地召开“地方文化与地方学学术研讨会”。主要内容包括地方学研究、地方文化研究、地方文化与区域发展等。大会就地方学、地方文化相关学术问题进行探讨，并对研究机构的发展情况和工作经验进行交流。在会后的“中国地方学联席会”会议上，各成员单位一致推举北京学研究所为新一届轮值主席单位。会议共收到论文60余篇。来自全国30余家地方学研究机构的专家、学者100人参加会议。

（杜娟）

【学报获中国高校特色科技期刊奖】 11月22至27日，联大学报自然科学版获中国高校自然科学学报特色科技期刊奖。该校学报自然科学版立足于办应用性学术期刊，紧密结合学校发展，从办刊宗旨、办刊定位、编辑方针、出版策略等方面为学校发展应用性教育、培养应用型人才服务。经过多年努力，学报质量有明显上升，影响因子由2004年的0.019增长到2005年的0.153，再到2006年的0.322；从影响因子的排名情况看，在同级同类39所综合高校主办的自然科学类大学学报的排序中，从2004年的37位上升到2005年的29位，再到2006年的8位，反映出学报的社会影响逐年增加。

（杜娟）

【获得全国聋人篮球锦标赛冠军】 11月25日，联大特殊教育学院聋人篮球男队代表北京市获得全国锦标赛冠军。聋人篮球赛共有来自全国各地的14支男队和10支女队参赛。比赛由中国残疾人联合会、国家体育总局、中国聋人体育协会主办，广州市残疾人联合会、广州市体育局、广州市残疾人体育协会承办，历时7天。

（杜娟）

【获得全国多媒体课件大赛一等奖】 11月，联大获得第八届全国多媒体课件大赛一等奖。该校信息学院《数据库网络学堂》获得高教理科组一等奖和最佳教学设计奖，《多媒体原理与应用》和《光栅图形学》获得高教理科组三等奖。

（杜娟）

【召开科研及学科建设研讨会】 12月22日，联大应用文理学院召开科研及学科建设研讨会。会议总结学院近5年来的科研及学科建设情况，肯定科研及学科建设所取得成绩，分析存在的问题，并部署下一阶段的工作。会议提出，学院将逐步建立学科、科研研讨制度；将定期公布各系各学科核心期刊论文数；将继续给发表核心期刊数量多的学科给予各方面的政策倾斜。会议要求，科研与学科管理要逐步实现从粗放管理转向精准管理；各类核心期刊数量要实现稳步增长；各学科每年至少要召开一次科研及学科建设研讨会；学院科研处要适时举办科研现场讲座，提高服务水平。会议认为，要进一步发挥高职称高层次人才在科研产出方面的作用；各学科更要凝练方向，强化科研队伍建设；学科之间要互相学习交流，以此推动科研与学科建设的持续稳定的发展。学院科研处、各系负责人和学科带头人16人参加会议。

（杜娟）

【成立教师培训学校】 12月27日，联大成立教师培训学校。成立教师培训学校目的是贯彻应用性教育理念，落实应用型人才培养模式，将教师的教育培训系统化、规范化，通过培训，使应用性教育理念深入人心，不断提升教师的执教能力和执教艺术，构建适应应用型人才培养的教师队伍。校长柳贡慧担任教师培训学校校长，培训内容涉及应用性教育发展趋势和理念教育、教育教学方法改革培训、学科专业建设骨干培训、新教师培训、提高教师执教水平和执教艺术培训等。由教务处、科研处、各学院针对教育教学改革要求提出培训需求，培训学校在需求分析基础上系统设计、安排培训课程。

（杜娟）

中国青年政治学院

院　　长　胡春华（兼，5月免）

　　　　　陆昊　（兼，5月任）

党委书记　倪邦文

【概　述】 2008年，中国青年政治学院产权占地面积11.32万平方米，建筑面积17.48万平方米。固定资产总值9976.2万元，其中教学科研仪器设备资产总值3914.47万元。全年教育经费投入11122万元。学院设有10个本科教学机构，包括2个学院、6个系、2个中心。另设有1个职业技术学院，并设有继续教育学院（在全国9个省区设有10个教学点）、轮训部、进修部等成人教育机构；开设13个本科专业，8个专科专业，覆盖7个学科门类。硕士学位授予点8个。教职工523人，其中，专任教师279人，专任教师中，教授39人、副教授95人。有硕士生导师74人，享受政府特殊津贴专家4人，聘任外籍教师9人。毕业生2348人，其中，学历教育学生中全日制研究生44人，普通本专科1346人（本科生994人、专科生352人），成人教育本专科958人（本科生610人、专科生348人）。本科毕业生就业率91.67%。招生2295人，其中，学历教育学生中全日制研究生106人，普通本科生1205人，成人教育本专科984人（本科552人、专科生432人）。高考北京地区提档线理科561分、文科557分。在校生8086人，其中，学历教育学生中全日制研究生233人，普通本专科4738人（本科生4188人、专科生550人），成人教育本专科3115人（本科1833人、专科生1282人）；留学生88人，招生47人，在校生46人。图书馆建筑面积6894平方米，藏书总额63.12万册。学院网址：www.cyu.edu.cn。

（韩永涛）

【爱家教育基金】 1月8日，中青院

设立爱家教育基金。该基金由北京爱家集团捐赠1000万元人民币设立，主要用于奖励和资助品学兼优的学生、扶助青年教师学术科研创新、支持在校学生创业活动以及推动校园发展建设等。

（韩永涛　赵丹霞）

【同心圆工作坊入学教育模式获奖】 2月，中青院“同心圆”工作坊入学教育模式荣获2007年高校校园文化建设优秀成果三等奖。该评选由教育部主办，旨在培养新生尽快建立有效的团队合作精神。该院“同心圆”工作坊入学教育模式始于2004年，已成为新生入学的常规教育模式。

（韩永涛）

【举办首届共青团工作论坛】 4月13日，中青院举办首届共青团工作论坛。论坛以新时期共青团工作职能为主题，探讨如何确定工作方向、理清工作思路、化繁为简、突出重点、推动共青团事业的发展，促进团干部成长。团中央23期“百千万”培训工程学员和该院师生20人参加论坛。

（韩永涛）

【接待蒙塔纳大学校长一行访问】 4月，中青院接待美国蒙塔纳大学校长乔治·M·（丹尼森George M. Dennison）一行访问。期间，双方签署合作谅解备忘录，就建立校级交流关系问题达成共识。

（韩永涛）

【举办社会工作专业服务高级培训班】 5月23至25日，中青院举办中国社会工作汶川大地震灾后救援行动暨灾难事件社会工作专业服务高级培训班。培训班由中国社会工作教育协会主办，邀请4位专家，讲授灾难事件认识处理、社会工作服务和志愿者工作、心灵重建认知和处理方法等知识。来自全国各高校的老师、学生和一线的社会工作者以及该院师生200人参加学习。

（韩永涛）

【通过网络完成教学评估】 6月20日，中青院首次通过网络完成课堂教学评估。该院通过网络形式广泛征求教师和学生意见，共有26950人次对219名教师的289门课程进行评估。

（韩永涛）

【《大学计算机基础》采取网络答题】 7月2日，中青院《大学计算机基础》理论部分和操作部分考试采用网络答题，实现无纸化考试。无纸化考试旨在提高阅卷效率和准确度，该院学生1115人参加考试。该门课程网上考试系统由计算机教学中心自主开发，快捷方便，避免人工判卷的错判、漏判和分数计算错误等情况。

（韩永涛）

【启用数字迎新系统】 9月6日，中青院启用数字迎新系统。该系统的启用通过信息化手段，将参加迎新工作各部处的相关新生信息进行有效的共享和集成，从而规范新生报到程序、方便相关部处、院系对新生报到流程的管理，提高各部处工作效率。该系统于2008年，由江苏金智科技股份有限公司研制，总投资16.5万元。

（韩永涛）

【成立研究生教育工作委员会】 10月22日，中青院研究生教育工作委员会成立。该委员会隶属学校，是学校规划和指导全校研究生教育教学工作的专职部门。

（韩永涛）

【主办国际学术研讨会】 10月30日，中青院青年发展研究院主办青年就业国际学术研讨会。会议以“青年就业：准备、机遇、挑战”为主题，研讨青年就业的社会支持等问题。美国、韩国、日本等国外专家学者和国内专家学者20人参加会议。

（韩永涛）

【举办首届系主任论坛】 12月11日，中青院举办首届系主任论坛。论坛以“人才培养模式改革探索”为主题，研讨目前人才培养的目标与定位是否准确、培养目标的调整依据、专业课程设置改革等问题，达成教学部门和教学管理部门重视教学质量研究的共识。该校教师25人参加论坛。

（韩永涛）

【接待丹佛大学访学团】 12月11日，中青院接待美国丹佛大学访问团。该院社工学院师生与丹佛大学社工研究生就“美国社工都在从事哪些工作、社工的报酬、社工的社会地位及知名度、社工的专业价值观及社会认同感”等问题展开交流。该校师生25人参加活动。

（韩永涛）

【举办校长沙龙】 12月19日，中青院举行首期校长沙龙活动。活动旨在致力于帮助同学解决就业困难，采取校长沙龙形式，就金融危机下的大学生就业问题展开研讨，达成进一步确立中青院人才培养共识。该院师生20人参加活动。

（韩永涛）

北京青年政治学院

党委书记 汪明浩
院　　长 梁绿琦

【概　况】 2008年，北京青年政治学院占地面积26272.8平方米，建筑面积28286.86平方米。固定资产总值120059.75万元，其中教科仪器设备资产值5793.95万元。全年教育经费投入10755.60万元，其中，国家拨款7669.1万元，自筹经费3086.50万元。图书馆建筑面积1609.5平方米，藏书总计30万册，电子图书30.68万册。共设8个系、部、1个分院、2个研究所、1个校区。教职工325人，其中，专任教师221人。专任教师中，高级职称人员62人。毕业生2826人，其中，学历教育学生中普通专科生1459人，成人教育专科生1367人。招收普通专科生1321人。高考北京地区录取线理科371分、文科371分。在校生7139人，其中，普通专科生3903人，成人教育专科生3236人。学院网址：www.bjypc.edu.cn。

（吕晓文）

【召开传统节日文化推广研讨会】 2月28日，北青院召开传统节日文化推广活动研讨会。会议研讨传统节日文化活动的设计与推广问题。来自市政府官员、北京地区高校专家学者参加会议。

（吕晓文）

【举办青年与全球化国际交流会】 3月3日，北青院举办青年与全球化国际交流会。交流会邀请法国国家科学研究中心研究员让—查尔斯·拉格雷（Jean—Charles Lagree）博士进行“法国青年现状与未来展望”的专题演讲。与会人员研讨青年就业与教育的矛盾，青年与社会解构和重构的关系，青年在社会中的地位以及自身的定位问题。该院青少系、青少所、社工系教师参加会议。

（吕晓文）

【金蝶杯取得好成绩】 4月24日，北青院在首届“金蝶杯”全国高校企业经营实战模拟精英赛全国总决赛中取得好成绩。该比赛由教育部教育管理信息中心、中国高等教育改革与发展网、信息产业部电子教育与考试中心主办，金蝶软件（中国）有限公司承办，该院由管理系学生组成的参赛团队获得团体一等奖。

（吕晓文）

【与景山街道共建实训基地】 6月24日，北青院与景山街道共建校外实训基地签字和揭牌仪式在景山街道办事处会议室举行。该基地依托学院面向该院应届毕业生开展实训活动。

（吕晓文）

【学生公寓落成】 12月，北青院大学生新公寓落成。该公寓总建筑面积15430平方米，其中，地下1850平方米，地上13580平方米。地下2层，地上16层，局部9层。整个工程为剪力墙结构筏板基础，建筑抗震设防类别为丙类，抗震设防烈度为8度。建筑类别为高层一类公共建筑，耐火等级为一级，屋面防水等级为二级，地下工程防水等级一级。建筑耐久年限为3类50年。工程2007年8月18日开工。

（吕晓文）

首钢工学院

院　　长 毛武（兼）
党委书记 黄吴兵

【概　况】 2008年，首钢工学院占地面积187253平方米，建筑面积91237平方米。固定资产总值9850万元，其中教科仪器设备资产值3222.42万元。全年教育经费投入3692.51万元，其中，国家拨款196.48万元，自筹经费3496.03万元。学院设有6个教学系部，24个高职专业，6个本科专业（1999年后暂未招生）。教职工总数295人，其中，专任教师163人，包括教授、副教授数36人。毕业生1507人，其中，学历教育学生中全日制普通专科生1223人，成人教育本专科生181人（本科生50人、专科生131人）；非计划招生高等教育学生中在职人员攻读硕士学位45人，研究生课程进修班57人。毕业生就业率99.34%。招生1713人，其中，学历教育学生中全日制普通专科生1164人，成人教育本专科生253人（本科生67人、专科生186人）；非计划招生高等教育学生中在职人员攻读硕士学位96人，研究生课程进修班200人。北京地区高考提档线理科355分，文科361分。在校生4761人，其中，学历教育学生中全日制普通专科生3603人，成人教育本专科生730人（本科生255人、专科生475人）；非计划招生高等教育学生中在职人员攻读硕士学位278人，研究生课程进修班150人。该院图书馆建筑面积为6400平方米，藏书总额为27.36万册，其中，电子图书 3.8 万册。学院网址：www.sgit.edu.cn。

（李德龙　吕雪珊）

【签订 2 个对外交流协议】 1 月 9 日

和 7 月 25 日，首钢工学院签订两个对外交流协议。其中，1 月 9 日，该院与韩国岭南外国语大学签订《韩国岭南外国语大学和中国首钢工学院教育交流协议书》，根据协议，双方开展韩国语语言教学合作，该院负责提供教学场所和教学设施，外方负责提供韩语教育教学的材料和教师的聘请。7 月 25 日，该院与韩国圆光保健大学签订《对外汉语教学培训协议》，根据协议，圆光保健大学拟在适当的时机输送韩国学生来首钢工学院进行汉语和专业课学习。

（冉从蓉　王福学）

【荣获市德育先进集体和个人称号】 3 月，首钢工学院建筑与环保系被评为北京市高校德育先进集体。同时，窦炜、杜宝琴两位老师被评为北京市高校优秀德育工作者。建筑与环保系以培养造就社会主义事业的建设者和接班人为目标，坚持把德育教育作为素质教育的核心，创新理念，建立有效的学生德育教育工作机制；广大教师自觉践行德育教育的重任，利用校园文化建设，为学生搭建践行德育实践的平台，培养出的毕业生深受用人单位的欢迎和好评。

（李德龙）

【成教学院通过评估】 4 月 29 日，首钢工学院成教学院科大现代远程教育首钢校外学习中心顺利通过市教委专家组评估。首钢与北京科技大学合作办学 56 年，首钢校外学习中心在北京科技大学远程教育学院支持下，于 2004 年 5 月 14 日经北京市教委批准正式成立。学习中心截止到 2008 年，已经连续 6 年招生，累计招生 771 人，目前在校生 607 人。

（李德龙）

【二教材入选市级精品教材】 11 月 12 日，首钢工学院两部教材被评为市高等教育精品教材。分别是《转炉炼钢生产》（冯捷、张红文冶金工业出版社）、《建筑装饰表现图技法》（彭士君、科学出版社）。11 月 11 日，北京市高等学校教育教学改革立项工作结束，首钢工学院机电系李钢老师的《基于工作过程的 PLC 与 MPS 生产线实训课程开发》项目获批立项。

（王素检）

【实现成人教育学士学位零突破】 12 月 6 日，首钢工学院实现成人教育学士学位零突破。该校举 2005 级本科毕业生高新洲、夏博、李翠爱三人获工学学士学位。此次被授予学士学位的三名学员，是首钢工学院成人教育本科学历首届毕业生，实现首钢工学院成人教育学士学位零突破。

（李德龙）

【多项学生竞赛获奖】 至年底，首钢工学院多项学生比赛获奖。学院经管系 2007 级商务管理专业学生沈媛在第五届“高教杯”全国高职高专实用英语口语大赛北京赛区复赛中，荣获三等奖。学院机电系代表队荣获 2008 年北京市大学生电子设计竞赛（高职高专组）三等奖，荣获 2008 年“亿维杯—CAI”首都高校第四届机械创新大赛三等奖。

（王素检）

中国劳动关系学院

党委书记　颜辉

院　　长　李德齐

【概　况】 2008 年，中国劳动关系学院占地面积 42.08 万平方米，建筑面积 36.06 万平方米。固定资产总值 16915.9 万元，其中教科研设备资产总值 4739.7 万元。全年经费投入 15135 万元，其中，国家拨款 12699 万元，自筹经费 2436 万元。图书馆建筑面积 9800 平方米，藏书 47 万册，电子图书 9.5 万种，报刊杂志 1058 种。下设北京校区和涿州校区，设有 11 个教学系部，开设本科专业 13 个，覆盖 5 个学科。学院现有教职工 456 人，其中专任教师 240 名，包括教授 23 名，副教授 53 名，享受政府特殊津贴 2 名。毕业生 845 人，其中，学历教育学生中全日制普通本专科生 845 人（本科生 494 人、专科生 351 人），成人教育本专科生 329 人（本科生 157 人、专科生 191 人）。本科生就业率 94.25%。招生 1791 人，其中，学历教育学生中全日制普通本专科生 1791 人（本科生 1144 人、专科生 647 人）、成人教育本专科 688 人（本科生 392 人、专科生 296 人）。北京地区高考提档线本科理科 455 分、文科 472 分。在校生 5876 人，其中，学历教育学生中全日制普通本专科生 4617 人（本科生 3526 人、专科生 1091 人），成人教育本专科生 1259 人（本科生 686 人、专科生 573 人）。学院网址：www.ciir.edu.cn。

（焦园媛）

【杨冬梅获三八红旗手称号】 2 月，劳动关系学院工会学系杨冬梅教授获得全国“三八红旗手”称号。杨冬梅教授，女，1962 年出生，研究生学历，工会学系主任，长期从事工会理论、工会法、劳动法、公司法等方面的教学和研究。主持或承担《非公有制企业民主管理的理论与实践研究》、《〈劳动合同法〉中用人单位的权利和义务研究》、《经济全球化与中国劳动关系重建》等 10 项中华全国总工会、世界银行、全国工会学研究会、北京市哲学社会科学“十五”规划项目等重点课题。出版专著《职工董事职工监事制度研究》。在相关刊物上发表等学术论文 60 篇。

（焦园媛）

【举办东北亚劳动关系论坛】 4 月 29

日，劳动关系学院举办首届东北亚劳动关系论坛。论坛由中国劳动关系学院、韩国劳动教育学院、俄罗斯劳动与社会关系学院、日本社会经济发展生产力中心共同发起，由中国劳动关

系学院承办，围绕“中国劳动立法：变化与影响”主题开展讨论，该院法学系姜颖教授就“中国劳动合同法及中国政府的政策”做主题发言。论坛收到论文10篇，中、韩、俄、日四国专家学者20人参加论坛。

（焦园媛）

【4个专业获得学士学位授予权】 5月12日，劳动关系学院人力资源管理专业、经济学专业、行政管理专业、劳动关系专业四个专业获得学士学位授予权。3月31日，专家组对人力资源管理专业、经济学专业、行政管理专业三个专业进行学士学位的评审。4月25日，专家组对劳动关系专业学士学位进行评审。评审专家在听取专业评审报告后，到各专业实地考察专业教学文档、科研成果等资料。这四个专业顺利通过专家评审，获得学士学位授予权。

（焦园媛）

【获国际法比赛校长特别奖】 5月18至24日，劳动关系学院在白俄罗斯首都明斯克举办的第三届国际法比赛中获得校长特别奖。比赛是欧洲最负盛名、最具规模的国际法奥林匹克大赛之一，Youth for Peace，旨在号召青年追求和平以及不同国家青年之间的交流。比赛由表演展示、反战海报设计、国际法理论与实践竞赛等8个环节组成。该院法学系5名学生组队获得“校长特别奖”。

（焦园媛）

【举办奥运文化走廊活动】 5月26至31日，劳动关系学院学生团体联合会举办奥运文化走廊活动。奥运文化走廊是由该院27个社团根据自身特色绘制的13块展板组成。该院师生1000人次参观展览。

（焦园媛）

【与白俄罗斯劳动与社会关系国际学院签署合作协议】 11月17至23日，

劳动关系学院与白俄罗斯劳动与社会关系国际学院签订合作协议。根据协议，双方将在教师互访、学生交流、科研等项目进行合作交流。

（焦园媛）

【演播室系统改造工程完成】 12月2日，劳动关系学院电教中心300平方米高清数字演播室系统改造工程完成，并通过国家广播电影电视总局广播电视规划院的全面检测。改造后的演播室系统具有4个高清讯道，总控系统以IKEGAMI HS300高标清数字主切换台、YAMAHA DM2000主调音台为核心，辅以视频分配器、音频分配器，高清下变换等外围设备构成。改造总投资599.8万元。

（焦园媛）

【学生公寓投入使用】 12月11日，劳动关系学院学生公寓工程竣工并投入使用。学生公寓总用地面积15200平方米，总建设用地面积9800平方米，建筑面积44647平方米，总体建筑15层，其中地上13层，地下2层，总体结构为框架结构建筑，主要性能为学生公寓，设计能力容纳3000人。工程总投资1亿元。工程于2007年4月12日正式开工，该建筑地上三层及以上为学生宿舍，并分为男生、女生宿舍区，每间宿舍入住6人，实行封闭式管理。宿舍区每一层分别设有浴室、自习室、阅览室、活动室等生活功能和学习功能房间。地上二层设计为管理人员办公室、活动室等办公用房和学生服务功能用房。

（焦园媛）

【四实验室建成并投入使用】 至年底，劳动关系学院劳动关系实验室、人力资源管理实验室、职业危害检测实验室和流体力学实验室建成并投入使用。四个实验室占地359平方米，拥有专业人员30人。工程总投入386多万元。

（焦园媛）

（本栏责任编校　张驰）

职业与成人教育

综　　述

2008年，北京市职业与成人教育全面贯彻党的十七大精神，认真落实科学发展观，根据《北京市委市政府关于大力推进首都学习型城市建设的决定》、《北京市人民政府关于大力发展职业教育的决定》和《北京市“十一五”时期教育发展规划》开展各项工作。

职业教育工作

北京市高等职业教育继续加强实训基地建设，开展申报中央财政支持的职业教育实训基地建设项目，共向教育部推荐8个项目，最终入选2项。示范性高职院校建设中，北京信息职业技术学院、北京政法职业学院、北京戏曲艺术职业学院和北京青年政治学院4所院校入选为北京市示范性高职院校；北京农业职业学院、北京财贸职业学院入选国家示范性高职院校。年内，共组织5所高职学院的6个队参加2008年全国职业院校技能大赛（高职组），获得2个二等奖、2个三等奖和1个优胜奖。组织7所高职院校对口支援内蒙古地区高等职业教育。

北京市中等职业教育工作加强中等职业学校办学基础能力建设，完成年度中央财政支持的实训基地项目申报工作，制订10个重点专业实训基地建设标准，开展实训基地建设运行机制研究。进一步开展中等职业学校布局和专业结构布局调整，本年具有招生资格的中等职业学校由上年159所减至148所，18所中等职业学校新增33个专业（专门化）。继续深化职业教育的课程体系改革，启动第二轮课程体系改革，选择15个与北京经济社会发展紧密联系的专业，以课程改革实验项目的形式，深化课程改革。探索职业人才培养新模式，在全市中等职业学校中继续开展“工学结合、半工半读”人才培养模式实验和“技能＋基础”成人中等学历教育模式的改革试点工作。组织职业院校师生中参加迎奥运职业技能大赛暨全国职业院校技能大赛预选赛活动，组队参加全国职业院校技能大赛，取得5个一等奖、21个二等奖、10个三等奖、10个优秀奖，获得团体第七名的历史最好成绩。做好中等职业学校招生、学籍管理和毕业证书发放等工作，本年共招生6万人（含成人中等专业教育等），毕业生一次就业率平均90％以上。中等职业学校开展各种培训28万人次。促进职业院校、职业培训机构与行业企业等用人单位资源共享、优势互补，职业教育、职业技能培训和人力资源开发功能相结合，共同开展职业教育。加强师资队伍和管理人员队伍建设工作，制订骨干教师和教学管理干部年度教育培训计划，组织开展教育培训活动。加强对财政资金投入项目的监督和管理，全面检查2004至2007年度中央财政支持的15个实训基地建设项目的建设和运行情况。

成人教育工作

北京市成人高等教育工作继续构建终身教育体系，规范继续教育（含现代远程教育）管理，检查评估42个在京校外学习中心。北京成人高等职业教育“学分银行”试点专业由最初3个增至9个。组织年度全国网络教育共同基础课统考。组织完成2008学年成人高等教育新专业评议，有21所高校的37个专业通过评议。

北京农村成人教育工作，在各郊区县在“三教”统筹，整合教育资源基础上，加强农村地区成人教育基地建设，改善区县、乡（镇）、村三级成人教育基地办学条件。市、区县财政上半年投入资金在10个郊区县重点支持10个农业实用技术实训基地建设工作。验收23个乡镇申报市级示范性乡镇成人文化技术学校。各区县完善区县、乡（镇）、村三级数字远程教育网络建设，开展农民远程教育活动。上半年，各中等职业学校、成人学校和其他教育机构，面向郊区农民开展成人中等学历教育，共招收学员11000人，开展实用技术和农村劳动力转移等各类教育培训，共培训农民（含农村居民）40万人次以上，其中，农村劳动力转移与就业培训4.5万人，1万人实现转移就业。郊区县职业教育和成人教育部门开展农民教育流动课堂试点，利用流动课堂，将现代生产技术、信息技术、安全生产、环境保护以及健康生活等生产技术和社会文化生活知识送到田间地头。

学习型组织建设

北京市学习型组织工作建立有关工作制度，明确领导小组各成员单位工作职责，分解各项工作任务，初步形成各司其职、齐抓共管的工作推进机制。印发《建设首都学习型城市辅导读本》及《北京学习型组织创建工作手册》，分层次、分类别举办“学习型组织理论与实践”培训班，培训工作骨干200人。修改完善评估指标体系，修订《创建学习型机关先进单位评估指标体系》、《创建学习型学校先进单位评估指标体系》、《创建学习型企业先进单位评估指标体系》、《创建学习型社区先进街道评估指标体系》和《创建学习型乡镇先进乡镇评估指标体系》，指导推动区县、行业、部门和单位开展学习型组织的创建活动。组织开展创建工作评估，对怀柔区、昌平区、延庆县创建学习型区县工作和申请参加市级创建学习型学校先进单位的35所学校进行指导；组织专家对北京第二实验小学、燕山区前进第二小学和朝阳区社区学院创建学习型学校工作进行系统评估。

开展形式多样的市民学习活动。继续举办“北京周末社区大讲堂”、“首都市民大讲堂”、“市直机关学习大讲堂”、“网上大讲堂”、“首都科学讲堂”。

全年各区县、各行业部门共开展各类成人教育培训总计780万人次，近60％的市民参加各类教育培训。上半年，完成市民奥运培训总计200万人次。

（邵和平　黄侃）

总　类

【六中专与两高职院校合并】　1月和2月，市教委分别批准6所中等专业学校与2所高职院校合并。1月，批准北京市仪器仪表工业学校、北京二轻工业学校、北京机械工业学校、北京市汽车工业学校与北京电子科技职业学院合并；2月，批准北京市计算机工业学校、北京市电子工业学校与北京信息职业技术学院合并。6所中专学校建制撤销。

（李敏　丁建）

【三中职校入选国家重点】　3月4日，北京市3所中等职业学校入选国家级重点中等职业学校。3所学校分别是北京市商务管理学校、北京市自动化工程学校和北京市经济管理学校。该评选由教育部举办，全国共有115所学校达到国家级重点学校标准予以认定。

（巫梅琳）

【检查中央财政支持职业学校实训基地建设】　5月20至28日，市教委、市财政局联合检查2004至2007年度中央财政支持的职业教育实训基地建设项目的执行情况。其中，2005年6个项目、2006年5个项目、2007年4个项目，经过检查，2004至2006年的11个建设项目全部完成；2007年的4个建设项目，资金均到位，基地建设正处于设备招标、采购阶段。中央财政三年累计拨付资金总计2330万元，北京市财政配套资金总计2330万元，学校自筹资金总计5.62万元。6月，市教委、市财政局评审2008年中央财政支持的职业教育实训基地项目，推荐17个职业院校实训基地建设项目，其中，高职院校8所、中职学校9所（含技工学校3所）。

（项明）

【组织参加全国职业院校技能竞赛】
6月28至30日，市教委组织北京高职院校和中等职业学校参加2008年全国职业院校技能大赛。比赛分高职组和中职组两个组别，设10个专业类别24个竞赛项目，北京高职组获得二等奖2个、三等奖2个；中职组获得一等奖5个、二等奖21个、三等奖10个，并获得中职组团体三等奖。该比赛由教育部、天津市政府等11个单位共同主办，来自全国37个省、自治区、直辖市、计划单列市和新疆生产建设兵团的2000名选手参加比赛，高职组评出团队一等奖14个、二等奖31个、三等奖40个。中职组评出一等奖149个、二等奖298个、三等奖327个。

（华蕾）

2008年全国职业院校
技能大赛中职组一等奖

北京市求实职业学校
　计算机应用技术专业企业网络搭建及应用项目
北京市外事学校
　烹饪专业中餐面点项目
北京市交通学校
　汽车运用与维修专业汽车二级维护项目
北京东城职业教育中心学校
　服装设计制作与模特表演专业学生模特表演项目
北京市实美职业学校
　美容美发专业新娘化妆项目

（华蕾）

【两校入选国家示范性高职院校】　7月18日，北京两所高职院校入选"国家示范性高等职业院校建设计划"2008年度立项建设院校。两校分别是北京农业职业学院、北京财贸职业学院。该评选由教育部、财政部联合评审，全国共有30所院校入选。

（黄侃）

【一高职团队入选国家级教学团队】
9月28日，北京电子科技职业学院传媒艺术设计教学团队入选2008年国家级教学团队。该评选由教育部举办，经北京市推荐，专家评审，由教育部和财政部审定，北京高校共有42个团队入选，其中，高职院校1个。

（陈晓文）

【3门高职高专课程入选国家精品课程】　9月29日，教育部、财政部公布2008年度国家精品课程建设项目，北京3门高职高专课程入选。入选课程分别是北京警察学院的警务特种驾驶技战术、北京工业职业技术学院的建筑施工技术、北京电子科技职业学院的汽车制造工艺，分别属于公安大类、土建类和制造类专业类别。全国共有200门高职高专课程入选。国家精品课程有效期5年。

（华蕾）

【两中职校并入联大】　10月24日，北京市化工学校、北京市医药器械学校并入北京联合大学。合并后，两中专学校建制撤销。同时，根据市委教育工委、市教委要求，联大制订《北京市医药器械学校和北京市化工学校并入实施方案》，成立联大北苑校区（原北京市医药器械学校），在教务处设立中专部；化校并入联大生物化学工程学院。

（杜娟）

【职业教育教师素质工程汽修专业教师赴德培训】　10月27日至11月21日，市教委组织北京市职业教育教师素质工程汽车运用与维修专业代表队赴德国考察培训。该代表队在德国参观斯图加特爱斯林根教师培训学院、奔驰汽车制造厂、奥迪汽车制造厂、迈巴赫汽车培训学校实习工厂，学习德国先进的职业教育思想和基本的职业教育技术。北京电子科技职业技术学院、北京信息职业技术学院、北京市交通学校和北京市昌平职业学校等6所学校11名教师参加培训。

（苑媛）

高等职业教育

【新增1所高职教育自主招生试点学校】 4月，北京新增1所高等职业教育自主招生试点学校。新增学校为北京经济管理职业学院。至此，北京共有11所学校参加自主招生，计划招生2340人，其中，招收农村户籍考生1170人；实际录取2355人，其中，招收农村户籍考生891人。

（姚林修）

【3名高职院校教师入选市级教学名师】 6月24日，北京3名高职院校教师入选第四届北京市高等学校教学名师。入选教师分别是北京工业职业技术学院王强、北京电子科技职业学院周国烛、北京财贸职业学院孙万军。该评选由市教委举办，北京高校共有100人入选。

（华蕾）

【8个高职院校团队入选市级优秀教学团队】 7月18日，北京7所高职院校的8个教学团队入选2008年北京市优秀教学团队。分别是北京信息职业技术学院现代信息管理与服务教学团队，北京农业职业学院水利工程施工技术专业教学团队，北京戏曲艺术职业学院戏曲表演教学团队，北京工业职业技术学院安全技术管理专业教学团队，北京电子科技职业学院传媒艺术设计教学团队、计算机网络技术专业教学团队，北京经济管理职业学院工商管理专业教学团队，北京财贸职业学院会计专业教学团队。该评选由市教委举办，北京高校共有121个教学团队入选。

（华蕾）

【19门高职课程入选市级精品课程】 7月18日，18门高等职业教育课程入选2008年度北京高等学校市级精品课程。该评选由市教委举办，经各评审组评议、评审委员会投票、市教委审核公示等程序，共有154门课程入选市级精品课程。

（华蕾）

2008年度北京高等学校
市级精品课程（高职）

北京化工大学
　仪器分析
北京联合大学
　办公自动化信息系统
　中式面点工艺
北京工业职业技术学院
　光传输系统组建维护与管理
　建筑工程预算实操
北京电子科技职业学院
　免疫技术
　网络应用程序开发
北京农业职业学院
　花卉生产技术
　节水灌溉技术
北京经济管理职业学院
　实用英语写作
　会计实务模拟
北京财贸职业学院
　商业银行综合柜员岗位实训
北京青年政治学院
　秘书综合训练
北京信息职业技术学院
　实用电子电路设计与制作
北京京北职业技术学院
　建筑构造
北京城市学院
　城市物流
北大方正软件职业技术学院
　飞腾创艺图文排版技术应用
北京汇佳职业学院
　微观经济学与宏观经济学
北京吉利大学
　数量方法

（华蕾）

【四校入选市级示范性高职院校】 9月28日，市教委评审“北京市示范性高等职业院校建设计划”2008年度立项建设院校。北京信息职业技术学院、北京政法职业学院、北京戏曲艺术职业学院和北京青年政治学院4所高职院校入选。该评选由市教委、市财政局联合组织。

（黄侃）

【4所高职院校入选市级示范性就业中心】 10月30日，4所高职院校入选第一批北京地区高校示范性就业中心。四校分别是北京工业职业技术学院、北京信息职业技术学院、北京电子科技职业学院、北京财贸职业学院。该评选由市教委举办，第一批共有40所高校递交申报材料，通过审阅学校申请材料与集中听取汇报相结合方式，评出北京地区高校示范性就业中心25个。

（华蕾）

【28部教材入选市级精品教材】 11月10日，北京6所高职院校的28部教材入选2008年北京高等教育精品教材。该评选由市教委举办，共有77所高校的1051部教材参加评审，经过专家评审，市教委批准，共有480部教材入选。

（华蕾）

2008年北京高等教育
精品教材（高职院校）

北京经济管理职业学院
　国际商务谈判实务
　　北京大学出版社
　新企业所得税实施操作指南
　　机械工业出版社
　国际商法
　　首都经济贸易大学出版社
　财务管理实务
　　清华大学出版社、北京交通大学出版社
　新编工科数学基础
　　北京大学出版社
北京财贸职业学院
　商业银行综合柜员岗位实训
　　上海财经大学出版社
　国际物流与货运代理
　　清华大学出版社
　SQLServer数据库程序设计
　　机械工业出版社
　潘序伦与立信文化知行教程
　　经济科学出版社
　会计信息化实验教程

南京大学出版社
导游岗位实训
上海财经大学出版社
营业员岗位实训
高等教育出版社
电子商务网站建设案例教程
机械工业出版社
北京信息职业技术学院
物流法律法规知识
人民交通出版社
通信网络技术
北京邮电大学出版社
VisualBasic. NET 基础教程
人民邮电出版社
Access2003 数据库案例教程
机械工业出版社
北京工业职业技术学院
高职数学导学及习题详解
煤炭工业出版社
控制测量
煤炭工业出版社
建筑制图
人民交通出版社
土建工程概论
煤炭工业出版社
北京农业职业学院
乳制品生产技术
中国农业出版社
设施园艺
高等教育出版社
果蔬贮藏加工实验实训教程
科学出版社
市场营销
经济科学出版社
物流信息技术
化学工业出版社
北京劳动保障职业学院
市场营销理论与实训教程
机械工业出版社
薪酬福利管理
中国劳动社会保障出版社

（华蕾）

高等职业学校

北京信息职业技术学院

党委书记　杨存书
院　　长　武马群

【概　况】　2008 年，北京信息职业技术学院占地面积 20.2 万平方米，建筑面积 20.8 万平方米。图书馆建筑面积 3686 平方米，藏书 40.4 万册。固定资产总值 42991 万元，其中，教学仪器设备总值 12415 万元。全年教育经费投入 19186 万元，其中，国家拨款 8342 万元、自筹经费 3629 万元，预算外 7215 万元。有 3 个校区，下设 9 个教学系和通用能力发展中心。设置以软件技术、多媒体设计与制作、计算机信息管理、电子信息工程技术、模具设计与制造为骨干专业的 5 个专业群 26 个专业。教职工 938 人，专兼职教师 584 人，教师中教授及教授级高级工程师 3 人，副教授及高级工程师以上 121 人，硕士及以上学历 131 人。在校生 9442 人，包括普通专科生 6149 人、5 年制高职生 1504 人、成人教育专科生 1663 人。招生 2705 人，其中，普通专科生 2151 人、成人教育专科生 554 人。本年北京地区高考提档线高职文科 290 分、理科 310 分，单招单考 253 分。毕业生 2127 人，其中，普通专科生 1315 人，成人教育本专科生 812 人（本科生 99 人、专科生 713 人）。毕业生一次就业率 99.49%。网址：www. bitc. edu. cn。

（侯彤）

【与澳大利亚高校签署合作协议】　1 月 15 日，信息职院与澳大利亚新英格兰大学签署学分认可协议。澳方学校认可中方学校 6 个专业学分，取得这 6 个专业毕业证书的学生，可以选择到澳方学校继续学习 1 至 2 年，可以获得澳大利亚新英格兰大学的学士学位。

（侯彤）

【在机器人竞赛中获奖】　5 月 18 日，信息职院在全国职业院校 2008 机器人竞赛中获奖。该校电子工程系代表队参加相扑、打靶、篮球、火炬接力 4 个竞赛项目，共获得 9 个一等奖、5 个二等奖、7 个三等奖，获得团体一等奖。该比赛由中国电子教育学会、中国机械工业教育协会、中国电子竞技运动发展中心主办，在信息职院（东区）举行，来自全国 28 所院校的 300 名选手参赛。

（侯彤）

【获得市电子设计竞赛高职高专组全部一等奖】　6 月 6 日，信息职院获得 2008 年北京市大学生电子设计竞赛高职高专组全部 4 项一等奖。该校代表队由电子工程系 19 个参赛队组成，同时获二等奖 7 个、三等奖 5 个、成功参赛奖 1 个，1 人获优秀指导教师奖，学校获优秀组织奖。此次竞赛于 5 月 24 至 25 日举行，经过设计、焊接、调试和演示答辩等过程，历时 9 个小时。来自 41 所高校的 642 支队伍参赛。大学生电子设计竞赛是教育部四大学生科技竞赛项目之一。

（侯彤）

【成立校企合作工作委员会】　6月17 日，信息职院——兆维科技校企合作工作委员会成立。该工作委员会与北京兆维科技集团共同组成，主要由来

自校企双方的领导及技术人员共10人组成，主要职责为搭建开展校企合作工作平台，主要合作意向为双方互建生产性实训基地、共建对外提供有偿服务平台、建立北信——兆维机电工程系双师结构教师团队等，同时在模具设计与制造专业方向达成项目合作意向。

（侯彤）

【建立北信软件园生产性实训基地】

8月，信息职院建立北信软件园生产性实训基地。该基地位于校内，建筑面积5200平方米，承担软件技术、网络系统管理、多媒体技术专业学生的生产性实训教学任务。软件园区域按照企业工作模式，划分为应用软件开发区、数字艺术产品研发制作区、嵌入式软件开发区、新技术实验区、计算机技术研究所和合作企业办公区。共有655个工位，12间研讨室，1个中央机房及多间办公室和会议室。配备655个台式计算机和图形工作站、20多台服务器和交换机，可以进行各种大型应用系统开发、嵌入式系统开发和高端系统研发。管理机制按企业的运营管理模式进行，让学生体验和感受企业氛围和企业管理方式，缩短学生能力与企业需求之间的差距，实现零距离就业。该基地建设投资1500万元建成。

（侯彤）

【举办大型校园双选会】 11月22日，

信息职院举办应届毕业生大型校园双选会。共邀请83家用人单位进校招聘，提供1000个就业岗位。该院2009届毕业生2000人，参会2500人次。各系各班组织学生提前做应聘准备，撰写简历，注意礼仪和着装。本次双选会共有79家单位与学生签订就业意向，招聘学生600人。

（侯彤）

【入选北京地区高校示范性就业中心建设单位】 11月25日，信息职院入选北京地区高校示范性就业中心建设单位。9月20日，该校接受市教委专家组检查评估，经专家组背对背打分、无记名投票并上报市教委主任办公会批准。

（侯彤）

【获招收外国留学生资格】 12月31日，信息职院获招收外国留学生资格。该资格自2009年1月开始实施。该院的资格申请经市教委批准，市外事办、公安局审核后获批。

（侯彤）

【入选798校外人才培养基地主持单位】 12月31日，信息职院申报北京

798艺术园区北京高等学校市级校外人才培养基地建设项目获市教委批准。该校成为798艺术园区高校校外人才培训基地的主持学校。校外人才培养基地建设时间为3年，市教委给予经费支持并组织专家检查验收项目建设情况。基地建设项目实施校企双方合作机制及运行模式，开展实践教学研究，培养大学生实践能力和职业素养。北京市共有19所学校入选基地建设项目。

（侯彤）

【教科研成果获北京市荣誉】 至年底，信息职院4类教科研成果获北京市奖励。分别是现代信息管理与服务教学团队入选北京市优秀教学团队、数字办公技术专业创新团队入选北京市职业院校专业创新团队；《物流法律法规知识》、《通信网络技术》、《VisualBasic.NET基础教程》、《Access2003数据库案例教程》4本教材入选北京高等教育精品教材。

（侯彤）

北京京北职业技术学院

党委书记　袁宝旺
院　　长　周东全

【概　况】 2008年，北京京北职业技术学院占地面积11.66万平方米、建筑面积5.27万平方米。图书馆建筑面积7309平方米，藏书22.89万册，电子图书16万册。固定资产总值12822万元，其中，教学科研仪器设备总值1394.88万元。全年教育经费投入2864万元，其中，国家拨款1785万元、自筹经费1079万元。拥有6个职业技能培训鉴定（考试）站点资质。设有三系三部，开设建筑、经贸、电子、旅游、汽车五类12个高职专业。教职工214人，其中，专任教师126人。教师中博士2人、硕士52人；高级专业技术职务24人；双师型教师40人，占专业课和专业基础课教师总数53%。在校生4016人，其中，高职1858人、五年制学生442人。毕业1006人，其中，高职639人、成人教育毕业367人，毕业生就业率100%，其中，33人被录用为村官、31人升入本科学习。招生1236人，其中，高职690人、五年制194人、成人教育352人。本年北京地区高考提档线理科310分、文科290分。网址：www.jbzy.com.cn。

（彭兴艳）

【成为汽车人才培养工程授权教学基地】 4月2日，京北职院成为中国汽

车人才培养工程授权教学基地。该研

究基地由中国汽车人才培养工程委员会授权建立，主要负责汽车人才培养，组织实训培训和考试工作。

（彭兴艳）

【首次入选市级精品课程】 6月，京北职院建筑构造课程入选北京市精品课程。该课程注重启发式、案例式授课，利用模型制作大赛活动，让学生在动手与创作中提高专业能力。这是该校首个市级精品课程。

（彭兴艳）

【成立旅游管理实训基地】 7月11

日，京北职院旅游管理实训基地成立。该基地与北辰集团联合组建，采用“京北职院——北辰集团”校企合作模式，设在北辰集团公寓管理公司，拥有五星级酒店设施，学生在高标准条件下，完成为期1年的完全顶岗实习。

（彭兴艳）

【联合举办酒店服务专题培训】 9月18至21日，京北职院与北京北辰集团培训部联合举办酒店服务专题培训。该培训主要由来自企业一线的骨干人员使用真实情境案例授课，内容涉及企业文化概况、客务知识、饭店英语等内容。学校负责提供教学场地，由学校和企业共同制订培训方案。本次培训共506人参加学习，61名学生顶岗实习。

（彭兴艳）

【首次参加全国数学建模竞赛获奖】 9月19至21日，京北职院首次参加2008年“高教社杯”全国大学生数学建模竞赛获奖。该校共派3个代表队9名学生参赛，参赛题目为“NBA赛程评价分析”，2007级建筑设备专业3名学生获得D组北京赛区一等奖。

（彭兴艳）

【联合开展法制宣传进校园活动】 12月4日，京北职院与龙山街道司法所联合开展法制宣传进校园活动。该活动以“弘扬法制精神，服务科学发展”为主题，采用知识竞赛和案例小品表演形式，内容涉及《宪法》、《未成年人保护法》、《义务教育法》和《北京市养犬管理规定》基本知识。该校师生600人参加活动。

（彭兴艳）

【举办职业技能竞赛】 12月4日和10日，京北职院举办职业技能竞赛。4日，举办第一届建筑模型制作赛。建筑工程技术专业学生利用课余时间研究、设计、制作模型40件。经过评比，评出最佳创意奖2组、一等奖3组、二等奖6组，获奖学生60人。10日，机电系电子信息专业和汽车类专业分别举办“PROTEL电路制图竞赛”和“汽车检修技能竞赛”。两系学生230人参加比赛。

（彭兴艳）

北京交通职业技术学院

党委书记　陈征
院　　长　陈征

【概　况】 2008年，北京交通职业技术学院占地面积15.84万平方米、建筑面积7.86万平方米。图书馆建筑面积3000平方米，藏书17.8万册，包括纸质图书10.67万册、电子图书7.13万册。校内实训中心建筑面积2400平方米。固定资产总值1.2亿元，其中，教学科研仪器设备总值653.98万元。全年教育经费投入3525万元，其中，国家拨款2425万元、自筹经费1100万元。设有两系一部，开设专业11个，其中，道路与桥梁工程建设专业为北京市示范建设专业。教职工121人，其中，专任教师81人，包括教授、副教授23人。在校高职生1968人，成人教育学生1500人。招收高职生678人，成人教育学生832人。本年北京地区高考提档线理科为310分、文科为290分。毕业高职生489人，成人教育学生720人。高职毕业生就业率98.8%。网址：www.jtxy.com.cn。

（王玉春）

【召开教学观摩暨说课研讨会】 5月22至29日，交通职院召开年度教学观摩暨说课研讨会。参与说课演示的教师就某一教学课题，在宏观把握课程和教材的基础上，说明课程教什么、怎么教、为什么这样教，呈现教学设计过程并阐述设计理论依据。参与观摩的教师讨论该教学设计，提出改进意见。该校教师12人参与说课演示。

（罗锦丽）

【道桥实训中心投入使用】 6月10日，交通职院道桥实训中心建成并投入使用。该实训中心建筑面积1100平方米，拥有万能试验机、压力试验机、沥青车辙试验机和养护箱等设备，可同时接纳200名学生开展力学、集料、混凝土、水泥、土工实验项目。至年底，该中心共承担道桥、建筑、高等级公路养护专业实训348课时，参与实训5311人。

（罗春红）

【首届学生毕业】 6月28日，交通

职院第一届学生毕业。首届毕业生共有489人，涉及7个专业，全部为普通高职生，其中，升本科学生14人、就职“村官”19人、事业单位就业17人，国有企业就业70人，三资企业就业32人，其他企业就业328人，就业率98%。

（李传松）

【3人入选市级中青年骨干教师】 9月，交通职院3名教师入选市级中青年骨干教师。3人分别来自旅游管理专业、心理咨询室、道路桥梁工程技术专业。该评选由市教委举办，北京市共有226人入选。

（罗春红）

【发放国家奖助学金】 12月20日，交通职院发放国家奖学金和助学金。共有4名学生获得国家奖学金，每人

8000元；35名学生获得国家励志奖学金，每人5000元。193人获得北京市国家助学金，其中，103人享受每人每月320元的一等助学金、90人享受每人每月160元的二等助学金，共计金额56.83万元。

（董帅）

【完成职工年终考核】 12月31日，交通职院完成职工年终考核。学校成立考核领导小组，采取个人总结述职、群众测评、领导考评相结合，以及定性与定量相结合方式。测评结果按主管领导考核评价占60%、群众和服务对象测评占40%的权重汇总确定，考核成绩分优秀、合格、基本合格、不合格4个等级。该校全部121名职工参加考核，评出优秀23人、合格93人、基本合格5人。

（樊传霞）

【签署校企合作协议】 至年底，交通职院分别与11家企业签署合作协议。其中，交通工程系汽车技术服务与营销专业与北京北汽福田汽车股份有限公司，管理系物业管理专业与北京招商局物业管理有限公司、泛海物业管理有限公司、北京强佑物业管理有限公司，旅游管理专业与北京北辰洲际酒店，园林工程技术专业与北京花木公司、北京市虎峪园林山庄、北京鼎新苑园林景观公司、北京昌卉园林绿化公司，道路与桥梁工程技术专业、高等级公路维护与管理专业与北京市瑞通养护中心、中铁六局北京铁建公司，签订全面合作协议。根据协议，企业为学校提供实训场所和设备，提供具有丰富实践经验的实训指导教师，并优先录用优秀毕业生；学校为企业培训员工。

（王玉春）

北京农业职业学院

党委书记 崔砚青
院　　长 王振如

【概　况】 2008年，北京农业职业学院总占地面积84.6万平方米，产权建筑面积26.8万平方米，绿化用地面积19.7万平方米。图书馆建筑面积6631平方米，藏书94.8万册。固定资产总值3.87亿元，其中，教学科研仪器设备总值6659万元。全年教育经费投入22627.05万元，其中，国家拨款18635.22万元、自筹经费3991.83万元。学校设有北苑、清河两所分院，9个教学系部，开设普通高职专业36个，成人高等教育专业10个，普通中职专业22个。教职工总数896人，其中，专任教师407人，“双师型”教师172人；兼职教师115人，“双师型”教师25人；教职工中具有副高级以上专业技术职务165人、中级348人；专任教师中具有硕士及以上学位120人。在校生7248人，其中，高职生4160人，中职生2315人，成人教育专科生773人。招生2364人，其中，高职生1689人，中职生404人，成人教育专科生271人。本年高考北京地区提档线文科290分、理科310分，单考单招253分。毕业生2990人，其中，高职生1163人，中职生1479人，成人教育专科生348人。高职毕业生初次就业率99.91%，一次签约率92.89%，中职毕业生就业率96.8%。学院下属北京市农村广播电视学校，开设14个专业，学生总数9426人，招生5943人，毕业1508人，开展各类农民教育培训67260人次。网址：www.bvca.edu.cn。

（肖兵）

【开展奶牛体检及安全越冬服务】 1至3月，农职院开展奶牛健康体检及安全越冬技术推广服务。该校专家教授、专业技术人员98人次分赴京郊9个区县，进村入户，下场进圈，宣传健康养殖新理念，推广奶牛冬季高产、稳产和安全过冬新技术。在51个奶牛合作社及奶牛场，调查奶牛17万头，体检奶牛1.2万头，查清奶牛乳房炎等常见病、多发病情况，监测酮病、衣原体等其他常见多发病。发放《奶牛健康体检及安全越冬技术推广宣传手册》，专业技术培训340人次，为每个区县建立2个示范场。

（于凤芝）

【连续3年获农民教育培训优秀项目一等奖】 3月，农职院下属农广校房山分校连续3年获北京市农民教育培训优秀项目一等奖。获奖项目为“送教下乡，生态富民，房山农广校在山区、半山区开展养蜂培训”。该评选由市教委举办。自2005年以来，该校发挥农广校贴近农业、贴近农村、贴近农民的优势，以“农业科技入户直通车”为载体，累计开办农村富余劳动力转移培训1.2万人次，并在韩村河镇举办“新型农民中专班”，在籍学员567人。

（许红涛）

【启用教务网络管理系统】 3月，农职院在南北校区全面启用教务网络管理系统。该系统由管理控制与数据处理（C/S端）和数据采集与信息发布（B/S端）两部分组成，包含教学计划、网上选课、学生学籍等11个子系统，由学院与湖南青果软件公司合作开发。该系统实现教学资源管理、学籍管理、考试安排等网络化管理，师生可通过系统随时了解教务动态、教师授课进展等信息，并反馈有关信息，成为教学管理和教学评价互动信息平台。

（张满清）

【农村劳动力转移的教育培训研究结题】 3月，农职院承担的“农村劳动力转移的教育培训研究”结题。该课题为全国教育科学“十五”规划课题，与黑龙江农业工程职业学院、河南农业职业学院联合申报并共同承担研究。该课题通过调研、实地考察、理论研究等研究模式，借鉴教育经济学、教育社会学的理论和方法，按照定性分析与定量分析、理论考察与案例分析相结合的原则，探讨劳动力素质现状以及全国部分省市劳动力转移教育培训的现状，分析劳动力转移培训的背景、动力、教育培训理论、培训的体制和机制，提出劳动力转移培训的政策建议。课题组向全国教育科学规划办提交17万字的研究报告，公开发表文章10万字。

（李凌）

【探索“一体化”教学模式】 3至4月，农职院探索“一体化”教学模式。该校清河分院汽车工程系在2006级“汽车发动机构造与维修”和2005级“自动变速器”课程试点，将课堂教学和实践教学、教室和实训室融为一体，由理论教师和实践教师组成教学团队，共同完成课程的理论讲授、

实际操作等教学任务。

（张林红）

【举办首期职业技能公益培训班】 4月26日，农职院与中国儿童少年基金会联合举办首期电工电子职业技能公益培训班。由农职院现代服务管理系、昌平安全生产培训中心的4名教师授课。首期200名来京务工人员接受为期2个月的低压电工理论课学习与实践操作，考取市安全技术监督局颁发的低压电工操作许可证书。本年，该培训共举办5期，培训430人，其中，350人获得操作许可证书。培训由日内瓦国际（Geneva Global）公司资助，主要帮助经济不发达地区来京务工青年掌握电工技能。

（熊建清）

【举行第五届学生田径运动会】 4月

29至30日，农职院举办第五届学生田径运动会。比赛分高职和中职两个组别，设27个项目，717名选手参赛。文秘法律系1名学生以22.02米的成绩打破高职男子组后抛实心球21.90米的院纪录，社区管理系1名学生以22.25米的成绩打破中职男子组后抛实心球校纪录，园艺系最终获高职组团体总分第一名，畜牧兽医系获中职组团体总分第一名。

（肖兵）

【实施国际贸易实务课程教改新举措】 4月，农职院经济管理系实施国际贸易实务课程教学改革新举措。该系在国际贸易实务课程教学中加强课内实训课，强调理论教学与实践教学相结合。从内容上，按照“以能力为本位”的教学指导思想重新设计课程，以“必需、够用”为原则，不再追求理论完整性，删除过难的理论知识，加强应用型知识，理论知识讲授服务于专业能力培养；在教学过程中，采用案例教学方法阐述理论，结合章节内容进行课内实训。

（郭成明　史文华）

【设立全国首家新型“奶牛专家门诊”】 4月，农职院在密云县设立全国首家新型“奶牛专家门诊”。该校6名专业教师每周到密云县出诊，为奶农提供流动式门诊服务，诊断饲养管理问题。截至10月，共出诊136人次，为6个奶牛合作社、3个规模化奶牛场的8930头奶牛提供服务，诊断治疗病例460头，挽回直接经济损失60万元，培训100人次。该校还选择主要奶牛户进行奶牛性别控制试验，推广干奶期乳房炎综合防控等技术，编写《奶牛健康养殖技术问答》小册子，为当地农村科技协调员工作站培养11名技术骨干。通过服务，教师公开发表论文5篇，并研制出3种技术配套产品和兽医器械。

（邓志峰　侯引绪）

【完成第二轮人事制度改革聘任工作】

5至6月，农职院完成第二轮人事制度改革聘任工作。改革在一院四区统一实施。此次聘任教师分类分级设岗，共设置专业技术岗位646个。612人参加竞聘，经过个人申报、单位推荐、学科组评审和教师职务聘任委员会聘任等程序，全部受聘上岗。经过改革，该校推行岗位科学管理和全员聘用制，所有聘任人员与学校签订聘任合同，实现岗位设置、教师职务聘任、机构设置、岗位津贴分配紧密结合，综合配套。

（肖兵）

【3本社会主义新农村建设丛书出版】 6月，农职院3本社会主义新农村建设丛书出版。3本书分别是《新时期农民专业合作社建设与发展》、《现代农业科学新技术200问》、《农民健康文明生活读本》。3本书由中国农业大学出版社出版发行，共46.2万字。社会主义新农村建设丛书由农业部农民科技教育培训中心和农职院联合组编，共出版完成9本，该校32名教师参加7本书的编写。

（王秀清）

【推行“工作过程系统化”授课方式】 6月，农职院清河分院汽车工程系推行“工作过程系统化”授课方式。该方式在教学过程中以学生主动探究为主，教师引导为辅，在复习提问的基础上展开教学。学生通过小组讨论的形式分析教学案例故障，合作完成工作页填写、百分表安装、缸套测量鉴定等工作，最后由教师对学生的鉴定结果展示进行点评。教学过程突出对学生专业实践能力、合作意识和团队精神的培养。

（张林红）

【实施农村科技协调员培训项目】 7月，农职院在大兴区榆垡镇、门头沟区雁翅镇实施农村科技协调员培训项目。该校畜牧兽医系5名专家教授为当地农村科技协调员举办生猪饲养管理、疫病防治技术以及特色柴鸡养殖技术推广培训班，并到养殖户家中走访，现场示范、答疑。该项目共计培训320人次。

（李薇）

【完成南校区饮用水改造】 7月，农职院完成南校区饮用水改造项目。项目水源由房山区长阳镇第二水厂提供。该项目投资96万元。学院南校区饮用水原由自备井提供，由于井深不足40米，水质逐年下降，改造项目的完成使饮用水达到安全标准。

（郭生国）

【建成南校区新学生餐厅】 8月，农职院南校区新学生餐厅建成并投入使用。餐厅建筑面积6000平方米，地上3层，配备中央空调及不锈钢餐具清洗系统，可满足1800人同时就餐。该工程于2007年7月开工建设，总投资1503万元。

（郭生国）

【首批中加合作毕业生出国学习】 9月，农职院北苑分院首批中加合作办学项目毕业生赴加拿大圣力嘉学院留学。5月，首批中加合作专业36名学生毕业，其中16人提出留学申请并获得留学签证。该批学生于2006年入学，通过实施实践型人才培养模式，学生的英语应用能力、专业知识、实践技能及个人综合素质得到提高，能适应国外的学习与生活。

（付宁花　王波）

【庆祝建校50周年】 10月3至5日，

农职院举行建校50周年庆祝活动。市人大常委会主任杜德印、副市长赵凤桐等领导及校友、师生代表800人参加庆典大会。各校区分别举行校友返校活动，共接待4000名校友。学校表彰“十大优秀教师”、“十大科技标兵”和“十大服务模范”，编写《学院发展历程》、《院庆论文选编》等材料，系统回顾和总结50年的发展历程。农职院前身之一的北京市农业学校成立于1958年，隶属于北京市农村工作委员会，2001年同原北京市农业管理干部学院合并组建北京农业职业学院。50年来，共培养学生5万人。

（肖兵）

【推广生态养猪技术初见成效】 10

月，农职院在大兴区示范推广生态养猪技术初见成效。新建年出栏1万头以上的规模生态养猪场19个，铺垫发酵床约7万平方米。自2007年9月起，农职院结合教师挂职服务，共选派10名专业技术人员在大兴区等地进行“生态养猪”及其综合配套技术的支持和服务，从技术、业务和管理等方面提供支持和服务，与大兴区合作在院、区建立土著菌研发、试验、生产基地。“生态养猪”是一种无污染、零排放的环保养猪技术，关键环节是在猪舍铺设土著菌发酵床，使猪的粪尿被有机垫料中的土著微生物迅速降解，猪舍不用清理，人力成本降低，节水90%以上。生态养猪比传统养猪日增重提高5.3%，防疫成本也逐步降低。

（肖金科）

【获14项专利授权】 至10月，农职院获得以“北京农业职业学院”为专利权人的专利证书14项。其中，实用新型专利证书10项、外观设计专利证书4项。10项实用新型专利包括“一种与建筑物一体化的太阳能集热装置”、“微型电动旋耕机”、“一种带金属检测器的盲杖及其盲道”等，4项外观设计专利均为包装袋设计。

（张耀川）

【召开首次科研与三农服务工作会】

12月9日，农职院召开首次科研与“三农”服务工作会。会议总结学院成立6年来的科研与服务工作，部署未来3年的工作。6年来，该校共取得专著、教材、专利等各类科研成果792项，获奖成果109项，获批立项院内外科研课题202项，科研经费从2002年的5万元增至本年的262万元；组织各类培训班4600个，培训农民等累计30万人次，服务遍布京郊13个区县183个乡镇；在郊区建立科技推广、服务基地100个，推广实用技术50项，帮扶2万户农民，初步形成内外开放、多元合作、协作服务的工作格局。该校中层以上干部、副高级以上职称专业技术人员、三农服务中心全体成员及有关部门人员共200人参加会议。

（肖兵）

【金融保险等专业开展顶岗实习】

12月，农职院财会金融系60名学生参加顶岗实习。2006级金融保险、投资与理财专业学生在中国平安北京分公司中关村营业部实习，为期3周。两单位于2006年签署合作协议，依据协议，校企双方共同制订顶岗实习工作方案，公司为学生提供专门的培训教室，配备导师团队和专职班主任，并为每名学生指定岗位指导教师。实习期间，学生按照保险公司工作流程和规范，参与保险市场调查、为客户提供保险产品分析和客户售后服务等，以提高岗位能力；实习结束，学生与公司实行双向选择，实现实习与就业接轨。

（李亚丽）

北京政法职业学院

党委书记　张景荪
院　　长　张景荪

【概　况】 2008年，北京政法职业学院占地面积37.23万平方米、建筑面积（含非学校产权建筑面积）9.04万平方米。图书馆建筑面积4714平方米，藏书36.36万册。固定资产总值15460.60万元，其中，教学科研仪器设备总值4110.54万元。全年教育经费投入3056.59万元，其中，国家拨款2464.3万元、自筹经费592.29万元。学院设有杨闸校区（校本部）、通州校区、大兴校区、复兴门教学点，5个系、7个研究所、2个教辅机构、2个培训机构。共开设18个专业，其中，市级教改试点专业1个、市级高职示范专业3个。与美国大西洋凯波社区学院联合开展准学士学位班。教职工310人，其中，专任教师204人，包括教授7人、副教授56人；有博士15人、硕士138人。兼职教师61人。外籍教师3人，均为硕士。在校生4388人，其中，普通高职生3155人、中专生1002人、成人专科生231人。另有与北京师范大学合办网络教育本科在校生583人。招生1874人，其中，普通高职生1439人、中专生388人、成人专科生47人。本年北京地区高考提档线文科290分、理科310分，单考单招253分。毕业生1781人，其中，普通高职生1192人、中专生361人、成人专科生228人，毕业生就业率99.24%。网址：www.bcpl.cn。

（张静）

【遴选特色专业和精品课程】 1月17日、1月29日、3月17日，政法职院召开院级特色专业、精品课程遴选暨验收评审会。各参选项目负责人现场汇报、演示，经过无记名投票，评选出6个院级特色专业、3个院级特色专业预建设项目、9个院级精品课程建设项目。

（张静）

【举办毕业生技能展示】 2月27日至3月7日，政法职院举办毕业班学生技能展示。该展示主要进行实习实训课程讲授和训练活动，根据各专业不同的人才培养目标和职业岗位群，开展模拟法庭、企业经营管理沙盘演练、对外贸易实习平台训练、企业求职技能综合演练、金融纠纷解决的实务与操作训练活动。共有5个专业312名学生参加展示。

（张静）

【举办物业管理纠纷调解员培训班】 4月14至24日，政法职院与朝阳区司法局联合举办朝阳区物业管理纠纷调解员培训班。由政法职院教师讲授《物权法》、《物业管理条例》等课程。88人分两期接受培训。

（张静）

【参加市学生合唱比赛获奖】 4月17日，政法职院学生合唱团在北京市第11届学生文化节合唱比赛中获奖。该校女声合唱《茉莉花》和混声合唱《唱支山歌给党听》分别获合唱、指挥、伴奏3项第一名。合唱团成员60人，由2005级、2006级和2007级学生组成。该赛事由市教委举办，共有14所职业类院校参赛。

（张静）

【举办高职毕业生校园双选会】 4月23日，政法职院举办2008年高职毕业生校园双选会。共有16家用人单位应邀参会招聘，提供53个就业岗位。该院300名毕业生现场求职，24人与用人单位签订聘用合同。

（张静）

【举办第五届学校运动会】 5月16日，政法职院举办第五届学校运动会。运动会设学生组男女各10个项目和教工组田径5个项目、教工趣味竞赛6个项目，教职工及学生代表共1700人参加运动会。该校运动会每年举办一次。

（张静）

【举办教师教学基本功比赛】 5月28日，政法职院举办2008年度教师教学基本功比赛。经各系初选，推荐14名教师参赛。比赛主要以多媒体课件现场演示的形式，经11名评委现场打分，评出一等奖1人、二等奖3人、三等奖6人。

（张静）

【举办知识产权布局与管理业务培训班】 6月20日，政法职院受市知识产权局委托承办“行业领域知识产权工作者——知识产权布局与管理业务培训班”。培训以“加强中小企业知识产权保护，促进企业创新发展”为主题，以专家讲座的形式展开。科技部科技型中小企业技术创新基金管理中心、中国科技法学会、科技部知识产权事务中心、中关村知识产权促进局专家分别以科技型中小企业技术创新基金政策的最新发展与申报流程、中小企业知识产权战略运用策略、知识产权保护与利用实务、知识产权质押融资贴息政策为论题向学员授课。共有104人参加培训。

（张静）

【入选市示范性高职院校建设计划】 9月28日，政法职院入选“北京市示范性高等职业院校建设计划”2008年度立项建设院校。示范校建设项目包括法律文秘专业建设、安全保卫专业建设、信息网络安全监察专业建设、共享型应用法律“三元互动”实践教学资源平台建设、首都政法职业人才培训基地建设。市级示范校申报经过专家预审、论证，专家实地考察等阶段。该评选由市教委举办，共有4所院校入选。

（张静）

【与中国伟之杰安保公司签约合作】 10月17日，政法职院与中国伟之杰安保公司签约合作。根据协议，学校向安保公司提供安保方面的人才，公司为学生提供实训场所和就业机会。中国伟之杰安保公司是中国最早成立的高级安保公司，是政府指定的非官方奥运会安保咨询和安保培训的专业机构。

（张静）

【学生参加学科竞赛获奖】 11月11至12日和12月9日，政法职院学生参加两项学科竞赛获奖。11月，参加“亚伟杯”首届全国青年速录速记大赛，五年制司法文秘专业2004级学生获得“手写速记”项目冠军。比赛设有常规赛、花样比赛两个大项，21个小项。比赛由中国中文信息学会速记专业委员会、北京市速记协会主办，来自全国200名选手参加比赛。12月，信息技术系2006级办公自动化专业学生获第四届全国ITAT教育工程就业技能大赛Photoshop平面设计类科目全国三等奖。全国共决出2719名优秀奖、1552名三等奖、182名二等奖、42名一等奖和8名特等奖。ITAT教育工程（全国信息技术应用培训教育工程）由教育部教育管理信息中心于2000年5月26日启动，是一项面向全国普及型实用信息技术人才培养工程。

（张静）

【举办说课观摩会】 12月17日，政法职院举办说课观摩会。各系说课比赛获得第一名的5名教师分别从课程定位目标、课程内容、教学模式、教学方法手段、实训教学、评价考核方面进行说课，并由5名教师从校企合作、任务驱动、项目导向、“教、学、做”一体化方面给予现场点评，指出优点和不足。经过无记名投票，评选出一等奖2人、二等奖3人。该活动经过教研室组织学习、各教研室组织教师说课、各系说课比赛、学校说课活动观摩会4个阶段。

（张静）

北京现代职业技术学院

党委书记 高学通
院　　长 高学通

【概　况】 2008年，北京现代职业技术学院占地面积11.29万平方米、建筑面积7.27万平方米。图书馆建筑面积6635平方米，藏有图书14万册。固定资产总值1亿元，其中，教学仪器设备总值2100万元。全年教育经费投入3597.12万元，其中，国家拨款2579.49万元、自筹经费1017.63万元。学院设有汽车工程系、机电工程系、经济管理系和基础部。教职工212人，专任教师126人，其中，硕士35人，教授、副教授7人。在校生2451人，其中，普通高职生2325人、中职生126人。招收普通高职生769人。本年北京地区高考提档线理科310分、文科290分。毕业高职生548人，就业率100%；毕业中职生588人，就业率100%。网址：www.moderncollege.com.cn。

（李跃谦）

【建立领导干部听课制度】 2月，现代职院建立领导听课制度。该制度规定每名领导每学期听课不少于5节，主管教学副院长，教务处、学生处领导不少于10节。通过听课，加强与师生的联系，掌握教学运行中的信息，及时发现和解决教育教学中的问题。该制度自本学期起开始实施。2月25日，开学第一天第一二节课，学院全体中层以上干部，分别听取28名教师的课。

（李跃谦）

【实施教学文件和教案检查制度】 3月10至12日，现代职院实施教学文件和教案检查制度。主管教学院领导和教务处、教学质量监控中心负责人听取各系、部汇报，检查教学文件、教案。检查结果表明，总体情况良好，教学文件和教案齐全、完整、规范，教师做到提前1至2周备课，部分教师能做到提前备课3周以上。此前，各系、部进行自查。该检查制度自本学期起实施。

（郭如华）

【获教育部高职院校评估良好等次】 3月，现代职院获得教育部高职高专院校人才培养工作水平评估良好等次。教育部专家组于2007年11月27日至30日对学校进行评估考察，肯定学院人才培养工作所取得的成绩。

（李跃谦）

【社区管理专业聘请校外专家授课】 3月，现代职院社区管理与服务专业聘请校外专家授课。社区工作实务课程为该专业核心课程之一，分为10个模块，10讲40课时，分别聘请市民政局、市社区服务中心、市东城区民政局等相关部门专家授课。专家在授课中以实际工作案例和实际经验解读理论、政策，传授工作方法，教学内容与时事形势、工作需要紧密结合，对学生的专业学习和实践学习具有针对性和指导性。

（陈保辰）

【在汽车展上开展服务实训】 4月20日，现代职院学生在国际汽车展上开展服务实训。汽车工程系营销专业二年级76名学生承担凯迪拉克汽车展区服务工作，其中，20人担任销售顾问、8人担任市场辅助、48人担任市场调研工作。该校将此项活动作为学生实训内容，与北京达世行凯迪拉克汽车服务有限公司合作，共同对学生进行车展知识、产品知识学习和车展礼仪培训。

（李跃谦）

【外聘兼职教学督导员】 4月26日，现代职院两名外聘兼职督导员分别到汽车工程系和机电工程系听课。督导员分别听取4名教师的授课后，讲评所听课程的重点、难点、课件运用、板书设计、教学环节，就如何驾驭课堂、提高教学效率做具体指导。该校教学质量监控中心、两系负责人及各教研室主任、部分专业教师参加听课、评课，并与督导员就如何上好课、专业课程定位、如何体现专业课特色等问题座谈研讨。两名督导员为来自理工大和经管职院的教授。

（李跃谦）

【改革课酬计算办法】 9至11月，现代职院改革任课教师课酬计算办法。改革后，新的任课教师课酬计算办法为每学期每人以60节课为基础工作量不计酬，超过部分每节课计酬10元。

（郭如华）

【开展学生体质健康测试工作】 10月13日至11月3日，现代职院开展学生体质健康测试工作。2327名学生接受测试，内容包括身高、体重、肺活量、立定跳远，男子1000米跑、前掷实心球，女子800米跑、仰卧起坐、坐位体前屈。测试结果表明合格率85.19%，其中，优秀率1%、良好率36.56%。

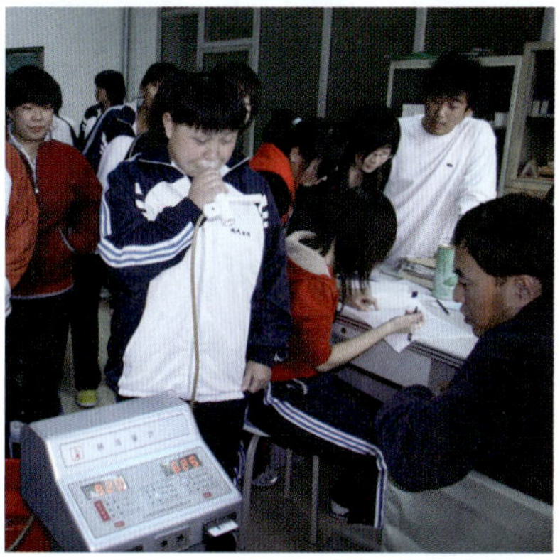

（郑晓东）

【举办首届青年教师讲课比赛】 10月31日，现代职院首届青年教师讲课比赛结束。该校6名教师参加决赛，选手经过说课和讲课环节，由院学术委员会成员及外聘专家9人组成的评委会现场打分，评出一等奖1人、二等奖2人、三等奖3人。该比赛于5月5日开始举办，86名40周岁以下在

编专任青年教师报名参赛，讲课内容为本学期所授课程。

（李跃谦）

【图书馆建成投入使用】　10月，现代职院图书馆建成并投入使用。图书馆建筑面积6635平方米，可同时容纳260人阅览。馆内设流通书库、电子阅览室、报刊阅览室、教师阅览室、学生阅览室、资料室。新购纸质图书8000册，馆藏纸质文献14万册、电子图书12万册。

（郭云霞）

【建立4个实训中心】　10月，现代职

院建立4个实训中心。基础实训中心设单片机及PLC应用技术实训室、液压气动实训室、检测技术实训中心等实验室和实训室；制造实训中心设金工车间、数控车间、CAD实训室、CAD/CAM实训室；汽车实训中心设汽车实训车间、5个汽车专业教室；管理实训中心设模型制作工作室、设计工作室、会展作品展示室等实训室。由教学副院长管理全院实验实训教学，实训中心由实训处管理，形成院系两级管理体系。

（李刚）

【532名学生获职业资格证书】　10月，在北京迎奥运职业院校技能竞赛活动中，现代职院532名学生获职业资格证书。该竞赛由市教委、市劳动和社会保障局与顺义区5个委办局联合举办，主要包括汽车检测与维修、数控车工钳工等技能比赛。现代职院一、二年级学生1556人参加比赛，532人进入复赛、决赛，并获得相应职业资格证书，其中，10人获高级职业资格证书、157人获中级职业资格证书、365人获初级职业资格证书。该活动开始于2007年12月。

（陈爱民）

【完成国家奖助学金评选工作】　10月，现代职院完成国家奖助学金评选工作。经各班民主推荐，系奖助贷勤评审小组初审、院国家奖助学金评审委员会审批，4人获国家奖学金、66人获国家励志奖学金、142人获国家一等助学金、211人获国家二等助学金，获奖金额总计115.4万元。该校完善学生资助、评优评先工作体制，建立院、系、班三级评审体系。

（唐少维）

【获首届全国大学生会展技能大赛三等奖】　12月26日，在首届全国大学生会展创意设计技能大赛决赛中，现代职院学生作品获奖。其中，1件作品获大赛标志组三等奖、2件作品获三维组优胜奖、1件作品获海报组优胜奖。获奖作品均由会展专业学生制作。该比赛由教育部高职高专旅游管理类专业教学指导委员会和中国会展经济研究会联合主办，来自全国11个省市27所高职院校的51项参赛作品入围决赛。

（王硕）

【太阳能浴室投入使用】　12月，现代职院太阳能浴室完成改造投入使用。该工程在学生第一食堂和风雨操场房顶安装太阳能集热板，受热面积900平方米，水箱储水量80吨，喷淋头男、女浴室各50个。该工程根据市政府“阳光双百工程”规划，由顺义区教委投资149万元建设。

（赵佳）

北京工业职业技术学院

党委书记　马平
院　　长　陈建民

【概　况】　2008年，北京工业职业技术学院占地面积24万平方米、建筑面积16.09万平方米。图书馆建筑面积9405平方米，藏书109.56万册，包括电子图书70万册。固定资产总值24438.94万元，其中，教学科研仪器设备总值7056.11万元。全年教育经费投入24745.17万元，其中，国家拨款20552.7万元、自筹经费4192.47万元。设有7个教学系部和1所成人教育学院，共开设高职专业33个，其中“国家示范性高等职业院校建设计划”立项建设专业5个，北京市重点支持建设专业6个。教职工456人，其中，专任教师308人，包括教授28人、副教授86人，包括硕士生导师1人。在校生6919人，其中，普通专科生6851人、成人教育本专科生68人。招生2022人，其中，普通专科生2000人、成人教育专科生22人。本年北京地区高考提档线理工类340分、文科类350分。毕业生1603人，其中，普通专科生1579人、成人教育本专科生24人。专科毕业生就业率99.26%。

（谢光辉　刘建新）

【首次采用ERC评价体系】　4月12日，依托北工职院建设的北京市职业院校建筑类专业师资培训基地建设评价工作首次采用校企合作评价体系（ERC）。专家组按照评价体系标准，采取外部专家、利益相关者、企业专家共同参与的方式，通过理论导入，评价指标体系解释，一二级指标修订，项目负责人汇报等环节进行。经过专家两轮打分测评，专家肯定北工职院和基地在校企合作方面所取得成绩。该基地是面向全市职业院校建筑类师资的专门培训机构，由北工职院承担建设。ERC评价是一种评价主体以民主方式参与为原则，对评价过程与评价结果同样重视，采用连续、动态方式进行评价的一种可应用于校企合作的授权评价方式，此次评价主要用于检测基地在校企合作方面所取得的成绩。该评估是ERC评价方法在国内的首个试点。

（谢光辉　刘建新）

【签署校企合作协议】　5月8日和6

月4日，北工职院分别与北汽福田汽车股份有限公司和深圳中兴通讯股份有限公司签署校企合作办学协议。根据协议，该院引进企业技术培训体系，与两家企业共同制订人才培养方

案，进行课程体系建设。该院每年选录 30 名学生分别设立中兴 NC 班、北汽福田班，在学校完成理论课学习后，进入企业顶岗实习，毕业后由企业择优录用。协议期 3 年。

（谢光辉　刘建新）

【教学综合楼落成】　6 月 28 日，北

工职院教学综合楼落成。该楼高 45 米，地上 12 层、地下 2 层，总建筑面积 28491 平方米，其中，地上 22376 平方米、地下 6115 平方米。该楼 1 至 9 层为教室，10 至 12 层为行政科研用房，地下一层为实训室，地下二层为车库。该工程于 2006 年 9 月开工建设，总投资 8140 万元。

（谢光辉　刘建新）

【1 门课程入选国家精品课程】　9 月 29 日，北工职院建筑施工技术课程入选国家精品课程。该课程以施工任务为载体开发教学内容，采用多种教学模式，提供内容丰富的教学资源库，为虚拟仿真教学提供便利。该评选由教育部举办。7 月 18 日，光传输系统组建维护与管理、建筑工程预算实操两门课程入选市级精品课程。至此，该校共有国家精品课程 2 门、市级精品课程 7 门。

（谢光辉　刘建新）

【在大学生数学建模竞赛中取得突破】　9 月，北工职院在大学生数学建模竞赛中成绩取得突破。该校共组织 14 个队参加竞赛，获得全国一等奖 2 项、二等奖 1 项，北京赛区一等奖 1 项、二等奖 3 项。在北京赛区获得的 18 个国家一等奖中，该校是唯一的高职院校。

（谢光辉　刘建新）

【入选市级高校示范性就业中心】　10 月 30 日，北工职院就业指导中心入选北京地区高校示范性就业中心。该评选由市教委举办，北京高校共有 25 个中心入选，其中，高职院校 4 个。该校树立“以就业为导向”的办学思路，不断调整专业设置，将就业工作列为学院的第一位工程，建立院系两级就业工作机制，先后制订《关于毕业生毕业实习期间就业工作的实施办法》、《北京工业职业技术学院就业工作经费和奖励办法》、《毕业生预就业督查工作责任制》等制度。

（谢光辉　刘建新）

【与海南航空公司签订合作协议】　12

月 11 日，北工职院与海南航空股份有限公司签署合作办学协议。协议约定，2009 至 2011 年海南航空在该校机电工程系、信息工程系的 6 个专业中每年选拔 30 名学生组成“海南航空班”，按照“2＋0.5＋0.5”模式合作培养飞机维修技术人员，学生毕业后录用为海航员工，在北京分部负责飞机维修工作。该校聘请海南航空公司技术人员为兼职教师，维修工程事业部被确定为校外实训基地；双方在专业建设、课题研究、职工培训等方面开展合作。

（谢光辉　刘建新）

【聘请特聘教授】　12 月 12 日，北工职院聘请姜大源为特聘教授。特聘教授负责指导学院开展工作过程系统化的课程开发、定期开展高职教育理论学术讲座；学院为特聘教授提供必要条件以支持其在学院开展职业教育理论学术研究。姜大源，1946 年生于湖北省武汉市，毕业于清华大学自动控制系，现任教育部职业技术教育中心研究所所长助理、教学过程研究室主任，研究员；曾任《中国职业技术教育》杂志总编，其创立的“工作过程系统化的课程开发方法”为指导职业教育课程开发的重要方法之一。

（谢光辉　刘建新）

【两个项目在“双百”论坛上获奖】　12 月 20 至 21 日，北工职院承担的两个服务项目在“百所名高职、百家名

企业”合作发展论坛暨国家示范性高等职业院校建设二周年改革成果展示会上获奖。该校建筑装饰专业和司法文秘（速录方向）专业分别承担的会场设计与布置和会议现场速录及数据统计两个服务项目，分别被评为最佳服务实训创意奖和最佳团队合作奖。会议将会议服务工作分解为 28 个项目，采用面向全国 109 所示范建设院校公开招标方式，为参会院校学生提供实际工作环境下的相关专业生产性实训。该论坛由中国高等教育学会、国家示范性高等职业院校建设工作协作委员会主办，是国家示范性高等职业院校建设计划实施两年来的成果集中展示。

（谢光辉　刘建新）

【加强师资队伍建设】　至年底，北工职院投入资金 419 万元加强师资队伍建设。该校采取多项措施鼓励教师利用假期走进企业，提高实践教学能力，全年选派 41 人参加企业实践锻炼；启动教师职业教育教学能力培训工作，全年组织教师集中培训 153 人次，个体培训 191 人次；聘请 19 名客座教授、129 名企业人员为兼职教师；支持教师参加各类国内外培训和教学、学术交流会，全年资助 35 名教师赴国内外访学。

（谢光辉　刘建新）

北京电子科技职业学院

党委书记　赵文
院　　长　李振华

【概　况】　2008 年，北京电子科技职业学院占地面积 56.47 万平方米、建筑面积 29.14 万平方米。图书馆建筑面积 3425 平方米，藏书 97.66 万

册，包括电子图书 39.75 万册。固定资产总值 6.5 亿元，其中，教学科研仪器设备总值 1.9 亿元。全年教育经费投入 34138.38 万元，其中，国家拨款 27448.53 万元、自筹经费 6689.85 万元。学校分 7 个校区办学，设有 5 个二级学院，开设机电一体化技术、电气自动化技术和楼宇智能化工程技术等 41 个高职专业，24 个中专专业和 16 个成人教育专业。教职工 1268 人，其中，专任教师 616 人，正高级专业技术职务 3 人、副高级 249 人、中级 472 人，外籍教师 2 人。在校生 16184 人，其中，全日制普通专科生 5388 人、中专生 9598 人，成人教育本科生 29 人、专科生 1169 人。招生 4032 人，其中，全日制普通专科生 1979 人、中专生 1714 人，成人教育专科生 339 人。本年北京地区高考提档线理科 310 分、文科 290 分。毕业生 6284 人，其中，全日制普通专科生 1580 人、中专生 4153 人，成人教育本科生 11 人、专科生 540 人。专科毕业生就业率 98%。网址：www.dky.edu.cn。

（陈晓文）

【开展企业调研】 1 月 23 日至 12 月 19 日，电科职院教师分别到 134 家企业调研。调研采取到企业座谈形式，内容包括工学结合、校企深度合作、课程开发、人才培养等问题。调研单位涉及北人集团、北京星海钢琴厂、诺基亚西门子通信公司、招商银行等。调研结果显示学校的专业建设和人才培养要紧密联系企业的需要，要发挥学校社会服务职能，建立相关基于工作过程的课程体系，与行业、劳动、人事部门配合，推行职业资格证书制度，加强学生职业素质的培养。该校教师 517 人次参加调研。

（陈晓文）

【召开示范校建设任务讨论会】 3 月 21 日，电科职院召开示范校建设任务分配讨论会。会议认为示范校建设工作核心是建立符合社会需要和学生发展、基于工作过程的新课程体系；明确学校示范校建设主要涉及 5 个重点专业及专业群课程体系建设、实验实训条件建设和师资队伍建设，涵盖数字化校园建设、共享性教学资源库建设、图书馆建设、学生服务中心建设、制度建设和国际合作与交流。该校二级学院、职能处室、直属单位负责人，系部主任，重点专业系专业带头人、骨干教师等 75 人参加会议。该校示范校建设任务分解为 252 项子任务并分派到责任人，每个子任务形成一份《项目任务书》，每份《项目任务书》列出若干监测点便于监控。

（陈晓文）

【与包头高职学院签订合作协议】 3 月 25 日，电科职院与包头轻工职业技术学院签订对口支援合作协议。根据协议，两校在师资和管理队伍建设、专业建设、课程开发、教材建设、科研开发、管理体制改革、教育教学评估、学生交流方面开展对口支援和协作。其中，电科职院主要负责开展教师、管理人员交流合作，每年接收部分包头轻工职院的教师和管理人员进行在职培训和挂职锻炼，并选派有经验的骨干教师赴包头开展支教活动。结合内蒙古经济建设和社会发展需要，电科职院和包头轻工职院选择 1 至 3 项重点科研项目，实行联合攻关，开展合作研究开发。对口支援期间，电科职院负责资助包头轻工职院不少于 20 名特困生，每人每年 1500 元。协议期 3 年。

（陈晓文）

【与外国高校交流】 3 月 29 日至 4 月 19 日、4 月 20 日至 5 月 18 日，电科职院分别接待芬兰赫尔辛基城市技术学院和意大利特伦托特区公立职业学校师生来访。该校为外国师生开设部分专业课程，举办文艺联欢会、参观名胜古迹等。芬兰师生 14 人、意大利师生 9 人参加访问。4 月 28 日至 5 月 17 日，电科职院师生 7 人赴芬兰赫尔辛基城市技术学院交流考察，参观 3 个校区，学习气动、英语、消防演习实践课等主要课程，并在阿西布朗勃法瑞公司（ABB）实习 3 天。

（陈晓文）

【召开首届教职工代表大会】 3月30日，电科职院召开第一届教职工代表大会暨工会会员代表大会。会议审议并通过题为《以科学发展观为统领建设国家级示范性高职高专院校》工作报告和《关于 2007 年财务预算执行情况和 2008 年财务预算草案情况的报告》；产生第一届职代会和工会代表

大会领导机构，以及教代会 4 个专门工作委员会，以无记名投票方式选举产生第一届工会委员会和经费审查委员会。该校教职工代表共计 117 人参加会议。

（陈晓文）

【建成中法雪铁龙汽车培训中心】 4

月 7 日，中法雪铁龙汽车培训中心在电科职院投入使用暨首批学员开学。该中心由电科职院与法国标致雪铁龙汽车有限公司合作建立，根据法国雪铁龙公司和东风雪铁龙公司在华业务需要培训汽车维修技师、高级技师和各类销售、技术服务人员。第一批学员来自东风雪铁龙公司售后网点，共有 12 人，主要以脱产形式，学习汽车维修技术。学习期满，颁发东风雪铁龙公司内部维修证书。

（陈晓文）

【学生在全国比赛中获奖】 5 至 11 月，电科职院学生在全国比赛中获奖。其中，在 5 月中国时报举办的第 17 届时报金犊奖广告大赛中获大陆优选奖；在 6 月教育部、人力资源和社会保障部、团中央等 11 个单位举办的全国职业院校技能大赛中获高职组产品部件数控编程加工与装配比赛二等奖、高职组机器人比赛三等奖；在市教委举办的“亿维讯－CAI”杯首都高校第四届机械创新设计大赛中，“智能多用途粉碎机”获一等奖。在 9

月教育部举办的全国大学生数学建模竞赛（乙组）比赛中获二等奖；在11月教育部高等学校高职高专生物技术教学指导委员会举办的全国首届生物技术技能大赛中获二等奖；在12月科技部、中国自动化学会机器人竞赛工作委员会举办的2008中国机器人大赛暨RoboCup杯公开赛中获3个三等奖和3个组织奖。

（陈晓文）

【一教师入选市级教学名师】　6月24日，电科职院教师周国烛获第四届北京市高等学校教学名师奖。该奖项由市教委评选，经学校推荐、专家评议和市教委审核并公示等程序，评出高校教学名师100人，其中，3所高职院校的3名教师入选。周国烛，1961年出生，北京市人，2003年取得北京航空航天大学工程硕士学位，1983年到电科职院工作，2007年任示范校建设办公室主任，其承担的《CAD基础与应用》课程于2005年被评为北京市高校精品课程；出版《高等职业教育课程教学设计与案例》等3部专著；主编《DeLPhi程序设计基础与应用》3本高职教材。至此，该校共有2人获市级教学名师奖。

（陈晓文）

【2个团队入选市级优秀教学团队】　7月，电科职院2个团队入选2008年北京市优秀教学团队。2个团队分别是传媒艺术设计教学团队和计算机网络技术专业教学团队。该评选由市教委举办。传媒艺术设计教学团队入选2008年国家级教学团队。该团队有艺术类专业26名专兼职教师，以国家示范校重点建设专业多媒体设计与制作专业为依托，以服务为宗旨，以就业为导向，学历教育和继续教育（社会、企业培训）并行，服务于北京市及周边城市相关多媒体设计制造专业，培养在信息技术（IT）行业、广告业和文化创意产业中能胜任艺术与技术工作并具有可持续发展能力的人才。师资队伍结构合理，“双师型”教师比例高，教师实践操作能力强，教学经验丰富，具有良好的合作精神和梯队结构，符合高等职业教育的需要。团队注重吸收国外先进的职业教育理念，推行“双证书”制度，积极进行专业建设，初步形成工学交替，产学结合的人力培养模式。2002年至今，在20余家企业建立校外实训基地，采用“倒推法”构建课程体系，团队的整体教学效果良好。

（陈晓文）

【签订校企合作协议】　8月7日和

12月12日，电科职院分别与两个公司签署合作协议。学校根据与武汉华中数控股份有限公司签订的协议，双方合作建立华中数控北京技术服务中心和电科职院产学研实习实训基地；开办华中数控北京班，共同培养数控机床装调、维护、维修高技能人才，并在产学研合作方面，相互提供技术和应用型人才支持，在技术培训、技术开发、技术应用、技术推广方面长期合作。学校与北京佐腾飞制冷设备工程有限公司签订“北京地铁1、2号线改造项目通讯接口工程”合作协议，其中，学校负责撰写技术开发合同书并提供设备、技术、服务；公司提供资金（研究开发经费及报酬）总计43.51万元。至年底，该校共与147家企业签署校企合作协议，合作涉及实训基地建设、引厂入校建立项目工厂、技术服务、课程开发、师资培训、企业员工培训六个方面。

（陈晓文）

【增设机械行业特有工种鉴定点】　9

月23日，电科职院设立机械行业特有工种鉴定点。该鉴定点隶属机械工业职业技能鉴定指导中心，由电科职院12名教师兼职组成，主要面向社会开展模具工、数控机床操作调整工、冲压工等16个工种的培训与鉴定，开展16个工种的三级、四级、五级职业资格培训与鉴定。至此，该校共有4个鉴定点，全年共计组织社会人员鉴定考核5000人次。

（陈晓文）

【一课程入选国家精品课程】　9月29日，电科职院“汽车制造工艺”课程入选2008年国家级精品课程。该课程为制造类专业，入选高职高专类精品课程。这是该校整合后首个国家级精品课程。该评选由教育部和财政部共同举办，全国共有200门课程入选高职高专类国家精品课程，北京有2门。7月，在北京市精品课程评选中，电科职院“免疫技术”、“网络应用程序开发”两门课程入选。至此，该校共有市级精品课程7门。

（陈晓文）

【教授获创新人才资助】　10月7日，电科职院王利明教授入选2009年度北京市属高等学校人才强教深化计划创新人才资助。资助金额90万元。该评选由市教委举办，经学校推荐、专家评议，由北京市属高等学校人才强教深化计划领导小组审定。这是该校第一次获得该项奖励。

（陈晓文）

【实施教师聘任上岗制】　12月1日，电科职院实施教师聘任上岗制。该聘任遵循按需设岗、公开招聘、平等竞争、择优聘任、严格考核、合同管理的原则，设置教师岗位600个，按照公布教师职务岗位、应聘教师申请、条件审核、考核、应聘教师公示和专业评议答辩等程序，620人参加竞聘，其中，593人受聘上岗，27人未聘任。这是该校自2007年3月整合后首次在教师中公开聘任上岗。

（陈晓文）

【成立高职教育研究所】　12月3日，电科职院成立高职教育研究所。该研究所是高等职业教育研究学术机构，具有高职教育研究、参谋咨询及情报资料服务等职能，研究职教方针、政策法规和发展战略与规划，为学校决策提供咨询意见。同时，研究国际国内高职教育发展、企事业联合办学、高等和中等职业教育的衔接和沟通、高职院校教学改革，加强与国内外相应机构的合作交流。研究所有研究人员7人，其中，正高级专业技术职务1人、副高级4人。

（陈晓文）

【与美国公司建立联合实验室】 12月7日，电科职院与美国拓朗公司（ALTERA）公司建立EDA/SOPC联合实验室。该实验室设在电科职院，主要由来自电科职院专业教师组成，其中，学校承担实验室管理任务，利用联合实验室完成相关课程的教学、培训、科研任务；公司负责提供设计软件、开发套件及技术指导，以帮助教师进行实践教学、科研和面向高校、企业的培训工作。这是该公司在北京设立的第七个联合实验室，其中，6个是“211工程”本科高校。

（陈晓文）

【首获市自然科学基金资助】 12月30日，电科职院“馒头多菌种发酵机理以及对馒头风味影响的研究”项目获得北京市自然科学基金资助。该项目主要研究从传统发酵剂中筛选酵母菌、乳酸菌等菌种，研究不同菌种混合发酵对馒头风味的影响，资助金额4万元。这是北京市高职类院校首次获得市自然科学基金资助项目。

（陈晓文）

【投入173.3万元培训师资】 至年底，电科职院投入173.3万元实施人才强教项目。其中，194名教师参加岗前培训，211名教师参加高校教师资格认证，67名教师参加现代教育技术等级考试培训，2名教师赴美国培训，26名教师作为国内访问学者。

（陈晓文）

北京财贸职业学院

党委书记　张连登
院　　长　王茹芹

【概　况】 2008年，北京财贸职业学院占地面积29.15万平方米、建筑面积12.36万平方米。图书馆建筑面积8695平方米，藏书56.88万册。固定资产总值24927.07万元，其中，教学科研仪器设备总值7017.28万元。全年教育经费投入国家拨款19382.42万元，教育事业收入兼自筹经费共计5520.36万元。学院设有4个校区，拥有9个教学系部和二级学院。教职工580人，其中，专任教师297人。教师中博士、硕士164人，有高级专业技术职务102人。高职教育开设20个专业、中专教育开设3个专业、成人高等教育开设13个专业。在校生7995人，其中，高职学生5926人、中专学生685人、成人教育学生1384人。毕业生3004人，其中，高职学生1858人、中专学生295人、成人教育学生851人。招生2549人，其中，高职学生2010人、中专学生145人、成人教育学生394人。本年北京地区高考提档线文科360分、理科350分，艺术类文科285分、理科235分。单考单招283分。网址：www.bjczy.edu.cn。

（魏纲　李红兵）

【举办一商高级管理人员培训班】 1月8至10日，财贸职院举办北京一商集团第二期高级管理人员培训班。培训以集中面授形式，主要学习战略管理、企业文化、商业流通趋势内容，此次培训增加北京市商业发展现状与分析、企业发展战略等专题，在授课中加大案例教学，增强实操性和针对性。来自一商集团的48名党政正职领导和处级干部参加学习。

（魏纲　李红兵）

【首次全面调研毕业生素养】 2月，财贸职院首次全面调研毕业生素养。调研采取问卷形式，针对学校实施的专业品格素养教育，调研财贸人才品格素养，1060名毕业生和130家用人企业参与答卷，共收回有效问卷1181份，其中，毕业生问卷1052份、企业问卷129份，并完成《财贸人才品格素养调研报告》。此次调查反馈显示，该校实施的财贸人才品格素养教育提升学生适应岗位的能力和信心，得到企业认可。

（魏纲　李红兵）

【举办首届财贸学生特长展示活动】 3至6月，财贸职院举办首届财贸学生特长展示活动。该活动分班级展示、系部（院）展示、学院展示3个阶段，内容涉及文艺类、体育类等5项特长，715名2005级学生的270件作品参加展示，其中，49件被评定为院级作品。2005级学生61.4%参加展示活动。

（魏纲　李红兵）

【37名学生当选“村官”】 4月24日，财贸职院召开毕业生到农村基层工作动员培训会。183名学生参加学习，经过选拔，37人被录用为“村官”。自2007年北京市启动高校毕业生到农村基层工作以来，该校108名毕业生当选“村官”，担任村长助理等职务，分布在昌平、通州区乡镇。

（魏纲　李红兵）

【试开京商文化课】 4月，财贸职院试开京商文化课。该课程以《京商文化教学手册》为教材，采用课堂讲授、实践参观、学生设计等形式，学生通过参与设计实践，体验和领悟“诚信、责任、爱心”京商理念。2007级学生参加学习。《京商文化教学手册》由该校教师编写，主要内容为京商历史文化概述、近代京商文化案例等，全书共计20万字。

（魏纲　李红兵）

【聘任企业明星为兼职教师】 5月7

日，财贸职院聘请企业明星为兼职教师。该院工商管理系和金融系分别聘请翠微大厦的“相机伯乐”刘可晶和燕莎友谊商城的“信用卡识别能手”王雁鸿为兼职教师，分别为学生开设职业规划、企业文化课程，聘期3年。聘任仪式上，两人以《立足岗位成才》为主题做演讲，并与学生开展交流。

（魏纲　李红兵）

【举行毕业生职业能力展示会】　5月

9日，财贸职院举行高职毕业生职业能力展示会。该校7个专业的学生通过模拟职场工作岗位真实工作任务和场景，在规定的时间内以微缩全角的方式集中展示专业核心职业能力。该院连续5年举办职业能力展示活动。

（魏纲　李红兵）

【与新西兰高校签署合作协议】　5月26日，财贸职院与新西兰国立怀阿里奇理工学院签署合作办学协议。根据协议，双方在合作办学模式创新和师生互派交流等方面开展合作，其中，新方负责教材、教学大纲以及课程对接设计；中方负责根据双方认可的教材进行人才培养和师资组织。至年底，该院有对外合作办学项目5个。

（魏纲　李红兵）

【首部京商论著出版】　5月，财贸职院《京商论》出版。该书为国内首部京商研究专著，由该校院长王茹芹编写，中国经济出版社出版，全书21万字，为16开本，主要阐述京商和京商研究的基本概念、古代京商的发展脉络和基本特征、京商发展环境分析、北京著名商业街和老字号的发展环境及特点。京商研究是该校首先提出的科研项目，2006年1月启动，本年该项目完成“京商近代研究”、“北京老字号发展研究”、“北京商业服务业非物质文化遗产传承人培养工作调研报告”、“北京流通现代化研究报告”、“北京和谐商业的实现模式研究”课题和北京市哲学社会科学“十一五”规划“北京商业结构调整研究”和“品牌价值评价研究”两个项目研究。

（魏纲　李红兵）

【首次获市创业竞赛一等奖】　6月16日，财贸职院首次获得“挑战杯”首都大学生创业计划竞赛一等奖。获奖项目为信息物流系选送的“宠你宠物服务有限责任公司”，这是比赛中唯一获一等奖的高职院校项目。该比赛由团市委举办，该校共有10个项目参加比赛。

（魏纲　李红兵）

【一教授获市高校教学名师奖】　6月24日，财贸职院孙万军教授获北京市第四届高校教学名师奖。孙万军，1960年出生，辽宁省台安县人，1983年毕业于内蒙古民族大学，获得学士学位，1995年到财贸职院工作，担任财贸实训中心主任，他主编参编教材40部，主持完成10项课题研究与项目开发，2004年获得北京市优秀教师称号，2005年获得北京市属市管高等院校中青年骨干教师称号。这是该校教师第一次获得该奖项。

（魏纲　李红兵）

【入选国家级示范性高职】　7月18

日，财贸职院入选“国家示范性高等职业院校建设计划”2008年度立项建设院校。该评选由教育部、财政部联合评审，全国共有30所院校入选，其中，北京2所。该校连锁经营管理、物流管理、导游3个专业被确定为中央财政重点支持建设专业，金融、会计、国际商务、商业广告设计与制作4个专业被确定为地方财政重点支持建设专业。

（魏纲　李红兵）

【参加全国比赛获奖】　9至11月，财贸职院师生参加全国比赛获奖。在全国大学生数学建模竞赛中，获二等奖1项，北京赛区一等奖2项；首次参加第二届中国实践教学大赛，11件参赛项目分别获得二、三等奖以及优秀奖；在第八届全国多媒体课件大赛中，2件作品获优秀奖。

（魏纲　李红兵）

【入选首批高校示范性就业中心】

10月30日，财贸职院就业指导中心入选首批北京地区高校示范性就业中心。该评选由市教委举办，首批高校示范性就业中心共25个。该院高职毕业生就业率连续4年在98%以上。

（魏纲　李红兵）

【召开优质核心课程建设交流会】　11

月4日，财贸职院召开优质核心课程建设交流研讨会。8门优质核心课程的教师代表交流课程建设经验。会议认为基于工作过程的优质核心课程建设在职业教育发展中地位重要，并结合实例，对优质核心课程建设的目标定位、核心内容以及创新点要求等提出指导性意见。来自8个系部（院）共40名教师参加会议。该校推进工学结合人才培养模式改革，按照商贸素养、岗位业务技能、管理技能三系列课程的财贸人才培养模式，重构基于工作过程的课程体系，7个市级以上重点专业都启动至少1门优质核心课程建设。

（魏纲　李红兵）

【8部教材入选市级精品教材】　11月10日，财贸职院8部教材入选2008年北京市高等教育精品教材。8部教材分别是《国际物流与货运代理》、《商业银行综合柜员岗位实训》、《SQLServer数据库程序设计》、《电子商务网站建设案例教程》、《潘序伦与立信文化知行教程》、《会计信息化实验教程》、《营业员岗位实训》和《导游岗位实训》。至此，该院共有市级

精品教材 19 部。

（魏纲 李红兵）

【首获市高校社会实践工作奖】 11 月，财贸职院首次入选 2008 年度首都高校社会实践先进单位。该校 7 名教师、15 名学生分别入选首都高校社会实践先进工作者和优秀实践团员，2 项成果入选优秀成果，8 支团队入选优秀团队。

（魏纲 李红兵）

【成立首个博士工作室】 12 月 9 日，

财贸职院成立首个博士工作室。该工作室设在信息物流系，人员以信息物流系博士教师为主体，工商管理系教师和院外专家共同参与工作，主要开展"连锁经营智能化物流管理决策支持系统"等课题研究。

（魏纲 李红兵）

【入选教育部"双百"论坛服务项目】 12 月 20 至 21 日，财贸职院申报的"会议财务管理"实训项目入选"百所名高职、百家名企业"合作发展论坛暨国家示范性高职院校建设二周年改革成果展示会服务项目。该校 2007 级高职学生为会议提供财务管理服务，并获得"最佳团队合作奖"。会议由教育部主办，遵循"大家事情大家办"的原则，会议筹备及运行的各种服务环节及费用由参会的高职院校共同完成，各示范高职院校以学生生产性实训的形式，分别或联合承担会议服务项目，展示高职院校工学结合人才培养过程、特点与成果。此次共有 93 所学校申报项目 229 个，批准正式服务项目 28 个。

（魏纲 李红兵）

【完成市级师资培训基地任务】 至年底，财贸职院完成市级师资培训基地任务。培训基地共开展各类培训 28 次，组织大型集中活动 6 次，还组织全市职业院校会计专业 17 名教师赴德国学习 1 个月。财贸职院自 2007 年 12 月被批准为市职业教育财经类师资培训基地以来，共培训学员 310 人，包括会计、金融、商业管理 3 个专业。

（魏纲 李红兵）

【组织教师赴国外学习】 至年底，财贸职院组织教师赴国外学习。共组织教师 70 人次赴德国、新西兰等国家，主要学习行动导向教学法、学习领域课程开发和职业教育体制等内容。该院师资队伍建设取得成效，本年 1 门课程入选市级精品课程，2 个课题获市级教改立项，8 项成果获市级教学成果奖。

（魏纲 李红兵）

【落实贫困生资助工作】 至年底，财贸职院落实贫困生资助工作。全年各项资助共计 343.93 万元，其中，128 名家庭经济困难学生通过绿色通道入学；勤工助学 1480 人次，发放酬金 27.30 万元；965 名学生获得国家助学金，总额 159.23 万元；9 名学生获国家奖学金，131 名学生获国家励志奖学金，奖学金总额 72.70 万元；协助 141 名学生申请助学贷款，累计借款 84.60 万元；1 名特困生被全额免除学费，并领取困难补助金 1000 元。

（魏纲 李红兵）

北京经济管理职业学院

党委书记 张俊明
院　　长 潘利群

【概　况】 2008 年，北京经济管理职业学院设有南、北两个校区，占地面积 86 万平方米、建筑面积 18.2 万平方米。建有南、北校区 2 个图书馆，图书馆建筑面积 7957 平方米，藏书 56.21 万册。固定资产总值 1.69 亿元，其中，教学科研仪器设备总值 3040.66 万元。所有教室实现多媒体教学，多媒体教室座位 6710 个，语音教室座位 180 个，教学用计算机 1096 台。全年教育经费投入 11620.4 万元，其中，国家拨款 8656.7 万元、自筹经费 2963.7 万元。设有工商管理系、财务会计系、电子工程系等 12 个教学系部，以财经和电子信息技术类专业为主线，开设金融证券（银行方向）、商务英语、计算机一体化等 23 个专业。其中，工商管理、财务会计为北京市特色专业，高职会计专业为国家级高职教育教学改革试点专业、高职国际商务专业为北京市级高职教育教学改革试点专业。教职工 599 人，其中，专任教师 198 人，教授、副教授 61 人，硕士、博士学历 79 人，30 至 50 岁教师 153 人。高等学历教育在校生 4796 人，其中，普通高职在校生 3581 人，成人高等教育在校生 1215 人。招收高职生 1195 人，成人教育学生 281 人。本年北京地区高考提档线理科为 310 分、文科为 340 分。毕业高职生 1132 人，成人教育学生 495 人。高职毕业生初次就业率 99.1%。网址：www.biem.edu.cn。

（王永明）

【新增 4 个高职专业参与自主招生】 3 月，经管职院新增 4 个高职专业参与高职自主招生工作。4 个专业分别是机电一体化技术、计算机控制技术、计算机信息管理和旅游管理，首批招生 160 人。

（王永明）

【与两家银行签署人才培养协议】 4 月和 12 月，经管职院分别与浦发银行北京分行和广发银行北京分行签署人才培养协议。根据协议，学校与浦发银行北京分行共建金融专业银行班，订单式培养银行运营第一线综合柜员高技能人才。该校分别在 2006 级、2007 级和 2008 级学生中挑选组建浦发银行班，每班 30 至 40 人，双方共同制订以银行综合柜员岗位职业道德与职业基本技能为核心的全新教学计划，双方共同授课，学生毕业优先到银行就业。学校与广发银行北京分行协议规定，在 2007 级学生中组建"广发银行实验班"，并启动实训室建设工作和师资团队建设工作。

（王永明）

【中德诺浩汽车人才培训中心建成】 9 月，经管职院中德诺浩汽车人才培训中心建成开业。该中心与中德诺浩（北京）教育投资有限公司合作建立，为合作办学性质，开展汽车后市场人才教育培训、师资培训及汽车专业学历教育实习实训等工作。首期招生 70

人，学习汽车专业检测与维修方向和汽车营销方向课程，为期3年。

（王永明）

【2门课程入选市级精品课程】 11月12日，经管职院2门课程入选北京市精品课程。2门课程分别是“会计实务模拟”、“实用英语写作”。该校重视精品课程工作，制订《关于加强高职教学特点研究，进一步推进精品课程建设工作的意见》、《学院精品课程建设经费管理办法》等规定，并建立院内专家网上评审平台，加强精品课程建设。本年，共有10门课程被评为院级精品课程。

（王永明）

中等职业教育

【概　况】 2008年，北京市有职业高中72所；职业高中毕业生25908人，招生20905人，在校生71468人；教职工9346人，专任教师5451人；占地面积364.18万平方米，校舍建筑面积148.08平方米；固定资产总值18.06亿元，其中，教学实习仪器设备资产3.94亿元。普通中等专业学校36所；普通中专毕业生27181人，招生18404人，在校生86539人；教职工5425人，专任教师2631人；占地面积184.29万平方米，校舍建筑面积108.19万平方米；固定资产总值19.53亿元，其中，教学实习仪器设备资产4.24亿元。成人中等专业学校11所；毕业生4812人，比上年增长2.51%；招生6066人，“技能+基础”班招生3962人；在校生16579人，比上年增长6.6%；教职工758人，比上年增长1.2%；专任教师348人比上年增长4.5%。

（巫梅琳）

【专业教师到企业受训】 3月28日，市教委举办北京市市场营销专业师资培训活动。该活动在北京月盛斋清真食品有限公司举行，听取月盛斋公司董事长题为《企业营销管理典型任务与营销岗位人才要求》的专题讲座，并回答教师提出的购、销、运、存及产品质量、品牌、食品安全等营销问题。来自北京经济管理学校和平谷一职等11所学校的74名专业教师参加学习。该活动由北京商贸学校负责组织协调。

（赵广胜）

【举办职业院校技能竞赛】 4月底，市教委和市劳动和社会保障局联合组织的北京市迎奥运职业院校技能竞赛暨2008全国职业院校技能大赛北京市选拔赛结束。比赛共涉及86个专业工种，来自各职业院校学生76542人参加比赛，经过初赛、复赛和决赛，67人获得一等奖、85人获得二等奖、104人获得三等奖。该活动开始于2007年12月。6月，45名学生参加全国职业院校技能大赛中职组比赛，获得一等奖5个、二等奖21个、三等奖10个和优秀奖10个，团体总分名列第七名，为历史最好成绩。

（项明　陈薇）

【中职学校开展招生宣传】 5月1日至6月15日，市教委、教育考试院、北京人民广播电台新闻广播联合举办北京中职招生直播咨询节目。节目播出频率FM100.6、AM828双频率，时间为每晚20：10至21：00。60所省部级以上重点中职学校和5年制高职参加直播咨询节目。

（项明）

【举办市中职校知识技能比赛】 5月31日，北京市中职学校“络捷斯特杯”现代物流专业知识技能比赛在北京市商务科技学校举行。该比赛由市职教学会物流管理专业委员会主办，络捷斯特科技发展有限公司协办。来自12所学校的1503名中职在校生参加比赛，经过角逐，决出团体一等奖1个、二等奖2个、三等奖3个；个人单项一等奖10人、二等奖25人、三等奖37人。

（吕良燕）

【组织8所中职学校直接参与奥运会服务】 5至9月，市教委组织8所中等职业学校直接参与2008年北京奥运会服务工作。服务工作主要在奥体中心区、颁奖礼仪现场和北京饭店贵宾楼，共有5000名师生参与该项工作。8所中职学校分别是北京市昌平职业学校、北京市外事学校、北京市电气工程学校、北京市商务管理学校、北京市劲松职业高中、北京市民族文化艺术职业学校、北京市新源里职业高中、北京市第一七九中学。

（巫梅琳）

【评选紫禁杯优秀班主任】 7月，市教委评选中等职业学校和职业高中“紫禁杯”优秀班主任。经审核和评选，40人当选中等职业学校“紫禁杯”优秀班主任，其中，一等奖20人、二等奖20人。

（巫梅琳）

【中等职业学校新增专业备案】 11月，市教委组织专家评审部分中等职业学校2008年新增专业。经研究，同意北京市建筑材料工业学校等18所学校“数控技术应用（数控设备维护维修）”等33个专业（专门化）备案，自2009年起列入招生计划。

（项明）

【认定顺义一职为市级重点学校】 12月2至3日，市教委评估北京市顺义区第一职业学校。专家组按照《北京市重点中等职业学校评估指标体系》要求，通过听取自评汇报、随堂听课、访谈教师和中层干部等形式，考察学校的办学方向、基础条件、管理水平等方面的综合办学水平。市教委结合专家组反馈意见及学校的办学实际情况，认定该校为北京市重点中等职业学校。

（巫梅琳）

【加强中职教育实训基地建设】 至年底，市教委加强中职教育实训基地建设。完成年度中央财政支持的实训基地项目申报工作；制订10个重点专业实训基地建设标准；加强重点专业实训基地建设，全面改善和提高职业学校实训基地装备水平，建设一批具有较高水平的、为市主导产业人才培养服务的实训基地。建成一批集教学实习、生产实践、技能鉴定和经营服务于一体的实训基地。

（荣燕宁）

【调整结构和专业布局】　至年底，市教委调整中等职业教育结构布局。此次调整根据首都经济社会发展、技能型人才培养需求，通过计划、经费投入等调控手段进行。调整后，具有招生资格的中等职业学校由上年的159所减至148所。按照产业结构调整和中等职业人才需求，进一步调整专业结构布局，规范专业备案和设置工作，初步建立起根据劳动市场和职业人才需求设置调整专业的机制。

（巫梅琳）

【启动职业教育第二轮课程改革】　至年底，市教委启动职业教育第二轮课程改革。选择15个与北京经济社会发展紧密联系的专业，以课程改革实验项目的形式，深化课程改革；采取校企合作共同开发职教课程，专业教学标准与职业资格标准衔接等方式，积极探索构建“工作过程导向”的职业教育课程体系。同时，组织专家编写《北京市中等职业学校以工作过程为导向的课程开发实验项目指导手册》，明确课程改革的指导思想、基本原则、核心课程设计、教学指导方案和工作基本程序等内容。成立专家指导小组，指导学校开展课程改革工作。

（陈徽）

国家重点中等职业学校

北京市什刹海体育运动学校

【概　况】　2008年，北京市什刹海体育运动学校占地面积3.37万平方米、建筑面积4.80万平方米。图书馆建筑面积136平方米，藏有图书6.27万册。固定资产总值12347万元，其中，教学科研仪器设备总值432万元。全年教育经费投入5003万元，其中，国家拨款4548万元、自筹经费455万元。教职工254人，其中，专任教练89人，教师23人，教师教练中包括副高级专业技术职务37人、中级专业技术职务52人。开设9个运动项目。共有学生632人，其中，6个运动队有学生169人；9个运动班有学生213人；另有250人在校进行业余训练；运动员年龄由6岁至30岁。运动班招生81人，向一线运动队输送运动员19人。网址：sch. bjedu. gov. cn。

（严丽芬）

【首夺跆拳道亚锦赛金牌】　4月22至28日，在第18届跆拳道亚洲锦标赛上，什刹海体校男子跆拳道运动员刘哮波夺得84公斤以上级别金牌。这是中国男子跆拳道在亚锦赛上的首枚金牌。刘哮波，1984年1月出生，北京市人，2001年到什刹海体校学习跆拳道专业。

（付洋）

【获得全国武术锦标赛3枚金牌】　5月29至31日、6月13至15日，在全国武术套路女子、男子锦标赛中，什刹海体校两名运动员获得3枚金牌。其中，刘晓蕾获得女子刀术和棍术两项冠军，吴迪获得男子枪术冠军。刘晓蕾，1982年4月出生，辽宁省人，1999年到什刹海体校学习武术专业。吴迪，1988年6月出生，辽宁省人，2002年到什刹海体校学习武术套路专业。

（邱爽）

【获得武术散打世界杯金牌】　9月19

至21日，在第四届世界杯武术散打比赛中，什刹海体校运动员白近斌夺得80公斤级冠军。该比赛共有来自19个国家和地区的65名男、女运动员参加17个级别比赛。这是该校培养的第33个世界冠军。白近斌，1985年9月出生，山东省菏泽市人，2002年到什刹海体校学习散打专业。

（付洋）

【庆祝建校50周年】　9月28日，什

刹海体校举行建校50周年庆典活动。该活动举办50年纪念墙和世界冠军榜揭幕仪式；举办50年学校历史回顾图片展；发行乒乓球纪念邮票及校庆专刊等。国家体育总局、中国奥委会、市体育局领导，该校培养输送的20名奥运冠军和世界冠军、校友及部分师生600人参加活动。什刹海体校前身为成立于1958年的北京市什刹海青少年业余体育运动学校，隶属于北京市体育局，1985年更名为现名。50年来，共培养3000名优秀体育人才，包括33名世界冠军、7名奥运会冠军。

（严丽芬）

【入选全国奥运会突出贡献集体】　10月6日，在国家体育总局、中国奥委会2008年北京奥运会表彰大会上，什刹海体校被授予“2008年北京奥运会突出贡献集体”称号。该校跆拳道运动员朱国、击剑运动员倪红、武术运动员赵庆建、羽毛球运动员杜鹏宇及教练员严平、姚强、钟波被授予“2008年北京奥运会突出贡献个人”

称号。此次共有168个集体和580名个人受到表彰。

（严丽芬）

北京市商务科技学校

【概　况】　2008年，北京市商务科技学校占地面积4.81万平方米、建筑面积3.79万平方米。有图书馆3个，建筑面积908平方米，藏书24.31万册，其中，电子图书16万册。固定资产总值7908万元，其中，教学科研仪器设备总值1576万元。全年教育经费投入4038万元，其中，国家拨款3504万元、自筹经费534万元。校内建有专业实习实训专用教室39个。教职工199人，其中，专任教师104人，教辅人员22人。专任教师中，市级学科带头人1人，市级骨干教师3人，高级专业技术职务32人、中级40人。开设9个专业、5个专门化。有教学班51个，其中，中专班44个、高中班7个。在校生1888人，其中，中专生1647人、高中生241人。招生192人，全部为中专生。毕业生777人，其中，中专生640人、高中生137人。中专毕业生实习率100%，毕业生推荐率100%。全年培训社会人员1939人。网址：www.swkj.org.cn。

（郝庆）

【学生参加技能比赛获奖】　9月27日，商务科技学校学生参加北京市中职学校第二届财会综合技能比赛获奖。13名参赛学生共获得17个一等奖、9个二等奖、7个三等奖，并获得团体总分第一名、团体一等奖。该校学生在“天物杯”2008京津两市财会综合技能对抗赛中，有3人获得一等奖。

（王家申）

【开设晚间活动课】　9月，商务科技学校为住宿学生开设晚间活动课。该校把所有住宿学生按照专业和年级重新排班，每班派1名专任教师负责上课。课程内容除半小时观看新闻联播外，有计算机技能训练、音乐欣赏、文学赏析、汉字书写等。

（王权　陈旭红）

【物流实训基地投入使用】　12月，商务科技学校物流实训基地工程投入使用。该物流实训基地位于通州区徐辛庄校区，拥有1000平方米仓储配送中心、702平方米实训室、2508平方米实训区。物流实训基地包括3个中心、5个实训室和6个实训区，各功能区域和办公控制区域之间通过物流信息系统连接，配合先进物流设备和技术，具有企业物流职业环境和专业教学、技能培训、技能鉴定三重功能。该基地是北京市职业教育重点建设项目，总投资1000万元。

（黄菲）

北京水利水电学校

【概　况】　2008年，北京水利水电学校占地面积4万平方米、校舍建筑面积3.54万平方米。图书馆建筑面积3247平方米，藏有纸质图书8.5万册。固定资产总值3771万元，其中，教学仪器设备总值903万元。全年教育经费投入国家拨款1847万元、自筹经费1096万元。拥有校内实验实训室15个，校外实训基地48个，计算机房4个，多媒体教室14个，专业教室4个。有教职工164人，其中，专任教师105人，教辅人员8人。专任教师中具有研究生学历6人、本科学历90人，高级讲师31人、讲师27人，“双师型”教师32人。兼职教师19人，其中，高级讲师2人、讲师12人。开设8个专业，其中，水利水电工程技术专业为北京市骨干特色专业。设有51个教学班。在校生2107人；招生556人；毕业生713人，毕业生实习率100%，就业率95%。水务电大在籍学员1368人，毕业216人，招生241人。剑桥少儿英语培训3442人；组织全国计算机等级考试3251人；各种短期培训1500人；职业技能鉴定考核1730人。网址：www.slsdsch00l.com。

（刘京丽）

【举办职业技能竞赛】　1月17至25日，水电学校举办迎奥运职业院校技能竞赛。该比赛设有文字录入、工程测量、餐厅服务等6个项目。经过初

赛，3名学生进入市级决赛，1人获得由劳动和社会保障部颁发的技师资格证书，7人获高级技工证书、276人获中级技工证书、200人获初级技工证书。该校8个专业1683名学生参加竞赛。

（刘京丽）

【学生参加全国机器人竞赛】　5月18日，水电学校学生参加全国青少年迎奥运2008机器人竞赛。2名学生分别获得一二等奖。该竞赛由中国电子教育学会、中国机械工业教育协会、中国电子竞技运动发展中心联合主办，来自全国20所学校的300名学生参加竞赛。

（刘京丽）

【举办水务技能培训】　5至10月，

水电学校为企业开设水务培训班。5月，为北运河管理处开展水闸专业知识培训，采取现场教学方式，将理论与实际操作融为一体，讲授水闸基本介绍和防渗排水等内容，学习为期4周。30人参加学习，经考核17人成绩优秀。10月，与北京市节水中心联合举办第五期中水运行与管理培训班，79人参加学习，78人获得中水运行操作上岗证书。

（刘京丽）

【庆祝建校55周年】　10月，水电学校举办建校55周年庆祝活动。该校编印宣传画册、编写《北京水利水电

学校优秀毕业生事迹选编》；制作专题片《育水务英才、创一流名校》和校史展板；举办毕业生优秀事迹报告会；召开部分离退休老领导座谈会、部分校友联谊会和举办全校师生共同参与的文艺演出等。水电学校前身为成立于1953年的北京水力发电学校，隶属于燃料工业部；“文化大革命”期间停办；1987年恢复办学，隶属于水利部第二工程局；1980年与北京市水利局主管的北京市水利水电学校合并，更名为北京水利水电学校，隶属于水利部；1983年划归北京水利水电经济管理学院；1992年，水电学校独立办学至今，隶属于北京市水务局。55年来，共培养毕业生1万人。

（刘京丽）

【开展专业调研】 12月26日，水电学校开展专业调研。调研组到房山区水务局和京密引水管理处，针对北京水务所需人才、人才专业结构、知识结构、专业需求等问题与两单位领导和该校毕业生进行座谈。校领导和水工专业教师16人参加调研。

（刘京丽）

北京城市建设学校

【概　况】 2008年，北京城市建设学校占地面积2.91万平方米、建筑面积2.28万平方米。图书馆建筑面积403平方米，藏有纸质图书6.5万册，电子图书12.7万册。固定资产总值22890万元，其中，教学科研仪器设备总值1913万元。全年教育经费投入2523万元，其中，国家拨款1808万元、自筹经费715万元。教职工137人，其中，专任教师82人，教辅人员11人。专任教师中有研究生学历18人，副教授4人，高级讲师26人、讲师36人，市级青年骨干教师7人。全日制中专开设10个专业3个专门化，成人大专开设7个专业，成人中专开设4个专业。在校生2910人，其中，全日制中专生1454人、成人大专生767人、成人中专生266人、北京电大市建职大工作站在校生423人。毕业827人，其中，全日制中专生500人、成人大专生203人、成人中专生98人、北京电大市建职大工作站毕业生26人。招生694人，其中，全日制中专生306人、成人大专生211人、成人中专生86人、北京电大市建职大工作站学生91人。全年为市建筑行业从业人员岗位培训、技能鉴定考核4845人次。

（周晓凌）

【工民建创新团队外出考察】 1月和7月，城建学校工业与民用建筑创新团队分别赴四川和新加坡考察学习。在四川建筑职业技术学院，学习该校创新教学理念、特色教学模式及实训基地建设经验，交流建筑系各专业建设情况、课程设置、课程改革、学生双证制和实训课程开发，重点参观建筑工程技术实训基地。在新加坡南洋理工大学，参观建筑工程质量事故处理实训基地，交流专业建设、实训基地建设、教学实践环节的实施等问题。14人参加考察学习。

（周晓凌）

【与韩国骊州大学签订交流协议】 4月23日，城建学校与韩国骊州大学签订交流协作书。根据协议，双方在师资培训、学生语言、技能培训等方面开展合作。7月，8名学生赴韩国骊州大学参加国际夏令营活动。

（周晓凌）

【承办市技能竞赛制图员决赛】 4月25日，城建学校承办北京市“迎奥运”技能竞赛制图员决赛。5个郊区县共9所学校的学生参加比赛，经过建筑和机械两类的初赛和决赛，评出一等奖4个、二等奖6个、三等奖10个。城建学校2名三年级学生获得制图员一等奖。

（周晓凌）

【与企业签署实训合作协议】 4月和10月，城建学校分别与两家企业签署校企合作协议。4月，与北京怀柔麒芳建职培训学校协议规定，企业培训学校为城建学校学生提供工民建专业实训场地及技术指导。该企业培训学校为北京益万金昊控股单位。10月，与德国威能集团（Vaillant Group）北京供暖设备有限公司协议规定，公司向学校赠送四台家用壁挂式锅炉和一台落地式锅炉，并为学校暖通专业教室建设提供相关技术支持。该公司择优招聘学校毕业生充实其施工和售后服务队伍，并不断赠送最新产品。

（周晓凌）

【实训基地装备标准通过评审】 10月10日，城建学校工民建专业实训基地装备标准研制项目通过市教委和企业专家评审。该项目是针对首都重点发展领域的实训基地建设的指导性文件，列出专业能力及技能要求、基地建设框架、装备目录等，是北京市中职实训基地建设的基础文件。

（周晓凌）

【举办第20届学生田径运动会】 10月10日，城建学校举办第20届学生田径运动会。比赛设短跑、中长跑、跳高等19个项目，27个代表队的437名运动员比赛。

（周晓凌）

【学校划转市教委管理】 12月18日，经北京市机构编制办公室批准，城建学校划转市教委管理。划转后，学校为市教委所属全额拨款事业单位，是国家级重点中等职业学校。该校成立于1981年，原隶属于市建委。

（周晓凌）

北京市自动化工程学校

【概　况】 2008年，北京市自动化工程学校占地面积4万平方米、建筑面积2.2万平方米。图书馆建筑面积500平方米，藏书15.1万册。建有综合实训楼，建筑面积4566平方米，包括数控实训基地、模具实训基地、塑料成型工艺车间和普通机加工车间；有实训教室和实验室25个。固定资产总值5770.28万元，其中，教学科研仪器设备总值 2702 万元。全年教育经费投入 3413.13 万元，其中，国家拨款 2923.22 万元、自筹经费 489.91 万元。教职工 133 人，其中，专任教师 82 人，均为本科或以上学历。教师中高级专业技术职务 21 人；“双师型”教师 24 人，占专业课教师 100%。开设 10 个专业，拥有 40 个教学班。在校生 2200 人；毕业生 552 人，毕业生实习率 100%；招生 335 人。短期培训 1464 人次。网址：www.zdhschool.com.cn。

（李季）

【改革专业实践课教学方式】　3 月，自动化学校改革专业实践课教学模式。该校针对专业课程现场教学特点，运用现代化教学手段，在实训车间使用实况转播形式，使学生在教室就可以参加实训学习。该校以往专业课教学常采用现场教学方法，但由于班容量大，教师难以顾及全体学生，一般采用分组到现场观摩方法，这样需要延长课时，添加助教，影响教学效果。

（杨嘉麟）

【开设第二课堂】　3 月，自动化学校开设第二课堂。该校基础文科教研室利用课余时间，为学生开设书法、英语兴趣小组和职业生涯设计等课程。至年底，286 名学生参加第二课堂的学习。

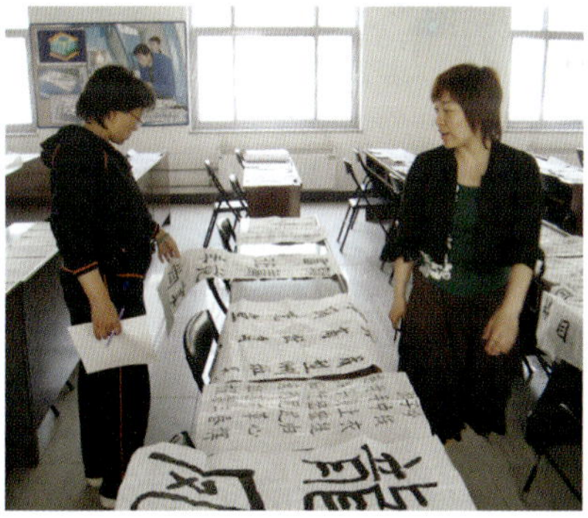

（杨嘉麟）

【开设数控机床实用课程】　9 月，自动化学校与北京凯奇数控公司合作开设数控机床电控系统安装、调试课。该课程从职业需求分析入手，体现以技能训练为主线，相关知识为支撑的思路，在于使学生掌握知识、形成技能、提高能力，以期缩短学校教育与企业需求的距离，更好的满足企业用人需求，培养具有数控机床电控系统组装、调试能力的技术人员。该课程在机电技术应用专业开设。近年来，随着数控技术的不断发展，数控机床的应用范围越来越广，数控机床维修维护人员越来越紧缺。

（杨嘉麟）

【接受市教育督导室督导评估】　11 月 11 至 12 日，自动化学校接受教育督导室全面实施素质教育综合督导评估。评估组听取学校汇报、走进课堂听课、观看学生课间操、查看学生第二课堂、考察办学环境和条件，分别召开企业及毕业生、教师、学生和德育工作座谈会，查阅相关资料等，全面检查学校办学方向、办学质量、办学效益、办学特色和管理水平等项工作。评估专家对校园环境、实训设施、课堂教学和教师形象等给予肯定，对学生校服、发型、课堂纪律、学习态度、文明礼貌给予好评，对学校扩大建筑面积、专业建设等方面提出意见和建议。

（杨嘉麟）

北京市建筑材料工业学校（北京金隅科技学校）

【概　况】　2008 年，北京市建筑材料工业学校（北京金隅科技学校）占地面积 11.67 万平方米、建筑面积 10.95 万平方米。图书馆建筑面积 2000 平方米，藏有纸质图书 16.5 万册、电子图书 1264 片。固定资产总值 17243 万元，其中，教学科研仪器设备总值 6284 万元。全年教育经费投入 8454 万元，其中，国家拨款 7072 万元、自筹经费 1382 万元。建有 3 个实训基地，21 个实训中心，84 个实训室。教职工 310 人，其中，专任教师 136 人，教辅人员 58 人。专任教师中，具有研究生学历 21 人，本科以上学历占教师总数 100%；高级专业技术职务 50 人、中级专业技术职务 64 人。开设 21 个专业，拥有 66 个教学班。在校生 4011 人；毕业生 934 人，毕业生实习率 97%，实现就业 883 人，就业率 96%；招生 894 人。全年完成各类培训 5950 人次。网址：www.bjjyp.org.cn。

（刘波）

【签订财会定向班合作协议】　2月24日，建材学校与金隅集团签订集团财会定向班合作协议。根据协议，学校从 2006 级商务、物流两个班选出 30 名优秀学生组成新的财会班，按照集团所属企业要求进行订单式培养。

（刘波）

【调整部分组织和机构】　3 月 28 日，建材学校调整部分组织和机构。增设分管学生工作和教学设备管理的两名副校级领导，加强学生和设备管理方面的工作力量。成立教学资源管理处，主要负责全校教学设备管理、教学系部实训基地建设规划、统筹市财政专项的申请和项目招投标等工作。有工作人员 9 人。

（刘波）

【一教师入选北京市人民教师】　9月10 日，在第 24 届教师节座谈会颁奖典礼上，建材学校机电系教师刘振强获得北京市人民教师称号。该评选由市委教育工委、市教委、市人事局、市财政局、市教育工会联合举办，全市共有 10 人入选，其中，中职学校 1 人。刘振强，1964 年出生，北京市房山区人，1984 年毕业于建材学校，同年留校工作，一直从事电工基础专业课教学，2004 年入选北京市骨干教师，2006 年获北京市优秀教师称号。

（刘波）

【接受市教育督导室督导评估】 10月21至22日，建材学校接受市教育督导室检查评估。专家组听取学校汇报，召开座谈会，实地考察教学设备和实训基地，查阅资料，现场听课等。经过检查，专家组肯定该校优化专业结构、职业基础能力建设、学历教育和职业培训并重、深化人事制度和校内分配制度改革等方面工作。同时对如何进一步提高教师的教学基本功、提高课堂教学水平、从细节上抓好德育工作的每一个环节等方面提出意见和建议。

（刘波）

【新增5个专业】 10月，建材学校

新增5个专业。5个专业分别是建筑工程材料检测、数控设备维护维修、多媒体技术、休闲体育服务与管理、休闲度假服务与管理。新增专业自2009年开始招生。

（刘波）

【完成教师分级考核】 10月，建材学校完成教师分级考核。该考核遵循能上能下、奖勤罚懒动态考核原则，继续将优秀论文、优秀考核方案、优秀教研室等方面的内容作为专任教师考核的重要依据。考核后，与上年职级相比上升18人、下降12人。

（刘波）

【更名为北京金隅科技学校】 12月26日，经市教委批准，建材学校更名为北京金隅科技学校。更名后，其办学层次、类型、行政隶属关系、人员编制和管理体制等不变。

（刘波）

北京市商业学校

【概　况】 2008年，北京市商业学校占地面积13.33万平方米、建筑面积9.7万平方米。图书馆建筑面积3620平方米，藏书11万册。固定资产总值1.7亿元，其中，教学科研仪器设备总值2901万元。全年教育经费投入9206.7万元，其中，国家拨款8086.7万元、自筹经费1120万元。教职工310人，其中，专任教师149人，教辅人员32人。专任教师中博士1人，在读博士1人，硕士29人，本科以上学历占教师总数98%；高级讲师35人、讲师63人，“双师型”教师62人，市级骨干教师21人。另有兼职教师100人。开设20个专业，其中，会计专业、旅游服务与管理专业、眼镜配制专业、宝玉石鉴定与加工专业为北京市重点建设专业。中专开设教学班106个。招收中专生1012人；在校生4812人；毕业1491人，毕业生实习率100%。网址：www.bjsx.com.cn。

（余红霞）

【电子商务运营中心启用】 2月25日，

商校电子商务实践运营中心启用。该中心为探索电子商务专业“工作过程系统化”教学模式改革，通过引入美资英迪华（Endiva）科技有限公司电子商务平台，构建真实工作环境，组织公司正常运营。学生可作为公司员工，对网络编辑、客户服务、电子商务销售岗位进行实战训练。

（余红霞）

【专家观摩活动课教学】 3月28日，商校接待“学会做事”总课题组到校观摩教学。总课题组观摩该校“合作与创新能力训练”活动课。该活动课通过指导学生参与团队实际创建活动，使学生理解和体验工作要求，提高学生在团队工作中合作与创新意识和能力，引导学生进行正确价值判断和行为选择，形成积极进取、敬业负责、乐观向上的职业情感和态度，增强学生可持续发展能力。来自总课题的专家及全国中职学校的60名领导、专家参加观摩活动。该活动课是商校承担“学会做事”课题的子课题，自行开发的校本选修课程。

（余红霞）

【与10家企业合作签约】 5月28日，商校与北京10家企业签订校企合作协议。根据协议，企业为学校提供教学场所和设施，定期选派业务技术人员进行业务、技术及教学指导，提供学生参观、实习等项目服务；学校作为企业的培训基地按照企业经营模式开展业务活动，定期选派教师学习业务、了解市场信息、修订教学计划。10家企业分别是大明眼镜公司、红都集团公司、一商美洁商业有限公司、永外城文化用品市场有限公司、一商物流发展有限责任公司、北京五龙达经贸有限责任公司、一商兰枫叶商业有限公司、一商宇洁商业有限公司、商务会馆和商业机械研究所。

（余红霞）

【通过中奥合作国际酒店专业阶段教学评估】 11月5至6日，商校接受奥地利莫都尔（MODUL）学院合作项目评估。专家听取国际酒店专业合作项目所开展的教学活动基本情况汇报，观摩西餐食品制作、西餐服务、酒吧运营课程，考察专业实训设施情况，召开座谈会，了解招生和就业、教学监控、教师管理、专业核心课程讲授与学生评价等情况。考察后，专家肯定该校教学设施、教师水平与学生能力三方面取得的成绩。该项目每两年进行一次阶段教学评估。

（余红霞）

北京市交通学校

【概　况】 2008年，北京市交通学校占地面积10.93万平方米、建筑面积7.02万平方米。图书馆建筑面积3252平方米，藏书11.1万册。固定资产总值17590万元，其中，教学科研仪器设备总值2030.2万元。全年教育经费投入7498.6万元，其中，国家拨款5506万元、自筹经费

1992.6万元。有实验实训基地10个。教职工302人，其中，专任教师140人，教辅人员7人。专任教师中具有研究生学历26人，本科学历占教师总数60.7%，高级讲师34人、讲师45人。开设7个专业，147个教学班。在校生6800人；招生1844人；毕业生1579人，毕业实习率100%，就业率98%。全年开展交通行业从业人员资质性岗位培训1.76万人，职业技能鉴定考核4.84万人。网址：www.bjjtxx.com。

（苑媛）

【生产性实习基地落成】 1月26日，

交通学校生产性实训基地北京德众丰通汽车维修服务有限责任公司落成并开业。该实训基地服务学生实训及就业，指导学校教育教学改革，并对外提供质优价廉的维修服务。该公司由交通学校与台湾汇丰汽车股份有限公司合作开办。

（苑媛）

【培训京港地铁公司员工】 2月，交通学校与京港地铁有限公司、香港地铁有限公司合作开办城市轨道交通运营与管理高级研修班。该班从1000名报名者中录取学员274人，全部具有高等学校大专以上学历，年龄在23至35岁之间，具有3年以上工作经验。在交通学校学习车辆技术、行车调度、安全管理等内容，为期6个月。9月，该校为北京地铁4号线培养列车驾驶员328人。至此，该校累计为地铁4号线培养轨道交通专业运营人员600人，涉及值班站长、列车司机、车辆维修技工等多个管理及技术岗位。2006年，该校与香港地铁公司、京港地铁公司开展校企合作。

（苑媛）

【城市轨道交通实训基地落成】 4月12日，交通学校城市轨道交通实训基地一期工程落成。该工程建筑面积2300平方米，由沙盘模型、地铁列车驾驶模拟训练系统、中央控制室OCC和行调演示系统、车辆轨道牵引供电模拟训练实验室和屏蔽门实训系统五大系统组成。该基地由市财政投资3000万元建设。

（苑媛）

【参加全国职业技能大赛】 6月28至30日，交通学校学生参加2008年全国中等职业院校技能大赛。该校4名学生分别参加个人组和团体组比赛，获得汽车运用与维修专业汽车二级维护项目一等奖；两人分别获得汽车维修基本技能二等奖和三等奖。来自全国31个省市及4个计划单列市中等职业学校汽车运用与维修专业选手208人参加比赛。该比赛由教育部、交通部共同主办，丰田汽车（中国）投资有限公司和一汽丰田汽车销售有限公司协办。

（苑媛）

【超额完成招生计划】 8月，交通学校超额完成招生计划。该校普通中专计划招生1350人，其中，面向北京计划招生1150人，包括提前招生500人、统招650人；面向外省市计划招生200人。实际完成普通中专招生1399人，超额完成招生计划，其中，学校二年制高中班招生106人，包括北京生源69人，是历届高中招生人数最多的一年；职业中专班招生65人；京港地铁高级研修班招生274人。至10月31日，该校共完成招生1844人。

（苑媛）

【赴日本参加交流活动】 10月14至22日，交通学校学生赴日本参加文化交流活动。该校15名学生作为教育部首批从职业学校选拔的中国青年友好交流使者赴日本交流。在日期间，学生进入日本家庭，将中国文化和职业技能与日本学生进行沟通。本年是中日和平友好条约缔结30周年。

（苑媛）

【参加全国文明风采竞赛】 12月15日，全国中等职业学校第五届“文明风采”竞赛颁奖，交通学校学生14件作品获奖。该校共选送参赛作品50件，其中，44件获奖，包括一等奖6件、二等奖5件、三等奖23件、优秀奖10件，18名指导教师获优秀指导奖，学校获得组织奖。该活动由教育部主办，中国职业技术教育学会承办，以弘扬民族精神、树立职业理想为主题，设置征文类、设计类、摄影类、FLASH动漫类4类8项比赛内容。来自全国36个省区市24505名学生参加竞赛，14892名学生的13692件作品和8025名教师、214所学校获奖。

（苑媛）

【参加教育部纪念职业教育改革发展30年座谈会】 12月18日，在教育

部纪念职业教育改革发展30年座谈会上，交通学校代表全国中等职业学校参加会议。该校做题为《打造职教精品，助交通事业又好又快发展》的

发言，阐述改革开放30年来北京职教伴随经济社会发展而取得的成就，以及面对当前经济危机的严峻挑战，市教委和市交通委积极协调，盘活现有存量资源，进行机制体制创新，打造北京交通职教集团，更加有力地支撑首都交通行业的快速发展。

（苑媛）

北京商贸学校

【概　况】 2008年，北京商贸学校占地面积9.49万平方米、建筑面积7.95万平方米。图书馆建筑面积3652平方米，藏书31万册。固定资产总值13726万元，其中，教学科研仪器设备总值9550万元。全年教育经费投入5298万元，其中，国家拨款4315万元、自筹经费983万元。实验实训基地38个。教职工224人，其中，专任教师131人，教辅人员21人。专任教师中具有研究生学历69人，其余均具有本科学历。高级讲师28人，讲师51人。开设17个专业，117个教学班。在校生5000人，毕业生1250人，招生1200人，毕业实习率、就业率均100%，学生技能鉴定取证率96%以上。

（赵广胜）

【举办中青年教师授课比赛】 5月26至28日，商贸学校举办中青年教师授课比赛决赛。比赛采取听课、评课和一对一交流的形式，聘请三名校外专家作为评委，最终评选出一等奖2人、二等奖3人、三等奖5人。该项比赛开始于2007年12月，共有51人参加比赛，经过初赛和复赛，16人进入决赛。比赛涉及课程类型为历届比赛最全面。赛后，专家肯定学校教改中的三个转变，即由以教师为中心向以学生为中心的转变、由重理论向重实践的转变、由重共性教学向重个性教学的转变。

（赵广胜）

【创建个人数字图书馆】 7月，商贸学校创建教师个人数字图书馆。个人图书馆依托中国知网建立，学校为教师完成登陆注册和学科领域选择，教师登陆中国知网，输入个人资料即可进入个人图书馆，根据所教专业查询所需资料。至年底，学校为67名教师建立个人图书馆。

（赵广胜）

【实行中层干部巡查制】 8月，商贸学校实行中层干部巡查制。全体中层干部分成若干组，从早7时至晚7时巡查校园、宿舍区、中心花园、教学楼等地，一天两次向带班校领导汇报巡查结果，研究解决问题，详细记录巡查情况并备案。至年底，经过巡查，学生遵规守纪意识增强，迟到学生由以前的上百人减至十几人，早退由几十人减至零；学生到课率由原来60%增至各年级平均90%以上。巡查工作由原来的侧重安保、纪律管理逐步深入到课堂、教学等方面管理。

（刘庆选）

北京市外事学校

【概　况】 2008年，北京市外事学校占地面积2.89万平方米、建筑面积2.94万平方米。图书馆建筑面积479平方米，藏书14.5万册。固定资产总值3964万元，其中，教学科研仪器设备总值1790万元。全年教育经费投入6737万元，其中，国家拨款5689万元、自筹经费1048万元。建有占地面积3700平方米的实习饭店，建筑面积7000平方米的北京市饭店服务与管理专业重点实验实训基地，有多媒体演示教室56个，计算机房9个，多媒体教室6个，语音教室2个，专业模拟教室28个和84平方米的演播室1个。教职工276人，其中，专任教师166人，专业教师66人。教师中，高级专业技术职务69人、中级96人，双师型教师21人。开设9个专业，其中，饭店服务与管理为北京市骨干特色专业。有教学班60个。在校生1441人、毕业640人、招生480人。全年培训10524人次。网址：www.bjwszg.net。

（龙新华）

【接待荷兰签约学校师生来访】 5月9至18日，外事学校接待荷兰蒙特里安学院师生来访。16名来访师生参加外事学校开设的交流课程学习、与学生互动交流、游览名胜古迹。这是两校本年签署合作协议后的首批荷方来京师生团。

（龙新华）

【举办京菜论坛】 5月29日，外事学校举办京菜论坛。

该论坛分京菜研讨与交流和京菜品尝与鉴赏两部分。该校烹饪专业组长、实习饭店经理和学校副校长分别做题为《中国烹饪园地的奇葩——京菜》、《实习饭店京菜开发研究及菜品特色》和《京菜研究基地网络平台建设》的主题发言。通过研讨交流，会议达成共识，认为要以京菜研究为助推器，推动学校专业建设，创造京菜教学、实践、实训品牌。有关单位领导、媒体记者30人参加论坛。

（龙新华）

【接待伦敦格林威治学院师生团】 8月18至28日，外事学校实习饭店接待英国伦敦格林威治学院师生团。来访师生12人学习中华礼仪、中华茶艺、中国传统文化等课程，并参观名胜古迹。两校学生共同参加伦敦——北京世界城市合作招待酒会服务工作。该活动是“伦敦——北京世界城市合作”教育合作项目中的一项内容。该项目由英国教育部、英国首相政府教育基金、伦敦市政发展署共同出资设立，致力于中英两国及北京和伦敦两市在教育领域共同分享教育理念及教育资源。至年底，伦敦、北京共有20所职业院校相互建立合作伙伴关系。

（龙新华）

【教师在全国说课比赛中获奖】 11月18至20日，外事学校两名教师参加2008年“高教社杯”全国中等职业学校旅游烹饪专业创新课教学说课比赛。两人分别获得一等奖和二等奖。来自全国30个省市区的135人参加说课比赛，其中，北京代表队共有10人。

（张朝辉）

北京市劲松职业高中

【概　况】 2008年，北京市劲松职业高中占地面积3.4万平方米、建筑面积2.16万平方米。图书馆建筑面积1000平方米，藏书10万册。固定资产总值5507万元，其中，教学科研仪器设备总值1214万元。全年教育经费投入2789万元，其中，国家拨款2174万元、自筹经费615万元。建有中西餐烹饪、美容美发与形象设计、计算机与网络技术3个实习实训基地。教职工143人，其中，专任教师88人，包括中、高级专业技术职务80人。开设9个专业。在校生2297人，毕业生805人，招生928人。网址：www.jszg.com.cn。

（赵冰心）

【培训奥运签约饭店西餐厨师】 2月19日，劲松职高举办奥运签约饭店西餐厨师培训班第一期开班。该培训共举办普通班4期、高级班5期，市旅游局下属的128家奥运签约饭店中，有114家饭店的厨师共计200人参加培训。

（赵冰心）

【接受西班牙国家电视台拍摄】 4月

17日，劲松职高接受西班牙国家电视台拍摄节目。该节目主要面向西班牙观众，介绍中国职业教育情况，拍摄内容包括早操、中西餐烹饪、美容美发专业学生实习实训课程。该节目于奥运会前在西班牙本土及通过卫星电视向全球播出。

（赵冰心）

【举办实习生招聘会】 至6月，劲松职高举办3场应届实习生大型招聘会和8场专场招聘会。共有100家单位参加招聘会，60家单位与学校签订用工协议，2006级各专业学生平均推荐率100%，分配率96.7%。该校重视毕业生就业教育工作，建立长效就业工作机制，完善实习推荐制度、招聘信息公示制度、入店教育制度、脱岗学生返校制度、优秀实习生评选制度等相关管理规定，使职业指导工作有规可循。

（赵冰心）

【参加全国说课比赛获奖】 11月18至20日，在2008年“高教社杯”全国旅游烹饪专业创新课教学说课比赛上，劲松职高教师侯德成获烹饪专业一等奖。北京市职业学校烹饪专业共有5名选手参赛。全国共有45人参加烹饪专业比赛，产生一等奖9人。该比赛由中国职业技术教育学会主办，高等教育出版社协办，比赛课程涉及导游、酒店、中餐烹饪、西餐烹饪、食品营养等专业。全国25个代表队的135人参加比赛，评出一等奖41人、二等奖68人、三等奖26人。

（赵冰心）

【开展对外交流培训】 至年底，劲松

职高多渠道组织国际交流活动。共接待来自美国、德国和日本等18个国家1000人次，进行交流或接受培训；派出17名教师和学生分别赴韩国、新加坡等国家考察和交流。

（赵冰心）

北京市实美职业学校

【概　况】 2008年，北京市实美职业学校占地面积4.76万平方米、建筑面积5.68万平方米。图书馆建筑面积542平方米，藏书18万册。固定资产总值6617万元，其中，教学科研仪器设备总值3869万元。全年教育经费投入8430万元，其中，国家拨款7496万元、自筹经费934万元。教职工469人，其中，专任教师271人，包括高级专业技术职务81人、中级119人，具有本科以上学历257人，市级学科带头人1人，市级骨干教师6人。开设14个专业，有教学班122个。在校生2378人，毕业生903人，招生442人，本科升学率88%，高职升学率77%；就业率95%以上。网址：www.bjsm.net。

（王秋生）

【参加全国职业院校技能大赛获奖】 6月28至30日，实美职业学校学生参加全国职业院校技能大赛获奖。其中，1人获中职组动画片制作项目二等奖、1人获家用电子产品维修项目三等奖；美发美容专业比赛中，1人获新娘化妆项目一等奖、2人获男士有缝推剪吹风造型项目二等奖、1人获女长发晚宴发型项目三等奖、1人获女士中发翻翘项目三等奖。

（王秋生）

【与电子信息学校合并】 7月3日，实美学校与北京市电子信息学校合并。合并后，校名为北京市实美职业学校，原电子信息学校建制撤销，机构与人员并入实美学校。电子信息学校前身为1980年成立的西城电子电器职业高中，隶属于西城区教委；2004年更名为北京市电子信息学校。29年来，共培养学生1万人。

（王秋生）

【教师获全国说课比赛二等奖】 12月5至7日，实美学校1名教师参加“高教社杯”全国中等职业学校幼教专业教师说课比赛，获得二等奖。该教师精心设计教学内容，结合幼教专业学生实际，激发多元潜能，兼顾幼儿和幼儿教师发展，体现职业教育理念。来自全国各省市区100名选手参加决赛。

（王秋生）

北京市求实职业学校

【概　况】 2008年，北京市求实职业学校占地面积5.88万平方米、建

筑面积3.47万平方米。开设文秘、计算机网络技术、民航服务等专业，其中，文秘专业为北京市中等职业学校骨干特色专业。教职工185人，其中，高级专业技术职务32人，双师型教师52人，全部为本科及以上学历，其中，硕士8人，研究生课程班毕业15人。学历教育在校生2573人，毕业生466人，招生921人，长短期培训4228人次。

（刘凤芹）

【召开网络专业校企互动课改研讨会】 3月9日，求实学校召开网络专业校企互动课改研讨会。会议根据学校实际和专业特点，研讨学校网络专业校企互动课程改革的目标、任务及措施，确定教师全员参与、全员培训的合作理念，校企共同制订、落实典型性工作任务的教学方案。来自华为一3com公司、苹果公司、联想公司、奥多比系统软件有限公司的企业代表参加会议。

（刘凤芹）

【网络专业学生获全国职业技能大赛奖】 6月28至30日，在2008年全国职业院校技能大赛上，求实学校计算机网络专业学生获得计算机应用技术项目一等奖。2006级两名学生以北京赛区第一二名成绩代表北京市参加比赛，获得中职组计算机应用技术专业企业网络搭建及应用项目一等奖。至此，该校计算机网络专业学生连续两年代表北京市参加全国职业院校技能大赛，并蝉联一等奖。

（刘凤芹）

【师生赴新加坡交流】 10月22至28日，求实学校师生赴新加坡开展文化交流活动。师生一行28人，参观华盛顿学院、大马希工艺学院、新加坡国立大学、明康航空培训学校等院校，并走进新加坡中小学课堂，和新加坡学生一起上课、联欢。

（刘凤芹）

【举办亚洲商业计划书大赛】 12月14日，“求实杯”第二届亚洲商业计划书比赛在求实学校举办。来自日本2所学校和中国3所学校共8个代表队参加比赛，经过评比，大阪市立天王寺商业高等学校学生的作品获得最优秀奖，北京东城区职业教育中心学校和河北省高碑店第一职业高中学校的两队选手获得优秀奖，求实学校、大阪市立鹤见商业高等学校和大阪市立天王寺商业高等学校学生获得评委特别奖。

（刘凤芹）

北京市东城区职业教育中心学校

【概　况】 2008年，北京市东城区职业教育中心学校占地面积5.53万平方米、建筑面积5.77万平方米。图书馆建筑面积702.25平方米，藏书15万册。固定资产总值4380万元，其中，教学科研仪器设备总值1329万元。全年教育经费投入3779万元，其中，国家拨款3014万元、自筹经费601万元。实验实训基地4个。教职工319人，其中，专任教师159人，教辅人员55人。专任教师中，本科学历148人，高级专业技术职务56人、中级71人，硕士4人。开设10个专业，59个教学班。在校生1513人；招生425人；毕业生763人，毕业实习率99%，就业率99%；短期培训649人，职业技能鉴定考核175人。网址：www.dzz.net.cn。

（刘春玲）

【开展文化课和专业课课例研讨】 3月18日，东城职教中心校开展文化课和专业课课例研讨。该活动采取听课、自评、教师互评、组长评课、专家点评的程序。全体教师分文化课和专业课两组进行课例研讨。参加研讨的教师首先分别听取1节数学课和观看1节北京市优秀专业课教学光盘，然后针对所听课例进行研究讨论。

（刘春玲）

【改革选修课管理方式】 3月，东城职教中心校改革选修课管理方式。该改革将选修课报名和录取手工操作，改为利用校园网络进行选课和确认。至年底，该校学生1280人次利用网络选课39门。

（刘春玲）

【开展系列教师培训】 3至12月，东城职教中心校开展系列教师培训。3月，聘请市中等职业学校课程体系整体改革专家作题为《加强专业建设，建立基于工作过程系统化的课程体系》专题报告，任课教师160人参加学习。4月，组织一线教师开展信息技术培训，全校80名教师和职员参加学习。开设周四、周五两个班。聘请东城区教师研修中心信息中心教师来校授课。5月，组织参加中国教育学会“全国职业教育基于工作过程的课程与课程开发”专题培训，专业主任、专业组长、专业课骨干教师23人参加学习。9月和12月，聘请市中等职业教育课程体系改革专家分别作题为《提高职业学校教师教育科研能力的建议》和《说课是教师开展教研活动的好方法》培训，一线教师170人参加培训。

（刘春玲）

【师生在专业技能比赛中获奖】 4至6月，东城职教中心校师生在专业技能比赛中获奖。4月，在第四届国际中华美食养生烹饪大赛中，烹饪专业师生获得团体金奖、热菜金牌、面点金牌和冷荤金牌。该比赛由香港中华药膳协会举办，设5个比赛项目，来自美国、日本、韩国等国家，以及北京、天津和上海等10个省市选手100人参加比赛。5月，在第三届全国月季花展上，园林专业3名教师参加插花比赛，分别获得银奖1个、铜奖2个。6月，该校3名学生代表北京市参加全国职业院校技能大赛总决赛，获得中职组服装设计制作与模特表演专业学生模特表演项目一等奖1人、二等奖2人。

（刘春玲）

【金融事务专业学生参加财会技能通级鉴定】 5月12至16日，东城职教中心校金融事务专业组织学生参加北京市珠算协会财会综合技能通级初级鉴定。289人次学生共参加点钞、计算器、账表算、传票4个模块15场测试，通过率77%。6月，该校组织学生再次参加初级和中级鉴定，279人次共参加4个模块15场测试，77人取得中级资格、86人取得初级资格。

（刘春玲）

【评选首届教科研优秀论文】 5至6月，东城职教中心校评选首届校级教育科研优秀论文。该校成立校教育科研优秀论文评审工作小组，制订校级教育科研优秀论文评审标准。共有

164篇论文参加评选，经评审，29篇论文获奖，其中，一等奖5篇、二等奖10篇、三等奖14篇。11月28日，该校将一等奖5篇论文发表在《现代教育报》。

（刘春玲）

【开展骨干教师徒弟做课活动】 6月，东城职教中心校开展骨干教师所带的徒弟做课活动。此次做课活动最大特点是备课和评课，备课环节中，由师徒共同研究备课；在评课环节中，首先由做课教师介绍教学设计，评价自己的课，然后请师傅评价徒弟的课，其后是专业组长、教研组长、听课教师对所听课进行评价，最后由督学评课。全校30人做课。

（刘春玲）

【4名教师在全国说课比赛中获奖】 11至12月，东城职教中心校4名教师代表北京市参加2008年“高教社杯”全国中等职业学校说课比赛。其中，服装专业2人、烹饪专业1人、幼儿教育专业1人，3人获得一等奖、1人获得二等奖。该比赛由中国职业技术教育学会和高等教育出版社联合举办。

（刘春玲）

【幼儿教育专业举行毕业汇报公演】 12月11日，东城职教中心校幼儿教育专业举行2009届毕业生汇报公演及实习洽谈会。99名毕业生表演舞蹈《毕业照》、独唱《青藏高原》和歌舞表演《感恩的心》等声乐类、钢琴类、语言类、舞蹈类、健美操共19个节目。40家幼儿园及幼教机构领导和合作办学的2所学校校长等观看演出。参加表演的所有学生均签订实习意向书。该校幼儿教育专业重视学生技能培养，组织学生到幼儿园参观、见习和听课；举办声、琴、舞、美、语言技能比赛；召开教养员实习交流会。该校高三年级学生参加国家职业技能中级保育员资格认定考试，全部取得证书。

（刘春玲）

北京市宣武区第一职业学校

【概　况】 2008年，北京市宣武区第一职业学校占地面积3.53万平方米，建筑面积3.66万平方米。图书馆建筑面积1976平方米，藏书17万册。固定资产总值2056万元，其中，教学科研仪器设备总值1217万元。全年教育经费投入2748万元，其中，国家拨款2312万元、自筹经费436万元。教职工212人，其中，专任教师109人，包括硕士以上学历7人，高级教师36人。开设5个专业。在校生1100人、毕业生349人、招生258人。全年社会培训5000人次。网址：www.xwyz.com。

（于和华）

【开展社会大课堂活动】 1月，宣武一职举办社会大课堂活动。该校利用寒假接待宣武区普通中学学生参与职业实践课程活动，该校5个专业师生展示计算机维修组装、茶艺、调酒、中西餐摆台等适合普通中学学生了解和掌握的职业实践课程活动。15所学校的师生200人参加活动。至年底，该校为宣武区接受北京市社会大课堂活动展示总结会提供金融、茶艺和计算机组装3节展示课。

（于和华）

【签署校企合作协议】 3月，宣武一职与神州数码网络公司签订合作办学协议。根据协议，双方在实训基地建设、课程置换、师资培训、教材建设、校内外取证培训、推荐学生实习就业等方面开展合作。该校计算机网络专业本届学生冠名“神州数码班”；神州数码公司主办全国网络技能大赛，利用学校神州数码网络实训基地做全国技能大赛实验项目培训。8月，计算机专业教师参加神码网络DCNE网络工程师师资培训，通过考试拿到DCNI讲师认证；计算机网络专业学生参加神码DCNA网络管理员培训，35名学生通过ATA考试取得相应网络认证。

（于和华）

【共享教育资源】 3至4月，宣武一职参与宣武区教育资源共享工程建设。该校与华夏女子中学签订合作协议，召开跨校课程开发研讨会，开展市场调研。至4月，两校完成个人理财、茶艺和女子形体与礼仪3门课程开发、课标制订工作。9月，该校为华夏女中开设“女子形体与礼仪”课程。该项活动主要是“以硬件为基础，促进区优势资源共享”，内容是以职业学校为主带动普通学校，就新型选修课程开发授课大纲、课程标准，完善新型课程开发。

（于和华）

【确定新校训和校徽】 10月24日，宣武一职确定新校训和校徽。新校训为“明德、砺能、承业、益民”，明德：语出《大学》，强调修身养德，对师生职业道德的重视以及对树立正确职业理想的引领；砺能：语出北齐颜之推《颜式家训——勉学》，在知行方面，突出职业教育中以能力为本位，强调学生勤勉拼搏、主动刻苦训练技能，教师强化执教能力，管理干部突出管理能力；承业：专业建设是职业教育的核心工作，每个专业的师生都要传承专业优势，承载专业理念、精神、内涵与特色；益民：坚持以服务为宗旨，作对社会有益的人是发挥职业教育的功能，提升个人人生境界的归宿。校徽设计以中国传统篆书“宣职”为主要元素，外圆的设计体现学校一步一个脚印踏实的发展历史，日新其德，永不停止。中间的“一”彰显学校拓展无限，永续经营、积极向上和永作第一的心愿。图案颜色采用象征喜庆圆满的红色，代表着希望和新的开始，代表该校师生用热情和活力，期望将学校越办越好的美好愿景。

（于和华）

北京市丰台区职业教育中心学校

【概　况】 2008年，北京市丰台区职业教育中心学校占地面积6.9万平方米、建筑面积3.42万平方米。图书馆建筑面积1200平方米，藏书9.6万册。固定资产总值3053万元，其中，教学实习仪器设备总值915万元，包括本年新增83万元。全年教育经费投入3782.50万元，其中，国家拨款3200.27万元、自筹经费582.23万元。教职工276人，其中，专任教师167人，高、中级教师150人，占专任教师90%。开设21个专业。在校生2691人；招生858人；

毕业生 854 人，就业率 96%。网址：www.ftzj.com。

（薛凤彩）

【组织教师赴境外学习】 2 至 12 月，丰台职教中心校组织教师赴境外学习。其中，2 至 3 月，1 名教师赴德国学习工作过程系统化课程内容；6 至 8 月，1 名教师赴法国黄房子西餐厅实训学习；8 月，2 名教师赴韩国骊州大学学习动漫制作；12 月，1 名教师赴韩国学习韩国饮食文化。

（薛凤彩）

【为企业开展岗前工作】 3 月，丰台职教中心校与王佐乡南宫恒业集团签订饭店服务员岗前培训协议。根据协议，学校委派服务专业组 3 名教师承担培训任务。授课教师到南宫实地考察，查找教学资料，制作教学课件。培训内容包括客房服务、餐厅服务、饭店礼仪、饭店英语等课程，为期 15 天。该企业 190 人分 2 期参加培训。

（薛凤彩）

【举办毕业汇演和就业洽谈会】 6 月 13 日，丰台职教中心校举办毕业生汇报演出和就业洽谈会。该校幼教专业学生做毕业汇演，演出合唱、钢琴八手联弹《土耳其进行曲》和舞蹈《五星红旗》等节目，50 家用人单位领导和全体学生观看演出；汽修专业学生做专业技能展示，40 家汽修企业前来观摩。就业洽谈会上，70 家用人单位提供 304 个就业岗位，248 名幼教专业学生和 54 名汽修专业学生通过用人单位初试。

（薛凤彩）

【举办教师评优课比赛】 6 月 20 日，丰台职教中心校教师评优课比赛结束。14 名教师参加决赛，经过现场评课，由部分骨干教师和教研组长组成的评审小组评出获奖人员，其中，一等奖 2 人、二等奖 4 人、三等奖 8 人。该活动历时一学期，首先在教研组内开展听评课活动，推荐组内参赛教师，共推出 14 人参加决赛。

（薛凤彩）

【开展师徒结对工作】 10 月 17 日，丰台职教中心校举办师徒结对拜师仪式。14 名新教师拜 14 名有经验的教师为导师，从教材研究、教法研究、教案设计、课堂教学等方面开展学习。拜师仪式后，举办导师说课、授课、分教研组评课、各组派代表陈述评议结果 4 项活动。该校建立以市、区骨干教师为主体的导师团，开展师徒结对工作。

（薛凤彩）

【骨干教师赴外地学习】 12 月 22 至 25 日，丰台职教中心校举办骨干教师赴外地学习活动。该校将教师分文化课和专业课两个考察小组，分别赴温州、杭州、上海三个地区考察参观，在温州市职业中等专业学校、杭州旅游职业学校和上海交通学校，听取学校介绍、参观实训基地建设、观摩一线教师公开课、与教师交流研讨。

（薛凤彩）

北京市黄庄职业高中

【概　况】 2008 年，北京市黄庄职业高中占地面积 10.11 万平方米、建筑面积 4.9 万平方米。图书馆建筑面积 848 平方米，藏书 9.53 万册。固定资产总值 8265.7 万元，其中，教学科研仪器设备总值 3261.5 万元。全年教育经费投入 4698.2 万元，其中，国家拨款 4348.5 万元、自筹经费 349.7 万元。建有 6 个校内实训基地，57 间专业实训室。教职工 269 人，其中，专任教师 115 人。专任教师中，具有研究生学历 5 人，其余为本科学历。专、兼任教师中，高级专业技术职务 50 人、中级 119 人。有教学班 70 个。在校生 1983 人；毕业生 605 人，毕业生就业率 97%；招生 459 人，完成招生计划 117%。学生“双证书”取证率 89.6%。网址：www.huangzhi.net.cn。

（李险峰）

【改革考试模式】 1 月，黄庄职高部分专业改革考试模式。该校在各专业 1 至 2 个学科中进行试点改革，其中，导游和信息科技专业将技能比赛成绩纳入期末考试成绩；美容专业开设模拟美容院，考核学生策划沟通能力、掌握技能情况和服务意识；金融商贸专业财务会计课期末成绩评定由期中、期末考试、技能大赛、笔记、平时作业和各项目阶段测验成绩组成；服装专业以环保为主题，设计、制作环保包，考核学生综合能力。

（翟路）

【举办综合课程周活动】 3 月 17 至 21 日，黄庄职高与北京市蓝天二中共同举办综合课程周活动。该活动以“融入、融合、生存、发展”为主题，探索将职业意识、职业指导渗透到初中学校，为学生的生存与发展提供服务和信息。该校在蓝天二中开设综合实践课，并组织学生到企业参观。本年，该校为石景山区初中校开设系列综合实践研究校本课程。

（翟路　杜印清）

【开展学生取证工作】 3 月，黄庄职高旅游服务与管理专业 3 名学生通过考试取得北京市导游资格证书。该专业组织学生参加北京市展览讲解员取证考试，30 名学生全部通过笔试、口试，取证率 100%。

（翟路）

【师生参加全国比赛获奖】 3至11月，黄庄职高教师和学生参加全国比赛获奖。3 月，在第五届全国中等职业学校“文明风采”竞赛活动中，1 名学生获得一等奖、2 名学生获得二等奖、22 名学生获得三等奖，教师 36 人次获得竞赛指导奖。该比赛由教育部职业教育与成人教育司举办，设征文类、职业生涯规划设计类、flash 动漫类、摄影类比赛项目。5 月，在全国第三届月季花展插花比赛中，1 名学生获得金奖、2 名学生获得银奖、3 名学生获得铜奖，2 名教师作品获得铜奖，2 名教师同时获得优秀辅导教师奖。11 月，在全国中等职业学校专业说课比赛中，服装专业 2 名教师获得一等奖，烹饪专业 1 名教师获得二等奖。

（翟路　范玉萍）

【选派教师赴境外考察学习】 4至12月，黄庄职高选派教师11人次赴境外考察学习。其中，1人赴德国巴登－符腾堡州教师进修学院，学习了解德国“双元制”及学习领域与学习情境、行动导向的课堂教学等内容；4人赴德国哈尔博格学院，学习了解德国教育体系、教学法等内容；2人赴美国北弗吉尼亚社区学院，学习英语教学法等内容；4人赴澳门观摩园林花卉大赛。

（范玉萍）

【举办初中校专业课程体验活动】 5月1日，黄庄职高举办初中校专业课程体验活动。该校为前来参观的各校初三学生开设美甲、服装设计、烹饪和导游实训等12门体验课程。来自各区县中学的初三学生100人参加体验活动。

（杜印清）

【建成万兆网络平台】 8月25日，黄庄职高建成万兆网络平台。该平台采用H3C全系统产品，双引擎9500核心交换机，集成防火墙业务板，配有T1000－S入侵防御系统，确保网络安全可靠。通过有线与无线有机结合，实现全校网络覆盖。该网络平台于7月18日开始建设，共计投资300万元。

（苏永）

【颁发恒坤助学金】 9月1日，黄庄职高颁发恒坤助学金。15名学生获得资助，每人1500元。该助学金由恒坤集团董事长出资100万元于2004年设立，每年在石景山区评选一次，奖励品学兼优但家境贫困的高中学生。至年底，石景山区共有600人获得资助。

（翟路）

【举办校际、校企合作研讨会】 11月16至18日，黄庄职高与石景山区职教中心和北京引力场数码科技有限公司（动漫学院）共同举办首届校际、校企合作研讨会。会议围绕“沟通、共融、资源同享”主题，研讨校际、校企合作及职业教育发展情况。会议参观黄庄职高和奥运场馆。来自陕西、山西、山东、新疆等省区院校及企业代表，北京中职学校代表共计40人参加研讨会。

（杜印清）

【实训基地落成】 12月18日，黄庄

职高实训基地落成。该基地为美容美发专业实训基地，命名“石景涩谷美容院——徐凯造型”，建筑面积2612平方米，可容纳80名学生实习实践。基地总投资850万元。

（翟路）

北京市昌平职业学校

【概　况】 2008年，北京市昌平职业学校占地面积13.32万平方米、建筑面积7.15万平方米，使用面积6.34万平方米。图书馆建筑面积1600平方米，藏有纸质图书8.73万册、电子图书8万册，订阅杂志204种、报纸44种。固定资产总值7844.57万元，其中，教学科研仪器设备总值3784.57万元。全年教育经费投入7978万元，其中，国家拨款6847万元、自筹经费1131万元。拥有专用教室、实训实习教室共38个。拥有体育馆、篮球场、田径场，体育器材配备455万元。教职工240人，其中，专任教师207人，包括副高级专业技术职务28人、中级65人，市级学科带头人1人，市级骨干教师2人。开设14个专业，42个专门化方向，有教学班97个。毕业生1281人，毕业实习率98.3%；招生1894人；在校生5029人；在籍生6000人。网址：www.cpvs.com.cn。

（刘文军）

【帮扶康陵村开发春饼宴】 3月9日，昌平职校帮扶建设的康陵村春饼宴接待民俗游客人数创高峰。该村民俗旅游接待户每户平均接待80人，收入4000元左右。长陵镇康陵村是昌平职校重点帮扶的新农村建设试点村。该校经过调查，本着“易操作、促发展、创市场、能致富”的原则，为该村开发设计“春饼宴”，发展以旅游观光、休闲采摘为主要内容的帮扶项目。至年底，该村共有24家“春饼宴”民俗户，全村创收共计80万元。

（陈钧）

【首期农民教育大讲堂开班】 5月10日，昌平职校首期农民教育大讲堂在南邵镇营坊村开班。该培训内容包括计算机基础知识、法律法规知识、民间手工艺制作、家庭健康一日餐制作、果树栽培技术，其中，计算机基础知识和家庭健康一日餐制作的理论学习后，在该校进行实际操作训练；果树栽培技术学习在村里果园进行果树种植和护理技术实训。该村73人参加学习。至年底，昌平职校共在8个镇30个村开设农民教育大讲堂，内容主要涉及计算机基础知识、法律法规知识、健康知识和针对不同村民需求的秧歌和健身操培训等，共有3300人次参加学习。农民教育大讲堂培训工作由区教委牵头，主要针对昌平区16个镇66个新农村建设示范村及试点村的经济发展实际开展培训。

（姚蕾）

【举办说课评比活动】 6月22日，昌平职校举办说课评比活动。参评教师从对专业的整体把握、对课程的整体把握、教学设计、反思与提高、现场表现五个方面表述对课程的把握。由职教专家、市学科带头人和骨干教师等组成的评委现场点评打分。各专业、各学科组推选的14名教师参加评比，最终评出一等奖1人、二等奖2人、三等奖2人。

（王于）

【23名学生进入国际公司就业】 6月24日，昌平职校学生进入国际艾西益商务服务（北京）有限公司就业。入职后，学生在首都国际机场从事小额外币兑换业务。该校52名学生参加企业面试，经过初试和复试，23人合格。该公司是一家外商独资企业，从事小额外币兑换业务，建立遍布全球的300个营业网点。该公司是学校新开拓的就业合作单位。

（崔忠民）

【新校门和安防系统投入使用】　6月26日和11月，昌平职校新校门和安防系统分别投入使用。新校门采用框架结构，建筑面积320平方米，大理石装饰，灰、白色相间，采用现代简约的建筑风格。校门4月1日开工重建，总投资300万元。11月，学校完善教学区、实训区安防监控系统，安装摄像头64个，总投资45万元。

（梅琼　蒋秀英）

【成立青年骨干教师预备班】　7月4日，昌平职校组建青年骨干教师预备班。该班主要培养青年教师适应新课程改革的能力，提高教育教学水平，增强学校可持续发展的能力，培养对象为学校各个学科中的优秀青年教师，培养为期3年。来自不同专业、学科的29名青年教师成为预备班的首批学员。

（王于）

【与企业合作办学】　9月，昌平职校与北汽福田康明斯公司共同组建的“福田康明斯”定向班开课。该班由公司和学校按照培训计划联合授课，教学内容涵盖企业从美国引进的先进技术，学制2年，学生考试合格可进入公司进行专业实习，毕业合格可到企业就业。共有来自全国的高中毕业生及昌平职校学生34人参加学习。

（潘洁）

【学生付冬梅获见义勇为人员称号】　12月10日，市民政局认定昌平职校学生付冬梅为北京市见义勇为人员。10月24日，计算机专业三年级学生付冬梅，在北京民航通力航空服务公司为乘客售票、检票时，一辆巴士公交车失控后冲入人行横道，付冬梅不假思索地推开身边的两人，自己却被碾压致死。付冬梅，1992年2月出生，吉林省九台市沐石河镇人，2006年就读于昌平职校，本年9月4日由学校推荐到北京民航通力航空服务公司实习。

（崔忠民）

【实施办学新措施】　至年底，昌平职校实施办学新措施。主要措施概括为“三增一放一突出”。“三增”指办学3个增加：增加3个新专业，分别为食品生物工艺、商品经营和饭店服务与管理专业；增加中高职接轨力度，与农学院合作，在园林花卉、旅游服务与管理等专业举办高职预科班，与英国西伦敦学院、加拿大汤姆逊大学签订意向书；在园林花卉、汽车运用与维修、航空服务3个专业招生中，增加招收应届高中毕业生名额。“一放”指有条件放开招生限制。市政府批准国家级重点学校面对全市所有区县招生，不限名额。“一突出”指突出对咨询学生及家长的职业指导，为个性不同、身体条件不同、志趣爱好不同学生提供专家级职业定向咨询和分析指导。

（刘晓东　崔忠民）

【开展校内外培训工作】　至年底，昌平职校培训校内外人员6628人。校外培训中，为8个镇举办农村劳动力转移培训18期，包括家政服务员、中式烹调师、绿化工等10个工种培训班，1032人参加学习，其中，98%取得相应工种职业资格证书，实现就业；承担8个镇30个新农村建设示范村培训任务，培育有文化、懂技术、会经营的新型农民，开展“农民教育大讲堂”工作实践，共有3300人参加学习；开展农村实用人才培训，共培训161人；培训社会人员113人；工人晋级培训168人。校内培训中，为在校学生培训、鉴定考核共1854人，其中，400人参加秘书、助理物流师、英语口语、急救员和茶艺师培训考核；1454人分别参加办公软件应用（中级）、汽车维修工（中级）、中级烹饪等考核鉴定。

（姚蕾）

北京市大兴区第一职业学校

【概　况】　2008年，北京市大兴区第一职业学校占地面积18万平方米、建筑面积8万平方米。图书馆建筑面积3021平方米，藏有图书10.2万册。固定资产总值5845万元，其中，教学科研仪器设备总值210万元。全年教育经费投入3195万元，其中，国家拨款2806万元、自筹经费389万元。教职工310人，其中，专任教师248人，包括副高级专业技术职务49人、中级91人。开设14个专业，有教学班87个。在校生2869人；招生694人；毕业生582人，实习率100%，毕业生就业率98.8%。网址：www.dxyz.com.cn。

（耿媛）

【采取措施加强专业建设】　3至12月，大兴一职采取措施加强专业建设。具体措施包括整合校内外专业资源，3系1室对14个专业进行管理，与企业合作，开发校外实习实训设施资源；加强专业教学改革，加大专业课实操比例，开发校本教材，增强专业教学的实效性；打造“双师型”专业师资队伍，制订《关于加强“双师型教师”队伍建设的意见》，落实《专业教师下企业实习实践制度》，提高教师专业水平和实践能力；突出学生技能培养，实施《学生学业评定办法》，专业技能评定占60%，举办各种技能展示和专业大赛，为学生提供锻炼和展示的舞台。

（耿媛）

【推进教师继续教育】　4至12月，大兴一职采取措施推进教师继续教育工作。具体措施包括制订活动方案，组织各项培训，完成教育技术培训网上报名，教育技术和自选课程教材发放工作；开设“教师成长课堂”，开展献课、讲座活动，由市、区学科带头人和青年骨干教师发挥示范作用；建立校本培训档案，要求每名教师对每次教育教学活动做详细记录，写出听、讲体会，作为教师继续教育个人档案材料存档；举办教师专业技能展示活动，制订校内政策，鼓励教师下企业实践，进行专业调研；以师带徒形式开展老教师对新教师帮带活动；开展公开课、教学课件、教育教学论文、教案等教学评比。

（田晓军）

【举办动漫作品展】　5月27日，大兴一职举办动漫专业作品展。该展览以“我们同在蓝天下”为主题，分为“抗震救灾主题版画作品展示”、“艺术字体海报作品展示”、“动漫彩绘作品展示”、“CorelDRAW插画、VI设计、图片处理作品展示”四个展区，展出作品170件。该校动漫设计专业、动漫制作专业、电脑美术设计专业学生57人参与创作。

（耿媛）

【开展毕业生就业培训】 9至12月，

大兴一职开展系列毕业生就业培训。该校分专业带领学生到相应实习单位参观；举办面试礼仪知识培训，包括自身形象设计、简历制作、面试技巧等；组织召开学生和用人单位供需见面会，20家用人单位提供200个工作岗位，200名实习学生参加见面会；举办应聘现场模拟活动，由学生扮演招聘方和应聘方，模拟招聘氛围；充实就业指导课内容，邀请部分企业领导、实习学生和就业学生为在校生现身说法。

（耿媛）

【向汽车4S店输送汽修专业毕业生】 10月，大兴一职向北京4家汽车4S店输送汽修专业毕业生30人。学生主要从事汽车美容、钣金、喷漆等技术工作。4家企业分别是北京亚之杰汽车贸易有限责任公司、北京奥德行丰田汽车销售服务有限公司、北京长京行汽车销售服务有限公司和北京中进道达汽车有限公司。

（齐颖杰）

【举办“我能行”教育系列活动】 10月，大兴一职举办“我能行”教育活动。教育学生要“相信自己行，才会我能行；别人说你行，努力才能行；你在这点行，我在那点行；今天若不行，明天一定行；互相支持行，合作大家行”。该校任课教师举办多种以“我能行”为主题的教育活动，包括以培养学生认真、严谨学习态度，提高英语书写水平及英语表达能力为目的的英语书法展、故事会、英语手抄报活动；以提高学生医疗保健和生活常识为目的的“医疗自救、自我保护能力常识”制作墙报活动；以热爱班级增强班级凝聚力为目的的班徽、班规设计活动等。

（高艳霞）

【开展创建魅力课堂系列活动】 11

月，大兴一职举办“创建魅力课堂”系列活动。该活动以“创建魅力课堂，争做魅力教师”为主题，分3个教研组，举办特色作业展览、师生角色转换和“魅力探究课”等活动。

（耿媛）

北京市怀柔区职业学校

【概　况】 2008年，北京市怀柔区职业学校占地面积22.67万平方米、建筑面积4.60万平方米。图书室建筑面积600平方米，藏书5.20万册。固定资产总值5177万元，其中，教学科研仪器设备总值1200万元。全年教育经费投入4073万元，其中，国家拨款3807万元、自筹经费266万元。校内实训基地6个。教职工259人，其中，专任教师159人，均为本科以上学历，其中，研究生学历2人；高级教师34人、中级教师65人。开设9个专业，65个教学班。全日制在校生2042人，业余成人学历教育在校生1124人，职业技能考证生805人。完成各类社会短期培训6100人次。招生622人。毕业生713人，毕业生实习率100%，就业率98.6%。网址：www.hryz.com.cn。

（曹桂林）

【举办农民果树剪枝现场实操培训】 2月15至18日，怀柔一职举办农民果树剪枝现场实操培训。该培训在校内农业产学研一体化实训基地举办，聘请4名果林专家授课，采取理论和实践相结合的形式，重点开展现场实操演练。25名果农参加学习。

（范耕田）

【建立家校互动平台】 3月29日，怀柔职校与中国移动通信北京公司怀柔分公司合作建立家校互动平台。该平台实现班主任的计算机与学生家长手机联网，可以通过短信及时发布学校信息。

（张福兴）

【建成栗树蘑食用菌种植基地】 3月，

怀柔职校建成栗树蘑食用菌种植基地。该基地坐落在校内农业产学研一体化实训基地，建有日光温室大棚7座、高标准恒温大棚1座，高标准菌棒生产厂房1000平方米，引进先进食用菌烘干设备、保鲜设备、菌种提取及菌棒生产设备。该基地利用市教委200万元专项资金建成。至年底，基地完成树下林地、标准大棚、简易大棚总量5万个菌棒试种工作，完成13万个菌棒生产工作，年总产量1.8万公斤。该校利用基地在怀柔区推广栗树蘑种植技术，共培训14期，重点扶植种植示范户28个，免费发放菌棒1.2万个；教师通过对比种植效果，总结实践经验，编著完成《灰树花种植技术》一书；学校还联合种植户创办《北京蕈益农食用菌种植专业合作社》，为农民从事食用菌种植产业提供相关技术支持。

（郭晓慧）

【举办人才招聘洽谈会】 5月19日，怀柔职校举办校企人才招聘洽谈会。10家企业现场招聘，提供48个就业、实习岗位。200名毕业生和高三实习生经过咨询和洽谈，选定职业并进行登记。

（曹桂林）

【举办农产品经纪人培训班】 5月27至31日，怀柔职校举办第三届农产品经纪人培训班。该班开设生产、包装、储运与销售4门课，经过考试合格，由劳动和社会保障部颁发农产品经纪人初级证书。怀柔区平原9个乡镇的致富带头人和农产品销售人员88人参加培训。

（于雪飞）

【166人考入高等学校】 6月，怀柔职校166名学生在高职考试中升入普通高等学校。全区前10名中，该校占8人；3名学生分别以394分、119分、123分获得区高职考试状元、语文成绩第一名和英语成绩第一名。高考中有7人升入本科院校。这是该校高考、高职考试历史最佳成绩。

（李永红）

【举行国家级重点校揭牌仪式】 7月

11日，怀柔职校举行国家级重点中等职业学校揭牌仪式。2007年5月15日，经教育部批准，该校被评为国家级重点中等职业学校。此次共有7所北京中职学校入选。

（曹桂林）

【获市级农民培训奖励】 至年底，怀柔职校农民培训项目获得多项奖励。该校坚持以培养新型农民、推广农村实用技术为重点广泛开展培训，被评为北京市京郊新型农民培养先进单位；栗树蘑种植技术培训项目获北京市农民优秀培训项目一等奖；农村实用技术推广项目获北京市农民优秀培训项目二等奖。

（于占香）

北京市平谷区第一职业学校

【概　况】 2008年，北京市平谷区第一职业学校占地面积7.9万平方米、建筑面积3.73万平方米。图书馆建筑面积696平方米，藏书4万册。固定资产总值4187万元，其中，教学科研仪器设备总值2317万元。全年教育经费投入2044万元，其中，国家拨款1801万元、自筹经费243万元。教职工181人，其中，专任教师92人，包括副高级专业技术职务28人、中级专业技术职务74人。开设11个专业，拥有教学班29个。在校生1126人，毕业生470人，招生126人。网址：www.pgyz.cn。

（朱玉双）

【校企联合培养“双师型”教师】 3月，平谷一职与企业联合培养“双师型”教师。该校选派29名教师到实习基地顶岗实习或参加职业技能培训，到企业开展与专业相关的技术研发、技术服务，加快实践能力和业务水平的提高；学校从企业调入2名专家和工程技术人员，作为学校专任教师；学校聘请3名具有丰富实践经验和高技能的企业人员来校兼职，企业聘请学校5名教师到企业兼职，成为企业顾问和技术指导，为企业开展各类培训。至年底，该校形成一支92人组成的理论基础扎实，操作技能娴熟的“双师型”专业教学团队。

（朱玉双）

【组织全国计算机应用技术证书考试】 6月27至29日和12月15至17日，平谷一职组织两次全国计算机应用技术证书（NIT）考试。每次考6个模块，包括演示文稿、网页制作、图像处理、文字处理、多媒体制作和Visual Basic。6月，实考336人次，259人次取证；12月，实考189人次，153人次取证。

（李翠敏）

【召开自编教材研讨会】 6月，平谷一职召开自编教材研讨会。会议聘请区

教研员与编写教材的教师共同探讨自编教材编写形式、内容，交流编写经验，解决困惑。该校自编教材教师18人参加会议。该校为提高教材利用率和提高教师编写教材能力，鼓励教师编写适用于本地区行业需求和本校学生实际的校本教材。

（邢桂芬）

【开展向榜样学习活动】 11月15日至12月15日，平谷一职举办“向榜样学习，做优秀职高生”活动。29个团支部选出58名身边的榜样，并利用校园橱窗进行风采展示。该校组织学生观看《首都中学生先进事迹报告会》，开展“争做诚信职高生”活动，加强考风考纪教育。活动结束，评选出优秀职高生18人。

（贾迎春）

【举办艾滋病月宣传教育活动】 12月1至31日，平谷一职举办预防艾滋病宣传月活动。该活动以“遏制艾滋，履行承诺”为主题，利用校内广播和橱窗等载体宣传预防艾滋病知识，组织班级预防艾滋病专题板报评比、预防艾滋病知识竞赛，印发宣传资料1000份。1307名师生参加活动。

（贾迎春）

【开展社会培训】 至年底，平谷一

职开展企业职工技能培训和农村劳动力转移培训。其中，为平谷区8家宾馆饭店、3家幼儿园、7个委办局和4家服装企业共889名职工进行岗前培训和岗后再提高培训；对平谷区12个乡镇2389人次开展多种农村富余

劳动力培训。该校开展车工、汽车维修工、服装设计定制工等取证培训，1274人参加培训，1270人取证，取证率99.6%。开展计算机操作员、车工、中式烹调师、中式面点师培训，1759人全部拿到劳动局颁发的结业证。开展市场营销、餐厅礼仪、客房服务、旅游英语、职业道德等引导性培训，1465人全部合格。

（朱玉双）

北京市密云县职业学校

【概　况】　2008年，北京市密云县职业学校占地面积14.83万平方米、建筑面积3.77万平方米。图书馆建筑面积4155平方米，藏书6.25万册。固定资产总值7707.73万元，其中，教学科研仪器设备总值2882万元。全年教育经费投入4200.65万元，其中，国家拨款4095.83万元、自筹经费104.82万元。教职工282人，其中，专任教师167人，包括副高级职务教师43人、中级88人。开设13个专业，有教学班60个。在校生1795人，其中，男生1124人、女生671人。招生1053人，包括成人中专200人。毕业生1005人，包括成人中专338人，毕业生就业率98.3%。网址：myzx. miyunedu. net。

（陆洋林）

【注重专业课师资培训】　2至10月，密云职校加强专业课教师培训。2月，7名教师分别到企业参加专业技能培训。3月，5名数控专业教师参加主题为基于工作过程的课程开发北京市职业院校加工制造类专业教师培训；2名教师参加农职院组织的北京市专业教师素质提高工程培训；2名计算机专业教师到建工学院参加为期5天的网络课程培训。10月，汽修专业教师赴德国斯图加特爱斯林根教师培训学院参加为期1个月的专业培训。

（陆洋林）

【组织学生参加技能培训】　3至4月，密云职校组织学生参加多种技能培训。其中，59人参加汽车中级工培训、247人参加英语口语等级培训、147人参加计算机组装与维修4级培训、69人参加装配钳工中级工培训、30人参加餐厅服务员培训、101人参加收银员中级工培训、74人参加普车中级工培训、29人参加计算机网络与维修管理培训、127人参加信息化办公培训、36人参加商品保管员培训。

（陆洋林）

【举办法制教育专题活动】　10月14日，密云职校与县检察院签署文明共建协议书。双方商定共建制度，明确责任和义务，以互帮互助、共同发展为宗旨，以共建促自建为目的，坚持互惠互利、共同提高原则，开展多种形式互动活动，推动双方两个文明建设共同发展。学校聘请县检察院检察官为法制副校长，定期为学生进行法制教育及法律咨询服务。

（陆洋林）

【与外省职业学校联合办学】　11月27至28日，密云职校与河北省张家口市康保县职教中心签署呼叫专业长短班联合办学协议。根据协议，学校为康保职教中心联合办学的学生提供推荐北京就业机会；康保职教中心为学校提供优质生源。

（陆洋林）

【实习基地接纳首批学生】　11月28日，密云职校实习实训基地接纳首批汽修专业实习学生。该基地位于东校区，由原塘子中学改建而成，建有4800平方米的汽修实习实训和数控实习实训车间，可同时为500名学生提供实习实训机会。该基地3月13日动工，总投资6000万元。

（陆洋林）

【承办农民成人中专教育】　12月2日，密云职校承办的第一个村级中专东邵渠镇大岭村农民中专养殖专业学生毕业。40名从事专业养殖的农民通过两年学习取得“畜牧养殖中专班”毕业证书，同时获得劳动和社会保障部颁发的动物检疫检验员中级任职资格证书。至年底，该校共举办6个农民成人中专班，开设4个专业，招生229人，毕业338人，学员主要来自密云县不老屯、西田各庄、溪翁庄、新城子等6个乡镇。

（陆洋林）

【校企合作共建呼叫专业实习基地】　12月18日，密云职校与北京九五太维资讯有限公司签署合作共建呼叫专业实习基地协议。根据协议，公司定期派遣专业师资进驻学校指导教学、培训，形成产教一体化的密云职校电子商务服务贸易专业最大的实训中心，为北京呼叫产业基地培养所需的专业人才。

（陆洋林）

北京市延庆县第一职业学校

【概　况】　2008年，北京市延庆县第一职业学校占地面积11.3万平方米、建筑面积3.8万平方米。图书馆建筑面积1878平方米，藏书7万册。固定资产总值7051.67万元，其中，教学科研仪器设备总值1200万元。全年教育经费投入3556.8万元，其中，国家拨款2079.8万元、自筹经费976万元。教职工255人，其中，专任教师129人。专兼任教师中，包括高级专业技术职务56人、中级95人，“双师型”教师35人。开设15个专业。在校生3003人；毕业生1309人；招生871人。全年举办85期培训班，培训5149人次，其中，1216人考取劳动部门颁发的职业资格等级证书，毕业生就业率51%。网址：www. yqyz. org. cn。

（王文利）

【召开工会换届大会】　3月14日，延庆一职召开第五届工会换届大会。会议听取第五届委员会题为《围绕中心，服务大局，服务教职工》工作报告，总结3年来工作情况；通过差额选举产生由7人组成的第六届工会委员会。该校工会代表应到57人，实到53人参加会议。

（王文利）

【开展大规模酒店培训】　3月22日至5月30日，延庆一职为河北涿鹿中华大酒店员工举办培训班。该培训分别对餐饮、客房、前厅、康乐服务、会议服务、英语口语、普通话及礼仪进行强化训练。师资团队由42名专业教师、教委职教主管与企业高管人员组成，学校提供20次实践实习机会。该酒店231人分4个班参加培训，其中，军训1周、学习9周。

（刘春慧）

【集训国际交换生】 8月19至29日，延庆一职承接国际交换生集训任务。集训内容包括语言会话、历史和政治，开设书法课（软笔书法）、体育课（中国功夫长拳）和美术课（编织和剪纸），并组织多种形式的课外活动。来自德国、泰国、法国、美国、墨西哥、瑞典、丹麦7个国家的18名学生参加集训。集训结束后，9名外国学生留在延庆一职继续学习和生活1年。

（王文利）

【庆祝建校20周年】 10月21日，延庆一职庆祝建校20周年。庆典活动包括召开庆祝大会、组织校友座谈会和举办校史展览等。在庆祝大会上，学校回顾建校20年来风雨历程，展望未来，提出要坚持以服务为宗旨以就业为导向的办学方向，发扬艰苦创业、求实进取的光荣传统，按照国家级示范校标准和要求，全面推进学校建设。有关单位领导和师生参加庆典活动。延庆一职于1988年建校，名为延庆职业高中，隶属于延庆县教委。2001年搬迁湖南东路8号，变更为延庆县第一职业学校。20年来，共培养毕业生1万人。

（王文利）

【召开彩薯农家菜研讨会】 11月4日，延庆一职、沈家营镇政府、县旅游局联合召开沈家营西王化营村彩薯农家菜研讨会。会议品尝30道以番薯为主料的农家特色菜，经过探讨和评选，推选出10道做法简单、适合农家院的菜品作为该校培训重点。

（葛顺英）

【教师参加全国中职学校说课比赛】 11月18至20日，延庆一职1名教师参加"高教社杯"全国中等职业学校旅游烹饪专业创新课教学说课比赛获二等奖。该比赛由中国职业技术教育学会举办，来自全国25个省市135名选手参赛，共评出一等奖41人、二等奖68人。

（陈立华）

成人高等教育

【概　况】 2008年，北京市共有独立设置成人高等学校26所。教职工3587人，其中，专任教师1553人。成人高等教育学历在校生31.23万人（含普通高校举办的函授、夜大学、成人脱产班学生28.26万人），其中，本科生16.42万人、专科生14.81万人；招生11.07万人（含普通高校举办的函授、夜大学、成人脱产班学生9.97万人），本科生5.66万人、专科生5.41万人。毕（结）业9.38万人（含普通高校举办的函授、夜大学、成人脱产班学生），其中，本科生4.67万人、专科生4.71万人。

（华蕾）

【完成年度成人教育培训统计】 2月，市教委组织完成2007年度北京市成人教育培训统计报表。18个区县教委和普通中专学校填报统计报表，对北京市2007年成人教育培训统计工作进行统计并汇总。2007年度全市成人教育培训768万人次，在学293万人次。

（巫梅琳）

【公布成人高等教育新增专业】 6月13日，市教委公布2008年度北京市成人高等教育新增专业和增加（变更）学习形式专业。新增专业31个，涉及18所学校，其中，新增专升本专业7个、专科专业18个、高职专业6个；增加（变更）学习形式专业6个，涉及4所学校，其中，专升本专业3个、专科专业3个。

（华蕾）

【"学分银行"专业增至9个】 6月13日，市教委公布2008年度北京市成人高等教育新增专业，成人高等职业教育"学分银行"试点专业新增6个。新增专业为燃气工程、燃气企业管理、高速公路管理、物业管理、企业班管理和工商管理。至此，"学分银行"专业增至9个。

（华蕾）

【评估在京校外学习中心】 7月1日，市教委公布在京现代远程教育校外学习中心及公共服务体系数字化学习示范中心检查评估结果。该评估以《在京现代远程教育校外学习中心评估指标体系》为标准，重点检查评估校外学习中心、公共服务体系数字化学习示范中心在招生、规范办学（包括合作办学）、教学资源、教学条件、学生管理、学籍管理、考务管理、学生支持服务、收费及安全保障、稳定等方面的工作。检查评估范围为现代远程教育试点高校在京设立的42个校外学习中心、弘成科技发展有限公司、知金教育咨询有限公司与现代远程教育试点高校在京设立的2个公共服务体系数字化学习示范中心。经各校外学习中心自评和市教委检查评估，39个校外学习中心、2个数字化学习示范中心检查结果合格，3个校外学习中心依其申请予以撤销。

（华蕾）

【23门课程入选网络教育国家精品课程】 9月29日，北京高校23门网络教育课程入选2008年国家精品课程建设项目。其中，中央电大8门、北师大3门、传媒大学3门、北大2门、北交大2门、理工大2门、外经贸大2门、北邮1门课程入选。全国共有50门课程入选网络教育国家精品课程。

（华蕾）

网络教育国家精品课程

北京大学
　中国现代文学名著导读
　线性代数
北京交通大学
　C语言程序设计
　铁路行车组织
北京理工大学
　多媒体技术
　数据结构与算法设计
北京邮电大学
　计算机通信网

北京师范大学
　战略人力资源管理
　民俗学
　学校管理学
对外经济贸易大学
　世界贸易组织概论
　商务英语写作
中国传媒大学
　中国古典文学（上）
　电视摄影构图
　非线性电子线路
中央广播电视大学
　劳动法学
　国际法（国际公法）
　公司财务
　货币银行学
　西方经济学
　综合英语系列课程
　经济数学基础
　离散数学

（华蕾）

独立建制成人高等学校

中央广播电视大学

校　　长　葛道凯
党委书记　阮智勇（2007年12月任）

【概　况】　2008年，中央广播电视大学是基于计算机网络、卫星电视网络，运用文字教材、音像教材、多媒体课件、网络课程等多种媒体，面向全国开展现代远程教育的开放大学。中央电大和全国44所省级电大、949所地（市）级电大分校、1823个县级电大工作站、59731个教学班（点）组成一个统筹规划、分级管理、分工协作的现代远程教育教学系统。设有6个学科学院和直属学院、继续教育学院以及西藏学院、八一学院、总参学院、残疾人教育学院，专设中国电视师范学院、中国燎原广播电视学校、中央广播电视中等专业学校。开设开放教育本科（专科起点）、专科、教育部“一村一名大学生计划”专业70个，其中，开放教育本科（专科起点）专业18个、专科专业36个、教育部“一村一名大学生计划”专业16个。开放教育在校生2249670人，其中，本科732752人、专科1418325人、教育部“一村一名大学生计划”学生98593人。开放教育招生861236人，其中，本科241812人、专科569625人、教育部“一村一名大学生计划”招生49799人。毕业524223人，其中，本科195909人（授予学士学位5150人）、专科309918人、教育部“一村一名大学生计划”学生18396人。中央电大图书馆藏书7.74万册，电子图书10.04万种。教职工总数451人，其中，专任教师116人，包括教授、副教授66人。

（徐建新）

【获第三届方正大学校长奖】　3月28日，中央电大副校长严冰获第三届“IET—方正大学校长奖”。该奖项由IET教育基金会于2004年发起，奖励为中国高校建设做出杰出贡献的高校管理者。本年共有4所普通高校和1所成人高校的5名校长获奖。严冰，1955年出生，江苏省盐城市人，1982年毕业于南京大学，获得文学学士，同年到中央电大工作，现任中央电大副校长（中国电视师范学院院长）。严冰主持的《现代远程教育条件下人才培养模式构建》项目获第五届国家级高等教育教学成果二等奖、北京市高等教育教学成果一等奖（2005）；首倡“过程资源积累和基于整合的整体设计”网络课程的建设思想与设计思路，组织开发建设的一大批网络课程获得各级别奖项，其中在首次国家级精品课程（网络）评选（2007）中，中央电大8门入选，在全国高校中居于首位。

（徐建新）

【中国网电大频道开通】　3月31日，中央电大与中国网合作建立的中国网电大频道正式开通。该频道设电大新闻、专题报道、新闻会客厅等栏目，是电大面向社会公众的宣传平台和服务咨询窗口，主要提供招生、学习咨询、支持服务等项目。该项目于2007年7月开始建设，2008年1月1日试运行。网址：dianda.china.com.cn。

（徐建新）

【开播专题电视栏目《求学人生》】
3月31日，中央电大专题电视栏目《求学人生》在中国教育电视台一套（CETV1）正式开播。该栏目由中央电大策划和组织，地方电大共同参与制作。主要以讲故事的形式，记录电大教育带给学生在生活上、工作上全方位的进步，旨在以全民终身教育为基点，充分利用电大在校生、毕业生和教职工数量庞大的特点，宣传远程开放教育，扩大电大影响。

（徐建新）

【援助四川地震灾区电大】　5月12日后，中央电大组织抗震救灾援助灾区电大工作。全国电大系统师生300万人累计捐款捐物2000万元；中央电大向受灾严重的电大实施专项援助630万元。在全国电大募集资金120万元，设立“特别助学金”，4所省级电大1364名受灾学生获得资助。中央电大与中宣部出版局共同策划，由中央电大音像出版社负责录制并出版《与爱同行，危机与灾难心理援助特别节目》。

（徐建新）

【启动基层电大发展援助项目】　6月23日，中央电大启动实施全国基层电大（教学点）发展援助项目。中央电大自本年至2010年，分批在全国遴选200所基层电大（含教学点），投入2000万元，对受援电大专职教师和管理干部开展培训和资源配送工作。遴选的主要原则和标准包括办学以开放教育为重点；基础设施基本达到开放教育教学工作要求；教师、管理人员和技术人员的配备符合开放教育办学的相关规定；教学管理规范，三年内无违规办学现象；所在省级电大和当地政府分别承诺落实不少于10万元配套资金或等额物化条件支持；原则上设在国家级或省级贫困县，且三年内未曾接受过中央电大援助。本年，48所电大获该项目援助。

（徐建新）

【加强教学评估督导检查】 至年底，中央电大采取多种措施加强教学评估督导检查。学校制订《开放教育教学评估督导工作规范（试行）》，研制课程教学实施及效果评价标准。开展两次大规模文字教材学生满意度调查，涉及497门课程33万人次。被调查学生对开放教育各专业统设必修课程文字教材整体满意度较高，90.34%的课程平均得分在80至87分之间。

（徐建新）

【开展基于Web2.0的教学模式改革】 至年底，中央电大开展基于Web2.0的教学模式改革。改革包括开展基于Web2.0的数字化教学环境和资源建设课题研究，探索学生参与式交互教学、课程团队等内容。37个省级电大186个教学班517名地方电大各类教师以及4258名学生参与。涉及该课题研究的货币银行学、离散数学两门课程入选国家级精品课程。

（徐建新）

【推进合作办学】 至年底，中央电大推进合作办学。新增合作高校1所，与中国农业大学开展园艺学本科合作办学；新增合作部委2个，与民政部合作开展应急救援专门人才培养，与文化部合作开展网络文化管理专门人才培养；与空军合作筹建空军学院；与英国开放大学合作开发远程教育从业人员培训课程；与劳动和社会保障部、中国高等职业技术教育研究会等单位开展全口径合作，探讨以证书方式推进电大高职类专业改革，启动“高职类专业双证书改造计划”。

（徐建新）

北京教育学院

党委书记　马宪平
院　　长　李方

【概　况】 2008年，北京教育学院占地面积5.42万平方米、建筑面积10.57万平方米。图书馆建筑面积2961.8平方米，藏有图书54.5万册，包括中文图书45.2万册、外文图书1.7万册、课本7.6万册，另有音像资料1.6万套。固定资产总值21512万元，其中，教学科研仪器设备总值5623万元。全年教育经费投入13123万元，其中，国家拨款10077万元、自筹经费3046万元。学院分5个校区，设7个二级学院，1个图书资料中心。开设32个专业，覆盖20个学科，具有一级学科5个。教职员工599人，其中，专任教师252人，包括教授10人、副教授92人。成人教育本专科在校生8267人（本科生4708人、专科生3559人），毕业生3284人（本科生2076人、专科生1208人），招生1788人（本科生727人、专科生1061人）。参加短期汉语学习的留学生共计526人。全年参加岗位培训和继续教育结业学员共计12389人次。网址：www.bjie.ac.cn。

（刘琳）

【承担澳大利亚西澳大学汉语留学项目】 1月7日至2月6日，教育学院承担澳大利亚西澳大学汉语留学培训项目。该项目是学院与西澳大学签订的第二轮合作项目，主要通过汉语教学，提高学生汉语水平。44名西澳大学学生参加学习。

（刘琳）

【“春风化雨”培训开班】 1月16

日，教育学院年度“春风化雨”培训行动小学学科开班。培训沿用“市区联手，区域打通”的方式，通过理论学习、实践培训等教学活动，帮助教师提升课堂教学的研究能力，实现有效的课堂教学，培训为期1年，学科涉及数学、语文、科学和思想品德。来自5个区315名小学教师参加学习。4月15日，中学化学、生物、政治学科开班，共有300名中学教师参加学习。

（刘琳）

【成立附属中学】 1月18日，教育

学院与西城区教委签署合作协议。根据协议，双方共同举办北京教育学院西城附属中学。新附中是由原教育学院西城分院附属中学与北京丰盛中学合并组建，为六年制完全中学，教育学院负责选派优秀教师与管理干部协助附中加强教育、教学、管理，承担具体教学任务，并负责定期完成教学评估与视导；附中无偿作为学院实习基地、试验基地及教育、科研、学术活动基地。

（刘琳）

【举办继续教育校本培训展示交流】 1月23日，教育学院举办北京市中小学教师继续教育校本培训展示交流活动。活动分为专题报告、主题论坛及效果展示三个模块，听取上海教育科学研究院教授题为《行动学习：造就名师团队之路》专题报告；设立区县校本培训管理创新、教师与学校共同发展、学校校本培训特色和关于校本培训的故事四个分论坛，探讨校本培训在教师专业发展中作用；以展板和实物形式，展示各区县校本培训的成果。全市校本培训百所示范校代表400人参加活动。

（刘琳）

【举办中英北京城区初中英语骨干教师培训】 1月25日至2月11日，教育学院举办第三期中英北京城区初中英语骨干教师培训班。培训分为外籍教师授课、中国专家授课和追踪指

导三个阶段，开展教学理论、教学方法和教学技能等方面培训。8个城区100名英语骨干教师参加学习。

（刘琳）

【“绿色耕耘”培训开班】 2月18至

23日，教育学院举办2008年“绿色耕耘”行动首期培训。培训为市、区、校三级合作联办，通过理论学习、实践研究、成果展示三个阶段共180学时的培训，实现“双提高一落实”的培训目标，即提高学员的学科素养和课堂教学能力，把培训成果落实到农村学校教学质量的整体提高上。11个远郊区县部分学科200名中小学教师参加集中学习。本年“绿色耕耘”行动共培训农村中小学教师1000人，其他子项目还包括中学英语培训班、小学音美培训班、骨干学员再培养再提高培训班等。其中，农村中小学学科骨干教师再提高培训班，是在总结2004至2007年四期“绿色耕耘”农村骨干教师培训的基础之上，从第一、第二期培训学员中挑选出一批优秀教师进行再培养、再提高。培训共计180学时，11个远郊区县240名中小学语文、数学等学科的骨干教师参加学习。

（刘琳）

【一教师获烹饪金奖】 4月18日，教育学院职业教育学院旅游管理系教师韩彦龙在第四届中华美食养生烹饪交流赛中（韶山杯）获得热菜、冷荤、面点三项全能金奖。韩彦龙被世界中华美食药膳研究会授予“世界美食药膳大师”称号。该比赛由世界中华美食药膳研究会、韶山市政府、《中国食品》杂志社共同主办，韩国药膳协会、日本本草药膳学院、台湾中华餐旅发展学会等多家单位协办，主要促进餐饮文化交流，传播美食养生理念，通过合理饮食提高人民生活质量。来自韩国、马来西亚、美国和大陆及台湾地区200名选手参加比赛。韩彦龙，1963年8月出生，北京人，1990年毕业于北京师范大学（夜大），取得本科学历；1953年到实验大学（后并入教育学院）工作。

（刘琳）

【举办中小学教师培训机构专兼任教师培训】 4月29日，教育学院举办年度北京市中小学教师培训机构专兼任教师培训。该项目是在上年培训者培训基础上进行的以“提高、提炼、提升”为主题的再提高培训，内容包括通识培训、专项研修、校本培训等内容。培训结束后，科研能力较强的100名教师参加84学时的高级研修，通过研讨、撰写论文方式，对教师培训模式、课程体系建设、资源库建设、绩效考评等问题进行研究。来自18个区县的400名教师参加100学时的学习。

（刘琳）

【录制《百位名师百节风采课》】 5月7日至11月17日，教育学院录制完成《百位名师百节风采课》。课程内容以高中课改为重点，同时涉及初中、小学课改内容，是北京市骨干教师培训开展数年来的阶段性总结，全面展示北京市中小学课改成果。做课教师均是具有鲜明教学风格的市级学科带头人、骨干教师，点评专家均是国家课标组成员、一线特级教师。录像课由中央广播电视大学音像出版社出版。

（刘琳）

【命名首批干训实践基地】 5月28

日，教育学院举行北京市普职成教干部培训2007年度市级项目结业典礼暨实践基地授牌仪式。会议举行2007年度市级项目结业典礼，向优秀学员颁发奖励证书；命名首批北京市中小学校长培训实践基地21个、北京市中等职业学校校长培训实践基地2个、北京市校长拓展培训基地4个。2007年，北京市普职成教干部培训涉及中小学校长、书记、德育副校长、后勤副校长及各区县教委小教科长共计8个高研班和1个研修班，共有300名学员参加学习。

（刘琳）

【教师继续教育信息管理系统通过验收】 5月30日，教育学院承担的北京市“十一五”教师继续教育信息管理系统通过终期验收。该系统由学院教师培训办公室与北京健康在线网络技术有限公司合作，在“十五”教师继续教育信息管理系统的基础上建立，具有北京市中小学校信息查询、教师信息查询、“十一五”教师继续教育课程的建立和发布、教师学习课程信息以及教师“十一五”达标情况查询5项功能。系统于2007年2月试运行，总投资60万元。

（刘琳）

【启动“祥云行动”校长培训】 6月10日，教育学院启动“祥云行动——提高高中校长课改领导力的跟进培训”。该培训本着问题与经验取向、主动建构、校长主体性和合作攻关的原则，分为专题学习与案例分析、走进学校现场和论坛展示三个阶段，学制6个月。18个区县正职校长、教学副校长、德育副校长、各区县干训部门负责人900人参加培训。“祥云行动”是2007年高中新课程的延续项目，主要为提升校长发现问题、解决问题的能力，增强校长课改领导力，推进全市高中课程改革和提高高中教育整体质量。

（刘琳）

【召开继续教育项目绩效考评总结表彰会】 6月19日，教育学院召开继

续教育项目绩效考评总结表彰会。会议总结2007年干部教师培训工作，表彰22个优秀项目集体、59名先进教师和87名先进管理者与服务者。来自学院各教学岗位和管理服务岗位的500人参加会议。2007年，教育学院实施“绿色耕耘”培训行动、“春风化雨”培训行动、“迎奥运”体育骨干教师培训等17个教师继续教育项目，面授9197人次；举办正职校长、副职校长、学校书记、教育行政领导4个系列的9个干部培训班，培训中小学校长、行政干部286人；培训覆盖18个区县和燕山地区城乡中小学及培训机构，实现对全市中小学管理干部和各学科教师多层次、分主题的培训。2007年干部教师培训项目在市教委组织的全市教师培训项目绩效考评中，取得90分的成绩。

（刘琳）

【开展教学督导工作】 7月1日，教育学院召开教学督导意见反馈会。会议由督导室9名教授与接受督导的教师和项目负责人进行一对一反馈，并就督导结果作分析报告。本学期督导工作以课堂听课、召开学员座谈会等方式开展，分别对教师教育人文学院、教师教育数理学院、校长研修学院、信息与远程教育学院、职业教育学院和国际语言与文化学院6个二级学院的14名中年教师课堂教学情况，以及“绿色耕耘”再提高培训等5个继续教育项目进行调研和督导。专家指出中年教师教学方面存在的不足，分别是考虑实际不够，调动学员参与课堂教学活动、与学员交流不够；接受督导的5个继续教育项目的发展不平衡，在培训对象调研分析、制订培训目标和内容、课程设置的针对性、实用性及实践性等方面存在差异。

（刘琳）

【承办西部12省体育教师国家级培训】 7月11日，西部初中骨干体育教师国家级培训开学典礼在教育学院举行。培训由教育部组织，来自陕西、甘肃、青海等12个省市600名初中体育教师参加国家级培训，其中，360人在京参加学习，培训内容分为学校体育教育形势、体育教师教学技能、体育教学实践运用三个模块，共72个学时。

（刘琳）

【建立农村中小学教师研修工作站】 9月2日，北京市农村中小学教师研修工作站在教育学院建立。工作站主要发挥城镇优质学校资源对农村教师的辐射作用，促进基础教育均衡发展。首批41所城区优秀学校作为农村中小学教师研修工作站承担研修任务，238名优秀教师担任指导教师。来自10个远郊区县的400名学员参加首批培训，共40课时，其中，16课时为市级集中理论培训、24课时由各区县组织。教育学院负责该项目方案设计、指导教师培训等组织管理及质量监控工作。

（刘琳）

【成立市级骨干教师工作室】 9月21日，北京市骨干教师工作室在教育学院成立。工作室按照不同学科及研究主题设立，包括当代文化转型与中学语文教学工作室、高中化学新课程实验与实验教学工作室、国际理解教育地方课程实施策略研究工作室等27个。首批500名北京市学科教学带头人及骨干教师参加为期1年的培训。

（刘琳）

【成立优秀班主任工作室】 10月16日，市教委在教育学院成立中小学优秀班主任工作室。工作室通过阅读成员的成长及研究资料、听取经验交流、观摩活动展示，帮助工作室成员梳理工作总结明确研究方向，确立研究思路，开展课题研究。工作室首期研修于10月21日启动，14名中小学优秀班主任参加为期2年的活动。

（刘琳）

【庆祝建院55周年】 10月25日，教育学院召开庆祝建院55周年大会。会议宣读刘淇贺信；教育部师范司、市委教育工委领导肯定学院干部、教师培训工作，并提出期望；首都师范大学、山东教育学院、北京第二实验小学、日本长崎大学等学校校长致辞。学院总结成立以来培训工作经验；举办老领导敲响院庆钟，青年教师拜师仪式等活动。市委教育工委、市教委领导，教育界老前辈，以及国内外兄弟院校、区县培训机构代表，学院离退休教职工、在职教职工、各届校友参加会议。当日，院史馆落成并揭牌。院史馆占地面积160平方米，陈列教案、设备等展品506件、照片612幅，设有展板59块，集中反映建院以来的发展历程及成果。

（刘琳）

【召开国际教师教育论坛】 10月25至26日，教育学院召开国际教师教育论坛暨第16届全国省级教育学院书记院长协作会。会议听取教育部师范教育司领导题为《健全教师培养培训制度，提高教师队伍整体素质》和教育学院教授题为《探索专业化的首都教师培训新路》报告，以及台湾中小学教师职后教育与专业发展、重庆教育学院教师教育现状与发展规划、中英教师继续教育项目合作等方面报告。会议代表回顾改革开放30年来教师教育的发展与成就，探讨教育学院发展成功模式和经验，并为继续推进教师教育事业的可持续发展提出建议。来自美国、英国、台湾地区以及全国省级教育学院、地市教育学院、兄弟师范院校等26家单位70名代表参加会议。

（刘琳）

【培训中西部中小学干部教师】 10月28日至12月26日，教育学院举办中西部中小学干部教师培训。10月28日，受市教委和内蒙古阿拉善盟教育体育局委托，举办阿拉善盟中小学校长培训，采取面授、参观、讨论等形式，培训22人，共计88学时。11月3至26日和12月5至26日，分别举办西藏拉萨市文科骨干教师培训和教育管理干部、理科骨干教师培训，内容包括通识培训、学科培训和教学实践三个模块，拉萨市30名文科教师、30名理科教师和29名教育管理干部参加培训。11月7日，湖北巴东县中小学数学骨干教师培训结业，培训采用理论学习和下校锻炼相结合的“双课堂”模式进行。至此，巴东县12个乡镇的100名骨干教师及10名甘肃地震灾区数学骨干教师完成160学时的脱产学习任务。该培训是市教委与巴东县教育局骨干教师培训项目协议内容之一。

（刘琳）

【召开“绿色数学”教育思想研讨会】 11月7至8日，教育学院召开“绿色数学”教育思想及教师培训研讨会。会议听取学院王长沛教授题为《“绿色数学”教育思想——为数学教师的发展提供支持的20年》主题报告，主张用生态观来认识学校的数学教育，将学校的数学教育看作是一个复杂的、生态的有机整体，并提出数学教育的社会价值观、认识论和多元多维数学观三个要素。国内专家学者和各区县中小学教师共计130人参加会议。研讨会采用专题报告、小组研讨、专家现场答疑等方式进行。王长沛，1940年9月出生，江苏省东台市人，1965年毕业于北京大学，获得本科学历；1999年到教育学院工作，担任教授。

（刘琳）

【召开温寒江教育科研30年研讨会】

11月12日，教育学院与中国教育学会等单位联合召开温寒江教育科研30年研讨会。会议研讨温寒江教育思想的特色、科研工作的成果和执著追求的学术作风，认为其严谨治学的科学精神和献身教育的敬业精神值得广大教育工作者学习。北京学术界、教育界嘉宾，教育学院领导及教职工代表110人参加会议。温寒江，1924年5月出生，福建省龙岩市人，1947年毕业于浙江大学，获得本科学历；1952至1980年，先后担任三十五中、四中、八中校长；1980至1987年，担任教育学院院长。1987年退休后，他以科研课题为载体，潜心研究思维科学，先后主持北京市哲学社会科学“八五”至“十一五”规划重点课题。自2002年“开发大脑潜能，发展形象思维”创新教育丛书出版以来，共出版20本专著。他认为，脑科学在教育中的应用，要有正确的研究思路；学习中思维的全面协调可持续发展，是进行教育教学改革、落实科学发展观的关键；思维方式的变革是媒体方式和学习方式变革的理论基础；教育现代化要充分运用脑科学和信息技术的成果。

（刘琳）

北京广播电视大学

党委书记　赵国森
校　　长　徐永利（11月免）
　　　　　　胡晓松（11月任）

【概　况】 2008年，北京广播电视大学开放教育招生专业46个，其中本科专业16个，新增公共事业管理（卫生事业管理）专业；开放教育专科专业30个（含20个课程开放专业），新增工程造价管理课程专业；“一村一名大学生计划”专业3个；成人高考招生专业9个，其中，业余专业6个、脱产专业3个。春、秋两季开放教育招生26237人（春季招生12830人、秋季招生13407人），毕业16409人（本科5860人、专科10549人），获得学士学位594人。“一村一名大学生计划”招生997人，毕业581人。成人高考统招生录取803人（业余383人、脱产420人），参与招生教学单位6个。中等专业学历教育招生950人，毕业1518人。非学历教育（包括证书教育、岗位培训及其他培训）结业10379人次。“注册视听生”毕业生10人。全校在册学生6.9万人，在籍学生109837人。北京电大校本部拥有教职工290人，其中，专任教师105人。固定资产总值10474.07万元，校舍建筑总面积51919平方米，图书馆藏有纸质图书3.65万册、电子图书8万片。全年教育经费投入13478.99万元，其中，国家拨款6441.47万元、自筹经费7037.52万元。全市电大系统拥有教职工共计2183人，其中，专任教师995人。全市电大系统拥有固定资产总值50566.4万元，其中，教学科研仪器设备总值16614.54万元，本年新增638.4万元；拥有教学用计算机6788台，语音实验室座位数1276个，多媒体教室座位数13451个。藏有纸质图书96.16万册，本年新增3.39万册；藏有电子图书53.22万册。全市电大学校产权建筑面积共计22.83万平方米，非学校产权建筑总面积共计36.50万平方米。

（纪彦）

【举办老年电大面授班】 3月10日，北京电大老年电大面授班开课。来自北京市区100名老年学员报名参加学习，内容涉及老年计算机、老年瑜伽、中医养生等。至年底，该校共开设15期老年面授班，内容涉及老年计算机、电脑应用维护、英语、中医养生等，并举办经络健身操、太极拳与养生、老年常见病防治等免费公益讲座。共计400名老年学员参加面授班学习。

（纪彦）

【召开社区教育研讨会】 4月9至10日，北京电大召开社区教育研讨会。会议交流北京学习型城市网、北京市民终身学习远程服务中心建设和北京电大社区教育、老年教育情况；通报社区教育论文征集、编辑出版情况；向北京地区社区教育机构免费赠送社区教育光盘资源。社区教育机构负责人结合社区工作实际，研讨如何开展社区教育工作，并对如何加强与北京电大的联系提出建议。会议向北京电大社区教育研究所新聘顾问、研究员颁发聘书，至此，该校区教育研究所共有4名顾问、14名研究员。来自教育部、市教委、教科院负责人以及 11 个区的社区教育机构负责人参加会议。

（唐鹏）

【举办校长论坛】　6 月 18 至 19 日，

北京电大举办第二届校长论坛。论坛主题为“质量和管理”，采取专家讲座和座谈交流相结合的形式进行。论坛听取中央电大校长题为《从全国教育发展看电大当前的形势与任务》的主题报告，指出电大当前主要任务是建立开放教育办学的长效机制，形成电大的独立业务，在解决质量与结构问题的基础上将电大做强以实现长远发展。北京电大 8 家教学单位的负责人围绕论坛主题，结合办学体会做交流发言。北京电大 42 个教学单位代表参加论坛活动。北京电大 2006 年 10 月 23 日举办第一届校长论坛。

（唐鹏）

【两部专题片获奖】　9 月 25 日，北京电大制作的两部专题片获奖。两部专题片分别为《北京历史文化——走进岔道城》和《三农热点访谈——发展农业合作组织》，分别获得中国教育电视协会第 13 届全国优秀教育电视节目专题类一等奖和教学类三等奖。这两部电视教学片于 2008 年录制完成，在北京电视台播出。

（纪彦）

【编辑出版科研文丛】　9 月，《北京广播电视大学科研文丛（2008）》由北京教育出版社出版。文丛分《远程开放教育研究》、《学科发展与专业建设研究》两个分册。《远程开放教育研究》选编北京电大教职工公开发表的远程开放教育研究的论文和报告，共 58 篇，论文公开发表的时间自 2000 至 2007 年，内容涵盖远程开放教育的发展战略研究、教学管理研究、教学模式研究等 10 个方面。《学科发展与专业建设研究》选编学科研究论文和研究报告共 70 篇，内容涵盖经济学、法学、教育学、文学、工学、管理学等一级学科门类。

（纪彦）

北京宣武红旗业余大学

【概　况】　2008 年，北京宣武红旗业余大学占地面积 3.28 万平方米、建筑面积 3.6 万平方米。图书馆建筑面积 2464 平方米，藏书 7.95 万册。固定资产总值 774.28 万元，其中，教学科研仪器设备总值 510 万元。全年教育经费投入 1256 万元，其中，国家拨款 366 万元、自筹经费 890 万元。学校设有三个校区，有 5 个系部，开设 15 个专业，涵盖 6 个学科。教职工 158 人，其中，专任教师 67 人，包括教授 1 人、副教授 24 人。兼职教师 64 人，其中，教授 2 人、副教授 18 人。专科学历在校生 1368 人、招生 455 人、毕业 370 人；市委党校红旗业大分院在校生 1226 人、招生 568 人、毕业 599 人；理工大继续教育学院红旗业大教学站在校生 511 人、招生 166 人、毕业 132 人；理工大远程教育学院红旗业大教学站在校生 1130 人、招生 280 人、毕业 144 人；北交大继续教育学院在校生 613 人、招生 254 人；北师大继续教育学院在校生 63 人、招生 20 人；红旗业大预科生工作站在校生 40 人。高等教育专业技术类自学考试在校生 312 人、招生 120 人。全年培训 5423 人次。网址：www. hqdx. com。

（李艳君）

【开办市民奥运讲师团培训班】　3 月

10 至 14 日，宣武社区学院举办宣武区市民奥运讲师团培训班。培训内容包括奥林匹克知识、文明行动从我做起、奥运观赛礼仪、北京残奥会和北京奥运会部分新建比赛场馆 5 个讲座。来自宣武区 8 个街道所属 107 个社区的 200 人参加培训。该培训与区文明市民学校总校联合举办。

（李艳君）

【举办建校50周年庆典活动】　6 月

14 日，红旗业大举办建校 50 周年庆典活动。来自市教委、区委、区教委领导，校友以及该校师生 500 人参加活动。红旗业大成立于 1958 年，隶属于宣武区政府，为成人教育高等学校。2002 年，宣武区社区学院在红旗业大成立；2007 年，宣武区老干部大学在红旗大学成立，至此，红旗业大为三个单位一个实体，成为集各类学历教育、非学历教育、社区教育和老年教育于一体的全面型成人教育院校。50 年来，该校开设本专科专业 53 个，培养毕业生 1.2 万人。

（李洪蕾）

【举办青教主任心理调适培训班】　6 月 27 日，宣武社区学院举办宣武区社区青少年教育办公室主任心理调适培训班。该班针对暑假临近，社区青教办主任工作繁杂、心理压力加剧、心情焦虑等问题，邀请专家为学员做心理调适专题讲座。全区 108 个社区的青少年教育主任接受培训。

（李洪蕾）

【老干部大学举行结业典礼】　12 月

9 日，宣武区老干部大学举行结业典礼。典礼宣读结业名单，颁发结业证

书，并合影留念。老干部大学开设计算机、保健、草书3个专业，首批学员71人。

（李艳君）

北京市总工会职工大学

【概　况】　2008年，北京市总工会职工大学占地面积2.07万平方米、建筑面积2.87万平方米。图书馆建筑面积950平方米，藏书6.02万册。固定资产总值2907万元，其中，教学科研仪器设备总值981万元。全年教育经费投入1525万元，其中，国家拨款702万元、自筹经费823万元。学校设有工会理论研究所、素质教育工程办公室、继续教育部、培训部等教学科研机构及8个职能教辅部门。教职工123人，其中，专任教师56人，教师中高级专业技术职务13人、中级36人，兼职教师31人。在校生2564人，其中，北京电大1156人、市委党校488人、成人高考920人。毕业588人，其中，北京电大39人、市委党校238人、成人高考311人。招生1023人，其中，北京电大460人、市委党校200人、成人高考363人。党校研究生班在校生214人、招生69人。培训工会干部1.31万人次。全年开设非学历短期项目56个，包括企业定制培训、素质教育工程站点培训、英语、成人高考辅导等项目，培训4200人，组考5759人次。网址：www.ghgy.com.cn。

（周东妹）

【教职工餐厅改造工程投入使用】　3月10日，市总职大教职工餐厅翻新改造工程投入使用。该工程重新装修教职工餐厅大厅地面、屋顶、墙壁等，更换厨房上下水管道，换装不锈钢柜子、饭台，更新空调、灯具、桌椅等。改造完成的食堂大厅面积900平方米，可同时容纳300人就餐，主要为来校参加培训人员提供套餐、窗口零售等就餐需求。该工程于1月开工，总投资106万元。

（周东妹）

【举办大中型企业工会主席培训班】　3月17至21日，市总职大举办大中型企业工会主席培训班。培训班采取课堂教学、分组讨论相结合的教学方式，邀请市劳动和社会保障局、国资委、高校、市总工会的领导和专家，讲授劳动合同法、工资基础知识、中国特色社会主义维权观等9门课程。来自企业的59名工会主席参加培训，全部获得岗位培训合格证书。

（周东妹）

【举办全国县级工会主席培训班】　3月23日至4月4日，市总职大分两批举办全国县级工会主席培训班。培训班采取课堂教学、现场教学和分组讨论相结合的方式，讲授中国特色社会主义工会维权观、劳动合同法、企业工会工作条例等7门课程，组织学员到顺义区困难职工帮扶中心和燕京啤酒厂参观调研。29个省市的137名县级工会主席参加培训。该培训班是全国总工会首次把工会干部教育的主体班委托给地方工会院校培训。

（周东妹）

【举办北京工会讲坛】　4月10日至11月7日，市总职大举办北京工会论坛。该论坛围绕新劳动法规解读、《劳动合同法实施条例》解读和学习贯彻工会十五大精神3个专题，举办8次讲座，分别讲解《劳动合同法实施中的若干问题》中涉及职工切身利益、容易引发争议的主要问题，《学习贯彻〈劳动争议调解仲裁法〉、构建和谐劳动关系》中劳动争议调解仲裁法的立法背景、劳动争议调解处理办法以及工会如何在调解劳动争议中发挥作用等。来自全国总工会，市总工会，全市各区县、局、总公司工会，企事业劳动人事部门、人力资源部门相关负责人1407人次参加学习。

（周东妹）

【素质教育工程举办首期师资培训】　4月24至25日，市总职大首都职工素质教育工程举办全市首期师资培训。培训内容紧贴政府要求、企业发展和职工需求，与企业生产经营实际相结合，讲授企业运营与发展、心理与健康和工作安全与职业健康等6门通用能力课程，并进行职业培训方法专题讲座和成人教育教学技能基础培训。来自全市30个站点的100名教师参加培训。

（周东妹）

【举行首批职工书屋示范点授牌仪式】

5月15日，市总职大首都职工素质教育工程举行首批职工书屋示范点授牌仪式。仪式向172个区县、局、总公司工会赠书6万册。来自全市各级工会系统、教育系统、人事系统、劳动系统、培训工作站点有关领导和教师、学员共计200人参加活动。全市首批职工书屋示范点共30个，由全国总工会统一命名。

（周东妹）

【首次面向企业内训】　5月24日和31日，市总职大面向北汽福田蒙派克工厂开设首门课程“领导力七项修炼”。来自该企业88人参加首门课程学习。这是该校首次面向企业开展内训。该培训项目以送教上门、顾问式企业内训运作模式，开展以管理类培训为主体，包括素质教育工程、企业拓展、企业宣传、成人高考考前辅导、促成行业内交流在内的总体培训。培训协议期3年。

（周东妹）

【素质教育工程向农民工赠书】　5月28日，市总职大举行首都职工素质教育工程向农民工夜校赠书活动。该活动以“读一本好书、送一份关爱”为主题，赠送700套共3500册农民工培训教材和100套情景剧光盘。市总工会、市劳动和社会保障局等素质教育工程成员单位领导，以及200名建筑业农民工参加活动。本年，素质教育工程以市总工会农民工业余学校为龙头，在全市建立农民工培训网络体系，通过开展培训农民工小教员、送教上门、举办农民工大讲堂、赠送教材以及推广首都文明办等单位制作的系列情景剧等方式开展农民工培训。

（周东妹）

【召开学分当量替换评审会】 6月5

日，市总职大召开“学分银行计划”学分当量替换评审会。专家组分别审核试点专业学员提交的299份技能证书、培训证书、学历教育毕业证书和首都职工素质教育工程结业证书，并现场出具终审意见。学分当量替换制度是“学分银行计划”的核心制度设计和重要创新环节，该制度重在实现学历教育之间、学历教育与非学历培训之间的互通和衔接，提高成人高等职业教育的质量和效率。专家组由来自劳动和社会保障部、石油行业协会、考试院等单位6人组成。

（周东妹）

【确定校徽校训设计方案】 6月26日，市总职大确定校徽、校训设计方案。新校训为“敬业比诚、勤勉比能、规范比严、重教比精”。新校徽设计以毛笔书法“工”和水墨“G”组合而成，造型巧妙、流畅、深厚，体现学校的历史以及自强不息、厚德载物的人文精神；蓝色调代表发展与希望。

（周东妹）

【素质教育工程举办终结性考试】 6月28至29日、11月8至9日，市总职大首都职工素质教育工程举办两次通用能力培训终结性考试。考试科目包括自我发展与团队管理、实用法律基础、企业运营与发展等10门课程。两次考试在全市41个培训工作站点、15个外设独立课堂共56个考点进行，9714名学员参加考试，全部通过考试，获得首都职工素质教育工程结业证书。选修“现代企业班组长”课程的学员通过相关申报手续，可在获得以上证书的同时，获得劳动和社会保障部颁发的企业班组长岗位培训合格证书。

（周东妹）

【新增8个专业】 至年底，市总职大新增8个专业。其中，新增行政管理专科、会计学本科、物流管理专科的电大开放教育专业，共开设必修课、选修课、实践课等83门；新增工商企业管理（企业班组管理方向）专科、工商企业管理（燃气企业管理方向）专科、城市燃气工程技术专科、公路运输与管理（高速公路管理方向）专科、市场营销专科的成人高考专业，共开设基础、专业基础、专业、选修等132门课程。上述专业均采用业余学习方式，学制3年，主要培养行政管理、财会管理、物流管理、工商企业管理、城市燃气工程技术、公路运输与管理、市场营销方面专门人才，同时重点培养面向基层、面向业务第一线的实操型、技能型、服务型应用人才。首期招生365人。

（周东妹）

【培训工会干部1.31万人次】 至年

底，市总职大培训工会干部1.31万人次。全年共举办119个班次，其中，校内举办培训班17个，包括全国县级工会主席培训班、基层工会干部培训班、大中型企业工会主席培训班、集体合同“双百试点”单位培训班等，共培训5669人次。校外举办培训班13个，包括北京出版集团工会干部培训、外企工会联合会工会干部培训、北京汽车集团总公司工会干部培训等，共培训3100人次。举办专题讲座89个，包括贯彻工会十五大精神专题讲座、劳动合同法专题讲座、劳动保障相关法律法规专题讲座等，共培训4291人次。

（周东妹）

北京市西城经济科学大学

【概　况】 2008年，北京市西城经济科学大学占地面积4.3万平方米、建筑面积4.4万平方米。图书馆建筑面积1500平方米，藏书11万册。固定资产总值1296万元，其中，教学科研仪器设备总值599万元。全年教育经费投入2124万元，其中，国家拨款779万元、自筹经费1345万元。学校设有三个校区，设16个行政部门，4个教学系。开设48个专业，覆盖5个学科。教职工167人，其中，专任教师67人，教师中副高级专业技术职务18人、中级专业技术职务42人。兼职教师161人。职员中副高级专业技术职务31人、中级专业技术职务75人。在校生6357人，其中，大专学历2388人、网络教育3475人（本科1659人、专科1816人）、成人中专48人、党校教育446人。毕业生2125人，其中，大专学历966人、网络教育561人（本科256人、专科305人）、成人中专239人、党校教育359人。招生1756人，其中，大专学历899人、网络教育642人（本科215人、专科427人）、党校教育215人。全年完成2.06万人次非学历培训，开设17个培训项目，承接15个考试项目，组考1.5万人次。网址：www.xcjkd.org/jkd。

（何伶）

【走出课堂实地教学】 4月26日，西城经科大组织学生走出课堂实地教学。该校教师带领汉语言文学本科专业33名学生到北京鲁迅故居和鲁迅博物馆参观及教学讨论，让学生通过史料、图片实地领略中国现当代文学、汉语言专题课程的教学内容，掌握所学的知识。

（何伶）

【举行学生消防安全演练】 6月5日，西城经科大举行学生消防安全演练。该活动举办消防安全知识讲座，让学生树立“隐患险于明火、防范胜于救

灾”意识，以特大火灾案例视频和火场图片，讲述如何用火用电，发生意外如何自救逃生。讲座后组织学生进行消防疏散演练。高职高专脱产班学生56人参加演练。

（何伶）

【开通学习型西城网站】　7月18日，西城经科大承办的学习型西城网站开通。该网站以远程开放教育模式运行，设有社区教育等11个一级栏目26个二级栏目，拥有课堂视频和30G网络学习资源，是综合教育服务性质的非经营性网站，免费向学员和社会开放，可同时容纳1000人上网浏览。该网站由西城区学习型城区创建领导小组委托建设，总投资100万元。网址：www.westcityedu.com。

（何伶）

【设立督导室】　12月，西城经科大设立督导室。该督导室主要负责督导各教学部门的教育教学开展完成情况、负责学校教育教学评估工作的组织实施。督导室成员由6名具有丰富教学经验的教师组成。

（何伶）

【组考高校网络课程】　至年底，西城经科大组考高校网络教育公共基础课的全国统一考试。考试科目设有计算机应用基础、大学英语、大学语文、高等数学4门，2669人参加考试。该校自2006年开始组织该项考试，共组考8次，考生考试9000科次，其中，上机考试6079科次、笔试2921科次。

（何伶）

【承办小学教师英语口语培训】　至年底，西城经科大电大承担5期北京市电大小学教师英语口语培训项目。培训采用多种教学方式，授课教师结合学员特点编印讲义，组织学员自编自演英语短剧和英语小品等节目。西城区52所小学的2018名教师参加培训，考试通过率89%，58人获优秀学员称号。该项目被北京市电大评为优秀项目。

（何伶）

农村成人教育

【配备农民教育培训流动课堂车】　1月，市教委为10个远郊区县职业教育和成人教育学校配备农民教育培训流动课堂车。流动课堂车把农民教育培训送到田间，面向农民开展现代生产技术、信息技术、安全生产等社会文化生活教育培训。至年底，农民教育培训流动课堂车行驶18万公里，培训农民3.6万人次。

（陈斌）

【评估乡镇成人学校示范校】　1月7日，市教委公布北京市乡镇成人学校示范校评估结果。市教委组织有关专家组成督导评估小组，依据北京市乡镇成人文化技术学校评估细则，本着以评促建、以评促改、以评促发展的原则，对各区县申报的乡镇成人学校开展督导评估。17所学校入选。

（华蕾）

北京市乡镇成人学校示范校名单

大兴区亦庄镇成人学校
大兴区魏善庄镇成人学校
大兴区北藏村镇成人学校
大兴区采育镇成人学校
通州区马驹桥镇成人学校
平谷区大华山镇成人学校
平谷区夏各庄镇成人学校
密云县石城子镇成人学校
密云县冯家峪镇成人学校
顺义区大孙各庄镇成人学校
顺义区南彩镇成人学校
昌平区北七家镇成人学校
延庆县张山营镇成人学校
房山区蒲洼乡成人学校
房山区南窖乡成人学校
房山区大安山乡成人学校
房山区长阳镇成人学校

（华蕾）

【评选市农民教育培训优秀项目】　10月23日，市教委公布北京市农民教育培训优秀项目评选结果。经专家组推荐，市教委认定，共有40个单位获奖，其中，一等奖12项、二等奖21项、三等奖34项。

（华蕾）

北京市农民教育培训优秀项目一等奖

怀柔区第一职业学校
　栗树蘑种植技术培训
怀柔区社区教育中心
　民俗旅游培训
通州区第一职业学校
　精细化管理种植技术培训
北京市农广校密云分校
　新型农民中等学历教育培训
北京市农广校房山分校
　送教下乡、培训新型农民
北京市农广校平谷分校
　发挥基地作用为农民增收致富服务
平谷区刘家店镇成人学校
　民俗旅游培训
北京市农广校延庆县分校
　发挥“田间学校”的作用，强化技能培训
大兴区北臧村镇成人学校
　农村妇女劳动力转移与就业培训
大兴区亦庄镇成人学校
　失地农民岗位技能培训
北京电视中专顺义分校
　跨世纪青年培训
丰台区新发地村成人学校
　农业实用技术推广与培训

（华蕾）

【继续开展成人中等学历改革】　至年底，市教委继续开展农民成人中等学历教育模式的改革试点工作。在农村地区中等职业学校和农广校中继续开展“技能＋基础”农民成人中专学历教育，指导中等职业学校和农广校作好“技能＋基础”农民成人中专学历教育人才培养模式改革试点校总结试点的经验，并适当扩大试点学校和专业，平均每年招收农民成人中专学历教育学员5000人，农民成人中专在校生1.5万人。

（陈斌）

【重点支持7个农民实用技术实训基地建设】　至年底，市教委重点支持7个远郊区县农民实用技术实训基地建设。农民实用技术实习实训基地本着“作给农民看、带领农民干、帮助农民赚”的原则，充分发挥基地教育培训功能，引导农民学习先进农业生产技术，推广现代农业科学生产与管理技术，成为农民致富示范基地。该项工作开始于2007年。

（陈斌）

【建设农民终身教育体系】　至年底，市教委建设农民终身教育体系。北京市建成以区县社区教育中心（或成人教育中心）为龙头，职业学校、农村广播电视学校为骨干，乡镇成人学校为依托，村校为基础，其他教育培训机构为补充的四级农民终身教育体系。市教委利用郊区县中小学布局结构调整的契机，实施“三教”统筹，整合教育资源，把调整下来的中小学校舍改造成乡镇、村成人学校，使乡镇、村成人学校办学条件得到明显改善。自2005年，市教委推进市乡镇成人学校示范校评估工作，坚持“以评促建、以评促改、以评促发展”的原则，3年来，全市178所乡镇成人学校中共有52所达到示范校标准，被市教委认定为北京市乡镇成人学校示范校。

（陈斌）

学习型城市建设

【研究修订评估指标体系】　3至6月，市建设学习型城市领导小组办公室修订评估指标体系。该办公室组织专家分别修订《创建学习型机关先进单位评估指标体系》、《创建学习型学校先进单位评估指标体系》、《创建学习型企业先进单位评估指标体系》、《创建学习型社区先进街道评估指标体系》和《创建学习型乡镇先进乡镇评估指标体系》。修订后的标准，8月开始施行。

（吴缨）

【评估创建学习型学校和学习型城市先进】　5至12月，市建设学习型城市领导小组组织评估创建学习型学校先进单位和学习型城市先进区县。该评估采取对申报单位视导确定评估范围和正式评估两个阶段，最后确定13所学校和1个区进入评估范围。13所学校是北京市第二中学、北京市第一六六中学、北京第二实验小学、北京市第一六一中学、北京市第十一中学、北京市宣武师范附属第二小学、北京市朝阳社区学院、北京市立新学校、北京市海淀区私立新东方学校、北京市丰台区第二中学、北京市京源学校、北京市顺义区石园小学、北京市燕山前进第二小学；1个单位是怀柔区。

（吴缨）

【《建设学习型城市》出版】　6月，《建设学习型城市》教材出版。该书由市建设学习型城市领导小组办公室组织专家针对北京的创建实践编写，分16章，阐述学习型社会产生的背景，建设学习型社会、学习型城市的重要意义，建设学习型城市的目标、任务和措施，建立终身教育体系以及建设学习型机关、学习型党组织、学习型企业、学习型学校、学习型社团、学习型社区、学习型区县的意义和方法，并且紧密结合北京奥运会论述人文奥运与学习型城市的关系。全书32.4万字，由北京工业大学出版社出版，16开本，印刷2000册。

（吴缨）

【开展市民学习活动】　至年底，市建设学习型城市领导小组办公室组织多种形式市民学习活动。该活动继续举办北京周末社区大讲堂、首都市民大讲堂、市直机关学习大讲堂、网上大讲堂、首都科学讲堂。各区县、各行业部门共开展各类成人教育培训780万人次，60%的市民参加教育培训活动。

（吴缨）

（本栏责任编校　华蕾）

民办教育

综 述

2008年，北京市民办教育按照市委、市政府的总体部署，认真贯彻党的十七大精神，深入实践科学发展观，加大统筹和规划力度，落实相关鼓励扶植政策，加强民办教育办学行为规范，进一步引导民办学校规范发展、科学发展和特色发展，认真开展“平安奥运行动”，积极做好奥运会各项服务工作，使民办教育继续保持健康、持续发展。

积极贯彻落实教育系统“平安奥运行动”工作部署，全力做好安全稳定工作，确保北京市民办教育系统的安全稳定局面。

市教委建立分类管理、分级负责、条块结合、属地管理为主的安全稳定管理体制，明确市和区县教委的职责分工，协调公安、民政、卫生、工商等部门共同加强对民办学校的监督检查力度，进一步发挥北京市民办教育安全稳定工作委员会的指导和协调作用，切实提高民办学校的整体防控能力。

全面部署民办教育安全稳定工作。市教委制订《关于加强民办高校管理工作确保奥运之年安全稳定的若干措施》，明确民办教育系统安全稳定工作方案；印发《关于2008年北京民办高校安全稳定暨“平安奥运行动”工作的意见》和《关于奥运会举办期间本市民办教育培训机构招生培训问题的意见》等文件，具体部署民办学校安全稳定工作。

认真做好民办学校安全稳定督查工作，联合协调有关部门进行专项整治，全面消除各类问题和隐患，做到“自查到位，督查到位，整改到位”，确保安全稳定工作措施得到落实。

及时处理影响安全稳定的隐患和事件，确保各类影响安全稳定的隐患和事件及时得到妥善解决。

进一步完善民办教育鼓励资助体系，建立鼓励资助长效机制，引导民办学校内涵发展。

监测民办高校2007年资助项目进展状况，掌握资金使用情况，确保资助项目顺利发展。

启动2008年发展引导性项目申报和评审工作。经过专家组评审，共有9所民办学历教育院校和7所民办高等教育机构共获得1000万元的项目资助。

制订《北京市民办高等教育发展引导性项目管理办法》，对鼓励资助民办高等教育发展的项目建设内容、项目组织实施、项目经费管理和项目验收与监督等进行规定。该办法完善民办高校鼓励资助政策体系，使资助措施规范化、制度化、长期化，标志着北京市正式建立民办高等教育鼓励资助长效机制。

继续加大民办学校管理力度，进一步规范民办学校的办学行为，推动民办学校健康发展。

市和各区县按照工作安排，继续做好民办学校办学年度报告和年度检查工作，通过对民办学校报送的年度报告书、财务审计报告及卫生消防检查证明等相关材料的审查，市和各区县按时完成年检工作。

开展民办高校招生简章和广告备案工作，在总结往年经验的基础上，修订民办高校招生简章和广告备案的基本要求，自3月起开始审查民办高校招生简章和广告备案，共有61所民办高校进行备案，并随时向社会公示。在招生宣传期间，监测和检查民办高校对外招生宣传行为，向存在违规宣传的民办高校发整改通知书，要求其限期整改，有效规范民办高校对外招生宣传行为。

制订民办高校秋季招生政策。印发《关于进一步规范我市民办高校2008年秋季招生工作的通知》等文件，向社会公布民办高校的招生政策和具有招生资格的名单，规范民办高校的招生行为，向社会公众提供准确有效的信息。本年继续开展年度民办高等教育机构办学状况评估工作。

依法进行有关事项的审批和管理，全年共完成民办高校举办者变更事项2项，学校名称变更事项1项，学校院长变更事项1项，学校终止办学事项1项，另有6所民办高校变更地址。

启动民办学校办学许可证换发工作，向各区县教委转发教育部办公厅《关于修订和换发民办学校办学许可证的通知》，部署区县换发办学许可证工作，同时对民办高校换证工作进行准备。

积极创新党建工作模式，推动民办高校党建和思想政治教育工作再上新台阶。

完成向民办高校选派督导专员兼党建工作联络员工作。结合北京市实际，经过认真遴选，4月，两委向48所民办高校选派12名督导专员兼党建工作联络员，定期对民办高校开展联络督导工作，很好地实现对民办高校的监督与指导。

制订《北京市民办高校党建和思想政治教育工作评估基本要求（试行）》，正式启动民办高校党建和思想政治教育评估指导工作，各民办高校积极自查自建，各专家认真进行指导建设，有效推进民办高校党建和思想政治教育工作的开展。

至年底，北京市共有各级各类民办学校592所，在校生37万人。其中，民办幼儿园380所，在园幼儿5.6万人，教职工1.02万人；民办小学20所，在校生2.6万人，教职工0.17万人；民办初中20所，在校生2.1万人；民办普通高中76所，在校生1.8万人，教职工0.36万人；民办中等职业学校22所，在校生0.84万人，教职工0.18万人；民办其他高等教育机构64所，在校生16.9万人，教职工0.78万人；民办高等学校10所，在校生7.4万人，教职工0.92万人。公办高校举办的独立学院5所，在校生2万人，教职工0.16万人；教育行政部门注册的民办职业技术培训机构1386所，注册在校生57万人，年结业87万人次。

（闫彦斌）

民办高等教育

【建立民办高等教育鼓励资助长效机制】　2月，北京市正式启动2008年度民办高等教育发展引导性资金鼓励资助项目申报工作。经过专家评审，9所民办普通高校和7所民办高等教育机构共获得1000万元项目资助。其中，民办普通高校实训基地项目每校资助80万元、安防系统建设资助50万元；民办高等教育机构实训基地项目每校资助45万元、安防系统建设资助40万元。9月，市教委和市财政局联合制订《北京市民办高等教育发展引导性项目管理办法（试行）》，规定鼓励资助民办高等教育发展的项目建设内容、项目组织实施、项目经费管理、项目经费管理和项目验收与监督等，完善民办高校鼓励资助政策体系，使资助措施规范化、制度化、长期化，标志着北京市正式建立民办高等教育鼓励资助长效机制。

（闫彦斌　胡丽雷）

【公布民办高等教育机构办学状况评估合格学校】　3月24日，市委教育

工委、市教委、市公安局、市卫生局、市财政局和市民政局联合公布2007至2008学年北京市民办高等教育机构办学状况评估合格学校名单。共有52所学校评估结论为合格。2007年11月至2008年1月，市教委对北京市73所非学历民办高等教育机构开展办学状况评估和考察，委派专家对40所全日制自考助学和长期培训机构及15所非全日制的函授和短期培训机构进行进校考察评估；对18所办学状况特殊、考察期无在校生的办学机构，采取委派专门考察小组的形式考察学校基础情况。

（闫彦斌　王蕾）

【召开民办高校安全稳定部署会】　4月3日，市委教育工委、市教委召开民办高校安全稳定工作会。会议全面部署民办高校奥运期间安全稳定工作，要求民办高校要充分认识本年学校安全稳定工作重要性，把奥运期间的安全稳定工作作为学校的重中之重，不折不扣地落实各项部署。会议印发《关于2008年北京民办高校安全稳定暨“平安奥运行动”工作的意见》、《教育系统“平安奥运行动”督查工作方案》等文件。来自80所民办普通高校和民办非学历高等教育机构的校长、党组织负责人和联络员参加会议。

（闫彦斌　胡丽雷）

【举办民办高校就业招聘会】　4月

17日，北京民办教育协会与全国青年就业创业培训服务中心联合举办民办高校就业招聘会。会议以“关注首都民办高校大学生就业”为主题，40家企业提供就业岗位400个。

（王蕾）

【任命民办高校督导专员兼党建工作联络员】　4月25日，市委教育工委、市教委召开民办高校督导专员兼党建工作联络员工作部署会议。会议宣布任命12名民办高校督导专员兼党建工作联络员。民办高校督导专员兼党建工作联络员由市委教育工委和市教委负责选派和管理，人选主要来自教育行政部门和公办普通高校处级以上在职或离退休人员，主要职责是围绕党委教育工作部门和市教育行政部门中心工作，联系有关民办高校，了解情况、沟通信息、督导检查、调查研究，支持和监督民办高校依法、科学、诚信、规范办学，并向有关部门和学校提出工作意见和建议。

（闫彦斌　胡丽雷）

【制订民办高校秋季招生政策】　7月2日，市教委制订民办高校秋季招生政策。制订《关于进一步规范我市民办高校2008年秋季招生工作的通知》和《关于北京市民办高校2008年秋季招生政策的通告》等文件，向社会公布民办高校的招生政策和具有招生资格高校的名单。

（闫彦斌）

【民办高校招生诚信公约签字】　7月

19日，北京民办教育协会举行北京市民办高校招生展示季启动暨诚信公约签字仪式。该活动以“规范管理，增强首都民办教育社会公信度”为主题，举办现场交流和实力展示等活动。39所民办高校共同签署公约，承诺杜绝虚假宣传，诚信透明招生。

（王蕾）

【开展民办高校党建评估指导工作】　10月8日，市委教育工委、市教委召开民办高校党建评估指导工作部署会议。会议宣布正式启动党建评估指导工作，全面推进民办高校党的建设工作。来自全市民办高校的140人参加会议。市委教育工委、市教委成立领导小组和指导建设小组，制订《北京市民办高校党建和思想政治教育工作评估基本要求（试行）》，作为党的建设工作目标。党建评估指导工作分自查、试点评估和全面评估三个阶段。

（闫彦斌　胡丽雷）

【开展民办学校换证工作】　12月，市教委部署修订和换发民办学校办学许可证工作。该项工作按照教育部有

关要求开展，教育部要求原2004年9月1日启用、教育部组织印制的办学许可证，自2010年1月1日起一律停止使用。

（闫彦斌　胡丽雷）

【完成民办高校许可和审批工作】 至年底，市教委依法完成民办高校行政许可和审批工作。完成7项民办高校的行政许可事项，其中，学校举办者变更事项2项，学校名称变更事项2项，学校院长变更事项1项，学校终止办学事项2项。完成6所民办高校校址变更审批事项。

（闫彦斌）

【完成民办高等教育机构招生简章和广告备案】 至年底，市教委完成民办高等教育机构招生简章和广告备案工作。审查民办高等教育机构招生简章和广告备案，共有61所学校备案，并随时向社会公布备案结果。同时，还对民办高等教育机构招生宣传行为进行监测和检查，向存在违规宣传的

学校发出整改通知书，要求其限期整改，有效规范民办高等教育机构招生宣传行为。

（李开发　王蕾）

民办高等学校

北京城市学院

【概　况】 2008年，北京城市学院占地面积78.43万平方米、建筑面积31.73万平方米。图书馆建筑面积1.51万平方米，藏书117.04万册，其中，纸质图书114.71万册、电子图书2.33万册。固定资产总值53907.61万元，其中，教学科研仪器资产总值7887.43万元。全年教育经费投入33721万元，其中，国家拨款1036万元、自筹经费32685万元。设有11个学部（系），1个培训中心；开设专业87个，其中，本科21个、专科66个。教职工1381人，其中，专任教师845人，包括教授12人、副教授139人。毕业6628人，其中，学历教育全日制普通本专科生6326人（本科生1713人、专科生4613人），成人教育本专科生302人（本科生38人、专科生264人）。招生6141人，其中，学历教育全日制普通本专科生5776人（本科生2126人、专科生3650人），成人教育本专科生365人（本科生121人、专科生244人）。在校生20917人，其中，学历教育全日制普通本专科生20251人（本科生9121人、专科生11130人），成人教育本专科生666人（本科生217人、专科生449人）。网址：www.bcu.edu.cn。

（陈永生）

【接受市教育督导室检查】 1月10

日，城市学院接受市教育督导室检查。检查组听取学校工作汇报，参观实验室、图书馆和学生宿舍等，召开师生座谈会，查阅相关材料。检查组肯定该校办学实力和作为第一所国家承认学历的民办高等院校所处的地位和示范作用，同时指出队伍建设、教育督导等需要改进的方面。

（陈永生）

【举办毕业生校园综合双选会】 1月

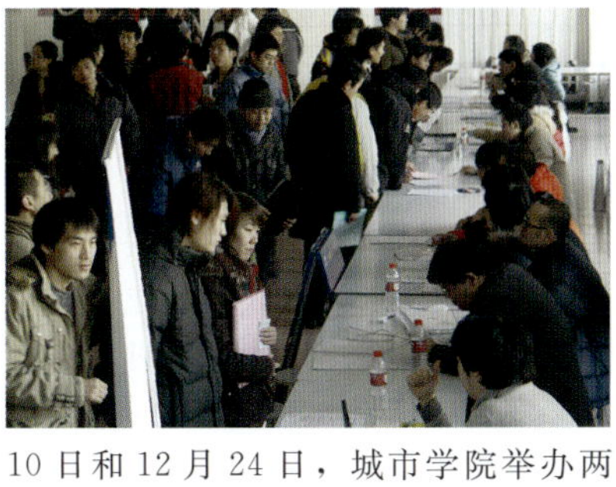

10日和12月24日，城市学院举办两次毕业生校园就业双选会。1月，78家用人单位提供就业岗位1000个，2008届毕业生5000人参加双选会。12月，130家用人单位提供就业岗位4204个，2009届毕业生4000人参加双选会。

（陈永生）

【新教学设备投入使用】 3月16日和4月14日，城市学院新教学设备分别投入使用。3月，首次使用新建电视闭路系统举办英语专业四级辅导讲座。300名学生参加学习。该系统能接收有线电视、播放教育宣传片，以601教室为主会场，现场转播课堂教学和会议实况，实现图像和声音同步传输。4月，城北校区无线区域英语学习系统投入使用。该系统取代录音机，可以组织全校专科英语听力统一考试，语音播放清晰，并于每周一至周四晚设定1小时英语听力时段，播放不同形式和水平的英语学习资料，供学生在校区宿舍、广场、教室等多个区域收听。

（陈永生）

【与两所国外大学签署合作协议】 3

月18日和10月28日，城市学院分别与韩国光州女子大学和波兰华沙人文与社会大学签署合作协议。与光州女子大学协议规定，开展专升本、本升硕合作项目。与华沙人文与社会大学协议规定，双方在英语专业领域联合培养学生，华沙人文与社会大学承认城市学院英语专业本专科课程及相应

学分（成绩），接收城市学院英语专业本科毕业生前往攻读英语专业硕士学位，接收专科学生攻读专升本课程并可获得学士学位。

（陈永生）

【聘请两位名誉教授】 4月13日和8月9日，城市学院分别聘请两位名誉教授。两教授分别为美国城市研究专家詹姆斯·A·克拉普（James A Clapp）和马达加斯加共和国总统马克·拉瓦卢马纳纳。克拉普教授是美国圣地亚哥州立大学城市规划与事务的荣誉教授、公共管理与城市研究学院主席，著有100篇文章及多部论著。马克·拉瓦卢马纳纳总统早年留学德国、瑞士，从政前创办马达加斯加共和国最大的食品企业，作为食品工程师在食品专业学术领域取得很大成就。

（陈永生）

【两校区图书馆投入使用】 4月21日和11月17日，城市学院两校区图书馆分别完成新建和改造工程投入使用。4月，大学城校区图书馆新馆投入使用。新馆建筑面积1373平方米，为开架式综合阅览室，提供电子阅览，报刊阅览，精品、工具书、原版外文书阅览，语言类和中国文学类图书阅览及外借，同时为师生提供打印、复印（彩印）、扫描等服务。新馆藏有纸质图书11万册，电子图书2.7万册。11月，城北校区图书馆改造工程完工投入使用。改造后，图书馆整理规范数据9万条，转入汇文系统，差误率低于万分之一；安装门禁系统和图书监测系统，达到楼宇管理自动化要求；建立联网系统，使用校园联网计算机，可进入书目检索系统查询图书信息或办理续借手续；装修改造电子阅览室。

（陈永生）

【6个专业获学士学位授予权】 5月21日，城市学院6个专业获准授予学士学位。6个专业分别是生物技术、信息管理与信息系统、土木工程、法学、英语和传播学。至此，该校共有12个专业获准授予学士学位。该校应届本科毕业生共有1713人，经学校学位评定委员会审核，授予学士学位1483人。

（陈永生）

【成为首批全国助学教改示范试点助学单位】 5月22日，在教育部全国助学教育改革试点省、试点校座谈会上，城市学院成为北京首个民办主考院校。该校教育培训中心被确定为全国首批助学教育改革示范、试点助学单位。该评选由教育部组织，全国共有3个单位入选。

（陈永生）

【获全国ITAT教育工程优秀培训机构金奖】 5月23至28日，在全国ITAT教育工程2008年工作会议上，城市学院获得全国ITAT教育工程2007至2008年度优秀培训机构金奖。该评选由教育部举办，全国共有59个单位入选，其中，特别贡献基地6个，包括北京基地1个；金奖基地26个，包括北京基地2个；银奖基地27个，包括北京基地1个。ITAT教育工程是"全国信息技术及应用培训教育工程"的简称，是教育部教育管理信息中心启动的培养实用信息技术人才工程。

（陈永生）

【首次评选教学成果奖】 5月，城市学院首次评选教学成果奖。12个学部（部门）的44项推荐成果参加评选，其中，本科类14项、高职类21项、综合类9项。经过校内专家初审、校外专家终审以及公示等程序，评出一等奖2项、二等奖5项、三等奖8项，其中，本科类获奖5项、高职类9项、综合类1项。

（陈永生）

【54名毕业生入选村官】 6月，城市学院54名毕业生入选村官，分别担任村党支部书记助理和村委会主任助理。3名毕业生入选农村基层"支教"工作，分别在通州区、延庆县、大兴区等地基层开展工作。自2006年，该校共有103名毕业生竞聘到农村基层接受锻炼；2007年以来，共有9名毕业生到农村学校任教。

（陈永生）

【召开中日关系学术研讨会】 10月30日，城市学院召开中日关系学术研讨会。会议听取日本驻华大使馆政治部二秘柿泽未知作题为《新时代的日中关系面临的机遇与课题》的演讲，就日本新任首相麻生太郎访华成果、日本新一代主流民意的形成与日中关系、日中战略互惠关系的深层含义及日中关系的新定位四方面问题进行分析；听取南村志郎作题为《缔结日中和平友好条约的过程和意义》的演讲，回忆中日缔结和平友好条约的过程，分析中日民间交流的重大意义，并强调友好是中日关系的基础。至年底，该校共举办4次东亚关系学术研讨会。

（陈永生）

【入选市高校示范性就业中心】 10月30日，城市学院入选首批北京地区高校示范性就业中心。该评选由市教委举办，全市共有25个单位入选，该校是唯一民办高校。首批共有40所高校参加申报。

（陈永生）

【大学英语教学配套丛书出版】 10月，城市学院《大学英语教学配套丛书》出版。该丛书是该校语言学部承担的市级教育科研项目《应用型人才培养与大学英语教学改革》的阶段性成果，主要由该校英语教学一线的骨干教师编写，各册主编全部为获得学校课堂教学优秀奖人员担任。该丛书由国防工业出版社出版发行，全书共计131万字，共5册，并配有光盘，主要面向非英语专业大学本科一二年级学生使用。

（陈永生）

【学生参加全国比赛获奖】 10至12月，城市学院学生参加全国比赛获奖。在第七届"星光杯"全国文学艺术作品大赛中，教育培训中心学生的葫芦丝独奏获得金奖，诗歌作品《家乡的回忆》和报告文学《难忘的心》分别获得银奖。在首届全国高职高专生物技术技能大赛中，生物技术学部2006级生物制药技术专业学生获得生化提取组二等奖。在"正保教育杯"第四届全国ITAT教育工程就业技能大赛中，信息学部两名学生分别获3Ds MAX三维设计一等奖和二等奖。在首届全国大学生会展创意技能大赛（高职组）中，现代技术服务学部2006级会展策划与管理专业学生展台设计作品《梦起源》获得三维设计组三等奖。

（陈永生）

【三名学生通过资格认证】 11月，城市学院三名学生通过首批珠宝首饰设计师资格认证。三人来自该校理工学部2005级设计专业。该认证由中国珠宝玉石首饰行业协会举办，首次在全国范围内开展。该认证工作采取评审制度，是设计师从事首饰设计工作的资格证明。评审对象主要是首饰设计或同类专业培训的专业人员和企业推荐的优秀设计师，同时兼顾社会其他珠宝首饰设计人员。

（陈永生）

【开办本科英语尖子实验班】 12月，城市学院城北校区开办本科英语尖子实验班。该实验班主要培养英语学习成绩突出的学生，由两名教学效果优秀的教师分工负责教学工作，并聘请外籍教师授课。实验班首批面向2008级本科学生开展试点，由各学部按本科生人数10%的比例推荐，学校组织统一笔试，根据笔试成绩择优选拔50%学生进行口试，最后确定入选学生44人。

（陈永生）

【模拟法庭实训室启用】 12月，城市学院模拟法庭实训室正式启用。实训室建筑面积300平方米，可同时容纳200人，配备影音设备，能够实现同程录音、录像，能满足法学实践教学的需要，还能兼顾报告会、讲座、小型晚会等功能需求。该模拟法庭实训室是2008年度北京民办教育发展引导性资金鼓励资助项目“城乡社区法律服务人才实训中心”的功能模块之一，总投资112万元。

（陈永生）

北京北大方正软件技术学院

【概　况】 2008年，北京北大方正软件技术学院占地面积5.66万平方米、建筑面积5.99万平方米。图书馆建筑面积1498平方米，藏有图书18.34万册。后勤实行社会化管理，享受东方大学城提供的师生宿舍、体育场馆、餐饮等设施。固定资产总值35693.92万元，其中，教学科研仪器设备总值17769.42万元。全年教育经费投入5528.96万元。拥有专业实训室36个，综合实训室23个，多媒体教室35间，教学用计算机2480台；校内实训基地总建筑面积2万平方米，校外建立32个实训基地。学院设有6个系和国际教育学院，开设22个专业。拥有教职工415人，其中，专任教师267人，包括教授12人、副教授14人；兼职教师142人，包括教授38人、副教授34人。全日制学历教育在校生4797人，毕业生1628人，招生1502人。网址：www.pfc.edu.cn。

（赵晓婵）

【启动课程开发与专业建设教学改革】 3月12日，方正软件学院召开专业建设与课程开发可行性研究论证会。论证会采取答辩者自述和会议讨论相结合的方式，分析调研资料，总结研究成果，针对实际情况和专业特点提出课程开发与专业建设的可行性研究分析报告。该论证会是全面启动课程开发与专业建设的教改活动。

（赵晓婵）

【召开招聘会】 5月14日和12月3

日，方正软件学院分别召开招聘会。5月，召开方正集团2008届实习生招聘会，北京方正阿帕比技术有限公司、北京北大方正宽带网络科技有限公司、方正科技集团股份有限公司等在京公司参加招聘会，招聘职位涉及软件工程师、硬件工程师和系统集成销售代表等。400名学生参加招聘会。12月，召开2009届毕业生校园招聘会，方正宽带网络科技有限公司、方正奥德计算机系统有限公司、中国移动通信集团公司等63家用人单位参加招聘会，提供工作实习岗位1000个。1500名学生参加招聘。

（赵晓婵）

【学生参加比赛获奖】 5月，方正软件学院学生参加比赛获奖。在“金蝶杯”全国高校企业经营实战模拟精英赛总决赛中，经管系组队获得二等奖。在首都大学生游泳比赛中，获得普通院校学生组乙组团体总分第一名、男子团体总分第一名、女子团体总分第一名，获得单项冠军15个、亚军6个、季军4个。在北京市电子设计竞赛中，获得本科组三等奖2个、大专组二等奖1个。

（赵晓婵）

【制作《猎人与鸟》定格动画】 5

月，方正软件学院制作第一部短片《猎人与鸟》定格动画。该作品由多媒体艺术系灵动定格动画工作室制作完成，为环保公益广告，以布偶动画的方式制作而成，时长2分50秒。短片通过猎人打鸟反被鸟引入陷阱的故事，警示人类如何与动物相处。定格动画是通过逐格拍摄对象后连续放映，使之活灵活现，一般采用黏土偶或混合材料角色演出。

（赵晓婵）

【《黑客攻防综合实训》获著作权】 6月30日，方正软件学院新课改系列教材《黑客攻防综合实训》获得国家版权局著作权。该教材由网络系5名教师编写，注册权登记号2008-L-014147。9月起，2006级信息安全实验班采用该教材，开设第一期黑客攻防新课程。300名学生参加学习。

（赵晓婵）

【教学成果获奖】 7至11月，方正软件学院多项教学成果获奖。7月，《飞腾创意图文排版技术应用》课程入选2008年度北京市精品课程。该课程基于职业岗位分析和具体工作过程的课程设计理念，以真实工作任务或社会产品为载体组织教学内容，在真实工作情境中采用岗位情境的教学方法和手段。至此，该校共有3门市级精品课程。11月，《计算机应用基础——案例分析与实训教程》入选2008年北京高等教育精品教材。至此，该校共有3部精品教材。同月，电子信息工程系教师制作的《ENVI遥感图像处理多媒体教程》获得"SMART BOARD杯"第八届全国多媒体课件比赛三等奖。

（赵晓婵）

【中加班留学签证申请全部通过】 8月，方正软件学院2005级中加班申请赴加拿大菲莎河谷大学的入学申请和签证申请全部通过。学生在方正软件学院所修58学分转入加拿大菲沙河谷大学，并在河谷大学攻读计算机信息系统专业学士学位。

（赵晓婵）

【国家软件测试助理工程师通过率99%】 9月，方正软件学院学生国家软件测试助理工程师认证考试通过率99%。2006级软件技术系软件测试专业92名学生参加考试，其中，10人因成绩优异获免费考试奖励。该考试由国家应用软件产品质量监督检验中心举办。

（赵晓婵）

【首次参加市英语口语等级考试】 11月15日，方正软件学院首次参加北京市英语口语等级证书考试。142名学生参试，89人通过，其中，28人优秀。该考试由市教委、市外办等11个委办局联合举办。

（赵晓婵）

【举办第五届校园文化节】 11月20日至12月23日，方正软件学院举办第五届校园文化节。文化节以"绽放青春，缤纷校园"为主题，举办话剧专场、DIY魔方大赛、文化作品创意大赛等活动。文化节每年举办一次。

（赵晓婵）

【五次蝉联市高校游泳比赛团体冠军】 11月29日，在北京高校游泳竞标赛中，方正软件学院水球队第五次蝉联团体冠军。其中，获得乙组女子团体冠军、男子团体冠军和团体总冠军。该校共有22名运动员参赛，获得金牌19枚、银牌3枚、铜牌2枚。

（赵晓婵）

【97人获国家励志奖学金】 12月2日，方正软件学院97名学生获2007至2008学年度国家励志奖学金。获得奖金共计48.5万元。国家励志奖学金由中央和地方政府共同出资设立，是奖励品学兼优但家庭经济困难学生的奖学金。

（赵晓婵）

【联合开办电信宽带运维工程师班】 12月3日，方正软件学院与北大方正宽带网络科技有限公司签署合作协议。根据协议，双方联合开办电信宽带运维工程师班，由双方共同执教，成绩合格者可获得电信宽带行业从业技能认证，优秀者可直接到信息技术（IT）公司就业。首批招生28人。

（赵晓婵）

【举行信息搜索与技能分析答辩会】 12月23日，方正软件学院举行信息搜索与技能分析（ISAS）答辩会。答辩会采取主题演讲与答辩形式，软件系62名学生参加答辩，全部合格。该答辩会每学期末举行，答辩成绩记入总成绩。信息搜索与技能分析报告是NIIT专业最具有特色的一项技能培训科目，可提高搜索信息和信息分析能力。

（赵晓婵）

北京经贸职业学院

【概　况】 2008年，北京经贸职业学院校园占地面积10.57万平方米，建筑面积5.4万平方米，临时图书馆1000平方米，藏书23万册。固定资产总值12387万元，其中，教学科研仪器设备总值1101万元（含校外教学区），本年新增教学仪器设备108万元。全年教育经费投入3348万元（含校外教学区），来源于学费。基本建设投资905万元。下设6个系（院），开设普通高等职业教育专业13个，高等教育自学考试助学教育专业8个。教职工325人（含校外教学区），包括，专职教师179人、行政管理人员55人、教辅人员51人，另聘有兼职教师88人，其中，外籍教师1人。专职教师中教授19人、副教授49人；外聘教师中教授8人、副教授11人。在校生3925人，其中，高职生3217人、高教自考助学教育生708人。招生1561人，其中，高职生1056人，本年北京地区高考提档线理科320分、文科340分，单招单考艺术类理科248分、文科248分；高教自考助学教育生505人。毕业生1695人，其中，高职生1619人，高教自考助学教育生76人。网址：www.csuedu.com。

（张舒拉）

【召开毕业生工作会议】 3月13日，经贸职院召开毕业生工作会议。会议对就业工作提出三点要求，分别是就业指导要贯穿学生在校受教育的整个过程；教职工全员参与就业工作；全方位为学生提供就业服务。会议明确指出，要培养学生掌握专业技能，指导学生提高求职面试技巧，在工作中要把人才培养与学生就业紧密结合，把社会和用人单位的评价作为人才培养质量的最终检验标准。该校院、处（室）和系领导及毕业班班主任、系行政秘书30人参加会议。

（张舒拉）

【成立新一届理事会】 4月2日，经贸职院成立新一届理事会。理事会是学校的决策机构，新理事会由7人组成，该院党委书记为理事长。这是该校第一届理事会，理事会每4年换届一次。

（张舒拉）

【开展期中教学工作检查】 10至11月，经贸职院开展期中教学工作检查。检查采取各教学单位自查，教务处、督导室统一检查的方式，检查教学计划和教学制度的执行，以及教师授课、备课、课堂秩序和实践教学、毕业生实习等教学情况。

（张舒拉）

【接受市教育督导室复查】 12月11日，经贸职院接受市教育督导室专项督导复查。专家组着重复查上年专项督导后提出的反馈意见。经过复查，专家组对该校贯彻执行教育部令第25号的情况和整改工作满意，肯定学校一年来的整改成绩，依法组建新一届理事会，调整充实院领导班子，成立院党委，制订一系列规章制度，初步理清学校今后工作思想和总体设想。专家建议学校切实发挥理事会和党委的作用，按照高职教育的特点推进教学模式改革，优化专业结构，加快重点专业建设，形成特色优势专业。

（张舒拉）

【制订青年教师授课技能竞赛办法】 12月，经贸职院制订《青年教师授课技能竞赛办法》。该办法鼓励教师结合生源素质，编写适用的辅助教材和课件，运用启发式、讨论式的教学方法，加强互动教学和实践模拟训练、岗位技能训练，加大实操课教学力度，提高学生专业知识运用能力。

（张舒拉）

北京经济技术职业学院

【概　况】 2008年，北京经济技术职业学院占地面积22.34万平方米、总建筑面积9.7万平方米，其中，教学楼建筑面积4.24万平方米，学生公寓建筑面积5.46万平方米。图书馆建筑面积2917平方米，藏有纸质图书21.2万册、电子图书33万册。固定资产总值共计17230万元，其中，教学科研仪器设备总值1032万元。全年教育经费投入1278万元，全部自筹。设有9个院系，2个教学部，开设专科专业20个。拥有教职工428人，其中，专任教师173人，包括教授12人、副教授25人。兼职教师154人，包括教授4人、副教授17人。在校生4542人；毕业生2033人；招生1500人，本年高考提档线理科为290分、文科为280分。网址：www.tangedu.cn/beijing.htm。

（汪绮）

【开办首期润之学生骨干班】 4月18

日，经济职院开办首期“润之学生骨干班”。该班为纪念毛泽东学术思想特色教育，并以他的字命名。该校72名学生参加学习，听取毛主席纪念堂管理局和毛泽东思想学术研究会的专家和学者讲述毛泽东当年的故事。

（汪绮）

【成立传媒艺术系】 7月4日，经济职院成立传媒艺术系。该系以市场需求和就业需求为导向，以服务社会和经济建设为宗旨，走产学研结合的发展道路，培养能够适应全球化经济环境，服务北京、辐射全国，面向生产、建设、管理、服务第一线的技术应用型人才和高技能人才。该系下设2个专业，拥有教职员13人，学生109人。

（汪绮）

【接受人才培养工作评估回访】 11

月18日，经济职院接受市教委人才培养工作水平评估回访。专家组听取该校整改情况及工作思路汇报，召开系主任和专业教师座谈会，到图书馆、新闻系和旅游管理系查看新增图书和实训设备，肯定学院在办学条件改善、师资队伍建设及校企合作进展等方面的成绩。

（汪绮）

【接受市教育督导复查】 12月9日，经济职院接受市教育督导室复查。督导专家组听取学校关于深化教学改革、加强教师队伍建设和加大对教学经费的投入等10个方面汇报，召开座谈会，实地考察旅游管理系、图书馆和实训基地。督导复查组对该校整改情况表示满意，对办学及管理等方面给予肯定。

（汪绮）

北京科技经营管理学院

【概　况】 2008年，北京科技经营管理学院占地面积22.28万平方米，校舍建筑面积18.4万平方米。图书馆建筑面积4500平方米，纸质藏书62万册、电子文献25万册。固定资产总值51890万元，其中，教学科研仪器设备总值3526.64万元。全年教育经费投入3017.2万元。学校有3个校区，校内建有实验室和实训基地13个，校外实训基地及校企合作单位60个。设有教学系（部）16个，开设国家统招专业22个，自学考试专业32个。教职工809人，其中，行政人员335人、专任教师168人，包括教授及副教授106人、讲师62人。在校生7673人，其中，高职生4518人、高教自考学生3155人，生源覆盖21个省市。毕业生2251人，其中，高职生1671人、高教自考学生580人。招收国家统招生1455人，高等教育自学考试学生1243人。网址：www.bjjsy1985.cn。

（李晓悦）

【成立心理素质课教研室】 3月，科技经营管理学院成立心理素质教育课教研室。该教研室隶属基础课教学部，为全校学生开设心理素质教育普及类公共课程。该校将心理素质教育课列入学校整体教学计划。

（孙丹）

【建立教学基本状态数据库】 3月，科技经营管理学院建立教学基本状态数据库。数据库包括各学期课程设置、师资状况、实践教学、教室资源等内容，教学管理信息系统主要基于校园网为学校教学运行提供先进、实用、信息化管理平台，为系统管理人员提供安全可靠的管理控制手段与智能批量的数据处理功能。

（孙丹）

【中韩EXIA动漫学院成立】 10月16日，科技经营管理学院中韩EXIA动漫学院成立。该学院与韩国昌焕（中国）科技公司合作建立，借鉴韩方动漫技术和人才培养经验，融产学研为一体，采用“工学结合、国际合作”的方式培养动漫能力强、项目经验丰富、符合国际动漫产业需求的高素质人才。

（姜红蕙）

【建成经营管理实训中心】 10月，

科技经营管理学院经营管理实训中心建成并投入使用。该中心建筑面积242平方米，设有证券交易实习基地、模拟银行和ERP沙盘，可供金融、国际商务和工商管理等相关专业实习实训，总投资120万元。

（陆相刚）

北京科技职业学院

【概　况】　2008年，北京科技职业学院占地面积191.8万平方米、建筑面积72.6万平方米。图书馆建筑面积4.2万平方米，藏有纸质图书22.2万册、电子图书41万册。固定资产总值125636.40万元，其中，教学科研实验实训仪器设备总值17649.6万元。全年教育经费投入25319.35万元。设有沙河和八达岭两个校区，有二级学院35个，其中，沙河校区17个、八达岭校区18个，涉及文史（含艺术管理）、理工（含管理、工艺）两大类的高职专业124个，其中，国家计划内高职专业12个、本专科自考专业29个。教职工2248人，其中，专任教师558人，兼职教师721人。专任教师中高级专业技术职务209人，专业课教师中“双师型”教师占58%。在校生41265人，包括普通高职生3962人。招生11366人，包括计划内高职生1188人。毕业8895人，包括普通高职生1029人。网址：www.5aaa.com。

（树玉森　王枫）

【配额百万元颁发国家奖学金】　3月28日，北科院决定拨校有资金111.22万元配额颁发国家奖助学金。该校将配额资金与国家拨款130.07万元奖学金相结合，奖励优秀学生。该评奖本着“公开、公平、公正、公信”原则，经本人申请、学生民主评议、二级学院初审公示等程序，3780人获奖。其中，国家一等奖学金50人，每人8000元；二等奖学金200人，每人5000元；三等奖学金380人，每人1000元；鼓励奖3150人，每人200元。人员覆盖计划内高职、校设高职和高自考各专业。

（树玉森　王素梅）

【加强4个校级重点专业建设】　5月，北科院加强4个校级重点专业建设。该校确定2008至2009年间要重点加强物流管理、计算机应用技术、汽车运用技术和生物技术及应用4个校级重点专业的建设。学校对每个专业投资30万至60万元，建设重点为“双师型”师资比例达到60%以上；实习实训设备要齐全、先进、适用；实习实训课开出率100%。

（树玉森　于鑫祥）

【评定校级精品课】　7月，北科院评定校级精品课程。该评选按照《北京科技职业学院2008年精品课程建设工作计划》标准，经过自报、二级学院评审和校内外专家评审等程序，评定物流管理概论、基础会计、高等数学和司法行政管理4门课程为校级精品课程。

（树玉森　于鑫祥）

【社会实践学时列入毕业基本条件】　9月1日，北科院决定将学生社会实践学时数列入毕业基本条件。学校要求学生在校3至4年学习过程中，必须有自主选择参与社会实践活动达150学时的量化成果，包括自主寻求专业知识技能的学习和拓展（主要是实际操作）、有益兴趣探索、社会选项调查、各类社会活动参与以及就业、创业试验等。

（树玉森　王枫）

【承办全国民办高校论坛】　10月19

日，北科院承办全国民办高校改革发展创新论坛——董事长、校长和专家谈话融资与发展。论坛探讨民办教育规模与资源匹配、民办教育营利与举办者的利益诉求和民办高校产权明晰等问题；参观考察该校八达岭校区。北科院作题为《以教育经济学理论指导北科院发展》发言，综合介绍该校在固定资本积累、流动资本运行、债务资本借贷等方面的经验和体会。论坛由全国工商联民办高教协会主办，来自19个省市的民办高校、民办教育机构、公立大学附设民办二级学院董事长、校长90人，以及民办教育专家等13人参加论坛。

（树玉森　李爱东　林华良）

【设立奥运博物馆】　11月3日，北

科院奥运博物馆开馆。博物馆位于实训大楼一层，占地面积186平方米，馆内设置放大5倍的奥运祥云火炬，仿制奥运开幕式上表演的古代印刷术用的活字道具，拼出北科院办学宗旨“育人报国”四个字。馆内重点收集该校学生作为志愿者的训练服、太阳帽、标兵服、引领员礼服、“轮椅乐团”演员服等不同物品126件；记录志愿者集训的组织流程图、队伍演阵图以及用于联络、培训、生活安排等的文字材料178篇（本），反映该校师生员工服务奥运与奥运互动的图片456幅。博物馆投资35万元建成。至年底，共接待校内和校外参观者2.3万人次。

（树玉森　王枫）

【新增27个校内外实习实训基地】　至年底，北科院新增27个校内外实习实训基地。校内实习实训基地17个、校外10个，总投资4000万元。其中，克隆育种无性繁殖科研中心位于昌平区阳坊镇，占地面积40万平方米，建筑面积800平方米，主要服务于生命科学研究。菜蔬园林特种种植生产观赏基地位于延庆县大榆树镇，占地面积6.67万平方米、建筑面积960平方米，主要服务于反季节菜蔬生产和草莓高产技术研究。

（树玉森　杨淑玲）

北京吉利大学

【概　况】　2008年，北京吉利大学

占地面积 9.97 万平方米、建筑面积 42.87 万平方米。图书馆建筑面积 2.23 万平方米，藏有纸质图书 144.6 万册、电子图书 10 万册。固定资产总值 68559 万元，其中，教学科研仪器设备总值 7210 万元。全年教育经费投入 9644.50 万元，全部自筹。拥有教学楼 8 幢、实验楼 2 幢、阶梯教学楼 2 幢、大型场馆 4 座、吉利汽车展馆 1 座、学生公寓 23 幢。国家级示范性实训基地 1 个、国家汽车紧缺人才培养培训基地 1 个和中汽人才培训中心 1 个。有校内独立实验实训室 77 个、校外实习实训基地 69 个。学校设立 16 个学院、4 个研究院（所），设置 89 个专业，涵盖文史（含艺术）、理工（含艺术）两大类学科，其中，市级高职示范性专业 1 个。教职工 1235 人，其中，专任教师 853 人，包括教授 94 人、副教授 239 人；博士生导师和硕士生导师 22 人；中科院院士 1 人、工程院院士 1 人，国家有突出贡献专家 1 人，享受政府津贴专家 1 人。外籍教师 23 人。在校生 18020 人，其中，高职学生 6011 人、计划外培养自考生 12009 人。毕业 3862 人，其中，高职生 2128 人、自考生 1734 人。招生 6542 人，其中，计划内统招高职生 1896 人、计划外招生 4646 人，另有吉利教育资助计划资助贫困生 19 人。网址：www.bgeelyu.com。

（林继辉）

【与三家企业签署实习实训协议】 1 月 2 日、11 月 28 日和 12 月 19 日，吉利大学分别与三家企业签署实习实训合作协议。1 月，与新华社中国图片分社建立合作关系，安排 2005 级高职新闻采编与制作专业 2 名学生到该单位实习，为期半年，前 3 个月实习图片编辑，后 3 个月在《摄影世界》实习。11 月，与北京训唐博科科技有限公司签订校企合作协议和就业推荐协议。根据协议，公司按企业用人要求与标准，对该校实习生进行职业技能培训，并推荐优秀实习生到公司所属企业就业。12 月，与北京中联天盛建材有限公司签订校企合作、产学合作、订单式人才培养协议，公司提供 20 名学生顶岗实习与就业机会。

（林继辉　吕伟艳）

【举办教育营销管理师培训班】 5 月 8 日，吉利大学举办首届教育营销管理师培训班。培训免费面向在校生和教职工，由中国职业经理人测评中心和中国策划师联合会（CBSA）等专家执教，采取循环滚动开班方式，安排在晚上和双休日课余时间授课，讲授商务礼仪、成功心态塑造和时间管理三门公开课。培训成绩优秀的学生，学校优先选聘从事假期勤工俭学工作；取得“教育营销管理师”职业资格证书的，毕业时优先推荐到各大教育机构就业。该校将市场营销学和管理学注入教育管理，培养掌握营销学、管理学和教育学综合专业知识的教育营销人才。

（林继辉　丁永中）

【举办首届技能大赛】 6 月 3 日，吉利大学举办“斯巴鲁杯”迎奥运首届北京高校大学生汽车营销与服务技能大赛（吉利大学赛区）。比赛参照 4S 店汽车产品销售、服务岗位实际用人标准，对参赛选手进行现场评比，通过初选、复赛、半决赛、决赛，评出一等奖 1 人、二等奖 3 人、三等奖 6 人，最佳气质奖 10 人、最佳专业奖 10 人。该活动由劳动和社会保障部教育培训中心主办，该校与北京中车时代汽车技术研究院共同策划。来自该校汽车学院、商学院等共计 357 名选手参加比赛。

（林继辉　白玮）

【赴英留学生全部毕业】 7 月 24 日，吉利大学 2004 级赴英国留学学生全部毕业。该校欧美国际学院 2004 级“2＋2”项目共有 52 名学生赴英国学习，分别获赫尔大学、兰卡斯特大学、利兹城市大学学士学位，其中，92％的学生留在英国继续攻读硕士学位。中英双方合作办学共计培养 88 名毕业生。

（林继辉　李晓勤）

【入选市级精品课程和教材】 7 月和 11 月，吉利大学 1 门课程和 1 部教材入选北京高等学校市级精品课程和北京市高等教育精品教材。精品课程是数量方法，教材是《采写编实训教程》。至此，该校共有 3 门课程入选市级精品课程，2 部教材入选市级精品教材。

（林继辉　刘武）

【学生赴法国参与语言合作项目】 9 月 22 日，吉利大学 1 名学生赴法国参与语言合作项目。学生为法语专业应届毕业生，在凡尔赛参与为期 1 年的合作项目。此次，法国驻华使馆在中国全国范围内共招募选拔 50 名学生赴法国参与语言合作项目，要求具有较高的法语水平，年龄在 23 至 28 岁之间，大学法语系或历史系应届毕业生。

（林继辉　励荆晶）

【与企业建立战略合作关系】 9 月 23 日，吉利大学与北京惠达九鼎投资管理公司签订《建立战略合作伙伴关系协议》。根据协议，双方本着“资源共享，优势互补，合作双赢”的原则，公司为学校建立实习基地，为毕业生就业、优秀贫困生资助等方面提供支持；学校为公司提供人才资源和科技支持。

（林继辉　励荆晶）

【资助贫困生入学】 9 月，吉利大学

资助贫困生入学。该校接收来自贵州省安顺市紫云县松山镇红光村 30 岁的农民入学。该生以高考 503 分的成绩考取吉利大学，由于无钱入学无法就读。该校全额减免其学费、住宿费，并提供勤工助学岗位。该生为 2008 年北京奥运会火炬手。年内，吉利大学启动吉利教育资助计划招收 16 名孤儿学生和 3 名贫困生。16 名孤儿来自中国儿童基金会民族孤儿专项基金资助的云南丽江孤儿学校，学校免除他们的学费，并优先安排勤工俭学，解决生活费用问题。吉利教育资助计划自 2006 年启动以来，共资助 120 名贫困生学习。

（林继辉　王卉）

【举办首届校园文化艺术节】 10 月 28 日至 12 月 28 日，吉利大学举办第一届校园文化艺术节暨民族文化进校园活动。该活动涵盖人文艺术、科学文化和体育竞技三大类内容，举办包括民族艺术进校园专场演出、“飞天”

舞蹈比赛、知识竞赛、摄影比赛等20项活动，评出最佳组织奖3个、特殊贡献奖1个、最佳宣传奖3个、最具潜质奖3个、精神文明奖3个、青春活力奖2个。该校重视特色校园文化建设，制订《开展校园文化建设整体实施方案》，成立校园文化建设委员会，组建起军乐团、艺术协会、文化沙龙等艺术团体，开展彰显校园文化品牌的艺术作品展评活动。

（林继辉　陈静）

【自考生取得好成绩】　10月，吉利大学自考生取得好成绩。高等教育助学心理学专业《消费心理学》课程实考通过率86.95%、《市场调查》通过率78.57%、《心理实验设计》通过率50%。专科课程平均实考通过率比上年同期提高2%。12月，1名自考生提前半年本科毕业；8人提前半年专科毕业。

（林继辉　沈斌）

【18名日本留学生结业】　11月28日，吉利大学日本留学生结业。日本关西外国语大学中文专业三年级学生在校学习9个月，前4个月培训语言，学习生存汉语、旅游汉语和商务汉语等课程；后5个月到海南实习基地酒店岗位进行实践教学。日本学生16人和助教2人参加学习。

（林继辉　刘小娟）

【学生参加专业竞赛获奖】　12月18日，吉利大学1名学生获得中日韩超级模特总决赛亚军。该学生为2005级汽车模特与艺术专业学生，在北京奥运会开幕式上担当入场礼仪引导员；在“2008新丝路中国模特大赛”中，入选十佳模特，并获得大赛法国时尚FTV电视台中国区形象大使、2008中日韩友好大使等称号，进入中日韩超级模特总决赛。11月17日，在2008年全国大学生数学建模竞赛（北京赛区）中，该校两个参赛组分获第一、二名。11月15至16日，在第二届Honda中国节能竞技大赛上，该校学生利用竹子作车体材料、自行设计制造的节能、轻盈“吉利星”赛车参赛，获最佳设计奖。

（林继辉　陆涛）

【探索培养实用型人才】　至年底，吉

利大学开展教学改革。应用心理学院组织2007级高职社区康复心理咨询与保健专业学生到大兴区精神病医院实习，体验医治心理创伤的实践过程；在心理实验室开展音乐心理剧治疗培训活动，摆脱“老师讲、学生听”的传统授课模式，学生根据不同画面用简单的乐器来表达其内容和自己的内心感受。新闻传播学院在新闻采编与制作专业学生中开展“听、看、选、评新闻”活动，要求学生每天早晨7：30收看中央电视台《朝闻天下》；每天至少用1个小时通过广播、报纸、电视、互联网等媒体，了解国内外发生的重要新闻，选择最有价值的新闻作点评，教师进行辅导讲解。汽车学院《汽车电器创新课程设计》课程，以虚拟“创新集团二期新产品新闻发布会”为引题拓展授课，师生和到场观摩者均参与互动，将理论知识与实践技能相结合。

（林继辉　沈斌）

【推行“双证书”教育】　至年底，吉利大学推行“双证书”教育。生命科学与技术学院91人报考医药商品购销员、45人报考按摩师，全部获得相关证书；新闻传播学院226人参加网络编辑员国家职业资格认证考试，取证率80%；208人报考中级摄影师，205人取证。该校高职专业以“课程置换”方式，将职业资格证书课程纳入教学计划，使职业教育与职业资格鉴定对接。该校减轻学生经济负担，报考只需交纳报名费和证书工本费，比社会考生节省费用90%。

（林继辉　刘武）

北京培黎职业学院

【概　况】　2008年，北京培黎职业学院占地面积49万平方米、建筑面积10.19万平方米。图书馆建筑面积3780平方米，藏书27.33万册。固定资产总值3644.48万元（不含土地、校舍），其中，教学科研仪器设备总值1701.48万元。设7个系，开设17个高等职业教育专业，包括新增专业1个，15个国家学历文凭考试专业，16个自学考试专业（专、本）。教职工500人，其中，专任教师220人，包括副高级以上专业技术职务100人，具有硕士以上学位占49%；行政人员201人；兼职教师92人，包括副高级以上专业技术职务39人。招生1582人，其中，高职学生1328人、非学历生254人。在校生5302人，其中，高职学生4210人、自考学生1093人。毕业1676人，其中，高职学生1320人、自考学生356人。网址：www.bjpldx.edu.cn。

（武心连）

【接受市教育督导室检查】　1月9日，

培黎职院接受市教育督导室检查。督查组听取学院办学理念、人才培养、专业建设、教学管理等方面汇报，实地考察校园环境、教学基本设施，召开师生座谈会，并提出整改意见。12月10日，学院接受督导复查，复查意见指出，学院整改工作在校园网、实训和实习基地建设、教学基础设置、管理制度等方面取得进展，并提出进一步落实整改意见。

（郭飞飞）

【完成系院设置调整】　1月，培黎职院完成系院设置调整。该调整本着办出特色、更好地坚持以服务为宗旨、以就业为导向的原则，整合原有会计系、国际贸易系等12个系院，调整

设置为财会金融系、国际商务系、工商管理系、艺术传媒系、外语系、计算机系和法律系 7 个系。

（武心莲）

【实习实训（信息）中心成立】 2 月 29 日，培黎职院实习实训（信息）中心成立。该中心负责校内外实训基地建设、实践教学管理、资格证书管理、网络建设与维护、网站建设与维护、仪器设备管理与维护等工作，有工作人员 7 人。

（李伟丽）

【开展学生校外数模电子实习】 3 月 17 至 21 日，培黎职院学生到校外实习基地开展数模电子实习。该实习在清华大学电子实践基地开展，模拟电子产品的实际生产过程，学习电子线路板制作、印刷以及电子元器件的挑选和焊接等整个电子产品的组装、调试等全部过程操作。该校计算机系 2007 级 121 名学生参加学习，实习为期 1 周。

（闫树涛）

【8 人入选北京市村官】 4 月 22 日，培黎职院首次组织北京市村官选拔考试笔试工作。146 人报名参加笔试，经过面试和体检等程序，8 人当选。

（张愉）

【开展首届毕业生就业跟踪调查】 4 至 7 月，培黎职院开展首届毕业生就业跟踪调查。该调查采用问卷形式，分个案调查和用人单位问卷，设计充分考虑信度和效度因素，其中，个案调查主要涉及思想素质、业务素质、敬业精神等方面；用人单位问卷从满意、基本满意、不满意三个方面对毕业生进行综合质量评价。该调查共发放调查问卷 300 份，回收 188 份。调查结果显示，用人单位对该校毕业生总体满意率 97.5%。

（张愉）

【举办 25 周年校庆】 5 月 28 日，培

黎职院举办建校 25 周年庆典活动。该活动由庆典大会、老校友返校座谈会、学术论文报告会、专业建设研讨会、外语演讲比赛、校庆文艺晚会等组成。来自市委教育工委、市教委、北京民办教育协会、市社团办领导，历届校友和师生 8000 人参加活动。该院前身为 1983 年 5 月成立的北京培黎职业大学，2004 年正式建院以来有两届高职毕业生 1751 人。

（郭飞飞）

【东升培黎法律服务室成立】 7 月 1 日，培黎职院东升培黎（八家地区）法律服务室成立。该服务室由该校法律系与东升乡司法所联合设立，双方签订《联合共创和谐社区的工作意见》，由学校法律系指导教师组织学生参与调解、起草法律文书、参与法律咨询等服务，为东升乡居民进行法律咨询、服务等，双方联合解决基层法律服务资源短缺的问题，这是北京市第一家由政府和大学合办的法律服务室。至年底，服务室为东升乡调解员 80 人开展劳动合同法知识讲座；与东升乡司法所在清河宝盛里社区和八家地区进行法制宣传与咨询。

（李伟丽、郭岱光）

【聘请顾秀莲担任名誉校长】 7 月 2

日，中国儿童少年基金会同意顾秀莲担任培黎职院名誉校长。4 月 9 日，培黎职院召开第二届董事会第二次会议决定聘请顾秀莲担任名誉校长。顾秀莲，1936 年出生，江苏南通人，第十届全国人大常委会副委员长，中国关心下一代工作委员会主任、中国儿童少年基金会理事长，原为全国妇联主席。

（杨彦青　郭飞飞）

【完成首批院级精品课程评审】 7 月 14 日，培黎职院召开首批精品课程建设立项申报评审会。评审会要求各系在体现职业核心能力的专业核心课程和覆盖面较大的公共基础课中，选择一门教学优势比较突出的课程申报院级精品课程建设立项，共有 5 个系共申报 7 门精品课程建设立项，其中，2 门为公共基础课、5 门为职业素质技能课。会议通过听取课程负责人就课程建设目标、课程建设规划等情况介绍，评议课程建设的重要性与可行性，经过投票表决，票数过半的 6 个项目入选首批院级精品课程建设立项项目，每个项目获资助 1 万元。

（张桂花）

【自编实践教学指导书投入使用】 9

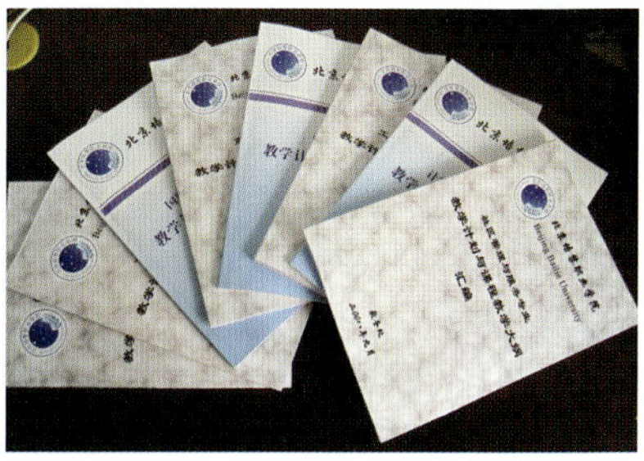

月，培黎学院自编实践课程的教学指导书投入使用。指导书覆盖会计、法律事务、商务英语等 6 个专业，涉及 70 门课程，共计 72.37 万字。

（张桂花）

【与 27 家单位签订校外实训基地协议】 至 9 月，培黎职院与 27 家单位签订校外实训基地协议。学校同企业续签或新签合作协议，根据协议，在联合办学、学生顶岗实习、专业建设、毕业综合实践、人员交流培训、毕业生就业等方面开展合作。27 家单位包括北京华拓会计师事务所、北京宅急送快运有限公司、中国广播电视国际经济技术合作总公司展览部等。

（李伟丽）

【校企合作生产性实训室成立】 10 月 14 日，培黎职院校企合作生产性实训室成立。该实训室为学校与中电商国际（北京）有限公司联合建设的数据库网络营销实训室，设在该校实训楼，拥有计算机 40 台、呼叫系统终端软硬件 40 套，可在真实环境下的开展生产性实训。实训室由双方共同投资 18 万元建成。

（李伟丽）

【完善教学评估督导体系】 10 月 18 日，培黎职院完善教学评估督导体系。该体系增加在系领导测评基础上，实行各系之间交叉听课的测评方法，增强测评结果的客观性；修订教学质量监控文件，增加实践教学测评等内容，加强教学保障环节的督导。

（胡润田）

【新建两个职业技能培训考试站】 10月21日，培黎职院新建两个职业技能培训考试站。两个考试站分别是中英职业资格证书合作项目考评中心和中国大学生就业促进工程就业能力实训项目实训基地，主要职能是开展商贸零售管理、法律事务助理、社区工作师、连锁经营管理师等19项职业技能培训及考评。该校各专业均明确学生在校应取得的职业资格证书，并将职业资格证书的取证课程融入教学计划中，确保“强化职业岗位技能，锻造职业综合素质”的实施，毕业生取证率83%。

（李伟丽）

【投资392.7万元建设校内实训基地】 10月，培黎职院投资392.7万元建设校内实训基地。其中，投资88.75万元，改建软件与多媒体开发实训室等校内实训室4个；投资303.95万元，新建多功能会计综合实训室、平面广告实训室等校内实训室18个。至此，该校校内实训（实验）室共有37个，覆盖16个高职专业。

（李伟丽）

【一教材入选市级精品教材】 11月

10日，培黎职院《物业管理企业会计》被评为北京高等教育精品教材。该教材由财会金融系教师主编，主要供高职会计和物业管理专业使用，共计20万字。

（张桂花）

【完成校园网百兆升级工程】 11月15日，培黎职院完成校园网带宽百兆升级工程。该工程实现校园网带宽由50兆升级至100兆，并实现学生、教学独立使用，同时解决网络带宽不足问题。工程投资10万元。

（李伟丽）

【接受人才培养工作水平评估】 11月25至28日，培黎职院接受高职高专院校人才培养工作水平评估。评估专家组听取学校人才培养工作情况汇报，实地考察办学条件，审阅评估材料，抽样听课，召开师生座谈会，调阅学生试卷、评估文件，召开学生专题研讨会，测试学生基础技能。专家组认为，该校办学指导思想清晰，定位准确；重视教学工作，基本建设工作成绩显著；推行工学结合，实训基地建设有较大进步；重视队伍建设，师资队伍和管理队伍有较大改善；重视素质教育，校园和谐稳定。

（郭飞飞　胡润田）

【672名学生获得奖助学金】 至年底，培黎职院672名学生获得奖学金和助学金。其中，2人获得国家奖学金，共计1.6万元；81人获得国家励志奖学金，共计40.5万元；323人获得国家助学金，共计72.32万元；266人获得校级奖学金，共计15.56万元。

（姜健）

【完成校园环境美化工程】 至年底，培黎职院完成校园环境美化工程。该工程分为校园绿化工程、空中线路入地下管道改造工程和高科技路灯建设工程。校园绿化工程栽种雪松等128棵树苗、绿化草坪39.69亩，投资100万元。空中线路入地下管道改造工程建设地下管道1173.9米，建井30座，架空线路全部走地下，投资42万元。高科技路灯建设工程在校园内安装Led路灯，节能65%，灯杆是6米的国家标准管，灯杆装有音箱，投资21万元。

（刘祝城）

【开展教学质量测评】 至年底，培黎职院对专职教师进行教学质量测评。该测评依据《北京培黎职院学院教学质量监控与保障工作方案（试行）》要求，外聘15名督导专家，对61名专职教师进行教学质量测评，16人获得优秀、39人获得良好。

（胡润田）

首都师范大学科德学院

【概　况】 2008年，首都师范大学科德学院占地面积26.68万平方米，其中，绿化面积13.40万平方米、运动场面积2.10万平方米；总体建筑面积25.47万平方米，包括教学及辅助用房11.83万平方米。图书馆建筑面积1.8万平方米，藏书30.62万册，电子图书13.7万册。固定资产总值36573.78万元，其中，教学科研仪器设备总值2790.89万元。全年教育经费投入12364.38万元。设有4个教学学院和基础部，开设21个本科专业。教职工473人，其中，专职教师293人，行政人员75人，教辅人员35人，外籍教师5人。专职教师中教授35人、副教授82人、讲师101人，博士43人、硕士220人。聘请校外教师60人，其中，教授12人、副教授20人、讲师10人，博士12人、硕士45人。在校生5096人，毕业1047人，招生1211人。网址：www.kdcnu.com。

（张娜）

【大兴校区图书馆投入使用】 4月17日，科德学院大兴校区图书馆投入使用。图书馆建筑面积1.8万平方米，有印刷型文献藏书30万册，其中，新书2.6万册，电子图书13.7万册，音像959种2400多张，期刊、报纸种类460种，过刊过报合订本2000册。

（张娜）

【首届本科生毕业】 6月26日，科德学院首届本科生毕业。首届毕业生1047人，取得学士学位860人，就业率91.25%。

（张娜）

【与外国高校签署合作协议】 10月24日，科德学院与纽约理工大学温哥华校区签署合作协议。根据协议，双方建立学术合作关系，在短期讲座、学术研究、国际合作计划等教学领域开展师生交流，重点推动科德学院学生毕业后到纽约理工大学攻读MBA及其他硕士学位。

（张娜）

【建立学生实训基地】 12月12日，科德学院建立大学生实训基地和国家新媒体产业基地创新人才培训中心。实训基地位于大兴区魏善庄镇的国家新传媒产业基地，建筑面积40万平方米，汇集传媒界50个知名企业，拥有数千万的硬件设备和软件资源，可同时接纳200名学生开展广告、网

媒、平面设计等专业学生参加专业实习。创新人才培训中心位于校内，依托首师大资源，可同时接纳 1000 名艺术类人才的专业培训和知识更新。

（张娜）

北京邮电大学世纪学院

【概　况】　2008 年，北京邮电大学世纪学院占地面积 37.44 万平方米，其中，绿化面积 11.61 万平方米、运动场地面积 2.32 万平方米；建筑面积 10 万平方米。图书馆建筑面积 7000 平方米，藏有纸质图书 30 万册、电子图书 25 万册。在册资产总值 7149.19 万元，其中，教学仪器设备总值 2592.61 万元。实验室 46 个，多媒体教室座位 5500 个，语音室座位 320 个，教学用计算机 821 台，实习基地 36 个。有 7 个教学单位，开设 14 个专业，本年新增 1 个。教职工 380 人，其中，专职教师 288 人，教授和副教授 97 人；兼职教师 50 人，具有副高级以上专业技术职务 17 人。在校生 5618 人，招生 1475 人。网址：www.ccbupt.cn。

（樊薇）

【加入雅思（IELTS）全球认可系统】　2 月 26 日，世纪学院正式加入雅思（IELTS）全球认可系统（GRS）。该校可以免费在线确认 IELTS 成绩单。该校是第一所加入此系统的中国高校。雅思全球认可系统是建立在 IELTS 全球网站（www.ielts.org）上的搜索引擎。

（樊薇）

【《概率论、随机过程与数理统计》出版发行】　3 月，世纪学院《概率论、随机过程与数理统计》教材出版发行。该教材由北邮出版社出版发行，由该校基础教学部 3 名教师主编，作为独立学院培养应用型人才具有针对性的教材，全书共计 42 万字。

（樊薇）

【企业家论坛开讲】　4 月 8 日，世纪学院企业家论坛首次开讲。该论坛邀请中国邮电器材集团公司副总裁作题为《迈好职业规划第一步》的就业指导讲座，阐述企业选择及求职中需注意的事项。该校学生 300 人参加学习。至年底，该论坛共举办 13 讲。

（樊薇）

【与六家企业签署校企合作协议】　4 月 18 日，世纪学院首次与六家企业签署合作协议。根据协议，校企在联合办学、学生顶岗实习、专业建设、人员交流培训、毕业生就业等方面开展合作。六家企业为北京联通公司、北京移动大兴分公司、紫光股份有限公司工会、阿里巴巴集团阿里学院、西瑞克斯（北京）科技有限公司、北京和声创景影视技术有限公司。

（樊薇）

【参加全国大学生英语竞赛获奖】　5 月 11 日，世纪学院学生参加第十届全国大学生英语竞赛获奖。该校学生获得一等奖 1 人、二等奖 4 人、三等奖 10 人。竞赛由高等学校大学外语教学指导委员会和高等学校大学外语教学研究会联合主办，历时 2 个月。

（樊薇）

【资助两名四川灾区学生就学】　9 月

1 日，世纪学院资助两名四川地震灾区的学生就学。两人通过由锡华集团发起的“全程助学四川灾区应届考生工程”进入世纪学院学习，就读于电子与自动工程系物流工程专业。学校免除全部学杂费，锡华集团为每人每年提供 1 万元生活费用。

（樊薇）

【多媒体自主学习实验室竣工】　9 月，世纪学院外语系 3 个多媒体自主学习实验室投入使用。该实验室拥有蓝鸽数字网络语音室系统，内设教师主控计算机 3 台，学生端计算机 108 台，可以同时满足不同层次学生学习语音课程，进行自主学习、自主阅读、自主听说、自主录音及自主测评。实验室投资 100 万元建成。

（樊薇）

【合作创办工程师本硕连读班】　10 月 8 日，世纪学院与法国 EG@工程师教育集团合作创办的首届工程师本硕连读班开学。该班学生在国内学习期满合格后，赴法国攻读国家硕士学位和法国工程师文凭，合作模式分为 3+1+2 学制和 4+2 学制。第一批学生选拔自 2008 级新生，共 44 人。

（樊薇）

【举办首届毕业生大型供需见面会】

11 月 22 日，世纪学院与北京市人才市场联合举办首届毕业生大型供需见面会。150 家企事业单位提供职位 1400 个，覆盖通信、计算机、电子、机械、信息、营销等领域。1400 名学生参加见面会。

（樊薇）

【首批教研立项项目结题】　12 月 12 日，世纪学院举行首批教研立项项目结题答辩。5 个项目参加答辩，经专家鉴定，全部准予结题。5 个项目分别完成一套网上试卷库建设、一套教材正式出版、一篇论文公开发表、一本校内综合课程设计指导书编写和对两种实用教学模式和方法的有益探索研究等成果。

（樊薇）

【开展师生国际互换交流】　至 12 月，世纪学院开展三批次师生互换交流。6 月，首批赴韩国祥明大学交流的 1 名教师和第二批 5 名交换学生回国。学生于 2 月赴韩国学习。9 月，首批赴韩国庆云大学交换的 4 名学生开展为期半年的交流和学习。12 月，首批赴法国交换的 2 名 2005 级学生实习结束返校，实习期 3 个月。

（樊薇）

北京工业大学耿丹学院

【概　况】　2008年，北京工业大学耿丹学院占地面积30.36万平方米、建筑面积18.64万平方米，其中，绿地面积15.95平方米，绿化率53%。图书馆建筑面积8000平方米，藏有纸质图书20.68万册，电子图书12.60万册。固定资产总值2923.20万元，其中，教学科研仪器设备总值938.84万元。全年教育经费投入5868万元。设有5个系，开设15个本科专业。教职工377人，其中，专任教师203人，包括教授20人、副教授57人，博士16人、硕士122人，外籍教师3人。聘请校外教师70人，其中，教授15人、副教授32人，博士11人、硕士23人，外籍教师2人。在校生3600人；招生1340人，北京地区高考本科提档线理科430分、文科439分。网址：www.gengdan.cn。

（于进）

【新增3个专业】　2月25日，耿丹学院新增3个专业。3个专业分别是汉语言专业（对外汉语教学方向）、广告学专业（会展策划与管理方向）和财务管理专业。新增专业本年开始招生，招生人数分别为61人、70人和177人。

（于进）

【成立就业工作委员会】　8月，耿丹学院成立就业工作委员会。该委员会由12人组成，下设就业指导中心，各系相应成立就业工作办公室。就业指导中心下设就业指导教研室，开设就业指导课，并创建就业指导网。10月，该中心举办首届就业指导宣传周活动，发放《就业宣传周活动安排》、《就业知识问答》、就业中心联系卡等资料，开展专业咨询，举办讲座。

（于进）

【三栋宿舍楼投入使用】　8月，耿丹学院三栋宿舍楼投入使用。其中，两栋学生宿舍楼占地面积3500平方米、建筑面积2.82万平方米，1号宿舍楼为剪力墙结构，地上9层、地下1层，有宿舍426间；2号宿舍楼为砖混建筑结构，地上6层，有宿舍300间，可容纳学生2400人住宿。职工宿

舍楼占地面积440平方米、建筑面积1800.24平方米，为砖混结构，地上4层，有四居室56套，可解决教职工140人住房问题。三栋楼于2007年9月开工，总投资5500万元。

（于进）

【颁发学年奖学金】　12月7日，耿丹学院举行2007至2008学年度奖学金颁奖典礼。853人获奖学金，占学生总数33%。根据奖学金评定条例，经系初评、学院审核以及公示，评出国家奖学金1人、国家励志奖学金46人、学院特等奖学金22人、学院一等奖学金94人、单项奖学金281人。奖学金共计117.6万元。

（于进）

【承办中国民办教育发展高峰论坛】

12月21至22日，耿丹学院承办2008中国民办教育发展高峰论坛。论坛围绕“中国民办教育可持续发展”的主题，举办民办基础教育发展论坛、国际教育交流与合作论坛、独立学院创新与发展论坛等分论坛。中国民办教育协会、亚洲教育北京论坛、中国教育电视台和联合国教科文组织北京办事处的领导和代表及民办高校、高教机构300人参加论坛。该论坛由亚洲教育北京论坛、中国民办教育协会、中国教育电视台发起。

（刘林）

北京第二外国语学院中瑞酒店管理学院

【概　况】　2008年5月，北京第二外国语学院中瑞酒店管理学院成立。占地面积22.5万平方米，包括绿化面积13万平方米，建筑面积9.6万平方米。图书馆建筑面积7676平方米，藏有纸质图书4万册、电子图书2万册；运动场面积1万平方米。固定资产总值2.5亿元，其中，教学科研仪器设备总值300万元。全年教育经费投入500万元。设立综合行政部、教学管理部、学生事务部和教学酒店4个职能部门，其中，教学事务部分为专业、基础课和英语3个教研室。设有品酒实验室、中西食品制作室、多媒体实验室、语音实验室和计算机中心。开设1个专业。教职工72人，其中，专任教师42人，包括副高级以上专业技术职务26人；兼职教师3人，全部为副高级以上专业技术职务。招生183人，本年北京地区高考提档线理科410分、文科419分。网址：www.bhi.edu.cn。

（郭宁　李辉）

【举办教师专业培训】　8月1至13

日，中瑞学院举办教师专业培训。该培训聘请瑞士洛桑学院教授开展QLF教师资格培训。该校22名教师参加学习，经过考试，20人取得证书，获得在该校任课资格。

（李辉）

【首批学生开学】　9月15日，中瑞学

院首批学生开学。该校录取200人，实际报到183人，报到率91.5%。首届学生来自北京、江西、山西、陕西、新疆等省市区。

（李辉）

【划分机构职能】　9月，中瑞学院划分二级机构职能。该校设立综合行政

部、教学管理部、学生事务部和教学酒店4个职能部门，分别负责日常行政事务和后勤保障、教学管理和科研、学生管理与招生等工作。其中，教学事务部分为3个教研室，即专业教研室、基础课教研室、英语教研室。学生事务部下辖学生会、团委、学生社团等学生组织。

（郭宁　李辉）

【选举产生首届学生会】　11月13日，中瑞学院召开第一届学生会选举大会。会议通过候选人发表竞选演讲、选举代表投票和公布结果等程序，6名学生当选第一届学生会成员。全校学生参加选举。

（李辉）

【举办现代旅游与酒店发展讲座】　12月23日，中瑞学院举办现代旅游与酒店发展讲座。该讲座听取新西兰怀卡托大学旅游与酒店管理学院教授，介绍世界范围内酒店发展与现代旅游业的密切关系。该校全体师生听取讲座。

（郭宁　李辉）

北京新圆明职业学院

【概　况】　2008年，北京新圆明职业学院占地面积11万平方米、建筑面积5.47万平方米。图书馆建筑面积1056平方米，藏书8.16万册，其中，纸质图书7.86万册、电子图书0.3万册。固定资产总值3000万元，其中，教学科研仪器设备总值700.3万元。全年教育经费投入384.32万元，其中，国家拨款50万元、自筹经费334.32万元。有11个实验、实习和实训室，有3个语音室（其中一个为数字语音室）和3个多功能大教室，教学用计算机438台。开设6个专科专业和20个计划外自考专业。教职工145人，其中，专职教师82人，包括教授28人、副教授16人；兼职教师104人，包括教授5人、副教授13人。全日制在校生946人，其中，计划外自考学生251人、计划内专科生695人。计划外自考毕业生167人，计划内招生406人。网址：www.ymyu.com。

（毛亚玲　梅永艳）

【学生暑期顶岗实训】　7至8月，新圆明职院学生到企业顶岗实训。该校80名学生到30家机关、大型企事业单位顶岗实训。实训前，学生接受实训指导，文字录入、网络编辑、文明礼仪等系列性强化训练。

（毛亚玲）

【举办新生入学教育系列活动】　9月，新圆明职院举办新生入学教育系列活动。该教育活动以"为梦想而来，我在这里成长"为主题，听取题为《弘扬科学精神，提高创新能力》的科普报告、题为《如何适应大学生活》的心理健康知识讲座等7个报告。2008级全体新生参加学习。

（梅永艳　冷科生）

【举行消防安全知识讲座】　11月24日，新圆明职院举办消防安全知识讲座。该讲座听取北京市防火中心人员作题为《让生命远离火灾》报告，结合实际案例，讲解火场逃生要领，演示灭火器使用等。该校师生400人参加学习。该校重视消防安全工作，多次邀请专家作安全知识讲座，在校园内组织消防演习，印发《关于加强冬季校园安全防范的通知》、《关于重申加强校园安全防范工作的通知》，学校与各处室领导、班主任、公寓管理员层层签订安全责任书，同每名学生签订安全保证书。

（梅永艳　冷科生）

【举办人生系列讲座】　12月4日，新圆明职院"人生系列讲座"再次开讲。该讲座听取院长题为《正视挫折，走向成功——谈谈挫折》讲座，指出大学生容易遭遇挫折的主要方面及其危害，并结合自身经历和名人典故，教导学生在挫折面前要做到面对挫折、游戏挫折、藐视挫折、看淡挫折、拥抱挫折、防范挫折和战胜挫折。该院学生共计400人听取讲座。这是该院院长"人生系列讲座"的第七讲。

（毛亚玲）

民办高等教育机构

北京北大资源研修学院

【概　况】　2008年，北京北大资源研修学院租用校舍占地面积15.33万平方米、建筑面积2.20万平方米，包括教学和行政用房1.12万平方米，学生宿舍楼共计8287平方米。图书馆建筑面积200平方米，藏书6.2万册。固定资产总值630.75万元，其中，教学科研仪器设备总值471.34万元。全年教育经费投入550.92万元。下设5个学院、1个系和研究生院，开设20个专业，其中，自考专业12个、培训专业8个。教职工309人，其中，专任教师62人，包括教授15人、副教授26人；兼职教师126人，包括教授23人、副教授32人。在校生2688人，结业及自考（文凭）毕业学生449人，招生1011人。网址：www.pkunc.com。

（蔡润）

【开设公共选修课】　10月13日，北大资源研修学院开设公共选修课。开设大学生心理健康、摄影作品欣赏、体育舞蹈等8门课程。该校学生1000人次参加学习。

（蔡润）

【修订教学大纲】　11月，北大资源研修学院修订教学大纲。新大纲突出实践教学环节的规范要求，不拘泥于教材固有章节，使教学内容组织紧紧围绕阶段性教学目标和课程综合目标展开，强化实战项目，着力于应用型人才培养。新大纲于2009年2月开始实施。

（蔡润）

【实行教师考核制度】 12月5至30日，北大资源研修学院开展教师考评工作。该教师考评内容涉及教学满意度、教学进程表、教案、教师出勤、教学事故情况和阶段性考核成果，经过各院系考评小组评价，学校根据考核结果对全校教师进行整体数据排名，对排名前5%的教师实行课酬标准上浮10%的奖励，对排名后5%的教师不续聘。

（蔡润）

北京财经专修学院

【概　况】 2008年，北京财经专修学院占地面积26.44万平方米、建筑面积8.56万平方米。图书馆建筑面积5000平方米，藏书27万册，自有图书5万册。固定资产总值1182.3万元，其中，教学科研仪器设备总值840万元。全年教育经费投入2848.9万元。设有两个校区，设7个分院，开设52个专业，其中，本科17个专业、专科22个专业，自设专业13个。教职工431人，其中，专职教师133人，包括教授13人、副教授36人、讲师74人；兼职教师196人，包括教授、副教授81人、讲师97人。在校生5053人，招生1600人。网址：www.beicai.com。

（刘允正　李露钢）

【建立模拟法庭】 4月8日，财经专修学院模拟法庭建立。模拟法庭整体布局按照真实法庭布置，主要为本专业学生按不同案例进行实操、实习。至年底，该校共举办10场模拟法庭活动。

（刘允正　李露钢）

【签订校企合作协议】 12月16日，财经专修学院与廊坊金丰农科园签订合作协议。协议规定，农科园作为学校实习、实训基地，接受部分毕业生就业；学校为农科园提供员工培训和技术咨询。金丰农科园集农业高新技术展示，高效农业典型示范及现代农业观光旅游为一体。至年底，该校财务会计、物流、工商管理、外语等专业学生在农科园实习、实训。

（刘允正　李露钢）

【召开教学工作会议】 12月24日，财经专修学院召开年度教学工作会议。会议围绕教学改革主题，明确课程设置向职业技能方向倾斜的指导思想，以及加强专业课程、专业核心课程、职业资格证书课程、试验实操课程、实习课程，加大课时数量的课程改革方向。该校400人参加会议。

（刘允正　李露钢）

北京工商管理专修学院

【概　况】 2008年，北京工商管理专修学院占地面积14万平方米、建筑面积11.81万平方米。教学行政用房9.8万平方米。图书馆使用面积2200平方米，藏书5万册。固定资产总值23398.6万元，其中，教学科研仪器设备总值980.4万元。全年教育经费投入3493.4万元。学校设8个系，开设35个专业，50个专业方向。教职工561人，其中，专职教师108人，包括副高级以上专业技术职务67人；兼职教师168人，包括副高级以上专业技术职务97人。拥有基础课骨干教师、学科带头人49人。在校生9667人，招生3429人。网址：www.bjuba.com.cn。

（李亚新）

【成立学术与专业指导委员会】 3月15日，北工商成立学术与专业指导委员会。该委员会是学院教学工作咨询、评议、评审机构，在学院董事会领导下开展教学工作。委员会设主任1人、副主任3人、委员10人，其日常办事机构设在学院课程开发与教育合作中心。

（李亚新）

【设立助学教育基金】 5月15日，北工商兴业银行助学教育基金建立。该基金与北京青少年发展基金会、兴业银行股份有限公司（北京分行）联合出资设立，总资金60万元，分3年资助贫困生，每年20万元，每年资助180人。

（李亚新）

【增设6个新专业】 5月，北工商新增6个专业。新增专业分别是工程管理、幼儿英语、3G、工程造价、招投标和工商管理（市场营销方向），其中，工程管理专业是该校首个正式开设的特色专业。新专业于9月招生。

（李亚新）

【新建教学楼竣工】 9月16日，北工商新建教学楼投入使用。该教学楼建筑面积8500平方米，为框架建筑结构，共有6层，设有标准教室、报告厅、画室、多媒体教室，可以满足4000名学生上课、自习。该工程于5月7日开工建设，总投资2400万元。

（李亚新）

【与特洛伊大学签订合作协议】 11月15至24日，北工商应美国特洛伊大学邀请赴美国访问。双方签订合作协议，开展国际合作留学项目，美方为中方学生提供赴美留学平台；中方为美方提供相关培训教学。

（李亚新）

【接受办学状况评估】 12月，北工

商接受民办高等教育机构办学状况评估组评估。评估组通过听取汇报、查阅资料、召开座谈会、现场查看、课堂听课等形式进行全面检查。评估结论为合格。

（万全球）

【开办12期培训班】 至年底，北工商开办12期培训班。该校与7家单位签订培训合作协议，举办职业经理人（中级）、助理人力资源管理师、证券经纪人、工程造价员、土木施工员、土木质检员、电工（中级）、钳工（中级）、普通话测试9项培训，培训1178人。

（李亚新）

【改善基建设施】 至年底，北工商投资改善基建设施。其中，投资300万元，新建学生食堂，建筑面积2000平方米，并建造开水房、浴室等配套基础服务设施；投资300万元，完成学生5A、5B公寓的消防改造，增添喷淋系统、智能报警系统，安装防火门、防火墙，划定防火分区，达到消

防要求；投资 10 万元，完成 1200 平方米学生阅览室改造。

（李亚新）

北京文理研修学院

【概　况】 2008 年，北京文理研修学院占地面积 3.47 万平方米，建筑面积 1.25 万平方米。图书馆建筑面积 226 平方米，藏书 5.39 万册。固定资产总值 728.27 万元，其中，教学仪器设备资产值 498.42 万元。全年教育经费投入 278.01 万元。设置 4 个系，开设 18 个自考专业（方向）和 3 个订单式职业教育项目，涵盖文科、理工科、艺术类 3 个学科门类。教职工 197 人，其中，专任教师 73 人，包括教授 11 人、副教授 38 人。在校生 2303 人，结业生 1150 人，招生 1277 人。网址：www.buas.cn。

（吴潇剑）

【接受办学状况评估】 1 月 4 日，文理研修学院接受市教委等六部门办学状况评估。专家组听取学院工作汇报，召开干部、教师和学生等各类座谈会，实地查看学院校园环境和教学设施，听课，查阅资料等，对学院工作各个方面进行考查和评分。专家组充分肯定学院工作，并提出进一步改善学院软硬件建设、增加教学研究活动和继续完善工会建设等整改建议。

（吴潇剑）

【签订 IT 专业共建合作协议】 3 月 17 日，文理研修学院与北京安博在线软件有限公司签订信息技术（IT）专业共建合作协议。根据协议，双方开展校企合作，企业为学校设立安博教育 Adobe 创意设计师培养基地，负责提供专业课程的教育、企业实训及就业服务等工作，教学场所由学校提供，实训场所由企业提供；学校负责招生、专业公共课程的教学、学生管理、住宿管理等工作。

（吴潇剑）

【出资 100 万元资助贫困学生】 11 月 21 日，文理研修学院举行“爱心成就未来助学金”2008 年颁发仪式。该助学项目为 115 名品学兼优贫困学生发放助学款 21 万元。民盟市委、市

慈善协会、市社团办、市教委等领导，文理研修学院领导及受资助学生代表共计 200 人参加活动。该助学金于 2007 年由文理研修学院出资 100 万元在北京市慈善协会设立，主要用于救助文理研修学院家境贫困学生。助学金共设立 6 个等级，对受助学生在学费、书杂费、住宿费等方面进行一定程度的减免，并为其提供生活补贴。助学金分为 5 年陆续发放给受助学生。

（吴潇剑）

【第一届工会委员会成立】 11 月 21

日，文理研修学院成立第一届工会委员会。该委员会由 8 人组成。该校教职工 163 人参加选举。

（吴潇剑）

北京现代音乐研修学院

【概　况】 2008 年，北京现代音乐研修学院占地面积 10 万平方米、建筑面积 7 万平方米。图书馆建筑面积 2600 平方米，纸质藏书 3.9 万册，电子图书 42 万册，音视频资料 1 万盘。固定资产总值 1.7 亿元，其中，教学科研仪器设备总值 3500 万元。全年教育经费投入 2600 万元。设有 8 个院（系），1 个附属中专，开设 29 个专业。教职工 420 人，聘任教师 245 人，其中，内聘教师 181 人，包括副高级以上专业技术职务 43 人；外聘教师 64 人，包括副高级以上专业技术职务 21 人。在校生 3860 人，结业及自考毕业生 601 人，招生 1220 人。网址：www.bjcma.com。

（石玉娟）

【举办新年音乐会】 1 月 3 日，北音在北京音乐厅举办 2008 北京爵士乐及百老汇新年音乐会。该校青年教师和学生演唱爵士歌曲和音乐剧著名选段，表演音乐剧歌舞和爵士舞蹈等共 20 个节目，由北京青年爵士乐团演奏、伴奏。300 名师生参与演出和舞台、音效等工作。

（石玉娟）

【国际国内街舞比赛获奖】 2 月 12 日，北音舞蹈学院现代歌舞系 1 名学生获得第四届全国街舞电视挑战赛总决赛男子单人舞者（Dancer）冠军。比赛由国家体育总局体操运动管理中心和中央电视台体育节目中心等单位联合主办。10 月 15 日，该学生获得 2008 英国街舞锦标赛决赛机械舞（POPPING）亚军。

（石玉娟）

【举办首届 V－COOL 视频比赛】 6 月 20 日至 8 月 20 日，北音举行第一届 V－COOL 视频比赛。该校 200 名学生作品 82 件参加评比，经过初选，15 个作品进入决赛，包括短剧、游戏、情景剧等风格。经最终评审，评出一等奖 1 个、二等奖 2 个、三等奖 3 个。

（石玉娟）

【召开科研工作会议】 6 月 27 日，北音召开科研工作会议。会议宣布成立学术委员会和图书馆工作委员会。全体会议代表投票选举产生首届学术委员会成员，共 47 人。学术委员会对 5 个申请立项的教学科研项目进行立项评审，4 项通过。会议正式代表 245 人参加会议，列席 412 人。

（石玉娟）

【新建综合楼竣工】 8 月，北音综合

楼教学部分竣工并投入使用。该综合楼教学部分建筑面积1.2万平方米，为框架建筑结构，共六层，设有140间国际标准琴房，琴房配备120台日本进口KAWAI钢琴；有公共教室24间，电钢教室6间，多功能厅8间，录音实验室20间和报告厅，图书馆及学习中心。图书馆及学习中心共两层，占地面积2600平方米，拥有计算机200台。学习中心每周定期举办英语角、开办音乐治疗兴趣小组、免费播放电影等。综合楼内设3个可以无线上网的咖啡吧。该教学楼于2007年9月8日开工建设，总投资共计8600万元。

（石玉娟）

【接受办学状况评估】　12月11至14日，北音接受市教委等六部门办学状况评估。专家组听取工作汇报后，分别召开干部、教师和学生座谈会，实地考察教学环境、教学基本设施，查阅试卷等资料。专家组提出评估意见，对学院坚持专业特色、教育教学稳步发展给予肯定，宣布学院一次性通过评估。

（石玉娟）

【举行校园文化活动季】　12月，北音

举办校园文化活动季。该活动以“情暖北音，爱在校园”为主题。举办17场演出，包括歌舞晚会、爵士演唱会、舞蹈专场等。共有2000名学生参加编排、演出和幕后工作。

（石玉娟　武力飞）

北京演艺专修学院

【概　况】　2008年，北京演艺专修学院占地面积9.31万平方米、建筑面积3.30万平方米。图书馆建筑面积1196平方米，藏书9.2万册。固定资产总值425万元，其中，教学科研仪器总值108.9万元。全年教育经费投入123.82万元。设8个行政处室、2个二级分院、7个系和培训中心、电教中心。开设21个专业。教职工191人，其中，专职教师125人，包括教授56人、副教授29人；兼职教师66人，包括副教授以上职务6人。在校生1139人，招生749人。网址：www.interart.cn。

（商标）

【承办北京国标舞锦标赛】　1月6日，北演承办北京国际标准交谊舞锦标赛。比赛分职业组和非职业组进行，有摩登舞、拉丁舞两大系列10个舞种。来自全国200名选手参赛。该校学生获得团体总分第一名。该比赛由北京国际标准交谊舞协会主办。

（商标）

【改革艺术概论课程】　10月，北演改革艺术概论课程。改革后，该课程采用公共大课及互动形式，由7名院领导兼学科带头人，担任授课教师，采取灵活的授课方式，引发学生学习兴趣。改革后，到课率由原来85%增至98%。

（商标）

【举办钢琴演奏专题讲座】　12月19日，北演举办钢琴演奏专题讲座。该讲座听取中央音乐学院周广仁教授题为《钢琴人生》讲座，结合自身教学和演出经验，讲述多年从事钢琴教育的艺术人生。该校师生300人参加学习。周广仁是中国第一位在国际比赛中获奖的钢琴家，中央音乐学院终身教授。

（商标）

中国管理软件学院

【概　况】　2008年，中国管理软件学院占地面积23万平方米，包括产权面积8万平方米，建筑面积11.5万平方米。可用图书30万册，自有图书13.8万册。固定资产总值1.3亿元，其中，教学科研仪器设备总值840万元。全年教育经费投入475万元。开设覆盖工、理、管、经、文、法6个大类的52个专业。教职工371人，其中，专职教师195人，包括高级专业技术职务154人；兼职教师98人。在校生5006人，招生500人。网址：www.aa55.com。

（刘俊贤）

【举办首届双语演讲比赛】　3月18日，中软举办首届双语演讲比赛。该比赛以“魅力青春，魅力中软”为主题，21个系的26名教师和学生分别用英语或日语进行演讲。10名教师担任评委，经过比赛，评出一等奖1人、二等奖2人、三等奖6人。

（刘俊贤）

【开展教学率评比】　3月起，中软公布二级学院教学率。评比每月一次，每季度公布一次、学校根据评比结果奖罚。教学率涉及学生出勤率、考试率、报考率、及格率、流失率等方面，要求二级学院随时掌握各专业学生动态和表现，合理安排教学工作。

（刘俊贤）

【学生赴河南义务支教】　6月20日，中软学生组成的“新希志愿团”赴河南义务支教。由9名学生组成的支教团在河南南阳西峡县回龙寺小学担任教师，为期2个月。

（刘俊贤）

【完成机构改革】　9月12日，中软公布改革后的机构设置及人事安排。该校将24个系合并为8个二级学院；机关单位调整8个处室；将教职工调整组合分配，实行岗位责任制，按照岗位设置人事配比，在职教职工由526人精简至371人。此次机构改革历时10个月。

（刘俊贤）

北京人文大学

【概　况】　2008年，北京人文大学占地面积133.31万平方米，建筑面积31.17万平方米，其中，教学行政用房12.01万平方米。图书馆建筑面积1.84万平方米，藏书29.59万册。学生用计算机2117台、实验室18个、语音室9个、多媒体教室26个，实训基地18个。固定资产总值9247万元，其中，教学仪器设备总值1068万元。全年教育经费投入6559万元，占学费总收入的39%。设15个学院，

开设 70 个专业，其中，学校自主开设的特色品牌专业（即职业技术教育专业）28 个。教职工 944 人，其中，专任教师 279 人，包括副高级以上专业技术职务 126 人；兼职教师 385 名，包括副高级以上专业技术职务 166 人。在校生 17528 人，招生 6500 人。网址：www.bjrwdx.com。

（田涛）

【通过办学状况评估】 1 月 4 日，人文大学接受民办高等教育机构办学状况六部门联合评估。专家组采取查阅档案资料、召开各类座谈会、现场听课、实地考察等方式评估，专家组认为该校符合各项评估标准。该评估由市委教育工委、市教委、市公安局、市卫生局、市财政局、市民政局共同举办。5 月，市教委批准人文大学通过 2007 至 2008 学年北京市民办高等教育机构办学状况评估。

（田涛）

【开展向见义勇为学生学习活动】 3 月 14 日，人文大学表彰见义勇为学生。该校表彰张杰等学生勇救落水女孩的见义勇为行为，颁发奖金 5000 元；向参与救人的其他 4 名女生颁发奖金 2000 元。学校决定在全校范围内开展“学英雄、见行动”活动。张杰是人文大学昌平校区工商管理学院工企 0502 班学生，2007 年 12 月 16 日下午，路过京密引水渠阳坊段时，看见一个女孩落水，毫不犹豫地跳入冰冷刺骨的渠水中，在同学帮助下把女孩救上来。

（田涛 尚慧馨）

【确定校训】 3 月，人文大学确定校训。校训为“笃行人文，和谐创新”，“笃行人文”有两层意思，一是忠实执行办学理念，要把学校办成绿色的大学、人文的大学、创新的大学；二是在办学过程中，要坚定不移地贯彻“以人为本”精神，就是尊重人的生存意志、尊重人的生存权利、提升人的生存目标、追求人的全面发展。“和谐创新”就是要构建和谐班级、和谐学院、和谐校园，营造一种和谐的校园氛围。

（田涛）

【14 名学生赴美带薪实习】 7 月，人文大学组织 14 名学生赴美国带薪实习。学生分别在纽约市、纽华科市和布兰森市等城市，参加公共娱乐场所的服务项目实习。该实习项目由北京民办教育协会组织。

（田涛）

【增加订单教育专业】 至年底，人文大学新增 6 个订单教育专业。新增专业分别是国际饭店管理、应用软件开发、游戏动漫设计、影视动画、韩国语和房地产经纪人。在读学生 801 人。至此，该校订单教育专业 14 个，学生 1443 人，占全校学生总数 8%。

（田涛）

北京应用技术大学

【概　况】 2008 年，北京应用技术大学占地面积 10 万平方米、建筑面积 7.1 万平方米。图书馆建筑面积 2000 平方米，藏书 8 万册。固定资产总值 2800 万元，其中，教学仪器设备总值 558 万元。全年教育经费投入 1000 万元。学校设有两个校区，有 4 个学院，开设 6 个专业 13 个就业方向。拥有教职工 199 人，其中，专职和兼职教师 128 人，包括副高级以上专业技术职务 47 人、中级 3 人。在校生 2542 人，招生 929 人。网址：www.buat.net。

（刘颖）

【成立 3 个学院】 1 月 20 日、3 月 8 日和 16 日，应大分别成立 3 个学院。分别成立高鸿移动通信学院，与大唐高鸿数据网络技术股份有限公司合作举办，开设 4 个专业，培养 3G 技术人才；成立呼叫中心学院，与北京翔宇万景通讯科技有限公司联手创办，以呼叫中心为专业，公司在学校总校建立 300 席的标准呼叫中心平台；成立信息产业研究院，重点在电子设备和信息系统领域进行研究、设计、应用和开发，有科研人员 22 人，其中，高级专业技术职务 17 人。

（刘颖）

【召开第 14 次团代会】 5 月 28 日，共青团应大第 14 次代表大会召开。会议审议通过题为《服务学校中心工作，服务团员青年，为开创我校共青团工作新局面而努力奋斗》的工作报告，投票选举产生由 25 名委员组成的第 14 届委员会。会议表彰 2007 年度优秀团支部、优秀团干部和优秀共青团员。该校全体团员 1141 人参加会议。

（刘颖）

【首届阳光班学员结业】 7 月 3 日，应大首届阳光班学员结业。该班与农业部管理干部学院联合举办，来自湖北恩施、湖南湘西等贫困地区的 50 名学生参加学习。该班学生由于家庭经济贫困，得到该校“爱心助学——阳光工程”援助，减免所有学费。毕业生全部由学校安排就业。9 月 20 日，该校第二届爱心班和阳光班新生入学。阳光班 50 名学生，主要来自湖北恩施土家族苗族自治州、湖南湘西土家族苗族自治州、贵州毕节等农业部重点扶贫地区，学生高考成绩全都在 400 分以上，达到第二批本科录取分数线，但家庭贫困无法入学。爱心班 50 名新生来自四川汶川、广元、德阳、茂县等地震灾区。两班学生得到“爱心助学——阳光工程”资助免费就学。

（刘颖）

【首期呼叫短期培训班开学】 11 月 10 日，应大首期呼叫短期培训班开学。该班由呼叫中心学院与企业联合举办，课程内容结合计算机技术、电信技术（CTI），通过市场调研，开设电讯运营、市场营销、客户服务等多门实用课程，企业负责技术开发与技术支持。学员学习结束可以熟练掌握呼叫业务技术，直接参与呼叫企业的核心竞争。来自吉林、湖南、浙江等地高职及本科毕业生200人参加为期6个月的培训。

（刘颖）

【召开基地校校长论坛】　11月22至23日，应大召开2008基地校校长论坛。论坛围绕应大实训教育办学定位与发展前景等中心议题，探讨专业、就业、未来发展前景等问题，听取题为《实训教育理念——探索——实践的发展历程》主题演讲和3个学院分别作题为《学院人才培养定位》、《世界经济背景中的中国经济》和《学以致用——艺术还是技术》的专题报告。来自全国50所基地校校长、联络处主任60人参加论坛。

（刘颖）

【接受办学状况评估】　12月17至19日，应大接受由市委教育工委、市教委等六部门组织的北京市民办高等教育机构办学状况评估工作专家组评估考察。专家组按照民办高等教育机构办学状况评估指标体系要求，从办学资质、办学条件、诚信办学、资产与财务等8个方面考察，采取听取汇报、实地考察学校教学及学生生活基础设施、查课听课、查阅资料等形式全方位评估考察。5月5日，市教委公布应大通过2007年度北京民办高等教育机构办学状况评估。

（刘颖）

中国信息大学

【概　况】　2008年，中国信息大学占地面积20.01万平方米、建筑面积9.09万平方米。图书馆建筑面积2000平方米，藏书13万册。固定资产总值2929.44万元，其中，教学科研仪器设备总值1546.96万元。全年教育经费投入1141.37万元。设4个学院，开设52个专业，其中，20个高等教育自学考试专业，32个学校考试专业。教职工190人，其中，专职教师82人，包括高级专业技术职务2人、副高级18人，硕士以上学位37人；兼职教师69人，包括高级专业技术职务41人、中级15人。在校生5738人，其中，自考生3406人、校考生2332人；招生3100人。网址：www.ciu.gov.cn。

（曹景昭）

【试行德育导师制】　3月，信息大学传媒艺术学院进行德育导师制试点。德育导师的选择首要条件是既能教课，又热心学生品德教育和行为管理，导师由学生自主选择。全校共遴选68名教师（包括教授1人、副教授3人）担任德育导师。试行情况说明，德育导师制使学生管理工作队伍的综合素质提高；将教书与育人融为一体，可增进师生感情；尊重学生自主权利，可培养学生自我管理能力和社会关注范围，有利于学校各项工作落到实处。经过总结实践经验，该校于9月全面推行并继续试行以德育导师制取代班主任管理制度。

（李江萍）

【优化校园网络环境】　4月，信息大学优化校园网络环境。该校购置JUNIPOR NETSCREEN 5200型千兆防火墙一台及CISCO 2918二层百兆交换机24台，对网络进行优化改造。改造后，网络可以有效防止局域网病毒泛滥，合理分配网络资源，满足新增用户需要，学生宿舍IP分配由静态分配改为动态分配，减少因用户增加和学生宿舍调整而带来的工作量。优化改造投资77万元。

（杨振）

【图书馆改造工程竣工】　8月27日，

信息大学图书馆扩容改造工程竣工。改造后，图书馆面积由1500平方米增至2000平方米，阅览座位增至806个，实行全面开放式借阅。工程投资30万元。3月，该校投入专项经费100万元购置新书，图书馆藏书达到13万册，生均图书量22.6册。

（乔敦）

【改扩建计算机教室】　8月和12月，

信息大学分两批对计算机教室进行改造扩建。共计新建计算机教室4个，新增计算机264台，为每间计算机教室配备多媒体设备；对原有182台计算机升级改造；增加辅助教学软件9套。新建及升级计算机教室主要为图形化处理等对设备性能要求较高的课程提供教学服务；辅助教学软件能够完成收缴作业、发送文件、广播教学等多种任务，提高教师授课效率。改扩建工程投资81万元。

（杨振　逄小威）

【开展校级示范课建设】　9月，信息大学开展校级示范课建设活动。4个学院14门课程入选第一轮校级示范课候选课程。示范课建设在于将教学从单纯教知识转变为教会学生学习方法，培养学生自主学习能力，要求教师在传授知识同时，启发学生了解知识价值，增强学习兴趣，养成学习习惯，学会学习方法。学期中，学校对14门校级示范课候选课程进行两轮评审，全校2000名学生和教师参与听课评价。评价结果显示，示范课建设得到师生认同和支持，14门课程的教学效果得到师生的基本认可。

（李江萍）

【改革课程体系】　9月，信息大学实行新课程体系。具体措施为将全校课程分为全校通识课、门类通识课、专业基础课和专业课4大类；加大计算机和英语听说课程教学力度，分别增至20学分和16学分，作为全校通识课安排，要求学生必修；改革教学方法，计算机教学实行全机房授课，英语听说课程强调背诵的重要性。

（冉娟）

【改革考试管理办法】 9月，信息大学改革考试管理方法。改革后，用各种形式的随堂考试和练习取代全校性统一考试，至期末，开设的119门课程中，105门采取随堂考试形式、14门课程采用统考。该改革力求通过科学考试安排，推动以“教方法”为核心的教学改革深入进行。

（冉娟）

【接受办学状况评估】 12月15至16日，信息大学接受市委教育工委等六部门民办高等教育机构办学状况评估。专家组通过听取自评报告、实地参观、听课和召开座谈会等形式，检查学校办学定位、教学基础设施建设、教学管理和教学效果、教师队伍状况等情况。专家组肯定学校依法办学、诚信办学的办学宗旨，对学校教学基础设施建设表示满意；对专业课程设置、师资队伍建设等方面提出意见和建议。

（李江萍）

【开展学生评教活动】 12月，信息大学开展学生评价教师活动。该校开放教师教学质量评价系统和德育导师工作评价系统，组织学生通过国际互联网进行教学管理和课堂教学评价活动。该校60%学生对教师授课情况进行评价，教师平均得分为4.6分；80%学生参与评价德育导师活动，德育教师平均得分为4.9分。同时，学生通过网络给教师留言，表达对教师工作的看法，并提出建议和意见。自9月起，学校每学期组织两次学生网上评价教师活动。

（李江萍）

民办中小学幼儿园教育

【昌平召开协调办主任工作会】 1月10日，昌平区教委召开中小学（幼儿园）教育协调办公室主任工作会议。会议印发《关于设立中小学校（幼儿园）教育协调办公室主任的工作意见》和各项安全检查的文件；正式任命教育协调办公室主任39人，颁发上岗工作证，统一配备专用计算机和数码照相机。会议明确教育协调办主任的任职要求、工作职责和对教育协调办主任的管理措施。来自17个镇的39人参加会议。协调办主任由各镇中心小学的专职人员担任，主要负责区教委对民办学校的管理和指导。

（王蓉）

【怀柔召开民办教育工作会】 1月26日，怀柔区教委召开民办教育研讨暨年检工作会。会议听取5所民办学校分别从学校管理与发展、举办者责任、民办学校办学方向、诚信办学等方面典型发言；6个管理部门就校园安全管理、学校财务管理、教育教学管理、学校制度建设等方面提出指导性意见。会议要求，民办学校要坚持“法治、市场、和谐、发展”的原则，依法办学；要开拓思路，研究市场，举办符合经济社会发展需要和人民群众日益增长的教育需求的民办教育；为群众提供多形式、多样化的教育服务。各民办学校校长、区教委相关人员共40人参加会议。

（杜书霞）

【顺义完成2007年民办教育年检】

1至5月，顺义区教委完成2007年民办教育单位年检工作。通过实地检查、座谈等形式，重点检查学校办学条件、公示栏、制度建设、安全设施和教职工待遇等项目。86所民办学校参加年检，其中，1所因违规被吊销办学许可证，4所因没有生源自动要求停止办学，6所因办学条件不达标被暂扣办学许可证。学校财务审计报告和年检结果通过顺义区民办教育网进行公示。

（王焱）

【通州审批2所幼儿园】 2月20日，通州区教委审批北京通州天天双语艺术幼儿园和北京通州小海豚双语幼儿园。天天双语艺术幼儿园坐落在通州潞县镇长凌营村商业广场B段，占地面积3200平方米、建筑面积1800平方米，可容纳200名幼儿入园；小海豚双语艺术幼儿园坐落在通州潞苑南大街85号，占地面积2178平方米、建筑面积1362平方米，可容纳200名幼儿入园。

（勾庆祥）

【西城签订《安全保卫责任书》】 2月，西城区教委与民办教育培训机构法定代表人签订《安全保卫责任书》。要求各学校安全工作由专人负责，加强安全教育，区教委人员不定期的到校抽查；同时各校上报安全应急预案，保证民办培训学校的师生安全。

（赵颖）

【延庆开展民办教育机构年度检查】 2至3月，延庆县教委开展2007年度民办教育机构年度检查工作。经审批注册的24个民办教育机构通过自查、下校检查、审核年度报告等程序，除1所培训机构审批注册不到1年不参加年度报告外，年度报告合格单位18个、未参加年度报告单位5个。

（王春玲）

【通州换发71件办学许可证】 3月10至14日，通州区教委换发71件办学许可证。该项工作依据区教委《关于做好2007年度民办教育机构办学情况报告及换发办学许可证工作的通知》精神，对辖区内民办教育机构换发办学许可证，依法换发中小学11件、幼儿园19件、培训机构41件。

（勾庆祥）

【朝阳建立教师队伍联盟公约】 3月15日，朝阳区教委组织民办幼儿园签署《朝阳区民办学前教育机构联合公约》。该公约本着自愿参加的原则，规定公约成员单位禁止使用不正当手段录用其他成员单位合同期未满的教师，建立成员单位离职员工信息平台，共享各成员单位信息。52所民办幼儿园签署公约。该公约针对民办幼儿园教师队伍存在恶性竞争和无序流动的实际情况制订。

（邱旭生）

【宣武召开民办教育工作总结会】　4月17日，宣武区教委召开民办教育工作总结会。会议总结上年民办教育工作，对民办学校在规范性办学、联合办学、与劳动者签订劳动合同等方面做出明确规定和要求。会议公布，上年宣武区民办学校培训量13万人次，上交税金459万元。该区98所民办学校校长和民办学校工会委员100人参加会议。

（王竞艳）

【举办首次民办幼儿园培训】　5月7至21日，市教委举办民办幼儿园培训。该培训以讲座为主，观摩交流为辅，内容涉及民办学前教育的发展与展望、相关法律法规解读、园所文化建设与管理、《幼儿园教育指导纲要（试行）》解读等内容。该培训由市教委投入专项经费20万元举办，来自18个区县的241所民办幼儿园举办者、园长、业务园长、财务人员、保健医生和骨干教师等共计1123人参加学习。

（张小红）

【石景山依法取缔非法幼儿园】　5月13日，石景山区教委召开取缔非法幼儿园工作布置会。会议介绍非法幼儿园的前期调研工作整体情况；讨论该区依法取缔非法幼儿园的工作方案；部署具体工作。来自卫生、公安、工商、城管、农委、建委及街道等单位20名单位负责人参加会议。

（杨铭华）

【朝阳改善流动人口子女学校办学条件】　5月起，朝阳区教委改善已批流动人口子女学校办学条件。该区为14所学校安装安全监控设备，并为每校配备20万元的教学设备仪器。

（邱旭生）

【房山开展民办学校综合评价】　5月，房山区教委对62所民办学校进行民办学校综合评价及年检工作。该区成立民办学校综合评价小组，以《房山区2007至2008学年度民办中小学全面实施素质教育综合评价指标体系及量表》、《房山区2007至2008学年度民办幼儿园全面实施素质教育综合评价指标体系及量表》、《房山区民办培训机构综合评价指标要素及量表》为依据，分别对民办中小学、幼儿园和培训机构各项工作进行全面评价。通过评价，共评选出先进办学单位20所、合格办学单位41所、不合格办学单位1所。

（郑磊）

【朝阳委托社会机构评估民办学校】　5月，朝阳区教委委托社会机构开展民办学校教育质量和水平评估。委托教育部基础教育课程教材发展中心评估忠德学校和幼儿园，评估根据国际学校评估体系，采取委托第三方专业评估等方式，主要评估教育教学六大领域的内容。评估结果对每一部分内容都提出表扬和建议。这是民办教育由量化评价向发展性评价的有益尝试。该区委托民教协会评估汉语言培训学校，评估结果为通过2008年北京市培训机构交易质量认证。

（邱旭生）

【顺义评估力迈学校新址】　7月10日，顺义区教委检查评估北京市力迈学校新校址办学条件。经评估检查，认为各项办学条件均合格。6月，力迈学校更名北京市新英才学校，并迁入新校址，举办高中层次的教育。新校址占地面积12万平方米、建筑面积10万平方米，投资5亿元，在校生592人。

（王焱）

【依法审批民办学校行政许可增项】　9月25日，石景山区教委依法审批民办学校行政许可增项。批准华奥学校申报举办初中学历教育行政许可增项；批准台京学校举办九年一贯制学校。至此，该区共有已经批准的流动人口子弟学校2所，分别是华奥学校和台京学校，在校学生2212人。该区还有未经批准的流动人口子弟学校8所，在校生4557人。

（杨铭华）

【北京电大崇文培训中心工作站成立】　10月20日，北京广播电视大学崇文区现代远程教育培训中心工作站成立。该工作站根据北京电大开展多层次多形式学历教育，为各类社会成员终身学习提供远程教育服务，承担北京电大统招、开放学历教育和非学历教育任务。工作站是第一个被北京电大批准在本市社会力量办学单位中成立的电大工作站。

（陈月）

【密云检查民办幼儿园】　10月，密云县教委检查民办幼儿园工作。县教委联合相关部门重点检查民办幼儿园办园资质，幼儿园园长、教师、幼儿基本情况，办园地址、幼儿园房屋情况、就餐和供暖情况，教育教学设施设备情况、安全情况。全县15所幼儿园全部参加检查，对存在问题的学校下发整改通知书，要求限期整改。

（郭立增）

【西城完成校长培训工作】　11月10至14日，西城区教委与北京民办教育协会联合举办民办培训机构校长任职资格培训。该培训采取讲座、讨论、考核和考察方式，开设政策法规、学校管理、财务管理、教育督导等课程。学员完成论文撰写，并考试合格，获得任职资格证书。该区共有76名校长参加学习。

（赵颖）

【大兴开展自办学校安全整治检查】　11月24至26日，大兴区教委开展流动人口自办学校安全整治检查。区教委到黄村、西红门、旧宫及瀛海镇，针对自办学校校车超载严重、租用社会违法车辆接送学生上下学、家长合租社会违法车辆接送学生等安全问题，采取逐镇召开现场会的形式，加强对大兴区内自办学校的校车安全工作的治理，共有33所自办学校的举办者参加会议。

（张香坦）

【通州召开民办教育工作会】　12月17日，通州区教委召开民办教育工作会。会议传达关于做好免除城市义务教育阶段学生学杂费工作通知精神，提出民办学校要成立相关财务机构，配备具有从业资格会计、出纳人员，设置会计账簿，受区教委的监督检查；确保上报学生数据的真实性，严禁弄虚作假、随意提高收费标准或边免边提情况，出现虚报瞒报现象的取消杂费补助；对于市、区两级财政补贴的学杂费，不准用于人员经费，一经违规停止补助；必须使用正规票据核拨补助经费四项要求。会议就民办学校校舍安全、消防安全、卫生防疫和食品卫生等工作提出要求。区教委领导与14所民办学校负责人签订《关于加强民办学校管理工作责任书》。各乡镇教委办主任，义务教育阶段民办学校负责人参加会议。

（匀庆祥）

【房山民办学前教育机构增至14所】 至12月，房山区教委审批新增民办学前教育机构6所。至此，该区共有民办幼儿园14所，在园幼儿园2881人，比上年增加899人。

（郑磊）

【延庆改善自办学校硬件设施】 至年底，延庆县教委筹措资金改善流动人口自办学校硬件设施。县教委筹措资金83.68万元，新建水冲厕所、水房、库房，改建浴室、锅炉房、医务室，修缮各类房屋，硬化操场及校园路面；为学生统一配备住宿床上用品120套，厨房新购消毒柜、冰箱、烤箱等设备，安装校园广播系统以及计算机等教学及办公设备设施；同时下拨学杂费及取暖经费。庆源学校是该县唯一流动人口自办学校。

（王春玲）

【燕山改善民办幼儿园硬件设施】 至年底，燕山教委投资改善民办幼儿园硬件设施。其中，燕凌春宇幼教公司投资近4万元为幼儿园安装消毒灯137套，更换消毒车11台，更换炊事员工作服32套。小天使幼儿园投资1.5万元更换人造草坪，投资1.7万元维修卫生间、多功能教室、更换标识；星城幼儿园投资1.5万元维修暖气，改善亲子教室环境。燕山石化公司投资1万元为各幼儿园更换幼儿体能测试器械。

（王亚青）

民办中小学幼儿园

北京市崇文区大地实验幼儿园

【概 况】 2008年，北京市大地实验幼儿园占地面积3344平方米、建筑面积3017平方米。固定资产总值84万元，全年教育经费投入323万元，全部为自筹经费。设有算机室、美陶室、创意美术室、民族鼓教室等专用教室。拥有教职工69人，其中，专任教师29人，包括中学高级教师1人、小学高级教师7人。开设12个教学班，在园幼儿370人、入园120人、离园140人。幼儿园网址：www.dadikid.com。

（郭荣华 郝洪春）

【接待十省市幼儿教师参观】 3月31日，大地实验幼儿园接待全国十省市幼儿园教师参观考察。该考察由中国教育服务中心和北京教育服务中心联合组织，来自江苏、山西、内蒙古等10个省市区的幼儿园教师代表共计45人参加考察。考察团听取幼儿园整体概况、办园核心理念、特色教育活动课程和主题活动与社会实践介绍；参观校园、班级内外环境；观摩基本教育课程，以及认知、体智能、创思训练、创意美术、形体等辅助教育自主活动。

（郭荣华 郝洪春）

【通过ISO9001：2000认证】 6月27日，大地实验幼儿园通过ISO9001：2000质量管理体系认证。该认证经过筹备、贯标、运行、内部审核和外部审核阶段，由北京中教英才教育认证中心认证，并颁发认证证书。该项工作开始于2007年6月，主要针对幼儿园内部符合目标要求的文件化的质量管理体系内容进行规范认证。

（郭荣华 郝洪春）

【举办家长开放周活动】 11月17至21日，大地实验幼儿园举办家长开放周活动。活动采取问卷调查收集反馈意见、家长参与活动策划等形式进行，共发放调查问卷310份，活动后收回反馈意见190份，295名家长参与特色教育活动、美育活动、才艺活动、亲子游戏活动。

（郭荣华 郝洪春）

【完成全脑阅读指导策略研究】 12月29日，大地实验幼儿园实施“三步走”幼儿全脑阅读教学活动指导策略研究。该课题研究包括三个步骤，第一步是重点研究教材，协调教师与教材的关系；第二步是重点研究幼儿，协调教师与幼儿的关系；第三步是重点优化活动过程，协调教师与活动过程的关系。课题研究针对63个重点语言作品，开展教师培训32次，整理活动实录与反思548篇；完成研究成果《以优化阅读活动准备环节为突破点，促师幼共同成长》、《优化解读工作是深化幼儿有意义学习的前提》、《“三位一体”的园本教研模式，有效促教师专业化成长》、《如何提高教师促幼儿主动发展的支持策略》等研究报告。

（郭荣华 郝洪春）

北京市通州区运乔蓝天幼儿园

【概 况】 2008年，北京市通州区运乔蓝天幼儿园占地面积3300平方米，建筑面积2500平方米，绿化面积500平方米。幼儿园藏书2100册，固定资产总值329.1万元，全年教育经费投入204.3万元。教职工56人，其中，专职教师共计20人。开设10个教学班，在园幼儿248人、入园70人、离园54人。

（张琦）

【举办亲子运动会】 4月23日，运乔蓝天幼儿园举办亲子运动会。运动会以“我运动，我健康”为主题，由奥运福娃引导入场，展示幼儿韵律操，举办走独木桥、独轮车打靶等幼儿和家长合作比赛项目。该园幼儿230人、家长400人参加活动。

（张琦）

【开办教师钢琴培训班】 4至11月，运乔蓝天幼儿园开办教师钢琴培训班。培训班由园内钢琴专业教师主讲，培训内容为钢琴基本技法、儿童音乐伴奏等，每月逢双周培训，每次2课时。该园专职教师共计20人参加学习。

（张琦）

【新建生活化和谐活动室】 至11月，运乔蓝天幼儿园新建10个生活化和谐活动室。活动室共购置儿童玩具310套、各类图书620册、艺术欣赏装饰品50幅，装饰家具100件。总投资15万元。

（张琦）

北京市顺义区大龙实验幼儿园

【概　况】 2008年，北京市顺义区民办大龙实验幼儿园占地面积4800平方米、建筑面积2700平方米。幼儿园藏有图书1535册，固定资产总值160万元，全年教育经费投入101万元，全部自筹。教职工41人，其中，专任教师21人。开设教学班9个，在园幼儿207人、入园95人、离园74人。

（杨志芹）

【举办亲子作品展示活动】 10月10日，大龙实验幼儿园举办亲子作品展示活动。该活动展示80个家庭制作的画册，评出一等奖2名、二等奖3名、三等奖5名。该园要求幼儿利用“十一”假期，拍摄或者绘画外出旅游的景色，作文字说明，制作成册。

（杨志芹）

【举办远足活动】 11月5日，大龙实验幼儿园举办远足活动。该园要求幼儿穿轻便鞋，每人带一壶水，由幼儿园步行1000米至人民公园，进行绘画活动，要求幼儿将看到的景色画成图画，制作成描写秋天的画册。

（杨志芹）

【举办新年亲子联欢活动】 12月31

日，大龙实验幼儿园举办新年亲子联欢活动。活动中，幼儿每人持有8元活动经费，每个活动区设有付款1元的游戏，共设9个活动室，其中，一层设有3个游戏室，二层设有漂亮宝贝摄影室、当铺、泥吧，三层设有喜乐中餐厅、茶屋、心愿小屋。共有195个家庭参加活动。

（杨志芹）

北京市怀柔区博雅幼儿园

【概　况】 2008年，北京市怀柔区博雅幼儿园占地面积2500平方米，建筑面积1900平方米，室外活动场地面积1171平方米。图书室藏书1000册。固定资产总值100万元，全年教育经费投入10万元。普通教室6个，专用教室4个。园内拥有大型玩具10件。设有6个教学班，其中，大班1个、中班2个、小班2个、托儿班1个。教职工28人，其中，专任教师13人、保育员5人。入园幼儿48人、在园170人、离园60人。

（张秀清）

【开展汉字教研活动】 5月20日，博

雅幼儿园开展汉字教研活动。活动在托班进行，教师将具体的汉字与故事情景联系起来，使幼儿在玩的过程中学到知识，体现“玩中学”的教学思想。该园14名教师参加活动。

（韩金凤）

【早教示范基地成立】 6月18日，博雅幼儿园早教示范基地成立。该园早教基地的作用在于让更多的家长认识到幼儿阶段是人生的基础阶段，要及时抓住幼儿阶段的教育，帮助孩子养成良好的行为习惯。该园开展多种形式的早教活动，主要内容包括教师从自己修身做人做起，争创和谐班级和谐家庭；爸爸妈妈和孩子一起读书；用编歌曲的方法将《弟子规》内容添入幼儿熟悉的歌曲；在朗诵中学习识字。

（张秀清）

【庆祝大白菜丰收】 12月22日，博

雅幼儿园举行庆祝种植园大白菜丰收活动。小一班幼儿在种植园围着丰收的大白菜唱歌，做《大白菜真可爱》游戏，感受丰收的喜悦。28名幼儿参加活动。

（方金花）

北京市平谷区第五幼儿园

【概　况】 2008年，北京市平谷区第五幼儿园占地面积7400平方米、建筑面积5300平方米。固定资产1200万元，全年教育经费投入30万元，全部自筹。幼儿园主楼设有13个教学班，每班设有活动室、睡眠室、盥洗室、卫生间、衣帽间，班均使用面积160平方米；附属楼设有计算机室、舞蹈室、钢琴教室等7个专用教室。教职工62人，其中，专任教师28人。在园幼儿440人、入园190人、离园118人。

（武春晓）

【开展民间游戏】 5月8日起，平谷五幼开展民间游戏活动。该园根据各年龄段特点，大班开展抽陀螺、踢毽子、跳皮筋、推小车等游戏，小托班开展打沙包、编花篮、跑四格等户外游戏活动。全校师生共计200人参加活动。

（黄瑞雪　张东安）

【创设奥运教育角】 6月1日，平谷五幼在各班设立奥运教育角。该园教师根据幼儿兴趣和特点，从不同角度出发建立班级奥运角，内容包括“奥运倒计时”、以幼儿剪纸和绘画形式

的“为奥运添彩”、以弘扬民间艺术为主题的“民间迎奥运”专题等。

（黄瑞雪　张东安）

【举办帮厨活动】　6月12日，平谷五幼举办“我们一起来帮厨”活动。活动中，厨师为幼儿讲解择菜、洗菜方法，介绍各种菜名、营养价值、烹饪方法，教师指导幼儿具体操作。该园幼儿58人参加活动。

（黄瑞雪　张东安）

【评选全勤宝宝】　12月31日，平谷五幼全勤宝宝评选活动揭晓。该评选活动标准为1至12月坚持来园的幼儿，评选奖项包括全勤宝宝、快乐宝宝、健康宝宝三类。该园为45名获奖幼儿颁发奖状和礼物。

（黄瑞雪　张东安）

北京市延庆县诚远幼儿园

【概　况】　2008年，北京市延庆县诚远幼儿园为寄宿制幼儿园，占地面积800平方米，建筑面积500平方米。固定资产总值150万元。全年教育经费投入20万元，全部自筹。设有专用教室4个，拥有图书200册，玩具200件。教职工15人，其中，专任教师8人、保育员7人。开设教学班4个，其中，大班1个、中班1个、小班2个。在园幼儿100人、入园20人、离园20人。

（吴秀清）

【投资4万元改善办园条件】　3至8月，诚远幼儿园投资4万元改善办园条件。其中，投资1万元缝制被褥120套，购置床单、毛巾被、凉席等床上用品，至此，该园幼儿不再自带被褥；投资1万元增加1个班的教育教学和生活设备；投资2万元铺设楼顶保温防水材料。

（吴秀清）

【英语特长班开课】　4月20日，诚远幼儿园开办少儿双美英语特长班。该班与北京双美英语教育机构联合举办，由双美机构派教师来园授课，针对幼儿喜动、爱跳的特点，采用律动、歌曲、游戏等形式授课。首期55名幼儿参加学习。

（吴秀清）

【举办珠心算主题报告会】　9月10日，诚远幼儿园举办珠心算主题报告会。报告会听取珠心算专家作题为《全方位智能开发，人人都能成才》的报告，并由康庄育才幼儿园幼儿作珠心算速算表演。该园56名家长参加报告会。诚远幼儿园是“徐思众珠心算教学基地”，32名幼儿参加珠心算学习。

（吴秀清）

北京第二实验小学怡海分校

【概　况】　2008年，北京第二实验小学怡海分校占地面积7500平方米、建筑面积13100平方米。图书馆藏书8万册，固定资产总值815万元。全年教育经费投入1500万元，全部自筹。设有普通教室55间，专业教室16间，有体育馆、多功能厅、集体食堂、宿舍等设施。教职工152人，其中，专任教师128人，包括高级专业技术职务50人。开设教学班53个，在校生1450人、招生307人、毕业243人。网址：www.yhxx.org。

（赵红）

【义买椪柑为灾区捐款】　3月1日，

实验二小怡海分校参加“情系灾区，怡海真情行动——爱心慈善义卖”活动。由于年初湖南冰冻雨雪灾害使湘西土家族自治州椪柑大量积压滞销，怡海教育集团出资36万元，购买160吨椪柑，分别运往北京、上海、深圳、绍兴等地，义卖活动获得善款96万元。其间，实验二小怡海分校师生购买椪柑3940箱，筹款11万元。义卖活动所得善款一部分用于购买柑橘树苗，帮助湘西当地受灾果农恢复生产；一部分用于援建吉首市万溶江小学，为此，万溶江小学更名为吉首市乾城侨心怡海小学。

（赵红）

【举办教学基本功比赛】　4月，实验二小怡海分校举行第三届“怡海杯”青年教师基本功比赛。比赛结合教师基本功状况和学科特点，以提高教师口头语言表达能力为主要目的。参赛教师113人，分为语文、数学、英语、科任四大组比赛。参赛人员比赛前30分钟抽签，在指定范围内自选题目，即兴发言，最终评出各学科优秀教师36人。

（赵红）

【与灾区学校结成姊妹校】　12月2

日，实验二小怡海分校与湖南省吉首市乾城侨心怡海小学签署姊妹校合作协议。依据协议，两校开展师生交流和互动，开展教学交流，实验二小怡海分校协助乾城侨心怡海小学开展教师阶段性专业培训。签约仪式上，怡海集团向乾城侨心怡海小学捐赠价值12万元的1960套冬季加厚校服，实验二小怡海分校师生捐助110箱3600

件（套）文具、书籍和衣物。

（赵红）

北京市私立汇佳学校

【概　况】　2008 年，北京市私立汇佳学校占地面积 13.34 万平方米、建筑面积 9 万平方米。图书馆藏书 7.45 万册。拥有教学楼 3 座、学生宿舍楼 7 座，以及艺术楼、保龄球馆、网球场等设施，专用钢琴房 125 间、钢琴 200 架。教职工 405 人，其中，专任教师 217 人，外籍教师 52 人。专任教师中，中高级专业技术职务 97 人。开设教学班 87 个，其中，中学 51 个、小学 36 个。在校学生 2346 人，包括小学 1006 人、中学 1340 人。毕业 579 人，其中，小学 190 人、中学 389 人。

（赵万里）

【开展小学一年级 PYP 探究实践】　3 月 1 日，汇佳学校小学部开展一年级 PYP 教学探究实践活动。该项目是国际文凭组织为 3 至 12 岁学生设计，是一个国际性的强调学科交叉的项目，结合自身特点、组织形式、内容设计、教学目的，要求教师每月先制订适应探究、更接近儿童兴趣的主题，然后各班教师再带领学生去实地参观、了解、考察，最后将相关的实际问题整合到课程当中，进行相互交流和学习。一年级 6 个班 180 名学生参加实践。

（赵万里）

【IB 部毕业生 53% 升入世界百强名校】　6 月 2 日，汇佳学校 IB 高中部 2008 届毕业生 53% 升入世界排名前 100 名的学校。该届毕业生 148 人，其中，78 人取得美国、加拿大、英国和澳大利亚的常青藤大学、康奈尔大学、华盛顿大学、密歇根大学、多伦多大学等高校的录取通知书，56 人获得 1000 至 5600 美元不等奖学金，奖学金总额 104 万美元。

（赵万里）

【开展防灾教育】　7月23日至8月3日，汇佳学校举办“学会生存”小能人夏令营。该夏令营由小学部举办，以防灾教育为主题，培养学生开拓精

神和自救能力，围绕“我能行——自救训练”、“我健康——体能训练”、“我快乐”三方面，参观海淀公共安全馆、举办服装设计模特比赛、团体健美操比赛活动。该校小学部学生 200 人参加活动。

（赵万里）

【小学部开设马术课】　9 月 1 日，汇佳学校小学部开设马术课。该课程根据小学生的年龄阶段和该项运动的特点，在教学过程中遵循易学、易懂、易掌握的原则采用探究实践式、愉快式教学方法和行程性的考评办法，由指导教师担任主教练，负责马术教学工作，同时聘请 10 名马术专业人才作为助理教练。该课程每周一、二、四下午上课，每天 3 课时，一学期 18 周。该校 3 至 6 年级 16 个班开设马术课。

（赵万里）

【增设两个电子钢琴室】　9 月 1 日，汇佳学校小学部增设两个电子钢琴教室。钢琴室配备 66 架电子钢琴，具有体积小重量轻，可静音教学的特点，可以打破传统，避免重复教学，实现同一层次的统一授课，琴音互不干扰。

（赵万里）

【庆祝建校 15 周年】　9 月 10 日，汇

佳学校召开建校 15 周年校庆大会。会议宣读市教委贺信；回顾和总结学校办学特色和成绩；表彰教学第一线工作 8 年的中外籍教师。该校师生、学生家长代表及社会嘉宾等共计 3000 人参加会议。汇佳学校始建于 1993 年 9 月，15 年来培养中小学毕业生 4375 人。

（赵万里）

【热气球队获国际比赛亚军】　10月

29 日至 11 月 4 日，在 2008 年日本佐贺国际热气球节暨第 24 届太平洋杯热气球比赛中，汇佳学校热气球队获得亚军。该校选手总成绩 8937 分，并在热气球抓钥匙比赛中摘得黄钥匙。该比赛由日本佐贺市主办，来自 11 个国家 62 支代表队参赛。12 月 27 日，该热气球队在中国航空运动协会主办的第三届全国热气球锦标赛中获冠军。全国 40 支热气球队参加比赛。

（赵万里）

【举办自然科学讲座】　11 月 25 日，汇佳学校举办自然科学讲座。该讲座听取中科院院士孙万儒题为《科学就是提出问题和解决问题的过程》专题讲座，讲述一系列关于克隆的话题和故事，例如什么是克隆，人能不能克隆，恐龙与猛犸象是否能通过克隆重新出现于这个世界。该校学生 300 人听取讲座。

（赵万里）

北京经济技术开发区实验学校

【概　况】　2008 年，北京市经济技术开发区实验学校占地面积 7 万平方米、建筑面积 6.8 万平方米。图书馆藏书 2 万册。固定资产总值 2 亿元，全年教育经费投入 2350 万元，全部自筹。有普通教室 108 个，专用教室 19 个，实验室 6 个。教职工 200 人，其中，专任教师 136 人，包括副高级职务教师 73 人、中级 30 人，市级学科带头人 2 人、市级骨干教师 2 人，特级教师 2 人。开设教学班 52 个，在校生 1700 人，其中，小学 880 人、

初中425人、高中395人；招生620人，其中，小学187人、初中215人、高中218人；毕业426人，其中，小学117人、初中58人、高中251人。网址：www.bdaschool.com。

（何焱　侯萱）

【改善教师工资待遇】 3月，经济开发区实验学校调整教师工资待遇。调资坚持按劳付酬、优劳优酬、量入为出的原则，通过减员增效，小学教师工资增长32%，中学教师工资增长23%。

（何焱　侯萱）

【召开青年教师拜师会】 9月18日，经济开发区实验学校召开青年教师拜师会。17名青年教师与15名骨干教师结对，青年教师分别拜1名指导教师和1名指导班主任为师，并签订拜师协议。

（何焱　侯萱）

【举办首届校园科技节】 10月，经济开发区实验学校举办首届校园科技节。该活动举办4场科普知识讲座，以及气压火箭、环保时装秀、学科知识竞赛等活动，开办科普长廊，组织师生参观科技馆。中学部组织多项学科竞赛；小学部通过活动推举出科技小博士，选拔197人次参加市区级科技比赛。该校1700名师生参与各项科技活动。在科技节期间，该校获得北京市中小学生自制太阳能车模比赛小甲组第一名、小乙组第一名，北京市青少年无线电探测竞赛探磁雷小甲组第一名、小乙组第一名。

（何焱　侯萱）

【外埠教师校内职评】 11月，经济开发区实验学校制订外埠教师校内职称评聘管理办法。该办法规定，外埠教师与京籍教师享有职称评聘同等待遇，外埠教师校内职称评聘严格按照北京市中小学教师职评的考核标准和程序进行。该校分别组建中小学部评审委员会。

（何焱　侯萱）

北京市力迈学校（北京市新英才学校）

【概　况】 2008年，北京市力迈学校（北京市新英才学校）占地面积12万平方米、建筑面积10万平方米，体育场馆面积2000平方米。固定资产总值301万元。全年教育经费投入50296万元，全部自筹。图书馆藏书4万册。拥有普通教室50个，专用教室15个，实验室9个。教职工340人，其中，专任教师135人，包括高级专业技术职务15人、中级24人，市级学科带头人3人，市级骨干教师20人。开设教学班37个（小学20个、初中8个、高中9个），另开设幼儿班6个。在校生329人（初中208人、高中121人）；毕业116人（初中69人、高中47人）；招生189人（初中103人、高中86人）。

（汝晓红）

【设立导师制】 1月，力迈学校设立导师制。学校规定每名学生都有导师，每周一第八节课为导师活动课，导师与学生共同活动，形式包括聊天、座谈、学科辅导、心理咨询、制订计划、总结反思等。

（汝晓红）

【迁新校址更新校名】 5月19日，力

迈学校举行新校名发布仪式暨为汶川地震募捐仪式。仪式宣布力迈学校正式更名为北京市新英才学校，并迁往新校址顺义区天竺开发区安华街9号。此次活动筹集善款21万元。至年底，该校董事会通过中国红十字会向地震灾区捐助500万元。新校址占地面积12万平方米、建筑面积10万平方米，共投资5亿元。

（汝晓红）

【举办首届民族运动会】 9月27日，

新英才学校举办首届民族运动会。运动会开幕式以“青春的激情与梦想”为主题，全校师生组成彝族、白族、朝鲜族、傣族等16个民族代表队列队入场。运动会共产生奖牌585枚，其中，金牌190枚、银牌195枚、铜牌200枚。同时运动会评出6支精神文明团队、6支优秀代表队，每个年级分别评出团体总分第一。全校学生685人参加比赛。

（汝晓红）

【推进课堂教学改革】 9至12月，新英才学校中学部采取4项措施推进课堂教学改革。改革措施一是从教学设计入手，在备课中由撰写教案转为撰写助学稿，内容包括学习目标、学习重点难点、课前预习、课本导读、导学思考、疑难解答、教学反思、当堂反馈练习、课外拓展训练部分。二是小组活动“活”课堂，课堂上尝试小组合作式学习，分为课前合作、课堂合作、课后合作，真正使课堂活起来。三是构建“5＋30＋5”的课堂实践模式，即课堂前教师用5分钟进行目标展示、30分钟进行知识形成过程以及自主合作学习成果展示、5分钟进行小结以及布置下一堂课的预习任务。四是重新制订新课堂评价标准，建立检查、听评课、考核、民意测评机制。

（汝晓红）

北大附属实验学校

【概　况】 2008年，北大附属实验学校占地面积3.98万平方米，建筑面积2.94万平方米，体育场馆面积5463平方米。图书馆室藏书8万册。固定资产总值2507万元，全年教育经费投入1390万元，全部自筹。普通教室36个，专用教室48个，实验室5个。拥有教职工144人，其中，专任教师87人。开设教学班25个（小学11个、初中4个、高中10个）。在校生450人（小学206人、初中86人、高中158人）；招生205人（小学65人、初中34人、高中106人）；毕业144人（小学57人、初中38人、高中59人）。学校网址：

www.pkuschool.net.cn。

（赵傲国）

【与美国爱思教育有限公司签订合作协议】　3月5日，北大附属实验学校与美国爱思教育有限公司签订合作协议。双方决定自本年秋季开始招收赴美留学班，学生第一年在北大附属实验学校就读，以强化英语口语为主，兼顾高中一年级文化课学习；从第二年起赴美学习，按照美国教育体制参加学习。

（赵傲国）

【第五届香港学生联考班开学】　9月17日，北大附属实验学校第五届香港学生联考班开学。该班学生全部来自香港，学习内容侧重国家联考规定的范围，开设语文、数学和英语等共计5门课程，学制1年，学习结束参加全国联考。本届共有24名香港学生参加学习。5年来，该校共招收香港学生126人，其中，122人升入本科院校。

（赵傲国）

【举办第五届校园歌手比赛】　12月25日，北大附属实验学校举办第五届“闪亮之星”校园歌手比赛。比赛采取现场打分淘汰赛制，设有最佳歌手、最佳形象、最佳人气等10个比赛项目。16组选手参加比赛，经过角逐，评出前三名。

（赵傲国）

北京市私立君谊中学

【概　况】　2008年，北京市私立君谊中学为寄宿制学校，占地面积2.86万平方米，建筑面积1.30万平方米，体育场馆面积1万平方米。图书馆藏有图书2万册。固定资产总值800万元。全年教育经费投入1200万元，全部自筹。拥有普通教室21间，专用教室3间。拥有教职工102人，其中，专任教师56人，包括高级专业技术职务29人，市级特级教师2人。开设教学班21个（初中6个、高中15个），在校生512人（初中124人、高中388人），招生154人（初中44人、高中110人），毕业192人（初中46人、高中146人）。学校网址：www.junyi.org。

（焦杨）

【举办学生生日会】　1至12月，君谊中学每月为学生举办一次生日庆祝会。该校当月过生日的学生均能得到来自学校的祝福，并获得定制的生日蛋糕，欣赏同学表演的节目。该校作为寄宿制全封闭学校，学生每周回家一次。

（焦杨）

【实行军事化管理】　9月10日，君谊

中学首次引入全军事化管理。该校邀请军队教官指导军训工作，每日晨练、课间操、饭前饭后均被整齐划一的军事训练所替代。在校生均参与准军事训练。该校为寄宿制学校，采取封闭式教学管理。

（焦杨）

【首次举办拓展开放日】　11月25日，君谊中学举办首届拓展开放日活动。该活动邀请区教委领导、街道干部、社会人士、学生家长等，参观课堂教学、军事化操行表演、教学成果以及学生作业和作品。活动开放宿舍、食堂、实验室等教学相关环境，家长与学生在食堂共进午餐。

（焦杨）

（本栏责任编校　华蕾）

德育体育美育

综 述

2008年，市教委以科学发展观为指导，全面落实第二次中小学德育工作会议精神，围绕奥运精神教育、实践育人等重点工作，深入贯彻落实中央8号文件精神，推进德育工作深入发展。

北京市中小学生社会大课堂，推动素质教育发展。实现资源整合的突破，首批整合481家各类资源单位服务学生实践；实现学校教育和社会教育结合体制的突破；实现社会资源课程开发的突破，建立44个资源课程实验基地，开发一批课程范例。社会大课堂建设得到中央有关领导和社会各界肯定。

巩固四年中小学生文明礼仪教育成果。指导区县和学校通过文明出行实践、寻找身边的道德榜样、奥运礼仪知识普及、文明使者进社区和校园礼仪开放日等五项活动，培养学生爱国精神和志愿服务精神，提升学生的文明素养。全市百万中小学生参加"学礼仪、践行动、做好东道主"奥运礼仪知识竞赛活动。

加大德育工作者队伍培训力度，实现队伍建设的目标。形成多层次培训体系，开展班主任基本功展示活动，促使各区县把班主任培养、培训和专业发展提上重要日程。通过全员班主任基本功培训，4万名班主任业务能力得到普遍提升。编写并下发《北京市中小学班主任工作手册》。培训280名小学心理健康教师，实现为每一所中心小学以上的学校配备一名经过专门培训的心理教师目标。

巩固三项制度性工作。一是持续开展中小学生思想道德状况监测工作。在连续五年开展学生思想道德状况测评，并形成测评报告基础上，建立学生道德状况监测数据库，包含600万项数据。二是举办第二届青少年学生公民教育国际论坛。组织来自世界11个国家地区20多名境外专家广泛开展交流，达成《北京行动建议》，通过教学改进、实践体验、家校合作、校园文化、志愿服务、国际交流等途径，不断加强青少年学生公民教育。三是举办校长德育论坛，贯彻"育人为本，德育为先"思想。

以多种方式关注地震灾区，弘扬抗震救灾精神。四川汶川地震发生后，及时开展以"心系灾区，奉献爱心"为主题教育活动，引导学生通过电视、广播、报纸等方式关心灾区，以"捐献一天零花钱"、"关心身边来自灾区同学"等形式奉献爱心。以"抗震救灾"为主题举办中学生时事讲堂，开展爱国主义、责任意识等思想品德教育。举办赈灾心理危机干预辅导讲座，提高专职心理教师危机干预的理论水平和操作方法，关注来自灾区学生的心理状态。举办北京市优秀中学生事迹报告会，把优秀中学生事迹与抗震救灾精神宣传教育结合起来，以同伴的精神激励同伴。

2008年，北京市学校体育、卫生、艺术、军训、校外和科技教育工作认真贯彻落实《中共中央国务院关于加强青少年体育增强青少年体质的意见》和《中共北京市委北京市人民政府关于加强青少年体育增强青少年体质的实施意见》的精神，以迎接2008北京奥运会为动力，深入开展"全国亿万学生阳光体育运动"。

加强对全市所有区县进行落实"每天一小时体育锻炼"专项督导检查，要求学校在没有体育课的当天下午必须安排一节课外体育活动，市教委下发《关于加强中小学体育课程教学的意见》，全面加强对体育课堂教学的规范管理力度。不断规范和完善初中毕业升学体育考试和高中毕业体育会考的内容和办法，实行全市"统一考试项目、统一成绩评定标准、统一考试规程、统一考试时间"原则。在全市推进《国家学生体质健康标准》，举办第二届北京市中小学生体质健康标准测试赛。

针对北京市学生视力不良检出率持续上升问题，市教委加强中小学生的视力保护工作。重点强化学校教室采光、照明、桌椅、黑板的配置等环境设施的卫生规范要求，并在学校开展大规模的以视力检查和客观验光相结合的方式进行的全市性视力不良流行病学调查，同时组织国内知名的中西医眼科专家对本市目前中小学生眼保健操进行重新修订，确定新眼保健操的有效穴位和更科学合理的动作要求，为学生健康成长提供更加优质的环境，从而努力改善青少年的视力状况，遏制住学生视力不良检出率的增长趋势。为建立完善有效的防病工作管理制度和预案，市教委、市卫生局联合开展全市各级各类学校卫生工作视导，指导学校提高对突发公共卫生事件的应急管理、食品卫生安全、传染病预防控制等工作水平。针对本市手足口病疫情，进一步加强对学校和托幼机构传染病疫情报告工作的领导和监督管理，落实"晨午检"制度，落实各项卫生要求，同时严格信息上报制度。

学生科技节和艺术节成为本市学生品牌活动，全市各区县中小学校都能够组织丰富多彩的科技艺术和体育节活动，为提高学生素质和促进全面发展发挥重要作用。民族艺术进校园活动和高雅艺术进校园活动持续开展三年。北京市在全国率先开展中小学京剧进课堂的试点工作，探索推广中小学课程改革取得积极成果，为民族传统艺术的发扬和传承打下良好的推广基础。顺利完成北京市学生金帆艺术团、北京市大学生艺术团、市级科技教育示范校和中小学金鹏科技团的验收评审工作。

北京市制订出台《北京市校外教育机构工作规程》、《北京市未成年人校外活动场所公益性评估标准》和《北京市区县校外教育工作、校外教育机构工作评价方案》，并连续两年组织校外教育机构教师教育教学基本功测试和北京校外教育理论与实践研究论文评选暨研讨活动。

（关国珍　甘北林）

德　　育

德育教育

【开通网上家长学校】　1月31日，市教委开通北京市中小学网上家长学校。家长网校开设“专家家庭教育视角”、“名校长谈家教”、“优秀班主任直通车”、“成功家教方略”、“家长影响我成长的一件事”等栏目，从不同角度交流家庭教育方法与技巧，共同探讨家庭教育、学校教育相互配合与有效衔接途径。教育部、北京市委、市教委、市教科院、市妇联领导，以及各区县教育行政部门、研究部门、中小学专家、校长、班主任、家长、学生代表200人参加开通仪式。学校网址：www.jzschool.bjedu.gov.cn。

（朱德福）

【召开中等职业学校德育工作会】　4月18日，市教委召开中等职业学校德育工作会。会议采取现场观摩、会议交流等形式，在北京商贸学校举行，观摩学校德育课程、参观校园文化环境，听取该校校长做题为《探索创新，解职教管理难题；全员育人，塑学生文明之魂》发言，市教委职成处负责人做《北京市中等职业学校学生思想道德状况与德育工作调查问卷分析报告》，市教委副主任罗洁做会议讲话。来自市教委领导，以及各区县教委相关人员、中等职业学校校长200人参加。

（朱德福　赵广胜）

【表彰北京市优秀学生】　4月18日，市教委表彰2007至2008学年度北京市优秀学生。评选在学校、区县教委推荐，区县、市级评审小组审核的基础上，经市委教育工委、市教委2008年第11次书记主任办公会研究，决定授予北京景山学校乔丹、北京电气化工程学校张淇皓等13名学生为“2007～2008学年度北京市优秀学生”。

（马志鹏）

2007～2008学年度北京市优秀学生名单

普通高中（11人）

东城区

乔丹	北京景山学校
刘昕	北京市第一七一中学

西城区

方洋	北京师范大学附属实验中学

宣武区

艾鑫	北京师范大学附属中学

崇文区

杨奕	北京汇文中学
李连硕	北京市广渠门中学

朝阳区

李昂	北京市第八十中学

海淀区

王寰中	首都师范大学附属中学

丰台区

傅晨皓	北京市第十二中学

大兴区

杨尧	北京师范大学大兴附属中学

密云县

陈宸	北京市密云县第二中学

职业高中（2人）

宁静	东城区职教中心学校
张淇皓	朝阳区电气化工程学校

（马志鹏）

【举办校长德育论坛】　5月6日，市

教委举办校长德育论坛。该论坛由北京教育音像报刊总社承办，启动仪式在北京十一学校举行，以“育人为本、德育为先，把立德树人作为教育的根本任务”为主题，组织观看校长德育论坛活动回顾电视短片，听取海淀区巨山小学、昌平区桃洼学校、北京十一学校校长专题发言，并就德育工作的方式方法等问题展开交流。来自市教委领导、区县教委相关负责人、各校校长200人参加。

（朱德福　孟科军）

【总结中小学德育队伍培训成果】　5月9日，市委教育工委、市教委总结中小学德育队伍培训成果。会议在北京教育学院召开，总结三年工作成果，指出中小学德育队伍培训重在解决中小学心理健康教育推进、师资匮乏问题，明确中小学德育骨干力量专业发展目标、任务和方式，探索整合和发挥高校人力资源优势共同推进德育队伍培训工作模式，建立并形成一支研训一体专家队伍。各区县教委分管领导和培训机构相关人员参加。至年底，市级德育队伍培训工作完成对40名校长、38名中学骨干班主任、420名心理健康教育教师专业指导。2005年，北京教育学院承担全市中小学德育队伍培训工作，截至2007年底，共举办7个中小学德育校长高研班和5个市级中小学骨干班主任培训班，分别培训230名校长和205名骨干班主任，同时培训心理健康教育教师860人。

（刘琳）

【启动中学生时事讲坛】　5月22日，市教委启动中学生时事讲坛活动。该活动由市教科院基教研中心承办，以论坛形式面向全市中学校开展。第一课在北京市第二中学举行，听取该校校长题为《以加强时事教育为切入点，全面提升学生的综合素质》发言，介绍学校时事政策教育经验，教师讲授专题课《漫谈：改革开放三十年》。来自市教委领导，北京青年报社以及东城区教委相关负责人参加。

（朱德福）

【举行首都大学生援助四川灾区启动仪式】　6月6日，市委教育工委举行“彩虹1+1——我们共同成长”首都大学生爱心援助四川地震灾区活动启动仪式。该活动以“爱心手机化彩虹，百万学子传真情”为主题，首批援助对象以四川省受灾地区面临高考的高三学生为主，北京各高校以班级为单位与灾区学生结成对子，通过赠送手机和话费，大学生免费对灾区高三学生进行高考前的心理指导，并有针对性的给予学习上的帮助。市委教育工委领导、北京各高校相关负责人出席仪式。

（李刚）

【举办文明礼仪知识赛】 6月14日，市教委举办北京市中学生奥运礼仪知识大赛。比赛在石景山区广播电视中心举行，采取现场竞答形式，分为观赛礼仪知识考查、疑难情景考查，并围绕“做好东道主，热情迎嘉宾”主题阐述如何款待外宾“东道主计划”等三个部分内容，包括初赛、复赛、决赛三个阶段。全市6个区县6支代表队学生200人参加决赛，最终东城区代表队获得冠军。

（朱德福）

【举办优秀学生事迹报告会】 6月28日，市委教育工委、市教委举办“唱响青春之歌——北京市优秀中学生事迹报告会”。会议与市委宣传部、首都文明办、团市委联合举办，在北京市第五十五中学举行，听取北京市第十二中学傅晨昊等5名优秀中学生代表，以及四川省绵阳市北川中学王佳明等3名学生做专题报告，市教委主任刘利民做题为《借奥运东风，成就青春梦想》讲话，并向“抗震救灾英雄少年”赠送《少年强则中国强》等书籍与学习用品40件。来自教育部、中央文明办、市教委、首都文明办、团市委等领导，部分人大代表和政协委员、学生共300人，四川汶川地震灾区“抗震救灾英雄少年”40人参加。

（朱德福）

【启动市中小学生社会大课堂】 9月1

日，市委教育工委、市教委启动市中小学生社会大课堂并设立北京市中小学生社会大课堂管理办公室。社会大课堂由市教委联合市委宣传部等市属12个委办局共同开展，旨在促进学校教育和社会教育结合机制，为学生健康成长创造良好环境，整合利用社会、经济、历史、文化、教育、科技等资源，以组织学生社会实践和资源课程为抓手，搭建学校教育与社会教育、学生校园生活与社会生活相连接平台。办公室设在北京学生活动管理中心，承担全市中小学生社会大课堂资源单位统筹、工作指导、支持推动职责，负责社会大课堂资源单位认定、评估交流和日常管理、全市主题活动组织等工作。启动仪式在首都博物馆举办，首批481家资源单位面向全市中小学生开放，介绍活动项目、优惠方式、如何预约、乘车路线等信息，44家课程实验基地正式挂牌，社会大课堂网站开通，《北京市中小学生社会大课堂指南》首批11万册对山区学校学生和全市中小学班级发放。市长郭金龙、市委副书记王安顺，市委常委、市委教育工委书记赵凤桐，教育部以及各区县主管干部、学生代表200人参加。

（朱德福　李滢　孙宏芳）

【表彰优秀班主任】 10月16日，市教委举办第21届北京市中小学“紫禁杯”优秀班主任和第二届北京市中小学十佳班主任表彰活动。“紫禁杯”优秀班主任评选采取区县初评、推荐、陈述、打分、公示等程序，评选标准包括长期从事班主任工作，遵守《中小学教师职业道德规范》等。全市18个区县300所学校教师401人参评，最终北京市东城区东四九条小学荣建伟等20人获得特等奖、180人获得一等奖，其中，东城区9人、西城区10人、崇文区4人、宣武区6人、朝阳区19人、海淀区24人、丰台区11人、石景山区4人、门头沟区4人、燕山2人、昌平区8人、大兴区10人、房山区9人、通州区10人、顺义区8人、怀柔区5人、密云县6人、平谷区6人、延庆县5人、中等职业学校20人；另有201人获得二等奖。第二届北京市中小学十佳班主任分别是北京第二实验小学冯勉、宣武区康乐里小学高雅跃、北京育英学校袁凤芹、大兴区黄村镇中心小学何艳梅、怀柔区第一小学孙凤香、北京市第二中学吴京梅、北京市广渠门中学李志伟、北京市和平街第一中学刘乃忠、顺义区第八中学荣淑印、古城旅游职业学校郭文义。

（朱德福）

专门教育

【海淀寄读学校举办第25届运动会】

4月3日，北京市海淀区寄读学校举办第25届春季运动会。运动会以“迎奥运展青春风采”为主题，由高二年级组承办，该校学生担任比赛项目裁判，共设置十人八字跳绳比赛、两人三足跑、六人趣味往返跑、三对三踢毽子、三对三引体向上、三对三仰卧起坐、男子拔河比赛等项目。全校教师、学生270人参加。此运动会始办于1984年，每年举办一届。

（王常智）

【海淀寄读学校举办校际联席工作会】 5月15日，北京市海淀区寄读学校举办校际联席工作会。会议听取学校关于创建和谐校园、提升办学水平的介绍，学生进行技能展示，包括计算机组装、自制乐器、文字录入、内务整理等。来自海淀区50所中小学德育干部62人参加。

（王常智）

【海淀寄读学校开展爱心捐助活动】 5月，北京市海淀区寄读学校开展“尊重生命，理性面对灾难，团结协作”主题活动。5月16日，学校举行“向灾区同胞奉献爱心，助灾区孩子重返校园”捐款，共筹集善款24987.74元人民币，包括学生零用钱、生活费、奖学金等。5月22日，师生利用晚自习时间，为四川灾区制作祈福卡并写上祝福语，共270人参加，制作卡片294张。

（王常智）

【东城工读学校举办迎奥运技能比赛】

6月18至30日，北京市东城区工读学校举办“迎奥运，比技能，展风采”系列专业技能比赛。该比赛由学校专业教学组主持，规定以竞赛内容在最短时间内完成质量最高者为优胜，设置计算机操作、管道工操作、汽车维修和水暖工操作4个专业项目，由专任教师担当评委，每个项目分设一等奖一名、二等奖两名。全校学生200人次参赛，决出一等奖4人、二等奖8人，各专业优秀率达到60%以上。

（郝霞）

【东城工读学校举办预防毒品图片展】 6月26日，北京市东城区工读学校举办“预防新型毒品”图片展。该展览由学校“预防艾滋，拒绝毒品”教育中心组织，推出专题图片12幅，内容涉及新型毒品范围、危害、典型案例与预防措施等，并由该校6名学生担任解说员。全校教师、学生360人参加。

（郝霞）

【调研专门学校教育】 7月3日，市教委组织专门学校教育调研工作。此次到海淀区寄读学校，采取座谈会形式，介绍全市专门教育情况，各专门学校校长对办学过程中所存在教师队伍建设、开展专门教育课程建设、办学投入等方面困难与问题进行汇报，讨论研究专门学校办学条件达标建设、教师发展以及专门学校教育宣传等内容，交流认为要尽快解决海淀寄读学校女生小院建设、专门学校教育校本教材编写问题。来自市教委、市教科院领导、专家，以及全市6所专门学校校长、负责人40人参加。

（朱德福）

【海淀寄读学校举办教学技能培训讲座】 9月19日，北京市海淀区寄读学校举办教学技能培训讲座。讲座邀请北京教育学院数学系专家，以“新课程理念与教学技能”为题，借助两个案例，阐述基于“课程的基本理念——尊重学生的主体地位”背景下教师所应具备教学技能，介绍有关表达、板书、倾听以及关注差异等基本内容，并从基本过程、依据、形式等方面提出关于技能训练建议。全校教师70人参加。

（孙青梅）

【育华中学举办校庆30周年系列活动】 10月30日，育华中学召开30周年校庆座谈会。会议由西城区教委主持，围绕发展专门教育主题，交流如何办好专门教育学校。来自全国工读协会、关心青少年协会、市教委领导，以及西城区委教育工委、区教委负责人，该校干部、教师8人参加。11月21日，学校举办30周年庆祝活动。活动采取学校介绍回顾形式，包括领导讲话、座谈会等内容。来自西城区人大、区政协、区教委和宣武区教委相关领导，各学校干部、教师、学生51人参加。北京市西城区育华中学原名西城区工读学校，1999年4月16日经西城区教育委同意北京市西城区工读学校更名为北京市西城区育华中学。

（肖磊）

【举办专门学校运动会】 10月31日，

市教委举办北京市第八届“为了明天”专门教育学校师生运动会。本届运动会旨在从“关注学生和谐发展”角度出发，通过比赛引导学生弘扬奥运精神，树立正确集体观念和团队意识，以学生喜欢方式开展不良行为教育和转化工作，围绕“快乐、健康、成长”主题，保留踢毽、跳绳、托球跑等传统项目，增设“5人同行15米”等团体项目。来自市教委、市政府教育督导室、丰台区人民政府领导，以及东城区古城职业学校、西城区育华中学、朝阳区劲松六中、海淀区寄读学校、丰台区长辛店四中和门头沟区永定职业学校等6所专门教育学校教师、学生1000人参加，200人获奖。

（朱德福　王常智）

【东城工读学校举办理论与实操专业考核】 11月1日至12月15日，北京市东城区工读学校举办学生理论与实操专业考核。此次考核面向校内职高学生，组织参加初（中）级管道工、汽修电工、汽车维修工、中级制冷工和初级计算机操作员等专业社会化考试。该校高二、高三年级学生156人参加，119人通过，取证率76%。

（郝霞）

【海淀寄读学校开展创和谐专题教育】 11月24日，北京市海淀区寄读学校召开“创建和谐班级，创建和谐校园”专题法制教育宣讲会。此次会议由住校公安干警宣传有关人身伤害法律知识，学校心理中心教师分析学生间产生冲突原因，并介绍控制自身情绪方法；会议要求心理辅导员深入到各班级，及时了解学生心理状况，帮助学生疏导不良情绪，传授学生处理人际冲突技巧。全校教师、学生348人参加。

（王常智）

【海淀寄读学校举办内务比赛】 12月9日和10日，北京市海淀区寄读学校举办内务比赛。该比赛分为班级、个人两个部分，其中，班级比赛限时10分钟、个人比赛限时5分钟，每个班级挑选3名学生参加个人赛，共计36人，最终，评出一等奖2名、二等奖4名、三等奖6名。

（王常智）

【东城工读学校组织课堂实践活动】 12月23日，北京市东城区工读学校组织学生课堂实践活动。该活动由学校德育处主持，面向校内职高部物业管理专业学生，利用计算机房制作新年电子台历，课程由摄影、计算机学科教师共同辅导。全校学生50人参加，完成台历作品70件。

（郝霞）

体　育　卫　生

体　育

【召开市中小学体育卫生工作会】 1月23日，市教委召开北京市中小学体育卫生工作会。会议围绕全市学校体育卫生工作，听取市教科院基础教育研究中心负责人对上年体育工作进行回顾，对高中体育课程改革作重点报告，并汇报教育部关于学校体育卫生工作专题调研情况。市教委领导做重要讲话，解读中央7号文件。来自市教委、市教科院基础教育研究中心、北京教育学会学校体育研究会、北京学生活动管理中心、北京市中小学生体育协会等领导，以及市卫生协会、18个区县相关负责人50人参加。

(郑淑媛)

【举办市金帆杯足篮排球比赛】 1月26至28日，市教委举办北京市中学生第17届金帆杯排球、篮球、足球比赛。比赛由北京市中小学生体育协会承办，北京景山学校和北京市大兴区第一中学协办，要求以区县为单位组队，每区县限报男女队伍各1支，奥林匹克体育人才培养基地校单独组队报名，不占用区县名额，分为城区组、郊区组、"基地学校"组；其中，足球项目共有宣武区、昌平区、通州区、平谷区、大兴区及北京市八一中学、人大附中等队伍参加，宣武区获得城区组第一名、人大附中获得"基地学校"第一名；排球项目共有东城区、西城区、海淀区、昌平区、崇文区及北京市第一零一中学、北师大实验中学、景山学校等队伍参加，西城区、景山学校分别获得城区组和"基地学校"组男子第一名，东城区和一零一中获得女子组第一名。

(郑淑媛)

【举办市中小学生乒乓球比赛】 1月26至30日，市教委举办"迎奥运"阳光体育第24届北京市中小学生乒乓球比赛。该比赛与北京市体育局联合主办，由北京学生活动管理中心、北京市乒乓球运动协会承办，在北京市第六十六中学体育馆举行，设置高中男女组、初中男女组、小学男女甲组，小学男女乙组共计8个组别。来自全市16个区县134支代表队学生700人参加，最终北京市第六十六中学取得初中男子组、初中女子组、高中男子组团体冠军，北京市第五中学取得高中女子组冠军，北京市朝阳区垂杨柳第四小学取得小学男子甲组冠军，北京市海淀区万泉河小学取得小学女子甲组冠军，北京市朝阳区瑞祥民族小学取得小学男子乙组冠军，北京市史家小学分校取得小学女子乙组冠军。

(孙吉明　郑淑媛)

【参加全国初中篮球联赛】 1月26至31日，市教委组织"2007至2008李宁中国初中篮球联赛"北京赛区活动。该活动由中国中学生体育协会主办，北京市教育委员会协办，北京市中小学生体育协会、北京市第一六六中学承办，在北京市东城区灯市口小学举行。此次共有北京市第一六六中学、北京市第四十四中学、北京市玉渊潭中学、八十中分校、密云县第二中学、广渠门中学、昌平区第四中学、中旅附中共8支队伍参加，经过6轮24场争夺，最终，一六六中学获得第一名。

(郑淑媛)

【召开市高校体育工作会】 1月28至30日，市教委召开北京市高校体育工作会。会议由北京市大学生体育协会主持，总结上年全市高校体育工作，布置本年高校体育重点工作，提出其与目前北京市充足体育资源、建设现代化国际大都市改革目的不相匹配问题，要依据各高校特点、规律进行多种模式学校体育改革。来自市教委、市大体协、北京理工大学、教育部体卫艺司领导，以及全市60所高校代表160人参加。

(郑淑媛)

【举办市中小学生长跑比赛】 3月16日，市教委举办迎奥运阳光体育2008北京市中小学生长跑比赛。该比赛与北京市体育局联合主办，北京学生活动管理中心、丰台区教委承办，在丰台区青龙湖公园举行，设置高中男子6000米、高中女子3000米、初中男子3000米、初中女子3000米、小学男子3000米、小学女子3000米六个组别。全市13个区县50所中小学500名学生参加，组成84支男女队，最终北京市大兴区第一中学获得高中男子组团体冠军，北京市第十二中学获得高中女子组团体冠军，北京市平谷区第三中学获得初中男子组团体冠军，北京市怀柔区第四中学获得初中女子组团体冠军，小学男子组、女子组团体冠军均由北京市大兴区庞各庄第二小学获得。

(孙吉明　郑淑媛)

【举办市中小学生踢毽比赛】 3月23日，市教委举办迎奥运阳光体育2008北京市中小学生踢毽比赛。该比赛与北京市体育局联合主办，北京学生活动管理中心、东城区教委承办，在北京市东城区史家胡同小学举行。来自全市14个区县31所学校61支中小学代表队参加，最终首都师范大学附属丽泽中学获得中学组团体冠军、丰台区大瓦窑小学获得小学组团体冠军。

(郑淑媛)

【举办市中小学生跳绳比赛】 3月30日，市教委举办迎奥运阳光体育2008北京市中小学生跳绳比赛。该比赛与北京市体育局联合主办，北京学生活动管理中心、东城区教委承办，在北京市东城区史家胡同小学举行。来自全市17个区县56所学校110支中小学代表队参加，最终北京市第七十一中学获得中学组团体冠军、北京市平谷区大兴庄学区获得小学组团体冠军。

(池飞龙　郑淑媛)

【举办市中小学生轮滑比赛】 4月5日，市教委举办迎奥运阳光体育"米

高杯”2008北京市中小学生轮滑比赛。该比赛与北京市体育局联合主办，北京学生活动管理中心、海淀区教委承办，在北京市海淀区师达中学举行，包括高中男子组、高中女子组、初中男子组、初中女子组、小学男子甲组、小学女子甲组、小学男子乙组、小学女子乙组8个组别。来自全市8个区县32所中小学74支男女队300名中小学生参加，最终北京市海淀区师达中学获得中学组团体冠军，北京交通大学附属小学获得小学组团体冠军。

（董默轩　郑淑媛）

【获中国高中男子篮球联赛冠军】 4月6日，清华大学附属中学获得2007至2008年度中国高中男子篮球联赛冠军。在决赛中，清华附中猎人队以总比分3∶0成绩击败哈尔滨五中速龙队，清华附中男篮教练张涛荣获得“最佳教练奖”、队员钟诚获得“MVP（最有价值球员奖）”。此次联赛由中国中学生体育协会主办，耐克体育（中国）有限公司赞助，经过选拔赛，南、北赛区比赛，南、北赛区冠军挑战赛及全国总决赛四个阶段，共历时6个月。

（郑淑媛）

【举办首届中小学生“勇敢小伙伴”活动】 4月11日，市教委举办首届

北京市中小学生“勇敢小伙伴”活动。该活动与北京日报报业集团、北京电视台联合主办，北京学生活动管理中心、北京润京搜索网络有限公司和北京第八区文化传媒有限公司承办，以“绑起腿、心连心、步调一致向前进”为主题，在北京市顺义区西辛小学举行，采取区县预赛、市级决赛形式。全市18个区县300所中小学10000名学生参加。6月15日，总决赛在中国人民大学附属小学举行。经过区县预赛，共有36支代表队576名学生进入决赛环节，最终，北京市顺义区石园小学和顺义区第五中学分别获得小学组和中学组冠军。

（董默轩　郑淑媛）

【举办校园奥运健身操比赛】 4月12日，市教委举办中华传统项目展示及首都校园奥运健身操比赛。该活动在首都体育学院凤凰岭校区举行，分为大、中、小学三个组别，包括规定动作套路编排、培训、推广和武术、木兰扇、踢毽子、抖空竹、推铁环等传统项目展示、评比与比赛。市教委领导，首都体育学院凤凰岭校区负责人，以及全市大、中、小学62支队伍1200名学生参加，北京工商大学、北京联合大学二队、中华女子学院、中央民族大学获得大学甲组一等奖，北京联合大学一队、北京师范大学二队获得乙组一等奖；北京师范大学一队、北京体育大学获得丙组一等奖；北京市第五十五中学、北京第一六一中学、北京市房山区良乡第三中学、北京汇文中学获得中学组一等奖；丰台区第五小学银地分校、中关村一小、通州区后南仓小学、北京第一实验小学获得小学组一等奖。

（郑淑媛）

【举办第46届中学生田径运动会】 4月25至27日，市教委举办迎奥运阳光体育2008北京市第46届中学生田径运动会。该运动会与北京市体育局共同主办，在北京十一学校举行，分为区县预赛、市级决赛两个阶段，特增加外来务工人员子女组以及外国留学生组，设置68个项目。来自全市18个区县学生参加，1000人进入决赛，最终海淀区、顺义区分获A、B组区县团体总分第一名。

（董默轩　郑淑媛）

【举办首届高校女大学生体育论坛】 4月29日，市教委举办“喜迎奥运百日百校齐携手，文明健身女大学生同参与”行动暨首届高校女大学生体育教育高层论坛。该论坛与中华女子学院、中国妇女发展基金会、北京市大学生体育协会联合主办，在中华女子学院举行，围绕奥林匹克运动与女性发展、体育教育与女大学生成才等主题进行研讨，并为与会专家、学者颁发聘书；经北京市大学生体育协会研究批准、中华女子学院牵头，由北京大学、北京师范大学、北京外国语大学，首都师范大学、中央民族大学、中国青年政治学院，北京信息科技大学、北京物资学院、北京语言大学等20所高校组成全国首个以研究高校女生为主要对象女子体育研究会——北京高校女子体育研究会。全国妇联主席顾秀莲、北京大学生体育协会主席杨宾，北京市政府教育督导室领导，北京大学、奥组委专家组、中华女子学院以及首都30所高校奥林匹克运动、体育教育专家、学者，师生共500人参加。

（郑淑媛）

【举办第46届高校学生田径运动会】 5月8至11日，市教委举办“迎奥运”首都高校第46届学生田径运动会。该运动会与北京市体育局共同主办，在北京林业大学举行，包括甲A组、甲B组、乙组和丙组共计77个项目。北京地区57所大专院校学生1054人参加，最终清华大学获得甲组男子团体总分第一名、北京建筑工程学院获得乙组男子团体总分第一名，北京现代职业技术学院获得丙组男子团体总分第一名，20所高校获得“体育道德风尚奖”。

（郑淑媛）

【举办体育后备人才基地校运动会】 5月10日，市教委举办“北京2008奥林匹克教育学校体育后备人才培养基地”田径运动会。该运动会与北京市体育局共同主办，大兴区教委、大兴区体育局、培养基地中心教研组、大兴区第一中学承办，在北京市大兴区第一中学举行。全市各区县共有14所学校510名学生参加，最终清华大学附属中学以24块金牌成绩获得团体总分第一名。

（郑淑媛）

【举办首都大学生长跑活动】 6月8日，市教委举办首都大学生迎奥运“奔向2008”长跑活动。该活动与奥组委新闻宣传部、北京市委教育工

委、团市委共同主办，北京市大学生体育运动协会、市学联具体承办，由市教委体美处主持，在北京理工大学良乡校区举行。来自市委教育工委、市教委、北京大学生体育协会、北京理工大学领导，以及首都 60 所高校学生 4000 人参加。

（郑淑媛）

【举办中学生橄榄球邀请赛】 6 月 14 日，市教委举办 2008 北京市中学生（初中男子）腰旗橄榄球邀请赛。该比赛由北京市中小学体育协会、首都师范大学附属实验学校承办，在首都师范大学附属实验学校举行。此次共有清华大学附属中学、北京市西城外国语学校、北京市回民学校、首都师范大学附属实验学校 4 所学校参加，最终清华附中获得第一名。

（郑淑媛）

【组织全国青少年健身操推广活动】 6 月 21 日，市教委组织 2008 肯德基全国青少年校园青春健身操推广活动。该活动在八一中学体育馆举行。来自东城、西城、宣武、崇文、海淀、朝阳、密云、房山、顺义、平谷、怀柔、大兴、延庆等 13 个区县 36 所学校参加，最终北京市第八中学怡海分校取得健身操基础套路《青春魅力》第一名、北京市第一零一中学提高套路《创造奇迹》第一名、北京市第一六一中学取得拉拉队基础套路《神采飞扬》第一名、北京市第二中学取得拉拉队提高套路《活力无限》第一名。10 月 24 至 25 日，全国青少年校园青春健身操大赛总决赛举行。比赛由教育部基教司、肯德基有限公司主办，北京市教委承办，北京市中小学生体育协会协办，在北京通州区潞河中学进行，设置健身操和拉拉操两种形式，每种操分为基本套路和表演竞技套路。来自全国各省市地区学校代表队参加，其中，北京市第二中学获得特等奖和一等奖，北京市海淀外国语实验学校、北京八中怡海分校分别获得一等奖和二等奖，北京市第一六一中学获得两套操二等奖，北京市获得团体总分特等奖。

（郑淑媛）

【举办中小学生文明拉拉队比赛】 7 月 8 日和 9 日，市教委举办迎奥运 2008 北京市中小学生文明拉拉队比赛。该比赛与北京市体育局、首都精神文明建设委员会办公室、共青团北京市委员会、北京市总工会联合主办，北京学生活动管理中心、北京市社会体育中心承办，在门头沟区体育馆举行。来自社会和大、中、小学、职教 106 支队伍参加看台组比赛，75 支队伍参加场地比赛。

（郑淑媛）

【举办中小学体育科学论文报告会】 7 月 12 日，市教委举办北京市第八届中小学体育科学论文报告会。会议由北京教育学会体育研究会承办，旨在贯彻落实 2007 年中央 7 号文件和 2008 年市委市政府 6 号文件精神，促进全市中小学体育科学研究工作开展，加强中小学体育科研成果展示与交流，推动学校体育教学改革，以“迎奥运，努力提高体育教学质量，确保中小学生每天一小时体育锻炼”为主题，在北京教育学院举行，听取市教委领导专题讲话，提出学校体育科学研究，特别是青少年体育研究要从青少年所在时代环境出发，揭示青少年健康成长规律，探寻适合青少年特点体育运动与锻炼方法；经过各区县筛选、报送，会议共收到参选论文 781 篇，经专家评审，最终评出一等奖 37 篇（占 5%）、二等奖 114 篇（15%）、三等奖 226 篇（30%）及优秀奖 77 篇（10%）。

（郑淑媛）

【组织全国第三套学生广播操培训】 9 月 20 至 21 日，市教委组织《全国第三套中小学生系列广播体操》培训班。该培训旨在贯彻落实教育部关于推行实施《第三套全国中小学生系列广播体操》通知要求，依据“理论指导实践，学以致用，分级培训”原则，由市教委体美处主持，邀请经教育部培训 4 名教师担任主讲，分析总结第三套全国中小学生系列广播体操特点和要求，采取分班授课方式，全市 19 个区县各中小学体育教师 100 人参加。来自市教科院基础教育教学研究中心、北京市大学生体育协会专家出席。

（郑淑媛）

【举办中小学跆拳道比赛】 10 月 18 至 19 日，市教委举办 2008 北京市中小学“八喜杯”跆拳道比赛。该比赛由市中小学体协、市跆拳道协会承办，北京日月天地明体育文化交流有限公司协办，在丰台体育中心举行，设置普通校组、俱乐部组（含少年宫、儿童活动中心），包括高中、初中、小学、甲、乙组，男子、女子组从 27 公斤级至 75 公斤级，另举办品势个人赛、品势集体赛以及跆拳道比赛表演。全市共有参赛单位（学校）141 个，参赛学生 1795 人，最终，北京经济技术开发区实验学校分获普通学校组高中组、初中组团体总分第一名，中关村第三小学获得小学组第一名；北京体育大学附属中专二队获得俱乐部组高中组团体总分第一名，北京贵仁武术院获得初中组团体总分第一名，丰台少年宫获得小学组团体总分第一名。

（郑淑媛）

【举办振兴中华杯足篮排球比赛】 10 月 18 日至 12 月 29 日，市教委举办 2008 北京市中小学“振兴中华杯”足球、篮球、排球比赛。该比赛由北京市中小学体协承办，利用双休日时间，分别在中关村三小、首师大附中、北京市第二十二中学、北京第四中学、北京第八中学、北京市大兴区第一中学、北京市第五十四中学、北京市八一中学、北京市西城区黄城根小学、北京景山学校、首师大实验中学等举行。来自全市各区县学校 176 支队伍教练、学生 2946 人参加，比赛 500 场次，最终安外三条小学、海淀第四实验小学、人大附中西颐分校、五十四中、八一中学与北京市回民学校、潞河中学分别获得小学女子组，小学男子组初中男子组，初中女子组，高中男子城区组，高中男子郊区组足球比赛第一名。灯市口小学（女子组）、灯市口小学（男子组）、东直门中学与顺义三中、北京市第二十二中学、顺义区杨镇二中、清华附中与北京市第三十五中学、北京第二中学、清华附中与密云二中、北京市第二十二中学分别获得小学女子组、小学男子组、初中女子组、初中男子组（甲级）、初中男子组（乙级）、高中女子组（甲级）、高中女子组（乙级）、高中男子组（甲级）、高中男子组（乙级）篮球比赛第一名。景山学校与理工大附中、北京市第一零一中学与北京市第二十七中学、理工大附中、实验中学、北洼路小学、黄城根一队、中关村三小、黄城根小学队分别获得男子高中、女子高中、男子初中、女子初中、小学男子甲组、小学女子甲组、小学男子乙组、小学女子乙组排球比赛第一名。

（郑淑媛）

【举办国家学生体质健康测试】 10月19日，市教委举办第二届北京市中小学生国家学生体质健康标准测试赛。该比赛由北京学生活动管理中心承办，在北京理工大学体育馆举行，并增加学生正常视力检出率和学生标准体重检出率测试。来自全市18个区县小学、初中和高中学生1775人通过随机统一抽签的形式参加，最终密云县获得团体总分第一名。

（郭跃　郑淑媛）

【举办中小学生棒球比赛】 10月19、

25和26日，市教委举办阳光体育2008北京市中小学生棒球比赛。该比赛与北京市体育局联合主办，北京学生活动管理中心、丰台区教委承办，在顺义区达阵棒球庄园和大成学校举行，包括小学组和中学组两个组别。来自全市8个区县30所中小学35支队伍400名学生参加，最终北理工附中、北大附中、北京市大成学校一队分获高中组、初中组和小学组冠军。

（董默轩　郑淑媛）

【举办少年儿童跳皮筋比赛】 10月26日，市教委举办阳光体育2008北京市少年儿童跳皮筋比赛。该比赛与北京市体育局联合主办，北京学生活动管理中心、东城区教委承办，在北京西藏中学体育馆举行，以“我运动、我健康、我快乐”为主题。来自全市7个区县21所学校26支队伍300名小学生参加，最终北京第一实验小学前门分校、椿树馆小学和丰台区第五小学银地分校获得甲组一等奖，北京市崇文区革新里小学和北京市房山区良乡三小获得乙组一等奖。

（李铮　郑淑媛）

【举办中小学武术比赛】 11月1至2日，市教委举办2008北京市中小学武术比赛。该比赛由市中小学体协、市少林武术学校承办，包括高中、初中、小学、俱乐部（含武校、少年宫）四个组别，设置团体、个人两个项目，根据武术器械分设拳术、器械、套路、对练等。来自全市126个单位1000人参加，北京市海淀区万泉河小学获得小学组团体总分第一名，中关村中学获得中学组团体总分第一名，北京少林武校一队获得俱乐部组团体总分第一名。

（郑淑媛）

【举办中国高中女子篮球联赛】 11月16日，市教委举办2008至2009年度中国高中女子篮球联赛（北京赛区）。该比赛由北京市中小学生体育协会承办，在北京市第八中学篮球馆举行，规则添加24秒违例并配置相应设备。来自清华大学附属中学、东直门中学、顺义一中、三十五中、顺义二中、师大附中6支队伍参加，共进行5轮15场，最终清华附中获得第一名。

（郑淑媛）

【举办中小学生健美操比赛】 11月29日，市教委举办阳光体育2008北京市中小学生健美操比赛。该比赛与北京市体育局联合主办，北京学生活动管理中心、北京市健美操体育舞蹈协会承办，在海淀外国语实验学校体育馆举行。来自全市18个区县80支中、小学生队伍1000名学生参加。

（郭跃　郑淑媛）

【启动中小学体育教师技能市级考核】 12月15日，市教委启动北京市中小学体育教师专业技能市级考核工作。此次工作与市教科院共同主办，海淀区教委和北京市十一学校承办，旨在贯彻落实《中共中央国务院关于加强青少年体育增强青少年体质的意见》（中发［2007］7号）和《中共北京市委北京市人民政府关于加强青少年体育增强青少年体质的实施意见》（京发［2008］6号）精神，促进全市中小学体育教师专业发展，提高中小学体育课堂教学实效，全市共有122所中小学800名教师参加考核。

（郑淑媛）

【召开北京市高校运动队评估会】 12月19日，市教委召开北京市普通高等学校高水平运动队建设检查评估会议。会议听取高校主管高水平运动队建设负责人针对评估体系自评，专家进行现场打分，并按照学校平均分排名，对运动队建设工作提出具体意见。来自市教委领导，清华大学、北京大学、中国人民大学等10所高校评委，以及全市23所高水平运动队学校（共计24所）体育部相关负责人参加。

（郑淑媛）

【召开奥林匹克教育人才基地验收会】 12月19日，市教委召开北京市“奥林匹克教育学校体育后备人才培养基地”评估验收工作会议。会议听取各中学体育后备人才培养负责人针对评估体系进行自评，确定“提交结合”培养模式。来自市教委、市教科院领导、专家，清华附中、北京八中、北京九中等5所中学评委，以及全市24所“奥林匹克教育学校体育后备人才培养基地”学校相关负责人参加。

（郑淑媛）

【举办中小学育英杯游泳比赛】 12月20至21日，市教委举办2008北京市中小学（育英杯）游泳比赛。该比赛由市中小学体育协会承办，在北京育英学校游泳馆举行。全市共有42个单位（学校）2217人次参加，最终雨跃童俱乐部获得团体总分第一名，育英学校获得市级奥运体育人才培养基地校团体总分第一名，北京市第四中学获得普通校高中组团体总分第一名，北京市第八中学获得普通校初中组团体总分第一名，北京小学获得普通校小学组团体总分第一名。

（郑淑媛）

国防教育

【举办学生定向越野锦标赛】 4月27日，市教委举办“迎奥运”2008北京大中学生定向越野锦标（邀请）赛。该比赛与北京高校国防教育协会联合主办，北京科技大学国防体育协

会承办，在北宫森林公园举行，旨在普及推广定向越野运动，增长国防体育知识，发扬国防体育竞技精神，分为高校、高级中学和小学3个组别，设置高校甲、乙组，中学组和小学组共4个团体项目。来自北京大学、中国地质大学（北京）、首都师范大学等30所高校，以及北京市八一中学、北京钢铁学院附中等10所中学学生481人参加。最终中国地质大学（北京）、清华大学分获高校甲、乙组团体总成绩第一名；八一中学获得中学组团体总成绩第一名。

（王德峰　郑淑媛）

【举办学生国防教育网络知识竞赛】

5月15日至11月15日，市教委举办北京青少年学生国防教育网络知识竞赛。此次比赛与北京高校国防教育协会联合主办，中国国防资讯网承办，结合国防、军事知识教育性、宣传性和竞技性，采取网上答题方式，登录中国国防资讯网（www.cndi.com）相应栏目，阅读和学习有关知识，按要求参与答题。竞赛设置组织奖和个人奖。全市18个区县大中小学187所学校参加，其中，高校62所、中学83所、小学42所，网上注册答题学生28512人次，最终8个区县教委、北京交通大学等15个单位获得优秀组织单位奖，中国石油大学王丽玲等64名学生获得特等奖和一、二、三等奖。

（王德峰）

【举办高校定向运动知识培训班】　6月13至14日，市教委、国防教育协会举办2008北京高校定向运动基础知识培训班暨“北京高校定向运动培训中心”挂牌仪式。培训采取讲座和实践相结合形式，讲授定向运动专业知识并亲身体验。来自全市各高校128名教师和学生骨干参加学习。高校定向运动培训中心设在延庆县康庄611军训基地，主要是为学校定向运动培训教练员、裁判员、运动员和为定向运动爱好者开展培训。

（王德峰）

学校卫生

【下发《关于开展2008年学校卫生工作视导的通知》】　3月27日，市教委、市卫生局联合下发《关于开展2008年学校卫生工作视导的通知》。工作旨在营造奥运创造平安、健康环境，面向全市中小学、中专学校，检查在突发公共卫生事件应急管理、食品卫生安全、传染病防控隐患与问题，帮助学校提出解决方案，形成完善管理体系和联动模式，视导覆盖率100%。至年底，监测结果显示本市因患传染病导致休、退学学生比例较上年下降52%，无传染病爆发和食物中毒现象。

（宋玉珍）

【出台《北京市中小学生健康体检管理办法》】　8月29日，市教委、市财政局联合制订《北京市中小学生健康体检管理办法》。规定各区县教育行政部门每年为中小学生安排一次健康体检，并建立健康档案；公办中小学校、职业高中体检费用每年按每生20元标准，在区县教育事业费公用经费定额中列支；中小学健康体检由市、区县教育行政部门指定具有《医疗机构执业许可证》中小学卫生保健机构及其他符合条件机构承担；各区县教委中小学卫生保健机构负责辖区内中小学生体检组织管理，中小学生健康体检分为基本项目、选择项目和病史询问，基本项目包括形态机能：身高、体重、营养评价、肺活量，内科心、肺、肝、脾、腹部、血压（中学新生），外科头部、颈部、脊柱、四肢关节、皮肤、淋巴结，五官科视力、沙眼、色觉（中学新生），口腔科龋齿、牙龈炎（高一年级）、窝沟封闭（8岁、13岁），化验血红蛋白、肝功（寄宿制学生），选择项目包括血压、听力、色觉、尿常规、蛔虫卵、牙龈炎、外科（隐睾、包皮过长、疝气等）；健康体检统一使用《北京市中学生健康体检表》和《北京市小学生健康体检表》；要求体检标准按照《北京市学生常见病综合防治方案技术规范》（2006至2010年）和《北京市体检中心质量控制标准》执行，体检机构应将体检数据进行个体及群体评价，出具体检报告，提出健康指导意见，及时向学校及其家长反馈，并对本区县学生体检结果进行分析，定期上报教育行政部门，将学生健康数据纳入学籍信息管理系统；市教委会同有关部门成立北京市中小学生体检质量控制小组，负责全市中小学生体检质量监督与指导，定期对各区县质量监控员进行统一培训，每年定期对各区县承担中小学生健康体检单位体检质量进行现场抽测，并通报抽测结果，对不达标体检单位限期整改，直至建议各区县取消其体检资格，承担学生健康体检单位体检人员必须具有相应资格，体检前应接受相关专业培训，统一检查标准及方法，对相关指标按当日体检量3%进行复测，为中小学生进行健康体检所用的医疗设备须经技术监督部门检测，并使用合格一次性医疗用品，医疗废弃物按照《医疗卫生机构医疗废物管理办法》规定统一处理，适用于北京市中小学、职业高中学生健康体检（毕业生体检除外），其他学校参照执行。全市各区县学校学生参加，建档率100%。

（宋玉珍）

【加强中小学生视力保护工作】　9月8日，市教委、市卫生局联合发出《关于推广2008年新版眼保健操加强中小学生视力保护工作的通知》。通知要求各区县根据国家和北京市有关标准与规定，坚持对教学环境进行定期监测，确保教室采光照明、黑板及课桌椅达到国家标准，对不符合标准的及时督促整改，定期粉刷教室墙壁和维护更新照明设施；学校保证中小学学生体育课、课间操、眼保健操以及每天一小时体育锻炼活动时间，每天做眼保健操不少于2次，定期轮换同班学生座位，依据学生身高变化及时调整课桌椅高度，每学期对学生进行1次视力监测，及时掌握学生视力不良发生情况和趋势；教授学生掌握科学用眼知识和方法，养成用眼卫生习惯和正确读写姿势，控制学生近距离用眼时间，包括读书、写作业、看电视和使用计算机等时间，教育和指导学生增强自我保健能力，提出监督实施眼保健操、规范教师板书相关要求等；北京市组织《2008年新版眼保健操》培训，对各区县实施使用情况进行指导、检查和评估。

（宋玉珍）

【召开第一届中小学青春期教育研讨会】　10月30日，北京市第一届中小学青春期健康教育交流研讨会召开。会议由首师大教科院性健康教育研究中心、初教学院，北京性健康教育研究会联合主办，在首都师范大学召开。探讨性教育生物学、生理、心理、法律、审美、社会等方面知识，讲解人际关系、责任选择，以及性行为感情、行为准则，做父母准备等内容，报告如何对智障青少年进行性教育案例，在校园组织开展讲座、个案与群体研究、参观、展览等活动。来自全市各区县学校代表参加。

（宋玉珍）

艺术与校外教育

艺术教育

【评选北京市中小学艺术教育特色校】　3月20日，市教委组织评选北京市中小学艺术教育特色学校。此次评选旨在推进素质教育，加强本市学校艺术教育工作，提高艺术教育课程教学质量和课外艺术活动水平，取消北京市艺术教育传统项目学校名称。全市各区县学校参加，经过评审认定，最终北京市东城区灯市口小学等153所学校获得北京市中小学艺术教育特色学校称号。

（马志鹏）

【举办高雅艺术进校园活动】　3至12月，市教委举办高雅艺术进校园活动。该活动由北京学生活动管理中心承办，采取交响乐、民乐、京剧、话剧、歌舞等高雅艺术演出形式，旨在以艺术为载体，让学生达到“走近大师、聆听经典、陶冶情操、提高素养”目的。全市30所高校7万名学生参加，举办专场演出30场。

（谢丹）

【开展民族艺术进校园活动】　3至12月，市教委开展“民族艺术进校园”专业艺术团体演出活动。活动与中共北京市委宣传部、北京市文化局联合主办，北京学生活动管理中心承

办，展示京剧、评剧、昆曲、河北梆子，曲艺、民乐、歌舞等曲艺形式。全市各高等院校，以及18个区县中小学学生100万人次参加，举办专场演出1000场。

（王义新）

【举行迎奥运首都学生系列音乐会】

4月10日，市教委举行“青春奥运，精彩北京——首都学生迎奥运系列音乐会”。该音乐会与市委教育工委、国家大剧院、中国教育电视台联合主办，北京学生活动管理中心承办，在国家大剧院音乐厅举行，观看北京市第一零一中学金帆交响乐团、中国人民大学艺术团、清华大学艺术团以及首都大学生爱乐乐团演出交响乐、管乐与民族管弦乐4场专场音乐会。4月25日，“青春奥运，精彩北京——首都大学生爱乐交响乐团专场音乐会”在国家大剧院音乐厅举行。来自全市10所普通高等院校大学生艺术团参加。

（刘羽　刘弦）

【举办市第11届学生艺术节】　4月，

北京市举办第11届学生艺术节。该活动由北京学生活动管理中心承办，分为区县选拔、市级调演两个阶段，设置合唱、校园剧、京剧、行进管乐4个项目以及艺术作品展览等环节。全市各区县学校代表队100万名中小学生参加，有52个班级合唱队、193个校级合唱团、79个校园剧、12场京剧、36个行进管乐、372个节目进行决赛，市级节目调演历时8天，根据艺术节规则，评选出一等奖89个、二等奖121个、三等奖137个、纪念奖25个、最佳指挥奖46个、最佳伴奏奖25个、最佳创作奖19个；共收到作品2236幅，评出一等奖460幅、二等奖629幅、三等奖1024幅。

（吴文）

【验收北京大学生艺术团】　5月26至30日，北京学生活动管理中心验收评审北京大学生艺术团。工作依据京教体美［2008］95号文件，面向10所申办北京大学生艺术团高校7个项目15个艺术团，评估结果显示6

所原北京大学生艺术团承办高校5所合格，占原承办高校83%；4所新申报北京大学生艺术团承办高校全部评审合格。

（赵素勤）

【举办校园奥林匹克文化节】 8月5至29日，市教委举办2008北京学校奥林匹克文化节。该活动与中国儿童艺术剧院联合主办，北京学生活动管理中心承办，北京敦善文化艺术公司、中国儿童戏剧研究会协办，北京市奥组委、北京市文化局支持，在中国儿童艺术剧院举行，表演包括管乐、管弦乐、民乐、合唱、京昆、舞蹈等艺术形式。全市10个区县学校艺术团教师、学生3000人参加。

（张君）

校外教育

【举办科技教育专题讲座】 1月15日，市教委举办科技教育专题讲座。该讲座由北京市校外教育研究室承办，围绕"如何培养今天的孩子适应明天的创新社会"主题，在北京市第六十五中学举行，邀请美国麻省理工学院"青少年学习与教育研究组"负责人、多媒体教育专家米切尔·雷斯尼克教授，介绍科技教育理念和"如何提供充分的空间和机会，让学生去构建自己的知识体系"等方面研究成果。全市各区县校外办负责人、各校外教育机构科技教师，金鹏科技团和市、区科技教育示范校，科技创新工作室教师400人参加。

（吴弘涛）

【评选市中小学生金银帆奖】 1月19日，市教委评选北京市中小学生金银帆奖。工作依据《北京市教育委员会关于评选北京市中小学生金帆奖、银帆奖的通知》精神，面向全市各区县学校学生，经区县教委申报、专家评选，共评出2008年度北京市中小学生金帆奖8名、银帆奖80名。

（崔向红）

【举办北京青少年科技创新赛】 3月21至23日，市教委举办第28届"安捷伦"北京青少年科技创新大赛BY-SCC（Beijing Youth Science Creation Competition）。该比赛与北京市科学技术协会、北京市科学技术委员会、北京市知识产权局、北京青少年科学基金会联合主办，北京青少年科学基金会承办，旨在推动北京市青少年科技活动开展，培养青少年的创新精神和实践能力，提高青少年、科技辅导员队伍的科学素质和技能，推进科技教育事业的普及与发展，采取区县初赛、由专家组筛选进入市级决赛形式，分为青少年和科技辅导员两个活动版块，包括竞赛和展示两个系列，其中，竞赛内容有青少年科技创新成果竞赛、优秀科技辅导员评比和科技辅导员科技创新成果竞赛，展示内容有科技实践活动展览和少年儿童科学幻想绘画展览。科技创新成果竞赛主要项目形式含发明、创新技术、工程设计和科学研究论文等，按学历段分为小学项目、初中项目、高中项目；按项目申报者人数分为个人项目和集体项目；按所研究的领域分为数学、物理学、化学、微生物学、环境科学、生物化学、医药与健康学、工程学、计算机科学、动物学、植物学、地球与空间科学、行为与社会科学等13个学科，终评决赛包括公开展示、项目问辩、技能测试、素质测评等，获奖等级根据参赛学生综合成绩确定；优秀科技辅导员评选依据从事青少年科技活动经历和成绩、对青少年科技活动理念和认识、设计青少年科技教育活动方案；科技辅导员创新成果竞赛项目分为发明、科教制作（展教具）两类。全市18个区县和燕山地区100万名学生，以及来自美国、丹麦、意大利等11个国家12个代表团科技教育工作者、青少年代表66人参加，共有300人进入北京市终评决赛，主会场设在北京市第八十中学，最终评出一等奖74个、二等奖86个、各类专项奖28个；第六届"北京青少年科技创新市长奖"5人，包括中国人民大学附属中学学生贺虎、北京市第五中学学生钱君岩、北京市第一零一中学赵伟斯、北京汇文中学杨奕，北京市第一六一中学黄昊；北京青少年科技创新市长奖"提名奖"5人，包括清华大学附属中学李梦溪、北京市海淀区中关村中学康博、中国人民大学附属中学王萌、北京市第八十中学刘锦程、北京师范大学附属实验中学李星野。

（马志鹏）

【获英特尔国际科学与工程奖】 5月11至16日，在第59届英特尔国际科学与工程大奖赛（Intel ISEF）上，北京学生获得2项奖励。该比赛在美国佐治亚州亚特兰大市举行，设有学科奖、专项奖和政府奖等共600个个人和集体奖项，最高奖项"英特尔基金会青年科学精英奖"价值5万美金。来自世界51个国家和地区1550名中学生参加决赛，入选项目涉及计算机科学、物理和天文学、植物学、动物学、材料与生物工程、环境科学等学科，其中，中国代表团包括北京、天津、上海、辽宁、吉林、山西、云南、福建、四川、广东10省市23名学生17个项目参选，北京汇文中学学生杨奕以《生物相容的氧化锆纳米粉体：可扩展的医用牙科高级材料合成》获得材料科学与生物工程学三等奖、中国人民大学附属中学学生贺虎以《给予离散隐马尔科夫模型和三维人脸表情的感情判决》获得安捷伦科技公司带薪暑期实习机会。

（马志鹏）

【参加全国ITAT工程就业技能赛获奖】 5至12月，北京学生参加"正保教育杯"第四届全国ITAT教育工程就业技能大赛决赛获奖。该比赛由教育部教育管理信息中心主办，正保教育集团承办，分为预赛、复赛、决赛三个阶段进行，内容包括Office办公自动化高级应用、Java程序设计、Photoshop平面设计、3DsMAX三维设计、Flash动画设计、Autocad机械设计、C语言程序设计。全国26个省市自治区举办，参赛城市128个，参赛学校618所，参赛学生81801人，经评选产生特等奖8个、一等奖42个、二等奖182个、三等奖1552个、优秀奖2719个，最佳指导教师185名、先进个人320名、优秀指导教师718名，组织奖单位277个、伯乐奖8个，其中，北京地区学生获得特等奖1个、一等奖7个、二等奖9个，最佳指导教师12人、先进个人13人、优秀指导教师38人，组织奖单位13个、伯乐奖1个。

（马志鹏）

“正保教育杯”第四届全国ITAT教育工程就业技能大赛获奖名单（北京）

特等奖

张盛博　首都师范大学　Office办公自动化高级应用

一等奖

白帆　北京城市学院　3DsMAX三维设计

来斯惟　北京化工大学　C语言程序设计

杨福绅　北京化工大学　C语言程序设计

高辰柱　首都师范大学科德学院　Java程序设计

吴雨菲　对外经济贸易大学　Office办公自动化高级应用

张剑　首都师范大学　Office办公自动化高级应用

郭建伶　东城区职工大学　Photoshop平面设计

二等奖

范琳琳　北京农业职业学院清河分院　3DsMAX三维设计

张磊　北京城市学院　3DsMAX三维设计

谭家民　中央财经大学　AutoCAD建筑设计

王斌　中国矿业大学（北京）　C语言程序设计

李思思　北京市财经学校　Flash动画设计

马彦青　中国石油大学（北京）　Java程序设计

王记召　首都师范大学　Java程序设计

龙志飞　北京建筑工程学院　Office办公自动化高级应用

权琦峰　北京联合大学　Office办公自动化高级应用

（马志鹏）

【举办美国科技教育讲座】　7月4日，市教委举办北京金鹏科技教师论坛——美国科技教育专题讲座。该讲座与北京市科技协会联合主办，北京金鹏科技团、北京学生活动管理中心分团承办，在北京师范大学附属实验中学召开，邀请美国乌里韦（Lisbeth Ware Uribe）讲师、伊库奇（Emi Amy Eguch）博士，通过现场课和观看历届机器人世界杯《机器人舞蹈》比赛视频形式，分别介绍哥伦比亚大学附属学校科技教育以及2008年机器人世界杯《机器人舞蹈》项目策划与比赛。全市金鹏科技团各分团以及科技示范校科技教师、各区县校外教育机构科技辅导教师150人参加。

（朱小羽）

【举办海峡两岸高中生夏令营】　7月10至16日，市教委举办“2008年海峡两岸高中生阿里山夏令营”。该活动由北京学生活动管理中心承办，继“2007年海峡两岸高中生北京长城夏令营”台湾学生来京交流之后，应台湾世纪海峡两岸文教交流协会邀请进行回访，参观台北故宫博物院、国立自然博物馆、日月潭、阿里山、垦丁公园、台湾海峡等，组织双方教师、学生代表进行演讲、座谈。来自市教委领导，北京市第八十中学、北京市东直门中学、北京汇文中学、中国人民大学附属中学、北京师范大学附属实验中学、北京市私立汇佳学校等6所学校师生66人参加。

（赵伟）

【参加中国青少年机器人竞赛获奖】　7月14至18日，北京学生代表队参加第八届中国青少年机器人竞赛获奖。该竞赛由中国科协、湖南省人民政府主办，中国科协青少年工作部、中共湖南省委宣传部、湖南省教育厅、湖南省科学技术协会、长沙市人民政府共同承办，在湖南省长沙市举行。来自全国33个省市代表团460支代表队1400名学生参加，其中，北京代表队由北京市科协与北京学生活动管理中心共同组团，包括38支代表队160名中小学生，参加智能机器人单项竞技比赛、机器人工程设计成果展评比赛、机器人足球比赛、FLL机器人世锦赛，VEX机器人挑战赛和即兴机器人擂台挑战赛，经过四天角逐，共获得15项金牌，北京市青少年科技馆代表队学生段一维获得机器人工程设计项目金牌，赵珊、傅宇恒、马泽文获得机器人单项竞技项目金牌。

（王涛）

【参加第五届全国青少年工程师赛获奖】　7月26至29日，北京学生代表队参加第五届全国青少年未来工程师博览与竞赛获奖。该竞赛由中央教育科学研究所与中国科学技术馆联合主办，杭州市教育局承办，来自全国各省市学生代表队参加，其中，北京代表队由北京学生活动管理中心负责，包括学生38人，参加“航天器登月归来”、“木梁承重设计”和“节能排雷机器人对抗赛”以及“绿色节能型校园”、“和谐美妙的声音”共5个项目比赛，获得3个单项第一名、4个第二名、2个第三名成绩，并取得团体总分第一名。

（蒋小建）

【参加全国青少年科技创新赛获奖】　8月，在第23届全国青少年科技创新大赛CASTIC（China Adolescents Science&Technology Innovation Contest）上获得奖励。该比赛由教育部、中国科协、科技部、国家发展改革委、环保部、国家体育总局、国家自然科学基金会、共青团中央、全国妇联、新疆维吾尔自治区政府主办，旨在推动青少年科技活动开展，培养青少年创新精神和实践能力，提高青少年的科技素质，鼓励优秀人才涌现，提高科技辅导员队伍的科学素质和技能，分为青少年和科技辅导员两个板块，内容包括竞赛活动和展示活动两个系列，竞赛活动有青少年科技创新成果竞赛和科技辅导员科教创新成果竞赛，展示活动有优秀少年儿童科学幻想绘画展、青少年优秀科技实践活动展和科技辅导员科技教育方案展，另设科技辅导员论坛。来自全国各省市地区学生参加，评出专项奖122个、科学幻想画472副、优秀科技实践活动155个、青少年科技创新成果竞赛项目413个、十佳优秀科技辅导员10名，其中，北京市获得专项奖16个、科学幻想画14幅、优秀科技实践活动5个、青少年科技创新成果竞赛项目3个、十佳优秀科技辅导员1名。

（马志鹏　崔亚兰　郝洪春）

【参加全国大学生数学建模竞赛获奖】　9月19至22日，北京高校在2008高教社杯全国大学生数学建模竞赛上获得奖励。该比赛由教育部高等教育司、中国工业与应用数学学会（CSIAM）主办，以培养学生创新意识、团队精神、重在参与、公平竞争为目的，分为甲、乙两个组别，要求3名大学生组队，利用互联网选择下载题目，通过图书馆和互联网查阅资料，结合实际问题运用数学、计算机技术及其他学科知识，在3天时间内完成一篇论文，竞赛题目涉及社会、经济、工程等领域热点问题。共有来自全国31个省区市，以及香港地区1023所高校12846个队伍38000名大学生参加，2支队伍分获甲乙组高教社杯，200支队伍获得甲组一等奖，716支队伍获得甲组二等奖，53支队伍获得乙组一等奖，172支队伍获得乙组二等奖，其中，北京高校90支队伍获奖，包括甲组一等奖19个、二等奖61个，乙组一等奖2个、二等奖7个，北京航空航天大学学生曹洋、张远洋、吴文斐组队获得甲组高教社杯。

（马志鹏）

【举办第26届学生科技节】 9至11月，市教委举办第26届北京学生科技节。该活动与市科委、市体育局和市科协联合主办，发出《关于举办第26届北京学生科技节的通知》，要求科技节开幕式分别由各区县主办，闭幕式由全市统一组织，各区县及学校结合区域优势，采取多种形式进行，包括组织学生参观科技馆、博物馆等青少年校外活动基地，参加科学考察、专题讲座、主题报告等活动，开展环境保护、科学调查、动手制作、种植养殖、农业实用技术推广等；普及保护生态环境、节约资源能源、心理生理健康、安全避险等知识；加强“珍爱生命、远离毒品”和崇尚科学文明、反对愚昧迷信宣传教育；利用亲子参与形式发挥未成年人在家庭和社区科普宣传中对成年人独特影响。全市各区县青少年科技馆、少年宫、青少年活动中心等校外教育机构、金鹏科技团，以及科技教育示范学校教师、学生参加。

（宋玉珍）

【召开环保教育现场会】 10月17日，市教委召开环境保护教育现场会。会议与市环保局、市交通管理局联合举办，在北京第二实验小学举行，听取

该校校长介绍环境保护教育工作经验，肯定朱小轩等34名学生在北京奥运期间提出推广环保建议，并颁发“中小学生科学建议奖”，决定在全市设立中小学生科学建议奖，纳入北京市学生科技节评选表彰项目。来自市教委、市环保局、市交通管理局领导，以及20所市级绿色学校负责人、实验二小教师、学生200人参加。

（朱德福　宋玉珍）

【参加全国中学生物理竞赛获奖】 10月18至23日，在第25届全国中学生物理竞赛决赛上，北京15名学生获得奖励。该比赛由中国物理学会主办，旨在促进中学生学习物理主动性，改进学习方法，增强学习能力，促进学校开展多样化物理课外活动，包括预赛、复赛和决赛三个阶段，采取笔试形式，由全国竞赛委员会统一命题和评奖。来自全国各省市地区学生参加，210人获奖，其中，评出一等奖36个、二等奖75个、三等奖99个，北京队共有15人参赛，获得4个一等奖、5个二等奖、6个三等奖。全国中学生物理竞赛始办于1984年，每学年举行一次。

（马志鹏）

第25届全国中学生物理竞赛决赛获奖名单（北京）

一等奖

张思卓　中国人民大学附属中学
管紫轩　中国人民大学附属中学
俞颐超　中国人民大学附属中学
王一男　北京景山学校

二等奖

白文若　北京大学附属中学
叶培臣　北京景山学校
高诗远　北京师范大学第二附属中学
王星　北京市十一学校
车向前　清华大学附属中学

三等奖

段云鹏　北京大学附属中学
杨宇翔　首都师范大学附属中学
李昕旸　北京市第四中学
温子煜　北京师范大学附属实验中学
黄志雷　北京市十一学校
任问宇　北京市第一零一中学

（马志鹏）

【参加第八届“明天小小科学家”评选获奖】 11月10日，第八届“明天小小科学家”评选揭晓。该活动由教育部、中国科协、香港周凯旋基金会共同主办，接受全国范围内符合条件高二年级学生自由申请，旨在透过学生个人科研项目，考查学生综合素质和能力，关注学生创新意识和实践能力，以发现具有科学潜质学生，鼓励其投身于自然科学研究事业。来自全国各省市地区学生509人参选，422人通过资格审查进入评审程序，组委会聘请5名院士、125名教授和研究员组成评审委员会，经过初评、复评和终评，最终确定“明天小小科学家”3人，一等奖10人、二等奖30人、三等奖60人，其中，北京地区共有学生31人次获奖。

（马志鹏　宋玉珍）

第八届“明天小小科学家”获奖名单（北京）

“明天小小科学家”称号

胡瑞　北京市第四中学
李思然　北京汇文中学
秦一骁　北京师范大学附属实验中学

一等奖

胡瑞　北京市第四中学　植物用撞针基因枪设计
李思然　北京汇文中学　北京市龙潭公园植物需水测定与整合计算
秦一骁　北京师范大学附属实验中学　关于环线快速路口缓冲区的设想
张鹏浩　北京市第二中学　基于DEM信息的TaSAR—X影像几何精校正及精确阴影和叠掩处理方法研究

姚昱星　中国人民大学附属中学　蚊子体表面结构与生物适应的侵润性、仿生研究

刘威如　中国人民大学附属中学　袖珍型圆杆爬行机器人的研制

陈小鸟　北京市中关村中学　辛伐他汀联合尼非地平增强保护血管内皮细胞的作用

二等奖

赵靖康　北京市第四中学　为数独定难度

刘元　中国人民大学附属中学　高压扭转铜试样的显微硬度随剪应变程度的变化趋势的研究

罗一丹　北京市第五中学　食品涨价从猪肉开始——从CPI看通货膨胀

夏盈辉　北京市第四中学　一种缓释 SO_2 的葡萄保鲜膜的制备

穆得阳　北京市第六十五中学　使用自制探测仪对八达岭人工巢箱使用情况的调查

钟灵　中国人民大学附属中学　北极 Svalbard 群岛雪坑及河流主要离子特征

王稼心　北京第十四中学　人工消雾新方法

三等奖

冯超　北京市第五中学　概率知识在个人理财中的应用研究

杨一凡　北京大学附属中学　北京市屋顶绿化的改进与轻便草毯（BQ 草毯）的研究

胡昳　中国人民大学附属中学　一种新的标记 DNA 合成期细胞的方法

熊文瑜　北京市第一零一中学　复合高分子材料在室内草坪建植中的应用研究

王伊琳　中国人民大学附属中学　用卡纳抗性水平评价链霉菌启动子强度

车妍　北京市第四中学　关于 ESF2 蛋白在大肠杆菌中的表达与纯化的实验研究

安多　北京市第五中学　活性污泥中活体/死体微生物分离方法研究

闫姝宁　北京大学附属中学　由一件十字绣作品引发的数学分析及可能应用

王珏帅　北京景山学校　用《几何画板》优化内燃机的机械传动效率

李荣莎　北京市第四中学　路季滨烃及烃的衍生物的各类同分异构计数问题

王玲婷　北京市第八中学　气候对城市空气污染空间分异的影响研究

戴昱旭　中国人民大学附属中学　关于日冕形态与太阳活动相关性的探究

黄若青　北京市第四中学　港口船舶等待时间最优化方案

陈紫嫣　北京市第一零一中学　水果存放失水与物理性态变化特性研究

（宋玉珍）

【评审第二批校外教育基地】　11 月 20 至 27 日，市教委组织评审第二批校外教育基地。此次工作由市校外联席会议办公室、市科委、市教委、市文物局、市文化局、市科协等单位领导、专家组成评审小组，对全市 25 家申报基地进行检查，并对中国邮政邮票博物馆、中国民兵武器装备陈列馆等 13 家单位进行抽查，最终共有 22 个单位获得北京市青少年校外活动基地称号。

（崔向红）

【召开校外教育城市合作研讨会】　12 月 24 至 25 日，市教委召开 2008 校外教育城市合作发展研讨会。会议与北京市校外教育联席会议办公室联合主办，北京学生活动管理中心、北京市校外教育研究室承办，搭建交流展示、研究探讨、合作促进工作平台。北京、天津、上海、重庆、成都 5 个城市教育代表就校外教育课题研究、教师基本功测试、《北京市校外教育条例》等内容进行交流，形成城市间合作项目决议（北京）。来自教育部、团中央、市教委领导，以及全市 18 个区县校外教育行政部门、少年宫、科技馆、活动中心、中国校外教育工作年鉴编辑办公室、北京市校外教育协会负责人、专家，5 城市校外教育代表 50 人参加。

（龚蕾）

【加强北京金鹏科技团管理】　年内，市教委加强北京金鹏科技团管理工作。5 月，印发《北京市教育委员会关于开展金鹏科技团、市级科技教育示范校验收和评审工作的通知》，对验收和评审工作提出明确要求。6 至 9 月，成立评审组，由主管领导带队，组织对本区（县）金鹏团单位自评和互评。9 月 17 日至 10 月，秘书处带领由 9 名专家组成评审委员会对新申报 8 个金鹏科技团和 21 个市科技教育示范学校进行评审，并对 47 个市科技教育示范学校进行验收工作。12 月，对评审后合格单位举办颁发证书和挂牌仪式。全市共有 33 个金鹏团和 125 所市级科技教育示范学校。北京金鹏科技团是北京市教委领导下中小学科技教育组织，秘书处设在北京学生活动管理中心。

（李晨）

（本栏责任编校　马志鹏）

科学研究

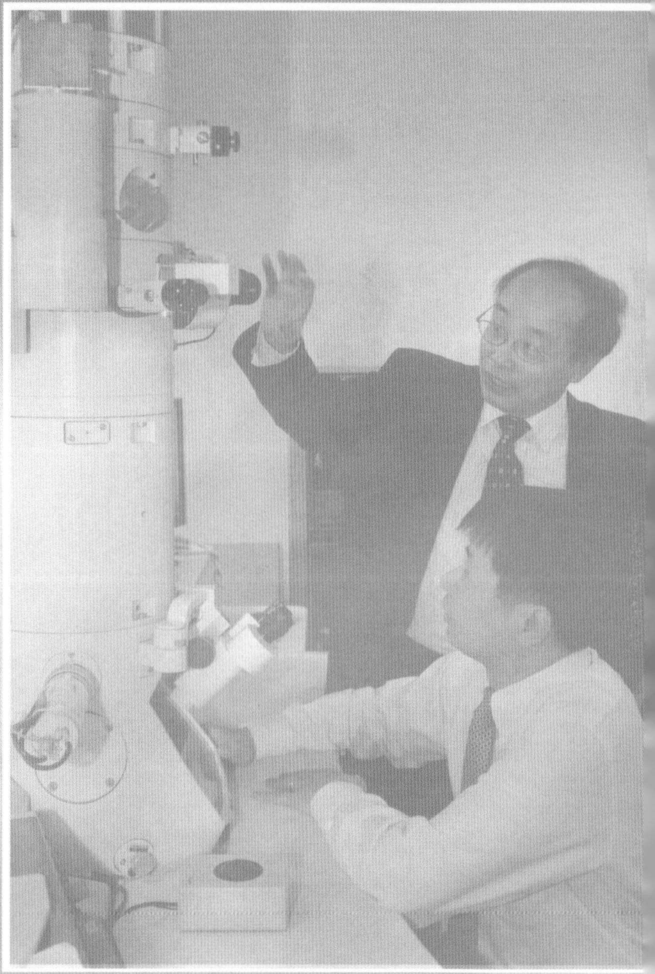

综　述

2008年，北京市教育科学研究工作以科学发展观为指导，围绕北京市委、市政府和教育部对科学技术和教学研究工作的部署，认真实施北京高等学校科学技术与研究生创新工程提出的建设任务。同时，充分发挥北京高校科技、人才资源优势，引导高校为北京经济建设和社会发展服务。

北京地区106所高校参加教育部高等学校实验室信息统计。其中，普通本科63所、高职高专23所、成人高校20所。106所高校共有单价800元以上教学科研仪器设备115.4万台件，价值160.5亿元，其中，单价10万元以上设备2.1万台件，价值72.4亿元；单价40万元以上“仪器仪表”类精密贵重仪器设备2385台件，总价值25.4亿元。精密贵重仪器设备分布在48所高校中，其中：部委高校25所拥有1963台件，价值21.2亿元，市管院校23所，拥有422台，价值4.2亿元。

北京地区106所高校共有教学、科研实验室2502个，实验室使用面积156.8万平方米。本学年实验室投入经费31.7亿元。其中，市管高校实验室1111个，面积52.2万平方米，经费投入10.1亿元。

北京地区63所本科高校实验室共开出教学实验39462个，科研任务承担课题及服务项目27839项。实验室工作人员14012名，其中：实验教师3021名，实验技术人员3473名。取得的成果：论文数41087篇，教师获奖与成果数2496个，学生获奖数2457个。其中，市管27所本科高校共开出教学实验项目数19819个，科研任务与服务项目数7425个，实验室工作人员3178名，实验室工作人员中，实验教师409名，实验技术人员846名。取得的成果：论文数5622篇，教师获奖与成果数381个，学生获奖数952个。

科技人员及投入

北京地区55所设有理工农医类高校（含20所附属医院）共有教学与科研人员58097人，其中具有教授职称5773人，具有高级职称20186人；研究与发展人员25321人；科技经费投入共95.64亿元，其中政府资金投入57.91亿元，企事业单位委托投入31.11亿元。市属15所设有理工农医类高校（含13所附属医院）共有教学与科研人员23186人，其中具有教授职称958人，具有高级职称5758人；研究与发展人员7703人；科技经费投入共10.06亿元，其中政府资金投入7.17亿元，企事业单位委托投入2.56亿元。

科技活动

北京地区55所设有理工农医类高校（含20所附属医院）共有科研活动机构308个；开展科技课题31642项，其中研究与发展课题28091项，R&D成果应用及科技服务课题2951项；派遣进修访问学者2772人次，接受进修访问学者3466人次；出席国际学术会议15765人次，交流论文11029篇。

15所市属设有理工农医类高校（含13所附属医院）共有科研活动机构共43个；开展科技课题5595项，其中研究与发展课题5411项，R&D成果应用及科技服务课题184项；派遣进修访问学者507人次，接受进修访问学者523人次；出席国际学术会议2496人次，交流论文1401篇。

北京地区高校共出版科技专著380部，大专院校教科书516部，编著477部；发表学术论文54955篇，其中在国外学术刊物发表13653篇；SCI收录论文（科学引文索引）9682篇、EI（工程索引）10250篇、ISTP（科技会议索引）5230篇；鉴定成果467项，获奖成果376项，其中国家级奖57项，省部级奖200项。市属高校出版科技专著88部，大专院校教科书211部，编著155部；发表学术论文10797篇，其中国外学术刊物发表775篇；SCI收录论文（科学引文索引）767篇、EI（工程索引）797篇、ISTP（科技会议索引）365篇；鉴定成果122项，获奖成果29项，其中国家级5项，省部级9项。

科技推广

北京地区高校共签订技术转让合同865项，总金额4.92亿元，实际收入3.70亿元；专利出售111项，合同金额0.94亿元，实际收入0.55亿元；申请专利3932项，授权1849项，其中申请发明专利3417项，授权1278项。市属高校签订技术转让合同82项，总金额0.33亿元，实际收入0.22亿元；专利出售1项，合同金额40万元，实际收入20万元；申请专利572项，授权298项，其中申请发明专利356项，授权110项。

继续实施共建项目建设计划

2008年度共建项目安排科学研究与研究生教育项目经费20862万元，其中用于支持科学研究与科研基地建设项目8912万元，支持科技成果转化与产业化项目2360万元，支持学科建设与研究生培养项目9590万元。该资金支持的方向主要是与北京经济建设和社会发展密切相关的重点科研项目，北京市重点科研基地、重点学科建设等。

根据市教委、市财政局《北京市属高等学校科学研究项目管理办法》（暂行）的有关规定，经过项目评审立项等环节，完成了下一年的项目资助计划，共计划资助项目468项，其中，人文社会科学研究计划项目194项，总经费5556.5万元。

市教委和市科委共同组织了重点实验室专家论证会，增列了华北电力大学工业过程测控新技术与系统实验室和北京交通大学物流管理与技术实验室；和市社科规划办共同组织了人文社科基地专家论证会，增列了中国人民大学北京社会建设研究基地和北京语言大学首都国际文化研究基地。市教委联合市工业促进局完成对首批认定的7家市技术转移中心进行验收，其中，2家优秀、5家良好。

（张年武　张豫）

总　类

【23 部著作获得国家出版基金资助】 1 月 14 日，北京地区高校 14 部著作获得 2007 年度国家科学技术学术著作出版基金资助。该项目由科技部主办，经专家评审、国家科学技术学术著作出版基金委员会批准，2007 年度全国共有 106 部著作入选。其中，北京地区高校入选 23 部。

（张驰）

2007 年获得国家科学技术学术著作出版基金资助学术著作书目（北京地区高校）

北京大学

骨盆肿瘤外科学　郭卫等

子宫内膜癌　王建六等

数字中国导论　承继成

地理信息系统中的不确定性问题　邬伦等

Process Neural Networks　何新贵

清华大学

多孔介质污染物迁移动力学　王洪涛

燃烧源可吸入颗粒物的物理化学特征　郝吉明等

流域泥沙过程　王光谦

北京工业大学

城市污水处理系统仪表及过程控制　彭永臻等

北京理工大学

绿色二次电池新体系与研究方法　吴锋等

中国科技人力资源区域集聚的理论与实证研究　王奋

北京服装学院

农业多边贸易谈判中的国家利益集团研究　姚蕾

北京邮电大学

New Antibody Arraytube for Cellular Localization and Signaling Pathways（新型微试管抗体芯片在细胞定位和传导中的应用）　王琳等

中国农业大学

中国农业国内支持政策供需的分析、模拟与优化　傅泽田等

首都医科大学

静脉输液护理指南　杨莘等

临床点评本中华针灸宝库·明清卷（上卷）　贺普仁等

眼超声诊断学　杨文利等

川崎病　杜忠东等

比较神经影像学　李坤成等

北京中医药大学

刘弼臣教授临床经验传承　王素梅

北京师范大学

中国典型地物波谱数据库　王锦地

湿地生态需水机理及规律研究　杨志峰等

中国矿业大学

煤泥水的绿色澄清技术　刘炯天

（张驰）

【3 个单位入选国家级国际联合研究中心】 6 月 27 日，北京地区 2 所高校的 3 个单位入选首批国家级国际联合研究中心。该评选由科技部和国家外国专家局联合主办，首批共有 33 个单位入选，其中，北京地区高校入选的是北京大学干细胞国际研究中心、清华大学新材料国际研发中心和清华大学新能源与环境国际研发中心。

（张驰）

【3 个国家重点实验室评估获优秀】 7 月 4 日，北京地区高校 3 个国家重点实验室评估获优秀。该评估由科技部主办，评估范围为 54 个工程和材料领域国家和部门重点实验室，其中工程领域 34 个，材料领域 20 个；国家重点实验室 50 个，部门实验室 4 个。北京地区 4 所高校 9 个国家重点实验室参加评估，其中，3 个实验室获得优秀，6 个实验室获得良好。

（张驰）

工程科学领域优秀和良好重点实验室名单（北京地区高校）

（优秀类实验室）

清华大学

电力系统及大型发电设备安全控制和仿真国家重点实验室

摩擦学国家重点实验室

水沙科学与水利水电工程国家重点实验室

（良好类实验室）

清华大学

汽车安全与节能国家重点实验室

热科学与动力工程实验室

北京交通大学

轨道交通控制与安全国家重点实验室

北京理工大学

爆炸科学与技术国家重点实验室

（张驰）

材料科学领域优秀和良好类重点实验室名单（北京地区）

（良好类实验室）

清华大学

新型陶瓷与精细工艺国家重点实验室

北京科技大学

新金属材料国家重点实验室

（张驰）

【完成首批认定 7 家北京市技术转移中心验收工作】 11 月 25 至 28 日，市教委联合市工业促进局完成对首批认定的 7 家北京市技术转移中心验收检查工作。新材料北京市技术转移中心（依托单位北京科技大学）和化工与环保北京市技术转移中心获得优秀，其他 5 家北京市技术转移中心获得良好。7 家转移中心共筛选整理科研成果 2200 项，收集企业技术需求 800 项，聚集专家教授 1000 名，拓展中介渠道库 50 个；累计转移技术成果 150 项，服务首钢、燕山石化等重点企业超过 100 家；累计举办技术推广会、成果发布会以及国内、国际专

业交流会 110 余次，通过课堂、网络等形式为企业举办各类技术、管理和政策培训班 70 余场，为社会和企业培训专业人员 3500 人次。

（张年武）

【27 部学术著作获得 2008 国家出版基金资助】 12 月 1 日，北京地区高校 27 部学术著作获得 2008 年度国家科学技术学术著作出版基金资助。该项目由科技部主办，经专家评审、国家科学技术学术著作出版基金委员会批准，2007 年度全国共有 108 部学术著作获得资助。其中，北京地区高校入选 27 部。

（张驰）

2008 年获得国家科学技术学术著作出版基金资助学术著作书目（北京地区高校）

北京大学

循证临床内科学 胡大一等

成瘾医学 陆林等

输尿管外科学 郭应禄

基因与环境交互作用：健康危险性评定与预警 周宗灿等

空间信息分布式协同处理的方法、技术与实践 方裕等

碳电子学 薛增泉

清华大学

边界元法 姚振汉

Novel Colloidal Forming of Ceramics 黄勇

新型超高密度光信息存储原理与技术 徐端颐等

网络安全控制机制 林闯等

北京化工大学

无机超分子材料的组装化学 段雪等

首都医科大学

临床点评本中华针灸宝库·明清卷（中卷） 贺普仁等

白内障与屈光手术学 朱思泉等

心血管磁共振成像诊断学 李坤成

颅脑术中超声图谱 何文

北京师范大学

中国古代天文学的转轨与近代天文学 杜昇云等

海岛海岸带遥感 李京等

中国农业大学

中国动物志昆虫纲广翅目 杨定等

西北旱区水资源转化消耗规律及节水调控模式 康绍忠等

数字农业 汪懋华等

北京科技大学

现代汽车板生产与成形技术 康永林

北京航空航天大学

医疗外科机器人 王田苗

北京工业大学

弹性波动理论与方法导论 杜修力

北京邮电大学

量子保密通信协议的设计与分析 温巧燕等

北京理工大学

分数阶 Fourier 变换及应用 陶然等

区域生态产业链管理理论与应用 王兆华

华北电力大学

网络计划管理中的机动时间特性理论及其应用 乞建勋等

（张驰）

【增补 2 个“北京市重点实验室”】 12 月，市教委、市科委增补两个实验室为北京市重点实验室。分别是华北电力大学工业过程测控新技术与系统实验室和北京交通大学物流管理与技术实验室。

（翟昊）

科 学 技 术

【实施“质量工程”和“创新工程”】

1 月，市教委部署实施“质量工程”和“创新工程”。两工程为《北京高校教学质量与教学改革工程》和《北京高校科学技术与研究生教育创新工程》，是为了贯彻落实党的十七大和北京市第十次党代会精神，对“十一五”期间高等教育改革与发展进行了整体规划。

（翟昊）

【开展特色教育资源库项目】 4 月 15 日，市教委继续开展特色教育资源库项目。承担 2007 年度北京市属高等学校特色教育资源库建设项目的 7 所市属高校均通过了项目验收，共完成 37 个主题资源包。2008 年度市属高等学校特色教育资源库建设项目将由北京工业大学、北京建筑工程学院、北京印刷学院、首都体育学院、北京服装学院、中国音乐学院、北京电影学院、北京服装学院、北京舞蹈学院、中国戏曲学院等 10 所高校承担，预计将完成主题资源包 73 个，与往年相比，资源包数量有了很大的增加。为了促进特色教育资源库项目的发展，市教委科研处从元数据规范、知识产权保护、绩效考核等方面作为突破点，先后召开 5 次研讨会，制订并下发管理办法与数据规范等管理文件，有力的保障和推动了项目的顺利开展。

（张豫）

【科技人员及投入】 至 5 月，北京地区 55 所设有理工农医类高校（含 20 所附属医院）共有教学与科研人员 58097 人，其中具有教授职称 5773 人，具有高级职称 20186 人；研究与发展人员 25321 人；科技经费投入共 95.64 亿元，其中政府资金投入 57.91 亿元，企事业单位委托投入 31.11 亿元。市属 15 所设有理工农医类高校（含 13 所附属医院）共有教

学与科研人员 23186 人，其中具有教授职称 958 人，具有高级职称 5758 人；研究与发展人员 7703 人；科技经费投入共 10.06 亿元，其中政府资金投入 7.17 亿元，企事业单位委托投入 2.56 亿元。

（张豫）

【市教委科研计划 2009 年度项目确定】　11 月，市教委完成 2009 年科研计划项目审批。根据科技发展计划项目管理办法、人文社会科学研究计划项目管理办法，经过项目申请、学校初选推荐、市教委评审等程序，共批准来自 29 所高校的科研项目 468 个。其中，“科技发展计划”重点项目 32 个、面上项目 242 个，“人文社会科学研究计划”重点项目 24 个、面上项目 170 个。批准项目资助经费总额 5513..5 万元，其中“科技发展计划”项目经费 4399.5 万元，“人文社会科学研究计划”项目经费 1114 万元。

（车庆珍　翟昊）

【继续实施共建项目建设计划】　至12

月，市教委继续实施共建项目建设计划。2008 年度共建计划经费共 3 亿元，主要用于支持中央在京高校的北京市重点学科、北京市重点实验室和哲学社会科学基地、北京市校企合作产学研转化、大学科技园、技术转移中心、专利的实施与转化、研究生教育本科教育教学、对外交流与合作等项目的建设。同时为进一步加强对共建项目的管理，提高共建经费的使用效益，切实保证共建项目的建设成效，市教委会同市财政局发布《关于进一步加强北京市与中央在京高校共建项目管理的意见》。

（翟昊）

【科技活动】　至年底，北京地区 55 所设有理工农医类高校（含 20 所附属医院）共有科研活动机构 308 个；开展科技课题 31642 项，其中研究与发展课题 28091 项，R&D 成果应用及科技服务课题 2951 项；派遣进修访问学者 2772 人次，接受进修访问学者 3466 人次；出席国际学术会议 15765 人次，交流论文 11029 篇。15 所市属设有理工农医类高校（含 13 所附属医院）共有科研活动机构共 43 个；开展科技课题 5595 项，其中研究与发展课题 5411 项，R&D 成果应用及科技服务课题 184 项；派遣进修访问学者 507 人次，接受进修访问学者 523 人次；出席国际学术会议 2496 人次，交流论文 1401 篇。北京地区高校共出版科技专著 380 部，大专院校教科书 516 部，编著 477 部；发表学术论文 54955 篇，其中在国外学术刊物发表 13653 篇；SCI 收录论文（科学引文索引）9682 篇、EI（工程索引）10250 篇、ISTP（科技会议索引）5230 篇；鉴定成果 467 项，获奖成果 376 项，其中国家级奖励 57 项，省部级奖 200 项。市属高校出版科技专著 88 部，大专院校教科书 211 部，编著 155 部；发表学术论文 10797 篇，其中国外学术刊物发表 775 篇；SCI 收录论文（科学引文索引）767 篇、EI（工程索引）797 篇、ISTP（科技会议索引）365 篇；鉴定成果 122 项，获奖成果 29 项，其中国家级 5 项，省部级 9 项。

（张豫）

【科技推广】　至年底，北京地区高校共签订技术转让合同 865 项，总金额 4.92 亿元，实际收入 3.70 亿元；专利出售 111 项，合同金额 0.94 亿元，实际收入 0.55 亿元；申请专利 3932 项，授权 1849 项，其中申请发明专利 3417 项，授权 1278 项。市属高校签订技术转让合同 82 项，总金额 0.33 亿元，实际收入 0.22 亿元；专利出售 1 项，合同金额 40 万元，实际收入 20 万元；申请专利 572 项，授权 298 项，其中申请发明专利 356 项，授权 110 项。

（科研处　张豫）

【确定市人文社会科学研究计划项目】　年内，市教委确定 2008 年度人文社会科学研究计划项目。根据市教委、市财政局《北京市属高等学校科学研究项目管理办法》（暂行）的有关规定，经过项目立项诸环节，北京市教育委员会社科计划资助项目 194 项，其中重点项目 24 项。

（车庆珍）

科　研　成　果

【北京高校 41 项成果获国家科学技术奖励】　1 月 8 日，在国家科学技术奖励大会上，北京地区高校 42 项成果（通用项目）获得 2007 年度国家科学技术奖励。其中，自然科学奖二等奖 4 项（均为第一完成单位）；技术发明奖二等奖 6 项（均为第一完成单位）；科学技术进步奖一等奖 1 项（参与单位），科学技术进步奖二等奖 30 项（15 项为第一完成单位、15 项为参与单位）。2007 年度国家科技奖共奖励最高科学技术奖 2 项；国家自然科学奖二等奖授奖项目 39 项；国家技术发明奖授奖项目 51 项，其中，一等奖 1 项，二等奖 50 项；国家科学技术进步奖授奖项目 255 项，其中特等奖 1 项，一等奖 19 项，二等奖 235 项；授予 4 名外籍科学家和 1 个国际组织中华人民共和国国际科学技术合作奖。

（张驰）

2007 年度国家
自然科学奖二等奖
（北京高校　第一完成单位）

北京大学

功能准一维半导体纳米结构与物理研究

纳米硅－纳米氧化硅体系发光及其物理机制

蓝藻异型胞分化及环式光合电子传递研究

清华大学

离散型多相湍流和湍流燃烧的基础研究和数值模拟

（张驰）

2007 年度国家
科学技术发明奖二等奖
（北京高校　第一完成单位）

清华大学

中高频声表面波关键材料及应用研究

正交偏振激光器及基于其振荡特性的精密测量仪器

溶液式带有全热回收的模块化空气处理装置及其系统

车用柴油发动机新型电控系统及其应用

系统化生物芯片和相关仪器设备的研制及应用

北京化工大学

材料防护新技术和化工相分离系统平衡研究及其在工业锅炉中的应用

（张驰）

2007 年度国家
科学技术进步奖二等奖
（北京高校　第一完成单位）

北京林业大学

花卉新品种选育及商品化栽培关键技术研究与示范

北京化工大学

聚合物基无机/有机纳米复合材料及其制品工业化技术

北京航空航天大学

新型高性能捷联惯性测量装置关键技术研究及应用

中国国家网格

北京机械工业学院

现代仪器制造柔性研发平台的创建及系列产品开发与应用

清华大学

空间微系统及纳型卫星

中国下一代互联网示范工程 CNGI 示范网络核心网 CNGI－CERNET2/6IX

高性能集群计算机与海量存储系统

北京大学

数字化音视频控制技术研究及应用

人工膝关节置换术的临床应用及相关基础研究

北京中医药大学

中医体质分类判定标准的研究及其应用

中国农业大学

棉花化学控制栽培技术体系的建立与应用

北京科技大学

大型深凹露天矿安全高效开采关键技术研究

中国矿业大学

破碎岩体渗流规律及其在煤矿突水防治中的应用研究

北京交通大学

《E 时代 N 个为什么》（12 册）

（张驰）

【17 项成果获得中华医学科技奖】　2 月 23 日，北京地区高校 17 项成果获得 2007 年中华医学科技奖。其中，一等奖 2 项，二等奖 6 项，三等奖 9 项。2007 年全国共有 234 项科研成果参与了中华医学科技奖的角逐，共有 80 项研究成果获奖。

（华蕾）

2007 年中华医学科技奖
一等奖（北京教育系统）

北京大学

雌激素及其拮抗剂三苯氧胺诱发妇科肿瘤的分子机制研究

中国医学科学院北京协和医院

胰腺癌综合诊治方案的基础与临床研究

（华蕾）

【3 个单位获国家科技计划先进奖】　12 月 15 日，北京教育系统 3 个单位和 3 人获得国家科技计划（火炬计划）实施 20 周年先进集体和个人奖。其中，清华大学科技园和北京北航科技园建设发展有限公司被评为“先进服务机构：国家大学科技园管理机构”，清华大学国家技术转移中心被评为“先进服务机构：国家技术转移示范机构”；北京大学教授王辑慈被评为先进个人（突出贡献奖），清华大学科技园梅萌和北京航空航天大学科技园建设发展有限公司李军获得被评为先进个人。

（张驰）

【4 个项目入选中国高校十大科技进展】　12 月 31 日，北京地区高校 4 个项目入选 2008 年度中国高校十大科技进展。4 个项目分别北京大学程和平主持的线粒体超氧炫现象及其产生机制，清华大学吴建平主持的下一代互联网核心技术国际标准 RFC5210（IPv6 真实源地址体系结构及测试床），北京航空航天大学张广军主持的小型高精度 CMOS 天体敏感器技术和北京航空大学房建成主持的航天器姿态控制新型惯性执行机构技术。

（张驰）

【完成市哲学社会科学优秀成果评奖组织工作】　年内，市教委完成组织北京教育系统参加北京市第十届哲学社会科学优秀成果评奖活动。本次评奖对参评成果的出版和发表时间及学科评选组做出调整，参评成果范围是 2005 年 7 月 1 日至 2007 年 6 月期间公开发表或正式出版的研究成果，成立 12 个学科评选组，较往届评审有所增加。本次评奖共收到申报参评成果 497 项。经市评奖委员会审定和批准，北京市第十届哲学社会科学优秀成果奖共评出获奖成果 208 项，其中特等奖 2 项，一等奖 41 项，二等奖 165 项。北京地区高校获奖 172 项，其中特等奖 2 项，一等奖 39 项，二等奖 131 项。分别占获奖成果的 100％；95.12％；79.39％；获奖成果总数占 82.69％。

（车庆珍）

科研管理

【召开两委委托课题结题汇报会】 4月18日、21日和22日，市教委政策法规处、市教育规划办联合组织召开2007年两委委托课题结题汇报会。会上，委托课题研究单位对研究过程、主要研究成果及相关的政策建议进行汇报，课题委托人（两委领导）或联系人（相关处室负责人）进行提问及当面给予鉴定意见，对于不能结题的课题给予修改意见和研究建议。此次结题采取开放式，市教委机关工作人员除参加本处室委托课题结题汇报外，还可旁听其他处室的结题汇报并进行提问及评价。2007年两委委托课题22个，其中，15个项目组参加结题会。

（杜玲玲）

【组织全国教育科学规划课题申报】 5月15日，市教育规划办组织并完成北京市有关单位进行全国教育科学“十一五”规划2008年度课题的申报工作。全市各相关单位共申报课题120项，其中，国家一般课题64项，国家青年基金课题17项，教育部重点课题13项，教育部青年专项课题18项，单位资助教育部规划课题8项。经评审，共有11项课题获准立项，其中，国家一般课题2项，教育部重点课题2项，单位资助教育部规划课题7项。

（杜玲玲）

【完成年度课题申报评审工作】 6月13日，市教育规划办组织完成2008年度课题申报评审工作。共收到申报材料638份，课题涉及综合问题研究、基础教育研究、学前教育与特殊教育研究、德育研究、教育信息化发展研究等10个研究领域，分为重点课题、青年专项课题和一般课题三个类别。评审工作首先由北京市专家评审组初审，再经市教育规划领导小组审批，最终立项114项，其中，市级重大课题1项，重点课题63项，青年专项课题27项，一般课题23项。其中经费资助课题76项，经费自筹课题38项。

（杜玲玲）

教育科学研究

【召开北京高等教育重点研究机构联席会】 5月30日，北京教科院召开北京高等教育重点研究机构联席会。与会学校代表就进一步加强北京高等教育重点研究机构的合作，针对重大问题进行联合研究，充分发挥优质资源共享等问题研讨。市教委副主任郭广生参加会议并建议，以北京教科院为组织中心组建北京高等教育重点研究机构联盟。来自北大、清华、人大、北师大、化工大学、传媒大学等10多家高等教育研究机构的负责人出席会议。

（孙毅颖）

【成立中国教育学会基础教育评价专业委员会】 6月3日，北京教科院召开中国教育学会基础教育评价专业委员会成立大会暨首届基础教育评价学术年会。该委员会隶属中国教育学会，开展基础教育评价理论与实践问题的研究、交流等活动，委员来自委员会的理事来自全国31个省市自治区。年会审议并通过了基础教育评价专业委员会理事会章程、会员管理办法、资产管理办法等。就教育评估机构建设、学校评价的理论与实践和综合素质评价等问题进行了学术交流与研讨。

（卢笛　姜继军）

【召开中小学廉洁教育读本试点工作汇报交流会】 6月11日，北京教科院与石景山区教委联合组织召开北京市中小学廉洁教育读本试点工作汇报交流会。会议听取北方工大附中教师《北京市中小学廉洁教育读本》初中研究课及部分试点区校的廉洁教育读本试点工作汇报。《北京市中小学廉洁教育读本》常务执行主编唐亦勤及《北京市中小学廉洁教育读本》高中本、初中本的编写人员，试点区学校领导等40人参加会议。

（白玉萍）

【举办青少年学生公民教育国际论坛】 10月22至24日，北京教科院举办北京青少年学生公民教育国际论坛。论坛采取主题论坛、分论坛等形式，围绕“公民教育与传统文化”、“公民教育与奥运实践”、“公民教育与学科教学”、“公民教育与青少年学生发展”四个专题，国内外专家进行交流研讨。论坛期间，国内外专家到中关村第一小学、北京二中和汇文中学参观考察。通过论坛研讨与交流，大会形成《北京行动建议》。来自英国、美国、澳大利亚等10个国家和地区的20位专家学者以及上海、广东、山东、重庆等省市相关人员，北京各区县教育行政、科研部门有关负责人、中小学校长等200人参加。

（白玉萍　姜继军）

【召开区县科研人员首届学术年会】 10月29至31日，北京教科院召开北京市区县科研人员首届学术年会。会上共有60篇论文按教育教学研究、学校发展与学生发展研究等五个专题进行交流讨论。来自北师大、首师大、教育学院等单位的10多位专家对会上参与交流的论文进行点评。各区县教科所（室）领导和科研人员、基教所实验校教师290人参加会议。

（卢笛）

教育教学研究

【召开学前教育发展问题研讨会】 3月12日，北京教科院召开首都学前教育发展问题研讨会。会议讨论当前北京学前教育存在的公平问题、学前教育评价问题、社区问题、收费问题，提出解决幼儿入园难、幼儿园收费普遍偏高等意见，达成扩大公办幼儿园比例、加强小区配套园建设等共识。来自北京教科院领导和相关专家7人参加会议。

（孙璐）

【召开教师新课程教学基本功培训和展示活动总结表彰会】 4月13日，北京教科院在北京市第八十中学召开“北京市初中教师新课程教学基本功培训和展示活动总结表彰会暨北京市小学教师教学基本功培训和展示活动启动大会”。大会表彰各区县获得市级一等奖的教师187名，二等奖教师186名，三等奖教师233名。来自全市各区县教委领导、教研部门负责人、中小学校长、教师代表近600人参加大会。

（胡玲 邵泽义）

【赴两区县进行教学视导】 4月14日和9月22至24日，北京教科院基教研中心中小学教研员赴两区县开展教学视导。4月14日，该院中小学各科教研员一行57人到顺义区进行教学视导。视导活动深入33所中小学听课、现场评课，开展展示课活动，并举办教学讲座。9月22至24日，该院教中小学各科教研员60人到延庆县进行教学视导，期间，教研员共听课360节，与教师座谈1200多人次，举办专题讲座35场次。

（胡玲 邵泽义）

【举办中小学教师我讲我的教育故事演讲比赛】 4月18日，北京教科院举办北京市中小学教师我讲我的教育故事演讲比赛。本次演讲活动是在基教研中心《北京教研》杂志自2006年以来在全市中小学开展的“教育叙事研究——我讲我的教育故事”征文活动基础上开展的。共有来自全市18个区县共有3800名教师参加征文活动，《北京教研》杂志编辑部从中筛选出150篇优秀征文。在此基础上，又在各区县举办演讲比赛，推荐出27位选手参加本次演讲比赛。4月18日到会的参赛选手、领导、评委和来自各区县的教师代表等共计70多人，评出一等奖7名，二等奖10名，三等奖10名。

（胡玲）

【召开幼儿园骨干教师培养工作室教师交流会】 7月7至10日，北京教科院在怀柔召开“北京市幼儿园骨干教师培养工作室教师交流会”。会上，教科院张铁道副院长作“教师职业发展规划”专题讲座。大家就“教师专业成长”及“如何制定成长发展规划”等问题进行交流讨论。全市15个区县的专职幼教教研人员70人参加会议。

（孙璐）

【完成普通高中教师培训工作】 7月13至18日，北京教科院完成2008年暑假北京市普通高中教师培训任务。培训采取“送培到区，小班化培训”和集中培训相结合形式，培训语文、数学、物理、体育、音乐、信息技术等12个学科教师。各区县教师10000人参加培训。

（胡玲 邵泽义）

【召开幼儿园教研制度建设项目交流研讨会】 9月5日，北京市教科院在总后五一幼儿园召开幼儿园以园为本教研制度建设项目交流研讨会。会议以交流项目进展情况为主题，各区县代表交流项目工作进展情况，并研讨各区县如何因地制宜开展研究的问题，达成园本教研制度建设要根据本区县具体情况而开展的意见。来自各区县专职教研员80人参加会议。

（孙璐）

【举办教研员专业发展培训】 9月26

日，北京教科院举办2008年北京市中小学教研员专业发展培训。培训“课堂观察与课例研究”为主题，全国中小学教师继续教育上海研究中心研究员周卫作题为《课堂观察与课例研究》的报告，讲授新课程下课堂教学研究方法。全市各区县教研员400多人参加。

（胡玲 邵泽义）

【组织实施6个学科教学质量测试工作】 10月12至17日，北京教科院组织实施中学语文、数学、音乐和小学语文、数学、音乐6个学科的教学质量测试工作。测试共抽取来自东城、宣武、丰台、昌平、平谷、延庆等9个区县的95所小学，94所中学，分别完成两种不同的测试方案及问卷调查。测试得出的基本结论是北京市五年级、八年级学生的语文、数学、音乐学业结果均达到了课程标准的合格水平要求。

（胡玲）

【召开北京市中小学生安全应急专题教育研讨会】 11月11日，市教委、

北京教科院和市民防局在北京市社会大课堂中小学课程教学活动实验基地——北京航天科普教育基地联合召开“北京市中小学生安全应急专题教育研讨会”。与会者观看大兴区榆垡中学“家庭灭火与火场逃生”现场课，市民防局局长李长栓在讲话中要求各区县民防局配合教育部门做好中小学生的安全教育等工作，抓好全民公共安全教育培训。各区县教师170人参

加会议。

（崔召云）

【召开以园为本教研制度建设项目观摩研讨会】　11月20日，北京教科院在劲松第一幼儿园组织召开以园为本教研制度建设项目观摩研讨会。与会者观摩了劲松第一幼儿园的“问题驱动式”现场教研活动，课题组就“问题式教研”进行研讨，提出园本教研中的相关问题，达成园本教研中业务领导者要以隐性引领、过程引领为主；园本教研要研究方法、策略层面的问题等共识。7个实验基地的教研员40人参加会议。

（孙璐）

【召开网络教学现场交流会】　12月17日，北京市中小学网上家长学校与“网络德育的深化与推广”课题组在西城区三里河第三小学召开“创建博客联盟，促进学生发展”现场交流会。会上播放介绍网上家长学校建设历程的录像片，三里河三小实验教师团队汇报展示本校在创建博客联盟，促进学生发展方面所取得的丰硕成果。来自各区县教师以及学生家长600人参加活动。

（白玉萍　姜继军）

教　材　编　写

【概　况】　2008年，北京教科院基础教育课程教材发展研究中心（简称课程中心）完成2008年北京市普通中小学教学用书目录的编制。开展了对全市课程教材改革实验情况及地方课程与校本课程设置的调研。协助市教委组织召开北京市基础教育课程教材改革第一轮实验总结大会和高中课改工作交流会。协助成立北京青少年科技创新学院并启动实施“翱翔计划”。继续组织课程专家对北京市基础教育课程改革实验教材和提出编写地方教材行政许可申请的16项教材进行审查。通过各种形式对基础教育干部教师2600人次进行业务培训。

（崔召云）

【召开北京市健康教育教学现场会】　3月20日，北京教科院与朝阳区教研中心联合举办北京市地方课程“健康教育”教学现场会。朝阳实验小学的教师以不同形式展示健康教育教学课例。与会教师交流研讨如何结合不同年龄段的学生合理安排课程等问题，提出各校可根据教材完善教学内容等建议。全市各区县教研员、教师100人参加会议。

（崔召云）

【召开北京市高中校本课程建设研讨会】　5月28日，北京教科院组织召开北京市高中校本课程建设研讨会。研讨会以办出特色创新发展为主题，研讨如何整合学校资源优势，创新发掘校本课程等问题，就通过校本课程的学习实践活动，全面体现课改的最新理念达成共识。会上，北京师范大学良乡附中展示“中华剪纸”等五类校本课程优秀课例。各区县教师200人参加。

（崔召云）

【开展教材改革实验培训】　6月23至27日，北京教科院分两期开展义务教育课程教材改革实验2008年秋季教材培训工作。培训教材共有15个学科近40多个版本，参加教师1500人。培训中，北京大学、北京师范大学、首都师范大学等高校专家学者以及来自基础教育各部门的教材编著者与实验新教材的教师就新课程的教材教法进行交流和研讨，使受培训者普遍反映收益很大，增强培训的实效性。

（胡玲）

【开展春季教材培训工作】　12月22至26日，北京教科院分两期开展北京市义务教育课程教材改革实验2009年春季教材培训工作。培训对十几个学科近20个版本的教材进行介绍，并组织对教材重点难点和教学方法内容进行研讨。全市1000名教师参加培训。

（胡玲）

（本栏责任编校　张驰）

师资建设

综　　述

2008年是人事制度改革攻坚之年，人事工作艰巨，市教委积极落实科学发展观，完成2008年工作。

继续实施人才强教战略

加强北京市教育系统高层次人才队伍建设。根据《加强北京市教育系统高层次人才队伍建设的实施意见(试行)》，全面启动教育系统高层次人才队伍建设工作。在做好现有高层次人才选拔的基础上，着重做好高层次人才第一层次人才的选拔工作，细化选拔标准，制订选拔办法，发挥领军人才的引领作用，切实做好高层次人才队伍建设工作。研究起草“基础教育教学名师”、“基础教育管理名家”的选拔办法。

深入推进市属高等学校人才强教计划，启动人才强教二期计划。该计划由“杰出人才引进计划”、“高层次人才资助计划”、“创新人才建设计划”、“创新团队建设计划”、“中青年骨干教师培养计划”、“教师专业技能和职业道德培训计划”构成。“杰出人才引进计划”坚持学科发展高起点，人才引进高水平、高待遇的原则。进一步加大特聘教授和讲座教授的资助力度。“创新人才建设计划”和“创新团队建设计划”遴选并重点扶植一批研究和学术创新人才、教学创新人才、管理创新人才和学术创新团队，通过教学、科研、管理等方面的人才建设，形成一支中坚力量，带动学科水平的整体提高。年内，完成人才强教深化计划2009年的准备工作。经过专家答辩和评审等程序，确定入选人才强教深化计划2009年资助的特聘教授13人、讲座教授37人、高层次人才19人，学术创新人才41人、学术创新团队41个、管理创新团队8个。

继续实施职业院校教师素质提高工程，加大教师教育教学能力和专业实践能力的培训力度。2008年，完成对职业院校教师培训基地、专业创新团队、优秀青年骨干教师的评审工作；完成对积极鼓励从企业引进人才、聘请行业企业人才担任兼职教师、鼓励教师获取职业资格证书的院校的资助工作，继续开展专业教师的培训工作，近千名专业教师参加培训，并选拔组织近百名教师到德国培训；完成教育部的职业学校教师素质提升计划的有关项目，共组织70名教师参加培训，选拔4名教师到国外进行培训。

深化人事制度改革，切实做好岗位设置管理等工作

积极推进收入分配制度改革。配合市人事局继续开展绩效工资核定工作，提出改善教师待遇的措施，稳定教师队伍。

完成市属高等学校、市教委所属事业单位清理整顿津贴补贴核增绩效工资的测算审核工作，经市人事局审批下达2008年度工资总额。

做好岗位设置有关工作。按照《北京市高等学校岗位设置管理指导意见》、《北京市义务教育学校岗位管理指导意见》、《北京市中等职业学校、普通高中、幼儿园岗位设置管理指导意见》，做好市属高校和中等职业学校的岗位设置工作，进一步促进教师队伍发展。开展直属非教学事业单位岗位设置工作，不断优化事业单位用人机制，提高人力资源使用效率，全面推进岗位设置工作。

推进教师职务聘任制改革。完善本科院校教师职务聘任制工作，深化高职学院、成人院校教师职务聘任制改革工作。开展中小学职称制度改革调研工作。在与市人事局、区县人事局和区县教委共同研讨的基础上，完善中小学教师职务任职资格评审条件、修改中小学教师职务和教育教学管理学科的申报表。

继续加强教师队伍建设

重点加强农村教师队伍建设，促进教育均衡发展。采取切实措施加强山区教师队伍建设，逐步提高教师待遇，不断改善教师工作、生活条件，研究起草《关于加强农村教师队伍建设的意见》。落实市政府折子工程，年内，在城镇优质中小学设立41个农村教师研修工作站，拟接收1000名农村骨干教师进站研修半年。深入开展城镇教师支援农村教育工作，继续选派1000名城镇优秀教师到农村中小学全职支教一年，同时倡导城镇优秀教师到农村中小学及城区师资力量薄弱校兼职支教。评选表彰106名支教先进个人和62个支教先进集体。

加强对特级教师管理。与市人事局、市财政局联合印发《北京市特级教师管理办法》，规范特级教师的评选、管理和考核工作。

加大培训力度，促进教师发展。研究制订骨干教师培训计划，分期分批培训2007年评选的学科教学带头人和骨干教师。继续推进“十一五”时期教师继续教育工作，继续开展“绿色耕耘”、“春风化雨”、“金色种子”、英语教师专项培训等相关重点工程，全面提升教师队伍整体素质。

做好教师资格认定有关工作。在区县总结研讨的基础上，统一规范教师资格认定工作的政策解释口径，不断完善教师资格认定工作的政策。组织专家修改认定高级中学教师资格教育教学能力测试的项目和分值标准，使能力测试工作更加严谨规范。全年共认定各类教师资格11223人，其中，市教委认定7122人、区县教委认定4101人。

完成“北京市人民教师奖”的评选推荐工作，遴选出20名推荐人选，通过报纸投票、网络投票，广泛宣传推荐人选的事迹。结合社会投票结果，召开领导小组会议，研究确定获奖人员10人，提名奖10人。

完成2008年度享受市政府特殊津贴人选推荐工作。经过专家评审，推荐25名人选，其中，2人为新世纪百千万人才国家级人选。完成2008年度北京市新世纪百千万人才人选推荐工作，共推荐59人，经市专家组评审，入选26人，居各单位之首。

（李海燕）

总　类

【举办中学英语教师口语大奖赛】 1

月20日，市委教育工委、市教委举办“心系奥运·相约明天——绿色耕耘希望杯”英语教师口语大奖赛决赛。来自远郊区县14名选手参加决赛，通过两轮英语演讲，比赛决出前五名，最终进行才艺大比拼，决出比赛前三名。比赛分初赛、复赛、半决赛和决赛，11个远郊区县参加过“绿色耕耘”培训行动的初中英语教师600人参加初赛。比赛由北京教育学院承办。

（刘琳）

【基础教育师资培训绩效考评优秀】 3月12日，市教委首次接受市财政局基础教育师资培训项目绩效考评。该考评全面考查北京市2007年基础教育师资培训项目，经专家组考核，综合考评结果为优秀。该考评工作自1月开始。

（鲜万标）

【26人入选百千万人才工程】 3月，市教委完成2008年新世纪百千万人才工程市级人选选拔工作。市属24所高等学校共推荐118人，经市教委审核，确定符合评选条件且成绩突出的59人为教育系统2008年北京市新世纪百千万人才工程候选人。最终确定26人当选新世纪百千万人才工程市级人选。

（蒲沿洲）

【完成人才强教计划项目绩效考评】 4月，市财政局完成市教委人才强教计划项目预算支出绩效考评。23所市属高等学校参加绩效考评，其中，14所高校获得优秀，8所高校获得良好，1所高校考评结果为一般。

（蒲沿洲）

【53人入选长江学者奖励计划】 6月4日，教育部公布2007年度长江学者特聘教授、讲座教授和长江学者成就奖获奖者名单。北京高校34人入选特聘教授，19人入选讲座教授。本年共评出特聘教授108人，讲座教授95人，长江学者成就奖3人。

（林业）

“长江学者奖励计划”
第九批特聘教授（北京高校）

北京大学
　应用数学　姜明
　固体力学　王建祥
　植物分子生物学　瞿礼嘉
　中国古代史　荣新江
中国人民大学
　诉讼法学　陈卫东
　行政管理　张康之
清华大学
　应用数学　张友金
　天体物理　张双南
　环境工程　贺克斌
　生命科学　张林琦
　微电子与纳电子学　陈炜
　计算机应用技术　胡事民
　高分子材料　石高全
　材料科学与工程　周济
　工程热物理　张辉
　动力工程及机械　李政
　哲学　万俊人
　管理科学与工程　陈剑
北京交通大学
　固体力学　汪越胜
北京工业大学
　材料学　聂祚仁
　结构工程　杜修力
北京航空航天大学
　微波遥感理论与技术　苗俊刚
　精密仪器及机械　房建成
北京理工大学
　车辆工程　项昌乐
中国农业大学
　农业机械化工程　韩鲁佳
北京协和医学院
　药物化学　庾石山
　遗传医学　张学
首都医科大学
　心血管病理生理学　杜杰
北京师范大学
　概率论与数理统计　李增沪
　认知神经科学　余聪
　教育学原理　石中英
中国传媒大学
　广播电视艺术学　胡智锋
中国政法大学
　民商法　赵旭东
中国石油大学（北京）
　地球探测与信息技术　王尚旭

（林业）

“长江学者奖励计划”
第九批讲座教授（北京高校）

北京大学
　基础数学　郭岩
　流体力学　徐昆
中国人民大学
　统计学　林共进
清华大学
　概率论与数理统计　林希虹
　材料化工　马晓龙
　生命科学　薛定
　模式识别与智能系统　王瑶
　科学技术哲学　刘闯
北京交通大学
　管理科学与工程　许立达
北京航空航天大学
　材料物理与化学　杨世和
　控制理论与控制工程　葛树志
　计算机图形学　秦洪
北京理工大学
　概率论与数理统计　陈振庆
　机械工程　蔡海龙
北京科技大学
　材料物理与化学　张志良

中国农业大学

动物营养与饲料科学　伍国耀

北京语言大学

语言学及应用语言学　黄正德

对外经济贸易大学

国际贸易　王家骁

中国地质大学（北京）

地球物理学及海洋地质学　沈旸

（林业）

【100人入选市级高等学校教学名师奖】 6月24日，市教委公布第四届北京市高等学校教学名师奖获奖名单。经学校推荐、专家评议、评审委员会评审、市教委审核并公示，授予北京大学涂传诒等100名教师为北京市高等学校教学名师奖。

（华蕾）

【121个团队入选市级优秀教学团队】 7月18日，市教委公布2008年北京市优秀教学团队名单。根据市教委、市财政局《关于实施北京高等学校教学质量与教学改革工程的意见》，经专家评审小组评议、评审委员会投票以及市教委审核并公示，121个团队被评为2008年北京市优秀教学团队。经过教育部评审，其中，42个团队被评为国家级教学团队。

（华蕾）

【12人获得第四届高校教学名师奖】 8月22日，教育部、财政部发布关于表彰第四届高等学校教学名师奖获奖教师的决定，北京高校12名教师入选。入选教师分别来自北京9所高校。该评选经过地方推荐、同行专家网络评审和会议评审，共表彰全国100名高等学校教师。入选教师在教学实践中，运用现代教育教学思想努力探索教育教学规律，在引领教学内容、方法和手段改革、创新课程教材体系和教学模式、创建合理教学梯队等方面做出突出贡献。

（华蕾）

第四届高等学校教学名师奖获奖教师（北京）

北京大学

温儒敏　邓小南　王稼军

中国人民大学

王珊

清华大学

陈信义

北京交通大学

荣朝和

北京理工大学

焦永和

北京科技大学

蔡美峰

北京化工大学

励杭泉

北京师范大学

王昆扬　毛振明

中国传媒大学

高晓虹

（华蕾）

【实施人才强教深化计划】 8月29日，市教委印发《关于实施北京属高等学校人才强教深化计划的意见》。意见明确人才强教深化计划的目标任务、实施范围、经费保障以及主要内容。人才强教深化计划由杰出人才引进计划、高层次人才资助计划、创新人才建设计划、创新团队建设计划、中青年骨干人才培养计划、教师职业技能和职业道德培训计划6个计划组成。2008至2012年期间，通过重点建设，努力创造条件，引进、聘请150名杰出人才到市属高校工作；为50名高层次人才、150名创新人才和300个创新团队创造良好的工作环境；为1000名优秀中青年骨干人才提供国外访问、进修或攻读学位的机会；为2万名教学科研人员和管理人员提供教育培训、更新教育观念的机会。完善人才强教计划相关配套措施，制订《经费项目管理办法》、《人才强教项目考核评价办法》、《人才强教计划验收标准》等相关文件，为使计划顺利完成提供保障。

（李海燕）

【评选北京市人民教师奖】 9月10日，市委教育工委、市教委、市人事局、市财政局、市教育工会联合表彰北京市人民教师。在各单位民主推荐、逐级审核及基层公示等程序基础上，经市教委组织遴选提出候选人名单，开展社会投票，最终经领导小组确定、公示、审定等程序，评选出北京市人民教师奖和北京市人民教师提名奖各10人。

（于小萍）

北京市人民教师奖（10人）

芦德芹　朝阳区第一幼儿园

曲丽梅　北京市第二实验小学

张国　北京汇文中学

马红民　怀柔区第一中学

许铁成　延庆县第一中学

刘振强　北京市建筑材料工业学校

吴正宪　北京市基础教研中心

姜伯驹　北京大学

吴易风　中国人民大学

欧阳中石　首都师范大学

（华蕾）

【42个团队入选国家级教学团队】 9月28日，教育部、财政部公布关于立项建设2008年国家级教学团队名单，北京25所高校的42个教学团队入选。其中，北大5个团队、清华4个团队入选。经各地推荐，专家评审，全国共有300个教学团队被评为国家级教学团队。中央财政安排专项资金，资助国家级教学团队在学校先行建设的基础上，进一步开展教学研究、编撰出版教材、培养中青年教师、接受教师进修等工作。该项工作主要通过国家级教学团队的建设，改革教学内容和方法，开发教学资源，促进教学研讨和经验交流，推进教学工作的传、帮、带和老中青相结合，提高中青年教师的教学水平；探索教学团队在组织架构、运行机制、监督约束机制等方面的运行模式，为兄弟院校培训教师提供可推广、借鉴的示范性经验。

（华蕾）

2008年国家级教学团队（北京）

北京大学

国家理科基地物理基础课程教学团队

现代汉语教学团队

智能科学与技术教学团队

以器官系统为主线教学模式的临床医学教学团队

外科创新教学团队

中国人民大学

外国哲学教学团队

金融学国际化人才培养模式创新教学团队

清华大学
基础力学教学团队
结构力学系列课程教学团队
环境工程专业教学团队
理工科数学基础课程教学团队
北京交通大学
电工电子基础课程教学团队
大学英语课程教学团队
北京工业大学
材料科学与工程学科教学团队
基础力学理论和实验教学团队
北京航空航天大学
电子信息工程核心课程教学团队
基础力学课程教学团队
北京理工大学
信息系统与安全对抗教学团队
管理运筹学及决策模拟课程教学团队
北京科技大学
机械设计制图课程教学团队
北京化工大学
化学工程教学团队
高分子科学课程教学团队
北京工商大学
物流管理教学团队
北京邮电大学
计算机通信教学团队
中国农业大学
动物科学专业遗传学系列课程教学团队
北京林业大学
园林专业教学团队
水土保持与荒漠化防治专业教学团队
首都医科大学
全科医学教学团队
生理学教学团队
北京中医药大学
中医“四大经典”教学团队
北京师范大学
心理学核心基础课程教学团队
生物学基础课程教学团队
首都师范大学
地理学教学团队
世界近现代史教学团队
首都体育学院
田径教学团队
北京外国语大学
英语专业教学团队
对外经济贸易大学
商务英语教学团队
北京舞蹈学院
中国古典舞系教学团队
中国政法大学
政治学基础课程教学团队
华北电力大学
自动化专业教学团队
中国石油大学（北京）
地质工程专业教学团队
北京电子科技职业学院
传媒艺术设计教学团队

（华蕾）

【完成市属高校人才强教深化计划】 11月12日，市教委完成2009年度北京市属高等学校人才强教深化计划。该计划是根据2008年市教委《关于实施北京市属高等学校人才强教深化计划的意见》，在学校推荐和专家评议的基础上，经市属高等学校人才强教深化计划领导小组审定，资助市属高校特聘教授13人、讲座教授37人、高层次人才19人、创新人才66人（学术创新人才41人、教学创新人才25人），创新团队89个（学术创新团队40个、优秀教学团队41个、管理创新团队8个）。

（蒲沿洲　张驰）

2009年度北京市属高等学校人才强教深化计划特聘教授资助名单

北京工业大学
石宇良（PHR20090201）
隋曼龄（PHR20090202）
聂松林（PHR20090203）
管永军（PHR20090204）
韩永飞（PHR20090205）
北方工业大学
肖国兴（PHR20090206）
北京工商大学
王国顺（PHR20090207）
首都师范大学
傅道彬（PHR20090208）
牟中林（PHR20090209）
石鸥（PHR20090210）
徐飞（PHR20090211）
首都医科大学
王嵬（PHR20090212）
中国音乐学院
张千一（PHR20090213）

（华蕾）

2009年度北京市属高等学校人才强教深化计划讲座教授资助名单

北京工业大学
邓刚（PHR20090301）
李忠献（PHR20090302）
冯吉才（PHR20090303）
Jugen Rosemann（PHR20090304）
北方工业大学
周东华（PHR20090305）
张军（PHR20090306）
杨义先（PHR20090307）
北京工商大学
叶龙森（PHR20090308）
胡玉书（PHR20090309）
王智（PHR20090310）
首都师范大学
栾升（PHR20090311）
于伦正（PHR20090312）
王跃思（PHR20090313）
吕品田（PHR20090314）
曹卓越（PHR20090315）
首都医科大学
孙英（PHR20090316）
汪建英（PHR20090317）
黄璐琦（PHR20090318）
刘　虎（PHR20090319）
王以政（PHR20090320）
高　福（PHR20090321）
中国音乐学院
迪里拜尔（PHR20090322）
尤根·施罗德（PHR20090323）
丹尼尔·马里耶（PHR20090324）
中国戏曲学院
罗怀臻（PHR20090325）
尼尔·弗雷泽（PHR20090326）
北京石油化工学院
徐坚（PHR20090327）
晋卫军（PHR20090328）
唐本忠（PHR20090329）
韩布兴（PHR20090330）
北京信息科技大学
卢秉恒（PHR20090331）
王子才（PHR20090332）
北京服装学院
俞红（PHR20090333）
周南（PHR20090334）
马克思·德·寇克（PHR20090335）
乌鲁夫·朗赫勒（PHR20090336）

北京建筑工程学院
席云平（PHR20090337）

（华蕾）

2009年度北京市属高等学校人才强教深化计划高层次人才资助名单

北京工业大学
杜修力（PHR20090501）
彭永臻（PHR20090502）
北方工业大学
李正熙（PHR20090503）
北京工商大学
孙宝国（PHR20090504）
李朝鲜（PHR20090505）
首都师范大学
方复全（PHR20090506）
宫辉力（PHR20090507）
赵敏俐（PHR20090508）
任东（PHR20090509）
首都医科大学
王松灵（PHR20090510）
王晓民（PHR20090511）
北京服装学院
刘元凤（PHR20090512）
北京联合大学
李哲英（PHR20090513）
姜招峰（PHR20090514）
北京印刷学院
蒲嘉陵（PHR20090515）
北京农学院
王有年（PHR20090516）
首都经济贸易大学
戚聿东（PHR20090517）
北京信息科技大学
徐小力（PHR20090518）
北京石油化工学院
焦向东（PHR20090519）

（华蕾）

师　资　管　理

【继续选聘高校毕业生农村支教】 2

月1日，市委组织部、市委教育工委、市教委等十部门印发通知，继续选聘普通高校毕业生到农村中小学开展支教活动。在总结前期经验和成绩的基础上，2008年继续选派1000名城镇优秀教师到农村中小学全职支教1年，同时积极倡导城镇优秀教师到农村中小学及城区师资力量薄弱校兼职支教。年内，评选表彰106名支教先进个人和62个支教先进集体。

（鲜万标）

【印发特级教师管理办法】 5月21日，市教委、市人事局、市财政局印发《北京市特级教师管理办法》。管理办法共9条，规范特级教师的职责、待遇、评选、管理和考核等工作，即日起施行。

（鲜万标）

【农村中小学教师研修工作站启动】

9月2日，市教委启动北京市农村中小学教师研修工作站工作。首批在中国人民大学附属中学等41个城镇优质中小学设立农村中小学教师研修工作站，每年接收1000名农村中小学骨干教师进站研修半年。农村中小学研修工作通过导师带教的方式，采用“零距离”的观察和体验，使远郊区县乡镇以下学校的校级骨干教师感受城区名师的教学艺术和人格魄力，学习和体会名师的教学设计和教学实施，提升实际教学能力。市教委计划利用3至5年时间，在城镇优质学校设立100所农村中小学教师研修工作站，依托工作站推进农村中小学教师城镇研修工作。农村中小学教师进站研修时间为1学期，全脱产。

（鲜万标）

【认定特级教师30人】 12月29日，市教委认定特级教师30人。经市特级教师重新认定专家组评议、市教委审核，同意认定外省市调入北京的特级教师30人为北京市特级教师，从2009年1月起享受北京市特级教师待遇。根据市教委、市人事局、市财政局印发的《北京市特级教师管理办法》，外省市特级教师调入北京须重新认定后，方可享受北京市特级教师的相关待遇。

（鲜万标）

【继续加强教师队伍建设】 至年底，市教委继续加强教师队伍建设。采取有效措施提高山区教师待遇，改善教师工作和生活条件；在城镇优质中小学设立41个农村教师研修工作站，接收1000名农村骨干教师进站研修；继续选派1000名城镇优秀教师到农村中小学全职支教1年，继续开展“绿色耕耘”、“春风化雨”、“金色种子”、英语教师专项培训等相关重点工程，全面提升中小学教师队伍的整体素质。加强高层次人才队伍建设，细化选拔标准，发挥领军人才引领作用；启动市属高等学校人才强教深化计划，通过教学、科研、管理等方面的人才建设，带动整个学科水平整体提高。

（李海燕）

职称评定与资格认定

【组织年度教师资格认定考试】 3月2日，市教委组织年度北京市中小学中等职业学校教师资格认定非师范教育类专业教育学、教育心理学考试工作。考试共设有11个考点，7412人报名参加考试，经考核，单科教育学考试合格539人，单科教育心理学考试合格588人。该项工作由北京教育学院第六次承办。

（刘琳）

【成立教师资格认定工作办公室】 3

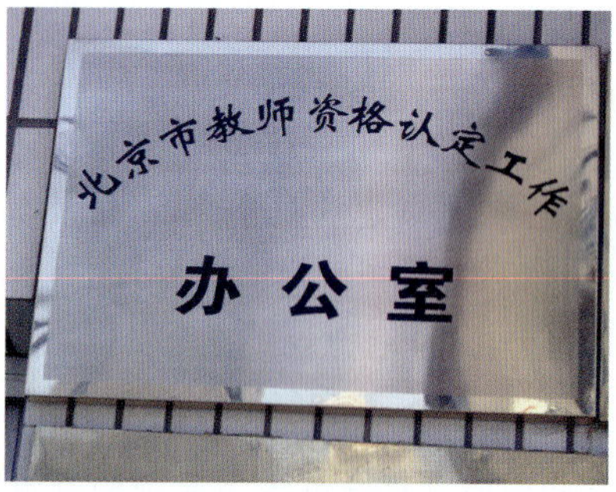

月11日，北京市教师资格认定工作办公室成立。认定工作办公室挂靠北京教育学院北京市中小学中等专业学校教师培训中心，工作职能是负责受理申请认定高级中学教师资格、中等专业学校教师资格、中等专业学校实习指导教师资格、高校教师资格人员的报名审核工作，组织专家对上述申请人员进行教育教学能力测试工作；负责编写教育学、教育心理学教材及考试大纲的组织工作，组织专家进行教育学、教育心理学的考试命题工作；负责教育学、教育心理学考试的报名、组考、阅卷、成绩发布、证书发放等相关工作；负责制订教师资格认定考试管理的相关规定，承担有关教师资格认定的政策咨询；负责全市教师资格认定工作的各项数据统计、发放教师资格证书等工作；配合市教委做好对授权高等院校教师资格认定工作的监督检查等工作。

（于小萍 刘琳）

【完成全年教师资格认定能力测试】 4月12日至5月25日和11月15至16日，市教委完成北京市2008年春季、秋季教师资格认定教育教学能力测试工作。春季工作共有2530名申请人员参加测试，涉及高级中学、中等专业学校，评委由北京教育学院、各区县教师培训基地、各类高级中学等单位的479名教师担任，测试结果为981人合格。秋季工作共有1109名申请人员参加测试，涉及高等学校、高级中学、中等专业学校，评委由北京教育学院、各高校、各区县教师培训基地、各类高级中学等单位300名测试专家担任，测试结果为759人合格。

（刘琳）

【认定教师资格11223人】 4月和10月，北京市分春秋两次北京地区认定教师资格。各级教师资格认定机构及依法接受委托的普通高校共受理教师资格认定申请13259人，认定11223人。其中，市教委（含依法接受委托的普通高等学校）认定7122人，包括高级中学教师资格、中等专业学校教师资格、中等专业学校实习指导教师教师资格和高等学校教师资格；区县教委认定4101人，包括幼儿园教师资格、小学教师资格和初级中学教师资格。

（于小萍）

【中专教师161人晋升技术职务】 9月19至21日，市中等专业学校教师高、中级职务评委会召开评审会议，评审年度晋升专业技术职务申请。本年全市42所中等专业学校228人申报晋升专业技术职务，其中，申报助理讲师4人、讲师110人、高级讲师98人；申报助理实验师7人、实验师8人、高级实验师1人。经评审，161人晋升技术职务，其中，助理讲师4人、讲师81人、高级讲师60人，助理实验师7人、实验师8人、高级实验师1人。

（于小萍）

【中学教师（管理）68人晋升技术职务】 9月26至27日，北京市中学教师（管理）高级职务评委会召开评审会议。18个区县74人申报晋升中学教师（管理）高级职务，经评议审定，68人晋升专业技术职称。

（于小萍）

【高校教师272人晋升技术职务】 11月21至26日，市高等学校教师专业技术职务专业学术评议委员会召开评议会议，评审年度晋升专业技术职务申请。本年北京60所院校教师396人申报晋升高校教师、科研（含高校教育管理研究）两个系列专业技术职务。其中，申报中级86人、副高级236人、正高级74人。经评审，272人符合专业技术职务任职条件，其中，中级职务71人，副高级职务156人，正高级职务45人。

（于小萍）

（本栏责任编校 华蕾）

招生与考试

综　　述

2008年，北京市共组织各级各类考试441次，参加考试考生179万人次，比上年减少22.3万人次，降低11%；为各级各类学校录取新生31.7万人，比上年减少1.3万人；命制各类考试试题1259套，各级各类考试全年评阅试卷总量331.3万份。

加强命题管理研究，逐步拓展命题领域

2008年，考试院完成高考试题资源库建设和普通高中新课程实施后高考考试内容与形式试测工作。编写《高考试题分析》和《中考试题解析》。进一步完善"自学考试命题管理规范"内容，启动"命题管理信息系统"和"试卷查重系统"开发与研制工作。顺利完成高考口语加试、新设美术类招生省级统测试题命制任务，并承担有关中央部委和外省市单位委托的部分社会命题服务项目，命题领域逐步拓展。

统筹协调科学规范考试管理

4月9日，考试院召开年度教育考试招生工作电视电话会议，统筹部署年度招生工作，提出要求，明确分工，责任到人。

2008年，考试院修订《北京教育考试考务管理暂行规定》、《北京教育考试网上阅卷管理规定》等文件，制订《北京教育考试远程电子巡查系统管理办法》，启动《试卷安全管理工作规程》制订工作。

考试管理科学化水平提高。网上阅卷规模进一步扩大，已占阅卷课程总量40%；初步形成标准化考点、阅卷点建设方案。中、会考远程电子巡查系统建设与系统升级改造进展顺利，远程电子巡查系统在全年19次考试中发挥积极作用。

探索进一步推进招考改革

2008年，北京市中等专业招生考试首次全面实现网上远程录取；中招管理系统首次实现与中小学生学籍管理系统（即CMIS系统）对接，直接接收考生基本数据。

2008年，北京普通高等学校招生考试顺利调整考生体检时间；实行部分平行志愿方式，在录取中实行本科批次第一志愿录取按志愿优先，第二志愿改为分数优先，实现志愿和分数有机结合；继续扩大网上评卷范围，增加语文科网上评卷，促进评卷工作更加公平、公正；进一步推进高职自主招生改革。

2008年，北京研究生招生考试逐步建立适合北京工作研究生招生工作管理服务模式，调整优化考试考点布局；成功试行统考英语科目网上阅卷；进一步规范博士生招生工作，检查范围由4个招生单位增至23个。

2008年，北京成人高校招生考试继续加大技术防范设施对考场覆盖；顺利实施全科次首次网上阅卷；稳步推进"一个系统，三个平台"建设；基本实现与日常工作节奏相适应录取方式。

2008年，北京高等教育自学考试在全市顺利实施"考场超员编排"改革；全部课程实现"网上评卷"改革；结合市场需求，适时调整专业计划；考生档案目录实现科学化管理；数字化管理毕业生历史档案；开通自学考试综合查询系统、全天电话语音咨询系统；举办北京市自学考试大型网上咨询活动。

2008年，北京英语水平考试软件系统建成，网上报名工作平稳顺利；英语口语证书考试在内蒙古新设考点；承接教育部考试中心举办中国书画等级考试；成功举办第六届全国社会考试论坛。

加强考试评价研究，推动招考制度改革

2008年，考试院开展2010年高考改革方案研究，形成《北京市高考改革综合研究》、《新课程高考会考改革七省（区）调研报告》、《北京教育考试院高考改革研究论文选编》以及《2010年高考改革方案论证报告》等；开展中考、会考改革研究，研究设计初中学业考评体系；积极参与教育部考试中心组织《考试公平性研究》和《考试制度创新研究》。

2008年，考试院完成中考、会考和高考等23门课程命题质量、考生水平及教学质量的分析评价工作；完成9个区县委托进行的高考全样本数据分析。

以人为本，优化考试服务体系

考试院网站服务于招考业务的功能进一步发挥。2008年顺利完成29次网上报名报考、5次网上咨询活动；提供约127万条招考业务数据查询；组织完成9次网上阅卷、3次网上录取工作。

构建多维宣传途径服务社会。2008年通过网站共向社会发布各类招考信息3921条，网站点击数24.11亿次，7月单月点击数达4.62亿次。提供包括成绩、录取结果、证书等127万条查询数据；以北京考试报为载体，编辑出版北京高招通讯、中招特刊、成招特刊和研招特刊系列招考专刊，总字数1000万字；充分利用广播、电话、电视、手机短信、报刊、网络等多种形式，为考生提供全方位、多样化信息服务；选派专人耐心细致地做好上访、信访工作。

2008年，考试院召开"高考试题资源库建设"与"新课程背景下高考内容与形式的试测"两个项目启动会议。会议宣布组建高考试题资源库和新课程背景下高考内容与形式的试测两个项目，其中，高考试题资源库项目组建高招考试9个学科以及教育统计测量和软件技术等11个方向的专家指导组，参与项目专家200人。新课程背景下高考内容与形式的试测项目主要完成考试内容与考试形式等方面测试，项目分别按学科组建专家指导组和命题组，参与项目专家100人。至年底，"试题资源库建设"项目经过命题、审题和修改等环节，各学科共筛选出1000道试题进入资源库。"试测"项目已完成50所学校、2万人次测试。

（闻艳）

总　　类

【高考改革综合研究通过专家鉴定】 1月28日，考试院承担的北京市教育科学“十五”规划课题《北京市高考改革综合研究》通过专家鉴定。该课题于2004年立项，采用历史分析、调查研究和行动研究等方法，研究北京高考改革进程与现状，形成研究报告、论文9篇，研究成果8项。

（丁秀涛）

【召开教育考试电视电话会议】 4月

9日，考试院召开北京教育考试招生工作电视电话会议。会议部署年度普通高校招生考试招生工作，要求各区县落实电视电话会议精神，结合实际情况，制订考试工作方案。会议提出各区县成立由区委（区政府）及相关部门负责人组成招生委员会（联席会），区县教委成立领导小组，加强对高考统筹、协调、解决教育考试环境综合整治工作中有关问题。会议还要求公安、交管、保密、供电、卫生、城建、城管、宣传等部门要加强协调与配合，为各级各教育考试提供支持和保障。

（滕岩）

【完成中高考命题工作】 5月16日至6月8日和6月2至17日，考试院完成普通高校招生考试北京卷和北京市高级中等学校招生考试全程入闱命题工作。其中，5月16日至6月8日，聘请90名教师和专家参与高招北京卷命题和审题工作，完成语文、数学、英语、文科综合、理科综合5个学科的12套试卷。6月2至17日，聘请37名教师和专家参与中招试卷命题和审题工作，完成语文、数学、英语、物理和化学5个学科试题的15套试卷。本年，北京市中招考试首次完全采用课标卷。

（赵海燕）

【召开高考试题资源库建设和高考内容与形式试测会】 7月23至25日，考试院召开“高考试题资源库建设”与“新课程背景下高考内容与形式的试测”两个项目启动会议。会议宣布组建高考试题资源库和新课程背景下高考内容与形式的试测两个项目，其中，高考试题资源库项目组建高招考试9个学科以及教育统计测量和软件技术等11个方向的专家指导组，参与高考试题资源库项目专家200人。新课程背景下高考内容与形式的试测项目主要完成考试内容与考试形式等方面测试，项目分别按学科组建专家指导组和命题组，参与项目专家100人。至年底，“试题资源库建设”项目经过命题、审题和修改等环节，各学科共筛选出1000道试题进入资源库。“试测”项目已完成50所学校、2万人次测试。

（赵海燕）

【完成远程电子巡查系统】 12月20日，考试院完成中考、会考远程电子巡查系统项目建设、调试与验收工作。该系统依托北京教育信息网，采用视频网络技术，实现考试远程电子巡查。项目总投资3450万元，建设规模涵盖19个考区382个考点，涉及考场、考务室、室外点等共计3800个监控头。该巡查系统将在2009年1月北京市高中会考中投入使用，会考考场覆盖率达100%。

（万雅奇）

【完成考试评价研究】 至12月31日，考试院完成年度北京市春季会考、高考、中考以及夏季会考评价研究。该评价包括各类考试各科命题质量、考生水平及教学质量分析评价工作，共涉及23门课程，形成包括各种评价分析指标数据统计分析报告47份、4800页，完成评价分析报告49篇、71万字。完成对东城、西城、朝阳、海淀等9个区县高考全样本数据统计分析，形成数据统计分析报告209份，共计2.3万页，组织专家结合统计数据对房山、大兴、门头沟、延庆等区县进行各学科讲解分析与教育教学指导。

（丁秀涛）

高级中等学校招生

【概　况】 2008年，北京市中考中招采取网上报名、报考方式。全市共有10.7万人报名，参加中考考生9.8万人，其中，11名盲残考生、7名视力障碍考生。全市共有440所高级中等学校计划招生10.5万人。其中，普通高中286所，中等师范1所，普通中专42所，技工学校32所，职业高中73所，五年制高职院校6所。共录取新生8.7万人。其中，普通高中录取6.2万人，普通中专（含师范）录取1.16万人，技工学校录取0.58万人，职业高中录取0.43万人，五年制高职学院录取0.33万人。录取率96.8%。另外，21所中职学校录取未升学高中毕业生1163人。

（郭振铎）

【编印中考参考资料】 3月17至30日，考试院完成高级中等学校招生考试参考资料编写印制工作。该资料包括中招考试《招生简章》、《报考指南》和《部分学校情况介绍》三部分，其中，《招生简章》刊载全市127所提前招生学校和411所统一招生学校招生计划，《部分学校情况介绍》收录全市249所学校情况介绍，占招生学校总数56%。

（郭振铎）

【举办中招网络咨询活动】 5月10日，考试院举办高级中等学校招生网络咨询活动。该活动采用电话连线、视频直播、文字交流三种方式，分为主会场和分会场两部分，主会场设在考试院，分会场设在19个区县（地区）中招办和310所咨询学校。全市学生、家长1.1万人次通过电话咨询，1099.2万人次通过上网点击，访问人数2.03万人，共提出问题1.26万个；在线回答问题1万个，回答率79.37%。来自市教委，市劳动和社会保障局、市体检中心和市区县中招办以及咨询学校900人参加活动。

（郭振铎）

【完成中招考试工作】 6月24至26

日，考试院完成高级中等学校招生考试工作。该考试采用全市统一命题，分区县组考、阅卷方式，考试科目为语文、数学、外语、物理、化学共计五个科目，分数权重为120分、120分、120分、100分、80分。考试时间分别为语文150分钟、数学、外语、物理均120分钟、化学100分钟。全市共设考点228个，考场3414个，共有9.8万人参加考试。

（郭振铎）

【完成残疾学生试卷评阅工作】 6月27日，考试院完成高级中等学校招生考试残疾学生试卷评阅工作。该试卷面向盲残、视障考生，分为盲文和大字试卷两种，共计18份。全市共有盲残和视障考生18人参加语文、数学、外语、物理和化学五科文化课考试。来自北京市盲人学校教师14人参加试卷评阅工作。

（郭振铎）

【完成提前招生录取审批】 7月12日，考试院完成高级中等学校提前招生录取审批工作。该审批通过127所提前招生学校报审考生7276人。其中，普通高校录取1011人，中专录取1989人，技校录取2785人，职业高中录取1491人。

（郭振铎）

【完成特殊学生录取资格审核】 7月16日，考试院完成高级中等学校特殊学生录取资格审核。该审核通过102所有招收特殊学生任务普通高中学校报审特殊考生4224人。其中，优秀生1342人、市级三好生365人、实验班690人、文艺特长生727人、体育特长生585人、科技特长生43人、大学子女246人、集训队员39人、推荐生80人、金银帆奖3人、外交人员子女104人。

（郭振铎）

【完成中招录取工作】 7月27至29日，考试院完成高级中等学校招生录取工作。该录取按照考试总成绩从高分到低分，依照考生志愿顺序择优录取原则，面向全市411所招生学校，录取新生76700人。其中，74所示范高中，录取27480人；209所一般高中，录取31936人；1所师范学校，录取200人；30所中专学校，录取8804人；32所技校，录取2795人；59所职高，录取2648人；6所高职，录取2837人。全市411所学校全部实行网上录取，按时接收、审核本校初录新生信息，办理审批手续。

（郭振铎）

【完成中招补录工作】 8月25至29日，考试院完成部分高级中等学校招生补录工作。该录取面向全市271所未完成招生计划学校，实际补录考生2506人。其中，一般高中197所，补录1561人；中专25所，补录新生608人；技校18所，补录新生85人；职高27所，补录新生171人；高职4所，补录新生81人。

（郭振铎）

【完成中招调剂录取工作】 10月9日，考试院完成部分高级中等学校调剂录取工作。该录取依照考试院《关于做好2008年中招录取结束后有关工作通知》文件，采取对调剂考生集中办理审批手续方法，面向全市77所学校，实际调剂录取考生1465人。其中，落榜考生77人，占调剂录取总人数5.26%；调剂录取考生1388人，占94.74%。

（郭振铎）

【完成高考落榜生录取】 10月27日，考试院完成部分高级中等学校录取高考落榜生审核备案工作。该取录依据市教委关于“在部分中等职业学校中开展面向未升学高中毕业生进行中等职业教育的试点工作”要求，采用集中办理审批方法，面向全市22所中等职业学校，比上年增加13所，实际录取高考落榜生1163人，完成计划45.7%；录取人数比上年增加531人，增长84%。

（郭振铎）

高中毕业会考

【概　况】 2008年，北京教育考试院完成春季和夏季两次高中毕业会考。两次会考共开设语文、数学、外语、地理、历史、政治、物理、化学、生物9科文化课考试。其中，语文、外语、地理、历史4科实行网上阅卷。全年参加高中会考（含自行组考及替代科目）的考生总计222837人，比上年减少102708人；报考总科次为718213科次，比上年减少228994科次。颁发《北京市高中会考合格证》83960份，其中，普高类83853份，职技类考生83份，社会类考生24份。全市参加高中会考应届高中学生 95861 人，取得合格证 76257 人，占 79.55%。共为 1346 人办理会考成绩转京手续，其中，以转入海淀区考生最多，占总数 26.3%。

（郭振铎）

【完成春季高中会考】 1月6至8日，考试院完成春季高中毕业会考。该会考设立语文、数学、英语、政治、物理、化学、生物、历史、地理9科文化课考试科目。全市共设考点144个，考场2653个。来自全市341所学校考生及非在校公民共117314人参加考试，报考总科次323135科次。考试期间，发现并处理违规考生348人。

（郭振铎）

【完成春季会考阅卷和成绩登统】 1月10至20日，考试院完成春季会考阅卷及成绩登分统计工作。该工作分手工评卷和网上评卷两种形式。其中，数学、政治、物理、化学、生物5个学科采用手工评卷方式，语文、外语、地理、历史4个学科采用网上评卷方式。手工评卷共聘请教师328人，评阅试卷170716份。网上评卷共聘请教师198人，阅评试卷152419份。成绩登统采用以知识点为单位录入小分方法，其数据用于命题及高中教学质量分析。

（郭振铎）

【颁发高中会考合格证】 4月和9月，考试院颁发《北京市高中会考合格证》。全市共颁发合格证83960份，其中，普高类83853份，职技类83份，社会类24份。全市参加会考应届高中毕业生95861人，取得合格证76257人，合格率79.55%。

（郭振铎）

【完成夏季高中毕业会考】 6月24至26日，考试院完成夏季高中毕业会考。该会考开设语文、数学、英语、政治、物理、化学、生物、历史、地理9科文化课考试科目。全市共设考点143个，考场2700个。来自全市349所学校考生及非在校公民95944人参加考试，报考总科次364750科次。考试期间，发现并处理违规考生374人。

（郭振铎）

【完成夏季会考阅卷和成绩登统】 6月29日至7月13日，考试院完成夏季会考阅卷及成绩登分统计工作。该工作分手工评卷和网上评卷两种形式。其中，数学、政治、物理、化学、生物5个学科采用手工评卷方式；语文、外语、地理、历史4个学科采用网上评卷方式。网上评卷共聘请教师71人，评阅试卷66445份。手工评卷共聘请教师392人，评阅试卷298305份。成绩登统采用以知识点为单位录入小分方法，其数据用于命题及高中教育教学质量评价分析。

（郭振铎）

【召开中招会考工作总结会】 12月17至19日，考试院召开中招会考年度工作总结会。会议总结全年中考中招及高中会考工作情况，布署下一年度中招会考工作。会议提出中考网上阅卷和高中会考有关工作初步意见。来自市教委、市劳动和社会保障局、市体检中心，部分区县教委主管主任，北工大中招和会考项目组以及各区县考试中心、中招办、会考办及中教研中考负责人130人参加会议。

（郭振铎）

普通高等学校招生

【概　况】 2008年，全国共有826所高等学校在京招生，录取升学率75%以上。统招计划76971人，统招报名103789人。实际录取新生79836人，比上年减少1023人，比计划增招2865人。其中，文史类录取25386人，占录取总数的31.80%；理工类录取54450人，占录取总数的68.20%。全年高职单独招生报名14317人，计划招生5914人，录取新生5989人。

（滕岩）

【举办高招电台咨询活动】 3月31日至4月27日和6月30日至7月13日，考试院举办普通高校招生电台咨询活动。该活动与北京人民广播电台联合创办，介绍学校办学情况和招生信息，并指导考生填报志愿。北京70所在京高校参加咨询活动。

（滕岩）

【举办高招网络咨询活动】 4月20至24日，考试院举办普通高等学校招生网络咨询活动。该活动利用考试院网站，设立6个单元，来自北京70所招生院校参加活动，每所学校有3个单元时间解答考生提问。访问该系统34360人次，注册6405人，网站点击数25229798次，，提问28086个，回答问题25567个，处理问题27631个，回答率和处理率分别为91.03%和98.38%。

（滕岩）

【完成高招考试评卷工作】 6月9至25日，考试院完成年度普通高等学校招生考试评卷工作。该阅卷分为统考和单考单招两部分，共评阅各科试卷47万份。其中，统考考生103789人，按科目分别由北大、清华、首师大、北师大和二外5所高校评阅；高职单考单招考生14317人，分别由北工大、北京联合大学2所高校承担。7所高校参加评卷教师1780人。本年，英语、语文两科主观题答卷试行网上评卷，最大限度减少人为误差。

（滕岩）

【确定高招录取控制分数线】 6月24日，北京市招生委员会第二次全体会议确定普通高校招生最低录取控制分数线。该控制分数线规定，普通专业最低录取分数线，文科本科第一批最低录取控制分数线515分，第二批最低录取控制分数线472分，第三批最低录取控制分数线439分；理科本科第一批最低录取控制分数线502分，第二批最低录取控制分数线455分，第三批最低录取控制分数线430分。提前批次专科录取参考工作线，文科330分，理科330分。艺术类本科录取最低分数线，文科283分，理科273分。艺术类专科录取参考工作线，文科231分，理科231分。体育教育专业，文科（本科）320分（体育成绩60分），理科（本科）320分（体育成绩60分）。本科批次录取结束后，经市高招委主任委员批准，确定专科批次录取最低控制分数线，文科290分；理科310分。

（滕岩）

【完成高招志愿填报调整工作】 至12月31日，考试院完成普通高校招生志愿填报调整工作。该调整涉及本科一批、二批、三批志愿填报设置方式，由原来3所学校扩大到4所学校，调整后每批次第一志愿填报1所学校，第二志愿填报3所平行学校。不调整提前批次、高职（专科）批次和单考单招志愿设置及录取方式。实行部分平行志愿增加第一志愿高分落榜考生录取机会，减轻学生填报志愿的压力，增加学校按志愿录取和学生有效选择学校机会，实现志愿和分数相结合。从考生填报志愿和录取结果显示，部分平行志愿减轻考生填报志愿压力，得到考生和社会认可。本科批次第二志愿录取率比上年提高4个百分点；高分落榜考生明显减少。本科批次第一批录取结束后600分以上考生剩72人，比上年减少167人。调整后录取时间缩短5天。

（滕岩）

【完成高职升本科招生试点】 至12月31日，考试院完成高职升本科试点招生工作。全市48所高校推荐专科毕业生6463人报名参加考试，共有23所高校参加招生，计划招生2154人，实际录取2060人。至此，高职自主招生试点校增加到11所。

（滕岩）

研 究 生 招 生

【概　况】 2008年，北京市研究生（博士、硕士）招生总规模（不含解放军在京单位）68588人，比上年增加2047人，增长3.1%，其中，国家计划51527人，比上年增加5028人，增长10.8%。硕士研究生招生规模53728人，比上年增加1718人，增长3.3%。其中，国家计划38213人，比上年增加3957人，增长11.6%。博士生招生规模14860人，比上年增加349人，增长2.4%。其中，国家计划13314人，比上年增加1071人，增长8.8%。全国报考北京138个招生单位硕士生考生214450人，比上年减少7127人，减少3.2%。报考75个博士生招生单位（不含解放军在京招生单位）考生共计43887人，比上年增加1017人，增长2.4%。全年北京研究生招生单位（不含解放军在京单位）共录取硕士生52901人，比上年增长5%，录取博士生14816人，比上年增长1.2%。

（李青文）

【完成全国硕士生统一入学考试】 1月19至20日，考试院组织完成北京地区年度全国硕士研究生统一入学考试。该考试共设置考点67个，考场2436个，比上年减少71个。应试考生89558人，比上年减少3537人，降低3.8%。

（李青文）

【完成硕士生统考科目评卷】 2月12日至3月12日，考试院组织完成硕士生入学考试全国统考科目统一评卷工作。评卷涉及政治理论、医学综合、数学（1至4）、外语、教育学、心理学、历史学等10个统考科目，共评阅试卷47万份。评卷工作分别由北京大学、清华大学、北京航空航天大学和北京师范大学承担。考试科目改革新增数学（农）、化学（农）、植物生理学与生物化学、动物生理学与生物化学4个农学门类统考科目评卷任务由中国农业大学承担。

（李青文）

【完成硕士生录取工作】 6月，考试院组织完成北京硕士研究生录取工作。北京高校和科研机构共有招生单位138个（不含解放军在京单位），实际录取52901人，比上年增加2523人，增长5%。其中，高等学校录取47051人，占88.9%；在京部属科研机构录取2287人；占4.3%；中国科学院研究生院录取3196人，占6%；北京市属科研机构录取47人，中国社会科学院录取182人，党校系统录取138人。

（李青文）

【新增推免高校2所】 7月14日，考试院完成北京新增推免生高校遴选工作。该遴选由“北京市遴选具有推免生资格高等学校专家委员会”，依照教育部关于评选开展推荐工作的高等学校应具备条件规定，综合评定全市11所申报推免生工作高校，其中，中央美术学院、北京协和医学院2所高校入选。至此，北京共有推免生工作高校37所。

（李青文）

【完成博士生招生工作】 7月，考试院完成北京博士生招生录取工作。北京共有75个高校和科研机构招生单位（不含解放军在京单位），报名参加考试43887人，比上年增加1017人，增长2.4%。实际录取14816人，比上年增加179人，增长1.2%。其中，高等学校录取10701人，占72.2%；科研机构录取864人，占5.8%；中国科学院研究生院录取2895人，占19.6%；中国社会科学院录取258人，占1.7%；党校系统录取98人，占0.7%。招生专业覆盖全部十二个学科门类。

（李青文）

【完成硕士生报名工作】 10月10至31日，考试院组织完成年度全国招收攻读硕士学位研究生统一入学考试报名工作。该报名分为网络报名和现场确认两阶段，来自全国各省市（自治区）报考北京招生151个单位考生225649人，比上年增加11199人，增长5.2%。北京共有67个报考点组织考生进行现场确认，共确认考生102790人，比上年增加4197人，增长4.3%。其中，报考京内招生单位考生

95732人，占京内报名总人数93.1%；报考外埠471个招生单位考生7058人，占京内报名总人数6.9%。

（李青文）

【召开研究生招生表彰会议】　12月18日，考试院召开“北京市研究生招生工作表彰暨2009年考务工作会议”。会议总结上年度研究生招生工作，部署下一年度研究生招生业务工作。会议表彰恢复研究生招生工作30周年来，长期从事研究生招生工作先进工作者53人和突出贡献个人25人。来自全市150个招生单位200人参加会议。

（李青文）

成人高等学校招生

【概　况】　2008年，全国共有102所高校在京招生，招生专业1510个（含单考单招14个）。招生计划81913人（含单考单招710人），比上年减少3002人，下降3.5%。其中，高中起点专科计划37493人，占招生计划总数45.7%；高中起点本科计划8656人，占招生计划总数10.6%；专科起点本科计划35764人，占招生计划总数43.7%。全市共有113189人报名参加考试，比上年减少3072人，下降2.64%。报考高中起点专科48972人，比上年减少2901人；报考高中起点本科19239人，比上年减少256人；报考专科升本科44978人，比上年增加85人。实际录取新生80741人。其中，第一批高中起点艺术体育类专业共录取新生7502人，第二批本科录取新生40112人，第三批专科录取新生31414人，单考单招录取新生1713人。

（刘红）

【完成成招网络报名工作】　8月15至28日，考试院完成成人高考网络报名工作。该报名实行网络报名和现场确认两部分，全市共有146886人报名参加考试，比上年增加6274人。全市各区县成招办设立确认点20个，确认考生113189人，比上年减少3072人，下降2.64%。其中，报考高中起点专科48972人，报考高中起点本科19239人，报考专科起点升本科44978人。报考部属院校69173人，报考市属院校44016人。报考脱产学习形式6715人，报考业余学习形式106474人，其中，报考函授学习形式2398人。报考文史类67964人，报考理工类45225人。

（刘红）

【完成成招全国统一考试】　10月11至12日，考试院完成北京市年度成人高等学校招生全国统一考试。全市共设考区19个，考点160个，考场3892个，实际参加考试104953人。查处违规考生172人，违纪率1.5‰。

（刘红）

【完成成招统一阅卷】　10月13至17日，考试院完成成人高校招生全国统一考试评阅卷工作。阅卷设立北京师范大学、首都师范大学、北京教育学院和北京广播电视大学四个阅卷点，聘请600名教师参加评卷，评阅试卷总量35.9万份。本年，北京市成招考试20科首次实行网上阅卷。

（刘红）

【确定成招最低控制分数线】　11月6日，北京市高校招生委员会确定成人高考录取最低控制分数线。该分数线明确，高中起点专科，文史外语类162分，艺术类72分，理工类132分，体育类95分。高中起点本科，文史外语类266分，艺术类172分，理工类180分，体育类130分。专科起点升本科，文史中医类180分，艺术类100分，理工类110分，经济管理类150分，法学类125分，教育学类100分，农学类140分，医学类215分。

（刘红）

【完成成招录取工作】　12月10日，考试院完成成人高校招生录取工作。全市共有102所院校1510个专业参加招生，共录取新生80741人，比上年减少1311人，降低1.6%，完成招生计划98.6%，与上年持平。按照录取批次统计，第一批次高中起点艺术、体育类专业共录取新生7502人，完成招生计划88.5%；第二批次本科录取新生40112人，完成招生计划91.75%；第三批次专科录取新生31414人，完成招生计划105.04%。单考单招录取1713人。

（刘红）

高等教育自学考试

【概　况】　2008年，考试院组织高等教育自学考试、中英合作考试、应用技术教育考试、非学历证书考试和各类非笔试课程考试共38次。全年共有595865人次报考1569252科次，其中，自学考试（含非笔试课程考试）239996人报考1350882科次，应用技术教育考试3643人报考11633科次，中英合作专业16860人报考102438科次，非学历证书考试23005人报考48423科次。各类考试累计考生违规450科次，违规率0.47‰。全年开考专业总计113个，其中，自学考试专业101个，应用技术教育考试专业12个；同时开设10类21种证书考试。全年共毕业学生13898人，其中，专科毕业生5982人，本科毕业生 5716 人，学历文凭毕业生 2197 人。全年共有 4597 人获取学士学位证书，158 人办理会计从业人员资格证书。

（卢杰）

【完成上半年自学考试报名】 1 月 18 日，考试院完成上半年高等教育自学考试报名工作。该报考采用网络和邮局电话及营业网点两套系统 3 种方式，报考始于 2007 年 12 月 18 日，全市共有 190881 名考生报考 582323 科次，16734 人办理新生注册手续。报考考生人数比上年减少 23147 人，降低 10.81%；报考课程减少 68458 科次，降低 11.19%。

（卢杰）

【完成上半年学历文凭 2 类考试】 1 月 11 至 15 日，考试院完成上半年学历文凭 2 类考试。2 类考试分别是自学考试和应用技术教育考试，全市共设考区 13 个，考点 133 个，考场 2934 个，教师 5868 人参加监考，监考 20404 场次。全市共有 150963 人报名参加 322328 科次考试，实考 200949 科次，实考率 62.34%。考试期间，发现并处理违规考生 48 人，违规率 0.24‰。本次考试设立宣武、海淀、丰台、石景山、通州、顺义、延庆 7 个“考场超员编排”改革试点考区，网上阅卷由 9 门公共政治课增加到 30 门公共政治课和专业基础课。

（卢杰）

【完成学历文凭考试毕业审定工作】 3 月 26 至 28 日，考试院完成高等教育学历文凭考试毕业审定工作。该审定共有 42 所民办高校 2167 名考生申报毕业，涉及专业 25 个。其中，2135 人通过毕业复审。至此，北京市高等教育学历文凭考试顺利完成。

（卢杰）

【开通自考信息查询系统】 4 月 1 日，考试院开通北京市高等教育自学考试综合信息查询系统。该系统依托教育信息网，采用 J2EE 技术，设立自学考试计划、考生个性化报考、考试成绩、考试通知单、毕业计划和考籍等查询功能，提供自考政策，满足考生查询需求。

（毕胜）

【完成上半年自学考试】 4 月 12 至 13 日和 19 至 20 日，考试院完成上半年高等教育自学考试。该考试采用笔试方式，共开考 103 个专业、365 门课程。全市共设立考区 19 个，考点 161 个，考场 3695 个，7390 人参与监考工作。来自全市 183815 名考生报名参加 543259 科次考试，实考 327807 科次，实考率 60.34%。考试期间，发现并处理违规考生 76 人，违规率 0.23‰。

（卢杰）

【完成下半年学历文凭 2 类考试报名】 4 月 15 至 25 日，考试院完成下半年学历文凭 2 类考试报名工作。2 类考试分别是自学考试、应用技术教育考试，采用网络和邮局电话及营业网点两套系统 3 种方式。其中，自学考试共有 17615 名考生报名参加 54273 科次考试，1115 人办理新生注册手续。报考考生人数比上年增加 3167 人，增长 21.9%；报考课程 10520 科次，增长 24%。应用技术类考试共有 2381 名考生报名参加考试，报考课程 7032 科次。报考人数比上年减少 3150 人，降低 57%；报考课程比上年减少 6297 科次，降低 53.5%。

（卢杰）

【完成上半年计算机应用基础上机考试】 5 月 10 至 11 日，考试院完成上半年自学考试计算机应用基础上机考试。该次考试设立考区 16 个，考点 21 个。来自全市 18257 名考生报名参加 18257 科次考试。

（卢杰）

【完成上半年自考非学历证书考试】 5 月 17 至 18 日，考试院完成上半年高等教育自学考试非学历证书考试。该考试分别在东城区、海淀区和延庆县设置考点 12 个，考场 796 个，组织考试 796 场次。共开考 5 个证书类别共计 29 门课程，11094 名考生报名参加 23293 科次考试。实考 20641 科次，考试期间，发现并处理违规考生 11 人，违规率 0.53‰。

（卢杰）

【举办自考网络咨询活动】 5 月 29 日，考试院举办年度高等教育自学考试网络咨询活动。该活动利用教育信息网络，宣传自学考试政策，指导考生参加自学考试学习与考试，并解决考生问题。来自全市共有 12583 人参加活动，咨询主页点击阅览 1380028 人次，共提出各类问题 2923 个，问题回答率 81.73%。

（卢杰）

【完成下半年自考报名】 6 月 18 日至 7 月 18 日，考试院完成下半年高等教育自学考试报名工作。该报考继续采用网络和邮局电话及营业网点两套系统 3 种方式，全市共有 146374 名考生报名参加 470523 科次考试，其中，8870 名新生注册参加考试，报考人数比上年减少 22151 人，降低 13.1%；报考课程比上年减少 81279 科次，降低 14.7%。

（卢杰）

【完成上半年毕业复审工作】 6 月 24 至 27 日，考试院完成上半年高等教育自学考试毕业复审工作。全市共有 92 个专业 5859 名考生申报毕业，通过复审 5675 人。其中，自学考试申报毕业 5612 人，通过复审 5443 人；应用技术类考试申报毕业 247 人，通过复审 232 人。专科毕业 2652 人，本科毕业 2791 人。自考毕业人数比上年降低 19.4%。来自全市 17 个区县工作人员及部分主考高校教师共 73 人参加毕业生审定工作。

（卢杰）

【完成下半年学历文凭 2 类考试】 7 月 4 至 7 日，考试院完成下半年学历文凭 2 类考试。2 类考试分别是应用技术教育考试和常规自学考试。3 类考试共设考区 3 个，开考 18 个专业，69 门课程，设立考点 23 个，考场 186 个，组织考试 918 场次，3804 人次参加监考工作。其中，自学考试设立西城和延庆两个考区，开考 4 个专业，24 门课程，共有考生 17615 人报名参加 54273 科次考试，实考 38982 科次，实考率 71.83%。考试期间，发现并处理违规考生 87 人，违规率 0.22%。应用技术教育考试考区设在崇文区，开考 12 个专业，45 门课程，笔试课程共有考生 2381 人报名参加 5481 科次考试，实考 3837 科次，实考率 70.01%。考试期间，发现并处理考生 7 人，违规率 0.18%。

（卢杰）

【开通自考电话语音咨询系统】 7 月 21 日，考试院开通高等教育自学考试电话语音咨询系统。该咨询系统连接 10 路语音线路，满足考生全天候语音咨询服务，并可提供人工咨询服务。语音咨询电话 1606688，拨打费用与市内电话相同。

（卢杰）

【完成自学考试报名】 10 月 15 至 25 日，考试院完成自学考试、应用技术考试两项考试的报名工作。报考继续采用网络和邮局电话及营业网点两套系统三种方式进行。其中，自学考试共有 127650 人报考 264355 科次，注册新生 44825 人；与上年同期相比，报考人数减少 9961 人，降幅为 18.2%；报考课程减少 51830 科次，降幅为 16.4%。应用技术类考试笔试课程共有 1081 人报考 1900 科次，非笔试报考 126 科次。由于此类考试不再注册新生，因此与上年同期相比，报考规模继续下降，报考人数减少 1789 人，降幅为 62.3%；报考课程减少 4252 科次，降幅为 69.1%。

（卢杰）

【完成下半年自学考试】 10 月 18 至 19 日和 25 至 26 日，考试院完成下半年高等教育自学考试。该考试采用笔试方式，共开考 103 个专业 384 门课程。全市共设立考区 19 个，考点 138 个，考场 3164 个，组织考试 14772 场次，6328 名教师参加监考工作。来自全市 143779 名考生报名参加 437146 科次考试，实考 266615 科次，实考率 60.99%。考试期间，发现并处理违规考生 72 人，违规率 0.27‰。

（卢杰）

【自考课程全部实现网上评卷】 10 月，考试院实施高等教育自学考试全部课程网上评卷。网上评卷采用校园局域网、VPN 虚拟专网和互联网 3 种方式，共涉及阅卷学校 21 所，累计评阅答卷 266469 份。其中，3 所学校通过校园局域网、1 所学校通过 VPN 虚拟专网、17 所学校通过互联网阅卷。至此，全市自学考试首次实现全部课程网上评卷。

（卢杰）

【签订自学考生电子档案项目协议】 11 月 3 日，考试院与博睿斯达数字技术公司签订“北京市高等教育自学考试毕业生历史档案电子化项目”建设合作协议。该协议规定，博睿斯达数字技术公司负责考生原始档案电子扫描及电子字段采集工作。考试院负责项目的具体组织实施及项目完成后验收工作。项目建设预计 3 个月，总投资 20 万元。

（卢杰）

【完成下半年计算机上机考试】 11 月 8 至 9 日，考试院完成下半年自学考试计算机应用基础上机考试。该考试共设立考区 16 个，考点 17 个。来自全市 10338 名考生报名参加 10338 科次考试。

（卢杰）

【完成下半年自考非学历证书考试】 11 月 15 至 16 日，考试院完成下半年高等教育自学考试证书考试。该考试分别在东城、西城、延庆共设置考点 12 个，考场 258 个，组织考试 861 场次，实考 22746 科次。开考中国餐饮业职业经理人资格证书、中国物流职业经理资格证书和市场营销资格证书等 7 个类别证书，共计 32 门课程，11914 名考生报名参加 25069 科次考试。考试期间，查处违规考生 19 人，违规率 0.84‰。

（卢杰）

【完成下半年毕业复审】 12 月 24 至 28 日，考试院完成下半年高等教育自学考试毕业复审工作。全市共有 98 个专业 6058 名考生申报毕业，审核通过 5897 人。其中，自学考试申报毕业 5785 人，审核通过 5632 人；应用技术类考试申报毕业 273 人，审核通过 265 人。专科毕业生 3180 人，本科毕业生 2452 人。本科毕业生人数比上年降低 16.22%，专科毕业生人数比上年增长 20.72%。

（卢杰）

社　会　考　试

【概　况】 2008 年，北京教育考试院共举办 19 次 9 个项目的社会考试，报考人数共计 242473 人，并取得相应证书。评阅试卷 241000 人。其中，剑桥少儿英语考试报名参加考试 49252 人，比上年减少 12.2%；北京英语口语证书考试报名参加考试 45479 人，比上年减少 40.6%；北京英语水平考试报名参加考试 13600 人，比上年减少 2.3%；全国计算机等级考试报名参加考试 117988 人，比上年减少 13.1%；全国计算机应用技术证书考试报名参加考试 9634 人，比上年减少 33.4%；全国青少年计算机考试报名参加考试 6166 人，比上年减少 34.7%。本年新开设中国书画等级考试，报名参加考试 217 人，剑桥办公管理国际证书考试报名参加考试 137 人。

（徐卫红）

【举办全国青少年计算机考试】 3 月、6 月和 12 月，考试院分别举办 3 次全国青少年计算机考试。3 次考试分别采用题签考试方式，开考操作基础、文字处理和多媒体制作等 12 个模块。北京有 6166 人报考，其中，操作基础模块 683 人，全部合格；文字处理模块 704 人，合格 700 人；表格处理模块 592 人，合格 586 人；画图模块 869 人，合格 857 人；网络应用模块 393 人，合格 378 人，多媒体制作模块 738 人，合格 733 人；动画制作模块 645 人，合格 638 人；图像处理模块 547 人，合格 543 人；网站设计模块 417 人，合格 413 人；数据库模块 229 人，合格 28 人；程序设计模块 348 人，合格 343 人；数码绘画模块 1 人，全部合格。

（姜树森）

【举办剑桥少儿英语考试】 3 月、10 月和 12 月，考试院举办 3 次剑桥少儿英语全国统一考试。该考试采用笔试和口试等两种方式，北京共有 49252 人次报名参加考试。其中，一级 18117 人，二级 16710 人，三级 14425 人。

（何森森）

【完成北京英语水平考试网络报名】 4月1至15日，考试院完成北京英语水平考试网络报名工作。该报名分三个级别，全市共有8215人报名参加考试。其中，一级4913人，二级2732人，三级570人。

（金辉）

【举办全国计算机等级考试】 4月12至16日和9月20至24日，考试院举办两次全国计算机等级考试（NCRE）。两次考试均采用笔试和上机考试相结合方式，分为一级、二级、三级和四级共4个等级，共设立119个考点。来自全市117988人参加考试，46050人获得全国计算机等级考试合格证书。其中，一级44497人，及格26533人；二级54026人，及格15910人；三级17423人，及格3369人；四级2042人，及格238人。

（姜树森）

【举办剑桥办公管理国际证书考试】 4月和11月，考试院举办两次剑桥办公管理国际证书考试。该考试采用笔试和上机等两种方式，开考《办公室管理》、《沟通和项目管理》、《文字处理》、《人际商务技巧》、《客户服务》、模块初、中、高级，共137人报名参加189个模块考试。其中，报考核心模块160个，报考选修模块29个；报考初级模块182个，报考中级模块4个，报考高级模块3个。至此该考试共举办6年，共有671人报名参加考试。本年为剑桥办公管理国际证书考试项目最后一年考试。

（姜树森）

【举办北京英语口语证书考试】 5月17至28日和11月15至16日，考试院举办两次北京英语口语证书考试（BOEC）。该考试采用考官对考生一对一口试形式，分为初、中、高3个等级，考试时间分别为初级5至7分钟/人，中级8至10分钟/人，高级12至15分钟/人。全市共有45479人次报名参加考试。其中，初级18463人，合格率为75%和59%；中级10525人，合格率分别为61%和62%；高级3519人，合格率分别为59%和52%。

（冯国红）

【举办北京英语水平考试】 5月和10月，考试院举办两次北京英语水平考试。该考试采用笔试和口试等两种形式。全市共有13600人次报名参加考试，其中，一级7728人，二级5129人，三级743人。

（金辉）

【举办中国书画等级考试】 5月和11月，考试院举办中国书画等级考试。该考试设硬笔书法和书法两个科目，分9个级别。北京共有217人报名参加考试，其中，硬笔书法126人，书法91人。

（姜树森）

【全国少儿计算机考试更名】 6月，全国少儿计算机考试更名为全国青少年计算机考试。更名后操作基础考试形式采用“过程式考核”，其他模块采用“任务式考核”，考试内容分为操作基础、文字处理、多媒体制作等12个模；考试管理采取北京教育考试院与中心考点两级管理模式，北京教育考试院负责组织和落实工作，各中心考点负责本区县内各考点考务管理、教学研究工作。

（姜树森）

【举办全国计算机应用技术证书考试】 6月和12月，考试院分别举办两次全国计算机应用技术证书考试。该考试采用系统及题签考试方式，设立23个考点，累计开考文字处理、电子表格和演示文稿制作等共计15个模块，报考总人数9634人。其中，7221人取得证书。

（姜树森）

中外合作考试

【概　况】 2008年，考试院举办英语口语等级考试（GESE）205场，英国剑桥通用英语证书考试（MSE）2场。全市共有25791人报名参加考试。全年举办英语口语等级考试（GESE）考前培训，英语口语等级考试（GESE）教师培训，剑桥少儿英语教师培训，英国剑桥通用英语证书考试（MSE）教师培训，共举办十一期，来自全市共有720人报名参加英语培训。

（庞博）

【举办英语口语等级考试】 1至12月，考试院共举办205场英语口语等级考试（GESE）。该考试采用考生与考官一对一面试方式，分为12个级别，全市共有22434人报名参加12个级别英语口语考试，合格14358人，总体通过率64%。其中，一至三级英语口语报考9757人，通过率82%；四至六级英语口语报考11620人，通过率51%；七至九级别英语口语报考1016人，通过率38%；十至十二级英语口语报考41人，通过率83%。

（庞博）

【举办各种英语培训班】 1至12月，考试院举办各种英语培训班。该培训班开设英语口语等级考试（GESE）考前培训、英语口语等级考试、英语口语等级考试（GESE）教师培训、剑桥少儿英语教师培训、英国剑桥通用英语证书考试（MSE）教师培训等11期。共720人报名参加培训。

（庞博）

【举办英国剑桥通用英语证书考试】 5月24日至6月15日和11月22日至12月6日，考试院共举办两场英国剑桥通用英语证书考试（MSE）。该考试采用笔试、口试和面试相结合方式，分为一级（KET）、二级（PET）和三级（FCE）3个级别。北京共有3357人报名参加英国剑桥通用英语证书3个级别考试，合格1880人，总体通过率56%。其中，一级（KET）报考1649人，通过率61%；二级（PET）报考1456人，通过率45%；三级（FCE）报考252人，通过率24%。

（庞博）

社会委托考试

【完成奥组委社会招聘考试】 1月8日至4月22日，教育考试指导中心完成两次北京奥组委面向社会招聘工作人员考试组考工作。该考试受北京奥组委委托，教育考试指导中心承担招聘考试英语笔试、英语口试及综合知识3个科目试题命题11套，制卷865份，评阅试卷855份。来自北京市285人次报名参加考试，发放成绩285份。

（胡海）

【完成安全评价师职业资格鉴定】 1至12月，教育考试指导中心完成45次评价师国家职业资格（试验性）鉴定。该鉴定受劳动部鉴定中心、国家安全生产监督管理总局委托，教育考试指导中心承担基础理论和专业知识2个科目3个级别共计58套试题命题工作，组考29626科次，制卷32743份，评阅试卷29626份，制作、发放“安全评价师国家职业资格证书”14121份。来自全国32个省、直辖市、自治区共计14813人次报名参加安全评价师国家职业资格（试验性）鉴定。

（胡海）

【完成中国银行招聘选聘考试】 3月，教育考试指导中心完成中国银行招聘考试和中国银行选聘考试。该考试受中国银行委托，承担英语笔试和综合知识2个考试科目。其中，完成“2008年中国银行招聘考试”英语笔试、综合知识2个科目试题命题，制卷96896份，评阅试卷84816份。全国共有42408人次参加中国银行招聘考试。完成“2008年中国银行选聘考试”英语、综合知识2个科目试题命题，印制试卷15504份，评阅试卷13156份。全国共有6578人次报名参加考试。

（胡海）

【完成全国英语等级考试】 3月和9月，教育考试指导中心完成北京地区“全国英语等级考试（PETS）”。该考试采用笔试和口试两种形式，北京共有18363人次报名参加全国英语等级考试。其中，报名参加笔试考生17738人次，报名参加口试考生12247人次，评阅试卷26070份，发放成绩12978份。

（胡海）

【完成全国报检员资格考试】 10月，教育考试指导中心完成北京考区全国报检员资格统一考试考务工作。该考试受北京市进出口商品检验检疫局委托，教育考试指导中心承接1个科目1个级别考试。设立考点2个，考场110个，全市共有3297人报名参加资格考试。

（胡海）

北京教育考试院
院长、副院长
书记、副书记

院　长　王　健

副院长　吴凤臣　臧铁军　李鸿江　徐宝力

书　记　王　健

副书记　李鸿江

（本栏责任编校　董洁）

国际交流与合作

综 述

2008年，首都教育国际合作与交流服务于中央外交和国家教育发展大局，紧密围绕首都教育系统中心工作，牢牢把握奥运机遇，加强宏观指导，做好统筹协调，依法规范管理，高效优质服务，深入拓展对外交流与合作，切实做好外事管理与服务，促进首都教育的国际化和现代化发展。

全力以赴，做好奥运相关工作，为北京奥运做出积极贡献

发挥优势，履行职责，根据北京市委教育工委、市教委整体部署，结合教育系统外事工作实际情况，拟订专门工作意见，就教育系统全面加强奥运期间外事工作的领导，排查隐患、妥善处理突发事件，维护首都安全稳定，高质量接待奥运会贵宾参观和记者采访，严格做好请示汇报工作，以奥运契机为促进教育外事工作的全面发展提出具体意见，并在相关系列会议中向各高校、区县教委进行布署。

按照“平安奥运行动督查工作”要求，对全市12所独立设置的高等非学历中外合作办学机构的平安奥运工作进行督查，圆满完成各项任务；组织重点高校研究草拟《北京市高校外国留学生突发事件应急预案指导文本》，指导各校完善应急工作制度和预案，全面提高北京市高校处理外国留学生突发事件应急工作能力。北京奥运会结束后，市教委获得“首都教育系统先进集体”称号。

发挥优势，提高首都教育外事宏观管理和统筹协调能力

召开部属高校、市属高校、区县教委、市教委直属直管单位、民办高职院校等系列外事工作会议，以及汉语国际推广、外籍教师管理、留学生管理、中外合作办学等方面工作专题会议，在深入了解首都各级各类教育机构国际合作与交流发展现状的基础上，及时传达上级部门有关工作精神，明确提出市教委相关工作要求，提出首都教育外事“统筹发展，依法管理，质量发展，特色发展，创新发展”工作方针，以“大外事”和“大教育”观念和机制，有效地统筹指导各级各类学校外事工作。

拓宽渠道，提高层次，展示教育对外交流合作良好局面

市教委领导率团出访、接待国外代表团来访，着力开拓友好城市之间教育合作，继续做好与东京、首尔等友好城市的交流，加强华盛顿特区、渥太华、芬兰赫尔辛基、莫斯科等友好城市教育部门的合作，并和基辅市、墨西哥城、布宜诺斯艾利斯等友好城市教育部门建立联系，取得突破性成效，填补与拉美、东欧等地区空白，优化区域布局，为促进全方位对外交往奠定坚实基础。此外，市教委与美国新英格兰等6个州高校委员会、意大利特伦托特区教育局就加强北京市高校和职业院校对外开展交流合作签署协议。

在加强市教委与国外政府教育部门联系合作的同时，积极促进本市各级大中小学开展高层次对外交流合作。年内，共选派全市8个区18所中小学200多名师生参加“中国优秀高中生代表团短期赴日访问”、“第11届中国少年友好交流访日”、“中俄青年学生夏令营”、“亚洲青年之家”、“亚运会主办城市青年交流营”、“第10届首尔北京体育交流大会”等国家级重点交流项目。

加强调研，分类指导，中外合作办学进一步规范

通过在政府网站上公开各类中外合作机构和项目的详细信息、加强对招生简章和广告的审查、严肃处理违规活动等手段，强化政府部门的监管职能，并本着“依法办理、确保质量、促进发展”的工作原则，审批中国政法大学与德国汉堡大学共同举办中欧法学院、中国音乐学院与奥地利3所音乐学院联合培养音乐人才等一批引进国外优质资源的项目，北京市中外合作办学机构和项目分别达到49个和112个。此外，对北京市所有尚未通过教育部复核工作的机构和项目的办学情况进行全面梳理，配合教育部加快复核工作进度。

加强引导，强化管理，促进来京留学事业的大力发展

制定本年度外国留学生政府奖学金项目经费分配方案，审核增加4个高校申请该项目的资格。市教委组织北京市60多个院校先后参加韩国、西班牙、美国、马来西亚教育展，制作《留学北京》等宣传材料，积极推介北京留学环境和项目。全年在本市高校学习的外国留学生达6.6万人。

市教委与市政府外办、市公安局对近年来申请获得招收外国学生单位资格的23所中小学进行严格评审，批准13所中小学获得招收外国学生资格，使北京市具有招收外国学生资格的中小学达到98所。为加强对外国学生在本市中小学学习的管理，研究出台中小学外国学生参加统一会考的有关意见，并会同市政府外办、市公安局制订《北京市中小学外国学生工作评估办法》。

夯实基础，突出特色，汉语国际推广工作全面推进

制定《北京市汉语国际推广项目管理办法》，确定汉语推广项目内容和经费使用办法，并为北京教育国际交流中心加挂“北京汉语国际推广中心”名牌，为北京市全面开展汉语国际推广工作创造基础条件。

将北京市汉语国际推广基地扩大到24个，支持首都院校与外方院校合作新办9所孔子学院。截此北京市院校在境外承办的孔子学院和孔子课堂达到61个，协助国家汉办招聘选拔汉语教师和志愿者赴世界各地从事汉语教学工作达到700多人次，培训境外汉语教师达到1000多人次，接待境外学生来京参加汉语夏令营等活动超过4万多人次。北京市还制作并在北美地区开始播出汉语教学电视片，支持有关学校开发一批对外汉语精品教材与课程。

（邱晓平）

总 类

【举办国际教育博览会】 5月8至10日，市教委举办第五届北京国际教育博览会。会议由国际教育交流中心承办，旨在展示首都教育改革发展成果，促进中外教育国际合作与交流，为市民提供教育信息服务，以开放、合作、发展为主题，采取展览论坛、会议洽谈、文化活动等形式，博览会展览面积1．35万平方米，参展机构426个，其中，来自世界22个国家和地区参展机构135个；国内教育机构220个，涵盖高等教育、职业教育和基础教育等各教育层次，包括高校科研成果转化、校外教育、特殊教育等主题；企业参展单位41个和其他教育机构30个，包括中外知名企业。总展位529个，观展人数7.1万人次。展会期间，共举办活动43项，包括欢迎晚宴5项重要活动，外国驻华签证官讲座5场，项目说明会28场，国际教育合作项目洽谈会1场等。北京市领导王安顺、刘新成、赵凤桐等出席开幕仪式。

（任军　张长华）

【举办中小学外国学生文化节】 5至6月，北京市国际教育交流中心举办北京市中小学外国学生多元文化节。该文化节组织摄影比赛、才艺展示选拔及汇报演出等活动，要求外国学生通过乐器表演、歌曲、杂技、舞蹈、口技等形式，展示各国优秀文化。全市34所中小学共有来自16个国家400名外国学生参加。

（张长华）

【举办诺贝尔奖获得者北京论坛】 11月11至14日，“2008诺贝尔奖获得者北京论坛”召开。该论坛由中科院和北京市政府共同主办，市教委协助完成4项工作，包括邀请北大、清华、北化工、北理工4所高校教师、学生200人参加开幕仪式；在清华科技园，组织北大、清华、北化工、北理工、二外、北邮、北建工、农大等8所高校300名师生与诺贝尔奖获得者阿尔费罗夫（Alferov）、格罗斯（Gross）、郝普克若夫（Hopcroft）、卡恩（Kahn）互动交流；协调5名诺奖获得者到全市4所高校、2所中学进行演讲；管理会务志愿者15人、新闻中心志愿者20人参与相关工作。

（任军）

【开展市民讲外语系列活动】 年内，市教委开展市民讲外语系列活动。该活动旨在为首都学校推广普及世界多语种，提升首都教育系统师生应用外语沟通能力与水平，委托北京市国际教育交流中心，面向全市在校大中学生举办首都大学生多语种培训、2008北京中日学生歌曲大赛、“问候全世界”多语种培训、第三届北京学生法语风采大赛、2008北京中学生英语剧星大赛等活动。全市教师、学生1500人参加，媒体报道50次，其中，首次与中国国际广播电台联合举办法语比赛，决赛利用网络直播，宣传网站点击率突破20万次。

（邱晓平）

【完成教育外事统计工作】 年内，市教委完成教育外事统计工作。全市出访团组55个、人数469人，来访团组48个、人数400人；高校长期留学生42037人、短期24362人，来自世界180个国家和地区；外国中小学生中，学历生5086人、非学历生3009人，来自世界45个国家和地区；接受留学生资质学校新增2个、年存量74个；接受境外外国学生中小学校新增13个、年存量98个；外籍人员子女学校年存量19个；中外合作办学机构新增2个、年存量58个；中外合作办学项目新增6个、年存量121个；国际会议新增91个；孔子学院新增11个、年存量66个；孔子课堂新增2个、年存量5个；双语学校新增2个；派出汉语教师700人；培训汉语教师1000人；外教资格单位年存量348个；外籍教师4000人；公派出国留学443人；通过中介因私出国留学49200人；因私出国留学中介机构年存量73个。

（潘芳芳）

中外合作办学

【批准合作办学机构1个项目6个】 年内，教育部正式批准中国政法大学与德国汉堡大学共同举办中欧法学院。市教委新批准中外合作办学项目6个，包括北京市第二十五中学与加拿大卑诗省查尔斯·贝斯特高中学校（DR. Charlesbest Secondary School）合作举办查尔斯·贝斯特英文高中课程；北京市商业学校与奥地利维也纳学院（MODUL）合作举办国际酒店管理专业中专课程项目；中国音乐学院与奥地利格拉茨音乐与戏剧艺术大学（University of Music and Performing Arts Graz）、萨尔斯堡莫扎特音乐与表演艺术大学（University of Music, Performing and Fine Arts Salzburg）、维也纳音乐与表演艺术大学（University of Music and Performing Arts Vienna）、奥地利欧亚太平洋学术网（Eurasia—Pacific Uninet）合作举办音乐表演专业中奥合作办学项目；首都师范大学附属中学与美国德怀特中学（The Dwight School）合作举办中美高中实验课程项目；北京师范大学第二附属中学与美国华盛顿爱尔格英迪中学（Alger Learning Center and Independence High School）合作举办PGA高中课程合作项目；北京潞河国际教育学园与英国柴郡姆中学（Chesham High School）合作举办中英高中实验课程项目。

（潘芳芳）

【核准中外合作办学机构变更项目8个】 年内，市教委完成8个中外合作办学机构变更项目核准工作。变更项目包括人大附中英国惠灵顿中学变更外方；北京勤思英语学校外方举办者由英属维尔京群岛皇家首创咨询有限公司变更为伦敦语言联合学校；北京长城研修学院院长由李子岩变更为李儒树，北京长城研修学院法人代表由杨宁变更为李儒树；北京市阳光情学校外方举办者由加拿大马尼托巴省教育部变更为加拿大温尼伯大学附属中学；北京市阳光情学校法定代表人由李玉江变更为王春玲；北京市阳光情学校校长有李玉江变更为张永敢；北京工商管理研修学院院长由王梁军变更为卢成交。

（潘芳芳）

【受理中外合作办学申请40项】 年内，市教委完成40项中外合作办学申请初审工作。工作包括中外办学机构地址、法人、院长、办学者变更17项，终止办学申请1项，非学历项目3项，学历项目申请19个，其中，博士项目1个、硕士项目5个、本科项目2个、中等学历项目11个。

（潘芳芳）

【8个中外合作机构和47个中外合作办学项目通过复核】 年内，8个中外合作办学机构和47个中外合作办学项目通过教育部复核。由市教委向北京市第一批通过复核中外合作办学机构（含内地与港澳台地区合作办学机构）和项目颁发许可证和项目批准书，机构包括北京中加学校、北京王府学校、北京小天使美语幼儿园、北京中外管理培训中心、北京二十一世纪时信教育中心、北京岭南幼儿园、北京市大地实验幼儿园、北京金色未来幼教中心。项目包括北京大学与澳大利亚拉筹伯大学合作举办卫生事业管理硕士学位教育项目等47个。

（潘芳芳）

【3个项目和1个机构延期获得批准】 年内，市教委申请3个项目和1个机构延期获得教育部批准。包括北京教育学院与韩国（BESETO）合作举办北京教育学院玄宇艺术学院办学协议延长至2012年；同意北京工业大学与澳大利亚詹姆斯·库克大学合作举办信息技术学士学位教育项目自2009年至2011年继续举办三期，每期招生100人；同意清华大学与澳大利亚国立大学继续举办管理硕士学位教育，自2009年起继续举办五期，每期招生75人，协议有效期延长至2014年3月31日；同意北京建筑工程学院中法能源培训中心举办者合作协议延长至2015年11月26日。

（许株桦）

友　好　往　来

【接待美加教育代表团】 1月14日，

市教委接待美国明尼苏达大学代表团。该代表团包括一行4人组成，双方就如何加强北京市与明尼苏达大学合作进行会谈，提出加强互访等内容。市教委主任刘利民参加。4月2日，接待美国佛罗里达州代表团。该代表团包括一行6人组成，双方就中小学领域师生互访等问题交换意见。11月6至10日，参加中美加高校事务北京峰会。会议以学生事务管理为主题，在北京大学博雅国际会议中心举行，采取嘉宾演讲和分组讨论形式，包括学生思想品德教育、就业指导等内容。市委教育工委副书记张建明、王民忠出席。

（张明　潘芳芳）

【接待法国教育代表团】 2月20日，市教委接待法国教育部代表团。该代表团包括法国教育部国际教学研究中心专家一行3人组成，双方就如何加强法语语言教学和教师培训等方面合作展开交流。12月17日，接待法国使馆代表团。该代表团包括一行3人组成，听取北京高中开设法语课程情况介绍，双方就如何加强中法学校交流、开设语言课程交换意见。

（张明　潘芳芳）

【接待莫斯科市政府代表团】 3月13日，市教委接待俄罗斯莫斯科市政府代表团。该代表团包括一行3人组成，双方就加强北京市与莫斯科中小学教育交流、开展汉语教学等工作进行会谈。

（潘芳芳）

【接待南非教育代表团】 4月22日，市教委接待南非夸祖鲁·纳塔尔（KwaZuluNatal）省教育代表团。该代表团包括一行5人组成，双方就北京市与夸祖鲁·纳塔尔省与北京市在中学、职业教育和成人教育等方面合作意向进行讨论，并围绕教师交流、学生互换、语言培训等问题展开交流，双方表示愿意扩大院校合作领域及数量。

（张明）

【接待日本教育代表团】 9月12日，市教委接待日本东京都教育委员会代表团。该代表团包括一行10人组成，双方就北京开展奥林匹克教育情况进行探讨，提出加强体育教育交流等问题，客人对北京市成功举办奥运会和残奥会表示赞赏。12月25日，接待日本福山市教育委员会代表团。该代表团包括一行 8 人组成，双方就如何落实两市合作备忘录条款开展交流，提出进一步拓展学生交流互换等问题。

（潘芳芳）

【接待澳大利亚教育代表团】　9 月 22 日和 23 日，市教委接待澳大利亚维多利亚州教育代表团。该代表团包括一行 7 人组成，双方就如何加强与北京市维州教育部教育合作进行会谈，提出进一步加强两地基础教育领域合作等问题，同时，市教委协助澳大利亚使馆召开“推广维多利亚州中小学优势教育项目研讨会”，全市各中小学校长 30 人参加。

（潘芳芳）

【接待德国巴符州教育代表团】　10 月 13 日，市教委接待德国巴符州教育代表团。该代表团包括一行 3 人组成，双方就在职业教育教师培训方面合作所取得的成绩交换意见，并对今后进一步加强双方的合作进行深入探

讨。期间，组织到北京劲松职业高中进行参观。

（张明）

【接待英国高等教育代表团】　11 月 10 日，市教委接待英国高等教育质量保障署代表团。该代表团包括一行 5 人组成，双方就如何加强两国高等教育质量保障相关做法进行交流，提出要进一步加强工作交流等问题。

（潘芳芳）

【组织师生赴国外交流访问】　年内，市教委组织 8 个区 18 所中学 200 名师生赴国外交流访问。其中，4 月 15 至 23 日，组织北京市第一零九中学、北京市第六十二中学、北京市第三十五中学、北京市大兴区兴达中学等 4 所学校高中生代表随教育部赴日本交流访问；7 月 13 至 21 日，组织北京景山学校、北京市灯市口小学、丁香小学、第二十一中、第六十五中等 5 所学校 19 名学生随全国友协赴日参加“第 11 届中国少年友好交流访问团”；8 月 5 至 12 日，组织一零九中、龙潭中学等 2 所学校 6 名学生赴日本参加“亚运会主办城市青年交流营活动”；7 至 12 月，组织北京市求职职业学校、北京市电器工程学校、北京市建筑材料工业学校、北京昌平职业学校 4 名学生赴韩国参加网络编程培训；7 月 14 至 18 日，“第 10 届首尔北京体育交流大会”在首尔举行，清华附中男子篮球队、东直门中学篮球队、北京第六十六中学乒乓球队等 28 名师生参加。

（许株桦）

外国学生教育与管理

【审核外籍人员子女学校】　3 月，市教委审核外籍人员子女学校。此次工作面向北京地区外籍人员子女学校，从学校建设、人员构成、教育教学和整体运作等方面进行审核，规范、指导学校做好办学中各项申报程序，协调解决教育教学中存在问题。审核结果表明：被审核学校办学规范、管理有序、教学严谨、教育教学状况良好。至年底，北京地区共有外及人员子女学校 19 所，包括学前、小学、初中、高中各级教育层次；在校学生 9924 人，教工 2168 人，与上年相比学生增幅 2.8%，教工增幅 0.2%，师生总量增幅为 2.3%。

（任军）

【2568 人获外国留学生奖学金】　4 月，全市 2568 人获得外国留学生奖学金。市教委组织对外国留学生奖学金项目进行评审，结果表明：各项目学校均按照要求完成项目任务，年度外国留学生奖学金经费总计 3500 万元。其中，部委院校以共建形式划拨 2000 万元、市属院校 1500 万元；市教委依据学校类别、学科建设等规范对项目学校及经费划拨进行适度调整：部委院校由上年 27 所增至 29 所，新增中国农业科学院研究生院、华北电力大学，市属院校由上年 16 所增至 20 所，恢复北京电影学院奖学金划拨，新增北京印刷学院、北京物资学院、北京广播电视大学。

（任军）

【召开接收外国学生学校资质评审会】　5 月 27 日，市教委召开申请接受外国学生中小学校资质认定评审会。会议围绕外国学生教育管理主题，在北京师范大学第二附属中学举行，听取 23 个申请单位主管负责人对本单位招收外国学生目的、计划以及教学管理安排等内容现场陈述，组织专家进行集中评审。经评审委员会研究确定，最终 13 所学校通过资质认定。来自市教委、市外办和市公安局有关负责人，各区县以及北京市中小学外籍学生教育研究会有关人员 35 人参加。

（潘芳芳）

【举办外国留学生汉语演讲比赛】　9

至 10 月，市教委举办“我和北京奥运”北京外国留学生汉语演讲比赛。该比赛在北京语言大学举行，分为初赛、复赛、决赛三个阶段。全市共有 20 所高校、来自 35 个国家和地区 300 名留学生参加，评出一等奖 2 名、二等奖 4 名、三等奖 7 名。

（任军）

【召开高校留学生工作会议】　10 月 14 日，市教委召开北京市高校留学生工作会议。会议由国际合作与交流处主持，在北京邮电大学举行，围绕奥运会后留学生发展主题，组织各高校就留学生新生入学情况进行交流，讨论认为留学生招生，尤其短期生入学

受奥运影响，学历生增长比较明显。来自全市 40 所学校代表 50 人参加。

（任军）

【召开留学生信息系统座谈会】 11 月 7 日，市教委联合市公安局出入境管理处召开留学生信息系统座谈会。会议由国际合作与交流处主持，在北京中医药大学举行，围绕留学生信息管理主题，就各高校使用公安局留学生信息管理系统运行与管理服务问题进行沟通，交流认为现使用留学生管理系统非常必要，同时希望运营公司给予技术和人员支持。来自市公安局出入境管理处、北京商联国际公司，以及北京大学等 20 所院校代表 33 人参加。

（任军）

【高校外国留学生人数增长】 至年底，在京高校外国留学生人数持续增长。共接受外国留学生 66399 人，其中，博士研究生 1380 人、硕士研究生 2986 人、高级进修生 311 人、本科生 16897 人、专科生 135 人、普通进修生 7843 人、研究学者 23 人、语言生 12462 人、短期生 24362 人；与上年相比，学历生增长 14.7%，非学历生增长 23.1%，学生总数增长 20.2%，生源国别与上年持平。

（任军）

【认定 2 所高校接收来华留学生】 年内，市教委认定 2 所高校接收来华留学生。经市人民政府外事办公室、市公安局出入境管理处联合审理，实地考察申请学校相关条件并做指导，最终确认北京科技职业学院、北京信息职业技术学符合接收外国留学生条件，同意其为接收外国留学生资格学校。至年底，全市共有 74 所高校具有接收外国留学生资格。

（任军）

【完善外籍人员子女学校管理】 年内，市教委完善外籍人员子女学校管理工作。工作提出“按需设立，严格控制，引导发展”思路，围绕平安奥运相关要求，加强对外籍人员子女学校规范管理和服务保障，协调解决年满 18 周岁外籍人员随行子女变更签证问题、奥运期间校车运行、教材进口等问题，并组织召开外籍人员子女学校政府工作联系人联席会议等。

（任军）

【认定 13 所学校招收境外学生资格】 年内，市教委认定 13 所学校招收境外来京学习外国中小学生资格。学校包括：首都师范大学附属育新学校、北京大学附属小学、北外附属外国语学校、北京市第一零一中学、清华大学附属中学、北京市东方德才学校、北京市忠德学校、北京教育科学研究院附属实验中学、北京市第一七一中学、北京市第二中学、北京市第二中学分校、北京市第一中学和首都师范大学附属丽泽中学。至年底，全市共有接收外国学生中小学资质学校 98 所。学校分布为：海淀区 24 所、朝阳区 18 所、东城区 9 所、西城区 7 所、宣武区 6 所、昌平区 6 所、丰台区 5 所、通州区 5 所、顺义区 5 所、崇文区 3 所、石景山区 3 所、大兴区 3 所、怀柔区 2 所、房山区 1 所、延庆县 1 所。

（潘芳芳）

汉语国际推广

【举办中小学外国学生汉语节】 10

至 12 月，北京市国际教育交流中心举办北京市中小学外国学生汉语节。汉语节组织外国学生才艺展示选拔活动，来自全市 25 所学校报送 52 个节目，21 个国家 230 名学生参加，通过歌舞、曲艺和话剧等形式展示汉语水平，10 月 28 日，在北京市第八十中学举行汇报演出。汉语节还面向对外汉语教师开展论文征集，收到教师 72 篇、课例 18 篇，优质课 23 篇，经组委会评选，评出一等奖 3 篇，二等奖 6 篇，三等奖 9 篇，其中，3 篇荣获一等奖优质课被人民教育出版社制成视频光盘。

（张长华）

【新建孔子学院 10 所孔子课堂 2 个】 至年底，北京市新建孔子学院 10 所，分别是北京语言大学与古巴哈瓦那大学（University of Havana）合作承办孔子学院、北京语言大学与加拿大麦克马斯特大学（McMaster University）孔子学院合作承办孔子学院、中国人民大学与美国麻州大学（University of Massachusetts）合作承办孔子学院、中国人民大学与丹麦哥本哈根商学院（Copenhagen Business School）合作承办孔子学院、中国人民大学与以色列特拉维夫大学（Tel Aviv University）合作承办孔子学院、中国人民大学与意大利博洛尼亚大学（University of Bologna）合作承办孔子学院、北京体育大学与挪威卑尔根大学（University of Bergen）合作承办孔子学院、对外经贸大学与俄罗斯国立人文大学（Russian State University for Humanities）合作承办孔子学院、对外经贸大学与墨西哥新莱昂自治大学（Autonomic University of New Leon）合作承办孔子学院、对外经贸大学与加拿大不列颠哥伦比亚理工大学（British Columbia Institute of Technology）合作承办孔子学院；首都经济贸易大学与美国克利夫兰州立大学合作承办孔子学院；新增孔子课堂 2 个，分别是北京市大成学校与英国赫尔地区合作承办孔子课堂、北京市白家庄小学与英国曼彻斯特圣保罗小学（St · Paul’s Primary School）合作承办孔子课堂。

（许株桦）

引智培训及因公派出

【举办专家教育系列讲座】 11月，北京市国际教育交流中心举办境内外专家教育系列讲座。该讲座邀请英国、香港、美国等境内外7名教育专家分赴房山、密云、门头沟、通州4个区县做巡回演讲，阐述学校发展战略、校长领导力、校园文化建设等方面内容。讲座后，专家就教育相关问题进行交流、探讨。来自4个区县中小学校长及教育管理人员1000人参加。北京电视台，中国教育报和香港大公报等媒体对活动给予报道。

（张长华）

【实施因公出访计划管理】 年内，市教委完成55个出访团组469人派出工作。出访内容包括考察、会议、友好访问、合作交流、培训等8个项目，涉及世界20个国家和地区，国别主要集中美国、加拿大、德国、韩国、英国、芬兰等，其中，11个团组前往美国、7个团组前往德国、7个团组前往韩国。

（潘芳芳）

【受理443人公派出国留学申请】 年内，市教委共受理全市33所院校提交公派出国留学申请443人，录取148人（不含“俄百人”项目）。其中，受理国家公派高级研究学者、访问学者（含博士后研究）项目申请357人，录取121人，比率为33.9%；受理互换奖学金项目19人，经审批作为候选人18人；受理专项研究生奖学金项目14人，录取9人。受理“俄百人”项目申请53人。

（任军）

【聘请外国文教专家3522人次】 年内，市教委按照“请进来，走出去”工作精神要求，批准北京市各院校聘请外国文教专家3522人次，派出出国（境）培训团组13个，组织共208人赴境外参加专业培训。经市教委推荐，市教委国际合作与交流顾问、欧亚太平洋网络主席布里吉特·温克琳娜（Brigitte· Winklehner）女士取得公安部颁发外国人永久居留证，并获得2008年北京市人民政府颁发长城友谊奖。

（许株桦）

【加强因私出国留学中介管理】 年内，市教委加强对自费留学中介服务机构指导和服务。工作发挥北京留学服务行业协会桥梁作用，完善对自费出国留学人员和回国人员服务，先后举办“纪念邓小平同志扩大留学生派遣工作讲话30周年”研讨会、与中国留学服务中心共同举办“出国留学的发展趋势和对策”恳谈会，进一步完善网站建设、搭建政府与群众以及留学服务机构交流平台。经统计，全年共提供留学服务49200人次。

（任军）

【孔子学院（课堂）建设工作】 年内，市教委开展孔子学院（课堂）建设工作。内容包括为首都师范大学申请圣彼得堡大学孔子学院、乌拉大学孔子学院、威尼斯大学孔子学院建设经费，并派遣4名教师赴孔子学院任教或任中方院长；为北京工业大学申请波兰奥波莱孔子学院建设经费，并派教授1人赴孔子学院任中方院长；为北京第二外国语学院申请摩洛哥穆罕默德五世大学孔子学院、法国克莱蒙费朗市孔子学院建设经费；各派遣1名教师赴墨西哥齐瓦瓦大学任孔子学院中方院长，赴墨西哥齐瓦瓦自治大学孔子学院任教，赴摩洛哥穆罕默德五世大学孔子学院任教，赴英国兰开夏孔子学院任教；为北京联合大学申请英国威尔士兰彼得大学孔子学院建设经费，各派遣1名教师赴英国威尔士兰彼得大学孔子学院任院长助理，赴英国威尔士兰彼得大学孔子学院任教；为首都经济贸易大学申请美国克利夫兰州立大学孔子学院建设经费，并派1名教师赴孔子学院任中方院长；派遣北京潞河中学2名教师赴墨西哥城孔子学院任教；派遣北京育才学校2名教师赴芬兰赫尔辛基芬中双语学校任教；派遣北京市朝阳区芳草地小学2名教师，和平街幼儿园1名教师，北京市第一幼儿园附属幼儿园1名教师赴阿联酋阿布扎比中文学校任教。

（许株桦）

【新建10所中小学汉语推广基地】 年内，北京市新建10所中小学汉语推广基地。基地包括北京市第一七一中学、北京第二实验小学、北京市第八中学、北京育才学校、北京市东方德才学校、北京市海淀区中关村第一小学、北京市十一学校、北京市六一中学、北京市第十二中学、北京市顺义区牛栏山第一中学。

（许株桦）

（本栏责任编校　马志鹏）

奥林匹克教育

综　　述

2008年是北京奥运会和残奥会筹办工作的决胜之年，北京市学校奥林匹克教育工作深入贯彻落实科学发展观和中央关于筹办奥运会的指示精神，全面贯彻落实北京奥组委、教育部《“北京2008”中小学生奥林匹克教育计划》，市委教育工委、市教委《北京市学校奥林匹克教育行动计划》的目标和任务，圆满完成北京奥林匹克教育各项工作任务。

全面展示奥林匹克教育成果。通过举办奥林匹克教育示范学校与京外学校共享奥林匹克教育交流活动展示会，北京市奥林匹克教育优秀班、队会大型展示活动，在中国教育电视台开辟“奥林匹克示范学校栏目”，参加北京国际教育博览会等方式，全面展示北京奥林匹克教育成果。其中，与首体院联合举行的北京奥林匹克教育成果展示会，全面展示自申奥成功以来北京奥林匹克教育成果，对北京奥林匹克教育工作进行一次总体检阅。全市18个区县参加展示活动。

完成同心结交流项目的预定任务。同心结学校采取拜访国际奥委会成员在京会议代表、资源共享、同心结奥运村迎宾仪式等形式，与结对国家和地区建立联系。至8月，同心结学校分别与204个国家和地区取得联系、与183个国家和地区开展实质性的交往和交流活动、与161个国家和地区的相应学校结为姊妹校关系。结对的数量和规模在国际奥林匹克教育发展中前所未有。

完成赛时阶段奥林匹克教育工作任务。完成奥运会48万张中小学学生门票购置、保管、分配和学生观赛任务，实现40余万名观赛学生“快乐地观赛、安全地返回”的预定目标。完成各省市来京观赛学生的组织接待工作。组织10所学校完成教育部、北京奥组委下达的接待30个省市6000名中小学生代表观赛任务。完成同心结赛时奥运村迎宾任务。完成国际奥委会官员的来访接待工作和“体育在我的城市”项目的颁奖工作。开展残奥会教育，在“北京市奥林匹克教育网”增设“残奥会教育”专栏，通过图文并茂的形式，介绍残奥会运动项目基本知识和各区县开展残奥会教育动态。在残奥会开幕倒计时100天之际，北京奥组委、教育部、中国残疾人联合会等单位在北京汇文中学举办残奥会教育展示活动。各学校通过讲座、队会、知识竞赛、撰写心得等形式，开展丰富多彩的校园教育活动，让学生亲身体验残疾运动员的拼搏精神。

开展文明礼仪教育活动。继续贯彻落实《“情系奥运，文明礼仪伴我行”主题教育实践活动方案》，以国际礼仪为重点内容，以公益活动，志愿服务为突破口，加强国际礼仪的宣传和民族精神的培育，使每个学生掌握一个国家的礼仪，一个民族的礼仪，在参与奥运志愿服务和公益活动中展现首都青少年良好的精神风貌。编辑出版《校园礼仪教育案例集锦》和《细节育文明》，系统总结学生文明素养培养经验。

开展志愿服务精神的教育活动。全市各中小学校以各种各样的方式结合社会实践课程和家校合作工作开展多种多样的志愿服务实践活动。志愿活动的主题和服务内容基本集中在维护环境、服务社区、宣传奥运、疏导交通等几个方面。

完成教师培训任务。北京教育学院、首都体育学院联合举办“2008‘育体、育心、育人’迎奥运阳光体育北京中小学体育教育全员培训”，共培训体育教师6800人。出版《奥林匹克教育指导用书》，配发中小学教师，作为奥林匹克教育指导用书。

完成奥运会、残奥会开闭幕式表演任务。市教委选择部分高校、中小学校及特教学校进行演员的选拔工作。确定北京40余所大、中、小学及特教学校的学生演员6000人，分别参加奥运会、残奥会开、闭幕式4个场次的排练和演出任务。

编写奥林匹克教育丛书。完成《北京奥林匹克教育画册（2007）》、《奥运冠军画传》（世界卷）等图书的编写出版工作。其中，《奥运冠军画传》（世界卷）受到萨马兰奇关注，该书以画传形式，收录现代奥林匹克运动产生以来，世界100余名奥运冠军的感人事迹。

做好高校奥运服务工作。北京高校圆满完成“好运北京”系列体育赛事志愿服务工作，奥运会和残奥会志愿者选拔、培训、确认工作和港澳台侨和外国及京外志愿者接待工作。开展以“文明城市，品质生活”为主题的宣讲实践活动、“微笑北京”2008首都大学生志愿者文明行动、“追梦五环”大学生趣味奥运挑战赛、三人制篮球赛、“青春奥运，精彩北京——首都大学生迎奥运专场音乐会”等丰富多彩的文化体育活动，进一步宣传奥林匹克文化。完成奥运火炬在北京段传递过程的中火炬手、护炮手任务。奥运期间，组织开展大学生志愿者“我的奥运全记录”系列活动，并成立奥运志愿者之家，服务志愿者；同时组织6万名高校师生文明观赛，在比赛现场普及奥运知识，感受奥林匹克精神。举办“奥运与首都教育”征文比赛，出版《北京教育》奥运专刊和《瞭望2008——北京高校奥运工作》专刊，编辑出版《志愿者访谈录》、《教师访谈录》、《北京高校奥运工作图片册》等系列成果，以图片、影像、媒体报道、志愿者日记、工作简报汇编的形式全过程、全方位记录首都高校奥运工作历程。

北京2008奥林匹克青年营于8月6至17日举办。青年营共邀请到204个国家和地区的470名营员参加活动，是奥林匹克青年营历史上参与国家和地区最多的一次，实现奥林匹克大家庭在青年营的大团圆。本届青年营组织营员观摩奥运比赛、体验中华文明、相互融合交流，搭建世界青年友好交流的大舞台，实现把北京2008奥林匹克青年营办成一届“有特色、高水平”的世界青年盛会的目标和诺言，诠释“青年创造未来”的主题口号。营期内，国际奥委会终身名誉主席萨马兰奇、北京奥组委主席刘淇、全国人大常委会副委员长顾秀莲以及 50 个国家的贵宾访问青年营，并给予高度评价。青年营成立由北京奥组委、外交部、国家体育总局、团中央、教育部、公安部和北京市有关部门组成的营委会，由北京奥组委主席刘淇担任主席，团中央第一书记陆昊担任执行主席，并组建青年营场馆团队，有正式工作人员 62 人、志愿者 383 人、合同商 498 人。

（魏强　李刚　王涛）

总　类

【世界田径明星为中学业余运动员辅导】　2 月 4 日，世界田径明星为北京中学业余田径运动员辅导训练课。悉尼奥运会男子百米冠军毛瑞斯·格林及 6 名世界级田径运动员，与学员分享运动生涯的成功秘诀，短跑宿将格林作为训练课的总教练，他鼓励业余田径选手从训练课中学到更多知识和技巧，为运动生涯找到正确的方向。学生向盖伊请教起跑技术，聆听盖布雷塞拉西的耐力经验，还与罗林森一起分享作为母亲运动员克服困难创造“不可能”的故事。北京八中学生运动员代表向明星赠送该校《我们的 2008》奥林匹克教育手册。参加活动的 6 名田径明星分别是男子百米世界冠军泰森·盖伊、男子 400 米世界冠军杰里米·瓦里纳、女子百米世界冠军维罗尼卡·坎贝尔布朗、女子 200 米世界冠军埃里森·菲利克斯、女子 400 米栏世界冠军加纳·罗林森以及男子长跑传奇名将海利·盖布雷塞拉西。他们均为北京 2008 年奥运会的合作伙伴阿迪达斯的签约运动员。本次活动是阿迪达斯的系列活动之一，在北京体育大学举办。

（魏锴）

【召开高校奥运会、残奥会筹办工作总结动员会】　3 月 2 日，市委教育工委、市教委、团市委召开北京高校 2008 年奥运会、残奥会筹办工作总结动员会。会议听取《北京高校 2008 年奥运会、残奥会筹办工作总结动员大会报告》；举行北京高校奥运会、残奥会志愿者团队组建和授旗仪式，清华学生志愿者和北科大奥运场馆团队教师分别代表大学生和教师发言。会议表彰 2007 年度北京高校奥运会和残奥会筹办工作先进单位、奥林匹克宣传教育工作先进集体、奥林匹克教育实践工作先进集体、奥运会志愿者工作先进集体共计 61 个单位；表彰 2007 年度北京高校奥运会、残奥会筹办工作先进个人 277 人。市委教育工委领导出席会议并讲话。北京奥组委、团市委等领导，以及教师和志愿者代表共计 300 人参加会议。

（李刚）

【首都大学生志愿者文明行动启动】　3 月 22 日，2008 首都大学生志愿者文明行动启动仪式在清华大学举行。该活动以“微笑我奉献，文明我先行”为主题，开展志愿者文明使者行动、志愿者文明伙伴行动、志愿者文明教员行动和志愿者文明守望者行动，分别面向中小学生和社区弱势群体等，以多种形式传播文明理念、提高文明素质。活动时间以每周六为统一行动日，持续至年底。

（李刚）

【团市委开展奥运会、残奥会志愿者工作】　3 月 31 日，团市委组织的奥运会和残奥会赛会志愿者报名工作结束。共接受社会各界 1125799 名申请人报名，其中，908344 人同时申请服务残奥会。至 9 月，各类志愿者累计服务时间超过 2 亿小时，10 万名赛会志愿者累计上岗 200 万人次，累计服务 1600 万小时；40 万名城市志愿者坚守在全市 550 个城市志愿服务站点上，累计提供志愿服务超过 4000 万小时；100 万名社会志愿者活跃在车站、商场、街道、公园等公共场所，及时发现并合理处置多起敏感突发性事件；20 万名拉拉队志愿者与千万人次的文明观众共同营造热烈、和谐的赛场氛围。

（李雪红）

【举办大学生迎奥运巡回演出】　3 至

5 月，市委教育工委组织大学生迎奥运巡回演出。首都大学生迎奥运宣传团以“青春奥运，微笑北京”为主题，分别到中山大学、复旦大学、重庆大学、武汉大学和美国加州大学尔湾分校、旧金山分校等国内外高校巡回演出，宣传奥运理念，弘扬奥运精神，展现北京大学生“迎奥运、讲文明、树新风，我参与、我奉献、我快乐”的精神风貌。宣传团由来自北京高校的 100 人组成。

（刘锦震）

【完成奥运会、残奥会开闭幕式演出任务】　3 至 9 月，市教委完成组织奥运会、残奥会开闭幕式演出任务。市教委成立北京教育系统奥运会、残奥会开闭幕式文艺表演工作领导小组，选拔 40 所大中小学及特教学校学生演员 6000 人，分别参加奥运会和残奥会开闭幕式 4 个场次的演出，21 所高校 179 名学生担任奥运会、残奥会开闭幕式引导员，划拨 3000 万元排练经费，用于学生演员排练场租、服装、食宿和交通等，保障奥运开闭幕式学生演出任务的圆满完成。

（王军　陈思）

【奥运使者出访洛桑奥林匹克博物馆】　4 月 18 日，北京奥运小使者团应国际奥林匹克博物馆馆长邀请，访问瑞士洛桑奥林匹克博物馆。在奥林匹克博

物馆，小使者将亲手绘制的《同一个世界同一个梦想》的作品送到馆长手里，完成中国和北京200万名少年儿童的心愿。小使者现场作画、写书法、剪纸、演奏民乐，宣传北京奥运、宣传中华民族文化，展示中国儿童的才华。博物馆馆长在活动证书上为每名使者签名。《同一个世界同一个梦想》书画作品由市教委和北京市少年宫共同组织绘制，北京爱好书法、绘画的2008名青少年儿童的代表在“中国绢上”用书法汉字筑起“万里长城”，用奥运五环徽颜色绘画出的作品充满着活力。

（赵伟）

【举办奥运会、残奥会志愿者誓师大会】 5月4日，“微笑北京、志愿奥运——北京奥运会、残奥会志愿者誓师大会”在北京工人体育馆举行。习近平在会上发表讲话，挖掘志愿者歌曲《我是明星》的深层意义，肯定志愿者无私奉献的志愿精神，并对奥运志愿者提出殷切希望，希望大家能以自己的志愿服务传播志愿精神，做北京奥运最好的代表。他还对奥运志愿者提出三点要求：一是奥运志愿者要成为奥林匹克精神的传播者，二是奥运志愿者要成为志愿服务理念的践行者，三是奥运志愿者要成为中国和平发展国家形象的代表者。刘淇为北京奥运会、残奥会志愿服务总团授旗，标志着北京奥运会、残奥会志愿者总团正式成立。来自北京70所高校的6000名学生参加大会。

（党宁）

【举办北京奥林匹克教育成就展】 5月17至18日，市教委在首都体育学院举办北京奥林匹克教育成就展。展览主要以实物、展板、才艺表演、视频等方式，展示北京市开展奥林匹克教育活动的成果。各区县教委在自己的展区展出学生创作的奥林匹克教育作品。中小学生分别从奥林匹克教育主题活动、校园健身、礼仪风采、残奥教育等方面进行才艺展示。活动期间，举办北京奥林匹克教育示范学校牵手社区共享奥林匹克论坛。有关委办局、各区县教委、中小学校师生代表和居民代表，以及媒体记者1000人参加活动。

（郭冠伟）

【举办北京残奥会国际论坛】 5月29日，北京奥组委、中国残联、北京市残联、中国人民大学等单位联合举办2008年北京残奥会国际论坛暨2008年北京残奥会开幕式倒计时100天主题活动。论坛以“期待·共享”为主题。来自13个国家20名专家围绕北京残奥会的展望和北京残奥会的成果与遗产两个议题展开讨论，探讨在奥运会决战阶段如何更加有效地推进北京残奥会工作。会议认为，通过残奥会的成功举办，将进一步促进社会各界关心残疾人，营造互助、公平、公正的社会环境，激励残疾人自立自强。东城区特殊教育学校作题为《共享奥林匹克之光，提升残障学生生命质量》的发言。国际盲体联主席出席论坛。

（魏强　郭莉）

【举办学生奥运法律知识竞赛】 5月31日，市委教育工委、市教委、北京教育音像报刊总社、现代教育报社联合在东城区史家胡同小学举行“2008首都学生奥运法律知识竞赛”总决赛。决赛包括必答题、抢答题、风险题。经过比赛，宣武区、石景山区和通州区获得小学组前三名，通州区、密云县和朝阳区获得中学组前三名，北京航空航天大学、北京电子科技学院和北京理工大学获得大学组前三名。该竞赛开始于3月，全市各级各类学校百万名师生参加活动，经过初赛，各区县选拔小学和中学各1支代表队参加复赛，小学、中学、大学组各有6支代表队参加总决赛。

（魏强　马乐）

【温家宝为北大奥运志愿者回信并题词】 6月14日，温家宝为北京大学北京奥运会志愿者亲笔回信并为广大奥运会志愿者题词。温总理的题词是“用真诚热情良好的服务，为国家赢得尊严和友谊”。

（张兴明）

【召开高校奥运驾驶员志愿者工作会议】 6月19日，北京高校奥运驾驶员志愿者工作会议在对外经济贸易大学召开。会议明确高校奥运会驾驶员志愿者的责任；印发《关于做好北京高校2008年奥运会驾驶员志愿者工作的意见》；与会高校领导现场签订《北京高校奥运会、残奥会驾驶员志愿者工作任务书》、《北京高校奥运会、残奥会驾驶员志愿者交通安全责任书》，明确相关高校所承担的具体任务和要求。北京奥组委、团市委、市委教育工委、市教委领导，61所高校领导，以及驾驶员志愿者共计200人参加会议。

（李刚）

【举办奥运音乐文化欧洲之旅活动】 7月2至17日，市教委组织北京市第四中学金帆合唱团代表北京市学生金帆艺术团赴希腊开展国际文化交流。访问团师生感受奥林匹克精神，同时传播中国优秀文化。访问团顺访奥地利、意大利两国。该访问应希腊奥委会主席基里亚库邀请进行，由北京学生活动管理中心承办。

（赵素勤）

【刘淇拨通多语言服务中心总机首个电话】 7月7日，北京奥运会多语言服务中心在北京外国语大学正式启动。刘淇考察多语言服务总机项目和远程视频翻译系统，与ONS项目译员和语言志愿者亲切交流，并拨通多语言服务总机第一个电话。多语言服务中心下设多语言服务总机，24小时不间断地提供44个语种的外语翻译服务，为奥运会和残奥会期间的媒体运行、礼宾接待和交通、医疗等各项应急服务提供语言支持。

（王婧）

【举办奥运会和残奥会拉拉队风采大赛】 7月8至9日，市教委、市体

育局、首都精神文明办、团市委、市总工会联合举办迎奥运2008年北京

市中小学生文明拉拉队比赛。看台组共有社会组和大学、中学、小学、职教组的 106 支队伍参赛；场地组共有 75 支队伍参赛。经过激烈比赛，北京一零一中学、北京市第五十五中学、丰台区第五小学银地分校、翠林小学成绩优异。12 月 29 日，92 支代表队参加总决赛。该活动由北京学生活动管理中心、市社会体育中心承办。

（郭跃）

【精诚学校奥林匹克教育博物馆开馆】 7 月 13 日，北京市精诚学校奥林匹克教育博物馆开馆。该馆是北京奥组委指定、面向全国青少年开放的奥林匹克教育基地。博物馆由奥运之旅文化长廊、奥运火炬广场、奥运图片核心展览区、奥运教育书店、奥运教育实物展列室 5 部分组成，陈列历届奥运会的标志、吉祥物、火炬和精彩照片，记录中国少年儿童“支持奥运、参与奥运、得益奥运”的全过程，展示中国少年儿童所理解的现代奥林匹克理念。

（魏强）

【奥运志愿者赴地震灾区开展援助】 7 月 19 日，市委教育工委、市教委组织首都大学生奥运志愿者赴甘肃陇南地区开展爱心援助活动。北京高校奥运工作办公室代表市委教育工委、市教委向地震灾区捐赠电视、服装等价值 100 万元物品，捐赠彩虹书屋 20 个，助养贫困学生 45 人，向马街镇中心小学捐赠电视机、DVD 机、奥运纪念品。甘肃团省委、陇南团市委领导等，陇南市武都区马街镇中心小学 400 名师生代表参加活动。

（李刚）

【习近平慰问城市志愿者】 8月2日，

习近平慰问北京化工大学东城区地坛公园站点城市志愿者。习近平充分肯定该校城市志愿者的组织工作，仔细询问有关服务内容、后勤保障、站点设施等情况，指出志愿者要再接再厉，做好奥运会开赛前的最后冲刺工作，确保各项工作准备就绪，用热情的微笑和周到的服务展现国家的良好形象，用行动为祖国和北京奥运会增光添彩。

（马可腾）

【温家宝看望安检志愿者】 8 月 3 日，温家宝看望奥运安检志愿者。温总理在刘淇、刘延东、郭金龙陪同下，视察五棵松奥林匹克篮球馆，并与中国人民公安大学安检志愿者交流，提出要认真负责、一丝不苟、毫不松懈、精益求精地做好各项工作，用良好服务确保奥运会顺利进行等要求。

（苗磊）

【奥林匹克教育博物馆在首体院落成】 8 月 5 日，首都体育学院举行奥林匹克教育博物馆揭牌仪式。国际奥委会前副主席庞德揭牌，10 名国际奥委会委员和来自世界的 80 名奥林匹克专家和学者参观博物馆。奥林匹克教育博物馆以奥林匹克元素和中国文化元素为背景，运用开放式理念和高科技手段诠释和平、友谊、理解、进步的奥林匹克精神。博物馆共分古奥运雕塑展、北京中小学生创意产品展、北京奥林匹克教育图片展、奥运特许精品展以及奥林匹克教育图书展等板块，充分反映中国人民对奥运的期盼和对奥林匹克教育内涵的深刻理解。正式开馆后，免费对外开放。

（靳飞）

【国际奥林匹克学术大会在首体院召开】 8 月 5 至 7 日，国际奥林匹克学术大会在首都体育学院召开。会议以奥林匹克的学术发展趋势与展望为主题，听取前国际奥委会副主席庞德的主题发言，首体院教授作为中国唯一代表作题为《理论与实践相结合的奥林匹克教育探索与实践》发言。会议共收到学术论文 80 篇。会议认为通过交流加深对中国的了解，也了解到中国在现代奥林匹克运动中做出的贡献。国际奥林匹克史学会主席卡尔兰纳兹、国际奥林匹克研究中心主任巴尼等 10 名国际奥委会委员和来自世界的 80 名奥林匹克专家和学者参加会议。首体院聘请庞德和巴尼为荣誉教授。

（靳飞）

【教育系统师生参与火炬传递】 8 月

6 至 8 日，北京教育系统 11 名火炬手和 140 名护跑手参与祥云火炬在北京的传递活动。火炬手由市委教育工委、市教委推荐产生，包括高校的书记和校长、著名教授、知名学者、奥运专题研究的资深专家、负责学生工作的中层干部，以及大学生志愿者代表和大学生运动员。140 名护跑手分别从北京 81 所高校和 18 个区县教育工委、教委和中专学校中推荐产生，人员构成包括大学生 101 人、教职工 19 人、中专生 2 人、中学生 18 人；性别构成包括男性 90 人、女性 50 人；民族构成包括汉族 130 人、少数民族 10 人；年龄构成包括年龄最小 16 岁、最大 49 岁，平均年龄 22.3 岁。护炮手中包括优秀大学生运动员 39 人，其中，获得国际级奖项 6 人、国家级奖项 11 人、市级奖项 13 人、校级奖项 9 人；多次组织参与过体育赛事的优秀学生干部 42 人；优秀志愿者 27 人；专长突出者 13 人，其中，1 人在科学技术方面取得较为突出的成绩，获国际科技比赛冠军，4 人在文艺方面表现突出，均为校级艺术团成员，市级三好学生 8 人；优秀教师 19 人，均在各自工作岗位上取得突出成绩，并且经常从事体育锻炼，身体素质良好。

（李刚）

【设立高校奥运志愿者之家】 8 月 7 日，北京高校奥运志愿者之家正式启用。志愿者之家由市教委、高校奥运办公室和海尔信息科技有限公司联合设立，为志愿者工作、学习和生活提供全方位的服务，拥有可以上网的计算机、电视、期刊和报纸，并备有急救药箱和备用服装等。志愿者之家共在北大、清华和人大等 49 所高校设立，共发放服装、电话卡、眼药水等 20 万件物资。

（李刚）

【组织高校6万名师生观看奥运比赛】 8月8至22日，市委教育工委组织高校6万名师生观看奥运比赛。该项工作根据各高校暑假在校人数和愿意承担的观众人数，以及学校实际情况，制订《北京高校奥运观赛组织要求》、《北京高校观赛紧急事件处置方案》、《高校观赛安全责任书》、《奥林匹克教育计划门票发放登记表》，确保门票工作落实到位，每张门票都做好登记，落实到人，共分配6万张计划门票至各高校，组织在校师生集体观赛。观赛期间，高校观赛区域秩序井然，无意外事故发生。

（李刚）

【组织48万名中小学生观看奥运比赛】

8月8至24日，市奥运教育办公室完成北京奥组委、教育部下达的48万张学生门票的购置、保管、分配和学生观赛的组织任务。奥运教育办公室针对门票数量多、观赛人员多、涉及面广、安全压力大等困难，制订科学分票方案，组织22名志愿者连续奋战7昼夜，确保48万张门票分票工作无一差错。由于组织到位，实现40余万名观赛学生“快乐地观赛、安全地返回”的预定目标。

（魏强）

【13个集体和34名个人受到中央表彰】 9月29日，在北京奥运会、残奥会总结表彰大会上，北京教育系统13个先进集体和34名先进个人获得表彰。受表彰集体和个人由北京奥组委及市委教育工委、团市委等部门推荐。该表彰由党中央、国务院颁发，全国共有332个集体和566名个人获得表彰，分别授予北京奥运会、残奥会先进集体和先进个人称号。胡锦涛、吴邦国、贾庆林、李长春、李克强、贺国强、周永康出席大会，温家宝主持会议，习近平宣读表彰决定。会议前，国家领导人会见北京奥运会、残奥会获奖牌运动员和受表彰的先进集体、先进个人代表。

（魏强　华蕾）

北京奥运会、残奥会先进集体
（北京教育系统）

首都大学生奥运村（残奥村）住宿服务团队
北京大学奥运志愿者团队
北京大学体育馆团队
清华大学奥运志愿者团队
中国人民大学人文奥运研究中心
中国农业大学体育馆团队
北京航空航天大学体育馆团队
北京理工大学体育馆团队
北京科技大学体育馆团队
北京体育大学
中央美术学院奥运设计团队
北京奥运会多语言服务中心（北京外国语大学）奥运志愿者团队
北京工业大学体育馆团队

（魏强）

北京奥运会、残奥会先进个人
（北京教育系统）

欧阳明高　清华大学汽车安全与节能国家重点实验室主任，教授
赵萌　清华大学美术学院教授，北京奥组委文化活动部特聘专家
梁苏会　清华大学材料科学与工程系博士生，国家游泳中心场馆团队志愿者服务经理
吴问汉　北京大学第一医院主任医师，奥体中心场馆群场馆团队医疗经理
时光寨　中国人民大学劳动人事学院博士生，北京奥组委新闻宣传部四级项目专家
李菊　北京师范大学学生，奥林匹克大家庭饭店运行团队交通服务志愿者
皇甫国胜　中国农业大学工程师，中国农业大学体育馆场馆团队电力设施经理
林程　北京理工大学电动汽车工程技术中心副主任，教授
孙慧环　北京交通大学人文社会科学学院副处级辅导员，奥林匹克公园北区场馆群场馆团队观众服务经理
陈琳　北京外国语大学教授，北京奥运会多语言服务中心教授
白宏云　北京体育大学场馆设备处处长，北京体育大学训练馆团队经理
温宇红　北京体育大学游泳教研室副教授，国家游泳中心场馆团队运行秘书长
马遂　北京协和医院副院长，奥运村（残奥村）运行团队综合服务副总经理
刘岩　北京舞蹈学院教师
徐良彦　首都体育学院院长办公室主任
何慧莹　北京市第一七九中学语文教师，北京奥运会交通运营团队驾驶员志愿者
李文涛　北京市朝阳区教委信息网络中心副主任科员，国家会议中心击剑馆场馆团队技术经理
陈颖　北京体育大学学生，国家射击队运动员
刘春红　北京体育大学学生，国家举重队运动员
张湘祥　北京体育大学教师，国家举重队运动员
曹磊　北京体育大学学生，国家举重队运动员
李小鹏　北京体育大学学生，国家体操队运动员
邹凯　北京体育大学学生，国家体操队运动员
黄旭　北京体育大学学生，国家体操队运动员
张怡宁　北京体育大学学生，国家乒乓球队运动员
孟关良　北京体育大学学生，国家皮划艇队运动员
陈一冰　北京师范大学学生，国家体操队运动员
张宁　北京工业大学学生，国家羽毛球队运动员
火亮　中国人民大学学生，国家跳水队运动员
王峰　中国人民大学学生，国家跳水队运动员
吴敏霞　中国人民大学学生，国家跳水队运动员
林跃　中国人民大学学生，国家跳水队运动员
秦凯　中国人民大学学生，国家跳水

队运动员

郭晶晶　中国人民大学学生，国家跳水队运动员

（魏强）

【召开奥运会、残奥会志愿者工作总结表彰会】　10月17日，北京奥组委、团中央、北京奥运会志愿者工作协调小组联合召开北京奥运会、残奥会志愿者工作总结表彰大会。会议表彰北京奥运会、残奥会志愿者工作优秀组织单位734个，北京奥运会、残奥会志愿者先进个人1万人。

（李雪红）

【召开教育系统奥运总结表彰会】　10月30日，市委教育工委、市教委召开首都教育系统奥运工作总结表彰大会。市委教育工委、市教委领导出席会议。会议表彰85个先进单位、768个先进集体、1098名先进个人和1968名优秀学生。高校场馆运行团队、奥运会开幕式演出团队、平安奥运工作者、奥运志愿者和奥运村住宿服务团队代表，区县代表和奥林匹克教育示范学校代表发言。在北京奥运会、残奥会筹办和举办过程中，从环境监测到建筑节能，从场馆、景观设计到场馆风险评估，从项目信息化管理到智能交通系统，首都高校开发和应用的大批先进、适用的创新技术成果在奥运场馆建设、奥运交通管理和赛事准备等方面都得到集中体现。首都高校师生作为北京奥运会志愿者的主力军，承担90%以上的志愿服务任务。首都高校精心选拔学生演员6000人，分别参加奥运会、残奥会开闭幕式的演出工作；选拔21所高校179名学生担任奥运会、残奥会开闭幕式引导员；招募培训22所高校5500名师生组成奥运村（残奥村）住宿服务团队，为运动员、随队官员和媒体记者提供住宿服务，并创造“零投诉”纪录。全市中小学与161个国家和地区的学校建立联系，开展奥林匹克教育同心结交流活动。

（苏全柱）

奥林匹克教育示范校建设

【二十七中举行京蒙师生牵手共迎奥运活动】　1月5日，北京市第二十七中学师生到内蒙古巴彦淖尔市磴口县第一中学开展牵手共迎奥运活动。该活动以“手拉手，心连心，京蒙师生牵手文明，共迎奥运会冬令营活动”为主题，参观当地拦河闸水利枢纽工程与沙漠生态区，了解生态环保对人类发展生存的重要性。二十七中的学生向磴口县一中学生介绍北京的变化、文物古迹、人文景观和奥运场馆等内容，并赠送奥林匹克教育系列书籍和光盘。

（董楠）

【召开示范校与京外校牵手共享奥林匹克教育成果展示会】　1月11日，

市教委在朝阳区花家地实验小学召开奥林匹克教育示范校与京外学校牵手共享奥林匹克教育成果展示会。活动以“牵手京外学校，共享奥林匹克”为主题，展示北京地区奥林匹克教育示范学校与京外学校牵手共享奥林匹克教育成果，交流奥林匹克教育经验等。在展示会上，花家地实验小学介绍与河北省兴隆县逸夫实验学校牵手共享奥林匹克教育经验；兴隆县逸夫实验学校介绍开展牵手活动的体会。展示会上宣读花家地实验小学向全市奥林匹克教育示范学校发出的倡议书。美国密苏里大学副教授、奥林匹克教育专家包苏珊女士作点评。各区县奥运办主任，部分区县奥林匹克教育示范学校校长200人参加活动。北京地区奥林匹克教育示范学校与京外学校牵手共享奥林匹克教育活动是教育部、北京奥组委的要求，也是奥林匹克教育工作的实际需要。该项工作开始于2007年4月，至2007年底，北京地区65所奥林匹克教育示范学校与河北、贵州、新疆等22个省市区及香港、台湾地区104所学校和英国、美国、日本共5所学校开展牵手共享奥林匹克教育活动。

（郭冠伟）

【东城特教学校庆祝奥运会倒计时200天】　1月18日，东城区特殊教育学

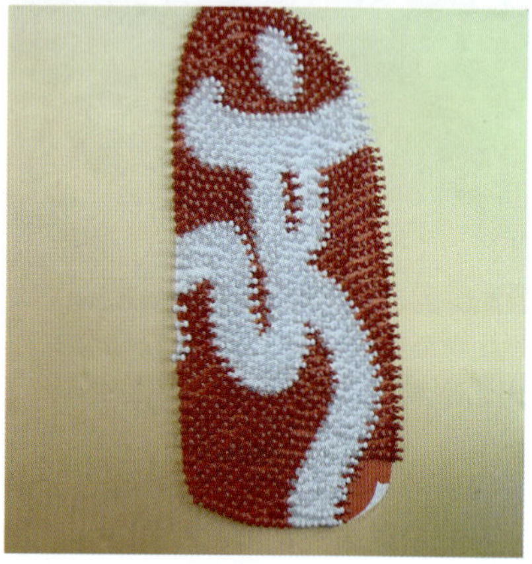

校举行庆祝奥运会倒计时200天活动。艺术团表演舞蹈《童心迎奥运》；同时展示全校师生用2000余枚图钉以拼插方式制成的奥运会会徽；特教学生与和平里第三小学学生代表表演抖空竹；聋部和智障部学生同台表演手语歌《爱的奉献》。东城区教委、小黄庄社区领导，牵手校和平里三小的15名师生代表和家长参加活动。

（郭莉）

【西辛房中学召开学校社区共建工作会】　1月19日，门头沟区西辛房中学、东辛房办事处及周边10个居委会联合召开迎奥运学校社区共建工作会。会议听取学校和各居委会共建工作总结，布置寒假学生社区活动工作任务。会上，西辛房中学宣布在原有社区图书展基础上，提供800册图书新建6个社区图书站，并选派学生假期做图书管理员。

（杨树标）

【灯市口小学与湖南育英学校共迎奥运会倒计时200天】 1月21日，东城区灯市口小学与湖南省长沙市芙蓉区育英学校共迎奥运会倒计时200天。该校通过远程教育网络启动“同一片蓝天下，南北两校共迎奥运”主题交流活动，在远程教育网的两端，两校校长寄语学生要努力学习，锻炼身体，共同为奥运加油；两校学生代表交流迎接北京奥运会的感受，举办奥运知识竞赛等活动。

（程霞）

【八中编制奥林匹克教育手册】 1月，北京市第八中学编制《我们的2008》奥林匹克教育活动手册。该活动手册采用图文并茂形式，回顾2007年学校开展的奥林匹克教育活动，包括该校奥林匹克教育牵手学校北京市第四聋人学校的概况及奥林匹克教育活动。同时以周历的方式作为2008年的工作手册。

（魏锴）

【平谷中学通过实践课开展奥林匹克教育】 1至6月，平谷区平谷中学通过综合实践活动课程开展奥林匹克教育。该课程利用奥林匹克教育网页，组织学生开展奥运会的历史、现在和未来等研究。学生自由组合并进行分工，最后由各组组长汇报研究成果。全班汇总各小组成果编辑成册，形成《综合实践活动中的奥林匹克运动探索》。

（梁志顺）

【呼家楼中小开设每日福娃播报】 2月25日，朝阳区呼家楼中心小学开设每日福娃播报栏目。该栏目在学校电子展示屏幕上每日更新奥运内容，介绍奥运场馆设施、奥运礼仪用语、奥运观赛礼仪和奥运比赛项目等奥运知识和奥运信息。

（陈莉）

【通州举办“奥运文化百校行”活动】 2月，首都图书馆、通州区教委联合举办“奥运文化百校行”活动。该活动采取挂图、展板等形式，在奥林匹克教育示范校宣传奥林匹克知识。区教委同时举行“迎奥运、展风采”示范校板报设计比赛。

（王海龙）

【大峪二小赴香港姐妹校交流】 2月，门头沟区大峪第二小学代表团赴香港姐妹校开展奥林匹克交流活动。大峪二小代表团一行31人，由教师、学生和家长组成，参观香港朝阳百欣小学和朝阳小学。两地师生共同上课，表演节目，并约定奥运期间要注意节约能源，注意环保，在奥运赛场做文明观众。

（吕雅丽）

【丰台职教中心校开展奥运教育活动】 2至7月，丰台区职业教育中心学校开展“迎奥运，促和谐”主题教育活动。该校开展奥运知识竞赛，内容涉及奥运文化、奥运溯源、奥运中国等；通过班团会、校园广播、网络和课堂等途径，介绍奥运知识、传播奥运理念、弘扬奥运精神。

（周秀艳）

【西城外国语学校开展奥运日记传递活动】 3月17至24日，西城外国语学校开展奥运日记传递活动。该校从北京市第一五四中学接过“奥运文明日记”，初中部学生完成日记撰写任务，日记以五个福娃为封面，记载学校开展奥林匹克教育活动等内容。该校围绕奥运日记组织开展“奥运日记进我班”的奥运日记展示活动和以奥运为主要内容的英语角活动，以及“生命因奥运而精彩”演讲比赛。3月24日，该校学生将奥运日记转交给北京市西城区实验学校。“奥运文明日记接力”是西城区教委在全区中小学开展的以传递奥运日记方式进行的奥林匹克精神教育，在每校保留1周，培养学生“当文明使者，作奥运主人”的意识。

（朱熠婧　尚秋红）

【宣武举办奥林匹克与宣武教育发展论坛】 3月27日，宣武区委教育工委、宣武区教委举办第二届奥林匹克教育发展论坛。论坛以“奥林匹克与宣武教育”为主题，康乐里小学以《弘扬奥运精神，探索小学奥林匹克教育的模式》为题介绍康乐里小学奥林匹克文化与教育工作模式；育才学校（小学部）介绍体育教师探索体育教学模式；宣武一职介绍以志愿者服务活动为载体，探索职业学校德育工作的新途径；十五中介绍参加奥林匹克教育活动中的体会和收获。论坛期间，宣武区上斜街小学的学生表演具有宣南特色的传统项目抖空竹，育才学校（小学部）学生展示拉拉操节目。波兰驻华使馆参赞介绍波兰开展奥林匹克教育经验。

（王光伟）

【昌平4所学校牵手共享奥林匹克】 3至6月，昌平区4所学校牵手共享奥林匹克。百善中心小学与南邵中学、小汤山中心小学、崔村中心小学开展奥林匹克教育手拉手活动，各校将奥林匹克教育情况制作展板巡回展览，并组织教职工乒乓球联谊赛。

（卢俊芳）

【潞河中学举办北京奥运与中国崛起讲座】 4月21日，通州区潞河中学举办《北京奥运与中国崛起》讲座。讲座听取清华大学国际关系问题研究所教师分析火炬传递过程中出现问题的深层次的原因，分析中国在复兴崛起过程中面临的苦难及应对措施，教育学生心中有祖国，努力承担历史责任，尽心做好自己的事情就是爱国主义最好的表达。全体师生参加学习。

（李敏）

【劲松职高开展奥运教育成果展示活动】 4月30日，北京市劲松职业高中开展迎奥运倒计时100天奥运教育阶段成果展示活动。活动中，烹饪专业展示学生为各个项目运动员精心设计的奥运菜单；外语导游专业、国际酒店管理专业进行奥运观赛礼仪及观赛小品展示；计算机专业展示学生制作的奥运观赛指南网站；美容美发与形象设计专业展示奥运服饰、奥运发型；影像与影视艺术专业展示奥运视觉作品。学生还将对中国奥运健儿的寄语制成“舞动的北京印”和特制的奥运菜单赠送给国家体育训练总局。

（赵冰心）

【密云职校开展市民学英语活动】 4月，密云县职业学校、鼓楼街道花园社区联合开展“携手迎奥运，市民学英语”活动。学校选派商贸英语专业20名学生利用课余时间为40名居民开展奥运英语培训。学校还与花园社区举行携手迎奥运启动仪式，双方签署共建和谐社区协议。

（陆洋林）

【开展示范校奥林匹克教育效果调研】 5月18日至6月8日，北京奥林匹克教育研究中心开展北京2008奥林匹克教育示范学校教育效果调查研究。

调研以北京市 11 所奥林匹克教育示范校的 1647 名中小学生为调查对象，共发放问卷 1647 份，回收率 100%，有效问卷 1624 份，有效率 99%。调研结果形成《北京 2008 奥林匹克教育示范学校教育效果调查研究报告》。

（高嵘）

【京豫陈学校举办奥林匹克教育活动月】 5 月，北京京豫陈学校举办奥林匹克教育活动月。该校举办模拟奥运会，1 个班级代表 1 个国家入场，并展示各国的风土人情和文化特色；开办奥运画廊，画廊面积 50 平方米，展示学生奥运绘画 176 幅；举办“唱响奥运”庆六一文艺汇演，学生自编自演 30 个奥运节目。学生 2400 人次参加活动，评选先进班集体 8 个。

（扶元继）

【现代职校开展奥运安全主题教育活动】 6 月 2 日，北京现代职业学校召开奥运安全主题教育活动。活动以“安全防范迎奥运、遵纪守法我先行”为主题，由知识竞赛和文艺表演组成。知识竞赛涉及奥运、交通、未成年人保护等内容，文艺表演围绕主题表演诗朗诵、相声等节目。

（毕志萍）

【东城召开“走进奥林匹克教育示范学校”活动展示会】 6 月 11 日，东城区教委“走进奥林匹克教育示范学校”活动在东城区和平里第二小学举办。该活动以“快乐健身、阳光校园”为主题，听取校长题为《抓住奥运契机，提升学校体育工作质量》的报告，介绍学校体育工作的经验。活动展示学校体育课片段、“快乐十分钟”特色活动、校园健身活动等。首都体育学院体育系教授点评展示活动。市奥运教育办公室、区教育督导室、区体育局、各校主管领导和体育教师 200 人参加展示会。

（王永芬）

【北师大平谷附中开展国际理解教育】 6 月 20 日，北京师范大学附属平谷中学开展国际理解教育。活动由该校师生和 180 名来自北京大学对外汉语教育学院的外国留学生共同参加，双方朗诵顾拜旦诗作《体育颂》，举办奥林匹克知识竞赛、篮球比赛、“搭桥过河”等互动游戏。活动中，中外学生相互学习对方的语言、历史、文化、习俗等知识。北师大平谷附中每年举办多次中外学生交流活动。

（史中心）

同　心　结　交　流

交流活动

【劲松四小接待塔吉克斯坦大使】 1 月 23 日，朝阳区劲松第四小学接待塔吉克斯坦大使拉西德·阿利莫夫访问。大使向学校赠送他编著的童话故事书《沙尔沙尔赴北京历险记》，学生表演舞蹈《爱我中华》、演唱师生共同创编的奥运歌曲《明天的太阳》，并向大使赠送象征中塔友谊的书法作品和串珠福娃。

（陈莉）

【前门外语学校接待哈萨克斯坦议会上院议长】 1 月 25 日，北京市前门外国语学校接待哈萨克斯坦议会上院议长托卡耶夫。议长指出：“2008 奥林匹克教育计划和同心结活动使两国中学建立直接的伙伴关系，这在哈中关系史上是第一次。同心结活动的开展必将为哈中双边关系的巩固和发展做出贡献”。议长一行观看学生才艺表演，参观哈国文化展，观看学生绘

制的京剧脸谱等中国传统工艺作品；学校向议长赠送奥运会吉祥物和记录中哈学生开展同心结活动的相册。2007 年 9 月 1 日，该校与哈萨克斯坦阿拉木图市体育运动学校结为同心结姊妹校，同年 10 月，学校邀请哈萨克斯坦 12 名师生访问中国。

（杨于平）

【丰台一小接待牙买加驻华大使】 2 月 25 日，丰台区第一小学接待牙买加驻华大使韦恩·麦库克一行。大使参加学校“奥运有我更精彩，人人争戴五彩圈”主题活动启动大会，观看 5 个奥运家庭围绕文明礼仪、奥运健

身、奥运文化传承等的展示活动。随行的牙买加田径总教练多纳德·柯瑞辅导学校运动员短跑技能。

（代淑娥）

【丰台五小接待巴勒斯坦大使】 2 月 25 日，丰台区第五小学接待巴勒斯坦国驻华大使迪亚布·鲁赫访问。大使一行参加学校开学典礼暨“2008 奥运有我更精彩”活动，与学校民乐团学生开展交流，观看学生奥运英语展示、拉拉操表演和社区居民表演的快板。学生和家长向大使赠送用丝网花制作的北京市市花月季。

（王育华）

【八中学生与英国外交大臣探讨气候变化问题】 2 月 28 日，北京市第八中学接待英国外交大臣大卫·米利班德。外交大臣参加两国学生关于气候变化的研讨，研讨采取视频方式，3 名英国青少年环保先锋在英国文化协会伦敦总部通过视频与八中 2 名学生和清华附中 3 名学生进行研讨，主题包括“如果出现全球经济衰退，英国政府仍然会一如既往地投入很多精力

致力于治理全球变暖吗”、“您认为世界上的领导人在解决此问题时，应该听取年轻人的意见吗”等问题，外交大臣做解答。

（魏锴）

【古城二小庆祝中斯友谊班成立1周年】 2月29日，石景山区古城第二

小学举行庆祝中国——斯洛文尼亚友谊班成立1周年活动。斯洛文尼亚驻华大使马里安·森森一行出席庆祝活动，并向友谊班代表赠送班旗，教授学生学习10句斯洛文尼亚语。本学期，该校开办“斯洛文尼亚语言学习班”，大使馆为学校编写“小课本”。2007年暑假，古城二小邀请斯洛文尼亚佐拉市的维卡·斯姆茨学校的8名师生参加“好运北京同心结夏令营”，参观学校，访问学生家庭。

（董彦羽）

【五路居一中接待安哥拉奥组委主席】 4月9日，朝阳区五路居第一中学接待安哥拉奥组委主席。学生向来宾展示课间操，用英语与安哥拉朋友交流。安哥拉是五路居一中的同心结结对国家。

（陈莉）

【大峪中学分校接待马拉维奥委会主席】 4月9日，门头沟区大峪中学分校接待马拉维奥委会主席。主席肯定学校为同心结活动做出的努力，表示奥运会期间派1个15人的代表团到北京参赛，欢迎学校届时到赛场加油助威。在校期间，马拉维客人观摩音乐课，欣赏该校合唱队《五环童话梦》、《奥林匹克风》等节目。8月22日，马拉维奥委会主席及夫人和奥运代表团一行15人再次访问该校。

（岳树菊　曲怀志）

【大兴二小接待基里巴斯奥委会主席】 4月11日，大兴区第二小学接待基里巴斯奥委会主席。学生表演舞蹈、器乐、戏曲等中国传统特色节目，主席表示愿意与大兴二小开展交流活动，并预祝北京奥运会圆满成功。大兴二小结对国家是基里巴斯，学校通过出墙报、绘制绘画作品、开通红领巾广播专题形式，使学生了解基里巴斯。

（张江涛）

【石景山实验小学接待瓦努阿图总统夫人】 4月16日，石景山区实验小

学接待瓦努阿图共和国总统夫人。学校管乐队演奏瓦努阿图共和国国歌，表演瓦努阿图民族舞蹈。总统夫人一行参观校园，观看跆拳道、新疆舞和中国民乐等表演。

（张雪玲）

【陈经纶中学接待加拿大奥运冠军访问团】 4月21日，北京陈经纶中学接待加拿大奥运冠军访问团。访问团由加拿大奥运会冠军组成。该校学生向嘉宾赠送“微笑圈”；加拿大著名跳水运动员，1984年洛杉矶奥运会女子跳水冠军西尔维·波尼尔（Sylvie Bernier）讲述自己的奥运故事，并进行互动问答。加拿大是陈经纶中学同心结结对国家。

（陈莉）

【九中接待新加坡体育理事会主席访问】 4月22日，北京市第九中学接待新加坡体育理事会主席一行。学校介绍体育和奥林匹克教育工作，回顾与新加坡同心结姊妹校开展交流活动情况。自上年8月以来，九中与结对国新加坡开展5次互访交流。

（乔慧莲）

【芳城园小学接待卢旺达驻华大使】 4月29日，丰台区芳城园小学接待卢旺达驻华使馆大使本杰明·卢甘加资。大使一行参加学校庆祝奥运会倒计时100天主题活动暨学校春季运动会，表示“中卢两国人民是朋友，朋友之间是没有距离的，因为友谊能够使我们加深友谊、分解忧愁”。

（吴敏）

【八角北路小学接待塞拉利昂总统夫人】 5月14日，石景山区八角北路

小学接待塞拉利昂总统夫人西娅·恩亚玛·科罗马。总统夫人在致辞中对汶川地震死难者表示哀悼，表示支持塞拉利昂和八角北路小学开展的同心结活动。学生表演奥运拉拉操、塞拉利昂的狩猎舞和管乐演奏等节目，并赠送书法、绘画和手工作品。

（孙跃国）

【白家庄小学接待国际残奥会主席】 5月15日，朝阳区白家庄小学接待国际残奥会主席菲利普·克莱文爵士。该校学生用英语向爵士介绍学校开展的奥运同心结教育活动，并现场教剪纸和编织中国结技巧。其间，克莱文爵士和该校师生一起参与为四川灾区奉献爱心的捐款活动。菲利普·克莱文爵士参加过五届残奥会轮椅篮球比赛，曾获最杰出残疾运动员奖。

（陈莉）

【昌平二中接待柬埔寨大使】 5月20日，昌平区第二中学接待柬埔寨驻华大使凯勒昂及夫人一行7人访问。大使一行参观校园，欣赏学生民乐、舞蹈表演，并与学生一起切磋乒乓球球艺。

（王丽娜）

【花家地实验小学接待日本首相夫人】 8月8日，朝阳区花家地实验小学接待日本首相夫人福田贵代子。首相夫人兑现半年前许下的承诺：在奥运会开幕当天，为赠送学校的礼物日本不倒翁画上眼睛。首相夫人邀请学生为不倒翁画眼睛，她只画一只左眼，留下右眼，希望在奥运圆满落幕那天由学生亲手补上。2007年12月，日本首相福田康夫偕夫人在该校访问时，福田康夫赠送学生一个没有画上眼睛的日本吉祥物不倒翁，承诺奥运开幕当天，到学校为不倒翁点睛。

（曲怀志）

【海淀实验三小接待圣马力诺国家元首】 8月9日，海淀区第三实验小学接待圣马力诺国家元首罗萨·扎费拉尼等一行10人访问。学生表演民乐队合奏、西藏舞、抖空竹，现场演示书法和剪纸工艺，并委托圣马力诺的奥委会主席向圣马力诺小朋友转交自己创作的书画作品集。

（曲怀志）

【中关村四小接待塞浦路斯总统】 8月13日，海淀区中关村第四小学接待塞浦路斯总统赫里斯托菲亚斯和夫人以及塞浦路斯奥运体育代表团。总统观看学生制作的塞浦路斯墙报，与小学生进行乒乓球比赛，并向学校赠送一艘体现本国文化的船模。学校请他向同心结姊妹校转交师生制作的同心结活动相册。9月11日，塞浦路斯残奥代表团访问中关村四小。

（曲怀志）

【东铁匠营一小接待卡塔尔体育团】 8月18日，丰台区东铁匠营第一小学接待卡塔尔体育团团长哈林先生及卡塔尔驻华大使米夫塔赫。来宾一行参观学校奥林匹克教育展板，向师生代表赠送体育代表团团徽；该校介绍奥林匹克教育活动情况，向体育代表团赠送“鸟巢”模型，双方进行互动交流，学生向来宾教授简单的汉语。

（连超）

【十四中分校接待保加利亚总统】 8月18日，北京市第十四中学分校接待保加利亚总统珀尔瓦诺夫。珀尔瓦诺夫参观学校的奥运长廊、图书馆、阅览室、标本苑等设施和校园景观，观看学生武术、空竹和文艺节目表演，欣赏民歌小合唱、古筝演奏和京剧变脸等节目。总统邀请十四中分校的师生到保加利亚交流学校访问。

（曲怀志）

【西罗园五小接待智利奥委会代表团】 8月19日，丰台区西罗园第五小学接待智利奥委会主席奈文·伊里奇和智利驻华大使费尔南多·雷耶斯·玛塔一行。学校介绍与智利开展同心结活动情况，祝贺智利获得男子网球单打银牌，并表演拉拉操和独轮车。智利代表团向学校赠送牌匾，感谢学校在奥运会期间给予智利奥运代表团的支持，同时代表智利长江学校赠送一套智利音乐百科全书，并把签有北京奥运会网球男子单打亚军冈萨雷斯名字的T恤衫赠与学校。

（曲怀志）

【工美附中接待萨马兰奇】 8月24日，

中央工艺美术学院附属中学接待国际奥委会终身名誉主席萨马兰奇。学校向萨马兰奇赠送奥运冠军画卷、篆刻名章、剪纸等礼物，萨马兰奇向师生回赠奥运徽章。萨马兰奇在致辞中说：“作为一个为奥运事业走访过199个国家的老人，我深刻看到和体会到教育的重要性，而体育在整个教育中起到很重要的作用。我希望你们，在座的这些中国年轻人们，今后在教育和体育两个方面都能有所收获”。萨马兰奇为工美附中题字“我与中国人民的友谊地久天长”。

（曲怀志　周良）

【八中接待欧盟委员会委员】 9月8日，北京第八中学接待欧盟委员会教育、培训、文化和青年事务委员扬·菲格尔。扬·菲格尔参观学校，观看田径队训练，并与田径队师生合影留念。扬·菲格尔询问学生是否关注残奥会，并希望学生学习残奥会运动员勇于拼搏、自强不息的精神。

（魏锴）

【宣师附小参加“波兰残奥日”招待会】 9月15日，宣武区师范学校附属第一小学师生与波兰残奥体育代表团在波兰驻华大使馆参加庆祝“波兰残奥日”招待会。该校学生与运动员进行交流，并请运动员签名留念。

（王光伟）

教育活动

【中关村二小编写同心结作品集】 1月6日，海淀区中关村第二小学完成《同心结，结同心，童心迎奥运——中关村二小学生作品集》。该作品集选录学生参加奥林匹克教育同心结系列交流活动的参赛作品共计200幅，展示该校四至六年级学生的精巧构思，传递着全体学生的和平意愿、友谊之情。

（郝萍）

【灯市口小学举行法语汉语百句手册赠书仪式】 1月22日，东城区灯市口小学举办《“学法语，结同心，迎奥运”法语汉语百句手册》赠书仪式。爱国者理想飞扬教育科技有限公司向该校赠送图书500册。该校同心结结对的法国学校师生代表20人出席赠书仪式，并接受培训该校师生法语的法语辅导员聘书。赠书仪式后，举行第一次法语培训。

（程霞）

【育民小学给结对国家小朋友寄贺卡】 1月，西城区育民小学开展给同心结结对国家阿拉伯联合酋长国的小朋友寄贺卡活动。学生采用布艺贴画、国宝熊猫的剪纸造型、绘制福娃和阿联酋国旗等方式制作贺卡。学校向阿联酋驻华大使馆工作人员赠送贺卡并请他们转交。

（李雪迪）

【城关小学同心结活动取得成效】 1至2月，昌平区城关小学同心结交流活动取得成效。该校收到同心结结对学校阿塞拜疆巴库一六零中学照片64张，内容分为建筑、城市景观和学校三部分。寒假期间，该校与结对学校开展“我用邮件传友谊”活动，学生向结对学校发送电子邮件58封，照片36张。

（刘忠武）

【朝阳两所小学接待新加坡弥陀小学代表团】 3月11日和13日，朝阳区两所小学接待新加坡弥陀小学代表团。11日，白家庄小学和弥陀小学共同开展“分享中国古韵”文化交流活动，两校学生分别朗诵《弟子规》、《三字经》、《少年中国》等古韵佳篇。13日，望花路小学和弥陀小学举办教学交流活动，双方共同探讨奥林匹克教育以及学生教育和管理。新加坡弥陀小学代表团由7名教师和36名学生组成。

（陈莉）

【天竺中小与美国结对学校共做志愿者】 4月1日，顺义区天竺中心小学与美国密克罗尼西亚联邦马伦姆小学联合举办“携手迎奥运，共做志愿者”活动。活动号召两校师生实施“同一片蓝天，同一样梦想”志愿文明伙伴计划，报名参加志愿者行动。马伦姆小学的学生身着异国服装，用英语表达两校交流活动感慨心情。该活动标志天竺中小同心结交流活动正式启动。

（段春宝）

【崇文举行同心结交流展示活动】 4月25日，崇文区委教育工委、区教委、崇文小学联合举办同心迎奥运、携手结友谊——崇文区中小学奥林匹克教育同心结交流展示活动暨庆祝北京奥运会倒计时100天活动。活动由同心展风采、同心结友谊、同心共欢乐、同心迎奥运4个部分组成，旨在弘扬奥林匹克精神，展示中小学同心结交流活动开展情况和中小学生迎奥运的精神风貌。北京奥组委新闻宣传部、区委、区教委领导，全区38所中小学师生代表与同心结交流结对国家在京留学生代表共计500人参加活动。4月30日，崇文区委教育工委、区教委编辑的《同心迎奥运、携手结友谊——崇文区中小学奥林匹克教育“同心结”交流活动纪实（上）》出版。该图书图文并茂地记录12所同心结学校与结对国家开展的丰富多彩的活动。

（廖凯华）

【和平里四小庆祝奥运会倒计时100天】 4月25日，东城区和平里第四小学举行“同心结友谊，微笑迎奥运”奥运会倒计时100天庆祝活动。羽毛球世界冠军董炯、同心结姊妹校霍梅尼学校60名师生参加活动。身着传统服装的伊朗学生表演民族歌舞；和平里四小学生举行花样跳绳、民族舞蹈等表演。活动结束后，两校学生共同绘制《喜迎奥运》长卷画。

（张莉）

【团结湖小学师生访问马尔代夫】 5月9至14日，朝阳区团结湖小学20名师生访问同心结学校马尔代夫扎马鲁丁学校（Jamaluddin School）。团结湖小学师生参观扎马鲁丁学校，将具有中国特色礼物送给马尔代夫朋友。双方共同踢毽子、抖空竹，开展“我对2008奥运说”绘画和“祝福奥运”漂流瓶活动。访问期间，该校学生住宿马尔代夫学生家庭。

（陈莉）

【万泉小学与结对学校签署协议】 5月22日，海淀区万泉小学曙光校区代表团访问朝鲜平壤绫罗小学。双方签署姊妹校协议。朝鲜对外文化联络委员会亚洲局、教育省领导及新闻媒体出席仪式。会后，绫罗小学师生表演朝鲜族歌舞，双方共跳集体舞。

（郝萍）

【白家庄小学同心结小使者出访英国】 6月5至12日，朝阳区白家庄小学师生一行11人到同心结姊妹校英国曼彻斯特圣堡罗小学参观访问。该校代表团与曼彻斯特市副市长、驻曼彻斯特教育领事，共同参加圣堡罗小学孔子课堂揭牌仪式；双方学生一起上课，查阅资料、踢毽子、抖空竹。访问期间，该校学生制作英文演示文稿，介绍北京奥运知识，北京奥运场馆和北京的传统文化。

（陈莉）

【朝阳同心结活动成效显著】 6月23日，市奥教办、朝阳区教委联合召开国际理解教育研讨会。朝阳区芳草地小学、花家地实验小学、劲松职高、北京京西国际学校介绍同心结交流经验。该区在同心结交流活动中，突出奥林匹克教育的国际性和教育性，深化国际理解教育，将国际理解教育融入奥林匹克教育中、融入同心结交流活动中、融入现代化的办学理念中、融入校园文化建设中、融入教育教学活动中。其中，芳草地小学构建国际理解教育背景下“多进多出”的教育模式；花家地实验小学开展“一班一国”奥运教育模式；劲松职高将国际理解教育背景下的奥林匹克教育与专业课程教学相结合；陈经纶中学举办加拿大艺术节；日本首相到花家地实验小学访问并亲笔提字；英国副首相来到白家庄小学考察奥林匹克教育情况，体现朝阳区中小学同心结学校对“同一个世界，同一个梦想”的追求与执著。

（郭冠伟）

【二十二中开展同心结交流活动】 8月15至18日，北京市第二十二中学部分师生与来自法国的18名学生和来自四川绵竹灾区的10名学生开展交流活动。学生一起在奥体中心、国家体育馆观看曲棍球比赛和蹦床比赛，参观天安门、故宫、长城、国家体育馆和水立方等。

（赵学红）

奥运村迎宾活动

【同心结学校完成奥运村迎宾任务】 7至9月，北京同心结学校完成奥运会赛时迎宾任务。共有204所学校参加204个结对国家和地区的运动代表团在奥运村举行的入村欢迎仪式。完成残奥会期间143个国家代表团奥运村迎宾任务。两个奥运会迎宾工作共计19天，举办欢迎仪式108场，参

加学生3000人。

（魏强　周良）

【昌平同心结学校参加奥运村升旗仪式】　8月2至9日，昌平区9所同心结学校参加结对国家代表团在奥运村举行的升旗仪式。仪式结束后，各学校代表参观奥运村、与结对国家运动员交流，在升旗广场合影。

（张捷）

【丁香小学参加阿鲁巴欢迎仪式】　8月6日，东城区丁香胡同小学师生代表到奥运村参加阿鲁巴代表团运动员欢迎仪式。学生用英语与阿鲁巴奥委会代表团官员和运动员交流，介绍自己和学校的简单情况，并赠送学校校旗和书签。

（倪彦鹏）

【三中参加卢森堡体育代表团招待会】　8月6日，北京市第三中学师生13人应邀参加卢森堡驻华使馆为卢森堡体育代表团举行的招待会。卢森堡大公先生、大使夫妇、参赞、卢森堡运动员同该校师生进行交流。学生表演小合唱《心连心》、《茉莉花》，向卢森堡大公赠送中国结和同心结交流活动图册。同日，三中教师和学生代表还参加卢森堡体育代表团进驻奥运村的升旗仪式。

（周安民　邹娟）

【丰台五小参加奥运村欢迎仪式】　8月9日，丰台区第五小学心连心合唱团参加巴勒斯坦等国家进驻奥运村的欢迎仪式。学生为各国运动员代表演唱歌曲《心连心》，并与运动员

合影留念。

（王育华）

【工美附中参加运动员奥运入村仪式】　8月10日，中央工艺美术学院附属中学30名同心结合唱团学生到奥运村参加运动员欢迎仪式。他们为来自10个国家的体育代表团演唱歌曲《心连心》。

（蔡琳琳）

奥林匹克青年营

【概　况】　2008年8月6至17日，北京2008奥林匹克青年营设在北京市第一零一中学，占地面积20万平方米，校内有人工湖5座，水面面积1.3万平方米。青年营以“青年创造未来”为主题，围绕体验奥运、了解中国、交流学习三条主线，设计推出开营仪式、营内主题活动和营外主题活动。青年营由来自204个国家和地区的外籍营员和中国营员组成。外籍营员由各国（地区）奥委会在本国（地区）内选拔一男一女两名优秀青年组成，年龄最小12岁、最大28岁。中国营员由各省市的共青团组织选报，各推荐一男一女两名营员，另有10名残疾人。青年营营员分为12个大队，每个大队分别以中国传统历法十二地支命名，每大队下设5个小组，每组约由8人组成。

（王涛）

【一零一中学完成营员宿舍改造】　5月，北京市第一零一中学完成青年营宿舍改造工程。改造后，宿舍内配有空调、风扇、书桌和衣柜，设有独立卫生间，有淋浴设施，每层楼内设有1个网络服务区和1个“营员之家”，配备5台自助洗衣机。该营地共设有4栋宿舍楼，每栋2层58个房间，每间4人，可接待928人住宿。

（王涛）

【完成青年营形象景观系统工程】　8月4日，青年营完成形象景观系统工程。该系统包括形象景观基础系统、应用系统和使用系统。工程包括悬挂景观旗帜500面1000平方米；装饰建筑外立面景观及室内景观5400平方米；完成田径场草坪地面主景观960平方米；张贴并发放海报800张；设置15平方米多媒体景观装置1处；评审、制作并安装主题雕塑1座；装修装饰贵宾接待室共5间600平方米；设计制作室外落地指示牌120个、室内门牌484个等。景观设计体现奥林匹克精神和北京奥运会“绿色、科技、人文”理念，营造热烈、欢快、和谐的奥运氛围。

（王涛）

【奥林匹克青年营开营】　8月6日，北京2008奥林匹克青年营正式开营。开营仪式奏响北京青年营营歌《青春之约》，放飞千羽白鸽，象征和平与友谊。市委书记、北京奥组委主席刘淇，团中央第一书记、青年营营委会执行主席陆昊，北京市市长、北京奥组委执行主席郭金龙，国际奥委会终身名誉主席萨马兰奇，470名营员和383名青年营场馆志愿者参加开营仪式。当晚，举办开营晚会。晚会以“青春、欢聚、融合、共享”为主题，举办文艺演出，并宣读国际奥委会主席罗格致信。

（王涛）

【奥林匹克青年营主题雕塑揭幕】　8

月6日，北京2008奥林匹克青年营主题雕塑《放飞梦想》在北京市第一零一中学揭幕。郭金龙与国际奥委会名誉主席萨马兰奇参加仪式。该雕塑由中央美术学院城市设计学院教师创作，以中国传统元素风筝和剪纸作为造型语言，造型寓意青年无限创造力，体现“青年创造未来”理念。

（计华）

【组织体验奥运系列活动】 8月6至

17日，青年营组织“体验奥运”系列活动。青年营组织营员参加奥运圣火传递；观看奥运会开幕式，体操、篮球、跳水和皮划艇等比赛，保证每名营员至少观看4场奥运比赛；到奥运村参观交流等活动，与本国、本地区奥委会主席、团长以及运动员、教练员沟通对体育运动的了解，对奥林匹克的认识，对中国和北京的感受；参与志愿服务；参加奥林匹克大课堂；参观奥运场馆等活动。该系列活动力争营员充分参与和体验奥运会，传播奥林匹克精神。

（王涛）

【举办了解中国系列活动】 8月6至17日，青年营举办“了解中国”系列活动。青年营组织营员参观梅兰芳大剧院，游览天安门、故宫和长城等名胜古迹，举办太极拳、少林功夫、抖空竹等中国传统体育项目活动，举办“学厨在北京”中国饮食文化体验活动，举办中国民间传统节目演出等。系列活动围绕本届青年营主题“体验奥运、交流学习、了解中国”举办，展示中国传统文化，宣传和展示北京的发展和变化。

（王涛）

【举办交流学习系列活动】 8月6至17日，青年营举办“交流学习”系列活动。青年营组织营员参观考察、体育交流、团队拓展训练以及联欢活动等，为各国营员提供交流和发展友谊的平台。

（王涛）

【一零一中学承担营地餐饮服务工作】 8月6至19日，北京市第一零一中学承担青年营营地餐饮服务工作。该校选派优秀教师进行专业培训后，担任餐饮志愿服务工作；选派后厨人员学习西餐、面点和冷荤等技能，同时外请西餐大厨作为赛时餐饮服务主理。营地餐厅内设有每日食谱，满足来自不同国家和地区、不同民族文化和宗教信仰营员不同的饮食需求，同时注意体现中国和北京的饮食文化和餐饮特点。营地设有营员餐厅、工作人员餐厅各1座，餐桌400个、餐椅1700个，可容纳1500人同时就餐。

（王涛）

【青年营内火炬传递】 8月8日，北京奥运会“祥云”火炬在青年营完成全球最后一站传递。青年营场馆运行团队主任和北京市第一零一中学校长等8名火炬手参加火炬传递。营员身着各自的民族服饰，载歌载舞，共同见证奥运火炬从青年营走向北京奥运会开幕式会场。此次传递是圣火首次进入营地内传递。奥运圣火在奥林匹克青年营传递是国际惯例，但往届都是在营地外的周边地区传递。

（王涛）

【举办“迷你奥运会”】 8月11日，青年营举办“迷你奥运会”。活动以“青春赛场——我们是冠军”为主题，举办趣味体育、古代奥运、传统体育、传统游戏和益智游艺活动，进行踢毽子、抖空竹、拔河等项目比赛。中国短道速滑运动员杨扬、体操运动员楼云，以及青年营负责人向比赛冠军颁发奖品。

（王涛）

【举办营员集体生日晚会】 8月11日，青年营在营地举办营员集体生日晚会。晚会表演变脸、杂技、曲艺等不用形式的中国民间传统节目，品尝寿桃、“驴打滚”等中国传统美食；向25名在营期内过生日的营员赠送手工艺礼品“友谊包”作为生日礼物。全国妇联主席顾秀莲，厄立特里亚体育部长、大使及夫人，北京奥组委相关领导出席晚会。

（王涛）

【举办主题论坛】 8月14日，青年

营举办2008奥林匹克青年（北京）论坛。该论坛以“青年创造未来”为主题，邀请奥林匹克创始人顾拜旦的子侄做主题演讲。论坛围绕“志愿服务与青年责任”、“保护资源与青年责任”和“科技创新与青年责任”论坛题目，开展交流研讨。

（王涛）

【青年营闭营】 8月17日，青年营闭营仪式暨营员联欢会在营地北京市第一零一中学举行。活动中，营员共同回顾青年营的美好记忆，并对服务于营地的383名志愿者表示感谢。青年营营委会向营员代表颁发由北京奥组委主席、青年营营委会主席刘淇亲笔签发的《北京2008奥林匹克青年营营员证书》，证书封面上印有每名营员的姓名和唯一的营员编号，还有一张营员所在分队的合影；并向营员代表赠送由知名篆刻师刻制的石制名章，印章一端是祥云和腾龙镂空雕刻，另一端是各营员的中国名字。青年营营委会负责人，青年营营委会成员单位代表，以及30个国家的驻华大使及使馆工作人员出席闭营仪式。该青年营筹办工作开始于2007年9月，向全部205个国家（地区）奥委会发出邀请，共有204个国家（地区）参加活动，为青年营营员历届最多。奥林匹克青年营是奥林匹克旗帜下的青年教育和文化交流活动，开始于1912年的斯德哥尔摩奥运会，后因两次世界大战多次停办；1964年东京奥运会期间恢复举办，之后每届奥运会都组织青年营活动。青年营是奥运会不可分割的一部分，同时又是极具特色的项目，以传播奥林匹克精神为宗旨，展示主办国和主办城市的历史文化和风土人情，增进各国青年之间的交流和友谊。

（王涛）

【383名志愿者服务青年营】 8月20日，青年营志愿者结束志愿服务。383名志愿者参与此次服务，包括专业志愿者和通用志愿者两大类。通用志愿者由中央民族大学学生和属地单位北京市第一零一中学教师组成。专业志愿者包括语言服务、医疗服务和安保交通类人员，其中，语言服务类志愿者由北京高校外语水平较高的大学生和10名外籍志愿者组成。

（王涛）

奥林匹克教育活动

体育活动

【育才学校举办迎奥运冬季体育活动】 1月3日，北京育才学校小学部启动迎奥运冬季体育活动。该活动以北京奥运会比赛7个举办城市作为接力城市，线路为北京→沈阳→秦皇岛→天津→青岛→上海→香港→北京，以班为单位，在3个月时间内，累积全校学生长跑距离达到7个比赛城市的总里程数，每到一个城市，学习该地承办比赛项目的规则和观赛礼仪，同时举办一项体育比赛活动。

（王光伟）

【高家园小学启动体育锻炼计划】 3月10日，朝阳区高家园小学启动“携手共健身健康迎奥运”体育锻炼行动计划。该校开展“每月一个锻炼项目，每月一个小比赛，每人一个参与机会”活动，吸引学生走向操场、走进大自然、走到阳光下，积极参与体育锻炼，培养学生体育锻炼的兴趣和习惯。

（陈莉）

【团结湖小学举办争当奥运健身家庭活动】 3月17日，朝阳区团结湖小学举办“分享快乐，享受健康，争当奥运健身家庭”活动。学校号召学生带动家长，共同参与体育锻炼。学校利用双休日和节假日，安排跑步、跳跃、跳绳等体育作业，以及抖空竹、放风筝、踢毽等趣味活动，通过《小学生健康手册》和《奥运储蓄卡》对活动情况进行监控，及时评价反馈。

（陈莉）

【平谷六中举办跳绳踢毽子比赛】 3月26日，平谷区第六中学举办迎奥运跳绳、踢毽子比赛。跳绳项目设有30秒单摇、30秒双摇、30秒单编花、10人“8”字跳长绳；踢毽项目设有1分钟双脚踢、1分钟双腿磕踢等共11个项目。比赛以班级为单位，高一、高二年级全体学生参加比赛，评出团体总分前三名。

（杨贵海）

【门头沟举办拉拉操比赛】 3月，门头沟区教委举办中小学拉拉操比赛。比赛以“迎奥运竞显体育风采”为主题，设有场地拉拉操风采展示和看台阵形变换等项目。来自13所中小学22支代表队1200人参加比赛。

（刘淑蕊）

【燕化附中开展阳光广场活动】 至3月，北京师范大学燕化附属中学举办的阳光广场活动结束。该活动以“享受奥运盛会、体验阳光体育”为主题，以小队为基本单位，学习手球、沙滩排球、棒球等观赛项目规则和观赛礼仪等，同时开展履带坦克、时代列车、同心协力跑等拓展训练，以及有障碍滚铁环、抖空竹等民族传统游戏活动。该活动始于2007年6月。

（张保雄）

【南菜园小学举办系列体育活动】 4月3至30日，密云县南菜园小学举办迎奥运阳光体育暨我争奥运小健将系列体育活动。该活动分两个阶段，第一阶段举办武术系列活动，包括学生集体表演武术操、八式太极拳，教师代表队集体表演二十四式太极拳，学生代表队表演集体拳、集体刀等项目。第二阶段举办班级竞赛活动，举办开展换物跑、小跳绳、青蛙过河等团体活动。活动中共评选出最佳组织奖9个，校级奥运小健将45人。

（廖文静）

【通州六中举办体育节】 4月7至12日，通州区第六中学举办“参与体验、共享快乐”学校体育节暨奥林匹克教育周。体育节设有田径、民族传统体育、体质健康标准测试、趣味体育、益智体育等20个比赛项目，学生人均参加比赛两项以上，参与率98%。该校同时开展集体主义、遵规守纪、文明礼仪等教育，突出体育节集参与性、教育性、锻炼性、知识性、趣味性于一体的特点。

（常恩元）

【枣营小学与德国学生开展体育文化交流】 4月9日，朝阳区枣营小学与德国学生开展体育文化交流。枣营小学师生向德国朋友赠送微笑圈和京剧脸谱，双方共同为“友谊树”松土、浇水，共同开展拍球跑、托球跑和拔河比赛，共同上一节语文课和艺术课。

（陈莉）

【延庆二小举办小小奥运会】 4月10至11日，延庆县第二小学举行“情系奥运·文明先行”小小奥运会。开幕式上，该校40个教学班代表40个参加奥运会国家，身着代表国特色服装入场，活动同时升起40个国家的国旗。在火炬传递仪式上，乒乓球女子世界冠军童玲点燃主火炬。该校1900名师生和1800名家长参加活动。

（李军）

【东交民巷小学主办联合运动会】 4月11日，东城区东交民巷小学主办迎奥运景山东华门学区春季联合运动会。运动会包括入场式运动员代表方阵、韵律操表演、体育比赛三部分，并进行奥运火炬接力、奥运五环争先、齐心协力奔奥运等集体项目比赛。东交民巷小学、北池子小学、校尉小学、东高房小学、什锦花园小学、美术馆后街小学、织染局小学师生共计2000人参加运动会。

（李江）

【七幼举办阳光宝宝运动会】 4月17日，北京市第七幼儿园举办“迎奥运——阳光宝宝运动会”。运动会上，各班幼儿参加轮滑速滑、滑板车车技、花样跳皮筋等表演。此前，在该园“我和福娃做朋友——争当礼仪宝宝”活动中，中班和大班幼儿开展争做文明拉拉队、文明小选手、文明小观众和微笑小天使活动，小班幼儿开展争做勇敢宝宝、健康宝宝、快乐宝宝活动。

（佟林）

【定福庄四小举办国际象棋友谊赛】 4月19日，朝阳区定福庄第四小学举办国际象棋友谊赛。友谊赛以“快乐牵手迎奥运，文明共享棋文化”为主题，选出17名学生与受邀的国内外小棋手24人展开对决。活动期间，该校棋手还将自己制作的环保购物袋及奥运作品赠给国外小棋手。

（陈莉）

【昌平实验小学举行春季运动会】 4月25日，昌平区实验小学举办春季运动会。运动会以“向奥运健儿学习”为主题，每个班以一个奥运健儿命名，入场式上，王义夫代表队、邓亚萍代表队、美国德弗斯代表队等25个代表队的队员用服装、饰物、动作等形式展现对“奥运健儿及体育项目”的理解。该校25个班级参加活动，代表25个体育项目。

（王立明）

【海淀庆祝奥运会倒计时100天】 4月28日，海淀区委教育工委、区教委举行“喜迎北京奥运盛会，弘扬中华民族文化”奥运会倒计时100天庆祝活动。活动由动态展示和静态展示两个部分组成，动态展示部分由小学、幼儿园代表及海淀少年宫等单位师生展示奥运教育的特色传统项目成果；静态展示部分展示系列主题教育实践活动成果。活动现场举行“福娃说奥运”系列书籍赠送仪式，书籍包括《奥运标志》、《项目与观赛礼仪》、《历届奥运会轶事》和《讲文明，迎奥运》四部，借助福娃形象讲述奥林匹克知识，传播奥林匹克理念。

（范帆）

【一中举办迎奥运趣味运动会】 4月28日，北京市第一中学举办“迎奥运促发展畅文明共和谐”趣味运动会。学生表演不限时仰卧起坐、呼啦圈挑战赛、一带一单摇不失误、一带一双摇不失误、单脚踢毽不失误等趣味比赛项目；社区居民和家长参加活动，表演踢毽子、扇舞、“两人三足”行走节目。

（赵丽娥　马强）

【花家地实验小学举办趣味奥运会】 4月29日，朝阳区花家地实验小学举办亲子趣味奥运会。该活动以“志愿参与共享快乐成长”为主题，师生与日本同心结学校师生进行“一班一国”体育特色表演，日本学生表演剑道和棒球，该校学生表演腰旗橄榄球和篮球。活动中，奥运志愿者向学生发出倡议：参与奥运、服务奥运；该

校志愿者做出承诺：“向奥运志愿者学习，用行动帮助他人，用微笑迎接奥运，用爱心感动世界，助人为乐，无私奉献”。国际象棋冠军谢军、亚特兰大奥运会射击冠军李对红、足球国际级裁判员陆俊等参加活动。

（陈莉）

【杨镇中小举办环湿地百人自行车赛】 4月29日，顺义区杨镇中心小学举行“百日迎奥运，环保促和谐”环湿地百人自行车赛。活动路线从杨镇中小出发，向西环绕京东最大的湿地京东大芦荡，到达观鸟台，比赛行程10千米。在观鸟台附近，参加比赛教师向附近游客和居民发放“百日迎奥运，促环保，创和谐，爱湿地”倡议书，号召保护环境，爱护湿地，让北京的天更蓝、水更清，以实际行动为北京奥运增砖添瓦。

（张伟光）

【顺义举办教职工大众健身操比赛】 4月29日，顺义区教委举办教育系统教职工大众健身操比赛。该区小学干部教师1300人按照单位分成39支参赛队，表演大众健身操。经现场打分，东风小学、俸伯中心小学、杨镇中心小学获得一等奖。

（陈民强　鲍文）

【金台小学举办亲子运动会】 4月30日，崇文区金台小学举办“喜迎奥运展我风采”亲子运动会。运动会设有“喜迎奥运”入场式表演、“展我风采”阳光课间活动展示表演、腰鼓队“金台腰鼓喜盼奥运”主题表演和“祝福北京喜迎奥运”亲子运动比赛项目。“欢欢”、“迎迎”、“妮妮”三个竞赛组的运动员，参加福娃传递圣火、福娃巧过独木桥、福娃飞球接招等趣味比赛活动。金鱼池中街居委会、区教委领导以及学生家长500人参加运动会。

（张桂芝）

【门头沟举办奥运健身活动】 4月，门头沟区教委举办奥运健身活动。该活动以“热情参与、激情传递、志愿奥运”为主题，开展奥运会倒计时100天体育健身活动，其中，大峪第二小学开展“文明观赛、展我风采”主题活动，包括开幕式仪式我体验、赛场礼仪我展示、健身运动我参与三部分；育园小学举办以“点燃激情，传递梦想”为主题的运动会；潭柘寺中心小学举办“全民心系奥运我与奥运同行”庆祝活动；育新中学举办“我为奥运来加油，奥运拉拉操暨奥运文化衫展示”活动；三家店小学举办“百日倒计时趣味运动会”；付家台中心小学举办春季运动会。

（刘淑蕊）

【东城举行定向越野比赛】 5月5日，东城区教委在地坛公园举行“工美杯”奥运百天、场馆寻觅定向越野比赛。比赛分为定向越野比赛和奥运知识抢答两个环节，定向越野目标点是学生利用废旧物品制作的模拟北京奥运场馆。经过比赛，一七一中分获初中男女组冠军，五十四中、一七一中分获高中男女组冠军，二十七中、一七一中分获初中男女组团体冠军，一七一中获得高中男女组团体冠军。该区17所中学的216名运动员参加比赛。

（张丽莉）

【举办大学生趣味奥运挑战赛】 5月30日至6月14日，市委教育工委、市教委联合举办首都大学生趣味奥运挑战赛。该活动以“追梦五环”为主题，以“我运动，我健康，我快乐”为口号，学生以宿舍、班级、社团为单位自由组队，参加趣味奥运挑战赛和三人制篮球赛。50所高校上千支代表队10万人次参加活动。

（李刚）

【北京幼师举办教职工趣味运动会】 5月，北京市幼儿师范学校举办“迎奥运”教职工趣味运动会。比赛设单人踢毽、双人跳绳、竞走接力、10人跳绳、10人“团结进取”同步走共计5个项目，每项以工会小组计算集体成绩。

（于静）

【助威奥运全民跑步活动启动】　6月6日，首都大学生“2008，我们一起跑！”助威奥运全民跑步活动启动仪式在北京工商大学举办。来自首都各高校的2008名学生完成2008米长跑。该活动是在中国奥委会和北京2008年奥运会官方合作伙伴阿迪达斯启动的“2008，我们一起跑！”助威奥运全民跑步活动的一部分。

（宋煜）

【保教协会组织幼儿武术操奥运展演活动】　8月24日，北京市学前儿童保教工作者协会和北京市武术协会组织的奥运会幼儿武术操展演活动在国家体育馆举办。11所幼儿园的200名幼儿表演武术健身操。此外，39所幼儿园的760名幼儿分别参加天安门广场、祥云剧场和好运北京马拉松测试赛的武术操表演。

（简尔贤）

文化活动

【新源里四小设计奥运课表】　1月15日，朝阳区新源里第四小学制作“微笑·奥运”课程表。课程表由学生、家长共同参与设计，正面为课程表，背景为学校微笑系列活动的照片；背面为奥运知识，背景为奥运冠军的照片，整体含义为“微笑进取”。

（陈莉）

【芳城园小学开展“奥运有我更精彩”活动】　1月，丰台区芳城园小学开展“奥运有我更精彩”主题系列活动。在“多一种沟通语言，传一份奥运情结”教育活动中，外语教师带领师生用法语向世界发出中国北京小学生的问候。学生还学习用英语介绍中国的国粹及比赛场馆。

（吴　敏）

【中科院研究生院举办《奥林匹克与中国》图片展】　3月3至17日，中国科学院研究生院举办《奥林匹克与中国》图片巡回展。该展览围绕“奥林匹克文化”主题，以图文并茂的形式，生动展现“人文奥运”理念。展览阐明奥林匹克运动的由来，介绍现代奥林匹克运动的组织、思想和活动体系，阐释奥林匹克文化与精神，叙述奥林匹克与中国的不解之缘，也展现中华民族为奥运文化做出的贡献。

（尚颖）

【西城经科大举办奥运摄影比赛】　3月20日至6月23日，西城经济科学大学举办奥运摄影比赛。该比赛以“迎奥运、讲文明、树新风”为主题，作品题材围绕北京市民良好精神风貌、古都新韵、生态环境的变化，彰显奥运理念和精神，参赛作品176幅，艺术系学生参赛作品占80%。学校聘请专业教师担任评委，按艺术系和其他系作品的要求分别进行评选，评出优秀奖20幅、入选奖33幅。

（何伶）

【昌平举办奥林匹克教育成果展播月活动】　3月22日，昌平区教委举办的“展我奥运风采，塑我文明形象”奥林匹克教育成果展播月活动启动。该活动展示9所同心结学校和10所奥林匹克教育示范校奥林匹克教育成果，拍摄八集电视片，在北京电视台公共频道昌平时段播出。

（张捷）

【北外承办四地青少年交流活动】　3月24日，北京外国语大学承办心系奥运海峡两岸和港澳地区青少年交流活动。活动由团中央和全国青联与北京海外联谊会共同主办，旨在加强地域间青少年友好交往，传播奥运精神与文化，增进青少年对北京奥运会的认识与了解。该交流团由香港、台湾、澳门、内地青少年360人组成，与北外师生共同在体育运动和奥运知识问答中参与体验。

（王婧）

【北外举办欧洲七国中小学生奥运营】　3月25至30日，北京外国语大学举办欧洲七国中小学生奥运营。该活动由国家汉办资助、北外主办，以“感受走向奥运的北京”为主题，在北外附属语言学校举行，由北外志愿者、北外附属学校教师引领来自保加利亚、波兰、奥地利、匈牙利、意大利、比利时、德国的65名中小学生，通过奥运汉语课程、奥运场馆参观、名胜古迹游览、中华才艺体验、中华艺术欣赏、中华美食鉴赏等活动，感受北京奥运文化内涵。

（王婧）

【联大举办世界聚焦中国高峰论坛】　3月29日，北京联合大学主办“2008年奥运会：世界聚焦中国——经济增长，可持续发展，社会凝聚力”高峰论坛。论坛设6个专题，探讨如何利用奥运机遇，扩大中国在世界上的影响。6个专题分别是“同一个世界，同一个梦想”、“奥运会对举办国经济的影响”、“奥运会与提升社会凝聚力”、“绿色奥运”、“奥运会与媒体”、“奥运会与国家品牌”。德国奥林匹克体育联合会（DOSB）副主席等中外专家学者参会并发表演讲，联大作题为《北京奥运会对提升中国凝聚力的影响》报告。论坛共提交论文8篇。环保部、北京奥组委、市委、市政府等相关部门领导和高校、社会各界代表120人参加会议。

（杜娟）

【奥林匹克教育班队会大赛颁奖】　3月29日，北京市奥林匹克教育班队会大赛颁奖大会在西城外国语学校召开。会议表彰200名取得班队会大赛优异成绩的优秀中小学班主任和少先队中队辅导员。来自18个区县及燕山地区的300名中小学班主任和德育干部参加会议。东城区和平里一小的师生和家长，二十中和西城外国语学校的师生作班队会展示。比赛由市奥运教育办公室主办，《班主任》杂志社承办，主题为“我为奥运做贡献”，历时5个月，通过视频录像的形式，由各区县奥林匹克教育工作领导小组办公室初选200节班队会参加市级比赛。通过由《班主任》杂志社领导与德育专家组成的评委会评定，共选出一等奖38个、二等奖58个、三等奖105个。

（郭冠伟）

【化大奥运文化节启动】 3月30日，

北京化工大学奥运文化节启动。该文化节以“迎奥运圣火燃志愿激情”为主题，以奥运火炬传递时间和地点为主要线索，围绕奥运文化、改革开放30年和建校50年成就等主要内容，开展系列体育、文艺、先锋论坛、文化长廊等形式主题教育活动。该活动持续至年底。

（邹立娜）

【天坛东里小学开展同心迎奥运活动】 4月2日，崇文区天坛东里小学与房山区韩村河镇五侯中心学校开展“微笑手拉手，同心迎奥运”活动。活动中，天坛东里小学展示具有中华传统文化特色的书法、民乐、武术和剪窗花，并赠送自制的奥运特色礼物、奥运图书和文具2000件，同时为五侯中心校分校圣水峪小学学生每人捐助1套文具。

（王珏）

【财大举办奥林匹克运动的教育价值报告会】 4月2日，中央财经大学举办奥林匹克运动教育的价值讲座。该校邀请北京体育大学博士生导师作报告，指出奥林匹克运动的核心是教育，奥林匹克运动的教育价值主要表现在关注人自身的和谐、人与社会的和谐以及人与自然的和谐等方面，奥林匹克的教育功能主要通过体育运动形式进行，强调体育运动与文化艺术的紧密结合，强调奥运选手的榜样作用。奥林匹克运动有着自己独特的教育机构与教育计划，奥运会的各主办国也有自己独具特色的教育活动。该校师生参加学习。

（刘瑜）

【密云五小创建奥运文化墙】 4月15日，密云县第五小学制作奥运文化墙。奥运文化墙由20块贴图组成，分为古代奥运、现代奥运和中国奥运金牌榜三部分，介绍奥运的起源、历届举办城市、奥运会会徽、奥运火炬、奥运英雄、奥运金牌等，其中，重点介绍中国运动员在奥运会上为国争光的感人事迹。

（任利峰）

【举办奥运海报拼图比赛发布会】 4

月17日，国际奥委会、北京奥组委、北京新奥新媒体研究中心联合在东城区府学胡同小学举办历届奥林匹克运动会海报拼图智力竞赛新闻发布会。奥运海报内容覆盖奥运火炬、吉祥物、场馆、赛事、运动员、主办城市等，以拼图方式弘扬奥林匹克精神，传播奥林匹克文化。该活动在全国500所小学开展。

（王喆）

【举办少儿英语大赛】 4月20日，市少工委、市政府外事办、团市委、北京市民讲外语活动组委会办公室、北京奥运会培训工作协调小组办公室、北京精诚教育集团联合举办“微笑文明迎奥运、健康快乐伴成长”“精诚杯”第八届少儿英语大赛决赛。决赛采取晋级式比赛形式，选手按参赛组别随机编入赛场，小选手置身教室课堂之中，围绕英语语言能力表达、奥运知识与礼仪、中国传统文化展开讨论，抒发见解。评委组针对选手的课堂表现进行评分并选拔晋级选手。大赛评出特等奖12人、一等奖54人、二等奖291人，获奖者同时获得“Askme 2008奥运文明小使者”称号，在奥运会期间，身穿印有“Ask Me”字样的特制服装或绶带，承担为运动员和游客指路引导、解难答疑等工作任务。

（郭冠伟）

【首经贸举办关注奥运与理性爱国报告会】 4月23日，首都经济贸易大学举办关注奥运与理性爱国报告会。报告会听取奥组委新闻中心主任介绍奥运会筹备情况，并针对目前的反华势力及当代大学生如何理性爱国等问题与师生交流，他强调“办好奥运会是最大的爱国”、“我们拥有全世界最先进的体育场馆”、“举办奥运是提升国家形象的良好契机”。

（钟志红）

【首师大举办留学生迎奥运系列活动】 4月23日，首都师范大学举办留学生迎奥运系列活动。活动以“感受奥运、感受北京、感受中国”为主题，举办摄影作品比赛、作文竞赛、中外学生倾情绘瓷盘以及“祥云牵动梦想，火炬点燃激情”迎奥运趣味运动会等。留学生以独特的视角，用语言、照片表达对奥运、对北京和对中国的感悟和美好祝愿。

（王晓素）

【财大举办“五环同心奥运同行”系列活动】 4月23日，中央财经大学举办的“五环同心，奥运同行”大型系列活动启动。该校4支志愿服务小分队分别前往北京科技大学、北京理工大学、北京邮电大学、中国农业大学进行“和谐奥运”的宣传，志愿者在活动现场通过知识问答、知识宣讲、“微笑迎奥运”签名活动等方式，展现“和谐奥运中财先行”的风貌。同时，举行奥运知识竞猜、火炬传递计划等游戏。

（刘瑜）

【门头沟举办迎奥运知识竞赛】 4月25日，门头沟区委教育工委、区教委、区教育工会联合举办“教育系统贯彻十七大精神文明礼仪迎奥运知识竞赛决赛”。全系统4300人进行笔试答题，50个单位的110名选手参加片组竞赛，12个单位的24名选手参加决赛。竞赛内容涵盖十七大报告、奥运知识、文明礼仪、教育法规等内容。决赛包括展示亮相、必答题、判断题、选择题、词语接龙、即兴小品、才艺展示七个环节，龙门小学、大峪一小获得一等奖。

（刘淑蕊）

【举办北京奥运文化墙创意设计活动】

4月26日，北京城市管理广播、海淀区政府联合举办的北京奥运文化墙创意设计活动正式启动。该活动得到北京奥组委支持，市政管委批准，奥运涂鸦墙作为奥运宣传中的一个重点项目，完成后作为北京新的文化标志长期保留。该活动最大限度地动员和引导社会各界积极参与到“迎奥运、讲文明、树新风”活动中来，让广大群众参与奥运、奉献奥运、得益奥运，并成为“迎、讲、树”活动的主体。中央财经大学42名志愿者参加涂鸦活动。

（刘瑜）

【农大举办奥运倒计时百天亮灯活动】
4月29日，中国农业大学学生举办奥运倒计时百天亮灯活动。学生在公寓楼自发组织以“农大亮灯迎奥运，彰显理性爱国情”为主题的亮灯活动，在奥运场馆偏北方向的近60米高、70米宽的三号学生公寓南侧面，先后展现出用宿舍灯光和彩灯配合搭配拼成的“京”字、奥运大事时间表、摔跤图、奥运五环、和平鸽、中国地图等21种彩色巨型图案，以此表达农大学子对奥运会的热情期盼，彰显理性爱国的情怀。

（钟占蓉）

【首都大学生庆祝奥运会倒计时100天】　4月29日，市委教育工委、市教委举办的首都大学生迎接北京奥运会倒计时100天主题活动在北京工业大学体育馆举行。该活动以“绽放青春，圆梦五环”为主题，由赠送培训教材、“首都大学生奥运志愿者纪念雕塑”设计方案揭幕和奠基组成。北京市各部门和奥委会领导以及首都高校大学生志愿者1000人参加活动。该活动由市高校奥运办公室和北京工业大学联合举办。

（朱静）

【北科大举办系列火炬传递活动】　4月29日，北京科技大学举办迎奥运倒计时100天社区居民火炬接力健身文化活动。该活动在学校奥运场馆前的五环广场举行，由火炬接力、横幅签字、居民环保布袋设计展示评比和趣味活动等环节组成。5月4日，该校举办离退休教职工“心系奥运，与圣火同行”模拟奥运火炬传递活动。火炬传递按照国内火炬传递的路线，依次经海南、广东、福建等31个省市区。该校离退休教职工围绕五环广场，按照各自的籍贯分为31个队伍传递火炬。

（赵萌）

【二十四中举行微笑迎奥运庆祝活动】
4月30日，北京市第二十四中学举行微笑迎奥运庆祝活动。学生举行队列行进表演，每个班的火炬手和旗手举着自己设计并制作的火炬和奥运标志，在主席台前进行“五环”、“文”等队列造型；全体师生举行迎奥运象征性长跑。该活动利用学校现有场地，组织师生进行跳绳、迎面火炬接力赛等活动。

（李洪山）

【石景山举办“微笑感动世界同心共迎奥运”展示活动】　4月30日，石

景山区委教育工委、区教委在区青少年活动中心举办“微笑感动世界·同心共迎奥运——石景山区中小学生全面健康发展特色展示活动”。活动以展示全区中小学生全面健康发展阶段性成果为主线，通过武林大会、民族传统健身项目、同心迎奥运、圈点微笑四个节目，举行中华传统文化和异国风情歌舞的展演。来自12所学校的学生参加活动。

（胡勇）

【丰台实验学校与培智学校共庆奥运会倒计时100天】　4月30日，丰台区实验学校小学部、丰台第二培智学校联合举办“手拉手与奥运同行”暨迎奥运倒计时100天庆祝活动。活动分为庆祝活动和小型运动会两个部分。丰台实验学校举行奥运项目人体造型竞猜、诗朗诵《奥运的火炬》、拉拉操表演等节目；培智学生举行简单器械操表演，用手中的方垫拼出“100”字样，摆出奥运五环形状。在活动中，两校学生进行赛跑往返颠球计数接力、传递实心球比赛、滚球对抗赛等项目的比赛。在滚球（特奥会项目之一）对抗赛中，培智学校学生获得第一名。

（扈翠萍　王玲）

【北航举办教职工奥运知识竞赛】　5月9日，北京航空航天大学举办2008教职工奥运知识竞赛决赛。经过初赛晋级的8支队伍参加决赛，比赛分为必答题和抢答题两部分，必答题环节要依次回答5个问题，内容涉及奥运会和残奥会的历史沿革、各项比赛的赛程赛制、奥委会的机构设置以及志愿服务的标准规范等方面；抢答题重点内容为举重比赛。经过角逐，宇航学院获第一名，经济管理学院、材料科学与工程学院分获第二、三名。

（陈颖）

【启动中医药文化进校园活动】　5月18日，“微笑北京·健康奥运”中医药文化进校园系列活动启动。仪式成立中医名家讲师团和健康奥运志愿服务团；并为各高校奥运会志愿者赠送《中医健康养生与志愿者暑期保健》精品课程教材；志愿者代表宣读倡议书，全场志愿者进行中华传统健身操展示。来自北京中医药大学等的800名奥运会赛会志愿者参加启动仪式。该活动由北京奥运会志愿者工作协调小组办公室、团市委、奥组委志愿者部、市卫生局、市中医药管理局、市学联共同举办，北京中医药大学承办，是首届北京中医药文化宣传周的主题活动之一，主要通过中医药文化进校区、中医名科进社区、中医名院进郊区和中医养生日等系列活动，使广大群众更好地了解中医、认识中医、感受中医。

（杨苏）

【举办首都大学生趣味奥运挑战赛】

5月24日，市委教育工委、市教委、团市委、北京青年报联合主办的“追梦五环——大学生趣味奥运挑战赛”决赛在北京建筑工程学院举行。比赛赛制为每队6名选手，通过奥运知识问答、火炬传递等项目，以所用时间长短决定胜负。比赛全方位考验选手对奥运知识的了解与关注，以及耐力、团队能力和选手自身身体协调性。建工学院名为“0”的学生代表队以4分46秒的成绩获得挑战赛决赛总冠军。

（李月）

【宣武培智中心校开展迎奥运活动】 5月28日，宣武区培智中心学校开展“你我展能迎奥运，健康快乐庆六一”联欢活动。针对残疾学生身体功能障碍特点，培智部编排《律动椅子操》，利用椅子作辅助，借助韵律节拍，展示肢体的协调美；时装表演《环保节奏时装秀》、舞蹈《两个奥运同样精彩》、《大家一起来运动》用可爱的笑脸和朝气蓬勃的肢体语言展示身为中国人、北京人的骄傲与自豪。该校认真贯彻2007年国家培智学校课程，新设展能课教学，将学生按照能力和兴趣重新编组，通过角色扮演、活动健身、书法阅读等丰富多样、形式新颖的展能小组训练，使学生从中发展潜能、展示才能。

（王光伟）

【举行北京残奥会教育展示活动】 5月29日，北京奥组委、教育部、中国残疾人联合会等单位在北京汇文中学举办残奥会教育展示活动。活动以“牵手残疾人，走进残奥会”为主题，通过主题班会、演讲、歌唱等形式，表现从关爱身边的残疾人做起，广泛传播“超越、融合、共享”的残奥会理念。残奥会运动员和学生一起演示盲人门球、轮椅篮球等残奥会项目和观赛礼仪。活动向学生赠送残奥会知识手册和光盘，组织学生观看电影《隐形翅膀》。按照“两个奥运、同时筹办、同样精彩”的筹办要求，为进一步加强残奥教育，教育部、中国残联和奥组委启动北京2008残奥会系列教育活动，要求各地以讲座、队会、知识竞赛、撰写心得等形式，开展校园教育活动，让学生亲身体验残疾运动员的拼搏精神。当日正值残奥会倒计时100天。

（魏强　廖凯华）

【板厂小学举办阳光少年传递火炬接力赛】 6月17至19日，崇文区板厂小学开展迎奥运阳光少年传递火炬接力赛活动。全校720名“火炬手”分别参加模拟北京奥运会境内外火炬传递站点的火炬传递接力赛活动。在传递火炬接力赛中，各班拉拉队为“火炬手”呐喊助威。该活动为庆祝奥运会倒计时50天举办。

（李忆湄）

【石大苏丹学生组织迎奥运文化交流活动】 6月，在苏丹驻华大使馆举办的“心连心”中国苏丹文化交流活动中，中国石油大学（北京）苏丹留学生作为主要组织者举办活动。该活动举办中苏两国儿童共同绘制奥运会会徽和奥运标志、苏丹儿童展示绿色布制环保袋等活动。

（党宁）

【中央音乐学院与外国音乐学院共奏奥运序曲】 7月8至24日，中央音乐学院和耶鲁大学音乐学院共同举办“相约北京2008：世界顶级音乐学院音乐文化交流活动”。来自耶鲁大学音乐学院、上海音乐学院、萨尔茨堡莫扎特音乐学院、赫尔辛基西贝柳斯音乐学院、伦敦皇家音乐学院、匈牙利布达佩斯李斯特音乐学院、韩国国立艺术大学、悉尼音乐学院、朱丽亚音乐学院以及维也纳音乐与表演艺术大学的贝多芬学院11所世界顶级音乐学府的师生，分别在中央音乐学院、北京中山音乐堂和国家大剧院举办10场大师班和20场音乐会。该校作为东道主，推出民族管弦乐音乐会、室内乐与交响乐音乐会、周广仁教授钢琴大师班和林耀基教授小提琴大师班。耶鲁大学音乐学院派出100人的交响乐团参加活动。

（王天红）

【人大发布奥运观赛行动倡议】 7月29日，中国人民大学向社会发布“人文奥运、中国风度——北京奥运观赛行动倡议”。该倡议以“友爱、尊重、热情、优雅、包容、文明”为六大主题，具体内容为友爱：对每一位宾客微笑；尊重：向每一面国旗致敬；热情：为每一次拼搏喝彩；优雅：欣赏每一个过程；包容：接纳每一种差异；文明：带走每一片纸屑。

（蒋利华）

【北音学生参加奥运文化墙创意活动】

7月，北京音乐研修学院学生参加奥运文化墙创意活动。该校艺术设计学院60名学生在北京理工大学、“北京奥运文化墙创意设计活动”启动仪式和刘家窑儿处奥运文化墙创作“为奥运加油”、“福娃”等10幅作品。

（石玉娟）

【美院举办奥运全国艺术设计展】 8月2日至9月11日，中央美术学院举办2008北京奥运全国艺术设计大展。该展览在美院美术馆开幕，以“设计与奥林匹克”为主题，传达世界各国设计师奥匹克精神，以艺术语言传递人文奥运内涵，作品包括奥运海报、奥林匹克景观雕塑、奥运形象景观设计，北京奥运支线和奥运时装与首饰设计等内容。活动由文化部艺术司、美院、中国美术馆联合主办，来自全市艺术界、新闻界及美院师生500人参加活动。

（宋曼青）

【四高校举办奥运会倒计时联欢活动】 8月3日，中国音乐学院、首都医科大学、首都师范大学、北京联合大学举办“北京奥运会倒计时——We are ready”联欢活动。活动展示高校教师和学生服务奥运、奉献青春的决心，表达住宿服务团队对奥运热忱期待与对祖国的美好祝愿，共同演出太极拳、手语表演等节目。市教委领导，

4 所高校负责人及教师和学生代表参加活动。

（赵修娟）

【北大举办“2008 奥运·冠军”论坛】 8 月 4 至 5 日，北京大学举办“2008 奥运·冠军”论坛。联想集团总裁柳传志、英国前首相托尼·布莱尔、演员成龙、音乐家谭盾、前世界冠军刘伟、美国前国务卿基辛格、澳大利亚游泳运动员索普等，围绕“什么造就了冠军”的主题展开对话。该论坛是北大为贯彻北京奥运会“人文奥运”理念，进一步掀起支持奥运、服务奥运、参与奥运、奉献奥运的热潮而发起并举办的，活动得到国际奥委会和北京奥组委联合授权。

（张兴明）

【举办“我的奥运全记录”系列活动】 8 月 6 日至 9 月 20 日，市委教育工委、市教委联合新华通讯社、搜狐网共同发起首都大学生奥运志愿者“我的奥运全记录”系列活动。该系列活动由北京高校选拔摄影爱好者组建 2008 大学生志愿者影像服务团队，聘请新华社 2008 国家奥林匹克摄影队担任摄影顾问，到奥运场馆、公共服务区、车站、街头记录下大学生奥运志愿者的微笑。搜狐网新闻中心和博客频道为“我的奥运全记录”系列活动开设专题博客，通过文字、图片等多种方式记录志愿服务的每一天、每一件事，并将优秀的博客文章整理成册，作为奥运遗产永久保存下来。

（李刚）

【音像报刊总社出版奥运号外】 8 月 8 日，北京教育音像报刊总社《现代教育报》出版《奥运号外》。该号外为 4 个版面，以红色调为主，整体风格热烈大气、清新亮丽、印制精美，以大量图片再现奥运圣火点燃的瞬间，记录中国走进奥运的艰辛历程，也展示奥林匹克教育的宝贵遗产同心结活动。

（李笑）

【举行学生 DV 作品大赛颁奖仪式】 8 月 17 日，洛桑——北京“体育在我城市”学生 DV 作品大赛颁奖仪式在北京教育科学研究院举行。北京市第二中学《One Dream》获得特别奖，北京市第十四中学《我参与，我快乐，我健康》获得一等奖，北京市第八中学《我的运动，我的快乐》获得二等奖，北京市第十二中学《2008 梦想成真》获得三等奖。洛桑奥林匹克博物馆馆长弗朗西斯·加倍特（Francis Gabet）介绍“体育在我城市”项目评奖情况；仪式播放洛桑学生和北京学生的获奖作品。自 2007 年 9 月，根据市教委与洛桑奥林匹克博物馆文化活动部的合作协议，市教委在全市高中示范校征集《北京——洛桑联合教育项目“体育在我城市”》DV 作品，经过初评，9 个区县 9 所学校学生、教师创作拍摄的 15 部作品被推荐参加洛桑奥林匹克博物馆展播和评奖。本年 4 月，洛桑奥林匹克博物馆组织专家评审。

（郭冠伟）

【联大举办中美韩国际学术研讨会】 10 月 17 日，北京联合大学举办“奥林匹克与世界”中美韩国际学术研讨会。会议交流奥运会后的经济、教育、文化等问题，探讨中国奥林匹克运动的溯源、奥运会对北京经济的影响、奥运会对主办城市经济影响的分析与预测等课题。市教委领导，韩国、美国的 11 名代表和国内专家学者 40 人参加会议。会议由联大、美国加利福尼亚州立大学、韩国建国大学共同主办。

（杜娟）

【戏曲学院举办奥运舞美创作与科技高峰论坛】 12 月 12 至 13 日，奥运

舞美创作与科技高峰论坛在中国戏曲学院举办。论坛探讨与交流奥运舞台艺术，奥运会开闭幕式中的舞美创作对中国文化的贡献、舞美艺术成就、国际化运作方式；奥运舞美各门类创作与技术体现和对民族文化元素的应用以及奥运舞美创作对舞台美术教育的启示等问题。论坛对未来大型、超大型演出活动的舞台美术创作以及舞台美术教育具有启示意义，在观念创新与国际化合作模式等方面提供可以借鉴的理念和经验。论坛由戏曲学院和中国舞台美术学会联合主办，中国舞台美术学会、戏剧学院领导，奥运会副总导演、奥运舞台创作专家，国内的舞台美术专家、舞台企业家，部分艺术院校师生参加论坛。

（王媛）

奥林匹克教育培训

【举办高校奥运志愿者培训】 1 月 20 至 23 日，北京高校奥运志愿者 2008 寒假培训在北京航空航天大学举行。该培训以“为奥运志愿者加油”为主题，开展趣味运动、团队协作和英语等培训。来自北航和北师大等 10 所高校的 300 人参加培训。

（李刚）

【举办奥运骨干志愿者外语冬训营】 1 月 20 至 28 日，北京奥运会、残奥会骨干志愿者外语冬训营在北京吉利大学举办。培训采取封闭式强化训练方式，内容包括通用英语知识、岗位专业英语、岗位专业技能和体能训练等，以口语练习、情景模拟为主。课程有外语学习方法指导、口语发音技巧练习和奥运服务情景模拟等。来自北京 40 所高校、175 个机关和企事业单位的 1000 名骨干志愿者参加集中学习。培训由北京奥运会志愿者工作协调小组办公室、北京奥运会培训工作协调小组办公室、团市委、北京奥组委志愿者部联合主办，北京吉利大

学承办。

（林继辉　励荆晶）

【北外启动市民讲外语系列公益讲座】 3月9日，北京外国语大学举办的“体验外语，共迎奥运”北京市民讲外语巡回公益讲座开讲。该活动聘请外语界资深专家，在全市书店、高校和高等教育出版社巡回举行。该活动由北京市民讲外语活动组委会、北京奥运培训工作协调小组、市政府外办、北外联合主办，高等教育出版社（集团）承办。

（王婧）

【联大承办奥运签约酒店西餐培训】 3月11至29日，北京联合大学承办奥运签约酒店西餐培训。该培训由市旅游局主办，在该学院酒店与餐饮管理系实训基地开展，培训内容包括高档西式菜点制作技术和规范。95家奥运签约酒店学员100人参加学习，其中，5星级酒店40家、4星级酒店45家、三星级酒店10家。

（杜娟）

【公安大学培训奥运安检志愿者】 3月14日至5月7日，中国人民公安大学培训奥运安检志愿者。该校利用课余时间对奥运安检志愿者进行初期培训，共分为6个批次进行，每批为期1周，训练内容约40课时，包括手检、车检和执机等具体操作。全市志愿者2247人参加学习。

（苗磊）

【外经贸大开展志愿者英语培训】 3

月30日和4月18日，对外经济贸易大学分别开展奥运志愿者英语培训。3月，举办“学奥运英语迎北京奥运校级骨干志愿者英语培训”，由商务英语系教授主讲，200名校级骨干志愿者参加学习。4月，举办奥运志愿者整体赛前英语培训，1700名志愿者参加学习。

（缪琦）

【举办奥林匹克公园北区场馆群志愿者培训】 4月5至6日，北京奥组委举办奥林匹克公园北区场馆群志愿者培训。培训内容涵盖曲棍球、射箭、网球赛事介绍，北区场馆简介、奥运会注册业务介绍、志愿者场馆培训等内容，以及残奥会志愿服务知识，介绍残疾人奥运会的发展简史及残奥会项目，讲解残奥会志愿者礼仪。课程由北京奥组委相关人员授课。来自财大的141名场馆志愿者，以及北外、北大语言服务志愿者，协和医院、北大医学部等机构负责场馆医疗服务、反兴奋剂的志愿者共计300人参加学习。

（刘瑜）

【政法职院举办首都国际机场志愿者培训】 5月5至21日，北京政法职业学院举办首都国际机场赛会志愿者培训。培训开展英语口语、外事纪律和外交礼仪、形势政策等课程共32课时培训，并签署北京奥运会赛会志愿者录用通知书。该校100名首都国际机场赛会志愿者参加培训。

（张静）

【举办高校系统奥运会和残奥会驾驶员志愿者培训班】 5月16至25日，市委教育工委、团市委举办4期北京高校系统奥运会、残奥会驾驶员志愿者培训班。该培训重点学习团队建设和外语交流能力。来自北京高校系统的500名驾驶员志愿者参加学习。

（李刚）

【政法职院举办安保志愿者培训班】 6月5日，北京政法职业学院举办奥运治安巡逻志愿者培训班。培训班邀请专家讲授消防基础课程，专家通过引用最近发生的几起火灾事故，总结校园火灾的特点，并通过5个生动具体的案例讲解普通类、油类、气体类、金属类、电器类五类火灾事故的特点，注意事项及自救方法。共有25名治安巡逻志愿者参加学习。

（张静）

【召开奥运广播电视英语培训总结会】 6月12日，中国传媒大学召开奥运广播电视业务英语培训总结会。该培训项目是国家广电总局奥运战略重要组成部分，由传媒大学承办，学校主管领导担任培训总体策划，指导相关运行工作。培训自2007年9月启动，编写教材《奥运广播电视业务英语》，举办9期培训班。来自全国22个省市区，包括中央电视台、中央人民广播电台、中国国际广播电台等42家新闻单位202名学员参加学习。

（陈珠珠）

【首钢工学院开展志愿者自护培训】 6月20日，首钢工学院开展志愿者自护培训。培训是由团市委、市卫生局、奥组委志愿者部等单位共同举办，内容包括艾滋病知识培训和自我安全防护知识。艾滋病知识培训通过小游戏在轻松愉快的气氛中了解中国及世界艾滋病流行形势、艾滋病预防的基本知识、对于艾滋病的基本态度，及如何对待艾滋病病毒携带者和病人等内容；自我安全防护培训学习自我安全防护知识，包括火灾、拥挤现场、地震逃生等意外突发事件的逃生避险和自救互救以及刑事案件的防范策略。该校奥运会志愿者140人和学生干部参加学习。

（王厦）

【美院举办奥运志愿者自护培训】 6月20日，中央美术学院举办奥运会、残奥会志愿者自护培训。培训邀请联合国志愿者组织、国际劳工组织、玛丽斯特普国际组织、中国红十字会、北京市青少年法律与心理咨询服务中心9名专家，以志愿者自护技能为主要内容，分两个部分进行，讲授预防艾滋病基本知识与意外突发事件自救互救科学方法等。该校101名北京奥运会、残奥会赛会志愿者参加学习。

（韩文超）

【交通学校承办交通系统窗口行业奥运培训项目】 至6月，北京市交通学校承办北京市交通系统窗口行业奥运相关知识培训及服务规范考核工作。项目涉及北京市出租企业运营管理人员、在岗出租汽车驾驶员奥运培训小教员、迎奥运北京市出租小轿车营运服务规范贯标、水域从业人员迎奥运服务专项等培训，培训人数5000人。考核包括出租驾驶员奥运服务规范、出租驾驶员迎奥运职业技能竞赛、水域从业人员迎奥运服务专项、停车管理人员迎奥运服务专项、危险货物运输从业人员平安奥运行动等项目的考核工作，考核人数26787人。

（苑媛）

【北邮世纪学院举办志愿者体能训练活动】 6月，北京邮电大学世纪学院举办志愿者体能训练。活动以“微笑北京、健康奥运”为主题，于每周三和四下午分场馆进行，训练项目有800米长跑、100米接力赛、跳大绳。

（樊薇）

【女子学院创新奥运育人方式】 至6月，中华女子学院创新奥运育人方式。该校采取集中教育与自我学习相结合、通用培训与专业培训相结合、理论培训与公益实践相结合、重点突出与全面普及相结合等方式，将社会实践和志愿服务作为思想政治教育重要途径，紧密结合时代特点和学校特色，开展以服务奥运为主题的社会实践教学活动。该校突出自身育人特色，将奥运培训教育工作与学校优势专业学科相结合，依托艺术学院和外语学院，做好奥运志愿者文明礼仪教育和外语应用能力培训。整合校内外资源，邀请奥运会志愿者讲师团、奥林匹克教育培训师资队伍的知名学者和校内专任教师对志愿者开展通用知识培训，内容涵盖奥运知识、礼仪、医学常识和紧急救护及参赛国家介绍等奥运相关知识。

（马瑜）

【昌平职校志愿者完成技能强化培训】 7月5至28日，昌平区职业学校完成

奥运服务技能强化培训。培训主要开展场地服务规范动作训练、重要客人接待服务训练、礼仪礼貌、英语强化、文明礼仪讲座等。该校1432名参加奥运服务的学生参加培训。

（刘晓东）

【北理工开展城市志愿者培训】 7月6至8日，北京理工大学开展奥运会城市志愿者培训。培训内容包括服务站点安全知识防范、宣南文化、社交礼仪及医疗急救，并请专业急救培训师对该校中关村校区17名志愿者进行人工呼吸、心肺复苏及创伤包扎方法的指导与模拟训练。奥运会和残奥会期间，该校共招募选拔600名城市志愿者对接海淀区和宣武区，其中，200人对接宣武区主要街口，进行定点岗位服务。

（高博）

【首医大水立方志愿者接受急救培训】 7月18至19日，首都医科大学“水立方”全体医护人员参加医护志愿者培训。授课教师为市急救中心医护人员，讲授各类型创伤包扎、脊柱板固定、成人儿童及婴儿的心肺复苏和成人气管插管等急救知识，并进行分组练习和考核。

（赵修娟）

【石化学院开展奥运英语培训】 至7月，北京石油化工学院完成奥运英语伴我行志愿者培训活动。该活动分两个阶段：理论知识培训阶段和志愿服务实践阶段，理论学习包括举办英语口语、奥运服务礼仪、安全知识、基本医疗知识、交通指引、北京名胜景点及奥运知识方面讲座；实践训练包括到英语角进行口语实践，与外国友人联谊，组织志愿者开展奥运英语进社区等活动。

（张翠华）

【联大出版《汉英北京2008年奥运会、残奥会常用词语手册》】 7月，北京联合大学编写的《汉英北京2008年奥运会、残奥会常用词语手册》出版。该书由世界图书出版公司出版，全书20万字，共收录词语3000条，国际奥委会奥林匹克执行主任吉尔伯特·费利题写贺词，北京奥组委执行副主席刘敬民撰写序言。该手册受北京奥组委委托编写。

（杜娟）

奥林匹克知识普及

【联大出版《百年中国奥运之路》】 1月，北京联合大学编写的《百年中国奥运之路》一书出版。该书由华文出版社出版，分为上下两篇，上篇“艰难跋涉”分“西学东渐，欧美吹来奥林匹克风”、“正式接轨，加入国际奥运大家庭”、“孤军奋战，中国健儿踏上洛杉矶奥运会赛场”；下篇“走向辉煌”分“生机勃勃，新中国亮相赫尔辛基奥运会”、“曲折发展，中国与国际奥运的风风雨雨”等。著作以鲜为人知的故事，记述中华民族与奥林匹克运动的百年情结。

（杜娟）

【公安大学出版奥运图书】 2月1日，中国人民公安大学出版《奥运：精美的文化盛宴》和《壮美的奥运》图书。两部图书各25万字，配有插图80幅，通过搜集、整理相关文史资料，走访体育学者与文化名士，全景式展示奥运文化历史发源、内涵本质与表现形式等。两册图书由公安大学出版社出版。

（苗磊）

【交通学校开展奥运知识教学活动】 2至7月，北京市交通学校开展《奥运知识》教学活动。该活动对2005级交通运输管理专业4个班196名学生进行为期1学期的《奥运知识》课堂教学，课程设置为每周2课时，共计18周。

（苑媛）

【和平里一小开展法律宣传活动】 3月14日，东城区和平里第一小学开展“学法用法为奥运喝彩”法律宣传活动。活动聘请东城区司法局人员为法制校长，讲解“迎奥运学法律”十要十不要以及奥运相关法律。来宾参加四年级（1）班题为《学法、用法，为奥运喝彩》主题网络班会。学生通过网络搜索“奥运相关法规”和“消费者权益法”，在网上开展互动交流，讨论奥运法律问题，并向北京市少先队员提出开展为奥运喝彩法律宣传活

动倡议。

（周淑华）

【市总职大举办奥运大讲堂】 3月27

日至7月31日，北京市总工会职工大学首都职工素质教育工程在全市范围内举办奥运大讲堂。大讲堂以“做文明职工、为奥运添彩”为主题，采取奥运文明礼仪讲座、奥运知识竞赛等形式对职工和奥运志愿者进行奥运观赛礼仪教育。该活动历时4个月，通过走进区县、走进企业、走进社区等形式，共举办48场大讲堂，共计培训5万人。

（周东妹）

【农职院举办“个性美、奥运美”专题讲座】 3月31日，北京农业职业学院举办“个性美、奥运美”专题讲座。该讲座由中华教育艺术研究会理事、北京奥运大讲堂荣誉讲师主讲，以奥运会举办为时代背景，阐述改革开放30年的巨大变化，强调成功举办一届奥运会的重要意义。同时，讲解“什么是个性”以及如何塑造完美的个性，分析大学生常见的心理健康问题，提出受人欢迎的个性特征以及如何从整体优化自我个性。南区300名学生听取讲座。农职院第三届科技文化艺术节专家论坛由此拉开序幕。

（黄雨屏）

【丰台八小举办“百年奥运”知识校园展】 4月11至25日，丰台区第八小学举办“百年奥运”知识校园巡展。学校将历届奥运会情况及北京奥运会文化元素制成展板，在校园内进行巡回展览。在经培训上岗的各班小小讲解员带领下，全校19个教学班的师生利用中午和班队会的时间，有组织地观看展板。

（王红琳）

【朝阳区三校开展奥运法规学习活动】 4月15日，朝阳区王四营中心小学、西直河小学、黑庄户中学开展奥运法规学习活动。该活动通过组织教师、学生和家长开展奥运法律知识竞赛答卷等活动，学习《奥林匹克宪章》、《奥林匹克的标志保护条例》等相关法律法规。

（陈丽）

【大兴一中召开情系奥运报告会】 4月24日，大兴区第一中学召开“分享奥林匹克精神、情系奥运”主题报告会。报告会邀请北京奥组委奥林匹克宣讲团人员主讲，介绍古代奥运会的产生、圣火的传递、中国人首次参加奥运会以及北京奥运会的筹备、奥运圣火的传递等内容。

（王宁）

【财大举办留学生奥运知识宣讲活动】 4月29日，中央财经大学举办“同世界同梦想，你我携手相约奥运”留学生奥运宣讲活动。该活动分四部分，第一部分是中国学生与留学生分享奥运会发展的历史和中国申奥过程，并播放有关歌曲和视频；第二部分是猜词游戏，每组派3名留学生，2个人比划1个人猜与奥运相关的词语；第三部分是自由讨论，留学生在讨论过程中，讲解自己国家的礼仪知识；第四部分是用母语在“同一个世界，同一个梦想，你我携手相约奥运”的条幅上，写下对奥运的祝福并签名。

（刘琦）

【首医大举办医疗志愿者知识挑战赛】 4月，首都医科大学举办“医盟杯”医疗志愿者知识技能挑战赛。该活动由首医大基础医学院、北大医学部基础医学院、中医药大学基础医学院联合举办，以“医疗和奥运知识”为主题，设置抢答题、风险题、猜词题和观众互动题等。全校师生志愿者参加活动。

（赵修娟）

【农职院设立奥运图书专架】 4月，北京农业职业学院图书馆设立奥运图书专架。图书馆专门采购一批与奥运有关的图书放置于借书处图书专架内，包括《奥运英语900句》、《奥林匹克知识读本》、《2008北京奥运读本》等，涉及奥运各方面的知识。该专架图书面向全院学生开放借阅。

（汤云）

【中医药大学举办中医健康讲座】 5至6月，北京中医药大学举办《中医健康养生与志愿者暑期保健》讲座。该校选派中医学专家为北京市奥运志愿者骨干培训班授课，4000人参加学习。该系列讲座列为北京奥运会、残奥会志愿者通用培训精品课程，在全市奥运志愿者中推广。该校还组织骨干教师为奥运志愿者编套“健身操”，由北京市青少年音像出版社出版发行，在首都大学生新世纪英才学校奥运志愿者骨干培训班进行推广，并在北京市众多高校骨干志愿者和社区中学习。

（杨苏）

【财贸职院开办奥运大讲堂】 6月3日，北京财贸职业学院奥运大讲堂开讲。该院领导做题为《奥运精神与财贸素养》讲座，讲座引用顾拜旦、萨马兰奇和罗格等人的名言，揭示奥林匹克的本质是教育，以体育运动为载体，促进人自身、人与社会、人与自然的和谐发展，并将奥运精神与财贸人才品格素养进行比较，阐释二者之间的共性。

（魏纲）

【北外承担《奥运诗典》翻译工作】 6月，北京外国语大学承担《奥运诗典》翻译工作。该校两名英语学院教师与北京语言大学、华北电力大学英美诗歌研究者将中国作家协会编辑的《奥运诗典》翻译成英文。诗典为讴歌奥运精神和弘扬中国文化，选择部分中国诗人以奥运题材创作的诗歌作品汇编成册，由作家出版社出版，面向海内外发行。

（王婧）

【西城经科大开展社区奥运知识学习活动】 7月24至25日，北京市西城经济科学大学开展奥运知识巡讲活动。该校组建“争做文明北京人、奥运礼仪巡讲团”，由5名优秀教师组成，在本校、什刹海社区学院、金融街社区学员组织三场奥运知识讲座，以“迎奥运、讲文明、树新风——我参与、我奉献、我快乐”为主题，从礼仪、环境、秩序、观赏、服务5个方面的讲述奥运知识、展示文明的行为规范。共有600名社区市民参加学习。6月，该校外语系编印内部《市民奥运知识读本》，面向西城区152个社区市民学校免费发放，同时发放奥运知识问卷，问卷回收率100%。7月，该校举办西城区首届“社区外语节”讲外语活动成果展示，7个街道市民中心校推选13个优秀外语节目参加展示。

（何伶）

【市教委开展奥运法制“进学校”工作】 至7月，市教委开展奥运法制“进学校”工作。该工作以奥运法律知识“十要十不要”为宣传主题，以学生开展“迎奥运、讲文明、树新风”活动为背景，编印奥运法制宣传挂图，向全市各级各类4000所学校发放、张贴。发放《福娃说法》光盘5000套、《市民奥运法制宣传教育手册》3000册、奥运法制“十要十不要”宣传挂图3000张。

（朱迎　马乐）

【北师大平谷附中体育考试增加奥林匹克知识】 至12月，北京师范大学附属平谷中学体育考试增加奥林匹克知识内容。体育理论考试包括50分理论考试和50分奥林匹克知识考试。奥林匹克知识部分为开卷考试，学生可以自查资料。

（张琴）

文明礼仪教育

【马驹桥镇中小开展微笑迎奥运活动】 1至2月，通州区马驹桥镇中心小学开展“微笑迎奥运——文明过春节”活动。活动组织学生自制“微笑贺卡”，将贺卡送给父母、同学、社区居民等，传递微笑、传递快乐、传递奥林匹克精神，祝福北京奥运会；开展“手拉手新春送温暖”活动，号召学生与家长共同走进社区孤寡老人家、敬老院以及“手拉手小伙伴”家庭等，赠送微笑贺卡、新春礼物，帮助打扫卫生等，倡导学生邀请生活困难伙伴到家中度过寒假生活，引导学生互相学习、共同成长；组织“平安辞旧岁”活动，通过多种途径进行安全教育，帮助学生度过平安、健康、快乐假期；开展“三个一”文明春节主题活动，即和家长“共读一本好书、同看一个展览、同学一句英语”；倡导“节约资源、和谐家庭”活动，要求家长、学生共同参加。

（曹立军）

【新发地学校创新文明礼仪教育】 1至8月，丰台区新发地实验学校将“迎奥运文明礼仪伴我行”活动与综合实践活动课程相结合。该校各中队结合学生特点，确立活动主题，各中队辅导员将活动主题分解到小组，围绕主题开展研究。其中，四年级中队代表学校参加外国运动员进驻奥运村开村仪式。奥运会期间，开展观赛活动，中队确定“争做奥运小使者”活动主题。由学校中队辅导员与综合实践教师引导，根据每名队员特长分成“礼品赠送组”、“特色表演组”、“观赛礼仪组”、“相见礼仪组”。每个小组在指导教师指导下完成设计研究方案、开展研究活动。小组成员通过上网搜集资料、动手操作、实际体验掌握观赛知识。

（陈洪丽）

【密云职校举行礼仪知识讲座】 3月6日，密云县职业学校派出优秀教师到密云县檀营乡政府举办“迎奥运、庆三八妇女节礼仪知识讲座”。该讲座面向机关女干部，内容涉及社交礼仪、着装礼仪等方面，分析女性礼仪意义，明确女性礼仪规范。

（陆洋林）

【韩村河中学举办文明礼仪我先行活动】 3月10日，房山区韩村河中学举办“明荣辱、迎奥运、文明礼仪我先行”师生签字活动。该校组织师生在横幅签名，表示要承担一份责任，在学习和工作中体现文明礼貌，为北京奥运做贡献。

（杨桂军）

【延庆一职开展“排队推动日”活动】 3月11日，延庆县第一职业学校开展“排队推动日”活动。该校43名志愿者在延庆县中踏广场开展“自觉排队我参与文明礼让延庆行”、“全民动员人人参与建设生态延庆”宣传，协助疏导顾客自觉排队。在919路、920路公交车站开展“文明乘车排队礼让我快乐”宣传，协助车站工作人员引导候车市民排队。

（王重雄）

【外事学校举办奥运服务礼仪系列培训】 3月20日，北京外事学校举办

奥运服务礼仪系列培训。该培训由学校教师主持，采用案例分析、分组讨论、情境演练等方式授课，内容涉及奥运服务理念、服务等级评价、规范仪表仪态、与运动员沟通要求与技巧等。该校承担第29届奥运会奥运村工程维修任务的中层干部参加学习。

（张昭辉）

【石园小学召开“文明礼仪故事”大队会】 3月26日，顺义区石园小学召开“迎奥运讲身边的文明礼仪故事比赛”大队会。活动分为初赛、复赛两个阶段，通过发现、宣传身边礼仪故事，提高遵守文明礼仪自觉性。全校17名学生进入复赛，评选出一等奖2人、二等奖5人、三等奖10人。

（朱凤齐）

【门头沟工人子弟小学培养文明素养】 3月，门头沟区工人子弟小学举办“走进绿色奥运，展示文明素养”养成教育管理月活动。该校在纪律、卫生、学习、文明礼貌等方面提出要求，通过开展“弯腰捡起废弃物”、“不带包装食品进校园”等活动，巩固《中小学生十个文明习惯》。17个班级参加活动，评出优秀班级10个。

（刘振春）

【木林中小开展好习惯伴我成长主题教育】 3月，顺义区木林中心小学举办“微笑迎奥运，好习惯伴我成长”主题教育活动。该活动旨在实现

"学会微笑，感受快乐，传承文明礼仪，人人争戴奥运微笑圈"目标，通过评比"奥运微笑使者"，培养学生良好习惯。评比内容包括学生具有良好表现，奖励黑白微笑图标，拥有5个黑白图标可换取彩色微笑图标，拥有2个彩色微笑图标换取"奥运微笑圈"，获得微笑圈学生可参加"奥运微笑使者"评选。活动同时要求每名学生建立微笑成长日记。

（侯秀芹）

【延庆二小制作奥运承诺卡】 3月，延庆县第二小学制作奥运承诺卡。承诺卡内容包括唱响国歌多自豪，尊敬师长问声好；公共场所话音小，上下楼梯往右靠，喝彩适度素质高，不说脏话讲礼貌；果皮纸屑不乱抛，有痰先用纸来包；乘车购物不拥挤，过街要走人行道。

（李军）

【东方小学开展"争戴微笑圈，争做文明宣传员"活动】 3至6月，通州区东方小学开展"争戴微笑圈，争做文明宣传员"活动。该活动制订校级微笑圈评选办法，各班结合实际情况制订评选条件，学生通过班内自荐、民主评议、校内事迹展示、民主投票评选等环节，评选"文明小使者"。活动采用"天天有小结、周周有重点、月月有评选"方式进行。共有2125人次获得"文明小使者"称号，佩戴微笑圈。该校根据各色微笑圈不同含义将"文明小使者"微笑事迹编辑成《微笑天使的足迹》校刊。

（杨红）

【北工大举办奥运礼仪知识竞赛】 4月3至20日，北京工业大学举办"迎奥运讲文明树新风"礼仪知识竞赛。该竞赛结合全国"迎奥运讲文明树新风"礼仪知识竞赛活动，开展网上答题，内容涉及奥林匹克运动基本知识与社会生活、职业服务、涉外交往等方面的礼仪常识。按照答题准确率评出优秀奖和纪念奖共40人。

（朱静）

【城北中心小学学习奥运加油手势】 4月5日，昌平区城北中心小学组织学习北京奥组委等单位推出奥运赛场文明加油手势。该校利用班队会时间，由少先队大队部组织干部学习，大队干部到各中队现场演示，各中队创编"奥运加油、王楠加油"、"中国加油、姚明加油"、"奥运加油，突尼斯加油"等观赛口号。

（唐红影）

【崇文举办中学生奥运礼仪知识比赛】

4月15日，崇文区教委举行中学生奥运礼仪知识比赛。比赛分高中组、初中组，13所中学110名学生代表参加笔试，内容涉及奥运会和残奥会观赛礼仪、日常生活礼仪、涉外礼仪等，考查学生对奥运礼仪知识的掌握和灵活运用程度。比赛共评出一等奖36人、二等奖36人、三等奖38人。

（廖凯华）

【北京幼师举办文明礼仪展示活动】

4月22日，北京市幼儿师范学校举办"迎奥运文明礼仪展示"活动。2007级7个班级的学生通过小品、示范等形式，展示仪态礼仪、仪表礼仪、校园礼仪、家庭礼仪、职场礼仪、公共生活礼仪和涉外礼仪7个部分。活动在表演间隙穿插奥运礼仪知识竞赛。

（于静）

【宣武举行为文明喝彩主题活动】 4月，宣武区教委举办为文明喝彩向奥运献礼主题活动。该活动分为牵手文明拥抱奥运、微笑迎奥运名片传礼仪、为文明喝彩向奥运献礼三部分，13所小学现场展示校园礼仪名片、家庭礼仪名片、社会礼仪名片等"情系奥运文明礼仪伴我行"主题教育成果。活动还举行《奥运赛场礼仪手册》首发式。该手册由区奥教办、区教委小教科、宣师一附小学生共同编写，通过童谣形式介绍奥运会28个项目观赛礼仪知识。来自北京奥组委相关人员，区精神文明办、区委教育工委、区教委领导，以及各校师生300人参加活动。

（王光伟）

【回龙观中心小学成立礼仪先锋班】 4月，昌平区回龙观中心小学成立礼仪先锋班。该先锋班由32名学生组成，学校选派4名教师分别对先锋班学生进行英语口语培训、国际礼仪培训、同心结歌曲培训以及才艺培训。

（张艳苓）

【大兴四小举办文明礼仪演讲】 5月27日，北京市大兴区第四小学举办"心手相牵喜迎奥运文明礼仪伴我成长"演讲会。该校20名礼仪标兵候选人发表演讲，学校为获选"十佳礼仪标兵"佩戴绶带、颁发证书，并在开展"情系奥运文明礼仪伴我行"系列教育中，通过民主选举、各班推荐，评选表彰100名文明小学生。

（杨淑敏）

【北师大平谷附中撰写文明标语】 5月28日，北京师范大学附属平谷中学举办"撰写文明标语，争戴奥运微笑圈"活动。活动共收到文明标语1596条，评出优秀文明标语132条。

（贾丽娜）

【前进一小开展观赛礼仪教育】 5月，北京市燕山前进第一小学开展观赛礼仪教育。该校举办"与奥运同行展阳光风采"——迎奥运看台拉拉队大赛，要求学生手持自制花环、易拉罐进行观赛礼仪展示。学校利用校内广播时间，播放专题系列片《走进奥运赛场》，每天播放1集，介绍奥运比赛项目规则、观赛礼仪等内容。

（程燕林）

【举办中学生奥运礼仪知识大赛】 6

月26日，市教委、北京青年报社联合举办北京市中学生奥运礼仪知识大赛总决赛。比赛内容包括“礼仪知识知多少”、“践行礼仪看行动”、“当好东道主，热情迎嘉宾”三个环节。每个环节问答结束后，由担任大赛评委礼仪专家即席对参赛选手进行点评，并告诉选手和在场观众在观看奥运会比赛、担任奥运志愿者和对外友好交往中的注意事项。共有朝阳、崇文、东城、西城、顺义和大兴区6支代表队参加比赛，最终东城区获得冠军，崇文区、朝阳区分别获得亚军和季军。自3月起，市教委启动“北京市中学生奥运礼仪知识大赛”作为“情系奥运，文明礼仪伴我行”主题教育实践活动内容，全市各中小学、职业学校100万名学生参与活动。18个区县和燕山地区中小学举行初赛，在初赛基础上，各区县190名中学文明礼仪标兵进入复赛。

（魏强）

【前门小学制订文明观赛教育活动方案】　6月，崇文区前门小学制订观赛教育活动方案。该方案分为三个部分，“知礼学礼”：利用校园金童电视台向学生宣传奥运会和残奥会比赛规则、观赛礼仪；“讨论深化”：组织学生开展文明观赛大讨论活动；“童心童画”：开展做奥运会文明小观众宣传画征集活动，学生用绘画形式表现对奥运期盼。活动征集展出文明观赛宣传画1000幅。

（李颖）

【园林学校开展奥运主题实践活动】　11月15至16日，北京市园林学校开展“传承奥运文明，倡导文明游园”奥运主题实践活动。该校学生分别到景山公园、北海公园、天坛公园、北宫国家森林公园，通过发放倡议书、组织游人排队、捡拾垃圾等多种形式，倡导环境文明、秩序文明。同时，在校内该校学生利用实习班级组建“环境文明引导员”队伍，开展爱护校园环境，讲究公共卫生，遵守校园秩序的教育实践活动。该校学生60人参加活动。

（苏革）

志　愿　服　务

【北科大举办奥运志愿者工时赠与活动】　1月21日，北京科技大学举办奥运志愿者工时赠予活动。根据该校《志愿服务与公益劳动组织管理工作实施细则》关于重大志愿活动奖励办法的规定，按照“本科生志愿服务与公益劳动课程”学时累计标准，开展“好运北京”跆拳道国际邀请赛及2008北京奥运会、残奥会志愿服务工时赠予工作，将对符合条件的志愿者赠与36时/人次的志愿服务工时。赠予对象包括2月期间参加“好运北京”跆拳道国际邀请赛志愿服务的志愿者，以及在奥运会、残奥会期间服务的赛会志愿者、城市志愿者、社会志愿服务、开幕式演员、平安志愿者，共计1000人。

（赵萌）

【红十字会招募医疗小语种志愿者】　2月19日，北京市红十字会招募医疗小语种志愿者服务奥运会。共招募33名英语、法语、德语、俄语、阿拉伯语、西班牙语等小语种志愿者，为住在定点医院的外籍运动员及相关人员提供特殊护理，并在奥运会期间进行应急服务。该项工作应北京奥组委要求进行。

（国潇冉）

【北外为奥运驾驶员提供外语测试】　2月22日至3月13日，北京外国语大学为奥运驾驶员提供外语测试。该校100名志愿者为奥运驾驶员申请者进行外语交流水平测试，分赴房山区、大兴区、门头沟区、平谷区、怀柔区、延庆县、密云县及大兴区北汽培训鉴定中心等地区和单位。7个区县、车友会以及军队系统志愿者参加测试。

（王婧）

【吉利大学选拔奥运实习生】　3月20日，北京吉利大学选拔奥运实习生。该校举办主题为“没能成为奥运志愿者，也一样为奥运服务”奥运实习生招聘选拔活动，共有1000名学生参加初试，900人入选，分批到奥组委物流部门备选，最终100人担任奥运实习生工作。根据奥组委物流部要求，选拔对象为身高在1.7米以上非应届毕业生，且限于男生，并具有一定英语交流能力和良好综合素质，无犯罪记录。奥运实习生上岗前接受奥组委物流部门培训，7月1日正式上岗，工作时间3个月，上岗期间不得缺席，每个月享受1000元补助和50元交通补贴，工作职责包括在首都国际机场将各国抵京运动员行李搬运上车，并负责护送到相应驻地等。

（林继辉　陈静）

【昌平职校师生服务奥运】　4月9日，

北京市昌平职业学校3名学生入选奥运村接待服务。该校学生在奥运村村长接待室，承担奥运会期间服务任务。在奥运会、残奥会期间，该校共有1299名师生承担奥运服务任务，从事奥运颁奖礼仪服务、运动员颁奖用花制作服务、安检设备维护服务、奥运村村长办公室礼仪接待服务、场地观众引导和场馆内贵宾服务及售卖服务等工作。该校31名学生、2名教师共同接待美国总统布什、俄罗斯总理普京、泰国公主诗琳通等80名政府首脑及800名贵宾，4名学生参加迎宾服务，19名学生、1名教师为各岗位员工配餐，48名学生、2名教师为各售卖点配送货品，304名学生、36名教师承担售卖任务。

（刘晓东　潘洁）

【农职院奥运村住宿服务运行团队成立】 4月17日，北京农业职业学院

奥运村住宿服务运行团队在北校区成立。根据市委、市政府和北京奥组委要求，农职院服务运行团队负责为绿色家园媒体村提供住宿服务，经过层层选拔，学院北校区各系272名学生入选服务团队。5月25日，学校奥运村住宿服务运行团队培训工作进入学生实际操作阶段，共分成2个大组16个小组进行实际操作练习，邀请香格里拉集团培训教师给予相应指导，并组织学生进行理论学习考试。5月28日，学校为奥运村住宿服务运行团队全体队员配备统一服装。服装上身以橙黄色为基调，胸前印有农职院院标，下装为白色长裤。

（王立娟）

【电科职院志愿实习生为奥运服务】 4月21日至9月28日，北京电子科技职业学院志愿服务实习生为奥运两村两中心服务。该校在市教委推动下，与美国爱玛克公司、北京首旅集团共同承担奥运会和残奥会接待服务任务，负责奥运国际广播中心、主新闻中心、媒体村、运动员村（两村两中心）全部餐饮服务工作。全校1600名学生分为24批参加志愿服务工作，其中，950名学生参加残奥会两村两中心餐饮服务工作。

（陈晓文）

【舞院学生参加开闭幕式演出和引导员工作】 6月1日，北京舞蹈学院

学生参加引导员工作和闭幕式演出。

该校46名女生入选奥运会引导员，学生来自中国古典舞系、中国民族民间舞系、芭蕾舞系、音乐剧系、社会舞蹈系，其中，24人担任开幕式引导员、18人担任VIP引领员、4人担任开幕式观众互动引领员。该校276名学生参加奥运会闭幕式演出，学生来自中国古典舞系、中国民族民间舞系、芭蕾舞系和舞蹈学系。

（刘菲）

【外经贸大举行奥运会、残奥会誓师大会】 6月5日，对外经济贸易大学举行以“青春·奥运·2008”为主题的奥运会、残奥会誓师大会。北京奥运志愿者工作协调小组办公室和该校领导出席誓师大会，并为奥运志愿者标志揭幕。6月25日至9月20日，该校共有2345名奥运志愿者、1200名残奥志愿者，直接服务于20个场馆、70个赛时服务点。7月28日，外经贸大为该校每名奥运志愿者订购奥运鸟巢明信片。志愿者在明信片上写上对亲友的祝福和邮寄地址，统一加盖国家体育场邮局2008年8月8日晚8时的精美邮戳，在开幕式现场寄出。

（缪琦）

【北师大服务民族小使者奥运之旅】 6月18至23日，北京师范大学志愿者为“56个民族小使者北京奥运之旅”提供服务。该活动由团中央、教育部、中国残联、全国妇联和北京奥组委共同举办，该校白鸽青年志愿者协会10名志愿者按照1∶5比例与小使者结成对子，由于小使者绝大多数具有视听障碍或肢体残疾，承担其全程陪护，带领游览故宫、中国科技馆、北京海洋馆等人文景观，参观奥林匹克公园中心区、北京奥组委、中国残奥训练基地等奥运设施，并共同参加天安门广场升国旗仪式，举办奥运火炬传递等活动。

（戴军）

【首医大奥运公共卫生保障志愿者上岗服务】 6月26日，首都医科大学奥运公共卫生保障志愿者上岗服务。该校卫生管理与教育学院的8名本科生和2名硕士生作为奥运卫生保障工作志愿者进入市卫生监督所，其中，5人在奥运公共卫生保障指挥中心工作，5人在奥运公共卫生保障监督办公室工作。

（赵修娟）

【政法职院志愿者完成志愿服务】 6

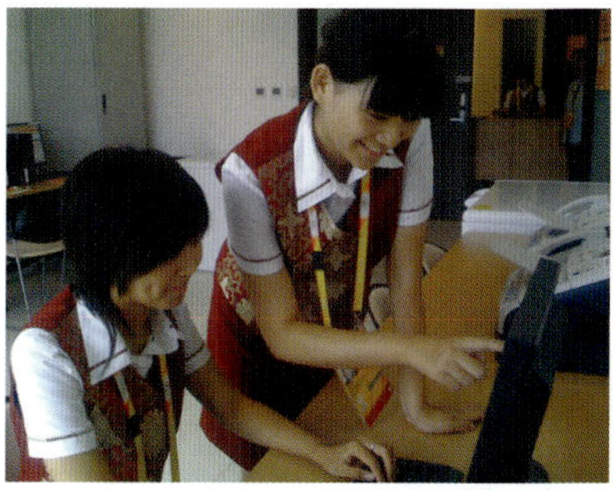

至9月，北京政法职业学院志愿者完成奥运会、残奥会志愿服务工作。102名学生志愿者参加首都国际机场赛会志愿服务工作，主要完成观众服务、物流管理服务、交通调度服务、包机接待服务等。住宿服务团队负责奥运村（残奥村）3栋公寓楼和第二普通居民服务中心住宿服务及前台接待工作。奥运驾驶员志愿者是奥林匹克大家庭饭店T3团队的成员，在北京饭店场站基地待命，服务对象包括国际奥委会工作人员、各国奥委会秘书长等国内外贵宾。国际奥运观摩团安全保卫志愿者，主要服务内容是与中国伟之杰安保公司合作，完成Visa国际组织组建的近万人的国际奥运观摩团的安全警卫任务。

（张静）

【信息职院641名学生担任安保志愿者】 7月1日至9月2日，北京信息职业技术学院学生641人担任安保志愿者。志愿者在国际新闻中心负责安检工作，直接参与奥运安保10002人次。至9月，该校共计承担奥运相关工作任务9项，6000人参与奥运任务。其中，直接服务奥运志愿者1800人，包括奥运赛会志愿者40人、奥运赛时实习生141人、北京职工文明拉拉队400人、奥运看台互动指挥志愿者6人、奥运会开闭幕式演员69人、奥运安保志愿者641人、奥运驾驶员志愿者1人、奥运火炬护跑手1人、奥运志愿者备血任务500人；涉及服务场馆共有7个，服务岗位14个项目。

（侯彤）

【印刷学院城市志愿者服务大兴】 7月1日至9月25日，北京印刷学院222名城市志愿者完成城市志愿服务。

志愿者在大兴区4个站点提供信息咨询、路线指引、语言翻译和应急服务。各站点分别开展环保袋的使用从你我开始、脸谱文化介绍、剪纸艺术介绍、闪亮中国印等活动。

（杨蕻）

【二外友好院校师生成为奥运会海外志愿者】　7月2至8日，北京第二外国语学院友好交流院校澳大利亚昆士兰大学21名奥运海外志愿者来京服务奥运。海外志愿者入住二外国际交流中心，在奥运会期间，担任媒体运行志愿者。海外志愿者曾接受看录像写新闻稿的培训，明白多种体育语言的表达方式，负责记录比赛情况，以及与运动员直接对话，并逐一记录运动员陈述的所有重点内容。

（王薇）

【北航承接奥运会安保人员后勤保障任务】　7月2日至9月18日，北京航空航天大学承接奥运会安保人员后勤保障任务。该校承担奥运场馆安保人员、保障人员、志愿者、交通运输保障人员、公安人员等各类奥运工作人员854人用餐服务，共59687人次以上，单餐接待人数最高701人；承担奥运会包括消防、民警、交警、武警、特警、安检、核生化、志愿者在内的380人的餐饮、住宿等后勤保障任务。

（陈颖）

【中青院召开奥运会城市志愿者誓师大会】　7月7日，中国青年政治学院召开奥运会城市志愿者誓师大会。中青院683名奥运会城市志愿者庄严宣誓，准备出征，参加海淀区、崇文区、地铁1号沿线公主坟站、军事博物馆站、木樨地站服务的城市志愿者及奥运小记者签署志愿承诺书。至9月，该校共有1013名志愿者参加奥运会和残奥会期间的志愿服务，其中，驾驶员志愿者5人、赛会志愿者362人、城市志愿者640人、礼仪志愿者6人。

（韩永涛）

【经济职院开展志愿服务】　7月7日至9月28日，北京经济技术职业学院城市志愿者开展志愿服务。该校志愿者共上岗1512人次，上岗时间12096小时，累计提供奥运信息咨询，城市信息咨询、语言翻译、应急服务

等各类志愿服务6万人次，发放各类宣传资料10万份。

（孙大谦）

【北航首都机场志愿者赛时迎宾工作启动】　7月8日，北京航空航天大学首都国际机场赛时志愿者上岗。当日，共有127名外国媒体记者抵京。奥运会、残奥会期间，北航是奥运会举重比赛场馆责任单位和首都国际机场志愿者服务主责高校，根据奥组委要求，学校经过笔试、面试、培训等方式，从7880名报名志愿者中，选拔出1712名赛会志愿者参与奥组委指定的服务工作，包括880名首都机场志愿者，453名举重场馆志愿者，另有表演类志愿者156人、交通志愿者64人、专业类志愿者169人、引导员志愿者3人。此外，北航还有社会交通运行类志愿者130人，城市志愿者943人，"平安奥运行动"志愿者1512人。北航为奥运服务的各类志愿者累计4297人。

（陈颖）

【财大741名奥运志愿者服务奥运】　7月8日，中央财经大学奥运志愿服务团出征。该校741名志愿者共分为5个服务团队，分别是绿色家园媒体村奥运志愿服务分团、奥林匹克公园北区场馆奥运志愿服务分团、北京国际新闻中心奥运志愿服务分团、城市运行奥运志愿服务分团、奥运志愿者运行支持志愿服务分团。至9月17日，由147名志愿者组成的奥林匹克公园北区场馆奥运志愿服务分团完成赛会服务工作。奥运会期间，志愿者服务于曲棍球场和网球场的比赛项目；残奥会期间，服务于五人制、七人制足球和轮椅网球的比赛，工作内容包括坐席服务、引导、检票、验证、运行支持、技术支持、员工人事等。城市运行奥运志愿服务分团举办系列活动，包括志愿奥运有我一个、盛事开幕放飞梦想、金牌心奥运情等特色活动，财大城市志愿者站点被评为5A级奥运城市志愿服务站点。8月1至31日，该校71名志愿者承担颐和园志愿服务的社会志愿者任务，向游客提供游览疏导、信息咨询、文化讲解和语言支持等服务。

（刘瑜）

【二外志愿者协助开通朝阳警务外语协警热线】　7月15日，北京第二外国语学院与朝阳警方联合开通警务外语协警热线。热线值班室共有8名学生外语志愿者分两班值守电话，涉及语种包括英语、法语、日语、德语、俄语、朝鲜语、西班牙语、阿拉伯语。协警热线开通时间为早8时至晚8时，奥运期间，热线实行24小时的全天候服务，热线电话持续到残奥会结束。

（王薇）

【国关学院提供奥运志愿服务】　7月

17日至9月20日，国际关系学院组成723人的奥运队伍服务于奥运会和残奥会。其中，奥运会723名志愿者、残奥会352名志愿者，分别承担贵宾陪同与语言服务、马拉松比赛、运动员村（包括奥运村和残奥村）、颁奖礼仪、青年营、车辆驾驶、城市运行、社会运行、安全保卫等11个服务项目56个业务口的工作任务。志愿者每天平均上岗8.3小时，服务时间最长的志愿者每天平均上岗16小时；连续工作最长的团队，连续作战36天。该校志愿者累计参加服务15969人次，服务总时132130小时。其中，107名志愿者组成奥运贵宾陪同与语言服务志愿者团队，分布在行政助理、贵宾陪同、宾客服务、医疗服务、信息台5个业务口，主要工作岗位是奥运大家庭饭店助理，服务对

象是国际奥委会委员，以及各国、各地区奥组委部门主任或委员。23名安保志愿者在残奥会期间担任安保验证工作，每日验证1万人，总接待量17万人次。13名学生组成奥运会颁奖礼仪志愿服务团队，承担老山自行车馆的全部颁奖任务和羽毛球馆颁奖礼仪服务。

（田歆炜 谢方珏）

【北师大参加“奥运之家”安保工作】 7月19日至8月28日，北京师范大学参加“奥运之家”安保工作。该校共投入安保力量700人，奥运期间接待美国奥运代表团22个运动队9600人次训练；安排600名美方工作人员食宿；服务各国运动队对抗训练；接待境内外各类媒体100家、记者1200人次；登记接待来访客人3299人；审验各类人员证件534070人次，安检人员66521人次，查验物品68400件，查出限带物品1206件、禁带物品118件；检查进校机动车辆12000辆次；接待美国前总统布什两次来校访问与国务委员刘延东安全警卫视察工作。

（戴军）

【电科职院学生参加志愿服务】 7月20日至9月20日，北京电子科技职业学院学生参加奥运会、残奥会志愿服务。其中，318人担任赛会志愿者，分3个班次上岗，为五棵松体育场馆提供赛事服务；171名师生担任地铁社会志愿者，分别在地铁10号线和5号线8个站点工作，服务2438人次。

（陈晓文）

【首钢工学院完成奥运志愿者工作】 7月20日至9月30日，首钢工学院奥运志愿者完成工作任务。该校奥运场馆服务志愿者28人，在首钢篮球中心担任综合服务助理；媒体交通服务志愿者16人，在八宝山交通场站、西郊交通场站担任随车语言服务助理；城市志愿者64人，在古城地铁服务亭、首钢医院南门服务亭、首钢篮球中心西侧服务亭、大江南酒店服务亭岗位，承担咨询服务、救护、语言翻译；地铁交通秩序维护志愿者24人，在古城地铁站、苹果园地铁站维护交通秩序；奥运会、残奥会高校拉拉队50人。

（王厦）

【印刷学院完成木樨园训练场馆志愿服务】 7月21日至8月23日，北京印刷学院47名赛会志愿者完成木樨园体校综合训练馆服务。志愿者分成6个分队，负责三个场馆，其中，摔跤训练馆17人、花样游泳训练馆10人、游泳和跳水训练馆20人。其间，共接待来自中国、希腊、日本、波兰等50个国家800人次运动员，进行140场次的训练。

（杨蕻）

【首体院体操训练馆开放】 7月27日，首都体育学院体操训练馆开放。该训练馆由该校田径综合馆改造，建筑面积4900平方米，成为奥运会体操项目的训练场地。至8月29日，接待任务结束，共接待41个国家200名体操运动员训练。

（靳飞）

【现代职院志愿者完成奥运服务】 7

月27日至9月11日，北京现代职业技术学院志愿者完成奥运会和残奥会服务任务。该校有赛会志愿者25人、城市志愿者300人、顺义圣火传递火炬手交接引导员志愿者86人、燕京啤酒产品推介志愿者94人、拉拉队员200人，共服务5006人次，出色完成各项志愿服务工作。

（李跃谦）

【中医药大学第三附属医院为奥运志愿者提供医疗服务】 7月，北京中医药大学第三附属医院为奥运志愿者提供医疗服务。该医院位于奥运中心区，被确定为场馆观众和志愿者医疗服务定点医院，共有奥运场馆医务人员志愿者15人，分别在国家体育场、国家体育馆、国家游泳中心、奥林匹克公园网球中心等处开展工作。

（杨苏）

【劲松职高师生成为奥运会志愿者】 7至8月，北京市劲松职业高中师生服务奥运会。该校187名学生和4名教师作为志愿者，到运动员村、媒体村、主新闻中心、国际广播中心提供服务。

（赵冰心）

【北师大志愿者完成服务工作】 7至9月，北京师范大学志愿者完成奥运会、残奥会期间服务工作。共有1864人作为赛会志愿者在15座奥运会比赛场馆、4座配套设施或训练场馆和2个运行团队中进行志愿服务，涉及北京奥运会28个大项中的14项，以及1个特设项目（武术）。其中，606人被北京奥组委复用，作为赛会志愿者在5座残奥会比赛场馆、4座配套设施或训练场馆和1个运行团队中进行残奥会志愿服务，涉及残奥会20个大项中的6项。此外，还有333人作为城市志愿者，在北京奥运会、残奥会期间连续进行为期3个月的志愿服务；313人组成北师大奥运村住宿服务团队，完成奥运会期间媒体村的服务任务。

（戴军）

【园林学校师生参加奥运颁奖花束制作】 7至9月，北京市园林学校师生参加奥运花束制作。该校15名学生在1名专业教师的带领下与其他24名来自全国各地的志愿者，入选北京市奥运花卉配送中心负责奥运颁奖花束制作工作。赛会期间，志愿者共制作7000束颁奖花束。颁奖花束的制作要求非常精细，每束花必须在20分钟内完成。每天制作量非常大，最多时达到每天500多束。该校16名师生经过2个月的严格培训，达到奥运花卉的制作全部要求。

（苏苹）

【联大7000名志愿者完成志愿服务】 7至9月，北京联合大学7000名赛会、城市和社会志愿者参与奥运会、残奥会服务工作。志愿者完成工人体育馆、首都国际机场、足球裁判员训练场、青年营和奥林匹克公园交通场站、5个奥运场馆和50个地面交通站点志愿服务工作。同时还完成奥运会、残奥会开闭幕式演出，奥运村、残奥村服务，奥运会、残奥会签约酒店安保服务等工作任务。

（杜娟）

【北航承担山东志愿者机场通勤班车后勤保障及车辆调度工作】 7至9月，北京航空航天大学承担山东奥运会志愿者机场通勤班车后勤保障及车辆调度工作。学校专门成立奥运服务车队后勤保障小组，提前联系好车辆使用的加油站、修理厂、停车场地，住宿、就餐、就医等事宜，还在车辆的行驶路线，司机的休息、夜餐等方面都做细致的安排，确保志愿者车队的通畅运行。

（陈颖）

【戏剧学院赛会通用志愿者服务奥运赛事】 8月1日，中央戏剧学院赛会通用志愿者师生正式上岗。48名志愿者服务公路自行车场馆，在起点永定门场地和终点居庸关场地，在餐饮、物流、观众服务、交通管理、交通服务等岗位开展志愿服务工作。8月16至24日，接到奥组委志愿者部的紧急通知，戏剧学院调动20名学生志愿者到奥林匹克公园北区场馆群支援观众服务志愿工作。

（蒋瑛）

【二十七中学生参加城市志愿服务】 8月1至11日，北京市第二十七中学学生参加奥运城市志愿服务。学生在东城区教委门前的城市志愿者站点，负责语言翻译、信息咨询以及应急救助服务等工作，提供道路信息，介绍北京风景名胜等。

（董楠）

【城市学院志愿者完成志愿服务】 8月1至31日，北京城市学院60名语言志愿者完成北海公园志愿服务工作。志愿者分别被派到公园的琼岛队、文化队和船队的各岗位上，主要从事游客疏导、信息咨询、检票、讲解、语言翻译、殿堂维护等工作。该校还有102名场馆外交通志愿者，服务内容主要涉及语言沟通，协助记者上、下车；检查证件，保障行车过程中乘客安全及信息上报工作。该校还承接5个城市志愿服务试点工作，1000名志愿者提供1万人次服务。此外，1人担任开幕式引导员。

（陈琳）

【城市学院接待马达加斯加运动员代表团】 8月5至7日，北京城市学院城北校区接待马达加斯加共和国152名运动员和奥运观察团入驻。该校专门成立以校党委书记为组长的接待领导小组，并陪同马达加斯加共和国体育部长、驻华大使看望运动员与学校奥运志愿者。

（陈琳）

【首师大接待10个国家的排球队训练】 8月7至23日，首都师范大学排球训练馆接待10个国家排球队训练。分别是埃及、俄罗斯、中国、塞尔维亚、波兰、保加利亚、巴西、德国、意大利和委内瑞拉。

（王晓素）

【信息职院学生参加奥运会开幕式演出】 8月8日，北京信息职业技术学院学生参加奥运会开幕式演出。该校69名学生参加2008张奥运笑脸的演出。演出学生自4月开始训练。

（侯彤）

【吉利大学7名女生担任开幕式引导员】 8月8日，北京吉利大学7名学生担任奥运会开幕式引导员。志愿者分别引导德国、奥地利、保加利亚、墨西哥、菲律宾、关岛和玻利维亚7个国家代表团入场。该校另有14名女生担任贵宾通道口VIP引导员，62名女生担任观众席互动指挥引导员，210名女生担任表演标兵。

（林继辉　励荆晶　陆涛）

【二中学生参加奥运会开幕式演出】 8月8日，北京市第二中学金帆舞蹈团参加北京奥运会开幕式演出。55名学生参加开幕式中的笑脸演出并承担入场式标兵引导任务。学生来自初二年级至高三年级，经过形象、能力、身体素质和心理承受能力等方面的严格选拔后入选。自申奥成功以来，二中舞蹈团参加庆祝中国申办奥运成功活动、奥运吉祥物“福娃”发布会、“同一个世界，同一个梦想”奥运会口号发布会以奥运会倒计时1周年大型主题活动等。

（陶春　周良）

【北邮世纪学院完成志愿服务】 8月8至25日，北京邮电大学世纪学院奥运志愿者完成志愿服务任务。该校参加国家会议中心击剑馆志愿服务的志愿者41人，参与奥林匹克公园公共区志愿服务的志愿者65人，总服务时间24168小时。平均每人次每天连续上岗服务8.14小时，平均每人累计服务时间104.88小时。

（程文龙）

【电科职院组织文明拉拉队】 8月8日至9月17日，北京电子科技职业学院组织学生拉拉队。奥运会期间，拉拉队分别承担7个场馆8个项目的文明拉拉队活动4700人次任务。残奥会期间，学生拉拉队承担3个场馆3个项目的文明拉拉队活动8500人次任务。

（陈晓文）

【经贸职院完成志愿者服务】 8月15至23日，北京经贸职业学院45名赛会志愿者参与老山自行车场馆群奥运会赛会志愿者工作。志愿者分别在餐饮业务口、交通业务口、物流业务口为中外运动员和各国记者提供服务。9月7至10日，该校26名赛会志愿者参与老山自行车场馆群残奥会赛会志愿者工作。

（邰爱科）

【北语完成奥运会篮球训练服务】 8月24日，北京语言大学完成奥运会篮球训练服务任务。奥运会期间，北语体育馆共接待西班牙和美国等18个国家21支篮球队伍，提供60场次训练服务工作。北语体育馆还承担残奥会轮椅篮球训练任务，8月31日，迎来首支残奥会训练队伍。1月23日，国际残奥会主席菲利普．克雷文先生偕夫人视察体育馆。

（李志坚）

【北语留学生丽菲玛奥运会闭幕式接受表扬】 8月24日，北京语言大学留学生丽菲玛在奥运会闭幕式上作为优秀志愿者代表接受国际奥委会运动员委员献花。这是奥运历史上首次增加感谢志愿者的环节。丽菲玛来自尼日利亚，是北语2006级学生，奥运会期间她服务于首都国际机场T3航站楼，她运用语言优势，为国外记者、官员架起语言沟通的桥梁。

（李志坚）

【首经贸完成奥运服务工作】 8月24日，首都经济贸易大学完成师生奥运会服务工作。奥运期间，首经贸成立奥运工作总指挥中心，下设宣传指挥中心、学生管理指挥中心、安保指挥中心、后勤指挥中心和志愿者指挥中心，保证奥运会期间各项服务工作的顺利进行。该校共有奥运会赛会志愿者760人，其中，丰台垒球场赛会通用志愿者310人、运动员与随队官员交通志愿者250人、住宿服务专业志愿者189人、驾驶员志愿者4人、台湾志愿者1人、外籍志愿者6人。残奥会赛会志愿者231人，其中，运动员与随队官员交通志愿者216人、住宿服务专业志愿者15人；奥运会城市和社会志愿者2000人，创造赛会期间志愿者“零流失”和住宿服务“零投诉”的成绩。

（钟志红）

【首体院服务盲人柔道训练】 8月31日，首都体育学院接待盲人柔道训练。首都大学生体育馆迎来首批12个国家72名盲人运动员、教练员前来训练，该校志愿者引导运动员到各功能房间。首都大学生体育馆为残奥会盲人柔道训练馆，工作人员针对盲人特点开展服务工作，如保持盲道畅通无阻，训练场地及功能房间内的设施物品要保持固定位置不得随便移动，以方便盲人运动员记忆位置拿取使用等。

（新飞）

【北工职院2765名师生服务奥运】 8月，北京工业职业技术学院共选派2765名师生参与奥运赛时各项志愿服务工作。其中，选派2名教师参与奥组委工作，负责奥运会志愿者招募、管理和语言翻译工作；选派2名教师作为奥运会技术官员，在国家体育场担任田径比赛裁判；选派13人组成奥运驾驶员志愿者队伍，为奥运官员提供交通服务；选派39名学生在老山自行车场馆群担任赛会志愿者，服务自行车赛事；选派1652名学生作为城市志愿者在上庄大街、沃尔玛广场、老山自行车场馆、玉泉路地铁口、鲁谷社区等服务站点为公众和游客提供信息咨询、应急救助和语言翻译等服务；选派174名学生作为安保志愿者在北京西客站与民警值勤站岗；选派883名学生作为赛会志愿者承担国家射击场、老山自行车场馆、丰台垒球场餐饮服务工作。

（谢光辉　刘建新）

【二外专业志愿者服务奥运】 8至9月，北京第二外国语学院有赛会专业志愿者1400人。专业志愿包括礼宾、语言服务、媒体运行、住宿接待、兴奋剂检查等12项工作，服务于23个竞赛场馆、15个非竞赛场馆和52家签约饭店。另有城市志愿者、赛事实习生、奥运村服务生等志愿者。该校共计派出志愿服务人员1643人。

（王薇）

【中医药大学2006名志愿者上岗】

8至9月，北京中医药大学共有2006名志愿者上岗服务。其中，赛会志愿者1630人、城市志愿者185人、社会志愿者191人，志愿者分布在22个场馆、1个交通场站、1个公共服务区、1个媒体住宿服务村、3个地铁服务站点以及185家药店。志愿者中包括121名理疗志愿者，开展推拿按摩服务。

（杨苏）

【北音师生完成残奥会开幕式演出任务】 9月6日，北京现代音乐研修学院150名学生参加残奥会开幕式演出。该校师生参加《飞翔》节目表演，表演者用手在舞台形成的蓝色海面上，展现一群海燕、天鹅自由飞翔的壮丽景观。共有750人参加该节目演出。奥运会、残奥会期间，该校300名学生直接参与志愿服务和表演活动，其中，150人参加残奥会开幕式节目演出，100人参加奥运会场馆比赛拉拉队活动。

（石玉娟）

【化大完成残奥会国家体育场志愿服务】 9月17日，北京化工大学志愿者完成残奥会国家体育场志愿服务工作。残奥会期间，该校共派出201名志愿者，累计服务时间14070小时。奥运会、残奥会期间，该校共承接志愿服务项目12项，累计派出志愿者6000人，包括工人体育场团队533人、顺义奥林匹克水上公园团队362人、奥林匹克森林公园团队40人、城市志愿者团队3904人、汇园媒体村住宿服务团队267人、青岛啤酒企业志愿者团队600人和驾驶员志愿者团队6人；残奥会赛会志愿者包括国家体育场团队201人、顺义奥林匹克水上公园团队208人以及城市志愿者团队2000人。

（邹立娜）

【公安大学完成奥运场馆安检志愿服务】 9月19日，中国人民公安大学完成奥运会场馆安检志愿服务工作。该校3000名奥运安检志愿者、2000名残奥会安检志愿者工作，在北京18个奥运会场馆、14个残奥会场馆执行安检任务，进驻场馆78天，师生完成上岗8万人次，检查749万人次、13万台车辆、596万件物品，查获限带物品11.4万件、违禁物品1.1万件。

（苗磊）

【信息职院奥运赛时实习生服务奥运】 9月，北京信息职业学院141名奥运赛时实习生完成工作。该校学生在奥组委注册中心工作，具体负责奥运证件的制作和赛时检查证件等工作。在处理注册信息的过程中，实习生生确保证件的正确性；在制作证件过程中，克服塑料压膜时的刺激气味，完成所有证件的制作。该校另有两名教师借调到奥组委注册中心工作，负责管理学校实习生，同时接受注册中心安排的奥运服务工作。该批实习生2007年7月正式上岗，是最早上岗的志愿者之一。

（侯彤）

【北外完成奥运志愿服务】　9月，北京外国语大学完成奥运志愿服务工作。该校师生参与奥运会多语言服务中心工作，分别提供10个语种24小时值守热线、34个语种18小时值守热线，残奥会期间，提供9个语种24小时电话值守热线，完成3000次电话翻译服务。推进“6＋1”志愿者工作格局，“1”指专业志愿者项目，包括奥组委委托招募贵宾陪同及语言服务、媒体运行、医疗服务、驾驶员、竞赛组织五类专业志愿者群体，“6”指奥组委和共建单位委托完成其他6类志愿者项目。奥运会、残奥会期间，全校2765名师生成为奥运志愿者，1054人担任残奥会志愿者，分布在全市24个竞赛场馆，22个非竞赛场馆，完成总时间达369997小时志愿服务任务。在北京16所高校招募3745名贵宾陪同及语言服务志愿者中，北外入选1558人，其中，国际奥委会委员、各国际单项赛事委员会主席（秘书长）等贵宾陪同翻译志愿者，北外有588人。

（王婧）

【北大完成奥运医疗服务工作】　至9月，北京大学完成奥运医疗服务工作。北大医学部下属奥运定点医院和其他附属医院共派出赛会医疗保障人员510人，在21个比赛和训练场馆、奥运中心区和奥运村综合诊所为各国运动员和观众提供医疗服务；各医院设奥运门诊，开设奥运绿色通道，专门接待涉奥人员。驻场馆的医疗团队共接诊病人超过9000人次，院内接诊涉奥人员近千人次。医学部本部共派出奥运场馆志愿者587人、奥运城市志愿者380人、残奥会志愿者448人，参与31个比赛和训练场馆的志愿服务和城市志愿服务。

（张兴明）

【北大完成奥运志愿服务工作】　至9月，北京大学完成奥运志愿服务工作。该校是国家体育场、北京大学体育馆、海淀场馆群的通用志愿者主责高校，并承担媒体运行、语言服务与贵宾陪同、医疗服务与兴奋剂控制、驾驶员4类专业志愿者任务。奥运期间，北大共组织2740名赛会志愿者进入39个奥运场馆服务，464名城市志愿者参与城市志愿服务工作，派出骨干拉拉队200人次，接待境外、京外代表性志愿者326人。残奥会期间，共组织2404名赛会志愿者进入23个残奥场馆服务，453名城市志愿者参与城市志愿服务工作，并接待境外、京外代表性志愿者100人，京外残联志愿者30人。

（张兴明）

【市教委派驻奥组委工作两名人员归队】　11月，市教委派驻北京奥组委工作8年的两名工作人员回本单位工作。两人分别是市教委职业与成人教育处李敏、市教委办公室姜振泉。李敏，1955年4月出生，北京人，研究生学历，2005年取得国际高级项目经理证书（IPMP）。1996年到市教委工作；2001至2008年在北京奥组委工作，分别担任总体策划部综合项目处处长、运动会服务部综合处处长，负责赛时指挥中心总协调和沟通联络工作，负责奥运会总体策划、项目计划、控制管理工作，以及运动会服务部综合管理工作。姜振泉，1965年5月出生，山东青岛人，研究生学历。1996年到市教委工作；1999年11月借调到北京奥申委参加奥运会申办工作，主要负责市场开发工作；2001至2008年在北京奥组委工作，分别担任市场开发部项目主管、捐赠办副处长、秘书行政部行政处副处长、综合处副处长等职务，主要负责奥林匹克知识产权保护工作、市场开发捐赠工作、秘书行政部综合管理工作、重大活动组织协调工作、测试赛国内贵宾团队工作、奥运会赛时运行指挥中心协调工作、沟通联络和市政府奥运办部分工作。

（李敏）

科　技　奥　运

【北工大预应力钢结构研究通过鉴定】　6月，北京工业大学承担的市科委奥运专项项目“奥运羽毛球馆预应力钢结构体系优化设计及结构健康监控研究”、国家自然科学基金项目“大型预应力钢结构全寿命健康监控关键理论与实验技术研究”和北京市拔尖创新人才工程项目分别通过市科委组织的结题验收和市建委组织的成果鉴定。该项目经过3年研究，在奥运羽毛球馆新型预应力弦支穹顶结构体系优化设计理论、结构体系与构造创新、结构实时动态全寿命健康监测系统研制等方面取得多项成果，共发表学术论文40篇，获发明专利1项、实用新型专利4项，培养博士生4人，硕士生10人。验收（鉴定）专家委员会认为，该项目取得的多项研究成果在2008北京奥运会羽毛球馆建设工程中得到成功应用，建成世界上第一个大跨度弦支穹顶，取得显著的经济效益和社会效益，是一项非常成功的结构体系创新，成果总体上达到国际领先水平。

（朱静）

【北工院爆破技术成就摩崖石刻中国印】　7月13日，北京工业职业技术学院爆破技术成就摩崖石刻中国印。该校与北京铁锋爆破工程公司共同承担密云县云蒙山云龙涧风景区大型山体摩崖石刻“中国印”工程。工程需要采用特殊爆破技术将自然表面凹凸不平的山体削平后再进行刻绘作业。该校参与爆破工程，采用综合应用预裂爆破技术、光面爆破技术和雕刻爆破技术，97天共爆破平整山体6000平方米，岩石2600立方米，爆破开辟道路500米，优质高效地完成任务。“中国印”高96米、宽76米，彰显出中国人浓浓的奥运情结。该工程是经中国奥委会授权，北京奥组委批准兴建的，是展现中华文化和北京奥运精神的一个窗口。

（谢光辉　刘建新）

【北林大教授设计颁奖花束亮相】 7月25日，北京林业大学林学院教授主持设计的花束“红红火火”被确定为北京奥运会和残奥会的颁奖花束。该花束在北京奥运花卉配送中心首次向中外媒体亮相。颁奖花束主花为9支杯型“中国红”月季，象征着热情奔放，并有生生不息与长长久久的寓意；配花配草为火龙珠、假龙头、书带草、玉簪叶以及芒叶，分别使用6支（片），取一帆风顺之意。整体造型美观优雅，具有中国特色。

（刘继刚）

【北林大学生完成顺义水上公园场馆景观设计】 7月，北京林业大学园林学院博士生完成顺义奥林匹克水上公园场馆形象景观布置。设计完成后，经过7天昼夜施工，完成奥运会竞赛场馆的形象景观安装布置。奥运会后，用5天时间，完成奥运会形象景观向残奥会形象景观的转换工作。

（刘继刚）

【北理工向奥组委交付纯电动公交车】

7月，北京理工大学向北京奥组委交付50辆纯电动公交车。该批公交车承担奥运会期间奥运中心区多项运输任务。该校研制的纯电动车辆项目中，研发的两种纯电动准低地板公交车作为国内首批获得国家发改委公告的产品，在北京公交121路示范线和密云县示范区上路运营，累计运行30万公里。

（高博）

【北服设计完成奥运会残奥会系列制服】 7月，北京服装学院设计完成

奥运会、残奥会系列制服。该校发挥“艺工融合”的办学特色和优势，组成多个跨学科的设计研发团队，成功完成奥运会、残奥会系列制服的设计，包括志愿者服装、技术官员服装、工作人员服装三类；奥运会火炬接力系列服装的设计，包括火炬接力手服装、护跑手服装两类；中国运动员领奖服装和教练服装的设计；奥运会残奥会颁奖礼仪服装（青花瓷系列）的设计。该校主持设计制作的北京奥运会服装，充分显示中华民族服饰文化与奥运文化融合。

（付佳）

【北大磷酸铁锂动力电池组投入使用】 7月，北京大学化学与分子工程学院与北大先行科技产业有限公司合作研发的400V/360Ah磷酸铁锂动力电池组应用于奥运会纯电动大客车。该电池组每次充电可运行150公里，首部使用该电池组汽车运行1万公里后，顺利通过汽车产品主管部门测试。这是采用磷酸铁锂正极材料的动力电池在全球首次用于纯电动大客车。

（张兴明）

【北大完成奥运沙滩排球场周边景观设计项目】 7月，北京大学完成奥运沙滩排球场周边景观设计项目。在设计中，该校景观设计学研究院设计师既考虑如何满足奥运赛事需要，又体现出生态与人文精神的合一，得到奥组委有关方面的高度评价。

（张兴明）

【园林学校师生参加奥运场馆周边植保检测工作】 7至9月，北京市园林学校参加奥运场馆周边植保检测工作。该校选拔16名师生负责国家体育馆、“水立方”、奥体中心、工人体育馆等12个奥运比赛场馆周边的绿地植保监测，对植物生长、病虫害等情况进行严格监控、观测、记录，及时提供第一手观测数据。

（苏革）

【北工大开发奥运交通仿真系统】 7至9月，北京工业大学开发的奥运交通仿真系统应用于奥运会和残奥会。该系统包括北京市路网仿真、专用车道仿真、奥运场馆周边交通环境仿真和行人测试4个层面，涵盖北京城市整个路网，包括奥林匹克专用道、奥运公园周边路网、地铁车站、奥运场馆等，通过具象的仿真手段，可完成对关键交通节点的人群疏散的仿真方案，以满足赛时特殊要求。

（张英）

【北航移动式车底检查系统投入使用】 8月1至23日，北京航空航天大学移动式车底检查系统奥运期间投入使用。三套“709”项目移动式车底检查系统每天早上6点前到达天安门广场开展安检工作，每天检查大型客车30至40辆，小轿车20至30辆。该系统由北航机械学院机器人所课题组研制，采用先进的扫描成像技术和图像数据处理技术，机器人一次移动穿过车底，即可形成整个车底完整图片，便于浏览检查车底异物，显著提高车底检查的效率和检查覆盖范围。整套系统由移动作业手推车、机器人本体、图像接收和检查计算机等部分组成，整套系统可装入移动作业手推车，便于转场和开展移动作业。作业过程全部通过无线摇杆完成，实现单人操作。移动式车底检查系统具有机动性强、成像效果好的优点，适合在重大活动周边及重要临时停车场开展安检工作。

（陈颖）

【美院设计奥运会奖牌】 8月8至24

日，北京奥运会使用由中央美术学院设计的奖牌。该奖牌名为“金镶玉”，突破奥运奖牌史上单一金属材质设计，加入具有中国文化特色的玉，形成“金镶玉”的整体风格。奖牌直径为7厘米，大于历届奥运奖牌，厚0.6厘米。奖牌正面为国际奥委会统一规定的图案，即插上翅膀站立的希腊胜利女神和希腊潘纳辛纳科竞技场，奖牌背面镶嵌着取自中国古代龙纹玉璧造型的玉璧，背面正中的金属图形上镌刻着北京奥运会会徽。奖牌挂钩由中国传统玉双龙蒲纹璜演变而成。2006年1月11日，北京奥组委面向世界公开征集北京奥运会奖牌设计方案；2007年1月11日，北京奥组委执委会审议通过北京奥运会奖牌设计方案，美院设计的“金镶玉”奖牌中标；2007年2月8日，国际奥委会执委会批准该奖牌设计方案。

（计华）

【北理工为奥运会开闭幕式研制全景式智能仿真编排系统】 8月，北京理工大学为奥运会开闭幕式提供全景式智能仿真编排系统。该校将2006年起开发的大型广场文艺表演计算机三维智能仿真编排系统进一步完善，为开闭幕式排练提供全景三维虚拟演示，为文艺表演的训练排演实施工作提供综合的信息化管理，包括演出流程管理、演出人员管理、服装道具管理、实施进度管理、参演团队集结调度等。该系统能够完成大型广场文艺表演中参演人员表演方案的智能编排，通过该系统可辅助导演进行创作、修改和调整，同时使参演个体或群体清晰地了解导演编排意图，并为其提供队形、运行路线、个体和团体之间的点位变化等信息，帮助导演随时调整预案及全景展示三维、动态的表演方案，并为领导预审和电视导播等其他部门提供参考依据。

（高博）

【北理工承担奥运会开闭幕式烟火研究】 8月，北京理工大学作为主要研究者研制的奥运会开闭幕式动态烟火燃放成功。奥运期间燃放的焰火，具备无残渣、无烟或少烟、环保无公害的要求，相关技术均达到世界领先水平，而动态焰火的研发在全球更是首次。该项目受奥运会烟火运营中心委托研究，依托该校在火药技术领域的传统优势和技术创新，参与“奥运会开闭幕式焰火关键技术研究”课题研究。

（高博）

【北方工大完成国家体育场主火炬照明系统】 8月，北方工业大学完成奥运会主火炬照明系统的设计和调试工作。国家体育场主火炬照明系统由20盏1.2千瓦的金属卤化物气体放电灯、镇流器和控制柜三部分组成。该校绿色电源实验室完成国家体育场主火炬照明系统用镇流器和控制柜的设计及现场调试任务。绿色电源实验室自1994年起从事影视照明系统的研究工作，承担国家自然科学基金资助课题3项、国家发改委项目2项，在理论研究和工程应用方面取得一系列有影响的研究成果。

（陈卫　贯樱英）

【北交大利用学科优势服务奥运】 8至9月，北京交通大学利用自身学科优势服务奥运。该校参与研发的奥运会开幕式观众疏散电子信息调动系统和北京公交集团运营组织与调度系统，应用于奥运会和残奥会。

（高杰）

【北理工噪音警示系统用于残奥会比赛】 9月，北京理工大学学生科技创新项目“噪音警示系统”成功应用于残奥会盲人门球比赛。该项目可以检测赛场噪声，警示观众保持赛场安静，以保障运动员正常比赛，同时又节能环保，体现绿色奥运理念。该项目设计开发智能处理系统，基本能够滤除哨声、球击声等比赛声音，最大限度地减少周围环境的噪音。

（桑砌飞）

【北科大教师获得科技奥运总结会表彰】 11月10日，在科技奥运总结会上，北京科技大学获得表彰。冶金工程研究院获得科技奥运先进集体称号，两名教师获得“科技奥运先进个人”称号。该校冶金工程研究院与舞阳钢铁公司联合开发的“常化控制冷却技术”，成功应用于国家体育馆建造所需的新型建筑结构用钢板的生产，技术要求达到低合金高强度钢之最，突破国家标准厚度规格范围，在产品规格、力学性能、焊接性能上超越国外著名中厚板生产企业的同类产品。该校获奖的生物系教师在奥运会兴奋剂检测方面做出重要贡献。

（赵萌）

【北大承担奥运北京城市规划项目】 至年底，北京大学承担“2008年奥运会的城市增长效应与控制：一个集合性时空动态建模方法”科研项目的研究工作。该项目核心任务是科学评价2008年奥运会的空间影响，分析不同的奥运规划预景下北京城市空间格局的演变与可能的控制策略，通过预演北京城市的发展，直观分析奥运会对古都北京发展的影响，并提供良好的导向。

（张兴明）

绿　色　奥　运

【北师大二附中举办绿色生活行动促进周活动】 3月3至7日，北京师范大学第二附属中学举办“绿色生活行动促进周”活动。该校举办升旗主题演讲、绿色行动倡议、资源再利用回收、旧书交流等多种形式的活动，并要求各班制作“绿色生活、健康你我”墙报。学校鼓励各班级以主题班会、建立回收箱等形式，在日常生活中渗透环保意识，养成良好的环境保护习惯。

（李姝）

【大兴四小开展还北京洁净蓝天主题队会】 3月5日，大兴区第四小学少先队大队委员会召开“减少白色污染还北京洁净蓝天”主题大队会。会议宣读少先队大队委倡议书，队员上交回收的废旧物品，其中，回收旧报纸500公斤、旧光盘3500张、磁带657盒。该校开学初发出“减少白色污染还北京洁净蓝天”活动倡议。

（杨淑敏）

【中山街小学开展做绿色使者活动】 3月6日，通州区中山街小学少先队大队举行“创绿色奥运、做绿色使者”主题活动启动仪式。学校领导向全体队员宣讲创绿色奥运的意义，号召全体队员行动起来，为北京奥运会做贡献。仪式上，少先队大队发出“从我做起、从身边做起、从保护校园环境做起，争做绿色小使者”倡议。学校通过节水手抄报、节水小窍门征集、绿色奥运绘画比赛等活动，宣传绿色奥运理念，深化教育成果。

（李朝玲）

【后南仓小学开展绿色奥运教育活动】 3月12日，通州区后南仓小学开展“绿色奥运我出力”主题教育活动。该校向全校师生发出“从小事做起、善待资源、节约资源，向周围的人宣传绿化首都、美化家园重要性”倡议，要求每名少先队员在校园里、街道上、家庭中认养或看护一片绿地或一棵小树，号召拒用一次性木筷、自带餐具在外就餐、使用再生纸等，争做绿色奥运小天使，为北京绿色奥运做贡献。

（吴春华）

【中青院举办绿色奥运校园行动活动】 3月14日，中国青年政治学院举办的“绿色奥运，校园行动”活动启动。该活动由“节能环保进社区，由我开讲”、“城市乐水行，出发”、“废纸回收，省下森林”、“衣物回收，爱心捐赠”四个部分组成，活动与紫竹院街道办、绿家园环保组织、北京金色啄木鸟节能环保中心、中国国际慈善基金会合作举办。

（韩永涛）

【昌平职校校园绿丝带活动启动】 3月17日，昌平职业学校举办“手拉手、心连心、共同迎奥运——绿丝带为春天增添一份绿意，为校园增添一抹靓丽风景”活动。活动分为自身实践、宣传引领、全面铺开三个阶段。学校为活动制作“绿丝带”，寓意师生手拉手，心连心，共同迎奥运。

（尚国荣）

【房山区开展节约用水宣传教育活动】 3月22日，房山区教委、水务局在北潞园社区广场举行节约用水宣传教育活动。参加会议的领导和学生代表向社区居民分发倡议书、赠送节水宣传手册和奥运知识手册，征集节约用水留言，开展节水咨询。启动仪式结束后，北潞园学校组织节水调查小分队分组走进居民家庭、物业公司、污水处理中心开展节水调查。区教委、水务局领导、北潞园学校学生代表200人参加启动仪式。

（李振中）

【舞院举办绿色奥运京郊行活动】 3月29日，北京舞蹈学院举办“绿色奥运京郊行”植树体验活动。该植树活动响应“绿色奥运”号召，通过亲自动手参与植树劳动增强环境保护的意识，用实际行动为北京奥运奉献自己的一份力量。该校学生处、团委教师和团委、学生会干部共计47人参加活动。

（刘菲）

【顺义启动扮绿我家园活动】 4月3

日，顺义区教委举办的“小手拉大手，扮绿我家园”启动仪式在顺义区第八中学举行。少先队辅导员代表宣读《小手拉大手扮绿我家园》活动方案，明确活动意义和要求。奥林匹克教育示范校顺义八中、东风小学共青团员、少先队员及家长代表分别围绕“鲜花校园微笑迎宾”、“绿色奥运从扮靓阳台开始”和“小手拉大手，我为奥运添光彩”等主题作典型发言。会议向全区中小学生发出倡议：号召大家小手拉大手，从身边做起，从小事做起，将绿色带回家，用实际行动践行绿色奥运，用绿色环保创造和谐顺义。区政府、区教委领导，全区中小学生代表、团队干部、家长代表共计500人参加活动。

（鲍文）

【左家庄二小承办“留住一桶水”活动启动仪式】 4月7日，朝阳区左家

庄第二小学承办2008年度“留住一桶水”全国绿色奥运行动启动仪式。启动仪式上，1名学生入选绿色奥运火炬手。220名学生组成“水滴浇灌花朵”的美丽图画，表达该校师生保护水资源，植树绿化，用实际行动美化北京，共迎绿色奥运的美好心愿。北京奥组委工程和环境部负责人、可口可乐（中国）饮料有限公司环境项目总监，区委教育工委、区教委领导和40家媒体参加启动仪式。

（陈莉）

【潞河中学开展爱鸟周宣传活动】 4月9日，通州区潞河中学举办“鸟鸣绿色潞河，我盼绿色奥运”爱鸟周宣传活动。该活动普及识鸟、护鸟知识，增强爱鸟意识，展出“爱鸟周的由来”、“潞园的鸟”和“世界各国国鸟”主题展板，师生在爱鸟横幅上签名。生物学社的学生向全校师生发出“热爱鸟类、保护环境、支持奥运”的倡议。

（刘晓蕾）

【回民小学开展“我为奥运添绿色”活动】 4月18日，东城区回民小学少先队员在东四奥林匹克社区公园与社区居民共同开展“我为奥运添绿色”环保宣传活动。该校学生向社区居民展示用废旧物品设计制成的“社区绿地图”，地图上标注社区的自然景观、基础建设、文化景观、生态资源、环境资讯、交通步道甚至污染情况等信息。

（谢丽娟）

【北小营中学倡导戒烟】 5月1日，顺义区北小营中学开展倡导戒烟运动。学校向吸烟教职工印发戒烟通知，并签订《我的戒烟承诺》。所有吸烟人员名单及所签订的承诺书均张贴在学校楼前橱窗内，接受全校师生

监督。同时，学校张贴《北京市公共场所禁止吸烟范围若干规定》和《拒绝香烟，健康成长》宣传画。在图书馆等重点防火部位和区域张贴“禁止吸烟”标志。

（范文忠）

【丰师附小开展共建绿色奥运活动】 5月5日，丰台区师范学校附属小学在升旗仪式上，四年级（3）班少先队员向全区所有快乐中队队员发出“共建绿色奥运、吹响禁用塑料袋的‘集结号’”倡议。队员代表还展示自己亲手制作的环保购物袋。该中队2007年被评为丰台区奥运快乐中队，在“五一”期间，全体队员率先行动起来，自己动手制作环保购物袋，作为母亲节礼物。

（朱庆婕　薛燕）

【南法信中小回收牛奶饮料纸包装】 5月6日，顺义区南法信中心小学开展“绿色生活，从我做起”牛奶饮料纸包装回收活动。该校利用劳技课介绍回收牛奶饮料纸包装技巧：喝空，掀角，压扁，回收。学生在轻松气氛中熟练掌握环保回收基础知识，并表示即日起把喝空后的每一个纸包装收集起来回收再利用，为北京创办绿色奥运贡献自己的力量。

（赵立红）

【通州三中进行节水教育】 5月11日至17日，在“全国城市节约用水宣传周”活动中，通州区第三中学通过设立展板、悬挂节水教育横幅和警示语、板报展览、演讲等形式，宣传“加大节水减排力度、迎接绿色奥运”主题，用实际行动为“绿色奥运”做出贡献。节水周教育活动旨在普及节水知识，使全校师生掌握节水小窍门、提高节水意识。

（刘伟）

【百善学校开展绿色奥运科普教育活动】 5月20日，昌平区百善学校开展“迎接绿色奥运”科普教育活动。中国科学院植物研究所研究员以《保护生物多样性和建设生态文明、迎接绿色奥运》为主题做讲座，并与学生进行互动交流。300名师生参加学习。

（卢俊芳）

【举办节能宣传周活动】 5月22日至6月1日，首都高校“绿色奥运，节约校园”节能宣传周举办。该活动由北京邮电大学倡议，联合北京师范大学、北京航空航天大学、北京理工大学、北京科技大学、北京交通大学、中国节能协会共同举办。6所高校通过网络、广播、海报等方式发布创建节约型校园建设倡议书；举办“一滴水、一盏灯、一颗心”签名活动；节能公益口号创作征集大赛；发放节约减排宣传册、环保袋，张贴节能减排宣传画等。

（李萍）

【北京幼师重现废旧物品的价值】 5

月，北京市幼儿师范学校开展“绿色奥运”废旧物品利用活动。该校组织学生利用废旧物品制作玩教具，自制、自绘图册，学生共动手制作60件精致的幼儿玩教具作品。

（于静）

【东城举办绿色奥运环保袋创意设计赛】 5月，东城区少工委、东城区

少年宫、部分中小学校美术组开展环保袋创意设计活动。28所中小学3200名学生参加活动。经学校初评，上报区教委800多件环保袋创意设计作品。经评选，10人获得最佳创意设计奖，158人获得优秀创意设计奖，11所学校获得优秀组织奖。5月31日，120名获奖代表参加红领巾迎“绿色奥运”环保袋创意设计大赛颁奖和展示活动。

（潘涤）

【怀柔区第三小学开展环境教育】 6月4日，怀柔区第三小学少先队以“保护环境从我做起”为主题开展环境教育活动。少先大队利用红领巾广播时间，向学生宣传废旧电视的危害，向全校队员提出倡议：要求队员从我做起保护环境，提倡绿色生产和绿色消费，善待生态环境，不乱扔垃圾，对垃圾进行分类投放和收集，自觉参与环境保护，建设绿色奥运与环境友好型社会。活动还结合争戴绿色微笑圈活动，在队员中开展争当环保小卫士活动。在升旗仪式上，演出校园剧“绿色奥运环保假日小队”，表彰环保小楷模，并颁发绿色微笑圈，进行“环保宣誓”。

（邢小丽）

【密云四小举办拒绝白色污染活动】 6月5日，密云县第四小学师生、宾阳里社区居民联合举办“拒绝白色污染，倡导绿色生活”世界环境日小手拉大手共建活动。学生面向社区居民表演环保童谣、赠送环保绘画和手抄报以及用碎旧布料和回收的塑料绳自制的购物袋50个，发放“拒绝白色污染倡导绿色生活”倡议书80份，为社区更换板报9块，清洁两栋住宅楼的楼道卫生。

（张春英）

【延庆二小开展绿色奥运理念教育】 6月5日，延庆县第二小学开展“喜迎奥运，绿色出行，节能减排，从我做起”生态文明教育和绿色奥运实践活动。学校举行“回收废旧电池，保护家园环境”教育活动，各班级建立分类垃圾箱，回收废旧电池50公斤。

（李军）

【东城职教中心举行绿色奥运教育活动】 6月5日，东城区职业中心学校举行绿色奥运主题教育活动。该活动听取清华大学教授做环境日主题讲座，介绍北京环境的变化和绿色奥运理念，并结合四川汶川大地震阐述自然灾害对环境的影响以及人与自然的关系。财经学校的学生代表宣读倡议书，号召全体师生从自身做起，为北京的绿色奥运贡献自己的力量。全体师生在“绿色奥运、环保先行、抗震救灾、众志成城”条幅上签字，表达师生为奥运贡献力量的决心和祝福奥运的美好心愿。来自6所职业学校，200名师生参加活动。

（赵以文）

奥运赛事场馆

北京大学体育馆

【概　况】 2008年，北京大学体育馆为新建馆，位于校园东南区，占地面积1.71万平方米，总建筑面积2.69万平方米，地上4层、地下2层。总座位数8000个，其中，固定座位6000个、临时座位2000个。承担奥运会和残奥会乒乓球比赛任务。奥运会后，可举办乒乓球、手球、篮球、羽毛球、排球等比赛，也可供专业运动员训练及大学生上体育课，同时还可以作为举办大型学生集会和文化表演的场地。体育馆于2005年9月17日开工建设，2007年12月8日落成并投入使用。

（张兴明）

【举办奥运誓师动员大会】 7月26日，北大体育馆场馆团队举行奥运誓师动员大会。会议要求增强做好奥运筹办工作的责任感和使命感，统筹兼顾、突出重点，高标准、高质量、高水平地做好冲刺阶段的工作，争创五好团队；要发挥北大的优良人文传统，与奥林匹克精神相结合，以高水平、高素质办好人文奥运，向世界展示新北京的风貌；要牢记使命、把握机遇、狠抓细节、争创一流，克服一切困难，细之又细、尽善尽美地办好一届“有特色、高水平”的奥运会和残奥会。北大体育馆场馆团队工作人员、安保人员、合同商人员、外围保障人员以及志愿者共1500人参加誓师动员会。

（张兴明）

【完成奥运志愿者培训考核】 7月26至27日，北大完成北大体育馆奥运志愿者培训和考核工作。培训由相关业务负责人通过系统讲授、现场互动和模拟演练的方式，向志愿者全面介绍场馆运行情况、竞赛组织安排和接受媒体采访注意事项等知识，并特别对“志愿者”、“志愿服务”的概念进行深入剖析，对志愿者上岗纪律、组织管理、医疗保险、后勤保障进行详细说明。培训会后，举行志愿者上岗培训考试。负责北大体育馆的奥运志愿者由北大、公安大学、北体大、首体院等高校和医疗、体育、卫生以及部队、公安系统的1158人组成，全部参加培训并全员通过考核。

（张兴明）

【完成奥运会、残奥会乒乓球赛场任务】 8月13至23日、9月7至16日，北大体育馆分别完成奥运会和残奥会乒乓球比赛场馆服务与保障工作。该场馆共组织47个单元、711场比赛；接待运动员436人，接待媒体4400人次；共有16.6万人次观众到场观赛。胡锦涛、贾庆林、李长春、李克强、贺国强、周永康等党和国家领导人以及国际奥委会主席罗格、国际残奥委会主席克雷文，亲临体育馆观看比赛并检查指导工作，部分国家元首、政府首脑到场观赛，共接待贵宾3400人次。

（张兴明）

北京工业大学体育馆

【概　况】 2008年，北京工业大学

体育馆为新建馆，位于学校东南区，规划用地面积6.61万平方米，建筑面积2.44万平方米。建筑为地上4层、局部地下1层。赛时总座位7508个，其中，固定坐席5767个、临时坐席1741个。体育馆承担奥运会羽毛球和艺术体操比赛任务。奥运会后，体育馆成为北工大的文体活动中心、周边社区健身中心和国家羽毛球队的训练基地。体育馆于2005年6月30日建设开工，2007年9月30日落成并投入使用。

（朱静）

【市领导调研体育馆建设】 6月11日，刘淇、郭金龙等市领导调研北工大体育馆建设。领导一行查看场馆建设、听取奥运筹办工作汇报，询问学校在奥运筹办工作中存在的问题及体育馆场馆团队融合运行情况，并观看文明拉拉队表演。

（朱静）

【接待国家领导人】 8月8至24日，北工大体育馆接待党和国家领导人观看比赛。14日，刘淇视察北工大体育馆，强调要努力营造热烈、喜庆的赛场气氛，形成浓厚的奥运氛围，使各国运动员共享奥运带来的欢乐。刘淇向国际羽联主席姜荣中介绍北工大体育馆的屋盖钢结构、馆内通风空调系统的特点和作为学校师生、社区市民文体活动中心的赛后利用计划，以及奥运会开幕式中国画轴等场景的技术特点。姜荣中对北京奥运会羽毛球赛事的组织工作非常满意，表示第29届奥运会必将给北京留下丰富的遗产。16日，王岐山到北工大体育馆观看羽毛球比赛，学校汇报体育馆和羽毛球赛事组织情况和学校发展情况。23日，刘延东到体育馆视察，并观看艺术体操比赛，听取学校关于场馆的基本情况、赛后利用以及学校近年来发展情况介绍。

（朱静）

【接待国外观赛嘉宾2000人次】 8

月8至24日，北工大体育馆接待国外观赛嘉宾2000人次。来宾包括芬

兰总统和总理、新加坡总统、英国安妮公主夫妇、丹麦王储夫妇、西班牙公主、摩纳哥亲王、俄罗斯副总理谢尔盖和伊万科夫、国际奥委会主席罗格，以及国际奥委会委员 80 人，各国体育部长、代表团团长、奥委会主席 100 人。

（朱静）

北京航空航天大学体育馆

【概　况】 2008年，北京航空航天

大学体育馆为改建场馆，占地面积 2.14 万平方米、建筑面积 2.1 万平方米，其中，热身区 1392 平方米。场馆外型呈飞碟型，外表是以银灰色为主色调的铝幕外墙，架空平台环馆一周。场馆所用原材料、设备均通过环保、节能部门的检测和认证。场馆作为奥运会和残奥会举重比赛场馆，设有 6000 个座位，可售票 2800 张。体育馆于 2007 年 1 月启动改扩建，2007 年 11 月底竣工。

（陈颖）

【举办“好运北京”2008 国际举重邀请赛】 1 月 22 至 23 日，“好运北京”2008 国际举重邀请赛在北航体育馆举行。该比赛是北京奥运会的积分赛之一，共设 4 个级别，14 个国家和地区的 40 多名运动员参赛。中国队包揽 2 枚女子级别的金牌。

（陈颖）

【举重场馆团队全员持证上岗】 6 月 23 日，北航奥运举重场馆团队内部工作人员全部通过培训考核持证上岗。该团队自 5 月 8 日参加奥组委通用培训、选拔上岗以来，共组织岗位专业培训 50 场次，涉及竞赛、安保、媒体、设施、观众服务、礼宾等场馆 28 个业务口，内容包括本业务口的具体工作、协调配合、应急预案等，并开展奥运知识通用培训、奥运场馆场景培训、场馆团队岗位专业知识培训等各种形式的业务培训。北航体育馆共有工作人员 131 人，其中，34 人来自北航。

（陈颖）

【完成场馆赛前系列演练工作】 6 月 30 日至 7 月 25 日，北航奥运举重场馆团队对设施保障工作进行多次测试演练。演练包括工程保障实战演练 2 次，电力演练 7 次，电梯、防汛、升旗装置演练 1 次，燃气热力演练 1 次，临时设施演练 1 次，无障碍设施演练 2 次，外部救援应急演练 1 次。在实战演练中，为测试应急反应机制，设置临时看台倾斜倒塌、BOB 区化粪池污水外溢、体育馆北侧燃气外泄等场景。8 月 6 日，该体育馆完成赛前最后一次带妆彩排，涉及转播商在内的 31 个业务部门，完全按照奥运会举重比赛首日的流程进行演练。

（陈颖）

【国家领导到场观赛】 8 月 11 至 13 日，国家领导贺国强、刘延东分别到北航体育馆观看奥运举重比赛。两人分别见证中国举重运动员在北航体育馆获得的第五枚和第三枚金牌。贺国强赞扬中国举重运动员的拼搏精神，对开赛以来中国举重运动员取得的优异成绩表示祝贺，同时，对北航为举办奥运举重比赛所作的准备工作给予肯定。刘延东慰问北航大学生志愿者，并与学生志愿者合影。6 月 20 日，贾庆林视察北航体育馆。

（陈颖）

【国际奥委会主席罗格亲临北航观赛】 8 月 13 日，国际奥委会主席罗格亲临北航体育馆观看奥运举重女子 69 公斤级决赛。中国举重运动员刘春红以总成绩 286 公斤卫冕成功，同时打破该项目抓举、挺举和总成绩三项世界纪录。这是中国举重队在本届奥运会获得的第六枚金牌，同时也是中国代表团在北京奥运会的第 17 块金牌。

（陈颖）

【体育馆改建完成】 至8月，北航体育馆改建完成。该体育馆改造项目签订合同总额 4500 万元，除奥组委投入专项经费 3000 万元外，学校投入 1500 万元。其中解决历史遗留问题，

完成煤厂搬迁，在奥组委和市区政府支持下，学校投资 3900 万元购买并收回原煤厂用地后，投入 150 万元，建成奥运会新闻用车停车场；校园内住宅平改坡，除国管局出资改造 18 栋外，学校又投入 200 万元改造 4 栋；对场馆周边主干道路重铺沥青投入 350 万元；场馆周边及校园绿化投入 500 万元；投入 100 万元加强奥运安保工作；投入 100 万元奥运工作专项经费；投入 60 万元奥运志愿者工作专项经费。该校于 2006 年被确定为奥运会举重场馆。

（陈颖）

北京理工大学体育馆

【概　况】 2008 年，北京理工大学体育馆为改扩建场馆，总建筑面积 2.26 万平方米，设有固定座位 5000 个。热身馆为新建场馆，建筑面积 750 平方米。场馆主要举办奥运会排球预赛及残奥会盲人门球比赛。场馆设有 7 个无障碍厕所，运动员活动区设有盲道，两片残疾人观众席区，容纳 20 个残疾人座位，残疾人电梯能够提供语音服务，场馆内设有轮椅坡道，90 度墙角处全部软包处理以及在任何坡道和台阶一侧均设置残疾人扶手或栏杆。场馆通过双曲金属屋面设计，其保温效果比国家规定的标准高出一倍。在雨噪声的处理方面，场馆的屋面系统通过创新的三道保温层的屋面构造层次，实现对屋面暴雨撞击声的有效消减，确保场馆对音响环境的使用需求。比赛大厅侧面设有外窗，屋顶结合拱形桁架也开设天窗。在学生文化活动中心和主馆之间设置下沉式采光庭院及室内中庭空间，将自然光线引入地下室，实现地下室的

自然采光和通风。

（高博）

【举行奥运体育展示与颁奖仪式最后彩排】 7月20日，北京奥运会、残奥会体育展示与颁奖仪式工作汇报暨誓师动员大会在北理工体育馆召开。会议展示竞技型拉拉操表演、民族民间舞蹈表演、中国功夫表演；赛会颁奖仪式服装展示及颁奖仪式标准流程等环节，全面预演奥运期间所有的场馆体育展示项目。这是奥运会开幕前最后一次公开带妆彩排。来自全国的赛事志愿者代表参加会议。

（高博）

【场馆进入赛时状态】 8月9至18

日，奥运会男女排球比赛部分小组赛项目在北理工体育馆举办。该体育馆共举办20场比赛，接待7名国家元首级贵宾、30人次国家体育部长、70人次国际奥委会官员、150人次国际单项体育组织贵宾、200人次国内贵客；接待世界各国教练员、运动员410人；组织观赛观众2万人次；接待境内外媒体记者800人次，举行新闻发布会20场。体育馆还承担残奥会盲人门球比赛任务。场馆为运动员、教练员和官员以及媒体记者和国内外贵宾发放北理工的明信片2万张、纪念品上千份。

（高博 桑硼飞）

【获北京奥运会残奥会表彰】 9月29日，北理工体育馆团队在北京奥运会、残奥会总结表彰大会上获得“北京奥运会、残奥会先进集体”称号。该校奥运电动大客车项目团队成员获得“北京奥运会残奥会先进个人”称号。该奖项由中共中央和国务院联合颁发。

（高博）

北京科技大学体育馆

【概　况】 北京科技大学体育馆为新建场馆，整个建筑由主体育馆和一个长50米、宽25米的标准游泳池构成，总建筑面积2.47万平方米。体育馆设60米×40米的比赛区，设观众坐席8012个，观众固定坐席4080个，租用3932席临时看台，满足奥运会柔道、跆拳道比赛及残奥会轮椅橄榄球、轮椅篮球比赛的要求。该馆承担奥运会柔道、跆拳道比赛，残奥会轮椅篮球、轮椅橄榄球比赛任务。奥运会后，体育馆临时看台被拆除，恢复为5050个标准席，可承担国内和国际重大比赛，举办学校室内体育比赛、大型会议及文艺演出，成为校内游泳教学、训练中心及水上运动、娱乐活动的场所。

（赵萌）

【举办“好运北京”跆拳道国际邀请赛】 2月26至29日，“好运北京”2008年跆拳道国际邀请赛在北科大体育馆举办。中国队共收获2金4银10铜，位居奖牌榜首位。该比赛是北科大体育馆竣工交付之后举办的第二次比赛。比赛测试的场地、器材得到全面运行，硬件系统运转顺畅。

（赵萌）

【举办残奥会实战演练】 5月30日，北科大体育馆组织残奥会实战演练。15名国家轮椅橄榄球队运动员、教练员及领队乘车按照残奥会交通流线抵达体育馆，运动员对场馆客户群落客点、热身区、更衣室、兴奋剂检测等的赛时运行流程及无障碍设施进行测试。国家轮椅橄榄球队运动员对体育场馆的无障碍设施及各类客户群赛时运行流程给予肯定，同时也对运动员的更衣室和无障碍卫生间等无障碍设施提出意见。

（赵萌）

【国家领导人视察奥运场馆】 6月20日和8月19日，贾庆林和刘延东分别到北科大体育馆视察。贾庆林对学校及北科大场馆运行团队在奥运筹备工作中的努力表示肯定和感谢，同时指出，承办奥运赛事是对北科大组织能力的一次全面考验，一定要认

真、细致地对待，处理好每一个细节问题。他希望北科大能够再接再厉，举全校之力，确保奥运赛事成功举办，向祖国人民交出一份满意的答卷。刘延东考察学校奥运服务保障工作，看望和慰问场馆运行团队工作人员，对学校场馆建设、赛事组织、志愿服务和运行保障等工作表示肯定和感谢，并为体育馆题字，内容为“祝贺成功，向同志致谢”。

（赵萌）

【场馆进入赛时状态】 8月9日至9月16日，北科大体育馆进入赛时状态。举办奥运会柔道、跆拳道以及残奥会轮椅篮球、轮椅橄榄球四项赛事，共举办552场比赛，准时开赛率100%；23次颁奖仪式，成功率100%；赛时运行计划和三个转换期执行率100%。该场馆是各场馆中运行时间最长，任务最重，转换期最多，压力最大的场馆之一。

（赵萌）

中国农业大学体育馆

【概　况】 2008年，中国农业大学

体育馆为新建场馆，位于东校区，占地面积1.39万平方米，总建筑面积2.40万平方米，地下1层、地上3层。设计坐席8200个，其中，拥有固定坐席6000个。场馆在采用“门

式钢架”结构，造型雄奇，利用屋面顶层，形成效果极佳的自然采光和自然通风效果。体育馆平面是一个约82.4米×96米的矩形，屋顶则是反对称的折面，由12榀钢架组成，跨度82.4米，中心距8米。按照采光原理，安装400个高低错落分层排列的玻璃窗，使自然光可以通过层次分明的顶部充分进入场馆内，具有绿色环保和节约能源的特点。场馆主要举办奥运会摔跤比赛和残奥会坐式排球比赛。

（钟占蓉）

【举办奥运会摔跤比赛】 8月12至21日，在农大体育馆举行2008年奥运会摔跤比赛。比赛分男子古典式摔跤、女子摔跤和男子自由式摔跤3个跤种，共18个重量级别，决出金牌18枚、银牌18枚、铜牌36枚，奖牌数量在本届奥运会所有场馆中居第三位。来自世界59个国家和地区的344名运动员、60名国际裁判、25名国内裁判、81名国际摔联官员参加比赛。接待观众59000人，其中，外国观众3万人；接待1000人次以上的注册文字记者，以及数百名摄影、广播电视记者。

（钟占蓉）

【摔跤比赛首次引入背景音乐】 8月12至21日，在农大体育馆举行的摔跤比赛中引入背景音乐。该场馆从距离比赛1.5小时开始，按入场观众的多少，分五个阶段播放不同的音乐，营造不同的气氛。比赛中，主要播放乐曲，以摇滚风格为主，将运动员的斗志和观众的情绪调动起来。音量控制以不干扰比赛为准。

（钟占蓉）

【颁奖仪式零失误】 8月12至21日和9月7至15日，农大体育馆在奥运会和残奥会比赛期间升旗和奏国歌等颁奖仪式呈现零失误。奥运会摔跤比赛举行颁奖仪式18场，颁奖场次在本届奥运会所有项目中排名第三，准备国旗118面，升降国旗72面次。残奥会坐式排球比赛举行颁奖仪式2场，发放金、银、铜牌各12枚，共计72枚；准备国旗8面，升降国旗6面次。在该场馆，国旗在前期经过升旗手、物资助理和物资主管的三次检查确认。颁奖仪式当天，物资主管参照《国旗图册》对进入下午比赛单元的国家国旗进行确认，填写《国旗确认流程记录单》。升旗手根据比赛进程逐渐缩小选择国旗的范围，采用扛旗入场方式，调整旗杆最低高度，使国旗悬挂后可以直接展开。物资主管在现场再次对国旗进行确认，颁奖经理在场地进行最后确认。所有国歌在录入系统前经过国歌管理员、音响师的前期确认后，分别由体育展示经理和颁奖仪式经理再次共同确认。每天上午单元比赛结束后，体育展示和颁奖仪式经理再次确认国歌，颁奖仪式开始前，最后一次确认国歌。奖牌存放室作为重点安保部位，规定只有一人可以进入，每次颁奖前10分钟在3名武警的保卫下取出当场颁奖仪式的奖牌，由武警护送至颁奖仪式等候区，直至颁奖仪式正式开始。为确保颁奖仪式的顺利进行，对升旗装置增加手动干预装置。

（钟占蓉）

【1153名志愿者服务农大体育馆】 8月12日至9月15日，1153名志愿者服务农大体育馆。场馆志愿者包括通用志愿者和专业志愿者两种类型，其中，通用志愿者544人，包括农大450人和来自香港、内蒙古志愿者94人，承担观众服务、技术、餐饮等各项志愿工作；专业志愿者609人，分别来自于农大、北体大、北外、美国爱荷华大学等院校和北医三院等5个单位，承担竞赛组织、语言服务、礼宾等志愿者工作。

（钟占蓉）

【举办残奥会坐式排球比赛】 9月7至15日，在农大体育馆举办残奥会坐式排球比赛。共有来自美国、俄罗斯、巴西、波黑、伊朗等14个国家的男女各8支队伍，共计256名运动员和参赛官员参加比赛。共举行40场比赛。

（钟占蓉）

（本栏责任编校　华蕾）

区县教育

东 城 区

总 类

【总结艺术和科技教育工作】 1月14至15日，2007年东城区教委召开中小学“蓝天工程，艺术、科技教育”工作总结会。会议全面总结2007年全区课外、校外教育工作。东四九条小学、六十五中分别交流两校营建文化氛围，提高金帆艺术团、金鹏科技团教育水平等方面的工作经验。会议还以学区为单位就“蓝天工程”博览课推进情况、工作建议等问题进行分组讨论。会议对实施“蓝天工程”开展艺术、科技教育工作取得的成绩给予充分肯定，要求处理好普及和提高、继承和创新、个人价值体现和学校事业发展等方面关系，促进区校外教育事业发展。

（张静）

【召开文字工作现场会】 1月21日，中国语文现代化学会与东城区语言文字工作委员会在安外三条小学召开“中华成语龙、人文奥运行、规范语言文字、弘扬中华文化”现场会。教育部语言文字信息管理司、中国语文现代化学会、部分区县代表、天津市代表和东城区部分小学师生参加活动。会议宣布启动“以中华成语为载体、以学校特色为依托、推进语言文字规范化”实践研究。该课题旨在结合教育规律及学生的兴趣爱好，采取学生喜闻乐见的形式，推进语言文字的规范化。安外三条小学以成语扑克、益智游戏、成语鱼竞赛、成语情景剧、成语接龙游戏等形式展示成语学习与课间活动成果。以成语为载体推进语言文字规范化，是东城区创新语言文字工作一次有益的尝试。

（张静）

【举办心理健康教育周】 5月12至16日，东城区教委举办“呵护心灵、快乐成长”心理健康教育研讨周。心理健康宣传周期间，各校开展心理知识讲座、团体心理辅导、学科渗透课、现场辅导等活动，就心理健康教育的方式、方法、工作思路等内容进行交流、研讨。活动中，各中小学、幼儿园、职教学校展示心理健康教育工作展板88块，分别就心理健康教育发展方向、专业食品使用、职业教育指导等问题举办4期专题讲座。研讨周期间还举办团体辅导、学科渗透课、班会等观摩课共计22节，300人参与听课、评课。并参观东直门中学、宏志中学、和平里二小及职教中心校等4所学校的心理咨询室，举办“心理咨询室的建立和发展”论坛及校长论坛。

（张静）

【召开人才建设表彰会】 5月13日，

东城区教育系统人才建设表彰大会在东城区少年宫举行。会议宣布启动东城区名师名校长工程第三期工作，提出采取五项措施加强教育人才队伍的培养。一是以双名工程为龙头，打造东城教育尖端人才。二是以骨干教师引领工程为助推器，充分发挥区域人才优势，加大干部教师的跨校交流力度，实行学校深度联盟，促进区域教育均衡发展。三是下大力气建设好集“人才高地”、“战略高地”和“创新高地”为一体的研修中心，探求教师培训的新路径。四是加大与教育先进地区的交流，选送有潜质干部、教师赴国内外高等院校进修学习，到不同层次的中小学挂职锻炼。五是积极组织赴新疆、北京近郊支教工作，将区域教育优质资源向外辐射。全区各委办局和学校代表900人参加会议。

（张静　周良）

【召开体育工作会】 5月27日，东城区教委召开2008年东城区学校体育工作大会。会议宣读关于加强学校体育工作提高中小学生体质的实施意见，对加强东城区中小学生体质工作提出具体要求。即：采取有效措施，开足开齐体育课，认真落实每天一小时体育锻炼，将加强青少年体育、增强青少年体质贯彻落实到日常工作中；重视健康教育，做好传染病的防治工作，有效地控制肥胖、近视率的增长；加大投入，积极推进学校体育办学条件达标工程。会议交流五中分校、和平里九小典型经验，分析小学、初中、高中学生体质健康标准测试结果和东城区学生体质健康状况。

（张静）

【启动新一轮骨干教师引领工程】 9月22日，东城区教委召开“621”骨干教师引领工程新一轮工作启动大会。会议总结上一轮骨干教师引领工程工作成绩。两年来，“621”骨干教师引领工程为青年教师搭建快速成长的平台，也为区级以上骨干教师充分发挥示范引领作用创造良好的内外部环境。在新的一轮“621”工程中，769名区级以上骨干教师将与1046名青年教师结成师徒。

（张静）

【举办京津沪渝四市区德育研讨会】

11月17至20日，第17届京津沪渝四市区德育研讨会在北京康铭大厦召开。会议由东城区教委承办。来自京津沪渝四市区、黑龙江省鹤岗市、安徽省安庆市的200余名代表参加会议。会议围绕“固本铸魂整体育人”主题，从“学校德育管理途径和方法的研究”、“学校心理健康教育的研究”、“学校指导家庭教育方式的研究”、“时代精神与学校德育的研究”四方面通过专家讲座、专题研讨、下校参观等形式分享各市区德育成果，探索新时期德育工作新途径。

（张静）

【推广“蓝天工程”博览课成果】 12月2日，中小学生社会大课堂暨东城区“蓝天工程”博览课成果推广会在中国邮政邮票博物馆举行。会议分若干展区展示“蓝天工程”博览课成果。丁香胡同小学和二中分校分别以《邮票与我们的生活》、《中国邮政中的历史与文化》为题，举办“蓝天工程”博览课观摩课。区教委以《深入拓展“蓝天工程”，引领学生走进社会大课堂》为题，总结“蓝天工程”博览课研究与实践成果。会议强调，东城区将继续以求真务实、开拓创新的精神，贯彻“辖区管理，资源应用，创造特色”原则，建设上与市级连接、下与学校连接的区级管理系统平台，形成“蓝天工程”课内课外双重运行体系；以中小学生社会大课堂为平台，以综合实践活动课程为依托，创造鲜活、具有区域特色的管理评价新模式。

（张静）

【承办可持续发展讲习班】 12月7至9日，东城区教委承办联合国教科文组织中国可持续发展教育项目第九次国家讲习班。该讲习班由中国联合国教科文组织全国委员会秘书处、市教委、教科院主办，东城区教委与中国可持续发展教育（ESD）全国工作委员会秘书处、北京可持续发展教育协会、教科院可持续发展教育研究中心联合承办。今年主题为“可持续发展教育十年：推广成功经验，推进创新实践”。来自全国14个省市自治区300名代表参加会议。会议听取《可持续发展教育十年回顾与前瞻》和《深入推进可持续发展教育，促进区域教育科学发展》主题报告，采取专题研讨、参观考察等形式，研讨“国家和区域推进可持续发展教育的政策与策略”、“农村中小学可持续发展教育的创新实践”、“创建节能减排与可持续发展示范学校”等专题。2008年是中国可持续发展教育（ESD）项目推进10周年，也是东城区进入项目研究10周年。

（张静）

【举办名校长名教师教育实践研讨会】

12月26日，东城区教委举办“寻教育真谛谋科学发展”名校长名教师教育实践研讨会。研讨会旨在通过总结宣传推广名校长名教师先进的教育思想、教育实践经验，探寻新时期教育发展规律，促进东城教育科学发展。会上，府学胡同小学校长王欢、东城区少年宫主任邓敏、景山学校徐伟念、二中校长钮小桦4位名校长、名教师代表分别交流办学实践经验。会议认为学校教育要将科学精神与人文精神、弘扬民族传统与彰显时代精神统一起来；要把研究学生作为提高教育质量的重要环节；要减少“空气污染”，加强主流价值观的宣传和引导。会议同时在府学胡同小学、区少年宫、景山学校、二中举办4个分会场。全区中小学教师代表400人参加活动。

（张静）

学前教育

【概　况】 2008年，东城区托幼园所35所，其中，市立园12所，街道园7所，社会办园16所，收托幼儿5915人。教职工1156人，其中，专任教师578人。全区北京市示范园5所，市级早教示范基地13个。年内，召开《培养幼儿良好交往能力的实践研究》阶段性总结大会，举办第二批区级示范园申报陈述暨名园长经验交流会、幼儿教师基本功展评活动，举办“分享经验，共同提高”幼儿园干部学习沙龙活动，承办幼儿早期阅读系列讲座。

（张静）

【总结幼儿交往能力培养研究】 1月16日，东城区教委在北京市第二幼儿园召开“培养幼儿良好交往能力的实践研究”阶段性总结大会。会议参观二幼教育环境和教师自制玩教具，查阅6所课题园的研究材料，听取课题研究实施过程和成果。会议为7所课题实验园颁发“课题组织优秀奖”或“课题组织鼓励奖”，为52名教师颁发优秀论文奖。该课题是北京市教育学会“十一五”课题，2006年3月立项，旨在以课题研究方式，培养幼儿交往能力，探索新时期幼儿德育工作的途径与方法，提高幼儿德育实效性和教师的专业化水平。

（张静）

【交流名园长经验】 7月3至4日，东城区教委召开第二批区级示范园申报陈述暨名园长经验交流会。会议旨在以创建区级示范园为契机，促进区域园所整体办园水平和干部管理能力的提升。会议听取8所幼儿园申报陈述和北京市第一幼儿园《打造优秀品质形成名园品牌》专题发言。会议要求各园所认真组织学习8所申报园的经验，找准结合点和生长点，促进园所特色发展。全区幼儿园代表30人参加会议。

（张静）

【举办幼儿教师基本功展评】 7月11日，东城区教委举办幼儿教师基本功展评。活动通过专家讲座、教育活动观摩、教师团队研讨等方式，整体提升幼儿教师专业素质。活动分为全区动员、园所推荐、集中培训、区赛、市赛5个阶段，包括笔试、口述、才艺三部分内容。活动2009年3月结束，评出区级优秀9人，推荐7人参加市级展评。

（张静）

【举办幼儿教育现场观摩研讨】 11月6日，“北京市《幼儿园教育指导纲要》走进东城现场观摩研讨活动”在北京市第一幼儿园、北京市第一幼

儿园附属实验园、分司厅幼儿园同时进行。活动通过听取园长汇报，现场观摩，总结、推广东城区实践创新研究成果。与会专家对3所幼儿园工作给予充分肯定，认为各园所抓住教育核心价值，实现多目标有机整合，通过创设良好教育环境，组织多种有效教育活动，调动幼儿的主体性，促进幼儿全面和谐发展。来自各区县代表300人参加活动。

（张静　周良）

【组织干部学习沙龙】 11月7日，东城区教委举办“分享经验共同提高”幼儿园干部学习沙龙活动。会上，东华门幼儿园、一幼附属实验园、研修中心分别作专题报告，并研讨日常保教工作、幼儿一日生活等内容。会议要求各幼儿园把握正确的办园方向，理清办园思路，逐步形成办园特色，构建园所文化，不断提高日常保教工作质量。全区园所干部40人参加会议。

（张静）

【举办幼儿早期阅读系列讲座】 12月11至12日，东城区教委举办幼儿早期阅读系列讲座。著名儿童文学作家金波、中央教科所早教研究中心白爱宝分别作儿童文学欣赏和早期阅读与儿童发展专题培训。讲座提出从内心理解、尊重儿童；要让孩子们在感受优秀儿童文学作品中健康成长。来自北京市各区县幼儿园干部教师代表400人听取讲座。

（张静）

基础教育

【概　况】 2008年，东城区小学42所，939个教学班，毕业5393人，招生5291人，在校生31531人。教职工2976人，其中，专任教师2265人。小学入学率100%，巩固率100%，毕业及格率100%。中学30所（初中3所、高中5所、完全中学21所、九年一贯制学校1所），教学班882个（初中458个、高中424个），招生10383人（初中5591人、高中4792人），在校生33075人（初中17442人、高中15633人）。初中入学率100%，巩固率100%。教职工4644人，其中，专任教师3063人。工读学校1所，在校生127人。特教学校1所，在校生154人。校外教育单位4所，教职工193人。中小学教师学历合格率99%，其中，小学教师合格率100%，初中教师合格率99%，高中教师合格率97%。中小学具有高级专业技术职务1352人，其中，小学教师123人，中学教师1202人。全年教育经费投入184809万元，其中，国家拨款151684万元，自筹经费33125万元。至年底，全区教育事业拨款128301万元，比上年增长37%。

（张静）

【举办小学教学干部大讲堂】 2月28日，东城区教委举办小学教学干部大讲堂。该活动通过主题讲座、教学干部现场互动等形式，传播教育教学理论。其中，和平里四小介绍该校在“教学质量分析”过程中与教师培训、教师发展、教学管理等方面相结合进行教育教学管理探索的策略与经验。研修中心就“如何提高教学质量分析的实效性”等问题进行讲解，强调：教学质量分析应该以“了解现状，促进反思，促进发展”为目的，努力做到定量分析与定性分析相结合，静态分析与动态分析相结合。会议要求各校在教学管理中，常规工作抓规范，特色工作抓亮点，努力做到底数清，方法明，效果实，抓重点，有规划。全区44所小学100名教学干部参加活动。

（张静）

【举办高中课程改革专项研讨】 3月12日，东城区教委在一七一中举办高中课程改革专项研讨系列活动。活动主题是“在继承中发展，稳步推进新课改，做有层次无淘汰的教育”。会

议听取一七一中《稳步推进新课程改革，做有层次无淘汰的教育》主报告，交流该校3名特级教师在实施新课改过程中的思考与实践。研讨活动分为“进班听课、论坛研讨、大会交流”3个单元，展示语文、数学、外语、物理、地理、美术、通用技术等10节研讨课，举办“模块教学研究，整体把握系统思考”、“理解新课程标准、准确把握标高”、“落实三维目标、深化学科德育”、“尊重学生选择、发展学生特长”4个专题论坛。来自山西省教育厅的10位示范高中校校长和东城区高中校代表150人参加会议。

（张静）

【启动小学课改诊断性评价】 3月31日，东城区小学课程改革专家指导组诊断性评价工作启动会在灯市口小学召开。会议旨在准确把握东城区小学1至6年级课程改革推进情况，总结经验，发现问题，强化管理，促进教学质量不断提高。会议聘请专家学者、特级教师15人组成专家指导组，负责全面评价东城区第一轮课改工作。2004年9月，东城区小学全面进入新课程，至2008年小学课程改革已经完成1至6年级一轮实验。

（张静）

【成立小学校际联合教研组】 4月18日，东城区小学校本课程校际联合教研组成立启动仪式在东交民巷小学举行。会议宣布成立东交民巷小学英语校本课程专题研究小组，成员学校由东交民巷小学、和平街九小、分司厅小学、校尉小学4所学校组成。会议介绍东城区小学校本课程联合教研组有关情况，观摩东交民巷小学一节英语大纲课程和两节校本课程，并研讨“国家英语课程与英语校本课程的关系”等问题。为进一步开展学区联合教研、拓展协作研究的平台，东城

区将校本课程教研纳入区域联合教研中，以专题推进的方式成立校本课程专题研究小组。首批以3所校本课程实验校为基地成立3个专题研究小组，即：府学胡同小学的国学文化校本课程研究组、东交民巷小学的英语校本课程与国家课程相互促进作用研究组、史家小学分校的研究性学习促进学生综合能力提高研究组，第一阶段共有22所小学参与研究。

（张静）

【总结小学校本课程建设成绩】 5月15日，东城区教委在史家胡同小学召开小学校本课程建设阶段总结会。会议总结东城区小学6年来校本课程开发与管理的历程与取得的经验，表彰12所校本课程先进校，以及优秀校本课程论文、案例、视频课例评选先进个人。会议通过展览、表演等方式，展示12所校本课程先进校校本课程开发成果，并推出12节校本课程展示课，内容涉及语言、思维训练、传统文化、科技、艺术及综合课程。会议下发《东城区小学校本课程建设实践与研究》一书，该书收集东城区校本课程优秀论文、案例、课例等，记录校本课程先进校的经验及成果。全市18个区县代表和东城区教师300人参加会议。

（张静）

【举办第五届京港网络交流】 5月24日，第五届“京港校园对话”活动在二中分校和香港华人基督教联会真道书院两地同时举行。本次活动的主题是“绿色生活，绿色奥运”。两地中学生通过网络视频听取大陆学者高登义博士和香港学者李乐诗博士关于绿色文化的讲座。讲座引用生动案例，深入浅出介绍科学家与民众一起举行清洁珠峰环境活动及环保人士关爱南极、北极气候环境变化的行动。京、港两地学生还通过网络视频与学者实时互动交流。“京港校园对话”由李嘉诚基金会赞助，长江创意产业研究中心负责具体实施。

（张静）

【举办小学班主任基本功大赛】 10月7至8日，东城区举办小学班主任基本功大赛。比赛从理论问答、情景设置、才艺展示等三个方面现场考察选手们班级管理的基本功，来自40所小学教师49人参加比赛。最终评出一等奖10人。大赛结束后，东城区教委选拔推荐优秀选手5人参加全市复赛。

（张静）

【召开中学教育工作会】 10月9至10日，东城区教委召开2008年中学教育工作会。会议总结东城区2008年德育工作及中高考情况，提出2009年中学教育质量提高的主要任务是继续发挥文科优势，实现理科全面突破，抓好两个重中之重。一是重点上线及高分段稳步提高；二是理科本科上线率突破高位平台，实现“保底、扩中、促高”总体目标。具体措施包括：不断完善教育质量管理保障体系，加大教育质量评价奖励力度；继续完善教育质量服务支撑体系；有效拓宽教育质量研究交流平台；大力营造教育教学浓厚氛围。会议通报2008年中高考具体情况及“中小衔接”课题研究推进情况。会议首次邀请全区各小学校长参加，为中小学段相互之间的了解与沟通搭建积极平台。

（张静）

【举办课改培训日】 11月12日，东城区教委举办“关注学生需求，提高课堂教学实效”第四届课改培训日活动。会议观摩和平里一小滕亚杰和史家小学万平研究课《图形变换》、《秋天》，特级教师吴正宪以《让孩子们在“好吃”中享受“有营养”的数学》为题作主题报告。会议认为，“课改培训日”已经成为东城区小学教师专业化培训的品牌活动，信息量大，针对性强，对课改有积极的引领作用。会议要求各校进一步强化课堂意识，围绕主题制定好教学目标，将学生需求与教学内容融通整合，全面提升反思意识。全区小学干部教师500人参加活动。

（张静）

【举办京沪课堂教学研讨会】 12月5日，东城区教委举办“聚焦课堂——京沪两地新课程背景下如何进一步提高课堂教学实效性研讨会”。会议旨在深化高中新课程改革的研究与实践，学习全国先进地区的教学经验和有关课程改革的新思路、新理念，进一步提高教师的教学水平和教学质量。会上，两地骨干教师以“同课异构”的形式，即通过不同的教学手段和方法，讲授同一个教学内容，展示高中各学科课改后教学方式方法的变革。京沪两地教师40人参加会议。

（张静）

【承办全市小学规范化建设现场会】 12月11日，东城区教委在东四九条小学举办“深化特色建设促进内涵发展”北京市小学规范化建设工程系列展示活动走进东城现场会。区教委以《深化特色建设促进内涵发展，让每一所学校都精彩》为题，总结特色校建设工作。报告认为通过实施“特色校”建设工程，各小学呈现出“校校有亮点，水平有提升”的可喜局面。会议总结东城区特色教育六个特点，即：起步早、思路正、范围广、有个性、步子实、可持续。会议组织7所特色校校本课。来自全市小学代表200人参加会议。

（张静）

职业与成人教育

【概　况】 2008年，东城区职业高中7所，其中独立设校2所，职普联合设校2所，民办3所。开设专业36个，教学班202个；招生1516人，完成招生计划193%，毕业2018人，在校生5240人。教职工812人，其中，专任教师430人。专任教师学历合格率98%，高级专业技术职务115人。成人高等教育学校2所，即北京市东城区职工业余大学和北京市广播电视大学东城分校。开设专业35个，135个教学班，在校生4472人。教职工127人，其中，专任教师71人。年内，两所成人高等教育学校完成职业教育培训8000人次。

（张静）

【促进学习型城区建设】 4月10日，东城区召开建设学习型城区工作领导小组全体（扩大）会。会议提出2008年东城区学习型城区建设要着重抓好五个方面工作：一是要加强领导，提高认识，把建设学习型城区工作与创建文明城区、迎接奥运结合起来；二是要结合实际，积极推进各类学习型组织建设；三是要大力培育学习型团队，形成人人、时时、处处学习的局面；四是要整合资源，加强协调，全区各单位共同努力建设学习型城区；五是要加强机制和制度建设，培养一批学习型城区建设的组织者和推动者。会议表彰2007年“北京市创建学习型社区先进街道”——景山和安定门街道，并决定2008年起在全区126个社区全面推进学习型社区建设工作。领导小组全体成员、10个街道一把手共48人参加会议。

（张静）

【财经学校建成两个实训基地】 5月

28日，北京市财经学校举办网络、金融实训基地落成典礼。教育部、市教委代表和全市中等职业学校代表100人参加活动。两个实训基地共占地面积1392平方米，投资近千万元。其中，网络实训基地由学校与福建星网锐捷网络公司、北京康拓科技开发总公司合作建设，占地面积540平方米。可以全面解决计算机应用、信息工程、软件设计等计算机相关专业的实习和实践。金融实训基地主要由银行模拟实训室、证券模拟实训室、保险模拟实训室、金融电算化模拟实训室、货币鉴别与点钞实训室五部分组成，每个部分自成体系，但通过网络相连，形成大型现代金融实训基地，兼顾教学、科研、培训和社会再就业认证等综合功能。

（张静 周良）

【举办终身学习节】 11月1日，2008年东城区市民终身学习节在东直门中学举行。会议汇报国子监大讲堂之家长讲堂建设情况，举办家长讲堂首次讲座。会议表彰2008年“北京大学国子监大讲堂学习之星”和“市民奥运知识数字化培训学习之星”，举行社区数字化能力建设志愿者宣誓仪式。会议总结东城区在市民学习及学习型城区建设方面五个特点：一是高度重视学习型城区建设，终身学习理念深入人心；二是规划长远，思路清晰，工作扎实；三是学习资源整合成效显著，学校向社会提供学习资源成为新亮点；四是逐渐形成特色学习品牌，如国子监大讲堂等；五是志愿者工作与终身学习、全民学习相结合。2007年5月，东城区依托优质教育资源，在5个学区分别建立具有区域文化特色的市民学习基地，使区域内的中小学校成为社区文化教育中心，成为社区居民和师生共同学习园地。

（张静）

教育督导

【概 况】 2008年，东城区教育督导室围绕东城教育发展战略，不断完善和创新教育督导机制，为全面实施素质教育、全面提高教育质量提供保障。进一步加强督导制度建设，完善素质教育评价制度和教育质量监控制度。积极促进教育公平、均衡发展，努力为东城教育的进一步科学发展作出新贡献。年内，督导室专职督学7人，特邀督学3人，兼职督学16人，见习督学1人。

（李菊）

【召开课题研讨交流会】 1月4日，东城区教育督导室召开“十一五”科研课题阶段性成果总结交流会。会上，督导室和9所学校的课题负责人分别汇报16个课题的研究现状，并就研究中的问题进行研讨和交流。课题2007年3月经北京市教育学会教育评价与督导研究会批准立项。督导室督学和学校有关课题负责人20人参加会议。

（李菊）

【聘任新一届督学】 1月8日，东城

区政府召开教育督导室新一届督学聘任会。会议宣布聘请3名特邀督学、15名兼职督学、7名专职督学和1名见习督学，并颁发聘书。

（李菊）

【召开小学教学质量年报工作会】 3月20日，东城区教育督导室召开小学教学质量年报工作会。会议分析六年级语文、数学、英语3个学科大样本抽测情况，认为东城区小学学生基础知识与基本技能扎实，有一定的学习能力和学科底蕴的积淀。东城区教研中心以《科学管理、发挥教学质量监控体系的积极作用》为题，分析质量监控的整体状况，并就三年级和五年级质量抽测结果与全市平均成绩进行比较，认为东城区教学质量抽测情况明显优于全市平均水平，但在尖子生的培养方面仍有较大提升空间。督导室专兼职督学、全区44所小学校长、教学干部共200人参加会议。

（张静）

【验收二中分校初中建设工程】 5月15日，东城区教育督导室督导和验收二中分校初中建设工程工作。二中分校2005年开始实施初中建设工程。工程主要内容包括推进办学条件达标、加强干部教师队伍建设、深化课程改革等。验收组认为，该校初中建设工程的实施达到预期效果，促进办学水平和教育质量的整体提升。同日，二中分校面向全市举办初中建设工程成果展示会。督导室专兼职督学，以及全市各区县教育协会成员、初中校主管领导等380人参加活动。

（李菊）

【修订综合评价指标体系】 6月，东城区教育督导室完成《东城区教育评价指标体系》修订工作。修订主要内容体现在：①教师管理方面研究和探索教师发展性评价工作；②义务教育阶段认真执行市、区有关招生工作意见，严格执行招生计划，确保学校适度规模发展；③严格执行国家课程标准，按要求设置专用教室并满足学科教学需求；④建立和完善学生学籍管理制度，积极开展学生综合素质评价工作。修订工作依据《北京市区县政府、教委、中小学校、幼儿园全面实施素质教育评价方案》和《北京市义务教育均衡发展状况督导评价方案

（试行）》进行。

（李菊）

【教育法规督查组检查职业教育发展】 11月13日，北京市教育法律法规执行情况督查组检查东城区职业教育工作。督查组听取东城区教委关于《实施集团化管理积极稳妥推进职业教育改革》汇报，了解东城区职业教育发展、集团化改革推进及区域统筹协调工作情况，并通过查阅档案、座谈、参观实训基地等方式进行督导检查。督查组肯定东城区职业教育执行教育法律法规情况，希望东城区职业教育继续走在全市前列，为全市职教改革提供可借鉴经验。

（张静）

【举办评价方案培训】 11月24日，东城区教育督导室召开素质教育评价方案培训动员会。会议解读《北京市区县政府教育工作评价指标体系》，就“东城区落实北京市全面实施素质教育评价方案的实施方案”的主要内容、实施步骤及工作要求进行说明。东城区有关委办局、街道办事处主管领导，全区专兼职督学等50人参加会议。

（李菊）

【召开综合评价总结大会】 12月9

日，东城区委教育工委、区教委、区教育督导室联合召开东城区2007～2008学年度教育综合评价总结大会。会议表彰2007～2008学年度教育综合评价特等奖单位33个、A等奖单位59个，并宣布区委、区政府拨专款用于奖励。区教工委、教委和督导室领导、专兼职督学、各教育单位代表200人参加会议。

（李菊）

中共东城区委教育工委

书　　记　袁为民

东城区教育委员会

主　　任　蔡福全

东城区政府教育督导室

主　　任　蔡福全

西　　城　　区

总　　类

【撤销两所学校】 1月22日，西城区机构编制委员会批复同意撤销北京市第二十九中学建制。其在编教职工安置在三十一中等校，离退休人员并入一六一中，初二学生并入鲁迅中学，初三学生并入一六一中，原校址交全国人大使用。11月3日，西城区教委决定撤销北京市西城区民族团结中学建制。其在编教职工安置在三中、四中等校，离退休人员并入四中。在校生由四中接收，原校舍交实美职业学校管理使用。

（朱奕慰）

【启动“文明出行”主题教育】 3月28日，2008年全市中小学“情系奥运，文明礼仪伴我行”主题教育宣传实践活动在西城区进步小学启动。活动以“文明出行，礼仪先锋”为主题，通过文明出行实践、寻找身边的道德榜样、奥林匹克礼仪知识普及、文明礼仪使者进社区和“校园礼仪开放日”五项活动，强化学生自觉遵守公共秩序的意识，提高学生国际理解与国际交往能力，培养学生的爱国精神和志愿服务精神。年内，西城区围绕“一张卡”和“五个一”落实本次主题教育宣传实践活动。“一张卡”即“北京奥运，我的2008”承诺卡，承诺乘车购物不拥不挤，文明排队注意礼让，行车走路遵守交法，不闯红灯安全为先。“五个一”即发出一个倡议、观看一部交通安全短片、组织一节主题教育活动课、举办一次文明出行社会实践活动、表彰一批先进集体和个人。

（詹小雪　王昆）

【中小学配发法制教育教材】 3月，西城区教委为全区中小学配发全国普法办公室推荐的《中学生法制教育》和《小学生法制教育》教材。其中，《中学生法制教育》每校100册，可供2个教学班同时使用。《小学生法制教育》每校50册，可供1个教学班使用。教材全部为可循环使用。

（俞树）

【三校终止办学体制改革试点】 4月8日，市教委批复同意北京市铁路第三中学以与北京市铁路第二中学合并的形式终止办学体制改革的试点。12月31日，市教会批复同意北京市第十三中学分校和北京市西城外国语学校终止办学体制改革的试点，转为公办校。

（朱奕慰）

【首次举办法制教育宣传周】 5月18至25日，西城区教委举办首届法制教育宣传周。本届活动以《中小学法制教育指导纲要》的贯彻落实和“奥运法制教育”等主题，通过积极参与法制教育各种实践活动，实现促进交流互动、共享法制教育资源和成果。区教委同时决定，法制教育宣传周每年举办一次。

（俞树）

【表彰第15届“十佳少先队员”】 5月30日，西城区教育工委、团区委、区少工委共同举办“同心迎奥运快乐伴成长”西城区2008年“六一”国际儿童节主题活动。活动中，表彰西城区第15届“十佳少先队员”和首届“西城好少年”。评选活动得到全区各级少先队组织的高度重视，所有候选人的事迹均刊登在《北京少年

报》上，经全区少先队员投票选举，评选出10名“十佳少先队员”和20名“西城好少年”。

（杨亮亮　那佳）

【三十三中更名】　6月12日，西城区机构编制委员会批复同意，北京市第三十三中学更名为北京市第八中学分校。更名后学校仍为独立法人单位。

（朱奕慰）

【丰盛中学和西城分院附中学合并】　6月12日，西城区机构编制委员会批复同意丰盛中学和北京教育学院西城分院附属中学合并。合并后校名北京教育学院附属中学，撤销丰盛中学和教育学院西城分院附属中学建制，校址设在原北京教育学院西城分院附属中学，丰盛中学原校址交区政府土地置换。

（朱奕慰）

【举办“教育技术创新”评优】　9至12月，西城区教育工会举办第二届“教育技术创新”评优活动。该活动采用教职工“个人自荐、会员票决、工会组织服务”模式，评选“教育技术革新能手”（一线教师）、“教育服务岗位创新能手”（职员、工人）和“教育技术创新优秀工会小组”。活动共表彰区校两级个人1227人、工会小组107个，其中区级“教育技术革新能手”69人、“教育服务岗位创新能手”26人、“教育技术创新优秀工会小组”32个。

（桑丽萱）

【举办徐彬彬舞蹈教学专场演出】　11月16日，西城区教委、西城区少年宫举办“与舞蹈相约做智慧教师”校外舞蹈教学专场演出。本场演出是西城区少年宫舞蹈教师徐彬彬舞蹈作品专场，包括群舞《京韵花翎》、《吉祥的筷子》、《和平小卫士》，独舞《山妹子》、《奔腾》、《雨竹情》等。其中，代表作群舞《京韵花翎》曾参加“2008北京奥运会8月6日北京迎火炬仪式”和2007年全国“少儿春晚”等大型活动的演出。演出是西城区教育科研周活动之一。

（傅晓月）

【成立教育专家顾问组】　12月30日，西城区委教育工委、区教委成立西城区教育专家顾问组。顾问组由11名教育专家组成，为学校教育发展提供指导和咨询。2007年5月，西城区实施“牵手工程”，通过建立校长工作室、教育专家顾问组，实现经验传授、资源共享和信息交流，促进西城区教育高水平、均衡化发展。

（史波）

【完成校长经济责任审计】　至12月，西城区教委完成10所学校和直属单位的校长（法人代表）经济责任审计工作。审计金额79199.9万元，查出违纪违规资金723.15万元，账务处理不当资金16.55万元，纠正违规金额330.1万元，提出审计建议30条。2008年，区教委认真执行经济责任审计联席会制度，审计查出严重问题的学校，将影响校长考核和学校管理评比。

（李园园）

学前教育

【概　况】　2008年，西城区托幼园所37所，比上年减少1所，其中市立园11所，机关园16所，街道园7所，民办园3所。在园幼儿7456人，招生2181人，离园2127人。教职工1443人，其中，专任教师805人。年内，西城区教委加强办园过程指导，提高幼儿园管理队伍学习与执政能力；创新队伍管理培训机制，继续加强示范园和早教示范基地建设，发挥骨干作用，有计划有目标分层次培养队伍；加强基于实践常态的教育研究，发挥教研项目引领作用，开展学习共同体合作研究活动，促进《幼儿园教育指导纲要》深入研究与实施。4月10日，中国儿童中心实验幼儿园通过一级一类验收。至此，全区一级一类幼儿园21所。

（王丽萍）

【召开早期教育进社区协调会】　1月4日，西城区教委召开早期教育进社区协调会。会议研究早期教育进社区的场地、经费、教师和管理等问题。决定每月举办活动1至2次，参加活动的社区儿童由街道妇联组织，早教指导教师由区教委协调幼儿园派出，场地及管理人员由社区办协调社区学校提供，场地、设备等环境改造费用以及奖励经费由妇儿工委和教委向区政府提出申请。活动首先在长安街、金融街社区学校试点。

（王丽萍）

【召开园长办园思想研讨会】　5月27至30日，西城区教委召开园长办园思想研讨交流会。会议按照不同的办园体制分四批以座谈方式进行，全区各类型幼儿园园长30人参加会议。会议提出知名有特色的幼儿园应具备8个方面的条件：一是有科学系统的理论；二是有符合自身实际的办园模式，即生存发展之道；三是有核心的教育理念，形成鲜明的教育特色；四是有一套科学规范的教材；五是拥有现代化的教学手段；六是要获得权威机构的认证；七是要创建优秀的园所文化，形成园所核心价值观；八是有一定的规模和可持续发展的能力。会议认为11年前制定的保育费收费标准已不适合当前物价水平，建议提高收费水平。并建议面向非本市户籍教师评定业务职称。

（王丽萍）

【表彰社会力量优秀举办者】　6月4

日，西城区教委召开西城区第二届社会力量办园优秀举办者表彰会。评选活动3月18日启动，经各单位申报、网上公示、区评选委员会评审，最终评选出突出贡献奖6人，每人奖励

1000元；优秀表扬奖7人，每人奖励500元。教育部、市教委代表和全区各类幼儿园园长50人参加会议。

（王丽萍　邢佳）

【召开基本功和优秀论文表彰会】10月9日，西城区教委召开幼儿教师基本功大赛暨第十届学前教育论文表彰会。会议表彰幼儿教师基本功大赛全能一等奖6人、二等奖15人、三等奖20人、单项奖41人；学前教育论文评选一等奖5篇、二等奖15篇、三等奖30篇。会议要求要抓住机遇加强学习，不断提高能力和素质，努力成为业务骨干。全区幼儿园代表200人参加会议。

（王丽萍）

【举办特殊儿童随班就读培训会】11月26日，西城区教委举办特殊儿童随班就读培训。会议交流育红幼儿园、第六幼儿园特教经验介绍，并就进一步做好特殊儿童随班就读工作提出要求。一是做好特殊儿童教育随班就读的宣传工作；二是做好特殊教育儿童随班就读管理工作，使特殊儿童与正常幼儿一起享受融合教育；三是做好特殊儿童随班就读教育研究工作；四是做好特殊儿童教育随班就读的奖励工作，促进更多仁人志士关爱特殊教育。全区幼儿园正副园长、特教兼职教师和学前教研室代表30人参加会议。

（王丽萍）

【举办沈心燕教育研究思想研讨会】12月25日，西城区教委举办沈心燕教育研究思想研讨会。会议观看《沈心燕平凡的职业生涯——传承、开拓、创新》录像，听取沈心燕的徒弟代表"我眼中的沈老师"典型发言。最后，沈心燕发表演讲，从"练就五勤走进研究世界"、"不懈追求教育走进孩子世界"、"身体力行走进教师世界"、"走进教研管理世界"四个方面，报告自身学习、成长、工作历程。中央教科所、市教委、教科院等单位代表，以及各区县代表和西城区幼儿园园长、骨干教师等400人参加会议。沈心燕，西城区教育研修学院幼教研部主任，特级教师，从事幼儿教育35年。

（王丽萍）

基础教育

【概　况】2008年，西城区小学44所，教学班1029个，在校生31441人，招生5271人，毕业5671人；教职工3008人，其中，专任教师2417人。小学入学率100%，巩固率100%，毕业及格率100%。中学36所（初中6所、高中2所、完中28所），教学班1165个（初中607个、高中558个），毕业14517人，招生12765人，在校学生39075人（初中20300人、高中18775人）。应届毕业生高考录取率96.5%。教职工5748人，其中，专任教师3925人（初中1922人、高中2003人）。特殊教育学校3所，教学班43个，结业19人，招生78人，在校生420人，教职工172人，其中，专任教师131人。残疾儿童入学率100%，巩固率100%，结业率100%。校外教育单位8个，教职工172人，其中，专任教师89人。中小学教师学历合格率99.05%，特级教师35人，高级专业技术职务1594人。全区中小学图书馆藏书398.945万册。校舍总占地面积145.50万平方米，总建筑面积115.06万平方米，固定资产总值150325万元。全年教育经费投入179717万元，其中，国家拨款154287万元，自筹经费25430万元。

（朱奕慰　于峥）

【举办书法绘画摄影工艺美术比赛】3月8至9日，4月4至5日，西城区教委举办第25届中小学生"书法、绘画、摄影、工艺美术"比赛。比赛以"牵手奥运，共创和谐"为主题，用手中的笔、相机描绘缤纷的生活，表达迎接奥运的喜悦心情。在各中小学校的积极参与下，全区中小学报名总人数1万余人。最终共评选出一等奖700人、二等奖1700人、三等奖3000人。

（傅晓月）

【学校发展联合体开展交流活动】3月27日，西城区教委举办学校发展联合体交流活动。活动采取"提前思考——分组研讨——集中汇报"形式，研讨高中教育两大主题。即模块考核与学分认定，包括普通高中课程管理系统的使用情况、学分认定的具体操作情况等；综合素质评价，包括综合素质评价系统使用的情况、综合素质评价的具体操作情况等。全区26所高中校教育、教学校长80人参加会议。

（张琳）

【殷商文化进校园】4月7日，西城

区教委在四中召开"红旗渠精神　殷商文化校园行"活动启动会。会上，来自安阳的讲解员讲述红旗渠修建中的感人故事和璀璨的殷商文化。此后的一个月内，河南安阳讲师团陆续走进西城区多所中小学校课堂，通过互动抢答、拍摄专题片，开展"了解中华民族历史，弘扬华夏时代精神"的德育研究性学习、征文等形式，将红旗渠的精神与学习生活结合，在传统文化教育中增强学生民族自尊心和自豪感。

（詹小雪　邢佳）

【制定小学初中入学办法】4月22日，西城区教委制定2008年小学初中入学工作实施意见。初中入学主要原则是多种招生方式与"计算机派位"相结合。招生方式包括：就读文艺、科技、体育传统项目学校，就读寄宿学校（班）和民办（私立）学校，企事业举办学校子弟入学，"共建"单位职工子弟入学。多种招生方式由学生自愿报名，学校依据学生综合素质评价手册，选择录取。"计算机派位"入学包括推荐派位入学、划片派位入学。其中，推荐派位是指依据小学综合素质评价结果推荐的优秀毕业生，按学生所报志愿，在有推荐派位计划的初中学校中，通过计算机派位的办法分配学生。划片派位入学是根据相对就近原则全区划分为七片，学生可在本片内选择中学填写意向，采用计算机派位办法分配。小学入学坚持免试就近入学，适龄儿童在区教委划定的公办小学登记入学，或就读寄宿学校（班）和民办（私立）学校，“共建”单位职工子弟入学参照初中入学办法中同类招生方式。

（朱奕慰）

【召开教师队伍建设总结表彰会】 4月28日，西城区教委召开2008年西城区教师队伍建设总结表彰会。会议表彰北京市初中教师基本功大赛中获奖的35名教师，以及“西城杯”先进教研组评选获奖集体。在市级初中教师基本功大赛中，西城选送35名选手，其中23人获得一等奖，11人获得二等奖，1人获得三等奖，一等奖获奖比例在全市各区县中为最高。

（张琳）

【举办课堂教学评优活动】 4月，西城区教委举办第八届区级课堂教学评优活动。经过校级评优、区级理论考核与说课评优后，184名教师参加区级决赛，评出一等奖77人，二等奖107人。本届评优活动参赛教师多，涉及学科多，在原西城区中青年教师三级（校、片、区）评优课活动基础上，强调考核教师基本功。

（李静）

【举办青春期教育师资培训】 5月23至24日，西城区教委举办青春期教育暨心理咨询室建设工作会。会议总结2007年青春期教育工作，部署2008年工作。八中、外国语、师大二附中等8所学校交流各校工作经验。会议通报青春期教育区域推进阶段成果，解读《北京市中小学校和职业学校心理咨询室建设基本要求》和专职心理教师职责与工作。并邀请首师大性健康教育研究中心举办《青春期——性教育》专题讲座。

（詹小雪）

【召开初中重点建设校工作会】 5月，西城区教委召开初中建设工程重点建设校工作会。会议全面总结上一阶段工作，部署初中建设工程收尾工作。从总结情况来看，初中建设工程工作得到有效推进。所有学校完成硬件设施增配、改进、维修工作，保证学校专用教室数量达标。软件建设也取得成绩，在北京市初中教师基本功大赛中，西城区选送35名选手，其中23人获得一等奖。

（张琳）

【评选小学优秀班主任】 6月5日，2008年西城区小学班主任基本功展示活动在实验二小举行。活动4月1日启动，经过基本功、教育活动设计与实施等环节的选拔，评选区优秀班主任54人。获得一等奖13名班主任举行“我的真情班主任故事”、情境问答和魅力展示等三项内容现场展示。市教委、教育学院和西城区教师代表200人参加展示会。

（王昆）

【评选优秀教学论文】 6月，西城区教委举办教育教学校长论文、案例征集和评选。评选收到论文、案例或方案42份。其中，11篇获一等奖，30篇获二等奖。评选结果表明，各学校教育教学管理干部善于发现、善于思考、善于积累、善于总结，充分展示个人的管理经验和集体的管理智慧。

（张琳）

【做好质量监控工作】 6月和12月，西城区教委完成两次教学质量监控测试。6至7月，完成全区五年级学生学业测试。12月至2009年1月，完成六年级学生学业测试。测试科目包括语文、数学、英语、体育学科。其中，语文、数学、英语学科测试实行统一命题、跨校监考、集中阅卷，体育学科测试采取校内测试、专人抽查的形式进行。

（李静　曹琼）

【评选新课程研究性学习优秀课题】 9月，西城区教委举办高中学生研究性学习优秀成果评选活动。活动征集研究性学习优秀成果102项，评选出一等奖27个，二等奖35个，三等奖40个。2007年9月高中新课改启动以来，西城区各学校按照统一课时计划，以分散与集中相结合为原则，将研究性学习排入课表。学生自主结合形成课题小组，自主选报课题，在指导教师的帮助下完成课题。

（张琳）

【举办“金秋杯”课堂教学展示】 10至11月，西城区教委举办第13届“金秋杯”课堂教学展示活动。活动以“提高课堂教学实效性，促进骨干教师发展”为主题，历经教学设计比赛、课堂教学展示活动、总结交流发奖三个阶段，评出特等奖8名，一等奖27名。与往届不同，本届“金秋杯”的参赛教师均是往届“金秋杯”、“西城杯”的一、二等奖获得者，通过“教学设计比赛”选拔最优秀者参加课堂教学展示。

（李静　曹琼）

【举办西城区教育科研周】 11月10日，2008年西城区“教育科研周”开幕。本届科研周主题是“做智慧教师——在实践中成长”。开幕式上，区教委宣布，为鼓励区内教师参与教育科研的积极性，西城区拨出专款重奖参加北京市教育科学研究成果评比的教师，其中，获得一等奖的教师每人奖励5000元。开幕式后，举办科研周首场活动——“以人育人，共同发展”四中教师教育教学观论坛。科研周期间，区教委将举办中小学、职业教育、校外教育等专场活动。自2001年以来，西城区每年举办一次“科研周”，5年举办一次“科研月”。

（张琳）

【研讨马静校长办学思想】 12月19日，西城区委教育工委、区教委在一六一中举办马静校长教学思想办学研讨会。马静校长作题为《愿景领导与学校发展》主题报告，总结从教33年来的管理经验以及“愿景领导”管理模式的探索与实践。会议邀请教育学院教授就马静校长办学理念作现场点评。市教委领导、西城区各中小学代表240人参加会议。马静，2001年5月任北京市第一六一中学校长。

（张琳）

【加强德育博客建设】 至年底，西城区加强和完善小学“德育博客”和“班主任博客”建设。依托两个博客，开展西城区小学优秀班主任风采展示活动、小学牵手工程交流活动和小学德育专题研究组交流活动。年内，“德育博客”总访问量75654人次，“班主任博客”总访问量6100人次。

（王昆）

职业与成人教育

【概　况】 2008年，西城区有4所职业高中学校和1个特殊教育职高班。开设交通运输、信息技术、商贸与旅游、财经、文化艺术与体育、社会公共事业 6 大类 38 个专业。招生 1059 人，毕业 1980 人，在校学生 3772 人，173 个教学班。教职工 823 人，其中专任教师 479 人。成人教育学历学校 1 所，开设专业 36 个，在校生 5926 人。教职工 167 人，其中专任教师 67 人。职工学校 5 所，教职员工 29 人。全年市民教育专项培训达 89 万人次，成人教育培训工程培训 200 万人次。年内，西城区创建学习型城区工作取得成绩，入选全国社区教育示范区。

（罗李立　李同焕）

【召开社区教育工作会议】 3 月 14 日，西城区教委召开 2008 年社区教育工作会。会议回顾 2007 年西城区开展社区教育重点工作，部署 2008 年社区教育工作。宣读关于表彰西城区 2007 年社区教育工作先进集体和先进个人的决定，64 个先进集体、36 名先进个人获得奖励。会议交流德胜街道、西城区社区学院、展览路街道 3 个先进单位经验，下发西城区 2008 年社区教育工作计划和学习型社区评估工作计划。全区有关单位代表 130 人参加会议。

（王珍）

【召开成人教育工作会议】 3 月 20 日，西城区教委召开全区成人教育工作会议。会议表彰 2007 年度 3 个创建学习型组织先进单位、37 个实施成人教育培训工作优秀培训项目、9 名创建学习型组织先进个人和 49 名成人教育工作先进个人。会议提出 2008 年成人教育培训工作计划，即加强干部职工岗位业务培训、继续抓好创建学习型组织工作、重视理论研究工作发挥理论指导实践的作用。全区相关部门 120 人参加会议。

（罗李立）

【举办成人教育管理干部培训班】 3 月 27 日至 4 月 17 日，西城区成人教育协调领导小组办公室、区教委、区职成教中心及区成人教育学会联合举办成人教育管理干部培训班。培训班授课内容涉及成人教育的发展历程、成人教育与构建和谐社会的关系及发挥的作用、成人心理学知识和心理调适、成人教育与建设学习型社会等有关问题，共 4 讲。来自全区各个部门、各个行业的 70 人参加培训学习。

（罗李立）

【召开企业教育工作会议】 4 月 10 日，西城区成人教育协调领导小组会同区教委、区总工会、区劳动局、区国资委召开 2008 年企业教育工作会议。会议作《总结经验稳步推进把学习型企业创建工作提高到一个新的水平》主报告，提出学习型企业创建工作必须与企业改革发展的实际紧密结合，必须不断加强学习型组织理论研究和探索，必须坚持企业内部各部门的通力合作。会议交流华利佳合公司、华天公司企业教育工作经验。来自全区各企业负责人 80 人参加会议。

（罗李立）

【总结创建学习型学校工作】 5 月

29 日，西城区教委召开开展社区教育“十百千”工程暨创建学习型学校工作会议。会议表彰 5 个创建学习型组织先进单位、25 个创建学习型学校先进单位、25 个社区教育“十百千”工程先进单位，同时表彰创建学习型学校先进个人、社区教育“十百千”工程优秀项目及优秀志愿者。全区各中小学、幼儿园和部分社区代表共 300 人参加会议。

（王珍　那佳）

【两校入选创建学习型学校市级先进】 6 月和 11 月，西城区两学校通过创建学习型学校先进单位评估检查。6 月 17 日，市教委专家评估组评估检查北京第二实验小学“创建学习型学校先进单位”。专家组认为，该校通过创建工作取得可喜成绩。11 月 14 日，市教委专家评估组评估检查一六一中。专家组认为，该校工作有制度保证，团队学习提高教师队伍素质，重视文化建设形成共同愿景，立足教育教学改革，注重学生可持续发展。

（王珍）

【实美职业学校与电子信息学校合并】 9 月，北京市电子信息学校与北京市实美职业学校合并。合并后，校名为北京市实美职业学校。北京市电子信息学校原名北京市西城区电子电器职业高中，建于 1991 年 8 月。2004 年 3 月更名为北京市电子信息学校。

（李同焕）

【举办第六届市民学习周活动】 10

月 25 日，西城区第六届市民学习周活动开幕式在月坛社区教育学校举行。本届市民学习周的主题是“学习、奉献、快乐”。开幕式上表彰西城区 2008 年市民终身学习“十佳学员”。学习周期间，重点举办市民终身学习积分卡研讨会，社区学院终身学习基地开放活动，第七届市民书画、摄影、手工制作展等活动。

（王珍　那佳）

【交流学习型城市建设经验】 11 月 9 至 10 日，全国学习型城市建设经验交流会暨 2008 终身教育工作委员会学术年会在西城区召开。会议听取市教委主任刘利民《北京市学习型城市的探索与实践》主题报告，上海、天津、沈阳、济南等城市代表交流创建学习型城市的理论探索和实践经验。会议期间，与会代表参观北京市创建学习型学校先进单位北京第二实验小学和西城区德胜社区教育学校、德胜街道“三防”教育基地、金融街社区教育学校和什刹海社区教育学校。会议邀请华东师范大学叶忠海教授、北京师范大学石中英教授、上海明德研究所张声雄教授举办辅导报告。全国 30 个省市和北京各区县代表 30 人参加会议。

（王珍）

【三单位接受创建学习型企业评估】 12月17日，西城区成人教育协调领导小组会同区教委评估德威治北太平庄药店创建学习型企业工作。评估专家组认为，德威治北太平庄药店在学习活动中针对不同人群确定学习重点，注重培训的过程管理。通过开展企业形象设计和组织多种形式的活动，加强组织文化建设，企业的和谐度得到提升。12月24日，完成护国寺中医院创建学习型事业单位评估工作。评估专家组认为，该医院开展创建工作起步早、目的明确、认识到位，创建保证措施到位，组织文化建设有特色，创建中体现管理的变革。12月29日，完成区人口计生委创建学习型机关评估工作。评估专家组认为，区人口计生委开展创建学习型机关工作，领导重视、思路清晰、动因明确，对促进人口计生事业的可持续发展具有重要意义。

（罗李立）

【举办第五届“文明风采”竞赛】 12月，西城区中等职业学校第五届“文明风采”竞赛活动结束。竞赛包括“我爱我的专业”、“创业之星”征文比赛，“职业生涯规划”设计比赛，“职业生活”摄影比赛等。在各校初审的基础上，共征集605件各类作品。评出一等奖9人，二等奖41人，三等奖78人，优秀奖477人，优秀指导教师9人。“文明风采”竞赛活动始自2004年，每年一届。

（李同焕）

教育督导

【概　况】 2008年，西城区教育督导室开展督导检查、督导评价、随访督导等多种教育督导工作。年内，修订47个相关责任部门（新增加流动人口管理办公室）实施素质教育工作目标责任，47个区属相关单位开展教育法律法规执行情况自查、全面实施素质教育自评工作，31所中学、42所小学、31所幼儿园上交全面实施素质教育自评报告。初中建设工程督导评价验收15所学校；综合督导3所中等职业学校、2所非学历民办教育培训机构；随访督导4所非学历民办教育培训机构。本年度，督导室专职督学8人，兼职督学25人，评价人员3人，特约督导员3人。

（伊宏）

【召开教育督导工作研讨会】 3月18至19日，西城区教育督导室召开教育督导工作研讨会，全体督学参加会议。会议传达北京市寒假教育督导工作会议及有关领导讲话精神；围绕高中新课程改革，听取《稳步推进高中新课程改革》、《培养全面而有个性发展的人才》辅导讲座。会议按照责任区分组讨论西城区2007年教育督导联席会议报告（征求意见稿）。全区专兼职督学参加会议。

（伊宏）

【接受区人大常委会教育执法检查】 5月29日，西城区人大常委会教科文卫工作委员会组织人大代表检查西城区教育督导室贯彻、落实《义务教育法》开展教育质量督导评价工作情况。人大代表共19人，他们听取区教育督导室关于对西城区义务教育阶段教育质量督导评价工作情况的汇报，考察一五六中。人大代表对西城区教育督导工作给予充分肯定，认为在西城区教育改革与发展过程中教育督导发挥重要作用。

（伊宏）

【督导非学历民办教育培训机构】 7月7至11日，西城区教育督导室随访督导西城区华军恒培训学校等4所非学历民办教育培训机构。随访督导主要内容包括：2007年学校自评工作，学校决策机构建设、办学条件、教师队伍建设、财务管理、安全工作等方面工作。其间，督导组听取学校相关工作的汇报，访谈相关工作人员，查阅相关资料，巡视学校办学场地，并进行情况反馈。

（伊宏）

【专项督导教学质量监控工作】 12月12日，西城区教育督导室就区教委基础教育教学质量监控与评价工作进行专项督导检查。检查组由区人大代表和督学共30人组成。检查内容包括：基础教育教学管理、落实减轻学生课业负担、确保学生每天一小时体育锻炼时间、教学干部培训与管理、教学指导体系与教学指导、基础教育教学质量监控与评价体系等。检查组分析评价基础教育教学质量监控与评价中存在的主要问题、产生的原因，提出改进措施。

（伊宏）

【接受课改领导小组视导】 12月16日，市课改领导小组和市教育督导室联合视导西城区区域推进课程改革工作，四十四中作为学校代表同时接受视导。视导组先后听取西城区教委和四十四中关于基础教育课程改革工作汇报，并走进课堂考察新课改理念落实情况。市领导认为，西城区推进基础教育课程改革实验工作态度积极，工作务实，组织规范，环节周到，突出发挥区县教育主管部门的专业引领作用。

（张琳）

【完成初中建设工程督导评价验收】 12月，西城区教育督导室完成初中建设工程督导评价验收。该工作依据《西城区初中建设学校评价方案（试行）》和《关于西城区初中建设学校办学物质条件达标情况督导评价验收的实施办法（试行）》进行。共督导评价验收29所学校，其中2008年督导评价验收15所学校。

（伊宏）

【研制督导评价验收工具】 12月，西城区教育督导室完成小学规范化建设督导评价验收工具研制工作。验收工具包括：《西城区小学规范化建设督导评价验收自我评价定性定量评价表》、《西城区小学规范化建设督导评价验收自评量表》、《西城区小学规范化建设工程办学物质条件主要项目达标情况调查表》、《西城区小学规范化建设工程办学物质条件改善情况调查表》等。

（伊宏）

中共西城区委教育工委

书　　记　沈桂芬

西城区教育委员会

主　　任　田京生

西城区政府教育督导室

主　　任　杨江林

崇　文　区

总　类

【成立区骨干教师导师团】 1月11

日，崇文区成立骨干教师导师团。导师团成员在市级学科教学带头人、市级骨干教师和区级学科教学带头人中聘任，聘期3年。该期导师团，中学由9个学科13个小组48名教师组成，小学由6个学科14个小组63名教师组成。导师团根据学校需求组成指导小组，制定学期培训工作计划，按学科、分层次、有计划、有针对性进行指导，提高学校教育教学水平。

（曹铮铮　郝洪春）

【举办中小学生田径运动会】 4月5至6日，崇文区教委举办2008年中小学生田径运动会。比赛设106个项目，2062人次参加比赛，21人（队）次打破19项纪录，占总赛项目22%。本届运动会外来务工子女同本地学生享有同等参赛、录取资格。2008年，崇文区参加北京市中学生田径运动会获得6金10银11铜共27枚奖牌，高中团体总分第三名，创1992年以来团体总分最好成绩，并获组织、精神文明“双奖”。

（李松龄　郝洪春）

【“我讲我的教育故事”活动结束】 4月11日，崇文区“教育叙事研究

——我讲我的教育故事大型征文活动”结束。活动开展一年零两个月，632篇文章入围，100篇获一等奖、200篇获二等奖、262篇获三等奖，并将100篇一等奖征文编辑成《百名教师讲述自己的教育故事》，2007年10月由中国书店出版社出版。获奖选手参加全市比赛，其中区教育研修学院王文丽获得“北京市中小学教师教育叙事研究暨我讲我的教育故事”演讲比赛一等奖第一名。

（孙丽　郝洪春　曹铮铮）

【教育经费收支实现稳步增长】 4月14日，崇文区教育系统财务预算管理工作会议公布，2007年崇文区教育经费收支实现稳步增长。教育经费总收入80429万元，比上年增加8693万元，增长12.1%；教育经费总支出69407万元，比上年减少702万元。教育继续实现“三个增长一个提高”：区财政预算内教育经费拨款略高于区财政经常性收入增长，在校生人均教育事业费、在校生人均公用经费实现增长，教师工资水平略有提高。

（俞颖　郝洪春）

【发布“小升初”工作方案】 4月28日，崇文区发布2008年小学毕业初中入学工作方案。方案与往年不同的是：小学推荐双向选择入学以小学毕业生综合素质评价登记表为主要录取依据，不得进行与入学挂钩的任何考试、测试；向社会公示招生计划、招生办法。本年，全区22所小学毕业78个教学班2658人，13所初中招生学校计划招生80个教学班3160人，保障每一位小学毕业生接受义务教育权利。

（刘静　郝洪春）

【两名心理教师赴地震灾区】 5月

26日和29日，崇文区两名心理教师赴四川地震灾区进行心理援助。26日，五十中心理教育专职教师姚瑶经过初试、面试，作为团中央青少年心理援助志愿团首批团员（12人）赴四川彭州、绵阳等灾区开展为期7天青少年心理援助活动。5月29日，汇文中学心理辅导教师胡迟，随“知心姐姐”卢勤为团长的团中央中国少年儿童新闻出版总社“知心姐姐”慰问团到四川地震灾区对当地师生开展为期10天心理援助工作。

（郝玉林　崔亚兰　郝洪春）

【完成民办校办学情况报告审核】 5月30日，崇文区完成2007年度民办学校办学情况报告审核工作。报告涉及2007年度民办学校招生、管理、校长履职、开展社会公益活动、开展工会活动等情况，找出问题，提出改进措施。该区有民办培训机构60所，除7所学校准备终止外，53所学校参加年度报告。经审核，49所学校办学情况良好，通过年审；4所学校存在问题予以缓检，限期整改。据年审统计，2007年全区各民办学校培训97895人次，缴纳税金228万元。

（陈月　郝洪春）

【完成学校装备工作】 5至12月，崇文区教委完成学校装备工作。完成困难校设备购置项目资金1051万元，完成达标校设备购置项目资金1816万元。其中，采购学生计算机670台，教师及办公用机395台，多媒体设备149套，机房改造6个，服务器6台。实施小学规范化建设。为新景、

金台、定安里3所小学补充购置教育教学设备，完成投资336.9万元。完成五十中、五十中分校、十一中、十一中分校、龙潭中学、一零九中和崇文门中学7所中学高中通用技术设备装配工作，落实资金240.21万元。

（吴桐　郝洪春）

【举办交通安全绘画赛】 6月17日，

北京市首届“文明奥运、和谐交通”中小学生“麦当劳杯”道路交通安全绘画大赛表彰大会在崇文小学举行。会议表彰“麦当劳杯”道路交通安全绘画大赛获奖集体和个人。该校4名学生交通安全绘画作品获市一等奖。“麦当劳杯”道路交通安全绘画大赛历时一年，通过绘画形式体现学生对北京交通的感悟，展现交通安全教育成果。全市评出一等奖50名，二等奖100名，三等奖200名，优秀组织奖12个。

（刘珊珊　郝洪春　李树新）

【接收流动人口子女322人入学】 6月21日，崇文区教委接收流动人口子女登记入学。凡在该区居住，并办理在京借读批准证明的流动人口子女和农民工子女，均可在该区公办中小学入学。共接收流动人口子女322人，其中，小学243人，中学79人，就近分配到19所公办中小学。

（刘静　郝洪春）

【完成校舍安全鉴定工作】 7至12月，崇文区教委房管中心完成全系统2001年前未做过加固的125栋校舍楼房安全鉴定工作。鉴定结果，需局部抗震加固的69栋，改造规模153091平方米；需整体抗震加固26栋，改造规模66073平方米。安全鉴定工作由区财政投资380万元完成。

（张楠　郝洪春）

【完成校外教师基本功测试】 8月4至14日，崇文区完成校外教师教育教学基本功测试活动。区校外教育机构45岁及以下在编在岗一线教师28人全部参加测试。测试内容为活动设计、活动展示、专业技能展示。测试形式为说课、基本功技能展示。经测试，28人全部合格。

（张婷　郝洪春）

【林德森入选全国百名优秀体育教师】 8月8日，汇文中学体育教师林德森被评为“全国百名优秀体育教师”。该评选由教育部主办，全国评选100名。经区级推荐、市级选拔、教育部考核，历时半年。北京市有5名体育教师当选。林德森，汇文中学特级体育教师、教研组长。他从教25年，将育人放在首位，在全国、市区各级刊物发表多篇体育教育论文，所教学生和所带运动员运动成绩突出，在北京市基础教育界有较大影响。

（崔亚兰　郝洪春）

【开通社会大课堂网站】 9月1日，崇文区社会大课堂网站开通并投入使用。网站中文名称“崇文区社会大课堂”，服务对象是该区各中小学师生。网站设置活动剪影、资源展示、学生风采、亲子园地等栏目，通过提供免费或优惠场所、安全活动环境、适当教育教学内容，为学校集体组织和学生个人开展丰富多彩课外、校外活动、社会实践以及组织学科教学活动。网址：http：//cw. bjssc. bjedu. cn。

（蒲琪　郝洪春）

【农村教师研修工作站成立】 9月1日，崇文区农村中小学教师研修工作站成立。来自房山区、延庆县、门头沟区和密云县农村中学19名语文教师正式进站进行为期一个学期研修。实习基地分别设在汇文中学、前门外国语学校和十一中分校。设在光明小学和一师附小的小学教师进修工作站同时启动，来自房山和怀柔区18名教师，将分别在光明小学和一师附小进行研修学习。区学科专家组成员、区学科带头人、研修学院中学研修部主任、资深教研员林茂华为学员进行首场讲座。

（孙书刚　郝洪春）

【受总理之邀做客中南海】 9月9日，五十中分校教师平艳菊受温家宝总理邀请参观中南海并参加座谈。作

为8名被邀来自基层中小学教师之一，平艳菊提出加大对基础薄弱校扶持力度、促进北京教育区域间均衡、课改应更贴近学生实际等建议，并强烈呼吁从身体上、思想上解放学生，保证学生体育锻炼时间。温家宝插话说：“解放学生，不是让他们光去玩，而是给他们留下锻炼身体的时间、思考的时间、动手的时间、了解社会的时间。我们现在的教育大多注重认知，而认知只是教育的一部分。要教育学生学会学习，学会动手，学会动脑，学会生存，学会和别人共同生活，这是整个教育改革的内容。”温家宝在座谈会上发表讲话，对教师提出希望，并与教师合影留念。

（王远红　郝洪春）

【举办祥云行动现场学习活动】 11

月6日，北京市“祥云行动现场学习活动”在汇文中学举行。全市62名中学德育校长听取汇文中学校长“学校文化环境建设”报告，观看学校课间操，参观校史展和校园文化设施，观摩高一（5）班以“汇文人的核心价值观”为主题的班会。与会者就学

生综合素质评价、班主任工作评价在操作层面上的问题和学生管理中存在的疑难问题进行讨论和交流。“祥云行动——校长课程领导力跟进培训”是北京教育学院针对全市高中新课程改革实施以来取得的经验和出现的问题，对中小学校长进行的培训，参加对象是本市高中校级干部。

（崔亚兰　郝洪春　卬晓枫）

【为西藏拉萨市当雄县培训教师】

11月24日，崇文区教委举办西藏拉萨市当雄县教师培训班开学典礼。拉萨市和崇文区领导，承担培训的学校领导和10名当雄县教师参加活动。当雄教师培训班是“北京市崇文区人民政府、西藏拉萨市当雄县人民政府对口支援合作协议”项目之一。当雄县每年选派10名中小学教师（两年共20名）到崇文区中小学校学习交流。广渠门中学、崇文小学和景泰小学承担培训任务，培训为期1个月。

（孙书刚　郝洪春　曹铮铮）

【远程电子巡查系统通过验收】　12月20日，崇文区招生考试中心北京教育考试院远程电子巡查成考、自考系统通过验收。该工程投资214万元，其中北京教育考试院投资98.9万元，崇文教委投资116万元。涉及崇文门中学、五十中分校、一七九中、十一中分校、龙潭中学、现代职业学校、前门外国语学校、崇文区职工大学、十一中、一零九中、五十中、招生考试中心12个单位。

（张义祥　郝洪春）

【完成收费减免及助学资助工作】　至年底，崇文区教委完成收费减免及助学资助工作。全年共投入专项资金1096.4万元用于落实中小学收费减免及助学资助政策。其中：投入565.3万元用于义务教育阶段“两免一补”及进城务工农民子女免借读费补助；投入155.1万元用于普通高中甲乙等助学金及减免补助；投入376万元用于中等职业学校政府奖学金及国家助学金补助。

（俞颖）

【完成中小学校修缮工程】　至年底，崇文区教育系统完成投资2861.8万元改善学校办学条件。其中，36所学校装修工程完成投资1534.3万元；9所学校专业教室改造工程完成投资551万元；12所中学通用技术教室改造工程完成投资531.5万元；全系统所有单位水、电、暖及房屋安全等保障工程完成投资245万元。

（张楠）

【完成123项审计】　至年底，崇文区教委完成123项审计。其中离任审计2项，财务收支审计21项，基建修缮工程审计100项，审计资金总额8.76亿元，提出各类审计意见建议49条。完成委属单位100项基建修缮工程审计，项目送审金额17683万元，审减897万元。完成委属单位110项设备采购立项会签，购置金额4574万元；完成87项基建修缮工程立项会签审核，工程预算4378万元。

（王金成　郝洪春）

学前教育

【概　况】　2008年，崇文区托幼园所16个，其中，市立园10个，街道园2个，部队园1个，合作办园1个，体制改革园1个，机关园1个。收托幼儿4322人。教职工379人，其中，市级骨干教师3人，区级学科带头人6人，区级骨干教师12人，区级青年骨干教师7人。年内，五幼分园和大地实验幼儿园晋升一级一类幼儿园，全区一级一类幼儿园达到13所，全部园所纳入级类管理。

（杨巍　郝洪春）

【召开园本教研工作交流会】　1月31日至2月1日，崇文区教委召开园本教研工作交流会。会议邀请教科院举办“以园为本教研制度建设”专题讲座，各园业务园长介绍园本教研开展情况，区教委学前科和研修学院学前部分别部署2008年工作，为各园制定学期计划提供依据。全区35名幼儿园园长、业务园长参加会议。

（杨巍　郝洪春）

【崇文托儿所归属教委管理】　3月27日，崇文区卫生局所属崇文托儿所整建制划归区教委。该园坐落在法华寺小区，是市一级一类园所，区卫生保健示范园。占地面积1330平方米，建筑面积1026平方米，教职工40人，其中一线教师19人，在园幼儿184人，固定资产总值36.95万元。

（孙书刚　郝洪春）

【举办区级示范园特色展示活动】　4

月24日，崇文区“立足家园同步教育，共促幼儿健康成长”区级示范园特色展示活动在安乐幼儿园举办。活动听取园长、家长代表及教师代表家园共育经验介绍，观摩亲子教育活动、游戏和教育展示。全区园长与部分教师90人参加活动。

（杨巍　郝洪春）

【展评教育教学基本功】　7月7至10日，崇文区教委举办幼儿教师教育教学基本功展评。活动设笔试、口试、才艺和计算机四个方面内容。笔试重点考查教师幼儿教育理论掌握程度；口试重点考查教师理论和实践相结合水平；才艺包括唱歌、跳舞、弹琴、绘画、制作和讲故事，教师任选一项，考查教师教育、教学基本技能技巧；计算机考查教师使用Windows文件管理、Office基本软件基本能力。经过园级初选，40名教师进入区级决赛，评选出6名全能一等奖、12名二等奖、22名三等奖，4名技能、技巧和计算机单项奖。

（孙丽　杨巍　郝洪春）

【国际双语实验班开班】　8月25日，市委机关幼儿园国际双语实验班开班。该班以“融中西文化，集家园智

慧，营造温馨双语天地”为目标，通过听、说、唱、画等方式学习英文。实验教学阶段开设中、小班各一个，每班20人，设外教1人，中教2人。

（王芳伟　郝洪春　柴媛媛）

【举办特色开放日】　10至11月，崇文区3所一级一类幼儿园举办特色开放日活动。活动中，市委机关幼儿园、永东幼儿园和崇文托儿所介绍艺术教育和贯彻《幼儿园教育指导纲要》经验。并分别展示富有园本特色的教育活动、游戏、展板、环境等。全区120名园长、业务园长、教师观摩活动。

（杨巍　郝洪春）

【东花市大地早期教育中心启动】　11月18日，大地实验幼儿园与东花市街道合作设立东花市·大地早期教育活动中心。这是该区第一个幼儿园同社区牵手合作办早期教育活动中心，至此，大地实验幼儿园完成“一个亲子基地，一个早教中心，一个免费活动站”早教“三个一”工程。区教委相关科室，东花市办事处领导及部分家长和小朋友55人参加活动中心揭牌仪式。

（郭荣华　郝洪春）

【举办阳光体育展示活动】　11月21日，崇文区在回民幼儿园举办阳光体育展示活动。活动中，回民幼儿园报告阳光体育活动经验，3名教师展示民间体育游戏“猫捉老鼠”在不同年龄班的不同玩法和组织形式，大班幼儿展示冬季体育锻炼内容——球的多种玩法。与会者认为，该园阳光体育活动计划性强，内容丰富，教师指导和医务监督科学合理，有示范引领作用。全区100名教师参加活动。

（牛艳卿　张咏梅　郝洪春）

基础教育

【概　况】　2008年，崇文区小学24所，450个班，招生2325人，毕业2674人，在校生14785人。小学入学率100%，巩固率100%，毕业及格率100%。教职工1694人，其中，专任教师1271人。中学14所（初中5所、完中9所），教学班434个（初中245个、高中189个），招生5401人（初中2894人、高中2507人），毕业6592人（初中3622人、高中2970人），在校生16791人（初中9198人、高中7593人）。初中入学率100%，巩固率97.02%，毕业及格率99.72%，高中入学率97.87%，毕业合格率99.38%，应届毕业生高考升学率94%。教职工2168人，其中，专任教师1433人。特殊教育学校1所，9个教学班，在校生128人，招生5人，毕业12人。教职工34人，其中，专任教师20人。校外教育单位4个，教职工124人，其中，专任教师69人。全区中小学教师学历合格率89.6%，特级教师16人（小学5人、中学11人），高级专业技术职务655人（小学39人、中学616人）。图书馆藏书162.28万册。校舍占地总面积39.76万平方米，建筑总面积45.59万平方米。固定资产总值50981.54万元。全年教育经费投入109219万元，其中，国家拨款88816万元，自筹经费20403万元。年内，汇文中学物理特级教师张国获北京市教师最高荣誉奖人民教师奖。

（郝洪春）

【举办全市高中地理学科新课程培训】

1月26日，北京市高中地理学科新课程培训在崇文区教育研修学院及广渠门中学启动。来自19个区县587名教师，分别参加“人教”和“中图”两个版本教材培训。活动中，朝阳区和顺义区教研员分别作《第一学期课改实验总结及典型课例分析》和《〈必修2〉需要注意的问题》讲座，崇文区一零九中、十一中分别作《人口合理容量》、《交通运输变化的影响》示范课。各区教师分28个小组就两节示范课围绕教学目标制定和教学基本过程设计进行研讨和大会交流。

（孙丽　郝洪春　李振国）

【定安里小学印发教师成长手册】　2月23日，定安里小学印发教师成长手册。手册中包括对个人优劣势分析、个人成长计划、学期总结评价等内容，手册采用平时积累、自查、追踪，定期互查、交流，期末总结评价、汇报等方法记录教师成长情况。教师成长手册是该校加强教师队伍建设，促进教师成长举措之一。

（王润华　郝洪春）

【召开小学学科教学质量分析会】　3月7日，崇文区召开小学学科教学质量分析会。会议邀请区教育研修学院作《树立正确的质量监控意识，以科学的质量分析促课堂教学实效的提高》讲座和2007～2008学年第一学期语文、数学、英语学科教学质量分析。会议强调教学工作要遵循教育规律，认真总结经验，提高教学管理及教师教学水平，脚踏实地，力戒浮躁，狠抓课堂，减轻负担，关注过程，提高质量。全区各小学教研员和小学教学主管干部60人参加会议。

（李银娅　孙丽　郝洪春）

【全国教育科学规划课题结题】　3月

20日，全国教育科学规划办公室召开全国教育科学“十五”规划课题“培养中小学生科学精神的途径研究”课

题结题鉴定会。专家组对课题研究进行点评，认为研究方法和结论正确，特别是对从学校文化层面培养学生科学精神的结论给予高度评价。经过专家组讨论，认为课题组较好完成研究任务，通过鉴定，同意结题。该课题由崇文区教育研修学院葛瑛山主持，2002年开题。北京、天津、河北、陕西、广东等省市近百所中小学参加研究。崇文区子课题组在构建学校优秀文化，通过课堂主渠道渗透科学思想，培养科学精神方面取得经验。

（孙丽　郝洪春　李振国）

【举办“沙盘游戏疗法”培训】　3月21日，崇文区教委承办“沙盘游戏疗法”培训。复旦大学博士生导师、国际沙盘游戏治疗师与心理分析家申荷永以《沙盘游戏疗法在学校心理教育工作中的应用》为题，通过解惑、案例研讨、交流等传授“沙盘游戏疗法”知识。崇文区中小学德育干部、心理辅导员，全市16个区县以及天津、深圳代表164人参加培训。沙盘游戏疗法是以荣格理论为基础，由多拉·卡尔夫创立的心理分析疗法。其独特之处在于，它符合学生喜欢操作与游戏特点，能帮助学生克服语言表达不完善困难，使他们在愉悦环境中自主、轻松获得教育与成长。

（孙丽　郝洪春）

【举办小学课改和校园展示】　4月17日，崇文区“小学课程改革与发展校园展示——走进景泰”在景泰小学举行。活动主题是“共享景泰小学校本课程——快乐英语天天唱”，通过听取该校校本课程“快乐英语天天唱”研究目的、过程及实效性，交流小学课改经验。会议认为，“快乐英语天天唱”作为该校5个校本课程之一，组织实施4年，逐步显出实效性。全区小学校长、教学干部及部分兄弟区县教委领导100人参加活动。景泰小学2004年开设校本课程“快乐英语天天唱”，该课程提前完成《国家英语课程标准》中要求小学生毕业前应达到的二级语言机能目标中关于歌曲演唱数目要求，涉及词汇量385个、词组97个以及5种句式、5种英语语法时态。“快乐英语天天唱”实验研究，使学生掌握在不同学习方式下的学习策略，语言表达能力得到提高，并带动其他学科学习。

（刘松梅　李芳　郝洪春）

【获北京市金鹏科技论坛一等奖】　4月28日，金台小学五年级学生许璇研究的“音乐对小鸡生长的影响”获北京市金鹏科技论坛一等奖。该研究是许璇无意中发现网上“美妙的音乐总是能令人心情舒畅，就连动物也不例外”消息后，产生音乐对动物生长有没有影响，不同类型音乐对动物生长会有什么不同影响的疑问。带着疑问和好奇，亲自动手尝试用音乐饲养小鸡。通过实验，验证每天给鸡听摇滚音乐，有助于小鸡生长的结果。

（张桂芝　郝洪春）

【校园剧获全市第一】　5月10日，

崇文区革新里小学校园剧《字典公公家里的争吵》获得获北京市校园剧小学组表演一等奖第一名。该剧由学校和专业教师共同创编、辅导，以童话形式教育孩子在张扬个性同时更要懂得赏识他人，热爱集体，珍惜团队共同创造。校园剧表演是革新里小学主打艺术特色，连续4年代表该区参加市艺术节比赛分别获一、二等奖。

（刘培秀　郝洪春　张婷）

【举办教科版高中物理教学研讨会】　5月13日，崇文区教育研修学院物理教研室承办北京市教科版普通高中物理教学研讨会。会议听取崇文区高中课改实施情况，观摩汇文中学《焦耳定律》高一物理展示课。教科版普通物理教材主编、北大物理系教授陈熙谋，中国教育物理教学专业委员会会长郭玉英和特级教师洪安生分别对该节课进行点评。认为《焦耳定律》一课特点是从“玩”中“学”，引导学生从猜想与实验现象的矛盾中，通过思维碰撞提出问题，并且着重突出用实验去验证猜想，用事实为理论找寻依据。会议由教科院基础教育课程教材发展研究中心主办，全市9个使用教科版高中物理教材区县高一物理教研员及教师代表68人参加会议。

（孙丽　郝洪春）

【召开崇文小学办学特色研讨会】　5

月27日，“以情移情”崇文小学办学特色研讨会在崇文小学召开。会议听取崇文小学《用爱·用情·用心做教育——崇文小学“以情移情”办学特色思考与实践》主报告，报告从办学思想提出、办学理念思考、办学实践和成果四方面阐述和剖析“以情移情”办学理念。会上，该校学生通过情景剧《花开的声音》表达“以情移情”对自己成长的影响，3名家长和2名教师交流实行“以情移情”后孩子的变化和自己的感受。与会代表走进全校23个教学班，和学生一同上文化课、校本课、心育课、特色课，感受“以情移情”。会议认为，“以情移情”对教师和学生发展起到积极作用，是教育的理想和真谛，是素质教育的尝试和体现。全区教育系统干部教师及北师大校长培训中心学员400人参加会议。

（刘珊珊　郝洪春　李树新）

【获小学数学优质课观摩评议一等课】　7月16日，崇文区革新里小学刘鹏执教的《分数的初步认识》获中央教育科学研究所组织的第10届小学数学优质课观摩评议会一等课。专家组认为，《分数的初步认识》应用课件引入分数学习，比较直观、清晰；对教学内容把握比较准确；关注全体学生，调动学生学习积极性；学生操作练习比较充分，并为以后教学打下基础。会议评出一等课10节，二等课16节，三等课6节。

（刘培秀　郝洪春）

【景泰小学开展诵读古诗美文考级】 9月1日，景泰小学开展“传承中华文化，诵读古诗美文”考级活动。学校依托《小学生必背古诗80首》制定古诗文背诵计划，将80首古诗分成8个级别，通过学校统一古诗文诵读和分散诵读，一年完成。同时，学校建立学生自评、家长评价、小组评价三级评价体系，开展古诗考级活动，并印发考级证书。考级每月开展一次。至年底，全校1129名学生参与活动，823人次取得七、八级证书。

（刘松梅 郝洪春）

【制定完善小学发展规划】 9月25日，崇文区22所小学完成完善学校规划文本制定工作。规划文本根据学校整体情况、现状分析和综合战略分析制定，内容包括领导班子建设、学校管理与文化、教育教学、教师发展和学生发展等。制定完善学校发展规划是小学规范化建设工程基础性工作，对促进小学教育内涵发展，加强小学教育工作，提高小学整体办学水平和教育质量具有重要意义。该工程2007年11月启动，在项目学校光明小学、板厂小学、景泰小学取得经验基础上全面铺开。

（李银娅 郝洪春）

【获全国体育教学展示活动一等奖】 9月25至27日，一一四中体育教师史宇执教的软式垒球体育课获得“第三届全国中小学生体育教学观摩展示活动”一等奖，并现场作课。该活动由教育部体育卫生与艺术教育司、中国教育学会体育专业委员会主办，全国550节体育课参评，14节课获奖并进行展示。评委认为，展示课体现出教学内容多元化、教学形式多样化、组织形式特色化、学练评价激励化等特点。来自全国各地4000多人参加活动。

（李欣 郝洪春）

【召开中学教学工作会】 10月10日，崇文区教委召开中学教学工作会。会议主题是“强化教学管理、提高课堂效率、提升教育质量”。前门外国语学校、广渠门中学、一零九中分别交流教学管理经验，区教委和研修学院分析2008年高考、中考质量，针对中学特色建设、尖子生培养、生源质量、教学效益等问题，提出进一步建立健全中高考监控、评价、激励机制，打造学校特色，强化常规管理，关注中、高考动向，调整教学方式，提高课堂实效等要求和建议。区委、区政府领导，全区中学校长、主任及研修学院中学教研员80人参加会议。

（杨沛龙 郝洪春）

【举办第八届中青年教师评优课】

10月13日，崇文区教委举办第八届中青年教师评优课。来自13所中学12个学科217名40岁以下教师参赛。参赛教师每周报1节课，4周报3个课题，评委任选其一评比。评优课共评出一等奖56名、二等奖79名、三等奖82名。11月28日，崇文区教委召开总结表彰会，13所中学代表和获奖教师238人参加会议。

（杨沛龙 郝洪春 杨学银）

【召开市级音乐课堂教学研讨会】 10月31日，北京市“从导入开始”新课程理念音乐课堂教学研讨会在崇文小学召开。研讨会就音乐课该如何“从导入开始”激发学生兴趣、提高课堂效率和实效性为重点进行研讨，推出崇文小学音乐公开课《小纸船的梦》和《我的小绵羊》、《海》现场说课，播放革新里小学《茉莉飘香》、永生小学《哦，十分钟》录像课和现场说课片段。研讨会认为，“导入”是教师组织教学的基本技能，是激发学生学习兴趣，提高注意力的重要环节。要把帮助学生更好感受音乐作品作为“导入”依据，要从音乐作品出发，让音乐说话。市、区相关领导及音乐教师，部分区县音乐教研员90人参加会议。

（刘珊珊 郝洪春）

【举办“崇文杯”教学大赛】 11月5日，崇文区举办小学第六届“崇文杯”教学大赛。参赛对象为40岁以下，工作满两年的小学在职任课教师，涉及语文、数学、英语等12个学科。比赛分初赛、复赛和决赛三个阶段。初赛为笔试，内容包括教育教学法规、学科课程标准、专业知识、教学论、心理学及学科课堂教学设计。复赛为现场说课及答辩，主要内容包括：根据规定的课题和格式提交说课稿，阐述教学设计所体现的课程要求、教学思想、学习特征等。决赛形式为课堂教学展示，内容为本学期本年段教材。各小学781名教师参赛，18人获特等奖，50人获一等奖，132人获二等奖。

（李银娅 郝洪春）

【举办五十中办学实践研讨会】 11月13日，崇文区委教工委、区教委召开“以教育评价促全面发展”北京市第五十中学办学实践研讨会。会上，五十中校长魏莘作《以教育评价促全面发展》主报告。五十中教师、魏莘校长工作室成员、内蒙古敖汉旗箭桥中学原校长、五十中毕业生代表和龙潭街道办事处工作人员分别就该校办学实践发言。北师大教育管理学院副院长陈锁明点评认为，五十中以评价制度为抓手，全面推进教育教学工作和教育改革发展，尊重学生、赏识和激励学生，促进学生全面发展的做法，值得广大教育工作者借鉴和思考。市区有关领导，各区县代表，五十中手拉手学校内蒙古敖汉旗箭桥中学和房山区良乡五中代表，以及崇文区干部教师共187人参加会议。

（郝玉林 郝洪春）

【承办北京市诵读研讨会】 12月3日，北京市诵读研讨会在北京文汇中学召开。文汇中学教师许静和范蕾分别以“春之怀古”和“品味牵挂”为题，进行诵读课教学展示。会议认为，诵读教学是一种以情感因素为主线整合学科知识技能的教学方式，对增强学生学习语文兴趣和热情，提高语文综合修养具有重要推进作用，应当在日常教学中加以重视和推广。来自崇文、石景山区教师，以及该校“城乡手拉手”对口学校语文教师90人参加活动。

（赵明静 郝洪春）

【举办第五届班主任基本功比赛】 12月8日，崇文区教委举办小学班主任基本功培训与展示暨第五届班主任基本功大赛。大赛分为三个阶段：第一阶段理论培训与笔试，组织骨干班主任培训班学员学习班主任工作基本理论，结合实际工作撰写班级教育活动设计；第二阶段班会展示与观摩，在第一阶段学习基础上根据班主任撰写的班级主题教育活动设计内容组织现场观摩；第三阶段个人风采展示，通过班主任现场答辩及个人才艺展示，考察班主任教育智慧及文化修养。全区 40 名年龄 45 岁以下班主任参赛，评出一等奖 7 人，二等奖 10 人，三等奖 15 人。

（李银姬　郝洪春）

【举办走进心理健康教育先进校研讨】

12 月 12 日，崇文区教委举办小学“走进心理健康教育先进校系列研讨——走进一师附小”活动。活动主题为“让快乐滋润每一个人的心田”，与会者听取该校校本德育课程——美德课“快乐”及班级团体心理辅导活动课“绘出快乐心情”。该校以《让快乐滋润每个人的心灵》为题，报告学校课堂教学中的心理教育渗透、班级团体心理辅导的策略、心理健康教育在家庭中的延伸等心理健康教育经验。这是该区继走进景泰小学、培新小学后开展的走进心理健康教育先进校系列研讨活动第三站。全区小学德育干部及心理辅导员 40 人参加研讨活动。

（李冉　郝洪春　李银姬）

【召开学校资源整合现场会】 12 月 19 日，北京市“社会大课堂与学校资源整合”主题现场会在自然博物馆召开。会议由崇文区教育研修学院和培新小学联合举办。活动推出培新小学教师郭艳玫和北京自然博物馆王珊、应莺、杨跃玲执教的《探秘行动——动物》课。会议认为，该课程以指导纲要为依据、以本学科内容和教法设计为载体，将学生引入主动思维、建构经验、获得意义学习体验中。学生在教师引领下，在与文本信息、材料设备、他人思想、自我认知、发现问题等活动中亲历自主、分享，收获学习过程。各区县综合实践活动学科教研员、教师代表 130 人参加会议。

（孙丽　张莞霏　郝洪春）

职业与成人教育

【概　况】 2008 年，崇文区职业高中 2 所，设置专业 21 个，教学班 88 个。毕业 989 人，招生 707 人，在校生 2759 人。教职工 423 人，其中，专任教师 220 人。学校占地面积 4.31 万平方米，建筑面积 3.70 万平方米，固定资产总值 4641 万元。全年教育经费投入 6156 万元，其中，国家拨款 5453 万元，自筹经费 703 万元。全区各类成人学校 52 所，社会力量办学 51 所（公民个人办学 23 所、企业办学 9 所、事业单位办学 15 所、社团组织办学 4 所），培训 32863 人次。成人高等学校 1 所，开设专业 39 个。招生 1436 人，毕业 1552 人，在校生 5420 人。教职工 108 人，其中，专任教师 42 人。学校占地面积 2. 1 万平方米，建筑面积 0. 91 万平方米，固定资产总值 1222 万元。全年教育经费投入 288.07 万元，其中，国家拨款 73.16 万元，自筹经费 214.91 万元。

（陈红　郝洪春）

【总结创建学习型街道工作】 1 月 9 日，崇文区教委召开 2007 年创建学习型街道工作总结会。会议通报 2007 年学习型街道调研工作情况，部署 2008 年学习型街道创建工作。会议提出，以“突出重点精益求精、点面结合逐步推进、总结经验注意提升、实事求是务实扎实”为原则，着重做好提高认识、推进各类学习型组织创建、搞好社区教育、加强学习型街道创建基础建设和加强载体建设五个方面工作。学习型崇文建设专家指导组成员，各街道主管社区教育领导，区教委及社区学院有关人员 53 人参加会议。

（陈红　郝洪春）

【召开职业学校总结表彰会】 1 月 15 日，崇文区教委召开职业学校市区级学科带头人、骨干教师示范课及优秀兼职教研员工作总结表彰会。会议总结职业学校骨干教师示范课、兼职教研员工作，表彰 10 名优秀兼职教研员，33 名市区骨干教师。要求全体教师关心学校发展，关注学生需求，提高自身修养，为学校和崇文职教发展作出贡献。区兼职教研员、学校干部 56 人参加会议。

（陈红　郝洪春）

【入选市级创建学习型组织先进单位】 1 月 18 日，经市专家组视导及评估，崇文区体育馆路街道、永外街道及便宜坊烤鸭集团分别获北京市创建学习型社区先进街道、创建学习型企业先进单位称号。3 单位学习型组织创建工作领导重视创建工作，认识到位，思路清晰，工作务实，形成特色，初见成效。

（陈红　郝洪春）

【职业学校举办高级教师开放课】 3 月 10 至 21 日，崇文区开展职业学校高级教师开放课活动。职业学校 54 名高级教师课程全部开放，800 人次教师听课。高级教师围绕学生专业、职业岗位需求精心设计教学环节，教学目标明确，重点、难点定位准，针对性强。专业课操作和概念讲授注重学生能力培养，体现以能力为本位课改理念，课堂教学效果明显。

（陈红　郝洪春）

【举办中青年教师评优课】 5 月 12 至 16 日，崇文区职业学校开展中青年教师评优课活动。全区职业学校 93 名中青年教师作课参加评比。经教学目标设定、学习资源利用、学习环境创设、学习活动指导等方面评分，最终评出区级优秀课一等奖 5 名、二等奖 5 名。

（陈红　郝洪春）

【成立市民教育讲师团】 5 月 29 日，崇文区召开市民教育讲师团成立大会。会议宣读《关于成立崇文区市民教育讲师团工作方案》，向讲师团成员颁发聘书。会议指出，市民讲师团

的成立标志着崇文区市民教育活动迈上一个新台阶，是继中学体育设施向社区居民开放以后教育资源又一次开放，是以民生为重点建设和谐社会的大事，也是学习型崇文建设工作创新之举。市区领导及7个街道办事处、7个社区教育中心领导和居民253人参加成立大会。

（陈红　郝洪春）

【崇文区老干部大学成立】　9月2

日，崇文区老干部大学成立。该大学由区委老干部局主管、依托区职工大学办学，是为离退休老干部服务的老年教育机构。学校以“增长知识、丰富生活、陶冶情操、促进健康、服务社会”为办学宗旨。区老干部局局长任校长，区职工大学校长任副校长。开设书法、国画、摄影、计算机初级、高级5个班，招收学员92人。区职工大学承担教学工作，聘请书法、国画、摄影和计算机优秀教师任课，并配备班主任。

（于娜　郝洪春　钱兆祥）

【崇文职大建校50周年】　10月15日，崇文职工大学庆祝建校50周年。崇文区职工大学1958年成立，是崇文区唯一一所经教育部备案的独立设置成人高等院校。其前身是“崇文区干部业余中学”和“崇文业余公学”，1983年更名为崇文区职工大学。该校经历扫盲教育、学历补偿教育、学历教

育与非学历教育并存三个阶段，完成扫盲、建立职工教育体系、青工“双补”等任务，为全区经济建设提供智力支持。

（于娜　郝洪春　李国盛）

【李刚获“国宝级烹饪艺术家”称号】　10月18日，一七九中校长顾问李刚在首都餐饮业“烹饪艺术专家”评选活动中，被首都餐饮业“名师、名店、名肴”专家评定委员会、首都烹饪艺术家联谊会、首都保健营养美食学会联合授予最高奖项——首都“国宝级烹饪艺术家”称号。李刚从事职业教育34年，潜心研究烹饪教学理论与实践，出版《烹饪刀工述要》、《中国烹饪教学菜式指导》等专著16本；发表论文60余篇，在烹饪教育、科研成果、菜点创新，烹饪文化传承等多方面作出贡献。

（张凤霞　郝洪春）

【成立电大远程教育培训工作站】　10月20日，经北京广播电视大学批准，北京市崇文区现代远程教育培训中心成立北京广播电视大学崇文区现代远程教育培训中心工作站。该工作站是本市首个在社会力量办学单位中被批准成立的电大工作站。工作站承办北京广播电视大学统招学历教育、开放学历教育和非学历教育任务。

（陈月　郝洪春）

【举办全民终身学习周】　10月25至31日，崇文区举办“学习、奉献、快乐”第四届全民终身学习活动周。活动涉及四大类25个项目，全区25000人参与活动。共发放学习资料13000册，宣传材料25000张，制作宣传横幅48条，宣传展板120块，开展教育为民服务、便民服务6项。

（陈红　刘文琪　郝洪春）

【举办市民小教员专题培训】　10月29日，崇文区教委举办市民心理调适与矛盾调处小教员专题培训讲座。讲座将心理调适与和谐社区建设、矛盾纠纷调处及信访代理等项工作有机结合，从如何处理个人、家庭、社区冲突与矛盾三方面进行讲解。7个街道86名市民心理调适小教员参加培训。会后，小教员在各社区开展多种形式的心理调适与矛盾调处市民教育活动。崇文区从1995年开始进行心理调适教育，下岗失业人员、残疾人、青少年学生等15类人群4万多人次受益。

（陈红　郝洪春）

【举办学生基本技能竞赛】　11月24日至12月30日，崇文区举办职业学校学生基本技能竞赛。比赛学科分为文化课和专业课两大部分。涉及数学、语文、英语、政治、调酒、中餐摆台、西式面点、食品雕刻、刀工、烹饪、计算机、电子工艺、电子装配与调试、会计、金融、统计和医药等不同专业内容。比赛进行17场次，参与学生5168人次，其中1551名学生分获技能竞赛第一、二、三等奖。

（陈红　郝洪春）

【研讨市民学校工作】　12月10日，崇文区精神文明办、区教委、市民学校总校召开市民学校工作研讨会。7个街道分别围绕市民学校建设与作用、市民需求教育和社区教育资源整合等内容进行交流研讨。会议认为，市民学校通过市民教育这一载体，促进社区的和谐发展。2008年，全区开展各类市民教育讲座996次，1992课时，开展各种活动100次，10万人次市民参加活动。市区领导及各街道办事处，教委职能部门，区职工大学领导40人参加会议。

（刘文琪　于娜）

教育督导

【概　况】　2008年，崇文区教育督导室有主任、副主任和专职督学、兼职督学共9人。完成全区13所中学初中建设工程督导评估验收和全区19所小学教学工作专项督导评价工作；完成北京市教育执法检查自查工作，接受市教育执法检查；完成接受区人

大执法检查的组织工作；完成市教育督导室交办的在全市推广使用教育评价软件和评价问卷软件研发编制工作；完成义务教育监测工作和义务教育均衡发展督导评价自评工作；完成《崇文区委、办、局、街道办事处贯彻落实国家教育法律责任分解》修订等工作。

（刘钧　郝洪春）

【接受区人大教育执法检查】　5月8日，崇文区教委接受区人大教育执法检查。区人大检查组分别到一师附小、一一四中、景泰小学和五十中进行执法检查。检查认为，区教委和学校认真落实义务教育法，在示范校建设、初中建设工程、特色教育及学校建设等方面取得好的经验和做法，并就面临的新情况和新问题进行研讨。

（刘钧　郝洪春）

【接受市政府教育执法检查】　11月11至12日，市教育督导室教育执法检查组到崇文区进行教育执法检查。检查组听取崇文区贯彻落实教育法律法规情况汇报，组织召开涉及经费保障和师资建设两个座谈会，分别到天坛东里小学、区教育研修学院、一一四中、五十中分校、前门外国语学校、文汇中学、新景小学、体育馆路小学、精忠街小学进行执法检查。检查组肯定该区成绩，并就关注和需要解决的重点、难点问题提出具体建议和明确要求。

（刘钧　郝洪春）

【完成小学教学工作专项督导评价】　11月18日，崇文区教育督导室完成全区19所小学教学工作专项督导评价工作。评价工作通过编制《小学教学工作专项督导评价工作提纲》和《教学工作专项督导评价调查问卷试题》，检查学校各层次、各阶段教学工作的30个要素。部分小学教学干部观摩并参与评价活动。

（刘钧　郝洪春）

【完成教育评价软件研发工作】　12

月2日，崇文区教育督导室在丰台、宣武等区督导室配合下，完成新一轮《北京市普通中小学全面实施素质教育督导评价管理系统》及《督导评价问卷调查管理系统》研发工作。管理软件适用于学校自评和教育督导评价过程中开展问卷调查，实现教育督导工作与现代科技整合，由市教育督导室向全市中小学推荐使用。市教育督导室认为，该系统的推广更新督导手段，对推进教育督导工作现代化进程有重大意义，通过使用评价软件，引领学校更加关注重点，为学校之间相互借鉴提供平台，提高工作效率，减轻学校负担。

（刘钧　郝洪春）

【完成初中建设工程督导验收】　12

月30日，崇文区教育督导室完成全区13所中学初中建设工程督导评估验收工作。该工作始自2007年12月。首先要求学校结合学校三年发展规划，分析判断实施细则中各项指标和要素基础情况，完成自评报告。此后，区评估验收组通过听取校长汇报，召开座谈会或访谈，查看资料，察看校园环境、设施设备，进行干部、教师、学生、家长等四类人员计算机问卷调查，交流反馈等形式，针对学校软、硬件建设进行评估验收。经评估，全区所有中学验收合格。

（刘钧　郝洪春）

中共崇文区委教育工委

书　　记　朱占勋

崇文区教育委员会

主　　任　吴金涛

崇文区政府教育督导室

主　　任　杨明华（10月免）
　　　　　朱占勋（10月任）

宣　武　区

总　类

【77个单位签订平安奥运目标责任书】　3月11日，宣武区召开教育系统“平安奥运行动”动员部署大会。会上，全区77个中小学、幼儿园和教育直属单位与区教委签订“平安奥运行动”责任书。责任书明确三项责任与六项任务。要求各单位以最强有力的组织领导、最高的工作标准、最严密的工作措施，确保奥运安全。对出现影响奥运安全稳定事件与问题单位的领导实行责任追究和一票否决制。宣武区教育系统党政正职及保卫干部100人参加会议。

（宁嘉瑜）

【举办科技节系列活动】　4至5月，

宣武区开展学生科技节系列活动。活

动内容包括宣武区中小学生无线电测向、航空模型、航海模型、智能控制单片机、车辆模型5项科技竞赛。宣武区各中小学900多名科技爱好者参加比赛，300多名选手取得优异成绩。活动由区教委主办、宣武区青少年科技馆承办。

（宁嘉瑜）

【完成2008年高考组考工作】　6月，宣武区考生5056人在9个考点校参加普通高等学校招生考试。高考期间，北京地区持续高温，宣武区各级部门及时采取3项应对措施。一是坚持依法治考，精心组织，严抓考风考纪；二是各部门紧密配合，高效联动，各部门深入到各考点与考点负责人研究具体工作方案，积极开展检查监督工作；三是积极采取措施确保英语听力考试顺利进行。全区高考工作进展顺利，无重大事故和考生违纪现象发生。

（张子辉）

【总结表彰第五届小学优秀班主任】　7月9日，宣武区在回民小学召开小学第五届优秀班主任暨德育干部管理创新论文评选表彰会。会议表彰优秀班主任一等奖14人、优秀班主任31人。两名优秀班主任代表交流班主任工作经验。同时，历时一年的德育干部论文评选活动，最终评出一等奖2名，二等奖7名，三等奖12名。全区小学干部教师近100人参加会议。

（宁嘉瑜）

【亚洲青少会获两枚金牌】　7月3至

14日，六十六中乒乓球队代表中国青少年参加第四届亚洲青少年运动会乒乓球项目比赛。在5个单项比赛中获得两枚金牌（女子单打、女子双打）、一枚银牌（男子双打）和三枚铜牌（男子单打、混双），一名运动员获得乒乓球项目中唯一最佳运动员荣誉，为中国代表团获得总分第三名的好成绩作出突出贡献。比赛在俄罗斯萨哈共和国首都雅库茨克举行，19个亚洲国家和地区参加比赛。中国代表团参加田径、跆拳道、篮球、足球、乒乓球5个项目比赛。

（周晓凌）

【召开教育系统依法治教工作会】　9

月27日，宣武区召开教育系统依法治教工作会。会议就全系统领导干部和财务人员的廉洁自律、依法办学、财务管理提出具体工作意见。要求提高法律意识，严格财务管理，合理制定经费预算，坚持依法办学、勤俭办学，认真做好秋季收费的自查自纠工作。会议下发区委教工委、区教委、区教育纪工委联合制定的《关于进一步严肃财经纪律，加强监督工作的意见》。宣武区教育系统干部及财务人员100余人参加会议。

（宁嘉瑜）

【采取措施减轻学生课业负担】　9月，宣武区教委采取三项措施，切实减轻学生课业负担。一是严格执行中小学作息时间规定。二是进一步提高课堂教育教学质量，指导教师提高课堂教育教学质量，减少课后作业数量。三是建立减轻学生课业负担长效机制。区教委将学校课程安排、作息时间向社会公布，自觉接受学生家长的监督。

（宁嘉瑜）

【纪念改革开放30年】　10月16日，宣武区教委举办“30年光辉历程，30年蓬勃发展”教育系统改革开放30周年回顾与展望系列活动启动仪式，向全系统发放《蓬勃发展的宣武教育》电视专题片。改革开放30周年回顾与展望系列活动，以“回顾发展历程、展示教育成就，坚定改革信念、促进科学发展，凝聚全局力量、再创美好未来”为活动主旨，举办演讲比赛、座谈会、中小学教师基本功展示、中小学艺术教育成果展演等9项活动。

（宁嘉瑜）

【成立第三届名师讲学团】　10月24

日，宣武区召开第三届名师讲学团成立大会。第三届名师讲学团聘请顾问8人，讲学团成员58人。其中，中学成员36人，小学成员19人，幼儿园、校外、成教各1人。2000年起，宣武区组建首届名师讲学团。讲学团以树立名师形象，发挥名师作用，传播先进理念，搭建成才舞台，推动全区教师队伍整体水平的提高为宗旨，通过名师工作室、名师流动工作室，充分发挥名师的辐射带动作用，促进宣武区教师队伍整体水平的提高。

（宁嘉瑜）

【推进教育资源调整】　至年底，宣武区进一步调整教育资源。年内撤并七十八中，十四中分校、十五中分校、华夏女子中学和徐悲鸿中学初中部经过市教委批准，转为全额拨款的事业单位。继续推进十四中新址建设工程，至年底，完成外部结构施工。

（宁嘉瑜）

学前教育

【概　况】　2008年，宣武区共有托幼园所25所，其中，市立幼儿园13所、民办园5所、街道办幼儿园4所、部门办园3所。市级示范幼儿园3所，区级示范幼儿园4所，市级早教示范基地幼儿园12所（其中5所通过验收待挂牌）。全区在园幼儿5347人。

（陈蕾倩）

【发放0～3岁儿童免费教育卡】　3月13日，宣武区教委在回民幼儿园召开0～3岁儿童免费教育卡发放大会。会议下发宣武区《关于开展社区0～3岁婴幼儿早期教育工作的意见》，汇报近年来早教工作的开展情况及取得的成果，讲解儿童免费教育卡发放的意义及具体使用方法。会上共发放免费教育卡280张。全区园长、街道文教科领导、散居儿童和家长100余人参加大会。

（陈蕾倩）

【召开“走进童心世界”研讨会】　5月14日，宣武区在槐柏幼儿园召开第11届走进童心世界研讨会。会议观摩槐柏幼儿园教师陈琳培养幼儿社会性发展的教学活动“装豆比赛”。教学活动体现出“在教育目的性与发展的可能性之间寻找平衡点，并在教育目的性与发展的可能性之间谋求平衡发展的适宜性教育。”活动后，陈琳就《感悟童心世界，真正促进幼儿的快乐与发展》为题作汇报，区教研员对活动进行点评，并组织各园园长、教师开展积极的研讨。全区园长、教师80多人参加活动。

（陈蕾倩）

【举办“红烛杯”幼儿教师基本功赛】　10至12月，宣武区举办第二届“红烛杯”幼儿教师基本功大赛。全区各幼儿园推选出80名教师参加区级比赛，分阶段进行笔试、计算机、才艺展示、口试四项考察内容。最终推选出5名教师参加市级比赛。

（陈蕾倩）

【承办走进宣武现场观摩研讨活动】

11月26日，宣武区承办“北京市贯彻《幼儿园教育指导纲要》——走进宣武现场观摩研讨活动”。活动开放宣武区实验、槐柏、回民、长椿街、第四幼儿园共5所幼儿园，通过半日观摩活动、园长汇报、环境创设、教师组织互动的教学活动，展示宣武区示范幼儿园在贯彻落实《幼儿园教育指导纲要》过程中更新教育理念指导教育实践取得的新成绩、好经验。活动共接待全市专家、教师400余人。

（陈蕾倩）

【举办科研成果展示会】　12月11日，宣武区在长椿街幼儿园召开幼儿园第二届科研成果展示研讨会，展示获得北京市教育科研成果二等奖的“幼儿园区域游戏活动评价策略”研究成果。会议观摩全国模范教师付雁的区域游戏活动，听取付雁题为《关于“什么是真游戏”》的反思，以及课题组《幼儿园区域游戏活动评价策略》研究成果总结汇报。会议肯定“幼儿园区域游戏活动评价策略”课题研究程序规范、成果丰富，肯定宣武区通过课题研究培养教师，打造品牌，服务基层取得的可喜成绩。全区14所幼儿园50人参加会议。

（陈蕾倩）

基础教育

【概　况】　2008年，宣武区小学28所，教学班563个，在校生12427人，教职工2028人，其中，专任教师1615人。普通中学17所（初中2所、完全中学14所、高中1所），教学班487个（初中274个、高中213个），在校学生14875人（初中7646人、高中7229人）。中学教职工2981人，其中，专任教师1976人（初中1062人、高中914人）。初中入学率100%，巩固率100%，毕业及格率96.93%。特殊教育学校1所，开设22个班，在校生247人，教职工59人，其中，专任教师55人。残疾儿童入学率100%，巩固率100%，结业率100%。中小学特级教师9人（小学4人、中学5人），高级专业技术职务教师834人（小学86人、中学748人）。中小学图书馆藏书194.3万册，校舍总占地面积69万平方米，建筑面积65万平方米，固定资产总值34800万元。全年教育经费投入132976万元，其中，国家拨款115846万元，自筹经费17130万元。

（宁嘉瑜）

【举办第10届小学课程改革研讨会】　1月16日，宣武区小学第10届课程改革研讨会暨“宣新杯”课程德育教学实践研讨活动总结表彰会在宣师一附小举行。会议总结“宣新杯”课程德育教学实践研讨活动，白纸坊小学、炭儿胡同小学分别介绍参加“宣新杯”课程德育教学实践研讨活动的思考和做法。本次“宣新杯”课程德育教学实践研讨活动共推出36节现场研究课，分别评出一等奖11节，二等奖12节，三等奖13节。

（张延书）

【分析高一新课程模块检测情况】　2月29日，宣武区教委召开期末质量检测分析会。会议从命题思路、总体情况、成绩与问题以及今后教学建议四个方面总结上学期期末高一模块质量检测的情况。通过调查发现，学生之间学习能力、教师之间教学水平、校际之间综合实力仍存在差距；同一学校不同学科之间也存在不平衡的现象。为此，提出四点建议：一是处理好理想的课程方案与教学实际的关系；二是处理好知识积累、能力培养与学科素养提升之间的关系；三是鼓励教师积极参加市区教研，努力提高校本教研质量；四是营造浓郁的教研氛围，鼓励教师之间良性竞争，为教师提供可持续发展空间。全区中学干部教师约100人参加会议。

（王贞荼）

【举办“游戏治疗与儿童学习”专题培训】　3月22至23日，“游戏治疗与儿童学习”专题培训在回民小学举行。培训是宣武区特殊教育“十一五”教育科研重点培训之一，由宣武区特殊教育中心和北京市社会学学会弱智与自闭症研究分会共同组织。培训邀请香港著名心理治疗师潘伟智博士主讲，通过“游戏治疗”的基本理论、具体方法等4次培训，对3名不同特点和需要的学生进行现场游戏治疗实例操作。全区中小学特教教师200人参加培训。

（宁嘉瑜）

【开展中高考心理咨询】　3月28日，宣武区教委与宣武区计生委共同举办宣武区青春健康赠书暨中高考心理咨询卡发放仪式。会上，宣武区教委向学校师生赠送《青春健康——主题活动教案》和《青春健康学生读本——青春期的故事》两本教学用书。该教学用书根据宣武区青少年学生实际情况，经过4年反复的实践、研究、编写和修改。会上还启动2008年宣武区中高考心理咨询热线，为初、高中毕业生和家长创建答疑、释惑渠道。

（宁嘉瑜）

【总结研讨小学课程改革】 5月16

至23日，宣武区教委举办小学课改系列研讨活动，总结宣武区小学进入国家课程改革实验6年来的经验。其间，分别举办"学校特色研讨——三义里小学校本课程专场"，"学生学业评价研讨——回民小学评价专场"，"教师专业发展研讨——课程提升专业，六年收获精彩"，"学生发展研讨——在阳光下我们共同成长"和"学校管理专场"5个研讨活动。全区28所小学1000多名干部、教师、学生及家长参与活动。

（张延书）

【召开小学规范化建设工程推进会】

6月2日，宣武区小学规范化建设工程推进会在北京第一实验小学举行。会上宣布成立宣武区小学规范化建设工程专家指导委员会，并为专家指导委员会成员颁发聘书。会议总结宣武区小学规范化建设工程实施情况，半步桥小学交流实施规范化建设工程的认识和制定学校五年发展规划的体会。教科院专家就进一步完善规范化建设五年发展规划举办专题培训。全区各小学干部、教师代表150人参加会议。

（张延书）

【启动社会大课堂第一课】 9月1日，北京市中小学生社会大课堂正式启动。北京第一实验小学和宣武区师范学校附属第一小学代表全市中小学校利用首都博物馆的资源，向参加启动仪式的领导、专家和媒体展示三节别开生面的示范课。一节是在古戏楼前唱京剧，画京剧脸谱；一节是在《紫禁城内外的游戏》，展示老北京的传统游戏；一节是在孔子塑像前体验中国古老的射礼和现代射箭运动。启动仪式后，宣武区教委在市教委举办的新闻发布会上向媒体介绍宣武区"大课堂"工作的建设情况。

（宁嘉瑜）

【举办第三届中学德育校长论坛】 9至12月，宣武区举办中学第三届德育校长论坛。本届论坛主题为"新课改背景下教师育德能力的提高与校本德育课程建设"。论坛设立1个总论坛和4个分论坛。4个分论坛分别为示范高中校组、普通完中校组、办学特色校片组和职高校组论坛。22所学校在同类校的分组论坛上发表意见，经无记名推荐的7名校长在总论坛上作主题发言。

（宁嘉瑜）

【举办新课程教学基本功培训】 9至12月，宣武区教委举办小学"宣新杯"教师新课程教学基本功培训与展示活动。活动以"全员参与、全面提高"为原则，全区约90%以上的小学干部教师参与统一笔试环节，内容涉及法律法规、教育学、心理学、学科课程标准、学科专业知识与技能等。同时，随机抽取165名教师参加教学设计、说课答辩、现代教育技术等环节的展示。新课程教学基本功培训与展示活动，促进教师专业化发展，进一步提高教师施教能力。

（宁嘉瑜）

【北纬路中学发布德育校本教材】 10月7日，宣武区教委在北纬路中学举行中学德育校本课程建设现场会暨北纬路中学德育校本教材发布会。现场会由宣武区教委和天桥街道工委、办事处联合举办。会上，北纬路中学发布《空竹》和《节日文化》两本德育校本教材，并从课程、班会、年级活动等角度展示学校德育校本课程建设的特色。全区中学干部、教师代表130余人参加此次活动。

（宁嘉瑜）

【评选优秀教研组和优秀青年教师】 10月9日，宣武区教委召开中学第四届优秀教研组、优秀青年教师和优秀青年班主任评选表彰总结会，全区中学干部教师代表100余人参加会议。会议表彰先进教研组49个，青年教师和班主任一等奖39人，二等奖73人，三等奖97人。评选工作自2006年9月开始，历时两年。活动中，全区35岁以下青年教师均参加做课、评课、撰写课例、案例等系列活动。共推出191节课，41节主题班会，69个教研组活动展示，参与者约6000人次。

（王贞茶）

【启动中学跨校选修项目】 10月11日，宣武区中学跨校选修项目在6所示范高中校同时启动。6所学校各推出一门综合类校本课程，供学生跨校选修。6门课程分别是：十四中的《宣南文化》、十五中的《数学建模》、六十六中的《如何设计海报》、师大附中的《生命伦理学》、育才学校的《综合艺术修养》以及回民学校的《民族体育项目简介》。至年底，全区高二新生200人参加跨校选课。

（宁嘉瑜）

职业与成人教育

【概　况】 2008年，宣武区中等职业学校共3所，其中宣武区第一职业学校、第二职业学校为国家级重点学校，宣武区第三职业学校为市级重点校。3所职业学校占地面积88431平方米，建筑面积84928平方米。在校生2437人，开设专业（工种）14个，95个教学班。教职工533人，其中，专任教师292人。专任教师中，高级教师93人。各级各类成人教育学校111所。其中成人高等学校2所，开设78个专业，在校生8984人，招生2843人，毕业1796人，教职工131人，其中，专任教师67人。民办教育单位109所，教职工2681人，其中专任教师450人，兼任教师1414

人，全年培训 120587 人次。

（刘钟仁）

【评估学习型社区】 1至4月，宣武区创建学习型社区专家评估组完成 35 个社区居委会的创建学习型社区工作。评估组按照评估程序分别听取各社区居委会党委书记《创建工作自评报告》，观看多媒体演示文稿，查阅创建工作档案，召开社区居委会书记、主任、青教主任等有关人员参加的座谈会，最终以文件形式书面反馈评估意见。至年底，共评出 31 个创建学习型社区先进居委会、15 个社区教育先进居委会，先进居委会占总数的 42.7%。

（汤毅　高晓宁）

【出版《宣南文化市民读本》】 4月29日，宣武区“宣南文化名家讲坛启动仪式”暨《宣南文化市民读本》首发式在宣武区文化馆小剧场举行。《宣南文化市民读本》由宣武区委宣传部、宣武社区学院和宣武区文明市民学校总校共同编写，对宣南文化的重要元素进行初步的梳理和客观反映，力求通俗易懂，使更多的市民群众了解宣南文化。仪式上，首批 5000 册《宣南文化市民读本》免费发放到全区 8 个街道社区。

（赵慧声　汤毅）

【职普联合开发校本课程】 5月15日，宣武区教委启动职普校本课程开发工作。六十六中与二职、三职，华夏中学与一职，十五中分校与三职，共同开发校本课程。至年底，立项开发的校本课程有形体礼仪、个人理财、茶文化、平面广告、运动员常见病的预防、中华药膳共 6 项，参与师生 600 人。

（刘钟仁）

【民办学校爱心捐助】 6月4日，宣武区民办学校“热心公益事业，爱心捐助活动”捐赠仪式在房山区长阳镇阎仙垡小学举行。64 所民办学校共捐款 4 万余元，为阎仙垡小学购置课桌椅、讲桌、黑板、书架、电视机、图书、体育器材等物品。捐赠活动由宣武区民办学校工会委员会发起。

（汤毅　王竞艳）

【成立首家促进教育发展协调委员会】 9月8日，广内街道工委、广内街道办事处与宣武区教委联合成立宣武区促进教育发展协调委员会。该委员会由区委教育工委、区教委、广内街道工委、广内街道办事处、区政府职能部门派驻地区机构、辖区教育单位和社区居委会组成。主要任务是为地区教育发展搭建平台，协助区教委和辖区教育单位落实教育工作任务，协调解决地区教育单位与教育事业发展中存在的突出问题，动员社会单位进行社会资助办学，大力开展社区教育工作，为广内地区的教育发展发挥好协调和促进作用。

（汤毅　赵慧声）

【中青年骨干教师带薪脱产培训】 9月25日，宣武区中青年专业骨干教师带薪脱产培训班在北京市教育学院宣武分院开学。中等职业学校 45 岁以下，教龄不少于 5 年的中青年专业骨干教师和青年干部 35 人参加学习。培训课程的目标是了解和掌握最新的专业教育教学改革和课程建设的理论、方法，拓展专业知识广度和深度，提高科研能力，培养“双师型”教师。

（刘钟仁）

【举办全民终身学习活动月】 10月19日，宣武区教委、广内街道办事处和宣武区成人教育学会在广内长椿苑举办“宣武区全民终身学习活动月宣传日启动仪式”。本次活动月的主题为“学习、奉献、快乐”，旨在宣传全民学习、终身学习理念，构建全民学习、终身学习的学习型城市。启动仪式后开展成人教育、职业教育、幼儿教育、医疗保健、法律救助等宣传咨询活动。活动月期间，各街道和社区市民学校将组织各类文体教育等公益活动。

（汤毅　赵慧声）

【宣师二附小通过学习型学校验收】 10月30日，宣武区宣师二附小通过北京市学习型组织建设专家组评估验收，成为宣武区首家市级创建学习型先进学校。北京市学习型组织建设专家组通过对学校的档案管理、校长汇报、教师问卷调查、校园考察等全方位的分析、检查和评估，对学校在 3 年时间里把创建工作落到教育教学工作实处给予充分肯定。

（汤毅　赵慧声）

【召开民办教育工作会】 12月25至26日，宣武区教委召开 2008 年民办教育工作会。会议回顾改革开放 30 年宣武区民办教育的变化，布置 2008 年年度报告和换发办学许可证工作。2008 年，宣武区将换发办学许可证工作与年度报告工作一并进行。会议邀请新华社世界问题研究中心研究员李长久举办“当今世界经济状况与趋势”专题辅导讲座。全区 96 所民办学校负责人 100 人参加会议。

（王竞艳　汤毅）

【完成年度社区教育工作】 至年底，宣武区社区教育工作显著。各街道为保证适龄儿童接受九年制义务教育，共资助特困生 862 人，资助经费 80.916 万元。8 个街道为学校办实事 143 件，投入经费 67.5915 万元。开展居民素质教育、青少年校外教育、市民法律法规培训、老年教育、下岗人员再就业培训、外来务工经商人员培训、普及英语培训、市民家政培训等，628968 人次参加学习活动，街道全年共支出经费 315.135 万元。

（汤毅）

教育督导

【概　况】 2008 年，北京市宣武区教育督导室负责对区内的幼儿园、小学、中学、职业高中、成人教育等各类学校（园）的办学方向、管理水平和教育质量进行监督、检查、评估、指导；对区有关委、办、局、街道办事处履行教育法律、法规的执法责任和实施素质教育目标责任制的落实情况进行监督检查；对区有关行政部门领导和管理教育工作的情况实施督导；对教育工作中的重大问题进行调查研究，提出意见和建议。年内，宣武区教育督导室认真贯彻《北京市教育督导规定》和区教育工作会议精神，坚持“督学”与“督政”相结合，认真开展教育督导评价工作，努力发挥教育督导功能，加强教育执法监督，推进素质教育实施，促进区域教育均衡发展。

（赵宇）

【随访督导区文化委】 6月12日，宣武区教育督导室依据《宣武区实施素质教育目标责任制评价方案（修订

·试行）》对区文化委员会进行随访督导。随访督导后，针对文化委在此项工作中取得的成绩和有待改进的问题，给予书面反馈。对区委、办、局、街道办事处的督政工作，有利于营造实施素质教育的良好氛围，使各单位的工作形成合力，全面有效推动素质教育的实施。

（赵宇）

【市督导检查组检查初中建设工程】 11月19至20日，市督导检查组专项督导宣武区初中建设工程。检查组听取区教委和区教育督导室工作汇报，查阅相关档案材料，召开硬件组和软件组座谈会，实地考察广安中学、一四零中学和十四中分校。在督导检查中，检查组充分肯定宣武区初中建设工程所取得的成绩，同时在加强教师队伍建设、更新教学理念和改变教学方法等方面提出建议。

（宁嘉瑜）

【完成教育执法自查】 至年底，宣武区教育督导室检查贯彻落实《教育法》、《义务教育法》、《职业教育法》、《教师法》及市区实施办法中若干规定的执行情况，督促有关部门依法履行教育职责，保障教育经费的“三个增长”。结合北京市《关于开展2008年教育法律法规执行情况督导检查的通知》精神，成立以区委常委、常务副区长为组长的宣武区2008年教育执法检查工作领导小组，召开2008年教育执法检查工作会议。通过自查，肯定教育依法行政的落实情况。此外，针对2007年市教育督导室在教育执法检查工作中提出的问题进行认真整改。完成宣武区教育执法检查的自查报告，上报市督导室。

（赵宇）

【完成综合督导工作】 至年底，宣武区完成年度综合督导工作。上半年，依据《宣武区中等职业学校全面实施素质教育评价指标体系》、《宣武区幼儿园全面实施素质教育评价指标体系》，完成对5所学校和幼儿园（分院附中、宣武二职、陶然亭小学、回民小学、回民幼儿园）的综合督导。下半年，会同区教工委、教委有关科室和分院二部、信息技术中心、招生考试中心、街道办事处对1所中学（外国语实验学校）、1所小学（南菜园小学）、1所幼儿园（三义里第二幼儿园）进行综合督导试评。全年综合督导共听课670节次（其中教研员听课312节），参加主题班（队）会146节次，个别访谈干部、教职工272人次，分别对干部、教职工和部分学生、家长进行问卷调查，在综合分析的基础上对学校工作做出评价。除逐校反馈评价意见外，督导室还在教育系统书记校长会上，通报督导情况，对被督导学校（幼儿园）的共性成绩和问题进行总结分析，提出改进建议。

（赵宇）

中共宣武区委教育工委

书　记　高子中

宣武区教育委员会

主　任　高子中

宣武区政府教育督导室

主　任　王永新

朝　阳　区

总　类

【评选教育年度人物】 1月6日，朝阳区委教育工委、区教委召开朝阳区教育系统“教育年度人物”表彰会。朝阳区新源西里小学校长梁松梅、北京市电气工程学校教师刘建坡、朝阳区金色摇篮潜能开发婴幼园园长程跃、朝阳区劲松第一幼儿园园长于渊莘、北京市樱花园实验学校校长孙宝贵、北京市求实学校校长林安杰、北京市第十七中学教师陈洪、北京工业大学附中校长李军、朝阳区呼家楼学区大队辅导员刘治国、北京拔萃双语学校高一（1）班学生叶璐被评为“教育年度人物”。

（赵光）

【撤销13所学校编制】 1至10月，朝阳区教委撤销13所学校编制。1月23日，东小井小学与驹子房小学合并。合并后新校名北京市朝阳区驹子房小学，撤销东小井小学编制。3月15日，西坝河小学与朝师附小合并。合并后新校名北京市朝阳师范学校附属小学，撤销西坝河小学编制。3月17日，北湖渠小学与望欣园小学合并。合并后新校名北京市朝阳区望欣园小学，撤销北湖渠小学编制。5月22日，光华路第一小学、光华路第二小学合并，合并后新成立北京市朝阳区光华路小学，同时撤销光华路一小、二小的编制。8月23日，辛庄小学与石佛营小学合并。合并后新校名北京市朝阳区石佛营小学，撤销辛庄小学编制。8月23日，双桥三小与双桥一小合并。合并后新校名北京市朝阳区双桥第一小学，撤销双桥三小编制。8月23日，北甸小学与北京市朝阳区孙河中心小学合并。合并后新校名北京市朝阳区孙河中心小学，撤销北甸小学编制。8月25日，水牛房小学与豆各庄中心小学合并。合并后新校名北京市朝阳区豆各庄中心小学，撤销水牛房小学编制。8月25日，东坝三小与东坝中心小学合并。合并后新校名北京市朝阳区东坝中心小学，撤销东坝三小编制。8月25日，呼家楼三小与针织路小学合并。合并后新校名北京市朝阳区针织路小学，撤销呼家楼三小编制。8月25日，建国里中学与一一九中合并。合并后新校名北京市第一一九中学，撤销建国里中学编制。10月31日，白家庄中学与体育场路中学合并。合并后新校名北京市体育场路中学，撤销白家庄中学编制。

（李成）

【两校更名】 7月3日，朝阳区教委决定将十里堡二小整体迁入青年路南罗马嘉园配套学校。因十里堡二小属于地名命名校，迁入新址后不能再沿用此校名，学校更名为“北京市朝阳区罗马嘉园小学”。更名后学校隶属关系不变。11月7日，朝阳区芳草地小学举行揭牌仪式，正式更名为芳草地国际学校。

（赵光）

【新成立3所中学】 7月7日，北京市华侨城黄冈中学成立。该校由湖北省黄冈中学承办，隶属于朝阳区教委。学校位于朝阳区金蝉欢乐园一号院甲一号，属于事业单位，全额拨款。占地面积2.09万平方米，建筑面积1.21万平方米。学校规模为36个教学班。9月22日，北京师范大学朝阳附属中学成立。该校由北京师范大学承办，位于朝阳区洼里地区澳林春天小区内，学校隶属区教委，事业单位，全额拨款。学校占地面积1.29万平方米，建筑面积1.59万平方米。学校规模为30个教学班。9月19日，北京师范大学朝阳附属小学成立。该校由北京师范大学承办，位于朝阳区林萃路倚林佳园26号，学校隶属区教委，事业单位，全额拨款。学校占地面积0.98万平方米，建筑面积0.68万平方米。学校规模为24个教学班。

（李成）

【垂杨柳中心小学成立金都分校】 7月17日，垂杨柳中心小学成立金都分校。分校位于朝阳区金都杭城住宅小区内，占地面积1.24万平方米，建筑面积0.62万平方米，办学规模24个教学班。

（李成）

【成立劲松二幼】 8月29日，朝阳区教委决定北京市朝阳区劲松第一幼儿园华威部与劲松二部两址合并，整合成立新园。两址整合后新园命名为北京市朝阳区劲松第二幼儿园。两址原有教职员工（含退休教职员工）、学生、财产、设备设施、校舍等均由劲松二幼统一管理、安排。该园隶属区教委，事业单位，全额拨款。

（李成）

【完成奥运服务工作】 8至9月，朝阳区教育系统近2万人参加奥运服务工作。其中，区教委累计派出106名师生参加15个奥运场馆和上级指挥部门的奥运筹备和赛时保障工作。组织133名教师驾驶员志愿者参加奥运会交通志愿服务工作，占到全区驾驶员志愿者总数的三分之一。组织教育系统5942名城市志愿者开展信息咨询、语言翻译等站点服务工作，累计服务时间12万余小时。组织师生参加奥运会、残奥会火炬朝阳段传递、男女公路自行车比赛、男女马拉松比赛沿线志愿服务，累计提供13400人次志愿服务。动员1227人登记注册成为奥运应急无偿献血志愿者。

（张磊）

【举办人力资源管理高级研修班】 9月28日，朝阳区委教育工委、区教委与北师大合作举办的中小学校长人力资源管理高级研修班结业。29名学员参加为期一年的培训，其间，学员3次集中学习，导师两轮下校指导，取得教师人力资源管理工具《教师手册》（包括1套通用模版和28套各校模版）等研修成果。

（赵光）

【两校设立新校区】 10月9日，十七中设立百子湾校区。新校区占地面积2.57万平方米，建筑面积1.16万平方米，办学规模24个教学班。11月10日，三里屯一中设立百子园校区。新校区位于朝阳区百子园20号住宅小区内，学校占地面积2.69万平方米，建筑面积0.93万平方米，办学规模36个教学班。

（李成）

【40名校级干部境外培训】 11至12月，朝阳区教委组织两批40名校级干部分别赴美国和英国进行为期三周的境外学习培训。主要内容涉及教育管理体制与办学模式、教育理念与教学思想、课程的设置实施与评估、校长领导力与管理实务等。

（赵光）

【多渠道引进人才】 至年底，朝阳区教委加大人才引进力度，广泛招纳人才。一是面向全国公开招聘优秀教师。共受理申报3800人，确定27名引进对象，已经办理19人，其中，特级3人、省级骨干13人、市级骨干3人。二是通过短期人才聘用引进方式，为义务教育阶段学校聘用9人。9人全部是特级教师（中学2人、小学7人），其中享受政府特别津贴3人。三是通过公开招聘为教育单位补充人员。全年举办两次公开招聘会。受理1252人报名，审批同意769人，其中市级骨干教师4人。

（赵光）

【推进支教工作】 至年底，朝阳区教委推进支教工作，为农村学校提供师资保障。一是落实全职支教选派任务，2008～2009学年度共选派全职支教教师95人，其中本区支教72人（小学81人、中学14人）。二是组织开展支教大学生选聘工作，810名大学生申报支教朝阳，经审核确定55名优秀毕业生到朝阳区54所农村中小学支教，其中硕士毕业生16人，本科毕业生39人。三是选派援疆教师3人。

（赵光）

【完成教育系统年度审计工作】　至年底，朝阳区教委教育系统年度审计工作。其中，完成15项经济责任审计工作，审计金额139598.7万元，纠正财务处理不当及违规资金425.9万元，清理账外资产0.6万元。完成18所学校资源整合审计工作，审计金额20114.2万元，纠正财务处理不当及违规资金560.6万元，清理账外资产117.7万元。完成3所学校的改制审计，纠正财务处理不当及违规资金28.1万元，清理账外资产1.45万元。完成417个10万元以下的工程项目决算审计，审计金额3695.25万元，节约资金209.08万元。监督管理53个招投标项目，审计金额1881.43万元，节约资金63.85万元。完成53所民办幼儿园财务审计工作，对审计中发现问题，要求民办学校进行限期整改，规范民办教育管理。

（赵光）

【完成校舍修缮投资34250万元】　至年底，朝阳区教委国有资产管理中心完成修缮工程投资34250万元。其中，教育教学用房土建维修85项，电气工程45项，水暖85项，防水工程42项，绿化工程8项，并完成各校387项自立工程的立项审批，质量监督，竣工验收，结算送审及资料整理工作。在奥运会召开期间，克服不允许施工、工程材料无法运输等不利因素，基本完成45所初中校达标建设工程和55所小学规范化达标建设工程。全区116校电增容及线路改造工程全部在高考前完成施工任务，确保高考顺利进行。

（刘扬）

学前教育

【概　况】　2008年，朝阳区幼儿园153所，其中，市立园24所，民办园47所，企、事业办园57所，街道办园13所，乡、村办园12所。幼儿入园率93%，在园幼儿37709人，新入园幼儿13636人，离园幼儿9450人。全区幼儿园教职工6615人，其中，专任教师3608人。

（叶蕾）

【举办教师基本功展评】　4月，朝阳区教委举办幼儿教师基本功展评。活动旨在引导全区幼儿教师积极参与教育教学基本功的学习、提高和培训活动，加强朝阳幼儿教师队伍师德建设。全区各类幼儿园313名教师报名参加，经过口试、才艺展示阶段评比，最终推荐出34名教师代表朝阳参加全市评选。

（叶蕾）

【表彰支教先进】　9月4日，朝阳区教委召开“手拉手”支教先进单位表彰会。松榆里幼儿园、首都机场第三幼儿园等10所幼儿园被评为支教先进单位。朝阳区示范幼儿园与二级二类及以下幼儿园“手拉手”支教活动启动于2006年，活动中，示范园选派师德修养好、业务能力强的骨干教师，通过“一对一”的示范、帮扶，给予对口幼儿园教师具体、有针对性的指导。全区153所类型幼儿园的园长及保教主任近200人参加表彰会。

（叶蕾）

【举办园所文化论坛】　9月23日，

朝阳区教委举办“幼儿园园所文化建设”园长论坛。围绕“人文文化建设”主题，和平街幼儿园、三里屯幼儿园、安华里第二幼儿园等10名园长分别就园徽、园旗、园歌在传承园所文化中的特殊意义，以及如何通过品牌特色活动彰显园所文化理念等议题进行讨论。

（叶蕾　徐亚利）

【举办贯彻“纲要”现场会】　11月19日，朝阳区教委举办“北京市贯彻《幼儿园教育指导纲要》走进朝阳现场会”。安华里第二幼儿园、三里屯幼儿园、惠新里幼儿园、刘诗昆音乐

艺术幼儿园作为贯彻“纲要”试点园承办观摩研讨活动。来自全市各区县幼儿园幼教同行300人参加会议。2004年，朝阳区被北京市确定为贯彻《幼儿园教育指导纲要》试点区。

（叶蕾　刘洋）

【展示特教示范基地成果】　12月9日，朝阳区教委在朝阳区新源里幼儿园举办“满足社会不同需要，提高园所办园质量——北京市学前特殊教育示范基地阶段性成果展示”现场会。会上，新源里幼儿园以《同享一片蓝天，让爱温暖童年》为题，报告该园历时6年形成的“以融合式教育为主导，在随班就读中促进特殊需要儿童和健全儿童双向发展”教育模式，展示3种“随班就读”教学形式。一是“小组补偿活动”，特教教师组织特殊需要儿童以小组的形式，实施有目标性的教学活动。二是班级融合活动，特殊需要儿童融合到普通班级，和普通儿童一起参加游戏学习活动。三是个别训练，特教教师组织“一对一”的有针对性教学活动。新源里幼儿园2005年6月被市教委命名为“北京市学前儿童特殊教育示范基地”。朝阳区44所一级一类幼儿园园长参加现场展示会。

（叶蕾）

基础教育

【概　况】　2008年，朝阳区小学144所，教学班2931个，招生15450人，毕业16801人，在校生82240人。小学入学率100%，巩固率100%，毕业率100%。教职工7001人，其中，专任教师6176人。中学78所（高中3所、完中23所、初中32所、一贯制学校20所）。教学班1625个，招生17252人（初中11390

人、高中5862人），毕业14640人（初中7818人、高中6822人），在校生52623人（初中33189人、高中19434人）。教职工7438人，其中，专任教师5256人。特殊教育学校1所，附设特教班学校6所，开设班级36个，在校生266人，教职工84人，其中，专任教师64人。校外教育单位4个，教职工136人，其中，专任教师73人。小学教师学历合格率95.9%，初中教师学历合格率91.9%，高中教师学历合格率98.8%。中小学特级教师35人（中学23人、直属单位12人），高级专业技术职务教师1169人（小学47人、中学1122人）。校舍总占地面积378.26万平方米，总建筑面积251.86万平方米，图书馆藏书775.07万册，固定资产总额461776.93万元。全年教育经费总投入343552万元，其中，国家拨款290046万元，自筹经费53506万元。

（李庆春　赵光）

【首次举办民办教育论坛】　1月2

日，朝阳区教委举办首届民办教育论坛暨民办教育协会年会。会议明确朝阳区民办教育的发展思路，进一步理顺政府与行业协会之间的关系，展示朝阳区民办学校先进的教育理念、灵活的办学机制、多元的办学模式和鲜明的教育特色。全区350所民办培训学校代表参加会议。

（赵光）

【启动小学特色项目建设】　3月，朝阳区教委制定《朝阳区小学特色建设工作方案》，并召开朝阳区教育系统小学特色建设启动大会。各校在自评的基础上提出办学特色申请，由学区评估小组依据《朝阳区小学确定特色建设项目评估表》和学校实际评估。依据专家评审意见，全区确定办学特色项目学校30所，并给予财政支持。

（唐京文）

【启动小学儿童阅读促进工程】　4月2日，朝阳区教委举办"同品书香韵味，共享心灵阳光"朝阳区儿童阅读促进工程启动仪式暨第二届中国儿童阅读日系列活动。至年底，全区各校举办134场阅读活动和阅读成果展示展示，朝阳区儿童阅读逐渐从学校走进家庭，走进社区。活动中，《书香》杂志编印出12本活动成果集。

（唐京文）

【初中教师基本功赛获奖】　4月13

日，朝阳区教师参加全市初中教师基本功竞赛获奖。全区14个学科52名教师获奖，其中一等奖28人、二等奖16人、三等奖8人，获奖总数居18区县之首。

（赵光）

【小学规范化建设启动】　4月，朝阳区教委召开小学规范化建设工程启动大会。会议作小学规范化建设的动员报告，解读《朝阳区小学规范化建设工程规划》，就工程的实施与验收提出工作要求。朝阳区小学规范化建设工程第一批投资5000万元用于54所小学的规范化达标。同时对超龄危旧校舍进行改造，5年内将新建5所教辅中心。教委各科室、各直属单位负责人、各学区管委会主任、督导站站长、各小学校长共200余人参加会议。至年底，召开3次小学规范化建设学区推进工作阶段汇报会，并组成6个专家小组指导学校制定规范化建设工程五年发展规划。

（唐京文）

【检查教学管理工作】　9月，朝阳区教委组织学区、直属校教学干部36人，检查全区小学150名校长教学管理档案。经检查，88.3%的校长评为优秀，11.7%的校长评为合格。检查结果表明，校长们能够深入教学第一线，及时把握教学状况，认真指导教师干部的工作，指导教师的课堂教学，指导教研组活动。同时，组织学区互查，重点检查全区小学教学干部听课评课、检查备课、检查作业、个别指导教师、参加教研组活动等教学常规管理工作。检查发现，全区绝大多数教学干部教学管理基本功扎实，工作作风严谨。

（唐京文）

【举办语文教师讲述大赛】　9至10

月，朝阳区教委举办语文教师讲述大赛。比赛以现场给学生讲故事的形式，考核语文教师讲述能力。全区100名语文教师参加区级比赛，经决赛和展示活动，124名教师获奖。

（唐京文）

【召开小学质量工程启动大会】　10月31日，朝阳区教委召开朝阳区小学落实"质量工程"启动大会。会议就"质量工程"实施方案作重点说明，突出强调三点。一是从教育内外部发展的背景上理解"提质减负"思想内涵。"提质"不是简单地提高学科考试分数，更重要的是着眼于学生全面发展，在综合素质全面提升基础上提高质量；"减负"不仅是减轻学生过重的课业负担，也包括减轻学生过重的心理负担。二是要把工作的着力点放在提高学校教学管理水平和教师教学能力上。三是市教委提出的课程计划安排、学生在校作息时间、学生作业时间等刚性指标是"提质减负"工作基础，各校务必要明确指标内涵，达到要求。全区小学校长、教学干部200人参加会议。

（唐京文）

【成立小学优秀班主任工作室】　10月，朝阳区成立"郑丹娜班主任工作室"。工作室发挥全国优秀班主任郑

丹娜的引领、示范和指导作用，组织全区班主任共同探讨班主任工作的经验与方法，为打造优秀班主任群体搭建平台。优秀班主任工作室采取集中学习与分散研究相结合活动方式，包括理论学习、专题研讨、主题论坛、课题研究、反思总结和交流展示等。

（于辉）

【举办全国中小学校长论坛】 11月27日，市教育学会、朝阳区教委举办“特色·质量·品牌”全国中小学校长论坛。来自全国22个省市自治区的70名中小学校长，以及北京市各区县代表，共180人参加论坛。论坛活动包括主题演讲和参观活动两部分，11名校长发表演讲。论坛提出要打造更多的名校，要积极实现温家宝总理提出的“教育家办学”的思想。实现教育家——校长办学，教育家——教师教学，教育家——行政后勤人员管理学校。

（赵光）

【检查学校人文文化工作】 11月，

朝阳区教委检查学校人文文化建设。检查由各学区管委会主任、书记率队，检查136所小学。检查内容包括人文文化建设的组织与管理、理念与宣传、行为与规范、校园文化活动。通过学校间互查，交流各校人文文化建设经验，进一步明确学校文化的内涵、内容和建设要求。

（于辉）

【调整多媒体教室配备标准】 至年底，朝阳区教委调整多媒体教室设备配备标准。该区在执行市颁标准“专用教室多媒体配备标准为班级总数的三分之二，普通教室为三分之一”的基础上，将专用教室提高到100%配备，普通教室提高到60%配备。

（赵光）

【审批优秀学科校】 至年底，朝阳区教委举行学科达标创优活动。146所学校申报达标创优，经区教委审核，评出优秀学科349个，占全区总学科数的26.6%；达标学科636个，占全区总学科数的48.4%；尚未申报的学科329个，占全区总学科数的25%。

（唐京文）

职业与成人教育

【概　况】 2008年，朝阳区职业高中8所，其中，国家级重点学校3所，省部级重点学校1所。设置32个专业，开设402个教学班，招生4288人，毕业3540人，在校学生12294人。教职工1256人，其中，专任教师812人。学校占地面积33.11万平方米，建筑面积21.5万平方米。全年职业教育专项经费8719万元。全区成人教育学校19所，校舍总面积2.30万平方米，学校设备总值397.6万元。村级成人学校110所，校舍总面积2.06万平方米，学校设备总值414.41万元。街道社区学校17所，校舍面积2.76万平方米，学校设备总值60.83万元。

（李平）

【表彰职业教育教学标兵】 1月15日，朝阳区教委召开第二届职业教育教学标兵评比表彰大会。表彰会综合评价教师说课、课堂教学、教科研能力，表彰12名教学标兵。大会交流两名教师教学经验。全区教师400人参加表彰会。

（蔡翔英）

【举办职业院校技能大赛】 1至4

月，朝阳区教委举办迎奥运职业院校技能大赛（朝阳职教赛区）。朝阳区15所高职、中专、职高、技校6618人参加44个工种比赛。经过初赛、复赛，11人获得技师称号，51人被评为高级工，1421人被评为中级工，516人被评为初级工。

（张宜寰）

【入选全国社区教育示范区】 2月29日，全国社区教育示范区评选工作结束，全国34个单位获奖。北京市朝阳区、西城区、海淀区3个区入选全国社区教育示范区。

（赵光）

【举办京城流动人口女子读书社】 4

月22日，京城首批流动人口女子读书社活动启动仪式在朝阳社区学院举行。首批流动人口女子读书社分别设在和平街街道十四社区、香河园街道西坝河东里社区和北京市民族艺术职业学校。女子读书社在女性流动人口中，倡导“读书使人快乐，知识改变命运”，开展读书心得体会交流、互荐好书、组织讲座和座谈以及外出参观等活动。社区学院为每个读书社的成员挑选合适的书籍，并为她们免费办理图书证，学院的图书馆也将向读书社成员免费开放。此外，学院还邀请北师大学生社团“农民之子”的大学生志愿者长期辅导读书社成员。

（齐朋）

【举办心理技术培训】　6月和9月，朝阳区教委举办两期职业学校骨干教师心理技术培训。培训对象以学校的德育干部、心理教师、班主任为主。通过培训教师了解学生的心理发展规律和特点，普及心理健康教育所知识和能力，丰富教师心理教育理论和技能，提升教师的心理健康水平。共有15所学校6618名教师参加两期培训。

（张宜寰）

【评选职业学校德育先进】　7月，朝阳区教委完成职业学校2007至2008学年德育工作先进评选工作。共评选出区级优秀班主任35人、先进德育工作者12人、三好学生262人、优秀学生干部142人、先进班集体15个。同时，指导各校开展“情系奥运，文明礼仪伴我行”主题教育，评选区级文明礼仪使者462人、文明礼仪班45个。

（张宜寰）

【召开社区教育项目交流会】　9月27至28日，朝阳区教委召开社区教育项目交流会。会上，八里庄、酒仙桥街道交流开展社区教育项目实践经验，幸福泉教育集团交流“幸福教育计划”项目。会议布置社区教育项目工作，要求探索社区教育工作管理的新机制，有效整合社会教育资源，形成工作合力，打造社区教育品牌。全区42个街乡主管社区教育的负责人参加会议。

（朱萍）

【实施“幸福成长计划”计划】　10月19日，北京市朝阳区0～3岁婴幼儿社区教育行动——“幸福成长计划”启动会在望京实验学校举行。会议为来广营、奥运村、双井、望京和高碑店5个第一批试点街乡颁发“儿童发展测评指导基地”牌匾。“幸福成长计划”是北京市幸福泉儿童发展研究中心与朝阳区教委联合推出的婴幼儿社区教育活动。该项目以政府推动为手段、以专家指导为依托，运用幸福泉多年研发的婴幼儿潜能开发技术成果，通过北京市朝阳区社区服务平台，为0～3岁婴幼儿家庭开展早期教育提供指导服务。全国十五城区协作会代表和朝阳区社区教育领导70人参加会议。

（张宜寰）

教育督导

【概　况】　2008年，朝阳区教育督导室负责对区内幼儿园、中小学、职业高中、成人教育等各类学校办学方向、管理水平和教育质量进行监督、检查、评估和指导；对区有关委办局、街道办事处、乡政府履行教育法律法规执行责任和实施素质教育目标责任制落实情况进行监督检查；对区有关行政部门领导和教育工作管理情况实施督导，对教育工作中重大问题进行调查研究，提出意见和建议。年内，朝阳区教育督导室坚持以全面实施素质教育和办人民满意的教育作为督导工作的重点，按计划完成全年的督政和督学任务。

（张明）

【完成每天一小时体育活动专项督导】　3至4月，朝阳区教育督导室完成全区60所中学和154所小学学生每天一小时体育活动情况专项督导。督导结果表明，中学体育课全部按照课程要求开足开齐率达到100%；课间操优秀率达到83%；课后体育活动优秀率达到88%。小学督导检查结果为“好”的学校123所，占被查学校的80%。比上年督导检查提高5个百分点；督导检查结果为“较好”的学校31所，占被查学校的20%；检查结果无“较差”的学校。

（张明）

【完成初中建设工程问卷调查】　5月13日至6月5日，朝阳区教育督导室完成初中建设工程第三批验收学校及部分复验问卷调查。调查涉及19所学校，包括干部、教师、学生和家长4套。问卷总分值68分，占初中建设工程软件评估验收分数的68%。调查共发放3862份问卷，已全部完成输机统计。

（张明）

【督导调研职业高中实训基地】　5月15至28日，朝阳区教育督导室完成6所职业学校实习实训基地使用效益专项调研工作。调研采取听取校长汇

报、访谈相关专业教师、实地考察实训基地等多种方式。调研结果表明：学生对实训基地关注度非常高。喜欢上实训课的占74.52%。57.88%的学生认为实训课提高自己操作能力。66.13%的学生认为实训基地设备比较先进。有78.21%的学生了解实训基地的管理要求，70.55%的教师每节课都按要求讲解操作规范。此外，多数教师认为实训教学环境促进专业课教学改革，提高教师的实践能力。

（张明）

【完成专用教室和图书使用专项督导】　9月，朝阳区教育督导室完成全区中小学校专用教室和图书使用与管理情况专项督导。该项督导始自2006年，督导结果表明，各学校专用教室和图书使用与管理情况比较规范，大多数学校重视专用教室使用和管理，制度比较健全，可操作性强，符合学校及学科实际。专用教室环境较好，桌面、地面干净、整洁，环境布置能较好体现学科特点，设备仪器摆放规范、整洁、有序，保管完好，能最大限度按教学要求保证应有班级在相应教室上课。

（张明）

【完成7所幼儿园综合督导】　9至

10月，朝阳区教育督导室完成7所幼儿园的综合督导。在督导过程中，督

导人员听取园长汇报、与园长和教师交流座谈、观看班级活动、观察园内环境等，通过各种方式，找准幼儿园问题并提出改进意见。3月，督导室还完成8所公办幼儿园的随访督导，重点了解2007年督导中提出问题的整改情况。

（张明）

【完成九年义务教育情况监测工作】 10月31日，朝阳区教育督导室完成九年义务教育情况监测工作。依据监测指标项目，监测统计2007～2008学年度全区义务教育普及、干部和教师学历、教学质量、教育经费、办学条件、学生体质健康、流动儿童少年接受义务教育等数据。截至9月5日，朝阳区义务教育阶段中小学校共有201所（其中小学138所、初中63所），义务教育阶段在校生134863人（北京籍学生82927人、流动人口子女学生51936人），义务教育阶段教师8944人，校级领导干部458人。

（张明）

【启动第三轮全面实施素质教育综合督导】 12月3日，朝阳区教育督导室召开朝阳区普通中小学校第三轮全面实施素质教育综合督导启动会。会议下发《北京市普通中小学校全面实

施素质教育评价方案》和《朝阳区普通中小学全面实施素质教育督导评价工作手册》、《朝阳区普通中小学全面实施素质教育学校年度自评报告书》等相关文件。介绍评价指标体系的制定过程及特点，提出落实评价方案的工作要求。会议肯定前两轮综合督导评价工作取得的成绩，提出在新一轮督导中要实现三个转变，即：把迎检过程转变成学校以督促改、以督促建、以督促发展的过程；把主要关注学校硬件和环境的优化，转变成重点关注教育教学质量的全面提高；把主要关注教育系统内部信息反馈，转变成关注社会对学校的评价。全区中小学代表3000人参加会议。

（张明）

【完成乡政府履行教育法定职责自查工作】 12月15至18日，朝阳区教育督导室和区农委完成乡政府履行教

育法定职责督导检查。该项检查成立3个随访督导检查小组，随访检查20个乡的自评工作和履职情况，并召开自评工作表彰会，对自评工作和履职情况好的10个乡提出表扬。此前，朝阳区教育督导室对乡政府落实教育法定职责自查工作作出具体部署，并通过召开经验交流会等形式，对各乡的主管乡长和自评主管进行培训。

（张明）

中共朝阳区委教育工委

书　　记　吴金龙

朝阳区教育委员会

主　　任　滕国清

朝阳区政府教育督导室

主　　任　滕国清

丰　台　区

总　类

【举办校外机构教师基本功测试】 3至9月，丰台区教委举办2008年北京市校外教育机构教师教育教学活动基本功测试。本次测试是依照全市统一安排进行，测试内容包括活动设计、活动展示、专业技能展示三大部分，考核教师的教案设计、授课、专业技能等。区内4所校外教育机构共125名专业教师参加测试。9月，经选拔12名教师代表丰台区参加全市基本功测试。

（张巍）

【云岗青少年科技站新址投入使用】 6月7日，云岗青少年科技站迁入新址。新址位于旧址东北方向500米处，云岗南区东里10号，占地面积7074平方米，建筑面积4100平方米。设有会议室、教室、科技活动室、美术室、舞蹈室、钢琴室、古筝室、萨克斯室、电子琴室、笛子室。工程总投资70万元。

（李淑云）

【获全国航模锦标赛团体冠军】 7月23日至8月4日，丰台区劳动技术教育中心师生参加全国青少年航天航空模型锦标赛，并夺得团体冠军。比赛在浙江省宁波市举行，全国有32支代表队167名选手参赛。丰台区劳动技术教育中心师生20人代表航天体协参赛，获得11项单项奖，最终夺得团体冠军。

（王富强）

【完善小学规范化建设保障机制】 7月，丰台区建立3项小学规范化建设工程保障机制。一是成立“丰台区小学规范化建设专家指导团”。指导团成员由10名高校教授、博士，以及6名特级教师组成。指导团专家将分别深入10个“学区工作坊”及第一批10所实验学校，指导学校提升建设水平。二是建立“联片教研”机制。根据地域相邻、研究的问题相同等客观条件，组建10个联片教研组，探索区域联合教研活动。每个联片教研组内配备一名区级教研员指导协调学校教学研究工作。三是形成学校发展共

同体。确立六大项若干小项学校发展共性问题，并建立与之相应的“学校发展共同体”，以课题研究的形式，开展小学规范化建设科研课题的研究。为加强这些机制的运行效果，区教委制定小学规范化建设工程实施规划、小学规范化建设专家指导团工作方案、进一步加强小学教学研究工作的意见和小学规范化建设专题研究项目方案等系列文件。

（崔德跃）

【入选北京市科技创新项目】　8 月，云岗青少年科技站“绿色能源工作室”系列科普活动入选 2009 年度北京市科技创新项目，获得科技创新项目资金 70 万元。该项目总体目标是通过宣传和动手实践让学生充分认识到再生能源的社会意义、环境意义、经济意义，使节能环保意识深入人心，达到从青少年起逐步建立全社会都关心支持环保、支持使用再生能源的目的。该项目于 2009 年正式实施。

（李文刚）

【启动第二批校长任期制及校长工作室】　9 月 16 日，丰台教育系统第二

批校长任期制暨校长工作室启动大会在丰台区教委举行。会议举行教育系统第二批校长任期制签字仪式，36 所学校与区教委签约实施校长任期制，为期 3 年。会议宣布“丰台区校长工作室”启动，为丰台分院“校长工作室”授牌。丰台教育系统代表 230 人参加会议。

（武楠）

【承办第八届“为了明天”运动会】　10 月 31 日，市教委主办，丰台区教委承办的北京市第八届“为了明天”运动会在丰台体育中心举行。全市 6 所工读学校 1500 名师生参加运动会。运动会开幕式邀请三路居小学、丰台五小和丰台一小 200 名学生举行民族传统体育项目花样跳绳、拉丁操和军乐队表演。运动会项目设置注重学生合作意识培养，增设“5 人同行 15 米”等团体项目，同时保留踢毽、跳绳、托球跑等项目，以增强活动的趣味性。

（刘洋）

【实施教育研究资助计划】　12 月

30 日，丰台区教委召开教育研究资助计划启动大会。教育研究资助计划以项目为依托开展教育研究工作，通过资助教研组、备课组、年级组等业务团队或教师个人，引导、鼓励教师研究改进教育教学方法，提高教师教育研究水平与培养学生的能力。该计划每年实施一次，每个项目资助期 1 至 2 年，通过分组、分级方式确定当年受资助学校。资助分 A、B、C 三类标准，其中初中校分别为 20 万元、12 万元、8 万元；高中校分别为 30 万元、18 万元、10 万元。2008 年，丰台区教委投入中学教育研究资助计划专项经费 209 万元，覆盖全区所有公办中学。

（孙震）

【完成技术设备政府采购】　12 月，丰台区教委完成市、区两级现代教育技术设备配备达标政府采购工作。此项工作共为 60 所学校添置计算机 2700 台、多媒体教室设备 580 套和其他现代教育技术设备。在此基础上，使用市拨结余经费为全区配备便携式计算机 242 台。至此，丰台区中小学现代教育技术设备配置达标任务基本完成。

（韩冰）

【教育区域网建设取得阶段性成果】　12 月，丰台区教委完成 137 所学校 100M 宽带接入。寒假前共完成 164 所学校的光缆入校，并完成 19 个汇聚节点的光缆熔接与调试工作，保证全区教育区域网运行的安全性、稳定性。这标志着丰台区 100M 宽带进校园工程基本完成，新的教育区域网建设取得阶段性成果。

（李俊连）

学前教育

【概　况】　2008 年，丰台区托幼园所 111 所，其中教育部门办 21 所（含市立园 18 所），集体办 35 所，民办 28 所，其他部门办 27 所。在园幼儿 25341 人，入园 10173 人，离园 7332 人。教职工 3896 人，其中专任教师 2170 人。学前三年教育普及率 100%。

（宋海燕）

【丰台五幼开展绿色环保行动】　6

月，丰台区第五幼儿园开展“绿色环保行动”。该园从小小的购物袋入手，邀请学生和家长用各种废旧材料制作环保购物袋。学校的倡议受到全园小朋友及家长响应，共收到亲子创意作品 200 余件。幼儿园评奖后到欧尚超市向购物的顾客发放环保购物袋，并向大家发起环保倡议“提倡绿色、支持环保、从我做起、减少污染”。

（崔兵）

【举办保育员培训】　11 月 13 至 14 日，丰台区教委举办保育员培训。培训邀请丰台区妇幼保健院围绕幼儿一日生活举办讲座，就加强保育工作管理、提高保育工作质量上提出要求。丰台区 5 名优秀保育员进行大会经验交流，并展出 16 名保育员自制的 212 件玩教具和 16 篇优秀保育笔记。来自丰台区各个园所 92 名保育员参加培训。

（孙桂荣）

【开展健康课题研究】　年内，教育学院丰台分院开展“探索 3～6 岁幼

儿生活自理能力培养的家园一致性教育策略的研究”。研究以北京市丰台区 12 所不同类型幼儿园中 3～6 岁 1000 名幼儿为群体研究对象，其中 100 名幼儿为个案研究对象。群体研究结果表明：家长与教师在教育观念上重视、在教育内容上同步、在教育要求上明确、在教育方法上适宜、在教育评价上客观，幼儿的生活自理能力明显提高，绝大多数幼儿能养成良好的生活习惯。个案研究结果表明，只要家长与教师采取适宜有效的教育策略，持之以恒地坚持培养，每个幼儿在生活自理方面存在的突出问题是能够给以解决的。

（范惠静）

基础教育

【概　况】　2008 年，丰台区小学 94 所，教学班 1877 个，招生 11627 人，毕业 9712 人，在校生 64155 人。教职工 4580 人，其中专任教师 3859 人。小学入学率 100%，巩固率 100%，毕业及格率 100%。中学 47 所（初中 18 所、高中 5 所、完中 13 所、一贯制学校 11 所）。教学班 971 个（初中 647 个、高中 324 个），招生 11033 人（初中 7545 人、高中 3488 人），毕业 9932 人（初中 6003 人、高中 3929 人），在校生 32551 人（初中 21556 人、高中 10995 人）。初中入学率 100%，巩固率 100%，毕业合格率 99.07%，高中入学率（初中毕业生升学率）93%，毕业及格率 84.84%，应届毕业生高考录取率 70%。教职工 4650 人，其中专任教师 3065 人。中小学教师学历合格率 99.64%，其中，小学教师 99.97%，初中教师 98.94%，高中教师 100%。中小学专任教师具有高级专业技术职务 708 人，其中小学 10 人，初高中 698 人。特殊教育残疾儿童入学率 100%，巩固率 100%，毕业率 100%。特殊学校 2 所，12 个班，招生 9 人，毕业 0 人，在校生 130 人，教职工 49 人，其中专任教师 33 人。校外教育单位 4 个，教职工 22 人，其中专任教师 158 人。中小学占地面积 210.62 万平方米，校舍建筑面积 95.67 万平方米，图书馆藏书 280.81 万册，电子图书 4.09 万片，固定资产总值 112538.77 万元。全年教育投入 171009 万元，其中，国家拨款 155726 万元，自筹经费 15283 万元。

（宋海燕）

【研讨高中新课程学科教学】　3 月 19 至 20 日，丰台区教委举办“2008 年高中新课程学科教学研讨活动”。活动分三个阶段。第一阶段举办新课程改革课堂教学现场观摩研讨，丰台二中、首师大附属丽泽学校两所样本校推出 17 节研讨课。第二阶段各学科教研员总结前期课改推进工作结，梳理一个多学期以来工作思路和经验，明确工作方向。第三阶段交流全区高一教研组长、备课组长教学经验。各高中校教师 590 人参加活动。

（杨德林）

【召开初中联片教研总结表彰会】　4 月 11 日，丰台区教委召开“丰台区 2007～2008 学年度初中联片教研总结表彰会”。会议表彰 44 名联片教研优秀教师和 4 所联片教研优秀中心校，交流联片教研促进教师共同成长的经验。2007 年，丰台区根据地域特点和学校实际，各学科分为三片（东、中、西片）联片教研活动组。每片均有一所中心校为活动中心。各片设中心组长，负责组建片中心教研大组，制定学期工作职责。联片教研目前基本形成区级、片级和校本教研网络体系，实现校际间优质教学资源互补共享，推进课程与教学改革。

（杨德林）

【召开综合实践活动课程现场会】　5 月 16 日，北京市深入推进综合实践活动课程现场会在丰台区王佐学校举行。会上，丰台一小丰益分校展示研究性学习课例“校园植物研究”、东高地四小展示课例“装饰艺术长廊”。在南宫地热博览园，王佐学校四年级学生展示社会实践课“走进地热博览园”。同时，丰台一小、长辛店一小交流整合校内外教育资源，开发并实施综合实践活动课程的经验。来自北京市各区县教研员、校长和综合实践课教师 300 人参加会议。

（田永新　崔德跃）

【首次举办班主任基本功培训展示】　6 月 13 日，丰台区教委召开 2008 年中小学校长德育论坛暨班主任基本功培训和展示活动启动大会。全区各中小学、职业高中学校校长及主管德育的干部 280 人参加会议。首次中小学班主任基本功培训和展示包括基本知识、实践能力、专业素质三部分内容。活动分学校初赛、区级复赛、集训、市级展示交流 4 个阶段。全区中小学班主任 4137 人参加学校初赛，178 人参加区级复赛，经过班主任基本功综合笔试，班主任基本功综合测试暨班级活动设计、班级活动录像展示，评出个人一等奖 7 人、二等奖 8 人、三等奖等奖 46 个。并组织获奖选手 15 人参加区级集中培训后，参加市级班主任基本功展示。

（刘　建）

【小学规范化建设专家指导团成立】　9 月 12 日，丰台区小学规范化建设专家指导团成立。指导团成员 10 人，并分别联系 10 个核心工作坊学校和 10 个联片教研组。本学期，先后下校 40 余次，参与学校诊断分析、特色研讨等多项活动。同时，根据不同区域特点和需求，先后组织召开区域联片教研专题讲座 10 次。

（刘　建）

【召开中高考分析暨表彰会】　9 月 26 至 27 日，丰台区教委召开中高考分析暨表彰会。13 所学校分别获得高中教学优质校、高中教学进步校、高中教学达标奖、高中教学特色奖，20 所学校分别获得中教学优质校、初中教学显著进步校、初中教学进步校，23 所学校获得初中教学贡献奖，10 所学校获得教学管理绩效优秀奖。会议就进一步留住优秀生源、加强教师队伍建设及教学研究等工作提出要求，激励学校加强工作创新，不断提高学校教育教学质量。各中学校长、教学干部等150人参加会议。

（孙卫刚）

【奖励扶持校本课程建设】 10月15日，丰台区教委完成“校本课程建设奖励扶持”工作评审。依据奖励扶持方案，经各校申报，小学奖励校本课程建设优秀学校12所，扶持校本课程建设困难学校10所。2006年，丰台区建立“校本课程建设奖励扶持”工作机制，每校拨发3万元，用于奖励、扶持学校的校本课程建设工作。

（崔德跃）

【举办青年教师成长论坛】 10月19日，丰台区少年宫举办“2008年校外优秀青年教师成长论坛”活动。论坛由成长环境、成长历程、成长感悟3个部分组成，通过访谈形式围绕成长的八个关键词“环境、心态、选择、细节、合作、感恩、成功”展开，42名来自京津两地优秀青年教师从不同角度、不同侧面讲述各自的成长故事。来自全国部分省市少年宫主任及教师160人参加会议。

（冯雅楠）

【举办“创新杯”课堂教学展示】 11月21日，丰台区教委召开首届中学骨干教师“创新杯”教学展示活动总结表彰会。会议表彰获奖教师181人，其中，一等奖69人、二等奖64人、三等奖48人。该活动分策划、组织报名、组建学科评委组、评优活动开展、评优成绩核定5个阶段，全区中学骨干教师203人参加评比。

（杨德林　唐雪松）

【召开初中建设工程现场会】 11月28日，初中建设工程走进丰台八中现场会在丰台八中召开。会议观摩丰台八中公开课，听取学校教研组长、备课组长、教师代表汇报。会议肯定丰台八中教师团队的反思能力、创新能力、合作能力，并就教学管理提出建议。一是管理者要引领团队不断探索适合本校校情的校本教研管理方式。二是管理者要充分挖掘本校教师团队的资源，积极创建、创新校本教研的制度。来自全区中学校长、教研员、教师代表300人参加现场会。

（孙震）

【启动小学国学经典诵读活动】 12月4日，丰台区面印发“丰台区小学国学经典诵读活动实施方案”。规定，

丰台区小学国学经典诵读活动领导小组负责领导组织诵读活动的实施，丰台分院小学教研室负责学科研究、教学指导及教材的开发与编写工作。明确丰台区小学开展国学经典诵读活动的目标、宗旨、实施原则，诵读的内容、课时安排、师资配备等情况。至年底，丰台区教委为教师、学生配发《国学小书院》读本14500本。

（闫莉娜）

【举办校长德育论坛】 12月4日，丰台区2008年中小学校长德育论坛暨优秀班主任、家教工作表彰会在北京十二中举行。会议听取4所学校主题发言，表彰优秀班主任134人，家教工作先进集体43个，先进个人45人，优秀家长59人。全区中小学校长、德育干部、获奖班主任等600人参加表彰会。

（刘洋）

【承办德育观摩周丰台分会场】 12

月5日，北京市第四届德育观摩周丰台分会场活动在赵登禹学校举行。活动的主题是“建设社会大课堂，丰富学校新课程”。会议采取综合实践课堂展示研讨与大会交流相结合形式进行。通过学校实践活动课的展示研讨与学校在利用社会大课堂资源中的经验介绍，交流学校经验交流，调动学校、教师和学生走进社会大课堂的积极性、主动性、创造性。丰台区中小学教育教学干部、外区县的领导及资源单位约300人参加会议。

（吉战胜）

【建成社会大课堂资源平台】 12月5日，丰台区中小学生社会大课堂资源信息指南平台开通。平台域名为http：//ft. bjssc. bjedu. cn，设有活动信息、图片新闻、本区资源、市级资源、地理位置、课程案例、学生体验、相关文件8个栏目。平台将重点展示区域特色资源，发布活动信息，提供区级中小学生活动指南。

（刘建）

【举办首届青少年创新思维竞赛】

12月20日，丰台区举办第一届青少年创新思维（DI）竞赛活动。全区共有10所中小学校13个代表队104名学生参加承重结构、长途跋涉、识别迷信3个项目比赛。青少年创新思维（DI）竞赛是一项国际性的培养青少年创造力的活动。主要目的是培养青少年的创造力和敏捷的思维能力，同时还可以培养学生们的团队合作精神、时间管理能力以及创造性的解决问题的方法。

（沈燕）

【举办名校工程专题报告会】 12月27日，丰台区教育工委、区教委举办以“提高教育质量创建优质学校”为主题的丰台区名校工程专题报告会。报告会听取教育学院梅汝莉教授《弘扬教育精神创建优质学校》专题报告，交流北京十二中教学经验。会议提出，教育要提升品质，树立形象，扩大影响，就必须强力打造教育的品牌。建设名校工程是丰台区经济社会发展的需要、人民的需要，也是一项顺应民意、顺应时代的民生工程。通

过宣传十二中，打造十二中，使十二中成为丰台区教育的品牌，进而带动丰台区的名校建设，推动丰台区教育事业的整体发展。全区教育系统干部教师600人参加报告会。

（崔兵）

职业与成人教育

【概　况】　2008年，丰台区职业高中6所，开设专业38个，教学班148个。招生1403人，完成招生计划100%，毕业1848人，在校生5330人。教职工672人，其中专任教师388人。专任教师学历合格率100%，高级专业技术职务91人。学校占地面积13.20万平方米，学校建筑面积7.40万平方米，图书12.34万册，电子图书1.8万片。固定资产总值9178.87万元。各级各类成人学校568所。其中，成人高校（社区学院）1所，开设34个专业，招生667人，毕业585人，在校生3356人。教职工151人，其中，专任教师109人。教师学历合格率100%，高级专业技术职务29人。社会力量办学单位236所，全年培训149150人，教职工2335人，其中专任教师1380人。市民学校260所，全年培训447321人次。乡办成人校5所，全年培训29290人次，教职工32人，村办成人学校66所。直属成人教育单位占地面积2.05万平方米，建筑面积1.35万平方米，藏书6万册，固定资产总值840万元。农村成人教育占地面积0.69万平方米，建筑面积3993平方米，藏书7300册，固定资产总值228万元。

（宋海燕）

【实施青年教师素质提高工程】　1月，丰台区教委实施青年教师素质提高工程。该工程面向全区职业学校120名青年教师，通过笔试和面试两个途径选拔出30名35岁以下教师举办为期一年提高培训。培训由北京教育学院承担，采用半脱产形式，总学时160小时。培训内容包括怎样做好德育工作、学校课程改革与专业建设、学校管理的基本实践等。

（林宇）

【劳技中心下社区活动】　2月15日和20日，丰台区劳技教育中心校举办"下社区免费科技、工艺类"活动。该活动面向方庄社区、西罗园社区，举办考古探索、四驱车、纸翼滑翔机、探雷活动。该校师生300人参加活动。这是丰台区劳技教育中心第4年连续开展社会公益活动。

（王富强）

【召开职成教育融通工作会】　5月6日，"职教进社区学习促和谐"暨丰台区职成教育融通工作会在丰台区社区学院举行。会议分为活动动员、经验交流、技能展演三个环节进行，明确丰台区全面开展各类学习型组织创建工作的思路，交流利用辖区资源创建学习型社区（村）经验，各职业高中学校分别通过展板、介绍、技能展演等方式展示专业建设情况及专业特色。会议通过宣传职业高中办学模式及专业建设特色，为学习型社区（村）搭建资源共享平台。

（林宇）

【评选农民优秀培训项目】　5月，丰台区教委完成北京市农民教育培训优秀项目申报和评选工作。经市教委专家评估组的评选，丰台区花乡新发地村成人学校《农民综合素质实用技能培训》获一等奖，花乡樊家村成人学校《农民技能素质培训》获二等奖，长辛店镇成人学校《无公害果品生产技术培训》、城市园林建设学校云岗职高校区《农民实用技术培训》、北京市农业广播学校丰台分校《农村劳动力转移与就业培训》获三等奖。

（林宇）

【完成助学金发放审核】　至年底，丰台区职业学校完成助学金、奖学金发放审核工作。2008～2009学年度助学2271人，资助金额290.01万元，享受政府奖学金113人，奖学金22.6万元。2007～2008学年度，受助2985人，资助金额383.69万元。

（林宇）

教育督导

【概　况】　2008年，丰台区教育督导室工作人员11人，其中，专职督学6人，督导室常务副主任、副主任各1人，处级调研员、副处级调研员各1人。聘请新一届特约教育督导员14人，新一届兼职督学28人。督导室在专职督学双周例会学习基础上，组织专兼职督学和特约教育督导员集中培训，不断提高自身素质。在督导工作中，树立"以服务为宗旨"理念，科学评价和指导服务对象，促进丰台区教育事业不断发展。

（董丽燕）

【初中建设工程检查验收全部完成】

4月17日，丰台区政府完成37所学校初中建设工程督导检查验收。检查验收从2007年3月开始，全区完全中学、初级中学、九年一贯制学校、十二年一贯制学校共37所公办学校接受督导检查验收。其中包括7所市初中建设工程重点建设校，10所区初中建设工程重点建设校。验收过程中，验收组通过研读学校自评报告、查阅资料、随堂听课、个别访谈、召开座谈会、实地察看等形式搜集大量的资料，与学校班子成员沟通，提出具体指导意见和改进建议。

（董丽燕）

【检查教育法律法规执行情况】　7月8至9日，丰台区教育法律法规执行情况督导检查领导小组检查重点责任单位区财政局、区农委、区劳动和社会保障局、区教委教育法律法规执行情况。检查组听取被检查单位主管领导的汇报，查阅相关资料，与相关人员座谈，并进行实地考察。检查结果表明：各重点责任单位重视履行全面实施素质教育、执行教育法律法规工作，制度健全、职责明确。并通过自查，总结经验和不足，为10月迎接市督导室督导检查奠定基础。

（董丽燕）

【《丰台教育督导》标志确定】　10月，《丰台教育督导》标志（LOGO）征集活动结束。经过丰台区教育督导室评选，丰台区东罗园幼儿园的教师许小雪的作品中标，成为“丰台教育督导”标志。标志图案由“丰台教育督导”的文字和拼音、茁壮成长的禾苗、纯净的蓝白色等组成，寓意通过政府对教育的监督、检查、评价、指导，为教育健康发展保驾护航，为孩子们的健康成长创造一片蓝天。该活动共征集作品20件。《丰台教育督导》5月创刊，为丰台区教育督导室主办的内部刊物。

（董丽燕）

中共丰台区委教育工委

书　记　赵常学

丰台区教育委员会

主　任　王珮琦（5月免）
　　　　冯晓光（5月任）

丰台区政府教育督导室

主　任　闫傲霜（4月免）
　　　　李丽萍（7月任）

石　景　山　区

总　类

【实施科学评价管理】　2月，石景山区教委印发《石景山区现代学校科学管理评价标准》。该标准借鉴全面质量管理思想，设计16个评价指标，引导学校从目标管理体系、全员全面全过程质量管理体系、全面绩效考核体系三个维度完善学校科学管理的制度体系。这是石景山区教委全面落实《石景山区“十一五”教育事业发展规划》，推动校长从“经验”治校到“科学”治校的重点工作。

（吴彬　彭悦）

【举办学生艺术节】　3至4月，石景山区教委举办第11届学生艺术节。艺术节举办合唱、校园剧、行进管乐、绘画、书法、摄影、篆刻、工艺美术等活动。来自全区46所中小学校2741名学生参加比赛，经过近一个月评比展示共有584人次获奖。

（朱志学）

【赠送“北京欢迎你”卡片】　3至8月，石景山区少工委面向全区少先队

员举办赠送“北京欢迎你”卡片活动。该活动通过赠送“北京欢迎你”卡片，增加少先队员参与奥运的积极性，用富有少年儿童特点的方式迎接北京奥运会的到来。活动包括主题创意、设计卡片封面、奥运知识学习、创作卡片内容、组织少先队员赠送卡片等多个环节，历时半年。卡片以五环色彩为创作思路，一套五张，内容包括福娃儿童画、文明观赛漫画、奥运歌曲书法、民俗剪纸、创意折纸、树叶画、摄影、泥塑、中国结等，全部为少先队员亲手制作。北京奥运期间，石景山少先队员在国家体育场等奥运比赛场馆、八角游乐园地铁、石景山华联、八宝山地铁和沃尔玛广场等，向万余名来自世界各地来宾赠送“北京欢迎你”卡片。

（张蕾）

【举办“迎奥运”中小学田径运动会】　4月11日，石景山区教委在石景山体育场召开“迎奥运”2008年石景山区中小学田径运动会。运动会围绕迎奥运主题，表演大型四幕团体操《奥运魂》，八角北路小学、实验小学、金二小、外语实验小学、古二小、电厂路小学、师范附小、北工大附中、青少年活动中心等4600名中小学生参加表演。运动会设77个单项比赛，800名运动员参加比赛。

（孙志国）

【举办全面健康发展特色展示】　4月

30日，石景山区教委在青少年活动中心举办“微笑感动世界·同心共迎奥运——石景山区中小学生全面健康发展特色展示活动”暨庆祝奥运倒计时

100 天活动。12 所学校学生参加表演，表演以展示石景山区中小学生全面健康发展阶段性成果为主线，突出“微笑感动世界·同心共迎奥运”主题。区委教工委、区教委、区督导室主要领导和全区师生代表 300 人一起观看表演。

（胡勇）

【召开“五四”表彰会】 5 月 4 日，石景山区教育团工委召开组织召开 2008 年“五四”表彰大会。会议表彰 10 名教育系统“十佳青年教师”，7 名“共青团员标兵”，6 个“红旗团委”，42 个“红旗团支部”，77 名“优秀共青团干部”，98 名“优秀共青团员”。会议号召全系统各级团组织和团员青年向受表彰的先进集体和个人学习，着力营造学先进、赶先进的良好氛围，为区域教育改革发展和北京奥运贡献力量。

（徐继先　张蕾）

【表彰优秀班主任】 5 月 6 日，石景

山区教委在苹果园中学举办优秀班主任表彰大会暨首届石景山区班主任论坛。会议表彰在 2008 年石景山区优秀班主任评选中获奖的 68 名优秀班主任，并以“促进学生全面健康发展”为题举办班主任论坛交流。区委教工委、区教委、区教育督导室、教育工会领导，各校主管校长、德育主任及班主任代表 300 人参加会议。

（康爱农）

【交流廉洁教育试点经验】 6 月 11 日，《北京市中小学廉洁教育读本》试点工作交流会在北方工业大学附属中学召开。会议以研究课、专题汇报、档案展示、专家点评形式，交流试点工作经验。教科院和西城、海淀、石景山试点区部分学校领导 40 人参加会议。《北京市中小学廉洁教育读本》由教科院编写，包括小学、初中、高中、教师四个分册。课程内容以廉洁诚信教育、社会主义荣辱观教育为主。

（康爱农）

【编撰完成《纪念改革开放三十年》】 9 月 8 日，石景山区《纪念改革开放三十年——教育纪实》定稿。全文以《迈向现代化的石景山教育》为题，用纪实的语言记录石景山区教育从 1978 年到 2008 年的发展历程。全文分为四大部分：教育观念转变与更新、教育结构布局调整、全面提升教育质量和干部教师队伍建设。文稿由石景山区教委主持编撰。

（彭悦）

【举办学生科技节】 9 至 12 月，石

景山区举办第 26 届学生科技节。科技节由区教委、区科委、区科协、区体育局共同主办，石景山区青少年活动中心承办。科技节围绕“校校有活动、人人都参加”总体目标，安排数独、机器人、航空模型、车辆模型、科幻画、叶画、生物知识、知识产权、金鹏论坛等竞赛内容。同时，本着“鼓励创新，发展特色”的指导思想，鼓励学校结合自身实际情况，创新组织模式、创新活动形式、创新活动内容。据统计，全区中小学学生 26992 人次参加科技节活动。

（朱志学　周宝善）

【启动中小学生社会大课堂】 11 月 11 日，石景山区教委在苹果园中学举办中小学生社会大课堂启动大会。会上开通社会大课堂资源网站，为社会大课堂资源单位授牌，发放社会大课堂指南手册。同时举办中小学生综合实践活动展示，展示石景山中小学“爱我家乡石景山，建设和谐 CRD”

主题实践活动成果。全区 21 个委办局、55 所学校、67 家资源单位的代表以及苹果园中学学生共 400 人参加会议。

（康爱农）

【承办全市校外教育教师基本功测试】 11 月 17 至 19 日，北京市校外教育机构教师教育教学基本功测试活动在石景山区青少年活动中心举行。活动由市教委主办，石景山区教委承办。此次基本功测试内容根据校外教育活动的特点，强调全面反映校外教育活动的“活动设计、活动组织、活动反思”完整过程。测试内容分为“活动设计”、“活动展示”、“专业技能展示”三个部分，分别反映教师活动设计能力、活动组织能力和专业（项）方面技能水平，并在测试过程中分别测试单项成绩，在此基础上计算个人综合成绩和区县平均成绩。全市 18 个区县 99 名教师参加市级测试活动。其中，优秀 33 人，良好 52 人，合格 11 人（3 人因病未完成测试）。

（马威）

【多渠道加强教师队伍建设】 至年底，石景山区教委采取多种措施加强教师队伍建设。实施教育人力资源开发工程和教师专业培养计划，教师总体水平得到显著提高。建立人才引进机制，加大人才引进力度。年内接收应届优秀毕业生 110 名，其中硕士研究生 30 名。多方引进优秀人才，年内从湖北宜昌、内蒙等地引进 3 名优秀教师。年内，投入 300 万元专项经费用于骨干教师津贴，骨干教师全部纳入考核管理。至年底，全区 3 名教师被评为全国优秀教师，4 名教师被评为北京市特级教师，14 名教师被评为北京市学科带头人，68 人被评为北京市骨干教师，227 名教师被评为区级骨干教师，教师队伍总体水平得到

大幅度提升。

（吴彬 彭悦）

学前教育

【概　况】 2008年，石景山区各类幼儿园33所，其中市立园8所、集体办园2所（街道办园1所）、部队办园4所、企事业单位办园5所、民办园及合作办园14所。在园（班）幼儿8064人。教职工1326人，其中，专任教师711人。园所占地面积162153平方米，建筑面积89384平方米。8所市立幼儿园年经费投入2364.5万元，其中，国家拨款1500.2万元，自筹经费864.3万元。

（范璐丹）

【召开特级教师行动计划总结会】 1

月15日，北京市学前系统特级教师行动计划总结大会在石景山区实验幼儿园召开。会议由市教委主办，石景山区教委承办。会上，北京市特级教师王继芬、林静华、康德瑛、琚贻桐、卢珊珊、李玉英、沈心燕接受市教委颁发的特殊贡献奖杯和荣誉证书，特级教师指导的优秀教师代表进行大会发言，并向各区县赠送特级教师指导教育活动的光盘。全市各区县代表120人参观参加会议。2004年，王继芬等10名学前教育特级教师参加特级教师行动计划。该计划通过“传、帮、带”，对全市20所幼儿园教育、教学工作进行指导，为年轻幼儿教师出谋划策，尽快培养新的骨干教师和学科带头人。

（范璐丹）

【联合视导市立幼儿园】 2月25至29日，石景山区教委完成8所市立幼儿园新学年视导。视导工作以座谈研讨的形式了解幼儿园工作思路、教研思路，以及特色发展思路，并帮助园所分析优势与不足，帮助园所疏理立足园本实际的优质发展思路。

（范璐丹）

【举办目标管理园本教研培训】 4月1日，石景山区教委举办目标管理园本教研培训。培训活动围绕“提高管理者的目标管理能力”主题，以现场剖析个案的形式，具体分析各园所园本教研案例。全区各类型幼儿园园长、业务园长56人参加培训。

（范璐丹）

【启动第二轮结对互助工作】 4月

25日，石景山区教委在首钢大地古城幼儿园召开双一园观摩交流活动暨第二轮结对互助工作启动会。活动以“以规范管理为基础，提高办园质量，实现优质均衡发展”为主题，观摩首钢大地古城幼儿园的半日活动。会议宣布石景山区第二轮幼儿园“结对互助”工作名单，13所一级一类幼儿园与结对幼儿园签订“结对互助”工作协议书。古城幼儿园、八角北路幼儿园分别交流“结对互助”实现共同提高经验。全区120余名园长、业务园长、骨干教师参加会议。

（范璐丹）

【设立学前教师培养工作室】 6月5日，石景山区教委召开学前教育教师培养工作室启动会。会议为工作室指导专家、工作室主持人、培养对象等颁发聘书和证书。学前教育教师培养工作室实行区、园两级管理。区教委结合区域学前队伍发展目标，统筹规划、支持协调、研究指导工作室的工作。幼儿园负责为工作室工作的顺利开展提供保障。工作室设在市级示范幼儿园和市级工作室所在园所，工作

室所在的幼儿园提供场地、设备等必要保障，并积极配合工作室开展好工作。每个工作室由主持人、助理主持人、培养对象组成。工作室聘请市级专家为顾问，为区域学前队伍培养工作提供专业引领与支持。

（范璐丹）

【启动“阳光体育活动”】 10月28日，石景山区幼儿园“阳光体育活动”启动大会暨市级示范园观摩活动在北京军区政治部幼儿园举行。活动以“办有思想、有特色的幼儿园”为主题，观摩政治部幼儿园的区域活动、教育活动、户外区域体育活动，并共同发表“阳光体育活动”倡议书。全区各园所150名园长、教师代表参加会议。

（范璐丹）

【举办第五届“萌芽”杯教研活动】

10月29日，石景山区教委举办第五届“萌芽”杯教育研究系列活动表彰会暨教师风采展示活动。会议公布第5届“萌芽”杯系列活动获奖名单，为获奖园长、教师代表颁发活动光荣册和荣誉证书，获奖教师代表进行舞蹈、故事表演、歌伴舞等才艺展示。各幼儿园相关领导120人参加会议。本届“萌芽”杯系列活动历时半年，

在园所评比基础上，24所幼儿园教师推荐113组管理者评析、教育活动设计、微格教学活动、才艺技能展示参与区域范围内的评比和研讨。共评选出优秀管理者评析19个、优秀教育活动设计45个、优秀微格课56节、各类才艺展示活动49个。

（范璐丹）

基础教育

【概　况】　2008年，石景山区小学32所，教学班635个，招生3538人，在校生20612人，毕业生3614人。教职工1577人，其中专任教师1456人。小学入学率100%，巩固率100%，毕业及格率100%。中学24所（初中13所、高中5所、完全中学2所、一贯制学校4所），教学班441个（初中294个、高中147个），在校生14794人（初中9547人、高中5247人），招生5056人（初中3378人、高中1678人），毕业生4863人（初中2958人、高中1905人）。初中入学率100%，巩固率127.38%；普通高中入学率55.9%，应届毕业生高考录取率83.69%。教职工2101人，其中专任教师1193人。特殊教育学校1所，9个教学班，招生6人，结业11人，在校82人。教职工34人，其中专任教师27人。残疾儿童入学率99.07%，巩固率100%，结业率100%。校外教育单位4个，教职工77人，其中专任教师50人。小学教师学历合格率90.8%，初中教师合格率87.8%，高中教师合格率99.2%。中小学高级技术职务教师469人。全区中小学图书馆藏书139.64万册。固定资产总值50849.48万元。全年教育经费投入72782.5万元，其中，国家拨款57433.8万元，自筹经费15348.7万元。

（吴彬　胡光熠）

【召开教育教学竞赛表彰会】　4月10日，石景山区中小学教育教学竞赛暨总结表彰大会在苹果园中学召开。中小学校长、教学主任、德育主任、教研组长、年级组长及教师代表共300人参加会议。2007年，石景山区举办各类教育教学竞赛5大项，690名教师获奖，28个教研组、21个年级组及25所学校分获团体奖。

（胡光熠）

【举办中小学生阅读比赛】　4月25日，石景山区教委举办中小学生“唱响08奥运，阅读激励成长”诵读与讲故事比赛。全区中小学共有40余个节目参加比赛，参赛节目形式多样，充分展示青少年儿童爱我中华，喜迎奥运的良好精神风貌。京源学校与教育分院附属小学分别获得中小学组一等奖，先锋小学、杨庄中学等学校16个节目分获二、三等奖。

（胡光熠）

【举办中小学生武术比赛】　4月26

日，2008年石景山区中小学生武术比赛在北方工业大学附属中学举行。比赛由区教委、区武术协会主办，北方工业大学附属中学与山东莱州中华武校北京分校联合承办。17所中小学校400名学生参加比赛。比赛项目包括集体太极拳、一路长拳、五步拳等规定项目展示和拳术、棍术、刀术等自选项目展示。经过评比，北方工业大学附中、景山远洋分校、师范附小、麻峪小学代表队分别获得规定与自选一等奖。

（胡光熠）

【召开小学规范化建设论证会】　5月

22日，石景山区教委召开小学规范化建设启动大会暨发展规划论证会。会议印发石景山区小学规范化建设发展规划工作要点，公布石景山区小学教育五年发展规划。石景山区小学规范化建设总体目标是：以办学行为的规范化、教育管理的规范化、办学条件的规范化为基础，努力实现小学教育的优质均衡发展。到2010年全区所有小学达到北京市办学条件标准的主要项目要求，到2012年建立起规范有序的学校科学管理制度体系，形成一支结构合理，素质较高的师资队伍，学生获得全面健康发展，学校依法办学，行为规范，教育服务水平不断提高；到2012年85%以上的学校形成各自鲜明的办学特色；90%以上的小学人民满意程度达到85%以上。全区各小学学校校长、副校长共100人参加会议。

（胡光熠）

【举办第22届小幼“四联展”】　6月10日，石景山区第22届小幼“四联展”和中小学劳动创意作品展开幕式在石景山区图书馆举行。全区中小学生代表和美术教师、劳动技术教育工作者160人参加开幕式活动。本届作品展展期一周，参评作品万余件，展出700件。石景山区小幼“四联展”活动始于1986年，以绘画、书法、篆刻、工艺四大类为主要比赛内容，参赛人员涵盖中小幼学生及教师。

（胡光熠）

【举办小学新课程教学基本功培训】　6月13日，石景山区教委举办小学新课程教学基本功培训班。培训通过集中培训、学科培训和教师自主学习等形式，培训教学基本理论、教学基本素养和教学实施能力三个方面内容。全区小学各学科100名中青年优秀教师参加培训。

（胡光熠）

【总结分析基础教育教学质量】　10月9至10日，石景山区教委召开年度课程改革总结暨教学质量分析大会。会议以“课程课标课堂，继承创新提升”为主题，由年度教学质量分析、课例研讨、年度课程改革总结三部分内容组成。会议回顾总结上一年度本区课程改革推进所取得的成效和教学质量取得的进展，着重分析石景山区在提升质量过程中仍然存在的问题，进一步明确改进方向。区教委、

教育分院相关领导及各中小学校长、教学副校长等150人参加会议。

（胡光熠）

【召开推进可持续发展教育现场会】 10月21日，石景山区可持续发展教育区域推进策略现场会在九中召开。现场会以九中4名教师的落实可持续发展教育学科渗透展示课为序幕，听取区教委《推进可持续发展教育中教师专业能力建设的研究》专题汇报，交流九中、杨庄中学、电厂路小学可持续发展教育思想推进学校特色发展经验。会议为石景山区获得北京市可持续发展教育科研带头人、科研骨干教师颁发证书。全区中小学校长、科研主任及部分教师共150人参加会议。

（胡光熠）

【举办教育教学设计与实践比赛】 10月31日，石景山区第六届“中小学教育教学设计与实践大赛”落下帷幕。竞赛以“全面落实课程标准，培养学生自主学习能力”为主题，设有学科竞赛、德育主题班会和心理健康课竞赛。各中小学教龄5年以内青年教师参加比赛，共作参赛课442节。

（胡光熠）

【举办“爱华杯”英语风采大赛】 12月20日，石景山区第七届“爱华杯”中小学生英语风采大赛结束。比赛历时3个月，包括海选、复赛、决赛3个阶段。全区50所中小学、幼儿园近2000名学生参加活动，147名学生、34名指导教师和20多所学校分别获得个人奖、优秀指导教师奖和团体奖。

（胡光熠）

【总结初中建设工程】 12月25至26日，石景山区教委召开初中建设工程总结会。会议以“实践、反思、合作、共享”为主题，研讨未来人才所应具备的优秀品质、优秀教师的基本素质、学校科学管理和领导行为艺术等内容。区教育督导室报告《石景山区2006至2008初中中建设工程督导检查及反馈情况》，区教委提出推进初中学校内涵发展工程的工作思路。即：在未来三年中，在学校管理精细化、人力资源队伍优化、特色课程建设、学生综合素质培养和学校文化建设等方面深入开展各项工作，促进学校品牌形成，教育教学质量保持在北京市中上等水平。区教委、区教育督导室、区教育分院领导以及全区中学书记、校长、教学副校长60人参加会议。

（胡光熠）

职业与成人教育

【概　况】 2008年，石景山区职业高中3所，开设信息科技、旅游服务等24个专业。毕业生735人，招生593人，在校生2132人。教职工362人，其中专任教师156人。校舍占地面积13.11万平方米，建筑面积7.60万平方米。固定资产总值8792.4万元，全年教育经费投4752.2万元，其中国家拨款4348.5万元，自筹经费403.7万元。区属成人高校2所，在校生4306人，毕业578人，招生1684人。教职工143人，其中专任教师43人，外聘兼职教师80人。全年共开设短期培训班684个，培训学生16079人。校舍占地面积26640平方米，建筑面积28000平方米。图书馆藏书12.52万册，固定资产3522.66万元。全年教育经费投入3200万元，其中国家拨款1766万元，自筹经费1434万元。年内，石景山区社区市民总校（社区学院）1个，市民学校中心校（街道社区教育中心）9个，市民学校分校（设在居委会）135个。社区专职教师40人，登记在册社区教育志愿者2962人。全年成人教育培训371361人次，其中，干部教育培训52140人次，工人非学历培训1690人次，社会力量办学83752人次，社区市民教育培训226369人次，中等职业学校短期培训7410人次。

（吴彬　姜葵葵）

【成立“阳光母亲俱乐部”】 2月28日，金顶街街道成立“阳光母亲俱乐部”。俱乐部以帮助189名单亲母亲战胜困难、温暖家庭、服务社区为宗旨，从基本生活保障、法律援助、劳动技能培训及就业指导等方面为单亲母亲提供服务。社教中心将承担对单亲母亲提供家庭教育指导和心理咨询、调试等工作。

（李平）

【成立社区心理疏导站】 3月12日，

古城街道社区教育中心在西路北社区举行古城西路北社区居民心理疏导站启动仪式。心理疏导站成立以后，将开通心理热线、设立心理问题信箱，针对居民的心理问题，开展心理疏导、心理咨询、心理知识讲座、心理测试等多种活动。首批8名社区居民被聘为心理疏导员。这是全市首家社区心理疏导站。

（谢丽）

【举办职业教育综合课程周】 3月

17至21日，黄庄职业高中首次举办职业教育综合课程周。该活动旨在服务“蓝天教育”，针对外来务工子女开展中学生职业指导。活动分为综合实践课、职业指导、社会考察三个单元，涉及职业高中12个专业。来自蓝天第二中学的120名初三年级学生与职业高中学生一起参加活动。

（郭德伶）

【首位外籍志愿者获证书】 7月18日，老山东里北社区召开社区教育志愿者座谈会，会上区教育志愿者协会老山分会领导为加拿大籍志愿者大卫颁发教育志愿者证书。大卫（David），中国国际广播电台播音员，定期到社区教授英语。

（李强）

【华奥学校学生获得春蕾奖学金】 9月12日，进城务工子女学校北京华奥学校10名女学生领取“春蕾奖学金”。八宝山街道2006年起为流动人员子女设立此项奖励，每年为华奥学校10名品学兼优、家庭有一定经济困难的女孩每人提供300元的奖学金，以改善她们的生活、学习条件。

（李新中）

【举办全民终身学习周】 10月25日，2008年石景山区全民终身学习周启动仪式在石景山社区学院举行。启动仪式上，区教委总结石景山区市民学习情况，并宣布全民终身学习周活动正式启动。活动周期间，各街道、单位将从实际出发，采取英语知识竞赛、英语培训班、文明礼仪、文艺会演等多种形式，开展丰富多彩的市民学习活动。建设学习型城区领导小组办公室成员和各街道（社区）及各学校代表的志愿者代表参加启动仪式。

（姜葵葵）

【评估学习型先进单位】 11月11日，北京市学习型城市建设工作领导小组办公室专家组一行6人评估京源学校创建学习型学校工作。专家组听取学校自评报告，召开干部及教师座谈，查阅学校档案，完成问卷调查和个别访谈，并实地考察学校设施。专家一致认为，京源学校创建工作“理念先行，成效凸显”，特别是在教师培养及学校文化建设方面特色鲜明，在家校互动共创学习型家庭方面有效创新，初步发挥学校整合教育资源，引领学习型城区建设的骨干作用。

（姜葵葵）

【表彰社区教育志愿者】 12月5日，石景山区社区教育志愿者协会2008年表彰大会在石景山社区学院举行。

会议表彰10个优秀社区教育志愿者协会分会、10名社区教育志愿者标兵和139名优秀社区教育志愿者。此外，向新吸收的8个社会单位颁发团体会员证书。会议肯定社区教育志愿者协会为学习型城区建设作出的重大贡献，号召更多的市民加入到社区教育志愿者队伍来，为学习型新城区的建设作出贡献。石景山区社区教育志愿者协会2004年6月正式成立，是北京市第一家登记注册的从事公益性教育服务的区域性社会团体。

（姜葵葵　庞志娟）

【区业大推荐就业205人】 至12月，石景山区业余大学成功推荐学生就业205人，比上年同期提高87%。该校共举办校园招聘会10次，组织系统职业测评4次，组织就业指导13次。在推荐学生就业同时，推荐78名学生在数据统计、收银员、市场调查员、统计员等岗位兼职。

（向左霞）

【成人学历教育录取1799人】 至12月，石景山区成人学历教育录取1799人。其中，业大成人高考招生实际录取562人，连续8年完成市教委下达的成人高考计划指标，招生人数在全市独立设置高校中名列第二。电大春秋两季招生1122人，创历年新高，招生人数在城八区电大分校中排名第一。奥鹏学历教育招生60人，中专学历招生55人。

（向左霞）

教育督导

【概　况】 2008年，石景山区教育督导室重点完成4所学校初中建设工程督导验收工作，复查回访14所学校，为启动初中建设新的三年发展规划即内涵发展建设规划奠定基础。认真开展民办培训机构的督导检查，促进民办学校良性发展。年内综合督导评价2所民办学校，综合督导随访2所民办高中校、11所民办培训类学校，完成1所民办学校综合督导评价后复查。高质量完成督导随访、调研工作，为教育发展提供良好的信息决策服务。配合区教委完成本区18所公办初高中学校学生体育锻炼一小时等四项工作落实情况调查，参与完成中小学综合实践活动和教育教学管理情况调研，随访部分委办局和教委直属单位、中小学，了解和交流义务教育阶段办学情况。加强教育执法检查，完成义务教育法执法情况自查报告、九年义务教育实施情况监测统计报表和自查报告。本年度督导室专职督学6人，兼职督学12人。

（王桂洋）

【完成人民满意学校问卷调查】 1至5月，石景山区教育督导室会同区教委完成“石景山区人民满意学校问卷调查”活动。调查涵盖全区所有中小学、幼儿园和职业高中，以及学校所在社区、街道、派出所等单位，发放家长问卷33758份，回收有效问卷31879份，发放学生问卷23607份，回收有效问卷21899份。总体有效回收率93.74%。经过调查统计，人民群众对教育整体满意率达到90%以上，比2006年提高4个百分点，保持持续提高态势。其中，九中、京源学校、实验小学等37所中小学校、幼儿园被评为“2007年石景山区人民满意学校”。

（王桂洋）

【完成初中建设工程督导验收】 3月25日至4月25日，石景山区教育督导室完成初中建设工程督导验收工作。该工作依据市、区初中建设工程评价指标体系，督导验收蓝天一中、蓝天二中、苹果园中学分校、石景山教育分院附属学校4所初中校，督导验收包括干部规划、教师教学、德育体卫、硬件建设4个项目。5月15至16日，督导室分别回复督导验收意见，并根据回复意见，与各校就软、硬件建设情况逐一交流，肯定成绩，分析原因，提出解决问题的建议。2007年3月5日，石景山区启动初中建设工程。督导验收和复查结果表明，全区14所初中校（含初中部）无不合格校。

（曹艳玲）

【调整内部机构】　3月，石景山教育督导室完成内部机构设置调整。原有的中学教育评价组、小学教育评价组合并为督学评价组，并新建立办公室。调整后，区教育督导室设置督学评价组、督政组、民办教育评价组、办公室4个内设机构。

（王桂洋）

【完成全区民办学校普查】　3月，石景山教育督导室通过表格形式完成全区80所民办学校普查。普查主要项目有：教职工数及专职教师数、在校生数、教学班数、占地面积、建筑面积、图书册数、收入总额、支出总额、固定资产净值。依据调查数据，督导室制作《石景山区民办学校基本情况一览表》，供有关单位参考使用。

（赵苓）

【综合督导随访民办学校】　4月10日至5月20日，石景山区教育督导室完成5所公办高中校内举办的民办培训学校综合督导随访。督导随访意见认为，5所培训学校依托公办校的教育资源，拥有较好的信誉和优良的师资。同时，5所培训学校存在办学方向较难把握、学校缺乏长远办学规划、办学信心不足等问题。11月，完成综合督导随访北京市佳民中学、北京市礼文中学。综合督导随访意见对两所民办高中校的办学状况进行全面分析，并依据有关法律法规和高中新课改政策，分别向两所学校及区教委提出工作建议。

（赵苓）

【向区人大报告工作】　4月24日，石景山区教育督导室完成《石景山区人民政府关于〈中华人民共和国义务教育法〉执法情况自查报告》，并代表区政府向区人大及执法检查小组专题报告“义务教育均衡发展”和“校长教师队伍建设”情况。报告全面总结石景山区在推进义务教育均衡发展、加强校长教师队伍等方面所做的工作和工作成效以及存在的问题与解决思路，进一步明确推进义务教育均衡发展的方向和任务。此前，督导室组织区教育、建设、规划、财政、人事以及发改委等部门自查，分别撰写自查报告。

（王德文）

【专项督导每天一小时体育活动】　5

月8日，市教育督导室、市教委组成联合督导组，专项督导石景山区“落实学生每天一小时体育活动情况”。督导组听取区教委落实学生每天一小时体育活动情况的工作汇报，实地考察京原小学、古城高级中学、北方工大附中3所学校。督导组通过听取汇报、查阅档案资料、问卷调查、座谈、观看课间操等方式，全面了解本区学校落实学生每天一小时体育活动情况，并给予充分肯定。

（王桂洋）

【完成义务教育实施情况监测】　9月，石景山区教育督导室完成《石景山区实施九年义务教育监测报告》。监测报告表明，2008年，石景山区义务教育阶段学生人数变化不大，完成情况良好；教育投入加大，发展义务教育的保障制度得到提高；干部教师学历职称不断优化，专业水平不断提高；办学推荐得到改善，学校均衡发展进一步加强；教育教学质量稳步提升，学生素质明显改善；流动儿童少年义务教育得到加强。

（王德文）

中共石景山区委教育工委

书　　记　种　磊

石景山区教育委员会

主　　任　王兰芳

石景山区政府教育督导室

主　　任　翟培新（7月免）

海　淀　区

总　类

【55人入选市级学科带头人】　2月26日，海淀区教师55人被评为市级学科教学带头人，另有297人被评为市级骨干教师。受聘教师任期从2008年1月1日到2010年12月31日。

（宋亚甫）

【两学生获市长奖】　3月21至23日，海淀区两名学生获得第28届安捷伦北京青少年科技创新大赛科技创新市长奖。海淀区代表队由11所学校32名学生组成，其中，人大附中贺虎、一零一中学赵伟斯获第六届“北京青少年科技创新市长奖”，清华附中李梦溪、中关村中学康博、人大附中王萌3名学生获得首次设立的“市长奖提名奖”，另有33人22个项目获得一等奖，居全市首位。

（宋亚甫）

【首次参加世界中学生定向越野赛】　4月20至27日，海淀区学生首次参加世界中学生定向越野锦标赛。该项赛事每两年举行一次，是世界中学生最高级别定向越野锦标赛，2008年在苏格兰爱丁堡举行，共有包括奥地利、比利时、英国等24个国家共638

名运动员参加比赛。中国代表队由北京市第十九中学、北京市第一七一中学、广东中山纪念中学、重庆南开中学4所中学选手组成。其中，十九中5名选手参赛，杨欢以15分23秒获得中距离赛（H2 School 1993年）组别第9名，十九中获得团体第7名。

（宋亚甫）

【建立优秀后备人才培养基地】　5月

5日，北航附中青少年科技俱乐部暨北京航空航天大学优秀科技后备人才、优秀艺术后备人才培养实验基地成立。成立仪式上为10名专家教授颁发聘书。该基地由区教委与北京航空航天大学联合建立，作为首个在大学建立的优秀后备人才培养实验基地，设立航模、电子、DI、创新项目及艺术后备人才培养实验基地。

（宋亚甫）

【英国教育代表团在海淀研修】　5月18日，英国教育代表团在海淀区研修。该代表团由伦敦11所学校校长、教师和教育专家、地方官员35人组成，每人以员工身份到结对学校听课、做班主任、上课，进行校本研究、主题研讨等，并与学校建立合作关系。5月21日，双方共同举办中外多元开放学习环境建设暨校外教育课程资源开发第三届合作论坛。

（宋亚甫）

【启动情系灾区红领巾爱心传递行动】5月21日，海淀区教委启动“情系灾区、心系伙伴——红领巾爱心传递行动”。其间，开展记录“爱心传递”日记、绘制爱心卡、赠送爱心福娃、交一位地震灾区手拉手小伙伴、写一封友情书信、送一份爱心礼物（书包、书籍、文具等学习用品）、捐献一条红领巾等活动。仪式上，来自都江堰北街小学外语实验学校，现海淀区北洼路小学免费救助借读生五年级学生高健峰，讲述地震经历以及逃生过程。海淀区教工委、解放军总医院等相关领导和抗震救灾人员子女、灾区来京借读少先队员代表80人参加启动仪式。

（宋亚甫）

【总结教师阅读工程】　6月30日，

海淀区教委召开“我向全区教师推荐一本精品书”读书征文活动总结会。活动共收到146所中小学、职高、特教学校及幼儿园教师征文6624篇。经初评、复评和终评，975篇征文获奖，其中，一等奖180篇，二等奖322篇，三等奖473篇。2007年6月27日，海淀区启动教师阅读工程。活动确定12所教师阅读工程试点校，向全区教师推荐50本书，发布“我向全区教师推荐一本精品书”读书征文活动通知。一年中，分别召开“完美心灵之旅”和“成长路漫漫、阅读好相伴”小学、中学教师阅读工程现场会，3次召开试点学校校长和阅读工程负责人座谈会。同时，区教委将教师阅读纳入继续教育体系，作为选修内容记2学分。2008年，教师阅读工程增加18所试点学校，再次推荐50本书。教师推荐书目涉及教育、心理、管理、文学、科普、政治经济等12个大类23个小类，排前10位书籍依次是：《给教师的建议》、《教师怎样和学生说话》、《细节决定成败》、《爱的教育》、《狼图腾》、《假如给我三天光明》、《谁动了我的奶酪》、《做最好的老师》、《窗边的小豆豆》、《给年轻班主任的建议》、《平凡的世界》（后三本并列）。

（宋亚甫）

【完成修缮工程招标工作】　9月19日，海淀区教委召开招标工程会议。会上，教委有关部门介绍招投标情况，提出工程管理要求，并依照建筑行业相关法规，统一收取各施工单位工程质量保证金。本年度，海淀教委修缮工程累计完成招投标项目34个，其中工程类10个，监理类9个，服务类15个，涉及16个学校综合修缮和食堂改造工程。受奥运会影响，工程于9月20日后开工。中标施工单位、监理单位、区教委及有关学校领导30人参加会议。

（宋亚甫）

【农大附小学生获得宋庆龄奖学金】10月8日，海淀区农大附小学生李一获得第八届宋庆龄奖学金。宋庆龄奖学金创办于1994年，是九年义务教育阶段唯一国家级奖学金，由教育部、中国福利会、中国宋庆龄基金会共同设立，评选范围为义务教育阶段小学四年级至初中三年级在校学生。第八届宋庆龄奖学金全国共有801名中小学生获奖。

（宋亚甫）

【外语实验学校援建爱心希望小学】11月，海淀区外国语实验学校爱心希望小学在河北省涞水县建成。3月5日，海淀外国语实验学校与涞水县文化教育局签约，合作建设“北京市海淀外国语实验学校爱心希望小学”（原龙门小学）。工程在龙门小学旧校舍基础上扩建改造，共翻新改造旧校舍1182平方米，新建校舍900平方米，增加多媒体教室、音乐教室、图书馆等专业教室，更新全部教学设备，购买校服、被褥、寝具等生活用品，累计投资230万元。所需资金全部由海淀外国语实验学校师生及家长共同捐赠。涞水县政府和文化教育局拨出专款为学校扩大用地，并承担运动场建设经费。龙门小学始建于1947年，是乡里唯一一所完全小学。

（宋亚甫）

学前教育

【概　况】　2008年，海淀区托幼园所152所，其中，教育部门办园4所，集体办园32所，其他部门办园92所，民办幼儿园24所。在园幼儿39921人，入园13122人，离园11647

人。教职工 6922 人，其中，专任教师 3475 人。学前三年教育普及率 92%。年内，3 所幼儿园通过市级示范幼儿园初评，2 所幼儿园通过“北京市学前教育信息化实验基地”评估，新增 4 所区级示范园，5 所一级一类园。全区一级以上幼儿园达到 91 所，占全区幼儿园总数 61.2%。新增 12 个市级社区早教示范基地，市区级早期教育示范基地达到 69 个，早教服务覆盖全区各个街道和乡镇，初步形成以社区为依托、以学前教育机构为中心，向家庭辐射的多样化的学前教育布局。

（宋亚甫）

【考核民办幼儿园工作】 1 月 7 至 8 日，海淀区教委召开民办幼儿园考核总结培训会。会议总结 2007 年民办园考核工作，听取《理想、信念、责任》专题报告，3 所示范幼儿园交流规范管理经验。考核小组成员单位及 24 所民办幼儿园举办者、法定代表人、园长共 80 人参加会议。

（宋亚甫）

【召开早期教育工作推进会】 3 月 14 日，海淀区教委召开早期教育工作推进会现场观摩及研讨会。与会人员观摩中国人民大学幼儿园教师组织亲子活动，就基地管理与发展相关策略进行研讨与互动。活动中，区教委部署 2008 年推进早期教育重点工作，特别就早期教育工作中的家庭教育指导策略、早教形式多样化以及早教发展的专业化问题进行指导。全区市区级早期示范基地园长、教师 100 人名参加会议。

（宋亚甫）

【举办园长管理工作培训】 4 月 8 至 16 日，海淀区教委举办幼儿园园长管理工作培训。培训围绕“质量、效率与专业化成长”主题，讲授园本教研制度建设项目开展、幼儿园教育质量评价、校园文化建设等内容。全区幼儿园园长、保教主任及保健医 300 人参加学习。

（宋亚甫）

【接受市示范园验收视导专家组指导】 11 月 4 至 6 日，海淀区接受市教委示范园验收视导专家组验收视导。专家组听取海淀区政府机关幼儿园等 3 所申报市级示范园幼儿园园长汇报，分别从园所管理、教育教学和卫生保健方面作评价，肯定 3 所幼儿园在本次申报过程中取得成绩，提出指导性意见和建议。专家组成员 20 人及区教委相关负责人参加活动。

（宋亚甫）

基础教育

【概　况】 2008 年，海淀区小学 117 所（含 10 个小学部），教学班 3306 个，在校生 119897 人，招生 20691 人，毕业 18502 人。教职工 7442 人，其中，专任教师 6620 人。小学入学率 100%，巩固率 100%，毕业率 99.4%。中学 83 所（初中 13 所、高中 4 所、完中 60 所、九年一贯制学校 2 所，附设中学班其他学校 4 所），教学班 2603 个（初中 1478 个、高中 1125 个），招生 33605 人（初中 18834 人、高中 14771 人），毕业 31584 人（初中 17714 人、高中 13870 人），在校生 99130 人（初中 56060 人、高中 43070 人）。初中入学率 100%，巩固率 99.9%，毕业率 98.6%；高中入学率 89.6%，完成率 98%，毕业率 89%，应届毕业生高考录取率 83.56%。教职工 9759 人，其中专任教师 7190 人（初中 3840 人、高中 3350 人）。特殊教育学校 3 所，开设教学班 43 个，招生 104 人，结业 43 人，在校生 594 人；教职工 278 人，其中，专任教师 191 人。工读学校 1 所，开设教学班 14 个，结业 168 人，招生 148 人，在校生 340 人；教职工 92 人，其中，专任教师 76 人。校外教育单位 679 个，教职工 1001 人，其中，专任辅导员（教师）789 人。中小学教师学历合格率 98%，其中，小学合格率 98%，初中合格率 96.5%，高中合格率 99.3%。中小学特级教师 163 人（小学 16 人、中学 147 人），高级专业技术职务 1912 人（小学 54 人、初中 702 人、高中 1156 人）。全区中小学图书馆藏书 726.27 万册，电子图书 177.10 万册。校舍总占地面积 502.31 万平方米，总建筑面积 279.19 万平方米。固定资产总值 456137.22 万元。全年教育经费投入 407655 万元，其中，国家拨款 319156 万元，自筹经费 88499 万元。

（焦东琴　宋亚甫）

【认定第二批小学素质教育优质校】 1 月 22 日，海淀区认定第二批小学素质教育优质校 13 所。至此，海淀区在小学素质教育优质校就读的小学生数占到全区小学生总数的 52.2%。2005 年 12 月，海淀区认定第一批 13 所小学素质教育优质校。

（宋亚甫）

【学校厨师开设选修课】 2 月 21 至

23 日，在人大附中科研年会上，学校厨师魏二明受到表彰并交流教课体会。2005 年，魏二明为学生开设选修面塑课，选修名额 20 人，每个学期均有 30 人报名。魏二明，河南驻马店人，初中文化程度，2001 年应聘人大附中厨师工作。工作之余，魏二明自费到烹饪学校学习雕花、面塑，后由学校资助就读北京教育学院“中国烹饪教育”专业，并获烹饪教育专业证书。2003 年，参加第 5 届全国烹饪大赛获得果蔬雕刻项目银奖；2005 年 1 月，其雕饰作品“龙马腾飞”获“世界之友”厨艺大赛特金奖；2005 年 10 月，第 15 届厨师节暨首届全国中餐技能创新大赛中，以作品“飞天”夺取“创新成就大奖”金奖并获得“最佳厨师”称号。

（宋亚甫）

【展示课堂观察探究成果】 3 月 15 日，海淀区教委召开中学课堂观察展示培训会。展示会推出中关村中学语文课《林黛玉进贾府》、化学课《苯》各 1 节，采取不同教师在同一个班级讲授相同课程内容的形式，展示“高中课程改革课堂观察”课题组教研成果。其教学过程包括“课前会议”（让观察者进入角色）、“课中观察”

（让观察者体验角色）、“课后会议”（让观察者反思角色）、“观察报告”（让观察者总结收获）4个过程。课题组教师通过观察者与被观察者角色互换，以体验和研究两种身份带来的教学差异，达到交流教学经验，做到优势互补的目的。

（宋亚甫）

【5所中小学入选京剧试点校】 3月

19日，海淀区5所中小学入选北京市首批京剧试点学校。5所学校分别为中关村一小、西颐小学、北大附小、八一中学、中关村中学。其中，西颐小学2004年3月将京剧引入音乐课堂，提出“少儿京剧架桥梁，国际教育进课堂”构想，通过京剧基本知识和简单唱段普及，使学生对京剧产生兴趣。2004年至2008年，该校7人次获得全国少儿戏曲大赛“小梅花”金奖，2人获得银奖。北大附小“娃娃京剧团”建于1994年，团员60人，已排练和演出过《四小放牛》，梅派代表剧目《天女散花》、《霸王别姬》，新编儿童京剧《孔融让梨》等，并赴奥地利、俄罗斯等国演出。海淀区艺术教育试验多个剧种并行进入学校，除京剧外，还将评剧、黄梅戏、越剧等剧种引入课堂。

（宋亚甫）

【举办绿色奥运中英双语演讲比赛】 4月6日，海淀区教委举办“绿色奥运我参与”中英双语演讲比赛。海淀区14所中学及外电职高、盲人学校共16所学校学生38人参赛。演讲以节能、废物利用、文明礼仪等为题材，采用中文和英文两种语言，辅以图表、照片等演示文稿，结合诗朗诵、表演唱、情景表演形式进行。比赛包括单人、两合作及4人合作3种形式。29人获奖，其中，一等奖8人，二等奖10人，三等奖11人。

（宋世云）

【举办中学音乐名师讲座】 4月15日和22日，海淀区举办中学音乐名师讲座。讲座邀请八中特级教师李存结合典型课堂教学案例，从课堂教学实践出发，讲解“五种课型”、“五个基本功”、“五个要求”、“五个问题和思考”。其中，“五种课型”即以歌唱教学为主的综合课，以欣赏教学为主的综合课，以器乐教学为主的综合课，以个人特长为主的综合课，以研究为主的探索型课。“五个基本功”即声乐、键盘、指挥、组织教学、德育意识。“五个要求”即每人每年要坚持推出2节精品课，不上没有准备好的课，课后及时小结，坚持参加专业进修，积极参与科研活动。“五个问题和思考”是怎样把一节普通的课上得生动，怎样创设感悟音乐的心理氛围，如何关注学生的情感态度价值观，如何关注教师自身的情感态度价值观，想一想自己在这个岗位上最终在做什么。海淀区中学音乐教师100人参加学习。

（宋亚甫）

【完成小学春季传染病防控检查】 4月，海淀区教委与区疾控中心完成春季传染病防控工作检查。该区12个中心学区108所小学接受检查，与校长签订学校传染病防控责任书，并请卫生部门专家进行业务指导。检查结果显示，存在问题集中为小学校专职卫生技术人员少，卫生老师流动大、担当多项兼职工作，个别校尚无独立卫生室，外来人口学生未接受正规免疫，需要查漏补种。

（宋亚甫）

【完成小学五年级学业质量监测】 6月3至5日，海淀区教委完成全区小学五年级学业质量监测。全区18910名小学生参加语文、数学和英语三个科目监测，主要考查小学生基础知识、基本能力以及运用知识解决实际问题能力。本年监测新增增加学生调研问卷。

（宋亚甫）

【特教中心检查评估资源教室】 6月4日，北京市特教中心检查评估海淀区资源教室。检查组检查6所中小学校资源教室，查阅档案，观看资源教师对随班就读学生的训练，并肯定海淀区随班就读工作进展。从2002年开始，海淀区先后在清河一小、学院路小学、四季青中心小学等9所中小学校建设资源教室，占全市资源教室总数20%。

（宋亚甫）

【举办曲棍球进课堂现场会】 6月

18日，海淀区花园村第二小学举办曲棍球进课堂体育现场会。会上，花园村二小校队队员与国家男子曲棍球队队员共同展示曲棍球原地翻转棍、动中直线翻转棍练习、动中曲线推球、动中曲线翻转棍和动中直线推球过人射门等技巧和训练成果。北京曲棍球协会为花园村二小颁发“青少年曲棍球项目普及推广示范校”铜牌，并宣布接受该校为团体会员。2007年11月，该校将曲棍球运动引进体育课堂，在全校范围内开展曲棍球项目，开发校本教材，并组建学校曲棍球队，聘请前国家女曲主力陈建斌每周一至周五到校任主教，国家胡历伟教练做指导。

（宋亚甫）

【举办疫情报告员持证上岗培训】 6月，海淀区教委与区疾病预防控制中心联合举办传染病疫情报告员专项培训。85所中学和104所小学传染病疫情报告员参加培训。经培训，考试合格者颁发上岗证书。同时，区教委与各校疫情报告员签订《北京市海淀区教育系统疫情报告员责任书》，健全完善海淀区中小学校疫情逐级上报的报告网络。至此，海淀区率先在全市开展中小学生传染病早期监测预警信息监测工作。

（宋亚甫）

【中小学生赴新疆观测日全食】　7月27日至8月4日，海淀区中小学生赴新疆哈密地区伊吾县参加观测日全食科技教育活动。该活动由国家天文台、中国科学院天文委员会科普部、中国科学院天文科普网络委员会组织，来自香港、澳门、台湾和内地其他省区500名天文专家和天文爱好者参加活动，海淀区13所中小学师生72人参加观测活动。此次日全食是21世纪全球首次日全食，新疆哈密地区伊吾县为观测天文最佳地区。2007年9月，区教委校外办和区青少年活动管理中心、海淀科普教育协会以"日全食"为核心，在全区中小学生进行相关知识科普讲座以及各项宣传工作，指导天文项目重点学校观测、拍摄日全食。

（宋亚甫）

【完成中学领导干部听课记录分析】
8月28日，海淀区教委完成中学领导干部听课记录分析。此次听课记录分析详细评估2007至2008学年度第一学期50所中学领导干部123本听课记录手册的4382节课。结果显示，听课已成为学校领导内在需求，领导干部在听课评课时关注重点有所差异，其关注度依次为教学基本功、学习指导与教学调控、教学目标、学生活动、学习条件、学习效果、课堂气氛、学科特色。分析中也指出听课记录中存在问题，主要包括：听课计划性不强、听课目的和框架不明确、对学生发展关注不够、对学生活动和学习效果关注不足、问题意识不强、教学指导能力不强等。

（宋亚甫）

【高考本科录取突破万人】　8月，海淀区高考本科录取首次突破万人。本年度，海淀区高考600分以上考生文科164人，占全市总数29.3%，比2007年提高1.7个百分点；理科高考600分以上考生1595人，占全市总数37.9%，比2007年提高4.3个百分点。600以上考生分布于全区36所中学，呈现海淀发展优质均衡教育群体优势。其中，人大附中考生胡梦萦以702分获得北京市理科高考状元，人大附中和八一中学考生分别获得北京市实行"3+X"高考以来首位理科综合学科满分和理科数学满分。同时，本科各批次上线率均超过去年，其中，文科本科一批上线率22.3%，本科整体上线率44.7%，分别比2007年提高4.56个百分点和6.98个百分点；理科本科一批上线率42.3%，理科整体上线率63.5%，分别比2007年提高6.06个百分点和3.63个百分点。2008年，海淀区共有16715名考生参加全市统一高考，其中文科考生5064名，理科考生11651名。

（宋亚甫）

【建立少儿京剧培训基地】　9月1日，海淀区教委少儿京剧培训示范基地在梅兰芳大剧院揭牌。该基地由东北旺中心小学与中国戏曲学院附中共同建立，京剧艺术家王金璐、赵葆秀、叶金援、安云武，编剧吴江、赵树成出席揭牌仪式并担任基地艺术顾问。少儿京剧示范基地通过系列讲座、专家指导、交流演出形式，培养学生审美情趣，提高艺术素养，探索京剧进课堂途径，并及早发现培养京剧人才。

（宋亚甫）

【北坞小学更名陶行知小学】　9月28日，经陶行知家属同意，海淀区北坞小学更名为陶行知小学。北坞小学占地面积20591平方米，建筑面积5861平方米，在校生553人，教职工37人，其中，98%以上学生是外来务工人员子女。更名后，学校开辟150平方米陶行知教育思想展览室。

（宋亚甫）

【承办六城区小学课堂教学交流活动】
10月21至23日，海淀区教委承办北京市第四届"京城杯"六城区小学课堂教学交流活动。此次活动主题为"研究学生学习需求，提升教师实践智慧"，来自海淀、朝阳、西城、东城、崇文和宣武六城区12名骨干教师展示6节语文课和6节数学课。活动通过现场做课、专家点评和互动交流形式，研讨和交流教学现实中焦点、热点、难点问题，关注课堂效益提高、学生全面成长和教师专业发展。建议加强区域间课堂教学沟通与交流，深化课程改革，提高教学质量。六城区教师2400人参加学习。

（宋亚甫）

【举办小学国防教育展示活动】　10月25日，海淀区举办小学国防教育展示活动。该活动主题为"学军爱兵强体魄拼搏奉献报祖国"，由海淀区教工委、区教委、区武装部、区双拥办、区精神文明办主办，西苑学区承办。西苑学区12所学校2000名小学生组成12个方队进行消防、防化应急演习，以及军体拳、刺杀匕首操等特色表演。全区小学校长及2000名小学生参加活动。

（宋亚甫）

【中坞小学亚太口琴节比赛获奖】
11月1至4日，海淀区中坞小学参加第七届亚太口琴节比赛获奖。该项赛事由亚洲、太平洋地区口琴协会主办，杭州市下城区政府和中华口琴会承办，来自韩国、日本、新加坡等亚太地区口琴爱好者1000人参赛。海淀区中坞小学代表北京地区参加小学组7个项目比赛，5项进入前三名，其中，大合奏、三合奏获得冠军，二合奏、四合奏获得亚军，小合奏获得季军。

（宋亚甫）

【召开小学教学工作会】　11月20至

21日，海淀区教委召开小学教学工作会。会议围绕"聚焦课堂、优化管理、提升质量"主题，交流林大附小、中关村二小和红英小学关于"提

高校长教学领导力"、"文化引领扎实研修"、"抓学习习惯养成"提高学业质量典型经验。会议听取上海教科院《课堂观察与课例研究》讲座，听取海淀区小学五年级学生学业质量监测分析报告和学生健康状况分析报告，分组讨论提高教学领导力、管理中聚焦课堂、切实提高教师实践能力等议题。会议强调，学校要本着"对现状了解准确些、让问题反映清晰些、对工作指导明确些、让成效体现更具体"的态度，分析学校具体情况，关注每一位教师、关注每一位学生、关注每一节课。该区小学校长、主管教学干部270人参加会议。

（宋亚甫）

【提出健康工作快乐学习10条建议】

12月8至12日，海淀区在中小学心理健康教育活动周上提出健康工作快乐学习10条建议。其中，给教师"健康工作"10条建议包括：保持平静安宁的健康心态、保持志存高远的进取精神、保持合理高效的工作节奏、保持勤勉执著的工作作风、保持乐观向上的生活态度、保持宽容博大的豁达心胸、保持厚德载物的高尚品格、保持旺盛敏锐的思考能力、保持持续不断的学习激情、保持事业发展的清晰思路。给中小学生"快乐学习"10条建议包括：快乐地迎接清晨、清晰地确定目标、自信地进入课堂、科学地规划学习、愉悦地完成作业、乐观地对待考试、痛快地外出玩耍、积极地表达自己、平等地与人交往、幸福地感受进步。2008年海淀中小学心理健康教育活动周以"快乐学习，健康工作"为专题，通过论坛、班会示范课等形式探讨如何进行心理健康教育，让学校真正成为学生快乐学习，教师健康工作的乐土。

（宋亚甫）

职业与成人教育

【概　况】　2008年，海淀区中等职业学校19所，其中，职业高中5所，中专技校12所，2所特殊教育学校办有职高班。开设专业44个，招生4984人，毕业4849人，在校生16693人，其中，职业高中在校生6541人。教职工1802人，其中专任教师1120人。全部职业学校占地面积28.25万平方米，建筑面积21.70万平方米，固定资产总值34446.84万元。全年教育经费投入18649万元，其中，国家拨款15165万元，自筹经费3484万元。各类成人学校1204所。其中，成人高校（社区学院）1所，开设30个专业，在校生5770人，教职工136人（专任教师79人）。成人中等学校2所，开设5个专业，招生128人，毕业167人，在校生446人，教职工128人（专任教师48人）。社会培训机构522所，全年培训75万人次，教职工7337人（专任教师3184人）。社区教育中心7个，社区教育学校10所，乡办成人校（站）7所，村办成人校（站）85所。成人教育全年教育经费投入2782万元，其中国家拨款1854万元，自筹经费928万元。全年各类继续教育和岗位技术培训127万人次。

（宋亚甫）

【建立村级社区教育学校】　1月11日，海淀区教委为村级社区教育学校颁牌。颁牌仪式上宣读《关于在农村地区建立村级社区学校的决定》，并为温泉镇白家疃村、苏家坨镇徐各庄村、上庄镇西马坊村、四季青镇西山村社区教育学校颁发校牌。海淀区教委将为村社区教育学校提供师资、设备支持和技术指导。学校组织农村居民开展思想道德素质、科学文化知识、就业、再就业培训、技能培训等教育培训活动。

（宋亚甫）

【召开学习型组织创建工作会议】　4月22至23日，海淀区召开学习型组织创建工作会议。会议总结2007年海淀区建设学习型城区工作，部署2008年工作，解读《海淀区人民政府关于进一步深入推进学习型海淀建设的决定》。会议举办创建学习型组织专题讲座，针对学习型组织概念和创建途径进行分析与讲解。海淀区委组织部、区民政局、区发改委等单位代表，以及中关村学院、区职成教学会代表35人参加会议。

（宋亚甫）

【举办第四届"教育进社区"活动】　10月25至26日，海淀区教委联合区社会建设办公室、区农林委举办第四届"教育进社区"活动。活动现场向市民免费发放3万册市民学习手册、健康知识读本等学习资料。全区23个街乡（镇）6万居民参与活动。

（宋亚甫）

【完成职业学校实训基地建设检查】　11月3至11日，海淀区教委对"十一五"时期重点建设6个区级实训基地进行第三阶段检查验收。专家组分别听取学校对实训基地建设和功能开发、专业教师队伍建设、配套实训教材建设、设备使用效率等情况的汇报，将实地考察和查阅材料相结合，与教师、学生就实训基地效能开发和利用进行座谈。专家组对实训基地在服务课改、促进教师成长、设备使用效率以及引进企业文化等方面发挥作用给予高度评价。

（宋亚甫）

【入选全国社区教育示范街道】　12月12日，海淀区西三旗街道被评为全国社区教育示范街道。西三旗街道是海淀区开展规模化社区教育较早街道之一，街道党工委把"发展社区教育，创建学习型地区"作为地区发展战略，社区教育从点到面，形成网络化、规模化，并建立起符合西三旗街情特点的学习型地区建设管理体制和运行机制，社区教育内容形式基本满足各类、各层次学习需求。西三旗街道先后被评为"海淀社区教育先进街道"、"海淀学习化建设先进单位"、"北京市示范性社区教育培训中心"、"北京市创建学习型社区示范街道"、"北京市十大魅力社区"等。

（宋亚甫）

教育督导

【概　况】　2008年，海淀区教育督导室充分发挥教育督导“监督、检查、评估、指导”为教育发展保驾护航的职能，认真做好学校督导评价工作，加大对教育热点难点问题的专项督导检查，促进教育管理规范；坚持改革创新，加强内涵建设，推进教育督导队伍和教育督导工作的专业发展，为促进海淀教育的又好又快发展作出新贡献。全年完成综合督导复查工作，复查中学4所，小学31所；完成初中建设工程学校验收工作，并接受市督导室初中建设工程专项督导检查；发挥教育督导对改革中热点、难点问题的监督作用，完成34所中小学校的三个专项督导检查。同时，加强督导队伍建设，专兼职督导队伍整体素质有进一步提高。

（刘斌）

【召开教育执法督导检查汇报会】　7月10日，海淀区人大和区教育督导室联合召开“2008年度海淀区教育法律法规执行情况督导检查汇报会”。会议听取相关单位就落实《教育法》、《义务教育法》、《职业教育法》和《北京市实施〈职业教育法〉办法》，建立和完善教育经费保障机制，促进干部教师队伍培训实现均衡配置，统筹职业教育加强实训基地建设等作自查汇报。区教委针对人大代表提出问题作出解答。区人大、区政府领导和部分人大代表参加会议。

（刘斌）

【制定新一轮教育督导评价方案】　10至12月，海淀区教育督导室制定海淀区新一轮教育督导评价方案。其间，组织召开专职督学会议，研究制定《海淀区贯彻落实〈北京市区县政府、教委、中小学校、幼儿园全面实施素质教育评价方案〉（试行）的实施方案（普通中小学分册）》初稿。新一轮教育督导评价方案在全市评价方案基础上，结合海淀区中小学工作实际和教育督导工作新要求制订，包括前言、评价指标体系、实施办法、附件等内容，是落实全市评价方案的可操作配套性文件。

（刘斌）

【接受初中建设工程督导检查】　12月10至11日，海淀区教委接受市政府教育督导室对海淀区实施初中建设工程督导检查。检查组一行12人，听取区教委和区教育督导室《全面实施初中建设工程，促进初中教育优质均衡发展》和《海淀区初中建设工程学校达标验收工作汇报》，查阅相关档案材料，并就办学条件改善、干部教师队伍建设、教育教学质量提高等内容与区教委有关部门负责人进行座谈。检查组还分别考察海淀北部新区实验中学、万泉河中学和知春里中学，听取校长汇报，实地察看教育教学设备和使用情况，并通过听课、与教师代表座谈、进行学生问卷调查等形式，了解初中建设工程进展情况。

（刘斌）

【召开优秀评价员表彰会】　12月18日，海淀区教育督导室和区教育基金会联合召开“落实督导评价，促进学校发展优秀评价员”表彰会。会议表彰20名学校评价员，并向他们颁发证书和奖金。与会评价员在座谈中交流工作经验，并对新一轮教育督导工作提出建议。

（刘斌）

【完成2008年督导工作计划】　至年底，海淀区教育督导室完成2008年既定督导工作计划。全年完成18所学校综合督导复查、督导验收和专项督导任务。其中，综合督导复查重点检查学校综合督导后整改措施的落实情况；初中校建设工程验收以促进初中学校内涵发展为重点，“以评促改，以查促建”；专项督导检查义务教育阶段学校不超班额、按规定开足开齐课程、保证每天体育活动1小时三个专项工作的落实情况。另外，还对永丰中心小学、前沙涧小学两所小学进行随访督导。

（刘斌）

中共海淀区委教育工委

书　　记　南顺第（3月6日免）
　　　　　张卫光（3月6日任）

海淀区教育委员会

主　　任　孙　鹏

海淀区政府教育督导室

主　　任　（空缺）

门　头　沟　区

总　类

【加强学校安全管理】　1月17日，门头沟区教委采取措施，加强学校安全管理。一是健全组织，落实责任，行政一把手总负责，签订责任书，做到分工细致，全员参与，层层落实安全责任。二是完善制度体系，完善组织机构、责任分工等各种工作、检查、奖惩制度等；制订应急预案，加强演练，每学期至少全员演练一次。三是加强检查，确定重点，建立安全工作台账，查出隐患立即整改。四是广泛宣传，营造氛围，将安全教育纳入课堂，向学生传授各类安全知识，对教职工进行安全培训，发放中小学法律安全宣传教育系列手册6000余册、《致中小学生及家长的一封信》近20000份。

（石明廷）

【评选百名好教师】　1月24日，门头沟区“社会、家长、学生满意的好教师”评选工作结束。经过学校民主推选、社区公示、教委审批，评选出“百名社会、家长、学生满意的好教师”。他们是一年来在教育教学方面做出突出成绩，且受到社会、家长、学生好评的一线任课教师。

（石明廷）

【完成民办学校年检】 3月3日，门头沟区教委就民办学校年检工作提出要求。主要包括五个方面：一是由独立承担法律责任的社会审计机构进行年检财务审计工作。二是由区公安分局内保处负责民办学校治安鉴定工作。三是由卫生部门对学校食堂的食堂卫生许可证进行检查。四是对校舍租赁协议书的规范性进行年检。五是对有无发布虚假招生简章或者广告，收费是否规范进行年检。对上述五项检查中严重不合格的学校，实行“一票否决制”给予停止招生、吊销办学许可证处罚，对情节较轻学校责令限期整改。截至6月，5所学校参加年检，全部合格。

（石明廷）

【举办5项文明礼仪主题活动】 3月

21日，门头沟区教委决定举办五项中小学“情系奥运，文明礼仪伴我行”主题教育实践活动。一是文明出行实践活动。要求各中小学以主题班会的形式，集中对学生进行一次遵守公共秩序的教育，引导中小学生文明出行，树立良好的社会形象。二是寻找身边道德榜样活动。要求学生发现、总结身边奉献奥运的人和事，采取多种形式大力宣传优秀学生的先进事迹，提升学生文明素质。三是奥运礼仪知识普及活动。要求各校通过各种宣传形式，向学生宣传普及奥运知识，介绍观赛礼仪和各国家及民族礼仪习俗，引导学生用良好的礼仪行为当好东道主。四是文明礼仪使者进社区活动。要求学生利用双休日、节假日走出校门，宣传文明礼仪，开展文明志愿服务。五是“校园礼仪开放日”活动。要求学校总结、展示“情系奥运，文明礼仪伴我行”主题宣传教育实践活动成果，推广一批学生喜欢的特色教育活动。

（石明廷）

【承担政府蓝皮书工程】 4月8日，门头沟区教委承担本年度政府蓝皮书项目工程。其中，重点工程3项。分别是首师大附中永定分校建设工程、北京实验二小永定分校建设工程，以及军庄小学迁建和三家店铁路中学改造工程。承担为民办实事项目3项。分别是规划调整全区中小学布局、加强教师队伍建设、推进学习型社会建设创建学习型组织工作。至年底，首师大附中永定分校建设工程已完成50%，北京实验二小永定分校建设工程办理前期手续，军庄小学迁建和三家店铁路中学改造工程正在筹划中，城镇中小学布局调整将与棚户区改造同步进行，加强教师队伍建设、推进学习型社会建设创建学习型组织工作稳步推进。

（石明廷）

【加强名师工作室管理】 4月16日，门头沟区教委采取措施加强名师工作室管理工作。一是名师工作室实行动态管理，以3年为一个任期，其待遇等同于区市级学科带头人，并组织其成员到教育发达地区学习。二是名师工作室开展课题研究，每周安排固定时间为教师和学生提供咨询与指导。三是发挥名师工作室的辐射作用，依托门头沟骨干教师网，建构和完善名师工作室网页，为教师在线交流和各类优质教育资源共享提供载体。四是参加骨干教师导师团活动，积极承担教师培养培训任务。五是每学年至少要做1节校级及以上公开课或举办1次校级及以上教师培训讲座；任期内在公开发行的教育刊物上至少发表1篇论文。六是区教委为名师工作室提供专项经费补助，每年为每个名师工作室提供不少于3000元的活动经费，且实行专户管理，专款专用。

（石明廷）

【与西城区签订合作协议】 4月18日，门头沟区教委与西城区教委签订教育合作意向书。两区教委商定，门头沟区46所学校（含中小学、幼儿园、职业高中和教师进修学校）与西城区优质学校结对，在学校管理、教师培训、教育教学等方面进行全方位合作。西城区教委每学期组织部分优秀教师和教育管理干部到门头沟区学校讲学、作课、视导、诊断，帮助解决教育教学中的问题。加强新课程改革的沟通交流，西城区教委为门头沟区教委提供教育教学改革、中高考信息等方面的服务，帮助门头沟区教委开发教育软件资源库。西城区的示范性高中根据招生计划招收门头沟区优秀初中毕业生就学。门头沟区教委组织高中教师参加西城区高中教研活动，遴选20名教师与西城区特级教师结对。门头沟区各类基地等课外教育设施全面对西城区师生开放。

（石明廷）

【做好师资补充工作】 6月6日，门头沟区教委采取四项措施做好师资补充工作。一是加强人才引进工作，通过考试引进外省市地区级以上骨干教师7人。二是遵循“凡进必考”的原则，招聘应届毕业生48人，其中研究生13人，本科毕业生18人，大专毕业生17人。农村中学补充33人，城镇补充15人。三是通过公开招考形式面向社会为招聘3名校医。四是完成石景山区5名教师支援本区教育的准备工作，并选聘25名高校毕业生和本区30名教师到农村中小学支教。至年底，共补充教师52人。

（石明廷）

【六项措施推动义务教育工作】 6月12日，门头沟区教委采取六项措施，推动义务教育工作。一是投资2423万元，改善中小学办学条件。二是完善落实名师工作室、骨干教师带徒制度，加强对山区农村教师的课堂教学、教学研究、校本培训等方面的指导。三是做好35名教师和25名高校毕业生到农村中小学支教工作。四是落实教育教学质量监控及评价，坚持随机抽取年级和学科进行全区统一监控，定期召开教学质量分析研讨会。五是引进优质教育资源，加强与西城区教委合作，建立合作长效机制。六是加强镇管教育工作，发挥镇政府在教育发展中的作用。

（石明廷）

【明确镇政府教育管理职责】 6月15日，门头沟区政府印发《关于镇级人民政府管理教育工作职责的通知》。文件规定，各类教育事业发展纳入各镇经济建设和社会建设发展规划，镇级政府每年财政收入的 2%至 5%用于教育整体建设。在市、区“两免一补”政策的基础上，多渠道筹集资金，建立村镇级贫困生帮扶机制，确保学生不因家庭经济困难而辍学，保障残疾儿童入学率。镇财政每年投入部分资金，与区教委配合推进学校建设和达标进程。建立镇级中小学教师表彰制度，定期对成绩优异的教职工给予奖励。积极构建辖区内学校、社会、家庭相结合的教育网络，做好未成年人违法犯罪防控工作。

（石明廷）

【刘笑彤获宋庆龄奖学金】 10 月 9 日，大峪一小五年级学生刘笑彤获得第八届宋庆龄奖学金，东辛房小学六年级焦瑶同学被授予宋庆龄奖学金提名奖。“宋庆龄奖学金”由教育部、中国福利会和宋庆龄基金会共同设立，是九年义务教育阶段唯一的国家级奖学金。

（石明廷）

【改善学校办学条件】 11 月 13 日，门头沟区教委总结全年改善学校办学条件情况。一是解决学生饮用水问题，为 37 所学校安装 199 台温开水器。二是改善农村寄宿制中学生生活条件，投入 797 万元对部分农村寄宿学校的食堂、浴室和活动室共 3673.5 平方米进行改造，购置相关设备 2888 件，共配备 15 部生活用车。三是落实学校的操场和厕所改造工程，投资 2767 万元，改造 8 所学校操场和 10 所学校 11 个厕所。四是危房危电改造工程，落实改造资金 1637 万元，40 所学校新做防水 18038 平方米、更换门窗 1553 平方米，4 所学校完成危电改造。

（石明廷）

【多条途径加强干部培训】 11 月，门头沟区教委采取多途径培训干部。一是组织 15 名干部参加市级书记校长高研班培训，提高理论水平。二是与中国教育行政学院教育干部培训网合作，成立“中国教育干部培训网·门头沟区中小学校长培训中心”，为全系统 326 名副主任以上干部搭建学习培训平台；三是组织中小学校长和党支部书记 80 余人分别到湖南长沙、四川巴蜀和福建福州等地考察，学习先进管理经验。四是加强青年后备干部培养，组织 40 名青年后备干部外出学习考察，对 21 名试用干部进行跟踪培训。

（石明廷）

【落实“两免一补”】 至年底，门头沟区教委落实“两免一补”工作，保证每个学生都能享有公平接受良好教育权利。全区共有 11640 名中小学生享受书费补贴 185 万元，3786 名学生获得助学补助 113 万元，705 名寄宿生分享伙食补贴 70.5 万元。另外，增加对高中阶段贫困学生的帮扶力度，向 905 名学生发放助学金和伙食补助 136 万元。

（石明廷）

学前教育

【概　况】 2008 年，门头沟区托幼园所 14 所，其中，教育部门办园 6 所，其他部门办园 3 所，民办 5 所。教学班 105 个，入园 1220 人，在园 2917 人，离园 1086 人。学前三年教育普及率 89%。教职工 448 人，其中，专任教师 293 人。幼儿园占地面积 52224 平方米，校舍面积 25172 平方米，图书室藏书 20760 册。

（石明廷）

【处理四处违法办学】 4 月 23 日，门头沟区教委依法处理四处违法办学。四处违法办学幼儿园师资配备、环境条件、卫生标准等没有达到国家办学要求，区教委要求限期停办整改。四处办学场所是阳光双语幼儿园、朵朵红幼儿园、蓝天双语艺术幼儿园，另有一处无正式名称。

（石明廷）

【两所民办园获取办学资质】 5 月 26 日，经门头沟区教委验收合格，智慧摇篮幼儿园和小海鸥幼儿园正式取得办学许可证。至此，门头沟区民办幼儿园达到 7 所。智慧摇篮幼儿园位于永定镇石龙工业区雅安路 4 号，小海鸥幼儿园位于永定镇上岸村泰安路延长线 1 号。

（石明廷）

【举办幼教系统秋实杯比赛】 6 月，门头沟区教委举办秋实杯教学评优活动。比赛面向全区幼教工作 16 年以上教龄教师，旨在以赛带训，通过大赛发现问题，增强骨干教师培养力度。比赛内容包括教案撰写、实际授课、课后反思三部分，最后评选出一等奖 1 名、二等奖 2 名、三等奖 4 名，特殊奖（50 岁以上教师）1 名。

（石明廷）

【两园通过早教基地验收】 10 月 7

日，东辛房幼儿园和新星幼儿园通过早教基地建设市级验收。至此，门头沟区 5 所幼儿园入选北京市示范性社区早期教育基地称号。

（石明廷）

【支持民办学前教育】 11 月 13 日，门头沟区政府印发《门头沟区鼓励和支持民办学前教育发展的实施意见》，鼓励和支持民办学前教育。文件提出，设立民办教育发展专项资金，列入部门预算。鼓励和支持提高办学条件和水平，对年审合格者按照每生每学年 150 元的标准给予办学补贴。对达到北京市一级一类、二级二类和三级三类办园标准者，一次性奖励 10 万元、5 万元和 2 万元，用于改善办学条件。落实办学用地优惠政策，利用闲置的校舍资源，采取减免租金等方式为其提供办学场地。民办学前教育机构教师在进修培训、职称评定和教育教学评优活动等方面与公办教师同等待遇。

（石明廷）

基础教育

【概　况】 2008 年，门头沟区小学 48 所，教学班 487 个，毕业 2465 人，招生 2111 人，在校生 13284 人。教职工1815人，其中专任教师1439人。中学19所，教学班275个（初中198个、高中77个），毕业2766人（初中1939人、高中827人），招生2980人（初中2110人、高中870人），在校生9395人（初中6464人、高中2931人）。教职工1574人，其中，专任教师1019人。特殊教育学校1所，开设教学班9个，毕业生10人，招生11人，结业3人，在校生40人；随班就读64人。教职工12人，其中专任教师12人。校外教育单位1个，教职工35人，其中专任教师数18人。小学教师学历合格率100%、初中教师学历合格率100%、高中教师学历合格率100%。中小学特级教师1人。校舍总占地面积71.80万平方米，总建筑面积28.41万平方米，固定资产总值381192万元。图书馆藏书114.24万册。全年教育经费投入19883.74万元，其中，国家拨款19110.02万元，自筹经费773.72万元。

（石明廷）

【举办体育教师跆拳道培训】 1月

12日，门头沟区教委举办体育教师跆拳道培训。培训特邀国家跆拳道队教练张明宇、门头沟跆拳道队教练马士龙讲解初级培训内容，包括理论和基本技术、步法的辅导等。全区60名体育教师参加培训。

（石明廷）

【总结初中建设工作】 1月31日，门头沟区教委召开会议总结初中建设阶段性成绩及存在问题。会议认为，主要成绩，一是加大基础薄弱校硬件建设，办学条件明显改善，促进初中教育的均衡发展。二是增加初中教育经费投入，以浅山区和深山区学校建设为重点，积极推进办学条件达标工作。三是整合四大教育基地，即灵溪科技教育基地、雁翅素质教育基地、斋堂爱国主义教育基地、琉璃渠劳动艺术教育中心，为学校开展教育教学活动提供保障。四是建立城镇教师支援农村教育、山区骨干教师制度等，大幅度提高山区教师补贴，在评优、评定职务工作向山区学校倾斜，促进山区教师队伍稳定。五是通过建立初中教师成长记录档案、英语教师境外培训、教学基本功竞赛等提高教师整体素质，促进教师专业化发展。存在问题主要是：城镇地区个别学校办学规模过大，导致专用教室不足，应按照教育规划调整学校办学规模。全区青年教师占70%，山区交通也不十分便利，应发挥远程教育优势，加强教师培训。

（石明廷）

【研讨“习作带动阅读”】 2月13日，门头沟区教委在黑山小学举行“习作带动阅读”研讨活动。与会人员观摩该校“习作带动阅读”课，研讨教学过程、教材编排、指导学生等方面问题。“习作带动阅读”模式是门头沟小学作文教学方面的探索，其最大特色是将阅读教学的重点放在学生对习作的需求上。

（石明廷）

【举办中小学生篮球比赛】 3月15日至4月21日，门头沟区教委举办中小学生篮球比赛。比赛由区教委、区体育局主办，新桥路中学青少年体育俱乐部承办，共有16所中小学的22支男女代表队参赛，为近年来规模最大一届比赛。经过42场激烈的角逐，三家店铁路中学男队、中等职业学校女队、大峪中学分校男女队、工人子弟小学男队分获各组冠军。

（石明廷）

【大峪中学分校终止办学体制改革试点】 4月15日，市教委批复同意该区大峪中学分校终止办学体制改革试点。市教委要求，终止试点后大峪中学分校转为公办学校。要严格执行公办学校相关收费政策，及时补充教育经费，保障学校正常运转。同时确保学校正常教学秩序，做好各类教师的调整、安置及待遇工作，维护师生的利益。

（石明廷）

【六项措施做好小升初工作】 4月24日，门头沟区教委采取六项措施做好小升初工作。一是小学坚持“划分招生服务区”，初中坚持“对口直升、适当调配、免试就近入学”。二是及时发布小学初中入学工作时间表。三是严格审核学生入学资格。四是做好流动人口子女在公办和民办中小学的借读工作。五是严格控制出区择校的无序流动，各中学不得接收已经考试中心分配的其他学生入学。六是加强监督检查，确保招生政策落实到位。

（石明廷）

【召开校本课程建设研讨会】 6月19日，北京市校本课程建设研讨现场会在北京实验二小永定分校举行。会议指出：“永定分校的实践证明，在农村小学开设英语课是能够达到国家规定的标准和目标的。但农村小学要达到英语教学目标，只凭国家课程是不够的，必须要开发各种形式的校本课程，为国家课程提供很好的支撑。”全市18个区县代表和门头沟区中小学教师约200人参加会议。实验二小永定分校位于京郊门头沟区永定镇，绝大多数学生是农民子女和外来务工人员子女。新课程改革实施后，学校开设“五维英语”校本课程，以能动英语教学法为主，引进并融合多种行之有效的英语教学方法，补充国家规定课程的不足。为弥补英语师资不足，学校组织其他科目教师系统培训，志愿兼职英语教师。从2004年起，学校英语及格率超过80%，优秀率达55%。

（石明廷）

【免费为中小学生体检】 10月13日，门头沟区教委保健所免费为中小学生健康体检。从2008年秋季开始，该区每年按每生20元标准为中小学生（含职高生）安排一次健康体检，体检项目包括形态机能、内科、外科、五官、口腔、血压、听力、色觉等30余项。所有健康数据将统一纳入学籍信息管理系统，同时还将为每位中小学生出具体检报告，提出健康指导意见，向学校和学生家长反馈。本年全区26000名学生参加体检。

（石明廷）

【完成“一老一小”医疗参保工作】 10月15日，门头沟区教委完成“一老一小”学生医疗保险参保工作。根据市劳动局和市教委《关于进一步做好学生儿童大病医疗保险参保缴费有关问题的通知》要求，全区中小学正式学生19387人中17939人参保（不包含在社区参保学生），参保率92.53%（上年69.43%），幼儿园669人中666人参保，参保率99.55%（上年89.36%）。

（石明廷）

【举办英语教师展示比赛】 10月25

日，门头沟区教委举办第二届门头沟区小学英语教师展示比赛。比赛共有两项内容，一是英语朗读展示赛；二是英文命题写作。为保证比赛的公平、公正和公开，参赛的59人由各校按专任英语教师的2∶1抽签决定，并特邀峪口中学分校、新桥路中学、坡头中学的5名英语教师作评委。经评比10人获得一等奖。比赛自2004年开始举办，每两年举办一届。

（石明廷）

【举办小学教师课堂教学比赛】 10月，门头沟区教委举办第二届小学教师“秋实杯”课堂教学评优活动。比赛历时5个月，全区26所小学教龄16年以上教师120人参加比赛。比赛内容包括课程三维目标掌握、教学基本功（备课、讲课、片段演示）、现代教育技术三部分内容。比赛评出一等奖8人。

（石明廷）

【举办课本剧表演】 11月1日，门头沟区教委举办中学生艺术节之校园剧比赛。本届校园剧比赛主题是“学礼仪、讲文明、展风采”，参加本次比赛的课本剧形式多样，既有校园情景剧，也有历史味道浓厚的历史剧。来自全区13所中学的200多名学生参加比赛。最终，大峪中学表演的《勾践灭吴》获得第一名。

（石明廷）

【举办跳绳比赛】 11月15日，门头

沟区教委举办跳绳踢毽比赛。来自全区中小学700名学生参加比赛。比赛分小学组、中心校组、初中组，跳绳比赛设30秒编花跳、3分钟10人穿梭八字跳等8项。踢毽设1分钟膝盖互换踢、双脚互换踢、单脚足内侧踢3项。雁翅中学、付家台中心小学、龙门小学分别获得跳绳组第一名。王平中学、付家台中心小学、黑山小学获得踢毽组第一名。

（石明廷）

【举办教学资料征集活动】 12月，门头沟区教委举行基础教育地方与校本课程案例、论文、视频课例征集评选活动。全区35个单位参加区级评选，其中小学26所，中学9所，参评论文共115篇，案例31篇，视频课例25节。最终评出区级论文60篇，区级案例11篇，视频课例17节，并从中推出论文20篇、视频课例8节参加市级评选。

（石明廷）

职业与成人教育

【概　况】 2008年，门头沟区职业高中1所，开设专业8个，教学班77个，毕业684人，招生231人，在校生2225人。教职工207人，其中，专任教师130人。学校占地面积2.17万平方米，建筑面积2.42万平方米，固定资产总值2727.76万元，图书室藏书0.98万册。全年教育经费投入1863万元，其中，国家拨款1689万元，自筹经费174万元。全区成教中心学校1所，开设教学班75个，毕业生956人。教职工73人，其中，专任教师8人。学校占地面积5701平方米、建筑面积4910平方米，固定资产总值848万元。全年教育经费投入963万元，其中，国家拨款490万元，自筹经费473万元。全年各类成人教育培训总人数4515人。

（石明廷）

【召开年终班主任会议】 1月2日，门头沟区成教中心召开年终班主任会议。会议总结农村教学班的招生、班级日常管理、教育教学工作。会议明确，区委党校从2009年起退出农民学历教育，农广校中专班和农村培训全部转由成教中心承办。成教中心与中国农业大学合作举办农村基层干部学历培训班，以提高农民文化素质。来自各村的教学班主任、部分村书记、村长173人参加会议。

（石明廷）

【开通农民远程教育双向视频】 1月22日，门头沟农民远程教育双向视频培训系统开通。该系统在市教委专项资金支持下，利用9个镇的11个农民远程教育基地，投资170万元建成。系统设备先进，具备实时播放、课堂互动和实时演示等功能。

（石明廷）

【加强学习型城市建设】 3月13日，

门头沟区召开建设学习型城市工作领导小组办公会。会议印发《门头沟区

建设学习型城市工作实施方案》、《门头沟区建设学习型城市工作目标任务分解书》、《门头沟区建设学习型城市工作学习篇目》及北京市各类学习型组织创建工作文件，布置创建工作任务。会议听取各成员单位创建设工作的进展情况和下一步工作思路。区创建工作领导小组各成员单位主管领导参加会议。

（石明廷）

【推进学习型学校创建】 3月24日，门头沟区教委采取措施推进学习型学校创建工作。一是加强领导，各学校建立党支部抓落实的领导机制，确保创建工作落到实处。二是建立健全各种学习制度，将学习列入年度考核目标、评先评优及职级晋升等条件。三是各校领导发挥模范带头作用，总结经验，发挥学习型办公室、学习型教研组、学习型个人的先进示范作用。四是分两个阶段，逐步推进。2008年为全面启动创建工作阶段，全系统15%至20%的单位开展创建工作，2009年全系统30%的单位开展创建工作，完成市“创建学习型区县先进区”评估验收相关任务。

（石明廷）

【开通学习型城市网站】 6月25日，门头沟区建设学习型城市工作领导小组举办门头沟学习型城市网开通仪式。区建设学习型城市工作领导小组的27个成员单位，全区9个镇4个街道办事处的有关工作人员共100人参加开通仪式。门头沟学习型城市网（http：//mtg.bjlearning.gov.cn）由区建设学习型城市工作领导小组办公室主办，北京电大门头沟学院承办。网站立足门头沟区建设学习型城市的工作实际，以文字、图片、视频等多种形式，交流典型经验，提供最新、最快、最鲜活的信息，为学习型城市建设工作服务。

（石明廷）

【举办班主任基本功比赛】 9月，门头沟区教委举办中等职业学校班主任基本功竞赛。竞赛时间3小时，竞赛以规范班级管理为主题，内容涉及班级管理知识、如何帮助学生摆脱心理困扰、如何组织主题教育活动等内容。全区中等职业学校班主任60人参加比赛，评出一等奖6人，二等奖8人，三等奖10人。

（石明廷）

【评估农民教育体系】 11月17日，北京市示范性乡镇成人学校评估验收小组评估门头沟区农民教育体系。验收小组检查斋堂镇成人学校后认为，门头沟区乡镇级成人学校建设规范、管理科学，各级政府和职能部门大力支持，使各乡镇成人学校发挥应有作用，为提高农民素质作出贡献。专家组还就完善农民教育学校等方面提出意见和建议。

（石明廷）

【总结纵横汉字输入法培训情况】 11月，门头沟区教委总结市民计算机培训情况。自2004年门头沟区教委开始举办纵横汉字输入法培训，累计培训7600人次。其间，组队参加两届市级比赛、三次全国性比赛，均取得突出成绩。2008年，11名选手参加CKC杯全国纵横汉字输入法大奖赛，获特等奖1个，一等奖1个、二等奖5个、三等奖4个。全区317人取得纵横汉字输入法达标证书，45人取得优秀证书。

（石明廷）

【表彰市民讲外语活动先进】 12月10日，门头沟区教委召开市民讲外语活动总结表彰会。会议表彰8个优秀组织单位、9个优秀社区和31个先进个人，全面总结7年来门头沟区市民讲外语活动成绩。7年来，全区累计组织中学生志愿者1046名下社区举办市民英语口语培训班，培训市民56896人次，带动全区2万个家庭学英语。“小手拉大手，我教长辈讲英语”活动被评为2004年门头沟区“最佳宣传教育活动”。2008年，全区4个社区被评为北京市民讲外语活动优秀社区。全区73个社区居委会代表90人参加会议。

（石明廷）

教育督导

【概 况】 2008年，门头沟区教育督导室起草《关于镇级人民政府管理教育工作职责》，并经第31次区长办公会议研究同意，以区政府文件形式转发。在文件要求的基础上，区政府教育督导室完成门头沟区初中建设工程督导验收、社会对教育评价、九年义务教育实施情况监测等工作，全面推进区域教育现代化进程。

（石明廷）

【完成社会评价教育工作】 10月，门头沟区教育督导室完成社会对教育的评价工作。评价范围包括中小学、普通高中、职业高中、幼儿园，参加评价人员包括20%的高年级在校生家长，学校招生范围内所涉及的乡镇政府、办事处、居委会、村委会领导，与教委各下属单位有业务来往的学校领导和有关人员。评价采取问卷调查方式进行。其中24所小学发放问卷2378份，回收有效率95.4%；初中校17所，发放问卷1812份，回收有效率95%；职业高中1所，发放问卷140份，回收有效率97.8%；幼儿园4所，发放问卷267份，回收有效率91%；全区9个镇政府、4个办事处、143个村（居）委会，共发放问卷1536份，回收有效率100%；教委直属单位14个，发放问卷836份，回收有效率100%。社会评价结果情况将作为对各单位年终考核奖励的重要依据。

（石明廷）

【验收初中建设工程】 11月10日，门头沟区教育督导室完成初中建设工程督导验收工作。该工作在2007年验收基础上进行，验收形式包括听取校长汇报、检查学校材料、听课、与教师学生座谈、发放调查问卷等，涉及学校教育投入、硬件建设、教师干部队伍建设、教育教学质量等内容。检查结果表明，门头沟区已经圆满完成初中建设工程。

（石明廷）

中共门头沟区委教育工委

书　记　张爱宗

门头沟区教育委员会

主　任　何　渊

门头沟区政府教育督导室

主　任　（空缺）

房　山　区

总　类

【召开教育工作会】 5月19日，房

山区政府召开2008年教育工作会。会议听取区政府《加快发展深化改革努力推进义务教育均衡发展》工作报告，宣读关于促进义务教育均衡发展工作意见，表彰11个2006至2007年度教育工作先进乡镇。会议认为，房山区在改善中小学办学条件，调整教育布局，加强教育教学管理，落实依法执教方面取得非常显著的成绩。到2010年，房山区教育发展目标是“达标、均衡、创新、提升”。通过3年努力，义务教育学校要按照市颁标准全部达标；乡镇之间、校际之间教育资源优势程度基本平等，基本满足群众需求。市、区领导，房山区委办局、各乡镇代表，教育系统各单位负责人450人参加会议。大会结束后，与会人员为四川灾区捐款5.5万元。

（丁术刚）

【市人大检查义务教育法落实情况】 5月20日，市人大常委会检查房山区《中华人民共和国义务教育法》落实情况。检查组由13名人大代表组成。检查组听取房山《义务教育法》贯彻执行情况汇报，询问义务教育均衡发展、教育经费增长、干部教师队伍建设等问题，实地查看行宫园学校、良乡五中、石楼中学3所学校。检查组对房山区落实义务教育法情况给予高度评价，认为该区能够深入贯彻《义务教育法》并因地制宜发展教育，在教育发展思路上体现科学发展观，不断创新，取得突出成绩。特别是在山区中学搬迁，促进山区教育发展上，具有自己鲜明的特色。

（丁术刚）

【召开庆祝教师节大会】 9月8日，

房山区政府在区会议中心召开庆祝第24个教师节大会。区委、区人大、区政府、区政协，以及各委办局和乡镇、区教育系统各单位负责人、先进教师代表和学生代表400人参加会议。会议宣读教师节表彰优秀教育工作者获奖名单，向37名优秀教育工作者颁奖。其中，7人获得“教育希望之星”称号，10名校长获得“优秀校长”称号，10名教师获得“优秀教师”称号，10名教师获得“优秀德育工作者”称号。会后，区四大部门领导分别开展慰问教师活动。

（丁术刚）

【保证外来务工子女接受义务教育】 9月，房山区各校采取措施保证全区15000名外地来京务工人员子女接受义务教育。一是利用暑期积极增班建教室，创造有利条件，保证流动人口中适龄少年儿童享有接受义务教育权利。二是把流动少年儿童就学纳入学校教育工作计划，每学期开学前，通过广播、橱窗等多种渠道进行宣传，积极组织流动少年儿童报名，经过测试，按实际水平编班入学。三是免收外来务工人员子女的借读费，对家庭确有困难的学生，学校酌情给予适当照顾。四是健全借读手续，建立学籍档案，组织学习学校各项规章制度，进行交通、防火等安全教育，提高起安全意识，确保其生命安全。

（丁术刚）

【大力提高教师待遇】 至年底，房

山区采取措施提高教师待遇。一是政府统一拨款为在职和退离休教职工进行定期身体检查。二是为305名从事特教随班就读班主任发放岗位补助，每人每月按20元标准予以补助。三是提高班主任酬金，从原有的小学每生每月0.33元、中学每生每月0.3元，提高到每生每月5元。班主任酬金从原来的10多元提高到200元，全区中小学班主任酬金总额从28.41万元，提高到438.46万元。四是提高骨干教师津贴，区级骨干教师津贴从每人每月40元提高到200元。市级骨干教师津贴从每人每月80元提高到500元。市级学科带头人津贴从每人每月80元提高到600元。特级教师津贴从每人每月300元提高到700元。骨干教师津贴补助项目政府每年投入资金将从原来的63.85万元，增加到762.08万元。

（丁术刚）

【推进教育均衡发展取得突破性实效】 至年底，房山区推进教育均衡发展取得突破性实效。一是教育布局更加合理，资源效益充分发挥，全区中小学从2001年的299所调整为162所，“一个乡镇一所中学，一个中心小学附设1～3所小学”的目标基本实现，全区基础教育规模基本确定。二是标准化建设有力推进，办学条件极大改善，2002至2007年6年间，共投资13.6亿元，整体改造农村中小学41所、改扩建学校76所，新建塑胶操场28块，办学条件极大改善。三是薄弱环节得到加强，教育体系不断完

善，建立乡镇中心园25所，分园22所，补充教师近600名。建设乡级成人学校21所，村级学校409所，促进全区教育体系的不断完善，覆盖幼、小、中、职、成的全区大教育格局初步确立。

（丁术刚）

【对口帮扶青海果洛藏族自治州】 至年底，房山区教委继续对口帮扶青海省果洛藏族自治州教育局。一是开展两地区部分学校结对交流活动，房山区14所中小学分别与果洛藏族自治州14所中小学结成友好交流对子。从2008年秋季开始，果洛藏族自治州每年下半年选拔输送干部教师15人，赴房山区各结对学校培养，学习时间一般为2至6个月。二是房山区免费为果洛藏族自治州培养优秀中学生。从2008年开始，果洛藏族自治州每年选择部分汉语基础较好、自理能力强的优秀小学毕业生到房山区初中校初一年级插班就读。三是建立双方交流工作机制。

（丁术刚）

【依法做好信息公开工作】 至年底，房山区教委依法做好信息公开工作。一是成立以教委主任为组长的领导小组，领导信息公开工作顺利进行。二是确保信息内容的充实完整，对区教委自2003年1月1日以来形成的所有政府信息进行全面清理，共清理信息991条。最终确定区教委政府信息公开主动公开674条，依申请公开270条，不公开47条。同时编制完成区教委政府信息公开目录及公开指南。三是实施工作扎实到位，建立区教委政府信息公开受理室，设置两部同号码受理电话及监督举报电话(89355050，89364693)。四是完善依法申请公开各项措施，在做好常规工作基础上，对于涉及面广、影响较大的重要决策和重大活动，通过新闻媒体、网站、公告等形式，向社会主动公开。

（丁术刚）

【优化教育发展环境】 至年底，房山区教委大力优化教育发展环境。一是注重品牌效益，充分发挥良乡附中、良乡幼儿园等教育机构的市级示范作用，增加优质教育资源。二是进一步完善基础设施建设，2006至2007年，房山区教育建设投入6.57亿元，新建和改造学校38所，新、改、扩建校舍38.4万平方米，全区各类中小学更新和添置教学设备达到55万件（套）。三是尊师重教蔚然成风，教师节期间，社会各界共向各农村中小学捐款近100万元，各乡镇投资数百万元表彰教师及学生，部分乡镇还建立教育奖励基金。四是师资素质显著增强，2006年到2008年暑期两年半的时间中，共引进各级各类应届毕业生280余人，接收城区中学教师支教教师200余人，本区城镇学校派往山区小学42人，招聘154名高校大学生到农村中小学支教，全区教师队伍结构得到进一步优化。

（丁术刚）

【五项工程打造教育强区】 至年底，房山区教委实施五项工程打造教育强区。一是推进教育均衡化建设工程，新建和改造16所中小学，改造28所农村学校自备井，加强中小学教学仪器设备配置工作，缩小城乡二元结构差距。二是实施教师专业化发展工程，建立教师网上交互平台，逐步推进网上教研、网上备课，促进优质教育资源共享，带动全区教师专业化发展。三是优化民办教育工程，依法撤销不符合办学要求的民办教育机构，扶持有实力的民办教育机构打造特色品牌，满足群众多元化的教育需求。四是夯实成人培训工程，积极推广农民教育培训项目，完成各类成人培训15万人次，为区域经济建设服务。五是规范教育管理工程，依法规范学籍管理、教育收费、财务管理、课程设置等基础工作，坚决做到学校管理与法规的统一。

（丁术刚）

学前教育

【概　况】 2008年，房山区托幼园所140所，其中，教育部门办园29所，集体办园23所，其他部门办园3所，社会办园85所。在园幼儿15962人，教职工1972人，其中，专任教师1293人。学前三年教育普及率91.09%。年内，房山幼儿园和良乡幼儿园被认定为市级示范园。

（丁术刚）

【张坊中心园建成剪彩】 5月31日，

张坊中心园建成剪彩。张坊中心园2007年10月正式动工建设，按照北京市幼儿园一级标准建设，最多能容纳200名儿童入园。幼儿园占地面积5642平方米，建筑面积2008平方米。主体建筑是一栋二层综合教学楼，包括标准化幼儿活动室6个及办公用房、儿童伙房、室外塑胶活动场地等。幼儿园建设总投资450万元。

（丁术刚）

【学前教育快速健康发展】 截至9月1日，房山区入园幼儿14000名，学前三年儿童入园率由5年前的70%提高到91.09%，位居全市前列。近6年，房山区共投资1亿元在全区23个乡镇建起25个中心园，有16所达到级类标准，19所通过市级农村乡镇中心园合格验收，各乡镇还建设22所分园，基本满足当地百姓的入园需求。民办幼儿园发展较快，在园人数已经占全区在园人数的45%，涌现出天之娇子、双语、王子岛等10所优质特色民办幼儿园。

（丁术刚）

【房山幼儿园成立50周年】 10月25日，房山幼儿园举行成立50周年庆祝大会。房山幼儿园是房山区第一所公立幼儿园、第一所北京市示范幼儿园，北京市首批一级一类园。近年来，在园所文化建设、教师队伍培养、办园特色积淀、发挥示范引领作用等方面取得突出成绩，已经成为展示房山区学前教育发展的窗口园。

（丁术刚）

【学前教育实现5个突破】 至年底，房山区学前教育实现5个突破。一是实现发展模式的突破，构建以市立园为示范，以乡镇中心幼儿园为骨干，以民办园为依托，社会广泛参与的学前教育网络。二是实现管理体制改革的突破，确立乡镇中心园的独立法人地位，规范中心园的办园经费和公用经费的来源，核定教师编制，使中心园的发展步入正轨，实现跨越式发展。三是实现发展投入的突破，全区累计投资1亿元，新建和改造中心园18所、分园17所，使中心园达到25所，所有乡镇实现全覆盖。四是实现优质学前教育资源数量的突破，房山幼儿园和良乡幼儿园被认定为市级示范园，涌现王子岛英语幼儿园等优质民办园35所。五是实现儿童受教育率的突破，学前三年儿童入园率由4年前的70%提高到91.09%。

（丁术刚）

基础教育

【概　况】 2008年，房山区小学114所，1278个班，招生5737人，毕业6971人，在校生36191人。教职工3970人，其中，专任教师2811人。小学入学率100%，巩固率100%，毕业及格率100%。中学46所（初中25所、高中4所、完中13所、一贯制学校4所），教学班897个（初中619个、高中278个），招生9688人（初中6710人、高中2978人），毕业10269人（初中6712人、高中3557人），在校生30687人（初中20188人、高中10499人）。初中毕业合格率99.9%，应届毕业生高考升学率79.89%。教职工4411人，其中，专任教师2944人。特殊教育学校0所，随班就读特殊教育学生284人。校外教育单位1家，教职工62人，其中，专任教师42人。小学教师学历合格率99.9%，初中教师学历合格率99.01%，高中教师学历合格率96.81%。中小学教师具有中学高级专业技术职务265人（小学6人、中学259人）。全年教育经费投入103031.9万元，其中，国家拨款94255.7万元，自筹经费8776.2万元。

（丁术刚）

【引进消费维权教育】 3月14日，房山区教委、区消协、房山工商分局在良乡二小共同举办“房山区消费维权教育进学校启动仪式”。活动以消费维权为主题，包括5项内容。一是编写并免费发放消费维权教育读本，读本内容包括维权常识、科学消费、食品安全三部分；二是采取讲座、模拟咨询投诉等形式，开展青少年维权实践；三是组织学生参观真假、劣质食品实物展，学会“买前识真假，买后懂维权”；四是开展“小手拉大手”活动，通过学生带动家庭消费知识的普及；五是举办消费维权征文，提高学生文明科学消费理念。

（丁术刚）

【表彰“十佳”中学生】 6月11日，

房山区教委表彰第六届“十佳”中学生。其中，10名中学生获得房山区“十佳”中学生称号，5名中学生获得房山区优秀中学生称号。房山区“十佳”中学生表彰每年举行一届，通过学校推荐、教委审核、公示投票等程序产生。

（丁术刚）

【首个学校体育俱乐部挂牌成立】 7

月3日，良乡二中举办的绿洲青少年体育俱乐部挂牌，并正式对外开放。这是房山区第一个学校青少年体育俱乐部。俱乐部利用良乡二中体育资源，开设篮球、足球、田径、跆拳道等多个项目，在周一至周五下午放学后及节假日全天对外开放，满足周边社区居民体育锻炼需求。

（丁术刚）

【高考升学率创历史新高】 8月，房山区5698人参加全国普通高等学校招生统一考试。录取4552人，高考升学率79.89%，比上年提高5.78个百分点，连续五年超过全市平均水平。其中，本科录取1772人，专科录取2780人。

（丁术刚）

【首届宏志班高考上线率100%】 8月，房山区首届宏志班毕业生高考上线率100%。全班40名考生全部达到本科录取分数线，其中，一本11人，二本22人，三本7人，理科最高分571分，文科最高分564分。房山区宏志班2005年在房山中学创建，学生全部来自区内贫困家庭。为保证顺利完成学业，房山中学3年累计为首届宏志班学生投入资金60万元。

（丁术刚）

【部分教科书实行循环使用】 9月，房山区教委自新学期开学后推行部分教科书循环使用。中小学共计8种教科书将循环使用，其中，小学为《科学》、《音乐》等4种，初中为《信息技术》、《美术》等4种。纳入循环使用的教科书要达到“三不”（不乱写、不乱画、不署名）、“四无”（无破损、无缺页、无污染、无褶皱），学校将统一对书籍消毒保存。以房山区中小学在校生7万人计算，实行教科书循环使用将每年节约近30万册，价值数百万元。

（丁术刚）

【22名藏族学生免费就读初中】 9

月，22名藏族学生免费就读房山区初中。22名学生全部来自青海省果洛藏族自治州，其中12名女生和10名男生。房山区教委将学生统一安排到硬件条件最好的学校房山五中就读，随机分配到初一年级9个教学班中。3

年初中就读期间，22名藏族学生采用全寄宿方式生活学习，并享受房山学生“三免两补”政策。在学生管理分工方面，房山五中负责文化科教学，果洛藏族自治州教师负责生活管理。

（丁术刚）

【免除城镇户籍学生教科书费】 9月，房山区投入150万元免除义务教育阶段15111名城镇户籍学生收教科书费。加上以前免收教科书费的农村户籍学生，共计48443名学生免收教科书费。截至上半年，区教委落实“两免一补”政策，共投入资金1208.79万元。其中，杂费333.69万元，减免农村户籍学生教科书费455.72万元；发放伙食补助236.36万元；免除住宿生和城乡低保家庭住宿生寄宿费85.76万元；发放助学补助97.26万元。此外，为保障山区外迁中学生利益，区政府全年投入资金800万元，落实山区外迁中学生“三免两补”政策。

（丁术刚）

【四项措施做好残疾学生在校就读】 至年底，房山区教委采取四项措施做好残疾学生在校就读。一是在良乡二小、房山三小创建特教教学班，集中服务近40名学生。二是在全区广泛开展残疾学生随班就读，就近解决310名学生上学难题。三是残疾学生与其他学生同等享受“两免一补”待遇，且学习成绩仅供个人参考，不计入各教学班考核。四是提高教师待遇，全区有残疾学生随班就读的305名班主任每月增加20元班主任津贴，区教委每年共投入近7万元。

（丁术刚）

【山区学生高中阶段普及率快速提高】 至年底，统计数据表明，房山区山区学生搬迁后高中阶段普及率快速提高。搬迁前的2005年，房山区8个山区乡镇学生高中阶段普及率83.93%，低于当时全区平均水平近11个百分点。搬迁后的2008年，高中阶段普及率达到99.00%，与全区基本持平。

（丁术刚）

【推进学校法制建设】 至年底，房山区教委通过“五个结合”推进学校法制建设。一是与“五五”普法规划相结合，成立学校法制工作指导组，

指导中小学校法制建设。二是与德育教育相结合，不断提高学生的思想素质。三是与课堂教学相结合，做到法制教育教材、课程、师资和经费“四落实”。四是与司法部门相结合，完善学校、家庭、社会“三位一体”的法制教育网络体系。五是与创建“依法治校示范校”活动相结合，推进学校法制建设。

（丁术刚）

【提升“教非所学”教师工作水平】 至年底，房山区教委采取措施提升山区学校“教非所学”教师工作水平。一是开设为期一年的脱产培训班，重点提高课堂教学能力。至2008年底，已经有2期共计78名学员完成学业。二是开展英语教师资格培训。从2004年暑期开始，与加拿大素里市教育局合作对英语教师进行培训，至2008年414名中小学教师通过培训取得国际英语教师合格证书，82名英语骨干教师赴加拿大和英国参加为期2个月的境外学习。三是积极实践“绿色耕耘”培训，自2004年累计培训1709人次，涉及19个学科。

（丁术刚）

【优化干部结构】 至年底，房山区

教委通过优化校长队伍的年龄结构与地缘结构优化干部结构。全区义务教育阶段学校副校级以上干部332人，其中，20名为外地引进大学生，占校级干部总数的6.02%。现任校级干部中40岁以下的135人，占校级干部总数的40.66%。同时，通过在高学历教师中选拔校长和组织在职校长参加研究生主要课程班进修，优化校长队伍的学识结构。全区参加过高研班学习的校级干部有208人，占校级干部总数的62.65%。

（丁术刚）

【初中建设工程进展顺利】 至年底，房山区初中建设工程进展顺利。一是优化布局，全区公办初中由2005年的49所调整到39所。二是大力推进初中学校标准化建设，硬件投入资金共计5.98亿元，其中乡镇投资1.14亿元。新建和改造初中学校34所，维修及改造面积34.59万平方米，购置仪器设备639727件套。三是加强两支队伍建设，校级干部本科以上学历占91.76%，比2005年提高13.57个百分点，45岁以下校级干部占77.27%，比2005年提高18.37个百分点；教师学历合格率100%，在1934名专任教师中，本科以上学历1684人，占总数的87.07%，比2005年提高23.39个百分点。四是创造性的落实“两免一补”政策，自2005年，市区共投入资金6800万元为义务教育阶段学生免除杂费、减免教科书费、发放寄宿学生补助及助学补助，其中，山区搬迁中学每年投入840万元实施特殊的“三免两补”政策，在“两免一补”的基础上，减免学生住宿费和补助交通费。

（丁术刚）

【教师研究培训工作成效显著】 至年底，房山区教师研究和培训工作取得显著成效。全年共获得集体奖27项，其中国家级4项，市级5项；个人获奖450人次，其中国家级180人次，市级270人次。开展市、区级研训活动1520项次，培训课改干部教师8万人次。“十一五”研究课题通过市、区级立项209项。

（丁术刚）

职业与成人教育

【概　况】 2008年，房山区职业中学5所，开设专业30个，教学班132

个。在校生4183人，招生1087人。教职工349人，其中专任教师237人。专任教师学历合格率94.5%，高级专业技术职务教师37人。学校占地面积74.88万平方米，建筑面积5.96万平方米，固定资产总值7642.68万元。成人高校（社区学院）2所，开设86个专业，招生1371人，毕业1205人，在校生4526人。教职工247人，其中专任教师58人。成人中等学校3所，开设35个专业，招生3896人，毕业1541人，在校生6821人。教职工140人，其中专任教师52人。社会力量办学单位58所，全年培训27677人次；教职工843人，其中专任教师457人。市民学校87所，全年培训26972人次。乡村办成人学校（站）430所。

（丁术刚）

【石楼镇举办新型农民中专班】 5月22日，石楼镇新型农民中专班正式开课。中专班学员226人，学习专业为畜牧兽医专业（养猪方向），采取“专业＋技能”培训方式，学制2年。教材则根据养猪专业户要求，讲解《养猪与猪病防治技术》。区农广校承担学费、书费，农民个人免费享受教育培训。培训班由区农广校和石楼镇共同主办，由吉羊村委会承办，这是房山区在韩村河镇农民中专班之后的第二个乡镇农民培训中专班。

（丁术刚）

【农民培训远程教育平台初见成效】 至6月，房山区农民培训远程教育平台初见成效。一是搭建三级网络教育平台，包括投资170万元建成区级数字化交互式远程教育平台，投资460万元在乡镇建设23个乡镇级远程教育基地，投资110万元在11个行政村建设11个村级远程教育接收站点。完成数字化远程教育培训4222人次，农村富余劳动力培训5754人次，推广农民教育培训优秀项目20项，完成农村实用技术培训36972人次。二是建立立体式农村科技人员培训模式，建成远程终端站点58个，遍及全区21个乡镇及重点村、涉农企业等，集远程培训、常规培训、基地培训、企业培训为一体。三是实训效果突出，2007年以来，共举办各类科技培训1000多期，培训5万人次，有4000多人取得“绿色证书”，各项指标均居全市前列。

（丁术刚）

【5938人参加成人高考】 10月11至12日，房山区成人高考网上报名考生7038人，经现场报名确认后，5938名考生参加考试，比上年增长9%。其中高中起点专科（文、理）3418人，高中起点本科（文、理）672人，专科起点升本科1848人。考试过程中，发现一名替考考生，按规定取消全部考试成绩。

（丁术刚）

【河北镇举办“新型农民”中专班】

11月4日，河北镇“新型农民”中专班开学。中专班实施免费教育，学制一年，设养殖、种植、根雕等9个学科。学业完成领取毕业证书，将领取每天10元补助，累计一次发放。为方便学员学习，中专班在河北镇19个自然村分设8个教学点，650人报名参加学习。

（丁术刚）

【5项措施落实中职学生资助工作】 至年底，房山区教委采取5项措施落实中等职业学校学生资助工作。一是成立专门领导机构，加强专项资金管理。二是制发指导性文件，规范中等职业学校国家助学金、中等职业教育政府奖学金工作。三是加强政策宣传，组织学校分别召开全体学生和家长会，深入学习资助政策。四是严格财经纪律，建立台账和信息报送制度。实行专款专用、专账核算，并将资助款项直接打入学生家长的银行卡。五是公开评选的范围、标准、过程和结果，主动接受全社会全程监督。全年发放资助专款302.9万元，在第二职业高中、房山职业学校、社区服务与管理职业学校就读的具有全日制正式学籍和本市户籍在校学生，全部获得不同程度的资助。其中享受本学年国家助学金的2798人，获得6个月助学金总计282.7万元，享受上学年政府奖学金101人，获得奖学金总计20.2万元。

（丁术刚）

【成人培训150092人次】 至年底，

房山区完成各级各类成人培训150092人次。其中，农村实用技术培训77068人次，农村富余劳动力转移培训12167人次，农村管理人员培训7006人次，远程教育培训12347人次，社区培训26972人次，企业职工在岗培训14534人次。

（丁术刚）

教育督导

【概　况】 2008年，房山区教育督导室完善幼儿园、中小学、职成学校、民办学校、直属单位、乡镇和有关委办局7大类别评价标准体系，坚持教育督导与教育决策和执行三者目标的统一性原则，围绕全面实施素质教育、全面推进区域教育现代化进程，开展一轮对各类教育的综合评估。对学校的评价意见及学校落实改进的意见，以书面形式予以规范。对乡镇教育工作的评估意见，以政府教育督导室文件的形式下达。乡镇的落实改进意见则以乡镇政府文件函的形式返回。督导目标的明确性，督导标准的科学性，督导程序的规范性，有力促进全面实施素质教育工作的不断深入，推动教育现代化进程。年内，房山区教育督导室专职主任1人，专职督学 3 人，兼职督学 18 人。

（丁术刚）

【完成年度综合督导评价任务】 截

至 12 月，房山区教育督导室完成年度综合督导评价。全年督导检查 138 个单位，在口头反馈意见的基础上，形成 135621 字的书面评价意见。其中提出意见建议 586 条。综合评价各类单位 121 个，其中获得一等奖的单位 58 个，占被评价总数的 47.93%；二等奖 43 个，占 35.54%；三等奖 19 个，占 15.70%。

（丁术刚）

【完善教育综合评价标准和操作方法】 至年底，房山区教育督导室完成实施素质教育综合评价标准和操作方法修订工作。一是修订完善《房山区全面实施素质教育综合评价标准细则》，该“细则”作为各单位自我评价、综合督导评价和行政业务科室他评的共同依据。二是完成修订区教委 10 个直属单位的评价方案，至此，完成第四轮修订工作。三是进一步修订乡镇教育工作考核评价标准和实施办法。四是进一步改进社会评价实施办法，从时间限制、回收封闭、问卷对象的设置等方面进行改进。

（丁术刚）

【社会评价工作如期完成】 至年底，房山区教育督导室完成社会评价工作。社会评价工作中，问卷抽测学校和幼儿园 128 所。其中普通中学 43 所，普通小学（直属校和中心校）35 所，职业学校、成人学校 7 所，民办学校 7 所，公办幼儿园 26 所，民办幼儿园 10 所。抽测班级总数 416 个，抽测总人数 12875 人。回收问卷总数 12697 张，总参评率 98.62%。各类学校的社会总满意度 98.12%，其中，中学满意度 98.81%，小学满意度 99.34%，职成学校满意度 96.50%，民办学校满意度 93.52%，公办幼儿园满意度 99.70%，民办幼儿园满意度 97.13%。

（丁术刚）

中共房山区委教育工委

书　记　任玉海

房山区教育委员会

主　任　郭志族

房山区政府教育督导室

主　任　徐维珍

通　州　区

总　类

【组织图书捐赠活动】 1 月 9 至 10 日，通州区教委按照市教委关于开展向周边贫困地区中小学捐赠图书的要求，在中山街小学、第三中学等 14 所区直属中小学的师生中开展图书捐赠活动。各校共计捐赠故事、知识、教辅等适合中小学生阅读的图书 26397 册。

（勾庆祥）

【表彰德育管理干部】 4 月 24 日，通州区教委召开通州区第三届优秀德育管理干部表彰会。会议表彰 10 名德育管理干部，并邀请北京市东方道德研究所王颖博士作“中国传统节日文化与青少年道德建设”专题讲座。全区中小学校德育副校长、主任 100 人参加会议。

（勾庆祥）

【举办未来工程师设计与技能竞赛】 5 月 6 日，通州区青少年活动中心举办“迎奥运通州区青少年未来工程师设计与技能竞赛”，全区 12 所中小学校 67 支代表队 122 名学生报名参加。比赛设“航天器探月归来”、“木樑承重”、“节能排雷机器人”、“和谐美妙的声音”、“绿色节能型校园” 6 个比赛项目。比赛选拔 5 所学校代表通州区参加北京市竞赛活动。

（勾庆祥）

【举办教师自编操比赛】 5 月 15 日，通州区 2008 年中小学教师自编操比赛在青少年活动中心举行。全区 40 支代表队 820 名师生报名参加。小学组中，5 所学校获得一等奖。中学组中，4 所学校获得一等奖。

（勾庆祥）

【举办中小学学生艺术节】 6 月 13 日，通州区第 11 届中小学学生艺术节闭幕式在青少年活动中心举行。会议颁发 11 个优秀组织工作奖，14 个先进集体奖，52 个区级合唱、校园剧一、二、三等奖，18 个市级合唱、校园剧一、二、三等奖。艺术节 3 月 20 日启动，历时近 3 个月，共举行乡镇、区级 13 场集中汇报演出，近两万名师生参加。

（勾庆祥）

【完成大学生支教选聘】 6 月 15 日，通州区教委组织召开 2008 年支教大学生双选会。全区 34 所农村中小学校和来自本市各高校的 500 多名大学生参加双选会。经过双选，80 名大学生与农村中小学签订 3 年支教协议。

（勾庆祥）

【撤销 4 所农村中小学】 至 8 月 31 日，通州区教委撤销 4 所农村中小学（中学 1 所、小学 3 所）。其中，渠头中学并入于家务中学，应寺小学、三堡小学并入柴厂屯小学，垡头小学并入枣林庄小学。渠头中学 1958 年建立，1971 年增设高中，1983 年撤销高中，恢复初中建置。建校以来培养初中毕业生 2710 人，高中毕业生 475 人。学校占地面积 48792 平方米，建筑面积 3866 平方米，教职工 54 人，学生 292 人。应寺小学 1914 年建校，始为初级小学，1951 年改为完全小学，1975 年附设初中班，1981 年撤销初中，1986 年称现校名。校园占地面积 14400 平方米，建筑面积 2262 平方米，教职工 19 人，学生 164 人。建校以来培养小学毕业生 3150 人，初中毕业生 270 人。三堡小学 1938 年建校，始为初级小学。1957 年改为完全小学，1972 年附设初中班，改称三堡学校，1975 年附设高中班，1980 年撤销中学班，恢复小学建制，改称三堡中心小学，1986 年改称现校名。校园占地面积 13200 平方米，建筑面积 986 平方米，教职工 15 人，学生 130 人。建校以来，培养小学毕业生 1120 人，初中毕业生 325 人，高中毕业生 105 人。垈头小学 1919 年建立，始为初级小学，1958 年改为完全小学，称现名。校园占地面积 5400 平方米，建筑面积 1043 平方米，教职工 15 人，学生 109 人，建校以来培养小学毕业生 1100 人。

（勾庆祥）

【安排外来务工子女入学】 至 9 月 10 日，通州区教委安排外来务工人员子女 29339 人入学。入学工作以 4 所公办学校接收为主，民办学校接收为辅，以未经批准的自办学校接收为补充。其中公办学校接收 17266 人，民办学校接收 8058 人，未经批准自办学校接收 4015 人，公办学校接收占总数的 58.85%。

（勾庆祥）

【召开教师节庆祝大会】 9 月 10 日，通州区委、区政府召开教师节庆祝大会。区委、区人大、区政府、区政协有关领导，各委办局、乡镇领导，以及全区教师代表等 400 人参加会议。会议宣读表彰决定，表彰 2 名“名校长”、10 名“名教师”、105 名学科教学带头人、397 名骨干教师。其中，“名校长”、“名教师”每人一次性奖励 1 万元。

（勾庆祥）

【举办感动教坛师德演讲】 9 月 27 日，通州区教育工会举办“感动教坛”师德演讲比赛。来自 58 个教育基层单位的 58 名选手参赛。侯黄庄中学殷学玉等 5 名教师和梨园中心小学姜志超等 5 名教师分别获得中学组和小学组一等奖。

（勾庆祥）

【获规范教育收费示范区称号】 9 月，在北京市秋季教育收费检查工作动员会上，通州区被授予“2007 年北京市规范教育收费示范区”称号，并获 800 万元奖励。上年通州区积极开展创建规范教育收费示范区县活动，区政府加大标本兼治、综合治理的工作力度，认真推进教育收费工作的规范化、制度化，有效遏制教育乱收费，实现年度治理工作目标。

（勾庆祥）

学前教育

【概　况】 2008 年，通州区幼儿园 79 所，在园幼儿 11701 人。其中，教育部门办园 5 所，在园幼儿 2364 人。民办幼儿园 26 所，在园幼儿 5964 人。集体办园 45 所，在园幼儿 3136 人。其他部门办园 3 所，在园幼儿 237 人。全区幼教职工 1212 人。其中，园长 82 人，专任教师 695 人，保健员 74 人，其他 361 人。专任教师中本科学历 57 人，专科 412 人，小学高级职务 52 人。

（勾庆祥）

【制作校园安全歌手册】 1 月 30 日，通州区张家湾镇中心幼儿园将儿童交通安全训练营活动搬进课堂，通过自编教材《校园安全歌》教唱校园安全歌，教孩子们从小正确乘车。《校园安全歌》手册包括知识篇、守纪篇、礼仪篇、环保篇、拍手歌五部分，共收录十多首歌曲。手册采取全彩页、多图画、全拼音的形式，制作并发放 300 余册。

（勾庆祥）

【承办城乡幼儿园“手拉手”活动】 4 月 29 日，北京市示范幼儿园与农村乡镇中心幼儿园“手拉手”活动总结表彰会暨第二轮“手拉手”活动启动会在通州区张家湾镇中心幼儿园召开。会议由市教委主办、通州区教委承办。会上，为北京市学前教育系统优秀支教工作者颁发证书，15 所市级示范幼儿园与农村乡镇中心园分别签

约，其中，通州区漷县镇中心幼儿园与东城区分司厅幼儿园签约建立“手拉手”交流关系。在 2005 年开展的首轮活动中，通州区张家湾镇、梨园镇、永顺镇 3 所中心园分别与东华门幼儿园、北京市第七幼儿园、通州新城东里幼儿园签约。

（勾庆祥）

【举办教师基本功比赛】 6 月，通州区教委举办教师教育教学基本功展评活动。38 所幼儿园 564 名教师参加选拔赛，经过笔试、口试、才艺展示等项目角逐，选拔 10 名教师入围，最后 8 名教师代表通州区参加北京市幼儿教师教育教学基本功比赛。

（勾庆祥）

【召开继续教育培训会】 10 月 21 日，通州区幼儿园教师“十一五”继续教育必修课培训工作会在教师研修中心召开，全区幼儿园的业务园长及继续教育专管员参加会议。会议传达北京市幼儿园教师“十一五”继续教育管理办法及相关政策，讲解继续教育必修课培训的具体目标、培训内容、考核方式等知识。并组织研讨继续教育培训中的问题和困惑，提出相关建议。

（勾庆祥）

【利用市拨专款改善办园条件】 至 11 月 30 日，通州区教委利用市拨 550 万元专项资金，改善马驹桥镇中心幼儿园、永顺镇中心幼儿园、漷县镇中心幼儿园、徐辛庄幼儿园、牛堡屯幼儿园办园条件。每园投入 110 万元，主要用于改建室内活动场所、卧室、盥洗室、厕所、衣帽间、玩具储藏室及厨房等。

（勾庆祥）

【举办幼儿操培训】 12 月 24 至 25 日，通州区教委、区教师研修中心学

前研修部共同举办幼儿园教师幼儿操培训班。活动针对幼儿操种类少、缺少童趣、不符合年龄特点、编排不科学等问题，选择适合幼儿特点的模仿操、轻器械操、韵律操、广播操等8套幼儿操。全区42所幼儿园84名教师参加培训。

（勾庆祥）

基础教育

【概　况】 2008年，通州区小学89所（教育部门办学81所、其他部门办学1所、民办校7所），教学班1306个，招生8159人，毕业5557人，在校生44589人。教职工3674人，其中专任教师3149人。中学48所（完中11所、高中7所、初中20所、九年一贯制学校10所），教学班924个（初中570个、高中354个），招生11120人（初中6714人、高中4406人），毕业11613人（初中6813人、高中4800人），在校生34972人（初中20307人、高中14665人）。教职工4503人，其中专任教师3181人（初中1334人、高中1847人）。特殊教育学校1所，在校生120人。校外教育单位1个，教职工77人。教育部门办中小学专任教师学历合格率，小学100%、初中99.29%、高中99.64%。专任教师中，高级专业技术职务445人。中小学占地总面积230.72万平方米，建筑总面积72.94万平方米，图书馆藏书204.12万册，固定资产总值129979.64万元。全年教育经费投入81369.5万元，其中，国家拨款76796.2万元，自筹经费4573.3万元。

（勾庆祥）

【召开民族杯活动表彰会】 1月9日，通州区教委召开首届“民族杯”课堂教学评优暨“民族团结教育先进个人”表彰会。会上16名“民族杯”获奖者和10名民族团结教育先进个人受到表彰。会议交流全区民族教育经验，于家务中学、于家务小学分别作典型发言。市民委、市教委、通州区民委等单位有关领导，以及全区7所民族学校、幼儿园干部教师100人参加大会。

（勾庆祥）

【普通高校招生报名7303人】 1月12至27日，全国普通高等学校招生通州区考生网上报名确认工作结束。全区共设32个报名点，报名考生7303人（2007年7620人）。按招生形式分，高职班、高职师资单独招生考生851人；参加全国统一招生考试考生（统招生）6456人。统招生中，文科2192人、理科4264人；应届生5359人、往届生1097人。至10月，参加高考考生6946人（不含潞河中学新疆班考生），5261名考生被录取。

（勾庆祥）

【表彰教科研成果】 2月26日，通州区教师研修中心召开2007年教学教科研成果总结表彰会。会议公布评审结果。直接成果中，一等奖10项，8名教师获奖；二等奖31项，20名教师获奖；三等奖40项，27名教师获奖；表扬奖7项，6名教师获奖。指导成果中，一等奖1项，1名教师获奖；二等奖23项，17名教师获奖；三等奖34项，21名教师获奖；表扬奖14项，11名教师获奖。另有教育教学及管理短文5篇获奖。

（勾庆祥）

【承办九区教研工作研讨会】 4月11日，崇文、丰台、朝阳、石景山、燕山、房山、顺义、昌平、通州九区教研工作研讨会在通州区教研中心举行，来自9个区县干部教师40人参加会议。研讨会在“提高教研质量和管理水平”主题下，分小学组、初中组、高中组、管理组4个小组进行。小学组研讨语数外三科教研员跟级循环工作机制、小学教师基本功比赛方式、小学教学质量监控等。初中组研讨初中教学管理、质量监控数据传递、如何听推门课等。高中组研讨高中统练的组织和模拟试题命制、高中教学视导程序、高考复习指导方式等。管理组研讨提高管理效益、绩效工资发放等问题。

（勾庆祥）

【两校办健康报】 4月21日，通州区陆辛庄中学创办《心育报》。该报从心理健康的角度立项撰文，设教育之窗、学生天地、心育之花、回音壁等专栏，每月一期。第六中学编印《健康月刊》。月刊分教师版和学生版。教师版为教师提供健康小知识、疾病预防、健康保健方法及科学饮食等方面的相关知识。学生版突出指导学生应对生活中经常遇到的健康问题，如何预防和治疗。

（勾庆祥）

【召开初中建设汇报交流会】 5月14至29日，通州区教委分3期举办初中建设工程阶段工作汇报交流活动。活动中，对照“学校建设规划”、“软件建设方案”以及学校建设方案评审论证反馈建议，研讨创建学习型教师队伍、制度化管理和人性化管理有机结合、干部使用与教师培养策略等问题。全区23所初中建设工程校校长参加会议。

（勾庆祥）

【表彰课堂教学优秀教师】 5月16日，通州区教委召开初中新课程教学基本功培训和展示活动暨通州区第三届春华杯课堂教学评优活动总结表彰会。会上表彰北京市教学基本功培训和展示活动中6名市级一等奖获奖教师、12名市级二等奖获奖教师，授予11名学科责任研修员“优秀指导教师”称号，授予5所学校“优秀组织奖”。会议同时表彰第三届春华杯获奖教师，其中，28人获得春华杯，49人获得优秀奖，193人获得表扬奖。两项活动均在上年5月启动，经过区、校两级培训，逐级选拔，市级展示，评选认定。

（勾庆祥）

【召开秋实杯总结表彰会】 5月23日，通州区教委召开第五届“秋实杯”评优活动总结表彰会。该项活动上年10月开始，全区各小学中年以上教师1800人参加比赛，经各校初赛、课堂教学分组竞赛、现场设计教案三个阶段竞赛，共评出“秋实杯”获得者13名，优秀奖9名，表扬奖17名，“秋实杯”先进集体13个。全区小学领导干部、教师代表150人参加会议。

（勾庆祥）

【承办综合实践活动展示】 5月27日，“走进运河文化——通州区中小学综合实践活动展示”活动在运河中学举行。活动推出运河中学“走进通州八景”和“魅力通州”公开课，观摩永顺镇中心小学运河腰鼓、空竹、运河功夫扇等特色展示节目，展示永顺镇中心小学和运河中学校本课程和综合实践活动学习成果展板，并进行集中研讨交流。活动由教科院基教研中心主办，通州区教师研修中心承办，全市各区县高中综合实践活动研修员、教师，以及通州区50所中小学校代表150人参加活动。

（勾庆祥）

【召开学生心理健康研讨会】 5月28日，通州区教师研修中心召开“学校心理健康教育工作专题研讨会”。研讨会以解决在通州学习的川籍地震灾区学生心理问题为出发点，研讨学生心理健康问题，并决定在全区中小学开展以“心系地震灾区，共建心灵家园”为主题心理健康教育活动。该活动通过校刊、校报、板报、校园广播、校园网等途径，采取专刊、专栏、讲座、指导、给灾区孩子写信等形式，疏导学生心理。全区中小学心理教师和德育部全体成员70人参加会议。

（勾庆祥）

【完成春季教师资格认定】 6月15日，通州区教委春季教师资格认定工作完成。经过资格审查、教育教育能力测试和专家审查委员会审查，共有125人符合教师资格认定条件。其中35人获初中教师资格，18人获小学教师资格，72人获幼儿教师资格。另有16人不具备教师资格认定条件。

（勾庆祥）

【暑期培训教师1700人】 7至8月，通州区教师研修中心举办暑期教师培训。培训历时21天，共接待讲课教师、专家、教授39人，培训各层次学员1723人，其中，本、专科生559人，研究生主要课程研修班学员174人，高中课改教师150人，骨干班主任110人。另有450名中小学教师参加继续教育培训。

（勾庆祥）

【龙旺庄学校落成开学】 8月30日，通州区龙旺庄学校落成开学。该校坐落在永顺镇潞邑西路东侧，占地面积6.46万平方米，建筑面积3.3万平方米，总投资1.2亿元。校区分为中学和小学两部分，中学30个教学班

（初中）、小学24个教学班，各为法人单位。内部配建教学楼、实验楼、图书馆、室内体育馆、标准400米塑胶跑道运动场等，以及可容纳400人的报告厅和1000人食堂等。学校整体设计突出体现节能环保意识，不但利用太阳能提供照明等部分用电，而且还利用地源热泵系统为校园提供冬季取暖和夏季空调制冷。2005年，永顺镇提出合建龙旺庄中学、小学方案并启动建设，原两校不动产归镇政府所有使用。

（勾庆祥）

【表彰初中毕业工作先进】 9月5日，通州区教委召开2008届初三毕业班工作表彰会。会上，表彰优秀学校16所，成绩显著提高校1所，优秀管理干部17人，优秀教师84人，优秀班主任42人。教师研修中心负责人作2008届初三教学工作总结，牛堡屯学校、西集中学、永乐店中学先后介绍经验。全区初中校领导、毕业班老师代表、教委班子成员200余人参加会议。

（勾庆祥）

【于家务中学新址落成】 9月8日，通州区于家务中学举行新址落成典礼。该校新址坐落在张采路于家务乡，占地面积7.33万平方米，一期建筑面积3.17万平方米，总投资近亿元，可容纳1700余名初高中学生就读。学校设施完备，教学楼共四层，安排初中24个班，高中18个班，教研室12间。配有化学实验室、物理实验室，美术、音乐、劳动技能、史地教室等。行政楼安排有行政办公室、医务室、阅览室、图书馆、报告厅等。生活区建有师生公寓和食堂。室外体育设施有400米塑胶环形跑道，标准的全塑胶操场和看台等。校园采暖和制冷采用地源热泵中央空调系统。2005年，于家务乡党委、政府提出合并偏远、简陋的于家务中学、渠头中学的改革方案，2006年10月择址破土动工。

（勾庆祥）

【组织研修一体论坛】 10月8至10

日，通州区教师研修中心举办研修一体论坛。论坛设4个分论坛和3场进学校活动。总论坛邀请教育学院和教科院分别举办“教研、科研、培训一体化”专题讲座，4个分论坛分别以理性思考、制度建设、运行机制、校本研修为主题，重点交流通州各学校教研实践经验。3场进学校活动分别为走进学校教学课堂，听课、点评。全区中小学、幼儿园、职业学校、成人学校、特殊教育学校代表260人参加活动。

（勾庆祥）

【召开市区联合视导反馈会】 10月24日，通州区教委召开市区联合视导反馈会。会上教科院基教研中心视导组反馈通州区中小学综合分析评价反馈意见。视导组对通州区教育教学工作和教师队伍建设给予充分肯定。认为，教师在教学中抓教学本质，突出学科特点；教学过程中的激励性评价和教学内容与学生实际的联系突出，教学实效有较大的提高；教学方法多样，现代化教育技术手段的应用比较好。建议准确把握课程标准和教材要求，规范教学行为；适时建立区级教研数据库。21至23日，教科院基教研中心51名教研员视导通州区高中、初中、小学共6所学校，听课25科次179节。

（勾庆祥）

【举办中小学田径运动会】 10月25至27日，通州区2008年中小学田径

运动会在潞河中学分校举行。开幕式上，潞河中学分校、南刘中学、司空小学师生分别表演抖空竹、太极功夫扇、太极拳。在随后的比赛中，来自全区35所中学、30所小学的926名运动员参加112个项目比赛，7人次打破7项赛会纪录。

（勾庆祥）

【举办阅读教学实效性研讨活动】 10月31日，北京市小学语文阅读教学实效性研讨活动在通州区中山街小学举行。活动观摩玉桥小学、实验一小、中山街小学3名教师语文研究课。会议认为，3节语文研究课做到重视基础知识教学，重视读写结合和对学生学习习惯的培养，体现语言文字的训练，突出实效性。并提出，语文教学要关注实效性，重视目标问题，重视学生获取知识的过程，重视研究语文资源。全市各区县小学语文教研室主任、教研员，以及通州区小学教师200人参加活动。

（勾庆祥）

【举办中小学校长论坛】 11月19

日，通州区第二届中小学校长德育论坛在教师研修中心举办。论坛表彰校长德育论文一等奖12人、二等奖38人。并以“育人为本，德育为先，把立德树人作为教育的根本任务”为主题，听取6名校长报告，并由教育学院专家完成点评。全区中小学校长、德育副校长、主任、团队干部、班主任代表500人参加会议。

（勾庆祥）

【表彰师德特色活动】 11月27日，通州区教育工委、区教委、区教育工会召开“教师之歌——2008年师德系列教育活动总结表彰大会”。会议表彰44个优秀师德特色活动、86名“爱生标兵”、39名“从事农村教育先进教师”和46对“先进师徒对子”。此次师德系列教育活动历时一年，围绕通州区“十一五”时期教育规划中“建设一支德才兼备的干部教师队伍”工作任务，开展“追求教育智慧、争做阳光教师”为主题的评选师德先进、树立典型系列活动，以及“沟通、和谐、发展”为主题的“千家访万家”活动，举办“感动教坛”为主题的师德征文和演讲活动。全区各级各类教育单位领导和教师代表500人参加会议。

（勾庆祥）

【评比优秀校本课程】 12月23日，通州区教委在后南仓小学召开小学校本课程课堂教学评优活动总结表彰会。会议以“加强研究突出特点不断提高校本课程实施质量”为题，总结全区小学校本课程课堂教学评优活动，观摩后南仓小学和台湖镇中心小学两节校本课程展示课，表彰32名获奖教师。评比活动9月启动，面向全区小学，历时3个月。区教委、区教研中心有关负责人、区各中小学主管教学副校长及教师代表80人参加会议。

（勾庆祥）

职业与成人教育

【概　况】 2008年，通州区中等职业学校8所。其中，中等职业技术学校3所，职业高中校5所（教育部门办3所、民办2所），开设专业7个。区教委管辖学校招生249人，毕业816人，在校生1133人。教职工241人，其中，专任教师153人。区教委管辖学校占地总面积40.7万平方米，建筑总面积18.08万平方米，图书馆藏书14.46万册，固定资产总值3471.79万元。全年教育经费投入5515.46万元，其中国家拨款1683.58万元，自筹经费3831.88万元。成人教育单位66个，其中成人教育中心1个、教委辖管乡镇成人学校11个、其他培训机构54个。开设外语、计算机、农业技术、文明素质等培训科目。教职工1068人（不含外聘教师），其中专任教师688人。乡镇成人学校占地总面积4.57万平方米，建筑总面积0.86万平方米，图书馆藏书2.72万册，多媒体教室座位307个，计算机268台，远程教育设备11套，固定资产总值599.45万元。全年教育经费投入1975.56万元，其中国家拨款927.52万元，自筹经费1048.04万元。

（勾庆祥）

【村级成人学校配发计算机】 1月9日，通州区教委举行市教委专项采购计算机配置村级农民文化技术学校发放仪式。全区首批9个市级试点村（北窑上、兴各庄、老庄户、垡头村、草场村、小务村、胡家垡、小杜社、仇庄村）成人学校，每校配置15台，全区共计135台，资金投入90万元。

（勾庆祥）

【村校开设学历班】 3月13日，通州区第一职业学校在张家湾镇垡头村农民文化技术学校举办村级技能加基础学历培训班。89名农民报名参加3个班次学习。其中，技能课内容为计算机，由一职专业教师授课，区劳动局技能部门考试予以认定。文化课设语文、数学、英语等，由一职选派专业教师授课，统一考试认定。

（勾庆祥）

【举办信息化管理培训班】 3月17至18日，通州区张家湾成人文化技术学校举办农村会计信息化管理培训班。培训班聘请2名专业人员担任教师，讲解电算化管理知识的认识与应用。学后测评全部达到培训班要求。全镇57个行政村选派的村民70人参加学习。

（勾庆祥）

【举办农民实用技术项目培训】 3月17日至6月30日，通州区第一职业学校举办“精细化管理标杆户实用技术培训”。培训包括西红柿、黄瓜、生菜、芹菜、桃等6个项目，聘请大学生村官、市区农业专家12人为兼职教师，编印5种培训教材，采取集中培训、地头指导、热线答疑、参观学习、科普增氧等方法培训。直接受益者包括5个乡镇7个村400多个农户，普遍增加经济效益10%以上。

（勾庆祥）

【举办语文教学评优】 4月22日至5月9日，通州区教委举办语文学科教师说课、讲课评优活动。3所中等职业学校参加评比。评比方式为教师自选语文课文，结合教学大纲谈对课文的理解，结合学生实际谈教学目的、教学思路、教学方法。在学校初评的基础上，7名教师进入区级说课评比，最终4名教师获区级一等奖。

（勾庆祥）

【3所成校开设本科学历班】 9月，通州区教委辖属3所成人文化技术学校开设成人教育学历本科班，235名学员入学。其中台湖镇成校设商务管理专业，30名学员，学制2年，双休日上课。永顺镇成校设商务管理专业，120名学员，学制2年，双休日上课。马驹桥镇成校设公共管理、行政管理、商务管理3个专业，85名学员，学制2.5年，双休日上课。

（勾庆祥）

【通州区一职建成实训实习基地】 10月15日，通州区第一职业学校实训实习基地投入使用。基地利用市级专项资金400万元建成，总占地面积3万平方米。其中利用200万元建成的15000平方米种植基地，建有8个75米长、7.5米宽的大棚，种植黄瓜、芹菜等果蔬；利用200万元建成的15000平方米的养殖基地，建有3000平方米水面鱼池和2000平方米鸭舍，养殖红番鸭、各种食用鱼等。

（勾庆祥）

【六项目获市教委专项奖】 11月17日，通州区成职学校6个服务新农村建设实用技术培训项目获市教委专项奖。其中，第一职业学校“市级试点村精细化管理种植标杆户培训”项目获一等奖。张家湾镇成人学校“番茄种植技术培训”、马驹桥镇成人学校“生菜种植技术培训”项目分获二等奖。永乐店镇成人学校“无公害芹菜种植技术培训”、西集镇成人学校“无公害果品生产技术培训”、宋庄镇成人学校“优质黄瓜实用技术培训”项目分获三等奖。

（勾庆祥）

教育督导

【概　况】 2008年，通州区教育督导室设办公室和督政科、督学科，由7人组成（另聘4名兼职督学）。组成人员中大学本科学历7人，其中3人具有中学高级教师职务。年内，督导室认真履行督导职责，研究制定通州区《关于开展义务教育均衡发展状况专项督导评价工作的意见》。开展确保学生每天一小时体育活动情况专项督查。完成并上报《通州区人民政府2008年教育法律法规执行情况督导检查的报告》。积极落实责任目标考核，取得显著成效。加强督导研究，注重内涵发展，坚持“督政”与“督学”相结合，促进督导工作创新。圆满完成对初中建设工程的专项督导和第一批小学规范化建设随访工作等。

（董迎春）

【随访乡镇教育工作】 3月17日和24日，通州区教育督导室组队分别对马驹桥镇和西集镇就落实教育事业发展规划和年度工作计划情况进行随访。随访中听取主管教育工作的镇长教育规划、资金投入、规模办学、为教育办实事及工作思路的汇报。召开相关部门座谈会，查看档案材料，走访部分中小学。随访中肯定汇报内容的成绩，提出加快学习型乡镇建设步伐的建设性意见。

（董迎春）

【召开教育督导工作会】 4月2日，通州区教育督导室组织召开2008年教育督导工作会，全体专兼职督学参加会议。会议围绕市教育督导室2008年工作要点，结合通州区实际，确定6项工作：开展学生体育锻炼一小时专项督导；督导第三批初中学校建设工程和全区初中建设工作终结性验收工作以及高中课改、小学规范化建设工作随访；教育执法检查；领导干部落实素质教育责任目标考核；市教育学会有关部门组织的“十一五”课题阶段性调研成果总结工作；以教育重点、难点、热点为内容开展调研。

（董迎春）

【调研乡镇成人学校】 4月15至16日，通州区教育督导室会同区教委职成科调研张家湾镇、漷县镇、马驹桥镇成人文化技术学校。调研采取听汇报、研讨、座谈等形式，调查学校建制现状、基地建设情况、培训、教育活动以及面临的问题和对策等问题。通过调研写出报告，为市政府科学决策提出依据。

（董迎春）

【督导31所小学】 9月19日至10月15日，通州区教育督导室组织对全区31所小学规范化建设进行随访督导。该区专兼职督学11人分成两个组，分别听取校长汇报，查看小学五年规划、年度工作计划和相关档案资料，并对小学规划建设工程启动以来工作进展情况进行形成性评价。并依据新颁布的“北京市中小学办学条件标准”和“北京市中小学办学条件标准细则”，查看学校专用教室、教学设备设施、音体美器材和图书资料等主要项目办学硬件设备情况。

（董迎春）

【检查验收初中建设工程】 10月29日至11月20日，通州区教育督导室检查验收第三批初中建设工程。检查涉及龙旺庄中学、北京育才学校通州分校、觅子店中学、西集中学、于家务中学、陆辛庄学校、北关中学共7所学校。评价小组采取听汇报，查阅相关材料，查看硬件设备，召开干部教师座谈会，向干部、教师、学生、家长问卷，深入课堂听课搜集信息等方式，评价学校工程建设。检查结果7所学校全部通过验收。

（董迎春）

【举办教育法律法规培训班】 11月14至15日，通州区教育督导室举办教育法律法规培训班。会议解析2007年北京市教育督导报告和北京市义务教育均衡发展状况督导评价方案，研讨通州区2008年落实素质教育责任制考核的对象、依据、内容、时限、办法等。各乡镇主管教育的乡镇长、教委办主任、街道办事处主管教育工作副主任37人参加学习。

（董迎春）

中共通州区委教育工委

书　　记　宋京璋

通州区教育委员会

主　　任　宋京璋

通州区政府教育督导室

主　　任　孙玉起

顺　　义　　区

总　　类

【成立科技教育专业研究中心组】　3月28日，顺义区少年宫成立青少年科技教育专业研究中心组。中心组任务是在生物与环境、发明与创造、天文等项目方面引导全区中小学教师开展科技教育创新活动，由全区中小学科技辅导教师70人组成。

（刘岩）

【表彰优秀师德群体】　3月28日，

顺义区教委召开教育系统优秀师德群体师德标兵表彰大会。会议回顾2007年师德建设工作，表彰60个优秀师德群体和152名师德标兵，交流顺义八中、牛栏山一中和俸伯中心小学典型经验。会议要求严格考核管理，完善师德考评制度，继续组织开展“十佳班主任”、优秀师德群体、师德标兵评选活动。全区各校主管德育工作领导和教师代表400人参加会议。

（陈民强　周晓娟）

【举办第五届青少年机器人竞赛】　3月29日，顺义区第五届青少年机器人竞赛在少年宫举行。本届比赛分学校初赛和区级决赛两个阶段，设小学、初中、高中3个组，以及常规比赛、足球比赛、FLL比赛3个项目。来自全区12所中小学校30余只优秀代表队，近百余名师生参加比赛。

（张立平　刘岩）

【组建中青年后备干部人才库】　3

月，顺义区教育工委和区教委组织全区教育系统中青年干部基本素质测试，并组建中青年后备干部人才库。测试包括笔试、民意测验、面试三种形式。全区396名45岁以下副校级和中层干部参加笔试，测试内容以教育教学理论、时事政治为主。根据笔试成绩，85人列入考察对象进行民意测验。经民意测验和征求单位校长意见，3人被取消面试资格，2名候补人员补缺，共84名干部参加面试。面试分中学和小学两组进行，主要内容为仪表举止、口头表达能力、心理素质、应变能力、职业理想和教育教学管理等。经随机抽题考核和即兴答辩，最终确定46名后备干部加强班人选。3月31日，区教委正式成立中青年后备干部加强班，并责成区教育研究考试中心负责管理，开始为期3年强化培训。

（周晓娟）

【培训校车司机】　4月10日，顺义区教委举办校车（班车）司机培训班。培训邀请区公安分局交通支队干

警，从安全行车理念、行车安全要点和《安全行车条例》等方面讲解交通安全知识。会议印发《顺义区教育系统公车司机职责》。全区62名19座以上班校车司机参加培训。

（张立新　周晓娟）

【全市教师基本功大赛获得佳绩】　4月10至13日，顺义区教师参加北京市初中教师基本功大赛取得可喜成绩，29名参赛教师全部获奖。其中，17人获得一等奖，12人分获二三等奖。一等奖获奖率59%，居东城、西城之后，全市第三。顺义区教委总结基本功竞赛工作，认为成绩得益于有效的措施。一是政策支持到位，为建立教师培养的长效机制提供保障；二是“实施学习——训练”、“平台——支持”、“分类——推进”、“信息——推动”四大工程，促进教师可持续发展；三是以基本功大赛为契机，组织全员参与，全面提高教师专业素养。2007年4月，顺义区要求全员、全学科参与教师基本功大赛。全区14个学科近2000名初中教师参加校级培训、展示。在此基础上，22所初中校择优推荐近百名教师参加区级展示，选拔29名教师参加北京市初中教师基本功大赛。

（周晓娟）

【市中学生田运会团体总分第一】　4月25至27日，顺义区学生参加北京市中学生田径运动会再获佳绩，以330分和364分夺取郊区初中组和高中组第一名，并以694分夺得郊区团体总分第一名。该区48名中学生参加68个项目的比赛，打破高中男子七项全能、初中男子4×100米等4项北京市中学生运动会纪录。同时，该区代表队还获得“体育道德风尚奖”和“优秀组织奖”等荣誉。至此，顺义区已经连续17年蝉联北京

市中学生田径运动会郊区组冠军。

（张克深　言承东）

【举办中青年校长综合素质测试】　5月12日，顺义区委教育工委和区教委举办全系统中青年正职校级干部综合素质测试。全区中小学、幼儿园和直属单位45岁以下中青年干部61人参加测试。测试科目包括计算机应用技能和笔试测试两大类。测试结果显示，综合成绩达到优秀和良好的中青年正职校级干部占80%。其中，计算机应用技能考试中，文字处理部分得分相对较高，数据表格处理部分得分较低，这与参加测试干部的工作实际相符合。笔答部分客观题得分较高，主观题相对灵活，较好地反映中青年校长的理论和实践水平。

（周晓娟）

【首部顺义教育年鉴出版】　6月，《顺义教育年鉴》（1995～2005）出版。该年鉴2006年6月开始组稿，2006年底完成初稿。历经两年时间反复审核、校对、修改。全书80万字，以文章和条目为基本体裁，条目为主，文前配有彩色图片。记载1995年1月1日至2005年12月31日顺义区教育事业各方面重点工作，设学前教育、中小学教育、办学条件、党建工作、干部教师、职业与成人教育、民办教育、教育督导、语言文字、教育行政10个类目。附录收录规范性文件、讲话和调研报告等内容。

（周君姝）

【首届“空港杯”英才教育颁奖】　10月12日，顺义区教委召开首届“空港杯”英才教育颁奖大会暨“成人成才成就梦想”状元报告会。会议表彰并奖励牛栏山一中、顺义一中和杨镇一中等3所英才教育先进学校以及2008届考取清华、北大的优秀学生代表。空港工业开发公司宣布，每年至少安排50万元设立“空港杯”英才教育奖励基金，用于奖励高考成绩优异的师生。会议听取2008届顺义区文、理科状元以及广东省理科状元学习体会报告。天竺空港工业开发公司、受表彰学校和学生代表及部分应届高三学生300人参加会议。

（李成文）

【举办中小学生社会大课堂】　10月17日，顺义区教委召开中小学生社会

大课堂启动大会。会议印发《顺义区中小学生社会大课堂建设方案》，为“顺义区中小学社会大课堂”揭牌，为“顺义区中小学社会大课堂”资源单位颁牌。首批资源单位共57家，分为现代工业、现代农业、新农村、节能环保等8类，将成为顺义中小学生的社会实践课堂。按照规划，到2010年顺义区将完成100余家资源单位建设，形成服务中小学生综合实践活动、课外活动的资源群。会议要求各校将学生综合实践活动课程列入学期教学计划。高中阶段学生每学年应参加不少于1周的社会实践，3年累计参加不少于10天的社区服务。各资源单位代表，各中小学校长、主管德育副校长和劳技等学科教师代表330人参加会议。

（杨晓东　周晓娟）

【举办首届“单片机”比赛】　11月

15日，顺义区首届中小学生智能控制（单片机）比赛在少年宫举行，24所中小学校的90名学生分别参加现场编程和作品竞赛两个竞赛项目。“单片机”比赛是该区首次引入的竞赛项目。各校成立学生单片机兴趣小组，通过学习单片机编程，动手动脑能力得到提高。

（刘岩）

【夜查寄宿制学校学生宿舍安全】　11月21日21至23时，顺义区教委夜查寄宿制学校学生宿舍安全情况。相关科室18人分5组突击检查木林中学、杨镇一中等19所寄宿制学校值班情况、宿舍环境、疏散通道使用情况等。检查发现，各校学生宿舍夜间带班领导和宿管员都能保证按时到岗和巡视，宿舍电源安全，安全出口充足，门窗能随时向外开启，疏散通道畅通，灭火器、指示灯和示意图等设施设备齐全。

（周永禄）

【举办科技教育成果展示】　12月20

日，顺义区教委在杨镇一中举办第26届顺义区学生科技节闭幕式暨科技教育成果展览。会议总结2005～2008年顺义区学生科技教育工作。据统计，自2005年以来，顺义区在各级科技竞赛活动中共获得北京市一等奖629项、二等奖615项、三等奖514项；国家级一等奖12项、二等奖3项、三等奖5项。会议同时宣布关于“科技节先进集体”、“科技教育优秀工作者”、“科技教育优秀辅导员”、“绿港科技小明星”的表彰决定。会后所有与会领导及学生代表观摩顺义区科技教育成果展。展览分为三个展区，展示全区几年来科技教育成果。全区中小学校校长、主管科技领导、科技教师代表及学生代表1500人参加本次活动。

（刘岩　杨晓东）

学前教育

【概　况】　2008年，顺义区幼儿园30所，入园幼儿3922人，在园7929人，离园3248人。教职工837人，

其中专任教师602人。学前三年教育普及率100%，0～3岁幼儿受教育率90%以上。顺义区学期教育继续强化级类管理，统筹规划科学管理。年内，3所幼儿园通过一级一类验收，至此，该区一级一类幼儿园达到17所，北京市示范园2所，市级早教基地19所。

（周君姝）

【举办看护者教育工程培训】 1月6日，北京教育学院“北京农村地区0～3岁看护者教育工程”项目培训班开班典礼在顺义区举行。培训班邀请协和医院儿科主任鲍秀兰等专家举办讲座，讲解新生儿行为和保健、婴幼儿早期教育研究和脑科学依据、0～3个月婴儿智能训练等内容。全区幼儿园园长和早教教师近百人参加培训。

（王晓鸿）

【召开园本教研研讨会】 1月8日，中国学前教育研究会“十一五”课题“创建以园为本教研制度，引导幼儿园开展园本教研的实践研究”交流研讨活动在顺义幼教中心举行。活动交流各个幼儿园园本教研实践经验，研讨园本教研定位、园本教研研究连续性、园本教研研究思路等内容。提出园本教研工作的三个聚焦点：幼儿发展、教师发展、游戏活动。顺义区课题组基地园代表30人参加研讨。

（王晓鸿）

【建北幼儿园评比原创剪纸作品】 1至4月，顺义区建北幼儿园举办原创剪纸作品展评活动。活动共征集到来自教师、幼儿及家长原创剪纸作品554件，所有作品分别在两个展厅展出，接待市级专家、中央电视台记者和民间剪纸艺术家等600人参观。经专家、幼儿和家长民主投票，评出特等奖2人，一等奖10人，二至三等奖70人。

（张慧玉）

【杨镇幼儿园开展系列园本培训】 2月，顺义区杨镇中心幼儿园利用备课时间举办“发现我的闪光点”系列园本培训。该培训为期两周，由本园骨干教师主讲，内容根据主讲教师自身优势确定，包括必选、自选两部分内容。必选内容涉及教师常规工作，教师必须参与；自选内容涉及课题研究、保育工作等，教师根据自身需求自由参与。

（单朝霞）

【马坡第二幼儿园新园投入使用】 3月，顺义区马坡第二幼儿园新园投入使用。新园占地面积4000平方米，建筑面积2100平方米，建设总投资380万元。园内拥有办公室、会议室、图书室、活动室、睡眠室、保健室、音体室等教辅设施，可容纳6个教学班、200名幼儿学习生活。该园地处马坡镇马卷村西，属马坡中心园分园，由中心园统一管理。

（康伶华）

【完成民办幼儿园年度考核】 12月，顺义区完成民办幼儿园年度考核检查。区教委联合区卫生局、区妇幼保健院和区民政局，共检查8所民办幼儿园。按照《北京市民办幼儿园年度考核评价标准及细则》要求，通过听汇报、查看档案资料和财务账簿、观看幼儿活动等形式，检查各幼儿园行政管理与办园条件、教学管理、卫生保健和安全保卫等方面内容。检查结果显示，各民办幼儿园能够坚持依法办园，财务管理规范，办园条件不断改进，教育教学管理质量有所提高。8所民办幼儿园全部达标，其中3所幼儿园达到优秀。

（王焱）

基础教育

【概　况】 2008年，顺义区小学35所，教学班885个，在校生31790人，招生4955人，毕业5956人。教职工2928人，其中，专任教师2016人。小学入学率100%，巩固率100%，毕业率100%，及格率100%。中学39所，教学班871个（初中382个、高中489个），毕业12064人（初中5725人、高中6339人），招生10113人（初中5686人、高中4427人），在校生29751人（初中14961人、高中14790人）。初中入学率100%，巩固率100%，毕业率100%，及格率100%；高中入学率77.33%，毕业合格率86.7%，应届毕业生高考录取率90.8%。教职工4351人，其中，专任教师2936人。特殊教育学校1所，开设教学班15个，结业12人、招生10人、在校生140人，教职工63人，其中专任教师46人。残疾儿童入学率100%、巩固率100%。校外教育单位2所，教职工62人，其中，专任教师53人。小学教师学历合格率100%、初中教师学历合格率100%、高中教师学历合格率98.87%。中小学特级教师9人，高级专业技术职务875人。中小学图书馆藏书200.53万册，电子图书81257片。校舍总占地面积372.47万平方米，总建筑面积114.18万平方米，固定资产总值145331万元。全年教育经费投入91329万元，其中，国家拨款83462万元，自筹经费7867万元。

（周君姝）

【举办中小学生健康知识竞赛】 1月15日，顺义区教委举办第七届中小学生健康知识竞赛决赛。比赛分为中学和小学两组，各有8支代表队参加。内容涉及传染病、慢性病、健康生活方式和科学饮食等学生成长必需的健康知识。经过必答题、题板题、抢答题和风险题四轮角逐，牛栏山二中和港馨小学分获中学组和小学组第一名。健康知识竞赛活动历时4个月，包括初赛、复赛和决赛等环节。初赛在各校通过笔答形式进行，每校选拔出3人组队参加区复赛，决出中小学组前八名进行决赛。

（李连祥　张雅香）

【举办电子期刊文献系统使用培训】

3月12日，顺义区教委举办“北京教育资源网电子期刊文献系统使用”培训会。培训由北京教育网络和信息中心讲解北京市中小学电子期刊阅览室、读书知识库、北京市中小学数字图书馆等电子期刊文献系统。要求学校做好二级培训，辅导教师阅读教育类期刊、图书和查阅资料。全区200人参加培训。

（张志广）

【实施名师带徒项目】　3月20日，

顺义区举行名师带徒项目启动暨拜师仪式。该项目聘请北京市语文、数学、英语等11个学科的13名特级教师作为导师，与顺义区教师结为师徒关系，并以一对一交流为主，采取理论讲座、导师评徒等形式指导徒弟，实现由“经验型”教师向“专家型”教师转变。会后，师徒结合学科实际分别就教育教学、课题研究中的疑难问题进行交流和探讨。

（周晓娟）

【举办普通高中通用技术课程研讨会】

3月27日，北京市普通高中通用技术课程研讨会在顺义十中举行。会议由市教委主办，顺义区教委承办。会议交流顺义区《提高认识精心准备确保高中通用技术课程顺利实施》经验，观摩4节示范课，参观按照《普通高中通用技术课程标准》装备的专用实验室。各区县代表和顺义区高中学校主管校长700人参加会议。

（周晓娟）

【加强三级课程管理】　4月10日，顺义区教委召开加强三级课程管理协同推进课程改革专题研讨会。会议参观东风小学校园文化环境，观摩近百人团队课间活动现场展示和语文、英语、美术等11节课题研究课。会议以《依托四项举措，加强课程建设》为题，总结全区三级课程推进情况。一是科研牵动，着力落实新课程理念；二是教研创新，着力提高国家课程教学水平；三是行政整合，合力推进；四是评价导向，通过评价监控课程建设质量和学习质量。有关区县负责课程计划实施与管理领导、顺义区教研中心和全区小学主管教学领导120人参加会议。

（王桂英　范月聪　刘长荣）

【举办大教研活动】　4月14至16日，顺义区教委举办大教研活动。活动中，教科院基础教育研究中心60名教研员走访28所中小学，其中17所农村边远中小学，听课340节。听课范围覆盖到中小学所有学科，并完成课堂教学诊断。3天内，该区3000名教师参加此次活动，56%专职教师直接参与听课、评课、座谈，204名农村教师作课，占整个活动的60%。

（马亚军）

【启动双优工程】　5月10日，顺义

区教委与首都师范大学合作推进“双优工程——优秀教师培养项目”启动仪式在区教研中心举行。会议介绍优秀教师培养项目的背景及实施计划，作《实践意义取向的教师专业发展》主题报告。“双优工程”是顺义区政府与首都师范大学共同开展的区域教育合作项目，包括优秀骨干教师培养和优质学校建设两部分。其中，“优秀教师培养”采取“双导师制”，由首师大教师与中学特级教师共同指导顺义区本学科的骨干教师。此次“优秀教师培养”计划中共有23名顺义骨干教师接受指导，涉及学科包括语文、数学、英语、物理、化学、生物、历史、政治等。

（李树栋　周晓娟）

【完成中考和高中毕业会考工作】　6月24至26日，顺义区中考和高中毕业会考工作结束。4930名考生参加中考，共设顺义二中、木林中学和杨镇二中等8个考点170个考场。6915人参加高中毕业会考，共设6个考点205个考场。

（周晓娟）

【杨镇中小校本课程教材投入使用】　9月8日，顺义区杨镇中心小学编写的校本课程教材投入使用。该教材设有舞龙、太极、抖空竹等11项内容。教材共6册，分别根据不同年龄学生特点和学校特色分年级开设。其中舞龙、太极、抖空竹、篮球、管乐五项内容是该校传统特色，在每一年级的教材中分别有所体现。

（任仲刚　周君妹）

【赵全营中学培养教师学习习惯】　9至12月，顺义区赵全营中学强化常态学习制度培养教师学习习惯。采用“一坚持”、“二结合”、“五有”、“五要”措施，进一步规范干部教师学习制度。“一坚持”，即坚持每周定期学习一次；“二结合”，即集中学习和自学相结合、专题辅导与小组讨论相结合；“五有”，即每次学习有主题、有主持人、有中心发言人、有讨论交流记录、有活动信息报道；“五要”，即要联系学校和个人实际，要认真总结教育教学的经验教训，要明确努力方向，要达到自我教育和自我提高的目的，要明确新形势下教育创新工作的新任务和学校的新要求。

（董向民　史海英）

【举办现代学校管理月末大讲堂】　10月11日，顺义区教委举办现代学校的管理与思考月末大讲堂活动。会议围绕学校德育实效性、打造名牌学校和学校文化构建等10个专题进行汇报交流。会议就规范管理开放办学提出“七要七支持”，即：要利用资源，争取智力支持；要多做工作，争取领导支持；要走出校门，争取部门支持；要提高质量，争取企事业支持；要树立形象，争取群众支持；要资源共享，学校互相支持；要做好宣传，争取舆论支持。至年底，月末大讲堂活动举办4次6个专题的活动，3000人次参加学习。

（曾文桂）

【举办化学教师实验技能与创新大赛】

10月29日，顺义区教委举办2008年中学化学教师实验技能与创新大赛。大赛历时1个月，由区教研考试中心和区教育技术装备部联合举办，分预赛、初赛、决赛3个阶段进行。竞赛内容包括基本实验技能和试验仪器创新两部分。全区150名教师参加竞赛，5人获全能一等奖、10人获全能二等奖、15人获全能三等奖，50人次分获单项一二三等奖。

（王伟）

【召开小学教育资源应用管理现场会】 11月19日，顺义区小学教育资源应用管理现场会在天竺中心小学召开。会议听取该校《构建信息化教育新平台——实践育人》汇报，观摩两节信息技术与学科整合的现场课。两节课分别运用电子白板、多媒体等信息技术手段辅助教学，课堂气氛活跃，教学效果好。课后教研员结合课堂教学完成点评。全区小学信息化工作领导、学科教师120人参加活动。

（张志广）

【聘请市级专家培训青年教师】 11月26日，顺义区教研中心小学语文教研室聘请教科院基础教育研究中心小语教研室举办青年教师语文基本功培训。培训首先作《扁鹊之病》的寓言教学现场观摩课，与会教师从该课上看到尊重、指导、训练；看到如何捕捉可贵资源；看到如何对学生进行无痕的评价；看到如何适当对教学内容进行拓展，鼓励学生多向思维，多种表达。结合现场课举办《浅谈影响阅读教学实效性的几个因素》的讲座，从“知识、方法、习惯、情感”四个层面具体生动地诠释如何提高语文阅读教学的实效性。该区各校教学领导、青年教师180人参加活动。

（苏静林　张萍）

职业与成人教育

【概　况】 2008年，顺义区高职院校1所，职业高中5所，设置专业34个，开设教学班211个。毕业3794人，招生2276人，在校生7402人。教职工363人，其中，专任教师198人。职业学校占地总面积178.70万平方米，建筑总面积16.87万平方米，固定资产总值10218.58万元。全年教育经费投入5263万元，其中，国家拨款4135万元，自筹经费1128万元。各类成人学校440所，学历教育开设专业47个，毕业3700人，招生7650人，在校生11408人。教职工1040人，其中，专任教师300人。顺义区成教中心引进中国人民大学、北京科技大学等4所高校在顺义开设办学点，与高校联合办学在校生总数8000人。完成农民培训5037人，全年完成各类短期培训10000人。完成17个考试项目的报名、组考等工作，报名考生4000人83000科次。成人学校占地总面积21.88万平方米，建筑总面积6.76万平方米，固定资产总值13414.17万元。全年教育经费投入1808.6万元，其中，国家拨款539.5万元，自筹经费1269.1万元。

（周君姝）

【顺义一职与韩国骊州大学合作办学】

1月，顺义区第一职业学校与韩国骊州大学签约成为姊妹学校两校将在语言、师资、教学、实习等方面进行全面合作。骊州大学是中国教育部认可的专科学校，成立于1993年。

（戴卓琳）

【召开职成教工作会】 2月18日，顺义区教委召开职成教工作会。会议要求各校要加强就业工作的指导，要及早动手，保证职业学校毕业生100%就业。加强镇成人学校建设，加强对成人学校的管理和评价，各镇要围绕本镇工作重点开展号各种培训工作。重视职业教育和成人教育宣传工作，注重培养和挖掘典型，发挥典型的示范作用。全区各职业学校、镇成人学校校长、社区教育中心干部40人参加会议。

（单增安）

【召开职业学校德育工作会】 2月27日，顺义区教委召开职业学校德育工作会。会议就2008学年度市级三好学生、优秀学生干部、先进班集体评选工作提出明确要求。各学校要严格按照文件要求的程序操作，做到名额公开、评选结果公开。做好临界点学生的思想工作，学校要有专人负责接待和解答学生和家长提出的问题。各职业学校主管德育的领导30人参加会议。

（高成）

【试行任课教师课堂情况考核】 2至12月，顺义区第一职业学校试行“任课教师课堂情况考核”制度。该制度作为提高教育教学质量的一项保障措施，涉及考勤，学生纪律、学习情况，养成教育、值勤学生，对课堂影响四方面内容。全校70余名教师参与试行。

（戴卓琳）

【召开构建学习型社会工作会】 3月4日，顺义区2008年构建学习型社会工作会召开。会议指出，创建学习型社会要紧紧围绕奥运工作，实施奥运知识、外语等培训，提高市民文明素质，提升为奥运服务水平。注重加强劳动力就业技能培训，为经济社会发展服务。要按照“学有所教”的要求，规范基础教育，改革职业教育，发展继续教育，使每个市民在各个年龄段都有受教育的机会。精心设计各类丰富多彩、形式多样的学习活动载体，倡导团队学习，形成学有动力、学有压力、学有管理、学有成效的长效运行机制。

（王振宇）

【农广校开办农民花卉中专班】 5月17日，北京市农业广播电视学校顺义分校在杨镇开办农民花卉中专班。该班学制2年，开设花卉工和插花员两个专业，聘请北京农职院教师授课。免收学费，毕业时颁发全国承认的学历证书和花卉职业资格证书。344人报名参加学习。

（周晓娟）

【第五届社区专职工作者考试结束】 10月22日，2008年顺义区社区专职工作者考试结束。共有520人参加考试，考试科目为《社区工作礼仪》和《社区文化与民俗》。考试成绩合格后，将颁发北京市社区专职工作者岗位培训证书。顺义区已连续举办五届社区专职工作者岗位培训及考试，2000人取得北京市社区专职工作者岗位培训证书。

（王振宇）

【顺义一职接受市教委检查评估】

12月2至3日，顺义区第一职业学校接受市教委重点中等职业学校评估组检查评估。市教委评估检查组由11人组成，通过听取学校整体情况汇报、分别与干部教师和学生座谈、深入课堂听课、实地考察实训基地、查看档案资料、观看学生技能展示，对学校进行全面评估。专家组认为，顺义区委、区政府高度重视职业教育工作，对专业教育发展提出明确要求。顺义一职充分发挥教育资源优势，注重推进校企合作、与高校中专等办学机构合作，开办学历培训等多层次多类别的培训班，确定多元化的办学模式。学校重视实训基地建设，广泛开展学生基本能力训练，以赛促练，提高学生专业技术水平和职业技能。2009年1月，市教委回复意见认定顺义区第一职业学校通过省部级重点中等职业学校评估，成为北京市重点中等职业学校。

（李建生　戴卓琳）

【社区教育中心毕业生全部就业】 截至12月，顺义社区教育中心采取多项措施确保毕业生就业率。一是通过召开企业联谊会、用工座谈会，了解企业用工需求。二是对毕业生进行追踪调查，根据用人单位反馈情况，开展教育教学改革。三是举办钳工、发动机拆装等技能竞赛，实现以赛代考。四是加强学生语言表达、公文写作等10种能力培养，提高学生综合素质。截至12月，790名中职毕业生全部实现就业。

（王振宇）

教育督导

【概　况】 2008年，顺义区政府教育督导室以“三个代表”重要思想为指导，贯彻实施《北京市中小学校办学条件标准》、“初中建设工程方案”、“小学规范化建设工程方案”，推进义务教育均衡发展；坚持依法行政，加大对镇政府及有关委办局依法履行教育职责情况的督导力度，提高依法治教水平。督导工作坚持“六个创新”。一是创新区县督导工作新局面。二是创新督政机制，从完善培训机制、健全运行机制、发挥评价机制等方面为全面实施素质保驾护航。三是创新督学机制，从理论培训导航、优化督导程序、创新督导模式等方面为义务教育均衡发展提供动力。四是创新研究机制，从优化课题研究内容、创新课题研究方式、创新调研手段等方面为教育健康持续发展做好服务。五是创新宣传机制，提升《顺义区教育督导简报》的理念与质量、创办教育督导网为教育健康持续发展提供助力。六是创新队伍建设机制，从加强专兼职督学队伍建设、加强学校评价代表建设、加强与兄弟区县联系等方面为高效开展督导工作奠定基础。全年随访督导11所初中、督导验收10所初中、综合督导3所幼儿园。9月聘请新一届兼职督学20人，特约督学1人，专、兼职督学人员达到30人。

（范成海）

【完成6所幼儿园督导复查】 1月18至21日，顺义区教育督导室复查6所幼儿园，检查督导整改意见落实情况。复查发现，各幼儿园高度重视督导中所提问题，认真制定整改方案，采取有力措施改进工作，整改意见得到落实，促进幼儿园整体办园质量的提升。2007年上半年，顺义督导室依据《北京市顺义区幼儿园全面实施素质教育评价方案》，对北小营等6所幼儿园进行综合督导，针对幼儿园保教工作中存在的问题提出整改意见建议。

（王跃文）

【回复22校初中建设督导验收意见】 1月21日，顺义区教育督导室回复22所中学初中建设督导验收意见。要求有关学校针对回复意见中所提问题制定整改方案，落实整改意见，督导室于下半年对学校整改情况进行复查。2007年10月16日至11月1日，顺义区教育督导室会同区教委有关部门组成初中建设督导评估验收组，对2006年、2007年重点建设的22所中学进行督导评估验收，通过听、查、问、访广泛获取信息，并对信息进行分析整理。

（王跃文）

【调查未来在校生情况】 3月，顺义区教育督导室完成未来在校生情况预测调查。调查通过本区近7年农村人口出生情况统计，结合现有在校生情况，预测顺义区农村中学未来10年、小学未来7年在校生情况。预测结果表明，未来10年，中学在校生在1.2万人～1.5万人之间浮动，最多年份为2015年，为15139人。小学未来7年在校生情况在7200人～6300人之间浮动，最多年份为2010年，为7252人。调查为区教委第三次中小学校布局调整提供依据。

（王跃文）

【开通教育督导网】 7月6日，顺义区政府教育督导网开通（http://www.syjydd.shyedu.cn）。督导网设有督导动态、公文公告、督政督学、法规文件、理论纵横、友好交流、队伍建设、校园采风、生活驿站、友好交流等板块，涵盖教育督导信息报道、教育督导结果通报、典型经验介绍、专题调研报告、教育法律法规宣传等方面内容。

（王跃文）

【举办督学月末大讲堂】 9月26日，顺义区教育督导室举办督学月末大讲堂。会议组织学习北京市完善区县政府实施素质教育工作督导评估制度等有关文件。会议提出，督学工作要坚持原则、依法办事、敢讲真话；要实事求是，评价客观、公正，言之有据；要作风民主，对人热情、坦诚，尊重被督导单位，热心为被督导单位服务。会议决定，以后每月末举办督学大讲堂活动。全体专兼职督学30人参加学习。

（王跃文）

【完成首轮小学规范化建设工程随访督导】 10月16至23日，顺义教育督导室完成首轮小学规范化建设工程随访督导。督导工作分3组检查10所小学规范化建设情况。督导组通过听校长汇报，查阅相关档案资料，深入课堂听课，与师生座谈，查看校园文化、教育教学硬件配备及管理使用情况等，帮助学校理清规范化建设思路，完善规范化建设措施，并提出意见、限期整改。

（王跃文）

【召开教育督导大会】 10月23日，顺义区政府召开教育督导大会。会议为新一届兼职督学颁发聘书，听取《深入贯彻落实科学发展观，不断开创教育督导工作新局面》工作报告，回顾“十五”以来教育督导工作，提出今后5年顺义教育督导工作的思路、任务和措施。会议肯定教育督导工作对教育事业发展作出的贡献，同时强调要加强督学队伍建设，本着严谨、公正的态度依法履行职责；各镇、街道办事处、有关委办局要健全和完善工作机制，落实各项职责，关注和支持学校全面实施素质教育；督导结果要及时通报，将实施素质教育实绩纳入党政干部政绩考核。各镇（街道）办事处、相关委办局主管领导、学校代表和全区专兼职督学等300人参加会议。

（王跃文）

【完成第三批初中建设督导验收】 11月11至20日，顺义区完成第三批初中建设督导验收。督导检查组按照“两听三看三问四座谈”督导方式评估验收仁和中学等10所学校初中建设工程。“两听”即听校长关于初中建设三年规划及年度计划实施情况的汇报，听课102节（兼顾各学科各年级）；“三看”即一看每一所学校的硬件配备及管理使用情况，二看学生课间活动及校园环境，三看学校的教育教学档案资料；“三问”即组织502名教师问卷、812名学生问卷和1000名家长问卷；“四谈”即与36名学校干部座谈、随机访谈102名教师、121名学生和103名学生家长。至此，顺义区教育督导室已完成所有初中校（含九年一贯制和完中初中部）的督导验收工作。

（王跃文）

中共顺义区委教育工委

书　　记　（空缺）

顺义区教育委员会

主　　任　冯义国

顺义区政府教育督导室

主　　任　冯义国

昌　平　区

总　类

【召开民办学校交通安全工作会】 3月14日，昌平区教委召开民办学校交通安全工作会，全区80余所民办中小学、幼儿园及未经批准流动人口子女学校领导100人参加会议。会议总结昌平区2007年民办学校交通安全工作，部署2008年民办学校交通安全的重点工作。会议要求，各学校管好单位车辆，保证上路车辆的车况良好；管好学生班车驾驶员，严格驾驶员的安全教育与管理，保证司机遵章守纪、驾驶技能过硬；开展交通安全教育活动，让学生掌握交通安全常识，增强交通安全意识；要加大投入，保证学生班车的质量。

（刘志军）

【李秀梅获北京市“三八”红旗奖章】 3月，昌平区阳坊中心小学教师李秀梅获北京市“三八”红旗奖章。李秀梅20年照顾公婆，任劳任怨；参加工作25年，长期担任班主任，资助家庭生活困难的学生，鼓励身体残疾的学生自强不息，帮助离异家庭学生树立生活信心，帮助学困生找到学习的快乐；参与新课程改革，组织教师开展校本教研活动，利用课余时间指导年轻教师备课、上课。

（王洪燕）

【成立校外教育协会】 5月20日，昌平区教委举行昌平区校外教育协会成立会议。会议听取区教委《昌平区校外教育协会筹备成立工作情况的报告》，昌平区少年宫《关于昌平校外教育协会章程的说明报告》，选举昌平区校外教育协会理事会和监事会成员。协会职责是团结昌平地区从事研究和服务青少年学生校外教育事业的单位、团体，整合昌平地区校外教育资源，组织、沟通、协调社会力量，开展青少年学生校外教育工作，促进青少年学生健康成长。

（张楠）

【发生雷击事件】 8月26日19时，昌平区桃洼学校小学部上空遇强对流天气，发生雷暴，前后持续30分钟。学校财产损失严重，主控机房部分设备被击毁，一间教师宿舍的床褥和部分家具被引燃烧毁，学校监控设施和程控电话系统被破坏，部分教师计算机被击毁。没有对人员造成伤害。

（刘启生）

【成立教育审计办公室】 9月8日，昌平区教委成立教育审计办公室。办公室设副科长1人，科员1人。教育审计办公室主要工作职责是制定内部审计规章制度，督促所属学校、单位建立健全内部控制制度，指导和督促所属系统内部审计人员依法开展工作等。教育审计办公室负责区教委所属的中小学、幼儿园和直属单位财务收支及有关的经济活动、单位预算的执行和决算、专项教育资金的管理使用、固定资产的管理和使用、离任经济责任等方面审计工作。

（杨晓伟）

【认定区级学科带头人、骨干教师】 9月，昌平区教委认定区级学科带头人和区级骨干教师。在2007年区级骨干教师考核认定和申报评选的基础上，区教委严格按照《昌平区骨干教师管理办法》对初选结果进行核实确认，最终有1388人得到确认，其中市级学科带头人18人，市级骨干教师114人，区级学科带头人199人，区级骨干教师1057人。

（赵家刚）

【评审第17届教育科研成果】 12月15日，昌平区第17届教育科研成果评审工作结束。共征集教育科研成果2675项，内容涉及中小学23个学科领域。经过学科评委的评审和复审委员的复审，共评出一等奖144项，二等奖566项，三等奖1052项。昌平区教育科研成果评审始自1984年，1984年至1992年间每年一届，1992年以后两年一届。

（郑岩）

【召开教育年鉴工作会】 12月25日，

昌平区教委召开昌平区2008年教育系统教育年鉴工作会。会议听取《与时俱进开拓进取，努力做好昌平区教育年鉴的编纂工作》报告，表彰教育年鉴工作先进单位15个、先进个人20人和100个优秀条目撰稿人，先进单位代表和先进个人代表交流典型经验。会议总结区教育年鉴记载方式多样化、稳定撰稿人队伍、规范工作制度等成绩。区党史办、区志办，以及昌平区各中小学主管领导和年鉴组稿人200人参加会议。

（韩玉霞　杨晓伟）

【培训民办学校举办者】 12月28至

29日，昌平区教委召开昌平区民办学校办有特色经验交流暨法律法规培训会。会议听取区政府教育督导室《昌平区民办教育发展工作报告》，北海昌房幼儿园、昌平二中分校、北京少林武术学校、航空运输培训中心、雨竹学校分别代表中小学、幼儿园、培训机构、流动人口子女学校，围绕“民办学校办有特色”交流经验。会议邀请中国民办教育协会专家讲解《中华人民共和国民办教育促进法》及“实施条例”等法规。全区民办中小学、幼儿园和培训机构举办者120人参加培训。

（王蓉）

【落实流动人口子女学校取暖补助】 年内，昌平区教委落实已批流动人口子女学校取暖补助及免除杂费政策。对16所已审批流动人口子女学校进行一次性取暖补助，补助金额37万元；免除24所民办中小学校学生杂费，向24所民办中小学发放免杂费补贴120.10万元。两项补助款共计157.10万元。

（杨晓伟）

学前教育

【概　况】 2008年，昌平区托幼园所122所，其中，教委直属幼儿园4所，单位办园9所，部队办园8所，社区办园2所，镇中心幼儿园10所，村办园65所，民办园24所。入园幼儿4680人，在园13851人，离园4611人。教职工1493人，其中，专任教师830人。学前三年教育普及率98%。

（谷长志）

【举办幼儿园一日生活指导讲座】 6月13日，昌平区教委举办幼儿园一日生活指导专题讲座。讲座由教育学院丰台分院教研员范惠静主讲，她运用大量实例分别就幼儿如厕教育、睡眠教育、着装教育、盥洗教育进行讲解。全区幼儿园业务管理干部、骨干教师180人听讲。

（尚南）

【评比自制体育活动玩教具】 9月，昌平区教委开展自制体育活动玩教具展评活动。全区各幼儿园上交自制体育活动玩教具110件，评出一等奖10件，二等奖20件。参评作品具有质量高、做工精细、趣味性强、制作简洁、易于推广等特点。

（金岚）

【开展早教进山区活动】 10月10

日，昌平区教委组织昌平机关幼儿园、昌平工业幼儿园以及北海昌房幼儿园3所市级早教基地园到十三陵镇中心幼儿园开展早教进山区活动。活动接待幼儿及家长90人，发放宣传材料600份，有针对性地解决山区幼儿家长育儿困惑，并为家长提供科学的教养方法。

（金岚）

【举办青年教师课堂评优赛】 12月8至19日，昌平区教委举办幼儿园青年教师课堂评优大赛。共听评16所幼儿园66名青年教师的66节课，涉及区教委直属幼儿园4所、部队办园4所、民办园3所、乡镇中心园4所、其他性质办园1所。评委依据昌平区幼儿园《青年教师教学活动评优标准》，通过查看教案、现场听课、课后查看教师活动反思，对青年教师的教学设计能力、课堂教学组织能力、教学反思能力进行全面考查与评价。评出一等奖13人、二等奖20人。

（尚南）

【完成农村中心园体制改革试点】 12月，昌平区教委完成长陵镇中心幼儿园体制改革试点工作。该区农村中心园改制工作按照“成熟一个成立一个”的指示精神分三批稳步推进，其中，长陵镇中心幼儿园为首批改革试点。改制后，长陵镇中心幼儿园为昌平区教委所属、区财政全额拨款事业单位，区财政全额拨款事业编制79人，科级领导职数4人。

（全岚）

基础教育

【概　况】 2008年，昌平区小学85所，教学班1110个，在校生31657人，招生5395人，毕业4971人。教职工3365人，其中，专任教师2714人。小学入学率100%，巩固率100%，毕业及格率100%。中学37所（初中18所、高中1所、一贯制学校10所、完中8所）。教学班611个（初中428个、高中183个），在校生19457人（初中12972人、高中6485人），毕业5202人（初中3686人、高中1516人），招生6346人（初中4170人、高中2176人）。初中入学率99.9%，巩固率99.9%，毕业及格率100%；应届毕业生高考录取率93.6%。教职工3091人，其中，专任教师2065人（初中1457人、高中608人）。特殊教育学校2所，教学班8个，在校生170人，招生60人，毕业40人；教职工56人，其中专任教师30人；残疾儿童入学率95%，巩固率100%，结业率100%。校外教育单位2个，教职工41人，其中专任教师34人。中小学教师学历合格率100%，高级专业技术职务655人（小学17人、中学638人）。中小学校舍总占地面积252.42万平方米，总建筑面积85.80万平方米。固定资产总值90639万元，图书馆藏书198.31万册。全年教育经费投入102780万元，其中，国家拨款94402万元，自筹经费8378万元。

（王志明　杨晓伟）

【完成学科资源网群一级培训】 1月26日和2月29日，昌平教育网络和信息中心完成昌平区学科网站群平台使用一级培训。培训以技术操作为主，讲解平台的各功能版块，发挥平台优势，搭建学科独立特色的内容框架。全区各业务单位72人参加培训。本学期昌平区推广学科资源网群利用，各单位负责归类整理相关资源，利用资源平台上传。年内，学科资源网群有效资源总数30352件，注册用户1516人，其中三分之二是昌平区中小学教师。

（刘丽）

【完成中小学生免费健康体检】 3至11月，昌平区教委完成中小学生免费健康体检。检查结果显示，小学生视力不良率继续大幅上升，达到41.6%；肥胖率略有上升，为11.5%；营养不良率略有上升，为13.2%；沙眼和龋齿患病率下降，分别为2.1%和9.6%；贫血患病率下降，为4.1%。中学生视力不良率稳定在71%左右；肥胖率大幅下降，为9.2%；沙眼、龋齿、营养不良患病率下降分别为2.7%、21.5%和10.9%；贫血患病率上升，为5.0%。

（庞文泉）

【召开高中地理课改现场会】 4月

17日，教科院基础教育教学研究中心在昌平区南口学校召开北京市高中地理课改现场会。会议主题是高中地理课改中如何落实课标要求的研究。会议观摩南口学校两节研究课。会议认为，两节课在帮助学生达成知识与技能的目标上注重训练学生分析地理问题的思维方法，关注达成目标所经历的必要的地理过程与方法。市基教研中心、昌平区教委和18个区县地理教研员、地理教师170人参加会议。

（吉利斌　潘红梅）

【召开普通高中课程资源建设座谈会】 4月26日，昌平区教委召开昌平区普通高中课程资源建设座谈会。华北电力大学、中国石油大学、北京化工大学、北京农学院、中国疾控中心、北京半导体器件研究所等部分驻昌高校及科研院所代表，以及昌平一中、昌平二中的领导和教师代表30人参加会议。会上，昌平一中、昌平二中的领导和教师结合高中课程改革的需要以及新课程实验中的困难和问题，围绕校内外课程资源建设、教学与研究设备的开放与利用、大学与高中交流平台的建立等问题向驻昌高校和科研单位的代表提出若干需求和建议，希望得到高校和科研单位的支持。驻昌高校和科研院所的领导和专家表示，在高中选修课的开设、研究性学习指导方面提供师资支持，建立高中生与大学生对话交流、联合调研、实践活动交流平台，建立专业实验室、图书馆等教学资源共享平台，尽可能满足昌平区高中学生的需求，全力支持与配合昌平区高中课程改革实验工作。会议提出，深入做好与驻昌高校及科研院所对接工作，建立多层面的交流与合作关系，搭建高中课改资源支撑与保障平台。

（王志明）

【举办教学方式改革全国研讨会】 5

月 8 日，北京市普通高中信息化促进教学方式改革全国研讨会在昌平区召开。会议由市教委、教科院、市教育学会主办，昌平区教委承办。教育部、市教委、市教育学会，以及上海、天津、重庆、山东、安徽、山西、广西、北京八省市专家学者及教师代表 400 人参加会议。昌平实验中学、南口学校的教师代表在会上做典型发言，昌平区课程改革管理经验材料和“高中新课程‘选修模块’网络资源开发与实施”项目工作总结材料在会议上交流。

（王志明 张国义）

【举办小学英语故事教学研讨会】 5 月 27 日，昌平区教委举办北京市小学英语学科故事教学研讨会。会上，昌平城关小学和巩华中心小学两位教师分别做两节现场研究课，两节课以独特的视角，对故事教学的传统模式进行创新和突破。区教委以《通过故事教学创造三向的语言交际空间》为题，汇报昌平区课例研究进展情况。全市各区县的教研员和骨干教师 150 人参加会议。

（高春杰）

【举办化学教师实验技能大赛】 5

至 12 月，昌平区教委举行中学化学教师实验技能与创新大赛。大赛分为动员、培训、基本技能赛和创新赛等阶段。经过评选，参加化学实验创新大赛的 122 个项目中，17 个项目获一等奖、30 个项目获二等奖、52 个项目获三等奖。经专家和评委推荐，“溶液导电能力演示仪”、“电解食盐水改进装置”等 6 个项目参加北京市中学化学教师实验技能与创新大赛。

（徐敬来 侯淑兰）

【3881 人参加高考】 6 月 7 至 8 日，昌平区 3881 名考生参加普通高等学校全国统一招生考试和高职单考单招考试。应考 3881 人，其中普通高考 3427 人（文史类考生 1315 人、理工类考生 2112 人），高职单考单招 454 人。共设 4 个考点、135 个考场。缺考 291 科次，查处违纪考生 1 人。7 月，高考总录取率 93.6%，比上年提高 1.1 个百分点。其中，本科录取 1822 人，专科录取 1810 人。

（张宏）

【召开地方课程“昌平历史”现场会】 6 月 10 日，昌平区教委召开初中历史地方课程“昌平历史”现场会。会议观摩昌平四中两名历史教师的研究课，其中一节是网络探究课《新昌平的诞生》，注重培养学生的动手操作能力；另一节课是《近代工业与新式学校的兴起》，设计让学生采访昌平师范学校毕业的教师环节，引起学生极大的兴趣。课后，初中历史教师进行研讨和评价。全区初中历史教师 34 人参加会议。

（张翠珍）

【完成中考及录取工作】 6 月 24 至 26 日，昌平区教委完成高级中等学校招生统一考试。全区考生 3868 人，设考点 10 个，考场 134 个。经过提前招生录取、招优录取、统一招生录取和后期补充录取，招生学校共录取昌平区考生 3265 人，升学率 99.6%，其中普通高中录取 2261 人（示范性高中 1033 人、一般高中 1228 人），占录取总数 69.2%；中专录取 531 人，占录取总数 16.3%；技校录取 182 人，占录取总数 5.6%；职业高中录取 190 人，占录取总数 5.8%；高等职业院校录取 101 人，占录取总数 3.1%。普通高中和职技类学校录取比例 7∶3。全区除有 10 名考生复读，1 人出国，1 人工作外全部升学。

（张宏）

【为民办打工子弟学校装备教学设备】 6 月 30 日，昌平区教委为民办打工子弟学校配备教学设备设施。该区利用 320 万元市拨专项资金，为经过批准的 16 所打工子弟学校配备计算机 480 台，多媒体教室设备 16 套，笔记本电脑 64 台，数码摄像机、照相机、空调等教学设备 880 件套，挂图、卡片等教学仪器 1008 件套。调剂配备教学仪器、医疗器械 3043 件套，价值 9.58 万元；办公家具、学生课桌椅 1102 件套，价值 2.22 万元。

（景密平）

【召开小学教学工作研讨会】 7 月 27 至 29 日，昌平区教委召开小学教学工作研讨会。研讨会围绕“进一步规范教学管理，减轻学生负担，全面提高教学质量”主题，研讨进一步规范教学管理，加强小学教师基本功培训，提高教师整体素质，减负增效提高课堂教学效率的措施，质量监控工作四方面工作。全区部分学校校长和教学干部 30 人参加会议，分别介绍本校教学管理上的特色做法，剖析存在的问题，并提出建设性意见。

（郑金霞）

【召开高中新课程教学研讨会】 7 月 27 至 29 日，昌平区教委召开高中新课程教学研讨会。会议交流新课程实施以来各学校教学经验体会及工作设想和安排。会议用翔实的数据总结昌平区高中教育发展成绩，提出促进全区高中教育发展的五方面政策。即：引进名师、优化生源、学校奖励、教师奖励、学生奖励。各高中校校长和德育干部教学干部 45 人参加研讨会。

（王志明）

【特教学生刘奕考入北京联大】 7 月，昌平三中听残学生刘奕被北京联合大学特殊教育学院计算机专业本科录取。刘奕，1989 年 4 月 4 日出生，两个半月时，由于患病时使用庆大霉素导致双耳神经性耳聋，双耳听力损失 90 分贝以上。经过训练，刘奕学会唇读和说话。2002 年 9 月至 2008 年 6 月，刘奕在昌平三中完成初中、高中学业，是学校实施特教学生“随班就读”的成功案例。

（李冬梅）

【举办面塑校本课程展示】 10 月 24 日，北京市小学美术学科面塑校本课程展示活动在昌平第二实验小学举行。该活动由教科院基础教育教学研究中心主办，昌平第二实验小学承办。活动中，昌平二小推出两节面塑校本课，报告面塑校本课程发展历程和取得经验。该校 2006 年起开设面塑校本课程，1 至 6 年级的学生经过 14 课时学习，普遍掌握面塑基本技能。70 名来自全市各区县的教研员和美术教师代表参加活动。

（王建平）

【召开中小学教学工作会】 10月28

至29日，昌平区教委召开中小学教学工作会。会议分别总结小学、初中、高中教学工作，表彰教学工作先进学校和教师。其中，小学教学工作会表彰质量监控与评价优秀学校、优秀教学干部、优秀教师，以及课程改革先进学校和先进个人。初中教学工作会表彰初中教学“十佳”学校、“农村初中教学优秀学校”、“十佳”教学干部、“农村初中教学优秀教学干部”、“十佳”教师和“农村初中教学学科优秀教师”。高中教学工作会表彰2008年高考成绩优异学校和优秀教师，颁发整体质量奖、学校成绩突出奖、教学进步奖、名牌效应奖等8个奖项。

（郑金霞　郭爱兵　唐明）

【召开区域可持续发展教育现场会】 11月7日，教科院、昌平区教委在昌盛园小学召开“北京市贯彻落实《北京市中小学可持续发展教育指导纲要》区域推进与学科实施可持续发展教育昌平现场会”。会议听取昌平区教委开展可持续发展教育区域推进经验，以及昌盛园小学、昌平实验小学、昌平三中开展可持续发展教育实践经验。昌盛园小学6名教师分别作语文课、数学课、社会课等学科展示课。会议邀请有关专家举办学科实施可持续发展教育培训讲座。12个区县及昌平区实施可持续发展教育项目校100名教师参加会议。

（王欣）

【成立吴正宪小学数学教师工作站】

11月11日，昌平区教委召开“吴正宪小学数学教师工作站——昌平园”成立会议。会议宣布成立吴正宪小学数学教师工作站——昌平园，并为工作站授牌。会议提出，工作站这种团队教研模式，是探索教师专业成长的有效机制，为教师队伍整体提升提供范例。会议观摩城关小学教师《万以内数的认识》观摩课，吴正宪和全体与会教师一起完成点评、研讨。教育部、市教委、教科院代表，特级教师吴正宪，以及来自通州、大兴、延庆、燕山、房山5个工作站领导，昌平区各小学骨干教师、教学干部187人参加活动。

（高春杰　林立）

【完成高中发展现状诊断性评价】 11月，昌平区教委完成普通高中学校发展现状诊断性评价分析。调查涉及昌平区16所高中学校的130名领导干部，667名教师，高中3个年级的1349名学生及1283名学生家长。调查内容包括干部队伍工作现状、教师队伍工作现状、德育工作现状、教学工作现状、体育卫生工作现状、心理健康工作现状、校园文化工作现状、教育资源管理工作现状及学生素质发展水平9个方面。昌平区教委根据调查数据完成普通高中学校发展现状诊断性评价分析报告，分为干部、教师、学生、家长分报告，以及总报告。

（奚燕）

【两节课全国评优获奖】 11月，昌平教师两节课参加全国教学评优获奖。其中，昌平一中地理教师刘景奎代表北京参加中图版全国地理课堂教学评优课活动。刘景奎所讲的《地域文化对城市发展的影响》一课获得一等奖。该课能够准确地落实课标要求，巧妙地处理有关教学资源，具有一定的创新性。昌平一中化学教师阎芬参加2008年度全国高中化学优质课评比活动。阎芬所讲的《无机非金属元素的主角——硅》参加说课比赛，最终获一等奖。

（魏红菊　吉利斌）

【完成教师健康体检】 11至12月，昌平区教委完成中小学教师健康体检。本次共体检6894人，发现结核、血管瘤、肾积水等重大疾病。检查结果显示，高血脂占受检总人数的22.60%，肝功异常的10.07%，中、重度脂肪肝分别为12.42%和1.78%。在妇科中，乳腺增生的69.67%。为做好本次教师体检，区财政投入342万元，购置彩色B超机、全自动生化分析仪等体检设备，并聘请10名三甲医院专家担任教师体检医师。体检首次使用数字化体检管理系统。

（庞文泉）

【举办骨干教师高级研修班】 12月13日，昌平区教委举行昌平区第二期市级骨干教师高级研修班开班仪式。会议解读培训班研修方案，听取教育专家《教师专业化》、《学生本位的沟通情境与教师语言的适当性》的讲座。区教委领导及110名研修班教师参加开班仪式。研修班为期3年，采用业余和集中学习相结合的形式，总学时120小时，分为小学综合班、小学数学班和中学综合班，每个班25名学员，均为市级骨干教师和学科带头人。

（陈丽　林立）

【教师于海生发明新型课桌椅】 12

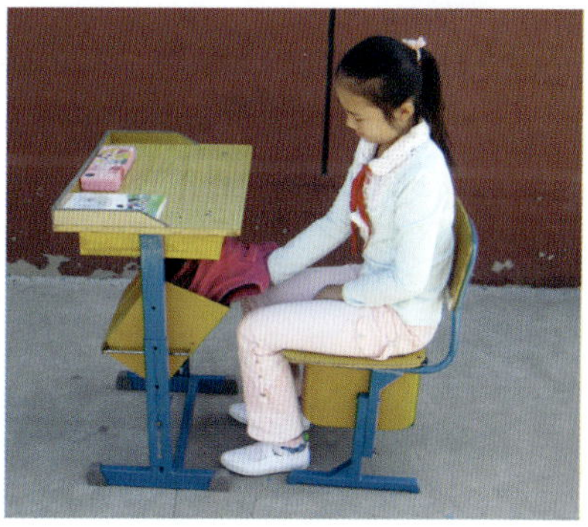

月17日，昌平区东小口中心小学教师于海生发明新型课桌椅一事在北京电视台（BTV3）首播。新型学生课桌椅在不增加原来占地面积及体积的前提下，能装下学生大书包且从书包中取书本学具更为方便；能装下学生衣物、鞋帽等优点使教室更整洁，书本、铅笔盒不再无故落地。该项发明2007年12月5日被中国国家知识产权局授予专利权。

（李燕　于海生）

【举办校本教研与课程开发研讨会】 12月26日，北京市农村学校校本教研与课程开发观摩研讨会在昌平区巩华中心第二小学召开。与会人员观摩该校语文、数学、英语、音乐等不同学科8节研究课和语文、数学、英语3个学科的教研组活动，观看跆拳道、种子创作画、音乐合唱团训练等12个校本课程活动展示，参观各种校本教研成果材料，听取巩华中心小学的经验介绍。该活动由教科院基教研中心主办，昌平区教委承办，巩华中心小学协办，来自全市各区县的干部教师150人参加观摩研讨活动。

（王凤玲）

职业与成人教育

【概　况】 2008年，昌平区职业高中1所，开设14个专业，42个专门化方向。开设教学班97个，毕业1281人，招生1894人，在校生5029人。教职工240人，其中，专任教师207人。专任教师中，高级专业技术职务28人，市级学科带头人1人，市级骨干教师2人。学校占地面积13.32万平方米，建筑面积7.15万平方米。图书馆藏书8.73万册，电子图书8万册，订阅杂志204种，报纸44种。固定资产总值7844.57万元。全年教育经费投入7978万元，其中，国家拨款6847万元，自筹经费1131万元。全区成人教育学校3所，开设专业26个，短期培训项目12个。在校生9304人，其中，中专388人、大专3042人、本科1231人。各种短期培训4643人。新农村建设示范村和试点村的“农民教育大讲堂”培训学员7000人。成人教育学校总占地面积1.6万平方米，总建筑面积1.02万平方米。图书室藏书10548册。全年教育经费投入2061.98万元，其中，国家拨款1183.16万元，自筹经费878.12万元。

（张永宽）

【创办《昌平区社区教育》】 1月，昌平区社区学院创办《昌平区社区教育》刊物。刊物为双月刊，主要设政策法规宣传、社教实践活动、社教信息、社区论坛、知识园地等内容。

（巩建文）

【举办农民教育大讲堂】 3至12月，昌平区教委开展农民教育大讲堂活动。该活动由昌平职业学校、昌平职工学校、昌平成教中心等5校负责具体培训工作，培训范围包括全区17个镇、66个新农村试点村。各培训学校针对各自所负责的镇、村，制定严谨的培训实施计划，培训前深入各个镇、村调研，了解农民的切实需求，做到有的放矢。同时结合学校现有资源，请有经验的教师、专家讲课，制作精良的课件、文具、纪念品等以激发农民参与的积极性。截至年底，累计培训人数7200人。

（王颖）

【举办教学基本功赛】 5月21至22日，昌平区教委成教中心举办教学基本功大赛。活动分两项进行，一项是优秀课件评比，另一项是说课比赛。该中心24名中青年教师参加比赛，经评委现场打分、评定，分别评出一、二、三等奖。

（庞子凌）

【举办英语水平考试】 5月24至25日，昌平区教委举办2008年上半年北京英语水平考试（BETS）。该考试是考试院新推出的面向广大市民的考试项目。考试级别与欧洲语言教学大纲相对应，共分为三个级别，以听、说、读、写为核心，全面考查考生综合运用语言的能力。136名考生参加考试。

（张瑛琳）

【2030人自考毕业】 6至12月，昌平区2030名参加高等教育自学考试的考生毕业。其中，上半年毕业1026人，下半年毕业1004人；专科毕业656人，本科毕业1374人。毕业生主要集中在法律、工商企业管理、国际贸易等专业。

（张宏）

【举办全民终身学习活动周】 10月

26至31日，昌平区教委举办2008年全民终身学习宣传周活动。活动期间，举办昌平区2008年全民终身学习活动周宣传咨询活动；举办成教工作者论坛，构建学习型城区、远程教育在农村的应用等方面的研讨会、座谈会；派遣讲师团深入农村进行科普、农村实用技术讲座，发放《中国农民科技培训》杂志、报刊等8000份，发放农民实用技术培训光盘1000张、教学磁带1000盘。

（王颖　杨晓伟）

教育督导

【概　况】 2008年，昌平区政府教育督导室加强督政与督学相结合，完善各项教育督导检查工作，全面推进区政府各相关委办局、镇政府、街道办事处以及中小学全面实施素质教育督导评价工作，促进和保障中小学提高教育质量，推进昌平区率先基本实现教育现代化进程。全年督导工作在平稳中逐步推进，继续做好初中建设工程学校督导检查验收工作，加强对小学规范化建设工程的调研和督导检查验收，开展对中小学、幼儿园和各镇、街道办事处的调研工作。与此同时，进一步加强、完善教育督导制度建设和督导队伍建设，组织专兼职督学外出学习、考察、交流。年内，成立昌平区政府教育督导室办公室、督政科和督学科，督导室设主任1人，副主任2人，共有专职督学7人，兼职督学15人。

（司炳卓）

【召开初中建设工程督导检查验收会】 2月28日，昌平区教育督导室、区教委联合召开第二批10所初中建设工程学校督导检查验收会。会上通报昌平区2006年实施初中建设工程以来的各项工作和市教育督导室2007年对昌平区初中建设工程专项督导检查意见。会议强调，督导检查验收结果要引起各学校的高度重视，明确目的，扎实工作，不断完善，巩固成绩，继续进步。区教委领导、专职督学、第二批初中建设工程学校代表50人参加会议。

（司炳卓）

【启动小学规范化建设工程】 3月11日，昌平区教育督导室、区教委联合召开昌平区小学规范化建设工程启动会议。会议明确小学规范化建设工程的意义、指导思想、工作原则和总体目标。会议提出，明确目标，采取措施，大力推进小学规范化建设工程；健全制度，加强保障，确保小学规范化建设工程顺利实施。区教育督导室解读《昌平区小学规范化建设工程学校督导验收工作方案》，明确督导部门在小学规范化督导检查验收过程中的作用及承担的责任。区教委领导、专职督学、小学规范化建设工程学校代表90人参加会议。

（司炳卓）

【总结初中建设工程】　4月10日，昌平区教育督导室和区教委召开初中建设工程阶段总结会。会议听取马池口镇政府结合初中建设工程推动本镇教育事业发展工作汇报，以及亭自庄学校典型经验。会议通报初中建设工程督导检查验收工作情况。会议提出，制约学校发展的关键不在于硬件办学物质条件，而在于学校自身的内涵发展；学校要发展必须找到突破点、发展点和增长点。区教委领导、各中学校长和督导检查验收人员100人参加会议。

（司炳卓）

【完成初中建设工程督导检查验收】12月9至18日，昌平区教育督导室、区教委组成2个专项督导检查小组完成12所初中建设工程学校2007～2008年度实施情况督导检查验收。督导检查组听取校长关于学校实施初中建设工程情况的汇报，查阅相关资料，与干部教师座谈，实地查看学校教育教学设施的配备和管理使用情况，深入课堂听课100节，并结合《昌平区初中建设工程督导评估基本要求》汇总督导检查意见，并及时向各学校口头反馈。按照督导检查程序，区督导检查小组在30天内向被督导检查的学校下达书面督导检查意见，学校对存在的问题要限期整改，区督导检查小组对学校整改情况进行复查。

（司炳卓）

中共昌平区委教育工委

书　　记　李永生

昌平区教育委员会

主　　任　李永生

昌平区政府教育督导室

主　　任　李永生

大　　兴　　区

总　　类

【举办红领巾鼓乐管乐行进赛】　3月25日，大兴区教委举办红领巾鼓乐、管乐行进大赛。15所中小学鼓乐、管乐队参加比赛。其中，两校获得管乐行进比赛一等奖，4所学校获得鼓乐行进比赛一等奖。红领巾管乐、鼓乐是少先队礼仪教育的重要形式和少先队基础建设的重要内容。近年来，大兴区红领巾管乐、鼓乐随着少先队组织的发展已成为少先队开展活动、实施集体主义教育、美育教育和组织训练的有效载体。

（李永奎）

【完成民办学校年检】　3月，大兴区教委建立民办学校办学情况年度报告制度，完成民办学校年检。在各民办学校自查基础上，经区教委检查，98所学校年检合格。同时，重点抽查45所民办学校。对抽查中发现的招生简章未备案、超范围办学等问题及安全隐患，能立即整改的，要求学校立即采取措施进行整改，不能当即整改的，规定期限进行整改。

（李金艳）

【多种举措促进健康促进校建设】　4至5月，大兴区教委采取多种措施促进健康促进学校建设。一是举办健康促进学校工作知识培训会，宣传普及健康促进学校政策。二是为开展健康促进学校工作的45所学校发放健康知识宣传手册3万册，宣传健康知识。三是组织大兴区健康促进学校工作指导组成员到学校指导健康促进学校工作。指导工作从4月16日开始，于5月7日结束，共指导45所学校工作。

（李永奎）

【成立首师大大兴附属中学】　5月8日，首都师范大学大兴附属中学举行成立庆典仪式。仪式上，兴达中学更名为首都师范大学大兴附属中学，正式纳入首都师范大学附属学校的管理体系。

（李永奎）

【成立教育救助基金】　5月30日，

吴正宪小学数学教师工作站在大兴区庞各庄二小举办教育救助基金暨“聚焦农村教育，促进教师成长”活动。活动中，宣布建立庞各庄二小吴正宪小学数学教师工作站教育救助基金，并为首批受救助师生发放救助金。活动中，魏善庄第一中心小学和庞各庄二小分别推出两节现场课，并进行课后交流研讨和专家点评。教科院基教研中心、大兴区教委、吴正宪小学数学教师工作站以及大兴区教师代表100人参加活动。3月7日，吴正宪率领吴正宪小学数学教师工作站教师慰问庞各庄二小贫困学生孙保春和困难教师刘俊生，并对困难师生进行捐助活动。为让更多的学生、教师得到救助，经吴正宪同意，庞各庄二小决定建立吴正宪小学数学教师工作站救助基金。

（李永奎）

【吴正宪小学数学教师工作站大兴分站成立】 6月18日，吴正宪小学数

学教师工作站启动仪式暨首届北京市小学数学教师研修实践活动交流会在东城区史家小学举行。会上，宣布成立吴正宪小学数学教师工作站大兴分站。大兴分站设在区教师进修学校，首批成员29人，将通过网上研修、团队研修等方式，开展学习、实践。反思、城乡联动研修等活动。

（李金艳）

【成立全国农村小学校长研修基地】 6月29日，中国教育学会小学教育专业委员会和大兴区教委联合召开“中国教育学会小学教育专业委员会全国农村小学校长研修基地”成立大会。会上宣布“中国教育学会小学教育专业委员会全国农村小学校长研修基地”成立，为研修基地揭牌，同时为研修基地的顾问、指导委员会成员、专家委员会成员颁发聘书。研修基地设在区教师进修学校，主要任务是创设农村学校研修平台，打造农村小学教育品牌，促进农村教育快速发展。

（李永奎）

【北京小学翡翠城分校成立】 7月，

北京小学翡翠城分校成立，9月1日正式开学。北京小学翡翠城分校隶属于大兴区教委，是大兴区唯一一所直属寄宿制小学。学校占地面积2万平方米，建筑面积1.6万平方米，总投资7000万元。学校预计发展规模为30个教学班，其中12个住宿班，18个走读班。学校由北京小学校长、特级教师吴国通担任校长。年内开设2个教学班，61名学生。

（李金艳）

【检查流动人口自办学校校车】 9月11至12日，大兴区教委与区公安分局交巡支队出动警力及行政执法人员16人次，联合检查全区流动人口自办学校校车运营情况。共检查6所流动人口自办学校10辆校车。其中，爱心希望学校、行知学校、明圆学校等大部分学校能够按照区教委、区公安分局要求，严格做到封存黄标车，校车上路不超员。部分学校安全意识薄弱，存在私用黑车、黄标车上路、超员上路等违规行为。区公安分局交巡支队依法对违规车辆进行扣押处理。

（李永奎）

【提高农村教师待遇】 9月，大兴区委、区政府制定《北京市大兴区人民政府关于提高农村教师待遇的意见》，明确从2008年起每年增加投入3000余万元，全面提高农村教师待遇。一是建立农村学校工作津贴制度，农村教师每人每月补贴200元至750元，鼓励在边远和办学条件相对薄弱地区工作在职正式教职工。二是完善骨干教师和学科带头人奖励制度，农村学校市、区级学科带头人，骨干教师标准均高出区直属学校100元。三是提高农村教师的体改费标准，每人每月70元，并在此基础上每年递增10%。四是年度考核优秀指标及职称评定指标向农村学校倾斜。

（李金艳）

【召开法制校长工作会】 12月4日，大兴区教委召开2008年度法制校长工作会暨法制公开课活动。会议表彰5名北京市“百名优秀法制副校长”，总结全区法制校长工作。会议指出，法制校长在工作中要处理好三个关系。一是做好统筹，妥善处理做好本职工作与法制校长工作的关系，针对学生群体特点开展法制教育；二是法制校长要扮演好学校法律顾问的角色，促进学校依法治校工作开展；三是法制校长工作要齐抓共管，加大培训力度，建立科学机制，保障法制校长工作的有效开展。区政府、团区委和教育系统各学校代表，孙村中学学生共计300人参加活动。

（李金艳）

【举办校医持证上岗培训班】 12月11日，大兴区校医、保健教师持证上岗培训班结束。培训为期5天，邀请专家授课，培训内容涉及学校常见病和传染病的管理、学生成年期疾病的早期预防、学校教学环境卫生与教学过程卫生等。培训结束后进行书面考核。全区中学、职业学校和部分小学校医、保健教师67人参加培训。考核合格后，全区中小学、职业学校的校医和保健教师全面实现持证上岗。2007年，大兴区首次举办小学校医、保健教师持证上岗培训。

（李永奎）

【启用新少年宫】 12月18日，大兴

区少年宫及妇女儿童活动中心综合楼启用。大兴区少年宫及妇女儿童活动中心位于大兴区义和庄北路东侧，建设用地面积3.3万平方米，总建筑面积2.1万平方米。其中少年宫建筑面积1.2万平方米，共用部分4349平方米。使用面积7600平方米，共用部分3276平方米（剧场、食堂、图书阅览室、多功能厅、会议室）。场地包括六个区域：文艺活动区、体育活动区、科技活动区、美术活动区、幼儿活动区、办公区，每年可接纳学员12000人左右。2006年9月28日项目开工建设，总投资11355万元。大兴少年宫是全区中小学校外教育的活动中心、培训中心、研究中心，承担着校外教育培训组织指导协调研究任务，少年宫下设蓓蕾幼儿艺术园、办公室、教研室、教务处、活动处总务处、美术部、器乐部、歌舞部、学

科部、体育部。

（李永奎）

学前教育

【概　况】　2008年，大兴区幼儿园56所，其中教育部门办39所，民办园14所，其他部门办3所。收托幼儿12639人，入园4994人，离园2376人。教职工589人，其中专任教师334人。小学附设学前班77个，收托幼儿2498人。学前教育普及率98.99％。年内，经区编办批复同意，全区独立设置18所镇中心幼儿园，镇中心幼儿园管理体制得以理顺。全区公办幼儿园中选聘并任命32名镇中心幼儿园园长、业务园长，幼儿园管理队伍逐步走向正规化、专业化。

（李金艳）

【召开学前教育工作会】　1月14日，大兴区教委召开学前教育工作会。会议总结2007年学前教育工作，宣布晋升级类园所名单，表彰民办园年度考核优秀单位以及自制玩教具评比先进。会议分为镇教委办、中心园、民办园、小学附设园和直属园5个组交流总结全年工作。会议提出，园长和幼教干部需要进一步强化三种意识，即大局意识、责任意识和创新意识；需要狠抓三项工作，即安全、质量和发展三项重点工作。各镇幼教干部，各类型幼儿园书记、园长80人参加会议。

（李金艳）

【举办教育活动录像评比】　3月11日，大兴区教委举办幼儿园教育活动录像评比。活动分镇中心园和直属园两组，26所幼儿园40名教师参加。其中，镇中心园教育活动评出一等奖8名，二等奖8名，三等奖8名。直属园半日活动评出一等奖5名，二等奖6名，三等奖5名。

（李金艳）

【举办幼儿武术操培训】　4月22日，大兴区教委在大兴一幼完成全区幼儿武术操培训。培训由市教委发起，市武术协会少儿武术研究会承办。协会的两名优秀教练通过现场示范，讲解少儿武术举办要点和套路动作。全区

幼儿园教师100人参加培训。

（李金艳）

【举办农村园教研活动】　5月8日，

大兴区教师进修学校在西红门中心园举办农村中心园、小学附设园教研活动。活动观摩西红门中心园户外体育活动、环境创设及主题活动，并专题研讨班级主题活动设计。进修学校教研员从主题选择、活动设计程序等方面，阐释主题活动组织方法。明确选择主题应从课程目标出发、从幼儿的兴趣和需要出发、从现有的内容或材料出发。设计单元主题要考虑目标的全面性，活动要涉及多个领域，使幼儿对事物有一个较整体、全面、生活化的认识。全区14所农村中心园、小学附设园教师参加活动。

（李金艳）

【大兴五幼举行示范基地揭牌仪式】

5月8日，大兴五幼举行示范基地揭牌仪式，为“北京市武术特色幼儿园”、“北京市学前儿童特殊教育示范基地”、“ISO9001：2000质量管理体系国际国内认证”揭牌。2007年3月，大兴五幼与北京日月天武术培训中心合作开设武术兴趣班，将幼儿武术操纳入大、中、小班教学活动。幼儿园投入10万元的教学和康复设备，可以接收残障儿童，帮助残障小朋友进行早期筛查、运动疗法、语言训练等方面专业培训。2006年12月，幼儿园被市教委确定为“残障幼儿随班就读试点园”。2007年9月21日，幼儿园被市教委命名为“北京市学前儿童特殊教育示范基地”。质量管理体系标准认证始自2007年。幼儿园确定“规范服务、管理一流”的总体发展目标，制定“服务源于质量，质量源于规范”质量方针。2008年4月，幼儿园正式收到华夏认证公司颁发的“ISO9001：2000质量管理体系国际、国内认证”证书。

（李金艳）

【业务园长研修班开班】　5月13日，大兴区幼儿园业务园长研修班开班典礼暨首次培训活动举行。研修班为期一年半。培训内容从幼儿园业务园长履职要求出发，结合业务园长队伍实际水平，重点进行幼儿园业务园长管理实务培训和专业理论素养提升培训。首次培训举办《新时期对业务园长的素质与能力的要求》专题讲座。区内直属幼儿园及纳入级类管理中心园园长、业务园长20人参加研修。

（李金艳）

【举办玩具图书馆现场研讨会】　10

月21日，北京市走进玩具图书馆现场观摩研讨会在大兴二幼实验园召开。活动观摩该园儿童潜能发展（C.P.M）儿童玩具图书馆儿童潜能发展活动。大兴二幼实验园是大兴区第一所引进儿童潜能发展（C.P.M）儿童玩具图书馆的幼儿园。儿童玩具图书馆是源自台湾的一种学习玩具，为儿童提供50余种游戏学习系列，其内容涉及数学、语文、健康与体能、社会、自然与科技、人文素质与艺术六大玩乐操作学习领域。来自全市各区县和广西壮族自治区的部分幼儿园业务园长、保教主任和骨干教师

40人参加观摩。

（李永奎）

【召开阳光体育活动现场会】 10月

30日，大兴区教委在大兴三幼召开幼儿园阳光体育活动现场会。会议听取该园《阳光下的历程》典型经验汇报，观摩三幼的阳光体育活动展示，包括教师工间操、青年韵律操和如意健身舞，以及幼儿户外体育活动，包括幼儿体操、特色区域体能训练、幼儿民间体育游戏等。全区各类型幼儿园园长、业务园长、部分骨干教师、教研员百余人参加活动。

（李永奎）

【举办幼儿教师基本功比赛】 12月5日，大兴区教委举办幼儿教师教育教学基本功比赛决赛。经过园级学习和初赛，来自26所幼儿园的48名幼儿教师参加区级决赛。区级决赛分为笔试、口试和才艺展示三部分内容。笔试部分测试与幼儿园工作相关的教育指导文件、儿童心理与教育基本理论等。口试部分重点考察教育设计能力和教育规律把握能力。才艺展示分为自选和必选两部分。自选分为唱歌、跳舞、弹琴、绘画、制作、讲故事6项，参赛教师任选其一，重点考察幼儿教师应具备的技能技巧水平。必选部分为现代教育技术应用，重点考察教师利用计算机等现代教育技术辅助幼儿园教育教学活动的能力。

（李永奎）

基础教育

【概　况】 2008年，大兴区小学100所，教学班1284个，在校生41234人，招生6645人，毕业7011人；教职工3743人，其中专任教师3081人；小学入学率100%，巩固率100%，毕业及格率100%。中学38所（初中22所、完中10所、高中2所、九年一贯制学校4所），教学班834个（初中559个、高中275个），毕业生10116人（初中6534人、高中3582人），招生9996人（初中6750人、高中3246人），在校生30501人（初中19594人、高中10907人），初中入学率100%，巩固率99.9%，毕业及格率100%。高中入学率50%，毕业及格率93%，应届毕业生高考录取率80%。教职工4543人，其中专任教师3386人（初中2265人、高中1121人）。中小学教师学历合格率99.9%，特级教师12人（小学1人、中学11人），高级专业技术职务571人（小学5人、初中257人、高中309人）。特殊教育学校1所，教学班6个，毕业生9人，招生8人，在校生73人，教职工30人，其中专任教师21人。残疾儿童入学率100%，巩固率100%。校外教育单位1个，教职工72人，其中专任教师54人。教师进修学校1所，教职工205人，其中专任教师194人。全区中小学图书馆藏书185.20万册，校舍占地面积291.04万平方米，建筑面积102.22万平方米，固定资产总值134390.6万元。全年教育经费投入92399.9万元，其中，国家拨款84904.4万元，自筹经费7495.5万元。

（李金艳）

【召开小学教育工作会】 1月3日，大兴区教委召开2007年小学教育工作会议。会议听取区教委《求真务实规范管理优质高效推进大兴区小学教育事业持续发展》小学教育工作总结，表彰2007年度教育教学奖、校园文化建设先进单位、优秀教研组和优秀德育干部、优秀教导主任、民族教育课例、优秀完小德育干部、先进教导主任。会议全面肯定一年来小学教育工作所取得的成绩，要求各校在2008年重点做好两项工作：一是抓住小学规范化建设工程实施这一重要的发展契机，全面推动小学的规范化进程，整体提升学校办学质量；二是要突出校园文化建设，在规范办学的基础上，不断凝练学校文化，不断提升办学品味，实现文化育人。

（李金艳）

【交流“绿色耕耘”培训成果】 1月10日，大兴区第四期“绿色耕耘”培训交流展示大会在孙村中学召开。会议总结第四期“绿色耕耘”培训经验，表彰在各项评比中获奖教师和10名优秀学员。会议组织观摩中学政治、数学、生物、地理和小学数学5个学科展示课，并邀请教育学院教授王玉昆举办“新课程教学设计”专题讲座。市、区级学科指导教师及第四期“绿色耕耘”培训班66名学员参加会议。

（李金艳）

【举办“探索教学新模式”综合实践现场观摩】 1月10日，大兴区教委在庞各庄第二中心小学举办“实施新课程探索教学新模式”综合实践现场观摩活动。活动中，庞各庄二小教师赵宏艳示范《手拉手DIY》一课。该课程使用多媒体技术，让学生自己动手操作，查询该校手拉手学校——狼各庄民族小学位置、路线，与狼各庄民族小学学生进行视频对话，了解自己想知道的问题。课后，专家完成点评。大兴区综合实践中心教研组全体教师参加活动。

（李金艳）

【召开中学教育工作会】 1月11日，大兴区教委召开2007年中学教育工作会。会议以专题片形式回顾一年来全区中学教育工作，明确本区2008年中学教育工作指导思想和主要目标，阐述2008年中学教育工作任务。大兴五中、魏善庄中学、德茂中学和榆垡中学分别交流同伴互育、师德建设和提高教学质量经验，青云店中学、兴海学校和大兴一中三名教师代表发表师德演讲。会议表彰中学教育教学工作先进。大兴区教委领导和各中小学代表230人参加会议。

（李永奎）

【完成小学教学工作视导】 3月17至21日，大兴区教委完成30所完小教学工作调研视导。调研共听课317节，涉及小学所有学科，通过查阅教师教案、学生作业，发放教师调查问卷和学生能力抽查，评定出B级以上课258节。调研认为大部分学校领导重视教学工作，管理比较规范，教师队伍精神面貌积极向上，并且开设具有学校特色的校本课程，有固定的教研活动时间，教师课风纯朴，能够体现新课程理念。同时也发现完小之间在硬件设施、校园环境、师资配备、教育教学管理等方面差距明显，部分完小自主发展的愿望和空间欠缺，完小教师缺少学习的机会，专业教师缺乏，个别学科教师专业水平不够，影响教学质量。

（李永奎）

【大兴九小举办“教学能手大赛”】 3月19日至4月9日，大兴九小举办“教学能手大赛”。全校49名教师参赛。大赛主题为：我能行——我善教，我能行——我会学。活动中显现“四多一少一结合”的特点。“四多”，即历时天数多，讲课人数多，听评课教师多，包含的学科多。大赛持续三周，学校一线教师53人全部参赛，每节课有近10名教师听课评课。“一少”即不用多媒体技术的课极少。赛中只1节社会课和4节体育课没有用到现代多媒体技术。“一结合”即比赛与教学开放日进行有机整合。

（李永奎）

【举办美术学科校本课程研讨会】 4月22日，大兴区美术学科校本课程研讨会暨“璞育坊”书画社启动仪式在采育一小举行。会议观摩采育一小教师刘莉娜《工笔画欣赏》和王丙超《泥塑制作》两节课，参观该校“璞育坊”书画社。会议同时为该校“璞育坊”书画社揭牌。教科院基教研中心和大兴区美术教师80人参加会议。

（李永奎）

【举办首届小学生硬笔书法比赛】 4月

26日，大兴区教师进修学校举办全区首届小学生硬笔书法比赛。比赛分为初赛和现场决赛两个阶段进行。初赛阶段，经过学校初评、全区统一复评，共选出600名优秀学生进行现场决赛。决赛分为低、中、高三场比赛，聘请大兴区书法学会会员、书法骨干教师和教研室教研员共7人组成评委团，本着公平、公正的原则进行审评。共评出一等奖263名，二等奖333名，优秀指导教师300名。

（李金艳）

【举办“争当理财小行家”活动】 4

月27日，大兴区中小学生“争当理财小行家”活动在滨河小学举行。11所中小学230名学生参加活动，成功交易710人次，“爱心超市”收到学生捐送货品38件，总价值147.4元，“纳税”金额43元，捐款72元，交换理财沟通卡200张。“争当理财小行家”活动始于2005年5月，几年来，全区30余所学校千余名学生积极参与理财实践活动。活动中交换的商品主要是学生们看过的图书、玩具、用不着的文具和自己制作的小手工艺品等。活动采取以钱买物、以物换物为交换形式，每成交一笔“纳税”一角。活动以模拟市场为途径，引导学生走出校园、了解社会、学会自理、学会生活。

（李永奎）

【召开教师专业化发展大会】 5月10日，大兴区教委召开中学教师专业发展大会。会议总结过去的一年本区中学教师专业发展成就，明确2008年教师专业发展的主题是“强化教学基本功，关注教师专业发展”。提出2008年促进中学教师专业发展工作重点是：开展针对全体教师参加的教师基本功展示活动、加强名师工作室的工作力度、发挥好各级学科带头人和骨干教师的作用、以课改为契机推进教师专业发展。会上宣布新一届市级学科带头人、骨干教师名单和北京市初中教师基本功展示获奖名单。全区中学教师300人参加会议。

（李金艳）

【举办小学校长讲堂活动】 5月13日，大兴区教委在瀛海镇第二中心小学举办小学“校长讲堂”活动。与会人员参观瀛海镇第二中心小学校园环境文化建设，听取该校《创建绿色学校探索绿色教育》报告，从绿色教育的提出、界定、实践三个方面阐述瀛海镇第二中心小学创建绿色学校、探索绿色教育经验。会议提出，在确定学校办学特色问题上要先研究背景，明确价值，然后从大处着眼，小处入手，贵在坚持。教育学院、大兴区教委以及全区小学校长50人参加活动。

（李金艳）

【举办小学英语学科网络教研】 5月，大兴区教师进修学校与大兴教育信息中心联合在黄村镇第一中心小学观音寺完全小学举办小学英语网络教研活动。活动依托教师研修网，利用视频直播技术，直播教学过程。听课教师在各自学校通过研修网进行教学观摩，同时利用研修网随时反馈交流。视频直播活动结束后进行课后交流，由授课教师介绍教学设计思路，总结网上交流情况，并对重点问题答疑。大兴区全体小学英语学科教师参加活动。

（李永奎）

【举办教师基本功竞赛】 5至12月，大兴区教委分别举办中小学教师和班主任基本功竞赛。5月10日，举办小学教师教学基本功竞赛。比赛内容分笔试和学科技能实践考核。其中，学科专业技能考核依据学科特点设计，全区370名教师参加竞赛。10月9日和15日，分别举办小学班主任基本功比赛和中学班主任基本功比赛。比赛重点考察班主任策划、组织、实施班级教育活动的能力。全区267名小学班主任和193名中学班主任参加比赛。12月6日，举办中学教师学科教学能力考核。3205名教师参加初、高中组30个学科考试。

（李永奎）

【举办随班就读课堂教学研讨】 6月23日，大兴区随班就读课堂教学研讨暨培训活动在礼贤第一中心小学召开。会议组织参观学校资源教室，听取该校《立足均衡面向全体兼顾差异构建和谐》汇报，观摩《我想发明》语文研究课，课后交流研讨并完成专家点评。市特教中心以及大兴区各小学校教导主任、随班就读教研组教师50人参加活动。

（李金艳）

【举办中小学校本课程建设培训】 8月25至26日，大兴区教委举办中小学校本课程建设培训会。活动以“走进校本课程感受发展魅力”为主题，讲解校本课程的内涵、任务与价值追求等内容，具体指导如何撰写论文案例等。会议听取史家小学分校校长项红《课程建设与学校发展》专题讲座，学习薄弱校成长为优质校的经验。全区中小学校长以及校本课程建设骨干教师200人参加培训。

（李金艳）

【召开郝素梅校长管理策略研讨会】 9月13日，大兴区小学推进“同伴研修”培训暨郝素梅校长管理策略主题研讨会在黄村镇第一中心小学召开。活动以同伴研修的方式，交流郝素梅校长促进教师整体发展的经验。郝素梅，黄村镇第一中心小学校长。学校建设中，郝素梅实施教师“名、特、优”工程，以名师带动名校，以名校促教师整体发展，构建教师层级梯队成长平台。教师队伍拥有5名中学高级教师，9名市级学科带头人、骨干教师，46名区级学科带头人、骨干教师、骨干班主任和科研骨干。

（李永奎）

【召开务工子女学校管理者座谈会】 9月17日，“首都民办进城务工子女学校管理者培训座谈会”在大兴区教委召开。座谈会全面了解民办进城务工子女学校现状和管理者基本情况及培训需求。会议提出，民办学校管理者培训工作体制、机制、方式方法处于空白阶段，亟须加强对民办进城务工子女学校管理者培训的理论研究和实践研究。会后，与会专家分别考察海迪学校、振华学校、诚信学校。会议由市委教育工委、市教委主办。

（李金艳）

【总结中考工作】 9月26日，大兴区教委召开2008年中考工作总结会。2008年大兴区公办学生5476人参加中考，全区总平均411.89分，比2007年提高13.32分，首次突破400分大关，是中考实行5科文化课考试以来的最好成绩。及格率82.69%，比2007年提高6.23个百分点。高分学生明显增加，540分以上的学生达到41人，比2007年增加31人，500分以上学生比例9.81%，比2007年提高4.31个百分点。与其他远郊区县相比，大兴区5科文化考试成绩及总成绩均列10个远郊区县前列。

（李金艳）

【召开高考工作总结会】 10月13至14日，大兴区教委召开2008年高考工作总结会。2008年大兴区5178人参加高考，录取4560人。一本上线699人，比2007年增加8人。文科各学科平均分均超过全市平均水平。

（李金艳）

【举办教学协作区英语研讨】 10月17日，大兴区教师进修学校在大兴区第二小学举办益智启思教学协作区英语教学研讨活动。该活动针对小学英语故事教学和词句教学，重点研讨如何创设真实有效的教学情境，在教学过程中如何发挥学生主动性等问题。活动首先由大兴二小英语教师作两节公开课。课后，专家领导以及与会教师对两节课的得与失发表意见。会议倡导英语教师应立足课堂，充分发挥学生的自主学习能力；在课堂上加大学生信息量的输入；以新知带旧知，增强对学生语言技能知识答题方法的训练。

（李金艳）

【举办教育科研周】 10月21日，大

兴区教育科学研究所、大兴区教育科学管理规划办公室联合举办2008教育科研周活动。科研周主题为“让教育科研融入教师工作”，分别在6所学校举办16个课题或研究专题现场展示。科研周开幕式邀请北京师范大学教授刘儒德举办“学生研究与支架式教学”专题讲座。

（李金艳）

【举办中学德育工作交流周】 11月12至13日，大兴区教委举办中学德育工作交流周。其间，分别举办校园文化建设展示观摩活动和“日出之阳”德育工作研讨会。其中，校园文化建设展示观摩活动听取兴海学校《彰显校园文化内涵构建和谐校园氛围》经验介绍，观摩兴海学校校本课程展示课，参观民族团结教育展室，体验民族特色体育活动。“日出之阳”德育工作研讨会交流大兴一中班级管理理念和班级文化建设的具体做法。大兴区2006年开始举办德育工作交流周活动，每年举办一次。

（李金艳）

【启动中小学生社会大课堂】 12月5日，北京市德育工作交流周——走进大兴暨大兴区中小学生社会大课堂启动大会在北京市航天科普教育基地举行。市教委、教科院领导以及全区各中小学教师200人参加会议。会上分别为市、区两级中小学生社会大课堂课程教学活动基地揭牌，开通大兴区中小学生社会大课堂门户网站，交流大兴区社会大课堂工作经验。9月1日，北京市启动中小学生社会大课堂。大兴区教委积极推动社会大课堂建设。至年底开放16家市级优质社会资源，21家区级社会优质资源，以及6家教育系统内部优质资源，初步形成社会大课堂资源群。

（李永奎）

【举办攀登英语优秀校展示活动】 12月25日，大兴区教师进修学校在北臧村镇中心小学举办小学攀登英语优秀实验校开放暨期末展示观摩。展示活动通过动画、情景、跟读、模仿、表演、评价等活动方式，展示攀登英语实验成果。学校8个实验班师生参加展示，自编自演20个节目。全区小学攀登英语核心教师、学生家长50人参加活动。

（李永奎）

【继续改善学校办学条件】 至年底，大兴区教委推进中小学布局调整，改善学校办学条件。全年兴达中学操场、礼贤民族中学宿舍楼、长子营中小学、大兴三小教学楼等重点工程相继竣工并投入使用。大兴三中教学楼改扩建工程开工，社区学院综合楼工程进展顺利。大兴三幼水晶城分园、大兴八幼、民族幼儿园进入内部装修阶段。12月18日，大兴少年宫新宫建成投入使用。全区59所农村中小学改造安装防雷设施，9所学校新楼配备2679万元相关教学设施。

（李金艳）

职业与成人教育

【概　况】　2008年，大兴区职业高中3所，开设专业23个，教学班207个，在校生7429人。招生1760人，完成招生计划352%。毕业生2627人，学生就业率96%，参加高考录取率63%。教职工634人，其中专任教师432人。校舍占地面积38.54万平方米，建筑面积19.19万平方米，图书馆藏书21.83万册，固定资产总值20529万元。全年教育经费6646.5万元，其中国家拨款5256.6万元，自筹经费1389.9万元。全区共有各级各类成人学校531所。其中社区学院1所，开设专业20个，在校生3200人，招生1492人，毕业1175人，教职工118人，其中专任教师41人。镇成人学校14所，村成人学校516所，全年培训33.27万人次。社会力量办学128所，全年培训100520人次。全区成人学校图书馆藏书10万册，校舍占地面积5.1万平方米，建筑面积3.4万平方米，固定资产总值34000万元。全年教育经费投入26199.8万元，其中国家拨款1622.8万元，自筹经费24577万元。

（李金艳）

【召开职成教工作会】　1月21日，大兴区教委召开2007年职业教育和成人教育工作会。会议表彰16个职成教先进单位和52名先进个人，总结2007年职成教育工作，部署2008年职成教工作。会议指出职业学校要根据市场需求调整专业设置，职成教干部职工进一步加强责任感、使命感，加强“双师型”教师队伍建设，加强职业学校教育教学工作。

（李金艳）

【北臧村成人学校举办农民培训】　3月9日，农职院、大兴区社区学院、北臧村成人学校联合举办北臧村成人学校农民培训系列活动。培训班由农职院专家李玉强在北高各庄村和前管营村为当地275名农民指导西瓜和蔬菜种植技术，讲解西瓜种植中棚架的设置、湿度和温度的控制、水肥管理及病虫害防治等种植管理方面问题。至年底，共举办培训两次。

（李金艳）

【中职校计算机学科带头人献课】　5月14日，大兴区举办中等职业学校计算机学科带头人献课活动。活动观摩区级计算机学科带头人王宁主讲的《创建Flash引导层动作补间动画》计算机专业课。课后各职业学校计算机教师进行教学研讨，听取主讲教师关于教学环节设计、教学内容取舍等问题报告，并针对教学内容举办研讨。区内各职业学校计算机教研组长、各专业相关教师20人参加活动。

（李金艳）

【大力发展成人教育】　9月，大兴区正式批准区内14所镇成人学校编制138人，成人学校公用经费纳入区财政预算。争取资金1000万元，配备14辆农民教育流动课堂车，建设黄村镇、采育、魏善庄、北臧村4所镇成人学校专用实习实训基地。全区成人学校招收本专科学员2166人，开展农民实用技术培训40417人次，开展农民职业技能培训4100人。

（李永奎）

【举办大中专及职校毕业生招聘周】

10月13至17日，大兴职教集团与劳动和社会保障局共同举办大中专及职校毕业生专场招聘会。共吸纳75家企业参展，向求职者提供2257个岗位，5天累计参加人数3200人，其中职校生2000人，1491人达成就业意向。与以往招聘周活动相比，此次活动突出体现3个特点：岗位多样性，涉及机电、财会、焊工、技工、服务员、营销员等多种岗位，适合不同层次的人员选择就业空间；求职者更加热衷于技能性岗位，而对急需用工的服务行业兴趣较低；参展企业多、求职人员多。

（李永奎）

【举办第一届校园体育节】　10月18

日，2008年北京市职教系统第一届校园体育节在大兴一职举行。来自北京职教系统的35所职业学校2500名师生参加82个项目比赛。黄庄职高、现代职校、宣武第一职校分获城区学生组团体总分前三名。大兴第一职校、昌平职校、怀柔职高分获郊区学生组团体总分前三名。大兴第一职校、北京实美职校和怀柔职高分获教工组团体总分前三名。

（李永奎）

【承办农民教育流动课堂开通仪式】　10月23日，“北京市农民教育流动课堂”在大兴区第一职业学校举行开通仪式。这个特殊课堂由14辆崭新的金杯客车改建而成，一辆车就是一个流动课堂。仪式上，市区领导为“北京市农民教育流动课堂”开通剪彩。仪式结束后，农民教育流动课堂车载着蔬菜土专家冯和平到安定镇徐柏村讲授“反季节西葫芦”栽培管理技术，20名菜农参加培训。

（李永奎）

教育督导

【概　况】　2008年，大兴区教育督导室继续开展对镇政府教育职责履行情况检查，内容包括2007年教育投入、区财政转移支付落实、控制义务教育阶段学生流失等。印发《北京市大兴区人民政府教育督导室关于2007年各镇政府教育投入情况的通报》，促使镇政府重视教育，特别是在区财政体制改革、教育经费上划的情况下，继续安排资金，支持本镇教育事业的发展。完成重视教育工作先进镇评选工作。在各镇申报基础上，教育督导室依据考评结果并报区政府批准，确定瀛海镇等7个镇为重视教育工作先进镇。完成初中建设工程学校督导验收工作，2008年督导验收16所初中校建设工作。

（李金艳）

【完成学校教育科研室督导】 4月2至10日，大兴区教师进修学校教育科研室完成15所学校科研工作督导。通过课堂听课、档案资料查阅等，发现参评学校重视科研工作，但在科研室建设、科研工作具体推进策略方面存在着问题。根据各校情况，督导人员与学校领导、科研室负责人进行交流，并从不同方面提出改进意见。

（李金艳）

【召开教育执法自查工作会】 5月27日，大兴区召开教育执法自查工作会。会议部署2008年教育执法检查工作，要求各相关单位一要严格按照教育执法检查的重点内容，认真开展自查，努力做到边查边改。二要严格按要求完成自查报告，把问题和困难反映出来，进一步思考解决的办法。三要相互配合，及时沟通、协调一致，按时完成教育执法自查工作。区人大教科文卫委、区教委、督导室、财政局等主管领导20人参加会议。

（李金艳）

【评审验收科技教育示范校】 6月

10至20日，大兴区科协、大兴区教委联合组成科技教育评审验收小组，评审验收11所区科技教育示范校以及4所新申报示范校。通过听学校科教工作汇报、观看校园科教环境、与师生座谈等，评审组考察学校“学校科教优势”、“科教特色”、“科教工作不足”、“改进意见及建议”等4个方面工作。经过综合评审，最终13所学校通过验收。

（李金艳）

【接受学生体检质量检查】 10月16日，北京市学校卫生防病工作领导小组组织专家组督导检查大兴区学生健康体检质量控制工作。督导组采用抽查方式，检查大兴区学生健康体检的现场组织、体检人员资质及岗前培训情况、监测质量控制等工作。专家督导组对大兴区学生健康体检现场组织、体检流程、检测方法和质量等工作给予肯定。2008年是政府投资为中小学生免费体检的第一年，大兴区学生健康体检工作由大兴区中小学卫生保健所承担。为保证体检质量，保健所组织卫生专业技术人员学习体检技术规范，对卫生专业技术人员进行岗前培训，体检项目遵照《中小学生体检管理办法》要求规范操作。

（李金艳）

【接受初中建设工程专项督导】 10月29日，市督导室专项督导大兴区初中建设工程。市督导室一行10人，听取区教委大兴区初中建设工程工作汇报和督导验收工作汇报，充分肯定大兴区初中建设工程和督导验收工作，并对存在问题和困难提出指导性意见和建议。会后，市督导室检查3所初中校。

（李金艳）

中共大兴区委教育工委

书　　记　李克仁

大兴区教育委员会

主　　任　李　达

大兴区政府教育督导室

主　　任　陈占山

怀　　柔　　区

总　　类

【编辑出版《独轮奇葩》】 3月，怀柔区编辑出版《独轮奇葩》一书。该书由怀柔区庙城学校教师孙凤海编著，北京艺术与科学电子出版社出版发行。全书10万字，图文并茂，记录怀柔独轮车队兴起、发展、腾飞的成长历程及教练员、运动员刻苦训练、顽强拼搏的光荣事迹。

（杜书霞）

【举办中小学生乒乓球精英赛】 5月，怀柔区学生活动管理中心举办怀柔区第三届“爱芬杯”乒乓球精英赛。比赛设男、女单打两个项目，分初中男、女组和小学男、女组4个组别。比赛采用淘汰制，每场比赛为五局三胜，每局11分。各组分别取前八名，其中初中男、女组的前三名与小学男、女组的前三名分别决出男、女组精英奖冠、亚、季军。怀柔区直属各中、小学以及特邀的密云县西田各庄镇卸甲山小学共150名学生参赛，42名选手获奖。比赛由玛氏公司的爱芬食品（北京）有限公司赞助。

（杜书霞）

【召开教育信息化建设与应用工作会】

6月12日，怀柔区教科研中心召开教育信息化建设与应用工作会。会议总结北部山区中学“利用网络资源，提高课堂效益”评优活动及网管教师培训工作，宝山中学、汤河口中学交流教育信息化建设与应用工作经验，电教馆具体部署教育信息化建设与应用工作。会议要求，各校要建立教育信息化工作领导小组，有专门机构负责此项工作，并深入开展研究；全区要统筹规划，使有限资金发挥最佳效益。全区各中、小学主管领导、电教教师100人参加会议。

（杜书霞）

【排查校舍抗震情况】 7月11日至9月30日，怀柔区教委排查全区中小学、幼儿园校舍及附属设施抗震情况。排查范围包括教学用房、学生宿舍、食堂、浴室、厕所等建筑设施，排查总建筑面积55.67万平方米。排查后，为每所中小学及幼儿园建立排查档案，将其校舍逐项抗震检测鉴定及改造方案存档。

（杜书霞）

【潘维松受到温总理接见】 9月9日，怀柔区教师潘维松受到温家宝总理接见。潘维松是怀柔区喇叭沟门满族中学教师，他与来自四川地震灾区及北京城区7名中小学基层教师，应温家宝总理邀请参观中南海，座谈关于制定《国家中长期教育改革和发展规划纲要》的认识和建议，并与温总理共进午餐。座谈中，潘维松向温总理介绍喇叭沟门地区教育发展巨大变化，就制定《国家中长期教育改革和发展规划纲要》提出四点建议：第一，提高山区教师的福利待遇；第二，加大山区与城郊区教师的研修学习力度；第三，改革考试制度；第四，建立教师保障机制。潘维松在教师岗位取得突出成绩，自2001年至2007年，他先后获得怀柔区“明珠杯优秀班主任”、北京市“烛光杯优秀教师”、“北京市优秀教师”、“全国模范教师”、“全国中小学优秀班主任”、“怀柔区骨干教师”称号。

（杜书霞）

【召开教师节庆祝会】 9月9日，怀柔区委、区政府召开怀柔区庆祝教师节暨教育工作会。会议表彰6个教育先进镇乡、6个创建学习型组织先进集体、13个教育工作先进集体和836名教育先进个人、市区学科带头人、骨干教师。区政府作题为《解放思想务实创新全力推进教育工作迈上新水平》的工作报告，总结近三年怀柔教育事业取得的突出成绩。主要成绩包括：优化学校布局，改善办学条件；造就高素质的干部教师队伍；推进素质教育，全面提高教育质量；发展职业教育，为区域经济发展服务；加快创建学习型怀柔步伐，构建终身教育体系。全区有关单位代表600人参加会议。

（杜书霞）

【总结名师培养工程】 9月28日，怀柔区教委召开“名师培养工程”阶段总结座谈会。会上，20名培养对象汇报自己一年中的学习进程和取得的成果。他们在市级以上刊物发表文章及获奖论文共11篇，参与市级课题研究6个，作市级研究课、示范课8节。会议对“名师培养工程”培养对象提出要求：敬业爱岗，把平凡的教育岗位当成教育事业来做；以“研究”的态度，逐步探索发现教育规律；充分利用时间，讲求学习效率。区教委、教科研中心及培养对象20人参加会议。2007年9月27日怀柔区启动“名师培养工程”。

（杜书霞）

【独轮车队全国比赛获奖】 9月30

日至10月2日，怀柔区中小学生独轮车队在内蒙古包头市举行的全国第12届独轮车锦标赛上获奖。该区学生22人参加100米、400米、800米、50米单脚骑、场地障碍赛比赛，获得金牌8枚、银牌2枚、铜牌6枚及团体总分第三名。该赛事由国家体育总局自行车击剑运动管理中心主办，来自全国19支代表队300名选手参赛。

（杜书霞）

【举办阳光体育奇奇运动会】 9至11月，怀柔区少工委举办“阳光体育奇奇运动会”活动。活动由肯德基公司与北京市少工委于2007年联合发起，旨在推广“天天运动，健康一生”的健康生活理念。运动会设“阳光体操”、“灵动双飞燕”、“神奇坦克兵”及“欢乐不倒翁”4个趣味项目。其中，“阳光体操”通过活力四射的体操，展示少年儿童激情、快乐、向上的精神风貌；“灵动双飞燕”通过2名队员同时跳绳，考验队员的默契程度；“神奇坦克兵”是队员配合向前传递KT板；“欢乐不倒翁”则由20名队员坐成一个圆圈，将凳子抽去，前面队员上身躺在身后同学的大腿上逐个传递装满乒乓球的“全家桶”，培养队员团队合作精神。11月，该区少工委对全区各小学少先大队“阳光体育奇奇运动会”开展情况进行检查评比，怀柔区第二小学、渤海镇中心小学、北房镇中心小学和庙城学校获第一名。

（杜书霞）

【与首师大合作培养教师】 10月18日，怀柔区教委启动“首师大与怀柔区教师培训合作项目”。该项目由该区教科研中心负责组织管理，首都师范大学派遣师资，负责培训中学除体育之外的13个学科，以及小学心理健康教育、信息技术、语文、数学、外语5个学科的教师。培训以面授形式进行，授课内容结合新课程改革，并根据教师教育教学实际需要而定。每期学习10天，共80课时，均在周六进行。首期参训学员154人，涉及初中物理（初二）、生物、信息技术、心理健康教育4个学科。12月20日，首期培训结束。

（杜书霞）

【召开优秀教师事迹报告会】 12月

26日，怀柔区教委召开优秀教师事迹报告会。会上，该区8名中小学优秀教师分别介绍他们热爱教育事业、热爱学生、潜心钻研业务、开拓创新、怀着满腔热忱投身教育事业的优秀事迹及取得的辉煌业绩。该区中小学书记、校长、青年骨干教师代表200人参加会议。

（杜书霞）

【16所中小学实行“捆绑式”管理】 至年底，怀柔区16所中小学实行

“捆绑式”管理。所谓“捆绑式”管理是将两个以上具有独立法人资格的城区校和山区校组合在一起，成立联校管理委员会，实行自主协商式统一管理。两所学校制定统一的干部教师培训规划，共同开展优质教育和现代学校管理研究，统一监控两校教育教学质量，统一安排教师教学观摩与研讨活动。通过城区学校教师到山区学校支教、挂职锻炼、导师带教等形式，帮助山区学校培养教学骨干。此举始于2007年9月1日，是区教委根据教育督导室综合督导评价意见，而推出的推进教育均衡化举措。

（杜书霞）

学前教育

【概 况】 2008年，怀柔区幼儿园49所，其中，教育部门办园12所，集体办园6所，民办园30所，其他部门办园1所。入园幼儿1603人，在园4914人，离园1636人。教职工542人，其中专任教师339人。学前三年教育普及率99.9%。

（杜书霞）

【召开学前教育工作会】 1月20日，怀柔区教委召开学前教育工作会。会议宣布学前教育工作计划，部署2008年学前教育工作。会议强调，幼儿园领导要深入家庭、深入社区，了解幼儿、家长、社会对学前教育的需求，办人民满意的学前教育；要确保幼儿园安全稳定，在常规中求发展、求创新。该区幼儿园园长、业务园长、学前教研员40余人参加会议。

（杜书霞）

【举办幼儿早期阅读理论培训班】 3月12日，怀柔区教委举办幼儿早期阅读理论培训班。该班围绕“幼儿园图书内容选择和阅读环境创设”等内容举办讲座，并进行现场互动研讨。该区12所幼儿园园长参加培训。

（杜书霞）

【培训幼儿园业务管理干部】 3月19日，怀柔区教委举办幼儿园业务管理干部培训班。该班邀请朝阳区松榆里幼儿园业务园长作《做一名合格的教育教学管理者》专题报告。内容涉及幼儿园保教工作地位、教育教学管理者的角色定位、工作职责以及管理方法和策略。该区16所公办园业务园长、保教主任及部分园所教研组长共31人参加培训。

（杜书霞）

【开展阳光体育活动】 4月10日，怀柔区教委实施2008年怀柔区幼儿园“阳光体育活动”工作方案。活动以“我运动，我健康，我快乐，我成长”、“爱运动，爱阳光，爱健康”、“坚持锻炼，亲近自然，拥抱阳光，全面发展”、“增强体质，快乐工作”为主题，要求各级各类幼儿园在园幼儿、教职工全员参与。11月27日，在杨宋镇中心幼儿园举行怀柔区幼儿园“阳光体育活动”现场会。会议以“爱运动、爱阳光、快乐工作、全面发展”为主题，观摩室内教学、户外体育活动，介绍该园开展“阳光体育活动”经验，并进行研讨交流。该区幼儿园园长、业务园长和部分教师50余人参加会议。

（杜书霞）

【召开政协委员提案回复座谈会】 6月18日，怀柔区教委召开回复政协委员关于《加速改善乡镇及农村幼儿园条件，全面提高学前教育质量》提案座谈会。会议通报《关于“政协怀柔区第三届委员会提案”办理结果》报告，并从缓解城区入园压力、基础设施投入、公办与民办幼儿园相结合等方面介绍怀柔区学前教育现状和发展思路。政协委员对教委办理结果表示满意。该区政府、政协、教委领导及相关单位政协委员26人参加会议。

（杜书霞）

【举办贯彻《幼儿园教育指导纲要》培训会】 9月24日，北京市早期教

育研究会在怀柔区第一幼儿园举办北京市贯彻《幼儿园教育指导纲要》教研员培训会。会议观摩怀柔一幼幼儿区域活动、教师健康教育活动和幼儿户外分区自选体育游戏，并就该园教师在践行健康教育理念、培养幼儿健康行为方面进行研讨交流。会议认为，该园教师在健康教育活动中，关注幼儿发展现状并根据实际需要组织活动，提高幼儿健康认识水平，培养幼儿健康行为，最终养成健康的生活方式。怀柔、海淀、西城、昌平、延庆5个区县学前教研员及怀柔区幼儿园园长、业务园长和部分教师共60余人参加培训。

（杜书霞）

【组织送教下乡活动】 11月6日，怀柔区教科研中心组织送教下乡活动。活动中，怀柔一幼教师为汤河口镇中心幼儿园教师示范《我是跳跃小能手》体育活动课。与会者认为，示范课注意把握幼儿年龄及体能特点，并根据现场幼儿活动情况，灵活调整教育计划，通过积极有效的师幼互动，激发幼儿参与体育活动的兴趣，发展跳跃技能，培养幼儿勇敢、不怕困难的良好品质。汤河口镇及宝山镇幼儿园领导及教师20人参加活动。

（杜书霞）

基础教育

【概 况】 2008年，怀柔区小学32所，教学班528个，在校生15962人，招生2490人，毕业3258人。教职工2375人，其中专任教师1680人。小学入学率100%，巩固率100%，毕业及格率100%。中学25所（初中15所、高中5所、完中1所、九年一贯制学校4所），教学班434个（初中306个、高中128个）。在校生15201人（初中9908人、高中5293人），招生4857人（初中3102人、高中1755人），毕业4697人（初中3201人、高中1496人）。教职工2306人，其中，专任教师1537人。初中入学率100%，巩固率99.9%，毕业及格率100%；高中入学率53.8%，毕业及格率80%，应届毕业生高考录取率78.8%。特殊教育学校1所，教学班5个，毕业2人，招生4人，在校生56人；教职工34人，其中专任教师27人。残疾儿童

入学率98%，巩固率100%，结业率100%。校外教育单位1个，教职工28人，其中专任教师11人。小学专任教师学历合格率99%，初中98%，高中96.8%。中小学专任教师中，高级专业技术职务277人（小学10人、初中112人、高中155人），特级教师2人（小学1人、中学1人）。全区中小学藏书108.03万册，校舍总占地面积112.63万平方米，总建筑面积38.69万平方米，固定资产总值58364.88万元。全年教育经费投入73249万元，均为国家拨款。

（杜书霞）

【展示“绿色耕耘”培训成果】 1月11日，怀柔区教科研中心与北京教育学院联合举办“绿色耕耘”培训成果展示交流活动。活动中，该区中学语文、物理、生物及小学语文4科参加2007年度“绿色耕耘”培训的4名学员分别作教学案例、说课、教学课件、教学设计展示与交流，每人15分钟。教育学院教师对此作点评，并作《教师专业发展》专题报告。该区中小学参加2007年度“绿色耕耘”培训学员及主管继续教育领导130人参加活动。

（杜书霞）

【举办电子化学籍管理培训班】 3月5至6日，怀柔区教委举办电子化学籍管理培训班。培训内容包括CMIS系统升级和学生学业成绩登统系统软件的使用。该区中小学学籍管理员、网管员100人参加培训。

（杜书霞）

【举办中学教师脱产培训班】 3月10日，怀柔区教委、教科研中心举办首期中学教师脱产培训班。该班学员41人，培训时间为半年，课程包括教师专业发展理论、师德、教学改革、教学过程、信息技术、心理健康、班主任工作、书法、微格教学、教学实践（听课）。经考试合格，该班学员6月17日结业，全部获得结业证书。

（杜书霞）

【评比网络资源运用先进】 3月10日至5月20日，怀柔区电教馆开展“运用网络资源，提高课堂效益”评优活动。活动围绕“合理运用网络资源、发挥小班教学优势，提高课堂效益”主题，从教学目标的确定、学习资源的处理、学习指导、学生活动、课堂效果几方面对参评课进行评价。经校内初评推优、联片展优评比、选优上报三个阶段评比，评出一等奖4节，二等奖17节。获一等奖的4节课制成录像课被推荐参加第九届北京市中小学师生电脑作品评选（信息技术与学科整合课例），其中一节获三等奖。

（杜书霞）

【召开学籍管理工作会】 4月8日，

怀柔区教委召开普通中小学学籍管理工作会。会议总结2007年电子化学籍管理试行情况，部署2008年主要工作任务，并对电子化学籍管理平台的使用及工作环节等作具体辅导。会议要求，各校要严格执行市、区教委关于学籍管理规定，把学籍管理工作纳入学校管理工作重要组成部分，要认真研究学籍管理规律，做好学籍管理工作。区教委、电教馆相关领导及各中小学教师120人参加会议。

（杜书霞）

【举办小学干部培训会】 4月24日，怀柔区教委在怀柔三小举办提高小学干部教学管理水平培训会。与会人员通过听课、评课、研讨，参与怀柔三小“把课备起来，让课活起来——三维目标有效落实”校本教研。听取北京“名校长工作室”导师、北京实验二小校长李烈关于提高干部教学管理水平专题讲座。讲座涉及树立正确教育观、课堂显著特点、实践与探索、校本培训四方面内容。全区小学副主任以上干部近200人参加活动。

（杜书霞）

【研讨“小学生观察与描述能力培养”专题】 5月16日，教科院基础教育教学研究中心在怀柔区沙峪小学举办小学科学学科“基于探究的学生观察与描述能力培养”专题研讨会。会议推出怀柔4节研究课。会议认为这4节课关注学生思维发展，引导学生观察、探究事物现象，从中得出对事物的认识，并加以准确描述，从而建立事物现象与认识之间的联系，使学生观察与描述能力得到发展提高。东城、顺义、密云等7个区县教研员、骨干教师70人参加会议。

（杜书霞）

【研究民族多元文化融合教育】 5月，怀柔区红螺寺中学启动《民族多元文化融合教育的研究》课题。课题针对红螺寺中学新疆班学生中包含10个民族的实际而确立。研究目的在于减少不同民族学生间的文化冲突，使其相互认同，和睦相处，共同学习。课题研究采用行动研究法，学校围绕“民族多元文化融合教育”这一主题，开展一系列教育活动。暑假期间，学校要求新疆班学生利用暑假回家休息机会，通过查阅资料、访谈、参观等形式，调查本民族特色文化及其优势，并写成调查报告。学校将学生撰写的调查报告汇总成集，发放给学生阅读。在此基础上，新疆班召开“爱家乡、建设家乡”演讲会、“民族团结一家亲”主题班会，并组织新疆班学生庆祝肉孜节、古尔邦节，参观鸟巢、水立方奥运场馆及奥林匹克公园等活动。该校两届新疆班学生171人参加活动。

（杜书霞）

【培训保健教师】 6月2至5日，怀柔区教委、卫生局联合举办中小学专兼职保健教师培训班。培训包括学校卫生任务与管理、学生常见病及传染病和艾滋病的防治、膳食营养与卫生、青春期教育、学校意外伤害与急救等内容。全区中小学新配备的49名专兼职保健教师参加培训，并通过考核获结业证书。

（杜书霞）

【创新教学视导方式】 9月起，怀柔区教科研中心初中教研室创新教学视导方式。教学视导由原来的集体视导为主转变为按学校需求小规模蹲点式视导。此种视导方式由学校根据教学需要，向初中教研室提出视导申请后，双方协商视导内容、时间及规模。在视导过程中教研员从教师备课、上课、作业与辅导、检测与评价等环节进行检查与指导，使视导更有针对性和实效性。至11月，初中教研室根据学校要求视导17所初中校，涉及语文、数学、外语等11个学科，听课500节。听课后反馈意见，指出存在问题及改进建议。12月，对其中8所学校存在较大问题的学科进行跟踪指导，检查第一次视导中存在问题的改进情况。结果显示，上次视导中发现的问题全部得到解决，教学效果良好。

（杜书霞）

【研讨初中学生综合素质评价工作】 10月23日，怀柔区教委在怀柔区三中召开初中学生综合素质评价研讨会。会上，三中教师代表交流学校阶梯式教育和评选七星级学生活动与学生综合素质评价相结合的经验，学生代表报告参与综合素质评价的体会。会议就如何做好学生综合素质评价工作进行研讨交流。会议强调，各初中校要注重评价过程中的细节管理；重视评价结果的形成，利用好评价手册和成长记录袋，关注学生的点滴进步。全区初中校长、德育校长、教科研中心相关科室负责人和班主任代表共100人参加会议。

（杜书霞）

【举办与名师研讨交流活动】 11月18日，怀柔区教科研中心在怀柔实验小学召开怀柔区小学语文教师与名师研讨交流活动。活动中，怀柔实验小学教师示范一节习作指导课，北京翠微小学市级骨干教师示范一节阅读教学示范课。其中，习作指导课突出激发学生写作兴趣，让学生想写、爱写、有的写；阅读课教法朴实、环节简洁、内容精练、重点突出，体现对学生语文素养和能力的培养。课后教科院基教研中心举办《阅读教学实效性》专题讲座。全区各直属小学及乡镇中心小学教学副校长、语文教研员及语文骨干教师150人参加活动。

（杜书霞）

【举办艺术体育学科教学评优】 11月18至21日，怀柔区教科研中心举办怀柔区小学音乐、美术、写字、体育学科教师评优课活动。全区17所小学共推荐68名教师参评。参评教师要求异地授课。由学科教研员和骨干教师组成的评委，根据参评教师课堂教学效果、课后反思和答辩情况评定成绩。共评出一等奖20名、二等奖28名、三等奖20名。

（杜书霞）

【举办社会大课堂教学研讨活动】

11月26日，教科院基教研中心在北京市“社会大课堂”中小学课程教学活动实践基地——怀柔区污水处理厂举办北京市“社会大课堂”化学教学研讨活动。活动中，怀柔一中高二年级一个班的学生观看污水处理电视片，参观污水处理全过程。参观后，学生向污水处理厂工程师咨询“污水处理原理”、“如何处理餐饮业、农业及工业污水”等问题，并由工程师一一作答。参与活动的各区县化学教研员针对此次“社会大课堂”教学形式进行研讨，认为这种教学形式，密切学生与生活及社会的联系，有助于培养学生实践能力、探究精神及社会责任感和使命感。教科院基教研中心、怀柔区教委领导及18个区县化学教研员30人参加活动。

（杜书霞）

【举办艺术教育现场会】 11月28日，怀柔区教委在怀柔二小举办“走进艺术教育示范校暨中小学艺术教育现场会”。会上，与会者观摩该校音乐、美术、写字学科3节课堂教学，参观学校艺术活动和师生艺术作品展，听取学校艺术教育工作经验介绍。内容涉及营造校园艺术环境、建设艺术教育师资队伍、开展艺术社团活动、创办学校艺术教育特色等。市教委、市美育研究会领导、怀柔区中小学主管艺术教育工作领导及学科教师共130人参加活动。

（杜书霞）

【举办主体发展式课堂教学研究】 12月4日，怀柔区教科研中心在桥梓中学举办“主体发展式课堂教学研究”校本教研活动。活动中，与会者观摩该校语文、数学、英语、物理、化学、历史、地理、信息、音乐、美术等学科13节研讨课，并按学科分组进行研讨；听取桥梓中学开展“主体发展式课堂教学研究”教研活动情况汇报，以及4名教师在课堂教学中如何指导学生学习，促进学生主体发展的典型发言。该区教委领导、教科研中心中学教研员及16所中学相关学科教师110人参加活动。

（杜书霞）

职业与成人教育

【概　况】 2008年，怀柔区职业高中2所（其中1所民办），设置专业12个，开设教学班40个；毕业825人，招生1007人，在校生3047人；教职工455人，其中专任教师225人。职业学校占地面积23.79万平方米，建筑面积8.84万平方米，藏书5.07万册，固定资产总值9873万元。教育部门办职业学校全年教育经费投入5618万元。各级各类成人教育学校352所。其中，镇乡成人文化技术培训学校14所，教职工50人，其中专任教师30人；村级成人文化技术培训学校286所，教职工300人，全部为专任教师。社会力量办学52所，教职工1300人，其中专任教师540人。农村成人文化技术培训学校占地32.5万平方米，建筑面积3.1万平方米，固定资产总值970万元；社会力量办学占地面积3.5万平方米，建筑面积1.45万平方米，固定资产总值310万元。

（杜书霞）

【举办栗树蘑种植培训班】 3月，怀柔区职业学校举办栗树蘑种植技术培训班。该班聘请栗树蘑种植专业老师和技术人员讲解栗树蘑种植基础理论，传授种植技术。7个乡镇86名农民参加培训。

（杜书霞）

【举办职业院校迎奥运技能竞赛】 6至11月，怀柔区教委举办职业院校迎奥运技能竞赛。比赛分初赛、复赛两个阶段。初赛涉及计算机网络管理、餐厅服务、制图等16个工种，共4461人次参赛；复赛涉及计算机操作、客房服务、汽车维修等7个工种，共730人次参赛。比赛结果1000人次取得中级职业资格证书，10人次取得技师级职业资格证书，200人次取得高级职业资格证书。

（杜书霞）

【启动全民终身学习活动月】 10月20日，怀柔区社区教育中心与怀柔区泉河街道举办“怀柔区2008年全民终身学习活动月”启动仪式。仪式上，围绕“建设全民终身学习的学习型社会”这一主题，由市民代表宣读全民终身学习倡议书，并组织参观创建学习型组织成果展。成果展包括20个单位创建学习型组织活动展及社区学习民间手工艺制作成果展，共设展板100余块。区政府、社区教育中心、泉河街道领导及社区居民300人参加活动。

（杜书霞）

【举办农村妇女实用技术培训】 10月22日，怀柔区喇叭沟门满族乡举行农村妇女实用技术培训启动仪式。仪式上，该乡3名具有丰富实用技能的妇女受聘农村妇女实用技术授课教师，区教委向孙栅子、下河北、中榆树店3个村赠送农村妇女实用技术培训经费6万元，并由怀柔区职业技术学校教师举办民俗礼仪知识及接待技巧培训。怀柔区妇联、喇叭沟们乡领导及全乡15个行政村妇代会主任、妇女骨干100人参加启动仪式。农村妇女实用技术培训是喇叭沟门满族乡落实区妇联2008年“双学双比”工作举措之一，将围绕农村实用技术、民俗旅游接待、职业技能、经济管理，以及法律知识等内容对全乡妇女进行培训。

（杜书霞）

【举行果树修剪技术培训】 11月25日，怀柔区社区教育中心在怀北镇河防口村举行果树冬季修剪技术培训。培训邀请区林业站林果专家对该地区重点树种糖梨和红肖梨修剪技术做现场讲解、示范和指导，同时向学员发放社区教育中心编印的《果树实用技术问答丛书》。该书涵盖怀柔地区大部分树种的栽培与管理技术，共2万余字，并配有近百张彩色插图。该村87名村民参加培训。

（杜书霞）

【开展职高课堂教学研究活动】 11月，怀柔区教科研中心成职教研室开展职业高中课堂教学研究活动。活动以“提高职高课堂教学水平”为主题，分文化课、专业理论课和专业技能课进行研究。区职业学校和怀柔三中职高班三种课型任课教师，分别围绕“文化课如何为专业课服务”、“如何加强专业理论基础教学”和“如何将理论与实践有机结合”三个核心问题在校内作课并研讨交流。最终，文化课、专业理论课和专业技能课各推出一节优秀课，进行展示观摩。该区职高教师90人参加活动。

（杜书霞）

教育督导

【概　况】 2008年，怀柔区政府教育督导室围绕教育系统“全面实施素质教育，提高教育质量”核心目标，制定《怀柔区全面实施素质教育督导评价方案》、《怀柔区政府教育工作自评实施细则》、《关于贯彻落实市颁新评价方案，加强全区中小学校、职业学校、幼儿园综合督导评价工作实施意见》等规范性文件，对全区幼儿园、小学、高中、职业学校进行素质教育综合督导评价，并完成怀柔区初中建设工程区级验收工作。同时，加强教育督导队伍建设，完成新一届专兼职督学聘任工作，举办义务教育课程改革、初中建设工程、全面实施素质教育评价方案等培训班，对专兼职督学进行培训。

（杜书霞）

【举办教育督导培训会】 8月26日，怀柔区教育督导室举办教育督导培训会。会议邀请市教育督导室督学作《贯彻执行评价方案，促进学校持续发展》专题报告，解读北京市新修订的《全面实施素质教育评价方案》，阐述怎样建立学校自评制度，如何将实施评价方案与学校日常管理有机结合，促进学校内涵发展等问题。区教委、中小学代表200人参加培训。

（杜书霞）

【召开专兼职督学研讨会】 8月29日，怀柔区教育督导室召开专兼职督学研讨会。会议总结教育督导工作，组织学习“全面实施素质教育评价方案”，研讨如何做好以教育教学质量为中心的综合督导评价。会议要求，要坚持原则，处理好“督”与“导”的关系，做到“督有原则，导有质量”；要严格履行督学职责，了解督学应尽的法律责任和义务，提高对教育督导工作的认识。专兼职督学、特约教育督导员和督学顾问共26人参加会议。

（杜书霞）

【举办区县教委评价方案培训会】 9

月25日，怀柔区教委、区教育督导室举办“区县教委评价方案”专题培训会。会议邀请市教育督导室督学讲解如何理解、执行“区县教委评价方案”。主要内容包括“深入理解评价方案内涵，自觉增强依法行政意识”、“全面落实指标体系要求，认真落实岗位职责”、“提高自我评价工作水平，加强教育督导制度建设”等。怀柔区教委机关全体人员、专兼职督学和教科研中心各科室主任80人参加培训。

（杜书霞）

【督导验收7校初中建设工程】 10月14日至11月6日，怀柔区教育督导室完成桥梓中学、九渡河中学、渤海中学、宝山中学、喇叭沟门中学、长哨营中学、汤河口中学初中建设工程督导验收。验收组通过听取校长工作汇报、检查硬件设施、随堂听课、参加有关教育教学活动、查阅各种档案材料、问卷调查、座谈等形式，了解学校相关情况，完成督导评价。经检查，7所学校均达到验收标准，全部通过检查验收。至此，怀柔区初中建设工程区级验收工作全部完成。

（杜书霞）

【市教育督导室检查初中建设工程】 11月28至29日，市教育督导室一行

12人督导检查怀柔区初中校建设工程。督查组听取该区初中建设工程情况汇报和督导验收工作汇报，实地检查北房中学、杨宋中学和雁栖学校。在充分了解情况后，督查组对怀柔初中建设工程情况给出回复意见。认为怀柔区委、区政府高度重视初中建设工程，实行层次化管理及城镇校与山区校“捆绑式”管理，形成网状管理格局；坚持实用够用的原则，对全区初中建设规划总体部署；注重培养骨干教师，提升初中师资队伍整体素质；开展课题研究，促进老师专业化成长；党政督齐抓共管，初中建设工程效果显著。

（杜书霞）

中共怀柔区委教育工委

书　　记　刘生勃

怀柔区教育委员会

主　　任　闫充印

怀柔区政府教育督导室

主　　任　闫充印

平　　谷　　区

总　　类

【召开语言文字工作会】　5月13日，平谷区语委召开2008年语言文字工作会。会议传达2008年北京市语言文字工作会议精神和《平谷区人民政府关于在全区范围内大力推广使用普通话的通知》，全面总结2007年全区语言文字工作，部署2008年语言文字工作。会议表彰2007年度北京市语言文字工作先进集体5个和先进工作者13人。各单位领导及语委干部200人参加会议。

（张东安　吴玉仙）

【开展抗震救灾捐助活动】　5月24

日，平谷区委教育工委、区教委开展向四川汶川地震灾区捐款活动。各单位积极宣传，认真组织，全系统共捐款936534.77元。5月27日，在“捐赠十元钱，爱心送汶川”主题捐赠日活动中，平谷区教育系统广大教职工再次积极踊跃捐款，共捐款159336.20元。截至5月30日，区委教育工委直属支部1425名党员缴纳“特殊党费”532032元。

（张东安　吴玉仙　王玉梅）

【召开防汛及校舍管理工作会】　6月19日，平谷区教委召开防汛及校舍管理工作会。会议传达区教委《关于认真做好2008年安全迎汛和校舍管理工作的通知》及《关于加强校舍管理及做好修缮工作的通知》。会议要求各校成立以法人代表为组长的防汛领导小组，根据实际情况制定详细可行的防汛预案。关于校舍管理和修缮工作，要求对查出的安全隐患及时上报或处理。房屋修缮工作要严格遵守报批手续，承包修缮项目的建筑队实行政府采购，签订合法有效的合同，按时进行施工，保证工程质量。会上，区教委与防汛重点学校代表签订责任书。各单位行政一把手、后勤校长、修缮负责人276人参加会议。

（张东安　吴玉仙）

【实施阳光校园太阳能综合利用工程】10月16日，平谷区教委实施启动阳光校园太阳能综合利用工程。该工程为15所中小学安装太阳能热水循环系统，集热器面积3234平方米。为61所中小学安装太阳能路灯873盏，为40所学校安装太阳能时钟40个，为北师大附平谷中学和黄松峪中学建设可再生能源示范教育小屋2座。工程总投资1764万元。

（张东安　吴玉仙）

【启动区域教育合作项目】　10月22

日，平谷区政府与首都师范大学区域教育合作项目正式启动。启动仪式上，首都师范大学与平谷区签订区域教育合作项目协议书。合作期限自2008年9月至2011年7月，首师大面向平谷区干部教师开展新课程培训和骨干教师学历提升计划。该计划每年投入经费150万元，其中首都师范大学筹集100万元，区政府拨付50万元。计划3年内组织中小学教师研修1100人，培养教育硕士75人，干部研修100人，首师大访问学者小学、初中、高中各10人左右，专题高层次研究指导40人左右。

（张东安　吴玉仙　王玉梅）

学前教育

【概　况】　2008年，平谷区幼儿园56个，其中，教育部门办4个，集体办园44个，民办8个。园所占地面积11.12万平方米。入园幼儿1463

人，在园幼儿 5017 人，毕业幼儿 1429 人。教职工 697 人，其中专任教师 459 人。学前三年教育普及率 98.8%。年内，大华山中心园晋升为市一级二类幼儿园，南独乐河中心幼儿园通过市早期教育基地验收。

（张东安　吴玉仙）

【召开旱厕改造现场会】 5 月 16 日，平谷区教委在大华山中心园召开“关于幼儿园旱厕改造”工作现场会。会议要求各乡镇 8 月底将辖区内幼儿园旱厕全部改造完毕，同时在厕所建设时注重两方面技术问题。一是要适合幼儿年龄特点便于幼儿取放卫生用品，二是要保证幼儿四季正常使用。各乡镇主要领导 38 人参加现场会。至年底，全区各乡镇幼儿园基本消灭旱厕。

（张秀芳）

【举办幼儿教师培训】 6 月 30 日，

平谷区教委举办《北京市幼儿教师教育教学基本功展评活动考纲》培训。培训邀请聘请北京市早期教育研究所专家主讲，内容涉及幼儿心理发展、幼儿教育学、卫生学和幼儿语言、科学、数学、绘画手工、音乐教育等。22 所幼儿园的园长、教师代表共 180 人参加培训。

（张秀芳）

【举办动手操作基本功比赛】 9 月

25 日，平谷区教委举办幼儿园教师动手操作基本功比赛。比赛内容以建构活动为主，泥工、插塑活动等为辅，采取现场抽题，现场搭建、讲述，现场评分的方式进行。全区 21 所幼儿园 100 名教师参加比赛。

（张秀芳）

【普及幼儿英语教学】 9 月，平谷城区和乡镇幼儿园全面普及幼儿英语教学。为指导、帮助幼儿园教师合理、科学地使用英语教材，提高英语施教能力，区教委组织开展专题培训活动，全区幼儿园带班教师 600 人次参加培训。培训中，讲师采取课件观摩、教学示范、互动展示等形式，重点讲解幼儿英语教学理念、教学方式、语感培养、语言应用、活动实践等内容，为开展好幼儿园英语教学活动奠定基础。

（张秀芳）

【平谷二园接受市教委视导】 10 月 28 日，市教委学前处、早期教育研究所、儿保所等学前教育专家组到平谷二园进行市级示范幼儿园评审视导。视导组成员核查幼儿园依法办园、场地房舍、设施、人员、管理、队伍、保教示范、保健示范、教科研、社区工作情况等，全面了解该园整体发展情况，并对幼儿园发展提出建设性意见与建议。市教委专家组以及东城、昌平、丰台、顺义区教委代表 20 人参加视导。

（张秀芳）

【举办幼儿教师基本功比赛】 11 月

17 日，平谷区教委举办幼儿园教师基本功比赛。比赛项目分为笔试及现代教育技术应用能力测试、才艺展示、口述测试等内容。笔试主要考查教师相关法律法规、教育文件、儿童心理、教育基本理论及应用能力，现代教育技术应用能力测试重点考查教师计算机操作水平。口述测试考察幼儿教育目标、活动区、主题教育设计等内容。全区 4 所市立园的 50 名一线教师参加比赛。

（张秀芳）

【实施幼儿发展评价检测】 12 月 21 至 26 日，平谷区教委实施幼儿发展评价检测。该工作由幼儿园普测普评，以健康、语言两大领域为主要检测内容，检测全区幼儿看图讲述、量词和反义词、平衡、跳及拍球发展情况。检测后，区教委分别就幼儿园发展测查档案进行评价。

（张秀芳）

【举办幼儿武术操表演赛】 12 月 27 日，平谷区教委举办幼儿武术操表演赛。全区 8 所幼儿园参加表演。经选拔，平谷第四幼儿园代表平谷区参加北京市第二届儿童武术比赛，获得幼儿组团体武术操二等奖。

（张秀芳）

基础教育

【概　况】 2008 年，平谷区小学 68 所，教学班 697 个，在校生 18504 人，招生 2514 人，毕业 4174 人。教职工 2319 人，其中，专任教师 1775 人。小学入学率 100%，巩固率 100%，毕业及格率 100%。中学 24 所（初中 18 所、高中 1 所、完中 5 所），教学班 576 个（初中 391 个、高中 185 个），毕业 8441 人，招生 6061 人，在校学生 20919 人（初中 12746 人、高中 8173 人）。初中入学率 100%，巩固率 98。3%，毕业及格率 100%。高中入学率 46.85%，应届毕业生高考升学率%。教职工 3515 人，其中，专任教师 2190 人（初中 1488 人、高中 702 人）。特殊教育学校 1 所，开设教学班 13 个，在校生 138 人，招生 17 人，毕业 14 人。教职工 61 人，其中，专任教师 46 人。残疾儿童入学率 100%，巩固率 100%，结业率 100%。中小学教师学历合格率 95.92%，特级教师 5 人（小学 1 人、中学 4 人），高级专业技术职务 906 人（小学 9 人、中学教师 897 人）。中小学校舍总占地面积 196.54 万平方米，总建筑面积 55.90 万平方米，固定资产总值 91451 万元，图书馆藏书 216.4 万册。全年教育经费投入 61376 万元，其中，国家拨款 57254 万元，自筹经费 4353 万元。

（张东安　吴玉仙）

【举办“学洋思”办学经验展示】 3 月 26 日，平谷区学习借鉴洋思中学办学经验展示活动在金海湖二中举行。会议观摩金海湖二中在“学洋思”基础上创生的以“自主”、“互助”为原则的“双测双练”教学模式，听取教育科研中心专家点评。该区教委领导及各学校学科代表 120 多人参加活动。

（张东安 吴玉仙）

【举办高中课堂教学评优】 3 至 4 月，平谷区教委举办高中课堂教学评优展示活动。活动由各校分别开展课堂教学评优展示活动。全区共评出校级评优课一等奖 136 个，二等奖 177 个。4 月 21 日至 28 日，区教委分 8 个学科组根据学校上报的校级评优课一等奖名单进行区级评比，共评出区级一等奖 71 名，二等奖 65 名。

（张东安 吴玉仙）

【召开小学评优课表彰会】 4 月 2

日，平谷区教委召开小学第三届教师评优课总结表彰暨 2007～2008 学年教学质量检测总结分析会。会议总结小学第三届教师评优课情况，表彰 152 名获奖教师和业务干部，并就上学期语文、数学、英语、学科教学质量检测情况进行分析总结。该区教委领导及各校教师 189 人参加会议。

（张东安 吴玉仙 王玉梅）

【加强学生思想教育工作】 4 月 5 日，平谷区各校以清明节为契机加强学生思想教育工作。一是通过广播、板报、国旗下讲话等向学生宣传清明节的来历和习俗，对学生进行传统文化教育。二是组织学生参观鱼子山抗日战争纪念馆，到塔山烈士陵园、小官庄烈士墓等进行祭扫革命烈士活动，分别举行少先队员、共青团员入队入团仪式。三是开展“文明祭扫、杜绝焚烧”宣传教育活动，号召学生在家庭中进行环保及安全知识宣传，做到文明祭扫。四是在学生中深入开展“缅怀先烈、知恩不忘”感恩主题教育活动。

（张东安 吴玉仙）

【举办校本教研观摩研讨】 4 月 24 日，平谷区教委开展小学校本课程校本教研观摩研讨活动。会议听取区教育科研中心教研员关于撰写校本课程开发方案报告，总结上学期校本课程论文、案例和课例评选活动中存在问题，观看金海湖二小校本课程开发的视频资料，观摩华山学区校本课程“剪纸艺术”课例和山东庄学区教学论坛活动。各学区、直属小学的相关人员 30 人参加活动。

（张东安 吴玉仙）

【完成中招体检工作】 5 月 14 日，平谷区 2008 年初三中等学校招生体检工作结束。参检学生 5203 人，合格人数 1795 人，合格率 35%；基本合格 3407 人，基本合格率 66%；不合格 0 人，专业受限 3407 人，其中视力受限 3222 人，色觉受限 170 人，听力受限 6 人，嗅觉受限 17 人，循环系统受限 8 人，身高受限 902 人，传染病 25 人。

（张东安 吴玉仙）

【示范高中招收优秀初中毕业生 110 人】 5 月，平谷区教委制定区内示范高中校招收初中优秀应届毕业生实施方案，区内两所示范高中招生计划的 10%分配到各初中校，作为招收优秀应届毕业生计划。其中平谷中学招收优秀应届毕业生 59 人，北师大附属平谷中学招收 51 人，共 110 人。招收优秀应届毕业生计划按 1∶1.2 的比例分配到区内各初中校，采取学生自荐，师生推荐，民主评议，校领导小组审核，校内公示，区领导小组审批，向社会公示等程序操作。

（张东安 吴玉仙）

【召开小学规范化建设工程培训会】 6 月 18 日，平谷区召开小学规范化建设工程启动暨学校发展规划培训会。会议传达《平谷区小学规范化建设工程 2008～2012 年五年发展规划》，并就全面推进小学规范化建设工程提出要求。会议指出，把英语教学提高到重要议程，提高全区英语教学质量。会议邀请教科院基教所举办专题辅导，讲解制订学校发展规划、使用学校发展规划用表等问题。全区小学教师 230 人参加会议。

（张东安 吴玉仙 王玉梅）

【开展暑期培训工作】 7 月 12 日至 8 月 20 日，平谷区教育培训中心开展多种培训活动。其中，390 名教师参加英特尔技术培训，194 名教师参加入党积极分子培训班，42 名干部教师参加教育硕士研究生考前培训，14 名教师参加中学数学“绿色耕耘”再培训，16 名教师参加小学语文“绿色耕耘”再培训，500 名教师参加小学数学专业必修课培训。

（张东安 吴玉仙）

【推进中小学教材循环使用】 9 月 20 日，平谷区教委实施中小学部分教材循环使用工作。按照市教委的要求，循环使用的科目包括《音乐》、《美术》、《信息技术》、《科学》、《廉洁教育读本》4 个学科 5 本书。为确保工作顺利开展，区教委成立中小学教材循环使用工作领导小组，负责组织领导全区教科书的循环使用工作，解决学校教科书循环使用中出现的问题，研究制定措施方案，确保教科书循环使用工作落到实处。

（张东安 吴玉仙）

【王辛庄成立校园文学社】 9 月 25 日，平谷区王辛庄第二学区“雏鹰文学社”正式成立。文学社首批成员 41 名。成立仪式上，北京少年报主编从写作、投稿等不同角度为小社员进行培训。

（张东安 吴玉仙）

【举办教师美术作品展】 9 月 28 日，

平谷区教师美术作品展开幕式在区文化馆举行。作品展展出 70 名教师 106 幅作品，旨在展示教师的艺术才能，激发教师的创作热情，培养教师的高尚情操。展后作品结集出版。

（张东安 吴玉仙 王玉梅）

【举办中小学生书画展】 10 月 2 至 6 日，平谷区教委在世纪广场举办中小学生书画展。书画展展出两年来平谷区学生在市级比赛中获奖的书法、绘画、工艺、篆刻、摄影作品，共计158幅。内容包括喜迎奥运、赞美家乡、歌颂生活等。

（张东安　吴玉仙）

【平谷九小举行“春风化雨”普访活动】 10月5日，平谷九小开展“春风化雨”普访活动。该校全体教师利用国庆节休息时间，走进学生家中，了解学生在家里生活、学习、行为习惯等方面情况，和家长商讨帮助孩子提高学习成绩的有效途径。为了提高活动的实效性，在活动前，全体教师进行“如何提高家访实效性”培训，并根据实际情况研讨有效家访具体措施。家访后，教师及时总结反思，学校出专刊宣传交流典型经验。

（张东安　吴玉仙）

【召开特殊教育评优课展示会】 10月9日，平谷区教委召开小学第三届特殊教育评优课表彰会。会议总结评优课活动开展情况，表彰特教中心、南独乐河学区、山东庄学区三所获得市级先进教研组的学校，以及26所学校77名获奖教师。会议还就新学期特教工作进行部署，并提出具体要求。各校特教干部、教师共70人参加会议。

（张东安　吴玉仙）

【刘家河中学召开课堂教学管理研讨会】 10月10日，平谷区刘家河中学召开课堂教学管理研讨会。会议研讨新课程理念下的教师观、学生观和课堂观。指出：课堂教学管理是课堂教学质量的重要保障，也是学生安全的重要保障。课堂教学管理应是在人本理念下的管理，严宽有度。“严”要体现在努力培养学生良好的学习和行为习惯，“宽”体现在教师用深厚的知识素养和人格魅力吸引学生，使学生的思维和行为在课堂上得到最大限度的活跃和张扬。35名专任教师参加研讨会。

（张东安　吴玉仙）

【举办体质健康标准测试赛】 10月18日，平谷区教委举办首届中小学生体质健康标准测试赛。测试赛采用随机抽取的办法进行，分别抽取各校小学五年级、初中二年级、高中二年级一个自然班的全体注册学生共1631

名学生参加测试。测试依据《国家学生体质健康标准》进行，大兴庄学区、金海湖一中分别获得健康测试赛小学组、中学组第一，镇罗营学区、华山中学分别获得视力测试赛小学组、中学组第一。

（张东安　吴玉仙　王玉梅）

【完成高中教师通读教材测试】 10月18日，平谷区教委完成专任教师通读教材活动情况检测。检测面向平谷中学、北师大附属平谷中学、平谷四中、平谷六中、黄松峪中学、峪口中学6所高中高考学科任课教师588名，检测内容为高考大纲内容。采取教委统一命题、教育科研中心负责阅卷的形式组考。

（张东安　吴玉仙）

【大华山学区研讨阅读与写作相结合】 10月21至28日，大华山学区举办“如何在阅读教学中渗透习作指导，提高阅读教学质量”主题教研活动。活动以听、评课为主要形式，要求达到：挖掘教材中读写结合点，将阅读教学与写作练笔相结合；提高单位时间内的教学实效性的研究；通过集体研读教材、挖掘教材、钻研教法，将作文教学中的难点分散到每一片阅读课文的教学之中，真正达到读写结合的目的；通过课堂实践活动，提高课堂教学实效性方法的设计。

（张东安　吴玉仙）

【举行小学班主任基本功比赛】 10月23日，平谷区教委举行小学班主任基本功决赛。比赛在平谷二小进行，22名经过初赛选拔的教师参加决赛。比赛项目分为现场演讲和才艺展示两项。经过评审，选拔4名班主任代表该区参加市级比赛。

（张东安　吴玉仙）

【交流资源建设和档案管理经验】 11月5日，平谷区教委在金海湖二小举行小学教育资源建设及档案管理观摩交流会。会上，平谷四小、峪口第一学区、金海湖二小、山东庄学区交流经验，平谷四小、金海湖二小、夏各庄学区、山东庄学区展示部分档案。会议就小学教育资源建设和档案管理工作提出相关要求。各学区、直属小学代表90人参加会议。

（张东安　吴玉仙）

【召开小学教学质量研讨会】 11月7日，平谷区教委召开小学教学质量研讨会。会议重点研讨“如何提高教学质量”工作，强调各校要准确把握学校的优势和劣势，摸清“短板”所在，找准突破口，寻求科学有效的方法，做到事半功倍。要重视“走出去，请进来”，开阔视野，借助外力，提高教学质量。各小学校长35人参加会议。

（张东安　吴玉仙）

【召开初中教学质量研讨会】 11月

7日，平谷区教委召开初中教学质量研讨会。会议围绕“如何提高教学质量”，研讨落实德育实效、师资队伍培养、课堂教学改革等方面工作。会议指出，校长管理学校应在“巧”字、“实”字、“新”字上下工夫。教研员要充分发挥桥梁纽带作用，深入教学一线，指导教学工作。提倡中学教育的大教育观，提倡团队合作，有条件的学校要主动帮助基础薄弱学校，促进中学整体教育教学质量提高。关注教师身心健康，采取积极措施，帮助教师减压，避免教师情绪失控，身心受损。有关领导和全区小学教师代表30人参加会议。

（张东安　吴玉仙　王玉梅）

【开展城乡教师课堂教学互动】 11月8日，平谷区教委与光明小学开展“提高教学质量，强化发展内涵”城乡教师课堂教学互动活动。光明小学70名上课教师分别到平谷三小、平谷七小、平谷八小、金海湖二小、峪口第一学区、东高村第二学区、华山学区送课。每个授课点授课10节，内

容涉及语文、数学、英语、美术、音乐、体育等 11 个学科。课后，听课教师与光明小学的上课教师针对课堂教学、新课程理念、问题和困惑进行互动研讨。平谷区语文、数学、英语学科教师和完小以上干部、教研员共 2000 人参加活动。

（张东安　吴玉仙　王玉梅）

【春季高中毕业会考报名 3943 人】 11 月 13 日，平谷区 2009 年春季高中毕业会考报名工作结束。共有 3943 人报名，报考总科次 12791 科次，其中高二新课改考试科目为物理、化学、历史、地理 4 科，全部采用网上阅卷。高三及往届生考试科目为语文、数学、外语、历史、地理、政治、物理、化学、生物 9 科。考试时间为 2009 年 1 月 13 日至 15 日。

（张东安　吴玉仙）

【召开民办学校管理工作会】 12 月 10 日，平谷区教委召开民办学校管理工作会。会议针对个别民办学校办学行为不规范、办学水平不高、安全管理不严等问题提出具体要求，并结合陕西省学生煤气中毒死亡事故，部署民办教育机构安全管理工作。会议强调，发展民办教育，必须坚持安全第一理念，必须建立健全有关安全规章制度，必须贯彻落实各项安全措施。27 所民办校负责人参加会议。

（张东安　吴玉仙）

【门楼中学开展案例式校本培训】 12 月，平谷区门楼中学开展案例式校本培训。培训分三步进行，首先由该校教师举办示范课，要求全体教师听课，通过示范课展示深入备课的课堂效果。其次结合示范课内容举办案例式讲座。第三步是教学实践，要求教师每人备好一节课，并进行展示，教师之间听课交流。该校全体专任教师参加活动。

（张东安　吴玉仙）

职业与成人教育

【概　况】 2008 年，平谷区职业高中 1 所，设置专业 11 个，开设教学班 29 个。毕业 470 人，招生 126 人，在校生 780 人。教职工 182 人，其中，专任教师 92 人。学校占地面积 7.57 万平方米，建筑面积 3.72 万平方米，固定资产总值 4187.26 万元。各类成人学校 272 所，开设专业 11 个。毕业 1026 人，招生 1573 人，在校生 4891 人。教职工 544 人，其中，专任教师 496 人。成人学校占地面积 49.19 万平方米，建筑面积 7.16 万平方米，固定资产总值 8661.4 万元。

（张东安　吴玉仙）

【召开成人教育工作会】 2 月 6 日，

平谷区教委召开成人教育工作会。会议确定 2008 年成教工作重点。会议提出，在创建一批镇级学习型组织基础上，创建区级学习型家庭示范户 30 个，区级示范性学习型组织 8 至 10 个，力争创建 1 至 2 个市级示范性学习型组织。提高成人教育基地办学条件，创建 8 至 10 所区级示范性成人学校，每个乡镇创建 1 至 2 所乡镇级示范村校。进一步完善农广校试验实习基地建设，加强新农村建设试点村成人学校建设，按照市、区示范性成人学校标准，重点支持 8 所成人学校建设。区教委相关领导及成教负责人 18 人参加会议。

（张国玺）

【农广校送科技下乡】 3 月 2 日至 4 月 28 日，农广校分别在大华山镇和峪口镇开展科技下乡活动。共发放《农民科技培训杂志》《农广校校报》700 份，农广校自制果树、蔬菜等适用技术明白纸 5000 份，解决农民关心的生产实际问题 200 个。

（张国玺）

【开通多媒体远程实时交互教学系统】 3 月 16 日，平谷区社区教育中心多媒体远程实时交互教学系统开通。该系统在区社区教育中心电大分校设中心教室一个，在乡镇建分教室 18 个，主教室和分教室可以进行流媒体播放交互式学习，实现教授不进村，知识送进门。

（张国玺）

【举办成人网络技能培训班】 4 月

15 日，平谷区教委举办成人教育远程教育网络维护与管理专业人才培训。培训为期 5 个月，由北京广播电视大学平谷分校以半脱产方式组织实施，共计 528 学时。教学内容包括计算机基础、计算机网络、微机系统与维护三部分。132 名成人学校教师参加培训。培训结束后，所有学员参加全国统一计算机等级考试。

（张国玺）

【平谷电大接受网络教育评估检查】 4 月 22 日，市教委网络教育专家组评估检查电大平谷分校网络教育。奥鹏东北师范大学网络教育是北京广播电视大学平谷分校与东北师范大学网络教育学院 2004 年起实施的网络教育办学项目。电大平谷分校负责招生和管理，东北师大网络教育学院负责提供网络教学服务。专家组在听取学校工作汇报、查看相关档案材料，并分别与教师、学生座谈后对学校工作给予肯定。经反馈，该校通过此次评估检查。

（张国玺）

【举办推广普通话宣传周】　9月20日，平谷区举办第11届全国推广普通话宣传周高潮日活动。活动由区语委和滨河街道办事处联合举办，以“构建和谐语言生活，营造共有精神家园”为主题。活动举办普通话知识展览，普通话知识有奖问答和普通话水平测试咨询，发放宣传手册和宣传袋等共2800份。

（张国玺）

【两所成人学校通过市级验收】　10

月15至16日，市教委评估组分别评估验收平谷区刘家店镇成人学校和峪口镇成人学校。评估组听取学校有关情况汇报，实地考察校园环境及硬件设施建设，详细查阅学校3年来档案，并就学校的建设发展、制度建设、日常管理、职能发挥等情况与教师代表及村民代表座谈。经评估，两所学校被市教委认定为市级示范性乡镇成人学校。

（张国玺）

【举办全民终身学习活动周】　10月

24日，平谷区教委以“2008年全民终身学习活动周”为载体，推进学习型平谷创建工作。其间，聘请市学习型城市研究中心专家举办“学习型乡镇创建”专题讲座，在世纪广场举行大型宣传活动，发放《我们都是教育者》等学习资料，各乡镇、街道社区教育办公室围绕“学习、奉献、快乐”主题举办宣传培训活动。共举办学习型组织创建、健康知识讲座11次，举办读书交流会、学习型组织创建座谈会8次，开展实用技术、劳动力转移培训8000人次。

（张国玺）

【验收区级示范性村成人学校】　12月6至20日，平谷区教委依据《平谷区示范性村成人学校（社区文明大院）标准》评估验收23所乡镇、街道学校。验收过程中，评估组听取学校建设、组织机构、教育培训等情况汇报，查看学校3年来档案材料，实地考察学校硬件建设和教学设备，并就学校评估情况进行意见反馈。经评估，23所成人学校被评为区级示范性村成人学校。

（张国玺）

【举办农村干部学历教育培训班】

12月10日，平谷区第二期农村干部学历教育培训班开班。学历班由中国农业大学网络教育学院与农广校联合举办，区农广校负责报名、注册、考试等管理工作。该班采用“自主学习为主、协作学习为辅”教学模式，学员在教师指导下，通过互联网、多媒体光盘等方式学习网络课程。学习内容包括中国农村发展理论与实践、农业经济管理、村政管理等16门课程。农村党支部书记、村主任及后备干部28人参加学习。

（张国玺）

【评估学习型家庭】　12月16日，平谷区学习型家庭评估工作结束。依据《平谷区创建学习型家庭评估指标体系》，通过听家庭成员汇报，查看学习“软硬件”，交流座谈和意见反馈四个步骤，共有35户家庭被认定为区级创建学习型家庭示范户，至此，该区已评选出区级学习型家庭示范户130户。

（张国玺）

【成人教育培训354924人次】　12月23日，平谷区成人教育培训统计工作结束。年内，该区共开展成人教育培训（非学历）354924人次。其中，干部教育32259人次，工人教育8568人次，农民教育237277人次（农民实用技术培训、绿色证书培训和乡镇企业岗位培训及岗位资格证书培训），社会力量办学培训20057人次，社区市民教育47704人次（社区市民岗位技术培训、市民继续教育和社区市民文化生活培训），中职学校培训9059人次（岗位技术培训和文化生活培训）。培训总量与上年基本持平。

（张国玺）

教育督导

【概　况】　2008年，平谷区教育督导室设主任1人，副主任1人，专职督学5人。全年完成16个乡镇、2个街道和8个委办局履行教育职责情况的专项督导检查工作。完成对20所初中校建设工程督导验收工作。完成对全区学校保证学生体育活动每天一小时情况的专项督导检查。完成义务教育均衡发展状况自评报表工作。完成平谷区义务教育均衡发展自评报告、保证学生体育活动每天一小时情况总结报告、落实教育职责督导报告、初中建设工程自查报告等教育督导检查材料。

（张东安　吴玉仙）

【督导检查初中校建设】　4月22日

至5月6日，平谷区教育督导室完成初中建设工程2007年实施情况督导验收，并对2006年督导验收中存在问题的学校进行复查。验收采取听取学校工作汇报及听课、座谈、查阅资料等形式，检查学校中小学办学条件达标进展、加强两支队伍建设、校园环境建设等项目。10月17日，区教委召开初中建设工程督导验收总结会，全面总结督导验收情况，对每所学校进行点评，提出整改建议。

（张东安　吴玉仙　王玉梅）

【人大代表视察教育执法情况】 5月8日，平谷区人大代表视察教育执法自查情况。区人大代表听取区教委专题工作汇报，了解义务教育布局调整、经费拨付、队伍建设、教师待遇、初中规范化建设等方面情况。人大代表对区教委组织实施素质教育、教育教学质量、中小学布局调整、义务教育均衡化程度以及优质教育供给等方面工作给予肯定。

（张东安　吴玉仙）

【自查自纠教育收费工作】 9月21日，平谷区教委协同区财政局、发改委、纠风办等部门开展教育收费自查自纠抽查工作。在各类学校及直属单位全面自查自纠基础上，抽查主要包括义务教育阶段学校贯彻落实“两免一补”政策情况、公办高中招收择校生执行“三限”政策情况，各级各类学校执行代收费有关规定及执行教育收费公示制度情况等12个方面的内容。通过听、查、谈、看及反馈的形式对城区的12所中小学进行全面检查，并对存在的问题当场纠正。

（张东安　吴玉仙）

【召开教育职责督导检查会】 12月4日，平谷区教育督导室在刘店镇召开2008年落实乡镇、街道教育职责督导检查现场会。会前，区督导检查组分资料组、座谈组、查看组分别对刘店镇的教育职责落实情况进行检查。会上强调督导检查的依据和意义、检查方式及主要内容等，刘店镇主管镇长汇报镇政府落实教育职责情况。会议指出，各乡镇、街道主管领导要认真落实教育职责。一是落实学前教育、成人教育管理职责和经费统筹；二是把工作中心放在深入学校、深入课堂、关注教育教学质量上；三是严格防止学生辍学、流失，四是积极做好校园周边环境治理，确保学生安全。区教委领导及各乡镇、街道主管乡镇长120人参加会议。

（张国玺）

中共平谷区委教育工委

书　记　曹桂俭

平谷区教育委员会

主　任　梁茂生

平谷区政府教育督导室

主　任　梁茂生

密　云　县

总　类

【总结民办教育工作】 1月15日，密云县教委召开民办教育工作总结会。会议总结全县民办学校上一年教育教学、学校管理、安全等方面情况，部署2008年民办学校管理工作。会议要求各民办学校，一要加强学习，增强依法管理、依法治校的责任意识。二要坚持依法办学，建章立制，落实责任，切实提高办学水平。三要加强安全工作管理，完善、落实安全责任制度。

（郭占云）

【进一步改善办学条件】 3月，密云县教委为落实办学条件达标规划，进一步改善办学条件确定6项任务。即：落实小学规范化建设工程，完成16所小学办学条件达标任务。全面完成初中建设工程，迎接市级初中建设工程整体验收。新建密云七中，整体改造新城子小学、聋人学校。完成穆家峪中心小学宿舍楼、桑园小学平房改造，东庄禾小学餐厅、宿舍楼改扩建任务。完成12所学校旱厕改造、5所学校塑胶操场建设。完成年度设备配备任务，使中学教学仪器全部达标，小学理科教学仪器、心理咨询室设备、体育器材、美术教室设备等全部达标。

（郭占云）

【调研农村教师生活条件改善情况】 4月3日，市教委调研密云农村教师生活条件改善情况。市教委领导先后到高岭中小学、古北口中学重点查看教师宿舍、食堂、图书室、活动室等环境设施建设，了解山区教师在校期间的住宿、学习、生活情况。市教委领导听取汇报后指出：近几年，密云县在均衡改善城乡办学条件、加强干部教师队伍建设等方面走在全市前列，尤其是在改善山区教师住宿、学习、生活条件上，投入大、做得实，对全市有推广意义。2007年以来，密云县在推动城乡教育均衡发展进程中，大力改善山区教师生活条件，投资460万元完成14所山区学校的教师宿舍、食堂、卫生间改造，配备电视机、空调、热水器、衣物柜等设备，为山区教师创造良好生活环境。

（郭占云）

【“十一五”教育技术能力培训启动】 5月11日，密云县“十一五”时期中小学教师教育技术能力培训启动。培训按照“山区学校多网授，平原城里学校多面授，山区学校安排在寒暑假，平原城里学校安排在周六日”的原则进行。培训内容包括中小学教师教育技术能力标准培训、英特尔未来教育项目面授培训、英特尔未来教育项目网络核心课程培训。参加培训的教师从以上三项内容中选择一项参加培训，培训合格者获得“十一五”继续教育公共必修课“中小学教师教育技术能力”相应学分。教育学院以及密云县继续教育工作负责人和教师代表参加启动大会。

（郭占云）

【教师资格认定44人】 6月6日，密云县教师资格认定工作结束。共受理教师资格申请46人，44人认定合格。其中，认定初级中学教师资格14人、小学教师资格20人、幼儿园教师资格10人。

（郭占云）

【成立校外专家团】 6月20日，密云县校外专家团、科技教育专家团、教师辅导组成立仪式在大城子中心小

学举行。会议为专家指导团、教师辅导组成员颁发聘书。密云县校外科技教育专家指导团、教师辅导组通过培训、讲座等多种形式提高教师队伍整体素质，推动校外、科技教育工作深入开展。其中，校外专家团、科技教育专家团分别由5人组成，教师辅导组由13人组成。

（郭占云）

【加强干部教师队伍建设】 6月26日，密云县教委制定政策加强干部教师队伍建设。一是通过评选表彰优秀岗位交流教师、召开“巾帼十杰”表彰会、编辑出版优秀教师事迹《师德颂》等活动，加强教师职业道德建设。二是加强干部培训，提高干部管理水平。三是加强教师培训，全面提高教师队伍素质。四是加强骨干教师培养，促进教师专业化发展。年内，选派10名山区小学市、县级骨干教师到北师大实验小学脱产学习，举办市级学科带头人研修班、县级骨干教师专业研修班、骨干班主任研修班、骨干教师心理健康培训班，为骨干教师成长搭建平台。

（郭占云）

【评选“十佳班主任”】 10月，密云县教委举办第五届“十佳班主任”评选活动。评选面向全县中小学、职业学校，经教师个人申报、推荐公示、学生投票等程序，20名班主任被评为密云县第五届“十佳班主任”。密云县自2000年开始评比“十佳班主任”，每两年一届，每届表彰20人。

（郭占云）

【蝉联学生体质测试团体第一】 10月19日，第二届北京市中小学生国家学生体质健康标准测试赛在北京理工大学举行。比赛内容包括学生身高、体重、肺活量、坐位体前屈、握力、台阶试验、立定跳远、视力检出率、体重标准检出率。经过对全市18个区县中小学生抽样测试比赛，密云县获得团体总分、视力检出率、高中组测试赛第一名，小学组、初中组测试赛第二名。2007年，密云县曾获得首届国家学生体质健康标准测试赛初中组、高中组测试赛第一名，团体总分第一名。

（郭占云）

【总结农村基础教育现代化实验建设】 11月18日，密云县政府与北京师范大学共建“农村基础教育现代化实验区”项目召开年度总结会。会议听取北师大和密云县政府项目实施报告，表彰48个“优秀项目团队”和138名“项目实验先进个人”。2008年上半年，针对幼儿、小学、初中、高中教育教学中存在的实际问题，“农村基础教育现代化实验区”开展6个方面、24个子课题的研究与实践，全面提升学生语文、数学、英语、科学、艺术等各方面综合素养。共组织开展培训、讲座、教学指导等活动70余次，听评课150余节，4000多人次接受培训、指导。全县所有中小学、教委所属幼儿园、乡镇中心园均参与项目实验。

（郭占云）

【举办知名专家系列讲座】 11月21

日，“北京市境内外知名专家教育系列讲座”在密云县教委举行。专家系列讲座主题为“和谐创新发展”，分别邀请香港教育工作者联合会副主席、香港创新教育学会会长胡少伟博士，上海财经大学全球教育研究中心主任、美国国家科学基金会（NSF）咨询顾问郭玉贵教授和北京师范大学教育学院教育经济管理系主任张东娇教授分别就学校发展战略、校长领导力、校园文化建设三方面内容作报告。报告会与现场听众进行互动交流，帮助分析指导密云县中小学建设发展中存在的实际问题。密云县教育系统各单位党政负责人听取讲座。讲座由北京市国际教育交流中心主办，密云、房山、通州、门头沟四区县教委承办。

（郭占云）

【总结中小学信息化工作】 12月19日，密云县教委召开中小学信息化工作总结表彰会。会议全面总结2008年教育信息化建设及应用情况，表彰师生电脑作品获奖集体和个人及“十佳学校网站”、“十佳个人网站”。年内，密云县教委积极推进信息化建设，搭建城乡教育均衡发展平台取得成绩。全县中小学全部实现光纤接入的“班班通”，完成中小学教学资源库建设并投入使用，存储课件、课例、教学素材等资源29万条，优秀视频录像课1000多节。先后建成密云县教育信息门户网站、中小学生社会大课堂网站、教学研修网站以及教育博客，各校均建成校园网站，初步形成教育办公自动化、教育资源数字化、远程教学网络化的农村现代远程教学新模式。

（郭占云）

学前教育

【概　况】 2008年，密云县幼儿园105所，其中教育部门办62所，集体办17所，民办22所，其他部门办4所。幼儿班331个，离园2956人，入园2384人，在园幼儿8223人。教职工1145人，其中专任教师841人。

（郭占云）

【举办教师基本功竞赛】 3月14日，密云县教委召开第二届“芬芳杯”幼儿园教师基本功竞赛总结表彰会。竞赛设活动区录像、教育案例评比、儿童舞蹈、边弹边唱、硬笔书法、简笔画6项。根据比赛章程，评选出一等奖18名，二等奖32名，三等奖35名。密云县北庄镇中心小学、巨各庄镇中心小学、十里堡镇中心小学等9个单位获得优秀组织奖。

（郭占云）

【第一期转岗教师培训班结业】 6月20日，密云县第一期幼儿园转岗教师培训班结业典礼暨学习成果汇报演出在青少年宫举行。结业典礼上，学员们表演舞蹈、合唱、钢琴演奏、情景剧、诗朗诵等节目，展示培训成果。密云县第一期转岗教师培训班为期1年，脱产培训，各乡镇39名幼儿园转岗教师参加培训。

（郭占云）

【交流乡镇学前教育工作】 7月29日，密云县教委召开乡镇学前教育工作交流研讨会，会上，各小学校长介绍乡镇学前教育的基本情况，并研讨交流学前教育发展问题。会议要求各乡镇确定学前教育发展的整体思路，创新办园形式，发展办园特色，保障幼儿入园率；明确职责，加强对所管辖幼儿园的管理，确保学前教育工作规范有序开展。全县各乡镇代表23人参加培训。

（郭占云）

【召开幼儿园环境创设研讨会】 12月24日，密云县幼儿园环境创设暨乡镇中心园建设研讨会在溪翁庄镇中心小学举行。会议听取溪翁庄中心园和东邵渠中心园乡镇中心园建设经验，总结全县乡镇中心园建设。会议要求，要继续深化《幼儿园教育指导纲要》倡导的环境创设的理念，物化教育目标，立足于远郊区县现状，充分挖掘农村自然资源，为幼儿提供丰富的活动材料。学前教育中心教研员与各乡镇中心园园长等共50人参加会议。

（郭占云）

基础教育

【概　况】 2008年，密云县小学44所，教学班657个，毕业4845人，招生3180人，在校生22179人。教职工2711人，其中，专任教师1744人。中学23所（初中17所、高中3所、完中2所、九年一贯制学校1所）。教学班551个（初中386个、高中165个），毕业生6811人（初中4176人、高中2635人），招生6949人（初中4754人、高中2195人），在校生21961人（初中14781人、高中7180人）。教职工2925人，其中专任教师1965人。特殊教育学校1所，教学班12个，招生10人，毕业5人，在校生249人（特教学校107人、小学随班就读110人、初中随班就读32人）。教职工35人，其中专任教师20人。中小学专任教师中，高级技术职务369人，特级教师4人。中小学校园总占地面积150.96万平方米，校舍总建筑面积43.78万平方米，图书馆藏书161万册，固定资产总值80349万元。全年教育经费投入70627万元，其中，国家拨款68128万元，自筹经费2499万元。

（郭占云）

【中小学音乐教师培训项目结束】 1月12日，中小学音乐教师进修班结业仪式暨汇报演出在密云青少年活动中心举行。结业仪式上，117名结业教师举办汇报演出。该项目始自2007年，由密云县教委与中央音乐学院继续教育学院合作举办。培训共300学时，先后举办合唱训练与指挥、钢琴即兴伴奏、世界音乐欣赏等科目培训，中央音乐学院教师担任主讲。

（郭占云）

【召开中学教学管理培训会】 1月15日，密云县教委召开中学教学管理培训会。会上，中学教学干部观看一节数学录像课，教研中心结合对录像课的评价，发表《新课程背景下评课的几个视点》评课方法报告。会议要求教学干部加强学习，狠抓工作的落实，进一步提高管理水平；要切实深入教研组，引领教研活动开展；要深入课堂教学，加强指导和监控，引导教学。全县中学教学干部22人参加会议。

（郭占云）

【以师德体系为重点加强师德建设】 3月4日，密云县教委召开加强师德建设研讨会。会议提出以规范师德体系建设为重点加强师德建设。具体任务，一是细化目标体系，依据有关法律法规，制定出具体目标、内容，悬挂在教师工作场所，提示教师规范师德行为。二是丰富内容体系，开展系列师德教育活动，出版《师德颂》和《师德建设书画集》，加强法律法规教育、文明礼仪教育、关爱特殊学生。三是构建制度体系，县教委以师德建设十大好方法和特殊学生教育十大好方法征集、评比为重点，评选表彰师德先进集体和先进个人。四是完善评价体系。全县中小学德育干部51人参加会议。

（郭占云）

【举办小学数学分层测试卡培训】 3

月5日，密云县教委举办分层测试卡培训。教科院基教研中心教研员从分层测试卡使用的意义、编写指导思想和原则、体系安排、使用要求等方面进行讲解。全县各小学四至六年级骨干教师、课题实验校负责人90人分3个会场参加培训。该培训是与北师大共建“农村基础教育现代化实验区”项目子课题“小学数学教学实验”内容之一。

（郭占云）

【成立小学语文特级教师工作室】 3月14日，密云县教委举办小学语文特级教师工作室启动仪式。会议宣布工作室的工作宗旨、指导思想、组织领导、培养思路、导师职责、成员要求，讲解工作室建设方案。语文特级教师工作室旨在发挥特级教师引领作用，培养高、精、尖人才。首批设导师5人，成员15人。

（郭占云）

【举办“教师专业发展”校长论坛】

3月27日，密云县教委举办“论教师专业发展”校长论坛。首师大附属密云中学校长赵向东、十里堡中心小学校长田东明、高岭中心小学校长张建民宣读论文开题报告，北师大教育管理学院鲍传友教授结合自身管理经验与先进的教育教学管理理念，完成3名校长论文开题报告的点评，并就教育科研论文的基本结构，以及如何促

进教师专业发展等内容，举办专题讲座。中小学校长51人参加会议。

（郭占云）

【召开脱产培训骨干教师座谈会】 4月6日，密云县教委召开脱产培训骨干教师座谈会。参加培训的骨干教师10人参加座谈会，交流参加培训1个月以来学习感受。座谈会指出，密云县加强教师队伍特别是山区教师队伍建设，促进山区学校教育教学质量不断提高，推动城乡基础教育优质均衡发展，是“首都农村教育现代化试验区”建设工作的重点。举办骨干教师带薪脱产培训班，选派优秀山区骨干教师到名校学习锻炼，为骨干教师成长搭建平台，是加强山区教师队伍建设的一项重要举措。

（郭占云）

【加大中小学视导力度】 4月11日，密云县教委进一步加大中小学教学视导工作力度。该县通过采取请专家指导教学常规管理工作、听教师常态课、查阅相关教学资料、面对面进行交流、反馈视导信息等形式，规范并完善中小学教学管理工作。自年初，完成30所中小学教学视导，各学科开展各类教研活动100次，网上视频课110节，学科教研员听课1100多节，开展教材教法辅导、专题讲座等活动200次。

（郭占云）

【召开初中数学教学与评价研讨会】 4月17至18日，北京市初中数学教学与评价研讨会在密云县召开。会议期间，密云县11所初中校19名教师展示19节初三数学中考复习研究课，各区县教研员围绕复习课就教师在理解课程标准、执行课程标准、复习计划制定等展开研讨。会议由教科院基教研中心主办，全市各区县初三数学教研员25人参加会议。

（郭占云）

【举办市级学科带头人研修班】 4月26日，密云县教委举办中小学市级学科带头人研修班。研修班利用现有特级教师资源与外请专家相结合，以开展教育行动为依托，围绕专题进行循环往复、逐步深入的“实践、反思、总结、学习”研究活动。通过工作交流、专家讲座指导、教育教学研究、示范观摩、学习考察等多种形式，提高市级学科带头人业务水平。密云县市级学科带头人17人参加学习。近年来，密云县教委不断加大骨干教师队伍建设力度，全县共有市、县级学科带头人和骨干教师513人，其中，市级学科带头人17人。

（郭占云）

【采取措施保证“一小时”锻炼】 5月24日，密云县教委制定政策，采取有效措施开展“一小时”体育活动。一是通过组织基本功竞赛、体育教学观摩课、教学评优、课例设计评选等活动，提高体育教学质量，形成创编操、踩高跷、武术等区域特色校本课程。二是制定课间操管理规范、质量评定办法、创编操指导意见等文件，开展课间操质量评定和“课间操特色校”争创活动。三是充分利用学校体育场地、设施，积极开展“阳光体育运动”、学生体质健康标准训练。四是完善学校课余体育训练机制，建立田径、篮球、足球等坚持长年训练的队伍，并在各级体育竞赛中取得优异成绩。五是结合教学要求和学生特点，打造体育教学特色，高跷、空竹、霸王鞭等传统项目及轮滑、滑板等现代体育项目，在密云县中小学形成体育教学特色。

（郭占云）

【举办中学生时事知识竞赛】 5月29日，密云县教委举办中学生时事知识竞赛。本次竞赛是在各中学开展多种形式时事政策教育的基础上，分库北、库南两片，采取开卷笔答的方式进行。内容涉及国内外重大时事、中学生行为要求、奥运观赛礼仪知识和汶川地震等相关内容。来自全县初中、完中80名学生参加竞赛，经评阅，5名学生获得一等奖，10名学生获得二等奖，17名学生获得三等奖。

（郭占云）

【召开教师岗位交流工作座谈会】 6月3至4日，密云县教委分别召开中小学校长、教师岗位交流工作座谈会。各校汇报交流教师的管理、使用、培养等方面情况，同时就如何更好地进行教师岗位交流、促进密云县教育优质均衡发展进行研讨。会议提出，教师交流工作是加强教师队伍建设的重要举措。各学校要积极探索交流教师的管理方法，结合学校实际，形成一套行之有效的管理、使用、培养制度，不断加强教师队伍建设，打造一支“师德高尚、业务精良”的教师队伍。密云县中小学校代表34人参加座谈会。

（郭占云）

【研讨小学阅读教学实效性】 6月4

日，北京市提高小学阅读教学实效性研讨会在密云六小召开。活动中，密云六小两名教师分别作五年级、三年级语文现场研究课。课后，各区县教研员针对两节课例，就“提高小学阅读教学实效性”进行交流、研讨。教科院基教研中心结合语文教学改革实际和密云县两节教学案例作会议总结，提出进一步培养学生自主研读能力，提高阅读实效。会议由教科院基教研中心主办，全市100名小学语文教师参加会议。

（郭占云）

【举办学生与教师共同发展研讨会】

6月5日，“关注农村、关爱学生，促进学生与教师共同发展”研讨展示会在密云四中举行。会议由市教委、市教育学会、北师大、密云县政府主办。密云县7名参与实验的教师分别展示数学、英语两个学科的观摩课。北京师范大学、北京教育学院的专家对观摩课完成现场点评。会议指出，基于学生发展的校本研究项目研究成果丰富，对于进一步提升农村教育发展水平和教育教学质量具有重要意义。北师大、市教委及各区县教委相关负责人 210 人参加观摩研讨活动。

（郭占云）

【进一步改善办学条件】 6月30日，密云县教委完成上半年改善办学条件工程。一是完成各项基建修缮工程。实施职业学校实训实习基地、不老屯小学扩建等基建工程 17500 平方米。二是完成密云二中体育馆等修缮工程 5200 平方米，西田各庄中学等硬化工程 42140 平方米，北师大密云实验中学、西田各庄中学、疃里小学、南菜园小学等绿化工程 10460 平方米。新建塑胶操场 8 块，全县 53 所学校建成塑胶操场。三是按计划落实设备配备任务。完成数字化实验室、史地教室等专室设备立项采购工作。暑期完成课桌椅、办公家具、寄宿制学校炊事机械与住宿设备更新补充工作。

（郭占云）

【高招本科录取 1259 人】 7月28日，密云高招本科录取工作结束。全县 3910 人参加普通高校招生考试（文史类 1043 人、理工类 2867 人），本科总计录取 1259 人（清华大学录取 7 人、北京大学录取 5 人），总录取率 32.2%。其中，本科提前批次录取 63 人、本科一批录取 427 人、本科二批录取 660 人、本科三批录取 109 人。本专科总录取率 75.75%，比上年提高 5.58 个百分点。

（郭占云）

【为撤并校学生解决上下学乘车问题】 9月1日，密云水库中学至冯家峪镇校车正式通车。2008 年暑假，根据学校布局调整的需要，冯家峪中学撤并到水库中学。由于西线大关桥不通，冯家峪镇域内学生上下学问题成为实际困难。为解决老百姓后顾之忧，县政府经研究决定，打通西线大关桥，为冯家峪镇开通班车，解决学生上学问题。班车由公交公司承担。每周五公交车加车到校接送学生放学回家，周一早晨到冯家峪镇接学生上学。

（郭占云）

【编纂教师交流工作文集】 9月，密云县教委编辑完成《为有源头活水来——密云县交流教师文集》。这是一部总结教师岗位交流工作成果、分享交流教师成功经验的纪实文集，从管理、实践、体验三个层面收录交流教师教学心得 138 篇，共 40 万字。密云县 2006 年开始教师交流工作。首批 312 名中小学教师参加交流，第二批 234 名中小学教师参与城乡校际交流，第三批 216 名教师参加交流。经过三年的实践，初步实现县域内教师的合理流动，促进中青年教师的专业化成长，带动城乡学校教育教学水平及教科研能力的整体提高。

（郭占云）

【完成教学资源库阶段性建设】 至年底，密云县教委完成教学资源库阶段性建设任务，建成分学段、分学科的课件资源库，存量达 29 万余条。全年共安排教研员及骨干教师利用视频教学系统网上授课 200 节，开展网上教学、培训、教研活动 40 次，搭建起城乡学校同步互动教学、教科研和教师培训平台，有效促进教育教学质量的提高。

（郭占云）

职业与成人教育

【概　况】 2008 年，密云县职业学校开设计算机应用、汽车运用与维修、数控技术与应用等 7 个专业，在校生 1795 人，招生 1053 人（成人中专 200 人），毕业生 1005 人（成人中专 338 人）。教职工 284 人，其中专任教师 170 人，高级专业技术职务 43 人。学校由 3 个校址组成，占地面积 13.66 万平方米，建筑面积 3.76 万平方米。固定资产总值 7707.73 万元，图书馆藏书 6.25 万册。全年教育经费投入 4200.65 万元，其中，国家拨款 4095.83 万元，自筹经费 104.82 万元。全县各类成人教育学校 349 所。成人学校总占地面积 21.05 万平方米，总建筑面积 3.03 万平方米，固定资产 5101 万元，图书馆藏书 14.6 万册。全年教育经费投入 2000 万元，其中，国家拨款 950 万元，自筹经费 1050 万元。成人教育学校中，县直属学校 1 所，开设计算机、财会、英语等 15 个专业，在校生 4544 人，招生 1617 人，毕业 859 人，教职工 56 人。乡镇成人学校 17 所，村成人学校 297 所，教职工 44 人，其中，专任教师 27 人。全年实用技术培训 54629 人次，绿色证书培训 532 人次，乡镇企业岗位培训 9458 人次，其他类培训 2884 人次。成人职工学校 6 所，培训 7339 人次，教职工 48 人，其中，专任教师 17 人。社区市民学校 28 所，培训 54972 人次。年内，密云县新建村成人学校 9 所，各乡镇实现 80%以上的行政村建有成人学校的目标。全县有 462 名文盲、半文盲取得脱盲证书。6 所成人学校被认定市级示范村成人学校 6 所。6 个农民教育优秀项目获得北京市农民教育优秀培训项目称号。

（郭占云）

【成人高考录取 1449 人】 1月9日，北京市成人高校招生录取工作结束。密云县报名 2209 人，录取 1449 人，录取率 65.6%。其中，高中起点报名 1449 人，录取 959 人，录取率 66.18%；专升本报名 760 人，录取 490 人，录取率 64.47%。

（郭占云）

【召开乡镇成人学校规范管理现场会】 1月10日，密云县教委在河南寨镇成人学校召开乡镇成人学校规范管理现场会。会上，河南寨镇、石城镇、冯家峪镇成人学校负责人交流学校规范管理经验，与会同志参观河南寨镇成人学校的教室、专业教室、档案室、图书室等设施。会议要求各乡镇成人学校要落实县教委关于成人学校规范管理的意见，在学校环境建设、制度建设、教学管理、设备管理、人员管理、档案管理等方面提高水平。各乡镇、街道教委副主任 22 人参加会议。

（郭占云）

【召开农民学历教育座谈会】 3月4日，密云县教委召开农民学历教育工作座谈会。会议通报全县农民学历教育开展情况。2007 年全县 18 个乡镇共举办学历教育班 45 个，开设农村经济管理、行政管理、法律、民俗旅游、种植业、养殖业等专业，在校生 1380 人。会议肯定各乡镇农民学历教育工作成绩，要求各乡镇充分认识开展农民学历教育的重要性，认真制订计划，采取有效措施做好农民学历教育工作，提高农民文化技术素质。密云职业学校、电大分校、成教中心校长，各乡镇成人学校常务副校长 21

人参加会议。

（郭占云）

【表彰成人教育工作先进】　3月6

日，密云县教委召开成人教育工作总结表彰会。会上，表彰6所市级示范镇村成人学校、17所县级示范村成人学校、14个先进集体、15名先进个人。会议提出2008成人教育工作重点，一是大力发展农村成人教育，实施农民教育培训工程，狠抓农民学历教育工作，全面提高农村劳动者文化、技术素质，为农民增收致富服务。二是发展社区教育，建设学习型密云，为构建终身教育体系，建设学习型社会打好基础。三是推进机关、企业事业单位职工教育，促进人力资源开发。全县成人教育、农村教育工作者50人参加会议。

（郭占云）

【学校社区共建活动启动】　3月21

日，密云县教委与鼓楼街道在宾阳北里社区广场举行“教育资源向社区居民开放”启动仪式。该活动包括两个方面：一是共享场地设施资源。学校按照定时、定点、定项目原则，节假日向共建社区开放运动场、计算机室、会议室、图书室等场地设施，为社区开展市民培训、讲座、竞赛等活动提供服务。二是共享优秀人才资源。社区可利用学校专业教师资源开展文化、艺术、科技、体育类培训活动。学校利用社区优秀人才资源，充实校外教育力量。社区、学校共同做好校园周边环境治理工作，优化学生成长环境。有关领导，学校、社区负责人和市民代表等1000人参加启动仪式。

（郭占云）

【总结扫盲工作】　6月13日，密云县教委召开2008年扫盲工作总结会。会议为462名脱盲人员发放脱盲证书，西田各庄、石城、河南寨、古北口镇成人学校交流扫盲工作经验。会议要求各乡镇成人学校要及时召开扫盲工作总结会，做好扫盲材料收集整理工作，巩固扫盲成果。各乡镇、街道教委主管扫盲工作负责人参加会议。年内，密云各乡镇成人学校在组织扫盲学习中，做到“四统一”，即：统一教材、统一进度、统一考试、统一发证。

（郭占云）

【药监密云分局通过学习型机关创建验收】　6月27日，建设学习型密云工作领导小组办公室组织专家验收药监密云分局学习型机关创建工作。验收组认为，药监密云分局学习型机关创建工作领导重视、目标任务明确、思路清晰、措施得力、注重学习型组织建设与工作结合，取得较好的效果，认定该单位通过验收。7月11日，北京药监密云分局在云佛山度假村举行创建学习型机关授牌仪式。

（郭占云）

【承办农民学历教育经验交流会】　9月27日，市教委职成处、市农村教育研究会在密云县河南寨镇召开农民学历教育经验交流会。会议听取密云县教委、河南寨镇成人学校校长、河南寨镇下屯村农民学历大专班学员代表、房山区职业学校、顺义区农广校典型发言。会议对密云县采取有效措施开展农民学历教育的做法给予充分肯定，希望各郊区县教委、职业学校、电大分校、农广校积极投入到新型农民培养工作中来，大力推进农民学历教育，为培养有文化、懂技术、会经营的新型农民作出贡献。郊区县教委主管主任、职成教科科长、及部分职业学校、电大分校、农广校校长45人参加经验交流会。

（郭占云）

【镇成人学校接受市级示范校验收】　11月13至14日，市教委验收巨各庄镇、大城子镇成人学校市级示范镇成人学校建设。评估组先后到巨各庄镇、大城子镇成人学校，听取镇主管教育负责人关于市级示范镇成人学校验收的自查报告，实地考察学校基础设施建设、设备配备情况，查阅学校相关档案材料，并与学员、教师代表座谈，全面了解镇成人学校工作开展情况。检查组认为，两镇领导高度重视市级示范镇成人学校创建工作，工作取得成效。一是重视成教工作，组织领导到位，各种制度、措施、奖励机制健全。二是镇成人学校管理进一步规范，成教工作分工明确，责任落实到人，制度健全，逐步走向规范化发展轨道。三是镇成人学校办学条件进一步改善。四是成人培训效果明显，尤其是在特色培训方面进行有益探索，具有较强的针对性、实用性。检查组希望两镇进一步加强成教师资队伍建设，加强档案管理，抓住推进新农村建设的发展机遇，不断研究新情况、解决新问题，为建设新农村提供强有力的智力支持和人才保障。

（郭占云）

【首届畜牧养殖中专班毕业】　12月2日，密云县首届村级中专班——东邵渠镇大岭村“农村畜牧养殖中专班”毕业。全村40名从事专业养猪的农民通过两年学习获得“畜牧养殖中专班”毕业证书和动物检疫检验员中级任职资格证书。

（郭占云）

【农民学历教育超额完成招生任务】　12月4日，密云县教委召开农民学历教育工作总结会。会议表彰7个农民学历教育工作先进单位，总结年度农民学历教育工作。一年来，密云县农民学历教育招生909人，其中，本科43人、专科279人、中专587人，超额完成2008年招生任务。

（郭占云）

教育督导

【国务院调研免除义务教育学杂费实施情况】　4月14日，国务院研究室调研密云县免除城市义务教育学杂费政策实施情况。调研组实地察看密云五中、穆家峪中心小学办学条件改善情况，听取学校负责人关于落实义务教育阶段免除学杂费、教科书费、住宿费，按标准发放学习补助、住宿生伙食费补助等方面工作的汇报。调研组对密云县严格按照有关规定，认真落实相关减免、补助政策的做法给予充分肯定，并对密云县深入宣传国家助学政策、规范操作程序、加强督查等具体措施给予高度评价。

（郭占云）

【检查每天一小时体育活动情况】 5月15日，市政府教育督导室检查密云县落实学生每天一小时体育活动情况。检查组在听取县教委工作汇报后，实地检查河南寨中心小学、首师大附属密云中学和十里堡中学。检查组对密云县落实学生每天一小时体育活动情况给予充分肯定，认为密云县学校体育场地设施建设力度大，在开齐、开足体育课的基础上，广泛开展课间课外体育活动，内容丰富、形式多样、特色突出、成效显著。

（郭占云）

【县政协委员视察教育发展情况】 5月22日，密云县政协委员视察密云教育发展情况。政协委员先后来到古北口中学、古北口中小学教师公寓、太师屯中心小学，视察学校办学条件改善、教育信息化建设情况，听取县教委基础教育发展情况工作汇报。政协委员对密云县近年来教育发展情况予以高度肯定，认为密云教育以“首都农村教育现代化试验区”建设为载体，深入实施素质教育，不断增加投入，在中小学布局调整、办学条件改善、教育信息化建设、教师队伍建设等方面快速发展，成效显著。

（郭占云）

【县人大视察义务教育均衡发展情况】 6月27日，密云县人大常委会视察全县义务教育均衡发展情况。代表们视察高岭中心小学、高岭中学、上甸子小学、古北口中心小学、古北口中学，并听取县教委义务教育均衡发展情况的汇报。代表们对城乡义务教育均衡发展所取得的成绩给予充分肯定，认为密云教育发生翻天覆地的变化，尤其是在办学条件改善、教育信息化建设、教师队伍建设等方面，取得明显成效，使全县义务教育初步实现优质、均衡发展。

（郭占云）

【督导检查职业教育】 10月29至30日，市政府教育督导检查组督导检查密云县职业教育法律法规执行情况。检查组先后到县职业学校、石城镇成人学校和职业学校实训基地，实地察看学校硬件建设及教育教学情况，听取密云县职业教育法律法规执行情况的汇报，查阅职业教育发展的相关材料，并同县教委、财政局、发改委、劳动局、经委、农委有关负责人座谈。检查组认为该县高度重视职业教育工作，建立并完善职业教育管理体系；教育执法意识进一步增强，依法行政、依法治教的自觉性进一步提高，有效解决职业教育发展中的问题，促进各类教育健康、协调、可持续发展。

（郭占云）

【督导检查初中建设工程】 11月12至13日，市政府教育督导室督导检查密云县检查初中建设工程实施情况。检查组听取县教委初中建设工程实施情况汇报，查阅相关档案材料，并就办学条件改善、干部教师队伍建设、教育教学质量提高等内容与有关人员座谈。检查组实地察看古北口中学、密云五中、西田各庄中学，并通过听课、与师生代表座谈、问卷调查等形式，全面了解初中建设工程进展情况。检查组认为，密云县通过实施初中建设工程，在布局调整、资源整合、条件达标、队伍建设、课程改革、教科研等方面做出成绩，提高教育质量，促进初中教育优质均衡发展，为密云教育现代化建设作出突出贡献。

（郭占云）

中共密云县委教育工委

书　　记　高淑贤

密云县教育委员会

主　　任　李钟勤

密云县政府教育督导室

主　　任　果长毅

延　庆　县

总　类

【表彰“手拉手”活动先进】 1月10日，延庆县教委召开“手拉手”活动表彰会。会议表彰2007年度城乡学校“手拉手”活动先进学校18所、先进管理者38人、先进教师85人。延庆县2005年3月在全县启动中小学、幼儿园城乡学校“手拉手”活动。全县已经有47所中小学、幼儿园与市区54所优质学校、幼儿园以及民进组织“名师指导团”建立“手拉手”帮扶关系。县域内22所优质中小学、幼儿园及教科研中心分别与37所川山区学校结成“手拉手”关系，320名市、县级骨干教师与川山区500名教师结成“手拉手”师徒帮带关系。

（李晶华）

【表彰优秀班主任】 1月11日，延庆县教委和八达岭特区召开优秀班主任表彰会。会议表彰2007年度北京市“紫禁杯”和延庆县“八达岭长城杯”优秀班主任140人。2007年度优秀班主任评选与“情系奥运，文明礼仪伴我行”主题教育活动相结合，注重班主任“爱事业、爱岗位、爱学生”的精神风貌和“善学习、会管理、能指导、见实效”的工作业绩。延庆县教委将其中36名优秀班主任事迹材料汇编成集，印发给全县班主任教师学习交流。

（高天学）

【完成普通话水平测试】　3月14日至12月6日，延庆县组织5次普通话水平等级测试。全县1347人参加测试，其中教师83人，各类学校学生1138人，社会人员126人。测试达标1341人，测试达标率99.6%。其中，一级乙等732人，二级甲等444人，二级乙等162人，三级甲等8人，三级乙等1人。二级乙等以上共1338人，占参加测试人数的99.33%。本年，配合新农村建设，首次测试农村干部96人，并且农村干部三级乙等为合格。测试内容为：读单音节词100个、读双音节词50个、朗读作品1篇、口头作文1篇。

（李晶华）

【区域教育合作项目启动】　4月13

日，延庆县政府与首都师范大学签订合作意向协议书，启动区域教育合作项目。首都师范大学把延庆县作为提升远郊区县干部教师专业化水平实验基地，以提升干部教师的专业知识水平和能力为重点，通过开展课题研究、新课程改革培训和骨干教师学历提升计划，促进延庆县区域教育质量提高。2008年至2011年，首师大将重点培训延庆县小学各学科县校级骨干教师300人；全员培训初中语文、数学、英语等9个学科教师800人；争取完成高中数学、语文、英语研究生学历培训80人；完成中小学业务主管干部培训120人；对教研员的教科研能力进行全面培训。双方还将共同进行区域教育均衡发展和教育教学相关课题的研究，以及共同建设校本教研基地等。

（李晶华）

【青少年成长热线开通】　4月14日，延庆县教委和团县委针对学生在成长中遇到的各种心理问题，联合开通69140120青少年成长热线。热线通过专业心理教师为学生提供法律维权、心理健康、政策咨询及就学助困、创业指导等方面公益咨询服务。

（高天学）

【40名大学生到延庆支教】　4月27日，延庆县教委公开招聘支教大学生。61名高校毕业生应聘，通过微格教学、公开答辩、个人才艺展示三项内容考核，录取40人。他们分配到全县各农村中小学，进行为期3年的支教工作。

（李晶华）

【举办优秀中学生事迹报告会】　5月

13日，延庆县教委举办"感动青春——2008年延庆县优秀中学生事迹报告会"暨"道德之星"、"文明礼仪标兵"、"环保小卫士"表彰会。会议表彰350名初中"文明礼仪标兵"、100名高中"道德之星"、100名"环保小卫士"共计550名学生，10名优秀学生代表从对班级、家庭以及社会的责任等方面作典型发言。各中学德育干部、教师300人参加会议。

（高天学）

【认定教师资格155人】　5月和10月，延庆县教委分别组织春、秋两季教师资格认定工作。共受理认定教师资格报名295人（教育系统36人、应届毕业生194人、社会人员65人），通过个人申请、资料审查、面试（答辩）、教育教学能力测试、审核与认定、颁发教师资格证书等程序，155人认定教师资格。其中，初级中学教师资格40人、小学教师资格68人、幼儿园教师资格47人。

（李晶华）

【完成教师专业技术职称评定】　7月，延庆县教委完成教师专业技术职称评定。本年315人申报晋升职称，通过审查上报材料、听考核课、答辩等程序，308人晋级。其中，晋级中学高级教师61人。

（李晶华）

【成立香营学校】　7月，香营中学与东白庙中心小学（包括新庄堡、香营、后所屯3所村小）合并，在原香营中学旧址扩增5293.051平方米成立香营学校。该学校为九年一贯制学校，附设幼儿园。学校占地面积19202.7平方米，建筑面积8679平方米，体育场面积4500平方米，图书馆藏书3.046万册，固定资产总值848.87万元。招生94人（小学24人、初中70人），在校生567人（小学360人、中学207人），寄宿生4人，开设教学班24个（小学15个、中学9个）。教职工100人，其中，专任教师62人。教师中，副高级专业技术职务3人，中级专业技术职务51人，县级骨干教师5人。学校普通教室24个，专用教室26个，实验室4个。香营学校成立后，撤销香营中学、东白庙中心小学建制。

（李晶华）

【开办3个本科班】　7月，延庆县教科研中心与北京教育学院联合举办3个本科班。教科研中心提供办学场地和教学设备，教育学院负责师资选派，按照北京市教师进修高等师范本科专业教学计划与大纲授课。学员经2007年全国成人高校统一招生考试录取，其中，中小学体育本科班27人，小学数学本科班29人，小学科学本科班31人。本科班学制3年，业余时间学习，经考核各门课程结业成绩合格，发给国家承认的科学教育专业本科毕业证书。

（李晶华）

【完成旱厕改造工程】　至8月，延庆县完成广积屯完小、延庆体校、大榆树中心园、王木营完小、井庄幼儿园、四海小学、庆源学校、刘斌堡中心园、香营中学、香营中心园、榆林完小11所学校的旱厕改造工程。工程将原来的旱厕改造成可以水冲的厕所，室内安装洗手水龙头，地面铺设防滑瓷砖。建筑面积700多平方米，投资228.3万元。

（郤占华）

【表彰优秀教师】　9月10日，延庆县教委召开庆祝教师节暨教育系统先进单位、优秀教师表彰大会。表彰延庆县教育系统先进单位13个，延庆县优秀教师99人，延庆县优秀教育工作者 44 人。同时，表彰“延庆名师”6 人。会议向教师致以节日问候，指出在教师队伍建设上要把师德建设放在教师队伍建设的首位，要激发教师的创造潜力。县委、县政府领导及教育系统干部教师 780 人参加会议。

（李晶华）

【评选“延庆名师”】　9 月，延庆县教委开展“延庆名师”评选工作。评出李明娥、王顺、王献春、贺艳霞、吕春燕、田毅敏 6 人为“延庆名师”。“延庆名师”是延庆县知名教师的简称，是以师德的楷模、教育的专家、育人的模范为基本标准和含义，是在教育改革和发展中作出突出贡献并被业内公认和具有影响力的顶尖层面的优秀教师。“延庆名师”由县委、县政府任命，并颁发证书。被命名的“延庆名师”除了要履行特级教师、学科带头人、骨干教师的职责外，还要建立“名师工作室”，承担重点科研课题，对其他教师进行教育教学业务工作指导。县教委为“名师工作室”拨专项经费，并向每位名师每年发放科研经费 5000 元。从 2007 年开始“十一五”期间每年评选一次。

（李晶华）

【延庆七中成立】　10 月 27 日，延庆县第七中学举行落成庆典。该校位于县城西 1 公里，是延庆县教委撤销 2 所川区中学（西屯中学、赵庄中学）和 1 所山区中学（千家店中学）合并成立的一所寄宿制初级中学。学校占地面积 42180.19 平方米，建筑面积 14529.54 平方米。学校建设工程 2007 年 10 月开工，总投资 3759 万元。固定资产总值 456 万元。学校 9 月 1 日正式开学，在教学楼落成之前，学生分别借用延庆电大、延庆一中教室就读。学校落成后，原千家店地区（山区）的学生全部住校，住宿费用全免，且每人每月发 100 元伙食费补贴。西屯和赵庄地区的学生采取自愿住宿的原则，免除住宿费，不享受伙食费补贴。全校教学班 18 个，学生 540 人，教职工 100 人，专任教师 58 人。

（李晶华）

【为学科带头人和骨干教师颁证】　10 月 30 日，延庆县市（县）级学科带头人、骨干教师颁证大会在延庆县教委举行。会议向延庆县 5 名市级学科教学带头人、71 名市级骨干教师（县级学科带头人）、393 名县级骨干教师颁发证书。延庆县市（县）级学科带头人、骨干教师实行动态管理，每三年评选一次。此次学科带头人、骨干教师的任期从 2008 年 1 月 1 日到 2010 年 12 月 31 日。待遇上骨干教师和学科带头人享受每人每年一次性科研经费，市级学科带头人 5000 元，县级学科带头人 3000 元，县级骨干教师 1500 元，并优先参加高层次培训、考察、学术交流等活动。

（李晶华）

【举办全国友谊校校长互动论坛】

11 月 22 日，全国友谊校第八届校长互动论坛在延庆十一学校举行。论坛以“创建学校特色，促进内涵发展”为主题，听取延庆县十一学校以及浙江、海南等 14 所学校办学特色及内涵发展专题发言。校长互动论坛为延庆教育界提供学习、交流平台，为及时了解、掌握全国“创建学校特色，促进内涵发展”研究最新动态和前沿成果提供信息。来自全国中小学校长 79 人参加论坛活动。

（李晶华）

【16 所学校配发校车】　11 月 28 日，

延庆县举行农村寄宿制学校生活用车配发仪式。为刘斌堡中学等 16 所农村寄宿制学校各配发新依维柯校车 1 部，调剂下来的旧依维柯校车分别配发给民族小学等 9 所学校。此次为农村寄宿制学校配发校车是北京市政府为民办实事项目之一，全市为农村寄宿制学校配发 140 辆依维柯客车，用于师生学习和生活用车。2002 年，北京市政府曾为延庆县 21 所农村寄宿制学校配发 21 部依维柯校车。

（郤占华）

【完成校长负责制中期大检查】　12 月 1 至 19 日，延庆县教委完成第六轮校长负责制任期目标中期大检查。县教委制定检查实施方案，成立领导小组、工作组和 6 个检查组。采取召开全体教职工会、听取校长汇报，发放调查问卷，查阅相关档案资料等方式，检查 74 个学校、单位的全面工作。检查总结出教育均衡发展、开放式办学等方面成绩，发现在结构工资、考核、奖励等方面存在问题。县教委要求各学校加强管理，针对检查的反馈意见，做好整改工作。第六轮校长负责制自 2006 年 1 月至 2010 年 12 月。

（李晶华）

【实现教育经费三个增长】　至年底，延庆县实现教育经费三个增长。延庆县财政经常性收入 121880 万元，比上年的 110800 万元增加 11080 万元，增长 10%，财政拨付教育事业费 36288.3 万元，比上年的 32972 万元增加 3316.3 万元，增长 10.06%，高于财政经常性收入的增长幅度。同时，各类生均教育事业费和公用经费继续增长。

（郤占华）

学前教育

【概　况】　2008 年，延庆县托幼园所 40 所，其中，市立园 4 所，中心园 11 所，学校办园 6 所，民办园 19 所。入园幼儿 1335 人，在园 4523 人，离园 2013 人。教职工 514 人，其中，专任教师 349 人。学前三年教育普及率 92%。

（高天学）

【举办幼儿教师基本功大赛】　4 月 26 日，延庆县教委举办第四届“群星杯”幼儿教师基本功大赛。比赛内容包括理论考核、主题活动设计、教案书写和微格教学展示，分设单项奖和全能奖。全县 23 所幼儿园（学校）

71名教师参赛。评出全能一等奖9名，全能二等奖13名，全能三等奖17名；单项一等奖36人次，二等奖52人次，三等奖68人次。

（高天学）

【三园通过市级早教基地验收】 5月7日，市教委专家组对刘斌堡中心幼儿园、井庄中心幼儿园和第四幼儿园进行市级早教基地检查验收。通过实地考察、观看亲子活动、听取园长汇报、翻阅档案资料，检查组对3所幼儿园开展的幼儿早期教育工作表示满意，并就进一步提高早教工作质量提出建议。3所幼儿园通过验收。至此，延庆县8所幼儿园通过北京市早期教育基地的验收。

（高天学）

【举办“群星杯”幼儿艺术节】 5月

26至30日，延庆县教委举办第四届“群星杯”幼儿艺术节。艺术节设有绘画、讲故事、手工制作和体育4项比赛内容，各幼儿园将此活动纳入日常教学，全园幼儿参与。活动中，21所幼儿园、3所学校学前班的500名幼儿获奖。

（高天学）

【举办幼儿教师体育评优活动】 9至11月，延庆县教委举办幼儿教师体育活动课评优。经各园、所初评后，按带班教师10%的比例择优推荐，21所幼儿园的41名教师参加县级评优活动，最终有25名教师分获一、二、三等奖。

（高天学）

基础教育

【概　况】 2008年，延庆县小学51所，教学班574个，招生2110人，在校生15227人，毕业3002人；教职工1976人，其中，专任教师1361人；小学入学率100%，巩固率100%，毕业及格率100%。中学23所（初中15所、完中4所、高中2所、一贯制学校2所），教学班413个（初中282个、高中131个），招生4417人（初中2957人、高中1460人），在校生14133人（初中9092人、高中5041人），毕业5324人（初中2964人、高中2360人）。初中入学率100%，巩固率99.85%，毕业合格率99.9%，高中入学率98.34%，毕业合格率88.13%，应届毕业生高考录取率77.59%。教职工2468人，其中，专任教师1438人。特殊教育单位1个，教学班6个，在校生48人，教职工27人，其中专任教师14人，残疾儿童入学率98.28%。校外教育单位1个，教职工42人，其中专任教师21人。中小学教师学历合格率99.4%，其中，小学合格率99.5%，初中合格率99.9%，高中合格率98.3%。特级教师5人，高级专业技术职务186人（小学1人、初中52人、高中133人）。全县中小学图书馆藏书181.9万册，校舍总占地面积173.90万平方米，总建筑面积49.53万平方米，固定资产总值72259.6万元。全年教育投入65962.8万元，其中，国家拨款61185.1万元，自筹经费4777.7万元。

（郤占华　李晶华　高天学）

【举办教师专业知识测试】 1月26

日，延庆县举办中考5科教师专业知识测试。测试难度与中考难度一致，试题特点各学科有所侧重。其中，数学侧重综合试题，物理、化学试验（基本技能、测量、实验探究）与综合试题相结合，英语、语文题型与学生试卷一致。全县教师557人参考，语文平均96.88分，及格率100%，优秀率31.5%；数学平均77.01分，及格率96.1%，优秀率35.5%；英语平均98.78分，及格率100%，优秀率59.48%；物理平均86.2分，及格率95.31，优秀率64.1%；化学平均72.2分，及格率100%，优秀率87.2%。延庆县每学年对各学科所有一线教师进行一次专业知识测试。

（李晶华）

【举办特色研讨会】 3月11日，延庆县教委召开中学办学特色研讨会。23所中学校长分别结合“英语特色铺就名校之路”、“民族团结教育带动民族中学持续发展”等主题，汇报学校办学特色、课堂教学改革等工作。会议指出，通过办学特色研讨，希望各校互相交流借鉴，切实办出风格，办出特色。县教委领导及中学校长30人参加研讨会。

（李晶华）

【完成学籍管理员技术培训】 3月19日、6月5日，延庆县教育信息中心完成中小学新任网管、学籍管理员技术培训。其中，小学重点培训毕业生离校刷卡、毕业生电子名册导出、初中入学登记表等内容，初中重点培训初三毕业生离校刷卡、初一新生刷卡注册平台、学期刷卡注册工具等软件使用，高中重点培训高一新生入学刷卡注册、统招外学生信息的录入等内容。各类学校学籍管理员、网管员112人参加培训。

（郤占华）

【研讨高中新课改教学工作】 3月20日，延庆县教委召开高中新课改教学工作研讨会。会议听取县教委《高中新课改专项调研工作报告》，延庆一中、延庆五中、永宁中学3所高中校分别交流新课改教学工作经验。会议指出，干部培训要切实加强学习，在听课环节中一定要做到主题性听课，每节课要有侧重点。延庆县教委、教育科学研究中心、信息中心领导，延庆县5所高中校代表25人参加会议。

（李晶华）

【小学规范化建设工程启动】 3月28日，延庆县教委组织召开小学规范化建设工程启动大会，启动延庆县第一批小学规范化建设工程。第一批小学规范化建设工程校分别是：下屯中心、民族小学、姚家营中心、二道河中心、大庄科中心。会议指出，小学规范化建设的重点是川区、山区小学的建设。全县 36 所小学领导 80 人参加会议。

（高天学）

【举办中学优秀班主任研修班】 3 月，延庆县教委举办第二期中学优秀班主任研修班。研修班面向市级"紫禁杯"和县级"长城杯"优秀班主任，来自 19 所中学优秀班主任 30 人参加培训。该班将在 1 年内完成 40 学时（集中业务培训 15 学时、自修学习 10 学时、完成作业参与实践 5 学时、外出考察 10 学时）培训任务，考试合格后颁发"延庆县中小学班主任岗位培训合格证"。培训采取专家引领、自主学习、承担课题、实践研讨、外出考察等形式，内容涉及德育政策及法规、国内外最新德育理论、重点问题解析等。

（李晶华）

【举办课堂教学层次性研究现场会】 4 月 10 日，延庆县教委在刘斌堡中学召开"中学课堂教学层次性研究与探索"现场会。与会人员观摩刘斌堡中学语文、数学、政治、物理 4 节示范课，听取该校关于课堂教学层次性研究与探索工作汇报。县教科研中心教研员现场评析 4 节示范课，并就全县课堂教学层次性研究工作提出要求。会议提出，全县推广刘斌堡中学课堂教学改革的成功经验，并以刘斌堡中学教师课堂教学模式为范例，制定《课堂教学层次性研究与探索的实施方案》，全面提高课堂教学质量。县教科研中心、中学校长、主任共 87 人参加活动。

（李晶华）

【考核小学教师专业技能】 4月26

日，延庆县教委完成小学教师专业技能考核。全县 36 所小学语文、数学教师 1100 人次参加学科业务知识考核，其中，108 人获教学设计优秀奖，122 人获试卷命制优秀奖，269 人获学科专业知识优秀奖。

（高天学）

【一七一中与康庄中学合作办学】 5 月 15 日，一七一中与延庆县康庄中学名校办分校工作洽谈会在延庆县教委举行。会议决定一七一中为康庄中学提供教学、教研、管理等方面服务，选派一定数量干部和优秀教师到康庄中学任职、任教，安排康庄中学干部到一七一中挂职锻炼，康庄中学教师定期到一七一中学习、听课。一七一中同时为延庆县的教育科学研究提供支持，帮助延庆县培养青年骨干教师。延庆县每学期选派 5 名教师到一七一中执教。

（李晶华）

【创办"1＋1捆绑式发展"办学模式】 6 月 6 日，延庆一小、二小等 5 所城区优质学校分别与大庄科中心、千家店学校等 5 所山区学校结成"1＋1 捆绑式发展"（即县城、山区学校捆绑发展）学校。延庆县教委通过行政手段将城区学校与山区学校组合在一起，形成"两校一体"的发展共同体，是为提高延庆县山区教育质量，推进县域内教育均衡、协调发展而探索的新的办学模式。两校独立核算、独立核编、明确帮扶责任，实行自主协商式管理和"1＋1"捆绑式评价。按照"1＋1 捆绑式发展"协议，城区学校将为山区学校提供管理上的帮助，选派中层干部到对口学校任职，组建"优秀教师讲学团"，分期分批到山区学校讲学，选派骨干教师到山区学校顶岗支教，并将山区学校教师业务培训工作纳入到城区学校教师培训工作中，实现多媒体教学课件、教学案例等教育资源的共享。

（高天学）

【总结小学第一轮课改工作】 6月

12 日，延庆县教委召开延庆县小学第一轮课改总结会。会议观看课改专题片《总结经验，开创未来》，观摩 5 个课改实验片的 10 节展示课，并围绕"转变学生学习方式，提高课堂教学实效性"进行专题发言。会议从联片教研制度建设、提高课堂教学实效性、地方校本课程建设等方面总结课改工作，并提出第二轮课改工作的基本思路。市、县领导及延庆县教育系统干部、教师 190 人参加会议。

（高天学）

【高考录取率提高 8.58 个百分点】 6 月，延庆县 3146 人参加普通高考，比上年减少 433 人。本科录取 1068 人，比上年增加 120 人，录取率 33.9%，比上年提高 7.4 个百分点。其中本科一批 358 人，本科二批 569 人，本科三批 62 人，提前批次 79 人。专科录取 1373 人。专科以上共录取 2441 人，录取率 77.59%，比上年提高 8.58 个百分点，为延庆县最好成绩。

（李晶华）

【中考录取率 98.34%】 7 月 30 日，延庆县完成中考录取工作。中考招生录取采取提前招生录取、统一招生录取和招优等生的录取方式。本年全县参加高级中等学校升学录取考生 2957 人，提前招生录取 304 人，统一招生录取 2604 人，共录取 2908 人，录取率 98.34%。其中，升入普通高中 1534 人，升入普通中专 720 人，升入技工学校 221 人，升入职业高中 320 人，升入五年制高中 113 人。

（李晶华）

【英语教师赴加拿大学习】 7 至 9 月，延庆县教委组织 20 名中小学英语骨干教师赴境外学习。该活动由县教委与县外事办公室、加拿大卑诗省素里市教育局联合举办。以集中授课、师生互动教学与参观访问相结合的方式，围绕英语教法开展英语会话、双语教法技能、学习评估与工具等内容培训。培训费用每人 4.5 万元，由延庆县教委、学校各承担 2 万元、教师个人承担 0.5 万元。2004 年起，延庆县教委与加拿大卑诗省素里市教育局签订协议，持续 5 年每年选派优秀教师到加拿大学习。

（李晶华）

【举办新教师岗前培训】 8 月 27 至 29 日，延庆县教委举办新教师岗前集中培训。培训包括教师职业道德规

范、师生沟通艺术、教学设计等通识培训，以及按中、小学分学科进行教学常规、课堂教学设计、课例研讨培训。新教师144人参加培训，其中中学教师46人、小学及幼儿园教师98人。培训总计120学时培训，经考试合格颁发《新教师上岗合格证》。

（李晶华）

【召开中学教学工作会】 10月17日，延庆县教委召开2008年中学教学工作会。会议表彰2007至2008学年教学工作中成绩突出的13所初中学校、7所高中学校、131名教师、12名教研员，教科研中心对本年中、高考进行质量分析，延庆一中和二中分别交流教学管理工作经验。会议肯定中学教学工作和中、高考成绩，要求教研部门继续加强对学科教学的专业指导能力，促进延庆县教育布局结构调整与完善管理机制协调进行。延庆县教委相关领导、中学干部35人参加会议。

（李晶华）

【验收优质学校建设】 11月18日，延庆县教委召开中学第三批优质校建设总结论证会。会议听取延庆二中、三中等8所学校参加优质校建设一年工作总结，并就学校办学理念、教育教学管理、队伍建设等工作进行答辩。县教育督导室、县教委相关领导组成的评委会肯定8所学校在优质校创建过程中所取得的成绩，认定8所学校通过优质学校建设验收。延庆县第一批中学优质校建设于2005年3月至2006年4月完成，共4所学校；第二批于2006年5月至2007年7月完成，共7所学校。

（李晶华）

【完成初中校诊断性评价视导】 12月，延庆县教科研中心完成初中校诊断性评价视导。该项工作将常规视导、优质校验收、延庆县第6轮校长负责制任期目标中期检查三项工作融为一体，依据评价项目，通过学校汇报、听课评课、与师生座谈等形式，了解教学业务管理、教研组、备课组及教师等情况。并汇集各种资料，完成视导文本资料反馈，针对主要问题与学校教学业务干部研讨整改措施。其中，视导学校21所，听课689节，评出A类课236节，占34.36%；B类课438节，占63.47%；C类课15节，占2.19%。合格课达到100%的学校11所，占52.4%；优秀课率达到30%以上的学校12所，占57.2%。

（李晶华）

职业与成人教育

【概　况】 2008年，延庆县职业高中1所（独立设校），开设专业15个，教学班74个，毕业886人，招生916人，在校生2610人。教职工256人，其中，专任教师129人。学校占地面积11.30万平方米，建筑面积4.84万平方米。固定资产总值7051.67万元，全年教育经费投入3556.82万元，其中，国家拨款2709.85万元，自筹经费846.97万元。各类成人学校18所，开设24个专业，招生2277人，在校生5744人。教职工160人，其中，专任教师99人，全年学历教育毕业1122人，培训结业7万人次。学校占地总面积1.64万平方米，建筑总面积1.37万平方米，固定资产总值2221.50万元。全年教育经费总投入3868.28万元，其中，国家拨款3200.78万元，自筹经费667.50万元。

（吴铁华）

【举办首届“全民读书日”】 4月23日，创建学习型延庆领导小组办公室、延庆县社区教育中心、新华书店等单位在妫川广场举办延庆县首届“全民读书日”活动。活动中发放“全民读书倡议书”、“好书目录”、《创建学习型延庆知识手册》、《奥运知识手册》、《生态环保读本》、优惠读书卡5000张（册）。5月，创建学习型延庆领导小组办公室举办“全民读书征文”，共收到各单位推荐稿件和社会投稿245篇，评出一等奖2个，二等奖4个，三等奖11个，优秀奖30个。本年，延庆县把每年的4月23日定为“全民读书日”。

（吴铁华）

【评选农民教育优秀项目】 5至6月，延庆县教委评选农民教育优秀项目。评选标准限定为各类农业实用技术培训、绿色证书培训、跨世纪青年培训、农民富余劳动力转移培训、农村实用人才培训等。经过初评、指导培训，推荐6个项目参加北京市评选。其中，1个项目获一等奖，1个项目获二等奖，3个项目获三等奖。

（吴铁华）

【3所乡校通过市级示范性验收】 10月20至22日，市教委专家组验收延庆镇成人学校、四海镇成人学校、永宁镇成人学校市级示范性乡镇成人学校建设。专家听取各乡镇成人学校在学校管理、软硬件建设、办学特色等方面工作汇报，分别与农民学员代表、教师代表座谈，查看校园环境、查阅学校档案资料、图书资料。经专家组汇总评议，3所学校均通过验收。

（吴铁华）

【举办全民终身学习周】 10月24至

30日，创建学习型延庆领导小组办工作室与社区教育中心联合启动“延庆县2008年全民终身学习周”活动。活动主题为“学习、奉献、快乐”。启动仪式宣读全民终身学习倡议书，举办健身表演和职业技能展示。全县36个学习型试点单位参加学习周活动，分别举办主题读书活动、专业知识学习与比赛、服务礼仪讲座活动。活动共发放“全民终身学习倡议书”及多种学习宣传材料21400份，摆放展板113张，参与群众2100人。

（吴铁华）

【评选学习型先进】 11月11日至12月31日，创建学习型延庆县领导小组办公室和社区教育中心开展学习型单位、家庭评选活动。通过学习成果展示、听取汇报、进行座谈等形式，评估验收374个学习型家庭、47个村庄、27个单位。评出345个先进家庭，学习型先进村41个，创建学习型先进单位25个。

（吴铁华）

【完成年度农民培训工作】 至年底，延庆县农广校采取“学历＋技能”的模式及弹性学分制的管理办法，先后在12个乡镇举办农民中专学历教育＋技能培训班31个，招收学员1390人，涉及农村经济管理、蔬菜、旅游管理与服务等10个专业。举办农民培训班131期，培训8759人。各类职成学校开展各级各类农村劳动者职业技能培训7700人，2905人取得职业资格证书；开展果树蔬菜管理、花卉栽培、蔬菜种植、养殖技术等农业实用技术培训6130人次；开展农村劳动力转移培训5095人，其中引导性培训1755人次。各乡镇成人学校与农业部门合作开展农村劳动力转移培训4万人次（其中就业技能培训2.3万人次，引导性培训1.7万人次），实现非农就业6210人；农业实用技术培训3万人次，其中利用远程教育培训1.3万人次。

（吴铁华）

教育督导

【概　况】 2008年，延庆县政府教育督导室编制4人，在岗4人。本年重点工作是落实新修订的素质教育督导评价方案，启动新一轮素质教育督导评估，完成全县年度自评和随访；履行职责，全面开展教育执法检查；完成教育执法自查和市督导室教育执法督导检查；启动北京市首轮义务教育均衡发展督导评价，完成延庆县义务教育均衡发展状况评价；结合第六轮校长任期目标中期检查，对2008年度实施初中建设工程和小学规范化建设学校进行评估验收；围绕教育重点、热点问题，开展九年义务教育监测等工作。

（郤占华）

【完成学校体育工作专项督导】 1至5月，延庆县教育督导室完成全县70所学校“学生每天一小时体育锻炼”专项督导检查。在学校自查基础上，督导室抽查延庆一中、延庆五中等20所学校。通过听校长汇报、查阅资料、听课、开座谈会、问卷调查等方式对学校体育工作进行全面诊断和评价，发现每天保证学生1小时体育活动时间不足、全面实行大课间体育活动制度不到位等8种问题。5月20日，市政府教育督导室对延庆县落实学生每天一小时体育活动情况进行专项督导检查。听取延庆县教委确保学生每天一小时体育活动的工作汇报，抽查井庄中学、八达岭中心小学、延庆五中，对体育工作中存在问题提出改进意见。

（郤占华）

【接受基础教育课程改革视导】 12月16日，市课改领导小组和市政府教育督导室联合视导延庆五中基础教育课程教材改革实验。专家听取延庆县高中课改工作推进情况汇报，随机听课，与学校领导干部、教师、学生座谈。对延庆县高中课改提出建议：要发挥县校教研活动集体教研的力量，发挥县校骨干教师的作用，通过谈体会、谈经验的方式，引领其他教师共同发展；课堂教学的效率要提高，帮助学生理清知识系统；要充分了解学生的基础现状，要循序渐进，不随意加大难度，不盲目赶进度；要想办法调动学生的学习积极性，不随意放弃任何一名学生。

（李晶华）

【评估验收中小学建设工程】 12月，延庆县教育督导室开展初中建设工程、小学规范化建设督导评估验收工作。该工作按照“四统一”原则，采取论证、听课、查阅资料等方式，督导评估验收第3批实施初中建设工程的8所学校和第1批小学规范化建设的5所学校。分别检查学校发展规划、干部队伍建设、教师队伍建设、德育及教学工作，指导学校制定建设工作方案，建立定时专题交流研讨制度，建议各校加强过程管理。

（郤占华）

中共延庆县委教育工委

书　　记　马铁铃

延庆县教育委员会

主　　任　马铁铃

延庆县政府教育督导室

主　　任　马铁铃（1月任）

燕　山　地　区

总　类

【概　况】 2008年，燕山地区托幼园所7所，其中市立园1所，社会办园6所，收托幼儿1111人。市立园教职工38人，其中专任教师26人。小学7所，118个班，招生689人，毕业765人，在校生3460人。小学入学率100%，巩固率100%，毕业及格率100%。教职工404人，其中专任教师318人。中学5所（初中校4所、高中校1所），教学班108个（初中78个、高中30个），招生1016人（初中721人、高中295人），毕业1100人（初中527人、高中573人），在校生3710人（初中2667人、高中1043人）。初中入学率100%，巩固率100%，毕业合格率100%。高中入学率100%，毕业及格率100%，应届毕业生高考录取率76.52%。教职工507人，其中专任教师479人。特教班3个，在校生20人；残疾儿童入学率100%，巩固率100%，毕业率100%。校外教育单位

1个，教职工27人，其中专任教师18人。中小学教师学历合格率99%，高级专业技术职务133人（小学7人、中学126人）。中小学图书馆藏书34.59万册，校舍总占地面积19.56万平方米，总建筑面积11.04万平方米，固定资产26518.19万元。全年教育投入17228.95万元，其中国家拨款16198.93万元。

（孙传超）

【表彰校外工作先进】 1月8日，燕山办事处召开燕山地区校外教育工作大会。会议表彰2007年校外教育工作，布置2008年重点工作和寒假工作，交流青少年校外教育先进工作者工作经验。会议表彰燕山地区青少年校外教育先进工作者、第25届学生科技节活动先进集体和优秀组织工作者，为少年宫“燕山少儿艺术团”颁牌，并为前进二小颁发“北京市科技教育示范校”奖牌。27家校外教育联席会议成员单位领导及中小学校校长、教师60人参加会议。

（孙传超）

【推广学生学业成绩登录系统】 1月22日，燕山教委举办学生学业成绩登录系统使用培训会。会上，信息中心教师讲解学生成绩录入、导出、分析等内容，同时指导学员实际操作，检查验收各校成绩登录系统。各校网络管理员30人参加培训。

（孙传超）

【召开郊区校外机构活动展评表彰会】 3月4日，北京市郊区县校外教育机构活动案例展评活动表彰大会在燕山少年宫举行。北京市校外教育研究室专家及怀柔、昌平、密云、通州、房山、燕山等11个区县青少年宫主任及校外教师代表近百人参加表彰大会。此次参赛交流项目包括器乐和书画，两项共评选出一、二、三等奖共22人。郊区县校外教育机构优秀活动案例展评交流活动始于2003年，每年一届，由各个郊区县校外教育机构轮流承办，旨在提高郊区县校外教育机构小组活动质量和水平、促进校外教育事业的发展，探索新形势下教育教学规律，促进优秀教学成果的传播与交流。

（孙传超）

【吴正宪工作站回访燕山】 3月12

日，“吴正宪小学数学教师工作站”回访燕山，在燕山教研中心举行“如何做一名优秀数学教师”小数教学研讨活动。前进中学一名教师和吴正宪小学数学工作站一名教师同上一节初中一年级的数学课《按比例分配》。课后，吴正宪就两节课进行点评。吴正宪小学数学教师工作站工作人员，燕山地区中小学教学校长、教导主任、数学骨干教师70人参加活动。

（孙传超）

【召开思维导图训练营总结会】 3月14至15日，教育部“十一五”规划项目“友善用脑”课题组在燕山召开第二届友善用脑思维导图训练营总结会。会上安排4节公开交流课，通过真实的课堂教学，示范“友善用脑”的学习方式以及如何帮助学生更加轻松的学习。训练营重点训练学会绘制、使用友善用脑思维导图，学会与人合作和小组学习，让孩子们在快乐中学到知识，享受学习。市教委、市政府教育督导室、燕山办事处、燕山教委相关领导、各校项目团队80人参加会议。

（孙传超）

【“知心姐姐”举办讲座】 4月11

日，燕山教委邀请“知心姐姐”卢勤举办“解开千千结知心姐姐教我们成长”活动。座谈中，学生们向卢勤老师诉说成长中的烦恼，“知心姐姐”卢勤给予认真的解答。她鼓励孩子们要合理安排好自己的课余时间，争取做自己时间的主人。她希望孩子们帮助和接纳有困难或犯错误的同学，学会接纳别人，能够拥有一双善于发现美的眼睛。燕山地区中小学生400人参加活动。

（孙传超）

【召开燕山地区教育大会】 4月22

日，燕山地区2008年教育大会在燕山影剧院召开。会议听取全区教育工作报告，表彰优秀校长、优秀班主任和优秀教师共80人，优秀校长、优秀班主任和优秀教师代表交流典型经验。燕化公司、燕山工委、燕山办事处代表，以及教育系统干部、教师1000人参加大会。

（孙传超）

【举办攀登英语跨区交流】 4月25日，“燕山——大兴攀登英语跨区交流”在前进一小举行。活动中，前进一小教师和大兴二小教师分别作现场课，并汇报攀登英语实施成果。燕山教委相关领导，北京市攀登英语项目组负责人，大兴、顺义、房山等区县领导和教师共50人参加活动。

（孙传超）

【加强班主任骨干教师建设】 5月5日，燕山教委召开加强班主任、骨干教师建设工作会。会议印发《关于实施名校长名教师工程的工作意见》、《关于全面贯彻〈北京市中小学班主任工作管理规程〉的实施意见（试行）》、《关于学科带头人、骨干教师管理与考核的补充办法（试行）》3个加强干部教师队伍的文件，布置加强班主任工作和骨干教师队伍建设工作。会议表彰“北京市2007年初中教师教学基本功培训和展示活动”获奖教师及单位。燕山教委领导，各学校、单位党政正职、部分骨干教师及在获奖教师代表参加会议。

（孙传超）

【完成教师资格认定工作】 5月20日，燕山地区2008年春季教师资格认定工作完成。共受理认定申请11

人，其中，初级中学教师资格3人、小学教师资格6人、幼儿园教师资格2人。认定8人，其中，初级中学教师资格2人，小学教师资格4人，幼儿园教师资格2人。参加教育教学能力测试人员9人，通过6人。

（孙传超）

【举办小学生足球比赛】 6月6至13日，燕山地区小学生足球比赛在东风小学运动场举行。6支球队参加比赛，经过5天10场激烈的角逐，东风小学、前进一小、向阳小学分别获得第一、二、三名。东风小学温立新被评为最佳教练员称号。

（孙传超）

【举办中小学体育节】 9月27至28日，燕山教委在燕化工人体育场举行中小学体育节暨第16届田径运动会。本届中小学秋季田径运动会共设2个组14个项目，11支代表队400名运动员参加比赛。共有2人次1队破3项燕山地区中小学生田径运动会纪录。东风小学、星城中学分获小学组、中学组第一。

（孙传超）

【完成教学视导】 9月，燕山教委完成12所学校教学视导。视导工作由中小教科和教研中心负责，系统检查各校课程设置情况、学生作业量及学生学籍变动情况。其中，分别与校领导座谈，听取本学期校德育、教学工作计划和活动安排。各科教研员深入课堂，深入教研组检查教学，交流指导工作。

（孙传超）

【召开首届体育工作会】 10月10日，燕山地区首届学校体育工作会议在东风中学召开。会议回顾近年来燕山教委体育工作，东风小学、东风中学分别交流提高体育课质量经验。会议印发《燕山教委体育工作规程》，表彰学生训练成绩优异学校和教师，观摩东风小学和东风中学各一节体育课。各学校领导和全体体育教师共80人参加会议。

（孙传超）

【接受市政府初中建设工程督导】

10月15至16日，燕山教委接受市政府教育督导室、市教委初中建设工程联合专项督导检查组督导检查。检查组听取燕山教委初中建设工程实施情况总体汇报和督导检查工作。专项督导组认为燕山区“坚持内涵，打造精品”实施方案具有特色，特别是在初中建设工程中坚持内涵发展，形成长效机制，积极争取燕山办事处的大力支持和投入是值得推广的好经验。检查中，专项督导组分成硬件建设和软件建设两个组，检查前进中学、东风中学和星城中学，听取学校初中建设工作情况汇报，查看学校重点投入建设项目和教学设备设施。一致认为燕山地区领导高度重视学校初中建设工程，整体推进，措施有力，工作扎实，进展显著。

（孙传超）

【完成幼儿园年度考察】 10月21至29日，燕山教委完成完成幼儿园年度考察。该工作由小教科、教研中心教研员和燕凌春宇幼教有限公司成员组成考核小组，采取听汇报、看半日活动、查看资料形式，考核所属幼儿园7所，并评选表彰优秀教育活动。经检查，受检幼儿园全部合格。

（孙传超）

【举办中小学班主任基本功比赛】 11至12月，燕山地区举办中小学班主任基本功比赛。比赛包括笔试测查、现场案例分析、才艺展示等环节，分设小学、初中、高中3个组。200名班主任参加比赛，经评比，7人获得一等奖。

（孙传超）

【总结校本课程建设工作】 12月24日，燕山教委召开燕山小学地方、校本课程建设工作暨电子化学籍管理工作总结表彰会。会议表彰2007～2008学年度燕山地区校本课程建设优秀学校1所、优秀地方课程和校本课程设计获奖教师49人，听取向阳小学和前进二小典型经验。各学校教学干部、获奖教师代表20人参加会议。2008年初，燕山教委举办地方、校本课程先进校评选和地方校本课程论文、案例、课程视频课例评比。

（孙传超）

【召开小学心理健康教育现场会】 12月24日，燕山教委在前进二小召开心理健康教育现场会和2008年德育工作总结会。会议听取前进二小《让德行在做中成长》和《为学生搭建心灵健康成长的舞台》主题发言，观摩1节心理活动课。各校德育主任交流学校德育特色工作经验。各学校主管校长、德育教师32人参加会议。

（孙传超）

房山区燕山办事处教育委员会

主　　任　王大利
书　　记　郝伟莉

房山区燕山办事处教育督导室

主　　任　刘保华

（本栏责任编校　林业）

团　体

红十字与奥运同行
RED CROSS ALONG WITH BEIJING OLYMPIC GAMES
2008.4.8
从我做起
环保布袋

学　术　团　体

北京市教育学会

【概　况】　2008年，北京市教育学会设办公室、会刊报刊编辑部、学术委员会。有常务理事33人、理事144人，学术委员35人。下设19个区县（单位）教育学会和58个学科专业研究会，共有会员6.8万人。本年新增奥尔夫艺术教育研究分会。全年完成市教委委托课题3项、完成市哲学社会科学规划办与市社科联委托课题1项。全年组织教研座谈会233次，6248人次参加会议；召开研讨会及报告会417次，37528人次参加会议；举办各类培训316次，32017人次参加学习；举办优秀论文评选18次，获奖论文共23584篇。

（李文骞）

【启动特级教师导师团行动】　1月和3月，市教育学会启动4个远郊区县特级教师导师团行动。通州、昌平、密云和顺义4个区县邀请城区特级教师为导师，采取一对一的指导形式，培养本区县青年教师。学习形式以名师一对一指导为主，并全程参与教育教学实践体验，参加交流研讨等活动，学习名师的教育教学以及教学研究的方式方法。年轻教师在名师指导下，根据自身特点，形成独特的教育教学风格、较强的科研能力和专业指导能力。4个区县共有35名青年教师拜师，来自教科研机构、市重点校教学一线的32名特级教师参与指导。

（李文骞）

【助教讲师团赴四川灾区义务讲学】　2月11日至10月9日，市教育学会组织助教讲师团赴四川灾区景泰地区义务讲学。助教讲师团由来自北京10所学校36人组成，他们利用假期，讲授高中各个科目，共计32讲。临沧、景泰地区的6所中学高三学生1300人和高中教师200人共4.8万人次参加学习。

（李文骞）

【流动人口子女教育问题研究结题】　3月18日，市教育学会承担的“流动人口子女教育问题研究”课题通过鉴定。该课题为市哲学社会科学规划办与市社科联委托课题，经过专家鉴定，准予结题。课题主要研究流动人口子女义务教育及相关问题，研究结果显示，在政策缺失、流入地与流出地政府间关系、农民工自办学校管理、监护人责任等方面，提出新观点与建议。该课题于2007年9月立项，经费8万元。

（李文骞）

【召开创新实践研讨会】　5月15日，市教委和市教育学会联合主办的北京市初中建设工程系列活动创新实践研讨会在北京第二中学分校召开。会议听取二中分校题为《创新育人模式，构建学生发展力培养系统》报告，阐述二中分校近两年对初中教育独具特色的探索与实践。会议分教育论坛和科研论坛两部分，教育论坛以“系列主题，体验成长”为主题，活动突出体验性与系列性和“让学生在体验中获得”的教育特色；科研论坛以“课题研究，科学发展”为主题，展示学生对科研程序的体验和对科研方法的实践以及学生课题研究的成果。市教委领导及专家学者作点评。来自18个区县的400人参加研讨会。

（李文骞）

【召开关注农村关爱学生研讨会】　6月5日，市教育学会举办的“关注农村、关爱学生，促进学生与教师共同发展”研讨会在密云县第四中学召开。会议围绕素质教育促进学生发展，从学科教学研究和基于学生发展的校本研究两个方面开展研讨，认为改进学校管理模式和课堂教学模式，创设多学科教师联动共同研究学生的平台，关注学生尤其是学习困难学生，促进农村中小学学生、教师、学校共同发展。来自各区县中小教科、教育学会、教研部门相关人员及实验区校长、教师400人参加会议。

（李文骞）

【举办科普示范课】　7至9月，市教育学会举办科普专家示范课。专家结合科学理念和儿童的学习认知特点，以寓教于乐、动手做的现场互动形式授课，配备丰富的教具，用直观有趣的方式演绎科学原理和科学理念。该示范课共举办幼儿园、小学示范课100场。来自全市小学科学课教师及教科研工作者、幼儿教师及学生共计1.91万人参加学习。

（李文骞）

【举办全国中小学校长论坛】　11月27至28日，市教育学会和朝阳区教委联合举办2008年全国中小学校长论坛。该论坛围绕“质量·特色·品牌”主题，开展主题演讲和参观活动两部分，11名校长发表演讲。论坛提出要打造更多的名校，要积极实现温家宝总理提出的“教育家办学”的思想。实现教育家——校长办学，教育家——教师教学，教育家——行政后勤人员管理学校。来自22个省市区70名中小学校长，中央教科所、市教委、北师大等有关领导与专家、各区县干训院校和朝阳区中小学校长代表共180人参加论坛。

（李文骞　赵光）

【召开综合实践活动课程展示会】　11月28日，市教育学会在北京市第二中学分校召开学生综合实践活动课程展示会。会议以“秋韵”为主题，展示该校学生综合实践活动课程的定位、目标制订，以及流程为确立课程主题→构建学科基础→制订课程目标→研讨课程方案→选择活动基地→制定教案学案→组织师生培训→落实教学过程→展示学习成果的课程实施模式。来自城区学校、各区县教育学会、教科研工作者和综合实践活动课教师300人参加会议。二中分校以“秋韵”为主题的学生综合实践活动是自主开发的综合实践活动课程，以语文、地理、生物、美术为学科基础，以跨学科的知识与能力的综合学习和运用为基础，引领学生从多角度、依托多学科知识、运用多种方法观察事物、研究问题、探索规律。

（李文骞）

【成立奥尔夫艺术教育研究分会】 12月9日，市教育学会成立奥尔夫艺术教育研究分会。该分会由幼儿教师系统的会员组成，主要开展奥尔夫艺术教育教学法的研究与推广工作。至年底，该分会共有会员单位10个。

（李文骞）

北京市高等教育学会

【概　况】 2008年，北京市高等教育学会共有团体会员（院校）90个，下属研究会60个。全年举办学术讲座研讨会、学术报告会、年会68场，8000人次参加学习；举办专业类培训11次，1000人次参加学习；举办计算机应用软件培训6次，900人次参加学习。

（董淑珍）

【召开高职教育教学会议】 3月20至21日，市高教学会和市教委共同召开北京市高职教育教学业务会暨高职研究会学术年会。会议听取2007年北京高职教学工作报告和高职研究会工作报告；听取全国高职高专教育和院校评估专家题为《关于领导能力》和《关于高等职业院校人才培养工作新一轮评估的思考》的学术报告。学会有关领导及会员单位代表200人参加会议。

（董淑珍）

【承办全国大学生英语竞赛北京赛区决赛】 5月11日，市高教学会承办2008年全国大学生英语竞赛北京赛区决赛。46所高等院校的264名选手参加比赛，共评出C类特等奖39人、一等奖183人；D类特等奖1人、一等奖5人。

（董淑珍）

【大学生机械创新设计大赛颁奖】 6月15日，市高教学会举办的“亿维讯—CAI”杯首都高校第四届大学生机械创新设计大赛颁奖。该比赛以“绿色与环境”为主题，内容涵盖环保机械、环卫机械、厨卫机械三类产品的创新设计和制作，共收到北京地区26所高校选送的136件作品，分成6个小组展开预决赛，经过作品选题、方案设计、结构设计和样机制作四个方面对作品的合理性、创新性、实用性，以及新的设计理论与方法的应用等方面评审，评出一等奖21项、二等奖34项、三等奖49项。该项比赛由市高教学会和市教委联合举办，北京化工大学承办，亿维讯集团赞助，是一项公益性大学生科技活动。

（董淑珍）

【新增两个二级学会】 6月18日和7月12日，经市民政局批准，市高教学会新增两个二级学会。其中，新增美育研究会是市高教学会下属专业研究会，主要负责统筹整合美育教育资源，全面提高大学生的审美素质和人文精神，加强美育研究工作。该研究会的前身是音乐教育研究会。新增中国化马克思主义教学研究会是市高教学会下属专业研究会，主要负责高校思想政治理论课改革和建设研究。该研究会的前身是政经社建研究会。另有两个研究会更名，思想教育课程研究会和哲学研究会分别变更为思想道德修养与法律基础研究会和马克思主义原理研究会。

（董淑珍）

【评选优秀高等教育科研成果】 12月12日，市高教学会完成优秀高等教育科研成果评审。共评选优秀成果130项，其中，论文116篇、专著14部，占推荐申报总数的46.8%。获奖成果中，一等奖19项（论文16篇、专著3部），二等奖37项（论文32篇、专著5部），三等奖74项（论文68篇、专著6部）。该评选开始于4月，2005年7月至2008年6月底期间发表的论文（含有价值的调查报告和教育教学改革试验的总结等应用论文）均可参加评选。

（董淑珍）

群　众　团　体

共青团与少先队

【概　况】 2008年，北京市共青团员1582354人，专职团干部4929人，市基层团委有兼职团干部书记、副书记6383人。区县局级单位团委217个，基层团委3216个，基层团工委292个（含街道），团总支3404个、团支部52721个。其中，教育系统团员1074009人，专职团干部2261人，兼职书记、副书记1618人，基层团委1101个，团总支1936个，团支部37559个。北京市小学少先队大队1171个、初中少先队大队559个。小学少先队员60.6万人、初中少先队员13.6万人。少先队大队辅导员1600人、中队辅导员2.2万人。

（李雪红）

【开展“阳光心语进校园”活动】 2至7月，团市委、市委教育工委、市教委、市少工委联合开展“阳光心语进校园”活动。该活动以为中小学生心理减压为主题，举办青年教师心理健康教育技能培训和心理减压进校园活动，共有18个区县1800名中小学教师、2万名中小学生和1000名学生家长参加活动。

（李雪红）

【举办“未来林”中韩大学生交流营活动】 3月27至29日，团市委、韩国韩中文化青少年协会（韩国未来林）、市青联和市学联共同在北京举办第七届“未来林”中韩大学生交流营活动。团市委、韩国韩日文化青少年协会、平谷区政府共同签署《中韩“未来林”协议》。300名中国和韩国大学生到平谷区共建中韩“未来林”，并在首都师范大学举办“第二届中韩大学生精英论坛（春季）”。11月3至

8日，团市委、市青联和市学联组织由102名共青团员组成的代表团赴韩国参加“第七届中韩大学生交流营暨第二届中韩大学生精英论坛（秋季）”活动，中韩青少年交流网站正式开通。网址：www.ckyouth.net。

（李雪红）

【举办第五届“挑战杯”首都大学生创业计划竞赛】 3至6月，团市委、市科委、市教委、市科协、市学联联合主办第五届“挑战杯”首都大学生创业计划竞赛。来自北京43所高校的403件作品参赛，作品涵盖生化材料、机械工程、电子信息、医疗保健、咨询服务等类别。经过竞赛评审委员会评审，最终评出特等奖作品20件、一等奖作品40件、二等奖作品60件、三等奖作品120件。该活动由中国农业大学承办。

（李雪红）

【举行“5·25”大学生心理健康节】 5月25日，团市委、市学联、北京师范大学联合举办的第九届“5·25”大学生心理健康节闭幕。该活动以“我爱我——向世界敞开胸怀”为主题，举办系列知识普及和培训活动，开展“共抗震灾，心手相连”帮扶活动，对在京川籍受灾学生进行心理指导；派出20名心理学硕士、博士出征四川灾区，开展灾后心理救援工作。北京30所高校的心理健康类社团参与活动。

（李雪红）

【举办阳光少年手拉手系列活动】 5月27日至6月2日，团市委、市少工委举办“情系灾区小伙伴，阳光少年手拉手”系列活动。该活动邀请四川灾区4名小朋友及其家人来京，与首都少年儿童共度六一儿童节。其间，以“同在蓝天下，我们欢迎你”为主题，在首都机场举行欢迎仪式；以“手拉手共享奥运盛会”为主题，参观奥运赛场鸟巢、水立方，参加北京电视台《托起明天的太阳》公益晚会；以“手拉手共绘美好未来”为主题，与朝阳区芳草地小学少先队员同上一节综合实践课，召开一次联合中队会，去国家大剧院观看童话剧；以“手拉手共享首都新北京”为主题，游览北京动物园；以“手拉手共话祖国成长”为主题，参加天安门广场升旗仪式、参观中华世纪坛。

（李雪红）

【举办志愿者慰问灾区儿童合唱音乐会】 6月1日，团市委、市学联、市少工委、北京交通大学联合举办首都大学生志愿者慰问灾区儿童合唱音乐会。音乐会在北交大天佑会堂举办，以“放飞爱的希望”为主题，演出合唱、演奏等16个节目。共有1500名志愿者参与活动。

（李雪红）

【举办高校民族师生迎奥运主题晚会】 6月13日，市委教育工委、团市委、市学联、中央民族大学主办首都高校56个民族师生迎奥运主题晚会。晚会以“凝聚民族力量，弘扬志愿精神”为主题，通过舞蹈、合唱、话剧、诗朗诵等形式，表达首都56个民族高校学子团结一致、众志成城，赢取抗震救灾胜利和决胜奥运的坚定信心和坚强决心。当日为北京奥运会倒计时56天。

（李雪红）

【举办大学生骨干决胜奥运研讨班】 7月5至8日，团市委、市学联、首都大学生新世纪英才学校在北京青年政治学院举办“2008首都大学生骨干决胜奥运暨改革开放30周年专题学习研讨班”。该活动以改革开放30周年、奥运志愿服务为主题，举办主题讲座、学员大讨论、学员讲坛等活动。英才学校2009级干部班学员、北京70所高校的学生会主席、研究生会主席以及在京川籍学子代表共计180人参与集中教学活动。

（李雪红）

【组织参加国际儿童运动会】 7月10至15日，团市委组织北京市儿童运动员代表团参加第42届国际儿童运动会。代表团由来自2所学校的15岁以下的儿童11人组成，参加游泳和田径两个项目比赛，在游泳项目中获得6枚金牌，在田径项目中获得1枚金牌，金牌总数名列运动会金牌榜榜首。国际儿童运动会是国际上规模最大的青少年综合体育赛事，本届运动会在美国洛杉矶举行。

（李雪红）

【开展大学生社会实践活动】 7月起，团市委、市学联共同启动“使命、责任、奋进”2008年首都大学生社会实践活动。北京80所高校共组建实践团队4000支，大学生参与人数15万人，足迹遍布除台湾外的33个省市区和港澳特别行政区。同时，各实践团响应北京志愿者支援灾区500小时接力计划，共组建55支实践团队赴四川灾区，参与支教培训、灾区重建和灾区调研，持续服务30天，支教服务学生3000人，支教培训总课时7500小时，向灾区捐赠价值20万元的物资。

（李雪红）

【举办全国中学生创意设计大赛北京赛区比赛】 10月6日，团市委举办的第二届“未来杯”全国中学生创意设计大赛北京赛区比赛结束。全市共有162件作品参加评选，经过激烈角逐，39件作品入围全国总决赛。在全国总决赛中，27件作品获奖，并获得创意杯。

（李雪红）

【表彰市级“十佳”少先队员和少先队标兵】 10月12日，团市委、市少工委主办纪念改革开放30周年“学航天精神，为祖国喝彩”主题队会。首都少先队员发出学习航天精神倡议，并放飞由少先队员亲手设计制作的“神州十号”模型；北航附小等学校少先队员举行出旗仪式，表演配乐诗朗诵，讲述航天人的故事。会议表彰第12届北京市“十佳”少先队员10人、北京市少先队员标兵10人、北京少先队“星星火炬奖”200个、“红领巾奖章”获得者1000人。

（李雪红）

北京市“十佳”少先队员名单（2008年）

星怡辰
　海淀区羊坊店中心小学
丁朗
　海淀区实验小学
雒梦妍
　顺义区杨镇中心小学
李凯芯
　丰台区云岗第一小学
王然
　大兴区庞各庄镇第二中心小学
杨婕

朝阳区花家地实验小学
安怡菲
东城区府学胡同小学
黄启皓
朝阳区呼家楼中心小学
刘冰
密云县大城子中心小学
王凯旋
怀柔区第二小学

（李雪红）

北京市“十佳”少先队员标兵名单（2008年）

孙一诺
石景山区第二实验小学
纪秋臣
西城区师范学校附属小学
齐晓彤
昌平区昌盛园小学
吕冉
延庆县第四中学
朱金硕
宣武区上斜街小学
田碧滢
通州区西集镇中心校沙古堆小学
乔卓然
门头沟区大峪第一小学
田蓉
房山区燕山星城中学
牛卉
平谷区夏各庄学区纪太务小学
夏旭阳
崇文区崇文小学

（李雪红）

【获得全国“十佳”少先队员和“十佳”少先队辅导员称号】 10月13日，团中央、教育部、全国少工委和中央电视台在人民大会堂表彰第13届全国“十佳”少先队员和第九届全国“十佳”少先队辅导员。东城区府学胡同小学少先队员安怡霏获得全国“十佳”少先队员称号，朝阳区呼家楼学区总辅导员刘治国获得全国“十佳”少先队辅导员称号。

（李雪红）

【组织参加全国大学生创业计划竞赛】 11月16至18日，团市委组织代表队参加第六届“挑战杯”中国大学生创业计划竞赛。来自21所高校的48个代表队参加比赛，获得挑战杯金奖5项、银奖12项、铜奖11项，金奖数及金银铜奖总数均居全国首位。

（李雪红）

【举办阳光体育——奇奇运动会】 12月18日，市少工委举办的“2008年阳光体育——奇奇运动会”决赛在首都经济贸易大学举行。运动会以“我运动，我快乐”为口号，举办“新、奇、酷”的活动内容，包括神奇坦克兵、灵动双飞燕、欢乐不倒翁、阳光体操四项比赛。经过校级、区级选拔，18个区县35支代表队的800名少先队员参加比赛。该项活动自9月启动，在18个区县的1000所小学通过课间操及体育课，由教师根据示范光盘向学生普及运动项目；并组建“阳光体育奇奇运动小队”，先后走进城八区48所学校，与4.2万名师生进行“阳光体操”的互动学习。该活动与北京肯德基有限公司联合举办，鼓励少年儿童实践北京奥运会精神，养成“每天运动一小时”的好习惯，普及“天天运动，健康一生”的理念，增强小学生身体素质。

（李雪红）

【举办微笑北京系列活动】 至年底，团市委、市学联与市委教育工委、市教委举办“微笑北京”系列活动。该活动包括关心服务寒假留校大学生主题活动、“微笑北京，步步为营”首都大学生健身长跑活动、“微笑北京2008首都大学生辩论邀请赛”活动，以及中医药文化进校园活动等40项，共有来自全市的大学生40万人次参加各项活动。其中，“微笑北京，和谐先锋”大学生辩论邀请赛，历时2个月，来自首都高校32支辩论代表队参与辩论赛，6000名首都高校学生到场观赛，3万名学生参与大赛网络交流互动，辩论赛专题视频网站浏览点击量25万人次。

（李雪红）

北京民办教育协会

【概　况】 2008年，北京民办教育协会有团体会员单位565个，成立基础教育分会和农民工子女教育分会2个分支机构。全年编辑印制《北京民办教育信息》20期（包括专刊3期），有通讯员100人；组织完成85所民办高等教育机构办学状况评估；完成61所民办学校招生简章和广告备案，占应备案院校97%；组织各类活动17次；举办专题讲座56讲。

（王蕾）

【组织民办高校学生赴美带薪实习】

3月，民教协会发起组织首届北京民办高等学校学生赴美国带薪实习活动。经过推选、面试等环节，来自20所民办高校的56名学生获得赴美国实习资格，分别在纽约的魔法森林游乐园、佛罗里达州的海洋世界主题公园等10家企业实习，为期12周。该活动与美国国际教育交流基金会共同组织，主要为民办高校学生提供海外实习机会。

（王蕾）

【召开民办教育行业融资研讨会】 4月1日，民教协会举办2008北京民办教育行业融资研讨会。会议听取北京银行、中担投资信用担保有限公司分别介绍银行的贷款政策及流程和担保流程及措施；咨询和交流贷款时间、信用担保等问题。会议与市发改委中小企业服务中心、北京银行、中担投资信用担保有限公司联合举办，来自27所民办高校的校长及财务负责人60人参加会议。

（王蕾）

【召开实训就业项目校企合作交流会】 4月23日，民教协会举办首都民办高校实训就业项目校企合作交流会。会议听取民教协会、全国青年就业创业培训服务中心和项目实施方的系列报告，参观联想集团客户联络中心、北京信息技术人才实训基地，研讨和交流客户联络中心服务人员（CSR）的培训与就业等事宜。来自27所民办院校就业负责人50人参加交流会。会议与北京软件与信息服务业促进中心、阳光雨露信息技术服务（北京）有限公司、北京IT人才实训基地在海淀区中关村软件园共同举办。

（王蕾）

【提供查证服务】 5至9月，民教协会与市消协教育系统分会为考生和家长提供查证服务。考生在首都教育热线网站（www.edu111.cn）可查询北京地区民办高等教育机构招生简章与广告备案信息，以及北京市民办高等教育机构办学状况评估合格名单；也可以通过民教协会编印的《北京优质民办高校“就业优势专业”推荐手册》了解各民办高校情况。

（王蕾）

【研发培训机构教育质量认证系统】 5至12月，民教协会和北京教育评估院共同设计研发北京地区培训机构教育质量认证系统试点运用。该系统重视培训机构各运行环节的量化与认证，帮助学校了解运营现状、建立质量管理标准化体系，树立战略目标，构建适合持续性发展的管理团队和管理架构。朝阳区两所培训机构参加认证试点工作。

（王蕾）

北京市学前儿童保教工作者协会

【概　况】 2008年，北京市学前儿童保教工作者协会有单位会员261个，其中，保教工作者10367人，个人会员176人。有理事61人。全年举办幼儿园保健保育员救护培训班4期，500人次参加培训。在全市幼儿园推广普及三套幼儿武术健身操。在4个区县开展“送教下基层”活动，保教工作者600人参加学习。组织60人次赴新加坡和宁波考察。

（简尔贤）

【开展保健人员救护培训】 2月22至23日，保教协会举办第一期幼儿园保健保育员救护知识培训。该培训由中国红十字会针对幼儿园特点，将急救理论知识与实际操作紧密结合，使学员切实掌握儿童外伤、骨折、出血、休克等各种急救方法。来自幼儿园的保健保育人员188人参加学习。至年底，保教协会共举办3期培训，经考核，517人获得中国红十字会颁发的初级救护员证书。

（简尔贤）

【组织幼儿武术操奥运展演活动】 3月3日，保教协会会同北京市武术协会在东城区东四五条幼儿园召开奥运会幼儿武术操展演活动动员大会。经过半年的准备，11所幼儿园的200名幼儿代表全国学龄前儿童，于8月24日上午，在国家体育馆表演武术健身操。此外，另有39所幼儿园的760名幼儿分别参加天安门广场、祥云剧场和好运北京马拉松测试赛的武术操表演。

（简尔贤）

【开展送教下基层活动】 3至9月，保教协会开展送教下基层活动。该活动组织有经验的保健救护医生和教师，到区县培训基层幼儿园保教工作者。其中，为昌平区举办幼儿园保健救护培训，为房山区举办贯彻《幼儿园教育指导纲要》专题讲座，为海淀区举办幼儿园园长专业培训，为大兴区举办幼儿园保健救护培训。保教工作者500人次参加学习。

（简尔贤）

【开展青年骨干教师培训】 4至11月，保教协会举办青年骨干教师培训。培训分为语言教育、环境与游戏两个班，以《幼儿园教育指导纲要》为中心内容，邀请经验丰富的教师授课，并到洁民幼儿园、北海幼儿园、东华门幼儿园等10所幼儿园观摩教学活动。18个区县幼儿园青年骨干教师300人参加学习。

（简尔贤）

【推广普及幼儿武术健身操】 至年底，保教协会举办幼儿武术健身操普及活动。该活动以“传承中华武术，弘扬民族精神，强健幼儿体魄，培育一代新人”为主题，为各区县义务培训幼儿教师900人，向全市幼儿园推广少儿武术研究会创编的三套幼儿武术健身操。

（简尔贤　潘燕生）

北京老教育工作者协会（北京老教育工作者协会总会）

【概　况】 2008年，北京老教育工作者协会（北京老教育工作者协会总会）下设团体会员单位42个，新增3个；共有会员78318人，比上年增加1115人。评选表彰敬老文明模范学校164所、老教协工作者152人；举办“庆奥运、庆改革开放30周年”文艺汇演和“我的社区生活”摄影展；编印《老教协工作经验集》、《敬老文明模范学校工作经验》和《纪念改革开放三十周年征文》专刊；召开会员代表大会，选举产生老教协第四届组织机构成员。

（李守德）

【举行改革开放30年文艺演出】 10月16日，市老教协举行“歌唱奥运，歌唱改革开放30周年”文艺演出。来自区县和高校等18个单位的1096人，演出歌舞和合唱等节目17个。1200人观看演出。

（李守德　曹京顺）

【召开成立10周年表彰会】 11月27日，市老教协召开成立10周年总结表彰

会。会议表彰在市、区县、高校老教协工作 5 年以上的专职人员 152 人，并颁发银质纪念奖章。市老教协全体会长及部分受表彰的老教育工作者 120 人参加会议。市老教协成立于 1998 年，有区县协会 18 个；1999 年 6 月 15 日，成立高校分会 13 个、成人教育分会 14 个；2003 年 7 月 1 日，成人教育分会撤销。至今，协会拥有高校分会 24 个。

（李守德　曹京顺）

【召开会员代表大会】　12 月 26 日，市老教协召开第三次会员代表大会。会议听取第三届理事会工作报告和第三届监事会工作报告，讨论通过修改后的章程，选举产生第四届理事会和监事会成员。会议决定更名为北京老教育工作者协会总会，所属高校分会更名为高校协会。会员代表 61 人参加会议，占会员代表总数 79.40%。会后，协会分别召开老教协第四届理事会、监事会第一次会议，选举产生常务理事 25 人，会长、副会长 7 人，秘书长 1 人，监事长 1 人，聘任荣誉会长 3 人，顾问 2 人。

（李守德）

北京校外教育协会

【概　况】　2008 年，北京校外教育协会有会员单位 167 个，常务理事单位 33 个。会员单位包括教育部门所属校外教育机构、各级各类校外活动场馆和社会单位。有理事 96 人，常务理事 33 人，下设秘书处和活动策划、理论研究、信息宣传 3 个工作部。全年吸收 102 万名中小学生参加校外活动；接纳近百名校外教育专家和 1500 名大学生成为校外教育志愿者。网址：www.bjxwjy.org.cn。

（崔向红）

【校外教育网站改版】　3 月，校外教育协会网站改版。改版后，增设政务平台、校外协会栏目，细化兴趣课堂、活动园地、校外研究等栏目内容，规范信息分类，具有为教师继续教育提供网上报名、网上提交“阳光少年活动”情况、为学生提供活动信息等功能。

（陈子芸　庄茜菲）

【评选优秀校外教育理论与实践研究论文】　3 至 11 月，校外教育协会举办第二届北京校外教育理论与实践研究论文评选暨研讨活动。该活动研讨加强校外教育工作相关问题，共收到来自 49 个单位的论文 208 篇；10 个活动场馆单位、社会单位活动辅导方案 11 篇。经过专家评审，155 篇论文（活动方案）获奖。

（陈子芸　殷淑娟）

【校外教育成果参加国际教育博览会展出】　5 月 8 至 10 日，校外教育协会组织会员单位参加第五届北京国际教育博览会。该协会统一向各会员单位征集校外教育成果，并在博览会设立专门展区。共有 35 家会员单位的 66 块展板参加展出，其中，北京天文馆自制的天文教室教具和石景山区青少年活动中心电子类发明创新、高压放电在日常生活中的应用科普知识讲座和车模模拟演示、航模遥控驾驶等活动在现场进行演示。

（崔向红　浦万林）

【开展“阳光少年行动”系列活动】

7 月 9 日，校外教育协会和市青少年学生校外教育工作联席会议办公室联合启动 2008 年暑期“阳光少年行动”系列主题活动暨第三届“神笛杯”北京市中小学生陶艺大赛。来自各区县校外教育工作联席会议办公室、区县教委、校外教育协会会员单位及学生代表 300 人参加活动。此次暑期活动汇集 22 个单位的 44 项活动，包括夏令营、培训体验、竞赛和展演等内容，重点推介北京天文馆 2008“同一片星空，同一个梦想”暑期天文兴趣学校和“玩转星空，阳光少年宇宙探秘”活动；北京市青少年法律与心理咨询服务中心、北京市红十字会卫生救护培训中心举办的“学会自救，珍爱生命”——青少年自救互救夏令营等 9 项活动。“阳光少年行动”系列主题活动于 1 月 23 日启动，至年底，共有 57 个会员单位组织活动 575 项（次），1327 所学校（次）1028678 人次参加活动，其中，公益性活动 390 项，参加活动 701458 人次。中国电影博物馆、北京天文馆等 38 个会员单位获得优秀组织奖。

（浦万林）

北京高校国防教育协会

【概　况】　2008 年，北京高校国防教育协会有会员单位 54 个，本年新增 2 个。有理事 54 人。全年开展国防教育系列活动 6 次，参加人数 2 万人次；举办定向运动基础培训班 1 次，参加培训师生 128 人次。

（王德峰）

【举办中专学校国防知识竞赛】　1 月 12 日，国防教育协会举办“爱我国防、强我中华”中专学生国防知识竞赛。经过国防军事知识笔试竞赛和擂台比赛，北京卫生学校获得第一名。来自北京机械工业学校、北京医疗器械学校等 22 所中专学校的 100 名学生参加比赛。

（王德峰）

【举办高校定向越野锦标赛】　12 月 6 日，国防教育协会和市无线电定向协会举办北京高校定向越野锦标赛。比赛在北京老山山地自行车场举行，分为大学精英组和大学组，设男子、女子中距离两个竞赛项目，设置个人和团体两个奖项。来自北京大学、中国地质大学（北京）、首都师范大学等 15 所高校和 25 所中学的 800 名学生参加比赛。

（王德峰）

北京教学仪器设备协会

【概　况】　2008年，北京教学仪器设备协会有会员单位114个，由教学仪器设备管理、生产、经营和咨询的企事业单位发起，经北京市社会团体登记管理机关核准登记属非营利性社会团体法人。全年举办各种活动7次；举办北京地区教育装备展示会、召开中小学信息化技术研讨会、组织会员为汶川灾区捐款捐物、召开第四届第四次理事会、组团参加第56届和57届教学仪器设备展示会、召开年度会员大会。

（王玉清）

【召开中小学信息化技术研讨会】　4月11日，教学仪器设备协会召开北京市中小学信息化技术研讨会。会议听取企业介绍信息化新技术与产品，研讨中小学信息化建设过程中存在的问题和解决办法。来自18个区县的教育技术装备部门负责人、60所中小学、30所中职中专学校的主管校长等160人参加会议。

（王玉清）

【举办北京地区教育装备展示会】　4月23至24日，教学仪器设备协会与北京市高等教育学会联合举办2008年北京地区教育装备展示会。该展示会在海淀展览馆举办，121家企业设置展位210个，展示信息技术、计算机产品、仪器设备、行政办公家具等6大类产品。

（王玉清）

【召开年度会员大会】　12月12日，教学仪器设备协会召开年度会员大会。会议从“内部管理得到加强，协会更加凝聚和谐”、“行业自律有所作为，为提高协会权威性奠定基础”、“服务职能明显体现，协会诚信度有所提高”等方面总结年度工作；提出加大对产品质量监督检查力度、围绕重点内容开展课题研究等下年度工作设想。会议研讨进一步提高教学仪器设备的产品质量、加强行业自律以及协会工作如何更好地服务首都教育、服务行业等议题。协会会员代表110人参加会议。

（王玉清）

北京市红十字会

【概　况】　2008年，北京市红十字会有基层组织1990个，会员99.77万人，包括青少年会员49.06万人、志愿工作者15.03万人。全市红十字会系统共完成72.4万人卫生救护普及培训，取得红十字急救员证书10.27万人，其中，高校学生24537人、中专学生2212人、普通中学学生13321人，教师4420人。在城八区发起举办“绿色生活从我做起”饮料软包装回收活动，80所中小学参加活动。

（李胜华）

【6所学校入选全国红十字模范校】　1月7日，北京市6所学校获得全国红十字模范校称号。6所学校分别是首都医科大学、北京市八一中学、北京市第十中学、北京市海淀区六一小学、北京市西城区展览路第一小学和北京市宣武区白纸坊小学。该评选由中国红十字会和教育部共同举办，全国共评出100所模范校。

（李胜华）

【红十字安全教育基地成立】　3月26日，北京市“红十字安全教育基地”在海淀区公共安全馆成立。

该安全馆为事业编制，挂靠海淀区安全生产监督管理局，有工作人员34人，拥有交通、治安、消防、水灾害、安全生产、人防、医疗卫生和地震共8个展区，可为北京市49万名红十字青少年提供公共安全和个人生存技能教育训练。至年底，共接待5万人次参观体验。

（李胜华）

【开展青年预防艾滋病工作】　3月，市红十字会开展青年预防艾滋病工作。市红十字会组建预防艾滋病青年核心工作小组，负责吸纳和培养青年

预防艾滋病志愿者领袖。至年底，共举办高校预防艾滋病同伴教育主持人师资培训班3期和校内同伴教育普及班60期。

（国潇冉）

【举办饮料软包装回收系列活动】　4月22日至12月12日，市红十字会举办饮料软包装回收系列活动。该活动围绕第39个世界地球日“善待地球，造福人类”主题开展，城八区80所中小学参加回收活动，共回收饮料软包装1200万个。活动表彰西城区和海淀区红十字会学校工作委员会和52所学校。

（李胜华）

【捐助打工子弟学校】　4月30日，市

红十字会举行百事明天·农民工子弟助学计划中国行启动暨北京站捐赠仪式。该活动向北京蒲公英中学捐款10万元，用于设立“百事博爱图书室”、“百事博爱奖学金”和购置体育活动器材。蒲公英中学是大兴区流动人口子女学校。该助学计划由百事（中国）有限公司出资100万元，与中国红十字会共同设立，计划捐助北京、上海和重庆等8个城市的8所流动人口子女学校。5月30日和6月12日，市红十字会组织讲师团分别到石景山区台京流动人口子女学校和北京沙子营打工子弟学校，讲授紧急自救互救知识。两校学生500人参加学习。

（李胜华　李智）

【发放红十字扶贫迪岸传媒助学金】　5月14日，市红十字会发放红十字扶

贫迪岸传媒助学基金 26 万元。北京地区 34 所高等学校的 260 名贫困学生获得资助。该基金由中国校园传媒出资设立，主要用于救助北京地区高校贫困学生。

（国潇冉）

【举办什邡灾区学生夏令营】 7月13

至 18 日，市红十字会举办什邡灾区学生夏令营。该活动以“我们在一起”北京、什邡青少年心连心为主题，举办自救互救培训及在心理教师引导下做心理调适和心理适应训练，参观科技馆、首都博物馆和颐和园等，与康庄中学红十字青少年进行联欢和交流。来自四川地震灾区 30 名青少年参加活动。

（李胜华　任小平）

【庆祝市红十字会成立 80 周年】 10 月 29 日，市红十字会召开诞辰 80 周年纪念会。会议听取红十字会题为《深入贯彻落实科学发展观，努力实现首都红十字事业又好又快发展》的主题报告；八一中学 4 名红十字青少年代表北京市 49 万名红十字青少年献辞；海淀区七一小学 80 名红十字青少年管弦乐队演奏。来自 18 个区县红十字会、教委、学校，以及兄弟团体共计 450 人参加会议。市红十字会前身为成立于 1928 年 10 月 29 日的中国红十字会北平分会，1950 年改名为北京市红十字会。

（李胜华）

【建立灾区博爱电波书屋】 12月3日，

市红十字会和北京人民广播电台首都生活广播联合组织筹建的第一所博爱电波书屋建成。该书屋利用北京青少年 10.7 万元捐款在什邡市师古镇民主宏达中学建立。该项活动于 6 月 1 日由市红十字会和首都生活广播联合发起，分别在北京中小学举办捐款活动，至年底，共收到捐款 22.4 万元。

（李胜华）

（本栏责任编校　华蕾）

市教委直管直属单位

直管单位(部分)

北京教育科学研究院

【概　况】　2008年，北京教育科学研究院在职职工324人，其中，高级专业技术职务136人、中级91人；具有本科以上学历279人，其中，博士20人、硕士114人；享受国务院政府特殊津贴专家4人，全国模范教师2人，全国优秀教师3人，北京市优秀青年知识分子2人，首都劳动奖章获得者1人，北京市首届中青年文艺工作者“德艺双馨”获得者1人，“北京市人民教师”1人，入选北京中青年社科理论人才“百人工程”2人，北京市2008年新世纪百千万人才工程市级人选1人。有业务机构9个，党务、行政机构9个，挂靠单位5个。教育研究工作参与教育部《国家教育中长期改革和发展规划纲要》部分专题研究；完成教育部重大课题的两项子课题“北京市促进教育公平的阶段性目标和政策措施研究”、“国际社会促进教育公平政策措施的比较研究”的综合问题研究及总报告的起草工作；承接市委、市政府研制“北京教育中长期改革与发展规划纲要”的任务，开展7个专题调研；完成市委组织部委托专题调研“留学生低龄化发展现状、趋势及对策研究”；完成市政府教育督导室委托的课题“全国中等职业教育督导评价研究”。教学与课程教材研究工作完成义务教育阶段2008年秋季教材培训和高一、高二年级各学科第一轮新课程培训，培训教研员、教师21690人；完成全市600所学校1365人次义务教育课改干部培训，出版干部培训教材《中小学优秀地方课程与校本课程设计选辑(三)》等；深入中小学校756所，听课4401节；启动“翱翔计划”，初步建立以68所示范高中校为生源基地、以15个学科特色基地申报校为课程实施和学员培养基地；为市教委起草春秋两季《北京市中小学教学用书目录》。围绕北京市中等职业教育“以工作过程为导向”的课改实验项目开展课题研究；抓住实训基地建设中的主要矛盾开展研究。为新农村建设提供智力服务，开展《农民培训模式》的试点研究。学校发展研究中制订《北京市义务教育均衡发展督导评价方案》；对城市街道幼儿园办园情况进行调查研究，为基层教师研制开发《北京市幼儿园快乐与发展教育课程》。配合市教委设计组织“北京市中小学社会大课堂”活动。举办“第二届北京青少年学生公民教育国际论坛”。完成市教委委托项目“北京市中小学网上家长学校”建设和运行，召开国家课程中实施可持续发展教育现场会，编写《小学生道路交通安全读本》，完成《中国高等职业教育发展30年专题报告》撰写工作，实施“北京市特级教师推广计划”专项工作。完成200所奥林匹克教育示范校的命名及210个“同心结”交流项目。教育研究信息服务采集信息涉及20个国家和国际组织的教育、科技等方面内容。教育研究规划管理工作完成全国教育科学规划“十一五”课题2008年申报组织工作，受理申报135项；发布《北京市教育科学“十一五”规划2008年度课题指南》；组织北京市“十一五”规划2008年度课题申报评审工作，受理申报材料638份，批准立项114项；编辑出版《北京市第五届教育科研优秀成果集》。网址：www.bjesr.cn。

(姜继军)

【发布《北京中小学可持续发展教育纲要》】　1月28日，教科院发布《北京中小学可持续发展教育纲要》。纲要以科学发展观指导素质教育的实施，将可持续发展教育理念融入中小学教育与课程改革，从社会、经济、环境相互协调发展的角度，分别从必要性、指导思想、主要目标、任务、内容、途径、保障措施7个方面，阐述首都基础教育如何实施可持续发展教育。

(王巧玲)

【11人入选市级学科带头人和骨干教师】　1月，教科院11人入选北京市中小学市级学科带头人和骨干教师。其中，2人入选小学市级学科教学带头人，7人入选中学市级学科教学带头人，2人入选中等职业学校市级骨干教师。

(张伟)

【设立职业教育教学研究基地】　4月3日，教科院设立职业教育教学研究基地。该基地分别设在北京市商业学校、北京市交通学校、北京市信息管理学校和北京市电气工程学校，面向职业学校发展、教师发展、学生发展、专业建设和课程改革等前沿问题，开展职业教育教学研究活动。

(禹治斌)

【吴正宪获得市人民教师奖】　9月10日，教科院教师吴正宪获得北京市人民教师称号。该评选由市委教育工委、市教委、市人事局、市财政局、市教育工会联合评选，全市共有10名教师入选。3月，吴正宪被市妇女联合会、市总工会、市人事局授予北京市“三八”红旗奖章。吴正宪，1954年出生于北京，1998年毕业于北京崇文党校，现任教科院基础教育教学研究中心小学数学教研室主任，特级教师，享受国务院政府特殊津贴，首批“首都基础教育名家”、“北京市优秀跨世纪人才”，是北京优秀教师、全国模范教师。她长期从事小学数学教学研究，课堂教学及论文多次获全国、市级优秀奖。

(张伟)

【召开节约型学校建设标准研究专家研讨会】　9月26日，教科院组织召开北京市中小学节约型学校建设标准研究专家研讨会。会议讨论交流《北京市中小学节约型学校建设指导意见》及节约型学校建设的组织管理、节约型学校建设的宣传与教育、节约型学校建设中的校园建设等内容，就节约型学校建设工作的重要地位和发展规划，以及进一步完善指导意见提出建设性意见。国家环保部宣教中心、市教委有关领导及各区县学校代表 11 人参加研讨会。

（王巧玲）

【举办中国可持续发展教育第九次国家讲习班】 12 月 7 至 9 日，教科院举办中国可持续发展教育（ESD）项目第九次国家讲习班。会议表彰首批可持续发展教育示范学校、节能减排与可持续发展学校——社会行动项目示范学校；围绕可持续发展教育政策和地区推进策略、农村地区中小学可持续发展教育有效实践、创建节能减排与可持续发展教育示范学校、学校课程与学科教学中实施可持续发展教育创新实践等专题进行交流。该学习班由联合国教科文组织全国委员会秘书处、联合国教科文组织中国可持续发展教育全国工作委员会和教科院联合主办，来自全国 14 个省市教育行政部门和 ESD 项目学校代表、节能减排项目学校校长、教师代表 300 人参加会议。

（王巧玲）

【《教育快报》印发 112 期】 至年底，教科院编印《教育快报》112 期。其中，研究版 72 期，包括领导版 37 期、普通版 35 期，动态版 40 期。

（李震英）

北京教育科学研究院 院长、副院长 党委书记、副书记

院　　长　时龙

副 院 长　张铁道　吴岩

　　　　　　刘登宽　吴晓川

党委书记　胡晓松（2008 年 11 月免）

副 书 记　唐亦勤

北京教育音像报刊总社

【概　况】 2008 年，北京教育音像报刊总社下辖二报三刊，分别是《现代教育报》、《健康咨询报》，《学前教育》、《北京教育》、《中小学信息技术教育》；两个音像出版社，分别是北京高教音像出版社、北京普教电子音像出版社。在岗职工 187 人，具有本科以上学历 85 人，其中，硕士 15 人、博士 1 人；具有高级专业技术职务 26 人。全年共发行报刊 700 万份（册），出版发行音像出版物 120 种 160 万盘（碟），电子出版物 120 种。各期刊均为北京市新闻出版局期刊编校质量评审一级期刊。全年共有 29 篇作品 33 人次获得教育部教育新闻奖新闻作品一等奖等奖项。网址：www.yxbk.com。

（吴小红）

【召开《北京教育》理事会首届年会】 3 月 25 日，《北京教育》杂志理事会召开首届年会。年会向会员单位颁发铜牌和证书。100 个理事会单位代表参加会议。该理事会于 2007 年成立，通过组织、研讨、考察等活动，关注教育、教学和管理等问题，为学校搭建沟通交流、取长补短、经验共享的良好平台。

（张朝晖）

【报道身患重疾女孩引发津京媒体联动】 3 月 25 日，《现代教育报·精品博览》刊发《生命倒计之时：12 岁女孩笑靥如花》报道。该报道记录丰台区十二岁女孩陈卓身患扩张性心脏病，医院发出三次病危通知书，由于家境窘迫，只能靠药物来维持生命。该报道引发京津两地媒体联动，腾讯教育频道和众多网站纷纷转载；法制晚报、北京电视台新闻频道、天津城市快报追踪报道；人民日报、北京电视台、天津电视台等媒体记者关注和报道陈卓在天津的治疗情况。天津泰达国际心血管病医院表示，愿意减免费用为陈卓提供检查和医治的机会。

（李笑）

【《北京教育督导月刊》创刊】 3 月 26 日，《北京教育督导月刊》首期专刊出版。该刊由市教育督导室与现代教育报社合作创办，收录市教育督导事业新闻宣传和信息，计划每月一次在《现代教育报·校长周刊》推出专刊，共 10 期。

（李笑）

【完成人民教师表彰宣传报道工作】 4 至 10 月，音像报刊总社完成北京市人民教师表彰宣传报道工作。总社组织策划人民教师表彰活动方案，各单位、部门分别从不同角度参与宣传报道表彰活动，其中，总编室编印《首都人民教师风采》画册；《现代教育报》用 4 个专版报道 20 名获奖教师的获奖感言；《学前教育》、《北京教育》分别用 4 个版和 24 个版对获奖者进行深度报道。

（孟科军）

【学前教育杂志社培训从业人员】 5 月 7 至 21 日，学前教育杂志社承办北京民办学前教育机构从业人员培训。该培训包括举办者、园长、业务园长、骨干教师、保健医和财务人员 6 个类型。来自全市的 270 所民办幼儿园（总园加分园）的从业人员参加业务培训，其中，举办者 140 人、园长 222 人、业务园长 209 人、骨干教师 191 人、保健医 168 人、财务人员 183 人。

（李一凡）

【提出救助灾区孩子倡议】 5 月 13 日，现代教育报社与新浪网携手发出“救助灾区孩子，我们在行动”倡议书。倡议书呼吁全国中小学校紧急行动起来，积极救助灾区孩子，其中，现教传媒网在 5 月 17 日开通网上加盟专页，发布倡议书，以快捷方式接收捐助；5 月 19 日，《教师周刊》头版刊登倡议书，派出 6 名志愿者联系确认；现代教育报社成立活动策划组，制订相关实施方案；5 月 21 日，《校长周刊》开辟“救助灾区孩子，我们在行动”追踪报道专栏，派出记者跟踪采访。倡议书发布后，来自湖南、北京、广东、上海等省市的学校干部教师及社会各界爱心人士，纷纷向报社表达救助灾区孩子的爱心。截至 5 月 30 日，共收到善款 101178 元，资助学生 20 人。

（李笑）

【建立学生记者站】 5 月 15 日，《现代教育报·大学生周刊》举办首批学生记者站授牌仪式。仪式为北大、清华、人大等 29 所高校记者站授牌。记者站主要负责提供新闻线索、传播真实信息、进行选题策划及加强自我管理等。

（李笑）

【总社门户网站改版开通】 6 月，音像报刊总社门户网站改版开通。改版后，设领导班子、机构设置、关于我

们、联系我们和视频、文章、标题共7个栏目，其中，新增视频、文章及标题的内容。

（邓颖杰）

【完成奥运教育宣传专项任务】 至9月，音像报刊总社完成奥运教育宣传专项任务。其中，拍摄完成《五环情——感受世界》和《奥运示范校手牵手》奥运宣传教育片；组织“2008首都学生奥运法律知识竞赛”、“争当奥运健康好儿童”、“宝宝心中的福娃故事”等活动；编辑出版《奥林匹克教育专刊》、《平安奥运特刊》、《奥林匹克教育风采新闻报道集》和《北京2008奥林匹克教育优秀案例集》。该项工作开始于2006年1月。

（赵英臣）

【举办华北和东北地区教育报刊社座谈会】 10月27至31日，音像报刊总社举办华北和东北地区教育报刊社工作座谈会。会议围绕教育报刊社体制机制改革情况和在新形势下科学发展的思路与举措进行交流和研讨。市委教育工委、市教委领导，中国教育报刊社社长、总编辑，人民教育杂志副总编，以及来自华北、东北地区7家教育报刊社和浙江教育报刊总社、江苏教育报刊社负责人共计30人参加会议。

（吴小红）

直属单位（部分）

北京市教工休养院

【概　况】 2008年，北京市教工休养院占地面积15万平方米，建筑面积3.80万平方米，能同时接待580人住宿和900人用餐。设置11个部门，下属4家院办企业。有员工363人。全年接待教师休养4万人次，接待其他客人10万人次。经营收入3000万元，比上年增加400万元。

（张金朝）

【编印《金海明珠》】 5月8日，教

工休养院举行《金海明珠》一书内部发行仪式。该书全面记录教工休养院20年来发展历程，分为发展篇、学习篇、服务篇、艺文篇四个章节，共计20万字。

（张金朝）

【改善员工住宿环境】 6月5日，教工休养院改善员工住宿环境。休养院投资15万元，为员工宿舍新安装空调63台，改善员工住宿条件。休养院共有员工宿舍68间。

（张金朝）

【完成装修改造工作】 至12月，教

工休养院自筹资金完成部分装修改造工程。10月，投入80万元，装修改造名岳楼二层雅间，将原来5个小雅间改造成能容纳80人就餐的大雅间，取名为“丹霞阁”，为中式古典风格。12月，投资150万元，装修改造多功能厅，改造后，建筑面积由800平方米增至980平方米，由原来容纳400人开会增至600人。该工程于8月开工建设。

（张金朝　王东奇）

北京市校办产业管理中心

【概　况】 2008年，北京市校办产业管理中心设办公室、国资企管部、学装管理部、科技成果推广部4个部门，有职工16人，主要承担全市校办产业国有资产的监督管理，包括本市校办企业国有资产产权年检，校办企业开办、撤销、合并、分立、解散、破产、清算、资本变动、债券发行、股份发行与转让审核，相关统计汇总、干部培训以及科研成果转化工作，并对全市中小学生统一着装工作进行管理。至年底，北京市有43所高校举办校办企业468家；资产总额935.03亿元，负债总额515.58亿元，净资产419.45亿元；主营业务收入743.93亿元，利润总额46.34亿元；归属学校方股东净利润1.62亿元，已付给学校方股东股利2.84亿元，上缴税金27.08亿元；高校从业人员67518人，接待教学实习18774人，实习工时500604小时。基础教育系统校办企业有95家，总资产11.88亿元，负债8.83亿元，净资产3.05亿元；完成销售收入8.35亿元，实现利润总额2640.02万元，缴纳税金2650.74万元，补充教育经费795.15万元，用于改善办学条件支出571.39万元。

（任志勇）

【召开全市校办产业工作会议】 4月10日，市教委召开北京市校办产业工作会议。会议印发《北京市教育委员会关于深化校办企业管理体制改革，

促进校办产业健康持续发展的意见》，明确继续推进校办产业规范化建设工作，实现校办产业管理部门职能转变；明确建立经营性资产的监督管理体系，完善各项规章制度，有效防范经营风险；明确积极搭建服务平台，促进校办产业的健康快速发展。

（雷泽伟）

【推荐学生装生产定点企业】　4月17日，校产中心与36家企业签订《学生装生产定点企业推荐合同》。其中，5家企业因在2007年学生装质量存在问题签订黄色《推荐合同》，以示警告。

（任志勇）

【参展北京教育国际教育博览会】　5

月8至10日，校产中心首次组织参加第五届北京国际教育博览会。北京大学等11个单位参加展览，参展项目涉及机器人、新型医药、电子白板、激光测绘技术和电连接技术、节能环保产品等31个科技成果项目，现场签约（意向）83项。

（雷泽伟）

【开展安全生产督查活动】　6至7

月，校产中心开展安全生产督查活动。该活动检查延庆县、清华大学等区县和高校的10家校办企业、实习基地，重点指导检查实习企业的安全生产监督管理工作。13个区县、31所高校、10所中专校、4个市教委直属直管单位组织参加活动。

（雷泽伟）

【开展校办企业法人治理结构检查】

11月19日，市教委开展北京市高校完善校办企业法人治理结构专项检查。检查工作突出抓好制度建设、干部管理、监督制约机制等关键问题，重点检查学校及所属企业对外投资管理制度，国有资产监督管理制度，对股东代表、董事、监事及高级管理人员的选派及任职考核管理制度，以风险控制为中心的财务、审计、法律顾问和职工民主监督制度，企业股东大会、董事会、监事会的议事规则等内容。44所有校办企业的高校都按照要求完成自查并上报自查报告，市教委组织专家评审所有自查报告，抽查9所高校。

（雷泽伟）

【完成学生装工作宣传光盘制作】

12月，校产中心完成学生装工作宣传光盘制作。共制作光盘5000张，免费向各中小学校及有关单位、部门发放。光盘名为《情系学子，装点青春》，介绍学生装发展历程及学生装作为一种“环境育人”的教育手段在教育教学中所起到的积极作用，收录近年来多名服装专家新设计的20余款学生装。新款学生装借鉴国外的学生装制作理念，按照“朴素、大方、明快、实用、充分体现青少年生理和个性特点”的基本原则，并加入时尚和文化元素。

（任志勇）

【完成校办产业统计工作】　至年底，校产中心完成校办产业统计工作。组织完成北京地区普通高校校办产业和中初等学校校办产业（勤工俭学）统计工作；44所高校420家企业参加2007年度教育部普通高校校办产业统计；14个区县96家企业参加2007年度教育部中初等学校勤工俭学（校办企业）统计报表工作。校产中心组织完成市教委所属31个单位120家国有及国有控股企业参加市财政局2007年度企业年终决算报表和市国资委2007年度企业国有资产统计报表，并获2007年度企业财务决算报表编制工作先进单位；组织首都医科大学、北京信息科技大学、北京农学院完成9项企业国有资产评估项目备案；组织完成2007年度市教委下属各单位出资的企业产权登记年检，市教委下属各单位出资的企业150户得到市国资委确认；办理企业设立、增资等审核报批14项；完成学校资产公司组建、企业资产划转、企业改制工作批复8项。

（雷泽伟）

【教育国有资产管理体制初步形成】

至年底，北京教育国有资产管理体制初步形成。44所有校办企业的高校中，20所完成资产经营公司的组建工作，9所高校的资产经营公司正在组建过程中。420家企业中有274家完成公司制的改造，公司制企业占高校全部企业65%。

（雷泽伟）

北京教育综合服务中心

【概　况】　2008年，北京教育综合服务中心主要负责北京地区全国大学英语四、六级考试考务工作；同等学历人员申请硕士学位外语和学科综合水平全国统一考试考务工作；在职人员攻读硕士学位全国联考组考工作；成人高等教育学士学位外语水平考试；教育系统专业技术人员职称评审组织工作；高等院校及科研院所进行学位证书发放工作；高等院校及科研院所进行学位信息年报统计工作；首都教育咨询服务热线（96391）工作；承担市教委政府信息公开、行政审批等新的工作任务。承办北京地区大中专院校应届会计类专业毕业生《会计从业资格证书》核发工作及《会计从业资格证书》核发前单科考试工作；

承担北京市人民教育基金会常务理事会办公室日常管理工作。在组织各项考试中，坚持严守规定、严格程序、严肃纪律、严把关口，做到各项考试考务组织管理工作“零缺陷”，试卷安全保密“零事故”；职称评审工作坚持以人为本，创新工作流程，提高服务质量。

（王晶）

【组织财经类大中专应届毕业生参加专业考试】 3月和12月，综合服务中心两次组织北京地区大中专院校财经类专业在校应届毕业生参加《财经法规与职业道德》考试。共有来自105所学校的22258人报名参加考试，15258人考试合格取得会计从业资格证书。

（王晶）

【组织成人学士学位英语统一考试】 4月和11月，综合服务中心组织北京地区成人本科学士学位英语统一考试的组考工作。共有158506人报名参加考试，其中，本市考生103228人、外地考生55278人。

（王晶）

【组织同等学力人员申请硕士学位考试】 5月，综合服务中心组织北京地区同等学力人员申请硕士学位全国统一考试工作。考试共涉及27个学科，设置考场327个。20749人报名参加考试，其中，外语考试11352人、学科综合水平考试9397人。

（王晶）

【组织大学英语四六级考试】 6月和12月，综合服务中心组织北京地区全国大学英语四、六级考试工作。全年考试报名487069人，涉及72所高校93个考点。其中，参加四级考试240237人、六级考试244947人、小语种考试1885人。

（王晶）

【承担教师职称评审工作】 9月和11月，综合服务中心分别承担北京市中等专业学校、中小学和高等学校教师专业技术职务评审组织工作。中专学校228人申报晋升中、高级专业技术职务，161人通过评审，其中，中初级职务100人、高级专业技术职务61人。中小学74名申报晋升教育管理专业高级职务，68人通过评审。高等学校教师396人申报晋升中、高级职务，272人通过评审，其中，中级职务71人、副高级职务156人、正高级职务45人。

（王晶）

【完成学位授予信息审核和学位证书发放工作】 9至11月，综合服务中心完成学位授予信息审核和学位证书发放工作。该中心采集、汇总133所学位授予单位上报的2007至2008学年度学位授予信息216968条，并将汇总信息上报教育部学位与研究生教育发展中心。向144所学位授予单位发放各级各类学位证书333547份。

（王晶）

【组织在职攻读硕士学位全国联考】 10月，综合服务中心组织北京地区非全日制在职攻读硕士学位全国联考的组考工作。该考试涵盖19个学科类别，包括本年新增的临床医学博士和临床医学硕士。共有16047人报名参加考试。

（王晶）

【教育咨询服务热线电话受理率升高】 至年底，首都教育咨询服务热线共接听电话71354件。其中，本市咨询、查询类电话66078件，占电话总量92.6%；外省市咨询电话4742件。投诉、反映问题电话536件，占电话总量0.75%。北京市非紧急救助服务中心优先转接电话2493件，通过政府专网派单17件，及时处理突发事件6件，在线问答并回复44729条。全年编发《每周情况》26期、《每月情况》8期。

（王晶）

北京市国际教育交流中心

【概　况】 2008年，北京市国际教育交流中心有职工28人，其中，编制内19人。主要承担北京地区国际教育交流与合作有关事务，负责两委及直属单位因公出国（境）人员服务工作；承办北京国际教育博览会及其他国际会议与活动；国际教育交流合作项目及教育涉外培训组织与实施；境外来华团组人员访问、考察、接待、安排；公派出国留学事务；自费出国留学、来华留学生中介服务；对外汉语教学有关工作；教育行政人员、师生国际交流活动；港澳台教育交流服务工作。

（张长华）

【开展中等职业教育优质课程培训】 5月，国际教育交流中心开展中等职业教育优质课程培训。该培训邀请英国、奥地利、韩国和香港5名专家，培训金融、饭店服务和管理、动漫、物流管理和会展5个专业中等职业学校教师。200人参加学习。

（张长华）

【成立汉语推广中心】 7月，经市人事局编制办批准，北京市汉语推广中心在国际教育交流中心设立。该中心为事业建制，与国际教育交流中心为两个单位一个实体，承担市教委汉语国际推广专项工作，主要组织、协调全市国际汉语教学工作，开展汉语国际交流与合作，国际汉语教师培训和教材编写以及组织相关考试等工作。

（张长华）

【举办文化创意系列活动】 9至11月，

国际教育交流中心举办文化创意系列活动。该活动包括“1分钟影像”短片大赛、“半夏的纪念”纪录片制作大赛、动画漫画制作、Cosplay表演、原创音乐制作等活动。共收到影视、动漫、原创音乐等不同类型创意作品800份。来自北京40所高校的1200名在校生参与活动。

（张长华）

【开展汉语国际推广工作】 至12月，

国际教育交流中心开展汉语国际推广工作。其中，3至12月，举办公派出国留学人员《对外汉语教学与中国文化推广》培训班，412人参加培训；建设北京汉语网，搭建北京汉语国际推广综合信息平台；与北京电视台海外中心合作拍摄《学汉语，到北京》汉语教学片，并在北美地区播出；全年协助国家汉办受理赴新加坡、美国、法国、韩国汉语教师报名和推荐孔子学院中方院长等工作。4至5月，受国家汉办委托，在京挑选、培训、派出32名汉语教师志愿者赴泰国任教；编制《留学北京》宣传册及光盘，全面介绍北京历史文化积淀、教育环境、留学生和奖学金政策规定等内容。12月，编撰《留学北京指南》大型工具书，并指导汉语国际推广基地建设。

（张长华）

【举办讲外语系列活动】　至12月，

国际教育交流中心举办教育系统讲外语系列活动。该活动包括北京中日学生歌曲大赛、第三届北京学生法语风采大赛和北京中学生英语剧大赛，60所大中专学校700人次参加活动；在首都师范大学、中国农业大学和中央财经大学等10所高校开设日语、法语、西班牙语、德语、韩语等语种培训班。全年参加教育系统讲外语活动师生1500人。

（张长华）

【自主接待来访团组】　至年底，国际教育交流中心自主接待来访团组。接待来京观看奥运比赛的港澳师生团332人；接待意大利TRENTO特区16名来自不同学校、不同专业的学生，在北京市实美职业学校、北京市外事职业高中等学校进行职业学校之间首次交流；邀请、接待来自美、英、澳、印度等国43名校长及教育官员，组织与北京远郊区县30所中小学负责人交流；接待国家汉办组织的韩国、文莱等五国101名大中学生汉语冬令营；协助美国国际教育交流协会在京举办美国83所大学留学招生说明会。

（张长华）

【为公派团组提供服务】　至年底，国际教育交流中心为教育系统公派团组提供服务。共为60个公派团组573人次办理出访护签及通行证手续，其中，为18个团组263人全程服务。该中心还组织北京市中小学校长赴美国、加拿大交流访问团，10名中学校长及教育主管部门干部参加；组织北京市中小学干部赴日本、韩国交流访问团，24名中小学校长及教育主管部门干部参加；组织赴日本学生国际交流团，15名中学生和大学生参加。

（张长华）

【完成公派出国留学选派工作】　至年底，国际教育交流中心完成公派出国留学选派工作。该中心受理北京地区国家公派留学人员申请材料443份，148人通过教育部专家评审，获得公派出国留学资格。其中，研究生9人，高级研究学者、访问学者、博士后121人，互换奖学金、艺术类等项目18人。

（张长华）

北京市少年宫（北京市青少年科技馆）

【概　况】　2008年，北京市少年宫（北京市青少年科技馆）占地面积5万平方米，建筑面积1.5万平方米。有教职工158人，其中，高级教师29人、中级41人、初级32人，专业技术人员45人。聘请兼职教师90人。设有文艺、科技、体育、学科类培训项目52个，兴趣培训小组500个，拥有学员6200人。举办大型活动、教育活动和开放活动，组织北京市青少年儿童进行参观，听取报告、讲座、演讲，举办夏令营及各类型的会演、比赛、国际交流及娱乐活动，年人数300万人次。全年接待来自美国、意大利、澳大利亚、日本、以色列等国家及港澳台来访38批3956人次。举办10场管乐团、民乐团、合唱团、京昆艺术团、工艺专项的外事交流活动。全年参加各类型的国际、国内比赛，获国际奖，全国金奖、银奖、铜奖和北京市第一名的学员400人次。

（赵伟）

【合唱团赴泰国交流演出】　1月25至31日，市少年宫合唱团赴泰国参加“欢庆08新鼠年，喜迎北京奥运会”的主题音乐会。合唱团一行36人，演唱《故乡是北京》等具有中国特色的民歌，以及具有一定难度的外国童声合唱作品。该访问应泰国知音合唱团邀请演出。

（王春妹）

【参与组织首都春节联欢文艺晚会】　1月31日至2月3日，市少年宫参与市政府举办的首都春节联欢文艺晚会组织工作。市少年宫承担游艺和有奖猜谜活动的策划、筹备和组织工作，设有40项游艺活动和800条谜语。这是市少年宫连续8年参与该项活动。晚会在人民大会堂举行。

（李永亮）

【获得全国少年儿童国际象棋比赛第二名】　2月11至18日，在第16届“李成智杯”全国少年儿童国际象棋冠军赛中，市少年宫国际象棋代表队1名学员获得女子10岁组第二名。另两人获得男子12岁组第八名、男子16岁组第十一名。来自全国112个代表队1200名棋手参加比赛。

（李东军）

【《首都校外教育》创办在线电子版】　2月，《首都校外教育》在线电子刊物首期在北京校外教育网上创刊。该电子杂志选配大量视听资料，通过多媒体网络电子技术，将文字、图片、视频资料相结合，内容涵盖首都校外教育政策、校外工作实践、研究成果、优秀人物等内容。

（孙宏芳）

【举办FLL机器人世锦赛中国北方区公开赛】　3月1日，市青少年科技馆主办第二届FLL机器人世界锦标赛中国北方区公开赛。来自北方各省市68支代表队500名选手参加比赛。比赛挑战项目为破解能源，让学生思考各种能源利用，分析可行性，提升能源利用率，参赛者必须完成场地赛、技术答辩、日志答辩、才艺表演等7个项目，7个裁判组分别考查参赛队的研究能力、交流能力、表达能力、社交能力、团队合作及道德风范等。比赛共角逐出冠军、亚军、季军、团队合作奖等奖项，顺义少年宫代表队获得团体冠军。冠军队将代表中国参加4月在日本举行的FLL机器人世锦赛。本届比赛具有三个特点，分别是科学与艺术结合，竞赛形式新颖，与国际竞赛形式接轨；尊崇公益，整合社会资源；裁判水平在国内起到引领示范作用。FLL旨在拓展青少年在科学、技术、工程学等领域的眼界和思维，培养团队合作精神和创造力。

（张超　陈建诗）

【举办市中小学生科技英语创意大赛团体表演赛】　3月1日至6月15日，学生管理中心主办北京市中小学生科技英语创意大赛团体表演赛。该比赛分初赛、复赛和决赛三个阶段，18个区县245所学校参加校级初赛，经过区级复赛，72所学校520名学生参加市级决赛。经过角逐，评选出学校团体一等奖20个、二等奖25个、三等奖21个，团体创意奖17个，最佳语言奖56人，最佳表演奖75人和最佳潜力奖85人，优秀实验报告奖22个，优秀剧本奖20个。该活动出版《优秀科普英语剧本集》。

（李晨）

【市青少年科技创新大赛成绩优异】　3月23日，第28届安捷伦北京青少年科技创新大赛获奖作品揭晓，北京金鹏科技团学生管理中心分团成绩优异。该分团获得一等奖7项、二等奖10项，为历年最好成绩。其中，由该分团教师辅导的“照相机测量实物数据的装置”、“水质对四尾栅藻增长潜力影响的实验研究”、“现代科技发展对青少年素质影响的研究”和“奥运掌中宝”项目获得中学组一等奖；“夏天居室节能调温系统”、“不同品牌奶粉蛋白质含量及牛乳制品新鲜度的调查研究”和“关于城市绿化挡护高度比例问题研究”获得小学组一等奖；“虚拟现实动感座椅”、“宾馆节能控制装置”、“照相机测量实物数据的装置”获得6个单项奖；1名教师获得北京市“十佳科技教师”称号。

（张超）

【举办中日书法笔会】　3月30日，市少年宫举办中日少年儿童书法交流会。日本北海道中小学生书法代表团和市少年宫书法班的学员进行一对一现场书写，展示书法艺术。经过中日书法家评比，分别评出金奖1人、银奖2人、铜奖3人。中日书法家和书法教师进行现场书法表演。

（赵伟）

【开展青年教师教育教学观摩活动】　4月5日，市少年宫召开2008年青年教师教育教学观摩活动动员会。会议启动35岁以下青年教师的培训小组教育教学与群众活动的观摩工作；举办题为《积淀与升华》的讲座。市少年宫精选15名教师的30个时间段的小组教育教学活动提供观摩学习，并依托北京市校外教育研究室，整合城区少年宫、科技馆、少年之家43名优秀教师的20种项目学习提供观摩，另外提供三种大型群众性活动观摩和学习的机会。

（陈建诗）

【机器人小组参加国际竞赛】　4月11至26日，市青少年科技馆智能机器人小组两名学员随中国机器人代表团赴美国参加国际竞赛。该科技馆学员在康涅狄格州哈特福德市举行的第15届全球家用机器人灭火比赛中获得第四名，共有来自全球40个国家的150支代表队参加比赛；学员在堪萨斯州举办机器人搜救比赛中，获得冠军奖和优胜奖。

（徐爱平）

【举办青少年科技天文日活动】　4月19日，市青少年科技馆举办2008北京青少年科技天文日公益科普活动。该活动组织观看日食录像片；聆听天文专家关于日食的科普讲座，讲述2008年和2009年中国境内可见日全食的基本情况和日全食的简单观测方法；通过太阳眼镜和天文望远镜观测太阳，学习天文仪器的操作方法和观测太阳的正确方法。共有学生和家长140人参加活动。

（朱小羽）

【举办原创朗诵表演作品创编活动】　5月17日至8月24日，市少年宫举办原创朗诵表演作品创编活动。该活动以“踏着孙爷爷的足迹讲我身边的故事——我眼中的少年宫”为主题，分为启动仪式、创编辅导和作品展示三个环节，朗诵表演组的300名学员和家长创编朗诵表演作品216件，经过评比，35件作品分获一、二、三等奖和最佳创编、最佳表演等奖项。该活动是市少年宫利用身边的教育资源开展的社会专业实践活动，为继承和弘扬孙敬修讲故事的事业，引导青少年从关注发生在身边的每一件小事中发现、寻找、挖掘素材，创编出题材新颖、健康、富有时代感的优秀故事。孙敬修是著名儿童教育家，市少年宫教师。

（李昱）

【举办儿童爵士童声合唱音乐会】　6月1日，市少年宫合唱团在国家大剧院举办“儿童Jazz—童声合唱音乐会”。音乐会演唱《What a Wonderful World》等爵士风格的外国歌曲，以及脍炙人口的儿童歌曲《娃哈哈》、《欢乐的牧童》等。音乐会演唱的大部分曲目是国内首演。

（王春妹）

【举办市青少年未来工程师竞赛】　6月7日，市少年宫举办第四届北京市青少年未来工程师竞赛决赛。比赛设木梁承重设计比赛、模拟航天器登月归来竞赛、机器人排雷赛、和谐美妙的声音表演及绿色节能型校园作品展示，132支代表队350名中小学生参加决赛，经过角逐，北京五中分校、大兴少年宫、顺义少年宫等13个单位的38人分获五个项目前三名，取得参加第四届全国青少年未来工程师竞赛资格。该比赛分校级初赛、区级复赛和市级决赛三个阶段。

（蒋小建）

【摄影作品获全国一等奖】　6月，市少年宫学员获得第13届全国中小学生绘画、书法作品比赛摄影奖。摄影班3名学员作品《小飞侠欧洲蹦极》、《腾空》和《103岁老奶奶也要为奥运助威加油》分别获得一等奖；5名学员获二等奖；8名学员获三等奖。该比赛由教育部艺术教育委员会举办。

（白雪梅）

【举办现代童声合唱音乐会】　7月20日，市少年宫在中山音乐堂举办现代童声合唱音乐会。音乐会由爵士小乐队伴奏，演唱黑人灵歌风格的曲目《甜蜜的马车摇落》；流行风格的曲目《在河边》、《用心灵歌唱》；一组旅美作曲家陈怡改编的《中国山歌》和民谣等；无伴奏并且以节奏律动为基础的德国现代作曲家的《古拉米勒·古拉贝那》、《舞蹈皇后》、《MAMMA MIA》；并演唱《隐形的翅膀》给予地震灾区孩子精神力量。

（王春妹）

【获得国际青少年足球比赛亚军】 7月25日至8月2日，由市少年宫足球队队员组成的北京市青少年足球队代表团赴奥斯陆参加第36届“挪威杯”国际青少年足球赛。代表队一行25人，参加由来自世界300支青少年球队组成的D组比赛，经历9场比赛，获得亚军，为10年来中国少年足球队在国际比赛中的最好成绩。该比赛由国际青少年足球赛组委会举办，邀请世界40个国家1800支青少年足球队3万人参加比赛。

（尹志义）

【举办管乐名曲音乐会】 7月27日，

市少年宫在中山音乐堂举办“难忘的旋律——世界管乐名曲音乐会”。音乐会邀请国家一级指挥李美珠和英国著名指挥尼克·史密斯共同指挥整场音乐会，演奏《长江颂》、《难忘的旋律》、《波吉与贝丝》、《波希米亚狂想曲》等东西方名曲，包括铜管五重奏、萨克斯协奏曲、电声乐队的现代流行音乐，以及乐队与合唱等节目。

（高怡）

【举办手风琴专场音乐会】 8月17日，

市少年宫在国家大剧院举行“键之舞”手风琴专场音乐会。手风琴乐团演奏的曲目包括《西区的故事》，约翰·施特劳斯的《特别快车波尔卡》和约翰·麦尔斯的《音乐》以及法国轻音乐等。9月28日至10月4日，手风琴乐团一行90人赴上海进行演出交流。

（李锐）

【承办中国文化之夜晚会】 9月26日，联合国教科文组织中国联合国教科文组织全国委员会主办的“中国文化之夜”晚会在市少年宫举办。市少年宫乐团演奏《春节序曲》、《瑶族舞曲》、《茉莉花开》等曲目，京昆艺术团表演《孙悟空斗罗汉》、《霸王别姬》，民乐学员演奏扬琴独奏。参加2008全球对话学校竞赛第三届国际研讨会的世界各国师生170人以及中国学生代表共计200人观看演出。

（赵伟）

【市校外教师业研组正式更名】 9月，经市教委批准，“北京市校外教师业研组”正式更名为“北京市校外教师教研组”。更名后，教研组拓展校外教师的专业研修活动领域，为校外教师在业务研究、交流、考察等方面提供活动新思路，扩大教育教学活动的交流空间。

（李昱）

【参加第九届“三北”地区文艺汇演】 10月1至4日，市少年宫艺术团参加第九届“三北”地区青少年宫文艺汇演。艺术团一行51人参加舞蹈、器乐、声乐共9个节目表演，分别获得一等奖、二等奖；其中，《福娃舞》参加闭幕式演出，并被评为汇演最优秀节目。该活动在兰州举办，来自哈尔滨、长春、呼和浩特等10个城市的11支代表队600人参加演出。

（徐家辉）

【获得国际发明展金奖】 10月16至19日，在第六届中国国际发明展中，市青少年科技馆获得两项发明金奖、两项发明铜奖。获得金奖作品是《照相机测量实物数据的装置》和《夏天居室节能调温系统》，铜奖作品是《电话自动报警装置》和《无限订书机》。此次青少年科技馆共有5项作品参加评比。北京展团共获得两项发明金奖。共有来自亚洲、欧洲、北美洲、非洲的39个国家和地区组团展出发明项目2800个，其中，国外参展者300人，展示项目500个。中国国际发明展是科技部批准的国际发明展览会，每4年举办一次。

（张文龙）

【接待日本首相夫人】 10月25日，市少年宫接待日本首相夫人来访。首相夫人听取少年宫介绍，参观图片展览，观看武术班学员表演、管乐团排练、国画班学员习画，并接受体现中日棋友对弈围棋的学员国画作品《我们在一起》。首相夫人赠送一个大毛绒玩具，并和学员合影留念。首相夫人说：“培养孩子是非常辛苦的事但很重要，他们是国家的希望也是人类的未来”。

（赵伟）

【组织学员赴河北采风】 10月26日，市少年宫组织摄影小记者赴河北省怀来县镇边城村采风。学员听取镇边城村历史介绍和改革开放30年来的发展变化，并到村民家进行采访，感受农村气息。摄影小记者20人参加活动。

（白雪梅）

【组队参加中国智能机器人大赛】 11月13至14日，市青少年科技馆组队参加第九届中国智能机器人大赛。智能机器人实验室的组员获得机器人搜救比赛冠军杯、国际赛制机器人灭火小学组一等奖和初中组一等奖。本届比赛由中国智能学会机器人专业委员会、中国教育学会主办，共设国际赛制机器人灭火、广茂达赛制机器人足球、RoboCup中型组等10个项目。来自23个省市区的180支代表队分别参加小学、中学和大学组别比赛。

（徐爱平）

【金鹏科技团举办科技下校到山区活动】 11月27日，金鹏科技团北京学生活动管理中心分团“城市乡村手拉手”科技下校活动到良乡五中普及科学知识。该分团精选适合山区学生的青少年科技项目，包括科技制作和科技互动讲座，航模特级教师做题为《空气与飞行》讲座，利用模型和教具与学生产生互动，深入浅出地讲解深奥的空气动力学知识；举办日全食讲座，在太阳观测现场，通过天文望远镜了解太阳黑子、日珥等天文知识；在航模场地，学生放飞自己制作的模型飞机。校外教育作为基础教育的重要组成部分，在城区学校中得到广泛开展，但在山区校中很多地方还是空白。

（张文龙）

北京市教育技术设备中心

【概　况】 2008年，北京市教育技术设备中心建筑面积3144.6平方米，包括库房700平方米、标准展示厅300平方米。设有研究与发展管理科、采购管理科、技术管理科、实验室管理科。在职职工33人。中心主要负责北京市中小学校专用教室和教学仪器设备的建设、配备、管理、质量检测及技术咨询服务。

（王玉清）

【实施高中通用技术教学设备配置标准】 1月18日，设备中心颁布实施

《北京市普通高中通用技术（必修）教学设备配置标准（试行）》。该标准是建设规范、标准的通用技术专用教室的基本保证，是教育装备部门实施采购和装备建设的主要依据。设备中心负责指导高中通用技术专用教室建设与设备配备工作。

（王玉清）

【完成办学条件数据统计】 1月，设备中心完成2007年度北京市中小学校办学条件数据统计。各区县共计1735所学校完成包括办学规模、各类用房、各学科仪器达标现有和尚需等在内的数据汇总、审核工作。

（王玉清）

【培训资产管理人员】 3月25日，设备中心培训教育系统资产管理人员。该培训由设备中心统一安排教师，采取送教上门的方式，以区县为单位组织培训，内容包括学习《北京市中小学校办学条件标准》和《北京市中小学校办学条件标准细则（试行）》、审核学校办学条件数据并修改问题数据以及介绍《管理系统》网络版入门知识。东城区中小学校、幼儿园和教委直属单位的资产管理人员共92人参加培训。该中心全年共培训资产管理人员2300人。

（王玉清）

【召开中小学图书馆达标评价体系制度建设研讨会】 3月26至27日，设

备中心召开北京市中小学图书馆达标评价体系制度建设研讨会。会议研讨中小学校图书馆如何服务新课改，发挥图书馆在教育教学中的作用，以及中小学图书馆如何为实现北京市在2010年基本实现教育现代化提供服务等议题。会议提出《北京市中小学图书馆达标评价实施方案（草稿）》，部署本年北京市中小学数字图书馆图书资源更新、选取工作。部分中小学校图书馆馆长和部分区县图书装备管理人员15人参加会议。

（王玉清）

【标准教学仪器设备展示厅建成】 9月，设备中心建成北京市标准教学仪器设备展示厅。该展示厅设在设备中心二层，集长期展示、监督、研究、培训、学生活动为一体，建筑面积300平方米，陈列仪器主要有中小学物理、化学、生物、音乐、历史、地理等学科教具，共5大类10个学科1100种，是在全国范围内经过严格筛选，由市财政出资购买征集，并随着教学产品市场变化而实行优胜劣汰。展示厅总投资134.8万元。

（王玉清）

【组织中小学数字图书馆选书】 11

月19至20日，设备中心组织中小学数字图书馆选书工作。数字图书馆数字图书资源选取小组完成年度北京市中小学数字图书馆数字图书资源复选工作，共选出图书15783种，计106762册，总计61.36万元。选取工作在程序上首次尝试集中选取和分散选取相结合、师生推荐与专家推荐相结合的选书方式。

（王玉清）

【完成市教委采购任务】 至年底，设备中心完成市教委采购任务。完成1.07亿元信息化设备采购，共为学校配置学生用计算机8000台、教师用计算机3000台，多媒体教室2500套。协助市教委完成2007年的延续项目"折子工程"，负责5029万元教学仪器设备的采购任务。协助市教委为农村寄宿制学校配置生活用车共计140辆。

（王玉清）

北京教学植物园

【概　况】 2008年，北京教学植物园全园规划用地11.65万平方米，建筑面积9127.31平方米，其中，温室面积4408.63平方米。拥有树木分类区、水生植物区与人工模拟湿地、草本植物区、农作物展示区、木化石区、阴生植物区、盆景园、热带亚热带植物展览温室、沙生植物展示温室等专类园区，科普知识展览室、开放实验室、多功能教室、多媒体报告厅、植物组织培养室、实验材料繁育室、人工和自动气象站、城市生态环境监测站等教学设施。园区内根据中小学教学需要选择和配置植物，共收集引种露地栽培木本、水生、草本植物，野生草本植物，农作物，热带亚热带、沙生温室栽培植物等活体标本植物1600种。设有每种植物说明牌、特殊植物和类群植物说明牌、各专类园区简介牌和相关知识科普橱窗、太阳能利用、雨水收集等科普设施。有教职工50人，其中，具有生物、园艺、林学、农学、园林等专业特长的教师及其他专业技术人员26人。全年接待大中小学师生、社会团体参观或实习，开展多种业务培训，辅导学生课外科技小组，组织参与科普活动等，服务师生和社会公众共5万人

次，为11个区149所中小学12.6万名师生提供33种生物实验和劳技课实习材料。

（段洁）

【举办科技探究项目交流会】 1月27日，教学植物园绿色科技俱乐部举办中小学生科技探究项目交流会。会议听取小会员讲解自己承担的课题，专家点评每个交流项目研究方向、研究方案制订、研究结果分析等内容，并进行讨论。该活动与市环境教育研究会、北京植物学会联合主办，来自一零一中、育才学校、西四北四条小学、北师大实验中学等8所会员学校70名科技爱好者参加活动。

（段洁）

【举办中小学课改教学服务试点活动】 3至12月，教学植物园举办中小学课改教学服务试点活动。该园发挥人力和资源优势，结合各科课程改革教学要求，针对不同年级学生特点，以深入学校开设选修课，现场讲授植物形态，动手栽培植物并带回家中养植、观察记录，动手制作和观看科普影片等形式开展教学活动，选修课共授课40课时，在植物园接待现场教学活动12次，共38个班。

（段洁　俱武让）

【开展教师业务培训活动】 3至12

月，教学植物园多次开展教师培训。该园利用人力、物力资源，以专题讲座、现场教学实践观摩、植物栽培实用技术培训等形式开展培训，分别为丰台区教研中心劳技教师讲解植物栽培基本常识与中学生科学素养培养，为宣武区教研中心和北京教育学院生物教师现场培训植物分类，为朝阳区青少年科技活动中心科技教师举办《如何辅导学生做好选题》专题讲座，为宣武区教师进修学院生物教师举办《从生物教学的角度了解市花市树与奥运》专题讲座，为北京市科协青少年部组织的全国青少年科技辅导员教具竞赛北京市参赛选手培训，为密云县少年宫科技教师举办《青少年优秀科技实践活动》讲座，为首师大附中生物教师讲解植物组织培养技术。共有500名教师参加业务学习。

（段洁　常正斯）

【绿色科技俱乐部举办系列讲座】 5月10日至10月25日，教学植物园绿色科技俱乐部举办系列科普讲座。5月10日，举办《北京市初中生和小学生2007至2008年度科学论文参赛述评》和《如何对科研项目进行选题》专题讲座，来自西四北四条小学、方致实验学校等8所学校88人参加学习；9月20日，举办《面对生物入侵，我们要做哪些准备》和《认识北京城市生态系统》科普讲座，来自育才中学、东交民巷小学等8所学校92人参加学习；10月25日，举办《国外青少年开展科技项目研究的思路与方法》专题讲座，来自灯市口小学、一六一中等6所学校24人参加学习。该活动主要培养中小学生科技爱好者对绿色科学的兴趣和爱好，增强创新精神和实践能力，引导树立科学思想和科学态度，为开展小课题研究奠定基础。来自海淀区、东城区、宣武区等5个区的15所中小学学生、科技教师及家长参加活动。

（段洁　常正斯）

【举办助残日活动】 5月17日，教学植物园举办助残日活动。活动以"奥运、阳光、绿色、健康"为主题，采取在园区实地看、摸、嗅的方式，组织残疾学生开展植物识别竞赛。来自联大特殊教育学院60名聋、哑、盲学生参加活动。该活动与北京植物学会等单位共同主办。

（段洁）

【举办《市花市树与奥运》专题讲座】 5至6月，教学植物园深入社区学校举办《市花市树与奥运》专题讲座。该讲座结合北京相关文化历史、自然植被、土壤等特点，讲解如何通过科技支撑绿色奥运，构建人与自然和谐的绿色城市。该活动分别在怀柔区琉璃庙中心小学、北台上小学，中关村街道和宣武区教研中心举办，共有700人参加学习。

（段洁）

【参与科普报告进校园活动】 5至10月，教学植物园参与北京市老科学家科普报告进校园活动。该园为中小学生举办绿色科技讲座7次，其中，5月15日和16日，在怀柔区琉璃庙中心小学、北台上小学举办《市花市树与奥运》专题讲座，400人参加学习；9月4日和11日，在八十中举办《植物与环境科学探索活动》科普讲座，600人参加学习；9月19日，在灯市口小学举办《未来园艺师——探究绿色奥运体验科学研究》科普讲座，2000人参加学习；10月23至24日，为密云区河南寨中心小学、密云三中、北京五一小学举办《如何开展小课题研究》专题讲座，700人参加学习。

（段洁）

【参与翱翔计划学员野外考察培训】 9月13至15日，教学植物园参与翱翔计划育才基地学员野外考察培训。考察期间，该园为学员主要讲授《森林植物群落调查方法》、《如何利用大学实验室开展科学探究活动》知识，承担"山地森林植物资源样方调查"现场实习指导。共有15名学员参加培训。

（段洁）

【科普网站开通】 9月25日，教学植物园整合原有网络资源开通科普网站。该网站共设3个科普板块，包括每周一花、植物知识、趣味植物、植物欣赏、植物史话、主题开放活动、科普论坛、科普展览、开放实验室和绿色俱乐部共计10栏目。网址：bjjxzwy.bjedu.gov.cn。

（段洁）

【举办探索植物之美系列活动】 10月18日至11月23日，教学植物园绿色科技俱乐部举办中小学生"探寻植物科学之美"系列主题活动。该活动与北京植物学会、北京我行教育咨询中心联合主办，以"我观察、我记录、我成长、我能行"为主题，向学生讲解美术构图、数码相机使用技巧，介绍新奇植物及有关趣事，采取植物摄影、植物科学幻想画创作形式，使学生亲近与观察自然。活动分三个阶段，最终评选出十佳优秀摄影和十幅科学幻想画作品。来自双榆树中心小学、西四北四条小学、灯市口小学 50 名学生参加活动。

（段洁　高付元）

【与中科院植研所签订数字植物园合作协议】　12 月 31 日，教学植物园与中国科学院植物研究所签订合作框架协议。根据协议，教学植物园将纳入“中国数字植物园”体系，植物研究所提供数据标准及技术支持，在数字植物园网站上提供植物园数字化管理平台，该园按统一标准进行数据、影像等采集整理，并在网站上进行数据库管理、维护和浏览展示。中国数字植物园是在国家科技基础条件平台项目支持下的数据平台建设项目，其目标是推进国内植物园数字化进程，实现植物园活体植物信息标准化采集、整理及共享，为植物园数字化管理，相关植物保育策略及公众教育等提供数据支持。

（段洁）

【完成多项建设工程】　至 12 月，教学植物园投资 202.23 万元完成多项建设工程。其中，4 至 6 月，完成教学养护温室维护修缮工程 1483 平方米，投资 17.72 万元；4 至 11 月，完成盆景园建设工程 4838 平方米，投资 132.64 万元；5 至 6 月，完成南院办公区门区环境改造工程 612 平方米，投资 18.37 万元；5 至 11 月，完成 518.4 平方米现代化养护温室苗床、喷灌、施肥、补光、通风、补养等系统设备设施建设安装，投资 33.5 万元。

（段洁　俱武让）

北京教育志编纂委员会办公室

【概　况】　2008 年，北京教育志编纂委员会办公室编纂出版《北京教育年鉴》2007 卷和 2008 卷，2007 卷收录文字 150 万字、图片 1082 幅，2008 卷收录文字 170 万字、图片 979 幅；编辑出版《北京市教育委员会文件选编（2007）》，收录文字 90 万字；编辑出版《北京市教育档案文粹》。编辑印制《北京市教育委员会政报》6 期、《北京教育史志丛刊》4 期。为《北京年鉴》提供教育部分内容 1.8 万字；为《中国教育年鉴》提供北京部分内容 1 万字；为《北京农村年鉴》提供教育部分内容 1 万字。为北京市发展和改革委员会、北京市统计局撰写《北京教育 30 年》，全面记录改革开放 30 年来北京教育的发展历程，收录文字共计 2.4 万字。完成《北京志·人物志》教育界 2000 年前逝世人物撰写、补充及修改工作，收录教育人物 144 人。至年底，办公室在编人员 7 人，其中，高级专业技术职务 3 人。

（李晓秋）

【调研北京教育志鉴工作发展情况】　6 至 10 月，教志办调研北京教育系统志鉴工作发展情况。调查采取问卷形式，内容涵盖各单位史志编纂和年鉴编纂等内容，发放范围为各区县教委和各普通高校。调查结果显示，北京教育系统编纂教育年鉴的普通高校 44 所，占 60 个被调查学校 73.33%；编修教育志的普通高校 22 个，占 60 个被调查学校 36.67%。区县教委编纂教育年鉴的 4 个，占区县教委总数 21.05%；编修教育志 6 个，占区县教育总数 31.58%。

（李晓秋）

【《北京教育档案文粹》出版】　12 月，《北京教育档案文萃》出版发行。该书由教志办和市档案局联合编纂，由华艺出版社出版发行。全书分上、中、下 3 卷，采用分门别类的编辑体例，设中小学、校外教育、农村教育等 9 个类目，共收录 1949 至 1995 年（市教委成立前夕）的档案资料 500 余份，涵盖公文、报告、调研报告等文体，内容以原市教育局、原市成人教育局的档案为主，包括市公安局和市卫生局等相关委办局的档案资料，与《北京市教育委员会文件选编》形成档案资料系列丛书，填补北京教育档案资料 1949 至 1996 年开发利用的空白，完成教育系统档案资料的收集和整理，为第二轮修志做好资料储备工作。

（李晓秋）

【教育年鉴改版】　12 月，教志办完成《北京教育年鉴》2007 卷和 2008 卷编纂出版工作。教育年鉴自 2007 卷起改版，开本由原来 787×1092 的 16 开本改为 889×1194 的大 16 开本。2007 卷年鉴仍沿用原有整体风格；2008 卷年鉴在整体风格上作调整，并增加年鉴标识。

（李晓秋）

北京市学生资助事务管理中心

【概　况】　2008 年 3 月 21 日，北京市学生资助事务管理中心成立。主要职能是负责并指导市属高校开展国家奖学金、国家励志奖学金和北京市国家助学金评审和发放工作；负责并指导中等职业学校开展政府奖学金、国家助学金评审和发放工作；负责并指导市属高校开展国家助学贷款工作以及区县开展高校学生属地助学贷款工作；负责并指导区县开展基础教育学生资助工作；监督、指导、检查区县和市属高校、市属中等职业学校学生资助工作；指导、协调区县和北京地区高校、市属中等职业学校资助机构开展工作。

（王晶）

【完成市属高校奖助学金评审发放】　9 月，学生资助中心组织完成市属高校奖助学金评审及资金下拨工作。国家奖学金获奖学生 535 人，获奖金额 428 万元；国家励志奖学金获奖学生

8631人，获奖金额4315.5万元；北京市国家助学金受助学生40725人，受助金额9121.12万元。国家助学金资助人数和金额比上学年均增长87%。

（王晶）

【特困新生通过“绿色通道”入学】 9月，学生资助中心完成市属高校特困新生通过“绿色通道”入学工作。新生中家庭经济困难学生9338人，特困生3980人，其中，有3745名特困生通过“绿色通道”入学，比上学年增加700人。

（王晶）

【完成中职学校奖助学金评审发放】 9月，学生资助中心完成中等职业学校奖助学金评审和资金下拨工作。获得中等职业教育政府奖学金学生6453人，获奖金额1290.6万元；获得国家助学金学生145364人，受助金额18221.33万元。

（王晶）

【完成各项补贴经费下拨】 至年底，学生资助中心成各项补贴经费下拨。完成北京高校（包括中央部委院校）家庭经济困难学生发放临时补贴5800万元，发放饮水、洗澡、电话补贴1510万元。

（王晶）

【完成市属高校助学贷款贴息工作】 至年底，学生资助中心组织完成市属高校助学贷款贴息工作。获得国家助学贷款学生8950人，发放金额4990.41万元，财政承担贷款贴息888.72万元，财政承担风险补偿金172.57万元。

（王晶）

北京教育新闻中心

【概　况】 2008年7月，北京教育新闻中心正式运行。办公地点设在崇文区夕照寺街东玖大厦B座，建筑面积224.79平方米。经市编办批复，新闻中心编制为8人，经公开招聘6人到岗工作。

（王攀）

【教育新闻中心正式运行】 7月，教育新闻中心正式运行。该中心是市教委直属事业单位，在市委教育工委主管宣传工作的副书记、市教委新闻发言人的领导下，在市委教育工委宣教处的直接指导下，自主组织策划实施教育系统新闻宣传工作。同时，该中心还承担指导高校和区县教育部门新闻中心工作的任务。

（王攀）

【联合评选首都十大年度教育新闻人物】 12月1日，教育新闻中心联合11家媒体共同开展2008年“首都十大年度教育新闻人物”评选活动。该评选采取网络和邮寄等投票方式，评出教育新闻人物10人、特别荣誉奖2人。教育新闻人物分别是北京二中教师孟艳、北京师范大学学生李菊、北京信息科技大学数据恢复研究所所长张京生、北京市朝阳区垂杨柳中心小学教师郑丹娜、北京外国语大学教授陈琳、首都师范大学教授欧阳中石、北京市第五十中学心理教师姚瑶、北京理工大学副校长孙逢春、北京联合大学特殊教育学院学生姜馨田、通州区北苑学校教师张品正；怀柔区红螺寺中学教师王万仁、平谷中学教师薛营顺因扎根基层，为山区教育做出无私奉献获得特别荣誉奖。11家媒体分别是北京日报、北京人民广播电台、北京电视台、北京晚报、北京青年报、京华时报、新京报、人民网、新浪网（教育频道）、首都教育、大学生周报。

（王攀）

【举办教育系统新闻发言人培训班】 12月22日，教育新闻中心举办第三期北京教育系统新闻发言人培训班。该班听取新闻传播专家学者、主管新闻宣传工作的领导的专题报告，主要学习教育新闻宣传理论与实务等内容。来自区县教育部门、各高校、两委一室机关和直属直管单位共140人参加培训。

（王攀）

【策划编排奥运话剧《第五十二块金牌》】 9月，市委教育工委、市教委

策划编排的奥运话剧《第五十二块金牌》在高校进行巡演。该剧以高校师生服务奥运的真实经历和亲身感受为题材，展示北京高校师生奉献、服务奥运的志愿精神和良好风貌。来自北京师范大学、首都师范大学的北京高校志愿者代表参与演出。该剧共在8所高校演出10场。

（王攀）

（本栏责任编校　华蕾）

统计表

2008～2009学年度北京教育事业统计资料

一、综合

1—1 各级各类学校校数、教职工、专任教师情况

单位：人

	学校数	教职工数	
		计	其中：专任教师
总　　计	**3508**	**327994**	**199114**
一、高等教育	172	139015	70042
（一）研究生培养机构	(169)		(35525)
1. 高等学校	(52)		(25293)
2. 科研机构	(117)		10232
（二）普通高等学校	82	127593	55005
1. 中央部委属高校	36	86153	34468
2. 市属高校	46	41440	20537
其中：公办高校	36	32205	16069
民办高校	10	9235	4468
（三）成人高等学校	26	3587	1553
（四）民办的其他高等教育机构	64	7835	3252
二、中等教育	838	93976	61134
（一）高中阶段教育	489	93976	31103
1. 普通高中	325	72693	19849
2. 中等职业教育	164	21283	11254
普通中专	36	5425	2631
成人中专	11	758	348
职业高中	72	9346	5451
技工学校	45	5154	2402
其他机构（教学点）	(18)	600	422
（二）初中阶段教育	349		30031
三、小学教育	1202	60944	48696
四、工读学校	6	358	216
五、特殊教育	24	1166	850
六、学前教育	1266	32535	18176

注：1. “()”内数据未包含在总计中。
2. 因完全中学中的高中、初中教职工不易区分统计，故普通高中教职工数包含普通初中教职工数。

1—2 各级各类学历教育学生情况

单位：人

	毕业生数	招生数	在校学生数	毕业班学生数
总　　计	**832585**	**938891**	**3208704**	**714437**
一、高等教育	383370	504471	1530929	333383
（一）研究生	56046	67900	195809	70692
1. 高等学校	49087	58620	168129	61325
2. 科研机构	6959	9280	27680	9367
（二）普通本专科	149459	157238	575639	157442
1. 中央部委属高校	71581	74063	290202	74616
2. 市属高校	77878	83175	285437	82826
其中：公办高校	55797	60653	211093	60456
民办高校	22081	22522	74344	22370
（三）成人本专科	93829	110684	312289	105249
1. 成人高等学校	10162	11031	29680	11014
2. 普通高等学校	83667	99653	282609	94235
（四）其他各类高等学历教育	84036	168649	447192	
1. 在职人员攻读博士、硕士学位		15567	47672	
2. 网络本专科生	84036	153082	399520	
二、中等教育	262871	236714	782866	269596

续表

	毕业生数	招生数	在校学生数	毕业班学生数
（一）高中阶段教育	158169	129220	457749	164018
1. 普通高中	78468	68397	219163	79314
其中：本市户籍	76449	62913	205436	75715
2. 中等职业教育	79701	60823	238586	84704
普通中专	27181	18404	86539	28391
成人中专	4812	6066	16579	7126
职业高中	25908	20905	71468	25155
技工学校	21800	15448	64000	24032
（二）初中阶段教育	104702	107494	325117	105578
其中：本市户籍	92103	82809	261826	89484
三、小学教育	112268	110440	659500	111458
其中：本市户籍	82195	65467	420210	79508
四、工读学校	381	369	802	
五、特殊教育	1576	959	7926	
六、学前教育	72119	85938	226681	

补充资料：外国留学生在校学生数为 31712 人。

注：1. 高等教育小计中未包含自学考试的学生数。

2. 从 2007 年开始，基础教育（普通中小学、工读学校、特殊教育、学前教育）在校学生数中包含非本市户籍借读学生。

1—3　各级各类非学历教育学生情况

单位：人/人次

	毕（结）业生数	在校生数
总　　计	**3164819**	**2247894**
一、高等教育	513150	474309
（一）研究生课程进修班	11284	15693
（二）自考助学班	49930	230077
（三）普通预科生		2266
（四）进修及培训	451936	226273
其中：资格证书培训	59734	26024
岗位证书培训	65380	35694
二、中等教育	2651669	1773585
其中：资格证书培训	235617	175775
岗位证书培训	390762	151834
（一）中等职业教育	80997	40126
其中：资格证书培训	37645	23340
岗位证书培训	20845	8856
（二）职业技术培训机构	2570672	1733459
其中：资格证书培训	197972	152435
岗位证书培训	369917	142978

1—4　各级民办教育基本情况

单位：人

	学校数	毕业生数	招生数	在校学生数	教职工数		兼任教师
					计	其中：专任教师	
总　　计	**592**	**87749**	**99687**	**375530**	**33845**	**17375**	**8420**
一、高等教育	74	56730	57159	243772	17070	7720	8026
民办普通高校	10	22081	22522	74344	9235	4468	4301
民办高等教育机构	64	34649	34637	169428	7835	3252	3725
二、中等教育	118	13287	15696	48801	4817	2885	196
（一）高中阶段教育	98	7226	8057	27026	4817	2885	196
民办普通高中	76	5473	5668	18567	3641	2307	21
民办中等职业教育	22	1753	2389	8459	1176	578	175
（二）初中阶段教育	20	6061	7639	21775			
三、民办小学	20	3155	5832	26315	1753	1091	13
四、民办幼儿园	380	14577	21000	56642	10205	5679	185
另有：民办职业技术培训机构	1386	871689		576817	26462	10209	12012

注：民办培训机构毕业生数为结业人次数，在校生数为注册学生数。

二、普通高等学校

2—1　普通高校分科研究生数

单位：人

	毕业生数			招生数			在校学生数		
	计	博士	硕士	计	博士	硕士	计	博士	硕士
总　计	**49087**	**8145**	**40942**	**58620**	**10979**	**47641**	**168129**	**44162**	**123967**
其中：女	23078	3084	19994	28367	4163	24204	77601	15978	61623
哲　学	551	148	403	608	183	425	1836	703	1133
经济学	3408	430	2978	3698	579	3119	9733	2239	7494
法　学	5063	701	4362	6208	910	5298	16419	3300	13119
教育学	1555	217	1338	1762	252	1510	5375	993	4382
文　学	4754	538	4216	5766	750	5016	15813	2775	13038
历史学	512	139	373	567	154	413	1815	656	1159
理　学	3642	996	2646	5009	1439	3570	14694	5352	9342
工　学	18862	2923	15939	22262	4226	18036	66290	18608	47682
农　学	1094	350	744	1431	410	1021	3880	1281	2599
医　学	2824	1034	1790	3183	1024	2159	10812	3837	6975
军事学	31	7	24	61	15	46	156	51	105
管理学	6791	662	6129	8065	1037	7028	21306	4367	16939
总计中：									
中央部委属	43457	7741	35716	51741	10387	41354	147865	42198	105667
市属	5630	404	5226	6879	592	6287	20264	1964	18300

2—2　普通高等学校基本情况

单位：人

	学校数（所）		本专科学生数			教职工数								
							校本部教职工					科研机构人员	校办工厂农场人员	辅设机构人员
	计	其中：中央部委属	毕业生数	招生数	在校学生数	合计	计	专任教师	行政人员	教辅人员	工勤人员			
总　计	**82**	**36**	**149459**	**157238**	**575639**	**127593**	**104815**	**55005**	**21380**	**13069**	**15361**	**8590**	**2258**	**11930**
其中：女						62964	50740	25905	11547	7362	5926	4092	750	7382
分性质类别														
综合大学	8	2	27651	26796	92318	22130	18634	8947	4053	2400	3234	1793	370	1333
理工院校	27	12	57784	59539	228210	48620	43217	22361	7924	5618	7314	2502	1166	1735
农业院校	3	1	6869	7307	26434	4417	3996	2319	838	541	298	13	66	342
林业院校	1	1	3347	3288	12993	1588	1442	991	194	163	94		113	33
医药院校	3	2	3185	3625	13598	15397	4099	2153	754	631	561	3929	138	7231
师范院校	2	1	4686	4717	19016	5488	5276	2945	882	823	626	39	116	57
语文院校	9	5	11287	12272	42795	7836	7134	3960	1471	705	998	164	78	460
财经院校	11	2	18635	21873	75306	9919	9642	5065	2278	989	1310	76	140	61
政法院校	7	5	8088	8716	30258	5161	4733	2468	1358	516	391	5	6	417
体育院校	2	1	1950	2603	10100	1602	1496	891	317	106	182	10	22	74
艺术院校	8	3	3277	3709	13306	3517	3327	1865	819	417	226	59	43	88
民族院校	1	1	2700	2793	11305	1918	1819	1040	492	160	127			99
分举办者														
中央部委所属	36	36	71581	74063	290202	86153	65240	34468	12188	8749	9835	8280	1741	10892
地方所属	36		55797	60653	211093	32205	30422	16069	6855	3652	3846	255	517	1011
民办	10		22081	22522	74344	9235	9153	4468	2337	668	1680	55		27

注：总计中含独立设置成人高校招收的高职学生数。

三、中等职业学校

3—1　中等职业学校基本情况

单位：人

	学校数（所）	毕业生数	招生数	在校学生数	教职工数								聘请校外教师
						校本部教职工					校办企业职工	附设机构人员	
					合计	计	专任教师	行政人员	教辅人员	工勤人员			
总　计	**119**	**57901**	**45375**	**174586**	**16129**	**15762**	**8852**	**3380**	**1458**	**2072**	**61**	**306**	**1420**
其中：女		30262	23175	88960	9408	9292	5976	1820	821	675	17	99	739
分办学类型													

续表

	学校数（所）	毕业生数	招生数	在校学生数	教职工数								聘请校外教师
					合计	校本部教职工					校办企业职工	附设机构人员	
						计	专任教师	行政人员	教辅人员	工勤人员			
普通中专学校	36	17284	14257	63372	5425	5105	2631	1216	460	798	24	296	685
成人中等学校	11	3691	4916	13310	758	756	348	172	132	104		2	296
职业高中学校	72	25693	21225	72139	9346	9301	5451	1897	820	1133	37	8	377
其他机构（教学点）	18	11233	4977	25765	600	600	422	95	46	37			62
分举办者													
中央部门	7	1178	988	3537	414		272						196
地方部门	90	54970	41998	162590	14539		8002						1049
民办	22	1753	2389	8459	1176		578						175

注：1. 总计中不包括其他机构（教学点）学校数。
　　2. 教职工总数包含不计校数的其他机构数据。

四、普通中学

4—1　普通中学分区县基本情况

单位：人

	学校数（所）		班数（个）			在校学生数			教职工数	
	合计	其中：高中及完中	合计	初中	高中	合计	初中	高中	合计	其中：专任教师
总计	**674**	**325**	**15241**	**9473**	**5768**	**544280**	**325117**	**219163**	**72693**	**49880**
东城区	30	26	882	458	424	33075	17442	15633	4644	3063
西城区	36	30	1165	607	558	39075	20300	18775	5748	3925
崇文区	16	9	434	245	189	16791	9198	7593	2168	1433
宣武区	19	16	547	297	250	19017	10169	8848	2774	1810
朝阳区	78	36	1625	1094	531	52623	33189	19434	6173	4444
丰台区	47	21	971	647	324	32551	21556	10995	4650	3065
石景山区	24	8	441	294	147	14794	9547	5247	2211	1441
海淀区	79	64	2603	1478	1125	99130	56060	43070	9759	7190
门头沟区	19	5	275	198	77	9395	6464	2931	1574	1019
房山区	52	18	1005	697	308	34397	22855	11542	4917	3330
通州区	48	18	924	570	354	34972	20307	14665	4503	3181
顺义区	44	16	841	488	353	33358	17529	15829	4277	3064
昌平区	47	19	720	476	244	22387	14380	8007	3538	2399
大兴区	38	12	834	559	275	30501	19594	10907	4543	3386
怀柔区	25	6	434	306	128	15201	9908	5293	2306	1537
平谷区	26	10	576	391	185	20919	12746	8173	3515	2190
密云县	23	5	551	386	165	21961	14781	7180	2925	1965
延庆县	23	6	413	282	131	14133	9092	5041	2468	1438
燕山（地区）	5	1	108	78	30	3710	2667	1043	506	386

五、工读学校

5—1　工读学校基本情况

单位：人

	学校数（所）	班数（个）	毕业生数	招生数	在校学生数	教职工数	
						计	其中：专任教师
总计	**6**	**39**	**381**	**369**	**802**	**358**	**216**
其中：女			30	8	105	130	80

六、小　　学

6—1　小学分区县基本情况

单位：人

	学校数（所）	班数（个）	在校学生数							教职工数	
			计	一年级	二年级	三年级	四年级	五年级	六年级	合　计	其中：专任教师
总　计	**1202**	**20876**	**659500**	**110826**	**109932**	**113805**	**106657**	**107859**	**110421**	**60944**	**48696**
东 城 区	42	939	31531	5291	5206	5572	5256	5318	4888	2979	2265
西 城 区	44	1029	31441	5272	5098	5383	4956	5182	5550	3008	2417
崇 文 区	23	450	14785	2325	2236	2431	3579	2522	2692	1694	1271
宣 武 区	28	570	17508	2723	2756	2985	2849	3010	3185	2060	1630
朝 阳 区	144	2931	82240	14455	14424	14485	13216	12595	13065	7001	6176
丰 台 区	94	1877	64155	11642	11776	11233	10001	9727	9776	4580	3859
石景山区	32	635	20612	3542	3145	3470	3351	3490	3614	1830	1549
海 淀 区	107	3306	119897	20691	20401	21306	19538	19054	18907	7442	6620
门头沟区	50	487	13284	2123	2161	2351	2092	2194	2363	1815	1439
房 山 区	121	1393	39631	6483	6332	6771	6458	6850	6737	4375	3124
通 州 区	89	1306	44589	8159	7635	7605	7040	7064	7086	3674	3149
顺 义 区	48	973	32075	4989	5264	5241	5264	5642	5675	3329	2442
昌 平 区	86	1213	34386	6023	5877	5955	5468	5360	5703	3733	2958
大 兴 区	100	1284	41234	6725	6854	6921	6636	7176	6922	3743	3081
怀 柔 区	32	538	16205	2564	2472	2616	2614	2795	3144	2410	1703
平 谷 区	67	714	18521	2512	2651	3043	3044	3405	3866	2584	1908
密 云 县	44	657	22179	3197	3247	3722	3727	3894	4392	2711	1744
延 庆 县	51	574	15227	2110	2397	2715	2568	2581	2856	1976	1361
燕山（地区）	7	115	3440	689	642	719	666	724		405	313

七、特殊教育学校

7—1　特殊教育学校基本情况

单位：人

	学校数（所）	班数（个）	毕业生数	招生数	在校学生数														教职工数	
					小学阶段							初中阶段				高中阶段				
					合计	一年级	二年级	三年级	四年级	五年级	六年级	一年级	二年级	三年级	四年级	一年级	二年级	三及年以级上	计	专任教师
总　计	**24**	**292**	**1576**	**959**	**7926**	**525**	**623**	**718**	**878**	**1053**	**1240**	**653**	**894**	**861**	**28**	**162**	**149**	**142**	**1166**	**850**
按学校类别分																				
特殊教育学校		275	227	358	2755	309	252	237	263	257	286	210	221	239	28	162	149	142		
小学附设特教班		17	10	7	89	16	18	17	12	15	11									
小学随班就读			777	174	3344	200	353	464	603	781	943									
普通（职业）初中随班就读			562	420	1738							443	673	622						
按残疾情况分																				
视力残疾		11			248	22	30	23	35	26	36	10	23	26	17					
听力残疾		63			1005	113	87	107	78	107	101	100	98	78		49	41	46		
智力残疾		218			6106	336	448	518	705	850	1041	495	697	688	11	113	108	96		
其中：女学生、女职工			569	391	2992	183	218	285	308	414	477	239	313	334	14	74	75	58	849	663

注：其他学校附设4所

八、幼儿园

8—1　幼儿教育基本情况

单位：人

	园数（所）		班数（个）		在园幼儿数		教职工数				
	计	其中：独立设置少数民族幼儿园	计	其中：学前班	计	其中：学前班	计	其中			
								园长	专任教师	保健员	其他
总　计	**1266**	**9**	**8382**	**690**	**226681**	**20139**	**32535**	**1620**	**18176**	**1481**	**11258**
城　　市	780	7	6481	411	178807	13240	27897	1293	15178	1264	10162

续表

	园数（所）		班数（个）		在园幼儿数		教职工数				
	计	其中：独立设置少数民族幼儿园	计	其中：学前班	计	其中：学前班	计	其中 园长	专任教师	保健员	其他
县　　镇	147	1	905	96	25440	2841	2723	164	1769	131	659
农　　村	339	1	996	183	22434	4058	1915	163	1229	86	437
总计中：女幼儿、女教职工					104303	8944	30004	1543	17858	1452	9151
教育部门和集体办	643	9	3852	487	109723	14130	12638	652	7690	516	3780

九、职业技术培训机构

9—1　职业技术培训机构基本情况

单位：人

	学校数（所）	教学班（点）（个）	结业生数（人次）		注册学生数		教职工数		聘请校外教师
			计	其中：女	计	其中：女	计	其中：专任教师	
总　　计	**3616**	**34956**	**2570672**	**1204898**	**1733459**	**844076**	**36667**	**15323**	**24801**
一、职工技术培训学校（机构）	106	1512	49303	24851	37301	18960	1702	958	677
教育部门和集体办	3	354	9335	6238	4640	3662	51	33	
其他部门办	11	142	20425	9784	14378	6099	260	119	143
民　　办	92	1016	19543	8829	18283	9199	1391	806	534
二、农村成人文化技术培训学校（机构）	1846	9796	904140	463254	850340	439318	2286	783	3601
教育部门和集体办	1846	9796	904140	463254	850340	439318	2286	783	3601
其中：县办	1	12	690	456	765	385	23		25
乡办	131	5775	551282	267555	535523	264651	1126	305	2030
村办	1714	4009	352168	195243	314052	174282	1137	478	1546
其他部门办									
民　　办									
三、其他培训机构（含社会培训机构）	1664	23648	1617229	716793	845818	385798	32679	13582	20523
教育部门和集体办	140	1676	239680	96679	110491	42621	3010	1087	3233
其他部门办	230	2406	525403	193501	176793	59340	4598	3092	5812
民　　办	1294	19566	852146	426613	558534	283837	25071	9403	11478

十、校外教育

10—1　校外教育基本情况

单位：人

	单位数（个）	教职工数		兼职辅导员	本学年初		上学年度	
		合计	其中：专职辅导员		活动小组数（个）	参加小组学生数	参加小组学生数	参加群众活动人数
总　　计	**727**	**2838**	**1832**	**1384**	**7556**	**244010**	**362319**	**3344311**
少　年　宫	24	1311	775	729	4965	138392	235837	3047612
少年科技馆	9	248	174	128	794	29114	73636	117667
少　年　之　家	18	218	134	168	652	17916	13186	85639
少年活动站	676	1061	749	359	1145	58588	39660	93393

（本栏责任编校　董洁）

附　录

高 等 教 育

2008年北京重点学科名单

北京大学

交叉学科北京市重点学科

纳米科学与技术

理论与系统生物学

一级学科北京市重点学科

环境科学与工程

基础医学

二级学科北京市重点学科

区域经济学

金融学

马克思主义中国化研究

高等教育学

空间物理学

内科学（传染病）

外科学（普外）

儿少卫生与妇幼保健学

情报学

中国人民大学

交叉学科北京市重点学科

农村发展管理

一级学科北京市重点学科

政治学

历史学

二级学科北京市重点学科

比较文学与世界文学

计算机应用技术

教育经济与管理

土地资源管理

情报学

清华大学

交叉学科北京市重点学科

科学技术与社会

生物信息学

一级学科北京市重点学科

艺术学

历史学

二级学科北京市重点学科

伦理学

金融学（含保险学）

民商法学

社会学

马克思主义基本原理

思想政治教育

英语语言文学

有机化学

北京交通大学

交叉学科北京市重点学科

信息安全学

一级学科北京市重点学科

土木工程

光学工程

管理科学与工程

二级学科北京市重点学科

系统分析与集成

固体力学

电力电子与电力传动

计算机应用技术

思想政治教育

北京工业大学

交叉学科北京市重点学科

资源、环境及循环经济

一级学科北京市重点学科

材料科学与工程

光学工程

生物医学工程

管理科学与工程

二级学科北京市重点学科

凝聚态物理

机械制造及其自动化

机械设计及理论

热能工程

微电子学与固体电子学

计算机应用技术

防灾减灾工程及防护工程

交通运输规划与管理

环境工程

一级学科北京市重点建设学科

仪器科学与技术

化学工程与技术

二级学科北京市重点建设学科

国际贸易学

数量经济学

社会学

高等教育学

概率论与数理统计

应用数学

工程力学

机械电子工程

电路与系统

信号与信息处理

检测技术与自动化装置

模式识别与智能系统

计算机软件与理论

建筑设计及其理论

市政工程

道路与铁道工程
北京航空航天大学
交叉学科北京市重点学科
力生物学
一级学科北京市重点学科
信息与通信工程
光学工程
二级学科北京市重点学科
应用数学
凝聚态物理
流体机械及工程
载运工具运用工程
教育经济与管理
北京理工大学
交叉学科北京市重点学科
数字表演与仿真技术
一级学科北京市重点学科
控制科学与工程
管理科学与工程
二级学科北京市重点学科
一般力学与力学基础
电磁场与微波技术
计算机应用技术
企业管理
北京科技大学
交叉学科北京市重点学科
纳米材料与器件物理学
一级学科北京市重点学科
机械工程
管理科学与工程
二级学科北京市重点学科
思想政治教育
工程力学
工程热物理
控制理论与控制工程
计算机系统结构
北方工业大学
二级学科北京市重点建设学科
数量经济学
经济法学
思想政治教育
机械电子工程
检测技术与自动化装置
计算机应用技术
北京化工大学
交叉学科北京市重点学科
清洁能源学
一级学科北京市重点学科
材料科学与工程
二级学科北京市重点学科
无机化学
物理化学
高分子化学与物理
机械设计及理论
控制理论与控制工程
环境工程
北京工商大学
二级学科北京市重点学科
产业经济学
应用化学
一级学科北京市重点建设学科
应用经济学
二级学科北京市重点建设学科
民商法学
材料加工工程
计算机应用技术
环境工程
食品科学
会计学
企业管理
北京服装学院
一级学科北京市重点建设学科
纺织科学与工程
二级学科北京市重点建设学科
艺术学
设计艺术学
材料学
北京邮电大学
交叉学科北京市重点学科
数字内容传媒学
一级学科北京市重点学科
管理科学与工程
二级学科北京市重点学科
机械电子工程
计算机系统结构
计算机应用技术
北京印刷学院
二级学科北京市重点建设学科
传播学
材料物理与化学
信号与信息处理
北京建筑工程学院
二级学科北京市重点学科
建筑设计及其理论
一级学科北京市重点建设学科
土木工程
二级学科北京市重点建设学科
建筑历史与理论
地图制图学与地理信息工程
北京石油化工学院
二级学科北京市重点建设学科
机械电子工程

化学工艺
技术经济及管理
中国农业大学
交叉学科北京市重点学科
农村发展管理
一级学科北京市重点学科
食品科学与工程
管理科学与工程
二级学科北京市重点学科
动物学
生态学
水文学与水资源
蔬菜学
土地资源管理
北京农学院
二级学科北京市重点建设学科
农产品加工及贮藏工程
果树学
临床兽医学
农业经济管理
北京林业大学
交叉学科北京市重点学科
生态环境地理学
一级学科北京市重点学科
林业工程
二级学科北京市重点学科
生态学
城市规划与设计
草业科学
北京协和医学院
一级学科北京市重点学科
基础医学
二级学科北京市重点学科
护理学
外科学（普外）
眼科学
流行病与卫生统计学
首都医科大学
交叉学科北京市重点学科
全科医学
一级学科北京市重点学科
临床医学
生物医学工程
二级学科北京市重点学科
生理学
细胞生物学
人体解剖与组织胚胎学
病原生物学
口腔基础医学
口腔临床医学
流行病与卫生统计学
一级学科北京市重点建设学科
公共卫生与预防医学
中医学
二级学科北京市重点建设学科
思想政治教育
应用心理学
药物化学
动物学
生物化学与分子生物学
免疫学
病理学与病理生理学
中西医结合基础
中西医结合临床
药剂学
药理学
社会医学与卫生事业管理
北京中医药大学
交叉学科北京市重点学科
中医药管理学
二级学科北京市重点学科
中西医结合临床
北京师范大学
交叉学科北京市重点学科
自然资源
一级学科北京市重点学科
历史学
生物学
二级学科北京市重点学科
外国哲学
世界经济
艺术学
电影学
凝聚态物理
无机化学
有机化学
环境工程
首都师范大学
交叉学科北京市重点学科
数字文献学
一级学科北京市重点学科
数学
二级学科北京市重点学科
马克思主义哲学
发展与教育心理学
文艺学
汉语言文字学
俄语语言文学
音乐学
美术学
中国古代史
中国近现代史

地图学与地理信息系统
遗传学
一级学科北京市重点建设学科
教育学
外国语言文学
二级学科北京市重点建设学科
宗教学
马克思主义中国化研究
基础心理学
比较文学与世界文学
光学
分析化学
物理化学
自然地理学
细胞生物学
通信与信息系统
计算机应用技术
地图制图学与地理信息工程
旅游管理
首都体育学院
二级学科北京市重点学科
体育教育训练学
二级学科北京市重点建设学科
体育人文社会学
运动人体科学
北京外国语大学
二级学科北京市重点学科
俄语语言文学
日语语言文学
阿拉伯语语言文学
比较文学与跨文化研究
北京第二外国语学院
一级学科北京市重点建设学科
外国语言文学
二级学科北京市重点建设学科
国际贸易
企业管理
旅游管理
北京语言大学
一级学科北京市重点学科
中国语言文学
中国传媒大学
交叉学科北京市重点学科
动画学
一级学科北京市重点学科
新闻传播学
二级学科北京市重点学科
语言学及应用语言学
通信与信息系统
中央财经大学
交叉学科北京市重点学科
经济信息管理学
一级学科北京市重点学科
工商管理
二级学科北京市重点学科
政治经济学
对外经济贸易大学
交叉学科北京市重点学科
法与经济学
一级学科北京市重点学科
应用经济学
二级学科北京市重点学科
世界经济
民商法学
企业管理
北京物资学院
一级学科北京市重点建设学科
管理科学与工程
二级学科北京市重点建设学科
产业经济学
首都经济贸易大学
一级学科北京市重点学科
应用经济学
二级学科北京市重点学科
企业管理
一级学科北京市重点建设学科
管理科学与工程
二级学科北京市重点建设学科
政治经济学
经济法学
安全技术及工程
会计学
行政管理
社会保障
外交学院
二级学科北京市重点学科
国际关系
外交学
中国人民公安大学
交叉学科北京市重点学科
公共安全工程与技术
二级学科北京市重点学科
诉讼法学
国际关系学院
二级学科北京市重点学科
国际关系
北京体育大学
交叉学科北京市重点学科
运动心理学
中国音乐学院
二级学科北京市重点学科
音乐学

中央美术学院
二级学科北京市重点学科
美术学
设计艺术学
中国戏曲学院
二级学科北京市重点学科
戏剧戏曲学
北京电影学院
二级学科北京市重点学科
电影学
一级学科北京市重点建设学科
艺术学
北京舞蹈学院
二级学科北京市重点学科
舞蹈学
中央民族大学
交叉学科北京市重点学科
少数民族医药文化学
一级学科北京市重点学科
民族学
二级学科北京市重点学科
人类学
语言学及应用语言学
中国政法大学
交叉学科北京市重点学科
法与经济学
二级学科北京市重点学科
世界经济
政治学理论
马克思主义中国化研究
华北电力大学
交叉学科北京市重点学科
清洁能源学
一级学科北京市重点学科
电气工程
二级学科北京市重点学科
工程热物理
控制理论与控制工程
技术经济及管理
北京信息科技大学
二级学科北京市重点学科
机械电子工程
一级学科北京市重点建设学科
机械工程
管理科学与工程
二级学科北京市重点建设学科
应用数学
测试计量技术及仪器
信号与信息处理
控制理论与控制工程
检测技术与自动化装置
计算机应用技术
企业管理
中国矿业大学（北京）
交叉学科北京市重点学科
清洁能源学
一级学科北京市重点学科
土木工程
二级学科北京市重点学科
大地测量学与测量工程
环境工程
中国石油大学（北京）
交叉学科北京市重点学科
石油天然气安全工程
一级学科北京市重点学科
地质资源与地质工程
二级学科北京市重点学科
机械设计及理论
应用化学
工业催化
中国地质大学（北京）
交叉学科北京市重点学科
近海资源环境
二级学科北京市重点学科
水文学及水资源
油气田开发工程
北京联合大学
二级学科北京市重点建设学科
经济法学
特殊教育学
人文地理学
计算机应用技术
食品科学
旅游管理
中共中央党校
二级学科北京市重点学科
国际政治
中国科学院
一级学科北京市重点学科
管理科学与工程
二级学科北京市重点学科
应用心理学
应用数学
凝聚态物理
高分子化学与物理
人文地理学
大气物理学与大气环境
生物物理学
生态学
计算机应用技术
环境工程
中国社会科学院

二级学科北京市重点学科
人口、资源与环境经济学
民商法学
社会学
马克思主义中国化研究
中国农业科学院
二级学科北京市重点学科
蔬菜学
中国林业科学院
二级学科北京市重点学科
森林培育学
钢铁研究总院
二级学科北京市重点学科
材料学
中国农业机械化科学研究院
二级学科北京市重点学科
机械设计及理论
中国艺术研究院
二级学科北京市重点学科
戏剧戏曲学
中国疾病预防控制中心
二级学科北京市重点学科
病原生物学
中国中医科学院
一级学科北京市重点学科
中药学
北京有色金属研究总院
二级学科北京市重点学科
材料学
装备指挥技术学院
二级学科北京市重点学科
通信与信息系统
装甲兵工程学院
二级学科北京市重点学科
材料加工工程
导航、制导与控制
军事医学科学院
二级学科北京市重点学科
微生物学
药物化学
军医进修学院
二级学科北京市重点学科
内科学
外科学

（张驰）

2008年北京高等教育精品教材名录

知识论
胡军　北京大学　北京大学出版社
新编美学教程
王一川　北京师范大学　复旦大学出版社
西方哲学概论
韩震　北京师范大学　北京师范大学出版社
科学技术史二十一讲
刘兵　杨舰　戴吾三　清华大学　清华大学出版社
中国哲学智慧（第二版）
向世陵　中国人民大学　中国人民大学出版社
中国哲学史新编
张立文　中国人民大学　中国人民大学出版社
管理哲学导论
彭新武　中国人民大学　中国人民大学出版社
批判性思维教程
谷振诣　中国青年政治学院　北京大学出版社
道教概论
谢路军　中央民族大学　中央民族大学出版社
民法总论
刘凯湘　北京大学　北京大学出版社
婚姻家庭继承法学
马忆南　北京大学　北京大学出版社
经济法学
张守文　北京大学　北京大学出版社
国际法
白桂梅　北京大学　北京大学出版社
科技法学
孙玉荣　北京工业大学　北京工业大学出版社
国际公法教程
李寿平　北京理工大学　对外经济贸易大学出版社
信托法
徐孟洲　中国人民大学　法律出版社
国际商事仲裁法
赵秀文　中国人民大学　中国人民大学出版社
民法
王卫国　中国政法大学　中国政法大学出版社
竞争法
刘继峰　中国政法大学　对外经济贸易大学出版社
国际私法
赵相林　中国政法大学　中国政法大学出版社
海商法
张丽英　中国政法大学　高等教育出版社
宪法学（第二版）
焦洪昌　中国政法大学　北京大学出版社
电子商务法
张楚　中国政法大学　中国人民大学出版社
SAS社会统计应用教程
阮桂海　北京大学　北京大学出版社
个案工作
隋玉杰　中国人民大学　中国人民大学出版社
大学生社会实践教程
陈曦　北京科技大学　机械工业出版社
发展政治学：政治发展研究的概念与理论
燕继荣　北京大学　北京大学出版社
国际关系研究实用方法（第二版）

阎学通　孙学峰　清华大学　人民出版社
比较政治经济学
朱天飚　北京大学　北京大学出版社
政治学基础
王浦劬　北京大学　北京大学出版社
新编公安管理学
魏永忠　中国人民公安大学　中国人民公安大学出版社
计算机犯罪侦查
杨永川　中国人民公安大学　清华大学出版社、中国人民公安大学出版社
行为经济学原理
董志勇　北京大学　北京大学出版社
发展经济学
叶静怡　北京大学　北京大学出版社
流通产业经济学
洪涛　北京工商大学　经济管理出版社
保险经济学
王国军　对外经济贸易大学　北京大学出版社
计量经济学简明教程
廖明球　李雪　首都经济贸易大学　首都经济贸易大学出版社
技术经济学
宁云才等　中国矿业大学（北京）　中国矿业大学出版社
公共经济学
郭庆旺　中国人民大学　高等教育出版社
国际贸易
卜伟　刘似臣　北京交通大学　北京交通大学出版社
国际服务贸易
李小牧　北京第二外国语学院　电子工业出版社
报关实务
武晋军　首都经济贸易大学　电子工业出版社
国际贸易实务
冷柏军　对外经济贸易大学　高等教育出版社
国际经济合作
卢进勇　对外经济贸易大学　对外经济贸易大学出版社
国际营销学
徐子健　对外经济贸易大学　对外经济贸易大学出版社
国际贸易运输与保险
姚新超　北京师范大学　对外经济贸易大学出版社
经贸研究与论文写作（新编版）
薛荣久　对外经济贸易大学　对外经济贸易大学出版社
财政学
李红霞　首都经济贸易大学　中国财经出版社
国际金融学
吕随启　北京大学　中国发展出版社
投资银行实务运作
周莉　北京工商大学　经济科学出版社
金融学
秦艳梅　北京工商大学　经济科学出版社
商业银行经营学
谢太峰　首都经济贸易大学　北京交通大学出版社
数理金融学导论
张永林　北京师范大学　高等教育出版社
中央银行学
何丽芬　对外经济贸易大学　对外经济贸易大学出版社
投资管理
宋国良　对外经济贸易大学　清华大学出版社
国际金融风险管理
刘园　对外经济贸易大学　对外经济贸易大学出版社
商业银行经营管理学
刘毅　北京工商大学　机械工业出版社
证券投资学
葛红玲　北京工商大学　机械工业出版社
金融监管学
祁敬宇　首都经济贸易大学　西安交通大学出版社
银行信用风险管理
朱毅峰　吴晶妹　中国人民大学　中国人民大学出版社
证券投资学
贺强　韩复龄　中央财经大学　首都经济贸易大学出版社
现代教师学导论
钟祖荣　北京教育学院　中央广播电视大学出版社
教育技术学导论
黄荣怀　北京师范大学　高等教育出版社
外国教育思想史
张斌贤　北京师范大学　高等教育出版社
学校教育与学生健康
王雁　北京师范大学　教育科学出版社
教师职业道德
杨芷英　首都师范大学　高等教育出版社
体育教学论
毛振明　北京师范大学　高等教育出版社
大学体育与健康教程
刘琦　北京农学院　中国农业出版社
现代网球技术教学法
孙卫星　北京体育大学　北京体育大学出版社
田径运动教程
李老民　北京体育大学　北京体育大学出版社
青少年体能锻炼
李鸿江　首都体育学院　高等教育出版社
篮球技术教学与训练
李颖川　首都体育学院　北京体育大学出版社
篮球——体育系普修
于振峰　首都体育学院　北京体育大学出版社
实用体育统计学
赵书祥　北京体育大学　北京体育大学出版社
体育经济学概论
骆秉全　首都体育学院　中国人民大学出版社
体育赛事管理
王守恒　首都体育学院　高等教育出版社

运动生物化学研究进展
　冯炜权等　北京体育大学　北京体育大学出版社
实用运动生理学
　杨锡让　北京体育大学　北京体育大学出版社
社会心理学（第二版）
　侯玉波　北京大学　北京大学出版社
语言学教程（第三版）
　胡壮麟　北京大学　北京大学出版社
语言导论
　蓝纯　北京外国语大学　外语教学与研究出版社
现代语言学及其分支学科
　王福祥　吴汉樱　北京外国语大学　外语教学与研究出版社
世界文学简史（修订版）
　李明滨　北京大学　北京大学出版社
大学英语阅读教程（1～4）
　黄必康　北京大学　北京大学出版社
大学英语视听说教程（1～4）
　刘红中　北京大学　北京大学出版社
研究生英语译写教程
　戴云　北京化工大学　机械工业出版社
新时代进阶英语口语（高级）
　戴云　北京化工大学　机械工业出版社
英语教学法教程
　王蔷　北京师范大学　高等教育出版社
高级英语视听说
　王镇平　北京外国语大学　外语教学与研究出版社
科技英语综合教程
　刘爱军　王斌　北京邮电大学　外语教学与研究出版社
英语商务信函写作
　常玉田　对外经济贸易大学　对外经济贸易大学出版社
高级商务英语听说
　江春　对外经济贸易大学　对外经济贸易大学出版社
商务英语写作（远程）
　康晋　对外经济贸易大学　对外经济贸易大学出版社
工程硕士研究生英语
　何福胜　清华大学　清华大学出版社
英语学习策略
　潘淑敏　首都师范大学　高等教育出版社
翻译的要素
　崔长青　外交学院　苏州大学出版社
口译学习与实践
　庄晨燕　外交学院　外语教学与研究出版社
西方语言学名著选读（第三版）
　胡明扬　中国人民大学　中国人民大学出版社
俄罗斯文学史
　任光宣　北京大学　北京大学出版社
俄语专业阅读教程（2～4）
　史铁强　北京外国语大学　高等教育出版社
法语语言学教程
　王秀丽　北京语言大学　外语教学与研究出版社
西班牙语口译
　常世儒　北京外国语大学　外语教学与研究出版社
初级日语（第一、二册）初级日语教与学
　赵华敏　北京大学　北京大学出版社
日语语言学
　翟东娜　北京师范大学　高等教育出版社
现代实用日语（基础篇）
　张威　清华大学　高等教育出版社
新世纪日本语教程——中级（MP3 版）
　冯峰　清华大学　外语教学与研究出版社
新基础韩国语听力（上、下）
　杨磊　北京第二外国语学院　北京语言大学出版社
商务韩国语
　徐永彬　对外经济贸易大学　上海交通大学出版社
马来语高级教程
　李士君　张丽英　中国传媒大学　中国传媒大学出版社
乌尔都语基础教程（一至四册）
　孔菊兰　北京大学　北京大学出版社
意大利语语法
　王军　北京外国语大学　外语教学与研究出版社
歌曲写作教程
　樊祖荫　中国音乐学院　人民音乐出版社、上海音乐出版社
意大利语语音与声乐作品选读
　刘蓉惠　中国音乐学院　西南师范大学出版社
舞台灯光设计概要
　冯德仲　中央戏剧学院　中国戏剧出版社
乐队训练学
　杨鸿年　中央音乐学院　高等教育出版社
中国花鸟画学概论
　姚舜熙　中央美术学院　高等教育出版社
写意油画教学
　戴士和　中央美术学院　北京大学出版社
雕塑构造
　许正龙　清华大学　清华大学出版社
中国工艺美术史新编
　尚刚　清华大学　高等教育出版社
中国工艺美学史
　杭间　清华大学　人民美术出版社
书法文化教程（第二版）
　欧阳中石　何学森　首都师范大学　华文出版社
环境艺术设计
　郑曙旸　清华大学　中国建筑工业出版社
外国设计艺术经典论著选读（上、下）
　李砚祖　清华大学　清华大学出版社
多媒体艺术设计
　张亚丽　首都师范大学　中国电力出版社
互动艺术创新思维
　白雪竹　李颜妮　中国传媒大学　中国轻工业出版社

马克思主义文艺论著选讲（第四版）
陆贵山 中国人民大学 中国人民大学出版社
西方文艺理论史——从柏拉图到尼采
章安祺 中国人民大学 中国人民大学出版社
中国公众审美调查
吕胜中 邬建安 中央美术学院 北京大学出版社
设计基础教学
周至禹 中央美术学院 北京大学出版社
空间展示设计
黄建成 中央美术学院 北京大学出版社
中国民间舞蹈文化
罗雄岩 北京舞蹈学院 上海音乐出版社
导演学基础教程
鲍黔明 中央戏剧学院 文化艺术出版社
电视纪录片比较研究——民众文化的电视记忆
张雅欣 中国传媒大学 中国传媒大学出版社
电影特技教程
屠明非 北京电影学院 中国电影出版社
电影剧作观念
刘一兵 北京电影学院 中国电影出版社
中国古代戏曲专题
张燕瑾 首都师范大学 高等教育出版社
中国当代戏曲文学史
谢柏梁 中国戏曲学院 高等教育出版社
文艺作品演播教程
罗莉 中国传媒大学 北京大学出版社
语义学概论（修订版）
李富印 北京航空航天大学 北京大学出版社
民间文学引论
万建中 北京师范大学 北京大学出版社
中国现当代文学
刘勇 北京师范大学 中国人民大学出版社
文学批评方法与案例
邱运华 首都师范大学 北京大学出版社
初级商务汉语精读
董瑾 对外经济贸易大学 外语教学与研究出版社
大学汉语·精读（第一册）（维文版）
刘珣 北京语言大学 北京语言大学出版社
台湾阿美语基础教程
曾思奇 中央民族大学 中央民族大学出版社
古代维吾尔文献教程
耿世民 中央民族大学 民族出版社
壮语通论
韦景云 覃晓航 中央民族大学 中央民族大学出版社
语言理论与语言学方法论
王远新 中央民族大学 教育科学出版社
国际传播学教程
程曼丽 北京大学 北京大学出版社
企业形象导入
刘瑞武 北京联合大学 高等教育出版社
媒介批评
雷跃捷 中国传媒大学 北京大学出版社
传播学纲要
宫承波 中国传媒大学 中国广播电视出版社
传播学纲要
陈力丹 中国人民大学 中国人民大学出版社
新闻评论教程
马少华 中国人民大学 高等教育出版社
法制新闻采访
姚广宜 中国政法大学 北京大学出版社
法律英文写作
张法连 中国政法大学 山东大学出版社
现代广告通论（第二版）
丁俊杰 中国传媒大学 中国传媒大学出版社
广告策划
黄升民 段晶晶 中国传媒大学 中国传媒大学出版社
广告配音教程
曾志华 中国传媒大学 北京大学出版社
广播广告理论与操作
刘英华 中国传媒大学 中国传媒大学出版社
起承转合：影视广告实践课程
刘波 中央美术学院 山西人民出版社
媒介营销管理
张宏 中国传媒大学 北京大学出版社
中国民族历史文献学
赵令志 中央民族大学 中央民族大学出版社
新编日本近代史
宋成有 北京大学 北京大学出版社
世界现代史
张建华 北京师范大学 北京师范大学出版社
世界史（古代、近代、现代、当代一套）
齐世荣 首都师范大学 高等教育出版社
概率论
何书元 北京大学 北京大学出版社
同调论
姜伯驹 北京大学 北京大学出版社
复变函数简明教程
谭小江 北京大学 北京大学出版社
应用泛函分析
程曹宗 北京工业大学 机械工业出版社
复变函数与积分变换
高宗升 北京航空航天大学 北京航空航天大学出版社
鲁棒 $H\infty$控制
贾英民 北京航空航天大学 科学出版社
泛函分析
孙善利 北京航空航天大学 北京航空航天大学出版社
线性代数
申亚男 张晓丹 李为东 北京科技大学 机械工业出版社
线性代数
杨刚 吴惠彬 北京理工大学 高等教育出版社

实分析
陆善镇　王昆扬　北京师范大学　北京师范大学出版社
矩阵理论与方法
吴昌悫　北京信息科技大学　电子工业出版社
不确定理论（第二版）英文
刘宝碇　清华大学　Springer
问题解决与数学思考
郜舒竹　首都师范大学　首都师范大学出版社
抽象代数基础
李克正　首都师范大学　清华大学出版社
数值分析
张平文　北京大学　北京大学出版社
新编基础物理实验
吕斯骅　北京大学　高等教育出版社
21世纪的先进制造——激光技术与工程
左铁钏　北京工业大学　科学出版社
聚合物物理学
励杭泉　北京化工大学　化学工业出版社
量子统计物理学
杨展如　北京师范大学　高等教育出版社
傅里叶光学（第二版）
吕乃光　北京信息科技大学　机械工业出版社
新概念物理实验测量引论——数据分析与不确定度评定基础
朱鹤年　清华大学　高等教育出版社
近代物理教程
李鉴增　中国传媒大学　北京师范大学出版社
量子化学（第二版）——基本原理和从头计算法（上册）
徐光宪　北京大学　科学出版社
无机化学实验
朱湛　傅引霞　北京理工大学　北京理工大学出版社
化学综合实验
申秀民　北京师范大学　北京师范大学出版社
现代化学实验基础
袁书玉　清华大学　清华大学出版社
有机合成化学与路线设计（第二版）
巨勇等　清华大学　清华大学出版社
物理化学第六版
侯新朴　北京大学　人民卫生出版社
膜分离技术基础
王湛　北京工业大学　化学工业出版社
计算化学
张常群等　北京化工大学　高等教育出版社
农科有机化学
赵建庄　北京农学院　高等教育出版社
细胞生物学
翟中和　王喜忠　丁明孝　北京大学　高等教育出版社
生命科学导论（第二版）
高崇明　北京大学　高等教育出版社
分子生物学实验指导（第二版）
魏群　北京师范大学　高等教育出版社
生命基础科学（第二版）
吴庆余　清华大学　高等教育出版社
植物学
郑湘如　王丽　中国农业大学　中国农业大学出版社
生物医学工程学
邓玉林　北京理工大学　科学出版社
染色质与表观遗传调控
沈珝琲　北京协和医学院　高等教育出版社
观测宇宙学
何香涛　北京师范大学　北京师范大学出版社
基础矿床学
薛春纪　中国地质大学（北京）　地质出版社
自然资源学原理（第二版）
蔡运龙　北京大学　科学出版社
自然地理学原理
陈效逑　北京大学　高等教育出版社
山海易绘地理信息系统实用教程
宫辉力　首都师范大学　中国环境科学出版社
世界旅游文化
孙克勤　中国地质大学（北京）　北京大学出版社
非线性有限元基础
殷有泉　北京大学　北京大学出版社
电动力学
纽栋林　北京大学　清华大学出版社
统计学导论
李勇　北京师范大学　人民邮电出版社
油藏工程原理与方法
姜汉桥　姚军　姜瑞忠　中国石油大学（北京）　中国石油大学出版社
油气田勘探（第二版）
庞雄奇　中国石油大学（北京）　石油工业出版社
提高石油采收率基础
岳湘安　王尤富　王克亮　中国石油大学（北京）　石油工业出版社
无铅钎焊技术与应用
郭福　北京工业大学　科学出版社
钢铁冶金学——炼钢学
王新华　北京科技大学　高等教育出版社
金属工艺学实习（非机类）（第二版）
严绍华　张学政　清华大学　清华大学出版社
聚合物共混改性原理与应用
王国全　北京化工大学　中国轻工业出版社
材料的晶体结构原理
毛卫民　北京科技大学　冶金工业出版社
材料现代分析测试方法
王富耻　北京理工大学　北京理工大学出版社
玉雕与玉器
郭颖　中国地质大学（北京）　地震出版社
产品造型计算机辅助设计
刘永翔　北方工业大学　北京大学出版社

动车组装备
　刘志明　史红梅　北京交通大学　中国铁道出版社
工业产品设计与表达
　窦忠强　北京科技大学　高等教育出版社
机电系统原理及应用（第二版）
　郗安民　刘　颖　北京科技大学　机械工业出版社
成形工艺与模具设计
　鄂大辛　北京理工大学　北京理工大学出版社
液压传动与气动
　鄂大辛　北京理工大学　北京理工大学出版社
工程训练基础教程（非机械类）
　冯俊　周郴知　北京理工大学　北京理工大学出版社
数控机床与编程
　方新　北京联合大学　高等教育出版社
工程制图
　赵增慧　北京石油化工学院　中国石化出版社
现代工程图学
　王飞　刘晓杰　北京邮电大学　北京邮电大学出版社
机械基础实验技术
　刘莹　清华大学　清华大学出版社
机械原理教程（含辅导与习题）（第二版）
　申永胜　清华大学　清华大学出版社
机械制图（含习题集）
　田凌　冯涓　刘朝儒　清华大学　清华大学出版社
立体设计表达汽车油泥模型设计制作
　周力辉　清华大学　清华大学出版社
现代印刷机械原理与设计
　陈虹　北京印刷学院　中国轻工业出版社
过程控制装置
　张永德　北京化工大学　化学工业出版社
误差分析与测量不确定度评定
　沙定国　北京理工大学　中国计量出版社
现代颜色技术原理及应用
　胡威捷　汤顺青　朱正芳　北京理工大学　北京理工大学出版社
激光原理技术及应用
　阎吉祥　北京理工大学　北京理工大学出版社
动力工程概论
　付忠广　华北电力大学　中国电力出版社
热工基础
　王修彦　华北电力大学　中国电力出版社
建筑抗震设计（第二版）
　薛素铎　北京工业大学　科学出版社
土木工程概论
　霍达　北京工业大学　科学出版社
结构力学
　张延庆　北京工业大学　科学出版社
建筑工程技术经济学（第三版）
　刘长滨　北京建筑工程学院　中国建筑工业出版社
路基工程
　刘建坤　北京交通大学　中国建筑工业出版社
土木工程可靠性理论及其应用
　高谦　吴顺川　北京科技大学　中国建材工业出版社
地下建筑结构设计
　王树理　中国地质大学（北京）　清华大学出版社
室内设计概论
　崔冬晖　中央美术学院　北京大学出版社
工程流体力学（上、下）
　李玉柱　清华大学　清华大学出版社
流体机械基础
　王正伟　清华大学　清华大学出版社
清洁生产导论
　张天柱　清华大学　高等教育出版社
水处理生物学（第四版）
　顾夏声　清华大学　中国建筑工业出版社
城市轨道交通规划与设计
　毛保华　北京交通大学　人民交通出版社
铁道概论
　佟立本　北京交通大学　中国铁道出版社
输油管道设计与管理
　杨筱蘅　中国石油大学（北京）　中国石油大学出版社
铁路运输组织学（第二版）
　杨浩　北京交通大学　中国铁道出版社
食品生物技术导论
　罗云波　生吉萍　中国农业大学　化学工业出版社
数字化印前处理原理与技术
　金杨　北京印刷学院　化学工业出版社
服装艺术设计
　刘元风　胡月　北京服装学院　中国纺织出版社
服装纸样设计原理与技术（男装、女装）
　刘瑞璞　北京服装学院　中国纺织出版社
服装设计表达
　吴波　清华大学　清华大学出版社
飞机部件与系统设计
　郦正能　北京航空航天大学　北京航空航天大学出版社
空气螺旋桨理论及其应用
　刘沛清　北京航空航天大学　北京航空航天大学出版社
现代航空发动机技术与发展
　张津　北京航空航天大学　北京航空航天大学出版社
载人航天生命保障技术
　林贵平　北京航空航天大学　北京航空航天大学出版社
坦克构造与设计（上、下）
　闫清东　张连第　赵毓芹　北京理工大学　北京理工大学出版社
现代计算固体力学
　杨庆生　北京工业大学　科学出版社
化工热力学（第二版）
　高光华　童景山　清华大学　清华大学出版社
流体力学
　汪志明　崔海清　何光渝　中国石油大学（北京）　石油工业出版社
计算流体力学方法及应用

阎超 北京航空航天大学 北京航空航天大学出版社
生物分离技术
谭天伟 北京化工大学 化学工业出版社
开关变换器的建模与控制
张卫平 北方工业大学 中国电力出版社
电气工程实验教程
王玮 北京交通大学 北京交通大学出版社
电力拖动控制系统（运动控制系统）
李华德 北京科技大学 电子工业出版社
微机电系统技术基础
石庚辰 郝一龙 北京理工大学 中国电力出版社
电工电子基础实践教程（第二版）
曾建唐 北京石油化工学院 机械工业出版社
电能计量技术
黄伟 华北电力大学 中国电力出版社
电机学
孙旭东 王善铭 清华大学 清华大学出版社
电路原理
于歆杰 朱桂萍 陆文娟 清华大学 清华大学出版社
高等电力网络分析（第二版）
张伯明 清华大学 清华大学出版社
自动控制理论（第三版）
夏德钤 翁贻方 北京工商大学 机械工业出版社
形式语言与自动机理论（第二版）
蒋宗礼 北京工业大学 清华大学出版社
天文导航原理与应用
房建成 北京航空航天大学 北京航空航天大学出版社
人工智能原理及其应用（第二版）
王万森 首都师范大学 电子工业出版社
信息理论基础（第三版）
周荫清 北京航空航天大学 北京航空航天大学出版社
无线电导航原理与系统
黄智刚 北京航空航天大学 北京航空航天大学出版社
建筑电工学
王佳 北京建筑工程学院 机械工业出版社
信号分析与处理综合实验
陈后金 北京交通大学 高等教育出版社
信息系统与安全对抗理论
王越 罗森林 北京理工大学 北京理工大学出版社
信息科学与技术导论
钟义信 北京邮电大学 北京邮电大学出版社
信息安全技术
陈明 中国石油大学（北京） 清华大学出版社
光纤通信系统
延凤平 北京交通大学 科学出版社
通信网规划理论与实务
梁雄健 北京邮电大学 北京邮电大学出版社
多媒体通信技术
孙学康 北京邮电大学 北京邮电大学出版社
音响工程设计与应用
孙建京 北京联合大学 电子工业出版社
现代通信技术（第二版）
李文海 北京邮电大学 人民邮电出版社
数字电视广播原理与应用
姜秀华 中国传媒大学 人民邮电出版社
光电信息技术基础
江月松 北京航空航天大学 北京航空航天大学出版社
光信息科学与技术专业实验
陈士谦等 北京交通大学 北京交通大学出版社
辐射度光度与色度及其测量
金伟其 胡威捷 北京理工大学 北京理工大学出版社
光电成像原理与技术
白廷柱 金伟其 北京理工大学 北京理工大学出版社
光纤技术：理论基础与应用
孙雨南等 北京理工大学 北京理工大学出版社
计算机通信信息安全技术
王景中 北方工业大学 清华大学出版社
软件工程基础实践教程
吴洁明 北方工业大学 清华大学出版社
面向对象程序设计与 Visual C++6.0 教程
陈天华 北京工商大学 清华大学出版社
80 x86/Pentium 微机原理及接口技术
余春暄 北京工业大学 机械工业出版社
离散数学（第二版）
邵学才等 北京工业大学 清华大学出版社
网络安全实验教程
刘建伟 北京航空航天大学 清华大学出版社
嵌入式软件设计
康一梅 北京航空航天大学 机械工业出版社
大学计算机基础（第二版）
王移芝 北京交通大学 高等教育出版社
离散数学
杨炳儒 北京科技大学 人民邮电出版社
数字图像处理及模式识别
沈庭芝 王卫江 阎雪梅 北京理工大学 北京理工大学出版社
汇编语言程序设计——从 Dos 到 Windows
张雪兰 谭毓安 李元章 北京理工大学 清华大学出版社
多抽样率数字信号处理理论及应用
陶然 北京理工大学 清华大学出版社
编译原理
陈英 北京理工大学 北京理工大学出版社
面向对象的程序设计语言——C++（第二版）
陈志泊 北京林业大学 人民邮电出版社
Linux 教程（第二版）
孟庆昌 牛欣源 北京信息科技大学 电子工业出版社
单片微型计算机原理、接口及应用
徐惠民 北京邮电大学 北京邮电大学出版社
计算机软件技术基础（第三版）
麦中凡 北京航空航天大学 高等教育出版社
C++程序设计教程（第二版）

　孟威　清华大学　机械工业出版社
计算机网络原理实验教程
　徐明伟　清华大学　机械工业出版社
嵌入式系统原理与应用开发
　陈渝　清华大学　机械工业出版社
TCP/IP 协议分析及应用
　杨延双　北京工业大学　机械工业出版社
数据结构与算法（Java 语言描述）
　邓俊辉　清华大学　机械工业出版社
计算机网络
　肖明　北京师范大学　机械工业出版社
Java 语言程序设计
　郑莉　清华大学　清华大学出版社
Java 语言应用开发基础
　柳西玲　清华大学　清华大学出版社
数据库系统设计与原理（第二版）
　冯建华　清华大学　清华大学出版社
高等模拟集成电路
　董在望　清华大学　清华大学出版社
模拟电子技术基础（第四版）
　华成英　童诗白　清华大学　高等教育出版社
企业与信息系统建模分析
　李清　陈禹六　清华大学　高等教育出版社
数字电子技术基础（第五版）
　阎石　清华大学　高等教育出版社
图像工程（第二版）
　章毓晋　清华大学　清华大学出版社
Java 程序设计教程（第二版）
　雍俊海　清华大学　清华大学出版社
面向对象程序设计实用教程（第二版）
　张海藩　牟永敏等　北京信息科技大学　清华大学出版社
数据库系统及应用——SQLServer2000
　陈明　中国石油大学（北京）　清华大学出版社
社会统计分析——SPSS 应用教程
　周爽　北京大学　清华大学出版社
计算机应用基础（第 5 版）WindowsXP 与 Office2003 环境
　卢湘鸿　北京语言大学　清华大学出版社
计算机组成与结构（第四版）
　王爱英　王尔乾　蔡月茹　清华大学　清华大学出版社
Java 程序设计
　贾素玲　王强　陈当阳等　北京航空航天大学　清华大学出版社
XML 技术应用
　贾素玲等　北京航空航天大学　清华大学出版社
计算机网络基础应用教程
　张连永　韩红梅　首都师范大学　清华大学出版社
软件项目管理
　郭宁　首都经济贸易大学　北京交通大学出版社
园艺植物栽培学
　范双喜　北京农学院　中国农业大学出版社
遗传学
　刘庆昌　中国农业大学　科学出版社
植物数量遗传学
　孔繁玲　中国农业大学　中国农业大学出版社
草地学（第三版）
　韩建国　中国农业大学　中国农业出版社
测树学
　孟宪宇　北京林业大学　中国林业出版社
有害生物综合治理学
　张青文　中国农业大学　中国农业大学出版社
土壤学
　吕贻忠　李保国　中国农业大学　中国农业出版社
正常人体形态学实验教程
　苏红星　首都医科大学　北京大学医学出版社
异常人体形态学实验教程
　董小黎　首都医科大学　北京大学医学出版社
儿童少年卫生学
　季成叶　北京大学　人民卫生出版社
临床康复医学
　王宁华　王真　北京大学　北京大学医学出版社
医学影像学
　金征宇　北京协和医学院　中国协和医科大学出版社
临床医学影像学
　李坤成　首都医科大学　人民军医出版社
口腔颌面外科学
　张震康　俞光岩　北京大学　北京大学医学出版社
口腔颌面医学影像学
　马绪臣　北京大学　北京大学医学出版社
中医临床病症护理学
　王琦　北京中医药大学　人民卫生出版社
中医诊断学
　王天芳　北京中医药大学　人民卫生出版社
精神障碍护理学
　杨芳宇　首都医科大学　北京大学医学出版社
中药学（第二版）
　高学敏　北京中医药大学　中央广播电视大学出版社
生药学
　蔡少青　北京大学　人民卫生出版社
商用 ERP 实训教程
　常丹　苟娟琼　北京交通大学　北京交通大学出版社
生产管理
　张群　北京科技大学　高等教育出版社
管理学
　乔忠　中国农业大学　机械工业出版社
信息系统：原理、方法与应用
　刘鲁　北京航空航天大学　高等教育出版社
信息系统分析与设计
　姜同强　北京工商大学　机械工业出版社

管理信息系统
姚家奕　北京交通大学　首都经济贸易大学出版社
工程管理实践教程
刘伊生　北京交通大学　北京交通大学出版社
工程经济学
魏法杰　北京航空航天大学　电子工业出版社
风险管理
刘新立　北京大学　北京大学出版社
审计学（第三版）
赵保卿　北京工商大学　经济科学出版社
国际企业管理
韩福荣　北京工业大学　北京工业大学出版社
IT 项目管理
蒋国瑞　北京工业大学　北京工业大学出版社
多维审视下的组织理论
刘延平　北京交通大学　北京交通大学出版社
商品学概论
赵启兰　北京交通大学　机械工业出版社
现代企业管理（第二版）
王关义　北京印刷学院　清华大学出版社
特许经营手册编写指南
朱明侠　对外经济贸易大学　对外经济贸易大学出版社
商品学
赵　苏　对外经济贸易大学　清华大学出版社
商务谈判
蒋三庚　张　弘　首都经济贸易大学　首都经济贸易大学出版社
品牌创建与管理
祝合良　首都经济贸易大学　首都经济贸易大学出版社
企业文化学概论
黄河涛　中国劳动关系学院　中国劳动社会保障出版社
供应链管理原理及应用
施先亮　李伊松　北京交通大学　清华大学出版社
物流信息管理
林自葵　北京交通大学　机械工业出版社
市场营销
万晓　北京交通大学　北京交通大学出版社
物流机械设备运用与管理
魏国辰　北京物资学院　中国物资出版社
物流信息系统规划与建设
王微怡　王晓平　北京物资学院　北京大学出版社
消费者行为学
王曼　北京工商大学　机械工业出版社
消费者心理学（第三版）
罗子明　北京工商大学　清华大学出版社
市场营销学
张梦霞　首都经济贸易大学　北京邮电大学出版社
营销渠道概论
苗月新　中央财经大学　清华大学出版社
高级财务会计（第三版）
胡燕　北京工商大学　经济科学出版社
企业财务管理
毛春华　王宛秋　北京工业大学　北京工业大学出版社
会计学（第二版）
王淑慧　北京化工大学　机械工业出版社
财务管理：分析、规划与估价
马忠　北京交通大学　北京交通大学出版社
新编会计学（第二版）
魏素艳等　北京理工大学　清华大学出版社
企业财务报表分析
张新民　对外经济贸易大学　清华大学出版社
高级会计
武玉荣　赵天燕　首都经济贸易大学　首都经济贸易大学出版社
审计学
袁小勇　陈郡　首都经济贸易大学　首都经济贸易大学出版社
会计学基础
刘文辉　李刚　首都经济贸易大学　首都经济贸易大学出版社
新编中级财务会计
王玲　中国地质大学（北京）　中央广播电视大学出版社
人力资源管理概论
董克用　中国人民大学　中国人民大学出版社
民间非营利组织会计实务
孙玉栋　中国人民大学　清华大学出版社
解读财务报告
徐泓　中国人民大学　中国人民大学出版社
国际企业财务管理
苗润生　中央财经大学　中国人民大学出版社
公司财务
刘力　北京大学　北京大学出版社
财务管理案例分析
朱传华　北京联合大学　北京交通大学出版社
人力资源开发与管理
叶龙　北京交通大学　北京交通大学出版社
职业生涯管理：原理・方法・实践
李宝元　北京师范大学　北京师范大学出版社
企业人力资源管理量化分析
王静　首都经济贸易大学　中国劳动社会保障出版社
人力资源管理
杨河清　首都经济贸易大学　东北财经大学出版社
公共政策分析
陈庆云　北京大学　北京大学出版社
城市管理学
张波　北京大学　北京大学出版社
公共部门决策的理论与方法
胡象明　北京航空航天大学　高等教育出版社
公共部门危机管理
张小明　北京科技大学　中国人民大学出版社
公共行政学基础

徐家良　北京师范大学　浙江大学出版社

中国劳动关系学

李德齐　中国劳动关系学院　中国工人出版社

社会保障概论

张琪　首都经济贸易大学　中国劳动社会保障出版社

土地管理学

朱道林　中国农业大学　中国农业大学出版社

土地利用规划学

郝晋珉　中国农业大学　中国农业大学出版社

档案学概论（第二版）

冯惠玲　中国人民大学　中国人民大学出版社

国际物流与货运代理

李作聚　北京财贸职业学院　清华大学出版社

国际商务谈判实务

韩玉珍　北京经济管理职业学院　北京大学出版社

国际贸易实务操作教程

崔玮　北京联合大学　清华大学出版社、北京交通大学出版社

新企业所得税实施操作指南

奚卫华　北京经济管理职业学院　机械工业出版社

商业银行综合柜员岗位实训

武飞　北京财贸职业学院　上海财经大学出版社

现代金融实务与案例

李大雁　北京广播电视大学　经济科学出版社

国际商法

陈迎　北京经济管理职业学院　首都经济贸易大学出版社

物流法律法规知识

高慧云　北京信息职业技术学院　人民交通出版社

大学生就业指导实务

索桂芝　李宇红　北京经济技术职业学院　东北财经大学出版社

大学生就业指导

高桥　北京联合大学　清华大学出版社

20 世纪中国文学名著选讲

王宁宁　北京广播电视大学　中央广播电视大学出版社

新世纪应用英语教程（1～3）学生用书

孙亦丽　北京大学　北京大学出版社

采写编实训教程

田志友　北京吉利大学　清华大学出版社

高职数学导学及习题详解

冯素芬　北京工业职业技术学院　煤炭工业出版社

新编工科数学基础

冯翠莲　北京经济管理职业学院　北京大学出版社

实践取向小学教师教育教程——数学教学基础

郜舒主编　首都师范大学　教育科学出版社

民航服务心理学教程

于海波　北京师范大学　中国民航出版社

转炉炼钢生产

冯捷　张红文　首钢工学院　冶金工业出版社

液压与气压传动

毛智勇　北京联合大学　机械工业出版社

控制测量

高绍伟　北京工业职业技术学院　煤炭工业出版社

电路仿真与实验教程

田健仲　首都师范大学　北京航空航天大学出版社

通信网络技术

黄一平　北京信息职业技术学院　北京邮电大学出版社

计算机应用基础——案例分析与实训教程

叶曲炜　北大方正软件技术学院　科学出版社

SQLServer 数据库程序设计

杭国英　北京财贸职业学院　机械工业出版社

电子商务网站建设案例教程

梁露　北京财贸职业学院　机械工业出版社

SQLServer2000 数据库实训教程

李丹丹　史秀璋　北京城市学院　清华大学出版社

C 程序设计教程（第二版）

崔武子　北京联合大学　清华大学出版社

VisualBasic. NET 基础教程

张晓蕾　北京信息职业技术学院　人民邮电出版社

Access2003 数据库案例教程

张瑞英　北京信息职业技术学院　机械工业出版社

建筑制图

王强　北京工业职业技术学院　人民交通出版社

建筑装饰表现图技法

彭士君　首钢工学院　科学出版社

土建工程概论

祝萍　北京工业职业技术学院　煤炭工业出版社

乳制品生产技术

罗红霞　吕玉珍　北京农业职业学院　中国农业出版社

平版印刷机结构与操作维护

赵吉斌　北京印刷学院　化学工业出版社

女装设计基础

倪映疆　潘凝　北京联合大学　中国纺织出版社

设施园艺

李志强　北京农业职业学院　高等教育出版社

果蔬贮藏加工实验实训教程

赵晨霞　北京农业职业学院　科学出版社

儿科护理学

王丽霞　首都医科大学　清华大学出版社

中药药理学

孙建宁　北京中医药大学　中国中医药出版社

电子商务教程

曹淑艳　对外经济贸易大学　清华大学出版社

市场营销理论与实训教程

屈冠银　北京劳动保障职业学院　机械工业出版社

物流专业英语

牛国崎　北京美国英语语言学院　北京理工大学出版社

市场营销

李志荣　北京农业职业学院　经济科学出版社

物流信息技术

李忠国　北京农业职业学院　化学工业出版社
市场调查与预测
柴庆春　中央财经大学　中国人民大学出版社
潘序伦与立信文化知行教程
姜韵宜　北京财贸职业学院　经济科学出版社
会计信息化实验教程
孙莲香　北京财贸职业学院　南京大学出版社
财务管理实务
赵国忠　北京经济管理职业学院　清华大学出版社、北京交通大学出版社
物业管理企业会计
黄贤明　周涛　北京培黎职业学院　中国人民大学出版社
营业员岗位实训
崔玉华　北京财贸职业学院　高等教育出版社
导游岗位实训
王琦　北京财贸职业学院　上海财经大学出版社
旅游人际沟通
马宜斐　北京第二外国语学院　中国人民大学出版社
薪酬福利管理
康士勇　北京劳动保障职业学院　中国劳动社会保障出版社
社交礼仪
李兴国　北京联合大学　高等教育出版社

（华蕾）

2008年度北京市高等学校精品课程名单

本科

北京大学
中国近现代史纲要　康沛竹
数据结构与算法　张铭
电路分析原理　胡薇薇
集成电路原理与设计　甘学温
半导体物理学　韩汝琦
行政管理学　张国庆
力学　舒幼生
口腔颌面医学影像诊断学　马绪臣
神经病学　樊东升
大学体育　郝光安
宗教学导论　张志刚
比较城市史　李孝聪
国际政治经济学　王正毅

中国人民大学
计量经济学　赵国庆
新闻理论　郑保卫

清华大学
中国古代礼仪文明　彭林
模拟集成电路分析与设计　王志华
电力拖动与运动控制　杨耕
计算机图形学基础　胡事民
建筑设计　朱文一
核辐射物理及探测学　陈伯显
建筑材料　阎培渝
光学工程基础　毛文炜
工业系统概论　卢达溶
经济学原理　钱颖一
运筹学　赵晓波
代数与几何　张贺春
环境工程原理　胡洪营
大学生职业生涯规划与发展　陈旭
法理学　王晨光
纤维艺术　林乐成

北京科技大学
冶金物理化学　周国治
机电系统原理及应用　郗安民
大学英语　张敬源

北京交通大学
电气工程导论　范瑜
模拟电子技术　刘颖
土力学与基础工程　赵成刚
道路交通管理与控制　袁振洲
采购学　鞠颂东

北京化工大学
仪器分析　杨屹
微积分　杨永愉
制药工程与工艺　袁其朋

北京邮电大学
信息安全　钮心忻
电路分析基础　刘杰
移动通信　王文博
大学物理实验　肖井华
概率论与随机过程　闵祥伟

中国农业大学
农业经济学　李秉龙
土壤、植物与环境分析　江荣风
观赏植物采后生理与技术　高俊平

北京林业大学
测量学　冯仲科
园林树木学　张启翔

北京师范大学
中级无机化学　朱文祥
化学教学论　王磊
环境地学　赵烨
中国古代史　晁福林
外国教育史　张斌贤
马克思主义哲学　杨耕
中国现代文学原著精读　邹红

北京外国语大学
基础法语精读　柳利

北京中医药大学
伤寒论　王庆国

中药鉴定学　张贵君
中央财经大学
政府采购管理　马海涛
中级财务会计　王君彩
微积分　葛斌华
对外经济贸易大学
电子商务　曹淑艳
国际财务管理　蒋屏
西班牙语经贸应用文　赵雪梅
中国传媒大学
新闻理论　雷跃捷
中国新闻史　哈艳秋
电视艺术学　高鑫
外交学院
外交学概论　张历历
中央戏剧学院
台词基础课　徐平
中央音乐学院
音乐表演美学　张前
中国地质大学（北京）
沉积学基础　姜在兴
综合地质学　王根厚
土地资源学　吴克宁
人力资源管理　雷涯邻
中国矿业大学（北京）
工程力学　周宏伟
中国石油大学（北京）
油矿地质学　吴胜和
运筹学　张宝生
化工原理　卢春喜
华北电力大学
工程热力学　杨勇平
工程项目管理　乌云娜
北京航空航天大学
计算机导论与计算机伦理学　熊璋
信号与系统　熊庆旭
传热学　徐国强
机械设计　王之栎
惯性器件原理　房建成
基础工程训练　王亮
固体物理学　陈子瑜
北京理工大学
思想道德修养与法律基础　张红峻
电气传动及控制基础　廖晓钟
自动控制理论　戴亚平
信息系统安全与对抗技术　罗森林
制造技术基础训练　丁洪生
大学物理　苟秉聪
中央民族大学
民族理论与民族政策　金炳镐
中国民族志　杨圣敏
中国民族史概要　达力扎布
中国少数民族传统音乐概论　包爱军
北京体育大学
运动医学　王安利
中国人民公安大学
法医学　张惠芹
行政法与行政诉讼法学　孟昭阳
北京电子科技学院
密码学　欧海文
北京协和医学院
放射诊断学　金征宇
中华女子学院
小组工作　刘梦
北京工业大学
自动控制原理　乔俊飞
材料科学基础　郭福
物理化学　夏定国
大学英语　刘宇慧
北京工商大学
审计学　赵保卿
企业资源规划实践　陈冰
概率论与数理统计　曹显兵
北方工业大学
数控技术与数控机床　徐宏海
首都经济贸易大学
劳动经济学　杨河清
政治经济学　文魁
首都师范大学
毛泽东思想、邓小平理论和“三个代表”重要思想概论　李松林
中国共产党思想政治教育史　王树荫
智能信息获取技术　刘丽珍
面向对象程序设计　周丽娟
北京旅游　付华
教育研究概论　宁虹
社会工作专业实习　范燕宁
首都医科大学
神经生物学　徐群渊
耳鼻咽喉科学　韩德民
医学统计学　郭秀花
北京第二外国语学院
旅游景区经营与管理　邹统钎
北京服装学院
中国服装史　袁仄
北京建筑工程学院
建筑给水排水工程　吴俊奇
北京农学院
普通昆虫学　张志勇
北京舞蹈学院
中国民族民间舞传统典型组合课（男班）　潘志涛
北京物资学院

配送中心规划与运营 邹跃
北京信息科技大学
运营管理 曲立
中国戏曲学院
戏曲主修剧目 周龙
高职
北京化工大学
仪器分析 王桂花
北京联合大学
办公自动化信息系统 李平
中式面点工艺 王美
北京工业职业技术学院
光传输系统组建维护与管理 刘业辉
建筑工程预算实操 张丽丽
北京电子科技职业学院
免疫技术 王晓杰
网络应用程序开发 杨洪雪
北京农业职业学院
花卉生产技术 陈明莉
节水灌溉技术 杨胜敏
北京财贸职业学院
商业银行综合柜员岗位实训 武飞
北京青年政治学院
秘书综合训练 张金涛
北京信息职业技术学院
实用电子电路设计与制作 毛瑞丽
北京城市学院
城市物流 李金恒
北京经济管理职业学院
实用英语写作 常红梅
会计实务模拟 王小松
北大方正软件职业技术学院
飞腾创艺图文排版技术应用 马增友
北京汇佳职业学院
微观经济学与宏观经济学 魏新
北京吉利大学
数量方法 宋丽群
北京京北职业技术学院
建筑构造 王晓华

（华蕾）

2008年北京高等学校实验教学示范中心名单

北京大学
地球科学实验教学中心
清华大学
电气工程实验教学中心
机械工程实验教学中心
艺术与设计实验教学中心
北京交通大学
土木工程实验中心
经济管理实验中心
北京科技大学
信息工程实验教学中心
机械工程实验中心
北京化工大学
机械工程实验中心
北京邮电大学
机电工程实验教学中心
北京中医药大学
基础医学实验教学中心
北京师范大学
传媒与艺术实验教学中心
北京语言大学
对外汉语教学实验中心
中国传媒大学
动画实验教学中心
影视艺术实验教学中心
对外经济贸易大学
现代服务业人才培养实验教学中心
中国政法大学
法学实验教学中心
华北电力大学
电气工程实验教学中心
电力经济管理实验教学中心
中国矿业大学（北京）
电气工程实验教学中心
中国石油大学（北京）
化学与化工实验教学中心
中央音乐学院
乐队实验教学中心
中央美术学院
摄影工作室
中央戏剧学院
教学实习演出中心
北京电子科技学院
电子与信息安全实验教学中心
北京航空航天大学
机械工程实验教学中心
材料科学与工程实验教学中心
北京理工大学
基础化学教学实验中心
生物实验教学中心
中央民族大学
化学实验教学中心
电子工程实验中心
中国人民公安大学
公安执法实验教学中心
北京协和医学院
护理技能实验中心
中华女子学院
妇女儿童发展与教育实验教学中心
北京建筑工程学院

建筑与环境模拟实验教学中心
北方工业大学
经济管理实验中心
北京工商大学
化学化工实验中心
首都医科大学
临床技能培训与考核中心
首都师范大学
美术教育实验教学中心
首都经济贸易大学
经济与管理实验教学中心
北京服装学院
服装材料与工程实验教学中心
中国戏曲学院
动漫戏剧实验教学中心
北京电影学院
声音实验中心
北京信息科技大学
机械工程实验教学中心
北京联合大学
经贸实验教学中心

（华蕾）

2008 年北京市优秀博士学位论文名单

北京大学
汉唐间的爵位、勋官与散官——品味结构与等级特权视角的研究 顾江龙
准一维纳米结构中的电子输运研究 廖志敏
有害化学物质的水生食物网传递行为研究 万祎
水稻矮缩病毒外壳蛋白侵染昆虫宿主作用机制研究 周锋
中国人民大学
商业银行：竞争、集中和效率的关系研究——对韩国、中国大陆和中国台湾的市场考察 黄隽
政府干预、社会性负担与上市公司高管更换 廖冠民
清华大学
功能氧化物纳米材料的液相合成与性质研究 刘军枫
纳米晶钛酸钡陶瓷的制备、微结构及性能的研究 邓湘云
高性能旋转不变多视角人脸检测 黄畅
基于钯修饰电极的多氯联苯电催化还原脱氯研究 杨波
北京交通大学
多视点非接触式人体运动捕捉的研究 孙运达
北京工业大学
多自由度非线性机械系统的全局分叉和混沌动力学研究 姚明辉
非比例阻尼线性系统随机地震输入下的动力反应分析 俞瑞芳
北京航空航天大学
宽温域稀土超磁致伸缩合金研究 马天宇
北京理工大学
分数阶 Fourier 变换理论的几个基本问题研究 邓兵
北京科技大学
锂离子电池新型电解质的研究 余碧涛
钛酸铅基化合物晶体结构及其负热膨胀性 陈骏
北京化工大学
碳包覆铁纳米晶低维材料的合成、结构及性能研究 霍俊平
基于镍锰氧化物正极材料的碱性二次电池研究 潘军青
北京邮电大学
ROF 技术以及基于 RF 调制的光标记交换技术中若干关键问题的研究 马健新
中国农业大学
两种 AtCBL 蛋白参与拟南芥响应低钾胁迫调控的遗传、细胞与分子生物学证据 陈利清
动物性产品中磺胺类和喹诺酮类等兽药残留的免疫分析检测技术研究 王战辉
北京林业大学
盐诱导氧化胁迫与杨树耐盐性研究 王瑞刚
北京协和医学院
细胞分裂中染色质活性和转录状态记忆机制的研究 周国岭
CASP8 基因启动子六碱基插入/缺失多态与多种肿瘤易感性相关 孙瞳
首都医科大学
利用微接触印刷技术体外构建神经网络的相关研究 刘丙方
小型猪牙齿相关干细胞介导的实验性牙周炎骨缺损修复及生物牙根再生体内实验研究 刘怡
北京师范大学
曾子述论 王菊英
碑刻民俗志——北京旧城寺庙碑刻民俗分析及其数据处理 鞠熙
首都师范大学
魏晋乐府诗研究 王淑梅
第二类华罗庚域的若干问题研究 张利友
北京外国语大学
同声传译与工作记忆的关系研究 张威
北京语言大学
夏目漱石与近代日本的文化身份建构 张小玲
中国传媒大学
论电视剧的连续性 张国涛
中央财经大学
全球经济失衡的原因与影响 胡晖
首都经济贸易大学
企业内部冲突管理研究 刘炜
中国人民公安大学

刑事推定研究　李富成

中国政法大学

北美自由贸易区贸易救济法律制度研究　史晓丽

中国矿业大学（北京）

水射流粉碎技术在制备超精细煤浆中的应用　崔龙连

中国石油大学（北京）

含蜡原油流变性与蜡晶形态、结构及原油组成间关系研究　高鹏

中国地质大学（北京）

载能粒子沉积硬质润滑薄膜　于翔

中国科学院化学研究所

酞菁单晶微纳材料与微纳光电器件的研究　汤庆鑫

中国科学院科技政策与管理科学研究所

能源复杂系统建模及能源政策分析系统　梁巧梅

中国科学院数学与系统科学研究院

Boltzmann 方程及相关方程的解的渐近行为　王益

中国社会科学院研究生院

物权的绝对性及相关问题研究　王玉花

明诗文学生态研究　郭万金

财政部财政科学研究所

中国税收可计算一般均衡模型——兼评增值税转型改革对中国经济的影响　徐利

中国农业科学院

小麦抗旱相关基因 TaPP2Ac/a 的分离、定位与功能验证　徐重益

中国原子能科学研究院

利用（d，p）反应确定不稳定核的天体物理（p，r）反应率　郭冰

军事医学科学院

CUEDC2 通过抑制 IKK 复合体磷酸化下调 NF－kB 通路　李慧艳

（张驰）

2008 年北京市进行高等职业教育自主招生试点院校名单

首钢工学院

北京电子科技职业学院

北京劳动保障职业学院

北京信息职业技术学院

北京工业职业技术学院

北京农业职业学院

北京财贸职业学院

北京经济管理职业学院

北京政法职业学院

北京北大方正软件职业技术学院

北京汇佳职业学院

（华蕾）

2008 年具有举办五年制高等职业教育资格的高职学院名单

北京电子科技职业学院

北京信息职业技术学院

北京工业职业技术学院

北京农业职业学院

北京政法职业学院

北京京北职业技术学院

（华蕾）

2007～2008 学年北京民办高等教育机构办学状况评估合格学校名单

北京金融学院

北京军地专修学院

北京华大研修学院

中国管理软件学院

北京摄影函授学院

北京人文大学

北京京海研修学院

北京文理研修学院

北京计算机专修学院

中国逻辑与语言函授大学

中国农民大学

中国信息大学

北京礼仪专修学院

北京高等秘书研修学院

蒙代尔国际企业家大学

北京社会函授大学

北京心理学函授学院

北京现代音乐研修学院

北京应用技术大学

北京国际汉语学院

北京自修大学

北京中新企业管理学院

北京新亚研修学院

北京东方研修学院

北京中山学院

北京工商管理专修学院

北京涉外经济专修学院

北京明园大学

中华研修大学

北京北大资源研修学院

北京卓达经济管理研修学院

北京经济技术研修学院

北京演艺专修学院

北京国际标准舞研修学院

北京黄埔大学

北京珠宝首饰研修学院

北京国际青年研修学院

北京经济管理函授学院

北京东方大学

北京民族大学

北京逸仙专修学院
北京机械工程师进修学院
北京建设大学
东方文化艺术学院
北京电气工程师进修学院
北京国际经贸研修学院
中国继续教育联合学院
北京兴华大学
北京财经专修学院
中国教育国际交流研修中心
国家留学基金委留学预科学院
北京电力经济研修学院

（华蕾）

艺术与校外教育

2008年度北京市中小学生金、银帆奖获奖名单

一、北京市中小学生金帆奖（8人）

北京景山学校
宫郑
北京市第四中学
郑宜婷
北京师范大学附属实验中学
王思萌
北京市海淀区中关村第二小学
张睿豪　闫雅鑫　侯雪培　杨雪丹
中国人民大学附属中学
张瑞祥

二、北京市中小学生银帆奖（80人）

北京市第二中学
李汉歌
北京市第二中学分校
程思浩　程思淼
北京市第六十五中学
袁日涉
北京市第一七一中学
晏潇洋　邵明婷　庄琢琛
北京市东城区分司厅小学
罗依楠
北京市第四中学
安雨
北京市第八中学
李崇瑞　郑佳萌
北京市第一六一中学
张子旭
北京师范大学附属实验中学
孙羽浩　汤云帆
北京师范大学第二附属中学
王玺　保佳　孙懿文
北京第二实验小学
潘彦君
北京汇文中学
杨奕
北京市第六十六中学
刘博勋　申力尘　李丰屹　贺群　房博
北京市第八十中学
杨天　赵未可　张中一　王博弘　王思颖
王冉宁
北京市陈经纶中学
毕越　夏乐天　李旭　陈露　毛琪
北京市团结湖第三中学
王翰林
北京市第一零一中学
刁捷　殷宏洋　宋皓　赵伟斯
北京市中关村中学
夏露　刘泰然　张沫深　王喆　王琳
郭毅成　陈小鸟
北京市八一中学
刘强　赵欧伦　段凯忠　李卓珩
北京市育英学校
李子瑶
清华大学附属中学
贾骉　刘雨凯　毛闻志　石雪薇　吴龙昊
王泽奇
中国人民大学附属中学
林博　章博宇　姚昱星　汪泰雨　王萌
贺　虎
北京大学附属中学
董一林
北京理工大学附属中学
邴龙基
中国农业大学附属中学
林鑫宇　张旭龙
首都师范大学附属中学
杨牧龙　王轩
北方交通大学附属中学
张恪易
北京钢铁学院附属中学
张晗
北京师范大学第三附属中学
冯迈
北京市海淀区羊坊店中心小学
郝一明　马天一　闪烁　卞雅霓
北京市大兴区第一中学

李凯钰
北京市门头沟区大峪中学
孙博
北京市顺义区牛栏山中学
李倩

（马志鹏）

2008年北京市学生金帆艺术团承办学校名单

东城区
北京市东城区灯市口小学金帆合唱团
北京市东城区史家小学金帆舞蹈团
北京市东城区分司厅小学金帆话剧团
北京市东直门中学金帆交响乐团
北京市第一七一中学金帆合唱团
北京市第二中学金帆舞蹈团、金帆管乐团
北京市第六十五中学金帆舞蹈团
北京市第二十七中学金帆民族乐团
北京市第一六六中学金帆管乐团、金帆话剧团
北京市第二十二中学金帆交响乐团
北京市第五中学金帆民族乐团
西城区
北京第二实验小学金帆合唱团
北京市西城区展览路第一小学金帆合唱团
北京市西城区青龙桥小学金帆民族乐团
北京市西城区进步小学金帆管乐团
北京市第四中学金帆合唱团
北京市第三十五中学金帆民族乐团
北京市第八中学金帆交响乐团
北京市第三中学金帆曲艺团
北京师范大学附属实验中学金帆舞蹈团
崇文区
北京市崇文区光明小学金帆舞蹈团
北京汇文中学金帆合唱团
宣武区
北京小学金帆舞蹈团
北京第一实验小学金帆管乐团
北京市回民学校金帆民族乐团
北京育才学校金帆管乐团
北京市第十五中学分校金帆京剧团
朝阳区
北京市朝阳区芳草地小学金帆民族乐团
北京市朝阳区劲松第四小学金帆舞蹈团
北京市朝阳区安慧里中心小学金帆民族乐团
北京市朝阳区安华里第一小学金帆管乐团
北京市第八十中学金帆管乐团
北京市日坛中学金帆交响乐团
海淀区
北京大学附属小学金帆京剧团
北京市海淀区西颐小学金帆京剧团
清华大学附属中学金帆民族乐团
北京市海淀区实验小学金帆合唱团
北京市海淀区中关村第三小学金帆合唱团
北京市海淀区翠微小学金帆民族乐团
北京市海淀区万泉小学金帆民族乐团
北京市海淀区五一小学金帆管乐团
中国农业科学院附属小学金帆管乐团
北京市海淀区中关村第二小学金帆交响乐团
北方交通大学附属中学金帆合唱团
北京市十一学校金帆合唱团、金帆交响乐团
北京市第十九中学金帆民族乐团
北京市八一中学金帆管乐团
北京市中关村中学金帆管乐团
北京市立新学校金帆管乐团
北京市育英学校金帆管乐团
北京大学附属中学金帆管乐团
北京理工大学附属中学金帆管乐团
北京市第一零一中学金帆交响乐团
中国人民大学附属中学金帆交响乐团、金帆合唱团
丰台区
北京市丰台区第五小学金帆民族乐团
北京市丰台区第一小学金帆管乐团
北京市第十二中学金帆民族乐团
北京市丰台区第二中学金帆管乐团
石景山区
北京市第九中学金帆舞蹈团
顺义区
北京市顺义区光明小学金帆管乐团
延庆县
北京市延庆县第一小学金帆民族乐团
限期整改学校
北京市第六十六中学金帆管乐团
北京市和平街第一中学金帆合唱团
北京市门头沟区新桥路中学金帆舞蹈团
北京市昌平区第二中学金帆民族乐团
北京市顺义区杨镇第一中学金帆管乐团
北京市延庆县第一中学金帆管乐团

（马志鹏）

2008年北京大学生艺术团承办高校名单

北京大学生艺术团清华大学交响乐团
北京大学生艺术团北京交通大学交响乐团
北京大学生艺术团北京大学合唱团
北京大学生艺术团北京理工大学合唱团
北京大学生艺术团中国农业大学合唱团
北京大学生艺术团北京工业大学合唱团
北京大学生艺术团北京师范大学话剧团
北京大学生艺术团北京航空航天大学舞蹈团
北京大学生艺术团北京工业大学舞蹈团

北京大学生艺术团中国人民大学民族乐团
北京大学生艺术团首都师范大学管乐团
北京大学生艺术团北京航空航天大学行进管乐团

（华蕾）

北京市大学生学科竞赛及承办单位名录（第一批）

北京大学生数学建模与计算机应用竞赛
北京师范大学
北京市大学生电子设计竞赛
北京邮电大学
首都高校机械创新设计大赛
北京工业大学
北京市大学生广告艺术大赛
北京服装学院
北京市大学生人文知识竞赛
清华大学
北京市大学生物理实验竞赛
北京交通大学
北京市大学生化学实验竞赛
北京化工大学
北京市大学生物流设计大赛
北京工商大学
北京市大学生模拟法庭竞赛
中国政法大学
北京市大学生动漫设计竞赛
中国传媒大学
北京市大学生英语演讲比赛
对外经济贸易大学
北京市高职高专学生数控技能竞赛
北京电子科技职业学院

（华蕾）

师 资 管 理

第四届北京市高等学校教学名师名单

北京大学
涂传诒 张礼和 蔡运龙 陈慰峰 邓小南 王稼军 刘文忻 陈建国 王嘉德
中国人民大学
王珊 耿建新 胡锦光 张雷声 庄毓敏
清华大学
孙家广 朱颖心 罗立胜 陈信义 蔡乐苏 陆文娟 高光华 张新荣 宋逢明 尚刚 金峰
北京交通大学
蒋学清 王移芝
北京科技大学
周国治 蔡美峰 张群
北京化工大学
姜广峰
北京邮电大学
李钢 杨鸿文
中国农业大学
汪矛 杨汉春 李保明
北京林业大学
宋维明 李雄
北京中医药大学
王天芳
北京师范大学
魏群 彭芳麟 黄荣怀 赵秉志
北京外国语大学
史希同
北京语言大学
刘贵龙
中国传媒大学
高晓虹 路盛章
中央财经大学
孟焰
对外经济贸易大学
葛嬴
中国政法大学
赵旭东 王传丽
华北电力大学
崔翔
中国石油大学（北京）
汪志明
中国地质大学（北京）
王根厚 陈建强
国际关系学院
赵晓春
中央音乐学院
郭淑珍
中央美术学院
胡 伟
外交学院
衡孝军
北京航空航天大学
陈懋章 张军 高宗升 丁水汀
北京理工大学
庞思勤 陈杰 李林
中央民族大学
班班多杰 慈仁桑姆
中国人民公安大学
秦立强
北京协和医学院

沈悌
北京体育大学
任海
中国劳动关系学院
彭恒军
中国青年政治学院
陆士桢
中华女子学院
刘梦
北京电子科技学院
吕秋芳
北京工业大学
王存新　江少林
北方工业大学
张卫平
北京工商大学
何明珂
首都医科大学
徐群渊　张建
首都师范大学
陶东风
首都经济贸易大学
马立平
北京联合大学
支芬和
北京服装学院
胡月
北京印刷学院
孟庆春
北京石油化工学院
陈家庆
北京农学院
冷平生
北京建筑工程学院
王跃进
北京第二外国语学院
张洪仪
北京物资学院
刘丙午
中国音乐学院
高为杰
中国戏曲学院
冉常建
北京电影学院
郑洞天
北京舞蹈学院
潘志涛
北京信息科技大学
王建华
北京青年政治学院
老青
北京工业职业技术学院
王强
北京电子科技职业学院
周国烛
北京财贸职业学院
孙万军

（华蕾）

2008年北京市优秀教学团队名单

本科

北京大学
沈阳　现代汉语教学团队
王稼军　国家理科基地物理基础课程教学团队
何新贵　智能科学与技术教学团队
王杉　外科创新教学团队
姜明安　宪法与行政法教学团队
中国人民大学
陈雨露　金融学国际化人才培养模式创新教学团队
张志伟　外国哲学教学团队
蔡雯　新闻学核心专业课程教学团队
清华大学
袁驷　结构力学系列课程教学团队
李俊峰　基础力学教学团队
郝吉明　环境工程专业教学团队
肖杰　理工科数学基础课程教学团队
孙宏斌　电力系统及其自动化专业教学团队
北京科技大学
张敬源　大学英语课程教学团队
尹常治　机械设计制图课程教学团队
蔡美峰　岩石力学与工程教学团队
北京交通大学
陈后金　电工电子基础课程教学团队
蒋学清　大学英语课程教学团队
刘志明　动车组系列课程教学团队
北京化工大学
杨祖荣　化学工程教学团队
励杭泉　高分子科学课程教学团队
姜广峰　工科数学系列课程教学团队
北京邮电大学
杨放春　计算机通信教学团队
卢志鸿　大学英语教研室教学团队
吕廷杰　电子商务教研中心教学团队
中国农业大学
吴常信　动物科学专业遗传学系列课程教学团队
李保国　土壤和土地资源利用教学团队
刘国琴　生物化学教学团队
北京林业大学
张启翔　园林专业教学团队
温亚利　农林经济管理专业教学团队
余新晓　水土保持与荒漠化防治专业教学团队

北京中医药大学
　李宇航　中医“四大经典”教学团队
　赵百孝　针灸推拿教学团队
　乔延江　中药分析教学团队
北京师范大学
　郑光美　生物学基础课程教学团队
　郭英德　中国古代文学系列课程教学团队
北京外国语大学
　张宏　阿拉伯语系本科教学团队
北京语言大学
　郭鹏　汉语言专业本科教学团队
中国传媒大学
　关玲　广播电视编导教学团队
　姜秀华　广播电视工程教学团队
　胡正荣　传播学教学团队
中央财经大学
　李俊生　财政学专业教学团队
　孟焰　管理会计学教学团队
对外经济贸易大学
　张新民　会计系列课程教学团队
　王立非　商务英语教学团队
　陈进　商务信息管理系列课程教学团队
中国政法大学
　马怀德　行政法学教学团队
　赵旭东　商法学教学团队
　张桂琳　政治学基础课程教学团队
华北电力大学
　刘吉臻　自动化专业教学团队
　曾鸣　电力市场教学团队
中国矿业大学（北京）
　傅贵　安全工程专业教学团队
中国石油大学（北京）
　张士诚　石油工程专业教学团队
　陈明　计算机软件基础课程教学团队
中国地质大学（北京）
　李胜荣　矿物与岩石教学团队
　王训练　古生物学与地史学教学团队
国际关系学院
　赵晓春　国际关系教学团队
中央音乐学院
　唐建平　作曲教学团队
　王次炤　音乐学教学团队
中央戏剧学院
　刘立滨　表演系教学团队
外交学院
　范守义　外交外事翻译教学团队
北京航空航天大学
　王琪　基础力学课程教学团队
　张晓林　电子信息工程核心课程教学团队
　申功璋　控制系统系列课程教学团队
北京理工大学
　韩伯棠　管理运筹学及决策模拟课程教学团队
　丁洪生　工程训练教学团队
中央民族大学
　冯金朝　生态学教学团队
中国人民公安大学
　李健和　公安行政管理教学团队
北京协和医学院
　金征宇　放射诊断学教研室教学团队
北京体育大学
　钟秉枢　排球运动系列课程教学团队
中国劳动关系学院
　李双　文化传播创新人才培养教学团队
中国青年政治学院
　陆士祯　社会工作课程教学团队
　林维　刑法学教学团队
中华女子学院
　刘梦　社会工作专业教学团队
北京电子科技学院
　李子臣　信息安全与密码教学团队
北京建筑工程学院
　刘栋栋　土木工程专业教学团队
　王跃进　机械工程及自动化专业教学团队
北京工业大学
　隋允康　基础力学理论和实验教学团队
　张忠占　概率论与数理统计教学团队
北方工业大学
　刘永祥　会计学专业系列课程教学团队
　张杰　公共数学教学团队
北京工商大学
　李仁玉　民商法学课程群教学团队
　何明珂　物流管理教学团队
首都医科大学
　王晓民　生理学教学团队
　王嵬　全科医学教学团队
　李仲智　儿科学教学团队
首都师范大学
　陶东风　文学理论教学团队
首都经济贸易大学
　纪宏　统计学教学团队
　宋克勤　工商管理核心课程教学团队
北京服装学院
　胡月　服装设计与营销管理教学团队
北京印刷学院
　胡杰　多媒体艺术教学团队
　王关义　工商管理类专业基础平台课教学团队
北京石油化工学院
　俞建荣　机电测控技术基础课程群教学团队
　戴波　电工电子教学团队
北京农学院
　秦岭　园艺品牌专业骨干课程教学团队
首都体育学院

李鸿江　田径教学团队

北京第二外国语学院

邹统钎　旅游管理教学团队

滑明达　英语专业本科三年级教学团队

北京物资学院

田立平　数学公共基础系列课程教学团队

邬跃　物流管理专业核心课程教学团队

中国音乐学院

修海林　中国音乐史教学团队

范建明　乐理与视唱练耳教学团队

中国戏曲学院

谢柏梁　戏曲研究与写作教学团队

北京电影学院

穆德远　摄影教学团队

北京舞蹈学院

王伟　中国古典舞教学团队

李春华　芭蕾舞教学团队

北京信息科技大学

郝静如　机械设计教学团队

周金和　电子信息工程专业教学团队

刘建宾　软件工程专业教学团队

北京联合大学

宁泽群　旅游管理专业课程 PBL 教学团队

高职

北京联合大学

范同顺　楼宇智能化工程技术专业教学团队

首钢工学院

王卫红　环境监测与治理技术教学团队

北京信息职业技术学院

魏松　现代信息管理与服务教学团队

北京农业职业学院

杨胜敏　水利工程施工技术专业教学团队

北京戏曲艺术职业学院

王茂生　戏曲表演教学团队

北京青年政治学院

蔡大鹏　电子政务专业教学团队

北京工业职业技术学院

许保国　安全技术管理专业教学团队

北京电子科技职业学院

戴莛　传媒艺术设计教学团队

周国烛　计算机网络技术专业教学团队

北京经济管理职业学院

王建民　工商管理专业教学团队

北京财贸职业学院

姜韵宜　会计专业教学团队

（华蕾）

2009 年度北京市属高等学校人才强教深化计划创新人才资助名单

一、学术创新人才（共计 41 人）

北京工业大学

杜文博（PHR200906101）

赵耀华（PHR200906102）

王术（PHR200906103）

夏国栋（PHR200906104）

吴斌（PHR200906105）

黄鲁成（PHR200906106）

北方工业大学

何广平（PHR200906107）

王一丁（PHR200906108）

北京工商大学

徐宝财（PHR200906109）

宋焕禄（PHR200906110）

杨有红（PHR200906111）

首都师范大学

李杰权（PHR200906112）

李乐攻（PHR200906113）

左东岭（PHR200906114）

程恭让（PHR200906115）

首都医科大学

李俊发（PHR20090616）

贺俊崎（PHR200906117）

王晓燕（PHR200906118）

安静（PHR200906119）

首都经济贸易大学

纪韶（PHR200906120）

丁立宏（PHR200906121）

北京服装学院

廖青（PHR200906122）

北京印刷学院

王仪明（PHR200906123）

李路海（PHR200906124）

北京联合大学

熊黑钢（PHR200906125）

张宁（PHR200906126）

北京电影学院

姚国强（PHR200906127）

中国音乐学院

张维良（PHR200906128）

李秀军（PHR200906129）

北京舞蹈学院

张朝霞（PHR200906130）

北京信息科技大学

苏中（PHR200906131）

王丽坤（PHR200906132）

祝连庆（PHR200906133）

北京农学院

师光禄（PHR200906134）

首都体育学院

骆秉全（PHR200906135）

李京诚（PHR200906136）

北京第二外国语学院

袁宪军（PHR200906137）
北京建筑工程学院
杜明义（PHR200906138）
北京石油化工学院
靳海波（PHR200906139）
北京电子科技职业学院
王利明（PHR200906140）
北京财贸职业学院
王成荣（PHR200906141）

二、教学创新人才（共计25人）
北京工业大学
王存新（PHR200906201）
江少林（PHR200906202）
北方工业大学
张卫平（PHR200906203）
北京工商大学
何明珂（PHR200906204）
首都师范大学
陶东风（PHR200906205）
首都医科大学
徐群渊（PHR200906206）
张建（PHR200906207）
北京服装学院
胡月（PHR200906208）
北京印刷学院
孟庆春（PHR200906209）
北京物资学院
刘丙午（PHR200906210）
北京联合大学
支芬和（PHR200906211）
首都经济贸易大学
马立平（PHR200906212）
北京信息科技大学
王建华（PHR200906213）
北京石油化工学院
陈家庆（PHR200906214）
北京电影学院
郑洞天（PHR200906215）
中国音乐学院
高为杰（PHR200906216）
中国戏曲学院
冉常建（PHR200906217）
北京舞蹈学院
潘志涛（PHR200906218）
北京农学院
冷平生（PHR200906219）
北京第二外国语学院
张洪仪（PHR200906220）
北京财贸职业学院
孙万军（PHR200906221）
北京青年政治学院
老青（PHR200906222）
北京电子科技职业学院
周国烛（PHR200906223）
北京工业职业技术学院
王强（PHR200906224）
北京建筑工程学院
王跃进（PHR200906225）

（华蕾）

2009年度北京市属高等学校人才强教深化计划创新团队资助名单

一、学术创新团队（共计40个）
北京工业大学
张爱林（PHR200907101）土木工程抗震减灾创新团队
蒋毅坚（PHR200907102）激光先进制造技术创新团队
侯义斌（PHR200907103）嵌入式软件与系统学术创新团队
蔡力钢（PHR200907104）面向北京装备制造业的高档数控机床关键共性技术研究与应用创新团队
夏定国（PHR200907105）新体系功能材料的物理化学创新团队
唐军（PHR200907106）首都社会建设研究创新团队
北京工商大学
孙家跃（PHR200907107）稀土光电功能材料设计合成与应用研究学术创新团队
许国志（PHR200907108）环境友好高分子材料研究学术创新团队
魏中龙（PHR200907109）北京服务业市场营销战略研究学术创新团队
首都师范大学
张伟功（PHR200907110）高可靠嵌入式系统学术创新团队
郝春文（PHR200907111）古文献学学术创新团队
首都医科大学
诸欣平（PHR200907112）病原生物学学术创新团队
杨慧（PHR200907113）帕金森病早期诊断标志物及治疗新靶点的研究创新团队
赵明（PHR200907114）药物化学研究学术创新团队
北京服装学院
赵国梁（PHR200907115）高性能纺织材料研究学术创新团队
宁俊（PHR200907116）文化创意视角下北京服装产业转型研究学术创新团队
贾荣林（PHR200907117）创意设计与时尚管理

研究学术创新团队
北京印刷学院
曹鹏（PHR200907118）印刷质量检测与控制研究学术创新团队
田忠利（PHR200907119）数字媒体艺术研究学术创新团队
北京联合大学
鲍泓（PHR200907120）数字化技术研究团队
许家成（PHR200907121）首都特殊教育团队
首都经济贸易大学
蒋三庚（PHR200907122）北京金融中心建设研究团队
刘欣葵（PHR200907123）北京新城发展政策与机制跟踪研究团队
北京信息科技大学
李邓化（PHR200907124）检测技术及自动化装置研究学术创新团队
杨庆东（PHR200907125）现代机械制造装备关键技术研究与应用学术创新团队
北京建筑工程学院
吴徽（PHR200907126）工程结构抗震新技术研究学术创新团队
赵西安（PHR200907127）地面多源影像三维主动提取学术创新团队
秦红岭（PHR200907128）建筑伦理学学术创新团队
北京石油化工学院
李翠清（PHR200907129）绿色化学与新催化材料学术创新团队
北京电影学院
黄英侠（PHR200907130）环绕声创作实践教学体系研究学术创新团队
中国音乐学院
侯俊侠（PHR200907131）中国风格室内乐创作与实践研究学术创新团队
首都体育学院
王守恒（PHR200907132）体育赛事管理整体化信息资源建设学术创新团队
尹军（PHR200907133）振动力量训练体系的构建学术创新团队
北京物资学院
刘永胜（PHR200907134）物流与供应链管理研究学术创新团队
北京农学院
吴国娟（PHR200907135）连翘酯苷抗畜禽病研究学术创新团队
范双喜（PHR200907136）蔬菜安全生产理论与技术学术创新团队
北京财贸职业学院
赖阳（PHR200907137）宜居城市的商业模式研究创新团队
北京第二外国语学院
计金标（PHR200907138）北京现代服务业发展研究团队
王柯平（PHR200907139）全球视野下的浪漫主义文学与诗学研究团队
隋刚（PHR200907140）美国文学源流及多元文本研究团队

二、优秀教学团队（共计 41 个）

北京工业大学
隋允康（PHR200907201）基础力学理论和实验教学团队
张忠占（PHR200907202）概率论与数理统计教学团队
北方工业大学
刘永祥（PHR200907203）会计学专业系列课程教学团队
张杰（PHR200907204）公共数学教学团队
北京工商大学
李仁玉（PHR200907205）民商法学课程群教学团队
何明珂（PHR200907206）物流管理教学团队
首都师范大学
陶东风（PHR200907207）文学理论教学团队
首都医科大学
王晓民（PHR200907208）生理学教学团队
王嵬（PHR200907209）全科医学教学团队
李仲智（PHR200907210）儿科学教学团队
北京服装学院
胡月（PHR200907211）服装设计与营销管理教学团队
北京印刷学院
胡杰（PHR200907212）多媒体艺术教学团队
王关义（PHR200907213）工商管理类专业基础平台课教学团队
北京联合大学
宁泽群（PHR200907214）旅游管理专业课程 PBL 教学团队
范同顺（PHR200907215）楼宇智能化工程技术专业教学团队
首都经济贸易大学
纪宏（PHR200907216）统计学教学团队
宋克勤（PHR200907217）工商管理核心课程教学团队
北京信息科技大学
郝静如（PHR200907218）机械设计教学团队
周金和（PHR200907219）电子信息工程专业教学团队
刘建宾（PHR200907220）软件工程专业教学团队
北京石油化工学院
俞建荣（PHR200907221）机电测控技术基础课

程群教学团队

戴波（PHR200907222）电工电子教学团队

北京电影学院

穆德远（PHR200907223）摄影教学团队

中国音乐学院

修海林（PHR200907224）中国音乐史教学团队

范建明（PHR200907225）乐理与视唱练耳教学团队

中国戏曲学院

谢柏梁（PHR200907226）戏曲研究与写作教学团队

北京舞蹈学院

王伟（PHR200907227）中国古典舞教学团队

李春华（PHR200907228）芭蕾舞教学团队

首都体育学院

李鸿江（PHR200907229）田径教学团队

北京物资学院

田立平（PHR200907230）数学公共基础系列课程教学团队

邬跃（PHR200907231）物流管理专业核心课程教学团队

北京农学院

秦岭（PHR200907232）园艺品牌专业骨干课程教学团队

北京财贸职业学院

姜韵宜（PHR200907233）会计专业教学团队

北京青年政治学院

蔡大鹏（PHR200907234）电子政务专业教学团队

北京第二外国语学院

邹统钎（PHR200907235）旅游管理教学团队

滑明达（PHR200907236）英语专业本科三年级教学团队

北京电子科技职业学院

戴莊（PHR200907237）传媒艺术设计教学团队

周国烛（PHR200907238）计算机网络技术专业教学团队

北京工业职业技术学院

许保国（PHR200907239）安全技术管理专业教学团队

北京建筑工程学院

刘栋栋（PHR200907240）土木工程专业教学团队

王跃进（PHR200907241）机械工程及自动化专业教学团队

（三）管理创新团队（共计 8 个）

首都医科大学

吕兆丰（PHR200907301）学校改革建设综合发展管理创新团队

北京工业大学

王守法（PHR200907302）地方高校综合管理创新团队

首都经济贸易大学

杨世忠（PHR200907303）北京高校教育成本核算暨补偿机制研究理创新团队

北京建筑工程学院

郑文堂（PHR200907304）市属市管高校教师队伍可持续发展问题的研究管理创新团队

北京联合大学

柳贡慧（PHR200907305）应用型大学的管理团队建设与管理模式改革理创新团队

首都师范大学

张雪（PHR200907306）适应高水平综合性教学研究型师范大学的管理体制创新团队

北京青年政治学院

梁绿琦（PHR200907307）基于校内教学评估的教学管理创新团队

北京信息科技大学

栾忠权（PHR200907308）科技管理研究与实践创新团队

（华蕾）

2008 年北京市特级教师认定名单

东城区

王志伟（数学） 北京市第一中学

黄书琴（语文） 北京市第一六六中学

程嗣（物理） 东城区教师研修中心

西城区

崔明（化学） 北京师范大学附属实验中学

林祖荣（生物） 北京师范大学附属实验中学

姚玉平（数学） 北京师范大学附属实验中学

朝阳区

陈星春（数学） 北京市陈经纶中学

高荷洁（物理） 北京市工业大学附中

海淀区

李万华（语文） 北京市中关村中学

马利军（语文） 中国人民大学附属中学

杨金才（语文） 北京市第二〇六中学

陆云泉（数学） 北京市第一零一中学

陈敬川（数学） 北京理工大附属中学

于金华（数学） 中国人民大学附属中学

崔君强（数学） 北京市十一学校

李文学（数学） 北京市六一中学

万东（数学） 北京市六一中学

张红（数学） 清华大学附属小学

曹成勇（物理） 北京理工大附属中学

于振丽（物理） 北京市十一学校

刘荣铁（化学） 北京市八一中学

崔峰（化学） 北京石油大学附属中学

丰台区

刘国成（语文） 北京市第十二中学

李化年（化学） 北京市丰台第二中学

通州区

王培明（化学） 北京市通州区运河中学

安艳青（数学） 北京市第二中学通州分校

昌平区

刘焕林（政治） 北京市昌平区第二中学

延庆县

王森（数学） 北京市延庆县第一中学

顺义区

纪铁岭（化学） 北京市顺义区牛栏山第一中学

杨巨环（物理） 北京市顺义区牛栏山第一中学

（华蕾）

对外交流及港澳台侨事务

第一批通过复核中外合作办学机构名单（含内地与港澳台地区合作办学机构）

中外合作办学机构

北京中加学校

北京王府学校

北京小天使美语幼儿园

北京中外管理培训中心

北京二十一世纪时信教育中心

内地与港澳台地区合作办学机构

北京岭南幼儿园

北京市大地实验幼儿园

北京金色未来幼教中心

（潘芳芳）

第一批通过复核中外合作办学项目名单（含内地与港澳台地区合作办学项目）

中外合作办学项目

北京大学与澳大利亚拉筹伯大学合作举办卫生事业管理硕士学位教育项目

北京大学与美国福坦莫大学/比利时弗拉瑞克——鲁汶——根特管理学院合作举办工商管理硕士学位教育项目

清华大学与澳大利亚国立大学合作举办管理硕士学位教育项目

清华大学与澳大利亚悉尼科技大学合作举办体育管理硕士学位教育项目

清华大学与美国天普大学合作举办法学硕士学位教育项目

北京交通大学与澳大利亚维多利亚大学合作举办企业资源计划系统硕士学位教育项目

北京交通大学与澳大利亚维多利亚大学合作举办工商管理硕士学位教育项目

北京科技大学与比利时鲁汶工程技术学院合作举办电子媒体工程硕士学位教育项目

北京科技大学与美国德克萨斯大学阿灵顿分校合作举办工商管理硕士学位教育项目

对外经济贸易大学与美国马里兰大学合作举办工商管理硕士学位教育项目

对外经济贸易大学与法国巴黎第一大学、法国国家企业管理教育基金会合作举办企业管理硕士学位教育项目

北京航空航天大学与美国佛罗里达国际大学合作举办计算机科学硕士学位教育项目

北京理工大学与澳大利亚新南威尔士大学合作举办通信工程硕士学位教育项目

北京理工大学与德国德累斯顿工业大学合作举办职业技术教育理学硕士学位教育项目

北京理工大学与美国史蒂文斯理工学院合作举办电信管理硕士学位教育项目

北京理工大学与美国史蒂文斯理工学院合作举办微电子学与光子学硕士学位教育项目

北京体育大学与美国俄亥俄大学合作举办体育管理硕士学位教育项目

北京工业大学与美国西雅图城市大学合作举办工商管理硕士学位教育项目

首都师范大学与澳大利亚弗林德斯大学合作举办教育硕士学位教育项目

首都经济贸易大学与澳大利亚迪肯大学合作举办会计学硕士学位教育项目

北京建筑工程学院与澳大利亚南澳大学合作举办土木工程硕士学位教育项目

北京邮电大学与伦敦大学玛丽女王学院合作举办电信工程及管理专业本科教育项目

北京邮电大学与伦敦大学玛丽女王学院合作举办电子商务及法律专业本科教育项目

中国农业大学与美国科罗拉多大学丹佛分校和健康科学中心合作举办国际经济与贸易专业本科教育项目

中国农业大学与美国科罗拉多大学丹佛分校和健康科学中心合作举办传播学专业本科教育项目

北京林业大学与美国密西根州立大学合作举办草业科学专业本科教育项目

中央财经大学与澳大利亚维多利亚大学合作举办国际经济与贸易专业本科教育项目

北京联合大学与英国佩斯利大学合作举办国际商务专业本科教育项目

北京农学院与英国哈珀·亚当斯大学学院合作举办国际经济与贸易专业本科教育项目

北京农学院与英国哈珀·亚当斯大学学院合作举办食品科学与工程专业本科教育项目

北京理工大学与加拿大北阿尔伯塔理工大学合作举办信息技术专业学士学位教育项目

北京理工大学与美国犹他州立大学合作举办国际经济专业学士学位教育项目
北京理工大学与美国犹他州立大学合作举办信息技术专业学士学位教育项目
北京工业大学与澳大利亚詹姆斯·库克大学合作举办信息技术学士学位教育项目
北京北大方正软件职业技术学院与加拿大国际教育中心合作举办国际会计专业高等专科教育项目
北京北大方正软件职业技术学院与加拿大国际教育中心合作举办计算机科学与技术专业高等专科教育项目
北京北大方正软件职业技术学院与加拿大国际教育中心合作举办信息技术与信息管理专业高等专科教育项目
清华大学、国务院发展研究中心与美国哈佛大学合作举办公共管理课程非学历高等教育项目
中国农业大学与荷兰万豪劳伦斯坦/瓦格宁根大学合作举办农业发展与创新课程非学历高等教育项目
中国农业大学与荷兰万豪劳伦斯坦/瓦格宁根大学合作举办园艺课程非学历高等教育项目
中国农业大学与荷兰万豪劳伦斯坦/瓦格宁根大学合作举办土地与水资源管理课程非学历高等教育项目
中国农业大学与荷兰万豪劳伦斯坦/瓦格宁根大学合作举办农业商务管理课程非学历高等教育项目
对外经济贸易大学与美国国际注册商业房地产投资师协会合作举办国际注册商业房地产投资师课程

非学历高等教育项目

北京理工大学与英国中兰开夏大学合作举办电子工程课程非学历高等教育项目
北京工业大学与美国管理技术大学合作举办管理科学与工程课程非学历高等教育项目

内地与港澳台地区合作办学项目

北京大学与香港理工大学合作举办中国社会工作文学硕士学位教育项目
清华大学与香港中文大学合作举办工商管理硕士学位教育项目

（潘芳芳）

2008年具有接受境外留学生资质高校名单

北京大学
北京大学医学部
清华大学
中国人民大学
北京师范大学
北京科技大学
北京化工大学
北京语言大学
北京外国语大学
北京交通大学
北京邮电大学
中国石油大学（北京）
中国农业大学
中国传媒大学
北京林业大学
中国政法大学
中央财经大学
中央音乐学院
中央戏剧学院
中央美术学院
北京中医药大学
对外经济贸易大学
华北电力大学
中国矿业大学（北京）
中国地质大学（北京）
北京航空航天大学
北京理工大学
北京协和医学院
北京体育大学
中央民族大学
中国青年政治学院
国际关系学院
外交学院
中国人民公安大学
中国科学院研究生院
中国社会科学院研究生院
中国农业科学院研究生院
中国中医科学院研究生院
中国人民银行研究生部
中国石油勘探开发研究院研究生部
北京工业大学
北方工业大学
北京工商大学
首都医科大学
首都师范大学
首都经济贸易大学
北京服装学院
北京石油化工学院
首都体育学院
北京第二外国语学院
北京物资学院
中国音乐学院
中国戏曲学院
北京电影学院
北京舞蹈学院
北京信息科技大学
北京联合大学（本部）
北京联合大学应用文理学院
北京联合大学师范学院
北京联合大学商务学院
北京联合大学旅游学院
北京建筑工程学院

北京教育学院
北京广播电视大学
北京青年政治学院
北京信息职业技术学院
北京经济管理职业学院
中国民航管理干部学院
北京国际青年研修学院
首钢工学院
北京国际汉语学院
北京汇佳职业学院
北京吉利大学
北京科技职业学院

（任军）

2008 年具有接受境外学生资质中小学名单

北京市第五十五中学
北京经济技术开发区实验学校
北京市第六十五中学
北京市第二十五中学
北京景山学校
北京市第一七一中学
北京市第二中学
北京市第二中学分校
北京市第一中学
北京师范大学第二附属中学
北京市第四中学
北京市第三十九中学
北京市西城区北长街小学
北京市什刹海体育运动学校
北京第二实验小学
北京师范大学附属实验中学
北京汇文中学
北京市广渠门中学
北京市文汇中学
北京市育才学校
北京师范大学附属中学
北京市第十五中学
北京市回民学校
北京市第六十六中学
北京市第十四中学
北京市朝阳区芳草地小学
北京市世青中学
北京市望京实验学校
北京市第八十中学
首都师范大学附属实验学校
北京市朝阳区青苗小学
北京市日坛中学
北京市第九十四中学
中国红十字基金会北京拔萃双语学校
北京市求实职业学校
北京青年政治学院附属中学
北京市民族文化艺术职业学校
北京市樱花园实验学校
北京市新源里中学
北京市新源里职业高中
北京市东方德才学校
北京市忠德学校
北京教育科学研究院附属实验中学
北京市六一中学（短期）
中国人民大学附属中学
首都师范大学附属中学
北京理工大学附属中学
海淀教师进修学校附属实验学校
北方交通大学附属中学
北京市育英学校
北京市第十九中学
北京大学附属香山分校
北京市清华志清中学
北京市中关村第一小学
北京海淀区尚丽外国语学校
北京市二十一世纪实验学校
北京十一学校
北京市海淀外国语实验学校
北京大学附属中学
北京市建华实验学校
北京市海淀区万泉小学
北京市第五十七中学
北京大学附属小学
北京市北外附属外国语学校
北京市第一零一中学
首都师范大学附属育新学校
清华大学附属中学
北京新桥外国语学校
北京市第十二中学
北京市第八中学怡海分校
北大附属实验学校
首都师范大学附属丽泽中学
北京市第九中学
北京市京源学校
北京市黄庄职业高中
北京师范大学良乡附属中学
北京中加学校
北京市通州潞河中学
北京市私立树人瑞贝学校
北京中华商科学校
北京市通州区潞州中学
北京市顺义区君诚学校
北京市力迈学校
北京市顺义牛栏山第一中学
北京市顺义区第一职业学校
北京市顺义区仓上小学
北京市私立汇佳学校

北京王府学校
北京市天通苑中山实验学校
北京市育荣实验学校
北京师范大学亚太实验学校
北京市全程超越实验学校
北京市国际艺术学校（大兴）
北京市私立君谊中学
北京市大兴区第一中学
北京市怀柔区红螺寺中学
北京市怀柔区第一中学
北京延庆第一职业学校

（潘芳芳）

2008 年北京市外籍人员子女学校名单

北京协力国际学校
学前教育、小学、初中、高中
北京耀中国际学校
学前教育、小学、初中、高中
北京 BISS 国际学校
学前教育、小学、初中、高中
北京京西学校
学前教育、小学、初中、高中
北京蒙台梭利国际学校
学前教育、小学
北京韩国国际学校（原韩国幼儿园）
学前教育、小学、初中、高中
北京顺义国际学校
学前教育、小学、初中、高中
北京大韩学校
学前教育、小学、初中
北京巧智博仁（原乔治布朗）国际幼儿园
学前教育
北京中关村国际学校
学前教育、小学、初中、高中
北京伊顿国际幼儿园
学前教育
北京英国学校
学前教育、小学、中学
北京德威英国国际学校
学前教育、小学、初中、高中
北京澳大利亚国际学校
学前教育、小学、初中、高中
北京哈罗英国学校
学前教育、小学、初中、高中
北京瑞金英国际学校
小学、初中、高中
北京三弈国际幼儿园
学前教育
北京加拿大国际学校
学前教育、小学、初中、高中
北京法国国际学校
学前教育、小学、初中、高中

（任军）

2008 年北京学校举办孔子学院名单

北京外国语大学
美国夏威夷（玛诺亚）大学孔子学院
奥地利维也纳大学孔子学院
保加利亚索非亚孔子学院
比利时布鲁塞尔孔子学院
比利时列日孔子学院
波兰克拉科夫孔子学院
德国杜塞尔多夫大学孔子学院
德国纽伦堡孔子学院
捷克帕拉斯基大学孔子学院
匈牙利罗兰大学孔子学院
意大利罗马大学孔子学院
北京大学
西班牙格拉那达孔子学院
德国柏林自由大学孔子学院
英国专长学校联合会孔子学院
日本立命馆孔子学院
日本早稻田大学
泰国朱拉隆功大学孔子学院
印度尼赫鲁大学孔子学院
埃及开罗大学孔子学院
俄罗斯莫斯科大学孔子学院
北京师范大学
加拿大魁北克省孔子学院
美国旧金山州立大学孔子学院
美国俄克拉何马大学孔子学院
英国曼彻斯特大学孔子学院
北京语言大学
白俄罗斯国立大学孔子学院
罗马尼亚锡比乌大学孔子学院
英国谢菲尔德大学孔子学院（与南京大学共同承办）
巴基斯坦伊斯兰堡国立现代语言大学孔子学院
日本北陆大学孔子学院
美国乔治梅森大学孔子学院
美国南卡莱罗娜大学
法国拉罗谢尔大学孔子学院
墨西哥国立自治大学孔子学院
韩国启明大学孔子学院
古巴哈瓦那大学孔子学院
加拿大麦克马斯特大学孔子学院
美国韦伯斯特大学孔子学院
中国人民大学
津巴布韦大学孔子学院
爱尔兰都柏林大学孔子学院
德国莱比锡大学孔子学院
芬兰赫尔辛基大学孔子学院

美国麻州大学孔子学院
丹麦哥本哈根商务孔子学院
以色列特拉维夫大学孔子学院
意大利博洛尼亚大学孔子学院
清华大学
英国伦敦商务孔子学院
北京体育大学
挪威卑尔根孔子学院
中央广播电视大学
美国密西根州立大学孔子学院
中国传媒大学
加拿大爱德蒙顿教育局孔子学院
华北电力大学
埃及苏伊士运河大学孔子学院
对外经济贸易大学
日本福山大学孔子学院
俄罗斯国立人文大学孔子学院
墨西哥新莱昂自治大学孔子学院
加拿大不列颠哥伦比亚理工大学
首都师范大学
俄罗斯圣彼得堡大学孔子学院
秘鲁皮乌拉大学孔子学院
美国明尼苏达大学孔子学院
意大利威尼斯大学孔子学院
北京联合大学
英国兰彼得威尔士大学孔子学院
北京工业大学
波兰奥波莱工业大学孔子学院
北京第二外国语学院
墨西哥齐瓦瓦州立大学孔子学院
法国克莱蒙费朗市孔子学院
摩洛哥穆罕默德五世孔子学院
英国兰开夏中央大学孔子学院
首都经济贸易大学
美国克利夫兰州立大学（正申请）
北京市通州区潞河中学
墨西哥城孔子学院
北京大学附属中学（与北京大学合办）
英国专长学校联合会孔子学院

（任军）

奥林匹克教育

北京市奥林匹克教育示范学校名单

东城区（14所）
北京市景山学校
中央工艺美术学院附属中学
北京市第二中学
北京市东城区和平里第四小学
北京市第二十二中学
北京市东城区灯市口小学
北京市第二十七中学
北京市东城区府学胡同小学
北京市第六十五中学
北京市东城区史家胡同小学
北京市第一六六中学
北京市东城区职业教育中心学校
北京市东城区和平里第二小学
北京市东城区特殊教育学校
西城区（14所）
北京市第四中学
北京市第八中学
北京师范大学第二附属中学
北京市第十三中学
北京第二实验小学
北京市第三十五中学
北京市西城区育民小学
北京市第一六一中学
北京市西城区黄城根小学
北京市铁路第二中学
北京市外事学校
北京市西城外国语学校
北京什刹海体育运动学校
北京师范大学附属实验中学
崇文区（10所）
北京市广渠门中学
北京市第十一中学
北京第一师范学校附属小学
北京市第五十中学
北京市崇文区崇文小学
北京市第一零九中学
北京市崇文区光明小学
北京汇文中学
北京现代职业学校
北京文汇中学
宣武区（10所）
北京育才学校
北京市第十四中学
北京市第十五中学
北京市第六十六中学
北京师范大学附属中学
北京市回民中学
北京小学
北京市第一实验小学
北京市宣武区康乐里小学
北京市宣武区第一职业学校
朝阳区（23所）

北京市朝阳区花家地实验小学
北京市第八十中学
北京西藏中学
北京信息工程学院附属中学
北京市新源里中学
首都师范大学附属实验学校
北京工业大学附属中学
北京市东方德才学校
北京市陈经纶中学
北京市朝阳区呼家楼中心小学
北京市朝阳区望花路小学
北京市朝阳区芳草地小学
北京市朝阳区劲松第四小学
北京市朝阳区实验小学
北京市朝阳区管庄中心小学
北京市朝阳区白家庄小学
北京市朝阳区三里屯小学
北京市朝阳区安慧里中心小学
北京京西学校
北京市劲松职业高中
北京市电气工程学校
北京乐成国际学校
北京市朝阳区民办精诚文化学校

海淀区（20 所）

北京十一学校
北京市第二十中学
北京市第五十七中学
北京市第一零一中学
北京市海淀区羊坊店中心小学
北京市育英学校
中国人民大学附属中学
清华大学附属中学
北京市温泉第二中学
北京市海淀区中关村第一小学
北京市海淀区中关村第三小学
北京市航空航天大学附属小学
北京市海淀区巨山小学
北京市海淀区翠微小学
北京大学附属小学
北京市海淀区上地实验小学
北京市海淀区实验小学
北京市海淀区太平路小学
北京市海淀区第二实验小学
北京市信息管理学校

丰台区（14 所）

北京市第十二中学
北京市第十中学
北京市第十八中学
北京市丰台区王佐学校
北京市首都师范大学附属丽泽中学
北京市丰台区丰台第二中学
北京市丰台区实验学校
北京市大成学校
北京市丰台区卢沟桥第一小学校
北京市丰台区芳古园小学
北京市丰台区师范学校附属小学
北京市丰台区职业教育中心学校
北京市丰台区长辛店中心小学
北京市第五体育运动学校

石景山区（9 所）

北京市第九中学
北京市八大处中学
北京市苹果园中学
北京市杨庄中学
北京市石景山区古城第二小学
北京市石景山区实验小学
北京市石景山区六一小学
北京市石景山区师范学校附属小学
北京市黄庄职业高中

门头沟区（7 所）

北京市门头沟区大峪第二小学
北京市门头沟区西辛房中学
北京市门头沟区新桥路中学
北京市门头沟区永定中学
北京市门头沟区潭柘寺中心小学
北京市门头沟区东辛房小学
北京市门头沟区育园小学

房山区（11 所）

北京师范大学良乡附属中学
北京市房山区良乡第二中学
北京市房山区房山第二中学
北京市房山区周口店中学
北京市房山区豆店中学
北京市房山区北潞园学校
北京市房山区良乡第二小学
北京市房山区良乡第三小学
北京市房山区窦店镇窦店中心小学
北京市房山区城关小学
北京市房山区第二职业高中

通州区（8 所）

北京市通州区潞河中学
北京市通州区运河中学
北京市通州区潞州中学
北京市通州区第六中学
北京市通州区漷县镇中心小学
北京市通州区玉桥小学
北京市通州区后南仓小学
北京市通州区东方小学

大兴区（11 所）

北京市大兴区兴华中学
北京市大兴区第一中学
北京市大兴区第二中学

北京市大兴区第三中学
北京市大兴区长子营中学
北京市大兴区黄村镇第一中心小学
北京市大兴区庞各庄镇第二中心小学
北京市大兴区第四小学
北京市大兴区枣园小学
北京市大兴区第一职业学校
北京市大兴区京豫陈学校

顺义区（10所）
北京市顺义区马坡中心小学
北京市顺义区牛栏山第一中学
北京市顺义区第一中学
北京市顺义区第八中学
北京市顺义区北小营中学
北京市顺义区杨镇第一中学
北京市顺义区双兴小学
北京市顺义区天竺中心小学校
北京市顺义区东风小学
北京市顺义区石园小学

昌平区（10所）
北京市昌平区第一中学
北京市昌平区第二中学
北京市昌平区百善中学
北京市昌平区桃洼学校
北京市昌平区天通苑学校
北京市昌平实验小学
北京市昌平区城北中心小学
北京市昌平区百善中心小学
北京市昌平职业学校
北京市私立汇佳学校

平谷区（6所）
北京市平谷中学
北京市平谷区第六中学
北京市平谷区大兴庄中心小学
北京师范大学附属平谷中学
北京市平谷区第六小学
北京市平谷区第一职业学校

怀柔区（6所）
北京市怀柔区第一小学
北京市怀柔区第一中学
北京市怀柔区第四中学
北京市怀柔区第五中学
北京市怀柔区庙城镇中心小学
北京市怀柔区杨宋镇中心小学

密云县（7所）
北京市密云县第二中学
北京师范大学密云实验中学
首都师范大学附属密云中学
北京市密云县不老屯镇中心小学
北京市密云县太师屯镇中心小学
北京市密云县第二小学
北京市密云县职业学校

延庆县（6所）
北京市延庆县第一中学
北京市延庆县第五中学
北京市延庆县第二小学
北京市延庆县第三小学
北京市延庆县第四小学
北京市延庆县第一职业学校

燕山地区（4所）
北京师范大学燕化附属中学
北京市燕山前进中学
北京市燕山前进第二小学
北京市燕山向阳小学

（魏强）

北京市奥林匹克教育“同心结”学校名单

东城区（24所）
北京市第二中学←→中国台北奥林匹克委员会
北京市第五中学分校←→尼泊尔奥林匹克委员会
北京市第二十二中学←→科摩罗奥林匹克和体育委员会
北京市第五十五中学←→比利时奥林匹克委员会
北京市第一七一中学←→荷兰奥林匹克委员会暨荷兰体育联合会
北京景山学校←→奥地利奥林匹克委员会
北京市东直门中学←→肯尼亚国家奥林匹克委员会
北京宏志中学←→拉脱维亚奥林匹克委员会
中央工艺美术学院附属中学←→瑞士奥林匹克委员会
北京市东城区和平里第一小学←→孟加拉奥林匹克协会
北京市东城区和平里第四小学←→伊朗国家奥林匹克委员会
北京市东城区灯市口小学←→刚果国家奥林匹克和体育委员会
北京市东城区府学胡同小学←→马来西亚奥林匹克理事会
北京市东城区史家胡同小学←→以色列奥林匹克委员会
北京市东城区东四九条小学←→帕劳奥林匹克委员会*
北京市东城区地坛小学←→刚果（金）奥林匹克委员会
北京市东城区黑芝麻胡同小学←→叙利亚奥林匹克委员会
北京市东城区东交民巷小学←→开曼群岛奥林匹克委员会*
北京市东城区西中街小学←→哥伦比亚奥林匹克委员会
北京市东城区丁香胡同小学←→阿鲁巴奥林匹克委员会*

北京市东城区遂安伯小学←→伊拉克国家奥林匹克委员会
北京市第六十五中学←→澳门奥委会
北京市东城区和平里第二小学←→法罗群岛体育协会
东城区特殊教育学校←→英国残疾人奥林匹克运动委员会

西城区（23 所）

北京铁路第二中学←→泰国奥林匹克委员会
北京市第三中学←→卢森堡奥林匹克和体育委员会
北京市第四中学←→希腊奥林匹克委员会
北京市第八中学←→法国国家奥林匹克和体育委员会
北京师范大学附属实验中学←→中国奥林匹克委员会
北京市第四十四中学←→多米尼加奥林匹克委员会＊
北京市第一五六中学←→马达加斯加奥林匹克委员会
北京市第一五九中学←→摩纳哥奥林匹克委员会
北京市第一六一中学←→马耳他奥林匹克委员会
北京市外事学校←→新西兰奥林匹克委员会
北京实美职业学校←→荷属安的列斯奥林匹克委员会＊
北京市西城区奋斗小学←→美属维尔京群岛奥林匹克委员会＊
北京市西城区什刹海小学←→阿富汗国家奥林匹克委员会
北京市西城区育翔小学←→文莱国家奥林匹克委员会
北京市西城区长安小学←→埃塞俄比亚奥林匹克委员会
北京市西城区民族团结小学←→克罗地亚奥林匹克委员会
北京市西城区白云路小学←→吉布提奥林匹克委员会
北京市西城区进步小学←→科特迪瓦奥林匹克委员会
北京市西城区育民小学←→阿联酋国家奥林匹克委员会
北京第二实验小学←→意大利国家奥林匹克委员会
北京市西城区黄城根小学←→科威特奥林匹克委员会
北京市西城区中古友谊小学←→古巴奥林匹克委员会
北京第四聋人学校←→加拿大残疾人奥林匹克运动委员会

宣武区（13 所）

北京市第十四中学分校←→保加利亚奥林匹克委员会
北京师范大学附属中学←→印度尼西亚奥林匹克委员会
北京市宣武区第一职业学校←→纳米比亚奥林匹克委员会
北京市宣武区外国语实验学校←→列支敦士登奥林匹克委员会
北京市宣武区半步桥小学←→斯威士兰奥林匹克和英联邦运动会协会＊
北京市宣武区红莲小学←→关岛奥林匹克委员会＊
北京小学←→葡萄牙奥林匹克委员会
北京市宣武区回民小学←→也门奥林匹克委员会
北京第一实验小学←→罗马尼亚奥林匹克委员会
北京市宣武区康乐里小学←→摩洛哥国家奥林匹克委员会
北京市宣武区师范学校附属第一小学←→波兰奥林匹克委员会
北京市育才学校小学部←→加纳奥林匹克委员会
北京市宣武区南菜园小学←→图瓦卢体育协会暨奥委会＊

崇文区（12 所）

北京汇文中学←→俄罗斯奥林匹克委员会
北京市广渠门中学←→瑞典奥林匹克委员会
北京市前门外国语学校←→哈萨克斯坦国家奥林匹克委员会
北京市第十一中学分校←→加蓬奥林匹克委员会
北京市崇文区前门小学←→毛里塔尼亚奥林匹克委员会
北京市崇文区景泰小学←→汤加体育协会暨国家奥林匹克委员会
北京市崇文区回民小学←→不丹奥林匹克委员会＊
北京市崇文区体育馆路小学←→土库曼斯坦国家奥林匹克委员会
北京市崇文区光明小学←→斯洛伐克奥林匹克委员会
北京市第一师范学校附属小学←→摩尔多瓦国家奥林匹克委员会
北京市崇文区崇文小学←→多米尼克奥林匹克委员会
北京市崇文区培新小学←→莫桑比克国家奥林匹克委员会

朝阳区（28 所）

北京工业大学附属中学←→阿尔及利亚奥林匹克委员会
北京市陈经纶中学←→加拿大奥林匹克协会
北京市五路居第一中学←→安哥拉奥林匹克委员会
北京市和平街第一中学←→几内亚国家奥林匹克和体育委员会
北京市水碓子中学←→圣文森特和格林纳丁斯国家奥林匹克委员会＊
北京市第八十中学←→阿根廷奥林匹克委员会
首都师范大学附属实验学校←→印度奥林匹克委员会

北京市东方德才学校←→乌拉圭奥林匹克委员会
北京市求实职业学校←→立陶宛国家奥林匹克委员会
北京市劲松职业高中←→赤道几内亚国家奥林匹克委员会
北京市朝阳区安慧北里第二小学←→约旦奥林匹克委员会
北京市朝阳区团结湖小学←→马尔代夫奥林匹克委员会
北京市朝阳区南磨房中心小学←→巴拿马奥林匹克委员会＊
北京市朝阳区永安里小学←→阿尔巴尼亚国家奥林匹克委员会
北京市朝阳区田华小学←→博茨瓦纳国家奥林匹克委员会
北京市朝阳区花家地实验小学←→日本奥林匹克委员会
北京市朝阳区左家庄第二小学←→毛里求斯奥林匹克委员会
北京市朝阳区京通小学←→吉尔吉斯斯坦国家奥林匹克委员会
北京市朝阳师范学校附属小学←→埃及奥林匹克委员会
北京市朝阳区民办精诚文化学校←→几内亚比绍奥林匹克委员会
北京市朝阳区望京南湖东园小学←→白俄罗斯共和国国家奥林匹克委员会
北京市朝阳区三里屯小学←→委内瑞拉奥林匹克委员会
北京市朝阳区实验小学←→沙特奥林匹克委员会
北京市朝阳区白家庄小学←→英国奥林匹克协会
北京市朝阳区劲松第四小学←→塔吉克斯坦国家奥林匹克委员会
北京市朝阳区芳草地小学←→南非国家奥林匹克委员会
北京市朝阳区安慧里中心小学←→丹麦国家奥林匹克和体育委员会
北京市朝阳区呼家楼中心小学←→西班牙奥林匹克委员会

海淀区（30所）

北京市六一中学←→越南奥林匹克委员会
北方交通大学附属中学←→利比里亚国家奥林匹克委员会
北京市海淀区教师进修学校附属实验学校←→厄立特里亚国家奥林匹克委员会
北京师范大学第三附属中学←→波斯尼亚和黑塞哥维那奥林匹克委员会
北京市中关村中学←→利比亚国家奥林匹克委员会
北京市第二十中学←→老挝奥林匹克委员会
中国地质大学附属中学←→马里奥林匹克委员会
中国人民大学附属中学←→美国奥林匹克委员会
北京市八一中学←→墨西哥奥林匹克委员会
北京市海淀区艺术职业学校←→乌兹别克斯坦国家奥林匹克委员会
北京市卫国中学←→塞尔维亚奥林匹克委员会
北京市第一零一中学←→黑山奥委会
北京市海淀区中关村第一小学←→秘鲁奥林匹克委员会
北京市海淀区中关村第二小学←→中国香港体育协会暨奥林匹克委员会
北京市海淀区中关村第三小学←→巴西奥林匹克委员会
北京市海淀区中关村第四小学←→塞浦路斯奥林匹克委员会
北京市海淀区万泉小学←→朝鲜人民民主共和国奥林匹克委员会
北京大学附属小学←→韩国奥林匹克委员会
清华大学附属小学←→喀麦隆国家奥林匹克委员会
北京市海淀区上地实验小学←→爱沙尼亚奥林匹克委员会
北京市海淀区太平路小学←→布隆迪国家奥林匹克委员会
北京市海淀区翠微小学←→巴基斯坦奥林匹克协会
北京市海淀区羊坊店中心小学←→德国奥林匹克联合会
北京医科大学附属小学←→阿曼奥林匹克委员会
北京航空航天大学附属小学←→佛得角奥林匹克委员会
北京市海淀区知春里小学←→洪都拉斯奥林匹克委员会＊
北京市海淀区第三实验小学←→圣马力诺奥林匹克委员会
北京市海淀区第二实验小学←→中非共和国国家奥林匹克和体育委员会
北京市海淀区实验小学←→美属萨摩亚国家奥林匹克委员会＊
北京市海淀区四季青中心小学←→布基纳法索国家奥林匹克和体育委员会＊

丰台区（20所）

北京市东高地外国语学校←→爱尔兰奥林匹克理事会
北京市丰台区实验学校←→前南马其顿共和国奥林匹克委员会
北京市航天中学←→菲律宾奥林匹克委员会
北京市大成学校←→挪威奥林匹克委员会暨体育联合会
北京市首都师范大学附属丽泽中学←→匈牙利奥林匹克委员会
北京市丰台区南苑中学←→乌干达奥林匹克委员会
北京市云岗中学←→塞内加尔国家奥林匹克和体育委员会
北京市丰台第八中学←→格鲁吉亚国家奥林匹克委

员会

北京市丰台区丰台第五小学←→巴勒斯坦奥林匹克委员会

北京市丰台区丰台第一小学←→牙买加奥林匹克协会

北京市丰台区芳城园小学←→卢旺达国家奥林匹克和体育委员会

北京市丰台区南宫中心小学←→特立尼达和多巴哥奥林匹克委员会

北京市丰台区万泉寺小学←→尼加拉瓜奥林匹克委员会＊

北京市丰台区首科花园小学←→圣多美和普林西比奥林匹克委员会＊

北京市丰台区师范学校附属小学←→澳大利亚奥林匹克委员会

北京市丰台区丰台第八小学←→苏里南奥林匹克委员会

北京市丰台区新发地小学←→尼日利亚奥林匹克委员会

北京市丰台区东铁匠营第一小学←→卡塔尔国家奥林匹克委员会

北京市丰台区成寿寺小学←→尼日尔奥林匹克和体育委员会

北京市丰台西罗园第五小学←→智利奥林匹克委员会

石景山区（10 所）

北京市京源学校←→捷克奥林匹克委员会

北京市同文中学←→海地奥林匹克委员会＊

北京市石景山区实验中学←→圭亚那奥林匹克协会

北京市第九中学←→新加坡国家奥林匹克理事会

北京市石景山区古城第二小学←→斯洛文尼亚国家奥林匹克委员会暨体育联合会

北京市石景山区实验小学←→瓦努阿图国家奥林匹克委员会

北京市石景山区八角北路小学←→塞拉利昂国家奥林匹克委员会

北京市石景山区师范学校附属小学←→贝宁国家奥林匹克和体育委员会

北京市石景山区银河小学←→索马里奥林匹克委员会

北京市石景山区六一小学←→斯里兰卡国家奥林匹克委员会

房山区（5 所）

北京市房山区良乡第二中学←→格林纳达奥林匹克协会

北京师范大学良乡附属中学←→土耳其国家奥林匹克委员会

北京市房山区良乡第三小学←→巴拉圭奥林匹克委员会＊

北京市房山区北潞园学校←→津巴布韦奥林匹克委员会

北京市房山区良乡第二小学←→库克群岛奥林匹克协会

门头沟区（5 所）

北京市门头沟区新桥路中学←→巴巴多斯奥林匹克协会

北京市大峪中学分校←→马拉维奥林匹克和英联邦运动会协会＊

北京市门头沟区工人子弟小学←→瑙鲁奥林匹克委员会＊

北京市门头沟区大峪第一小学←→苏丹奥林匹克委员会

北京市门头沟区大峪第二小学←→乌克兰国家奥林匹克委员会

通州区（5 所）

北京市通州区潞河中学←→玻利维亚奥林匹克委员会

北京市通州区永乐店中学←→斐济体育协会暨奥林匹克委员会

北京教育科学研究院通州区第一实验小学←→缅甸奥林匹克委员会

北京市通州区官园小学←→坦桑尼亚奥林匹克委员会

北京市通州区运河小学←→萨尔瓦多奥林匹克委员会＊

顺义区（7 所）

北京市顺义区第一中学←→安道尔奥林匹克委员会

北京市顺义牛栏山第一中学←→芬兰奥林匹克委员会

北京市顺义区第八中学←→亚美尼亚国家奥林匹克委员会

北京市顺义区石园小学←→冈比亚国家奥林匹克委员会＊

北京市顺义区马坡中心小学←→圣卢西亚奥林匹克委员会＊

北京市顺义区天竺中心小学←→密克罗尼西亚奥林匹克委员会

北京市顺义区双兴小学←→塞舌尔国家奥林匹克委员会

昌平区（9 所）

北京市昌平区小汤山中学←→赞比亚奥林匹克委员会

北京市昌平区第一中学←→波多黎各奥林匹克委员会＊

北京市昌平区第二中学←→柬埔寨国家奥林匹克委员会

北京市昌平职业学校←→蒙古国家奥林匹克委员会

北京市昌平区昌盛园小学←→英属维尔京群岛奥林匹克委员会＊

北京市昌平区马池口中心小学←→乍得奥林匹克委员会＊

北京市昌平区回龙观中心小学←→巴布亚新几内亚

奥林匹克委员会

北京市昌平区城关小学←→阿塞拜疆国家奥林匹克委员会

北京市昌平区城北中心小学←→突尼斯国家奥林匹克委员会

大兴区（5所）

北京市大兴区第一中学←→冰岛国家奥林匹克委员会

北京市大兴区第二职业学校←→多哥国家奥林匹克委员会

北京市大兴区旧宫镇第二中心小学←→伯利兹奥林匹克和英联邦运动会协会*

北京市大兴区第二小学←→基里巴斯奥林匹克委员会*

北京市大兴区第八小学←→厄瓜多尔奥林匹克委员会

怀柔区（5所）

北京市怀柔区第四中学←→巴林奥林匹克委员会

北京市怀柔区红螺寺中学←→东帝汶国家奥林匹克委员会

北京市怀柔区第三小学←→萨摩亚体育协会暨奥林匹克委员会

北京市怀柔区第二小学←→安提瓜和巴布达奥林匹克协会

北京市怀柔区第一小学←→马绍尔群岛奥林匹克委员会*

平谷区（3所）

北京市平谷区黄松峪中学←→巴哈马奥林匹克协会

北京市平谷区大兴庄学区←→哥斯达黎加奥林匹克委员会

平谷区特殊教育中心学校←→德国国家残疾人奥林匹克运动委员会

密云县（2所）

北京市密云县第二中学←→黎巴嫩奥林匹克委员会

密云县第二小学←→所罗门群岛国家奥林匹克委员会*

延庆县（2所）

延庆县第一职业学校←→百慕大奥林匹克协会*

延庆县第二小学←→圣基茨和尼维斯奥林匹克协会*

燕山地区（2所）

北京师范大学燕化附属中学←→莱索托奥林匹克委员会

北京市燕山前进第一小学←→危地马拉奥林匹克委员会*

带*号的为未建交国家或地区奥委会

（魏强）

（本栏责任编校　华蕾）

索　　引

说　明：

一、本索引由主题词和人名两部分组成。

二、人名和主题词一、二标索引词条均以汉语拼音顺序排列，第一字相同的，按第二字顺序排列，余类推。

三、主题词索引按类分为一、二标，如办学改革为一标，下设合作办学、教学管理改革、学习先进管理方式三个二标。

四、本索引数码标记依次为：页码、栏序、本栏自上而下条目所处位置（自然段），三部分均用“/”隔开。如：合作办学　121/左/3，则表示在121页左栏第3个条目拥有涉及同心结的内容。

五、本索引检索具有统计意义的数字均以2008年1月1日至12月31日时间为限，超出时间界限的不在检索范围。

六、本索引检索范围包括各级各类教育的主体部分，即本年鉴三栏编排的部分，其中，表格、名单及一览表均不在检索范围。

七、主题词索引以教育教学为中心，并按照当年出版年鉴实际内容编制。

八、人名索引不含外国人（外籍华人除外）。

主题词索引

办学改革

合作办学
121/左/3
173/中/2
173/右/2
189/右/3
191/右/3
243/右/1
244/中/1
253/中/1
259/中/1
259/右/4
260/右/4
261/中/1
262/左/4
262/中/2
263/右/2
271/左/4
272/中/4
281/中/2
284/右/3
285/左/1
285/右/2
287/中/1
287/中/2
288/左/2
288/中/4
288/右/1
290/中/2
291/右/1
292/中/2
293/右/2
294/左/1
296/中/1
296/中/3
296/中/4
296/右/1
297/中/3
298/中/3
299/右/3
299/右/4
300/右/4
302/中/3
303/中/4
305/左/2
305/左/3
307/中/1
307/中/2
308/左/1
308/左/2
308/左/3
308/左/4
317/左/2
317/右/1
320/左/1
320/中/1
323/中/4
326/中/1
329/中/1
331/左/1
334/左/4
336/中/1
336/中/2
337/左/1
337/中/2
342/右/2
342/右/3
349/右/1
353/中/3
359/中/1
359/中/3
365/中/3
368/右/2
369/右/1
374/右/4
375/中/2
375/右/3
376/左/4
376/中/2
376/中/3
376/右/1
377/左/2
377/左/4
379/左/2
379/左/3
379/左/4
380/右/1
381/中/4
382/左/2
386/右/4
388/右/2
390/左/1
392/中/2
392/右/2
392/右/3
394/中/1
398/中/2
404/中/1
407/左/2
409/左/1
409/右/1
412/右/2
413/中/1
414/中/1
415/中/1
417/左/2
418/右/3
422/右/1
423/右/1
424/右/1
429/中/2
429/中/3
432/左/3
438/左/3
438/右/1
451/右/2
454/中/1
457/左/1

457/中/3
459/右/2
460/右/3
461/中/2
464/左/4
464/右/2
465/左/3
473/右/2
476/左/1
520/中/2
526/左/3
527/左/1
527/中/1
527/中/2
623/中/3
707/左/1
教学管理改革
94/左/2
123/左/1
138/中/2
140/中/2
154/中/5
158/左/3
161/中/2
175/中/1
175/中/2
177/中/1
185/中/1
185/右/1
188/左/2
200/右/1
208/中/2
215/左/1
219/左/4
261/右/3
283/左/3
287/右/2
290/右/1
295/右/3
296/左/1
309/中/2
333/中/1
340/右/1
350/中/3
392/中/1
407/右/1
455/右/2
462/右/3
469/左/4
470/右/2
471/左/1
471/中/2
509/左/2
509/右/2
528/中/3
529/中/1
579/右/3
580/左/3
581/中/2
591/左/2
591/左/4
597/左/1
602/中/4
609/中/1
610/左/2
614/中/1
623/右/1
629/中/1
642/右/4
653/中/2
656/左/3
660/左/1
660/左/4
661/中/1
667/左/3
668/左/2
672/中/2
675/右/1
681/右/2
683/右/3
691/左/3
学习先进管理方式
153/中/3
154/右/2
225/中/2
225/右/3
226/中/4
666/左/1

德育

爱国主义教育
78/左/1
130/左/3
132/中/1
132/中/2
148/左/2
156/中/3
157/左/2
158/右/2
164/右/2
165/右/1
169/左/3
201/右/3
213/左/2
234/左/1
268/右/1
299/左/1
335/右/4
370/左/1
591/左/1
591/右/2
608/左/5
613/中/1
619/左/2
620/中/1
法制教育
56/右/3
131/中/1
155/右/3
175/左/1
225/右/4
227/右/2
435/中/1
580/中/2
580/右/2
诚信教育
227/右/1
450/右/2
感恩教育
123/右/2
125/右/3
165/中/1
175/中/3
214/中/3
227/中/1
231/中/1
廉洁教育
63/中/3
230/右/2
500/中/2
611/左/3
文明礼仪教育
125/左/1
140/右/3
143/中/2
154/右/4
229/中/1
242/左/2
386/中/3
481/左/1
540/中/3
549/右/4
554/左/2
555/左/1
556/左/3
556/中/2
556/右/2
556/右/3
556/右/5
557/中/2
557/中/3
557/右/2
557/右/5
580/左/4
604/左/2
615/左/3
623/左/2
677/中/2

教学改革

教学方式改革
56/中/2
158/右/1
195/左/3
206/右/1
209/左/3
210/左/1
221/左/2
221/中/1
225/中/2
238/左/1
305/中/4
308/左/1
308/左/3
337/左/2
341/中/4
358/右/5
391/中/1
391/中/2
391/右/2
392/中/1
405/中/3
407/右/3
424/中/1
438/左/2
459/右/1
647/右/2
666/左/1
教学实效性
116/左/2
120/左/2
125/右/1
155/左/3
165/中/2
177/左/2
215/左/3
220/中/3
222/右/2
578/中/3
583/中/5
637/左/1
667/中/2
673/右/1
自主、合作、研究性学习
99/左/1
155/左/3
177/右/5
189/左/2
194/中/2
207/中/3
208/左/3
210/右/3
211/中/2
226/中/4
230/左/2
461/中/5
583/中/4
669/中/2
综合实践
101/右/4
103/右/1
105/右/1
126/左/1
129/左/1
141/右/2
152/左/4
156/左/3
177/左/4
178/右 3
207/中/3
230/右/3
242/左/1
242/左/2
247/中/1
289/右/1
310/右/4
326/中/2
418/左/3
423/左/1
429/中/1
430/右/1
456/中/3
481/左/3
539/左/2
554/左/2
576/左/1
580/左/4
587/中/2
597/中/1
607/中/3
608/右/1
611/中/1
635/右/4
640/左/4
654/右/2
656/右/1
662/中/1
687/右/3
689/中/5

教学手段改革

信息化建设
96/右/3
106/左/1
133/右/3
209/左/3
241/左/1
243/左/2
245/右/4
259/左/2
261/右/3
333/右/3
338/中/3
394/右/2
658/右/2
实验室
252/中/2
263/左/1
267/中/1
270/左/1
271/中/2
273/右/1
274/右/3
276/左/3
277/右/1
278/中/2
280/左/1
280/右/1
281/左/1
281/中/1
281/中/2
281/右/2
285/右/1
286/中/1
288/中/3
289/左/3
293/中/1
293/中/2
294/右/2
301/左/3
301/右/1
306/左/2
308/右/2
309/中/3
311/左/1
313/中/1
315/左/2
315/右/5
317/右/2
318/左/1
318/右/2
319/左/5
320/右/4
321/左/2
323/右/1
325/左/1
326/中/1
326/中/1
326/右/2
329/右/1
333/中/2
349/左/1
353/左/2
355/中/1
361/左/1
361/左/3
361/右/1
362/中/3
368/左/2
374/左/3
375/左/2
377/中/5
377/右/2
379/中/2
380/左/1
381/中/3
382/左/3
385/中/2
387/左/2
387/中/1
390/右/1
398/右/2
406/中/2
406/右/2
412/左/2
416/左/1
421/中/1
422/右/5
423/中/2
430/中/2
453/左/2
455/右/4
456/右/3
459/右/3
460/左/2
461/左/1
461/中/5
466/右/5
474/右/3
475/左/5
475/右/2
496/中/2
497/右/1
579/左/1
实训基地
317/左/3
337/左/2
353/左/1
382/右/1
393/中/1
396/中/4
402/左/3
405/左/1
406/左/2
419/右/4
421/中/1
422/中/1
422/右/2
423/中/2
425/左/1
425/左/3
426/左/1
427/左/1
428/中/1
430/中/2
431/中/1
433/中/2
435/中/3
435/中/5
446/左/1
456/右/2
459/右/2
460/左/2
460/右/4
466/左/2
466/右/5
579/左/1
604/中/4
621/右/2
638/左/2

教学研究与科学研究

教学展示
98/中/5
117/左/1
124/中/2
154/左/3
182/右/3
184/左/2
194/中/3
222/右/2
226/左/3
234/中/2
583/中/5
591/左/3
608/左/3
教育教学成果
114/左/2
116/右/1
119/左/3
126/左/3
149/左/2

212/左/2
243/左/1
244/中/3
292/中/1
405/中/4
428/右/3
635/中/2
校本教研
142/右/4
144/中/2
149/左/1
173/左/1
175/右/4
188/左/1
237/中/4
649/右/3
666/中/1
科学研究成果
91/左/1
116/右/1
253/右/2
263/右/1
270/中/1
270/右/1
274/中/3
277/中/3
286/左/2
289/右/2
292/中/4
306/中/2
313/右/2
315/左/1
319/右/2
321/中/1
351/中/3
352/中/1
364/右/2
374/左/1
386/左/1
388/中/1
405/中/4
498/左/3
498/右/2
499/中/1
499/右/3
596/中/1
635/中/2
646/左/2
688/右/2

教学质量评估

教学水平评估
255/右/2
293/中/1
294/中/2
371/右/1
381/左/1
450/左/2
464/右/3
465/左/2
466/左/1
467/左/1
468/左/2
469/左/2
教学质量分析、研讨总结
139/左/2
577/中/1
589/右/2
667/右/1
667/右/2

教育单位变更

大学院、系、所变更
262/左/3
264/中/1
264/中/2
265/左/1
265/左/2
265/中/3
265/右/1
266/中/2
266/右/3
268/左/2
268/中/1
268/中/3
268/右/1
269/左/2
269/中/2
269/中/3
270/右/3
271/左/2
271/左/3
271/右/1
272/中/4
274/中/2
275/中/1
276/左/1
276/左/2
276/中/2
276/右/2
284/左/1
284/右/4
288/左/1
288/中/1
291/左/3
292/右/1
294/左/3
296/左/1
296/中/2
297/中/2
298/中/4
307/左/2
309/中/3
320/左/3
321/左/1
325/右/3
326/右/1
329/左/3
329/中/1
331/中/2
332/中/1
332/右/3
337/左/4
337/中/1
338/左/2
340/中/1
341/中/1
342/右/4
344/左/2
347/右/2
349/右/1
350/中/2
350/右/3
352/右/2
353/左/2
354/中/1
358/右/5
359/中/4
360/左/3
361/中/1
361/中/2
361/右/1
362/中/1
368/左/2
373/右/3
374/中/1
374/右/2
374/右/3
375/右/1
376/右/4
378/左/4
379/右/2
380/右/3
381/左/4
384/右/1
386/右/1
387/左/1
395/左/1
395/右/6
404/右/2
406/左/2
415/右/4
418/左/2
432/左/2
440/中/2
440/中/3
454/右/2
455/左/4
455/右/1
455/右/3
459/左/1
459/中/1
459/右/3
462/左/3
464/中/3
465/中/1
467/中/4
580/左/3
599/中/2
633/右/3
教育单位变更
66/右/3
220/右/1
315/右/1
402/右/3
422/右/4
424/左/4
427/右/2
521/右/2
584/右/1
581/左/1
581/左/2
600/左/1
600/左/4
620/中/2
678/左/2
704/中/2

课程改革

高中课程改革
82/右/2
84/左/2
161/右/3
161/右/4
162/中/2
164/左/4
167/中/1
171/左/3
172/右/1
175/右/4
177/中/1
179/右/3
183/右/3
184/左/2
192/左/2
193/中/3
197/左/3
203/左/2
203/右/1
204/中/4
206/左/2
206/中/1
206/右/3
207/中/1
209/右/3
210/左/1
211/左/2
211/中/1
211/中/2
212/中/1
213/中/3
214/中/4
216/中/1
218/左/1
221/中/1
222/中/1
235/左/3
236/中/2
439/右/2
577/中/2
578/中/3
583/中/4
585/中/1
587/右/1
607/中/1
616/左/4
647/右/2
648/右/2
679/右/3
精品课程建设
165/左/1
256/左/1
257/中/1
258/右/1
260/右/3
288/中/2
333/左/3
360/左/1
361/右/3
369/左/1
370/中/2
377/左/1
380/中/2
397/中/1
402/右/2
403/左/4
403/右/2
406/左/1
410/左/1
413/左/2
415/右/1
417/右/4
419/左/1
419/左/4
419/中/3
436/右/2
456/中/2
457/中/4
459/中/3
460/左/3
校本课程
90/中/3
108/左/3
117/中/3
120/右/1
121/中/1
129/右/2
132/右/1
136/中/3
144/右/3
147/左/3
147/右/3
148/左/2
149/右/2
152/左/2
161/右/4
163/中/1
165/左/1
165/右/3
168/右/2
169/左/3
175/中/4
176/中/1
184/左/3
187/右/4
188/中/2
191/左/1
198/右/1
205/中/3
211/中/3
216/左/1
221/左/3
232/右/2
233/中/2
236/左/4
236/中/2
245/中/1
247/左/5
502/中/2
577/右/2
578/左/1
597/中/4
598/左/3
608/左/1
625/右/2
637/中/1
642/右/2
648/右/4
655/左/2
656/左/1
666/中/1
684/右/2
义务教育课程改革
577/右/1
590/左/2
596/中/2
597/左/1
706/左/2

师资建设

长江学者
267/左/1
275/中/4
287/右/3
313/左/1
321/右/4
342/右/1
374/中/2
506/中/1
教师培训
94/右/1
98/中/3
100/右/2
107/左/4
122/中/2
122/中/3
131/左/1
131/右/1
150/右/3
154/左/4
186/右/1
196/左/2
204/中/2
205/右/2
221/右/2
231/右/2
234/左/3
234/右/1
235/左/3
238/左/1
239/中/1
243/右/1
245/中/3
248/左/2
334/左/1
338/右/3
358/中/4
395/左/1
402/右/4
412/右/1
418/左/4
418/右/3
419/左/3
428/中/4
435/左/2
438/右/3
439/左/1
439/中/1
439/右/1
439/右/3
440/中/2
440/右/3
443/中/3
462/右/1
480/右/1
501/中/2
506/左/2
521/中/3
577/中/1
583/左/3
588/左/1
604/左/1
623/中/2
636/左/2
636/左/3
659/右/1
661/右/2
665/左/2
671/左/1
671/右/4
672/中/1
691/中/4
706/左/3
教授聘任
140/左/2
161/左/2
273/中/3
274/中/4
275/左/1
275/左/2
276/左/2
281/中/2
286/右/1
287/左/1
288/右/3
291/左/4
291/中/1
293/右/1
295/中/2
296/右/3
300/中/1
301/左/2
304/右/2

305/中/1
313/左/1
327/中/2
331/右/2
336/左/3
341/左/4
341/中/2
344/右/1
347/中/3
356/左/1
373/右/5
393/右/2
408/中/2
415/右/3
416/右/4
579/中/3
名师建设
88/左/2
128/中/2
132/左/4
138/中/3
145/中/2
149/右/6
151/右/1
167/右/2
168/右/1
171/右/1
182/右/1
183/中/3
197/中/3
206/左/1
217/右/3
223/中/1
229/左/2
275/右/2
283/左/1
287/中/3
287/右/1
288/左/3
293/左/3
296/中/5
316/右/1
343/左/1
343/右/1
345/右/1
363/中/1
368/右/1
378/左/3
386/中/2
390/中/1
403/左/2
415/左/1
415/右/2
417/中/2
439/中/2
506/左/3
507/左/1
507/左/3
507/中/1
508/中/1
509/左/2
509/右/1
509/右/2
595/右/1
612/左/2
616/左/4
619/中/2
623/中/2
642/左/1
659/中/1
662/左/2
672/右/2
673/左/4
678/左/1
687/左/2
697/右/1
师德建设
92/右/2
101/左/2
123/右/4
151/中/3
152/右/3
153/中/4
171/中/2
180/右/3
206/左/3
238/左/4
376/中/5
634/左/3
637/左/3
639/左/2
672/中/3
优秀教师
333/右/2
339/右/3
345/右/1
345/右/3
161/右/1
481/中/1
671/左/2
507/中/2
697/右/3
376/中/5
639/左/2
优秀团队
281/左/2
292/左/1
303/左/3
314/左/1
333/左/3
334/左/3
358/中/3
359/左/3
362/中/3
402/右/1
403/左/3
405/中/4
415/左/2
507/左/2
507/右/1
508/中/1

学科建设与专业建设

博士点
269/左/3
330/中/2
373/左/1
373/左/3
373/中/1
385/左/3
硕士单位授权点
254/右/2
701/左/3
学科建设
254/左/2
254/左/3
280/左/1
292/右/1
300/中/2
303/左/4
310/左/2
310/右/2
321/左/1
325/中/3
355/右/3
383/中/3
388/右/1
394/右/3
专业建设
255/左/2
255/右/1
256/左/2
256/左/3
294/中/1
294/中/2
294/中/3
303/中/1
309/左/1
310/中/2
330/右/1
333/左/3
341/左/1
342/左/1
349/中/1
354/中/2
360/右/1
362/中/3
376/右/3
381/右/3
381/右/4
385/中/1
388/左/3
410/左/1
410/中/5
419/右/2
424/左/2
432/右/1
436/左/5
453/中/1
462/左/2
464/中/5
464/右/5
467/中/2

学习型城市建设

学习型组织建设
89/右/2
133/右/4
142/右/2
172/左/2
175/右/3
445/左/1
446/左/2
446/左/3
446/中/2
446/右/1
578/右/3
579/左/2
584/中/2
584/中/3
584/右/3
585/左/1
592/中/2
592/右/2
598/左/1
598/中/2
598/中/3
615/左/3
615/左/4
621/中/3
626/右/3
627/左/1
643/右/3
650/中/4
659/左/3
663/左/1
669/左/3
669/中/3
675/中/2
681/中/2
681/右/3
681/右/4
学习型活动
98/中/4
110/左/2
127/中/2
163/左/1
179/左/2
183/中/1
205/左/3
383/左/2
431/右/2
432/中/2
434/左/5
441/右/2
443/右/1
443/右/3
445/左/1
446/中/1
446/右/1
470/中/4
554/右/1
555/左/1
555/右/1
556/左/2
567/左/3
577/中/1
579/左/2
580/左/4
581/右/1
584/左/1
584/中/1
584/右/2
584/右/3
592/中/2
592/右/4
593/中/3
593/右/2
598/左/1
598/左/5
598/中/2
598/右/1
603/右/2
604/左/3
604/左/4
609/中/3
614/右/1
615/左/1
615/左/3
615/左/5
621/中/2
621/右/1
621/右/3
632/左/1
632/左/2
642/右/3
644/中/1
645/左/1
650/左/2
650/左/3
650/中/4
657/左/3
663/左/1
663/左/3
668/右/1
669/左/3
681/右/3
682/左/1

义务教育均衡发展

初中建设工程
83/右/1
160/右/1
168/右/2
219/中/1
238/中/4
579/右/2
583/左/4
585/右/2
594/中/2
599/左/1
604/中/3
608/左/4
609/右/2
614/左/3
615/右/2
622/中/2
625/左/2
627/右/2
631/右/1
635/右/1
638/右/2
644/右/1
645/中/2
650/右/2
651/左/1
658/右/1
663/右/2
663/右/3
669/右/2
670/左/4
676/右/1
682/右/1
684/中/1
687/中/2
小学规范化建设
115/中/2
115/右/2
115/右/3
578/右/1
585/右/3
591/左/2
597/左/2
602/中/3
605/右/1
607/右/2
613/中/3
645/左/2
650/右/3
656/右/3
666/中/4
670/左/4
679/右/4
682/右/1
682/右/2
城乡手拉手
88/右/1
118/中/3
122/右/3
125/左/2
131/左/1
132/左/3
134/右/1
139/右/3
156/右/3
246/右/4
509/右/2
587/中/3
601/中/2
674/中/1
推进义务教育均衡发展
616/中/1
628/左/1
676/中/1

招生与就业

自主招生
191/右/3
403/左/1
418/右/1
516/左/3
517/右/1
635/中/1
小学升初中
115/左/1
586/中/2
625/右/1
625/右/3
职业（就业）指导
193/左/3
262/左/5
291/中/1
326/左/3
341/左/2
347/中/3
389/右/1
413/左/4
417/右/2
427/左/4
430/右/1
432/中/1
433/左/1
454/右/1
461/中/1
462/左/3
614/右/3
615/中/1
订单（定向）培养
406/左/2
406/左/3
409/右/1
412/右/2
457/左/1
459/右/2
461/中/2
高校示范性就业中心
75/左/2
403/右/1
405/中/1
413/左/4
417/右/2
452/右/1

职业学校技能培养

402/左/4
406/中/1
410/左/2
412/左/3
419/左/4
421/中/3
422/中/3
455/左/1
459/中/3
593/右/1
632/右/1
637/右/2
644/中/1
662/右/3

人名索引

A

安怡霏
117/右/3
690/左/1

B

白爱宝
577/左/2
鲍传友
672/右/3

C

曹磊
361/右/2
陈洪
599/左/3
陈佳洱
114/左/1
263/右/3
陈建斌
619/右/3
陈琳
96/中/2
596/左/1
708/中/3
陈锁明
591/右/1
陈文明
218/左/1
陈希
61/中/3
陈熙谋
590/中/3
陈燮霞
361/右/2
陈颖
361/右/2
陈瑜
245/左/3
245/右/4
陈至立
36/中/10
133/中/1
165/左/3
陈竺
318/右/1
程跃
599/左/3

D

邓敏
576/中/1
董昊
489/左/4
董炯
543/左/3
窦桂梅
138/中/3
杜德印
409/左/2
杜鹏宇
420/右/2
段一维
490/中/2

F

符荣
290/中/3
付冬梅
432/左/4
傅荣
338/中/2
傅守恒
490/中/2

G

高登义
170/左/1
578/左/2
高富浪
274/右/2
高鹏先
312/左/1
葛瑛山
589/右/3
顾明远
195/右/2
328/左/3
顾秀莲
294/中/2
459/中/2
482/中/3
543/中/3
郭金龙
55/中/2
55/中/3
481/左/3
536/中/1
544/中/4
544/右/2
569/右/1
郭晶晶
269/左/1
郭文英
92/右/4
郭艳玫
592/左/2
郭永福
140/左/3
郭玉贵
671/中/2
郭玉英
590/中/3

H

韩德馨
384/左/1
韩彦龙
439/左/2
郝素梅
656/左/2
何鲁丽
120/中/2
133/中/1
何乃忠
215/右/3
贺国强
537/左/3
569/中/1
570/中/2
贺虎
489/左/4
616/中/3
洪安生
212/中/2
590/中/3
侯德成
427/中/1
胡迟
586/右/1
胡春华
54/中/1
胡锦涛
54/中/2
54/右/2
197/中/3
537/左/3
569/中/1
胡历伟
619/右/3
胡梦萦
620/左/3
胡少伟
671/中/2
华应龙
138/中/3
郇乐
235/中/2
黄春贵
312/中/2
黄金坡
60/右/1
黄旭
361/右/2
火亮
269/左/1

J

季羡林
62/右/2
264/右/4
贾庆林
54/中/2
537/左/3
569/中/1
570/中/2
571/中/4
姜大源
413/中/2
姜丽民
148/中/3
姜振家
564/右/1
蒋敏
60/右/1
焦瑶
624/左/1
金波
577/左/2
金开诚
266/右/1
琚贻桐
612/左/2

K

康博
489/左/4
616/中/3
康德瑛
612/左/2

L

郎平
327/中/2
黎明
339/中/1
李博睿
164/中/1
李长春
298/中/1
537/左/3
569/中/1
李存
619/中/2
李刚
593/中/1
李国华
60/右/1
李汉歌
161/中/3
李家声
168/右/1
李嘉惠
185/左/2
李军
499/右/1
599/左/3
李克强
537/左/3
569/中/1
李乐诗
578/左/2
李烈
128/中/2
131/右/1
661/中/2
李梦溪
489/左/4
616/中/3
李敏
564/右/1
李明新
141/右/3
李明赞
168/右/1
李秋生
197/中/1
李淑环
148/左/1
李惕碚
223/左/2
李万成
212/中/2
李维康
164/右/2
李小鹏
361/右/2
李秀梅
645/中/3
李一
617/右/1
李玉英
612/左/2
李志刚
217/右/3
李卓凌
150/中/2
梁松梅
599/左/3
廖莎
199/左/2
林安杰
599/左/3
林德森
587/中/1
林静华
612/左/2
林茂华
587/中/3
林妙可
119/左/2
林学甫
183/右/1
林跃
269/左/1
刘长铭
168/中/1
刘春红
361/右/2
570/中/3
刘东生
258/右/2
刘建坡
599/左/3
刘解军
214/右/2
刘景奎
649/中/2
刘可晶
416/右/4
刘克祥
211/右/2
刘利民
55/中/1
55/右/2
61/右/2
68/中/3
76/左/2
325/中/1
481/左/2
527/左/2
584/右/3
刘明钊
217/左/1
刘彭芝
195/右/2
196/右/2
197/中/3
刘鹏辉
173/右/4
刘淇
54/左/3
55/中/2
290/左/1
535/左/1
535/右/3
536/中/1
544/中/4
545/右/1
569/右/1
569/右/2
刘天佑
199/左/2
刘笑彤
624/左/1
刘延东
56/左/2
185/左/2
253/左/2
253/右/1
269/中/1
536/中/1
561/左/1
569/右/2
570/中/2
571/中/4
刘奕
648/右/3
刘振强
423/右/3
刘治国
599/左/3
690/左/1
刘紫嫣
183/左/2
柳琪
226/中/1
龙德强
60/右/1
楼云
545/中/2
卢勤
683/中/3
卢珊珊
612/左/2
陆昊
544/中/4
栾恩杰
60/中/2
罗洁
480/左/2
罗玉麟
199/左/2

M

马静
583/右/2
马俊霞
222/右/2
马留芬
136/右/2
马薇
243/左/2
马译文
490/中/2
马志鹏
63/左/2
64/右/2
孟关良
361/右/2
孟建柱
359/左/4
闵恩泽
295/中/2

309/中/3

N

纳忠
335/中/1
倪红
420/右/2
宁滨
167/中/2
钮小桦
576/中/1

P

潘天俊
199/中/3
潘维松
659/左/2
潘习哲
183/中/2
彭明
268/右/2
彭珮云
54/左/1
133/中/1
平艳菊
587/中/3

Q

钱君岩
489/左/4
乔建永
384/中/2
秦洪明
198/中/2
秦凯
269/左/1

S

尚兴久
184/中/2
沈柳莺
58/中/1
沈鹏
269/右/1
沈心燕
88/左/3
沈心燕
88/左/3
582/左/2
612/左/2
师谷丹
168/右/1
石长青
214/中/1
石中英
584/右/3
史宇
591/左/3
舒乙
161/左/2
宋皓
195/左/4
宋书英
234/中/1
孙宝贵
599/左/3
孙大伟
206/右/3
孙凤香
151/左/4
481/中/1
孙海龙
210/中/1
孙万军
403/左/2
417/中/2
孙颖
243/左/1
孙毓敏
164/右/2

T

谭天伟
297/中/1
唐家璇
54/中/1
唐永明
58/中/1
唐仲英
222/左/1
陶西平
167/中/3
176/右/2
182/左/4
滕亚杰
578/中/2
田东明
672/右/3
童玲
546/右/2

W

万平
578/中/2
汪振儒
317/中/1
王安顺
54/左/2
55/左/2
55/中/3
61/中/3
63/左/2
380/右/3
481/左/3
526/左/1
王长沛
441/左/1
王春明
149/左/1
王峰
269/左/1
王欢
576/中/1
王吉生
183/左/2
王继芬
612/左/2
王利明
415/右/2
王萌
489/左/4
616/中/3
王梦恕
60/中/2
王绵之
323/左/2
王琪
204/左/1
王强
403/左/2
王锐
300/左/2
王珊
592/左/2
王帅
334/左/2
王顺智
198/左/2
王文丽
229/左/2
586/左/3
王相又
241/左/1
王雁鸿
416/右/4
王张平
173/右/3
王兆国
185/左/2
王珍
235/中/2
魏二明
195/右/2
618/右/1
魏发团
180/左/1
魏苹
591/右/1
温寒江
441/左/2
温家宝
54/左/1
54/中/2
54/右/1
55/左/1
55/右/3
56/中/2
197/中/3
236/右/1
535/中/3
536/中/1
537/左/3
587/中/4
659/左/2
吴邦国
54/中/2
537/左/3
吴宝康
268/中/4
吴宝文
145/右/2
吴京梅
161/右/2
481/中/2
吴敏霞
269/左/1
吴岳良
223/左/2
吴正宪
118/左/3
132/左/4
145/中/2
649/左/3
651/右/1
683/中/1
697/右/3
吾留别克
214/左/2

X

习近平
54/中/2
56/左/2
535/左/1
536/左/3
537/左/3
谢军
547/左/4
谢家麟
179/左/2
谢青
393/右/2
徐安德
150/左/3
徐彬彬
581/左/4
徐大雄
302/右/2
徐洪业
290/左/2
徐伟念
167/右/2
徐儁
300/中/1
许传玺
375/左/1
许璇
590/中/1

Y

严冰
437/中/1
严平
420/右/2
阎芬
649/中/2
阳安江
325/右/2
杨宾
484/中/3
杨冬梅
397/右/1
杨欢
616/右/2
杨佳
261/左/1
杨剑
60/右/1
杨洁篪
54/中/1
杨杨
545/中/2
杨一奔
60/中/2
杨奕
489/左/4
杨跃玲
592/左/2
姚福生
284/左/2
姚强
420/右/2
姚瑶
586/右/1
708/中/3
叶璐
599/左/3
叶忠海
584/右/3
应莺
592/左/2
于海生
649/右/2
于渊莘
599/左/3
喻宜萱
363/左/1
袁贵仁
74/左/2
袁志勇
138/中/3

Z

张东娇
671/中/2
张光缨
132/左/1
151/右/1
张国
589/中/1
张建民
672/右/3
张建明
63/左/2
张忞心
166/中/2
张泉灵
60/右/1
张少泉
187/右/3
张涛
484/左/1
张湘祥
361/右/2
张燕灵
164/左/1
张怡宁
361/右/2
赵凤桐
54/左/2
55/中/3
55/右/1
56/左/3
64/右/2
380/右/3
409/左/2
481/左/3
526/左/1
赵宏艳
654/右/2
赵景瑞
149/左/1
赵欧伦
201/中/2
赵庆建
420/右/2
赵珊
490/中/2
赵伟斯
489/左/44
616/中/3
赵向东
672/右/3
赵震
145/中/2
郑丹娜
602/右/3
708/中/3
钟波
420/右/2
钟诚
484/左/1
钟契夫
268/左/1
周国烛
403/左/2
415/左/1
周济
54/中/1
周建平
55/右/3
周吕鑫
269/左/1
周文彬
207/中/2
周晔
240/右/2
周永康
253/中/2
537/左/3
569/中/1
周雨凡
201/中/2
朱国
420/右/2
朱建民
171/左/2
朱凌霞
234/左/3
朱善璐
274/右/1
朱小轩
119/中/2
491/左/3
诸齐
136/左/1
邹凯
361/右/2

（本栏责任编校　李晓秋）

图书在版编目（CIP）数据

北京教育年鉴·2009/北京市教委编．—北京：华艺出版社，2009.11
ISBN 978-7-80252-208-4

Ⅰ．①北… Ⅱ．①北… Ⅲ．①教育事业—北京市—2009—年鉴 Ⅳ．①G527.1—54

中国版本图书馆CIP数据核字（2009）第209983号

北京教育年鉴（2009）

责任编辑：梅雨　　**封面装帧设计：**张慈中
彩图设计：任彧　汪玥　　**英文翻译：**刘娟

华艺出版社出版发行
（北京市海淀区北四环中路229号海泰大厦10层）
邮　编　100083
印　刷　北京强华印刷厂

开　本　889×1194　1/大16　　2009年12月第1版
印　张　54　　2009年12月第1次印刷
印　数　1—3，000册　　**字　数：**1790千字

ISBN 978-7-80252-208-4
国内定价　170元

版 权 声 明

编辑部地址：崇文区夕照寺街

东玖大厦 B 座 802 室

邮政编码：100061

电　　话：87194371

传　　真：87194370

电子信箱：szb@bjedu. gov. cn